C.H. SPURGEON

Milagres e parábolas do Nosso Senhor

A OBRA E O ENSINO DE JESUS,
EM 173 SERMÕES SELECIONADOS

C. H. Spurgeon
Título original
Miracles and parables of our Lord
© 2016 Portuguese edition by Editora Hagnos Ltda

Tradução:
Emirson Justino
Jurandy Bravo
Lilian Jenkino

Revisão
Josemar S. Pinto
Raquel Fleischner

Capa
Maquinaria Studio

Diagramação
Felipe Marques

1ª edição - Abril de 2016
Reimpressão - Março de 2017
Reimpressão - Março de 2019

Gerente editorial
Juan Carlos Martinez

Coordenador de produção
Mauro W. Terrengui

Impressão e acabamento
Imprensa da Fé

Todos os direitos desta edição reservados para:

Editora Hagnos Ltda.

Av. Jacinto Júlio, 27

04815-160 - São Paulo - SP - Tel.: (11) 5668-5668

hagnos@hagnos.com.br - www.hagnos.com.br

Dados Internacionais de Catalogação na Publicação (CIP)
(Angélica Ilacqua CRB-8/7057)

Spurgeon, C. H. (Charles Haddon), 1834-1892.

Milagres e parábolas de nosso Senhor : a obra e o ensino de Jesus em 173 sermões selecionados / C.H. Spurgeon; tradução de Jurandyr Bravo, Lilian Jenkino, Emirson Justino. -- São Paulo : Hagnos, 2016.

ISBN 978-85-7742-185-5

Título original: *Miracles and parables of our Lord*

1. Sermões 2. Milagres 3. Jesus Cristo – Parábolas 4. Bíblia 5. Deus I. Título II. Bravo, Jurandyr III. Jenkino, Lilian IV. Justino, Emirson

16-0055   CDD 251

Índices para catálogo sistemático:

1. Sermões

Editora associada à:

SUMÁRIO

Prefácio à edição brasileira	7
1. A pergunta de nosso Senhor aos dois cegos	9
2. O caminho simples do homem para a paz	19
3. Vendo sem enxergar ou homens como árvores andando	29
4. Nazaré ou Jesus é rejeitado por seus amigos	39
5. Jovem, será que isto diz respeito a você?	49
6. Endireitando a mulher encurvada	59
7. Apenas confie nele! Apenas confie nele!	69
8. "E os nove, onde estão?" ou o louvor negligenciado	79
9. Obedecendo às ordens de Cristo	86
10. As talhas de Caná	94
11. O banquete de Satanás	103
12. A festa do Senhor	113
13. O início dos milagres de Jesus	121
14. A fé do oficial	131
15. Características da fé	141
16. Jesus em Betesda ou esperando ver para crer	151
17. Impotência e onipotência	161
18. Uma pergunta estranha, mas necessária	169
19. O hospital dos expectantes visitado pelo evangelho	179
20. A obra da graça, garantia da obediência	188
21. A manifestação das obras de Deus	198
22. A abertura dos olhos do cego ou cristianismo prático	205
23. A obra	215
24. A motivação	225
25. O mendigo cego do templo e sua cura maravilhosa	235
26. Falar por si mesmo: um desafio	245
27. A cura de um cego de nascença	255
28. A pergunta das perguntas	265
29. A essência da simplicidade	275
30. Visão para aqueles que não veem	285
31. Amado, mas afligido	295
32. Mistério: a tristeza dos santos a Jesus apraza	299
33. Mesmo agora	309
34. Ainda que morra	319

35. O crente catequizado — 328
36. O mestre — 337
37. Jesus chorou — 347
38. Podia ter sido, ou pode ser — 356
39. A esfera da instrumentalidade — 362
40. Desatando Lázaro — 372
41. As duas pescas — 382
42. "Sobre tua palavra" — 392
43. O médico dos médicos e o criado do centurião — 401
44. O eu humilhado, mas Cristo exaltado — 411
45. Homem sujeito à autoridade — 421
46. Bendita admiração — 428
47. O centurião, ou: Uma exortação aos virtuosos — 437
48. A fé e a humildade do centurião — 445
49. Um assombroso milagre — 454
50. Como lidar com a doutrina da eleição — 464
51. Os cachorrinhos — 474
52. O pão dos filhos dado aos cães — 484
53. Súplica, não contestação — 494
54. Pouca e muita fé — 503
55. A perseverança da fé — 513
56. Problema atual — 520
57. A figueira que secou — 530
58. Nada além de folhas — 540
59. A moral de um milagre — 550
60. Por que não eu? — 560
61. O Senhor e o leproso — 570
62. Primeiro a cura, depois o serviço — 580
63. A melhor visita — 590
64. A febre e sua cura — 600
65. O ministério da gratidão — 610
66. Com os discípulos no mar da Galileia — 620
67. Cristo adormecido na embarcação — 630
68. Por que a fé é tão frágil? — 640
69. Uma conversa franca com os negligentes — 650
70. Um vigário de Cristo em Decápolis — 660
71. De volta para casa — um sermão de Natal — 668
72. O perdão do médico a seu paciente paralítico — 677
73. Um novo modo de agir — 686
74. Levado por quatro outros — 696
75. O poder de cura do evangelho — 706
76. "Ali sentados" — 716
77. Primeiro o perdão, depois a cura — 726
78. Posso? — 733
79. A competência fracassada e o grande médico bem-sucedido — 743
80. O toque (I) — 752
81. O toque (II) — 762

82. Conte tudo 772
83. Enfim curada 782
84. "Não passara despercebida" 792
85. A mão atrofiada 802
86. Jesus se indigna com a dureza de coração 812
87. Jesus não é um fantasma 822
88. O Sr. Medroso confortado 832
89. A história de uma pequena fé 841
90. Esperança em casos desesperados 850
91. Um caso de desespero — como enfrentá-lo 858
92. "Se podes"... "Se [tu] podes!" 868
93. Fé onipotente 877
94. Onde se situa o "se" 887
95. O despertar da fé e suas nuvens 897
96. O conflito entre Satanás e quem se achega a Cristo 906
97. O último ataque do demônio 915
98. O mendigo cego 925
99. O clamor sincero do homem cego 933
100. Quando Jesus para 942
101. Um sermão evangelístico para visitantes 952
102. A crise da alma 961
103. Fé salvadora 970
104. Compaixão pela multidão 979
105. Jesus sabia o que fazer 989
106. Os pães nas mãos do Senhor 998
107. O milagre dos pães 1007
108. Certos cálculos curiosos sobre pães e peixes 1017
109. Um grande negócio 1026
110. Cedo ou tarde, ou *horae gratiae* 1036
111. Os primeiros últimos e os últimos primeiros 1046
112. Um sermão para os reconhecidamente negligentes e os adeptos nominais da religião ... 1055
113. Trabalhar para Jesus 1065
114. A parábola do banquete de casamento 1074
115. Fazendo pouco caso de Cristo 1083
116. A sala ficou repleta 1092
117. O que é a veste nupcial? 1102
118. A veste nupcial 1111
119. Servos inúteis 1121
120. Os dois talentos 1130
121. A recompensa do justo 1138
122. A separação final 1148
123. O que os trabalhadores do campo podem e não podem fazer ... 1157
124. A escolha de um líder 1167
125. Devedores falidos e perdoados 1176
126. Competição de amor 1185
127. O bom samaritano 1195
128. Boas-novas para você 1205

129. Juízo ameaçador e misericórdia salvadora ... 1215
130. "Este ano ainda" ... 1224
131. Tudo está preparado. Venham. ... 1228
132. Uma desculpa "esfarrapada" é pior do que nenhuma ... 1237
133. Uma resposta franca ... 1247
134. "Obriga-os a entrar" ... 1256
135. Calculando as despesas ... 1264
136. Pense antes de brigar ... 1273
137. A dracma perdida ... 1282
138. Um entre milhares, ou "abundância de pão" ... 1291
139. Confissão do pecado — um sermão com sete textos ... 1300
140. O momento da conversão ... 1308
141. O retorno do filho pródigo ... 1317
142. A recepção ao filho pródigo ... 1326
143. Amor pródigo pelo filho pródigo ... 1335
144. A recepção dos pecadores ... 1344
145. Professor de escola dominical, um mordomo ... 1354
146. O abismo sem ponte ... 1363
147. Um pregador vindo dentre os mortos ... 1372
148. A viúva importuna ... 1381
149. Em busca da fé ... 1391
150. Sermão para o pior homem do mundo ... 1400
151. Confissão e absolvição ... 1410
152. Os servos e as minas ... 1419
153. Nosso próprio e amado pastor ... 1429
154. Outras ovelhas e um rebanho ... 1438
155. As ovelhas e seu pastor ... 1448
156. A segurança dos fiéis ou ovelhas que jamais perecerão ... 1457
157. Vida eterna ... 1466
158. Um machado afiado nos ramos da videira ... 1475
159. Nada sem Cristo ... 1484
160. O segredo do poder da oração ... 1493
161. A candeia ... 1502
162. Os olhos e a luz ... 1512
163. Os dois construtores e suas respectivas casas ... 1521
164. Lançando os alicerces ... 1531
165. Uma ovelha perdida ... 1541
166. A parábola da ovelha perdida ... 1550
167. Nosso grande pastor encontra a ovelha ... 1559
168. Semeado em meio a espinhos ... 1565
169. Semente em solo pedregoso ... 1574
170. A parábola do semeador ... 1583
171. Poder, propósito e prontidão de Satanás ... 1593
172. O grão de mostarda — *Um sermão para os professores da escola dominical* ... 1597
173. Súplica do último mensageiro ... 1606

Prefácio à edição brasileira

Para conhecer os acontecimentos que envolveram a vida de Charles Haddon Spurgeon talvez seja suficiente ler seus biógrafos. Mas para conhecer sua alma é preciso ler seus sermões. Charles Spurgeon descende de uma linhagem de valorosos e piedosos ancestrais, sua conversão aos 15 anos numa pequena igreja sob a pregação de um desconhecido e limitado santo parece uma ironia do céu. Quem poderia imaginar que naquela reunião, sem o brilho eclesiástico das grandes catedrais, nasceria, espiritualmente, aquele que seria o "Príncipe dos Pregadores"?

Spurgeon foi notavelmente envolvido em um dinâmico ministério que contemplava atividades como orfanato, asilo de idosos, escola para pastores, escrever e editar livros, imprimir sermões e ainda a publicação de uma revista mensal (*The Sword and the Trowel*). Deus colocou sobre ele pesadas responsabilidades, e ele foi fiel e atuante em cada uma delas.

Mas foi no púlpito onde seu brilho excedeu. Foi como pregador que ele deixou Londres sob forte impacto ainda aos vinte e poucos anos de Idade. Ainda em vida seus sermões impressos chegavam à América onde eram largamente consumidos por pessoas encantadas com o poder da sua pregação. Seu sermão "A Regeneração Batismal" pregado em 1864 vendeu 300 mil impressões em uma semana. Em 1892 seus sermões já eram traduzidos em 9 idiomas. Seus sermões impressos, constituem um monumental legado também às gerações que vieram depois dele.

Para conhecer algo da alma de Charles Haddon Spurgeon, é preciso ler seus sermões. Um sermão de Charles Spurgeon não é uma peça retórica separada dele mesmo. Seu sermão é sua alma em apaixonado arrebatamento sem, contudo, ser piegas e rasa. É profundidade e beleza, é conteúdo bíblico, sólido, adornado pela piedade que constrange o leitor impelindo-o para Cristo.

Charles Spurgeon era um homem de estudo e oração e isso se refletia de modo pujante no púlpito na entrega de suas mensagens. Jamais se permitiu subir ao púlpito sem a alma carregada pela percepção da enorme responsabilidade que sua vocação lhe impunha. Consta uma ocasião em que sequer conseguiu se levantar do seu lugar de oração para ir ao púlpito, sendo conduzido pelas mãos dos diáconos, mas quando se levantou diante da igreja foi tomado por um impressionante senso da presença de Deus.

Seus sermões eram uma extensão do homem Charles Spurgeon. Sua atividade no púlpito não era uma mera atuação profissionalmente exigida. Sua aguda percepção da eternidade o fazia pleitear com os pecadores para que respondessem com arrependimento à proclamação do Evangelho de Cristo.

Mesmo quando mergulhado em tristeza pessoal ele subia ao púlpito para reivindicar os direitos de Cristo sobre os pecadores. Como quando seu filho Thomas decidiu ir para a Austrália e Spurgeon teve um pressentimento de que jamais o veria de novo. Naquele Domingo à noite ele subiu ao púlpito e pregou: "Ana uma mulher triste de espírito", e durante o resto da noite pleiteou com Deus, mas antes que o sol nascesse rendeu-se ao fato de que seu filho partiria com a sua bênção.

Num tempo como o nosso de pregações "apaixonadas" e vazias de um lado e sermões enciclopédicos e desapaixonados do outro, é preciso ler esse pregador de sermões flamejantes e completamente densos de instrução. Nas palavras dele mesmo: "Meu labor diário é reviver as velhas doutrinas de John Owen, John Gill, João Calvino, Agostinho de Hipona e Cristo".

A Editora Hagnos foi muito feliz ao colocar em nosso idioma essa preciosa coletânea de grandes pregações enfeixadas em um volume. Esse sermonário será muito apreciado pelos amantes da boa pregação. O povo de Deus de língua portuguesa será grandemente beneficiado por esses 173 preciosos sermões desse incomparável pregador. A Editora Hagnos abençoa muito a igreja brasileira colocando o "último dos puritanos" para, através da página impressa, falar aos nossos corações.

CLEYTON GADELHA
Escola Teológica Charles Spurgeon
Diretor Executivo.

1
A PERGUNTA DE NOSSO SENHOR AOS DOIS CEGOS

Partindo Jesus dali, seguiram-no dois cegos, que clamavam, dizendo: Tem compaixão de nós, Filho de Davi. E, tendo ele entrado em casa, os cegos se aproximaram dele; e Jesus perguntou-lhes: Credes que eu posso fazer isto? Responderam-lhe eles: Sim, Senhor. Então lhes tocou os olhos, dizendo: Seja-vos feito segundo a vossa fé. E os olhos se lhes abriram (Mt 9.27-30).

Hoje em dia[1], encontramos aqui e ali um mendigo cego nas ruas de nossas cidades; mas eles proliferam nas cidades do Oriente. A oftalmia é um flagelo no Egito e na Síria, e Volney declara que, de cada 100 pessoas com que ele deparou na cidade do Cairo, 20 apresentavam cegueira quase completa, 10 não tinham um olho e outras 20 eram portadoras de algum tipo de problema visual. Ficamos chocados diante do grande número de cegos em terras orientais nos dias atuais, mas as coisas provavelmente eram piores nos dias do nosso Salvador. Devemos ser profundamente gratos por terem sido controladas entre nós, nos tempos modernos, a hanseníase, a oftalmia e outras formas de doença. Assim, a praga que devastou nossa cidade duzentos anos atrás não é mais vista hoje, e os nossos hospitais de isolamento[2]* não estão mais repletos de hansenianos. A cegueira, por sua vez, é atualmente objeto de prevenção e cura, não sendo mais, de modo algum, um mal frequente a ponto de vir a constituir uma fonte geradora de pobreza no país.

Por existirem tantos cegos nos dias do nosso Salvador e de tantos se achegarem a ele, é que lemos com frequência sobre sua cura nos Evangelhos. A misericórdia foi ao encontro da miséria no próprio local desta. Ali, onde mais se manifestava a tristeza humana, o poder divino foi ainda mais compassivo. Agora, porém, em nossos dias, o mais comum é que os homens sejam cegos espirituais. Tenho grande esperança, todavia, de que nosso Senhor Jesus agirá de sua forma antiga, mostrando o seu poder em meio ao mal abundante.

Estou certo de que existem alguns, neste exato momento, que desejam obter visão espiritual e, especialmente, tal como os dois cegos do texto acima, ver Jesus — visão esta que é vida eterna. Estamos aqui para falar àqueles que percebem sua cegueira espiritual e que suplicam pela luz de Deus — a luz do perdão, a luz do amor e da paz, a luz da santidade e da pureza. Nosso profundo desejo é que possa ser retirado o manto das trevas, que os raios divinos possam encontrar passagem por entre a escuridão interior da alma e que a noite do caráter obscurecido se vá para sempre. Que o instante do amanhecer possa se manifestar a muitos de vocês, interiormente cegos. Iluminação imediata, eis a bênção que rogo a Deus sobre vocês. Sei que a verdade pode permanecer na mente por muitos anos e, finalmente, produzir frutos. Neste momento, no entanto, nossa oração é pelo alcance de resultados imediatos, pois somente isso está de acordo com a natureza da luz a respeito de que falamos. No princípio, Jeová disse "Haja luz", e houve luz; e quando Jeová Jesus caminhou aqui na terra, tocou os olhos dos cegos, e eles receberam visão imediatamente. Que a mesma obra rápida se realize agora!

---

[1] [NE] Neste e em outros artigos em que se fala de "hoje" "dias atuais", "entre nós", trata-se da época de vida do autor, que viveu de 1834 a 1892.

[2] * [NT] Hospitais reservados para o tratamento de doenças contagiosas na Inglaterra, no século xix, chamados *Lock hospitals*.

Homens que foram conduzidos até Jesus, ou chegaram apalpando as paredes até o lugar onde sua voz proclamava sua presença, foram tocados por seus dedos e voltaram para casa sem um guia, regozijando-se por lhes haver Jesus Cristo aberto os olhos. Jesus ainda pode realizar maravilhas como essas, e, sob total subordinação ao Espírito Santo, queremos pregar sua Palavra e ver os sinais que se seguirão, esperando poder vê-los imediatamente. Por que não seria possível que centenas de vocês, que chegaram neste Tabernáculo em estado de cegueira da mente, não saíssem daqui abençoados com a luz do céu? É este, de modo pleno, o desejo mais profundo e interior do nosso coração e é a isso que queremos nos dedicar com total empenho. Vamos, então, estudar juntos o texto e sejamos, enfim, bondosos para com nós mesmos o suficiente para estarmos prontos a sermos alcançados pelas verdades que ele irá colocar diante de nós.

I. Em primeiro lugar, ao examinarmos a passagem que se acha diante de nós, devemos concentrar nossa atenção NOS QUE BUSCARAM Jesus — os dois homens cegos. Existe algo neles digno de ser imitado por todos aqueles que almejam ser salvos.

Observamos, de imediato, que os dois cegos estavam *profundamente determinados*. A palavra que descreve seu apelo a Cristo é "clamavam", e, dado o uso dessa expressão, percebemos que não estavam simplesmente falando. O texto diz que eles "clamavam, dizendo...", e, percebam, clamar implica implorar, suplicar, rogar com determinação, energia e emoção. O tom de sua voz e sua gesticulação indicavam que não estavam como que gozando de férias, mas, sim, que levantavam um brado veemente. Imagine-se em tal situação. Quão desejoso você estaria de receber a bendita luz da visão se, por vários anos, tivesse sido levado a habitar naquilo que Milton chamou de "trevas eternas"? Eles estavam sedentos, famintos, de visão.

Não podemos esperar por salvação até que a busquemos com igual vigor; e, no entanto, poucos se mostram realmente determinados a serem salvos. Quão determinados estão muitos homens com relação ao dinheiro, à sua saúde e aos seus filhos! Quanto se entusiasmam tantos pela política ou pelos assuntos de sua cidade! Contudo, quando se toca em assuntos de verdadeira salvação, tornam-se tão frios quanto o gelo do Ártico. Como é possível uma coisa dessa? Será que alguém espera ser salvo enquanto dorme? Espera encontrar perdão e graça enquanto permanece na mais profunda indiferença? Se é esse o seu caso, você está redondamente enganado, pois *o reino dos céus é tomado à força, e os violentos o tomam de assalto* (Mt 11.12). Morte e eternidade, juízo e inferno não são coisas com as quais se possa brincar; o destino eterno da alma não é um assunto qualquer, e a salvação por meio do precioso sangue de Cristo não é uma bagatela. Os homens não são salvos de irem parar no abismo somente por fazerem um pequeno sinal com a cabeça ou com os olhos. Não basta simplesmente murmurar "nosso Pai" ou pronunciar um apressado "Senhor, tem misericórdia de mim". Aqueles cegos continuariam cegos se não estivessem determinados a terem seus olhos abertos. Muitos continuam em seus pecados porque não estão determinados a fugir deles. Aqueles homens estavam plenamente despertos. E você, meu prezado ouvinte, está acordado? Você pode se juntar a mim e cantar essas duas estrofes?

> Cristo, que agora passas por aqui,
> Tu és aquele que dá salvação.
> Ouve o pecador que clama a ti
> E cura a cegueira do meu coração.

> De coração me achego a ti,
> Misericórdia e perdão eu imploro.
> Ferido e desprezado cheguei aqui:
> Restaura minha visão, eu oro.

Por serem determinados, os cegos estavam *cheios de perseverança*, e eles seguiram Cristo, continuando a fazer seu pedido. Mas de que modo conseguiram acompanhar o caminho do Senhor? Não sabemos, mas deve ter sido bastante difícil para eles, que nada enxergavam. É provável que tenham perguntado a outras

A PERGUNTA DE NOSSO SENHOR AOS DOIS CEGOS | 11

pessoas que caminho o Mestre havia tomado, com os seus ouvidos bem abertos a qualquer ruído. Certamente disseram aos circunstantes: "Onde está ele? Onde está Jesus? Levem-nos, guiem-nos! Precisamos encontrá-lo!" Não sabemos quão longe o Senhor se distanciara deles, mas sabemos que, por mais longe que ele tenha ido, aqueles homens o seguiram e chegaram lá.

Achavam-se tão destemidamente perseverantes que, tendo chegado à casa onde Jesus se encontrava, não ficaram nem um minuto do lado de fora aguardando que ele saísse, mas irromperam na sala, onde certamente ele estava. Mostravam-se insaciáveis em sua busca pela visão. Seu clamor determinado provavelmente fez que Jesus interrompesse alguma pregação que fazia, desse uma pausa e ouvisse o que pediam: *Tem compaixão de nós, Filho de Davi*. A perseverança mais uma vez prevaleceu; e nenhum homem que conheça a arte da oração importuna e insistente há de se perder. Se você decidir que nunca deixará de bater na porta da misericórdia até que o Porteiro a abra, ele sem dúvida vai acabar abrindo-a. Se você se apegar, como Jacó, ao anjo da aliança, dizendo resolutamente *Não te deixarei ir, se me não abençoares* (Gn 31.6), sairá do lugar da luta sendo mais que vencedor. Lábios abertos em oração incessante fazem que os olhos se abram em plena visão de fé. Ore mesmo nas trevas, ainda que não haja esperança de luz, pois Deus, sendo ele mesmo luz, não menospreza um pobre coração suplicante, que leva um infeliz pecador a pedir e a implorar diante dele, com toda a intenção de continuar pedindo e implorando até que receba a bênção. A perseverança na oração é sinal seguro de estar próximo o momento da abertura dos olhos.

Os homens cegos *tinham um objetivo definido* em sua petição. Sabiam o que queriam; não eram crianças chorando por nada nem miseráveis gananciosos pedindo tudo: queriam ter visão e sabiam disso. Muitas almas cegas não têm consciência de sua cegueira e, quando oram, pedem qualquer coisa, menos aquilo que é necessário. Muitas orações assim chamadas consistem em dizer palavras bonitas e agradáveis, frases piedosas, mas não constituem propriamente orações. Para os salvos, oração é comunhão com Deus, e, para as pessoas que estão buscando a salvação, é pedir aquilo que você quer e espera receber em nome de Jesus, em nome de quem você se dirige a Deus. Mas que tipo de oração pode ser essa, na qual não há sentido algum de necessidade, não existe um pedido direto, nenhum clamor inteligente?

Querido ouvinte, você já pediu ao Senhor, em termos claros, para ser salvo? Já expressou sua necessidade de um novo coração, sua necessidade de ser lavado no sangue de Cristo, de ser feito filho de Deus, de ser adotado em sua família? Não existe oração enquanto a pessoa não saiba o motivo pelo qual está orando e até que se disponha a orar por *aquilo que quer*, como que sem se importar com nada mais. Se quem ora estiver determinado e for insistente, estará também inteiramente direcionado e cheio de um desejo claro, tendo toda a certeza de que será bem-sucedido em seu apelo. Retesará com braço forte o arco do desejo e na corda encaixará a flecha afiada de anseio veemente; e, então, com sua visão aguçada de percepção, buscará seu alvo. É de se esperar, portanto, que acerte, bem no centro, aquele alvo. Ore pedindo luz, vida, perdão e salvação. Ore por isso de toda a sua alma. Tão certo quanto Cristo está nos céus, ele lhe concederá essas boas dádivas. Pois existe alguém a quem ele acaso algum dia haja dado as costas?

Em sua oração, aqueles cegos *honraram a Cristo*, ao suplicar: *Tem compaixão de nós, Filho de Davi* (Mt 20.30). Os grandes da terra demoraram em reconhecer nosso Senhor como sendo de descendência real; mas esses pobres cegos proclamaram imediatamente o Filho de Davi como tal. Cegos, eles podiam, na verdade, ver muito mais do que alguns dos que têm os olhos perfeitos, podiam ver que o Nazareno era o Messias, o enviado de Deus para restaurar o reino a Israel. Com base nessa crença, sabiam que, como o Messias prometido abriria os olhos aos cegos, Jesus, sendo o Messias, poderia abrir os *seus* olhos. Assim, apelaram a ele para que realizasse tal sinal de seu ofício, honrando-o mediante uma fé prática e real. É o tipo de oração que apressa o céu, a oração que coroa o Filho de Davi. Ore glorificando a Cristo Jesus, enaltecendo-o, suplicando pelos méritos de sua vida e morte, dando a Jesus seus títulos gloriosos por ter sua alma grande reverência e estima por ele. As orações que prestam adoração a Jesus têm em si a força e a rapidez das asas da águia e subirão até Deus, pois nelas são abundantes os elementos do poder celestial. Orações que pouco consideram Cristo serão orações das quais Deus pouco irá considerar. Mas a oração em que a alma glorifica o redentor se ergue como coluna perfumada de incenso desde o Santo dos Santos, e o Senhor a recebe como agradável cheiro suave.

Observe, também, que, em sua oração, aqueles dois homens cegos *confessaram sua indignidade. Tem compaixão de nós, Filho de Davi* (Mt 20.30). Seu apelo era por misericórdia. Nada disseram sobre mérito algum, nada pediram por causa de sofrimentos passados ou de seus esforços perseverantes ou suas resoluções para o futuro; pediram simplesmente: "Tem compaixão de nós". Nunca receberá uma bênção de Deus aquele que a exige como se tivesse direito a ela. Temos de apelar a Deus na nossa verdadeira condição de criminosos condenados, que apelam à sua soberania, suplicando-lhe o exercício da prerrogativa real do livre perdão. Assim como o mendigo pede esmola alegando a necessidade dela, solicitando alguma ajuda por caridade, assim também temos de nos dirigir ao altíssimo apelando *ad misericordiam*, direcionando nossas súplicas à graça e às ternas misericórdias do Senhor. Há que implorarmos assim: "Ó Deus, se tu me destruíres, eu mereço isso. Se eu jamais receber um olhar de conforto vindo da tua face, nada posso reclamar. Mas, Senhor, por tua misericórdia, salva um pecador. Não tenho qualquer direito perante ti, mas, oh, porque és cheio de graça, olha para uma pobre alma cega que, com esperança, olha para ti".

Meus irmãos, meu vocabulário não é erudito. Nunca me dediquei à escola da oratória. De fato, meu coração abomina a própria ideia de procurar falar corretamente no momento em que as almas estão em perigo. Não; eu me esforço para falar diretamente ao seu coração e à sua consciência, e, se nesta multidão que me escuta, há alguém ouvindo da maneira correta, Deus irá abençoar sua palavra a este. "Mas que tipo de ouvir é esse?", pergunta você. É aquele ouvir em que a pessoa diz consigo mesma: "Já que eu percebi que o pregador está entregando a Palavra de Deus, eu o ouvirei atentamente e farei aquilo que ele diz que o pecador que busca a Deus deve fazer. Vou orar e suplicar, esta noite, e vou perseverar nos meus rogos procurando glorificar o nome de Jesus e, ao mesmo tempo, confessando minha própria indignidade. Vou suplicar pela misericórdia vinda das mãos do Filho de Davi". Feliz é o pregador que sabe que isso irá acontecer.

II. Faremos agora uma pausa por um instante, para abordarmos, em segundo lugar, A PERGUNTA QUE FOI COLOCADA DIANTE DELES. Os dois cegos queriam ter seus olhos abertos. Ambos se colocaram ante o Senhor, a quem não podiam ver, mas que *podia vê-los* e se revelar a eles por meio daquilo que ouviam. Ele então os questionou, não para que *ele* pudesse conhecê-los, mas para que eles pudessem conhecer a si mesmos. Jesus fez uma única pergunta: *Credes que eu posso fazer isto?* (Mt 9.28). Esta pergunta tocou na única coisa que se colocava entre eles e a visão. De sua resposta, dependia se sairiam daquela sala enxergando ou ainda cegos. *Credes que eu posso fazer isto?* (Mt.9.28) Acredito que entre todo pecador e Cristo existe apenas esta única pergunta: *Credes que eu posso fazer isto?*(Mt 9.28), e, se a pessoa puder responder com sinceridade, como fizeram os homens dessa narrativa — *Sim, Senhor* (Mt 9.28) —, certamente receberá como resposta "Seja-vos feito segundo a vossa fé".

Vamos analisar com bastante atenção essa importante pergunta de Jesus. Ela se referia *à fé daqueles homens. Credes que eu posso fazer isto?* Jesus não perguntou qual era o tipo de caráter que eles haviam tido no passado, pois, quando os homens chegam a Cristo, o passado lhes é perdoado. Não lhes perguntou se haviam tentado várias maneiras de terem seus olhos abertos, pois, quer eles houvessem tentado quer não, continuavam sendo cegos. Não perguntou se eles tinham achado alguma vez que poderia existir um médico misterioso capaz de realizar sua cura no futuro. Não. Perguntas curiosas e especulações inúteis jamais são sequer sugeridas pelo Senhor Jesus. Seu questionamento foi totalmente resumido em uma única pergunta, relativa a um único ponto, e este ponto era a fé: acreditavam eles que Jesus, o Filho de Davi, poderia curá-los?

Por que nosso Senhor sempre enfatiza essa questão da fé, não apenas em seu ministério, mas também por meio do ensino dos apóstolos? Por que a fé é tão essencial? Por causa de seu poder receptivo. Uma simples carteira não torna um homem rico, mas, se não houver um lugar onde possa colocar o dinheiro, como um homem poderá vir a adquirir riqueza? A fé, em si mesma, não pode contribuir para a salvação, mas é a carteira que sustenta em si um precioso Cristo; que sustenta, sim, todos os tesouros do amor divino. Se uma pessoa estiver com sede, um balde e uma corda, por si sós, não serão de muita utilidade, mas, senhores, se

A PERGUNTA DE NOSSO SENHOR AOS DOIS CEGOS | 13

existir um poço por perto, a coisa mais necessária e desejada será um balde e uma corda, por meio dos quais a água poderá ser tirada do fundo do poço. A fé é o balde com a corda, por meio do qual um homem pode tirar a água do poço da salvação e bebê-la, para contentamento do seu coração. É possível que, em alguma ocasião, você tenha parado por um momento para beber água em algum lugar e tenha realmente desejado beber, mas não tenha encontrado um meio de fazê-lo. A água poderia até fluir, mas você não tinha como bebê-la. Seria de fato extremamente perturbador estar diante de uma fonte, sedento, sem conseguir beber por falta de um meio para isso. A fé é esse meio, esse pequeno copo ou vasilhame que podemos colocar junto à fonte que jorra a graça de Cristo: nós o encheremos dessa água, então beberemos e seremos restabelecidos. É esta a importância da fé.

Para os nossos antepassados, poderia parecer inútil lançar cabos submarinos de telegrafia no fundo do mar, da Inglaterra até os Estados Unidos, e na verdade teria sido inútil se a ciência não tivesse descoberto como nos comunicarmos por meio de impulsos elétricos. No entanto, os cabos submarinos são hoje um meio da maior importância, pois o melhor da telegrafia seria inútil para a comunicação internacional se não houvesse um meio de interligar por ela os dois continentes. A fé é exatamente isso: é o elo que interliga nossa alma a Deus e por meio do qual sua mensagem viva brilha em nossa alma. Às vezes, a fé é fraca, comparando-se tão somente a uma película muito delgada. Contudo, mesmo assim é bastante preciosa justamente por isso, pois é o início de grandes coisas. Anos atrás, queriam fazer uma ponte suspensa por cima de um abismo por onde corria, bem abaixo, um rio navegável. De um lado a outro do penhasco, deveria ser sustentada uma ponte de aço nas alturas do céu; mas como começar? Atiraram uma flecha de um lado ao outro do abismo, carregando, por cima daquela garganta, uma linha bem fina. Aquela linha quase invisível foi suficiente para começar. A conexão estava estabelecida. Ela levava após si um fio mais grosso, o qual puxava uma corda, corda esta que logo carregou um cabo; e, no devido tempo, foram levadas as correntes de aço e tudo o mais necessário à construção daquele caminho nos ares. A fé também é frequentemente muito fraca, mas é ainda assim do mais alto valor, pois começa a formar uma comunicação entre a alma e o Senhor Jesus Cristo. Se você crer no Senhor, existirá um elo entre ele e você: sua pecaminosidade cessará com a graça de Jesus; sua fraqueza irá se apoiar na força de Deus; sua nulidade se esconderá na autossuficiência divina. Mas, se você não crer, estará separado de Jesus e nenhuma bênção poderá fluir em sua direção. Assim, a pergunta que eu tenho para fazer no nome do meu Mestre nesta noite a todos aqueles pecadores que estão buscando salvação tem que ver com sua fé e nada mais. Não importa para mim se você pesa mais de 100 quilos ou ganha apenas alguns trocados por semana, se você é um príncipe ou um mendigo, se você é nobre ou plebeu, se é instruído ou ignorante. Temos o mesmo evangelho para entregar a todo homem, mulher e criança, e temos de enfatizar o mesmo ponto: "Você crê?" Se você crê, será salvo; se não crê, não poderá participar da bênção da graça.

Em seguida, observemos que a pergunta se referia à *fé em Jesus*. "Credes que *eu* posso fazer isto?" Se perguntássemos ao pecador que passou por um despertamento: "Você crê que pode salvar a si mesmo?", sua resposta seria "Não, eu não creio. Eu já aprendi. Minha autossuficiência acabou". Se fizéssemos a ele outra pergunta: "Você acredita que as ordenanças, os meios de graça e os sacramentos podem salvar?", se ele for um penitente esperto e desperto, responderá: "Isto eu também já aprendi. Já experimentei tudo isso, mas tudo isso, por si mesmo, é apenas vaidade". De fato, é assim: não existe em nós e ao nosso redor nada sobre o que a nossa esperança possa ser construída, nem que seja por um breve momento. Mas a nossa busca vai além de si mesma, nos lança tão somente em Jesus, levando-nos a ouvir o próprio Senhor nos perguntar: *Credes que eu posso fazer isto?*

Amados, quando falamos sobre o Senhor Jesus Cristo, não estamos falando sobre uma pessoa meramente histórica; falamos daquele que está acima de todos os outros. Ele é o Filho do Deus altíssimo e, mesmo sendo isto, veio a esta terra e nasceu como uma criança, em Belém. Como criança, foi acalentado e dormiu no colo de uma mulher e cresceu exatamente como as outras crianças. Tornou-se um homem em plenitude de estatura e sabedoria, vivendo aqui por trinta anos ou mais, fazendo o bem. Por fim, este Deus glorioso em carne humana morreu, *o justo pelos injustos, para levar-nos a Deus* (1Pe 3.18), colocando-se no lugar do homem culpado para sofrer a punição reservada a esse homem — de modo que Deus fosse justo e ainda assim o justificador de todo aquele que crê. Morreu e foi sepultado, mas a sepultura pôde contê-lo apenas por um período curto de tempo. Logo na manhã do terceiro dia, ressuscitou e deixou os mortos para nunca mais morrer. Ressurreto, ficou aqui o tempo suficiente para que muitos pudessem vê-lo vivo e em um corpo. Nenhum evento na história é tão bem atestado quanto a ressurreição de Cristo. Foi visto por indivíduos e por duplas, por dezenas e por cerca de quinhentos irmãos de uma só vez. Depois de ter revivido aqui por algum tempo, subiu aos céus na presença de seus discípulos, levado por uma nuvem até que não mais fosse visto. Neste momento, está sentado à mão direita de Deus: o mesmo que morreu sobre o madeiro está agora entronizado no mais alto dos céus, Senhor de tudo, e todo anjo se deleita em lhe prestar adoração.

A única pergunta que *ele* faz a você hoje, por meio destes pobres lábios, é esta: "Você crê que eu posso salvá-lo — que eu, o Cristo de Deus que agora habita no céu, sou capaz de salvá-lo?" Tudo depende de sua resposta a esta pergunta. Eu sei qual deve ser a sua resposta. Se ele é Deus, nada é impossível nem mesmo difícil para ele. Se Jesus Cristo foi enviado a esta vida para fazer a expiação dos pecados, e se Deus aceitou essa expiação, permitindo que ressuscitasse dos mortos, então deve haver eficácia em seu sangue para me limpar dos pecados, até mesmo a mim. Sua resposta, portanto, deverá ser: "Sim, Senhor Jesus, eu creio que tu és capaz de fazer isso".

Agora, porém, quero enfatizar outra palavra do texto e desejo que *você* também a enfatize. "Credes que eu posso fazer *isto*?" Seria totalmente inútil se aqueles homens cegos dissessem "Cremos que o Senhor pode ressuscitar os mortos". "Não", diz Cristo, "o assunto em questão é a abertura dos seus olhos. Vocês creem que eu posso fazer *isto*?" Eles poderiam ter respondido: "Bom Mestre, nós cremos que o Senhor estancou a hemorragia de uma mulher quando ela tocou suas vestes". "Não", responde ele, "não é disso que estou falando. Os seus olhos precisam ser curados, vocês querem ter visão, e a pergunta sobre sua fé é se vocês creem que eu posso fazer *isto*". Alguns aqui podem talvez acreditar que isso serve apenas para outras pessoas; devemos, então, tornar essa questão pessoal, diretamente relativa a você, e perguntar: "Você crê que Cristo é capaz de salvar *você* — até mesmo *você*? Crê que ele é capaz de fazer *isto*?"

É bem provável que eu esteja me dirigindo a alguém que tenha ido muito longe no pecado. Pode ser, meu amigo, que você tenha acumulado uma grande quantidade de iniquidade em um pequeno espaço. Você procurou ter uma vida segura e feliz e, de acordo com as suas perspectivas atuais, já deve ter o suficiente para uma vida materialmente segura, mas sua felicidade praticamente não existe. Ao olhar sua vida para trás, você certamente deverá refletir que nunca um jovem jogou fora a vida de uma maneira mais tola do que você fez. Então, você deseja ser salvo? Você pode dizer de coração que deseja isso? Responda, então, a mais esta pergunta: você crê que Jesus Cristo é capaz de fazer *isto*, ou seja, apagar todos os *seus* pecados, renovar *seu* coração e salvar *você* esta noite? "Ah, meu senhor, eu creio que ele é capaz de perdoar os pecados." Mas você crê que ele é capaz de perdoar os *seus* pecados? O assunto em questão é *você*: como anda a sua fé, neste instante? Esqueça a situação das outras pessoas e considere apenas a *sua*. Você crê que Jesus Cristo é capaz de fazer *isto*? *Isto* — este seu pecado, esta sua vida desperdiçada — Jesus será capaz de lidar com *isto*? Tudo depende de sua resposta a esta pergunta. Somente uma fé vazia imaginaria crer no poder do Senhor sobre os outros, mas não ter confiança nele para si mesmo. Você tem de crer que ele é capaz de fazer *isto* — isto que se refere a *você*; do contrário, para todos os fins, você não passa de um descrente.

Sei também que estou falando a muitas pessoas que jamais se perderam nos vícios deste mundo. Agradeço a Deus por este seu benefício, por você ter guardado o caminho da moralidade, da sobriedade e da honestidade. Contudo, sei que alguns de vocês já chegaram quase a desejar, ou, pelo menos, já passou por sua mente, que pudessem ter sido grandes pecadores, ter ouvido um sermão do modo que os consumados pecadores ouvem e pudessem ver em vocês uma mudança igual àquela que viram em alguns deles, de cuja conversão não se pode duvidar. Se é este o seu caso, não dê lugar a um pensamento ou desejo tão insensato; mas ouça com atenção enquanto faço essa pergunta a você também. Seu caso é o de um moralista que obedece a todas as obrigações exteriores, mas tem negligenciado seu Deus — é o caso de um moralista que sente como se o arrependimento fosse impossível, porque se tem alimentado há tanto tempo de justiça própria que não sabe mais como fazer cessar essa degeneração? O Senhor Jesus Cristo pode, do mesmo modo, facilmente salvá-lo de sua justiça própria tanto quanto ele pode salvar outro pecador de seus hábitos condenáveis. Crê que ele é capaz de fazer *isto*? Crê que ele é capaz de atender a *este* caso, o *seu* caso particular? Responda-me "sim" ou "não".

Contudo, você pode alegar: "Meu coração é muito duro". Crê que Jesus Cristo pode suavizá-lo? Supondo que seu coração possa ser rijo como granito, você crê que o Cristo de Deus é capaz de amolecê-lo como cera em um piscar de olhos? Supondo que seu coração seja tão instável quanto o vento e as ondas do mar, você consegue crer que o Senhor pode transformá-lo em uma pessoa de mente firme e colocá-lo firmemente sobre a Rocha Eterna para sempre? Se você crê em Jesus, ele fará isso por você, pois isso será feito segundo a sua fé. Mas eu sei onde é que o parafuso aperta. Todo mundo procura fugir na direção de um pensamento de que acredita no poder de Cristo para os outros, mas que treme em relação a si mesmo. Cabe-me então segurar cada pessoa e mantê-la presa à questão referente a si mesma; tenho de segurá-la e levá-la a uma prova real. Jesus pergunta a cada um de vocês: "Credes que eu posso fazer *isto*?"

"Por que", poderá indagar alguém, "seria a coisa mais surpreendente que o próprio Senhor Jesus já teria feito se me salvasse esta noite?" Crê, então, que ele pode fazer isso? Confia em que ele é capaz de fazer *isto* agora? "Mas, ainda assim, seria uma coisa muito estranha, quase como um milagre!" O Senhor Jesus realiza coisas estranhas; é este o jeito dele. Ele foi sempre um realizador de milagres. Você não pode crer que ele seja capaz de fazer *isto* por você, até mesmo *isto*, o necessário para que seja salvo?

É maravilhoso o poder da fé — poder que afeta o próprio Senhor Jesus. Tenho experimentado com frequência, nas coisas mais simples, como a confiança pode nos conquistar. Quem não é frequentemente conquistado pela credulidade de uma criança? Um simples pedido pode ser por demais cheio de confiança para que seja recusado. Você já foi solicitado por um cego em um cruzamento, que lhe pediu: "Poderia, por favor, me ajudar a atravessar a rua?" E provavelmente ele deve ter dito mais alguma coisa gentil, como: "Sei, pelo tom da sua voz, que é uma pessoa boa, em quem posso confiar". No mesmo instante, você se sente disposto a fazê-lo, que você não pode deixá-lo sem ajuda. Quando uma alma diz a Jesus: "Eu sei que tu podes me salvar, meu Senhor, eu sei que tu podes; portanto, confio em ti" — ele não irá expulsá-la, não mandará essa pessoa embora, pois ele mesmo declarou: *O que vem a mim de maneira nenhuma o lançarei fora* (Jo 6.37).

Costumo contar uma história para ilustrar esse ponto. É uma história bastante simples, mas que mostra como a fé sempre vence. Muitos anos atrás, cerquei meu jardim com um tipo de cerca viva, muito bonita, mas que pouco servia de proteção. Meu vizinho tinha um cachorro que gostava de visitar meu jardim, e, como o tal cachorro nunca tratou bem as minhas flores, nunca fui muito cordial em lhe dar boas-vindas. Uma noite, ao sair de casa, vi o cão fazendo travessuras por ali. Joguei um galho em sua direção e mandei que fosse embora. Mas de que modo a boa criatura me respondeu? Virou-se, abanou a cauda e, feliz da vida, pegou o galho e o trouxe a mim, deixando-o aos meus pés. Bati nele? Claro que não, não sou nenhum monstro. Eu me envergonharia de mim mesmo se não tivesse feito um agrado nas suas costas e lhe dito que poderia voltar quando quisesse. Tornamo-nos amigos imediatamente, porque, como você pôde ver, ele confiou em mim e me conquistou.

A filosofia da fé que um pecador tem em Cristo é simples como essa história. Assim como o cachorro conquista o homem ao se entregar com confiança a ele, do mesmo modo o pobre pecador culpado conquista o próprio Senhor ao confiar nele, como que lhe dizendo: "Senhor, sou um pobre cão pecador, e tu poderias me mandar embora, mas eu creio que tu és bom demais para fazer isso. Eu creio que me podes salvar e, assim, me entrego a ti. Esteja eu perdido ou salvo, entrego-me a ti totalmente". Caro ouvinte, você nunca estará perdido se confiar no Senhor dessa maneira. Aquele que se entrega desse modo a Jesus responde afirmativamente à pergunta: *Credes que eu posso fazer isto?* — e não lhe resta mais nada a fazer senão prosseguir nesse caminho e regozijar-se, pois o Senhor abriu seus olhos e o salvou.

III. Em terceiro lugar, AQUELA PERGUNTA FOI BASTANTE RAZOÁVEL. *Credes que eu posso fazer isto?* Um instante, por favor. Deixe-me mostrar por que esta pergunta feita por Cristo foi bastante razoável e é igualmente razoável que eu a faça a muitos aqui presentes. Nosso Senhor Jesus poderia ter argumentado: "Se vocês não acreditam que eu sou capaz de fazer isso, *por que me seguiram?* Por que andaram atrás *de mim* mais do que qualquer outra pessoa? Vocês vieram atrás de mim pelas ruas e chegaram até esta casa, onde estamos; por que fizeram isso, se não acreditam que eu sou capaz de abrir os seus olhos?" Assim também, grande parte de vocês que estão aqui esta noite frequenta lugares de adoração a Deus e gosta de estar aqui. Mas por que o faria, se não acreditasse em Jesus? Por que vocês vêm até aqui ou vão a algum outro lugar de adoração? Estão em busca de um Salvador que não pode salvá-los? Procuram em vão por alguém em quem não podem confiar? Eu nunca ouvi falar de tal loucura, a de que um homem doente vá a um médico em quem não confia. Você veio aqui hoje à noite e frequenta outros lugares de adoração a Deus em outros momentos sem ter nenhuma fé em Jesus? Então, por que você veio? Que pessoa inconsistente, então, você deve ser!

Repetindo: aqueles homens cegos estavam pedindo para Jesus lhes abrir os olhos, mas *por que eles oravam?* Se eles não acreditavam que Jesus poderia curá-los, então suas orações eram uma zombaria. Você pediria a uma pessoa que fizesse uma coisa que sabia que ela não poderia fazer? As orações não devem ser medidas pela quantidade de fé que pomos nelas? Eu sei que alguns de vocês têm o hábito de orar desde criança; que você raramente vai dormir sem antes repetir a fórmula de oração que sua mãe lhe ensinou. Por que você faria isso se não acreditasse que Jesus Cristo pode salvá-lo? Por que pediria que ele fizesse o que você não acredita que ele pudesse fazer? Que inconsistência estranha — orar sem fé!

Além disso, aqueles dois cegos chamaram Jesus de "Filho de Davi". Por que eles *reconheceram o seu messiado*, dessa maneira? A maioria de vocês faz a mesma coisa. Suponho que nesta congregação existam poucos que tenham dúvidas sobre a divindade de Cristo. Você acredita na Palavra de Deus: não tem dúvidas de que ela é inspirada e acredita que Jesus Cristo viveu, morreu e voltou para sua glória. Bem, então, se você não acredita que ele é capaz de salvá-lo, o que quer dizer quando afirma que ele é Deus? Ele é Deus e, mesmo assim, não é capaz? Sofreu sacrifício de morte, derramamento de sangue, expiação, e ainda assim não é capaz de salvar? Ó homem, então seu credo nominal não é aquilo em que você realmente crê. Se você fosse escrever seu verdadeiro credo, ele seria mais ou menos assim: "Eu não creio em Jesus Cristo como Filho de Deus, ou que tenha feito uma total expiação pelo pecado, pois não creio que seja capaz de me salvar". Isto não seria correto e completo?

Bem, por você estar sempre ouvindo a Palavra, por suas orações habituais e por professar que acredita nessa grande e velha Bíblia, eu o desafio a me responder: como é possível que você não acredite em Jesus? Senhores, ele tem de ser capaz de salvá-los. Vocês sabem que faz uns 27 anos ou mais que passei a confiar nele e que acho que devo falar sempre a seu respeito. Em todo momento de trevas, em toda hora de desalento, em toda provação, eu descubro que ele é fiel e verdadeiro e, por confiar nele com toda a minha alma, se eu tivesse mil almas, confiaria nele com todas elas. Se eu tivesse tantas almas quantos são os grãos de areia da praia, não pediria um segundo Salvador, mas colocaria todas as almas naquelas mãos queridas que foram traspassadas pelos pregos, com as quais ele pode nos segurar e sustentar para sempre. Ele é digno da sua confiança, e a sua confiança é tudo o que ele pede de você: sabendo que ele é capaz de fazê-lo — e você não pode duvidar de que ele esteja disposto a fazê-lo, já que foi por isso que ele morreu —, ele pede que você aja de acordo com sua crença de que ele é capaz de salvá-lo e que você se entregue a ele.

IV. Não quero retê-los por mais tempo e, portanto, quero destacar A RESPOSTA que aqueles homens cegos deram a esta pergunta. Eles disseram a Jesus: "Sim, Senhor". Bem, agora vou avançar um pouco mais com a pergunta, direcionando-a a você e repetindo-a mais uma vez: Acredita que Cristo é capaz de salvar *você*, que é capaz de fazer isso, tratar do seu caso em toda a sua singularidade? Agora, a sua resposta. Quantos vão dizer "sim, Senhor"? Estou levemente inclinado a pedir que você diga isso em voz alta; contudo, vou pedir que você diga isso no segredo da sua alma: "Sim, Senhor". Que Deus Espírito Santo o ajude a dizer isso *decididamente*, sem nenhuma hesitação e reserva mental: "Sim, Senhor. Olhos

A PERGUNTA DE NOSSO SENHOR AOS DOIS CEGOS

|17

cegos, língua muda, coração frio — eu sei, Senhor, que tu és capaz de mudar tudo isso e descanso em ti nesse particular, para ser renovado por tua graça divinal". Diga isso com seriedade. Diga isso de maneira decisiva e decidida, com todo o seu coração: "Sim, Senhor".

Perceba que eles disseram isso *imediatamente*. Não se passou um átimo de tempo desde o instante em que a pergunta saiu da boca de Cristo até que eles respondessem "Sim, Senhor". Nada há como ser pronto na resposta; pois, se você a um homem disser *Credes que eu posso fazer isto?* e ele para, franze a testa, coça a cabeça e, por fim diz "S-s-sim", este "sim" não irá se parecer muito com um "não"? O melhor "sim" do mundo é o "sim" que sai de imediato dos lábios. "Sim, Senhor; tal como sou, creio que tu podes me salvar, pois eu sei que o teu precioso sangue pode limpar toda mancha. Apesar de eu ser um velho pecador, um pecador contumaz; apesar de haver abandonado minha profissão de fé e ter bancado apóstata; apesar de poder parecer um proscrito da sociedade; apesar de eu não me sentir neste momento como gostaria de me sentir e ser exatamente o oposto daquilo que deveria ser — ainda assim creio que, se Cristo morreu pelos pecadores, se o Filho eterno de Deus foi para o céu para interceder pelos pecadores, então ele *pode também salvar perfeitamente os que por ele se achegam a Deus* (Hb 7.25). E eu me achego a ti, ó Deus, nesta noite, por meio dele, verdadeiramente crendo que ele é capaz de salvar até mesmo a mim." Esse é o tipo de resposta que Deus deseja receber de todos vocês. Que o Espírito de Deus possa produzi-la!

V. Vejamos então A REAÇÃO DE NOSSO SENHOR à resposta deles. Ele disse: *Seja-vos feito segundo a vossa fé.* Foi como se ele tivesse dito: "Se você acredita em mim, existe luz para os seus olhos cegos. Quanto mais verdadeira for sua fé, mais verdadeira será sua visão. Se você acredita de maneira plena e decisiva, terá não apenas um olho aberto, nem ambos os olhos meio abertos, mas receberá a visão plena. A fé decidida há de tirar de você todo defeito e tornar sua visão forte e clara. Se for pronta a sua resposta, assim será a minha resposta. Você verá em um instante, pois creu em um instante". O poder do Senhor entrou em contato com a fé daqueles homens. Se sua fé fosse verdadeira, sua cura também seria. Se sua fé fosse completa, sua cura seria também completa. Se a fé deles dissesse "sim" imediatamente, Jesus imediatamente lhes daria visão. Se você esperar para dizer "sim", terá de esperar para receber a paz. Mas se você disser, nesta noite, "eu vou me aventurar, pois já percebi que é assim: Jesus tem de ser capaz de me salvar, e eu me entregarei a ele" — se você fizer isso imediatamente, receberá paz instantânea. Sim, meu jovem, você aí no banco, você que carrega consigo um grande fardo esta noite, vai encontrar descanso. Você ficará querendo imaginar para onde foi o fardo, olhará em redor e descobrirá que desapareceu; porque você olhou para o crucificado e confiou a ele todos os seus pecados. Seus maus hábitos, aqueles que você tem tentado em vão vencer, que forjaram cadeias para mantê-lo preso, vai descobrir que saíram de você, como teias de aranha que foram desfeitas. Se você pode confiar em que Jesus é capaz de quebrá-los e pode entregar-se a ele para ser renovado, isto será feito, e o será esta noite; e os portais eternos irão tinir sinos dobrados de graça soberana.

Todo o assunto que tinha de expor, acabo de expô-lo a você. Minha esperança é que o bendito Espírito de Deus o leve a buscar do mesmo modo que os homens cegos buscaram Cristo e, especialmente, a confiar nele do mesmo modo que o fizeram.

Uma última palavra. Existem algumas pessoas que são especialmente diligentes em encontrar razões pelas quais não deveriam ser salvas. Tenho lutado com algumas pessoas assim, às vezes por mais de meia hora, e elas sempre terminam dizendo: "Sim, isto é verdade, senhor, mas...". Procuramos então fazer este "mas" em pedacinhos, mas, daí a pouco tempo, acham outro "mas" e dizem "sim, agora entendo, mas...". E, assim, fortalecem suas crenças com seus "mas". Se qualquer pessoa aqui pudesse ser tão generosa a ponto de lhe dar mil libras, você seria capaz de encontrar alguma razão pela qual a pessoa não devesse fazer isso? Bem, fico imaginando que, se essa pessoa chegasse até você e lhe desse um cheque nesse valor, se você iria ficar tentando descobrir alguma objeção para isso? Você não ficaria dizendo "Bem, eu deveria receber esse dinheiro, mas...". Não. Se houvesse qualquer motivo pelo qual você não devesse aceitar esse dinheiro, deixaria que as outras pessoas o descobrissem por si mesmas. Você não se empenharia nem ficaria dando tratos à bola para tentar descobrir argumentos contra si mesmo; você não é tão inimigo assim de si mesmo. Contudo, em relação à vida eterna, que é infinitamente mais preciosa do que todos os tesouros do mundo, os homens agem da maneira mais absurda, argumentando: "É, eu realmente desejo isto e Cristo é capaz de me conceder, mas...". Que grande tolice é argumentar contra si mesmo. Se um homem estivesse numa prisão condenado à morte, e tivesse de ser colocado ante um batalhão de fuzilamento na manhã seguinte, mas uma autoridade viesse à sua cela e anunciasse: "Existe perdão para você" — você acha que tal homem levantaria alguma objeção? Será que diria "Eu gostaria de mais meia hora para considerar minha situação e encontrar o motivo pelo qual não deva ser perdoado"? Não. Ele pularia de alegria ali mesmo. Oh, que você possa também saltar de alegria rumo ao perdão, esta noite. Permita o Senhor que você tenha tal sentimento de perigo e culpa que possa responder imediatamente: "Eu creio; eu vou crer em Jesus".

Os pecadores não são de modo algum mais delicados que os pássaros. Davi disse em um de seus salmos: *Tornei-me como um passarinho solitário no telhado* (Sl 101.7). Você já observou um passarinho qualquer, como um pardal? Ele mantém seus olhos bem atentos e, no momento em que vê no chão um grão ou qualquer outra coisa para comer, voa para pegar. Nunca vi um passarinho esperando que alguém o convidasse quanto mais que pedisse ou implorasse, para ele ir até ali e comer. Ele vê a comida e diz a si mesmo: "Aqui está um pardal faminto e ali está um pedaço de pão. Estas duas coisas se combinam perfeitamente e não podem ficar separadas!" Então, ele voa até o alimento e come tudo o que puder encontrar, o mais rápido possível. Oh, se você tivesse metade do bom senso de um pardal, diria: "Aqui está um pecador culpado e ali está um precioso Salvador. Estas duas coisas se combinam perfeitamente e não podem ficar separadas! Eu creio em Jesus, e Jesus é meu".

Que o Senhor permita que você encontre Jesus esta noite antes de deixar este lugar. Oro para que isso aconteça a você. Que nesses bancos e corredores você possa olhar para Jesus Cristo e crer nele. A fé é apenas um olhar, um olhar de simples confiança. É entrega, é a crença de que ele é capaz de fazer isso e a confiança em que ele pode fazer isso e o fará agora. Deus abençoe todos vocês e que possamos nos encontrar no céu, pelo amor de Cristo. Amém.

2

O CAMINHO SIMPLES DO HOMEM PARA A PAZ

Partindo Jesus dali, seguiram-no dois cegos, que clamavam, dizendo: Tem compaixão de nós, Filho de Davi.
E, tendo ele entrado em casa, os cegos se aproximaram dele; e Jesus perguntou-lhes: Credes que eu posso
fazer isto? Responderam-lhe eles: Sim, Senhor. Então lhes tocou os olhos, dizendo: Seja-vos feito segundo
a vossa fé. E os olhos se lhes abriram. Jesus ordenou-lhes terminantemente, dizendo: Vede que ninguém o
saiba (Mt 9.27-30).

Desejo lhes expor este acontecimento não para dele extrair ilustrações, mas com a finalidade de direcionar sua atenção para um único aspecto, o de sua extrema simplicidade. Existem nos Evangelhos vários casos e eventos referentes a cegos, em que participam destacadamente, como no episódio do lodo curativo feito por Jesus com terra e sua própria saliva, enviando o paciente a se lavar no poço de Siloé, além de muitos outros. Aqui, porém, a cura é extremamente simples: dois homens são cegos, clamam a Jesus, dele se aproximam, confessam sua fé e recebem visão imediata.

Em alguns casos de milagres realizados por Cristo, ocorreram circunstâncias de dificuldade. Em um deles, um homem é baixado por entre o telhado, seguro por quatro amigos. Em um segundo caso, uma mulher vai atrás de Jesus no meio da multidão e, com grande esforço, toca as vestes do Senhor. Lemos também sobre outro homem, que estava morto havia quatro dias e, por isso, a possibilidade de sair do túmulo era praticamente inexistente. No presente episódio, porém, navegamos em águas tranquilas. Aqui estão dois cegos, cientes de sua cegueira e confiantes de que Cristo lhes pode dar a visão. Clamam a Jesus, vão até ele, acreditam que ele seja capaz de lhes abrir os olhos e recebem visão na mesma hora.

Pode-se perceber que, neste caso, os elementos de simplicidade são: senso da cegueira e desejo pela visão. A partir daí, vem o clamor, o encontro com Cristo, a declaração aberta de fé e, então, a cura. Tudo muito sucinto. Não há detalhes nem quaisquer aspectos que possam sugerir ansiedade: a questão toda é simples por si mesma, e é a este assunto que quero me dedicar desta vez.

Existem casos de conversão que são tão simples quanto este da abertura dos olhos dos cegos. Não devemos duvidar da realidade da obra da graça neles presente apor causa da ausência de eventos singulares ou detalhes tocantes. Não devemos supor que uma conversão possa ser uma obra menos autêntica do Espírito Santo só pelo fato de ser extremamente simples. Que o Espírito Santo abençoe nossa meditação.

I. Para que o nosso sermão possa alcançar muitos, começarei fazendo um comentário. Em primeiro lugar, é fato indubitável que MUITAS PESSOAS ENFRENTAM SÉRIOS PROBLEMAS PARA PODEREM CHEGAR A CRISTO.

De fato, deve-se admitir que nem todos chegam a ele de maneira tão imediata como os dois cegos. Existem exemplos, registrados em biografias — muitos dos quais nos são conhecidos e, talvez, nosso próprio exemplo esteja entre eles —, em que chegar a Cristo foi uma questão de luta, esforço, decepção, longa espera e, por fim, uma espécie de desespero, por meio do qual somos forçados a chegar a Cristo. Na obra *O peregrino*, de John Bunyan, vê-se a descrição de como o personagem principal chega ao portão estreito: o personagem de nome Evangelista lhe aponta uma luz e um portão, e ele segue por aquele caminho de acordo com sua orientação. Já contei algumas vezes a história de um jovem escocês, de Edimburgo, que estava muito ansioso para falar a outras pessoas a respeito da alma delas. Assim, certa manhã, ele se dirigiu a uma senhora, uma velha peixeira de Musselburgh, e foi dizendo:

— Então, aqui está você com o seu fardo!

— É... — respondeu ela.

Ele então lhe perguntou:

— Já sentiu alguma vez o peso de um fardo espiritual?

— Sim — disse ela, um pouco mais à vontade —, eu sentia um fardo espiritual alguns anos atrás, antes de você nascer, mas me livrei dele. Só que eu não fiz como fez o Peregrino de Bunyan, não.

Nosso jovem amigo ficou bastante surpreso ao ouvir isso. Achou que ela deveria estar cometendo um grave erro e lhe pediu que explicasse.

— Bem — disse ela —, quando comecei a ficar preocupada com minha alma, ouvi um verdadeiro ministro do evangelho. Ele me mandou olhar para a cruz de Cristo, e então me livrei do meu fardo do pecado. Não dei ouvidos a esses pregadores água com açúcar, como o tal Evangelista de Bunyan.

— Como a senhora conseguiu fazer isso? — perguntou nosso jovem amigo.

— O Evangelista de Bunyan, quando se encontra com Cristão, o homem que traz um fardo nas costas, lhe diz: "Está vendo aquele portão estreito?" "Não", diz Cristão, " não vejo". "Você vê aquela luz?" "Acho que sim". Mas, afinal de contas — continuou ela — por que Evangelista fala com ele sobre portão estreito e luz, em vez de dizer: "Você vê Jesus Cristo pregado na cruz? Olhe para ele, e o fardo cairá dos seus ombros"? Evangelista manda aquele homem seguir pelo caminho errado quando diz que vá para o portão estreito, embora tenha feito bem em mandá-lo fazer isso. Do contrário, muito provavelmente ele teria se afogado rapidamente no pântano do desespero. Eu só vou lhe dizer uma coisa: eu olhei diretamente para a cruz, e o meu fardo se foi.

— Como assim? — indagou o rapaz. — Você nunca passou pelo pântano do desespero?

— Ah — respondeu ela —, muitas vezes, mais até do que me possa lembrar. Mas, logo da primeira vez que eu ouvi o pregador dizer "Olhe para Cristo", olhei para ele. Tenho passado, é verdade, pelo pântano do desespero, mas, deixe-me lhe dizer uma coisa, moço: é muito mais fácil passar por esse pântano sem o fardo do que carregando um peso nas costas.

Realmente assim é. Bem-aventurados são aqueles cujos olhos estão voltados para o crucificado. Quanto mais velho fico, mais seguro estou disto: devemos cada vez mais deixar o nosso eu, em todos os aspectos, e olharmos para Jesus, se quisermos permanecer em paz.

Contudo, será que John Bunyan estava errado? Certamente que não; ele estava somente descrevendo as coisas de uma maneira geral. E aquela senhora, estava errada? Não, ela estava totalmente certa; estava descrevendo as coisas como devem ser e como é o nosso desejo que sempre fossem. Ainda assim, a experiência humana nem sempre é como deveria ser, e muitas das experiências dos cristãos não são, de modo algum, experiências cristãs. Um fato a lamentar, mas que temos de admitir, é que um grande número de pessoas, antes de chegar à cruz e ali deixar seu fardo, trilha caminhos os mais diversos, tentando aplicar esse ou aquele plano, alcançando pouquíssimo sucesso, em vez de chegar diretamente a Cristo como está, olhar para ele e encontrar imediatamente a luz e a vida. Mas qual é o motivo de muitos demorarem tanto para chegar a Cristo?

Primeiramente, respondo que, em alguns casos, é por *ignorância*. Talvez não exista outro assunto sobre o qual os homens sejam tão ignorantes quanto o evangelho. Não é ele pregado em centenas de lugares? Sim, graças a Deus, ele é, além de ser assunto de um sem-número de livros. Contudo, ainda assim, os homens não se achegam a ele: não conseguem descobrir o evangelho por si mesmos, nem ouvindo nem lendo sobre ele. É preciso haver o ensinamento do Espírito Santo, caso contrário o homem permanece na ignorância sobre tal simplicidade — a simplicidade da salvação pela fé. Os homens estão nas trevas e não conhecem o caminho; assim, vagueiam para lá e para cá e frequentemente dão voltas para encontrar um Salvador que está logo ali, pronto para os abençoar. Eles clamam: "Oh, se eu soubesse onde encontrá-lo!", quando se simplesmente compreendessem a verdade veriam que sua salvação está bem perto deles, *na tua boca, e no teu coração* (Dt 30.14). Se com o coração cressem no Senhor Jesus e com a boca o confessassem, seriam salvos.

O CAMINHO SIMPLES DO HOMEM PARA A PAZ | 21

Em muitos casos, também, os homens são impedidos pelo *preconceito*. As pessoas crescem acreditando que a salvação deve ser alcançada por meio de atos e cerimônias humanos e, se não estiverem participando de rituais, acreditam que a salvação será então alcançada, de algum modo, por suas próprias obras. Muitas pessoas têm aprendido um tipo de evangelho meio a meio, parte lei e parte graça, e, assim sendo, estão presas sob um denso nevoeiro a respeito da salvação. Sabem que a redenção tem alguma relação com Cristo, mas também acreditam numa mistura. Não conseguem entender que Cristo é tudo ou nada. Têm uma leve noção de que são salvas pela graça, mas não compreendem que a salvação deve ser somente pela graça desde o início até o fim. Deixam de perceber que, para que a salvação possa ser realizada pela graça, basta ser recebida tão somente com fé, sem precisar de obras da lei, nem de poder sacerdotal humano, nem de rituais ou cerimônias, quaisquer que sejam. Como foram instruídas de que certamente é preciso fazer alguma coisa, as pessoas levam muito tempo até que se possam colocar sob a clara e abençoada luz da Palavra, onde os filhos de Deus veem Cristo e encontram a liberdade. "Creia e viva" é uma linguagem estranha para a alma convencida de que suas obras a levam a ganhar a vida eterna.

Para outras pessoas, o impedimento se dá simplesmente por *mau ensinamento*. Um ensinamento muito comum em nossos dias, bastante arriscado, é o de que o culto não faz distinção entre santo e pecador. Certas orações, usadas todos os dias, visam tanto a santos quanto a pecadores — são roupas pré-fabricadas, feitas para servir a todos e não adequadas especificamente a ninguém. Essas orações não se encaixam nem em santos nem em pecadores, por mais belas que sejam e grandiosas que possam parecer. Mas, sim, levam as pessoas a terem uma noção e ilusão de que estão em determinada condição entre salvas e perdidas — não totalmente perdidas, com certeza, mas também longe de serem santas. São crentes meio a meio, mestiços — uma espécie de antigo samaritano, que teme ao Senhor, mas serve também a outros deuses e espera ser salvo por um amálgama de graça e obras. De fato, é difícil, geralmente, levar os homens apenas à graça e apenas à fé: sua tendência é ficar com um pé no mar e outro em terra. Muitos ensinamentos lhes servem como boia, que os deixa flutuando na superfície, passando-lhes a ideia de que existe algo no homem e algo a ser feito por ele; não aprendendo, em consequência, que sua alma, na verdade, tem de ser salva por Cristo e não por si mesmos.

Além dessas condições, existe ainda *o orgulho natural do coração humano*. Não gostamos de ser salvos por caridade ou favor; temos de participar, de colocar nem que seja um dedo nessa massa. Sentimo-nos como que empurrados para um canto, cada vez mais afastados da autoconfiança, mas nos seguramos ferozmente pelos dentes, se não encontrarmos outro meio de o fazermos. Em terrível desespero, buscamos confiar somente em nós mesmos. Penduramo-nos pelos cílios a qualquer aparência de autoconfiança e não nos dispomos a abandonar essa confiança carnal se for possível segurá-la. Então, juntamente com nosso orgulho, surge *a oposição a Deus*, pois o coração humano, em geral, não ama facilmente a Deus e frequentemente mostra seu capricho opondo-se ao plano divino de salvação.

Não são todos os casos de inimizade a Deus por um coração não transformado que se revelam em pecado aberto; muitos, por meio de formação educacional humana, tornam-se pessoas morais e moralistas. Todavia, no fundo, detestam e hostilizam o plano da graça de Deus e até a própria graça, e é aí que seu ódio e amargor entram em cena. Contorcem-se de raiva nos bancos quando o pregador fala da soberania divina, odiando certamente o texto que diz que Deus *terá misericórdia de quem lhe aprouver ter misericórdia, e terá compaixão de quem lhe aprouver ter compaixão* (Rm 9.15). Falam dos direitos do homem decaído e de que todos devem ser tratados com igualdade. Quando, porém, a questão é a soberania divina e o fato de Deus manifestar sua graça de acordo com sua própria vontade absoluta, não conseguem suportar. Se, por acaso, "toleram" Deus, não o colocam devidamente no seu trono; e, se reconhecem sua existência, ainda que não como rei dos reis e Senhor dos senhores, que age como lhe agrada e que tem direito de perdoar ou não a quem ele desejar, então, "se é assim, se isso agrada a ele", preferem perecer em sua culpa, rejeitando o Salvador. Tal coração não ama a Deus como Deus, conforme é revelado nas Escrituras, mas faz um Deus de si mesmo e proclama: *Este é o teu Deus* (Ne 9.18).

Em alguns casos, também, a luta do coração para chegar a Cristo surge de uma *singularidade de conformação mental*, devendo esses casos jamais serem considerados como regra, mas, sim, vistos como exceção. Tomemos, por exemplo, o caso de John Bunyan, ao qual já me referi anteriormente. Se você ler *Grace abounding* [Graça abundante], livro de Bunyan, verá que, por cinco anos ou mais, ele foi objeto do mais terrível desespero, tentado por Satanás, tentado por si mesmo, sempre levantando dificuldades contra ele próprio. Demorou muito, muito tempo mesmo, até que pudesse chegar à cruz de Cristo e encontrar a paz. No entanto, meu caro amigo, é bem improvável que tanto você quanto eu nos tornemos um escritor como John Bunyan; podemos nos tornar, no máximo, latoeiro, que era sua profissão, mas nunca escreveremos uma obra-prima como *O peregrino*. Podemos também imitá-lo em sua pobreza, mas é bastante provável que nunca nos igualemos à sua genialidade. Um homem dotado de uma tal imaginação, cheio de sonhos extraordinários, não nasce todo dia; e, quando surge, seu talento nem sempre significa um avanço na direção de uma vida tranquila. Purificada e santificada a imaginação de Bunyan, sua obra-prima pôde ser apreciada com suas maravilhosas alegorias. Contudo, enquanto não renovado e reconciliado com Deus, com tal mente tão singularmente formada, mas tão destituída de instrução, criado, como fora, na mais rude camada da sociedade, ele trazia consigo uma terrível carga de talento. Sua admirável fantasia teria operado nele uma extraordinária aflição se não tivesse sido controlada pelo Espírito divino. Não é admirável que, ao chegar um belo dia, seus olhos, velados em tão densa escuridão, pudessem suportar a luz, e que aquele homem passasse a considerar suas trevas ainda mais escuras quando a luz passou a brilhar sobre ele? Bunyan foi, assim, um homem único em seu gênero; não regra, mas exceção.

Você também, meu amigo, pode ser uma pessoa diferente. Existe uma grande possibilidade de que o seja. Eu o compreendo, pois eu mesmo me considero um tanto assim. Mas não imagine que existe uma lei que determine que todo mundo deva ser diferente. Se eu e você tivermos de andar por caminhos tortuosos, não quer dizer que todo mundo deva seguir nosso mau exemplo. Sejamos gratos a Deus pelo fato de que a mente de algumas pessoas é menos incomum ou malformada quanto a nossa e não estabeleçamos nossa experiência como padrão para as outras pessoas. Não há dúvida de que dificuldades podem surgir de determinada qualidade da mente com a qual Deus possa ter dotado alguns, ou ser natural uma depressão espiritual para outros, tornando-os peculiares por toda a sua vida.

Alguns existem, além disso, que não se achegam a Cristo, por causa de *ataques de Satanás*. Você se lembra da história do filho a quem o pai queria levar a Jesus, mas, *quando ele vinha chegando, o demônio o derribou e o convulsionou* (Lc 9.42). O espírito maligno, sabendo que o seu tempo era curto e seria expulso de sua vítima, o jogava no chão e fazia que se debatesse em epilepsia, deixando-o como morto. É isso o que o diabo faz com muitos. Lança-se sobre eles com toda a brutalidade de sua natureza maligna e emprega neles toda sua maldade, por temer que está prestes a ser expulso e não será mais capaz de tiranizá-los. Como disse Watts,

> Busca a quem possa tragar
> Com maligna alegria.

Contudo, se alguém se achegar a Cristo e o diabo não tiver mais permissão de investir contra tal pessoa; se se achegar a Cristo e não existir nada de diferente em sua experiência; se se achegar a Cristo e o orgulho e a oposição forem vencidos em sua natureza; se alguém se achegar a Cristo e não for ignorante, mas prontamente vir a luz — regozijemo-nos. É sobre isso, justamente, que vou falar agora com um pouco mais de profundidade.

II. Como acabamos de ver, não há dúvida de que muitas pessoas têm problemas para se achegar a Cristo. Todavia, isto não é, de modo algum, essencial para uma entrega real e salvadora ao Senhor Jesus Cristo. Digo isso porque conheço homens cristãos abalados em seu coração porque receiam que se achegaram a Cristo muito facilmente. Ao olhar para trás, imaginam que não podem

O CAMINHO SIMPLES DO HOMEM PARA A PAZ

realmente ter-se convertido, porque sua conversão não foi acompanhada de angústia e tormento mental de que falam outras pessoas.

Devo primeiramente comentar que é *muito difícil considerar de que maneira sentimentos de desespero possam ser essenciais para a salvação*. Vamos pensar por um minuto. Existe alguma possibilidade de a descrença ajudar uma alma a chegar à fé? Não é verdade que a angústia que muitos experimentam antes de se achegarem a Cristo surge da realidade de sua descrença? Eles não confiam no Senhor, dizem mesmo que não podem confiar e, assim, são como o mar revolto que não pode descansar. Sua mente é jogada de um lado para o outro e extremamente fustigada por causa da descrença — seria isso uma base para uma santa confiança? Para mim, seria a coisa mais estranha do mundo se a descrença pudesse constituir preparação para a fé. Como se pode considerar que semear a terra com joio seja uma preparação para uma boa colheita de trigo? É possível considerar o fogo e a violência como colaboradores da prosperidade nacional? Um veneno mortal pode porventura ajudar a saúde? Não dá para entender. Parece-me melhor que a alma creia na Palavra de Deus de uma vez e muito mais provável que isto seja autêntico quando a alma convencida do pecado aceite o Salvador.

É este o caminho de Deus para a salvação, e ele exige que eu confie em seu Filho amado que morreu pelos pecadores. Entendo que Cristo é digno de confiança por ser o Filho de Deus, de modo que seu sacrifício tem de ser capaz de limpar o meu pecado. Sei também que ele entregou sua vida em lugar de seu povo e, portanto, confio nele de todo o coração. Deus pede que eu confie nele, e eu confio nele sem nenhum questionamento. Se Jesus Cristo satisfaz a Deus, ele certamente me satisfaz, e, sem fazer qualquer outra pergunta, achego-me a ele e me entrego a ele. Não lhe parece que esse tipo de atitude tem mais que ver com tudo o que deve ser necessário? É possível que um desespero intenso e alucinado possa ser de algum modo útil para levar à fé salvadora? Não vejo desse modo. Não penso assim.

Há pessoas que são assoladas pelos mais terríveis pensamentos. Imaginam que Deus não pode perdoá-las; ou que, mesmo que pudesse perdoá-las, não o faria, porque elas não fazem parte do grupo dos seus eleitos e redimidos. Embora tenham visto o convite do evangelho, escrito em letras de amor — *Vinde a mim, todos os que estais cansados e oprimidos, e eu vos aliviarei* (Mt 11.28)—, arriscam questionar se encontrariam descanso se viessem, inventando suspeitas e conjecturas, algumas das quais chegando até mesmo à condição de blasfêmia contra o caráter de Deus e a pessoa do seu Cristo. De fato, creio que tais pessoas seriam perdoadas de acordo com as riquezas da graça divina, mas não posso imaginar que seus pensamentos pecaminosos as ajudem a alcançar o perdão. Tenho consciência de que meus próprios pensamentos obscuros sobre Deus — os quais deixaram cicatrizes em meu espírito — foram lavados juntamente com todos os outros pecados. Se havia qualquer bem nessas coisas, ou se posso olhar para trás em sua direção sem sentir vergonha e arrependimento, é coisa que não sei. Não posso ver a utilidade que possam ter para alguém. Será que um banho de tinta remove as manchas de uma pessoa? Pode o pecado ser removido se pecarmos mais? É impossível que o pecado possa adicionar graça e que o maior de todos os pecados, o pecado da incredulidade, possa ajudar alguém a se achegar à fé.

Contudo, repito mais uma vez, meus amigos, *muitas dessas lutas e da perturbação interior que alguns têm experimentado são obra do diabo*. Seria então essencial para a salvação que um homem estivesse debaixo da influência de Satanás? Haveria necessidade de o diabo ajudar Cristo? Seria absolutamente essencial que os dedos sujos do diabo estivessem em ação juntamente com as mãos imaculadas do redentor? Impossível. Este não é o meu julgamento em relação à obra de Satanás, e, penso eu, também não será o seu, se você analisar tudo isso. Se você nunca foi levado a blasfemar ou ficar desesperado por obra de Satanás, graças a Deus por nunca ter acontecido. Você nada teria ganhado com isso, mas seria, sim, um grande perdedor. Que ninguém queira imaginar que, caso tivesse sido presa de sugestões perturbadoras, sua conversão teria uma marca de autenticidade maior. Nenhum erro seria mais infundado do que este. Não há como o diabo ser de qualquer utilidade a qualquer um de nós. Ele só pode causar danos e nada mais do que isso. Toda flecha que lança fere e não cura. O próprio Bunyan diz, quando fala do seu personagem Cristão lutando contra Apoliom, que, embora ele haja alcançado a vitória, não era mais vencedor por causa disso. Seria melhor a um homem dar muitas voltas, caminhando aos trancos e barrancos, a entrar em conflito com Apoliom. Tudo o que é essencial para a conversão é encontrado no caminho mais simples de se chegar diretamente a Jesus. Devemos enfrentar todas as coisas a mais que vierem, mas certamente não devemos buscá-las. É fácil constatar como as tentações satânicas nos estorvam e como mantêm os homens presos a um fardo quando deveriam estar livres, mas é difícil dizer qual o bem que poderiam fazer.

Repetindo: *muitos são os exemplos que comprovam que toda obra da lei, toda dúvida, todo temor, desespero e tormento por Satanás não são essenciais à salvação, pois existe um número incontável de cristãos que se achegaram direta e imediatamente a Cristo — como fizeram aqueles dois cegos —, mas, até os dias de hoje, muito poucos sabem a respeito disso.* Eu poderia até chamar agora aqui à frente alguns irmãos, que certamente iriam declarar com sinceridade que, durante esta minha pregação sobre a experiência dos que têm vindo a Cristo com dificuldade, ficaram felizes que isso tenha sido pregado, mas que, na verdade, sentiram também algo assim: como "não sabemos que nada disso tenha acontecido em nossa experiência pessoal". Tendo sido, provavelmente, ensinados desde a infância ou a juventude nos caminhos de Deus, instruídos por pais piedosos, eles se colocaram debaixo da influência do Espírito Santo bem no início de sua vida, ouviram que Jesus Cristo podia salvá-los, sabiam que queriam a salvação — e simplesmente foram até ele, devo assim dizer, quase tão naturalmente quanto iam até seu pai ou sua mãe sempre que tinham necessidade disso. Confiaram inteiramente no Salvador e encontraram imediatamente sua paz. Vários líderes desta igreja se achegaram ao Senhor desta maneira simples. Ontem mesmo, senti-me muito feliz pelos muitos que vi confessarem aqui a sua fé em Jesus, de uma maneira que me comoveu, muito embora sua experiência cristã tenha, certamente, poucos traços de terríveis queimaduras ou cicatrizes. Ouviram o evangelho, viram quão justo e apropriado era no seu caso e aceitaram sua salvação naquele mesmo momento, entrando imediatamente na paz e alegria que só Jesus proporciona. Observe que não estamos afirmando que existem poucos casos assim, mas estamos, pelo contrário, declarando com ousadia que conhecemos um grande número de exemplos como esses e que existem milhares de honrados servos de Deus, que andam em sua presença em santidade e que são eminentemente úteis ao próximo, cuja experiência de salvação foi tão simples como o bê-á-bá. Toda sua história pode ser resumida nestes versos:

Fui a Jesus como estava,
Abatido, triste e cansado.
Encontrei nele lugar de descanso
E por ele fui alegrado.

Vou ainda mais além, para garantir que muitos desses que dão as melhores evidências de que foram renovados pela graça não têm como contar sobre o dia em que foram salvos, nem atribuir sua conversão a apenas um único sermão, a determinado contexto das Escrituras ou a qualquer outro evento de sua vida. Não ousamos, porém, duvidar de sua conversão, pois sua vida prova esta verdade. Você pode ter em seu quintal muitas árvores sobre as quais há de admitir que não sabe quando foram plantadas; contudo, quando as vê cheias de frutos, não está nem preocupado quanto à data em que suas raízes começaram a se aprofundar. Conheço várias pessoas que não sabem a própria idade. Outro dia, estava falando com uma delas, que achava ser dez anos mais velha do que eu pensava que fosse. Eu só não lhe disse que era impossível que não estivesse viva, já que não sabia mais ao certo o ano de seu nascimento, porque, se o dissesse, teria rido de mim. No entanto, existem pessoas que duvidam de si mesmas que sejam realmente convertidas só porque não sabem ao certo a data de sua conversão. Se você confia no Salvador — se ele é a sua salvação e todo o seu desejo, e se sua vida é afetada por sua fé de tal modo que você produz frutos do Espírito, não tem com que se preocupar quanto a tempos ou épocas.

Milhares dos que estão no aprisco de Jesus podem perfeitamente declarar que estão nele, mas o dia em que passaram pela porta lhes é totalmente desconhecido. Milhares existem que vieram a Cristo não nas trevas da noite, mas no brilho do dia, e estes não têm como falar de estafantes esperas e vigílias, embora

O CAMINHO SIMPLES DO HOMEM PARA A PAZ | 25

possam louvar e cantar a graça gratuita e o amor que vai até a morte. Chegaram com alegria à casa do Pai: a tristeza do arrependimento foi adoçada pela delícia da fé, que entrou no coração deles simultaneamente.

Eu sei que é assim. Estamos declarando a mais pura verdade. Muitos jovens chegam ao Salvador ao som de música suave. Da mesma maneira chegam muitos outros, de outra classe de pessoas, ou seja, gente de mente simples. Todos nós deveríamos desejar pertencer a essa classe. Pode ser que alguns eruditos se sentissem envergonhados de serem considerados símplices, mas eu me gloriaria. Muitos dos defensores do princípio da dúvida e da crítica são grandes criadores de confusão e grandes insensatos diante do próprio sofrimento. Enquanto os que se assemelham a crianças bebem o leite, esses críticos o analisam. Ao que parece, todas as noites, antes de ir para a cama, eles se desmontam, e tudo indica ser bastante difícil, na manhã seguinte, que consigam se montar novamente. Para algumas mentes, a coisa mais difícil do mundo é acreditar em uma verdade por si só evidente. Se puderem, esses críticos levantam sempre poeira e névoa, complicando as coisas para si mesmos; se não for assim, não ficam satisfeitos. De fato, nunca têm certeza alguma até que estejam incertos e nunca se acalmam até que fiquem perturbados. Benditos são os que creem que Deus não pode mentir e têm bastante certeza de que deve ser assim porque Deus o disse. São esses que se lançam em Cristo quer afundem quer nadem, porque, se a salvação de Cristo é o caminho de Deus para salvar o homem, deve ser o caminho correto, e, sendo assim, o aceitam. Eu lhes digo que muitos chegaram a Cristo dessa maneira.

Agora, indo um pouco mais adiante, *tudo o que é essencial para a salvação está na maneira simples, agradável e feliz de se chegar a Jesus, tal como você o fez.* O que é essencial? Primeiro, *arrependimento.* Nossos queridos irmãos que chegam a Cristo, embora não sintam remorso, detestam o pecado, que um dia amaram. Embora hajam conhecido o horror do inferno, sentem, o que é pior, o terror do pecado. Apesar de jamais terem tremido diante da forca, o crime é para eles mais horrendo que o juízo final. São ensinados pelo Espírito de Deus a amar a justiça e a buscar a santidade, e esta é a própria essência do arrependimento. Aqueles que têm chegado a Jesus dessa maneira certamente alcançam a verdadeira *fé.* Não trazem consigo nenhuma experiência em que confiar, mas, sim, são mais plenamente levados a descansar naquilo que Cristo sentiu e fez. Não descansam em suas próprias lágrimas, mas no sangue de Cristo; não em suas próprias emoções, mas na aflição de Cristo; não em sua própria consciência de ruína, mas na certeza de que Cristo veio para salvar todos aqueles que nele confiam. Possuem a fé do tipo mais puro.

Observe-se também que, sem dúvida, possuem *amor.* A fé [...] *opera pelo amor* (Gl 5.6), e eles mostram isso. Parece até, geralmente, que, antes de tudo, têm mais amor do que aqueles que carregam o mais horrível fardo e se encontram abatidos pela tempestade, pois, na quietude de sua mente, possuem uma visão mais correta das coisas belas do Salvador. Mostram-se inflamados de amor por ele e começam logo a servi-lo, enquanto outros ainda estão tendo suas feridas saradas e procurando fazer que seus ossos partidos se regozijem.

Claro que não pretendo depreciar as experiências dolorosas. Quero apenas mostrar que essa segunda categoria — a da vinda simples a Cristo, semelhante a como os homens cegos vieram, na sua fé simples de que ele poderia lhes dar a visão — não é nem um pouco inferior à outra, contando, em si, com tudo aquilo essencial à salvação.

Em seguida, vamos perceber que *o mandamento do evangelho não implica, em si mesmo, nada daquilo que alguns hajam experimentado.* O que Deus nos ordena pregar aos homens? "Sê arrastado pelo diabo e serás salvo"? Não, mas, sim: *Crê no Senhor Jesus e serás salvo* (At 16.31). Qual a minha tarefa, neste momento? Dizer a você "desespera e serás salvo"? Certamente que não, mas, sim, "crê e serás salvo". Deveríamos ter vindo aqui para lhe dizer: "Torture-se; mutile o seu coração, açoite o seu espírito, moa sua própria alma em desespero"? Não, mas, sim: "Creia na infinita bondade e misericórdia de Deus na pessoa de seu Filho amado; venha a ele e confie nele".

É este o mandamento do evangelho. Ele é colocado de várias formas. Eis uma delas: *Olhai para mim, e sereis salvos, vós, todos os confins da terra* (Is 45.22). Se fosse para chegar aqui e dizer "arrancai os vossos olhos", isto não seria o evangelho, seria? Não; mas, sim, "olhai". O evangelho não diz "chore, derrame lágrimas dos seus olhos", mas, sim, "olhe". Não diz "cegue os seus olhos", mas, sim, "olhe", "olhe", "olhe". É simplesmente o oposto a qualquer coisa como remorso, desespero e pensamento blasfemo. É, simplesmente, "olhe".

Isso é ainda apresentado de outra maneira. Pelo que ouvimos, devemos tomar da água da vida à vontade; somos conclamados a beber da fonte eterna do amor e da vida. Que deveríamos fazer? Tornar essa água tão quente a ponto de nos queimar? Não. Devemos bebê-la fresca, da maneira que ela flui livremente da fonte. Deveríamos fazer, como faziam na Inquisição, com que caísse gota a gota de cada vez, e então mentir, jurando sobre ela, ao sentir esse gotejamento torturante, contínuo e escasso? Nada disso. Devemos simplesmente achegar-nos à fonte, beber bastante dessa água e nos satisfazermos com ela, que ela irá saciar a nossa sede.

Mais uma vez: o que é o evangelho? Não é comer do pão do céu? *Comei o que é bom.*(Is 55.2). Eis aqui o banquete do evangelho, e devemos impelir os homens a irem até ele. E o que devem fazer quando a ele chegarem? Olhar silenciosamente enquanto outros comem? Ficar de pé e esperar até que tenham muitíssima fome? Tentar um jejum de quarenta dias, tal qual já tentaram alguns? Nada disso. Você pode até pensar nisso como sendo evangelho, tal como algumas pessoas o pregam e agem, mas o evangelho não é assim. O que você tem a fazer é se regozijar em Cristo imediatamente; não precisa jejuar até se transformar em um esqueleto ambulante para então chegar a Cristo. Não fui enviado com tal mensagem, mas, sim, com uma palavra de bom ânimo: *Ouvi-me atentamente, e comei o que é bom e deleitai-vos com a gordura.* [...] *Ó vós, todos os que tendes sede, vinde às águas, e os que não tendes dinheiro, vinde, comprai, e comei; sim, vinde e comprai, sem dinheiro e sem preço, vinho e leite*(Is 55, v.2 e v.1). Pegue à vontade aquilo que Deus lhe dá à vontade e apenas confie no Salvador. Não é isso o evangelho? Então, por que qualquer um de vocês deveria dizer "eu não posso confiar em Cristo porque não sinto isso ou não sinto aquilo"? Não lhes estou garantindo solenemente que conheço muitos que chegaram a Cristo como estavam, que nunca haviam passado por sentimentos horríveis dos quais se fala tanto e, ainda assim, foram verdadeiramente salvos? Venha como você está. Não tente criar retidão a partir da sua impiedade, nem confiança a partir de sua descrença, nem um Cristo a partir de suas blasfêmias, como alguns parecem fazer. Não fique louco tentando imaginar em vão que tipo de desespero possa servir como fundamento para a sua esperança. Não há desespero algum que o possa fazer. Você deve é sair de si mesmo e ir até Cristo; ali, você estará seguro. Tal como responderam os cegos quando Cristo lhes perguntou *Credes que eu posso fazer isto?*, você deve lhe responder: "Sim, Senhor". Entregue-se inteiramente ao seu Salvador, e ele será o seu Salvador.

III. Concluo com mais uma observação: a de que AS PESSOAS PRIVILEGIADAS POR VIREM A JESUS DE MANEIRA TRANQUILA, AGRADÁVEL E FELIZ NÃO SÃO DE MODO ALGUM PERDEDORAS. Elas perdem alguma coisa, sim, mas não de grande valor. Perdem algo de apenas pitoresco e têm menos coisas para contar. Quando uma pessoa passa por uma série de provações que procuram afastá-la de Cristo e, finalmente, chega ao Senhor como um navio avariado que atraca no porto, tem quase sempre muito o que falar e escrever e talvez ache interessante poder contar tudo isso. Se puder fazê-lo para a glória de Deus, é bastante adequado que o faça. Muitas dessas histórias se encontram em biografias, por serem incidentes que despertam o interesse alheio e fazem que uma vida seja digna de ser relatada. Mas não se deve concluir, por isso, que todas as vidas piedosas sejam semelhantes. Bem-aventurados são aqueles cujas vidas não precisam ser escritas, porque os protagonistas estão satisfeitos e felizes demais com a vida tranquila que levam. Vidas das mais favorecidas nunca foram relatadas por escrito porque não há nada de pitoresco ou curioso demais em relação a elas.

Eu lhe pergunto o seguinte: quando aqueles homens cegos vieram a Jesus como estavam e disseram que eles acreditavam que ele poderia lhes abrir os olhos — e o que ele, de fato, fez —, não há em sua história o necessário e bastante *de Cristo* que deveria haver? Os homens se encontram ali em destaque, sim, mas é o Mestre da cura que se acha em primeiro plano. Mais detalhes, provavelmente, excluiriam a preeminência peculiar que ele tem de ter em tudo. Ali está ele, o bendito e glorioso abridor dos olhos de dois homens cegos. Ali está ele, somente ele, e o seu nome é glorioso! Houve também uma mulher, que gastara todos os seus recursos com médicos sem conseguir melhorar e, pelo contrário, piorava cada vez

O CAMINHO SIMPLES DO HOMEM PARA A PAZ | 27

mais. Essa mulher tinha muita história para contar sobre os vários médicos a quem havia procurado. Mas não sei realmente se a narrativa das suas muitas decepções glorificaria o Senhor Jesus de alguma forma, além do que é feito quando os dois homens cegos, curados, puderam depois contar a história deles: "Nós ouvimos falar dele, fomos até ele e ele abriu os nossos olhos. Nunca gastamos uma moeda sequer com médicos. Fomos direto a Jesus, tal qual estávamos, e tudo o que ele nos disse foi 'vocês acham que eu posso fazer isso?', e nós dissemos 'sim, nós cremos que tu podes'. Então, ele nos abriu os olhos imediatamente. Foi isso o que aconteceu". Oh, se a minha própria experiência pessoal pudesse ser colocada sob a luz do Mestre, de nada valeria, por maior que fosse! Que Cristo seja sempre o primeiro, o último, o do meio — vocês não dizem o mesmo, meus irmãos?

Se você, pobre pecador, vier a Cristo de uma vez por todas, sem ter nada o que falar; se for simplesmente um zé-ninguém que está se acercando do bendito Tudo; se for simplesmente um nada que se achega àquele que é Tudo em todos; se for um amontoado de pecados e miséria, um grande vácuo, nada além de um vazio que não é digno de qualquer menção, se vier e se entregar à sua graça infinitamente gloriosa, isto será plenamente suficiente. Parece-me que você nada irá perder por nada existir de pitoresco ou sensacional em sua experiência. Haverá, somente, uma grande sensação — a de perdido em si, mas salvo em Jesus. Glória seja dada ao seu nome!

Talvez você imagine que pessoas que venham assim tão tranquilamente percam alguma coisa mais tarde. "Ah", disse-me alguém certa vez, "eu quase tenho desejado, às vezes, ter sido um transgressor, que pudesse sentir uma grande mudança no meu caráter. Isso porque, tendo sido sempre uma pessoa de moral desde a minha juventude, nem sempre sou capaz de ver qualquer marca distintiva de mudança, com a salvação". Todavia, esta forma de evidência, meus amigos, é de pouco uso nos meios das trevas, pois, se o diabo não puder dizer a um homem salvo "você não mudou de vida" — e existem alguns aos quais ele não teria o descaramento de dizer isso, já que a mudança é por demais manifesta para que possa negá-la —, ele dirá, certamente: "Você mudou suas atitudes, mas seu coração ainda é o mesmo. Você deixou de ser um pecador audacioso e honesto para ser um hipócrita professo e carola. Isso é tudo o que você fez; você abdicou do pecado declarado porque as suas fortes paixões declinaram ou porque achou que gostaria de ter outra maneira de pecar. Agora, você está apenas exibindo uma falsa crença, vivendo muito longe daquilo que gostaria de fazer". Não é nada confortável ser considerado fora da mudança que a conversão deveria realizar quando é o arqui-inimigo o nosso acusador. Todavia, independentemente de como você veio a Cristo, nunca poderá colocar a sua confiança em como você veio; sua confiança deve estar inteiramente, sempre, naquele a quem você veio — ou seja, em Cristo —, quer você tenha vindo a ele voando, quer correndo, quer caminhando. Se você chegar a Jesus, seja de que modo for, está certo. O importante não é como você vem, mas, sim, que você venha *a ele*. Você já veio a Jesus? Se já veio, mas está em dúvida se o fez, venha de novo, mais uma vez.

Além disso, jamais discuta com Satanás sobre a questão de você ser ou não um cristão. Se ele lhe disser que você é um pecador, responda apenas: "Realmente, eu sou, mas Jesus Cristo veio ao mundo para salvar os pecadores, e eu vou começar de novo". O diabo é como um velho advogado experiente, você sabe, e, por ser ardiloso, sabe como nos iludir, já que não compreendemos de imediato algumas coisas tão bem quanto ele. Ele está metido nesse negócio dele, de procurar fazer os cristãos duvidarem do seu interesse por Cristo, já por muitos e muitos anos, e entende muito bem desse assunto. Não lhe dê maior atenção. Fale a ele a respeito do seu Advogado. Diga-lhe que você tem um Advogado nas alturas, que irá dar a ele a resposta completa. Diga-lhe simplesmente que você vai a Cristo: se você nunca foi a Jesus antes, irá agora; se já foi antes, irá outra vez. Esta é a maneira certa de encerrar a discussão. Quanto às evidências: elas são boas quando o tempo está bom; quando há tempestade lá fora, o sábio abre mão das evidências. A melhor evidência que um homem pode ter de que é salvo é que ele se apega a Cristo.

Por fim, alguns poderiam achar que aqueles que vêm a Cristo de maneira tranquila possam perder um pouco no processo de adaptação de serem úteis mais tarde, porque não seriam capazes de compreender outros que se encontrem diante de profundas perplexidades ou em situações terríveis quando prestes a chegar a Cristo. Na verdade, existe uma grande quantidade de pessoas entre nós que *realmente pode* se identificar com esses angustiados; eu não sei dizer se todo mundo é capaz de se identificar com qualquer pessoa sobre qualquer assunto. Lembro-me de certo dia haver mencionado a um homem de muitas posses que o pobre pastor de sua igreja tinha uma grande família e mal podia manter um casaco sobre seus ombros. Disse-lhe que ficava admirado de ver como alguns cristãos prosperavam sob o ministério daquele homem e não supriam suas necessidades. Ele me respondeu que achava que fosse bom que os pastores fossem pobres, porque poderiam se identificar com os pobres. "Sim, sim", respondi, "mas então o senhor há de convir que é preciso haver também uns dois ou três pastores que não sejam pobres, para poderem se identificar com aqueles crentes que são ricos". É claro que o pobre pastor tem, de vez em quando, o poder de se identificar com ambas as classes. Mas aquele homem parece não ter entendido a minha argumentação, embora eu ache existir algum valor nela. Nesse caso, é bom termos entre nós irmãos que, por meio de sua dolorosa experiência passada, possam se identificar com aqueles que passem pela mesma dor. Mas não acha que é muito bom também ter outros irmãos que, mesmo não tendo passado por essa experiência, possam se voltar para aqueles que não passem por ela? É bom que tenhamos quem possa dizer: "Não se perturbe com o fato de o cão do inferno latir ou não latir para você. Se você passou pelo portão de maneira calma e tranquila e Cristo o recebeu, não se preocupe com o fato de o diabo ter ou não latido para você, pois eu também cheguei a Jesus de maneira tão calma, segura e doce como você". Tal testemunho irá confortar a pobre alma e, assim, se você parece não ter o poder de se identificar de uma maneira, terá o poder de se identificar de outra, e, desse modo, não haverá perda.

Para resumir, pediria que todo homem, toda mulher e toda criança aqui se achegassem e confiassem no Senhor Jesus Cristo. Parece-me que o plano de salvação é inigualável, pois a parte de Cristo foi tomar sobre si o pecado humano e sofrer no lugar do pecador, enquanto a nós não cabe nada mais do que simplesmente aceitar aquilo que Cristo fez e nos entregarmos completamente a ele. Àquele que não for salvo por um plano como este, só resta perecer, e é isso o que acontecerá. Já houve algum evangelho tão doce, seguro e direto como este? É uma alegria pregá-lo. Você vai recebê-lo? Queridas almas, vocês não desejam abdicar de tudo para ser nada e ter Jesus, para que ele seja tudo em todos?

Que Deus não permita que nenhum de nós rejeite este caminho de graça, este caminho aberto, este caminho seguro. Venha, não demore mais. O Espírito e a noiva dizem "vem". Senhor, que tu os atraias ao amor de Jesus. Amém.

3

VENDO SEM ENXERGAR
OU HOMENS COMO ÁRVORES ANDANDO

Então chegaram a Betsaida. E trouxeram-lhe um cego, e rogaram-lhe que o tocasse. Jesus, pois, tomou o
cego pela mão, e o levou para fora da aldeia; e cuspindo-lhe nos olhos, e impondo-lhe as mãos, perguntou-lhe:
Vês alguma coisa? E, levantando ele os olhos, disse: Estou vendo os homens; porque como árvores os vejo
andando. Então tornou a pôr-lhe as mãos sobre os olhos; e ele, olhando atentamente, ficou restabelecido,
pois já via nitidamente todas as coisas (Mc 8.22-25).

É bastante comum vermos nos Evangelhos o nosso Salvador curando os doentes com um toque, pois ele desejava deixar marcada em nós a verdade de que as enfermidades da humanidade decaída somente poderiam ser removidas pelo contato com sua própria humanidade bendita. Contudo, ele tinha ainda outras lições a ensinar e, desse modo, adotou outros métodos de ação para curar os enfermos. Além disso, manifestar a variedade em seus métodos era por outro motivo uma atitude sábia. Se nosso Senhor tivesse realizado todos os seus milagres segundo um único modelo, os homens passariam a dar uma importância indevida à maneira pela qual ele operou o milagre e, de modo supersticioso, pensariam mais no *método* do que no poder divino pelo qual o milagre foi alcançado. Assim, nosso Mestre nos apresenta uma grande variedade na forma de seus milagres. Embora sempre repletos da mesma bondade e demonstrando a mesma sabedoria e o mesmo poder, ele tem o cuidado de fazer com que cada qual seja diferente um do outro, de modo que possamos contemplar a benignidade manifesta de Deus e não imaginemos que nosso divino Salvador pudesse dispor de tão poucos métodos a ponto de precisar repeti-los. Um pecado constante de nossa natureza carnal é nos concentrarmos naquilo que se pode ver e nos esquecermos do que não é visto; consequentemente, o Senhor Jesus mudava o *modus operandi* exterior — a maneira de realizar os milagres — com o objetivo de que ficasse claro não estar preso a qualquer método de cura e que a operação exterior não é nada em si mesma. Queria que entendêssemos que, se sua opção naquele caso fora curar por meio de um toque, também poderia curar mediante uma palavra; que, se curasse com uma palavra, poderia também dispensar a palavra e realizar a cura por sua mera vontade; que, muito embora seu olhar fosse tão eficaz quanto o toque de sua mão, mesmo sem estar visivelmente presente, sua presença invisível poderia realizar o milagre, permanecendo distante.

No exemplo do texto acima, nosso Salvador se afasta de sua prática costumeira, não apenas no método, mas também no caráter da cura. Na maioria dos milagres de nosso Salvador, a pessoa curada é restaurada imediatamente. Lemos sobre homens surdos e mudos que não apenas têm seus ouvidos e sua boca abertos, mas, o que é mais notável para alguém que jamais tinha ouvido antes um som sequer, a pessoa passa a falar normalmente, recebendo o dom da linguagem juntamente com o poder de articular sons. Em outros casos, a febre deixa o paciente no mesmo instante; a lepra é completamente curada ou o fluxo de sangue estancado naquele momento exato. Aqui, porém, o "médico amado" trabalha de maneira menos imediata, concedendo apenas parte da bênção em um primeiro momento, fazendo uma pausa e levando seu paciente a considerar quanto lhe fora dado e quanto lhe fora retido. Então, em uma segunda operação, é aperfeiçoada a boa obra.

Talvez a ação de nosso Senhor, nesse caso, tenha sido conduzida não apenas pela intenção de tornar cada um de seus milagres distinto, a fim de que os homens não pensassem que, tal como um mago, ele não tivesse senão um único modo de operar; pode também ter sido uma indicação da forma particular da doença e da enfermidade espiritual da qual ela é tipo.

Raramente Jesus curava uma doença em etapas; parecia-lhe necessário tratar do problema com um ato decisivo, eliminando-o. A expulsão de demônios, por exemplo, deveria ao que parece, ser realizada de maneira completa, ou não seria de modo algum realizada. Um leproso continuaria sendo um hanseniano se uma única mancha nele permanecesse. Mas ele mostra ser possível curar a cegueira por etapas, concedendo um vislumbre no primeiro momento e, depois, derramando a plena luz do dia sobre o globo ocular. Quem sabe, fosse necessário, em alguns casos, fazer a cura gradual, de modo que o nervo ótico pudesse se acostumar à luz.

Como o olho é o símbolo do entendimento, é bem possível, senão pode ser normal, curar o entendimento do homem em etapas. A vontade pode ser transformada de uma vez; as afeições, mudadas instantaneamente; e a maioria dos poderes da natureza humana pode experimentar rápida mudança, clara e completa. Mas ao entendimento pode ser necessário vir a ser esclarecido por meio de uma iluminação a longo prazo. O coração de pedra não deve ser amolecido gradualmente, mas, sim, transformado instantaneamente em um coração de carne; mas isso não cabe em relação ao entendimento. As faculdades de raciocínio devem ser levadas gradualmente ao equilíbrio e à ordem adequados. A alma não pode receber, em um primeiro momento, senão uma pequena percepção da verdade e, então, nisso descansar, com relativa segurança; posteriormente, poderá vir a apreender mais claramente a mente do Espírito e se manter nesse grau de luz sem maiores riscos, embora não sem perda. Isso pode ser comparável a enxergar apenas de perto, sem ver longe; e, então, a restauração definitiva do entendimento pode estar reservada para uma experiência mais avançada. É bem provável que a visão espiritual jamais nos seja concedida em absoluta perfeição até que entremos na luz para a qual o estado espiritual existe, a saber, na glória daquele lugar onde não há necessidade *de luz de lâmpada nem de luz do sol, porque o Senhor Deus nos alumiará* (Ap 22.5).

O milagre que se acha diante de nós retrata a cura progressiva do entendimento obscurecido. Esse milagre não pode ser interpretado como o retrato da restauração de um pecador obstinado que se arrependa do erro de seu caminho, nem do afastamento do devasso e depravado da imundícia de sua vida. É, sim, o retrato da alma obscurecida gradualmente iluminada pelo Espírito Santo e trazida por Jesus Cristo à luz clara e radiante do seu reino.

Nesta manhã, sentindo que existem neste local almas a serem iluminadas, com a ajuda do Espírito Santo irei *interpretar o episódio*; em seguida, iremos destacar os *meios da cura*; em terceiro lugar, vamos nos deter por alguns instantes em considerarmos o *estágio da esperança*; finalmente, concluiremos com uma observação a respeito da complementação da cura.

I. Em primeiro lugar, é preciso INTERPRETAR O EPISÓDIO. É uma das ocorrências surpreendentemente comuns em nossos dias e certamente bastante comum entre os novos adeptos desta congregação; pois muitos são os que aqui chegam que já foram, na parte anterior de sua vida, verdadeiros cegos espirituais, simples frequentadores formais de igrejas ou deslocados religiosos superficiais entre não conformistas.

Observe-se com atenção o caso em tela. Trata-se de uma pessoa com o entendimento obscurecido. Não se trata de um homem que pudesse ser retratado como possesso. Um possesso delira, se enfurece, é perigoso para as demais pessoas, geralmente tem de ser mantido preso ou acorrentado, vigiado e guardado, pois pode machucar a si mesmo e aos outros. O cego espiritual é perfeitamente inofensivo. Não mostra desejo algum de machucar os outros e muito provavelmente não era violento consigo mesmo. É sóbrio, calmo, honesto e bondoso e sua enfermidade espiritual pode provocar em nós pena, mas não temor. Pessoas assim, não iluminadas, quando se associam ao povo de Deus, não deliram nem se enfurecem contra os santos, mas os respeitam e amam sua companhia. Não hostilizam a cruz de Cristo; mesmo em seu pobre estado de cegueira, a amam. Não são perseguidores, difamadores ou zombadores nem caminham desesperadamente pelo caminho da impiedade. Pelo contrário, embora não possam ver as coisas de Deus, andam no caminho da moralidade de maneira admirável, de modo que, sob certos aspectos, podem até mesmo servir de exemplo para muitos que enxergam.

Também o caso diante de nós não é o de uma pessoa contaminada por doença contagiosa, como a lepra. O hanseniano era afastado da comunidade, tendo um lugar reservado para ele, por considerar-se que contaminaria todo aquele com quem entrasse em contato. Não é o que acontece com o cego espiritual que se achega ao Salvador. É cego, sim, mas não contribui de modo algum para que outros se tornem cegos também. Se estiver junto de outros cegos, não aumenta a cegueira deles e, se entrar em contato com aqueles que podem ver, não prejudica de modo algum a visão destes. Talvez os que veem possam até obter algum benefício ao se aproximar do cego espiritual, sendo levados a agradecer pela visão que detêm, ao perceber a dolorosa escuridão em que o cego está tão tristemente envolvido.

Não se trata, enfim, do caso de uma pessoa de vida libidinosa ou de atitude ou conversação suja. De modo algum, trata-se de um homem depravado, que levaria seus filhos ou outros em torno a pecar. As pessoas sem a luz da visão espiritual de que estamos falando geralmente são amadas em nossa família, não espalham palavras injuriosas nem dão mal exemplo. Se falam de coisas espirituais, em geral causam pena, pois pouco sabem a respeito. Graças a Deus que nos abriu os olhos para vermos as maravilhas de sua Palavra.

Os cegos espirituais, de modo geral, não são, portanto, pessoas que hostilizem Deus ou vivam uma vida suja, de modo que prejudiquem a si mesmos e aos outros; nem são pessoas incapazes, sob aspecto algum, a não ser nos olhos da mente. É, então, o seu entendimento que se encontra obscurecido; mas, sob todos os outros aspectos, são pessoas que têm esperança, se é que já não sejam salvas. Nem são surdos ao evangelho, que muitos ouvem com considerável prazer e bastante atenção. É fato que, por vezes, não conseguem entendê-lo claramente, por ser muito semelhante a uma carta que recebam, assim como entender o espírito deste. Ainda assim, se o escutam, estão certamente no caminho de obter bênção maior, pois "a fé é pelo ouvir, e o ouvir pela palavra de Cristo". Além disso, sob esse aspecto, não são também mudos, pois realmente oram, e sua oração, embora possa ser pouco espiritual, possui um tipo de sinceridade que não deve ser desprezada. Se frequentam um lugar de adoração desde muito tempo, não negligenciam as formas exteriores de religião. Infelizmente, ainda são espiritualmente cegos, mas se se mostram ansiosos para ouvir e orar, podemos confiar em que serão capazes de fazer estas duas coisas.

Também é preciso lembrar que os cegos espirituais, na maioria, não se revelam incapazes em outros aspectos. Sua mão não é mirrada, como no caso daquele homem que Cristo encontrou na sinagoga. Não são geralmente pessoas abatidas por séria depressão do espírito, como aquela filha de Abraão que vivia encurvada por vários anos. Mostram-se tão felizes quanto diligentes quando nos caminhos do Senhor. Se a causa de Deus precisa de assistência, quase sempre estão prontos a ajudar e, apesar da sua falta de visão espiritual, o que certamente os impede de entrar no pleno gozo das coisas divinas, encontram-se entre as pessoas mais dispostas que conhecemos a participar de qualquer boa causa. Não porque compreendam totalmente o espírito da causa nem sejam capazes de penetrar nessa e em outras questões do gênero, pois, em razão de sua cegueira natural, essas coisas lhes são um tanto estranhas. Mas neles reside alguma coisa de muito amável e esperançoso, pois demonstram estar sempre aptos a ajudar, de boa vontade, a causa de Cristo.

Existe uma razoável quantidade de pessoas desse tipo nas congregações cristãs e em várias delas um grande número de membros não passa de um pouco melhor do que isso. Na verdade, são pessoas que receberam pouco mais do que uma instrução religiosa suficiente para capacitá-las a diferenciar sua mão direita da esquerda em assuntos espirituais. Por falta de ensino doutrinário adequado, são deixadas praticamente nas trevas e, pelo fato de não lhes terem sido ditas as palavras apropriadas, permanecem como que em uma semicegueira, incapazes de desfrutar da linda paisagem que alegra os olhos do crente iluminado.

II. Vejamos agora o MÉTODO DE CURA DE NOSSO SENHOR.

Cada parte do milagre é sugestiva. A primeira coisa a ser observada é uma *intervenção amigável* — os amigos daquele cego o levam a Jesus. Existe tanta gente que não entende corretamente a doutrina fundamental do evangelho de Cristo e que precisa tanto da ajuda dos crentes! Essas pessoas podem até possuir algum tipo de afeição pela essência da religião, mas não conseguem compreender totalmente o que é preciso fazer para serem salvas. Ainda não alcançaram a grande verdade da substituição, que é o ponto cardeal do evangelho. Mal conhecem ou nem ouviram falar sobre o que é descansar plenamente no Senhor Jesus, em consequência da satisfação que ele deu, em nosso lugar, à justiça todo-poderosa de Deus. Podem até alimentar algum tipo de fé, mas detêm apenas uma camada fina de conhecimento, de modo que sua fé pouco ou nenhum benefício lhes traz.

Tais pessoas serão abençoadas se crentes autênticos procurarem trazê-las a um claro conhecimento do Salvador. Por que você não traz essas almas para o mesmo ministério sadio que lhe foi tão útil e instrutivo? Por que não coloca no caminho dessas pessoas o Livro sagrado que foi o meio para que os seus olhos se abrissem? Por que não coloca diante da mente delas aquele texto das Escrituras, aquela passagem da Palavra de Deus, que deu início à sua iluminação? Não seria bastante produtivo se nos engajássemos na tarefa de buscar aqueles que não são propriamente hostis ao evangelho, mas simplesmente ignorantes dele, que possuem um zelo por Deus, mas não de acordo com o conhecimento do Senhor, e que, se lhes fosse concedida a luz, encontrariam a única coisa que lhes é verdadeiramente necessária?

Do mesmo modo que devemos buscar pelos vis, pelos perdidos, corrompidos e depravados que aviltam nossos becos e vielas cheios de podridão, deveríamos, com igual determinação, procurar os esperançosos que vão a uma reunião para acabar ouvindo um sermão por vezes não evangelístico, ou que ouvem a verdadeira Palavra, mas não a entendem. Irmãos, faríamos bem se orássemos por esses e, mais ainda, se buscássemos os bons jovens e as jovens gentis, esforçando-nos para responder à aspiração de sua doce consciência: "Quem me dera pudesse saber onde encontrar Deus!" Este poderia ser, nas mãos de Deus, o primeiro passo para que recebessem a visão espiritual, caso você se importasse com esses pobres filhos da névoa e da noite.

Quando o homem cego é trazido ao Salvador, ele estabelece, primeiramente, um *contato com Jesus*, pois o Senhor o toma pela mão. Que dia feliz para a alma quando entra em contato pessoal com o Senhor Jesus! Quando estamos em estado de descrença, irmãos, nos assentamos na casa de Deus e para nós Cristo parece estar distante. Nós o ouvimos, sim, mas ele nos parece mais com alguém que partiu para longe, para um palácio de marfim, alguém que já não está mais entre nós. Mesmo que ele passe por nós, mesmo que se aproxime de nós, ainda suspiramos desejosos de sentir sua sombra sobre nós ou tocar a orla de suas vestes. Mas quando nossa alma começa a realmente se aproximar de Jesus, quando ele se torna objeto de nossa total atenção, quando sentimos que existe algo a ser apreendido e temos consciência dele, quando percebemos que ele não está distante e não é uma sombra impalpável, mas, sim, uma existência bastante real e que nos influencia, é nesse momento, então, que ele nos toma pela mão.

Eu sei que alguns de vocês já sentiram isso. Tem frequentemente acontecido em reuniões de culto, quando você sente que deve orar, que o sermão parece ter sido feito somente para você, que você acha até que alguém deva ter contado ao pregador alguma coisa sobre sua vida. É a verdade atingindo o alvo com toda a precisão — os próprios detalhes do sermão do pregador combinam perfeitamente com a condição da sua mente. Eu creio que isso é o bendito Senhor tomando-o pela mão. Para você, o culto foi não apenas um falar e ouvir de palavras, mas o toque misterioso de uma mão. Seus sentimentos foram impressionados, e seu coração tomou consciência de emoções particulares, originadas a partir da presença do Salvador. Evidentemente, Jesus não entra em qualquer tipo de contato físico conosco: o contato é mental e espiritual. A mente do Senhor Jesus impõe suas mãos sobre a mente dos pecadores, e, pelo Espírito Santo, ele gentilmente influencia a alma para a santidade e a verdade.

Atente agora para o próximo ato, pois ele é peculiar. O Salvador leva o homem *a um lugar afastado*, para fora da aldeia. Tenho observado que, quando se convertem as pessoas que eram espiritualmente cegas, não declaradamente ímpias — as que eram ignorantes, não hostis a Deus —, um dos primeiros sinais de terem se tornado cristãs é fazerem uma espécie de retiro espiritual, ao sentir sua responsabilidade. Irmãos, eu tenho sempre esperança na pessoa que começa a pensar em si mesma e se coloca sozinha diante de Deus. Existem dezenas de milhares de pessoas na Inglaterra que se consideram parte de uma nação cristã, que já nasceram membros de uma igreja e, deste modo, nunca se consideraram pessoalmente

Vendo sem enxergar ou homens como árvores andando

responsáveis perante Deus. Pronunciam a confissão de pecados, sim, mas sempre em conjunto com toda a congregação. Cantam o *Te Deum* não como um cântico pessoal, mas como um louvor coral. Todavia, quando um homem é levado a se sentir como se estivesse sozinho, mesmo estando no meio da congregação, quando entende a ideia de que a verdadeira religião é individual, e não comunitária, e que a confissão dos pecados é mais adequada quando parte dos seus lábios do que dos lábios de outra pessoa, então tem início a obra da graça em sua vida.

Há esperança até mesmo para o mais cego entendimento quando a mente começa a meditar sobre sua própria condição e examina suas próprias perspectivas. Um sinal seguro de que o Senhor está trabalhando em você é se ele o levar para fora da aldeia, se você estiver se esquecendo de todos os outros e pensando somente em si mesmo agora. Não considere isso como sendo egoísmo — é tão somente a mais elevada lei dos mandamentos de nossa natureza. Todo homem que esteja se afogando deve pensar em si mesmo, e, já que é um egoísmo justificável procurar preservar a própria vida, muito mais é buscar escapar da ruína eterna. Quando sua salvação for então completa, você não verá mais a necessidade de pensar apenas em si, mas passará a cuidar da alma dos outros. Por ora, no entanto, é da maior sabedoria pensar em si mesmo, colocar-se pessoalmente diante de Deus e olhar para o Salvador de modo que possa ganhar a vida eterna. "Jesus, pois, tomou o cego pela mão, e o levou para fora da aldeia."

A atitude de Jesus a seguir foi bastante estranha. Ele usou de um meio que se poderia até considerar como *indigno*: simplesmente, *cuspiu* nos olhos daquele homem. Não só desta vez, mas também em outras ocasiões, o Salvador usou sua saliva como meio de cura. Supõe-se que isso possa ter acontecido por ser essa prática recomendada pelos médicos da Antiguidade; mas não posso imaginar que a opinião daquelas pessoas pudesse ter algum peso sobre o Senhor que operava maravilhas. Parece-me, sim, que o uso da saliva fazia uma ligação entre a abertura dos olhos do cego e a boca do Salvador, ou seja, por meio desse gesto representativo a saliva conectava a iluminação do entendimento com a verdade que Cristo professava. Evidentemente que a visão espiritual vem por meio da verdade espiritual e os olhos do entendimento seriam abertos pela doutrina que Cristo ensinava. Todavia, a reação natural que costumamos ter ao cuspe é o nojo — e isso foi intencionalmente usado pelo Salvador, exatamente com esse propósito. Não foi mais que apenas um cuspe, mas um cuspe saído da boca do Salvador.

Sendo assim, perceba, meu amigo, que é bem possível que Deus venha a abençoar você por meio da mesma verdade que você um dia desprezou. Também não será de surpreender se ele o abençoar por meio daquela pessoa contra quem você falou de maneira amarga. Sempre agradou a Deus conceder aos seus servos ministros uma graciosa forma de revanche. Muitas e muitas vezes, os mais aguerridos e furiosos inimigos dos próprios servos de Deus receberam as maiores bênçãos das mãos daqueles servos a quem mais desprezavam. Você pode chamar isso de "cuspir": é exatamente isso que vai abrir os seus olhos. Se você acaso disse alguma vez que "o evangelho é uma coisa tola", é por meio desse lugar-comum em matéria de injúria que você receberá vida eterna. Se, com grande desdém, declarou que tal pregador falava com estilo vulgar e grosseiro, você um dia ainda irá bendizer essa vulgaridade e ficará muito feliz em receber, por meio de uma palavra aparentemente grosseira, a pura verdade que seu Mestre ordena que aquela pessoa lhe fale. Acho que muitos de nós precisaríamos perceber isso em nossa conversão. O Senhor castiga o nosso orgulho ao nos dizer que aquelas pobres pessoas a quem tratamos com tanta aspereza se transformarão em uma bênção para nós e que o servo contra o qual você tinha maior preconceito será a pessoa que justamente irá conduzi-lo à mais perfeita paz.

Fico surpreso ao ver que isso e muito mais estava na mente do nosso Salvador quando ele decidiu cuspir nos olhos daquele homem. Não usou de pós trazidos por mercadores, nem mirra nem incenso, nenhuma droga cara; tão somente o simples cuspe de seus lábios. Meu caro ouvinte, se você deseja ver as coisas profundas de Deus, não será por meio dos antigos filósofos nem de profundos pensadores de nossos dias, mas será por meio daquele que o ensine dizendo "confie em Cristo e viva" que você será instruído sobre a melhor filosofia, mais do que o seria pelos filósofos. Alguém que lhe diga que nele, no Senhor Jesus, habitam os tesouros da sabedoria e do conhecimento, dirá a você, em uma simples declaração, mais do que tudo aquilo que poderia aprender por meio de Sócrates e Platão, mesmo que estes pudessem se levantar dos mortos, e ter um grande mestre, aos pés do qual, como seguidor, se colocasse. Somente Jesus Cristo pode abrir os seus olhos, e ele o fará, se necessário for, até usando do simples cuspir de sua boca.

Você também perceberá que, quando Jesus cospe nos olhos do cego, conforme nos diz o relato, coloca as mãos sobre ele. Teria ele feito isso como uma forma de *bênção celestial*? Ao impor suas mãos, teria Jesus concedido ao homem sua bênção, ordenando que o fluxo da virtude de sua própria pessoa passasse para ele? Creio que sim. Assim sendo, irmãos, não é o cuspir; não é levar o homem para longe da multidão; não é o ministério; não é a pregação da Palavra; não é a consideração do ouvinte, o que irá fazer alcançar a bênção espiritual. É a unção daquele mesmo que morreu pelos pecadores o que confere a bênção celestial a todos nós. Ele é exaltado nas alturas para poder conceder arrependimento e remissão do pecado. É por meio do mesmo Jesus, desprezado e rejeitado pelos homens — e unicamente por meio dele — que a bênção, como a visão dada ao cego, será dada, sem preço, aos filhos dos homens. Devemos fazer uso dos meios da graça, jamais desprezá-los ou deixar de confiar neles. Devemos ficar a sós, pois o retirar-se é também uma grande bênção. Mas, acima de tudo, devemos olhar para o Senhor e doador de toda boa dádiva; caso contrário, a cuspida irá ser limpa com certo nojo e o estar sozinho simplesmente fará que aquele que é cego erre o caminho mais facilmente e vagueie nas trevas mais profundas com menos simpatia e ajuda.

Este episódio é bem a fotografia de alguns de nós presentes aqui. Creio que existam pessoas aqui que desde a sua juventude têm frequentado locais de adoração sem a menor percepção da vida espiritual e que teriam continuado a fazer isso se o Senhor não se agradasse de fazer uso de amigos seus, bem-aventurados amigos cristãos, que as convidaram: "Venha comigo; acho que podemos dizer-lhe alguma coisa que você ainda não sabe". Mediante oração e ensinamento, esses amigos fizeram que você tivesse contato com Jesus. O Senhor tocou você, influenciou sua mente, fez que você pensasse, fez que visse que existem mais coisas na religião do que simplesmente atos exteriores, que sentisse que ir à igreja não era tudo. Sim, realmente não era tudo, que faltava você aprender o segredo, o verdadeiro segredo, da vida eterna. Foi por meio de tudo isso que você começou a sentir que existe poder nesse evangelho que um dia você até pode ter desprezado. Algo de que você até zombou, como algumas empolgadas pregações avivalistas, representa agora, no entanto, para você, o próprio evangelho de sua salvação. Agradeçamos a Deus por isso, pois é por meio de coisas desprezíveis assim que os nossos olhos são abertos.

III. Chegamos agora ao terceiro ponto. Vamos fazer uma pausa em um MOMENTO AUSPICIOSO. O Senhor concedera ao globo ocular daquele homem o poder de ver, mas não removera completamente a película que mantinha opaca a luz vinda de fora. Ouça o que diz o homem. Jesus pergunta: *Vês alguma coisa?* Ele olha para cima, e a primeira e alegre frase que diz é: *Estou vendo*. Que bênção! *Estou vendo!* Alguns de vocês, queridos amigos, poderão também dizer: "Um dia, eu fui cego, mas agora vejo. Sim, Senhor, não estou mais na escuridão total. Não vejo ainda quanto deveria ou quanto esperava ver, mas vejo. Existem muitas, muitas coisas das quais eu não sabia nada e, agora, sei pelo menos alguma coisa sobre elas. Nem mesmo o próprio inimigo vai me fazer duvidar de que estou realmente enxergando. Eu sei que vejo. Eu me sentia satisfeito com as formas exteriores — se eu tivesse hinos para cantar, orações para fazer e todas as demais coisas externas, isso me bastava, eu me sentia satisfeito. Mas agora, embora eu sinta que ainda não posso ver da maneira que gostaria, já posso ver realmente. Se não posso ver a luz total, há pelo menos uma penumbra visível. Não posso ver a salvação, mas sou capaz de enxergar minha própria ruína. Eu vejo, de fato, meus próprios desejos e necessidades; se eu não vir nada mais, posso, pelo menos, enxergar essas coisas".

Na verdade, se uma pessoa pode ver alguma coisa, não importa o quê, certamente tem visão. Se vê um objeto, se ele é bonito ou feio não vem ao caso: o simples fato de ver é prova suficiente de que há visão em seus olhos. Do mesmo modo, a percepção espiritual de alguma coisa é prova de que você tem vida espiritual, quer essa percepção o faça lamentar, quer o faça regozijar; quer ela o quebrante, quer anime seu coração. Se você realmente vê alguma coisa, então certamente tem o poder da visão. Isto é bastante claro, não?

Mas ouça mais uma vez o que diz o homem. Ele diz: "Estou vendo *os homens*". Isto é ainda melhor. Claro que aquele pobre homem já fora, outrora, capaz de ver, caso contrário não conheceria a forma de um homem. "Estou vendo os homens", diz ele. Existem alguns aqui com visão suficiente para distinguir entre uma coisa e outra, assim como diferenciar isso daquilo. Embora você possa, espiritualmente, ter sido cego como um morcego, ninguém pode fazer você acreditar que regeneração pelo batismo é a mesma coisa que regeneração pela Palavra de Deus. Você pode ver a diferença entre essas duas coisas em todos os aspectos. É de supor que qualquer pessoa possa ver essa diferença, mas muitas não podem. Você é capaz de distinguir entre uma adoração simplesmente formal e exterior e uma adoração espiritual — você tem condições de ver isso. Vê também o suficiente para saber que existe um Salvador; que precisa de um Salvador; que o caminho para a salvação é a fé em Cristo; que a salvação que Jesus nos dá realmente nos livra do pecado e que, em segurança, leva à glória eterna aqueles que a recebem. Assim, fica claro que você pode ver alguma coisa e rapidamente saber o que seja.

No entanto, ouça bem o cego. Aparece aqui, em seguida, uma palavra que complica as coisas: "Estou vendo os homens; porque *como árvores os vejo andando*". Ele não podia dizer se eram homens ou árvores, a não ser pelo fato de que estavam andando; e, como sabia que árvores não andam, não poderiam ser árvores. O que via, na verdade, eram manchas confusas diante de seus olhos. Pelo movimento, sabia que deveriam ser homens, mas, por meio de sua simples visão escassa, não podia dizer com exatidão se eram realmente homens. Muitas almas preciosas se encontram em compasso de espera, nesse estágio auspicioso mas desconfortável. *Podem ver*. Glória a Deus por isso! Jamais voltarão a ser completamente cegas outra vez. Se podem ver o homem Jesus e o madeiro, a árvore na qual morreu, podem até mesmo tornar as duas coisas para si um único objeto, pois Cristo e sua cruz são uma única coisa. Olhos que não podem ver Jesus claramente podem vê-lo, todavia, vagamente; mas mesmo uma visão ainda imperfeita pode salvar sua alma.

Observe-se que a visão deste homem estava ainda bastante *confusa*: ele não podia fazer a diferença entre um homem e uma árvore. Assim também é a primeira visão dada a muitas pessoas espiritualmente cegas. Não conseguem distinguir entre uma doutrina e outra. Frequentemente, confundem em sua mente a obra do Espírito e a obra do Salvador. Possuem a justificação, possuem santificação, mas é bem provável que não saibam discerni-las. Receberam justiça do coração, concedida, e justiça de Cristo, que lhes foi imputada, mas não conseguem fazer distinção entre justiça concedida e imputada. Possuem ambas, mas não conseguem discerni-las — pelo menos a ponto de serem capazes de dar sua definição ou explicá-las. Podem ver — mas não podem ver como deveriam. Veem homens como árvores que andam.

A visão dessas pessoas, tal como a do cego, além de indistinta, é *bastante exagerada*. Um homem não é tão grande quanto uma árvore, mas as pessoas, em sua visão, aumentam a estatura humana ao equipará-la à de uma árvore. Assim, exageram na doutrina. Se recebem a doutrina da eleição, não se contentam em ir até onde as Escrituras vão; fazem uma árvore de um homem, introduzindo a doutrina da condenação. Se começam a entender um preceito como o batismo, ou qualquer que seja, o exageram em suas proporções e o transformam em uma espécie de doutrina genérica. Há pessoas que escolhem e dão preferência a determinada ideia, enquanto outras escolhem e preferem outra, e isso tudo é exatamente confundir um homem com uma árvore. Seria muito bom se essas pessoas pudessem ver doutrina e preceitos como um todo, mas seria melhor ainda se pudessem observar esses aspectos da fé como realmente são, e não como lhes parece.

Esse exagero geralmente leva ao *temor*, pois, se eu vejo um homem caminhando na minha direção que seja tão alto quanto uma árvore, fico naturalmente amedrontado de que caia sobre mim e, por isso, saio do caminho. Muitas pessoas têm medo das doutrinas de Deus, porque, de acordo com o pensamento de alguns, são tão altas quanto árvores. Elas, porém, não são assim tão altas. Deus as criou com o tamanho certo; a cegueira das pessoas exagera seu tamanho e faz que sejam vistas como mais terríveis e altas do que deveriam ser. As pessoas têm medo de ler livros que falem sobre certas verdades e fogem amedrontadas de todos os homens que as pregam, simplesmente porque não podem ver essas doutrinas sob a luz correta e ficam alarmadas diante da própria visão confusa que delas têm.

Juntamente com esse exagero e esse temor, existe na vida dessas pessoas uma *perda total da alegria*, uma vez que a alegria vem pelo fato de sermos capazes de perceber a beleza e a amabilidade dos seres e das coisas. Afinal, a parte mais nobre de um homem é o seu semblante. Gostamos de destacar as melhores características das pessoas — aquela face gentil, aquela expressão terna, aquele olhar vencedor, aquele sorriso radiante, aquele brilho expressivo de benevolência em sua face, aquela fronte altaneira, gostamos de ver tudo isso. Mas aquele pobre cego não podia ver nada disso; ele mal podia diferenciar um homem de uma árvore, não podia descobrir aquelas linhas mais suaves, criadas pelo grande Mestre, que formam a verdadeira beleza. A única coisa que ele podia dizer era serem "homens". Se algum deles era um homem negro como a noite, outro claro como a manhã, ele não saberia e não podia dizer. Se um deles ou outro tinha um aspecto rabugento ou amargo, bondoso e gentil, não podia distinguir.

Assim é também com essas pessoas que obtêm somente alguma visão espiritual. Não conseguem ver os detalhes das doutrinas. Vocês sabem, meus irmãos, que é nos detalhes que reside a verdadeira beleza. Se confio em Jesus como meu Salvador, serei salvo, mas a alegria da fé vem por conhecê-lo em pessoa, por seus atos, sua obra, seu passado, presente e futuro. Percebemos a verdadeira beleza do Senhor ao estudá-lo, ao observá-lo com cuidado e atenção. O mesmo acontece com as doutrinas. O total de uma sã doutrina, o grosso dela, é bendito, mas é quando chegamos a seus detalhes que alcançamos a mais pura satisfação. "Sim", diz a pessoa grosseira ao olhar para um quadro refinado, como, por exemplo, o famoso *O touro*, do pintor holandês Paulus Potter, "certamente é uma pintura extraordinária" e, então, vai embora. Mas uma pessoa sensível, um artista, senta-se diante do quadro e estuda seus detalhes. Para essa pessoa, existe beleza em cada toque, em cada sombra, que entende e aprecia. Muitos são os crentes que possuem luz suficiente para conhecer a fé em seus traços gerais, mas não observam o acabamento, as minúcias, nos quais um filho de Deus espiritualmente instruído poderá sempre encontrar o mais doce conforto. Tais crentes podem ver, sim, mas veem os homens "como árvores [...] andando".

Embora saiba que a maioria de vocês, meus irmãos, foi muito além desse estágio, sei também que existem centenas de pessoas no povo de Deus que ainda permanecem nele. Consequentemente, quando Satanás se lhes impõe, surgem, com elas, seitas, grupos e teorias. Se um bom número de pessoas dotadas de bons olhos, reunidas, vê um mesmo objeto, todos serão praticamente concordes na descrição do que veem. Mas se for um número igual de pessoas com olhos tão fracos a ponto de mal poderem distinguir um homem de uma árvore, irão certamente discordar, fazer uma grande confusão e, muito provavelmente, terminarão discutindo. "É um homem", afirmará uma delas, "ele caminha". "É uma árvore", afirmará outra, "é alto demais para um homem". Quando homens quase cegos espiritualmente se tornam cada vez mais obstinados e desprezam seus mestres, não se permitindo aprender aquilo que o Espírito Santo lhes deseja ensinar, passam a tomar sua ignorância por conhecimento e talvez acabem levando consigo outros quase cegos para o fosso. Mesmo que uma santa modéstia impeça esse pernicioso resultado, ainda assim é de lamentar esses quase cegos, que deixam os homens amargurados, quando deveriam se regozijar, fazendo que murmurem diante da revelação da verdade, que, se compreendida corretamente, encheria a boca deles de louvor por todo um dia. Muitos, por exemplo, são os que ficam perturbados por causa da doutrina da eleição. Se existe uma doutrina na Bíblia que deveria fazer os crentes cantarem louvores noite e dia, é justamente a doutrina do amor que elege e da graça que distingue. Algumas pessoas, no entanto, temem isso ou aquilo nas doutrinas cristãs, ao passo que, se entendessem a verdade, correriam para os seus braços, em vez de fugir delas como de um inimigo.

Tendo apresentado este retrato do homem em seu estado de transição, encerraremos destacando a COMPLEMENTAÇÃO FINAL DA CURA.

Irmãos, sejamos gratos por qualquer tipo de luz. Sem a graça de Deus, não poderíamos ter nem sequer um raio de luz que fosse. Um simples raio de luz é mais até do que merecemos. Se fôssemos presos na negritude das trevas para sempre, do que poderíamos reclamar? Uma vez que fechamos nossos olhos para Deus, não merecemos ser condenados às trevas eternas? Seja agradecido, portanto, pelo mínimo vislumbre de luz. Mas não valorize demais aquilo que você tem, a ponto de não desejar ter mais. Um homem estará tristemente cego se não desejar ter mais luz. É um mau sinal de saúde não ter o desejo de crescer. Se ficarmos satisfeitos por conhecer toda a verdade a ponto de não querermos aprender mais nada, é bem provável que estejamos precisando começar de novo. Uma das primeiras lições da escola da sabedoria é reconhecermos que somos por natureza tolos e que se torna cada vez mais sábio o homem que tenha cada vez mais consciência de sua própria deficiência e ignorância. Contudo, se o Senhor Jesus Cristo faz que um homem passe a ver um pouco e deseje ver mais, não o deixará até que seja levado a conhecer toda a verdade.

Observemos que, para completar a cura, o Salvador *tocou mais uma vez seu paciente*. A renovação do contato que você tem com o Salvador constitui o meio de alcançar seu aperfeiçoamento, tal como foi o seu primeiro contato para ser iluminado. Mantenha-se junto a Cristo, em íntima comunhão com sua bendita pessoa, em total dependência de seu mérito. Estude a pessoa de Jesus, deseje intensamente que ele tenha comunhão com você e olhe para ele com os seus próprios olhos da fé, não com os olhos de outra pessoa — serão estes os meios pelos quais ele lhe dará uma luz mais clara. O toque divino faz tudo isso.

Quando os olhos daquele homem foram plenamente abertos, certamente que *a primeira pessoa que ele viu foi Jesus*, pois havia sido afastado da multidão e só podia ver os outros homens a distância. Bendita visão essa, absorvendo aquele rosto, percebendo as belezas daquele que ama nossa alma como ninguém mais. Oh, que alegria! Se não pudéssemos ver a face *de Jesus*, deveríamos nos conformar, então, em termos cegueira eterna! Mas, se o vemos, oh, que deleite celestial sermos resgatados da cegueira que nos impedia de vê-lo! Ore para que você, crente, acima de todas as coisas, possa conhecê-lo. Considere a doutrina cristã uma coisa preciosa, simplesmente pelo fato de ela ser o trono no qual ele se assenta. Pense nos preceitos da lei, mas sem deixar que sejam uma pedra de legalismo que o mantenha na tumba; pense neles como são ilustrativos e vívidos na vida de Jesus. Não dê maior importância à sua própria experiência se ela não apontar para Cristo. Considere que você só cresce quando cresce nele. "Crescei na graça", diz a Palavra, acrescentando:... *e no conhecimento de nosso Senhor e Salvador Jesus Cristo* (2Pe 3.18). "Cresçamos", diz ainda, e o que mais diz?... *em tudo naquele que é a cabeça, Cristo* (Ef 4.15). Peça visão, fazendo sua oração assim: "Senhor, quero ver Jesus". Ore pedindo visão, mas visão do Rei em sua beleza, e que, além de tudo, você possa também, um dia, ver a terra distante. Você estará se aproximando da total clareza da visão quando puder ver apenas Jesus; e estará saindo da penumbra rumo ao brilho radiante do dia quando, em vez de ver homens como árvores, puder contemplar o Salvador. Você estará superando então, definitivamente, aquela sua primeira visão.

Lemos que, para ver, o paciente levantou os olhos. Se desejamos ver, não devemos olhar para baixo: nenhuma luz brilha a partir da terra, obscura. Nem devemos olhar para dentro de nós: é uma caverna sombria, cheia do que é ruim. Temos de *levantar os olhos* e olhar *para cima. Toda boa dádiva e todo dom perfeito vêm do alto* (Tg 1.17). Devemos, pois, buscá-los olhando para cima. Meditando em Jesus e nele descansando, devemos olhar para cima, na direção do nosso Deus. Nossa alma deverá buscar a perfeição do nosso Senhor e não ficar sonhando com a perfeição própria; deve refletir a grandeza de Deus e não ficar fantasiando sobre a própria grandeza. Temos de olhar para cima — não para aqueles que são servos como nós nem para os atos exteriores de adoração; tão somente para o próprio Deus. Levantemos os olhos, olhemos para cima e, ao fazê-lo, encontraremos a luz.

Lemos que, finalmente, o homem "ficou restabelecido, pois já via nitidamente todas as coisas". Sim, quando o grande médico manda seu paciente para casa, ele pode descansar seguro de que sua cura foi plenamente realizada. Esse paciente, agora, estava totalmente bem e curado, no grau superlativo dessas palavras. Ele via todos os homens e com clareza. Que este seja o final feliz dos muitos semi-iluminados aqui presentes!

Não fique satisfeito, meu querido amigo, em ser simplesmente salvo. Procure saber *como* você é salvo, *por que* é salvo, o *método* pelo qual é salvo. É numa rocha que se firma, eu sei, mas pense nas seguintes perguntas: Como foi colocado sobre essa rocha? Pelo amor de quem você chegou lá? Por que esse amor foi direcionado a você? Por Deus, eu gostaria que todos os membros desta igreja estivessem não apenas *em*

Cristo Jesus, mas que o *entendessem* e soubessem, com a segurança do entendimento, com que finalidade chegaram até ele. *Que vocês estejam sempre preparados para responder com mansidão e temor a todo aquele que lhes pedir a razão da esperança que há em vocês* (1Pe 3.15).

Lembre-se também, meu amigo, que existem muitas diferenças profundas nas Escrituras, que se você conhecer e se lembrar delas poderá evitar um mundo de problemas. Tente entender a diferença entre a velha e a nova naturezas. Jamais espere que a velha natureza vá melhorando até se transformar na nova, pois isso nunca irá acontecer. A velha natureza não pode fazer outra coisa senão pecar, e a nova natureza jamais poderá pecar. São dois princípios distintos; nunca as confunda. Não veja homens como árvores. Não confunda santificação com justificação. Lembre-se que no momento em que você aceita Cristo é justificado tão completamente quanto o será no céu; já a santificação é obra gradual, realizada dia após dia por Deus Espírito Santo. Faça a distinção entre a grande verdade de que a salvação é somente de Deus e a grande mentira de que os homens não devem ser responsabilizados por estarem perdidos. Esteja certo de que a salvação é do Senhor, mas jamais condene Deus pela perdição. Não há problema se por acaso disserem que você é adepto do calvinismo, mas rejeite o antinomianismo.[1] Por outro lado, embora você creia na responsabilidade humana, nunca caia no erro de supor que o homem sempre se volta para Deus com base em seu livre-arbítrio. Existe uma linha tênue entre os dois erros; peça a graça para saber a distinção entre os dois. Peça a Deus para não cair em um redemoinho e não ser lançado contra um rochedo; para não ser escravo nem de um sistema nem de outro. Nunca diga em relação a um texto das Escrituras: "Assim não dá; eu não posso suportar isso"; nem com relação a outro: "Eu só acredito em você, somente em você". Ame toda a Palavra de Deus, tenha discernimento de toda a verdade revelada. Assim como você recebeu a Palavra de Deus não como um conjunto de partes discordantes, mas como um todo, procure compreender a verdade como ela é em Jesus, em toda a sua solidez e unidade. Conclamo você que já recebeu a visão que o capacita a ver todas as coisas a se ajoelhar agora e clamar ao grande doador da visão:

"Ó mestre, prossegue em tua obra. Tira toda película, remove toda catarata e, mesmo que se torne preciso sofrer para que todos os meus preconceitos e males sejam arrancados, para que sejam clareados os meus olhos, faze tudo isso, Senhor, até que eu possa enxergar na radiante luz do Espírito Santo e me seja permitido entrar pelos portões da cidade santa, onde meus olhos poderão te ver face a face".

---

[1] [NT] Antinomianismo — diz-se do pensamento doutrinário que, em nome da supremacia da fé e da graça, preconiza que os salvos em Cristo não precisam seguir nem dar importância à lei mosaica.

4

NAZARÉ
OU JESUS É REJEITADO POR SEUS AMIGOS

Todos os que estavam na sinagoga, ao ouvirem estas coisas, ficaram cheios de ira. E, levantando-se, expulsaram-no da cidade e o levaram até o despenhadeiro do monte em que a sua cidade estava edificada, para dali o precipitarem. Ele, porém, passando pelo meio deles, seguiu o seu caminho (Lc 4.28-30).

Jesus viveu por muitos anos na casa de José, considerado seu pai, em Nazaré. Devia ser, portanto, bem conhecido ali: a excelência de seu caráter e de sua conduta deve ter sido marcante naquela localidade. No devido tempo, deixou Nazaré e, batizado por João no rio Jordão, começou sua obra de pregação e realização de milagres. Não haja dúvida de que os habitantes de Nazaré comentavam frequentemente uns com os outros: "Decerto ele voltará um dia para casa, para ver os pais. Quando vier, todos nós vamos então ouvir o que o filho do carpinteiro tem a dizer". Há sempre, naturalmente, certa curiosidade local em ouvir um jovem do vilarejo que haja saído dali e se tornado pregador; mas, no caso de Jesus, esse interesse aumentava mais ainda pela expectativa de se verem milagres como os que se sabia haver operado em Cafarnaum. A curiosidade era, assim, enorme; todo mundo esperava e confiava em que ele viesse a tornar Nazaré famosa entre todas as cidades das tribos de Israel. Quem sabe Jesus se estabelecesse ali e atraísse uma grande multidão de fregueses de toda parte para o comércio local, ao se consagrar como o grande médico de Nazaré, o grande realizador de milagres daquela área!

Então, finalmente, um dia, quando bem lhe aprouve, o famoso Profeta voltou à sua cidade. O interesse por sua pessoa cresceu bastante ao se aproximar o sábado. Os homens se perguntavam: "O que você acha? Ele estará na sinagoga amanhã? Se for, deverá ser convidado, de alguma forma, a falar". Compartilhando dessa opinião em comum, o chefe da sinagoga, em um momento adequado do culto, tendo visto Jesus presente, pegou o rolo do profeta Isaías e o passou às suas mãos, para que ele lesse uma passagem e falasse o que desejasse sobre o texto lido. Todos os olhos estavam atentos, voltados para ele; não havia homem algum sonolento na sinagoga naquela manhã. No momento em que tomou o rolo, Jesus o abriu, como alguém que sabe exatamente o que está fazendo, na passagem mais pertinente e aplicável a si mesmo. Leu o texto de pé, prestando, por meio de sua postura, o devido respeito à Palavra. Então, fechou o livro e voltou a se sentar — não porque não tivesse nada a dizer, mas justamente porque era costume em Israel, naquele tempo, que o pregador se sentasse e os ouvintes se colocassem em pé, método preferível ao de hoje sob muitos aspectos, principalmente quando o pregador é inábil e os ouvintes estão sonolentos.

Como já dissemos, a passagem que Jesus leu foi muito adequada e aplicável a ele mesmo. Mas talvez o ponto mais notável deste episódio não seja propriamente o que ele leu, mas o que ele não leu, pois parou praticamente no meio de uma frase: "Para proclamar", disse ele, "o ano aceitável do Senhor", e parou ali. Essa frase, na passagem em Isaías, não fica completa se não se ler as palavras seguintes: "e o dia da vingança do nosso Deus". Nosso Senhor sabiamente interrompeu a leitura naquelas palavras, provavelmente com o intuito de que o primeiro sermão que ele pregava fosse bastante agradável, sem haver nele uma palavra de ameaça. Pois o desejo de seu coração e sua oração por aqueles homens, na verdade, eram que pudessem ser salvos, e que aquela ocasião, em vez de ser um dia de vingança, pudesse ser para eles o ano aceitável do Senhor. Assim, enrolou o livro, sentou-se e deu início a sua exposição, iniciando a tarefa a que fora designado. Explicou quem eram os cegos, quem eram os cativos, os oprimidos e qual o tipo de graça Deus provê, por meio da qual concede liberdade, cura e salvação. Eles estavam, simplesmente, maravilhados. Nunca tinham ouvido alguém que falasse tão fluentemente e com tanta força, de maneira tão simples e, ainda assim, de modo tão nobre e sábio. Os olhos fitos nele, quase todos, se não todos, estavam abismados diante do assunto abordado e do estilo do orador. Logo, porém, um murmúrio toma conta da sinagoga, uns sussurrando aos outros: *Donde lhe vem esta sabedoria? Não é este o filho do carpinteiro? E não se chama sua mãe Maria, e seus irmãos Tiago, José, Simão e Judas? E não estão entre nós todas as suas irmãs? Donde lhe vem, pois, tudo isto?*(Mt 13.54,55) Estavam, enfim, não somente espantados, mas cheios de inveja.

Sabendo, no entanto, que o objetivo de seu ministério não era o de impressionar nem escandalizar as pessoas, mas, sim, marcar seu coração com a verdade, o pregador voltou-se para a consciência delas. Se a única coisa que as pessoas puderem ofertar a um pregador for sua surpresa, nada lhe estarão ofertando. Desejamos que você seja convencido e convertido e, se isso não acontecer, falhamos. Jesus deixou, assim, um assunto tão cheio de interesse, tão repleto de todo tipo de bênção — vendo que, para eles, nada mais era senão "pérolas aos porcos" — e passou a lhes falar de maneira pessoal, intencional, ou, como eles provavelmente acharam até certo ponto sarcástica: "Sem dúvida me direis este provérbio: médico, cura-te a ti mesmo; tudo o que ouvimos teres feito em Cafarnaum, faze-o também aqui na tua terra". Então, ele lhes disse diretamente que não iria considerar seu pedido; pois não concordava que, pelo simples fato de ter sido criado naquela cidade e de haver convivido com eles, teria, por esse motivo, a obrigação de lhes mostrar o seu poder de modo que satisfizesse a vontade deles. Como exemplo, Jesus lhes lembra que Elias — mediante quem Deus, "pai de órfãos e juiz de viúvas", quis abençoar uma viúva — não foi enviado a abençoar uma viúva de Israel, mas uma mulher gentia, siro-fenícia, uma amaldiçoada cananeia; ou seja: "a nenhuma delas" (das viúvas de Israel) "foi enviado Elias, senão a uma viúva em Sarepta de Sidom". Em seguida, menciona também que Eliseu, o profeta sucessor de Elias, capaz de curar leprosos, não curou leprosos israelitas — não curou nem mesmo aqueles leprosos que vieram com as boas-novas de que o exército sírio havia fugido —, mas curou, sim, um estrangeiro, vindo de um país distante, como o foi Naamã. O Salvador lançava deste modo, a doutrina da graça soberana: declarava Deus, declarava-se ele próprio, livre para fazer o que bem desejasse.

Juntamente com outras circunstâncias ligadas ao sermão, isso aumentou a ira de toda a congregação, a ponto de aqueles olhos que em um primeiro momento haviam olhado para ele maravilhados começaram a brilhar como os olhos de um animal enfurecido, e aquelas bocas que lhe haviam elogiado com admiração passaram a uivar indignadas. Eles se levantaram para matar o pregador. A curiosidade de ontem se transformara em rebeldia hoje. Os mesmos que haviam recebido com boas-vindas o profeta de sua cidade horas atrás, certamente ruminavam agora que uma palavra de ordem como "Crucifica-o! Crucifica-o!" seria branda demais para ele. Eles o tiraram à força da sinagoga — interrompendo a própria adoração e esquecidos da santidade daquele dia, pelo qual eles tinham um enorme respeito — e o arrastaram até um despenhadeiro nos limites da cidade, para dali o jogarem, como faziam com os malfeitores. Jesus escapou deles —, mas que final estranho para aquilo que tivera um início tão auspicioso!

"Por quê?", perguntamos então eu e você. Que campo frutífero temos aqui! Era ele o melhor dos pregadores e com uma das mais desejáveis audiências — um povo atento, todos os ouvidos abertos, quase todas as bocas abertas, tomados de surpresa por tê-lo consigo, por sua maneira de tratar as pessoas e pelo que tinha a dizer! Um número incontável de conversões aconteceria ali. Nazaré poderia ter-se transformado na fortaleza do cristianismo. Seria a própria metrópole da nova fé. Não foi isso, porém, o que aconteceu. Tal é a perversidade da natureza humana que, onde esperamos muito, alcançamos pouco, e o campo que deveria produzir trigo em abundância nada produz além de espinhos e cardos.

Peço a Deus que me ajude a alcançar meu objetivo, que é fazer uma aplicação desta narrativa ao coração e à consciência de alguns aqui presentes, que estão agindo para com o Salvador quase que da mesma maneira que esses homens de Nazaré fizeram, nos dias em que Jesus viveu entre nós. Consideremos, em primeiro lugar, *quem eram os que rejeitaram Cristo*; em seguida, *o porquê de sua rejeição*; e, em último lugar, *o que isso gerou*.

Nazaré ou Jesus é rejeitado por seus amigos | 41

I. Em primeiro lugar, QUEM ERAM OS QUE REJEITARAM CRISTO? Faço esta pergunta porque estou inclinado a achar, como já disse, que existem exemplos e representantes deles entre nós neste momento.

Antes de mais nada, prezados amigos, eles eram *aqueles que tinham relacionamento mais próximo com o Salvador*. Eram as pessoas de sua própria cidade. Seria de esperar que os concidadãos, normalmente, mostrassem a um igual a eles a maior amabilidade. Ele veio para o que era seu, e os seus não o terem recebido foi certamente uma grande decepção. Existem alguns aqui, esta manhã, que não são cristãos. Não estão com Cristo; consequentemente, são contra ele. No entanto, entre as pessoas não convertidas do mundo, são os que mais perto estão de Cristo, pois na infância frequentaram cultos religiosos, participaram de cânticos, orações e adoração na casa do Senhor. Além disso, estão plenamente convencidos da autenticidade e da divindade da Palavra de Deus, não têm dúvida de que o Salvador foi mandado por Deus, que ele pode salvar e que é o único Salvador. Essas pessoas não estão sendo assoladas por dúvidas, nem pensamentos de ceticismo as perturbam. Elas são, na verdade, como o rei Agripa, quase persuadidas a se tornarem cristãs. Elas não fazem parte dos cristãos, mas estão mais próximas dos cristãos do que qualquer outra pessoa na face da terra. Seria de esperar, naturalmente, que fossem as melhores pessoas para as quais se pudesse pregar; mas se mostram de modo diverso. Assim se mostram exatamente no meu caso, pois têm menos possibilidade de serem levadas à decisão por Cristo do que muitos que se encontram distantes. Vocês sabem a quem estou me referindo, e alguns de vocês, certamente, ao olharem para mim, podem também muito bem reclamar: "Mestre, ao dizer isso, tu também nos repreendes".

Aquelas pessoas de Nazaré eram *as que sabiam mais coisas sobre Cristo*. Estavam familiarizadas com sua mãe e demais parentes. Conheciam toda a sua linhagem. Podiam dizer imediatamente que José e Maria eram da tribo de Judá. Provavelmente, podiam informar quando tinham ido a Belém e que em determinada época tinham fugido para o Egito. Conheciam a história completa daquela criança surpreendente. Certamente que essas pessoas, sem precisar que os rudimentos lhes fossem ensinados e que fossem instruídas a respeito dos elementos da fé, teriam sido bem propícias a que Jesus lhes pregasse. Mas que nada! Não se comportaram assim. Existem muitos aqui hoje muitíssimo semelhantes a tais pessoas. Você conhece toda a história do Salvador, e a conhece desde a infância. Mais que isso, você compreende perfeitamente as doutrinas do evangelho em seu aspecto teórico. É capaz de discutir as verdades do evangelho e se deleita em fazer isso, pois tem profundo interesse nelas. Quando lê as Escrituras, não lhe são um livro misterioso e obscuro que você não consegue compreender; pelo contrário, você é até capaz de ensinar a outras pessoas os princípios rudimentares da verdade. Contudo, quão estranhamente triste é que você, sabendo tanto, pratique tão pouco.

Receio que alguns de vocês conheçam o evangelho tão bem que, exatamente por isso, ele haja perdido muito de seu poder em sua vida; pois ele lhe é tão conhecido como uma mesma história que lhe fosse contada e recontada muitas vezes. Ao ouvi-lo pela primeira vez, a própria novidade lhe causou impacto; mas agora você não consegue mais sentir esse mesmo interesse. Diz-se que um dos grandes sucessos da pregação de Whitfield era que ele pregava o evangelho para pessoas que nunca tinham ouvido falar disso antes. Para as grandes massas da Inglaterra dos dias de Whitfield, o evangelho era uma coisa completamente nova. O evangelho propriamente dito fora expurgado tanto da igreja da Inglaterra quando dos púlpitos não conformistas, ou, nos lugares onde permaneceu, ficou restrito a alguns poucos dentro da igreja, sendo desconhecido das massas do lado de fora. O evangelho simples do "creia e viva" tornara-se então uma novidade tão grandiosa que, quando Whitfield pregava ao ar livre para dezenas de milhares, eles ouviam o evangelho como se fosse uma nova revelação, recém-enviada dos céus. No caso aqui, alguns de vocês se endureceram em relação ao evangelho. Seria impossível colocá-lo em um novo molde para que se encaixasse em seus ouvidos. Os ângulos, os cantos da verdade, todos se tornaram gastos para você. Você vem a este culto domingo após domingo — e já faz bastante tempo que isso acontece. Você entra, se senta e participa do culto inteiro —. Ele já se tornou uma simples rotina para você, como levantar da cama, se lavar e trocar de roupa pela manhã. O Senhor sabe quanto eu temo muito a rotina em minha vida. Temo que o lidar com as almas se transforme para mim em algo simplesmente formal e oro para que Deus liberte tanto a mim quanto a vocês dos efeitos mortais da rotina religiosa. Para alguns de vocês, seria melhor mudarem de local de adoração, em vez de caírem no sono no seu lugar costumeiro. Se você já me ouviu por muito tempo e não foi abençoado, vá ouvir outra pessoa. Antes de ficar sentado nesses bancos e perecer debaixo da palavra, embalado pelo evangelho, que deveria despertá-lo, vá para outro lugar e deixe que outra voz fale ao seu ouvido, que outro pregador veja o que Deus pode fazer em seu favor por meio dele. Oh, possa o Espírito de Deus salvá-lo, e a alegria será igual para mim se você for salvo sob a obra de outra pessoa ou pela minha própria palavra! A questão, no entanto, continua sendo a de que é realmente triste que homens tão próximos do cristianismo, que sabem tantas coisas sobre Cristo, possam, mesmo assim, prosseguir rejeitando o redentor.

Aquelas pessoas em Nazaré *julgavam ter algum direito sobre Jesus.* Não achavam que fosse um favor ou uma bondade da parte dele curar os doentes daquela cidade. Argumentavam, sem dúvida, o seguinte: "Ele é de Nazaré e por isso tem a obrigação de ajudar este lugar". Consideravam-se como uma espécie de proprietárias de Jesus e que podiam controlar a sua capacidade ou o seu poder segundo a própria vontade delas. Nosso Salvador rejeitou essa ideia e não aceitou seu jugo. Tenho a impressão de que vocês, filhos de pais piedosos, que se julgam donos de uma cadeira cativa no céu ou herdeiros de vários legados religiosos, imaginem em seu coração que, se existe alguém que deva ser salvo, certamente são vocês. Esta afirmação, no entanto, não tem base alguma em que se fundamentar. Peço a Deus que vocês não sejam quase salvos, mas, sim, totalmente salvos, todos vocês; mas o próprio fato de você achar que tem algum direito especial sobre a graça pode ser uma pedra colocada em seu caminho, ao pensar: "Sem dúvida, Jesus Cristo lançará um olhar de especial favor sobre *nós,* mesmo que outros venham a perecer!" Eu lhes digo que ele fará o que lhe aprouver em relação aos seus, e que publicanos e prostitutas entrarão no reino dos céus diante de muitos de vocês, se vocês acharem que têm qualquer direito especial à misericórdia de Deus; pois a misericórdia dele é um dom soberano de sua parte, e ele há de fazer que você saiba disso. Com voz de trovão, ele já fez esta declaração: *Terei misericórdia de quem eu tiver misericórdia, e me compadecerei de quem me compadecer* (Êx 33.19).

Se você se lançar de encontro à soberania de Deus, baterá em uma rocha que poderá despedaçá-lo. Mas se for capaz de perceber que não tem direito algum sobre Deus, se puder se colocar na posição daquele publicano de que fala Jesus, que não ousava levantar seus olhos na direção dos céus, mas batia em seu peito, dizendo *ó Deus, sê propício a mim, o pecador!* (Lc 18.13), estará então em uma posição em que Deus poderá abençoá-lo em conformidade com a dignidade de sua própria soberania. Assuma a posição que a graça de Deus aceita. Pedintes — eis o que muitos de vocês, na verdade, o são, e não compradores com direito a escolha. Aquele que pede a graça não pode nem deve se colocar na posição de exigir de Deus. Quem almeja ser salvo, embora sendo indigno, deve vir a Deus como realmente suplicante e lhe rogar humildemente que, por misericórdia, o amor do Senhor se manifeste em sua direção. Receio que haja traços desse tipo de espírito de arrogância na mente de alguns de vocês, e, se for esse o seu caso, você é uma pessoa que rejeita Cristo. Escutem, ó céus, e deem ouvidos, ó terra! Sim, conclamamos o céu e toda a terra para testemunhar que aqui estão alguns que se encontram a ponto de se tornarem cristãos, que conhecem o evangelho quase de cor, mas que acham que têm qualquer direito sobre o Salvador e que, portanto, continuam desobedientes ao mandamento divino do "creia e viva". Eles lhe viram as costas, rejeitam o Salvador, não vão até ele para que tenham vida. Ouçam, ó céus, digo eu, e espante-se, ó terra!

II. Em segundo lugar, vamos explicar POR QUE EM NAZARÉ REJEITARAM DAQUELE MODO O MESSIAS.

Seus motivos, porém, são perfeitamente aplicáveis a alguns de vocês, não convertidos, que se encontram aqui. Muitas vezes, o Espírito de Deus vem sobre um auditório com poder para derretê-lo e fazer que as pessoas sintam a verdade a elas destinada. Meu irmão em Cristo, ore para que este possa ser o nosso caso agora; que os nossos amigos não convertidos, que nos trazem tanta preocupação por causa de sua inimizade com Jesus, possam ser tocados pelas advertências que ora lançamos sobre eles.

Por que rejeitaram Cristo em Nazaré? Acho que o fizeram em razão de um sentimento bastante complexo, que não pode ser avaliado por uma única circunstância. Várias coisas aconteceram para gerar tal dissidência e inimizade. O fogo de sua ira foi alimentado por diversos tipos de combustível. Em primeiro lugar, não é de admirar que o fundamento de sua insatisfação se baseasse no fato de que *não achavam que fossem as pessoas certas a quem o Salvador chamava para dar uma comissão*. Observe que, no versículo 18, ele lê que Deus o ungiu "para anunciar boas novas aos pobres". Os mais pobres da sinagoga devem ter se sentido contentes diante de tal palavra; mas, como era quase uma máxima de interpretação entre os doutores da lei que não importava o que acontecesse aos pobres, pois poucos, a não ser os ricos, é que podiam entrar no céu, o próprio anúncio de um evangelho para os pobres deve ter soado para eles como algo horrivelmente por demais democrático e extremo, além de provavelmente ter lançado na mente deles o motivo de um preconceito. Jesus certamente se referia mais especificamente aos "humildes de espírito", quer fossem financeiramente pobres, quer não, pois são esses os pobres a quem veio abençoar. Mas o uso de expressão tão contrária a tudo que aqueles homens estavam acostumados a ouvir fez que mordessem os lábios, enquanto remoíam entre si: "Então, se não formos pobres, ou humildes, não cumprimos a lei?" Será que alguns deles não alegavam para si mesmos: *Alargamos nossos filactérios e aumentamos as franjas de nossos mantos* (Mt 23.5); sempre lavamos as mãos antes de comer; coamos os mosquitos do nosso vinho; cumprimos os jejuns e as festas; fazemos longas orações, por que deveríamos ser pobres, ou sentir alguma pobreza de espírito?" Não perceberam, portanto, que havia algo para eles na missão de Cristo.

Quando, a seguir, Jesus menciona os quebrantados de coração, eles não se sentiram, afinal de contas, cientes de qualquer necessidade de um coração quebrantado. Achavam que tinham um coração íntegro, plenamente satisfeito e perfeitamente contente consigo mesmo. Para que então um pregador precisa pregar sobre coração quebrantado se todos os seus ouvintes sentem que não têm motivo algum para entregar seu coração em arrependimento?

Quando Jesus fala depois sobre os cativos, eles retrucam consigo mesmos que nasceram livres e nunca foram escravos de homem algum. Rejeitam assim com desprezo a própria ideia de que precisam de um libertador, pois são tão livres quanto deveriam ser.

Jesus fala, mais adiante, sobre cegos. "Cegos?", pensam eles. "Não é conosco, ou você está nos insultando? Somos homens de excelente visão — cegos, ora! Ele que vá pregar a algum dos pecadores que nasceram ou se tornaram cegos; quanto a nós, podemos enxergar até as profundezas de todos os mistérios. Não precisamos de sua instrução, nem que ele nos abra os olhos!"

Finalmente, quando Jesus fala sobre oprimidos, é então como se tivessem sob a ameaça de açoites por causa de seus pecados. "Não temos pecado", logo retrucam, "pelos quais possamos ser oprimidos. Temos sido pessoas corretas e honradas e nunca fomos punidos pelo açoite da lei. Não estamos interessados em liberdade para os oprimidos. E o que é o ano aceitável do Senhor para nós, se é apenas para os cegos, cativos e oprimidos? Não somos tais pessoas".

É fácil perceber, então, meus irmãos, o motivo pela qual Jesus Cristo foi rejeitado em seus dias e o é hoje por tantas pessoas acostumadas a simplesmente vir à igreja. Podem ver a razão pela qual tantos dos respeitáveis frequentadores de nossos lugares de adoração rejeitam a salvação pela graça: simplesmente não sentem que precisam de um Salvador. *Acham que são ricos, estão enriquecidos e de nada têm falta; possuem bens em abundância e não têm necessidade de mais nada. Mas não sabem que são coitados e miseráveis, e pobres, e cegos, e nus* (Ap 3.17). Afirmam ser inteligentes, sábios, iluminados; não sabem que, até que um homem veja Cristo, caminha nas trevas, é profundamente cego, não vê luz alguma. Não são cativos, dizem. Quisera Deus que fossem! Talvez Deus os tenha deixado, pois não haveria propósito em oprimi-los: por que deveriam ser esmagados ainda mais? Isto só os tornaria cada vez mais revoltados. Por não sentirem dor na consciência, não vislumbrarem o terror de afrontarem a lei de Deus, Jesus Cristo, portanto, é para eles como que uma raiz arrancada de uma terra seca. Eles o desprezam, do mesmo modo que o homem realmente sadio não atentaria para o médico e o verdadeiramente rico poderia não ligar para a oferta que lhe fosse oferecida de coração.

Contudo, meu caro amigo, deixe-me lembrar-lhe que, mesmo que você não sinta a necessidade de um Salvador, esta necessidade existe, e para todos, quer você a veja, quer você a sinta, quer não. Você, como todos, nasceu em iniquidade e em pecado sua mãe o concebeu, e não há água batismal que possa lavar essa mancha. Além disso, certamente tem pecado desde sua juventude, no seu coração, por palavras e pensamentos; e já está condenado, porque não crê no Filho de Deus.

Embora exista a possibilidade de que você não tenha sido ostensivamente um ímpio, existe um texto que preciso trazer à sua memória: "Os ímpios irão para o Seol, sim, todas as nações que se esquecem de Deus". Esta última lista inclui *você*, meu ouvinte. Você que esquece, posterga, despreza e que espera por "uma ocasião mais conveniente". Você que vive com o evangelho diante de si, mas que não segue seus mandamentos, dizendo aos seus pecados "eu os amo demais para me arrepender de vocês" e para sua justiça própria "gosto muito deste fundamento para deixá-lo e construir sobre o fundamento que Deus lançou na pessoa de seu Filho".

Meus amados ouvintes é o conceito que se tem de si mesmo que faz que o saco vazio pense que está cheio, que faz que o homem faminto sonhe que foi a um banquete e que está satisfeito. É a justiça própria que condena a alma de milhares de pessoas. Não há nada tão prejudicial quanto esta presunçosa autoconfiança. Oro para que o Senhor faça que você se sinta perdido, arruinado, desprezado, e, então, não haverá mais medo de rejeitar Cristo, pois aquele que se encontra na maior bancarrota está disposto a aceitar o Salvador. Aquele que não tem mais nada a perder cai diante da cruz e recebe alegremente "todas as coisas" que estão guardadas no Senhor Jesus.

É esta a primeira e talvez a maior razão pela qual os homens rejeitam o Salvador. Contudo, em segundo lugar, não tenho dúvida de que os homens de Nazaré tivessem ficado irados com Cristo por causa do que achavam ser *declarações pretensiosas de Jesus*. Ele disse: "O Espírito do Senhor está sobre mim". Começou assim. Todavia, ainda poderiam estar dispostos a admitir que fosse realmente um profeta e, nesse caso, se ele queria significar algo especial nesse sentido, teriam sido pacientes. Mas então ele continuou dizendo: "porquanto me ungiu para anunciar as boas novas", e assim por diante, e dando a entender depois que era ninguém menos que o Messias prometido. Eles então balançaram a cabeça e murmuraram: "Ele afirma ser coisa demais". Ao haver se colocado no mesmo nível de Elias e Eliseu e afirmado ter o mesmo espírito daqueles homens famosos — e, por conseguinte, ter comparado seus ouvintes aos adoradores de Baal dos dias de Elias —, eles, definitivamente, sentiram como se ele tivesse se colocado num patamar mais elevado e, em consequência, os colocado mais abaixo. Aqui, mais uma vez, vejo outro motivo importante pelo qual muitos de vocês, boas pessoas, como acham que são, rejeitam meu Senhor e Mestre. Para você, provavelmente, ele se coloca em posição muito elevada; pede muito de você e o coloca muito para baixo. Ele como que diz que você não é nada e ele é tudo. Diz-lhe para abandonar aqueles ídolos que você adora, o mundo, os prazeres que oferece; que *ele*, e não sua própria vontade, deve ser o seu mestre e instrutor. Ele lhe diz que você deve arrancar o olho direito do prazer se ele se colocar no caminho da santidade; que você deve cortar o braço direito da ganância, em vez de cometer pecado. Diz que você deve tomar sua própria cruz e segui-lo, sozinho, deixando a religião e a falta de religião do mundo, não se conformando mais ao mundo, mas, sim, tornando-se, em um sentido verdadeiro e sagrado, um não conformista em relação a todas as suas vaidades e preceitos, aos seus costumes e pecados. Ele diz que deve ser o príncipe de sua alma, e você, um servo seu disposto e discípulo amoroso. Estas são afirmações por demais elevadas para a natureza humana aceitar. Contudo, meu caro ouvinte, lembre-se que, se você não ceder a elas, uma coisa muito ruim espera por você. Beije o filho, beije o príncipe agora, digo eu, curve-se e o reconheça: Beijai o Filho, *para que não se ire, e pereçais no caminho; porque em breve se inflamará a sua ira* (Sl 2.12). Aqueles que fugirem da autoridade do cetro do príncipe terão de se curvar sob a vara de ferro. Quem não permitir que Cristo reine sobre ele agora em amor, o terá reinando sobre ele no dia em que usar das vestes da vingança, tendo seus trajes tingidos com o sangue dos seus inimigos. Reconheça-o como ele está agora, coberto com o próprio sangue, para que não tenha de reconhecê-lo, então, coberto com o seu! Aceite-o enquanto você pode, pois não terá como escapar quando aqueles olhos, que são como olhos de fogo, brilharem lançando chamas devoradoras sobre seus adversários! Sim, uma grande fonte de dano para os filhos dos homens é não oferecerem ao rei Jesus aquilo que lhe é devido, mas, sim, lançarem o Senhor da glória para fora de sua vida. Ó, ignóbeis corações, que rejeitam um rei tão poderoso e ao mesmo tempo tão benigno, tão grande e tão amoroso!

Em terceiro lugar, pode-se encontrar outra razão no fato de que *eles não aceitariam Cristo até que ele realizasse algum grande milagre*. Eles estavam ansiosos por ver milagres. A mente deles estava num estado de expectativa doentio. Mas o evangelho que mais desejavam não o teriam. O que mais almejavam eram milagres, que Jesus decidira não lhes conceder. Oh, quantos hoje em dia desejam também ver sinais e maravilhas, caso contrário não creem! Conheço bem você, minha jovem, que colocou isso no seu coração: "Tenho de sentir o mesmo que John Bunyan sentiu — o mesmo horror na consciência, a mesma melancolia na alma, senão jamais poderei crer em Jesus". Todavia, pense na grande possibilidade de você nunca vir a sentir isso! Você acha que irá para o inferno, em vez de ir morar com Deus, só porque ele simplesmente não fez a você aquilo que fez a outra pessoa? Outro jovem, de outra cidade, disse a si mesmo: "Se eu tivesse um sonho, como ouvi falar que fulano teve, ou se me acontecesse algum notável evento da Providência, algo que me satisfizesse, ou se eu pudesse sentir hoje mesmo algum choque repentino não sei do quê, então eu acreditaria". Você imagina, enfim, que o meu Senhor e Mestre deve seguir as regras que você estabelecer? Mas você é um mendicante diante de sua porta, suplicando por misericórdia, e quer estabelecer as regras e normas por meio das quais ele lhe deva conceder misericórdia? E acha que ele deve se submeter a isso? Meu Mestre tem um espírito generoso, sim, mas tem também um coração real e justo e rejeita todo tipo de ditadura humana, preservando sua total soberania de ação.

No entanto, por que, meu caro ouvinte, você clama por sinais e maravilhas? Não é maravilha suficiente que Jesus peça que você confie nele e lhe prometa que receberá a salvação imediatamente? Não é sinal suficiente que Deus tenha proposto um evangelho tão sábio como esse que diz "creia e viva"? Não é suficiente que o evangelho seja seu próprio sinal, sua própria maravilha e sua própria prova, porque aquele que crê tem a vida eterna? Não é este o milagre dos milagres, que "Deus amou o mundo de tal maneira que deu o seu Filho unigênito, para que todo aquele que nele crê não pereça, mas tenha a vida eterna"? Certamente esta palavra preciosa: *quem tem sede, venha; e quem quiser, receba de graça a água da vida*(Ap 22.17) e esta promessa solene: *o que vem a mim de maneira nenhuma o lançarei fora* (Jo 6.37) são tão boas ou melhores que sinais e maravilhas. É preciso acreditar num Salvador autêntico, e ele nunca mentiu. Por que você deseja pedir uma prova da veracidade daquele que não mente? Os próprios demônios declaram que ele é o Filho de Deus, e você se coloca contra ele? Que a graça soberana, poderosa e irresistível, venha e vença essa impiedade no coração dos homens, fazendo que confiem em Jesus de coração, quer vejam seus sinais e maravilhas, quer não.

Desta vez, é bem possível que eu acerte em cheio em alguns casos, embora ache que não em relação a muitos dos aqui presentes. Parte da irritação que existia na mente dos homens de Nazaré foi causada pela *doutrina peculiar que o Salvador pregou referente à eleição dos salvos*. Realmente, questiono-me se esse não foi o ponto principal de toda a questão. Jesus afirma que Deus tem o direito de dispensar seu favor do modo que melhor lhe convier e que, ao fazer isso, frequentemente seleciona objetivos os mais improváveis. Por exemplo: uma viúva da distante e idólatra Sidom teve sua necessidade alimentar satisfeita, enquanto viúvas de Israel não o tiveram na mesma ocasião. Lembra ainda que, de outra feita, Deus, ao curar um leproso nos dias de Eliseu, deixou de lado os de Israel, enquanto um leproso que viera da terra idólatra da Síria, acostumado a se curvar em adoração ao ídolo Rimom, foi quem recebeu a cura. Os homens de Nazaré não gostaram disso. Muito embora você possa estar acostumado a fortes declarações aqui em relação à soberania de Deus e não hesitemos em pregar a predestinação e a eleição tão claramente quanto pregamos qualquer outra doutrina, suponho que existem nesta congregação alguns que ficam grandemente perturbados quando tal doutrina é manifesta, quase se contendo da vontade de matar o pregador, porque, para eles, tal doutrina seria ofensiva demais à natureza humana.

Não sei se vocês já perceberam que a igreja de Roma não tem pelo luteranismo nem metade do ódio que tem pelo calvinismo. Por quê? Porque a doutrina da graça, alma do calvinismo, é veneno para o papado. Ele não pode suportar a verdade de que Deus salvará aqueles que deseja; que Deus não entregou a salvação nas mãos dos padres e não permite que os nossos próprios méritos ou nossa vontade nos salvem. Deus tem as chaves do cofre da graça e as distribui como bem lhe agrada. Esta doutrina deixa muitos homens tão irados a ponto de não saberem o que dizer sobre ela. Contudo, meu caro ouvinte, confio em que este não deve ser motivo para você se recusar a crer em Jesus. Se for, é o mais tolo dos motivos, pois, embora esta doutrina seja verdade, existe também outra verdade, que acabamos de ver, que diz que todo aquele que nele crê não perece, mas tem a vida eterna. Em outras palavras, embora seja verdadeiro que o Senhor tem misericórdia de quem ele quiser ter misericórdia, é igualmente verdadeiro que ele quer ter misericórdia — e já a teve — de todas as almas que se arrependam de seus pecados e ponham sua total confiança em Jesus Cristo. Por que rejeitar então uma verdade simplesmente porque você não a compreendeu bem? Por que bater nos ferrões que causam seus ferimentos se os ferrões continuarão tão afiados quanto sempre foram e não serão removidos só pelo fato de você bater neles?

O Senhor dos exércitos formou este desígnio para denegrir a soberba de toda a glória, e para reduzir à ignomínia os ilustres da terra (Is 23.9). Assim, pois, *isto não depende do que quer, nem do que corre, mas de Deus que usa de misericórdia* (Rm 9.16). O Senhor derruba a árvore alta, seca a árvore verde e faz com que a árvore seca floresça. Que nenhuma carne possa se gloriar em si mesma, mas que seja o Senhor exaltado. Portanto, curve-se diante da graça soberana! Não é ele o Rei? Quem mais poderia governar, senão Deus? E, se ele é o Rei, não tem o direito de perdoar o condenado à morte sem dar nenhuma satisfação quanto a isso a você? Deixe de lado esse seu questionamento e todos os outros e venha a Jesus, cujos braços abertos o convidam. Ele diz: *Vinde a mim, todos os que estais cansados e oprimidos, e eu vos aliviarei* (Mt 11.28). Se você ficar esperando até que todas as suas dificuldades sejam resolvidas para vir a ele, nunca virá. Se recusar Cristo até que possa compreender todos os mistérios em torno dele, vai morrer nos seus pecados. Venha enquanto os portões estão abertos, enquanto a luz está acesa, pois ele disse: *o que vem a mim de maneira nenhuma o lançarei fora* (Jo 6.37).

Devo mencionar ainda outra razão possível da contenda dos nazarenos com nosso Senhor: provavelmente, tudo isso aconteceu porque *não gostaram da fala pessoal e direta do nosso Salvador*. Alguns ouvintes mostram apreciar fineza de trato. Você não deve chamar uma pá de "pá"; tem de ser "implemento agrícola". Só devemos nos referir a ela em termos elegantes. Mas nosso Senhor não usava de linguagem refinada. Era homem de falar as coisas diretamente, e ele falou àqueles nazarenos diretamente. Sabia que podiam ir para o inferno e, por isso, queria ser o mais direto possível, de modo que não tivessem a desculpa de não haver entendido o pregador. Apresentou a verdade de maneira tão clara que não só poderiam entendê-la, como não confundi-la, mesmo que tentassem fazê-lo. Sua pregação foi bastante pessoal: "Sem dúvida [*vós*] me direis". Nada falou a respeito de Cafarnaum, mas tudo sobre Nazaré, e isso contribuiu certamente para que ficassem irados.

Além disso, *ele deu a indicação de que desejava abençoar os gentios*. Elias havia alimentado e Eliseu curado uma pessoa gentia, e este fato sem dúvida fez que os judeus rangessem os dentes: eles temiam que seu monopólio da bênção cessasse, que os dons da graça fossem dados a outros que não os filhos de Israel. Um cachorrinho gentio poderia vir a ser admitido na família, sendo-lhe permitido não apenas comer das migalhas que caíam da mesa, mas até mesmo ser transformado em um filho — mas os judeus não iriam poder suportar isso. Nos dias de hoje, existe ainda muito desse espírito monopolista, entre pessoas cheias de justiça própria. Já ouvi pessoas fazerem comentários, e fiquei muito chocado em ouvi-los, como este: "Oh, eles estão tendo reuniões para tentar tirar aquelas mulheres das ruas. Não há propósito em fazer isso. Você pode até se arriscar a fazer isso, mas não há motivo algum para tentar mudar a vida delas. Existem outros já cuidando dessas pessoas de mau caráter, indo até elas naqueles becos indecentes. Bem, se as pessoas chegaram lá, que então fiquem por lá; não temos de nos rebaixar em cuidar dessa gente inútil. Há uma igreja aqui; se optaram por não vir, então deixemo-los pra lá". As pessoas torcem o nariz diante da simples ideia de ir até as pessoas mais humildes. É exatamente tal como o velho e horroroso monopólio judeu da bênção, no evangelho. É como se essas pessoas não fossem tão boas quanto você, por causa de todos os seus pecados e de sua pobreza. Embora seus vícios possam se mostrar exteriormente, não são nem

Nazaré ou Jesus é rejeitado por seus amigos | 47

um pouco mais detestáveis do que o orgulho de algumas pessoas, que se gloriam em sua justiça própria, inexistente. Não sei para quem Deus olha com mais aversão, se para o pecador declarado ou para a pessoa declaradamente boa, mas cujo orgulho interior se coloca contra o evangelho. Para o médico, não importa examinar uma erupção do lado de fora da pele ou saber da doença que se encontra no interior do organismo. Talvez ele ache até que seja mais difícil curar a segunda do que a primeira.

Contudo, nosso Senhor Jesus Cristo quer que você saiba, independentemente de quão bom você seja, que você deverá vir a ele do mesmo modo que deve vir o mais vil de todos os pecadores mais desprezíveis. Você deve vir como o que é: culpado — não pode vir como justo. Deve vir a Jesus para ser lavado; deve vir a ele nu, para ser vestido. Você até pode achar que não precisa de lavagem e que está bem vestido, bem coberto e possui boa aparência. Contudo, o traje de respeitabilidade e moralidade exteriores frequentemente nada mais é que uma película que esconde uma abominável lepra, presente até que a graça de Deus mude o coração. *Deus deseja que a verdade esteja no íntimo e fará que conheçamos a sabedoria no secreto da alma* (Sl 51.6). Mas esta nossa Inglaterra superficial está perfeitamente satisfeita com a elegância externa, e você pode ser tão podre quanto desejar dentro do seu coração. Para o Deus vivo, não existe ostentação: você tem de nascer de novo. Esta doutrina, repito, é a que as pessoas não podem suportar e, assim, hão de dizer todas as coisas ofensivas sobre quem a pregue e, por esse motivo, rejeitam Cristo. Ao fazerem isso, no entanto, rejeitam a própria misericórdia, rejeitam a única esperança do céu e selam sua destruição.

Eu gostaria que o tempo não andasse tão rapidamente quando tenho diante de mim um assunto como este. A mim me parece ter aqui comigo a consciência de alguns de vocês e que nela estou batendo com uma enorme marreta; mas receio que pouco efeito esteja produzindo, porque o ferro ainda se mostra frio. Quem dera o Senhor pudesse colocá-lo na fornalha e transformá-lo em ferro fundido! Então as marretas do evangelho e da lei, juntas, poderiam forjar algo com um molde evangélico, e você seria salvo. Mas o braço de Deus é forte o suficiente, e o fogo de Deus arde o suficiente para derreter o ferro pessoal da justiça própria.

III. Então, A QUE ISSO LEVOU?

O que aconteceu, antes de mais nada, foi que *levaram o Salvador para fora da sinagoga* e, então, tentaram jogá-lo do despenhadeiro. Aquelas pessoas eram seus amigos, pessoas nobres e respeitáveis; quem esperaria que fizessem uma coisa dessas? Aquelas pessoas piedosas na sinagoga que cantavam tão docemente, que ouviam a leitura da Palavra com tanta atenção — era de esperar que houvesse um assassino dentro de cada uma delas? Foi somente necessário haver uma simples oportunidade para que cada assassino se revelasse, pois foram todos tentar jogar Jesus de um despenhadeiro!

Não sabemos quantos demônios existem dentro de cada um de nós. Se não formos renovados e transformados pela graça, somos herdeiros da ira tanto quanto outras pessoas. A descrição que é apresentada no capítulo 2 de Romanos, aquele terrível capítulo, é um retrato verdadeiro de todo filho de Adão. Pode-se parecer uma pessoa respeitável, pode-se parecer um verdadeiro cordeiro e ser tão manso que uma criança desmamada poderia brincar no ninho de uma serpente; mas continua sendo uma serpente mortal. A cobra pode dormir, e você pode até brincar com ela, mais deixe que ela acorde e você verá então que ela continua sendo uma animália mortal. O pecado pode permanecer dormente na alma, mas chega um momento em que desperta. Pode ser que chegue um momento na Inglaterra em que essas boas pessoas que se apegam à orla das vestes de Cristo e frequentam nossos lugares de adoração venham a se transformar, na realidade, em nossos perseguidores. Foi assim no passado. Pessoas que costumavam ouvir o evangelho, no fim dos dias de Henrique VIII, pessoas que pareciam se agradar tanto em ouvir Hugh Latimer nos tempos de Eduardo VI, foram rapidamente armar fogueiras no reinado da rainha Mary Tudor para queimar os servos do Senhor.

Meus caros amigos, sua oposição a Cristo pode não assumir uma forma ativa, mas, a não ser que vocês se convertam, serão considerados inimigos de Jesus. Você o nega? Pergunto, então: por que não crê nele? Por que não confia nele? Você não se opõe a ele? Então por que não se entrega a Jesus? Enquanto não confiar e crer totalmente nele, só posso considerá-lo como seu inimigo. Você dá esta clara prova disso, ao declarar que nem mesmo será salvo por ele. Se houvesse um homem se afogando e outro estendesse sua mão, e aquele dissesse "não, eu não vou ser salvo por você, pois logo vou me afogar", que grande prova de falta de confiança e amizade seria esta! Haveria prova mais definitiva? É este o seu caso: você se recusa a ser salvo pela graça de Cristo. Que inimigo de Cristo você então deve ser, no fundo do seu coração!

A que levou aquilo? Embora quisessem lançá-lo ribanceira abaixo, *não puderam ferir o Salvador*. A ferida foi, sim, toda deles! Cristo não caiu do despenhadeiro; escapou mediante seu miraculoso poder. O evangelho também jamais será ferido, muito embora você possa rejeitá-lo e fazer até algo pior: colocar-se em oposição a ele. Jesus Cristo passou pelo meio dos seus inimigos sem se ferir. Durante as perseguições de Nero e Diocleciano, o verdadeiro Cristo de Deus prosseguiu em seu caminho. Em meio às execuções na fogueira da época da rainha Mary e dos enforcamentos promovidos por Elisabeth, em meio aos eventos da época de Claverhouse e sua cavalaria, o bom e velho evangelho prosseguiu em sua marcha sem ser derrotado por seus inimigos. Continua o mesmo até este exato momento, escapando de toda a ira de seus mais virulentos inimigos.

E o que foi feito daqueles homens? Bem, eles rejeitaram Cristo, e Cristo os deixou. Deixou-os sem que fossem curados, por causa de sua incredulidade — será este também o seu caso? Isso aconteceu há muitos e muitos anos, mas a alma de todos aqueles homens de Nazaré comparecerá diante do trono do julgamento. Alguns anos mais, quando a grande trombeta soar, todos aqueles homens que tentaram jogar Jesus do despenhadeiro terão de olhar para ele. Eles o verão sentado no trono, em um lugar longe de seu alcance, onde não podem abusar dele nem lançá-lo para baixo. Que visão será esta para eles! Será que dirão uns aos outros: "Este não é filho de José?" Quando o virem no trono de sua glória, cercado de todos os seus santos anjos, será que dirão: "Sua mãe não está conosco, assim como seus irmãos e suas irmãs?" Dirão eles "Médico, cura-te a ti mesmo"? Oh, que mudança se abaterá sobre aquelas sobrancelhas erguidas de assombro! Para cada olhar anterior de escárnio, haverá então o rubor de vergonha na face; para cada palavra anterior de ira, haverá choro, pranto, lamento e ranger de dentes!

Meus caros ouvintes, a mesma coisa acontecerá conosco. Você e eu misturaremos em breve os nossos ossos ao pó da terra, e, então, depois disso, um dia, virá a ressurreição geral. Nós reviveremos e veremos os últimos dias da terra, quando Cristo virá nas nuvens do céu. Então, vocês, que ouviram mas desprezaram o evangelho, o que dirão? Prepare desde agora sua desculpa e a tenha pronta, pois poderá ser logo chamado para argumentar por que o juízo não pode se voltar contra você. Você não pode dizer que não conhece o evangelho ou que não foi advertido das consequências de rejeitá-lo. Você o conheceu; o que mais poderia ter conhecido? Mas seu coração não recebeu aquilo que você entendera. Quando o Senhor começar a dizer *apartai-vos de mim, malditos* (Mt 25.41), que defesa você terá para não ser contado entre eles? Será em vão dizer *comemos e bebemos na tua presença, e tu ensinaste nas nossas ruas* (Lc 13.26), pois isso ainda irá piorar a situação, já que o reino dos céus chegou bem perto de você e você não o recebeu. Quando os trovões ribombarem, quando aquele que um dia foi o cordeiro tão cheio de misericórdia brilhar como o Leão da tribo de Judá, cheio de majestade, raios daqueles trovões serão lançados com força e velocidade extraordinárias, juntamente com este terrível fato: você rejeitou Cristo; você ouviu, mas não lhe deu ouvidos; você rejeitou a grande salvação e desprezou o Espírito da graça.

Como não posso nem mesmo tentar encontrar palavras que tenham a força da própria linguagem de Deus, vou encerrar esta pregação lendo para você algumas palavras que, peço, guarde em seu coração. Elas estão no capítulo 1 de Provérbios, a partir do versículo 24: "Mas, porque clamei, e vós recusastes; porque estendi a minha mão, e não houve quem desse atenção; antes desprezastes todo o meu conselho, e não fizestes caso da minha repreensão; também eu me rirei no dia da vossa calamidade; zombarei, quando sobrevier o vosso terror, quando o terror vos sobrevier como tempestade, e a vossa calamidade passar como redemoinho, e quando vos sobrevierem aperto e angústia. Então a mim clamarão, mas eu não responderei; diligentemente me buscarão, mas não me acharão. Porquanto aborreceram o conhecimento, e não preferiram o temor do Senhor; não quiseram o meu conselho e desprezaram toda a minha repreensão; portanto comerão do fruto do seu caminho e se fartarão dos seus próprios conselhos". Que Deus o livre dessa maldição.

5

JOVEM, SERÁ QUE ISTO DIZ RESPEITO A VOCÊ?

Pouco depois seguiu ele viagem para uma cidade chamada Naim; e iam com ele seus discípulos e uma grande multidão. Quando chegou perto da porta da cidade, eis que levavam para fora um defunto, filho único de sua mãe, que era viúva; e com ela ia uma grande multidão da cidade. Logo que o Senhor a viu, encheu-se de compaixão por ela, e disse-lhe: Não chores. Então, chegando-se, tocou no esquife e, quando pararam os que o levavam, disse: Moço, a ti te digo: Levanta-te. O que estivera morto sentou-se e começou a falar. Então Jesus o entregou à sua mãe. O medo se apoderou de todos, e glorificavam a Deus, dizendo: Um grande profeta se levantou entre nós; e: Deus visitou o seu povo. E correu a notícia disto por toda a Judeia e por toda a região circunvizinha (Lc 7.11-17).

Meus queridos irmãos, observem o transbordar constante do poder de nosso Senhor Jesus Cristo. Ele havia operado uma grande obra no servo do centurião e, agora, apenas um dia depois, ressuscita um morto. "Pouco depois seguiu ele viagem para uma cidade chamada Naim." Um dia faz declaração a outro dia sobre seus feitos de bondade. Salvou seu amigo ontem? Sua abundância continua a mesma. Se você o buscar, seu amor e sua graça vão se derramar sobre você hoje. Ele abençoa este dia e abençoa o dia de amanhã. O nosso divino Senhor nunca é compelido a fazer uma pausa para reabastecer seus recursos. O poder emana dele para sempre. Estes milhares de anos não diminuíram a abundância do seu poder de abençoar.

Perceba, também, a prontidão e a naturalidade do fluir do seu poder vivificador. Nosso Salvador se encontra em jornada e realiza milagres enquanto caminha: "Seguiu ele viagem para uma cidade chamada Naim." Foi incidental — alguns diriam acidental — que ele haja deparado com um funeral. Mas imediatamente restaurou a vida àquele jovem morto. Nosso bendito Senhor não ficou parado, como alguém que tivesse sido chamado profissionalmente. Ao que parece, ele não ia à cidade de Naim porque alguém houvesse pedido que ele ali manifestasse seu grande amor, mas passava pela porta da cidade por qualquer motivo que não é registrado. Veja, meu irmão, como o Senhor Jesus está sempre pronto a salvar! Curou a mulher que havia tocado suas vestes quando estava a caminho da casa de outra pessoa. O simples destilar ou gotejar do cálice de graça do Senhor já é maravilhoso. Aqui, dá vida a um morto quando em meio a uma viagem. Espalha misericórdia pelas margens do caminho, e em toda parte suas veredas derramam fertilidade. Não há lugar, não há momento no qual Jesus não esteja disposto ou esteja incapacitado a realizar. Se o deus pagão Baal está viajando ou dormindo, seus iludidos adoradores não podem ter qualquer esperança de sua ajuda; mas, quando Jesus viaja ou dorme, um simples gesto, uma simples palavra, o encontra pronto a vencer a morte ou acalmar a tempestade.

Esse encontro de dois grupos diferentes de pessoas na porta da cidade de Naim é um evento fora do comum. Se alguém bastante imaginativo pudesse retratá-lo, que oportunidade para manifestar um gênio poético! Vou me arriscar, porém, neste esforço. Lá vem um cortejo descendo a cidade. Nossos olhos espirituais veem a morte montada em um cavalo branco, vindo da porta da cidade com grande exultação. A morte conseguiu capturar mais outra pessoa. O esquife leva o espólio desse terrível conquistador! Os muitos que pranteiam confessam com suas lágrimas a vitória da morte. Como um general que cavalga em triunfo rumo ao Capitólio de Roma, a morte leva seu despojo para o túmulo. Quem ou o que poderá impedi-la? De repente, este cortejo é interceptado por outro: uma companhia de discípulos e outras pessoas vem subindo a colina. Não é preciso olhar todo o grupo, basta fixar os nossos olhos naquele que se acha no centro, um homem no qual a humildade foi sempre evidente, mas que nunca careceu de maior majestade. É o Senhor da vida, aquele que traz consigo a vida e a imortalidade. Nele, a morte encontra agora o seu destruidor. A batalha é curta e decisiva: nenhum golpe é desferido; à sua simples presença, a morte já sofre o seu baque derradeiro. Com um dedo, a carruagem da morte é freada; com uma palavra, o espólio é tomado do poderoso inimigo e o feito cativo é libertado. A morte foge derrotada porta afora da cidade, enquanto os montes Tabor e Hermom, contemplando aquela cena, alegram-se em nome do Senhor.

Eis um ensaio em pequena escala do que irá acontecer quando todos os que estiverem no sepulcro ouvirem a voz do Filho de Deus e reviverem; e o último inimigo será destruído então. Basta que a morte seja confrontada com aquele que é a nossa vida, e é obrigada a afrouxar seu laço, qualquer que seja o espólio que haja tomado. Nosso Senhor virá em breve, em sua glória. Diante das portas da nova Jerusalém, veremos o milagre acontecido à porta da cidade de Naim sendo multiplicado milhões e milhões de vezes.

Naturalmente que o nosso assunto nos conduz à doutrina da ressurreição dos mortos, uma das pedras fundamentais de nossa santa fé. Tenho declarado constantemente esta grande verdade a vocês e o farei repetidas vezes tanto quanto necessário for. Contudo, neste momento, o texto bíblico selecionado tem um propósito bastante prático quanto à alma de alguns, pelos quais estou grandemente preocupado. A narrativa diante de nós registra um fato literalmente, mas esse registro pode ser usado para instrução espiritual. Todos os milagres de nosso Senhor tinham a intenção de serem parábolas. Continham o propósito de instruir tanto quanto de serem marcantes. Eram sermões para os olhos, como os discursos falados o são para os ouvidos. Vemos aqui, deste modo, como Jesus lida com a morte espiritual e pode nos conceder vida espiritual segundo sua suprema vontade. Que possamos ver isto sendo realizado nesta manhã no meio desta grande assembleia!

I. Em primeiro lugar, peço a vocês, queridos amigos, que reflitam sobre o fato de que OS MORTOS ESPIRITUAIS CAUSAM GRANDE TRISTEZA A SEUS BONS AMIGOS. Se um homem ímpio for favorecido em ter parentes cristãos, ele lhes causa muita angústia. Como acontece naturalmente, o jovem que estava sendo levado a sepultamento fez que o coração de sua mãe explodisse de dor. Suas lágrimas revelavam quanto seu coração estava transbordando de amargura e tristeza. O Salvador lhe disse: "Não chores" porque viu quão profundamente abalada ela estava. Muitos dos meus jovens amigos deveriam ficar profundamente gratos pelo fato de terem amigos que se lamentem por eles. É triste, sim, o fato de que sua conduta os entristeça, mas não deixa de ser uma circunstância auspiciosa para todos vocês o fato de terem ao seu redor alguém que por isso realmente se entristeça. Se todas as pessoas aprovassem os seus caminhos malignos, você, sem dúvida, continuaria neles, encaminhando-se rapidamente para a autodestruição. É uma bênção, assim, que algumas vozes impeçam você de fazê-lo, pelo menos um pouco. Pode ser, por exemplo, que o nosso Senhor ouça a oração silenciosa das lágrimas de sua mãe e nesta manhã possa abençoá-lo por causa dela. Veja o que diz o evangelista: "Logo que o Senhor *a* viu, encheu-se de compaixão *por ela*, e disse-*lhe*: Não chores". Só depois disso é que ele se dirige ao rapaz morto, ordenando "Levanta-te".

Muitos são os jovens que, sob vários aspectos, são brilhantes e promissores, mas que, por estarem espiritualmente mortos, *causam grande tristeza àqueles que mais os amam.* Diga-se, aliás, que eles não têm nenhuma intenção de infligir tal tristeza; pelo contrário, acham até que tal preocupação com eles seja realmente desnecessária. Constituem, no entanto, um fardo diário para aqueles que os amam. Sua conduta é tal que, quando a mãe se encontra no silêncio de seu quarto, geralmente a única coisa que sabe fazer é chorar. Seu filho, que ia sempre com ela à casa de Deus quando pequeno, agora somente encontra prazer em lugares bastante diferentes. Desde que se acha fora de seu controle, o jovem optou por não ir mais com a mãe aos cultos. Não desejando privá-lo de sua liberdade, ela deplora, no entanto, que ele use de sua liberdade de maneira tão pouco sábia. Lamenta que ele haja preferido não continuar ouvindo a palavra do Senhor e se tornar um servo do Deus de sua mãe. Ela guardava a esperança de que ele seguisse os passos de seu pai e se unisse ao povo de Deus; mas ele tomou rumo exatamente oposto. Além disso, nos últimos tempos, a mãe tem visto nele algo que vem aumentando sua ansiedade: o filho está fazendo e formando amizades que se mostram tristemente perigosas. Não gosta da quietude do lar e tem mostrado para com sua mãe um espírito que a fere. Pode ser até que naquilo que tenha dito ou feito não tivesse o propósito de ser grosseiro, mas foi doloroso para o coração que zela por ele de maneira tão terna. A mãe vê nele uma crescente indiferença por tudo o que é sadio e uma clara intenção em ver o lado errôneo da vida. Ela sabe pouco e teme muito sobre o seu estado atual, receando que ele vá de um pecado a outro até se arruinar para o resto desta vida — e também para a próxima.

Amigos, é uma grande dor para um coração cristão ter um filho não convertido. A situação piora ainda mais se este filho for o único daquela pessoa e se for uma pessoa só, alguém que perdeu o seu cônjuge. Ver a escalada da morte espiritual em alguém tão querido é uma tristeza profunda que faz que muitas mães pranteiem em segredo e derramem sua alma diante de Deus. Assemelham-se muito a Ana as mulheres atribuladas de espírito por causa de seus filhos. Como é triste quando aqueles que deveriam ter feito que elas fossem as mais felizes entre todas as mulheres enchem sua vida de amargura! Muitas mães têm sofrido dessa forma em relação aos filhos, quase a ponto de dizer "quem dera nunca tivessem nascido!" Isso acontece em milhares de casos. Se esse tem sido o seu caso, meu jovem amigo, leve consigo as minhas palavras e, em casa, reflita sobre elas.

A causa da tristeza reside nisto: *choramos por estarem eles em tal situação*. Na história diante de nós, a mãe chorava porque seu filho estava morto. Nós choramos porque nossos jovens amigos ou filhos estão espiritualmente mortos. Existe uma vida infinitamente mais elevada do que a que movimenta o nosso corpo material. Quem dera todos pudessem conhecê-la! Você, que ainda não foi transformado, nada conhece dessa vida verdadeira. Como desejamos que venha a conhecê-la! Parece-nos terrível que você possa estar morto para Deus, morto para Cristo, morto para o Espírito Santo. É realmente triste que possa estar morto para as verdades divinas, que são o deleite e a força de nossa alma. Morto para as santas motivações que nos impedem de voltar a praticar o mal e nos estimulam na direção da virtude. Morto para as alegrias sagradas que frequentemente nos levam para perto das portas do céu. Não podemos olhar para um homem morto e sentir alegria nele, seja ele quem for. É apenas um corpo, ainda que possa estar cuidadosamente vestido. É uma triste visão. Não podemos olhar para vocês, pobres almas mortas, sem clamar: "Ó Deus, será sempre assim? Esses ossos secos não viverão? Não darás vida a eles?" Ao se referir a uma pessoa que vive em prazeres, diz o apóstolo: "Mas a que vive em prazeres, embora viva, está morta". Há um grande número de pessoas mortas em relação a tudo aquilo que há de mais verdadeiro, nobre e divino; mas, em relação a outras coisas, estão sempre, infelizmente, cheias de vida e atividade. Como é triste constatar que estejam mortas para Deus e, ainda assim, aparentemente, tão cheias de alegria e energia! Não é de admirar, portanto, que nos entristeçamos por causa delas.

Também lamentamos por perdermos a ajuda e o conforto que nos deveriam oferecer. Aquela viúva certamente pranteava seu filho não apenas porque estava morto, mas também porque com a perda dele desaparecera sua razão de existir. Ela certamente o considerava o esteio da sua idade e o conforto da sua solidão. "[Ela] era viúva". Fico me questionando se existe alguma outra pessoa além de uma viúva que possa compreender a plena tristeza dessa palavra. Podemos até, por simpatia, colocar-nos na posição da pessoa que perdeu seu cônjuge, parceiro de sua vida, mas nem mesmo a mais terna simpatia conseguirá cobrir plenamente o abismo de privação e desolação aberto com sua perda. "Era viúva" é uma expressão que lembra o triste badalar de um sino. Todavia, embora o sol de sua vida tivesse declinado, para aquela viúva ainda havia uma estrela brilhando. Aquela mulher tinha um filho querido, um rapaz, e isso lhe dava e prometia grande conforto. Ele supriria sempre as suas necessidades, ela imaginava, alegraria sua solidão e nele seu marido viveria outra vez, com seu nome permanecendo entre os vivos de Israel. Ela podia se apoiar nele quando iam para a sinagoga; recebê-lo em casa quando ele voltasse do trabalho no final da tarde; e ficar junto com ele, ao seu lado, para alegrar o seu coração. De repente, aquela estrela é engolida pelas trevas. Ele está morto e hoje está indo para o cemitério. A mesma coisa acontece conosco em termos espirituais, em relação aos nossos amigos e filhos não convertidos. Nós nos importamos com você que está morto no pecado e sentimos que perdemos a ajuda e o conforto que deveríamos receber de você em nosso serviço ao Deus vivo. Queremos trabalhadores novos de todos os tipos e lugares no trabalho da escola bíblica dominical, nas missões entre as massas e em todas as maneiras de servir ao Senhor que amamos! Temos enorme fardo para carregar e desejamos que nossos filhos coloquem seus ombros ao nosso lado. Realmente ansiamos vê-los crescer no temor a Deus e se colocando lado a lado conosco na grande batalha contra o mal e em santo labor pelo Senhor Jesus. Mas você não pode nos ajudar, você está do lado errado. Você nos atrapalha, fazendo que o mundo diga com repreensão: "Veja só como esses jovens estão agindo!" Temos de aplicar nossa mente, orações e esforços em você, recursos que poderiam ser mais bem empregados no cuidado para com outras pessoas. Nosso cuidado para com o grande e tenebroso mundo ao nosso redor é bastante premente, mas você não compartilha disso conosco. Os homens estão perecendo por falta de conhecimento, e você não nos ajuda no esforço de iluminá-los.

Uma tristeza adicional é o fato de não podermos ter comunhão com eles. A mãe da cidade de Naim não podia ter comunhão com seu filho morto agora, pois os mortos nada sabem. Ele não podia mais falar com ela, nem ela, com ele, pois estava no esquife, era um defunto sendo levado para o sepulcro. Alguns de vocês também, meus amigos, possuem entes queridos a quem amam e que amam vocês, mas que não podem manter nenhuma comunhão espiritual com vocês, nem vocês, com eles. Nunca dobram os joelhos junto com vocês numa oração, nem unem o coração ao seu num apelo de fé a Deus quanto aos cuidados que o seu lar requer. Meu jovem, quando o coração de sua mãe salta de júbilo por causa do amor de Cristo derramado em sua alma, você não consegue entender essa alegria. Os sentimentos dela são um mistério para você. Como você é um filho educado, não diz nada de ofensivo ou desrespeitoso quanto à religião dela. Todavia, você não se identifica com suas tristezas e alegrias. Entre sua mãe e você, existe, na melhor das hipóteses, um abismo tão amplo como se você estivesse morto no esquife, e ela, chorando sobre o seu corpo.

Lembro-me muito bem, numa hora de terrível angústia, quando temia que minha amada esposa estivesse prestes a ser levada de mim, como me senti confortado pelas orações amorosas de meus dois queridos filhos. Tivemos comunhão não apenas em nossa dor, mas em nossa confiança no Deus vivo. Ajoelhávamos juntos e derramávamos nosso coração a Deus, e fomos assim confortados por ele. Como bendigo a Deus pelo fato de ter tido o doce apoio dos meus filhos! Mas suponha que, em vez disso, fossem homens ímpios. Eu teria buscado em vão por uma santa comunhão e ajuda para me dirigir ao trono da graça. Em muitos lares, a mãe não pode ter comunhão com os próprios filhos com esse objetivo — o mais vital e duradouro de todos — porque estão espiritualmente mortos enquanto ela anda em novidade de vida no Espírito Santo.

Mais ainda, *a morte espiritual logo produz causas manifestas de tristeza*. Na narrativa do evangelista, havia chegado o momento em que o corpo do jovem deveria ser sepultado. É natural que a mãe não desejasse ter mais aquele corpo inerte consigo em sua casa. Uma das marcas do terrível poder da morte é o fato de superar o amor com relação ao corpo. Abraão amava muito sua Sara; contudo, depois de um tempo, precisou dizer aos filhos de Hete: *Dai-me o direito de um lugar de sepultura entre vós, para que eu sepulte o meu morto, removendo-o de diante da minha face* (Gn 23.4). Em alguns casos de luto, o clima em torno se torna tão triste que nenhum conforto da vida pode ser desfrutado enquanto o falecido esteja próximo daqueles que permanecem vivos.

Assim também, conheci pais que sentiram que não podiam mais ter seus filhos vivos em casa, de tão beberrões e devassos que se tornaram. Quase nunca é sábio, mas, às vezes, torna-se quase uma questão de necessidade afastar-se, se possível, o jovem incorrigível para uma localidade bem distante, na esperança de que, longe de influências perniciosas, possa se recuperar. Todavia, quão raramente essa deplorável experiência é bem-sucedida! Conheço mães que não podem pensar em seus filhos sem sentir dores ainda mais profundas do que as sentidas em seu nascimento. Ai daqueles que causam tais dores ao coração! Que terrível é quando as maiores esperanças do amor vão morrendo e se transformam em desespero, e desejos amorosos se transformam em luto; quando orações de esperança se convertem em lágrimas de

JOVEM, SERÁ QUE ISTO DIZ RESPEITO A VOCÊ? | 53

arrependimento! Palavras de admoestação provocam então tal ira e blasfêmia que a prudência as prefere silenciar.

Temos então, diante de nós, um jovem espiritualmente morto sendo carregado para a sepultura. "Ele se entregou aos ídolos; deixemo-lo sozinho", diriam. Estaria eu, acaso, dirigindo-me àquele cuja vida esteja dilacerando o terno coração da que lhe trouxe ao mundo? Estaria falando àquele cuja conduta externa tem finalmente se tornado tão declaradamente pecaminosa que se tornou uma morte diária para aquela que lhe deu vida? Ó meu jovem, como pode tolerar isso? Você se transformou em uma pedra? Não posso acreditar que você contemple o coração partido de seus pais sem ter nenhuma tristeza, nenhuma reação. Deus o livre disso!

Pranteamos também por causa do futuro de alguém morto em pecado. Esta mãe, cujo corpo do filho já avançara tanto na morte que deveria ser necessariamente sepultado, sabia que o pior ainda estava por acontecer ao corpo, no sepulcro para o qual estava sendo levado. Seria humanamente impossível para ela pensar sem sentir qualquer reação natural sobre a corrupção do corpo que se segue inescapavelmente à morte. Quando pensamos, do mesmo modo, no que há de ser feito de vocês que recusam o Senhor Jesus Cristo, ficamos aterrorizados. *Aos homens está ordenado morrerem uma só vez, vindo depois o juízo* (Hb 9.27). Seria mais fácil abordarmos em detalhes a condição de um corpo em estado de putrefação do que avaliar o estado de uma alma perdida para sempre. Sem querermos permanecer muito tempo na boca do inferno, somos forçados a lembrar a você, no entanto, que existe um lugar *onde o seu verme não morre, e o fogo não se apaga* (Mc 9.44). Existe um lugar onde deverão habitar aqueles que se mantenham afastados da presença do Senhor, de sua glória e do seu poder. É, todavia, um pensamento insuportável para nós que vocês venham a ser lançados vivos no lago de fogo que arde com enxofre (Ap 19.10), a chamada "segunda morte". Não posso nem imaginar que, porque aqueles que não são sinceros com você temem lhe dizer essa verdade, você experimente por si mesmo para ver se é verdade mesmo. Todavia, tendo a Bíblia em suas mãos e consciência em seu ser, você só poderá temer o pior se permanecer longe de Jesus e da vida que ele nos dá graciosamente. Se continuar como está e perseverar em seu pecado e descrença até o final de sua vida, não resta esperança alguma, nem expectativa, senão a de você vir a ser condenado no dia do juízo. Uma das mais solenes declarações da Palavra de Deus assegura que *quem não crer será condenado* (Mc16.16).

É de partir o coração pensar que isso possa acontecer com qualquer um de vocês. Você, que conversava como uma criança aos pés de sua mãe e beijava o seu rosto com amor arrebatador, por que, então, deverá se separar dela para sempre? Se seu pai esperava que você assumisse seu lugar na igreja de Deus, como pode nem mesmo se importar em segui-lo até o céu? Lembre-se que vai chegar o dia em que *será levado um e deixado outro* (Mt 24.40).Você abandona então todas as esperanças de estar junto com sua esposa, sua irmã, sua mãe, à mão direita de Deus? Você não pode desejar que elas venham para o inferno com você — e não tem o desejo de ir com elas para o céu? *Vinde, benditos* (Mt 25.34) será a voz de Jesus àqueles que imitaram seu gracioso Salvador. *Apartai-vos de mim, malditos, para o fogo eterno, preparado para o Diabo e seus anjos* (Mt 25.41) será a sentença pronunciada contra todos aqueles que se recusam a serem feitos iguais ao Senhor. Por que razão você deveria fazer parte dos malditos?

Não sei se você está achando fácil me ouvir esta manhã. Está sendo bastante difícil para mim falar para vocês, porque meus lábios não são capazes de expressar todos os sentimentos do meu coração. Quisera eu ter a poderosa oratória de um Isaías ou as apaixonadas lamentações de um Jeremias, com as quais pudesse despertar seus sentimentos e seus temores! Mesmo assim, o Espírito Santo pode usar até mesmo a mim, e desejo que o faça. É o suficiente. Tenho certeza de que você está entendendo perfeitamente a grande tristeza que aqueles que estão espiritualmente mortos causam aos membros de sua família que estão espiritualmente vivos.

II. Agora, porém, deixe-me alegrá-lo, ao apresentar o segundo tópico deste meu sermão, que é: PARA ESSE TIPO DE TRISTEZA, SÓ EXISTE UM AJUDADOR — MAS EXISTE UM AJUDADOR. Aquele jovem está sendo levado para ser sepultado, mas *nosso Senhor Jesus Cristo se encontra com o cortejo fúnebre.* Com bastante cuidado, perceba a "coincidência", como a chamam os céticos, mas que chamamos de "providência", nas Escrituras. Esse é um assunto bastante interessante para outra ocasião. Vamos nos concentrar neste caso.

O que aconteceu para que aquele jovem morresse exatamente naquela ocasião? O que aconteceu para que exatamente aquele momento fosse o escolhido para o seu sepultamento? Talvez porque já fosse tarde, mas nem isso pode determinar o momento preciso. Por que o Salvador decidiu viajar cerca de quarenta quilômetros naquele dia a fim de chegar em Naim no final da tarde? Como pôde acontecer de ele chegar àquela cidade por determinada estrada que naturalmente o levaria a entrar por aquela porta por onde estaria saindo o morto? Perceba que ele sobe a colina daquela pequena cidade no mesmo instante em que o início do cortejo está saindo pela porta! Ele depara com um morto antes que chegasse ao local da sepultura. Um pouco depois, e ele já teria sido sepultado; um pouco mais cedo, e seu corpo ainda estaria sendo velado em casa, sem que nada ou ninguém tivesse chamado a atenção do Senhor para ele. Deus sabe como arranjar todas as coisas; suas previsões são tão certas quanto o andar dos ponteiros do relógio.

Espero também que um grande propósito seja cumprido aqui esta manhã. Eu não sei por que, meu amigo, você veio aqui justamente neste dia em que estou falando sobre este assunto em particular. Talvez você tivesse até pensado em não vir, mas veio e está aqui. Jesus está aqui também. Veio com o propósito de se encontrar com você e levá-lo a uma novidade de vida. Não há acaso algum nisso. Os planos eternos arranjaram tudo isso, e logo você verá que é exatamente assim. Você, que está espiritualmente morto, se encontrará com ele, em quem há vida eterna.

Nosso bendito Salvador viu tudo de uma vez. Em meio àquele cortejo, Jesus percebeu aquela que chorava mais e soube o que se passava no interior de seu coração. O Senhor sempre foi terno para com as mulheres e os mais frágeis. Fixou seus olhos naquela pobre viúva, sabendo de seu estado civil mesmo sem ter sido informado. O jovem morto é seu filho único: Jesus percebe todos os detalhes e os sente com intensidade. Nada é oculto à sua mente infinita.

Jovem, o coração da sua mãe e o seu próprio coração são abertos a Jesus. Ó meu jovem, Jesus sabe tudo sobre você. Ele, que está presente aqui de maneira invisível nesta manhã, fixa os seus olhos em você neste momento. Tem visto as lágrimas dos que têm chorado por você. Vê que alguns destes estão desesperados com relação a você e que, em sua grande tristeza, agem como pranteadores do seu próprio funeral.

Em Naim, Jesus viu tudo e *penetrou em tudo.* Oh, como devemos amar nosso Senhor que percebe as nossas tristezas e, especialmente, nossas tristezas espirituais em relação à alma de outros! Você, meu caro professor, almeja que sua classe seja salva: Jesus concorda com você. Você, meu caro amigo, tem sido muito dedicado em ganhar almas. Saibam que, em tudo isso, vocês são cooperadores de Deus. Jesus conhece todas as labutas da alma e se junta a nós neste esforço. Nossa tarefa é o seu próprio trabalho que se repete em nós, em conformidade com a nossa humilde proporção. Jesus se junta ao nosso trabalho, por isso esta obra não há como falhar. Entra, ó Senhor, na minha obra nesta hora, eu oro; abençoa estas minhas frágeis palavras proferidas aos meus ouvintes! Sei que centenas de crentes estão dizendo agora "amém". Como isso me alegra!

Nosso Senhor provou que penetra na condição mais triste das coisas, ao consolar logo a viúva, dizendo: "Não chores". Neste momento, ele diz também a você que está orando angustiado pelas pessoas que ama: "Não se desespere! Não se entristeça como aqueles que não têm esperança! Eu quero abençoar você. Você ainda vai se alegrar por causa da vida dada ao seu morto". Não desanimemos. Lancemos fora todo o medo da descrença.

Então, o Senhor se dirigiu ao esquife, simplesmente colocou um dedo sobre ele, e *pararam os que o levavam.* Nosso Senhor tem um modo preciso de fazer que aqueles que estão carregando um esquife parem, sem necessitar dizer uma palavra sequer. Talvez exista hoje um jovem sendo carregado na direção do sepulcro do pecado por quatro carregadores: suas paixões, sua infidelidade, suas más companhias e sua atração por bebidas e vícios. Pode ser que o prazer, o orgulho, a obstinação e a impiedade estejam segurando firmemente as quatro alças do seu caixão. Contudo, por meio de seu imenso e maravilhoso poder, nosso Senhor pode fazer que esses carregadores parem imediatamente. Más influências se tornam repentinamente impotentes diante dele sem que o homem saiba como.

Ao pararem os carregadores do esquife, *fez-se silêncio*. Os discípulos pararam também, ao redor do Senhor; os pranteadores cercaram a viúva; e os dois grupos de pessoas certamente ficaram se olhando um ao outro. Havia ali pouco espaço. Jesus e o morto se encontravam no centro de tudo. A viúva levantou o véu e, vislumbrando Jesus em meio às suas lágrimas, ficou estática, sem saber o que estaria para acontecer. As pessoas que entravam ou saíam pela porta da cidade naquele instante provavelmente pararam do mesmo modo que os carregadores. Silêncio! Silêncio! O que ELE vai fazer? Naquele profundo silêncio, o Senhor ouve a oração daquela viúva, não dita em palavras. Não tenho dúvidas de que sua alma tenha começado a sussurrar, meio com esperança, meio com medo: "Oh, se ele pudesse ressuscitar meu filho!" Independentemente de qual tenha sido a intensidade, Jesus ouviu o bater das asas desta súplica, se não da fé. Certamente os olhos daquela mulher estavam lhe falando, enquanto olhava Jesus, que lhe surgira tão repentinamente.

Vamos ficar tão quietos quanto a cena diante de nós. Vamos nos aquietar por um minuto e orar para que Deus levante do esquife a alma morta, neste momento (aqui se seguiu uma pausa, com muitas orações silenciosas e muitas lágrimas).

III. O silêncio não durou muito. Rapidamente, o Grande Vivificador deu início ao seu trabalho da graça. Este é o nosso terceiro ponto: JESUS É CAPAZ DE REALIZAR O MILAGRE DE DAR A VIDA. Jesus Cristo tem vida em si mesmo e ele vivifica quem quer (Jo 5.21). A vida está nele, e nele *quem crê, ainda que morra, viverá* (Jo 11.25). Nosso Senhor aproximou-se imediatamente do esquife. O que estava ali, diante dele? Um corpo, um morto. *Ele não podia obter nenhuma ajuda daquele corpo sem vida*. Os participantes do cortejo tinham todos a certeza de que o moço estava morto, tanto assim que o estavam carregando para ser sepultado. Não havia possibilidade de engano. Sua própria mãe sabia que ele havia falecido. Podem ter certeza de que, se houvesse uma fagulha de vida que fosse nele, ela não o teria entregue às garras da sepultura. Portanto, não havia mais nenhuma esperança — esperança alguma a partir do morto, de sua mãe, de ninguém na multidão, quer fossem os carregadores, quer os discípulos. Todos eles eram igualmente impotentes.

Do mesmo modo, você, ó pecador, não pode salvar a si mesmo, nem o pode qualquer um de nós, nem mesmo todos nós juntos podemos salvar você. Não há ajuda para você, meu caro amigo pecador morto, debaixo das nuvens; não há ajuda nem em você mesmo ou naqueles que mais o amam. O Senhor, contudo, lhe oferece a ajuda de um Deus que é poderoso. Mesmo que Jesus permitisse, você não poderia nem mesmo dar a menor mãozinha nessa ajuda, pois está morto, morto em seus pecados. Você está morto, no seu esquife, e nada, a não ser o poder soberano do onipotente Deus, poderá colocar vida celestial em você. A ajuda para você deve vir unicamente do alto.

Estando o esquife parado, Jesus fala então ao jovem morto, *dirigindo-se a ele pessoalmente*: "Moço, a ti te digo: Levanta-te". Ó Mestre, fala pessoalmente a alguns dos jovens aqui nesta manhã. Ou, se desejares, fala aos velhos, fala às mulheres; mas fala a palavra diretamente a eles. Não nos importamos sobre quem a palavra do Senhor possa cair. Oh, que ela possa agora chamar aqueles que estão ao meu redor, pois sinto que há mortos por todo este salão! Estou aqui, de pé, com esquifes ao meu redor e mortos neles. E tu não estás aqui, Senhor? O que desejamos é o teu chamado pessoal. Fala, Senhor, nós te suplicamos!

"Moço", disse ele, "a ti te digo: Levanta-te". O Senhor não esperou até ver sinais claros de vida diante dele para então ordenar que o jovem se levantasse, mas ordenou ao morto: "Levanta-te". É este o padrão da pregação do evangelho: em nome do Senhor Jesus, seus servos, por ele comissionados, falam aos mortos como se já estivessem vivos. Alguns dos meus irmãos criticam essa postura, dizendo ser inconsistente e absurda. Contudo, é assim que acontece por todo o Novo Testamento. Ali, nós lemos: *Desperta, tu que dormes, e levanta-te dentre os mortos, e Cristo te iluminará* (Ef 5.14) Não estou procurando justificar esta posição: é mais do que suficiente para mim lê-la na Palavra de Deus. Devemos ordenar aos homens que creiam no Senhor Jesus Cristo, apesar de estarem mortos em seus pecados, por ser a fé uma obra do

Espírito de Deus. Nossa fé nos capacita, em nome de Deus, a ordenar que os homens mortos vivam — e eles realmente passam a viver. Ordenamos ao homem descrente que creia em Jesus, e o poder de Deus vai junto com a palavra, e o eleito de Deus, então, realmente crê. É por esta palavra de fé que pregamos que a voz de Jesus fala diretamente ao homem. Aquele rapaz não tinha como se levantar, estava morto; contudo, verdadeiramente se levantou quando Jesus assim lhe ordenou. Do mesmo modo, quando o Senhor, por meio de seus servos, dá a ordem do evangelho "creia e viva", ela é de fato obedecida, e os homens passam a viver.

Todavia, o Salvador *falou com sua autoridade própria*: "Moço, *a ti te digo*: Levanta-te". Nem Elias nem Eliseu poderiam ter falado assim, mas aquele que assim falava era o próprio Deus. Embora encoberto pelo véu da carne humana e revestido de humildade, era o mesmo Deus que dissera "haja luz. E houve luz". Se algum de nós for capaz de, pela fé, dizer "moço, levanta-te", podemos fazê-lo apenas no nome *dele*, pois não temos autoridade nossa, mas tão somente a que vem *dele*. Meu jovem, a voz de Jesus pode fazer aquilo que sua própria mãe não pôde. Com que frequência a doce voz materna lhe suplicou que você viesse a Jesus, mas em vão! Que o Senhor Jesus possa falar ao seu interior! Que ele lhe possa dizer "moço, levanta-te". Creio que, enquanto estou falando, o Senhor está silenciosamente falando diretamente ao seu coração, mediante o Espírito Santo. Estou certo de que isso está acontecendo. Assim, dentro de você um doce mover do Espírito o está levando agora a se arrepender e a entregar o seu coração a Jesus. Este será, sem dúvida, um dia abençoado para os jovens espiritualmente mortos, se aceitarem agora seu Salvador e se entregarem a ele para serem renovados pela graça. Não, meu pobre irmão, você não será sepultado! Eu sei que você tem sido muito mau e as pessoas ficam desesperadas com você; mas, porque Jesus vive, não podemos abandonar você.

O milagre foi realizado imediatamente. Para surpresa de todos ao redor, o jovem se sentou. Era um caso perdido, mas a morte foi nele vencida, pois ele se sentou e falou. Foi chamado de volta do mais profundo calabouço da morte, da boca da sepultura, mas, quando Jesus o chamou, ele se sentou e falou. Não levou um mês, uma semana, nem um dia, nem uma hora — nem mesmo um minuto. Jesus disse: "Moço [...] levanta-te". "O que estivera morto sentou-se e começou a falar." O Senhor pode salvar um pecador em apenas um instante. Antes mesmo que as palavras que eu falo possam ter entrado em seus ouvidos, o raio divino que dá vida eterna poderá penetrar em seu peito, e você será uma nova criatura em Jesus Cristo; começará a viver em novidade de vida neste momento, sem mais se sentir espiritualmente morto nem voltar para a sua velha e corrupta condição. Nova vida, novos sentimentos, novo amor, novas esperanças, novas companhias serão todos seus, pois você passou da morte para a vida. Ore a Deus para que isso aconteça, pois ele nos ouvirá.

IV. Nosso tempo se foi e, embora tenhamos assunto tão amplo a tratar, não podemos mais nos demorar. Devo encerrar, destacando que ISSO ACABA DANDO GRANDES RESULTADOS. De fato, dar vida a um morto não é pouca coisa.

Um grande resultado foi manifesto, em primeiro lugar, no próprio jovem. Você gostaria de ver como ele estava no esquife? Devo aventurar-me a tirar o véu que cobre sua face? Veja o que a morte lhe fez. Ele era um jovem muito bom. Aos olhos de sua mãe, era o espelho da humanidade! Agora, veja a palidez que está naquela face! Quão fundos estão os seus olhos! Você se sente abalado? Eu sinto que você não poderá suportar esta visão. Venha, olhe para sua sepultura, onde a corrupção avançaria mais em sua obra. Cubra--o! Não podemos suportar olhar aquele corpo em decomposição! E, no entanto, quando Jesus Cristo diz "levanta-te", que mudança radical acontece! Você pode olhar para ele agora. Seus olhos têm a luz do céu; seus lábios estão vermelhos e corados; suas feições estão límpidas e cheias de vida. Veja a saúde de seu corpo, no qual a rosa e o lírio buscariam se espelhar. Que ar viçoso ele tem, como a planta ao orvalho da manhã! Estava morto, mas agora ele vive, e não há sobre ele qualquer traço da morte. Enquanto você olha para ele, o jovem começa a falar. Que música para os ouvidos de sua mãe! O que disse? Não posso lhe dizer; mas procure falar você mesmo como uma pessoa recém-vivificada, e, então, ouviremos o que você diz. Eu sei o que *eu* disse: creio que minha primeira palavra quando vivificado foi "aleluia!" Depois, fui à casa de minha mãe e lhe disse que o Senhor havia se encontrado comigo.

O texto não nos traz nenhuma palavra dele, e realmente não importa quais tenham sido suas palavras, pois quaisquer que tenham sido provaram que ele estava vivo. Se você conhecer o Senhor, irá falar de coisas celestiais. Não creio que nosso Senhor Jesus tenha um filho mudo em sua casa: todos eles falam *para* ele, e a maioria deles fala *sobre* ele. O novo nascimento se revela na confissão e no louvor de Cristo. Eu lhe garanto que aquela mãe, quando o ouviu falar, não criticou o que ele disse. Não comentou: "Que frase tão cheia de erros gramaticais!" Estava simplesmente feliz demais por vê-lo vivo e ouvi-lo falar, de modo que não poderia sequer examinar as expressões por ele usadas. As almas recém-salvas frequentemente falam de uma maneira que alguns com anos de experiência por vezes não aprovam. Frequentemente, ouve-se que, numa reunião de reavivamento, houve uma grande dose de entusiasmo e certos jovens convertidos falaram de maneira dita absurda. É bem provável, mas, se a graça genuína está na alma deles e eles estão dando testemunho do Senhor Jesus, eu de modo algum os criticaria. Alegre-se por você poder testemunhar a prova de que nasceram de novo e preveja-os em sua vida futura. Para aquele moço de Naim, uma nova vida havia começado — a vida que ressurgiu do meio dos mortos.

Uma nova vida também teve início com relação à *sua mãe*. Que grande resultado para ela foi ver seu filho ressuscitar dos mortos! Doravante, seria duplamente querido. Jesus ajudou-o a descer de seu esquife e o entregou de volta a ela. Não temos palavras para serem usadas, mas temos certeza de que ele fez um gesto de maneira a mais bela, devolvendo-lhe o filho como quem lhe desse um presente. Com o deleite majestoso que sempre acompanha a benevolência condescendente, o Senhor olhou para aquela mulher feliz e seu olhar foi mais brilhante do que a luz da manhã, ao lhe dizer com este olhar: "Receba o seu filho". A vibração do coração daquela mãe foi tamanha que ela jamais esqueceria aquele episódio.

Observe que o nosso Senhor, ao colocar nova vida nos jovens, não quer absolutamente tirá-los de seus lares, onde têm suas principais responsabilidades. Aqui e ali, alguém é chamado para ser apóstolo ou missionário, sim, mas de um modo geral Deus deseja que continuem indo à casa de seus amigos, abençoando seus pais, fazendo suas famílias santas e felizes. Jesus não apresenta o jovem ao sacerdote; o entrega à sua mãe. O jovem não tem que dizer "eu me converti e, portanto, não posso mais ir trabalhar nem ajudar a sustentar minha mãe com minhas atividades normais". Isso provaria, pelo contrário, que na verdade você não se converteu. Você pode ser até missionário durante algum tempo, mas, se estiver realmente preparado para isso; não deve insistir em um assunto para o qual não esteja preparado. Vá então, convertido, à casa de sua mãe, leve alegria ao seu lar. Agrade o coração de seu pais, seja uma bênção para os seus irmãos e irmãs. Deixe que todos se regozijem por você, pois você estava morto, e reviveu; tinha-se perdido, e foi achado (Lc 15.32).

Qual o resultado seguinte? Todos os seus vizinhos temeram e glorificaram a Deus. Pense naquele jovem que, na noite anterior, estava em um baile ou algumas noites atrás chegou em casa praticamente bêbado. Se aquele jovem nascer de novo, todos ao seu redor vão certamente se maravilhar. Se aquele jovem nosso conhecido que deixou o vício, a jogatina ou qualquer outro ato reprovável for salvo, sentiremos todos que Deus está bem próximo de nós. Se aquele outro que começou a se associar com mulheres ímpias ou caiu em outros perigos passa a ter uma mente pura e correta, certamente que a surpresa irá dominar todos aqueles que estão ao seu redor. Pode ter levado outros para o seu mau caminho, mas, se o Senhor agora o traz de volta, isso provocará um grande abalo, fazendo que os homens se perguntem a razão da mudança e levando-os a crer que, afinal, existe poder em Jesus. Conversões são milagres que nunca cessam. São prodígios de poder no mundo moral tão notáveis quanto os do mundo material. Queremos, portanto, conversões práticas, tão reais e tão divinas que aqueles que duvidam sejam incapazes de duvidar, pois nelas verão a mão de Deus.

Finalmente, percebam que aquilo não apenas surpreendeu e impressionou as pessoas mais próximas, mas, sim, como diz o texto, o rumor do acontecimento se propagou por toda parte. Quem pode dizer se uma conversão que aconteça aqui, nesta manhã, seu resultado não será sentido por milhares e milhares de anos, se o mundo durar tanto tempo. Sim, poderá ser sentido mesmo depois de milhares e milhares de anos terem passado, prolongando-se por toda a eternidade.

Nesta manhã, joguei uma pedra no lago. Caiu de uma mão trêmula de emoção e de um coração sincero. As lágrimas de vocês mostram que as águas foram agitadas. Percebo o primeiro círculo sobre a superfície. Outros círculos, cada vez mais amplos, se seguirão à medida que este sermão for pregado e lido. Quando você for para casa e contar o que Deus fez por sua alma, surgirá outro círculo, mais amplo. E, se acontecer de o Senhor abrir os lábios de alguns dos convertidos desta manhã para pregar a sua Palavra, então ninguém será capaz de dizer quão amplos estes círculos se tornarão. Círculo após círculo, a palavra se espalhará, até que o oceano sem praias da eternidade sinta a influência da palavra desta manhã. Não, não estou sonhando. Que isso aconteça segundo a nossa fé. Que a graça concedida hoje pelo Senhor sobre uma única alma possa afetar toda a humanidade. Que Deus nos dê sua bênção e vida para sempre. Ore muito pedindo a bênção. E eu lhes peço, meus caros amigos, em nome de Jesus Cristo, que orem também por mim. Amém.

6

ENDIREITANDO A MULHER ENCURVADA

Jesus estava ensinando numa das sinagogas no sábado. E estava ali uma mulher que tinha um espírito de enfermidade havia já dezoito anos; e andava encurvada, e não podia de modo algum endireitar-se. Vendo-a Jesus, chamou-a, e disse-lhe: Mulher, estás livre da tua enfermidade; e impôs-lhe as mãos e imediatamente ela se endireitou, e glorificava a Deus (Lc 13.10-13).

Creio que a enfermidade desta mulher não era apenas física, mas também espiritual. Sua aparência exterior era o indicativo de profunda e antiga depressão. No que se refere ao seu corpo, estava encurvada; na mente, achava-se encurvada pela tristeza. Há sempre uma ligação entre corpo e alma; mas nem sempre se pode ver tão claramente a relação como no caso desta mulher. Se isso fosse comum, teríamos a toda hora visões bem tristes diante de nós. Imagine por um instante qual seria o impacto sobre esta congregação se nossa forma exterior revelasse o nosso estado interior. Se alguém que tivesse visão como a do Salvador pudesse olhar para nós agora e visse nosso interior sendo revelado no exterior, qual seria a aparência desta multidão? Imagens deploráveis seriam apresentadas; em muitos bancos, estariam sentadas pessoas mortas, enxergando com os olhos apáticos da morte, tendo apenas aparência de vida e um nome, mas, ao mesmo tempo, mortas para as coisas espirituais. Você tremeria, meu amigo, caso se visse ao lado de um corpo sem vida. Tal corpo, porém, não tremeria; permaneceria tão insensível quanto o são as pessoas ímpias, apesar de a preciosa verdade do evangelho estar soando em seus ouvidos — ouvidos que ouvem, mas que ouvem em vão.

Um grande número de almas pode ser encontrado em todas as congregações, almas mortas *nos delitos e pecados* (Ef 2.1) e, no entanto, sentadas na plateia tal como o povo de Deus se senta, sem qualquer diferença aparente daqueles que habitam verdadeiramente em Sião. Mas, até mesmo naqueles casos em que exista um pouco de vida espiritual, o aspecto não é dos mais agradáveis. Pode-se ver um homem cego aqui, outro mutilado ali, um terceiro encurvado mais adiante. A deformidade espiritual assume muitas formas, e é doloroso olhar para cada uma delas. Um homem paralisado por uma fé hesitante e possuidor de um corpo trêmulo seria certamente um vizinho incômodo. Uma pessoa atribulada por ataques de paixão ou desespero seria igualmente indesejável se o seu corpo mostrasse esses acessos. Quão triste seria também ter ao nosso redor pessoas febris, tendo calafrios, sentindo calor e frio alternadamente, queimando de entusiasmo quase beirando o fanatismo em um momento e depois geladas como o vento norte, tomadas de total indiferença.

Não vou mais detalhar o estado de pessoas paralisadas, aleijadas, cegas e impotentes espirituais que estejam aqui presentes, neste grande tanque de Betesda. A verdade é que, se a carne tomasse forma de acordo com o espírito, este Tabernáculo seria transformado em um hospital, e muitos sairiam de perto de seus amigos, além de provavelmente querer fugir até de si mesmos. Se as nossas dores interiores fossem estampadas em nossa face, eu lhes garanto que permaneceríamos muito pouco tempo diante do espelho, além de nem mesmo pensar muito tempo no que os nossos olhos teriam visto ali. Vamos, porém, encerrar esta cena imaginária com um pensamento de consolação: de que Jesus está entre nós, sem se afastar pelo fato de sermos pessoas doentes; e, embora nada veja que o alegre ao nos ver de acordo com a lei, contudo, como sua misericórdia realmente se deleita em aliviar o nosso sofrimento, muito espaço existe para ele aqui, em meio a esses milhares de almas aflitas.

Naquele sábado na sinagoga, a pobre mulher descrita no texto era certamente uma das pessoas menos ali percebidas. Sua doença, em particular, fazia que não pudesse ter grande estatura; é bem provável até que tivesse apenas metade de sua possível altura original e, em consequência, com outras pessoas baixas, encontrava-se praticamente perdida no meio da multidão quando todos se colocavam de pé. Uma pessoa encurvada como ela entrava e saía sem ser notada por qualquer pessoa que estivesse de pé naquele local de reuniões. Todavia, pelo que posso imaginar nosso Senhor ocupava uma posição relativamente elevada, enquanto ensinava na sinagoga. Teria provavelmente se colocado em um lugar dos mais altos para melhor ser visto e ouvido. Teve, assim, condição, mais do que outras pessoas, de ver rapidamente aquela mulher. Jesus ocupa sempre aquele lugar elevado, a partir do qual pode falar àqueles que estão encurvados. Sua ágil visão não deixou de percebê-la. Ela, aquela pobre alma, era sem dúvida a última das pessoas a ser notada no meio daquela multidão; mas por Jesus foi a mais observada. A visão da graça de nosso Senhor perpassou pelo povo todo, mas nela se fixou com intensa consideração. E nela permaneceu seu terno olhar até que realizasse sua obra de amor.

Possivelmente, deve existir alguém na multidão presente aqui, esta manhã, que seja o menos notável de todos e que, no entanto, ainda assim, será o mais notado pelo Salvador. Pois o Senhor não vê como o homem vê, mas, sim, observa mais aquele a quem os homens mais desprezam. Ninguém conhece você, ninguém se importa com você; seu problema particular é desconhecido, e você jamais o revelaria ao mundo. Você se sente bastante sozinho — não há solidão como aquela que se sente quando se está no meio da multidão, e você se encontra justamente nesta solidão agora. Mas não se desespere. Você ainda tem um amigo. O coração deste pregador pende para você, mas isso lhe será de pouca ajuda. Existe muita alegria, sim, no fato de que o nosso Mestre observa mais aqueles menos observados, como naquele sábado naquela sinagoga. Confie, portanto, em que ele fará isso hoje e que o seu olhar irá brilhar sobre você, exatamente sobre você. Ele não o deixará, mas vai conceder uma bênção especial ao seu coração ferido. Embora você possa se considerar uma das últimas pessoas deste mundo, será agora colocado em primeiro lugar pela obra que o Senhor há de realizar, mediante um notável milagre de amor, em você. Prossigamos, então, na esperança de que isso venha a acontecer, analisando com a ajuda do Espírito Santo o ato gracioso de Deus ocorrido na vida daquela pobre mulher.

O primeiro assunto a considerarmos é O ENCURVAMENTO DO AFLITO.

Lemos no texto evangélico que essa mulher *tinha um espírito de enfermidade havia já dezoito anos; e andava encurvada, e não podia de modo algum endireitar-se* (Lc 13.11). Com base no que diz o texto, temos a destacar, em primeiro lugar, que provavelmente *ela perdera todo o seu brilho natural*. Podemos imaginar que, quando moça, eram os seus pés ligeiros como os de uma corça; que, ao sorrir, sua face mostrava lindas covinhas e seus olhos tinham o radiante brilho típico da juventude. Caminhava ereta tal qual qualquer outra pessoa sadia, olhando em torno a luz do sol durante o dia e no céu as estrelas brilhando à noite; alegrando-se em tudo ao seu redor e sentindo que a vida lhe era alegre e feliz. Pouco a pouco, com o decorrer dos anos, foi sendo encurvada por uma enfermidade que a puxava para baixo, provavelmente uma fraqueza da espinha dorsal. Tanto os músculos quanto os ligamentos começaram a se enrijecer, e ela foi ficando como que amarrada e cada vez mais próxima do chão. Os músculos devem também ter-se enfraquecido, de tal modo que ela não podia mais se manter em posição ereta, perpendicular, fazendo-a inclinar cada vez mais para a frente. Isso pode ter feito que ela se encurvasse de tal forma que não mais podia se levantar. Durante dezoito anos, ela não mais conseguiu, então, olhar para a luz do sol em torno; por dezoito anos, nenhuma estrela no céu alegrou mais seu olhar; seu rosto estava voltado somente para baixo, na direção do pó. Toda a luz da sua vida havia desaparecido. Caminhava como se arrastando em direção à sepultura, e não tenho dúvida de que em algum momento haja até pensado que talvez deixar de existir fosse a melhor solução que poderia encontrar. Vivia, enfim, como que acorrentada, encarcerada em uma verdadeira prisão com grossas paredes de pedra.

Conhecemos muitos filhos de Deus que, neste exato momento, estão na mesma situação. Encontram-se perpetuamente curvados e, embora se recordem de dias mais felizes no passado, sua lembrança serve apenas para aprofundar a tristeza atual. Muitas vezes, cantam em tom menor esta melodia:

Endireitando a mulher encurvada | 61

A bênção sem par que então recebi
Foi dada por Cristo, o meu Salvador.
Mas onde está o prazer que senti
Ao crer em Jesus, meu divino Senhor?

Que horas alegres então desfrutei!
Que doce lembrança guardei em meu ser!
Mas grande vazio em mim encontrei
Que o mundo jamais poderá preencher.

Essas pessoas raramente entram em comunhão com Deus agora; raramente ou nunca contemplam a face do Amado Senhor. Tentam prosseguir permanecendo crentes e assim vão indo, mas desfrutam de muito pouca paz, pouco conforto, pouca alegria. Perderam a coroa e as flores de sua vida espiritual, embora em tal vida ainda permaneçam. Estou certo de que há bem mais do que dois ou três nesta situação agora e oro para que o Consolador abençoe as palavras que dirijo a essas pessoas. Aquela pobre mulher estava *curvada em direção a si mesma e em direção a tudo o mais deprimente*. Parecia estar indo cada vez mais para baixo; sua vida parecia estar se encurvando mais e mais, e ela, se encurvando cada vez mais para baixo, à medida que o peso dos anos a pressionava. Seu olhar se dirigia somente para a terra; nada de celestial, nada mais de espiritualmente belo e radiante, se poderia colocar ante seus olhos. Sua visão concentrava-se na direção do pó e da sepultura. Assim são também algumas pessoas do povo de Deus, cujos pensamentos afundam cada vez mais, como chumbo, e os sentimentos penetram mais e mais em uma grande vala, aumentando ainda mais um canal que já é fundo. Não se consegue mais lhes dar alegria, e tudo facilmente pode lhes causar apenas preocupação. Por meio de estranha capacidade, extraem o suco da tristeza dos cachos do vale de Escol. Em uma situação em que outros saltariam de alegria, elas se afundam em dissabor, chegando à infeliz conclusão de que as coisas alegres não são para elas. Ousam não aceitar o remédio especialmente preparado para os entristecidos e, quanto mais as pessoas tentam confortá-las, mais se recusam a aceitar o conforto. Se existe uma passagem profundamente triste na Palavra de Deus, essas pessoas buscam lê-la, só para poderem dizer: "Isto se aplica a mim". Essas pessoas são capazes de se lembrar de cada sílaba de um sermão repleto de exortações pesadas e, embora não tenham certeza de que o pregador as conheça tão bem, ainda acham que cada palavra daquele sermão estava direcionada a elas. Se acontece alguma coisa pela Providência, seja adversa ou propícia, em vez de recebê-la como uma indicação do bem, podendo fazê-lo de maneira racional ou não, dão sempre um jeito de traduzi-la como sinal de algo ruim. "Todas as coisas estão voltadas contra mim", dizem elas, pois não podem ver nada além do chão e não podem imaginar nada além do medo e da aflição.

Conhecemos pessoas prudentes — mas, sem dúvida, um tanto insensíveis — que culpam essas pessoas tristes, que as repreendem como sendo pouco espirituais. Isto nos leva a destacar o ponto seguinte: de que *aquela mulher não podia levantar-se sozinha*. Não há motivo algum para culpá-la. Pode ter havido um momento, talvez, quando suas irmãs mais velhas tenham dito: "Irmã, você deveria andar mais ereta; você não deve curvar tanto os ombros; você está se desfigurando; você deve ter mais cuidado ou vai ficar deformada". Meus queridos ouvintes, que bons conselhos algumas pessoas podem dar! Geralmente o conselho é dado gratuitamente, o que é, aliás, adequado, já que, na maioria dos casos, este é o seu maior valor. O conselho dado a pessoas que estejam deprimidas em espírito normalmente não é sábio; causa maior dor e piora a condição do espírito. Gostaria que aqueles que estão sempre prontos a dar conselho tivessem sofrido um pouco a mesma situação; talvez assim tivessem a grande sabedoria de ficar calados. De que vale aconselhar uma pessoa cega a ver ou a alguém que não pode se levantar que deveria se manter ereto e não olhar tanto para o chão? Isso é tão somente um aumento desnecessário de sua desventura. Algumas pessoas que se julgam consoladoras poderiam, enfim, ser melhor qualificadas como atormentadoras. Uma enfermidade espiritual é tão real quanto uma doença física. Quando Satanás prende uma alma, o laço é tão verdadeiro quanto aquele com o qual se prende um touro ou um jumento. A alma não pode se livrar sozinha, está realmente detida. Era essa a condição da pobre mulher.

Posso estar falando a alguns que já tentaram bravamente reanimar o seu próprio espírito. Tentaram mudar de lugar, buscaram a companhia de pessoas espirituais, pediram a crentes que os confortassem, frequentaram a casa de Deus, leram livros que se propõem a trazer consolação. Ainda assim, sentem-se presos e não têm qualquer dúvida a esse respeito. *O que entoa canções ao coração aflito é como* [...] *vinagre sobre a chaga* (Pv 25.20). Há uma incongruência em se forçar a alegria sobre um espírito abatido. Algumas almas aflitas estão tão doentes que recusam até alimento e desse modo se aproximam dos portais da morte. Todavia, se algum dos meus ouvintes se encontra nesta situação, não se desespere: Jesus pode levantar todo aquele que esteja encurvado.

A pior questão em relação àquela mulher é que já *sofria por dezoito anos*. Sua doença, portanto, era crônica, e sua enfermidade, confirmada. Dezoito anos! É muito tempo. Em dezoito anos de felicidade, os anos voam como tendo asas em seus pés: chegam e logo se vão. Dezoito anos de uma vida feliz — que período curto! Mas dezoito anos de dor, dezoito anos curvada na direção do chão, dezoito anos durante os quais o corpo, em vez de retratar o de um ser humano, transforma-se cada vez mais no de um animal — que terrível longo período deve ter sido este! Dezoito extensos anos, cada um deles com longos doze meses sombrios, arrastando-se como que carregando uma pesada corrente atrás de si! Essa criatura havia passado dezoito anos sob o jugo do diabo. Que angústia deve ter sido!

É possível que um filho de Deus passe dezoito anos em desalento? Sou forçado a responder que sim. Existe um exemplo: o do sr. Timothy Rogers, que escreveu um livro sobre melancolia religiosa — um livro maravilhoso, no qual relata o caso de alguém que passou, creio, 28 anos em total desânimo. Ele mesmo conta sua história, e não há que se duvidar de sua veracidade. Exemplos similares são bem conhecidos dos que estão familiarizados com biografias religiosas. Pessoas que ficaram presas por muitos anos na escura caverna do desespero, mas que, ao final de tudo, foram trazidas de volta à alegria e ao conforto de maneira singular. Um desalento de dezoito anos deve constituir certamente uma aflição terrível; mas existe uma saída, pois, embora o diabo possa levar dezoito anos para forjar uma corrente, não se passam nem dezoito minutos sem que o nosso Senhor possa quebrá-la. Ele é capaz de libertar o cativo imediatamente. Construa, construa as suas masmorras, ó Demônio dos Infernos, lance suas fundações bem profundas. Coloque suas camadas de granito tão firmemente juntas a ponto de ninguém poder movimentar uma pedra sequer de sua estrutura. Contudo, quando ELE, o Mestre, vier, irá destruir todas as suas obras; ELE simplesmente irá falar, e, tal qual a estrutura sem substância de uma miragem, sua Bastilha irá desfazer-se no ar. Dezoito anos de melancolia jamais irão provar que Jesus não pode libertar o cativo; apenas lhe oferecem a oportunidade de mostrar mais uma vez o poder da sua graça.

Observemos mais algumas coisas sobre aquela pobre mulher. Encurvada como estava, tanto na mente quanto no corpo, *ainda assim frequentava a casa de oração*. Nosso Senhor estava na sinagoga, e ela também lá estava. Ela poderia ter conjecturado consigo mesma: "É muito doloroso para mim ir a algum lugar; e eu tenho uma justificativa para isso". Mas não; lá estava ela. Querido filho de Deus, quantas vezes o diabo lhe sugere que é difícil ou inútil para você que vá a algum lugar ouvir a Palavra! É sempre a mesma coisa. Ele sabe que há uma grande possibilidade de você escapar de suas mãos à medida que ouça a Palavra e, portanto, se puder afastá-lo dela, ele o fará. No momento em que se encontrava na casa de oração, a mulher encurvada encontrou sua libertação, e é onde *você* também pode encontrá-la; portanto, continue a vir à casa do Senhor; não deixe de comparecer.

Durante todo esse tempo, também, ela continuava sendo uma filha de Abraão. O diabo a havia prendido como se faz a um animal, mas não podia tirar dela, de modo algum, seu caráter privilegiado. Era ainda uma filha de Abraão, uma alma crente que confiava em Deus com uma fé humilde, mas forte. Ao curá-la, o Salvador não precisou dizer, como em outros casos, *perdoados são os teus pecados* (Lc 7.48). Não havia propriamente pecado nesse caso em particular. Ele não se dirigiu a ela, portanto, como fez em relação àqueles cuja doença fora causada por iniquidade, pois, embora assim encurvada, tudo de que ela precisava era conforto, não repreensão. Seu coração estava em paz com Deus. Sabemos que era assim pelo fato de que, no momento mesmo em que foi curada, começou a glorificar a Deus. Isso mostra que estava à espera e pronta para a cura; que, em seu espírito, o louvor aguardava apenas essa oportunidade feliz. Ela sentia certamente algum conforto em ir à casa de Deus, embora há dezoito anos estivesse encurvada. E onde mais poderia ter ido? Que benefício teria alcançado se permanecesse em casa? O filho doente geralmente se sente melhor junto aos pais, e ela se sentia melhor na casa do Pai, onde a presença de Deus era constante.

Temos aqui, portanto, um retrato de muito do que ainda pode ser visto entre nós, filhos dos homens, e talvez seja este precisamente o seu caso, meu caro ouvinte. Que o Espírito Santo possa abençoar esta palavra para o encorajamento do seu coração.

II. Em segundo lugar, convido-o a perceber A MÃO DE SATANÁS NESSE FARDO. Não teríamos sabido disso se nosso Senhor não tivesse revelado haver sido Satanás quem prendeu aquela pobre mulher por dezoito anos. *O diabo deve tê-la prendido de maneira bastante astuta para manter o laço apertado por todo aquele tempo*, pois, ao que parece, não tinha propriamente possessão sobre ela. Observamos pela leitura do Evangelho que nosso Senhor nunca impôs sua mão sobre uma pessoa possuída pelo diabo. Satanás, de fato, não a *possuía*, mas, em algum momento dos dezoito últimos anos, havia caído sobre ela e a prendera, tal como se enlaça um animal, de tal modo que ela não havia conseguido livrar-se até aquele momento. O diabo é capaz de fazer, em determinado momento, tal nó que você ou eu não poderemos desfazer em dezoito anos. Nesse caso, havia segurado sua vítima de forma tão apertada que nenhum poder presente nela mesma ou em outros foi eficiente para libertá-la. Assim, quando lhe seja permitido, o inimigo pode amarrar também qualquer pessoa do povo de Deus, embora por um período bem curto, por praticamente qualquer meio: a palavra de um pregador, sem nunca ter tido o intuito de causar amargura, talvez possa fazer que um coração crente se entristeça; uma frase de um livro, uma passagem mal entendida das Escrituras, pode ser suficiente nas mãos astutas de Satanás para prender um filho de Deus a um fardo.

Satanás prendeu aquela mulher a si mesma e ao chão. Existe uma maneira cruel de se prender um animal e que é mais ou menos esta. Já vi um pobre animal com a cabeça presa aos próprios pés. De maneira semelhante, Satanás prendera aquela mulher a si mesma. Assim também, há filhos de Deus cujos pensamentos são apenas sobre si mesmos: voltam seus olhos para dentro de si mesmos e observam apenas os movimentos do seu pequeno mundo interior. Estão sempre lamentando suas próprias enfermidades, sempre chorando sua própria miséria, sempre cuidando apenas de seus próprios sentimentos. O único assunto de seus pensamentos é a sua própria condição. Se em algum momento parecem mudar o cenário e se voltar para outro assunto, é apenas para olhar para o chão debaixo deles, para murmurar em relação a este pobre mundo e suas mazelas, sua miséria, seu pecado, seus reveses. Assim, eles estão presos a si mesmos ou ao chão, não conseguem olhar para Cristo, como deveriam, nem deixar a luz do seu amor brilhar sobre eles. Seguem murmurando, sem ver a luz do sol, pressionados para baixo pelos seus estritos interesses e os seus fardos. Nosso Senhor, porém, usa, nesta passagem, a figura de um boi ou um jumento preso, para dizer que, no sábado, o dono solta o animal e o leva a beber água.

A alma dessa mulher estava impedida daquilo de que necessitava. Ela era pior que um boi ou um jumento, pois não conseguia chegar à fonte ou ao bebedouro para saciar sua sede. Conhecia as promessas de Deus, as escutava todos os sábados; ia continuamente à sinagoga e ali ouvia sempre que o Senhor viria para libertar os cativos. Mas não conseguia se alegrar na promessa, tampouco ser liberta. Assim se encontram multidões do nosso querido povo de Deus, presas a si mesmas, sem conseguir beber a água do rio da vida, nem achar consolação nas Escrituras. Sabem como o evangelho é precioso e quão consoladoras são as bênçãos da aliança, mas não chegam a desfrutar dessas consolações nem dessas bênçãos. Oh, quem dera que pudessem! As pessoas suspiram e clamam por isso, mas sentem que estão amarradas.

É preciso, porém, fazer uma ressalva. Satanás já tinha feito muita coisa contra aquela pobre mulher, mas *tinha feito tudo o que podia*. Pode estar certo de que Satanás não poupa sua força quando aflige um filho de Deus. Não sabe nem quer saber coisa alguma de misericórdia, nem qualquer outra consideração é capaz de detê-lo. Quando o Senhor entregou Jó nas mãos de Satanás por um tempo, como foi grande a destruição e o dano que ele provocou às posses de Jó! Não poupou animais nem filhos de Jó, nem ovelhas nem bodes, nem camelos nem gado bovino. Contudo, só o atingiu à esquerda e à direita, causando a ruína dos seus bens. Em um segundo momento, quando recebeu outra permissão, vindo a tocar em seus ossos e em sua carne, nada satisfez mais o diabo do que cobri-lo da sola dos pés ao topo da cabeça de feridas e bolhas. Poderia ter provocado dor suficiente ao torturar uma parte de seu corpo, mas isso não seria suficiente, pois ele queria fartura de vingança. O diabo faria tudo o que pudesse e, portanto, cobriu-o de chagas. Todavia, havia, mesmo assim, um limite no caso de Jó. Aqui também. Satanás manteve aquela mulher presa, mas não pôde matá-la. Pôde encurvá-la na direção de sua sepultura, mas não conseguiria colocá-la na cova. Ela pôde ser abaixada até ficar completamente curvada, mas ele não lhe pôde tirar a tão frágil vida. Com toda a sua capacidade infernal, não pôde fazer, de modo algum, que ela morresse antes da hora. Além disso, ela ainda era um ser humano — e ele não poderia fazer dela um animal, não obstante ficar encurvada como um bicho.

Assim também, o diabo não pode destruir você, filho de Deus. Ele pode até abatê-lo, mas não pode matá-lo. Ele pode até encher de preocupações aqueles que não pode destruir, e sente até maliciosa alegria em fazê-lo. O diabo sabe que você não pode ser destruído, porque você se encontra além do alcance de suas armas. Mas, se ele não pode ferir você com um tiro, vai assustá-lo com a pólvora, se puder fazê-lo. Se não puder matar, vai prender como se fosse para ser sacrificado. Sim, ele sabe como fazer uma alma sentir mil mortes simplesmente pelo fato de temer uma única. Apesar de tudo isso, Satanás foi incapaz de tocar aquela pobre mulher em sua verdadeira posição: ela já era uma filha de Abraão dezoito anos antes, quando o diabo a atacou pela primeira vez, e continuou sendo uma filha de Abraão dezoito anos depois, quando o Maligno já havia feito o pior. Você, meu querido, mesmo que não tenha tido a confortável sensação do amor do Senhor por dezoito anos, é ainda seu amado. Mesmo que você ache que Deus não lhe haja dado indicação de seu amor com que possa se alegrar e se, por qualquer distração ou confusão, você ainda continue dizendo coisas amargas contra si mesmo, ainda assim o seu nome está nas mãos de Cristo, de onde ninguém pode apagá-lo. Você pertence a Jesus, e ninguém vai arrancá-lo de suas mãos. O diabo pode prendê-lo durante algum tempo, mas Cristo o prenderá rapidamente com as cordas do amor eterno, que certamente hão de segurá-lo até o fim.

Aquela pobre mulher estava sendo preparada, até mesmo por meio da ação do diabo, para glorificar a Deus. Ninguém jamais naquela sinagoga pôde provavelmente glorificar a Deus como ela no momento em que foi finalmente liberta. Cada um daqueles dezoito anos deu ênfase à proclamação de sua ação de graças. Quanto mais profunda sua tristeza, mais doce foi a sua canção. Gostaria de ter estado ali naquela manhã, de ter ouvido aquela mulher narrar sua história do poder libertador do Cristo de Deus. O diabo deve ter sentido que fora em vão toda sua atividade e deve ter se aborrecido de não a ter deixado antes durante todos aqueles dezoito anos, já que ele simplesmente a havia preparado mais ainda para que contasse de maneira tão entusiástica o feito do maravilhoso poder de Jesus.

III. Quero que você perceba, em terceiro lugar, o LIBERTADOR EM SUA AÇÃO.

Acabamos de ver uma mulher presa pelo diabo, mas eis o seu Libertador, e a primeira coisa que lemos é que *ele a viu*. Seus olhos olhavam ao redor, lendo cada coração à medida que encarava pessoa a pessoa. Por fim, viu aquela mulher. Sim, era exatamente ela que ele procurava. Não podemos imaginar que ele tenha visto aquela mulher da mesma maneira que eu vejo cada um de vocês, mas, sim, que ele vislumbrou cada detalhe do seu caráter e da sua história, leu cada pensamento do seu coração e cada desejo de sua alma. Ninguém contou coisa alguma a Jesus a respeito de ela estar presa pelo inimigo havia dezoito anos; ele sabia de tudo isso — como ela foi enlaçada, o que havia sofrido durante aquele tempo, como havia orado pedindo cura e de que modo a enfermidade ainda a oprimia. Em um instante, ele já havia lido sua história e entendido sua situação. Ele a viu, e quão significativo foi o seu olhar ao achá-la. Nosso Senhor possuía um maravilhoso olhar: nenhum pintor do mundo jamais conseguirá produzir um retrato satisfatório de Cristo porque ninguém poderá retratar totalmente seu olhar tão magnífico e expressivo. O céu repousava calmamente em seus olhos; não sendo apenas brilhantes e penetrantes, mas cheios de um

ENDIREITANDO A MULHER ENCURVADA | 65

poder capaz de diluir, uma ternura irresistível, uma força garantidora de confiança. Não tenho dúvida de que, ao olhar para aquela mulher, lágrimas rolaram dos olhos do Senhor. Não, porém, lágrimas de falsa tristeza, pois sabia que era capaz de curá-la e antevia comovido a alegria de fazer isso.

Ao olhar para ela, *ele chamou-a para si*. Será que Jesus sabia o nome daquela mulher? Oh, sim, ele sabe o nome de todos nós, e, portanto, seu chamado é pessoal e inequívoco. *Chamei-te pelo teu nome, disse ele, tu és meu* (Is 43.1). Veja a cena. Lá está aquela pobre criatura, andando pelo corredor, aquela lamentável massa de tristeza que, embora encurvada na direção do chão, está se movendo. Será realmente uma mulher? Mal se consegue perceber que ela tem um rosto, mas ela caminha na direção daquele que a chamou. Não conseguia se colocar ereta, mas veio *como estava* — curvada, triste e enferma como estava. Fico muito feliz pela maneira de nosso Mestre curar as pessoas, pois as chama e vai até elas na situação em que se encontram. Jamais propôs às pessoas que, se elas fizessem alguma coisa, ele então faria o resto — mas ele começa e ele mesmo termina. Ele quer que as pessoas venham e se aproximem dele como estão, e não que antes se consertem ou se preparem para vir. Que, nesta manhã, meu bendito Mestre olhe para alguns de vocês até que você sinta em seu interior que "o pregador se refere a mim, o Mestre está me chamando" — e, então, possa soar uma voz em seus ouvidos, dizendo: "Venha a Jesus como você está". Depois disso, você terá graça suficiente para responder:

> Tal qual estou, sem esperar
> Que possa a vida melhorar,
> Em ti só quero confiar,
> Ó Salvador, me achego a ti! (2ª estrofe CC 226)

Quando a mulher chegou, *o grande Libertador lhe disse: Mulher, estás livre da tua enfermidade*. Como isso poderia ser verdade? Ela estava tão encurvada quanto antes. O que ele estava dizendo é que a palavra de Satanás fora retirada dela e fora quebrado o poder que a fizera ficar encurvada. Ela, todavia, já acreditava nisso no íntimo de sua alma, mesmo antes de Jesus haver dito estas palavras, embora sua aparência não ficasse de modo algum diferente do seu estado anterior. Oh, que alguns de vocês, queridos membros do povo de Deus, possam ter força para crer, nesta manhã, que o fim de suas trevas chegou; que possam ter força para crer que os seus dezoito anos de encurvamento chegaram ao fim e que o tempo da dúvida e do desalento acabou.

Oro para que Deus possa dar-lhe a graça de saber que, desde o momento em que o sol começou a brilhar esta manhã, a luz lhe foi ordenada. Eu vim até você hoje para lhe transmitir esta alegre mensagem do Senhor. Venham, prisioneiros; saltem, cativos, pois Jesus veio libertá-los hoje.

A mulher fora libertada, mas não podia desfrutar verdadeiramente da liberdade, e vou dizer-lhe por quê. Nosso Senhor estava prestes a completar a obra de sua própria maneira: *ele impôs suas mãos sobre ela*. Ela sofria de falta de forças, e, ao colocar suas mãos sobre ela, imagino que o Senhor tenha então derramado sua vida nela. A agradável corrente de seu próprio poder e vitalidade infinitos entrou em contato com a corrente letárgica da dolorosa existência daquela mulher, despertando-a de modo que ela pudesse erguer-se por si mesma. O ato de amor fora realizado: o próprio Jesus o executara. Amados murmuradores, se, nesta manhã, pudéssemos fazer que vocês deixassem de pensar em si mesmos e passassem a pensar mais no Senhor Jesus, se deixassem de olhar para baixo, para suas dificuldades, e fossem levados a pensar no Senhor, que mudança viria sobre vocês! Se as mãos de Jesus puderem ser impostas sobre você — essas mãos queridas, traspassadas, que compraram você; essas mãos poderosas que governam o céu e a terra em seu favor; as mãos benditas que estão sempre estendidas em favor dos pecadores — essas benditas mãos vão apertá-lo contra o peito dele para todo o sempre. Se você puder sentir isso ao pensar nele, então irá recobrar a alegria do passado e renovar a elasticidade do seu espírito; o encurvamento de sua alma passará tal qual o sonho de uma noite, para ser esquecido para sempre. Ó Espírito do Senhor, faze isto hoje!

IV. Não me demorarei muito aqui, mas convido você agora a perceber O AFROUXAMENTO DO LAÇO. Lemos que *imediatamente ela se endireitou*. O que quero que você perceba é que ela se endireitou sozinha — foi um ato puramente dela. Não foi colocada sobre ela nenhuma pressão, mas ela se levantou sozinha: ela *se* endireitou. Achava-se na condição de passividade enquanto o milagre era executado sobre ela, mas logo tornou-se ativa e, já sendo capaz, ela *se* endireitou. Que maravilhoso encontro existe aqui entre o ativo e o passivo na salvação do homem! Os arminianos dizem ao pecador: "Pecador, você é um ser responsável; você deve fazer isso e aquilo". Já os calvinistas dizem: "É verdade, pecador; você é suficientemente responsável, mas você também é incapaz de fazer qualquer coisa por si mesmo. Deus deve *operar em você tanto o querer quanto o efetuar* (Fp2.13). O que devemos fazer com esses dois tipos de mestres? Eles entraram em disputa cerca de cem anos atrás e de maneira medonha. Não desejamos que lutem mais, mas o que faremos? Deixaremos que ambos falem e acreditaremos naquilo que seja verdadeiro no testemunho de um e do outro. Será verdade o que os arminianos dizem, que deve haver um esforço por parte do pecador, caso contrário nunca será salvo? Não há dúvida quanto a isso. Tão logo o Senhor dá vida espiritual, existe uma atividade espiritual. Ninguém é puxado para o céu pelas orelhas, nem levado para lá dormindo num colchão de plumas. Deus quer lidar conosco como seres inteligentes e responsáveis. Isto é verdadeiro; por que negar tal ideia? Contudo, o que dizem os calvinistas? Dizem que o pecador está preso pela enfermidade do pecado, não pode levantar-se sozinho e, quando isso acontece, é Deus quem o faz, que o Senhor deve ter toda a glória por isso. Não é isso verdade? "Oh", diz o arminiano, "eu nunca neguei que o Senhor deva receber toda a glória. Eu cantarei um hino com você em honra ao divino; eu farei a mesma oração com você pelo divino poder". Todos os crentes são totalmente calvinistas no que se refere a cantar e orar, mas é uma pena duvidarmos da doutrina que professamos quando estamos ajoelhados ou cantando.

É certamente verdade que somente Jesus salva o pecador e igualmente verdade que o pecador crê para a salvação. O Espírito Santo nunca creu em favor de uma pessoa. O ser humano deve crer por si mesmo e arrepender-se por si mesmo; se assim não for, estará perdido. Por outro lado, jamais existiu um único grão de fé verdadeira ou de verdadeiro arrependimento neste mundo, a não ser o que foi produzido pelo Espírito Santo. Não vou explicar essas dificuldades porque, na verdade, não são dificuldades, a não ser em teoria. São fatos simples da vida prática diária. A pobre mulher sabia, sob todos os aspectos, a quem pertencia a coroa da glória. Ela não se vangloriou, dizendo "eu me esforcei"; não, ela glorificou a Deus e atribuiu toda aquela obra maravilhosa ao seu gracioso poder.

O fato mais notável é que *ela se endireitou imediatamente*, pois havia algo além de sua enfermidade a ser vencido. Suponha que uma pessoa tenha sofrido durante dezoito longos anos da coluna vertebral, dos nervos ou dos músculos. Mesmo que a doença que ocasionou a deformação pudesse ser totalmente removida por meios humanos, qual seria o efeito? As sequelas da doença ainda permaneceriam, pois o corpo teria permanecido por muito tempo numa única postura. Você certamente já ouviu falar de faquires e personagens similares da Índia. Um homem desses é capaz de manter sua mão erguida por anos em cumprimento a um voto; todavia, quando os anos de sua penitência se acabam, ele não consegue mais abaixar a mão: ela ficou paralisada naquela posição. Mas, no presente caso, o laço que mantinha a pobre mulher curvada foi retirado e, ao mesmo tempo, a consequente rigidez, removida, fazendo que, num só instante, ela se endireitasse sozinha. Foi essa uma dupla mostra de poder miraculoso. Ó meu pobre amigo provado, se o Senhor visitar você esta manhã, não apenas vai tirar a primeira e a maior causa da sua tristeza, mas fazer desaparecer também sua própria tendência à melancolia. Os extensos valões pelos quais você tem passado serão tapados, e os sulcos dos caminhos de aflição pelos quais tem andado tão triste e há tanto tempo serão fechados. Você irá se fortalecer *no Senhor e na força do seu poder* (Ef 6.10).

Realizada a cura completa, *a mulher levantou-se para glorificar a Deus*. Eu gostaria de ter estado lá. Tenho desejado isso toda esta manhã. Gostaria de ter visto o hipócrita chefe da sinagoga fazendo seu discurso irado. Gostaria de ter visto quando o Mestre o fez calar, mas, especialmente, me regozijaria em ver aquela pobre mulher colocando-se de pé e em ouvi-la louvando o Senhor. O que ela disse? Não está registrado, mas podemos imaginar muito bem. Foi alguma coisa como: "Por dezoito anos, tenho estado aqui com vocês. Vocês têm me visto e sabem que objeto miserável e digno de pena eu era. Mas Deus me ergueu em um só instante. Bendito seja o seu nome, pois eu fui endireitada!" O que ela disse, porém, não era nem metade do que expressava, e nenhum repórter poderia ter anotado tudo. Falava com os olhos, as mãos, com cada membro do seu corpo. Suponho que haja se movimentado para ver se estava realmente ereta e se certificado de que não era uma ilusão. Deve ter-se tornado em um completo alvo de prazer e, a todo momento, louvava a Deus, da sola dos pés até os fios do cabelo. Talvez nunca tenha havido uma mulher mais eloquente no universo. Sentia-se como uma pessoa nascida de novo, liberta de uma longa morte, feliz diante de toda a novidade de uma vida renovada. A única coisa que podia fazer era realmente glorificar a Deus.

Aquela mulher não teve qualquer dúvida sobre a maneira pela qual sua cura foi operada. Ela a atribuiu totalmente ao poder divino, e foi a esse poder divino que exaltou. Meu irmão, minha irmã, você não pode glorificar a Cristo nesta manhã por ele o ter libertado? Embora possa ter ficado preso por muito tempo, não está mais. Cristo foi capaz de libertá-lo. Confie nele, creia nele, seja endireitado, e vá então dizer aos seus amigos e parentes: "Vocês sabem como eu andava deprimido e, na minha tristeza, me ajudaram da melhor maneira possível; mas, agora, eu preciso lhes contar o que o Senhor fez pela minha alma".

V. Em quinto lugar, vamos refletir quanto às NOSSAS RAZÕES PARA ESPERAR QUE O SENHOR JESUS FAÇA HOJE O MESMO que fez centenas de anos atrás. Qual foi o motivo que o levou a libertar aquela mulher? De acordo com sua própria declaração, foi, antes de mais nada, por ser um ato de *bondade*. Ele disse: "Quando você tem um boi ou um jumento preso e percebe que o animal tem sede, desata o nó e o leva até o rio, o tanque, uma fonte de água. Nenhum de vocês deixaria seu boi preso morrer de sede ou fome". Este é um belo raciocínio, que nos leva a acreditar que Jesus ajuda todos aqueles que estão passando por um sofrimento. Ó alma atribulada, você não soltaria um boi ou um jumento se o visse em sofrimento? "Sim", responde você. E você não acha que o Senhor também o libertaria? Por acaso, você tem mais misericórdia do que o Cristo de Deus? Venha, não tenha qualquer ideia errônea e ruim a respeito do meu Mestre. Se o seu coração o leva a ter dó de um jumento, não acha que o coração de Jesus vai levá-lo a ter dó de você? Ele não se esqueceu de você; sabe quem você é. Sua terna bondade e humanidade o levam a libertá-lo.

Havia no caso, porém, além disso, um *relacionamento especial*. Jesus diz ao chefe da sinagoga que qualquer pessoa soltaria *seu* próprio boi ou jumento. Queria certamente deixar claro que talvez não fosse de sua responsabilidade soltar o que pertencesse a outro; mas, sendo um ser *seu*, próprio, ele podia e devia libertá-lo. Meu querido, você não crê que o Senhor Jesus seria capaz de libertá-lo? Ele o comprou com seu sangue; o Pai o entregou a ele; ele o ama com amor eterno. Por que então não o libertaria? Você é propriedade dele. Você não sabe que ele varre a casa para encontrar a moeda perdida? Que ele vai pelas montanhas em busca da ovelha desgarrada? Não viria ele especialmente libertar seu pobre boi ou jumento preso? Não libertou ele sua filha cativa? Certamente que sim. Sendo ela uma filha de Abraão, sendo você um filho da fé, ele não o libertaria? Tenha a certeza de que ele o fará.

Segue-se um *ponto de antagonismo* que moveu o Salvador a agir rapidamente. Ele diz: *... esta que é filha de Abraão, a qual há dezoito anos Satanás tinha presa* (Lc 13.16). Se eu soubesse que Satanás tinha prendido alguma pessoa, certamente tentaria libertá-la. Você não faria o mesmo? Podemos ter a certeza de que, quando o demônio atua, algum prejuízo para o homem está sendo gerado. Portanto, deve ser uma boa ação desfazer sua obra. Jesus Cristo veio ao mundo com o propósito de destruir as obras do diabo e, então, ao ver aquela mulher em condição similar à de um boi amarrado, pensou: "Vou libertá-la, para desfazer o que quer que seja que o diabo tenha feito". Meu amigo atormentado, uma vez que essa sua tristeza pode ser provocada por influência satânica, Jesus Cristo certamente vai entrar nessa briga e libertar você.

Pense agora na *triste condição da mulher*. Um boi ou um jumento preso a uma manjedoura sem água estaria em pouco tempo num estado lastimável. Que dó daquele pobre animal. Ouçam o mugido daquele boi por horas a fio, expressando tristemente a aflição de sua sede. Você não teria pena dele? Acha que o Senhor não tem pena de seus pobres filhos, presos, tentados, afligidos? Será que as suas lágrimas cairiam por nada? Suas noites sem dormir seriam desconsideradas? Não terá o Senhor ouvido aquele coração partido que só consegue crer em suas promessas? Terá o Senhor se esquecido de ser bondoso? Será que, em sua ira, terá cessado de derramar sua misericórdia? Ah, não, ele se lembrará do seu estado doloroso, ouvirá o seu gemido. Ele *põe as suas lágrimas no seu odre* (Sl 56.8).

Por fim, mais uma razão para ter-se movido o coração de Cristo: a mulher *estava naquele estado havia dezoito anos.* "Então", decidiu o Senhor, "ela será libertada agora". Se dependesse do chefe da sinagoga, este teria dito: "Ela já está presa há dezoito anos, então pode muito bem esperar até amanhã; será apenas um dia a mais". "Não", disse Cristo, "se ela está presa já há dezoito anos, não vai esperar nem mais um minuto. Já sofreu bastante e será libertada imediatamente".

Não conclua com base na duração do seu sofrimento, meu irmão, que ele não chegará ao fim; pelo contrário, deduza, sim, que sua libertação está cada vez mais próxima. A noite já foi longa demais; portanto, o amanhecer está mais perto. Você já foi açoitado tanto tempo que o último golpe deve estar bem próximo, pois o Senhor *não aflige nem entristece de bom grado os filhos dos homens* (Lm 3.33). Oh, que meu divino Mestre possa vir agora e fazer o que me alegra, mas que eu jamais conseguiria: fazer todo filho de Deus saltar de felicidade.

Eu sei o que significa ser preso por Satanás. O diabo não me prendeu por um período de dezoito anos e creio que nunca o fará; mas ele tem me colocado no laço da tristeza muitas vezes. Todavia, meu Mestre sempre vem e me liberta, levando-me às águas; e como tenho bebido das águas, nesses momentos! Acho que sou capaz de beber o Jordão inteiro em um único gole sempre que alcanço suas promessas; e encher-me de seu doce amor. É por causa disso que sei que levará outras pobres almas até as águas e, ao fazer isso a qualquer um de vocês, eu oro para que você possa beber como um boi. Como você pode vir a ser presa do diabo outra vez, beba agora quanto puder de sua graça, regozije-se enquanto puder fazê-lo. *Alegre-se no Senhor e deleite-se com a gordura. Alegrai-vos no Senhor, e regozijai-vos, vós justos; e cantai de júbilo, todos vós que sois retos de coração* (Sl 32.11), pois o Senhor liberta os cativos. Que ele possa libertar muitos agora. Amém.

7

APENAS CONFIE NELE! APENAS CONFIE NELE!

Ao entrar em certa aldeia, saíram-lhe ao encontro dez leprosos, os quais pararam de longe, e levantaram a voz, dizendo: Jesus, Mestre, tem compaixão de nós! Ele, logo que os viu, disse-lhes: Ide, e mostrai-vos aos sacerdotes. E aconteceu que, enquanto iam, ficaram limpos (Lc 17.12-14).

Vários tópicos interessantes podem ser encontrados nestes versículos. Vemos aqui o fruto abundante do pecado, pois aqui estão dez leprosos em grupo, e a abundância do poder divino ao se deparar com ele, pois logo são limpos. Também vemos que Cristo vem em primeiro lugar, e a cerimônia, em segundo: primeiro a obra da graça, depois sua demonstração exterior. A ternura do Senhor para com os proscritos, a atenção dele à súplica feita à distância e sua consideração pela lei cerimonial há longo tempo em vigor podem fornecer, cada uma delas, uma meditação bastante instrutiva. Contudo, há um pensamento para o qual desejo chamar sua atenção e que quero reforçar em sua mente, quase talvez à exaustão. Gostaria de gravar este pensamento como que em ferro quente no coração e na mente de todos os presentes que almejam encontrar a salvação eterna. Que o Espírito Santo possa imprimi-lo em todas as almas aqui.

Pediu o Salvador a esses dez leprosos que realizassem um ato que demonstraria a fé que tinham nele, Jesus, antes que tivessem em si mesmos a menor evidência de que o Senhor havia realizado uma esplêndida obra no corpo deles. Antes de começarem a sentir seu sangue tido como sujo sendo limpo, antes que a terrível secura causada pelo mal de Hansen desse lugar à transpiração saudável deveriam ir até os sacerdote para serem examinados por eles e então declarados limpos. Deveriam, assim, mostrar fé no poder de Jesus Cristo em curá-los ao irem se mostrar como curados, embora, quando ordenados a fazê-lo, ainda estivessem na mesma condição anterior. Deveriam ir para serem examinados pelos sacerdotes já crendo que Jesus os havia curado — ou que os curaria —, embora não tivessem até aquele momento nenhuma evidência que fosse de que sua carne se tornaria pura como a de um bebê.

É este o ponto em que desejo me concentrar: o Senhor Jesus ordena aos pecadores que creiam nele e confiem sua alma a ele, muito embora ainda não possam ver em si mesmo qualquer obra de sua graça. Assim como esses homens eram leprosos e não passavam de leprosos, assim também você, sendo um pecador, não passa de um pecador, mas, mesmo assim, é ordenado a demonstrar sua fé em Jesus Cristo enquanto ainda é exatamente o que é. Do mesmo modo que aqueles homens partiram em direção aos sacerdotes levando consigo ainda toda a sua lepra[1], embora indo como se sentissem que iriam ficar ou já se sentindo curados, você, com toda a sua pecaminosidade e todo o excesso de condenação exercendo um grande peso sobre a sua alma, deve crer em Jesus Cristo exatamente como você é e aí, então, irá sentir e encontrar a vida eterna naquele mesmo instante. Este ponto que desejo destacar é de fundamental importância. Os pecadores devem crer em Jesus ainda em sua própria condição de pecadores para que então obtenham a vida eterna. A voz que deve falar interiormente a cada um deles é: *Desperta, tu que dormes, e levanta-te dentre os mortos, e Cristo te iluminará* (Ef 5.14).

---

[1] [NE] Hoje se conhece como Mal de Hansen. Damos preferência a manter como lepra para manter a fidelidade ao original e o sentido que Spurgeon queria dar ao texto.

Vejamos agora, em primeiro lugar, *quais são os sinais que os não convertidos geralmente buscam como motivo para poderem crer em Cristo* — e que, na verdade, não são motivo de modo algum. Em segundo lugar, tentarei mostrar *qual é a verdadeira base e razão para a fé em Cristo*. Em terceiro lugar, *em que aspecto a fé em Cristo é similar à fé dos leprosos.*

I. Assim, em primeiro lugar, digo que devemos crer em Jesus Cristo — confiar em que ele pode nos curar da grande doença do pecado —, muito embora ainda não possamos ver sinal ou indicação de que ele tenha realizado uma boa obra em nós. Não devemos procurar sinais e evidências dentro de nós mesmos antes de nos aventurarmos a entregar nossa alma a Jesus. A suposição contrária é um erro capaz de destruir a alma. Tentarei expor essa afirmativa mostrando QUAIS SÃO OS SINAIS GERALMENTE PROCURADOS PELOS HOMENS.

Um desses sinais mais comumente buscados é o de *ter consciência de um grande pecado* e grande pavor da ira divina, capaz de ser levado ao desespero. Por mais estranho que possa parecer dizer isso, encontramos constantemente pessoas que declaram: "Eu poderia crer em Jesus Cristo se me sentisse mais afligido por um sentido de pecado. Eu poderia confiar nele se fosse levado mais fortemente ao desalento e ao desespero. Mas não me sinto suficientemente deprimido; não tenho meu coração suficientemente quebrantado. Tenho certeza de que ainda não fui humilhado o suficiente e, portanto, não posso confiar em Cristo". É um raciocínio surpreendente, este, o de pensar que, se a noite fosse mais escura, poderíamos ver melhor! É uma ideia esquisita achar que, se estivéssemos mais próximos da morte, deveríamos ter mais esperança da vida! Meu amigo, você está falando e agindo em clara desobediência a Cristo. Ele quer que você confie nele não tomando por base algo que sinta mais ou sinta menos, em qualquer sentimento seu que seja, mas simplesmente porque está doente e ele tem a cura para você, sendo, como ele é, grandemente capaz de realizar essa cura. Se você disser: "Senhor, eu não posso confiar em ti, a não ser que sinta isso ou aquilo", então, na verdade, o que dizendo é: "Eu posso confiar nos meus próprios sentimentos, mas não posso confiar no Salvador indicado por Deus". O que é isso, senão fabricar um deus com base em seus próprios sentimentos e um salvador com base em seus lamentos interiores? Será que o seu próprio coração é que vai salvá-lo, por meio de obscuras insinuações, contrárias ao plano divino? É possível, enfim, que a sua descrença promova sua própria salvação só porque você se recusa a acreditar no verdadeiro Deus? Ou seria o desespero — o desespero ímpio, que chama Deus de mentiroso — aquilo em que se deve confiar, em vez de no Salvador que Deus enviou ao mundo especificamente para remir os pecadores? Existirá, por acaso, um novo evangelho que diga que "aquele que nega o poder de Jesus e despreza o seu amor é que será salvo"?

Você sabe perfeitamente que Jesus justifica o ímpio e o limpa de seu pecado por meio de seu sangue precioso. Embora saiba que isso é inteiramente verdade, você alega: "Não, não posso confiar no crucificado; não posso confiar na sua expiação plena, a não ser que eu sinta que a minha culpa é imperdoável e que eu não acredite em Deus". Oro para que você nunca venha a se sentir realmente tão tolo quanto acha que deve se sentir. Pois os sentimentos de desespero desonram o Senhor e envergonham seu Espírito, não podendo, por isso, ser bons para você. Em resumo, você quer fazer do seu desespero um deus e dos seus horrores um Cristo e está criando, assim, um verdadeiro anticristo no lugar onde deveria estar tão somente o Cristo verdadeiro. Venha a Jesus, meu jovem amigo, ainda que esteja amedrontado, alarmado e quebrantado como muitos. Vai confiar em Cristo de toda a sua alma, sem maiores questionamentos? Oro para que isso aconteça e que você creia em Jesus, de uma vez por todas.

> Tua alma culpada vem hoje lançar
> Aos pés de quem tem poder para salvar;
> Teu fardo entrega nas mãos do Senhor,
> Pois ele dá fim a todo temor.
> Com fé e amor o Filho abraça,
> Suplica as promessas, confia na graça.

APENAS CONFIE NELE! APENAS CONFIE NELE!

É este o ponto central. Você pode confiar em Jesus? É só isso o que ele pede que faça. Como parece estranho que alguém possa levantar qualquer questionamento quanto a confiar nele! Quão insano e até insultante é estar disposto a confiar em nossos próprios sentimentos e não confiar no nosso único Salvador! Lembre-se: aqueles dez leprosos não sentiram mudança alguma sendo realizada neles quando Jesus ordenou que fossem até os sacerdotes para serem examinados. Contudo, lá se foram; e, enquanto caminhavam, foram curados. Confie em Jesus exatamente como você está, sem aqueles sentimentos ou algum tipo de preparação que você achava que fossem necessários para isso. Confie nele imediatamente, siga-o, e ele há de transformá-lo antes que você tenha dado maiores passos no caminho da fé e da obediência. Ó Senhor Deus, leva todos os meus ouvintes e leitores a confiarem imediatamente em teu Filho amado.

Outras pessoas acham que, antes de poderem confiar em Cristo, devem, pelo contrário, experimentar *uma grande alegria*. "Oh", diz uma pessoa, "ouvi um cristão dizer que, quando teve um encontro com o Salvador, estava tão feliz que não sabia como se conter e chegou até a cantar estes versos, como se ele próprio fosse um coral completo":

> Que prazer eu senti
> No dia em que me converti.[2]

Oh, pudesse eu sentir tamanha alegria como a deste *Ditoso dia*! Mas e *você*? Que ganharia com isso? Estaria disposto a continuar no mal mesmo que viesse a sentir esse prazer? Acha que poderia alimentar sua descrença e ter realmente alegria no Senhor? Que distorção de sentimentos estranha! "Por que", indaga você, "eu não poderia ter essa felicidade antes mesmo de crer em Cristo?" Como assim? Como pode ter condição de poder manifestar essa alegria antes de exercer sua fé? Não é lógico! Se afirmarmos que determinada planta irá produzir um ótimo fruto, você vai querer ter o fruto antes de a planta vir a produzi-lo? Este é, sem dúvida, um raciocínio completamente errado.

Nós, os que experimentamos essa alegria, viemos a Cristo para obtê-la. Não esperamos encontrá-la antes; caso contrário, estaríamos esperando até hoje. Viemos até Jesus como estávamos — alguns de nós em condição bastante miserável, mas viemos como estávamos naquele instante; confiamos em Cristo e fomos restaurados. Depois disso, seguiu-se logo a alegria e a paz. Se tivéssemos esperado sentir alegria antes para depois virmos a Cristo, teríamos nos colocado numa posição contrária ao plano do evangelho — ou seja, que devemos confiar no Salvador antes mesmo de sentirmos o menor benefício que for, procedente de sua parte. Veja bem, pecador, se isso não é lógico, de bom senso. Não devemos tomar o remédio antes de sermos curados por ele? Não devemos comer o pão para que seja satisfeita a nossa fome? Não devemos abrir os nossos olhos antes de podermos ver? Antes de o Senhor Jesus confortá-lo ou curá-lo de maneira constatável e visível, você deve vir a ele, fazer simplesmente o que ele ordena, confiar nele para que o salve. Nem as trevas do horror nem o brilho do prazer devem ser buscados antes da fé, mas, sim, a fé deve preceder tudo, e esta fé é tão somente uma confiança simples e humilde em Cristo Jesus.

Ouvimos falar ainda de outros que tiveram a estranha experiência de *ter um texto marcado em sua mente*. Surgiu entre nós certa superstição que afirma que determinada passagem das Escrituras em especial deve ficar, de uma maneira ou de outra, pairando sempre em sua mente, e continuar ali sem jamais poder ser removida, sem que você possa se livrar dela; e aí, então, você pode ter certeza de que é salvo! Em antigas famílias, existiam superstições, como, por exemplo, a de que se um pássaro branco pousasse em uma janela da casa prenunciaria uma morte iminente. Considero com a mesma desconfiança dessa a superstição de que, se um texto das Escrituras permanecer em sua mente dia após dia, você pode concluir que se trata de uma garantia de sua salvação. Espero que nunca hajam ensinado a você a chegar a esta conclusão. Longe de mim ajudá-lo a ter confiança com base em um fundamento tão questionável. O Espírito de Deus aplica com frequência as Escrituras de maneira poderosa sobre as almas, mas este fato jamais foi afirmado

---

[2] Estribilho do hino 407 do "Cantor Cristão" (música *Happy Day*)

como sendo a rocha sobre a qual devamos construir nossa conversão. Você é capaz de encontrar alguma coisa na Bíblia que apoie a suposição de que a viva lembrança de um texto seja a garantia da conversão? É comum acontecer que uma palavra de Deus realmente traga resposta e grande conforto à alma, mas por que você deveria exigir dele tal garantia? Ou terá você o direito de dizer "eu não creio na Palavra de Deus, a não ser que fique impressa na minha mente"? Está querendo dizer, por acaso, que a Palavra de Deus é uma mentira? "Não; ela é a verdade", concorda você. Pense no seguinte: se ela não fosse verdadeira, não seria uma impressão sobre sua mente que a tornaria verdadeira; mas, se é verdadeira, por que então não acreditar nela? Se a Palavra de Deus é verdadeira, aceite-a. Se há força em uma promessa, ore a Deus para fazer que você sinta tal força e poder. Todavia, você deve sentir essa força e esse poder e, se não sentir, *o pecado jaz à sua porta* (Gn4.7).

Como leitor das Escrituras, você não deve aceitar a ideia de que precisa esperar que algum texto bíblico entre, queimando, em sua mente; deve, isso sim, ler a Bíblia com atenção e crer naquilo que o Senhor Deus lhe diz. Não é a leitura das Escrituras que salva você, mas, sim, crer em Cristo. O que o próprio Senhor nos diz? Disse ele aos leitores das Escrituras dos seus dias: *Examinais as Escrituras, porque julgais ter nelas a vida eterna; e são elas que dão testemunho de mim; mas não quereis vir a mim para terdes vida!* (Jo 5.39,40) Ou seja, é mesmo muito bom estudar as Escrituras, mas elas nada são se você não for a Cristo. Se você permanecer longe de Cristo, o que irá ler na Bíblia será somente sua própria condenação. Até a Bíblia pode se transformar em uma pedra de tropeço, se você substituir pela leitura da Bíblia a aproximação que deverá fazer de Cristo e a colocação da sua fé total nele. Portanto, o que você tem prioritariamente a fazer é confiar em Jesus. Nenhuma quantidade de leitura bíblica compensa a nossa negligência à fé. E que o único texto das Escrituras que fique impregnado em seu coração seja: *Crê no Senhor Jesus e serás salvo* (At 16.31).

É isso, meu querido ouvinte, que você deve fazer se quiser alcançar a paz imediatamente. Espero honestamente que alguns de vocês o façam antes do final deste sermão. Tenho pedido suas almas para o meu Deus e busco como que capturá-las esta noite. Vocês serão como o espólio de Davi; serão levados cativos à graça de Jesus. Quem de vocês, então, quer confiar em Jesus? Se o fizer, você irá encontrar salvação eterna no mesmo momento em que crer no precioso nome do Salvador.

Existe outra maneira pela qual alguns homens evitam crer em Cristo. Eles *esperam que uma verdadeira conversão se manifeste neles antes que possam confiar no Salvador*. Perceba que Cristo jamais opera a salvação em um homem que não se haja convertido. É necessário haver uma mudança em nós, uma conversão do pecado para a santidade. Isto *é* salvação, não preparação para a salvação. A salvação é a manifestação do poder curador de Cristo. Você não poderá ter isso antes de confiar nele. Você deve confiar em Jesus para que isso aconteça. Quando você vai ao médico, por acaso diz a ele: "Doutor, eu só vou lhe confiar o meu caso quando tiver atingido certo grau de melhora"? "Bem", responderá o médico, "quando você chegar a tal estado de melhora e estiver perto da cura, não vai precisar de mim". O correto, evidentemente, é ir logo ao médico na situação em que você se encontre. Se puder confiar nele como alguém certamente capaz de promover a sua cura, entregue-se imediatamente em suas mãos, exatamente como se você não soubesse de nada e ele soubesse tudo; como se você, enfim, não tivesse vontade própria, a ponto de entregar seu caso inteiramente a ele.

É isso o que devemos fazer em relação ao Senhor Jesus, o médico infalível da nossa alma. Por que, então, pobre pecador, você diz: "Eu não sou santo, não posso ser salvo"? Mas quem disse que você é santo? É a obra de Cristo que irá transformá-lo em santo. "Oh, mas eu não me arrependo como deveria." É a obra de Cristo que fará que você se arrependa como deveria; é a ele que você deve ir, em busca de arrependimento. "Oh, mas o meu coração não se quebranta." É Cristo que irá quebrantar o seu coração; não você que deve quebrantá-lo, para então vir a Cristo com o coração já quebrantado. Venha a Jesus como você está: com o seu coração duro, coração empedernido, insensível; e confie isso e tudo o mais ao poder salvador de Jesus. "Acho que não tenho nem mesmo um desejo forte de ser salvo", alguém pode alegar. O próprio Cristo é quem nos concede todo desejo espiritual, por meio do seu Espírito Santo.

Ele é um Salvador que inicia o alfabeto da misericórdia na letra A. Não pede que passe por B, C e D para então encontrar-se com você. Começa do início. Ao encontrar o homem espancado pelos ladrões, o bom samaritano *chegou-se a ele*. É isso o que Jesus faz. Não diz: "Agora, então, você, homem ferido, levante-se e venha a mim, que eu vou derramar azeite sobre você". Não. Ele vai aonde o ferido está deitado em total desespero, inclina-se sobre ele, remove seus trapos, limpa seus ferimentos, derrama neles azeite e vinho curativos e o ergue, levando-o à casa da misericórdia. Pobre alma! Meu Mestre não é meio Salvador, mas Salvador por completo. Se você está sentado à beira da porta da morte, até mesmo da porta do inferno, ele é capaz de salvá-lo, como se você estivesse sentado no degrau da porta de entrada do céu. Tal como você está e onde quer que você esteja, confie em Cristo para salvá-lo, e ele o salvará. Não busque antes a sua conversão; espere a conversão como resultado da fé.

Já ouvimos falar de pessoas que alimentam um pensamento bastante curioso e que mal consigo colocar em palavras: que, para que sejam salvas, devem *experimentar alguma sensação bastante estranha*. Acham que só poderiam crer em Cristo se sentissem alguma coisa bem misteriosa. É muito difícil compreender as pessoas, mas, quando converso com esse tipo de questionadores, a impressão que tenho é que esperam até mesmo uma sensação física, uma sensação interior em seu corpo. Lembro-me que um deles me disse: "Tive quase a certeza de que estava salvo, pois me senti tão leve..." Pobre tolo! É importante você se sentir leve? Ou se sentir pesado? O que isso tem que ver? Talvez, quem sabe, você estivesse sentindo tontura ou ficasse um tanto fora de si em razão de um grande entusiasmo. Cuidado com essas coisas sem sentido. Sentir-se leve pode ser interpretado como ter sido, antes, *pesado na balança e achado em falta?* (Dn 5.27) Não é uma sensação que pode tanto assustar quanto consolar? "Oh", diz uma pessoa, "mas eu me senti tão diferente". Sim, mas muitos que estão agora em um hospital psiquiátrico talvez pudessem dizer a mesma coisa.

Qual a importância, na verdade, daquilo que você tenha sentido? Não é uma sensação que vai salvar você. Crer em Cristo, sim, vai trazer sobre você as bênçãos da graça; mas sensações ou sentimentos estranhos podem ser produzidos por: aquilo que você comeu; condições do tempo; histeria; ou uma centena de outras coisas. Então você não sabe que, quando os políticos discutem ardorosamente, ou quando algum assunto empolgante esteja em debate, um orador pode certamente provocar entusiasmo na plateia até levá-la ao delírio? Mas e daí? Entusiasmo não salva ninguém. Muita gente se derrete em lágrimas diante de um romance ou de uma peça de teatro, mas qual é o benefício disso? Você pode ser tocado pelo entusiasmo religioso, e metade da emoção ser puramente física e não haver nada da graça de Deus nela. A solução sábia, no caso, é sentar-se calmamente e pensar: "Aqui está o caminho de Deus para a salvação, a salvação por meio de seu Filho crucificado, Jesus Cristo. Ele prometeu que, se eu confiar em seu Filho, vai me salvar do pecado e me transformar em um novo homem, além de curar minhas doenças espirituais. Eu confio nele, pois tenho certeza de que o testemunho de Deus é verdadeiro". Você é salvo por meio deste simples e deliberado ato de fé. O poder de crer no seu Deus é a evidência de que a cura já se iniciou e que começou bem. Se você realmente confiar nele, Jesus assumirá o seu caso e o salvará.

O próprio fato de que você pode crer e de que realmente crê tem dentro de si mesmo a força essencial por meio da qual é liberto da alienação de sua mente. Quem crê em Deus não é mais inimigo dele. Aprendemos rapidamente a amar aqueles em quem confiamos. Note que isso não exige nenhuma sensação ou entusiasmo singular; é algo suficientemente claro e direto. "Mas não devemos nascer de novo?", diz uma pessoa. Sim, sem dúvida. Aquele que crê em Cristo nasce de novo. Embora a pessoa ainda não saiba, o primeiro sinal de vida espiritual já se encontra dentro de sua alma, uma vez que o primeiro sinal seguro dessa vida está em confiar apenas em Jesus. A pura evidência não está, portanto, em confiar em marcas, sinais, comprovações, sentimentos interiores, impressões, e assim por diante, mas simplesmente deixar de lado tudo isso e confiar apenas em Jesus. Nisso reside a essência da mudança salvadora, em largar-se a si mesmo e se entregar inteiramente ao Senhor Deus em Cristo Jesus.

Digamos que o proprietário de um pequeno navio tenha em sua embarcação uma âncora muito boa, uma das melhores já construídas. Mas ele a mantém dentro de seu navio, e, deste modo, tal âncora não serve para nada. Enquanto se acha dentro do navio, não serve para o propósito de uma âncora: seu barco poderá simplesmente ficar à deriva e com uma âncora guardada. O proprietário do navio, porém, a admira: ele a arrasta pelo convés e olha orgulhoso para ela. Que bela âncora! Então, ela não seria capaz de segurar o navio em um dia de tempestade? Ele fica olhando admirado a sua âncora, como se fosse feita de ouro maciço. Os ventos sopram, as ondas rugem, mas ele se sente seguro com aquela âncora colocada dentro do seu navio. Que tolo! Essa âncora é totalmente inútil enquanto ele puder vê-la. A ancoragem de um navio não está no próprio navio. "E se eu pendurasse a âncora no lado da embarcação?" Também é inútil ali. O que fazer com ela, então? Colocá-la para fora. Ao atracar o navio, deixar que ela desça até as profundezas, que vá até o fundo do mar. Ela se foi. Ele não pode ver onde ela está. Tudo bem! Isto basta.

Alma, coloque para fora a sua âncora da confiança. Não deixe que ela se apegue aos seus sentimentos, às suas impressões ou a qualquer outra coisa que esteja em você, mas lance-a nas profundezas das águas do amor infinito e deixe que ela se prenda em Jesus. Sua esperança deve estar fora de você. Enquanto sua confiança estiver dentro de você ou tiver qualquer dependência em você mesmo, é como uma âncora que está dentro do navio, que só consegue aumentar o peso do navio, mas certamente não poderá ajudá-lo em um dia de tempestade. Esta é a verdade. Que Deus lhe conceda a graça de aceitá-la.

II. Em segundo lugar, quero destacar, do modo mais resumido possível, QUE MOTIVOS TEMOS PARA CRER EM JESUS CRISTO.

Que garantia eu tenho, como pecador, para me entregar a Jesus? Não é preciso procurarmos qualquer garantia que esteja dentro de nós mesmos. A garantia de nossa crença em Cristo está em que, em primeiro lugar, existe o *testemunho de Deus quanto a seu Filho, Jesus Cristo*. Deus, o Pai eterno, determinou que Cristo fosse *a propiciação pelos nossos pecados, e não somente pelos nossos, mas também pelos de todo o mundo* (1Jo 2.2). Deus Pai diz ao homem: "Eu sou capaz de perdoar você de maneira justa, mediante a morte e a justiça de meu Filho. Confie em mim e eu o salvarei". O que mais você quer além disso? "Quem em Deus não crê, mentiroso o fez; porquanto não creu no testemunho que Deus de seu Filho deu." Se Deus declara alguma coisa, certamente não há necessidade de evidências adicionais. *Antes seja Deus verdadeiro, e todo homem mentiroso* (Rm 3.4). O que poderia ser mais seguro do que a voz de Deus, que não pode mentir?

Amados ouvintes, sinto como se eu realmente não devesse apresentar nenhuma outra evidência diante de vocês. Parece que estou insultando o Senhor ao tentar defendê-lo, como se sua perfeita verdade dependesse do meu testemunho para apoiá-la. Os anjos de Deus jamais duvidam de Deus. Aqueles seres resplandecentes e gloriosos nunca suspeitam de seu criador. Vermes do pó que somos! Vermes do pó, como podemos duvidar do Deus que nos criou? Que não seja assim. Se o seu próprio testemunho é de que ele é um Deus pronto a absolver o culpado, que espera perdoar todos aqueles que confiam em seu Filho, por que deveríamos duvidar de uma declaração tão cheia de graça? Minha alma, ordeno que confie em seu Salvador e não levante qualquer outro questionamento, mas tenha este assunto seguramente estabelecido dentro de si.

A outra garantia de nossa crença é *o próprio Jesus Cristo*. Ele dá testemunho, na terra, como seu Pai, e o seu testemunho é verdadeiro. Considere quem é este Cristo, a quem somos ordenados a confiar. Olhe sua pessoa. Ele é Deus, "verdadeiro Deus de verdadeiro Deus". Podemos duvidar dele? Ele é o homem perfeito, que assumiu a perfeita humanidade sobre si mesmo em nosso favor. Podemos duvidar dele? Ele viveu uma vida perfeita. Em que momento mentiu? Quem poderá acusá-lo de falsidade? Morreu como *o justo pelos injustos, para levar-nos a Deus* (1Pe 3.18), e Deus aceita o sacrifício de seu Filho amado. Que prova mais segura de sua fidelidade pode nos ser dada do que sua morte por nós? Ó inseguro, por que se recusa a confiar em alguém tão digno de confiança? Você pode duvidar do Calvário? Pode desprezar a cruz? Você é capaz de dizer "quero outra garantia para confiar em Cristo além de sua própria pessoa e de sua obra realizada"? Quase sinto vergonha de pedir aqui uma coisa como esta. Diga-me em que momento o Senhor foi falso. Ó filhos dos homens, digam-me quando ele se recusou a receber um pecador que haja ido até ele. Vocês sabem que ele ressuscitou dos mortos, que subiu aos céus, está hoje assentado à mão direita de Deus Pai e virá em breve; como então ousar tratá-lo como um embusteiro? Você não consegue confiar em Jesus? Ousa desconfiar dele? Quer sinais e maravilhas acima e além daqueles que estão nele mesmo? Se alguém ressuscitasse dos mortos, você não acreditaria, pois não acredita em Jesus. Saiba, então, que você tem mais privilégio do que Moisés e os profetas por estar ciente de que o próprio Cristo ressuscitou dos mortos. E não vai confiar nele? Gostaria de encará-lo face a face, meu irmão, e dizer-lhe isso pessoalmente: é isso o que você quer dizer, que suspeita do meu Salvador e não pode confiar-lhe sua alma? É isso o que você quer dizer? Não! — com lágrimas eu lhe suplico —, não o trate assim tão mal; lance sua alma sobre ele neste exato momento, creia nele, e, tal qual você está, ele há de salvá-lo. Não faltará com a sua palavra, mas, sim, lavará sua culpa em seu próprio sangue, se você quiser e consentir em ser limpo.

Ainda, apresentando isso de outro modo, você quer saber por que deve crer? Sua garantia para crer reside também no fato de que *Deus ordena que você creia*. *Quem crer e for batizado será salvo; mas quem não crer será condenado* (Mc 16.16). *Crê no Senhor Jesus e serás salvo* (At 16.31). Recebemos este mandamento do nosso Mestre — que devemos pregar este evangelho a toda criatura debaixo do céu. Então, nós o pregamos em seu nome, ordenando, em nome de Jesus, o Filho de Deus, que você creia nele. Este mandamento divino é garantia suficiente para você. Se Deus ordena que você faça determinada coisa, não precisa hesitar: "Posso fazê-lo?" Ninguém precisa de qualquer permissão para cumprir a lei; o mandamento já inclui a permissão. Já que a lei do evangelho vem do próprio Deus, querido ouvinte, o que se deve fazer senão obedecê-la e acreditar nela imediatamente? A porta está aberta; entre. O banquete já começou; coma. A fonte está jorrando; lave-se nela.

Além disso, existe *a promessa* feita a você e a toda criatura: *Crê no Senhor Jesus, e serás salvo* (At 16.31). *Quem crê nele não é julgado* (Jo 3.18). Ouviu bem? *Quem crê no Filho tem a vida eterna* (Jo 3.36). Ele tem a vida eterna — e a tem agora. São promessas ricas e gratuitas para você. O que mais deseja? Não sei o que mais possa dizer. Quando Jesus lhe pede, quando o convida, como pode você rejeitar? Ó Espírito bendito, que isto fique claro aos homens e que os leves a crer.

Quero acrescentar apenas mais uma coisa: ouso afirmar que aqueles pobres leprosos acreditaram em Jesus porque *ouviram falar de outros leprosos que ele havia curado*. Neste momento, acha-se diante de vocês um representante de muitos outros neste lugar, que, caso fosse o momento adequado, se colocariam em pé e diriam o mesmo. Cheguei a Jesus cheio de pecados, de culpa e na condição de perdido, com um coração duro e um espírito pesado. Olhei para ele, confiei que somente ele poderia me salvar e ele me salvou. Jesus mudou a minha natureza, apagou os meus pecados, fez que eu o amasse e amasse tudo o que é bom, verdadeiro e nobre, por sua causa. Isto aconteceu não apenas comigo, mas, como já disse, existem milhares neste Tabernáculo, neste exato momento, nos quais realizou-se o mesmo milagre da misericórdia divina. Portanto, confie no Senhor Jesus e você sentirá o mesmo milagre se realizando em sua vida. Onde está você, meu amigo, você que quer ser persuadido para o seu próprio bem? Se eu tivesse dinheiro para distribuir, não creio que seria preciso persuadir qualquer pessoa a pegá-lo. Jogue uma moeda no chão e você vai ver como os homens ouvem muito bem! Não demora muito, e eles já terão acorrido ao lugar onde a moeda tilintou seu som de ouro. Em pleno inverno, distribua pão ou um prato de sopa, e você verá como os necessitados se reunirão rapidamente ao seu redor. Mas quando a questão é "confie em Jesus e seus pecados serão perdoados, sua natureza será transformada, você será salvo do pecado e será feito puro e santo". Oh, meu Mestre, quem são eles para que tenham de ser chamados tantas vezes? Os homens não apenas precisam ser chamados, mas têm de ser compelidos a vir.

> Ó bom mestre, chama os corações
> Cansados do labor.
> Que a ti dirijam orações
> E aceitem teu amor.

III. Concluindo, então, eis o meu terceiro ponto, que deverá tomar apenas alguns minutos de vocês: QUE TIPO DE FÉ É ESTA, SOBRE A QUAL TENHO PREGADO?

A que conduz esta doutrina de "apenas confiar em Jesus"? Que resultados e efeitos esta confiança em Jesus, sem quaisquer marcas, sinais, evidências ou indicações, poderá produzir?

A primeira coisa que tenho a dizer sobre isso é que o próprio fato de existir na alma uma fé assim é *evidência de que já existe uma mudança para a salvação.* "Oh", dirá você, "mas eu não vejo de que modo posso comprovar que sou um novo homem somente pelo fato de confiar inteiramente em Cristo". Reflita: será comprovado mediante a evidência de uma mudança para a salvação já realizada, mostrando que você já passou a obedecer a Jesus, e o está obedecendo, em questões com as quais o seu orgulho há muito tempo relutava. Todo homem, por natureza, rejeita a ideia de simplesmente confiar em Cristo; e quando, finalmente, se entrega ao método divino da misericórdia, trata-se de uma rendição virtual da vontade própria, do fim da rebelião, do estabelecimento da paz. Fé é obediência. A fé é a evidência de que a batalha foi encerrada por meio de uma rendição incondicional. Perguntaram a Jesus: *Que havemos de fazer para praticarmos as obras de Deus?* (Jo 6.28). Ele respondeu: A *obra de Deus* [a obra mais divina que podemos realizar] *é esta: Que creiais naquele que ele enviou* (Jo 6.29). Assim, em certo sentido, a fé não é de modo algum uma obra, mas, em outro sentido, é a maior de todas as obras. É aqui que Deus e você entram em debate, e o ponto central da disputa é o seguinte: você quer ser salvo por alguma coisa que se encontra dentro de você mesmo, mas Deus diz que só vai salvá-lo se confiar em Cristo. Se você realmente confiar em Cristo, como você é e está, isto será uma evidência de que se tornou obediente a Deus, tão obediente a ponto de estar acontecendo, de maneira evidente, uma renovação completa, profunda e radical de sua natureza.

Será também uma evidência o fato de você se humilhar, pois é o orgulho que faz que os homens pretendam fazer ou ser alguma coisa em favor de sua própria salvação, ou, então, serem salvos de alguma forma maravilhosa, de modo que possam dizer às outras pessoas quão maravilhosamente foram salvos. Quando você está disposto a simplesmente ser salvo na condição de um pobre e inútil pecador que realmente é, já está sendo salvo do orgulho. Não vou, porém, elogiar você: você é, de fato, um inútil e desprezível pecador; mas, se confiar em Jesus — a verdadeira atitude que um homem de caráter deve tomar —, isto irá provar que é humilde, o que será, por si mesmo, uma boa evidência de que já ocorreu uma mudança em seu espírito.

Repetindo: a fé em Jesus será a melhor evidência de que você está reconciliado com Deus. Pois a pior evidência de sua inimizade para com Deus é o fato de não lhe agradar o caminho que Deus estabeleceu para sua salvação. Você então hostiliza Deus porque não aceita ter o céu nas condições estabelecidas por ele. Torna-se tão engajado, como pecador, numa batalha com Deus que prefere ir para o inferno a ser salvo da maneira que ele oferece. É isso, enfim, o que acontece. Todavia, quando você desiste dessa tolice e declara: "Senhor, contanto que eu possa ser restaurado e voltar a te amar, estou disposto a ser salvo por ti de qualquer maneira", então há real evidência de uma grande mudança em você; quando clama: "Senhor, eu quero ser salvo ao teu modo e, portanto, confio em Cristo conforme me ordenaste", então Deus e você se reconciliam, e sob um aspecto da maior importância. Não há mais batalha entre vocês dois agora, pois possuem a mesma ideia com relação a confiar em Cristo. Deus confiou sua honra nas mãos de Cristo, e você está confiando sua alma nas mãos dele, de modo que Deus e você agora concordam em honrar a Jesus. No momento em que você confia em Cristo, esta coisa tão simples se torna, por si mesma, uma admissão distinta e prova indubitável de uma grande mudança realizada em seu relacionamento com Deus e em seus sentimentos para com ele.

Agora, tome nota, antes que você espere, mais cedo ou mais tarde, *há de se tornar seguramente consciente e feliz do fato de que é salvo.* Muitos homens salvos, durante algum tempo, questionam ainda a verdade da obra graciosa de Deus em sua vida; mas, no devido tempo, torna-se clara essa bênção em seu coração. Quando um homem confia em Jesus — como aconteceu àqueles dez leprosos — e age em função dessa confiança, o resultado é sempre muito bom. Veja aqueles dez homens. Eles se dirigiram aos sacerdotes sem que ainda tivessem sentido que já estavam curados. Agiram sob a total autoridade de Cristo; e ele jamais os enganaria, pois os que nele confiam não serão *envergonhados nem confundidos* (Is 45.17). Começam sua caminhada antes de sentirem a cura; mas, à medida que andam, irão senti-la. Você também, ao confiar em Cristo, sem ter qualquer sensação imediata de algo bom acontecendo, não levará muito tempo para sentir o abençoado poder divino em seu coração.

Apenas confie nele! Apenas confie nele!

Desejo contar-lhe minha própria experiência, simplesmente para ajudar aqueles que se estão achegando a Jesus. Enquanto eu estava vindo a Cristo, não sabia que estava vindo; e, quando olhei para Cristo, mal sabia se era aquele o jeito certo de olhar ou não. Somente, enfim, quando senti que Jesus havia me salvado, soube realmente o que havia feito. Deus me concedeu muitas bênçãos, mas que somente percebi estar recebendo depois de algum tempo. Eu havia lido sobre os sentimentos de alguns homens bondosos e pensei: "Como eu gostaria de me sentir como eles". Algum tempo depois, ao olhar para trás, percebi que eu já estava, na verdade, me movendo na mesma órbita e vivendo a mesma experiência deles.

Muitos homens gostariam de ser humildes, mas, na verdade, já o são, pois não pensam que o sejam. Muitas pessoas suspiram dizendo "eu gostaria de ter um coração terno", mas tenho certeza de que o seu coração já é terno, justamente por estar lamentando sua suposta dureza. A pessoa deseja, é claro, ser profundamente sensível diante do Senhor, mas é evidente que já possui tal sensibilidade, embora não a reconheça. Seu ideal de ternura é muito elevado — o que é bom — e, por isso, teme não alcançá-lo.

Meu querido amigo, se você confiar em Jesus, ainda que nas trevas, entrará na luz. Mesmo que você não desfrute de conforto espiritual, ainda assim será confortado e se sentirá seguro. Mesmo que em todo o seu caminho entre este lugar e o céu você não viesse a ter uma nítida consciência de que seria salvo, confiando em Cristo você o seria, pois ele não permitiria jamais que sua fé fosse exercida em vão. Se você confia em Jesus, não irá demorar, enfim, que possa conhecer o seu amor. Confie nele se sentir que está afundando — e irá nadar. Confie nele se você sentir que pode estar morrendo — e viverá. Se você confiar nele antes mesmo de sentir ou perceber qualquer obra da divina graça sobre si mesmo, logo irá descobrir que a obra já estava sendo realizada em você mesmo antes de discerni-la. Se você confiar no Senhor, já é objeto do poder divino, pois nada além da graça onipotente pode levá-lo a crer e viver. O estado e a ação da fé são simples em si mesmas, mas, para nos levar a essa simplicidade, é preciso o próprio Deus nos criar de novo.

Para resumir tudo, se você está pronto para vir a Cristo e confiar nele, sem necessidade de milagres, sinais ou evidências, mas simplesmente confiar *nele*, tem dentro de si um poder que vai conduzi-lo por toda a vida e que o preservará em santidade até o final. Esta manhã, falei sobre o encorajamento de Davi em Deus. Quando os homens de Ziclague ameaçaram apedrejá-lo, por haver sido a cidade tomada e as suas mulheres terem sido levadas pelos inimigos, Davi recorreu tão somente a Deus. Foi este um grande feito, que tem paralelo no despertar da fé no pecador. Um grande começo de vida para você, pobre pecador, é passar a confiar tão somente em Cristo, dizendo para si mesmo: "Mesmo sem ter nenhum bem dentro de mim, sem qualquer coisa de que possa lançar mão como esperança, eu realmente me entrego, quer venha a afundar, quer a nadar, a Jesus Cristo, Salvador dos pecadores, *e se eu perecer, pereci* (Et 4.16). Este é um começo glorioso.

Para muitos, uma vida santificada com tal fé no Senhor tem sido a coroação de tudo; todavia, você, um pobre pecador, já pode exercer esta mesma fé, apesar de ser ainda uma criancinha em Cristo. Com muita frequência, você precisará, em sua vida futura, ter este tipo de confiança, sendo, por isso, muito bom começar desde agora da maneira certa como deverá prosseguir. Em sua vida profissional, em sua vida familiar, em várias situações e provações da vida, você poderá ser levado por vezes a tal condição que terá de exercer uma fé exatamente como essa com que começou. Acho melhor, portanto, você aprender a lição enquanto ainda é jovem. Você pode até dizer: "Embora eu seja a própria fraqueza, a própria pobreza e não veja de que forma possa ser suprido, contudo, do mesmo modo que os corvos e os pardais são alimentados, eu o serei. Portanto, lanço minha nudez sobre Deus, para que seja vestido; lanço minha fome sobre Deus, para ser alimentado; lanço minha própria vida sobre ele, para que Deus possa preservá-la mesmo que eu venha a estar entre as garras da morte". Eis uma grande fé, com a qual você deve desde logo começar, pois, se não o fizer, não começará a construir sobre a rocha. Sua primeira camada deverá ser, então, sobre a rocha viva; do contrário, tudo o mais será inseguro. Começar bem é metade da batalha ganha: procure ter uma fundação viva, que não possa ser movida, pois nossa existência é cheia de provações, e ai do homem cuja fundação fraca o fizer vacilar e cair.

Uma grande fé é para se viver ou para se morrer com ela. Um dia, tudo terá passado: a luz do sol já não brilha mais, as vozes dos amigos começam a falhar, o ouvido tem dificuldade para ouvir, os olhos não conseguem mais enxergar. Ó minha alma, você está prestes a se lançar no mundo invisível. O que fará você? O que se pode fazer, senão se lançar nos braços de nosso Pai e Deus? Se você, meu querido ouvinte, aprendeu a confiar em Jesus desde o início por causa daquilo que ele é, e não por causa de quem você seja, então saberá também como morrer. Ao se achar em via de prestar contas, deitado em um leito, na perspectiva da chegada do Senhor, os medos certamente virão, assim como as dúvidas e os terrores, se você estiver olhando para dentro de si ou para trás, na direção da sua vida passada, tentando encontrar algo em que confiar. Mas se puder dizer: "Meu Salvador, em tuas mãos entrego o meu espírito; coloco minha alma desnuda em tuas mãos traspassadas", poderá então dar o último suspiro em paz, sabendo em quem você creu e *certo de que ele é poderoso para guardar o seu depósito até aquele dia* (2Tm 1.12) . Quando John Hyatt estava no leito de morte, um dos seus amigos lhe disse: "Sr. Hyatt, o senhor pode confiar sua alma a Jesus agora?" "Meu amigo", disse ele, "confiar-lhe uma alma apenas? Isso não é nada. Eu poderia confiar-lhe um milhão de almas se as tivesse. Sei que ele é capaz de salvar todo aquele que confia nele!"

Quero que você comece, portanto, como aqueles pobres leprosos começaram: simplesmente aceitando a palavra de Cristo e seguindo seu caminho na força daquela palavra, antes mesmo de sentir qualquer mudança interior. Assim, quando estiver para morrer, poderá visualizar a glória e esperá-la, embora seu brilho ainda não o tenha transfigurado. Poderá vislumbrar a coroa eterna, a harpa, a face do Amado, a bênção indizível e esperar por tudo isso, muito embora nuvens ainda estejam ao seu redor. Antes de você passar pelos portões de pérolas e cruzar o mar de vidro, poderá usufruir da bendita visão de uma fé robusta. *Esperança que se vê não é esperança* (Rm 8.24), mas gloriosa é a fé que *vê aquele que é invisível* (Hb 11.27) e capta a substância das coisas que não são vistas. Por esse poder, eu posso até antecipar agora a alegria nos altos céus. Tente fazer o mesmo, meu amado. Que tenhamos mais fé! Será muito bom conhecer todo o céu, muito embora não o tenha visto nem sentido, só por haver conhecido e confiado no Senhor do céu. Desde então, você descobriu que a promessa é verdadeira. Confie agora no Senhor para alcançar a glória, do mesmo modo que você confiou nele para receber a graça, e descobrirá rapidamente que suas mais ricas promessas são garantidas.

Deus salve vocês, todos vocês, meus amados. E que ele possa fazer isso neste exato momento, por amor de seu Filho amado. Amém.

8

"E OS NOVE, ONDE ESTÃO?"

OU O LOUVOR NEGLIGENCIADO

Um deles, vendo que fora curado, voltou glorificando a Deus em alta voz; e prostrou-se com o rosto em terra aos pés de Jesus, dando-lhe graças; e este era samaritano. Perguntou, pois, Jesus: Não foram limpos os dez? E os nove, onde estão? Não se achou quem voltasse para dar glória a Deus, senão este estrangeiro? E disse-lhe: Levanta-te, e vai; a tua fé te salvou (Lucas 17.15-19).

Você já ouviu muitas vezes a descrição da lepra, doença terrível, talvez a pior de que a carne possa sofrer. Devemos ser muito mais gratos do que somos pelo fato de essa horrível doença ser pouco manifesta no nosso tão favorecido país. Você também já deve ter visto ou ouvido essa enfermidade ser usada como símbolo daquilo que o pecado é para a alma, ou seja, de como o pecado a contamina e destrói. Mas não preciso me aprofundar muito neste triste assunto. Eis que haviam surgido diante do Salvador dez leprosos ao mesmo tempo! Uma grande quantidade de infelicidade! E quantos deles o Senhor ainda vê hoje em dia, neste mundo contaminado pelo pecado! São os pecadores — não apenas dez, nem mesmo 10 milhões, encontrados por todo o mundo, mas, sim, milhares de milhões, enfermos em sua alma. É um milagre de condescendência que o Filho de Deus tenha vindo colocar seus pés num verdadeiro leprosário como este.

No entanto, o que se destaca neste texto é a graça triunfante do nosso Senhor Jesus sendo manifestada àqueles dez leprosos. Curar um desses enfermos era de todo impossível naquela época. Contudo, nosso Senhor curou dez ao mesmo tempo, e imediatamente! E Jesus Cristo é uma fonte tão cheia de graça e tão generosamente dispensa o seu favor que ordena aos dez irem logo se mostrar aos sacerdotes, por estarem curados, e somente no caminho rumo aos religiosos é que eles descobrem ser verdade a sua cura. Nenhum de nós poderá imaginar a alegria que eles devem ter sentido ao perceber que estavam limpos. Oh, deve ter sido para eles uma espécie de novo nascimento constatar que sua carne fora restaurada ao mesmo estado de quando eram crianças! Não teria sido normal e maravilhoso, então, que, ao ver isso, todos os dez tivessem voltado imediatamente correndo e caído aos pés de Jesus, erguendo as suas vozes em um salmo de dez partes? A informação triste que consta, porém, é que nove deles, mesmo havendo constatado terem sido admiravelmente curados, seguiram em direção aos sacerdotes da maneira mais fria possível. Jamais foi registrado seu retorno; tal como entraram, saíram da história juntos. Ganharam uma bênção notável, seguiram o seu caminho, e nunca mais se ouviu falar deles.

Somente um deles — um desprezado samaritano — voltou para expressar sua gratidão. A desgraça faz de estranhos amigos íntimos. Eis por que os nove leprosos da linhagem de Israel suportaram certamente se associar a um pobre samaritano proscrito. Mas justamente este, por mais surpreendente que poderia parecer, foi o único que, tomado de um repentino impulso de gratidão, voltou ao seu Benfeitor, caiu aos seus pés e começou a glorificar a Deus.

Se olharmos em torno, entre todas as possíveis especiarias da alma raramente se encontra o incenso da gratidão. Deveria, no entanto, ser tão comum quanto as gotas de orvalho que escorrem dos telhados pela manhã. O mundo está seco da gratidão a Deus! A gratidão a Cristo já era bastante escassa em seus próprios dias. Sou capaz de arriscar que a proporção de pessoas que o louvavam seria de um para dez; na verdade, para ser mais preciso, de um para nove. Um em cada sete dias da semana foi reservado à adoração ao Senhor; mas nem mesmo uma em dez pessoas se dedica ao seu louvor. Nosso assunto é *gratidão ao Senhor Jesus Cristo*.

I. Começo com um ponto sobre o qual já falei antes: A SINGULARIDADE DA GRATIDÃO.

Perceba uma coisa: *existem mais pessoas que recebem benefícios do que as que agradecem por eles*. Nove pessoas curadas por Deus, e somente uma pessoa glorificando a ele; nove pessoas curadas, note bem, *da incurável lepra*, e apenas uma pessoa se ajoelhando aos pés de Jesus em atitude de gratidão! Se mesmo diante de tão magnífico benefício — que teria feito até um mudo cantar — os homens agradecem ao Senhor simplesmente na proporção de um para nove, o que dizer então da assim chamada misericórdia "comum" de Deus — comum apenas pelo fato de Deus ser tão liberal em concedê-la continuamente e sem cessar aos homens, pois, na verdade, cada uma de suas bênçãos é de valor inestimável? Vida, saúde, visão, audição, amor doméstico, amizade — não posso nem tentar catalogar os inúmeros benefícios que recebemos todos os dias.

Apenas um homem entre nove louva a Deus! E com um frio "obrigado, Deus!", e pronto, é tudo que é oferecido. Existem, na verdade, alguns de nós que realmente o louvam por seus benefícios, mas que louvores pobres! Há um hino do dr. Watts, tristemente verdadeiro, que diz:

> As hosanas definham em nossa língua
> E desaparece a nossa devoção.

Não louvamos a Deus de maneira adequada, de maneira proporcional, de maneira intensa. Recebemos um continente de misericórdias e retornamos apenas com uma pequena ilha de louvor. Ele nos derrama bênçãos novas a cada manhã e frescas a cada noite, pois grande é a sua fidelidade. Contudo, deixamos os anos passar e raramente observamos um dia de louvor. É triste ver toda a bondade de Deus e toda a ingratidão do homem! O grande grupo de pessoas que recebe benefícios poderia até dizer: *Legião é o meu nome* (Mc 5.9), mas aqueles que louvam a Deus são tão poucos que até uma criança poderia relacionar os seus nomes.

Existe aqui, porém, algo ainda mais espantoso: *o número dos que suplicam a Deus é bem maior do que o número dos que o louvam*. Todos aqueles dez homens leprosos rogaram a cura. Por mais tênues e frágeis que suas vozes pudessem ter-se tornado por causa da doença, ainda assim levantaram a voz em súplica e juntos clamaram: *Jesus, Mestre, tem compaixão de nós!* (Lc 17.13). Todos eles se uniram em litania: "Senhor, tem misericórdia de nós! Cristo tem misericórdia nós!" Contudo, ao se chegar ao *Te Deum*, ao magnífico e culminante momento do louvor em coral a Deus, apenas um único deles, em solo, entoa as notas musicais. Poderia alguém pensar que todo aquele que ora também louva, mas não é bem assim. Já houve caso em que toda a tripulação de um navio estivesse orando durante uma tempestade no mar e, todavia, ao acalmar-se a tempestade, nenhum daqueles tripulantes entoou um louvor a Deus. Multidões de pessoas oram quando doentes, sentindo-se perto de morrer, mas, se melhoram, seus louvores é que adoecem e morrem. O anjo da misericórdia, ouvindo-os à porta, não ouve nem um cântico sequer de amor, nenhuma música de gratidão. É profundamente triste realmente que haja mais oração do que louvor!

Vou colocar a questão de outro modo para você, que é do povo de Deus: *a maioria de nós ora mais do que louva*. Você ora o suficiente, creio; mas o louvor, onde está? Quando reunimos a família em culto, sempre oramos; raramente louvamos. Em nossos quartos, antes de ir dormir, oramos constantemente; mas será que também *frequentemente* louvamos? Orar não é um exercício tão celestial quanto louvar: a oração é feita para determinado tempo; o louvor é para a eternidade. O louvor, portanto, mereceria o primeiro e o mais elevado lugar, não é mesmo? Vamos nos dedicar mais, então, à atividade que os seres celestiais simplesmente desempenham. Oração é a nossa súplica de mendicância, mas me parece que mais pobre é o mendigo que não louva quando recebe o favor. O louvor deve sempre seguir as pegadas da oração, ou então, até mesmo, pela graça divina, a preceder. Se você está aflito, perdeu dinheiro, caiu em necessidade, tem filho doente, o flagelo o visita, se você, enfim por qualquer motivo que seja, começa a orar, não se pode culpá-lo por isso. Mas será que deveria apenas orar e não também louvar? Deveria a nossa vida ter tanto sal e tão pouco açúcar? Deveríamos tirar para nós com tanta frequência água da rocha da bênção e

"E OS NOVE, ONDE ESTÃO?" OU O LOUVOR NEGLIGENCIADO | 81

derramar tão pouca oferta de libação diante do Senhor Altíssimo? É justo que façamos a nós mesmos tal admoestação ao reconhecermos estar oferecendo muito mais oração do que louvor!

Ainda na mesma linha, permita-me lembrar que *mais se obedece a um ritual do que se louva a Cristo*. Quando Jesus diz aos leprosos: "Ide, e mostrai-vos aos sacerdotes", lá se vão todos eles, os dez. Nenhum fica para trás. Apenas um, no entanto, retorna para adorar um Salvador pessoal e louvar o seu nome. Do mesmo modo, você hoje vai à igreja, ao culto, lê a Bíblia, realiza atos de devoção externos, mas quão pouco louva interiormente a Deus, quão pouco se lança realmente a seus pés, sentindo aquilo que pode fazer sua alma cantar de gratidão àquele que lhe tem feito coisas tão grandes! Práticas piedosas exteriores são bem fáceis e comuns; a questão é o interior, o tirar de dentro do coração um amor agradecido, que coisa rara isso é! De dez, nove obedecem a um simples ritual, enquanto apenas um louva verdadeiramente ao Senhor.

Para chegarmos ainda mais perto do cerne da questão, *existem mais pessoas que creem do que pessoas que louvam*. Aqueles dez homens creram em Jesus, mas apenas um louvou ao Senhor. A fé de todos relacionava-se à cura de sua doença e, segundo sua fé, assim lhes aconteceu. Embora relacionada apenas à necessidade de cura, era uma fé maravilhosa. É notável o fato de haverem acreditado no Senhor Jesus, apesar de ele não lhes ter dito "sejam curados", tampouco qualquer outra palavra que causasse esse efeito, mas apenas "Ide, e mostrai-vos aos sacerdotes". Com a pele degenerada e a morte abrindo caminho em seu coração, eles se foram corajosamente, na confiança total de que Jesus iria abençoá-los. Uma fé, sem dúvida, admirável. Contudo, nove dos que mostraram tanta fé não voltaram nem para agradecer nem louvar a Cristo pela graça recebida.

Temo que exista muita fé, fé ainda melhor que a deles, relacionada a coisas espirituais, que ainda precisa florescer na direção da gratidão prática. Quem sabe, floresça no fim do ano, tal como o crisântemo, mas não floresceu, como no caso deveria, na primavera, tal qual a prímula ou o narciso. É uma fé que produz apenas alguns brotos de louvor. Às vezes, eu me repreendo pelo fato de ter lutado com Deus em oração, tal como Elias no monte Carmelo, mas não ter glorificado o nome do Senhor, tal como Maria de Nazaré. Não louvamos nosso Senhor na mesma proporção dos benefícios recebidos. Se os rendimentos da gratidão fossem pagos com maior honestidade, o tesouro de Deus transbordaria. Não haveria necessidade de se fazer campanhas para missões ou motivar o povo de Deus quanto à autonegação se houvesse louvor plenamente proporcional à nossa fé. Cremos para alcançar o céu e a eternidade, mas não magnificamos o Senhor, como deveríamos, pela terra e pela temporariedade. É uma fé real, tenho certeza; não devo julgá-la; mas imperfeita nos resultados.

A fé daqueles hansenianos só era real no que se refere à sua cura. Não acreditavam propriamente na divindade de nosso Senhor como Filho de Deus nem criam nele visando a receber a vida eterna. Assim também acontece em nosso meio: muitos são os que obtêm benefícios de Cristo, e alguns deles até mesmo esperam ser salvos, mas não o louvam como deveriam. A vida deles é despendida examinando sua própria pele espiritual para ver se a lepra, o pecado, se foi. Sua vida religiosa se resume em uma busca constante de si mesmos para ver se foram realmente curados ou salvos. É esta uma maneira insensata de gastarmos nossas energias. Um dos doentes sabia, como os demais, que fora curado, tinha plena certeza disso; todavia, por isso mesmo, ao contrário dos outros, o próximo impulso de seu espírito foi apressar-se em voltar até onde estava *ele*, o seu glorioso médico, cair aos *seus* pés e louvar *aquele* que o havia curado, em voz alta, glorificando a Deus. Oh, que meus tímidos e inseguros ouvintes possam fazer o mesmo!

Creio que já falei o suficiente sobre a escassez de ações de graças. Resumindo esses aspectos: existem mais pessoas recebendo benefícios do que louvando a Deus por eles; existe mais oração do que louvor; mais pessoas obedecendo a rituais do que louvando a Deus de coração; cada vez mais pessoas, enfim, crendo em Deus e recebendo benefícios mediante a fé do que adequadamente louvando ao Deus doador desses benefícios.

II. Tenho muito a dizer e pouco tempo me resta; portanto, vamos destacar rapidamente AS CARAC-TERÍSTICAS DA VERDADEIRA GRATIDÃO. O simples ato daquele homem bem pode demonstrar o caráter do louvor. O louvor não assume a mesma forma em todas as pessoas. O amor a Cristo, tal como as flores, por exemplo, adota formas diversas. Somente as flores artificiais são idênticas. O louvor vivo é marcado pela *individualidade*. Aquele homem era um de dez que sofriam do mesmo mal, mas estava sozinho quando voltou para louvar a Deus. Você pode pecar acompanhado, pode estar para ir para o inferno junto com outros, mas no momento em que obtém a salvação buscou e se coloca diante de Jesus sozinho. Se, uma vez salvo, embora se alegre em louvar a Deus com os outros, eles não se unirem a você, não o quiserem fazer, você certamente se alegrará em cantar um solo de gratidão. Esse homem abandonou a companhia dos outros nove e veio sozinho até Jesus. Cristo salvou você, e o seu coração está limpo. Então você dirá: "*Eu tenho de louvá-lo; eu tenho de amá-lo*". Você jamais será impedido pela frieza de nove entre dez das suas antigas amizades, nem pelo mundanismo, até, da sua família ou a negligência do seu grupo na igreja. Seu amor pessoal a Jesus fará você abrir a boca e louvar, ainda que o céu, a terra e o mar estejam envoltos em silêncio.

Você tem um coração inflamado de amor em adoração, mas sente como se fosse o único coração debaixo do céu que tem amor por Cristo. Você deve alimentar essa chama celestial. Deve ceder aos seus santos desejos, expressar seus divinos anseios. O fogo de Deus está em seu íntimo e precisa achar saída. Uma vez que existe uma individualidade na questão do louvor, que venham então os irmãos em Cristo, e louvemos todos a Deus, cada um de nós à sua própria moda!

> Que toda língua e nação
> Se una em louvor
> A ti, ó Deus, com gratidão
> Por teu imenso amor.

A segunda principal característica da gratidão daquele homem foi sua *presteza*. Ele voltou a Cristo imediatamente, pois não é de supor que o Salvador haja permanecido ali onde estava por muito tempo. O Senhor estava certamente ocupado com outros assuntos para ficar parado muito tempo em um único lugar; sua meta era sempre prosseguir fazendo o bem. O homem, então, deve ter voltado logo e, quando se é salvo, quanto mais rápido se puder expressar a gratidão a Deus, melhor. "Pensar duas vezes é melhor", dizem; mas este não é o caso quando o coração está cheio de amor por Cristo. Leve adiante seu primeiro impulso de amor; não espere pelo segundo, a não ser que seu coração esteja tão inflamado pela devoção celestial que o segundo impulso venha logo consumir o primeiro. Vá então de uma vez, louve ao Senhor!

Que grandes planos alguns de vocês tinham tempos atrás, quanto ao serviço futuro para Deus! Mas que pequenos resultados se seguiram! Sim, é melhor colocar um único tijolo hoje do que planejar a construção de um palácio para o ano que vem! Glorifique ao seu Senhor agora por sua salvação no presente. Por que deveriam as misericórdias dele permanecer em quarentena? Por que deveriam os seus louvores ser como o aloés, que leva um século para florescer? Por que os louvores deveriam esperar à porta, mesmo que fosse por uma noite? O maná caía pela manhã; deixe que seus louvores surjam bem cedo. Louva duas vezes quem louva imediatamente, mas quem não louva imediatamente quase nunca ou nunca louva.

A qualidade seguinte do louvor daquele homem era a *espiritualidade*. Percebemos isso no fato de que ele certamente deu uma breve parada em seu caminho rumo aos sacerdotes. Sua obrigação era ir até os sacerdotes. Recebera uma ordem de fazer isso. Mas existe uma proporção em todas as coisas, e algumas tarefas são maiores do que outras. Ele então deve ter pensado: "Fui mandado ir até os sacerdotes, mas estou curado — e esta nova circunstância afeta a ordem de prioridade da minha ação. A primeira coisa a fazer agora é voltar e dar meu testemunho de gratidão, glorificar a Deus no meio de todas as pessoas, caindo aos pés daquele Mestre, que me curou".

É bom observarmos a lei sagrada das proporções. A mente carnal coloca a tarefa ritualística em primeiro lugar e o que é exterior se sobrepondo ao que é espiritual. Mas o amor logo percebe que a substância vale mais que a sombra e que curvar-se aos pés do grande e verdadeiro Sumo Sacerdote deve ser tarefa maior do que colocar-se diante dos sacerdotes comuns. Desse modo, aquele leproso curado foi em primeiro lugar a Jesus. Na vida daquele homem, o espiritual venceu o cerimonial. Percebeu que sua principal tarefa era adorar em pessoa a pessoa divina que o havia libertado de sua terrível doença.

"E OS NOVE, ONDE ESTÃO?" OU O LOUVOR NEGLIGENCIADO | 83

Devemos ir primeiramente a Jesus. Que, em espírito, nos curvemos diante dele. Sim! Venham ao seu culto, reúnam-se em adoração regular. Mas, se você ama o Senhor, vai querer alguma coisa a mais: vai querer ir até o próprio Jesus e lhe dizer quanto o ama. Vai querer fazer por si mesmo alguma coisa extra que possa mostrar a gratidão do seu coração ao Cristo de Deus.

A verdadeira gratidão também se manifesta em *intensidade*. A intensidade é perceptível no presente exemplo: o homem voltou e, em voz alta, glorificou a Deus. Poderia ter louvado de uma maneira contida, não? Talvez; mas quando você acaba de ser curado de lepra e sua voz, que se tornara tão frágil, lhe é restituída, não consegue sussurrar de modo algum o seu louvor. Você sabe, irmão, que, quando se é salvo, é impossível comportar-se friamente! Esse homem glorificou a Deus em voz alta, e você também se sentiria levado a fazer o mesmo, declarando:

> Em alta voz eu cantarei
> Para que terra e céu possam ouvir.

Alguns recém-convertidos se mostram, muitas vezes, bastante agitados, a ponto de parecerem extravagantes. Não os culpe. Por que não sermos solidários com eles? O que fazem não irá afetar *você*. Somos suficientemente contidos e comportados para que possamos permitir a presença de uma pessoa um tanto extravagante entre nós, de vez em quando, sem nos influenciar. Oh, quem dera até que Deus nos mandasse mais pessoas assim eventualmente para despertar a igreja, de tal modo que nós também pudéssemos todos começar a louvar a Deus com o coração e a voz, com alma e substância, com poder e força! Aleluia! Que o nosso coração possa sentir esta paixão.

Na verdadeira gratidão, existe, porém, *humildade*. Aquele homem caiu aos pés de Jesus. Ele não entenderia inteiramente a posição que lhe competia enquanto não estivesse prostrado ali. "Não sou ninguém, Senhor", parecia dizer, e, por isso, caiu com o rosto em terra. O lugar certo de sua prostração era ali, "aos pés de Jesus". Prefiro ser ninguém aos pés de Cristo a ser qualquer pessoa em qualquer outro lugar! Não há lugar tão honroso quanto o de estar aos pés de Jesus. Ah, quem me dera estar ali sempre e apenas amá-lo plenamente, deixando que o meu eu morresse! Oh, que ventura ter Cristo de pé acima de você, a lhe fazer sombra por toda a sua vida, de agora em diante! A verdadeira gratidão, de fato, se coloca abaixo do Senhor.

Além de tudo isso, havia ainda *adoração*. O homem se prostrou aos pés de Jesus, dando-lhe graças, glorificando a Deus. Que possamos sempre adorar nosso Salvador. Que quaisquer outros queiram pensar o que quiser sobre Jesus; nós colocaremos sempre nossos dedos na marca dos cravos em suas mãos e diremos: *Senhor meu, e Deus meu!* (Jo 20.28). Se há um Deus, ele, para nós, é Deus em Cristo. Não deixemos jamais de adorar aquele que provou sua divindade ao nos libertar da lepra do pecado. Toda adoração seja dada à sua suprema majestade!

Há uma coisa mais sobre este homem que gostaria de observar: juntamente com a sua gratidão, *seu silêncio como que censurando os outros*. Quando o Salvador lhe perguntou: *E os nove, onde estão?* (Lc 17.17), *aquele homem não respondeu.* O Mestre disse ainda: Não se achou quem voltasse para dar glória a Deus, senão este estrangeiro? (Lc 17.18). Mas o adorador estrangeiro não se levantou para dizer: "Ó Senhor, eles foram até os sacerdotes. Estou surpreso com o fato de não terem voltado para te louvar!" Irmãos, temos coisas a fazer suficientes com que estejamos ocupados, ao sentirmos a graça de Deus em nosso coração! Se o que eu tenho a fazer é proclamar o meu louvor, não há por que nem como me preocupar em acusar qualquer outro que possa estar sendo ingrato. O Mestre indaga: *E os nove, onde estão?* (Lc 17.17), mas o pobre homem que fora curado e estava aos seus pés não tem palavra alguma a dizer contra aqueles outros nove mal agradecidos, pois se encontra muito ocupado com sua adoração pessoal.

III. Ainda nem cheguei à metade. Mas não posso continuar além da hora marcada para o encerramento. Vou, portanto, comprimir o máximo possível esta terceira parte.

Consideremos agora A BÊNÇÃO DA GRATIDÃO. Aquele homem foi muito mais abençoado do que os outros nove. Eles foram curados, mas não abençoados como ele foi. Há uma grande bênção na gratidão.

Em primeiro lugar, *porque é bem adequada.* Cristo não deve ser louvado? O homem fez o que podia e devia. Uma tranquilidade de consciência e um descanso do Espírito acontecem sempre quando você sente estar fazendo o que pode e o que deve por uma causa ou uma razão indubitavelmente justa e correta, muito embora você possa estar deixando até de realizar sua própria vontade. Nessas horas, meus irmãos, glorifiquemos ao Senhor.

> Como é bom a Deus louvar
> Em toda situação!
> Glória ao rei celeste dar,
> Autor da salvação.
> Nossas vozes em louvor
> Juntos vamos elevar.
> Ao bendito Salvador
> Glória e honra vamos dar.

Depois, esta bênção existe na gratidão porque *é uma manifestação de amor pessoal.* Amo a doutrina da graça, a igreja de Deus, o culto de adoração, as ordenanças — mas, acima de tudo, amo pessoalmente a Jesus. Meu coração nunca descansa até que possa glorificar pessoalmente a Deus e dar graças a Cristo pessoalmente. O amor pessoal a Cristo é uma das coisas mais doces além do céu. Não podemos desfrutar tão bem deste amor pessoal como quando o fazemos por meio de nossa gratidão tanto do coração quanto dos lábios, dos atos e das atitudes.

Mais outra bênção na gratidão é que *ela determina uma mais clara visão.* O olhar agradecido vê mais longe e de maneira mais profunda. Além de glorificar a Deus, o homem curado da lepra deu graças a Jesus; mas, se tivesse apenas agradecido a Jesus e parado ali, pode-se dizer que seus olhos não estariam plenamente abertos. Contudo, ao ver Deus em Cristo e glorificado a Deus por aquilo que Cristo fizera, demonstrou profundo discernimento da verdade espiritual. Começou a penetrar no mistério da pessoa divina e humana do bendito Salvador.

Aprendemos muito por meio da oração. Lutero disse que "orar bem é estudar bem". Ouso fazer um acréscimo ao que Lutero disse de maneira tão correta, declarando que louvar bem é estudar melhor. O louvor é um grande instrutor. A oração e o louvor são os remos por meio dos quais um homem pode fazer seu barco navegar nas águas profundas do conhecimento de Cristo.

A próxima bênção relacionada ao louvor é que *ele é aceitável por Cristo.* Evidentemente que o Senhor Jesus ficou feliz e satisfeito. Foi triste para ele ver que os outros nove não tinham vindo, mas rejubilou-se, sem dúvida, por esse único homem que voltara. A pergunta *E os nove, onde estão?* (Lc 17.17) tem mais, na verdade, em si, um agrado de agradecimento àquele que sozinho retornara. Tudo o que agrada a Cristo deve ser cultivado com carinho por nós. Se o louvor lhe é agradável, que magnifiquemos então continuamente o seu nome. A oração é como se fora a palha do trigo; e o louvor, a espiga: Jesus ama certamente ver a folha que cresce, mas ama muito mais os grãos da espiga dourada quando a seara, pelo louvor, se mostra madura e pronta para a colheita.

Veja ainda que a bênção da gratidão constitui *uma bênção maior.* O Salvador declarou àquele homem aquilo que não teria como dizer aos outros: *A tua fé te salvou* (Lc 17.19). Se você quer viver uma vida mais elevada, que essa vida seja a de louvar a Deus. Talvez alguns de vocês se encontrem ou se considerem em uma posição tida como inferior, tal qual a desse homem, que era um repudiado samaritano. Contudo, ao louvar a Deus, ele se transformou em um salmista do Deus de Israel, não mais um reles e rejeitado estrangeiro. Com frequência, tenho observado que os maiores pecadores se tornam os maiores adoradores! Os que estavam mais longe de Cristo e sobre os quais foram derramadas esperança e pureza ao serem salvos, sentem que lhe devem mais e, portanto, o amam de maneira melhor. Que seja a ambição de todos nós, mesmo que não tenhamos estado antes entre os mais vis de todos, sentirmos

"E OS NOVE, ONDE ESTÃO?" OU O LOUVOR NEGLIGENCIADO | 85

ser dos maiores devedores a Jesus e que possamos, assim, louvá-lo ainda mais. Receberemos, em troca, a mais rica bênção de suas mãos!

Terminarei depois de dizer três coisas. Que possamos aprender com tudo isso a *colocar o louvor no lugar elevado*. Que possamos ter reuniões de louvor. Que passemos a considerar o pecado de negligenciar o louvor tão grande a ponto de que as nossas orações estejam sujeitas, por isso, a ser incompletas ou inaceitáveis.

Depois, *que rendamos nosso louvor somente a Cristo*. Quer nos encaminhemos, quer não, aos sacerdotes, que possamos ir, sobretudo, *a Jesus*. Que o louvemos pessoalmente e de maneira intensa. Nosso louvor pessoal ao nosso Salvador pessoal deve ser um grande objetivo de nossa vida.

Por fim, se trabalharmos para Jesus e virmos alguns convertidos não agirem como deveriam ou esperamos, não nos sintamos abatidos por isso. *Que até nos entristeçamos por outros não louvarem ao Senhor, mas não fiquemos decepcionados com isso.* Lembremo-nos de que o próprio Salvador estranhou: *E os nove, onde estão?* (Lc 17.17). Se dez leprosos foram curados, por que apenas um veio louvá-lo? Há muitos convertidos que deixam de se reunir à igreja. Outras das pessoas que se convertem não se batizam ou não participam da ceia do Senhor. Os números, na verdade, são uma bênção, mas nem por isso se apaixone por eles. Aqueles dentre nós ganhadores de almas costumamos ser roubados de sua paga por espíritos covardes que escondem sua fé. Agradeço a Deus por serem muitos, ultimamente, os que têm proclamado aqui a sua conversão; mas, se, além de cada um destes, outros nove viessem, precisaríamos de mais nove deste Tabernáculo. Fico feliz pelos muitos que voltaram para professar sua fé! Mas onde estão os outros nove?

Você que promove pequenas reuniões, que sai por aí distribuindo folhetos, está fazendo o bem mais do que imagina. Você não sabe onde estão os nove, mas, mesmo abençoando apenas um em cada dez, já tem motivo suficiente para agradecer a Deus. "Oh", poderá se lamentar um irmão, uma irmã, "tive tão pouco sucesso. Levei à salvação apenas uma alma!" Isto é mais do que você merece. Se eu ficar pescando durante uma semana inteira e pegar apenas um peixe, talvez possa ter motivo para me queixar; mas se acontecer de este peixe ser, por exemplo, um grande esturjão, então eu vou ter de reconhecer que, no caso, a alta qualidade se sobrepôs à falta de quantidade. Quando você ganha uma alma, já é um grande prêmio. Uma alma trazida a Cristo — alguém consegue estimar o seu valor? Se uma só pessoa for salva, você deve agradecer ao Senhor e perseverar. Embora possa desejar mais conversões, não desanime, mesmo que alguns poucos sejam salvos. Acima de tudo, não fique irado se alguns deles não lhe agradecerem pessoalmente ou não se unirem à igreja com você. A ingratidão, repito, é comum para com os ganhadores de almas. Como é frequente um ministro trazer muitas pessoas a Cristo e alimentar esse rebanho em seus primeiros dias! Tão logo, porém, aquele homem torna-se idoso e frágil, procuram se livrar dele, como quem busca obter uma vassoura nova que possa fazer uma limpeza melhor. "Pobre velho, já está ultrapassado!", dizem; e, desse modo, se livram do homem, da mesma forma que os ciganos costumam mandar embora seu cavalo velho, para pastar ou morrer de fome, com o que eles não mais se importam. Se alguém espera gratidão, devo lembrar-lhe, enfim, uma máxima: "Bem-aventurado aquele que nada espera, pois não será desenganado". Nem mesmo nosso Mestre recebeu louvor dos nove. Portanto, não fique surpreso se você abençoar os outros e os outros não o abençoarem.

Que alguma pobre alma que queira possa vir a Cristo esta noite; algum doente espiritual, para poder ser curado de sua doença do pecado! Se quer encontrar a cura, que venha e, em voz alta, magnifique o Senhor que o tratou de maneira tão graciosa.

9

OBEDECENDO ÀS ORDENS DE CRISTO

Disse então sua mãe aos serventes: Fazei tudo quanto ele vos disser (Jo 2.5).

Não é preciso ter grande imaginação para ter-se uma ideia de Maria, a mãe de nosso Senhor, neste momento provavelmente já viúva, uma pessoa cheia de amor e com uma disposição natural bondosa e compreensiva. Ela se encontra em uma festa de casamento, muito feliz com o fato de seu Filho estar lá também, juntamente com o primeiro punhado de seus discípulos. Pode ser até que o fato de eles estarem ali possa haver criado uma demanda maior de provisões do que o esperado e o suprimento estava acabando. Desse modo, Maria, com uma preocupação própria de uma senhora, por sua maturidade e, devido ao seu espírito gentil, acha que deve informar a seu Filho que existe tal necessidade. Assim, ela lhe diz: *Eles não têm vinho* (Jo 2.3).

Ressalte-se que nada havia de errado nisso. Contudo, nosso Senhor, que não vê como o homem comum vê, percebeu que ela estava colocando à frente seu relacionamento materno, em um momento em que começava justamente a ser necessário que tal parentesco passasse para um segundo plano. A história acabou por demonstrar quanto isso se tornaria preciso. A igreja apóstata de Roma iria, na verdade, transformar Maria em a grande medianeira, e a maior parte das orações católicas costuma ser dirigida a ela. Tem-se até mesmo ousado insistir em que se peça a Maria usar de sua autoridade maternal sobre seu Filho! Foi correto, portanto, que nosso Salvador procurasse deter qualquer coisa que tendesse depois a encorajar, como veio a acontecer, a mariolatria, que tem sido bastante prejudicial à nossa fé. Foi necessário, assim, que ele falasse com a mãe de maneira um tanto mais franca do que exigiria a conduta de Maria se pudesse ser considerada isoladamente e sem consequências. Sentiu-se seu Filho, portanto, compelido a dizer: "Mulher, que tenho eu contigo?" Ou seja: "Não sou *teu filho* milagreiro; não posso agir somente para *te* satisfazer. Se eu tiver de realizar milagres, terei de fazê-lo como Filho de Deus; os milagres não podem ser feitos como se eu fosse apenas teu filho, mas devem ter outro caráter. Portanto, que tenho eu que ver contigo quanto a este assunto?" Explica então a razão: *Ainda não é chegada a minha hora* (Jo 2.4).

Foi uma repreensão cordata e absolutamente necessária com base na presciência de Jesus de tudo o que poderia acontecer. Você pode facilmente deduzir de que maneira também correta Maria recebeu tudo isso. Ela conhecia muito bem a gentileza de Cristo, seu amor infinito, e sabia perfeitamente que por trinta anos não tinha havido nada nele que pudesse ter entristecido o espírito dela. Assim, compreendeu e acatou totalmente sua resposta e se afastou gentilmente, certamente refletindo melhor sobre o que dissera, pois foi sempre uma mulher bondosa e humilde, que ouvia *essas coisas e as guardava em seu coração* (Lc 2.51). Na verdade, ao que parece, ela falava pouco e pensava muito. Deduzimos, assim, por sua conduta imediata, quanto a esse milagre, que Maria deve ter refletido sobre aquilo que Jesus lhe dissera.

Irmãos, eu e vocês podemos, com a melhor das intenções, cometer erros diante de nosso Senhor. Se ele, de alguma forma, nos repreender e nos colocar ante a verdade, se aparentemente desapontar nossa esperança, se não concordar em que planos ambiciosos nossos venham a prosperar, aprendamos com ele aquilo que Maria com ele aprendeu. Simplesmente concordemos com ele, pois está certo em tudo que nos orienta, e permaneçamos em silêncio em sua presença.

Perceba a atitude dessa santa mulher, deixando de dar qualquer resposta, mas, sim, entendendo tudo. Observe sua sábia ordem aos criados que ali estavam para servir na festa. Reconhecendo que se antecipara

Obedecendo às ordens de Cristo

ao Filho, ela trata agora de indicar que eles devem obedecer somente a ele. De maneira bastante clara e bondosa, ela lhes diz: *Fazei tudo quanto ele vos disser*. Ou seja: "Não façais qualquer indagação, seja por curiosidade, seja por dúvida; não tenteis desafiar sua autoridade; não lhe cobreis coisa alguma — ele sabe muito bem o que está fazendo; sabe tudo e muito mais do que todos vós. Colocai-vos sob suas ordens e esperai até que fale; então, sede prestativos em obedecer a cada palavra que ele vos disser".

Amados, desejo que, assim que tivermos aprendido realmente esta lição, procuremos ensiná-la a outros. Por vezes, nosso Mestre nos dá uma palavra eficaz somente para o nosso próprio uso, que não compete contarmos para mais ninguém. Em momentos de comunhão pessoal com ele, Jesus fala exclusivamente à nossa consciência e ao nosso coração, e não é conveniente de modo algum passarmos tal mensagem adiante, repetindo-a, do mesmo modo que justamente Maria não o fez. Todavia, uma vez que aprendemos nossa lição e cabendo-nos transmiti-la, devemos dizer ao nosso próximo: "Não cometa o mesmo erro que eu cometi. Evite a pedra em que eu acabo de bater. Acho que entristeci o Senhor. Não desejo que você o entristeça. Vou dizer o que eu penso que você deve fazer para alegrar o Senhor em tudo". Não acha que deveríamos ministrar para edificação mútua, agindo dessa forma? Em vez de ficarmos apontando as falhas uns dos outros, vamos extrair a essência das descobertas que fazemos com os nossos próprios erros e, então, administrá-la como remédio eficaz àqueles que estão ao nosso redor.

Maria deve ter falado com convicção. Seu tom deve ter sido particularmente diretivo, e sua atitude deve ter causado impressão sobre os servos, pois fizeram tudo o que lhes recomendou. Não seria por qualquer motivo que um criado da casa iria deixar que um convidado se colocasse na posição de patrão. Contudo, foi isso o que aconteceu quando ela falou com aqueles servos, numa entonação profunda e sincera, como uma mulher que compreendera perfeitamente o que não podia contar, mas que, a partir daquela experiência, extraía disso uma lição que tinha de passar para os outros. Ela deve ter-lhes falado com uma força capaz de fazê-los concordar, quando lhes disse: *Fazei tudo quanto ele vos disser*. Receberam obedientemente sua mensagem do mesmo modo que ela mesma recebera a mensagem do Senhor.

Nesta noite, quero buscar ensinar esta lição para mim mesmo e para você. Creio que nossa própria experiência irá nos mostrar que nossa mais elevada sabedoria, nosso melhor sucesso, se dá no fato de nos colocarmos atrás de Cristo e nunca procurarmos correr à sua frente, nunca buscarmos forçar sua mão, nunca tentá-lo, como fizeram aqueles que tentaram Deus no deserto exigindo que fizesse isso ou aquilo. Mas, sim, em santa e humilde obediência, assumir como lema da nossa vida, de agora em diante, estas palavras: *Fazei tudo quanto ele vos disser*.

Vou trabalhar com o texto de duas maneiras: primeiramente, *o quê*? Em segundo lugar, *por quê*? Em terceiro lugar, *então, o quê*?

I. O QUE SOMOS ORDENADOS A FAZER? Em uma única palavra, *obedecer*. Você, que pertence a Cristo, vocês, que são seus discípulos, atentem para esta exortação: *Fazei tudo quanto ele vos disser*.

Quero que, em primeiro lugar, percebam que estas palavras foram ditas não aos discípulos de Cristo, mas aos criados, ou servos, que, no idioma grego, são aqui chamados de *diakonois*, pessoas encarregadas de servir às mesas e atender os convidados. Não sei se, no caso, eram servos pagos ou amigos que gentilmente haviam se colocado voluntariamente a serviço para executar essa tarefa; o fato é que eles eram o que hoje chamaríamos os garçons daquela festa. Não lhes foi pedido que não atendessem o mestre-sala (assim chamado, no texto bíblico, o dirigente dos garçons) daquela festa; não lhes foi ordenado que abandonassem seu posto de garçons. Eram servos e deveriam, assim, continuar a servir. Todavia, deveriam reconhecer Cristo como seu Mestre maior, sem abdicar de sua obediência ao seu supervisor. Maria não diz às pessoas: "Coloquem esses jarros no chão" ou "parem de carregar esses pratos", mas, sim, enquanto continuam a fazer o que estavam fazendo, ela lhes diz: *Fazei tudo quanto ele vos disser*. Creio que este aspecto é digno de nota, pois esses servos, ainda permanecendo onde estavam, deveriam, porém, ser obedientes a Cristo.

Esta obediência deve ser, em primeiro lugar, uma *obediência preparada*. Maria fez que a mente deles se preparasse para fazer aquilo que Cristo lhes ordenaria. Nenhum homem irá obedecer a Cristo nem vai continuar a fazer isso repentinamente. Há uma ponderação, uma consideração; precisa haver um conhecimento pleno e cuidadoso de qual seja sua vontade e uma preparação do coração de modo que, independentemente de qual seja esta vontade, venha a ser realizada tão logo seja conhecida. Em um primeiro momento, aqueles servos nada fizeram. Os convidados queriam vinho, mas os servos não foram a Jesus e disseram "Mestre, precisamos de vinho". Não. Esperaram que ele ordenasse que as talhas fossem cheias com água, e então as encheram até a borda; mas nada fizeram antes que lhes ordenasse.

Uma parte importante da obediência está em nada fazer até ser mandado. Creio que, considerando-se a ansiedade de muitos corações indecisos, a melhor fé, no caso, está mesmo em nada fazer. Se você não souber o que fazer, não faça coisa alguma. Na verdade, meus irmãos, não fazer coisa alguma é, muitas vezes, a coisa mais difícil de ser feita. No caso de um homem de negócios que se encontra em dificuldades financeiras ou de uma irmã com um filho ou o marido doente, sabemos que o primeiro impulso é o de fazer alguma coisa, qualquer que seja. Mesmo que não se lance mão da primeira coisa que nos ocorra, sentimos que temos de fazer alguma coisa. Muitas pessoas têm piorado seu estado emocional ao tentar fazer alguma coisa, enquanto, se tivessem resistido bravamente e renunciado a fazer algo, deixando tudo, com inteira fé, nas mãos de Deus, teria sido certamente bem melhor para elas.

Fazei tudo quanto ele vos disser (Jo 2.5), sim; não, porém, o que qualquer capricho ou desejo de sua mente quiser que você faça. Não ande, não corra, antes de ser enviado. Aqueles que correm à frente da nuvem de Deus terão de voltar atrás, e felizes serão os que vierem a encontrar o caminho de novo. Nos lugares em que as Escrituras se calam, fique em silêncio também. Se não há nenhum mandamento ou recomendação a respeito, é melhor esperar até encontrar a devida orientação. Não cometa insensatez alguma, agindo com ansiedade impetuosa, senão você pode acabar caindo em um buraco. "Tudo quanto ele vos disser" — faça isso. Enquanto ele não disser, fique quieto. Ó minha alma, seja paciente diante de Deus e espere até conhecer sua ordem!

Esta obediência preparada deve ser a obediência do nosso espírito, pois a obediência reside principalmente ali. A verdadeira obediência nem sempre se mostra naquilo que fazemos ou deixamos de fazer, mas se manifesta na perfeita submissão à vontade de Deus e na forte resolução que preenche completamente nosso espírito de modo que façamos o que nos ordena.

Em segundo lugar, que sua obediência seja uma *obediência perfeita*. *Fazei tudo quanto ele vos disser* (Jo 2.5). É a desobediência — e não a obediência — que nos leva a querer escolher os mandamentos de Cristo que nos convenha obedecer. Se você pensar, como alguns, "eu farei aquilo que Cristo me ordena, sim, mas desde que eu escolha", na verdade está dizendo "eu não farei aquilo que Cristo me ordena, mas somente aquilo que me agrada". Esta não é uma obediência verdadeira, pois não é total. Imagine o absurdo de um soldado do exército que, em vez de obedecer a todas as ordens de seu comandante, omite essa ou aquela e declara não poder evitar isso, chegando até mesmo a revelar abertamente que omite, de fato, certas coisas simplesmente porque assim o quer! Tome cuidado, amado, para não jogar na lama qualquer preceito do Senhor, seja ele qual for. Toda palavra que ele já lhe falou é mais preciosa que um diamante. Valorize-a, guarde-a, use-a, deixe que ela seja o seu ornamento. *Fazei tudo quanto ele vos disser*, quer se relacione à igreja e às ordenanças de Deus, quer seja uma simples ordem para você ir passear ao ar livre com os seus amigos ou esteja ligada a seus relacionamentos familiares ou ao seu serviço pessoal ao Senhor. *Tudo*. Perceba que não deve haver aqui nenhuma poda, nenhum corte, de sua parte: *Fazei tudo quanto ele vos disser*. Faça a seguinte oração neste exato momento: "Senhor, ajuda-me a fazer *tudo* quanto o Senhor me disser! Que eu não tenha escolha. Que eu nunca deixe que a minha própria vontade venha a interferir. Contudo, ao me ordenares a fazer alguma coisa, capacita-me a fazê-la, seja o que for!"

Devidamente preparada e aperfeiçoada, esta obediência deve ser também uma *obediência prática*: *Fazei tudo quanto ele vos disser*. Não fique meditando por muito tempo, esperando que a ordem possa estar bem gravada em sua mente ou então que surja uma ocasião mais conveniente de executá-la. Faça logo o que Deus está mandando. *Fazei tudo quanto ele vos disser*. Um dos grandes males de nossa época, por exemplo, é questionar-se uma ordem direta de Cristo, indagando: "Mas qual será a consequência disso?" O que você tem que ver com isso, com os resultados? "Bem, se eu seguir Cristo em todas as coisas, posso vir perder

Obedecendo às ordens de Cristo

determinada oportunidade ou determinada posição". E daí? Se um soldado recebe uma ordem de ir para a frente de combate, é bem provável que ele perca não só sua "posição", mas até alguma coisa mais lhe foi ordenado que fizesse isso e terá de fazê-lo. "Oh, mas eu posso perder a oportunidade de ser mais útil!" O que você quer dizer com isso? Que é fazendo um mal, ou algo incerto, que irá fazer surgir o bem? Exatamente isso é o que está dizendo. Mas você seria realmente capaz de encarar esse assunto assim, face a face, diante de Deus? *Fazei tudo quanto ele vos disser*. Seja qual for o risco, seja a que custo for.

Já ouvi algumas pessoas dizerem: "Não gosto de fazer as coisas com muita pressa". Está bem; mas o que diz Davi? *Apresso-me sem detença a observar os teus mandamentos* (Sl 119.60). Lembre-se: pecamos sempre que agimos lentamente para fazer qualquer coisa que Cristo nos haja ordenado. Não posso dizer se todo momento de atraso constitui um novo pecado, mas, se negligenciarmos qualquer mandamento que seja, como este, estaremos vivendo numa condição de pecado perpétuo contra o Senhor, o que não é uma posição desejável para um discípulo de Cristo.

Amados: "*Fazei* tudo quanto ele vos disser". Não discutam nem tentem encontrar alguma razão para escapar desta ordem. Conheço crentes que não gostam da leitura de certas passagens das Escrituras nos cultos familiares porque perturbam sua consciência. Se existe qualquer coisa na Bíblia que entre em choque com você, quem está errado é você, não a Bíblia. Acerte-se com ela de uma vez por todas. A única solução para o seu caso é: obedeça, obedeça, obedeça à vontade do Senhor. Veja bem: não estou apresentando isso, de modo algum, como um meio de salvação; você sabe que eu jamais pensaria em fazer isso. Estou falando para aqueles que já são salvos. Vocês são servos de Cristo, são resgatados por ele, e agora, que vocês já se enquadram na santa disciplina de sua casa, esta é a norma a obedecer: *Fazei tudo quanto ele vos disser*. E faça tudo de maneira prática. Já não nos ocupamos o suficiente com aquilo que deveria ser feito pelos outros, nossos amigos? Já não ficamos tempo demais observando o que os outros deixam de fazer? Oh, que o Espírito de Deus venha sobre nós de modo que possamos andar com Deus; que a nossa obediência seja precisa e exata; que o nosso amor a Cristo seja demonstrado em seguirmos continuamente os seus passos! Que tenhamos uma obediência prática.

Deve ser, ainda, uma *obediência pessoal*: *Fazei tudo quanto ele vos disser*. Você sabe que muitas coisas são feitas por procuração, em nossos dias. A caridade é uma delas. A pessoa A está em grande necessidade; B ouve falar disso e fica bastante tocado; desse modo, pede a C que ajude A. Depois, vai dormir tranquilo, ciente de que praticou uma boa ação. Ou então: depois de A ter contado sua carência para B, este procura saber se existe uma sociedade beneficente que possa ajudá-lo, muito embora ele não seja sócio de sociedade alguma desse gênero, nem jamais haja simplesmente pensado em ser. Sua parte se restringe apenas a fazer com que A chegue a C ou à sociedade beneficente. Feito isso, dá-se por satisfeito. Você gostaria que o Salvador viesse a lhe dizer naquele previsto último dia "tive fome e você me enviou a outra pessoa" ou "tive sede e você me indicou como fonte aquela igreja, para eu ir lá e beber"? Certamente que não. É preciso fazer alguma coisa por Cristo pessoalmente. É assim que funciona o empenho de ganhar almas para Cristo. Nada há melhor do que falar pessoalmente com as pessoas, empregar nosso tempo com elas, olhar nos seus olhos, conversar com elas sobre a nossa experiência pessoal e conclamar que corram para Cristo em busca de refúgio. Obediência pessoal é uma exigência.

Se, no momento em que Cristo ordenou que enchessem as talhas, uma daquelas pessoas que estavam servindo dissesse "João, vá você fazer isso; você, José, faça aquilo", não estaria concordando com a recomendação de Maria – *Fazei* [vós] *tudo quanto ele vos disser*. Por acaso estou tocando na consciência de alguém aqui? Se estou, de agora em diante deixe de ser um servo de Deus por procuração, para que não seja salvo por procuração. Ser salvo por procuração significa simplesmente que você vai se perder. Confie em Cristo pessoalmente, por você mesmo, e sirva-o por você mesmo, pessoalmente, mediante a graça poderosa de Jesus: *Fazei tudo quanto ele vos disser*.

Deve ser uma *obediência imediata*. Faça de uma vez o que tiver de fazer; o atraso vai fazer secar o broto da obediência. *Fazei tudo quanto ele vos disser* significa: esteja pronto para obedecer. No momento mesmo em que é dada ao soldado a ordem "marche", ele marcha. No momento mesmo em que uma ordem é dada em seu coração — e você percebe que é realmente uma palavra de Deus —, faça-o. Oh, quantas resoluções mortas restam ao redor, na vida dos homens! Quantas coisas teriam feito, quantas poderiam ter feito, se simplesmente as tivessem feito. Mas muitos ficam construindo castelos no ar, imaginando vidas que gostariam de ajudar ou liderar, deixando de cumprir as ordens de Cristo. Oh, que o seu serviço seja imediato, pessoal e prático para o Senhor Jesus Cristo!

Em nosso caso, deve ser *obediência perpétua*. O que foi dito àquelas pessoas? *Fazei tudo quanto ele vos disser.* "Continuai fazendo, cumprindo não apenas a primeira coisa que ele vos disser, mas tudo o mais que venha a dizer. Enquanto durar a festa e ele estiver aqui, façam tudo o que ele ordenar." Deste modo, amados irmãos, enquanto estivermos neste mundo, até a nossa última hora da vida, que o Espírito Santo nos capacite a fazer exatamente tudo aquilo que Jesus nos ordene a fazer! Vocês poderiam dizer, meus irmãos e irmãs, os versos a seguir?

> Cristo, minha cruz tomei,
> Deixando tudo para te seguir.

É seu real desejo que, até entrar no descanso eterno, você possa sempre tomar sobre si o seu jugo suave e seguir seus passos? Cristãos temporários não são cristãos. Aqueles que pedem "licença" deste serviço divino na verdade nunca fizeram parte dele. Vestimos nosso uniforme para nunca mais tirá-lo. Tal como os antigos cavaleiros de guerra dormiam usando suas armaduras e tendo a lança e o escudo sempre prontos à mão, assim também deve ser o cristão, uma vez para sempre. Não está em nós questionar, não está em nós postergar quando chega a ordem. Mas está em nós, enquanto haja fôlego em nosso corpo e vida em nosso espírito, servir àquele que nos redimiu com seu precioso sangue.

Encerro assim esta apresentação do que somos chamados a fazer, ou seja, obedecer às ordens de Cristo.

II. Agora, vamos nos perguntar: POR QUE ISSO DEVE SER FEITO? Amados, por que aqueles homens na festa deveriam fazer aquilo que Jesus lhes ordenara? Ou, melhor: por que você e eu devemos fazer aquilo que Jesus nos ordena?

Em primeiro lugar, porque *Cristo é, por natureza, digno de obediência*. Considero uma honra servir a Cristo. Pois quem é ele? É o homem perfeito, que se coloca de maneira nobre acima de todos nós; é Deus Perfeito, infinitamente majestoso em suas duas naturezas.

Em segundo lugar, porque, ao que me parece, deve ser nosso anelo fazer cumprir suas ordens e desejar nos conformarmos à sua imagem! Eis um repouso para o nosso espírito ansioso. Eis a glória, a honra e a imortalidade que almejamos. Pela glória de Cristo, a quem adoramos sem ver, *fazei tudo quanto ele vos disser*.

Além disso, *Cristo é a nossa única esperança*. Todas as nossas perspectivas para o futuro dependem dele. Glória seja dada ao seu nome bendito! Não existe ninguém como ele. Se ele se afastasse de nós e se não pudéssemos mais confiar nele, a vida seria uma escuridão infindável, um abismo de aflição. Por toda a glória de sua natureza e toda a glória que lhe devemos e por tudo o que esperamos dele, eu lhes peço, amados amigos: *Fazei tudo quanto ele vos disser*.

Mais do que isso, *Cristo é sábio e capaz em sua liderança*. Quem, além dele, poderia resolver o problema da falta de vinho naquela festa? Ele sabia que a solução para aquela questão manifestaria sua glória, fazendo que seus próprios discípulos cressem realmente nele e deixando ainda todo mundo ali feliz. Mas não tivesse ele mesmo mostrado o meio para isso, ninguém o poderia fazer. Vamos, pois, obedecê-lo, pois seus mandamentos são sempre sábios. Jamais cometeu um erro e jamais cometerá. Confiemos ao seu cuidado os nossos meios e façamos tudo quanto ele nos ordenar.

Outra coisa, amados, é que *Cristo recompensa sempre a nossa obediência*. Já lhe ocorreu alguma vez você fazer tudo certinho e, no final, descobrir que cometeu um tremendo erro? Por outro lado, alguns de nós já tivemos provavelmente de fazer coisas terríveis, que contrariavam nossa própria vontade. Faríamos isso outra vez? Sim, algumas delas certamente faríamos, mesmo que nos custasse dez vezes mais! Ao olhar para trás, homem algum deve se arrepender de haver seguido um dia a voz da consciência e o que a Palavra de Deus lhe

Obedecendo às ordens de Cristo

disse para fazer. Jamais deve se arrepender, mesmo que tenha de parar na prisão ou morrer por causa de Cristo. Você pode até perder *em favor de* Cristo, mas nunca vai perder *por causa* de Cristo. Quando tudo acabar, você constatará que ganhou muito mais do que a perda aparente. Cristo jamais engana você nem lhe dá orientação errada. A obediência a ele lhe traz sempre a verdadeira e sólida paz. Portanto, *fazei tudo quanto ele vos disser*.

Mais um aspecto. *Cristo é o nosso Mestre e, por isso, temos de obedecê-lo.* Espero que não haja ninguém aqui entre nós, amados, que possa ao mesmo tempo chamá-lo de Mestre e não querer fazer as coisas que ele ordena. Não podemos, de modo algum, nos referir a Cristo como alguém que um dia foi um grande homem, mas que se foi e cuja influência está decadente porque não se enquadra no "espírito do nosso tempo". Não! Ele vive e temos comunhão com ele. Cristo é nosso Mestre e Senhor. Nosso batismo em sua morte não é uma simples questão de forma; naquele instante, morremos para o mundo e passamos a viver para ele. O momento em que recebemos sobre nós seu santo nome e somos chamados cristãos não se trata de uma encenação; nossa intenção é que ele seja de fato nosso Comandante, nosso rei e mestre do nosso espírito. Ele não é um *Baali*, ou seja, um ídolo-senhor dominador, mas, sim, ele é *Ishi*, ou seja, homem ou marido. Nesta sua posição de marido, é Senhor e governador de todo pensamento e de toda intenção de nossa natureza. Jesus, Jesus, o teu jugo é suave e o teu fardo é leve! É bom carregá-los. Afastar-se deles seria uma desgraça na certa, e esta é uma das razões pelas quais eu digo a vocês esta noite: *Fazei tudo quanto ele vos disser*; pois, se vocês não o fizerem, estarão abandonando a fidelidade a ele e, se agirem assim, o que será de vocês? A quem você irá, caso se afaste dele? Todo homem deve ter um mestre. Seria você seu próprio mestre? Você não poderia ter um tirano maior. Deixaria que o mundo fosse seu mestre? Você seria servo da "sociedade"? Não existe pior escravo do que esse. Vai viver em função das riquezas, da honra e daquilo que chamam de "prazer"? Ah, meu caro, você estaria indo diretamente para o Egito, para a fornalha de ferro! A quem, então, podemos ir? Jesus, para quem iremos, se nos afastarmos de ti? *Tu tens as palavras da vida eterna* (Jo 6.68). *Atai a vítima da festa com cordas às pontas do altar* (Sl 118.27). Joga, Jesus, outra corda de amor sobre mim, outra corda de doce prisão, para que eu nunca nem mesmo pense em me afastar de ti. *Que o mundo esteja crucificado para mim, e eu, para o mundo* (Gl 6.14). Não ora o nosso coração desta maneira? Oh, ser totalmente de Cristo, inteiramente de Cristo, para sempre de Cristo! Sim, sim, temos de dar ouvidos ao mandamento *fazei tudo quanto ele vos disser*".

Acabo de dar a exata razão pela qual devemos obedecer às ordens de Cristo.

III. Enfim, vou me ocupar, nestes últimos minutos, da resposta à pergunta o que se seguirá a esta obediência?

Suponha que façamos tudo aquilo que Cristo nos ordena. E daí? Eu lhe direi o que acontece então.

O primeiro sentimento que você terá é o de estar *livre de responsabilidade*. Um servo que faça tudo aquilo que seu mestre lhe ordena pode até, eventualmente, em sua própria mente, temer que terríveis consequências possam vir sobre ele, embora diga a si mesmo: "Não foi culpa minha. Eu fiz o que me ordenaram". Todavia, amado, se você quer se livrar de todo o fardo da vida, faça pela fé tudo aquilo que Jesus lhe ordenar. Então, mesmo que os céus pareçam estar prestes a cair, não será de sua responsabilidade procurar segurá-los. Você não tem que remendar a obra de Deus e mantê-la do jeito correto. Lembro-me do que João Wesley dizia aos seus pregadores: "Irmãos, não quero que vocês remendem as minhas normas. Quero que as obedeçam". É uma declaração forte vinda da parte de Wesley, mas, vinda de nosso Senhor Jesus Cristo, parece bastante adequada. Ele não deseja que façamos alterações, emendas ou retoques, muito menos que fiquemos preocupados com as consequências. Não. Faça exatamente aquilo que ele diz; você nada tem que ver com as consequências. É bem possível até que venha a sofrê-las, mas, nesse caso, Deus lhe dará graça para que possa passar por elas. Você se alegrará até em suportar as terríveis consequências que advenham da firme obediência a Cristo.

Este tipo de doutrina, no entanto, não é adequado nos dias de hoje. Se você for à Escócia e chegar ao local dos túmulos dos *covenanters*,[1*] qualquer um que pense conforme o espírito de nossa época é capaz

---

[1*] [NT] Grupo que se formou na Escócia no século XVI para defender ardorosamente a doutrina presbiteriana.

de lhe informar que se trata simplesmente de um grupo de religiosos tolos, tão teimosos e rigorosos com a doutrina a ponto de morrer por ela. Na verdade, nada existe nas novas filosofias por que se deva morrer! Fico pensando se realmente existe uma doutrina do "pensamento moderno" que valha o preço de um gato vira-lata. De acordo com a escola liberal, o que se supõe ser verdadeiro hoje pode não ser verdadeiro amanhã e, portanto, não vale a pena morrer por isso. Por outro lado, podemos postergar a morte até que essa suposição seja alterada; basta esperarmos um mês, e ela terá sido alterada, e, assim, podemos voltar ao velho credo.

Que o Senhor nos mande um punhado de homens que obedeçam àquilo que ele lhes ordena, que façam aquilo que ele lhes diz, que acreditem naquilo que ele ensina e que abdiquem de sua própria vontade em favor da completa obediência ao seu Senhor e Mestre! Tais pessoas se sentirão livres de responsabilidade.

Em seguida, você deverá sentir *um doce fluir de amor por Cristo.* O filho desobediente geralmente nunca vai embora do lar, pois, como não obedece às ordens de seus pais, se for mandado embora, não o fará. Todavia, por não se submeter às normas da casa paterna, passa, e vê-se obrigado a passar, por maus momentos. O beijo de boa-noite já não é mais tão afetuoso como antes; o bom-dia pela manhã, após uma grande desobediência, não contém mais alegria. Quanto mais afáveis para com ele são os pais, mais infeliz ele se sente. Assim é quando estamos em desobediência: o doce amor de Cristo é tal que faz que nos sintamos infelizes. Não podemos caminhar ao contrário de Cristo e ao mesmo tempo desfrutarmos de comunhão com ele. Quanto mais amável e mais próximo perto de você ele estiver, mais amplo parecerá o abismo entre vocês dois se você não estiver cumprindo as suas ordens.

Além de tudo, não há como *viver a fé* senão fazendo o que Cristo ordena. A fé que se baseia apenas em um credo ou em um pequeno texto espiritual não serve para muita coisa. A fé real faz aquilo que o Senhor ordena que seja feito e se deleita em fazê-lo. Rejubila-se por correr riscos, regozija-se por sair da terra rumo ao mar. É uma grande satisfação sacrificar-se a si mesmo quando Jesus nos chama a fazê-lo, porque a fé não pode ser satisfeita sem dar fruto, e o fruto da fé é a obediência àquele em quem cremos.

Amados, acho ainda que, se obedecermos a Cristo naquilo que ele diz, estaremos *aprendendo a mandar.* Wellington disse que nenhum homem está pronto para o comando enquanto não haja aprendido a obedecer e eu tenho certeza de que as coisas são realmente assim. Nunca seremos uma estirpe de homens verdadeiramente de qualidade enquanto nossos filhos não obedeçam aos pais na infância. A glória essencial da humanidade se perde se a desobediência excessiva for tolerada e na igreja de Deus o Senhor realmente tem colocado seus maiores servos sob provações por vezes severas. O melhor lugar para as leituras de um ministro não é a biblioteca, mas, com frequência, seu leito de dor. A aflição é a nossa escola e, antes que possamos saber lidar com os outros, Deus deve lidar conosco. Se você não obedecer, não poderá ser colocado em posição de comando.

Finalmente, acredito que aprender a obedecer é *um dos preparativos das alegrias do céu,* pois no céu não haverá outra vontade senão a de Deus! A vontade dos servos é somente servi-lo e se deleitar nele. Se você e eu não aprendermos aqui embaixo o que é obedecer a Deus, praticar a obediência levá-la adiante, como podemos esperar ser felizes no meio de espíritos obedientes? Querido ouvinte, se você nunca aprendeu a confiar em Cristo e a obedecê-lo, como poderá ir para o céu? Você seria tão infeliz ali que pediria a Deus para ir para o inferno em busca de abrigo, pois nada lhe causaria mais horror do que estar no meio de pessoas perfeitamente santas, que encontram seu prazer no serviço de Deus. Que o Senhor nos leve a essa completa obediência a Cristo! Então, este mundo será um plano inclinado, ou uma escada — tal como aquela que Jacó viu —, por meio de que viajaremos com santa alegria até chegar ao topo e encontrar o nosso céu, em perfeita obediência a Deus.

Não é Maria que lhe está falando nesta noite; é a Igreja de Deus, a mãe, sim, de todos aqueles que realmente amam a Cristo. Ela lhe diz: *Fazei tudo quanto ele vos disser* e, se você o fizer, ele há de transformar água em vinho para você. Fará que o amor que você tem seja mais feliz e alegre do que em qualquer outra condição se você não o obedecesse. Cristo irá satisfazer todas as suas necessidades. Obedeça ao que

Obedecendo às ordens de Cristo

ele diz, e ele confortará você. Obedeça ao que ele manda, e ele aperfeiçoará você. Esteja com ele em sua obra, e você estará com ele no lar da glória.

O Senhor nos conceda isso por meio de sua graça infinita, permitindo que conheçamos a vontade de Cristo e, então, realizando em nós o que desejar fazer para seu agrado! Amém e amém.

10

AS TALHAS DE CANÁ

Ordenou-lhe Jesus: Enchei de água essas talhas. E encheram-nas até em cima (Jo 2.7).

Você conhece a narrativa. Jesus estava numa festa de casamento e, quando o vinho acabou, ele o providenciou com generosidade. Creio que não seja adequado entrar em discussão sobre que tipo de vinho nosso Senhor Jesus criou naquela ocasião. Era vinho, e estou certo de que era realmente um bom vinho, pois ele não produziria nada que não fosse o melhor. Teria sido vinho como geralmente entendemos ser esta bebida hoje? Era vinho, sim, mas provavelmente existem muito poucas pessoas atualmente que hajam provado tal tipo de vinho. O que hoje leva este nome não é propriamente vinho natural e verdadeiro, mas, sim, bebida da qual certamente Jesus jamais teria provado uma gota sequer. As bebidas alcoólicas dos atuais fabricantes de vinho são bastante diferentes do suco de uva suavemente inebriante, comum em outros séculos. No que se refere ao vinho então usado no Oriente, era preciso alguém beber muito antes de ficar embriagado. Havia certamente casos de embriaguez pelo vinho; mas, como regra geral, o alcoolismo era vício raro naquela região na época de Jesus e em eras anteriores. Se o nosso grande exemplo vivesse nas circunstâncias atuais, cercado por um mar de bebidas mortais que arruína dezenas de milhares de pessoas, sei como teria agido. Estou certo de que não teria contribuído, fosse por palavras, fosse por atos, para o aumento dos rios de bebidas venenosas existentes e nos quais corpos e almas vêm sendo destruídos massivamente. O tipo de vinho que ele fez era tal que, se não fosse pelo fato de haverem surgido bebidas mais fortes, não haveria necessidade de se levantar nenhum protesto contra o hábito de beber. Provavelmente, em princípio, não fazia mal a ninguém; caso contrário, Jesus, nosso amado Salvador, não o teria criado.

Alguns têm levantado outro questionamento: sobre a grande quantidade de vinho que Jesus criou, pois calcula-se que tenha sido cerca de 450 litros ou mais. "Era preciso tudo isso?", questiona alguém. "Mesmo que fosse vinho do tipo mais fraco, seria uma quantidade enormemente excessiva", argumenta-se. Mas em que você está pensando? Em um casamento ocidental comum, nos dias de hoje, em que se reúnem, quando muito, umas cinquenta pessoas? O casamento oriental daquela época era bastante diferente. Mesmo que acontecesse em uma aldeia, como era o caso de Caná da Galileia, vinha gente de toda parte comer e beber, e a festa durava, quase sempre, de uma semana a quinze dias. Centenas de pessoas tinham de ser devidamente alimentadas durante dias pelos anfitriões da festa, a qual, geralmente, era aberta a todos. Além disso, quando o Senhor multiplicou os pães e os peixes, as pessoas comeram aquele alimento imediatamente ou pouco depois; do contrário, o pão mofaria e o peixe apodreceria; mas vinho pode ser guardado e tomado muito depois. Não tenho dúvida de que o vinho criado por Jesus Cristo era tão bom para ser guardado muito tempo quanto para ser bebido imediatamente ou pouco depois. Também por que não ajudar a família, fornecendo-lhe um estoque? Não deviam ser pessoas ricas. Poderiam vender mais tarde o vinho, caso quisessem. Seja o que for, este não é meu assunto e não quero me envolver em questão de somenos importância. Eu me abstenho de toda bebida alcoólica e acho que seria sábio se os outros fizessem a mesma coisa. Quanto a isso, cada um pense por si mesmo.

De todo modo, Jesus Cristo deu início à dispensação do evangelho não com um milagre de vingança — tal como o realizado por Deus no Egito, por meio de Moisés, transformando água em sangue —, mas com um milagre de liberalidade, ao transformar a água em vinho. Ele não apenas supre aquilo que é essencialmente necessário às pessoas, mas provê com fartura, e isto é altamente representativo do reino

AS TALHAS DE CANÁ

| 95

de sua graça. Ele não apenas dá aos pecadores o suficiente para salvá-los, mas dá com abundância, graça sobre graça. Os dons da aliança não são limitados nem restritos, não são pequenos em quantidade nem em qualidade. Dá aos homens não apenas água da vida, para que possam dela beber e com ela se refrescar, mas também vinhos puros, bem purificados (Is 25.6) para que possam se satisfazer e jubilar. Cristo dá como o dá um rei, em profusão, sem conter copos nem vasilhas. Uma quantidade como daqueles 450 litros de vinho é bastante pequena se comparada com os rios de amor e misericórdia que lhe agrada conceder livremente de seu coração generoso para com as almas mais necessitadas. Esqueçamos, portanto, toda questão relativa ao vinho; quanto menos coisas tivermos a cogitar, melhor será, tenho certeza. Vamos pensar simplesmente na misericórdia de nosso Senhor e deixar que o vinho seja um exemplo de sua graça, e a fartura deste, no caso, um modelo da abundância de sua graça, que ele tão liberalmente nos concede.

Em relação a este milagre, devemos destacar, ainda, quão simples e sem ostentação ele ocorreu. Seria de esperar que, quando aqui andou sob forma humana, o grande Senhor de todas as coisas começasse sua bela carreira de milagres chamando pelo menos os escribas e os fariseus, se não os reis e os príncipes da terra, para ver as marcas de seu chamado, a garantia e o certificado de seu comissionamento. Talvez devesse colocar todos juntos para realizar um milagre diante deles, como Moisés e Arão tiveram de fazer ante o faraó, para que pudessem se convencer de seu messiado. Não fez assim. Jesus compareceu a uma simples festa de casamento, de pessoas relativamente modestas, e ali, da maneira mais simples e mais natural deste mundo, revelou a sua glória. Ao transformar a água em vinho, ao escolher este ato como seu primeiro milagre, não chama o mestre de cerimônias da festa, nem o próprio noivo, ou qualquer dos anfitriões, e lhes diz: "Vocês sabem que o vinho acabou, não? Pois então, estou prestes a lhes mostrar uma grande maravilha: vou transformar água em vinho". Nada disso; faz tudo em silêncio, ajudado apenas pelos servos. Pede que encham de água as talhas, recipientes que estavam ali à disposição. Não pede outras vasilhas, mas usa somente as que tinha à mão, sem fazer nenhum alarde ou exibição. Usa água que também estava disponível em abundância — e realiza um milagre, se posso dizer assim, da maneira mais simples e comum. É este o estilo de Jesus.

Se fosse um milagre desses do tipo "carismtático", provavelmente teria sido feito de maneira aparentemente misteriosa, ou teatral, sensacionalista, sem poupar parafernália. Sendo, porém, um milagre genuíno, foi feito, embora de maneira sobrenatural, quase como uma sequência do que seria natural. Jesus não encheu as talhas vazias de vinho, mas foi até onde a natureza pode ir e usou água para fazer vinho dela, seguindo assim um processo de sua providência que se realiza dia a dia. Pois o vinho é produzido da água, iniciando-se o processo quando gotas de chuva caem do céu e fluem para a terra em direção às raízes da vinha, fazendo brotar dos cachos de uva e neles o suco rubro que irá produzir o vinho. Apenas uma diferença no tempo da produção separa o vinho criado nos cachos e o surgido nas talhas. Nosso Senhor não pediu a outros que fizessem isso; os servos só tiveram que lhe trazer água comum. Só quando começaram a tirar das talhas a água — ou aquilo que achavam ser ainda água — é que iriam os servos perceber que a água fora transformada em vinho.

Não faça confusão quando procurar servir a Jesus Cristo. Ele nunca faz qualquer confusão no que realiza, mesmo quando opera milagres maravilhosos. Se você quer fazer uma coisa boa, vá e a faça da maneira mais natural que puder. Tenha um coração simples e uma mente humilde. Seja você mesmo. Não se deixe afetar pela sua provável espiritualidade, como se tivesse que caminhar sobre pernas de pau no céu. Ande com os seus próprios pés e coloque a religiosidade no devido segundo plano. Se você tem uma grande obra a fazer, faça-a com simplicidade — que é parente da excelência —, pois toda ostentação e tudo o que é enfeitado e ostensivo demais é, afinal de contas, miserável e desprezível. Somente a simples naturalidade possui beleza genuína. Tal beleza estava presente neste milagre do Salvador.

Tome estes comentários como uma espécie de prefácio, pois quero mostrar agora *os princípios ocultos que se encontram neste texto bíblico* e, em seguida, após mostrá-los, apresentar *como devem ser aplicados*.

I. *Ordenou-lhe Jesus: Enchei de água essas talhas* (Jo 2.7). Quais são os princípios envolvidos neste modo de agir do nosso Senhor?

Em primeiro lugar: como norma, *quando Cristo está para conceder uma bênção, ele dá uma ordem*. Eis aí um fato que sua memória vai ajudar a estabelecer rapidamente. Nem sempre, na verdade, é assim; mas, como regra geral, uma palavra de comando precede uma palavra de poder, ou, então, vem juntamente com ela. Se ele está prestes a criar vinho, o processo aqui não consiste em apenas dizer "haja vinho", mas começa com uma ordem dada aos homens: *Enchei de água essas talhas*. Eis um homem cego a quem Cristo está pronto a dar a visão. Ele coloca barro em seus olhos e, então, lhe diz: *Vai, lava-te no tanque de Siloé* (Jo 9.7). Ali está um homem com uma mão atrofiada e inútil para ele. Cristo quer restaurá-la e lhe diz: *Estende a tua mão* (Mt12.13). O princípio se mostra aplicável até mesmo em casos em que parece não deveria se aplicar, pois mesmo a uma criança morta ele ordena: *Menina, levanta-te* (Lc 8.54). E até a Lázaro — que já cheirava mal por estar morto havia quatro dias — ele ordena: *Lázaro, vem para fora!* (Jo 11.43). Deste modo, ele concede benefício por meio de uma ordem. Os benefícios do evangelho vêm juntamente com um mandamento do evangelho.

Observe como este princípio que se verifica nos milagres está presente também nas maravilhas de sua graça divina. Eis um pecador que quer ser salvo. O que Cristo tem a dizer a este pecador, mediante os apóstolos? *Crê no Senhor Jesus e serás salvo* (At 16.31). E você? Pode crer nisso? Mas ele não está morto em seus pecados? Irmãos, em lugar de levantarmos questionamentos tais, aprendamos, simplesmente, que Jesus Cristo ordena que os homens creiam; e, por isso, comissionou seus discípulos a dizerem: *Arrependei-vos, porque é chegado o reino dos céus* (Mt 3.2). Ou seja: ... *Deus, não levando em conta os tempos da ignorância, manda agora que todos os homens em todo lugar se arrependam* (At 17.30). Ele nos ordena irmos e pregarmos esta sua palavra: *Crê no Senhor Jesus e serás salvo*.

Mas por que uma ordem? É sua vontade que assim seja, e isso deveria ser suficiente para você, que se diz seu discípulo. Na verdade, tem sido exatamente sempre assim, desde os tempos mais antigos, quando o Senhor estabeleceu sua maneira própria de lidar com uma nação praticamente morta. Ali estavam ossos secos, no vale, em grande número e excessivamente secos. Ezequiel recebe então a ordem de profetizar a eles. O que diz o profeta? *Ossos secos, ouvi a palavra do Senhor* (Ez 37.4). É esta a sua maneira de fazê-los viver novamente. Sim, por meio de uma ordem para que ouçam, coisa que, humanamente, ossos secos não podem fazer. Ele, porém, dá ordem aos mortos, aos ossos secos, aos desesperados, e, mediante o seu poder, surge a vida.

Oro para que você não seja desobediente às ordens do evangelho. Fé é um dever; caso não fosse, não leríamos nas Escrituras a respeito de *obediência da fé* (Rm 16.26). Por isso, quando a questão é abençoar, Jesus Cristo desafia a obediência dos homens, dando ordens reais. É o que acontece quando deixamos de não sermos convertidos e nos tornarmos crentes. Quando Deus quer abençoar o seu povo tornando-o bênção, ele o faz pronunciando uma ordem. Ao orarmos para que o Senhor se levante e mostre seu braço de poder, sua resposta, contendo uma ordem, é: *Desperta, desperta, veste-te da tua fortaleza, Sião* (Is 52.1). Ao rogarmos que o mundo seja trazido a seus pés, sua resposta, em forma de ordem, é: *Foi-me dada toda a autoridade no céu e na terra. Portanto ide, fazei discípulos de todas as nações, batizando-os* (Mt 28.18,19). Sua ordem é para que sejamos veículos da sua bênção. Se queremos ter a bênção de ver as conversões se multiplicando e as igrejas sendo edificadas, Cristo nos dará esse benefício, pois todo dom procede dele, como foi transformar água em vinho. Contudo, primeiro ele nos diz: "Vão e proclamem a minha salvação até os confins da terra". Temos de encher as talhas de água. Se formos obedientes ao seu mandado, veremos de que modo poderoso ele irá operar, estará conosco e as nossas orações serão ouvidas.

Este é, enfim, o primeiro princípio que vejo aqui: Cristo dá ordens àqueles que ele deseja abençoar.

Em segundo lugar, *as ordens de Cristo não são para serem questionadas, mas, sim, obedecidas*. As pessoas querem vinho, e Cristo diz aos servos: *Enchei de água essas talhas*. Se aqueles servos pensassem da mesma forma que os críticos capciosos dos tempos modernos, teriam olhado com ceticismo para o Senhor por um momento e feito uma objeção: "Eles não querem água; esta não é uma festa da purificação, é uma festa de casamento. Não se usa beber água no casamento. Podem querer água quando forem à sinagoga ou ao templo, para lavar e ter as mãos purificadas, de acordo com os costumes. Mas agora, não, não querem

AS TALHAS DE CANÁ | 97

água; a hora, a ocasião, tudo o mais, requer que seja servido *vinho*". Todavia, o conselho que Maria tinha dado aos servos fora muito próprio: *Fazei tudo quanto ele vos disser*. Nós também: não nos cabe, não devemos, questionar nem criticar as ordens do Senhor, mas cumpri-las imediatamente.

Em alguns momentos, pode parecer que a ordem de Cristo não seja pertinente ao assunto em questão. O pecador pede: "Senhor, salva-me; vence o pecado em mim". Nosso Senhor responde: "Creia". O pecador não entende de que modo crer em Cristo poderá capacitá-lo a controlar um pecado insistente. À primeira vista, parece não haver nenhuma conexão entre crer no Salvador e dominar um mau hábito ou se livrar de um mau costume, como a intemperança, a paixão, a cobiça, a falsidade. Existe, sim, uma conexão. Mas mesmo que você não consiga visualizá-la, sua parte é não questionar e, sim, fazer aquilo que Jesus ordena que você faça. É no caminho da ordem cumprida que o milagre da misericórdia será realizado. *Enchei de água essas talhas* — apesar de o que você quer mesmo seja vinho. Cristo vê uma conexão total entre a água e o vinho, embora você nem a perceba. Ele tem um motivo para que as talhas sejam cheias de água, que você desconhece. Não nos cabe pedir explicações, mas sermos simplesmente obedientes. Se você fizer exatamente aquilo que Jesus ordena, da maneira que ordena e no momento em que ordena, tão somente porque ele ordena, descobrirá que *os seus mandamentos não são penosos* (1Jo 5.3) e *em os guardar há grande recompensa* (Sl 19.11).

Há momentos em que essas ordens parecem ser até mesmo triviais. Podem nos parecer algo insignificante. Aquela família precisava de vinho, e Jesus diz *Enchei de água essas talhas*. O servos poderiam ter dito: "Isto é simplesmente passar o tempo e brincar conosco. Faríamos melhor se fôssemos falar com os amigos dessas pessoas e pedíssemos se poderiam contribuir oferecendo outras vasilhas de vinho. Melhor ainda se encontrássemos alguma adega ou estalagem onde pudéssemos comprar vinho. Mas mandar-nos ir ao poço encher essas grandes talhas, que só podem conter é muita água, está nos parecendo brincadeira". Meus irmãos sei que, às vezes, o caminho do dever parece que não vai nos levar ao resultado desejado. Preferimos fazer outra coisa. Esta outra coisa pode até parecer estar errada, mas nos dá a impressão de que poderíamos realizar nosso plano de maneira mais fácil e direta; desse modo, lançamo-nos neste outro curso, não ordenado e talvez proibido.

Sei que muitas consciências perturbadas acham que simplesmente crer em Jesus é muito pouco. O coração enganoso sugere sempre uma maneira que parece ser mais eficaz: "Faça uma penitência; sinta amargura; chore certa quantidade de lágrimas. Mude sua mente, quebrante seu coração" — é isso o que pede a nossa carne. Jesus simplesmente nos ordena: "Creia". Isto realmente parece ser uma coisa muito pequena a ser feita, como se não fosse possível receber a vida eterna simplesmente por colocar sua confiança em Jesus Cristo. Mas este é o princípio que quero ensinar aqui: quando Jesus Cristo está prestes a dar uma bênção, ele dá uma ordem que não deve ser questionada, mas, sim, obedecida imediatamente. *Se não o crerdes, certamente não haveis de permanecer* (Is 7.9); *mas se quiserdes, e me ouvirdes, comereis o bem desta terra* (Is 1.19). *Fazei tudo quanto ele vos disser*.

O terceiro princípio é este: *é bom cumprirmos com zelo todas as ordens que recebemos de Cristo*. Ele disse: *Enchei de água essas talhas*, e o servos *encheram-nas até em cima* (Jo 2.7). Existem duas maneiras de encher uma talha. Ela ser cheia até o máximo, mas você pode ainda encher um pouco mais, até começar a transbordar. O líquido começa a se mexer quando está prestes a transbordar numa cascata cristalina. É a plenitude do enchimento. Ao cumprir as ordens de Cristo, meus caros irmãos e irmãs, que cheguemos às últimas consequências: que cumpramos as suas ordens "até em cima". Se a ordem é "crê", creia nele com toda a sua força, confie nele de todo o seu coração. Se é "prega o evangelho", pregue *a tempo e fora de tempo* (2Tm 4.2) — e pregue *o evangelho* — por completo. Pregue-o até em cima. Não entregue às pessoas um evangelho pela metade. Dê-lhes um evangelho transbordante. Encha as talhas até a borda. Se é para se arrepender, peça-lhes um arrependimento profundo e sincero. Se é para crer, peça-lhes uma fé profunda, absoluta, como a de uma criança, uma fé cheia até a borda. Se a ordem é orar, ore poderosamente: encha até a beirada o vaso da oração. Se é para buscar uma bênção das Escrituras, procure-a do início ao fim: encha até a extremidade o vaso da leitura da Bíblia. As ordens de Cristo nunca devem ser cumpridas com negligência. Que coloquemos nossa alma em tudo aquilo que ele nos ordenar, ainda que não possamos entender o motivo pelo qual nos manda realizar essa tarefa. Os mandamentos de Cristo devem ser cumpridos com todo o entusiasmo e realizados ao extremo, se for possível haver um extremo.

O quarto princípio é que *nossa dedicada ação em obediência a Cristo não é contrária, mas necessária, à nossa dependência dele*. Vou lhes demonstrar como. Alguns irmãos me dizem: "Veja só! Você promove aquilo que chama de cultos de reavivamento, nos quais tenta despertar os homens por meio de apelos sinceros e discursos entusiasmados. Não vê que Deus faz sua própria obra? Esses esforços seus não passam de uma tentativa sua de tirar a obra das mãos de Deus. A maneira correta é confiar nele e não fazer coisa alguma". Tudo bem, irmão. Já entendi sua posição: confiar nele e não fazer coisa alguma. Tomo a liberdade de não ter plena certeza de que você realmente confia nele, pois, se me lembro bem quem você é, acho que já estive em sua casa e sei que você é a pessoa mais tristonha, desanimada e descrente que conheço. Você nem mesmo sabe se já foi salvo nove ou dez vezes. Acho que você deveria falar de sua fé para você mesmo. Se tivesse essa fé tão maravilhosa, sem dúvida que se faria a você conforme sua fé. Quantas pessoas se achegaram à sua igreja — sua igreja abençoada, onde você exerce sua abençoada fé sem obras — mediante sua falta de ação, este ano? Quantos ingressaram nela? "Bem, nós não estamos crescendo muito", confessa você. Realmente, acho que vocês provavelmente não cresceram. Se você pretende estender o reino do redentor por meio da inação, não acho que esteja trabalhando *da maneira* que Cristo aprova. Mas nós nos arriscamos a dizer-lhe que vamos prosseguir trabalhando para Cristo com todo o nosso coração e a nossa alma, usando de todos os meios disponíveis para trazer os homens a ouvir o evangelho, sentindo, mais ou menos como você, que não podemos fazer qualquer coisa que seja sem o Espírito Santo, que confiamos em Deus, penso eu, quase da maneira que você crê, porque a nossa fé tem produzido muito mais resultados do que a sua. Não me surpreenderia se, no final, sua fé sem obras se mostrasse morta, para ficar apenas nisso, e que a nossa fé, tendo obras consigo, se mostre uma fé viva no final de tudo.

Vamos colocar a questão da seguinte maneira: Jesus Cristo diz: *Enchei de água essas talhas*. O servo ortodoxo responderia: "Meu Senhor, creio plenamente que tu podes produzir vinho para essas pessoas sem a presença de água e, com a tua permissão, não trarei água alguma. Não vou interferir na obra de Deus. Estou bem certo de que tu não queres a nossa ajuda, Senhor gracioso. Tu podes fazer que estas talhas se encham de vinho sem que seja necessário trazer um único balde de água, e, assim, não vamos roubar a glória de ti. Vamos simplesmente nos colocar atrás e esperar por ti. Quando o vinho for feito, beberemos um pouco dele e bendiremos o teu nome. Enquanto isso, oramos para que tu nos perdoes, pois os baldes com água são difíceis de carregar, e são necessários muitos deles para encher todas essas talhas. Além disso, seria uma interferência na obra divina e, desse modo, preferimos nos aquietar". Você não acha que os servos que falassem dessa maneira estariam mostrando que não tinham fé alguma em Jesus? Não vamos afirmar que isso pudesse comprovar sua descrença, mas que se parece muito com tal atitude, parece.

Veja agora o servo que, tão logo Jesus ordena *Enchei de água essas talhas*, diz: "Não entendo isso, não vejo qualquer ligação entre pegar água e a falta de vinho; mas vou até o poço. Lá vou encher, e depois trazer, dois baldes de água. Você vem comigo, meu irmão? Venha comigo e me ajude a trazer os baldes". E ali vão eles, voltando alegremente com a água, derramando-a em talhas até que estejam cheias até a boca. Estes me parecem ser os servos crentes, que obedecem à ordem, mesmo sem entendê-la, mas esperando que, de uma maneira ou de outra, Jesus Cristo saiba o que irá fazer, como na verdade saberá, ao realizar seu milagre. Não estamos interferindo em sua obra, queridos irmãos, quando nos empenhamos com dedicação em nossa tarefa. Estamos simplesmente demonstrando nossa fé nele se trabalhamos para ele da maneira que ele nos ordena que trabalhemos e confiando nele com uma fé plena.

Vou dar ênfase semelhante ao próximo princípio: *somente a nossa ação não é suficiente*. Sabemos disso, é certo, mas deixe-me lembrar-lhe mais uma vez. Eis as talhas e os baldes cheios, e mais do que isso não poderiam estar. Que abundância de água! Nota-se que, na tentativa de enchê-los até a boca, a água escorreu por todo canto. Bem, todas as seis grandes talhas estão cheias de água. Existe algum vinho ali? Nem uma gota sequer. O que eles trouxeram foi água, nada além de água que, por enquanto, permanece

AS TALHAS DE CANÁ

sendo água. Suponhamos que eles fossem levar aquela água para a festa. Tenho a impressão de que os convidados não considerariam água fresquinha uma bebida adequada para uma festa de casamento. Não sei se o deveriam, mas acho que não foram educados propriamente na crença de uma abstinência total. Certamente reclamariam com o dono da festa: "Você já nos deu até vinho, e do bom, e água, agora, não é um final feliz para esta festa". Estou certo, porém, de que isso não aconteceria. E, no entanto, aquele líquido era água, nada mais que água pura, quando os servos a derramaram nos vasilhames. Assim também, apesar de tudo o que um pecador possa fazer ou de tudo o que um salvo possa fazer, nada existe por parte do esforço humano que consiga ajudar na salvação de uma alma até que Cristo pronuncie a palavra de poder. Paulo plantou, e Apolo regou, mas não houve crescimento até que Deus o tivesse dado. Pregue o evangelho, trabalhe com as almas, seja persuasivo, converse, exorte. Saiba, porém, que não há poder em qualquer coisa que você possa fazer até que Jesus Cristo mostre o seu poder divino. Sua presença é o nosso poder. Bendito seja o seu nome porque ele virá, encherá as talhas com água e a transformará em vinho. Somente ele pode fazer isso, e os servos que mostram disposição de encher as talhas são justamente dos primeiros a confessar que somente ele pode fazer tais coisas.

Agora, o último princípio: o de que, *embora a ação humana não consiga por si mesma alcançar o fim desejado, ela tem seu lugar específico no processo e Deus determina que ela seja necessária.* Por que precisava o Senhor que as talhas fossem enchidas de água? Não posso afirmar que isso fosse realmente necessário. Poderia até não ser absolutamente necessário em si, mas, com o objetivo de que o milagre pudesse ser aberto e claro para todos, necessário se tornou. Suponha que o nosso Senhor tivesse dito: "Vão até as talhas e peguem o vinho, que está lá". Aqueles que vissem isso certamente diriam que já havia vinho antes nas talhas e que, portanto, nenhum milagre fora realizado. Quando nosso Senhor pede que as talhas sejam enchidas de água, não haverá mais espaço algum para que qualquer gota de vinho possa estar ali escondida. O mesmo aconteceu com Elias: com o objetivo de provar que não havia fogo oculto algum debaixo do altar, no monte Carmelo, ordenou que fossem até o mar e trouxessem água a fim de derramá-la sobre o altar, sobre o sacrifício e no rego em volta do altar até que estivesse cheio. Mandou: "Façam uma segunda vez", e eles o fizeram. Disse ainda: "Façam pela terceira vez". Eles o fizeram, e, assim, não havia mais nenhuma possibilidade de fraude. Portanto, quando o Senhor Jesus ordena aos servos que encham as talhas com água, está garantindo não haver qualquer possibilidade de vir a ser acusado de falsário. Eis por que foi necessário, portanto, que as talhas fossem cheias de água.

Além disso, foi necessário porque se tornou altamente edificante para os servos. Você pode observar, no texto, que quando o mestre-sala prova do vinho, não sabe de onde veio. Nem podia imaginar de onde ou como tinha surgido ali e mostrou-se surpreso. Mas, conforme diz a Palavra, "o sabiam os serventes". O mesmo acontece com alguns membros das igrejas quando almas se convertem. Esses membros são boas pessoas, mas pouco sabem a respeito de conversão de pecadores. Não sentem muito prazer no reavivamento. Na verdade, tal qual o irmão mais velho do filho pródigo, têm certa prevenção para com os recém-convertidos, sobretudo quando se mostram muito efusivos com a conversão. Como esses membros se consideram muito sérios e respeitáveis, prefeririam não ter essas pessoas, que julgam ser de um nível mais baixo, sentadas ao seu lado. Sentem-se um tanto desconfortáveis por terem de ficar tão perto delas. Pouco ou nada sabem, enfim, a respeito do que realmente está acontecendo; todavia, bem o sabem os "serventes", ou seja, os servos.

É exatamente isso o que quero dizer: crentes sinceros, que fazem a obra e enchem as talhas, sabem o que está acontecendo. Jesus ordenou que se enchessem as talhas com água com o propósito de que os homens que trouxeram a água do poço soubessem depois que aquilo fora um milagre. E eu lhe garanto: se você trouxer almas a Cristo, conhecerá o seu poder. Vai vibrar de alegria ao ouvir o clamor de glória do arrependido e perceber o brilhante raio de luz de júbilo sobre a face de quem nasce de novo, ao ter seus pecados lavados e se sentir restaurado. Se você quer conhecer o poder miraculoso de Jesus Cristo, deve ir não realizar milagres, mas, simplesmente, trazer a água e encher as talhas. Faça as suas obrigações normais de homem e mulher cristãos — coisas nas quais não há poder em si mesmas, mas que Jesus Cristo conecta à sua própria obra divina — e só o fato de você saber que participou dessa obra será excelente para sua edificação e seu conforto: "Se bem que o sabiam os serventes".

Creio que já falei o suficiente sobre os princípios presentes neste texto.

II. Tenha paciência comigo um pouco mais, enquanto procurarei aplicar agora esses princípios a propósitos práticos. Vejamos, então, DE QUE MANEIRA EXECUTAR ESTA ORDEM DIVINA: *Enchei de água essas talhas.*

Primeiramente, *use as habilidades que você possui no serviço de Cristo*. Ali estão seis talhas. Jesus usa o que encontra disponível, à mão. Há água no poço; nosso Senhor a utiliza também. Nosso Senhor costuma empregar em sua obra o seu povo, com a capacidade e as habilidades que cada qual possui, em vez de usar os anjos ou uma nova classe de seres criados especialmente com esse propósito. Queridos irmãos e irmãs, se nenhum de vocês possui um cálice de ouro, encha seu vasilhame comum. Mesmo que você não se considere uma taça de prata de elaborado labor, ou uma peça de porcelana de Sèvres, isso não importa: encha o vaso de barro que você acha que é. Se não pode fazer cair fogo do céu, tal qual Elias, ou realizar milagres como fizeram os apóstolos, faça então o que puder. Se você não possui prata nem ouro, dê a Cristo aquilo que você tiver. Traga água mediante suas ordens e há de ser o melhor dos vinhos. O mais comum dos dons pode servir aos propósitos de Cristo. Assim como ele tomou apenas alguns pães e peixes e com eles alimentou uma multidão, assim também ele se vale de seis talhas de água e nelas cria vinho.

Você pode observar como melhorou o que se possuía, a começar pelas talhas, que estavam vazias, mas foram cheias. Encontram-se hoje aqui muitos irmãos que cursam a universidade. Estão buscando melhorar seus dons e habilidades. Vocês estão agindo corretamente, irmãos. No entanto, já ouvi uma vez quem dissesse "O Senhor Jesus não precisa daquilo que você aprendeu na escola". É bem provável que sim, do mesmo modo que ele talvez não precisasse da água em si. Mas certamente ele também não quer de modo algum de estupidez e ignorância nem do modo de falar errado e rude e sem educação. Ele não quis usar talhas vazias, mas, sim, cheias, e os servos fizeram bem em enchê-las. Hoje, nosso Senhor não quer cabeça vazia em seus ministros, muito menos um vazio coração. Assim, meus irmãos, encham suas talhas com água. Esforcem-se, estudem, aprendam tudo o que puderem; encham as talhas com água. "Oh", talvez alguém alegue, "mas de que maneira esses estudos os levarão à conversão? A conversão é como o vinho, e tudo o que esses jovens irmãos aprenderão será como água". Tem razão. Mas espere até que eu ordene a esses estudantes que encham suas talhas de água, para que então o Senhor Jesus a transforme em vinho. O conhecimento humano pode ser perfeitamente santificado, de modo que venha a ser útil na propagação do conhecimento de Cristo. Espero em Deus que já haja passado aquela época em que muitos imaginavam que somente a ignorância e a rudeza poderiam ser úteis ao reino dos céus. O grande Mestre fez que todo o seu povo aprendesse tudo o que deveria aprender, especialmente que conhecesse a si mesmo e às Escrituras, para que melhor pudesse proclamar seu evangelho. "Enchei de água essas talhas."

Assim, a fim de aplicarmos esse princípio, vamos todos *usar os meios de bênção conforme indicados por Deus*. Quais são esses meios?

Em primeiro lugar, a leitura das Escrituras. Já que "examinais as Escrituras", faça-o então examinando tudo o que possa. Busque entender as Escrituras. "Se eu conhecer a Bíblia é que então serei salvo?" Não; você terá de conhecer o próprio Cristo por meio do Espírito Santo. Mais uma vez: *enchei de água essas talhas*; e, enquanto estudar as Escrituras, pode estar certo de que o Salvador irá abençoar sua Palavra e transformar essa água em vinho. Há sempre auxílio para você nos meios da graça, como, por exemplo, ouvir um ministro do evangelho. Lembre-se de que você deve encher a talha com água até em cima. "Mas eu posso ouvir milhares de sermões e não ser salvo." Pode ser, mas sua tarefa é encher a talha com água, e, enquanto você ouve o evangelho, Deus o abençoa, pois *a fé é pelo ouvir, e o ouvir pela palavra de Cristo* (Rm 10.17). Saiba usar os meios que Deus lhe indicar. E, uma vez que o nosso Senhor decidiu salvar os homens por meio da pregação da Palavra, oro para que levante quem pregue sem cessar, a tempo e fora de tempo, entre quatro paredes e nas ruas. "Mas não é a nossa pregação propriamente que os salvará", dizem alguns. Sei disso; mas pregar é trazer a água, e, enquanto nós o fazemos, Deus, por sua vez, irá abençoar a água e a transformará em vinho. Saiamos a distribuir literatura religiosa e folhetos. "Oh, mas não será

As talhas de Caná

| 101

propriamente por ler este material que as pessoas serão salvas." Certamente, não; mas, se o leem, Deus pode e vai fazer que a verdade seja lembrada em sua mente e impressa em seu coração. *Enchei de água essas talhas*. Cuidemos de distribuir uma infinidade de folhetos. Espalhemos literatura religiosa por toda parte. *Enchei de água essas talhas*, e o Senhor irá transformar água em vinho.

Não se esqueça das reuniões de oração. Que abençoado meio de graça, trazendo o poder do céu a todas as obras da igreja. Enchamos essa talha de água. Não tenho do que reclamar da sua frequência nas reuniões de oração, mas, oh, mantenham-na ativa, meus irmãos! Se você *pode* orar, ore! Bendito seja o nome de Deus se você tem o espírito de oração. Continuem orando! *Enchei de água essas talhas*, e, em resposta à sua oração, Jesus irá transformá-la em vinho. Professores de escola bíblica dominical, não negligenciem neste seu bendito meio de ser útil. *Enchei de água essas talhas*. Trabalhem no sistema da escola dominical com toda a sua força. "Mas as crianças não serão salvas simplesmente por serem colocadas juntas e lhes falarmos sobre Jesus. Não lhes podemos dar um novo coração." E quem disse que vocês podem? *Enchei de água essas talhas* que Jesus Cristo sabe como irá transformá-la em vinho. E ele não deixará de fazê-lo enquanto formos obedientes às suas ordens.

Faça uso de todos os meios, mas *saiba usá-los com a motivação correta*. Volto agora àquela parte do texto que diz: "E encheram-nas até em cima". Sempre que você estiver ensinando aos pequeninos da escola dominical, ensine-os bem. Encha até em cima. Quando você pregar, meu caro amigo, não pregue como se estivesse sonolento. Anime-se, encha o seu ministério até em cima. Quando você estiver buscando evangelizar a comunidade, não o faça sem motivação, como se não se importasse se aquelas almas venham a ser salvas ou não. Encha-as até em cima, pregue o evangelho com toda a sua força, clame pelo poder do alto. Encha cada vaso até em cima. Tudo o que valer a pena fazer, faça-o bem. Ninguém jamais serviu a Cristo bem demais. Já ouvi dizer que, em alguns cultos, pode haver zelo demais; mas, no serviço de Cristo, você pode ter quanto zelo puder e quiser e, ainda assim, jamais haverá excesso se a prudência estiver unida a ele. *Enchei de água essas talhas*, e até em cima. Faça tudo de todo o seu coração, de toda a sua alma e de todas as suas forças.

Ainda no propósito de aplicação desse princípio, lembre-se que, *mesmo que você tenha feito tudo o que pode, sempre haverá deficiência em tudo o que fez*. Não deve haver problema algum de sua parte, ao voltar da distribuição de folhetos, da classe da escola dominical ou da pregação, ao chegar em casa, em ajoelhar-se e clamar: "Senhor, eu fiz tudo o que me ordenaste, mas nada terá sido feito se não tiver o teu toque final. Senhor, eu enchi essas talhas de água e, embora só possa simplesmente enchê-las com água, as enchi até em cima. Com o melhor da minha capacidade, Senhor, busquei ganhar vidas para ti. Sei que não pode haver uma alma salva, uma criança convertida ou qualquer glória trazida ao teu nome simplesmente por aquilo que fiz, pelos meus atos em si. Contudo, bom Mestre, fala a palavra capaz de realizar o milagre de fato, e a água que enche os vasos transforma-a em vinho. Somente tu podes fazê-lo, Senhor, eu não posso. Eu lanço este fardo sobre ti".

Isto me leva à última aplicação do princípio, que é: *tenha confiança de que o Senhor fará a obra*. Veja bem, poderia haver outra maneira de encher as talhas de água. Suponha que aquelas pessoas nunca tivessem recebido a ordem de encher as talhas e que o ato de fazer isso não tivesse nenhuma relação com Cristo. Suponha que aquela ação tivesse sido apenas um lampejo de sua própria imaginação e que elas tivessem dito: "Essas pessoas não têm vinho, mas, quem sabe, elas podem querer se lavar, e então vamos encher seis talhas de água". Nada teria acontecido a partir desse procedimento. A água teria ficado ali. Lembro-me de um menino da escola de Eton, que disse: "A água consciente viu seu Deus e ficou vermelha", uma expressão verdadeiramente poética. A água consciente, no entanto, teria visto os servos, e não teria ficado vermelha. Teria simplesmente refletido a face deles em sua superfície brilhante, e nada além disso teria acontecido. Foi preciso que o próprio Senhor Jesus Cristo, com seu poder presente, realizasse o milagre. Mas isso aconteceu porque ele mesmo havia ordenado aos servos que enchessem as talhas com água e, desse modo, viu-se compelido — se é que posso usar tal expressão em relação ao nosso Rei — a transformá-la em vinho.

Se não fosse ele o Cristo, teria simplesmente pregado uma peça naqueles servos. Mas então eles teriam cobrado dele: "Por que nos deste uma ordem absurda como esta?" Se depois de enchermos as talhas com água Jesus não realizasse nada por nós, teríamos apenas feito o que ele nos havia ordenado; mas, como cremos nele, ouso dizer, ele se obriga a si mesmo a realizar o milagre. Do contrário, seríamos perdedores, e perdedores terríveis. Se o Senhor não mostrasse seu poder, só teríamos a lamentar, dizendo "trabalhei em vão e gastei minhas forças por nada". Não seríamos, porém, tão perdedores quanto ele próprio, pois o mundo logo afirmaria serem as ordens de Cristo vazias, inúteis e ineficientes. Diria que a obediência à sua palavra não traz nenhum resultado. Diria o mundo: "Você encheu as talhas com água só porque ele ordenou que fizesse; esperou que ele transformasse água em vinho, mas ele não fez nada disso. Sua fé é vã; sua obediência é vã; ele não é um mestre que valha ser servido". *Nós* seríamos perdedores, mas *ele* seria mais ainda: perderia a sua glória.

Por isso, de minha parte, creio que jamais uma palavra de Cristo possa ser dita em vão. Tenho certeza de que nenhum sermão que contenha Cristo em si possa ser pregado sem resultado. Alguma coisa positiva disso resultará, se não hoje, amanhã, mas alguma coisa boa há de resultar. Quando um sermão meu é publicado, quando o vejo impresso em um livro, já estou desde antes bem feliz em saber de almas que foram e serão salvas por este meio. Se ainda não foi impresso, apenas o preguei, já acho que algo de bom Deus fará brotar dele. Se preguei Cristo, coloquei sua verdade salvadora naquele sermão, aquela semente não poderá morrer. Mesmo que pareça morrer naquele livro por vários anos, tal qual grãos de trigo enterrados no solo, um dia viverá, crescerá e dará fruto. Ouvi falar recentemente de uma vida que foi levada a Cristo por um sermão que preguei 25 anos atrás. Quase todas as semanas, ouço falar a respeito de pessoas que foram trazidas a Cristo por sermões meus pregados em reuniões realizadas em Park Street, no Exeter Hall e nos jardins de Surrey. Sinto, portanto, que Deus não deixará uma testemunha fiel sequer cair ao chão.

Vá em frente, irmão. Encha as talhas de água. Não acredite, porém, que você está fazendo muito, mesmo quando tiver feito tudo o que pode. Não comece a se parabenizar diante dos sucessos. Tudo vem de Cristo e tudo *virá* de Cristo. Todavia, não diga na reunião de oração: "Paulo *pode* ter plantado, e Apolo *pode* ter regado, mas...". Não é bem assim o que diz a passagem. Ela diz exatamente o contrário, ou seja: que *Paulo plantou; Apolo regou; mas Deus deu o crescimento* (1Co 3.6). O crescimento é dado por Deus, uma vez que a plantação e a semeadura sejam feitas de maneira adequada. Os servos devem encher as talhas; e é o Mestre quem transforma a água em vinho.

Que o Senhor nos dê a graça de sermos obedientes às suas ordens, especialmente a este mandamento: "Creia e viva!" E que possamos encontrá-lo nas bodas celestiais para bebermos do vinho novo com ele, para todo o sempre. Amém e amém.

11

O BANQUETE DE SATANÁS

Quando o mestre-sala provou a água tornada em vinho, não sabendo donde era, se bem que o sabiam os serventes que tinham tirado a água, chamou o mestre-sala ao noivo e lhe disse: Todo homem põe primeiro o vinho bom e, quando já têm bebido bem, então o inferior; mas tu guardaste até agora o bom vinho (Jo 2.9,10).

O mestre-sala disse mais do que pretendia dizer, ou seja, existe mais verdade naquilo que ele disse do que ele mesmo poderia ter imaginado. Esta é a regra estabelecida para o mundo, pelo mundo: "Primeiro o vinho bom; quando todos estiverem bêbados, que venha então o vinho ruim". Esta é a norma em vigor entre *os homens* — e, por acaso, por causa dela, já não choraram centenas de corações decepcionados? Primeiro, amizade — palavras brandas e mais derretidas que manteiga; depois, a espada desembainhada. Aitofel apresenta primeiro a Davi a nobre iguaria do amor e da bondade; depois, o que havia de pior, pois abandona seu senhor para se tornar conselheiro do filho rebelde do rei. Judas também apresenta, antes, o vinho do discurso certo e da bondade. O Salvador participa dele enquanto Judas caminha para a casa de Deus na companhia do Senhor, recebendo do discípulo doce acolhimento aos seus conselhos. Depois, vem a borra do vinho — *O que comia do meu pão, levantou contra mim o seu calcanhar* (Jo 13.18). Judas, o ladrão, trai seu mestre trazendo "então o inferior" dos vinhos.

Você, certamente, já passou por isso com muitas pessoas que considerava como seus amigos leais. No apogeu da prosperidade, quando brilhava o sol, os pássaros cantavam e tudo estava indo bem com você, ofereciam-lhe o bom vinho. Mas chegou um vento frio que queimou suas flores; as folhas caíram das árvores; seus rios foram congelados pelo gelo; veio tudo de pior — então, se esqueceram de você, fugiram; o abandonaram na hora do perigo e lhe ensinaram aquela grande verdade: *Maldito o varão que confia no homem, e faz da carne o seu braço* (Jr 17.5). É assim no mundo, no mundo inteiro — e não apenas entre os homens, até mesmo na *natureza*.

> Quem dera a terra fosse
> o que deveria ser e nada mais.

Pois não é exatamente isso o que a vida neste mundo nos oferece? Em nossa juventude, ela nos traz o melhor vinho. Temos os olhos brilhantes e os ouvidos afinados para a música. O sangue flui nas veias, e o pulso bate com alegria. Mas, espere um pouco e, no final, vem tudo aquilo que é considerado inferior — *no dia em que tremerem os guardas da casa, e se curvarem os homens fortes, e cessarem os moedores, por já serem poucos, e se escurecerem os que olham pelas janelas, e as portas da rua se fecharem; quando for baixo o ruído da moedura, e nos levantarmos à voz das aves, e todas as filhas da música ficarem abatidas; como também quando temerem o que é alto, [...] o gafanhoto for um peso, e falhar o desejo e os pranteadores andarão rodeando pela praça* (Ec 12.3-5). Primeiro, o transbordar do cálice da juventude; depois, as águas estagnadas da idade avançada, a não ser que Deus jogue naquela borra de vinho o sangue fresco de sua graça e de sua terna misericórdia, de modo tal que, como sempre acontece ao cristão, o cálice possa transbordar e, mais uma vez, borbulhar de vida e alegria. Ó cristão, não confie nos homens; não confie nas coisas do tempo presente, pois assim vivem os homens e o mundo — põem "primeiro o vinho bom e, quando já têm bebido bem, então o inferior".

Nesta manhã, porém, quero lhes apresentar duas casas em festa.

Peço-lhes, então que, primeiro, olhem para dentro da *casa do diabo* — e verão que ele segue à risca essa regra. Serve sempre antes o vinho bom e, quando todos os homens já estão embriagados, quando seus cérebros se encontram entorpecidos com a bebida, oferece o que é de qualidade bem inferior. Depois de ter pedido que você olhe para isso e ter estremecido e atentado para a grave advertência aí contida, pedirei que entremos na *casa do banquete do nosso amado mestre e Senhor Jesus Cristo*; e a ele podemos dizer o mesmo que o mestre-sala disse ao noivo: *Tu guardaste até agora o bom vinho* (Jo 2.10).

I. Para começar, lancemos nosso olhar de advertência na direção da casa de festa que Satanás construiu: assim como "a sabedoria já edificou a sua casa, já lavrou as suas sete colunas", do mesmo modo a insensatez tem seu templo, sua taverna, para onde tenta levar continuamente os incautos. Olhe para essa casa de banquete, e eu lhe mostrarei quatro mesas e os convidados que ali estão, sentados. Ao olhar aquelas mesas, poderá observar como é o procedimento naquele lugar. Verá copos de vinho sendo trazidos e levados, um atrás do outro, e perceberá que uma regra se cumpre nessas mesas: primeiro o vinho bom e depois o inferior — eu direi mais ainda, o que é *o pior de todos*.

Na primeira mesa, para a qual chamo sua atenção, mas desejando que você jamais se sente nem beba ali, está sentado o homem devasso. A mesa do devasso é ruidosa e alegre; está coberta de uma toalha vermelha muito enfeitada, e todas as taças sobre ela parecem bastante brilhantes e reluzentes. Muitos são os que ali se sentam, sem saber que são convidados ao inferno e que o final de toda aquela festa será nas profundezas da perdição. Consegue ver o dono da festa, que chega? Traz um sorriso gentil na face; suas roupas não são negras, mas, sim, multicoloridas; traz uma palavra muito adocicada nos lábios e uma magia tentadora no brilho de seus olhos. Oferece uma taça, convidando: "Beba aqui, meu jovem; a bebida que está borbulhando na taça é excelente. Vê esta taça? É a taça do *prazer*". É a primeira taça oferecida na casa de banquete de Satanás. O jovem a toma nas mãos e sorve seu líquido. No início, um gole cuidadoso; toma só um pouco e depois se abstém. Não deseja fazer muitas concessões à luxúria, não pretende mergulhar na perdição. Existe uma flor à beira daquele abismo: ele quer esticar a mão e colher aquela flor, mas não é sua intenção pular do penhasco e se autodestruir. Não! O jovem acha, na verdade, que é fácil deixar de lado a taça depois de haver provado seu sabor! Ele não tem planos de se entregar à bebedeira. Toma então só mais uma pequena dose na taça. Oh, mas quão doce é! Aquilo faz seu sangue se agitar dentro dele. "Que tolo fui por não ter provado isso antes!", pensa então. Já teria ele sentido por acaso tal prazer assim? Poderia imaginar que seu corpo fosse capaz de ser levado a tamanho êxtase como este? Bebe mais e, dessa vez, o gole é maior, e o vinho esquenta em suas veias. Ah, como se sente feliz! O que não diria agora em louvor a Baco, a Vênus, ou qualquer outra forma que Belzebu escolha assumir? Torna-se o próprio conclamador de louvor ao pecado! É uma coisa bela, agradável, parecendo a profunda danação da luxúria ser tão alegre e prazerosa quanto um arrebatamento do céu. Bebe, bebe, bebe mais uma vez, até que seu cérebro começa a se enrolar pela intoxicação produzida pelo prazer pecaminoso. Isso é só o começo. Bebam, coloquem sobre sua cabeça a vaidosa coroa dos *bêbedos de Efraim* (Is 28.1) e nos chamem de tolos por afastarmos de nós essa taça; bebam com as prostitutas, sorvam a bebida com os devassos. É possível que vocês se considerem muito sagazes em fazer isso; mas saibam que depois disso vem algo pior, pois seu vinho é vinho dos campos de Sodoma e Gomorra, suas uvas são uvas de fel, de cachos amargos; seu vinho é peçonha de víboras e veneno de dragões.

Agora, com um olhar de soslaio, o sutil dono da festa se levanta de seu lugar. Sua vítima já teve o suficiente do vinho bom. Retira então aquela taça e lhe oferece outra, não tão borbulhante. Veja este líquido: não está ornamentado com as bolhas do arrebatamento; é raso, pesado, insípido. É a chamada taça da *saciedade*. O homem já teve prazer suficiente e, tal qual um cão, vomita, mas, tal qual um cão, voltará outra vez ao próprio vômito. Quem sente enjoo? Quem tem vermelhidão nos olhos? Aquele que se detém tomando esse vinho. Estou falando de maneira figurada, mas também de maneira literal. O vinho da luxúria traz a mesma vermelhidão nos olhos. O devasso logo constata que todas as rodadas de prazer terminam com sua saciedade. E se questiona: "E aí? O que mais eu poderia fazer? Já cometi todo

O BANQUETE DE SATANÁS | 105

tipo de devassidão que se possa imaginar, já bebi todas as taças do prazer. Deem-me alguma coisa nova! Já frequentei todos os bares e cabarés; não tenho mais o menor interesse em qualquer um deles. Busquei todo tipo de prazer que pude conceber. Tudo se acabou. Minha própria alegria está cada vez mais rara e embotada. O que hei de fazer?"

É esta a segunda parte do banquete do diabo — a saciedade: um torpor vacilante, resultado de excesso anterior. Milhares há que continuam bebendo da taça insossa da saciedade todos os dias. Seria para eles maravilhoso terem uma nova inventiva qualquer por meio da qual pudessem matar o tempo vazio; obter uma nova descoberta que conseguisse dar um novo ar à sua iniquidade. Se alguém lhes pudesse descobrir uma nova impiedade, alguma profundidade maior no mais entranhado inferno da lascívia, seriam capazes de bendizer seu nome por lhes haver dado novo "ânimo" com alguma coisa para eles nova.

Esta segunda taça servida pelo diabo — você consegue perceber quem são os que dela participam? Na verdade, há aqui, esta manhã, alguns de vocês que têm bebido uma grande dose dela. São como que uma mula cansada do demônio da luxúria, seguidores frustrados do prazer, no qual jamais se pode confiar. Só Deus sabe que, se você pudesse revelar o que está no seu coração, seria levado a dizer: "Puxa! Provei todo o prazer e não o acho mais prazeroso; já andei por aí e hoje estou que nem cavalo cego preso à roda do moinho, pois não consigo parar de girar e girar mais uma vez. Estou inteiramente fascinado pelo pecado, mas não consigo mais me alegrar nele como no passado, pois toda a glória dele é como a flor que murcha e morre e como o fruto que amadurece e cai antes do tempo".

Por algum tempo, o convidado permanece chafurdado no pútrido mar de sua louca paixão. Mas eis que, então, outra cena se apresenta. O dono da festa ordena que mais outro barril de bebida seja aberto. Desta vez, segura uma taça negra, que oferece com os olhos cheios do fogo do inferno, faiscando de feroz maldição. "Beba isso", diz ele. O homem, então, sorve o líquido, mas se assusta e exclama: "Deus me livre de beber isso!" Mas você terá de beber! Aquele que bebe o primeiro copo deve beber o segundo e o terceiro. Beba, embora seja como fogo descendo pela sua garganta! Beba, embora seja como a lava de um vulcão nos seus intestinos! *Beba! Você tem de beber!* Aquele que peca acabará sofrendo; aquele que é devasso em sua juventude terá a podridão em seus ossos e a doença em seus lombos, na maturidade. Aquele que se rebela contra as leis de Deus fará a colheita em seu próprio corpo.

Sim, há coisas terríveis que lhes devo dizer sobre a terceira taça dessa bebedice. A casa de Satanás tem uma antessala repleta de tudo aquilo agradável aos olhos e fascinante ao gosto dos sentidos. Mas há também uma sala dos fundos, que ninguém conhece e da qual ninguém viu todos os horrores. Ali, há uma câmara secreta, de onde o inimigo enterra as criaturas que ele mesmo destruiu. Uma câmara debaixo da qual está o calor do inferno. Em cima de suas tábuas, é possível sentir o terrível calor daquele poço. Um médico talvez tivesse mais condições do que eu de narrar os horrores que muitos vêm a sofrer como resultado de sua iniquidade. Deixarei isso de lado; todavia, deixe-me advertir ao pródigo devasso que a pobreza que irá enfrentar será o resultado da prodigalidade de seu pecado. Que ele saiba, também, que o remorso na consciência que irá cair sobre ele não é acidental nem desce por acaso dos céus, mas, sim, é uma consequência direta da própria iniquidade, pois o pecado leva em suas entranhas a miséria e, mais cedo ou mais tarde, dá à luz esse seu terrível produto. Se semeamos, iremos colher o fruto. A lei da casa do inferno é essa: *Primeiro o vinho bom e [...] então o inferior* (Jo 2.10).

Resta apresentar o último item. Preste atenção agora, ó jovem seguro, que não dá muito valor às advertências que lhe entrego, com voz fraterna e coração afetivo, embora em linguagem dura. Beba esta última taça. Pois o pecador será levado, por fim, a colocar-se ante o túmulo. Suas esperanças e alegrias se foram, como ouro em pó colocado em um saco furado e que terminou se perdendo — para sempre. Agora, que chega ao final, seus pecados o assombram e suas transgressões o deixam perplexo; está preso, como um touro numa rede — como escapará? Morre e desce, da doença, para a condenação. Seria possível à linguagem mortal descrever os horrores dessa última e terrível taça, da qual deve o devasso beber, e beber para sempre? Olhe para a taça. Você não pode ver a sua profundidade, mas dê uma olhada em sua superfície fervilhante. Ouça o ruído da agitação, o som de ranger dos dentes e o queixume das almas desesperadas. Olho para essa taça e ouço uma voz vinda de suas profundezas: "Isto só terminará com a punição eterna"; pois *uma fogueira está, de há muito, preparada;* [...] *a sua pira é fogo, e tem muita lenha; o assopro do Senhor como torrente de enxofre a acende* (Is 30.33). O que você me diz sobre essa última parte do banquete de Satanás? *Quem dentre nós pode habitar com o fogo consumidor? Quem dentre nós pode habitar com as labaredas eternas?* (Is 33.14).

Ó devasso! Eu lhe imploro, em nome de Deus, fuja dessa mesa! Não seja tão indiferente para com as suas taças; não seja inerte e seguro na falsa paz que você hoje desfruta! Veja homem! A morte está à sua porta, e aos seus pés se encontra uma repentina destruição. Quanto a você, que um dia esteve sob a orientação de um pai cuidadoso e a vigilância de uma mãe esperançosa, rogo que se afaste da casa do pecado e da insensatez. Que as palavras do sábio possam ser inscritas em seu coração e você nelas medite na hora da tentação: *Afasta para longe dela* [da mulher licenciosa,] *o teu caminho, e não te aproximes da porta da sua casa* (Pv 5.8). *Porque os lábios da mulher licenciosa destilam mel, e a sua boca é mais macia do que o azeite; mas o seu fim é amargoso como o absinto, agudo como a espada de dois gumes. Os seus pés descem à morte; os seus passos seguem no caminho do Seol* (Pv 5.3-5).

2. Dá para ver aquela outra mesa, um pouco mais para lá, no meio do palácio? Ah, almas despreocupadas! Muitos de vocês julgam que jamais irão à festa do inferno, e, no entanto, ali está uma mesa esperando por vocês também. Está coberta com uma bonita toalha branca, e todas as taças sobre a mesa são as mais brilhantes e atraentes. O vinho não se parece com o vinho de Gomorra; parece ser bom, como o vinho tirado das uvas de Escol. Não parece ter qualquer efeito intoxicante; é como o vinho, ou sumo, de antigamente, que era espremido diretamente da uva na taça, não possuindo em si mesmo nenhum veneno mortal Você consegue ver os homens sentados àquela mesa? Como estão felizes consigo mesmos! Pergunte aos demônios que, vestidos de branco, servem essa mesa, e eles dirão do que se trata: "Esta é a mesa da *justiça própria*: é o fariseu quem se assenta ali. Você deve conhecê-lo; ele tem seus filactérios atados na testa, bem no meio dos olhos, e a orla do seu manto é bem extensa. É considerado o melhor dos melhores professores". Enquanto puxa uma cortina, encobrindo a mesa onde os devassos estão se embebedando, Satanás diz: "Fiquem quietos; não façam tanto barulho para que esses santarrões hipócritas não percebam em companhia de quem estão. Essa gente cheia de justiça própria são meus convidados, tanto quanto vocês, e os mantenho aqui seguros de si". Desse modo, como se fora um anjo de luz, Satanás apresenta uma taça reluzente, semelhante ao cálice da mesa da comunhão. Que vinho é esse? Parece ser o próprio vinho da sagrada eucaristia; é o chamado vinho da *autossatisfação*, e, ao redor da borda da taça, você pode ver as bolhas do orgulho. Veja como intumesce a espuma da vaidade na borda do recipiente — "Ó Deus, graças te dou que não sou como os demais homens, roubadores, injustos, adúlteros, nem ainda como este publicano".

Vocês conhecem essa taça, meus ouvintes que enganam a si mesmos; quem dera vocês conhecessem o veneno mortal que está misturado ali. "Pecar como os outros homens? Você, não; de modo algum. Você não precisa se submeter à justiça de Cristo, para quê? Você é tão bom ou melhor que seus vizinhos; e se você ainda não é salvo, o deverá, certamente, sereis o que você acha. Não dá sempre o troco certo? Por acaso já roubou em sua vida? Você retribui adequadamente aos outros, e é tão bom ou melhor que as demais pessoas." Ótimo! Essa é a primeira taça que o demônio lhe dá, e o bom vinho faz que você se inche de dignidade própria à medida que os vapores penetram em seu coração e você se enche de execrável soberba. Sim! Eu o vejo sentado ali, naquela sala tão cuidadosamente asseada e finamente decorada, e vejo também multidões de seus admiradores, de pé, ao redor da mesa, entre os quais até mesmo bons e honestos filhos de Deus, que dizem: "Quem dera eu tivesse metade da bondade dele!" Até a própria humildade dos justos alimenta mais ainda sua presunção. Mas espere um pouco, seu hipócrita santinho, espere um pouco; ainda há uma segunda taça por vir. Satanás olha para seus convidados com um ar de quase plenamente satisfeito desta vez, do mesmo modo que o fez para a tropa de rebeldes. "Eu enganei aqueles sujeitos alegres com a taça do prazer — no final, servi-lhes a taça da saciedade e os enganei mais ainda; e vocês, que se acham muito bons, eu também os enganarei duas vezes, realmente os farei de tolos!"

O BANQUETE DE SATANÁS | 107

Assim, traz uma taça que, às vezes, nem ele mesmo gosta de servir. É chamada de *taça do descontentamento e da inquietação da mente*, e há muitos que a bebem depois de toda a sua autossatisfação. Pergunto a você, que se considera muito bom aos seus próprios olhos, que não tem o menor interesse em Cristo: será que não percebe, quando se senta sozinho e começa a analisar suas qualidades para a eternidade, que elas não se encaixam em você, que você não consegue, no final de tudo, fechar um balanço favorável a si mesmo, como achava que pudesse? Já constatou que algumas vezes em que você pensava estar em cima de uma rocha havia um tremor debaixo de seus pés? Por acaso já não ouviu crentes cantando corajosamente versos como estes?

Com ousadia me erguerei
Naquele dia ante meu rei.
Pois do juízo eu livre estou
E por seu sangue ao céu eu vou.

Você certamente irá dizer: "Bem, eu não preciso cantar isso. Eu tenho sido tão bom ou melhor que qualquer frequentador de igreja que já viveu. Nunca deixei de ir à igreja todos esses anos. Só não posso é dizer que tenha, de fato, uma confiança assim tão sólida". Houve realmente uma época em que você mantinha uma esperança em sua autossatisfação; mas agora que a segunda taça lhe foi servida, você já não anda muito satisfeito. "Bem", diz um outro, "eu também vou sempre à igreja, fui batizado, fiz profissão de fé, embora não possa dizer que haja conhecido realmente o Senhor com toda a sinceridade e verdade. Houve um tempo em que achava que tudo estava bem comigo; mas agora ando buscando algo que não consigo encontrar". Surge então um tremor no coração. Construir algo em cima da justiça própria não é tão prazeroso quanto alguém poderia supor.

Sim, esta é a segunda taça. Espere um pouco mais e, quem sabe, ainda neste mundo, mas certamente já na hora da morte, o demônio trará a terceira taça, a do *desalento diante da descoberta de estar perdido*. Quantos homens que se valeram de justiça própria nesta vida descobriram que, afinal, aquilo sobre o qual colocavam sua esperança os traiu. Ouvi uma vez a respeito de um exército que, tendo sido derrotado numa batalha, tratou de bater em retirada. Assim, por maior que fosse o poder que lhes restava, os soldados fugiram em direção a determinado rio, onde esperavam encontrar uma ponte, pela qual iriam passar e se colocar em segurança. Quando, porém, chegaram ao rio, ouviu-se à frente deles um grito de pânico: "A ponte caiu, a ponte caiu!" Esse grito, no entanto, não foi ouvido por todos; e uma multidão de soldados, que já vinha correndo precipitadamente em direção à ponte, empurrou os que estavam à frente, forçando-os a cair no rio, até que este ficasse completamente repleto de corpos dos afogados. Tal é o desígnio daquele que confia na justiça própria. Você talvez pensasse haver uma ponte no ritual da igreja; e que o batismo, a confirmação e a ceia do Senhor deveriam constituir os sólidos arcos dessa ponte, formada por boas obras e cumprimento de obrigações. Contudo, quando já prestes a deixar esta vida, pode vir a ser ouvido um grito: "A ponte caiu, a ponte caiu!" E será inútil, então, tentar voltar. A morte está vindo bem atrás de você e o forçará a ir adiante. Você poderá ter de descobrir o que é ter de perecer tendo rejeitado a verdadeira e grande salvação e procurado salvar a si mesmo por meio de suas próprias obras. É esta a última taça: o pior vinho; e sua porção eterna será a mesma do devasso. Por melhor que você se julgasse que era, como rejeitou Cristo terá de provar da taça da ira de Deus, taça que está cheia de pavor e estremecimento. *Certamente todos os ímpios da terra sorverão e beberão as fezes* (Sl 75.8) desse cálice, e você o beberá, tal como eles. Oh, irmãos, ainda é tempo de tomar cuidado! *Deixem a soberba e humilhem-se, pois, debaixo da potente mão de Deus* (1Pe 5.6). *Creiam no Senhor Jesus Cristo, e vocês serão salvos* (At 16.31).

3. Alguns de vocês acham que escaparam do flagelo. Mas existe ainda uma terceira mesa repleta de convidados dos mais honrosos. Creio que ali, mais do que nas outras mesas, têm-se sentado príncipes e reis, governantes e ministros, juntamente com grandes homens de negócios. É chamada mesa do *mundanismo*. Um daqueles homens comenta: "Eu não gosto de devassos. Meu filho mais velho, por exemplo.

Tenho trabalhado muito e cuidado de ganhar o meu dinheiro durante toda a minha vida, e não é que esse rapaz não pretende trabalhar no meu negócio! Tornou-se um verdadeiro devasso! Estou muito contente por haver o pastor falado com bastante dureza sobre isso. Também não dou a mínima atenção às pessoas cheias de justiça própria. Elas não são de modo algum importantes para mim. Na verdade, não me importo nem um pouco com a religião. Gosto de saber é se as aplicações e os investimentos financeiros estão subindo ou caindo, se existe uma nova oportunidade de se fazer um bom negócio, enfim, isso é tudo o que me importa". Ah, homem mundano! Li sobre um amigo de vocês que se vestia com roupa escarlate, em linho fino e de maneira bem suntuosa todos os dias. Sabe qual foi o fim dele? Deveria se lembrar, pois o mesmo fim é o que espera por você. O fim de sua festa será o mesmo da festa dele. Se o seu Deus é este mundo, se depender dele você acabará descobrindo que o seu caminho está cheio de amargura.

Veja agora a mesa desses homens mundanos, que vivem apenas em função dos seus lucros e ganhos. Satanás leva até aquela mesa uma taça transbordante e diz a um deles: "Meu jovem, você está começando no mundo dos negócios e, por isso, não precisa se importar muito com essas convenções a respeito de honestidade nem com os caprichos, um tanto fora de moda, da religião. Fique rico o mais rápido que você puder! Arrume dinheiro. Arrume dinheiro honestamente, se puder, ou, se não, como você puder, de qualquer maneira", diz o diabo. Ele coloca a taça sobre a mesa: "Aqui está um vinho recém-aberto para você". "Sim", diz o jovem, "eu agora tenho prosperidade, abundância. Minhas esperanças realmente se concretizaram". Você então vê o primeiro, o melhor vinho da festa dos mundanos e, como muitos de vocês, são tentados a invejar esse homem. "Oh, se eu tivesse essa perspectiva nos negócios", diz. "Não tenho nem metade da capacidade desse homem, nem poderia, aliás, negociar como ele o faz — minha religião não permitiria... Mas com que rapidez ele ganha dinheiro e enriquece! Oh, se eu pudesse ser como ele é!"

Espere meu irmão, não faça julgamentos antes do tempo. Há ainda uma segunda taça por vir — o pesado e nauseante gole do *desvelo*. O homem conseguiu obter rapidamente dinheiro, mas os ricos caem mais facilmente na tentação e no laço do diabo. A riqueza obtida por meios ilícitos ou usada dessa maneira traz consigo uma degeneração que não afeta propriamente o ouro ou a prata, mas, sim, que afeta o coração do homem. Um coração degenerado é uma das coisas mais horríveis que um homem pode ter. Veja, por exemplo, esse amante do dinheiro e perceba o desvelo pela riqueza que existe em seu coração. Perto de sua casa, vive uma pobre mulher de idade avançada. Sua renda é insignificante, mas ela proclama: "Bendito seja o Senhor, pois tenho o suficiente!" Nunca se pergunta como irá viver amanhã ou como vai morrer; dorme docemente, toda noite, sobre o travesseiro do contentamento e da fé. E aqui está esse pobre tolo, dispondo de riquezas incontáveis, mas triste e abatido porque perdeu uma moeda quando caminhava pela rua ou teve de fazer uma doação um pouco maior para uma instituição de caridade em razão da pressão de amigos; ou ainda porque seu terno novo se desgastou rápido demais.

Logo depois, vem a *avareza*. Muitos tiveram que beber dessa taça. Que Deus possa nos resguardar de suas gotas causticantes. Um grande pregador norte-americano disse: "A cobiça gera a miséria. A visão de casas melhores do que as nossas, roupas além de nossas posses, joias de custo mais elevado do que aquilo que podemos usar, meios de transporte imponentes e curiosidades raras além do nosso alcance, tudo isso serve de incubadora para a ninhada de víboras dos pensamentos de cobiça. Perturba o pobre que gostaria de ser rico e atormenta o rico que gostaria de ser mais rico. O homem cobiçoso anseia pelo prazer: fica triste na presença da alegria, e a alegria do mundo é a sua tristeza, porque toda a felicidade dos outros não é sua. Não creio que Deus o *abomine*. Ele sonda seu coração como se estivesse entrando numa caverna de pássaros barulhentos, ou num ninho de víboras, e sente repulsa diante da visão de seus moradores rastejantes. Para o homem cobiçoso, a vida é um pesadelo, e Deus permite que ele lute com isso da melhor maneira que puder. Mamom poderia construir seu palácio em um coração assim, com o prazer trazendo toda sua festança para ali e a honra todas as suas grinaldas — seria como ter prazer em uma sepultura e enfeitar de grinaldas uma tumba".

Depois de tornar-se avarento, tudo o que o homem possui não significa mais nada para ele. "Mais, mais, mais!", diz ele; tal como algumas pobres criaturas em terrível febre clamam por "água, água, água!"

O BANQUETE DE SATANÁS | 109

e você lhes dá de beber água, mas, assim que a bebem, sua sede aumenta. Tal qual sanguessugas no dorso de um cavalo, ele clama: *Dá, dá!* (Pv 30.15). É uma loucura voraz, que procura abarcar o mundo todo com seus braços, ao mesmo tempo que despreza a abastança que já tem. É uma verdadeira maldição, da qual muitos morreram, e alguns, até, com um saco de moedas nas mãos e a tristeza estampada na face porque não puderam levar suas riquezas consigo para o caixão nem carregá-las para o outro mundo.

Chego, assim, à taça seguinte. Baxter[1] e outros tremendos pregadores do passado costumavam re-tratar o avarento assim como o homem que vive apenas para ganhar dinheiro como estando no meio do inferno. Imaginavam Mamom derramando ouro derretido em suas gargantas. "Olhe aqui", diriam os demônios, zombadores, "não é isso o que você queria? É isso o que você tem agora! Beba, beba, beba!", e ouro derretido seria neles derramado boca abaixo. Não me delicio com qualquer dessas terríveis cenas imaginárias, mas uma coisa eu sei: aquele que vive aqui para si mesmo acabará por perecer; quem ama as coisas deste mundo, em vez de colocar seus alicerces solidamente, *edificou a sua casa sobre a areia. Quando descer a chuva, correrem as torrentes, soprarem os ventos, e baterem com ímpeto contra aquela casa, ela cairá; e grande será a sua queda* (Mt 7.26,27) . Mas temos, em primeiro lugar, o melhor vinho: trata-se de um homem respeitável — respeitável e respeitado, pois todo mundo lhe presta honras; e depois, o que há de pior — quando a mesquinharia destrói sua riqueza e a cobiça enlouquece seu cérebro. Isso, certamente, acontece sempre que você se entrega ao mundanismo.

4. A quarta mesa está posta em um canto bastante recluso, uma seção bem à parte no palácio de Satanás. A mesa ali é para os *pecadores secretos*. A velha regra dos vinhos é nela mantida. Naquela mesa, em uma sala bastante escura, vemos, hoje, um jovem sentado. Satanás faz-se de seu criado, andando sem fazer barulho para que ninguém o possa ouvir. Traz para ele a primeira taça — quão doce ela é! É a taça do pecado secreto. *As águas roubadas são doces, e o pão comido às ocultas é agradável*(Pv 9.17). Como é bom comer este bocado sozinho! Será que já houve algo que tenha descido de maneira tão delicada pela garganta? Este é o primeiro vinho. Depois deste, Satanás traz outro — o vinho da consciência perturbada. Os olhos do homem mantêm-se abertos. Ele diz: "O que foi que eu fiz? O que estou fazendo? Ah", exclama esse Acã[2], "na primeira taça que você me trouxe, borbulhante, vi uma porção de ouro e uma vistosa roupa de Babilônia. Então, desejei: 'Sim, eu preciso ter isso'; mas meu pensamento agora é: 'Que vou fazer para esconder isso, onde colocá-lo? Devo cavar? Sim, devo cavar fundo como o inferno para poder escondê-lo, pois do contrário acabará sendo descoberto'". O repugnante promotor do banquete está lhe trazendo ago-ra uma enorme tigela, cheia de uma mistura escura. O pecador secreto bebe e fica confuso; teme que seu pecado seja descoberto. Não tem paz, não tem alegria; está tomado de um medo inquietante. Teme que seu deslize seja detectado. À noite, sonha que há alguém atrás dele; uma voz sussurra em seu ouvido: "Eu sei tudo sobre isso; vou contar a alguém". Talvez imagine que o pecado que cometeu em segredo vaze para os seus amigos, ou que seus pais venham a saber. Pode ser que até o seu médico conte a história e espalhe seu segredo. Não há descanso para esse homem. Está constantemente com medo de ser apanhado. Ele me lembra um homem que, devendo uma grande quantia em dinheiro, tinha medo que a polícia viesse em seu encalço. Certo dia, ao ser pego por um amigo pelo braço por cima de uma cerca, exclamou: "Deixe--me ir, tenho pressa. Vou pagar amanhã!", imaginando que alguém o estivesse prendendo. Tal a posição em que o homem se coloca ao tomar parte em coisas ocultas de desonestidade e pecado. Não encontra descanso nem para a sola do seu pé, por temer a descoberta.

Por fim, chega à descoberta. É a última taça. Frequentemente, chega ainda aqui na terra, pois esteja certo de que o pecado é sempre encontrado e que isso, geralmente, acontece *aqui*. Que horrível exibição seria, em um tribunal, a dos homens que são forçados a beber a negra taça da descoberta! Um homem

---

[1] [NE] Provavelmente se trata de Richard Baxter, um dos mais destacados pregadores e teólogos puritanos (calvinistas dissidentes ingleses) do século XVII e, bem possivelmente, de todos os tempos; e que até o século XIX muitos pregadores ingleses, inclusive o próprio Spurgeon, foram altamente influenciados pelo pensamento puritano (daí, certamente, esta sua referência a Baxter).

[2] [NE] Veja Josué 7.1,16-20 para saber quem era Acã.

que dirigia reuniões religiosas, que era honrado como santo, é enfim, desmascarado. E o que diria o juiz, o que diria o mundo sobre ele? Que ele só é merecedor de escárnio, desgraça e reprovação, onde quer que for. Mas suponha que seja tão ardiloso a ponto de passar pela vida sem ser descoberto — embora, particularmente, eu ache isso quase impossível. Que cálice ele terá de beber quando tiver de se colocar finalmente ante o tribunal de Deus! "Traga-o, carcereiro, abominável capataz do calabouço do inferno! Traga o prisioneiro!" Ele vem. Todos os mundanos estão ali reunidos. "Levante-se! Você fez alguma profissão de fé religiosa? As pessoas achavam que você era um santo." Ele está sem fala. Mas muitos ali, naquela multidão, comentam: "Nós, de fato, o considerávamos assim". O livro está aberto, e seus registros são lidos; transgressão após transgressão vai sendo desnudada. Está ouvindo as vaias que recebe? Movidos pela indignação, os justos levantam suas vozes contra o homem que os enganou e que se achava no meio deles como um lobo com pele de cordeiro. Quão terrível deve ser receber a zombaria do universo! O homem bom pode suportar a zombaria do ímpio, mas para o ímpio suportar a vergonha que a indignação e a crítica do justo lançam sobre ele deve ser uma das coisas mais terríveis, juntamente com o sofrimento de ter de se submeter à ira do altíssimo, que, não é preciso enfatizar, constitui a última taça do terrível banquete do diabo, da qual o pecador secreto será servido para sempre e sempre.

Faço uma pausa, agora, simplesmente para reunir forças, a fim de pedir que qualquer coisa que eu haja dito, que possa estar relacionada com qualquer dos meus amados ouvintes, não seja esquecida. Eu lhes imploro, homens, irmãos, que, se vocês estão neste momento se servindo das gorduras e bebidas do banquete do inferno, por favor, deem uma parada e reflitam: qual será o fim de tudo isso? *Porque quem semeia na sua carne, da carne ceifará a corrupção; mas quem semeia no Espírito, do Espírito ceifará a vida eterna* (Gl 6.8). Não posso mais me demorar por aqui.

II. Permita-me agora me ocupar por alguns minutos em levá-lo à CASA DO SALVADOR, onde o Senhor serve seu banquete aos seus amados. Venha. Sente-se conosco à mesa de Cristo, a mesa da *providência material*. Ele não festeja com seus filhos da mesma maneira que o príncipe das trevas. Pelo contrário: é comum que o primeiro cálice que Cristo sirva seja o cálice da amargura. Ali estão seus próprios filhos amados, seus próprios redimidos, que só podem, por enquanto, lamentar. Jesus lhes serve primeiro a taça da pobreza e da aflição, faz que seus próprios filhos a bebam, até que digam: *Encheu-me de amarguras, fartou-me de absinto* (Lm 3.15). É assim que Cristo começa. O pior vinho primeiro. Na Inglaterra de hoje, quando começa a instruir os jovens recrutas, o sargento lhes dá como incentivo uma moeda e depois, então, vêm a marcha, os exercícios, até a batalha. Cristo, não; jamais trata seus recrutas dessa maneira. Eles têm de *calcular o custo para começar a construir e saber se serão capazes de acabar* (Lc 14.28). O Senhor não busca discípulos que se vislumbrem com as primeiras aparências. Inicia de maneira dura, e não são poucos os filhos de Deus que descobrem que o primeiro vinho da mesa do redentor é o da aflição, perseguição, até pobreza e necessidade.

Nos tempos antigos, quando o melhor do povo de Deus estava à mesa, ele costumava servi-los pior ainda: *andaram vestidos de peles de ovelhas e de cabras, necessitados, aflitos e maltratados* (dos quais o mundo não era digno) (Hb 11.37,38). Continuaram bebendo desse cálice amargo ainda por algum tempo. Mas, deixe-me lembrar-lhes, depois de tudo isso, Jesus lhes trouxe o cálice mais doce — e você, que já foi provado, sabe perfeitamente disso: depois do cálice da aflição, vem o da consolação de Deus, e quão doce ele é! Tem sido privilégio deste seu pregador beber desse cálice depois de passar por doença e dor. Posso lhes dar testemunho de já haver dito ao meu Mestre: *Mas tu guardaste até agora o bom vinho* (Jo 2.10). Tão bom que, daí em diante, seu sabor retirou todo o gosto de amargura e de tristeza da alma. Então, eu concluí: "Certamente a amargura dessa doença é passada, pois o Senhor se manifestou a mim e deu-me de seu melhor vinho". Contudo, amados, o melhor vinho mesmo ainda está por vir. O povo de Deus verá isso claramente. O pobre santo um dia morre. O mestre deu-lhe, sim, o cálice da pobreza, mas, de agora em diante, deste não mais não beberá; pois, para todos os fins, ele é agora rico. Bebeu da taça da doença — mas nunca mais a beberá. Bebeu da taça da perseguição — mas agora está glorificado, juntamente com seu mestre, assentado junto a ele, em seu trono. As melhores coisas chegaram a ele, por fim, quanto às circunstâncias exteriores.

Dois mártires foram queimados, uma vez em Stratford-le-Bow. Um deles era manco, e outro era cego. Quando foram amarrados à estaca, o homem manco pegou sua muleta e a atirou longe, dizendo ao outro: "Alegre-se, meu irmão, este é o forte purgante que vai nos curar. Dentro de uma hora, eu não serei mais aleijado e você não será mais cego". As melhores coisas estavam por vir. Com frequência, porém, acho que os filhos de Deus são muito semelhantes aos cruzados. Ao darem início às suas jornadas, os cruzados tinham de abrir caminho por meio de luta, em muitos quilômetros de território inimigo, marchando por entre as linhas adversárias. Talvez você se lembre da história que diz que, quando os exércitos do duque de Bouillon chegaram aos arredores de Jerusalém, os soldados desceram de seus cavalos, bateram palmas e clamaram: "Jerusalém, Jerusalém, Jerusalém!" Largaram suas armas, deixaram toda a prontidão da jornada e se esqueceram de todas as feridas, pois tinham Jerusalém diante de seus olhos. Assim será com os santos quando clamarem finalmente "Jerusalém, Jerusalém, Jerusalém!"; quando toda tristeza, toda pobreza e toda doença tiverem passado e forem revestidos de imortalidade. O vinho ruim — por acaso eu disse ruim? Não, o vinho *amargo* é retirado, e o melhor vinho é trazido; e os santos se veem glorificados para sempre com Cristo Jesus.

Agora, iremos nos sentar à mesa da *experiência interior*. A primeira taça que Cristo traz a seus filhos, quando se sentam a esta mesa, é uma que, de tão amarga, talvez nenhuma linguagem possa descrever: é a taça da *convicção do pecado*. É uma taça negra, cheia da mais intensa amargura. O apóstolo Paulo bebeu um pouco dela certa vez, mas foi tão forte que o deixou cego por três dias. A convicção de seu pecado o subjugou totalmente, a ponto de somente poder entregar sua alma a jejum e oração. Somente depois de ele ter bebido a taça seguinte é que as escamas caíram de seus olhos. Eu já bebi dela, filhos de Deus, e cheguei até a achar que Jesus era cruel; mas, pouco tempo depois, trouxe-me ele uma taça mais doce, a taça do seu amor perdoador, repleta do carmesim de seu precioso sangue. O sabor deste vinho está na minha boca até hoje, pois é um sabor *como o do vinho do Líbano* (Os 14.7), que envelhece no tonel por muitos anos. Você não se lembra, irmão, que após ter bebido o copo da tristeza, Jesus veio e lhe mostrou suas mãos e seu lado e lhe disse: "Pecador, morri por você e me entreguei por você; crê em mim?" Você não se lembra como creu e sorveu do cálice, e como creu mais uma vez e tomou um gole maior ainda e disse: *Seja bendito o nome de Deus para todo o sempre* (Dn 2.10) e que toda terra diga 'Amém', pois ele *quebrou as portas de bronze e despedaçou as trancas de ferro* (Sl 107.16) e libertou os cativos? Desde então, o mestre glorioso tem-lhe dito: "Amigo, venha, suba um pouco mais!" e o tem levado a se sentar em mesas mais elevadas em melhores salas e tem-lhe dado de coisas ainda mais doces e saborosas.

Não lhe vou falar hoje sobre os vinhos que você já bebeu. A esposa de Cântico dos Cânticos poderia perfeitamente suprir a minha deficiência no sermão desta manhã: ela bebeu do *vinho aromático das suas romãs* (Ct 8.2). O mesmo aconteceu com você, nesses momentos alegres e elevados em que teve comunhão com o Pai e o Filho, Jesus Cristo. Mas espere um pouco; ele ainda guarda o melhor vinho para você. Em breve, você irá chegar às margens do Jordão, quando, então, começará a beber do velho vinho do Reino, envelhecido desde a fundação do mundo. A safra da agonia do Salvador; a safra do Getsêmani, em breve será franqueada a você: o velho vinho do Reino. Chegará à sua terra, chamada Beulá, e começará a provar o pleno sabor do vinho bem curtido. Sabe como Bunyan descreve o lugar que cerca o vale da morte? É uma terra que mana leite e mel, terra onde os anjos frequentemente vêm visitar os santos, trazendo fardos de mirra da terra das especiarias. Agora, seu passo mais elevado foi dado, e o Senhor coloca seu dedo sobre suas pálpebras e beija sua alma. Onde está você agora? Num mar de amor, de vida, alegria e imortalidade. "Ó Jesus, tu realmente guardaste o melhor vinho para mim até agora! Meu mestre! Tenho me encontrado contigo nos dias de culto, mas este é um Sábado eterno. Tenho te encontrado na congregação, mas esta é uma congregação que nunca irá dispersar Ó meu mestre! Tenho visto cumprirem-se as promessas, mas este é o cumprimento definitivo. Tenho bendito o teu nome pela providência da tua graça, mas isso é muito mais do que tudo o que bendiga. O Senhor me deu a graça, mas agora me dá a glória; o Senhor foi meu escudo, agora é o meu sol. *Estou à tua mão direita, onde há delícias perpetuamente* (Sl 16.11). Tu guardaste até agora o bom vinho. Tudo o que tive até agora nada é, comparado a isso."

Vou terminar, uma vez que o tempo já se foi; eu poderia pregar uma semana sobre este assunto. A mesa da *comunhão* é aquela junto à qual os filhos de Deus devem se sentar. A primeira coisa que devem beber ali é a taça da comunhão com Cristo em seus sofrimentos. Se você comparecer à mesa da comunhão com Cristo, deverá beber primeiro do vinho do Calvário. Sua cabeça, cristão, deverá estar coroada com espinhos. Suas mãos deverão estar transpassadas, não transpassadas propriamente com pregos, mas, sim, você deverá, em termos espirituais, estar crucificado com Cristo. Cabe-nos sofrer com ele, caso contrário não podemos reinar com ele; devemos, primeiro, trabalhar com ele, sorvendo junto com ele o vinho que seu Pai lhe deu a beber; caso contrário, não poderemos esperar chegar à melhor parte da festa. Depois de beber e continuar a beber do vinho dos seus sofrimentos, temos de beber do cálice do seu esforço, ser batizados com o seu batismo, lutar pelas almas e termos com ele a mesma ambição do seu coração — a salvação dos pecadores; depois disso, sim, ele nos dará de beber do cálice de suas honras antecipadas. Aqui na terra, temos um bom vinho na comunhão com Cristo em sua ressurreição, seus triunfos e suas vitórias, mas o melhor vinho ainda está por vir, no final.

Ó câmaras da comunhão tuas portas têm-me sido abertas, mas só consigo contemplá-las. Está chegando o dia, porém, em que tuas fechaduras de diamante se moverão e tuas portas permanecerão abertas para sempre. Então, entrarei no palácio real para nunca mais sair. Em breve, ó cristão, você verá o rei em toda a sua beleza. A tua cabeça estará, em breve, apoiada sobre o seu peito. Em breve você se assentará aos pés de Deus como Maria, irmã de Lázaro, em Betânia. Dentro de pouco tempo, você poderá beijar sua face e sentirá que o amor do Senhor é melhor que o vinho. Posso imaginar você, meu irmão, no último momento de sua vida aqui, ou melhor, no primeiro momento de sua vida além. Quando você começar a ver Deus face a face, quando ingressar na mais íntima comunhão com ele, com nada mais para perturbá-lo ou distrair, então dirá: *Tu guardaste até agora o bom vinho* (Jo 2.10).

Certa vez, um santo estava morrendo, e outro, que estava sentado ao seu lado, disse: "Muito bem, meu irmão. Nunca mais o verei na terra dos vivos". "Oh", disse o homem moribundo, "eu o verei outra vez na terra dos *vivos* que está lá em cima, para onde estou indo; esta aqui é a terra dos *mortos*". Irmãos, se não mais nos encontrarmos na terra dos mortos, que tenhamos a esperança de que nos encontraremos na terra dos vivos para beber o melhor de todos os vinhos.

12

A FESTA DO SENHOR

Quando o mestre-sala provou a água tornada em vinho, não sabendo donde era, se bem que o sabiam os serventes que tinham tirado a água, chamou o mestre-sala ao noivo e lhe disse: Todo homem põe primeiro o vinho bom e, quando já têm bebido bem, então o inferior; mas tu guardaste até agora o bom vinho (Jo 2.9,10).

Usei todo o meu tempo nessa manhã para descrever o banquete de Satanás — de que modo, em quatro mesas, onde se assentavam o devasso, o defensor da justiça própria, o mundano e o pecador secreto, taças de vinho eram servidas sempre, por Satanás, de acordo com sua astúcia: primeiro, o bom vinho e, quando os homens já estavam bêbados, então, era a vez do vinho ruim. O valor de sua festa diminuía à medida que prosseguia indo do brilho extremo à escuridão das trevas eternas. Na segunda parte do sermão, mostrei que a regra do banquete de Cristo é exatamente o oposto — Cristo oferece sempre o melhor vinho por último, pois guarda as melhores coisas para o final da festa. As primeiras taças à mesa de Cristo estão cheias, por vezes, dos terrivelmente amargos absinto e fel, mas, se permanecermos em sua festa, as taças vão ficando cada vez mais doces até chegarmos à terra de Beulá e, especialmente, entrarmos na cidade de nosso Deus, quando seremos então compelidos a dizer: *Tu guardaste até agora o bom vinho.*

Venho reafirmar-lhes, meus caros amigos, que é um fato real que a festa de Cristo aumenta gradativamente em doçura. Ao proclamar o Senhor pela primeira vez um banquete para os filhos dos homens, a primeira taça colocada sobre a mesa era bem pequena, tendo dentro de si apenas algumas palavras de consolação. Lembram-se da inscrição naquela taça, a primeira taça de consolação servida aos filhos dos homens? "A semente da mulher esmagará a cabeça da serpente." Parece haver muito pouca doçura aí: mais doçura para nós, que podemos entender melhor, e menos para os outros, que o Espírito de Deus deve ajudar a entender; mas, mesmo assim, parece haver apenas uma pequena promessa em sua revelação. À medida que o mundo veio caminhando, taças maiores, contendo vinhos preciosos, foram servidas, das quais beberam os patriarcas e santos do passado. Todavia, amados, todo o vinho que eles receberam sob a dispensação do Antigo Testamento estava muito aquém do que bebemos. Aquilo que está entre os últimos no reino dos céus é muito mais favorecido do que aquilo que foi um dos primeiros na dispensação do Antigo Testamento. Nossos pais comeram do maná, nós comemos do pão que veio do céu; beberam da água no deserto, nós bebemos da água viva, da qual todo aquele que beber não terá mais sede. É bem verdade que eles receberam também certa doçura. As taças do antigo tabernáculo continham vinho precioso dentro de si. Em seu simbolismo exterior, estavam presentes os sinais e a sombra de muito daquilo que é agradável à fé do verdadeiro crente. Não nos esqueçamos, porém, de que estamos bebendo hoje do vinho que profetas e reis desejaram beber, mas morreram sem nem sequer haver sentido seu sabor. Certamente que imaginaram sua doçura e pela fé puderam antever como seria, mas a nós foi dado o privilégio de nos sentarmos à mesa do Senhor e efetivamente tomar, em grandes goles, estes *vinhos puros, bem purificados, que o Senhor dos exércitos dá neste monte a todos os povos, num banquete de coisas gordurosas* (Is 25.6).

Todavia amados, o texto prossegue sendo verdadeiro para nós, pois existe ainda um vinho melhor por vir. Sim, podemos nos considerar bem mais favorecidos que os patriarcas, reis e profetas em nosso privilégio, pois Deus nos deu um dia mais brilhante e mais claro que o que eles tiveram: eles alcançaram apenas o raiar da manhã, comparado com o sol de meio-dia de que desfrutamos. Mas nem por isso pense que já chegamos ao vinho melhor dos melhores. Mais nobres banquetes estão prometidos para a igreja de Deus; e quem poderá dizer quanto tempo ainda irá passar até que o melhor dos mais preciosos vinhos venha a ser servido? Sabemos, simplesmente, que o Rei dos Céus virá outra vez à terra. Jesus Cristo, que já veio e abriu seu coração para nós no Calvário, agora estará voltando para encher a terra com sua glória. Veio da primeira vez trazendo uma oferta pelo pecado; mas, veja bem, não virá mais com uma oferta pelo pecado, mas, sim, portando a taça da salvação e de ação de graças, para clamar o nome de Deus Pai e jubilosamente tomar para si o trono de seu pai Davi. Se estivermos vivos e perseverarmos, eu e você colocaremos essa taça em nossos lábios. Se não, temos o privilégio e a alegre consolação de que *a trombeta soará, e os mortos serão ressuscitados incorruptíveis* (1Co 15.52) e, de todo modo, beberemos do vinho milenar que Cristo, nosso Salvador, reservou para nós no fim. Ó santos! Não podemos imaginar como serão as taças de ouro nas quais iremos beber nos anos milenares do triunfo do redentor. Não podemos dizer que vinho borbulhante, brilhante e rubro será esse, procedente da vindima da colina da glória, quando aquele, cujas vestes estarão tintas de vermelho por causa do seu trabalho no lagar, descer, no grande dia, e se colocar novamente sobre a terra. Só de pensar nisso, Jó exclamou: *Pois eu sei que o meu redentor vive, e que por fim se levantará sobre a terra. E depois de consumida esta minha pele, então fora da minha carne verei a Deus* (Jó 19.25,26) Que isto o possa alegrar e animar, cristão: que o melhor vinho de Deus entre os melhores está guardado para nós até aquele tão esperado momento.

Agora, tendo mostrado que esta é a norma que Cristo aplica, na atual e grande dispensação, para toda a sua igreja, chego ao assunto desta noite. Este assunto é, em primeiro lugar, o seguinte: *Que o crente deverá constatar que Cristo reserva o melhor vinho para ele até o final*. Em segundo lugar: *O motivo de Cristo agir assim*. Por fim: *A lição que devemos aprender de tudo isso*.

I. Primeiro, então, está O FATO DE QUE CRISTO RESERVA O MELHOR VINHO PARA O CRENTE ATÉ O FINAL. No caminho para cá, estive pensando no quanto isso é verdadeiro para alguns de nós, do povo de Deus. Alguns dos mais amados servos de Deus, que têm seus nomes escritos no peitoral do nosso grande Sumo Sacerdote, que foram comprados por seu sangue, que são tão queridos de sua alma — desde seus anos de juventude, no entanto, não sabem o que é viver fora da pobreza. Estão quase sempre em carência, sem saber até, muitas vezes, se terão como fazer a próxima refeição. Quantos outros também do povo de Deus se acham continuamente prostrados em um leito de aflição? Alguns dos mais preciosos diamantes de Deus parecem estar como que largados em um monturo de doença. Se pudéssemos subir a algum lugar alto e olhar em volta, veríamos entre eles vítimas de todo tipo de doença, em tremenda condição, caídos e sofrendo de intensa dor, e assim veríamos servos queridos de Deus definhando em uma verdadeira vida morta.

Posso lhes apontar outros servos de Deus, cujos dias são passados na labuta. Sofrem de carência no corpo, mas também, e sobretudo, na alma. Falta-lhes descanso e, frequentemente, a nutrição do conhecimento — são aqueles que tiveram pouca instrução e não conseguem digerir corretamente o alimento mental que lhes seja oferecido. Se leem, mal conseguem entender a leitura e, por isso, carregam um pesado fardo, que faz que sua vida seja amarga e os mantém afastados do conhecimento. Precisam trabalhar para o seu sustento de sol a sol, com raros momentos de descanso. Ó amados, não seria esperançoso pensar que a morte lhes será a sua exoneração, quando deixarem este mundo, que tem sido para eles, com ênfase, um vale de lágrimas? Não dirão eles ao Senhor "tu guardaste até agora o bom vinho"?

Que mudança será também para aquela mulher que vem mancando a todos os cultos, ao santuário! Não mais irá à casa do Senhor mancando e coxeando, mas, sim, *o coxo saltará como o cervo* (Is 35.6) e, tal como Miriã, dançará com as filhas de Israel. Ah, pode ser que você tenha sofrido doença, tristeza e dor, cegueira e surdez, de alguma das milhares doenças deste mundo. Que mudança será para você quando vir que tudo isso se foi! Nada de dor lancinante, preocupação, ansiedade. Não teremos mais que clamar para que a luz do dia penetre em nossas casas nem chorar porque a visão está falhando por causa do trabalho incessante. Veremos a própria luz de Deus, mais brilhante que a luz do sol, e nos regozijaremos ante os raios de luz que irradiam desde a sua santa face. Não teremos mais enfermidades; a imortalidade as terá

A FESTA DO SENHOR

encoberto e sorvido. O *que foi semeado em fraqueza é ressuscitado em poder* (1Co 15.43). Aquele que foi semeado de maneira desordenada, sob dor e tristeza, desconjuntado e com agonia, há de brotar cheio de agradável prazer, incapaz de sentir angústia, vibrando de alegria e gozo indizível. Vocês não mais serão pobres, mas, sim, ricos, mais ricos do que o maior avarento poderia sonhar. Não terão mais que labutar de sol a sol; descansarão e andarão soerguidos. Não mais sofrerão desprezo, escárnio, ignomínia e perseguição; serão glorificados com Cristo, no dia em que ele vier para ser aclamado por aqueles que o amam.

Que tremenda mudança! O melhor vinho está realmente, no caso desses irmãos, reservado para o fim, pois nunca tiveram qualquer vinho bom aqui. Isso, aos olhos dos homens. Todavia, sabemos que, em oculto, muito devem ter bebido da taça de Jesus. Ele frequentemente tem colocado o seu remédio nos lábios dessas pessoas. São como a pequena cordeira que pertencia ao homem da parábola de Natã, o profeta de Davi. Têm bebido diretamente da taça de Cristo na terra. Mais doce ainda do que essa taça, no entanto, será a porção que Jesus irá lhes ofertar por fim.

Contudo, meus queridos amigos, embora eu lhes esteja apresentando este quadro em primeiro lugar, para melhor sentirmos a mudança de maneira especial, ao podermos ver a grande diferença, ainda assim isso será verdade também em relação aos filhos de Deus mais favorecidos, de tal modo que todos eles venham a dizer: "Tu guardaste até agora o bom vinho". De todos os homens que acaso eu pudesse invejar, acho que invejaria, acima de todos, o apóstolo Paulo. Que homem! Como foi beneficiado! Quantos dons recebeu! Quanta bênção! Ah, Paulo, você, sim, nos podia falar de revelações e visões do alto. De fato, ele ouviu coisas *as quais não é lícito ao homem referir* (2Co 12.4) e viu o que poucos olhos já viram; pois *foi arrebatado até o terceiro céu* (2Co 12.2). Que grande medida de contentamento o apóstolo Paulo deve ter desfrutado! Que imensa perspectiva das coisas profundas de Deus! Que visão das alturas dos céus! Talvez nunca haja existido um homem que tenha sido mais favorecido por Deus, tendo sua mente expandida para, então, ser cheia de sabedoria e de revelação do conhecimento do altíssimo. Mas pergunte ao apóstolo se acreditaria ainda existir alguma coisa melhor por vir. Eis o que ele responde: *Porque agora vemos como por espelho, em enigma, mas então veremos face a face; agora conheço em parte, mas então conhecerei plenamente, como também sou plenamente conhecido* (1Co 13.12). Paulo, enfim, esperava ainda por alguma coisa além do muito que já havia recebido. Amados, ele não foi decepcionado. Havia um céu acima de todas as alegrias de Paulo, já estando as alegrias de Paulo acima da depressão de seu espírito, quando ele exclamou: *Miserável homem que eu sou! quem me livrará do corpo desta morte?* (Rm 7.24).

Muitos filhos de Deus possuem tudo o de que possam precisar dos bens deste mundo. Parecem estar livres das preocupações terrenas e possuem fé suficiente para confiar em seu Deus com relação ao futuro. Sua fé é firme e forte; guardam um grande amor pelo redentor; acham-se envolvidos em uma atividade para eles agradável, e o Espírito Santo está presente em seu trabalho, bem-sucedido. Um após outro, seus dias seguem firmemente, como as ondas de um mar calmo e tranquilo. Deus está com cada um deles; cada um deles é grandemente abençoado; e, tendo suas raízes *plantadas junto às correntes de águas, suas folhas não caem e tudo quanto fizer prospera* (Sl 1.3). Onde quer que qualquer deles coloque sua mão, o Senhor, seu Deus, estará ali com ele. Em qualquer terra onde coloquem seus pés, são como Josué, e aquela terra lhes é dada por herança para sempre. Contudo, amados, até mesmo essas pessoas verão coisas maiores do que as que já contemplaram. Por mais elevada a situação a que o mestre as tenha levado em sua casa do banquete, por mais imponente que seja a sala na qual agora festejam, o mestre um dia irá lhes dizer: "Subam até aqui". E irão conhecer mais, desfrutar mais, sentir mais, fazer mais, possuir mais. Estarão, simplesmente, mais perto de Cristo. Desfrutarão de alegrias mais ricas e ocupações mais doces como jamais tiveram; sentirão que seu mestre guardou até agora o melhor vinho.

Entrando em detalhes de maneira muito breve, quero observar que muitos são os aspectos sob os quais podemos considerar o estado celestial — e em cada um desses veremos que Cristo guardou o bom vinho até aquele momento. Aqui mesmo na terra, os crentes entram em seu *descanso pela fé*, desfrutam de descanso até no deserto, pois é sempre cumprida a promessa de que *habitarão em segurança no deserto, e dormirão nos bosques* (Ez 34.25). *Deus supre aos seus amados enquanto dormem* (Sl 127.2); e para eles há uma *paz que excede todo o entendimento* (Fl 4.7) e que pode ser desfrutada mesmo em meio a grande confusão, lutas e sobressaltos, *paz que o mundo não pode receber, porque não conhece* (Jo 14.17).

Glorioso descanso há de desfrutar
O coração que em seu Deus confiar.
Espera assim a igreja de Deus
Findarem os cuidados e os medos seus.

De todo modo, amados, por mais que bebamos aqui do cálice da paz, o melhor vinho está guardado para o futuro. A paz que bebemos hoje ainda vem misturada com algumas gotas de amargor. Existem ainda pensamentos perturbadores em nossa mente, cuidados deste mundo que certamente persistem, dúvidas que provavelmente ainda certamente aparecem. Independentemente de como vivamos neste mundo, teremos ainda inquietações, e espinhos na carne surgirão. Contudo, *resta ainda um repouso sabático para o povo de Deus* (Hb 4.9). Que vinho excelente deverá ser este! Deus nos espera com um sol brilhante e sem manchas, um céu sem nuvens, um dia sem noite, um mar sem ondas, um mundo sem lágrimas. Felizes são aqueles que, tendo passado por este mundo, encerram seu trabalho e entram no descanso sabático, como justamente Deus fez, banhando então sua alma fatigada nos mares do repouso celestial.

Vejamos ainda o céu sob outro aspecto. É um lugar em que fruímos de *companhia santa*. Neste mundo, poderemos ter um pouco de vinho de doce companhia. Muitos são os filhos preciosos de Sião com quem possivelmente teremos *conversado juntos tranquilamente* (Sl 55.2). Bendito seja o Senhor porque o justo não se esquece dos demais homens. Alguns de vocês poderão certamente se lembrar de nomes preciosos que lhes foram muito queridos nos dias de sua juventude, homens e mulheres com quem costumavam ir à casa de Deus e conversar tranquilamente; que palavras agradáveis costumavam sair de seus lábios e que suave bálsamo você pode ter obtido em dias de tristeza, ao lhe haverem eles confortado e consolado. Você provavelmente ainda possui amigos com quem trata com a devida consideração, ao mesmo tempo que lhe dispensam grande afeição. Existem, de fato, amigos que são consoladores de nossa alma. Quando em sua presença, sentimos nosso coração responder ao deles e desfrutar de união e comunhão com eles. Contudo, amados, repito, o bom vinho está guardado para o fim. Toda a amizade que tenhamos tido com santos aqui na terra em nada é comparável com o que vamos desfrutar no porvir. Quão doce é para nós sabermos que no céu estaremos na companhia das melhores pessoas, homens e mulheres dos mais nobres, poderosos, honrados e renomados. Nós nos sentaremos junto a pessoas como Moisés e com ele conversaremos sobre toda a sua vida de maravilhas. Caminharemos com José e o ouviremos falar sobre a graça que o preservou na hora do perigo. Não tenho dúvida de que você e eu teremos o privilégio de nos sentarmos ao lado de Davi e ouvir seu relato sobre os perigos e os livramentos pelos quais passou. Os santos dos céus não desprezam nenhuma comunhão; não estão divididos em classes separadas. Teremos permissão para caminhar por todos os grupos gloriosos e amizade com todos eles. Não há por que duvidar que poderemos vir a conhecer a todos.

Existem muitos motivos — que se fosse enumerar ocuparia muito do nosso tempo — que me parecem confirmar que no céu conheceremos do mesmo modo que somos conhecidos e que vamos, assim, conhecer perfeitamente uns aos outros. Eis o que certamente nos faz desejar estar ali, a *universal assembleia e igreja dos primogênitos inscritos nos céus* (Hb 12.23). Oh, que bom um dia deixarmos a pobre igreja daqui, tão cheia de lutas e divisões, contendas, ciúmes e animosidades; sair da sociedade dos homens, tão cheia de erros e enfermidades, embora possuam ambas certa graça divina, e chegarmos ao lugar onde não há enfermidade alguma, nem em nós nem naqueles com quem lidamos; sem mau humor — onde possivelmente não daremos nem ouviremos um único acorde com notas dissonantes, quando não haverá como ser levantada entre aquelas santas aves do paraíso uma causa sequer de contenda, quando andaremos no meio de todos vendo o amor brilhar em cada olhar e sentindo a profunda afeição presente em todo coração. Oh! Este será, sem dúvida, o melhor vinho. Você não deseja bebê-lo? Não deseja entrar um dia nessa grande comunhão da igreja e participar dessa igreja gloriosa?

A FESTA DO SENHOR | 117

> Onde o coro dos eleitos
> Do trono em volta vai estar
> Pra louvar os grandes feitos
> E as maravilhas proclamar.

Voltemo-nos mais uma vez para o céu, agora quanto à questão do *conhecimento*. Muito do que conhecemos na terra nos deixa felizes. O Senhor nos ensina muita coisa que nos proporciona alegria e felicidade. Apesar de ser este mundo um mundo de ignorância, temos cursado, mediante a graça, a escola do evangelho e aprendido doces verdades. É fato também que somos muito parecidos com a criança que está aprendendo a escrever. Rabiscamos ainda muitos garranchos e não aprendemos ainda a fazer a letra corrida da alegria. O Senhor, porém, nos ensinou grandes verdades, a ponto de encher nosso coração de júbilo: a grande doutrina da eleição, a ciência da nossa redenção, o fato da nossa segurança em Cristo. Estas simples mas grandes doutrinas têm preenchido nosso coração de contentamento. Um vinho melhor, no entanto, está guardado para o fim, quando o Senhor Jesus Cristo tomará o livro e abrirá seus selos, permitindo que possamos ler tudo. Então, nos regozijaremos verdadeiramente, pois o mais excelente vinho estará em nossos lábios. Velhos barris de conhecimento contêm o mais rico vinho; Cristo vai abrir estes tonéis, e então beberemos deles até o fim. Não nos compete saber todas as coisas agora, pois não poderíamos suportar; portanto, Cristo as deixa para depois — mas...

> Ali no céu você terá
> O que na terra desejou
> E toda força encontrará
> O fim que sempre almejou.

Você poderá olhar ainda o céu com outro sentido: o de lugar de *manifestações e júbilo*. Para o crente, o mundo é lugar de manifestações divinas temporárias. Será preciso falar das manifestações de si mesmo que Cristo se digna conceder aos seus pobres filhos na terra? Não. Nossa própria experiência, amados, suprirá minha deficiência. Direi apenas que há momentos em que o Senhor Jesus diz ao seu povo amado: *Saiamos ao campo, passemos as noites nas aldeias. Levantemo-nos de manhã para ir às vinhas, vejamos se florescem as vides, se estão abertas as suas flores, e se as romãzeiras já estão em flor; ali te darei o meu amor* (Ct 7.11). Mas como deverá ser esta comunhão no céu? Talvez eu não esteja sendo muito bem-sucedido em falar sobre o melhor vinho por uma simples razão: creio que há poucos homens que possam pregar sobre o céu de modo a serem interessantes; pois você sente que tudo o que podemos dizer está tão longe da realidade que devemos deixar o assunto de lado. Richard Baxter pode ter-se saído bem ao escrever sua obra *O descanso dos santos*; mas eu não sou Baxter — quisera Deus que o fosse! Talvez chegue um dia em que eu possa falar de maneira mais prolífica sobre tais bênçãos. Contudo, no presente, com toda a sinceridade, quando começo a falar sobre a comunhão do céu, sinto-me tolhido, não consigo realmente imaginá-la. O pensamento que sempre sucede à minha primeira tentativa de fazê-lo é de irresistível gratidão, juntamente com certo temor de que seja bom demais para um verme desprezível como eu. Foi um privilégio para João colocar sua cabeça no peito do mestre, na ceia; mas isso nada é se comparado ao privilégio de permanecer em seus braços para sempre. Oh! Devemos esperar até chegar lá e então, como já disse alguém, "em cinco minutos você saberá mais do céu do que eu poderia dizer em toda a minha vida". Será necessário tão somente vermos nosso Senhor, podermos correr para os seus braços e sentir seu abraço, cairmos aos seus pés e — estava eu prestes a dizer — chorar de alegria? Isso talvez não nos seja possível; mas nos basta estar ali, como se nos dissolvêssemos em êxtase, sentir que finalmente chegamos àquele lugar querido, sobre o qual ele nos falou, ao dizer: *Não se turbe o vosso coração; credes em Deus, crede também em mim. Na casa de meu Pai há muitas moradas; se não fosse assim, eu vô-lo teria dito; vou preparar-vos lugar* (Jo 14.1,2). Verdadeiramente ele guardou o melhor vinho para o fim.

II. Agora, QUAL O MOTIVO DE NOSSO SENHOR FAZER ISSO? É este o nosso segundo ponto. Vejamo-lo rapidamente.

O Senhor poderia ter-nos dado primeiro o melhor vinho. Mas ele jamais agiria da mesma forma que Satanás; ele faz sempre enorme distinção entre seus atos e os do diabo. Não nos dará primeiro o melhor vinho porque não é do seu agrado fazê-lo. Não temas, ó pequeno rebanho! porque a vosso Pai agradou dar-vos o reino (Lc 12.32). Este, o único motivo pelo qual você deverá receber o vinho; e o motivo de não recebê-lo agora, repito, é não ser do agrado, da vontade, do Pai que você possa tê-lo ainda. Nosso Pai não nos dá o melhor vinho agora porque está criando em você o apetite por ele. Nas festas dos antigos romanos, os homens costumavam beber previamente coisas amargas e todo tipo de mistura estranha e nociva para ficarem com sede. Neste mundo, Deus faz, semelhantemente, que seus filhos tenham sede de modo que queiram tomar goles ainda maiores do bom vinho do céu. Não sei quão doce o céu poderia me parecer se eu não tivesse antes habitado na terra. Quem desfruta melhor a doçura do descanso? Não é aquele que trabalha e se esforça? Quem compreende melhor a alegria da paz? Não é quem teve de conviver com a guerra? Quem conhece melhor a doçura da alegria? Não é quem haja passado por um mundo de tristeza? Você tem o seu apetite aguçado por meio da provação. É preparado para receber a plenitude da alegria que há na presença de Deus para sempre. O Senhor tem, assim, isso em vista. Está preparando você para o vinho melhor de tal modo que seja glorificado por sua fé posta em prova. Se estivesse ao meu alcance ir para o céu hoje à noite e pudesse entrar ali, mas suspeitasse haver mais ainda por fazer ou sofrer aqui, preferiria infinitamente esperar o tempo de meu Pai, pois, parece-me, no final bendiremos a Deus por tudo o que sofremos aqui.

Quando tudo estiver acabado, quão doce será falar sobre isso! Quando você e eu nos encontrarmos nas ruas do céu — e pode ser que alguns de vocês tenham tido apenas poucas provações, poucas dúvidas, temores, tribulações e conflitos —, você conversará sobre a libertação que Deus lhe trouxe. Mas você, certamente, não será capaz de narrativas como as que alguns dos santos provados farão. Ah! Que doces histórias provavelmente alguns deles nos contarão! Gostaria de me sentar ao lado de Jonas e ouvir *de que maneira ele desceu até os fundamentos dos montes e como achou que a terra o havia encerrado para sempre com os seus ferrolhos* (Jn 2.6). E Jeremias — fico pensando sobre quanto aprenderemos com Jeremias na eternidade, o que *ele* terá a dizer, ele, que teve de mergulhar tanto no mar da amargura! E Davi, também, o doce salmista, tão cheio de experiência, sem dúvida nunca falará o suficiente sobre tudo aquilo que o Senhor fez por ele!

Acho que, quando você e eu chegarmos ao céu, teremos coisas suficientes em que pensar. Como disse certa vez em sua oração uma pobre mulher, em grande dúvida e temor, se poderia ser salva ou não: "Senhor, se tu me salvares, apenas uma coisa posso te prometer: se tu me levares para o céu, tu nunca ouvirás o fim das minhas palavras, pois, enquanto a imortalidade durar, eu te louvarei e contarei aos anjos sempre que tu me salvaste". Este é o encargo constante do céu. Cada qual está sempre empolgado por estar ali. Na verdade, amados, se não precisássemos passar aqui por provações e problemas, conflitos de alma e que tais, teríamos muito pouco para conversar no céu. Não tenho dúvida de que os bebês no paraíso são tão felizes quanto o restante, mas não desejaria ser um bebê no paraíso. Bendigo a Deus pelo fato de não ter ido para o céu quando criança. Terei mais coisas pelas quais louvar a Deus quando olhar para trás, para uma vida recebedora de misericórdia, uma vida de provações, mas de graça sustentadora. Os cânticos ali são tão mais altos quanto maior foi a profundidade das provações na terra.

Penso que estes são alguns dos motivos de Deus agir dessa forma.

III. Agora, queridos irmãos e irmãs, o que direi sobre a LIÇÃO QUE DEVEMOS APRENDER DESSE FATO, de que Cristo guardou o melhor vinho para o final?

Ao voltar para casa em uma noite dessas, notei a diferença entre os passos dos cavalos quando chegam aqui e quando vão embora; e pensei comigo mesmo: "Ah! O cavalo está andando bem porque está indo para casa!" Foi então que me veio um pensamento: "Quão um cristão deveria andar bem por estar indo para casa!" Se fôssemos animais que estivéssemos *vindo* de casa, toda pedra bruta da estrada nos faria hesitar e parar, e precisaríamos talvez de alguma chicotada para prosseguir. Mas estamos *indo* para casa. Ó Deus bendito, todo passo que damos é na direção de *irmos* para casa. Podemos estar metidos em problemas até os joelhos, mas isso é apenas a estrada. Podemos estar cheios de temor até as canelas, mas estamos indo para casa! Podemos tropeçar, mas e daí? Eu sempre tropeço no caminho de casa. Ao mesmo tempo que todas as minhas aflições e meus lamentos podem me derrubar, também me jogam para a frente, na direção do céu. O marinheiro não se importa com as ondas desde que cada onda esteja levando seu barco cada vez mais para junto do porto; não se importa com a força e o rugido do vento desde que esteja empurrando seu barco a vela cada vez mais em direção ao cais. É essa a parte mais feliz da vida do cristão: ele está indo para casa. Que isso o alegre, cristão, e o faça viajar alegremente, sem que seja necessária chicotada alguma para apressá-lo, mas, sim, prosseguindo sempre com diligência por entre labuta e provação — porque você está indo para casa.

Portanto, se temos as melhores coisas por vir, queridos amigos, não estejamos descontentes. Vamos deixar de lado algumas das coisas ruins de agora, pois elas apenas parecem ser assim. O viajante que tem pressa em uma jornada pode talvez protestar um pouco porque precise passar a noite numa hospedaria com acomodações não tão boas, mas não irá reclamar muito porque há de prosseguir viagem no dia seguinte e está parando apenas por um pequeno período de tempo na estalagem. Ele pensa consigo mesmo: "Amanhã estarei em casa" e passa logo a refletir sobre as alegrias do lar que o esperam, não mais se importando com o desconforto de sua dura jornada. Eu e você somos viajantes. Tudo em breve vai acabar. Podemos atualmente receber um salário menor do que o nosso próximo, mas seremos iguais a ele quando chegarmos lá. É possível que ele tenha uma grande casa, com muitos cômodos, enquanto vivemos não mais que em um pequeno sala e quarto. Ah! Mas habitaremos ampla e bela mansão no paraíso. Logo estaremos no final da jornada, e, então, esta estrada não vai significar mais nada depois que chegarmos lá. Venha! Deixemos de lado muitas dessas inconveniências da estrada, pois o bom vinho está para nos ser servido. Vamos jogar fora todo o vinagre da murmuração, pois o melhor vinho ainda está por vir.

Na verdade, se o cristão tem o melhor vinho por vir, por que então deveria invejar o mundano? No entanto, Davi o fez. Ficou triste ao ver a prosperidade do ímpio. Eu e você somos frequentemente tentados a fazer o mesmo. Mas sabemos o que devemos pensar ao vermos o ímpio prosperar, ao vê-lo aparentemente feliz, cheio de delícias de prazer pecaminoso. Eis o que devemos pensar: "Oh! Meu bom vinho está por vir! Posso perfeitamente suportar o fato de ser essa talvez a sua vez de festejar, pois a minha chegará, e com toda a certeza, depois. Posso não ter essas coisas temporárias e estar até, como o pobre Lázaro da parábola, no portão, com suas feridas expostas aos cães; mas a minha vez há de vir, quando então, como a Lázaro, os anjos me carregarão para o seio de Abraão, enquanto a esse pobre ímpio, se não se converter, nada restará senão levantar seus olhos e apelar em sofrimento desde o inferno, em tormento".

Que mais posso lhe dizer irmão, embora haja ainda milhares de lições para aprender com isso, de que o melhor vinho está por vir? Cuide-se para que *você* também guarde o seu melhor vinho para o final. Quanto mais longe você for na estrada, procure entregar o mais aceitável sacrifício ao seu Salvador. Faz não muitos anos, você possuía pouca ou nenhuma fé. Traga agora seu melhor vinho! Busque e peça ter mais fé. Seu mestre e Senhor é melhor para com você a cada dia, e você deve vê-lo como o melhor de todos os mestres e amigos. Empenhe-se por ser o melhor para o seu mestre a cada dia; seja mais generoso com a sua causa, mas ativo na obra, mais bondoso para com seu povo, mais diligente em oração. Cuide-se para que, à medida que ficar mais velho, cresça também na graça, de modo que, ao chegar finalmente ao Jordão e o mestre lhe servir o melhor vinho, você possa oferecer a ele o melhor vinho também, louvando-o com mais ardor quando a batalha houver cessado e o remoinho houver parado ante a paz eterna no paraíso.

Agora, queridos amigos, devo lhes confessar: estou consciente de haver falhado no meu esforço de lhes produzir um bom vinho. Está escrito que Deus se nos revela mediante seu Espírito, mas este ouvido não o ouviu. Se tivesse contado isso a você nesta noite e seu ouvido o tivesse escutado, o texto bíblico pareceria não ser verdadeiro; mas, como involuntariamente provei da verdade desta passagem das Escrituras, não cabe me desculpar por ter ajudado a testemunhar a verdade da palavra do meu mestre. Digo apenas uma coisa: quanto mais próximo você viver de Cristo, mais próximo estará do céu. Para mim, se existe um lugar mais próximo do cume Pisga, até onde Moisés subiu por último, esse lugar é o monte

Calvário. Pode parecer estranho, mas penso que, se você estiver junto ao Calvário, estará também muito próximo do monte Nebo. Muito embora Moisés tenha visto Canaã a partir do monte Nebo, eu, por exemplo, jamais vi o céu de outro lugar a não ser do Calvário. Quando vi meu Salvador crucificado, eu o vi glorificado. Quando li meu nome escrito em seu sangue, logo depois vi a mansão que ele havia preparado para mim. Quando vi meus pecados lavados, vi as vestes brancas que um dia irei usar para sempre. Viva perto do Salvador, meu irmão, minha irmã, e você não estará longe do céu. Lembre-se que, afinal de contas, o céu não está tão longe. Apenas um pequeno suspiro, e estaremos lá. Falamos dele como uma terra muito distante, mas ele está bem perto. Quem sabe mais sobre isso do que o espírito dos justos que estão aqui esta noite? O céu está perto de nós; não podemos dizer bem onde, mas sabemos que não é um lugar distante. Está tão perto que, mais rápido do que o pensamento, estaremos um dia ali, emancipados de nossas carências e dor, e abençoados para sempre.

13

O INÍCIO DOS MILAGRES DE JESUS

Assim deu Jesus início aos seus sinais em Caná da Galileia, e manifestou a sua glória; e os seus discípulos creram nele (Jo 2.11).

Não vou entrar em maiores consideração sobre a relação desse milagre com abstinência total. O vinho que Jesus criou era bom, feito de água. Não há possibilidade de produzirmos qualquer coisa desse tipo atualmente, quando o vinho é raramente feito do puro suco de uva ou nem se sabe do que é feito. O que hoje chamamos de vinho é um líquido bastante diferente daquele que nosso Senhor produziu divinamente. Usamos nossa liberdade cristã para nos abster do vinho e achamos que o Senhor aprovaria nosso afastamento daquilo que, nos dias correntes, ofende nossos irmãos. Aqueles que abdicamos da taça intoxicante de hoje temos nossa maneira própria de ver a ação do mestre nesse episódio e não pensamos que seja difícil ver nela muita sabedoria e santidade; todavia, mesmo que não pudéssemos interpretar assim o que ele fez, não ousaríamos questioná-lo. Onde outros contestam, nós adoramos. Até mesmo isso, no entanto, é mais do que eu pretendia dizer. Meu objetivo, esta manhã, está bem longe dessa controvérsia. Busco um tema espiritual e oro pedindo ajuda do alto para tratá-lo de maneira a mais adequada.

Encontramos a descrição desse milagre apenas em João. Nem Mateus nem Marcos nem Lucas trazem uma palavra sequer sobre ele. De que maneira João ficou sabendo disso? Em parte, isso se deveu ao fato de ele estar presente. Contudo, o prefácio, referente à mãe de Jesus, chegou até ele certamente de outra maneira, penso eu. Lembremo-nos das palavras de nosso Senhor a João, quando na cruz, e de como depois o evangelista as conclui: *E desde aquela hora o discípulo a recebeu em sua casa* (Jo 19.27). Na verdade, na festa, ninguém mais teria ouvido a palavra de Jesus a sua mãe além dela própria. Foi típico da amabilidade do Senhor proferir sua suave reprovação apenas a ela. Mas quando, tempos depois, João e a mãe de Jesus vieram a conversar sobre o assunto, ela, com toda a certeza, ao relembrar o milagre, contou-lhe sua participação no caso. Os santos ganham coisas preciosas dos pobres de Deus e de seus servos provados; aqueles que acolhem viúvas e órfãos desamparados não deixam, assim, de ser recompensados.

Se minha conjectura estiver correta, vejo aqui a santa modéstia da mãe do Salvador — ela foi capaz de narrar sua própria falha e não coibiu João de vir a mencioná-la. O Espírito Santo moveu o evangelista a registrar não apenas o milagre, mas também o ocorrido humanamente com Maria. Isto foi bastante sábio da parte de Deus, pois tornou-se forte argumento contrário à ideia de que a mãe de Jesus pudesse alguma vez interceder por nós junto a seu Filho ou usar de autoridade sobre ele. Fica evidente, com base nesta narrativa, que nosso Senhor não aprovaria uma tal ideia, que provavelmente não estava na mente de sua mãe, mas que viria a surgir na mente dos homens. *Mulher, que tenho eu contigo?* (Jo 2.4) é uma sentença que faz badalar o sino da morte de qualquer ideia de que nosso Senhor pudesse ser movido ali por um relacionamento filial-materno, ou seja, segundo a carne. Embora com respeito amoroso, mas de maneira decisiva, ele interrompe ali toda interferência possível vinda até mesmo de sua mãe, pois o reino que estava para inaugurar deveria ser de acordo com o espírito, e não com a carne. Alegro-me em crer, todavia, em relação à mãe de Jesus, que, embora haja caído em um erro, no caso, natural, não persistiu nele nem um instante. Também não o escondeu de João, mas, provavelmente, resolveu justamente contá-lo ao apóstolo para que ninguém mais viesse a cair em erro similar ou pensar nela de maneira inadequada.

Não nos esqueçamos de que a mãe de Jesus tinha uma fé firme e prática em seu Filho, de quem anjos e profetas haviam dado testemunho. Ela o teve, o amou e criou como uma mãe a um filho, e, embora não deva ter sido fácil para ela ter de crer na divindade daquele a quem havia acalentado e amamentado na infância, ela creu. Desde seu nascimento maravilhoso, acreditou em Jesus como o Salvador prometido. Agora, ao receber dele o aviso, logo o entendeu, e sua fé não a abandonou. Pelo contrário, voltou-se tranquilamente para os servos da festa e recomendou-lhes que estivessem prontos a obedecer às ordens *dele*, quaisquer que fossem. Sentiu que ele estaria certo em fazer o que fosse correto e necessário. Talvez com base nas palavras de Jesus "*Ainda não é chegada* a minha hora", haja provavelmente concluído que a hora de seu Filho agir certamente chegara. Sua fé podia ainda estar acompanhada de alguma imperfeição, mas já era do tipo certo. Ela creu e perseverou em face da dificuldade passageira e, ao final, sua fé foi triunfante, pois o vinho que havia acabado voltou de forma abundante, e sendo ainda esse novo fornecimento de um vinho de insuperável qualidade. Que tenhamos uma fé que sobreviva às advertências de Deus. Que tal como Maria, a serva, possamos cantar *o meu espírito exulta em Deus meu Salvador* (Lc 1.47). Que Jesus esteja conosco como esteve sempre, mediante sua fé, com ela — como sendo, ele, pessoa amada e de nossa total confiança, em quem nossa alma aprendeu a crer e esperar. Foi tendo este fim em vista que escolhi o tema desta mensagem. Oh, que os discípulos de Jesus possam sempre confiar nele mais e mais! Ao final de seu Evangelho, João declara em relação aos feitos, que ali narrou, de nosso Senhor: *Estes, porém, estão escritos para que creiais que Jesus é o Cristo, o Filho de Deus, e para que, crendo, tenhais vida em seu nome* (Jo 20.31). Verdadeiramente, posso dizer que este sermão também está sendo pregado para que meus amados ouvintes possam crer no Senhor Jesus e ser salvos.

Consideraremos três coisas em relação ao texto: primeiramente, *o significado desse início de milagres*. Leia "sinais" em vez de *milagres* e você estará mais próximo do significado do original. Esse "início de milagres" tinha o objetivo, tal qual tudo o que se seguiu, de ser um sinal instrutivo. Em segundo lugar, observaremos sua *singularidade como manifestação: E manifestou a sua glória* (Jo 2.11). E, em terceiro lugar, *sua suficiência como confirmação da fé: E os seus discípulos creram nele* (Jo 2.11). Tal início fora calculado para poder estabelecer a fé deles, e assim foi.

I. Para começar, vamos refletir sobre o SIGNIFICADO DESSE INÍCIO DE SINAIS. Que o Espírito Santo graciosamente ajude os nossos pensamentos e aqueça o nosso coração!

O primeiro sinal ou maravilha que Cristo opera é a transformação de água em vinho nas bodas em Caná da Galileia. Assim como geralmente julgamos o caminho de um homem pelo seu começo e por ser o início quase sempre a chave de tudo o que se segue, que possamos aprender o sentido geral dos milagres de nosso Senhor a partir deste.

Observe-se, em primeiro lugar, que esse milagre *mostrou sua autonegação*. Nosso Senhor estivera pouco antes no deserto e, depois de quarenta dias de jejum, teve fome. Estava em seu poder ordenar, então, que as pedras se tornassem em pão; mas, se acaso houvesse sido este o início dos seus sinais, teria sido um milagre realizado em favor de sua própria necessidade. Tal começo não estaria de acordo com o curso de sua vida e, especialmente, estaria muito longe de sua conclusão, quando, em relação a ele, chegou-se a dizer: *A outros salvou; a si mesmo não pode salvar* (Mt 27.42). Ele, enfim, não criou pão para si mesmo, mas fez vinho para os outros. Além disso, o fato de haver feito vinho, e não pão, torna esse milagre inicial ainda mais notável. Ele não fez, na ocasião, simplesmente pão, que é uma necessidade, mas foi além, fazendo vinho, que é um luxo, muito embora para si mesmo não tenha feito, antes, nem pão. Veja-se então o forte contraste entre sua recusa em ajudar a si mesmo, não criando nem mesmo uma casca de pão, e sua prontidão em ajudar os homens, não lhes oferecendo propriamente o que seria estritamente necessário à vida, mas algo necessário à sua felicidade e alegria. Ao ter acabado o vinho, havia muita possibilidade de o noivo e a noiva, assim como os convidados, se sentirem desapontados e de a festa do casamento acabar em fracasso. Nosso Senhor impediu isso. Não permitiu que uma simples festa humilde de casamento de aldeões chegasse a um fim tão insípido e precoce, uma vez que haviam tão gentilmente honrado com um convite a ele, a sua família e seus discípulos. Jesus retribuiu a amável cortesia por meio de generosidade espontânea.

O INÍCIO DOS MILAGRES DE JESUS | 123

Quão grandemente nosso divino Senhor deve ser admirado e amado por nós! Veja sua notável benignidade! Ele não tem nenhum tipo de pretensão de heroísmo dentro de si. Cada um de nós pode dizer: "Ele me amou e se entregou por mim". Ele entregou sua vida inteiramente pelos homens, deu aos outros tudo o que tinha. Nenhum desejo egoísta jamais atingiu sua consagrada vida. Nada guardou de seu poder para si, mas, para os outros, usou sem restrições o seu poder. Esse início de milagres é uma mostra de seu trabalho altruísta. A consideração para com os outros é apresentada nesse seu primeiro milagre tal qual o sol se mostra nos céus.

Observe-se, a seguir, que esse milagre *foi marcado pela beneficência*. Por ter sido o "início dos milagres", o primeiro deles, é padrão para todos os outros. Bem-aventurados somos, portanto, por haver sido esse primeiro milagre tão cheio de bênçãos! Moisés iniciou sua obra no Egito com um milagre de julgamento. Lançou ao chão uma vara, que se tornou logo uma serpente. Com essa mesma vara, levou depois a água a se transformar em sangue. Jesus vence a serpente com a vara das Escrituras e transforma a água em vinho. Não faz ocorrer praga alguma, mas, pelo contrário, cura as nossas doenças. Bendito o nosso mestre, pois:

As mãos do Salvador
Nenhum castigo têm.
À alma do pecador
Ele deseja o bem.

A missão de Jesus é uma missão de felicidade e, por isso, se inicia numa festa de casamento. Tem o propósito essencial de trazer júbilo e ventura aos corações endurecidos e magoados e, assim, começa com um feito de verdadeira bondade. Durante a coroação dos reis, a tubulação de Cheapside era enchida de vinho[1] e, aqui, são as talhas cheias dessa bebida até a borda. Todos os milagres seguintes foram igualmente beneficentes. É bem verdade que Jesus secou uma figueira que não tinha frutos. Mas não deixou de ser um ato de beneficência secar uma árvore que oferecia aos homens uma falsa promessa de frutos e, assim, causava desapontamento aos passantes famintos e cansados, ensinando-nos uma lição prática de honestidade a um custo baixo de perder uma árvore que, afinal, para mais nada servia. Todas as ações de nosso Senhor para com os homens são cheias de benevolência e graça real. Haverá um dia em que o cordeiro, com ira divina e como Juiz, condenará o ímpio. Mas enquanto durar a atual dispensação, ele é para nós todo misericórdia, amor, bondade e generosidade. Meu ouvinte, se você se achegar a Jesus, descobrirá que o coração dele vai em sua direção e que ele há de abençoá-lo abundantemente com vida, descanso, paz e alegria. O Senhor o abençoará e removerá toda maldição para longe de você.

Esse início de milagres foi operado em uma festa de casamento para mostrar mui grande beneficência. O casamento foi a última relíquia do paraíso deixado entre os homens, e Jesus apressa-se em honrá-lo com seu primeiro milagre. O casamento é uma ordenança do Pai. Para ele, foi o motivo pelo qual levou Eva a Adão. Nosso Senhor, trabalhando em harmonia com o Pai, toca simbolicamente na própria origem da humanidade e dá sua confirmação a essa ordenança mediante a qual a raça humana é perpetuada. Jesus vai a uma festa de casamento e dá sua bênção ali para que saibamos que nossa vida familiar está sob o seu cuidado. Quanto devemos de fato, à alegria do nosso relacionamento doméstico! É a partir dele que a vida é transformada de água em vinho. Temos refletido algumas vezes ser quase uma prova da divindade do cristianismo o fato de que possa haver lugar tão feliz como muitos de nossos lares têm sido, pela presença de nosso amado Senhor, a quem, certamente, temos tido como convidado de honra de nossa festa de casamento; o qual, aliás, nunca mais se vai, mas, sim, permanece conosco, em nosso lar, por todos os nossos anos de felicidade. Por isso, já foi um milagre seu honrar publicamente o casamento, confirmando uma instituição cheia de tanta felicidade para os seres humanos.

---

[1] [NE] Na idade média durante a coroação dos reis, a tubulação [rede de encanamento de rua] de Cheapside era enchida de vinho: http://en.wikipedia.org/wiki/Cheapside acessado em 06/08/14.

O primeiro dos milagres foi também um *milagre dos mais compassivos*. Todos os milagres de nosso Senhor foram sempre realizados para satisfazer uma necessidade. No caso, o vinho havia acabado na festa, e o milagre chegou bem na hora da emergência, quando o noivo poderia passar a ser injustamente envergonhado. Essa necessidade foi, assim, uma grande bênção. Se houvesse vinho suficiente para a festa, Jesus não teria realizado esse milagre, nem eles teriam jamais provado do mais puro e melhor vinho. Uma necessidade bendita abre espaço para Jesus entrar com seus milagres de amor. É bom ter falta, assim, para que possamos ser levados ao Senhor por causa de nossas carências, pois ele irá fazer mais por nós do que apenas supri-las. Se você não tem necessidade alguma, meu caro ouvinte, Cristo não virá até você. Mas, se você tem uma carência profunda, a mão de Jesus se estenderá até sua pessoa. Se a sua necessidade se colocar diante de você como uma enorme talha para água vazia, ou se a sua alma estiver cheia de dor do mesmo modo que aqueles vasilhames foram enchidos de água até a borda, Jesus, mediante sua doce vontade, poderá transformar sua água em vinho, seu lamento em canto. Alegre-se por ser fraco, para que o poder de Deus possa repousar sobre você.

Quanto a mim, cada partícula de minha força depende mais e mais do Senhor. Diáconos e presbíteros sabem com que frequência, antes de subir ao púlpito nas manhãs de domingo, agradeço a Deus por ser assim. Sou feliz por ser inteiramente dependente do Senhor, por ter escassez do meu vinho natural de capacidade, a fim de que haja espaço para o meu Senhor vir e suprir com o seu vinho da força, que é de bem melhor qualidade porque é divino. É bem mais provável que façamos nossa obra muito melhor ao sentir-mos nossa insuficiência e sermos levados a Deus em busca de ajuda. Se formos procurar fazer nosso serviço à nossa desajeitada maneira certamente fracassaremos; mas se, em vez disso, procurarmos fazê-lo de maneira tímida e trêmula, mas olhando confiantemente para o Senhor, seremos mais do que vencedores.

Se tivermos uma grande necessidade, se alguma coisa essencial acabou, se existe a possibilidade de sermos desprezados por causa de algum fracasso, esperemos, pela fé a vinda do Senhor Jesus para a nossa libertação. Aprendi com este milagre de Caná que o nosso Senhor olha sempre para a necessidade do homem, não para suas posses. Ele olha com toda a atenção para a nossa fraqueza e carência, fazendo da nossa angústia a plataforma sobre a qual manifesta a sua glória, ao suprir todas as nossas necessidades.

Não podemos deixar de notar, além disso, *quão condescendente foi esse milagre!* Lemos duas vezes no texto bíblico que ele foi realizado em Caná da Galileia. E isso é mencionado duas vezes, certamente, para que possamos observar que nosso Senhor não escolheu um dos lugares mais destacados de Jerusalém, nem qualquer das cidades de maior notabilidade da Palestina como cenário para o seu primeiro milagre. Estava, porém, em um pequeno e tranquilo vilarejo da Galileia — Galileia dos gentios, lugar menosprezado pelos judeus, e foi ali que realizou seu primeiro milagre — na cidadezinha dos juncos e das canas, a chamada Caná da Galileia.

Ele realizou esse sinal não em uma ocasião espiritual e sagrada, nem diante dos líderes eclesiásticos e dos sábios. Há quem imagine que tudo o que nosso Senhor faz deve ser feito em igrejas ou catedrais. Não e não. Esse milagre aconteceu em uma casa de família, e não no meio de uma reunião de oração ou de leitura bíblica, mas em uma festa do casamento de dois jovens camponeses, cujos nomes sequer sabemos. Veja como o Senhor Jesus desce até os lugares mais comuns da vida e derrama bênção sobre o lado mais comum da nossa existência!

As pessoas que promoveram essa festa eram de poucos recursos. Se fossem ricas, certamente o vinho não teria acabado tão cedo. É bem verdade que, contando-se os primeiros discípulos de Jesus, que o acompanharam, é possível que hajam comparecido à festa mais pessoas do que os anfitriões esperavam. Mesmo assim, se fossem abastados teriam tido mais do que vinho suficiente para satisfazer todos os convidados, inclusive os extras. Os ricos, no Oriente, costumavam abrir a casa para quase todo mundo durante a semana de festividades de casamento. Mas eles, de fato, não faziam parte da aristocracia nem estavam entre os ricos ou os notáveis de Israel. Por que nosso Senhor, no entanto, não deu início aos seus milagres diante do rei, ou do governador local, ou, pelo menos, na presença dos sacerdotes e dos escribas, ou doutores da lei? É que optou por não fazer seu primeiro chamado aos grandes e aos que se julgavam dignos. Sinto,

O início dos milagres de Jesus | 125

pessoalmente, bastante conforto nesse fato, de o Senhor ter vindo prioritariamente ao homem comum; isso para mim é uma bênção. Nessa questão de posição social e riqueza, você e eu podemos estar até na parte de baixo da escala; mas Jesus se inclina justamente na direção de homens desse escalão, considerado socialmente inferior. O Senhor veio visitar o seu povo em lugares comuns, assim como o modesto lado sul do rio Tâmisa; aqui, ele operou transformações, e muitas vidas, cheias de água, foram mudadas, enriquecidas e vivificadas por sua graça.

Jesus pode ir até você, meu querido ouvinte, mesmo que seja um trabalhador braçal, uma criada, um pobre comerciário ou a esposa de um artesão. Nosso Senhor ama o pobre. É um frequentador constante das casas modestas. Não é muito de comparecer a lugares de destaque, mas, sim, costuma fazer sua morada habitual junto ao pobre e ao humilde. O Senhor é pleno de condescendência e amor.

Esse primeiro milagre foi bastante generoso. Jesus não multiplicou pão naquele casamento, mas, sim, um item, para eles ali, de luxo, alegrando seu coração com o mais puro sumo da uva. Quando, depois, veio a alimentar a multidão do deserto, nosso Senhor poderia ter dado apenas a cada qual um pedaço de pão, só para evitar que morressem de fome; mas ele nunca faz as coisas de maneira restrita e contada, como em um asilo público de pobres, e, assim, adicionou peixe ao alimento, para dar mais sabor e mais nutrição ao pão. Nosso Senhor não apenas nos dá existência; mas nos oferece uma existência feliz, que é a verdadeira vida. Não dá aos homens apenas o que é o suficiente para a sua necessidade imediata, mas nô-lo dá sempre em um grau muito mais elevado do que pensaríamos poder desfrutar. Aqui, ele transforma a água em uma bebida mais agradável de se tomar, mais rica, mais saborosa e mais alimentícia. Talvez nem saibamos quão verdadeiramente bom e sustentador foi aquele vinho feito por Deus para aqueles que tiveram o privilégio de prová-lo.

Nosso querido mestre dá, enfim, a todos os seus seguidores uma alegria de viver indizível e plena de glória. Eles recebem não apenas graça o suficiente para viver, como se precisassem economizar em esperança e serviço; mas, sim, hão de beber *de vinhos puros, bem purificados* (Is 25.6), e terão graça para cantar, graça para se regozijar, para se encherem de segurança e transbordar de deleite. Nosso Amado nos leva não apenas a uma simples refeição de pão, mas a um banquete regado a vinho. Temos, com ele, o céu aqui embaixo. Jesus não mede a graça em gotas, como são alguns remédios, mas, sim, dá liberalmente, pois suas talhas estão sempre cheias até a borda. E a qualidade é sempre tão notável quanto à quantidade: ele nos dá o melhor do melhor — júbilo, arrebatamento e êxtase. Ó minha alma, que maravilhosa é a mesa real junto à qual você está sentada! O Senhor lhe concede e enche de benefícios todos os dias!

Que milagre gracioso foi esse! Quão liberal! Quão irrestrito! Jesus jamais precisaria de pressão alguma para realizá-lo. Maria não poderia de fato, nem desejava, interferir. Colocou-se atrás, devidamente, a boa mulher, pois o Senhor certamente já sabia até da necessidade antes que precisassem lhe dizer. Talvez você pense, querido amigo, que deve fazer certa quantidade de orações para ser atendido, mas a verdade é que o Senhor está muito mais pronto a dar do que você a pedir. Não pense ser a sua oração que irá fazer que ele se disponha a abençoá-lo: ele está disposto a fazer agora mesmo por você *muito mais abundantemente além daquilo que você possa pedir ou pensar* (Ef 3.20).

Deve-se notar, ainda, que nada de especial foi exigido dos homens para se obter o extraordinário suprimento de vinho, mas tão somente algo muito simples e fácil de fazer. Vamos, servos obedientes. Tirem a água. Simplesmente, tirem-na do poço, e a derramem nas grandes talhas. Isso é tudo o que temos de fazer! O Senhor Jesus nunca vem até nós com condições complicadas e difíceis de serem cumpridas. Não fique imaginando nem acredite que para ser salvo você precisa fazer ou sentir alguma coisa diferente do comum. Você pode crer em Jesus para a vida eterna assim mesmo como está. Tenha fé suficiente para apenas tirar a água e encher a talha, cumpra a simples ordem do Senhor e, para sua grande surpresa, verá surgir vinho onde antes só água havia. O Senhor, por seu Espírito, pode mudar o seu coração e renovar o seu espírito, de modo que onde havia somente um pequeno pensamento natural haverá vida e sentimentos espirituais. E ele fará isso sem qualquer necessidade de pressão ou de persuasão. A graça que ele dá é gratuita. Jesus tem um coração terno para com os pecadores necessitados: a lança, na cruz, o deixou aberto, e uma simples oração poderá tocá-lo.

O primeiro milagre foi também *profético*. Nosso Senhor dá início aos seus sinais em uma festa de casamento. É para uma festa de casamento que ele nos convida agora e será diante de uma gloriosa ceia de casamento que tudo irá terminar. A história de nossa Bíblia termina, na verdade, tal qual um belo conto de amor: "eles se casaram e viveram felizes para sempre". Encontramos a prova disso no livro de Apocalipse. Nele, lemos que o Senhor virá para celebrar o casamento entre ele e sua igreja. Todo o vinho a ser bebido nessa grande festa será por ele próprio fornecido, e toda alegria e satisfação serão de sua oferta própria. Ele é o sol do dia celestial; a glória do glorificado. O próprio Senhor há de cuidar para que por toda a era milenar — na verdade, por toda a eternidade — a alegria de seus escolhidos nunca acabe. Eles se alegrarão em Deus e em si mesmos, sem medida e sem barreiras.

Cristo começou com este milagre especial como que para mostrar que veio para transformar e transfigurar todas as coisas, para cumprir a lei e os seus preceitos, transformando-os em substância e realidade. Veio para tomar o homem e transformá-lo, de criatura caída, em filho e herdeiro nascido do céu. Jesus veio para livrar este planeta de sua névoa e adorná-lo com roupagens de glória e grande beleza. Em breve, veremos novos céus e nova terra. A Nova Jerusalém descerá dos céus, de Deus, preparada como uma noiva adornada para o seu esposo. Jesus veio para elevar e para cumprir, e ele dá a indicação disso logo no início dos seus sinais.

II. Em segundo lugar, devemos notar neste milagre a SINGULARIDADE DE SUA MANIFESTAÇÃO. *Assim deu Jesus início aos seus sinais em Caná da Galileia, e manifestou a sua glória* (Jo 2.11). Creio que existe uma clara conexão entre o primeiro capítulo do Evangelho de João e a passagem diante de nós. No primeiro capítulo, diz João: *E o verbo se fez carne, e habitou entre nós, cheio de graça e de verdade; e vimos a sua glória, como a glória do unigênito do Pai* (Jo 1.14). Aqui, temos a revelação dessa graça e dessa glória.

Observe que, neste milagre, Jesus *manifestou sua glória*. Na verdade, glorificou o Pai, pois esse era o seu verdadeiro objetivo e fim. Contudo, manifestou sua própria glória no ato. Perceba que foi *sua própria glória*. Nunca se disse isso em relação a qualquer profeta ou outro santo. Moisés, Samuel, Davi, Elias — nenhum deles manifestou sua própria glória. Eles não tinham glória própria a manifestar. Aqui está alguém, no entanto, que é maior que um profeta; alguém maior que o mais santo dos homens. Jesus manifestou sua própria glória, e não poderia ser de outra maneira. Ao ler estes versículos, sinto que devo adorar meu Senhor Jesus.

Ele revelou sua própria glória como Deus e homem. Durante todos os anos anteriores, ela esteve velada. Jesus foi um menino bom e obediente, um bondoso jovem carpinteiro em Nazaré; em todos esses momentos, sua glória era como que uma fonte fechada, uma nascente selada. Ela agora começa a fluir, em forte tom avermelhado, a partir desse grande milagre. Se você pensar nisso, verá com mais clareza o que foi essa glória. Jesus era até então um homem como qualquer outro; e então, quando quis, transformou a água em vinho. Era, naquela ocasião, um simples homem jovem adulto. Sua mãe estava ali como que para nos lembrar que ele era homem comum, nascido de mulher. Era um simples homem, tendo uma mãe, como todos os demais, e, mesmo assim, revelou-se *Deus sobre todas as coisas* (Ef 1.22) ao criar, mediante sua própria vontade, uma abundância de vinho puro. Era até então, ali, simplesmente mais um entre os muitos convidados do casamento, acompanhado de seus humildes amigos ou seguidores; e, no entanto, em dado instante, desempenharia o papel de criador. Não estava vestido com traje sacerdotal nem usava os filactérios dos fariseus ou qualquer outra forma de ornamento que fosse a indicação de um ofício eclesiástico ou religioso. Todavia, fez maravilha maior do que sacerdotes, escribas e fariseus poderiam tentar fazer. Simplesmente um homem entre os homens, era, também, Deus entre os homens. Seu desejo era lei no mundo da matéria, de tal modo que a água recebeu as qualidades e características próprias e exclusivas do vinho. Adore-o, meu irmão! Adore-o reverentemente! Curve-se diante daquele que era um homem, um homem real, e ainda assim realizou algo que tão somente o próprio Jeová poderia ter feito! Adore aquele que *não considerou o ser igual a Deus coisa a que se devia aferrar* (Fp 2.6); mas que, achando-se como homem entre os convidados de humilde casamento, ali manifestou maravilhosamente sua divina glória.

O INÍCIO DOS MILAGRES DE JESUS

Observe que *ele manifestou sua glória ao operar além do poder da natureza*. A natureza não transforma água em vinho de uma hora para outra. Isso somente poderia ser feito por um ato direto da mão de Deus. Há um processo normal por meio do qual as gotas de orvalho entram no bago da uva e, por meio de procedimentos para nós ocultos, transformam-se em saboroso suco. Mas por qual poder deveria a água, colocada em um recipiente terreno, vir a ser transmutada em vinho pouco antes de ser levada à mesa? Ninguém, a não ser o próprio Deus, poderia fazer isso; e, como Jesus o fez, ele demonstra, por meio disso, sua inquestionável divindade. Mostra que tem todo o poder na terra. Ele pode fazer o que deseja e, mediante esse ato de criação, ou transformação, torna manifesta a glória do seu poder.

Ele fez isso, em parte, ao operar sem utilizar qualquer instrumento. Para tornar doces as águas amargas, Moisés utilizou uma árvore, que o Senhor lhe mostrara. Eliseu, por sua vez, sarou as águas ao jogar sal em seu manancial. No caso presente, não; não temos qualquer instrumentalidade aqui. Todas as vezes, aliás, que nosso Senhor fez uso de meios visíveis, nunca foram suficientes para o propósito, senão parecendo justamente o oposto: quando, por exemplo, curou um homem cego ao fazer lama com saliva e colocá-la em seus olhos — o que, em circunstâncias normais, mais poderia talvez acabar com sua visão do que abrir seus olhos. Aqui, porém, o Senhor não usou de nenhum instrumento. Nem ordenou "água, transforme-se em vinho", nem mesmo disse uma palavra sequer; simplesmente desejou e foi feito. Quão divinamente manifestou sua glória neste episódio!

Ele operou facilmente e de maneira majestosa, exatamente como é o método e a maneira de agir do grande Deus. Aqui, ele simplesmente diz: *Enchei de água essas talhas* (Jo 2.7), e os servos cumprem sua ordem com entusiasmo, pois quem fala é o mestre de todas as mentes e vontades. *Tirai agora* (Jo 2.8), diz ele, e, no processo de levá-la ao mestre-sala, a água é transformada em vinho. Não há nenhum esforço aqui, nenhuma respiração de Jesus como de alguém que estivesse reunindo forças para realizar um grande feito. A terra gira, mas a roda da natureza nunca mói o seu próprio eixo. Deus age por meio de suas leis de uma maneira perfeitamente natural e irrestrita. A criação e a providência habitam o silêncio majestoso que acompanha a onipotência. Tudo flui facilmente com ele. Mediante sua própria vontade, o Senhor pode fazer todas as coisas *por nós* e, num momento, transformar as águas da nossa dor em alegria.

O Senhor manifestou sua glória *operando com naturalidade, sem nenhuma exibição*. Tenho a impressão de que se você e eu pudéssemos realizar uma maravilha como essa, é possível que disséssemos ao mestre--sala: "Chame todos os convidados, informe-os de que o vinho terminou, mas que eu irei criar justamente agora um novo suprimento. Estão vendo essas grandes talhas? Mandei enchê-las de água, para que todos possam constatar que não havia antes nenhum vinho dentro delas. Agora, olhem bem para mim enquanto eu opero a transformação desta água em vinho". Então, teríamos falado alto ou realizado uma longa série de atos. Jesus não fez nada disso. Mostrou que não é dado a exibição. Seu reino é para que venha sem que se perceba. Despreza a pompa, o barulho, a cerimônia. Age como um Deus cujas maravilhas são grandes demais para que necessite chamar a atenção para si mesmo. Foi sempre divino da parte de nosso Senhor realizar sua tão grande obra sem precisar mostrar que fazia algo incomum.

O fato de haver ele realizado literalmente um milagre foi certificado por testemunhas imparciais. Poderia ser que Pedro, ou Filipe, ou qualquer de seus discípulos presentes pudesse haver proposto: "Mestre, vamos encher as talhas com água?" Mas não foi assim, senão logo haveria suspeita de conluio entre o mestre e os discípulos. São os servos comuns, da festa, que irão encher as talhas com água. Ou, então, os discípulos poderiam ter-se agradado de querer levar o vinho ao mestre-sala da festa, anunciando: "Olhe, aqui está um vinho que o nosso grande e bom mestre acabou de fazer". Não; são os servos que vão levar o vinho, sem dizer palavra alguma ao mestre-sala sobre a origem dele. A testemunha real de que aquilo que eles trazem é de fato vinho, e da melhor qualidade, será o próprio mestre-sala — um homem que não está preocupado com as coisas espirituais, mas, sim, que já tem trabalhado em muitas festas, conhece bem os hábitos e costumes a respeito e tem sempre uma palavra a dizer referente à área de sua atividade. Certamente, um homem capaz de poder julgar a qualidade de um vinho — eis por que podemos seguramente aceitar o seu veredicto, ao dizer ao noivo: *Tu guardaste até agora o bom vinho* (Jo 2.10). Nesse caso, quanto menos espiritual e mais franco fosse o homem, melhor testemunha seria da realidade do milagre. Se fosse um dos seguidores de Jesus, seria possível suspeitar de que o mestre estivesse combinado com seus discípulos. Vê-se, no entanto, o contrário: que o mestre-sala é homem de tipo totalmente diferente dos discípulos. É que a obra de Deus é um fato, não ficção: ela apela para a fé, mas não para a imaginação. Deus realiza sempre sua obra transformadora de tal maneira que terá testemunhas prontas a atestá-la. Assim como quando Cristo ressuscitou dos mortos havia testemunhas para certificar o fato, do mesmo modo seu primeiro milagre foi certificado acima de qualquer suspeita como real e verdadeiro pela melhor das testemunhas. Houve uma razão especial para isso.

Ó meus amados ouvintes, se vocês vierem a Cristo, ele jamais irá enganá-los. Suas bênçãos não são meros sonhos. Se você vier a Jesus e nele confiar, a obra que ele fará por você será tão real quanto a que foi feita em Caná. Até os ímpios serão forçados a reconhecer que Deus fez uma mudança em você. Quando o virem em sua nova vida, hão de refletir: "Eis uma coisa boa, que nunca vimos antes nele". Venha a Cristo, eu oro, e o receba, para que ele seja tudo em sua vida. E ele há de ser verdadeiramente tudo o de que você precisa. Confie nele, mesmo ainda lutando com seu pecado, e ele trará o perdão real. Confie a ele os seus problemas, e ele lhe dará a solução e o descanso perfeitos. Confie nele, mesmo com sua natureza maligna, e ele irá renovar você. Ele não finge fazer coisas que não pode fazer.

Testemunhado, enfim, por todos os presentes naquela festa de casamento, ele realmente transformou a água em vinho de qualidade especial. Do mesmo modo, Jesus pode agora transformar o seu caráter e fazer algo que somente a natureza, por mais que se esforçasse, jamais poderia produzir. Digo mais uma vez: a singularidade dessa manifestação reside nisso — ela revelou o Senhor Jesus Cristo, que, mediante seu poder imenso, eleva tudo aquilo em que toca, transformando homens, coisas e fatos em coisas mais nobres do que eram antes ou que jamais poderiam ter sido. É esta a singularidade essencial desta manifestação de Cristo. Ele mesmo diz: *Eis que faço novas todas as coisas* (Ap 21.5). E faz as novas coisas como as melhores. Levanta o pobre da fome para o banquete. Ergue a humanidade decaída, alçando-a a algo tão glorioso quanto o de poder se aproximar do trono de Deus. Em tudo isso, Cristo é revelado, e seu nome é glorificado.

III. Por fim, acho que este milagre tem, em si, SUFICIÊNCIA COMO CONFIRMAÇÃO DA FÉ. Está escrito: *Os seus discípulos creram nele* (Jo 2.11). Percebam, então, irmãos: como João sabia que os discípulos haviam acreditado nele? Provavelmente porque era um deles presente e ele próprio creu. A melhor testemunha é aquela que compartilha um fato. Quando sentimos uma coisa por nós mesmos, temos plena segurança a respeito daquilo. João soube que os outros discípulos presentes também acreditaram em Jesus pelo que lhe disseram, e seus sentimentos coincidiam com o dele. Nós também compartilhamos da fé que as maravilhas do nosso Senhor produz.

Todos os convidados daquela festa certamente participaram do novo vinho, mas os discípulos ali presentes tiveram algo bem melhor: um reforço em sua fé. Isso vale mais do que todas as iguarias de uma festa. Enquanto os outros comeram, beberam e desfrutaram das delícias, aqueles homens fruíram mais: viram Deus em Cristo Jesus manifestando sua glória. Mas a pergunta é: o que havia naquele milagre que poderia confirmar sua fé? Note que eu digo *confirmar* sua fé. O milagre não deu origem à fé, mas a firmou. A fé desses primeiros discípulos se originara na palavra do Senhor pregada por João Batista: acreditaram em Jesus como sendo *o cordeiro de Deus, que tira o pecado do mundo*, como o Batista o anunciara. Em seguida, passaram a desfrutar de relacionamento pessoal com Jesus, ao andar junto com ele. Isso havia revelado sua fé. Agora, comprovavam o benefício de estarem associados a Jesus, ao verem por si mesmos o que o mestre era capaz de fazer. Com isso, sua fé se reforçou. Seus discípulos já acreditavam nele, mas esse milagre confirmou sua confiança.

O milagre, enfim, justificava grandemente o fato de os discípulos já crerem de modo implícito em Jesus, pois *provava o poder de Jesus de realizar qualquer milagre*. Se ele podia transformar água em vinho por sua própria vontade, podia fazer toda e qualquer coisa do gênero. De fato, se Jesus exerceu alguma vez poder além do natural, podemos crer prontamente que ele o pode fazer de novo; que não há limite para o

O início dos milagres de Jesus | 129

seu poder. Ele é, portanto, Deus e, como Deus, todas as coisas lhe são possíveis. Deste modo, o primeiro milagre confirmou corretamente sua fé.

Além disso, aos discípulos *mostrou a prontidão de seu mestre em resolver dificuldades inesperadas*. Ninguém havia previsto que o vinho acabaria. Jesus não foi à festa de casamento preparado e munido, ou seja, "de mala e cuia", como se costuma dizer. A demanda surgiu repentinamente, tal como também o suprimento: o vinho acabou, mas ele logo estava pronto para enfrentar a dificuldade. Isso não confirma sua fé? Cristo está sempre pronto para toda emergência. Amanhã pode acontecer algo que você não esperava; Cristo estará pronto para o inesperado. Entre este mundo e o céu, você irá se deparar com muitos eventos inesperados, mas eles não serão surpresa para Jesus. Ele os antevê com clareza. Quando a provação chegar, o Senhor trará a provisão: *No monte do Senhor se proverá* (Gn 22.14).

Mais ainda, a fé dos discípulos foi confirmada porque o Senhor *mostrou que não permitiria o fim de nada com que tivesse contato*. Gosto de ter certeza de que Jesus está comigo em toda e qualquer ocasião, pois sei que *a vontade do Senhor prosperará nas suas mãos* (Is 53.10). Note-se que aquele não era o casamento de parente seu ou de um de seus discípulos ou de amigo íntimo, mas um casamento para o qual tinha sido convidado. Ele nada teria a perder se comentasse depois que as provisões haviam acabado quando ele estava lá. Sua ligação com a festa pode ser vista como algo bastante remoto. Para ele, no entanto, era uma ligação. Mesmo as menores ligações são observadas pelo nosso Senhor Jesus. Ó minha alma, se eu puder apenas tocar a orla de suas vestes, a virtude sairá dele e chegará a mim! Estou no mesmo barco com Jesus, e, se eu me afogasse Jesus também iria se afogar; então, eu sei que estou seguro! Ó meu coração, se eu simplesmente tiver a mão de Cristo junto à minha mão, estarei ligado a ele, e ninguém poderá nos separar. Nesta união está a minha vida, a minha segurança, o meu sucesso, pois tudo o que ele venha a tocar jamais acabará.

Ele era apenas mais um convidado na festa, mas, simplesmente porque ele estava lá, todas as coisas correram bem. Creio que isso deva ter animado bastante os discípulos quando, algum tempo depois, começaram a pregar Cristo. Sua confiança total era a de que Jesus estava com eles e que por isso sua palavra prevaleceria. Eram homens modestos, e muitos deles iletrados, e toda a elite daquela época estava contra eles. Contudo, disseram a si mesmos: "Não temeremos, pois Jesus está conosco, e ele conhece todas as intenções humanas". Se Jesus estiver conosco em nossas disputas em favor da verdade e da aliança de Deus, o resultado da batalha não será mais incerto. Se o Salvador está presente na questão de sua fé na salvação, você pode descansar seguro quanto à sua vida eterna.

O milagre lhes mostrou também — e isso deve ter sido de grande importância para a confirmação de sua fé — que *Jesus poderia fazer uso dos meios mais simples* para seus milagres. O Senhor tinha apenas água e seis grandes talhas à sua disposição para produzir vinho. Todavia, consegue fazer um vinho bem melhor a partir da água do que aquele que os homens poderiam fazer a partir da uva. Veja seus tonéis e suas prensas: apenas seis talhas de pedra. Você e eu, também — afinal, o que somos? Somos apenas pobres vasos terrenos, até mesmo rachados, acho eu. Há pouca coisa de conteúdo espiritual em nós, e o que há é tão frágil como a água. Mas o Senhor pode produzir de nós um excelente vinho, que irá alegrar o coração de Deus e do homem — palavras de fé que irão agradar a Deus e salvar o homem. Nos tempos que se seguiram, aprenderiam os discípulos que eles mesmos não são nada além de vasos terrenos, mas sempre haveriam de se lembrar de que o seu Senhor seria capaz de realizar milagres até mesmo por meio deles.

Você não acha que a fé daqueles homens foi confirmada também quando presenciaram *a majestosa tranquilidade de Jesus na realização de sua obra*? Não invocou anjos, não fez uma longa oração, nem mesmo proferiu qualquer encantamento. Ele simplesmente quis, e o ato se realizou. Na próxima vez que viessem a enfrentar dificuldade, os discípulos iriam crer que o Senhor poderia facilmente ajudá-los. Esperariam tranquilamente e veriam a salvação de Deus. O Senhor, de uma maneira ou de outra, proveria e faria maravilhas, sem maior problema para eles. Irmãos, se Deus estiver conosco, tudo dará certo para nós.

O milagre também lhes mostrou que, a partir de então, *eles não precisavam mais estar ansiosos*. Quando lemos o Novo Testamento, está escrito *e os seus discípulos creram nele* (Jo 2.11). É o que está escrito em nossa versão. Mas a ideia de *nele* como sendo *dentro dele* seria aqui mais correta; pois a palavra grega usada aqui é *eis* — literalmente, "seus discípulos creram *dentro dele*". Ou seja, eles creram de tal forma que é como se houvessem mergulhado em Jesus. *Dentro dele* — pense no significado disso! Os discípulos jogaram todas as preocupações de sua vida sobre Jesus e sentiram não precisar mais se preocupar com coisa alguma. Jesus iria suprir todas as suas necessidades e carências, até o fim. Deixaram tudo nas mãos dele. Maria queria, de boa vontade, ajudar a resolver a questão e logo entendeu que havia errado nisso. Quanto aos discípulos, entraram diretamente *em* Jesus pela porta aberta do milagre confirmador da fé — e ali encontraram descanso. Que esta seja também a sua condição: *lançando sobre ele toda a vossa ansiedade, porque ele tem cuidado de vós* (1Pe 5.7). Eles creram não simplesmente *em* Jesus, mas *dentro de* Jesus. Uma coisa é acreditar *nele*; outra coisa é acreditá-*lo*. É compensador crer nele, mas o melhor de tudo é crer dentro dele, de tal modo que a nossa própria personalidade seja absorvida por Cristo e possamos sentir a bênção de uma união viva e firme, duradoura e amorosa, com ele. Aqueles homens jamais poderiam ter produzido uma única gota de vinho para a festa do casamento, mas, contando com seu mestre unido e junto a eles, seriam, certamente, até capazes de inundar as ruas com vinho, se fosse necessário e ele assim quisesse. Tendo entrado em verdadeira parceria com Jesus, sua fé se lhes despertou como uma manhã sem nuvens. Agora se sentiam seguros, firmes e fortes, pois sua fé fraca e insípida havia ganhado a plenitude e a riqueza de um vinho generoso.

Antes de terminar, quero dizer algumas palavras para os ainda não decididos por Cristo, aqui presentes Veja, meu caro ouvinte, Jesus Cristo quer vir e visitar você do jeito que você está. Ele está disposto a ir à casa mais simples, até mesmo quando esteja acontecendo uma grande festa ali. Peça então que ele venha a você exatamente como você está. Você acabou de ver como ele é capaz de abençoar a alegria humana! Talvez você esteja pensando em vir a Jesus da próxima vez que se sinta triste — mas eu lhe digo: venha agora a ele, imediatamente, enquanto está alegre. Se você está se dando bem nos seus negócios, na sua vida profissional; se você se alegra com seus filhos, com um filhinho recém-nascido; se você se casou recentemente; se foi aprovado em um exame — venha a Jesus em meio à sua alegria. Peça a ele que aumente sua felicidade, elevando-a a um grau mais alto e de maior qualidade, até que toque a alegria do Senhor. Cristo Jesus é capaz de erguer você, meu caro amigo, daquilo que você é agora, para alguma coisa bem melhor, mais plena, mais grandiosa, mais nobre, mais santa, mais semelhante a Deus. Que ele possa fazer isso agora! Creia nele, acredite nele, creia *dentro dele*, e assim se fará. Amém.

14

A FÉ DO OFICIAL

Ora, havia um oficial do rei, cujo filho estava enfermo em Cafarnaum. Quando ele soube que Jesus tinha vindo da Judeia para a Galileia, foi ter com ele, e lhe rogou que descesse e lhe curasse o filho; pois estava à morte. Então Jesus lhe disse: Se não virdes sinais e prodígios, de modo algum crereis. Rogou-lhe o oficial: Senhor, desce antes que meu filho morra. Respondeu-lhe Jesus: Vai, o teu filho vive. E o homem creu na palavra que Jesus lhe dissera, e partiu. Quando ele já ia descendo, saíram-lhe ao encontro os seus servos, e lhe disseram que seu filho vivia. Perguntou-lhes, pois, a que hora começara a melhorar; ao que lhe disseram: Ontem à hora sétima a febre o deixou. Reconheceu, pois, o pai ser aquela hora a mesma em que Jesus lhe dissera: O teu filho vive; e creu ele e toda a sua casa (Jo 4.46-53).

Essa narrativa ilustra o surgimento e o progresso da fé na alma. Ao falar sobre isso, oro para que possamos seguir essa trilha em nossa experiência e que tal fé possa surgir em nosso coração, fazer progresso em nosso espírito e se tornar ainda mais forte em nós do que foi naquele oficial. Pois o importante, meus irmãos, não é apenas ouvir sobre essas coisas, mas vê-las reproduzidas em nossa própria alma. Devemos chegar às coisas reais e fazer das coisas de Deus fatos manifestos a nós. Não apenas ouvir sobre este oficial de Cafarnaum ou qualquer outro, mas ver em nossa própria alma a mesma obra de graça operada nessas pessoas. O mesmo Cristo vivo está aqui, e precisamos de sua ajuda tão grandemente quanto aquele oficial necessitou. Que possamos buscá-la como ele a buscou e encontrá-la como ele a encontrou! Desse modo, o Espírito Santo, que inspira a narrativa que está diante de nós, será visto escrevendo-a novamente, não sobre as páginas de um livro, mas sobre *as tábuas de carne* (2Co 3.3) do nosso coração.

Observe, então, logo no começo, que, *antes de tudo, foi um problema que levou esse nobre palaciano a Jesus*. Não tivesse sofrido ele uma provação, certamente teria continuado vivendo um tanto distante de seu Deus e Salvador. Contudo, a tristeza chegou à sua casa e ela foi, para ele, um anjo de Deus disfarçado. Pode ser, querido amigo, que você esteja passando por problemas esta manhã. Se for este o seu caso, oro para que a aflição possa ser o cavalo sobre qual a misericórdia cavalgará até a sua porta.

É muito triste ver, em relação a algumas pessoas, que quanto melhor o Senhor as trata com sua providência, pior é o retorno que lhe dão. Por outro lado, no entanto, existem pessoas que só se voltam para o Senhor quando ele como que as esmaga. Quando estão à deriva em águas agitadas, ou mal podem encontrar pão para comer, quando a doença ataca seu corpo ou, especialmente, seus filhos são abatidos, é que começam a pensar em Deus e a esperar por coisa melhor. Bendita seja a disciplina do grande Pai, nesses casos. Para alguns perturbados, é bom que a tribulação haja ferido seu coração a ponto de levá-los ao arrependimento, pois é o arrependimento que os levará a buscar e a encontrar perdão.

A forma de provação que visitou esse oficial foi a doença de seu filho. O filho que ele certamente muito amava caíra enfermo, de cama, com uma febre mortal. O pai, ao que parece, é pessoa extremamente bondosa e afetuosa. Seus servos mostram sentir grande apreço por ele e estar interessados na melhor solução para a aflição doméstica que o entristece. Observe com que ansiedade eles vão encontrá-lo para lhe contar da recuperação de seu filho. O coração do pai está gravemente triste e ferido porque seu filho querido se acha prestes a morrer. Ele havia, sem dúvida, tentado todos os remédios e tratamentos então conhecidos, chamado todos os médicos que poderiam ser encontrados por vários quilômetros em torno de Cafarnaum. Tendo ouvido, porém, sobre a volta de Jesus de Nazaré, que em Caná da Galileia havia transformado a água em vinho e fizera outras obras poderosas em Jerusalém, ele o procura, trazendo consigo ávida petição e enorme esperança. É possível que nunca tivesse pensado em procurar Jesus, não fosse por causa de seu filho moribundo. Com que frequência acontece que os filhos, embora não sejam anjos, são usados por Deus para fazer obra até melhor que os anjos poderiam realizar, ao levar docemente seus pais ao Senhor e ao céu! Os filhos são entretecidos em nosso coração, e se os vemos adoecer, se percebemos suas dores, seu sofrimento, nosso coração compreensivo é logo torcido pela angústia e clamamos: "Ó Deus, poupa o meu filho! Senhor, tem misericórdia do meu pequenino!" As primeiras orações que saem de muitos corações são extraídas por Deus por meio da compaixão por aqueles que mais amamos. Não está escrito *um menino pequeno os conduzirá* (Is 11.6)? Foi isso o que aconteceu com esse homem, o oficial do rei. Foi levado a Jesus pela ansiedade por seu filho.

Neste momento, tenho a forte impressão de que estou falando a certas pessoas que não são convertidas, mas que estão se aproximando de Jesus porque estão passando por grande tristeza: possivelmente um pequenino querido que pode estar prestes a ir embora, e o coração deles está clamando a Deus para que, se possível, essa vida preciosa possa ser poupada. Essas pessoas não deixam de sentir algum conforto nesta casa de oração, mas seu coração está a ponto de romper por causa da perda que tanto temem. Oro para que o nosso Senhor possa fazer deste problema um meio de graça!

A provação foi a ocasião, o prefácio, para a obra da graça divina na vida do oficial. Prosseguindo, vamos olhar agora para a parte salvadora, a saber, a fé que nasceu no coração daquele homem. Vamos primeiramente averiguar *a fagulha da fé*. Depois, *o calor da fé* — muitas vezes encoberto e abafado, mostrando mais fumaça do que fogo. Em terceiro lugar, analisaremos *a chama da fé*, ou a fé propriamente dita, que se mostra de maneira decisiva. Por fim, em quarto lugar, *o incendiar da fé*, quando a fé finalmente inflama o homem, queimando toda a sua natureza e se espalhando por todos em derredor — *e creu ele e toda a sua casa* (Jo 4.53). Vamos procurar, então, caminhar em análise e meditação.

I. Quero que você descubra cuidadosamente em si mesmo A FAGULHA DA FÉ, propondo-se: "Vou procurar e ver se tenho essa fagulha de fé; e, se a encontrar, lhe dar a devida importância, a fim de que o Espírito Santo possa soprar suavemente sobre ela e a transformar em algo mais permanente e poderoso".

A fé desse oficial *apoiou-se, em um primeiro momento, inteiramente no relato de outros*. Ele vivia em Cafarnaum, perto do litoral. Entre relatos e notícias que então por ali se espalhavam, era provavelmente comum o comentário de que estava de volta à Galileia um grande profeta, realizador de grandes maravilhas. O próprio oficial nunca vira Jesus, nem talvez antes tivesse dado maior atenção a falarem dele, mas então acreditou no relatório dos outros e achou bem agir assim, pois eram pessoas de credibilidade. Muitos como ele se encontram, hoje, nos estágios iniciais da fé: ouviram amigos dizer que o Senhor Jesus recebe os pecadores, perdoa os pecados, tranquiliza a consciência, muda a natureza das pessoas, ouve as nossas orações e sustenta o seu povo sob provação. Ouviram essas coisas de pessoas a quem consideram ou estimam, sendo, portanto, pessoas nas quais acreditam. Você pode estar dizendo a si mesmo: "Sim, não tenho dúvida de que tudo isso é verdadeiro. Só fico pensando se pode ser verdadeiro *para mim*. Estou passando por sério problema esta manhã: será que o Senhor Jesus poderá me ajudar? Sinto uma pressão muito grande em meu espírito agora: será que a oração poderá me aliviar?" Na verdade, você não poderia dizer que sabe que Jesus vai abençoá-lo com base em qualquer coisa que você mesmo já tenha visto sobre ele. Mas você pode deduzir que ele fará isso com base no que seus amigos lhe têm contado.

A fé, frequentemente, começa assim. As pessoas acreditam no relatório feito por pessoas conhecidas delas, que experimentaram o poder do amor divino e, em um primeiro momento, acreditam — tal como aconteceu aos samaritanos por causa do relatório daquela mulher do poço de Jacó a respeito de Jesus. Mais tarde, irão crer por terem ouvido, visto, provado e tocado por si mesmos; mas o início foi bom. Essa fé que surge com base no relatório de outras pessoas é uma fagulha de fogo verdadeiro. Cuide bem dela. Que Deus lhe dê a graça de orar sobre essa fagulha, para que venha a aumentar e se transformar em uma chama!

Observe que essa fé era tão pequena que *se referia tão somente à cura de seu filho doente*. O oficial não sabia que precisava de cura também para seu próprio coração. Não tinha ideia de sua própria ignorância a

A FÉ DO OFICIAL | 133

respeito de Jesus, de sua cegueira com relação ao Messias que ali estava. Provavelmente nada sabia quanto a precisar nascer de novo nem compreendia que o Salvador lhe poderia dar luz e vida eterna. Não possuía maior conhecimento do poder espiritual do Salvador e, por isso, sua fé tinha um alcance muito restrito. O que parece que ele realmente acreditava era que, se o Senhor Jesus fosse a sua casa, poderia impedir seu filho de morrer de febre. Mas, ao chegar ali, dispondo apenas da restrita fé que possuía, imediatamente fez uso dela.

Amigo, você pode ainda não saber quão grande é o Senhor e que coisas maravilhosas ele faz por todos aqueles que nele põem a sua confiança. Contudo, está dizendo para si mesmo: "Sem dúvida, ele pode me ajudar esta manhã em minha provação e me livrar da minha dificuldade hoje". Tudo bem. Use a fé que você tem. Ponha diante do Senhor sua provação neste exato momento. Permita-me encorajá-lo a agir assim. Se você ainda não pode vir a ele em busca das coisas espirituais, pode, por ora, começar pelas tristezas e provações deste mundo. Se não puder vir a ele em busca de uma bênção eterna, poderá se achegar a ele em busca de um favor passageiro. Ele está pronto a ouvi-lo. Mesmo que sua oração possa envolver apenas coisas do mundo e não passar de uma oração meramente comum, ainda assim faça essa oração, pois ele dá até o alimento *aos filhos dos corvos quando clamam* (Sl 147.9), e tenho certeza de que estes não fazem orações espirituais; tudo o que os corvinhos podem pedir se resume a vermes e insetos, mas, ainda assim, Deus os ouve e os alimenta. Você, como ser humano, mesmo que só possa orar neste momento pedindo uma simples misericórdia comum, ou uma das menores bênçãos, pode fazê-lo com convicção e confiança, se tiver alguma fé no Senhor da graça. Em que pese ser esta fé apenas uma fagulha, não deve apagá-la, nem o Senhor Jesus deseja fazer isso, pois ele prometeu que *não apagará o pavio que fumega* (Is 42.3). Qualquer desejo que você pretenda levar a Jesus, com qualquer que seja o grau de fé que você possua, deixe-o manifestar-se, ao vir aos pés do mestre.

A fé do oficial era tão frágil que *ele limitou o poder de Jesus à presença física deste*. Ele rogou: *Senhor, desce* [a Cafarnaum] *antes que meu filho morra* (Jo 4.49). Acreditava ser necessário o Senhor Jesus entrar no quarto onde estava seu filho para dar uma ordem à febre e ela então iria embora. Desconhecia que poderia o Senhor operar milagre até a grande distância. Não sabia que a palavra do Senhor poderia agir independentemente de sua presença física. Mesmo assim, melhor era ter essa fé limitada do que nenhuma. Filho de Deus, você comete pecado quando limita o Santo de Israel. Contudo, se aquele que busca o Senhor limita sua ação por causa de ignorância e de fraqueza na fé, isso é bastante desculpável. O Senhor Jesus aceita isso de maneira graciosa, eliminando essa questão com amorosa advertência. No entanto, ser fraco na fé para o iniciante não é a mesma coisa que é, para você, que já desfruta de longa experiência da bondade de Deus, passar a desconfiar dele.

Portanto, repito àquele junto a quem o Senhor está começando a operar: se você não tem fé além daquela que pode dizer simplesmente "o Senhor Jesus me curaria e responderia ao meu clamor se estivesse aqui", é melhor ter tal fé do que ser descrente. Sua fé, na verdade, limita o Senhor grandemente, como que o encerra em um lugar fechado. Não pode esperar, portanto, que ele faça obras poderosas para você. Ele virá até você e o abençoará, de acordo com a medida de sua fé. Todavia, por ser também uma característica de sua graça soberana, pode até mesmo *fazer tudo muito mais abundantemente além daquilo que pedimos ou pensamos* (Ef 3.20). Assim, trate sua fé como uma criança: alimente-a até que possa se colocar em pé sozinha; estenda sua mão para ajudá-la até que seus primeiros passos trôpegos possam se firmar. Não podemos culpar um bebê pelo fato de ainda não poder correr ou pular, mas devemos, sim, cuidar dele e ajudá-lo até obter uma força maior, que há de chegar ao devido tempo. Nosso Senhor Jesus Cristo merece a maior fé que possa vir de cada um de nós. Não o entristeça com suspeitas em relação à sua capacidade. Dê a ele a fé que você tem e peça por ter mais e mais.

Embora fosse apenas uma fagulha, aquela fé no Senhor Jesus Cristo *influenciou o oficial do rei*. Foi sua fé que o levou a empreender uma considerável jornada para encontrar o Senhor. Deixando Cafarnaum, ele subiu as colinas de Caná para fazer seu pedido a Jesus. Ele o fez pessoalmente. Isto é ainda mais notável se considerarmos que se tratava de um homem importante. Não sei se seria *Cuza, procurador de Herodes*

(Lc 8.3). Embora isso seja irrelevante, não se sabe de outra família nobre a serviço de Cristo durante sua jornada terrena: a esposa desse procurador de Herodes era uma das mulheres que seguiam nosso Senhor na Palestina e o serviam com seus bens. Outro alto funcionário real ainda, citado no Novo Testamento, é *Manaém, colaço de Herodes* (At 13.1). O oficial do rei que buscou Jesus poderia ter sido um desses homens. De todo modo, nobres eram aves raras junto a Cristo e na igreja naqueles dias, assim como esperamos, certamente, ouvir mais sobre outras pessoas como essas em nossos dias. Não podemos, porém, nos precipitar na conclusão de que aquele oficial possa ter sido um deles. Mas o fato é que, normalmente, um alto funcionário real não pensaria em fazer ele mesmo uma viagem dessas para resolver um problema, tendo servos diligentes a seu dispor. Contudo, esse oficial foi pessoalmente a Cristo para implorar-lhe que viesse curar seu filho. Sendo então a sua fé fraca sob certo aspecto, mas forte o suficiente para levá-lo a Cristo e dirigir-se pessoalmente a ele em humilde súplica, é, sem dúvida, uma fé bastante aceitável. Se a sua fé leva você a orar e implorar a nosso Senhor de todo o seu coração, então a sua fé é do tipo correto; se o leva a rogar a Cristo que tenha misericórdia de você, é uma fé que pode levar à salvação de sua alma. Pode ainda ser pequena como um grão de mostarda, mas sua qualidade de insistente e importuna mostra que existe nela uma crença autêntica, que é uma semente de mostarda verdadeira e que o seu pé de planta irá crescer.

Caro amigo, você já começou a orar, neste momento, por causa de suas mágoas e tristezas? Pode ser que, neste exato instante, no silêncio aparente de sua alma, você esteja ardorosamente clamando: "Deus, salva-me hoje! Eu vim a Londres para ver outras coisas e entrei por acaso neste lugar, esta manhã. Que este possa ser o dia no qual eu seja liberto do meu problema e possa ser salvo!" Se a sua fé leva você a orar a Cristo, ela é filha legítima da graça, pois a fé verdadeira sempre clama ao Senhor. Se a sua fé o leva a se apegar a Jesus com resolução, dizendo não te deixarei ir, se me não abençoares (Gn 32.26), pode ser uma fé pequena, mas é fé real e verdadeira. Foi gerada em sua alma pelo Espírito de Deus e trará para você uma bênção poderosa. Você há de ser salvo por esta fé, para o seu próprio bem e para glória do nosso Senhor.

Observemos, ainda, que *a fé daquele homem ensinou-o a rogar da maneira certa.* Perceba que ele implorou a Jesus que descesse a Cafarnaum e curasse seu filho, pois estava à beira da morte. Não realçou nenhum mérito seu, mas, sim, advogou a precariedade do caso. Não argumentou que o menino era de família nobre — o que, aliás, teria sido muito ruim de usar para com Jesus. Também não enfatizou que era uma criança querida — este seria um argumento muito pobre. Mas frisou somente que o menino estava à beira da morte. A natureza extrema do caso era a razão para a urgência: a criança estava às portas do desenlace, e, portanto, seu pai implorava que a porta da misericórdia fosse aberta.

Meu amigo, quando você é ensinado pela graça a orar e pedir corretamente, passa a realçar na oração aquelas circunstâncias que justificam sua condição de perigo e sua ansiedade, e não o que faria você parecer ser melhor ou mais justo. Lembre-se de como Davi orou. *Senhor, disse ele, perdoa a minha iniquidade, pois é grande* (Sl 25.11). Essa é a súplica corretamente evangélica. A maioria dos homens provavelmente teria dito: "Senhor, perdoa minha iniquidade, pois ela é desculpável e de modo algum chega perto da crueldade dos outros homens". Davi sabia das coisas. Seu clamor é: "Perdoa a minha iniquidade, pois é grande". Apresente a Deus, pobre pecador, a grandeza de sua necessidade, o horror de sua iniquidade e de sua carência. Assuma e mostre que você está realmente à beira da morte, que o assunto pelo qual você está pedindo é, de fato, questão de vida ou morte. Este será o argumento sincero e correto para comover o coração de Deus, de infinita compaixão. Qualquer respingo de falsa bondade sua que seu orgulho possa tentar convencer você a jogar no quadro irá manchá-lo por inteiro. Carregue nas cores escuras três vezes mais. Peça a Deus em função da misericórdia dele, pois é este atributo de Deus o único argumento ao qual você deve recorrer enquanto for um pecador não perdoado. Você não pode nem deve pedir que o Senhor o abençoe em razão de qualquer problema ou qualquer mérito que tenha, pois você não tem nenhum direito a recompensa por qualquer coisa assim. Será sábio de sua parte, isso sim, se rogar a Deus por suas carências e necessidades. Clame assim: "Ó Deus, tem misericórdia de mim, pois eu preciso de misericórdia!" Faça como o oficial, ao contar o caso do seu filho: "Ele está prestes a morrer". Esta é a chave que abre a porta da misericórdia.

A FÉ DO OFICIAL

Meu caro ouvinte não convertido, você está me entendendo? Existe em você algum desejo, em qualquer escala, de vir ao Senhor Jesus Cristo, ainda que seja simplesmente por causa de um problema temporal que o esteja afligindo demais? O cavalo não gosta, e com razão, de receber golpes de espora para começar a correr — isso fere o seu corpo, pois é suficientemente afiado e cravado em sua pele em um nível tão profundo que deverá senti-lo. Obedeça a Jesus, para que não haja necessidade de ser ferido com o aguilhão que o obrigue tomar a iniciativa. Se você é um dos escolhidos do Senhor, verá que quanto mais cedo o fizer, melhor será para você. Venha imediatamente. *Não sejais como o cavalo, nem como a mula, que não têm entendimento* (Sl 32.9). Venha a Jesus enquanto ele o convida gentilmente. Embora você possa ter uma fé tão frágil que pareça às vezes mais descrença do que fé, achegue-se a ele. Venha como está, olhe para o Senhor e ore, pois nesta oração está sua esperança, ou melhor, sua certeza de descanso. O grande coração de Jesus sentirá sua oração e lhe dirá: "Vá em paz".

II. Vimos à fé, assim, ainda em fagulha. Vamos agora nos voltar para o CALOR DA FÉ, lutando para manter-se e gradualmente aumentando. Vejamos de que maneira tal centelha começa a fumegar, a soltar fumaça e, desse modo, a indicar a presença de um fogo interior.

A fé daquele homem era verdadeira desde o momento em que partiu de Cafarnaum. É muito importante frisarmos isso. Ele veio a se colocar diante do Salvador resolvido a não se afastar dele. Sua única esperança para a vida de seu filho estava naquele grande profeta de Nazaré, e, portanto, não pretendia deixá-lo até que seu pedido fosse atendido. Num primeiro momento, não obteve a resposta que queria, mas perseverou e continuou pedindo. Isso mostra que sua fé tinha força e vitalidade em si. Não se tratava simplesmente de um capricho, de um impulso repentino, mas, sim, da convicção real do poder de Jesus em curar. Quanta misericórdia precisaria ser concedida se fosse uma fé falsa! Melhor, na verdade, é ter pouca fé, mas fé real, do que possuir um grande credo mas não dar ao Senhor Jesus o genuíno crédito. Diga-me, meu ouvinte: você tem fé prática no Senhor Jesus?

A fé daquele homem, que se manteve autêntica, por mais que ele houvesse andado, poderia ser, no entanto, *limitada ou impedida pelo seu desejo inicial de ver sinais e maravilhas.* Nosso Senhor, então, gentilmente o repreende: *Se não virdes sinais e prodígios, de modo algum crereis* (Jo 4.48). Sei que muitos de vocês creem que Jesus pode salvar, mas muitos de vocês, também, estabelecem em sua mente como acham que ele o deva fazer. Alguns costumam ler biografias religiosas em que tomam conhecimento de que determinada pessoa foi levada ao desespero, teve pensamentos horríveis e assim por diante; daí colocam na cabeça que devem ter horrores similares, caso contrário estarão perdidos. Estabelecem isso como uma espécie de programação de que devam ser salvos dessa maneira ou não serão salvos de modo algum. Está certo? Isso é sábio? Por acaso é você que deve ditar as regras ao Senhor? Pode também acontecer que você tenha lido ou ouvido falar que certas pessoas importantes se converteram por meio de sonhos singulares ou mediante notáveis movimentos da providência; e, então, diz a si mesmo: "Alguma coisa singular assim deverá acontecer comigo também; do contrário, não poderei crer no Senhor Jesus".

Sob esse aspecto, você erra da mesma maneira que o oficial. Ele esperava que o Salvador descesse até sua casa e realizasse algum ato peculiar de seu ofício profético. Na verdade, esse oficial é a nítida reprodução, no Novo Testamento, de Naamã, do Antigo Testamento. Você se lembra de que Naamã se queixa do comportamento do profeta? Eis o que ele diz que esperava: *Certamente ele sairá a ter comigo, pôr-se-á em pé, invocará o nome do Senhor seu Deus, passará a sua mão sobre o lugar, e curará o leproso* (2Rs 5.11). Naamã já tinha tudo planejado em sua própria mente e preparou-se para uma performance bastante apropriada e artística por parte de Eliseu. Ele, simplesmente, não estava pronto a receber uma solução tão simples e trivial quando o profeta mandou lhe dizer apenas: *Vai, lava-te sete vezes no Jordão* (2Rs 5.10). Era lugar comum demais, demasiadamente destituído de qualquer ritual.

Em razão de suas preconcepções mentais, muitas pessoas, se pudessem, forçariam o próprio Senhor de misericórdia a agir desse ou daquele modo para salvá-las. Mas nosso Senhor não se presta a ser colocado debaixo desse tipo de constrangimento — e por que deveria fazer isso? Salva a quem quiser e da maneira que desejar. Seu evangelho não diz "sofra muitos horrores e desesperos para então viver", mas, sim, *creia no Senhor Jesus Cristo e você será salvo* (At 16.31). Ele chega a muitos e os chama, efetivamente, por meio do suave sussurro de seu amor; e aqueles que simplesmente confiam nele entram imediatamente em seu descanso. Sem exagerados sentimentos tocantes, terríveis ou de arrebatado êxtase, os que nele creem exercem tranquilamente a sua confiança infantil no Senhor crucificado e nele encontram vida eterna. Por que não poderia ser assim com você? Por que deveria você se excluir desse excelente conforto, estabelecendo um programa e exigindo que o Espírito, que é livre, tivesse de dar atenção às suas normas? Deixe de lado seus preconceitos tolos! Deixe que o Senhor o salve como ele bem desejar.

Há uma coisa, porém, a ser dita em relação à fé daquele oficial: *ela foi capaz de merecer do Senhor a devida atenção e repreensão*. Pense no mestre advertindo gentilmente aquele pobre pai angustiado *Se não virdes sinais e prodígios, de modo algum crereis* (Jo 4.48). Isso era tristemente verdadeiro, embora possa parecer até por demais sincero. Oh, os queridos lábios de Jesus: são sempre como lírios, derramando doce e perfumada mirra! A mirra, não sei se você sabe, é amarga ao sabor, e havia como que uma ligeira e aparente amargura nessa frase dita ao oficial. Contudo, não levou aquele pai a desistir de sua busca, dando as costas e dizendo: "Ele me tratou friamente". Pelo contrário, ele aceitou a reprimenda suave e deve ter pensado consigo mesmo: "Sim; mas a quem poderia ir?" Assim, não foi embora. Ficou na mesma condição da mulher cananeia a quem os lábios do Senhor derramaram certamente pungente porção de mirra, dizendo: *Não é bom tomar o pão dos filhos e lançá-lo aos cachorrinhos* (Mt 15.26); e, no entanto, nessa mirra ela encontraria doce fragrância, com que iria perfumar sua oração, ao responder com sinceridade e fé: *Sim, Senhor, mas até os cachorrinhos comem das migalhas que caem da mesa dos seus donos* (Mt 15.27). Aquele homem respondeu ao Senhor com insistência ainda maior. Ele não iria embora, não. Ó meu querido coração, tenha uma tamanha fé como essa em Cristo que, ainda que ele tenha de amavelmente repreendê-lo, jamais se afaste dele! Jesus é a nossa única esperança; portanto, nunca se afaste você do Senhor. Faça como John Bunyan, que disse: "Fui levado a tamanhas dificuldades que, por necessidade, devo ir a Jesus. Se ele me encontrasse com uma espada desembainhada em sua mão, eu rapidamente me jogaria debaixo do fio de sua espada em vez de me afastar dele, pois consideraria que ele era minha última esperança". Ó minha alma, aconteça o que acontecer, apegue-se ao Senhor!

Vejamos, agora, *quão apaixonadamente aquele homem fez seu pedido*. Ele clamou: *Senhor, desce antes que meu filho morra*, como se estivesse dizendo: "Ó Senhor, não questiones minha fé agora. Peço-te que não penses nada de mim, mas que cures meu filho querido, ou ele vai morrer! Ele já estava prestes a morrer quando eu saí de minha casa; apressa-te em salvá-lo!" Sua fé era limitada, pois, ao pedir que Cristo desça, mostra pensar ser essencial que o Senhor tenha de fazer a jornada até Cafarnaum para realizar a cura. Contudo, perceba quão intenso, quão ávido e perseverante foi o seu pedido. Se sua fé não tinha fôlego, possuía, pelo menos, excesso de força. Meu caro amigo ansioso, mire-se neste exemplo colocado diante de nós. Ore e ore sempre; mantenha-se firme e resista; peça e clame de novo; não desista, até que o Senhor de amor lhe conceda sua resposta de paz.

III. Chegamos agora a um estágio mais avançado. Olhemos para A CHAMA DA FÉ. A fagulha transformou-se em fogo ainda encoberto, e agora o fogo se manifesta em chama viva. Observe o que Jesus respondeu àquele que lhe estava rogando: *Vai, o teu filho vive*. O homem, então, realmente creu; e seguiu seu caminho.

Perceba que *ele acreditou na palavra de Jesus, acima de todo o seu preconceito anterior*. Antes, acreditava que Jesus só poderia curar seu filho se descesse até Cafarnaum; agora crê em Jesus, embora o Senhor permaneça onde está e simplesmente lhe diga uma simples palavra.

Neste exato instante, amigo, você crê na simples palavra do Senhor Jesus Cristo? Confia inteiramente nele, sem fazer nenhuma exigência quanto a como acha que ele deveria salvá-lo? Já tirou de sua mente convicções obscuras e sonhos de viver sensações estranhas? Vai deixar de pensar tolices agora? Está disposto a acreditar em Jesus Cristo como ele é revelado nas Escrituras? Crê que ele pode e é capaz de salvá-lo neste momento, tendo por base simplesmente sua fé e confiança? Já ouviu falar sobre a paixão e morte de Cristo na cruz em favor do culpado? Já não ouviu dizer que toda forma de pecado e iniquidade dos

A FÉ DO OFICIAL

homens será perdoada nos que crerem nele? Não sabe que aquele que nele crê terá a vida eterna? Está disposto a parar de pensar ou dizer coisas sem sentido, tais como "desça e salve-me", ou "faça-me sentir isso, e eu então acreditarei no Senhor"? Pode crer nele agora, apesar de todos os seus pensamentos anteriores, suas pretensões e seus desejos, simplesmente declarando "eu confio minha alma a Cristo, crendo que ele pode me salvar"? Você será salvo, então, tão certamente quanto a sua fé e a sua confiança em Cristo.

A próxima coisa que aquele homem fez para provar a sinceridade de sua fé foi *obedecer a Cristo imediatamente*. Jesus lhe disse: *Vai* — ou seja, "podes ir para casa" — *o teu filho vive* (Jo 4.50). Não tivesse acreditado nesta palavra, o homem teria permanecido ali e continuado a insistir em sua petição, em busca de um sinal favorável. Contudo, como creu, ficou satisfeito com a palavra do Senhor e tomou seu caminho de volta, sem dizer mais nada. *Teu filho vive* foi o suficiente para ele.

Muitos de vocês, ao ouvir a pregação do evangelho, alegam: "Você está nos dizendo para crermos em Cristo; mas nós estamos orando". Não é bem isso o que o evangelho recomenda que você faça. Por acaso estão me dizendo também "continuarei a ler a minha Bíblia e a buscar os meios de graça"? Não são estes os preceitos do Salvador.

Você não está satisfeito com a palavra de Deus? Por que então não receber esta palavra e ir para casa? Se crê em Cristo, você há de tomar seu caminho de regresso em paz; irá crer que ele o salvou e agirá sabendo que isso é verdade. Você irá se regozijar no fato de que é salvo. Não vai permanecer sofismando, questionando e procurando seguir todo tipo de experiências e sentimentos religiosos; simplesmente, irá declarar: "O Senhor me disse para eu crer nele, e eu cri. Jesus Cristo diz 'quem crê em mim tem a vida eterna', e eu creio nele; portanto, tenho a vida eterna. Posso não estar sentindo nenhuma emoção peculiar, mas tenho, sim, a vida eterna. Quer eu possa sentir minha salvação quer não, eu sei que estou salvo. Está escrito: *Olhai para mim, e sereis salvos, vós, todos os confins da terra* (Is 45.22). Senhor, eu olhei para ti, e sou salvo. Minha razão para crer é ter sido o Senhor quem disse isso. Fiz o que o Senhor me ordena e sei que o Senhor cumpre sempre sua promessa". Este é o modo de pensar em Cristo Jesus. O Senhor merece ser respeitado por sua palavra e ser crido por sua sinceridade verdadeira.

A fé do oficial está agora verdadeiramente inflamada. Ele crê não mais com base apenas no que lhe disseram os outros, mas ante a palavra do próprio Jesus. Não espera mais por um sinal, mas, sim, ouve a palavra e, sob essa palavra, põe em Cristo a sua confiança. Jesus lhe disse: *Vai, o teu filho vive* (Jo 4.50), e ele segue seu caminho de volta, ao encontro de seu filho vivo. Ó alma que busca a Deus, que o Espírito Santo possa trazê-la a esse estado imediatamente; que você possa dizer agora: "Ó Senhor, eu não vou esperar mais por qualquer tipo de sentimento, evidência ou sinal, mas, ante a palavra que o teu sangue selou, eu confio eternamente; aceito a tua promessa e, uma vez que creio, seguirei o meu caminho em paz".

Com relação à fé desse homem em tal estágio, sou levado a dizer, no entanto, que ele *ainda carecia de alguma coisa*. Foi excelente para ele chegar a esse ponto, mas precisava ir mais além. Esperava certamente menos do que deveria ter esperado, e eis por que, quando seus servos lhe deram a notícia de que seu filho querido vivia, perguntou-lhes quando começara a melhorar. O oficial foi tomado então de indizível alegria quando lhe responderam que, na verdade, ele não havia propriamente começado a melhorar, mas, sim, que à sétima hora a febre simplesmente o deixara de imediato. Pode-se perceber, então, que o oficial esperava uma restauração gradativa do filho. Contava com o curso normal da natureza — mas aqui estava uma obra milagrosa. Recebera muito mais do que podia imaginar. Quão pouco conhecemos Cristo e quão pouco cremos nele, mesmo quando realmente nele confiamos! Medimos a sua riqueza infindável não em função dessa riqueza, mas de nossas carteiras vazias. Nem sempre a fé que salva está plenamente desenvolvida. Existe espaço para que creiamos mais, para que esperemos mais do nosso bendito Senhor. Que possamos fazer isso!

Devo mencionar, no entanto, uma coisa edificante aqui. *O pai viajou de volta, na verdade, com a despreocupação própria da fé.* Vejam bem por quê. Ele tinha estado a cerca de quarenta a cinquenta quilômetros de Cafarnaum, e não tenho dúvida de que o bom homem iniciou sua viagem de regresso tão logo o mestre lhe disse: *Vai.* Deve ter ido imediatamente, em obediência a tal ordem, e seria de se julgar que percorresse rapidamente o caminho para casa. Lemos, então, que os servos saíram-lhe, ou vieram-lhe, ao encontro. Teriam eles começado a ir ao seu encontro tão logo o filho foi curado? Se assim ocorreu, devem tê-lo encontrado no caminho. Era uma subida. Digamos, portanto, que eles tenham andado uns quinze quilômetros, restando assim 25 a 35 quilômetros para o oficial haver viajado até ali. Os servos disseram: *Ontem à hora sétima a febre o deixou* (Jo 4.52). A hora sétima era equivalente a uma da tarde e o dia era "ontem". Sabemos que o dia se encerrava com o pôr do sol, e alguém dificilmente falaria de "ontem" sem uma noite entre dois dias. Teria ele levado quinze a dezesseis horas para cumprir aquela parte da jornada? Se foi assim, ele não viajou com velocidade excessiva. É bem verdade que quarenta quilômetros seria, na época, uma jornada de praticamente um dia inteiro para um camelo, pois no Oriente as estradas eram então muito ruins. Contudo, ainda me parece que o pai, feliz, caminhou com a tranquilidade de um crente, em vez de com a pressa de um pai ansioso. Sua passagem pelas estradas e por entre os vilarejos foi moderada, sem alterar seu passo normal, porque não estava sequer preocupado, agora que sua mente descansava em sua fé. Ele se sentiu bastante seguro de que seu filho estava bem, e, portanto, a febre da ansiedade deixou o pai, do mesmo modo que a febre havia deixado o filho.

Mentes ansiosas, mesmo quando creem, estão sempre com pressa de ver; mas esse bom homem estava tão seguro que não permitiria que o amor paternal o fizesse agir como se a sombra de uma dúvida ainda permanecesse. Está escrito: *Aquele que crer não se apressará* (Is 28.16). Isso se cumpriu literalmente naquele homem. Seguiu sua viagem no mesmo estilo em que um rei, por exemplo, viajaria com seu cortejo, e, assim, pode-se constatar que sua mente, de fato, estava tranquila em relação ao seu filho.

Gosto dessa tranquilidade que consagra a fé e se encaixa perfeitamente em uma crença sólida. Espero que todos vocês, ao crescerem em Jesus Cristo, creiam assim, por inteiro. Deem a ele não meia fé, mas uma fé completa. Seja em relação a um filho, seja em relação a si mesmo, creia com sinceridade. Diga para si mesmo: *"antes seja Deus verdadeiro, e todo homem mentiroso* (Rm 3.4). Nessa simples palavra, minha alma descansa. *Descansa no Senhor, e espera nele* (Sl 37.7). Que outra coisa senão uma maravilhosa alegria enche todo o meu espírito? Deus disse: *Aquele que crê tem a vida eterna* (Jo 6.47), e, portanto, eu tenho a vida eterna. E se eu não me levantar e dançar de alegria? Ainda assim, permanecerei calmo e cantarei no profundo de minha alma, porque Deus visitou o seu servo que crê. Esperarei até que grandes alegrias cheguem a mim e, enquanto isso confiarei e nada temerei".

Está me acompanhando em tudo isso, caro ouvinte? Está pronto, então, a exercer uma substancial e tranquila confiança em Jesus?

IV. Até aqui, a fé daquele homem cresceu. Agora, veremos o INCENDIAR DA FÉ. Enquanto ainda ia para casa, já sabemos, seus servos foram ao seu encontro trazendo boas-novas. Da quietude de sua fé, em que se encontrava, o oficial tornou-se radiantemente alegre ao lhe anunciarem que o filho vivia. A mensagem atingiu aquele homem como um eco da palavra de Jesus. "Eu já ouvi isso", lembrou-se então, "ontem, à sétima hora, quando Jesus me disse *o teu filho vive*. Outro dia agora surge e, veja, meus servos já me saúdam com a mesma palavra, *o teu filho vive*". A confirmação do milagre deve tê-lo deixado atônito.

Com frequência, noto que, durante a pregação da Palavra, algumas sentenças atingem vocês, como se as próprias palavras estivessem abençoadas por Deus. As pessoas vêm depois me dizer: "O senhor falou exatamente a mesma coisa sobre o que estávamos conversando quando vínhamos para cá. O senhor descreveu a nossa situação, até mesmo os nossos pensamentos, e mencionou certas expressões que foram usadas em nossas conversas. Certamente Deus estava falando por meio do senhor". Sim, e isso acontece com muita constância. As próprias palavras de Cristo encontram muito eco na boca de seus servos comissionados. A providência do Senhor controla tanto as palavras quanto os feitos, fazendo que os homens digam as palavras corretas sem que, por vezes, saibam na hora exatamente por que as estão dizendo. Deus é assim tão graciosamente onipresente que todas as coisas o revelam quando devam fazê-lo.

Naquele momento, a fé do oficial foi *confirmada pela resposta às suas orações*. Essa sua experiência foi uma ajuda à sua fé. Ele passa a crer de modo mais seguro do que antes. Comprova a verdade da palavra do Senhor e, assim, o conhece e é levado a crer que ele é Senhor e Deus. A fé de um pecador que se achega

A FÉ DO OFICIAL

a Cristo é uma; a fé do homem que já se achegou a Cristo e obteve a bênção é outra, diferente e mais forte. A primeira, uma fé mais simples, é a que salva, mas a fé posterior é a que traz conforto, alegria e força ao espírito.

"Minha oração foi ouvida", deve ter dito o oficial, depois, a seus servos. *Com a resposta à sua pergunta, sua fé foi sustentada em cada detalhe*. Ele deve ter exclamado: "Contem-me tudo sobre isso; quando aconteceu?" Quando eles responderam "ontem à hora sétima a febre o deixou", o oficial se lembrou daquele exato momento em que, nas colinas de Caná, o Senhor Jesus Cristo lhe dissera: *Vai, o teu filho vive* (Jo 4.50). Quanto mais ele pensava sobre isso, mais maravilhoso o episódio a ele se tornava. Todos os detalhes eram singularmente confirmadores de sua confiança e geraram nele, sem dúvida, uma fé mais forte, mais robusta.

Irmãos, quantas confirmações alguns de nós já tivemos! Os que duvidam tentam argumentar conosco sobre a simplicidade do evangelho e querem disputar conosco em seu próprio terreno, o do mero raciocínio especulativo. Isso, meus prezados, não é muito justo para nós. Nosso terreno próprio é de tipo bastante diverso. Não somente não somos estranhos em assuntos referentes à nossa fé, como somos aficionados dela; e nos vemos obrigados a dar vazão a algo de nossa experiência pessoal quanto à fidelidade do Senhor, nosso Deus, a nós. Trazemos geralmente conosco milhares de doces lembranças de detalhes felizes, muitos até que nem cabe contar. Não que eles sejam propriamente "porcos", mas são pérolas que não ousaríamos lançar à toa para eles. Temos muita coisa guardada e que não podemos relatar, pois são, para nós, coisas por demais sagradas. Assim, não somos capazes de usar determinados motivos, que para o nosso próprio coração seriam mais que convincentes. Temos, porém, outros argumentos, além dos que escolhemos, para apresentar em discussão a campo aberto. Não se surpreenda, no entanto, se parecermos obstinados; você não faz ideia de quão intensamente nos sentimos seguros. Não há como nos dissuadirem de nossa consciência; não podem tirar o nosso olhar de nossa mira. Sabemos e temos certeza do que dizemos, pois vimos, ouvimos, provamos e tocamos a boa palavra do Senhor. Certas coisas estão tão entremeadas com a nossa vida que ficamos como que atracados a elas. "Coincidência", poderão dizer. Muito bem. Digam o que quiserem. Para nós, são coisas inteiramente diferentes do que o são para eles. Nossa alma tem repetido muitas vezes: *Isto é o dedo de Deus* (Êx 8.19). Um homem que foi tirado de um problema muito sério não pode se esquecer do seu libertador. Dirão: "Você teve sorte de sair daquela situação". A mim, isso me parece um comentário muito frio!

Se tivessem estado onde estive e experimentado o que experimentei, teriam de reconhecer que o Senhor estendeu sua mão e salvou este seu servo. Teriam a mesma convicção solene que eu tenho de que Deus estava ali, desenvolvendo a salvação. Sei que não posso criar essa convicção em você simplesmente por lhe contar minha história. Se você está determinado a não crer, não irá aceitar o meu testemunho; vai achar talvez que sou uma pessoa iludida, embora não tenha mais capacidade de ser enganado do que qualquer outro. Contudo, não estou interessado nesta hesitação, de se você está inclinado a acreditar ou não. Por mim, sou levado a crer, pois quanto mais cuidadosamente examino minha vida, mais sou convencido de que Deus esteve sempre trabalhando comigo e por mim.

Voltando ao oficial do rei, no mesmo instante em que Cristo disse *o teu filho vive* (Jo 4.50), seu filho realmente viveu. E a mesma palavra que Jesus usou para o pai foi repetida, e assim confirmada, pelos servos que estavam a uns cinquenta quilômetros de distância. O pai sentiu, então, que algo ou alguém mais que humano havia se antecipado em seu caminho. Você ainda se admira disso? Aquele seu filho querido, a quem encontrou curado e sadio, foi argumento dos mais fortes para sua fé. Não haveria como se questionar a fé de um pai feliz, ao qual trouxe tanta alegria. Seu filho estava à beira da morte, sua fé recebeu a palavra do Senhor Jesus, e, então, a febre sumiu. O pai tinha de crer — ou você acha que ele poderia duvidar?

Fortalecido então em sua fé por meio da experiência, depois de ter crido na simples palavra de Jesus, o bom homem vê aquela palavra cumprida e *crê inteiramente em Jesus*. Crê nele em tudo; de corpo e alma; pelo que é e possui. Daquele dia em diante, sem dúvida se torna um discípulo do Senhor Jesus. Ele o segue, e não mais como alguém que apenas cura, não apenas um profeta nem somente seu mestre e Salvador, mas, sim, sobretudo, como seu Senhor e seu Deus. Sua esperança, sua confiança e sua convicção estão fixadas em Jesus como o verdadeiro Messias.

O que deve ter-se seguido foi provavelmente tão natural e tão jubiloso que oro para que possa também ser verdadeiro para todos vocês e suas famílias: a família dele, toda, certamente creu. Quando o oficial do rei chega em casa e sua esposa o vê, oh, que deleite brilha nos olhos daquela mulher. "Nosso querido filho está bem", diz ela, "ele está tão bem como jamais esteve na vida! Ele não precisa ficar mais na cama, nem para recuperar suas forças, depois dessa febre debilitante. A febre se foi totalmente, e ele está perfeitamente bem. Oh, meu querido marido, que Ser maravilhoso deve ser esse que ouviu as nossas orações e que, mesmo a grande distância, falou às palavras que trouxeram saúde ao nosso filho! Eu creio nele, meu marido; eu creio nele". Estou certo de que ela deve ter-lhe falado dessa maneira. O mesmo processo que estava em ação em seu marido estava sendo realizado nela também.

Vamos pensar agora no filho. Ali vem ele, tão alegre, tão feliz. Seu pai lhe conta tudo sobre a febre, sobre ter ido até o maravilhoso profeta de Caná e o que ele disse — *teu filho vive*. O filho responde: *Pai, eu creio em Jesus. Ele é o Filho de Deus*. Ninguém duvida de sua fé. Não era velho demais para ser curado; e não é jovem demais para crer. Havia desfrutado de uma experiência pessoal e especial, mais pessoal e especial até do que a vivida por seus pais. Sentiu em si o poder de Jesus, e não é de admirar que haja realmente crido. O pai se torna ainda mais feliz, por constatar que não será um crente solitário em seu lar: ali estão sua esposa e seu filho também confessando sua fé.

Todavia, não chegamos ainda ao fim do assunto. Os servos fiéis, ao seu redor, exclamam: "Não podemos deixar de crer em Jesus também, pois vimos seu filho querido doente e o vimos se recuperar. O poder que o curou só pode ser de Deus". Um a um, eles seguem a fé de seus patrões. "Eu me sentei junto a esse menino querido", diz a velha babá, "e não dormia, porque temia que, se adormecesse, poderia encontrá-lo morto quando eu acordasse. Cuidei dele o tempo todo; mas, à sétima hora, vi uma profunda mudança vindo sobre ele, e a febre o deixou. Glória a Jesus!", exclama a velha senhora. "Nunca vi ou ouvi coisa assim! Isso é o dedo de Deus." Todos os outros servos pensam da mesma maneira. Que casa feliz!

Houve então, certamente, um grande batismo logo depois, quando todos confessaram sua fé em Jesus. Não apenas o filho fora curado, mas curada ficou toda a casa. O pai não sabia, no momento em que fora suplicar por seu filho, que ele mesmo precisava ser salvo. A mãe também provavelmente pensava apenas no filho. Agora, a salvação havia chegado a toda aquela família, e a febre do pecado e da descrença se fora, juntamente com a febre do filho.

Que o Senhor possa realizar maravilhas como essa em todas as nossas famílias! Se qualquer um de vocês está sofrendo sob o pesado fardo da tristeza, tenho certeza de que há de receber um alívio tão grande que, quando conversar com sua esposa sobre isso, ela também há de crer em Jesus. Que os filhos queridos dos seus cuidados creiam em Jesus enquanto ainda são jovens ou crianças. Que todos aqueles que pertencem ao seu círculo doméstico venham também a pertencer ao nosso divino Senhor!

Concede agora o desejo do teu servo, ó Senhor Jesus, para tua glória! Amém.

15

Características da fé

Então Jesus lhe disse: Se não virdes sinais e prodígios, de modo algum crereis (Jo 4.48).

Como sabemos, em sua [...segunda...] carta a Teófilo, Lucas [...Atos...] ... cita sua carta anterior, o evangelho de Lucas, em que ... fala de coisas que Jesus começou a fazer e ensinar, como se houvesse uma conexão entre seus feitos e seus ensinamentos. De fato, *havia* esta relação, e bastante profunda. Seus ensinamentos eram uma exposição de seus feitos, e seus feitos, a confirmação de seus ensinamentos. Jesus Cristo jamais diria "faça o que eu digo, mas não faça o que eu faço". Sua palavra e sua ação se entrosavam uma com a outra, na mais perfeita harmonia. Podemos estar certos de que era sincero e honesto naquilo que *dizia* porque o que *fazia* levava as mentes a ganhar tal convicção. Somos ainda levados a entender que aquilo que ele ensinava era verdade porque falava com autoridade, uma autoridade provada e demonstrada pelos milagres que realizava.

Meus irmãos em Cristo! Permita Deus que a nossa biografia, quando for escrita, não seja apenas um amontoado de palavras, mas possa ser a história de nossos dizeres e feitos! Que o bom Espírito de Deus possa habitar em nós de tal maneira que, no último dia, seja possível perceber que os nossos atos não entraram em choque com o nosso falar! Uma coisa é pregar; outra é praticar. Se pregação e prática não caminharem juntas, o pregador estará condenando a si mesmo, e a sua prática doentia poderá arrastar à condenação multidões, por causa da liderança que exerce, ao levar as pessoas a se afastarem de Deus. Se você afirma que é um servo de Deus, viva de acordo com essa confissão. Se acha ser necessário exortar os outros à virtude, certifique-se de que você mesmo seja o exemplo. Você não tem o direito de ensinar se não houver aprendido a lição que pretende passar aos outros.

Isso já basta como introdução. Vamos agora entrar no assunto propriamente dito. Parece-me que essa narrativa diante de nós sugere três pontos, cada um dos quais subdividindo-se em mais três. Destacarei, em primeiro lugar, *três estágios da fé*. Em segundo lugar, destacarei *três doenças às quais a fé está sujeita*. Por último, farei *três perguntas sobre a sua fé*.

I. Comecemos, portanto, com a fé em três de seus estágios.

A história da fé pode ser adequadamente dividida em cinco ou seis estágios diferentes de crescimento, mas a nossa narrativa sugere uma divisão em três partes. Portanto, vamos nos concentrar nisto, esta manhã.

Havia um oficial do rei que vivia em Cafarnaum. Ele ouviu rumores de que um famoso profeta e pregador está constantemente visitando as cidades da Galileia e que consta que esse poderoso pregador não apenas cativa todos os ouvintes por meio de sua eloquência, mas conquista o coração dos homens por meio de milagres que realiza, confirmatórios de sua missão. O oficial guarda tudo isso em seu coração, sem considerar que essas coisas venham a ter um dia qualquer utilidade prática para ele. Acontece que seu filho cai doente — talvez seu filho único, muito amado e querido. Em vez de amainar, a doença se torna cada vez mais grave. Uma febre sopra seu bafo quente sobre a criança e parece secar toda a umidade de seu corpo, tirando todo o viço de seu rosto. O pai consulta todos os médicos ao seu alcance; eles apenas olham para a criança e, de maneira cândida, dizem que não há esperança. Não é possível realizar nenhuma cura. A criança está a ponto de morrer. A seta da morte está praticamente enterrada em sua carne e perto de penetrar seu coração; a criança não apenas pode morrer, mas está, literalmente, à beira da morte, forçada, pela enfermidade, a receber a flecha farpada desse insaciável arqueiro. Nesse instante, o pai traz à memória as narrativas que ouviu das curas realizadas por aquele profeta, Jesus de Nazaré. Quase não existe fé em seu coração; mas, ainda que pequena, é fé suficiente para que o oficial faça uso de todo o seu empenho para atestar a veracidade daquilo que ouvira.

Jesus Cristo havia chegado outra vez a Caná, localidade a uns 25 a 30 quilômetros distante de Cafarnaum. O pai viaja o mais depressa possível até lá. Sua fé se encontra em um estágio em que, tão logo vê o mestre, começa a clamar: *Senhor, desce antes que meu filho morra* (Jo 4.49). Em vez de a resposta do mestre ser aquela que provavelmente esperava, talvez a que o pudesse pelo menos consolar, Jesus o repreende, embora amavelmente, pela pequenez de sua fé, dizendo: *Se não virdes sinais e prodígios, de modo algum crereis* (Jo 4.48). O homem, porém, dá pouca atenção à reprimenda. Dentro dele, há um único e forte desejo, que consome toda a força de sua alma. Sua mente está de tal modo tomada pela angústia e ansiedade que não dá atenção a mais nada à sua volta. "Senhor", repete ele, *desce antes que meu filho morra*. Sua fé havia chegado agora a tal ponto nesse estágio que ele suplica, mas insiste com decisão, que o Senhor vá a Cafarnaum curar seu filho. O mestre fita aquele homem com um olhar de inefável benevolência e lhe diz: *Vai, o teu filho vive* (Jo 4.50). O pai, então, toma seu caminho de volta com alegria, rapidez e satisfação, confiando totalmente na palavra dita — embora sem ter nenhuma evidência de sua confirmação.

Chega assim ao segundo estágio de sua fé: deixa a fase da busca para a etapa da confiança. Não clama mais nem pede por uma coisa que não tem; agora, confia e crê naquilo que lhe foi dado, muito embora ainda não tenha percepção desse presente. Ainda no caminho de casa, seus servos vêm se encontrar com ele em jubilosa antecipação e lhe dizem: "Patrão, o teu filho vive". O oficial indaga logo a que horas a febre o deixara. A resposta: por volta das 7 horas, a febre havia cessado. Ele então prossegue em seu rumo.

Alcança agora o terceiro estágio da fé. Chegando em casa, vê seu filho perfeitamente restaurado. A criança abre os braços, cobre-o de beijos, e o pai, depois de abraçá-lo e erguê-lo para certificar-se de que aquele menino era realmente o pequeno que estivera tão doente, tão pálido e abatido, vibra com sentimentos ainda mais intensos. Sua fé havia saído da esperança para a plena certeza. Assim, tal como ele próprio, toda a sua casa agora crê.

Apresentei-lhes apenas um esboço da narrativa para que vocês pudessem observar ali os três estágios da fé. Vamos agora examinar cada um deles com mais profundidade.

Ao começar dentro da alma, a fé nada mais é do que um pequeno grão de mostarda. O povo de Deus não nasce gigante; nasce normalmente, como bebês, e, como é bebê na graça, essa graça é como se estivesse na infância. No momento em que Deus a concede, a fé nada mais é do que uma criança pequena. Ou então, para usarmos outra metáfora, a fé ainda não é um fogo, sim, apenas uma fagulha, em tal condição que parece estar prestes a apagar, mas que, abanada e mantida viva, irá transformar-se em calor fortíssimo, mais forte que o daquela fornalha de Nabucodonosor. Quando o pobre homem dessa narrativa recebe sua fé, nada mais é do que algo em grau muito pequeno. É a fé daquele que busca. E este é o primeiro estágio da fé.

Perceba, porém, que é esta fé do que busca que o levou a agir. Tão logo Deus dá ao homem a fé que busca, ele não fica mais ocioso em relação à crença. Não cruza os braços como antinomiano, dizendo: "Se devo ser salvo, então serei salvo; assim, permanecerei sentado e quieto, pois, se é para ser condenado, serei condenado". Não é mais desinteressado e indiferente como costumava ser, quando achava que ir ou não à casa de Deus era uma simples opção que se lhe apresentava. Obteve a fé que busca, e essa fé faz que passe a buscar os meios da graça, levando-o a ouvir a Palavra e a ser diligente no uso de todos os demais meios de bênção ordenados a sua alma. Se há um sermão a ser ouvido, não importa se existem dez quilômetros à frente para percorrer, pois a fé que busca coloca até asas em seus pés. Se existe uma congregação na qual Deus está abençoando as almas, esse homem irá entrar ali e estará entre a multidão. Não significa, porém, que a fé que busca lhe dá forças para se aquietar em sua posição na plateia, pensando: "Ah, quem me dera *poder* ouvir toda a Palavra". Seu interesse é o de não perder uma sílaba sequer do orador. "Talvez a frase que eu perca seja exatamente aquela de que eu tanto preciso", pensa ele. Quão determinado ele

CARACTERÍSTICAS DA FÉ | 143

se torna de que deverá estar não apenas algumas vezes na casa de Deus, mas, sim, que deve fazê-lo com a maior frequência. Passa a ser um dos ouvintes mais entusiasmados, o mais determinado dos homens que frequentam aquele lugar de adoração. A fé que busca dá maior atividade ao homem.

Mais que isso: a fé que busca — embora possa parecer fraca em alguns aspectos — dá ao homem grande poder na oração. Tal como aquele oficial estava determinado, ao rogar: *Senhor, desce antes que meu filho morra* (Jo 4.49). Sim, quando entra na alma, a fé que busca faz o homem orar com determinação. Não se contenta mais com o murmúrio de algumas palavras, ao levantar-se pela manhã, ainda sonolento, assim como quando vai para a cama, à noite. Mas ele vai além: separa quinze minutos do seu trabalho, se puder, para clamar a Deus em secreto. Ainda não tem fé que possa capacitá-lo a dizer "meus pecados estão perdoados", mas tem fé suficiente para saber que Cristo *pode perdoar* seus pecados; e o que mais deseja é poder saber se os *seus* pecados serão realmente lançados fora, para longe, por Jeová. Às vezes, terá algum impedimento para orar — mas a fé que busca fará que ore no sótão, no estábulo, no celeiro, atrás de uma cerca ou até mesmo caminhando pela rua. Satanás poderá colocar milhares de dificuldades no seu caminho, que a fé que busca vai levar o homem a bater na porta da misericórdia.

Contudo, se a fé que você recebeu ainda não lhe dá paz, se ainda não o coloca no lugar onde não há condenação, não se preocupe: se for uma fé verdadeira, há de crescer e fará que isso aconteça. Ela simplesmente não foi ainda alimentada; precisa ser cuidada e exercitada; e, então, a fé que é ainda escassa irá se tornar grande e poderosa. A fé que busca há de chegar a um estágio mais alto de desenvolvimento, e você, que bateu na porta da misericórdia, entrará, e será recebido com boas-vindas à mesa de Jesus.

Perceba que, no caso desse homem, a fé que busca não apenas fez que ele fosse determinado, como também insistente e importuno, em sua petição. Pede uma vez, e a única resposta que recebe, que não entende, é uma recusa, mas aparente. Ele, todavia, não se afasta dali amuado, aborrecido, dizendo: "Ele me repreendeu". Não. Ele insiste: *Senhor, desce antes que meu filho morra*. Não posso dizer como se devia sentir ao dizer isso, mas não tenho dúvida de que soube expressar seu sentimento em termos que tocam a alma, provavelmente com lágrimas rolando de seus olhos e as mãos unidas em atitude de súplica. Parece dizer: "Não posso deixar que o Senhor se vá sem que desça a Cafarnaum e salve meu filho. Oh, por favor, desce! Existe alguma coisa mais que eu possa dizer que te possa convencer a ir? Que o meu amor de pai seja o meu melhor argumento! Se meus lábios não forem bastante eloquentes, que as lágrimas dos meus olhos assumam o lugar das minhas palavras. Desce, Senhor, desce antes que meu filho morra!"

Que doces mas poderosas orações a fé que busca pode levar um homem a fazer! Já houve ocasiões em que aquele que buscava pedia a Deus com um poder tal que nem Jacó poderia ter tido no vau do Jaboque. Já vi pecador debaixo de tão grande dificuldade em sua alma, batendo na porta da misericórdia e sem poder entrar, e que, em vez de ir embora, como que se agarrar aos pilares da porta e balançá-los, como se pudesse, num instante, arrancá-los de suas profundas fundações. Já vi pecador puxando-os e empurrando-os, lutando e combatendo, por não haver entrado no reino dos céus, por crer que *o reino dos céus é tomado à força, e os violentos o tomam de assalto* (Mt 11.12).

Não é de surpreender que você não obtenha paz se coloca diante de Deus suas orações com frieza. Aqueça suas orações na fornalha do desejo santo, até que fiquem vermelhas, em brasa; caso contrário, não irão abrir seu caminho a fogo até o céu. Se você simplesmente faz uso da forma fria da ortodoxia, repetindo "Deus, seja misericordioso para comigo um pecador", nunca encontrará misericórdia. Somente o homem que clama em ardente angústia e emoção profunda vinda do coração — "Deus, sê misericordioso para *comigo*, que eu sou pecador; salva-*me* ou morrerei" — é que terá sua súplica atendida. Somente aquele que concentra sua alma em cada palavra e que põe para fora a violência de seu ser em cada frase é que consegue abrir caminho por entre as portas do céu. A fé que busca uma vez concedida, pode levar um homem a agir assim. Existem alguns aqui, sem dúvida, que já chegaram a esse ponto. Acho que posso até ver, aqui, lágrimas começarem a correr dos olhos de muitos que foram dispensados de maneira aparentemente rude, mas posso ver isso também como indicação de dizerem em sua alma: "Ah, eu sei o significado disso e creio que foi Deus que me trouxe até aqui".

Devo dizer, porém, uma palavra com relação à fraqueza da fé que busca. Ela pode fazer muita coisa certa, mas comete também muitos erros. A fraqueza da fé que busca é conhecer muito pouco. Isso pode ser perfeitamente percebido naquilo que o pobre homem insistentemente diz: "Senhor, desce, *desce*". O mestre não precisava descer a Cafarnaum. O Senhor pode, como pôde, realizar o milagre sem precisar ir lá. Mas o nosso pobre amigo pensava que Jesus não poderia salvar seu filho se não fosse até lá, olhasse o menino, colocasse sua mão sobre ele, se ajoelhasse, orasse e, talvez até, quem sabe, tivesse de se colocar por cima do menino, como fez Elias. "Ó Senhor, desce", repetia ele.

O mesmo não acontece com você? Você já não terá ditado a Deus a maneira pela qual ele deveria salvá-lo? Você quer, talvez, que ele envie sobre você algumas terríveis convicções e acha que, então, poderia crer. Ou você pode querer ter um sonho, ou uma visão, ou ouvir uma voz lhe dizendo: *Filho, teus pecados estão perdoados* (Mc 2.5). Esta é a fraqueza de sua fé. A fé que busca é forte o suficiente para fazer você orar, mas não tem poder para tirar de sua mente fantasias tolas. Você está querendo ver sinais e maravilhas, caso contrário não poderá crer? Oh, meu nobre amigo, se Jesus optasse por dizer a palavra e seu filho fosse curado, isso não lhe agradaria, mesmo que ele não descesse a Cafarnaum? "Oh, não havia pensado nisso!", diria talvez o oficial, e assim por diante. Oh, pobre pecador, se Jesus quisesse lhe dar paz esta manhã, neste lugar, ou fazê-lo passar um mês sob o flagelo da lei não seriam opções que cabem somente ao Senhor Jesus? Se você simplesmente passou por essa porta e aqui foi capacitado a crer em Cristo e assim encontrar a paz, ou se tivesse de passar pelo fogo e pela água, assim como todos os seus pecados pela sua cabeça, não estaria isso de acordo com o Senhor, não seria uma salvação tão boa como de qualquer outra forma? Eis, portanto, a fraqueza de sua fé. Embora exista muita excelência nela por levá-lo a orar, existe nela a falha de fazer você querer prescrever, e de maneira imprudente, de que modo o Todo-poderoso deveria agir para o abençoar; ou seja, a impugnar a soberania divina e ditar, de forma a mais ignorante, de que maneira deverá vir a bênção prometida.

O oficial passa agora para o segundo estágio da fé. O mestre estendeu sua mão e lhe disse: *Vai, o teu filho vive* (Jo 4.50). Consegue imaginar, então, a mudança repentina de fisionomia no oficial? As rugas em sua testa são suavizadas em um instante, não existem mais. Aqueles olhos enchem-se de lágrimas, mas de outro tipo agora — lágrimas de alegria. Ele aperta as mãos, sai rapidamente e de maneira silenciosa, seu coração pronto a explodir de gratidão, toda a sua alma cheia de confiança. "Por que você está tão feliz?", "Porque meu filho está curado", diria ele. "Mas você ainda não o viu curado." "O mestre me afirmou que ele está curado, e eu creio nele." "Mas pode ser que, quando você chegar em casa, descubra que sua fé foi uma ilusão, e seu filho nada mais é do que um corpo inerte." "Não", reponde ele com firmeza. "Eu creio nesse homem. Antes, coloquei minha fé e esperança nele e o busquei; agora, que o encontrei e ouvi, creio nele!" "Mas você não tem prova alguma de que seu filho esteja curado!" "Não preciso de nenhuma prova. A palavra desse profeta divino é o suficiente para mim. Ele falou, e eu sei que é verdade. Disse-me para eu ir para casa. Meu filho vive. Vou seguir o meu caminho, muito tranquilo e em muita paz."

Preste atenção agora, quando sua fé chega a um segundo estágio, em que você é capaz de aceitar a palavra de Cristo. Você começa, então, a conhecer a felicidade de crer. É nesse momento que sua fé conduz à salvação de sua alma. Acredite, pecador, no que a Palavra de Deus diz: *Aquele que crê no Senhor Jesus Cristo será salvo* (At 16.31). Mas alguém poderá alegar: "Eu não sinto qualquer evidência disso". Não deixe de crer, por causa disso. "Mas", diz outra pessoa, "eu não sinto alegria no coração". Creia, e o seu coração não ficará mais triste; essa alegria logo há de vir depois. Heroica é a fé que crê em Jesus em face de milhares de contradições. Quando o Senhor lhe concede essa fé, você pode dizer: "Não confio na carne ou no sangue. Aquele que me disse 'creia, e você será salvo' deu-me a graça para crer e, portanto, tenho total confiança de que sou salvo. Lancei minha alma sobre o amor, o sangue e o poder de Cristo, seja para afundar, seja para sobrenadar; e, embora minha consciência ainda não haja dado nenhum testemunho à minha alma, embora as dúvidas me aflijam e as lágrimas ainda me atinjam, contudo honrarei meu mestre, crendo em sua palavra, mesmo que possa parecer contrária ao bom senso puramente humano, mesmo que minha razão tente se rebelar contra ela e meus sentimentos passados ousem injuriá-la como uma mentira".

CARACTERÍSTICAS DA FÉ | 145

É bastante honroso para um homem que tem um seguidor que creia inquestionavelmente nele. Tal homem, digamos, apresenta uma opinião que contradiz a opinião comum do mundo, manifestando-a ao público, que grita e assobia zombando dele; todavia, ele tem um discípulo que afirma: "Eu creio no meu mestre; creio que aquilo que ele diz é verdadeiro". Existe algo de nobre nisso — no homem que recebe uma homenagem como essa. Ele pode dizer: "Sou mestre de pelo menos um coração". No momento em que, diante de tudo o que seja conflitante, você se coloca de pé a favor de Cristo e declara crer em suas palavras, está lhe prestando uma homenagem muito maior do que todos os querubins e serafins diante do trono da graça. Ouse crer; confie em Cristo, eu lhe digo, e você será salvo.

Nesse estágio da fé é que o homem começa a desfrutar da quietude e da paz da mente. Muitos excelentes expositores afirmam que a distância entre Caná e Cafarnaum seria de 25 a 35 quilômetros. Suponho que tal distância haja mudado nos dias atuais. De todo modo, não levou muito tempo para que esse homem chegasse a sua casa e visse seu filho curado. Fora à hora sétima que o mestre dissera "o teu filho vive". Fica evidente, pelo texto evangélico, que o oficial só veio a se encontrar com seus servos no dia seguinte, porque eles lhe informaram: *Ontem à hora sétima a febre o deixou* (Jo 4.52). Com base nisso, o que podemos concluir? Eu faço a seguinte dedução: o oficial estava tão seguro de estar o seu filho vivo e bem de saúde que não teve pressa excessiva ao voltar. Não foi para casa correndo, como se precisasse chegar a tempo de consultar outro médico, caso Cristo não tivesse sido bem-sucedido. Seguiu seu caminho de maneira calma e tranquila, confiante na verdade dita por Jesus. Bem dizia um dos pais da igreja: "Aquele que crê não se apresse". Nesse caso, isso foi inteiramente verdadeiro. O homem estava calmo. Talvez estivesse a uma distância de doze horas de casa, muito embora tenha precisado viajar apenas 25 a 30 quilômetros. Aquele que recebe a palavra de Cristo plenamente como a base de sua esperança coloca-se sobre uma rocha firme enquanto todos os outros terrenos nada mais lhe são que areia.

Meus irmãos e irmãs, alguns de vocês já chegaram até aqui. Estão recebendo plenamente a palavra de Cristo. Não vai demorar muito para que você entre no terceiro e melhor estágio de sua fé. Contudo, enquanto não chegar lá, continue crescendo no seu Senhor e mestre, continue confiando nele. Mesmo que ele não o leve logo à casa do banquete, continue confiando nele. Se ele precisar trancá-lo em algum lugar, continue confiando nele. Diga *Ainda que ele me mate, nele esperarei* (Jó 13.15). Por mais que ele possa permitir que as flechas da aflição perfurem sua carne, confie nele. Ainda que o quebre em pedaços com sua poderosa mão direita, confie nele. Chegará o tempo em que *ele fará sobressair a sua justiça como a luz, e o seu direito como o meio-dia* (Sl 37.6).

Vamos prosseguir agora rapidamente para o terceiro e melhor estágio da fé. Os servos se encontram com o oficial — seu filho está curado. Chega em casa, abraça o filho e constata que está perfeitamente restaurado. Então, como diz a narrativa, *creu ele e toda a sua casa* (Jo 4.53). Mas você notou que no versículo 50 já se diz que ele creu? *E o homem creu na palavra que Jesus lhe dissera* (Jo 4.50). Alguns expositores bíblicos têm ficado grandemente perturbados, pois não sabem exatamente em que momento aquele homem creu. O bom Calvino esclarece o assunto — e seus comentários possuem sempre grande peso e são sempre excelentes. Não hesito em afirmar que Calvino é o maior expositor que jamais existiu em esclarecer a Palavra de Deus. Em seus comentários, frequentemente eu o vejo cortando suas próprias *Institutas* em pedaços, sem tentar dar um significado calvinista à passagem, mas sempre tentando interpretar a Palavra de Deus como ela se apresenta. Diz ele, então, que esse homem teve, em um primeiro momento, uma simples fé, que apenas confiou em Cristo. Ele creu na palavra que Cristo lhe disse. Posteriormente, teve a fé plena, ao receber Cristo em sua alma, para tornar-se seu discípulo e confiar nele como o Messias. Acho que não estou errado em usar justamente isso como ilustração da fé em seu estágio mais elevado. O oficial confirmou que seu filho havia sido curado no exato momento em que Jesus disse que o seria. "Agora eu creio", diz a si mesmo — o que quer dizer: creu, então, com plena certeza de fé. Sua mente fora liberta de todas as suas dúvidas. Creu em Jesus de Nazaré como o Cristo de Deus e, nessa condição, entendeu que ele certamente era o Enviado de Deus, e as dúvidas e os maus pressentimentos não ocuparam mais sua alma.

Ah! Conheço muitas pobres criaturas que querem chegar a esse estágio, mas querem chegar lá logo de início. São como um homem que deseja subir uma escada sem passar pelos degraus inferiores. Argumentam o seguinte: "Se eu tivesse plena certeza de fé, então acreditaria que sou filho de Deus". Não, não. Creia, confie na palavra de Cristo como ela lhe é apresentada e, então, você sentirá em sua alma o testemunho do Espírito de que é nascido de Deus. A certeza é uma flor. Você deve plantar primeiro o bulbo — aquele bulbo simples e aparentemente invisível da fé —, plantar a semente, para que, depois, possa ter a flor. A semente de uma pequena fé brota, e, então, você tem uma espiga no talo pleno da certeza da fé.

Quero, porém, que você perceba que, quando esse homem chegou à plena certeza da fé, sua casa também creu. Há um texto citado com bastante frequência, mas acho que ainda não o ouvi citado da maneira correta — aliás, existem pessoas que nada sabem dos autores além do que ouviram falar deles e as que só sabem da Bíblia o que ouviram outros dizerem. Quero me referir àquele versículo que diz: *Crê no Senhor Jesus e serás salvo* [...] O que aconteceu para que as últimas palavras sejam constantemente cortadas? "... tu e a tua casa" — estas palavras me parecem tão importantes quanto as primeiras! *Crê no Senhor Jesus e serás salvo, tu e a tua casa.* Será que a fé do pai levou a família a ser salva também? Sim? Não? *Sim* — ela o fez de alguma maneira, a saber: a fé do pai o fez pedir a Deus por sua família, Deus ouviu sua oração, e a família foi salva. Mas também *não* — pois a fé do pai não poderia substituir a fé da esposa, dos filhos, da família; eles também teriam de crer. Em ambos os sentidos da palavra, eu digo então: "sim e não". Quando um homem crê, há esperança de que seus filhos sejam salvos. Mais do que isso, existe uma promessa, e o pai não deve descansar até ver todos os filhos salvos. Se negligenciar, é porque não crê corretamente. Existem muitos homens que creem apenas para si mesmos. Mas, se eu tenho uma promessa, devo crer nela no seu sentido mais amplo. Por que minha fé não poderia ser tão ampla quanto a promessa? Uma coisa, então, deverá ser destacada: *Crê no Senhor Jesus e serás salvo, tu e a tua casa* (At 16.31). Coloco meu clamor diante de Deus pelos meus pequeninos — pois, quando me dirijo a Deus em oração, posso pedir: "Senhor, eu creio, e tu disseste que eu serei salvo, assim como a minha casa. Tu me salvaste, mas ainda não terás cumprido toda a promessa até que tenhas salvo minha casa também".

Afirma-se, por vezes, que aqueles, como nós, que creem ser o batismo infantil uma heresia, sem contar com um texto bíblico claro a respeito disso, estejamos negligenciando quanto à salvação de nossos filhos. Não poderia haver aleivosia maior do que essa. Na verdade, o que estamos fazendo aos nossos filhos é a melhor coisa que possivelmente lhes poderíamos fazer, ao lhe ensinarmos que eles não são propriamente membros da igreja de Cristo; que não se tornam cristãos só por serem "cristianizados" na pia batismal; que devem, primeiro, nascer de novo, e que esse novo nascimento deve acontecer dentro deles, coisa que devem perceber e entender de maneira consciente, e não que possamos fazer em seu lugar, por eles, em sua infância, enquanto ainda usam fraldas, apenas aspergindo água em sua cabeça. Achamos, inclusive, que existe muito mais possibilidade de eles se converterem do que aqueles que são criados na noção errada que lhes é ensinada por aquela expressão do catecismo católico — expressão ímpia, blasfema e falsa: "No meu batismo, fui feito membro de Cristo, filho de Deus, herdeiro do reino dos céus". O papa de Roma nunca pronunciou uma sentença mais profana do que essa. Nunca disse uma sílaba mais contraditória a todo o teor da Palavra de Deus. Nem crianças nem adultos são salvos pelo batismo. *Quem crer e for batizado será salvo* (Mc 16.16). O batismo não precede a crença. Também não é um ato conjugado, ou uma obra conjugada, à nossa salvação, pois a salvação é uma obra da graça, ligada à fé e somente à fé. Batizado ou não, se você não crer, está perdido. Contudo, não batizado, se você crer, será salvo. Nossos filhos que morrem na infância, sem qualquer supersticioso ritual santificado, não obstante, são salvos.

II. Chegamos agora à segunda parte de nosso assunto: AS TRÊS DOENÇAS ÀS QUAIS A FÉ ESTÁ SUJEITA. Essas três doenças se subdividem em diferentes estágios.

Vamos abordar, em primeiro lugar, a fé que busca. O poder da fé que busca reside em sua força de levar o homem a orar. E aqui está sua doença: quando estamos procurando começar, somos muito propensos a suspender nossa vida de oração. Com que frequência o diabo sussurra no ouvido do homem: "Não ore,

CARACTERÍSTICAS DA FÉ | 147

isso não leva a nada. Você sabe que as portas do céu vão bater na sua cara!" Se o homem acha que recebeu uma resposta à sua oração, Satanás diz: "Você não precisa orar mais; já recebeu o que havia pedido". Mas, se depois de um mês de clamor, ele não recebe a bênção, Satanás sussurra: "Como você é tolo por ficar parado aí no portão da misericórdia! Saia daí! Vá embora! O portão está muito bem trancado, e você nunca será ouvido". Meus amigos, como vocês estão sujeitos a essa doença enquanto buscam Cristo! Insisto em que clamem e trabalhem contra ela, sem nunca deixar de orar. Um homem jamais afundará no rio da ira divina se clamar. Clame a Deus por misericórdia, e a misericórdia nunca se afastará de você. Não deixe que Satanás o afaste da porta temporariamente fechada, mas empurre-a, quer ele queira, quer não. Se desistir da oração, você estará selando sua condenação. Se renunciar à súplica, você estará renunciando a Cristo e ao céu. Continue em oração. Mesmo que a bênção possa demorar, mais cedo ou mais tarde ela virá; no tempo próprio de Deus, ela há de se mostrar a você.

A doença que mais provavelmente se abate sobre aqueles que já estão no segundo estágio — ou seja, aqueles que já confiam inquestionavelmente em Cristo — é a doença de querer ver sinais e maravilhas para então crer. No começo do meu ministério, junto a uma população rural, conheci pessoas que achavam serem cristãs simplesmente porque, segundo imaginavam, tinham visto determinados sinais e maravilhas. Histórias das mais ridículas me eram então narradas por pessoas ingênuas e sinceras, como motivo pelo qual acreditavam terem sido salvas. Ouvi uma vez um relato, que é mais ou menos como se segue.

— Eu creio que os meus pecados foram eliminados.

— Por quê?

— Bem, senhor, eu estava ajoelhado no quintal da minha casa e vi uma grande nuvem. Pensei que Deus poderia fazer que aquela nuvem fosse embora, se isso fosse de seu agrado, e ela foi embora. Eu então cheguei à conclusão de que a nuvem e os meus pecados haviam ido embora e, desde então, não tenho tido nenhuma dúvida disso.

"Bem", pensei, na ocasião, "você tem boas razões para duvidar, pois isso é totalmente absurdo".

Se eu fosse contar todos os caprichos e fantasias que algumas pessoas têm em sua mente, você poderia até achar graça, mas isso não iria adiantar coisa alguma. Não haja dúvida de que os homens podem montar qualquer história estúpida, qualquer fantasia estranha, com o objetivo de nos fazer pensar que é assim que podemos confiar em Cristo. Ó meu caro amigo, se você não tem outra razão para crer que está em Cristo do que simplesmente um sonho ou uma visão, é hora de começar tudo de novo. Tenho a certeza de que alguns têm-se alarmado, convencido e talvez até convertido por estranhas excentricidades de sua imaginação. Mas se você for confiar nessas coisas como sendo uma garantia real dada por Deus, se for olhar para isso como evidência verdadeira de que é salvo, afianço-lhe que estará simplesmente se apoiando em um sonho fugaz, uma ilusão. Seria a mesma coisa que tentar construir um castelo no ar ou uma casa sobre a areia.

Aquele que crê em Cristo, o faz tão somente por causa daquilo que ele diz e faz e que está na Palavra. Não crê em Cristo porque sonhou com o Senhor, ou porque ouviu uma voz — que poderia ser o gorjeio de um pássaro cantando —, ou porque achou que tenha visto um anjo no céu, ou uma névoa que assumiu um formato peculiar, ou qualquer outra coisa assim. Não; precisamos parar de vez com essa história de querer ver sinais e maravilhas. Se vierem, seja agradecido; mas, se não vierem, simplesmente confie na palavra que diz: *Todo pecado e blasfêmia se perdoará aos homens* (Mt 12.31). Não digo isso para ferir qualquer consciência, pois talvez tal consciência possa encontrar algum conforto em maravilhas assim tão singulares. Digo essas coisas, e de modo honesto, para que você não se deixe iludir. Faço-lhe um apelo e advertência solene para que não coloque sua confiança em nenhuma coisa que ache que tenha visto, ouvido ou sonhado. Este livro que tenho aqui nas mãos, a Bíblia, é a palavra segura do testemunho de Deus, ao qual fazemos muito bem em dar toda a atenção, tal como uma luz que brilha intensamente nas trevas. Confie no Senhor; espere pacientemente por ele; lance toda a sua confiança em quem você pode colocar todos os seus pecados, a saber, Jesus Cristo somente — e você será salvo, tenha ou não visto qualquer um desses sinais e maravilhas.

Receio que alguns cristãos, em Londres, caíram nesse erro de esperar ver sinais e maravilhas. Eles têm promovido reuniões de oração especiais visando a um reavivamento. Como as pessoas não têm, nessas reuniões, caído no chão como se tivessem desmaiado ou não têm gritado ou feito uma ruidosa barulheira, talvez os promotores do evento tenham achado que o reavivamento não veio. Que tenhamos olhos apenas para ver os dons de Deus da maneira que Deus escolha nos conceder! Não queremos propriamente "o reavivamento do norte da Irlanda"; queremos o reavivamento em sua bondade, sim, mas não dessa forma em particular. Se o Senhor nos mandar um reavivamento de outro modo, ficaremos ainda mais felizes por não termos tido aquelas obras da carne excepcionais. Se o Espírito trabalhar na alma, seremos felizes em constatar a verdadeira conversão e, se ele escolher trabalhar no corpo também, ficaremos muito gratos por ver isso. Se o coração dos homens for renovado, que importância tem eles gritarem ou não? Se sua consciência for despertada, que importa se eles caírem ou não caírem no chão? Se simplesmente encontraram Cristo, por que lamentar, ou que diferença faz não terem ficado prostrados por cinco ou seis semanas, sem movimento e sem sentido? Aceite ficar sem sinais e maravilhas. De minha parte, não tenho nenhuma ansiedade por eles. Quero ver a obra de Deus sendo feita à moda de Deus — um reavivamento verdadeiro e completo, no qual sinais e maravilhas podem ser dispensados, pois não são exigidos pela fé e serem até alvo de zombaria dos que não têm fé.

Tendo falado, portanto, de duas doenças, vou agora mencionar a terceira. A terceira doença, que se coloca no nosso caminho de obtenção do mais elevado grau de fé, ou seja, da plena segurança em nossa fé, é a negligência na observação. O oficial do nosso texto indagou a seus servos, interessado, sobre a hora em que seu filho fora curado. Por meio da resposta deles, obteve a segurança e firmeza em sua fé. Não costumamos observar a mão de Deus como deveríamos. Os pioneiros puritanos, quando chovia, diziam, poeticamente, que Deus havia desarrolhado as garrafas do céu. Hoje, quando chove, dizemos simplesmente que as nuvens se condensaram. Se os mesmos puritanos tinham de cortar um campo de feno, oravam pedindo ao Senhor que lhes desse um dia ensolarado. Nós, não; talvez nos consideremos mais sábios do que somos. Consideramos que não há muito ou nenhum valor em orar por coisas assim, por acharmos que elas fazem parte do curso normal da natureza. Eles acreditavam que Deus estava presente em uma tempestade, assim como em qualquer nuvem de poeira. Falavam de um Deus presente em todas as coisas, enquanto nós as tratamos mais como leis da natureza — como se as leis naturais pudessem existir senão porque existe justamente Alguém para criá-las e executá-las e um poder divino que coloca todo esse mecanismo em ação. Não alcançamos segurança em nossa fé porque não prestamos atenção e não observamos o suficiente. Se você prestasse mais atenção à bondade providencial de Deus no seu dia a dia; se observasse a resposta às suas orações; se simplesmente percebesse e anotasse as contínuas misericórdias de Deus para com *você*, realmente acho que você se tornaria tal qual aquele pai, que foi levado à plena certeza de fé porque se interessou em saber, e confirmou, que, na exata hora em que Jesus falara, havia ocorrido a cura de seu filho. Seja atento, cristão. Aquele que busca perceber a obra da providência nunca terá falta de uma previdência a perceber em todas as coisas.

Guarde bem, portanto, essas três doenças da fé : cessação de oração, falsa esperança em ver sinais e maravilhas e negligência na observação das demonstrações da mão de Deus.

III. Chego agora ao terceiro ponto, sobre o qual, de maneira breve, mas significativa, existem TRÊS PERGUNTAS A SEREM FEITAS QUANTO À SUA FÉ.

Em primeiro lugar, se você diz "Eu tenho fé", que assim seja. Existem muitos homens que dizem possuir ouro, mas nada têm; muitos que se consideram ricos e que possuem cada vez mais bens, mas que, na verdade, estão pobres, nus e na miséria. Assim, antes de mais nada, eu pergunto: sua fé o leva a orar? Não a oração do homem que repete, como um papagaio, aquela prece que um dia aprendeu a decorar; mas, na verdade, você ora como ora uma criança? Conta a Deus com sinceridade quais são seus desejos e vontades? Você realmente *busca* a sua face e *pede* a sua misericórdia? Se você vive sem oração, é uma alma sem Cristo. Sua fé é uma ilusão, e a confiança que dela possa resultar não passa de um sonho volátil que acabará por destruí-lo. Acorde desse seu sono mortal, pois, enquanto você estiver embotado por sua falsa

CARACTERÍSTICAS DA FÉ

oração, Deus não poderá responder a ela. Você não viverá para Deus se não se trancar com ele em seus aposentos. Quem nunca se ajoelha na terra, jamais poderá colocar-se de pé no céu. Aquele que nunca lutou, como Jacó, com um anjo aqui embaixo, nunca será admitido no céu por aquele anjo, lá em cima.

Sei que estou falando hoje a algumas pessoas que não oram. Você certamente tem sempre tempo disponível para estar presente em seu local de trabalho, mas não para se trancar em seus aposentos para orar. Você provavelmente nunca ora com sua família, mas não é bem sobre isso que quero falar agora com você. É sobre a sua oração particular, que você tem negligenciado. Às vezes, você se levanta pela manhã bem em cima da hora para os seus compromissos e até se ajoelha para orar; mas onde está a oração? Você também não observa nenhum outro momento de súplica em seu dia. Para você, a oração parece ser um tipo de luxo caro demais para a ele se entregar com frequência.

Ah! Mas aqueles que têm fé verdadeira em seu coração estão sempre orando, quase que o dia inteiro. Não quero dizer que fiquem sempre ajoelhados; mas para esses é comum, enquanto realizam seu trabalho ou cuidam de seus negócios, enquanto estão na fábrica, na loja ou no escritório, que seu coração encontre um pequeno espaço, nem que seja de alguns minutos apenas, para se recostarem no peito de seu Deus, voltando depois para baixo novamente, para suas atividades terrenas e o lidar face a face, restaurados, com os homens neste mundo. Essas breves orações — não as que enchem plenamente o incensário pela manhã, mas as que lançam pequenas quantidades de incenso no ar durante o dia, mantendo o aroma sempre santo e perfumado — são a maneira melhor de viver, sendo essa a vida verdadeira de um genuíno crente.

Se a sua fé não faz que você ore, você não tem mais nada a fazer com ela: livre-se dessa falsa fé, e Deus irá ajudá-lo a começar tudo de novo.

Contudo, você insiste em afirmar: "Eu tenho fé". Vou então lhe fazer a segunda pergunta. Esta fé faz que você seja obediente? Jesus disse ao oficial: "Vai", e ele foi, sem dizer nem mais uma palavra. Embora bem pudesse ter desejado permanecer e ouvir mais o mestre, o oficial obedeceu. Sua fé faz você obedecer? Nos dias atuais, temos um tipo de cristão dos mais lamentáveis: o homem sem integridade. Já ouvi negociantes comentarem isto: que conhecem homens de negócios que não têm temor a Deus, mas são homens justos e corretos em suas transações comerciais; e que, por outro lado, conhecem cristãos professos, não declaradamente desonestos, mas que costumam passar dos limites da honestidade aqui e ali, nos negócios. Não são aqueles cavalos que não andam, mas, sim, aqueles que de vez em quando empacam. Se têm pagamento a fazer, burlam, não cumprem os prazos ou não são exatos nas contas. O fato é que, às vezes — por que não dizer o que é verdade? — você pega cristãos cometendo atos sujos; professores de religião manchando a si mesmos com atitudes que homens puramente mundanos desprezariam.

Senhores, dou meu testemunho, esta manhã, como ministro de Deus, sincero e honesto demais para alterar uma palavra sequer a fim de agradar a qualquer homem que seja. Você não é um cristão autêntico se age nos negócios abaixo da dignidade de qualquer homem honesto. Se Deus ainda não fez que você se torne honesto, então você ainda não é salvo. Pode estar certo de que, se prosseguir assim, desobediente às leis morais de Deus, se a sua vida for inconsistente e lasciva, se sua atitude e sua conversa continuarem manchadas com coisas que até um mundano rejeitaria, o amor de Deus não está em você. Não estou pedindo perfeição; o que realmente peço é honestidade. Se a sua religião ainda não levou você ao mesmo tempo a cuidar de sua vida comum e orar; se você não foi feito ainda uma nova criatura em Cristo Jesus, sua fé é simplesmente um nome vazio, *como o metal que soa ou como o címbalo que retine* (1Co 13.1).

Quero lhe fazer só mais uma pergunta sobre sua fé e, então, encerrarei. Se você diz "Eu tenho fé" — essa fé abençoa sua casa? O bondoso Rowland Hill disse certa vez, em sua maneira singular de se expressar, que, quando o homem se torna cristão, até seu cachorro e seu gato precisam também ser os melhores. Acho que foi Jay que disse que, quando o homem se torna cristão, ele melhora em todas as relações. Torna-se um marido melhor, um empregado melhor, um chefe melhor, um pai melhor do que antes; do contrário, sua fé cristã não é genuína. Meus caros irmãos e irmãs em Cristo, vocês já pensaram em abençoar seu lar? Há condição de alguém dizer "eu tenho a minha fé em Cristo só para mim mesmo"?

Se assim é, não fique preocupado quanto a ela lhe ser "tirada". Você não precisa colocá-la sob trancas e a sete chaves. O diabo não está muito interessado em tirá-la de você. Receio que um homem que pode guardar sua bondade para tão pouco ou nenhum uso não venha a ter reserva suficiente nem para o seu próprio uso, quanto mais para abençoar os outros.

Contudo, é estranho dizer, às vezes você encontra pais que parecem menos interessados na salvação de seus filhos do que na salvação das crianças pobres do orfanato. Querem ver seu filho se saindo bem na vida e a linda filha fazendo um belo casamento; mas parece que não há nenhuma preocupação em sua mente quanto à sua conversão. É verdade que o pai frequenta a igreja; congrega-se, juntamente com a família, em uma comunidade cristã de adoração. Ele *espera* que seus filhos possam se dar bem na vida. Têm, pelo menos, o benefício da esperança do pai — certamente um grande legado. Além disso, quando o pai morrer, deixará para eles os seus bens e, em razão destes, poderão prosperar. Mas, ao que parece, a alma paterna jamais ficou preocupada se eles serão salvos ou não. Adeus a essa falsa crença em Deus! Jogue-a no lixo. Que seja enterrada, "como o sepultamento de um asno", jogada "fora do arraial", como coisa impura. Não é esta, sem dúvida, a religião de Deus, de Cristo. Quem não se importa com sua própria casa é pior do que um ímpio e um publicano.

Não se contente, portanto, meu irmão em Cristo, até que seus filhos sejam salvos. Lance essa promessa diante de Deus. A promessa é para você e seus filhos; mas a palavra original "filhos", aqui, se refere a filhos, netos e quaisquer outros descendentes que você possa ter. Não deixe de pedir a salvação deles a Deus, até estar certo de que todos os seus filhos — e, se você os tiver, seus netos — sejam salvos. Coloco-me aqui hoje como prova de que Deus é fiel à sua promessa. Posso olhar para trás, há quatro ou cinco gerações, e ver que Deus se agradou de ouvir as orações do meu tataravô, que costumava orar pedindo que seus filhos pudessem viver diante do Senhor até a última geração — e Deus nunca abandonou nossa casa, mas tem se agradado de levar todos, um a um, a temer e amar seu santo nome. Que seja assim com você. Ao orar pedindo isso, você não estará solicitando mais do que Deus se compromete a lhe dar. Ele não poderia jamais recusá-lo, a não ser que deixasse de cumprir suas promessas; não poderia se recusar a lhe dar tanto sua própria alma quanto a de seus descendentes como resposta à sua oração de fé. Alguém pode alegar: "Ah, mas você não conhece os meus filhos!" Não, não conheço, meu querido amigo, mas sei que, se você for cristão, são filhos a quem Deus promete abençoar. "Mas eles são tão desobedientes que partem meu coração!" Então peça a Deus que quebrante o coração deles, e eles não irão mais partir o seu. "Mas eles são capazes de fazer *descer minhas cãs com tristeza ao Seol* (Gn 42.38). Ore então para que Deus os possa levar ao arrependimento e à oração, à súplica e à cruz, e eles não levarão você à sepultura. "Mas os meus filhos têm o coração muito duro!" Olhe para o seu próprio coração. Acha que eles não podem ser salvos? Olhe para você mesmo: aquele que o salvou pode salvá-los. Chegue ao Senhor em oração e diga: "Senhor, *não te deixarei ir, se me não abençoares* (Gn 32.26). Mas se acha que os seus filhos estão à beira da morte espiritual, prestes a serem condenados pelos seus pecados, peça e insista, então, tal como o oficial do rei a Jesus: "Senhor, desce antes que meu filho morra; salva-o pela tua misericórdia".

"Tu, que habitas nos altos céus: nunca haverás de rejeitar o teu povo. Longe de nós pensar que o Senhor venha a se esquecer de suas promessas. Em nome de todo o teu povo, colocamos aqui a mão sobre a tua Palavra de maneira solene e apelamos aqui pela tua aliança. Disseste, Senhor, que tua misericórdia estaria sobre o filhos dos filhos daqueles que te temessem e guardassem os teus mandamentos. Declaraste que esta promessa é para nós e os nossos filhos. Senhor, não deixarás de cumprir a tua própria aliança. Desafiamos a tua palavra por meio de uma santa fé, nesta manhã: Faze assim como disseste (Gn 18.5)".

16

JESUS EM BETESDA
OU ESPERANDO VER PARA CRER

Depois disso havia uma festa dos judeus; e Jesus subiu a Jerusalém. Ora, em Jerusalém, próximo à porta das ovelhas, há um tanque, chamado em hebraico Betesda, o qual tem cinco alpendres. Nestes jazia grande multidão de enfermos, cegos, mancos e ressicados [esperando o movimento da água. Porquanto um anjo descia em certo tempo ao tanque, e agitava a água; então o primeiro que ali descia, depois do movimento da água, sarava de qualquer enfermidade que tivesse.] Achava-se ali um homem que, havia trinta e oito anos, estava enfermo. Jesus, vendo-o deitado e sabendo que estava assim havia muito tempo, perguntou-lhe: Queres ficar são? Respondeu-lhe o enfermo: Senhor, não tenho ninguém que, ao ser agitada a água, me ponha no tanque; assim, enquanto eu vou, desce outro antes de mim. Disse-lhe Jesus: Levanta-te, toma o teu leito e anda. Imediatamente o homem ficou são; e, tomando o seu leito, começou a andar. Ora, aquele dia era sábado (Jo 5.1-9).

O cenário deste milagre foi Betesda, um tanque que, segundo o evangelista, estava próximo ao mercado de ovelhas ou à Porta das Ovelhas. Era o lugar, suponho eu, por onde passava o rebanho para o consumo da população de Jerusalém. Talvez o tanque estivesse ali para que fossem lavadas as ovelhas a serem vendidas no templo. Tão comum, no entanto, era a doença nos tempos do Salvador que as enfermidades dos homens acabaram se intrometendo no lugar que havia sido designado para o rebanho, e o lugar onde as ovelhas seriam lavadas tornou-se ponto de reunião de doentes em grande multidão, ansiosos por uma cura. Não encontramos na narrativa, todavia, qualquer protesto quanto a essa intrusão ou relato algum de que a opinião pública estivesse contrariada com esse fato. As necessidades da raça humana, na verdade, devem se sobrepor a todos os critérios. O hospital deveria ter, assim, preferência sobre o mercado de ovelhas. A questão hoje em dia nos parece similar. Se as enfermidades de Jerusalém puderam se intrometer no mercado de ovelhas, então não é o caso de pedir desculpas se, nestes nossos sábados, a doença espiritual de Londres exija que este lugar espaçoso, que tem servido até agora de abrigo ao mugido do rebanho e balido das ovelhas, possa ser consagrado à pregação do evangelho, à manifestação da virtude curadora de Cristo Jesus entre os espiritualmente doentes. Hoje, ao lado do mercado das ovelhas, existe um tanque, e pessoas incapazes aqui estão formando uma multidão incontável.

É bem possível, porém, que jamais tivéssemos ouvido falar de Betesda se um visitante augusto não se tivesse dignado de honrar aquele lugar com sua presença: Jesus, o Filho de Deus, foi ter por entre os cinco alpendres do tanque. Era o tipo de lugar em que seria de esperar justamente encontrá-lo; pois onde deve estar o médico senão no lugar onde os doentes mais se reúnem? Ali estava, sem dúvida, uma oportunidade de obra para a mão curadora e a palavra restauradora de Jesus. Simplesmente natural, portanto, que o Filho do homem, que *veio salvar o que se havia perdido* (Mt 18.11), visitasse aquela espécie de ambulatório público, o tanque. Esta visita graciosa é a glória de Betesda. Este evento exalta o nome deste tanque acima da qualificação comum das fontes e das águas da terra. Que o rei Jesus possa vir a este lugar, esta manhã! Seria a glória deste auditório, pois só assim seria famoso até na eternidade. Se Jesus aqui vier para curar, o notável tamanho desta congregação deixará de ser motivo de admiração, pois o renome de Jesus e seu amor salvador sobrepujam tudo o mais, tal como o sol esconde as estrelas.

Meus irmãos, Jesus estará aqui. Pois os que o conhecem e possuem poder junto com ele têm clamado por sua presença. O povo do Senhor, por meio de constantes lágrimas e orações, obteve dele o seu consentimento para estar aqui conosco, em nosso meio, hoje. Jesus estará caminhando no meio desta multidão, pronto para curar, pois ele é *poderoso para salvar* (Is 63.11), como nos dias de sua carne (Hb 5.7). *Eis que eu estou convosco todos os dias, até a consumação dos séculos* (Mt 28.20) — eis uma garantia que conforta o coração do pregador esta manhã. O Salvador, presente — presente no poder do Espírito Santo — fará que este dia seja lembrado por muitos que serão restaurados aqui.

Solicito agora a total atenção de todos e suplico aos crentes sua fervorosa ajuda em oração enquanto peço, em primeiro lugar, que você observe *o paciente*, ou seja, *o homem doente*; em segundo lugar, que dirija seus olhos para *o grande médico*; e, em terceiro lugar, *que façamos uma aplicação de toda a narrativa à situação atual.*

I. Para que possamos observar O PACIENTE, peço que você venha comigo até os cinco alpendres nos quais, ao redor do tanque, jazem os doentes. Caminhemos, lentamente, por entre esses grupos de aleijados e cegos. Não feche seus olhos. Fará bem a você ter essa triste visão, perceber o que o pecado pode fazer, que desgostos nosso pai Adão legou a seus herdeiros. Mas por que estão todos eles aqui? Estão aqui porque quando às vezes a água se agita, adquire, segundo supõem, altas virtudes curativas. Não vem ao caso saber se a água era visivelmente movida por um anjo ou não; o que se acreditava é que era um anjo que descia e tocava a água, tornando-a curativa — e essa crença atraía para ali doentes de toda parte. Tão logo a agitação da água ocorria, toda a multidão provavelmente pulava rapidamente no tanque, e os que não podiam entrar sozinhos eram empurrados por outros, que os ajudavam. Que lástima! Que resultado pífio! Muitos e muitos saíam constantemente da água decepcionados, pois somente *um* de cada vez, entre todos, segundo se cria, era recompensado pelo seu leve mergulho. O *primeiro* que caísse na água, quando esta se agitava, era curado — apenas o primeiro. Contudo, apesar de tão curta e efêmera possibilidade de receber a cura, as pessoas doentes permaneciam ali, nos arcos de Betesda, ano após ano.

O homem inválido da narrativa bíblica deve ter perdido provavelmente os melhores dos seus últimos 38 anos à espera de cura nesse tanque. Foi mantido pela tênue esperança de que, um dia, quem sabe, pudesse ser o primeiro a entrar na água agitada, entre aquela imensa e ávida multidão. No sábado a que se refere o texto, ninguém, nem um anjo, como sempre, viria ajudá-lo a entrar na água —, mas alguém bem melhor ali chegou: Jesus Cristo, o Senhor dos anjos.

Esse enfermo, na verdade, perceba, *estava plenamente consciente de sua doença*. Ele não tinha dúvida quanto à debilidade de sua saúde: era um inválido que sentia e assumia essa sua condição. Não como talvez sejam alguns dos aqui presentes esta manhã, que se encontram enfermos, debilitados, mas não sabem disso, não o reconhecem ou nunca o confessarão. O doente de Betesda tinha consciência de que precisava de ajuda celestial e sua espera junto ao tanque o demonstra. Poucos há nesta reunião que estejam igualmente convencidos disso. Já há algum tempo você sente que é pecador e sabe também que nunca será salvo a não ser pela graça divina. Você não é ateu, não nega o evangelho, pelo contrário, crê firmemente na Bíblia e, de coração, deseja participar da salvação em Cristo Jesus; contudo, até agora, não foi além do que apenas sentir que está doente, que deseja ser curado e que sua cura virá do alto. Tudo bem; mas não é bom parar neste ponto.

O homem inválido que queria ser curado *aguardava, junto ao tanque,* que ocorresse determinado sinal, certa maravilha. Esperava que um anjo pudesse repentinamente, irrompendo dos portões de ouro do céu, vir e tocar a água, que naquele momento estava calma e estagnada, para que, então, pudesse ser o primeiro a nela entrar e ser curado. É este também, queridos ouvintes, o pensamento de muitos que sentem ser pecadores e desejam ansiosamente a salvação. Recebem os conselhos não bíblicos e a orientação errônea de certa classe de ministros. Esperam e esperam sempre, junto do tanque de Betesda. Ficam perseverando no uso externo e formal de meios e ordenanças, e assim permanecendo, na descrença, esperam por alguma coisa incomum acontecer. Permanecem na contínua recusa de obedecer ao verdadeiro evangelho, mas, esperam, sim, que um dia, de repente, venham a experimentar alguma sensação nova e estranha, algum sentimento singular ou impressões notáveis. Aguardam ter uma visão, ouvir uma voz sobrenatural ou até ficar alarmados por um pesadelo de horror.

Não vamos negar, meus caros amigos, que algumas poucas pessoas foram salvas por intervenções bastante singulares por parte da mão de Deus, de maneira totalmente diferente dos modos simples e mais comuns do procedimento divino. Seríamos muito tolos em discutir a verdade de uma conversão como a do coronel Gardiner, que, na noite mesma em que havia marcado um encontro para cometer um pecado, foi preso e convertido por uma visão de Cristo na cruz — de qualquer modo, ele achou ter ouvido, ou imaginou ouvir, a voz do Salvador chamando-o com ternura. Não há razão para debater se tais casos realmente aconteceram e se podem acontecer outra vez. Contudo, quero implorar aos não convertidos que não busquem necessariamente tais intervenções em sua situação particular. Quando o Senhor pede que você creia em Jesus, que direito você tem de exigir sinais e maravilhas, em vez de simplesmente crer? O próprio Jesus, em si, já é a maior de todas as maravilhas. Aguardar por uma experiência de salvação notável, meu caro ouvinte, é tão insensato quanto era esperar, na multidão que se aglomerava em Betesda, que um anjo há muito aguardado movesse a água, quando aquele que podia curá-los já estava no meio deles, mas negligenciado e desprezado pelo povo indiferente. Que espetáculo lastimável vê-los olhando para a água parada enquanto o único médico que poderia curá-los estava ali presente, sem que eles soubessem e lhe dirigissem qualquer súplica ou buscassem a misericórdia de suas mãos!

Queremos deixar claro, quanto a essa atitude de ver ou sentir alguma coisa especial para ser salvo, que *não é nada disso que Deus tem ordenado que seus servos preguem*. Desafio o mundo inteiro a encontrar no evangelho de Deus que uma pessoa não convertida deva ser instruída a permanecer na descrença. Onde, quando e por que deve ser o pecador orientado a esperar em Deus por meio do uso de ordenanças para que possa ser salvo? O evangelho da nossa salvação é este: *Crê no Senhor Jesus e serás salvo* (At 16.31). Quando deu a Grande Comissão a seus discípulos, nosso Senhor disse: *Ide por todo o mundo, e pregai o evangelho a toda criatura* (Mc 16.15). Que evangelho era esse? Diga-lhes para esperar na descrença, fazendo uso de meios e ordenanças até que vejam acontecer alguma coisa realmente esplêndida? Diga-lhes para serem diligentes em oração e lerem a Palavra de Deus até que se sintam melhor? Nada disso. Assim disse o Senhor: *Quem crer e for batizado será salvo; mas quem não crer será condenado* (Mc 16.16). É esse o evangelho, o único evangelho que Jesus Cristo comissiona aos seus ministros que preguem. Aqueles que dizem "Espere por sentimentos! Aguarde impressões! Espere ver maravilhas!" pregam outro evangelho, que na verdade não existe, mas que só serve para perturbar você. O Cristo erguido na cruz resume a obra salvadora do evangelho e na cruz de Jesus está a esperança dos homens. *Olhai para mim, e sereis salvos, vós, todos os confins da terra* (Is 45.22) — este é o evangelho de Deus. "Esperem no tanque" é o evangelho dos homens, que tem arruinado milhares de almas.

Esse evangelho não evangélico do esperar é, no entanto, e diferentemente do verdadeiro evangelho, *imensamente popular*. Não será surpresa que metade de vocês aqui presentes, aproximadamente, estejam satisfeitos com ele. Meus ouvintes, vocês não se recusam a encher os bancos do nosso lugar de adoração. Raramente deixam de entrar assim que as portas são abertas. Todavia, muitos são os que se sentam aí mostrando uma descrença patente, aguardando que as janelas dos céus se abram, ao mesmo tempo em que negligenciam o evangelho de sua salvação. O grande mandamento de Deus — "creia e viva" — não gera reação alguma em vocês, a não ser um ouvido surdo e um coração de pedra, enquanto vocês aquietam sua consciência com uma observância religiosa de caráter externo. Se Deus tivesse dito "sentem-se aí nesses bancos e esperem", eu seria ousado a ponto de pedir isso a vocês com lágrimas nos olhos. Mas Deus não disse isso. Ele disse: *Deixe o ímpio o seu caminho, e o homem maligno os seus pensamentos; volte-se ao Senhor, que se compadecerá dele* (Is 55.7). Ele não disse "espere", mas disse *Buscai ao Senhor enquanto se pode achar, invocai-o enquanto está perto* (Is 55.6). *Hoje, se ouvirdes a sua voz, não endureçais os vossos corações* (Hb 3.15). Não encontro no evangelho Jesus falando coisa alguma aos pecadores sobre esperar a vida toda a salvação, mas, sim, muito sobre ir a ele. *Vinde a mim, todos os que estais cansados e oprimidos, e eu vos aliviarei* (Mt 11.28). *Se alguém tem sede, venha a mim e beba* (Jo 7.37). *E o Espírito e a noiva dizem: Vem. E quem ouve, diga: Vem. E quem tem sede, venha; e quem quiser, receba de graça a água da vida* (Ap 22.17).

E por que o falso caminho é tão popular? Porque *alivia a consciência*. Quando o ministro prega com poder e o coração do ouvinte é tocado, o diabo diz: "Espere uma oportunidade mais adequada". Nosso arqui-inimigo derrama assim sua droga letal na alma, e o pecador, em vez de confiar em Jesus e imediatamente dobrar seus joelhos e clamar por misericórdia com os olhos cheios de lágrimas, simplesmente se gaba por estar fazendo uso dos meios da graça. O uso dos meios pode ser bom até determinado ponto, mas se torna o pior dos males se toma o lugar do Cristo crucificado. Uma criança deve ouvir as ordens dos pais, mas o que irá acontecer se a criança colocar o simples ouvir no lugar do obedecer? Deus me livre de eu me gloriar de que vocês apenas ouvem o evangelho, de que vocês sejam apenas ouvintes — minha glória está na cruz, e, se você se nega a olhar para a cruz, melhor seria até que nunca tivesse nascido.

Peço agora a atenção de todos que têm esperado, ao mencionar um ou dois pontos. Meu caro amigo, afinal de contas, essa espera não é *desesperada*? De todos os que esperavam em Betesda, quão poucos eram curados! Aquele que entrasse *primeiro* no tanque era o único curado; mas todo o resto saía do tanque exatamente da mesma maneira que havia entrado. Ah, meus ouvintes, eu tremo por alguns de vocês, vocês que frequentam as igrejas e têm esperado por tantos anos — quão poucos de vocês serão salvos! Milhares de vocês têm morrido em seus pecados, na esperança falsa de uma crença ímpia. Poucos, muito poucos, são como galhos tirados da fogueira, enquanto a grande maioria dos que esperam, empedernidos, simplesmente espera e espera, até que vem a morrer em seus pecados. Eu solenemente os advirto de que agradar a carne — que é sinônimo de esperar em descrença — não é coisa na qual o homem razoável deva perseverar por muito tempo. E não seria você mesmo, meu amigo, sua própria pessoa, um exemplo desse desespero? Você tem esperado e esperado por muito tempo. Você talvez nem consiga se lembrar da primeira vez que foi a um local de adoração. Sua mãe levava o dízimo à frente carregando você nos braços e você era alimentado à sombra do santuário, tal qual a andorinha que faz seu ninho debaixo do altar de Deus. Então, o que a sua espera descrente tem feito por você? Ela o terá transformado em um cristão? Não; você continua ainda sem Deus, sem Cristo, sem esperança na vida. Deixe-me só lhe perguntar uma coisa, em nome de Deus: você acha que terá alguma vantagem em esperar e que, se ficar aguardando por mais trinta anos, será totalmente diferente do que é agora? Não será maior a possibilidade de que aos sessenta anos você esteja tanto ou mais longe ainda da graça quanto aos trinta?

Permita-me dizer isso, e o digo sem nenhuma presunção: alguns de vocês têm ouvido o evangelho pregado de maneira das mais firmes. Tenho sido tão direto com vocês, meus caros ouvintes, quanto poderia ser. Nunca deixei de lhes declarar todo conselho de Deus nem de encarar uma situação individual e lidar com ela com toda a atenção. Sem revelar o nome de pessoas, raramente parei de atuar assim, *mas tenho me recomendado à consciência de todos os homens diante de Deus* (2Co 4.2). Lembre-se, por exemplo, das advertências que você deve ter recebido em minhas pregações no Exeter Hall — alguns de vocês ainda se lembram dos choques que receberam em Surrey Gardens; lembre-se dos apelos feitos naquele mesmo lugar. Mas, se tudo isso tivesse falhado, o que mais se poderia fazer, em vez de ouvir e esperar? Muitos de vocês têm ouvido outros pregadores, também ternos, igualmente determinados, talvez até mais. E se todos eles não tiveram efeito algum sobre você, se esperar no tanque nada tem feito por você, não terá sido um procedimento lastimável e desesperado? Não é hora de alguma coisa melhor ser tentada do que meramente esperar pelo tremor das águas? Não é hora de você se lembrar que Jesus Cristo está pronto para salvá-lo e que, se confiar nele agora, terá vida eterna hoje?

Voltemos a Betesda. Ali está nosso pobre amigo, ainda esperando à beira d'água. Eu não culpo *aquele homem* por esperar, pois Jesus não havia visitado o lugar antes, e o doente estava certo em querer aproveitar o que julgava ser até mesmo sua menor oportunidade de cura. Foi triste, isso sim, o fato de Jesus ter sido ignorado por todos. Ele foi, certamente, abrindo caminho entre os cegos, coxos, paralíticos, lançando um olhar benigno sobre eles, mas sem que nenhum deles olhasse para o Senhor. Em outros lugares, tão logo Jesus aparecia, as pessoas traziam os doentes em suas camas e catres e os colocavam aos seus pés, e ele, ao passar, curava todos, espalhando sua misericórdia com ambas as mãos. Havia uma cegueira generalizada naquelas pessoas no tanque. Ali estavam elas enfermas, ali se achava agora Cristo, que podia curá-las

Jesus em Betesda ou esperando ver para crer | 155

todas, mas nenhuma delas sequer o fitou interessada. Os olhos dos doentes estavam fixos tão somente na água, esperando obcecadamente que ela se movesse. Estavam tão concentrados em sua própria maneira de achar que seriam curados que o caminho verdadeiro da cura foi simplesmente negligenciado. Nenhuma misericórdia pôde então o Senhor distribuir antes daquele inválido, pois ninguém a estava buscando.

Ah, meus amigos, minha triste pergunta é: *será assim nesta manhã?* O Cristo vivo ainda está entre nós, mediante a energia do seu Espírito eterno. Você vai continuar olhando para suas próprias boas obras? Vai continuar confiando mais nas suas idas à igreja? Vai confiar nas emoções que espera sentir, em suas próprias impressões e arrepios de terror, deixando Cristo, que é o único capaz de salvar totalmente, sem nenhum olhar de fé para ele de sua parte, sem uma oração sequer de desejo de salvação brotando do fundo do seu coração? Se é para ser assim, amigo, parte-me o coração só de pensar nisso. Tendo o médico todo-poderoso em seu próprio lar, os homens, no entanto, morrem, enquanto se entretêm com um tremor sem qualquer esperança, de sua própria invenção. Ó pobres almas! Betesda será repetido aqui esta manhã, e Jesus Cristo, o Salvador, presente, será mais uma vez desprezado?

Se um rei desse a um de seus súditos um anel e dissesse: "Quando você estiver em dificuldade ou desgraça, simplesmente mande-me este anel, e eu farei por você tudo o que for necessário"; se esse súdito voluntariamente se recusasse a enviá-lo, mas comprasse presentes, ou fosse fazer com o anel algum negócio de valor, com o objetivo de ganhar o favor de seu monarca, o que você diria? "Mas que tolo ele é! Havia uma maneira tão simples de obter o favor prometido pelo rei, mas ele não soube ou não quis tirar proveito disso e desperdiça sua capacidade mental inventando novos esquemas, desprezando sua vida, seguindo planos que certamente vão levá-lo à decepção e à ruína." Não é isso o que acontece com todos aqueles que se recusam a confiar em Cristo? O Senhor lhes garante solenemente que, se confiarem nele, em Jesus, serão salvos. Mas eles correm atrás de 10 mil sonhos e deixam ir embora o seu Deus, o seu Salvador!

Enquanto isso, no tanque, um homem doente, tantas vezes decepcionado, *está cada vez mais desesperado*. Além disso, está ficando *velho*, pois 38 anos é um período considerável da vida de um homem. Ele sentia que iria morrer em breve. A linha tênue estava para se romper e, conforme os dias e as noites passavam monotonamente, esperar tornou-se bastante difícil para ele. Será esse também o seu caso, meu amigo? A vida está desgastando você? Cabelos brancos surgem aqui e ali em sua cabeça? Você deve ter esperado todo esse tempo em vão, e eu lhe digo que, infelizmente, você o esperou de maneira pecaminosa. Você viu outros sendo salvos: seu filho salvo, sua esposa convertida, mas você, não. Você continua esperando — e temo que vai esperar até ouvir o refrão *porque tu és pó e ao pó tornarás* (Gn 3.19), quando então a terra ressoar sobre a tampa do seu caixão e sua alma estiver indo não para o céu. Oro para que você não brinque mais com o tempo. Não diga que "há tempo suficiente"; o homem prudente sabe que o tempo que resta é curto. Não seja como o bêbado tolo que, voltando para casa cambaleante certa noite, viu uma vela, que, à falta de luz, fora deixada acesa para sua orientação. "Duas velas!", disse ele, na visão dupla que sua bebedice causava. "Vou apagar uma delas", e foi; e, apagando-a, ficou totalmente no escuro. Muitos têm uma visão dupla e falsa, devido à embriaguez causada pelo pecado — acham que a vida que têm podem vivê-la de maneira dissoluta e que, no final de sua vida, poderão então se voltar para Deus. Assim, como um bêbado tolo, vão e apagam a única vela que possuem, ficando prostrados na escuridão para sempre. Apresse-se, viajante! Você tem apenas um sol e, quando ele se puser, não conseguirá chegar como deve à sua casa. Deus o ajude a apressar-se agora!

II. Vamos olhar agora o próprio MÉDICO.

Como vimos, nosso Senhor, nessa ocasião, caminhou despercebido e desconsiderado por entre aquela multidão de pessoas inválidas e doentes, sem ao menos um cego que clamasse *Filho de Davi, tem compaixão de mim* (Mt 15.22), sem uma mulher que sequer procurasse tocar a orla de suas vestes para poder ser curada! Estavam todos ali, sem dúvida, a fim de serem restabelecidos, mas ninguém prestou a menor atenção a ele, ninguém se voltou para ele, tampouco o conheciam. Que visão lamentável e desanimadora essa, pois Jesus não só era capaz de curar, como estava disposto a fazê-lo, sem esperar recompensa. Mesmo assim, ninguém o olhou, ninguém o viu, ninguém o buscou.

Será que essa triste cena vai se repetir aqui, esta manhã? Jesus Cristo é capaz de salvá-lo, meu caro ouvinte! Não existe coração tão resistente que ele não possa quebrantar; não existe entre nós homem tão perdido que ele não possa salvar. Bendito seja o meu querido Salvador, pois força alguma jamais o derrotou. Seu grandioso poder vai muito além da mais profunda de todas as profundezas do pecado e da ignorância humana. Se houver uma prostituta aqui, Cristo pode purificá-la. Se existe um alcoólatra ou ladrão aqui, o sangue de Jesus pode torná-lo branco como a neve. Se você tem um desejo para colocar diante dele, saiba que não está além do alcance de sua mão traspassada. Se você não é salvo, certamente que não o é por falta de poder do Salvador. Sua pobreza também não é impedimento algum, pois meu mestre nada lhe pede — e quanto mais pobre o pecador, mais bem-vindo será a Cristo. Meu mestre não é um sacerdote cobiçoso, que exija recompensa pelo que faz — ele nos perdoa livremente; não deseja qualquer de seus méritos, o que quer que seja que venha de você. Venha a ele como está, pois ele está disposto a recebê-lo tal como você é.

Mas aqui está minha tristeza e minha reclamação: *nosso bendito Senhor Jesus, presente aqui para curar e salvar, não recebe a devida atenção da maioria das pessoas*. Busca-se outra maneira de ser salvo, e ninguém olha para ele. *Jesus, no entanto, não está irado*. Na narrativa bíblica que lemos, não encontro a menor menção de que haja censurado qualquer daquelas pessoas que jaziam nos alpendres ou tenha tido um pensamento de reprovação para com elas. Estou certo de que, isso sim, teve compaixão daqueles doentes e disse em seu coração: "Pobres almas! Não sabem quanto a misericórdia está tão perto!" Meu mestre não está irado com você, que se esqueceu dele e o negligenciou; pelo contrário, tem profunda piedade de você. Sou apenas seu pobre servo; mas, do fundo do meu coração, me compadeço também daqueles dentre vocês que vivem até hoje sem Cristo. Eu poderia até chorar com sinceridade por você, que está procurando outros meios de salvação, pois sei que, no final, serão todos uma tremenda decepção para você e, se neles prosseguir, neles encontrará sua ruína eterna.

Observe cuidadosamente o que o Salvador fez. Olhando em volta de toda aquela multidão, *fez uma escolha*. Tinha direito de fazer a escolha que quisesse e exerceu essa prerrogativa soberana. O Senhor não está propriamente obrigado a conceder sua misericórdia a todos, nem mesmo a uma pessoa sequer; ele, todavia, a proclama livremente a todos. Se você, no entanto, não a desejar ou a rejeitar, terá ele o duplo direito de abençoar seus escolhidos e fazê-los desejar o dia do seu poder. Não sabemos por que o Salvador escolheu aquele homem em meio à grande multidão, mas certamente o fez por uma razão baseada na graça. Se nos aventurarmos a dar um motivo para sua escolha, podemos conjecturar que aquele homem foi escolhido porque provavelmente era o pior caso e o que estava esperando há mais tempo. Sua situação era certamente do conhecimento de todos. Comentavam: "Esse homem já está aqui faz 38 anos". Nosso Senhor age de acordo com seus próprios propósitos eternos, fazendo o que lhe agrada àqueles que escolhe livremente, por motivos exclusivos, e que são seus. Fixou seu olhar de amor eletivo sobre aquele homem e foi a ele. Conhecia toda a sua história; sabia que ele já estava há muito tempo naquela situação e, portanto, teve muita compaixão do inválido. Pensou Jesus em todos os meses e todos os anos terríveis de desapontamento doloroso que aquele homem deficiente já havia sofrido, e as lágrimas encheram os olhos do mestre. Olhou e olhou mais uma vez para aquele homem, e todo seu ser voltou-se para aquele incapaz. Não sei a quem Cristo deseja salvar aqui esta manhã, mediante sua graça eficaz. Cabe-me apenas fazer um apelo geral, e isso é tudo o que posso fazer; mas não sei a quem o Senhor fará seu chamado particular, único capaz de fazer que sua palavra venha a salvar. Não me vou preocupar em chamar alguns de vocês que hajam esperado por muito tempo, mas bendirei o nome do Senhor se ele assim agir. Por outro lado, não devemos nos maravilhar se o amor eletivo de Deus vier a cair sobre o principal dos pecadores hoje; se Jesus olhar para algum de vocês que nunca olharam para ele, até o olhar dele levar *você* a olhar para o *seu* Senhor e a compaixão dele o levar a ter piedade de si mesmo e a graça irresistível dele fazê-lo vir até ele para ser salvo.

Jesus realiza um ato de graça soberana e peculiar. Oro para que você não despreze esse ensino. Se o fizer, não posso fazer mais nada, pois ele é verdadeiro. Tenho pregado o evangelho a todos vocês tão

JESUS EM BETESDA OU ESPERANDO VER PARA CRER | 157

livremente quanto qualquer homem possa fazê-lo; e, se você o rejeitar, certamente não poderá reclamar a Deus por ele conceder a outros aquilo que você não mostra desejar ou parece não se importar em receber. Se você realmente quer a misericórdia de Jesus, ele não irá negá-la; se você o buscar, há de encontrá-lo; mas, se você não buscar sua misericórdia, não reclame do Senhor se ele a conceder a outros e não a você.

Tendo olhado para aquele homem com um olhar de especial consideração, Jesus indaga, amorosamente: *Queres ficar são?* (Jo 5.6). Compreenda que isso não foi dito porque Cristo precisava de informação, mas, sim, porque *desejava despertar a atenção do homem para a cura*. Pelo fato de ser sábado, o homem não estava certamente nem pensando em cura naquele dia; pois, para um judeu, parecia ser muito improvável que qualquer cura fosse realizada em um sábado. Portanto, Jesus levou os pensamentos daquele homem diretamente ao assunto mais importante para ele. Perceba que a obra da graça é uma obra realizada sobre uma mente consciente, não sobre matéria inconsciente. Embora os seguidores de Pusey[1*] julguem que podem salvar as crianças, que não têm a menor consciência disso, aspergindo água na cabeça delas, Jesus nunca realizou tal ato: ele salva homens que fazem uso de seu juízo — sua salvação é uma obra realizada sobre um intelecto estimulado e sobre sentimentos despertos. Jesus colocou em ordem, então, a mente divagante do homem em Betesda, com a seguinte questão: *Queres ficar são?* "Claro que sim", poderia ter dito o homem; ou: "Sim, eu desejo isso acima de todas as coisas; anseio por isso; meu coração pulsa por isso", poderia ele ter dito.

Meu caro ouvinte, faço-lhe a mesma pergunta: "Você quer ficar são? Deseja ser salvo? Você sabe o que é ser salvo?" "Sim", diz você, "é escapar do inferno". Não, não, não; esse é o resultado de ser salvo, mas ser salvo é uma coisa diferente. Quer ser salvo do poder do pecado? Deseja ser salvo de ser invejoso, de ter uma mente mundana, ter um mau temperamento, de ser injusto, ímpio, dominador, bêbado ou profano? Está disposto a abdicar do pecado que lhe é mais querido? "Não", diz uma pessoa, "honestamente, eu não posso dizer que desejo tudo isso". Então você não é o homem a quem estou procurando nesta manhã. Contudo, deve existir alguém que dirá: "Sim, eu desejo me livrar do pecado, de cima a baixo. Neste dia, pela graça de Deus, quero me tornar cristão, quero ser salvo do pecado". Então, se você se acha disposto e em estado de plena atenção, vamos dar o próximo passo, observando o que o Salvador fez. *Ele deu uma ordem de comando*, dizendo: *Levanta-te, toma o teu leito e anda* (Jo 5.8). O poder por meio do qual o homem levantou não estava nele mesmo, mas em Jesus. Não foi o simples som da palavra do Senhor que o fez levantar, mas, sim, o poder divino que veio juntamente com ela. Creio realmente que Jesus ainda fala por meio de seus ministros. Confio que ele fala por meio *de mim* neste exato momento, quando, em seu nome, digo a você que tem esperado no alpendre do tanque: não espere mais, mas, sim, neste exato instante, creia em Jesus Cristo! Confie nele agora! Sei que minha simples palavra não o fará agir dessa maneira; mas, se o Espírito Santo trabalhar por meio da minha palavra, você vai crer. Confie em Cristo agora, pobre pecador. Creia que ele é capaz de salvá-lo. Creia agora! Confie que ele é capaz de salvar você neste instante e repouse nele já! Se você for capaz de crer, o poder virá dele, não de você. Sua salvação será efetivada não pelo som da palavra, mas pelo poder do Espírito Santo, que vem junto com a palavra.

Oro para que você perceba que, embora o texto nada diga sobre fé, *aquele homem deve ter tido fé*. Suponha que você não tivesse podido mexer uma mão ou um pé por 38 anos e alguém ao seu lado dissesse: *Levante-se!* Você provavelmente nem iria sequer pensar em tentar se erguer, pois saberia que isso seria impossível. Você deveria ter fé total na pessoa que pronunciasse tal ordem; caso contrário, não iria fazer nem uma tentativa. Acho que consigo ver aquele pobre homem — ali está ele, um monturo, um fardo, trêmulo, de nervos torturados e músculos sem força. Contudo, Jesus ordena *Levanta-te!* (Jo 5.12), e ele se levanta imediatamente. *Toma o teu leito* (Jo 5.12), diz o mestre, e ele o pega e carrega. Ali estava presente toda a fé do homem. Ele era um judeu; sabia que, de acordo com a doutrina dos fariseus, seria terrível para

---

[1] * [NT] Referência a Edward Bouverie Pusey, teólogo inglês que, juntamente com John Henry Newman e John Keble, fundaram o Movimento Oxford (1800-1882). Esse movimento, iniciado na Universidade de Oxford, procurou aproximar mais a Igreja Anglicana da Igreja Católica Romana.

ele enrolar sua padiola e carregá-la pela rua no sábado. Mas foi Jesus, o Senhor, quem falou — então, ele não fez nenhuma pergunta sobre o que lhe fora dito para fazer porque cria naquele que assim lhe havia falado. E *você*? Tem uma fé assim em Jesus, pobre pecador? Você crê que Cristo pode realmente salvá-lo? Se crê, então eu lhe digo, em seu santo nome: confie nele! Confie nele agora! Se você confiar em Jesus, será salvo, nesta manhã — salvo imediatamente e salvo para sempre.

Observem ainda, queridos amigos, que *a cura que Cristo realizou foi perfeita*. O homem pôde carregar seu leito, sua restauração foi uma demonstração de cura, ela foi manifesta, todos puderam vê-la. Além disso, foi *imediata*. O doente não recebeu de Jesus, por exemplo, a ordem de Isaías ao rei de fazer uma pasta de figos, colocá-la sobre a ferida e esperar. Não foi carregado para casa por seus amigos, nem ficou deitado por um mês ou dois, recebendo gradativamente de volta sua energia vital. Não! Foi curado de imediato, naquele mesmo instante e naquele mesmo lugar. Grande parte dos cristãos professos imagina que a regeneração não pode acontecer em um único momento e dizem aos pobres pecadores: "Vá, fique no poço de Betesda; espere, faça uso das ordenanças; humilhe-se mais, busque um arrependimento mais profundo. Amado, rejeite esses ensinamentos! A cruz! A cruz! A cruz! Ali está a esperança do pecador! Você não pode nem deve confiar naquilo que pode fazer, nem naquilo que os anjos podem fazer, nem em visões e sonhos, nem em sentimentos e emoções estranhas, nem em delírios terríveis — mas, sim, você deve descansar no sangue do meu mestre e meu Deus, derramado de uma vez por todas pelos pecadores. Há vida em olhar para Aquele que foi crucificado, e não há vida em nenhum outro lugar nem condição. Chego, então, ao mesmo ponto do primeiro tópico. Assim diz o Senhor: *Olhai para mim, e sereis salvos, vós, todos os confins da terra* (Is 45.22).

III. Em terceiro lugar, precisamos APLICAR O EXEMPLO DO TEXTO AO TEMPO PRESENTE.

Espero irmãos, que seu coração esteja se elevando em oração, esta manhã. Que cenário se coloca diante de nós! Se alguém nos dissesse antes que esta multidão aqui haveria um dia de se reunir para ouvir o evangelho, não haveria, certamente, centenas de pessoas que poderiam duvidar? Perceba o seguinte: não temos nenhum enredo de romance para atrair a multidão; nada de uma bonita cerimônia; não há nem mesmo o soar do órgão! Declinei de suas notas atraentes, para que não ficássemos dependentes, nem mesmo que fosse no menor grau, de coisa alguma que não fosse a pregação do evangelho. A pregação da cruz é suficiente para atrair as pessoas e suficiente para salvá-las; e, se fizéssemos uso de qualquer coisa a mais, nos arriscaríamos a dispersar nosso poder e a cortar as tranças que nos fazem fortes.

Nesta manhã, a aplicação do texto é simplesmente esta: *por que não obtermos neste lugar curas instantâneas de almas doentes?* Por que não haver dezenas, centenas, milhares de pessoas que, nesta manhã, ouçam a palavra da graça: *Levanta-te, toma o teu leito e anda?* (Jo 5.12). Creio que isso é possível. Espero que isso aconteça. Deixe-me caminhar junto com você, que tem dúvidas quanto a esse assunto. Se você ainda acha que deve esperar, na verdade já ouviu o suficiente sobre esperar e está ficando até tolerantemente cansado, mas ainda está ligado ao plano antigo. Por mais sem esperança que esse plano seja, você ainda se apega a ele como o homem que esteja se afogando se apega até a um graveto que flutue. Mas quero lhe mostrar como tudo isso está errado. A regeneração é uma obra instantânea, e a justificação, um dom imediato. *O homem caiu, no Éden, em um momento.* Depois de Eva ter colhido o fruto e de Adão havê-lo também provado, não foram necessários alguns dias ou meses para que entrassem em estado de condenação. Não se passaram vários anos de pecado contínuo para serem expulsos do paraíso. Seus olhos foram abertos por meio do fruto. Viram que estavam nus e se esconderam de Deus. Cristo não demora em sua obra mais do que o diabo na dele. Seria o diabo capaz de nos destruir em um momento e Jesus ser incapaz de nos salvar em um só momento? Glória seja dada a Deus, pois o seu poder para nos livrar é muito mais amplo do que o poder que Satanás usa para nos destruir.

Veja as *ilustrações bíblicas* sobre o que é a salvação. Vou mencionar apenas três. Noé construiu uma arca; foi um tipo da salvação. Mas quando foi Noé salvo? Cristo construiu a arca para nós; não precisamos construí-la. Mas quando Noé foi salvo? Talvez alguém diga: "Ele se sentiu seguro depois de estar dentro da arca por um mês, haver arranjado todas as coisas, ter enfrentado o dilúvio e sentido o seu perigo". Não!

JESUS EM BETESDA OU ESPERANDO VER PARA CRER | 159

No momento em que Noé passou pela porta e o Senhor a fechou, Noé estava salvo! Apenas um segundo depois de estar dentro da arca, Noé já estava em segurança, do mesmo modo que ficou por todo um mês. Considere o exemplo da Páscoa judaica. Quando os hebreus ficaram seguros a respeito do anjo da morte que passou pela terra do Egito? Uma semana ou duas depois de o sangue ter sido aspergido na porta? Não, amados. No momento em que o sangue foi aspergido, toda casa judaica estava segura. Assim também, no momento em que um pecador crê e confia no Filho de Deus crucificado, ele é imediatamente perdoado de uma vez e recebe a salvação plenamente pelo sangue de Cristo. Um exemplo mais: a serpente de bronze. Quando a serpente de bronze foi erguida, o que deveriam fazer os que haviam sido feridos? Acaso receberam orientação para esperar até que a serpente de bronze fosse jogada em suas faces ou então que o veneno da serpente mostrasse certos sintomas em sua carne? Não; receberam ordem de olhar para ela. Eles então olharam. Foram curados depois de seis meses? Não é isso o que se lê, mas, sim, que, tão logo seus olhos fitaram a serpente de bronze, sua cura foi imediatamente operada. Tão logo seus olhos vejam Cristo, ó alma trêmula, você será salva. Embora até hoje você estivesse envolvido com a bebida e com seu olhar voltado para o pecado, se nesta manhã olhar para o meu mestre, que um dia foi por você sacrificado, mas que hoje vive e é exaltado, você encontrará a vida eterna.

Veja mais *exemplos bíblicos*. O ladrão que estava à morte na cruz teve de esperar junto do tanque da esperança e nas ordenanças sua salvação? Você sabe quão rapidamente sua oração de fé foi ouvida, tanto assim que Jesus simplesmente lhe disse: *Em verdade te digo que hoje estarás comigo no paraíso* (Lc 23.43). Os três mil homens no Pentecostes, por sua vez, tiveram de esperar por alguma coisa grandiosa? Não; eles simplesmente creram e foram batizados. Olhe o carcereiro de Filipos. São altas horas da noite, a prisão é abalada e o carcereiro fica alarmado, dizendo: *Senhores, que me é necessário fazer para me salvar?* (Lc 23.43). Por acaso Paulo disse: "Bem, você deve usar os meios da graça e procurar uma bênção nas ordenanças"? Não! Ele disse apenas: *Crê no Senhor Jesus e serás salvo, tu e tua casa* (At 16.31) — e naquela mesma noite o homem foi batizado. Paulo não esperou tempo algum naquilo que alguns acham grandemente necessário. Ele creu — como eu creio — que há vida em olhar para Jesus. Ele ordenou que os homens olhassem e, ao olhar, eles viveram.

Possivelmente você verá isso ainda mais claramente se eu lembrá-lo de que *a obra da salvação é completa*. Nada há que o pecador precise ou deva fazer para ser salvo, pois tudo já está feito em seu favor. Você quer ser lavado? Não precisa preparar o banho. Há uma fonte de onde jorra o sangue purificador. Quer se vestir? Não precisa mandar fazer as roupas; já estão prontas. As vestes da justiça de Cristo são tecidas de cima a baixo e somente é necessário que você as coloque. Se existisse alguma coisa que você precisasse fazer, seria um processo longo —, mas tudo o que precisava ser feito já foi realizado por Cristo. A salvação não é pelas obras; é pela graça. E aceitar aquilo que Cristo apresenta a você não é uma obra dependente de tempo. A *regeneração em si não é obra de longo tempo*, e mesmo onde possa parecer ser gradativa, quando observada mais detalhadamente, revela ser, em sua essência, obra de um momento. Se um homem morto é ressuscitado, deve haver determinado instante até o qual estava morto e no qual passa a estar vivo. O verdadeiro despertamento deve ser a obra de um único momento. A vida no início pode ser bem frágil, mas existe um momento no qual ela tem início. É preciso haver uma linha — nem sempre conseguimos enxergá-la, mas Deus é capaz de vê-la — entre a vida e a morte. Um homem não pode estar em algum lugar entre vivo e morto: ou está vivo ou está morto. Do mesmo modo, ou você está morto em seus pecados ou vivo para Deus. O despertamento não envolve, portanto, um longo período de tempo.

Finalmente, meus ouvintes, *Deus não precisa de um século e nem mesmo de um ano para dizer "eu perdoo"*. O juiz pronuncia a sentença e o criminoso é logo absolvido. Se Deus lhe disser nesta manhã "Eu o absolvo", então você foi absolvido e deve ir em paz. Dou testemunho do meu próprio caso. Nunca encontrei misericórdia pelo fato de simplesmente esperar. Nunca alcancei uma centelha de esperança sequer se dependesse de ordenanças. Encontrei a salvação por crer. Ouvi um ministro do evangelho simplesmente dizer: "Olhe e viva! Olhe para Jesus! Ele derramou seu sangue no jardim, ele morreu num madeiro! Confie nele! Confie naquilo que ele sofreu em seu lugar e, se confiar nele, você será salvo". O

Senhor sabe que eu *já ouvira* aquele evangelho muitas vezes antes, mas nunca havia obedecido. Ele veio, porém, com poder sobre a minha alma; eu olhei e, no momento em que olhei para Cristo, meu fardo foi aliviado. Alguém pode perguntar: "Mas como você sabe que isso aconteceu?" Você já carregou um fardo? "Ah, sim", diz você. Soube quando ele foi retirado? Como o soube? Você me responderá: "Oh, eu me senti diferente. Sabia que o fardo estava sobre mim, de modo que soube quando ele foi retirado". O mesmo exatamente aconteceu comigo. Gostaria só que alguns de vocês sentissem o fardo do pecado como eu senti, enquanto esperava junto ao tanque Betesda. Fico até perplexo quando penso que essa espera não me fez ir para o inferno. Contudo, assim que ouvi a palavra "olhe" e olhei, meu fardo se foi. Fiquei pensando para onde ele teria ido. Nunca mais o vi, desde então, e nunca mais o verei outra vez. Foi para um sepulcro reservado pelo mestre e ali sepultado para sempre. Diz Deus: *Apaguei as tuas transgressões como a névoa, e os teus pecados como a nuvem* (Is 44.22).

Ó venham, necessitados, venham para o meu mestre! Sim, vocês, que estão saturados e decepcionados com rituais e cerimônias, sentimentos e impressões e todas as falsas esperanças da carne, venham, ante a ordem do meu mestre, e olhem para ele! Ele não está aqui na carne, pois ressuscitou e ascendeu aos céus, mas para interceder pelos pecadores. Ele *pode também salvar perfeitamente os que por ele se chegam a Deus, porquanto vive sempre para interceder por eles* (Hb 7.25). Ah, se eu pudesse aprender como pregar o evangelho de modo que você pudesse realmente senti-lo, iria para qualquer escola que me ensinasse a fazer isso! O Senhor sabe que eu consentiria até em perder estes meus olhos para obter maior poder no ministério. Quem dera pudesse perder braços, pernas e todos os meus membros. Estaria disposto até a morrer se pudesse ser honrado pelo Espírito Santo em ganhar esta multidão de almas para Deus. Eu lhes imploro meus irmãos, vocês que têm o poder da oração, orem para que o Senhor traga pecadores a Cristo.

Deixe-me falar solenemente a você, que ouviu a palavra hoje. Eu lhe apresentei o plano da salvação de maneira clara; se você não o aceitar, estou limpo do seu sangue; limpo as minhas vestes do sangue de sua alma. Se você não vier ao meu Senhor e mestre, dou testemunho contra você no dia do julgamento. Eu lhe mostrei o caminho — e não posso fazê-lo de maneira mais simples — e somente imploro que você o siga! Rogo-lhe que você olhe para Jesus! Contudo, se você se recusar a fazê-lo, em qualquer instância, quando você ressuscitar dos mortos e se colocar diante do grande trono branco, faça-me a justiça de dizer que eu realmente persuadi você a que escapasse, que eu o adverti a fugir da ira futura.

O Senhor salve cada um de vocês, e a ele seja dado o louvor para sempre. Amém.

17

IMPOTÊNCIA E ONIPOTÊNCIA

Achava-se ali um homem que, havia trinta e oito anos, estava enfermo. Jesus, vendo-o deitado e sabendo que estava assim havia muito tempo, perguntou-lhe: Queres ficar são? Respondeu-lhe o enfermo: Senhor, não tenho ninguém que, ao ser agitada a água, me ponha no tanque; assim, enquanto eu vou, desce outro antes de mim. Disse-lhe Jesus: Levanta-te, toma o teu leito e anda. Imediatamente o homem ficou são; e, tomando o seu leito, começou a andar (Jo 5.5-9).

Juntamente com muitos outros, esse homem estava ali, ao redor do tanque, na esperança de que a água fosse agitada por um anjo e ele pudesse então entrar na água primeiro que todos os outros, que nela se atiravam, para que fosse curado. Esperava ali já por muito tempo, e em vão. Mas por que esperava? Porque Jesus não estava ali. Onde Jesus não está você tem de esperar. Se só existem um tanque e um anjo, tem de esperar. Pode até uma única pessoa receber a rara bênção da cura de cada vez, mas as demais pessoas, muitas outras, não receberão bênção alguma. Quando Jesus chegou, no entanto, cessou essa espera. Jesus caminhou por entre a multidão de pessoas doentes e olhou para esse homem; perguntou se queria ficar curado, ordenou-lhe que se levantasse, tomasse seu leito e saísse logo dali, andando; e ele ficou curado imediatamente.

Eu até parabenizo esse homem por esperar. Admiro sua paciência e perseverança. Mas lhe peço, por favor, que você não siga o seu exemplo. Ele esperou porque Jesus não estava ali. Você, não; não pode nem deve esperar, pois Jesus está aqui. Havia uma necessidade e justificativa de ele esperar. Pois só havia um tanque, um anjo e nada mais. Onde Cristo se encontra, não há necessidade alguma de espera. Qualquer pessoa que olhar para Cristo esta noite será salva esta noite mesmo — ainda que olhe para ele aqui ou no fim do mundo. Você pode olhar para ele agora, e eu o conclamo que o faça. *Eis aqui agora o tempo aceitável, eis aqui agora o dia da salvação* (2Co 6.2). *Não endureçais os vossos corações, como na provocação* (Hb 3.8). Nestes bancos ou nos corredores os mais distantes, se você, pela fé, voltar seus olhos para Jesus, o Senhor, que vive no trono do altíssimo, há de alcançar cura imediatamente. Esperar é algo que tem que ver com o tanque de Betesda. Todavia, esperar no tanque das ordenanças, como já ouvi alguns dizerem, não é, de modo algum, uma atitude coerente com as Escrituras. Nunca li nada na Palavra sobre a necessidade de se esperar ali, mas leio sempre: *Crê no Senhor Jesus e serás salvo* (At 16.31).

Contudo, como ajuda aos muitos que certamente já esperaram até se fatigar, que perseveraram no uso dos meios da graça até ficarem desapontados e desanimados, vamos analisar esse caso do homem inválido de Betesda.

I. Observamos, em primeiro lugar, que O SALVADOR CONHECIA A SITUAÇÃO.

Menciono isso com o objetivo de dizer que *o Salvador conhece a sua situação*. Jesus *viu o homem deitado ali*. Havia uma grande quantidade de pessoas sobre as quais o Salvador poderia lançar seu olhar, mas ele fixou o olhar especificamente sobre este homem, preso ao leito, inválido, por 38 anos. E Jesus já sabia tudo sobre ele. Ele também vê você deitado, hoje, agora, onde você está, esta noite, incapaz, sem esperança, sem fé, sem luz. Ele o vê — e quero que você sinta que isso é verdade. Chama você do meio desta multidão, onde quer que você esteja sentado, e seus olhos o estão sondando da cabeça aos pés. Mais do que isso, ele olha tanto mais para o interior quanto para o exterior e lê tudo o que se acha em seu coração. No caso do homem no tanque, *Jesus sabia que ele estava naquela situação havia muito tempo*. Ele sabe também dos anos durante os quais você tem esperado. Você se lembra de ser levado para a casa de Deus por sua mãe? Lembra-se, quando menino, de ter ouvido sermões que pareciam assustá-lo? Você ia para casa, para o quarto, ajoelhava-se e pedia a Deus que tivesse misericórdia de você. Mas, ao que parece, você se esqueceu dessas imagens. Elas se foram, como o nevoeiro da manhã que se dispersa tão logo o sol desponta. Você se tornou adulto, esqueceu-se das coisas divinas, livrou-se de todas as suas lembranças da infância. Ainda assim, você já esteve aqui para ouvir a Palavra sendo pregada e, de certo modo, na esperança de obter uma bênção. Você, de fato, ouviu a Palavra; mas sua fé talvez não casasse bem com aquilo que ouviu e, assim sendo, perdeu a bênção. Mesmo assim, ainda guarda o desejo de que ela possa vir a ser derramada sobre você. Você jamais desprezou as pessoas ditas espirituais, ou as coisas de Cristo. Não tem como afastá-las de você, ou, pelo menos, acha que não poderia. Na verdade, você sempre teve o desejo interior de ser contado no povo de Deus.

O Senhor Jesus sabe de tudo isso, assim como sabe dos muitos anos que você tem esperado como ouvinte; mas tão somente como *ouvinte da Palavra, e não cumpridor* (Tg 1.11) . Impressionado por vezes, mas continuando a cometer violência contra os seus melhores sentimentos e voltado para uma vida negligente. O Senhor sabe, de fato, tudo sobre você. Não sou eu quem irá escolher e chamar você, do meio dessa congregação; mas, lembre-se: enquanto eu estiver pregando, esta noite, milagres hão de ser provavelmente realizados e processos que mudarão o próprio caráter dos homens aqui presentes estarão acontecendo nesta casa; pois Cristo está sendo pregado, seu evangelho está sendo proclamado e oramos com fervor para que isso não seja feito em vão. Deus vai abençoar este esforço. Vai abençoar pessoas aqui, esta noite. Quem será ou quantos serão não posso imaginar; mas haverá de abençoar sua própria Palavra — e por que não você? Ele o vê como você está, onde está e o que é.

Nosso Senhor sabia tudo sobre as decepções do pobre homem. Quantas vezes em que ele se esforçou para ser o primeiro a entrar na água e achou que seria capaz de dar o feliz mergulho, outro enfermo o ultrapassou, e suas esperanças se dissiparam! Outro doente saía da água curado, e ele, com um suspiro profundo, caía de volta em seu leito, sentindo que se passaria certamente longo tempo antes que o anjo mexesse nas águas outra vez — mas que, mesmo assim, poderia voltar a ficar desapontado, mais uma vez. Lembrava-se então das muitas e muitas vezes em que havia perdido quase toda a esperança; e lá ainda estava ele, quase em desespero. Pareço agora ouvir alguém murmurar esta noite, dizendo: "Meu irmão encontrou o Senhor; meu amigo, que veio comigo aqui, também encontrou o Senhor; pude ver minha mãe morrer com a esperança firme e certa da glória; há conhecidos meus que se achegaram a Cristo; mas eu ainda estou vivendo sem ele. Quando havia cultos especiais, esperava poder ser abençoado de maneira especial. Comparecia às reuniões de oração; lia minha Bíblia em segredo. Por vezes, tive uma esperança — era apenas uma pequena esperança, mas era uma esperança — e pensava 'pode ser que, um dia desses, eu seja curado'". Sim, caro amigo, meu Senhor sabe tudo sobre isso a seu respeito; ele se solidariza com toda a tristeza que você sente esta noite; ouve aqueles seus desejos não externados; conhece seu desejo de ser curado.

II. Em segundo lugar, o SALVADOR REAVIVOU O DESEJO DE CURA DAQUELE HOMEM. Jesus lhe perguntou: *Queres ficar são?* (Jo 5.6). E lá estava ele. Não vou me deter, no entanto, na questão de como seria ficar deitado junto ao tanque; mas simplesmente fazer a aplicação dessa situação para você, que aqui se encontra em condição similar.

Cuidado para não se esquecer do motivo de você estar aqui. Fique atento para não vir à igreja de Deus sem saber por que está vindo. Eu já disse que certamente, anos atrás, você ia a lugares de adoração na esperança de encontrar a salvação. Bem, você continua vindo, mas não a encontrou. E a está procurando agora? Não terá caído no hábito de sentar e ouvir os sermões, orar e assim por diante, sem sentir ter vindo em busca de algo especial para si mesmo? Você vai e vem, simplesmente frequentando um lugar de adoração, e isso é tudo. O Salvador não deixaria o homem inválido deitado ali, conformado, só porque ele estava ao lado do tanque. Não. Ele como que indagou: "Por que você está aqui? Não tem algum desejo? Não quer ser curado?" Meu caro ouvinte gostaria que você fosse capaz de dizer "sim" a essa última pergunta. Você veio aqui esta noite para que o seu pecado seja perdoado, para que sua alma possa ser renovada pela

Impotência e onipotência

graça divina, para que você possa encontrar-se com Jesus Cristo? Se é isso, quero que você se concentre neste ponto; que não venha simplesmente aqui, que não venha, venha e venha como se fosse uma porta presa numa dobradiça que abre e fecha repetidas vezes e que não muda para melhor por causa disso. Não se contente com meros hábitos religiosos! São apenas hábitos ritualísticos e nada mais. Você vai e vem e se conforma e fica satisfeito? Que não seja assim. Cristo desperta hoje seu desejo de cura ao lhe indagar também: *Queres ficar são?* (Jo 5.6).

Não adote a indiferença desesperadora. Lembro-me de dois irmãos e uma irmã que me ouviram pregar durante bastante tempo e que estavam em grande angústia em sua alma. Ao mesmo tempo, achavam que não poderiam crer em Cristo e que deveriam esperar, nem sei mais pelo quê. Esperaram até ficarem mais velhos. Nunca conheci pessoas de melhor moral ou melhores ouvintes, dado o interesse com que ouviam as mensagens. Mas parecia que jamais iam adiante. Finalmente, chegaram ao seguinte estado: pareciam sentir que, se era para ser, então seria e, se não era para ser, então não seria. Achavam que tudo que poderiam fazer era simplesmente sentar e ficar quietos, parados e pacientes. Pacientes afligidos pelo medo de se perderem para sempre? Não é de esperar que um homem condenado à morte fique na cela feliz ou tranquilo ao ouvir que sua forca está sendo montada! Deve, naturalmente, ficar inquieto, impaciente. Fiz o melhor que pude para deixar aqueles amigos preocupados com a sua salvação, mas devo confessar que acho que meus esforços devem ter gerado resultados muito pequenos. O Salvador disse e deu a entender ao homem de Betesda: "Quer ficar são? Pois me parece que você está numa condição tal de indiferença que não se importa se vai ser curado ou não". Não há pior condição para nos mantermos do que esta; é muito difícil lidar com ela. Deus permita que você não tenha essa indiferença obstinada, na qual a pessoa se deixa ficar à deriva, rumo à destruição, à mercê de algum destino desconhecido!

Oro para que você se lembre de que *é você quem decide.* O que Cristo disse àquele homem e o que ele subentendeu foi: *Quer ficar são?* (Jo 5.6). Você não pode se curar por si mesmo, mas pode desejar e querer ser curado".O Espírito Santo de Deus permite a muitos de vocês que possam desejar e ajam de acordo com aquilo que vocês mesmos pensam. Você nunca será salvo contra sua vontade; Deus não arrasta ninguém ao céu pela orelha. É preciso haver em você uma mente disposta, que consinta com a obra de sua graça soberana. Se ela existe em você , quero que a exerça esta noite, do mesmo modo que Cristo desejou que aquele homem a exercesse, ao dizer. *Quer ficar são?* (Jo 5.6), como quem diz: "Você tem algum desejo disso, qualquer anseio, quer suplicar pela sua cura?" Quero atiçar esse fogo e fazer que ele pegue. Se houver apenas uma fagulha de desejo, quero soprar sobre ela e orar para que, sobretudo, o Espírito Santo a sopre, transformando-a em uma grande chama. Paulo disse: *O querer o bem está em mim, mas o efetuá-lo não está* (Rm 7.18). Creio que alguns aqui têm um real desejo de serem salvos. Agradeçamos a Deus por isso!

Queres ficar são? Creio também que o Salvador faz por determinado motivo esta pergunta, que transformarei numa exortação. *Afaste-se de todas as indicações estranhas de como você deve ser salvo.* A pergunta não foi "Queres ser colocado no tanque?", mas, sim, *Queres ficar são?*. A pergunta não foi "Você quer tomar tal e tal remédio?" "Você quer que eu lhe faça isso ou aquilo?" mas sim, *Você quer ficar são?*. Você está disposto a ser salvo da maneira que Deus, que Cristo quer? Alguém poderá dizer: "Bem, eu quero primeiro ter um sonho". Alma querida, não deseje qualquer tipo de sonho, pois eles são apenas sonhos. Outra pessoa poderá optar: "Quero antes ter uma visão". Meu caro amigo, não há nada no plano de salvação quanto a ter visões. "Quero ouvir uma voz", dirá outro. Bem, então ouça a minha voz e oro para que o Espírito Santo faça você ouvir a voz de sua Palavra por meu intermédio. "Mas eu quero" — oh, sim, você quer; mas você não sabe bem o que quer, tal qual uma criança mimada, que tem suas preferências passageiras, suas modas, seus caprichos e desejos. Quem dera todos estivessem dispostos a ser salvos pelo simples plano de crer e viver! Se essa é a maneira de Deus, quem somos nós para criarmos uma nova maneira de funcionamento da sua própria salvação? Quando mostrei o caminho da salvação a uma amiga minha, tempos atrás, ela disse: "Oh, ore por mim!" "Não", respondi. "Não vou orar por você, não." "Como pode me dizer uma coisa dessa?", espantou-se ela, indignada. Respondi: "Coloquei diante de você o Cristo crucificado e roguei para que você cresse nele. Se você não crer nele, estará perdida. Sendo assim, não devo orar a Deus para que crie qualquer novo caminho de salvação para você. Se não crer em Cristo, você bem 'merece' estar perdida." Ela, então, me disse: "Oh, sim, agora entendo! Eu realmente olho para Cristo e confio nele". Respondi: "Agora, sim, vou orar por você; agora podemos orar juntos e até cantar juntos um hino, se for necessário".

Não tente caro amigo, estabelecer a sua própria ideia sobre como você deve ser convertido. Você não consegue encontrar duas pessoas que tenham se convertido da mesma forma. Deus não faz convertidos como os homens produzem objetos, ou seja, como uma grande quantidade de coisas iguais. Não. Em cada caso, existe um homem vivente criado, e todo homem vivente, todo animal vivente, toda planta vivente é, de alguma maneira, diferente de todos os outros de sua espécie. Não se deve procurar uniformidade na obra da regeneração. *Queres ficar são?* "Vem!" Você não quer o perdão dos seus pecados? Não anseia por um novo coração e um espírito reto? Se é assim, deixe de lado as falsas indicações de como obtê-los e faça aquilo que Cristo diz para você fazer. *Queres ficar são?* é como se o Salvador lhe dissesse: "*Mais do que nunca, esteja disposto agora.* Eu sei que você ficará são. Agora, esta noite, você terá mais vontade do que nunca que isso aconteça". Deixe que a vontade que você possui seja exercida, coloque-a para funcionar. Se você deseja ser salvo; esteja ainda mais desejoso esta noite. Se você realmente deseja encontrar Cristo, deseje encontrá-lo mais ainda esta noite do que já desejou por toda a sua vida.

Você chegou a uma importante crise em sua vida. Pode estar à beira da morte; quem sabe? Muitos já morreram repentinamente. Se é realmente para ficar são, deseje ficar são esta noite. Oro para que possa se ver pressionado, para que você dê fim ao seu longo atraso de espera, que você tenha um sentimento que diga "não tenho mais tempo a desperdiçar; não posso me demorar mais; tenho de ser salvo esta noite; tenho de ouvir o claro som do grande relógio de Deus no salão da graça, que sempre repete '*agora, agora, agora*', sem jamais emitir qualquer outro som". Oh, que o Senhor possa fazer que isso aconteça, por sua própria graça!

Como você viu, o Salvador despertou o desejo de cura do homem deitado junto ao tanque. Ele conhecia a situação dele e, assim, reavivou aquele seu desejo.

III. Em terceiro lugar, o Salvador ouviu a queixa do homem. O homem disse o seguinte: *Senhor, não tenho ninguém que, ao ser agitada a água, me ponha no tanque; assim, enquanto eu vou, desce outro antes de mim* (Jo 5.7).

Algumas daquelas pessoas tinham certamente amigos que se revezavam dia e noite e, quando chegava o momento em que a água era agitada, pegavam seu paciente e o colocavam na água. Aquele homem, provavelmente, havia perdido todos os amigos. Seus 38 anos de doença haviam cansado e afastado todos eles. Ele, então, lastima: Não tenho ninguém que me coloque no tanque; como posso, então, entrar na água a tempo?" Existem, de fato, muitas pessoas nessa situação: precisam de ajuda. Na época em que vivi em Menton, tive a alegria de levar um grande número de amigos a Cristo. Quando precisei deixá-los e voltar para Londres, alguns me questionaram: "O que podemos fazer sem o senhor pregador? Não temos mais ninguém para nos levar pelo caminho certo agora; ninguém para nos instruir, ninguém para discutir e esclarecer nossas objeções e resolver nossas dúvidas, ninguém a quem possamos narrar as ansiedades do nosso coração. Alguns de vocês, sem dúvida, falariam da mesma maneira, e devo admitir que *a falta de quem possa ajudar é realmente um assunto muito sério*. Nessa área, então, faz uma grande falta você não ter uma pessoa para ajudá-lo. Um amigo que depois de um sermão chega e simplesmente diz uma palavra bondosa faz um bem maior, muitas vezes, que todo o próprio sermão. Até mesmo um pobre desorientado, que tenha passado longo tempo na prisão, pode ser liberto verdadeiramente, se algum amigo bondoso lembrá-lo das promessas divinas, que agem como uma chave, abrindo as portas do cárcere que ainda o prende.

Você há de convir, então, que é realmente uma valiosa ajuda ter um amigo crente sincero que possa auxiliar em erguer você do meio de uma dificuldade e baixá-lo até as águas às quais não pode descer sozinho, colocando-o dentro do tanque. Sim, é uma grande carência não se ter um amigo assim; e lamento muito se você não o tem. Se você vive em um lugar onde não há com quem falar sobre assuntos espirituais; ou se você frequenta um ministério que não o alimenta, não tem, de fato, quem possa confortá-lo.

IMPOTÊNCIA E ONIPOTÊNCIA

| 165

Na verdade, infelizmente, existem realmente muitos poucos aptos e capazes de prontamente ajudar os pecadores a se chegarem a Cristo. Alguns que tentam fazer isso são sábios demais ou têm o coração muito duro. Ser simpático com os outros a fim de ser realmente capaz de ajudá-los requer um treinamento especial na escola da graça. Suponho até que, por isso, alguém possa estar dizendo: "Eu não tenho ninguém para conversar, nenhum crente amigo nem na família; não tenho ninguém a quem possa recorrer em busca de ajuda; é por isso que eu continuo parado onde estou".

Sem dúvida, ter quem possa ajudar é da maior valia. Todavia, nem sempre *quem ajuda pode ser tão valioso quanto se pensa*. Conheço pessoas que tiveram um grande número de crentes as ajudando enquanto buscavam Jesus e, no entanto, na verdade, nenhum deles foi realmente capaz de ajudá-las. Não é por confiar apenas em seus auxiliares terrenos e os considerar como indispensáveis que Deus irá abençoar seus esforços e eles lhe serão úteis. Tenho a impressão de que muitos dos que buscam a salvação diriam até mesmo a bons e sinceros crentes aquilo que Jó disse aos seus amigos: *Todos vós sois consoladores molestos* (Jó 16.2). Afinal, de que modo um simples ser humano pode ajudar em questões da alma? Ninguém pode nos conceder fé ou perdão. Nenhum ser humano pode nos dar vida ou mesmo luz espiritual. Mesmo que você possa ter alguém para ajudá-lo, lembre-se de que não pode levar em conta demasiadamente os homens, confiar demais em crentes que se disponham a auxiliá-lo. Peço que se lembre disso.

Acho que existem até os que ajudam um pouco além da conta. Ouvem um sermão, ficam realmente impressionados, e alguém é então suficientemente enganado a ponto de pensar: "Isso é conversão". Mas não é conversão. Chamados, mais tarde, "Agora, venham à frente e deem seu testemunho", eles vão à frente e dão o testemunho daquilo que nunca aconteceu. Depois, um amigo convida: "Venha a determinada reunião; venha e junte-se a nós, à nossa igreja. Venha!" E, assim, são conduzidos, conduzidos e conduzidos, nunca tendo nenhuma verdadeira vida interior ou energia espiritual que lhes tenha sido concedida do alto. São simplesmente como crianças levadas num carrinho, incapazes de caminhar sozinhas. Que Deus não permita que você participe desse tipo de crença, em que dependa sempre de outras pessoas! Na verdade, há pessoas que desenvolvem uma espécie de crença de apoio, ou seja, apoiando-se sempre em outra pessoa. Quando aquele apoio é retirado, o que acontece com quem nele se apoiava? Aquela boa senhora idosa crente, que o ajudou durante tantos anos, morre — onde está a sua crença agora? Ou, então, o pastor costumava ajudar você a caminhar. Era como se você fosse um animal de montaria de estimação, e ele o estimulava a andar e se manter em movimento. Quando o clérigo se foi, para onde foi você? Não tenha uma crença desse tipo, eu lhe imploro. Embora um ajudador seja de fato muito útil, lembre-se que, sob certas condições, até mesmo um crente que lhe ajude pode ser um empecilho.

Eis, agora, o ponto onde eu queria chegar, meu caro ouvinte: você vai haver-se diretamente com Jesus esta noite e *com Jesus você não precisa mais de homem comum algum*. Você não precisa mais de um tanque e um anjo. Precisa tão somente se relacionar com o seu próprio Senhor e Salvador. Suponha que não haja realmente pessoa alguma para ajudá-lo: você vai precisar mesmo de alguém, com Jesus aqui? Se era preciso antes alguém para colocá-lo no tanque, de agora em diante você não precisa mais de pessoa alguma, nem mesmo para ser apresentado a Cristo: você pode falar com ele diretamente; pode clamar por si mesmo, por misericórdia, a ele; pode lhe confessar sozinho o seu pecado. Você não precisa de sacerdote; precisa de um mediador entre sua alma e Deus, sim, mas não entre sua alma e o seu único mediador, Jesus. E você pode se achegar a ele onde e como estiver. Venha até ele agora; conte-lhe a sua situação; clame por misericórdia. Ele não quer a minha ajuda; não quer ajuda do bispo; não quer ajuda de quem quer que seja. Ele, e somente ele, pode solucionar inteiramente o seu caso. Coloque seu caso nas mãos de Jesus e, então, não precisa, absolutamente, cair no chão em prantos e se lamentar por não ter quem lhe possa ajudar: Cristo é suficientemente capaz de salvar todos que se acheguem a Deus por seu intermédio.

Sei que esta conversa pode lhe parecer bastante franca; mas precisamos, e muito, de conversa franca nos dias de hoje. Só me satisfaço de haver pregado se houver procurado, em minha pregação, trazer as pessoas a Cristo. Existem diversas doutrinas, distintas e sublimes, sobre as quais eu gostaria de discorrer; muitas experiências profundas e arrebatadoras que gostaria de narrar. Contudo, frequentemente acho que deva deixar essas coisas de lado e me concentrar em questões mais comuns e muito mais úteis para persuadir os homens quanto a Cristo; a fim de que possam deixar de olhar fixamente para coisas puramente humanas e se afastarem de ordenanças e de si mesmos, passando a lidar com o próprio Jesus de maneira clara e direta, não havendo mais, assim, necessidade de coisas humanas nem, certamente, de espera ou atraso.

IV. Eis a minha conclusão. O Salvador solucionou plenamente o caso daquele homem.

O homem inválido não tinha quem o ajudasse; Cristo o ajudou totalmente, sem a necessidade de qualquer outro homem. Aquele homem não podia mover-se senão com grande dor. Sozinho, precisava arrastar-se até à beira d'água. Mas não precisou mais se arrastar, não precisou mover-se um centímetro sequer. *O poder de cura daquele homem residia no Cristo que ali estava* comissionado por Deus para salvar os pecadores e ajudar os desesperados. Lembre-se de que o poder que salva, e todo ele, não está no homem salvo, mas no Cristo Salvador. Não posso deixar de contestar todos os que afirmam que a salvação resulta de uma evolução. Tudo o que pode evoluir do coração pecaminoso do homem é pecado e nada mais. A salvação é o dom gratuito de Deus mediante Jesus Cristo, e sua obra é sobrenatural. É realizada pelo próprio Senhor, e somente ele tem o poder de fazê-la, por mais fraco ou morto no pecado possa estar o pecador. Como filho vivo de Deus, posso declarar, esta noite, que:

> Numa vida que não vivi,
> Numa morte que não morri,
> Está firmada toda a minha eternidade.

Você, que precisa ser salvo, deve fazer isto: olhar não mais para si mesmo, mas para aquele a quem Deus exaltou como Príncipe e Salvador dos filhos dos homens. O Cristo resolveu plenamente a situação daquele homem, por ser capaz de fazer qualquer coisa que aquele homem precisasse. E resolve a sua situação, meu caro ouvinte, pois é capaz de fazer por você o que quer que seja necessário. Entre o momento que vivemos e aquele em que passaremos pelos portões do céu, jamais haverá algo necessário que ele não possa conceder, qualquer ajuda requerida que não esteja pronto a conceder, pois dele é todo o poder no céu e na terra.

Além disso, *o Senhor pode fazer mais por você do que aquilo que você lhe pede*. Aquele pobre homem de Betesda nada pediu a Cristo senão mediante seu olhar e seu estado à beira do tanque. Se nesta noite você sente que não pode orar, que possui carências que não consegue descrever, se algo há que você almeja mas não sabe bem o que seja, Cristo poderá lhe conceder. Você só vai saber realmente do que tanto precisa quando vier a recebê-lo. Talvez agora, por sua misericórdia, ele não queira que você conheça ainda todas as suas carências. Mas eis, justamente, o ponto mais importante: ele é *poderoso para fazer tudo muito mais abundantemente além daquilo que pedimos ou pensamos* (Ef 3.20). Que ele possa fazer isso esta noite! Seja então confortado pela cura daquele homem inválido, receba uma grande esperança e diga a si mesmo: "Ele também pode me curar!"

A maneira pela qual Cristo operou seu milagre foi bastante singular. *Realizou sua cura por meio de uma ordem*. Não seria talvez o modo pelo qual eu e você teríamos trabalhado, nem talvez fosse a maneira que alguns cristãos nominais aprovariam. Jesus ordenou ao homem: *Levanta-te* (Jo 5.8) — ora, o homem, normalmente, não poderia se levantar; "toma o teu leito" — ele também não poderia tomar seu leito; por 38 anos fora incapaz de sair dali de seu leito, pelo menos sem bastante dificuldade. *Toma o teu leito e anda* (Jo 5.8) — andar? Ele não tinha como andar. Já ouvi críticos comentarem: "Aquele pregador diz às pessoas 'creiam', mas elas não podem crer. Ordena dizendo 'arrependam-se', e elas não têm como se arrepender". Nosso Senhor é o nosso exemplo. Ele disse àquele homem, que não podia levantar-se, não podia tomar seu leito e não podia andar: *Levanta-te, toma o teu leito e anda*. Foi assim que ele exerceu seu divino poder e essa é ainda a maneira pela qual salva os homens hoje. Ele nos dá fé suficiente para que possamos ordenar: *Ossos secos, ouçam a palavra do Senhor!* (Ez 37.4). Eles, normalmente, não poderiam ouvir. "Ossos secos, assim diz o Senhor: vivam!" Não poderiam viver. Mas, diz a Palavra, eles realmente ouviram e viveram.

Muito embora, ao agirmos pela fé, profiramos ordens que aparentemente são absurdas e irracionais, a obra de Cristo é feita por intermédio dessas ordens. Não disse Deus *haja luz* (Gn 1.3)? E a quem o Senhor proferiu tal palavra de poder? Às trevas, ao vazio. "E houve luz." Hoje, ele fala ao pecador e diz: "Creia e viva". O pecador crê e vive. Deus deseja que seus mensageiros, aqueles que possuem fé para proferir essa ordem, façam que os pecadores saibam que não têm, em si, força para obedecer, que se encontram moralmente perdidos e arruinados, mas que, mesmo assim, lhes ordenem, em nome do Deus eterno: Assim diz o Senhor: *Levanta-te, toma o teu leito e anda* (Jo 5.8). *Creiam, arrependam-se, convertam-se e sejam batizados, todos vocês, em nome do Senhor Jesus Cristo* (At 2.38). Essa é a maneira pela qual o poder de Cristo chega aos filhos dos homens. Jesus disse ao homem com a mão atrofiada: *Estende a tua mão* (Mt 12.13), e ele assim o fez. Diz ao morto: *Vem para fora!* (Jo 11.43), e ele realmente vem. As ordens são obedecidas por meio de imediata capacitação. Quando suas ordens são fielmente pregadas e proferidas, o seu poder vai com elas e por ele os homens são salvos.

Encerro com a seguinte observação: *O poder foi concedido mediante a obediência.* O homem não parou e discutiu com Cristo, dizendo: "Levantar-me? O que está querendo dizer? O Senhor me parece amigo, mas por acaso está aqui para zombar de mim? Levantar-me? Eu estou deitado aqui há 38 anos, e o Senhor diz *levanta-te*? Acha que não houve um minuto sequer nesses 38 anos no qual eu não me teria levantado com facilidade se pudesse fazê-lo? E, ainda assim, o Senhor diz *levanta-te* e, além do mais, *toma o teu leito*. Carrega essa esteira na qual estás deitado! Como eu posso fazer isso? Faz 38 anos que não consigo levantar o menor peso que seja, e o Senhor ordena que eu carregue esta esteira pesada? Quer fazer de mim motivo de zombaria? Andar? O Senhor diz: *anda*! Andar? Ouçam, vocês à minha volta, ele pede que eu ande! Mal posso levantar um dedo e, ainda assim, ele me ordena que eu ande!" O homem poderia ter argumentado dessa maneira; e essa seria uma argumentação bastante lógica, a ponto de poder até mesmo nosso Senhor considerar que o homem teria certa razão em supor que ele lhe dissera palavras vazias. Mas, em vez de falar assim, quando o Senhor lhe ordenou *levanta-te*, o homem ganhou logo um intenso desejo de se levantar. Tomado desse desejo, ele se moveu com forte impulso para se levantar e se levantou, para sua própria surpresa. Levantou-se, curvou-se, pegou agilmente sua esteira, totalmente maravilhado, com cada parte de seu corpo louvando a Deus, enquanto ele a enrolava e colocava no ombro, tomado de grande entusiasmo. Para sua admiração também, constatou que suas juntas, seus pés, suas pernas, podiam se mover, e saiu dali andando ereto, levando sua esteira. O milagre estava completo.

Um diálogo como este poderia, então, ter acontecido entre ele e outros, ainda em Betesda: "Pare, homem, pare! Venha até aqui! Você teve forças para fazer isso sozinho?" "Não, não tive. Você sabe, eu estava deitado, parado ali, há 38 anos. Não tinha força alguma, até que me disseram "levanta-te", e eu me levantei." "Levantou, como? Sozinho?" "Oh, sim! Você pode ver. Levantei-me, enrolei minha esteira e estou andando." "Ah, então foi levado a algum tipo de compulsão, que fez que movesse suas pernas e suas mãos!" "Se eu fui forçado a fazê-lo? Oh, não; eu fiz isso livremente, na maior alegria e felicidade. Eu bato palmas de regozijo só de pensar que pude fazê-lo. Não quero voltar para essa velha esteira e ficar deitado ali de novo, não!" "Mas, então, o que foi, afinal, que você fez?" "Bem, eu não tenho muita ideia do que fiz. Eu acreditei nele e fiz o que ele me disse para fazer. Um poder estranho e misterioso veio sobre mim. Essa é que é a minha história." "Conte então a todas essas pessoas o que aconteceu." "Oh, não posso. Só sei que foi assim, mas não posso explicar. Uma coisa eu sei: era aleijado, mas agora posso andar; era inválido, mas agora posso carregar meu leito; estava deitado aqui, mas agora consigo ficar em pé e andar."

Não posso explicar esta noite, meu amigo, como acontece a salvação. Contudo, lembro-me quando eu estava sentado no banco de uma igreja, como o mais desesperado pecador que já viveu. Ouvi o pregador dizer: "Olhe para Cristo e viva". Ele parecia estar me dizendo: "Olhe! Olhe! Olhe! Olhe!" Eu olhei e vivi. Naquele momento, o fardo do meu pecado se foi. Eu não estava mais aleijado pela descrença. Fui para casa como um pecador salvo pela graça, para viver e louvar ao Senhor.

Pela fé então vi
Um rio de amor fluir.
Esse amor vou cantar
Até Deus me chamar.

Fico impressionado com o fato de que teremos muitos hoje aqui que vão simplesmente obedecer à ordem do evangelho: Creia e viva. *Creia no Senhor Jesus Cristo e você será salvo* (At 16.31). Oh, faça isso! Faça isso agora. A Deus seja dada a glória e a todos vocês seja concedida a felicidade para sempre! Amém e amém.

18

UMA PERGUNTA ESTRANHA, MAS NECESSÁRIA

Queres ficar são? (Jo 5.6).

Falando a um homem inválido, que sofria de uma doença incapacitante há 38 anos, Jesus lhe pergunta: *Queres ficar são?* Parece, à primeira vista, uma pergunta muito estranha. Quem não gostaria? Por acaso o homem haveria de querer permanecer ali, aqueles anos todos, deitado à beira do tanque de Betesda, que diziam ser milagroso, se não estivesse interessado em ser curado? Em seu próprio olhar, ao se voltar para o Salvador, já não estaria estampada como que uma resposta a essa pergunta, eliminando a necessidade de ser feita?

Pelo fato de nosso Senhor nunca ter usado de palavras vãs, no entanto, ele deve ter percebido, certamente, que a invalidez do corpo naquele homem lhe havia obscurecido, a certo grau bastante doloroso, a própria mente, a ponto de causar uma paralisia de sua vontade. Ele já havia esperado tanto tempo que seu coração acabou adoecendo, e o desânimo ressecara seu espírito. Agora, tendo chegado a esse ponto, a ele quase já não importava mais se poderia ficar curado ou não. O arco estivera dobrado por tanto tempo que toda a sua elasticidade fora destruída. Passara tanta fome de cura que o próprio apetite desta desaparecera. Achava-se agora apático, tomado de uma indiferença formada por uma lástima obscura de sua decepção e a desesperança plena quanto ao futuro. O Salvador tocou justamente na corda que precisava vibrar, ao questioná-lo sobre a sua disposição de ficar curado. Por meio dessa indagação, despertou nele uma faculdade dormente, cuja exercitação vigorosa deveria ser, provavelmente, uma das coisas mais importantes e essenciais para a cura. Na verdade, "Queres ficar são?" foi um questionamento de profunda investigação, um teste científico necessário, feito por um médico magistral, a ressurreição do túmulo de um grande poder regenerador da humanidade.

No tocante à nossa pregação do evangelho, esta pergunta poderia também parecer impertinente de eu fazer a cada um de vocês que aqui está, ainda não salvo: *Queres ficar são?* "Certamente", logo alguém responderia, "todo mundo quer ser salvo". Bem, não estou tão certo quanto você da veracidade dessa sua afirmativa. "Mas o fato de estarmos aqui há tanto tempo e ouvirmos atentamente o evangelho", poderá argumentar a pessoa, "é prova mais que suficiente de que estamos dispostos a ficar sãos; isto é, se pudermos, afinal de contas, descobrir onde podemos encontrar a saúde e o que é esse bálsamo de Gileade, tão falado". Sim; mas também eu não me surpreenderia se, entre vocês, houvesse aqueles que, tendo esperado por tanto tempo, começassem a ver paralisado o seu desejo de salvação, que um dia chegou a ser tão ardente. Assim como outros, que, embora tendo estado aqui por tanto tempo, nunca estiveram muito preocupados com a sua salvação; e que agora continuam vindo ocupar esses bancos, nem que simplesmente como hábito, sem propriamente uma vontade sincera de ter a plenitude da alma, que o bom médico está sempre pronto a dar àqueles que buscam a sua ajuda. Sou levado a entender, então, que, em vez de essa pergunta ser desnecessária, deverá ser, em todas as congregações, uma das primeiras a chamar a atenção do ouvinte. Obter uma resposta verdadeira a essa sondagem do mais íntimo da alma de todo ouvinte é meu objetivo agora, crendo que isso lhe será muito saudável, mesmo que você esteja honestamente compelido a dar uma resposta negativa. Ela irá expor você, pelo menos, à própria condição do seu coração, o que certamente lhe será útil na direção de algo melhor. Se Deus me ajudar, hei de lançar diante de você essa pergunta, de maneira bem franca, esta manhã. Homens e mulheres não salvos: vocês querem ficar sãos?

I. Esta pergunta é necessária, em primeiro lugar, porque É UMA PERGUNTA NEM SEMPRE COMPREENDIDA. Não é a mesma coisa que uma pergunta como: "Você quer ser salvo de ter de ir para o inferno?" Todo mundo, evidentemente, responderá "sim" a essa pergunta. "Você quer ser salvo para poder ir para o céu?" Também, de imediato, sem hesitação, todo mundo dirá "sim". Todos nós temos um forte desejo de ver as harpas de ouro, cantar os cânticos de bênção, viver na eternidade e ter a imortalidade — mas a nossa pergunta não se refere a isso. O céu e suas alegrias surgem somente a partir do que é proposto em nossa pergunta, como resultado, como consequência, e não é bem esse o assunto que temos em mãos. Não estamos propondo a um ladrão: "Quer ter sua prisão cancelada?" Estamos lhe propondo outra questão: "Quer se transformar em um homem honesto?" Não estamos dizendo ao assassino: "Você gostaria de fugir da forca?", pois sabemos qual seria a sua resposta. A questão que desejamos lhe fazer é: "Quer se tornar alguém justo, correto, bondoso, perdoador, abandonando todo este seu mal?" Nossa pergunta não é, portanto: "Quer entrar na festa da misericórdia e comer e beber com aqueles que são saudáveis?"; mas, sim: "Você está realmente disposto a ser transformado em alguém espiritualmente saudável, passar pelo processo divino por meio do qual a doença do pecado é eliminada e a saúde da humanidade, santificada, é restaurada em você?"

Para ajudá-lo a saber o significado dessa pergunta, permita-me lembrar-lhe que nunca houve, em toda a história da humanidade, mais que dois homens feitos sãos, perfeitamente sãos. Esses dois homens são chamados, nas Escrituras, de o primeiro Adão e o segundo Adão. Esses dois mostraram em si mesmos o que seria o homem se ele fosse são. O primeiro Adão estava no jardim do Éden — e quem não gostaria de estar no paraíso? Teríamos todos o maior prazer em caminhar por entre aqueles ramos que nunca secam, comer daqueles frutos sempre saudáveis, sem labuta, sem sofrimento, sem doença, sem morte. Todos estaríamos suficientemente felizes em dar novamente as boas-vindas à felicidade primeira do Éden. Mas a pergunta não é bem essa. A pergunta é: estaríamos dispostos a sermos mental e moralmente aquilo que Adão era, antes de seu pecado haver trazido mal à humanidade?

Quem era Adão? Era um homem que conhecia seu Deus. Conhecia muitas outras coisas, mas o principal e mais importante de tudo é que conhecia seu Deus. Que prazer era caminhar com Deus, ter comunhão com ele, falar com ele como um homem fala com seu amigo. Até sua queda, Adão foi um homem cuja vontade era inteiramente submissa à vontade de seu criador, desejoso de não violar essa vontade, mas, em todas as coisas, fazer aquilo que seu Senhor lhe ordenasse. Fora colocado no jardim para cultivar a terra, lavrar e guardar o jardim e ele o fazia com alegria. Era um homem são, uma pessoa sadia. Toda sua felicidade consistia em seu Deus. Seu único objetivo como criatura era fazer a vontade daquele que o criara. Nada sabia sobre brigas ou embriaguez. Para ele, não havia cânticos devassos nem feitos libertinos. O brilho da devassidão e o resplendor do desregramento estavam longe dele. Era puro, correto, casto, obediente.

Você gostaria de ter sido feito como ele, pecador? Você, que está fazendo sua própria vontade, que só tem buscado novidades, que tem pensado sempre encontrar felicidade no pecado e na impureza, estaria disposto a voltar e encontrar sua felicidade em seu Deus e, a partir de então, servi-lo e nada mais? Ah, talvez você tenha respondido impensadamente "sim"; é possível que você não saiba bem o que disse. Mas se você tivesse a verdade mais claramente diante de si, decerto se recusaria obstinadamente a ficar são. Pois, sob essa perspectiva, a vida lhe pareceria ser submissa, sem graça, sem alegria, sem originalidade. E sem o fogo do desejo, a excitação da bebida, o riso da insensatez e a pompa do orgulho, como seria a existência para muitos? Para estes, nosso ideal de uma humanidade sadia nada mais é do que outro nome para fardo e miséria.

Analisemos agora o exemplo de outro homem são: Jesus, o segundo Adão. Habitando aqui entre os filhos dos homens, não em um paraíso, mas no meio da desonra, da doença, da desgraça, da tentação e do sofrimento, ainda assim Jesus foi um homem honrado e sadio. O mal, ele o tomou a si em seu próprio corpo, e nossos pecados lhe foram imputados em sua condição de nosso substituto; mas ele, em si mesmo, não tinha pecado. O próprio príncipe deste mundo o tentou repetidas vezes, mas jamais pôde encontrar nele mal algum. A perfeição da humanidade do nosso Salvador consistia nisto: ele era *santo, inocente, imaculado, separado dos pecadores* (Hb 7.26).

Era santo, uma palavra que, em sua raiz, tem o mesmo significado de "são". Jesus foi um homem completo, perfeito, incólume, imaculado. Era são em relação ao seu Deus. Sua comida e bebida era fazer a vontade de Deus que o enviara. Como homem, Jesus foi o que Deus planejara, perfeitamente conformado à sua correta posição. Ele era como tinha vindo das mãos do criador, sem mácula, sem dano, sem a excrescência do mal, sem a ausência de qualquer coisa boa. Era santo, era são. Consequentemente, era inocente, nunca tendo infligido mal algum sobre os outros, por meio de palavras ou atos. Era, portanto, imaculado, sem jamais ter sido afetado pelas influências que o cercavam e que poderiam tê-lo transformado em um homem falso para com seu Deus e maldoso para com os homens. Era imaculado e, embora a blasfêmia haja por vezes atingido seu ouvido, nunca permitiu que seu coração fosse poluído. Embora encarando a ganância e a impiedade do homem levada ao seu clímax, ele mesmo sacudiria a víbora e a jogaria no fogo, permanecendo inculpável e sem mácula. Jesus era também separado dos pecadores, jamais tendo atraído ao seu redor um cortejo farisaico, dizendo "Esperem por mim, eu sou mais santo do que vocês", mas, sim, comendo com eles e, ainda assim, estando separado deles. Não separado a ponto de sua mão benigna não poder tocá-los ou não se solidarizar com eles em suas tristezas; mas separado por sua própria elevação mental, superioridade moral e grandeza espiritual.

Você gostaria de ser como Jesus? Esta é a pergunta. Se você o quiser, é bem provável que isso acarrete para você muitas das experiências dele. Você poderá ser criticado, zombado, desprezado, ofendido e humilhado; as pessoas poderão rir de você; poderá também ser perseguido e, a não ser que a providência impeça, ser até levado à morte. Mas, ao assumir Cristo com tudo o que ele é, você estará se dispondo a ser feito como ele, de ser tirado de você o mal real que você hoje admira e ser implantado em você o bem real, que você, talvez, neste momento, não aprecie. Então? Está disposto a ficar são neste instante? Posso imaginar que você responda: "Sim, eu quero, eu quero ser como Jesus, eu realmente quero isso". Contudo, permita-me sussurrar de maneira gentil em seu ouvido que, se você soubesse o que estou querendo dizer; se soubesse como realmente Jesus foi, não tenho certeza de que desejasse de modo veemente se inclinar nessa direção. Tenho a impressão de que muita luta e muita rebelião surgiriam em seu coração se o processo fosse sendo levado na direção de fazer que você ficasse são exatamente como Jesus Cristo.

Para ilustrar um pouco mais o significado da pergunta *Queres ficar são?*, permitam-me lembrar-lhes que, para um homem ser inteiramente são como deveria ser, determinadas inclinações malignas, certas qualidades morais que ele possua, devem ser dele expelidas. Para um homem ser são diante de Deus, é preciso que o seja perante os homens. Não se pode dizer que um homem seja são enquanto agir com desonestidade e injustiça em seus relacionamentos, em suas atividades profissionais, em seu pensamento, nas suas conversas e em seus atos em geral para com o próximo. Se você está acostumado a perpetrar em sua vida profissional, em seus negócios, coisas que dificilmente passariam no teste do olhar de Deus, que a tudo vê e julga; se você frequentemente diz e pratica coisas em seu relacionamento que não são honestas ou verdadeiras; se você se desculpa dizendo que outros fazem a mesma coisa — não estou aqui para ouvir propriamente suas explicações, só estou querendo lhe perguntar honestamente: *Você quer ficar são?* Você deseja realmente ficar são a partir de agora, tornando-se um homem total e plenamente honesto? Sem falsos elogios, sem vaidades nem exageros, sem fraudes, sem querer tirar vantagem — me diga agora: o que você acha disso? Sim, porque alguns não poderiam levar adiante seu negócio desse modo. Iriam alegar: "O comércio, em princípio, é podre e, se você não agir assim, não poderá ganhar dinheiro. Sendo em um bairro pobre, então, não se pode sobreviver a não ser que se trapaceie. Se formos totalmente honestos, teremos de fechar a nossa loja". Outros diriam: "Nesta era da competição, a gente acaba sendo comido vivo. Não acredito que se necessite ser excessivamente consciencioso". Se é essa a sua opinião, já entendi: você não deseja ficar são.

Aquele que é são em muitas áreas torna-se um homem sóbrio e equilibrado. *Não é o que entra pela boca que contamina o homem; mas o que sai da boca, isso é o que o contamina* (Mt 15.11) e *o reino de Deus não consiste no comer e no beber* (Rm 14.17); mas é no comer e no beber que os homens frequentemente pecam, especialmente o pecado da bebedice. Suponho que não exista um bêbado que, pelo menos quando está sóbrio, não deseje ansiosamente ser salvo. Contudo, você, que tem o vício da bebida, entenda bem a pergunta; não é: "Você quer ir para o céu?", mas, sim, "Está disposto a abandonar a bebida e a não mais querer se deleitar no abuso dos copos excessivos?" O que diz você? Está disposto, de agora em diante, a deixar também toda a devassidão e libertinagem, lançando-as fora? Talvez alguém diga "sim" de manhã, quando os olhos estejam vermelhos e a culpa do excesso de bebida da noite anterior esteja ainda sobre si. Contudo, o que irá acontecer ao anoitecer, quando alegres companhias voltarem a cercar o homem e a bebida a borbulhar no copo? Estaria disposto a tornar-se são e renunciar àquilo que arruína seu corpo e sua alma? "Ah, não." Muitos dizem: "Ah, eu gostaria de ficar são", mas não falam absolutamente com sinceridade, e *volta o cão ao seu vômito, e a porca lavada volta a revolver-se no lamaçal* (2Pe 2.22).

Ficar são envolve a produção de autenticidade no homem. Há pessoas que não toleram falar a verdade. Para elas, dois deve sempre significar 20 a seus olhos, as faltas dos outros são crimes, e as virtudes de qualquer um, exceto as suas e de seus favoritos especiais, estão sempre tingidas de vício. Possuem um julgamento malicioso em relação aos outros, têm inveja de qualquer coisa que seja honrável nas outras pessoas. E você, o que diz? Você está disposto a ficar são e, de agora em diante, nada falar senão a verdade, para Deus e para os homens? Acho que, se a única coisa a ser dita fosse a verdade, muitas bocas agora loquazes teriam pouco a dizer, e muitos homens definitivamente recusariam, caso fossem suficientemente honestos para o assumir, a bênção de se tornarem perfeitamente autênticos.

O mesmo acontece com a questão do perdão. Um homem que fica são deve perdoar até setenta vezes sete. Se você não consegue perdoar uma injúria, sua alma está doente. Quando se ressente fortemente de uma ofensa, você pode ficar doente por breve tempo; mas, se o ressentimento resiste permanentemente, você passa a ter uma doença crônica dentro de si. Algumas pessoas estão tão longe de até mesmo pensar em perdoar que seriam capazes de orar pedindo para só viver e morrer em função de gratificar sua paixão de vingança; seguiriam uma pessoa que lhes tivesse injuriado por todo este mundo e até pelo outro, a ponto de serem mesmo condenadas com ela se pudessem ter a satisfação de vê-la ardendo nas chamas do inferno. Para muitos, "doce é a vingança", e é inútil um homem dizer "eu quero ficar são" se ele ainda cultivar a maldade ou guardar dentro de si uma disposição vingativa para com o próximo.

Eu poderia passar por diversos vícios e virtudes para mostrar que a pergunta de Jesus não é uma simples pergunta como alguns podem julgar. Existem homens, por exemplo, afligidos por um temperamento avarento e ganancioso. Se se tornassem sãos, passariam a ser generosos, benignos para com os pobres, estariam prontos a dar de seus recursos à obra do Senhor. Mas será que desejariam ficar sãos se pudessem decidir por si mesmos esta manhã? Não. Pois consideram a generosidade uma fraqueza e a caridade uma total insensatez. "Que proveito há em se ganhar dinheiro para dá-lo a outras pessoas?", alegam eles. "Qual a vantagem em alguém obtê-lo senão guardá-lo e retê-lo para si? Sábio é o homem que pode acumular o mais que possa e repartir o mínimo possível." Esse tipo de homem não quer ficar são. Ele considera sua mão paralisada e seu coração petrificado como sinais de boa saúde. Considera-se, também, a única pessoa inteligente e mentalmente saudável da redondeza, embora sua mente fechada e a fome de sua alma sejam visíveis a todos. Ele é, quase sempre, o próprio esqueleto e a anatomia da doença, mas mesmo assim acredita ser o protótipo da pessoa saudável.

Quem admira suas próprias falhas evidentemente não deseja livrar-se delas. "Que bela catarata tenho no meu olho", diz um. "Que maravilhoso edema este aqui no meu braço", diz outro. "Que agradável arqueamento tenho nas minhas pernas", declara um terceiro. "Que graciosa corcunda trago nas minhas costas", diz mais outro. Os homens, evidentemente, não falam assim a respeito das doenças do seu corpo; caso contrário, os consideraríamos loucos. Todavia, frequentemente se gloriam de suas vergonhas e se regozijam de suas iniquidades. Todas as vezes que você encontrar um homem que possua um defeito que ele mentalmente eleva à condição de virtude, você tem aí exatamente um homem que não quer ficar são e que zomba da visita do grande médico, mesmo que este o espere à porta. Pessoas assim são comuns em toda parte.

Deixe-me frisar agora que, quando um homem se torna são, não apenas as virtudes morais deverão transbordar nele, mas também as graças espirituais, pois o homem sadio o é tanto no caráter externo

Uma pergunta estranha, mas necessária | 173

como no espírito. O que acontece, então, a um homem que se torna são em seu espírito? Eu respondo. Lembram-se daquele fariseu, no Evangelho, que agradecia a Deus por ser tão bom quanto deveria ser e muito melhor que a maioria das pessoas? Se aquele homem ficasse são, mas não no espírito, ele nunca poderia dizer como o publicano: *Deus, sê propício a mim, o pecador!* (Lc 18.13); e, se lhe perguntassem se gostaria de trocar de lugar com o publicano, ele responderia: "Por que deveria fazer isso? Ele é um miserável, vil e corrupto. A linguagem que ele usa é muito própria para ele e fico feliz por ele a usar. Seria muito degradante para mim se tivesse de fazer a mesma confissão que ele faz; não preciso fazê-la". O homem que não deseja ficar espiritualmente são é porque já se julga completamente são. Aquele que se torna são em espírito renuncia a si mesmo. Paulo estava espiritualmente são ao admitir que não tinha como sua justiça *a que vem da lei, mas a que vem pela fé em Cristo, a saber, a justiça que vem de Deus pela fé* (Fp 3.9). Ao considerar sua justiça própria *como refugo para que pudesse ganhar Cristo* (Fp 3.8) e ser achado nele, mostrou ser um homem são em espírito. Os homens em geral consideram, de maneira doentia, a sua justiça própria suficientemente boa, revestindo-se dela como uma cobertura exterior e concluindo serem suficientemente bons e corretos para irem para o céu. São tomados de uma tal febre de orgulho que deliram, sonhando com uma bondade sua imaginária, ao mesmo tempo que chamam a verdadeira bondade de fingimento e hipocrisia.

Aquele que é espiritualmente são é um homem de oração habitual. Está acostumado a sentir gratidão constante e, assim, revela seu agradecimento a Deus continuamente. É um homem de consagração permanente. Tudo o que ele faz, o faz para Deus, buscando apenas a glória de Deus em sua atividade. Sua mente está voltada para as coisas não vistas e eternas. Seu coração não está escravizado pelas coisas visíveis, pois sabe que são vaidade. Se perguntássemos a várias pessoas se sabem que o pleno significado da frase "Você quer ficar são?" é o de que "De agora em diante, você quer se tornar uma pessoa de oração, de louvor, uma pessoa santa que serve a Deus?", creio que a maioria, até mesmo de nossas congregações cristãs, se pudesse falar honestamente, diria: "Não; nós não queremos ficar sãos. Queremos ir para o céu, sim, mas não queremos isso, não. Desejamos fugir do inferno, sim, mas não praticar toda essa espécie de rigor 'puritano' que vocês chamam de 'santidade'. Não, não, primeiro nós queremos nos deliciar mais um pouco como pecadores e depois, sim, irmos para o céu como salvos. O veneno é doce demais para ser abandonado; mas não desprezamos também o antídoto depois. Tomaremos alegremente o café da manhã com o diabo e jantaremos com Cristo. Não temos pressa de nos tornarmos puros; o nosso gosto pelo presente nos leva em outra direção".

II. Tendo explicado essa questão, prossigo, enquanto as forças me permitem, para destacar, em segundo lugar, que essa pergunta pode gerar diversas respostas. Portanto, é mais que necessário que seja feita e respondida.

1. Em primeiro lugar, existem alguns aqui cuja única resposta a essa pergunta pode ser chamada de *resposta nenhuma*, ou seja, não querem nem ouvir nem considerar qualquer coisa a respeito desse assunto. *Queres ficar são?* "Bem, quer dizer, sim e não — não sei exatamente o que dizer. Não quero ficar pensando agora sobre essa pergunta; sou muito jovem e tenho ainda muito tempo pela frente para pensar nessas coisas. Sou um homem de negócios e tenho mais o que fazer do que me preocupar com religião. Sou rico e próspero, não vão querer que me preocupe com essas coisas, que só pessoas pobres e de mente rude devem fazer." Ou, ainda: "No momento estou muito doente, e a atenção que eu preciso concentrar na minha saúde não dá para eu me ocupar dessas questões teológicas". Perceba que qualquer desculpa é logo forjada para não se pensar naquilo realmente necessário. A pobre alma é por demais preciosa para todos, contudo é a coisa menos estimada.

Como alguns de vocês brincam com sua alma; como vocês brincam com seus interesses imortais! Eu mesmo já fiz isso. Se lágrimas de sangue pudessem expressar meu arrependimento por ter agido dessa maneira, eu as verteria com alegria, pois a perda de tempo provocada por um longo desprezo aos interesses de nossa alma é coisa muito séria, uma perda de tempo que nem mesmo a misericórdia pode nos restaurar, nem mesmo a graça de Deus pode nos devolver. Jovem, como eu gostaria que tudo isso estivesse em sua mente. Quão sinceramente eu gostaria que essa pergunta fosse vista por você como algo importante, sim, urgente e da maior importância para você, de modo que não mais despreze uma indagação religiosa nem afaste do seu espírito a amorosa pressão que o Espírito Santo pode colocar sobre você. Quem dera você se tornasse sábio o suficiente para desejar o mais nobre desenvolvimento da vida espiritual e a destruição de tudo o que é pernicioso ao seu bem-estar. Tenha consideração, eu oro, pela principal e mais importante pergunta. Não a menospreze. A hora da morte pode estar muito mais perto do que você imagina; o amanhã, no qual você espera considerar essas coisas, pode não chegar. Quero colocar diante de você, mais uma vez, o seguinte: se há alguma coisa que deva ser postergada, que seja algo pelo qual você possa esperar em segurança; se há alguma coisa a ser preterida, que não seja eterna, espiritual, mas, sim: *buscai primeiro o seu reino e a sua justiça* (Mt 6.33).

Existem pessoas que se preocupam com questões religiosas, que não fogem delas, mas, ainda assim, à pergunta "Queres ficar são?" sua resposta não é muito sincera. Tempos atrás, talvez, estivessem realmente motivadas. Ao ouvirem um sermão, costumavam valorizar cada palavra proferida. Suas orações eram insistentes, e seus anseios espirituais eram grandes. Todavia, não obedeceram a um mandamento: "Creia em Cristo e viva". Acostumaram-se à miséria da descrença, à permanência sob o fardo do pecado, que insistem em carregar, embora exista um Salvador que deseja livrá-las do fardo. Agora, sua resposta à pergunta não é nem uma coisa nem outra. Gemem baixinho: "Como eu gostaria de querer! Eu realmente gostaria; mas meu coração está insensível".

Ainda que a dor pouco venha me afligir,
Não sou capaz nem de uma dor sentir.

Ou, então, "Eu quero — mas para mim é difícil dizer isso". Veja em que estado você se colocou. Possa Deus ajudá-lo agora a fazer um esforço desesperado, com toda a sua vontade, em seu favor. Que o Espírito, que a tudo desperta, abençoe esta palavra apaixonada em seu coração, e você possa dizer: "Oh, sim, das profundezas do meu desespero, do poço no qual não há água, eu clamo a ti, meu Deus. Do ventre do inferno, eu desejo libertação. Sim, quero eu ser salvo e hei de ser. Oh, dá-me a graça de que eu possa ficar são". Que nenhum de vocês possa continuar a ser contado entre aqueles que praticamente não dão resposta alguma a essa pergunta.

2. Em segundo lugar, existem muitos que dão *resposta evasiva* à pergunta. É a esses que desejo agora falar.

Queres ficar são? Anseio, meus queridos ouvintes, por lançar esta pergunta a todo aquele que não é convertido; mas já prevejo que, de muitos, não receberei resposta diferente. Provavelmente, haverá alguém dizendo: "Como posso saber se sou ou não um dos eleitos de Deus?" Amados, não é esta a pergunta. Esta pergunta não pode ser respondida agora, no atual estágio do processo; será respondida aos poucos. Mas por que razão você toca nesse assunto, a não ser para fechar seus olhos à séria pergunta que o texto levanta? Você quer ou não ficar são? Venha não se esquive da pergunta; venha até ela e a enfrente. Está disposto a se reconciliar com Deus, a obedecê-lo, ou não? Diga sim ou não, mas o diga com clareza. Se você deseja ser um inimigo de Deus, amar o pecado e a injustiça, então diga isso. Você terá sido honesto consigo mesmo e logo verá a si mesmo debaixo da verdadeira luz. Mas, se deseja realmente ser purificado do pecado e santificado, diga isso também. Não será coisa muito grande a ser dita, nada do que você deva se orgulhar. É nada mais do que um desejo, e isso nada tem que ver com glória.

"Bem", diz outro, "não tenho força para abandonar o pecado". Novamente, terei de dizer: a pergunta não é esta. É importante fazer distinção entre vontade e poder. Deus lhe dará o poder, esteja tranquilo, à medida que lhe der a vontade. O poder não existirá enquanto não houver vontade. Ao surgir à vontade, por menor que seja, surge algum poder; e então, quando a vontade se torna intensa, o poder se torna intenso também. Eles se erguem e caem sempre juntos. Mas essa não é a questão. Não lhe perguntei "o que você pode fazer?", mas, sim, "o que você gostaria de ser?" Gostaria de ser santo? Está, honesta e francamente, ansioso por ser liberto ainda hoje do poder do pecado? Esta é a pergunta, e eu realmente oro para que você, pelo amor de sua alma, olhe para o seu coração e responda a esta indagação diante dos olhos de Deus.

"Mas eu fiz muitas coisas ruins no passado", alega alguém, "e meus pecados de tempos passados me assombram". Embora eu fique feliz de que você tenha noção de seu pecado, quero lembrar-lhe, mais uma vez, que a pergunta não é essa. A questão não é quão doente você esteja, mas quão disposto a ficar são está. Sei que você é pecador, talvez até muito pior do que você mesmo acha que é. Por mais imundo que o seu pecado possa ser a seus olhos, ele, na verdade, é dez vezes mais sujo aos olhos de Deus. Assim, por natureza, você é um pecador totalmente perdido e condenado. Mas a pergunta agora é: *Queres ficar são?*, e não: "Você quer ter perdão de seus pecados passados e ser liberto da pena do pecado?" Não. Claro que isso irá acontecer. Mas, neste momento, você deseja ser liberto da concupiscência, que tem sido o seu prazer, e dos pecados que lhe têm sido os mais estimados? Você gostaria de ser liberto dos desejos de sua carne e de sua mente, dessas coisas das quais seu coração parece insaciável? Gostaria de se tornar aquilo que os salvos são que Deus é: santo, separado do pecado? É esse o desejo do seu espírito ou não?

3. Devo prosseguir agora para observar que existe uma grande quantidade de pessoas que *praticamente dizem "não"* a essa pergunta. Não fogem da pergunta, mas dizem honestamente "não". Ou melhor, devo modificar essa palavra. Tenho dúvida se elas honestamente dizem "não", pois, na verdade, dizem "não" com suas atitudes. "Eu gostaria de ficar são", declara alguém; mas, assim que o culto do Senhor acaba, volta para o seu pecado. Quem diz que gostaria de ser curado de sua doença, mas cede imediatamente, mais uma vez, àquilo que causou sua doença, só pode estar sendo desonesto ou insensato. Comer certos alimentos, digamos, faz que ele fique doente. O médico lhe diz que não mais faça isso; ele responde que sim, que deseja ser curado. Contudo, volta logo, mais uma vez, para os alimentos que causam a sua doença. É ou não um falso, um mentiroso? Aquele que diz que desejaria ficar são e brinca com seu velho pecado, não estará mentindo para si mesmo e para Deus?

Quando alguém deseja ficar são, costuma frequentar os lugares onde a cura é ofertada. Existem alguns, no entanto, que raramente vêm à casa de Deus, ou talvez venham apenas um domingo ou outro, de vez em quando ouvem o evangelho; ou então frequentam certos lugares chamados de lugares de adoração, mas onde o evangelho não é pregado, onde a consciência nunca é atormentada, onde as exigências da lei de Deus e as promessas do evangelho de Deus nunca são plenamente enfatizadas. Todavia, ficam bastante contentes em ter ido até ali e acham que fizeram bem, tal como um homem que, estando doente, não vai propriamente ao médico, mas a qualquer outro lugar onde haja suposta ação de cura, embora nenhuma cura jamais tenha realmente ocorrido por lá. Essa pessoa não deseja, na verdade, ficar sã; se o desejasse, não agiria desse modo.

Mais uma vez, quantos ouvem o evangelho, mas não ouvem com atenção! Uma notícia que venha da bolsa de valores será lida com os dois olhos; haverá uma queda ou uma subida das ações. Um artigo comentando o rumo atual do comércio — como é devorado pelas mentes, como sugam rapidamente sua mensagem e, então, vão e praticam aquilo que deve ser feito. Basta, porém, que o sermão comece a ser pregado, e o ministro já é logo julgado pela maneira que prega — como se alguém lendo uma carta manuscrita estivesse interessado em que as letras maiúsculas não estão bem caligrafadas ou o ponto da letra "i" não caiu exatamente em cima da letra; ou, ainda, se um homem de negócios lendo um artigo sobre o comércio pudesse simplesmente criticar seu estilo, em vez de se concentrar em procurar entender seu significado e agir ou não de acordo com aquela explanação. Como podem as pessoas ouvir e achar que a coisa mais importante é dizer depois se gostaram ou não do sermão? Como se o pregador enviado por Deus devesse ficar preocupado se você gostou ou não do seu sermão! Pois, de fato, seu objetivo não é satisfazer seu gosto pessoal, mas salvar sua alma; não é receber sua aprovação, mas ganhar seu coração para Jesus e levá-lo a reconciliar-se com Deus. É difícil pensar se se deve ou não gostar da pergunta "Queres ficar são?" Nenhum paciente precisa gostar do bisturi do cirurgião. O cirurgião que conscientemente remove uma carne esponjosa ou rapidamente impede que uma ferida piore não pode esperar apreço e admiração por sua faca enquanto o paciente ainda a sente. Tampouco o pregador, ao declarar fielmente a verdade, espera dos presentes que o elogiem ou sua aprovação. Se suas consciências o aprovam, isso, sim, é o suficiente.

Ah, meus ouvintes, vocês têm para nós, geralmente, ouvidos desatentos, ouvidos críticos, tudo, menos ouvidos dispostos à prática, o que só serve para provar que, afinal, embora encham nossas casas de oração, não estão interessados em ficar sãos. Muitos recebem o evangelho do mesmo modo que um paciente recebesse um livro sobre cirurgia e se distraísse com um conhecimento superficial dessa arte, não para descobrir o que poderia estar realmente ligado ao seu caso, muito menos para remover sua doença. É isso que vocês fazem também com a Bíblia. Vocês a leem como um livro sagrado, sim, mas sem ter grande interesse em seu conteúdo. Quão pouco vocês carregam consigo de um profundo desejo do coração de encontrarem Jesus, de se reconciliarem com Deus e serem libertos da ira divina por vir! Existem pessoas, portanto, que, tanto faz ouvir como não ouvir, dizem logo: "Não queremos ficar sãos".

Existem muitos, além disso, que não desejam ficar sãos porque o ato de serem feitos sãos envolveria a perda de sua posição atual na sociedade. Não querem abdicar de seus ganhos pecaminosos ou de suas companhias ímpias. A fé, segundo pensam, os envolveria em algum tipo de perseguição, e eles não gostariam de ser vistos com desprezo, fosse como um batista, um metodista, um presbiteriano. Não gostariam de arcar com a tremenda dificuldade de percorrer uma estrada pedregosa que possa levar ao céu. Preferem até ir para o inferno, contanto que a estrada que os leve até lá seja plana e agradável. Acham ser melhor estar perdido com a aprovação dos tolos do que estar salvo sob o escárnio dos ímpios. Julgam inconveniente ser gracioso, enfadonho ser piedoso, desonroso ser devoto e que é tolice ser correto. Ficariam plenamente satisfeitos em receber a coroa da glória sem luta, a recompensa sem a prestação do serviço. Desfrutariam assim da doçura da saúde da alma, sem terem de se juntar aos miseráveis e imundos. Pobres tolos!

Graças a Deus, existem alguns que podem dizer "sim, sim, eu quero ficar são", e é sobre eles que vou falar a seguir.

III. UMA RESPOSTA AFIRMATIVA SINCERA À PERGUNTA LEVA A CONCLUIR QUE UMA OBRA DA GRAÇA ESTÁ SENDO INICIADA NA ALMA.

Se qualquer dos meus ouvintes puder sinceramente dizer "sim, meu grande desejo é ser liberto do pecado", meus queridos amigos, fico imensamente feliz com o privilégio de lhe ter falado esta manhã. Sim, você pode dizer: "Isso não é medo de punição; pois o pecado é punição suficiente para mim. Se eu fosse para o céu continuando a ser o pecador que sou, então não seria céu para mim. Quero ficar limpo de todas as minhas faltas, sejam de pensamento, palavras ou atos; e, se eu puder ser perfeito mesmo sendo doente ou pobre, serei perfeitamente feliz". Se o Senhor fez que você desejasse a santidade, já existe no seu coração o embrião da graça, a semente da vida eterna. Brevemente você estará se regozijando por haver nascido de novo e ter passado da morte para vida. Você deve estar dizendo: "Quem me dera pudesse ver isso concretizado, quem me dera pudesse sentir essas coisas!" Na verdade, não creio que uma pessoa destituída da graça possa ter desejo sincero, honesto e intenso de santidade. Assim, se você deseja usufruir da alegria e da paz que daí resultam, devo lhe dizer, com toda a sinceridade, o que Jesus disse ao pobre homem em Betesda: "Toma o teu leito e anda". Ouça, portanto, a palavra do Senhor, esta manhã. Confie nele agora, imediatamente, confie na obra completa de Jesus Cristo, punido na cruz, como nosso substituto, pela culpa do homem. Confie nele e você será uma alma tanto alegre quanto salva. "Por acaso tenho poder para crer em Cristo?", pode alguém perguntar. Eu respondo: "Sim, você tem poder. Eu não diria a todo homem 'você tem poder de exercer sua fé', pois o desejo da vontade é morte para o poder moral. Contudo, se você está disposto, tem o direito, o privilégio, o poder de crer que Jesus morreu por você, de crer que Deus o levou a desejar a santidade, preparada para você. O instrumento por meio do qual isso vai agora se realizar em você é a sua fé. *O mesmo Espírito que opera em você o querer está efetuando agora o realizar, segundo a sua boa vontade* (Fp 2.13). Então, olhe para Cristo e seja salvo. Oro para que alguns de vocês possam alcançar esta manhã a paz perfeita, ao olharem para Cristo.

"Eu desejo a santidade", diz você. Sim, e ela pode parecer uma coisa estranha, mas, verdade seja dita, enquanto você procurar santidade em si mesmo, nunca a encontrará; mas se você olhar para fora de si mesmo, na direção de Cristo, a santidade chegará a você. Nesse exato momento, o próprio desejo que você terá virá a você procedendo dele. É o início do novo nascimento de sua alma. Oro para que você olhe para fora, para bem distante de seus melhores desejos, na direção do Cristo na cruz; este será o momento da sua salvação.

Pode parecer pouco ter um desejo, mas esse desejo que descrevi não é pouca coisa; é muito mais do que a natureza humana já produziu por si mesma, e somente Deus, o Espírito eterno, pode implantá-lo. Estou persuadido de que uma fé viva e salvadora sempre caminha com ele e, mais cedo ou mais tarde, chega à superfície, trazendo consigo alegria e paz.

IV. Por fim, SE ESTA PERGUNTA FOR RESPONDIDA DE FORMA NEGATIVA, devo lembrar, CORRE-SE O PERIGO DA PRESENÇA DOS MAIS TEMÍVEIS PECADOS.

Gostaria de não ter de pregar sobre este último ponto, mas preciso fazê-lo, por mais doloroso que seja. Existem alguns aqui, como em toda parte, que não estão dispostos a ficar sãos. Você, meu amigo não convertido, espero que não possua esta disposição. Se não, enfrente isso agora, eu oro, ou terá de enfrentar tal situação em breve. É simples. Se você prefere a si mesmo, em detrimento de Deus; se você prefere agradar a si mesmo em vez de agradar-lhe; se prefere o pecado à santidade — olhe para isso com atenção e de maneira justa. O pecado tornou-se sua própria escolha, sua opção intencional. Você se acha pecando agora e frequentemente, e o faz e o fará, temo eu, e continuará a fazê-lo, se a graça de Deus não o impedir. Encare essa questão, pois no leito de morte, quem sabe, em breve, você a verá sob a luz da eternidade. Há de confirmar, então, que preferiu os prazeres desta vida ao céu; preferiu a diversão e o deleite, a justiça própria, o orgulho e a vontade própria, em alguns anos passageiros, à glória e à bênção de obedecer perfeitamente a Cristo e de estar em sua presença eternamente, para sempre. Quando você morrer — ou melhor, quando passar a viver em outro estado —, você irá maldizer a si mesmo por ter feito a escolha errada que fez. Quando estiver agonizante, moribundo, mas não salvo, um pensamento surgirá em sua mente: "Oh, não estou aqui a contragosto nesta condição de não salvo, mas, sim, porque, tolamente, não quis ficar são, não quis ser um crente em Cristo, quis ser um insensato pecador impenitente. Ouvi várias vezes o evangelho e o tive diante de mim, mas deliberadamente o passei para trás e assim permaneci naquilo que sou; e agora morro não perdoado e não santo, e isso por uma tola escolha minha". Lembre-se: nenhum homem espiritualmente doente pode entrar no céu. É preciso tornar-se são; caso contrário, será excluído da glória. Não podemos ingressar no Santo dos Santos sem que sejamos santos. Você, ó alma não curada, se permanecer como está jamais poderá se colocar na presença de Deus. Você escolheu, de maneira deliberada, nunca ser admitida nos átrios do paraíso.

Além disso — e como isso vai atingi-lo em breve (quão cedo eu não sei, nem você) —, não podendo entrar no céu, não tendo sido eleito para entrar no céu, restará apenas outra coisa, ou seja, ser lançado fora da presença de Deus, nas chamas eternas de sua ira. O fato de você perecer por seu próprio consentimento certamente será um dos aguilhões do inferno. Você irá clamar: "Eu escolhi isso, eu escolhi isso. Que tolo eu fui, pois desejei isso". O que é o inferno? É o pecado plenamente desenvolvido. Quais serão seus pensamentos no inferno? "Eu escolhi isso, essa coisa que me envolveu em uma miséria para a qual nunca pude ver qualquer saída; é uma morte da qual não pode haver libertação. Devo morrer para Deus, para a santidade e para a felicidade e existir para sempre nessa morte eterna, nessa punição eterna; e tudo porque desejei ter isso, porque é resultado de decisão do meu próprio livre-arbítrio."

Por favor, encare isso, eu lhe peço. Este parece ser o mais terrível elemento de toda a situação do pecador perdido. Se, ao ser lançado no inferno, eu pudesse dizer "estou aqui por causa de um decreto de Deus e por nenhum outro motivo", então poderia encontrar alguma coisa com a qual robustecer o meu espírito para suportar a penúria da minha condição de perdido. Mas se no inferno eu for compelido a sentir que a minha ruína é uma coisa provocada única e tão somente por mim mesmo, e que eu pereci por causa do meu próprio pecado, por minha rejeição pessoal a Cristo, então o inferno é realmente um inferno. Estas chamas, foram elas acesas por mim mesmo? Esta prisão, é ela uma construção feita por mim? Esta porta tão firme é a minha própria barreira? Então, tudo o que restava de consolação será retirado da minha alma para sempre.

Contudo, meu querido ouvinte, espero que você diga "eu realmente desejo ficar são". Então, deixe-me lembrá-lo, mais uma vez, que o único lugar para encontrar a realização desse desejo é ao pé da cruz. Coloque-se ali e espere pelo grande redentor. Já existe alguma vida em você, e o Salvador vai aumentá-la. Coloque-se diante da cruz, de onde são derramadas suas preciosas gotas de sangue. Creia que ele derramou esse sangue por você e que você é salvo. Vá então até ele, você, que deseja ficar são. Jesus também assim o deseja. E lhe diz: *Quero; sê limpo* (Lc 5.13).

19

O HOSPITAL DOS EXPECTANTES VISITADO PELO EVANGELHO

Disse-lhe Jesus: Levanta-te, toma o teu leito e anda (Jo 5.8).

Era sábado. Onde Jesus passaria aquele dia e de que maneira? Temos certeza de que ele não o passaria de maneira profana ou fazendo alguma coisa frívola. O que faria? Faria o bem, pois, para ele, era lícito fazer o bem no sábado. Mas onde? Jesus sabia que, em Jerusalém, havia um cenário particularmente doloroso: a visão de um grande número de pessoas pobres, cegas, aleijadas, paralíticas, que permaneciam ao redor de um tanque de água, esperando somente por uma bênção, que raramente se manifestava. Ele pensou seriamente em ir até lá fazer o bem, pois lá o bem se fazia bastante necessário. Oxalá todos os servos de Cristo sentissem que a mais urgente necessidade deve ter clamor maior sobre eles; que onde haja a maior necessidade deve ser o lugar onde se deva exercer a maior bondade; enfim, que nenhuma maneira de se passar um dia de descanso pode ser melhor do que levar o evangelho da salvação àqueles que dele mais necessitam.

Mas aquele sábado era também um dia de festa, uma grande festa para os judeus, e Jesus viera a Jerusalém para participar da sua celebração. Onde a festejaria? Teria alguém o convidado para ir à sua casa? Havia Maria, Marta e Lázaro lá em Betânia. Eles o convidariam? Às vezes, até mesmo os fariseus e publicanos abriam suas casas e faziam-lhe um banquete, ainda que comer bem não fosse propriamente o interesse dele. Onde iria? Seria uma escolha singular o fato de dizer para si mesmo "minha festa será entre os cegos, os paralíticos e os aleijados"? Não, isso não seria estranho para Jesus, pois disse, certa vez, a alguém que o havia convidado para ir à sua casa: *Mas quando deres um banquete, convida os pobres, os aleijados, os mancos e os cegos; e serás bem-aventurado; porque eles não têm com que te retribuir; pois retribuído te será na ressurreição dos justos* (Lc 14.13). Aquilo que aconselhou que os outros fizessem certamente ele mesmo faria. É como se estivesse dizendo: "Minha festa será em um hospital. Usarei esse dia, separado tanto para o descanso quanto para a alegria, para ir aonde as pessoas doentes se amontoam, pois, para mim, ser feliz é ser misericordioso; é abençoar os homens; é encontrar descanso para meu coração". Cristo festeja mais alegremente quando faz o bem. Quanto maior o ato de sua liberalidade — quanto mais elevado o ato de poder operado por meio do seu amor —, mais sua abençoada natureza fica repleta de descanso e alegria.

Pense agora, então, em o Salvador indo até Betesda, determinado a que, no lugar onde justamente a tristeza e a doença reinavam supremas, ele iria exercer sua imensa misericórdia e vencer o mal. Convido você a irmos, seguindo o Salvador, até *o tanque de Betesda,* lugar que chamarei de O HOSPITAL DOS EXPECTANTES, DAQUELES QUE ESPERAM. Enquanto estivermos ali, notaremos que *Jesus Cristo fixa seus olhos na pessoa mais desesperada entre todos aqueles que esperam por companhia.* Então, em terceiro lugar, notaremos com alegria *como nosso Senhor se relacionou com aquele homem de acordo com o estilo do evangelho.*

I. Disse eu que, antes de mais nada, iríamos até O TANQUE DE BETESDA, com seus cinco alpendres, lugar que eu chamei de *o hospital daqueles que esperam*; pois todas aquelas pessoas ali presentes nada mais estavam fazendo senão uma única coisa: esperando — esperando o mover das águas. Na verdade, nada mais havia ali que pudessem fazer. Estavam todos ali deitados, doentes, olhando com olhos ansiosos para o tanque, na esperança de ver sua água se agitar, de ver talvez um círculo ou mais se abrindo em sua plácida superfície. E o esperavam ansiosos por mergulhar nele imediatamente, pois o primeiro que então entrasse na água receberia cura — apenas esse e ninguém mais. Não disse que era o hospital dos que esperam?

Podemos facilmente encontrar uma boa quantidade de pessoas que esperam nos dias de hoje. Gostaria que assim não fosse, mas muita gente está sempre esperando. Acho que conheço um número dessas pessoas capaz de encher os cinco alpendres de Betesda.

Alguns estão esperando *por uma ocasião propícia*. Têm uma vaga noção, talvez, de que essa ocasião chegue quando estiverem em um leito de doença, possivelmente já no leito da morte. É este seu grande erro. Ouviram um dia o evangelho e creem que é verdadeiro, embora não o tenham aceitado. Vão então, continuamente, a lugares de adoração, dizendo para si mesmos: "Espero que, um dia desses, eu seja capaz de me apegar a Cristo e ser curado da doença do meu pecado; mas não agora". Há quantos anos alguns de vocês estão esperando pela ocasião propícia — cinco, seis, oito, dez, vinte anos? Conheço alguns que já esperam há vinte anos ou mais. Lembro-me de lhes haver falado a respeito da situação de sua alma. Eles me disseram, então, que não pretendiam negligenciar o assunto; que estavam aguardando uma ocasião propícia e o tempo ainda não havia chegado. Não explicaram exatamente o que é que se colocava em seu caminho impedindo-os, mas parece que era alguma coisa que deveria desaparecer ou ser solucionada em poucos meses, talvez semanas. Contudo, aquilo não foi embora, e eles ainda estão esperando. Temo que fiquem esperando para sempre, até chegar o dia do juízo final e encontrá-los não salvos. Estão sempre contando com o amanhã. Mas o amanhã não é propriamente um dia que você encontre em uma folhinha: não é encontrado em lugar algum, a não ser no calendário do tolo. O homem sábio vive o hoje: o que de bom vem às suas mãos para ser feito, ele o faz imediatamente, com todas as suas forças. Hoje é o tempo de Deus e, uma vez que estamos salvos, é também o nosso momento. Contudo, muitos ficam esperando até que suas juntas endureçam, seus olhos fraquejem, seus ouvidos fiquem moucos e seus coração mais e mais insensível. Ó símplices, será assim para sempre? Vocês vão ficar esperando até serem lançados no inferno?

Em um segundo alpendre, existe uma multidão de pessoas esperando *por sonhos e visões*. Talvez você pense que haja poucas pessoas ali, mas não há tão poucas assim quanto se imagina. Acham que, talvez, em uma noite dessas, quem sabe, tenham um sonho bem vivo do juízo, que irá certamente fazê-los acordar assustados; ou então uma radiante visão dos céus, com a qual irão, sem dúvida, despertar fascinados. Costumam estar lendo a biografia de alguém que um dia viu alguma coisa no ar, ou ouviu uma voz, ou então um texto das Escrituras que "se fixou em sua mente" (como eles dizem); e esperam que sinais e maravilhas como esses venham a acontecer também em sua vida. Estão sempre muito ansiosos para que isso aconteça; todavia, seu erro maior é que desejam ou esperam que aconteça imediatamente. Essa é a razão por que permanecem ali, deitados junto ao tanque de Betesda, esperando, esperando e esperando, como se não pudessem crer em Deus, mas prontos a crer em um sonho. Não são capazes de confiar nos ensinamentos das Sagradas Escrituras, mas conseguem crer em uma voz que imaginam soar em seus ouvidos, embora possa ser simplesmente o canto de um pássaro, ou até mesmo não ser absolutamente coisa alguma. Confiam em sua imaginação, mas são incapazes de confiar na palavra de Deus como está escrita no Livro dos livros, tão inspirado. Querem, na verdade, algo acima e à frente da segura palavra do testemunho de Deus. Para eles, este testemunho não é suficiente. Exigem o testemunho da fantasia ou dos seus sentidos e ficam esperando no alpendre junto ao tanque até que isso aconteça. O que é esta atitude senão uma descrença afrontosa a Deus? Não deveriam crer no Senhor antes de ver o sinal ou a maravilha que corrobore seu testemunho? Tal espera é, na verdade, uma ofensa, uma provocação, ao altíssimo.

O terceiro alpendre está cheio de pessoas que esperam por *um tipo de compulsão*. Ouviram dizer que aqueles que se achegam a Cristo são atraídos pelo Espírito de Deus. Acreditam na doutrina da graça, e fico feliz que isso aconteça, pois até aí estão certas. Interpretam, porém, a doutrina de maneira errada, supondo que o Espírito de Deus leve os homens a fazerem isso ou aquilo totalmente contra a vontade deles e à força. Sua ideia parece ser a de que os homens são levados para o céu arrastados ou puxados pelas orelhas. Pelo fato de a Bíblia falar de *cordas humanas e laços de amor* (Os 11.4), fazem dessas imagens uma tradução errada. Acredite-me: o Espírito de Deus nunca age para com o coração humano do mesmo modo que você e eu, por exemplo, agiríamos com uma caixa fechada cuja chave se perdeu. Não arrebenta nem força com um pé de cabra. Age com os homens como *seres humanos*, respeitando as leis da nossa natureza. Deus nos prende com cordas, sim, mas cordas; com laços, sim, mas laços *de amor*. É por meio da iluminação do juízo que ele influencia nossa vontade. Leva-nos a discernir as coisas sob uma luz diferente, por meio da instrução que nos dá, e, mediante essa luz clara e brilhante, influencia a nossa compreensão e o nosso coração. As coisas terrenas que erroneamente idolatrávamos, são vistas então como são, como um mal para nós, e passamos a evitá-las; as coisas espirituais, que um dia desprezamos, são vistas como são, como o bem para nós, e passamos a preferi-las. Essas pessoas, no entanto, fantasiam que serão levadas à força ao arrependimento, quer queiram quer não, que serão obrigadas a crer em Cristo, desejem ou não. Não é assim que o Espírito Santo age.

Deixem-me adverti-los, aliás, de um grande pecado, que é o de se colocar o Espírito Santo em contraste ou oposição a Jesus Cristo. A Palavra diz: *Crê no Senhor Jesus e serás salvo* (At 6.31). Assim, alguém dizer "estou esperando pelo Espírito Santo" é colocar Jesus em uma espécie de oposição ao Espírito. Perceba que o Pai, o Filho e o Espírito Santo não somente concordam inteiramente entre si, mas, sobretudo, eles *são um*, sendo, portanto, o testemunho de Jesus o testemunho do Espírito Santo. Ao operar nos homens, o Espírito Santo opera com as coisas de Cristo, não com qualquer outra novidade. Toma as coisas de Cristo e as mostra a nós. Se alguém rejeitar o evangelho, que diz "creia e viva", está rejeitando o Espírito Santo; e este não lhe trará nenhum outro evangelho, mas fará que creia em Jesus. Ou você tem Jesus ou irá morrer em seus pecados. Se você se recusar a obedecer à sua palavra no evangelho, nem Deus Pai nem Deus Espírito Santo vão se interpor para livrá-lo. Jesus Cristo tem o Espírito, que dá testemunho dele e convence os homens do pecado, por não crerem nele. O Espírito nos leva não a confiarmos em alguma obra acima ou além da obra de Jesus, mas simples e unicamente descansar na expiação que Jesus realizou. Ai daqueles que se colocam doutrinariamente em algum lugar que não seja este!

Um quarto alpendre é bastante atraente para muitas pessoas, particularmente na época em que vivemos. As pessoas estão ali à espera de *um reavivamento*. Temos ouvido notícias bem agradáveis, com as quais nos regozijamos, sobre grandes reavivamentos em diferentes partes da Inglaterra, da Escócia e da Irlanda. Há algumas pessoas que dizem: "Oh, se um reavivamento acontecesse aqui, eu me converteria"; ou, então: "Se um ou dois honrados servos de Deus viessem aqui e promovessem cultos de reavivamento, certamente, seríamos convertidos". Estão com os olhos voltados mais para os homens e a "badalação" dos acontecimentos. Agradeço a Deus por todo reavivamento genuíno e, em todas as vezes que ele opera, rejubilo-me com isso. Contudo, supor que a ordem de pregação do evangelho foi suspensa por algum tempo até que venha um reavivamento, é supor um tremendo engano. O evangelho diz: *Arrependei-vos, e cada um de vós seja batizado* (At 2.38). Foi isso o que Pedro disse no dia de Pentecostes; ou, em outras palavras, *crê no Senhor Jesus e serás salvo*. O chamado do evangelho é *hoje, se ouvirdes a sua voz, não endureçais os vossos corações* (Hb 3.15). Ele não diz "espere, espere, espere até que venham tempos adequados; espere a chegada de um reavivamento". Sou inclinado a pensar que, mesmo se viesse um reavivamento, as pessoas que estão agora fazendo dele uma desculpa para o atraso estariam num estado tal que a probabilidade de obter uma bênção seria bem pequena. Se acham que conseguiriam uma bênção, isso teria toda a possibilidade de ser um erro, pois essas pessoas estariam dependendo dos homens e da agitação da carne, sem olhar para Jesus, que é capaz de salvá-las agora, assim como ele faria num reavivamento. Jesus continua sendo capaz de salvar por meio da minha voz ou até mesmo por nenhuma voz, assim como por qualquer outro homem, por mais útil que o homem possa ser. Temo que existam pessoas demais esperando nesse alpendre.

Muitos estão aguardando no último alpendre, o da *espera por um sentimento*. Eles querem ter um sentimento arrebatador. Esperam que, para isso, o ministro pregue um sermão arrasador e alarmante. Querem que o pregador seja muito animado, agitado, direto, como deve ser, e ao mesmo tempo que os conserte, atirando uma flecha bem em sua carne e possam traspassar seu coração, pois isso é o que mais almejam. Vêm às reuniões todo domingo e têm sido profundamente tocados; têm ficado perturbados, sentindo-se como se mal pudessem ouvir o sermão inteiro; contudo, têm podido superar essa situação e, por isso, ainda esperam e esperam. Quando poderei alcançá-los? De que forma devo pregar? Caro que, se eu soubesse de que maneira poderia levá-los a Jesus, teria o maior prazer em lançar mão dela. No entanto, não posso entregar qualquer outro evangelho senão este mesmo que prego e não posso fazê-lo de maneira mais direta nem o consigo fazer de forma mais sincera, pois o que desejo é simplesmente a salvação dos pecadores, de todo o meu coração. Muitos, naturalmente, podem pregar até melhor do que eu, mas poucos pregam mais que eu com o coração. E se o prezado amigo estiver esperando que eu faça alguma coisa mais, estará esperando em vão, pois nada tenho melhor a lhe oferecer. Eu tenho lhe mostrado as feridas do Salvador e pedido que você olhe, creia e viva. Se você não deseja esta salvação, não tenho outra esperança para colocar diante de você. Se não quiser confiar no meu Senhor, nem mesmo um anjo do céu, se pudesse vir, lhe poderia dar outra esperança. Se as pessoas não ouvirem o evangelho que tenho pregado, não se converterão, nem que alguém venha a ressuscitar dos mortos.

Acabo de lhes mostrar, assim, os cinco alpendres, onde estão os que esperam, junto do tanque de Betesda. Agora vou-lhes dizer francamente por que acho que estão erradas em esperar. Colocarei uma teoria perante vocês. Aquelas pessoas esperavam porque supostamente vinha de vez em quando um anjo e agitava a água; e aquele que então nela entrasse primeiro seria curado. Essa era a ideia daqueles doentes. Não olharam para Jesus, nenhum deles o viu. Não teriam ouvido falar que Jesus curava doentes? Nunca tinham ouvido falar da mulher que veio por trás dele no empurra-empurra da multidão, tocou suas vestes e ficou curada do seu fluxo de sangue? Nunca ouviram falar do filho do oficial que estava a ponto de morrer e que teve a vida restaurada? Nunca ouviram coisa alguma de tudo isso? Eu não sei se ouviram ou não. O certo é que eles jamais tentaram chegar a Jesus, nem clamaram por ele, quando ali entrou. Confiavam só e totalmente no tanque, no anjo e no mover da água, e assim continuaram. Se fossem mais sábios, já teriam pensado: "Isso aqui é completamente incerto, só acontece raramente, de vez em quando. Mas esse Jesus disse *o que vem a mim de maneira nenhuma o lançarei fora* (Jo 6.37) e ele parece ser capaz de *salvar perfeitamente os que por ele se chegam a Deus* (Hb 7.25). Melhor seria, então, que nos rastejássemos, se necessário, da melhor maneira que pudéssemos, para chegar a seus pés, olhar para sua face e clamar: *Tem compaixão de nós, Filho de Davi* (Mt 9.27)". E aqui está minha teoria — a teoria da oposição ao evangelho. Com a ajuda do Espírito Santo, quero expô-la, para então destruí-la . É a teoria da espera, a teoria de se procurar alguma coisa, sem olhar para Cristo e tão somente para ele. Essas pessoas davam grande importância *ao lugar*. Não saíam dali, junto do tanque de Betesda. Aquele era o lugar. Se havia algum bem que pudesse ser alcançado, deveria ser alcançado somente ali, e não mais em parte alguma. Constatamos, assim, que as pessoas que esperam frequentemente atribuem grande importância ao lugar onde adoram a Deus. Elas esperam encontrar a salvação somente ali. Você não sabe que Jesus pode salvar sua alma amanhã de manhã no seu trabalho, tanto quanto no próximo domingo no templo? Não sabe que Jesus é Salvador tanto no sábado quanto no domingo? Não sabe que, enquanto você caminha pela rua, seja quando ou onde for, basta lhe sussurrar uma oração que ele é tão poderoso para salvá-lo ali mesmo e naquele instante quanto o seria se você estivesse de joelhos em sua casa, ou sentado aqui ouvindo o evangelho? Ele está em todo lugar onde há um coração que o deseja. Em todo canto onde haja um olhar que deseja se voltar para Jesus com fé, ali está ele. Não existem tanques de Betesda — nenhum lugar separado para monopolizar a dispensação da misericórdia divina:

> Onde quer que o buscarmos, o encontraremos,
> E em todo lugar, sagrado local teremos.

Sim, achegue-se a ele nestes mesmos bancos, pois este é o lugar onde ele está; mas, se você estiver deitado em seu leito de dor, asseguro-lhe que ele estará ali também. Se você estiver trabalhando em uma bancada do carpinteiro; se estiver no campo conduzindo o arado, nada mais tenho a lhe dizer senão isto: *A palavra está perto de ti, na tua boca e no teu coração; porque, se com a tua boca confessares a Jesus como Senhor, e em teu coração creres que Deus o ressuscitou dentre os mortos, serás salvo* (Rm 10.8,9). A teoria de que devemos esperar no tanque das ordenanças é o evangelho do anticristo. O evangelho de Cristo é: *Crê no Senhor Jesus e serás salvo*.

O HOSPITAL DOS EXPECTANTES VISITADO PELO EVANGELHO | 183

Muitos alegam que precisam aguardar por *sinais e maravilhas*. Os que esperavam em Betesda aguardavam a manifestação de um anjo. Não sei se já o tinham visto alguma vez ou se a água era agitada misteriosamente por uma asa angélica invisível. Todavia, esperavam por um anjo — um mistério. Há pessoas que gostam de um mistério, mas quase sempre esse seu desejo ardente é de natureza maligna. Ainda que, sob certo aspecto, o evangelho seja o mistério da justiça divina, no que se refere aos pecadores, no entanto, é a coisa mais clara do mundo. É simplesmente isto: *Crê no Senhor Jesus e serás salvo* (Rm 10.8,9). É crer naquele que foi feito propiciação pelo pecado. O sangue de Jesus é uma oferta substitutiva feita à justiça de Deus no lugar da nossa morte. Todo aquele que confia que Cristo colocou-se em seu próprio lugar, aceitando-o assim como seu substituto, é um ser humano salvo. Os padres tentam fazer de tudo um mistério, hoje em dia, mas é essa a palavra que está escrita na testa da prostituta da Babilônia, de acordo com o livro de Apocalipse: "MISTÉRIO, A GRANDE BABILÔNIA, A MÃE DAS PROSTITUIÇÕES". A missa é considerada um mistério, e as cerimônias católicas são todas chamadas de mistério. O latim é utilizado para fazer do culto um mistério. O próprio padre se reputa um mistério. O batismo é um mistério. Contudo, no evangelho de Jesus Cristo, a verdade essencial é clara como a água — "legíveis apenas pela luz que dão, brilham as palavras que a alma despertarão: creia e viva". Até mesmo um homem ignorante pode entender perfeitamente isso. Confie em Cristo; aceite Cristo como seu substituto diante de Deus, e você será salvo em um instante — imediatamente.

No entanto, eles esperam por um mistério, anelam um mistério. Até mesmo supõem que o próprio Espírito Santo viria sobre eles para deixar o evangelho um tanto complicado de entender, mas o que ele faz é tornar o evangelho ainda mais claro para nós. Quando vem, o Espírito Santo elimina todo mistério, remove as escamas de nossos olhos e faz que vejamos que é muito simples receber Jesus Cristo e tornar-se um filho de Deus.

Os que esperam, os que dão importância demais a um lugar e almejam um mistério qualquer, parecem estar aguardando também uma *influência intermitente*. O anjo agitava a água do tanque apenas em determinada ocasião. Assim, parecem fantasiar que existem certos momentos ou épocas em que Cristo esteja disposto a receber os pecadores e intervalos ocasionais em que devam esperar encontrar a salvação; embora a misericórdia de Deus não seja como o tanque de Betesda, com a água agitada de vez em quando, mas, sim, uma fonte de água que jorra incessantemente. Todo aquele que crê em Jesus pode perfeitamente constatar que, faltem quinze minutos para as oito ou sejam exatamente oito horas da noite, Cristo está pronto a receber todo pecador. *Tudo está pronto; vinde às bodas* (Mt 22.4) é uma das proclamações do evangelho. Pronto, e pronto agora, não às vezes, mas todo o tempo; não ocasionalmente, somente aos domingos, em dias especiais ou em dias de reavivamento, mas *hoje, se ouvirdes a sua voz* (Hb 3.15). Eis aqui agora o tempo aceitável, eis aqui agora o dia da salvação (2Co 6.2).

Contudo, porque as pessoas acham que exista certa influência intermitente, creem que tudo o que têm a fazer é esperar a ocasião, e de uma maneira bastante singular. Se meu enforcamento estivesse marcado para amanhã de manhã, e eu soubesse que foi feita uma apelação para me perdoar, como acha que eu deveria esperar pelo resultado? Supondo que eu não tivesse esperança do céu, e sabendo que poderia ser enforcado amanhã de manhã, mas tivesse uma tênue esperança de receber o perdão, acha que eu iria dormir aquela noite? Ou faria eu uma festa e beberia até me embriagar? Não, a minha vida, a minha vida está em perigo; poderia brincar? De que maneira os marinheiros náufragos esperam pelo bote salva-vidas? Você acha que ficam inertes? Não, forçam seus olhos buscando ver o bote em todo lugar do oceano, procurando sinalizar por meio de gestos, implorando por ajuda. Por acaso iriam dormir nos restos do navio naufragado, dizendo "se é para sermos salvos, então seremos salvos; vamos dormir"? Não, eles esperariam, mas, assim que surgisse uma corda lançada por um navio que viesse resgatá-los, estariam prontos a agarrá-la em um minuto, sem nada mais esperar. Em noventa por cento dos casos, os homens estão mentindo ao dizer que estão esperando por Cristo; pois não demonstram nenhuma ansiedade, nenhuma intranquilidade dolorosa da mente que acompanha toda espera significativa verdadeira. É uma espera de faz de conta, uma mera desculpa.

Seja qual for o tipo de espera, no entanto, ela contraria claramente o evangelho, que nunca diz uma palavra sequer sobre esperar, mas, sim, que determina aos homens que creiam e vivam. Além disso, essas pessoas estão esperando por uma influência, supostamente, *bastante limitada*. Somente uma pessoa por vez era curada em Betesda, a primeira que caísse na água. Assim, toda vez que aqueles que esperavam viam alguém conseguindo ser salvo, certamente concluíam que este estivesse em condição privilegiada e mais favorável do que eles, ou seja, que fora colocado em melhor condição de obter a cura. Assim também, há os que pensam estarem sempre colocados por último e não serem capazes, jamais, de poder chegar ao tanque maravilhoso. Isso é um grande erro. Jesus Cristo está perto de todos aqueles que o buscam, indiscriminadamente. Se alguém tem uma boa moral, o evangelho lhe diz: "Creia". Se um homem é imoral, o evangelho clama: "Creia". Se o homem é um rei, o evangelho lhe ordena: "Creia"; se ele for um mendigo, o evangelho lhe indica: "Creia". Se um homem é cheio de justiça própria, o evangelho aponta para Cristo e lhe diz para deixar a justiça própria, apodrecida pelo pecado; o evangelho lhe ordena abandonar seu pecado e olhar para Jesus. O pedestal de onde o evangelho se dirige aos pecadores é o mesmo em relação a todos, em todos os lugares e em todos os tempos. Não tem nem mais nem menos a dizer para a prostituta do que para a mulher cristã; apresenta o mesmo perdão para o grande e o pequeno pecador (se é que existe tal coisa); traz a mesma rica linguagem ao maior dos pecadores e ao filho de pais piedosos. Não tenha, irmão, ideias falsas em sua cabeça. *O mesmo Senhor o é de todos, rico para com todos os que o invocam* (Rm 10.12). A bênção vem mediante a fé. Diz a Palavra que *o Senhor conhece os seus* (2Tm 2.19). Ao pregarmos o evangelho, não obedecemos a uma ordem especial, oculta, mas tão somente à ordem clara que o Senhor nos dá: *Ide por todo o mundo, e pregai o evangelho a toda criatura. Quem crer e for batizado será salvo* (Mc 16.15,16). Aquele que me ordenou pregar a toda criatura não me pediu para isentar nem uma alma sequer da mensagem.

Procurei mostrar-lhes, assim, por que tantos esperam. Quero apenas adicionar mais um detalhe. Alguns dos que esperam colocam também boa quantidade de confiança *em outras pessoas*, como disse aquele pobre homem em Betesda: *Não tenho ninguém que, ao ser agitada a água, me ponha no tanque* (Jo 5.7). Quase todo dia, recebo cartas de pessoas bastante aflitas, pedindo-me para orar por elas, o que faço com atenção; mas, como regra geral, eu lhes digo: "Querido amigo, suplico-lhe que não procure acalmar sua mente pedindo que eu ore por você. Não deve ser essa a sua esperança. *Crê no Senhor Jesus e serás salvo*, quer alguém ore por você quer não". Procuro, assim, afastá-las de colocar toda a sua confiança nas orações de outros, mas, sim, levá-las somente a Jesus. Não diga "vou pedir aos meus amigos que orem por mim e, então, ficarei tranquilo". Não descanse nisso. Lembre-se que deve buscar Jesus Cristo, e não as melhores orações. Se você olhar para Jesus, terá salvação imediata; mas, mesmo se toda a igreja de Deus dobrasse seus joelhos neste momento e ficasse orando por você pelos próximos cinquenta anos, mesmo assim, se você não cresse em Jesus Cristo, estaria condenado. Se você mesmo orar em seu favor e olhar somente para Jesus, será salvo.

Não acham ter sido isso o suficiente para termos falado sobre o sombrio hospital cheio de pessoas que esperam?

II. Vamos falar agora, por alguns minutos, sobre o segundo ponto. Jesus Cristo entrou no hospital, olhou ao redor e escolheu o HOMEM MAIS DESESPERADO DALI. Fiquei feliz em ler no boletim do culto, distribuído no salão, uma linha que diz: "Os mais pobres são os mais bem-vindos". Esta é uma frase baseada no evangelho. Cristo gosta de conceder sua misericórdia àqueles que mais precisam dela. Ali estava aquele homem, em Betesda, sem nem saber de Cristo. O Senhor, porém, vai até ele e olha para ele. Ele não conhece Jesus Cristo, mas Cristo o conhece e sabe que ele está ali, naquela situação, há muito tempo. Sabe que o homem está inválido há 38 anos. Jesus sabe de tudo isso. Antes mesmo de o homem lhe dizer, Jesus sabia que ele já havia passado por muitas frustrações, e era o que realmente acontecia. Nas limitadas condições de seu corpo paralisado, ele já havia tentado incontáveis vezes entrar na água, mas até mesmo um cego que conseguisse chegar perto da borda e tivesse mobilidade para entrar no tanque antes que todos os outros saía com seus olhos abertos, enquanto esta pobre criatura, em pânico, jamais conseguia chegar na água a tempo. Ele assistiu a muitos outros sendo curados, e isso fazia que sua doença lhe parecesse

O HOSPITAL DOS EXPECTANTES VISITADO PELO EVANGELHO

| 185

cada vez mais dolorosa, ainda que não lhe tivesse tirado a coragem, mas deixando-o cada vez mais triste e amargurado. Tornara-se, assim, a pessoa com menor poder de resolução e o mais humilde dos homens que até então ali já estivera. Veja, pelo contrário, a história do cego cujos olhos foram abertos por Cristo e que disse: "Uma coisa sei: eu era cego, e agora vejo". Eis aí uma pessoa determinada. (Ele devia ser escocês!) Já esse outro homem, não; não tinha mais iniciativa, não tinha mais agilidade, sua mente se tornara fraca.

Você conhece algumas pessoas assim — talvez até mesmo em sua família. Você não consegue ajudá--las. Se arranjamos de elas trabalharem, não conseguem ir para frente. Não são bem-sucedidas em coisa alguma que fazem. São o protótipo de pessoa sempre pobre, fraca e imatura, que só falta ser colocada num cesto e carregada nas costas por outra pessoa pela vida afora. Existem algumas pessoas desse tipo quanto à fé, e aquele homem de Betesda era um exemplo disso. Desejava muito ser curado, mas não dizia *isso* com convicção e firmeza, tanto assim que, quando Jesus lhe indagou: *Queres ficar são?* (Jo 5.6), ele não respondeu, por exemplo: "Ó Senhor, desejo isso de todo o meu coração!"; mas, sim, passou a narrar a triste história de suas desgraças. Ele disse: "Senhor, não tenho ninguém que, ao ser agitada a água, me ponha no tanque" e assim por diante. Observe também que, quando nosso Senhor o curou, ele não perguntou a Cristo o seu nome; mas quando o soube, mais tarde, pelo próprio Jesus, foi contar aos fariseus quem era seu benfeitor, colocando, inclusive, o Senhor em perigo. Existem por aí algumas pessoas desse tipo. Mal conhecem sua própria vontade. Sabem que querem ser salvas, mas dificilmente o reconhecem. São influenciadas corretamente, mas logo afetadas, quase que tão facilmente, de modo contrário. Não são resolutas nem firmes em suas atitudes.

Meu Senhor e Mestre escolheu exatamente esse homem para ser o alvo de sua energia curadora. As maravilhas da graça a Deus pertencem! Não foi ele mesmo quem disse *Graças te dou, ó Pai, Senhor do céu e da terra, porque ocultaste estas coisas aos sábios e entendidos, e as revelaste aos pequeninos; sim, ó Pai, porque assim foi do teu agrado?* (Lc 10.21). Pois *Deus escolheu as coisas loucas do mundo para confundir os sábios; e Deus escolheu as coisas fracas do mundo para confundir as fortes; e Deus escolheu as coisas ignóbeis do mundo, e as desprezadas, e as que não são, para reduzir a nada as que são* (1Co 1.27,28). Esse homem infeliz, desespe-rado e paralisado, quase tão paralisado em seu cérebro quanto em seu corpo, recebeu então a piedade do nosso gracioso Senhor. Quem é o homem mais desesperado agora, aqui, neste lugar? Quem, a mulher mais desesperada? Sei que alguns de vocês estão dizendo "acho que sou eu". Tenho, então, boas notícias para lhe dar. Você é exatamente o tipo de pessoa com quem o meu Senhor gosta de lidar. Não se ofenda com a descrição, mas disponha-se a aplicá-la a você mesmo. É bem provável que, olhando agora para trás em sua vida, você seja compelido a dizer: "Bem, é exatamente isso o que eu fui. Tenho total conhecimento de mim mesmo e de minhas atividades, sou suficientemente capaz no trabalho. Mas, quando o assunto é fé, temo que seja exatamente esse tipo de néscio. Não tenho iniciativa, não tenho determinação. Estou sempre sendo puxado pela orelha por uma tentação ou atraído para o caminho errado por más companhias". Ago-ra, meu pobre amigo, ajoelhe-se diante de Jesus Cristo com toda a sua desesperança, toda a sua insensatez, e ore para que o Senhor olhe para você. Certa vez, um irmão me disse: "Eu gostaria que o senhor pregasse apenas a pecadores *conscientes*". Eu disse: "Bem, fico muito feliz em pregar a pecadores conscientes quando eles vêm para me ouvir, mas muitos pecadores inconscientes de seu pecado vêm aqui e, assim, sou obrigado a pregar para eles também". É o que faço. Apresento o evangelho àqueles que se mostrem insensíveis e indiferentes a tudo e àqueles que se incluem entre os tolos. Jesus veio buscar e salvar o pecador arruinado, pobre, perdido e morto; e eu oro ao Senhor para que olhe para você, neste momento.

III. O terceiro ponto é COMO JESUS SE RELACIONOU COM O INVÁLIDO. Se Jesus Cristo pertencesse a certa classe de ministros de hoje, teria dito: "Bem, meu bom homem, você está aqui deitado junto ao tanque das ordenanças e é melhor que fique aí mesmo". Ele não partilhava dessa convicção e, assim, não disse coisa alguma desse tipo; nem disse como o fazem alguns irmãos: "Ore, meu caro amigo". Este é um conselho válido e sábio em algumas circunstâncias, mas Jesus tinha algo melhor a oferecer. Por isso, não disse: "Você deve começar a orar e esperar perante o Senhor". Isso é muito bom para se dizer a algumas pessoas, mas não é propriamente o evangelho para os pecadores. Jesus Cristo não disse aos seus discípulos:

Ide por todo o mundo e dizei às pessoas que orem. Não. Ele disse: Ide por todo o mundo, e pregai o evangelho a toda criatura. Quem crer e for batizado será salvo (Mc 16.15,16).

Bem, o que fez Jesus? _Ele lhe deu uma ordem: Levanta-te, toma o teu leito e anda_ (Jo 5.8). As palavras devem ter ressoado como um trovão: "Ele não pode, ele não pode. Ele é paralítico, Senhor! Ele é paralítico". Sim, mas o evangelho é uma ordem, pois lemos que alguns desobedecem ao evangelho. Ninguém pode desobedecer àquilo que não seja uma ordem; não se pode ser desobediente, a não ser a uma norma, a um comando. Jesus Cristo trouxe a bênção do evangelho de cura àquele homem com uma ordem. _Levanta-te_, disse ele, _toma o teu leito e anda_. Foi _uma ordem que implicava fé_, pois o homem não podia levantar, tomar seu leito e caminhar por si mesmo; mas, crendo em Jesus, poderia se levantar, tomar seu leito e andar. Foi assim, na verdade, uma ordem para que exercesse sua fé em Deus, em Jesus, e para prová-la por meio de uma obra prática. "Mas como, se o homem não podia fazer isso?", pode-se indagar. Não tem nada que ver; o poder, no caso, não está de modo algum no pecador, mas, sim, na ordem. Sozinho, ele jamais poderia se levantar; mas Jesus Cristo fez que ele realizasse isso.

Quando eu ou qualquer outro ministro do Senhor Jesus, no poder do Espírito Santo, aborda você, pecador, e diz "confie em Jesus Cristo", não o fazemos porque cremos que exista qualquer força em você, não mais do que a que poderia haver naquele homem paralítico, mas, sim, porque falamos em nome de Jesus de Nazaré, que foi enviado a nós para lhe dizer "levanta-te e anda". Confio que meu Senhor envia o seu poder juntamente com o seu evangelho. Sei muito bem que não tenho poder algum em mim mesmo, mas o Senhor, que me enviou, irá abençoar sua própria mensagem como lhe agradar. Se é para obter salvação, você a obterá crendo em Jesus. Se você se erguer imediatamente do estado em que se encontra agora, mediante o poder de Jesus e do simples ato seu de crer nele, ficará são.

O homem creu em Jesus; isso foi tudo o que fez. Símplice como era, sem resolução e tudo o mais, ele teve, no entanto, bastante bom senso, e Deus lhe concedeu graça suficiente para simplesmente crer em Jesus. O homem fez um teste com suas pernas e, para sua surpresa — como ele deve ter ficado maravilhado por ter acontecido aquilo —, suas pobres pernas conseguiram sustentá-lo! Ele se levantou e descobriu que podia se curvar e pegar seu leito. Assim, enrolou sua esteira, colocou-a nos ombros e foi-se embora. Que alegria deve ter invadido seu corpo e sua alma! Você também estava mal, mas o Senhor o restaurou. Você se levantou e viu que era capaz de andar; isso não lhe trouxe um grande prazer? Conheço muito bem a sensação. Como deve ser para alguém paralisado por 38 anos! E depois, conseguir se levantar, enrolar sua maca, colocá-la nas costas e caminhar! Deve ter sido uma grande alegria sentir a nova vida circulando por seus nervos, tendões e veias. Se algum pecador disser: "Bem, eu nunca tentei isso antes, mas, pela graça de Deus, confiarei minha alma nas mãos de Jesus, pois

> Nisto eu creio, eu creio, sim
> Que Jesus morreu por mim.
> Seu sangue na cruz derramado
> Me libertou do pecado.

— se _você_ isso disser, irá se levantar e caminhar de uma vez. Ficará surpreso consigo mesmo ao perceber a poderosa mudança que Deus estará operando em sua vida, por intermédio do seu bendito Espírito, com esse seu simples ato de fé. Você há de descer os degraus deste Tabernáculo quase sem perceber, cantando de alegria, porque o Senhor o tirou do hospital daqueles que esperam e o colocou entre os sãos e os crentes. Pois não disse ele _Então o coxo saltará como o cervo, e a língua do mudo cantará de alegria; porque águas arrebentarão no deserto e ribeiros no ermo_? (Is 35.6).

Jesus Cristo se relacionou com aquele homem à moda do evangelho, pois o caminho pelo qual a fé chegou até ele é notável. O homem não conhecia Jesus; como então creu nele? Por causa disto: ele não sabia quem era Jesus, mas percebeu que se tratava de alguém fora do comum, por demais admirável. Havia algo em seu olhar, um brilho majestoso em seus olhos, uma força esplêndida no tom de sua voz, um

O HOSPITAL DOS EXPECTANTES VISITADO PELO EVANGELHO

poder no movimento daquelas mãos, tudo muito diferente daquilo que jamais tinha visto. Não tinha, de fato, a menor ideia de quem era ele, nem sabia seu nome; contudo, uma forte confiança nasceu em sua alma. Muito mais, então, pode vir a fé em você, que sabe que Jesus Cristo é o Filho de Deus. Sabe que ele morreu e fez a expiação plena por seu pecado; que ressuscitou dos mortos e está sentado à direita de Deus Pai; que todo o poder lhe foi dado no céu e na terra; e que ele *pode também salvar perfeitamente os que por ele se chegam a Deus, porquanto vive sempre para interceder por eles* (Hb 7.25).

Não diga "vou tentar ter fé". Não é assim. Se quero crer, como agir? Eu ouço; e a fé vem pelo ouvir. Se tiver alguma dúvida sobre o que ouvi, ouvirei de novo e pedirei para que aquilo me seja repetido diversas vezes; e, quando o tiver ouvido mais uma vez, a convicção certamente surgirá dentro de mim. Assim, Jesus diz no evangelho: *Inclinai os vossos ouvidos, e vinde a mim; ouvi, e a vossa alma viverá; porque convosco farei um pacto perpétuo, dando-vos as firmes beneficências prometidas a Davi* (Is 55.3). Ouça-me, creia em mim, é o que ele está dizendo. É esse, em resumo, o evangelho que Jesus prega ao coração do homem. Deus dá testemunho de Cristo de que ele é seu Filho, pois do céu disse *Este é o meu Filho amado, em quem me comprazo* (Mt 3.17). Você crê? *O Espírito, a água e o sangue estão sempre dando testemunho, e estes três concordam* (1Jo 5.8). Creia em Jesus Cristo. A prova é muito forte; deixe que sua alma ceda diante dessa comprovação, e você encontrará alegria, paz e vida eterna.

A crença do homem em Jesus, ativamente provada ao ter-se ele levantado, encerra o assunto. Bastante diferente é deitar e esperar. Imagino até que esse homem, se tivesse destreza suficiente, deveria ter voltado e dito aos outros que estavam deitados, esperando: "O quê? Ainda deitados aí e esperando? Olhem, eu fiquei esperando deitado por 38 anos e nada ganhei por agir assim. Vocês também nada irão receber". Simples como era ele poderia ter-lhes dito: "Vou lhes dizer o que é melhor do que deitar e esperar. Existe um homem entre nós, Jesus Cristo, o Filho de Deus. Se confiarmos nele, poderá nos curar a todos, pois cura todo e qualquer tipo de doença. Se você não puder ir a ele, mande até ele um mensageiro, pois curou o filho de um oficial do rei, que estava há muitos quilômetros de distância. Simplesmente creia nele, e virtude sairá dele sobre você, pois é impossível que alguém confie nele e não seja curado". Acho até que gostaria de ter sido aquele homem, simplório como eu poderia ter sido, e de ter ido àquelas pobres almas ali, deitadas e esperando, para lhes declarar a diferença radical entre ficar esperando deitado e crer imediatamente.

Falaria a eles da maneira mais simples possível; pois eu mesmo, o pregador, aprendi a esperar quando criança. Ouvi muitas pregações que me levaram a esperar e pensar que deveria continuar esperando — não tivesse eu ouvido um irmão metodista clamar: "Olhe, jovem, olhe agora!" Ali mesmo eu olhei para Cristo e ali encontrei imediatamente a salvação; e nunca mais a perdi. Nada mais tenho a lhe dizer senão que você também terá vida em olhar para Jesus, Salvador (cantor cristão n° 195). Todo homem que olhar para ele terá vida *aqui, agora* e *imediatamente*. Oxalá muitos possam fazê-lo! Entenda isso. Que Cristo suportou a ira de Deus em nosso lugar, sobretudo para aqueles que nele confiam. Jesus Cristo tomou nossos pecados e foi punido em nosso lugar para que Deus não viesse a punir aquele que nele crê. Como Cristo morreu pelo homem que nele crê, não seria justiça da parte de Deus punir esse homem, pois iria puni-lo duas vezes pela mesma ofensa. Assim, a fé em Cristo é o selo e a prova de que você foi redimido e justificado, há quase dois mil anos, na sangrenta cruz do Calvário, de modo que ninguém poderá mais lhe lançar acusação. *É Deus quem os justifica; quem os condenará? Cristo Jesus é quem morreu, ou antes quem ressurgiu dentre os mortos* (Rm 8.33,34). É este o evangelho da sua salvação. "Oh, mas eu não sinto isso". Por acaso eu disse alguma coisa sobre sentir? Você o sentirá assim que tiver fé. "Mas não sou correto". Não me importo com o que você foi, é ou deixa de ser. Jesus diz: *Quem crê no Filho tem a vida eterna* (Jo 3.36)". "Mas eu..." — chega dos seus "mas". Aqui está o evangelho: *E o Espírito e a noiva dizem: Vem* [...]. *E quem tem sede, venha; e quem quiser, receba de graça a água da vida* (Ap 22.17). Aquilo que o Espírito e a noiva de Cristo dizem, eu, certamente, posso também dizer, e assim realmente o faço. Que Deus possa abençoar o fato de podermos falar sobre isso e que você, que estava esperando, possa agora aceitá-lo. Que você possa olhar para Cristo, nele crer e viver, por amor a ele! Amém.

20

A OBRA DA GRAÇA, GARANTIA DA OBEDIÊNCIA

Aquele que me curou, esse mesmo me disse: Toma o teu leito e anda (Jo 5.11).

Apenas algumas observações sobre esta narrativa. Era um dia de festa, e Jesus subiu a Jerusalém, sobretudo, para encontrar oportunidade de fazer o bem entre as multidões de seus compatriotas. Vejo toda a cidade feliz; ouço as vozes de regozijo em todas as casas, celebrando a festa, *comendo as gorduras e bebendo as doçuras* (cf. Ne 8.10). Mas como Jesus toma parte na festa? Como passa ele o seu feriado? Anda por entre os pobres e infelizes, a quem tanto ama. Veja-o, então, em um tipo de ambulatório ou hospital. Era o famoso Betesda, uma espécie de casa da misericórdia, em Jerusalém: um pequeno abrigo para a abundância de enfermidades reinante na cidade; mas, pelo que representava, lugar grandemente valorizado. Havia ali um grande tanque, cuja água, vez por outra, era agitada, segundo se dizia, pela asa de um anjo, o que promovia uma cura ocasional. Em volta dele, pessoas caridosas, certamente, haviam construído cinco alpendres, e naqueles frios degraus de pedra uma grande quantidade de cegos, paralíticos e atrofiados ficava deitada em seus catres improvisados e esteiras, gastos ou puídos, esperando o mover das águas pelo anjo. Ali se achavam pobres e cansados filhos do sofrimento, definhando enquanto outros festejavam, tomados pela dor em meio à alegria geral da cidade, suspirando entre o canto universal.

Nosso Senhor sentia-se em casa no meio dessa miséria: ali havia espaço para sua mão poderosa e seu terno coração. A festa de sua alma era fazer o bem. Aprendamos com essa lição, amigos, que nos momentos de nossas maiores alegrias devemos também nos lembrar dos amargurados e encontrar júbilo maior em lhes fazer o bem. É bom termos equilíbrio em nossa vida, para nos regozijarmos em fazer o bem aos pobres e doentes ao nosso redor. Vamos celebrar nossas comemorações enviando porções àqueles aos quais nada foi dado a preparar, para que a lembrança dos famintos não venha a anuviar nossa alegria. Se somos prósperos, separemos uma porção para eles; se saudáveis e fortes, lembremo-nos daqueles a quem esse privilégio foi negado e ajudemos os que ministram cuidados a essas pessoas. Benditos sejam aqueles que, assim como o Senhor Jesus, visitam os enfermos e cuidam deles.

Chegando ao local, nosso Senhor notou certo homem cujo caso era muito triste. Havia muitos casos dolorosos ali, mas ele destacou este homem, e me parece que o motivo de sua escolha foi que a pobre criatura se encontrava, provavelmente, na pior condição entre todos. Como a miséria apela à piedade, quanto mais sofre alguém maior a misericórdia que a este será atraída. Esta pobre vítima de reumatismo crônico ou paralisia estava ali há 38 anos, presa à sua enfermidade. É de supormos que não houvesse caso pior nos alpendres de Betesda! Um período de 38 anos equivale a cerca de metade da expectativa de vida do ser humano em geral. Um ano de dor ou paralisia já é um período de tortura, que dirá 38 anos assim! Se podemos ter pena de uma pessoa que sofra dores e dificuldades de movimento físico até mesmo por uma hora, quão suficientemente piedosos deveremos ser então para com aquele que suporta essas dores e dificuldades por quase quarenta anos? Mesmo que o caso não fosse de muita dor e mais de paralisia, a incapacidade total para o trabalho e a miséria daí resultante de tantos anos representavam, sem dúvida alguma, um problema grave demais. Nosso Senhor deve ter escolhido, portanto, o pior caso dali para ser tratado por sua mão curativa, como um exemplo do que realiza frequentemente no reino da graça e uma lição de amor e cuidado para nós, ensinando-nos a dar nossa ajuda prioritária àqueles que estejam em situação de maior necessidade.

A OBRA DA GRAÇA, GARANTIA DA OBEDIÊNCIA

O homem a quem Jesus curou não tinha sido propriamente uma pessoa digna da maior admiração. Pouco depois de curá-lo, nosso Salvador, voltando a encontrá-lo, o advertiu, dizendo: *Não peques mais, para que não te suceda coisa pior* (Jo 5.14). De modo que poderíamos até deduzir que sua enfermidade fosse consequência de algum vício ou excesso; que, de qualquer forma, tivesse alguma culpa naquilo que viera sobre seu corpo e o sofrimento pelo qual estava passando.

Considera-se ponto pacífico, de modo geral, que se deva ajudar o homem digno e repudiar o indigno — que, quando sabemos que uma pessoa trouxe sobre si mesma uma calamidade por meio de atos errôneos, justifica-se deixá-la sofrer, para que possa colher aquilo que plantou. Este frio pensamento farisaico vem a calhar para um grande número das mentes dos pecadores, mais interessados em salvar sua própria pele. Brota em inúmeros corações ou lugares onde se faz necessário e urgente haver mais amor. Pior é que, de maneira geral, considera-se como uma espécie de regra de ouro da prudência, em relação à qual seria até pecaminoso levantar discussão; ou seja, um axioma infalível, indiscutível e universal. Devo lembrar, no entanto, que nosso Salvador jamais nos ensinou a entregarmos nossas esmolas tão somente àqueles que as mereçam. Jamais teria concedido os grandes benefícios da graça a qualquer um de nós se ele mesmo tivesse seguido essa regra. Se você e eu tivéssemos de receber das mãos de Deus exatamente aquilo que deveríamos de fato merecer, não poderíamos nem sequer estar hoje diante dele aqui, nesta casa de oração. Não podemos de modo algum atar nossa caridade a um tipo de "justiça" tão mesquinha, nem arruinar nossa boa disposição em dar por causa de um juízo tão medíocre. Toda vez que alguém estiver sofrendo, tenhamos piedade dele, independentemente de como o sofrimento tenha chegado àquela vida. Além disso, depois de um homem estar em sofrimento tanto tempo como 38 anos, era hora, certamente, de considerar mais sua enfermidade do que sua iniquidade; era vez de dar maior importância à sua tristeza atual do que às suas tolices passadas. Assim, sem dúvida, pensava Jesus. Vai, portanto, ao pecador não com reprovação, mas com restauração. Vê sua doença, não sua depravação; e concede-lhe piedade, no lugar de punição. Nosso Deus é bondoso até para com o não agradecido e o mau; portanto, *sejamos misericordiosos, como também nosso Pai é misericordioso* (cf. Lc 6.36). Lembremo-nos do que disse nosso Senhor: *Orai pelos que vos perseguem; para que vos torneis filhos do vosso Pai que está nos céus; porque ele faz nascer o seu sol sobre maus e bons, e faz chover sobre justos e injustos* (Mt 5.44,45). Que o imitemos nisso e, onde quer que haja dor e tristeza, seja nossa alegria aliviá-las.

Independentemente da suposição de que este homem fora, de algum modo, culpado de seus males, parece bastante claro, com base no texto, que seu corpo se achava bastante fragilizado, desarticulado, sem ânimo, sem vida, sem possibilidade de reatividade qualquer. Ele jamais conseguia sequer, ultimamente, tentar entrar no tanque, embora até outros, aparentemente tão enfermos quanto ele, ainda o tentassem e mesmo o conseguissem. Nunca mais fora capaz de ter junto dele um amigo, um parente, ou a ajuda de quem quer que fosse, apesar de a seriedade de sua doença levar a presumir que, em algum momento, já tivesse um dia tido alguém para colocá-lo no tanque quando o anjo operava ali sua mística agitação.

O fato de o Salvador ter-lhe perguntado *Queres ficar são?* (Jo 5.6) leva-nos a pensar que ele havia chegado a tal condição de indiferença, desespero e melancolia que, embora permanecesse, diária e continuamente à beira do tanque, por uma questão de hábito, não só perdera a esperança da cura, mas praticamente a deixara de desejar. Nosso Senhor tocou em suas cordas intrumentais sensitivas o acorde que teria a maior ou a única possibilidade de produzir som, ou resposta, a saber, as de sua vontade e seu desejo de ficar são, mas a resposta que veio foi bastante tênue para o esperado. Sua resposta mostra apenas que miserável criatura ele se tornara, pois nela não há um raio de esperança, nem mesmo de desejo, quanto à pergunta que lhe fora feita. É, sim, uma lástima, um lamento, uma queixa altamente sofrida e dolorosa, quase um cântico fúnebre: *Senhor, não tenho ninguém que, ao ser agitada a água, me ponha no tanque; assim, enquanto eu vou, desce outro antes de mim* (Jo 5.7).

Contudo, a total falta de conscientização de quem o havia curado é vista no fato de que, ingenuamente, ele dá conta depois, justamente aos adversários de Cristo, de que fora Jesus quem o tornara são. Tenho certeza de que não houve malícia alguma nesse ato de os informar, pois, se houvesse, talvez tivesse ido depois denunciar, quanto ao sábado, que "foi Jesus quem ordenou que eu tomasse o meu leito", ao passo que apenas esclareceu que *era Jesus quem o curara* (Jo 5.15). Não se tenha muita certeza, no entanto, como se poderia ter, de haver uma imensa gratidão nesse testemunho, muito embora, sem dúvida, ele tivesse ficado naturalmente, um tanto grato. O que eu imagino é que o alívio imediato, inesperado, admirável e surpreendente de sua doença e do seu sofrimento o possa ter levado a um estado tal de perplexidade que durante algum tempo o fizesse falar de sua cura sem muito pensar. Mas nosso Senhor, na verdade, não exigiu muito dele, nem uma declaração de fé; tão somente aquela pequena medida de fé interior necessária a servir de resposta à pergunta: "Queres ficar são?"

O fato é que esse pobre homem não evidenciou nada da perspicácia do homem cego de nascença, que respondeu aos fariseus de maneira tão inteligente. O inválido de Betesda era de um tipo completamente diferente daquele cego e não poderia mesmo ter feito outra coisa senão ter contado com um lamento a sua situação a Jesus. Graças a Deus, porém, isso foi o bastante para que nosso Senhor se comovesse e operasse o milagre necessário. O Senhor Jesus, na verdade, salva pessoas de todos os tipos. Tinha e tem entre seus discípulos homens de amplo raciocínio, rápido e perspicaz, capazes até de aturdir seus oponentes; todavia, com muito mais frequência,

Maravilhas do seu amor
Concede ao ingênuo sofredor,
Para o astuto rebaixar
E todo orgulho reprovar.

Nesse caso, escolheu esse pobre homem símplice, nele realizando uma obra de grande maravilha, para louvor de sua graça condescendente. Perceba, no entanto, que a mente desse homem, muito embora considerando-se que não fosse ampla, foi absorvida e tomada pelo fato único de que ele se tornara são. Assim, para ele, Jesus era e seria apenas "aquele que me curou". Não sabia nem quis saber praticamente coisa alguma da pessoa do Nazareno. Ele o viu apenas naquele instante e não chegou a atinar quem era realmente aquele homem bondoso que o havia curado. Sua única ideia sobre Jesus ficou sendo a de que era "aquele que me curou".

Meu caro irmão, assim como isso foi natural naquela situação, poderá ser igualmente natural em suas circunstâncias. Mesmo quando o salvo é pessoa das mais inteligentes, possuindo uma cultura e uma mente mais amplas do que as daquele pobre aleijado de Betesda, é bem possível que ainda durante algum tempo pense no Filho de Deus unicamente como sendo apenas seu Salvador, como aquele que o curou. Pois, ainda que eu não saiba muito sobre o Senhor, o que sei é que ele me salvou. Carregava eu o fardo da culpa, estava cheio de aflições, não conseguia descansar dia e noite, até que ele me trouxe a paz. Se não posso ainda dizer muito aos outros no tocante à glória de sua pessoa, aos seus atributos, aos seus relacionamentos, seu ofício, sua obra, contudo posso dizer com convicção: "Uma coisa eu sei: eu estava cego pelo erro, mas agora eu vejo; estava paralisado pelo pecado, mas agora sou capaz de me levantar e trilhar o meu caminho".

Eis a alma que conhece o Senhor por meio de uma experiência pessoal — e essa é a melhor maneira de conhecê-lo. O contato pessoal, íntimo e verdadeiro com ele nos outorga um conhecimento mais preciso e autêntico do que todas as leituras do mundo a seu respeito. No reino de Cristo, em que são abundantes fatos maravilhosos como a conversão e o encontro de paz com Deus, bem aventurados são aqueles para quem esses fatos constituem uma experiência pessoal. Quando o homem é desviado do erro do seu caminho e seu coração encontra descanso e paz em Cristo, grandes feitos foram realizados nele pelo Senhor Jesus. Se você já tem experiência pessoal com tais feitos, embora não conheça ainda muitas outras coisas a respeito do Senhor, não tenha receio em destacar sua real importância: concentre neles o seu pensamento e chame Jesus de "Aquele que me curou". Pense no Senhor desta maneira, e você terá dele uma ideia bastante valiosa e influente. Você ainda verá, sem dúvida, coisas maiores do que essas, mas

A OBRA DA GRAÇA, GARANTIA DA OBEDIÊNCIA

deixe que esses fatos alegres e certos permaneçam vivos em sua mente, do mesmo modo que a questão de haver se tornado são prosseguiu certamente viva na mente daquele homem.

Quanto aos ardilosos fariseus, observe que eles não se deram conta do extraordinário e glorioso fato da cura do homem em si. Como que propositadamente, ignoram o que Cristo fizera, para arremeterem furiosamente sobre o insignificante detalhe de ter sido essa ação realizada, e completada, com o transporte do leito, em um dia de sábado, direcionando então todos os seus pensamentos e emoções exaltadas para este lado da questão. Nada tocam no fato de o homem ter sido inteiramente restaurado, mas, sim, ficam irados simplesmente porque ele carrega seu leito em um dia considerado santo. Praticamente o mesmo acontece com os homens do mundo, em nossos dias. Eles geralmente ignoram o fato da conversão e, se não o negam, olham isso como se fora uma ninharia, uma coisa com que não vale a pena se preocupar. Em vez de verem a prostituta que foi redimida, o ladrão que se transformou em pessoa honesta, o profano tornado piedoso, o desesperado que volta a se alegrar e outras mudanças morais e espirituais do máximo valor prático, esquecem tudo isso para atacar algum ponto particular da doutrina, como o modo de falar ou uma diferença no agir desse ou daquele, levantando uma tempestade em copo d'água em relação a isso. Será que é porque os próprios fatos, se observados com sinceridade, estabelecem uma verdade em que eles não querem de modo algum acreditar? O fato de o cristianismo haver feito e continuar fazendo maravilhas no mundo, como nada antes o fez, é insistentemente esquecido, mas é o que exatamente você e eu devemos persistentemente lembrar. Devemos enfatizar aquilo que Cristo, pelo seu Espírito Santo, tem feito em nossa natureza, ao nos renovar em espírito e mente. Devemos fazer dessa obra da graça uma fonte de argumentos para firmar nossa fé e legitimar nossa conduta. Aquele pobre homem agiu assim. Ele nada sabia a respeito do Senhor, mas conhecia muito bem a questão de haver ficado são e, com base nesse fato, justificava aquilo que estava fazendo ao carregar consigo sua esteira no sábado: *Aquele que me curou, esse mesmo me disse: Toma o teu leito e anda* (Jo 5.11).

Esta é verdade sobre a qual quero me estender nesta manhã. Em primeiro lugar, quero dizer que a obra de Cristo nos fornece *a justificativa para nossa obediência à sua ordem.* "Aquele que me curou, esse mesmo me disse" — é esta a justificativa, a legitimação completa para aquilo que praticamos como cristãos. Em segundo lugar, a obra de Jesus Cristo coloca em nós *a obrigação de fazermos aquilo que ele nos ordena* — se aquele que me curou me diz para tomar o meu leito e andar, sou obrigado a fazer isso e tenho de sentir o constrangimento de sua bondade me pressionando. Em terceiro lugar, o ato da graça não apenas leva a uma justificativa e a uma obrigação, mas já constitui, em si mesmo, uma *compulsão à obediência* — aquele que me disse *levanta-te* e me curou, fez-me tomar o meu leito e caminhar pela mesma palavra de poder. O mesmo poder que nos salva nos leva a obedecer ao nosso Salvador. Não é, portanto, com nosso próprio poder que cumprimos a vontade do nosso Senhor, mas, sim, com o poder que aquele que cura nos dá naquele mesmo instante. Eis, portanto, um resumo do nosso discurso. Que o Espírito Santo possa nos conduzir à força da sua verdade, pois estou convencido de que a percepção da obra do Senhor dentro de nós é uma grande força a ser estimulada e aplicada em níveis os mais elevados.

I. Em primeiro lugar, portanto, abordemos a nossa JUSTIFICATIVA para o que fazemos quando obedecemos a Cristo. O pobre homem não sabia o que alegar, ou como se defender, perante a lei, do ato de tomar seu leito e levá-lo consigo no sábado, pois seus inquisidores eram mestres da lei, enquanto ele, não. Todavia, você e eu poderíamos defendê-lo nessa questão facilmente, pois a nós, hoje, sua atitude parece ser a coisa mais correta que ele poderia fazer naquelas circunstâncias: o peso do seu leito não era maior do que o de um simples casaco comum, pois não passava, certamente, de um tapete ou esteira sobre o qual se deitava em Betesda. Não havia nesse caso, portanto, na verdade, violação alguma da lei de Deus quanto ao sábado e, deste modo, nada havia do que precisasse se justificar. Contudo, os rabinos haviam imposto regras das quais vou lhes dar apenas um exemplo: "Não se deve carregar um lenço solto no bolso, mas, se alguém o prender no bolso ou colocar em volta da cintura como se fosse um cinto, poderá carregá-lo para qualquer lugar, porque ele se torna parte da vestimenta". Para minha mente simples, parece que o objeto prendedor do lenço aumentaria o peso do fardo; e, no entanto, o peso do prendedor, no caso, seria mais que necessário. De modo que tudo era somente uma questão de pesos, que variava de acordo com os cálculos rabínicos.

A maioria das regulamentações rabínicas com relação ao sábado era absolutamente insensata, mas aquele pobre homem não estava em condições de argumentar ou até mesmo pensar assim, pois, tal como o restante de seus compatriotas, guardava o maior respeito pelos escribas e doutores da lei. Tais instruídos fariseus, juntamente com os sacerdotes, eram altamente temidos e reverenciados pelas pessoas comuns, como essa pobre criatura, para que se lhes pudesse responder a seu próprio modo. Ele fez, então, o que eu e você devemos fazer sempre que estivermos sendo atacados: colocou-se atrás do Senhor Jesus e apelou para este, alegando que *aquele que me curou, esse mesmo me disse: Toma o teu leito e anda* (Jo 5.11). Isso pareceu ser o bastante para ele, pois citou a frase de Jesus como se sentisse que deveria ser o suficiente para aqueles que o questionavam. De fato, deve ter sido isso mesmo. Não consigo achar em meu próprio conhecimento e capacidade uma autoridade que pudesse igualar à dos não crentes letrados; todavia, minha experiência pessoal do poder da graça serve para mim do mesmo modo que a cura serviu para aquele homem. Ele percebeu que deveria haver naquele que o havia curado autoridade suficiente para se igualar à do maior dos rabinos. Até mesmo uma mente pobre e frágil como aquela pôde entender perfeitamente isso, e certamente você e eu podemos fazer o mesmo: podemos nos defender por trás da forte barricada que representa a obra da graça do nosso Salvador e da consequente autoridade que realmente lhe pertence.

Existem *ordenanças* observadas pelos cristãos, sobre as quais o mundo levanta um inútil alarido de questões. O mundo não atenta, por exemplo, para o fato de que determinado homem já foi um alcoólatra, mas que mediante a graça divina tornou-se um homem sóbrio, vindo a tornar-se bom pai, bom marido e bom cidadão. O mundo deixa esse milagre passar despercebido; mas, se esse mesmo homem estiver para ser batizado, imediatamente irão surgir objeções ao cumprimento dessa ordenança. Se ele está prestes se unir a uma igreja cristã, imediatamente passarão a zombar dele como crente, batista, presbiteriano, metodista etc., não importa que tipo de nome queiram dar a ele, apesar de ser agora pessoa bem melhor que os que dele escarnecem, redimido do pecado e haver sido ensinado a andar corretamente, de maneira pura aos olhos de Deus. A obra da graça para eles de nada vale, mas, sim, tão somente a peculiaridade da denominação, da igreja ou do rito religioso por ele escolhido, fazendo escarcéu à toa em torno disso. São, de fato, criaturas confusas, capazes de desprezar o remédio que cura por causa da garrafa que o contém ou do rótulo que lhe dá o nome. Nossa resposta, porém, é: *Aquele que nos curou*, ele mesmo, nos deu uma ordem, e é segundo esta ordem que iremos prosseguir. Não buscamos justificativa alguma para isso, mas tão somente aquele que realizou o milagre da graça em nós nos ordenou a fazer isso, e o faremos. Se a questão é ser batizado como crente, o mesmo que disse "creia" também disse "seja batizado". Aquele que nos deu salvação é o mesmo que disse *quem crer e for batizado será salvo* (Mc 16.16). Contra todas as objeções, proclamamos a autoridade divina de Jesus. Aquele por cujo sangue somos limpos e por cujo Espírito somos renovados é Senhor e legislador sobre nós. Seu preceito é a nossa suficiente garantia. Se vamos à mesa da comunhão e os difamadores indagam: "Qual o propósito de comer um pedaço de pão e beber um pouco de vinho? Por que abordar de maneira tão solene um assunto tão pequeno?", responderemos que aquele que nos curou, esse mesmo nos disse: *Fazei isto em memória de mim* (Lc 22.19). Repudiamos, sim, aquilo que jamais nos ordenou, mas nos apegamos aos seus verdadeiros estatutos. Se ele houvesse ordenado um ritual ainda mais simples, ou uma cerimônia ainda mais aberta à objeção aos olhos dos homens carnais, não faríamos outra apologia senão esta: aquele que nos renovou, que nos deu a esperança e que nos faz buscar a santidade perfeita, esse mesmo nos ordena fazer isso. Esta é a nossa resposta final, e, embora pudéssemos até buscar outras justificativas, seriam desnecessárias. Que seja isso colocado definitivamente em nossa defesa: o Salvador assim nos ordena.

Esta mesma apologia se aplica a todas as *doutrinas* do evangelho. Digo mais uma vez que os homens ímpios nunca irão admiti-las. Ou, se acaso admitirem alguma, irão querer ignorar que o evangelho realiza uma extraordinária e maravilhosa mudança no coração do homem. Se desejam provas, podemos lhes

A OBRA DA GRAÇA, GARANTIA DA OBEDIÊNCIA

apresentar exemplos às centenas e até aos milhares do poder resgatador do evangelho de Jesus Cristo, que eleva e purifica. O evangelho está diariamente realizando milagres espirituais; mas os homens se esquecem deles e prosseguem na busca de falhas nas doutrinas em particular. A justificação pela fé é uma delas, frequentemente discutida. Dizem: "É uma doutrina terrível, essa. Se ensinarmos às pessoas que devem ser salvas apenas pela fé, e não pelas obras, naturalmente que vão viver vida frouxa. Se declararmos que a salvação é apenas pela graça, e não por mérito, o resultado inevitável será que as pessoas irão pecar, *para que abunde a graça* (Rm 6.1). Uma resposta completa a essa calúnia está no fato de que os crentes, como resultado da justificação pela fé e da graça recebida, estão sempre entre os melhores e mais honestos cidadãos, o que prova que, de fato, essas verdades operam a santidade. Não estamos interessados, todavia, em argumentarmos desse modo. Preferimos lembrar aos nossos adversários que aquele que nos regenerou, esse mesmo nos ensinou que todo aquele que crê nele será salvo; e declarou expressamente que aquele que crê nele tem a vida eterna. Pela boca de seu servo Paulo, ele disse que *pela graça somos salvos, por meio da fé, e isto não vem de nós, é dom de Deus* (Ef 2.8). Ele também nos afirma que *por obras da lei nenhuma carne será justificada* (Gl 2.16), e nos ordenou declarar que *o justo viverá da fé* (Gl 3.11). Aquele que diariamente, por meio de seu evangelho, está tirando os homens do pecado e levando-os à santidade, entregou isso como o resumo do evangelho que devemos pregar: *Olhai para mim, e sereis salvos, vós, todos os confins da terra* (Is 45.22). Se esse evangelho não torna os homens melhores nem transforma sua natureza maligna, você pode até questioná-lo se quiser, e nem vamos nos surpreender que o faça. Todavia, enquanto o evangelho prosseguir vitorioso em sua obra purificadora, não vamos nos envergonhar nem gaguejar ao declararmos as doutrinas que são sua essência e vida. Nossa regeneração é a nossa prova da autoridade do Senhor, e estamos preparados para basear nisso a nossa crença. Para nós, a melhor evidência é sua obra em nós mesmos, e nessa evidência está implícita nossa fé.

O mesmo diz respeito, ainda, aos *preceitos* a que o cristão é chamado a obedecer. Se o cristão se mantiver fiel ao seu caráter, por exemplo, afastando-se de prazeres pecaminosos e de práticas e políticas do mundo nas quais os outros têm prazer, o mundo logo diz ser ele esquisito, formal ou cheio de si. Eis a resposta própria dos cristãos: Aquele que nos curou, esse mesmo nos disse: Vocês *não são do mundo, assim como eu não sou do mundo* (Jo 17.14). *Saiam do meio deles, separem-se e eu os receberei* (2Co 6.17). Se você, crente, seguir os preceitos do Senhor Jesus Cristo, poderá rebater todas as acusações e injúrias contra a sua fé apelando tão somente para a supremacia do Salvador, cujo poder faz de você uma nova criatura. Onde está a palavra do Senhor, ali há um poder soberano, ao qual temos de nos curvar imediatamente. Não há por que questionarmos nosso Salvador, mas, sim, cabe-nos obedecê-lo. Somos limpos pelo seu sangue, redimidos por sua morte e vivos por sua vida; não nos envergonhemos, portanto, de tomar sua cruz e segui-lo.

Esta apologia deve ser suficiente também, até mesmo, para aqueles que se opõem a nós, pois, se se sentirem tão gratos quanto nós, então obedecerão a Deus. De qualquer modo, terão de dizer: "Não podemos culpar esses homens por fazerem o que Jesus lhes ordenou, porque fez muito por eles". Não há dúvida de que o pobre homem que estivera 38 anos paralisado não poderia ser culpado por obedecer a uma ordem daquele que em um instante restaurou-lhe a saúde e a força. Tornou-se seu servo para o resto da vida — quem o poderia censurar? Quem o acusaria de se submeter mansamente a Jesus? Um benfeitor como esse não deveria realmente exercer uma ilimitada influência sobre ele? O que poderia ser mais natural e apropriado senão isso? Vocês que ainda não se converteram deverão, assim, nos desculpar, se nós, em obediência a nosso Senhor Jesus Cristo, fazemos coisas que consideram estranhas ou singulares, pois, sem querer ofendê-los, não podemos agradar-lhes desagradando ao nosso Senhor. Não devemos tanto a vocês quanto devemos a ele. Não devemos tanto ao mundo quanto devemos ao Senhor Jesus. Na verdade, sentimos que nada devemos ao mundo. É bastante que no tempo passado da vida tenhamos cumprido a vontade dos gentios (1Pe 4.3), pois, quando nos é perguntado: *Que fruto tínheis então das coisas de que agora vos envergonhais?* (Rm 6.21), temos de confessar que não tínhamos fruto algum, exceto *nossas uvas verdes, que deixavam nossos dentes embotados* (cf. Jr 31.29). Tal qual o marinheiro que partiu para o mar contra o conselho de Paulo, nosso único ganho são perdas e danos. Ao servirmos ao mundo, descobrimos o enfado do trabalho e a morte presente nas ondas. Todavia, quanto ao nosso Senhor Jesus, tudo devemos a ele, e, assim, vocês devem nos desculpar se tentarmos segui-lo em todas as coisas.

Gostaríamos que aceitassem essa nossa desculpa como bastante abrangente; todavia, se a recusarem, de modo algum desanimaremos, pois ela é suficiente *para nós*. Sim, mais que suficiente, levando-nos até a nos gloriarmos naquilo que fazemos. Jesus ordena? Devemos, então, obedecer. Nossos opositores poderão dizer, em relação a qualquer das ordenanças do Senhor, que é inadequada, inconveniente, desnecessária e não sei mais o quê. Nada disso nos preocupa, por ser Jesus que nos ordena praticá-las, pois para nós seu mandamento se coloca no lugar da razão. Aquele que nos curou nos fornece nesse próprio fato a justificativa suficiente para nossa obediência. "Mas isso não será contrário àquilo que os Pais ensinam e ao que a igreja ensina?" Não estamos preocupados nem um pouco com os Pais ou com as igrejas debaixo do céu, se contrariam aquilo que o próprio Senhor nos ensinou, pois não são eles que nos têm curado, e não estamos sob obrigação para com eles como estamos em relação a Deus. A autoridade de Jesus para nós é suprema porque foi de seus lábios que recebemos a palavra que curou a doença do nosso pecado. Isso satisfaz nossa consciência agora e a satisfará até a morte. Como podemos cometer erro se seguirmos as palavras de Jesus em todas as coisas? Meus irmãos, podemos recorrer a esse preceito como nossa garantia no último grande dia, diante do Juiz de vivos e mortos. Que melhor argumento podemos ter do que este: "Tu nos curaste e nos ordenaste isso"? Tal justificativa de nossa conduta fará que seja mais macio o nosso travesseiro mortuário, e a nossa ressurreição, radiante de alegria.

Em vez de admitirmos que essa justificativa não é ampla, vamos, no entanto, pelo contrário, mais adiante ainda, a fim de fortalecê-la. Se o mundo nos considera desprezíveis por obedecermos ao nosso Senhor, que sejamos então mais desprezíveis ainda. Uma vez que aquele que nos curou disse *ide por todo o mundo, e pregai o evangelho a toda criatura* (Mc 16.16), vamos nos empenhar por espalhar em toda parte o sabor do seu nome, consagrando nosso próprio corpo, alma e espírito na expansão do seu reino. Aquele que nos curou tornará são o mundo todo mediante seu maravilhoso poder.

Teremos demonstrado abundantemente, assim, que a ordem de nosso Senhor é uma sólida justificativa para nossa conduta?

II. Agora, em segundo lugar, o que a cura faz surgir: UMA OBRIGAÇÃO: *Aquele que me curou, esse mesmo me disse: Toma o teu leito e anda* (Jo 5.11). Esse argumento toma, então, a seguinte forma: primeiro, se ele me curou, ele é divino; caso contrário, não poderia realizar esse milagre. Se não, digamos que, pelo menos, deve ser divinamente autorizado. Sendo ele divino ou divinamente autorizado, sou obrigado, evidentemente, a obedecer às ordens que proclama. Este argumento é tão óbvio que até mesmo um pobre e simplório paralítico foi capaz de entender e adotar. Vamos experimentar e sentir sua força em nós mesmos. Jesus, que nos salvou, é o nosso Deus — não deveríamos obedecê-lo? Uma vez que está revestido de poder e majestade divinos, não deveríamos sinceramente nos empenhar em conhecer sua vontade e zelosamente nos esforçar para levá-lo a todos os lugares, conforme seu espírito nos capacite?

Além do caráter divino, que seu milagre demonstra e comprova, há bondade revelada em seu ato de poder, que tocou o coração daquele homem. A argumentação total do homem então seria: "*Tenho de fazer aquilo que meu grande libertador me ordena. Como poderia pensar de outra maneira? Ele não me curou? Como poderia eu, a quem ele graciosamente restaurou, recusar a cumprir seu desejo? Não deveria eu ter tomado o meu leito, como fiz, no exato momento em que ele me deu ordem e forças para fazê-lo? Como poderia fazer outra coisa senão isso? É essa a remuneração que tenho a pagar ao meu bom médico. Como me recusaria a fazer o que ele me pede? Não percebem que estou debaixo de uma obrigação e que seria uma vergonha não cumpri-la? Ele me restaurou braços e pernas, e sou obrigado a fazer com eles o que me ordena a fazer. Se ele me diz 'anda', já que esses pés antes atrofiados foram restaurados, não devo andar? Se ele me manda tomar minha esteira, e já que eu não podia usar minhas mãos até agora, quando sua palavra me deu vida, não devo usá-las para enrolar esta minha esteira, à sua ordem? Esses pobres ombros meus, curvados que estavam pela fraqueza, mas que foram endireitados, agora que recebi ordem para carregar o

A OBRA DA GRAÇA, GARANTIA DA OBEDIÊNCIA | 195

meu leito, não devo jogar neles a minha esteira e carregar o leve peso que ela coloca sobre mim?" Não há como responder a esse raciocínio. Qualquer que tivesse sido o pedido de Jesus, o Senhor teria claramente direito inquestionável de obediência leal daquele a quem havia curado.

Sigam-me brevemente nessa questão, irmãos e irmãs. Se vocês são salvos pela graça de Deus, sua salvação os coloca sob obrigação de, daqui para a frente, fazer aquilo que Jesus lhes ordena. Foram redimidos? Então *vocês não pertencem a si mesmos, mas foram comprados por um preço* (1Co 6.19,20). Como consequência do que o Senhor fez, não foram vocês resgatados da escravidão satânica e adotados na família divina? Então, segue-se que, por serem agora filhos, devem obedecer à lei da casa. Não é o primeiro elemento da filiação que o filho reverencie o grande Pai de família? O Senhor se agradou de exterminar o seu pecado, e você está perdoado. Mas o perdão não exige correção? Ou deveríamos voltar aos velhos pecados dos quais fomos limpos? Devemos voltar a viver nas iniquidades das quais fomos lavados pelo sangue de nosso Senhor Jesus? Eis uma coisa horrível só de pensar. Seria por demais perverso um homem dizer "fui perdoado e, portanto, vou pecar outra vez". Não há remissão onde não há arrependimento. A culpa do pecado permanece sobre aquele homem no qual o amor ao pecado ainda permanece. Vamos sentir a força disso na prática, seguindo de agora em diante a pureza e a justiça.

Irmãos e irmãs sobre quem Cristo operou sua grande obra, vocês experimentaram o amor de Deus, e, portanto, se Deus tanto os amou, devem amá-lo em retribuição. Se Deus tanto os ama, vocês não devem amar também seu irmão? O amor a Deus e o amor aos homens surge como consequência do amor de Deus derramado no coração. Não é evidente a necessidade de um amor seguir-se ao outro? Mas o amor é pai da obediência, e, assim, tudo o que esteja ligado ao Senhor nos coloca na obrigação de obedecer a ele. Não existe uma única bênção da aliança que não implique necessariamente sua obrigação correspondente. Tenho restrições em usar a palavra "obrigação", pois essas bênçãos da aliança fazem que a obrigação seja nosso privilégio, e a santidade, nosso prazer. Redimidos do pecado, não devemos mais viver nele. Feitos herdeiros do céu, empenhemo-nos em viver a vida celestial de modo que, mesmo enquanto aqui embaixo, nossa conversa possa estar no céu, onde olhamos mais perto para o Salvador, o Senhor Jesus Cristo. Enfim, irmãos, aquele que os curou ordena que isso e aquilo seja feito por vocês. Eu os aconselho a cumprir os mandamentos do Rei. Assim como Maria disse aos servos nas bodas de Caná, o mesmo digo a você: *Fazei tudo quanto ele vos disser* (Jo 2.5). Se ele manda orar, ore sem cessar. Se manda vigiar e orar, resguarde então com cuidado cada ato, pensamento e palavra. Manda amar seus irmãos? Então ame-os com um coração ardentemente puro. Manda servir e se humilhar a si mesmo por amor ao seu nome? Faça isso e se torne servo de todos. Disse ele *sereis santos, porque eu sou santo* (1Pe 1.16). Busque isso, então, por intermédio do Espírito Santo. Declarou ele: *Sede vós, pois, perfeitos, como é perfeito o vosso Pai celestial* (Mt 5.48). Esforce-se, então, para alcançar a perfeição. Aquele que curou você tem o direito de dirigir seus caminhos, e será excelente para sua segurança tanto quanto para sua felicidade submeter-se aos seus mandamentos.

III. Já basta. Quero chamar sua atenção para o texto agora, em terceiro lugar, no sentido de CONSTRANGIMENTO: *Aquele que me curou, esse mesmo me disse: Toma o teu leito e anda.* Jesus o curou, dizendo *Levanta-te, toma o teu leito* (Jo 5.8). O ato de carregar o leito era parte da cura. A primeira parte da palavra de cura foi *levanta-te*, mas a segunda foi "toma o teu leito". Não foi uma palavra comum que Jesus falou àquele homem, simples palavra de conselho, de advertência ou ordem. Foi, sim, uma palavra cheia de poder, tal como aquela que criou a luz a partir das trevas. Assim, quando o Senhor disse ao pobre homem *levanta-te*, ele realmente se levantou. Um arrepio passou por seu corpo; vasos sanguíneos estagnados sentiram a vida despertar e fluir. Aqueles nervos dormentes foram despertados pelas sensações de saúde. Aqueles tendões e músculos atrofiados uniram-se para desempenhar uma ação enérgica, pois a onipotência visitou o homem incapaz e o restaurou. Deve ter sido uma enorme alegria para o corpo, enervado, ainda que impotente, ser capaz de um movimento sadio, uma espécie de felicidade por conseguir suportar um fardo feliz. O homem alegre enrolou sua esteira, jogou-a nas costas e marchou para fora da melhor maneira possível.

O fato de carregar seu leito foi parte da cura e prova da cura. O homem paralítico não foi chamado a decidir se deveria ou não se levantar, mas Jesus lhe ordenou *levanta-te*, e ele se colocou de pé; disse-lhe *toma o teu leito*, e o leito foi tomado. E, em conformidade com a última palavra, "anda", ele saiu andando, com alegria. Tudo foi feito pelo poder dessa frase tremenda, que não foi questionada, mas realizou os propósitos para os quais o Senhor a enviou. Quase sem perceber, o homem restaurado carregou seu leito, ainda que constrangido, pois o mesmo poder que o curou o fez obedecer. Antes da energia divina o tocar, ele parecia não ter nenhuma vontade própria, e o Senhor precisou revirar o seu ser para encontrar um pouco de vontade nele, dizendo: *Queres ficar são?* (Jo 5.6). Mas agora ele alegremente deseja obedecer ao seu benfeitor e, na força da ordem, obedece à sua ordem. Digo que o fato de ele tomar o seu leito e caminhar foi feito pela capacitação e pelo constrangimento de Cristo; e oro para que você saiba também, por experiência própria, o que isso significa. O que eu quero que você sinta é isto: "Não posso deixar de obedecer a Cristo, pois, por seu Santo Espírito, ele me deu uma vida que nunca vai morrer nem desaparecer. Ele falou uma palavra a meu respeito que possui uma força contínua sobre mim e me leva adiante continuamente. Não posso mais deixar de procurar obedecer a Cristo" — do mesmo modo que esse homem não podia deixar de carregar seu leito quando o Senhor, por meio de uma palavra de poder, ordenou-lhe a fazer isso.

Olhem para isso, irmãos, e sejam instruídos e advertidos. Alguém se sente relutante, esta manhã, de entrar no serviço do Senhor por causa de uma consciência fraca? O diabo tenta você a se afastar da obediência por causa da sua suposta inadequação? Você hesita? Teme? Treme? Evidentemente que você precisa se aproximar do Senhor mais uma vez e ouvir novamente a sua voz. Pegue sua Bíblia e deixe que o Senhor fale a você novamente e que o mesmo arrepio que o tirou do seu sono da morte o desperte da atual letargia. Há necessidade de que a Palavra de Deus penetre em sua mente outra vez com aquele mesmo poder miraculoso com que agiu na primeira vez. *Senhor, vivifica-me no teu caminho* (cf. Sl 119.37) é a oração de Davi, mas ela se encaixa perfeitamente em sua situação, no dia de hoje; e creio que a maioria do povo de Deus faria muito bem em usá-la diariamente. Ore: "Senhor, proclama vida a mim agora como fizeste no início. Proclama poder, proclama força espiritual em mim". *O amor de Cristo nos constrange* (2Co 5.14), diz o apóstolo. Esse é o constrangimento que queremos sentir mais e mais.

Precisamos que a vida divina nos leve perpetuamente a atos de obediência. Não queremos destruir sua disposição; pelo contrário, queremos vê-la transformada em total submissão à vontade do Senhor. Tal como a arca de Noé quando ainda em terra seca, a disposição fica parada em sua posição, com o seu próprio peso morto. Desejamos um verdadeiro dilúvio de graça para mover, erguer, sustentar, levar adiante essa disposição, por meio de uma corrente poderosa. Queremos ser levados pelo amor de Cristo como um pequeno pedaço de madeira é levado pela correnteza, ou como as pequenas partículas que fluem no ar à luz do sol são carregadas por um vento forte. Um vigoroso impulso, que começou em Jesus, encontrou o pobre homem de Betesda passivo, por ser totalmente incapaz de ser outra coisa e, então, impeliu-o a um movimento ativo, como que conduzido por um ímpeto de poder. Que, do mesmo modo, possa isso acontecer por toda a nossa vida. Que possamos sempre ceder ao impulso divino.

Ser passivo nas mãos do Senhor é um bom desejo; ser aquilo que eu chamaria de ativamente passivo, ser alegremente submisso, abdicar, por disposição própria, da nossa vontade: eis um desejo espiritual superior. Devemos viver não como nós mesmos, mas, sim, vivendo Cristo em nós. Devemos agir, sim, mas mostrando que aquele que nos curou nos ordenou a que fizéssemos esse ato santo, e o fazemos porque seu poder nos leva a fazê-lo. Se eu fizer tudo corretamente, tudo coloco a seus pés. Se espero me sair bem no futuro é porque espero que a força que dele vem realize em mim muito bem as coisas, crendo que ele irá operar em mim com o mesmo poder que me converteu. Amados, empenhem-se em estar debaixo dessa influência. Que o Espírito Santo os leve até lá!

Minha última palavra é uma lição prática. A igreja de Deus na terra, neste presente momento, deseja e precisa ansiosamente espalhar sua influência no mundo. Por amor a Cristo, desejamos ver as verdades que pregamos sendo reconhecidas, os preceitos que proclamamos sendo obedecidos. Contudo, perceba que nenhuma igreja jamais terá poder sobre as massas desse ou daquele lugar da terra, a não ser na mesma

A OBRA DA GRAÇA, GARANTIA DA OBEDIÊNCIA | 197

proporção em que lhe faça o bem. Já vai longe o dia em que qualquer igreja poderia esperar prevalecer pelo simples pretexto histórico. "Olhe para o que já fomos" é hoje um apelo vão. Os homens se importam agora apenas com aquilo que hoje somos ou não. A igreja que glorifica a si mesma com os lauréis desbotados das glórias passadas e que esteja satisfeita em ser inativa atualmente coloca-se perto de um final inglório. Na corrida da utilidade prática, os homens de hoje se importam menos com o *pedigree* dos cavalos e mais com a velocidade que eles possam alcançar. A história de uma congregação ou denominação vale pouco se comparada com o bem prático que no momento esteja realizando. Se qualquer igreja debaixo do céu mostrar que está fazendo que os homens sejam bons, honestos, equilibrados, puros, morais, santos; que está buscando os ignorantes e instruindo-os; que está amparando os decaídos e clamando por eles; que, de fato, está transformando o lixo moral da humanidade em jardins, tirando o mato e os espinhos do deserto e transformando-os em preciosas árvores frutíferas — então o mundo estará pronto para ouvir seus clamores e considerá-los. Se uma igreja não puder provar sua utilidade, a fonte de sua força moral irá desaparecer, e, verdadeiramente, alguma coisa pior irá acontecer, pois sua força espiritual se desvanecerá. Uma igreja estéril é uma igreja manifestamente sem o frutífero Espírito de Deus. Quem assim o desejar, poderá até dignificar seus ministros pelo título de "bispo", dar aos seus diáconos outros grandes títulos, chamar o seu lugar de adoração de catedral, e ali adorar com toda a grandeza e pompa cerimonial e os adornos da música, dos cânticos, de incensos e similares — , mas isso tudo terá apenas a aparência de poder sobre a mente humana, se não tiver a oferecer alguma coisa a mais do que somente isso. Todavia, se existir uma igreja, não importa por que nome seja chamada, que seja realmente santa, piedosa, que viva para Deus, que faça o bem para a sua localidade, que espalhe santidade e justiça mediante a vida dedicada e piedosa de seus membros — em uma palavra, uma igreja que realmente esteja curando o mundo em nome de Jesus e a longo prazo, até mesmo o mais carnal e o mais desatento dos homens poderá dela dizer: "A igreja que está fazendo isso é, de fato, digna de respeito; portanto, ouçamos o que ela tem a dizer".

O fato de sermos uma verdadeira utilidade viva não irá, certamente, nos poupar de perseguição, mas responderá com autoridade às críticas. Assim é a igreja santa, que vai ao mundo com autoridade no nome de Jesus Cristo, seu Senhor, e que o Espírito Santo usa para conduzir os corações humanos à sujeição à verdade de Deus. Que toda a igreja de Cristo creia no poder de Jesus de curar as almas doentes. Que se lembre deste homem, inválido por 38 anos, que só não permaneceu mais doente porque Cristo veio à terra. Ele já estava doente cerca de sete anos antes de Cristo provavelmente ter nascido. Há muito mais tempo também que este pobre mundo tem sido doente e afligido. Muitos e muitos anos antes do Pentecostes, ou do nascimento da igreja visível atual, este pobre mundo pecador já estava deitado junto ao tanque sem se poder mover. Não devemos, porém, nos desesperar, pois o Senhor veio justamente para eliminar todo o seu pecado e torná-lo são. Que, em nome de Jesus Cristo, saiamos e proclamemos o evangelho eterno, dizendo ao mundo: *Levanta-te, toma o teu leito e anda* (Jo 5.8). Que isso seja feito; que Deus seja glorificado e sejamos abençoados.

21

A MANIFESTAÇÃO DAS OBRAS DE DEUS

Respondeu Jesus: Nem ele pecou nem seus pais; mas foi para que nele se manifestem as obras de Deus (Jo 9.3).

Nunca atribua determinada tristeza enfrentada pelos homens a algum pecado seu em especial. Existe até hoje uma tendência de se considerar aqueles *sobre os quais caiu a torre de Siloé* como sendo *os maiores pecadores que já habitaram Jerusalém* (Lc 13.4). Se alguém sofre morte súbita, nos apressamos em supor que tal pessoa deveria ser grandemente culpada. E, no entanto, não é bem isso o que acontece. Homens piedosos já morreram, por exemplo, até queimados em desastre de trem, como um, que eu me lembro, que teve esse terrível fim. Vários santos morreram em naufrágios, ao viajarem para a realização da obra do Senhor. Alguns dos homens mais cheios da graça que já conheci caíram mortos sem que houvesse um único indício de que aquilo iria acontecer. Não podemos julgar a condição de um homem diante de Deus por aquilo que lhe aconteça por ato da providência. É bastante indelicado, nada generoso e quase desumano supor — tal qual fizeram os amigos de Jó — que, por estar sendo grandemente afligido, Jó, consequentemente, deve ser um consumado pecador. Não é assim. As aflições não são propriamente um castigo pelo pecado. Existem aflições cujo motivo e finalidade são bastante diferentes. São designadas a refinar, promover disciplina santa, agir como escavadeiras sagradas que visam a abrir mais espaço para Cristo e o seu amor no coração do homem. Na verdade, e você sabe disso, está escrito na Palavra que: *Eu repreendo e castigo a todos quantos amo* (Ap 3.19) e *o Senhor corrige ao que ama, e açoita a todo o que recebe por filho* (Hb 12.6).

Seria, portanto, um absurdo presumir que alguém nascesse cego como castigo por um pecado de seus pais ou como castigo prévio por pecado que ele mesmo viesse a cometer. Orienta-nos o nosso Salvador, nesta passagem, que consideremos de modo inteiramente diverso as enfermidades e os males físicos, como veículo por meio do qual queira Deus mostrar o seu poder e a sua graça. Fora, de maneira especial, o que acontecera neste exemplo em particular. Irei além, dizendo, até mesmo, que o pecado em si — existindo como ele existe em todo lugar e de maneira especial em alguns — pode abrir espaço para a graça de Deus, ainda que "às cotoveladas", e tornar-se verdadeiramente uma plataforma sobre a qual o maravilhoso poder, a paciência e a soberania da graça divina podem se revelar.

Este será o assunto sobre o qual conversaremos hoje à noite: o modo pelo qual Deus tira proveito da tristeza e do pecado dos homens para tornar manifestas suas obras, para sua própria glória. Assim como aquele homem nasceu cego a fim de que, por meio de sua cegueira, pudesse o poder de Deus ser visto ao lhe ser concedida a visão, assim também, creio eu, existem muitas outras pessoas em que o poder de Deus pode ser prontamente comprovado e as obras de Deus podem se tornar claramente manifestas.

I. Assim, em primeiro lugar, examinemos que obras são essas. QUE OBRAS DE DEUS PODEM SER VISTAS NA SALVAÇÃO DOS HOMENS?

Eis um homem com a vida completamente desordenada; nada de certo existe nele. É um homem virado de cabeça para baixo. Seu coração ama aquilo que pode arruiná-lo, e não abençoá-lo. Sua compreensão se encontra obscurecida; ele acha que o doce é amargo, e o amargo, doce. Sua vontade tornou-se bastante dominadora, usurpando um poder que jamais deveria possuir. Se o estudarmos bem, não iremos detectar nele grande coisa. Está desajustado, tal qual uma máquina cujas engrenagens não funcionam

A MANIFESTAÇÃO DAS OBRAS DE DEUS

corretamente. Para descrevê-lo em poucas palavras, diria que se acha em um estado de caos, pois tudo nele é confusão e desordem, tudo está de cabeça para baixo. "Bem", diz uma pessoa, "essa é a minha situação; estou assim, aqui, hoje à noite".

A primeira obra de Deus de que temos notícia na Bíblia é a obra da *criação*: *No princípio criou Deus os céus e a terra* (Gn 1.1). Quando a plenitude dos tempos chegou, para correção do mundo — evento que geralmente chamamos de criação, embora tenha sido, na verdade, o ajuste daquilo que já fora criado —, o Senhor veio, e o Espírito de Deus, de asas abertas, pairou sobre o caos e trouxe ordem em meio à confusão. Oh, que o Espírito do Senhor possa vir nesta noite e pairar sobre a mente confusa e perplexa dos homens, na qual está tudo revirado e em desordem! O homem não pode dizer por que nasceu nem pelo que está vivendo. Parece não ter propósito algum na vida; é jogado de um lado para o outro tal qual um pedaço de madeira no oceano. Suas paixões se alternam de vaidade em vaidade, e não há como colocar seu ser em ordem. As mães, por vezes, tentam fazer isso, mas ele rejeita totalmente a ideia de estar "preso à saia" materna. Amigos tentam também, mas o homem toma as rédeas de sua vida e sai em disparada, recusando-se a obedecer a qualquer ordem. Ó Deus, se o Senhor vier aqui esta noite e torná-lo uma nova criatura em Cristo Jesus, tua obra criadora será manifesta nesse homem! Se vieres, Senhor, moldar, modelar, formar e conformar essa pessoa para que seja um vaso próprio para o teu uso, tua obra começará a nele se manifestar. Que assim seja! Existem aqui, entre nós, os que podem dar testemunho de que Deus é magnânimo criador, que fez e faz novas todas as coisas em nós, transformando o que antes era o caos em um mundo de beleza e deleite no qual se agrada em habitar.

Depois da criação do mundo, a obra seguinte de Deus foi a *criação da luz*. A terra, já criada, estava envolta em trevas. *Havia trevas sobre a face do abismo* (Gn 1.2). Não havia sol, lua ou estrelas. Não havia sido derramada ainda a luz sobre a terra; talvez porque uma grande camada de vapor impedisse sua passagem. Deus nada mais fez do que dizer *Haja luz. E houve luz* (Gn 1.3).

Esta noite, provavelmente, encontra-se aqui uma pessoa não apenas sem forma e vazia, inteiramente desnorteada, mas que em si mesma é escuridão, que está em trevas. Essa pessoa deseja luz, pois não possui luz alguma. Não conhece o caminho da vida e não vê um raio de esperança de que, um dia, irá encontrar o caminho. Parece estar envolta em certa noite sombria e densa no Egito. O pior de tudo, no entanto, é que talvez não saiba qual a sua verdadeira condição: chama as trevas de luz e orgulha-se de poder ver, muito embora, na verdade, não possa ver coisa alguma. Senhor, fala a essa pessoa a palavra, dizendo *Haja luz*, e ela então verá a luz e a verá imediatamente!

Posso eu falar com poder ou não —, mas Deus sempre fala com poder. Por isso, meu coração é docemente consolado, por poder o Senhor encontrar, neste momento, o pecador mais obscurecido ou despercebido neste lugar, sentado ou em pé, em qualquer canto, e a luz poder penetrar em sua alma em menos tempo talvez do que eu possa estar dizendo estas palavras. Então, para sua própria surpresa, as trevas a seu redor serão transformadas em luz, e a sua noite no Egito será mudada para a luz solar de meio-dia de amor e misericórdia infinitos. Orem a Deus para que isso venha a acontecer agora, meus irmãos. Ergam uma oração silenciosa aos céus, pois esta concessão de luz, esta iluminação, é uma obra toda especial de Deus. Existem muitos agora nas trevas sobre os quais é possível que esta obra de Deus se manifeste.

Depois de realizadas as duas grandes obras de Deus, a criação em si e o surgimento da luz, viria a existir a morte, e a obra divina da *ressurreição* tornou-se então necessária. Que propósito pode ter uma forma belamente moldada se estiver morta? Qual o propósito de uma luz brilhar com toda a intensidade sobre um corpo sem vida? Nesta casa de oração, esta noite, existem alguns que estão *mortos em seus delitos e pecados* (Ef 2.1). Não sentem o peso da impiedade, embora seja um fardo intolerável para o homem que realmente vive; não foram feridos pela espada de dois gumes do Senhor, embora seja o homem que de fato vive prontamente cortado e ferido por ela. Essas pessoas não ouvem as alegres notas da graça gratuita e do amor que ama até a morte; embora possam vibrar como o badalar de sinos de prata, esses pecadores mortos não apreciam uma tão doce música. É somente a obra de Deus que faz que vivam os homens. Chegará um dia — talvez muito antes do que imaginamos — em que todas as miríades de corpos nos cemitérios sairão do túmulo para viverem outra vez. Será uma manifestação do poder divino, mas não talvez uma manifestação de poder maior do que quando um coração morto, uma consciência morta, uma vontade morta, volta a viver por meio da vida divina. Que Deus possa realizar esse poderoso milagre de misericórdia aqui, esta noite! Orem, amados irmãos e irmãs em Cristo, para que seja assim. O morto não pode pedir sua própria ressurreição; portanto, oremos em seu lugar. Todavia, se um homem realmente orar pedindo isso, se clamar "Senhor, dá-me vida!", é uma prova de que já existe um princípio de vida nele, caso contrário não teria esse desejo de viver.

Irmãos, eu poderia continuar seguindo a linha da história da criação e do ajuste do mundo na devida ordem, mas não o farei, pois vocês mesmos o podem fazer. Quero, então, a seguir, lhes falar a respeito da obra divina da *purificação*. Nesta noite, neste lugar de adoração, existe certamente alguém tomado de imundícia. Fez tudo o que poderia ter feito para se rebelar contra Deus. Talvez seja como John Newton, que descreve a si mesmo da seguinte maneira: "Em muitos aspectos, eu era como o apóstolo Paulo. Era blasfemo, perseguidor, injurioso. Mas há um aspecto no qual fui além do apóstolo Paulo, pois ele fazia isso por ignorância; eu pequei contra a luz e o conhecimento". Será que, por acaso, falo a alguém aqui que, ao pecar, cometeu também sua transgressão de maneira crassa, fazendo o que sabia estar errado e perseverando em fazê-lo, contra toda indicação de sua consciência e as advertências de um desejo de ser melhor, que nunca conseguiu extinguir? Fico às vezes muito surpreso ao conversar com pessoas cuja vida chegou, sem dúvida alguma, praticamente ao extremo da iniquidade, mas que mantiveram o tempo todo um alerta interior de que não lhes era permitido avançar um centímetro sequer além do ponto em que ficassem sem esperança. Havia sempre algo que elas ainda respeitavam e reverenciavam, mesmo quando desejassem poder desacreditar de tudo e blasfemar de todas as coisas. Havia sempre alguma influência benigna operando dentro delas, como se Deus mantivesse seguros e firmes a sua linha e o seu anzol na boca do Leviatã. Muito embora uma pessoa dessas pudesse ter ido tão longe nas profundezas do pecado, tão fundo que não se poderia nem fazer menção de até onde, terminava voltando para Deus. O Senhor continua sempre realizando maravilhas de graça e misericórdia.

Suponhamos, então, que, nesta noite, esse pecador imundo, com todos os seus anos de pecado, pudesse ser perdoado imediatamente. Suponhamos que todos esses cinquenta ou sessenta anos de pecado pudessem desaparecer de uma hora para outra; que Deus os pudesse perdoar, ou, melhor ainda, esquecer; que, com um rápido movimento de seu braço onipotente, pudesse pegar toda a massa de pecado desse pecador e jogá-la nas profundezas do mar. Que maravilha seria! É isso o que Deus vai fazer esta noite por todo aquele que confia em Jesus. Se você vier e se lançar a seus pés, olhar para Jesus crucificado sangrando em seu lugar e crer nas palavras do profeta Isaías de que *o Senhor fez cair sobre ele a iniquidade de todos nós* (Is 53.6) e nas palavras do apóstolo Pedro, que dizem *levando ele mesmo os nossos pecados em seu corpo sobre o madeiro* (1Pe 2.24); se você confiar em Jesus, aquele que leva sobre si os nossos pecados, ele fará que você fique mais alvo do que a neve. As obras de Deus serão em você manifestas, pois ninguém, a não ser o Deus todo-poderoso, pode fazer que um pecador tinto como o escarlate torne-se branco como a neve, e isso imediatamente. Senhor, faze isso agora!

Suponhamos, ainda, que outra coisa possa acontecer. Que um homem, ou uma mulher, presente aqui, desesperadamente envolvido em atos não recomendáveis, possa nesta noite ser totalmente direcionado para um novo rumo. Isto seria a clara manifestação da obra divina de *mudança total do curso de vida* dessa pessoa. Nunca visitei as cataratas do Niágara e acho que nunca o farei; contudo, algumas pessoas aqui já as viram. Imensa quantidade de água cai constantemente das alturas, com um tremendo ruído. Você não acreditaria em Deus se, em determinado momento, ele fizesse que aquelas águas se movimentassem de baixo para cima, buscando impetuosamente as alturas, do mesmo modo que se lançam sobre as profundezas? Pois bem: o Senhor pode fazer isso com qualquer pecador-cachoeira, aqui, esta noite. Você está determinado a se reunir hoje à noite com más companhias e cometer um pecado imundo? Está pronto a pegar um copo de bebedeira e não se satisfazer até haver se transformado em alguma coisa inferior a um animal? Está decidido a prosseguir naquele seu negócio sujo, obter dinheiro por meio de jogatina ou algo

A MANIFESTAÇÃO DAS OBRAS DE DEUS

| 201

pior? Sim? Mas se o meu Senhor vier aqui esta noite, determinado a salvá-lo, ele fará você cantar outra música. "Mas eu não quero ser batista ou metodista!", diz uma pessoa. Eu não sei o que você será. "Você jamais há de me converter", diz outro. Eu nunca disse que poderia fazê-lo; mas o Senhor, sim, pode fazer de você aquilo que você jamais pensou que poderia ser.

Existem alguns aqui que, se tivessem podido dez anos atrás ver a si mesmos agora, sentados aqui e desfrutando da Palavra, teriam dito: "Não, Charlie, esse não é você, tenho certeza, rapaz" ou "Não, Maria, essa não é você, garota; você nunca estará lá; não tenha medo disso". Contudo, aqui está você, como pode constatar. Aquilo que a graça gratuita fez por nós, pode fazer pelos outros. Senhor, faze isso, segundo o grande poder operado em Cristo ao ressuscitar os mortos! Trabalha desse mesmo modo no coração do ímpio esta noite, fazendo-o afastar-se do erro de seu caminho e correr decididamente em direção ao Senhor, da mesma forma que hoje ele corre do Senhor!

Mais um aspecto apenas tenho a mencionar neste tópico. Acho que as obras de Deus manifestam-se por vezes nos homens *com grande alegria*. Existe certamente alguém aqui, esta noite, convencido de seu pecado. A sra. Consciência levantou-se contra ele. Você conhece a sra. Consciência: possui um chicote cheio de pontas. Quando lhe é permitido trabalhar, lançar-se sobre um pecador que há muito tempo tem em mira, ela diz: "Agora é a minha vez" — e vai fazer que ele saiba disso, acredite. Um homem nunca consegue se livrar de uma consciência que o vergasta constantemente. Cada golpe parece cortar sua carne trêmula; as pontas do chicote provocam sulcos profundos todas as vezes que o atingem. Alguém poderia dizer: "Você fala como se já tivesse experimentado isso". Se já o experimentei? Sofri isso por muitos anos, desde que eu era quase uma criança. Não me livrei das tiras desse chicote nem um dia sequer. Oh, como a consciência me puniu, deixando-me sem descanso! Até que, certo dia, ouvi a voz divina, que disse: *Olhai para mim, e sereis salvos, vós, todos os confins da terra* (Is 45.22). A consciência lançou fora seu chicote; minhas feridas foram banhadas com o bálsamo celestial, pararam de doer, e eu me alegrei! Meu coração clamou "aleluia!" ao ver Jesus na cruz! Compreendi que Deus executara total vingança pelo meu pecado sobre seu amado Filho, que de maneira tão bondosa suportou o açoite e submeteu-se a sofrer a punição pelo meu pecado. Meu coração saltou então de alegria.

Você já percebeu que estou sempre pregando a doutrina da substituição. Não posso deixar de fazê-lo, porque ela é a única verdade que me trouxe e me traz conforto. Eu jamais teria conseguido sair do calabouço do desespero não fosse por essa grande verdade, a da substituição. Espero que nenhuma jovem venha me pedir para escrever em seu álbum de lembranças, esta semana. Esse pedido me é feito não sei quantos dias por semana, e sempre escrevo, em todos os álbuns, este mesmo verso:

> Desde que pela fé eu vi
> Este teu fluir curar,
> Redenção quero pregar
> Até chegar da vida o fim.

Se você conhece o poder desse tema bendito, sabe que é da obra de Deus nos dar grinalda em vez de cinzas, óleo de gozo em vez de pranto, vestidos de louvor em vez de espírito angustiado, pôr um novo cântico em nossa boca e firmar nossas saídas. Que todos vocês possam ter essa bendita obra de Deus operando em sua vida, para louvor da glória da graça divina!

II. Meu segundo tópico é: DE QUE MODO ESSAS OBRAS SE MANIFESTAM ESPECIALMENTE EM ALGUNS HOMENS?

Vou me basear nesse homem cego do texto evangélico, analisando sua vida. Em primeiro lugar, *ele era totalmente cego*. Não havia qualquer simulação em sua cegueira: ele não podia ver um raio de luz; era inteiramente cego; nada sabia a respeito de luz. Existirá alguém aqui que seja totalmente cego no sentido espiritual? Eis que *você* não pode ver coisa alguma, meu pobre amigo. Você não tem um único bom desejo sequer; não tem sequer um bom pensamento. Na verdade, não sabemos ao certo que tipo de pessoas temos na Londres de hoje. É possível encontrar pessoas que, ao que parece, jamais tiveram um bom pensamento passando pela mente, uma vez sequer, desde há muitos anos. Se outra pessoa lhes disser algo de bom, honesto ou decente, é como se essa pessoa lhes estivesse falando grego! Simplesmente não entendem. Temos multidões de pessoas assim em nossos cortiços; mas existem em outros lugares pessoas tão ruins quanto essas. Quando o Senhor, em sua infinita misericórdia, chega até essas pessoas totalmente cegas e faz que vejam, abre-se um espaço para o seu imenso amor e poder operarem ali, com todo mundo dizendo: "Que coisa maravilhosa se tal pessoa pudesse se converter!"

Lembro-me muito bem de um homem com quem orei constantemente em comunhão. Era uma pessoa arredia no primeiro momento em que o conheci, mas depois revelou ser um bom homem. Todavia, era a pessoa mais excêntrica com quem eu já havia conversado. Aliás, eu mesmo já sou suficientemente excêntrico. Mas ele era um homem mundano, e morto. Seus domingos — bem, para ele não havia muita diferença entre domingo e segunda-feira, a não ser pelo fato de que não podia ficar por mais tempo nos bares no domingo. Ele me contou o seguinte: "Em uma manhã de domingo, comprei dois patos para cozinhar e, na rua, vi passando umas pessoas que iam em direção a um lugar de adoração. Pensei então que poderia ir ver como era aquele lugar, pois tinha ouvido que era muito bonito por dentro". Ele foi até lá; o Senhor teve um encontro com ele, e os patos não foram cozidos naquele dia, mas tiveram de esperar até segunda-feira. Quem foi pego e temperado por Cristo naquele dia foi ele mesmo. Uma mudança total aconteceu naquele homem, que se transformou imediatamente em um cristão fervoroso, muito embora não tivesse antes nenhum tipo de pensamento religioso, fosse por medo ou por falta de esperança. Esse foi um caso em que a obra de Deus se manifestou de modo especial. Aquele homem já foi para o céu; mas me lembro muito bem dele e louvo a Deus por sua conversão.

Contudo, o homem mencionado no texto *nascera cego*. Existem muitos como ele: na verdade, todas as pessoas nascem cegas. É o pecado original, do qual todos sofremos. O pecado é semelhante a uma degeneração hereditária. Nascemos cegos. Existem alguns que, de maneira bastante peculiar, nascem e são criados em família totalmente destituída de religião. São educados para desprezá-la, ou então criados em meio à superstição e ensinados a repetir uma oração inútil diante de um crucifixo de madeira, metal ou pedra. Como pessoas criadas deste modo podem encontrar Cristo? O fato é que, no entanto, elas um dia realmente o encontram, ou melhor, Cristo as encontra. Ouvem o evangelho, e ele penetra diretamente em sua mente. Acho até que ninguém era mais supersticioso do que Martinho Lutero quando católico. Eu mesmo vi lá em Roma uma escadaria que Martinho Lutero, uma vez, subiu de joelhos. Diz-se que era a escadaria pela qual nosso Senhor Jesus subiu ao palácio de Pilatos em Jerusalém. Vi pessoas, lá em Roma, subindo e descendo de joelhos aqueles degraus. Pense em Lutero fazendo isso. Consta que, então, ao subir essa escadaria de joelhos, as seguintes palavras vieram à sua mente: *O justo viverá da fé* (Gl 3.11). Lutero se levantou imediatamente e não deu mais um passo sequer de joelhos. Oh, que Deus se manifeste desse modo a alguns de vocês!

A seguir, observemos que esse homem cego *foi curado por meios especiais*. Foi esta outra manifestação das obras de Deus. O Salvador cuspiu no chão, abaixou-se e, com seus dedos, mexeu naquela terra até se transformar em lodo. Pegando então dessa mistura, passou a colocá-la sobre os olhos do homem. Creio que Deus é grandemente glorificado pela salvação de pessoas mediante a pura pregação do evangelho, o meio mais simples que pode ser usado. Quando as almas são salvas aqui, neste lugar, como continuamente o são, é comum ouvir as pessoas dizerem: "Bem, não consigo ver coisa alguma de notável nesse pregador". Não mesmo; e, se observassem por mais tempo, iriam ver menos ainda do que veem agora, pois nele, de fato, não há coisa alguma; mas muita coisa existe no evangelho. Oh, irmãos, se alguns pregadores proclamassem apenas o evangelho, logo iriam constatar como ele é superior a todos os seus estudos, embora preparados com tanto esmero! Eles elaboram muito bem seus sermões; oh, sim, eu sei! Mas já ouviu falar do homem que costumava preparar as batatas antes de plantá-las em sua horta? Fervia sempre as batatas antes de plantar. Só que elas nunca cresciam, pois, ao fervê-las, extraía delas toda a sua vida. Hoje em dia, muitos sermões fervidos são oferecidos ao público, só que nunca despontam. São elaborados e preparados

A MANIFESTAÇÃO DAS OBRAS DE DEUS

| 203

de tal modo que nada se consegue extrair deles. O Senhor tem grande prazer em abençoar palavras vivas, faladas em linguagem simples e saídas de um coração sincero. O homem que fala assim não recebe a glória; a glória vai para Deus, e, desse modo, há espaço para as obras de Deus serem manifestas.

O homem cego foi um campo especialmente preparado por Deus para nele manifestar sua obra, pois era *um mendigo bastante conhecido ali*. Pode-se até supor que seus amigos o conduzissem, pela manhã, até as portas do templo, onde tomava seu lugar de sempre e ali se sentava. Era certamente um homem paroleiro, devo supor, que costumava conversar com todo mundo que junto a ele parasse. Desse modo, as pessoas em geral o conheciam e sabiam de quem se tratava. Suponho também que fosse um homem um tanto sarcástico, que, quando paravam junto a ele, falavam com ele, mas nada lhe davam, sabia como dar "o troco". Esse mendigo cego era, portanto, uma personagem bastante conhecida em Jerusalém, como o são alguns pedintes em nossa cidade. Eis, então, por que o Salvador o escolheu e abriu seus olhos — por ser muito conhecido como sendo cego de nascença.

Então, você veio aqui esta noite, não é, meu amigo? Você também é bastante conhecido; mas não vou destacá-lo. Não gosto de fazer isso. Não faz muito tempo, esteve aqui um militar, que, embora tenha trabalhado como professor de religião, tornara-se um terrível apóstata. Foi embora, mas quis vir ouvir de novo o evangelho aqui, mais uma vez. Ficou mais ou menos ali, entre aqueles dois pilares, em um lugar sabiamente escolhido, pois daqui eu não podia vê-lo. Mas aconteceu que, naquele domingo à noite — e ele é testemunha disso —, lembro-me muito bem de ter dito: "Bem, Will, você precisa voltar, eu sei; você precisa voltar e, quanto mais cedo, melhor". Will realmente voltou; e me mandou um recado dizendo que voltara com o coração quebrantado para encontrar seu Senhor. Eu não sabia que seu nome era Will, tenho certeza disso, nem sabia por que ele se escondera atrás daqueles dois pilares. Contudo, Deus o sabia; e adaptou a palavra à pessoa, fazendo que Will voltasse outra vez. Se existe algum Will, Tom, Jack, Mary, ou uma pessoa com qualquer outro nome, hoje, aqui, que esteja caminhando longe de Deus, ó Soberana Graça, traz essa pessoa de volta, seja militar, seja civil, para que possa buscar e encontrar seu Salvador agora mesmo! Esse Will é bem relacionado, e sua restauração em Cristo irá manifestar, creio eu, a obra de Deus nele, justamente por ser uma pessoa bastante conhecida. Oh, que o Senhor possa ouvir também a oração de um amigo meu esta manhã e converter o Príncipe de Gales! Que todos digamos "amém" a esta petição. Queremos que o Senhor traga a esta igreja alguns dos homens mais conhecidos publicamente, sejam eles príncipes ou mendigos, para que a obra de Deus possa ser neles manifesta.

Quando aquele cego se converteu, em vez de continuar sendo um mendigo público, *tornou-se um confessante público*. Gosto muito da resposta dele: *Se é pecador, não sei; uma coisa sei: eu era cego, e agora vejo* (Jo 9.25). Muitos, hoje, podem dizer: "Bem, não sei muito sobre teologia, mas sei que eu era um beberrão e não o sou mais agora. Sei que batia na minha mulher, e agora, bendita seja, ela sabe que a amo! Antes eu me envolvia com todo tipo de companhia pecaminosa, mas, agora, graças a Deus, seus santos são as minhas amizades mais próximas! Houve uma época em que eu me gloriava na minha justiça própria, mas agora *considero esterco e refugo, para que possa ganhar Cristo e seja achado nele* (Fp 3.8,9). Há uma grande mudança em mim; ninguém pode negar esse fato, e eu louvo o nome de Deus por isso". O Senhor envia a testemunhar um grande número de homens que não se envergonham de Jesus Cristo! Queremos que venham muitos homens e mulheres diretamente do mundo e digam: "Cristo é por mim, pois tocou meu coração de tal modo que eu sou por ele. Se ninguém mais o confessar, eu o farei, pois ele é o meu melhor amigo, meu Senhor, meu Salvador, meu tudo". É em casos assim que a obra de Deus se manifesta.

III. Concluirei, depois de três ou quatro palavras relativas ao nosso último ponto: DE QUE MODO A OBRA DE DEUS PODE SE MANIFESTAR EM NÓS?

Alguns de vocês são pobres? Outros, deficientes físicos ou muito doentes? Há aqui tuberculosos, asmáticos, pessoas cheias de dor, angústia e queixas? Talvez todo esse sofrimento seja permitido para que a obra de Deus possa ser manifestar em *suas aflições*, mediante demonstração de paciência da sua parte e sua submissão à vontade divina; por meio de santidade perseverante em meio à humildade e à provação. Tudo isso lhe é propiciado para que a graça de Deus possa ser vista em você. Estará você disposto a olhar para suas aflições sob essa luz e crer que não lhe foram impingidas como punição, mas, sim, surgidas para servirem de plataforma sobre a qual Deus possa se colocar e mostrar sua graça em você? Suporte então a vontade do Senhor, pois suas provações ocorrem com esse propósito, ou seja, para que a obra de Deus se manifeste em você.

Isso é bastante verdadeiro quanto às *doenças*. Nenhum de nós é perfeito, mas, sim, podemos ter enfermidades. Se você foi enviado a pregar o evangelho, ensinar as crianças ou de qualquer outro modo promover o reino de Deus, não pense que estaria melhor preparado sob qualquer aspecto para a obra se tivesse toda a eloquência de um Cícero ou todo o conhecimento de um Newton. Você pode servir ao Senhor exatamente como é estando mais apto a preencher determinado lugar com todos os seus impedimentos do que talvez fosse capaz sem eles. Um cristão sensível pode fazer uso até de suas enfermidades para a glória de Deus. Existe uma história muito curiosa que se conta a respeito de São Bernardo, uma tradição na qual alguns acreditam, mas que eu tomo como alegoria. Dizem que ele estava viajando pelos Alpes em direção a Roma para realizar alguma atividade. O diabo, sabendo que o santo estava prestes a fazer alguma coisa que poderia causar grande dano ao seu reino, quebrou uma das rodas da carruagem em que Bernardo viajava. Diante de tal situação, Bernardo o chamou e disse: "Você acha que me pode impedir agindo assim, Satanás? Agora é você quem vai sofrer as consequências disso". Então, pegou o diabo, torceu-o até fazer dele uma roda, prendeu-o à carruagem e seguiu viagem. O sentido dessa alegoria é que, quando a enfermidade ameaça impedir nossa utilidade, você deve usá-la para o serviço de Deus. Transforme o próprio diabo numa roda e siga em frente, e mais ágil ainda, pois desapareceu o transtorno que ele tentava causar. Às vezes, quem sabe, pode ser mais vantajoso ser compelido a dar ênfase a uma palavra por meio de um gaguejo. Sempre que me sinto como que prestes a cair em um buraco no processo da pregação, tomo o cuidado de me segurar em algum lugar perto da cruz. Há homens que têm o poder de atrair as pessoas por meio de uma singularidade que, aparentemente, atrapalharia sua utilidade. Todas as nossas enfermidades, quaisquer que sejam, são simplesmente oportunidades para Deus mostrar a sua obra graciosa em nós.

Assim é também com *todas as oposições que enfrentamos*. Se realmente servimos ao Senhor, certamente encontraremos dificuldade e oposição; mas que são apenas oportunidades maiores para a obra de Deus ser vista em nós.

Não demora muito e morreremos, e *até em nossa morte* a obra de Deus pode se manifestar. Fico imaginando com que tipo de morte podemos glorificar a Deus. Não foi essa justamente a bela expressão usada por João, quando o Salvador fala sobre a morte de Pedro? Jesus disse a Pedro como ele morreria, mas João não comenta propriamente os detalhes; apenas diz: *Isto ele disse, significando com que morte havia Pedro de glorificar a Deus* (Jo 21.19). É possível que alguns de nós passemos por uma doença longa e aguda; outros, atacados por uma enfermidade devastadora. Bem, seja qual for você poderá glorificar a Deus por meio dela. A face pálida, as mãos tão magras que deixam passar a luz, todas essas coisas podem pregar verdadeiros sermões no leito terminal. Talvez você possa glorificar a Deus de outra maneira. Pode ser que faleça com dores agudas; mas, então, se o Senhor o receber e fizer de você seu paciente, você irá glorificar a Deus por meio desse tipo de desenlace. Você há de encarar tranquilamente a face da morte, não se lamentará nem terá medo. De todo modo, eu e você teremos de morrer de algum modo, algum dia, a não ser que o Senhor volte antes — bendito seja o seu nome! — e nos leve para o Lar de uma maneira que, de um jeito ou de outro, traga glória ao seu nome. Sendo assim, comecemos a nos regozijar com isso desde já.

Que Deus possa abençoar essas minhas palavras, e muitos aqui se tornem monumentos eternos da ilimitada graça soberana de Deus. A ele seja toda a glória para sempre e sempre! Amém.

22

A ABERTURA DOS OLHOS DO CEGO
OU CRISTIANISMO PRÁTICO

Respondeu Jesus: Nem ele pecou nem seus pais; mas foi para que nele se manifestem as obras de Deus. Importa que façamos as obras daquele que me enviou, enquanto é dia; vem à noite, quando ninguém pode trabalhar (Jo 9.3,4).

Meus caros amigos, observem quão pouco nosso Senhor Jesus Cristo se importava com a mais violenta oposição de seus inimigos. Como os judeus pegaram pedras para jogar nele, ele se ocultou e saiu dali. Já no momento seguinte, no entanto, estando suficientemente fora de alcance e a ponto de não ser mais observado por eles, Jesus parou e fixou seus olhos em um mendigo cego, sentado próximo à porta do templo. Tenho a impressão de que a maioria de nós não teria ajudado nem mesmo a mais necessitada das pessoas se estivesse escapando de ser apedrejado. Ou então, mesmo que fôssemos compelidos a realizar alguma obra, tocados por suprema compaixão, teríamos feito alguma coisa atabalhoadamente, com muita pressa e, certamente, sem falarmos de maneira calma e sábia, como fez nosso Salvador ao responder à pergunta de seus discípulos sobre o cego e ainda prosseguir argumentando com eles. Uma das coisas dignas de nota do caráter do nosso Senhor é sua maravilhosa tranquilidade de espírito, especialmente sua admirável calma na presença daqueles que o interpretavam de maneira errônea, que o insultavam e difamavam. Era injuriado, mas nunca retrucava; estava sempre à beira da morte e, no entanto, sempre cheio de vida. Sem dúvida, sentia profundamente toda a oposição dos pecadores contra ele, pois, como diz uma passagem profética dos salmos, que se refere ao Messias: *Afrontas quebrantaram-me o coração* (Sl 69.20). Contudo, não permitia o Senhor Jesus que seus sentimentos o vencessem, permanecendo calmo e controlado e agindo com total desconsideração às calúnias e aos ataques de seus piores inimigos.

Um dos motivos para ele ser assim tão controlado, creio eu, é que o Senhor nunca *se encheu de orgulho diante do louvor dos homens*. Acredite no que digo: se você se deixar agradar demais por aqueles que falam bem de você, poderá vir a ser ferido por aqueles que falam mal de sua pessoa. Mas se você aprender a lição — e esta é uma dura lição para a maioria de nós — de que não é servo dos homens, mas, sim, de Deus, e que, portanto, não vive do sopro que sai das narinas dos homens se eles o elogiarem nem irá morrer se eles o ofenderem, então você será de fato forte, mostrando que chegou à estatura de varão em Cristo. Se o grande mestre tivesse tido a cabeça virada pela hosana da multidão, seu coração teria afundado dentro de si mesmo quando mais tarde ela clamou: *Crucifica-o! Crucifica-o!* (Jo 19.6). Mas ele não ficou nem orgulhoso nem deprimido por causa dos homens: não se rendeu a nenhum homem, porque sabia o que havia dentro do homem.

O motivo mais profundo para a tranquilidade do seu coração, no entanto, foi certamente a *sua comunhão ininterrupta com o Pai*. Jesus vivia espiritualmente à parte, pois vivia com Deus: o Filho do homem que desceu do céu ainda habitava nos céus, serenamente paciente, por estar acima das coisas terrenas, em santas contemplações em sua mente perfeita. E, porque seu coração estava com seu Pai, o Pai o fortaleceu para suportar qualquer coisa contrária procedente dos homens. Que todos possamos usar essa armadura de luz, essa panóplia de comunhão com o Eterno. Se assim o fizermos, não mais teremos medo de notícias ruins ou fatos desagradáveis, pois o nosso coração estará fixado na rocha firme do amor imutável de Jeová.

Talvez houvesse ainda outro motivo para o admirável comportamento de Jesus quando ameaçado de apedrejamento: *seu coração estava concentrado em sua obra* de maneira tal que ele não se afastaria desta, fosse o que fosse que os judeus descrentes pudessem fazer. Essa predominante determinação o fez passar pelo perigo e pelo sofrimento e enfrentar serenamente qualquer oposição. Ele veio ao mundo para abençoar os homens e tinha de fazer isso. Os judeus poderiam se opor a ele por esse ou aquele motivo, mas não tirar o curso de sua alma do leito do rio da misericórdia, no qual corria como uma corrente. Ele *tinha de* fazer o bem aos pobres e sofridos, e não poderia jamais deixar de fazê-lo. Sua face estava voltada firme como rocha para a obra de sua vida. Sua comida e sua bebida eram fazer a vontade daquele que o enviara, e, assim, quando seus adversários pegaram em pedras, embora tendo se afastado a fim de preservar sua vida, para poder prosseguir fazendo o bem, Jesus logo retornava à realização da obra de sua existência, sem um momento de atraso sequer. As pedras não puderam afastá-lo de sua busca movida pela graça. Assim como o pássaro com filhotes costuma se afastar por um momento do ninho quando invadido por um intruso, mas voltam a ele no mesmo instante em que o intruso se retira, assim também vemos o Senhor voltar para sua obra santa assim que se distancia daqueles prováveis assassinos.

Eis um homem cego e Jesus está a seu lado, para curá-lo. Mestre, eles pretendem prendê-lo! Desejam matá-lo! Existem sempre pedras em suas mãos cruéis! Aqueles que o odeiam querem lançar seus projéteis cheios de ódio e estarão sobre o Senhor em um instante! Qual é, no entanto, a preocupação de Jesus? Não há espírito de pavor ou covardia que possa fazer o Senhor perder uma oportunidade sequer de glorificar o Pai. Aquele homem cego precisa ser curado, e, desafiando todos os riscos, Jesus se detém ali para curá-lo, com todo o amor. Se você e eu formos inteiramente tomados pelo zelo para com Deus e o desejo de ganhar almas, nada nos irá abalar. Seremos capazes de suportar qualquer ameaça e irá nos parecer que nada há que nos possa fazer sofrer. Ouviremos uma ofensa como se nada tivéssemos ouvido e suportaremos as dificuldades como se nada houvesse para suportar. Tal como uma flecha atirada por um forte arqueiro, que desafia o vento que se lhe opõe e corre veloz na direção do alvo, do mesmo modo correremos para o grande alvo de nossa apaixonada ambição. Bem-aventurado é o homem a quem Deus lança tal qual um relâmpago saindo de sua mão e que deve ir e cumprir o seu propósito. Bem- aventurado é aquele que tem a vocação de trazer pecadores aos pés do Salvador. Ó Espírito bendito, eleva-nos a habitarmos em Deus e assim compartilharmos da compaixão paterna, a fim de que possamos não lançar pedras, zombaria e calúnias, mas, sim, nos tornar absortos em um serviço autorresignado em favor de Jesus!

Tenhamos até aqui como que uma introdução, para destacarmos que, mesmo na pior e mais terrível situação, praticamente sujeito à morte, o Salvador não pensava em outra coisa senão no bem dos homens. No momento em que olhos cruéis o espreitam visando a matá-lo, ele se volta e olha compassivamente para um pobre cego. Não há pedra alguma em seu coração para com os sofridos, ainda que pedras possam estar quase passando zumbindo junto aos seus ouvidos.

I. Apresento a vocês, então, o primeiro tópico deste sermão, que é o obreiro. Uso deste título, merecidamente, para com o Senhor Jesus Cristo. É ele o *próprio* obreiro, o principal obreiro, o obreiro exemplar de todos os obreiros. Como ele mesmo disse, veio ao mundo para fazer a vontade daquele que o enviou e realizar sua obra. Na ocasião em que é perseguido por seus inimigos, continua sendo um obreiro — um obreiro que realiza maravilhas em um homem cego. Existem muitas pessoas neste mundo que ignoram a tristeza, passam de largo diante da dor, tornam-se surdas aos lamentos e são cegas às aflições alheias. A coisa mais fácil de fazer nesta cidade pecadora de Londres é não saber muito a seu respeito. Dizem que metade do mundo não sabe como vive a outra metade. Certamente, pois, se soubesse, não viveria de maneira tão despreocupada nem seria tão cruel como é. Há aspectos desta metrópole capazes de fazer derreter um coração de aço e até levar personagens como Nabal parecerem generosos. Todavia, uma maneira fácil de fugir do exercício da benevolência é fechar os olhos e nada se ver da abjeta miséria que se nos rasteja aos pés. "Se a ignorância traz felicidade, é uma tolice ser sábio", diziam os despreocupados ignorantes do passado. Se os pedintes são importunos, os transeuntes só precisam ser surdos. Se os pecadores são profanos, o mais conveniente é fechar os ouvidos e seguir adiante. Se esse homem cego há que sentar e mendigar junto ao portão do templo, então aqueles que frequentam o templo devem simplesmente passar por ali sem o ver, como se fossem tão cegos quanto ele. Multidões passam por ali a toda

A ABERTURA DOS OLHOS DO CEGO OU CRISTIANISMO PRÁTICO

hora e parecem nem sequer perceber sua presença. Não é o mesmo que acontece com as multidões nas ruas hoje em dia? Se você estiver enfrentando um problema, ou tendo um ataque do coração, não é que o ignoram e seguem seu caminho, rumo à sua casa, ao seu trabalho, às suas compras, embora você esteja ali caído e até faminto? O rico acha conveniente permanecer ignorante em relação às feridas de Lázaro.

Isso não acontece com Jesus. Ele está pronto a ver o mendigo cego e a não enxergar mais nada. Jesus não se mostra arrebatado pela grande quantidade de pedras ou a bela arquitetura do templo, mas, sim, fixa seus olhos em um simples mendigo cego, à porta do grande edifício. Ele é todo olhos, ouvidos, coração e mãos quando está presente a miséria. Meu mestre é feito de ternura; derrete-se de amor. Ó almas que verdadeiramente o amam, imitem o seu comportamento e permitam sempre que o seu coração seja tocado pelo mesmo sentimento ante o pecado e o sofrimento.

Pessoas há que, embora vejam a miséria, não concorrem para aliviá-la com uma calorosa ajuda, mas, sim, ainda a aumentam com frias conclusões lógicas: "A pobreza", dizem, "é, naturalmente, produzida pela embriaguez, pela indolência e toda sorte de vícios". Não digo que não o seja em muitos casos, mas realmente essa observação em nada ajuda um pobre homem a se tornar melhor ou mais feliz. Pelo contrário, um comentário tão duro assim poderá desesperar um sofredor, em vez de ajudar quem se encontra em dificuldade. "Sem dúvida", dizem também, "que uma grande quantidade de doenças é causada por hábitos ímpios e negligência às regras de saúde", e assim por diante. Isso pode ser, de fato, tristemente verdadeiro, mas ofende, sem dúvida, os ouvidos de quem está sofrendo. Que doutrina "boa" essa para se ensinar nas enfermarias dos nossos hospitais! Recomendo, porém, que ninguém a ensine até estar realmente doente, e, então, talvez a doutrina possa não lhe parecer tão instrutiva assim. Até mesmo os discípulos de Cristo, ao verem esse homem cego, pensaram que deveria haver alguma coisa particularmente pecaminosa em relação ao pai e à mãe dele, ou algo especialmente ruim em relação ao próprio homem em si, e que, por isso, Deus o punira com a cegueira. Os discípulos tinham o mesmo espírito dos três amigos de Jó, que, ao verem o patriarca jogado sobre um monturo, privado de todos os seus filhos, destituído de todas as suas propriedades e raspando-se com um caco por estar coberto de feridas, disseram: "Certamente ele é um hipócrita. Deve ter feito alguma coisa muito ruim para ser afligido de maneira tão severa por Deus". O mundo ainda continua acreditando na crença infundada de que, se a torre de Siloé caiu sobre alguns homens, eles deveriam ser os maiores pecadores da face da terra.

Uma doutrina cruel, doutrina vil, própria de pessoas grosseiras, mas que não deveria ser adotada pelo cristão, que sabe, inclusive, que o Senhor açoita todo aquele a quem ama, e até seus filhos mais amados podem ser por ele arrebatados desta vida repentinamente. No entanto, constato realmente uma grande quantidade dessa ideia cruel presente no meio cristão; e, se alguém está passando por um sério problema, costumo ouvir a seguinte frase sendo murmurada: "Bem, naturalmente ele procurou por isso". É dessa maneira que você ajuda essas pessoas? Observações morais de segunda categoria mergulhadas em vinagre são sem dúvida alguma, uma horrível refeição para um inválido. Tais censuras parecem mais uma triste maneira de se ajudar um cão aleijado a subir uma escadaria; é como se colocar uma outra escadaria, para que de modo algum ele possa chegar lá em cima.

Preciso fazer agora um comentário sobre meu Senhor. Está escrito, em relação a ele, que *dá liberalmente e não censura* (Tg 1.5). Ao alimentar aqueles milhares no deserto, teria sido acaso mais justo se lhes tivesse dito: "Por que vocês vieram ao deserto e não trouxeram provisões consigo? O que vieram fazer aqui sem nada para comer? Vocês são esbanjadores e merecem passar fome"? Não, ele jamais diria uma palavra desse tipo; mas, sim, alimentou todos eles e os mandou para casa satisfeitos. Nem eu nem você somos enviados ao mundo para trombetear mandamentos do alto do Sinai; devemos, pelo contrário, ir ao monte Sião. Não devemos andar por aí como se fôssemos juízes e algozes juntos em uma só pessoa, afrontando toda miséria e tristeza com palavras amargas de censura e condenação. Se assim agirmos, quão diferentes seremos do nosso bendito mestre, que não diz uma palavra sequer de repreensão àqueles que o buscam, mas, simplesmente, alimenta o faminto e cura todos aqueles que precisam de cura! É fácil criticar, é fácil censurar, mas devemos nos concentrar na tarefa mais elevada e mais nobre, que é a de abençoar e salvar.

Observemos, ainda, que existem outras pessoas que, se não são indiferentes à tristeza nem optam por alguma cruel teoria de condenação, especulam demais, no entanto, sobre situações em que a especulação não presta nenhum serviço prático. Em debates, são levantadas geralmente perguntas que não possuem valor prático algum, mas que as pessoas gostariam de levantar e discutir. Por exemplo, a questão da origem do mal. É um bom assunto para quem gosta de ficar cortando lenha o tempo todo, mas não consegue reunir uma quantidade suficiente de cavacos para acender o fogo e aquecer suas mãos frias. Foi esse, justamente, o assunto proposto pelos discípulos ao mestre e salvador: antecipação da culpa ou degeneração hereditária? *Quem pecou, este ou seus pais...?* (Jo 9.2) Até que ponto é certo que o pecado dos pais deva cair, como frequentemente parece que acontece, sobre os filhos? Eu poderia também lhes propor diversos tópicos igualmente profundos e curiosos, mas para que serviria tudo isso? Diversas pessoas no mundo gostam muito desses tópicos: fiam teias de aranha circulares, sopram bolhas de sabão, criam teorias, destroem e criam outras. Fico pensando se o mundo já recebeu algum benefício, por menor que seja, de todas as teorias de todos os homens letrados que já viveram. Não poderiam ser todas elas consideradas simplesmente conversa fiada? Prefiro criar um grama de ajuda a gerar uma tonelada de teoria.

Para mim, é esplêndido ver como o mestre interrompe a grande especulação que os discípulos levantam. Ele diz, de maneira direta e objetiva: *Nem ele pecou nem seus pais* (Jo 9.3) e, tendo dito isso, cospe no chão, faz lodo e abre os olhos do homem cego. Isso foi uma obra; o resto foi só especulação.

— Pai — diz um menino —, as vacas estão no milharal. Como chegaram lá?

— Filho — responde o pai —, não fique preocupado com a maneira pela qual elas entraram lá, mas, sim, vamos nos apressar em tirá-las de lá.

Há senso comum quanto a procedimentos práticos. Temos pessoas chafurdadas no vício e imersas na pobreza. Deixemos, então, as perguntas para lá: Como chegaram a essa condição? Qual a origem do mau moral? Como é transmitido de pai para filho? Deixemos essas perguntas para depois do dia do juízo final, quando então teremos mais luz. Por ora, a grande resposta a buscarmos é ver de que modo você e eu poderemos ajudar a eliminar o mal do mundo; como ajudarmos a erguer o caído e restaurar aqueles que se desviaram. Que jamais imitemos o homem da fábula, que viu um garoto se afogando e passou a adverti-lo da imprudência de mergulharmos em águas mais fundas que a nossa altura. Não! É preciso tirar o garoto da água, secá-lo, dar-lhe roupas limpas e só dizer-lhe então que não deve voltar lá outra vez, para que o pior não lhe aconteça.

Afirmo que o mestre não era de modo algum um especulador. Não era um maquinador de teorias nem um defensor de doutrinas. Veio para salvar e para curar aqueles que tinham necessidade de cura. Ele sempre será nosso maior exemplo nesta era de sua graça. Pense bem: *o que nós já fizemos* para abençoar nossos amigos? Os que somos seguidores de Cristo, quão felizes devemos ficar pelo que somos! Mas *o que já fizemos* que é digno desse chamamento tão elevado? "Ouvi um sermão, outra noite", diz uma pessoa, "sobre os males da intemperança". Foi isso tudo o que você fez? Algum ato seu foi causado por tão brilhante discurso e sua cuidadosa atenção a ele? Tentou imediatamente remover essa intemperança mediante o seu próprio exemplo? "Bem, vou pensar nisso, um dia desses." Enquanto isso, porém, o que irá acontecer àqueles que não tenham temperança? O sangue deles não estará à sua porta? "Eu assisti outro dia", diz outro, "a uma palestra muito interessante sobre economia política e fiquei ciente de que é uma ciência bastante importante, que pode explicar muito da pobreza que você costuma mencionar". Talvez seja; embora a economia política seja, na verdade, em si mesma, tão dura quanto o metal: não tem órgãos internos, coração, consciência, e tampouco leva qualquer dessas coisas em consideração. O economista, como profissional, há de ser, quase sempre, um homem de ferro, que enferrujaria caso fosse atingido por uma lágrima; e, portanto, não pode admitir ter um ato de compaixão. Sua ciência é como se fora uma rocha, que pode afundar toda uma frota de navios e permanecer inabalável ante os clamores de homens e mulheres que se afogam. É como um vento quente do deserto que faz secar tudo sobre o que sopra: parece secar a alma dos homens, quando passam a ser mestres da ciência ou quando a ciência se torna a mestra deles. É uma ciência de fatos inexoráveis, que nem seriam fatos se não fôssemos tão rudes. Mas, com ou

A ABERTURA DOS OLHOS DO CEGO OU CRISTIANISMO PRÁTICO | 209

sem economia política econômica, volto à minha questão: e *o que você fez* pelos outros? Que realmente possamos pensar nisso; e, se qualquer um de nós tem imaginado constantemente aquilo que faríamos "se", que vejamos então o que pode ser feito *agora* e, tal qual o Salvador, ponhamos mãos à obra.

Este, no entanto, não é o ponto principal sobre o qual desejaria falar. Meu assunto é o seguinte: sendo Jesus um obreiro, e não um teórico, oh, que grande esperança existe esta noite para alguns de nós, que necessitamos tanto do seu cuidado! Estamos caídos? Somos pobres? Trouxemos sobre nós mesmos a tristeza e a miséria? Que não olhemos nem para os homens nem para nós mesmos. Os homens iriam nos deixar à míngua e ainda fariam a autópsia do nosso corpo para descobrir por que ousamos morrer sendo tão necessitados, já que precisávamos prever que iríamos ter de pagar por uma sepultura e um caixão. Tratariam de realizar um inquérito a respeito disso, mesmo depois que tudo tivesse acabado. Mas, se viermos para Jesus Cristo, este não fará inquérito algum, pergunta alguma, mas nos receberá, nos acolherá e dará descanso à nossa alma. Texto abençoado é o que diz que [Deus] *a todos dá liberalmente e não censura* (Tg 1.5).

Quando o filho pródigo chegou à casa do pai, se fosse de acordo com a educação, ou como as pessoas devam fazer, hoje em dia, o pai deveria ter dito ao filho: "Bem, você voltou para casa, e estou feliz por vê-lo, mas em que estado você está! Como você chegou a essa condição? Veja só, você mal tem um pano sobre suas costas! Como conseguiu ficar tão pobre? Está curvado e faminto; como isso aconteceu? Por onde andou? O que você fez? Com quem andou? Onde estava na semana passada? O que estava fazendo anteontem às 7 horas da noite?" Seu pai, porém, não lhe fez uma única pergunta, mas, sim, o estreitou contra o seu peito, sabendo de tudo intuitivamente. O rapaz veio como estava, e seu pai o recebeu exatamente assim. Ao abraçá-lo e beijá-lo, o pai parecia dizer: "Meu filho, o que passou, passou. Você estava morto, mas agora voltou a viver; estava perdido, mas foi achado, e eu não quero saber de mais nada, a não ser isso!" É desse modo que Jesus está pronto a receber o pecador arrependido nesta noite. Há alguma prostituta aqui? Venha, pobre mulher, como você está, para o seu querido Senhor e Mestre, que vai limpá-la de todo o seu pecado tão grave. *Todo pecado e blasfêmia se perdoará aos homens* (Mt 12.31). Há alguém aqui que transgrediu as regras da sociedade e é apontado como pessoa extremamente pecadora? Venha ao Senhor Jesus e seja bem-vindo, pois sobre ele está escrito: *Este recebe pecadores, e come com eles* (Lc 15.2). Um médico jamais considera indigno ou ridículo o ato de estar com os doentes. Cristo nunca sentiu vergonha em buscar o perdido e o culpado. Em sua coroa, está escrito: "O salvador dos pecadores, até do principal deles", e é isso o que ele considera sua glória. Ele vai trabalhar por você, não castigá-lo. Não irá tratar você com uma dose de teorias ou uma hoste de repreensões, mas vai recebê-lo como você está, com suas dores e feridas, protegendo-o da ira de Deus. Oh, bendito este evangelho, que eu prego a você! Que o Espírito Santo possa fazer que você o abrace, levando em conta, especialmente, seu verdadeiro obreiro, Jesus.

II. Agora, o segundo ponto: O LOCAL DE TRABALHO DO OBREIRO. Todo trabalhador há de ter um lugar onde trabalhe. Todo artista precisa ter um estúdio. Cristo chegou a tê-lo? Sim. Ele veio para realizar obras maravilhosas — obras para as quais foi especialmente enviado; mas que lugar estranho o que o Senhor foi encontrar para fazer sua obra! Todavia, não sei se gostaria de ter achado outro lugar. Ele mesmo decidiu como realizar as obras de Deus e escolheu o lugar mais adequado para isso.

Uma das obras de Deus é a *criação*. Para que Jesus pudesse realizar sua obra entre os homens, deveria providenciar o que estivesse faltando para realizá-la, mediante um ato criador. Aqui estão dois olhos sem o devido recurso de receber a luz: é aqui onde Jesus irá justamente criar novos olhos e a visão. Não precisaria criar novos olhos em mim ou em você, caso fosse um de nós que lá estivesse, pois os meus ou os seus olhos já são mais que adequados para nós. No mendigo cego da porta do templo, havia necessidade de Jesus produzir aquilo que lhe estava faltando no complexo mecanismo da vista. Deste modo, os olhos do cego iriam tornar-se sua própria oficina. Se acaso havia globos oculares, eles não possuíam, no entanto, qualquer visão desde o nascimento daquele homem. Isto forneceu a oportunidade de que Jesus proclamasse *Haja luz!* (Gn 1.3). Se os olhos daquele homem fossem como os meus ou os seus, claros, brilhantes, cheios de luz, dotados de visão, não haveria possibilidade nem espaço para a operação divina do nosso

Senhor. Mas, como aquele homem se encontrava nas trevas desde o nascimento, seus olhos forneceram o material no qual o poder do Todo-poderoso poderia se manifestar, mediante obra tão maravilhosa que desde a criação do mundo jamais se ouvira antes falar: que os olhos de alguém nascido cego pudessem ganhar vida e visão. O homem era cego por esse exato motivo — *para que nele se manifestem as obras de Deus* (Jo 9.3). Como é bom pensar mais uma vez neste abençoado motivo! Aplique-o a si mesmo. Se algo está faltando em você, há espaço para Cristo trabalhar em sua vida. Se você for naturalmente perfeito e não houver defeito algum em você, então não haverá, em princípio, espaço para o Salvador fazer coisa alguma por você, pois ele não poderá dourar o ouro nem enfeitar o lírio. Mas, se você sofre de alguma grande deficiência, de alguma terrível falta que faz que sua alma permaneça nas trevas, essa *sua* necessidade é a grande oportunidade de Cristo. A necessidade que você tem de receber graça supre a necessidade de Cristo de ter alguém e algo sobre quem e o que possa derramar sua piedade. Haverá então espaço suficiente para o Salvador lhe mostrar sua piedade, e você pode ter certeza de que ele fará isso brevemente. Vem, Senhor Jesus.

Contudo, não era apenas a deficiência visual daquele homem que exigia a ajuda do Senhor todo-poderoso, mas também sua ignorância. É uma obra de Deus não apenas criar, mas também *iluminar*. O mesmo poder que traz à existência traz também à luz, quer a luz natural quer a luz espiritual. É obra divina iluminar e regenerar o coração. Esse homem tinha tão obscurecida sua mente quanto sua visão — que coisa maravilhosa Deus o iluminar nesse duplo sentido! Como não conhecia o Filho de Deus, não poderia crer neste, mas, ao ser indagado pelo próprio a seu respeito, respondeu maravilhado: *Quem é, Senhor, para que nele creia?* (Jo 9.36). Jesus Cristo veio para realizar naquele homem o conhecimento de Deus e a vida em Deus — em uma única palavra, a salvação. Pelo fato de o homem ser destituído destas coisas, havia nele espaço e possibilidade para a capacidade e o poder do Salvador. Será este também o seu caso, meu amigo? Você ainda não é convertido? Então há espaço e possibilidade para que o Redentor opere em você a graça que converte. Você não é um regenerado? Então existe espaço e possibilidade para que o Espírito de Deus opere a regeneração em você. Todas as suas deficiências espirituais — sua ignorância, suas trevas — tornam-se, pelo infinito amor de Deus, em oportunidades para sua graça. Se você não estivesse perdido, não poderia ser salvo. Se não fosse culpado, não poderia ser perdoado. Se não fosse pecador, não poderia ser limpo. Contudo, todo seu pecado e infelicidade, por meio do estranho mistério do amor, são uma qualificação que você possui para que Cristo venha e o salve. Alguém poderá dizer: "Começo a ver tudo isso sob uma nova luz". Aceite então essa nova luz e nela seja confortado, pois é a luz do evangelho, e sua intenção é a de receber o desesperado.

Se você disse um dia: "Não há nada em mim", está claro que existe espaço para Cristo ser o seu tudo. Você sabe que não pode haver dois que sejam tudo em todos: só pode haver um; e ainda bem que você não almeja o título, pois Jesus é o único que pode usá-lo. Todo o espaço que você ocupar demasiadamente em sua autoestima o afastará para longe da glória do Senhor Jesus. Se você acha que não é nada, então a casa toda está aberta para o Salvador. Ele virá encher todo o seu vazio interior com tudo o que ele é, e isso será glorioso para você, para sempre.

Ouso me aventurar a dizer esta noite que toda aflição pode ser considerada uma oportunidade aberta para a obra da misericórdia de Deus. Ao deparar com uma pessoa triste, infeliz, com problemas, pense que a melhor coisa a fazer não é culpá-la nem perguntar de que maneira chegou a essa condição, mas, sim, lhe mostrar que aí existe, justamente, "uma abertura para o amor todo-poderoso de Deus, uma ocasião para a demonstração da graça e da bondade do Senhor". Aquele homem cego deu ao Senhor Jesus a oportunidade de poder realizar a magnífica obra de lhe dar a visão. A obra foi tão grandiosa que todos em volta não puderam deixar de comprová-la, de comentá-la e admirá-la. Os vizinhos do homem e os que o conheciam começaram a questionar sobre ela, e os fariseus chegaram até a convocar uma reunião para discuti-la. E dezenove séculos depois, ainda aqui estamos, neste momento, meditando sobre tal obra. Os olhos abertos daquele homem iluminam os nossos olhos neste momento. A Bíblia não seria completa sem esta maravilhosa, tocante e instrutiva narrativa. Se aquele homem não tivesse nascido cego e Cristo não

A ABERTURA DOS OLHOS DO CEGO OU CRISTIANISMO PRÁTICO

lhe tivesse aberto os olhos, todas as gerações teriam menos luz. Devemos, portanto, nos regozijar pelo fato de este homem ter sido tão gravemente afligido, pois, a partir disso, e de sua cura, fomos graciosamente instruídos. Não tivesse ele nascido cego, é provável que jamais tivéssemos tomado conhecimento de uma cegueira de nascença haver sido curada por aquele que é a luz dos homens. Penso, portanto, que, nesta noite, posso dizer a todo aquele que esteja sendo afligido: não lamente suas aflições, não fique excessivamente perturbado nem totalmente desanimado por causa delas. Tenha esperança. Considere-as como abertura para a misericórdia, um portão para a graça, uma vereda para o amor de Deus. O *vale de Acor* (Js 7.24) será sempre para você uma porta de esperança. O poderoso obreiro de quem falo, Jesus Cristo, fará de sua aflição uma oficina e, a partir daí, moldará com ela monumentos de sua graça. Glorie-se em suas enfermidades, de tal modo que o poder de Cristo possa estar sobre você. Regozije-se pelo fato de passar pela tribulação, para que as consolações de Cristo Jesus sejam também abundantes em você. Peça ao Senhor que faça que todas as coisas concorram para o seu bem e para a glória dele — e assim será.

Encerro essa ideia de oficina acrescentando que realmente creio que o pecado tem em si alguma semelhança com a aflição, pois também abre espaço para a misericórdia de Deus. Dificilmente diria o que Agostinho disse. Ao falar sobre o pecado e a queda de Adão, quanto a todo o esplendor da graça que se seguiu depois daquilo, ele disse: *Beata culpa* — ou seja, "Bendito erro" — concluindo que, uma vez que o pecado havia criado a oportunidade para a revelação da graça de Deus e, em consequência, a demonstração do caráter de Cristo, poderia atrever-se a chamar o pecado de bendito. Não me atreveria a usar tal expressão; no máximo, ouso mencionar aquilo que disse o grande mestre. Contudo, afirmo que realmente não posso imaginar uma ocasião para glorificar a Deus que possa se igualar ao fato de que o homem pecou, uma vez que Deus entregou Cristo para morrer pelos pecadores. De que maneira esse dom indizível teria sido concedido se não existissem pecadores? A cruz é uma constelação da glória divina mais brilhante que a própria criação.

> Na graça que ao homem resgatou,
> Brilha a glória com mais esplendor;
> Pois na cruz onde Cristo expirou
> Reluz o sangue do Salvador.

De que maneira poderíamos ter conhecido o coração de Deus? Como poderíamos ter entendido a misericórdia de Deus? Se não fosse por nossos pecados e miséria, como tamanha indulgência e amor nos teriam sido mostrados? Venham, então, culpados; animem-se e busquem a graça. Assim como o médico precisa do doente para exercer sua capacidade de cura, assim também o Senhor de misericórdia precisa de você para mostrar o que a graça lhe poderá conceder. Se eu fosse médico e desejasse praticar, não procuraria a região mais saudável da Inglaterra, mas uma na qual os doentes pudessem encher meu consultório. E se tudo o que eu quisesse fosse fazer o bem ao meu próximo, desejaria estar em alguma terra assolada por doenças e pragas, onde pudesse salvar vidas humanas. Olhando para a multidão aqui presente esta noite, o Senhor Jesus Cristo não busca aqueles que sejam bons ou que acham que o são, mas, sim, os culpados e arrependidos, os que sabem de sua condição pecaminosa e a deploram. Se aqui está presente um pecador, um leproso e corrompido moral, uma alma doente dos pés à cabeça, atingida pela terrível doença do pecado, o Senhor Jesus Cristo, o poderoso obreiro, irá olhar para ele, pois nele encontra o laboratório no qual poderá realizar as obras para as quais foi enviado.

III. Tenha um pouco mais de paciência comigo, quando chegamos ao terceiro ponto, no qual falaremos de modo breve, sobre o SINAL QUE CHAMA PARA O TRABALHO.

Costumamos escutar, de manhã bem cedo, um sinal, um alarme, que desperta os trabalhadores. Depois, os vemos se encaminhando para seu serviço, tais quais as abelhas que partem da colmeia ou ali chegam. Vão para o trabalho porque o alarme toca. Um sinal também chamava Cristo ao trabalho diariamente, e ele obedecia. Disse ele: "Tenho de trabalhar. Preciso trabalhar" [*Importa que façamos as obras daquele que me enviou* (Jo 9.4)]. O que o levou a essa afirmativa? A presença daquele homem cego. Assim que o viu, Jesus declarou ser indispensável realizar a obra do Pai. O cego nada lhe pediu, nem mesmo pronunciou qualquer som. Mas aqueles olhos sem visão falaram de modo bastante eloquente ao coração do Senhor Jesus, fazendo a convocação, que Jesus ouviu e imediatamente obedeceu. E por que isso importava tanto a Jesus, por que precisava ele tanto trabalhar? Porque veio do céu especificamente com esse propósito. Veio do trono do Pai para ser um homem que tinha por objetivo primacial abençoar os demais homens; e não faria esse longo caminho descendente a troco de nada. Precisava trabalhar — e por que outro motivo estaria aqui senão para fazer o que precisava ser feito?

Além disso, havia impulsos em seu coração que o levavam a trabalhar, de que não é preciso nem entrarmos em detalhes. Sua mente, sua alma e seu coração estavam cheios de uma força vital que produzia atividade perpétua. Por vezes, escolhia determinada rota em sua viagem explicando que *era-lhe necessário passar por Samaria* (Jo 4.4). Outras vezes, tomava determinada direção porque tinha *ainda outras ovelhas que não são deste aprisco; a essas também me importa conduzir* (Jo 10.16). Havia em Cristo uma espécie de instinto de salvar os homens; instinto esse que carecia de ser satisfeito e não poderia ser renegado. "Eu preciso trabalhar", disse ele. Foi sua visão daqueles olhos cegos que fez que ele dissesse "Preciso trabalhar". Nesse momento, Jesus se voltava para aquele pobre homem e nele pensava: como poderia ter vivido por tantos anos em total escuridão? Como poderia ter deixado de desfrutar as belezas da natureza, de olhar nos olhos seus entes queridos ou de ganhar seu pão de cada dia? Compadeceu-se então das tristezas daquele homem que passara a vida toda nas trevas. Quando então refletiu de que maneira a alma daquele homem estivera presa também num escuro calabouço devido a uma imensa ignorância, decidiu, de vez: "Preciso trabalhar". Como sabemos, havia judeus à sua procura, com pedras nas mãos, prontos para atacá-lo, mas ele decidiu: "Preciso trabalhar. Podem me apedrejar se quiserem, mas preciso trabalhar. Ouço o chamado; preciso trabalhar".

Você, amado seguidor de Cristo, aprenda esta lição. Que todas as vezes em que veja sofrimento, possa sentir seu chamado, e a ele responder: "Preciso ajudar; tenho de ajudar". Que em todas as vezes em que testemunhar a pobreza ou contemplar o vício, possa dizer a si mesmo: "Preciso agir; preciso trabalhar". Se você quer ser digno do Cristo a quem chama de Mestre e Senhor, deixe que todas as carências dos seres humanos o conduzam, o impulsionem, o constranjam a abençoá-los. Permita que o mundo que jaz no maligno venha a despertar você; que o clamor dos homens da Macedônia possa despertá-lo, chamando-o: *Ajuda-nos* (At 16.9). Homens estão morrendo nas trevas. Os cemitérios estão cheios, o inferno também. Os homens estão morrendo sem esperança e entrando na noite eterna. "Preciso trabalhar." Alguns pedem ao Senhor: "Mestre, poupe-se. O trabalho incessante irá desgastá-lo e levá-lo à morte". Mas veja! Veja! Veja! A perdição está engolindo multidões, que descem vivas à sepultura! Ouça seus dolorosos clamores! Almas perdidas estão se afastando de Deus. "Preciso trabalhar." Oh, se eu pudesse estender minha mão — ou melhor, se meu mestre pudesse estender sua mão traspassada sobre todo verdadeiro cristão aqui, hoje, desassossegando-o até o ponto que decidisse: "Não posso ficar aqui sentado. Tenho de trabalhar, e o mais depressa possível, para que a obra seja feita. Não tenho apenas de ouvir, doar e orar; preciso trabalhar!"

Sim, é uma grande lição. Não pretendo, no entanto, que seja a principal, pois estou buscando aqueles que desejam encontrar misericórdia e salvação. Que bênção para você, querido amigo, que quer ser salvo, pois Cristo *quer* salvá-lo! Há um impulso nele compelindo-o a salvar. Talvez você diga: "Não consigo orar. Não posso sentir como gostaria". Não se preocupe com isso: a questão está em mãos mais capazes. Como você pôde ver, aquele cego *não disse* uma palavra sequer ao Senhor: sua imagem foi suficiente para mover o coração de Jesus. Tão logo o viu, ele disse: "Preciso trabalhar". Conhecem um homem aqui em Londres que, apesar de não ter uma boa oratória, é bem-sucedido em obter uma grande quantidade de esmolas? Eu já o vi. Veste-se como um trabalhador, usa um avental esfarrapado e se senta em uma esquina por onde passam muitas pessoas. O lugar onde ele se instala está um pouco fora do grande movimento, mas próximo o suficiente para chamar a atenção de muitos passantes. Exibe um cartaz, feito certamente por outra pessoa, no qual está escrito: "Estou com fome". Sua aparência é de uma pessoa esquelética e faminta.

A ABERTURA DOS OLHOS DO CEGO OU CRISTIANISMO PRÁTICO | 213

Mostra-se esgotado e pálido como um giz. Ah, quantas moedas consegue recolher em seu chapéu velho! Como as pessoas têm pena dele! Não entoa uma cantilena triste, não fala uma palavra sequer. Contudo, muitos são tocados pelo fato de realmente parecer ser verdade que esteja morrendo de fome. Meu ouvinte, você não precisa ser falso naquilo que faz se a sua miséria e o seu pecado forem colocados diante do Senhor. Esta noite, ao chegar em casa, ajoelhe-se ao lado de sua cama e diga: "Senhor Jesus, eu não sei orar, mas aqui estou. Estou morrendo e coloco-me diante do teu olhar. Em vez de ouvir as minhas súplicas, olha para os meus pecados. Em vez de ouvir meus argumentos, olha para a minha impiedade. Em vez de atentar para minha oratória, que eu não tenho, Senhor, lembra-te de que irei para o inferno se tu não me salvares!" Eu lhe digo que um sinal irá tocar e o grande obreiro saberá que chegou mais uma vez a hora de trabalhar. Ele dirá, como nas palavras do texto evangélico: "Importa que façamos as obras", ou seja, "Preciso trabalhar" — e em você há de se manifestar a obra de Deus. Você será oficina de trabalho de Cristo.

IV. Um tópico mais, a saber, O TEMPO DE ATIVIDADE. Nosso divino mestre disse: *Importa que façamos as obras daquele que me enviou, enquanto é dia; vem a noite, quando ninguém pode trabalhar* (Jo 9.4).

Peço sua atenção. Isso não tem que ver com o Cristo, o Salvador ressurreto, mas refere-se ao tempo em que o Senhor Jesus Cristo era homem aqui na terra. Houve certo período de tempo durante o qual ele pôde abençoar os homens; e, quando esse período terminou, ele se foi. Não haveria mais Jesus Cristo sobre a terra para abrir os olhos dos homens cegos ou para curar os doentes. Ele deixaria de estar entre os homens e não seria mais acessível como aquele que cura as doenças físicas. Nosso Senhor, como homem aqui na terra, teve, então, o seu dia, um curto período de tempo que não durou muito. Não poderia prolongá-lo, pois estava estabelecido por Deus Pai. O dia de seu sacrifício estava determinado. Ele mesmo disse certa vez: *Ainda não é chegada a minha hora* (Jo 2.4). Essa hora, enfim, chegou. Nosso Senhor passou trinta anos na preparação para a obra de sua vida, e, então, em três anos, sua luta se encerrou. Quantas pessoas ele reuniu a si naqueles três anos! Séculos de cultos não poderiam igualar a obra daquele breve período.

Irmãos, alguns de nós já tivemos até hoje trinta anos ou mais de atividade, mas receio que muito pouco já fizemos. E se tivermos apenas mais três anos? Que possamos sentir os sinais da eternidade que se aproxima! Dentro em pouco, não mais olharei para as faces na multidão, e as pessoas se lembrarão de mim apenas como um nome. Quero, portanto, pregar da melhor maneira que puder enquanto tiver forças e minha vida for sendo prolongada. Talvez não demore muito também, meu irmão, e você não será capaz de ir de porta em porta ganhando almas; as ruas terão saudade de você e de seus folhetos; as delegacias, hospitais e prisões vão sentir sua falta e a de suas visitas regulares. Continue realizando bem o seu trabalho, pois o sol pode se pôr em breve!

Para alguns dos presentes aqui, essas minhas palavras podem ser mais proféticas do que possamos imaginar. Posso estar falando a alguns que estão próximos de seus últimos instantes na terra e em breve estarão prestando contas a Deus. De pé, irmãos! Avante, irmãs! Digam a si mesmos: *Importa que trabalhemos, pois vem a noite, quando ninguém pode trabalhar* (Jo 9.4). Não se pode prolongar a vida, ainda que queiramos fazê-lo. Não há predestinação que possa alongar o fio da vida terrena quando chegar a hora de ser cortado. A vida dura tanto quanto possível, e quão curta ela é para aqueles que morrem mais jovens! Portanto, se você e eu omitirmos qualquer parte da obra da nossa vida, jamais poderemos consertar a omissão. Quero, a propósito, lembrar algo importante sobre nosso divino mestre, e o farei, como sempre, com solene reverência: se não tivesse curado aquele homem cego nos dias em que viveu aqui na terra, o Senhor Jesus teria perdido uma parte da missão para a qual o Pai o enviara. Não quero dizer que, como Deus, de lá do céu, ele não pudesse ter dado visão ao pobre mendigo; mas isso faz que tal situação tenha ainda maior significado para nós, pois, como não temos um futuro pelo qual esperar, se não servirmos aos seres humanos agora, estará inteiramente fora do nosso poder abençoá-los lá do céu.

Essa narrativa jamais teria aparecido na vida do Filho do homem se por qualquer motivo houvesse se omitido de ser gracioso para com o homem cego. Seu período de peregrinação aqui entre nós foi, enfim, o seu tempo de atividade, o tempo de nosso Senhor trabalhar. Se houvesse deixado para curar o homem ao voltar do céu, a cura seria feita em uma segunda vinda, não na primeira. O que quer que ele tivesse deixado de fazer em sua primeira atividade aqui, isso não poderia ser realizado nela novamente. Quando você e eu escrevemos uma carta, acrescentamos, por vezes, um pós-escrito. Se escrevermos um livro, podemos adicionar ao texto completo um apêndice ou inserir alguma coisa que deixamos de fora. Não existe, porém, pós-escrito ou apêndice nesta vida. Temos de fazer nossa obra agora ou nunca. Se não realizarmos nosso serviço ao nosso Deus já, exatamente agora, enquanto a oportunidade está diante de nós, não o poderemos fazer nunca mais. Se você deixou de fazer qualquer coisa ontem, jamais poderá alterar o fato de o serviço não ter sido completo como deveria nesse dia. Se você for mais zeloso hoje, o será com a obra de hoje; mas a de ontem continuará incompleta, tal qual você a deixou. Devemos, portanto, estar atentos, para realizarmos a obra daquele que nos enviou hoje enquanto vivermos hoje.

Para concluir: se nosso Senhor Jesus Cristo foi tão diligente em abençoar os homens enquanto esteve aqui, tenho certeza de que ele não será menos diligente em ouvir e curá-los agora no sentido espiritual, em que ainda opera sobre os homens.

Oh, se eu soubesse como conduzir você a buscar o meu Senhor e Mestre, pois, se você o buscar, ele será encontrado tão certamente quanto você o busca. Cristo nunca perdeu sua compaixão interior; seu coração não esfria, nem sua mão relaxa. Vá a ele imediatamente. Falei há pouco a alguns dos principais dos pecadores e lhes digo, mais uma vez: busquem Jesus! Permita-me falar a alguns de vocês que *não estão* entre os principais pecadores; a você que tem sido ouvinte do evangelho e cuja grande falha é ainda não ter crido em Jesus. Vá a ele imediatamente. *Você* está de costas para ele, mas ele não está de costas para você! Ele ainda quer trabalhar e continua trabalhando enquanto o dia do evangelho durar. Esse dia do evangelho em breve poderá acabar. O Senhor está esperando, olhando para você. Venha a ele, venha agora mesmo.

"Mas eu não sei o que é vir", diz uma pessoa. Vir a Cristo é simplesmente confiar nele. Você é culpado? Confie em que ele irá perdoá-lo. "Se eu fizer isso", diz outra pessoa, "então poderei viver como antigamente?" Não, você não poderá agir assim. Imagine que um veleiro em dificuldades precisa ser trazido para o porto. Um piloto especializado em atracação é colocado a bordo e diz ao comandante: "Comandante, se o senhor confiar em mim, eu o levarei ao porto em segurança. Faça que as velas sejam abaixadas" — diz o piloto. Mas ele não faz as velas serem abaixadas. "Depois, pegue o leme e conduza o navio conforme eu o orientar" — ordena o piloto. Mas ele se recusa a agir assim. "Você não confia em mim?", indaga o piloto. "Sim, você disse que, se eu confiasse, nos levaria ao porto. Mas não chegamos a porto algum!", responde o comandante. "Claro", conclui o piloto. "Se o senhor tivesse confiado, comandante, teria feito exatamente o que lhe ordenei". A verdadeira confiança está em obedecer aos mandamentos do Senhor, e eles proíbem o pecado. Se você confiar em Jesus, deve deixar seus pecados, tomar sua cruz e segui-lo. Tal confiança certamente terá sua recompensa: você será salvo agora e salvo para sempre.

Deus o abençoe, querido amigo, pelo amor de Cristo.

23

A OBRA

Convém que eu faça as obras daquele que me enviou, enquanto é dia; a noite vem, quando ninguém pode trabalhar (Jo 9.4 – ARC).

Observem que, neste texto, uma pergunta bastante especulativa foi feita ao nosso Senhor, e sua resposta a ela foi: *Convém que eu faça as obras*. Seus discípulos queriam saber a respeito do fato misterioso de algumas pessoas nascerem em condição infeliz — cegas, surdas ou com outra deficiência — e o motivo de serem enviadas ao mundo em circunstâncias tão desvantajosas. Você mesmo não gostaria de saber? Não gostaria que o Salvador tivesse exposto todo esse mistério? Existem muitos pontos controversos quanto a essa questão, de modo que dificilmente poderia haver tópico mais sugestivo. Certamente ele nos iluminaria muito mais do que Sócrates ou Platão. Todavia, diante de oportunidade tão nobre, por que Jesus não ingressou de uma vez no labirinto da metafísica e não começou a explicar a predestinação e os pontos em que ela concorda ou discorda do livre-arbítrio? Aqui estava uma bela ocasião para interpretar todas as maravilhas da soberania divina e das causas naturais. Por que Jesus não esclareceu tudo isso de uma vez por todas para aquelas pessoas e para nós? Ele, no entanto, com uma resposta bem curta, volta-se para os discípulos e diz: "Convém que *eu* faça as obras"; como se dissesse: "*Vocês* podem pensar, conversar, discutir, mas *eu* tenho de trabalhar. Se não acharem nada melhor para fazer, *vocês* podem se entregar à ocupação inferior de discordar e se desentender por causa de palavras; mas, quanto a mim, devo trabalhar. Não posso deixar de obedecer a chamados mais nobres do que os que chegam aos seus ouvidos carnais.

Concluímos, então, ter o Salvador um respeito pela obra de Deus maior do que pela especulação; e que, quando voltar ao mundo, ele há de reunir todos os poderosos pensadores, os especuladores que estão constantemente produzindo novas ideias e maravilhosos pontos de sutilezas, e os colocará, juntos, em um mesmo nível de refugo; mas, ao encontrar um simples operário, uma pobre viúva que tenha ofertado suas últimas moedas, um missionário que haja falado em nome de Cristo e sido o instrumento de conversão de uma alma, ele irá considerar as obras dessas pessoas como preciosas pepitas de caríssimo ouro. Podemos dizer do campo de ação e do trabalho para Cristo o mesmo que dizem as Escrituras da terra de Havilá: *o ouro dessa terra é bom* (Gn 2.12), e Cristo assim o considera. Ele considera que a obra de fé e amor realizada em seu nome possui grande valor.

I. Chamo sua atenção para o texto destacando as próprias palavras ali contidas. A primeira coisa que observamos é A NECESSIDADE DE TRABALHAR: "Convém que eu faça as obras".

Para Cristo, a expressão não era "se eu quiser, eu posso" ou "se eu gostar, eu posso", tampouco dizia respeito a uma mera possibilidade ou potencialidade de trabalhar; mas, sim, traduzia uma necessidade imperiosa — "*Convém*". Ele não podia deixar de fazer a obra. Se é que posso usar tais palavras em relação àquele que é tão divino quanto humano, Jesus se achava como que debaixo de uma coibição, de uma obrigação, inteiramente compelido a fazer. As cadeias que o prendiam e forçavam a isso eram, no entanto, de sua própria divindade. Eram cadeias do amor as que coibiam aquele que é amor. *Convém que eu faça as obras*. Era *por amar tanto os filhos dos homens* que ele não poderia jamais manter-se negligente e tranquilo vendo-os perecer. Não poderia ter descido do céu para aqui permanecer, revestido de nossa carne mortal, comportando-se de maneira passiva e descuidada, sendo apenas um atento e curioso espectador de tanto mal e tanta miséria. Seu coração batia forte de santo desejo de fazer. Tinha sede de fazer o bem, e o seu maior e mais importante ato, o sacrifício de si mesmo, foi o batismo com o qual precisava ser batizado, por estar limitado até que isso fosse realizado. A grande alma dentro dele sentia-se como se não pudesse ficar em paz. Era como o mar agitado, que não pode descansar. Cada um de seus pensamentos e atos era como uma onda poderosa que não poderia ser estancada. Toda a sua alma era quase sempre como um vulcão que começa a se encher de lava e precisa explodir. Teria que necessariamente deixar sua alma correr em fervente consagração e devoção em favor daqueles a quem veio salvar. "Convém que eu faça as obras", diz ele; *convém*.

Não foi apenas seu amor interior, no entanto, que criou essa compulsão; vemos que *a compaixão exterior* também o compelia. Aquele homem cego tocou uma corda secreta que levou a alma do Salvador a agir. Não estivesse aquele cego ali ou fosse possível ao Salvador esquecer os casos de miséria ao seu redor, talvez pudesse se calar. Contudo, porque sempre via as multidões diante de sua alma perecendo como ovelhas sem pastor, e porque, mais vividamente do que você e eu, percebia o valor de uma alma e o horror de uma vida se perdendo, sentia-se como se não pudesse ficar parado. *Convém que eu faça as obras*, disse ele.

Imagine-se a si mesmo, meu irmão, em uma praia, assistindo ao exato instante em que uma embarcação atinge uma rocha e começa a naufragar. Se houvesse alguma coisa a ser feita para resgatar os que nela se encontram, você não sentiria dentro de si algo como "convém que eu faça as obras"? Conta-se com frequência que, muitas vezes, quando as pessoas veem um barco naufragando e ouvem os gritos de socorro dos que estão se afogando, a impressão que se tem é que elas parecem enlouquecer. Se não forem capazes de dar vazão, por meio de qualquer atividade útil, aos seus sentimentos de solidariedade para com aqueles que perecem, as pessoas ficam aturdidas, como que sem saber o que fazer, chegando a ponto, então, de até mesmo sacrificar sua própria vida, tentando fazer alguma coisa para salvar os outros. Diante de emergências profundas, os homens, geralmente, sentem a necessidade premente de querer agir. Cristo viu este nosso mundo balançando perigosamente à beira de um abismo. Ele o viu flutuando em ardente atmosfera de fogo, e foi seu desejo extinguir de vez essas chamas; quis fazer que o mundo fosse feliz e se alegrasse, e, portanto, decidiu trabalhar para esse fim. Não haveria então como descansar e permanecer quieto. Não teria como sossegar nem mesmo durante a noite.

> As frias montanhas e a noturna escuridão
> Testemunharam o fervor de sua oração.

Até quando cansado e precisando comer, ele não comia, porque o zelo da casa de Deus o consumia. Sua comida e bebida eram fazer a vontade daquele que o enviara. O amor dentro dele e a necessidade externa agiam na direção de um mesmo fim, criando uma imensa necessidade de que o Salvador precisava trabalhar.

Além disso, lembremo-nos de que *Jesus veio a este mundo com um objetivo que não poderia ser alcançado sem trabalho; era uma paixão dentro dele*. Precisava, portanto, trabalhar, para poder alcançar seu objetivo. A salvação dos muitos que o Pai lhe dera, reunir aqueles que estavam espalhados pelo mundo, encontrar a ovelha perdida, restaurar o caído formavam o objetivo que pretendia atingir. Os propósitos eternos teriam de ser cumpridos. Seu próprio compromisso firmado deveria ser honrado. Amava os que estavam no mundo e os amou tanto que não poderia deixar o mundo até que toda sua obra estivesse completamente realizada, de modo que pudesse dizer: *Está consumado* (Jo 19.30). Assim, jubilosamente esperando pela recompensa do prêmio, antecipando a glória de tirar os homens da escravidão de seus pecados e conduzi-los à torre da salvação, ele desejava e anelava trabalhar. O soldado em batalha que anela por uma promoção anseia pelo confronto, para que possa ter a oportunidade de ascender a um novo posto. O jovem executivo que quer alcançar uma posição não se contenta em vegetar numa pequena função; quer mais responsabilidades e trabalho e o deseja porque sabe que é a maneira de crescer profissionalmente. Se um

A OBRA

|217

homem tem uma ambição honesta, é correto que possa buscar os meios pelos quais venha a realizá-la. A ambição de nosso Salvador era ser coroado com as gemas da multidão de almas por ele salvas, ser o grande amigo do homem, o grande Redentor da humanidade, e para isso, consequentemente, queria trabalhar. Teria de ser o Salvador dos homens, e não o poderia jamais ser sem exercer sua obra. Assim, sua paixão interior, sua necessidade exterior e o grande e envolvente objetivo que o movia forneceram as três cordas que o prenderam, tal como um sacrifício, às pontas do altar (Êx 29.12). *Convém que eu faça as obras.*

Irmãos, sem me querer alongar ante um tema tão atraente, permitam-me perguntar se você e eu sentimos a mesma compulsão; pois, se estamos no mundo, como Cristo esteve, se somos dignos de ser chamados seus seguidores, então deveríamos ser compelidos pela mesma compulsão, ser pressionados pelo mesmo peso. *Você sente que convém fazer as obras?* Instrutores há que acham que devem nutrir os outros de ensinamentos! Na verdade, eles é que precisam ser nutridos. Nem mesmo sabem como seguir avante na tarefa de nutrir, mas eles, sim, devem ser alimentados, e com uma colher. Precisam que algumas preciosas verdades do evangelho sejam picotadas e dissolvidas até virar uma papa e colocada em sua boca enquanto na cama, sendo quase incapazes de digerir a comida depois que a recebem. Outros cristãos acham que devem sempre encontrar uma falha na obra das pessoas, como se fosse uma obsessão dentro deles criticar e julgar. Muitos, ainda, se colocam de lado, achando que devem ser isentos de trabalhar. Usam de qualquer evasiva para fugir das tarefas. Escapam do trabalho, achando que já estão fazendo muito por simples-mente contribuírem financeiramente para uma obra de caridade cristã ou querendo evitar a exposição de si próprios a qualquer tipo de tristeza ou labuta no serviço do Senhor. Tenho a certeza de que *nós* não somos possuidores de espírito tão covarde quanto esse; mas, se acaso o possuímos, então que deixemos de levar o nome do evangelho sobre nós. Como disse alguém, "Seja um estoico, ou desista de ser chamado de estoico"; do mesmo modo, seja cristão, ou deixe de ser chamado cristão. Fugir da obra de Cristo não é ser cristão. Tenho a certeza de que realmente sentimos essa compulsão — *Convém que eu faça as obras.*

Por que *convém* que eu trabalhe? Para que eu seja salvo? Oh, não! Deus nos livre! Se sou cristão, sou salvo — salvo não por meio de minhas próprias obras, mas mediante a obra de Cristo. Ouvi uma vez um evangelho que diz que há vida em olhar para Jesus na cruz; olhei para Cristo, e sou salvo. Então, por que devo trabalhar? Justamente *porque* sou salvo. Se fui comprado pelo seu sangue, devo me entregar àquele que me comprou. Se me buscou pelo seu Espírito, devo me entregar àquele que me buscou. Se me ensi-nou por meio de sua graça, devo ensinar aos outros o que dele aprendi. A motivação que leva à atividade cristã não é de modo algum vil e egoísta como a de querer alcançar o céu por meio disso. Até mesmo um romanista (um romanista magistral, porém que estranha anomalia o fato de que tão doce cântico pudesse vir de tão pérfida gaiola de pássaros impuros!) pôde cantar assim:

> Meu amor por ti, Ó Deus,
> Não é para entrar no céu,
> Não porque só de te amar
> Me livre do inferno o fel.
>
> Mas porque a cruz abraçaste,
> Meu bendito Salvador,
> E ali por mim suportaste
> Dos cravos suprema dor.

Nosso amor é causado pelo próprio Cristo. É o seu amor por nós que nos faz sentir que temos de trabalhar por ele. Quando eu era criança, um amigo próximo me tornou muito feliz um dia, repetindo isso várias vezes, o que fez meu coração saltar de alegria. Ao ir para a cama, eu disse, antes de dormir, referindo-me àquele amigo: "Quem me dera pudesse fazer alguma coisa pelo sr. fulano. Gostaria de poder oferecer alguma coisa a ele". Como não tínhamos dinheiro, na manhã seguinte colhi algumas flores e fui levar-lhe o ramalhete. Lá chegando, ofereci: "Por favor, aceite esse pequeno presente. O senhor tem sido muito bom para nós". Sentia como se não pudesse deixar de fazer aquilo, embora temesse até que o presente não fosse aceito. Na verdade, achava que, se ofertasse dez, vinte ou cinquenta vezes mais que aquilo, tudo ainda seria muito pouco. Nossa alegria, porém, foi fazer aquilo que fizemos e desejar fazer muito mais. É este mesmo espírito que nos pode levar a desejar fazer algo pelo Senhor Jesus. Aceitaria ele alguma coisa vinda de mim? Permitiria que eu reiterasse a sua glória? Concordaria que eu alimentasse seus cordeiros, fosse pastor de seu rebanho, ensinasse aos meninos da Escola Bíblica Dominical, cuidasse para ele de um filho dele, distribuísse folhetos anunciando sua Palavra, ofertasse uma parte dos meus ganhos para fins de seus interesses? Quão bom seria se o Senhor permitisse que isso me acontecesse! E como gostaria de poder fazer mais! Quem dera eu tivesse milhares de mãos para trabalhar para ele, milhares de corações e línguas para poder usar tudo isso para ele! Espero meu irmão, que sinta que o amor de Cristo que está em você o leve a declarar: "Convém que eu faça as obras". Se você mora por aqui — e creio que a maioria de nós realmente mora deste lado do rio —, não poderia ir por essas praças e ruas, pelas partes mais escuras do bairro, caminhar por aqueles becos perto daqui, que você conhece, tendo o sentimento de "convém que eu faça as obras"? Às vezes, desejaria que alguns de vocês relativamente bem de vida e que vivem um pouco mais para o interior do país, onde o ar é mais puro, pudessem sentir o odor do ar no qual a pobreza vive sempre nesta nossa cidade. Acho que sentiriam que é preciso trabalhar por Cristo. Por vezes os missionários de nossa cidade talvez se sintam admiravelmente entusiasmados, penso eu, ante a visão que têm e os sons que ouvem. Devem sentir que precisam trabalhar, pois as pessoas estão morrendo, o inferno se enchendo, o evangelho não sendo levado a elas e as pessoas não vindo ao evangelho. As multidões seguem seu caminho como se não existissem nem Cristo nem céu, e quem dera pudesse eu dizer que não haverá inferno depois que morram. Mas esta é a porção deles, e vivem como se estivessem se preparando para herdá-la.

Que possamos, portanto, entender, até aqui, a primeira parte do texto: *Convém que eu faça as obras*.

II. Em segundo lugar, devemos observar que temos aqui UM TRABALHO ESPECÍFICO: *Convém que eu faça as obras daquele que me enviou* (Jo 9.4).

Muitos dizem "convém que eu faça as obras", mas poucos são os que dizem *convém que eu faça as obras daquele que me enviou*. Ah, a obra, o trabalho, geralmente mental, cerebral, que é feito em Londres para se enriquecer! Não estou dizendo que não é correto. Se quer prosperar no mundo, deve trabalhar. Correto. Jamais eu diria a um jovem: "Seja preguiçoso". Se você deseja prosperar em alguma coisa, coloque toda a sua alma e trabalhe naquilo com todo o empenho. Muitas e muitas são as pessoas que sentem compulsão de trabalhar para prosperar ou para melhor sustentar sua família. Isso é correto; e não preciso exortá-lo a fazer isso, pois tenha a certeza de que você, como um homem honesto e moral, sentirá essa compulsão, sem precisar de nenhuma exortação de minha parte. Há alguns que trabalham com o objetivo de alcançar fama. Não é também uma coisa ruim, e não preciso falar igualmente sobre isso, pois os que optam por seguir esse caminho podem trilhá-lo perfeitamente sem o meu conselho. Mas aqui está a questão principal: *Convém que eu faça as obras daquele que me enviou*. Cristo veio a este mundo não para ser o Rei entre os reis, nem para ser o mais famoso entre os afamados, mas, sim, simplesmente, para ser o Servo dos servos e para cumprir a vontade de Deus. *Eis aqui venho; no rolo do livro está escrito a meu respeito: Deleito-me em fazer a tua vontade, ó Deus meu* (Sl 40.7,8). Ele veio para fazer isso e, chegando aqui, o fez.

Observe então o caráter da obra que Cristo realizou. Não foi uma obra de sua própria imaginação. Não foi uma obra que ele estabelecesse para si mesmo com base em sua própria vontade; mas uma obra ordenada desde o passado, estabelecida pelo Pai. *Eu desci do céu, não para fazer a minha vontade, mas a vontade daquele que me enviou* (Jo 6.38). Observe também que Cristo não fez nenhuma triagem ou escolha das obras. Ele diz, genericamente, *convém que eu faça as obras* — ou seja, não algumas delas, mas todas, quer fossem penosas quer honrosas, quer tivesse ele de suportar a reprovação quer o testemunho da verdade; obras de sofrimento próprio ou de alívio para os que sofriam; de gemidos silenciosos ou de um ministério no qual se regozijasse em espírito; obras de oração ao sopé da montanha ou de pregação no alto da colina. Cristo se entregou sem reserva para fazer, por Deus, tudo aquilo que o Pai ordenasse que deveria fazer. Foram, todas,

A OBRA

| 219

obras de misericórdia, de salvação da alma, obras desinteressadas, não egoístas nem presunçosas. Salvou os outros, mas a si mesmo não quis salvar. Não foram obras por meio das quais aumentasse seus bens ou recursos; pelo contrário, ele as realizava e oferecia gratuitamente aos necessitados. Não obras pelas quais se haja exaltado, pois se identificava quase sempre entre os mais humildes. Não por meio das quais tenha alcançado a honra entre os homens, pois ofereceu a outra face aos que o ofenderam e espancaram. *As afrontas dos que afrontam Deus caíram sobre ele* (Sl 69.9). Suas obras foram da mais pura filantropia para com os homens e de inteira consagração a Deus.

Fico pensando se nós, cristãos, já experimentamos alguma vez, total e plenamente, uma compulsão de realizar obras como essas. *Convém que eu faça as obras daquele que me enviou*. Meus irmãos, é fácil realizar nossas próprias obras, mesmo nas coisas espirituais; difícil é ser levado a isto: *Convém que eu faça as obras daquele que me enviou*. Por favor, entendam-me. Existem milhares de ações muito boas por si mesmas, mas, ainda assim, não estou certo se as escolheria como ocupação de minha vida. Conheço muitas pessoas que acham que sua missão é pregar, mas que talvez se saíssem melhor se ouvissem um pouco mais. Conheço outros que acham que seu assunto é assumir a liderança de uma classe da Escola Bíblica Dominical, mas que poderiam ser bem mais úteis entregando alguns folhetos ou ocupando um lugar sentados em uma classe durante algum tempo. O fato é que não nos cabe escolher o caminho do serviço cristão a trilhar, mas, sim, fazermos simplesmente as obras daquele que nos enviou; e, como há muita coisa a fazer, nosso objetivo deveria ser o de buscarmos descobrir qual a parte da obra do mestre que ele gostaria que fizéssemos. Nossa oração, portanto, deveria ser: "Mostra-me o que queres que eu faça" — com um sentido bem pessoal e particular. Não o que possa ser certo em geral, mas aquilo que venha a ser especialmente certo para *eu* fazer. É possível, por exemplo, que minha empregada pense que a coisa mais correta a fazer para me agradar seja arrumar os meus papéis no escritório; no entanto, eu ficaria talvez muito pouco agradecido se ela o fizesse. Agora, se em vez disso, ela me preparar um bom café logo de manhã, principalmente se precisar ir a uma cidade distante do interior para pregar, é bem mais provável que eu aprecie muito mais o seu serviço. Assim, alguns amigos meus pensam consigo mesmos: "Como eu me sairia se estivesse em tal e tal posição, se fosse diácono, se fosse elevado a tal e tal função?" Siga seu caminho e trabalhe como o mestre gostaria que você trabalhasse. Você se sairá muito melhor no lugar onde ele o colocar do que aquele onde você mesmo se puser. O fato é que você acaba deixando de ser um servo quando escolhe o serviço; pois o próprio espírito, a própria essência do serviço cristão consiste em dizer: "Seja feita não a minha vontade, Senhor, mas a tua vontade. Aguardo as ordens procedentes do teu trono; ensina-me o que queres que eu faça".

Talvez, no entanto, exista menor necessidade de insistir neste ponto do que no outro. Devemos é nos sentir impelidos a uma forma ou outra de esforço espiritual que seja desinteressado de nossa parte, para o bem dos outros. Pergunto, então, aos cristãos: *vocês sentem isso?* Que maravilhas foram realizadas por duzentas ou trezentas pessoas depois de nosso Senhor haver subido ao céu. Foram suficientes para a evangelização de praticamente o mundo inteiro da época! Temos, atualmente, nessa grande cidade de Londres, com seus 3 milhões ou mais de habitantes, não sei quantas almas cristãs que possam nela residir. Deve haver pelo menos alguns milhares e, no entanto, até hoje, somos insuficientes para a evangelização desta metrópole; pois, ao contrário de havermos satisfeito suas carências, sabe-se, por simples questão de estatística, que Londres, apesar de todo o nosso esforço, estava antes em melhor situação do que agora, conosco! É preciso conviver com isso? Se houvesse necessidade, deveríamos nos curvar, com pranto, diante de tão terrível situação. Contudo, como a culpa recai e permanece sobre nós, cabe saber qual é a causa de tal vexame. É esta: *os cristãos ainda não aprenderam que cada um de nós deve, pessoalmente, fazer as obras daquele que o enviou*. Não devemos delegar essa tarefa somente aos nossos ministros, nem achar que podemos fazer a obra de Deus por procuração; mas cada homem e mulher deve entregar-se pessoalmente ao serviço de Cristo, sentindo, cada um, que pode ler como que para si mesmo este texto: "Convém que *eu*, que *eu*, que *eu* faça as obras daquele que me enviou. Devo fazê-las ainda que ninguém mais as faça. Convém — sinto uma compulsão nisso; de uma forma ou de outra, quero me dar de mim mesmo àquelas obras que são, especificamente, as obras de Deus, que envia seus filhos a este mundo ímpio com o propósito de que realizem suas obras".

Posso dizer aqui, como forma de ilustração, e para provar a você que tal processo não é impossível se estivermos dispostos a fazer nosso esforço, que provavelmente não há nenhum movimento religioso na Inglaterra que seja tão forte e tenha avançado tão rapidamente nos últimos tempos quanto o movimento do ritualismo, que por vezes chamamos de puseísmo. Ele está avançando tremendamente em duas frentes — duas frentes que nos deveriam envergonhar para sempre, pois são consideradas as mais inacessíveis a nós. Estamos, assim, vendo o puseísmo crescendo muito nas classes superiores, entrando nas salas de visitas que achávamos seriam impenetráveis. Está causando alvoroço onde achávamos serem cidadelas impregnadas de requinte e elevada respeitabilidade, encontrando suas vítimas e devotos ali com tal estilo, e mantendo-os presos em suas garras tão plenamente, que os bens e recursos dos prósperos têm sido oferecidos muito mais abundantemente a essa fé falsa do que se comparado à maneira em que são ofertados à nossa fé verdadeira. A outra frente na qual tem havido um grande avanço desse sistema é entre os pobres dos pobres, aquelas pessoas que, costuma-se dizer, jamais hão de ouvir o evangelho. Oh, que grande mentira; os miseráveis hão de ouvir o evangelho, sim, se o evangelho for pregado de modo que o possam entender. É, porém, para escândalo de muitas igrejas cristãs que essas pessoas pobres não se achegam a elas, e eis que são então alcançadas pelo puseísmo, convertendo-se a ele, dobrando seus joelhos como adoradores sinceros e passando a crer completamente naquilo tudo que lhes é pregado! E como isso é feito? Vou-lhes dizer. Os sacerdotes que creem nesse posicionamento o fazem com honestidade. Creem que seja verdadeiro e a isso se apegam de maneira firme. Não têm vergonha de sofrer reprovação por sua atitude, mas a assumem com ousadia e sinceridade, sem se esconder nem se esquivar, como alguns entre nós o fazem, parecendo envergonhados de confessar o que praticam e creem. Isso não acontece com os seguidores do puseísmo. Deixem-me dizer-lhes, então, que toda honra deve ser dada a eles, pela nobre coragem que demonstram em seu trabalho desonroso! Não se pode negar nem ao diabo o que lhe é devido e, se virmos coragem, ainda que no inimigo, só resta reconhecer sua coragem. Deste modo, respeito e reverencio a coragem daqueles que se colocam a favor de Roma ante o protestantismo dominante, tal como valorizo a coragem protestante ao se colocar contra Roma em meio ao romanismo predominante. Se se consegue fazer tudo isso mediante a autêntica sinceridade dos sacerdotes católicos, não deveríamos nós mesmos ter um pouco dessa coragem e honestidade entre os nossos ministros? Espero que, se os ministros falharam até aqui, comece cada um a corrigir a si mesmo e nos tornemos tão sinceros e ousados em nossa causa como eles o são na deles.

Outro aspecto disso, no entanto, é o seguinte: *eles têm conseguido que todos os seus membros e admiradores se tornem dedicados missionários*. Você os vê espalhando seus folhetos, divulgando seus livros, dizendo uma palavra aos operários na fábrica, conversando com as moças na sala de estar. Você os vê por toda parte, por meio de suas Irmãs de Misericórdia. Um ministro que conheço entrou na casa de um dos membros de sua igreja, preocupado, querendo saber: "Acabo de ver uma irmã de misericórdia caminhando por essa vizinhança; ela veio aqui, a esta casa?", indagou. "Oh, sim", foi a resposta. "Ela entrou e andou por todas as salas daqui de casa". "Mas eu mesmo nunca tive a ousadia de entrar em todas as suas salas, e a irmã de misericórdia entrou em todas?", admirou-se ele. "E como ela consegue fazer isso?" "Não sei, pastor, mas que ela consegue isso consegue, de uma maneira ou de outra". E por que nós não o conseguimos, de uma maneira ou de outra? O que eles podem fazer que nós também não podemos? Será que é porque fazem à moda deles aquilo que nós não ousamos ou não queremos fazer? Oh, então é bom que os soldados do papa sejam mais ousados do que os soldados da cruz? É assim que deve ser? Deus nos livre disso! Que o antigo espírito, o antigo valor e o antigo entusiasmo voltem às nossas igrejas, pois existe número suficiente de cristãos para salvar Londres; há um número suficiente de nós para mandar de volta essa atual onda do papado; há um número suficiente para defender o evangelho e demonstrar que é ele arma a mais poderosa em Deus para demolição de fortalezas. Basta nos empenharmos para que a nossa obra, a nossa atividade, nos leve ao canal específico de fazermos a obra daquele que nos enviou, e fazê-la imediatamente.

A OBRA | 221

III. Em terceiro lugar, tal como existe a necessidade de trabalhar e de determinada especialidade no trabalho, existe também UM LIMITE DE TEMPO PARA A SUA REALIZAÇÃO: *Convém que eu faça as obras daquele que me enviou, ENQUANTO É DIA.*

Esse limite de tempo pesa muito em meus ouvidos, especialmente por vir dos lábios do Senhor. Jesus Cristo, o imortal, aquele que vive para sempre, é quem diz isso: *Convém que EU, EU FAÇA AS OBRAS... ENQUANTO É DIA.* Meus irmãos se há alguém que poderia postergar indefinidamente uma obra, essa pessoa é, sem dúvida, nosso Senhor eterno. Mas olhe para ele. Está no céu e, no entanto, ainda trabalha. Há inumeráveis maneiras pelas quais ele pode servir, e serve, à sua igreja. Não cremos na intercessão dos santos; eles não podem trabalhar por nós naquela terra de descanso depois de terem saído deste mundo de labor. Mas cremos realmente na intercessão do mestre, o Senhor, o Santo dos santos. Ele pode e ora sempre por nós. O cabeça da igreja está sempre em atividade. Todavia, apesar disso, ele disse *convém que eu faça a obra enquanto é dia!* Veja só com que força esta frase atinge você e eu, pois nada mais poderemos fazer com nossas mãos quando nosso corpo já estiver coberto pela relva! Toda obra termina ali. Assim, podemos considerar essa frase até como um inescapável presságio. A expressão "enquanto é dia" torna-se, para nós, cheia de significado. Quão longo nos será esse "dia"?

Para alguns de nós, alguns dos dias podem ser bastante curtos; os dias frios, invernais, em breve acabarão. Mas, minha jovem irmã, meu jovem irmão, seus dias podem ser também muito breves — *trabalhe, portanto, enquanto você os tiver.* Sente algum sinal de definhamento? Trabalhe; não faça disso desculpa para a inatividade, mas, sim, uma motivação para o trabalho. Trabalhe *enquanto é dia.* Ou, mesmo que não haja tal sinal, lembre-se de que o seu sol pode se pôr antes até de chegar o meio-dia. Não espere meu jovem, até que suas forças lhe sejam inteiramente tiradas ou suas oportunidades sejam menores, mas diga sempre para si mesmo: *Convém que eu faça as obras daquele que me enviou, enquanto é dia.* Você não sabe se poderá viver até o anoitecer. Seja, portanto, agora, um ganhador de almas, antes de chegar a ser um homem maduro. E você, minha querida irmã, procure ser uma *mãe em Israel* (Jz 5.7), por Jesus Cristo, mesmo enquanto ainda é apenas jovem, uma menina. Procure ganhar almas para Jesus enquanto é apenas uma simples ovelhinha no rebanho do Senhor. *Enquanto é dia.*

Outros de nós já estão ficando com os cabelos grisalhos. Seus dias não serão, portanto, muitos mais. O sol já se põe, e as sombras estão se alongando. Mesmo assim, não deverão fazer jamais da idade madura ou avançada uma desculpa para retirar sua armadura de guerreiro. O Senhor não requer de você aquilo que você não possa, mas, sim, a força que você ainda tem; entregue-a a ele *enquanto é dia*, sentindo que ainda deve e pode continuar realizando as obras daquele que o enviou.

"Enquanto é dia; enquanto é dia". Se eu tivesse olhos de profeta e pudesse ver as pessoas aqui para as quais os sinos vão dobrar durante os próximos meses, como esse texto seria adequado para elas! *Enquanto é dia!* Querida mãe, se você tivesse apenas trinta dias de vida — apenas outro mês — e soubesse disso, como certamente iria orar por seus filhos durante esse mês! Como conversaria com esses meninos queridos sobre alma deles, mesmo que nunca os tivesse chamado de lado e falado sobre isso com eles! Queridos professores da Escola Bíblica Dominical, se vocês soubessem que só poderiam lecionar por mais um, dois, três ou quatro domingos, quão solenemente começariam a falar com as crianças de sua classe! Contudo, lembrem-se: essa é a maneira pela qual devemos sempre viver e trabalhar. Conhece as palavras de Baxter?

> Prego como se jamais fosse pregar de novo,
> como se fosse um homem prestes a morrer
> pregando a outros moribundos.

Façamos exatamente isso. Mesmo esperando que você possa viver dez, vinte ou trinta anos mais, quão breves serão esses anos! Quando se forem, vão parecer simplesmente que eram ontem! Permita, então, que eu toque o alarme; deixe-me soar esse texto como uma campainha aos seus ouvidos: "Enquanto é dia! Enquanto é dia! Enquanto é dia!".

Tendo relembrado a você sua própria mortalidade, quero dar agora ao texto outro tom, pedindo que você se lembre de que o "dia" pode passar rapidamente não para você, mas para *os que sejam objeto do seu cuidado*. Lembro-lhe, então, que existem duas vidas, nesse caso, que precisam ser asseguradas — outra vida, além da sua. *Enquanto é dia*. Você talvez não possa mais falar com algumas pessoas em Londres amanhã, nem nunca mais tenha oportunidade disso — *pois elas estão morrendo hoje mesmo à noite*. É impossível até que você tenha ocasião de vir falar a umas 2 mil pessoas na semana que vem, pois todas elas vão morrer ainda esta semana. O faturamento da mortalidade irá fazer sua cobrança, a insaciável fome da morte irá levar essas pessoas. Elas têm de ir, não há escape. Oh! Faça, portanto, sua obra "enquanto é dia" junto a essas pessoas! Para algumas delas, é "dia" apenas por um curto período de tempo. Muito embora possam viver muito, seu "dia" é apenas uma breve ocasião em que vão a um lugar de adoração; é aquela ocasião única quando há doença em seu lar e um crente o visita; é a ocasião única em que um cristão cruza seu caminho e, ante uma singular oportunidade, conversa com a pessoa sobre Jesus. Muitos de nossos amigos aqui em Londres não possuem até hoje um dia sequer de misericórdia, em certo sentido. Não ouvem o evangelho, pois não cruzam o seu caminho. Disse um bispo, uma vez, que algumas pessoas em Londres estariam em situação espiritual melhor se tivessem nascido e vivessem, por exemplo, em Calcutá, na Índia, pois, se lá estivessem, o zelo missionário cristão poderia encontrá-las; mas vivendo, como vivem, em lugares dos mais pobres de Londres, ninguém se importa com sua alma. Já que, então, o dia deles pode ser tão breve quanto o nosso, devemos *cingir nossos lombos* (1Pe 1.13) esta noite e afirmar: *Convém que eu faça as obras daquele que me enviou, enquanto é dia*.

Você passou pela ponte Blackfriars esta noite; mas pode ser que não mais o faça. Ou então, se veio de sua casa e deixou lá uma pessoa a quem, na volta, gostaria de lhe falar sobre a salvação de sua alma, faça isso realmente esta noite, pois pode ser que nunca mais essa pessoa possa ouvi-lo. Acho que houve um caso assim na vida do dr. Chalmers. Certa vez, ele passou uma noitada com um grande número de amigos, estando presente o chefe de um clã escocês das Highlands, personagem bastante interessante. Passaram a noite contando casos e passagens de suas vidas, repetindo trechos de diversas obras de entretenimento, falando sobre viagens e jornadas. Como podemos deduzir, passaram a noite toda, enfim, de maneira muito agradável e, depois de terem se divertido, foram todos dormir. No meio da noite, a família foi acordada, sobressaltada, de seu sono: o chefe do clã estava passando muito mal, sofrendo dores e a agonia da morte. Subira para o quarto em plena saúde, mas acabou falecendo naquela mesma noite. A impressão que ficou na mente de Chalmers foi a seguinte: "Se eu soubesse que ele morreria daquela maneira, a noite não teria sido diferente? Não deveria ter sido passada de maneira bem diferente pelos homens todos, que poderiam também ter morrido?" Chalmers sentiu como se, de algum modo, o sangue daquele homem tivesse caído sobre ele. Neste sentido, pode-se dizer, o fato em si, na verdade, foi uma bênção duradoura para ele. Que assim seja conosco também, que ouvimos esta história e que, portanto, possamos trabalhar com toda a disposição "enquanto é dia".

IV. Encerramos esta noite com as últimas palavras do texto: *A noite vem, quando ninguém pode trabalhar* (Jo 9.4). Aqui está A LEMBRANÇA DE NOSSA MORTALIDADE.

A noite vem. Você não pode postergá-la. Tão certo como a noite vem sobre a terra no devido momento, do mesmo modo a morte virá para mim e você. Não existem artimanhas ou manobras pelas quais a noite possa ser adiada ou impedida, nem ações por meio das quais possa ser adiada ou suspensa para sempre. *A noite vem*, independentemente de quanto a temamos ou até a desejemos. Vem com passo furtivo, certamente, no momento próprio. *A noite vem*. Vem para o pastor que trabalha pelo seu rebanho; para o evangelista que prega com a maior disposição; para o professor da Escola Bíblica Dominical que tanto ama sua atividade; para a missionária que atua em favor das almas. *A noite vem*. Vem para aqueles que estão sentados nos bancos das igrejas; para o pai, para a mãe, a filha, o filho, o marido, a esposa. *A noite vem*. Querido ouvinte, será preciso lembrar-lhe que a noite vem para você também? Você levará isso a sério hoje, ou será que, tomado de total insensatez, iria pensar: "Todos os homens são mortais, menos eu"? *A noite vem*, quando os olhos se fecharão, quando os membros ficarão rijos e frios, quando o pulso será tênue e, por fim, deixará de ser percebido. *A noite vem*.

A obra

Salomão refletiu sobre isso, quanto a toda a humanidade: *Nenhum homem há que tenha domínio sobre o espírito, para o reter; nem que tenha poder sobre o dia da morte; nem há licença em tempo de guerra* (Ec 8.8). Para o obreiro cristão, este é, por vezes, um pensamento lúgubre. Tenho planos em andamento para a causa de Deus nos quais acabo de me envolver e acho que deveria viver um pouco mais para vê-los alcançar maior madureza. Talvez possa, mas sinto, diariamente, como se talvez não consiga. Um pensamento me assalta constantemente: de que posso começar determinada coisa, mas, se não fizer tudo o que possa fazer ainda hoje, talvez jamais chegue ao amanhã; portanto, digo mais uma vez o que tenho dito inúmeras vezes à minha própria alma: farei agora tudo o que puder fazer. Quanto aos anos que virão, eles devem caminhar por si próprios. Ao iniciarmos planos, não há proveito algum em ficarmos ansiosos quanto ao que eles possam se tornar nos anos vindouros e então já considerarmos como sendo nosso trabalho aquilo que poderá vir a surgir a partir dele. Não; devemos é fazer imediatamente e de uma vez tudo o que possa e deva então ser feito. Deus tem condições de esperar sua própria obra, mas nós não podemos nos dar ao luxo de retardar a nossa. Devemos trabalhar agora, "enquanto é dia; a noite vem, quando ninguém pode trabalhar". A chegada da noite, embora possa ser sempre confortável para o cristão, se se lembrar que verá seu mestre, é muitas vezes um pensamento bastante duro para os que estão envolvidos em obras para Cristo e gostariam de viver para ver algumas delas prosperar.

Que terrível conclusão! *Quando ninguém pode trabalhar*. Mãe, você não poderá mais se inclinar para seus filhos e ensiná-los o caminho da vida, depois que tiver partido. Se lhes houver ensinado as coisas de Deus, sua voz não mais lhes dirá sobre o amor de Jesus. Missionário, se aquela delegacia de polícia perto de você não foi atendida e almas ali foram perdidas, você não mais poderá arrepender-se dos danos que causou. Sua lembrança e seu amor serão passados. Você se foi. O lugar que um dia o conheceu não o conhecerá mais. Você não terá mais parte entre os feitos dos vivos. Se por meio do seu exemplo você abriu as comportas do pecado, não poderá voltar para tentar fechá-las nem para conter a sua corrente. Se perdeu a oportunidade de servir a Jesus aqui, não poderá retornar para procurar aproveitá-la. Se você for um guerreiro que perdeu a batalha, bem desejaria talvez que outro dia amanhecesse para que se travasse outro conflito e a campanha fosse refeita; todavia, se você perdeu a batalha da vida, nunca mais terá como enfrentá-la outra vez. O homem de negócios que venha a falir uma vez confia que, com mais cuidado, poderá se refazer e voltar a alcançar sucesso; contudo, a falência espiritual de todo homem é uma falência eterna, e não há como recuperar a perda. É noite, quando ninguém pode trabalhar.

As miríades de justos diante do trono não podem mais realizar obra alguma aqui na terra. Não podem aliviar a pobreza de Londres, remover sua vergonha e seu pecado. Podem louvar a Deus, mas não ajudar os homens. Podem cantar àquele que ama e purifica os homens, mas não mais podem pregá-lo nem proclamá-lo aos que precisam ser lavados na fonte de onde jorra seu sangue. Talvez fosse possível até desejar que o pudessem, pois certamente fariam a obra muito melhor do que podemos realizá-la! Mas o mestre determinou que tudo fosse de outro modo. Eles não devem, nesse caso, lutar, mas, sim, presenciar a batalha. Não devem mais arar o campo, apenas comer do fruto. A obra é deixada para os que ainda estão aqui. Que não tenhamos tristeza pelo fato de não poderem mais se juntar a nós, mas, em vez disso, agradeçamos a Deus pelo fato de ele reservar para nós ainda o trabalho e a honra de realizá-lo.

Mergulhemos no trabalho agora, tal qual soldados britânicos que, sendo poucos em uma frente de combate, receberam um comunicado do rei dizendo que esperava que homem nenhum daqueles desejasse que pudessem ser em maior número. Dizia o rei: "Quanto menor a quantidade de homens, maior será a parte de honra de cada um". Desse modo, que possamos raramente desejar receber ajuda direta do céu. Com o poder de Deus já sobre nós; a palavra aberta cheia de preciosas promessas; o propiciatório rico em bênçãos; o Espírito Santo, a Divindade irresistível, habitando em nós; e com o precioso nome de Jesus, que faz o inferno tremer, a nos animar, sigamos em frente, sentindo que devemos trabalhar "enquanto é dia; a noite vem, quando ninguém pode trabalhar". Que trabalhemos enquanto dure o dia — e, ouvindo as rodas da carruagem da eternidade atrás de nós, corramos o mais rápido que pudermos, com toda a nossa força.

Tudo o que tenho dito até aqui, porém, aplica-se pouco ou nada a alguns de vocês, que nunca se entregaram a Deus. São aqueles que ainda, infelizmente, são servos de Satanás e não podem servir a Deus. Ó pobres almas, sabem por que incitamos o povo cristão a que se dedique à obra? Justamente para que vocês possam vir a ser salvos. Não haveria necessidade de toda essa cobrança dos cristãos se não fossem vocês. Você que está sem Deus, que está sem Cristo, acha-se no caminho da ruína eterna; ou, pelo menos, muitos de vocês ainda estão. Há outros, porém, que, embora tendo ouvido o evangelho durante muito tempo e até saibam dele tanto quanto eu, ainda assim nada sabem sobre seu poder dentro de sua própria alma. Não é estranho que, apesar de sermos tantos dedicados a você, você não se dedique a si mesmo? Se o filho de determinada mulher estivesse solto na rua e uma dezena de mulheres procurasse detê-lo antes que pudesse vir a ser atropelado por uma carruagem, você não acha estranho que a própria mãe, a tudo isso, permanecesse calma, tranquila, serena, ou, como mais pareceria, sem interesse algum pela situação? Mas esta é a sua alma. Existe um grande número de pessoas aqui, esta noite, que se sentem ansiosas por você, desejosas de o poderem ajudar a ser salvo —, mas você mesmo talvez nem se importe com a sua própria alma! Não é de admirar, então, que você venha a se perder para sempre, não é? Você não se valoriza, de modo algum. Na verdade, joga-se no lixo! Quem pode ser mais culpado disso? Querido ouvinte, por acaso será este um dos espinhos em sua carne para sempre: "Eu não penso na minha alma; não lhe dou valor, vou jogá-la fora sem qualquer preocupação"? Será? Desse modo, porventura será um profundo remorso que irá manter acesa a chama inextinguível que há de torturar para sempre a sua consciência? Dizendo: "Não pensei nas coisas eternas; fiz papel de bobo; tracei meu caminho rumo ao inferno; fiz piada daquilo que Deus leva a sério; fui desleixado e indiferente, enquanto crentes, até ministros, choravam por mim; fui frívolo enquanto Cristo sangrava por minha causa". Oh, eu lhe imploro que reconsidere suas veredas e que se lembre de que todo aquele que crer no Senhor Jesus Cristo será salvo! Creia nele. Confie nele. Este é o modo de ser salvo. Descanse nele. E queira Deus que, quando você tiver agido assim, sendo salvo, possa sentir o toque desse texto evangélico e dizer: "Eu também quero me juntar ao grupo de obreiros; ser salvo por Cristo para também poder dizer, como ele disse: *Convém que eu faça as obras daquele que me enviou, enquanto é dia; a noite vem, quando ninguém pode trabalhar* (Jo 9.4)".

A MOTIVAÇÃO

Convém que eu faça as obras daquele que me enviou, enquanto é dia; a noite vem, quando ninguém pode trabalhar (Jo 9.4 – ARC).

Se este capítulo 9 de João tem o propósito de ser uma continuação da história contida no capítulo 8, como pensamos que realmente seja, coloca diante de nós um fato extraordinário. No capítulo 8, vemos que nosso Senhor estava prestes a ser apedrejado pelos judeus; afastou-se, pois, do círculo de seus inimigos enfurecidos e passou pelo meio da multidão, não acho que de maneira apressada, mas, sim, tranquila e dignamente, como alguém de modo algum desconcertado, mas em pleno controle de si mesmo. Os discípulos, vendo certamente o perigo que corria, reuniram-se ao redor do Senhor enquanto ele se retirava serenamente. O grupo seguiu seu caminho com passos firmes até sair do templo. Ali, junto ao portão, estava sentado um homem, bastante conhecido de muitos, cego de nascença. Nosso Salvador estava tão pouco preocupado com o perigo que o ameaçava que deu uma parada e fixou os olhos no pobre mendigo, examinando-o com atenção. Deteve-se para realizar o milagre da cura daquele homem.

Se realmente os dois capítulos formam apenas uma única narrativa, e eu penso que assim é, embora não esteja absolutamente certo, temos então diante de nós um dos maiores exemplos da maravilhosa serenidade do nosso Salvador ante o perigo. Quando os judeus pegaram as pedras para apedrejá-lo, ele não expôs sua vida desnecessariamente; todavia, tão logo se afastou o suficiente do risco imediato, deteve-se ao observar a miséria daquele homem e ali permaneceu por algum tempo, tranquilamente, a fim de realizar um feito de misericórdia. Oh, a divina majestade da benevolência! Ela faz que o homem seja corajoso! Como ela o leva a esquecer de si mesmo e, apesar do perigo, ficar suficientemente calmo para realizar com toda a tranquilidade a obra de que foi incumbido!

Vejo aqui, sobretudo, o desapego de si mesmo em consideração aos outros, do nosso Salvador . Mas quero adicionar que existe aqui uma lição não apenas para ser imitada, mas também para nos confortar! Se, enquanto fugia dos inimigos, o Senhor parou a fim de abençoar o cego, quanto mais não irá abençoar aqueles que buscam sua face agora que se acha exaltado nas alturas, revestido de divino poder e glória, à direita do Pai! Nada existe mais que o apresse agora, não mais está exposto a perigo algum. Dirija-lhe sua oração, expresse seus desejos, e ele lhe responderá: *Seja-vos feito segundo a vossa fé* (Mt 9.29).

Ao lermos sobre a cura desse cego, somos confrontados, mais uma vez, com a diferença entre os discípulos e o mestre. Os discípulos olharam para aquele homem cego de nascença como se fora um grande enigma, um fenômeno estranho, e, como que filosofando, passaram a propor teorias de como poderia ser consistente com a justiça divina o fato de uma pessoa nascer sem o sentido da visão. Embora achassem que deveria haver uma conexão qualquer entre pecado e sofrimento, não conseguiam traçar, no caso, essa ligação. Assim, especulavam apenas sobre o incrível problema que se lhes apresentava, sem saber como resolvê-lo. Isso nos lembra, sugestivamente, os pensadores teóricos para os quais determinada dificuldade jamais foi explicada, a saber: a origem do mal. Os discípulos de Jesus queriam navegar por profundezas ilimitadas e ansiavam que seu mestre os pudesse guiar; este, contudo, tinha obra melhor para fazer. Nosso Senhor lhes deu uma resposta satisfatória, embora inesperada, breve e suficiente. Não via aquele homem cego segundo a mesma ótica dos discípulos, nem estava disposto a debater possíveis hipóteses a respeito de como o homem se tornara cego, mas levava em conta tão somente o fato divino de que seus olhos poderiam ser abertos. Não estava a fim de refletir nas prováveis várias dificuldades metafísicas e morais que pudessem ter gerado tal condição, mas, sim, já se voltava amorosamente para o melhor método de lhe suprimir o sofrimento e livrá-lo de seu lastimável estado.

Esta é uma grande lição para nós: em vez de questionarmos detalhes de como o pecado entrou no mundo, pensemos em como ele pode ser retirado. Em vez de ocuparmos a mente em refletir sobre como determinada providência divina possa ser consistente com a justiça sagrada ou como esse ou aquele evento possa ser rotulado como benevolente, devemos ver como ambos podem ser transformados em algo prático. O juiz de toda a terra pode perfeitamente cuidar de si mesmo. Não passará jamais por qualquer dificuldade, muito menos a ponto de precisar do nosso conselho; e tão somente a descrença presunçosa de nossa parte ousaria supor que o Senhor poderia estar em algum momento indeciso. É bem melhor que façamos a obra daquele que nos enviou do que julgarmos a providência divina ou nossos semelhantes humanos. Não nos cabe especular; cabe-nos, isto sim, realizar atos de misericórdia e amor, conforme nos ensina o evangelho. Sejamos, portanto, menos inquisidores e mais práticos; menos desejosos de quebrar cascas de nozes doutrinárias e mais dispostos a levar o pão da vida a multidões famintas.

Ainda como preliminar, nosso Senhor nos mostra aqui a maneira correta de olharmos a infelicidade e até o pecado. Embora não fosse nada agradável ver-se um homem privado da luz desde o nascimento, nosso Salvador revela outra perspectiva, e bastante otimista, da situação; uma visão nem um pouco desalentadora, nada que possa sugerir desgraça ou queixa, mas, sim, a mais encorajadora e estimulante possível. Explica então deste modo a cegueira do homem: *Nem ele pecou nem seus pais; mas foi para que nele se manifestem as obras de Deus* (Jo 9.3). O flagelo humano é a oportunidade de Deus agir. A angústia é o ensejo para que a bondade, a sabedoria e o poder divinos sejam evidenciados.

Vejo pecado em todo lugar: em mim mesmo, nos outros, nesta grande cidade, nas nações da terra. Vejo claramente pecado e sofrimento nessas amaldiçoadas guerras. Mas o que devo fazer ou dizer sobre tudo isso? Devo me sentar e torcer as mãos em desespero? Se assim fizer, não serei capaz de realizar qualquer serviço para Deus. Se desejo fazer o bem, e como Jesus o requer, tenho de assumir uma visão bravamente esperançosa das coisas e, assim, manter o coração íntegro e os lombos cingidos para a obra.

A visão de nosso mestre sobre a situação é que todo dano fornece, por meio da infinita benevolência de Deus, uma mostra do amor divino. Lembro-me agora do dr. Lyman Beecher. Ele nos fala a respeito de uma jovem convertida, que, depois de haver encontrado paz com Deus, lhe disse: "Alegro-me por ter sido uma pecadora perdida". Que coisa estranha com que se alegrar!, você diria, pois, de fato, de todas as coisas, essa é a que mais se deve deplorar. Contudo, eis a razão de ela dizer isso, ao acrescentar: "Porque a infinita graça de Deus, sua misericórdia, sua sabedoria e todos seus atributos são glorificados em mim como nunca poderiam ter sido se eu não tivesse sido uma pecadora e perdida". Não é a melhor maneira de ver as coisas mais lamentáveis? O pecado, de um modo ou de outro, sendo o mal mais desesperador que seja, pode ser usado para a revelação da bondade de Deus. Assim como o ourives envolve em uma folheta um reluzente brilhante, o Senhor permite que tanto o mal moral quanto o físico entrem neste mundo para que possa mostrar sua infinita sabedoria, graça e poder e todos os demais atributos seus, e sejam melhor vistos e entendidos por todo os seres inteligentes. Olhemos sob essa ótica e, da próxima vez que virmos o sofrimento, diremos: "Aqui está nossa oportunidade de mostrar aquilo que o amor de Deus pode fazer por esses sofredores". Na próxima ocasião em que testemunharmos o pecado abundante, digamos: "Eis uma oportunidade para um grande ato de misericórdia".

Suponho que os grandes engenheiros ficaram muito felizes com as cataratas do Niágara, porque puderam transpor com uma barragem essas quedas d'água; muito contentes também com o monte Cénis, nos Alpes, porque o puderam atravessar com um túnel; prazerosos com o istmo de Suez, no qual conseguiram construir importante canal; felizes, enfim, por haver dificuldades que puderam abrir espaço para a sua capacidade de engenheiros. Não houvesse pecado, não haveria Salvador; não houvesse morte, não haveria ressurreição; não houvesse queda, não haveria nova aliança; não houvesse povo rebelde, não haveria encarnação divina, Calvário, ascensão, segundo advento. É esta uma maneira muito boa de se olhar para

A MOTIVAÇÃO

o mal, maravilhosamente estimulante. Embora não saibamos, e talvez nunca venhamos a saber, a razão mais profunda que levou um Deus infinitamente gracioso a permitir a entrada do pecado e do sofrimento no mundo, podemos pelo menos nos animar diante de um pensamento de natureza prática: Deus será glorificado ao vencer o mal e suas consequências; portanto, cinjamos os lombos em nome de Deus para a nossa participação nesse conflito.

Isto basta para início de conversa. Convido você agora, e que Deus possa ajudá-lo enquanto faço este convite, a considerar primeiramente, *o mestre obreiro* e, em segundo lugar, *nós mesmos como obreiros sob sua orientação*.

I. O texto que estamos abordando é um retrato do GRANDE MESTRE OBREIRO. Vamos lê-lo mais uma vez: *Convém que eu faça as obras daquele que me enviou, enquanto é dia; a noite vem, quando ninguém pode trabalhar* (Jo 9.4).

Em primeiro lugar, observe que este mestre obreiro *tem sua própria parte na obra: Convém que eu faça as obras.* Jesus, o Filho do homem, por dois ou três anos trabalhando aqui na terra em seu ministério público, diz *convém que EU, eu faça as obras.* Há uma compreensão geral de que toda a obra do evangelho é de Cristo: no sacrifício expiatório, ele pisa o lagar do vinho sozinho; como Cabeça da igreja, todos os feitos lhe são atribuídos. Contudo, no sentido em que ele usa essas palavras, ao falar de sua natureza humana, de si mesmo como tabernáculo entre os filhos dos homens, existe aqui uma parte evidente de sua obra de alívio das dores do mundo e de implantação da verdade do evangelho entre os homens, que somente ele, e mais ninguém, poderia fazer. *Convém que EU faça as obras.* "Tenho de pregar, orar, curar, eu mesmo, o Cristo de Deus." No ato de salvação, Jesus se encontra sozinho; na doação de vida, não tem nenhum colaborador humano; mas ao oferecer a luz a que se refere no versículo 5 — *Enquanto estou no mundo, sou a luz do mundo* —, na entrega dessa luz aos homens, ele tem companhia, pois embora seja o ungido com o óleo da alegria, acima de seus companheiros, ainda assim é verdade, e ele o disse que todos seus santos seriam a luz do mundo, mesmo enquanto estivesse entre nós o próprio Cristo, luz do mundo. Conclui-se que havia, então, alguns a serem curados somente por ele, que não poderiam ser curados por Pedro, Tiago ou João; alguns que precisavam receber as boas-novas diretamente dos lábios de Jesus, e não de outros. Ao se tornar servo dos servos, nosso Senhor assume, deste modo, sua parte no trabalho comum na irmandade dos eleitos. Como isso deveria nos encorajar! A um general, basta assumir a posição de condutor e observador, dirigindo a batalha; não é de esperar, normalmente, que o comandante em chefe aja pessoalmente no conflito. Com Jesus, no entanto, não é assim; ele luta na linha de frente, como um soldado comum. Embora, como homem-Deus, mediador, regulamente e governe toda a economia da graça, o Senhor, como alguém de carne e sangue como nós, suporta bravamente o fardo e as dificuldades. Ainda que, como grande arquiteto e mestre construtor, supervisione tudo, há uma porção de seu templo espiritual que ele consente em construir com as próprias mãos. Jesus enfrenta o serviço real e resiste, de fato, até o sangue, em meio ao tumulto, ao distúrbio e à confusão deste mundo. Dizem, aliás, que foi isso que levou os soldados de Alexandre, o Grande, a serem tão valentes: se estivessem cansados pelas longas marchas, Alexandre não ia a cavalo, mas marchava lado a lado com eles; se precisassem cruzar um rio durante o ataque do inimigo, ali, em meio a todo o ambiente de risco, encontrava-se o próprio Alexandre. Que este seja o nosso encorajamento: Jesus Cristo tomou a si parte da evangelização do mundo, não apenas sua parte como Cabeça, Profeta, Sumo Sacerdote e Apóstolo, que assume sozinho, mas sua parte entre os construtores comuns no erguimento da Nova Jerusalém. *Convém que EU faça as obras daquele que me enviou.*

A seguir, perceba que *nosso Senhor deu grande ênfase à obra graciosa que estava sobre ele. Convém que eu faça as obras daquele que me enviou,* ou seja: "Tudo aquilo que não está feito, devo fazer. Como servo de Deus, devo realizar fielmente a obra a mim atribuída pelo Pai. Os judeus podem estar em meus calcanhares, suas pedras podem estar prontas para cair sobre mim, mas tenho de cumprir a obra de minha vida. Devo abrir os olhos dos cegos e espalhar luz ao meu redor. Posso deixar de comer meu pão, de encontrar abrigo do orvalho que cai à noite, mas esta obra não posso deixar de fazer". Sobretudo, o Redentor sentia compulsão por fazer a vontade do Pai. *Não sabíeis que eu devia estar na casa de meu Pai?* (Lc 2.49) *Pois o zelo da tua casa me devorou* (Sl 69.9). No caso do Salvador, tudo dava vez à sua paixão primacial.

Havia obras, no entanto, que nosso Salvador jamais faria. Quando alguém lhe pediu que falasse com um irmão para dividir a herança, embora isso fosse uma coisa de certo modo útil, ele não se sentiu chamado para fazer isso, dizendo: *Homem, quem me constituiu a mim juiz ou repartidor entre vós?* (Lc 12.14). Todavia, se a questão fosse quanto à obra de oferecer luz, isso ele fazia. Era a especialidade de sua vida e, para isso, empregava toda a sua força. Jesus era como se fosse uma flecha fortemente atirada por um arco, voando na direção de um único alvo, com sua força não dividida e apressando-se na direção de um único fim. A unidade de seu propósito jamais foi quebrada por um único momento sequer; e nenhum outro objetivo jamais eclipsou o certo. Obras de graça, benevolência, concessão de luz, cura, salvação, todas essas *ele* deveria fazer; sua parte nelas ele mesmo era quem deveria realizar.

Ele corretamente descreve essa obra como "obra de Deus". Perceba isso. Se já viveu um homem que, como homem, possa ter participado com honra de uma obra realizada por si mesmo, esse homem foi Jesus. Contudo, várias e várias vezes ele diz: *O Pai, que permanece em mim, é quem faz as suas obras* (Jo 14.10). Como homem, ele é particularmente cuidadoso em nos dar o exemplo de reconhecermos constantemente que, se qualquer obra para Deus precisa ser feita por nós, trata-se de uma obra de Deus feita por nosso intermédio. Eis por que ele diz *convém que eu faça as obras*; mas perceba as palavras que se seguem: *daquele que me enviou.* Como se dissesse: "Elas são obras do Pai, mesmo que sejam minhas. Embora sou eu quem deva realizá-las, as obras devem ser atribuídas a ele, e é ele quem deve receber por elas a honra. Meus irmãos, já não digo muito sobre isso com respeito a Cristo, pois me parece mais fácil aplicar isso a nós do que a ele; e, se for assim tão facilmente aplicado, que seja lembrado de maneira humilde e prática por nós, hoje. Se você ganhar uma alma para Cristo por seu trabalho, meu irmão, na verdade seu trabalho é de Deus. Se você instruir o ignorante, embora você o faça, é Deus quem o faz, por meio de você, ainda mais se tudo for feito corretamente. Aprenda a reconhecer a mão de Deus, sem, ao mesmo tempo, ter de encolher sua própria mão. Aprenda a estender sua mão e sentir que ela não tem poder algum, a não ser que Deus mova o seu braço. Combine em seu pensamento a necessidade do Deus que realiza todas as coisas e a atividade que você mesmo exerce. Não faça da ação de Deus uma desculpa para sua inatividade, nem deixe jamais que a atividade que você realiza com determinação o leve a esquecer que o poder pertence somente a Deus.

O Salvador é um modelo para nós ao nos apresentar isso de maneira justa e correta. É obra de Deus abrir os olhos do cego; se seus olhos foram selados nas trevas desde o nascimento e nenhum homem conseguiu abri-los, somente então Deus poderá realizar a obra. Contudo, o lodo e a saliva devem ser usados, e o tanque de Siloé, visitado; caso contrário, a luz nunca entrará naqueles olhos antes sem visão. Assim, é de Deus, pela graça, iluminar a compreensão por seu Espírito, mover os sentimentos, influenciar a vontade, converter toda a natureza, santificar e salvar. Todavia, é mediante você, crente, que ele irá realizar esse milagre. É a verdade que você irá espalhar que iluminará a mente; são os argumentos que você usar que irão influenciar os sentimentos; as alegações que você apresentar é que moverão a vontade; o precioso evangelho que você ensinar é que irá purificar o coração. É Deus que, por seu intermédio, faz tudo isso, é Deus quem habita o evangelho. Perceba isso, pois somente quando vir essas duas verdades você irá fazer seu trabalho corretamente. Convém que *eu* faça pessoalmente a obra, e esta santa obra deverá ser uma atividade minha especial, que devo realizar com espírito correto, sentindo humildemente, durante toda a obra, que ela é de Deus em mim e por intermédio de mim.

No retrato de si mesmo como mestre obreiro, nosso Senhor se mostra claramente como *possuidor de sua verdadeira posição.* Ele diz: *Convém que eu faça as obras daquele que me enviou.* Ele não veio do Pai por conta própria. Não estava aqui como o principal, mas, como subordinado fiel e obediente, embaixador leal enviado por seu rei. Seu próprio testemunho seria: *Eu não posso de mim mesmo fazer coisa alguma; como ouço, assim julgo; e o meu juízo é justo, porque não procuro a minha vontade, mas a vontade daquele que me enviou* (Jo 5.30). Frequentemente lembrava a seus ouvintes, em sua pregação, estar falando em

A MOTIVAÇÃO

| 229

nome do Pai, e não em seu próprio nome, como quando disse, por exemplo: As palavras que eu vos digo, não as digo por mim mesmo (Jo 14.10). Assumiu a forma de servo. *O Espírito do Senhor está sobre mim, porquanto me ungiu para anunciar boas novas aos pobres* (Lc 4.18), disse ele. Deus lhe deu uma comissão, a graça para realizar essa comissão, e ele não se envergonhou de confessar sua condição de servo ao Pai. Ainda que, em sua natureza divina, ele seja Deus sobre todos, bendito para sempre, cujo louvor milhões de vozes harpistas se regozijam em fazer milhares de vezes junto ao mar de vidro celestial, contudo, como mediador, condescendeu em ser enviado como agente comissionado por Deus Pai, um servo às ordens de Jeová. Por ser assim, convinha que, como servo, fosse fiel àquele que o enviara. Jesus sentia isso como parte da ordenação divina, o que o levou a dizer "convém que eu faça as obras". Ou seja: "Sou aquele que foi enviado e tenho de prestar contas àquele que me enviou". Ó irmãos e irmãs, gostaria que todos sentíssemos isso, pois, assim como o Pai enviou Cristo, Cristo nos envia. Agimos debaixo da autoridade divina, como representantes divinos, e, se queremos dar conta de nossa tarefa com júbilo, sejamos fiéis à comunhão com a qual Deus nos honrou ao nos colocar como responsáveis pelo evangelho de Cristo. Nenhum homem poderá servir a Deus corretamente se achar de se apoiar em um fundamento independente. Somente o reconhecimento de sua verdadeira posição o ajudará a prosseguir em incessante diligência na causa do seu Deus.

Além disso, refletindo ainda brevemente em cada um desses pontos, devo lembrar que nosso Senhor não considerava a si mesmo como um mero servo, mas, sim, *tinha uma postura de dedicação diante da obra que havia assumido.* Vejo nele um zelo invencível, que brilha como chama no próprio centro da brasa viva do texto. "CONVÉM *que eu faça as obras daquele que me enviou.*" Não é: "eu desejo", "eu tenho a intenção" ou "eu posso", mas, sim, "convém". Embora tenha sido enviado, a comissão era tão justa e apropriada à sua própria natureza que ele trabalhava com toda a vivacidade de um voluntário. Fora comissionado, sim, mas sua própria vontade era a sua principal compulsão. Não por constrangimento, mas por disposição, o Senhor Jesus se tornou Salvador. Não tinha como o evitar; fazia parte de sua própria natureza sagrada a necessidade de estar sempre fazendo o bem. Não era ele Deus, e não é Deus a fonte de toda a benevolência? Tal como o sol, não está a Divindade perpetuamente enviando raios de luz para alegrar suas criaturas? Por meio de um instinto de bondade irresistível, Jesus Cristo, o Deus encarnado, revela-se concedendo o bem.

Era também tão terno e compassivo que a ele se tornava necessário abençoar aqueles que estavam entristecidos. Teve compaixão daquele homem cego. Se o homem cego certamente lamentava suas trevas, mais ainda o Salvador lamentava o infeliz estado de sofrimento daquela pobre alma. Os olhos de Cristo, ao se fixarem naquele homem, foram provavelmente olhos em que brotaram lágrimas de piedade. Ele sentiu ali todas as mazelas da humanidade. Pois não tinha um coração empedernido, mas, sim, solidário, fraterno, amoroso, cheio de compaixão para com os sofridos filhos dos homens. Nosso Salvador era, portanto, autoimpelido na direção de suas obras de graça. Seu amor o constrangia, e ele tinha de realizar a obra para a qual fora enviado.

É muito bom quando o trabalho e as inclinações de um homem caminham juntos. Se você colocar seu filho como aprendiz de uma atividade que não é do gosto dele, ele nunca se sairá muito bem; mas, se sua tarefa e seus próprios desejos caminham na mesma direção, ele certamente tem maiores possibilidades de prosperar. O mesmo acontecia com Jesus. Ele foi enviado por Deus não como relutante embaixador, mas de modo tão radiante e satisfeito como se não houvesse tipo algum de constrangimento. Tão somente possuído por esse voluntário desejo, ele pôde afirmar, com gracioso entusiasmo: "*Convém que eu faça,* CONVÉM *que eu faça*". Nenhum homem faz um verdadeiro bem ou uma grande obra até que realmente sinta que deve fazê-la. Nenhum homem prega bem, a não ser aquele que sente que *deve* pregar. O homem enviado a ir por Deus deve ir sob pressão irrecusável e irresistível, do mesmo modo que o apóstolo, que disse: *Pois, se anuncio o evangelho, não tenho de que me gloriar, porque me é imposta essa obrigação; e ai de mim, se não anunciar o evangelho!* (1Co 9.16)". Ou então como o eloquente Eliú, do livro de Jó, que fala por último, mas fala melhor do que todos, e apenas porque sente que precisava dar vazão àquilo que tinha dentro de si. Nosso Salvador tornou-se um obreiro tão grandioso porque, em seu espírito, o desejo de servir estava aceso e queimava como uma chama até fazer resplandecer toda a sua natureza. Era como um vulcão em plena atividade, que deve derramar seu sangue, sua lava, em fúria, muito embora, nesse caso, não fosse sua lava a que destrói, mas a que abençoava e enriquecia.

Outro aspecto sobre o Salvador como obreiro é que *ele viu claramente que havia um momento adequado para trabalhar e que esse momento teria um fim.* Em certo sentido, Cristo trabalha sempre. *Por amor de Sião, ele não se calará e, por amor de Jerusalém, não descansará* (Is 62.1) nem deixará de interceder diante do trono eterno. Contudo, meus irmãos, como homem, pregando, curando e aliviando o sofrimento dos doentes na terra, Jesus teve o seu dia, como qualquer outro homem, que terminou após determinado período de tempo. Junto ao cego, ele usou para os discípulos um velho provérbio popular no Oriente, que dizia que o homem só pode trabalhar de dia e, quando o dia acaba, é muito tarde para isso. Queria dizer que até ele mesmo tinha certo período de vida na terra, em que deveria trabalhar e, quando esse tempo acabasse, não poderia mais realizar diretamente o tipo de obra que fazia. Jesus usou do provérbio, chamando "dia" a esse período de vida, para nos mostrar que estava ciente e atento à sua brevidade.

Costumamos contar a vida em termos de anos e até mesmo pensar neles como se fossem longos, muito embora cada ano pareça correr mais rápido do que o anterior. Pessoas de cabelos grisalhos são sempre capazes de afirmar que a vida lhes parece passar muito mais rapidamente do que nos dias de sua juventude. Enquanto para uma criança um ano parece um período bastante longo, para um homem maduro dez anos nada mais são do que um curto espaço de tempo; e para Deus, o eterno, mil anos são apenas um dia. Nosso Senhor mostra-nos aqui o exemplo de que devemos considerar nosso tempo em grande estima, em razão de sua brevidade. Temos no máximo um dia. Quão curto é esse dia!

Meu jovem, esta é a sua manhã? Você acabou de se converter? O orvalho do arrependimento ainda treme sobre a folha verde de sua alma? Você acaba de ver o primeiro brilho que flui da pálpebra do alvorecer? Ouve o canto alegre dos pássaros? Levante-se, jovem! Sirva seu Deus com o amor das núpcias! Sirva-o de todo o coração! Ou você não sabe que o Senhor deseja muito que seja meio-dia para sua vida e que o fardo e o calor do dia estejam sobre você? Use de toda a diligência. Apresse-se. Pois o seu sol, não demora, deverá começar a declinar. Você é cristão há mais tempo? Então as sombras se alongam, e o seu sol já quase irá se pôr. Apresse-se, deixe que suas duas mãos sejam usadas. Estique todos os seus nervos, coloque seus músculos e tendões para trabalhar. Faça tudo o tempo todo e em todos os lugares, de modo que sua engenhosidade possa ver, ou seu zelo sugerir, que a noite em breve vem, quando ninguém pode trabalhar.

Gosto muito de pensar em nosso mestre tendo aqueles furiosos apedrejadores atrás de dele e, então, parando, porque tem de realizar a obra de cura; porque seu dia ainda não acabou. Não há de morrer, ele sabe, até que seu dia se encerre; sua hora ainda não chegou. Mas, se tivesse chegado, findaria sua vida realizando mais este ato de misericórdia. Ele se detém para abençoar esse pobre coitado e segue então seu caminho de benignidades. Façamos o bem o tempo todo e estejamos prontos sempre a fazê-lo. *Sede firmes e constantes, sempre abundantes na obra do Senhor* (1Co 15.58). Sabendo que o tempo é curto, é necessário remir o tempo, usando bem cada oportunidade, *porquanto os dias são maus* (Ef 5.16). Faça muito em pouco tempo, por meio de diligência contínua. Glorifique seu Deus grandemente enquanto a chama de sua vida está acesa, e Deus o exaltará, como exaltou seu Filho.

Ficamos por aqui quanto a Cristo, o mestre obreiro.

II. Desejo ter sua atenção agora para lhes falar de NÓS MESMOS COMO OBREIROS, SOB A ORIENTAÇÃO DELE. Terei de voltar a caminhar praticamente no mesmo terreno, pois, em primeiro lugar, devo relembrar que *sobre nós repousa uma obrigação pessoal.* É uma obrigação singular, distinta e pessoal. *Convém que eu faça.* "Eu". *Convém que EU faça as obras daquele que me enviou.* Corremos o risco, hoje em dia, de quase nos perdermos em sociedades e associações. Precisamos trabalhar mantendo a personalidade de nossa consagração a Jesus Cristo. As narrativas bíblicas são muito ricas no registro de ousados feitos pessoais. Não podemos esperar que as lutas e os empreendimentos modernos possam exibir algo semelhante, porque são realizados mais por multidões, grupos e maquinaria. Mesmo assim, temo que o nosso modo de executar

A MOTIVAÇÃO | 231

a obra cristã esteja se tornando demasiadamente mecânico e muito coletivo e massificado, de modo que, na maioria dos casos, praticamente não existe espaço para feitos pessoais de ousadia ou atos singulares de valor. Percebamos, contudo, que o sucesso do crente, e o da própria igreja, está mais para esse último aspecto. É no sentimento de cada um, de cada cristão — "tenho algo a fazer por Cristo, uma coisa que anjo nenhum poderia fazer em meu lugar" —, que deve estar a força de uma igreja debaixo de Deus. Deus me comissionou para determinada obra, que, se não for feita por mim, jamais talvez seja realizada. Certo número de irmãos entrará no céu por meio das minhas ações; nunca lá entrarão de outra forma. Deus deu poder a seu Filho sobre toda carne para dar vida eterna a todos quantos ele lhe der; Cristo deu-me poder sobre parte da carne e, mediante minha instrumentalidade a seu serviço — e nenhum outro meio —, essa parte há de alcançar a vida eterna. Tenho uma obra a fazer e preciso fazê-la. Queridos irmãos e irmãs, a igreja estará grandemente preparada para o serviço quando todos nós tivermos tomado essa decisão, de não jogarmos todo o trabalho sobre as costas dos ministros nem dos irmãos mais dedicados, de não deixar que tudo seja feito somente por eles; mas, sim, quando cada um de nós tiver este sentimento: "Eu tenho a minha obra, e eu a farei com todas as minhas forças, em nome do meu mestre".

Observe, em segundo lugar, que a obrigação pessoal presente no texto nos compele a *trabalhar do mesmo modo que Cristo trabalhou*. Já lhes expliquei sobre isso. Não somos chamados para salvar almas por nosso mérito, pois somente ele é o Salvador; mas somos chamados a iluminar os filhos dos homens. Isso é o mesmo que dizer que a cegueira do pecado não permite que ele seja reconhecido por muitos como tal. O nosso ensinamento e o nosso exemplo deverão fazer que o pecado se revele realmente como mal, como pecado, a essas pessoas. Além disso, a salvação mediante o sacrifício substitutivo de Cristo é desconhecida de um grande número, talvez de uma grande maioria, de pessoas. Cabe a nós, de maneira simples e constante, apresentar-lhes a verdadeira salvação, pela graça.

Esta obra deve ser feita em detrimento de qualquer outra coisa. Alguns homens estão gastando seu tempo em ganhar e acumular dinheiro, principal objetivo de sua vida. Provavelmente seriam tão úteis se passassem toda a sua vida recolhendo e guardando alfinetes ou caroços de frutas. Quer um homem esteja vivendo para acumular moedas de ouro quer pregos, sua vida será igualmente um fracasso e terminará em decepção. Ganhar dinheiro, fama e poder são simplesmente peças de um jogo, como se fossem uma brincadeira infantil. A obra daquele que nos enviou é coisa muito mais séria e nobre. Ganhar uma alma é um ganho permanente. Ganhar a aprovação do Senhor é um bem eterno. Serei eternamente mais rico se der a um homem uma ideia correta a respeito de Deus, se trouxer uma alma obscurecida para a luz do céu ou se levar um coração errante à paz. Se uma alma que esteja caindo precipitadamente no inferno for conduzida por minha ação a um céu de bênçãos, terei realizado um trabalho de valor. Esse trabalho, irmãos, *temos de fazer*, independentemente de outras atividades que deixarmos ou não de realizar. Façamos que tudo neste mundo possa estar subordinado a esse trabalho, que é o trabalho da nossa vida. Temos nossa atividade profissional e devemos tê-la; na verdade, *se alguém não quer trabalhar, também não coma* (2Ts 3.10). Mas a nossa ação terrena não é propriamente a obra da nossa vida. Temos o grande chamado de Deus em Cristo Jesus em nossa vida, e este é que deve ter preeminência. Pobres ou ricos, doentes ou saudáveis, desfavorecidos ou honrados, temos de glorificar a Deus. Isto é realmente uma necessidade; tudo o mais *pode* ser, mais isto *tem de* ser. Tomemos a resolução, a firme decisão, e determinemos decididamente que não desperdiçaremos nossa vida em função de objetos menores, mas que, por nosso intermédio, a obra de Deus deve ser feita e será feita. Cada cristão faça então a sua parte, tendo Deus como seu apoio e ajudador. Que o eternamente bendito Espírito Santo nos dê poder e graça para transformarmos em atos as nossas melhores resoluções.

Não podemos nos esquecer da verdade, portanto, de que *é à obra de Deus que somos chamados*. Olhemos mais uma vez para o texto bíblico em foco: *Convém que eu faça as obras daquele que me enviou*. Nem mesmo no mundo inteiro poderia encontrar maior motivação para meu empenho pessoal do que isto: o fato de que a obra que tenho a fazer é a obra de Deus. Lembremo-nos de Sansão. A força que havia nele não era dele próprio, mas de Deus. Seria isso motivo para que Sansão ficasse parado, deitado, à toa? Não;

isso era mais que um poderoso som de trombeta para fazer despertar o sangue do herói e levá-lo a lutar pelo povo de Deus. Então, se a força de Sansão não vem simplesmente de seus ossos e músculos, mas é uma força que lhe é dada pelo Todo-poderoso, que Sansão se levante, e esmagados sejam os filisteus! Que sejam vencidos e destroçados milhares deles! Você também: ousaria dormir tendo o Espírito de Deus sobre você? Levante-se! Dormir sendo um israelita comum já seria, para Sansão, traição ao seu povo; então, como pode você ficar inerte quando Deus está também em você e com você? Mostre sua força, destroce seus inimigos!

Quando Paulo estava em Corinto, Deus realizou milagres especiais por meio de suas mãos, de modo que até seus lenços, ungidos, levados até os doentes, os curavam. Seria isso motivo, então, para Paulo se retirar para um lugar tranquilo e não fazer mais nada? Para mim, parece não haver argumento mais forte para Paulo ir de casa em casa e impor suas mãos sobre todos e curar os doentes. O mesmo deverá acontecer com você. Você tem o poder de realizar maravilhas, meu irmão. A pregação do evangelho, acompanhada pelo Espírito de Deus, realiza milagres morais e espirituais. O fato de você não realizar milagres por si mesmo pode por acaso servir de razão para dizer "Deus fará sua própria obra"? Não; mas, em todo lugar, em todos os momentos, vá e fale sobre o Deus que salva vidas, e que ele o apresse a fazê-lo! Uma vez que Deus trabalha por meio de você, ele trabalha em você.

Uma pequena embarcação de carga parada no porto sem conseguir frete já é um prejuízo para seu proprietário. Um grande navio mercante, então, com motores de centenas de cavalos-vapor, não pode permanecer de modo algum sem uso. Quanto maior o poder disponível, mais urgentemente se é forçado a usá-lo. O poder de Deus que em nós habita como resposta à nossa fé e oração, não devemos trabalhar para utilizá-lo? O fato de a obra da igreja ser de Deus, em vez de obra dela própria, não é motivo para que a igreja se entregue à indolência. Se tivesse apenas sua própria força, a igreja poderia desperdiçá-la até em delitos. Dotada, porém, da força de Deus sobre ela, não há como ousar ficar parada. A mensagem de Deus a toda a sua igreja, esta manhã, é: *Desperta, desperta, veste-te da tua fortaleza, Sião; veste-te dos teus vestidos formosos, ó Jerusalém, cidade santa* (Is 52.1). Deus permita que esta mensagem alcance todos os corações cristãos, de modo que todos possamos nos levantar, porque Deus está no nosso meio.

Percebam agora pelo texto, irmãos, a *obrigação que temos como resultado de nossa posição*. Se somos crentes em Cristo, somos todos enviados, como Jesus o foi. Que sintamos sobre nós o peso da obrigação. O que você pensaria de um anjo que tivesse sido enviado do trono de Deus para levar uma mensagem e que demorasse no caminho ou se recusasse a ir? É meia-noite, e a mensagem chega a Gabriel e seus colegas de louvor: "Desçam e cantem sobre as planícies de Belém, onde os pastores cuidam de seus rebanhos. Aqui está a letra: Glória a Deus nas maiores alturas, e paz na terra entre os homens de boa vontade! (Lc 2.14). Você poderia imaginar que eles fossem capazes de parar, que tivesse pelo menos passado por sua mente abandonar a tarefa? Isso é impossível, ante tal mensagem radiosa e tal honroso comissionamento, dado por tal Senhor dos céus e da terra! Eles, portanto, logo se apressam jubilosamente e vão. A missão que você tem não é menos honrosa que essa dos anjos. Você está sendo enviado a proclamar as boas-novas, que trazem consigo paz, boa vontade aos homens e glória a Deus. Você, acaso, vai demorar? Irá continuar mudo? Não. Como é o Senhor Jesus quem o envia, vá; eu peço, vá imediatamente e fale, com júbilo, de seu maravilhoso amor.

Eu poderia imaginar um anjo sendo quase tentado a protelar, caso fosse enviado a executar uma vingança, enviado a inundar com sangue os campos por causa da iniquidade das nações; todavia, seria ousadia minha pensar que um anjo pudesse hesitar até mesmo diante dessa situação, pois esses espíritos santificados cumprem toda ordem do Senhor sem a menor sombra de questionamento. Ainda mais se a missão é de misericórdia: o espírito amoroso de um anjo saltaria de alegria e seria apressado pela doçura da tarefa, assim como pelo comissionamento do Senhor. Do mesmo modo, nós, enviados por Deus, se mandados a uma tarefa mesmo dura ou difícil, temos de ir. Contudo, se enviados a um doce serviço como o da proclamação do evangelho, como podemos tardar? Declarar ao pobre criminoso trancado no calabouço do desespero que existe liberdade para ele, mostrar ao condenado que para ele há perdão, dizer a

A MOTIVAÇÃO | 233

quem está morrendo que a vida pode ser encontrada só em olhar para a cruz de Cristo — acha isso difícil? Chama isso de luta? Não deveria ser a coisa mais doce de sua vida ter um trabalho tão digno quanto abençoado como esse para fazer? Se, esta noite, você, estando sozinho no seu quarto, repentinamente tivesse a visão de anjos que o viessem convocar com vozes celestiais para um santo serviço na igreja, não ficaria certamente impressionado com tal visita? No entanto, o fato é que o próprio Jesus já veio até você, comprou-o com seu sangue e o separou por meio de sua redenção. Você admitiu essa vinda dele, pois foi batizado em sua morte e declarou ser de Cristo. E então, está menos impressionado pela vinda de Cristo do que ficaria se recebesse tal visita dos anjos? Levante-se, meu irmão. A mão do Crucificado tocou você, e ele disse: *Vai nesta tua força* (Jz 6.14). Os olhos que choraram por Jerusalém olham para os seus e lhe dizem, com toda a ternura eterna: "Meu servo, vá e arrebate pecadores que estão morrendo, tais como folhas tiradas do fogo, por meio da pregação do meu evangelho". Você seria capaz de ser desobediente a essa visão celestial, desprezando aquele que, uma vez pendurado numa cruz na terra e desde agora de seu trono no céu, dirige-lhe a palavra? Você, que foi lavado em seu sangue, que foi comprado por seu sangue, entregue-se agora, o mais plenamente possível do que jamais fez, ao agradável serviço que o seu Redentor lhe designa. Mova-se e diga: *Convém que eu, eu mesmo, faça as obras daquele que me enviou, enquanto é dia*. Você não faz ideia do bem que lhe pode fazer, meu irmão, sentir o fardo do Senhor de algo que você deve realizar.

Fui levado a pensar nesse fato com base em uma carta, que tenho aqui comigo, e que me fez muito bem quando a li. Suponho que o caro amigo que a escreveu esteja presente e não vá se importar se eu ler uma pequena parte dela. Esse amigo havia caído em grande pecado e, embora frequentando este Tabernáculo e sendo constantemente tocado em seu coração, sua conversão não se concretizou, até o dia em que viajou de trem para certa cidade. Ele mesmo conta: "Entrei em um compartimento onde estavam três alunos do Tabernacle College. Embora não os conhecesse, dei início a uma conversa sobre abstinência. Descobri que dois deles eram totalmente abstêmios e um não era. Tivemos uma agradável conversa, quando então um dos abstêmios me perguntou se eu já desfrutava do perdão dos meus pecados e de paz com Deus. Disse-lhe que frequentava regularmente o Tabernáculo, mas não conseguira abandonar todos os meus pecados. Foi então que ele me revelou a maneira pela qual, em sua própria situação, descobriu ser bastante desejável estar em oração e comunhão com Deus e de que maneira fora afastado de tantos pecados insistentes". "Concluí meus negócios naquela cidade", prossegue ele, "e voltei para casa. Estava bastante cansado, uma vez que não tinha dinheiro comigo para pagar toda a passagem de volta e tive de andar a pé boa parte do caminho. Ouvi alguém cantando em uma pequena capela. Entrei, e fui convidado a sentar. Era uma igreja batista. Vi então que aqueles três estudantes que haviam viajado comigo no trem horas antes estavam ali. Era uma ocasião de emoção e tristeza para muitos ali, pois, naquele momento, um dos alunos, que era pastor local, estava se despedindo de seu rebanho, o que fez que muitos chegassem às lágrimas, incluindo ele próprio. Pedi então a um dos alunos que orasse por mim. Ele o fez, e procurei entregar todo o meu coração a Deus e, como sempre acontecia, deixar de fora todos os meus pecados; descobri então que exerciam um peso muito grande sobre mim. Finalmente, cri em Jesus e ganhei uma fé simples, como nunca tivera antes. Fiquei muito contrito e me humilhei. Encontrei o Senhor ali; e ele é doce à minha alma agora. Por meio de Cristo, Deus perdoou todos os meus pecados. Sou feliz agora. Sempre orarei pelos alunos do *Pastor's College* e, espero, nunca mais contribuirei de má vontade para o apoio a essa obra. Deus seja louvado por aqueles alunos!".

Veja você que basta uma palavra ocasional sobre Cristo e a alma ganha sua recompensa. Ouvi falar certa vez de um clérigo que costumava ir caçar e, quando reprovado por seu bispo, respondeu que nunca fora caçar estando de serviço. Perguntaram-lhe, então: "Mas quando um clérigo não está de serviço?" O mesmo acontece com o cristão: quando não está de serviço? É necessário que esteja sempre envolvido nos negócios de seu Pai, pronto para toda e qualquer ação que possa glorificar a Deus. O cristão verdadeiro sente que não é enviado apenas aos domingos, mas sempre; não é chamado apenas eventualmente para fazer o bem, mas por toda a sua vida para trabalhar por Cristo.

Vou terminar agora. Parece-me que a maior obrigação de servir a Cristo está sobre cada um de nós quanto ao *estado desesperador de nossos conhecidos ímpios*. Muitos deles vêm morrendo sem Cristo, e sabemos qual será o seu fim: um fim que não tem fim, uma miséria que não tem limites. Ah, a dor que o pecado causa na terra! Mas o que é isso comparado com a penúria infindável do mundo por vir?

O tempo que temos para servir o Senhor na terra é bastante curto. Se queremos glorificar a Deus como habitantes da terra, temos de fazê-lo logo. Em breve, nós mesmos seremos enviados para além desta vida, ou aqueles a quem deveríamos abençoar podem ir antes de nós. Que nos movamos! Senti muito peso em minha mente ontem, ao refletir que nós, como nação, desfrutamos de paz, uma bênção indizível, um valor que nenhum de nós pode estimar com precisão; mas que, se nós, como igreja cristã, não fizermos os mais dedicados esforços para espalharmos o evangelho fora do nosso país nesses tempos de paz, não irá demorar muito para que esta nação também seja lançada em guerra. A guerra é a mais completa das maldições e, entre outros de seus danos, afasta a mente das pessoas dos pensamentos a respeito de Deus. Enquanto temos paz, enquanto Deus poupa nosso país dos horrores de uma guerra, não deveria a igreja de Deus aqui estar intensamente desejosa de aproveitar tal oportunidade? A noite vem, e não sei quão escura poderá ser. A atmosfera política parece pesadamente carregada de elementos malignos. O resultado do conflito atual entre a França e a Prússia pode não ser aquele que esperamos, pois pode acabar, mais uma vez, esmagando a Europa debaixo dos pés de um déspota. Agora, enquanto temos liberdade, uma liberdade que nossos antepassados cristãos pagaram no martírio e selaram com o próprio sangue, devemos usá-la. Enquanto é dia, façamos as obras daquele que nos enviou. Que cada um de nós assuma como seu lema de inspiração este versículo do texto: *Enquanto estou no mundo, sou a luz do mundo* (Jo 9.5). Cuidado, porém, para que a sua luz não se transforme em trevas. Cuidado para não a esconder. Havendo alguma luz em você, não a despreze: ela nunca será pequena demais, pois é a luz que Deus lhe deu e, seja ela como for, você deverá prestar contas a Deus pelo uso dela. Se você tem uma luz, nem que seja apenas uma pequena fagulha, é para o bem do mundo que você a tem; em favor dos filhos dos homens, é que ela lhe foi dada. Use-a; use-a agora, e Deus o ajudará.

Que nossa luz como igreja possa brilhar sobre esta congregação! Como desejo ver toda minha congregação salva! Que todos os crentes se dediquem mais em oração, mais em serviço, mais em santidade e que Deus nos envie sua bênção abundante, em nome de Jesus. Amém.

25

O MENDIGO CEGO DO TEMPLO E SUA CURA MARAVILHOSA

Enquanto estou no mundo, sou a luz do mundo. Dito isto, cuspiu no chão e com a saliva fez lodo, e untou com lodo os olhos do cego, e disse-lhe: Vai, lava-te no tanque de Siloé (que significa Enviado). E ele foi, lavou-se, e voltou vendo (Jo 9.5-7).

Nosso Salvador havia acabado de enfrentar judeus e fariseus, que lhe faziam ferrenha oposição e que chegaram a pegar em pedras para atirar nele. Jesus, todavia, sentia-se muito mais em casa quando podia fixar os olhos sobre seres pobres e necessitados, abençoando-os com a cura e a salvação. É frequente a alguns de nós também nos encontrarmos em meio a controvérsias com homens doutos carnais nos dias de hoje, sentindo então grande alívio quando nos afastamos deles e suas pedras, indo ao encontro de pecadores para, em nome de Deus, pregar-lhes o evangelho, que abre os olhos de todos os espiritualmente cegos.

Junto a uma porta do templo, estava sentado um mendigo cego, provavelmente um personagem notável, dotado de extraordinária astúcia e sagacidade. Por estar ali há tanto tempo, deveria ser bem conhecido de todos os que frequentavam regularmente o templo, bem como de um grupo mais amplo, formado por pessoas que vinham de longe para participar das grandes assembleias judaicas anuais. Esse homem não podia ver Jesus, mas, o que é o melhor, Jesus pode vê-lo. *E passando Jesus, viu um homem cego de nascença* (Jo 9.1), é o que lemos no início do capítulo deste texto bíblico. Havia muitos outros cegos em Israel, mas Jesus olhou esse homem com um olhar especial. Imagino o Salvador parando, olhando para ele, avaliando-o, ouvindo seu discurso singular, percebendo que tipo de homem era e ganhando interesse especial por ele. Nesta manhã, há pessoas aqui no Tabernáculo que também não podem ver Jesus, pois não possuem olhos espirituais. Estou convencido, no entanto, de que o meu Mestre está olhando para cada uma dessas pessoas agora, sondando-a dos pés à cabeça e avaliando-a com seu olho clínico. Está considerando como vai fazer para com essa pessoa, pois tem, certamente, o grande e gracioso intuito de tomar esse pecador — que, espiritualmente, é como o mendigo cego —, iluminá-lo e fazê-lo enxergar sua glória.

Suponho que o mendigo do templo dificilmente valorizava antes a visão, pois era cego de nascença. Aqueles que têm visão podem vir a sentir a falta da luz, mas os que nunca possuíram visão alguma mal podem ter a ideia de como deve ser esse sentido e, portanto, a falta de visão não significa uma grande privação para eles. A pessoa à qual me dirijo principalmente, neste momento, não tem noção da alegria da verdadeira fé, pois não tem percepção da vida e da luz espirituais. Nunca enxergou antes e, portanto, desconhece a própria infelicidade de ser cega. Cega espiritual nasceu e há uma grande possibilidade de que esteja satisfeita em ser assim, pois nada sabe a respeito do prazer que aguarda os olhos iluminados pelo céu. Para ela, as coisas espirituais pertencem a uma região desconhecida, da qual não tem nenhuma noção. Encontra-se aqui neste momento, mas não buscando salvação nem a desejando. Jesus, porém, sabe quanto vale para ela a visão, conhece as glórias que a luz celestial poderá prover à sua mente e não terá sua ação limitada pelo tempo nem pela ignorância humana para dispor sobre ela de sua generosidade, segundo sua própria vontade, tão vasta quanto o mar infinito.

O mendigo não orou pedindo visão, ou, pelo menos, não está registrado que o haja feito. Era mendigo, e seu negócio era mendigar; mas, em meio a todos os seus pedidos de ajuda, certamente jamais pediu para ter visão. Mesmo assim, Jesus a deu. Conhece aquela declaração gloriosa da graça gratuita que diz "fui achado pelos que não me procuravam"? Não é maravilhoso o fato de Jesus vir frequentemente àqueles que não o buscam? Chega repentinamente a eles, na soberania de sua compaixão infinita, e, antes mesmo que comecem a orar pedindo a bênção, Jesus já lhes concedeu a graça. Seu amor gratuito precede os desejos que as pessoas possam apresentar-lhe. Assim que as pessoas despertam, passam a ter consciência do valor da salvação, já se vendo de posse dela, e eis por que, quase sempre, suas primeiras orações são mescladas com louvores. Tenho a certeza de que existem alguns dos que estão diante de mim agora semelhantes ao homem nascido cego: não sabem de fato o que querem, não estão conscientes do valor da bênção e, consequentemente, nem a buscam. Contudo, hão de recebê-la ainda hoje.

Uma circunstância foi bastante favorável ao mendigo cego: estar no caminho pelo qual Jesus provavelmente passaria, junto a uma das portas do templo. Meu amigo, você também se acha, neste momento, em um lugar cheio de esperança; você se acha no lugar onde o meu Senhor tem frequentemente estado e onde é muito provável que venha a estar sempre. Temos orado a ele centenas de vezes nesta casa, como já o fizemos na manhã de hoje. Ele tem sido glorificado neste Tabernáculo, e nós, seus amigos, o temos recebido tão bem que ele certamente se deleita em vir aqui mais e mais. Oh, que Jesus, ao passar por você, possa se deter e olhá-lo diretamente, com seu olhar de infinita misericórdia!

O que fez o nosso Senhor? Para falar a verdade, Jesus se achava sob compulsão divina. Ele disse *Importa que façamos as obras daquele que me enviou* (Jo 9.4) e estava justamente procurando material para trabalhar — material com que as obras de Deus pudessem ser por ele manifestas. Ali estava aquele homem, a ser preparado por Cristo como o barro é preparado pelo escultor. Que então possa receber sua visão e toda a Jerusalém veja a obra do Senhor. Que até mesmo os habitantes de terras distantes ouçam falar dela. Esse mendigo cego era exatamente o tipo de pessoa que o Salvador estava procurando. Meu mestre caminha também, para cima e para baixo, por esses nossos becos e vielas e encontra muitos que podem ver ou que acham que podem. Por alguns, ele passa, pois *não necessitam de médico os sãos* (Lc 5.31); mas chega finalmente a uma pobre criatura nas trevas, um cego de nascença desesperado e abandonado, diante de quem para e diz: "Esta é a pessoa; há espaço para milagre aqui". Que assim seja, ó Senhor. Naquelas cavidades vazias, naqueles globos espiritualmente ressecados, há lugar para a revelação do poder curador. Naquele coração duro e teimoso, há espaço para a graça renovadora. As necessidades do pecador são as oportunidades do Salvador. Você, pobre culpado, perdido e arruinado pecador, é a matéria-prima para que a graça de Cristo possa trabalhar. É exatamente a pessoa que o seu amor perdoador está procurando. Você poderá não ver as coisas espirituais, mal entender o que significa a visão celestial e dificilmente deve ter algum desejo de saber isso. É você, então, a própria pessoa em quem existe um espaço adequado para a manifestação da graça onipotente, espaço e oportunidade para a capacidade e o poder inigualáveis do amor do nosso Salvador. Meu Senhor para e olha para você. "É isso o que farei", diz ele, "é esse tipo de pessoa que eu quero. Aqui, posso cumprir minha missão e o propósito de minha vida. Sou a luz do mundo e vou lidar com essas trevas, removendo-as imediatamente". Ó Senhor Jesus, tu estás no céu mais elevado agora e, ainda assim, ouves as orações de teus servos daqui desta pobre terra. Vem a este Tabernáculo e repete as maravilhas do teu amor! Não pedimos que abras os olhos do cego físico; pedimos, sim, que dês visão espiritual àquele que é cego em seu íntimo, compreensão ao errante, salvação ao perdido. Mostra-te como Filho do Altíssimo que és, dizendo "haja luz". Estes pobres cegos não oram a ti, mas *nós* te pedimos graça em favor deles, e certamente o teu coração te levará a nos responder. Vem nesta hora, Senhor, e nos abençoa, para louvor da glória da tua graça!

Como o caso do mendigo cego é eminentemente instrutivo, vamos então nos aprofundar mais, na esperança de que, tendo-o como modelo, possamos vê-lo repetido de modo espiritual em nosso meio. Ó Espírito Santo, abençoa este nosso sermão até o final.

I. Em primeiro lugar, na cura desse homem, assim como na salvação de toda alma escolhida, vemos A MANIFESTAÇÃO DO GRANDE CURADOR. O Salvador é magnificado com a salvação de qualquer de nós. Somos nós os perdoados; mas não devemos ser honrados pelo perdão, mas, sim, a mão real que assinou e selou o perdão é que deve ser grandemente exaltada. Nossos são os olhos abertos; mas não devemos ficar

O MENDIGO CEGO DO TEMPLO E SUA CURA MARAVILHOSA | 237

famosos pela visão obtida, e sim aquele que abriu os nossos olhos é que deve se tornar ilustre por essa cura. Foi exatamente isso o que aconteceu nesse caso.

Para começar, à vista daquele homem, tão logo ele recebeu a luz, *o homem que se chama Jesus* (Jo 9.11) *foi quem lhe apareceu em primeiro lugar*. Jesus se tornaria, assim, a pessoa mais importante em sua vida. Tudo o que aquele homem sabia de Jesus era seu nome, mas, diante dele, tão marcante personagem passou a preencher todo o horizonte de sua visão. Jesus era mais para ele que os fariseus letrados ou que todos os seus vizinhos. Era uma pessoa extraordinariamente notável, pois lhe havia aberto milagrosamente os olhos. Depois, tendo fixado sua mente sobre aquela figura, pôde perceber algo mais nela e declara: *É profeta* (Jo 9.17). O homem foi até corajoso ao dizer isso, correndo grande risco ao declarar aos críticos fariseus, bem na face deles, que Jesus era um "profeta". Mais adiante, iria responder ao próprio Jesus que acreditava ser ele o Filho de Deus — e o adorou. Meus queridos amigos, se vocês são salvos por Jesus, sua estrela irá brilhar, mas a estrela de Jesus deve crescer mais em brilho, até que não seja simplesmente uma estrela, mas, sim, um sol, criando em você o seu dia e inundando toda a sua alma de luz. Uma vez salvo, Cristo Jesus deve ter e terá toda a glória por isso. Ninguém na terra ou no céu pode rivalizar com Jesus na estima das almas trazidas das trevas para a luz, pois ele é tudo para elas. Alguém não gosta disso? Desejaria uma parte do espólio, um fragmento da glória? Que siga seu caminho e continue cego, pois sua condição não poderá ser alterada se se recusar a dar honra ao Salvador. Aquele que abre os olhos de um cego merece os seus mais gratos louvores.

Depois que aquele homem recebeu a visão, *todo o seu testemunho passou a ser de Jesus*. Foi Jesus quem cuspiu no chão, quem fez o lodo, quem ungiu seus olhos. O mesmo acontece em nossa mente com relação ao evangelho de nossa salvação: será sempre *Jesus somente* (Mt 17.8). Jesus foi quem se tornou a certeza da nossa aliança, quem se fez por nós sacrifício expiatório. É ele o sacerdote, o mediador, o redentor. Conhecemos Jesus como o Alfa e o Ômega. É o primeiro e o último. Em nossa salvação, não há erro nem mistura. Você nada tem a dizer sobre homens, sobre mérito humano ou sobre a vontade de homens. Mas é sobre a santa cabeça que um dia foi ferida por uma coroa de espinhos que você deverá colocar todas as suas coroas de gratidão e glória. Jesus é tudo e é ele quem deve ser louvado.

Note-se, agora, *a autoridade de Jesus ao proferir a ordem de cura e salvação: Vai, lava-te no tanque de Siloé* (Jo 9.7). Não são palavras de Pedro, Tiago ou João, mas palavras de Jesus, e, assim sendo, o homem obedeceu. A mensagem do evangelho — "creia e viva" — não é obedecida até percebermos que é proclamada pela suprema autoridade do rei Jesus, o Salvador. Ó senhores, aquele que ordena que creiam é o mesmo que pode curar e que vai curar mediante obediência ao seu mandamento. Confie você, porque é ele quem assim ordena. A garantia do evangelho é a autoridade de Cristo. Obedeça ao seu mandamento e alcançará salvação. O sucesso do mandamento do evangelho está em ser produzido por aquele mesmo que o proclama. É eficaz porque sai da boca do rei. *A palavra do rei é suprema* (Ec 8.4), e o evangelho é a sua palavra. Eis por que aqueles que a ouvem atentamente descobrem ser ela o poder de Deus para a salvação.

Ao receber a visão, o homem atribuiu o milagre de modo bem distinto e exclusivamente a Jesus. Declarou de maneira bastante clara: *Ele me abriu os olhos* (Jo 9.30). Todas as vezes que deu seu testemunho, fosse a seus conhecidos ou aos fariseus, não mostrou incerteza alguma sobre essa questão: ele fora iluminado por Jesus e somente por Jesus, e só a ele dava toda a glória. E estava correto em agir assim. Assim sendo, dê-me sua atenção. Sim, você que deseja encontrar luz esta manhã, entregue-me seus pensamentos neste instante! Pense em Jesus Cristo como a pessoa viva e ativa que é, pois não está morto, tendo há muito ressuscitado. Vivo e exaltado nos altos céus, está revestido de poder infinito e majestade e é poderoso para salvar. Está entre nós ainda hoje, de forma espiritual, e atuante segundo sua natureza graciosa. Para nós, ele não é um Cristo ausente, tampouco adormecido, mas ainda realizando aquilo que fez quando na terra, só que trabalhando agora no mundo espiritual do mesmo modo em que trabalhou no mundo físico. Ele agora está presente para salvar, presente para abrir os olhos daqueles que são espiritualmente cegos, presente para abençoar você com quem eu falo. Entenda que ele está olhando para você neste momento. Coloca-se à sua frente, com sua sombra sobre você. Está analisando seu caso. Você, acaso, está orando?

Ele está ouvindo. O que você diz não é bem uma oração; é apenas um desejo? Ele está interpretando esse desejo; e, enquanto vagueia por sua alma, vai pensando em você. Neste instante, é capaz de dizer à palavra que há de retirar a película de cegueira de seus olhos espirituais e neles permitir a entrada da luz da graça eterna. Você crê nisso? Se crê, clame a ele: "Senhor, dá que eu receba a luz", e ele irá ouvi-lo. Talvez ele lhe envie a luz até mesmo enquanto você ainda estiver falando. Você se verá então em um novo mundo, para seu intenso prazer. Deixará as trevas e ingressará na maravilhosa luz de Cristo.

Compreenda, então, que a grande mudança de que você precisa para sua salvação está além de todo poder mortal. Você não pode realizá-la por si mesmo; nem mesmo "a ajuda de homens e anjos juntos" poderá fazer isso por você. Isso está até mesmo além de sua própria compreensão. Como homem carnal, você não sabe o que são as coisas espirituais e não pode ter ideia delas. Um homem morto não pode saber o que é a vida. Na verdade, se pudesse viver outra vez, ele teria alguma ideia de vida com base em sua vida anterior. Contudo, em relação a você, seria tudo novo e estranho, pois jamais viveu antes para Deus. Você não conseguiria conceber o que é a visão celestial, pois nasceu espiritualmente cego. Que o Senhor possa fazer uma coisa nova em você neste momento e traga-o para *novos céus e uma nova terra, nos quais habita a justiça* (2Pe 3.13)!

Lembre-se que você precisa que se realize esse milagre em sua vida. Se aquele homem continuasse cego, poderia prosseguir sendo um mendigo sem maiores problemas. Talvez possuísse razoável inteligência para poder manter-se, pelo menos escassamente, como até então, até o fim da vida neste mundo, como acontece, aliás, infelizmente, a muitos outros da comunidade da mendicância. Mas *você* não; não poderá jamais ser feliz ou estar seguro, a não ser que o Senhor Jesus abra seus olhos espirituais. A não ser que a luz do céu visite você, nada lhe restará senão escuridão, trevas eternas. Você precisa, enfim, ter Cristo; caso contrário, espiritualmente, morrerá. Mas a bênção para você é que, neste momento, ele continua no meio de nós, capaz de *salvar perfeitamente* (Hb 7.25), pronto a realizar seus milagres de misericórdia para com aqueles que crerem que ele pode realizá-los. Imagino poder sentir a luta da oração que acontece agora em sua mente. Embora silenciosa e despida de palavras, ela se coloca em seus lábios. Deixe-a falar. Diga: "Senhor, abre os meus olhos hoje". Ele o fará! Bendito seja o nome do Senhor! Ele veio com o propósito de abrir os olhos dos cegos.

II. Tendo abordado sobre como o grande Curador atuou destacadamente no milagre, desejo agora direcionar seu pensamento para OS MEIOS ESPECIAIS VISÍVEIS neste ato milagroso. Jesus poderia ter curado aquele homem sem fazer uso de qualquer meio, ou então procedendo de algum outro modo; todavia, optou por realizar a cura de uma maneira que há de permanecer por todos os tempos como um grande sermão ou uma instrutiva parábola da graça: cuspiu no chão, fez lodo com a saliva e ungiu os olhos do cego com aquela lama. É o que descreve o evangelho.

Essa atitude recebeu críticas modernas. Em primeiro lugar, a forma de cura *parece bastante excêntrica.* Cuspir e fazer lodo com saliva e terra! Muito singular! Muito estranho! Na verdade, estranho e singular é sempre o evangelho, no julgamento dos que são sábios segundo este mundo. Há quem comente: "Parece estranho que se possa ser salvo simplesmente por crer". As pessoas acham isso tão estranho que inventam cinquenta outras maneiras de serem salvas. Embora nenhum dos novos métodos seja digno sequer de ser descrito aqui, parece que acham que a maneira antiga de "crê no Senhor Jesus Cristo" pode ser grandemente melhorada. O modo de justificação pela fé parece se mostrar particularmente aberto à crítica e é para ela que o mundo erudito gosta de se voltar. Contudo, por mais excêntrico que possa parecer o fato de Cristo curar com saliva e terra, foi essa certamente a melhor e mais sábia forma de fazê-lo segundo seu propósito. Suponhamos que, em vez disso, Jesus tivesse colocado sua mão em uma sacola, tirado uma caixa de ouro ou de marfim e, dessa caixa, retirado uma pequena garrafa de cristal; que ele tivesse tirado a rolha da garrafa e, então, pingado uma gota em cada um dos olhos do cego, e eles então tivessem sido abertos. Qual teria sido o resultado? As pessoas, sem dúvida, teriam dito: "Que remédio maravilhoso! O que seria? Qual a sua composição? Quem criou essa fórmula? É possível que tal encantamento esteja descrito nos livros de Salomão e, a partir deles, este Jesus possa ter aprendido a destilar

O MENDIGO CEGO DO TEMPLO E SUA CURA MARAVILHOSA | 239

essas gotas incomparáveis". Você já percebeu que a atenção teria se concentrado nos meios usados, e a cura seria atribuída ao remédio, em vez de a Deus. Nosso Salvador não usou, portanto, um óleo raro ou substância balsâmica escolhida, mas simplesmente cuspiu e fez lodo, pois sabia, justamente, que ninguém diria "foi a saliva que o curou" ou "foi o lodo que lhe deu vista". Não. Se nosso Senhor parece, então, ter sido excêntrico na escolha dos meios, foi ao mesmo tempo bastante sábio e prudente. O evangelho de nosso Senhor Jesus Cristo — e só existe um — é a sabedoria de Deus, por mais singular que possa parecer segundo o julgamento dos que são sábios segundo este mundo. Pode parecer estranho, mas é um resumo de toda a verdadeira sabedoria, e quem prova dele sabe que é assim. Seria impossível, portanto, que aquilo fosse melhor. Sua adequação ao caso do homem foi esplêndida; sua conformidade ao plano de Deus, incomparável: o homem foi abençoado e, ao mesmo tempo, toda a glória foi dada a Deus. Ninguém quer fazer do evangelho um rival de Cristo, mas, sim, em todas as situações, mediante o evangelho, o poder que abençoa os homens é manifestado como o poder de Deus.

Outro aspecto, aqui, é de que o meio usado por Jesus possa ter se mostrado *ofensivo aos hábitos de alguns*. Fico pensando, por exemplo, na chamada "gente fina". Como deve torcer o nariz ao ler que o Senhor "cuspiu no chão e com a saliva fez lodo"! Isso, de fato, embrulha o estômago de alguns que se consideram mais sensíveis. O mesmo, porém, acontece com essas pessoas com relação a todo o evangelho. Poderiam ser chamadas de Agagues, pessoas que não gostam disso ou daquilo. Como os ditos homens de "cultura" desprezam o evangelho pelo qual nossos antepassados morreram! Observem como depreciam a Palavra sempre bendita da nossa salvação, dizendo ser própria apenas a mulheres velhas, tolos e "fossilizados" do passado — como este pregador que ora se dirige a vocês. Todos nós somos tolos e fossilizados, menos esses homens, dignos do progresso, e o nosso evangelho até lhes causa nojo. Sim, mas esperem um pouco. No milagre diante de nós, a saliva utilizada foi de que boca? Da boca de Jesus, que é a mais doce. Nenhum perfume agradável, feito das mais raras especiarias, poderia jamais se igualar à saliva dessa boca divina! E o lodo? Que tipo de lodo? Lodo feito com a saliva da boca do Filho de Deus, mais precioso que o *cristal terrível* (Ez 1.22) ou que os mais raros pós dos mercadores. O mesmo acontece com o evangelho do meu Mestre. Ele só pode ser ofensivo àqueles que são orgulhosos de si mesmos. É ofensivo para as suas motivações carnais, para a estúpida autocomplacência daqueles que, considerando-se sábios, tornam-se justamente o contrário. Mas, para você, que crê, ele é precioso, tão precioso que toda língua poderia afirmar:

> Se pelo mundo inteiro andarmos,
> Em nossa terra e além buscarmos,
> Nenhuma crença terá verdade
> Tão própria a Deus e à humanidade.

O evangelho ainda é uma pedra de tropeço para muitos e, para outros, insensatez. Contudo, para nós, que somos salvos, é *Cristo, poder de Deus, e sabedoria de Deus* (1Co 1.24).

Há ainda a crítica de que o Senhor curou esse homem de *maneira muito trivial!* Cuspir e fazer lodo? Qualquer um pode fazer isso! Por que Jesus não usou um cerimonial imponente? Ou não lançou mão de um método mais racional? Se fosse um dos doutores de nossa época, teria feito certamente um grande espetáculo de tudo isso. Seu método seria considerado verdadeiro tratado pelos homens letrados. Você já leu a obra *Herbal*, de Culpepper? Espero que nunca venha a tomar qualquer remédio que esse sábio herbalista ali prescreve. Em cada fórmula, encontram-se os mais variados componentes, cada um deles pior que o outro, e, em muitas, acham-se misturados mais de vinte ingredientes dos mais curiosos. Assim eram as receitas dos tempos antigos. Se não faziam bem, pelo menos deixavam o paciente confuso. E agora, qual é justamente o evangelho que gostariam que adotássemos? O evangelho da "cultura"? Desta cultura? Este seria, certamente, monopólio dos homens "superiores"; só poderia ser desfrutado por pessoas muito refinadas, que frequentassem a universidade e carregassem dentro de si a universidade inteira, com biblioteca e tudo. Por isso, o evangelho escrito para ser suficientemente claro para qualquer um é por eles menosprezado. O fato de Jesus Cristo ter vindo ao mundo para salvar os pecadores é, para eles, lugar-comum demais para ser ensinado. O fato *de ter carregado ele mesmo em seu corpo, sobre o madeiro, os nossos pecados* (1Pe 2.24) é rejeitado como se fosse um dogma ultrajante, inadequado para esta era da razão e da inteligência!

Sim, conhecemos bem esses homens e seu olhar de pouco caso. Contudo, mesmo que o remédio de nosso Senhor possa ter sido trivial, foi único e inigualável. Nem mesmo todos os sábios da Grécia e todos os pensadores de Roma, juntos, jamais poderiam ter criado sequer uma pequena quantidade dessa mistura curadora. Somente o Cristo possuía aquela fórmula e aquela saliva incomparável; e somente seus dedos poderiam fazer aquele lodo especial. Mesmo até que o evangelho possa ser considerado trivial, é preciso lembrar que até hoje não há outro como ele! Diga-me, você que é sábio: é possível encontrar qualquer coisa que se compare ao evangelho? Cristo no lugar do pecador, feito pecado por nós para que pudéssemos ser feitos justos diante de Deus por meio dele: a que se pode igualar isso? Jesus redime verdadeiramente o seu povo da escravidão do pecado. Você pode chamar a expiação de uma troca de interesses ou do que quiser, e ficar roxo de tanta raiva diante do sacrifício substitutivo; mas não pode igualá-lo. Quanto mais abundante for a sua pobre ridicularização do evangelho, mais nos apegamos a ele e mais profundamente o amamos, pois até mesmo a saliva de Cristo nos é muito mais querida que os mais profundos pensamentos dos mais sábios filósofos.

Se não me engano, há outros opositores, que afirmam que o remédio foi *bastante inadequado*; que o lodo feito da saliva é positivamente inerte e não poderia exercer poder de cura sobre um olho cego. Estamos preparados para ouvir tudo isso. O lodo por si só, de fato, não tem eficácia alguma, mas, no caso, serve perfeitamente ao propósito de Jesus ao ser usado pelo próprio Mestre. Depois de lavar os olhos no tanque de Siloé, o homem voltou vendo. Pode parecer, em princípio, que o evangelho não seja capaz de renovar o coração e salvar do mal. Crer no Senhor Jesus Cristo parece um meio improvável de produzir santidade. Os homens questionam: "O que uma pregação evangélica pode fazer para eliminar o pecado?" Apontamos para aqueles que estavam mortos no pecado e que foram vivificados pela fé e provamos assim a eficácia do evangelho por meio de fatos. "Oh", duvidam eles, "mas a fé pode transformar o caráter? A crença pode controlar a vontade? Pode conduzir a mente a uma vida mais elevada?" Ela faz exatamente isso e, embora na teoria pareça inadequada, tem realmente transformado os homens em novas criaturas e convertido pecadores em pessoas santas.

Outro, ainda, acha que o lodo colocado sobre os olhos poderia ser até mesmo *prejudicial*. "Colocar lodo sobre os olhos de um homem", alega-se, "não o faria ver, mas se tornaria, isso sim, um impedimento a mais à passagem da luz". Já ouvi dizerem até mesmo que pregar a salvação pela fé é contra a boa moral, podendo incitar os homens a praticarem o mal. Que morcegos cegos são eles! Não podem enxergar que a situação é exatamente a oposta? Que tem sido bastante comum que, por meio do evangelho, prostitutas sejam transformadas em mulheres castas, ladrões sejam feitos homens honestos e alcoólatras transformados em pessoas sóbrias? Por esse mesmo evangelho da fé, que alegam ser contra a boa moral, é produzida, justamente, a melhor moral. Já no instante seguinte, acusam os crentes de serem puritanos, rigorosos demais e religiosos de menos! No entanto, nada cria tantas boas obras quanto esse evangelho, que nos diz que a salvação não é pelas obras, mas, sim, pela graça de Deus.

Outro, ainda, declara que a maneira de curar usada por nosso Senhor foi *contrária à lei*. Ali estava aquele *homem que se chama Jesus* (Jo 9.11) fazendo lodo ou, como provavelmente alegariam, "preparando tijolos no sábado". Não seria uma grave transgressão da lei? Insinua-se também que o nosso evangelho de fé em Jesus Cristo faz que os homens desprezem a lei mosaica. Porque pregamos contra a ideia de mérito e afirmamos que as boas obras não podem salvar os homens, somos acusados de minimizar a dignidade da lei. Isso não é verdade: o evangelho se estabelece sobre a lei e incentiva a verdadeira obediência. Quando o Salvador disse *Vai, lava-te*, e o homem cego foi e se lavou, o Senhor Jesus estava lhe ensinando obediência, e obediência da melhor espécie: a obediência da fé. Assim, mesmo que estivéssemos aparentemente em conflito com a lei ao declararmos que *pelas obras da lei nenhum homem será justificado* (Rm 3.20), na

O MENDIGO CEGO DO TEMPLO E SUA CURA MARAVILHOSA | 241

verdade confirmamos a lei, pois a fé traz consigo o princípio e a fonte da obediência: confiar em Deus é a própria essência da obediência. Aquele que crê em Jesus está dando o primeiro passo na grande lição de obedecer a Deus em todas as coisas. Aceitar que Jesus sofreu a pena da lei e honrou a lei em nosso favor é compreender o que torna a lei ainda mais gloriosa em nossa consideração.

Ao terminar este ponto, eu diria: não critique o evangelho. Muitas vezes, o patrão adverte o empregado de que não é sábio discutir com quem lhe propicia o pão de cada dia. E eu aconselharia, então, com a maior sinceridade, a todo espírito ansioso: não discuta com o evangelho da salvação. Se você se encontra em estado mental sadio, tenho certeza de que não o fará. Quando encontrei o Senhor, havia chegado a uma situação de vida tal que, independentemente daquilo que a salvação pudesse ser, eu a receberia, nos termos de Deus, sem qualquer questionamento. Se você é a pessoa à qual estou especialmente me dirigindo, se quer realmente receber visão espiritual, não estabeleça condições para Jesus. Não peça unguento perfumado sobre seus olhos, mas aceite jubilosamente a unção de lodo vinda das mãos do Salvador. Seja o que for que o Senhor prescreva para você como meio de salvação, aceite-o com a maior felicidade. Nesta aceitação, reside grande parte da própria salvação, pois a sua vontade passa a ser uma só com a de Deus.

Oremos, então, para que o Espírito Santo revele o evangelho ao nosso coração e permita que o amemos, o recebamos e possamos provar de seu poder.

III. Quero avançar agora um passo mais adiante. A ordem direta do Senhor foi notável. Disse ele ao paciente: *Vai, lava-te no tanque de Siloé* (Jo 9.7). O homem não podia ver, mas podia ouvir. A salvação vem até nós não pela visão de um cerimonial, mas por ouvir a palavra de Deus. Os ouvidos são os melhores amigos do pecador. É pelo Portão do Ouvido que o príncipe Emanuel entra na Alma do Homem cavalgando em triunfo. "Ouvi, e a vossa alma viverá".

A ordem foi *extremamente específica*: *Vai, lava-te no tanque de Siloé* (Jo 9.7). Do mesmo modo, o evangelho é extremamente específico: *Crê no Senhor Jesus e serás salvo* (At 16.31). A ordem do evangelho não é: faça essa ou aquela obra, mas, sim, creia! E não é: creia em um ministro ou sacerdote, ou em qualquer outro ser humano, mas tão somente em Jesus. Se aquele homem tivesse contestado a ordem, dizendo "eu vou é me lavar no Jordão, pois foi lá que Naamã se livrou de sua lepra", sua lavagem teria sido inútil. O tanque de Siloé, cujas águas fluíam mansamente, era certamente pequeno e insignificante — por que então o homem deveria ir até lá? Ele, porém, não pediu razões, mas obedeceu imediatamente, e ao obedecer encontrou sua bênção. Meu ouvinte, você precisa crer no Senhor Jesus para que seja salvo. Não existem vinte coisas a serem feitas, mas apenas uma, que é esta. A fórmula de salvação mais longa no evangelho se apresenta desta maneira: *Quem crer e for batizado será salvo* (Mc 16.16). A fé deve ser abertamente confessada por meio da obediência ao cumprimento do batismo, conforme ditado por nosso Senhor. Contudo, a primeira e primacial condição é a da fé. "Quem crê no Filho tem a vida eterna". Isso me parece que é bastante específico! Você não tem como errar nesta questão.

A ordem foi também *profundamente simples*: "Vai, lava-te no tanque". Ou seja: vai até o tanque e ali lava e tira o lodo dos teus olhos. Qualquer pessoa pode lavar os próprios olhos. A tarefa era a própria simplicidade em pessoa. Assim também, o evangelho é tão claro como água. Não é preciso você se ajoelhar ou se colocar em pé vinte vezes durante o culto, cada vez de maneira diferente, nem aprender uma dúzia de palavras em idiomas diversos, cada uma mais difícil que a outra. Não; o ato de salvação é um só e bastante simples: "Creia e viva". Confie. Confie em Cristo. Descanse nele, confie nele. Aceite a obra de Cristo na cruz como expiação pelo seu pecado, aceite a justiça dele como seu acolhimento diante de Deus, aceite a pessoa dele como o prazer de sua alma.

Contudo, a ordem foi, ainda, *claramente pessoal*: *Vai, lava-te* (Jo 9.7). Ele não podia enviar um vizinho ou amigo em seu lugar. Nem seus pais poderiam substituí-lo. Do mesmo modo, teria sido inútil para ele concordar apenas: "Está bem, vou orar sobre isso" e não ir ao tanque. Não. Tinha de ir, e era ele mesmo, pessoalmente, quem devia se lavar ali. Igualmente, é o próprio pecador quem deve crer em Jesus. Somente a sua própria fé, meu querido amigo, pode corresponder ao propósito da ordem; somente os seus próprios olhos devem ser abertos e, portanto, você mesmo é quem deve ir e se lavar no tanque da obediência a Jesus. Você tem de crer pessoalmente, para ganhar a vida eterna. Alguns talvez pensem que podem simplesmente ficar sentados calmamente e esperar que Deus os salve. Não tenho autoridade alguma para encorajá-lo a manter tal inatividade rebelde. Se Jesus ordena que você vá e se lave, como ousa permanecer aí parado?

Ao receber o filho pródigo, o pai já o vê lá na estrada. O filho estava a grande distância quando visto pelo pai, mas sua face estava voltada para a direção correta: ele estava simplesmente dando o melhor de si para chegar logo à casa do pai. Nosso Pai diz a você hoje: *Desperta, tu que dormes, e levanta-te dentre os mortos, e Cristo te iluminará* (Ef 5.14). Levanta-se, então, homem! Desperte! O tanque de Siloé jamais virá a você; você é quem deve ir a ele. As águas de Siloé não vão sair de seu remanso para lavar seus olhos; você é que terá de ir até lá, se inclinar e se lavar até que todo o lodo saia de seus olhos e você possa ver. É uma ordem estritamente e bastante pessoal. Pense bem em como considerá-la.

Foi, além disso, uma ordem *envolvendo obediência a Cristo*. Por que eu preciso ir ao tanque e me lavar? Porque sim; porque Jesus mandou. Se você quer que Jesus o salve, deve fazer o que ele ordena. Para poder receber Jesus como seu Salvador, você deve recebê-lo como Senhor. Entregue-se inteiramente a Jesus Cristo esta manhã, querido ouvinte. Servo algum jamais teve um Mestre como este. Você pode até se curvar e beijar esses pés amorosos que foram pregados na cruz por você. Entregue-se ao controle total de Jesus imediatamente. Seu ato de fé é aceitável justamente por representar a obediência do seu coração a Jesus. Submeta-se a ele pela fé, eu conclamo.

Foi uma ordem para o momento presente. Jesus não disse "Vai, lava-te no tanque amanhã" ou "daqui a um mês". Se o mendigo fosse cego também interiormente, como o era externamente, poderia ter pensado: "Espere aí, eu ganho dinheiro com a minha cegueira. Então, deixe-me ganhar um pouco mais como cego e depois, então, vou ao tanque para ter meus olhos abertos". Mas ele deu o merecido valor à visão ganha para que se atrasasse. Caso tivesse protelado, teria permanecido cego para sempre, até o dia do juízo! Se você acha que não é adequado ou conveniente converter-se agora, imediatamente, não tenho maiores esperanças em relação a você. Não posso lhe indicar outra salvação senão a do presente momento. Aquele que não for salvo hoje, talvez, ou até muito provavelmente, não será salvo jamais. Vá então, mendigo cego, vá e permaneça cego para sempre — a não ser que queira receber sua visão hoje. A questão para você pode ser "agora ou nunca". Hoje é o dia de salvação; amanhã nada mais é senão outro dia — pode ser o dia de cair na rede da armadilha do diabo; e você poderá ficar eternamente perdido e permanecendo para sempre nesse atraso.

A ordem de Jesus, no caso do homem cego, foi notável: "Vai, lava-te". O mesmo acontece com a ordem espiritual que é sua paralela: "Crê no Senhor Jesus". Ó almas, ouçam a palavra que ordena que vocês confiem no seu Salvador. Ele clama a vocês: *Olhai para mim, e sereis salvos, vós, todos os confins da terra* (Is 45.22). Que Deus possa ajudá-las a agir deste modo, neste exato instante! Vocês olharão para ele? Bendito Espírito, conduze as almas a fazerem isso, por amor de Jesus!

IV. Ao me aproximar do final do meu sermão, quero convidá-lo a vermos A CONFIRMAÇÃO DO FELIZ RESULTADO. Imagino aquele homem, ajudado por amigos, indo a Siloé. Eles certamente tinham visto Jesus colocar lodo nos olhos do cego e o ouviram mandar "Vai a Siloé". Dispuseram-se então a ir também, como guias do cego. A curiosidade os inspirara. Ele chega ao tanque. Desce os degraus. Está perto da água. Curva sua cabeça. Lava seus olhos. O que acontecerá? O lodo se foi, mas o que mais aconteceu? De repente, ele levanta o rosto e grita: "Estou vendo! Estou vendo!" Que grande alarido deve ter sido produzido por todos. "Que maravilha! Que coisa espetacular! Hosana! Hosana! Bendito seja Deus!", enquanto o homem jubilosamente exclama: "Eu me lavei e agora posso ver!".

Ele passou a ver imediatamente. O homem se lavou, e sua cegueira se foi. A vida eterna é também recebida em um instante. Não é preciso um movimento sequer do relógio para um pecador ser justificado. Ó alma, no momento em que crer, você terá passado da morte para a vida. Tão rápido quanto um relâmpago, a mudança efetiva é realizada, a vida eterna chega e lança fora a morte. Oh, que o Senhor possa operar sua salvação agora! Esse homem passou a ver imediatamente. Lemos no evangelho de outro homem cego

O MENDIGO CEGO DO TEMPLO E SUA CURA MARAVILHOSA | 243

que primeiro viu as pessoas como árvores que andavam e, daí a pouco, as enxergou nitidamente. Mas esse cego da porta do templo, não! Viu tudo claramente de uma só vez. Oh, que vocês que me ouvem hoje possam crer e viver imediatamente!

Esse cego sabia que agora podia ver. Não tinha dúvida alguma disso, tanto assim que declarou: *Uma coisa sei: eu era cego, e agora vejo* (Jo 9.25). É bem possível que muitos de vocês tenham vivido a vida inteira como pessoas sérias, mas sem saber se são salvos ou não. Isso não é fé. Que desconforto! Serem salvos sem saber se o são! Essa possível salvação é tão rala quanto seria o café da manhã de um homem que, mesmo o tendo tomado, não sabe se na verdade está alimentado ou não. A salvação que vem pela fé no Senhor Jesus Cristo é a salvação consciente. Seus olhos ficam tão abertos que você não tem mais dúvida de que pode realmente ver. Aquele homem podia ver e sabia que podia. Oh, que você possa crer em Jesus e saber que creu e é salvo! Que você possa entrar em um novo mundo, entrar em um novo estado de coisas! Que aquilo que antes lhe era totalmente desconhecido lhe seja desvendado no mesmo instante, pela graça do Todo-poderoso!

As pessoas constataram que ele podia ver. As pessoas não conseguiam dar-se conta de como fora curado tão de repente. Algumas diziam: *É ele, sim*" (Jo 9.9). Outras hesitavam: *Não é, não, mas se parece com ele* (Jo 9.9). Na verdade, um homem com olhos abertos é bem diferente do mesmo homem cego. Se nos chegarmos a qualquer conhecido nosso que não tinha vista e, de repente, repararmos que tem agora olhos vivos, que veem, provavelmente acharemos que sua expressão está tão alterada que não poderemos deixar de duvidar que seja a mesma pessoa. Assim, os que o conheciam, mais cautelosos, simplesmente acharam melhor dizer: "Não é, mas se parece com ele". De todo modo, de uma coisa todos tinham certeza: de que ele agora podia ver. Nenhum dos fariseus também o questionou, dizendo: "Tem certeza de que você pode ver?" Aqueles seus olhos brilhantes, tão cheios de alegria, entusiasmo e segurança eram provas claras de que ele podia de fato enxergar.

Assim também, seus parentes e amigos irão constatar que você se converteu. Se isso realmente aconteceu, eles talvez não queiram lhe indagar, mas vão por si mesmos descobrir. Até o próprio jeito de você falar ou comer vai começar a mostrar isso. Sem dúvida, se você passar a comer orando antes com gratidão e vendo em toda refeição uma bênção. Até a maneira de você ir dormir vai mostrar isso. Lembro-me de um pobre homem que se converteu, mas tinha medo de sua esposa — ele, aliás, não é o único — e, por isso, receava que ela pudesse ridicularizá-lo se ele se ajoelhasse junto ao leito para orar antes de dormir. O que fez? Subiu a escada e entrou no quarto descalço, para não ser ouvido. Mas bastaram alguns minutos de oração para que ela percebesse que ele estava ali. Seu plano fracassou. Sua esposa o havia flagrado. A conversão genuína não consegue ficar oculta, tanto quanto uma vela acesa em um lugar escuro. Não se pode esconder a tosse. Se uma pessoa tem tosse, deve tossir. Se alguém tem a graça de Deus em seu coração, há que mostrá-la em sua vida. Por que escondê-la? Que o Senhor possa dar-lhe uma abertura de olhos tal hoje que seus amigos e parentes saibam que seus olhos foram abertos!

Observe ainda que aquele que passou a ver *não perdeu mais sua visão.* Esse homem não voltou a ficar cego nunca mais. As curas de Cristo são definitivas, não passageiras. Ouvi a respeito de muitos casos de pessoas que ficaram excessivamente felizes por imaginarem que estivessem perfeitamente curadas ou restauradas, por meio de recursos do mundo. Sua cura durou, no máximo, uma semana e, então, voltaram a ficar tão ruins quanto antes. As fantasias podem realizar grandes coisas somente durante certo tempo; mas as curas de Cristo duram para sempre. Jamais olhos que Cristo abriu ou curou ficaram cegos novamente. Cremos somente em nascer de novo, não em nos tornarmos novamente não nascidos. Tenho a certeza de que tudo que o Senhor faz será para sempre. Nada mais tenho a pregar, meus amigos, senão a salvação eterna! Venha a Cristo, e ele há de realizar em você uma cura eficaz. Confie nele plenamente, pois nele está a vida eterna.

Ao receber a visão, aquele homem *mostrou-se disposto a perder tudo o mais, em consequência disso.* Os judeus o expulsaram da sinagoga, mas, quando Jesus o encontrou, ele não se importou mais com os judeus. Imagino a face daquele homem ao Jesus o encontrar: quão feliz ficou enquanto adorava seu benfeitor!

"Pobre alma", diria alguém, "você foi expulso da sinagoga!" "Oh", responde ele, "não tenha pena de mim. Agora que Cristo me encontrou, podem me expulsar de até cinquenta sinagogas. Por que eu iria me importar com sinagogas agora que encontrei o Messias? Eu era um homem cego quando estava na sinagoga; agora, estou fora dela, mas tenho visão!" Quando você se torna cristão, o mundo o detesta, humilha e maltrata. Mas o que importa? Alguns até nem vão querer ter mais qualquer proximidade de você. Isso será a melhor coisa que eles poderiam fazer em seu favor. Durante certa época, tivemos entre nossos membros uma senhora muito importante. Quão gentil era aquela irmã! Em um primeiro momento, tive receio de que outras pessoas pudessem afastá-la da verdade. Logo depois do seu batismo, no entanto, ela comentou comigo que certa família nobre lhe fizera uma desfeita, assim como pessoas amigas haviam deixado de manter amizade com ela. Achou que tudo isso fosse muito natural e que apenas faria que seu caminho fosse mais fácil, pois não teria mais de ouvir a conversa ímpia deles nem mesmo a responsabilidade de romper tais ligações. O mundo realmente presta um grande favor ao Filho de Deus quando o expulsa de si. Sua excomunhão é, na verdade, muito melhor do que sua comunhão. Na casa do mundo, o lado de fora é o lugar mais seguro para nós. O fato de amarmos os irmãos e o mundo nos odiar é uma boa evidência, enfim, da graça, e pela qual um homem deve ficar contente. *Saiamos pois a ele fora do arraial, levando o seu opróbrio* (Hb 13.13).

Que coisa maravilhosa, irmãos, o Senhor Jesus fez por aquele homem e que coisa maravilhosa está pronto a fazer por todos aqueles que confiam nele! Foi uma obra de criação. Os olhos do homem, antes, não eram propriamente olhos — não enxergavam. Jesus criou a visão neles. Curar um membro é uma coisa; mas criar a visão, capacitar uma parte do corpo que tinha apenas a feição de olhos, para que se tornassem órgãos reais de percepção, é coisa muito maior. Salvar uma alma é, do mesmo modo, uma obra de criação. Somos criados novamente em Cristo Jesus. Dar a visão ao homem foi, também, uma obra de ressurreição. Aqueles olhos estavam mortos, e o Senhor Jesus lhes deu vida, os ressuscitou. O Senhor Deus todo-poderoso pode realizar criação neste exato momento; pode produzir ressurreição e vida hoje. Por que não poderia? Comemoramos hoje duas obras divinas. Este primeiro dia da semana, domingo, foi o dia do início da criação de Deus. Também é o dia em que nosso Senhor ressuscitou dos mortos, como *as primícias dos que dormem* (1Co 15.20). Este é, portanto, o dia do Senhor, que celebra a criação e a ressurreição. Oremos para que o Senhor todo-poderoso manifeste entre nós suas obras hoje. Ó Senhor, regenera, ilumina, perdoa e salva os que estão presentes aqui e glorifica, deste modo, o teu Filho amado! Amém e amém.

26

FALAR POR SI MESMO: UM DESAFIO

Perguntai a ele mesmo; tem idade; ele falará por si mesmo (Jo 9.21).

Aqueles de vocês, queridos amigos, que estiveram aqui esta manhã lembram-se de que o nosso assunto principal foi o próprio Jesus Cristo. Falamos longamente sobre sua pessoa bendita. Nossa fé está firmada nele, nossos afetos são direcionados a ele, nossas esperanças vão em sua direção. Embora tudo o que ele tenha dito ou feito seja precioso, o próprio Jesus, no entanto, está em primeiro lugar em nossa estima. Conhecê-lo, crer nele e amá-lo é a própria essência de nossa fé. Agora à noite, porém, vamos mudar nosso tema. Existe um "por si mesmo" em nosso texto, esta noite, de ordem muito mais humilde. Como cada um de nós se coloca na vida por si mesmo? Nossa individualidade e a responsabilidade pessoal que recai sobre nós em relação a Cristo não podem ser perdidas de vista. Se um milagre espiritual foi operado em nós, se somos obrigados a confessar — ou melhor, se alegremente confessamos — que ele abriu os nossos olhos, então nós — especialmente aqueles de nós que possuem um entendimento maduro, que chegaram a uma idade espiritual plena — somos naturalmente levados a dar nosso próprio testemunho pessoal em favor do Senhor. A alegação e a indicação no texto bíblico podem, assim, se aplicar a cada um de nós: *Perguntai a ele mesmo; tem idade; ele falará por si mesmo.* O *próprio* Jesus Cristo foi quem levou sobre si os nossos pecados, conforme vimos esta manhã. Entregou *a si mesmo* por nós, servindo-nos não mediante uma procuração passada a outro, mas por consagração pessoal; não por meio de uma esmola entregue tristemente, mas, sim, rendendo a própria vida voluntariamente como sacrifício a Deus. Tendo dado desse modo o seu amor por nós, o que poderíamos fazer em troca senão oferecer o nosso próprio testemunho ousado, corajoso e pessoal a seu respeito?

Que grande paralelo existe entre o caso daquele cego e a nossa própria situação! Ele sofria de uma grave deficiência pessoal: nascera cego. Do mesmo modo, nascemos no pecado. O pecado lançou sua cegueira sobre as nossas possibilidades desde o nosso nascimento. Jamais nos esqueceremos da noite escura de nossa alma. De tão cegos que éramos não conseguíamos visualizar nem mesmo a beleza do próprio Cristo, embora mais resplandecente que o sol do meio-dia. O cego foi liberto pessoalmente de sua enfermidade, e, eu creio, também fomos libertos assim. Conheço muitos aqui que poderiam dizer que, considerando o fato de que eram cegos, agora veem. Tal como o cego, você alcançou uma bênção pessoal ao receber sua visão. A mancha que obscurecia sua vida foi removida. Não se trata mais de alguém ver por você e lhe dizer o que é, mas, sim, de você poder enxergar por si mesmo. Não é mais simplesmente descrito a você o que você não consegue ver, por alguém que viu. Você não precisa mais de representante ou parceiro algum nisso. Você está plenamente consciente de que a obra da graça foi realizada em sua vida, pois era cego e agora vê, e sabe perfeitamente disso.

O cego foi curado por obediência pessoal ao mandamento de Cristo. Ele ouviu atentamente a ordem específica que lhe foi dada: *Vai, lava-te no tanque de Siloé* (Jo 9.7). Foi, e voltou vendo. Muitos aqui presentes ouviram também a voz que diz: "Creia e viva". Ela não lhe foi dada como exortação geral, mas como uma orientação particular. Você creu e, hoje, vive. Você se lavou no tanque e voltou vendo. Por ser tudo isso muito pessoal, seu Senhor e Mestre tem o direito de esperar de você um testemunho pessoal quanto a seu poder para salvar. Você já tem idade. Quando qualquer pessoa lhe perguntar, confio então que você pode e deve falar por si mesmo. Fale, fale bem alto em favor do seu mestre, sem hesitação ou receio.

I. Há momentos em que um homem salvo é realmente compelido a falar por si mesmo. Há necessidade de que ele dê o seu próprio testemunho.

O que mais pode fazer quando os amigos o deixam? O pai e a mãe do que fora cego prontificaram-se a dizer que ele era seu filho e a dar testemunho de que havia nascido cego; mas não quiseram ir além. Poderiam ter ido, se quisessem, mas temeram a sentença de excomunhão sobre a qual os judeus tinham sido advertidos: de que todo aquele que confessasse que Jesus era o Cristo seria expulso da sinagoga. Assim, não sendo de sua vontade assumir qualquer responsabilidade no caso, e confiando na capacidade de seu filho de cuidar de si mesmo, acabaram por deixá-lo sair dessa sozinho: transferiram para ele a pressão e o ônus de dar uma resposta que pudesse fazer recair ou não a repreensão sobre si mesmo. Afastaram-se, enfim, de tal situação. Acharam que não precisavam se arriscar a se tornarem alvo de perseguição só pelo fato de seu filho cego ter sido abençoado com a visão. Sendo assim, aquele que fora cego deveria testemunhar agora sozinho em favor do bom Senhor que lhe concedera tão grande benefício. *Perguntai a ele mesmo*, disseram os pais; *ele falará por si mesmo.*

Frequentemente acontece na vida de muitos jovens que, embora seus pais não lhes lancem um olhar de censura em relação à sua fé, oferecem uma recepção fria, não mostrando simpatia alguma por seus sentimentos cristãos. Muitos de nós nos regozijamos quando nossos filhos se convertem. Não temos acanhamento algum em nos colocarmos a seu lado e de defendê-los e protegê-los de qualquer coisa que possa vir a ameaçá-los. Existem pais e mães, no entanto, que não possuem propriamente gosto pelas coisas de Deus, de modo que, quando seus filhos se convertem, passam a ter de enfrentar dificuldades com a nova situação. Conheço até algumas pessoas que, embora professando serem cristãs, mantêm-se um tanto distantes e desconfiadas, deixando que outros defendam a causa do Mestre quando a situação se torna difícil para o seu lado. Você fica esperando que, durante uma conversa, um senhor de idade que se diz cristão fale bravamente em favor da verdade do evangelho, mas não o faz. Você sabe que ele é membro de uma igreja evangélica, mas, de um modo estranho, bastante cautelosamente, fica calado por longo tempo e, então, meio entre dentes, sussurra alguma coisa sobre não se dever jogar pérolas aos porcos. É bem provável que, na verdade, ele não tenha pérola alguma ou, então, até, que seja o próprio suíno... Ou de que outra maneira você poderia reagir diante de tão tremenda covardia? Contudo, há quem já tenha descoberto, no ardor da juventude, o que é ser compelido a tamanha audácia a ponto de se arriscar a receber a acusação de presunção, por estarem os outros, aparentemente, desertando da doutrina que tinham por obrigação defender. É lamentável, de fato, ver quantos mostram receio de se comprometer. *Pergunte a ele, pergunte a ele. Ele falará por si mesmo* é sempre o seu frágil pretexto. Retiram-se prudentemente para trás dos arbustos, longe do alcance do rifle, sem jamais vir à frente, a não ser que, porventura, outros obtenham a vitória, momento então em que eles, muito provavelmente, virão à cena para compartilhar os espólios. Todas as vezes que um homem é colocado em condição na qual se acha sozinho na batalha por Cristo, tendo sido abandonado por aqueles que o deveriam proteger, que então não bata em retirada, mas, sim, proclame, de maneira decidida: "Eu tenho idade; falarei por mim mesmo. Em nome de Deus, darei meu próprio testemunho".

Os cristãos verdadeiros, por mais reservada e tímida que possa ser sua disposição natural, são levados a testemunhar quando pressionados. Os fariseus abordaram aquele homem que fora cego e o questionaram de maneira bem incisiva. Fizeram-lhe perguntas com o objetivo de sondá-lo e fazer um cruzamento de informações. "O que ele fez? Como lhe abriu os olhos?" e assim por diante. Ao que parece, o homem não se perturbou nem ficou preocupado com as perguntas. Portou-se muito bem. Contido, quieto, perspicaz, impassível, resoluto e dominando plenamente a situação, mostrou-se pronto a ser interrogado pelos fariseus e não hesitou. Tenho certeza de que se você e eu enfrentarmos situação na qual nos peçam satisfação e nos façam perguntas, ainda que o intuito seja o de nos enredar, não vamos "nos envergonhar de nosso Senhor ou de defender sua causa". Certamente deveríamos esperar sermos esmagados, isso sim, se nos envergonhássemos de falar de Cristo quando intimados a fazê-lo. Se nos virmos diante de um desafio do tipo "de que lado você está?" por acaso hesitaríamos em dizer que "estou com Cristo, o Emanuel, o

Salvador crucificado?" Se formos cercados em um canto e afirmarem: *Tu também estavas com Jesus* (Mt 26.69), oh, que Deus possa nos dar a graça de estarmos prontos a responder e não pensarmos duas vezes: "Estava e continuo ao lado dele. Ele é meu amigo, meu Salvador, meu tudo. Jamais me envergonharei do seu nome". Os cristãos devem ir e dar a cada pessoa seu claro e distinto testemunho.

Quando os outros ultrajam e difamam nosso Senhor Jesus Cristo, torna-se imperativo que o defendamos e o exaltemos. Disseram àquele homem: *Dá glória a Deus; nós sabemos que esse homem é pecador* (Jo 9.24). Então, ele respondeu com gratidão e um coração transbordante de fidelidade: *Ele me abriu os olhos* (Jo 9.30). *Uma coisa sei: eu era cego, e agora vejo* (Jo 9.25). E quando chegaram ao ponto de dizer: *Mas quanto a este, não sabemos donde é* (Jo 9.29), o homem falou de maneira ainda mais heroica. Voltou-se para os que o repreendiam e os criticou por sua própria ignorância: *Nisto, pois, está a maravilha: não sabeis donde ele é* (Jo 9.30); e lutou tão bravamente em favor de seu Mestre que eles foram forçados a abandonar as armas do debate e pegar as pedras do autoritarismo, com as quais o atacaram, expulsando-o da sinagoga. Se falarem mal de Cristo, ficaremos calados? A injúria fará nosso sangue ferver? Não teremos uma palavra de repreensão ao blasfemo? Ouviremos falsas denúncias à causa de Cristo na sociedade e, pelo medo de homens frágeis, refrearemos nossa língua ou procuraremos amainar a situação? Não. Que lancemos um desafio em favor de Cristo e digamos imediatamente: "Não posso e não vou me refrear, antes que as próprias pedras falem. Quando meu querido amigo — o melhor dos meus amigos — sofre um abuso tal, devo e vou proclamar as obras de seu nome".

Creio que o povo cristão deste país não usa de metade da liberdade que poderia e deveria usar. Se ousamos falar uma palavra de fé, se abrimos nossa Bíblia no vagão do trem, ou qualquer coisa desse tipo, há quem logo diga: "Não pode", "Isso não é permitido" etc. Suponho que as pessoas possam, por exemplo, jogar cartas no transporte público sem nenhuma punição. Podem tornar terrível nossa noite com seus uivos, dizer todo tipo de profanações e cantar todas as músicas lascivas a seu bel-prazer; mas nós somos terminantemente cerceados se quisermos agir. Em nome de tudo o que deve ser livre, digo que devemos ter também a nossa vez. Gostaria que vocês, de vez em quando, cantassem, para perturbação deles, alguns cânticos de Sião, já que eles cantam músicas de Babilônia em volume bastante alto para nos perturbar. Precisamos dizer-lhes que, enquanto vivermos em uma terra de liberdade e nos regozijarmos com o fato de que Cristo nos libertou, não teremos tanta vergonha de nosso testemunho do que eles deveriam ter de suas iniquidades. Quando então passarem a pecar só ocultamente e a ficarem vermelhos de vergonha ao pronunciar uma palavra lasciva, será esse o momento de guardarmos nossa religião para nós mesmos? Não, nem mesmo então!

Como vemos, há momentos em que os homens — homens calados e reservados — devem falar. Serão como que traidores se não o fizerem. Não creio que aquele cego fosse de falar muito. A brevidade de suas respostas parece mais indicar ser um orador de frases curtas e, na verdade, foi levado a falar. Era um homem sozinho, em apuros, e teria de lutar com disposição. Creio que dificilmente possa existir um homem cristão que tenha encontrado o caminho para o céu e fique se escondendo, indo de trás de arbusto em arbusto, até poder chegar à glória. Cristianismo e covardia — que contradição de termos! Acredito que há momentos em que você se sente obrigado a dizer a si mesmo: "Bem, não importa o custo. Posso sofrer impedimentos na sociedade; posso ser ridicularizado por pessoas grosseiras e até perder a consideração das mais educadas. Mas, por Jesus Cristo e por sua verdade, tenho de dar meu testemunho". Então, isso é verdade com relação a você: *Perguntai a ele mesmo; tem idade; ele falará por si mesmo.*

II. Vamos prosseguir com o segundo comentário. É SEMPRE BOM ESTAR PREPARADO PARA FALAR POR SI MESMO. É evidente que aquele homem estava pronto para agir assim. Quando seus pais disseram *perguntai a ele mesmo; ele falará por si mesmo* — creio até que havia certo brilho nos olhos do pai quando falou isso —, queriam certamente dizer: "Vocês vão ver só. Ele *consegue* falar por si mesmo. Nós o conhecemos perfeitamente e sabemos que, desde pequeno, ele sempre teve uma resposta bastante afiada para qualquer um que o considerasse tolo. Se vocês imaginam que vão conseguir tirar muita coisa dele para que o possam ridicularizar, estão enganados. É mais provável ele arrasar com vocês do que vocês, com ele".

Entregando-o assim na mão dos seus inquiridores, e embora pudesse parecer que em sua resposta tivessem sido um tanto rudes, suponho que seus pais tinham a certeza de que ele não era um "frangote" que precisasse de seus cuidados. Enfim, em resumo, eles estavam querendo dizer o seguinte: "Ele tem idade e maturidade suficiente para falar por si mesmo; perguntem, então, a ele, *apenas e diretamente a ele*. Ele falará por si mesmo, podem deixar". E foi exatamente isso o que ele fez.

Gostaria de ter aqui um grupo de crentes desse tipo — que, quando questionados sobre sua santa fé, pudessem responder de tal modo que não houvesse nenhuma possibilidade de que se tornassem como acontece frequentemente, alvo de ridículo e zombaria, porque mostrariam ser dureza para os seus adversários. Mas você deve estar se perguntando: de que modo podemos estar preparados para falar por nós mesmos? Para começar, é bom cultivar *o hábito geral de franqueza e ousadia*. Não há necessidade alguma de nos intrometermos nem nos colocarmos no caminho das pessoas e nos tornarmos um estorvo ou uma pessoa entediante para outros. Longe disso. Todavia, devemos andar pelo mundo como quem realmente nada tem a esconder, conscientes da integridade de nossas próprias motivações e retidão do nosso coração diante de Deus; ou seja, sem necessidade de usarmos armadura e de dormirmos tais quais os cavaleiros do passado, mas sabendo, pelo contrário, que nosso melhor traje é o da verdade pura e desarmada. Precisamos mostrar abertamente que nada temos a esconder ou encobrir, nada a disfarçar ou manter oculto, mas, sim, o que o evangelho realizou em nós com uma honestidade e uma franqueza de espírito tal que nenhum denunciante nos faça corar e inimigo nenhum nos cause temor. Que proclamemos aquilo que cremos ser verdadeiro simplesmente porque podemos atestar sua veracidade. Que façamos calar aqueles que nos contestem não tanto com nosso empenho em combate, mas, sim, com o nosso caráter. Que possamos provar que temos um sólido motivo para a nossa refutação: o fato de que recebemos a graça na qual cremos com profundidade. Nossas palavras, enfim, terão valor quando virem que o fruto da nossa piedade está em consonância com a flor daquilo que professamos. Existe um grande poder nessa maneira de respondermos aos adversários.

Ao falar, porém, tenha o cuidado de *ter certeza de suas bases*. Aquele homem tinha certeza. "Se é pecador", disse ele, "não sei". Assim, não deu opinião alguma quanto a um assunto sobre o qual nada sabia. Todavia, muito embora não tivesse certeza quanto a esse aspecto, nada havia de vago ou incerto na declaração que faz a seguir: "Uma coisa sei: eu era cego, e agora vejo". Eis o tipo de argumento que o mais astuto opositor encontra dificuldade em contestar. O próprio fato de o homem cego estar olhando bem nos olhos de seus opositores era algo que certamente os confundia por completo. Em alguns de vocês, foi realizada uma mudança tal de caráter que poderiam, sem dúvida, dizer com toda a segurança: "Sei que não sou mais o homem que era. Minha maneira de viver desde a juventude era bastante conhecida de muitas pessoas, que podem testemunhar. Contudo, por meio do evangelho de seu Filho, Deus abriu meus olhos, renovou o meu coração, limpou-me da lepra espiritual e colocou meus pés no caminho da paz". Mesmo os que costumam zombar do evangelho serão incapazes, no caso de muitos de nós, de negar a notável e benéfica mudança que em nós foi operada. Existe uma retidão nessa declaração com relação à qual temos de ser bastante firmes. Seja firme, enérgico e diga: "Não, você não pode fazer esse mau juízo de mim. Você pode filosofar o que quiser, mas o antigo e simples evangelho foi esse mesmo que me transformou e me fez amar aquilo que antes eu odiava e a abandonar tudo aquilo que eu antes idolatrava. Eis um fato que você não pode contradizer. Isso eu sei".

Tal qual aquele homem, também, é bom *ter os fatos preparados para servir de exemplo. O homem que se chama Jesus fez lodo, untou-me os olhos, e disse-me: Vai a Siloé e lava-te. Fui, pois, lavei-me, e fiquei vendo* (Jo 9.11). Deixe que os seus ouvintes, meu irmão, saibam a respeito do plano de salvação tal como você o recebeu, narrando-o de maneira sucinta para eles. Quase sempre é essa a melhor resposta que você poderá dar àqueles que o questionarem com o objetivo de censurar ou de discutir com a finalidade de desacreditar. Que eles possam então receber a nova do plano de salvação em Cristo com aquela mesma sensação de benefício com que você a recebeu. Conte-lhes como o Senhor trabalhou a sua alma, o que ele fez realmente de bom por você. Somente uma pessoa de coração muito duro poderia escarnecer diante

FALAR POR SI MESMO: UM DESAFIO

da simples explanação de como você se converteu; a mudança que em você se deu é um fato diante do qual pessoa nenhuma pode se opor. Embora alguns possam até o chamar de exagerado ou achar que você se iludiu, nada existe mais difícil para eles do que ter de enfrentar a tranquilidade e a confiança que você demonstra em sua narrativa. "Ele abriu os meus olhos." É uma questão simples assim. "Ele abriu meus olhos; e se ele abriu meus olhos, então ele é Deus. Deus certamente estava presente em um verdadeiro milagre desse, pois eu nasci cego." Dê razões para a esperança que há em você, com humildade e temor, a todos aqueles que a você se oponham.

Além disso, em todos os momentos o cristão deve estar como aquele homem estava *preparado para suportar o autoritarismo e o abuso. Tu nasceste todo em pecados* (Jo 9.34). Tenho certeza de que o homem que fora cego não se importou nem um pouco com o que estavam afirmando ou insinuando, tampouco com a zombaria deles. O escárnio deles não o poderia privar da visão já ganha. Ele simplesmente balançou a cabeça e afirmou: "Eu posso ver; posso ver. Eu era cego, mas agora vejo". E pensava: "Os fariseus podem usar de abuso de autoridade para cima de mim, mas isso não impede que eu realmente veja. Podem me ofender, dizer que sou isso, aquilo ou aquilo outro, mas a verdade, simplesmente, é que eu posso ver. Meus olhos estão abertos!" Assim também, querido filho de Deus, você pode e deve dizer sempre a si mesmo: "Eu posso ser ridicularizado; posso ser criticado por ser crente, por ser luterano, presbiteriano, metodista, batista, ou qualquer outra denominação; isso não importa. Eu sou salvo; sou um homem transformado em Jesus. A graça de Deus me renovou; quer eles me chamem quer não daquilo que quiserem me chamar".

Alguns de nós, porém, parecem ser demasiadamente sensíveis à crítica; retrocedem ou se irritam com um gracejo, e aquilo que o mundo chama de "brincadeira" os irrita. Que infantil é o homem ou a mulher que não pode enfrentar o riso de um tolo! Levante-se, meu jovem! Quando você voltar ao local daquele emprego que deseja, mostre uma face tranquila e segura. Se quer ir trabalhar em uma grande fábrica e for provocado por causa de sua religião, reúna coragem e pense: "Aqui estou eu, com minha estatura de 1,70 m, eficiência e fé, e vou me importar com o fato de as pessoas rirem de mim por causa de Cristo?" Ora! Se for derrubado pela zombaria deles, você não vale nem os sapatos que calça para ficar em pé! Não tenho dúvida de que muitos soldados, em um quartel ou acampamento, acham difícil manter seu espírito elevado quando os colegas chegam a insultá-los com zombarias e escárnios típicos da sua grosseria peculiar. No entanto, sua própria masculinidade não faz brotar neles a coragem para tudo enfrentar? Quando estamos convictos daquilo que consideramos correto, não devemos dar o menor valor a uma brincadeira irrefletida ou a um torcer de nariz insignificante. Deixe que riam. Acabam sempre por se cansar de zombar de nós quando descobrem que o nosso temperamento cristão triunfa sobre suas chocarrices sem sentido.

Que riam quanto puderem, pobres tolos. Prefiro sorrir do que me abater com as piadas que são feitas por minha causa. Suas investidas supostamente divertidas provavelmente devem lhes aliviar um pouco das lastimáveis tristezas que brilham em seus olhos, sem que percebam, e que vêm à tona em suas horas solitárias. A melancolia mantém uma falsa festa neste nosso mundo louco. Fantasmas e duendes assombram frequentemente, na verdade, as mentes supostamente mais alegres. E se, de vez em quando, me fizerem objeto de seu esporte favorito e eu me tornar o alvo de sua bufonaria, não tenho receio algum de que isso venha me ferir; o único perigo, na verdade, é que isso venha feri-los. Que vocês tenham essa disposição, queridos amigos, e não se importem com qualquer troça.

Aquele homem nascido cego, cujos olhos foram abertos, estava devidamente preparado para se encontrar com os fariseus e falar-lhes por si mesmo porque sentia imensa gratidão para com aquele que lhe havia concedido o inestimável dom da visão. Conforme se percebe em toda a narrativa, embora não soubesse muito sobre Jesus, o homem sentiu conscientemente que ele era seu verdadeiro amigo e se apegou a ele, mesmo diante de todas as dificuldades. É possível que eu e você não saibamos muito sobre nosso Senhor — talvez nem um décimo daquilo que esperaríamos saber; mas ele abriu os nossos olhos, perdoou nossos pecados, salvou nossa alma e, por meio de sua graça, nos apegamos a ele, venha o que vier. Se a sua gratidão a ele estiver sempre no máximo, não tenha dúvida de que, todas as vezes que você for insultado ou colocado à prova, será fiel ao seu grande amigo e capaz de dizer, com consciência tranquila:

Do Senhor não me envergonharei
E sua causa hei de sempre honrar.
Sua palavra eu defenderei
E a glória da cruz vou proclamar.

III. TODO HOMEM SALVO DEVE FALAR POR SI MESMO, VOLUNTARIAMENTE, DE CRISTO. Como já disse anteriormente, você certamente será levado a isso; pedi então que você se preparasse para quando chegasse essa ocasião. Agora, quero instar com você para que, uma vez preparado, *faça chegar essa ocasião voluntariamente.*

Se Cristo nos salvou, não somos todos seus devedores? Como reconhecer essa dívida se tivermos acanhamento ou vergonha a respeito dele? Sua promessa é: *Quem crer e for batizado será salvo.* O batismo salva? Não; mas aquele que crê é levado a se batizar para assim confessar o seu Senhor: o batismo é a resposta de uma boa consciência para com Deus; é a grata resposta do discípulo ao gracioso chamado de seu mestre. Você sabe como: *Porque, se com a tua boca confessares a Jesus como Senhor, e em teu coração creres que Deus o ressuscitou dentre os mortos, serás salvo* (Rm 10.9). Não posso me abster de confessar se interiormente o creio. E por que faria isso? Se devo tanto a ele, posso, por acaso, sequer pensar em não confessá-lo? Se houvesse um mandamento dizendo que não poderíamos confessar o Senhor, que nada deveríamos dizer a seu respeito aos homens, que deveríamos ocultar isso de nossos parentes, amigos e vizinhos — para mim, isso seria a coisa mais terrível já ordenada. Mas ele, pelo contrário, determinou que o confessássemos e déssemos testemunho dele. Não só saudamos este mandamento, mas o consideramos o mais conveniente e adequado e alegremente queremos obedecer a ele — não é assim?

Devemos estar prontos a falar sempre em favor de Cristo, pois todos nós, cristãos, sabemos perfeitamente o que ele fez por nós. Ninguém aqui sabe detalhadamente o que ele fez por mim, e posso até imaginar alguém dizendo: "É verdade, mas você também não sabe o que ele fez por mim". Não, realmente não sei. Somos devedores a ele até o pescoço. Oh, quanta misericórdia ele deve ter mostrado a alguns de nós. Se o mundo pudesse saber o estado de cada um de nós antes da nossa conversão, é possível que seus cabelos ficassem em pé ao ler a história de nossa vida. Como a graça de Deus nos modificou! Que mudança! Que transformação! Corvos que mudaram para pombos, leões que se transformaram em cordeiros! Os mais instruídos do mundo poderiam até expor ou mistificar o fenômeno em uma ou duas palavras da terminologia grega. Essa conversão, no entanto, sabemos, acontece em toda parte todos os dias. Enquanto certos zombadores tomam conhecimento disso somente para desdenhar, homens de ciência ficam perplexos e calados ante esse fenômeno inquestionável. A mudança é infinitamente maior até do que quando os ossos secos se levantaram e foram revestidos de carne, em Ezequiel. Pedras derretidas que correm como lavas ou rios não são nada diante da regeneração que experimentamos. Devemos então narrá-la, comunicá-la, falar sobre ela. Como sabemos mais sobre ela do que os outros, evidentemente que temos de ser narradores sérios e honestos dessa maravilhosa história.

Quanto mais testemunhos individuais forem dados em favor de Cristo, maior a força acumulada no conjunto total. Se eu, no meio da multidão, der testemunho de Cristo em nome de todos nós, declarando *grandes coisas fez o Senhor por nós, e por isso estamos alegres* (Sl 126.3), o farei, naturalmente, na esperança de honrar a Cristo e de que alguma influência seja exercida para salvação dos que me ouvem; mas se dez, vinte, trinta ou cinquenta pessoas se levantarem uma após a outra e declararem que "grandes coisas fez o Senhor por mim", cada uma contando sua própria história, tenho certeza de que muito mais convicção e fé poderá ser alcançada. Ouvi de um advogado nos Estados Unidos, que compareceu a uma reunião de relato de experiências entre seus vizinhos, que era cético, talvez total descrente, quando entrou naquele lugar, mas sentou-se com lápis e papel e tomou nota das declarações dos vizinhos. Quando revisou as declarações, disse a si mesmo: "Se eu tivesse essas doze ou treze pessoas testemunhando ao meu lado, em um tribunal do júri, ficaria inteiramente seguro em levar minha defesa adiante. Eu as conheço, vivo entre elas; não são as pessoas mais letradas que já conheci, mas são honestas e dignas de crédito; falam firme

FALAR POR SI MESMO: UM DESAFIO | 251

e claramente. Embora cada uma delas haja contado sua diferente história, todas chegaram a um mesmo ponto, todas deram testemunho do mesmo fato: de que existe uma coisa chamada graça de Deus e que realmente muda o coração das pessoas". Bem, prosseguiu ele, "diante de tais testemunhos, sou forçado a crer no que declararam". E ele realmente creu e se tornou cristão. De uma coisa tenho certeza: se o povo cristão desse mais frequentemente seu testemunho do poder de Jesus Cristo em seu coração, esse testemunho, acumulado, atingiria muito mais mentes, e multidões viriam a crer em Jesus. O Espírito Santo se alegra em dar seu testemunho, abençoando essas narrativas verdadeiras que você e todos nós podemos fazer.

Alguém poderá indagar: "Mas não podem fazer isso sem a minha participação?" Não, meu amigo, não, respondo eu; não podemos dispensar suas provas, porque a diversidade das experiências são tão numerosas quanto são os indivíduos convertidos, embora exista unidade na operação do Espírito Santo. Nosso Senhor abriu os olhos de muitos homens cegos, destampou os ouvidos de muitas pessoas surdas, soltou a língua de muitas pessoas mudas, e não podemos contar quantos leprosos ele limpou; todavia, cada um deles poderia falar de seu próprio sofrimento e sobre as particularidades da sua própria cura. Sua história tem seu interesse especial e, ao mesmo tempo, contribui para a narrativa geral. Você sentiria muito se não fosse assim. *O Senhor, ao registrar os povos, dirá: Este nasceu ali* (Sl 87.6). Sei que você bem gostaria, então, que seu nome fosse mencionado nesse momento; e creio, por isso, ser digno de nota mencionar as misericórdias que você recebeu exatamente da maneira que as recebeu. Falando por mim mesmo, creio que, ao me converter, Deus manifestou-se de uma maneira que se encaixava exatamente na minha necessidade. Sendo assim, minha situação é bem parecida com a sua quanto a produzir o entrosamento com Cristo, mas certamente diferente a ponto de resultar em uma gratidão minha toda especial; e é isso, sem dúvida, o que acontece com cada um de nós. A vida, a personalidade, as circunstâncias, diferem em cada exemplo. Como um grande mestre raramente pinta o mesmo quadro duas vezes, do mesmo modo o Mestre-artista, Deus, raramente — penso eu que nunca — trabalha exatamente da mesma maneira em dois corações. Existe uma diferença, e, nessa diferença, uma mostra da multiforme sabedoria de Deus. Queremos, portanto, sua história.

Além disso, seu testemunho pode tocar o coração de uma pessoa parecida com você. A modesta Mary, ali naquele canto, diz: "Bem, não sou ninguém; apenas uma babá. O Senhor Jesus Cristo me limpou e me fez sua filha, é verdade, mas vocês podem passar sem a minha história". Não, não podemos. Talvez seu testemunho se encaixe exatamente na vida de outra moça como você. A esposa de Naamã tinha uma menina israelita como serva. Quem além dela poderia ter dito à sua patroa que havia cura para Naamã ou que ele poderia ir ao encontro de um profeta em Israel e ser curado? Conte sua história de maneira clara e tranquila e no momento adequado, mas não a deixe escondida. Um idoso diz: "Mas eu estou tão frágil agora. Não me poderiam dispensar de dizer alguma coisa?" Não, irmão William, não podemos. O senhor é exatamente a pessoa cujas poucas palavras podem ter um imenso valor. É comum nos depararmos com a oportunidade de levar uma alma ao Salvador em que a pessoa a ser alcançada diz: "Estou velho demais para pensar nessas coisas". Mas o irmão pode, justamente, dizer de que maneira o Senhor o tem tratado nos anos de sua velhice, e isso é que irá atingir o objetivo.

Vocês, trabalhadores, se todos decidissem falar em favor de Cristo, como sei que muitos fazem, que efeito notável isso produziria, que tremenda influência vocês poderiam ter sobre seus colegas de profissão. Naturalmente que, quando as pessoas me ouvem pregar, comentam: "Bem, você sabe, ele é pastor. Está dizendo isso profissionalmente. Seu trabalho é dizer isso". Sim, mas quando é você que conta o que o Senhor fez em sua vida, isso se torna assunto de conversa e é repetido muitas e muitas vezes, espalhando-se por aí. O que diz, por exemplo, o Tom, quando chega em casa, para a esposa? Ele diz: "Sabe o Jack, que trabalha comigo? Ele tem conversado sobre sua conversão. Diz que os seus pecados foram perdoados. E, realmente, ele me parece um homem agora tranquilo e contente. Você sabe que ele costumava beber e falar palavrões, até mais do que eu; mas, olha, ele está muito diferente! Pelo que tenho visto, posso dizer que houve alguma coisa para isso acontecer. Outro dia, ele me convidou, e eu o acompanhei até a casa dele, e o que vi é que seu lar é muito diferente do nosso...". "Ora, deixe disso", responde Mary, a esposa, de maneira bem dura. "Se você trouxesse o dinheiro para casa regularmente, eu poderia fazer a nossa casa ficar bem melhor." "Pois é; é nisso que eu tenho pensado. É justamente por ser agora um homem religioso que o Jack leva o salário todo para casa; e eu creio que existe alguma coisa real sobre a sua conversão. Ele não bebe mais como eu bebo; não se envolve mais com todo esse tipo de farra por aí. Talvez eu não tivesse pensado nisso se ouvisse um pastor me falando. Mas agora realmente creio que existe alguma coisa boa e genuína na *graça* sobre a qual o Jack fala. Seria bom se você e eu fôssemos no domingo à noite ao Tabernáculo, ou a outro lugar de pregação, e ouvíssemos pessoalmente tudo o que o pastor tem a dizer sobre isso", conclui o Tom. Sim, muitas e muitas almas têm sido trazidas a Cristo dessa maneira. Não podemos ficar sem o seu testemunho, Jack, porque a sua conversa é a pregação mais adequada à sua própria comunidade.

E a senhora, da sociedade, que declara: "Eu amo o Senhor, mas creio não ser possível dizer alguma coisa no meu círculo ou entre as pessoas que vivem como eu"? Será mesmo que não pode? Estou certo de que a senhora pode facilmente superar essa pequena dificuldade se alcançar um crescimento um pouco maior na graça. Tínhamos entre nós uma dama cuja posição social a capacitava a estar em uma esfera superior da sociedade; mas sua escolha a levou a escolher a humilde companhia das pessoas da igreja. Alguns de vocês devem se lembrar muito bem de seus cabelos prateados. Ela já nos deixou. Foi para a glória. Seu destino talvez fosse estar entre a aristocracia; mas, com simplicidade gentil e meiga, apresentava o evangelho por onde quer que fosse. Muitos e muitos que chegaram a esses bancos para ouvir o seu ministro jamais teriam entrado aqui não fosse por aquela vida calma, bela, não invasiva e santa, bem como pela força com que, a qualquer hora e lugar, ela podia dizer: "Sim, eu sou cristã. Além do mais, sou uma não conformista. Talvez você considere ainda pior o fato de eu ser batista e, como se não bastasse, membro do Tabernáculo". Jamais se envergonhou de confessar o nome de nosso bendito Salvador nem de reconhecer e ajudar o mais humilde dos seus discípulos. Certamente devemos seguir sua fé. Que nos esforcemos em nos tornar centros de influência em qualquer círculo pelo qual nos movamos.

Procurei mostrar a vocês, assim, queridos amigos, que cada um de nós tem seu testemunho a dar — um privilégio a ser por nós valorizado não menos do que uma tarefa a ser executada, porque é um dom que você recebeu e que o qualifica para o serviço que lhe é solicitado, senão determinado, executar. Suponha que, ao partir para frente de batalha, o soldado diga: "Não preciso colocar munição na minha arma nem atirar, já que à minha direita e à minha esquerda existem atiradores tão peritos ou mais que eu e prontos a atacar eficientemente o inimigo". Sim, mas em meio à batalha, as balas de sua arma têm determinado destino, que não é o das balas da arma do outro. Todos nós temos de atirar, irmãos, e não apenas alguns; todos devem atirar, e a nossa carga deve ser esta: "Uma coisa eu sei: eu era cego e agora vejo. Portanto, dou testemunho do meu Senhor. Àqueles que duvidam, eu afirmo que ele abriu os meus olhos".

IV. Por fim, SE TODO CRISTÃO, POR JÁ TER MATURIDADE, DEVE FALAR POR SI MESMO, ENTÃO PRECISAMOS FAZER ISSO, PRECISAMOS FAZER ISSO. Eu, de minha parte, preciso fazer isso. Preciso falar a vocês, com todo o vigor, daquilo que creio ser verdade. Já ofendi pessoas algumas vezes. Sei que ofenderei ainda mais, espero, porque não é este o assunto que tenha de levar em consideração. É a verdade? A verdade necessária? É essencial que seja dita diretamente e diante do público? Ela poderá então se espalhar como uma bomba atirada no meio da multidão. Que todo ministro de Cristo — e creio que a verdade disso será cada vez mais reconhecida — anime-se a falar assim em favor de seu Mestre. Jamais com hesitação, mas, em nome daquele que o enviou, em nome de Deus, com a coragem condizente com seu comissionamento. O lábio trêmulo e a face cheia de temor presentes em um ministro mostram ser indigno do ofício que finge exercer. Devemos manter nosso rosto erguido como uma rocha e dar testemunho da verdade — de toda a verdade e nada mais que a verdade —, e que Deus nos ajude a fazê-lo.

E vocês, meus caros irmãos, e vocês, cristãos de todas as denominações, presentes aqui, não vão tomar esta resolução: "Temos idade suficiente e vamos falar por nós mesmos?" É bem verdade que nem todos podem pregar, e espero que os que não possam não resolvam tentar fazê-lo. Que tumulto e desordem teríamos se todos, homens e mulheres, se sentissem chamados a pregar! Teríamos uma igreja

FALAR POR SI MESMO: UM DESAFIO

que seria somente toda uma boca, e ocorreria, então, sem dúvida, algum vácuo em outro lugar. Talvez não houvesse mais ouvintes, se todos fossem só pregadores. Não se trata, pois, de buscar destaque em assembleias públicas, mas, sim, exercer influência na comunidade em particular para a qual você seja especialmente chamado. Por meio de uma boa conversa, uma fala temperada com sal, em casa, entre amigos, parentes ou colegas, tanto a uma dezena de pessoas quanto a apenas uma, proclame o que o amor de Deus fez, o que a graça de Deus fez, o que Cristo fez por você. Mostre isso, torne-o conhecido entre os seus filhos, entre os seus empregados, entre os seus colegas de trabalho — onde quer que você esteja, torne isso conhecido. Use seu traje cristão em toda parte aonde for. Não gosto de ver um soldado cristão com receio de mostrar sua insígnia. Oh, não, use-a. É uma honra servir Sua Majestade, nosso rei. Se há alguma coisa no cristianismo da qual você tenha vergonha, saia dele, então. Não finja crer, se você teme vir a trair sua confissão. Contudo, se você realmente recebeu o evangelho e nele crê como revelação de Deus, nunca se envergonhe de tê-lo em si; seja corajoso e proclame-o em todos os momentos e em todos os lugares.

Alguém poderá alegar: "Mas eu sou muito reservado" . Sim, meu irmão? Então, se desfaça um pouco da sua modéstia, mostre-se um pouco mais, em função de sua personalidade. Já lhes contei a história do soldado que resolveu desertar no dia da batalha e, ao fazê-lo, foi atingido por um tiro do inimigo? Não há como desertar se a tarefa é urgente ou o perigo o impele para frente de combate. Já ouvi falar de homens com face de leão e coração de corça. Cuidado com disposições muito retraídas. Condições desonrosas, muitas vezes, estão disfarçadas no meio de palavras educadas; falta de confiança em si mesmo pode ser simplesmente medo, e precaução demasiada pode ser covardia. Seja destemido, irmão, pelo seu Senhor e Mestre! Não se torne um traidor por causa de seu silêncio, mas, sim, use estes versos como inspiração para cumprir sua tarefa:

Envergonhou-se de Jesus um caro amigo
Do qual esperava que fosse para o céu!
Eu, não; quando eu corar, seja o meu vexame
que o Senhor não mais reverencie ou ame!.

Quebre esse gelo agora e fale a alguém sobre a divina mensagem de salvação, antes que venha a entrar em seu eterno descanso. Está disposto a fazê-lo agora? Cuidado para não protelar isso até que seu coração fique frio e as palavras que você pretendia usar venham a congelar em seus lábios! Faça isso agora, e a mensagem irá crescer cada vez mais dentro de você. Em breve, você estará agradecendo tal oportunidade do mesmo modo que hoje ainda se afasta de sua necessidade. Ela irá abençoar sua vida. Estou quase certo de que é de Horatius Bonar um poema que diz:

Vida longa tem o que vive bem;
Mais longa, porém, quem pode contar
As bênçãos que sempre do alto vêm,
Verdades da graça diária sem par.

Seja quem você é e viva sua fé,
Erga bem alto essa chama divina;
Ore pra ser aquilo que Deus quer,
Siga os passos que o Mestre lhe ensina.

Que cada momento esteja repleto
Daquilo que é eterno e deve durar;
Pois desta existência é fruto maduro
Futura vida, quando esta acabar.

Não desgaste jamais a sua vida,
Mas, sim, a dedique a quem lha deu,
Dando de graça, sem errar na medida,
O que de graça você recebeu.

Queridos amigos, alguns de vocês que são crentes em Cristo nunca o confessaram. Espero que se decidam, nesta noite, a se declarar abertamente a si mesmos como discípulos e se tornarem seguidores fiéis do Senhor. Vocês já têm idade para isso. "Sim", reconhece alguém, "já tenho bastante idade; estou na casa dos cinquenta". Há outros ainda mais velhos e, embora crentes em Cristo, jamais o confessaram. Não é preciso, meu irmão? Acha que não é preciso não morrer assim ou não pensar nisso agora? Quando ele vier, felizes serão aqueles que não tiveram vergonha dele; mas quando ele chegar, em plena glória, com todos os seus santos anjos, o tremor tomará conta daqueles que pensaram e disseram que o amavam, mas nunca ousaram desafiar a reprovação em favor de seu nome ou jamais sofrer vergonha pelo evangelho. Espero que esta reflexão o deixe realmente um tanto intranquilo e o constranja a dizer: "Deus, eu farei minha profissão de fé e me unirei a uma igreja cristã antes de encerrar este fim de semana". Você que é crente em Cristo, lhe imploro que não despreze a voz de sua consciência e que pague os votos que fez ao Deus Altíssimo quando da sua conversão.

Que tristeza! Que pena! Há alguns que não podem falar em favor de Cristo de modo algum, pois ainda não o conhecem. Ele ainda não abriu seus olhos. Se assim for, nunca tente falar de assunto de que você não entende; não finja dar testemunho da misericórdia que você ainda não experimentou. Lembre-se de que o Cristo que pregamos é não apenas o Cristo histórico, que foi crucificado, morreu e foi sepultado; mas, sim, é o Cristo vivo neste exato momento, presente entre nós mediante o seu Espírito, que muda a nossa natureza, transforma e guia a corrente dos nossos pensamentos e a nossa vida, que purifica nossos desejos e motivações — ensinando-nos a nos amarmos uns aos outros, admoestando-nos a sermos puros, solicitando que sejamos gentis, dando-nos um coração que aspira às coisas que são de cima em vez de rastejarmos por entre as coisas aqui de baixo. Se você ainda não encontrou este Cristo, não poderá dar testemunho de seu poder. Mas ele pode ser achado. Confie nele. Ele é divino, é o Filho de Deus. Seu sangue é o sangue do grande sacrifício, a respeito do qual Moisés falou e do qual todos os profetas deram testemunho. É o grande e definitivo sacrifício de Deus. Venha e confie nele. Quando você confiar, sua confiança será como o toque da mulher doente na orla de suas vestes. Assim que ela o tocou, foi curada de imediato, pois virtude saiu dele. Essa virtude vem de sua pessoa sagrada até hoje, todas as vezes que o simples toque da fé promove o contato do pecador com o Salvador. O Senhor Deus Pai o leve a crer em Jesus Cristo, e, depois de crer, por meio da graça, venha à frente e confesse seu nome. Você será contado, imediatamente, entre os seus santos, desde agora e por toda a glória eterna.

27

A CURA DE UM CEGO DE NASCENÇA

Desde o princípio do mundo nunca se ouviu que alguém abrisse os olhos a um cego de nascença (Jo 9.32).

É totalmente verdade: não havia exemplo algum até então, registrado nas Escrituras ou na história profana, na época em que esse homem disse isso, de pessoa nascida cega que tivesse obtido a visão. Creio que foi somente no ano de 1728 que o famoso dr. Cheselden, do Hospital St. Thomas alcançou, pela primeira vez na história da medicina, a maravilha de dar visão a um homem que era cego desde a juventude, por meios humanos. Desde então, a operação de catarata tem sido realizada de maneira bem-sucedida em até pessoas portadoras da cegueira, por esse motivo, de maneira congênita. Naqueles tempos antigos, portanto, estava o mendigo desse texto bíblico inteiramente certo em declarar, pois nenhuma pessoa que houvesse nascido cega fora até então curada dos olhos, nem por habilidosos cirurgiões nem mesmo por milagre. Esse homem era, por outro lado, sem dúvida alguma, um entendido em cegueira. A falta total de visão dominava sua consciência completa e profundamente desde que obtivera o entendimento das coisas, pois desde bem pequenino ele habitava sob sua sombra perpétua. Era, por assim dizer, um dos homens daquela cidade que mais entendia do assunto. Contudo, que tristeza, apesar de todo esse seu conhecimento e sofrimento, ele nunca havia encontrado qualquer base ou fundamento com que pudesse alimentar a mais débil esperança que fosse de um dia vir a enxergar. Tendo certamente já ouvido de todos tudo a respeito da cegueira e de como poderia ou não ser a deficiência corrigida ou eliminada, havia chegado à desalentadora convicção de que ninguém na mesma situação que a sua, cego de nascença, jamais fora curado, em parte alguma do mundo — uma conclusão, sem dúvida, terrivelmente arrasadora para ele. Nosso Senhor Jesus Cristo fez por ele, deste modo, aquilo que jamais fora feito antes a qualquer ser humano sobre a face da terra.

Essa atitude tão amorosa do nosso Senhor parece-me estar cheia de muita consolação para qualquer pessoa aqui presente que possa estar tomada da ideia de que o seu caso é o mais triste e o mais desesperador de todos. Talvez o seu caso não seja assim tão único ou tão especial como você acha. Mesmo até que aceitássemos sua suposição, quero lhe afirmar que não há espaço ou motivo algum para desespero, pois Jesus se deleita sempre em abrir novos e novos caminhos de sua graça. O Senhor é criativo em amor e vislumbra constantemente novos modos de misericórdia. Sua alegria está em descobrir e aliviar aqueles cujas condições miseráveis tenham impedido qualquer outro tipo de ajuda. Sua misericórdia não é limitada por qualquer precedente. Ele preserva o frescor e a originalidade do seu amor. Assim, se você acaso não encontrar exemplo algum de alguém como você mesmo que tenha sido salvo por Jesus, não deve, por isso, concluir que esteja, necessariamente, perdido. Em vez disso, creia naquele que faz grandes maravilhas; e maravilhas por vezes inexplicáveis, de um modo que somente a graça pode realizar. Ele faz tudo aquilo que deseja, e a sua vontade é amor. Tenha toda a esperança de que, por ver em você um pecador em particular, Jesus há de fazer de você mais um triunfo singular do seu poder de perdoar e abençoar. Foi isso justamente o que aconteceu com os olhos daquele que nascera cego: mesmo que olhos cegos de nascença jamais tivessem sido abertos antes, Jesus Cristo o fez — e muito maior seria a glória trazida ao seu nome por meio desse notável milagre. Jesus não precisa seguir o caminho normal dos feitos humanos; ele ama abrir novos caminhos para nós, e, quanto maior o espaço para exercer para conosco a sua misericórdia, mais ele se mostra disposto a abri-los.

Proponho que, nesta manhã, possamos obter ensinamento da expressão particular que o homem curado usou aqui, neste texto. Que o Espírito Santo faça que essa meditação seja inteiramente benéfica a todos nós.

Em primeiro lugar, peço que observem a *peculiaridade do caso* — aquele homem havia nascido cego. Em segundo lugar, *a especificidade de sua cura*. Por fim, em terceiro lugar, teceremos comentários sobre *a condição singular daquele homem curado* a partir do momento em que seus olhos foram abertos.

I. Vejamos, então, em primeiro lugar, A PECULIARIDADE DE SEU CASO.

Não se tratava propriamente de falta de luz. Se o fosse, poderia já ter sido remediado tanto rápida quanto facilmente. Havia luz suficiente ao redor dele; o que a pobre criatura não tinha era visão. Existem milhões de pessoas no mundo que têm pouca ou nenhuma luz. É fato que a escuridão cobre a terra e densas trevas cobrem as pessoas. É função justamente da igreja espalhar a luz por todos os lados e, para essa obra, está muito bem qualificada. Não devemos permitir que alguém morra por falta de conhecimento do evangelho. Não podemos dar novos olhos físicos aos homens, mas podemos dar-lhes luz. O Senhor colocou entre nós os seus candelabros de ouro e nos declarou expressamente: *Vós sois a luz do mundo* (Mt 5.14).

Na verdade, muitas e muitas pessoas possuem olhos e visão física e, no entanto, pouco ou nada veem, por falta de luz. São filhos de Deus, sim, mas, como se não o fossem, caminham nas trevas e pouco enxergam ou não enxergam luz alguma. Deus lhes deu a faculdade espiritual de ter visão, mas continuam tateando nas profundezas das grutas e cavernas, na região da noite, no vale da sombra da morte. Estão aprisionadas no castelo da dúvida, onde apenas alguns poucos raios de luz dificilmente conseguem penetrar em um verdadeiro calabouço. Caminham pela vida como em meio a um nevoeiro, olhando, mas nada enxergando. Ouvem a pregação de doutrinas que não são a verdade pura, milho debulhado da espiga da aliança, e, por estarem cegos os seus olhos, por causa da moinha e da poeira, mostram-se desorientadas e perdidas como que em um labirinto. Muitos dos que se acham nessas trevas preparam para si mesmos teorias de dúvida e medo, que mais ainda aumentam sua escuridão. Suas lágrimas molham as janelas de sua alma. Essas pessoas como que colocam em sua alma cortinas que impedem a entrada do sol. Não podem ver, embora a graça de Deus lhes tenha dado olhos e a possibilidade de enxergar. Que eu e você, mediante a explanação e o exemplo, o ensinamento pela linguagem dos lábios e um elevado volume de som na linguagem de nossa vida, possamos espalhar luz para todos os lados, de tal modo que aqueles que habitam na noite espiritual venham a se regozijar por haver brilhado para eles a luz.

Também *não se tratava, no caso, de um homem que ficara cego por doença ou acidente*. Aqui, mais uma vez, a ajuda do homem poderia ser muito útil. Muitas pessoas atingidas pela cegueira recuperaram a visão outra vez. Esse é, particularmente, o caso do relato bíblico em que Elias faz que todo um exército fique cego, mas, depois, ora a Deus por eles, que recebem de volta a visão. Muita coisa pode ser feita, igualmente, nos casos em que a cegueira está mais ligada às circunstâncias do que à natureza. Um exemplo disso é que em todos os lugares do mundo existe certo grau de cegueira causada por algum preconceito. Os homens julgam a verdade em vez de entendê-la; formam opiniões, por exemplo, sobre o evangelho sem haverem estudado o próprio evangelho. Coloque-se o Novo Testamento em suas mãos, peça que sejam sinceros, que o leiam e estudem com toda a atenção e todo o cuidado e que busquem a orientação do Espírito Santo — e realmente creio que muitos veriam seu erro e se corrigiriam. Há muitos espíritos sinceros, cuja percepção mental foi cegada pelo preconceito, mas que seriam ajudados pela graça a ver a verdade, se colocada de maneira terna e sábia diante deles.

Os preconceitos da educação influenciam muitas pessoas neste país. Somos geralmente conservadores até a medula, obstinados quanto ao erro estabelecido e desconfiados de qualquer verdade, se desprezada. Nossos compatriotas são lentos em perceber a verdade mais óbvia, a não ser que esteja em voga há muito tempo. Talvez até possa ser melhor agir assim do que sermos levados por todo vento de doutrina e corrermos atrás de qualquer novidade, como alguns outros povos ou nações. Contudo, por causa disso também, o evangelho enfrenta até hoje uma grande massa de preconceito neste país. "Meus pais eram assim, e eu serei assim"; "Do mesmo modo como minha família é há bastante tempo, assim sou eu e assim serão os

A CURA DE UM CEGO DE NASCENÇA

meus filhos". Não importa quão certa seja a verdade colocada diante da mente de alguns, eles nem mesmo lhe darão ouvidos, porque há o preconceito vigente de que os idosos têm sempre razão ou que os detentores de autoridade decidiram de maneira contrária a tal verdade. As pessoas presumem estar certas por herança e são ortodoxas por descendência. São incapazes de aprender coisa alguma nova. Alcançaram no seu entender, a plenitude de sabedoria e é ali que desejam ficar.

A igreja de Deus deveria tentar remover todos os preconceitos dos olhos humanos, independente de qual seja a fonte que os gere. Talvez sejamos capazes de curar tal miopia, e está ao nosso alcance tentar fazer isso. Tal como Ananias, podemos remover as escamas dos olhos de algum Paulo cego. Quando Deus nos dá visão aos olhos, podemos tirar o lodo de cima deles. Penetre no meio de seus amigos e companheiros, diga-lhes o que é a fé que salvou você, permita que eles vejam as boas obras que a graça de Deus produziu em você e, assim como no início o evangelho removeu dos olhos dos homens as escamas do judaísmo, da filosofia grega e do orgulho romano, sem dúvida nesta terra e na presente era ele poderá eliminar os preconceitos que alguns têm mantido com toda a diligência.

Mas nosso caso não era o de um homem que ficara cego por doença ou acidente e, consequentemente, não é bem um exemplo de compreensão obscurecida pelo preconceito. *O homem era cego de nascença*; sua cegueira era natural e, portanto, estava além de qualquer habilidade cirúrgica. Com relação à cegueira causada pela iniquidade, que vem do nascimento e continua conosco até que a graça de Deus nos faça nascer de novo, posso dizer que, desde o início do mundo, não se ouvira dizer antes também que se tivesse aberto os olhos de alguém cuja cegueira espiritual nascera com ele e era parte de sua natureza. Se é alguma coisa externa que me cega, posso me recuperar. Mas se é algo interior que impede a entrada da luz, quem é aquele que poderá me restaurar a visão? Se desde o início de minha existência estou cheio de insensatez, se for parte de minha natureza não ter compreensão, quão densas são as minhas trevas! Quão desesperador é fantasiar que elas possam ser removidas por outra coisa que não a mão divina! Vamos assumir e dizer a verdade: nascemos, por natureza, todos cegos para as coisas espirituais; somos incapazes de perceber Deus, de compreender o evangelho de seu Filho querido, de entender o caminho da salvação pela fé de uma maneira prática a ponto de sermos salvos por ele. Temos olhos, mas não conseguimos ver; temos entendimento, mas está deturpado, como balança alterada ou bússola que não encontra mais o norte. Julgamos, mas de maneira injusta; achamos que o doce é amargo e que o amargo é doce. Trocamos as trevas pela luz, e a luz, pelas trevas. Isso é congênito em nossa natureza, faz parte de nossa própria constituição. Ninguém humano pode tirar isso do homem, porque faz parte dele — é de sua natureza.

Se me perguntarem por que a compreensão do homem é tão obscura, responderei que isso acontece porque a sua natureza foi totalmente desarranjada pelo pecado. Suas faculdades foram pervertidas, agindo sobre sua compreensão e impedindo uma ação correta desta. Existe como que uma conspiração maligna no interior do homem, que distorce o seu julgamento e o leva ao cativeiro de sentimentos malignos. Nosso coração ama o pecado, e a inclinação da nossa alma não renovada é na direção do mal. Fomos concebidos em pecado e nascemos em iniquidade e, tão naturalmente quanto os porcos procuram a lama, vamos nos espojar no mal. Temos fascinação pelo pecado e somos atraídos a ele tais quais pássaros a uma armadilha ou os peixes à isca. Mesmo aqueles renovados precisam estar atentos em relação ao pecado, porque nossa natureza se inclina para ele prontamente.

Escalamos os caminhos da virtude com muita diligência e grande trabalho, mas os caminhos do pecado são bem mais fáceis para os nossos pés — não será assim porque nossa natureza caída se inclina nessa direção? Basta relaxar as energias e afrouxar o peso da âncora da alma para que ela fique imediatamente à deriva e siga no sentido da iniquidade, pois é nessa direção que corre a corrente da natureza humana. É preciso muito poder para nos manter na superfície, pois nossa tendência é a de irmos tão rapidamente para o fundo quanto as pedras caem ao chão. Sabemos que é assim porque o homem não é como Deus o criou; seus sentimentos foram corrompidos pelo pecado. São esses sentimentos que frequentemente distorcem os julgamentos. A balança está constantemente desregulada porque o coração corrompe a mente. Mesmo quando imaginamos que somos honestos, temos outras tendências inconscientes. Nossos sentimentos, semelhantemente aos de Eva, seduzem o Adão da nossa compreensão, e o fruto proibido é considerado bom para se ingerir. O nevoeiro da preferência pelo pecado cega totalmente os olhos da nossa mente. Nosso desejo é frequentemente o pai de nossas conclusões; achamos estar julgando de maneira justa, mas, na verdade, estamos dando uma justificativa para a nossa natureza básica. Achamos uma coisa melhor que a outra só porque pessoalmente gostamos mais daquilo; deixamos de condenar uma falha séria de maneira muito severa porque temos inclinação naquela direção; não exigimos excelência porque o custo para alcançá-la será muito alto também para nós ou então porque não alcançá-la será um golpe muito severo para a nossa consciência. Enquanto nosso amor natural pelo pecado cobrir os olhos da mente com uma catarata espiritual ou mesmo destruir o seu nervo ótico, não é de admirar que tal cegueira esteja muito além de sua remoção por meio de cirurgia humana.

Além disso, nosso orgulho natural e nossa autoconfiança se rebelam contra o evangelho. Todos nós nos consideramos bastante importantes. Mesmo que estejamos varrendo a calçada da rua, costumamos ter uma falsa dignidade que não aceita ser contestada. Os trapos de um mendigo, na verdade, podem cobrir tanto orgulho quanto a toga de um juiz. A importância que damos a nós mesmos não se restringe a determinada posição social ou econômica, a algum nível de vida especial. Pelo orgulho procedente da nossa natureza, somos todos considerados, por nós mesmos, tão bons quanto grandes, e tudo aquilo que achamos que poderá vir a nos rebaixar repudiamos como sendo não razoável, realmente absurdo. Não conseguimos ver as coisas assim e ainda ficamos irados com o fato de que outros o possam ver; e aquele que nos faz desconfiar da nossa nulidade nos ensina uma verdade difícil de ser engolida.

O orgulho não pode e não quer entender a doutrina da cruz justamente porque ela faz soar o sino da sua morte. Em consequência dessa nossa natural autossuficiência, esperamos entrar no céu por meio de esforço e mérito próprios. Todavia, embora possamos negar o mérito humano como consequência de uma doutrina, a carne e o sangue desejam e anseiam por isso. Queremos salvar a nós mesmos por meio de sentimentos, se não pudermos fazê-lo por meio de obras; e a isso nos apegamos como à própria vida. Quando o evangelho chega, por exemplo, com o seu machado afiado e nos ordena: "Derrube essas árvores! Suas uvas estão amargas; suas maçãs estão podres. Você precisa se arrepender de suas próprias orações; suas lágrimas precisam ser realmente bem derramadas; seus pensamentos mais sagrados são ainda ímpios; você tem de nascer de novo e deve ser salvo por meio dos méritos de outro, de Cristo, pelo favor livre, e imerecido por você, da parte de Deus" — imediatamente toda a nossa humanidade, o nosso orgulho e a nossa vaidade se colocam em posição de indignação, e resolvemos não aceitar a salvação nesses termos. Essa recusa assume a forma de uma falta de capacidade para entender o evangelho. Não conseguimos e não queremos entender o evangelho porque as ideias arrogantes que temos de nós mesmos se intercalam no caminho. Desenvolvemos ideias inteiramente erradas sobre nós mesmos. Toda a questão se transforma, assim, em uma grande confusão, e acabamos ficando cegos.

Então, amados, um motivo pelo qual nossa compreensão não vê e não pode ver as coisas espirituais é porque julgamos as coisas espirituais por meio de nossos próprios sentidos. Imagine uma pessoa que tem uma régua pequena como seu padrão para medir tudo o que exista na natureza. Imagine também que essa mesma pessoa, com sua régua de bolso, torne-se um astrônomo. Ela olha através do telescópio e observa as estrelas fixas. Quando tira do bolso essa sua pequena régua, alguém lhe diz que aquele objeto não é capaz de medir os céus; que deve abrir mão de suas medidas restritas, pois é preciso calcular as distâncias celestiais em milhões de quilômetros. A pessoa fica indignada. Não vai se deixar enganar por tal ensinamento. Tem bom senso, e sua régua, por menor que seja, é uma coisa que pode manipular, enquanto milhões de quilômetros são simplesmente uma questão de fé, pois ninguém jamais alcançou tão grandes distâncias; assim, simplesmente não acredita nelas. De fato, se a pessoa fechar seus próprios olhos, sua compreensão jamais poderá ir além dos seus próprios limites.

Assim também, medimos a colheita de Deus pelo nosso próprio cesto de colher: não conseguimos ser levados a crer que *assim como o céu é mais alto do que a terra, assim os caminhos de Deus são mais altos do que os nossos caminhos, e os seus pensamentos, mais altos do que os nossos pensamentos* (cf. Is 55.9). Se

A CURA DE UM CEGO DE NASCENÇA

acharmos que é difícil perdoar, imaginaremos que o mesmo acontece com Deus. Todas as demais verdades espirituais serão encaradas da mesma maneira. Se nos propusermos a medir o oceano do amor divino em milímetros, as sublimes verdades da revelação serão por nós consideradas com base na mera medida de um balde. Nunca seremos, enfim, capazes de alcançar os pensamentos e as coisas de Deus enquanto insistirmos em julgá-los por meio da visão estrita dos nossos olhos e de acordo com a medida de nossa mente carnal ligada somente à terra.

Nossa compreensão também se tornou desarticulada e desarranjada pelo fato de estarmos a uma grande distância de Deus e não crermos nele. Se vivêssemos perto de Deus e constantemente reconhecêssemos que *nele vivemos, nos movemos e existimos* (At 17.28), então aceitaríamos tudo o que ele dissesse como sendo a verdade verdadeira, pois foi ele quem assim falou. Nossa compreensão seria imediatamente esclarecida ao entrar em contato com a verdade de Deus. No entanto, pensamos mais em Deus como uma pessoa distante: não temos, por natureza, amor por ele, nem qualquer preocupação em relação a ele. A melhor notícia que alguns pecadores poderiam ouvir seria a informação de que Deus está morto. Eles se regozijariam acima de tudo diante do pensamento de que Deus não existe. O tolo sempre diz que *não há Deus* (Sl 14.1) em seu coração, mesmo que não o ouse dizer com sua língua. Todos nós, por natureza, ficaríamos felizes em nos livrar de Deus. É somente quando o Espírito de Deus vem e nos aproxima de Deus, dando-nos fé no Pai celestial, que nos alegramos e nos regozijamos nele e somos capazes de entender sua vontade.

Desse modo, podem ver que toda nossa natureza, caída como é, opera no sentido de cegar nossos olhos. A abertura dos olhos e da compreensão humana para as coisas divinas permanece, portanto, como impossível a qualquer outro poder que não o divino. Acho que existem alguns irmãos que acreditam que se pode abrir os olhos cegos de um pecador por meio da retórica. Isso seria a mesma coisa que tentar fazer uma pedra se emocionar tocando uma sonata. Imaginam que se deve encantar os homens com frases esplêndidas, e, então, as escamas cairão de seus olhos. O clímax da pregação deve ser de uma maravilhosa engenhosidade, e a exortação, mais maravilhosa ainda. Se isso não convencer os homens, pensam eles, o que os convencerá? Finalizar o discurso com o brilho e o ribombar de fogos de artifício, não deverá iluminá-los? Infelizmente, porém, sabemos muito bem que os pecadores geralmente ficam altamente deslumbrados, e até milhares de vezes, com todas as pirotecnias da oratória e, mesmo assim, continuam espiritualmente cegos como sempre o foram.

Outros defendem a ideia de que você deve argumentar muito bem a respeito da verdade junto à mente dos homens e que, se puder colocar as doutrinas do evangelho diante deles de uma maneira perfeitamente clara, lógica, racional e demonstrativa, eles certamente vão ceder. É fato, porém, que não se abre os olhos de ninguém por meio de silogismos. A razão sozinha não dá ao homem o poder de ver a luz do céu. As mais claras afirmações e as mais simples exposições são vãs se não acompanhadas da graça. Dou meu testemunho de que tentei várias vezes mostrar a verdade "tão clara quanto a água", como diz o provérbio, mas meus ouvintes de modo algum a viram. A melhor declaração de verdade não pode remover sozinha a cegueira de nascença nem capacitar os homens a olharem para Jesus. Não creio também que mesmo os mais diretos apelos do evangelho e os mais veementes testemunhos de sua verdade conseguem convencer o entendimento dos homens. Todas essas coisas têm seu lugar e seu uso adequado, é claro, mas sozinhas não têm poder, em si mesmas, para iluminar a mente e o coração para a salvação. Trago meu amigo cego a um lugar elevado e peço que olhe para a paisagem ao longe: "Veja como o rio prateado abre seu caminho por entre os campos de tom esmeralda. Veja como as árvores distantes parecem um só arbusto sombrio. Veja como esse jardim muito bem cuidado é cultivado à perfeição. Olhe aquele castelo e veja como se ergue naquele outeiro com beleza inigualável". O cego certamente balançará a cabeça negativamente, pois não tem como ter qualquer admiração por esse cenário. Mesmo que eu faça uso de expressões poéticas, ele não poderá participar do meu prazer. Posso tentar usar palavras mais simples e lhe dizer: "Ali está um jardim, lá está um castelo, do outro lado estão os bosques, aqui está o rio — está vendo?" "Não", responde ele, pois na verdade não pode ver nenhum deles e não sabe como são. O que esse homem tem? Não descrevi muito bem o cenário? Minha descrição terá sido falha? Não dei a ele o meu próprio testemunho de que já caminhei por aquelas pradarias e naveguei por aquele rio? Ele continua balançando a cabeça negativamente, e minhas palavras se perdem. Onde está a culpa? Está, toda, em seus olhos. Ele nada enxerga.

Precisamos estar convictos dessa cegueira em relação aos pecadores. Do contrário, iremos trabalhar muito para nada realizar. Precisamos nos convencer de que há algo no pecador que não somos *nós* que podemos curar, façamos o que fizermos; e que ele jamais será salvo, a não ser que seja curado. Temos de sentir isso, porque isso é que irá nos afastar de nós mesmos e nos levar ao nosso Deus; nos levar à força para obter força e nos ensinar a buscar poder além do nosso próprio poder. Então, Deus nos abençoará, e teremos a certeza de dar toda a glória ao seu nome.

Devo, porém, encerrar esse caso aqui, pois é o caso de uma cegueira natural, profundamente estabelecida, e que não pode ser mudada pela habilidade humana.

II. Agora, em segundo lugar, vamos nos deter um pouco nas ESPECIFICIDADES DA CURA, não exatamente da cura desse homem, mas da cura de muitos que temos visto. A primeira dessas especificidades é que a cura *é geralmente realizada pelos meios mais simples*. Os olhos do homem foram abertos com um pouco de lodo colocado sobre eles, que, depois, foram lavados no tanque de Siloé. Deus abençoa coisas bem simples para a conversão das almas. Por vezes, é desconcertante para um pregador pensar: "Bem, preguei um ótimo sermão" e, logo depois, verificar que Deus não deu maior atenção nem para o orador nem para o sermão, mas, sim, que um comentário despretensioso que ele mesmo tinha feito na rua, algo que ele dificilmente consideraria de qualquer valor que fosse, tenha sido aquilo que realmente Deus abençoou. É decepcionante para alguém concluir que não causou mudança alguma nos outros por meio daquilo, segundo sua ótica, em que fora mais bem-sucedido e que Deus abençoou outra ação sua em que pensava que se tinha dado mal. Muitas almas tiveram seus olhos abertos por uma instrumentalidade que jamais se pensaria ser tão útil. Na verdade, todo o caminho da salvação é por si mesmo, extremamente simples, e uma excelente comparação é o lodo feito com saliva que o Salvador usou.

Não sei de muitas vidas que se tenham convertido em razão de ensinamentos teológicos. Recebemos um número muito grande de pessoas aqui na igreja, mas nunca, que me lembre alguém que haja se convertido depois de uma profunda discussão teológica. Raramente ouvimos falar de um número muito grande de conversões ocorridas por meio de pregadores muito eloquentes — isso é realmente muito raro. Pessoalmente, aprecio a eloquência e nada tenho contra ela em si, mas evidentemente que não possui o poder espiritual de iluminar o entendimento; tampouco parece ser do agrado de Deus usar a excelência de palavras para a conversão a Cristo. Quando Paulo deixou de lado a sabedoria humana e resolveu que não usaria mais a excelência no falar, ele simplesmente estava deixando de lado aquilo que não lhe seria de utilidade na evangelização. Davi matou o gigante justamente ao se livrar da pesada armadura de Saul e usar tão somente sua funda e uma pedra. Os gigantes de hoje não serão vencidos de outra maneira que essa com que Golias foi derrotado pelo pastorzinho que se livrara da armadura de Saul. Devemos nos apegar às coisas simples, ao evangelho direto, pregado de maneira direta. O lodo feito de saliva pode não ser uma combinação muito estética: o bom gosto moderno não lhe daria o menor valor, nem a cultura de hoje o aceitaria; mas foi por meio desse lodo e da lavagem no tanque de Siloé que os olhos do cego foram abertos — do mesmo modo que *aprouve a Deus salvar pela loucura da pregação os que creem* (1Co 1.21).

Mais ainda: *em toda situação, pode ocorrer uma obra divina*. Nesse caso específico, é evidente que o Senhor Jesus abriu os olhos físicos do homem, de maneira literal; mas sua obra, mediante o Espírito Santo, permanece sendo sempre espiritual. Ele dá ao homem conhecer das coisas espirituais e abraçá-las pela fé. Nenhum olho é aberto para ver Jesus, a não ser pelo próprio Jesus. O Espírito de Deus realiza todas as boas coisas em nós. Que não nos afastemos dessa crença por motivo algum. Há imposições feitas por sistemas doutrinários humanos de atribuição de alguma medida de poder ao pecador; sabemos, todavia, que o pecador se encontra morto no pecado e, portanto, não possui força alguma. Amados, mesmo que o seu sistema doutrinário ou teológico se altere, não repudiem jamais esta verdade que está agora diante de nós, que se mostra confirmada pela nossa própria experiência diária, mas, sobretudo, revelada pela Palavra de

A CURA DE UM CEGO DE NASCENÇA $\qquad$ |261

Deus. É o Espírito que nos estimula e ilumina. A cegueira da alma cede somente diante daquela voz que, desde o passado, diz: *Haja luz*.

Além disso, *o abrir dos olhos é, quase sempre, instantâneo*, e, ao serem abertos, os olhos geralmente enxergam de modo tão perfeito como se tivessem sempre enxergado. Poucas horas atrás, assisti àquilo que creio realmente ter sido a abertura dos olhos de uma alma que buscava a Deus. Duas jovens vieram até mim, no gabinete pastoral, com dúvidas. Tinham ouvido o evangelho aqui apenas algumas vezes, mas estavam bastante impressionadas a seu respeito. Expressaram seu arrependimento por se haverem afastado de Deus, mas mostrando gratidão pelo fato de estarem aqui agora. Fiquei feliz por seu agradecimento tão gentil, mas, almejando que uma obra mais eficaz fosse realizada, perguntei: "Mas vocês já creram alguma vez realmente no Senhor Jesus Cristo? São salvas?" Uma delas respondeu: "Estou me esforçando bastante para crer". "Isso assim não funciona", disse eu. "Ou, por acaso, você já disse alguma vez ao seu pai que estava se esforçando para acreditar nele?" Elas admitiram que tal declaração seria, quando menos, de desconfiança. Então, apresentei o evangelho de maneira bastante direta a elas, na linguagem mais simples que pude usar. Mas uma delas me disse: "Não consigo entender, não consigo perceber que sou salva". Então, prossegui, dizendo: "Deus dá testemunho de seu Filho de que todo aquele que nele crê será salvo. Você quer fazer de Deus um mentiroso ou crer em sua Palavra?", perguntei. Enquanto falava assim, uma delas começou a ficar maravilhada e surpreendeu a todos nós, proclamando: "Ó Senhor, agora eu compreendo. Eu sou salva. Bendito seja Jesus por me mostrar isso e me salvar. Agora eu entendo tudo!" A estimada irmã que levou essas duas jovens até mim ajoelhou-se com elas enquanto nós, de todo o nosso coração, bendizíamos e magnificávamos o Senhor. A outra das duas irmãs, porém, não conseguiu compreender o evangelho como a primeira, embora eu tenha a certeza de que ela o fará em breve, um dia.

Não parece estranho que duas pessoas ouçam as mesmas palavras e uma delas veja claramente a luz e outra continue enxergando apenas a escuridão? A mudança que vem sobre o coração ao entender o evangelho reflete-se frequentemente na face, ali brilhando como a luz do céu. As almas recém-iluminadas quase sempre exclamam: "Senhor, isso é tão claro! Como não consegui ver isso antes? Agora entendo tudo o que li na Bíblia, embora antes nem me importasse com isso. Tudo isso surgiu em um minuto, e agora percebo perfeitamente o que nunca havia visto antes!"

Apresento aqui apenas um exemplo, de milhares já ocorridos, em que os olhos de um cego foram abertos instantaneamente. Uma comparação que eu poderia fazer é a de que o pecador iluminado é como se fora uma pessoa que estivesse trancada numa prisão escura e não visse a luz por muito tempo. De repente, seu libertador abre uma janela, e o prisioneiro fica tonto e maravilhado diante do que vê ao olhar para fora, na direção dos campos e dos rios. Para o crente, a visão dada pelo céu é um presente tão superlativo, aquilo que lhe é revelado o surpreende tanto que ele mal sabe onde então se encontra. Com bastante frequência, ao abrir Cristo os nossos olhos, ele o faz em um só instante e de maneira completa, embora, em determinadas circunstâncias, seja a luz gradativa: os homens vistos inicialmente como árvores caminhando e depois então sendo a película retirada camada por camada dos nossos olhos espirituais.

Você não deve estranhar que, pelo fato de a luz chegar tão repentinamente, tudo pareça ser uma *nova sensação para o homem* e, portanto, o surpreenda. Lembra-se o irmão do primeiro sopro de vida espiritual que aspirou? Acho que eu ainda me lembro. Lembra-se da primeira visão que teve de Cristo? Você deve se lembrar. Na lembrança de muitos de nós, está até hoje fixada a primeira vez em que vimos o mar e as montanhas, mas isso não é nada. Sabemos que nada mais são senão pedaços deste nosso velho mundo, e alguns de nós tendo visto apenas um pouco mais do que já tínhamos percebido anteriormente. A conversão, no entanto, conduz-nos a um novo mundo; ela nos ensina a olhar para o invisível e ver as coisas que não são vistas normalmente pelos nossos olhos mortais. Quando recebemos esses novos olhos, milhares de coisas, então, totalmente nos alegram, ao mesmo tempo que nos surpreendem. Você se admira, assim, com o fato de jovens convertidos ficarem bastante entusiasmados? Eu não me admiro; tampouco os culpo: gostaria que todos nós tivéssemos um pouco mais do entusiasmo deles em nossas reuniões adultas de adoração. Quem ouve, hoje em dia, por exemplo, a pergunta: *Que me é necessário fazer para me salvar?*

(At 16.30); ou quem ouve alguém declarar: *Achei aquele de quem escreveram Moisés na lei, e os profetas* (cf. Jo 1.45)? Que possamos dar total liberdade à obra do Espírito de Deus, crendo que, quando ele vem, os homens nem sempre agem de acordo com as estritas regras do decoro humano, mas podem até quebrá-las, chegando a serem considerados bêbados, como aconteceu no Pentecostes, porque ali falavam de maneira completamente diferente daquela que se esperaria que os homens deveriam falar. É algo estranho e maravilhoso para os homens quando o Espírito de Deus abre os seus olhos, e não devemos nos surpreender que eles mal saibam o que estão dizendo e se esqueçam de quem são para o mundo.

Uma coisa, porém, é certa: quando alguém tem os olhos abertos, *fica muito claro para a própria pessoa que isso, de fato, aconteceu.* Outros podem até duvidar de que seus olhos estejam realmente abertos, mas a pessoa *sabe* que estão e, quanto a isso, não tem nenhuma dúvida. *Uma coisa sei: eu era cego, e agora vejo* (Jo 9.25). A verdade é que, quando o Senhor, em sua infinita misericórdia, visita um espírito que há muito está preso nas trevas, a mudança é tão grande que a própria pessoa não precisa perguntar: "Fui transformado ou não?"; ela mesma está inteiramente segura disso em sua consciência.

Uma vez que o homem recebe olhos para ver, passa a possuir uma faculdade *capaz de uso abundante*. O homem que teve seus olhos abertos pôde ver os fariseus e ver depois Jesus. Podia não apenas ver as pessoas, as árvores e os campos ao redor, mas até mesmo contemplar o céu e o sol glorioso. Tão logo o homem recebe a luz espiritual, ganha imediatamente a capacidade de ver os mistérios divinos. Vê o mundo futuro e as glórias ainda por serem reveladas. Os olhos recém-criados hão de ver ainda o rei em sua beleza e a terra que está distante. Ganham a capacidade de ver tudo o que será contemplado no dia da revelação do nosso Deus e Salvador Jesus Cristo. Oh, que maravilhosa obra, essa! Que todos nós possamos conhecê-la pessoalmente. Lanço então a pergunta: nós todos a conhecemos? Os olhos de todos nós aqui já foram abertos?

III. Termino com um terceiro ponto, que é: A CONDIÇÃO DO HOMEM CURADO.

Quando seus olhos foram abertos, *aquele homem ganhou um forte sentimento em favor do glorioso, daquele que o havia curado.* O homem não sabia quem ele era, mas sabia que deveria ser alguém realmente muito bom. Achava que ele seria um profeta, mas, quando o conheceu melhor, entendeu que se tratava do próprio Filho de Deus, curvou-se e o adorou. Nenhum homem jamais teve seus olhos abertos por Jesus sem obter um intenso amor pelo Salvador e — devo acrescentar — sem deixar de crer em sua divindade e adorá-lo como Filho de Deus.

Sem queremos ser severos demais, tenhamos um pouco de bom senso: não há como uma pessoa ser cristã sem crer em Cristo, nem como alguém dizer que crê em Cristo se acredita apenas na menor parte dele, ou seja, se aceita sua humanidade, mas rejeita sua divindade. É preciso haver uma fé real no Filho de Deus, e ainda é cego e está na escuridão quem não se prostre tal qual o homem dessa narrativa e adore o Deus vivo, contemplando a glória de Deus na face de Jesus Cristo e bendizendo a Deus pelo fato de ter achado tanto um Príncipe quanto um Salvador na pessoa do Senhor Jesus, que entregou sua vida inteiramente por nós. Oh, estou certo de que, se os seus olhos foram abertos esta manhã, você realmente ama a Jesus, sente o coração saltar só de pensar nele, toda a sua alma o busca e sabe que, se ele abriu seus olhos, seus olhos pertencem a ele, assim como todo o seu ser.

Aquele homem, assim, *daquele momento em diante, tornou-se testemunha de Cristo.* Questionado, ele não falou absolutamente com timidez nem escondeu sua forte convicção, mas, sim, respondeu às perguntas de maneira firme e prontamente. Estêvão foi o primeiro mártir cristão; mas esse homem foi certamente o primeiro a confessar o nome de Cristo e, diante dos fariseus, falou dele de maneira direta e indubitável, usando linguagem clara e olhando-os nos olhos. Assim também, amados, se o Senhor abriu os nossos olhos, não temos de hesitar em declará-lo. Ele o fez, sim, e bendito seja o seu nome! Nossa língua deveria ser punida com silêncio eterno se hesitássemos em declarar aquilo que Jesus fez por nós. Realmente peço a Deus que você que recebeu a graça de Jesus Cristo cada vez mais se torne testemunha da fé e reconheça Cristo, que é o mínimo que se deve fazer. Seja batizado, se você ainda não o foi, una-se ao povo de Cristo e, então, estando na presença de quem for, quando outros falarem contra ele, tome verdadeira posição e proclame: "Ele abriu os meus olhos, e eu bendirei sempre o seu nome".

A CURA DE UM CEGO DE NASCENÇA | 263

Naquele momento, o homem *também se tornou um advogado* de Cristo, tanto quanto seu confessante. Um advogado capaz, pois os fatos que constituíam seus argumentos deixaram seus adversários perplexos. Eles disseram isso e mais aquilo, e ele os refutou: "Se assim é ou não, isso não me compete dizer; mas Deus o ouviu e, portanto, ele não é um pecador como vocês dizem que é. Ele abriu os meus olhos, e, portanto, sei de onde ele deve ter vindo: só pode ter vindo de Deus". Temos argumentado há bastante tempo contra a falta de fé com argumentos que nunca alcançaram coisa alguma. Creio que os céticos juntaram mais uma vez suas lanças pontiagudas e as estão atirando novamente contra o escudo da verdade. Receio que o púlpito cristão venha sendo um grande incentivador da incredulidade, pois temos ensinado ao nosso povo argumentos de que nunca teria tomado conhecimento se não os tivéssemos repetido, com o intuito de querer orientá-lo a responder a certos questionamentos. No entanto, amados, nenhum de nós irá combater a falta de fé, a não ser com fatos. Proclame somente o que foi que Deus fez por você e prove isso por meio de uma vida piedosa. A descrença não tem poder contra a vida santa do cristão. Coloque-se cada crente em formação cerrada, cada qual portando sua espada de vida santa e a armadura do poder do Espírito Santo, e os ataques dos nossos inimigos, embora furiosos em sua malícia, irão fracassar totalmente. Que Deus nos dê o dom de aprender, tal qual fez a esse homem, a arte de argumentar em favor de Cristo por meio do testemunho pessoal.

Aconteceu, então, que esse homem, com seus olhos abertos, *foi expulso da sinagoga*. Pássaros de penugem e coloração diferentes são sempre espantados por outros pássaros do mesmo grupo. Uma das piores coisas que pode acontecer a um homem, de acordo com o padrão deste mundo, é saber demais. Se você mantiver o seu passo alinhado com o pensamento corrente, ainda pode ser aceito, mas, caso se desvie um pouco que seja, pode esperar ser tratado com intolerância. "Seja cego entre os cegos", eis o ditado da própria prudência, se você quiser salvar sua pele. É muito arriscado ter os olhos abertos entre os cegos: eles jamais hão de acreditar em suas afirmativas. Você será considerado muito dogmático e, como eles não podem ver, não terá ponto de apoio algum para as suas argumentações, o que o fará perder a discussão. Se tais cegos forem maioria, então há muita possibilidade de você ter de sair pela porta, ou até pela janela, e ir buscar companhia em outro lugar. Quando Deus abre os olhos de um cego para que veja as coisas espirituais, os outros dizem imediatamente: "O que esse colega está pensando? Nós não vemos nada disso que ele vê". Se o colega for muito simples de coração, ele se voltará para aqueles cegos e dirá: "Deixe-me mostrar-lhes". Querido amigo, você vai desperdiçar seu tempo: eles simplesmente não podem ver.

Se um homem nasceu cego, não adianta você falar com ele sobre o vermelho, o violeta ou o lilás, pois não há como ele o compreender; ele nada pode saber sobre isso. Não há propósito algum em discutir esse assunto com ele. A única coisa que você pode fazer é levá-lo a um lugar ou a alguém que possa abrir seus olhos. Argumentar com ele é totalmente inútil: ele é inteiramente carente de faculdade para isso. Se você soubesse que uma pessoa não possui paladar, evidentemente não discutiria com ela, caso ela dissesse que o açúcar tem gosto de sal: ela não saberia o que significa "doce" ou "salgado", usando as palavras, mas sem compreendê-las. Um homem que não recebeu a graça em seu coração não sabe e não pode saber coisa alguma sobre fé. Ouve apenas algumas frases a respeito, mas conhece a verdade tanto quanto alguém que nunca tenha plantado uma semente conheceria agricultura ou um surdo saberia de música. Não tente argumentar com essas pessoas; reconheça que serão incapazes de aprender por meio de argumentação e clame ao Espírito Santo: "Senhor, abre os olhos deles! Abre os olhos deles, Senhor!" Seja, porém, bastante paciente para com eles, pois não se pode esperar que homens cegos vejam e não se deve ficar irritado com eles por não enxergarem. Pelo contrário, ore bastante por eles e leve a eles o evangelho no poder do Espírito Santo; então, provavelmente seus olhos serão abertos. Não se surpreenda também se eles o classificarem como "fanático", "exagerado", "beato", "herege" ou "hipócrita", pois esse é o tipo de palavras que os espiritualmente cegos costumam lançar em cima daqueles que veem. Você está mostrando possuir uma faculdade que eles não têm; assim, eles negam a sua faculdade, pois não querem admitir que você se encontra em melhor condição que eles — e o expulsam da sinagoga.

Contudo, perceba, quando esse homem foi expulso, Jesus Cristo o encontrou. Foi então uma bendita perda para ele ser excomungado pelos fariseus para encontrar seu Salvador. Ó irmãos, que grande misericórdia é quando o mundo nos repudia, nos expulsa! Lembro-me de uma senhora da sociedade, muito querida, que hoje está no céu, que, quando se tornou membro desta igreja, foi esquecida por quase todas, senão todas, as pessoas da sociedade que anteriormente mantinham amizade com ela. Conversei com ela, que se uniu a mim nesse mesmo sentimento: "Que bênção ter se livrado deles. Eles poderiam ter sido um laço para a senhora. Agora", disse eu, "não terá mais problemas com eles". "Sim", acrescentou ela, "por amor a Cristo, posso me felicitar por ser contada junto ao refugo de todas as coisas do mundo". A sociedade do mundo nunca concedeu qualquer benefício a nós e nunca concederá; tentar ser bastante respeitável e se mesclar na alta sociedade é laço em que caem muitos cristãos. Valorizemos as pessoas por seu valor real, e não pelos seus bens. Creia que os maiores homens são os mais santos, e as nossas melhores amizades, a daqueles que seguem Cristo.

A perseguição à igreja é, aliás, uma grande bênção para ela. Deveríamos até ser gratos por termos de volta os dias de Diocleciano. Nunca a igreja, como um todo, foi tão pura, tão mais devota e cresceu tão mais rapidamente do que quando tinha uma má reputação por parte da sociedade. Quando a igreja começa a ser considerada um lugar de excelentes pessoas e passa a ser honrada, estimada e respeitada pelo mundo, a corrupção nela se instala, nos afastamos de Cristo e comprovamos, mais uma vez, que a amizade do mundo é inimizade para com Deus. Que o Senhor possa nos dar olhos tão abertos que nosso testemunho traga sobre nós a acusação de singularidade e, então, se formos afastados da companhia daqueles que não podem ver o Senhor, que possamos viver ainda mais perto de Deus, o que será um grande ganho para nós.

Que o Senhor o abençoe, meu amado irmão, em nome de Jesus. Amém.

28

A PERGUNTA DAS PERGUNTAS

Soube Jesus que o haviam expulsado; e achando-o perguntou-lhe: Crês tu no Filho do homem? (Jo 9.35).

Os olhos do Senhor Jesus estão sempre sobre os seus escolhidos, e ele sabe de todas as situações que lhes sobrevêm. *Soube Jesus que o haviam expulsado* (Jo 9.35). Jesus havia feito muito por esse homem para que pudesse esquecê-lo. A lembrança daqueles a quem a graça realiza sua obra permanece, como está escrito: *Almejarias a obra de tuas mãos* (Jó 14.15)". Que sejamos confortados por isso: se algo acontecer que nos cause tristeza, Jesus sabe e agirá de acordo.

Nosso Senhor buscava aquele que fora expulso da sinagoga. Sem que ele lhe tivesse pedido, Jesus lhe abrira os olhos. Sem que Jesus tivesse sido procurado, ele é quem procurou o homem que havia curado, em um momento de dificuldade. Não foi fácil, certamente, encontrá-lo, mas nosso Senhor é muito paciente e eficiente na busca de suas ovelhas perdidas e perseverou até conseguir achá-lo. Se nós, a qualquer momento e por qualquer motivo, formos lançados fora de Cristo por incrédulos ou religiosos cheios de orgulho, o Senhor irá nos encontrar, mesmo que não o possamos achar. Bendito seja o seu nome!

O objetivo do nosso Senhor era prestar a esse homem realmente um serviço. Ele fora expulso da sinagoga e precisava de conforto. Contudo, mais que confortá-lo, seria bem melhor para ele levá-lo para frente e para o alto na vida espiritual. Assim, a maneira escolhida por nosso Senhor para confortá-lo foi lhe fazer uma pergunta-chave, que levaria a uma sondagem do seu coração e iria sugerir um grande avanço espiritual. Não seria certamente a maneira que você e eu normalmente seguiríamos nesse caso, mas os planos de Jesus não são os nossos, nem seus pensamentos são os nossos pensamentos. A sabedoria justifica seus métodos próprios. Quando alguém enfrenta um problema na alma, a melhor atitude é levá-lo a olhar para sua própria condição diante de Deus, assim como, especialmente, para sua fé; pois, ao constatar que se acha exatamente no meio da mais importante questão para o ser humano, isso lhe servirá de garantia de um verdadeiro manancial de conforto. Temos certeza de que nosso Senhor fez uso do melhor meio para levar esse homem a uma confiança bem embasada quando indagou: *Crês tu no Filho do homem?* (Jo 9.35). Por meio dessa pergunta, Jesus o ajudou a realizar um considerável avanço na fé, pois, embora o pobre homem tivesse crido em Jesus na medida de sua compreensão, seu conhecimento dele era escasso. Agora, aprenderia que aquele que abriu seus olhos era o próprio Filho de Deus. Esta é a fé que a pessoa de nosso Senhor merece que tenhamos, mas que muitos nunca lhe dedicam e, por falta disso, deixam de usufruir do grande poder de sua graça. O homem fora expulso da sinagoga e, assim, colocado debaixo da maldição da igreja judaica. Contudo, a confiança no Filho de Deus logo removeria qualquer perturbação interior que pudesse sentir por causa disso. Aquele que desfruta do favor do Filho de Deus não treme diante da reprovação do Sinédrio.

Oh, que o Senhor possa confortar muitos nesta manhã enquanto coloco diante de vocês esta pergunta pessoal: *Crês tu no Filho do homem?*. Aos jovens e idosos, ricos e pobres, dirijo este solene questionamento. Não se trata de uma inquirição perturbadora sobre um assunto confuso, mas tão somente de uma pergunta simples e urgente que diz respeito a todos aqui presentes; não um problema profundo ou intrincado — como uma questão de livre-arbítrio ou de predestinação, de pré-milenarismo ou pós-milenarismo, mas, sim, uma questão prática, premente e atual, referente a qualquer pessoa em sua vida diária e neste exato momento. Imagine cada um de vocês que eu esteja agora colocando minha mão sobre seu ombro, olhando-o bem nos olhos e indagando, com toda a franqueza: *Crês tu no Filho do homem?*. Não é uma pergunta que se pudesse possivelmente levantar durante uma forte controvérsia, pois ela não tem que ver senão com a própria pessoa, com você mesmo e somente com você. Independente da discussão que possa gerar, ficará confinada a você, dentro do seu coração. Relaciona-se apenas a você, tanto assim que é colocada, no verbo, no singular: *Crês tu no Filho do homem?*. Foi o próprio Senhor Jesus quem a fez àquele homem. Considere, portanto, que é o próprio Jesus que a faz diretamente a você hoje, esta manhã, a você mesmo, não à sua esposa, ao seu esposo, à sua irmã ou ao seu amigo.

I. Começarei abordando essa questão, com a ajuda do Espírito Santo, com o comentário de que ESTA PERGUNTA PRECISA SER FEITA. Não deve ser considerada como obviamente respondida só pelo fato de você pensar que crê no Filho de Deus. "Oh, sim, eu sou cristão", diz alguém. "Nasci em um país cristão, fui levado à igreja desde bebê, batizado e até crismado, reafirmando o credo. Acho que, certamente, isso é prova suficiente de minha fé!" Ou então, possivelmente, você diga: "Minha mãe me levava às reuniões de sua igreja antes mesmo que eu soubesse andar e, desde então, jamais abandonei os caminhos do não conformismo"[1]. Tudo isso pode ser verdade, mas não é a questão. *Crês tu no Filho do homem?* é uma pergunta espiritual e fundamental que não pode ser deixada de lado. Você poderá responder: "Mas meu caráter moral tem sido sempre correto. Nos negócios, cumpro todas as minhas obrigações e estou sempre pronto a ajudar qualquer instituição de caridade". Fico feliz em ouvir tudo isso. Ainda assim, não toca no assunto que temos aqui neste instante. A indagação vai mais a fundo do que sua conduta externa. Ouça mais uma vez: *Crês tu no Filho do homem?*.

Há muitas pessoas de moral elevada, amáveis, generosas e até mesmo religiosas que não creem no Filho de Deus. Perdoe-me, mas não posso deixar que você se esconda na multidão; tenho de apontar para você com santa veemência, em uma ênfase tal que até me possa esquecer da cortesia por um instante, e lhe perguntar, para o seu bem: "Crês tu no Filho do homem?".

Embora esse homem tenha sido rigorosamente obediente, nosso Senhor não deixou de lhe fazer esta pergunta. Pode estar falando a alguns de vocês que digam: "Eu tenho sido plenamente obediente às normas da religião. Tudo o que sei ser uma ordem de Deus em sua Palavra, tenho cumprido cuidadosamente". Está bem; mas não foi isso o que aconteceu com aquele homem cego? O Salvador colocou lodo sobre seus olhos e lhe ordenou que fosse ao tanque de Siloé, para se lavar e retirar o lodo. E o homem fez exatamente o que lhe fora mandado fazer. Não foi a outro tanque, mas, exatamente, ao tanque de Siloé. Não procurou se livrar do lodo de seus olhos de qualquer outro modo senão pela lavagem no tanque. Foi inteiramente fiel e obediente a Cristo, e, mesmo assim, o Senhor lhe indagou: "Crês tu no Filho do homem?" Nenhuma observância de natureza exterior, por mais cuidadosamente que seja executada, irá superar a necessidade desse questionamento: "Crês tu no Filho do homem?" Acredito até que alguns de vocês possam não ter sido muito rigorosos em cumprir determinadas ordenanças exteriores e, sob esse aspecto, julguem-se um tanto culpados; todavia, mesmo que tivessem sido rigorosamente exatos, nenhuma observância exterior, por mais bem realizada que fosse, poderia eximi-los da pergunta "Crês tu no Filho do homem?".

Acresce, ainda, que aquele homem *havia passado por uma experiência incomum e notável*. Ele chegou até a declarar: *Uma coisa sei: eu era cego, e agora vejo* (Jo 9.25). Jamais poderia, evidentemente, esquecer a longa noite escura que vivera durante toda a sua infância, sua juventude e até então em sua vida adulta. Todos aqueles anos sem nenhum raio de luz para alegrá-lo! Para ele, dia e noite eram a mesma coisa. Encontrava-se em total pobreza, em meio a uma noite lúgubre, em que nunca pôde aprender a fazer outra coisa senão mendigar. Quando a água refrescante do tanque tocou seus olhos e removeu o lodo, a luz do sol brilhou intensamente sobre aquela antiga noite tão longa, e ele enxergou! Passou, portanto, por uma mudança radical, e, ainda assim, o Salvador lhe perguntou: *Crês tu no Filho do homem?* Você também,

---

[1] [NE] Dissidentes ingleses, (em Inglês: *English dissenters*), também chamados de não conformistas foram reformadores na Inglaterra que se opuseram à intervenção do estado e fundaram as suas próprias comunidades. Tendo desejado uma reforma melhor e mais pura na Igreja Inglesa, muitos indivíduos estavam desapontados pelas decisões políticas tomadas pelos reis que controlavam a igreja estabelecida (a Igreja Anglicana). Fonte: http://pt.wikipedia.org/wiki/Dissidentes_ingleses Acessado em 06/08/14.

A PERGUNTA DAS PERGUNTAS | 267

meu caro ouvinte, pode já ser um homem mudado e, no entanto, é possível que não seja ainda realmente um crente no Filho de Deus. Você, minha querida irmã, pode ser uma mulher bastante diferente da que costumava ser, e é possível que sua experiência seja bastante tocante e até mesmo digna de ser registrada; todavia, essa pergunta deverá ser feita a você também! Qualquer que tenha sido sua experiência, meu irmão, minha irmã, não deixe de fazer agora um autoexame. Não alegue: "Eu não preciso fazer essa pergunta a mim mesmo. A experiência que tenho estabelece inteiramente minha posição. Não sou tão imaturo a ponto de precisar olhar para dentro de mim mesmo ou ter dúvida com relação à minha fé. Um caso como o meu é livre de qualquer suspeita". Não fale assim, simplesmente porque nosso Senhor, que conhecia totalmente a mudança que se havia operado naquele homem, ainda assim lhe indagou: *Crês tu no Filho do homem?* Posso, portanto, tomar a liberdade de fazer, até à melhor e mais notável pessoa aqui presente, essa mesma pergunta pessoal: *Crês tu no Filho do homem?*

Além de ter recebido a visão física, aquele homem *alcançou certo grau de fé no Senhor Jesus.* Se percorrermos o capítulo, veremos que ele demonstra algum tipo de fé em Cristo enquanto ainda não de todo curado, do contrário não teria ido a Siloé remover o lodo dos olhos. Quando passou a enxergar, não duvidou que Jesus o havia curado, mas reconheceu o fato. Declarou também sobre o Senhor: "É profeta". Foi mais longe ainda, ao dizer mais tarde: *Se este não fosse de Deus, nada poderia fazer* (Jo 9.33). Creu, enfim, até o ponto em que sua luz lhe permitiria crer, o que mostra, no entanto, que a semente da fé já fora lançada nele. Contudo, insistimos, nosso Senhor Jesus Cristo ainda lhe perguntou: *Crês tu no Filho do homem?*

É bem possível também, amados, que nenhum de vocês tenha sido atacado de ceticismo. É possível que nenhum de vocês tenha sequer examinado alguma vez o fundamento de sua fé, porque jamais tenha sido tentado a suspeitar desse fundamento. Têm aceito o evangelho desde a infância ou a juventude como uma verdade clara e, assim, crido nele sem se abalar. Dou graças a Deus que isso tenha acontecido a vocês. Ainda assim, responda: você crê em Jesus Cristo como o Filho de Deus? Para você, Jesus é Deus? Confia nele inteiramente como alguém capaz de fazer de tudo e qualquer coisa por você? Ele seria capaz, para você, de *salvar perfeitamente os que por ele se chegam a Deus* (cf. Hb 7.25)? Se assim não for, que o Senhor o ajude a dar esse passo mais elevado; pois, sem este passo, você não terá recebido de fato o verdadeiro Cristo de Deus. Não adianta muito, no caso, dizer: "Oh, sim, eu creio em Cristo, o mais nobre dos exemplos; creio em Cristo, o mais instrutivo dos profetas". Não. Você acredita nele como o *Sacrifício*, como o *Sacerdote, o Salvador, a Salvação?* Reunindo tudo isso em uma única questão: Crê nele *como o Filho de Deus?* Crê no Filho de Deus conforme revelado nas Sagradas Escrituras?

Aquele homem, além disso, *falou corajosamente a favor de Cristo,* como podemos ver nesse capítulo de João. Já disse alguém que "ele falou como um troiano"; pois eu diria: "como um espartano". Ele foi inteligente, astuto, perspicaz, não dando margem a se continuar inquirindo-o. Os letrados doutores da lei nada eram, comparados ao mendigo cego cujos olhos haviam sido abertos. Ele se levantou em defesa do homem que lhe dera a visão e não permitiu que nenhuma acusação fosse lançada contra Jesus. Suas declarações foram breves, mas completas. Suas respostas foram irrefutáveis. Quem poderia imaginar que um mendigo cego desse pudesse montar um argumento tão lógico da forma que ele o fez? Todavia, a esse sábio e ousado confessante, o Salvador indagou: *Crês tu no Filho do homem?*. Ah, meu amigo, um pregador pode ser capaz de apresentar o evangelho de maneira bastante clara e reforçá-lo com argumentos dos mais fortes. Contudo, até mesmo no seu caso a pergunta precisa ser lançada: *Crês tu no Filho do homem?*

Alguns de vocês certamente conhecem ou já ouviram falar de um fato que é narrado em um dos livros de Krummacher. Eu mesmo já quase o havia esquecido, mais creio que é mais ou menos assim. Um pregador fez um sermão solene em um domingo, e na segunda-feira um de seus ouvintes o procurou e disse: "Pastor, se o que disse no seu sermão for verdade, o que será *de nós?*" Se ele tivesse dito "o que será de *mim?*", o pregador teria explicado o evangelho com mais detalhes e da maneira usual. Mas a pessoa usou a palavra "nós". Quase inconscientemente, o visitante havia dito: "Pastor, se essas coisas forem assim, o que *nós* faremos?" Foi o Senhor quem o fez usar esse pronome plural, para despertar o pregador, que não era convertido, mas achava que o fosse. Que nós, que falamos em nome de Deus, também possamos ouvir o Senhor nos falar! Conheço um bom pregador e aprecio muito o fato de que, um dia, enquanto ele pregava como já o fazia há anos, foi salvo por meio de aplicação pessoal do seu próprio sermão. É ministro da Igreja da Inglaterra; no entanto, na verdade, mal conhecia o Senhor. Enquanto pregava, o Senhor aplicou com poder em seu coração uma verdade do evangelho, que o afetou de tal modo que aquele homem passou a falar com a expressão da convicção natural de um ser renovado. Um metodista que estava sentado na plateia, percebendo então o que acontecera, exclamou: "O vigário se converteu! Aleluia!", e todas as pessoas irromperam em exortações de louvor. O próprio pregador uniu-se à alegria de todos e, juntos, cantaram a doxologia. "A Deus, supremo benfeitor, vós, anjos e homens, dai louvor". Que grandiosa misericórdia é essa com que o próprio garçom da festa do Senhor é alimentado! Acaso não deveriam aqueles que levam o bálsamo de cura ao doente poderem também ser curados? Não tenho vergonha de falar no nome do meu Senhor nem de defender sua causa ante os seus inimigos. Pelo contrário, eu me lembro sempre de que poderia fazer tudo isso e, ainda assim, não conhecer o rei de quem tenho sido um arauto. Ó amigos, quão terrível seria expulsar demônios em seu nome e ainda ser ele um desconhecido para mim! Eis por que fazemos, portanto, esta pergunta: *Crês tu no Filho do homem?*

Aquele homem foi ainda mais longe do que isso: *sofreu por Cristo*. Foi expulso da sinagoga por ter dado testemunho do poder de Jesus. Apesar dessa sua meritória atitude, veio a ouvir a pergunta de Jesus: *Crês tu no Filho do homem?* Você, meu caro amigo, pode ter sido ridicularizado por seus parentes em razão de sua religiosidade; pode ter deixado uma situação cômoda em troca de sua determinação em ser sincero, equilibrado e puro. Pode ser até que, neste exato momento, esteja sob a disciplina de alguma igreja de coração frio porque foi mais direto do que era esperado. Contudo, por mais que eu aprecie realmente sua fidelidade, você deve me desculpar se insisto demais com você em nome do Senhor e indago, como Cristo fez àquele homem: *Crês tu no Filho do homem?* Uma coisa é sermos heróis para os demais, e outra, sermos heróis de verdade na câmara secreta de nossa própria alma. Você pode ser ousado em sua confissão, mas crê, de fato, no Senhor Jesus? Sua ousada confissão pode ser apoiada por sua vida? Espero que você não seja, por exemplo, um Defensor da Fé nos moldes de Henrique VIII, que usava o título, mas de modo algum era digno dele. Então, meu amigo eloquente, você vive como fala? Sente o mesmo que desejaria que eu sinta? *Crês tu no Filho do homem?*

Até o final da minha fala, amigos, vocês hão de verificar que não terei deixado que ninguém escape dessa pergunta pessoal. Meu respeitável amigo, que tem sido oficial nesta igreja por mais tempo que qualquer outra pessoa, não se recuse a fazer essa pergunta a si mesmo. Minha amada irmã em Cristo que tem dirigido uma classe de estudo bíblico por vários anos ou tem sido tão útil nas classes da escola dominical — nenhuma de vocês deverá se recusar a responder a esta pergunta: *Crês tu no Filho do homem?* Devo ousar fazer também a pergunta a outro ministro. Meu amado pai em Cristo, de quem não sou digno de desatar a correia da alparca, devo perguntar até mesmo a você, como faço, igualmente, a pergunta a mim mesmo: *Crês tu, tu mesmo, verdadeiramente, no Filho do homem?*

Essa questão deve ser levantada, e levantada para todos, porque muitas são as pessoas hoje em dia que não creem no Filho de Deus. Muitas pessoas ficariam profundamente ofendidas se lhes negássemos o direito ao título de cristão —, mas não conhecem, na realidade, o Filho de Deus. Essas pessoas são capazes de admirar um homem que lhes pregue um sermão mostrando que podem ser cristãos sem crer que Jesus é Deus. Jamais pregarei um sermão assim, a não ser que haja perdido a razão. Contudo, coloco diante desta atual era descrente a pergunta vital: *Crês tu no Filho do homem?* Se você não crê assim, sua fé está longe daquela que Cristo gostaria que você tivesse. Você precisa, então, dar mais atenção a esse aspecto, para que não venha impedir você de entrar na glória. Com um Salvador não divino, você terá, quando muito, uma religião não salvadora. O que me diz disso? Vai crer no Filho de Deus ou seguir com a multidão que não vê nele nada mais que um bom homem?

Acho que todo mundo aqui seria capaz de dizer: "Não precisa se desculpar meu caro pregador, por fazer essa pergunta, pois é uma pergunta que devemos fazer a nós mesmos". Realmente, sei que é assim. Mas

A PERGUNTA DAS PERGUNTAS | 269

quem vive uma vida tão pura a ponto de nunca ter de abordar esse assunto? Já ouvimos pessoas criticarem a letra de um hino que diz:

> Há algo que conhecer desejo,
> Dúvida que me assola aonde vou:
> 'Amo o Senhor a quem não vejo?
> Sou dele de fato ou não sou?'.

No entanto, se existe alguém que jamais tenha tido uma dúvida que o assolasse com relação à sua verdadeira condição de cristão, então ficaria muito preocupado quanto a essa pessoa. Um de nossos poetas disse muito bem:

> Aquele que nunca duvida do seu estado
> Talvez o perceba com um mortal atraso.

Existem muitas coisas ligadas a todos nós de que devemos nos lamentar. Isso nos leva a fazer perguntas como: "Será a minha fé uma fé que trabalha pelo amor e purifica a alma? Creio realmente no Filho de Deus?" Por vezes, regozijamo-nos em uma certeza absoluta de nossa fé em Cristo, e *o Espírito mesmo testifica com o nosso espírito que somos filhos de Deus* (Rm 8.16). Em outras ocasiões, porém, somos atormentados por grandes questionamentos de coração, e nenhuma pergunta nos causa certamente maior angústia do que esta: *Creio realmente no Filho de Deus?*. Ai de nós se, depois de tudo o que confessamos, da nossa experiência e do nosso empenho, tenhamos, afinal, nada mais do que algo que pode ter o nome de fé e aparência de fé, mas de cuja vida nos vemos destituídos em nossa alma. Sim, a pergunta feita por Jesus, nesse texto bíblico, é uma questão que tem de ser necessariamente levantada.

II. Em segundo lugar: A PERGUNTA PODE SER RESPONDIDA. Tenho certeza de que pode ser respondida; caso contrário, o Senhor não a teria feito. Ele nunca deixou de ser prático a ponto de sair pelo mundo fazendo perguntas aos homens sobre eles mesmos que não pudessem receber uma resposta. *Crês tu no Filho do homem?* é uma pergunta à qual você pode dar uma resposta, se desejar — "sim" ou "não". Quero conduzi-lo, então, ao aspecto prático dessa questão.

Seria certamente a coisa mais triste do mundo se ela não pudesse ser respondida. Supondo que fôssemos condenados a viver em um estado de dúvida perpétua quanto a sermos crentes no Senhor Jesus, isso envolveria nos encontrarmos em estado de constante ansiedade. Se eu não tivesse a certeza de estar ou não sob o favor de Deus, cairia em condição de plena tristeza. Lembro-me de ter ouvido um ministro cristão dizer um dia, em público, que nenhum homem pode ter a certeza de ser salvo. Fiquei então pensando se o que ele tinha a pregar seria digno de ser pregado, pois, se não podemos saber que somos salvos, não podemos ter certeza de que estamos em paz com Deus. Isso é o mesmo que correr riscos a todo momento. Não pode haver paz na mente de um homem se não sabe que é salvo. É como um navegante receoso de que o seu barco pudesse estar fora de rota e viesse repentinamente a bater contra uma rocha ou um banco de areia, mas sem saber se isso de fato aconteceria ou não. Ele não teria descanso até fazer suas medições e descobrir sua posição em relação aos riscos do mar, a fim de poder chegar a salvo ao porto desejado. Continuar sem saber se o rumo tomado era o correto seria estar constantemente sob temor e cortejar o perigo. Deixar sua fé em questionamento é arriscar um ponto vital. Quem deixa essa questão tão crucial sem exame torna sua consciência profundamente abalada.

Existe uma possibilidade de saber com certeza se você crê no Filho de Deus. Por acaso eu disse *uma* possibilidade? *Milhares* já alcançaram essa certeza. Você pode saber que crê no Filho de Deus tão certamente quanto sabe que existe a rainha da Inglaterra ou que você mesmo existe. E isso pode ser alcançado sem que você caia no fanatismo ou na pressuposição. Muitos entre nós estão tão habituados à fé no Senhor Jesus que não poderíamos questionar a existência de fé em nosso próprio coração, do mesmo modo que sabemos com certeza que nosso coração está batendo. Mesmo essas pessoas tão firmes.

no entanto, não evitam um exame. Para elas, quanto mais questionamento, melhor, pois sua esperança tem fundamento seguro e profundo. Elas podem dar a razão da esperança que têm em si. Tão certa quanto a certeza matemática é a certeza do crente no Senhor Jesus, porque *sabemos em quem temos crido, e estamos certos de que ele é poderoso para guardar o nosso depósito* (2Tm 1.12). Há crentes em nosso Senhor Jesus que têm passado cerca de trinta anos sem uma dúvida sequer de sua fé nele porque essa fé tem sido exercitada diariamente.

O irmão pode responder à pergunta "crês?" porque está crendo neste exato momento. Está crendo de maneira clara e intensa. Aqueles que habitam na luz da face do Senhor e sentem o Espírito Santo dentro deles, dando testemunho juntamente com seu espírito, estão, sem dúvida, de posse de sua fé. Se sentimos um amor abrasador por Deus, repúdio cada vez maior pelo pecado, vontade de lutar contra o mal que está no mundo e ter algo da semelhança com Cristo, podemos seguramente deduzir que esses frutos nascem da raiz da fé. Por causa da obra do Espírito Santo sobre nossa vida e nosso coração, sabemos que estamos certos de que cremos em Jesus como Filho de Deus. Espero estar falando a muitos nesta manhã que desfrutam desta segurança e sabem que já passaram da morte para a vida.

Para alguns, é somente uma questão de consciência. Como posso saber que vivo, respiro, fico em pé e ando? Não posso explicar-lhe como chego à certeza quanto a tudo isso, mas estou bem certo de que vivo, respiro e assim por diante. Na verdade, o poder de questionar o fato já implica isso. Do mesmo modo, o cristão pode ter certeza de que crê que Jesus é o Filho de Deus e, embora não seja capaz de dar uma prova lógica disso, pode ter consciência em sua própria alma de que realmente é assim. Está correto em sua segurança, pois a própria capacidade de estar ansioso em relação à graça é uma evidência da graça. Se você tiver algum questionamento quanto a ter sido crente ou não nestes últimos vinte anos, não fique lutando com essa pergunta: passe a crer de uma vez, tendo o Senhor como seu ajudador. Volte seus olhos para a cruz e se entregue totalmente a Cristo neste exato momento. Então, você há de crer, e seu ato brilhará como a sua própria prova. Diga do fundo do seu coração:

> Tal qual estou, sem esperar
> Que possa a vida melhorar,
> No teu poder vou confiar.
> Ó salvador, eu venho a ti.[2]

Vindo a Jesus dessa forma, você saberá que veio e, continuando a vir, ficará cada vez mais certo de que a ele chegou. Não deixe que o passado seja a questão principal em sua vida, mas firme-se, sim, no presente imediato. Que o Espírito Santo derrame sobre você o fogo sagrado, de tal modo que você sinta de imediato suas labaredas. Diga "eu agora creio no Filho de Deus", que é a melhor maneira de responder à pergunta sobre a sua condição.

Todavia, se você precisa de mais ajuda ainda para resolver essa questão, *existem marcas e evidências de fé verdadeira* com as quais pode testar prontamente a si mesmo. Se você se perguntar "creio no Filho de Deus?", responda então, primeiro, a outra pergunta: Cristo é realmente precioso para você? Para aqueles que creem, ele é precioso. Se você o ama e o valoriza como o que há de mais precioso para você, na terra ou no céu, saiba que nunca poderia ter tal apreciação se não fosse crente. Diga-me, agora: você já passou pela mudança chamada "novo nascimento"? Você passou por um processo que poderia ser descrito como ser retirado das trevas e levado a uma maravilhosa luz? Se isso aconteceu, seu novo nascimento é a mais firme evidência de fé, pois são coisas inseparáveis. Enquanto a fé é uma prova da regeneração, a regeneração é uma prova de que você tem fé no Filho de Deus.

Pergunto ainda: você é obediente a Cristo? Pois a fé opera por amor e purifica a alma. É isso o que acontece com você? O pecado se lhe tornou amargo? Você agora o detesta? A santidade se tornou algo

---

[2] [NE] Terceira estrofe do hino 300 do HCC (*Hinário para o culto cristão*).

doce para você? Você a busca? Não estou perguntando se você é perfeito, mas se a sua vida toda está caminhando no sentido de buscar ser a melhor pessoa possível. Pode afirmar, de coração, que, se pudesse viver totalmente sem pecado, seria este o maior prazer que poderia ter? Pode também dizer que a perfeição absoluta seria o céu para você? Ah! Isso mostra, então, qual o caminho que sua mente está seguindo. Mostra haver uma mudança de natureza em você, pois nenhum coração não renovado busca a santidade. Seu coração está pendendo para a direção da norma e da soberania perfeitas de Cristo, e estou certo, portanto, de que você crê que ele é o Filho de Deus. Você descansará nele com uma fé viva e verdadeira se tomar verdadeiramente a sua cruz e o seguir. Mais uma vez: você ama a Deus? Ama o seu povo? *Nós sabemos que já passamos da morte para a vida, porque amamos os irmãos* (1Jo 3.14). Você ama a Palavra de Deus? Alegra-se em sua adoração? Você se curva obedientemente como ovelha ante seu cajado de pastor, para que possa tomar do cálice que transborda e dizer *seja feita a tua vontade*? (Mt 6.10). Essas coisas provam que você tem fé em Jesus. Olhe bem para elas!

Mas, supondo que, depois de superados todos os questionamentos e testes, você ainda diga: "Senhor, essa é uma pergunta muito séria e exige grande cuidado. Ainda não estou tranquilo com relação a ela", siga, então, aquele que fora cego e o seu método. Quando perguntado "Crês tu no Filho do homem?", ele se voltou para o Senhor que assim lhe indagava e respondeu com outra pergunta. *Na verdade, podemos sempre buscar ajuda em Jesus*, de modo que, então, ele indagou: *Quem é Senhor, para que nele creia?* (Jo 9.36). Volte-se, então, no momento de sua aflição, e clame: "Senhor Jesus, eu imploro que tu me ensines a te conhecer melhor para que eu possa ter mais fé em ti". Vá a Jesus para obter fé nele. Por outro lado, *há certas grandes verdades das quais a fé se alimenta*. Para estar certo de que você tem fé, é muito bom pensar nessas verdades. Que o Senhor se agrade especialmente em revelar a si mesmo a você, para que possa conhecê-lo e, assim, crer nele! Ó alma, você não estará mais em dúvida se perceber essas coisas gloriosas em relação ao seu Senhor! Saiba quem ele é, o que ele é e o que faz; isso irá capacitá-lo a crer em Jesus como o Filho de Deus. Do mesmo modo que, durante o Império Romano, os homens estavam acostumados a "apelar a César" quando muito pressionados e atribulados em julgamento, você pode e deve apelar ao próprio Cristo e descansar seguro de que nele encontrará libertação. Se a sua fé se oculta de você mesmo, saiba que não é oculta dele. Se você não consegue invocá-la mediante pensamentos da obra da graça em você, volte então sua mente para o seu Salvador e a Trindade no céu, e a fé se lhe abrirá como as flores se abrem sob a luz e a força do sol. A pergunta pode ser respondida!

III. Em terceiro lugar, A PERGUNTA DEVE SER RESPONDIDA — E O DEVE SER PRONTAMENTE. Se eu pudesse, concentraria todos os meus pensamentos nessa investigação, tão profundamente relacionada com cada pessoa: *Crês tu no Filho do homem?*. Responda a esta pergunta com a sua própria alma. Não sou um padre confessor — seja você um confessor para si mesmo. Que cada homem pronuncie o seu próprio veredicto no tribunal de sua consciência. Responda, como se estivesse na presença de Cristo, pois, tal qual o homem da narrativa, você está em sua presença agora. Responda por si mesmo diante do Deus que sonda os corações e a tudo controla. Mas responda também aos homens, pois o seu Salvador merece esse testemunho de você. Não tenha vergonha de dizer francamente: "Eu creio no Filho de Deus". É um fato que não pode nem deve ficar escondido em um canto. Lembre-se de que nosso Senhor, nas Sagradas Escrituras, coloca sempre a confissão junto à fé como parte do plano de salvação. Você nunca encontrará em parte alguma da Palavra de Deus algo como, por exemplo, "aquele que crer e tomar a ceia do Senhor será salvo", mas o que você encontra é *Quem crer e for batizado será salvo* (Mc 16.16). Por que o batismo assume tanta importância nesta declaração? Porque é parte de uma fórmula ordenada de confissão aberta de fé no Senhor Jesus Cristo. A passagem é paralela àquela que diz: *Se com a tua boca confessares a Jesus como Senhor, e em teu coração creres que Deus o ressuscitou dentre os mortos, serás salvo* (Rm 10.9). Não seria isso justamente o mínimo que Cristo poderia esperar de uma fé, que seja proclamada, contanto que realmente exista? Ou você irá ter uma fé covarde e escondida daquele que o redimiu com seu sangue? Vai oferecer uma fé inerte àquele que intercede sempre por você? Àquele que abriu seus olhos, você vai dar uma fé que não ousa olhar face a face os outros homens? Não, nada disso! Fale, e fale bem alto, para que o mundo saiba exatamente o que aquele que morreu no Calvário é para você pessoalmente e para o mundo todo e no que você crê que ele é: o Filho de Deus. A pergunta deve ser respondida, sim, e respondida diante dos homens e prontamente. Não delongue mais; apresse-se em cumprir a ordem do seu Senhor.

A pergunta deve ser respondida imediatamente porque *é de fundamental importância*. Se você não crê no Filho de Deus, em que situação se encontra? Você não está vivo para Deus, pois *o justo viverá da fé* (Gl 3.11). Você não está firme, pois está escrito: *Tu pela tua fé estás firme* (Rm 11.20). Não pode trabalhar para Deus, pois é a fé que trabalha, por amor. Onde está a sua justificação dos pecados, se você não tem fé? "Somos justificados pela fé." Onde se acha a sua santificação? O Senhor não disse *são santificados pela fé em mim?* (At 26.18). Sem fé, onde está a sua salvação? *Crê no Senhor Jesus e serás salvo* (At 16.31). Sem fé, você não poderá ser ou fazer nada aceitável ao Senhor, pois *sem fé é impossível agradar a Deus* (Hb 11.6). Sua situação é muito ruim e em breve estará pior mais ainda, a menos que você possa dizer, a tempo: "Eu creio que Jesus Cristo é o Filho de Deus e confio nele como aquele que é tudo para mim". Quem não crê no Senhor Jesus está sob condenação já no presente, pois *quem não crê, já está julgado* (Jo 3.18). Essa pergunta, portanto, tem de ser respondida prontamente, a não ser que você fique satisfeito em permanecer sob a ira divina, em viver perdido, sem estar reconciliado com Deus. Enquanto você está sentado aqui, está à mercê do risco da ira divina, que com toda a certeza virá. É possível alguém ficar tranquilo desse jeito?

Lembre-se: você está perdendo seu tempo enquanto for ignorante em relação à sua fé. Se não crê em Jesus, está vivendo os seus dias na morte, como alienado de Deus. Se ainda tem dúvida de que crê no Filho de Deus, não há dúvida alguma, no entanto, de que você está perdendo conforto e felicidade. Se você anda pra lá e pra cá neste mundo sem conhecimento de sua própria salvação, sem a certeza de sua aceitação da parte de Deus, está perdendo a capacidade de poder honrar o nome do Senhor por meio de uma simples conversa descontraída. Encontra-se em uma posição inconsistente e inconveniente. Se realmente não crê em Jesus Cristo como o Filho de Deus, está longe da vida eterna. A tudo isso, você vem à casa do Senhor e se une declaradamente à igreja em adoração a ele, ao mesmo tempo que lhe nega o princípio essencial da verdadeira adoração, sua fé nele.

Ah, meu querido amigo! Se você não crê que Jesus Cristo é o Filho de Deus, a esperança de que venha a fazê-lo a cada dia se esvai. Quanto mais alguém se detém no estado em que está, mais provável é que continue a vida toda nele. Quando os homens há muito estão acostumados a cometerem o mal, acontece justamente o que o profeta clama sobre eles, ao dizer: *Pode o etíope mudar a sua pele, ou o leopardo as suas malhas?* (Jr 13.23). É muito triste alguém ter ouvido o evangelho por muito tempo em vão. Se você não atende nem mesmo aos apelos do Calvário, o que restará então? Pecadores endurecidos em relação ao evangelho são, infelizmente, pecadores realmente endurecidos. Alguns têm sido descrentes do Senhor Jesus Cristo por cinquenta anos ou mais, e temo que vão morrer na descrença; e depois? O legado que lhes cabe é terrível. *Se não crerdes que eu sou, morrereis em vossos pecados* (Jo 8.24). Palavras tremendas! *Morrereis em vossos pecados* (Jo 8.24). É isso o que vai acontecer, com toda probabilidade, a muitos. Sim, certamente é isso o que acontecerá a você também, a não ser que creia no Filho de Deus.

Responda, portanto, a essa pergunta imediatamente. Não se atrase nem mais uma hora. Se a resposta não for satisfatória, seu caso poderá ser alterado e curado, se tratado a tempo, prontamente. E aquele que ainda não creu no Filho de Deus pode fazê-lo agora. Ainda há tempo para isso. Não menospreze a prorrogação dada pela misericórdia. Sobre você brilha a luz de outras pregações, mas seu longo sofrimento ainda não acabou. O evangelho ainda está sendo pregado a você, o que significa que o dia da esperança ainda não acabou. Se a Bíblia ainda está aberta diante de você, as portas de misericórdia também estão, assim como para todos aqueles que queiram entrar por elas mediante a fé. É por esse motivo que oro agora para que você creia no Filho de Deus. Pode ser que você não viva para ver outro dia do Senhor; aproveite, portanto, esta oportunidade de hoje. Em breve, poderá chegar a nós uma notícia sobre você, do mesmo modo que tem chegado em relação a outros: "ele morreu","ela se foi". Uma vez que a eternidade pode ser moldada pelo dia de hoje, oro para que você se levante. Volte-se para a sua fé em Jesus, pois, se estiver correta, tudo o mais estará bem. Se falta alguma coisa nela, no entanto, tudo o mais estará faltando.

A PERGUNTA DAS PERGUNTAS | 273

IV. Encerro, assim, abordando o meu quarto ponto: SE RESPONDERMOS À PERGUNTA, ELA PODE SER DA MAIOR IMPORTÂNCIA PARA NÓS.

Crês tu no Filho do homem? Suponhamos que a pergunta seja respondida de forma negativa. Se você for levado a ter de dizer, com tristeza, "não", que assim seja. Mas olhe para a verdade nos olhos. Isso fará que você desperte para a causa de sua falha se você souber onde ela está. Outro dia, uma pessoa que veio se unir à igreja cristã, me disse: "Eu estava trabalhando na sala e, de repente, um pensamento me veio à minha mente: 'Você não é uma mulher salva'. Não consegui me livrar daquela ideia. Fui para a cozinha, mas ela me seguiu. Parecia que eu ouvia a água e o fogo repetirem essa espécie de acusação: 'Você não é uma mulher salva'. Fui fazer uma refeição e mal podia comer meu pão por causa desse pensamento sufocante e que me assustava: 'Você não é uma mulher salva!'". Não demorou muito e essa mulher buscou o Senhor e se tornou salva pela fé em Cristo Jesus. Oh, quem dera pudesse colocar essa ideia em algumas mentes, esta manhã! Se você é alguém ainda não salvo, se não crê ainda no Filho de Deus, está no fel da amargura e preso aos laços de iniquidade. Eu gostaria até de fazer que o lugar onde você está sentado aqui ficasse cada vez mais incômodo, e que a sua própria casa se tornasse desconfortável, de tal modo que você pudesse clamar: "Deus, por favor, deixa-me me arrastar até minha casa, colocar-me ao lado da minha cama e clamar por misericórdia!" Eu gostaria, na verdade, que você estivesse debaixo de uma emergência ainda maior e se voltasse para o Senhor da misericórdia imediatamente, instantaneamente. Você o faria respondendo corretamente a essa pergunta, sentindo que a resposta não poderia ser "não". Supondo, então, que você seja capaz de dizer "sim", essa pergunta terá feito um grande serviço, pois trará a você grande paz. Se deixar esse assunto ainda em dúvida, se verá grandemente perturbado por ele. Somente quando se decidir positivamente poderá descansar. A paz, então, como um rio, fluirá em sua alma, e você poderá dizer:

> Eu quero crer e nisso eu creio:
> Jesus morreu em meu lugar.
> Na cruz, derramou o seu sangue
> Pra do pecado me livrar.

Saiba que Jesus Cristo é seu e que você nele irá se alegrar. Você jamais poderá alcançar seguramente a paz até estar seguro quanto à sua resposta a essa pergunta.

Tendo feito isso, procure fazer alguma coisa em favor de Jesus que demonstre sua gratidão pela salvação. Só terei um coração inclinado para a obra santa depois que souber que sou salvo. Ao perceber que seus negócios estão em risco, o homem sábio para e pensa neles; mas, se estão em segurança, o homem pode se voltar para atender aos interesses de seus parentes e amigos. Quando estou seguro de que sou salvo e de que nada mais é necessário que eu faça em relação a isso, pois Cristo já fez tudo, então pergunto: o que poderei fazer por aquele que fez tanto por mim? Onde está o adulto, o jovem ou a criança com quem eu possa falar sobre meu Salvador? Irei buscar os perdidos para contar-lhes sobre a salvação presente. Talvez eu nunca tenha ousado falar à minha esposa ou aos meus filhos sobre a vida eterna; mas, agora que a possuo, e sei que a possuo porque creio no Filho de Deus, começarei a instruir minha família nessa boa doutrina. Sim, a diligência se intensifica a partir da certeza.

Que grande ajuda à certeza será na hora da tribulação! Há uma grande aflição se aproximando; mas se você pode dizer: "Sei que creio em Jesus Cristo, o Filho de Deus", então pode enfrentá-la com tranquilidade. É uma operação cirúrgica? Você ficará tranquilo e se entregará ao bisturi do médico; venha a vida ou a morte, você se acha para isso tranquilo. É uma grande perseguição que precisará enfrentar amanhã? Você não a temerá, mas, sim, crendo em Jesus, levará sua cruz. Está ficando mais velho e pensando em quando poderá morrer? Isso não importa; você sabe que estará simplesmente indo para o lar, uma vez que crê no Filho de Deus: ele nunca deixará que uma alma creia nele em vão; nunca lançará fora um pobre coração que nele confia. Que força sua fé lhe dará! Você será então um verdadeiro herói, enquanto, no passado, era hesitante e receoso. Agora que sabe e tem certeza de que crê no Filho de Deus, não temerá mais mal algum. Acredito que isso irá inflamar você de zelo santo e louvor. Você talvez já tenha dito: "Não sei como posso ser tão inerte! Vou à casa de Deus e não sinto o poder da Palavra! Tenho medo até de que nem seja propriamente um cristão". Pode ser. Na verdade, enquanto durar esse temor, você será insensível à verdade; mas, a partir do momento em que souber que crê no Filho de Deus e tiver certeza de sua salvação, seu coração baterá em outro ritmo, e a música das esferas superiores tomará posse do seu peito. Não é de admirar que você possa então afirmar, como Toplady:

> Sim, até o fim resistirei,
> Que assim garante o Senhor.
> Mais feliz no céu eu cantarei
> Pois ali verei meu Salvador.

Você começará a desfrutar da alegria dos céus ao ganhar a compreensão da certeza celestial. Assim movido de gratidão e cheio de alegria, o resultado será sua grande preocupação doravante pelos que não creem ainda no Filho de Deus. Passará a olhar os descrentes com tristeza e apreensão. Mesmo que sejam ricos, você não dará mais valor ao ouro deles, porque é isso justamente, e você sabe, que lhes cega os olhos. Mesmo que sejam muito inteligentes, você não vai mais endeusar sua capacidade humana, porque o que importa é que vejam a luz eterna, ainda oculta aos seus olhos. Você dirá a si mesmo: "Eles podem ter toda a riqueza e inteligência do mundo, mas eu tenho muito mais para dar-lhes: o Filho de Deus". De fato, ao ter Cristo, você possui muito mais do que um Alexandre, o Grande, possuiu ao conquistar o mundo; ele e outros conquistaram a terra, mas infelizmente não ganharam o céu, pois nada sabiam a respeito de crer ou ter esperança no Filho de Deus.

Quanto a isso, na verdade, você pôde fazer mais do que a um anjo cabe fazer, pois um anjo não tem a alma perdida para precisar crer no Filho de Deus, nenhum pecado a ser lavado no sangue do Salvador. Você creu e confiou em Jesus, foi lavado em seu sangue e está limpo do seu pecado. Vá para casa e cante meu irmão. Vá para casa e diga aos seus parentes, amigos e vizinhos que Jesus é o Filho de Deus e que é plenamente capaz de a todos salvar. Vá para casa e passe a levar alguns pobres pecadores a Jesus. Vá para casa e nunca mais descanse até que possa dizer a Deus: "Aqui estou eu e as almas que me confiaste. Todos nós cremos no Filho de Deus". Que a paz esteja com todos vocês! Amém.

29

A ESSÊNCIA DA SIMPLICIDADE

Soube Jesus que o haviam expulsado; e achando-o, perguntou-lhe: Crês tu no Filho do homem? Respondeu ele: Quem é senhor, para que nele creia? (Jo 9.35,36).

Este texto pertence à passagem que fala do cego de nascença a quem Jesus deu visão. O relato da cura por ele mesmo provocou a ira dos líderes judeus e, como eles não o conseguiram convencer de que aquele que lhe abrira os olhos poderia ser um homem ruim, o expulsaram da sinagoga. Esse ato significava que ele estava agora separado da igreja judaica, transformado assim em objeto do que se considerava a maior excomunhão. Era essa uma das mais temidas calamidades que podiam afligir um judeu, e há dúvida de que o homem também a considerava assim.

Não há possibilidade de que alguém aqui possa estar passando exatamente por essa mesma dificuldade; mas muitos podem estar sofrendo de algo similar, ou seja, pode ser que você haja se excomungado a si mesmo. No pátio do templo do seu próprio coração, sua consciência instalou um tribunal solene, que pronunciou sobre você uma sentença que soa continuamente em seus ouvidos. Você nem ousa se juntar àqueles que se reúnem na casa de Deus, pois teme ser indigno de estar entre eles. Até bem pouco tempo, você estava muito bem consigo mesmo e considerava estar tudo também muito bem com Deus. Esperava estar dando bons passos, de qualquer modo, como os outros homens e talvez até melhor que muitos ao seu redor. Agora, porém, toda uma luminosidade veio sobre sua mente — e práticas suas que antes considerava sem maior importância têm sido vistas por você como altamente perniciosas, e até o próprio pecado ganhou um aspecto bastante diferente do que tinha.

Há alguém aqui nessas condições esta manhã? Deixe-me então lhe garantir que seu estado mental me é muito conhecido; conheci durante muitos meses tal horror. Eu também sentia estar separado da congregação dos esperançosos e não tinha esperança alguma de receber a misericórdia divina. Não ousava erguer os olhos aos céus, mas clamava ao Senhor como fez Jonas: *Lançado estou de diante dos teus olhos* (Jn 2.4). Deste modo, e com o apoio dos irmãos, falo a qualquer um aqui que se sinta neste momento proscrito, expulso da casa do Senhor.

Para felicidade do homem da narrativa bíblica, no mesmo instante em que a sentença de expulsão começou a cobri-lo com sua sombra, foi ele encontrado pelo Senhor Jesus Cristo, que imediatamente lhe deu toda a ajuda e força necessárias. Cristo veio ao mundo como a consolação de Israel, e onde quer que encontrasse e ainda encontre homens perturbados em espírito, ali dava e ainda dá início à sua obra graciosa. Observe, porém, que o Senhor traz apenas um único medicamento e prescreve apenas um modo de usar pelo qual sua eficácia pode ser comprovada. Fala ao homem oprimido sobre o Filho de Deus e sua fé pessoal nele, pois esta é, de fato, a consolação do Mestre para nosso coração aflito, o melhor e mais seguro meio de trazer alegria à alma presa no calabouço do desalento. Nosso Senhor começou indagando ao proscrito: *Crês tu no Filho do homem?*. Se há alguém aqui que esteja no estado a que eu me referi, sentindo-se culpado diante de Deus, com o espírito inquieto, o coração alarmado diante da chegada de merecido juízo de Deus, eu posso, em nome de Cristo, ir a você esta manhã com uma palavra de conforto, mas outra não será senão a que Jesus pronunciou nessa passagem. Nada tenho a dizer, no que se refere a conforto, a não ser o que se relaciona ao Filho de Deus e somente a ele. Peço, portanto, que você creia nele, pois somente ao recebê-lo pela fé poderá ser ele alívio eficaz para a sua tristeza. Aquele que crê no Senhor Jesus jamais se envergonha; todavia, sem fé, você está, sobretudo, sem salvação.

Esta manhã procurarei levar você diretamente ao ponto em questão. Teremos um encontro direto entre a doutrina do evangelho e a sua alma, meu caro amigo ainda não crente. Você terá de enfrentar o evangelho, seja para desprezá-lo, seja para aceitá-lo. Para resumir, enfim, com as palavras mais simples possíveis, você compreenderá que somente se crer em Jesus Cristo poderá ser salvo; e será questionado se deseja isso ou não. Ou você há de crer no Filho de Deus, ou incorrerá no pecado de desprezar o *único nome dado entre os homens debaixo do céu em que devamos ser salvos* (At 4.12). Aviso-lhe, pois, que você será levado a isso, se minhas palavras puderem ser capazes, e que deverei então deixar a obra de sua decisão nas mãos do nosso santo Deus. Peço apenas que todos aqueles de vocês que amam o Senhor e são experimentados no poder da oração unam-se às minhas súplicas, para que o resultado de procurarmos colocar os pecadores face a face com o evangelho possa ser o de que decidam crer no Senhor Jesus; que a fé lhes possa ser dada; que o Filho de Deus se torne o único alvo da confiança dessas almas; e que, de modo algum, nenhum descrente possa continuar na sua falta de fé e rejeitando o Filho de Deus. Já observaram, por acaso, na entrada das minas de carvão de que maneira os vagões cheios, ao descerem a rampa, puxam de baixo os vagões vazios até a entrada da mina para que eles também possam ser cheios? Que vocês que já possuem a graça possam exercer o poder que Deus lhes deu e, por meio de oração e intercessão, atrair outros ao Salvador. Enquanto prego, estejam orando, e Deus há de operar por meio de vocês e eu. Olhe para os não salvos ao seu redor com verdadeira piedade e, com os olhos da fé, para Cristo, seu glorioso Salvador, e diga-lhe: "Jesus, tu que redimiste miríades pelo teu sangue, trabalha agora por meio do teu Espírito eterno e redime estas vidas aqui pelo teu poder. Que o Espírito que repousou sobre o teu ministério, que desceu sobre os teus servos no Pentecostes, o Espírito que nos converteu à tua verdade, trabalhe poderosamente no meio desta congregação esta manhã, de modo que todos aqui possam ser levados a te obedecer. Quando tua cruz for erguida bem alto, Senhor, traga vida aos mortos em toda parte, sendo um farol de segurança para os que já estão despertos e para os desesperados um pilar de esperança".

I. O transcorrer do nosso sermão esta manhã será prático. Comecemos então por formular e definir, de maneira distinta, O ASSUNTO EM QUESTÃO.

Meu amigo ansioso, a questão maior e mais importante com a qual você pode se preocupar é que você encontre a salvação. Você não a tem neste momento, e sua consciência diz isso. Embora possa estar certo de que ou deverá obtê-la ou ficará perdido para sempre, você possui, na verdade, uma perspectiva, ainda que pequena, de encontrá-la. Você pecou, e a punição o espera — você não tem como escapar dela! A questão mais importante, no entanto, que está acima de qualquer outra, é que você seja salvo, que de fato desperte o seu desejo de ser liberto do pecado e da devida punição. Deste modo, não apenas se livraria das consequências de seus atos errados, mas também da sua propensão em fazer o que não é correto; do constante poder e aviltamento do pecado passado e da tendência de vir a pecar outra vez. Você deseja também ser perdoado e, por meio do perdão, ser limpo da ira de um Deus justamente ofendido, a fim de ser considerado aceitável diante do Altíssimo. Se você estiver no seu juízo perfeito, desejará, naturalmente, que tudo isso seja feito de maneira real, não como mera pretensão ou ficção, mas, sim, em atos verdadeiros. Não permita Deus que você se contente apenas com o título de "salvo", com uma salvação totalmente externa, feita apenas de confissão ou ritos e cerimônias exteriores, enquanto seu coração permaneceria impuro, e sua natureza, imunda. Podemos ser enganados em outras áreas e talvez não percamos grande coisa; mas, nas questões da alma, temos de fazer que tudo seja plenamente certo; se formos enganados, pode ser o fim para nós. Posso ser enganado em comprar metal comum como se fosse ouro, mas não o posso ser com falsidade no lugar da verdade salvadora, com ideias mentirosas, em vez da operação da graça; que eu seja enganado na comida que me seja servida, encontrando partes de alimento estragado em meio à comida sadia, mas que não o seja quanto ao pão da vida eterna, pelo qual minha alma clama. Seja tudo honesto e verdadeiro para com a minha alma, mesmo que o mais possa ser mentira!

A ESSÊNCIA DA SIMPLICIDADE | 277

Deseja ser salvo do poder da culpa do pecado, meu ouvinte, deseja que sua salvação seja plena e real? Anseia por ela *agora*? Se Deus já o despertou, você quer então ser salvo imediatamente e não aceita mais sequer a ideia de um atraso. O pecado está sendo amargo demais para você *agora*, é uma verdadeira praga presente em sua vida. A questão diante de nós, portanto, é a sua salvação neste momento, salvação pessoal por Cristo realizada em seu favor. Se podemos vislumbrar o rosto sorridente do Pai, feliz, no céu, sei que você deseja desfrutar disso *agora*. Se for possível que o fardo do pecado seja removido para sempre dos ombros de um mortal, quer ficar livre desse fardo neste instante. Se há realmente uma fonte na qual um homem possa se lavar e ser liberto de todas as manchas é seu desejo lançar-se imediatamente em suas águas purificadoras e tornar-se mais alvo que a neve. Se sua alma já foi desperta até este ponto, bendigo realmente a Deus, pois nada há debaixo do sol — nem, na verdade, acima dele — que possa rivalizar em importância com a salvação da sua alma.

Entretanto, o assunto que quero colocar diante de você é o seguinte: para que você possa ser salvo, declara Deus, a salvação deverá vir a você como um dom da graça que ele mesmo concede, como um ato de seu livre favor divino e que somente poderá ser recebido por você mediante a fé em seu Filho, nosso Senhor. Assim como o Senhor começou a consolar o homem no templo ao dizer *Crês tu no Filho do homem?*, do mesmo modo, hoje, não há consolação — muito menos salvação — para você senão por meio de sua fé no próprio Filho de Deus. Sei que certamente você já ouviu muitas vezes a respeito do Filho unigênito de Deus, que ama a alma dos homens, mas torna-se necessário falar sobre isso mais uma vez. Deus jamais salvaria os homens com base nos méritos destes. Na verdade, se tivessem qualquer mérito não precisariam de salvação. Se você acha que Deus lhe deve alguma coisa, faça então as contas e apresente-as, e terá seu pagamento; se julga que existe qualquer obrigação da parte de Deus para com você, declare então qual é, e, se for possível comprová-la, Deus nunca dará a você menos do que corretamente merece. Se você quer acabar exatamente onde mereceria estar, quem sabe não será esse lugar o próprio poço do inferno? Seria bom, então, que você cessasse de vez com todas as suas exigências. Deus salva você, justamente, como uma pessoa culpada e que mereceria ser destruída, mas que ele salva porque simplesmente quer salvá-lo, porque deseja manifestar em você a generosidade do seu grande amor e da sua misericórdia. *Pela graça sois salvos* (Ef 2.5) é um propósito imutável dos céus. Também está ordenado que essa graça deve ser recebida pelos homens por meio do canal da fé e tão somente por esse canal. Deus salva aqueles que creem e confiam em seu Filho. Este, Jesus Cristo, o Senhor, como ensinamos no último domingo, veio ao mundo e tomou sobre si nossa natureza. Sob a forma de homem, assumiu então nosso lugar, o lugar dos transgressores. As transgressões da humanidade foram contadas sobre ele, a ele imputadas, colocadas em sua conta. Sofreu por todos os pecados humanos como se tivessem sido cometidos por ele mesmo. Foi espancado, cuspido, atormentado, crucificado e morto. As chicotadas que recebeu foram o castigo que merecíamos pelo nosso pecado, e a morte que suportou foi a pena de morte a que estávamos, os transgressores, condenados. Assim, todo aquele que confiar em Jesus participará dos benefícios resultantes de toda a agonia substitutiva do redentor, sendo a questão resumida da seguinte maneira: os sofrimentos de Cristo foram por ele recebidos no lugar dos sofrimentos merecidos do crente, e os méritos de Cristo ocuparam o lugar da obediência que cada homem deve ter. A fé em Jesus nos torna justos somente mediante a justiça de outro, que é ele, e torna possível sermos aceitos no amado e perfeitos nele, Cristo Jesus. Assim como caímos por meio do primeiro Adão, do mesmo modo somos erguidos mediante o segundo Adão, que é Cristo. A única maneira, enfim, de tomarmos parte nas bênçãos e benefícios da morte do Senhor Jesus Cristo é simplesmente crer nele.

É preciso deixar claro que crer em Jesus não é uma ação misteriosa e complexa. Não é preciso levar uma semana para se explicar o que é a fé. A fé crê naquilo que Deus nos revelou de Cristo e, portanto, confia em Cristo como o Salvador apontado por Deus. Creio que Jesus é o Filho de Deus, que Deus o enviou a este mundo para salvar os pecadores e que, para fazer isso, tornou-se substituto legítimo de todos aqueles que nele creem e confiam; e, ao crer e confiar nele, sei que ele foi meu substituto e que mediante seu sacrifício estou devidamente limpo e justificado perante Deus. Uma vez que Jesus morreu por mim, a justiça de Deus não pode mais me condenar à morte eterna, pois Jesus foi exatamente meu substituto na morte. A verdade de Deus não poderá exigir pela segunda vez um débito já plenamente pago por Jesus em meu favor. A base lógica de tudo isso é a mais clara possível, e todo aquele neste mundo —velho ou jovem, judeu ou gentio, instruído ou iletrado, pobre ou rico, devasso ou moral — que crer e confiar em Jesus será salvo, e o será no momento em que assim o fizer. No entanto, todo aquele nascido de mulher que se recuse a crer e confiar em Jesus já está condenado, porque não creu no Filho de Deus. Independentemente do caráter de uma pessoa, se ela não tiver fé, é uma alma perdida. Por outro lado, seja qual for seu caráter, se o pecador se voltar para a cruz e crer em Jesus, começará uma nova vida nesse mesmo momento. Deus lhe dará toda a graça e excelência de caráter necessária para adornar sua fé, e a sua fé o salvará. Confiar em Jesus, crer em Jesus, isso é o que importa. Quero, hoje, dar grande ênfase a esta questão e que o Senhor se agrade de colocar diante de mim alguns corações que ele já derreteu na fornalha da convicção, quando então comprovaremos quanto o Deus eterno já não deixou de reter seu braço poderoso e punir com a energia divina. Se qualquer alma for levada à fé em Jesus, a obra está realizada, pois crer ou não crer no Filho de Deus — eis a questão; e nada mais.

II. Ainda sobre o assunto em questão, iremos agora, em segundo lugar, perceber que UMA PERGUNTA NO TEXTO BÍBLICO EM FOCO ABRANGE TODA A BASE DA FÉ. Quando questionado pelo próprio Jesus a seu respeito, ou seja, sobre crer no Filho do homem ou Filho de Deus, aquele que fora por ele curado então indaga: *Quem é, senhor, para que nele creia?*(Jo 9.36). Por toda a narrativa, vemos que esse homem se mostra como bastante inteligente e perspicaz. Desconheço nas Escrituras outro exemplo de uma pessoa de tão bom senso do que esse homem. Tão logo lhe é dito que deve crer no Filho de Deus, ele vai diretamente ao assunto, perguntando: *Quem é, senhor, para que nele creia?*, como se isso fosse, de fato, tudo o que lhe bastava saber. "Quem é?" — e, então, a fé chega verdadeiramente a ele. Quando uma alma quer realmente ter fé, esta pergunta é a principal questão; o ponto crítico do assunto está nisso. Ele não disse algo como "Senhor, quem sou eu para que possa crer?" De forma alguma. Esse teria sido um desvio da questão principal.

Se leio no jornal a respeito da veracidade de uma coisa que está sendo questionada, não vou começar a querer justificar o meu caráter, como se tivesse alguma coisa que ver com isso; mas, sim, vou querer saber quem possa ser a autoridade no assunto. Não irei olhar para dentro de mim mesmo, mas, sim, para a pessoa que faz tal declaração. A história pode ser verdadeira ou não, independentemente daquilo que eu possa ser. Minha personalidade não está envolvida na verdade ou na falsidade da declaração; devo questionar o assunto em si. Assim, aquele homem não fez quaisquer comentários sobre aquilo que ele poderia ter sido ou poderia ainda ser, mas apegou-se ao ponto-chave da questão: *Quem é, senhor, para que nele creia?*.

Querido ouvinte, todos os argumentos para sua fé estão dentro da abrangência dessa questão: *Quem é, para que eu nele creia?*. Você não precisa dizer: "Quem sou eu para que possa crer? Tenho vivido uma vida corrompida pelo pecado. Caminhei de uma transgressão a outra. Tenho uma consciência pesada quase que impenetrável. Tenho me colocado em posição contrária ao evangelho. Deixei-me contaminar pelo pecado, contra a luz e o conhecimento". Nada disso importa. Aí está você, e toda a sua imundície não está nem sendo levada em conta, pois Deus diz *quem crê no Senhor Jesus Cristo tem a vida eterna* (Jo 3.36). Essa é que é a questão da salvação, nem mais nem menos. Você vai crer ou não no Senhor Jesus? O que você é não importa. O testemunho de Deus é verdadeiro, quer você seja negro quer branco, grande ou pequeno pecador. Se fosse falso, também não seria verdadeiro só pelo fato de você ser bom ou ruim, digno ou indigno. Se Jesus é capaz de salvar, devemos confiar nele; se não o fosse, ninguém deveria confiar nele — assim se resume a questão.

Não se preocupe, também, com detalhes de sua condição atual. Você poderá querer argumentar: "Neste momento, sinto que meu coração é muito duro. Não posso chorar como alguns choram. O arrependimento está oculto aos meus olhos. A oração é uma tarefa pesada e enfadonha para mim. Até mesmo enquanto ouço o evangelho, esta manhã, minha atenção não se concentra, como deveria, na verdade que eu sei que é vital para mim. Estou inteiramente destituído de tudo o que é bom, vazio de tudo o que possa

A ESSÊNCIA DA SIMPLICIDADE | 279

me recomendar à misericórdia divina". Eu respondo: e daí? Suponha que eu informe a um homem que ele acaba de receber uma herança de dez mil libras. O que isso tem que ver com ele me mostrar seus trapos, seu armário vazio, sua cama quebrada? Sua pobreza por acaso me faz ser um mentiroso? Não. Então, por que os homens inserem esses assuntos estranhos na boa-nova? Quer seja verdade quer não, sua condição não tem nada que ver com a verdade ou a falsidade da minha declaração. Se o homem estivesse vestido de linho fino, não faria que minha declaração fosse mais verdadeira. Se os cães o lambessem como fizeram com Lázaro, não lhe daria direito de negar a veracidade do fato que lhe anuncio. Assim, ó pecador, sua condição nada tem que ver com a questão se devemos confiar ou não em Jesus. *Porque Deus amou o mundo de tal maneira que deu o seu Filho unigênito, para que todo aquele que nele crê não pereça, mas tenha a vida eterna* (Jo 3.16). Você vai crer nele? Você vai confiar no Senhor Jesus? Se deseja crer e confiar nele, a questão a ser levantada seria: "Ele é digno de confiança?" Mas dizer "eu sou isso" ou "eu sou aquilo" é uma questão muito longe do assunto principal. Não é verdade o que estou afirmando? Apelo para o seu bom senso quanto a isso.

Alguém ainda poderá alegar: "Mas, com relação ao futuro, temo voltar aos meus antigos pecados. Não posso confiar em mim mesmo. Já fiz algumas mudanças antes, e todas elas deram errado. Meu navio mal saiu para o mar e naufragou no primeiro temporal. Diante das tentações que sei que me esperam, não posso garantir que irei suportá-las e chegar a ir para o céu". Mas o que a questão de crer em Jesus tem que ver com boas promessas ou os terríveis fracassos que lhe acontecem? Todo aquele que crer em Cristo será salvo. Se você se perder mesmo realmente crendo e confiando nele, então a Palavra de Deus não é verdadeira. A pergunta é a seguinte: *Você pode crer e confiar em Cristo?*. Essa pergunta leva a outra, a saber: "Ele é digno de confiança?" Nenhuma outra pergunta pode ser admitida neste caso, por um momento sequer.

O caso é mais ou menos semelhante ao de um homem em mar aberto. Seu navio está avariado e partindo-se em pedaços. O convés se foi, e o navio mal se sustenta em um mastro flutuante. Veja! Um bote salva-vidas chega ao lado, pronto para receber o homem a bordo. Se há alguma pergunta na mente desse homem quanto a entrar no barco para ser salvo, o único questionamento racional que eu poderia conceber é: "O bote vai conseguir me levar para a praia? Conseguirá enfrentar este mar? Dá para passar pelos rochedos? Pode-se chegar a terra em segurança?" Não há por que imaginar esse pobre homem, em vez disso, pensando: "Tremo de febre intermitente e por isso não posso ser resgatado por esse barco"; ou então: "O mar levou a única roupa que cobria as minhas costas, e o barco não é adequado para isso"; ou: "Uma hora dessas, estou sujeito a sofrer outro naufrágio, na costa da África, e pode ser que haja ali um bote salva-vidas". Não. Viva, homem; já está aqui o bote! Ele consegue enfrentar o mar? É essa questão. Se consegue, entre logo no barco. Se Cristo não for digno de confiança, não confie nele. Se for digno de toda a confiança, deixe de lado questões inúteis e entregue-se a ele. *Se recebemos o testemunho dos homens, o testemunho de Deus é maior; porque o testemunho de Deus é este, que de seu Filho testificou — Quem crê no Filho de Deus, em si mesmo tem o testemunho; quem em Deus não crê, mentiroso o faz, porque não creu no testemunho que Deus de seu Filho deu —. E o testemunho é este: que Deus nos deu a vida eterna, e esta vida está em seu Filho. Quem tem o Filho tem a vida; quem não tem o Filho de Deus não tem a vida* (1Jo 5.9-12).

Vamos ainda nos ater a este ponto: Jesus é digno de confiança, digno da fé confiante do pecador. É digno de confiança, ó pecador, porque, em primeiro lugar, aquele em quem o concitamos a confiar hoje, por mandamento do evangelho, *é o próprio Deus*. Você ofendeu a Deus com os seus pecados, e é o próprio Deus quem veio ao mundo para salvar você. Seus pecados foram atirados contra Cristo como flechas lançadas por um arco, mas ele, contra quem foram atiradas essas setas, veio na plenitude do seu poder e na infinitude de sua misericórdia para salvar aquele que crê. Você não consegue entregar-se em suas mãos todo-poderosas, prontas para salvar? Há, por acaso, alguma coisa impossível para Deus? Um anjo não pode salvar você; mas esteja certo de que o próprio Deus pode. Como é que você, então, é capaz de limitar o próprio Santo de Israel? Como pode colocar limites ao seu amor ilimitado, ou limitar a sua graça infinita? Se Jesus fosse apenas homem, e não Deus, sua descrença poderia ser uma boa desculpa. Mas o seu Salvador é divino; onde, portanto, sua desconfiança pode achar acolhida?

Sinto-me esta manhã como se eu mesmo nunca mais pudesse evitar crer em Cristo, agora que sei que ele é Deus. Minha fé cresceu a ponto de se tornar indispensável em minha mente. Salvar-me! — quem me pode persuadir de que Deus não é capaz de fazê-lo? Que venham até os demônios com seus argumentos e discutam comigo: eles não conseguirão jamais injetar dúvida em minha alma enquanto eu souber que o Senhor é Deus. Ele é capaz de sacudir os céus quando lhe agrade e fazer a terra tremer; sustenta todo o Universo em seus ombros — e não seria capaz de simplesmente salvar minha pobre alma? Certamente que pode! *Quem é, senhor, para que nele creia?* Ele é Deus e, portanto, nele creio.

E não só isso: o Senhor Jesus Cristo, em que o pecador deve confiar, *foi comissionado especialmente por Deus para nos salvar*. Ele veio ao mundo não propriamente por conta própria, mas como Salvador, como o Messias enviado por Deus. Tem o pleno apoio não apenas de si mesmo, das outras pessoas da sagrada Trindade: é da vontade do Pai e da vontade do Espírito Santo, assim como da vontade do próprio Filho, que todo aquele que nele crê seja salvo. É o ungido do Senhor para essa obra peculiar. Penso que esse seja um fundamento todo especial para confiar nele. Se Cristo fosse, digamos, um Salvador "amador", que tivesse assumido a missão de tentar salvar por sua própria conta, poderia ainda haver questionamento quanto a ele. Mas se foi o próprio Deus quem divinamente o comissionou, ó alma, por que duvidar? Garantido por Deus, autorizado pelo Eterno — ó coração, descanse nele.

Observe, então, que o Senhor Jesus Cristo *fez realmente todo o necessário* para a salvação de todo aquele que nele crê e confia. Se, antes de Jesus Cristo vir ao mundo, eu fosse enviado a pregar o evangelho, teria, naturalmente, de dizer: "Jesus há de tomar sobre si o pecado dos crentes e entregar a vida em favor de sua igreja"; mas agora tenho mensagem bem mais animadora: Jesus já levou consigo os pecados de seu povo para sempre, sofreu em seu favor tudo o que era indispensável e exigido para pôr fim a nossas transgressões. O que quer que lhe tenha sido exigido pela justiça de Deus como recompensa pela honra da lei ferida, ele o concedeu. Cristo sofreu plenamente o equivalente a todos os sofrimentos de todo pecador no inferno. Tudo, enfim, necessário para que fosse *justo e também justificador daquele que tem fé em Jesus* (Rm 3.26), ele o suportou. O cálice da vingança divina não está cheio; mas não foi derramado fora seu conteúdo. Está vazio e virado para baixo porque Jesus o bebeu até o fim. A obra requerida para nossa redenção, imensamente bem maior que os famosos trabalhos mitológicos de Hércules, foi totalmente realizada. Cristo morreu, foi levado para o sepulcro, dele saiu ressurreto e subiu à glória. Entrou nos céus porque sua obra estava completa. Está assentado agora à direita do Pai, em postura de vitória e honra, porque *aperfeiçoou para sempre todos aqueles que lhe foram confiados* (Hb 10.14). Ó alma, como pode se recusar a crer e confiar em Jesus? A mim parece impossível resistir a tal argumento. Se Cristo morreu por mim, o justo pelo injusto, e que todo aquele que nele crer e confiar será salvo, eu também quero nele crer e confiar e mediante seu sangue derramado encontrar a paz.

Além do mais, meu irmão, o ponto ao qual acreditamos que a graça de Deus há de conduzir você é este: Jesus merece toda a nossa confiança, e nele de fato confiamos, porque *é poderoso para salvar*: ele está agora em seu divino trono e por Deus *foi dada a ele toda a autoridade no céu e na terra* (Mt 28.18). Ele demonstra todo esse seu poder para salvar porque salva almas todos os dias. Alguns de nós, inclusive, somos testemunhas vivas de que ele pode realmente perdoar nossos pecados por termos sido perdoados, aceitos e renovados em nosso coração. E a única maneira com que obtivemos essa bênção foi crer e confiar inteiramente nele, sem mais nada termos de fazer, a não ser somente isso. Se há alguém presente aqui hoje verdadeiramente crente em Cristo que deva perecer, então eu devo perecer também. Navego no mesmo barco que essa pessoa, e, se esse barco afundar, não temos para onde ir. Devo confessar, portanto, diante de todos vocês que não tenho qualquer outra fé e confiança, nem mesmo um fiapo de confiança em qualquer sacramento ao qual me submeto ou do qual desfrute, ou em qualquer sermão que já tenha pregado, em qualquer oração que tenha feito, em qualquer comunhão com Deus de que haja participado. Minha esperança reside única e tão somente no sangue e na justiça de Deus mediante Jesus Cristo; e toda pretensão ou suspeição de confiança em qualquer pessoa ou coisa que seja, ou que possa ou venha a ser, eu sacudo fora, tal como a víbora que Paulo sacudiu no fogo, como algo mortal que só serve para ser

A ESSÊNCIA DA SIMPLICIDADE | 281

queimado. "Nada além de Jesus" — é esse o firme pilar sobre o qual devemos construir. É ele que nos irá sustentar, e nada mais poderá fazê-lo. Então, uma vez que, confirmado por meio da infalível autoridade das Escrituras, sabemos que Jesus tem esse poder, por que as almas que buscam descanso não obedecem a tal mandamento e repousam livremente nele? Esse é, enfim, o clímax da degeneração humana: rejeitar o testemunho do próprio Deus e optar por perecer na descrença.

Lembremo-nos de que, aqui, esta manhã, Jesus Cristo estaria de modo algum sem vontade de salvar os pecadores; muito pelo contrário, ele se alegraria inteiramente em fazê-lo. Você jamais irá precisar extrair à força a misericórdia de Cristo para você, como se fora o dinheiro de um avarento; ela há de fluir livremente dele para você, tal qual o jorrar de uma fonte ou a luz do sol. Se há maior maneira de Jesus ser feliz é a de conceder sua misericórdia àquele que não a merece. É uma grande alegria para o seu terno coração poder dizer "apaguei todos os seus pecados", quando a ele vem um pobre pecador que nada mais mereceria senão o inferno. Quando um blasfemo dobra seus joelhos e diz *ó Deus, sê propício a mim, o pecador* (Lc 18.13), o coração de Cristo se regozija em responder: "Tuas blasfêmias são perdoadas: eu sofri por causa delas sobre o madeiro". Quando uma criança pequena, ajoelhada ao lado de sua cama, diz: "Bom Jesus, ensina-me a orar e perdoa os pecados que eu cometi", o Salvador adora dizer: "Deixem que as crianças venham a mim, pois isso também é parte de minha recompensa pelas feridas que suportei em minhas mãos, em meus pés e em meu corpo". Quando qualquer um de vocês achegar-se a ele e confessar suas transgressões, entregando-se em suas mãos, será para ele como que um novo céu: há de fazer brilhar novas estrelas em sua já radiante coroa divina; pois isso fará que veja o fruto do trabalho da sua alma e fique satisfeito (Is 53.11). Não teremos até aqui argumentos suficientes para provar que Jesus é digno de nossa confiança?

III. Isso nos leva ao terceiro ponto. Diante de todas as respostas possíveis à pergunta "quem é ele?", TODOS OS PECADORES PRESENTES NESTE TABERNÁCULO SÃO LEVADOS, NESTA MANHÃ, À ALTERNATIVA DE FÉ OU DESCRENÇA. Você está situado entre crer e confiar em Cristo, em quem Deus ordena que você creia e confie, ou recusar-se a isso. Não sou enviado a pregar a apenas alguns, esta manhã, mas a todo aquele que tem ouvidos para ouvir. Jamais aprendi a pregar um evangelho restrito apenas a uma parte da congregação. O comissionamento recebido por todo verdadeiro ministro de Cristo é: *Ide por todo o mundo, e pregai o evangelho a toda criatura. Quem crer e for batizado será salvo; mas quem não crer será condenado* (Mc 16.15,16). Portanto, como todos vocês são criaturas, o evangelho é pregado a todos vocês. Sensíveis ou insensíveis, espiritualmente mortos ou vivos, contanto que possam ouvir o evangelho, a mensagem chega a vocês vinda da glória. *Quem quiser, receba de graça a água da vida* (Ap 22.17). *Crê no Senhor Jesus e serás salvo* (Ap. 22.17). Contudo, eu sei o que muitos de vocês certamente irão fazer, a não ser que o Espírito de Deus o impeça. Muitos tentarão sair da alternativa entre crer e não crer que apresento tão diretamente; se você não pretende assumir e dizer "eu não vou confiar em Cristo", mesmo assim não irá declarar confiar nele. E o que então fará? Vai badalar os seus mesmos velhos sinos: "Sou tão pecador, sou tão indigno!"

Já lhes mostrei, no entanto, que esse argumento não é nada relevante e não deve ser considerado quanto a essa questão. A questão tem um só aspecto, único e indivisível: *Crês tu no Filho de Deus?* Por que então você levanta outra questão, esta sobre si mesmo, que nada tem que ver com isso? Vou seguir seu raciocínio e lhe responder: uma vez que se julga um pecador tão especial e tão abominável, então você, de todos os pecadores do mundo, é o que mais deveria confiar em Cristo, pois está escrito: *Fiel é esta palavra e digna de toda a aceitação; que Cristo Jesus veio ao mundo para salvar os pecadores* (1Tm 1.15). Não importa que você seja um alcoólatra, um agressor, um sexomaníaco, um adúltero, um ladrão, enfim um demônio em forma de homem, Jesus Cristo veio ao mundo para salvar *os pecadores*. Portanto, em vez de se excluir por seu próprio caráter, você tem é de se incluir, exatamente por causa de sua condição. Você é justamente o tipo da pessoa que Cristo quer e veio salvar. E não há, no caso, como escapar, alegando: "Ele não veio para me salvar porque não sou pecador"; não adianta, portanto, fazer isso.

Mas é bem possível que você dê a volta por cima e argumente então: "Minha razão para a descrença é que eu não sinto que deva crer". Mais uma vez, um argumento que não deve ser realçado. O fato de eu sentir, digamos uma dor no pé esta manhã poderia ser motivo para não confiar em um homem honesto ou em uma ordem que me seja dada com a devida autoridade? Mesmo assim, volto a caminhar com você em seu próprio terreno. Você acha que é tão pecador que de nada é merecedor sob todos os aspectos. Ora, Jesus veio para salvar as pessoas de seus pecados, e ficou claro que você é exatamente uma pessoa do tipo a quem ele veio salvar, pois está cheio de pecados. A salvação que Jesus oferece é concedida somente mediante a sua graça, e, uma vez que você não tem em si coisa alguma boa e merecedora que seja, é exatamente um caso totalmente adequado para a misericórdia gratuita e grandiosa dele. A salvação plena de graça encaixa-se assim perfeitamente em você. É um recipiente vazio, que precisa ser cheio; um recipiente sujo que necessita de limpeza. Jesus se propõe tanto a limpá-lo quanto a enchê-lo. As bênçãos de Jesus são exatamente apropriadas às circunstâncias de todo pecador. Você é o homem exato, portanto, que a graça de Deus quer abençoar.

Alguém pode ainda alegar: "Mas eu me sinto perdido, totalmente perdido". Ora essa! Temos, então, primeiro, que travar uma batalha com alguns de vocês porque se sentem muito pequenos e, depois, com outros de vocês porque se sentem muito grandes! Então, depois, voltarmos ao nosso ponto básico fixo e lembrá-los, mais uma vez, que ambas as desculpas estão completamente fora do objetivo da questão e que o objetivo é o seguinte: você irá crer ou não no Senhor Jesus, a quem Deus enviou para ser o Salvador dos homens? Se você se encontra esmagado por sentimento de tristeza, existe então motivo especial para atender aos chamados do evangelho, já que alguns deles são direcionados especificamente ao seu caso, como: *Ó vós, todos os que tendes sede, vinde às águas* (Is 55.1) e *se alguém tem sede, venha a mim e beba* (Jo 7.37). Já que essas mensagens da graça são justamente para você, que possui algum tipo de despertamento do sentido de necessidade, concito-o a que se apresse a aceitar o testemunho de Deus para que sua alma possa viver.

A única pergunta, enfim, a todo pecador não convertido é esta: vai ou não crer em Jesus Cristo? E, no entanto, ouço ainda você dizer: "Bem, acho que vou melhorar em breve, no futuro. Acho que, afinal das contas, com algum esforço da minha parte, posso alcançar uma condição de vida melhor". Como você pode contar com isso? Não fez uma grande confusão, até agora? Aconselho-o a desistir dessa tentativa vã. Se você já fez tanta coisa errada no passado, não terá certamente muito ânimo para tentar algo novo futuro. Deixe seu desespero dar lugar à fé. O pior nessa sua atitude é que você está indo exatamente na direção contrária à dos planos de Deus. Ele diz: "Eu não salvo você com base no seu mérito, pois você não tem nenhum". Esta é, na verdade, uma declaração da graça da parte de Deus, eliminando quaisquer falsas esperanças, já que *por obras da lei nenhuma carne será justificada* (Gl 2.16).

Se você se propuser: "Vou buscar minha salvação com base nas minhas obras", está, na verdade, fugindo da face de Deus. É sábio fazer isso? Eu recomendaria que, em vez disso, aceitasse imediatamente aquilo que ele tão livremente quer lhe dar. Foi o que aconteceu, outro dia, com um amigo meu. Ele queria comprar algo de outro irmão. Este pediu determinada quantia como preço por aquilo, mas meu amigo fez uma contraproposta: "Dou a metade, está bem?" "Não", respondeu o outro irmão, "prefiro, então, dá-lo de graça a você, em vez de ter de aceitar quantia tão pequena". "Obrigado; eu aceito", foi a resposta imediata. Eu teria feito a mesma coisa. Não ofereça, portanto, seu pequeno preço a Deus, se ele já está pronto a lhe dar toda a bênção, sem dinheiro e sem preço!

Nunca vi homens tão insensatos como os de hoje com relação às coisas de Deus. Se podem obter por nada uma coisa tão excelente como a salvação, qualquer um deveria recebê-la sem discussão; e, no entanto, se rebelam contra a graça gratuita! Anos atrás, nós, ingleses, tivemos de pagar vinte milhões de libras para libertar os escravos da colônia da Jamaica; antes de a conta ser paga, porém, pareciam não chegar ao fim as objeções a isso, levantadas na Câmara dos Comuns e por toda parte. Muito foram os que defenderam seu ponto de vista a favor da escravatura, mas nunca ouvi falar de um escravo negro que fosse levado à tribuna da Câmara para levantar objeções por parte dos escravos. Nenhum cativo foi levado ali para dizer que os negros na Jamaica eram indignos ou não mereciam a libertação, ou então, por exemplo, que os escravos tivessem proposto pagar eles mesmos uma parte daquela quantia. Não é, de fato, da natureza humana pedir que os outros deixem de dar um presente gratuito, dessa maneira. Como

A ESSÊNCIA DA SIMPLICIDADE $\qquad$ |283

podemos, então, ser tão falsos em relação ao que é razoável, a ponto de querermos impedir a ação da graça soberana de Deus? Se Deus está dizendo: "Vou pagar por suas transgressões e libertá-lo de uma vez por todas do seu cativeiro; confie em mim, querido filho", é estranho, profundamente estranho, e o cúmulo da insensatez que os homens inventem mil objeções e argumentem contra o evangelho, tentando usar de outras condições e de recursos próprios os mais complicados!

Contudo, que mais faz o homem quando não isso? Tenho visto frequentemente pecador que usa então do argumento, evidentemente falso, de que é "tarde demais" para ser salvo. Nunca é tarde, na verdade. O evangelho diz que *Quem crer e for batizado será salvo* (Mc 16.16), mas não informa se é preciso crer até os 25 ou 45 ou 105 anos de idade; tão somente apresenta esse único mandamento para todos. Nunca é tarde demais, enfim, para crer na verdade, e o ponto principal da questão é justamente: *Crês tu no Filho do homem?* Há ainda o pecador que diz que sente não haver mais esperança para ele. Todavia, sente isso porque resolveu crer em uma mentira — e isso, o que é pior, acaba por levá-lo a crer que a verdade de Deus seja igualmente um engano. Recusa-se, assim, terminantemente, a crer naquilo que Deus declara com toda a clareza: que a sua salvação está somente em Cristo Jesus.

Não posso continuar apresentando todas essas falsidades e esses enganos, tampouco mencionar todos subterfúgios que usam os homens para escapar da própria misericórdia de Deus. Vi nas ruínas de Pompeia, na porta de uma loja, um dístico com um dito romano: *Eme et Habe bis* — "Compre e você terá". Não pude deixar de imaginar que, se estivesse caminhando já nas ruas da Nova Jerusalém, veria certamente um anúncio bem diferente: *Vinde e comprai, sem dinheiro e sem preço, vinho e leite* (Is 55.1). Se houvesse uma loja aqui em Londres onde todos os produtos fossem oferecidos gratuitamente, sem dinheiro e sem preço, você por acaso discutiria com o proprietário da loja sobre isso, ou faria uma petição às autoridades solicitando uma medida legal para o fechamento do estabelecimento, afirmando estar a loja errada, pois você preferiria ter de pagar por tudo o que desejasse ali obter? Evidentemente que isso não aconteceria. Por que então se colocar contra o ditado áureo da graça, que proclama: "Creia em Cristo e você terá"? Terá perdão imediato, perdão perfeito, perdão eterno, filiação a Deus por intermédio de Cristo, segurança na terra, glória no céu e tudo o mais, sem preço algum, sem ter de pagar coisa alguma, bastando tão somente ter recebido o dom gratuito, de um Deus gracioso, concedido a pecadores não merecedores, mas que creem e confiam em Jesus! Nem um anjo jamais apresentou uma mensagem tão mais graciosa e mais divina de misericórdia do que esta, do evangelho que lhes transmito agora. Como eu gostaria de brilhar como um serafim e ter a voz de um querubim para a proclamar! Que Deus possa fazer que os homens abandonem seu raciocínio tolo e creiam em Jesus Cristo.

IV. Por fim, nessa esperança, que o dia da sua ocorrência possa revelar COISAS ETERNAS A MUITOS DE VOCÊS. Lembro-me especialmente de uma data, em que me encontrei em condição similar à de muitos dos aqui presentes, sentindo-me arruinado, e ouvi, em condições de pela primeira vez realmente compreender, esta palavra: *Olhai para mim, e sereis salvos, vós, todos os confins da terra* (Is 45.22). Sei bem como estava naquela manhã. Estava como Naamã à beira do Jordão, com a água salvadora ali correndo e a minha velha natureza me dizendo: *Não são, porventura, Abana e Farpar, rios de Damasco, melhores do que todas as águas de Israel? Não poderia eu lavar-me neles, e ficar purificado?* (2Rs 5.12). A minha velha natureza humana insistia: "Eu quero sentir alguma coisa diferente; quero ter a experiência de John Bunyan; ter a experiência de minha mãe; quero sentir um coração quebrantado; lamentar mais amargamente meus fracassos; ficar sem dormir por muitas e muitas noites" e todo esse tipo de coisa. Suponha que eu tivesse resistido, e a graça de Deus não tivesse vindo e feito que todo aquele meu orgulho ímpio se fosse. Eu poderia me achar a esta hora sabe-se lá onde, se é que ainda vivendo entre os homens! Poderia estar no inferno, mordendo a língua de raiva e frustração só de pensar que deveria ter ouvido aquele sermão evangelístico e aceitado o evangelho quando proclamado; e tudo isso só porque não acreditava naquilo que era sem dúvida a verdade e não confiava naquele no qual ninguém jamais confiou em vão.

Sei que existem alguns nessa mesma condição que eu, aqui, esta manhã. A quem o bom Espírito de Deus irá dizer: *Lava-te, e ficarás purificado* (2Rs 5.13); mas cuja alma irá suspirar, duvidando: "Parece ser bom demais para ser verdade". Então, o bondoso Espírito Santo lhe responderá: *São os meus caminhos mais altos do que os vossos caminhos, e os meus pensamentos mais altos do que os vossos pensamentos* (Is 55.9). Sua descrença, porém, dirá a você: "Seus pecados são muitos"; todavia, o Espírito de Deus refutará, dizendo: *Ainda que os vossos pecados são como a escarlata, eles se tornarão brancos como a neve; ainda que são vermelhos como o carmesim, tornar-se-ão como a lã* (Is 1.18). Então seu coração poderá insinuar: "Mas eu tenho me rebelado demais contra ti, ó Deus, e há muito tempo", ao que o doce Espírito de Deus lhe dirá: *Apaguei as tuas transgressões como a névoa, e os teus pecados como a nuvem; torna-te para mim, porque eu te remi* (Is 44.22).

Confio realmente em que agora, neste exato instante, muitos dos corações aqui dirão: "Quero simplesmente colocar a salvação da minha alma inteiramente em Cristo Jesus, Filho de Deus, o único Salvador dos perdidos. Doravante, jamais esperarei vir a ser salvo por mim mesmo, nem buscarei qualquer outra pessoa nem outra coisa senão aquele que, em um madeiro sangrento, suportou a ira de Deus em meu favor e de todo o que nele crê". Se você crer e confiar assim em Jesus, tão certo quanto vive você será salvo! Vá em paz.

Não pronuncio eu estas palavras por meio apenas destes meus pobres lábios de barro; mas, sim, fala por meio de mim, esta manhã, aquele que foi pregado na cruz e a quem todos os céus adoram. Ele disse a alguém: *Tem ânimo, filho; perdoados são os teus pecados* (Mt 9.2); e a outro: *Perdoados são os teus pecados; levanta-te, toma o teu leito, e anda* (cf. Mc 2.9). Ó pecador por ele perdoado, peço que, ao sair desta casa, esta manhã, salvo e cheio de alegria, conte aos outros o que aconteceu e que jamais deixe de falar sobre isso e de viver para amar aquele que o salvou!

Vi, outro dia, um quadro de Rubens, que mostra Maria Madalena beijando os pés de Cristo, dos quais ainda sai seu sangue derramado na cruz. É um quadro nada comum; mas senti que, se estivesse lá, eu também teria beijado seus pés, mesmo tingidos de sangue. Ó pés benditos! Bendito Salvador! Bendito o Pai, que deu seu amado Filho para ser o nosso tão bendito Salvador! Bendito o Espírito do bendito Deus, que leva o nosso coração ímpio e orgulhoso à obediência e à fé em Jesus Cristo. Sim! *Bendito seja o Deus e Pai de nosso Senhor Jesus Cristo, que nos regenerou para uma viva esperança, pela ressurreição de Jesus Cristo dentre os mortos* (cf. 1Pe 1.3). O Senhor os abençoe. Amém.

30

VISÃO PARA AQUELES QUE NÃO VEEM

Prosseguiu então Jesus: Eu vim a este mundo para juízo, a fim de que os que não veem vejam, e os que veem se tornem cegos (Jo 9.39).

O grande dia do juízo ainda não chegou. Em infinita longanimidade, Deus aguarda, mostrando-se gracioso, para poder dar aos homens a oportunidade de se arrependerem e reconciliar com ele. Jesus veio pela primeira vez a este mundo para juízo, mas não para o derradeiro e para sempre imutável julgamento, que espera todos nós. Aquela hora e aquele evento ainda vão chegar, como declara a Palavra de Deus. Lemos em Mateus 25.31-32: *Quando, pois, vier o Filho do homem na sua glória, e todos os anjos com ele, então se assentará no trono da sua glória; e diante dele serão reunidas todas as nações; e ele separará uns dos outros, como o pastor separa as ovelhas dos cabritos.* Não há dúvida quanto a esse fato, garantido. Mesmo que se passem muitos séculos mais, o tremendo juízo acontecerá no devido tempo: *O Senhor não retarda a sua promessa, ainda que alguns a têm por tardia* (2Pe 3.9). Ele é cheio de misericórdia e longanimidade, por isso tarda; mas a visão chegará, mesmo tardia.

Tenham essa verdade em sua mente e vivam como se estivessem na presença daquele augusto tribunal. Pois, embora o dia do juízo não seja agora, nosso Senhor Jesus executa hoje uma forma de juízo no mundo. *A sua pá ele tem na mão, e limpará bem a sua eira* (Mt 3.12). Ele age como um purificador, que separa, presente e continuamente, da sua prata, o refugo. Sua cruz revelou os pensamentos de muitos corações, e por toda parte seu evangelho atua como detector, separador e um meio de teste pelo qual os homens possam julgar-se a si mesmos se o desejarem. É muito bom quando alguém se dispõe a aceitar o juízo do Senhor dia após dia, permitindo que a própria lei o julgue antes que o legislador instale seu tribunal. Felizes aqueles que são julgados no tempo presente, em relação aos quais diz Paulo: *Quando, porém, somos julgados pelo Senhor, somos corrigidos, para não sermos condenados com o mundo* (1Co 11.32). Os santos são julgados agora por meio de disciplina paternal para não serem ajuizados posteriormente mediante ação judicial.

O grande plano de nosso Senhor ao vir a este mundo consistiu prioritariamente na salvação dos homens. *Porque Deus enviou o seu Filho ao mundo, não para que julgasse o mundo, mas para que o mundo fosse salvo por ele* (Jo 3.17). Contudo, para serem salvos, torna-se necessário que os homens conheçam a verdade sobre si mesmos e assumam uma posição de fidelidade diante de Deus, pois Deus não tem como aceitar a mentira nem salvar os homens com base em falsidade. Ele trata em pé de igualdade todas as suas criaturas, de acordo com a verdade; e, se vier a condenar alguém, o fará porque a retidão o exige; mas, se salvar, será porque ele mesmo gerou uma maneira pela qual a misericórdia e a verdade podem harmonicamente se encontrar.

Deste modo, em todos os cantos deste mundo, todas as vezes que Cristo chega — por meio de seu evangelho e suas consequências —, um julgamento ali se realiza. Os homens são colocados ante o trono do juízo do seu Salvador. São provados, testados, revelados e manifestos. Tão logo a luz chega ao mundo, começa a julgar as trevas. Não poderíamos conhecer as trevas se a luz não revelasse seu contraste. Onde o evangelho chega, os corações que o recebem são julgados como *boa terra* (Lc 8.15): quem se mostra disposto a aceitar o evangelho *vem para a luz, a fim de que seja manifesto que as suas obras são feitas em Deus* (Jo 3.21). Outros corações, porém, revelam logo detestar a verdade, por serem filhos das trevas: amam *antes as trevas que a luz, porque as suas obras* [*são*] *más* (Jo 3.19). Como se pode perceber, então, embora não tenha sido essa a intenção principal de Cristo ao vir ao mundo, ela trouxe consigo o efeito secundário — e, assim, um propósito incidental de sua vinda — de que o seu próprio surgimento entre os filhos dos homens viesse a julgá-los. É por meio desse espelho que os homens veem a própria face e descobrem seus defeitos. É por meio desse prumo que testam sua própria retidão e verificam quanto são inclinados na direção do mal. Com o evangelho, o Senhor estabeleceu uma grande balança de pesar. As grandes balanças são muito precisas. Suba em uma delas e se pese, para ver. Mesmo aqui, nesta casa de banquete do amor de Deus, a verdade, marcando sua presença, deixa um sinal contra aquilo que possa ser falso. Deus tem seu fogo de prova até em Sião, sua fornalha de teste em Jerusalém.

Oro, neste momento, para que o evangelho possa ter um efeito divisor nesta casa.

Observe que, *onde quer que Jesus chega, ocorrem efeitos os mais decisivos*. "Eu vim a este mundo para juízo, a fim de que os que não veem vejam, e os que veem se tornem cegos." Cristo não é indiferente para com o que está certo, muito menos para com o que está errado. Seja você o que for, ao ouvir o evangelho, onde quer e a qualquer momento que seja, ele irá gerar algum efeito em você. Será, para você, *cheiro de vida para vida* ou *cheiro de morte para morte* (2Co 2.16). Será antídoto ou veneno, cura ou morte, alívio ou queimação da consciência. Fará você ver, ou então, se você imagina que vê, o seu brilho intenso irá cegá-lo, como fez com Saulo de Tarso, que revelaria depois nada mais ter visto *por causa do esplendor daquela luz* (At 22.11). Ninguém pode ficar indiferente ao evangelho ao ouvi-lo com certa atenção. *Eu vim a este mundo* (Jo 9.39), disse Jesus — e nenhum de nós pode fugir a esse fato — *para juízo* (Jo 9.39). Esse julgamento deverá acontecer em sua mente e em sua consciência, quer você o deseje quer não. Essa vinda e esse juízo têm um efeito maravilhosamente marcante e decisivo. Não se trata de apenas uma pequena melhoria ou leve alteração, mas, sim, uma mudança das coisas de cabeça para baixo, *a fim de que os que não veem vejam, e os que veem se tornem cegos* (Jo 9.39). É uma mudança bastante violenta — da luz para as trevas e das trevas para a luz. Seja qual for o caso, é uma reversão absoluta da situação. É exatamente isso o que o evangelho fará por você: se você vive sem ele, ele o fará morrer; se você sente que está morto sem ele, ele fará que você viva. O evangelho *depôs dos tronos os poderosos, e elevou os humildes. Aos famintos encheu de bens, e vazios despediu os ricos* (Lc 1.52,53).

Aprendamos com isso que haverá sempre algum efeito sobre a mente humana onde quer que Cristo chegue. Aprendamos também que esse efeito será sempre muito definido, transformando todas as condições e como que invertendo as próprias leis da natureza. A aproximação do Senhor leva a alma a uma luz cada vez mais gloriosa ou então, para o seu próprio bem, a lança em trevas cada vez mais intensas, a uma responsabilidade e tomada de consciência cada vez maior, a uma culpa mais profunda e, consequentemente, a um desconforto e a uma infelicidade cada vez mais insatisfatórios. Podemos assim entender aquele fiel pregador da Palavra que, em meio a um sermão, repentinamente parou e exclamou: "Ai de mim! O que estou fazendo? Estou pregando Cristo a vocês, mas, enquanto espero que alguns de vocês o estejam recebendo e assim sendo conduzidos ao céu, muitos outros o estão rejeitando e, desse modo, estou aumentando a responsabilidade e a culpa destes. Estou, portanto, fazendo a eles mal, em vez de bem. Ai de mim!" Que Deus ajude também este seu pobre servo. É comum eu sentir que a doce pregação do evangelho é igualmente uma tarefa amarga. Não queiram imaginar os pensamentos obscuros que vêm sobre o pregador honesto. Gostaria que os ouvintes pudessem participar de suas ansiedades. Que nesta noite possamos nos unir em uma forte intenção. Orarei para que a bênção de Deus caia sobre cada um de vocês e peço que orem sinceramente para que todas as minhas palavras lhes possam ser proveitosas. Quando pregador e ouvintes caminham juntos, as rodas de nossa carruagem se movem produzindo como que um som musical, e essa música é a da salvação. Vem, Espírito do Deus vivo, e faze isso ser assim.

Quero, agora, levá-los imediatamente ao texto. Vou me ater a dois pontos, se o tempo assim nos permitir. Senão, abordarei apenas um aspecto. Para começarmos, Cristo veio para que aqueles que não veem possam ver.

Uma das coisas mais maravilhosas do evangelho é que ele está voltado, justamente, para as pessoas que não se consideram adequadas a ele, que dele não se sentem merecedoras — eis que é a visão para aqueles que não veem. Um amigo meu apresentou-me outro dia, ansioso, uma descrição de si mesmo o suficiente para fazer que qualquer pessoa ficasse consternada em ouvi-lo. Em meio a muitos suspiros e lágrimas, narrou sua condição de um perdido por natureza e por prática, incapaz ao máximo de ajudar a si mesmo. Quando completou sua história — e deixei que ele terminasse, ajudando-o com uns tapinhas nas costas —, segurei sua mão e disse: "Tenho certeza de que você é uma daquelas pessoas por quem Cristo veio ao mundo. Você me deu a descrição mais exata possível de um dos eleitos de Deus quando desperta e constata seu estado natural ante o Senhor santíssimo. Você é uma das pessoas justamente por causa de quem o evangelho existe". Falei com toda a convicção, sentindo que estava declarando nada mais que a verdade.

Uma vez que Jesus Cristo veio ao mundo para abrir os olhos dos homens, estou certo de que não veio para abrir os olhos de alguns dos que me estão rodeando, pois estes têm olhos brilhantes, que sorriem para mim enquanto falo, como se dissessem: "Não há necessidade de um cirurgião oftalmologista aqui!" Olho em torno e nada reconheço que o grande Abridor de olhos pudesse fazer — até que lanço meu olhar na direção de determinado banco lá atrás, no qual está sentado um homem cego. Há um ou dois, esta noite, cujos olhos por muitos anos estão selados nas trevas. Falo deles porque Jesus Cristo veio para abrir os olhos dos cegos. Assim deve ser. A enfermidade e a incapacidade são condições indispensáveis para o recebimento da cura e da bênção da visão. Suponhamos que eu tivesse ouvido que Jesus veio para fazer que um aleijado saltasse como um gamo. Eu olharia em volta e concluiria que ele não veio, por exemplo, para aquela jovem, que pode certamente pular como uma gazela e correr como uma corça; nem veio para aquele jovem ali, pois o vi em sua bicicleta, ainda há pouco, andando tão rapidamente quanto uma andorinha sobrevoando o rio. Aquele que cura os aleijados também não veio para aquele irmão forte mais ali atrás, para quem uma caminhada longa em velocidade, a pé, é praticamente um prazer. Mas eis que percebo um aleijado vindo pelo corredor com sua muleta. Notou como se movimenta com dificuldade? Bem, se Jesus Cristo veio para curar essa deficiência, é esse então o tipo de pessoa sobre quem ele há de lançar os olhos.

Quando ouço falar da distribuição de um café da manhã de caridade, nunca imagino nem por um momento que a seleta assembleia que se reunirá para tomar uma refeição composta de mingau e pão será formada por membros da Câmara dos Comuns ou da família real. Suponho que nenhuma dessas honradas pessoas estará presente em uma reunião de mendigos, a não ser que os pobres se imaginassem dignos de serem por elas visitados. Se eu fosse a um café de caridade e visse alguns dos nobres com pratos e colheres à mão, em vez de usarem medalhas e joias, diria: "Saiam daqui, por favor. Vocês não deveriam estar aqui. Vocês não têm direito a isso. Quanto mais rico e respeitável você é, menos direito tem de estar sentado para fazer uma refeição preparada para os mais pobres entre os pobres". Mas vamos inverter a parábola. Se você é espiritualmente cego, Cristo veio justamente para abrir os seus olhos; se é aleijado, impedido de correr até ele, Cristo veio para restaurá-lo; se é tão pobre quanto uma pobreza espiritual pode deixá-lo, ou até mais que isso — tão pobre quanto o pecado possa deixar você — e a sua capacidade de ajudar a si mesmo é tanta quanto a dos mortos nas sepulturas, então sou levado a lembrar a grande verdade: *Quando ainda éramos fracos, Cristo morreu a seu tempo pelos ímpios* (Rm 5.6). Pode parecer estranho, não é mesmo? Mas é exatamente assim: *Cristo morreu por nossos pecados* (1Co 15.3), e não por nossas virtudes. Não são as suas eficiências, mas, sim, as suas deficiências que o levam ao Senhor Jesus. Não é sua riqueza, mas a sua necessidade; não é aquilo que você tem, mas aquilo que você não tem; não é aquilo de que você possa se orgulhar, mas aquilo que você lamenta, que o qualifica a receber o evangelho do Senhor Jesus Cristo. Ele veio com o propósito de fazer que aqueles que veem não vejam. Ah, olhos cegos, tenho boas notícias para vocês! Ó almas que se assentam nas trevas e no vale da sombra da morte, "quão formosos são os [meus] pés" esta noite, segundo a profecia, pois lhes trago novas de grande alegria: luz para o cego, esperança para o desesperado, graça e perdão para o culpado.

Quero, agora, que você considere o homem cego sobre o qual estamos lendo na narrativa como *um cego modelo* — o protótipo do homem cego para quem Jesus Cristo teria prazer em olhar e a quem se regozijaria em conceder a luz. Este homem cego *sabia que era cego* e nunca teve dúvida disso. Nunca vira um raio de luz e, por isso, sabia que era cego. Não é assim um assunto tão simples quanto se possa imaginar, pois já conheci muito cego que acha graça e ri diante da ideia de vir a ganhar visão, porque não possui nenhuma experiência a respeito dela e se recusa a crer além daquilo que possa entender ou sentir. Aquele mendigo ouvira constantemente as pessoas falarem antes, sem dúvida, a respeito de como era ter visão. Tendo tomado conhecimento disso, no entanto, toda a sua experiência posterior serviu somente para confirmar sua realidade infeliz. Totalmente persuadido de que era cego para sempre, assumiu a posição que cabia a um cego pobre: sentou-se à beira do caminho e pôs-se a pedir esmola. Na verdade, o homem a quem Cristo tem prazer em abençoar é o homem que sabe qual é o seu lugar e se dispõe a ocupá-lo. Ele não esconde sua cegueira nem fala como se tivesse um telescópio e pudesse ver as estrelas à noite. Alguns não convertidos se colocam em uma posição elevada demais e deveriam descer um pouco para ocuparem seu verdadeiro lugar. Você é tão excelente, não é? Tão inteligente, humilde, bem-intencionado — é tudo aquilo que se deve ser! A salvação, então, jamais poderá chegar a você. O Espírito de paz nunca habita um ninho que rescende a orgulho. Em seu falso julgamento, você se acha a um passo de ser perfeito, mas o Senhor sabe que você está a menos da metade da distância do inferno se a justiça dele fosse rigorosamente aplicada sobre você. Em sua tão querida vaidade, você sonha lindos sonhos, a fantasia de que tem cumprido a lei desde o começo de sua vida e de que é grandemente religioso, excelente, admirável e tudo o mais de bom que se espera que alguém seja. Enquanto alimentar esse conceito tão elevado de si mesmo, sua bênção é mantida a distância. Você, que se exalta, não é o tipo de pessoa a quem Jesus veio abençoar. Ele disse em relação a si mesmo: *Não vim chamar justos, e sim pecadores ao arrependimento* (Lc 5.32).

Talvez alguém aqui esteja dizendo: "Não entendo isso; não consigo alcançar esse evangelho. Mal conheço minha própria condição. Sou infeliz, eu sei. Estou errado, eu sei. Mas não posso descrever a mim mesmo ou ver-me do modo correto. Quanto a essa fé, da qual tanto ouço falar, e a esse sangue expiatório de Cristo, que parece tão poderoso para me purificar, não consigo percebê-los ou compreendê-los bem. Puxa, como sou cego!" Você está falando a verdade, meu querido amigo; e, nisso, é como o homem cego do evangelho. Oro para que, assim como *ele* foi curado por Jesus, do mesmo modo o Senhor possa curar você. Oro com grande confiança, pois meu Senhor tem seu modo próprio e característico de agir e, diante de certos casos, atua segundo o mesmo método nessas situações. Jesus não é arbitrário, mas detém um modo de procedimento do qual não se desvia, de modo que, ao deparar com um caso como o seu, faz o mesmo que em todos os demais exemplos, para louvor e glória de seu nome. Assim, assuma a sua posição correta de mendigo esta noite: sente-se e clame pela luz e pela cura, e você certamente as receberá.

Este homem cego não apenas acreditava que era cego e sabia disso, mas *tinha um desejo sincero de ser iluminado*. Para ele, não foi tristeza alguma o fato de Jesus ter vindo para que ele pudesse ver. Foi, pelo contrário, uma imensa alegria, pois ouvira falar que Jesus havia aberto os olhos de outros cegos e, embora pudesse até recear que seu caso fosse diferente — pois, como diria ele mesmo mais tarde, "desde o princípio do mundo nunca se ouviu que alguém abrisse os olhos a um cego de nascença" —, deve ter se sentido muito feliz ao constatar que Jesus Cristo havia parado e olhado para ele e, depois, que estava colocando lodo sobre seus olhos para curá-lo; e, mais ainda, sentiu enorme contentamento e grande entusiasmo em seu coração quando Jesus lhe ordenou que fosse se lavar no tanque de Siloé. Sua humanidade inteira foi tocada pelos atos e feitos do Salvador. Entregou-se, enfim, inteiramente à "cirurgia" milagrosa de Cristo, com pleno consentimento de seu ser.

Você tem fome de Cristo? Ó alma, se você tem consciência de sua necessidade dele e sente forte desejo de se aproximar dele, já teve início em você a obra celestial! Se há em seu espírito intenso desejo de se reconciliar com Deus por meio da morte de seu Filho, sua cura começou a ser realizada. Alguns de vocês têm-me escrito cartas ultimamente que mostram serem os atos de seu coração movimentos bastante cegos, com vocês tateando, em todos eles, em busca de luz. Pobres almas, que grande esperança tenho por vocês! Especialmente por aqueles que, com o coração partido, têm pedido nossas orações por vários

Visão para aqueles que não veem | 289

meses, sem ainda terem chegado à luz e à liberdade. Fico, na verdade, muito feliz, no entanto, em ver a força, a veemência e a ansiedade de seus desejos. Sua descrença por vezes me entristece, mas sua avidez me encanta. Quem dera Deus que confiassem em meu Senhor Jesus Cristo e descansassem nele! Fico contente também em pensar que vocês não possam descansar sem ele. Alegro-me por não conseguirem se acalmar enquanto ele não os acalme. De fato, nenhum travesseiro conseguirá tranquilizar sua mente, mas, sim, tão somente o peito do meu Senhor, no qual se deve reclinar a cabeça. E nenhuma outra mão curadora que não a dele poderá estancar as suas feridas que sangram. Alegro-me que assim seja, pois um pecador, como você é, lembra muito bem Hart, quando diz:

Um pecador é algo sagrado,
Pois o Espírito Santo o criou.

O Espírito de Deus destaca a alma cega para vir a ser um monumento da capacidade do Iluminador dos homens; faz da alma perdida o pedestal onde Cristo pode se colocar para mostrar todo o esplendor do seu amor.

Aquele homem cego é um modelo, além disso, para todos os cegos, por ter sido *bastante obediente*. Tão logo o Senhor lhe disse *vai, lava-te* (Jo 9.7), ele foi. Não levantou nenhum questionamento sobre Siloé; para ele, não havia nem rio *Abana nem Farpar* (2Rs 5.12), como no caso de Naamã, para tomar o lugar daquele tanque. Foi totalmente submisso. Deixou que o mestre colocasse lodo em seus olhos. Nada indicava que essa operação pudesse fazer-lhe algum bem, mas ele creu que Jesus era um profeta e, assim, esperou e deixou que fizesse aquilo que fosse sua santa intenção. Como fico feliz ao ver uma pobre alma entregando-se em completa rendição a Jesus. Alguns de vocês certamente ouviram aqui, na segunda-feira passada, sobre a doçura de nos entregarmos a Jesus. Gostaria que você pudesse sentir isso agora! Na maior parte de sua conversão, você terá de ser muito mais aceitante que ativo. O Senhor somente dará destreza aos seus pés depois de ter-lhe dado vida. No início da sua nova vida, a primeira coisa a fazer é reconhecer sua morte e ressurreição e estar disposto a receber vida dele, da maneira que ele tem a oferecer. Veja o que diz a inspirada palavra do profeta: *Nós somos o barro, e tu o nosso oleiro* (Is 64.8). O que o barro pode fazer para ajudar o oleiro? Nada; só precisa é ser maleável e ceder à mão do artista. Não deve ser rijo, duro, difícil de ser moldado; do contrário, será deixado de lado. Seja submisso à mão salvadora!

Ó alma querida, você estará bem perto do reino de Deus quando alcançar um estado tal de coração em que se disponha a ser tudo ou nada para que possa obter a salvação. Quando você declarar: "Eu daria minha vida para ser salvo" ou: "Mesmo que o Senhor se recuse a me dar alguma coisa, alegremente consentirei em nada ter ou ser, se ele, simplesmente, quiser apenas me salvar", estará a um passo da graça. Eu me entregaria completamente a Cristo para sentir tão somente aquilo que ele quisesse que eu viesse a sentir e nada mais; em ser apenas aquilo que ele quisesse que eu fosse; em fazer aquilo que ele quisesse que eu fizesse, e nada além. Se você for submisso a ele desse modo, eu lhe digo para se animar ante a esperança. O Espírito de Deus está trabalhando em você. Você está muito perto de Cristo. Creia nele, confie nele, veja e viva, pois ele veio com o propósito de fazer que aqueles que não veem possam ver e viver. Permita-se ser alcançado por esse sagrado propósito da graça maravilhosa e deixe que o seu desespero se vá.

Este é, portanto, nosso primeiro comentário: o homem cego tornou-se modelo padrão para nós.

A seguir, observe que, *ao ganhar a visão, aquele homem logo percebeu que via*. Ele estava tão plenamente convencido da permanência de sua cegueira que, ao receber a visão, logo reconheceu isso com a mais grata surpresa. A luz recém-concedida foi para ele um benefício tão grande que ele não se conteve de júbilo e, com grande regozijo, proclamou: *Agora vejo* (Jo 9.25). Há pessoas, porém, que não sabem, na verdade, se são convertidas ou não. Espero que o sejam. De modo geral, porém, essas pessoas não são muito de prestar serviço aos outros; pelo contrário, os outros é que temos, com a ajuda de Deus, de despender nosso tempo e nossas forças para cuidar delas, confortá-las e capacitá-las a se erguer acima do desespero completo. Já aquele homem que era totalmente cego — e que o sabia ser — logo que viu tornou-se inteiramente ciente de que realmente via. Ninguém o poderia levar jamais a duvidar da veracidade e grandeza dessa mudança. Ele imediatamente declara: *Uma coisa sei: eu era cego, e agora vejo* (Jo 9.25).

Gosto muito de conversões claras e definidas! Não posso, e não se trata, de modo algum, de desconsiderar os queridos irmãos que chegam à luz caminhando a passos lentos; longe disso, alegro-me muito com eles. Todavia, para os propósitos de testemunho e decisão de caráter, nada se compara a uma conversão como a que se mostra, justamente, recebendo a ressurreição depois de uma longa morte; saindo de espessas trevas para radiante luz; deixando o poder opressor de Satanás e voando para Deus. É esse convertido "à moda antiga" que admiro. Ele sabe do que se trata e se apega àquilo que sabe. Tem visão e conhecimento prático de tudo, e não se poderá tirar nunca mais isso dele. Gosto também de pensar em alguns de vocês como pessoas totalmente cegas que de modo algum poderiam ajudar a si mesmas; pois assim, ao receberem luz, saberão realmente disso e não hesitarão em sair por aí proclamando-o. Em seu caso, assim espero, o pobre pregador não será privado jamais de sua amizade, como acontece com frequência quando se ajuda a salvar uma alma pela graça de Deus, mas nem se fica sabendo disso; tampouco, certamente, será o evangelho privado de seu testemunho; nem a causa de Deus destituída de seu serviço. Sobretudo, não serão jamais negados ao Senhor os merecidos tributos de louvor e glória que lhe são devidos. Esperamos de vocês, enfim, um grande testemunho a favor de Jesus quando, em determinado momento, o Senhor, com toda a certeza, virá a fazer que enxerguem!

Por outro lado, quando os olhos do cego foram abertos, *ele passou a defender o homem que lhe abrira os olhos*. Também fez isso muito bem, afirmando aos que o interrogavam: *Nisto, pois, está a maravilha: não sabeis donde ele é, e entretanto ele me abriu os olhos* (Jo 9.30). E prosseguiu usando de argumentos que confundiram escribas e fariseus. Se o Senhor encontra um grande pecador cego, o lava e abre seus olhos, esse pecador não irá esperar que Cristo fale por ele. Ele é que irá falar em favor de seu Mestre e Senhor, não tem como deixar de fazê-lo. Você não vai vê-lo calado, como fazem alguns professores. Alguns de vocês, pessoas distintas, não falam de Cristo nem uma vez em seis meses e, quando o fazem, melhor seria se não o tivessem feito, pois falam do Senhor com certa indiferença. Aqui está, no entanto, um homem simples com a boca aberta, falando de Cristo do fundo do seu coração, sob a orientação do Espírito de Deus, sem envergonhar-se de reconhecer aquilo que o Senhor por ele fez. Queremos muitos voluntários desse tipo. A igreja da atualidade precisa de homens e mulheres que sejam tão plena e certamente convertidos que, ao falarem de Cristo, o façam de maneira positiva, com um poder que ninguém tenha como contradizer ou resistir. Fico imaginando você, pobre, preso nas trevas e desolado, clamando: "Oh, se Cristo viesse me salvar, eu não teria vergonha alguma disso. Se me colocasse no meio do seu povo, eu falaria sobre ele. Falaria até aos próprios demônios no inferno o que a graça soberana fez por mim". Meu pobre irmão, você, então, é o homem adequado de Cristo! É o tipo de pessoa a quem ele se agrada de abençoar.

São vocês, pobres pecadores oprimidos pelo diabo, que não sabem mais o que fazer de sua vida, capazes até de tirar a própria existência se isso não fosse um pecado horrível — são vocês as próprias pessoas para as quais o Senhor olha com misericórdia esta noite, pois ele de si mesmo disse: *O Espírito do Senhor está sobre mim, porquanto me ungiu para anunciar boas novas aos pobres; enviou-me para proclamar libertação aos cativos, e restauração da vista aos cegos, para pôr em liberdade os oprimidos e para proclamar o ano aceitável do Senhor* (Lc 4.18,19). Tão somente se entreguem em suas queridas mãos e creiam que ele pode e quer salvá-los, e vocês serão salvos. Então, sei que você levará o nome dele, defenderá sua verdade, há de se gloriar em sua cruz e viverá para o seu louvor. Aqueles que não veem passarão a ver, e o Senhor Jesus será então o Senhor de seu coração, o mestre de sua vida, o Amado de sua alma.

A melhor coisa em relação àquele homem, todavia, foi que, ao serem abertos os seus olhos, *ele quis saber mais*. Quando Jesus lhe indagou: *Crês tu no Filho do homem?* (Jo 9.35), ele perguntou: *Quem é, senhor, para que nele creia?* (Jo 9.36). Ao saber, em seguida, que o Filho de Deus era o mesmo ser humano que lhe havia aberto os olhos, lemos que, prontamente, como diz o final de João 9.38, *o adorou*. Não era, portanto, unitarista. Viu perfeitamente o Filho de Deus naquele mesmo com quem falava e reverentemente o adorou. Se nosso Senhor Jesus não fosse Deus, teria pedido ao homem que se levantasse e teria certamente até rasgado suas vestes com horror diante da ideia de receber adoração divina. Em vez disso, nosso Senhor tomou isso como uma prova de que os olhos espirituais do homem haviam sido também abertos e, imediatamente, disse que viera exatamente para cumprir esse propósito — para que aqueles que não enxergavam pudessem ver.

Amigos, se alguns de vocês ainda não viram Jesus de Nazaré como "verdadeiro Deus e homem verdadeiro", nada viram ainda. Não se pode ter certeza de paz e tranquilidade, a não ser que se tenha uma ideia correta dele. Enquanto você não assumir que Jesus é tanto o Senhor quanto o Cristo, exaltado nas alturas por levar à concessão de arrependimento e o perdão dos pecados, é necessário ainda serem retiradas as escamas que encobrem seus olhos, e a luz eterna ainda não terá alcançado você. Aquele que recebe a verdadeira luz de Deus conhece o Senhor Jesus não como um Deus delegado ou um homem glorificado, mas, sim, como um Deus *sobre todos, bendito para sempre* (Rm 9.5). Este tem um Deus que é o único que poderia salvá-lo, e ninguém mais — pois quem poderia realmente nos salvar, a não ser o Todo-poderoso? Eu não confiaria nem a décima parte da minha alma nem mesmo a 10 mil anjos Gabriel; não entregaria minha alma em confiança a ninguém, a não ser unicamente àquele *capaz de salvar perfeitamente* (Hb 7.25) — o Deus que, *sem ele, nada do que foi feito se fez* (Jo 1.3).

Mostrei a vocês, assim, que esse cego-modelo é o próprio homem a quem o Senhor Jesus quer dar visão, pois os resultados que daí se seguem são de glória a Cristo. Você é uma pessoa assim? Receba, então, esse conforto.

Contudo, *por que motivo um homem cego como esse passa a ver claramente?* A razão é a graça soberana, mas ainda existem outras razões.

Em primeiro lugar, nada há nele que impeça Cristo de agir. Não é nossa pequenez que nos afasta de Cristo, mas, sim, nossa falsa grandiosidade. Não é nossa fraqueza, mas nossa decantada força; não são nossas trevas, mas nossa suposta luz, o que impede o agir da mão divina. É mais fácil nos salvarmos de nossos pecados do que de nossa presumida retidão. Nossa justiça própria pode se comparar a uma terrível jiboia que parece se enrolar cada vez mais em nosso espírito e que, ao nos apertar, extrai de nós toda a vida que receberia o evangelho da graça de Deus. Aquele que julga saber tudo jamais aprenderá; aquele que, sendo cego, pensa que vê bem há de permanecer nas trevas por toda a sua vida. Mas, queridos amigos, se vocês se encontram em um estado de consciência de que estão nas trevas — uma escuridão que pode ser sentida e parece horrivelmente apegada a você, de modo que você não se pode livrar dela; se você parece incapaz até mesmo de obter um raio de luz sequer, então está no ponto exato de receber a luz eterna do Senhor Jesus Cristo.

Outro motivo é que esse tipo de pessoa não quer saber de especulações. Ela precisa é de uma certeza. Se se apresentarem questões e discussões da teologia moderna para quem tem consciência de sua própria cegueira e morte espirituais, ele dirá: "Não quero saber de nada disso, pois não me trazem nada de bom; não há conforto algum nessas coisas para uma alma perdida". Um pobre ex-ladrão, que se convertera algum tempo atrás e foi levado a ouvir certo pregador de ideias liberais e excessivamente avançadas, ao sair disse ao amigo que o levara ali: "Se o que esse homem disse for verdade, seria muito bom para mim, pois eu poderia continuar fazendo o que fazia antes e me safar facilmente; mas sei que isso tudo é mentira e, portanto, nada quero com ele e sua doutrina. Um pecador como eu mereceria a condenação eterna, e não há razão para qualquer pessoa querer me convencer do contrário. Portanto, continuo preferindo o Cristo que me salva da condenação eterna; se o Cristo desse orador salva os homens apenas da pequena condenação que ele prega, então não serve para mim". Foi uma observação bastante sensível e correta. Precisamos também de um Salvador que nos livre da condenação eterna, e não nos importamos com pequenos salvadores de um pequeno inferno, como tão intensamente divulgado nos dias de hoje. Temos muitos pecadores disfarçados por aí e um bom número de ministros que pregam um salvador falso e uma falsa salvação, de que gostam muito esses pecadores dissimulados. Mas se o Cristo verdadeiro tocar em você, tirando-o da pior maldição e o arrancando de suas raízes, você vai querer um Cristo que lide com você em termos de graça gratuita; vai almejar um poder que realize em você o pleno milagre da salvação, do começo ao fim.

É o fato de estar totalmente sem força que torna possível você ser alcançado pelo poder da graça. Ao deixar de lado suas mais elaboradas especulações e se apegar ao velho ensinamento da palavra divina, o homem passa a querer um grande Salvador para livrá-lo do grande inferno, pois sente que é um tremendo pecador e que na verdade merece a infinita ira de Deus. Mesmo que a salvação lhe pareça grande demais, o melhor é de fato recebê-la do que alcançar uma falsa, que nunca será satisfatória para você. Mas, se você insiste em que a salvação de Jesus não é muito adequada ou justa para você, isso só irá demonstrar que você ainda não é o tipo de pessoa a quem ele busca. Nosso receio é que você seja um daqueles que acham que veem, mas que acabam ficando cegos. Somente se você tem noção de sua cegueira e clama a Deus para ser curado é que será o tipo de pessoa por quem morreu o Salvador que dá a visão.

Além disso, o homem totalmente cego é o tipo de pessoa que se alegra em confiar em Deus. Um homem que acha que pode ver, nem que seja um pouco, não aceita a orientação de outro. "Não, não! Eu não quero isso, não", diz ele. Vejamos um exemplo. Durante algum tempo, quando mais jovem, eu me sentia constrangido em ter de usar óculos, pois, como conseguia enxergar razoavelmente bem sem eles, não queria parecer um senhor de idade antes da devida época. Agora, que mal posso ler minhas anotações sem usar óculos, eu os coloco sem hesitação, sem nem me importar se você acha que eu possa ser mais velho do que sou ou não. Do mesmo modo, quando um homem passa a se sentir inteiramente culpado, não se importa mais em depender de Deus. Se você acha que consegue fazer alguma coisa sem Deus ou com apenas uma pequena ajuda dele, então irá se manter afastado do Senhor Jesus. Mas, se chega a ponto de dizer "se Cristo não for tudo para mim, eu pereço", então você o *terá*, pois ele jamais recusa uma alma que vem a ele dessa forma.

É possível que você já tenha ouvido a história do criado negro e seu senhor, que chegaram à convicção de pecado ao mesmo tempo. O criado encontrou alegria e paz na mesma noite em que creu, mas seu amo já havia meses em que havia crido sem obter tal sensação. Um dia, então, ele disse ao criado: "Sam, você sabe que nós dois tivemos nosso coração tocado naquela mesma reunião. Aqui está você, alegre em Cristo, e eu ainda com dúvidas e desespero. Qual a razão de isso estar acontecendo?" "Amo", respondeu o criado, "Jesus veio, trazendo finas vestes de justiça gloriosa, e disse a Sambo: 'Sam, aqui está uma roupa para você!'. Eu olhei para mim mesmo, vi que Sam era só trapo, da cabeça aos pés, aceitei aquela roupa e a vesti imediatamente, feliz por tê-la. Jesus disse a mesma coisa ao meu amo, mas meu amo respondeu a ele: 'Meu casaco é bastante bom. Acho que posso fazê-lo durar um pouco mais'. Então, fez um remendo no cotovelo, consertou a barra e continua a usá-lo. O casaco do meu amo deve ser muito bom. Se estivesse todo rasgado, como o de Sam, não esperaria; passaria a usar hoje mesmo a gloriosa veste da justiça". Essa é a mais pura verdade que já ouvi sobre esse assunto. Alguns de vocês não são pobres o suficiente para serem feitos ricos em Cristo.

Um homem me disse, outro dia: "Estou desesperado". "Dê-me sua mão", respondi. "Você está no caminho certo, mas quero que vá um pouco além. Quero que sinta que é um tolo; tolo demais até mesmo para ser levado ao desespero". Se você diz: "Não consigo sentir minha própria ignorância como deveria", acho que sua ignorância chegou ao fim. Gosto de ouvir alguém dizer: "Sinto-me feliz por não poder sentir. Lamento pensar que não posso mais me lamentar. Estou em angústia porque não consigo mais ficar angustiado". Você está no caminho certo, meu irmão. É o tipo de pessoa que Deus quer e vai abençoar. Olhe para além de si mesmo, além da sua própria ansiedade e tudo o mais, e simplesmente confie em Jesus Cristo, que é capaz de *salvar perfeitamente os que por ele se chegam a Deus* (Hb 7.25). Reconheça sua cegueira e verá uma torrente de luz chegando aos seus olhos. Estando então disposto a confiar plenamente em Deus, o Senhor o guiará à alegria e à paz. Que grande misericórdia Deus nos concede quando levados ao nosso último abrigo e compelidos a nos escondermos em Jesus por não termos realmente outro refúgio!

Pobreza completa e total
Tome a alma do pecador.
Se acharmos que somos ricos,
Não há o alívio do Senhor.

VISÃO PARA AQUELES QUE NÃO VEEM | 293

Seja nossa dívida o que for,
Não teremos como pagar.
Reconheçamos nossa pobreza,
E o Senhor irá nos perdoar.

Digo-lhes, mais uma vez, que nosso Senhor Jesus Cristo tem prazer em trabalhar naqueles totalmente cegos para lhes dar a visão. É um grande prazer para o Rei. Sabemos que um grande homem só fica realmente feliz quando ajuda aqueles que desejam ajuda. Uma praga e preocupação da vida em Londres, para muitos de nós, no entanto, é que nem todos os que nos procuram em busca de ajuda deveriam ser ajudados, a não ser pela polícia. Bajulam, adulam, inventam histórias. Se você diz: "Está bem, vamos verificar se isso é verdade", perguntam como que indignados: "Acha que eu sou mentiroso? Não acredita no que estou dizendo?" Tenho sido obrigado, muitas vezes, a responder: "Não, meu amigo, eu não acredito em uma palavra sequer. Dê-me, por favor, seu endereço para que possa averiguar suas declarações". Eles não querem ser interrogados; este é o seu maior temor, pois estraga totalmente o seu jogo. Querem obter dinheiro sem trabalhar e sedentos por uma oportunidade de se embebedar à custa dos outros. Um homem sincero e honesto não gosta de trabalhar no meio de hipocrisia e fingimento desse tipo. Isso enerva e chateia. No entanto, muitos são os homens sérios que não se recusam a ir aos piores lugares da "horrível Londres" e fazer o bem àqueles realmente pobres e desabrigados. Ninguém, é claro, gosta de contribuir para impostores, mas onde exista necessidade real o coração generoso se alegra em oferecer ajuda. Você, pobre alma, você não é um impostor; sua necessidade é real. Você pode dizer: "Ah, um pobre mendigo? Eu sou! Quer investigar? Pois não, Senhor! Eu imploro que o faça. Sonda-me, prova-me e ao meu coração. Sei que o Senhor não verá justiça alguma em mim. Não há nada em mim em que eu possa me apoiar. Sou verdadeiramente um pecador miserável e desesperado, a não ser que venha até mim a tua infinita misericórdia". Meu Senhor Jesus Cristo se alegra em trabalhar em pessoas como você. Gosta de abençoar aqueles verdadeiramente necessitados. Que júbilo há naquele grande coração quando pode salvar as almas da fronteira do inferno, quando pode estender sua mão e puxá-las de lá tais como galhos tirados de uma fogueira. Ele sabe que você irá amá-lo tanto quanto o amou aquela mulher a quem muito foi perdoado e que, por isso, lavou seus pés com lágrimas e os enxugou com seus cabelos. Ele tem prazer em você, alguém que não pode alegrar-se em si mesmo. Ele quer dar água viva a você, que está seco e estéril. *Ele porá águas no deserto, e rios no ermo, para dar de beber* (Is 43.20) àqueles que estão sedentos.

Senti grande satisfação, um dia, em alimentar um pobre cão faminto que não tinha dono e nada para comer. Como ele olhava com alegria para o meu rosto depois que foi alimentado! Saiba que o Senhor Jesus Cristo terá prazer em alimentar um pobre pecador faminto. Você se sente como um pobre cão, não é? Pois Jesus se importa com você. Ele não se importa com reis, príncipes ou pessoas importantes cuja grandeza deslumbra os que as rodeiam, mas se importa, sim, com os pobres pecadores. Se você nada é, Cristo o ama e será tudo para você. Se você vier a ele como está, sem contestação, mas somente com a sua urgente necessidade e seu temor da ira de Deus, pode estar certo de suas boas-vindas.

Alguém me disse esta semana: "Tenho medo de me chegar a Deus, pois creio que estou sendo levado a ele apenas por medo". Eu respondi: "Foi o diabo que disse isso, porque, no capítulo 11 de Hebreus, entre os primeiros grandes heróis da fé, lemos que Noé, 'sendo temente a Deus, preparou uma arca para o salvamento da sua família'". O temor a Deus não é um motivo ruim; é uma motivação bastante adequada para um homem que se sente culpado. Onde pobres pecadores como nós poderíamos recomeçar, a não ser com medo? Não se julgue por causa disso. O filho pródigo foi para casa temeroso do pai, mas porque tinha fome; mesmo assim, seu pai não o rejeitou, não impediu sua entrada, muito pelo contrário. Se a você parece ruim o temor, pior ainda é desafiar o seu Deus. Você não deve dizer, portanto, que esse seja um motivo muito ruim. Que outra motivação, a não ser ruim, poderia se esperar de um pecador tão ruim quanto você? Um rapaz se rebela contra o pai e sai de casa enraivecido, jurando que jamais voltará. O pai lhe envia uma carta, dizendo: "Volte, pois tudo lhe foi perdoado. Simplesmente reconheça seu erro, e eu restaurarei você à família e o tratarei de maneira tão amorosa como nunca". O rapaz lê a carta e comenta: "É muita bondade da parte de meu pai; acho que voltarei para casa", mas um amigo ímpio lhe diz: "Então você vai se humilhar? Será muito vergonhoso, depois de tudo o que você disse quando brigou. Vai agora se curvar diante do seu pai?" É o próprio diabo tentando o rapaz, não é mesmo? Do mesmo modo, foi o diabo quem sussurrou a você, meu amigo, que seria ruim voltar-se para o Senhor por causa do seu temor. O temor do Senhor é bendito: *O temor do Senhor é o princípio da sabedoria* (Sl 111.10). Até mesmo o temor de servidão a Deus é muito melhor do que a presunção.

Ó, meu pobre amigo cego, olhe na direção de Cristo e viva! Eu quase o chamaria dizendo "venha você, que está morto", mas o próprio Deus lhe fala, por sua palavra, convocando-o: *Desperta, tu que dormes, e levanta-te dentre os mortos, e Cristo te iluminará* (Ef 5.14). "Mas há algum propósito nisso, em chamar pessoas mortas?", pode alguém estranhar. Meu querido amigo, não suponho que fazer isso seja de utilidade para você, porque não é enviado a realizar essa tarefa. Eu, porém, sou enviado a pregar a ossos secos, esta noite, tal qual Ezequiel, quando, no vale, diz: *Ossos secos, ouvi a palavra do Senhor* (Ez 37.4). Em nome do Deus eterno, então, eu digo: "Pecadores culpados, olhem para Cristo e vivam". Venha você, que é considerado o pior pecador, segundo o seu próprio conceito, você que sente que está caminhando para o inferno. O Senhor diz: *Olhai para mim, e sereis salvos, vós, todos os confins da terra* (Is 45.22). Ele não o lançará fora; ele o receberá agora. Que Deus faça que você venha logo. Em nome de Jesus. Amém.

31

Amado, mas afligido

Senhor, eis que está enfermo aquele que tu amas (Jo 11.3).

João, que a si mesmo se considera, em seu evangelho, o discípulo *a quem Jesus amava* (Jo 13.23), não se abstém de registrar que Jesus também amava Lázaro. Não há ciúme nem inveja entre os escolhidos pelo Amado. Jesus amava Marta, Maria e Lázaro, e é, de fato, muito bom quando uma família inteira vive no amor de Jesus. Eles formavam um trio por ele estimado, e, no entanto, assim como a serpente penetrara no paraíso, a tristeza ingressou em seu tranquilo lar, em Betânia. Lázaro ficou muito doente. Alguns achavam que, se Jesus estivesse ali, a doença teria ido embora. Mas o que mais poderiam as irmãs de Lázaro fazer agora senão apenas comunicar a Jesus quanto à ocorrência dessa lamentável provação? Foi o que fizeram. Lázaro estava às portas da morte quando suas amáveis irmãs mandaram relatar o fato a Jesus, dizendo: "Senhor, eis que está enfermo aquele que tu amas". Em várias outras ocasiões, mensagem semelhante fora enviada ao nosso Senhor, que, em muitos casos, escolhe seu povo enquanto o tira da fornalha da aflição. Na verdade, uma vez que, até em relação ao nosso próprio mestre, sabemos que *ele tomou sobre si as nossas enfermidades, e levou as nossas doenças* (Mt 8.17), nada há de extraordinário em estarem os seus seguidores em conformidade com o mestre.

I. Observemos, em primeiro lugar, o FATO como mencionado no texto: *Senhor, eis que está enfermo aquele que tu amas*. Ao que parece, as irmãs estavam um tanto atônitas de que isso acontecesse, tendo a expressão "eis que" certa dose de estranheza e de chamar atenção para isso; é como se dissessem: "*Nós* o amamos e, se pudéssemos, faríamos que ele ficasse imediatamente bom; no entanto, mestre, *tu* o amas também, mas ele continua doente. *Tu* poderias curá-lo, nós sabemos, com apenas uma palavra; pois, *olha bem*, quem está enfermo é *aquele que tu amas!*" Meu caro irmão doente, não é comum você pensar também que sua dolorosa ou prolongada doença não está, de modo algum, em conformidade com o fato de você ser um chamado, um escolhido e ter-se tornado um com Cristo? Ousaria até dizer que isso deveria deixar você perplexo. No entanto, para ser franco, de maneira nenhuma isso é estranho, mas, sim, uma ocorrência normal, a ser esperada.

Não precisamos nos surpreender com o fato de que uma pessoa a quem o Senhor ama esteja doente, pois *trata-se apenas de uma pessoa como as outras*. O amor de Jesus por nós não nos separa das necessidades e enfermidades comuns da vida humana. Os homens de Deus são, antes de tudo, seres humanos. A aliança da graça não é um alvará de isenção de asma, reumatismo ou tuberculose. Doenças corporais nos atingem por causa da nossa carne e vão estar conosco até o fim. Como diz Paulo, *neste tabernáculo nós gememos* (2Co 5.2).

Mais ainda: aqueles a quem o Senhor ama têm até maior probabilidade de ficar doentes, uma vez que *se encontram sob disciplina especial*. Conforme está escrito: *O Senhor corrige ao que ama, e açoita a todo o que recebe por filho* (Hb 12.6). Algum tipo de aflição neste mundo é uma das marcas do filho verdadeiramente nascido de Deus; e, frequentemente, sua provação assume a forma de enfermidade. Há por que, então, nos preocuparmos com o fato de podermos estar entre os doentes? Se Jó, Davi e Ezequias estiveram durante algum tempo doentes, quem somos nós para nos surpreendermos com o fato de termos de vez em quando a nossa saúde abalada?

Nem há coisa alguma de estranho em ficarmos doentes, se refletirmos sobre *os grandes benefícios que quase sempre acabam resultando das doenças para nós*. Não há como sabermos que melhoria espiritual peculiar deva ter sido realizada em Lázaro com a sua ressurreição, mas não há dúvida de que alguns discípulos de Jesus teriam sido de muito pouca utilidade para Deus se não tivessem sido afligidos com fraquezas ou enfermidades. Homens demasiadamente ou continuamente fortes e sadios geralmente tendem a ser soberbos, rudes, até impiedosos, necessitando assim, muitas vezes, de serem levados à fornalha para que sejam derretidos de sua dureza. Conheci mulheres cristãs, também, que jamais seriam tão gentis, doces, ternas, sábias, experimentadas e santas se não tivessem sido amadurecidas pela dor. No jardim de Deus, assim como no dos homens, há frutos que nunca amadurecem senão quando feridos; e mulheres jovens, tendentes a serem volúveis, vaidosas, orgulhosas, convencidas ou faladeiras, são frequentemente levadas a serem cheias de paz, doçura e luz por enfermidades, por meio das quais aprendem a se assentar aos pés de Jesus. Muitos crentes têm conseguido dizer, como o salmista: Foi-me bom ter sido afligido, para que aprendesse os teus estatutos (Sl 119.71). Por essa razão, até mesmo cristãos altamente favorecidos e abençoados podem vir a ter de sentir uma espada traspassando seu coração.

Frequentemente, no entanto, a doença dos amados do Senhor é, sobretudo, *para o bem de outros*. Foi dado a Lázaro que adoecesse e morresse para que, por meio de sua morte e ressurreição, pudessem os apóstolos ser beneficiados. Sua doença foi *para glória de Deus* (Jo 11.4). Por todos esses séculos que se sucederam à doença de Lázaro, todos os crentes tem-se beneficiado dela; e, nesta tarde, todos nós estamos certamente bem melhor por ele haver um dia adoecido, falecido e ressuscitado. A igreja e o mundo podem ganhar grande proveito da infelicidade de homens bons: os desleixados podem ser despertos; aqueles que tenham dúvidas podem ser convencidos; iníquos podem ser convertidos; os que se lamentam podem ser confortados por meio do nosso testemunho quanto à doença. Assim sendo, por que desejarmos evitar a dor e a fraqueza? Não gostaríamos de ouvir nossos parentes e amigos dizerem de nós para Deus: *Senhor, eis que está enfermo aquele que tu amas*.

II. O texto em foco, porém, não registra apenas um fato, mas também o RELATO a seu respeito: as irmãs estão dando uma notícia a Jesus. Que também possamos manter uma constante correspondência, a respeito de tudo o que nos acontece, com o nosso Senhor.

Canta um hino a Jesus, se abatido está o coração;
Conta tudo a Cristo, seja de conforto ou aflição.

Jesus sabe tudo a nosso respeito, mas *é um grande alívio derramar nosso coração diante dele*. Quando os discípulos de João Batista se entristeceram por ver seu líder decapitado, *levaram o corpo e o sepultaram; e foram anunciá-lo a Jesus* (Mt 14.12). Não poderiam ter feito coisa melhor. Ante todo e qualquer problema, dê sua mensagem a Jesus, não guarde o problema para si mesmo. Não há necessidade alguma de se reservar: não é preciso temer que ele vá tratá-lo com um orgulho frio, indiferença ou deslealdade. Cristo é o confidente que jamais nos trairá, o amigo que jamais nos rejeitará.

Existe uma doce certeza em contar tudo a Jesus: *a certeza de que ele vai nos apoiar em nossa dificuldade*. Se você lhe perguntar: "Amado Senhor, por que fiquei doente? Achei que poderia ser mais útil continuando a ter saúde e, no entanto, agora, nada vou poder fazer; por que isso?", é possível que ele se disponha a contar-lhe o motivo; mas, se não o fizer, levará você a se dispor a aceitar a vontade divina com paciência, mesmo sem saber qual a razão. Ele poderá colocar a verdade em sua mente para alegrá-lo, fortalecer seu coração por meio da sua presença ou ainda lhe oferecer conforto inesperado, fazendo você se gloriar em suas aflições. *Derramai perante ele o vosso coração; Deus é o nosso refúgio* (Sl 62.8). Não foi em vão que Maria e Marta contaram a Jesus o que havia sucedido, e não é em vão que qualquer um de nós busque sua face.

Lembremo-nos, também, que *Jesus pode conceder a cura*. Não seria sábio viver confiante em uma suposta fé e desprezar o médico e os remédios, assim como não é sábio dispensar o açougueiro ou o alfaiate e esperar ser alimentado e vestido pela fé; mesmo assim, isso não deixa de ser bem melhor do que esquecermos do Senhor e confiarmos apenas nos homens. Em Deus, devemos buscar a cura total, tanto para o nosso corpo quanto para a nossa alma. Faz uso de remédios, sim, irmão, mas sabendo que nada são nem podem fazer sem o Senhor, que é *quem sara todas as tuas enfermidades* (Sl 103.3). Em Jesus, podemos confiar todas as nossas dores e sofrimentos, desde a nossa decadência moral até a nossa tosse intermitente.

Algumas pessoas temem dirigir-se a Deus para pedir saúde. Oram pelo perdão dos seus pecados, mas não ousam pedir ao Senhor que cure sequer uma simples dor de cabeça; e, no entanto, se os cabelos de nossa cabeça são todos contados por Deus, não é mais que uma condescendência dele aliviar as palpitações e pressões dentro da própria cabeça. Coisas grandes para nós são pequenas para o grandioso Deus, e coisas pequenas para nós são, para ele, menores ainda. Uma prova da grandeza da mente de Deus é que, justamente, enquanto ele governa céus e terra, não se deixa absorver por complexos e imensos assuntos a ponto de se esquecer da menor dor ou do menor desejo de cura de qualquer dos seus pobres filhos. Podemos ir a ele até quando nosso fôlego falhar, pois ele mesmo foi quem nos deu pulmões e vida. Podemos lhe contar sobre o olho que deixou de enxergar ou o ouvido que deixou de ouvir, pois a ambos ele fez. Podemos falar da inchação no joelho ou do dedo supurado, do torcicolo ou do tornozelo torcido, pois ele mesmo foi quem criou todos os nossos membros, redimiu-os todos e há de nos levantar um dia com eles do túmulo. Vá então imediatamente a ele e diga, referindo-se a você mesmo: "Senhor, eis que está enfermo aquele que tu amas".

III. Em terceiro lugar, observemos que, no caso de Lázaro, ocorreu UM RESULTADO não esperado. Não há dúvida de que, quando Maria e Marta enviaram a mensagem a Jesus, esperavam ver, a tempo, Lázaro vir a recuperar-se, tão logo o mensageiro alcançasse o mestre; mas não foram propriamente assim gratificadas. O Senhor permaneceu por dois dias no mesmo lugar onde estava e somente depois de ciente de que Lázaro já devia ter morrido é que decidiu ir à Judeia. Isso nos ensina que Jesus pode estar informado do nosso problema e, ainda assim, agir de um modo como se estivesse indiferente a ele. Não devemos esperar que nossa oração pela cura ou recuperação seja respondida em todas as situações; se assim fosse, ninguém morreria se alguém orasse pela pessoa enferma. Ao orarmos pela vida dos amados filhos de Deus, não devemos nos esquecer de que há uma oração que pode, no caso, superar a nossa, que é a de Jesus dizendo: *Pai, desejo que onde eu estou, estejam comigo também aqueles que me tens dado, para verem a minha glória* (Jo 17.24). Oramos para que nossos entes queridos continuem entre nós, mas, quando reconhecemos que Jesus os quer no céu, que podemos fazer senão admitir sua declaração e dizer *não seja como eu quero, mas como tu queres* (Mt 26.39)?

Em nossa própria enfermidade, podemos orar pedindo que o Senhor nos tire do leito e, no entanto, embora nos ame, poderá permitir que fiquemos cada vez pior e, por fim, deixemos esta vida. Ezequiel pediu e teve quinze anos adicionados à sua vida, mas pode ser que não alcancemos nem mesmo mais um dia. Nunca devemos definir a quantidade de vida de qualquer um em função de que nos seja amado, nem mesmo a nossa própria vida, como que nos rebelando contra a vontade do Senhor. Querer reter, como se fosse possível, a vida de qualquer ente querido com o punho fechado é como segurar uma vara que poderá servir de flagelo contra você mesmo. Quanto a amar demais sua vida terrena, você pode estar criando um travesseiro de espinhos para o seu leito de morte. Nossos filhos, de maneira geral, são ídolos para muitos de nós, e, portanto, pais que assim os amam, com demasiado ardor, são, na verdade, idólatras. Do mesmo modo, podemos fazer deuses de barro e adorá-los, como alguns fazem ao adorar outras criaturas, pois, de fato, o que são senão simplesmente barro? Será o pó tão querido a nós a ponto de lutarmos contra o nosso Deus por causa dele? Se nosso Senhor nos permite sofrer, não devemos nos queixar. Faz isso por nós porque certamente é a coisa melhor e mais bondosa, no caso, a fazer; pois ele nos ama mais do que amamos a nós mesmos.

Posso ouvir, no entanto, você comentar: "Sim, Jesus permitiu que Lázaro morresse, *mas o ressuscitou depois*". Respondo que Jesus é a ressurreição e a vida para nós também. Sejamos confortados em relação aos que partiram — *Teu irmão há de ressurgir* (Jo 11.23) — e pelo fato de que todos nós, cuja esperança está em Jesus, tomaremos parte, um dia, na ressurreição de nosso Senhor. Não apenas nossa alma viverá, mas nosso corpo será ressuscitado, e incorruptível. O túmulo será o cadinho de refino, do qual este corpo vil surgirá transformado. Alguns cristãos alegram-se diante do pensamento de talvez poderem viver na carne até que o Senhor volte e, assim, escapar da morte física. Confesso que não considero isso de grande proveito. Tirando o fato de somente terem alguma precedência sobre aqueles que então estarão dormindo, os que tiverem permanecido ainda vivos na carne, em sua vinda, perderão um maravilhoso momento de comunhão ao não morrerem e serem ressuscitados como seu Senhor. Amados, *tudo é vosso* (1Co 3.21), e a morte é expressamente mencionada na lista; portanto, não fujamos dela, mas, pelo contrário, "anseiem pela noite quando partirem, para que possam descansar com Deus".

IV. Encerrarei com UMA PERGUNTA. *Jesus amava Marta, sua irmã e Lázaro* (1Co 3.21) — e ama você também, em um sentido especial? É triste perceber que muitas pessoas enfermas não têm certeza alguma de qualquer amor especial de Jesus por elas, pois nunca buscaram sua face nem jamais confiaram nele. Jesus poderia até lhes dizer: *Nunca vos conheci* (Mt 7.23), pois viraram literalmente as costas para o sangue que foi por elas derramado, para a cruz. Responda a esta pergunta, meu querido amigo, do fundo do seu coração: "Você ama Jesus?" Se o ama é porque ele o amou primeiro. Confia nele? Se confia, sua fé é a prova de que ele o amou desde antes da fundação do mundo, pois a fé é o penhor pelo qual ele se compromete com seus amados.

Se Jesus ama você e se você está doente, que o mundo inteiro veja como você glorifica Deus em sua enfermidade. Que os amigos, os parentes e os que o atendem vejam como o amado do Senhor é altamente considerado e confortado por ele. Que a sua santa resignação os surpreenda e faça que admirem, sobretudo, o seu Amado Senhor, tão bondoso a ponto de fazer você ficar feliz na dor e alegre prestes a transpor as portas do céu. Se a sua fé é digna, deverá apoiá-lo agora, levando os não crentes a verem que "aquele a quem o Senhor ama" está numa situação melhor, doente, do que um ímpio quando cheio de saúde e vigor.

Se você, porém, não sabe que Jesus o ama, então está deixando de ver a estrela mais brilhante que pode saudar a noite da sua doença. Espero que você não morra na situação em que se encontra hoje, passando para o outro mundo sem desfrutar do amor de Jesus. Isso, realmente, seria uma terrível calamidade para você. Busque a face do Senhor imediatamente e poderá constatar que sua doença constitui uma parte do caminho de amor pelo qual Jesus conduzirá você a ele mesmo.

Senhor, cura todos os doentes, de corpo e alma. Amém.

32

Mistério:
a tristeza dos santos a Jesus apraza

Então Jesus lhes disse claramente: Lázaro morreu; e, por vossa causa, folgo de que eu lá não estivesse, para que creiais; mas vamos ter com ele (Jo 11.14,15).

Ali, na pequena vila de Betânia, residia uma família feliz. Sem pai nem mãe, o lar era composto pelos irmãos Lázaro (ou Eleazar), Marta e Maria. Viviam em *união tão boa e suave que ali o Senhor ordenou a bênção, a vida para sempre* (cf. Sl 133.1,3). Esse trio afetuoso amava o Senhor Jesus Cristo e frequentemente era privilegiado por sua companhia. Mantinham a casa aberta todas as vezes que o grande mestre iria passar por Betânia. Tanto para ele quanto para seus discípulos, havia sempre uma mesa posta, cama e lamparina; por vezes, uma grande refeição era servida a todo o grupo. Eram muito felizes e se rejubilavam em pensar que poderiam ajudar a necessidade de alguém tão modesto e, ao mesmo tempo, tão bondoso e honrado quanto o Senhor Jesus. No entanto, ah, a aflição! Ela está presente em todo lugar! Mesmo sendo a virtude uma sentinela à porta, não se pode evitar que a tristeza entre em casa. *O homem nasce para a tribulação, como as faíscas voam para cima* (Jó 5.7). Sim, é verdade: as faíscas voam para cima, mesmo que o que esteja queimando seja madeira de sândalo de doce perfume; ou seja, até mesmo as melhores famílias costumam passar por aflição. Lázaro adoece. É uma doença mortal, além da capacidade curativa da medicina. Qual o primeiro pensamento das irmãs senão enviar uma mensagem a seu grande mestre e amigo Jesus? Sabiam que bastaria certamente uma palavra de seus lábios para restaurar seu irmão. Nem haveria necessidade de ele vir até Betânia, se não pudesse; precisava tão somente proferir uma palavra, e Lázaro ficaria curado. Com forte esperança e ansiedade moderada, enviam a doce mensagem a Jesus: *Senhor, eis que está enfermo aquele que tu amas* (Jo 11.3). Jesus toma conhecimento e manda de volta uma resposta que tinha muito de conforto em si, mas dificilmente compensaria sua ausência: *Esta enfermidade não é para a morte, mas para glória de Deus, para que o Filho de Deus seja glorificado por ela* (Jo 11.4).

Lá está o pobre *Lázaro*, depois da chegada da resposta. Não se recupera. Está um pouco mais animado, por ouvir que sua doença não é para a morte; mas sua dor não cede. Um pegajoso suor da morte se forma em sua testa; sua língua está seca; ele está cheio de dor, agoniado, muito pesaroso. Por fim, ingressa pelas portas de ferro da morte. Eis agora o seu corpo inerte diante dos olhos lacrimejantes de suas irmãs. Por que Jesus não está ali? Por que não veio? Sensível e disposto como sempre foi, o que o teria impedido de vir? Algo teria feito com que fosse indiferente desta vez? Ou por que teria se atrasado tanto? Por que demoraria tanto em vir? E até que ponto suas palavras seriam verdadeiras? Ele mandara dizer: *Esta enfermidade não é para a morte* (Jo 11.4) — e, no entanto, ali está o corpo frio daquele bom homem, cercado de pranteadores, reunidos para o funeral.

Olhe para *Marta*! Passou a noite toda acordada, cuidando do seu pobre irmão. Nenhum cuidado poderia ter sido mais constante, nenhuma ternura mais excessiva. Não houve um remédio caseiro que ela não possa ter feito com o que tinha em casa. Juntou aquela planta com outra erva; administrou todo tipo de infusão, bebida e comida, para tentar curá-lo. Com muita ansiedade, cuidou com a maior atenção do irmão, até que seus olhos fraquejaram, vermelhos, de sono. Jesus poderia tê-la poupado de tudo isso — por que não o fez? Bastava ele ter desejado isso, e o fluir da saúde teria voltado à face de Lázaro, não havendo mais necessidade de tão cansativos cuidados e dessa vigília exaustiva. O que Jesus estaria fazendo?

Marta apreciava servi-lo; ele não a poderia servir? Se ela mesma procurava dar conta de várias atividades em sua casa só por sua causa, quando ele os visitava, dando-lhe o alimento que necessitava e até mesmo doces e regalos, por que o mestre não poderia lhe dar agora o que tanto desejava em seu coração, tão essencial à sua felicidade — a vida do seu irmão? Como ele poderia ter prometido algo que não iria cumprir? Por que teria despertado sua esperança se iria depois fazê-la jogar fora sua fé?

Quanto a *Maria*, permanecera sentada ao lado do irmão, ouvindo suas últimas palavras, repetindo ao seu ouvido as graciosas palavras de Jesus, que, de maneira tão disposta, tinha ouvido quando o mestre ali estivera antes e ela se havia assentado a seus pés. Então, captara o último suspiro de Lázaro, pensando menos nos remédios e nos alimentos que Marta havia preparado e mais em sua saúde espiritual e na felicidade de sua alma. Estivera empenhada em alegrar o espírito do irmão amado com palavras como estas: "Ele virá; é possível que esteja demorando, mas eu conheço seu coração bondoso e sei que ele por fim virá. Mesmo se ele deixar que você durma na morte, isso será por um pouco de tempo. Ele ressuscitou o filho da viúva nos portões da cidade de Naim e certamente vai ressuscitar você, a quem ele ama muito mais. Você não ouviu como ele despertou a filha de Jairo? Meu irmão, ele virá e despertará você. Todos nós ainda viveremos muitas horas felizes e teremos isso como uma prova especial do amor do nosso Mestre e Senhor: o fato de que ele ressuscitou você dos mortos". Mas por que ela poupou essas lágrimas amargas que correram queimando sua face quando viu que seu irmão estava realmente morto? Ela não podia acreditar naquilo. Beijou a testa do irmão, e estava fria como mármore! Ergueu as mãos dele — "Não pode estar morto", pensou, "pois Jesus disse que essa doença não era para morte" — mas as mãos caíram inertes no leito. Lázaro estava realmente morto, e a putrefação logo se estabeleceu; foi então que Maria se tornou ciente de que aquele barro amado não estava isento da desonra que a queda do homem trouxe ao nosso corpo. Pobre Maria! Jesus amava você, como se lê, mas essa foi uma maneira estranha de demonstrar seu amor. Onde estaria ele? A quilômetros dali. Sabe que seu irmão está doente; sim, ele sabe até que Lázaro está morto e, ainda assim, permanece parado onde está. Oh, esse triste mistério de a piedade de Salvador tão terno haver descido tão abaixo do que se poderia medir ou de que sua misericórdia haja subido tanto que não se pode alcançá-la.

Jesus está falando a seus discípulos acerca da morte de seu amigo; vamos ouvir suas palavras. Talvez possamos achar a chave para seus atos em suas palavras. Surpreendente! Ele não diz: "Arrependo-me de ter demorado tanto"; nem diz: "Deveria ter-me apressado, mas, mesmo agora, não é tarde demais". Ouça e se surpreenda! Maravilha das maravilhas! Ele diz: *Folgo de que eu lá não estivesse* (Jo 11.15). *Folgo!* A palavra estará fora de lugar? Nesse momento, Lázaro já cheira mal em seu túmulo e aqui está o Salvador, feliz! Marta e Maria estão chorando de tristeza até não poderem mais e, mesmo assim, seu grande amigo Jesus está feliz! É estranho, chocantemente estranho! Contudo, podemos descansar seguros de que Jesus sabe tudo e melhor do que nós; portanto, nossa fé pode descansar e buscar decifrar esse significado que, em um primeiro momento, nossa razão não poderia encontrar. *Por vossa causa*, diz ele aos apóstolos, *folgo de que eu lá não estivesse, para que creiais*. Ah, agora podemos entender: Cristo não está feliz por causa da infelicidade, mas, sim, por causa do que dela irá resultar. Sabe que essa provação temporária ajudará seus discípulos a terem uma fé bem maior. Porque valoriza de tal modo seu crescimento na fé, Jesus fica feliz até mesmo diante da tristeza que há de torná-la maior. É como se dissesse: "Por causa de vocês, estou feliz por não estar lá para impedir o que aconteceu, pois, agora que aconteceu, irá levar vocês a acreditarem mais em mim; e isso será bem melhor para vocês do que terem sido poupados da aflição".

Temos assim diante de nós bem claro o princípio de que nosso Senhor, em sua infinita sabedoria e superabundante amor, dá imenso valor à fé do seu povo, a ponto de não nos poupar de aflições por meio das quais nossa fé seja fortalecida. Vamos tentar extrair o vinho da consolação do cacho desse texto. Em três taças, preservaremos o bom suco, à medida que fluir do lagar da meditação. Em primeiro lugar, irmãos, Jesus Cristo estava feliz pelo fato de a provação *visar ao fortalecimento da fé dos apóstolos*; em segundo lugar, *objetivar o fortalecimento da fé da família de Lázaro*; e, em terceiro lugar, *para conceder maior fé a todas as outras pessoas*. Pelo que diz o versículo 45, podemos entender que esse cálice foi passado aos amigos e vizinhos: *Muitos, pois, dentre os judeus que tinham vindo visitar Maria, e que tinham visto o que Jesus fizera, creram nele* (Jo 11.45).

I. Deus planejou a morte de Lázaro e sua posterior ressurreição PARA O FORTALECIMENTO DA FÉ DOS APÓSTOLOS. Isso aconteceu de duas maneiras: não apenas *a provação em si* levou a fortalecer sua fé, mas também *um marcante livramento* que Jesus então lhes concedeu certamente contribuiu grandemente para o crescimento da confiança dos apóstolos no Senhor.

1. Vejam bem que *a provação em si certamente já levaria a incrementar a fé dos apóstolos*. A fé não provada pode ser uma fé verdadeira, mas certamente é uma fé pequena. Creio na existência de fé nos homens que não passam por provações, mas esse é o ponto máximo até onde posso ir. Estou persuadido, meus irmãos, de que, quando não há provação, a fé só tem fôlego suficiente para viver, mas isso, nela, é tudo. Tal como a lendária salamandra, a fé tem o fogo como elemento inerente. Nunca prospera tão bem como nos momentos em que as coisas se voltam contra ela: as tempestades são os seus treinadores, e os relâmpagos é que lhe dão a luz. Quando a calmaria reina no mar, você pode abrir as velas como quiser, mas o navio pouco ou nunca irá se mover: sua quilha dorme no mar sereno; mas basta que o vento sopre forte e as águas se levantem para que o barco passe a sacudir, para que seu convés seja lavado pelas ondas, para que seus mastros venham a ranger ante a pressão das velas cheias, e é nessa hora que o navio se movimenta e se encaminha rumo ao porto desejado. Há flores que só obtêm o adorável tom azulado quando crescem ao pé das geleiras. Não há estrelas mais brilhantes do que as que são vistas no céu polar. Nenhuma água é tão doce quanto a que jorra no meio do deserto. Nenhuma fé é tão preciosa quanto aquela que vive e triunfa no meio da adversidade.

Assim diz o Senhor pela boca do profeta: *Mas deixarei no meio de ti um povo humilde e pobre; e eles confiarão no nome do Senhor* (Sf 3.12). Por que humilde e pobre? Porque existe uma tendência mais fácil dos humildes e pobres que vivem entre o povo do Senhor para nele confiar. Por isso, não foi dito "deixarei no meio de ti um povo próspero e rico; e eles confiarão". Não! Estes não parecem ter a capacidade de fé quanto aos que são afligidos. O Senhor diz que deixará no meio de Israel um povo humilde e pobre, o qual, por causa de sua aflição e pobreza, estará certamente de modo mais gracioso disposto a repousar sua fé no Senhor. A fé não provada é sempre pequena em estatura, e a tendência é que ela se mantenha assim, anã, enquanto não for provada. Não há espaço nos lagos calmos da tranquilidade para que a fé ganhe proporções grandiosas; ela deve estar no mar agitado para que possa ser um dos principais caminhos de Deus.

A fé provada traz experiência. Todos vocês, homens e mulheres experientes, sabem que a experiência faz que a crença se torne *mais real* para a pessoa. Nunca se há de conhecer a amargura do pecado ou a doçura do perdão sem que se tenha provado de ambas. Alguém jamais conhecerá sua própria fraqueza até haver sido compelido a passar pelo rio; nem terá conhecido a força de Deus se não tiver sido amparado em meio à correnteza. Toda palavra a respeito de fé não baseada na experiência não passa de simples conversa. Se tivermos pouca experiência, não podemos falar de maneira tão positiva quanto aqueles cuja experiência foi mais profunda e tocante. Nos primeiros dias do meu ministério, um dia em que pregava sobre a fidelidade de Deus nos momentos de provação, meu venerável avô estava sentado atrás de mim, no púlpito. De repente, ele se levantou, veio à frente do púlpito e assumiu meu lugar, dizendo: "Meu neto pode pregar isso baseado na teoria; mas eu posso lhes falar por experiência própria, pois já passei pelas grandes águas e vi a obra do Senhor com os meus próprios olhos". Existe um acúmulo de força no testemunho de alguém que já viveu pessoalmente coisas das quais os outros podem falar apenas como se tivessem visto em um mapa ou numa foto. Viajantes que escrevem sentados confortavelmente em uma poltrona sobre aquilo que viram da janela de seu quarto podem somente escrever livros para o passatempo ocioso daqueles que não saem de casa. Mas quem esteja prestes a cruzar uma região desconhecida ou possivelmente cheia de perigo busca um guia que realmente tenha trilhado aquele caminho. Um bom escritor pode se dar muito bem com palavras arrumadas e floridas, mas o verdadeiro viajante possui sabedoria real e valorosa. A fé cresce em solidez, segurança e intensidade quanto mais exercitada for por meio da tribulação e quanto mais vezes for jogada ao chão e erguida novamente. Contudo, que isso não sirva de desânimo àqueles que são ainda jovens na fé. Esteja certo de que você terá provação suficiente sem que seja preciso correr atrás dela. No tempo certo, sua porção plena de tribulação lhe será devidamente concedida. Enquanto isso, se você ainda não pode mostrar os resultados de uma grande experiência, agradeça a Deus a graça de que desfruta hoje. Louve ao Senhor por aquilo que obteve até agora; caminhe de acordo com essa norma e terá cada vez mais das bênçãos de Deus, até que sua fé possa remover montanhas e vencer todas as impossibilidades.

É possível que surja a pergunta: mas qual é o meio pelo qual a provação fortalece a fé? Respondemos: de várias formas.

A *provação remove muitos impedimentos da fé.* A segurança carnal é um deles, e o pior inimigo para a confiança em Deus. Se me tranquilizo dizendo *alma, tens em depósito muitos bens para muitos anos; descansa, come, bebe, regala-te* (Lc 12.19), a estrada da fé é imediatamente interrompida; mas, se a adversidade esvaziar o celeiro, os "muitos bens para muitos anos" deixarão de bloquear o caminho da fé. Oh, que bendito é o machado da tristeza, que abre caminho entre mim e Deus, derrubando grossas árvores dos meus confortos terrenos! Se digo a mim mesmo "minha montanha é firme, jamais serei abalado", são as fortificações visíveis, e não o grande e invisível Protetor, para quem volto minha atenção; mas, se um grande terremoto sacudir as rochas e a montanha for engolida, correrei para a inabalável Rocha dos Séculos a fim de colocar nas alturas a minha confiança. A tranquilidade mundana é um grande inimigo da fé, afrouxando as juntas dos valores sagrados e rompendo os tendões da coragem santa. Nenhum balão sobe até que as cordas lhe sejam soltas; a aflição faz esse serviço com eficiência em favor da alma crente. O trigo que dorme confortavelmente dentro da casca não tem nenhuma utilidade para o homem; deve ser batido para sair do seu lugar de descanso, a fim de que seja usado e tenha seu valor reconhecido. A provação, enfim, tira a flecha da fé do repouso no arco e, entesando-o, a lança contra o alvo inimigo.

A *aflição presta um grande serviço à fé ao expor as fraquezas da criatura.* Essa provação da família de Lázaro mostraria aos apóstolos, entre outras coisas, que eles não deveriam depender da generosidade de qualquer pessoa; pois, embora Lázaro pudesse tê-los recebido e enchido seus alforjes de alimento, contudo Lázaro morre; Maria um dia irá morrer; Marta também, e todos os amigos. Isso ensina os apóstolos a não buscar as cisternas rotas do mundo, mas, sim, a Fonte de onde a água sempre flui. Corremos o grande risco, queridos amigos, de transformarmos em ídolos os meios da misericórdia que dele recebemos! Deus nos concede favores temporais como alívio, no meio do caminho; então, logo à frente, somos capazes de nos ajoelharmos ante esses favores e clamarmos: *Eis aqui, ó Israel, o teu Deus* (Êx 32.4). Mas, também pela misericórdia do Senhor, esses deuses, esses ídolos, são logo quebrados em pedaços. Ele destrói as árvores debaixo de cujas grandes sombras nos assentamos, para que possamos, por ser assim necessário, erguer nosso clamor a ele e nele somente confiarmos. O vazio da criatura é uma lição que demoramos muito a aprender, e se torna necessário então que seja vergastada em nós pela vara da aflição. Mas a lição precisa ser aprendida; caso contrário, a fé nunca alcançará em nós superioridade.

A provação é ainda de especial utilidade à fé, *por conduzi-la ao seu Deus.* Quero fazer, agora, uma triste confissão, pela qual me lamento. Quando minha alma está feliz e as coisas para mim prosperam, geralmente não vivo tão perto de Deus como o faço quando em meio à vergonha e à crítica acirrada e meu espírito se sente abalado. Ó meu Deus, quão bondoso tu és para a minha alma à noite; pois, quando o sol se põe, quão docemente tu brilhas, ó brilhante estrela da manhã! Quando o pão do mundo é doce e amanteigado, nós o podemos devorar a ponto de até ficarmos doentes; todavia, se o mundo, mudando bruscamente nossa dieta, enche nossa boca de vinagre e nossa bebida se torna absinto e fel, então voltamos a clamar mais uma vez pelos queridos braços de Deus. Quando os poços do mundo estão cheios de água doce, mas envenenada, armamos facilmente nossa tenda ao lado do poço e bebemos dessa água repetidamente, vezes sem conta, nos esquecendo do poço de Belém, que está dentro dos portões; no entanto, se as águas do mundo se tornam para nós amargas como o ribeiro de Mara, então delas nos afastamos, enfermos e desanimados, e clamamos pela água da vida: *Brota, ó poço!* (Nm 21.17). Nossas

MISTÉRIO: A TRISTEZA DOS SANTOS A JESUS APRAZA | 303

aflições nos conduzem ao nosso Deus, do mesmo modo que o cão vigilante, ladrando, leva a ovelha perdida às mãos do pastor.

Portanto, *a provação resulta em fortalecimento da fé*. Assim como os jovens espartanos eram preparados para a luta por meio de rígida disciplina em seus dias de juventude, assim também os servos de Deus são treinados para o bom combate por meio das aflições que Deus lhes envia nos primeiros dias de sua vida espiritual. Ou corremos lado a lado com os homens da infantaria, ou jamais seremos capazes de lutar montados a cavalo. Temos de ser jogados na água para que possamos aprender a nadar. Sem ouvirmos o zunido das balas, nunca nos tornaremos combatentes. Todo jardineiro sabe perfeitamente que se as suas flores continuarem sendo mantidas dentro da estufa em elevada temperatura, quando colocadas fora dali morrerão rapidamente em uma noite fria; assim, não as submete sempre a muito calor, mas as expõe também, aos poucos, ao frio, fazendo que a ele se acostumem, para que possam, depois, sobreviver ao ar livre. Do mesmo modo, nosso sábio Deus não coloca seus servos em casas muito aquecidas nem cuida deles com exagerada e desnecessária delicadeza, mas, sim, os expõe também à provação, para que saibam como suportá-la sempre que vier. Se você quiser estragar a personalidade de seu filho, não deixe que ele passe por pequenas, necessárias e superáveis dificuldades: quando ainda pequeno, carregue-o sempre e sempre em seus braços; quando jovem, continue a embalá-lo; quando adulto, aja como se fora ainda a babá dele. Você terá assim o maior sucesso na produção de um tolo completo. Se quer impedir, enfim, que ele seja útil ao mundo, proteja-o de todo e qualquer tipo de dificuldade. Não permita que enfrente qualquer luta, por menor que seja; seque o suor de sua delicada testa e lhe diga: "Querido filho, você jamais deveria passar por tarefa tão árdua". Tenha dó dele quando, por haver errado, precisar ser corrigido. Supra todos os seus desejos; evite todos os seus desapontamentos; impeça todos os seus problemas — e você, sem dúvida, o ensinará a ser uma péssima pessoa e a vir partir o seu próprio coração. Todavia, se, pelo contrário, ajudá-lo a se colocar e agir onde possa e deva atuar; expô-lo às dificuldades naturais a todos; encorajá-lo a saber enfrentar o perigo, agindo assim, você fará dele um ser humano útil. Quando seu filho aprender e souber realizar as tarefas próprias de um adulto e suportar as provações de uma pessoa adulta, estará então preparado para enfrentar ambas as situações.

Meu Deus e Mestre não embala para sempre delicadamente os filhos, quando já podem e precisam aprender a andar sozinhos. Quando começamos a correr, ele não está sempre colocando seus dedos à frente para que neles nos possamos segurar, mas, sim, permite que de vez em quando tropecemos e venhamos a ralar o joelho, porque, então, passaremos a caminhar com mais equilíbrio e cuidado e aprenderemos a nos colocar de pé mediante a força que a fé nos confere.

Como vimos, então, queridos amigos, Jesus Cristo estava feliz — pelo fato de seus discípulos terem sido abençoados pelo problema surgido com a morte de Lázaro. Pense nisso, você que está tão atribulado esta manhã: que Jesus Cristo realmente ama você, mas que ele o faz com sabedoria e, por isso, diz: *por vossa causa, folgo de que eu lá não estivesse*. Ele fica feliz não pelo fato de seu marido ter ido embora ou seu filho ter deixado saudades; feliz não porque o seu negócio não prospera. Mas feliz, sim, porque, tendo você essa dor, passando por esse sofrimento ou sendo seu corpo tão fraco, você possa, deste modo, ter mais fé, crer mais nele. Você jamais teria uma fé tão preciosa como a que agora o sustém se a provação dessa sua fé não tivesse sido para você como um fogo ameaçador. Você nunca seria uma árvore que teria aprofundado tanto as suas raízes como defesa se o vento não a tivesse sacudido para a frente e para trás, fazendo que você procurasse apoio e segurança nas firmes e preciosas verdades da aliança da graça.

2. Não vamos, porém, nos demorar mais por aqui. Vamos agora apenas notar que *a libertação que Cristo operou por meio da ressurreição de Lázaro foi calculada também para fortalecer a fé dos apóstolos*.

Cristo pode operar sempre na pior das situações. E como era péssima a situação em que todos ali se encontravam! Temos, sim, diante de nós um caso da pior situação possível. Lázaro não está simplesmente morto, mas já foi até sepultado: uma grande pedra já foi rolada por sobre a abertura do sepulcro; pior ainda, devido ao tempo que se passara desde a sua morte, o seu corpo já estava começando a se decompor. Ocorrem aqui, então, na verdade, muitos milagres. Devo descrever a ressurreição de Lázaro não como um único milagre, mas como um conjunto de maravilhas. Não vou entrar em detalhes, mas é suficiente dizer que não podemos imaginar qualquer coisa que seja uma exibição mais prodigiosa da força divina do que a restauração da saúde e da vida de um corpo no qual os vermes já penetram e rastejam. Mesmo nesse pior caso, no entanto, Cristo não se dá por vencido.

Aqui está um caso no qual o poder humano evidentemente nada poderia fazer. Tragam a cítara e a harpa e deixem que a música faça seus encantos. Doutores tragam seus remédios mais potentes, tragam a verdadeira *aqua vitae*! Vejam o que podem fazer. O quê? O elixir falhou? O médico vira as costas, enojado, pois o mau cheiro então exalado é capaz de destruir sua própria vida, em vez de restaurar o cadáver. Procure-se pelo mundo inteiro e pergunte-se a todos os homens — a Herodes e a todos os seus sábios, a César no trono imperial — "é possível fazer alguma coisa neste caso?" Não, a morte afronta a todos com seu terrível sorriso. "Eu tenho Lázaro", diz ela, "além do alcance de vocês". Mas quem tem a vitória final é Jesus!

Aqui *o amor divino se torna mais manifesto*. Jesus chorou de compaixão, ao pensar em Lázaro e no sofrimento de suas irmãs. Não é comum encontrarmos passagens nas Escrituras em que vemos o Senhor chorar. Era ele, de fato, um *homem de dores, e experimentado nos sofrimentos* (Is 53.3); sendo, então, preciosas e raras as lágrimas que derramava por aquele amado amigo sem vida. Somente o fez ao lamentar Jerusalém, e o faz agora por Lázaro.

Contudo, que demonstração maravilhosa, também, do *poder divino* tiveram os discípulos, assim como do amor de Deus, ao dizer, simplesmente, Cristo: *Lázaro, vem para fora!* (Jo 11.43) — e não mais a morte poder mantê-lo cativo! Para fora do sepulcro, eis que vem Lázaro, e como que em perfeita saúde! Você não acha que isso haja realmente reafirmado, mais do que nunca, a fé dos apóstolos? Parece-me ser esta nada menos que a melhor parte de sua instrução de fé total em Cristo que eles poderiam possivelmente ter recebido, com vistas ao seu futuro ministério. Imagino ver alguns dos apóstolos, posteriormente, na prisão, condenados à morte, com Pedro confortando João, dizendo: "O Senhor pode perfeitamente nos tirar daqui! Não se lembra de como ele trouxe Lázaro para fora da sepultura? Ele sem dúvida pode até aparecer diante de nós e nos libertar agora!" Como os discípulos deviam ser provavelmente fortalecidos ao recordarem tais demonstrações do poder divino por Jesus ao irem adiante a pregar aos pecadores! Mesmo sendo os seus ouvintes debochados, depravados, imorais — e os apóstolos foram pregar em meio às piores condições da natureza humana — , ainda assim, eles jamais duvidaram dos melhores resultados de sua evangelização, pois lembravam-se de que Lázaro, cujo corpo já estava até em estado de putrefação e decomposição, revivera, mediante uma palavra de Cristo. Pedro, como imaginamos, poderia até mesmo argumentar: "Cristo não restaurou Lázaro quando seu corpo já estava cheirando mal e se decompondo? Ele pode, então, trazer o mais reprovável coração à obediência da verdade e erguer o mais vil dos vis pecadores para uma vida nova". Muitas das igrejas apostólicas primitivas se desfizeram, pois congregavam membros indignos. Isso, no entanto, jamais viria a ser um golpe para a fé dos primeiros apóstolos, que podiam sempre afirmar: "O mesmo Cristo que ressuscitou Lázaro pode fazer que igrejas como a de Sardes, Pérgamo e Tiatira sejam um louvor na terra; que as igrejas que possam estar corrompidas e cujo mau odor suba até as narinas do Deus Altíssimo ainda podem vir a se tornar brilhantes e gloriosas, como um incenso de suave e agradável aroma para ele". Estou convencido de que um milagre como esse devia voltar com muita frequência à sua mente e fortalecê-los constantemente nos tempos de labuta e sofrimento, tornando-os capazes de suportar as aflições, e até mesmo o martírio, confiando inteiramente em Cristo.

Não vou falar mais quanto a esse aspecto, porque tudo isso nos parece bastante evidente. Só não devemos nos esquecer do princípio que estamos querendo expor: Cristo considerou que, no caso dos apóstolos, valia a pena tal alto custo, o da morte de Lázaro, para que eles pudessem crer realmente, ter uma fé total nele — em que pesasse a dor que isso iria, sem dúvida, acarretar às irmãs e a outras pessoas, inclusive quanta tristeza ele próprio e os discípulos teriam de enfrentar em seu coração. Era preciso, indispensável, certamente, que eles passassem por tudo isso, pois o resultado lhes seria por demais benéfico. O cirurgião segura o bisturi afiado para cortar sem lágrimas nos olhos, pois sabe que esse instrumento poderá curar. A mãe coloca o remédio amargo na boca da criança, que reclama, resmunga, rejeita o amargor, mas lhe diz

MISTÉRIO: A TRISTEZA DOS SANTOS A JESUS APRAZA | 305

amorosamente: "Beba tudo, meu filho", porque sabe que há cura e vida em cada gota que lhe dá. Assim também, por causa sobretudo dos apóstolos, Cristo, como ele mesmo bem disse a eles, ficou feliz em não estar ali antes, com toda a santa intenção de que eles pudessem, realmente, crer.

II. Cristo também tinha em mente O BEM DA FAMÍLIA DE LÁZARO.

Marta e Maria tinham fé; mas não era uma fé muito forte. Mostraram ter dúvida até do *amor* de Cristo por Lázaro e por elas, quando lamentaram, dizendo: *Senhor, se tu estiveras aqui, meu irmão não teria morrido* (Jo 11.32). Parece haver uma queixa, um resmungo, por trás dessas palavras, como se dissessem: "Por que, Senhor, tu não estavas aqui? Não nos amas, Senhor? Qual a razão da tua demora?" Certamente, *duvidavam* do seu poder. Marta, embora mostrasse crer na ressurreição dos santos no último dia, não acreditava na ressurreição presente de seu irmão. Também ao informar *Senhor, já cheira mal, porque está morto há quase quatro dias* (Jo 11.39), revelou uma fé bem fraca no Senhor. Portanto, Cristo concedeu também essa provação a Marta e a Maria, por causa delas mesmas, de sua fé, e estava feliz por havê-lo feito com o objetivo primacial de que elas pudessem realmente crer.

Observem meus caros amigos, que essas pessoas escolhidas estavam entre as que poderíamos chamar de preferidas do Senhor Jesus. Ele ama a todos, sem dúvida alguma, mais ainda os seus eleitos, mas esses três eram como que dos mais estimados da família de Deus, eleitos entre os eleitos. Eram, enfim, *três pessoas especiais*, em relação às quais havia uma grande consideração por parte do Senhor Jesus; e eis, portanto, que foi por isso que lhes deu uma *provação especial*. O lapidador não perde muito tempo cuidando de uma gema, se achar que a pedra não é muito preciosa; mas se depara, digamos, com um diamante raro, irá então lapidá-lo uma, duas, várias vezes, quantas forem necessárias. Quando o Senhor tem diante de si um santo há quem muito ama, pode ser até que ele poupe outros homens de provação e problemas, mas certamente não irá poupar justamente esse amado. Quanto mais amado você for, por parte do Senhor, mais de sua lapidação você terá de enfrentar. Não é fácil ser um dos favoritos do céu. É coisa boa a ser buscada e da qual devemos nos regozijar — mas lembre-se: ser conselheiro da câmara do Rei é posição tão honrosa, e que envolve tamanha obra de fé, que a carne e o sangue podem, por vezes, tentar renunciar a uma tão dolorosa, embora altamente compensadora, bênção. O jardineiro planta a muda de uma árvore e, se ela não mostrar que irá além de um tipo comum, ele irá deixá-la crescer como puder, retirando então qualquer que seja o fruto que dela venha a surgir; mas, se a planta for de um tipo muito raro, o jardineiro terá prazer de cuidar e ajeitar cada ramo corretamente, de modo que possa crescer bem, usando certamente de sua faca para podar, pensando: "Eis uma das minhas árvores favoritas; uma das que me dão fruto especial, tão bom que muito eu posso obter com ela. Não vou permitir nada que a faça falhar, nada que possa estragá-la".

Vocês que são favoritos de Deus não devem se surpreender com a provação; em vez disso, devem manter a porta aberta para ela e, quando ela chegar, saudá-la: "Salve, mensageira do Rei! Sinto o som dos passos do seu mestre seguindo-a; seja bem-vinda, pois sei que foi o mestre quem a enviou". Provações especiais chegam com uma *visita especial*. Pode ser que Cristo não fosse daquela vez a Betânia se Lázaro não tivesse morrido. Mas, uma vez que havia um morto a ressuscitar na casa, Cristo necessariamente estaria ali presente. Ó cristão, é para o seu conforto e o fortalecimento da sua fé que Cristo virá a você em meio aos seus problemas. Eu lhe digo que pode ser que você não veja um sorriso amoroso na face de Cristo ante a prosperidade de que você desfruta, mas não ficará sem ele na hora da sua adversidade. O Senhor Jesus sairia até de seu caminho só para encontrar você. Você percebe quando uma mãe é boa para o seu filho ao deixá-lo correr e brincar, raramente se dando conta de como ele está, quando tudo vai bem; mas, se ele vem chorando e se queixando de alguma dor até a mãe, ou porque se machucou ou não se sente bem, quão atenciosa e terna ela logo se mostra para com ele! Quanto de carinho, amor, cuidados e afeição são logo derramados sobre o queixoso! O mesmo acontece com você; ao receber essas visitas especiais, você saberá que é alguém muito querido do Senhor.

Aquela visita especial a Betânia foi acompanhada de uma *comunhão especial*. Jesus chorou — chorou com aqueles que choravam. Sim, você terá até Jesus sentado ao seu lado, junto ao seu leito, chorando com você, quando estiver doente e muito triste. Enquanto você estiver bem, saudável e forte, poderá vir a ter pouca comunhão com Cristo; mas ele indubitavelmente estará com você, junto ao seu leito, quando estiver enfermo. Muito embora você possa percorrer tranquilamente o verde vale sem nem sentir a presença do Salvador, quando passar pelo meio do fogo, tal qual aconteceu a Sadraque, Mesaque e Abednego, há de sentir que não está sem ele. Eu mesmo posso pessoalmente testemunhar que não há comunhão com Cristo tão próxima e tão doce quanto a que vem a nós quando estamos passando por profunda provação. É aí que o Senhor se revela, quando nos segura como filho amado, não em seus joelhos, mas com seu próprio coração, e pede que coloquemos a cabeça sobre seu peito. Cristo revela a você os seus segredos quando o mundo se volta contra você e as provações o cercam. *O conselho do Senhor é para aqueles que o temem, e ele lhes faz saber o seu pacto* (Sl 25.14). Jamais o crente há de descobrir esse conselho e esse pacto como naquele momento em que se tornem mais necessários, em meio às trevas e aos tempos mais difíceis.

Existem, pois, amores especiais, provações especiais, visitas especiais e comunhão especial. Logo você haverá de ter também uma *libertação especial*. Você há de falar, em dias futuros, sobre essas provações, declarando: "Fiquei ansioso e preocupado com aquilo; mas, oh, se eu pudesse ter visto o final do mesmo modo que vi o começo, teria dito:

'Doce aflição! Doce aflição!
Que trouxe o Salvador para junto de mim'.

Eu lhe digo que você há de se assentar *debaixo de sua videira e debaixo de sua figueira* (1Rs 4.25), e falará com os pobres irmãos provados, animando-os, dizendo: "Não fique abatido, pois *busquei ao Senhor, e ele me respondeu, e de todos os meus temores me livrou*" (Sl 34.4). É possível que, lá no céu, seja de grande acréscimo à nossa felicidade lembrarmo-nos do amor de Deus por nós em nossas tribulações:

Lá, naquele monte verde e florido,
Nossas almas cansadas sentarão
E com muita alegria lembrarão
A recompensa de havermos sofrido.

Pois deixaríamos de testemunhar junto aos anjos, aos principados e potestades a fidelidade de Cristo? Não proclamaríamos aos céus que seu amor *é forte como a morte; o ciúme é cruel como o Seol* (Ct 8.6), que as muitas águas não podem apagar o amor, nem os rios afogá-lo? (Ct 8,7). O que me diz disso, meu caro amigo, você, que se encontra sob a opressão do sofrimento? Irá ainda murmurar? Não irá mais se queixar? Peço-lhe que releia o texto bíblico em foco — e que Deus o ajude a dizer: "Estou feliz porque meu Deus não me libertou ainda, mas minha provação fortaleceu minha fé. Dou graças ao seu nome por ele ter-me feito o grande favor de permitir que eu carregue parte do grande peso de sua cruz. Agradeço ao meu Pai, que não me deixou totalmente isento de aflição, porque *antes de ser afligido, eu me extraviava; mas agora guardo a tua palavra* (Sl 119.67). *Foi-me bom ter sido afligido* (Sl 119.71). Eu lhe digo que é este o caminho mais curto para você sair dos seus problemas e o estado de espírito mais correto a assumir sempre que os esteja enfrentando. De modo geral, podemos afirmar que o Senhor somente concede a provação porque o fato de seu filho recebê-la irá favorecê-lo; mas, assim que você a aceita, a provação não mais o afeta. Se puder olhar para os olhos do Pai e dizer *seja feita a tua vontade* (Mt 6.10), o mal que causa sua aflição terá cumprido sua missão.

III. Chego agora ao terceiro ponto e que Deus Espírito Santo possa abençoar nossa palavra. Esta provação em Betânia foi permitida para DAR FÉ A OUTROS.

Dirijo-me, principalmente, àquele, aqui presente, que ainda não pode dizer que pertence ao povo de Deus, mas demonstra interesse em Cristo. É bem provável que você tenha tido um grande problema em sua vida que desejaria que jamais tivesse acontecido. Contudo, o meu Senhor, que sabe muito mais do que você, lhe diz agora: "Por sua causa, fico feliz de não tê-lo poupado daquele problema, com o objetivo de que você possa ser levado a crer". Esteja certo de que *as aflições frequentemente levam os homens à fé em Cristo* porque *abrem espaço para reflexão*. Um homem forte, vigoroso e bem-disposto, ia trabalhar dia após dia sem nunca pensar em Deus. *O boi conhece o seu possuidor, e o jumento a manjedoura do seu dono* (Is 1.3), mas ele não o conhecia nem se importava com isso. Deixava os pensamentos sobre a eternidade para quem, segundo ele, fosse bastante tolo para ser religioso; quanto a ele mesmo — o que isso, realmente, tinha a ver com ele? A morte, pensava, devia estar ainda longe, e, se não estivesse, não tinha tempo para pensar nela. Aconteceu então um acidente. O homem precisou ficar deitado em sua cama. Em um primeiro momento, esbravejou, se irritou, mas aquilo não tinha como ser mudado, e ali, na enfermaria do hospital, só conseguiu resmungar a noite toda. No que mais poderia pensar? Começou a pensar em si mesmo, em sua condição diante de Deus, em qual seria o seu destino se morresse. Naquele instante em que sua vida oscilava como o pêndulo de uma balança e ninguém podia dizer para que lado se voltaria, ele foi forçado a refletir. Muitas almas têm sido lavradas como o solo no hospital para, depois, serem semeadas no santuário. Muitos homens foram levados a Deus basicamente pela perda de um membro, uma doença prolongada ou pobreza profunda.

É comum também as aflições levarem os homens à fé plena *ao impedirem o pecado*. Um jovem resolvera escalar uma montanha. Apesar dos conselhos contrários, estava determinado a alcançar o cume da montanha, mesmo já tendo um alpinista veterano o advertido quanto ao risco que estava prestes a correr. Pouco depois de começar a escalada, um grande nevoeiro o cercou. O jovem ficou assustado. O nevoeiro era tão denso que ele mal podia ver a própria mão. Voltou então para trás, tomando o caminho pelo qual viera, e retornou com tristeza para a casa do pai, contando a este como estivera em tão grande perigo. O pai lhe respondeu que estava feliz com isso, pois, se o filho não tivesse enfrentado aquele perigo, poderia ter avançado e então ter caído na neve para nunca mais se levantar.

Não é raro os problemas nos afastarem da tentação. Alguns de nós teríamos seguido as más companhias, a bebedeira ou a ganância, mas não chegaram a fazê-lo. Um compromisso estava marcado — ah, aquela noite estava reservada —, mas a mão negra do bondoso anjo de Deus chegou a tempo: eu disse "mão negra" porque assim poderia parecer à primeira vista; a pessoa não pôde fazer o que desejava, seu caminhar foi interrompido, e esse fato, colocado na mão de Deus, foi o meio de conduzi-la à fé. Os problemas frequentemente levam o homem a crer em Jesus porque o compelem a *encarar a dura realidade face a face*. Você já passou uma semana inteira à beira da morte? Ficou prostrado, cheio de dores, só ouvindo o sussurrar do cochicho dos médicos e parentes, pensando se eles não deveriam estar provavelmente chegando à conclusão de que havia 99% de possibilidade de que você não se recuperasse? Você já sentiu a morte de perto? Já olhou para a eternidade com um olhar de ansiedade? Imaginou como é o inferno e com você lá? Ficou deitado de olhos abertos, pensando no céu, com você fora dele? Ah! É em momentos como esses que o Santo Espírito de Deus realiza grandes coisas para os filhos dos homens. Consequentemente, Cristo fica feliz. Não porque sejam humilhados, sua alma rejeite todo tipo de alimento e clamem aflitos a Deus em meio às dificuldades; fica feliz porque esse é o degrau que leva o homem à real e genuína confiança nele e, assim, à vida eterna. É melhor perder um olho ou uma mão do que perder a sua alma. É melhor chegar no céu pobre e esfarrapado do que ir milionário para o inferno; é melhor chegar no céu exaurido do que ir para o inferno com os tendões plenos de força e os ossos cheios de tutano. Glória seja dada a Deus por provações e problemas que alguns de nós têm tido, por serem os meios de nos levar a Cristo.

A provação *leva os homens a crerem em Cristo quando seguida de libertação*. Talvez alguns de vocês tenham sido levantados do leito de dor ou ajudados em tempo de dificuldade temporal. Você não ficou agradecido? Não amou a Deus por sua bondade? Seu coração não se derrete diante do Senhor pelos feitos bondosos que haja realizado em você? Não ergue um cântico de louvor pelo seu santo nome? Conheço não poucos que me disseram: "Como Deus se dignou tanto de erguer-me e ajudar-me dessa maneira, entregarei a ele o meu coração; e o que mais posso fazer por aquele que tanto fez por mim?" Não tenho dúvida de que é a gratidão que tem levado muitas pessoas a colocar sua confiança total em Cristo. Além disso, se alguém busca a Deus pedindo ajuda em tempo de dificuldade e Deus o ajuda, isso encoraja a orar de novo. Se o ajudou uma vez, naturalmente que voltará a ajudá-lo agora; se poupou sua vida, por que não pouparia sua alma? Se Deus se dignou de erguer alguém do túmulo, por que não o livraria do poço do inferno? Bendigo a Deus por haver muitos nesta igreja que foram levados a buscar o Senhor por meio de resposta à sua oração. Deus foi gracioso para com eles na dificuldade; sua misericórdia ouviu seu clamor; a bênção veio e, como resultado, continuam a orar e clamar a ele e hão de orar e clamar enquanto viverem.

Se formos bem-sucedidos com Deus, se nele crendo obtivermos alguma libertação, que possamos levar isso em conta para crermos em Deus em todas as demais situações difíceis em nossa vida. Lembremo-nos de que confiarmos no Senhor Jesus Cristo é indispensável à vida eterna. Pode ser que você alegue que não pode ser perfeito. Sim, eu sei que não pode. Você talvez diga: "Tenho muitos pecados; tenho feito muitas coisas erradas". É verdade, é realmente verdade, mas aquele que crê no Senhor Jesus Cristo recebe o inteiro perdão dos pecados. Você sabe disso: que Cristo desceu dos céus e tomou os pecados da humanidade sobre os seus ombros. Quando Deus ia esmagar o pecador e sua justiça inquiriu: "Onde está ele?", Cristo veio e se colocou no lugar do pecador — e a espada de Deus passou pelo coração do Salvador. Por quê? Para que nunca venha a cortar ou ferir o coração daqueles a quem Deus ama e por quem Jesus morreu. Então, ele morreu por você? Sim, se você crer nele. Sua fé será para você a prova de que Cristo o substituiu na cruz, e, se Cristo já sofreu em seu lugar, você não deve mais sofrer. Se Deus puniu Cristo em seu lugar, jamais punirá você, que nele crê. Jesus Cristo já pagou sua dívida, você está livre. Se crer nele hoje, hoje mesmo ficará tão limpo diante do trono de Deus quanto os anjos do céu. Se descansar na expiação de Cristo, é uma alma salva e, assim, poderá seguir seu caminho e até cantar:

Hoje sigo avante, livre do pecado,
Pelo sangue do Salvador resgatado.
Diante dos seus santos pés, me curvo agora,
Pecador salvo que, reverente, o adora.

Sendo este o resultado da sua dor e aflição, Cristo poderá então muito bem dizer: "Por causa de você, folgo pelo fato de não ter estado aqui para impedir o seu problema, para que, por meio dele, você pudesse realmente crer". Que Deus possa lhe trazer a fé, em nome de Jesus. Amém.

33

MESMO AGORA

E mesmo agora… (Jo 11.22).

Espero que haja aqui um grande número de pessoas interessadas nas almas daqueles que estão ao seu redor. Certamente que nunca exerceríamos nossa fé em relação àqueles em cuja salvação não tivéssemos o menor interesse. Confio também em que estejamos diligentemente buscando nos voltar, especialmente, para aqueles que se encontram em nossa própria família e em nosso círculo de amizades. Foi isso o que Marta fez: todo o seu cuidado estava voltado para seu irmão. Quase sempre é mais fácil termos fé em que Cristo poderá salvar os pecadores em geral do que crermos que ele poderá vir ao nosso próprio lar e salvar parentes nossos em particular. No entanto, que grande alegria quando isso acontece, quando somos capazes de nos ajoelhar ao lado de nossos entes queridos e nos regozijarmos com eles por terem sido vivificados pelo poder do Espírito Santo! Não podemos esperar ter sempre esse privilégio, porém, a não ser que, como Marta, façamos nossa petição a Jesus, saindo, para tanto, ao seu encontro e lhe relatando nossa necessidade. Na presença de Cristo, torna-se natural confiar nele, mesmo diante da pior dificuldade. E é justamente quando nos sentimos no final de nossas forças que ele mais quer e se agrada em nos ajudar. É no momento exato em que nossas melhores esperanças parecem sepultadas que Deus deseja e pode nos dar a ressurreição. É quando o nosso Isaque se acha para ser imolado no altar que se abrem os céus e ouve-se a voz do Eterno. Você, por acaso, estará dando lugar ao desespero em relação ao seu ente querido? Estará começando a duvidar de seu Salvador e a reclamar de seu atraso em chegar? Esteja certo de que Jesus virá e agirá no momento certo, pois é o próprio Senhor quem julga e sabe qual o melhor momento para aparecer e agir.

Marta detinha uma fé razoável. Se todos nós tivéssemos pelo menos a mesma fé sincera em Cristo que Marta, muitos dos que hoje estão mortos em seus pecados não demorariam a ouvir a grande voz que os chamaria para saírem do túmulo e os restauraria a seus parentes e amigos. A fé de Marta, no entanto, tinha de enfrentar uma situação terrível: seu irmão estava morto e sepultado; sua fé, porém, não morrera — ainda estava viva. A despeito de tudo o que se achava contra ela, ela não deixou de crer em Cristo, tanto assim que buscou ajuda nele em sua condição mais extrema. Sua fé foi até o máximo que podia, e ela, então, declarou a Jesus: *Mesmo agora sei que tudo quanto pedires a Deus, Deus to concederá* (Jo 11.22).

Marta, todavia, não tinha tanta fé quanto talvez imaginava que tivesse. Pouco depois de haver afirmado sua confiança no poder do Senhor Jesus — quem sabe, apenas alguns minutos depois —, ela estaria diante da sepultura de seu irmão duvidando do poder e da sabedoria daquele no qual acabara de dizer que confiava. E iria mostrar certa objeção quanto à pedra ser removida, quando, ante a realidade da situação, insistiu em racionalizar, dizendo: *Senhor, já cheira mal* (Jo 11.39). Sim, Marta, mas você não revelou, há pouco, que sabia que "mesmo agora" Cristo poderia intervir com poder nessa situação? Sim, ela o havia dito e cria nisso da maneira que a maioria de nós geralmente crê. Mas, tão logo sua fé foi intensamente posta à prova por um fato real, a impressão que se teve foi a de que não possuía realmente toda a fé que professava. Eu tenho a impressão, também, que isso é igualmente verdade em relação à maioria de nós. Frequentemente fantasiamos que nossa confiança em Cristo é muito mais forte do que de fato é. Acho que já lhes falei sobre o meu velho amigo Will Richardson. Ele me contou ser muito curioso que, naquela ocasião, aos 75 anos de idade, durante o inverno, achasse que, na época adequada, estaria na colheita ou atuando no campo, pois se sentia então bastante forte; tinha a impressão até de que poderia trabalhar tanto quanto os mais jovens. "Porém", disse-me ele, "sabe, sr. Spurgeon, quando chega o verão, eu não vou para a colheita coisa nenhuma; e quando chega o outono, então, percebo que não tenho força suficiente para o trabalho no campo". O mesmo acontece com as coisas espirituais. Enquanto não somos chamados a suportar um pesado fardo, costumamos nos sentir maravilhosamente fortes; quando chega, porém, a provação, muito da nossa fé, tão alardeada, se esvai como fumaça. Certifique-se de sua fé, examinando-a bem, de que seja verdadeira e real, pois você irá precisar muito dela.

Cristo, porém, não tomou Marta pelo seu lado pior, mas pelo melhor. Quando nosso Senhor diz *Seja-vos feito segundo a vossa fé* (Mt 9.29), ele não está querendo dizer *segundo a vossa mínima fé*, mas "segundo a vossa máxima fé". Ele lê nosso termômetro no ponto mais alto, não no mais baixo; nem sequer considera a "temperatura média" da nossa confiança. Ele nos dá crédito pelo nosso passo mais rápido, não levando em conta o mais lento nem buscando medir nossa velocidade média, nesse assunto de fé. Cristo fez por Marta tudo aquilo que ela poderia ter pedido ou em que poderia ter crido: seu irmão realmente ressuscitou e foi devolvido a ela, à sua irmã e aos seus amigos. No seu caso também, meu amigo, crente trêmulo e temente que é, o Senhor Jesus há de considerá-lo no seu ponto melhor e fará por você grandes coisas, vendo que você realmente deseja crer e que sua oração é: *Creio! Ajuda a minha incredulidade* (Mc 9.24).

O ponto principal sobre o qual Marta se apoiou ao expressar sua fé foi o poder de Cristo em interceder ao Pai. *E mesmo agora sei*, disse ela, *que tudo quanto pedires a Deus, Deus to concederá* (Jo 11.22). Não sentiu, certamente, nenhuma dificuldade no tocante à grandeza do pedido de Jesus ao invocar a onipotência de Deus. *Tudo* o que fosse pedido ao Pai poderia facilmente ser obtido se simplesmente fosse pedido por ele, a quem nada seria negado por Deus. Amado irmão no Senhor, nosso Cristo ainda está vivo e intercedendo. Você pode crer: mesmo agora, tudo aquilo que ele pedir a Deus, o Pai lhe concederá, em nome de seu Filho querido. Que grande âncora é para nós a intercessão de Cristo! Ele *pode também salvar perfeitamente os que por ele se chegam a Deus, porquanto vive sempre para interceder por eles* (Hb 7.25). Aqui está o grande pilar sobre o qual deverá descansar o peso de nossa alma: Ele "vive sempre para interceder" por nós. Podemos, sem dúvida, ter fé total naquele que nunca se cansa e que nunca falha; que, verdadeiramente, vive com o único propósito de interceder por aqueles que confiam em seu amor e seu vivo poder. *Quem os condenará? Cristo Jesus é quem morreu, ou antes quem ressurgiu dentre os mortos, o qual está à direita de Deus, e também intercede por nós* (Rm 8.34). Recorra ao poder intercessor de Cristo em todos os momentos de necessidade e você encontrará um conforto que jamais irá decepcioná-lo.

É muito importante ter fé no presente sem lamentar o passado nem sonhar com uma fé futura que possamos vir a ter. O presente é o único momento que realmente possuímos. O passado se foi e está além de qualquer recuperação. Mesmo que tenha sido cheio de fé em Deus, não podemos de modo algum viver mais aquela fé agora, tal como não podemos viver hoje alimentados pelo pão que comemos na semana passada. Mas, se, pelo contrário, o passado foi marcado por nossa descrença, isso também não é motivo para que, neste exato momento, não testemunhemos um grande triunfo de nossa confiança em nosso fiel Salvador. E não usemos como desculpa para uma falta de fé atual o pensamento em alguma bênção futura. Nenhuma confiança que pudéssemos vir a colocar em Cristo em dias futuros poderia expiar nossa descrença no presente. Se queremos sempre confiar nele, confiemos agora, uma vez que o Senhor é tão digno de nossa crença atualmente quanto sempre foi e será, e aquilo que viermos a perder agora teremos perdido para sempre.

> O presente é tudo aquilo que temos,
> Nosso único tempo a assegurar.
> Qual Jacó ao anjo, nos apeguemos
> A ele, para nos abençoar.

Voltando ao versículo bíblico de hoje — *E mesmo agora sei que tudo quanto pedires a Deus, Deus to concederá* —, quero fixar sua atenção em apenas duas palavras: *mesmo agora*. Acabamos de cantar os seguintes versos:

MESMO AGORA | 311

Não me esqueças, ó doce Salvador,
Eu quero te amar e a ti me apegar;
Anseio receber o teu favor;
Ao voltares, que eu te ouça me chamar,
Sim, mesmo a mim.

Mesmo a mim intitula-se o hino que cantamos; e este sermão, *Mesmo agora*. Se você cantou o hino aplicando a verdade dita ali à sua própria condição pessoal, diga então, também, e com tal energia em seu coração que não haja espaço para a negatividade: *E mesmo agora*. E ouça com expectativa sincera o que diz o evangelho, que nos fala sempre no tempo presente: *Hoje, se ouvirdes a sua voz, não endureçais os vossos corações* (Hb 4.7). Veja que não se trata, aqui, apenas das palavras deste pregador; é o próprio Espírito Santo quem ressalta: *hoje*; *mesmo agora*.

Dirigirei tais palavras, em primeiro lugar, *àquele que esteja preocupado com outros*, como Marta estava, em relação ao seu querido irmão. Creia que Cristo pode salvar seu ente querido, qualquer pessoa, mesmo agora. Então, quero falar *a você que está preocupado consigo mesmo*. Se você crê que Cristo o poderá salvar, quero lhe afirmar que ele realmente pode salvá-lo, mesmo agora. Quero declarar que, de fato, nesta hora exata e neste exato minuto, que o relógio está marcando, e enquanto você ouve estas minhas palavras, mesmo agora, Cristo o pode perdoar; mesmo agora, Cristo o pode salvar; mesmo agora, Cristo o pode abençoar.

I. Primeiro que tudo: SOMOS CAPAZES DE CRER NISSO COM RELAÇÃO AOS OUTROS? Para você, que se acha na mesma situação de Marta, quero destacar alguns pontos de semelhança que poderão encorajá-lo a perseverar. Você, mãe, que ora por seu filho; você, pai, que tem pedido por sua filha; você, cara esposa, que tem suplicado por seu marido; você, professor da escola dominical, que tem conduzido com carinho os alunos de sua classe para Deus — pode ser que exista uma situação pressionando sua mente, e seu coração se sinta pesado em relação a alguém querido, cuja condição lhe pareça de certo modo desesperadora. Quero que você creia que agora, mesmo agora, Cristo pode atender à sua oração e salvar aquela alma. Que agora, mesmo agora, ele pode conceder a essa pessoa e a você uma bênção tal que a possível delonga no passado venha a ser mais do que compensadora.

Pode existir uma pessoa, de fato, em cuja alma estejamos profundamente interessados, podendo até mesmo dizer que *esse caso tem-nos causado grande tristeza*. Marta, por exemplo, poderia ter dito, com relação a Lázaro: "Bendito mestre, meu irmão ficou com febre" (eu, particularmente, acho que o que ele tinha era febre) "e cuidei dele. Trouxe água fresca do poço e molhei sua testa quente. Estive ao lado de seu leito a noite toda. Nem sequer tive tempo de me cuidar. Ninguém pode imaginar como senti meu coração apertado de tanta angústia ao ver as gotas quentes de suor enchendo a sua testa, enquanto tentava umedecer com água a sua língua e os seus lábios ressecados. Senti-me tão triste e abatida como se eu mesma estivesse para morrer. Contudo, apesar de tudo isso, eu creio que, mesmo agora, o Senhor pode me ajudar; mesmo agora".

Que tristeza! Existem pelo mundo muitas dores como essa. É uma mãe que me diz: "Ninguém calcula o que eu tenho sofrido com este filho. Vou morrer com o meu coração partido por causa da sua conduta". É um pai que a mim se queixa: "Ninguém tem como imaginar a tristeza que a minha filha tem me causado. Há momentos em que eu chego a desejar que ela nunca tivesse nascido". Muitas e muitas histórias me são contadas com frequência, em que um ser amado é a causa e o motivo de angústia e infelicidade indizíveis a corações amorosos. Falo agora àqueles que têm sido tão profundamente afligidos. Você pode acreditar que *mesmo agora* o intercessor, que vive, é "poderoso para salvar"? Pode ser, e tomara que, neste exato momento, você esteja realmente tremendo à beira da bênção que tanto tem buscado. Que Deus lhe dê fé para tomar posse dela, *mesmo agora*!

Conhecemos outras pessoas, no entanto, que possuem outro tipo de dificuldade: *sua preocupação já as desapontou*. É assim que alguns de vocês se sentem, não é? "Sim", você responde, "eu orei tanto tempo por um grande amigo meu e cheguei a acreditar que minha oração tinha sido ouvida e que havia nele uma mudança para melhor. Contudo, houve apenas uma mudança aparente, que acabou não dando em nada". Mas você é como Marta. Ela continuava dizendo a si mesma: "Cristo virá. Meu irmão está muito doente, mas Jesus virá antes que ele morra; tenho certeza disso. Não é possível que ele fique longe por tanto tempo. Quando ele chegar, Lázaro vai ficar curado e se recuperar rapidamente". Dia após dia, Maria e ela enviavam ansiosas, certamente, alguém a buscar pelos caminhos do Jordão e ver se Jesus não estava vindo. Mas ele não vinha. Isso deve ter sido uma profunda decepção para as duas irmãs, suficiente para abalar a mais forte fé que elas pudessem ter tido no Cristo. No entanto, Marta extraiu tudo o que podia dessa fé e afirmou: "Mesmo agora, embora eu esteja tão desapontada, creio que o Senhor pode vir e fazer como desejar". Aprenda com Marta, meu desanimado irmão. Você achava que seu amigo havia se convertido, mas ele recuou. Achava que havia ocorrido uma real obra da graça no coração dele, mas tudo terminou sendo uma grande decepção e se desvaneceu, tal qual o orvalho sob o sol. Mas será que você não consegue crescer para além de sua frustração e dizer "eu creio mesmo agora, mesmo agora"? Bendita seja sua fé; que possa chegar a esse ponto.

É possível que dificuldades ainda maiores venham sobre nós. Temos tentado ajudar algumas pessoas, e *a situação tem revelado a nossa incapacidade*. "Ah, sim", diz uma pessoa, "esta é a descrição exata a meu respeito. Nunca me senti tão desanimado na minha vida. Fiz tudo o que pude e não deu em nada. Tenho tido o cuidado em dar bom exemplo. Tenho orado constantemente. Tenho sido muito paciente e usado de longanimidade. Tenho tentado induzir uma pessoa que me é muito estimada a ouvir o evangelho aqui ou ali. Tenho colocado livros cristãos em suas mãos e, sempre que posso, aproveito a oportunidade para lhe falar de Cristo, por vezes até com lágrimas nos olhos, e nada acontece! Cheguei à completa exaustão". Marta chegara também a esse ponto. Já havia feito tudo o que deveria fazer e nada daquilo lhe pareceu vir a ter qualquer utilidade. Nenhum dos remédios que usara diminuíra o sofrimento de Lázaro. Andara pela aldeia, indo talvez à casa de Simão o leproso, amigo de sua família, possivelmente buscando outros remédios. Nada pareceu fazer a menor diferença. Seu irmão ficava cada vez pior, até ela reconhecer que, embora tivesse cuidado o máximo possível dele, e ele até tivesse recobrado um pouco da saúde da última vez em que havia ficado doente, desta vez tinha sido totalmente incapaz: Lázaro morreu. Contudo, embora as coisas tivessem chegado a tal ponto, ela teve fé em Cristo. Do mesmo modo, seu caso está além do que você pode fazer. Mas você consegue crer que, mesmo agora, o fim do seu esforço natural será o começo da graça? Não pode sentir, mesmo agora, que a expressão profética não faltará (Is 42.4) é verdadeira? Cristo nunca faltou e nunca faltará. Quando todos os médicos tiverem desistido da cura de um paciente, eis que o Grande Médico entra em cena e cura. Você consegue crer nisso "mesmo agora" em relação a esse seu irmão ou essa sua irmã?

No entanto, talvez você esteja numa situação ainda pior. *O problema foi inteiramente abandonado*. Imagino ouvir a alma bondosa de um pai, cujas esperanças foram destruídas, dizendo: "Bem, meu senhor, é esta, justamente, a situação do meu filho. Fizemos uma pequena reunião em família e resolvemos que deveríamos mandá-lo para a Austrália, se pudermos fazê-lo. Mas, se ele preferir ir para a América ou para algum outro país, já será um alívio tê-lo longe dos nossos olhos. Continua voltando para casa bêbado e já foi até preso, levado à delegacia de polícia. Tem sido uma desgraça para nós. É uma vergonha para o nome que carrega. Desistimos dele". Marta atingira esse limite. Já havia desistido do irmão; na verdade, o havia até sepultado. Ainda assim, mesmo agora, ela cria no poder de Cristo. Ah, quantas pessoas existem que chegam a ser sepultadas vivas! Eu não diria que isso realmente aconteça nos cemitérios; mas acontece em nossas ruas e em nossos lares. Muitos são sepultados moralmente, abandonados por nós, antes que Deus desista deles. É comum, no entanto, Deus abençoar as pessoas abandonadas. Você consegue crer, mesmo agora, *mesmo agora*, que sua oração pode ser ouvida? Que, mesmo agora, o Espírito Santo pode mudar a natureza de tudo e que, mesmo agora, Cristo pode salvar uma alma? *Crês isto?* (Jo 11.26). Ficarei muito feliz se você puder crer e sei que você, como Marta, em breve, também se regozijará.

Existe, porém, um nível ainda mais profundo. Aqui está alguém muito preocupado com um indivíduo, e *o caso é repugnante*. "Embora o tenhamos amado um dia", diz ele, "seu caráter se tornou de tal modo que alguns de nós já até o consideram um câncer na família. Tem levado os outros a se afastarem cada

Mesmo agora

|313

vez mais dele. Não podemos pensar no que ele andou fazendo sem que a própria lembrança de sua vida se espalhe como uma mancha sobre a nossa consciência e o nosso coração". Existem pessoas no mundo que se tornam, infelizmente, verdadeiras massas de podridão vivente. Pode ser que existam pessoas assim aqui. Eu gostaria de me alegrar se uma palavra que dissesse a respeito de Cristo pudesse alcançá-las. É chocante ver homens e mulheres, feitos à imagem de Deus, dotados de talento e habilidades, capacidade e consciência, que, todavia, parecem viver apenas para dar vazão à paixões licenciosas, viciar-se e levar outros a vícios que jamais teriam conhecido antes. Há de chegar o dia de ajuste de contas, quando o Cristo de Deus se assentará sobre o trono do juízo e pesará diante de todos nós todos os atos, até secretos, de todos os pecadores, libertinos, depravados e devassos. Se algum de vocês possui um parente assim, é capaz de crer que, mesmo agora, Cristo pode erguê-lo? Seu caso é o mesmo de Marta. Ela poderia ter dito: "Meu irmão está sepultado; pior que isso, já cheira mal". Não gostou muito de ter de dizer isso sobre o seu querido Lázaro, seu próprio irmão, mas não havia como não dizer.

Existem pessoas de quem somos compelidos a declarar, independentemente do quanto o nosso amor preferisse protegê-las, que o seu caráter já cheira mal. Mas você é capaz de acreditar que, mesmo agora, há esperança de que Deus possa intervir em cada caso e que a sua graça possa a cada um salvar? Meu caro amigo, você e eu sabemos que isso é possível! Eu creio nisso realmente, e todos nós devemos crer. Se um caso assim acontece com alguém muito próximo e você se encontra um tanto abalado por isso, lembre-se de como você mesmo era antes — se não talvez tão abertamente depravado, interiormente, no entanto, quase a mesma coisa; e tenha esperança quanto a essa pessoa justamente com base na lembrança do que você também foi: *E tais fostes alguns de vós; mas fostes lavados* (1Co 6.11).

Quando John Newton costumava pregar em St. Mary Woolnoth, afirmava constantemente crer na possibilidade de salvação do pior de seus ouvintes, pois ele mesmo ressaltava fora um dos piores entre os piores. Quando já bastante idoso e as pessoas lhe diziam: "Meu caro senhor Newton, o senhor já está velho demais para pregar; não seria bom ir para o púlpito agora", ele retrucava: "Qual o quê! Por acaso deveria um velho blasfemo africano, que foi salvo pela graça, deixar de pregar o evangelho enquanto há fôlego em seu corpo? Jamais!" Creio eu também que, enquanto houver fôlego no corpo de alguns de nós, devemos prosseguir pregando o evangelho, pois, se nos salvou, pode então salvar o pior dos pecadores. Somos forçados a crer que, mesmo agora, Cristo pode salvar até mesmo o mais terrível e vil dos pecadores.

> Seu sangue pode tornar limpo o maior pecador,
> Seu sangue foi derramado por mim.

Talvez exista uma dificuldade ainda mais desesperadora, relacionada a alguém que gostaríamos muito de ver vivendo para Deus. *O caso está além do nosso alcance.* "Sim", responde prontamente aquele irmão, "agora você chegou à minha situação. Eu nem mesmo sei onde meu filho está. Foi embora, e há anos que nada sabemos dele. Como poderia ajudá-lo?" Creia que "mesmo agora" Cristo pode falar ao coração de seu filho e salvá-lo! Deus pode enviar sua graça aonde pudermos enviar nosso amor. A grande dificuldade, que se coloca como uma grande pedra à frente do túmulo, não irá impedir que Cristo fale a palavra que irá conceder a vida. O Senhor tem todas as forças sob seu comando e, quando ele proferir a palavra de salvação, a pedra será inteiramente removida, e o filho, que está perdido, será reencontrado — o morto viverá outra vez. Embora você não possa alcançar seu filho ou sua filha, Cristo pode. *Eis que a mão do Senhor não está encolhida, para que não possa salvar; nem surdo o seu ouvido, para que não possa ouvir* (Is 59.1). Ainda que seu filho pródigo, ou sua amada filha, que vagueia por aí, esteja agora no fim do mundo, Cristo pode perfeitamente, a ele ou a ela, alcançar e salvar. Tenha fé. Mesmo agora, Cristo pode ajudar totalmente você.

> Poderosa é a fé que vê a promessa,
> E que só para Deus volta o olhar;
> Ri diante do que quer que a impeça
> E diz: 'Meu Senhor irá operar'.

Sei de alguns cristãos que têm se afastado na direção do estado, terrivelmente ímpio, de desistir de seus parentes, por considerá-los um caso perdido. Havia um irmão aqui, que agora está no céu, cristão bom e honesto, cujo filho o havia tratado de maneira realmente chocante; e o pai, indignado, e com razão, sentiu que era correto abrir mão de seu filho. Já havia tentado ajudá-lo de muitas maneiras, mas o jovem se tornara um elemento tão desprezível que não me surpreendi com o fato de o velho homem ter virado as costas para ele. Contudo, certa noite, em que eu estava pregando aqui, falei algo semelhante ao que estou falando agora; e, já na manhã seguinte, o idoso enlaçava com amor o pescoço do filho. Ele simplesmente não pôde evitar fazê-lo. Sentiu que deveria encontrar seu filho e tentar mais uma vez resgatá-lo. Parece ter sido aquele o momento exato para a salvação daquele rapaz, pois aprouve a Deus que, poucos meses depois, aquele filho morresse. Tenho toda a esperança, mediante a graça, de que ele foi levado aos pés do seu Salvador, por causa do amor de seu pai.

Se qualquer um de vocês tem um filho que julga ser muito ruim, vá atrás dele; busque-o, até que, pela graça de Deus, o encontre. Você que ficou desanimado em relação a um parente seu, tente mais uma vez, não desista dele. Se outras pessoas já o abandonaram, nem por isso você deve fazê-lo, pois está fortemente ligado a você, por laços sanguíneos. Busque-o: você é a melhor pessoa no mundo para fazê-lo Você é a que tem a maior possibilidade de encontrá-lo, se crer que, mesmo agora, quando a pior das piores situações já aconteceu, mesmo agora, a graça todo-poderosa poderá se introduzir na situação como está e salvar essa alma perdida.

Que alguns aqui possam ter fé para declarar neste momento a salvação de seus amigos! Que seu desejo seja transformado em expectativa, e a esperança se torne uma certeza! Tal como Jacó no vau do Jaboque, que possamos nos agarrar em Deus e dizer: *Não te deixarei ir, se me não abençoares* (Gn 32.26). A uma fé assim o Senhor dará uma rápida resposta. Aquele que não será negado não será recusado. Meu amigo Hudson Taylor, que tem feito um trabalho missionário maravilhoso na China, é um exemplo disso. Tendo sido criado em um lar cristão, ele procurou ainda jovem, imitar a vida dos pais, mas falhou no esforço próprio de tentar se tornar melhor. Caminhou então para o outro extremo e passou a ter ideias céticas. Certo dia, quando sua mãe estava de viagem, ela foi tomada de grande ansiedade pelo filho; correu para o quarto onde estava hospedada, ajoelhou-se e pediu a Deus que *mesmo agora* ele o salvasse. Se não me engano, disse até que não sairia daquele quarto até ter a certeza de que seu filho estava sendo conduzido a Cristo. Por fim, sentiu que sua fé triunfou e se levantou com a maior certeza de que tudo estava bem e de que "mesmo agora" seu filho estava salvo. Mas o que estava fazendo Hudson naquele momento? Durante sua meia hora de descanso no trabalho, tinha ido à biblioteca do pai e foi pegando, a esmo, um livro após outro, para ver se descobria alguma passagem interessante para entreter a mente. Não conseguindo encontrar o que queria em qualquer dos livros folheados, pegou então um folheto evangelístico que por ali se achava, com a intenção de ler somente a história e colocá-lo de lado quando começasse a parte do sermão. À medida que foi lendo, chegou até as palavras "a obra completa de Cristo". Então, quase ao mesmo tempo que sua mãe, a quilômetros de distância, entregava seu filho a Deus, uma luz penetrou em seu coração. Hudson entendeu que era pela obra completa de Cristo que seria salvo. Ajoelhando-se ali mesmo, na sala da biblioteca, ele buscou e encontrou vida em Deus. Dias depois, quando sua mãe voltou, ele anunciou: "Mãe, tenho uma boa notícia para lhe dar". "Oh, eu sei o que é", respondeu ela, sorrindo. "Você entregou sua vida a Deus." "Quem lhe contou?", indagou ele, surpreso. "Deus me disse", respondeu ela; e então, juntos, louvaram ao Senhor pelo fato de que, em um mesmo momento, a mãe recebera fé, e a seu filho foi dada vida — que, desde então, tem sido uma grande bênção para o mundo. Foi a fé da mãe, clamando por uma bênção para seu filho "mesmo agora", que operou esse milagre.

Conto-lhes essa notável ocorrência para que muitos outros possam ser encorajados pelo mesmo desejo imediato e oportuno da salvação de seus filhos e parentes. Existem algumas coisas pelas quais devemos orar sempre com submissão, para sabermos se é da vontade de Deus que nos sejam concedidas. Em relação à salvação de homens e mulheres, no entanto, podemos pedir sem medo. Deus se alegra em salvar e abençoar, e, quando nos é dada fé para esperarmos uma resposta imediata a uma oração assim, ficamos três vezes mais felizes. Busque essa fé mesmo agora, eu lhe peço, "mesmo agora".

II. Em segundo lugar, quero falar de maneira bastante direta a qualquer um que esteja preocupado com a própria alma. Jesus pode salvar você mesmo agora. Você CONSEGUE CRER NISSO? Pode ter a expectativa de que, enquanto ouve estas palavras, o Senhor lhe diga a palavra de poder e o tire do sono do pecado?

Para alguns de vocês, *talvez possa parecer que já é tarde, muito tarde; mas nunca é tarde demais*. Se você está envelhecendo, meu amigo, quero que creia que, mesmo agora, Cristo pode salvar você. Tenho observado ser comum contarmos com um grande número de pessoas idosas neste Tabernáculo. Fico feliz em vê-las. Mas é fato, também, que entre tantos idosos, existem certamente alguns não salvos e cujos cabelos grisalhos não são, na verdade, uma coroa de glória. Independentemente, porém, de quão velho você seja, de que você tenha 60, 70, 80 ou até mesmo 90 anos de idade, mesmo agora Cristo pode lhe dar vida nova. Bendito seja Deus por isso! No entanto, não são os seus muitos anos, de modo algum, que perturbam você; são os seus pecados. Se você chegou ao extremo do pecado, pode crer que, mesmo depois de todos esses anos vagueando por aí, os braços da graça de Deus ainda estão abertos para recebê-lo, mesmo agora. Existe um provérbio que diz: "Nunca é tarde para mudar". Na verdade, pode ser até tarde demais para mudarmos a nós mesmos, mas nunca é tarde demais para Cristo nos transformar. Cristo pode nos fazer novos, e nunca é tarde demais para que ele o faça. Se você chegar a ele e nele confiar, ele o receberá, mesmo agora.

A longanimidade de Deus *reservou determinado tempo para você*, durante o qual você pode e deve se voltar para ele. Quanta compaixão existe no fato de que mesmo agora seja o momento exato da misericórdia de Deus para você! Pode ser este o momento do seu destino eterno! Você, certamente, já sofreu acidentes; você já esteve a um passo da sepultura algumas vezes; já ficou doente, seriamente doente, várias vezes; e em algumas ocasiões já foi considerado quase morto. Mas eis que aqui está você, vivo — vivo e ainda rebelde a Deus? Arrancado do fogo e da inundação pela mão divina; quiçá da batalha; liberto da febre e de enfermidades mil — e ainda assim ingrato, ainda assim desobediente, ainda assim desgastando à toa a preciosa vida que a graça lhe deu e resistindo ao amor máximo divino! Você já deveria ter crido em Cristo há muitos anos; mas o texto diz que ainda é tempo *mesmo agora*. Não comece, portanto, a dizer: "Acho que Deus poderia ter me salvado anos atrás". Não há fé alguma nisso. Nem aceite meu convite dizendo: "Eu creio que Deus possa me salvar sob tais e tais condições". Creia, sim, que ele pode salvar você agora, mesmo agora, até no alto dessa galeria onde está, e tal como você estiver. Você veio até aqui, na verdade, sem se preocupar, totalmente descuidado. Todavia, agora, mesmo agora, ele pode salvar você. Ali, do outro lado, há um homem do mundo, livre e tranquilo, destituído de toda e qualquer inclinação religiosa que possa existir, e que pode ser salvo por Deus, mesmo agora. Ó Deus, abate teus escolhidos agora, como fizeste a Saulo de Tarso, muda o coração deles mediante o teu amor supremo, como o podes perfeitamente fazer, mesmo agora, como quer que estejam e no lugar onde estão, sentados ou em pé!

Contudo, embora Deus queira ser pleno de graça para com você e você tenha determinado tempo para se arrepender, lembre-se: *é apenas um tempo; portanto, aproveite-o*. Sua oportunidade não há de durar para sempre. Mesmo agora Deus pode salvar. Mas, se você ainda rejeitar Cristo, chegará o tempo em que a salvação certamente será impossível. Desde que o homem deseje ser salvo, pode ser salvo. Enquanto há vida, há esperança. Creio que ainda quando o fôlego de um homem esteja indo de seu corpo, se puder olhar para Cristo, ele viverá. Contudo,

> Além do túmulo não há mais perdão,
> Somente desamparo, escuridão,
> Desespero, silêncio e solidão,
> Para quem não quis receber salvação.

Não se aventure no seu último salto sem Cristo; mesmo agora, quando o relógio já vai marcar outra hora, corra para Jesus. Confie nele, mesmo agora!

É tempo de esperança. Mesmo agora, ainda existe toda oportunidade e possibilidade de preparação para a salvação aos pecadores. *Eis aqui agora o tempo aceitável, eis aqui agora o dia da salvação* (2Co 6.2). Deveria eu ainda lhes dar mais algumas razões para crer que "mesmo agora" é um tempo de máxima esperança? Existem muitos bons argumentos que podem ser apresentados para banir de vez o pensamento de hesitação ou desesperança.

Primeiro: *o evangelho ainda está sendo pregado.* O evangelho, o velho evangelho à moda antiga, ainda não morreu nem nunca morrerá. Existem muitos que gostariam de amordaçar a boca dos ministros de Deus, mas nunca conseguiram nem conseguirão fazê-lo. O velho evangelho continuará vivo mesmo depois que eles morrerem. E, porque ainda está vivo e está sendo agora, neste instante, pregado a você, você pode crer e pode viver. Qual evangelho é o velho evangelho? É o que diz que Cristo veio para salvar e restaurar você, já que você nunca se poderá salvar sozinho nem conseguirá chegar a Deus por si só. É o evangelho que diz que Cristo levou sobre si todos os seus pecados — os quais seriam mais que suficientes para fazer você afundar no inferno — e os levou sobre a cruz, para que pudesse então levar você para o céu. Se você simplesmente confiar nele, mesmo agora, Cristo irá libertá-lo da maldição da lei, pois está escrito: *Quem crê nele não é julgado* (Jo 3.18). Se você confiar inteiramente nele, mesmo agora, ele lhe dará uma vida de bênçãos que jamais há de terminar, pois também está escrito: *Quem crê no Filho tem a vida eterna* (Jo 3.36). Porque esse evangelho está sendo pregado, há esperança ainda para você. Quando não houver mais esperança, não haverá mais apresentação do evangelho. Por meio de um decreto, Deus suspenderá a pregação do evangelho antes que possa suspender o cumprimento da promessa do evangelho a toda alma que crê. Uma vez que há um evangelho sendo pregado, tome-o logo e creia; tome-o agora, mesmo agora, e que Deus o ajude a fazer isso já!

Em segundo lugar: existe uma esperança agora, mesmo agora, porque *Cristo vive.* Ele ressuscitou dos mortos para não mais morrer e é mais forte do que nunca. *Eu sou o que vivo; fui morto, mas eis aqui estou vivo para todo o sempre!* (Ap 1.18) Estas foram palavras ditas ao apóstolo João, que viu então quem as falava e, segundo descreve, *sua cabeça e cabelos eram brancos como lã branca, como a neve* (Ap 1.14). Todavia, anteriormente, quando a noiva deste mesmo o vê, ela assim o descreve: *Seus cabelos são crespos, pretos como o corvo* (Ct 5.11). Ambas descrições são verdadeiras e referem-se a uma só pessoa: a visão de João, de cabelos brancos, mostra que Cristo é Deus eterno, o *Ancião de Dias* (Dn 7.9). A visão da noiva, no Eclesiastes, mostra, porém, sua eterna juventude, a força incessante de Cristo, seu constante poder para salvar. Se existe alguma diferença nele, Cristo é hoje mais poderoso para salvar do que era até quando Marta o viu. Naquele momento, ele não havia ainda completado a obra de nossa salvação; hoje, sua obra se encontra perfeitamente realizada e, portanto, há esperança ainda para todo aquele que nele confia. Meu Senhor subiu lá para onde nossa oração o encontra, com as chaves da morte do inferno tinindo em seu cinto e a onipotência de Deus à sua mão direita. Se você crer nele, por *seu eterno poder e divindade* (Rm 1.20), ele sem dúvida irá salvá-lo e salvá-lo mesmo agora, imediatamente, até mesmo antes que você saia deste lugar!

Além disso, este é um tempo de esperança, porque *o sangue precioso de Cristo ainda tem poder.* Toda a salvação é realizada mediante o sangue do Cordeiro de Deus.

> Há uma fonte da qual jorra sangue
> Que sai das veias de Emanuel.

E, mesmo agora,

> Todo pecador que nela se lave
> Limpo e imaculado entrará no céu.

A eficácia infindável do sacrifício expiatório de Cristo é a razão pela qual você pode crer nele e ser salvo mesmo agora. Se esse sangue tivesse perdido sua força, eu não ousaria falar como falo. Mas posso dizer com toda a confiança que, até mesmo agora,

MESMO AGORA

Teu sangue precioso, amado Cordeiro,
Jamais perderá seu grande poder,
Até que teus filhos do mundo inteiro
Sejam livres de o pecado sofrer.

Quantos e quantos já entraram na glória mediante o sangue do Cordeiro! Quando uma pessoa morre, nada mais de bom pode ser feito por ela senão isso, pois as nossas próprias obras nos servem de apoio muito precário ao cruzarmos o rio. Todos aqueles que agora se encontram na terra da luz têm apenas uma só confiança e apenas um único cântico. Eles ali se mantêm erguidos por causa dos méritos de Jesus Cristo, louvando continuamente ao Cordeiro que foi morto e por cujo sangue estão, para todo o sempre, limpos e santificados. Não há outro modo de ser salvo a não ser esse. Mesmo agora, esse sangue tem virtude para limpar o seu pecado. Cristo é Salvador suficiente, e sua morte tem, por isso, poder inextinguível. Creia que ele pode salvá-lo — mesmo agora.

Gostaria, ainda, de lembrar-lhe que *mesmo agora* é um tempo de esperança para você porque *o Espírito ainda pode renovar*. Ele ainda opera, regenera e santifica. O Espírito Santo desceu no Pentecostes para habitar com seu povo e aqui está. Ele ainda se encontra na igreja de Cristo. Há momentos em que sentimos mais intensamente o seu grande poder, mas ele opera constantemente e sempre. Se você ainda nada conhece sobre o poder do Espírito Santo, deixe-me somente dizer-lhe que este é o mais maravilhoso fenômeno que pode ocorrer! Aqueles de nós que conhecem tal poderosa energia podem dar testemunho disso. Se você me encontrasse em meu retiro, em Menton, nestas últimas semanas, certamente me veria sentado ali pelas 9h30 da manhã, junto à minha pequena mesa, com minha Bíblia, simplesmente lendo um capítulo ou fazendo minha oração familiar com um grupo de quarenta ou cinquenta amigos diariamente ali reunidos para aquele ato de adoração. Ali estávamos nós reunidos, com o Espírito de Deus se movendo de maneira manifesta entre nós, convertendo, alegrando, confortando. E isso sem nenhum esforço de nossa parte; era simplesmente a Palavra, assistida pelo Espírito Santo, trazendo união entre todos nós e nos unindo, todos nós, a Cristo.

Aqui, nesta casa, por 37 anos seguidos, com toda a simplicidade, tenho pregado o evangelho à moda antiga. Sempre me atenho a um único tema, feliz por nada mais saber entre os homens. Onde estão os que têm pregado ultimamente novos evangelhos? Eles têm sido como o orvalho no cume da montanha. Chegam e logo se vão. Será sempre assim para com os que nada pregam a não ser a Palavra de Deus —, pois nada pode sobressair a não ser a própria montanha, a eterna verdade do evangelho, da qual o Espírito Santo dá testemunho. Esse mesmo Espírito Santo é capaz de dar a você um novo coração, mesmo agora, fazer de você uma nova criatura em Cristo Jesus. Você crê?

Eu sei que mesmo agora Cristo pode salvar você e oro para que creia, pois *o Pai ainda está à espera dos filhos pródigos que a ele retornam*. Tal como no passado, a porta está aberta ainda hoje, e as melhores vestes estão à espera, prontas para serem colocadas no filho que chega de volta, de lugares ínvios e distantes, arrependido, cheirando mal, ainda recendendo ao odor dos porcos. Com que amor o Pai olha para a estrada, vislumbrando de longe você que volta para casa! Você não imagina o júbilo que espera os que chegam, e a festa que enche a mesa divina de boas-vindas, de tal modo que, mesmo agora, você, se puder, deve dizer: *Levantar-me-ei, irei ter com meu pai* (Lc 15.18). Na verdade, há muito tempo você já deveria ter voltado, mas, bendito seja o amor do Pai, porque, mesmo agora, ele ainda espera abraçá-lo com todo o seu coração!

Enfim, *a fé é obra imediata, de apenas um momento*. Creia e viva. Você não precisa fazer nada, não há necessidade de nenhuma preparação: venha como está, sem necessidade de qualquer pretexto, simplesmente porque o Senhor pede e ordena que você venha. Venha agora, mesmo agora! Se Cristo estivesse longe, o tempo oferecido a alguns de vocês até poderia ser muito curto para que pudessem alcançá-lo; se houvesse muitas coisas para você fazer antes disso, sua vida poderia se encerrar antes mesmo que metade delas fosse concluída; se sua fé precisasse crescer o suficiente até você poder receber a salvação, você poderia acabar no lugar de desespero eterno antes que sua fé não passasse de uma simples e minúscula semente de mostarda. Contudo, Cristo não está longe; ele está em nosso meio, ele está ao seu lado; você não tem nada a fazer senão crer e confiar nele, pois ele já fez tudo; e ainda que sua fé seja fraca, com um simples contato com Cristo ela lhe pode conceder uma bênção instantânea. Mesmo agora, esteja certo, você pode ser salvo para sempre, pois:

> No momento em que o pecador crê,
> E confia em seu Deus crucificado,
> Ele recebe o perdão de uma vez
> E dos pecados é purificado.

Todas essas razões são certamente suficientes para dizer que *mesmo agora* é um tempo de esperança para você. Que também seja um tempo de bênção! Será assim, de fato, se você se entregar neste mesmo instante a Cristo. Ele diz que, se você crer, verá a glória de Deus. Marta viu essa glória. Você também a verá, se tiver semelhante e preciosa fé.

Desejaria que Deus me desse algumas almas esta noite, primeira noite depois de meu retorno da ensolarada região sul. Desejaria sinceramente que ele tocasse os sinos dos céus porque pecadores estão voltando para ele e novos herdeiros da glória estão nascendo na família da graça. Quero incentivar você a orar agora. Oremos poderosamente, para que essa palavra, apresentada de maneira tão simples, possa ter abençoado muitos neste lugar.

34

AINDA QUE MORRA

Disse-lhe Marta: Sei que ele há de ressurgir na ressurreição, no último dia. Declarou-lhe Jesus: Eu sou a ressurreição e a vida; quem crê em mim, ainda que morra, viverá; e todo aquele que vive, e crê em mim, jamais morrerá. Crês isto? (Jo 11.24-26).

Marta é um exemplo bastante preciso de crente ansioso. Ele crê, mas não confia o suficiente a ponto de abrir mão de todos os seus cuidados, entregando-os ao Senhor. Não descrê do Senhor, tampouco questiona a verdade do que ele diz. Ainda assim, continua batendo a cabeça, pensando: "Como é possível uma coisa dessas?", deixando, por isso, de usufruir da maior parte do conforto que a palavra do Senhor ministraria ao seu coração se a recebesse com toda a humildade. O *como* e *por que* pertencem a Deus. Cabe a ele dispor de tudo, para garantir o cumprimento de suas próprias promessas. Se nos sentássemos aos pés de nosso Senhor, como fez uma vez a irmã de Marta, Maria, e meditássemos a respeito de tudo o que ele nos promete, teríamos escolhido a melhor parte, em vez de nos agitarmos afobadamente de um lado para o outro, como Marta, reclamando: "Como é possível uma coisa dessas?".

Veja bem, quando o Senhor Jesus Cristo disse a Marta que seu irmão tornaria a viver, ela retrucou: "Sei que ele há de ressurgir na ressurreição, no último dia". Marta exemplifica um tipo particular de crente ansioso, por *estabelecer um limite prático para as palavras do Salvador.* "Claro que haverá uma ressurreição, e aí, sim, meu irmão tornará a viver, com os demais." Ela concluiu que Jesus só poderia estar se referindo evidentemente a isso. O primeiro sentido, o mais comum, o que logo lhe passou pela cabeça é o que deveria ser o único pretendido pelo Senhor, e não outro. Não é assim também com muitos de nós? Tivemos certa vez um estadista em nosso país, um bom homem, que gostava muito de promover reformas. Todavia, tão logo ele obtinha um pequeno progresso, considerava que estava tudo encerrado. Acabamos por apelidá-lo de "John Final", porque ele estava sempre chegando a determinado ponto final e declarava então seu lema: "Descansem e sejam gratos". Os crentes resvalam com grande frequência para esse tipo de conduta, no tocante às promessas de Deus. Limitamos o Santo de Israel quanto ao sentido verdadeiro de suas palavras. Claro que elas já querem dizer muito, mas não nos permitimos à ideia de que possam carregar muito mais em si. Seria bom se o espírito do progresso pudesse penetrar em nossa fé, de maneira que sentíssemos em nossa alma que jamais contemplamos ainda a glória mais profunda das palavras de graça do Senhor. Costumamos achar que os discípulos viam um sentido muito pobre nas palavras do Senhor; tenho a impressão, no entanto, de que geralmente nos achamos quase tão distantes quanto eles da compreensão da plenitude de seus graciosos ensinamentos. Seremos como crianças, desprezando palavras grandiosas? Será que entendemos um décimo que seja do pleno significado das muitas palavras de amor ditas por Jesus? Enquanto ele profere gemas brilhantes e reluzentes de bênçãos, pensamos nos seixos comuns que forram o riacho da misericórdia; se menciona estrelas e coroas celestiais, imaginamos fagulhas e guirlandas de flores murchas. Ah, se pudéssemos ter a mente esclarecida, melhor ainda, a compreensão expandida ou, máximo dos máximos, a fé aumentada, de modo que atingíssemos a altura dos argumentos de amor do nosso Senhor!

Marta comete ainda outro engano que a torna muito semelhante a nós: *guarda as palavras de Jesus em uma gaveta*, como se fossem algo trivial, na suposição de sua pouca importância. "Teu irmão há de ressurgir." Ora, se ela tivesse fé suficiente, daria uma resposta condizente: "Senhor, como eu te agradeço por essa palavra! Espero vê-lo sentado à mesa contigo! Dou o melhor acolhimento possível às tuas palavras, pois sei que são sempre melhores do que eu poderia imaginar; e espero, assim, ver meu amado irmão Lázaro deixar a sepultura, ressuscitado, antes de o sol se pôr". Mas não; deixa a verdade de lado como um assunto inteiramente fora de cogitação e diz: "Sei que ele há de ressurgir na ressurreição, no último dia". Costumamos abandonar muitíssimas verdades preciosas, como se fossem carcaças de antigos navios largadas no porto, ou velhos aposentados nas praças da cidade, verdadeiras relíquias do passado. Declaramos que "sim, claro, acreditamos piamente nessas doutrinas"; mas, de certo modo, é quase tão ruim guardar uma doutrina devidamente embalada e perfumada quanto jogá-la fora pela janela. Acreditar em uma verdade para então depositá-la bem acomodada sobre a almofada da negligência é o mesmo que nela não acreditar em absoluto. Uma crença "oficializada" se assemelha muito à infidelidade. Algumas pessoas jamais questionam doutrina alguma: não é esse o tipo de tentação que as atrai. Aceitam o evangelho como verdadeiro, mas jamais esperam ver suas promessas cumpridas na prática. Crer, para elas, é correto, mas de modo algum um elemento prático na vida real. É verdade, sim, mas também algo um tanto misterioso, nebuloso, mítico, muito distante do domínio do senso prático e comum.

Fazemos com as promessas, com frequência, o mesmo que um casal de idosos pobres fez com um objeto muito precioso, que lhes deveria trazer alegria à idade avançada se o empregassem de acordo com seu real valor. Um visitante, ao entrar em sua casa, muito humilde, deparou com uma nota de mil francos franceses emoldurada pendurada na parede. Indagou, então, ao velho casal: "Onde conseguiram isso?" Eles lhe explicaram que, durante a guerra, haviam acolhido em casa um pobre soldado francês ferido em batalha e cuidado dele até a morte; e que, perto do fim, o combatente os presenteara com aquela pequena "gravura" como prova de gratidão. Os dois acharam tão bonita a "lembrancinha" que mandaram emoldurá-la, e lá estava ela, enfeitando a parede do chalé. Ficaram então altamente surpresos, até espantados, ao ouvirem o visitante lhes revelar que aquilo era uma valiosa nota em dinheiro, que representava uma elevada quantia e que podiam, se quisessem trocá-la a qualquer momento por dinheiro no banco! Não somos, igualmente, pouco práticos com coisas bem mais preciosas? Não costumamos emoldurar certas palavras do nosso grande Senhor e pendurar dentro do coração, dizendo com nós mesmos "que doces e preciosas são"? Mas nunca, porém, as transformamos em bênçãos de verdade — jamais as utilizamos nos momentos de necessidade! Agimos como Marta ao pegar as palavras *teu irmão há de ressurgir* (Jo 11.23) e envolvê-las em uma linda moldura: "na ressurreição, no último dia". Ah, que recebamos graça bastante para sabermos converter as divinas barras de ouro do evangelho em moeda corrente e empregá-lo assim, como recurso válido, em nosso dia a dia.

Mais ainda: Marta cometeu outro erro ao *prever o cumprimento da promessa para ocasião muito remota.* Cometendo um absurdo muito comum, distanciou para longe as promessas do Altíssimo: "na ressurreição, no último dia". Considerava esse acontecimento, sem dúvida, bastante longínquo e, portanto, não poderia lhe servir de consolo. O binóculo é feito para trazer os objetos para perto dos olhos, mas conheço pessoas que usam ao contrário o binóculo da mente: sempre colocam as lentes maiores junto aos olhos, de tal modo que as lentes menores projetam o alvo de sua visão para mais longe ainda. Lázaro ressuscitaria naquele mesmo dia — assim Marta deveria ter compreendido a palavra do Salvador. Em vez disso, tomou sua palavra pela extremidade errada e admitiu conformada: "Sei que ele há de ressurgir na ressurreição, no último dia". Meus irmãos, não rejeitem, jamais, a bênção presente que lhes é oferecida! A morte e os céus, o advento e a glória, estão, sem dúvida, para chegar; mais um pouco e Aquele que aguardamos virá, e não tardará. Não pensem que o Senhor descuida de sua promessa; não digam em seu coração "meu Senhor retarda sua vinda". Mas não imaginem também que as palavras amorosas dele se referem apenas a um futuro obscuro. Maravilhas serão reveladas em eras vindouras; todavia, a hora presente está também adornada de benevolente afeição. Hoje o Senhor tem descanso, paz e alegria para lhes dar. Não percam tais tesouros por simples descrença.

Marta também me parece *ter feito da promessa para ela algo irreal, impessoal.* "*Teu irmão* há de ressurgir": compreender isso como algo estritamente pessoal teria lhe trazido um grande conforto; mas ela preferiu

AINDA QUE MORRA

misturar Lázaro, de modo genérico, com todos os demais mortos do mundo: "Sim, ele tornará a viver na ressurreição, no último dia", ou seja: "Quando milhões estiverem se erguendo de seus túmulos, sem dúvida alguma, e evidentemente, Lázaro estará entre eles". Acontece o mesmo conosco. Tomamos uma promessa e dizemos: "Bem, isso vale para todos os filhos de Deus". Vale *para nós*, mas *este* ponto nós deixamos de observar. Que bênção Deus conferiu ao povo da aliança! Sim, e *você* é um deles. Mas aí você balança a cabeça, como se a palavra não lhe fosse dirigida. É um banquete excelente e, no entanto, você passa fome; um rio de águas correntes transbordantes, mas você continua com sede. Por quê? De algum modo, a generalidade da sua compreensão não consegue fazer você ver a doçura presente na oferta para uma apropriação pessoal.

Existe como que o hábito de ouvirmos falar das promessas divinas em um estilo magnificente e, mesmo assim, continuarmos a viver em uma profunda pobreza espiritual. Como se fora um homem que se vangloriasse da riqueza da velha Inglaterra e da enorme fortuna do Tesouro Nacional, ao mesmo tempo que ele mesmo não possuísse um centavo sequer que o abençoasse. E, no seu caso, você sabe que a culpa é sua de ser pobre e miserável; pois, se exercitasse a fé que verdadeiramente toma posse, desfrutaria de uma herança ilimitada. Se você é um filho de Deus, todas as coisas lhe pertencem e lhe foi dada permissão para delas se servir. Se sente fome diante desse banquete, é por falta de fé; se tem sede à margem desse caudaloso rio, é porque a ele não se achega e bebe. Veja bem: Deus é sua porção; o Pai é o seu pastor, o Filho de Deus é o seu pão, o Espírito de Deus, seu consolador. Regozije-se e alegre-se. Tome posse, com a mão firme de uma fé pessoal, da bênção digna de um rei, que Jesus coloca à sua disposição mediante suas promessas.

Veja agora como o Senhor Jesus Cristo lida com Marta, com grande sabedoria. Em primeiro lugar, não ficou bravo com ela. Não há um só traço de petulância em seu discurso. Não a censurou: "Marta, você me envergonha por ter pensamento tão mesquinho a meu respeito". Ela achou que honrara Jesus quando disse antes: *E mesmo agora sei que tudo quanto pedires a Deus, Deus to concederá* (Jo 11.22). Até ali, considerava Jesus o grande profeta, que pediria o que quisesse a Deus e obteria resposta às suas orações; ainda não compreendera a verdade de seu poder pessoal de dar e sustentar vida. Mas o Salvador não a repreendeu, dizendo: "Marta, Marta, essas são ideias mesquinhas e humilhantes a respeito do seu Senhor e Salvador", embora ela demonstrasse certa falta de sabedoria, que, parece, já deveria ter. Não creio que o povo de Deus aprenda muito ao ser admoestado. Não é costume do grande Senhor ralhar com seus discípulos; eis por que talvez eles não recebam muito bem quando outros servos do mesmo Senhor tomam para si a incumbência de criticá-los. Assim, se acontecer de um dia você encontrar alguém do povo de Deus que deixe de alcançar o verdadeiro ideal do evangelho, não o ameace nem censure. Quem lhe ensinou o que você sabe? Aquele que lhe ensinou, o fez por seu amor, graça e misericórdia infinitos. Foi gentil para com você, um grande tolo na época. Portanto, seja gentil e amoroso também para com os outros e transmita-lhes ensinamento por ensinamento, com a mesma delicadeza que seu Senhor demonstrou para com você. Não fica bem a um servo perder a paciência quando o seu próprio Senhor a demonstra com tão grande generosidade.

Com espírito manso, o Senhor Jesus passou a ensinar a Marta um pouco mais do que dizia respeito a ele. Mais de Jesus! — eis a cura soberana para os nossos erros. Jesus se revelou a Marta. Mostrou que nele ela teria motivo para uma esperança mais nítida e fé mais substancial. Como soaram doces tais palavras aos ouvidos dela: *Eu sou a ressurreição e a vida* (Jo 11.15)! Ou seja, "não preciso ressuscitar por meio das minhas orações", mas "eu, eu mesmo, sou a ressurreição". O povo de Deus precisa conhecer mais de quem é Jesus, mais da plenitude que agradou ao Pai depositar nele. Alguns crentes sabem muito bem quem são eles próprios e lhes partiria o coração se continuassem tendo uma impressão errada do seu Senhor. O que eles precisam, então, é voltar os olhos para a pessoa do seu Senhor e contemplar todas as riquezas da graça que nele estão ocultas. Aí, sim, acharão coragem e olharão para frente com uma expectativa mais firme. Quando o nosso Senhor disse *eu sou a ressurreição e a vida*, indicava para Marta que a ressurreição e a vida não eram dons que precisasse buscar nem bênçãos que tivesse de criar, mas, sim, que ele próprio era a ressurreição e a vida. Em outras palavras, tais coisas se encontram onde quer que ele esteja. É ele o autor, o doador e o mantenedor da vida, e essa vida é ele próprio. Jesus queria que Marta soubesse ser ele exatamente o que ela desejava para seu irmão. Ela já conhecia alguma coisa do poder do Senhor, pois lhe disse: *Se tu estiveras aqui, meu irmão não teria morrido* (Jo 11.21). O que, em uma interpretação muito generosa, poderia também significar: "Senhor, tu és vida". "Sim", teria dito Jesus, "mas você ainda precisa aprender que eu também sou a ressurreição. Se você já admite que, se eu estivesse aqui, Lázaro não teria morrido, quero levá-la um passo adiante, a aprender que, justamente estando eu aqui, seu irmão, mesmo estando morto, viverá. E que, como estou sempre com o meu povo, nenhum deles morrerá para sempre, pois para eles eu sou a ressurreição e a vida". A pobre Marta certamente havia antes, em oração, erguido os olhos para os céus à procura de vida, ou os baixara para as profundezas da terra em busca de ressurreição, e a ressurreição e a vida estavam agora, na verdade, bem à sua frente, olhando e sorrindo amavelmente para ela, alegrando e aliviando seu pesado coração. Ela havia pensado no que Jesus poderia ter feito se tivesse chegado antes. Agora, descobria o que ele *era* no momento presente.

Tendo apresentado o texto para vocês, oro a Deus, ao Espírito Santo, que abençoe estas observações introdutórias. Porque, se aprendemos somente essas primeiras lições já não terá sido vã a nossa presença neste lugar. Vamos agora analisar as promessas em seu sentido mais amplo, vê-las como algo real e estabelecê-las como fatos. Vamos olhar para Aquele que as promete, para o próprio Jesus, o Senhor, não tanto para as dificuldades que possam estar envolvidas na realização das promessas. Vamos olhar para Jesus desde o início da vida divina e, depois, percorrermos a carreira celestial ainda olhando para ele, até vermos nele o nosso tudo em tudo. Se os nossos olhos se fixarem em Jesus, estaremos na luz; mas, se mantivermos um olho nele e o outro no nosso eu, tudo o mais será obscuridade. Oh, que possamos enxergá-lo com os nossos olhos da alma!

Agora falarei conforme me ajudar o Espírito, e, em sequência, direi o seguinte: primeiro, que vocês *revejam o texto como sendo um verdadeiro rio de consolação para Marta e as demais pessoas ali de luto*. Segundo, que *o revejam como sendo imensamente profundo em consolação para todos os crentes*.

I. Então, para começar, peço que vejam o texto como um verdadeiro rio de consolação para Marta e as demais pessoas ali de luto.

Observemos, logo, que *a presença de Jesus Cristo significa vida e ressurreição*. Eis o que significa para Lázaro. Se Jesus veio até Lázaro, Lázaro irá viver. Se Marta tivesse logo tomado literalmente as palavras do Salvador, como deveria ter feito, conforme já lhes falei, teria nelas encontrado conforto imediato. O Salvador queria que ela as compreendesse nesse sentido. Na prática, ele está dizendo: "Sou para Lázaro o poder que pode fazê-lo viver outra vez, eu sou o poder capaz de mantê-lo vivo. Sim, *eu sou a ressurreição e a vida*". Sua declaração, se assim compreendida, já teria sido do maior conforto para Marta. Nada mais conseguiria causar o mesmo efeito. Naquele exato momento e lugar, estaria cancelada a morte no que diz respeito a Lázaro. Talvez alguém retruque, dizendo: "Sim, mas não sei como isso poderá servir de consolo a *nós*, pois, se Jesus está aqui, ainda assim é apenas uma presença espiritual. E não podemos esperar ver nossa mãe, ou filhos, ou marido já mortos ressuscitarem só por isso". Respondo afirmando que nosso Senhor Jesus é capaz, neste exato instante, de nos devolver aqueles que partiram, pois ele é ainda e sempre a ressurreição e a vida. Mas deixem-me perguntar-lhes: vocês, de fato, gostariam que Jesus ressuscitasse seus mortos? A princípio, talvez respondessem: "Sim, claro que queremos"; mas eu lhes pediria que reconsiderarem essa decisão. E creio que, depois de pensarem bem, vocês dirão: "Não, não posso querer isso agora". Pois, na verdade, você gostaria mesmo que seu marido já glorificado fosse mandado de volta para cá, a este mundo de cuidados e dor? Privaria seu pai ou sua mãe das glórias de que hoje desfrutam para virem ajudar você nas lutas desta vida mortal? Destituiria dos santos a coroa da glória? Acho que você não é tão cruel assim. Aquele filho querido, você o faria voltar do meio dos anjos e da glória interior para vir para cá e sofrer de novo? Não. Considero um conforto para você — ou, pelo menos, deveria ser — o fato de não lhe caber decidir esse tipo de ato. Pois você poderia até ser tentado, em um momento de egoísmo, a querer aceitar essa bênção um tanto duvidosa. Lázaro, no caso dele específico, podia perfeitamente voltar e recuperar seu espaço, como fez, mas dificilmente o mesmo valeria para um de nossos mortos em dez mil.

Enfrentaríamos sérios reveses no retorno daqueles a quem mais amamos. Se você clamasse: "Devolva meu pai, devolva meu amigo", não saberia o que está pedindo. Talvez fosse motivo de grande arrependimento posterior para você o período em que eles aqui permanecessem, pois, a cada manhã, você seria levado a pensar: "Amado, eu o tirei dos céus para satisfazer a minha vontade. Eu o roubei da felicidade infinita só para satisfazer o meu egoísmo". De minha parte, prefiro que o Senhor Jesus mantenha consigo as chaves da morte a que as empreste para mim. Seria um terrível privilégio esse, de receber o poder de pilhar os céus daqueles que lá são aperfeiçoados, somente para atender ao prazer dos imperfeitos aqui embaixo. Jesus os ressuscitaria agora se de fato fosse a coisa certa a fazer; não quero tirar o governo dos ombros dele. É mais reconfortante para mim pensar que Cristo pode devolvê-los para mim e que o faria se fosse realmente para a sua glória e o meu bem. Meus queridos que dormem despertariam em um átimo se o mestre entendesse ser isso o melhor. Se não, até eu o puxaria pelas vestes, dizendo: "Devagar, mestre! Não os desperte! Eu irei até eles; mas eles não devem voltar para mim. Não é esse o meu desejo. Prefiro que permaneçam onde estão, onde tu estás, contemplando a tua glória". Portanto, meus caros amigos, não me parece que vocês estejam abaixo de Marta. Devem se sentir também reconfortados quando Jesus diz: "Ainda agora, *eu sou a ressurreição e a vida* (Jo 11.25)".

Eis outro consolo que cada um de nós pode tomar para si em segurança, de que, *quando Jesus vier, os mortos ressuscitarão. Quem crê em mim, ainda que morra, viverá*, diz ele. Não sabemos quando nosso Senhor descerá, mas conhecemos a mensagem do anjo: *Esse Jesus, que dentre vós foi elevado para o céu, há de vir assim como para o céu o vistes ir* (At 1.11). O Senhor virá; não podemos questionar a certeza de sua reaparição. Quando vier, todos os remidos viverão com ele. A trombeta do arcanjo despertará os que dormem felizes, e eles acordarão para enverger lindas vestes. Seu corpo, transformado, semelhante ao corpo glorioso de Cristo, mais uma vez os envolverá, como vestimenta de sua alma, aperfeiçoada e emancipada. Então cada nosso irmão ressuscitará, e Jesus, o Senhor, irá trazer consigo todos os nossos entes queridos que nele adormeceram. Essa é a esperança gloriosa da igreja, quando veremos a morte da morte e a destruição da sepultura. Portanto, consolem-se uns aos outros com essas palavras.

Também nos é dito que, *quando Jesus vier, os crentes vivos não morrerão*. Depois da vinda de Cristo não mais haverá morte para seu povo. O que Paulo diz? "Eis aqui vos digo um mistério: Nem todos *morreremos* mas todos seremos transformados". Será que vi uma colegial erguer a mão? Será que a ouvi dizer: "Desculpe, mas o Senhor cometeu um engano"? Cometi mesmo; foi de propósito. Paulo não disse "nem todos *morreremos*" porque o Senhor já dissera: "Quem crê em mim, ainda que morra, viverá". De modo que Paulo não poderia afirmar que vamos todos morrer. Em vez disso, ele usou da própria palavra de seu mestre quanto a Lázaro e disse: "Nem todos *dormiremos*, mas todos seremos transformados". Quando o Senhor vier, não haverá mais morte. Aqueles dentre nós que estiverem vivos e permanecerem (coisa que não temos como prever) sofrerão uma repentina transformação — pois carne e sangue, do jeito que estão, não podem herdar o reino de Deus —, e com essa transformação nossos corpo será feito "idôneo para participar da herança dos santos na luz". Não haverá mais morte a partir de então. Ou seja, temos aqui dois lenços sagrados para enxugar os olhos dos que choram: quando Cristo vier, os mortos viverão; e, quando Cristo vier, aqueles que vivem nunca mais morrerão. Como Enoque, ou Elias, passaremos para o estado de glória sem termos de atravessar o rio sombrio da morte, enquanto quem já o tiver atravessado verá não ter ficado, por esse motivo, em desvantagem alguma. Tudo isso está ligado a Jesus. Ressureição com Jesus é ressurreição de fato. Vida em Jesus é vida de fato. Quanto nos são maravilhosas a ressurreição, a glória, a vida eterna, a perfeição final, pois todas essas coisas nos chegam por meio de Jesus! É ele o pote de ouro que contém esse maná, a vara da qual brotam essas amêndoas, ele é a vida que vivemos.

Todavia, eu ainda não fiz vocês beberem o suficiente das águas profundas desse rio — creio que nosso Salvador quis dizer que, *neste exato momento, os que nele morreram vivem. Quem crê em mim, ainda que morra, viverá*. Aqueles que acreditam em Jesus Cristo parecem morrer, mas, na verdade, vivem. Não estão propriamente no túmulo; estão para sempre com o Senhor. Não estão inconscientes, mas, sim, com o Senhor no Paraíso. A morte não pode matar um crente; consegue apenas conduzi-lo a uma forma de vida mais livre. Porque Jesus vive, seu povo vive. Deus não é um deus de mortos, mas de vivos: os que partiram nele não pereceram. Ao depositarmos o precioso corpo de um crente no cemitério e colocarmos uma lápide em seu túmulo, nela podemos gravar as palavras do Senhor, referentes à filha de Jairo: *Não está morta, mas dorme* (Lc 8.52). Claro, uma geração incrédula pode rir, zombar de nós, mas nós, sim, zombaremos do seu riso.

Assim também, portanto, *já neste momento quem nele vive não morrerá*. Existe uma diferença fundamental entre a morte do justo e a do ímpio. A morte chega para o ímpio como a imputação de uma pena, mas, para o justo, como um chamado ao palácio do Pai. Para o pecador, é uma execução; para o santo, um despir-se. Para o incrédulo, a morte é a rainha dos horrores; para o santo, o fim dos horrores e o início da glória. Morrer no Senhor é uma bênção da aliança. A morte nos pertence; está relacionada na lista de nossas posses, em meio a todas as outras coisas, e sucede à vida como igual favor. Morte, para nós, não é mais propriamente morrer. O nome persiste, mas o objeto em si mudou. Por que, então, vivermos escravizados, com medo da morte? Por que temermos o processo que nos dá liberdade? Já ouvi falar de pessoas que, em épocas cruéis, passaram anos na prisão e sofreram muito mais no momento de se lhes abrir os grilhões do que nos meses em que carregavam aquele ferro pesado. Contudo, imagino que nenhum homem que estivesse definhando em um calabouço se recusaria a estender braço ou perna para que o ferreiro lhe rompesse as correntes. Deveríamos todos, então, nos alegrar em sofrer essa pequena inconveniência da cessação de vida terrena para obtermos a liberdade duradoura. Pois assim é a morte — o abrir dos grilhões. Todavia, o ferro pode não revelar sua aparência de verdadeiro senão quando o último golpe libertador da graça estiver prestes a ser desferido. Não façamos caso do rangido áspero da chave ao girar na fechadura da cadeia; se a compreendermos bem, será música para nossos ouvidos. Imagine que sua última hora chegou! A chave gira dolorosamente por um instante, mas, veja, o ferrolho foi destravado, o portão de ferro se abriu! O espírito está livre! Glória seja dada ao Senhor por todo o sempre!

II. Ofereço o texto bíblico, agora, como um rio de consolação para os enlutados. Quero que você o veja como IMENSAMENTE PROFUNDO EM CONSOLAÇÃO PARA TODOS OS CRENTES. Não o podemos medir, como não teríamos como medir o abismo, mas o convido a examiná-lo com a ajuda do Espírito Santo.

Quer me parecer, antes de mais nada, que o texto ensina com clareza que *o Senhor Jesus Cristo é a vida do seu povo*. Por natureza, estamos mortos, e é impossível produzir vida a partir da morte: faltam os elementos essenciais. Quando uma fagulha resiste entre as cinzas, ainda se pode soprá-la e reavivar a chama; mas a última fagulha de vida celestial se foi da natureza humana, e é vã a busca de vida entre os mortos. A vida de todo cristão é Cristo. Ele é o começo da vida, por ser a ressurreição. Quando vem a nós, vivemos. Nosso novo nascimento é o resultado do contato com Cristo: somos gerados de novo para a esperança viva por meio de sua ressurreição dentre os mortos. No início, a vida do cristão está em Cristo somente: nem um fragmento dela brota do próprio cristão; e na continuidade dessa vida acontece sempre a mesma coisa. Jesus não é apenas a ressurreição da qual partimos, mas a vida na qual seguimos. "Tenho vida em mim mesmo", disse alguém. Pois eu digo que não, a menos que você seja um com Cristo: sua vida espiritual, a cada fôlego que toma, está em Cristo. Se você se encontrar por um instante que seja separado de Cristo, será arrancado da videira verdadeira como galho inútil e secará. Qualquer membro do corpo separado da cabeça será carne morta e não mais existirá. Na união com Cristo, está sua vida. Oh, que nossos ouvintes entendam isso! Vejo o pobre pecador olhar para si mesmo e então exclamar: "Não consigo ver vida alguma dentro de mim!" Claro que não; você não tem vida própria. "Meu Deus" exclama o cristão, "mas não consigo encontrar nada dentro de mim com que alimentar minha alma!" Espera alimentar-se de si mesmo? Não deve Israel procurar pelo maná? Uma dentre todas as tribos acaso o encontra em seu seio? Olhar para o próprio eu é voltar-se para uma cisterna rachada, incapaz de conter água.

Uma coisa lhe digo: você precisa aprender que Jesus é realmente a ressurreição e a vida. Atente para o grande "Eu" — o EGO infinito! Deve ser suficiente para encobrir e aniquilar seu pequeno *ego*. "Vivo, não mais eu, mas Cristo vive em mim", disse Paulo. Quem, na verdade, somos? Menos que nada, e vaidade; mas acima de nós e de tudo se eleva a personalidade divina, autossuficiente: "Eu sou a ressurreição e a vida".

Ainda que morra

Veja bem as duas primeiras palavras: elas me parecem traduzir uma notável majestade — "Eu sou"! Eis aqui a autoexistência. Vida em si mesmo! Até como mediador, o Senhor Jesus nos diz que lhe é dado ter vida em si mesmo, assim como o Pai tem vida em si mesmo. "Eu *sou*" enche a boca escancarada do sepulcro. Aquele que viveu, esteve morto e vive para sempre, o Alfa e o Ômega, o princípio e o fim, declara *"Eu sou a ressurreição e a vida"*. Se, portanto, quero viver para Deus, preciso ter Cristo; e, se desejo continuar a viver para Deus, devo continuar a ter Cristo. Se aspiro a ter a vida desenvolvida até a plenitude de sua capacidade, devo encontrar tudo isso em Cristo. Ele não veio apenas para que tenhamos vida, mas para que a tenhamos em abundância. Tudo que está além do círculo de Cristo é morte. Se tenho uma experiência na qual demonstro amor excessivo com uma atitude tola, que me enche de orgulho por julgá-la tão perfeita que não preciso vir a Cristo como um pobre pecador de mãos vazias, significa que, de fato, passei para o campo da morte, introduzi em minha alma um fermento danoso. Fora com ele! Tudo que diz respeito à vida é colocado no vaso de ouro que é Cristo Jesus; todo o resto é morte. Não temos sopro de vida em parte alguma a não ser em Jesus, que viveu para nos dar vida. Ele disse: *Eu vivo, e vós vivereis* (Jo 14.19).

Mais ainda, na grande profundidade a que gostaríamos de continuar conduzindo-os: *a fé é o único canal pelo qual podemos extrair de Jesus a nossa vida. Eu sou a ressurreição e a vida; quem crê em mim*: aqui está. Ele não diz "quem me ama", embora o amor seja uma graça esplêndida e bastante doce para Deus. Ele não diz "quem me serve", embora todos que creem em Cristo se esforcem naturalmente por servi-lo. Não foi assim que ele colocou. Tampouco diz "quem me imita", embora todos que creem em Cristo devam imitá-lo e o farão. Mas ele diz *quem crê em mim*. Por quê? Por que o Senhor insiste tanto e o tempo todo em fazer da fé o único elo entre ele e a nossa alma? Na minha opinião, porque a fé é uma graça em que não reclama nada para si mesma, nem tem qualquer eficácia longe de Jesus, a quem nos une. Se você quer conduzir eletricidade, deve buscar um metal que não interfira no processo com uma ação própria; do contrário, irá atrapalhar a corrente que é seu desejo transmitir. Se interferir, como você saberá a diferença entre o que foi gerado pelo próprio metal ou pela bateria? Ora, a fé é um receptor e condutor vazio de si mesmo. Sem aquele sobre quem se deposita, ela não é nada; por isso, é perfeita para servir de condutora da graça. Em um auditório, para que um palestrante possa ser ouvido bem, é essencial eliminar todo eco. Quando não se tem nenhum eco, significa que o local é perfeito. A fé também não faz barulho por si mesma, permitindo à Palavra que, por seu intermédio, fale. A fé grita: *"Non nobis Domine!* Não a nós! Não a nós, Senhor!"* Cristo deposita sua coroa na cabeça da fé, ao exclamar: *A tua fé te salvou* (Lc 7.50). Mas a fé se apressa a atribuir toda a glória da salvação a Jesus apenas. De modo que você logo vê por que o Senhor escolhe a fé, em vez de qualquer outra graça: por ser algo altruístico. Ela é o que melhor se adapta à tubulação pela qual a água da vida corre, porque não transmite cheiro ou sabor próprio, limitando-se a transportar a corrente pura e simples de Cristo para a alma. Eis a razão: *Quem crê em mim* (Jo 7.38).

Agora, observe bem, *para receber Cristo pela fé, não há limite. Quem crê em mim, ainda que morra, viverá; e todo aquele...* Sou profundamente apaixonado por esta expressão *todo aquele*. Considero-a esplêndida. Uma pessoa que criava diversos animais tinha cachorros grandes e pequenos e, em seu desejo de querer lhes permitir a livre entrada em sua casa, cortou duas aberturas na porta: uma para os cães maiores e outra para os menores. Talvez você ache isso, de fato, engraçado, pois os cachorros pequenos, evidentemente, conseguiam também passar onde havia espaço para os grandes. Esse *todo aquele* é essa abertura grande, apropriada para todos nós, pecadores de todo tamanho, grandes e pequenos. *E todo aquele que vive, e crê em mim, jamais morrerá* (Jo 11.26). Todo homem tem o direito de crer em Cristo. O evangelho concede a toda criatura o direito de crer em Cristo, pois o crente é compelido a pregá-lo a todas as criaturas, e todas elas se encontram regidas pelo seguinte mandamento: *Ouvi, e a vossa alma viverá* (Is 55.3). Todo homem tem o direito de crer em Cristo porque será condenado se não o fizer; portanto, tem o direito de fazer aquilo que se não fizer o levará à condenação. Está escrito: *Quem crer e for batizado será salvo, mas quem não crer será condenado* (Mc 16.16). Isso deixa claro que, seja eu quem for, como tenho o direito de escapar à condenação, tenho também o direito de me aproveitar do bendito mandamento *crê no Senhor Jesus e serás salvo* (At 16.31). Ah, esse aviso *todo aquele*, na abertura na porta para os cachorros grandes, significa então que não é só para eles! Não se esqueça disso! Que essa ideia o acompanhe e você possa depositar toda a sua confiança em Cristo. Se ao menos você for capaz de se unir a Cristo, será um homem vivo. Se ao menos um dedo seu tocar a orla de sua veste, você será um homem por inteiro. Basta o toque de sua fé, e a virtude fluirá dele para você — dele que para você é a ressurreição e a vida.

Quero que você perceba também que *não há limite para o poder de Jesus.* Antes que eu adoecesse, recentemente, e até depois, me vi obrigado a lidar com um enxame de pecadores desesperados, tantos que, se não os afastasse, eles me sufocariam. Tenho buscado dizer palavras bastante abrangentes em nome de Cristo quando encontro esses infelizes. Ouvi um deles dizer: "Até que ponto Cristo pode ser vida para um pecador? Sinto que estou completamente errado, sou um engano total. Não há nada certo comigo. Tenho vista, mas não consigo ver; tenho ouvidos, mas não ouço; tenho mãos, mas não sei usá-las; tenho pés, mas sou incapaz de andar como devo com eles — pareço mesmo um ser todo errado". Se você crê em Cristo, por mais que esteja errado — ou seja, mesmo que esteja morto, que é o pior estado em que o corpo de um homem pode se encontrar —, você viverá. Alguns ficam de olho no termômetro espiritual, indagando: "Até que baixo grau a graça de Deus é capaz de descer? Até atingir a temperatura do calor de verão? Ou será que chega a um ponto similar ao de congelamento? Quem sabe, desce abaixo de zero?" Sim, a graça pode descer além do ponto mais baixo imaginável — além do que qualquer instrumento humano conseguiria indicar. É capaz de descer além do zero da morte. Se você crê em Jesus, mesmo que esteja não apenas errado, mas até morto, você viverá.

"Mas me sinto tão fraco", diz outro. "Não consigo entender, não consigo captar as coisas. Não consigo nem orar. Nem fazer coisa alguma. Só me resta depositar uma confiança febril em Jesus." Muito bem! Muito embora você possa ter chegado até muito além disso, e se sinta frágil como um morto, mesmo assim você viverá. Apesar de sua fragilidade poder ter se transformado em uma terrível paralisia, deixando-o completamente sem forças, conforme você diz, está escrito: "Quem crê em mim, ainda que morra, viverá". "Oh, pastor", diz mais alguém, "como sou insensível". Escreva o que estou lhe dizendo: esse tipo de pessoa costuma ser a mais sensível do mundo. "Todos os dias me dói não ser capaz de lamentar meu pecado" — é assim que ela costuma falar. Um grande absurdo, mas muito real para ela. "Oh", exclama então alguém, "a terra tremeu, o sol escureceu, as rochas se abriram, até os mortos se ergueram de seus sepulcros com a morte de Cristo". E, no entanto...

> Todas as coisas sinal de sentir me dão,
> Exceto este meu insensível coração.

Se você crer, porém, por mais insensível que seja ou pareça, viverá. Mesmo que haja ido além do torpor da morte, ainda assim, se nele crer, viverá. Mas há ainda a pobre criatura que suspira e chora: "Oh, não é só o fato de eu não experimentar nenhum sentimento, mas ter-me tornado inaceitável e odioso por todo o mundo. Canso a mim mesmo e os outros. Tenho certeza de que, quando lhe contar meus problemas, desejaria que eu estivesse em Jericó, ou outro lugar qualquer bem longe daqui". Sim, admito até que de vez em quando um pensamento desses poderá nos ocorrer, principalmente se estivermos muito ocupados e uma pobre alma se mostrar cada vez mais prolixa e dramática, encenando inúmeras vezes as mesmas misérias de sempre. No entanto, por mais que você se torne cansativo, a ponto de as pessoas preferirem deparar com um cadáver do que com você, lembre-se do que Jesus disse: *Quem crê em mim, ainda que morra, viverá.* Se você chegou a ponto de se aproximar e afastar das pessoas feito um apavorante fantasma, de tal forma que todo mundo desaparece logo de sua frente, mesmo isso jamais o colocaria além da promessa: *Quem crê em mim, ainda que morra, viverá.*

"Oh, não tenho mais saída; meu caso é desesperador!" Pois bem. Mesmo que você fosse além disso, que estivesse morto, e nem sequer pudesse saber que inexiste esperança para o seu caso, se cresse nele, viveria. "Mas eu tentei de tudo, e não há mais nada que possa fazer. Mergulhei em livros, conversei com crentes e não melhorei." Não tenho dúvidas de que aconteceu isso mesmo; mas mesmo que você tivesse

AINDA QUE MORRA | 327

passado desse estágio, de forma que não pudesse tentar mais nada, ainda assim, se cresse, viveria. O poder bendito da fé! Não, melhor dizer o poder incomparável daquele que é a ressurreição e a vida; pois, embora o pobre crente esteja morto, viverá! Glória seja dada ao Senhor, que opera tão maravilhosamente.

Para concluir, se você um dia crer em Cristo e receber a vida, eis uma doce reflexão que lhe ofereço: *Todo aquele que vive, e crê em mim, jamais morrerá*". Nossos amigos arminianos consideram possível ser um filho de Deus hoje e um filho do diabo amanhã. Anote essa afirmativa, embaixo dela, o nome do autor, Arminius,[1] e, logo em seguida, rasgue e jogue fora: é a melhor coisa a fazer, pois ela não contém verdade alguma. Jesus disse: *Todo aquele que vive, e crê em mim, jamais morrerá*. Eis outra versão, bastante literal: *E todo o que vive e crê em mim, de modo algum morrerá para sempre*. Não há outra melhor. O crente pode passar pela mudança natural chamada morte no que diz respeito a seu corpo; quanto à sua alma, não poderá morrer, pois está escrito: *Eu lhes dou* [às minhas ovelhas] *a vida eterna, e jamais perecerão; e ninguém as arrebatará da minha mão* (Jo 10.28). Como também: *Quem crê no Filho tem a vida eterna* (Jo 3.36); *A água que eu lhe der se fará nele uma fonte de água que jorre para a vida eterna* (Jo 4.14); *Quem crer e for batizado será salvo* (Mc 16.16). Aqui não existe "se", nem "mas", tampouco esperanças pífias; pelo contrário, são certezas absolutas, proferidas pela boca do Senhor vivo. Se você tem a vida de Deus em sua alma, jamais morrerá. "Quer dizer que posso fazer o que bem entendo e viver em pecado?" Não, meu caro, não estou dizendo isso nem nada parecido com isso — e que direito tem você de me atribuir um ensinamento desses? Quero dizer, justamente, que você não deve amar o pecado e viver nele, porque isso é morte, mas, sim, viver para Deus. Seus gostos e preferências devem sofrer uma transformação tão radical que você passe a desprezar o mal todos os dias da sua vida e a ansiar por ser santo como Deus é santo. Você deverá se apartar da transgressão e não voltar a se chafurdar de novo no pecado. Caso caia, em algum momento mau, ainda assim será restaurado. O fluxo principal de sua vida a partir da hora de seu novo nascimento será em direção a Deus, à santidade e aos céus. Os anjos que se alegraram quando você se arrependeu não estavam enganados: continuarão se regozijando até o receberem em meio a cânticos e aleluias eternos dos benditos que estão à mão direita de Deus. Você crê nisso? Achegue-se, pobre alma. Você crê nisso? Quem é você? Não importa. Você deve estar incluído em *todo aquele*. Essa arca abriga todos os Noéis de Deus. O que você tem feito? Alguém me disse outro dia: "Gostaria de lhe contar alguns dos meus pecados!" Respondi depressa: "Prefiro que não o faça; já os tenho em quantidade suficiente sem ser contaminado pelos seus". O que é o homem, seja ele quem for, para ter de ouvir a imundície de outro homem despejada em seu ouvido? Não, não. Confesse a Deus, não ao homem, a não ser a alguém a quem tenha causado dano e seja a devida confissão de seu erro.

"Ah", diz alguém, "você sabe quem eu sou?" Não, nem quero saber. Mas, se você acha que foi tão longe que parece não haver mais, para você, nem a insinuação ou vestígio de uma sombra de esperança, ainda assim, se crer em Jesus, viverá. Confie no Senhor Jesus Cristo, pois ele é digno de confiança. Lance-se sobre ele, e ele o carregará em seu regaço. Jogue todo o seu peso sobre sua expiação, que suporta tal esforço. Dependa dele como a caneca depende do prego em que a penduram pela asa; e não busque nenhum outro apoio. Dependa somente de Cristo, com todas as suas forças, tal como você está agora, e, assim como o Senhor vive, você também viverá; assim como Cristo reina, você reinará sobre o pecado; assim como Cristo é glorificado, você participará dessa glória para todo o sempre. Amém.

---

[1] [NT] Jacobus Arminius, teólogo protestante holandês. Fundador da teologia dos arminianos defendia o princípio da predestinação condicional: embora Deus tenha destinado alguns para a salvação, não negou a tais homens o livre-arbítrio para aceitar ou não essa fé.

35

O CRENTE CATEQUIZADO

Crês isto? (Jo 11.26).

Disse o Salvador a Marta: *Eu sou a ressurreição e a vida; quem crê em mim, ainda que morra, viverá; e todo aquele que vive, e crê em mim, jamais morrerá. CRÊS ISTO?* (Jo 11.25). Quando o crente se sente triste, pode ter a certeza de que receberá consolo exatamente adequado à sua situação. Para cada fechadura que Deus cria, ele providencia uma chave. Assim como toda folha de grama recebe sua gota de orvalho, também toda dor tem seu conforto. Não duvido de que para cada dor que atormenta este arcabouço mortal exista um paliativo entre as ervas do campo, e para cada doença, um remédio no maravilhoso laboratório divino; basta buscá-los. Quanto a nós, crentes no Senhor Jesus Cristo, podemos descansar certos de que, se a dor excessiva nos sufoca, é quase sempre por falha nossa. O problema surge de uma fraqueza em nossa fé, pois, se ela fosse forte como deveria, experimentaríamos *prazer nas fraquezas, nas injúrias, nas necessidades, nas perseguições, nas angústias por amor de Cristo* (2Co 12.10). Descobriríamos que quando abundantes são as tribulações, abundantes são também as consolações em Cristo Jesus.

Portanto, é bom quando somos grandemente abalados, não para olharmos propriamente para a aparente causa do problema, mas, sim, para a condição do nosso coração. É importante nos questionarmos de que necessita nossa fé e o que pode estar impedindo que nos apossemos da consolação oferecida para a presente dor. Com frequência acontece ser imperfeita a nossa fé devido à estreiteza do nosso conhecimento. O homem não pode crer naquilo que desconhece. Meu caro e sofrido amigo, existe sem dúvida uma promessa nas Escrituras que se enquadra com perfeição no seu caso. Se assumida com fé, ela poderá alegrá-lo imediatamente. Mas você nada sabe a respeito de sua eficácia ou porque talvez nunca a tenha lido até agora, ou então, a tendo lido, nunca parou para nela meditar e considerar seu significado.

Desse modo, você está abalado sem necessidade, pois o alívio está a seu alcance e é de fácil aplicação. Pode ser que você ainda não tenha aprendido toda a gama de doutrinas do evangelho, coisa que também o priva de conforto. Você se apropriou de uma parte vital da revelação, aquela relacionada com a salvação, mas ainda desconhece outra parte, que diz respeito ao fortalecimento e ao estímulo. Tem-se alimentado do pão necessário da casa de Cristo, mas não dos frutos deliciosos do seu pomar; conheceu os campos, mas não passeou junto às árvores para provar de seus frutos. A fé não pode crer no que desconhece, e, portanto, você tem perdido alimento farto, cheio de tutano, e vinhos refinados, extraídos de parreiras protegidas das intempéries, os quais poderiam ser a sua força e alegria. Todos nós cresceríamos em consolação se crescêssemos em graça e no conhecimento do nosso Senhor e Salvador Jesus Cristo. Então faríamos uma avaliação mais inteligente da preciosidade das verdades que ele nos tem revelado.

A fé pode ser imperfeita por ignorância, mas também por falta de uma percepção clara da pessoa de Cristo. Foi o que aconteceu no caso de Marta: ela não sabia o suficiente sobre seu Senhor para perceber o poder dele de ir ao encontro de sua dor. Diz o apóstolo Pedro: *Crescei na graça e no conhecimento de nosso Senhor e Salvador Jesus Cristo*, considerando o conhecimento de Jesus, como é, de fato, a percepção mais importante que o crente pode obter. Se formos apenas em parte instruídos quanto ao nosso Senhor, somente em parte seremos confortados. Ó costumeiros pranteadores, vocês não têm em alta conta o seu Salvador. Ainda não fazem ideia bastante ampla do seu amor por vocês e de seus planos de infinita sabedoria ao permitir que venham a ser afligidos.

O crente catequizado | 329

Se o Senhor Jesus fosse melhor conhecido por nós, nossas aflições se tornariam mais leves; nosso coração até se regozijaria nelas. Se ao menos te conhecêssemos, ó Cristo bendito, e se as mesmas provações permanecessem conosco perderiam a sua obscuridade ante teu sorriso, e chegaríamos até a nos regozijar nelas, por ministrarem a nossa comunhão contigo em teus sofrimentos. Conhecendo Jesus, a dor perde seu aguilhão; e até o gosto amargo da morte, com certeza, passa a pertencer ao passado.

Não se deve imaginar que todo verdadeiro crente em Cristo seja um crente perfeito. Marta cria em Jesus de verdade, mas não com perfeição. Não sei quantos aqui têm, ou pensam ter, fé perfeita. Pessoas assim necessitam aprender bem pouco com o sermão desta manhã; felizmente, até, nem precisam dele. Mas os que dentre nós têm uma fé imperfeita — e desconfio que isso se refere à maioria de nós — podem vir a aprender muito da pergunta dirigida pelo Salvador a Marta: *Crês isto?* Possa o Espírito Santo fazer que assim seja. Pensemos então em ouvirmos seus lábios amorosos nos questionando agora: *Crês isto?* Queremos acreditar em toda a verdade e receber em nossa mente toda a doutrina que o Espírito Santo tem revelado. Aperfeiçoaremos então nosso discipulado, e não é este um de seus privilégios? *Quando vier, porém, aquele, o Espírito da verdade, ele vos guiará a toda a verdade.* Ansiamos por crer em tudo o que esteja dentro do raio de ação do nosso conhecimento espiritual, pois assim a nossa fé, abarcando todo o espectro da verdade divina, poderá se considerar completa para toda emergência e poderosa em todo conflito. Submeta-se, então, a um escrutínio do fundo do seu coração que lhe avalie a fé e ouça Jesus dizer, por seu Espírito: *Crês isto?*

I. Nosso primeiro assunto será: "Você crê nesta doutrina em particular?" Neste momento, não vou sugerir que uma doutrina supere outra, mas apenas aconselhá-los a fazer essa pergunta diante de cada verdade revelada. Vocês, crentes, têm fé nas Escrituras como um todo. São capazes de declarar com a maior ousadia que, desde a primeira palavra de Gênesis até a última do Apocalipse, vocês creem em tudo o que está escrito no livro inspirado. Ora, a questão é extrair dessa massa genérica de fatores de fé, ou que se supõe que assim seja, cada item em separado, examiná-lo em detalhe e então dizer de coração e com consciência: "Eu creio nisto". É fácil falar de um modo geral e mais fácil ainda pensar que temos uma grande fé, quando, na verdade, talvez tenhamos pouca ou nada que valha a pena. Talvez depositemos o tesouro da verdade dentro de um saco cheio de buracos, de modo que o perdemos com a mesma facilidade com que o descobrimos. Podemos inventar que envolvemos em nossos braços o conjunto total da verdade revelada; no entanto, se empreendermos uma análise mais tranquila de nossa alma, talvez acabemos descobrindo que muita coisa está nos escapando, por meio de um processo de questionamento e dúvida que dificilmente ousamos reconhecer. As coisas em que cremos e nunca aplicamos são como a terra do preguiçoso, que nunca é arada nem cultivada. Ninguém chamaria tal lugar de lavoura; como, então, chamamos tal crença de fé? Ora, algumas verdades ensinadas na Palavra não são conhecidas nem por vários mestres. Não podemos crer no que desconhecemos: é o mesmo caso aventado na pergunta do apóstolo: *E como crerão naquele de quem não ouviram falar?* Se não enxergamos o significado superficial, aquele que está ao alcance da mão, não se pode dizer que creiamos, de fato, no sentido real da palavra.

Marta, quando nosso Salvador a questionou, já expressara sua fé em certas grandes verdades. Disse ela: *Senhor, se tu estiveras aqui, meu irmão não teria morrido* (Jo 11.21). Marta cria no poder do Salvador de curar os enfermos. Acreditava que, enquanto seu irmão respirasse, o poder de Cristo poderia mantê-lo vivo, pois estava convencida de que Jesus era mestre sobre a enfermidade, capaz de substituir o sofrimento pela saúde. Isso era digno de sua fé, mas não bastava. Nosso Senhor dispôs um fato a mais para ela e então perguntou: *Crês isto?*. Para que cresçamos em conhecimento e exercitemos uma fé proporcional é que devemos fazê-lo.

Em seguida, Marta creu que, embora seu irmão estivesse morto, tamanha era a eficácia da oração de Cristo que o Senhor poderia fazer qualquer coisa, ela não sabia bem o quê, para consolar os que choravam: *E mesmo agora sei que tudo quanto pedires a Deus, Deus to concederá.* Tinha fé na intimidade de Jesus para com o Pai em oração, em grau ilimitado. Confiava nele como poderoso intercessor, alguém que bastava falar com o Altíssimo para que seu pedido fosse, sem dúvida alguma, respondido. Uma medida de fé bastante recomendável, e quisera eu até que a tivéssemos tanto. Tamanha fé era de fato admirável — mas não suficiente para o necessário conforto de Marta. Por isso, Jesus a coloca diante de um fato ainda mais honroso para si mesmo, acrescentando: *Crês isto?*

Marta também expressou sua firme convicção da certeza da ressurreição em geral: *Sei que ele há de ressurgir na ressurreição, no último dia* (Jo 11.24). Aprendera isso, sem dúvida, nas Escrituras e mediante crença generalizada entre os hebreus ortodoxos. Também podia ter aprendido essa verdade fundamental nos ensinamentos do próprio mestre e salvador. Nessa grande doutrina fundamental, mostrava-se crente fiel. Ainda não tinha visto, no entanto, a ressurreição à luz de Cristo, nem percebera a ligação deste com o Senhor. Ainda não aprendera o bastante, portanto, que lhe pudesse sustentar a consolação ante perda tão pesada para ela. Pois fica claro que Marta se consolava bem pouco com a existência daquela citada ressurreição distante e genérica. Ela precisava que a ressurreição e a vida se mostrassem bem próximas de seu dia a dia, se tornassem um fato presente em sua existência. Nosso Senhor lhe indica então a verdade, que, relativa a si próprio, atenderia plenamente a esse propósito, quando revela: *Eu sou a ressurreição e a vida; quem crê em mim, ainda que morra, viverá; e todo aquele que vive, e crê em mim, jamais morrerá. Crês isto?* Ali estava um poço cheio de consolação do qual ela jamais bebera; porque, tal como Agar no deserto, Marta nunca havia constatado o grandioso poder da providência divina. Cristo lhe aponta essa maravilhosa fonte e pergunta se ela está apta e se quer desse poço beber.

Por Deus, meus queridos amigos, eu gostaria que todos nós, que nos autodenominamos cristãos, de vez em quando abríssemos a Bíblia e recitássemos as grandes doutrinas em ordem, atentos, parando em cada uma delas e indagando ao nosso coração e mente: *Crês isto?* Tome-se, por exemplo, a grande doutrina e uma das mais básicas de nossas crenças, da eleição pela graça. *Porque os que dantes conheceu, também os predestinou para serem conformes à imagem de seu Filho* (Rm 8.29). *Bendito seja o Deus e Pai de nosso Senhor Jesus Cristo, o qual nos abençoou com todas as bênçãos espirituais nas regiões celestes em Cristo* (Ef 1.3); *como também nos elegeu nele antes da fundação do mundo, para sermos santos e irrepreensíveis diante dele em amor* (Ef 1.4); *e nos predestinou para sermos filhos de adoção por Jesus Cristo, para si mesmo, segundo o beneplácito de sua vontade* (Ef 1.5). Meditemos nesses textos e consideremos seu significado expresso; e então cada um pergunte ao seu próprio coração: *Crês isto?* Alguns crentes em Cristo não querem saber de aceitar essa doutrina e até a chamam de "horrível", enquanto outros referem-se a ela como algo tão misterioso e pouco prático que nem deve ser pregado em público. Eu convidaria tais pessoas a encararem essa doutrina com toda a sinceridade e ver se creem nela ou não. Ou então que peguem uma caneta e risquem da Palavra de Deus todas as passagens que a ensinam abertamente. Não gostariam da ideia, é claro, mas é justamente o que fazem. Quando um homem tem medo de determinada doutrina ou se envergonha dela, não é preciso nem suspeitar que evidentemente não crê no que ela diz.

Atentemos para outra verdade grandiosa: *Sabendo, contudo, que o homem não é justificado por obras da lei, mas pela fé". Justificados, pois, pela fé, tenhamos paz com Deus, por nosso Senhor Jesus Cristo. Quem crê nele não é julgado* (Gl 2.16). O perfeito perdão do crente, o poder de justificação completa da justiça de Cristo para aqueles que creem, é ensinado abertamente na Bíblia. *Crês isto?* Se você crê, então por que passa todos os dias de sua vida chamando a si mesmo de "miserável pecador", quando não o é mais, mas, sim, santo, lavado no sangue do Cordeiro, feliz filho de Deus? Por que fala de seu pecado como se não tivesse sido perdoado e de si mesmo como se ainda fosse um dos "filhos da ira, como também os demais", se já foi justificado em Cristo Jesus e aceito entre os amados? Olhe para a verdade das Escrituras e para sua conduta, e então diga para si mesmo: *Crês isto?*

Suponha que você leia nas Escrituras sobre a íntima união de Cristo com seu povo: *Eu neles, e tu em mim, para que eles sejam perfeitos em unidade; Eu sou a videira; vós sois as varas.* Ao deparar com passagens como essas, pergunte ao seu próprio coração: *Crês isto?* Você — você crê que todos os que vivem em Deus, em Cristo, são um com Cristo? *Crês isto?* Se sim, por que então se angustiar com a possibilidade de Deus aceitá-lo ou não, uma vez que você já está em Cristo e com Cristo? Por que achar que, no final, poderá vir a perecer, se você já é um com ele? Acaso Cristo iria perder os membros do seu corpo?

O CRENTE CATEQUIZADO | 331

Aconteceria de os órgãos de seu corpo místico irem morrendo e desaparecendo, uns após os outros? Ele não disse *eu vivo, e vós vivereis* (Jo 14.19)? Então? *Crês isto?*

Pode ser que alguns irmãos considerem determinada doutrina elevada demais, ou misteriosa, ou quase boa demais para ser verdade. Nada disso tem importância. A questão principal é: "Ela foi revelada?" *Crês tu nos profetas, ó rei Agripa?* (At 26.27), perguntou Paulo. "Sei que crês." A mesma questão eu proponho a cada um de vocês — se você crê nos profetas e apóstolos, por que não em uma a uma de todas as grandes verdades que Deus revelou por intermédio deles? Se crê que foram reveladas, por que então lançar qualquer dúvida sobre elas, afirmando serem isso, aquilo ou aquilo outro? Nem lhe perguntarei se você crê em minha afirmação, ou de teólogos e estudiosos, mas volte-se para o próprio Livro infalível, veja o que ali está escrito e então se pergunte: *Crês isto?* À medida que deparar com uma e outra afirmação da lei divina, não a ataque nem contra ela levante objeções frívolas. Tampouco a distorça, nem tente ver se algum comentarista eminente não extraiu dela até a alma. Antes creia, no momento mesmo em que a conhecer. E, se for incapaz de fazê-lo, detenha-se perante Deus até consegui-lo. Peça a Deus que o ilumine, até poder, sem hesitação, responder à pergunta do Salvador, *Crês isto?*, como o fez Marta: "Sim, Senhor".

Como essa consulta à Bíblia, bem administrada e calando fundo no coração, aumentaria a amplitude de nossa fé! Como fortaleceria nossa capacidade de compreendermos e nos apropriar das verdades nela contidas! Como nossa alma se enriqueceria! De que forte alimento poderá se nutrir nossa confiança interna se pudermos entesourar, pelo menos, cada migalha de verdade revelada. Examine as Escrituras; tome o ensinamento da Palavra de Deus em detalhe, versículo por versículo, palavra por palavra, e pergunte à sua alma: *Crês isto?* Peça uma unção do Espírito para que compreenda todas as coisas e entenda, com todos os santos, qual a altura e a profundidade do amor de Cristo e conheça de fato esse amor, que dá conhecimento. Ganharemos muito, quanto a esse nosso primeiro ponto, se cada um de nós catequizar conscientemente a própria mente, questionando-se: "Você crê nessa doutrina da Palavra, em particular?".

II. Seremos rápidos ao abordarmos o nosso próximo item. Você crê bem distintamente nessa determinada doutrina? Constatamos com frequência, principalmente entre membros de determinadas igrejas, uma grande ambiguidade no que diz respeito à fé que professam. Não os julgo com rigor, somente observo que já nos têm procurado convertidos egressos de algumas comunidades cristãs, que não nomearei, os quais creem no evangelho, mas se parecem muito com o sujeito da velha anedota. Quando lhe perguntaram: "Em que você crê?", ele respondeu: "Creio no que a minha igreja crê". "Mas em que a sua igreja crê?", questionaram-no, então. "Minha igreja crê no que eu creio", ele retrucou. "E em que você e a sua igreja creem", prosseguiram interrogando-o. Ao que ele respondeu: "Nós dois cremos na mesma coisa". Impossível ir, além disso, com ele. Mas esse tipo de fé não é bastante comum hoje em dia? Muitos dos ditos cristãos têm essa fé cega e pouco mais. Essa fé meio tola em não se sabe o quê fica bem em patetas, mas não em seres normais e racionais. Deixemos então de lado aqueles que têm mente de escravo ou são frívolos demais para pensar por si mesmos. Quanto a nós, enquanto tivermos olhos, não admitiremos andar de olhos vendados. Achamos que o homem deve pensar por si mesmo. Mande lavar suas roupas fora se quiser, mas a meditação você deve fazer em casa. Não há como alcançar a terra da verdade, a menos que você abra caminho próprio meditando no ensino do Senhor. Você pode crer ou não no que *eu* lhe digo, como quiser. Mas eu lhe peço: não aceite minhas palavras por nenhum outro motivo senão que, segundo seu próprio julgamento, elas estão de acordo com a mente de Deus, conforme revelada na Lei sagrada. Deus deu a cada homem um julgamento, uma consciência, um entendimento. Aquele que tais coisas possui é obrigado a utilizá-las. A luz não é concedida a todos em porção igual; daí o uso de guias para quem não conta com grande conhecimento. Todavia, cada um deve contemplar a luz com os próprios olhos; não se pode enxergar as coisas por procuração. Alguns homens aprendem muito mais que outros por experiência própria, sendo, portanto, colaboradores úteis. Ainda assim, a experiência da graça de homem algum poderá substituir a própria experiência da graça de cada um de nós: cada um precisa sentir e conhecer a vida divina em sua própria alma. Assim como a comida tem de ser mastigada e digerida pela pessoa individualmente, em benefício do sustento de seu corpo, assim também a verdade tem de ser objeto de leitura, meditação, aprendizado e digestão no interior de cada ser, em prol do sustento de sua própria alma. A igreja de Roma diz: "Sustente uma fé que seja implícita à igreja". Excelente princípio para o sacerdócio, permitindo abranger todo um esquema em um minuto. Nós, porém, afirmamos exatamente o contrário e o instamos a não crer em uma única palavra que qualquer de nós, ou todos nós, pastores e pregadores, lhe dirigimos, se for contrária à Palavra de Deus. Leia a Palavra por si mesmo e examine as Escrituras para ver se tais coisas são ou não são exatamente assim, pois assim fizeram os antigos irmãos de Bereia, honrados justamente por isso. Você também o será, ao assumir a dignidade de sua condição de homem e, com a ajuda de Deus, usar de seu próprio senso e entendimento, mas orando pela ministração do Espírito para que venha a conhecer a verdade.

Nosso Salvador coloca determinada verdade diante de Marta em termos precisos. Deixando de lado a ideia vaga e genérica de ressurreição em que ela cria, lhe diz: "Eu, este que está aqui na sua frente, sou a ressurreição e a vida. *Crês isto?*" Você crê em uma doutrina expressa desse modo e formato, assim tão claro? Então, depois de lhe dar uma lição nítida e bem definida, ele indaga: Crês *isto?*" Jesus coloca perante seus olhos mentais não uma imagem imaterial, obscura, um espectro da verdade, mas uma afirmação sólida, substancial, de que ele próprio era a ressurreição e a vida, que levantava os mortos dentre os mortos e mantinha vivos os vivos que nele cressem. E pergunta: *Crês isto?*

Muita gente vislumbra as doutrinas sob uma luz difusa, um tanto enevoada, e é nessa "visível escuridão" que exercita uma espécie discutível de fé. Desse modo, jamais encontra conforto na verdade. Precisamos crer na verdade revelada ao vê-la em sua forma pura, clara, bem definida e exata, tal como a apresentam as Escrituras. Por exemplo, roubam metade do deleite que traz a doutrina da expiação quando a declaram indistintamente. Milhares de cristãos acreditam em uma espécie genérica de expiação, apenas um meio de reconciliação, algo assim como uma propiciação geral empreendida por Cristo, a qual, de um jeito ou de outro, nos leva a Deus. Contudo, amados, prefiro que vocês creiam que Jesus levou "ele mesmo os nossos pecados em seu corpo sobre o madeiro". "O Senhor fez cair sobre ele a iniquidade de todos nós." Crês isto? *Aquele que não conheceu pecado, Deus o fez pecado por nós; para que nele fôssemos feitos justiça de Deus* (2Co 5.21). *Crês isto?.* Leia Isaías 53. Ali, você encontra a substituição exposta com maior clareza. Sim, leia o capítulo de Isaías inteiro e se detenha em versículos como o 11: *Ele verá o fruto do trabalho da sua alma, e ficará satisfeito; com o seu conhecimento o meu servo justo justificará a muitos, e as iniquidades deles levará sobre si.* Então pergunte a si mesmo: *Crês isto?* A vida, a alma, a doçura e o amor da expiação encontram-se na substituição do pecador culpado pelo Salvador inocente, carregando sobre si o castigo total pelo pecado, um real pagamento da nossa dívida. Agora sei que estou limpo, porque ele, em meu lugar, fez justiça, honrou a lei, glorificou a Deus. *Crês isto?* Caro amigo, peça a Deus que lhe dê graça para que você creia no que Cristo ensinou, e no que profetas e apóstolos têm falado do modo exato como Deus pretende que você venha a crer. Não de um modo aleatório, irreal, mas de todo o seu coração, alma e mente, aceitando a Palavra pelo que ela diz, em todos os seus versos e formas expressamente delineados. Dê uma resposta rápida, objetiva e verdadeira à pergunta: "Crês nessa verdade, distinta e clara?" Responda: "Sim, Senhor".

III. Iremos agora um pouco mais além. Em terceiro lugar, queremos saber: "VOCÊ CRÊ NESTA DIFÍCIL VERDADE?" Certas verdades são difíceis de entender. Têm pontos que quase fazem claudicar a fé, até a fé assumir seu verdadeiro caráter, deixando de ser diminuída pelo raciocínio carnal; mas devemos crer nessas verdades. Não foi fácil para Marta entender como o Senhor Jesus poderia ser a ressurreição e a vida se, ao mesmo tempo, seu irmão estava morto. Não era uma verdade fácil para ela, tampouco o é para nós. Como Aquele que morreu pode ser a vida? Como pode Aquele cujos membros ainda estão no sepulcro ser a ressurreição? Como pode o Filho do homem ser dotado de um poder tão maravilhoso a ponto de a ressurreição e a vida dependerem inteiramente dele? Como? Tomamos conhecimento do fato, mas não o compreendemos. Na verdade, não há problema se não o pudermos compreender desde que tenhamos como suficiente o que nos é revelado, mesmo que para a mente racional seja um mistério imensurável.

De fato, foi difícil para Marta crer que o Senhor era a vida, pois a ideia lhe parecia contrária à sua experiência. *Ainda que morra, viverá*: isso ela conseguia esperar que fosse possível no caso de Lázaro.

O CRENTE CATEQUIZADO | 333

Contudo, o Senhor dissera: *Todo aquele que vive, e crê em mim, jamais morrerá* (Jo 11.16). Como podia ser verdade? Pois Lázaro vivera e crera em Jesus; contudo, morrera. A experiência humana de Marta era contrária à declaração de Cristo, o que lhe parecia dificultar a fé. Eis por que, então, o Senhor lhe perguntou: *Crês isto?*

Acontece, meus irmãos, que, quando nos tornamos cristãos, deixamos de levar em conta as dificuldades de crer, considerando as Escrituras como autoridade divina e nos submetendo implicitamente a seu ensino. Pelo menos, é o eu que tenho feito. A Bíblia e o Espírito Santo estão para mim como a igreja está para o católico romano. Com base nisso, nenhuma dificuldade poderá ser tão grande quanto as que eu tenho superado. Creio, antes de mais nada, que Deus estava em Cristo; que Aquele que fez os céus e a terra desceu à terra e tomou para si a natureza humana; que nasceu de uma virgem em Belém, teve por berço uma manjedoura e se alimentou, como qualquer criança, do seio de sua mãe. Crendo nisso, sou capaz de crer em qualquer coisa. Uma vez que aceito Deus encarnado como homem, nenhuma dificuldade há de abalar minha fé. O discurso de Marta — *Eu creio que tu és o Cristo, o Filho de Deus, que havia de vir ao mundo* (Jo 11.27) — provou sua prontidão em crer em tudo mais o que Jesus pudesse afirmar e fazer. A encarnação, antes de mais nada, é um mistério tão profundo que outros ensinamentos se tornam simples diante dela e tão grande que homem algum que nele não crer poderá ser considerado cristão. "E, sem dúvida alguma, grande é o mistério da piedade: Aquele que se manifestou em carne", diz Paulo. Regozije-se na luz desta que é a verdadeira estrela da manhã da esperança para nós — que Deus tenha tomado em união consigo mesmo a nossa natureza humana — e você estará pronto para receber toda a luz. Basta eu saber que Deus afirma que algo é verdadeiro para que seja o suficiente para mim. Posso não concordar em tudo com as palavras de uma velhinha crente que conheço, mas concordo com seu espírito quando ela deposita sua fé implícita nas Escrituras do modo mais puro e desarmado possível. Se alguém tenta ridicularizá-la por acreditar que um grande peixe engoliu Jonas, ela retruca: "Meu bem, se a Palavra de Deus dissesse que Jonas é que engoliu o grande peixe, eu ainda assim iria crer". Irmãos prostrem-se diante do pronunciamento de Deus. Não diante dos ditames ou dogmas do homem, ou do que diz o padre, o bispo, o pastor, o pregador ou o filósofo. Diante de Deus, que não pode errar, nós prostramos nossa alma. Nele você deve depositar sua fé implícita. Diga Deus o que quiser, a nós nos cabe crer. Isso não apenas em um ou em vinte casos, mas em tudo. *Crês isto?* — seja o que for "isto". Sim, nós cremos, se ensinado pelo Espírito Santo de Deus por meio das Escrituras infalíveis. Se sua fé não atinge esse alto padrão, acabará lhe sucedendo o mal. Nosso Senhor disse certa vez a seu grupo de seguidores: *Se não comerdes a carne do Filho do homem, e não beberdes o seu sangue, não tereis vida em vós mesmos* (Jo 6.53). [...] *Porque a minha carne verdadeiramente é comida, e o meu sangue verdadeiramente é bebida* (Jo 6.55). *Quem come a minha carne e bebe o meu sangue permanece em mim e eu nele* (Jo 6.56). O que veio a acontecer depois? Continue a leitura. "Muitos, pois, dos seus discípulos, ouvindo isto, disseram: Duro é este discurso; quem o pode ouvir? Por causa disso muitos dos seus discípulos voltaram para trás e não andavam mais com ele". Diziam eles: *Como pode este dar-nos a sua carne a comer?* (Jo 6.52). Concluindo que tal coisa seria inconcebível, eles abandonaram o Mestre. Pretendemos, por acaso, imitá-los? O Senhor Jesus Cristo, bem no início do seu ministério, nos prepara para crer em coisas difíceis. Determina que calculemos o custo disso, bem como de tudo mais. Ou seja, embora acreditemos em determinados mistérios, existem muitos mais que desconhecemos ainda, os quais em seu devido tempo demandarão nossa fé. Jesus advertiu a Nicodemos, quando lhe falou sobre nascer de novo e isso o abalou: *Se vos falei de coisas terrestres, e não credes, como crereis, se vos falar das celestiais?* (Jo 3.12). Como se a regeneração, a qual de fato se reveste de caráter celestial, fosse apenas uma verdade comum comparada com aquilo mais em que Nicodemos ainda teria de crer! Se Nicodemos dissesse: "Bom mestre, eu consigo ir até aqui, mas quero ficar no meu entendimento e não me aventurar muito além", então o Rei dos judeus e Filho de Deus o deixaria ir, pois não há como ser seu discípulo quem não queira ou não possa receber todas as suas palavras e nelas crer, sejam quais forem.

Crês isto, então? Nessa difícil verdade? Apresento o problema com muita sinceridade para alguns de vocês, pois pode ser que neste exato momento você pode estar enfrentando algum problema de falta de fé em determinada promessa ou doutrina que lhe pareça mais difícil. Todavia, há uma promessa que diz: *Quando passares pelo fogo, não te queimarás, nem a chama arderá em ti* (Is 43.2). *Crês isto*, embora todas as coisas possam parecer se consumir no calor da sua aflição pessoal? Pode ser que você esteja sob uma nuvem particular de densa escuridão. No entanto, Jesus declara: *Eu sou a luz do mundo; quem me segue, de modo algum andará em trevas, mas terá a luz da vida* (Jo 8.12). E ainda: *Vim ao mundo, para que todo aquele que crê em mim não permaneça nas trevas* (Jo 12.46). *Crês isto?* Você é capaz de afastar qualquer impossibilidade, afirmando que assim será simplesmente porque Deus o afirma? Sua fé consegue saltar por cima do raciocínio carnal? As atuais circunstâncias e deduções do seu próprio julgamento podem ser afastadas com um simples aceno de mão, enquanto você diz "seja Deus verdadeiro, e todo homem mentiroso"? Se assim é, você tem a fé que o conforta e abençoa; se não, tal como Marta, você se lastimará de sofrimento e dor, pois ainda não creu na verdade que é capaz de libertá-lo e alegrá-lo.

IV. Em quanto lugar, você crê nessa verdade como ligada a Jesus? Acabei de chamar sua atenção para o fato de Marta crer que haveria uma ressurreição. "Sim", disse Cristo, "mas eu sou a ressurreição; *crês nisto?* Uma coisa é acreditarmos em uma doutrina; outra coisa é acreditarmos nessa doutrina como algo incorporado à pessoa de Jesus Cristo. *Crês isto?* Aí está a consolação: está em acreditar na verdade tal como você a encontra naquele que é a verdade. Marta foi conclamada a crer primeiro no poder pessoal de Cristo. "Os mortos ressuscitarão." "Verdade, Marta; mas você crê que *eu* os farei ressuscitar, que é por meu intermédio que os mortos viverão? Sim, que eu sou a ressurreição e a vida. Você crê nisso?" Mas ela precisava acreditar mais ainda: no poder presente de Jesus; guarde bem isso. "Mesmo agora", disse Jesus, "*eu sou* a ressurreição e a vida; aquele que vive, e crê em mim, viverá, jamais morrerá". Uma coisa, portanto, é crer que Jesus *terá* o poder, no último dia, de levantar os mortos; e outra, o que cremos: que ele é, *mesmo agora*, a ressurreição e a vida. Oh, a glória de crer no poder pessoal e no poder presente de Cristo! Jesus, o EU SOU, nos diz: "*Eu sou* a ressurreição e a vida".

Mais ainda: Marta foi chamada a crer na união de Cristo com seu povo; a crer que os cristãos são um com ele, a ponto de compartilharem de sua vida. Libertos de sob o poder da morte, livres do seu poder, a ele nunca mais se submeterão. Em Cristo, os mortos vivem, e os vivos não morrem. "Mas eu não entendo isso", poderá dizer alguém, "pois vejo todo dia morrerem boas pessoas". Você vê, na verdade, o que imagina ser a morte. Acontece que essas pessoas não morreram propriamente, mas, sim, passaram desta vida para uma vida superior. A essência da morte jamais toca os crentes — eles vão "deste mundo para o Pai". Partem para "estar com Cristo, porque isto é ainda muito melhor", mas não *morrem*. A morte como sanção penal, em seu significado mais profundo, não chega mais perto daqueles por quem Jesus suportou a morte na cruz; a morte dele, substitutiva, representa a morte da morte para nós. *Crês isto?*

Agora, vamos, que cada um de nós diga se de fato crê que Cristo Jesus tem todo o poder nos céus e na terra. Será que o adoro realmente como Deus acima de tudo, bendito para sempre? Capaz de fazer infinitamente mais do que peço ou mesmo penso? Quando me coloco diante de Deus em oração, creio em Cristo a ponto de me lembrar de sua promessa *e tudo quanto pedirdes em meu nome, eu o farei* (Jo 14.13). Não o Pai, mas *ele*: o próprio Cristo, segundo ele mesmo afirma, é que lhe dará todas as coisas. Você tem esse conceito, essa ideia do seu Senhor, sabendo que é capaz de fazer todas as coisas por você agora e que, em resposta à sua oração, poderá lhe conceder uma bênção e livrá-lo de todo e qualquer problema? *Crês isto?* Se não, você não tem ainda uma ideia exata ou completa de Cristo, pois ele é Senhor de tudo. "Tu és o rei da glória, ó Cristo", e, como tal, cremos em ti, confiamos em ti, encontramos consolo no teu poder pessoal e presente!

V. Passemos agora para o quinto item: Você acredita que essa verdade se aplica à sua própria vida agora mesmo? Era esse o problema de Marta e em que ela falhou. Ela acreditava em que todos ressuscitariam; mas Jesus, na prática, lhe diz: "Crês que eu sou a ressurreição e a vida? Porque, se assim for, sou capaz de erguer teu irmão do túmulo agora mesmo. *Crês isto?* Veja bem: às vezes recebemos grandes verdades e, no entanto, somos impedidos de poder assumi-las por causa de verdades menores. Talvez seja porque a grande verdade não tenha uma relação prática conosco naquele momento, enquanto a verdade vigente, embora menor, tem aplicação imediata em nossa vida e condições. Duvidamos e abrimos mão, assim, da maior promessa, da mais necessária ao nosso consolo e alegria. Veja: Marta crê que todos ressuscitarão; logo, a ressurreição de uma só pessoa seria mais fácil. Ela duvida que Lázaro possa ressuscitar hoje porque ele está dentro de um túmulo e, no entanto, crê que milhões de milhões se levantarão um dia de dentro da terra. Sem dúvida, isso acontece devido a um distanciamento temporal e físico. Sentimentos muito particulares devem ter operado na mente de Marta, pois a ressurreição geral é uma dificuldade maior. É difícil crer que Lázaro pode ressuscitar, ele que está morto há quatro dias? Bem, então será muito mais difícil crer que podem ser restaurados os corpos mortos há muitíssimos anos. Contudo, Marta crê que os mortos irão se levantar na ressurreição no último dia, não só os que cheiram mal, mas inclusive aqueles cujos corpos se desfizeram pela decomposição e foram espalhados pelos quatro ventos até os confins mais distantes da terra. Ela crê no milagre em larga escala, mas, descendo ao fato particular de uma pessoa que morrera havia apenas quatro dias, não consegue acreditar. Crê que haverá uma ressurreição geral de todos os tipos de pessoas. Todavia, visto que se pode crer nisso, mais fácil seria esperar que um dos amigos prediletos de Cristo ressuscitasse agora. Jesus amava Lázaro; com certeza, ele o chamaria do túmulo.

Marta professou fé na verdade, mas titubeou diante de verdade maior, pois esta seria aplicável a si mesma. Eu lhes peço: vejam se vocês não trilham com frequência o mesmo caminho. Lá está uma pobre alma crendo que Jesus Cristo é capaz de nos purificar de todo pecado. Bem, meu amigo, você não crê que ele possa purificá-lo dos seus? É essa a questão fundamental, pois todos os pecados de milhões de pessoas são muito mais e maiores do que apenas os seus. Se Jesus pode levar embora o pecado de muitos, e de todos, sem dúvida alguma pode levar os seus. *Crês isto?* Você é capaz de confiar nele para o seu próprio benefício? Você, que é crente, crê que todas as coisas colaboram para o bem daqueles que amam a Deus? Que todos os seus infortúnios, grandes e pequenos, estarão operando para o seu bem? Que até aquela incômoda dor de dente pode cooperar para seu bem? Que aquela ofensa de ontem foi para o seu próprio bem? Que a lamentável morte do seu filho pode contribuir para o seu bem? Você sabe ser mais fácil acreditar que os acontecimentos de somente um dia contribuirão para o seu bem do que crer que todas as coisas do mundo, a vida inteira, o farão. Todavia, pode ser também que suas atuais provações o estejam abalando muito, por isso confessa suas apreensões. Então, tem fé em tudo, exceto naquilo capaz de confortá-lo? Dispõe de tudo, menos do necessário ao momento em particular que está vivendo? Que pena! Que tristeza! O carpinteiro que precisa fixar um prego e dispõe de todas as ferramentas, menos, justamente, do martelo! Que fazer? De que lhe servem todas as demais ferramentas? Se você consegue crer em tudo, menos na verdade capaz de encorajá-lo no presente instante, está se privando da consolação e da força de Deus. Você crê que a promessa lhe foi dada para este dia exato? O Senhor disse: *Nunca te deixarei, nem te desampararei* (Hb 13.5). *Crês isto?* "Por baixo estão os braços eternos." *Crês isto?* "De ferro e de bronze sejam os teus ferrolhos, e como os teus dias, assim seja a tua força." *Crês isto?* A Palavra de Deus é como a árvore da vida, que frutifica todo mês. Que bênção colher o fruto dessa árvore no mês justo, quando está bem maduro e mais saboroso. Ela diz: *Deleita-te também no Senhor, e ele concederá o que deseja o teu coração* (Sl 37.4). Se você fizer isso, ele ouvirá sua oração e lhe dará da luz que transmite seu rosto. *Crês isto?*

VI. Último ponto: VOCÊ CRÊ NESSA VERDADE NA PRÁTICA? Marta responderia talvez que sim, mas seus atos não o comprovavam. Ela colocou sua crença na Palavra do Senhor, ao declarar: "Sim, Senhor, eu creio que tu és o Cristo, o Filho de Deus, que havia de vir ao mundo". Contudo, não a ponto de agir propriamente com base nessa sua fé. Coleridge explica: "As verdades, dentre todas, mais tremendas e misteriosas e, ao mesmo tempo, de interesse universal, são com grande frequência consideradas tão verdadeiras que perdem todo o seu poder de verdade, permanecendo acamadas no dormitório da alma, lado a lado com os equívocos mais desprezados e desacreditados". Até que ponto é real a afirmação de que não há pessoas melhores que a crença que professam? E por quê? Pelo mesmo motivo de que tantas pessoas são piores do que a crença que professam: sua crença está adormecida, é inoperante. Tais pessoas creem, mas é como se não cressem. Trata-se de um arremedo muito pobre de fé. Suponhamos que há uma casa em chamas aqui em Londres, que eu saiba do fato e o conte a vocês e que vocês acreditem. Mas o que lhes importa? Ninguém aqui moverá um dedo para apagar o fogo. Ah, mas se vocês vissem o caminhão dos bombeiros entrar na *sua* rua e achassem que o incêndio, afinal, poderia ser na *sua* casa, garanto que ficariam assustados e apreensivos na mesma hora. Sua convicção chegaria logo a se tornar pessoal. Seria uma preocupação real. Assim, há certas verdades que não nos parecem dizer respeito, pelo menos "por enquanto". São importantes, sim, mas não agem sobre nós mais do que se fossem simples ficção. Marta diz crer em Jesus como a ressurreição e a vida; no entanto, que atitude prática, na verdade, ela tomou? Cristo ordena aos espectadores que tirem a pedra do sepulcro, e ela, todavia, intervém, explicando: *Senhor, já cheira mal* (Jo 11.39). Teme as terríveis consequências de ser mostrado o corpo do irmão em pleno estado de decomposição — apesar de à entrada do túmulo se encontrar justamente Aquele que é a ressurreição e a vida! Ah! Marta, onde está a sua fé no Senhor? Você afirma crer em Jesus como a ressurreição e a vida, mas de fato teme ainda que seu irmão não se levante, muito embora esteja ali nada menos que o Todo-poderoso para ressuscitá-lo!

Marta, porém, não é bem idêntica a você e a mim? Acreditamos que Deus ouve a nossa oração; por isso, oramos. Todavia, basta o Senhor atender aos nossos pedidos para nos surpreendermos! Já vi filhos de Deus saírem correndo atônitos para contar aos amigos: "Fantástico! Oh, que coisa mais maravilhosa aconteceu comigo! Fiz uma oração, e Deus me ouviu". Espantoso Deus fazer o que disse que faria, não? Essas pessoas descrevem tais experiências em livros como sendo maravilhas das maravilhas e os intitulam *Respostas incríveis à oração*. Meus irmãos é *incrível* sentirmos frio quando a temperatura desce abaixo de zero? Destacamos como estranho o calor admirável dos raios de sol em pleno verão? Será digno de nota que o fogo da lareira de nossa casa que nos aqueça as mãos estendidas, no inverno? Deus é extraordinário por declarar que ouve as orações nossas e o faz? Uma oração respondida deve ser lembrada, sem dúvida, com gratidão; mas, ao mesmo tempo, deve ser para nós como a coisa mais natural do mundo o fato de nosso Pai celestial cumprir o que promete a seus filhos. Grande espanto seria Deus prometer e não cumprir. É fantástico, sim, que Deus haja prometido ouvir sua oração; mas nada há de mais em, tendo prometido, honrar a sua palavra.

Irmãos, grande parte das vezes não nos mostramos nada práticos em outras questões também. Somos capazes de aprender diversas verdades em relação às quais deixamos de agir e nos perguntarmos, em nosso coração: *Crês isto?* Ao sair daqui esta manhã, e ao colocar minha mão no ombro de um crente desanimado que também esteja saindo e lhe perguntar: "Você crê no seu Deus?", que eu não ouça coisas como: "Eu estou tão cansado em espírito, pregador, que posso cair e perecer a qualquer momento". O Senhor disse que *dá força ao cansado, e aumenta as forças ao que não tem nenhum vigor* (Is 40.29) . *Crês isto?* Posso me aproximar, então, de outro crente, que vejo suspirando e choramingando devido à pobreza, e a ele lembrar: "Deus disse que 'não negará bem algum aos que andam na retidão'. *Crês isto?*" Qual será sua resposta? Como ele reconciliaria seu desconforto e sua murmuração com a crença na promessa de consolação?

Irmãos, repassemos essas questões em nossa alma. Chamamos a nós mesmos de *crentes*, mas será que o somos de fato? Se duvidarmos das preciosidades divinas, uma após a outra, quando elas se apresentarem a nós em detalhes, onde está nossa fé? Supliquemos ao nosso Deus que nos conceda graça para podermos individualizar uma doutrina, uma promessa exata e, com segurança, declarar: "Senhor, eu creio *nisso*, e *nisso*, e *nisso*, porque confio em tudo que anunciaste em tua Palavra. Sei que acontecerá exatamente conforme tudo o que disseste". Deus os abençoe, amados, e esteja com vocês por amor de Cristo. Amém.

O MESTRE

Dito isto, retirou-se e foi chamar em segredo a Maria, sua irmã, e lhe disse: O mestre está aí, e te chama (Jo 11.28).

Imagino que Marta falou mansamente a Maria as palavras "o mestre" simplesmente porque essa devia ser a forma de tratamento usual com que as irmãs se referiam ao Senhor. Talvez fosse a forma costumeira também entre os discípulos, pois Jesus disse: *Vós me chamais mestre e Senhor; e dizeis bem, porque eu o sou* (Jo 13.13). Acontece com frequência termos um título especial para aqueles a quem amamos e a quem fazemos referência com maior familiaridade quando estamos em um círculo que compartilha da nossa estima por essas pessoas. Em vez de empregarmos seus possíveis títulos oficiais ou mesmo o nome, existem formas de tratamento que costumamos criar, em razão de associações felizes ou que nos lembram traços queridos de sua personalidade, sendo, portanto, de muito agrado para nós em nossa boca. Imagino, assim, que a maioria dos discípulos, se não todos, chamavam Jesus de "mestre", muitos deles acrescentando a palavra "Senhor". Maria, creio eu, sentia-se particularmente inclinada ao emprego do primeiro termo. Era o *seu* título para o Senhor. Fico imaginando que o chamasse até de *"meu* mestre". Mas, claro, Marta não poderia dizer à irmã *"seu* mestre está aí", pois seria errôneo quanto à sua própria lealdade a Jesus; mas pode ser também que não se sentisse à vontade para dizer *"nosso* mestre", considerando-se que era mestre de muitos; e, naquelas circunstâncias, esperando até que ele fosse realmente mestre ainda sobre os mortos. Por isso, disse *"o* mestre está aí".

Interessante notar que a mente de espíritos semelhantes ao de Maria sempre gosta muito do título "o mestre" para Jesus, ainda mais no caso do maravilhoso, suave e místico poeta, apaixonado por seu Senhor, George Herbert, que, ao ouvir o nome de Jesus ser mencionado, dizia sempre "meu mestre". Ele nos deu um agradável poema, *O perfume*, que começa assim:

Quão doce é o som de meu mestre, meu mestre.

Deve haver algo de uma preciosidade extraordinária nesse título para que uma Maria e um Herbert se enamorassem tanto dele, mais que de qualquer outro. Jesus recebeu diversas designações, todas, aliás, muito agradáveis e musicais. Selecionar esta em particular entre tantas que seus amados gostam de lhe aplicar foi uma bela opção. Muitos entre nós estão acostumados a falar do Senhor como o Mestre, e, embora existam vários outros títulos, tais como "o amado", "O bom pastor", "o amigo", "o noivo", "o redentor" e "o salvador", ainda nutrimos especial afeição por esse nome ímpar, que nos evoca uma "fragrância oriental", com a qual "o dia inteiro perfumamos nossa mente". Como sabemos, a palavra "mestre" poderia muito bem ser traduzida por "professor" ou "instrutor", pois essa é a essência de seu significado. Alegra-me, porém, chamá-lo mestre, porque o uso e sua doce associação consagraram a palavra. Também porque mantemos entre nós, na Inglaterra, o costume de chamarmos o dirigente de um departamento universitário de o mestre. Contudo, se em nossa versão bíblica se lesse "o Professor está aqui", teria se aproximado mais do original.

I. Devo proferir, em primeiro lugar, algumas palavras sobre A PROFUNDA CONVENIÊNCIA DESSE TÍTULO QUANDO APLICADO A NOSSO SENHOR.

Ele é, de fato, o mestre — o grande Professor. Mas e se unirmos as duas palavras e o chamarmos de mestre-professor? Jesus se ajusta particularmente bem a esse ofício. Para ser mestre-professor, a pessoa deve ter a *excelência mental* de um educador. Mentes assim, com certeza, não se formam todas do mesmo molde. Tampouco são todas dotadas do mesmo vigor, profundidade, força e prontidão para agir. Algumas organizações mentais são magníficas por formação. Embora pertençam a um homem comum, por exemplo, ostentam em si um verdadeiro selo imperial. Esse tipo de mente não se deixa sufocar por andrajos nem oprimir pelo peso da pobreza. A mente do mestre é reconhecida por uma superioridade inata e abre seu próprio caminho para seguir sempre avante. Nada direi das qualidades morais de um Napoleão, mas há que se reconhecer que uma mente como a dele não poderia ficar oculta para sempre entre a tropa; ele tinha de se tornar um comandante, um conquistador. Assim também um Cromwell ou um Washington precisaram se elevar à condição de *mestres* entre os homens, dado o nível magistral de sua mente. Tais homens enxergam rápido as coisas. Analisam-nas sob todos os ângulos possíveis e, com base nas conclusões a que chegam, sabem inspirar fé nas pessoas, fazendo que em pouco tempo sejam alçados à posição de mestre por consenso geral de todos à sua volta. Não se deve ter por mestre-professor um homem de alma pequena. Ele pode até alcançar a cadeira de professor, mas todos verão que está deslocado, e ninguém se dará por satisfeito ao pensar nele como seu mestre. Existem muitos pintores, mas poucos são os Rafaéis, os Michelangelos, poucos os que conseguiram fundar escolas que lhes perpetuassem o nome. Há muitos compositores, mas poucos poetas estabeleceram escolas de pensamento melodioso das quais se tornaram dirigentes amados. Há muitos filósofos, mas nem todo dia se encontra um Sócrates ou um Aristóteles, pois os grandes professores devem ter uma grande mente, e esta é rara entre os homens.

O professor de todos os professores, o mestre dos mestres, precisava ter um espírito imensamente grandioso, estar acima de todos os outros homens. Foi essa alma que Maria viu em seu Senhor, Jesus Cristo, e nós também. Por isso, cunhamos para ele o título de "o mestre". Nele encontramos a própria divindade, com sua onisciência e infalibilidade e, ao mesmo tempo, uma humanidade completa a circunscrevê-lo com perfeição, harmoniosa em todas as suas qualidades, um equilíbrio perfeito de excelência, no qual não há excesso algum, tampouco deficiência. Em Cristo, você encontra a perfeita mente humana, a ponto de ter uma intensa masculinidade e uma doce personalidade. Em Jesus, havia toda a ternura e empatia aliadas à força e à coragem. Seu amor era suave e bondoso sem ser efeminado; seu coração era forte e masculino sem ser rigoroso nem severo. Era o homem completo na plena acepção da palavra, a figura da humanidade sem a queda, em sua perfeição.

Nosso Senhor era um homem que impressionava todos que dele se aproximavam. As pessoas ou o odiavam com toda a força ou o amavam com ardor. Onde quer que estivesse era visto como um príncipe entre os filhos dos homens. O diabo sabia quem era, tanto que o tentou mais que todos os outros. Sabia ser o inimigo digno da sua lâmina e o fez duelar no deserto, na esperança de vencer a batalha derrotando o próprio Filho de Deus. Nem os escribas e fariseus, que desdenhavam de todos que não alargavam as bordas de suas vestes, não conseguiram desprezar este homem simples, mas poderoso; podiam odiá-lo, mas seu ódio era uma reverência inconsciente que o mal é forçado a prestar à bondade e à grandeza superlativas. Jesus não podia ser ignorado nem menosprezado; era uma força em toda parte, um poder onde quer que se encontrasse. Um mestre, sim, "o mestre". Uma grandiosidade lhe revestia a natureza humana, de forma que se elevava acima de todos os outros homens, como um poderoso cume dos Alpes que se ergue acima dos montes menores e lança sua sombra por todo o vale.

Contudo, para fazer do mestre um professor, este deverá possuir não só excelência mental, como também *excelência de conhecimento* daquilo que tem para ensinar. Melhor ainda se esse conhecimento for adquirido por experiência, e não propriamente por instrução formal. Era o caso de nosso Senhor Jesus. Veio para nos ensinar a ciência da vida, e nele estava a vida. Experimentou a vida em todos os seus aspectos, e

O MESTRE

| 339

em tudo foi tentado como nós, mas sem pecar. O homem mais elevado não estava acima dele, mas ao mais baixo não considerava inferior, mas, sim, era complacente com suas falhas, suas dores e enfermidades. Não há vales sombrios de melancolia que seus pés não tenham pisado, picos imponentes de alegria que não tenha escalado. Maravilhoso era o júbilo, bem como a dor de nosso Senhor Jesus Cristo. Ele conduziu seu povo pelo deserto, sabendo, como o velho Hobabe, onde acampar. Conhecia todo o caminho que seria preciso percorrer para chegar à terra prometida. Foi-lhe conveniente que se "aperfeiçoasse pelos sofrimentos". Não nos ensinou nenhuma verdade teórica apenas, mas o objeto de sua própria experiência real. O remédio que nos deu, ele mesmo testou. Se houver amargura para nós, lembremo-nos de que ele bebeu litros dela; se houver doçura na taça, saibamos que ele nos oferece o máximo de sua alegria. Todas as coisas relacionadas com sua vida e caráter divino, toda a ciência da salvação, dos portões do inferno ao trono de Deus, ele conhece muito bem, por experiência própria, pessoal. Não há um único capítulo do livro da revelação de Deus que ele não entenda, nem uma única página do livro da experiência que ele não compreenda. Portanto, capacitado é ele, mais do que qualquer mestre e professor, para nos ensinar, dono de completa excelência mental e de conhecimento daquilo que veio ministrar.

Mais ainda, nosso grande mestre, enquanto entre nós, revelou *capacidade ímpar para ensinar*. Isso é também essencial, pois nem todo homem de amplo conhecimento e grande mente é capaz de transmitir seu saber a outras pessoas. É preciso ter talento e aptidão. Conhecemos alguns instrutores cujo discurso, infelizmente, parece nunca ser proferido na linguagem do homem comum; se têm algo a dizer, o fazem em um jargão próprio, que talvez eles mesmos entendam, bem como alguns de seus discípulos, mas é "grego" para pessoas comuns, mesmo instruídas. Bendito seja o professor que ensina o que ele próprio entende, para permitir aos outros compreendê-lo. Gosto do que diz o velho Cobbett, que assinala: "Eu não apenas falo para que os homens possam me entender, mas para que *não possam me entender mal*". Professor assim foi Cristo para os seus discípulos e os demais que tiveram o privilégio de ouvi-lo. Quando as pessoas se sentavam a seus pés, ele tornava a verdade tão clara que os peregrinos, inclusive os menos sábios, não precisavam mais errar, se quisessem, daquele momento em diante. Por meio de parábolas e frases simples, que prendiam a atenção e conquistavam o coração, apresentava verdades celestiais para serem captadas pelo entendimento comum, ao mesmo tempo que o Espírito de Deus removia obstáculos a esse entendimento, capacitando-o a receber a verdade. Jesus ensinava não só com simplicidade, mas também com amor. Revelava as coisas para seus discípulos com tamanha gentileza que seria até um prazer precisar ser ensinado, ainda mais dessa forma. Sua maneira de ensinar era, enfim, tão doce quanto a verdade que ministrava. Todo mundo que comparecia às aulas de Cristo sentia-se em casa, deleitando-se com seu mestre, ganhando a certeza de que o único lugar para realmente aprender tinha de ser a seus pés. Juntamente com seus ensinamentos, o mestre oferecia uma boa dose do Espírito Santo — não certamente a medida plena, que estava reservada para quando ascendesse aos céus, ocasião em que o Espírito iria batizar a igreja. Mas a cada um que o ouvia e seguia ele concedia um tanto do Espírito de Deus, por meio de quem suas verdades eram ministradas não somente ao ouvido, mas também ao coração.

Ah, meus irmãos, não somos nem de longe professores como Cristo, pois, mesmo quando damos o melhor de nós, só conseguimos, muitas vezes, atingir o ouvido das pessoas. Não temos como outorgar o Espírito Santo; somente ele o tem. Hoje, quando o Espírito, vindo de Cristo, traz sua verdade e a revela a nós, podemos identificar com clareza quanto é habilidoso o método de ensino do Senhor, que escreve suas lições não no quadro-negro, mas nas tábuas do nosso coração. Não nos prescreve livros didáticos, sendo ele o próprio livro. Prepara-nos as lições, sim, sendo ele a própria lição. Realiza à nossa vista o que deseja que façamos, de tal modo que, quando o conhecemos, passamos a saber o que ele tem para ensinar e, quando o imitamos, seguimos os preceitos que nos dita. O método de ensino do nosso Senhor, incorporando em si mesmo a instrução, é digno de um rei, não havendo rival que esteja à sua altura. Não é verdade que as crianças aprendem infinitamente mais com exemplos do que com preceitos? É assim, justamente, que o nosso mestre nos ensina. "Nunca homem algum falou assim como este homem" — eis uma grande máxima cristã, que só poderia ser comparada a outra que dissesse: "Nunca homem algum *agiu* assim como este homem". Porque a palavra e os feitos desse homem concordam uns com os outros. Seus feitos incorporam e reforçam sua palavra, dão-lhe vida e nos ajudam a compreendê-la. É mais profeta que todos os profetas, mais até que Moisés e Elias, poderoso tanto em palavra quanto em feitos, e, por isso, é *o mestre* dos profetas e professores.

Eis, portanto, toda a excelência mental, experiência e método de ensino de um mestre, a quem nada mais justo que chamar de "o mestre".

Além do mais, caros amigos, e acima de tudo, existe uma *influência de mestre*, que Jesus, sem dúvida, exercia, como instrutor, sobre quem dele se acercasse. As pessoas não apenas viam, mas também sentiam; não só sabiam, como também amavam; não apenas se deleitavam com a lição do professor, como lhe manifestavam adoração. Que mestre era esse Cristo, do qual o próprio Eu era o poder que conteve e, por fim, eliminou o pecado; que implantou a virtude e deu início a uma nova vida, nutrindo-a e conduzindo-a para a perfeição!

Ter para doutrinar alguém que nos seja muito apreciado significa tornar mais fáceis os ensinamentos. Nenhuma criança aprende melhor do que com a mãe que não somente seja capacitada a ensinar, mas que, sobretudo, saiba tornar doces as lições, cristalizando-as no açúcar do seu afeto. Transforma-se então em prazer, além de dever, o aprendizado. Todavia, certamente nunca houve uma mãe mestra que conquistasse o coração de um filho aprendiz (e sempre houve mães mestras gentis e afetuosas) tão completamente quanto Jesus ganhou o coração da irmã de Marta e Lázaro, Maria; ou melhor, como Jesus conquistou o seu coração e o meu, posso dizer, caso você se sinta como eu em relação ao meu Senhor.

Dele não exigimos argumentos para provar o que diz, pois ele próprio substitui com vantagem o raciocínio e a argumentação. Seu amor é a lógica que nos prova tudo. Com ele, não precisamos nos envolver em debates. O que fez e faz por nós responde a todas as dúvidas que poderíamos levantar. Se discorre sobre o que não compreendemos, cremos. Perguntamo-nos se podemos entender, e, se a resposta for "não", permanecemos onde estamos e acreditamos no mistério. Nós o amamos muito a ponto de nos contentarmos tanto no saber quanto no desconhecer, se for essa sua vontade. Consideramos seu silêncio tão eloquente quanto seu discurso e temos fé de que seu propósito ao ocultar é tão benigno quanto ao revelar. Porque o amamos, ele exerce tamanha influência sobre nós que de pronto nos comprazemos em seu ensino e o recebemos. Quanto mais o conhecemos e mais sua influência prazerosa e inexprimível domina nossa natureza, mais lhe entregamos por inteiro nossa imaginação, nosso pensamento, raciocínio. Os homens podem nos chamar de ingênuos ou tolos por isso, mas temos aprendido aos pés de Jesus que "o mundo pela sua sabedoria não conheceu a Deus", e que, se não nos convertermos e nos tornarmos como crianças, de modo algum entraremos no reino dos céus. Não ficamos confundidos, portanto, quando o mundo nos considera infantis e crédulos. O mundo, sim, torna-se cada vez mais adulto e cada vez mais tolo. Nós, no entanto, cada vez mais infantis, mas cada vez mais sábios. Reconhecemos que nos diminuirmos ante o nosso Senhor Jesus é o modo mais seguro e verdadeiro de crescer. Quando tivermos diminuído a ponto de não sermos nada, ou menos que nada, então teremos atingido a plena maturidade na escola de Cristo. Tiraremos nota máxima no verdadeiro aprendizado ao conhecermos o amor de Cristo, que nos transmitiu conhecimento.

Podemos chamar de mestre, portanto, com toda a propriedade, aquele dotado de mente de mestre, experiência de mestre e capacidade para ensinar como mestre. Agora, também, aquele que exerce influência de mestre sobre seus discípulos, de modo que os deixe para sempre atados a ele de mente e coração, considerando-o sua maior lição, bem como o máximo de todos os instrutores.

Tendo provado que nosso amado Senhor faz ampla justiça ao título, gostaria então de acrescentar que *ele é, por ofício, o único e exclusivo mestre da igreja.*

Não existe na igreja cristã nenhuma autoridade em doutrina senão a palavra de Cristo. Os livros inspirados que ele nos legou, ordenando que jamais lhes mudássemos uma letra ou acrescentássemos uma sílaba, é nosso código normativo, nosso credo autorizado, nosso padrão de fé estabelecido. Ouço muito falar em várias "teologias sistemáticas", mas a minha impressão pessoal é que nunca houve senão uma

O MESTRE

|341

única e jamais haverá outra além dessa teologia sistemática: Jesus Cristo, em quem *habita corporalmente toda a plenitude da divindade*. Para a verdadeira igreja, Cristo é a teologia sistemática. Algumas igrejas recorrem a determinados padrões, mas nós não reconhecemos nenhum padrão teológico senão o nosso próprio mestre. *E eu, quando for levantado da terra, todos atrairei a mim* (Jo 12.32), disse ele. Não sentimos atração alguma por nenhum outro mestre. É ele o padrão — "a ele obedecerão os povos".

Não somos daqueles que se recusam a ir além de Martinho Lutero. Bendito seja Deus por Martinho Lutero! Deus nos livre de dizer uma única palavra que o deprecie. Mas fomos batizados em Martinho Lutero? Creio que não. Alguns nunca avançam um milímetro além de João Calvino, a quem atribuo o primeiro lugar, acima de todos os homens meramente mortais. Ainda assim, Calvino não é nosso mestre, mas somente um pupilo mais adiantado que outros na escola de Cristo, nada mais. Enquanto ele ensinar como Cristo ensinou, estará falando com autoridade; quando se afasta de Jesus, no entanto, não deve ser seguido mais do que Voltaire. Há irmãos cuja única referência para tudo são as pregações de João Wesley. "O que Wesley teria dito a respeito disso?" é uma questão de peso considerável entre eles. Consideramos de pouco interesse o que Wesley teria dito, ou de fato disse, na orientação de cristãos, tantos anos após sua partida. Muito melhor é perguntar o que Jesus diz em sua palavra. Um dos maiores homens que já viveu foi Wesley; mas ele não é nosso mestre. Na verdade, não fomos batizados em nome de João Wesley, nem de João Calvino, nem de Martinho Lutero. "Um só é o vosso guia, que é o Cristo". Agora mesmo, o parlamento de nosso país está prestes a designar um juizado capacitado a decidir o que estaria certo ou não em determinada igreja cristã. O referido juiz certamente dirá: "Este traje você pode usar; aquele, não. Ou seja, o ritual de vocês não deve ir além desse ponto". A Câmara dos Comuns reconhecerá em sua pessoa o criador, senhor e mestre da Igreja da Inglaterra, à qual ele ordenará: "Faça isso", e ela fará, ou "Contenha-se", e ela reterá sua mão. Ela terá de se curvar em reverência a ele e aceitar dele a comida, como um cachorro, da mão de quem lhe serve de dono, usando no pescoço uma coleira de latão ou couro, ou seja lá do que César ordenar, ostentando o lema: "Sois servos desse mesmo a quem obedeceis". Ora, o mais pobre ministro da mais desprezada das nossas igrejas, cuja pobreza se supõe fazer ter feito dele desprezível, mas que, na verdade, é a glória que ele exibe por amor a Cristo, riria com desdém se tivesse de submeter qualquer ato espiritual de sua congregação ao julgamento do Estado. Preferiria morrer a receber ordens governamentais relativas à adoração divina. Pois, na verdade, o que a igreja tem que ver com o Estado? Nosso Mestre e Senhor estabeleceu um reino sobre o qual não impera outro soberano além dele próprio. Não podemos nem iremos nos curvar diante de decretos do Parlamento, de senhores e reis, concernentes às coisas espirituais. A igreja de Cristo tem um único cabeça, o próprio Cristo, e aquilo que seja necessário ensinar, sua doutrina, não pode ser disposto por uma corte judicial ou um concílio de bispos, um sínodo de ministros, um presbitério, uma conferência ou convenção. O Senhor Jesus Cristo nos ensinou o que sabemos. Negar seu ensino significa traição contra a sua coroa. Ainda que a igreja inteira se reúna, e seja ela a igreja verdadeira, se contrariar o ensino de Cristo, seus decretos não devem valer para um cristão mais que o assobio do vento nos bosques das montanhas, pois Cristo é o Mestre, e mais ninguém. Se um apóstolo ou um anjo do céu ensinar qualquer outra doutrina que não a do nosso Senhor, seja amaldiçoado. Eu gostaria, em Deus, que todos os cristãos se levantassem por essa causa. Para que, então,

> Caiam seitas e nomes e partidos,
> E Jesus Cristo seja tudo em todos.

Cristo é o nosso único professor e único legislador. A igreja tem o direito de cumprir as leis de Cristo, mas nenhum direito de legislar. Os ministros de Cristo são obrigados a executar suas regras. Ao fazê-lo, aquilo que é ligado na terra é ligado no céu. Mas, se agirem baseados em quaisquer regras que não as do Livro, suas leis serão dignas apenas de desprezo. Sejam o que forem não têm o coração de Cristo. O jugo que Cristo coloca sobre nós, devemos usar para nossa alegria, mas o jugo imposto por prelados nos cabe pisotear, para nossa glória. *Se, pois, o Filho vos libertar, verdadeiramente sereis livres* (Jo 8.36). *Permanecei, pois, firmes e não vos dobreis novamente a um jugo de escravidão* (Gl 5.1).

O mestre. Este, o título que Cristo deveria receber em toda a sua igreja. Cristo precisa ser considerado em todas as ocasiões e em relação a todas as questões espirituais, como sendo o último tribunal de recursos a apelar, pois ele é, na verdade,

> O juiz que põe fim ao litígio
> Onde a sabedoria e a razão falharam.

Isso tudo dissemos quanto à propriedade de seu título.

II. Agora, em segundo lugar, consideremos O RECONHECIMENTO INCOMUM DE MARIA, IRMÃ DE MARTA, AO CHAMAR CRISTO DE "O MESTRE".

Como terá ela chegado a esse reconhecimento? *Tornando-se, evidentemente, sua pupila, ou discípula*: Maria sentou-se muito reverentemente a seus pés. Se ele também é o nosso mestre, irmãos, façamos o mesmo. Tomemos cada palavra de Jesus e comecemos a considerá-la, lê-la, gravá-la, aprendê-la, a nos alimentarmos dela e digeri-la interiormente em nossa alma. Receio que não estejamos lendo nossa Bíblia como deveríamos, nem dando a devida importância a cada nuance de expressão usada pelo nosso mestre. Gostaria de ver um retrato de Maria, em Betânia, sentada aos pés do mestre. Grandes artistas têm pintado a outra Maria, mãe de Jesus, com tanta frequência que poderiam variar um pouco e retratar essa, com o rosto voltado para cima, o olhar profundo, fixo, absorvendo tudo, entesourando tudo, do ensino de seu mestre. Talvez surpreendida por um novo pensamento ou uma nova doutrina, ou então aguardando com um ar de indagação, até seu rosto resplandecer em indizível deleite à medida que uma nova luz lhe inundasse o coração. Seu discipulado atento provou, na verdade, quanto Jesus era realmente seu mestre.

Notem, além disso, que, sendo sua discípula, ela não era, no entanto, *discípula de mais ninguém*. Não sei se Gamaliel já estava na moda naquela época; mas o fato é que Maria de Betânia não se sentava a seus pés. Ouso dizer que havia certo rabino chamado Ben Simão, ou outro famoso doutor, no período. Pois ela jamais esteve nem um minuto sequer com eles. Cada momento que conseguia reservar passava-o com alegria aos pés daquele Rabi muito mais amado. Fico imaginando se talvez tivesse uma audição difícil e, por isso, se acomodava bem perto do professor, com medo de perder uma palavra que fosse! Talvez receasse ser tardia de entendimento e, por isso, se aproximasse bem do pregador, tanto quanto o fazem as pessoas que acham sofrer desse problema. De qualquer forma, seu lugar favorito era aos pés dele. Isso nos mostra, já que somos sempre tardios em ouvir nossa alma, que é bom chegar bem perto de Jesus quando o ouvimos e desfrutar de intimidade espiritual com ele. Maria jamais o trocaria por outro instrutor só para variar um pouco. Não; o mestre, seu mestre, seu único mestre, era o Nazareno, a quem outros desprezavam, mas a quem ela chamava de seu Mestre e Senhor.

Ela era uma discípula aplicada, pois *Maria escolheu a boa parte* (Lc 10.42), disse Jesus. Ninguém a mandou sentar-se a seus pés. Jesus a atraía ao ensino, e ela não podia deixar de comparecer. Mais que isso, amava permanecer ali. Era uma ouvinte disposta e feliz. Não havia maior felicidade para ela do que ter a chance de escolher, e essa escolha era sempre *a boa parte*, ou seja, instruir-se pessoalmente com ele. As crianças aprendem bem na escola quando querem de boa vontade; mas, se a escola é imposta, aprendem muito pouco. Quando estão dispostas a frequentá-la e amam o professor, a professora, aprendem bem depressa. Feliz, por isso, o professor cuja classe o aceita de bom grado para instruí-la. Maria tinha o pleno direito de chamá-lo de "o mestre", pois a ele dedicava sua melhor atenção, amor e prazerosa concentração. Observem bem, por ter escolhido Cristo para seu mestre, *ela perseverava em se apegar a ele*. Sua escolha jamais lhe seria tirada, mas tampouco ela desistia. Um dia, Marta deu a impressão de se sentir bastante aborrecida com isso. Como cuidar da casa e da cozinha ao mesmo tempo? Como pôr a mesa e olhar o fogo? Por que Maria não a ajudava? Estava com o semblante carregado de raiva, sem dúvida. Mas isso não importava: Maria continuava sentada aos pés do mestre. Talvez nem percebesse a expressão de

O MESTRE | 343

ira no rosto da irmã — acho que não, pois os santos não notam a aparência de ninguém quando a beleza de Cristo está disponível para sua contemplação: há algo muito mais atraente nele. Ele toma tudo em si mesmo e retém. Atrai não só cada pessoa como *toda a humanidade* para si. E assim Maria permanecia sentada, imóvel, ouvindo apenas o mestre. Há crianças que se atêm a seus livros e que nem sempre vão à escola assiduamente, mas que estão sempre aprendendo mesmo assim. Maria reconhecia a condição de mestre-professor de Jesus, dedicando-lhe a perseverante atenção que um mestre-professor tem todo o direito de exigir.

Ela se achegava a ele com humildade. Ao se sentar a seus pés para ficar bem perto dele, o fazia certamente com profunda humildade. Considerava a maior honra sentar-se no lugar mais inferior junto a ele, pois era humilde de coração. Aprende mais de Cristo quem pensa menos de si mesmo. Quando um lugar aos pés dele parece bom demais para nós, ou quando nos damos por mais que satisfeitos com ele, então seu discurso desce como chuva e goteja como o orvalho em nosso coração. Seremos como a erva tenra que sorve o doce refrescar da água, e nossa alma para o alto crescerá.

Bendita és tu, Maria, irmã de Marta! E bendito é cada um de vocês que podem chamar Cristo de mestre e assumir isso, como ela fazia. Vocês ficarão com a melhor parte, que nunca lhes será tirada.

III. Chego então ao terceiro ponto, que trata da ESPECIAL DOÇURA DO TÍTULO "O MESTRE" PARA NÓS. Demonstrei por que ele foi particularmente reconhecido por Maria e quero agora mostrar que esse título tem uma doçura especial também para nós: "*o mestre*" ou "*meu mestre*" ou ainda "*meu professor*".

Eu amo esse título do fundo do meu coração, pois é como *professor* que *Jesus Cristo é o meu salvador*. A melhor ilustração que lhes poderia dar seria a de um desses pobres meninos de rua, largados, sem pai nem mãe, ou com pais piores do que se não houvesse algum. A pobre criança, suja e coberta de andrajos, é muitas vezes bastante conhecida da polícia e já conhece o interior de mais de um centro de detenção de menores. Contudo, um professor de uma escola modesta resolve se dedicar a uma delas e instruí-la. O menino toma um banho, ganha roupas apropriadas. Ora, mas esse pobre garoto não conhece a doçura de dizer "meu pai" nem "minha mãe", nem tais títulos significam coisa alguma para ele. Talvez nunca os tenha conhecido, ou apenas sob uma forma que o repugnava. Mas com que prazer ele dirá *meu professor!*. Essa criança dirá "meu professor" com a mesma afeição que outras falam de sua mãe ou seu pai. Como ocorreu uma grande transformação moral por influência de um professor, o título "meu professor" passa então a ganhar grande doçura. Quanto à parábola do menino andrajoso e seu professor — eu fui essa criança! É verdade. Não me considerava propriamente andrajoso porque era tolo o suficiente para pensar que meus trapos fossem finas vestes, e que minha sujeira era minha beleza. Não sabia bem quem eu era. Meu professor me viu, consciente de quanto eu era feio e esfarrapado, e me ensinou a me enxergar melhor. Também a crer que ele me purificaria até me deixar mais alvo que a neve. Sim, foi mais longe ainda e, de fato, me lavou até eu ficar limpo ante o Senhor, meu Deus. Meu professor me ofereceu um verdadeiro guarda-roupa repleto de vestes de linho branco como a neve e me cobriu com elas. Ele me tem ensinado milhares de coisas e realizado inúmeras boas obras em mim. Devo minha salvação inteiramente a esse professor, meu mestre, meu Senhor. Vocês não diriam a mesma coisa? Claro que sim, se de fato forem discípulos de Jesus. "Meu professor" deverá significar para vocês tanto quanto "meu Salvador", pois ele os salvou instruindo-os quanto à enfermidade que os acometia e o seu próprio remédio; mostrando-lhes quanto estavam errado e endireitando-os com seus ensinamentos. A palavra "mestre" ou "professor" tem para nós um significado especial, pois é por meio de seu ensino que somos salvos.

Permitam-me contar-lhes, como pregador, quanto eu amo esse título "meu mestre". Gosto de sentir que o que ministro às pessoas não provém de mim mesmo. Prego meu mestre e o que meu mestre me anuncia. Alguns consideram falha a minha doutrina; não me importo com isso, porque nada digo de mim mesmo, mas do meu mestre. Se eu fosse um criado e me apresentasse à porta de uma casa com uma mensagem, caso o destinatário a quem eu a entregasse a lesse e não gostasse, eu diria: "Não se irrite *comigo*, por favor. Apenas estou lhe trazendo a mensagem do meu amo da melhor maneira que minha capacidade me permite; não sou responsável por ela. É a palavra do meu amo, não a minha". Quando nenhuma alma se converte, meu trabalho é cansativo, e o coração fica pesado; no entanto, é bom poder ir até o mestre e relatar-lhe o ocorrido. Mas, quando as almas se convertem e o coração se alegra, é uma atitude saudável e regozijante dar toda a glória a ele. Deveria ser estranho, por exemplo, servir como embaixador em uma terra distante, onde não existisse telégrafo ou outros meios de comunicação urgente e o embaixador precisasse agir necessariamente por conta própria. Ele deveria sentir-se carregando um pesado fardo de responsabilidade. Mas, bendito seja Deus, entre cada ministro verdadeiro e nosso mestre existe comunicação. Jamais precisamos fazer coisa alguma por conta própria. Podemos imitar perfeitamente os discípulos de João, que, ao se apoderarem do corpo mutilado do Batista, foram e contaram sobre sua morte a Jesus. É assim que se faz. Existem dificuldades em todas as igrejas, problemas em todas as famílias e cuidados em todos os negócios e profissões; mas é bom ter um mestre a quem você se pode apresentar na qualidade de servo, meditando: "Ele é o responsável por tudo isso; não eu. A mim me toca apenas fazer o que ele me ordena". Se em algum momento damos um passo além das ordens do Senhor, a responsabilidade pesará então sobre nós, e surgirão problemas; mas, se seguirmos passo a passo nosso Senhor, não seremos confundidos.

E mestre não é justamente um doce título para se evocar quando se está envolvido em um problema, meus amigos? Talvez seja o caso de alguns de vocês neste instante. Como se afasta o medo de você ao constatar que quem lhe passa esse problema é justamente o Professor, que o instrui por meio de problemas — é o próprio mestre, com todo o seu direito de usar o método de ensino que melhor se adapte a seu caso! Em nossas escolas, muito se aprende no quadro-negro; mas, na escola de Cristo, um tanto na aflição. Vocês já devem ter ouvido essa história, mas vou correr o risco de repeti-la. Refiro-me à história do jardineiro que preservara com grande cuidado uma rosa de grande excelência. Um dia, quando chegou ao jardim, a rosa havia desaparecido. O jardineiro correu a repreender empregados da casa, sentindo-se muito aflito, até que alguém lhe informou: "Vi o patrão atravessando o jardim esta manhã e creio que ele pegou e levou a rosa". "Oh, nesse caso eu fico muito contente", retrucou o jardineiro, sem graça. Você perdeu um filho, a esposa, um amigo? Foi ele, o Senhor, quem levou sua flor. Ela pertencia a ele. Você vai querer para si o que Jesus quer para ele? Às vezes, somos conclamados a orar pela vida das pessoas, e acho que devemos fazê-lo, mas nem sempre posso exercer inteiramente minha fé na intercessão. Pois então me parece que Cristo puxa de um lado, e eu, do outro. Digo: "Pai, concede que esta pessoa permaneça conosco", e Jesus parece dizer, amorosamente: "Mas é meu desejo que ela esteja agora comigo, onde estou". Aí então não há como insistir muito. Ao sentir que Cristo está puxando do outro lado, não insista mais. Diga simplesmente: "Que seja feita a vontade do mestre. O servo não pode se opor a seu Senhor". Sim, ele é o nosso Senhor; deixe-o agir segundo melhor lhe parece. Fico calado; não abro a boca para contestar o que o Senhor faz. Nosso mestre aprendeu ele mesmo a lição que nos ensina. Eis uma expressão dele muito contundente: *Graças te dou, ó Pai, Senhor do céu e da terra, porque ocultaste estas coisas aos sábios e entendidos, e as revelaste aos pequeninos* (Mt 11.25); sim, ó Pai, porque assim foi do teu agrado". Agradou a Deus passar por cima dos sábios e entendidos, e com isso Cristo se deu por satisfeito. É bom termos o coração como do pobre pastor de ovelhas a quem um cavalheiro cumprimentou: "Desejo-lhe um bom dia".

Ao que o pastor respondeu: "Eu nunca tenho um mau dia". "Como assim, meu amigo?" "Os dias são como Deus escolhe que sejam. Portanto, são todos bons." "Bem", insistiu o outro, "mas alguns dias lhe agradam mais do que outros, não?" "Não", retrucou o pastor. O que agrada a Deus me agrada". "Certo, mas você não tem escolha?", desafiou o cavalheiro. "Sim, tenho: escolho o que Deus escolher para mim", voltou a responder o cuidador de ovelhas. "Então, você não sabe se prefere viver ou morrer?", o cavalheiro zombou. "Não, pois, se eu estiver aqui na terra, Cristo estará comigo. Se eu estiver nos céus, eu estarei com ele." "Mas suponha que você tivesse a chance de escolher...", o outro não se dava por vencido. "Pediria a Deus que escolhesse por mim", repetiu o pastor. E encerrou a conversa. Oh, doce simplicidade, a que entrega tudo a Deus! Isso é que é chamarmos Jesus de mestre perfeito. Em poucas palavras:

O MESTRE

| 345

> Satisfeito com tudo o que o Senhor faz,
> Apartado de tudo o que o mundo traz.

Mais uma vez, caros amigos, não nos é doce chamar Jesus de mestre porque, ao fazê-lo, assumimos uma posição fácil de alcançar e muito mais agradável? Chamá-lo de "noivo da igreja" — sim, que honra estar à igreja tão intimamente relacionada com o Filho de Deus! "Amigo" — eis aí um título familiar e honroso. Chamá-lo de mestre, no entanto, costuma ser melhor, mais fácil e mais doce, pois então estar sob seu ensino e serviço, se não assumirmos lugar mais elevado, nos é puro deleite. Se nosso coração estiver certo em cumprir os mandamentos do Senhor, é tudo o que poderíamos pedir. Muito embora sejamos filhos agora, e não propriamente simples servos, e portanto nosso serviço tenha um caráter diverso daquele de antes, ainda assim é puro deleite servi-lo. E o que será o céu senão perpétuo serviço? Aqui trabalhamos para alcançar o repouso; lá eles trabalham enquanto já alcançaram o repouso. Seu repouso é a perfeita obediência de seu espírito plenamente santificado. Você não anseia por isso? Não será uma de suas maiores alegrias no céu sentir que é servo do Senhor? Os glorificados são chamados de seus servos no céu. "E os seus servos o servirão, e verão a sua face; e nas suas frontes estará o seu nome." Desembaraçados do pecado, estaríamos no céu agora; a terra seria o céu para nós.

Quero que vocês, queridos irmãos em Cristo, não vão embora sem saborear essas doces palavras na boca: "Meu mestre", "Meu mestre". Nunca ouvirão melhor música que essa: "Meu mestre", "Meu mestre". Vão e vivam como é devido aos servos. Atentem em fazer de Cristo seu verdadeiro mestre, pois ele diz: *Se eu sou amo, onde está o temor de mim?* (Ml 1.6). Falem bem dele, pois aos servos cabe falar bem de um bom mestre, e servo algum jamais teve mestre mais querido do que ele.

Contudo, há entre vocês, talvez, quem não possa dizer isso. Eu gostaria que pudesse. Se Jesus não é seu mestre, quem é, então? Você tem um mestre qualquer, pois *sois servos desse mesmo a quem obedeceis* (Rm 1.6). Ora, se você obedece à luxúria da carne, seu mestre é a carne; e seu salário será a corrupção. Pois é a isso que a carne conduz: à corrupção e nada mais. Ou seu mestre é o diabo, e seu salário terá de ser a morte. Fuja de tal mestre. Em condições normais, quando os servos deixam seus mestres, precisam comunicar-lhes o fato. Mas eis aqui um caso em que nenhum comunicado deve ser dado. Quando o filho pródigo fugiu da obrigação de alimentar os porcos, em momento algum parou para avisar que estava abandonando os animais. Simplesmente foi embora. Recomendo a cada pecador que faça o mesmo, ou seja, que, pela graça de Deus, corra para bem longe de seus pecados. Deter-se para comunicar sua saída tem sido a ruína de muitos: querem ficar sóbrios, mas acham de brindar sua excelente decisão com mais um trago ou dois; querem pensar nas coisas divinas, mas precisam ir ao cabaré para se divertir pela "última" vez; querem servir a Cristo com toda a alegria, mas amanhã, não ainda esta noite. Se eu tivesse um mestre como o seu — de você, que vive no pecado —, me levantaria e iria embora imediatamente, pela graça de Deus, proclamando: "Cristo será meu Senhor". Olhe para o seu obscuro mestre. Fite-o nos olhos penetrantes. Não vê que é um adulador? Ele só quer sua ruína. Há de destruí-lo, do mesmo modo que já destruiu dezenas de milhares de pessoas. Esse terrível olhar lascivo e pecaminoso, esse rosto pintado — pense neles e os abomine! Não sirva a um mestre que, embora lhe faça várias promessas, trabalha para sua destruição. Levante-se e saia, vá embora de lá, você, que é escravo do pecado! Ó Espírito eterno, vem romper esses grilhões! Doce estrela da liberdade, conduze esse ser para a terra prometida da liberdade! Permite que encontre em Jesus Cristo o seu livramento!

Meu mestre se regozija em acolher fugitivos. Sua porta está aberta para infames e vagabundos, para a escória da terra, para o refugo de todas as coisas, para os homens insatisfeitos consigo mesmos, para os abomináveis que não têm prazer em sua vida e se acham prontos para deitar e morrer. "Este recebe pecadores." É como Davi, quando foi para as cavernas de Adulão, e todos os homens que tinham dívidas e se sentiam insatisfeitos o procuraram, tornando-se o líder deles. Tal como Rômulo e Remo, que congregaram a primeira população da recém-fundada Roma abrigando escravos fugidos e salteadores, a que levaram a se tornar cidadãos e soldados corajosos, assim meu mestre estabeleceu que será a fundação da nova Jerusalém. Ele busca seus mais nobres cidadãos onde o pecado e Satanás os mantêm cativos. Ordena que soemos a trombeta de prata e proclamemos a esses escravos do pecado que fujam para Cristo, que jamais os deixará ser entregues de volta ao seu antigo senhor. Em vez disso, já os alforriou, para que, livres, venham a ser transformados em cidadãos de sua grande cidade, coparticipantes de suas dádivas, companheiros de seu triunfo. Eles lhe pertencerão para sempre no dia em que os tornar suas joias.

Lembro-me que certa vez preguei sobre esse tema, e um velho capitão do mar me contou, depois do sermão, que servira por cinquenta anos debaixo da bandeira do mal. Pela graça de Deus, ele rasgou um dia aquele trapo imundo e hasteou o pavilhão da cruz vermelha do sangue de Cristo em sua nave. Recomendei-lhe que não apenas deveria mudar a bandeira, mas providenciar para que toda a embarcação fosse reparada. Ele, porém, revelou-se o sábio que era, retrucando que os reparos, no caso, de nada serviriam a um barco velho, fazendo água, como o seu. Melhor seria afundá-lo e passar a navegar em um novo. Reconheci que, de fato, é a melhor coisa a fazer: morrer de fato para o pecado e ser vivificado em Cristo Jesus. Faça o que deve com a velha carcaça de sua natureza caída: não a mantenha mais flutuando. O velho homem precisa ser crucificado com Cristo, morrer e ser sepultado, ou afundado a trezentos mil pés de profundidade, para que nunca mais se ouça falar dele. Na nossa nova embarcação, que Jesus lança ao mar no dia da nossa regeneração, com a bendita bandeira da cruz vermelha do sangue expiatório tremulando sobre nós, navegaremos rumo ao céu, acompanhados da sua graça irresistível, dando glória a Deus para todo o sempre. Amém.

37

JESUS CHOROU

Jesus chorou (Jo 11.35).

Uma grande tormenta tomava a mente de Jesus. Constatamos, examinando o texto bíblico, que ele se sentia como que indignado e perturbado. Existe até uma tradução bastante literal da Bíblia em inglês que, em lugar de "comoveu-se em seu espírito, e perturbou-se", está "a indignação o comoveu em espírito, e perturbou-se". Que indignação seria essa? Não achamos que pudesse ser provocada pela descrença dos amigos ou pelas irmãs de Lázaro, muito menos pela pretensa simpatia dos judeus maliciosos, que se apressaram em acusá-lo aos fariseus. Busquemos mais à frente e mais a fundo o motivo dessa condição. Jesus está agora face a face com o último inimigo: a morte. Comprovara mais uma vez o que o pecado era capaz de fazer para destruir a vida, para corromper a justa obra artesanal de Deus no corpo humano. Sabia também da parte que cabia a Satanás em tudo isso. Então, sua indignação cresceu. Sua natureza como um todo se abalou. Algumas versões trazem "agitou-se", em vez de "perturbou-se". O enunciado contém, na verdade, a ideia de ação, não de reação: Jesus não "ficou perturbado", mas "perturbou-se". As águas de sua alma eram claras como cristal. Portanto, quando agitadas, não havia lama em leito que as toldasse. O que não significa dizer que nunca se agitassem. Era de ver-se, portanto, que sua natureza santa fora provocada e que uma inarticulada expressão de angústia caíra sobre si. Em meio, pois, à indignação contra os poderes do mal, à dor pela família desolada com a morte de um ente querido, ao sofrimento pelos descrentes que ali estavam e a aflitiva constatação dos efeitos do pecado, é evidente que uma profunda tormenta se instalou no coração do Senhor. Mas, em vez de um trovão de ameaça e o raio de uma maldição, tudo que se veio a perceber dessa tempestade interior foi o correr de lágrimas; pois, diz o texto, *Jesus chorou*. Um furacão se lhe percorrera o espírito. As forças da sua alma haviam sido abaladas. Estremeceu ante a visão do que estava prestes a se desenrolar. A emoção o agitou da cabeça aos pés. A tormenta, no entanto, não resultaria em uma palavra terrível, tampouco em um olhar de condenação, mas, sim, nesse simples, maravilhoso e bendito *Jesus chorou*. Sempre que toda a nossa justa indignação se revelar também em lágrimas de amor e compaixão, estaremos obedecendo à Palavra, que diz: *Irai-vos, e não pequeis* (Ef 4.26).

Jesus chorou. Nunca me agradou, seja quem for, haverem fatiado o Novo Testamento em versículos. Dá a impressão, muitas vezes, de terem deixado a lâmina de um machado abater aqui e ali, a esmo. Mas é desculpável tal desatenção, em grande parte, pela sabedoria por vezes demonstrada, como ao permitir que essas duas palavras constituíssem um único versículo: *Jesus chorou*. Diamante de primeira grandeza, não se permitiu, no caso, que outra gema fosse incrustada a seu lado, pois é único em toda a Escritura. Menor versículo da Bíblia em número de palavras, haverá, no entanto, maior do que ele em sentido? Acrescente-se-lhe uma só palavra, e ela ficará inteiramente deslocada. Não; que permaneçam somente essas duas palavras, em solitária excelência e simplicidade. Pode-se até acrescentar um ponto de exclamação depois da frase, ou escrevê-la toda em maiúsculas:

"JESUS CHOROU!"

Existe infinitamente mais nessas duas palavras do que qualquer autor de sermões ou estudante da Palavra jamais será capaz de extrair, ainda que lhes seja aplicado o microscópio da mais atenta consideração.

Jesus chorou. Fato instrutivo, simples, porém espantoso, repleto de consolação, digno de nossa cuidadosa observação. Vem, Espírito Santo, ajuda-nos a descobrir por nós mesmos a riqueza de significado contido nessas duas palavras!

Lemos a respeito de outros homens que choraram. Abraão, ao sepultar Sara, chorou. Jacó foi superior ao anjo, pois chorou e prevaleceu. Acerca de Davi, lemos o tempo todo que chorou; ele e seu amigo Jônatas certa vez choraram juntos, sem se privarem por causa disso da masculinidade, mas se tornando mais verdadeiramente homens por chorar. De Ezequias, lemos que chorou muitíssimo, e de Josias, que verteu lágrimas pelos pecados de Judá. Jeremias era um profeta chorão. Eu poderia dar sequência à lista, mas, se o fizesse, não seria mais digno de nota ver chorar os filhos de um pai caído. Com todo o pecado e dor que rodeiam nossa condição humana, não surpreende que se diga de qualquer homem "ele chorou". A terra produz cardos e espinhos, e o coração, dor e soluços. Há aqui, por acaso, algum homem ou alguma mulher que nunca tenha chorado? Não temos experimentado, todos, em algum momento, o doce alívio das lágrimas? Passeando os olhos por esta grande assembleia, eu seria capaz de apontá-los, um a um, e dizer: "Esse chorou, aquele chorou, aquela ali também, e aquela outra". Ninguém estranharia se assim fosse. Estranho é que o Filho sem pecado de Deus, nos dias de sua carne, tivesse conhecido o significado do choro comovido e das lágrimas. Digno de nota e registro é que *Jesus chorou*. É sobre este assunto que meditaremos, esta manhã. Que o Senhor torne proveitosos os nossos pensamentos!

Primeiro, eu lembraria que *Jesus chorou* porque *era verdadeiramente homem*. Em segundo lugar, *Jesus chorou* porque *não tinha vergonha de sua fraqueza humana*, mas se permitia revelar o fato de ter sido feito como seus irmãos também nesse particular. Em terceiro lugar, *Jesus chorou*"e, portanto, *é nisso também nosso instrutor*. Em quarto lugar, *ele é, além disso, o nosso consolador*. Por último, *é nosso maior exemplo*. Temos pouco tempo, mas vamos procurar falar sobre cada um desses itens.

I. Em primeiro lugar, *Jesus chorou* porque ELE É VERDADEIRAMENTE HOMEM. Muitos fatos provam o caráter absoluto com que o Senhor assumiu nossa natureza. Jesus foi um homem não como sendo isso uma fantasia ou ficção. Na realidade e em verdade, era um de nós. Nasceu de mulher, foi envolto em uma manta, foi amamentado no seio, tornou-se criança, foi obediente aos pais e cresceu em estatura e sabedoria. Na idade adulta, trabalhava, caminhava, cansava, comia, bebia, dormia e acordava. Alimentava-se tal como nos alimentamos, diariamente: existe menção na Bíblia a jejum que fez, mas também ao fato de que sentiu fome. Mesmo depois de sua ressurreição, comeu um pedaço de peixe assado e um favo de mel, como que para comprovar que seu corpo era real. Sua natureza humana se nutria de comida, como a nossa. Embora em uma ocasião, como já dissemos, tivesse jejuado por quarenta dias e quarenta noites, sustentado pelo poder divino, como homem, de modo geral, necessitava de alimento; também bebia, de água e de bebida pura e saudável, dando graças sempre pela comida e bebida. Ele sofria de todas as necessidades básicas de nossa natureza e, de certa feita, até se mostrou desapontado quando, pela manhã, sentindo fome, aproximou-se de uma figueira à procura de frutos e não achou nenhum. Não o vemos também, por vezes, dormir, ou descansar, como junto da borda do poço em Sicar? *Jesus, pois, cansado da viagem, sentou-se assim junto do poço* (Jo 4.6). Que então sentia sede o sabemos, pois disse, ali, à mulher de Samária: *Dá-me de beber* (Jo 4.7). E na cruz clamou, ardendo em febre: *Tenho sede* (Jo 19.28). Em todas as coisas, enfim, Jesus foi feito como seus irmãos humanos. *Ele tomou sobre si as nossas enfermidades, e levou as nossas doenças* (Mt 8.17). Sua humanidade era a nossa humanidade completa, mas sem pecado. O pecado não é parte essencial da condição humana: é uma enfermidade da natureza, não um traço característico da humanidade ou algo procedente das mãos do criador.

O homem entre homens, em quem encontramos toda a verdadeira humanidade com perfeição, é Cristo Jesus. E o fato de que ele chorou é prova clara disso. *Chorou porque tinha amizades humanas*. A amizade é natural no homem. É muito difícil encontrar uma pessoa que jamais tenha tido uma amizade para considerar e amar. Toda pessoa ao passar por este mundo ganha vários conhecidos e parentes e, dentre esses, alguns poucos se tornam objeto de sua estima especial, a quem se chama "amigo". Se uma pessoa julga contar com muitos desses, o mais provável é que esteja interpretando mal o precioso adjetivo. Todo homem bom e sábio costuma ter à sua volta elevados espíritos, cuidadosamente seletos, com quem o seu relacionamento é mais livre e nos quais deposita uma confiança mais íntima e firme do que em outros. Jesus se deleitava em achar refúgio naquela casa tranquila de Betânia. Lemos que *Jesus amava Marta, e a sua irmã, e a Lázaro* (Jo 11.5). Ah, meus irmãos! Toda amizade tem certamente uma porta que se abre para a dor, pois os amigos são tão mortais e fugazes quanto nós. *Jesus chorou* junto ao túmulo de seu amigo, exatamente como você e eu teríamos feito e provavelmente já fizemos um dia e haveremos de fazer outras vezes. Pense no Senhor chorando como Davi pelo seu grande amigo Jônatas e veja quanto Jesus era extremamente humano em suas amizades.

Jesus chorou porque *era verdadeiramente humano em sua empatia.* Não apenas estava entre nós e tinha aparência de homem, mas tinha estabelecida uma relação conosco em inumeráveis pontos. Jesus estava sempre em contato com o sofrimento; felizes aqueles que estejam em contato com *ele!* Nosso Senhor viu chorando Marta e Maria e os que as acompanhavam e deixou-se contagiar pela dor: *Jesus chorou.* Tinha empatia para com os que sofrem e, por isso mesmo, seria *homem de dores, e experimentado nos sofrimentos* (Is 53.3). Amava em primeiro lugar o Pai nos céus, cuja glória era seu objetivo principal, mas também amava intensamente seus escolhidos, e sua empatia para com eles não tinha limites. *Em toda a angústia deles foi ele angustiado* (Is 63.9). Jesus era muito mais terno para com a humanidade do que qualquer outro homem jamais conseguiria ser. Era o maior filantropo. Ah, o homem, com frequência, é o mais cruel inimigo do próprio homem. Ninguém é mais desumano para com o homem do que o homem. Nem os elementos da natureza em fúria, nem as bestas-feras em sua sede de matar, nem as doenças em seu pavor já causaram tanta destruição entre os homens que os ébrios do vinho da guerra. Existe tão grande ódio e crueldade da parte dos maiores monstros selvagens quanto o ódio que se debate com fúria no coração de guerreiros sedentos de sangue? Para esse ódio, nosso Senhor foi sempre estranho. Nenhuma porção endurecida havia em seu coração. Ele era amor e só amor. Por amor, desceu até as profundezas da dor com os amados seus cujo quinhão era penoso. Levou ao extremo o preceito sagrado de *chorai com os que choram* (Rm 12.15). Não era nenhum serafim imune à dor, nenhum querubim incapaz de sofrer, mas, sim, sangue do nosso sangue e carne da nossa carne. Por isso, *Jesus chorou.*

Jesus foi um homem comum, meus caros amigos, pois *o moviam as emoções humanas.* Cada emoção, não pecaminosa, que já tenha, em você, lhe agitado o peito, teve similar no peito do Senhor Jesus Cristo. Era capaz de sentir indignação: lemos no evangelho que Jesus olhou "ao redor para eles com indignação". Podia ser compassivo: quando o deixou de ser? Podia se compadecer de uma multidão enfraquecida pela fome ou pelo desprezo de dirigentes ardilosos. Não discorria com grande indignação sobre escribas e fariseus? Ao mesmo tempo, não era terno como uma mãe para com uma criança quando a ele se achegava o penitente? Era incapaz de *quebrar a cana trilhada ou apagar o pavio que fumega* (Is 42.3). No entanto, proferia advertências dignas de confiança e terríveis denúncias contra a hipocrisia. No momento descrito no texto em estudo, nosso Salvador experimentava indignação, compaixão, amor, ansiedade e outras emoções. Ele, que era todo entranháveis misericórdias, tremia. Ficou perturbado e perturbou-se. Como a água agitada em uma redoma de vidro, assim sua natureza foi inteiramente abalada por poderosa emoção ao parar junto ao túmulo de Lázaro, confrontando a própria morte com aquele no qual reside todo o poder de tirar e fazer voltar a vida. E então provou ser, sobretudo, um homem, pois, como é dito, *Jesus chorou.*

Observe, também, que *seu corpo puro e sua alma sem pecado eram originalmente constituídos como os nossos.* Quando seu corpo foi formado — de acordo com as Escrituras, *um corpo me preparaste* (Hb 10.5) —, o produto santo dessa obra trouxe consigo o aparato completo da dor, inclusive glândulas lacrimais nos olhos. Alguém diria que onde não existe pecado não deveria haver sofrimento; mas, na formação desse corpo bendito, foram tomadas todas as providências para a expressão da dor, tanto quanto no caso de qualquer um de nós. Seus olhos foram feitos como os nossos, para servir de fonte de lágrimas. Tinha na alma toda a capacidade para o sofrimento. Já disse antes e digo outra vez: talvez fosse de esperar que não houvesse lágrimas onde não havia transgressão. No entanto, como a ânfora é feita para o vinho, o coração do Salvador foi feito para abrigar o sofrimento. Sim, e mais: seu coração foi feito bastante amplo para servir de reservatório onde deveriam ser coletadas grandes inundações de dor. Veja como o sofrimento nele brota como poderosa torrente! Observe o registro disso nas seguintes quase incríveis palavras: *Jesus chorou*.

Amados, tenham uma fé límpida na humanidade daquele a quem acertadamente adoram como seu Senhor e Deus. Aceitando-lhe sem sombra de dúvida a divindade, aceitem-lhe igualmente a humanidade, sem medo de errar. Percebam sob todos os aspectos o caráter humano de Jesus. Três vezes lemos nas Escrituras que ele chorou. Certamente sofria também quando só, mas sabe-se que publicamente chorou três vezes. O exemplo em nosso texto é o pranto de um amigo sobre o túmulo de outro. Logo adiante, depois de um dia magnífico, nosso Senhor contempla a cidade de Jerusalém e chora por ela. Era o choro do profeta pelo terrível juízo que sobre ela previa. Nenhum evangelista registra, porém a epístola aos Hebreus nos conta que ele suplicou, *com grande clamor e lágrimas, ao que o podia livrar da morte, e tendo sido ouvido por causa da sua reverência* (Hb 5.7). Esse terceiro registro descreve o pranto do nosso amado Substituto, choro sacrificial, o derramar de si mesmo como oferta perante Deus. Guarde bem em sua mente, então, esses três prantos: o do amigo expressando empatia com uma perda, o do juiz lamentando a sentença que lhe caberá um dia aplicar e o choro de compaixão por nós do humilhado fiador que se colocara em nosso lugar, suportando por nós as dores de culpa e remorso que não lhe pertenciam, por pecados em que não tinha efetivamente qualquer participação. Por três vezes, pelo menos, portanto, pelo que compete saber, *Jesus chorou*.

II. Vamos agora mudar um pouco nossa linha de raciocínio ao dizer que *Jesus chorou*: ELE NÃO TINHA VERGONHA DESSA SUA APARENTE FRAQUEZA HUMANA. Poderia ter contido as lágrimas — muitos homens estão habituados a fazê-lo. Não duvido da possibilidade de haver grande sofrimento, grande mesmo, ainda quando não exista livre expressão para ele. Na verdade, a maioria de vocês deve ter vivido momentos em que a dor lhes desferiu golpe tão atordoante que os impediu de chorar. Vocês não conseguiram se recuperar rápido o suficiente para derramar lágrimas. O coração eram só chamas e angústia, mas os olhos recusavam gotas de refrigério. O Salvador poderia também, sem dúvida, se assim o desejasse, ter escondido sua dor. Preferiu, no entanto, não agir assim, porque não travava nem fingia seus sentimentos. O *santo servo Jesus* (At 4.30) estava livre de orgulho e agia de todo o coração mesmo onde os homens tinham a chance de vê-lo.

Antes de mais nada, lembremo-nos de *como ele falava ao se dirigir a seus discípulos*. Jesus nunca escondia sua humildade e pobreza. Circula por aí a ideia de que a respeitabilidade possa resultar e se manter pela presunção de riqueza, sob a qual se esconda uma verdadeira carência. Considera-se desonroso ter aparência de pobre, mesmo quando se é. Pode ser que haja alguma coisa de útil, que desconhecemos, nessa simulação, mas nosso Senhor não precisava nem apreciava usar esse tipo de ação, tanto assim que disse, com franqueza: *As raposas têm covis, e as aves do céu têm ninhos; mas o Filho do homem não tem onde reclinar a cabeça* (Mt 8.20). Embora, na verdade, fosse o ser mais rico na terra, sendo ele o Filho de Deus, por nossa causa se fizera pobre, e nunca se envergonhou de que soubessem de sua real condição. Assim, também, foi *desprezado, e rejeitado dos homens* (Is 53.3), mas jamais simulou não ter consciência disso. Nunca tentou fingir uma popularidade extraordinária nem que ninguém nada tivesse a dizer contra a sua pessoa; permitiu até, pelo contrário, que seus inimigos o chamassem de mestre da casa de Belzebu. Sabia do que o tinham chamado e não se aborreceu por o tomarem como objeto de ridículo e alvo de censura. Quando atribuíram seus milagres ao poder de Satanás, enfrentou as acusações com uma resposta surpreendente e sábia; mas não se sentiu ofendido pelo fato de a difamação ter-se abatido sobre ele, como também nunca pela pobreza. Quanto a seu sofrimento messiânico e morte, com frequência o vemos expondo aos discípulos sua condição a esse respeito. Até Pedro o teria impedido disso, se pudesse! Nosso Senhor anunciava abertamente que seria traído e entregue às mãos de pecadores, interrogado com ira e menosprezado, cuspido e maltratado. Mas não mantinha em segredo também que seria, por Deus Pai, erguido do túmulo. Informou em detalhes sobre sua paixão vindoura, sem querer de modo algum negar tudo o que o aguardava. Por que não morrer sem dizer nada a respeito, se assim poderia ser? Não ele, o salvador. Ele se tornara homem não para se deixar abater diante do que necessariamente teria de suceder.

Jesus chorou

Sob forma humana, portanto, obedecia sempre a tudo que lhe fosse exigido dessa sua condição e, por isso, perante todos os que o observavam assumiu honrosamente o profundo sentimento humano que naquela ocasião o tocava e que nele aflorou. *Jesus chorou.*

Jesus chorou, embora seu gesto, nessa ocasião, pudesse vir a ser mal interpretado e distorcido. Poderia ser que os judeus ali em volta comentassem, murmurando entre si, com um sorriso zombeteiro: "Veja, ele chora! O operador de milagres chora! Chama a si mesmo de Filho de Deus e, no entanto, fica ali parado e chora, como qualquer homem comum!" Seria, de fato, uma oportunidade para fazer pouco de sua manifesta fragilidade e até blasfemar ante o evidente sinal dessa fraqueza. Acontece que nosso Senhor não agiu assim, de modo algum, por estratégia. Permitiu que seus verdadeiros sentimentos humanos fossem testemunhados. Não exigiu suposto respeito por sua condição, como costumam fazer os estoicos, controlando-se ao máximo e recusando-se a deixar que os homens vissem que tinha sentimentos semelhantes aos deles. Não; *Jesus chorou.* Lágrimas podem não ser consideradas, segundo os nossos preconceitos, algo muito masculino; mas são naturais no homem, e Jesus se recusava a ser um enganador. Os inimigos poderiam dizer o que bem entendessem, até blasfemarem contra ele e o Pai, mas Jesus jamais encenaria um espetáculo com a finalidade de silenciá-los. Agia de acordo com a verdade apenas e chorou em conformidade com o sentimento que tomou o seu terno coração. Pensava então mais em Maria e Marta e no conforto que tinha vindo lhes oferecer do que em grosserias expressas em sofismas dos descrentes, capazes de forjar desculpas para tão amorosa fragilidade de sua condição humana.

Quando *Jesus chorou*, portanto, *revelou seu profundo afeto por seu amigo Lázaro*, de tal forma que os que o viram chorar exclamaram: *Vede como o amava* (Jo 11.36). Eis uma prova de que nosso Senhor jamais hesitou em declarar seu amor pelas pessoas, pelo ser humano, pelos seus. Quando na terra, nunca se recusou a ter forte amizade com mortais comuns. Mesmo agora, entronizado, nosso glorioso Senhor *não se envergonha de lhes chamar irmãos* (Hb 2.11) nem de ter seu nome escrito no mesmo registro celestial que os de seus simples seguidores. Ao ter sua face úmida de lágrimas, justamente como as que escorrem por nosso rosto, por essas lágrimas pôde-se ver bem o amor que devotava a seus escolhidos. Bendito seja o seu nome! Um homem de recursos pode até se dispor a ajudar um outro, pobre, com dinheiro, mas não com uma amizade dedicada que o leve às lágrimas; no entanto, nosso bendito mestre, no meio de uma pequena multidão ali reunida, considera Lázaro, já morto, em decomposição, como seu grande amigo e sela assim com lágrimas essa forte aliança de seu generoso amor humano.

Jesus chorou porque *não se envergonhou de revelar ter em sua alma pura e santa a aflição causada pelo pecado;* tampouco a ferida que a visão da morte humana lhe causava no coração. Não suportava, na verdade, contemplar o túmulo, a deterioração da pessoa humana que este causa e simboliza. Jamais consideremos o pecado e a miséria da raça humana sem lamentação e sofrimento! Confesso que nunca consigo percorrer essa imensa cidade pecadora sem me sentir infeliz. Nunca vou de um extremo a outro de Londres sem sentir uma nuvem escura, negra, pairando feito uma mortalha sobre meu espírito. Como meu coração se quebranta por ti, ó impenitente cidade! Não acontece o mesmo com vocês, meus irmãos? Pensem nos cortiços, no pecado, na miséria, na impiedade, embriaguez, nos vícios e maldades que tomam conta desta cidade! Tais coisas são capazes de atravessar o coração como espada afiada. Como Jesus teria chorado neste caso, já que não conseguiu nem mesmo se colocar sem chorar à frente daquele túmulo que guardava seu amigo! Via naquela morte a representação do que o pecado tem causado em escala tão grande a toda a humanidade que é impossível computar tal devastação. Por isso, chorou. O que tens feito, ó Pecado! Tens nos destruído a todos, ó Morte! Em que campo sanguinolento Satanás tem transformado a terra! O salvador não foi capaz de permanecer indiferente à presença da destruição nem se aproximar do portão do palácio da Morte sem se emocionar profundamente. Mas de modo algum se envergonhou disso, tanto assim que não conteve suas lágrimas: *Jesus chorou.* Irmãos, a emoção santa não é uma fraqueza da qual devamos nos envergonhar. Se, a qualquer tempo, em meio à maior maldade e alegria do mundo, você chorar, não esconda as lágrimas! Permita que a inconsequência veja que existe uma pessoa, pelo menos, que teme a Deus e treme quando o Santo dos santos é provocado.

Jesus chorou, embora estivesse prestes a operar um milagre maravilhoso. A glória do Todo-poderoso não o envergonhou de sua condição humana. Singular, também, é o fato de ele chorar justamente pouco antes da alegria de ressuscitar um morto. Ele é Deus, pois está prestes a chamar Lázaro para fora do túmulo, mas também é homem como sempre. E por isso chora. Nosso Senhor, Deus, era homem tanto ao ressuscitar os mortos quanto ao trabalhar em sua carpintaria em Nazaré. Não se envergonhava de ser pessoa humana ao mesmo tempo que demonstrava ser de fato a ressurreição e a vida. Hoje, na glória dos céus, ostenta ainda suas cicatrizes, para mostrar que, embora Deus, nunca o envergonhou ser reconhecido como homem. Faz disso um de seus títulos gloriosos: *O que vivo; fui morto, mas eis aqui estou vivo pelos séculos dos séculos* (Ap. 1.18). Ou seja, ressalta sua ligação com nossa condição humana na vida e na morte. Amados, *Jesus chorou* para mostrar que não desprezava a fragilidade da natureza humana, que assumira para poder redimi-la perante Deus.

Lembremo-nos de que nosso Senhor Jesus exerceu três anos de ministério, e cada ano desses foi marcado por uma ressurreição. Começou levantando dentre os mortos a filhinha de Jairo, sobre cujo semblante imaculado a morte mal chegou a se estabelecer. Depois, ressuscitou junto aos portões de Naim o rapaz sendo carregado para seu enterro, ainda não em decomposição. E agora consuma sua glória devolvendo à vida Lázaro, morto já havia quatro dias. Contudo, chegado o momento de essa maravilha coroar seus feitos, para demonstrar por ela a perfeição de sua essência divina, Jesus não considera indigno postar-se diante de todos os presentes e chorar. Jesus é a ressurreição e a vida, mas *Jesus chorou*.

III. Em terceiro lugar, o SENHOR JESUS É NOSSO INSTRUTOR EM DERRAMAMENTO DE LÁGRIMAS. Essa é a parte mais prática do nosso discurso; esteja certo de que irá recebê-la por intermédio de ensinamento do Espírito Santo.

Observe o motivo que levou Jesus a chorar e tire dele uma lição. Chorou *por ser esse seu modo de orar naquela ocasião.* Um grande milagre estava prestes a acontecer, e muito poder do alto se fazia necessário. Como homem, o Senhor Jesus clama a Deus com sinceridade intensa e encontra a tradução mais apropriada para sua oração no pranto. Nenhuma oração tem, de fato, sucesso mais garantido com Deus do que em estado líquido e que, destilada pelo coração, brota dos olhos e molha o rosto. Deus se deixa vencer quando ouve o som do nosso pranto sincero. O anjo em Peniel poderá escapar de suas mãos ressequidas, mas umedeça-as com lágrimas e você o prenderá firmemente. Antes de liberar o poder que irá levantar Lázaro do túmulo, o Senhor Jesus apela para Deus com clamor e lágrimas. O Pai se revela para seu Filho em lágrimas. Quanto a vocês, amigos queridos, se querem ser bem-sucedidos em suas petições, precisam chorar com sinceridade em oração. Permitam que sua alma se levante em verdadeiro e ardente desejo, que chegue até o ponto da angústia, e então poderão prevalecer. *Jesus chorou* para nos ensinar como batizar nossas orações a Deus em uma onda de dor sincera.

Jesus chorou também porque *antes de levantar o morto do túmulo ele mesmo precisava se erguer.* Uma palavra sua bastaria para realizar o milagre. Sim, sua simples vontade seria suficiente. Mas, para instruir os que estavam em redor e nos instruir, não agiu assim. Uma espécie de casta demoníaca não se deixava expulsar sem oração e jejum. Eis aqui também um tipo de morte que não cederia sem que o salvador chorasse. Sem esse esforço da parte de Jesus, a morte de Lázaro não poderia ser subjugada. Portanto, levantou-se o Senhor, reunindo toda a sua força, agitando todo o seu ser, para o embate que estava por travar.

Aprendam a lição, meus irmãos: se pensam em realizar um grande bem ajudando a salvar pecadores, não podem se manter entorpecidos, mas, sim, estejam inquietos até as lágrimas. Talvez o mais difícil no ganhar almas seja colocar-se em ação. Mortos podem enterrar os mortos, não levantá-los. Enquanto sua alma inteira não for perturbada, você não conseguirá comover seu companheiro. É possível que encontre algum sucesso entre aqueles poucos dispostos a se deixar impressionar, mas a maioria deles, os indiferentes, não será abalada por homem algum que antes não se abale. As lágrimas abrem caminho para a advertência. Se foi preciso que todo o ser de Cristo se agitasse antes que Lázaro fosse por ele levantado, *nós* devemos, então, estar tremendo de emoção antes que venhamos a conseguir ganhar uma alma. Os dedos frios da deterioração começam a desprender o tecido um dia usado pela alma de Lázaro, e não há voz capaz de lhes ordenar com eficácia que parem com isso, exceto uma ordem propelida de um coração queimando em combustão. Esse "cheira mal" a que Marta se refere só pode ser convertido no perfume doce da vida aprazível pelas lágrimas salgadas do amor infinito. Ainda mais no nosso caso. Precisamos sentir, se esperamos que os outros sintam. Vamos, minha cara irmã, você que frequenta a escola dominical e continua mantendo apenas um olho aberto durante as aulas: isso nunca será o suficiente. Seu Senhor era cheio de vida e sensibilidade, e com você é preciso ser igual. Como esperam ver seu poder em ação sobre as pessoas se não experimentam sua emoção em si mesmos? Você precisa ser renovado em ternura como ele foi, ou não receberá do seu poder de dar vida. *Quando estou fraco, então sou forte* (2Co 12.10). Lembre-se: *Jesus chorou* ao levantar Lázaro dentre os mortos.

Jesus chorou *tendo pleno conhecimento de vários fatores que lhe poderiam impedir o choro*. Você pode já ter pensado, ao chorar copiosamente junto ao túmulo de um filho querido, da esposa ou do marido, que se fora, que não estava muito certo agir assim; mas não é verdade. Nosso salvador chorou, embora soubesse que Lázaro estava em paz e seguro. Desconheço, naturalmente, o que acontecera à alma de Lázaro; não me cabe cogitar do que as Escrituras permanecem em silêncio. Contudo, onde quer que então estivesse achava-se certamente em perfeita paz e segurança. E, no entanto, *Jesus chorou*. Mais ainda, ele sabia que devolveria Lázaro à vida, sua ressurreição estava bem próxima; mas *Jesus chorou*. Às vezes, nos afirmam que, se crêssemos de fato que nossos amigos e parentes falecidos se levantarão um dia e que se acham em segurança e felizes neste exato momento, não choraríamos. Mas por que não, se *Jesus chorou?* Não pode haver erro algum em seguir pelo caminho que Jesus nos conduz. Ele sabia que a morte de Lázaro era para a glória de Deus, pois dissera: *Esta enfermidade não é para morte, mas para glória de Deus* (Jo 11.4). E, todavia, *Jesus chorou!* Não é verdade que possamos às vezes pensar que deva ser pecado chorar quando se sabe que a perda de um ente querido irá glorificar a Deus? Nada disso! Se assim fosse, Jesus não teria chorado em circunstâncias semelhantes. Aprenda a lição: lágrimas que poderíamos considerar proibidas têm livre acesso ao reino da santidade, uma vez que *Jesus chorou*. Você, irmã, você, irmão, pode chorar, pois *Jesus chorou*. Chorou, sim, tendo pleno conhecimento da felicidade de Lázaro, mas ainda cheio de expectativa quanto à sua ressurreição e com a firme promessa de que Deus era glorificado com essa morte. Não nos cabe condenar o que Cristo consagrou.

Jesus chorou, sim, mas não pecou. Não havia nem uma partícula sequer de maldade nas lágrimas do redentor. Sal deveria ter, mas não erro. Amados, podemos chorar sem pecar. Não estou imaginando que um dia o tenhamos feito, mas é possível. Não é pecado chorar por aqueles a quem Deus nos tirou, nem pelos que sofrem. Vou lhes dizer por que não havia pecado no choro de Cristo: porque *chorou na presença do Pai.* Quando fala em sua dor, sua primeira palavra é "Pai": *Pai, graças te dou* (Jo 11.41). Irmãos, pecamos quando rimos ou choramos escondidos de Deus. O afastamento de Deus é, em si, elemento pecaminoso. Se você é incapaz de sorrir ou chorar, a não ser esquecendo-se de Deus e de sua lei, aí, sim, estará adotando uma atitude ofensiva a ele. Mas, se consegue chegar ao regaço do seu grandioso Pai e colocar o rosto em seu peito, pode soluçar à vontade, sem parar, até não poder mais, pois tudo o que ele nos permite é claro que não constitui ofensa alguma à sua divindade. *Jesus chorou*, mas em momento algum reclamou. *Jesus chorou*, mas não atribuiu falha ao ordenamento divino das coisas. *Jesus chorou*, sim, mas docemente, em submissão, e não amargamente, em rebeldia. Considero essa uma boa lição e que o Espírito Santo possa ministrá-la a nós! Que o Senhor a escreva no coração de todo aquele que chora. A você, que é Ana, mulher de espírito sofredor, por acaso algum Eli inadvertidamente a acusou? Aproxime-se, então, mais do mestre do sacerdote Eli, que é o nosso grande sumo sacerdote, e este não a condenará, mas lhe dirá que você pode chorar porque ele também um dia o fez.

IV. Devo ser breve neste quarto ponto. *Jesus chorou*: NISSO ELE É NOSSO CONSOLADOR.

Permitam-me dirigir a palavra àqueles pesados de coração. *Jesus chorou, e nisso está a nossa honra.* Você chora, meu amigo, em boa companhia; pois *Jesus chorou*. Que nenhum homem o censure, pois então estará culpando não só você, mas também Jesus.

Jesus chorou: nisso está justificada nossa condição de filhos. Você pergunta: "Posso ser filho de Deus e mesmo assim continuar chorando?" Jesus não foi o Filho amado? No entanto, chorou. Ah, sim, a resposta deve ser outra pergunta: "Qual o filho a quem o pai amoroso não corrija?" Que filho Deus já teve que não chorou? Teve um Filho sem pecado, mas nunca um que não sofresse. Teve um Filho que nunca mereceu açoite, mas mesmo contra esse Filho querido a espada se ergueu. Você que chora pode se considerar membro da Companhia de Louvor dos Pranteadores — da qual Jesus é o digno dirigente. Ele encabeça também o Clã dos Pranteadores; e você, sendo membro, tem todo o direito de usar manta escocesa em xadrez com a cruz vermelha em cima, pois seu líder usou-a também.

Veja agora a real empatia de Cristo para com o seu povo, pois *nisso está a consolação*. Sua empatia se revela não apenas em palavras, nem mesmo somente em atos, pois é mais terna do que consegue se mostrar. Só seu próprio coração tinha capacidade para expressar sua empatia, e isso veio por meio de lágrimas — lágrimas que brotaram como ouro da mina de seu coração fundido nos olhos e depois posto em circulação como moeda trazendo imagem e inscrição do próprio rei dos reis. Jesus é o nosso companheiro de sofrimento, e esse deveria ser o nosso máximo conforto. Oh, quão triste seria para nós se tivéssemos um sumo sacerdote que não soubesse o que é sofrer como sofremos! Se corrêssemos para ele em busca de refúgio e descobríssemos que ele nunca conhecera dor alguma e, por conseguinte, não nos saberia compreender! Seria a morte para o nosso coração partido. Vi ontem um filhote de passarinho vir voando em direção ao que ele pensava ser um vão livre, mas, pobre coitado, havia uma barreira, invisível para ele, naquele lugar: chocou-se contra a vidraça da janela e caiu! Fiquei triste quando o vi no chão, morto, do lado de fora da janela. Se em minha dor eu voasse para Jesus, e existisse em volta dele um obstáculo secreto para alcançarmos sua empatia, uma incapacidade que me impedisse de chegar ao seu coração, por mais puro cristal de que fosse feita essa barreira, eu me chocaria contra ela e morreria em desespero. Um Jesus que nunca tivesse chorado, jamais teria condições de enxugar minhas lágrimas. Seria uma dor que eu não suportaria, se ele não pudesse ser meu companheiro nem conseguisse entender minha aflição.

Amados, pensem na bravura com que o Senhor suportou tudo: *nisso está a confiança*. Lágrimas não afogaram a esperança do salvador em Deus. Ele vive. Triunfou, a despeito de todo seu sofrimento. E, porque ele vive, nós também viveremos. Ele diz *tende bom ânimo, eu venci o mundo* (Jo 16.33). Embora nosso herói tenha sido obrigado a chorar em meio à luta, não foi derrotado. Ele veio, chorou, venceu. Você e eu temos tudo em Jesus: compartilhamos as lágrimas dos seus olhos e compartilharemos os diamantes de sua coroa. Use a coroa de espinhos aqui e você usará a coroa de glória a seguir.

Que isso nos sirva de consolo também: embora tenha derramado lágrimas, ele não chorou mais; *aqui começa o céu. A morte não mais tem domínio sobre ele* (Rm 6.9) em nenhum sentido ou grau. Chega de pranto para ele. Assim será conosco dentro de pouco tempo. Como amo a promessa que diz: *não haverá mais morte* [...] *nem dor* (Ap 21.4)! Um céu sem templo, pois ele é todo devoção. Também sem hospital, pois é todo saúde e amor. E morador nenhum dirá: "Enfermo estou". Ah, o fim de todo pranto! Assim será para nós em breve, pois já aconteceu com Jesus. *E Deus lhes enxugará dos olhos toda lágrima* (Ap 7.17). Em breve, não teremos mais motivos para dor nem qualquer possibilidade de sofrer, pois, tal como ele é, assim seremos. E assim como ele é perfeitamente abençoado, nele seremos incrivelmente felizes. *Jesus chorou*; mas seu pranto terminou. *Jesus chorou*, mas seu sofrimento pertence agora ao passado, e o mesmo sucederá conosco em breve.

V. Em quinto e último lugar, *Jesus chorou*: NISSO ELE É NOSSO EXEMPLO. Deveríamos chorar porque *Jesus chorou. Jesus chorou pelos outros*. Nunca soube que ele haja chorado por si próprio. Suas lágrimas eram da maior empatia, personificando seu mandamento: (Rm 12.15). Tem alma estreita quem consegue manter tudo dentro dos limites de si mesmo. A alma verdadeira, cristã, vive mais na alma e no corpo de outras pessoas. A alma igual à de Cristo acha seu mundo estreito demais como morada, pois vive e ama a todos. Vive pelo amor e ama porque vive. Pense sempre nos que choram e tenha misericórdia dos filhos da dor.

Quero hoje tocar as cordas do seu coração, comovendo-os a que se compadeçam da dor e da agonia, dos muitos que se encontram entre as paredes do hospital; das misérias maiores daqueles que anseiam profundamente por cuidados e remédios, mas não conseguem ingressar em um hospital e terminam com uma enfermidade para a qual não há esperança. Como devem sofrer também os desnutridos, os que pouco

Jesus chorou

têm o que comer e no inverno são ainda castigados pelo frio! Você e eu talvez nunca soframos como essas pessoas sofrem, mas, por isso mesmo, pelo menos intercedamos e peçamos em favor delas, assim como estejamos prontos a socorrê-las da melhor maneira ao nosso alcance.

Outro assunto em que nosso Senhor nos serve de exemplo é aprendermos com ele que *nossa indignação contra o mal é melhor demonstrada por meio da compaixão pelos pecadores*. Ah, meu querido amigo! Vejo você levantando protestos contra o vício da embriaguez e fico feliz com isso: nada que se diga contra esse vício degradante é duro ou pesado demais. Todavia, eu lhe peço: cubra seu protesto de compaixão e pena dos bêbados. Vejo você falar, meu outro amigo, em benefício da pureza e atacar com força e vontade os cultores da lascívia. Pois que nunca falte força ao seu braço! Quando o fizer, porém, lamente compassivamente o fato de tal imundície corromper homens e mulheres, criaturas suas irmãs. Encaminhe até uma petição ao Parlamento contra a perversão. Mas lembre-se de que o próprio Parlamento precisa primeiro ser corrigido e purificado. Lágrimas sinceras de pena diante do santo Deus triúno terá, tenho certeza, um efeito bem maior que os maiores abaixo-assinados já encaminhados aos nossos parlamentares. *Jesus chorou*, e suas lágrimas foram arma poderosa contra o pecado e a morte. Se você fica indignado com os vagabundos, os malandros, marginais e preguiçosos, que vagueiam pela cidade à toa e cuja enfermidade é fruto do próprio vício, não lhe posso condenar a virtuosa ira; mas se, em tudo, você pretende imitar Jesus, por favor, observe que não está escrito que ele explodiu de indignação, mas, sim, que, penalizado, *Jesus chorou*. Que à nossa indignação seja misturada uma boa dose de compaixão e misericórdia. Acho que não deve haver raio sem chuva nem indignação sem lágrimas.

Sei que você tem algo a dizer sobre a total falta de sabedoria financeira dos pobres, da ausência de sobriedade, da ambição no comércio e outras coisas mais. Admita, porém, tudo isso com pesar, desaprove isso tudo com ternura e então chore de pesar. Fará um bem maior a seus inimigos e ofensores, a si mesmo e às suas melhores causas se banhar tudo isso em lágrimas de misericórdia. Mande até rufar o tambor ou soar os clarins de guerra; saiba, porém, que o ruído mais ensurdecedor que há de dominar qualquer problema será o som do seu pranto, ouvido desde o fundo da alma, e que irá operar maravilhas maiores do que os trovões da denúncia.

Por último, além de chorar, *imite seu salvador — faça alguma coisa!* Se o texto bíblico que temos diante dos nossos olhos terminasse com *Jesus chorou*, seria decepcionante. Imagine se lêssemos que, depois de todos se aproximarem do túmulo, "*Jesus chorou* e continuou com seus afazeres diários". Eu encontraria muito pouco ou nenhum conforto nessa passagem. Se nada tivesse sido produzido além de lágrimas, teria sido para nós um grande desapontamento, principalmente em relação ao modo de agir costumeiro do nosso amado Senhor. Lágrimas! De que servem lágrimas isoladamente? Água salgada. Um cálice delas pouco vale para quem quer que seja. Mas, amados, *Jesus chorou* e, então, ordenou: *Tirai a pedra* (Jo 11.39). Em seguida, exclamou: *Lázaro, vem para fora!* Depois que Lázaro saiu com dificuldade de dentro do túmulo, Jesus disse: *Desligai-o e deixai-o ir* (Jo 11.44). Alguns de nós somos cheios de misericórdia para com os enfermos, mas espero que não nos detenhamos no sentimento. Não há como dizermos: "Temos certa simpatia pelos enfermos, mas acontece que todos eles são horrorosos!" Eu ficaria envergonhado de pensar que a meditação dessa manhã terminasse assim. Não, não. Se você não pode ressuscitar os mortos, faça alguma coisa, pelo menos, no sentido de tirar a pedra tumular que possa estar encobrindo a saída dos doentes do hospital. Se não pode lhes restituir a saúde, faça alguma coisa, pelo menos, no sentido de lhes aliviar as aflições. Livre-os, por exemplo, desta cidade abarrotada e os mande para o campo, para um centro de recuperação. Só assim, irmãos, conseguiremos provar, na prática, a verdade da nossa compaixão. Portanto, vamos em frente!

38

PODIA TER SIDO, OU PODE SER

> Mas alguns deles disseram: Não podia ele, que abriu os olhos ao cego, fazer também que este não morresse? (Jo 11.37).

Jesus chorou não significa que ele tenha deixado cair uma ou duas lágrimas, mas que elas rolaram livres. É o que se depreende do texto original. Ele derramou um choro copioso e contínuo, até se tornar alvo da atenção de todos os presentes ao local. Profundamente perturbado, as lágrimas consistiam na expressão adequada de sua intensa emoção. *O amor o fez chorar*: nada mais o levaria às lágrimas. Creio que nem todas as dores que ele suportou quando açoitado ou preso à terrível cruz provocaram-lhe tantas lágrimas. Por amor, no entanto, *Jesus chorou*. A princípio, sinto-me inclinado a dizer: "Vejam, ele chorou!" Mas então me contenho e, tomando emprestada a linguagem dos circunstantes, concluo: *Vede como o amava* (Jo 11.36). Os judeus reconheceram, embora assistissem à cena com olhos de poucos amigos, que suas lágrimas brotavam por amor apenas. Na Rocha da nossa salvação, vara alguma produz muitas águas, exceto a do amor.

Assim, ao percebermos as lágrimas e o poder do amor que as produziu, observemos também que, sendo como somos, *suas lágrimas são uma expressão apropriada do seu amor por nós*. Quando você olha para seus filhos com amor, seus olhos brilham de alegria. Quando desfrutam de saúde e força, seu amor se expressa em deleite por eles. Mas o amor de Cristo para conosco se revela de maneira bem adequada em lágrimas. Quando ele pensou no que somos, em como estamos sujeitos à morte e no pecado que nos colocou debaixo dessa escravidão, ele, por nos amar, chorou — ou, melhor ainda, morreu, pois nem as lágrimas foram suficientes para manifestar seu amor. Jesus teve de derramar sua alma não só em lágrimas, mas na morte, a fim de que se pudesse testemunhar quão profundamente nos ama.

Gostaria de começar meu sermão com esse pensamento implantado fundo em nosso espírito, se somos em realidade povo de Deus: Jesus nos ama — ama a ponto de verter lágrimas. Considerando que ele amou seu amigo Lázaro morto e sepultado, vejamos então como nos amou também quando mortos em nossos delitos e pecados. Analisemos quanto ele nos ama, muito embora, talvez, nosso espírito esteja um tanto embotado e morto; e quanto nos amará mesmo quando viermos fisicamente a morrer. *Preciosa é à vista do Senhor a morte dos seus santos* (Sl 116.15). Ele nos ama tanto que nos amará quando morrermos, assim como amou Lázaro à beira do túmulo.

Afastemo-nos do prefácio que encontramos no contexto, para examinarmos o texto propriamente dito. Conquanto alguns ali chegassem a pensar no amor de Cristo ao lhe contemplarem as lágrimas, havia entre eles alguns outros, racionais, que argumentaram: *Não podia ele, que abriu os olhos ao cego, fazer também que este não morresse?* (Jo 11.37).

Analisando o texto sob ângulos diversos, verifico ser esse, antes de mais nada, *um argumento vão*; em segundo lugar, *um argumento vil*; em terceiro, *um argumento justo*. Por fim, em quarto lugar, se o estudarmos junto com os versículos que o sucedem, *um argumento pleno e fiel*.

I. De início, portanto, encontro no texto UM ARGUMENTO VÃO. Ele trata do que teria acontecido se tal e tal coisa fosse desse ou daquele modo. É muito comum ouvir as pessoas falarem "se isso e aquilo assim se desse, então isso e aquilo etc., etc.". Esse tipo de conversa é sempre vão, porque *não leva a nenhum resultado prático*. De que adiantava dizer *se Jesus estivesse aqui, Lázaro não teria morrido* (Jo 11.32) quando

PODIA TER SIDO, OU PODE SER | 357

Lázaro já estava morto? A coisa estava feita e não poderia ser desfeita, pelo menos pelos meios humanos e comuns. Então, de que adiantava questionar como seria aquilo que não podia ser mais? Contudo, tenho visto surgir angústia e sofrimento desse tipo de posição. Talvez as dores mais amargas que os homens conheçam não procedam de fatos, mas de coisas que poderiam ter sido como imaginam. Ou seja, cavam poços de conjecturas e bebem as águas salobras de remorso. As irmãs de Lázaro fizeram isso. Cada uma delas disse: *Se tu estiveras aqui, meu irmão não teria morrido*. Sim, e então seria a sua vez de dizer: "Ora, se eu tivesse ido para tal e tal lugar, tal coisa não teria acontecido. Então, talvez houvesse possibilidade de acontecer aquela coisa ou, quem sabe, aquela outra. Ah, como tudo seria tão diferente de agora!" Você se culpa por passos que foram, na verdade, não apenas inocentes, como sábios e corretos. O problema é que agora você enxerga as consequências e começa a imaginar que talvez não tenham sido tão inocentes, sábios e corretos e se aborrece pensando por que deu esses passos.

Sei até que algumas pessoas vão muito além de se acusarem em vão; chegando a ponto de acusar Deus. Perguntam-se: "Por que o mal foi admitido no mundo? Por que homens e mulheres foram criados do jeito que são? Deus, que é onipotente, não poderia ter arranjado as coisas de modo que não existisse pecado ou dor?" Em que bela confusão nos metemos a partir do momento em que começamos a discutir essas questões, e a conjecturar como seria tudo em outras circunstâncias! Veja bem, caro amigo, nada disso aconteceu, nem jamais acontecerá, nem certamente poderia. Portanto, qual o proveito de nos preocupar com o que não existe nem virá a existir? Vou arar tudo bem; mas, se não houver terra, fazer o quê? Não posso arar o oceano nem uma nuvem. Tenho de trabalhar em algo prático, a terra. Não há por que partir meu coração com fantasias.

Se algo deve ser feito e é certo ou melhor fazê-lo, então o façamos de uma vez. Mas, se não se pode mais fazê-lo, pois trata-se apenas de algo que poderia ter sido feito, abandonemos totalmente tal ideia. Você pode ficar com os seus "e se", porque eu tenho coisa melhor a fazer. Foi esse o método empregado por Davi em relação a seu filho. Também deveria ser o seu em relação a seus enfermos e àqueles que já partiram. Davi jejuou, orou e clamou a Deus enquanto seu filho, seriamente enfermo, ainda vivia; mas, depois que a criança morreu, lavou o rosto e comeu pão, dizendo: *Poderia eu fazê-la [fazer a criança] voltar? Eu irei para ela, porém ela não voltará para mim* (2Sm 12.23). Está feito e é impossível desfazer, por meios humanos; de que adianta se atormentar agora? Oh, que você receba da graça divina para saber afastar essa distorção tola da lógica e da providência e usar o raciocínio para coisa melhor! Lázaro está morto; de que adianta dizer, então, que talvez não tivesse morrido se Jesus estivesse presente para intervir?

Chamo a isso de argumento vão também porque, embora nos perguntemos o que poderia ter acontecido e insistamos a ponto de acreditar que deveria ser diferente, ainda assim *descrença alguma jamais haverá de obter do Senhor uma explicação para o sucedido*. No texto que estamos estudando, nenhuma explicação é fornecida aos judeus quanto ao motivo pelo qual Jesus, sendo capaz de abrir os olhos do cego, não poderia impedir a morte de uma pessoa ou por que não o fez. A seus discípulos, o Senhor já havia assegurado que era para a glória de Deus. A essa explicação, você tem direito; na verdade, até já a recebeu. Se você for um filho de Deus, e ele pareça lhe ter negado o que você acha que poderia muito bem lhe ter sido concedido; se acha que Deus permitiu que você sofresse debaixo de uma calamidade que, na sua opinião conseguiria ter evitado — Jesus não dará nenhuma outra explicação além do tipo dessa, sem pressão alguma, ou seja, que é para sua glória. E, se é para a glória dele, não é também, consequentemente, no próprio benefício dos filhos de Deus? O que pode beneficiar mais um servo do Senhor que a glória do seu mestre? O que pode ser mais proveitoso para nosso coração amoroso do que ver Deus glorificado? Se essa resposta não o satisfaz, também não espere outra. "Por que fui privado dos meus filhos?" "Por que estou doente há tantos anos?" "Por que falhei quando esperava ficar rico?" "Por que fracassei no exame quando deveria ter me formado?" É perda de tempo querer encontrar motivo para provações que sejam inevitáveis. Tentar adivinhar como seria se outra coisa tivesse acontecido é mera ilusão. *O que eu faço, tu não o sabes agora; mas depois o entenderás* (Jo 13.7). Que isso o satisfaça.

Chamo ainda de argumento vão porque *não lhe pode trazer benefício algum querer investigar o que foi que o Senhor escondeu de você*. Você só alimenta seu orgulho ao intimar a providência divina a se submeter a um inquérito seu. Só falta você sentar-se sobre seu trono e fazer de Deus um prisioneiro em sua sala de inquisições e julgamentos. Você quer pesar de novo o que ele já pesou na balança da sabedoria divina. Não pode ser assim; jamais. Um espírito humilde é infinitamente mais correto, saudável e santo que o espírito de questionamento. Irmãos não devemos nem ter sede de conhecer todas as coisas que possam existir, pois, se foi para a glória de Deus que algo ficou oculto, amém. Quanto às coisas que possam ser vistas, que relação temos com elas? Se começarmos a levantar o véu, será impossível prever o que talvez acabemos deparando um dia. Conheço pessoas que se intrometeram nessa esfera até acabarem tropeçando em algo terrível, que nunca tiveram a intenção de conhecer e que na verdade nunca veriam se sua imaginação profana não o tivesse criado por si mesma. Ambicionavam alterar a providência, mudar tempos e estações conforme Deus ordenara; no final, caíram em condição tão mórbida que, se enlouquecessem de vez, seriam talvez mais felizes, pois existe um estado mental beirando a insanidade que carrega a culpa — pior do que se a responsabilidade pelo ato tivesse sido destruído por completo. Portanto, eu lhes imploro meus irmãos, desistam de investigar segredos dos quais Deus detém a posse exclusiva. Vocês só terão a ganhar se caminharem no sentido da se abster dessas especulações. Não falem do que poderia ou deveria ter sido, querendo interferir no bem que Deus lhes concedeu e desejando ardentemente o que, ao que parece lhes negou. Oh, se vocês soubessem o que ele sabe e amassem como ele nos ama, então, sem dúvida, agiriam como ele age! Creiamos no Senhor e permaneçamos quietos a seus pés, sem falar mais no que ele acaso poderia ou deveria ter feito ou não, ou do mais que possamos imaginar. Menor mal disso resultará.

II. Em segundo lugar, tal como falei de argumento vão, falarei agora de ARGUMENTO VIL. Creio que os judeus pretendiam lançar um argumento maldoso contra o Cristo de Deus. Colocaram-no da seguinte forma: "Esse homem diz que abriu os olhos do cego, e todo o povo pensa que assim foi. Se foi, então por que ele não impediu a morte desse amigo, a quem evidentemente tanto queria bem? Ou será que, na verdade, lhe falta poder, o que prova que ele não abriu os olhos de cego algum e tudo não passa de um embuste? Ou, então, ele pode ter tal poder, mas não o empregou em benefício do suposto amigo porque na verdade não o ama, e essas suas lágrimas são simples fingimento! Ou, ainda, ele poderia realmente ter salvado a vida deste homem e agora está aqui, chorando, arrependido, porque o amigo morreu!"

Desse modo, o inimigo obrigaria os crentes em nosso Senhor a confrontar opções, todas desagradáveis. Só não nos deixamos embaraçar pelo dilema porque conhecemos a via de escape. Mesmo assim, há que reconhecermos a pressão dos argumentos de Satanás. Seu irmão, ou sua mãe, ou seu filho, ou seu amigo morreu. Você suplica a Jesus, clama a Deus, importuna todo mundo tentando preservar essa vida preciosa. Contudo, seu ente querido morre. Bem, nesse caso, deveria haver um desejo de poder por parte de Deus para salvar vidas. Talvez aquela sua conversa, em que você tanto se alegra e acerca da qual diz *uma coisa sei, eu era cego e agora vejo* (Jo 9.25), talvez, afinal de contas, essa não tenha sido uma obra do poder divino, mas uma ilusão? Pois Aquele que salvou sua alma não poderia ter salvado a vida do seu ente amado? Como e por que não o fez? Será que ele tem mesmo algum poder, será que você já foi realmente alvo desse poder?

Percebem a pressão desse raciocínio, aparentemente agradável, mas, no fundo, superficial? Não é um argumento vil? Revelemos sua falsidade. Suponha que Jesus esteja disposto a abrir os olhos do cego e o faz. Por causa disso, está obrigado a ressuscitar esse homem em particular? O fato de não julgar apropriado fazê-lo prova que ele não tenha poder? Se deixou Lázaro morrer, fica provado que ele não poderia ter salvado a vida dele? Não é possível que exista outro motivo? A onipotência tem de sempre exercer seu poder? E exerce sempre *todo* o seu poder? Não poderá haver um excelente motivo para Cristo abrir os olhos do cego e, no entanto, não se adiantar para impedir a morte de Lázaro? Vemos, assim, que pode haver muitos motivos, mas é fácil esquecer muita coisa a respeito quando se quer discutir com Cristo e o evangelho. Podemos perfeitamente fechar os olhos quando nos for inconveniente vermos e, então, sairmos correndo às cegas, feito um touro enlouquecido.

PODIA TER SIDO, OU PODE SER | 359

Por outro lado, argumentam que, "se Cristo pode impedir a morte de Lázaro, e não o faz, existe um desejo de morte nele"; mas será isso correto? É um argumento justo? Na verdade, é improcedente. Nem pode ser jamais considerado verdadeiro perante nossa fé. Pode ser amor verdadeiro o que magoa, pune, aflige, prova. Existe tanto amor no Pai quando ele brande a sua justiça como quando dá um beijo; tanto amor no Salvador quando permite a morte de Lázaro quanto ao levantar o morto do túmulo. É possível até que o feito para nós menos agradável seja justamente o revestido de maior amor! As maiores bênçãos muitas vezes nos chegam inicialmente sob a forma de sofrimento. Não me surpreenderia se a morte de Lázaro representasse sua passagem para um estado mais elevado de vida espiritual do que jamais desfrutou. Não duvido de que fosse um homem convertido antes de morrer, mas certamente sua maravilhosa passagem para a região da sombra da morte (a qual não vou descrever porque a Bíblia não o faz) e seu retorno devem ter dado a ele uma consciência tão vívida do poder de Cristo que sua vida espiritual interior tenha se tornado mais forte, mais clara e mais extraordinária do que nunca antes. Gostaria de ter-me encontrado com Lázaro depois que ressuscitou dentre os mortos, por obra daquele que disse *Eu sou a ressurreição e a vida* (Jo 11.25). Acho que ele poderia pregar sobre esse texto de maneira extraordinária. Ele o entendeu mediante uma experiência desconhecida para nós. Sou capaz de acreditar, enfim, que Lázaro ressuscitou para uma vida superior, em todos os sentidos mais elevados. Assim, foi o amor de Cristo por ele que lhe permitiu morrer, e seria uma calúnia completa dizer que Lázaro morreu porque faltou a Jesus amor por ele. É, na verdade, o amor de Cristo que permite a alguns de nós estarmos enfermos ou ficarmos pobres. É o amor de Cristo que nos tem sujeitado a desprezo e opressão. É o amor de Cristo que nos tem feito permanecer em aflição. Tudo isso porque o benefício divino daí advindo é bem mais proveitoso para nós do que a aparente perda representada pelo fato em si. Então, o argumento vil pode muito bem ser afastado de nossa mente, qualquer que seja a forma que nela assuma.

Nada justifica nossa desconfiança em relação ao que Deus tem feito por nós em termos de graça. A graça é real, não uma ilusão. Assim também, nada justifica qualquer dúvida com relação ao que Deus pode ainda fazer por nós e fará no futuro. Aquele que nos tem ajudado até aqui nos ajudará até o fim. Aquele que tem feito tanto por nós não nos reterá bem algum, mas dará todo o necessário à nossa vida e piedade, à nossa vida futura e à nossa glória.

III. Prosseguindo, podemos notar também que aquele, no entanto, é UM ARGUMENTO MUITO JUSTO. Se você pegar o texto e retirar dele a malícia, há de descobrir algo nele de verdadeiro. *Não podia ele, que abriu os olhos ao cego, fazer também que este não morresse?* (Jo 11.37). Sim, é verdade. Jesus Cristo, pelo que tem feito, tem provado seu poder para fazer qualquer coisa. Não preciso desenvolver muito o tema, mas vou colocá-lo diante de vocês. Não há uma só vida que Jesus não possa preservar. Vocês podem clamar a ele em favor de seus enfermos. Têm autorização para isso. Mesmo que tenham sido desenganados pelos médicos, eu os aconselho a buscar Cristo em favor deles, embora seja muito melhor fazê-lo até antes de consultar o médico. Nós erramos com frequência no que diz respeito ao consumo de remédios, ao recorrermos primeiro à medicina. Antes de mais nada, deveríamos procurar Jesus para que pudéssemos ser guiados quanto a que remédio tomar e como ou a que outros meios empregar, confiando em Deus que abençoe todos os meios utilizados para a restauração. De fato, nos arriscamos a transformar médicos em ídolos, como o pagão faz com pedaços de madeira. Remédios têm seu lugar na cura, assim como o pão tem seu lugar na nutrição. Mas como nem só de pão vive o homem, tampouco o homem só é curado por remédios. Antes de comermos o pão, não pedimos a bênção de Deus sobre o alimento? Busquemos então a bênção sobre os remédios também, sempre que os tivermos de usar. Não somos curados propriamente pelo médico, mas, sim, por um Deus que opera de acordo com sua vontade e agrado. Acreditemos então que Cristo, que fez tanto por outros enfermos, pode fazer o mesmo por aqueles que levamos à sua presença e deixemos o caso em suas mãos.

Analise o texto sob uma perspectiva espiritual. Quero que você acredite que Cristo pode nos preservar espiritualmente da morte. Por causa do nosso trabalho profissional, por exemplo, somos forçados a participar da sociedade dos ímpios. A providência chama alguns de vocês, operários, a labutar lado a lado, ou até na mesma bancada, com infiéis? O Senhor Jesus é capaz de fazer que vocês não sejam prejudicados por eles. Pode lhes dar saúde e força espirituais, mesmo quando pareçam estar sob influência a mais mortal. Aquele que lhes abriu os olhos quando vocês eram cegos pode mantê-los vivos agora que conseguem ver. Perseverem em confiar, com a mesma fé inabalável com que confiaram em Jesus para perdão dos seus pecados. Repito, aquele que lhes abriu os olhos quando vocês estavam em trevas é capaz de lhes impedir a morte, apesar de influências mortais do mundo, da carne e do mal se colocarem em operação contra vocês. Porque ele vive, vocês também viverão. Corram para ele em tempos de tentação. Clamem ao Senhor na hora da necessidade, e ele os ajudará e libertará. Vocês não morrerão, mas viverão; e declararão as obras do Senhor.

Amados, quão misericordioso é nos podermos voltar para o fato de haver Cristo aberto os olhos do cego e vermos a mesma coisa em nós mesmos! Eis um cego cujos olhos Cristo abriu: você. Se ele foi capaz de dar visão a *você*, você não consegue transferir essa possibilidade para outros? Se o Senhor Jesus Cristo *lhe* pôde dar visão, evidentemente que pode dar visão aos outros. Se abriu *seus* olhos, pode abrir os olhos cegos dos seus filhos, do seu pai não convertido, de seus irmãos não salvos, de suas irmãs. Creia em favor de seus amigos e clame a Deus por eles. Pegue agora mesmo o texto que estamos estudando e leia-o assim: "Não podia ele, que abriu meus olhos cegos, fazer também o mesmo por quem meu coração está pesado?" Lembre-se: o homem cujos olhos Cristo havia aberto, a que o texto se refere, nascera cego. Cristo pode lidar com o pecado original e o pecado inato. Alguns parecem ter herdado uma natureza mais difícil do que o comum das pessoas. Parecem não ter um coração de carne, mas de pedra. Todavia, Jesus, que tratou de um difícil cego — um cego de nascença — é capaz de tratar desses difíceis pecadores — pecadores que desenvolveram em sua vida mais vícios desesperadores do que a maioria das pessoas. Cristo pode lidar com a escuridão. Leve-os até ele, creia por eles e esteja plenamente convencido de que nenhum caso está além do poder do Salvador vivo.

Da minha parte, nunca me desespero ou desesperarei pela salvação de qualquer criatura que me acompanha, agora que sou salvo. Sei que determinados traços da minha personalidade e determinados elementos do meu caráter tornaram minha conversão a Cristo mais notável do que a conversão de qualquer outra pessoa. Assim, posso acalentar toda a esperança em relação ao mais blasfemo, mais obstinado, mais incrédulo. Esse Homem glorioso que, nos seus dias na carne, abriu os olhos de um cego de nascença, coisa que nunca se vira antes, pode vir e tratar até dos maiores dos pecadores — isso mesmo, pecadores mortos no pecado, pecadores apodrecendo em sua luxúria — e transformá-los em santos! Nesse sentido, esse é um argumento justo, tenho certeza disso.

IV. Por fim, ninguém, em momento algum, teve a intenção de expressar um ARGUMENTO PLENO E FIEL, ao ser alegado: "Não podia este Homem, que abriu os olhos ao cego, impedir a morte de Lázaro?" Um argumento justo, sim, mas não um argumento pleno, pois não lhes ocorreu ir mais além e perguntar: "Não podia este Homem, agora que Lázaro está morto, levantá-lo dentre os mortos?" A argumentação não chegou a avançar o suficiente para produzir qualquer ideia útil ou consolo, pois limitou-se a cuidar do que poderia ter acontecido, não foi e não poderia ser nunca mais. Uma das coisas que mais receio em nossa vida cristã é isso. Como seria bom se Deus desse a alguns crentes um mínimo de bom senso! Se ao menos algumas pessoas conseguissem crer no que tenho a certeza de que é a verdade — que a real crença é o bom senso santificado, e que existe na fé em Jesus Cristo algo tão prático quanto normalmente ir fazer compras. Sim, é bem verdade que nossa crença é espiritual e divina, celestial e sublime, mas, ao mesmo tempo, tão exata como se não nos coubesse ser outra coisa além de matemáticos calculando e estimando o resto dos nossos dias. Existe uma verdade matemática em nossa fé santa, ao mesmo tempo que uma aspiração elevada como o voo da águia. Aquelas pessoas deveriam, portanto, ter argumentado nos seguintes termos: "Jesus Cristo, que abriu os olhos deste cego, deparou com um cadáver dentro do túmulo e é capaz de devolvê-lo à vida".

Você tem em mente neste momento algum pobre pecador morto em delitos e pecados? Você não consegue alcançá-lo? Não sabe como fazê-lo se conscientizar nem pensar? Parece não haver uma única

Podia ter sido, ou pode ser | 361

fagulha vital nele, e você não sabe lidar com o problema, certo? Pois creia que o evangelho tem como objetivo casos assim, e que Deus vivo, em Jesus Cristo, mediante o Espírito Santo, pode ir ao encontro desse coração morto, gelado como a argila. "Oh, a situação está pior que isso", pode dizer você, "muito pior. A pessoa em quem estou pensando vive à margem da sociedade; decaiu demais para que se possa falar com ela". Sim, entendo o que você quer dizer. Talvez esteja se referindo a uma mulher caída. Somos sempre mais ávidos por enterrar as mulheres caídas do que os homens caídos. Um homem que, como diria Marta, *já cheira mal* (Jo 11.39), costuma ser ainda tolerado na sociedade. À mulher que peca, porém, grita-se: "Que seja enterrada longe das nossas vistas. Rolem a pedra para a entrada do túmulo. Nunca lhe falamos, nem dela falaremos". Se você sente um peso na alma por causa de uma pessoa que foi expulsa desse jeito da sociedade, quero que você creia que Jesus pode ressuscitar quem já está enterrado e putrefato. "Oh", retruca você, "mas não se trata apenas de haverem enterrado o homem em quem estou pensando. O caso é mesmo impossível de ser descrito. Ele morreu há quatro dias. Foi tão longe que seu crime é inominável". Sei como é. No entanto, você pode citá-lo ante o Senhor. Em sua presença, mal nenhum resultará disso. Não encontro na narrativa de que estamos tratando nenhuma menção a alguém a quem o cheiro haja incomodado quando aberto o sepulcro de Lázaro. Quando Jesus disse "tirai a pedra", sabia haver desinfetantes divinos prontos para entrar em ação. Sabia o que estava fazendo. Quando você sai em busca de pecadores desqualificados, pessoas prudentes costumam advertir: "Se você for atrás de pessoas como essa, seu caráter será afetado em pouco tempo". O Senhor, porém, há de impedir qualquer dano proveniente dessa iniciativa; pois ele mesmo pode se dirigir ao pecador mais corrupto e dizer "Viva!", e ele viverá, e a corrupção deixará de existir. Por isso, tiremos da cabeça a ideia de que um pecador é capaz de ir longe demais para poder ser salvo por Cristo. Em minha juventude, eu costumava ouvir sobre um "dia da graça" e pessoas que o viveriam, mas não acredito nisso. Enquanto você estiver neste mundo, sou obrigado a pregar a você, pois a mensagem do evangelho deve ser proclamada a toda criatura, e não ousaria jamais traçar distinções vãs sobre certo dia da graça. Se você tem uma enfermidade que o leve embora antes que o relógio bata meia-noite, ainda assim o conclamo a crer no Cristo de Deus e viver. Se você pessoalmente se considera tão mau a ponto de acreditar que nunca houve homem ou mulher pior do que você fora do inferno, ainda assim creia em Jesus Cristo. Meu Senhor ama salvar grandes pecadores. Ele se deleitou em trazer Lázaro, morto havia tanto tempo, para fora do túmulo e poderá da mesma forma, restaurá-lo ao seio de sua família a fim de que se torne a alegria de sua casa e a glória de Cristo.

Não fui longe demais. Tenho certeza disso. Nem poderia. O amor ilimitado e sem fronteiras do meu grande Senhor — eu queria falar as línguas dos homens e dos anjos só para proclamá-lo. Você não pecou a ponto de ultrapassar o poder de Cristo para salvá-lo. Ele é um grande Salvador, um poderoso Salvador, e seu sangue precioso pode remover toda a morte e corrupção. Sempre que penso naqueles a quem ele tem salvado, raciocino: "Não podia meu Senhor Jesus, que abriu os olhos ao cego, ressuscitar esses pobres pecadores mortos?".

Vou lhe dizer uma coisa. Se esta noite você está morto em pecado, eu lhe digo, em nome de Jesus Cristo de Nazaré: *Creia no Senhor Jesus e será salvo* (At 16.31). "Não posso", diz alguém, "estou morto". Sei que está, porém se o Senhor lhe falar, você viverá: *e Ele fala com você por intermédio da minha voz.* Dirijo-lhe a palavra *em nome dele*. Pecador descuidado, pecador morto, em nome de Jesus, viva! O Espírito Santo acompanha a palavra que proferi. Assim, o que já está acontecendo com alguns dos que me ouviram, irá acontecer a outros que leiam estas palavras. Glória seja dada ao Pai, e ao Filho, e ao Espírito Santo, para todo o sempre! Amém.

39

A ESFERA DA INSTRUMENTALIDADE

Disse Jesus: Tirai a pedra (Jo 11.39).
Disse-lhes Jesus: Desligai-o e deixai-o ir (Jo 11.44).

Lázaro descansa em seu túmulo, morto. Sua restauração à vida era impossível segundo qualquer princípio comum. Não conseguiria, com toda a certeza, ressuscitar a si próprio; e suas amorosas irmãs, apesar de todo o seu pranto, não lhe poderiam conceder uma ressurreição. Tampouco os demais que em derredor o choravam seriam capazes de chamar de volta seu espírito que já se fora e reanimar seu cadáver em decomposição. Era um caso sem esperança: quem teria condições de fazer reviver um homem morto, enterrado havia dias em seu sepulcro, e que começava a cheirar mal?

Esse é o caso paralelo de todo pecador não convertido deste mundo. Está morto em seus delitos e pecados — não apenas ferido ou enfermo, nem vítima de uma mera síncope, mas a morte espiritual reina sobre ele. O pecador jamais poderá dar vida a si mesmo. Seria inconcebível. Há quem imagine que a vontade natural do homem tende muitas vezes para o bem, mas, ai de nós! Essa suposição, bastante lisonjeira, está longe de ser verdade. Jesus nos admoestou até, bem claramente: ... *não quereis vir a mim para terdes vida!* (Jo 5.40). E ninguém vai a ele atualmente mais do que ia no seu tempo. Embora não se vejam mortos ressuscitarem a si mesmos, não esperemos que os pecadores se voltem espontaneamente e sem a ajuda divina para a retidão. Parentes ou amigos tampouco podem regenerar uma alma sequer pela qual se interessem, nem o mais devoto ministro do evangelho poderá devolver a um corpo o seu espírito. Mesmo aqueles a quem Deus haja abençoado em outras circunstâncias dispõem de qualquer poder em novos casos, a não ser que o mesmo poder, renovado, seja dispensado por intermédio deles. A morte é um quadro terrível do nosso estado natural, mas de modo algum exagerado. O mundo inteiro se estende à nossa frente como um vale de ossos secos, como na visão de Ezequiel, e se os ossos secos reviverem não será por meio de uma energia inata a eles próprios, nem por um poder existente no mais piedoso dos homens, nem por qualquer outro poder que até mesmo um profeta pudesse exercer sem Deus. O preparo de alguém não consegue fomentar a vida a partir da morte; a persuasão não consegue provocá-la; o raciocínio não consegue infundi-la. O braço divino deve-se revelar, ou o caso estará perdido.

Jesus precisava chegar ao túmulo de Lázaro e chamar *Lázaro, vem para fora!* (Jo 11.43), senão o cadáver permaneceria inanimado, e sua putrefação só iria aumentar. O homem mortal pode fazer tudo que esteja ao seu alcance, mas nada terá eficácia, no caso, enquanto Jesus, a ressurreição e a vida, não proferir sua palavra vivificante. O poder está em sua voz onipotente e somente nela. Que isso seja entendido como uma afirmação simples e rasa da nossa crença na obra de salvação do Senhor, sem qualquer abrandamento ou diluição. Cremos que em todos os casos a salvação provém só e inteiramente do Senhor. A regeneração é uma obra sobrenatural. O homem precisa nascer de novo a partir de cima — qualquer poder alheio ao do céu será então ineficaz. A nova criação é tão e completamente obra de Deus quanto à antiga criação.

> Pode debaixo do poder divino
> A vontade obstinada vencer?
> A ti somente, ó Espírito eterno,
> Cabe um novo coração conceber.

A ESFERA DA INSTRUMENTALIDADE | 363

> Expulsas assim as sombras da morte
> E ordenas a vida ao vil pecador!
> Da luz celeste a vital claridade
> Somente tu, ó Deus, és doador.

Devemos, porém, fazer o que nos cabe, pois o que pode ser feito pelo homem não será feito por Cristo. É uma regra do nosso Senhor nunca operar milagres desnecessários. Ele só dá início ao processo miraculoso quando os meios usuais não conseguem ir além. Jesus acompanha o comum até seu limite e então faz o extraordinário entrar em cena. Se é preciso alimentar uma multidão, havendo pães e peixes para distribuir, ele então os aproveitará. Multiplicará o que existe e fará que dure muito mais do que aconteceria naturalmente, mas irá aproveitá-lo. Não duvido que somente se faltasse pão e peixe, ele partiria para um ato de nova criação. Naquelas circunstâncias, porém, já que havia alguns pães e um pouco de peixe, não os ignorou, mas fez deles a base de sua obra de multiplicação. O que o homem pode fazer por si mesmo Deus não fará por ele. Da mesma forma, o que o povo cristão pode fazer pelos pecadores não deve esperar que o Senhor o faça. Precisamos trabalhar de acordo com a capacidade que Deus nos deu até o extremo máximo possível e aí então buscar a intervenção divina.

Observe-se, no nosso exemplo, que havia uma pedra na entrada da gruta em que Lázaro fora enterrado. O Senhor não tinha capacidade para removê-la com uma palavra? Não bastaria dizer "remova-se daqui, ó pedra" e assim ocorreria? Ele poderia até destruir a pedra com o olhar, se quisesse. Mas optou por não agir assim porque os espectadores eram capazes de poder retirar a pedra. Assim sendo, apenas lhes ordenou: *Tirai pedra* (Jo 11.39). Ao ressuscitar, deixando a gruta em que seus amigos o haviam depositado, Lázaro estava envolto em faixas de pano mortuárias. Rolos de tecido branco circundavam-lhe o corpo e tinha o rosto envolto em um lenço. Jesus não usou de poder divino para retirar-lhe tais vestes tumulares. Não sei se é possível comparar milagres, mas tenho a impressão de que seria um milagre menor libertar o vivo das faixas de pano com uma palavra após ter vivificado um morto. E, como o trabalho era passível de ser realizado sem milagre, assim deveria ser feito. Jesus disse então aos presentes: *Desligai-o e deixai-o ir* (Jo 11.44).

A analogia nos ensina que podemos fazer algumas coisas pelos não convertidos e devemos fazê-las; em outras, se nos é permitido ajudar os novos convertidos, devemos nos prontificar a realizá-las. Ao mesmo tempo que olhamos para o Senhor da vida a fim de que vivifique as almas, não precisamos cruzar os braços, indiferentes, nem nos esquivarmos da luta, alegando incapacidade; mas, sim, devemos permanecer atentos, para detectar onde se aplica nossa instrumentalidade e estar prontos a todo momento a sermos utilizados sempre que necessário. Não dispomos de poder para transformar ossos secos em homens vivos, mas podemos profetizar sobre eles e, bendito seja Deus, também aos quatro ventos. Assim, por nosso intermédio, os mortos têm chance de viver. O campo da ação humana conectado com a regeneração é justamente o meu assunto esta manhã. Ajuda-nos, ó Espírito divino!

Em primeiro lugar, existem algumas coisas que podemos fazer pelos não convertidos *antes que sejam vivificados*. Jesus disse *tirai a pedra*. Em segundo lugar, existem coisas que podemos fazer pelos novos convertidos *depois de serem vivificados*. Ele disse: *Desligai-o e deixai-o ir*.

I. Portanto, em primeiro lugar, meus caros irmãos, EXISTEM ALGUMAS COISAS QUE PODEMOS FAZER PELOS NÃO CONVERTIDOS ANTES QUE SEJAM VIVIFICADOS. Tenho certeza de que, se tivermos um coração reto, estaremos desejosos e prontos a fazer tudo o que nos seja possível. Jesus Cristo é o nosso modelo; assim, observemos quanto ele empreendeu na sua obra de abençoar os filhos dos homens. No caso em estudo, realizou longa viagem; e, ali chegando, chorou, gemeu, perturbou-se em espírito, orou e então proferiu a palavra miraculosa em alta voz. Eis aí um quadro fiel de como todo cristão e, mais ainda, todo ministro cristão deve ser. Deveríamos viajar em busca de almas, chorar pelo estado de ruína em que se encontram, gemer e nos perturbarmos de coração por elas, viver em incessante oração e, quando Deus falasse por nosso intermédio para ressuscitar os mortos espirituais, não fazê-lo em tom grave e formal, mas com uma voz plena de amor e zelo ardente. Precisamos ser imitadores de Cristo particularmente nessa questão. Precisamos aplicar nosso coração inteiramente na obra bendita que ele nos honra ao permitir que a realizemos em seu nome.

Irmãos, todos nós podemos fazer pelos nossos irmãos o que Marta e Maria fizeram por Lázaro. Haviam chamado o mestre para ministrar à tristeza que sentiam. Quando o irmão adoeceu, certas de que não tinham outra pessoa capaz de se condoer delas tanto quanto o mestre a quem tanto amavam, enviaram uma mensagem chamando Jesus. Não lhe mandaram outra depois porque, não se pode duvidar, para elas, uma só mensagem bastava. No caso de não convertidos pelos quais o nosso espírito anseie, temos de convocar o salvador para resgatá-los. Enviemos a ele uma mensagem acerca dessas pessoas. Você pode enviá-la nos seguintes termos: "Ó Senhor, lamento te dizer que meu querido filho ainda não é salvo". Ou então: "Senhor, tu sabes que o coração do teu servo/da tua serva está partido porque minha esposa/meu marido ainda não se converteu". Ou assim: "Ó salvador, tu sabes que na minha classe de escola dominical muitas crianças ainda não te conhecem". Eu, por exemplo, poderia dizer na minha mensagem: "Meu Deus, tu sabes que tenho pregado para grande parte dessa gente há anos e anos e, no entanto, muitos permanecem apáticos e estranhos ao seu Deus". Precisamos interceder ao Senhor pelas almas com sinceridade. Jesus é quem opera os milagres. Ele é a ressurreição e a vida, e nossa sabedoria está em nos apegarmos à sua força e suplicar-lhe que nos revele seu poder salvador.

Além disso, temos de expressar nossa fé confiante em Jesus, no sentido de que tudo que ele pedir a Deus, hoje mesmo Deus lhe concederá. Precisamos acreditar que ele é capaz de ressuscitar os mortos espirituais. Nunca nos devemos desesperar por qualquer pessoa se o problema já foi entregue nas mãos do salvador todo-poderoso. Ainda que o pecador cheire mal, tenha se tornado abjeto, além de impuro, nunca é tarde demais para pedir ao Senhor Jesus que opere a salvação. Jamais devemos dizer de pessoa alguma: "Seria vão trabalharmos pela conversão daquele homem; é tão ímpio que seria incapaz de alcançar a graça de Deus". Não nos cabe sentenciar a condenação de ninguém, mas, sim, obedecer à mensagem do mestre, percorrendo toda parte levando as boas-novas a toda criatura. Pois o evangelho não impõe limites, quando declara: *Quem crer e for batizado será salvo* (Mc 16.16). Amados, tenham fé no Senhor Jesus. Exponham a ele quão desesperador vocês consideram cada caso e afirmem: "Senhor, nada é impossível para ti". Deixem o Senhor saber que, conquanto se sintam impotentes, têm a certeza de que uma única palavra dele pode efetuar tudo que a sua alma deseja.

Agora, há algo que todo crente pode fazer: com Deus nos ajudando, podemos fazer o melhor pela fé no Senhor Jesus. Nosso primeiro texto de hoje indica com bastante clareza a linha da nossa capacidade. Jesus valeu-se das pessoas para tirar a pedra. Você não pode ressuscitar os mortos, mas pode afastar a pedra da entrada do sepulcro em que eles se encontram. Vamos ver então que pedras torna-se necessário removermos com toda a diligência.

A primeira é a pedra da *ignorância*. Esse peso enorme fecha a entrada de muitos sepulcros espirituais. Acho que julgamos um tanto exageradamente o alcance do conhecimento pelo nosso povo. Muitos sermões são pregados para o povo como se ele realmente entendesse perfeitamente o plano da salvação, o que não é verdade. Se o pregador conhecesse melhor seus ouvintes, descobriria que muitos deles são pobres ignorantes até dos fundamentos do evangelho. Receio que as verdades elementares do cristianismo não sejam pregadas com a necessária frequência porque muita coisa delas é dada, equivocadamente, como conhecida. Devemos ter em mente que o *be-a-bá* do evangelho possa ser desconhecido de milhares de recém-convertidos, cujos instrutores, no entanto, empenham-se em instruí-los nos clássicos da teologia — um esforço inútil e uma experiência perigosa. Aqui mesmo em Londres, vocês podem encontrar pessoas que frequentam igrejas protestantes e, todavia. ficam horrorizadas com a ideia da justificação pela fé! Descobrirão, caso se misturem às massas, uma indiferença assustadoramente grande para com a salvação. Isso tudo se origina, em grande parte, da ignorância. Salvação! Milhares de pessoas não sabem o que quer dizer esse termo, e hoje, neste século de luz e progresso, como o chamamos tão cheios de orgulho, densa escuridão a esse respeito encobre a mente de uma grande porção de nossos conterrâneos.

A ESFERA DA INSTRUMENTALIDADE | 365

Irmãos, ainda não é hora de vocês pararem de distribuir nem que seja o mais simples folheto evangelístico. Ainda não é hora de deixarem de falar nas praças e esquinas nem que seja sobre os fundamentos mais primários da fé. Ainda é necessário proclamar a expiação mediante o sacrifício de Cristo e a simples doutrina da justificação pela fé. Chegará possivelmente uma ocasião em que poderemos ampliar nossa pregação para coisas mais profundas de Deus. No presente estado de penúria em que nos encontramos, no entanto, será mais sábio de nossa parte empenhar todas as nossas forças para abordar o básico: que Jesus Cristo veio ao mundo para salvar os pecadores. Nossos sermões precisam repetir vezes sem conta a história da cruz. Os hinos cantados com maior frequência devem ter a mesma característica — "Rocha eterna, foi na cruz que morreste tu, Jesus"... "Eu Te amo, porque tu morreste por mim"... "Vem, ó vem, pecador!"... "Eu venho como estou"... "Eu creio, sim, eu creio, sim, Jesus por mim morreu" etc. Pois a ignorância e a descrença ainda pairam como nuvens pardas sobre o povo em meio ao qual o Senhor habita. Que o povo não venha jamais a ser destruído por falta de conhecimento. Que ninguém vá parar no inferno por não ter ouvido falar do seu salvador. Quero chamar sua atenção para o fato de que até mesmo entre aqueles que têm ouvidos para ouvir o evangelho sendo muito bem pregado, essa ignorância pode ainda permanecer, como aconteceu no meu próprio caso. Se eu soubesse que bastaria olhar para Cristo e viveria; se eu tivesse compreendido que não me cabia ser, nem sentir nem fazer, mas, sim, bastava descansar em uma obra terminada e aceitar a misericórdia de Deus, que Cristo havia consumado — acho que se conhecesse essas verdades eu já teria encontrado paz em Deus muito antes do que vim a encontrar. Mas eu não conseguia entender corretamente o evangelho e continuava, assim, com a minha mente perturbada. Falem, então, a todo mundo a respeito de Jesus; contem-lhes a verdade sobre o Filho de Deus encarnado; informem sobre a nossa substituição por ele na cruz; proclamem a palavra com simplicidade. Contem a todos, enfim, que o Senhor:

> Levou o que devíamos suportar:
> A justa ira divina do Pai.

Assegurem às pessoas que quem nele crer não está mais condenado; e que crer é nele confiar. Revelem isso com toda a simplicidade, atentos ao fato de que até mesmo as palavras mais simples e diretas costumam tornar-se especiais ou técnicas, e os homens sonham sempre com a existência de outro significado nelas além daquele que normalmente têm. Claro que você não pode simplificar demais o evangelho; mas, de qualquer forma, exponha-o com toda a facilidade às pessoas, e tire assim essa pedra da abertura do seu sepulcro.

Já a segunda pedra está quase sempre presente: o *erro* absoluto. Para a mente, a falta de conhecimento não é bom, pois, se não semearmos o trigo, ervas daninhas com certeza brotarão no campo. Ignorando a justiça de Deus, os homens partem para estabelecer, de um jeito ou de outro, a sua própria justiça. Muitos são os que acham que se forem sóbrios, honestos e assim por diante, fizeram tudo que se requer deles. Talvez achem que uma ou outra visita à igreja ou uma pitada de cerimônia religiosa poderão compensar qualquer falha ou deficiência em suas práticas. Com certeza chamar um clérigo ou ministro já no leito de morte e fazer que ele ore ou leia uma passagem da Bíblia deve completar a estrutura que eles próprios montaram. Irmãos, procurem remover essa grande pedra que cobre vários túmulos. Levantem seu alerta contra a ideia de que a lei de Deus pode ser satisfeita com obediência imperfeita. Ensinem aos homens que o mandamento de Deus é muito amplo, abrangendo pensamentos e intenções do coração, tanto quanto os atos exteriores dos homens. Talvez percebam, ao saberem disso, a impossibilidade de cumprirem por si mesmos a lei de Deus e venham a abandonar a tentativa de fabricar sua própria salvação com uma obediência por eles mesmos estipulada. Mostrem-lhes com amor, mas sem rodeios, e com muita sinceridade que pelas obras da lei carne alguma será justificada, pois é pela lei que se conhece o pecado.

Vocês conhecem, por exemplo, queridos ouvintes, as contínuas tentativas de colocar uma enorme pedra de erro sobre a mente dos homens sob a forma de abordagem sobre o caráter simbólico ou não, factual ou não, da eucaristia. A regeneração — a que ponto a degradaram! Criaram uma cerimônia em que gotas de água produzem maravilhas. O que é alimentar-se de Cristo para esses homens? Não passa de comer pão e beber vinho. Substituíram por insignificâncias cerimoniais as verdades espirituais; roubam--nos a substância e, em seu lugar, não nos dão nem mesmo uma sombra, como nos dias de Moisés, senão uma simples fumaça, sombra de uma sombra, que mais cega os olhos do que inspira a mente. Milhares de nossos irmãos se dão por contentes com essas futilidades. Supõem haver uma espécie de eficácia mística em ritos exteriores. Digam-lhes, porém, que:

Nem toda a forma externa da terra,
Todos os ritos que Deus nos deu,
A vontade humana, sangue, herança,
Poderá levar uma alma ao céu.

Proclamem a necessidade da graça e a inutilidade do espetáculo exterior, a espiritualidade da adoração aceitável e a infantilidade do ritualismo. Terão prestado um bom serviço se removerem essa enorme obstrução.

O sepulcro da alma dos homens é também com grande frequência selado pela pedra do *preconceito*. Os homens não conseguem encontrar realmente defeito em Jesus Cristo ou no seu evangelho, mas ainda assim insistem em dar com o pé nessa pedra de tropeço. Inventam motivos para rejeitar o convite do evangelho. Prejulgam a revelação de Deus e decidem ser indigna sua aceitação. Fecham os olhos e tornam-se obstinados em sua afirmação de que não existe luz. Por exemplo, é comum a ideia de que a fé cristã está associada à melancolia. Em todas as esferas da vida, vocês hão de encontrar pessoas que evitam a fé por acreditarem que é a mãe de todas as misérias mentais! Citam alguém que enlouqueceu porque se apegou a especulações bíblicas, outro que vive deprimido e um terceiro que é fanático na devoção. Deduzem que a fé é a ciência do fazer cara de choro, a arte de ser triste. Por isso, recusam-se a se deixar amargurar por uma "divindade mal-humorada" ou rejeitam ser melancólicos e depressivos puritanos. Erro tremendo esse, no que se refere aos puritanos, pois há provas mais que suficientes de que aqueles irmãos em Cristo podem ser considerados entre os mais felizes dos homens, donos de uma alegria vigorosa, comparada à qual a ruidosa jovialidade dos cavaleiros da Guerra Civil Inglesa seria apenas superficial. Se você quiser encontrar um povo cristão feliz, eu aconselharia a procurá-lo nas igrejas dos puritanos. Seria muito estranho, aliás, se o fato de ter os pecados perdoados deixasse alguém infeliz. Seria muito estranho se ter paz com Deus fizesse que o homem se sentisse um desgraçado. Seria virar o mundo de cabeça para baixo se acalentar a boa esperança de ir para o céu fosse uma fonte de depressão da alma. Não é realmente assim. Irmãos, por causa de sua sincera felicidade contínua e alegria manifesta, afastem essa pedra. Afastem-na, especialmente, da mente dos jovens. Façam que vejam, à luz brilhante do semblante de vocês, uma resposta prática a tal calúnia tão comum. Convençam-nos de que vocês são donos de uma alegria interior que eles não podem compreender. Seduzam-nos como se fossem Cristo, dizendo-lhes da doçura que vocês experimentam no Senhor.

Muitos têm a ideia, ainda, de que a fé verdadeira torna um homem menos viril ou efeminado. Talvez alguém, desavisadamente, possa ter dado margem a essa acusação devido a seus modos afetados e ausência de bom senso. Por outro lado, alguns fanáticos religiosos estão sempre fixados em "proibições" legalistas, considerando a retidão de caráter um exagerado conjunto de negativas, um jardim fechado por espinheiros. A manufatura de novos mandamentos, inclusive, é uma ocupação muito fascinante para algumas pessoas: "Não faça isso, nem aquilo, nem aquilo outro". A pessoa, então, se sente uma verdadeira marionete. Acho que os dez mandamentos da lei de Deus já são mais do que consigo cumprir sem contar com a graça e não pretendo dar a menor atenção a nada além disso. Liberdade é o dom da nossa fé. Não estamos interessados em negociá-la em troca da estima dos fariseus modernos. Eles preceituam, entre outras coisas: "Não ria no domingo. Jamais esboce um sorriso na Casa de Deus. Você tem de

A ESFERA DA INSTRUMENTALIDADE | 367

ir para o culto como se fosse para o cadafalso; e, se pregar, ter o cuidado de fazer que o seu sermão seja o mais rígido, aborrecido e monótono possível". Não respeitamos tais preceitos. Honramos tudo que é de Deus; não os decretos doentios da hipocrisia. Somos homens, não escravos. Nossa humanidade não foi aniquilada pela graça; muito pelo contrário. Pensamos, falamos e agimos por nós mesmos; não somos servos do costume e da moda do mundo. Abrimos nosso coração mesmo se melindrarmos o sentido mundano do que seja ou não apropriado e enfurecermos a falsa respeitabilidade. Sempre dou o seguinte conselho aos jovens: ajam como homens; não permitam que ninguém diga que sua religião é insípida, e sua conversa, afetada. Evite adular constantemente todo mundo a quem você se dirige, chamando-o de "meu querido isso" ou "meu amado aquilo", porque isso pode cheirar a nauseante hipocrisia. Não choramingue, não revire os olhos, tampouco finja ser por demais devoto. Seja santo, sim, mas não exibido; verdadeiro, mas não intrometido. Seja homem, seja viril, seja cristão, seja como Cristo. Ele foi o mais elevado tipo de homem. Você nunca vê nada pomposo ou artificial nele. Cristo é sempre ele mesmo, transparente, franco, corajoso, honesto, verdadeiro e viril. Redima a religião de sua abordagem pomposa e estará removendo mais uma das pedras do sepulcro.

Alguns, sabemos disso, acham que a fé não passa de um mero sentimento. A fé teria que ver, por exemplo, em se deixar afetar fortemente quanto a filhos que morrem ou pais que partem desta vida, incluindo cenas de pranto junto a um leito de morte; na verdade, manifestando-se mais até em agitadas reuniões e em emoções delas resultantes. Muita gente no mundo julga a fé, enfim, como sendo um tipo de sentimentalismo de caráter quase feminino, sem nenhuma verdade a cultuar, sem fatos ou sem filosofia que a embasem. Mas sabemos que não é bem assim; e somos capazes de dar uma boa razão para a esperança que em nós existe, independentemente de que nossa fé tenha um dia trazido lágrimas aos nossos olhos ou causado emoções de grande júbilo em nossa alma. Ouso dizer que a fé cristã é tão baseada em fatos quanto a astronomia ou a geologia. Refiro-me aos fatos inquestionáveis que a embasam. E afirmo que as doutrinas da revelação são verdades tão seguras quanto as demonstrações matemáticas. O evangelho revela certezas dignas da contemplação dos homens, incluindo os sábios de mente a mais ampla. Nosso evangelho não é mera trivialidade ou brincadeira infantil. Existe nele uma profundidade que intelecto algum tem conseguido de todo penetrar. Mentes gigantes têm reconhecido a superioridade a elas nas coisas de Deus. O gênio de um Newton ou de um Locke nunca reclamaram de falta de espaço nas maravilhosas verdades divinas; pelo contrário, eram, para eles, águas profundas em que podiam navegar. Há nelas espaço para toda cultura a mais elevada e para todo pensamento e todo ensinamento como este mundo jamais poderá imaginar. Espaço para tudo isso, e sempre, e no seu limite máximo. Basta nos colocarmos junto ao oceano principal da verdade divina e bradarmos, como Paulo, "ó profundidade da sabedoria de Deus". Relatando com inteligência os grandes temas do evangelho, removamos esta pedra, que para alguns tem sido uma esmagadora obstrução.

Entre a classe operária, há outra pedra que lhes tapa o sepulcro: a ideia de que o evangelho não é assunto para gente como eles. Eu os ouço dizer isso com frequência: ser "religioso" é mais apropriado para damas e cavalheiros das altas classes, pessoas de posses e ócio, mas está fora de qualquer cogitação para um homem que precisa viver do seu trabalho e arregaçar as mangas para dar duro todo dia. Perguntam eles: "Afinal de contas, o que nós, estivadores, taxistas, verdureiros, temos que ver com crença ou religião?" Bem, de todos os preconceitos estranhos que existem, é este um dos piores, porque desde tempos imemoriais tem sido motivo até de júbilo para os cristãos que *aos pobres é anunciado o evangelho* (Mt 11.5). Se existe uma camada da população para o qual o evangelho é realmente boa-nova, mais do que para outras, é a que abrange quem trabalha duramente e carrega fardos pesados. Meus caros amigos trabalhadores, se vocês têm pouco nesta vida, eis aí o maior motivo pelo qual deveriam buscar os tesouros ilimitados da vida do porvir. Se enfrentam muitos problemas e sofrimentos aqui, mais um motivo para que busquem em Cristo o bálsamo para todas as suas feridas e o remédio para os seus cuidados. O cristianismo foi buscar seus apóstolos nas classes trabalhadoras e da mesma fonte tem tido seus inúmeros mártires. Embora o Senhor tenha contado sempre com um pequeno grupo de adeptos das fileiras superiores, permanece a verdade de que *não são muitos os sábios segundo a carne, nem muitos os poderosos* [...] *que são chamados* (1Co 1.26) a Cristo. A massiva maioria de discípulos cristãos tem sido constituída de pobres e trabalhadores. Além do mais, Cristo é o Messias esperado do seu povo. Grande é a frase do salmo que diz: *Exaltei a um escolhido dentre o povo* (Sl 89.19). Jesus era autêntico homem do povo, por nascimento, educação e empatia. Recebeu de Deus a ordem de ser líder e comandante do povo todo. Jesus Cristo é tão povo quanto o povo precisa e quer. Digam isso a eles, ainda mais vocês que à sua classe pertencem e que sabem disso. Transformem suas casas em locais de pregação para os seus colegas de trabalho; façam de sua conduta um sermão constante sobre a adequação do evangelho de Jesus Cristo aos desejos deles. Há muito ainda o que dizer sobre a pedra do preconceito, mas preciso seguir em frente.

Com grande frequência, sobre o túmulo de pessoas espiritualmente mortas, repousa a pedra de *solidão*. Têm a sensação de que nenhum ser humano se importa com sua alma. Sei que isso acontece neste tabernáculo. Pessoas vêm aqui durante meses, e ninguém lhes dirige a palavra porque ninguém as conhece. Desse modo, o evangelho não penetra em seus corações, porque pensam: "A igreja de Cristo não se importa conosco, somos desconhecidos e sem valor". Meia palavra de um cristão gentil sentado perto dessas pessoas tem sido o melhor meio para derreter o gelo, e no próximo sermão que ouvirem está nas mãos de Deus o meio para trazê-las a Cristo. Nesta cidade, é possível ao homem perder-se com maior facilidade do que no deserto do Saara. Você pode sair para uma de nossas ruas ou trabalhar em uma de nossas fábricas sem que ninguém se interesse por você. Enquanto alguns se metem animadamente nos assuntos dos vizinhos, lamento constatar que poucos têm qualquer empatia com a dor desses mesmos vizinhos. Corações podem estar se partindo à nossa volta e seguimos com nossa vida felizes como em um dia de primavera. Filhos de Deus, eu os declaro responsáveis, em nome do salvador ressurreto, por jamais permitir que essa pedra repouse dois domingos seguidos sobre o túmulo de um único frequentador desta casa, provando àqueles que se sentam a seu lado que vocês têm um amoroso interesse por sua alma.

Outra pedra a ser removida é a da *degradação*. Alguns arrastam a si próprios para a vala de seus pecados. Rompem as barreiras sociais, tornam-se perigosos e, por fim, são tratados como marginais. Quando uma pessoa se sente marginalizada, como é pequena a esperança de levantá-la! Muitos se afundam na pobreza por causa de vícios e extravagâncias, e milhares se degradam em abominável bebedice. A igreja cristã faz muito bem em usar seu poder para libertar o alcoólatra de seu pecado obsessivo. A temperança não é suficiente para substituir a retidão, mas pode colocar o homem no caminho de influência do evangelho. Deus não permita que desistamos de nossa tarefa antes de completarmos qualquer reforma. Ela irá apenas afastar a pedra do sepulcro, mas, mesmo assim, não deixará que pedra alguma permaneça. Muitos homens são antes libertos do costume de se intoxicar para, então, terem seus ouvidos abertos para a verdade que há em Jesus. Com a pobre meretriz acontece o mesmo, se o amor cristão a segue e lhe fala do nosso Pai que está no céu, que chama o filho errante a voltar para ele. Com muita frequência, os sentimentos de degradação dessa mulher são superados, e ela corre a Cristo em busca de misericórdia. Irmãos, ninguém é marginal para nós. Se o mundo diz ao caído: "Saia daqui, você não é bom o suficiente para nós", deixem que a igreja abra suas portas e convide os marginais a entrar. A igreja é um verdadeiro Hospital dos Incuráveis, entre os quais Jesus se deleita em operar. É nossa glória restaurar aqueles a quem o mundo chama de leprosos e aparta com desprezo. Venham a nós, vocês, os principais pecadores, pois Jesus os aguarda para recebê-los. Não demorem, pois ele veio justamente para salvar vocês e outros semelhantes. Os fariseus os rechaçam, mas este Homem recebe pecadores e ceia com eles.

Citemos mais uma pedra, a do *desespero*. Alguns homens estão não apenas mortos espiritualmente, mas também enterrados em profundo desespero. Assinaram a própria sentença de morte, embora o Senhor não a tenha escrito. Vocês, como povo de Deus, busquem aqueles que se imaginam além de qualquer esperança e, quando os encontrar, conversem sobre seu problema com eles. Contem-lhes que um dia vocês estiveram em condição idêntica e mostrem o que a graça fez por vocês. Assinalem as promessas de Deus, tão adequadas à situação em que eles se encontram. Acima de tudo falem a eles do nosso precioso salvador, que não extingue a sarça ardente e é capaz de levar salvação até ao indivíduo mais extremo

A ESFERA DA INSTRUMENTALIDADE | 369

deles que por seu intermédio se achegue a Deus. Vocês terão então prestado um bom serviço ao afastarem a pedra do desespero. Eu os exorto, caros colegas de trabalho em Cristo, vocês mesmos salvos, a fazerem tudo o que estiver a seu alcance para retirar cada um desses obstáculos da alma dos pecadores e então orar ao Senhor para que profira a palavra vivificadora.

II. Mas meu tempo passa rápido e, portanto, preciso tratar do segundo ponto com brevidade.

Depois que um homem se converte, ele se encontra ainda sob diversas incapacidades, e o amor cristão tem de ajudá-lo. Quando nascem os cordeiros, o pastor cuida deles. A palavra de Cristo diz: *Apascenta os meus cordeirinhos* (Jo 21.15). Quando se planta uma flor, precisa ser regada. Não basta que a criança nasça; necessita dos cuidados maternos. *Leva este menino, e cria-mo; eu te darei o teu salário* (Êx 2.9) é a palavra de Deus a seu povo sempre que um novo convertido nasce na igreja. Lázaro vive, mas está envolto em tecidos pesados. É obrigação daqueles que são seus amigos soltá-lo e deixá-lo ir.

Os novos convertidos querem ser soltos, em benefício de seu *conforto* próprio. Seria muito incômodo para Lázaro ficar amarrado naqueles panos. Os amigos precisavam removê-los. Ao ser salvo, talvez o homem não compreenda tudo o que diz respeito à sua salvação. Pensa somente: "Sou agora um cristão, mas posso cair da graça". Desenrole essa tira de pano no mesmo instante e faça-o saber que o Senhor não lança fora o povo a quem ele conheceu antecipadamente. Tal homem pensa que, embora esteja perdoado, algum pecado possa ainda permanecer sobre ele. Liberte-o dessa mortalha: faça-o saber que *o sangue de Jesus seu Filho nos purifica de todo pecado* (1Jo 1.7). Pode ser que ele fantasie, ao sentir uma luta dentro de si mesmo, que não tem como vir a ser filho de Deus. Arranque essa atadura e diga-lhe que todos os filhos de Deus experimentam uma luta interior, sentem uma batalha em curso entre a vida e a morte dentro de sua alma. Você irá constatar que os jovens convertidos estão prontos a se tornarem vítimas de dúvidas e temores, perplexos e preocupados por causa disso. Vocês, instruídos na fé, devem se prontificar a soltá-los logo e deixá-los ir.

Os novos convertidos também querem ser soltos por causa de sua própria *liberdade*. Para Lázaro, tanto fazia estar dentro do sepulcro quanto estar amarrado. As pessoas podem se converter e ainda assim continuar longe de desfrutarem da plena liberdade dos filhos de Deus. Um salvo pode estar agrilhoado por maus hábitos, que nem sabe serem maus para ele. Esclareça tudo para ele com gentileza, fazendo-o saber que tais coisas não condizem com a vida cristã. Conheço alguns cristãos verdadeiros que andam por aí ainda com relíquias de suas mortalhas sobre si, com uma aparência espiritual, por isso, bastante imprópria. Essas mortalhas costumam se agarrar a todos nós, em maior ou menor grau. Imagino também que a operação de perdê-las deve continuar até entrarmos no céu. Auxiliemos então os nossos irmãos nesse aspecto, seja pelo exemplo, seja por preceitos. Ajudemos a retirar deles o que os possa impedir de conhecer a total liberdade da santidade.

Mais ainda, Lázaro queria ser liberto por causa de *suas amizades*. Não podia voltar a falar com suas irmãs, Marta e Maria, pois um pano lhe envolvia a cabeça. Mal conseguia se mexer. Tantos dos nossos queridos convertidos não gostariam de se unir à igreja ainda. Acham-se imperfeitos para isso. Pobres almas! Se fosse o contrário, não haveríamos de querer vê-los em nossas igrejas. Imperfeitos que somos, ficariam deslocados em nosso meio. Alegam que não estão prontos para vir à igreja, imaginando haver algum preparo necessário para isso além de crer em Cristo, como se tudo que Jesus expôs como o evangelho da salvação não fosse também uma base suficiente para o amor e a amizade entre os santos na terra. Mesmo assim, quem for tímido recuará e não irá querer comunicar logo a outros o que o Senhor fez por ele. Encoraje-os, conduza-os à sua igreja. Não os deixem vagando por aí em solidão, mas, sim, os introduzam na irmandade dos santos.

Temos conhecido casos em que a liberdade era desejada para possibilitar o *testemunho*. Lázaro não podia nem dizer "eu vivo, bendito seja o nome de Deus" por causa do lenço em torno de sua cabeça. Precisava ser solto dos panos para poder contar o que Deus lhe fizera. Oh, com quantos e quantos testemunhos repletos de consolação a igreja poderia contar se os santos todos fossem ao menos encorajados a apresentá-los! Existem algumas pessoas, porém, que parecem folgar em ser verdadeiros "desmancha-prazeres" e, no momento em que um cristão jovem ou recém-convertido resolve falar de Cristo, por não se exprimir da forma exata como mandam as regras da ortodoxia, tentam corrigi-lo ou até, se possível, silenciá-lo. Que nunca seja assim. Vamos encorajar os bebês a chorar para que pouco a pouco aprendam a falar. Vamos encorajá-los a tagarelar, pois talvez em pouco tempo falem corretamente a linguagem do Reino.

Como no caso do testemunho, também para a prática de *serviço* torna-se necessária nossa ajuda. Ao ser convertido na estrada para Damasco, Paulo não sabia o que Deus queria dele. Não estava pronto a ser usado por Deus até Ananias o revelar. Assim foi com Apolo, cristão verdadeiro, que necessitava de mais esclarecimento e ensino. Precisava "ser solto e que o deixassem ir", de modo que Áquila e Priscila foram seus instrutores. Houve também o caso do eunuco em viagem para a Etiópia, precisando aprender das Escrituras para que se lhe revelasse o sentido messiânico da profecia de Isaías e então, mediante Filipe, ser batizado como profissão de sua fé em Cristo. Não deixem que nenhum dos amados de Deus, vivos, fiquem amarrados e cativos. Somos tão desprovidos de amor fraternal que não estamos fazendo por eles senão tão somente o básico e indispensável da caridade celestial. O Senhor nos ajude irmãos, a sermos convictos disso.

De volta ao texto: depois que Lázaro foi desamarrado, lemos que ele se sentou à mesa com Jesus. De modo que tinha de ser solto, além de tudo, para desfrutar de *comunhão com Cristo*. O recém-convertido geralmente ainda se considera indigno de tomar posse das alegrias mais íntimas, mais caras e mais doces relativas à pessoa de Cristo. Imagina que tais coisas são reservadas apenas aos santos mais antigos, que tais vinhos puros são privilégio daquele que já tenha combatido o bom combate e percorrido quase toda a carreira. Engana-se, no entanto, privando-se de júbilo a que tem direito. Os cânticos de Sião são tanto para o romper da aurora quanto para o cair da tarde. Vão e digam isso aos jovens cristãos, estimulando-os a ter comunhão com Cristo. Mostrem que ele ama todo o seu povo com igual amor e está pronto a se manifestar a eles como a mais ninguém no mundo. Nesse sentido, vocês têm de soltá-los e deixá-los ir.

Não vou me demorar em meu discurso. Concluirei com duas perguntas, que quero colocar com muita simplicidade. Eu lhes disse o que pode ser feito pelos pecadores antes da conversão. Expliquei-lhes o que pode ser feito por eles depois.

Peço-lhes licença, então, para enunciar minha primeira pergunta: Quantos de vocês estão fazendo ou uma coisa ou outra? Não pretendo assumir o papel de escrivão e anotar o nome daqueles entre vocês que hajam se mostrado diligentes, mas convido a consciência de cada homem que funcione como uma secretária e anote seu próprio nome, se de fato estiver servindo a Cristo. Observem bem, amados, é inútil falar do nosso próprio dever. O importante é estar diária e constantemente cumprindo-o. O tempo corre, homens falecem, o inferno se enche, o nome de Cristo é desonrado. Não há mais que doze horas no dia; será que estamos caminhando enquanto há luz, trabalhando para Deus enquanto temos oportunidade? Se cada um de nós der uma resposta sincera a essa pergunta, isso nos fará bem, mesmo que sejamos obrigados a confessar, na resposta, que temos sido indolentes. Ela pode conduzir à vergonha, mas esta leva à confissão, à oração de arrependimento e à renovação de vida em Cristo; pois, se de fato somos do Senhor, vivamos enquanto estamos vivos. Grande parte do ato de professar a vida em Cristo hoje em dia é algo vergonhoso — frio, débil, estreito e tímido. Vejo muito entusiasmo por toda parte — menos na igreja. Vejo muito rebuliço, força e vigor para progredir na profissão ou nos negócios. Vejo o mundo todo sendo abraçado, os homens transmitindo suas mensagens de cunho comercial com a velocidade de um raio, enquanto a mensagem do evangelho se arrasta e arrasta. Vejo montanhas sendo perfuradas em túneis imensos e nem imagino o que possa vir a seguir senão túneis escavados no leito profundo dos mares. A terra pela terra consegue fazer de tudo, mas pelo céu quão pouco a terra realiza. Possa Deus nos revigorar para que sejamos um povo mais vivo e mais zeloso de sua obra.

A segunda pergunta é esta: até que ponto o Senhor Jesus estará operando, por nosso intermédio, em nossa família e entre nossos conhecidos e nossas amizades em termos de ressuscitar espiritualmente mortos? Seus filhos já são salvos? Seus empregados já nasceram de novo? Seus irmãos, suas irmãs, já têm Cristo? Seu marido, sua esposa, Deus já os levantou dentre os espiritualmente mortos? Vamos, façamos a

A ESFERA DA INSTRUMENTALIDADE | 371

pergunta em torno. Tal como indagou o anjo a Ló: *Tens mais alguém aqui?* (Gn 19.12). Trata-se de indagação muito importante. Oh, que Deus nos conceda que você e eu sejamos como Noé, que tinha seguros, todos os seus filhos, as esposas deles e sua própria esposa, consigo, dentro da arca. Não cessemos de orar enquanto assim não for. Se houver ainda que seja um só não convertido de algum modo relacionado a nós, oremos dia e noite até que essa alma seja salva. Passemos, em seguida, para a rua em que moramos e o bairro em que residimos. Esta grande cidade, toda esta cidade que perece, que Deus a ajude e visite com misericórdia. Creio que ele o fará, se nos colocarmos em suas mãos dispostos a realizar a obra de tirar a pedra e desatar as mortalhas. Deus não enviará filhos a nós se não formos capazes de alimentá-los. Não nos mandará ovelhas se não as quisermos pastorear. Deus jamais seria cruel para com as almas recém-nascidas a ponto de encaminhá-las para o seio de um povo que não se importa com elas. Ele nos fará sentir dores de parto antes que seus filhos nasçam entre nós, sendo a dor da alma o meio pelo qual o amor para com eles é engendrado em nós. Aprendemos deste modo a lidar com eles afetuosamente, a alimentá-los cuidadosamente e apresentá-los ao Senhor. Ó igreja amada, em quem Cristo se regozija, eu lhe suplico a servir ao Senhor Jesus com diligência, em todo serviço divino de fazer o bem aos filhos dos homens.

Deus os abençoe amados, por amor de Cristo. Amém.

40 | Desatando Lázaro

E, tendo dito isso, clamou em alta voz: Lázaro, vem para fora! Saiu o que estivera morto, ligados os pés e as
mãos com faixas, e o seu rosto envolto num lenço. Disse-lhes Jesus: Desligai-o e deixai-o ir (Jo 11.43,44).

Em muitas coisas, nosso Senhor Jesus sobressai em seus atos. Ninguém mais consegue combinar a própria voz com a ordem *Lázaro, vem para fora!* (Jo 11.43). No entanto, em certos pontos dessa operação fruto da graça, o mestre se associa a seus servos, de forma que, quando Lázaro sai, Jesus diz *para eles: Desligai-o e deixai-o ir* (Jo 11.44). Na ressurreição, ele age sozinho e é majestoso e divino. Na soltura das amarras, une-se aos servos e permanece majestoso. Mas o seu feito mais notável é a condescendência. Com que extraordinária gentileza nosso Senhor Jesus permite que seus discípulos façam uma coisa mínima, se comparada a seus grandes feitos, a fim de poderem estar "cooperando com ele".

Sempre que possível, nosso Senhor associava seus discípulos a si mesmo. Claro que não poderiam tê-lo ajudado na apresentação de seu sacrifício expiatório, mas para honra própria disseram: "Vamos nós também, para morrermos com ele". Também foi por amor que decidiram acompanhá-lo até a prisão e a morte. Nosso Senhor compreendia a instabilidade do caráter deles, mas sabia que estavam sendo sinceros em seu desejo de se unirem a ele em toda a sua história de vida, fosse como fosse. Quando Jesus entrou, então, triunfante em Jerusalém, somente ele foi saudado com hosanas. Todavia, enviara antes dois de seus discípulos para trazerem o jumentinho sobre o qual cavalgaria; e eles lançaram suas vestes sobre o animal, permitindo a Jesus acomodar-se em cima delas. Além disso, enquanto prosseguiam, foram estendendo suas roupas pelo caminho. Contribuíram assim para seu desfile e compartilharam da exultação daquele dia de realeza. Depois, quando estava para participar da festa sagrada, mencionou expressamente o fato de que gostaria de fazê-lo com os discípulos: *Tenho desejado ardentemente comer convosco esta páscoa* (Lc 22.11). Enviou então Pedro e João para prepará-la, indicando-lhes como local um cenáculo e os autorizando a tomar as providências necessárias. Estava disposto a conduzir os discípulos muito mais longe ainda; mas eles, por fraqueza, de repente estacaram. No jardim das Oliveiras, então, solicitou que o acompanhassem na vigília daquela noite terrível, buscando o apoio deles.

> Três vezes foi de um lado para o outro,
> Como se buscasse ajuda de alguém.

Decepcionado e triste, chegou a dizer: *Assim nem uma hora pudestes vigiar comigo?* (Mt 26.40). Sim, eram capazes de acompanhá-lo até a borda do abismo, mas não de descerem às suas profundezas. Jesus teve de pisar o lagar sozinho, sem ninguém a seu lado. E, no entanto, não menosprezaria seus estimados companheiros, fosse qual fosse o máximo a que conseguissem chegar. Permitiu-lhes, em conformidade com a capacidade que tinham, beberem do seu cálice e serem batizados em seu batismo. Mas, se a união deles em seu sofrimento não foi além, isso não se deveu à sua advertência para que retornassem, mas porque lhes faltou forças para seguirem em frente. De acordo com o próprio julgamento de Jesus, eles se haviam associado intimamente a ele: *Vós sois os que tendes permanecido comigo nas minhas provações* (Lc 26.28).

Amados, nosso Jesus Cristo se deleita sempre em nos aliar a ele tanto quanto nossa fragilidade e insipiência o permitam. Em sua constante obra de trazer os pecadores para junto de si, conta como parte de seu sucesso o fato de trabalharmos a seu lado. No povo que realiza essa obra, bem como nos pecadores que lhe levamos, Jesus vê a labuta de sua própria alma Assim, tem sua recompensa como dobrada, pois tanto o glorificam o amor, a piedade e o zelo de seus servos quanto a colheita que ceifam e lhe entregam. Como um pai que sorri satisfeito vendo seus filhos imitá-lo, ao se esforçarem por ajudá-lo no trabalho, assim também Jesus fica feliz em ver nossos humildes esforços em sua honra. Alegra-se ao contemplar olhos que ele mesmo abriu chorando junto com ele pelos impenitentes; ao ouvir a língua que ele mesmo soltou proferindo uma oração ou pregando o seu evangelho; ao ver qualquer dos membros que ele mesmo restaurou e curou ocupado como instrumentos de justiça, a seu serviço. Jesus se regozija em acolher qualquer pecador, mais ainda por meio daqueles outros que por ele já foram salvos. Dessa forma, abençoa ao mesmo tempo o filho pródigo e os servos da casa. Dá a todo perdido salvação, mas aos já chamados e escolhidos anteriormente concede a honra de serem usados para o maior propósito que existe debaixo dos céus. É mais honroso salvar uma alma da morte do que governar um império; e de tal honra todos os santos podem participar.

O principal assunto do discurso desta manhã é nossa associação com Cristo na obra da graça. Antes, porém, precisamos considerar outros temas que nos irão conduzir ao tema principal.

Em primeiro lugar, quero chamar a atenção de vocês para *um milagre memorável* operado por nosso Senhor em Betânia. Depois, gostaria de lhes expor *um espetáculo singular*, pois em Lázaro vemos um vivo trajando as mortalhas da morte. Em terceiro lugar, aprenderemos alguma coisa com *a ajuda oportuna* fornecida ao ressurreto pelos amigos presentes, por lhes haver ordenado o Senhor *desligai-o e deixai-o ir*. Concluindo, observaremos uma *sugestão prática* que essa narrativa oferece àqueles que estejam dispostos a ouvir o que Cristo, seu Senhor, tem a lhes dizer. Que o Espírito Santo nos torne prontos de entendimento para percebermos a mente do Senhor e diligentes de coração para realizarmos sua vontade. Vem bendito Espírito de Deus, ajudar teus servos nesta hora!

I. Em primeiro lugar, eis que este capítulo do evangelho registra UM MILAGRE MEMORÁVEL. Talvez esteja certo um autor que cita a ressurreição de Lázaro como sendo a mais notável de todas as obras poderosas do nosso Senhor. Não existe isso de mensurar milagres, pois são todos demonstrações do infinito. Sob determinados aspectos, no entanto, a ressurreição de Lázaro poderia ocupar o cume da admirável série de milagres com que nosso Senhor maravilhou e instruiu a todos. Não erro, no entanto, quando afirmo ser o tipo de milagre que o Senhor Jesus está fazendo constantemente, e neste exato momento, no campo da mente e do espírito. Não ressuscitou ele alguém que morreu segundo as leis da natureza? Assim também, ainda ressuscita os que morrem segundo as leis do espírito. Não recuperou um corpo da corrupção? Pois ainda liberta os homens da corrupção de seus pecados abomináveis. O milagre da graça de dar vida é mesmo tão assombroso quanto o milagre da revigoração de poder. Tal como a ressurreição de Lázaro pode ser considerada, de certo modo, mais destacável que a da filha de Jairo ou do rapaz junto às portas de Naim, existem também algumas conversões e regenerações que para a mente observadora são mais admiráveis do que outras.

Chamo a atenção para o caráter memorável deste milagre considerando seu *objeto*, porque Lázaro morrera havia quatro dias. Dar vida a um homem de quem a própria irmã dissera *Senhor, já cheira mal* (Jo 11.39) foi um feito impregnado do perfume do poder divino. A decomposição se instalara, mas aquele que é a ressurreição e a vida pôde reverter o processo. Talvez as irmãs já houvessem percebido traços de decomposição no corpo do amado irmão antes mesmo de sepultá-lo, pois é bem possível que tivessem atrasado o funeral ao máximo, na esperança indefinida de que talvez seu Senhor aparecesse para o sepultamento. Naqueles lugares de clima muito quente, a decomposição mortuária é mais devastadora e rápida, e em poucas horas as amorosas irmãs foram compelidas a admitir, como Abraão para com Sara, muito antes delas, que era preciso, inevitavelmente, sepultar logo o seu morto. Estavam quase certas de que a terrível decomposição já começara a atuar, e o que mais fazer então?

Em uma pessoa que tivesse adormecido há pouco nos braços da morte, em que cada veia e cada artéria permanecessem em seu devido lugar, e cada órgão continuasse perfeito, talvez parecesse possível que a vida ainda tornasse a fluir. É algo semelhante a um motor até bem pouco tempo funcionando e agora paralisado: as válvulas, engrenagens e correias permanecem em seu devido lugar; basta então reintroduzir nele a força motriz que o maquinário logo recomeçará a operar. Mas, quando entra em cena a decomposição, cada válvula sai de seu lugar, cada engrenagem se quebra, cada correia se rompe e até o metal é corroído. O que pode ser feito nesse caso? Com certeza, seria uma tarefa mais fácil produzir um novo homem completo do barro do que pegar esse pobre corpo corrompido, já transformado em alimento de vermes, e ressuscitá-lo. Foi esse, em síntese, o inesperado, estupendo e inexplicável milagre do poder de Deus que o nosso glorioso Senhor realizou em seu amigo Lázaro.

Existem atualmente alguns homens que podemos chamar de emblemáticos deste caso: não só se acham vazios de vida espiritual, como a corrupção já se instalou em sua vida. Seu caráter tornou-se abominável, sua língua, pútrida, seu espírito, repugnante. A mente pura procura preferentemente afastá-los de si. Não há sociedade decente que queira suportá-los. Foram tão longe ao se afastar da retidão que se transformaram em ofensa para todos, e a ninguém parece possível que algum dia possam vir a ser restaurados à pureza, à honestidade e à esperança. Quando então o Senhor, tomado de sua compaixão infinita, chega até eles e os faz viver, os mais céticos são obrigados a confessar: "Só poderia ser a mão de Deus!" E o que mais seria? Tamanho ser miserável e profano torna-se um crente! Tamanho ser blasfemo, um homem de oração! Ímpio tão mau, arrogante, orgulhoso e presunçoso recebe o Reino humildemente, em prantos, feito uma criancinha. Sem dúvida alguma, o próprio Deus, em pessoa, deve ter operado tais maravilhas! Cumpre-se assim a palavra do Senhor em Ezequiel: *E quando eu vos abrir as sepulturas, e delas vos fizer sair, ó povo meu, sabereis que eu sou o Senhor* (Ez 37.13). Bendizemos nosso Deus por assim revigorar os ossos secos, cuja esperança se perdera. Por mais longe que um homem chegue, ele não consegue ir além do alcance do braço direito de misericórdia poderosa do Senhor. Deus pode transformar o mais infame dos infames no mais santo dos santos! Bendito seja seu nome, pois já o temos visto fazer isso e mantemos assim a mais encorajadora esperança para os piores homens!

O próximo ponto memorável nesse milagre é *a fragilidade humana manifesta de seu operador*. Aquele que precisava lidar com o homem morto era também um homem. Não conheço nenhuma passagem das Escrituras em que a humanidade de Cristo seja manifesta com maior frequência do que nesta narrativa. Seu caráter divino, claro, é evidente na ressurreição de Lázaro, mas o Senhor parecia colocar sua humanidade em evidência de propósito. Disseram depois os fariseus, como lemos no versículo 47: *Que faremos? Porquanto este homem vem operando muitos sinais*. Podemos culpá-los por negar-lhe a divindade, mas não por levarem em consideração sua humanidade, pois cada parte das cenas à nossa frente, em Betânia, evidencia isso. Quando viu as lágrimas de Maria, irmã de Marta, vemos que Jesus se comoveu em espírito e perturbou-se, demonstrando claramente, desse modo, as aflições e empatias próprias de um homem de bem. Não podemos esquecer, além de tudo, as palavras memoráveis que dizem: *Jesus chorou*. Quem, a não ser um homem de verdade, choraria? Chorar é uma especialidade humana. Em nenhum momento Jesus parece ser mais completamente sangue do nosso sangue e carne da nossa carne como quando ali chora. Havia feito, pouco antes, uma pergunta: *Onde o pusestes?* (Jo 11.34). Achando não ser apropriado ostentar sua onisciência, indaga então como um simples homem que busca informação: onde está o corpo de seu amigo falecido? Tal como Maria Madalena, em dias vindouros, pediria, referindo-se ao seu próprio corpo sagrado: *Dize-me onde o puseste* (Jo 20.15), assim também o Senhor Jesus, como homem que não sabe, pede que lhe indiquem; e, como para demonstrar sua humanidade de modo mais absoluto, quando lhe dizem onde Lázaro foi sepultado, segue para ali. Pensando bem, não era preciso: bastaria proferir uma palavra de onde estava, e o morto ressuscitaria. Sabemos que seria capaz de operar a distância com a mesma facilidade com que de perto. Mas, em sua condição humana, *Jesus, pois, comovendo-se outra vez, profundamente, foi ao sepulcro* (Jo 11.38). Chegando ao local, depara com um sepulcro cuja entrada está fechada por uma grande pedra. Busca então o auxílio humano e solicita: *Tirai a pedra*. Ora, evidentemente Aquele que é capaz de ressuscitar um morto poderia ter afastado a pedra por meio de uma palavra. No entanto, como se realmente necessitasse de ajuda e, mais, como se quisesse a participação ativa das

DESATANDO LÁZARO | 375

pessoas, o homem Jesus os requisita, lembrando-nos nisso sua mãe e as outras mulheres, ao irem ao seu próprio sepulcro, perguntando-se a si mesmas: *Quem nos revolverá a pedra?* (Mc 16.3). Isso feito, nosso Senhor ergue os olhos para os céus, dirigindo-se ao Pai em uma mistura de petição e graças. Quão humano é tudo isso! O Senhor assume o lugar do suplicante. Fala com Deus Pai como um homem com seu amigo; ainda assim, como um homem. Essa revelação condescendente de humanidade não torna o milagre ainda mais admirável? Chega a hora, então, em que a chama do divino lampeja e torna ardente a sarça da humanidade. A voz daquele mesmo homem que antes chorara é ouvida como a de Deus nas mais profundas câmaras da sombra da morte; e de lá vem à alma de Lázaro e torna a fazer viver seu corpo. A *fraqueza de Deus* (1Co 1.25) comprova ser mais forte que a morte e mais poderosa que o sepulcro.

Isso é uma parábola do nosso próprio caso como crentes. Por vezes, ao depararmos com o lado humano do evangelho, ficamos imaginando como Cristo conseguiria realizar alguma obra poderosa. Ao passarmos a outros a narrativa, tememos que pareça um discurso forçado. Questionamos com nós mesmos como uma verdade tão simples, tão despretensiosa e tão comum pode conter algum poder especial. E, no entanto, assim é. Da "loucura" da pregação, irradia o brilho da sabedoria de Deus. A glória do Deus eterno é manifesta em todo esse evangelho que pregamos com temor e tremor. Gloriemo-nos, então, pois o poder de Deus repousa com maior evidência ainda sobre nós. Não desprezemos nosso dia de pequenas coisas, nem desanimemos por sermos tão fracos. Essa obra não é para nossa honra, mas para a glória de Deus, e quaisquer circunstâncias que tendam a tornar essa glória mais evidente devem ser comemoradas.

Consideremos por uns poucos instantes *a causa instrumental dessa ressurreição*. Nada foi utilizado por nosso Senhor além de sua palavra de poder. Jesus exclamou em alta voz: *Lázaro, vem para fora!* (Jo 11.43). Simples assim: repetiu o nome do morto e acrescentou três palavras de ordem. Tudo muito simples. Caros amigos, um milagre parece ainda maior quando os meios empregados parecem frágeis e pouco adequados à operação de tão grande resultado. Assim acontece na salvação dos homens. É maravilhoso que uma pregação tão pobre converta tão grandes pecadores. Muitos se voltam para o Senhor por meio da pregação mais propriamente do evangelho, mais clara, mais desprovida de enfeites. Ouvem pouco, talvez, mas esse pouco muito vale, porque provém dos lábios de Jesus. Muitos convertidos encontram Cristo por meio de uma única e simples frase. Nas asas de um texto curto, a vida divina nasce em seu coração. O pregador não possui eloquência, não faz grande tentativa de alcançar seus resultados. Mas o Espírito Santo fala por seu intermédio, com um poder junto ao qual nenhuma eloquência se pode comparar. Em Ezequiel, o Senhor simplesmente diz "ossos secos, ganhem vida", e eles vivem.

Deleito-me em pregar o evangelho do meu mestre em termos os mais diretos. Falaria com simplicidade ainda maior se pudesse. Tomaria emprestada a linguagem de Daniel quanto à veste púrpura e à cadeia de ouro a ele oferecidas por Belsazar e diria à retórica: *Os teus presentes fiquem contigo, e dá os teus prêmios a outro* (Dn 5.17). O poder de vivificar os mortos não está na sabedoria das palavras, mas no Espírito do Deus vivo. A voz é a de Cristo, e o conteúdo, a palavra daquele que é a ressurreição e a vida; ou seja, por meio dela, os homens hão de viver. Regozijemo-nos por não ser necessário que você e eu nos tornemos exímios oradores a fim de que o Senhor Jesus possa falar por nosso intermédio. Basta-nos que o Espírito de Deus repouse sobre nós e sejamos, por ele, dotados do poder do alto, de forma que até os mortos, os espiritualmente mortos, ouçam por nosso intermédio a voz do Filho de Deus. E que aqueles que ouvirem, vivam.

O resultado da obra do Senhor não deve ser desprezado, pois é elemento primacial na maravilha desse milagre. Lázaro saiu de fato do túmulo e de imediato. O trovão da voz de Cristo se fez acompanhar do raio de seu divino poder. No mesmo instante, a vida voltou a irromper em Lázaro. Embora atado, o poder que o capacitara a viver habilitou-o também a avançar, arrastando os pés, sobre a saliência de rocha em que fora depositado. Ali ficou, parado, sem ter em si nenhum vestígio da morte, exceto as mortalhas. Deixou para trás o ar viciado de morte do sepulcro e voltou à vida e às coisas vivas que se fazem sob a luz radiante do sol. *E isso, no mesmo instante*. Para mim, uma das grandes glórias do evangelho é o fato de ele não requerer semanas e meses para revigorar os homens e deles fazer novas criaturas. A salvação pode nos advir de pronto. O mesmo homem que entrou aqui neste Tabernáculo, esta manhã, saturado de rebeldia contra seu Deus e de ira às pessoas, aparentemente insensível à verdade divina, poderá descer esses degraus com os seus pecados totalmente perdoados e um novo espírito a ele concedido, na força do qual começará então a viver para Deus como nunca antes. Você fala do surgimento de uma nação de uma hora para outra como algo impossível? É possível para Deus. O poder divino é capaz de enviar um lampejo de vida por todo o mundo a qualquer instante, de modo que vivifique milhares de escolhidos. Estamos lidando com Deus, não com homens. O homem necessita de tempo para preparar seu maquinário e deixá-lo em condições de funcionamento; mas não é assim com o Senhor. De nossa parte, temos apenas de encontrar um pregador e achar para ele um local onde o povo possa se reunir. Quando o Senhor Jesus opera, porém, no mesmo instante as proezas se realizam, com ou sem pregador, dentro ou fora de um local de reunião! Se você e eu tivermos de alimentar cinco mil pessoas, precisaremos primeiro moer o trigo no moinho e cozer o pão no forno. Depois passaremos longo tempo transportando os pães e levando-os até as pessoas. Mas o mestre pega cinco pães e os parte e, ao parti-los, o alimento pronto já se multiplica. Pouco depois, manipula os peixes e... vejam!, até parece que tinha um cardume nas mãos, em vez de "alguns peixinhos". Uma imensa multidão encontra alívio da fome por meio de um pequeno suprimento, ampliado com grandiosa abundância. Confiem no Senhor, meus irmãos. Em todas as suas obras de amor, confiem no poder invisível que atuava subjacente à humanidade de Cristo e que ainda hoje permanece por trás do evangelho simples por nós pregado. A palavra eterna pode parecer débil e fraca, pode comover-se, chorar e dar a impressão de não aguentar mais. Mas consegue levantar os mortos, e de imediato. Estejam certos disso.

O *efeito* que esse milagre produziu sobre aqueles que o viram foi muito marcante, tanto que vários creram logo no Senhor Jesus. Além disso, o milagre da ressurreição de Lázaro foi tão inquestionável e inquestionado que levou os fariseus a tomarem uma decisão: teriam de dar fim a Cristo. Tinham bufado e esbravejado com seus milagres anteriores, mas este agora desferira tamanho golpe em seu orgulho e sua raiva que decidiram que só tinha uma saída: Jesus teria de morrer. O milagre em Betânia foi, sem dúvida, a causa imediata, que serviu de gatilho, à sua crucificação. Mas marcou também um ponto crucial de tomada de decisão no coração de todos: ou se cria em Jesus como o Messias enviado, ou se tornava seu inimigo. Oh, irmãos, estando o Senhor conosco, como está, veremos multidões crendo em Jesus. Mas se, por isso, a ira do inimigo contra nós se intensificar, não temamos: uma última batalha decisiva acontecerá, e talvez provocada por alguma incrível demonstração do poder divino na conversão do principal dos pecadores. Assim, esperemos em Deus. Não temamos a batalha final do Armagedom, pois ela nos trará a vitória. Coisas maiores ainda do que estas veremos!

II. Em segundo lugar, peço que observem UM ESPETÁCULO SINGULAR. Que um milagre memorável fora engendrado não se discute. Requeria apenas um toque final.

Lázaro se levantara inteiro do sepulcro, mas não completamente livre. Vejam: eis *um homem em roupas da morte*! O lenço e outras peças da mortalha condiziam com a morte, mas ficaram inteiramente deslocados a partir do momento em que Lázaro tornou a viver. A visão de um homem vivo trajando uma mortalha é, na verdade, muito triste. No entanto, temos visto neste Tabernáculo, centenas de vezes, pessoas vivificadas pela graça divina com uma mortalha ainda a encobri-las. Encontram-se em situação tal que, se você não observá-las com atenção, pensará que continuam mortas. Contudo, dentro delas parece arder uma chama de vida celestial. Alguns dizem: "Está morto, vejam só suas vestes". Os mais espirituais, no entanto, retrucam: "Não está morto; essas faixas precisam ser retiradas". Que espetáculo singular: um homem vivo embaraçado pelas vestes da morte!

Mais ainda, Lázaro era *um homem andando com mãos e pés atados por faixas*. Como conseguiu se locomover, não sei. Alguns escritores antigos achavam que ele teria deslizado no ar, pairando acima da terra, e isso faria parte do milagre. Creio, porém, que ele fora amarrado de tal forma que, embora não pudesse caminhar com liberdade total de movimentos, tinha condições de arrastar os pés, como se estivesse dentro de um saco. Tenho visto almas atadas e que, mesmo assim, se movem. Movem-se bastante em determinada direção, mas são incapazes de avançar um milímetro sequer em outra direção. Nunca conheceram um homem tão perfeitamente vivo que chorasse, se lamentasse e gemesse por seu pecado, mas que não

DESATANDO LÁZARO | 377

conseguisse crer em Cristo, parecendo estar de mãos e pés atados no tocante à fé? Tenho visto esse tipo de homem abrir mão do seu pecado com determinação e esmagar um mau hábito debaixo de seus pés, mas incapaz de tomar posse de uma promessa ou receber uma esperança, em Cristo. Lázaro estava livre o suficiente, em certo sentido, pois saíra do sepulcro, mas um lenço o cegava, envolvendo-lhe a cabeça. O mesmo acontece com mais de um pecador vivificado, pois, quando tentamos lhe mostrar alguma verdade encorajadora, ele não a consegue enxergar.

Eis aqui também *um objeto repulsivo, mas ainda assim atraente*. Marta e Maria devem ter ficado encantadas de ver o irmão, embora envolto em sua mortalha. Lázaro assustou todos os presentes, mas que, ao mesmo tempo, sentiam-se atraídos por ele. Um homem que acaba de deixar o sepulcro, envolto em uma mortalha, constitui uma visão rara e estranha, e esse era o caso de Lázaro. Valeria a pena viajar o mundo inteiro para conhecer um homem recuperado da morte, e esse era o caso de Lázaro. Marta e Maria sentiam o coração saltar dentro do peito desde que seu querido irmão ressuscitara. A despeito do caráter repulsivo do espetáculo, deve tê-las encantado mais que qualquer coisa que já tinham visto, excetuando o próprio Senhor. Assim costumamos nos aproximar de um pobre pecador. Bastaria para amedrontar qualquer um ouvir-lhe os gemidos e contemplar-lhe o pranto. Todavia, é por vezes tão querido a todos os corações sinceros que amamos estar em sua companhia. Falo às vezes com pecadores de coração quebrantado que quase quebrantam o meu. Quando saem da minha sala, tenho vontade de conhecer milhares como eles. Pobres criaturas! Elas nos enchem de pena ao mesmo tempo que nos inundam de alegria.

Vou além: eis aqui um homem *forte e, no entanto, desamparado*. Forte o suficiente para deixar o sepulcro, mas impossibilitado de tirar o lenço da própria cabeça devido às mãos atadas. Tampouco conseguiria ir para casa, por causa dos pés enfaixados. A menos que uma mão caridosa o soltasse, permaneceria assim, uma múmia viva. Tinha forças suficientes para abandonar o túmulo, mas não o poder de tirar a própria mortalha. De igual modo, temos visto homens fortes porque o Espírito de Deus está com eles e os impele poderosamente. São de uma sinceridade apaixonada ao caminhar, mesmo em agonia, em uma única direção. Contudo, em outros sentidos, levam uma vida tão frágil após o novo nascimento que parecem meros bebês de fraldas. Mostram-se incapazes de desfrutar da liberdade em Cristo, bem como de entrar em comunhão com ele ou trabalhar para ele. Estão sempre com mãos e pés atados: trabalho e progresso são mantidos, ambos, distantes deles. Parece uma sequência estranha após um milagre. Soltos das ataduras da morte, mantêm algumas faixas de algodão. Os movimentos lhes foram restituídos, menos os das mãos e dos pés. Foi-lhes concedido força, mas não o poder de se despirem totalmente da mortalha. Tais anomalias são comuns no mundo da graça.

III. Isso nos leva e pensar em UMA AJUDA OPORTUNA que você e eu somos chamados a prestar. Oh, que sabedoria aprender qual o nosso dever e que graça fazê-lo quanto antes!

Consideremos *o que são essas ataduras que com frequência prendem os pecadores regenerados*.

Alguns deles estão vendados pelo lenço na cabeça. São *ignorantes* das coisas de Deus, destituídos de percepção espiritual, tendo, além disso, os olhos da fé obscurecidos. Mesmo assim, os olhos estão lá e Cristo já os abriu. Cabe ao servo de Deus retirar o lenço que os encobre, ensinando-lhes a verdade, explicando-a e esclarecendo os pontos mais difíceis. Coisa simples de se fazer e absolutamente necessária. Agora que têm vida, nossa função é lhes ensinar o propósito de viver. Além disso, estão com pés e mãos atados, de modo que se sentem altamente compelidos à *inação*. Podemos lhes mostrar como trabalhar por Jesus.

Por vezes, essas ataduras são resultado de *sofrimento*. Tais pessoas acalentam um pavor terrível do passado. Nesse caso, precisamos libertá-las mostrando-lhes que o passado foi apagado. Estão envoltas em metros e metros de *dúvidas*, desconfiança, angústia e remorso. *Desligai-o e deixai-o ir*.

Outro obstáculo é a atadura do *medo*. "Oh", diz a pobre alma, "sou um pecador tão grande que Deus realmente não poderá deixar de me punir pelo meu pecado". Explique-lhe a doutrina da magnífica substituição feita por Cristo. Solte essas faixas dele com a certeza de que Jesus levou seus pecados, que *pelas suas pisaduras fomos sarados* (Is 53.5). É maravilhosa a liberdade que irrompe dessa verdade preciosa, quando bem compreendida. A alma penitente receia que Jesus lhe rejeite a oração. Assegure-a de que de modo algum Jesus lançará fora qualquer um que a ele se achegue. Que o medo seja removido dessa alma pelas promessas das Escrituras, por nosso testemunho da verdade e pelo Espírito, que valida a doutrina que nos dá a transmitir.

Com grande frequência, também, as almas se encontram atadas pela mortalha do *preconceito*. Costumavam pensar desse e daquele modo antes da conversão e são capazes de transpor seus pensamentos mortos para a sua nova vida. Mostrem-lhes que os fatos não são como parecem: as coisas antigas já passaram, eis que tudo se fez novo. Deus não levou em conta seus dias de ignorância, e precisam, agora, é mudar a mente em relação a tudo, ou seja, não mais julgar de acordo com o que seus olhos viam e seus ouvidos ouviam.

Algumas, ainda, estão atadas pelos *maus hábitos*. É uma atitude das mais nobres ajudar um pobre alcoólatra ou viciado a soltar as ataduras amaldiçoadas que o impedem de fazer o menor progresso em direção a uma vida sadia. Arranquemos, então, todas as ataduras de maus hábitos de nós mesmos para que mais prontamente possamos ajudar *os outros* a se libertar. As algemas dos maus hábitos podem se manter nos homens que já receberam vida divina até que esses hábitos lhes sejam apontados e sua malignidade, revelada. A partir de então, devem receber auxílio, seja por preceitos, seja por orações, seja por exemplo, para que se libertem. Quem entre vocês gostaria que Lázaro continuasse a usar a mortalha? Quem gostaria de ver um nascido de novo resvalando para hábitos doentios? Quando o Senhor vivifica os homens, a questão principal desse acontecimento está assegurada. A partir desse momento, você e eu podemos tomar a iniciativa de soltar as ataduras que estejam impedindo e atrapalhando ainda a livre ação da vida divina.

Contudo, por que essas amarras permanecem? Por que o milagre que ressuscitou Lázaro não o libertou também de sua mortalha? Porque *nosso Senhor Jesus é sempre preciso e justo com os milagres*. Falsas maravilhas existem em abundância; já verdadeiros milagres são poucos e espaçados. Na Igreja de Roma, muito daquilo que eles geralmente consideram milagre quase sempre é um desperdício completo de poder. Quando São Swithin fez chover durante quarenta dias para que seu corpo não fosse levado à igreja, na verdade pode-se considerar esse feito, como se costuma dizer, uma "tempestade em copo d'água". Por outro lado, se São Dinis caminhou 1.600 quilômetros segurando a própria cabeça nas mãos, alguém poderia perguntar o que o impediria de viajar se a mantivesse em cima do pescoço. Houve outro santo que atravessou o mar sobre uma toalha de mesa, o que faz pensar por que não seria melhor se o tivesse feito em um barco. Roma se dá ao luxo de ser "liberal" com essa falsa moeda. O Senhor Jesus nunca opera um milagre, a menos que exista um ganho com isso inalcançável de outro modo. Quando o inimigo lhe sugeriu *manda que estas pedras se tornem em pães* (Mt 4.3), nosso Senhor se recusou, pois a sugestão não era válida, partindo de quem partia, além do que não havia realmente necessidade de tal milagre. Lázaro não pôde se erguer do sepulcro, exceto por um milagre, mas pôde ser solto sem milagre, pois mãos humanas poderiam perfeitamente executar esse trabalho. Se há alguma coisa no Reino de Deus que podemos fazer por nós mesmos, não é sensato deixar "que o Senhor o faça", pois ele não o fará, nem nada parecido. Se você pode fazê-lo, deve fazer; caso se recuse, o resultado da negligência irá de qualquer modo afetá-lo.

Imagino ainda que a mortalha permaneceu *para que quem a soltasse tivesse a certeza de que era ele mesmo. Lázaro, que estava ali e a quem haviam enterrado.* Os presentes podem talvez ter até comentado: "Oh, é ele, é Lázaro mesmo, e essa é a mortalha em que o envolvemos. Não tem truque aqui, não. É este o mesmíssimo homem que morreu e foi preparado por nós para o sepulcro". "Lembro de ter dado aqueles pontos ali naquele tecido", exclama outro. "E eu, naquela faixa", diz outro ainda. Ficaram todos assim bastante certos e seguros de que era Lázaro mesmo que estava novamente ali, vivo! Olharam com atenção o corpo surgindo a cada atadura removida. Notaram-lhe a respiração e o rubor a voltar a corar-lhe o rosto. É esse talvez o motivo pelo qual nosso Senhor permite que alguns pecadores salvos mantenham por algum tempo alguma mostra da antiga mortalha, a fim de que os outros possam comprovar que esse mesmo homem, que conhecem, esteve de fato morto em seus delitos e pecados, mas agora vive. Como nunca foi uma fraude como pecador, sequelas de seus pecados ainda permanecem, e pode-se perceber pelas relíquias da sua velha natureza que tipo de homem ele realmente era e não é mais. De vez em quando, o cheiro de sepulcro chega às narinas mais sensíveis. O mofo da câmara mortuária manchou-lhe a mortalha. Sua morte, portanto, foi real, nada teve de encenação. Sabemos, porém, que está vivo, pelo seu respirar, constatando que sua experiência é a de um vivo filho de Deus: seus desejos, as manifestações de seu coração, seu anseio por estar em paz com Deus — sabemos o que tudo isso significa. É de grande auxílio para nós, no discernimento de espíritos, e para termos certeza da obra de Deus em toda pessoa, conhecermos de perto essas imperfeições que temos o privilégio de ajudar a remover, sob a orientação do Espírito Santo.

Além de tudo, acho também que um dos principais objetivos da retirada da mortalha de Lázaro foi que *os discípulos estabelecessem uma rara comunhão com Cristo*. Cada um deles poderia então dizer, não propriamente com orgulho, mas com muita alegria: "Nosso Senhor ressuscitou Lázaro, e eu estava lá para ajudar nosso amigo a se livrar da mortalha". Talvez, quem sabe, mais tarde Marta tenha dito: "Eu tirei o lenço do rosto querido do meu irmão". E Maria acrescentasse: "Eu ajudei a desenfaixar uma das mãos". Quão doce é saber que tenhamos feito alguma coisa para encorajar, ensinar ou santificar uma alma. Não a nós deve ser dado qualquer louvor, é claro, mas nos toca receber grande conforto em relação a essas coisas. Irmãos e irmãs, vocês não querem uma fatia desse deleite? Não desejam sair em busca da ovelha perdida? Ou varrer a casa à procura da moeda perdida? Pelo menos ajudar a comemorar a volta do filho que há muito se foi? Tudo isso, vejam bem, *nos desperta o interesse por uma pessoa salva*. A experiência nos diz que aqueles a quem servimos podem nos esquecer, mas aqueles que nos prestam um serviço passam a ficar ligados a nós. Você pode fazer uma gentileza para as pessoas, e elas se sentirão bastante gratas, mas elas jamais esquecerão aqueles que lhe concedem benefícios reais. Contudo, quando o Senhor Jesus nos envia a ajudar as pessoas, é, em parte, para que nos possam amar pelo que tenhamos feito, mas, mais ainda, para que nós possamos amá-las por as havermos beneficiado. Existe amor como o da mãe pelo filho? Não é essa a maior afeição do mundo? E por que ela ama o filho? A criança alguma vez lhe prestou algum servicinho que fosse? Provavelmente, não. É a mãe que praticamente faz tudo para a criança. Assim também o Senhor nos prende aos novos convertidos em amor, ao permitir que os ajudemos. Assim é a igreja, constituída de um todo e entretecida desde em cima até embaixo pela manufatura do amor. Você, que se acha destituído de amor, é evidente que ainda não serviu a alguém com o puro desejo de o beneficiar; se o fizer, evidentemente haverá de se sentir cheio de afeição por ele.

Antes de deixarmos de lado este ponto da ajuda oportuna, perguntemos: *mas por que deveríamos remover as mortalhas?* Basta responder que o Senhor mandou. Ele nos ordenou: *Desligai-o e deixai-o ir*. Ele determinou que consolemos e amparemos os fracos. Se ele manda, não há necessidade de qualquer outro motivo. Espero meus caros amigos, que vocês saiam para o trabalho agora mesmo, pois os assuntos do Rei exigem pressa e se demorarmos o traímos.

Enfim, devemos fazê-lo, também, porque é bem provável que tenhamos, antes, ajudado até a amarrar a própria mortalha em nosso amigo ressurreto. Algumas das pessoas que estavam em Betânia naquele dia com certeza tiveram de ajudar a soltar o mesmo Lázaro a quem haviam ajudado a amarrar. Mais de um cristão, antes de se converter, deve ter ajudado, com certeza, pecadores a se tornarem piores com o seu mau exemplo. Até mesmo depois de sua conversão, devido à sua indiferença e ausência de zelo inicial, pode ter contribuído para manter novos convertidos presos nas ataduras da dúvida e do sofrimento. Seja como for, se você alguma vez disse acerca de uma pessoa: "Essa pessoa não tem jeito, jamais será salva!", a manteve envolvida em mortalha, coisa que o Senhor nunca lhe disse para fazer. Você agiu impensadamente e por conta própria. Agora, contudo, que ele lhe ordena a remover tal mortalha, você não se apressará a atendê-lo?

Lembro-me de quando alguém ajudou a tirar a mortalha de cima de mim. A partir de então, passei a querer soltar a mortalha dos outros. Se não podemos reembolsar o que devemos ao indivíduo exato que nos fez o bem, podemos, pelo menos, compensar essa dívida trabalhando para o benefício geral de quem está buscando o melhor. "Tome", disse um homem benevolente, ao ajudar uma pobre criatura, "pegue esse dinheiro. Quando quiser devolvê-lo, doe-o ao próximo que encontrar na mesma situação em que você se encontra hoje. Diga-lhe então para devolvê-lo à outra próxima pessoa necessitada, assim que tiver condições, e o meu dinheiro seguirá sua viagem beneficente por muito tempo". Nosso Senhor age assim. Envia-me um irmão para soltar minhas algemas; depois sou levado a libertar outra pessoa, que liberta uma terceira, e assim por diante, pelo mundo afora. Deus conceda que você e eu possamos não negligenciar esse serviço celestial.

IV. Por fim, UMA SUGESTÃO PRÁTICA. Se o Senhor Jesus Cristo empregou os discípulos na libertação de Lázaro de sua mortalha, não acham que ele também nos empregaria se estivéssemos prontos para essa obra? Vejam o caso de Paulo: o Senhor Jesus o derrubou na estrada, porém o humilde Ananias teve de visitá-lo e batizá-lo para que pudesse receber de volta a visão e o motivo de seu chamado. Vejam o caso de Cornélio: busca o Senhor, e o Senhor é gracioso para com ele, mas primeiro terá de ouvir Pedro. Vejam o caso do rico mordomo etíope viajando em seu carro lendo o livro do profeta Isaías, mas sem conseguir entender, até que Filipe dele se aproxima. Lídia tem seu coração aberto a Cristo, mas é Paulo que irá conduzi-la ao Senhor. Inúmeros são os exemplos de almas abençoadas pela instrumentalidade humana. Mas quero concluir chamando sua atenção para uma passagem especial.

Quando o filho pródigo volta para casa, seu pai não ordena a um de seus servos "vá ao encontre dele". Não. Lemos o seguinte: *Estando ele ainda longe, seu pai o viu, encheu-se de compaixão e, correndo, lançou-se-lhe ao pescoço e o beijou* (Lc 15.20). O pai fez tudo isso sozinho. Pessoalmente o recebeu, perdoou e restaurou. Mais à frente, todavia, encontramos: *Mas o pai disse aos seus servos: Trazei depressa a melhor roupa, e vesti-lha, e ponde-lhe um anel no dedo e alparcas nos pés; trazei também o bezerro cevado e matai-o; comamos, e regozijemo-nos* (Lc 15.22,23). O pai amoroso poderia ter feito tudo isso também sozinho? Talvez sim, talvez não; o importante, porém, é que ele queria que os servos da casa participassem, em comum acordo com ele, da jubilosa festa de recepção a seu filho. Nosso grande Senhor pode fazer tudo por si mesmo em prol do pecador, mas não age assim simplesmente por desejar que todos nós participemos de sua obra, em comunhão com ele. Venham, amigos servos, tragam a melhor roupa! Nunca sou tão feliz do que quando prego a retidão de Cristo e procuro vesti-la no pecador. "O quê?", duvida alguém. "Você pode fazer isso?" Claro que posso. Diz a Palavra: "Trazei depressa a melhor roupa, *e vesti-lha*". Não apenas a trago e mostro, mas, com o apoio do Espírito Santo, procuro vesti-la no pecador. Eu a exponho antes, naturalmente, da mesma forma que você apresenta um casaco a alguém que irá ajudar a vestir. Só é preciso conduzir a mão dele para dentro da manga e colocar o casaco sobre seus ombros; pois talvez sozinho ele jamais possa vesti-lo. Você deve, enfim, orientá-lo, confortá-lo, encorajá-lo — na verdade, ajudá-lo a se vestir. Depois, vem o anel. O pai poderia, no caso, ter colocado o anel no dedo do próprio filho. Não, ele manda os servos fazê-lo. Pede: *Ponde-lhe um anel no dedo*; ou seja, inicie-o na fraternidade cristã, faça-o alegrar-se na comunhão dos santos. Você e eu precisamos conduzir o novo convertido até as alegrias da comunidade cristã, fazê-lo saber como é estar casado com Cristo e unir-se a seu povo. Precisamos honrar o resgatado, condecorar com honraria aquele que um dia foi degradado. Tampouco podemos deixar de calçar-lhes os pés com alparcas! Ele tem uma longa jornada a percorrer. Está para se tornar um peregrino. Temos, portanto, de ajudar a calçá-lo com a preparação do evangelho da paz. Seus pés são novos no caminho do Senhor: devemos mostrar-lhe como pode cumprir a comissão que lhe é dada pelo mestre. Quanto ao bezerro cevado, ele nos é dado para que alimentemos os restaurados. E quanto à música e à dança, nossas são para alegrar o coração dos penitentes, levando-o a se regozijar com tudo isso. Há muito que fazer.

Ó meus irmãos, procurem fazer ao menos uma parte disso ainda, se possível, esta manhã. Alguns dentre nós devemos encontrar alguém que estamos buscando logo após o término do culto, pôr-lhe um anel no dedo e sapatos nos pés. Quero ver um bom número de pessoas agindo assim. De qualquer forma, se você não puder me atender neste Tabernáculo, faça-o depois que chegar em casa. Dê início imediato a um santo ministério dirigido aos convertidos ainda não conduzidos à liberdade. Existem verdadeiros filhos de Deus sem seus sapatos espirituais nos pés. Há sapatos suficientes na casa, mas nenhum servo que os ajude a calçá-los. Basta dar uma olhada e vejo alguns irmãos sem seu devido anel no dedo. Oh, que tenha eu o privilégio de ajudar a colocá-lo! Eu lhes imploro irmãos, pelo sangue que os comprou, pelo amor que os mantêm e pelo dom supremo que supre suas necessidades, vão e façam o que o nosso mestre graciosamente determina: desatem Lázaro; tragam a melhor roupa e vistam o filho que estava morto e novamente viveu; ponham um anel em seu dedo, sapatos em seus pés; e comamos todos e nos alegremos no banquete festivo de nosso Pai. Amém.

41

AS DUAS PESCAS

Quando acabou de falar, disse a Simão: Faze-te ao largo e lançai as vossas redes para a pesca (Lc 5.4).
Disse-lhes ele: Lançai a rede à direita do barco, e achareis. Lançaram-na, pois, e já não a podiam puxar por causa da grande quantidade de peixes (Jo 21.6).

A vida inteira de Cristo foi um sermão. Ele era um profeta poderoso em palavras e feitos, e por feitos e palavras ensinava o povo. Os milagres de Cristo dão testemunho de sua missão. Para quem os viu, devem ter sido prova evidente de que ele fora enviado por Deus; mas não se pode deixar de considerar que provavelmente havia uma razão maior para explicá-los: a instrução que contêm. O mundo lá fora hoje em dia tem mais dificuldade em crer nos milagres de Cristo do que na doutrina que ensinaram. Os céticos os transformaram em pedras de tropeço e, se não conseguem levantar oposições tolas ao maravilhoso ensinamento de Jesus, atacam os milagres, classificando-os como acontecimentos inacreditáveis. Não duvido que, para as mentes mais atormentadas pela descrença, os milagres, em vez de ajudar, sirvam de desafio à fé. Poucos são aqueles para quem a fé é produzida por meio de sinais e maravilhas. Nem é esse o método pelo qual o evangelho produz a convicção no interior da alma: a força secreta da palavra viva é a instrumentalidade escolhida por Cristo, de modo que as maravilhas são relegadas a um papel de recurso para o anticristo, que irá enganar as nações. Nós, que pela graça temos crido, encaramos os milagres de Cristo como atestados dignos de sua missão e divindade, mas confessamos lhes dar um valor muito mais de homilias instrutivas do que de testemunhos certificadores. Estamos convictos de que perderemos grande parte do benefício que eles devem nos proporcionar se os tomarmos como simples autenticação das Escrituras; na verdade, eles fazem parte de todo um conteúdo das Escrituras.

As maravilhas produzidas por nosso bendito Senhor são, portanto, sermões em ação, plenos de santa doutrina, descrevendo-a em cores mais vívidas do que seria possível em palavras. Partamos então do pressuposto, sobre o qual o nosso sermão desta manhã irá se basear, de que os milagres de Cristo são sermões pregados sob a forma de atos, alegorias visíveis, verdades corporificadas, princípios encarnados e postos em movimento. Na verdade, são como que ilustrações do grande livro de ensinamentos de Cristo, por meio das quais ele trouxe luz para nossos olhos embaçados.

Temos ouvido falar de ministros dos quais se poderia dizer capazes de pregar baseados sempre no mesmo texto sem jamais proferir o mesmo discurso. Algo semelhante podemos afirmar acerca de Cristo. Ele pregava com frequência sobre a mesma verdade, mas nunca da mesma maneira exata. Lemos esta manhã as narrativas de dois milagres, que ao ouvinte desatento podem parecer idênticas. Aquele que lê com diligência e estuda com atenção, no entanto, descobrirá que, embora o conteúdo seja o mesmo em ambos os casos, o discurso está repleto de variações.

Nas duas pescas milagrosas, o conteúdo é a missão dos santos de pregar o evangelho — a obra de pescar homens, ministério pelo qual as almas são recolhidas na rede do evangelho, tiradas do elemento do pecado para a salvação eterna. O pregador é comparado a um pescador. A vocação do pescador é extenuante, e ai do ministro que assim não a considere! O pescador deve sair ao mar com tempo bom ou ruim e correr todo tipo de risco; se só pescasse em mar calmo, certamente com frequência passaria fome. Assim também o ministro cristão, quer os homens recebam a palavra com prazer, quer a rejeitem com desprezo e rancor, deve estar pronto para colocar em risco sua reputação e abrir mão do seu conforto pessoal. Sim, deve também não cuidar mais com tanta atenção da própria vida, ou não será digno do chamado celestial. O ofício de pescador é penoso. Mãos delicadas não estão aptas a entrar em contato com suas redes; não é uma ocupação para gentis cavalheiros, mas, sim, para homens rudes, fortes, destemidos, que saibam lançar uma corda, manejar um pincel de piche e polir um convés. O ministério não foi feito para almas gentis e delicadas, que queiram passar de modo gracioso por este mundo sem sofrer uma provação, um insulto, uma ofensa, uma cara feia, mas, sim, para pessoas que saibam como trabalhar em águas turbulentas e consigam atravessar o mar sem temer o embate das águas e das ondas. O chamado do pescador deve ser praticado com perseverança, pois não é com um único grande arrastão uma vez ou outra que há de obter seu ganha-pão; precisa lançar a rede persistentemente, o tempo todo. Um sermão de vez em quando também não faz o pregador. Aquele que só eventualmente se entrega ao preparo cuidadoso de um discurso e sua mensagem proclama não é um verdadeiro ministro de Deus; o verdadeiro evangelizador deve perseverar a tempo e fora de tempo, lançando sua rede constantemente e em todo tipo de água. Cedo de manhã, tem de estar firme no trabalho e à noite ainda não é hora de se recolher. Para ser um bom pescador, o homem deve contar com a decepção: muitas vezes, lançará a rede e não trará mais que algas inúteis. O ministro de Cristo precisa saber também que pode ficar desapontado, mas que não pode se cansar de fazer o bem, apesar de todo revés. Há que continuar, pela fé, pregando e trabalhando, com a esperança de vir a ser recompensado somente no final.

Não nos foi preciso, na verdade, muito esforço para estabelecer tal comparação entre pescador e o pregador do evangelho: a metáfora foi pelo Senhor muito bem escolhida. Observemos, então que *as duas narrativas que temos à nossa frente apresentam certo grau de uniformidade*, e este será o nosso primeiro ponto. *No entanto, apresentam um grau maior de desigualdade*, e disso trataremos em segundo lugar. Em terceiro lugar, sugeriremos *algumas grandes lições que ambas as narrativas, em comum, nos ensinam*.

I. Comecemos, portanto, examinando como NESSES DOIS MILAGRES EXISTEM VÁRIOS PONTOS ANÁLOGOS. Ambos pretendem estabelecer o modo pelo qual o reino de Cristo crescerá.

1. Primeiro, percebemos que em ambos os milagres nos é ensinado que *devem ser empregados alguns meios para que possam ser realizados*. No primeiro caso, os peixes não pularam para dentro do barco de Simão a fim de serem pescados. Tampouco, no segundo caso, saíram do mar em cardumes para se postarem sobre carvão em brasa a fim de serem preparados para regalo do pescador. Não; em ambos os casos, os pescadores tiveram de sair com o barco ao mar, lançar a rede nas águas e, depois, arrastá-la cheia para a praia ou encher o barco do seu conteúdo. Tudo aqui é realizado pelo esforço humano. É um milagre, sem dúvida, mas nem a participação do pescador, nem do seu barco, nem de seu equipamento de pesca é desprezada. É tudo isso aproveitado e empregado na manifestação do poder divino. Aprendamos, então, que para salvar almas Deus opera por determinados meios. Enquanto a atuação da graça perdurar, Deus usará da "loucura da pregação" para salvar aqueles que creem.

De vez em quando, surge na igreja uma espécie de oposição contra a instrumentalidade ordenada por Deus. Observei-a, muito compadecido, durante o chamado reavivamento irlandês. Líamos a todo momento em alguns jornais observações que eu considerava até certo modo injuriosas, em que se dava como motivo de comemoração o fato de ninguém estar propriamente envolvido no trabalho, nenhum pregador, nenhum evangelista fervoroso. Vangloriavam-se por ser tudo conduzido, praticamente, sem a instrumentalidade humana. Essa era uma fraqueza, não a força, daquele reavivamento. Você acha que glorificou a Deus? Eu não acho. Creio que ele recebe sempre maior glória com o uso do instrumento humano.

Deus sem dúvida é glorificado quando opera sem nós; mas ele próprio sabe de que modo é mais honrado, e escolheu o plano da instrumentalidade como aquele pelo qual seu nome é mais exaltado na terra. *Temos esse tesouro* como? Sem nada? Sem nenhum complemento terreno? Não, mas *em vasos de barro* (2Co 4.7). E por quê? Para que Deus receba menor glória? Não, *para que a excelência do poder seja de Deus, e não da nossa parte* (2Co 4.7). Deus faz que a debilidade da criatura realce a força do Todo-poderoso. Toma para si homens que nada são em si mesmos e, por meio destes, opera esplêndidas vitórias. Se Sansão tivesse feito em pedaços os filisteus com seu punho, talvez não o admirássemos tanto do que quando sabemos que com uma arma tão imprópria como a queixada de um jumento transformou em montanhas de corpos os seus inimigos. O Senhor se serve de armas inadequadas para com elas produzir grandes feitos. Quando Deus disse *haja luz*. *E houve luz* (Gn 1.3), sem utilizar qualquer instrumento, demonstrou sua glória; no entanto, quando mais tarde toma os apóstolos e repete *haja luz*, para enviá-*los* àqueles que eram escuridão em si mesmos, transformando-os assim em meio de iluminar o mundo em trevas, digo que há uma glória ainda maior de Deus. E se as estrelas da manhã cantaram ao verem luz pela primeira vez sobre a terra recém-criada, com certeza os anjos no céu se regozijaram mais ainda ao deparar com a luz raiando sobre a terra escura por meio de homens que por si e de si mesmos só teriam feito aumentar a escuridão e as trevas mais densas.

Deus opera por intermédio dos homens a quem chama especialmente para seu trabalho, e nunca sem eles. Os peregrinos separatistas de Plymouth lutaram para se livrar do pastorado, mas não conseguiram, pois o Senhor continuará a fornecer pastores segundo seu próprio coração para apascentar seu povo, e todas as tentativas promovidas pelo rebanho de dispensar os pastores poderá acabar levando à fome espiritual ou à extrema pobreza de alma. O clamor contra o "ministério dos homens" não provém propriamente de Deus, mas, sim, da presunção orgulhosa de pessoas não satisfeitas com ter de aprender, embora sem terem o poder de ensinar. A tendência da natureza humana de exaltar a si mesma é que tem levantado esses perturbadores da paz do Israel de Deus, pois não toleram se submeter à autoridade que o próprio Deus constituiu e abominam o ensino apostólico, que diz, pelo Espírito de Deus: *Obedecei a vossos guias, sendo-lhes submissos; porque velam por vossas almas como quem há de prestar contas delas; para que o façam com alegria e não gemendo, porque isso não vos seria útil* (Hb 13.17).

Irmãos, quero adverti-los de que existe um espírito lá fora capaz de derrubar os homens que o próprio Deus levantou, capaz de silenciar aqueles em cuja boca Deus tem colocado língua de fogo, para que homens tolos possam tagarelar de acordo com sua própria vontade em benefício de ninguém e de sua própria vergonha. Quanto a nós, creio eu, nunca devemos deixar de reconhecer os instrumentos pelos quais o Senhor opera com grande poder entre nós. Não impedirmos qualquer ministério da igreja de Deus. Só nos alegrarmos muito em vê-los sendo exercidos com abundância. Quisera Deus, na verdade, que todos os servos do Senhor fossem profetas. Mesmo assim, expressamos nosso veemente protesto contra o espírito que, sob a desculpa de advogar liberdade para todos, menospreza a instrumentalidade pela qual o Senhor especialmente opera. Há que mantermos todos os pescadores com suas redes e seus barcos; pois esses estranhos novos métodos de pesca em grande escala sem rede e sem barco, de salvação de almas sem ministros, jamais darão qualquer resultado, não sendo, como não são, procedentes de Deus. Já foram testados, e qual o resultado? Não conheço igreja realmente operante que haja desprezado a instrumentalidade, e as que o tentaram foram fechadas em pouco tempo, devido a dissidências ou decadência. Onde, de fato, sobre toda a face da terra, exista uma só igreja, com cinquenta anos de existência ou mais, em que a instrumentalidade do ministério escolhida por Deus haja sido desprezada ou rejeitada? Se existe, *icabô* (1Sm 4.21; 14.3) é o que está escrito em suas paredes. Deus as rejeita, por rejeitarem o modo de operação escolhido por ele. Suas tentativas são simples faíscas, lampejos, fogos-fátuos, carne inchada de orgulho, bolhas de sabão, hoje aqui e perdidas para sempre amanhã.

2. Repetindo, agora: em ambos os textos em estudo, existe uma outra verdade também distinta, qual seja, *os meios, por si mesmos, são completamente inúteis*. No primeiro caso, ouvimos a confissão: *Mestre, trabalhamos a noite toda, e nada apanhamos* (Lc 5.5). No segundo caso, é a resposta a uma indagação: *Filhos, não tendes nada que comer?*. *Não* (Jo 21.5). Um *não* bem dolorido. Qual o motivo disso? Não eram pescadores, diligentes em cumprir seu chamado especial? Não se tratava de amadores; eles entendiam do negócio. Faltava-lhes aptidão para aquele tipo de atividade? Não. Faltava-lhes dedicação? Não, haviam trabalhado dedicadamente. Faltava-lhes perseverança? Não, tinham trabalhado *a noite toda*. Havia escassez de peixe no mar? Com certeza, não, pois, assim que o mestre ordena e eles obedecem, surgem cardumes deles. Qual, então, o motivo? Não seria justamente por não existir, no caso, poder nos meios em si, neles mesmos, sem a presença de Cristo? O grande trabalhador não descarta jamais os meios, mas quer

que seu povo saiba, porém, que ele usa da instrumentalidade não para a glória do próprio instrumento, mas, sim, para sua glorificação. Toma a fraqueza em suas mãos e a fortalece não para que a fraqueza seja cultuada, mas para que a força seja adorada ao tomar a fraqueza a seu serviço e sob seu poder.

Tenhamos em mente, irmãos, como igreja, que sem Cristo nada podemos fazer. *Não por força nem por poder, mas pelo meu Espírito, diz o Senhor dos exércitos* (Zc 4.6). Não depositemos nossa fé e dependência em qualquer sociedade, junta, ministério, em nada relacionado com aquilo que podemos fazer. Trabalhemos como se tudo dependesse de nós, mas nos acheguemos a Deus e dependamos somente dele, sabendo que nada procede de nós, mas dele apenas. Enviemos missionários aos ateus; mandemos nossos mensageiros às ruas e aos becos escuros de Londres. Espalhemo-nos por todo lado, distribuamos a Palavra de Deus, enviemos em quantidade pregadores da nossa "Escola de Profetas". Todavia, quando tudo isso for feito, que não nos deixemos levar pela arrogância, dizendo: "Cumprimos com o nosso dever e disso tudo há de advir o bem". Não, ó Senhor. A menos que desça do alto a tua bênção, o teu poder, nada teremos feito, pois nenhum resultado eterno terá sido então obtido.

Isso me leva a dobrar os joelhos com frequência. A obra surpreendente que Deus opera em conexão com este lugar enche o meu coração de alegria; mas o temor de que tudo resulte em nada por falta da sua bênção costuma lançar meu espírito ao chão. Vocês devem se lembrar, atrevo-me a dizer, que um irmão se sentiu motivado, há algum tempo, a distribuir um livro contendo sermões pregados aqui a todos os estudantes de Oxford e Cambridge. Tendo distribuído uns duzentos mil exemplares, ele os entregou, depois, a cada membro do Parlamento, a cada par do reino e a príncipes, reis e imperadores da Europa. Concluída essa tarefa, já tem outra em suas mãos, de grande magnitude. Caros amigos, quando penso nesses livros circulando por todo lado, entre grandes e pequenos, ricos e pobres, em todos os lugares, meu coração muito se regozija. Contudo, se Deus retiver sua bênção, melhor seria que nunca tivessem saído do prelo e passado por mãos humanas. Pois, então, que bem poderiam fazer? Mesmo que nunca tenhamos tido antes rede maior nem mais resistente e nunca tenhamos antes lançado a rede com maior eficiência ao mar, ainda assim trabalharemos a noite toda e nada pescaremos — a não ser que o mestre venha comandar e abençoar o trabalho. Estejamos, portanto, sempre em oração pedindo a bênção. Lembremo-nos de que nada teremos feito até havermos orado pelo que empreendemos. Consideremos que toda semente plantada no solo será para os vermes comerem, a não ser que, junto, haja caído no solo também a semente protetora da oração, para manter vivas todas as demais. Colheremos, sim, se esperarmos em Deus; se, todavia, depois de toda a nossa semeadura, voltarmos nossas esperanças para o solo, ou para a semente ou o trabalho do semeador, podemos contar que nada obteremos que nos compense e alivie nosso esforço.

3. Em terceiro lugar, ambos os milagres ensinam com muita clareza que *é a presença de Cristo que confere o sucesso*. Ele entrou no barco de Pedro. Foi a sua vontade que, por sua influência divina, atraiu os peixes para a rede, como se ele tivesse um anzol secreto enganchado em cada uma das mandíbulas daqueles peixes, impedindo que continuassem com seus saltos esportivos e acorressem todos para a rede. Foi sua presença na praia, quando se dirigiu aos discípulos que trabalhavam lá longe, dizendo *Lançai a rede à direita do barco* (Jo 21.6), que atraiu os peixes para o local onde seriam capturados.

Ó irmãos, precisamos aprender a seguinte lição: a presença de Cristo no seio da igreja é o poder da igreja — é o comando de um Rei em seu próprio meio. A presença do grande representante de Cristo, o Espírito Santo, é que confere força à igreja. *E eu, quando for levantado da terra, todos atrairei a mim* (Jo 12.32). Essa atração existe. O Espírito concede o poder, e a nós cabe permanecer firmes para obtê-lo. A partir do momento em que o recebemos, no entanto, não podemos jamais usá-lo para pregar em vão, pois com ele nos tornamos *cheiro de vida para a vida* (2Co 2.16), para aqueles que nos ouvem. A presença de Cristo em vocês, crentes, deverá ser o seu poder. Permaneçam em comunhão com ele, captem muito do seu Espírito, meditem em seus sofrimentos, mantenham-se próximos à sua pessoa e, então, onde quer que tenham de ir, estarão rodeados de um poder que até mesmo seus adversários serão obrigados a reconhecer. Oh, que possamos ter mais da presença de Cristo em nós como igreja! Alegrem seu coração por causa disso. Se Cristo está aqui, não o aborreçamos. *Conjuro-vos, ó filhas de Jerusalém, que não acordeis nem desperteis o amor, até que ele o queira* (Ct 8.4). Se ele acaso não estiver aqui, levantemo-nos então do nosso leito acomodado de indolência e saiamos à sua procura, clamando: *Dize-me, ó tu, a quem ama a minha alma: Onde apascentas o teu rebanho, onde o fazes deitar pelo meio-dia?* (Ct 1.7). E, se o encontrarmos, eu os incito a deterem o Senhor, a não o deixarem ir embora até *introduzi-lo na casa de nossa mãe, na câmara daquela que nos concebeu* (Ct 3.4), ou seja, na igreja de Cristo. Ali o manteremos, ali o abraçaremos, e ele demonstrará seu amor para conosco.

4. Nos dois exemplos, *o sucesso* que visitou a instrumentalidade por intermédio da presença de Cristo *evidenciou a fraqueza humana*. Nós a vemos menos no fracasso do que no sucesso. No primeiro exemplo, a fraqueza humana se vê no sucesso, quando a rede se rompe e os barcos começam a afundar. Simão Pedro então se prostra, dizendo: "Retira-te de mim, Senhor, porque sou um homem pecador". Ele não sabia sobre isso até seu barco se encher de peixes. Justamente a abundância da misericórdia de Deus o fez sentir a própria nulidade. No segundo caso, mal conseguiram puxar a rede devido à enorme quantidade de peixes. Irmãos, se ao menos vocês ou eu tivéssemos pleno conhecimento da nulidade total que somos! Se o Senhor nos conceder sucesso no ganhar almas, logo então o saberemos. À medida que formos vendo primeiro uma pessoa, depois outra, depois muitas e então centenas sendo conduzidas ao Senhor Jesus, diremos: "Quem fez isso? Como podem tais maravilhas terem sido operadas por mim?" E cairemos prostrados ante o escabelo da graça soberana, confessando-nos indignos de favores tão estupendos. Que a igreja se propague, que suas conquistas sejam muitas, que prevaleça sobre nações inteiras com seus braços celestiais, e então, em vez de o homem ficar mais famoso, ele irá descer cada vez mais baixo, e cada vez mais se notará que tudo isso é do Senhor. Obras pequenas, como as que vêm se tornando comuns em nossas igrejas há anos, onde dois ou três membros são por vezes acrescentados, são bastante coerentes com a grande autocomplacência, bem como com a completa esterilidade nossa. Observem a carruagem pomposa de mais de um pregador infrutífero e vejam se não é assim. Que o Senhor contenha seu braço e o homem se humilhe no pó, pois, quando milhares são trazidos à igreja, evidentemente que não pode ser trabalho de um ministro, mas, sim, a mão poderosa de Deus. O homem é esquecido, então, na própria abundância do seu sucesso, e só o Senhor é exaltado. Oh, se o Senhor fizesse nas igrejas da Inglaterra obras grandes e estupendas por intermédio de todos os seus ministros! Eles descobririam, então, a própria fraqueza, e o nome de Deus seria glorificado. Quando um homem é bem-sucedido em ganhar almas, vocês já devem ter ouvido a seguinte observação: "Receio que ele acabará se tornando orgulhoso; devemos orar para que continue humilde!" É importante orar por todos, irmãos, mas o homem bem-sucedido não necessita mais de oração que o malsucedido. Na verdade, é uma presunção da parte de qualquer pessoa julgar necessitar de menos oração contra o orgulho do que outra. Não pensem que quando a igreja prospera ela se torna necessariamente orgulhosa. Não, a plenitude do barco o faz afundar, a abundância do milagre nos faz exclamar: *É o Senhor!* (Jo 21.7), pois sentimos que não poderia ser coisa de homem, que está muito além do alcance dos homens realizar tais maravilhas.

Até agora, vimos uma similaridade que permeia o todo. Os meios precisam ser empregados; os meios por si sós são inúteis; a presença de Cristo ocasiona o sucesso; o sucesso evidencia a fraqueza humana e leva à exclamação: *É o Senhor!*.

II. Tendo demonstrado então a semelhança entre os conteúdos dos textos, vocês estarão certamente interessados agora em destacarmos seu GRAU MAIOR DE DESIGUALDADE.

Permitam-nos dizer, já de início, que, no nosso entender, o primeiro quadro representa a igreja de Deus conforme nós a vemos, enquanto o segundo, como ela de fato é. O primeiro nos mostra o visível; o segundo, o invisível. Lucas nos conta o que a multidão vê; João relata o que Cristo mostrou somente para seus discípulos. O primeiro é a verdade comum, que a multidão pode receber; o outro, um mistério especial, revelado apenas às mentes espirituais. Observe, portanto, com grande atenção, os pontos de divergência.

1. Primeiro, existe uma diferença nas ordens dadas. No primeiro caso, é: *Lançai as vossas redes para a pesca* (Lc 5.4). No segundo, *Lançai a rede à direita do barco* (Jo 21.6). A primeira é a ordem de Cristo para todo ministro; a segunda, a obra secreta do Espírito na Palavra. A primeira nos mostra que o ministério

consiste em pescar em toda e qualquer parte. Todas as ordens que o cristão recebe, relacionadas com sua pregação, se resumem a: *Lançai as vossas redes para a pesca*. Ele não deve buscar nenhuma característica especial, mas, sim, pregar para todo o mundo, a pecadores sensíveis e insensíveis, tanto aos ossos secos e mortos do vale quanto às almas viventes. Não deve procurar onde os peixes estão, mas apenas lançar a rede, agindo conforme seu mestre lhe ordena: *Ide por todo o mundo, e pregai o evangelho a toda criatura* (Mc 16.15). Ministros que pregam apenas para os supostos eleitos deveriam se lembrar disso. Nosso dever é incluir todo tipo de peixe, e não ser seletivo em relação a onde possamos estar, mas lançar a rede simplesmente. Que diferença faz se nos encontramos em uma cidade do interior, na capital ou em um pequeno povoado? Se estamos entre ricos ou pobres, cultos ou analfabetos? Entre corruptos ou imorais? Nada temos que ver com isso — nosso dever é o mesmo: *Lançai as vossas redes para a pesca*. Só isso. Cristo encontrará os peixes; isso não é assunto nosso.

A verdade secreta, porém, é que, quando agimos assim, o Senhor sabe como nos conduzir, de forma que lançaremos *a rede à direita do barco* e acharemos peixes. Eis o segredo e o trabalho invisível do Espírito, segundo o qual adapta o nosso ministério, em si mesmo genérico, para torná-lo seletivo e especial. Falamos com todos, e ele fala a alguns. Soamos a trombeta, mas apenas os devedores em bancarrota a escutam. Só aqueles que são de fato do Espírito de Deus conhecem o som alegre e nele se regozijam. *Nós* não podemos escolhê-los, mas Deus pode. Confiamos no bendito ímã do evangelho, e esse ímã celestial atrai alguns corações que Deus tem vivificado, para que muitos destinados à vida eterna creiam. Os apóstolos pregaram a cruz, mas o Espírito Santo, que decretara a salvação dos seus escolhidos, enviou a Palavra com poder aos escolhidos e separados. Que alegria é pensar que aqui sempre contamos com uma congregação seleta, pois o Senhor a escolheu! Embora se congreguem sem qualquer distinção — bons e maus, todos os tipos misturados —, Deus os traz segundo seu propósito eterno. Existe um núcleo de almas escolhidas dentro da massa da congregação ao qual Deus aplica especialmente a Palavra. Lançamos a rede, então, afinal de contas, do lado direito do barco, e na verdade a trazemos repleta.

2. No primeiro exemplo, você há de perceber com clareza que existe uma pluralidade distinta. Os pescadores têm redes — no plural. Têm barcos — no plural. Há uma pluralidade de instrumentos sendo empregada. Cada homem parece sobressair isoladamente. No caso seguinte, são vários homens, mas encontram-se todos dentro de *um barco*. Unem esforços para puxar a rede, e é *uma rede* — não há divisão, é tudo uma coisa só. Ora, isso é justamente o visível e o invisível. Para nós, os meios que Deus nos faz usar para trazer os pecadores a si mesmo são muitos e variados. Muitas vezes, nos encontramos em um barco tentando apanhar todos os peixes que pudermos, mas há outro barco mais adiante, em que estão tentando fazer a mesma coisa. Precisamos considerá-los, então, como parceiros. Sempre que nosso barco se enchesse, deveríamos acenar para nossos parceiros no outro barco convidando-os a vir em nosso auxílio. Não podemos olhar para os irmãos que diferem de nós como se estivessem esvaziando o mar e rivalizando conosco. Quanto mais pescadores e barcos, melhor. Quanto mais homens fazendo o bem, mais o nome do Senhor será louvado. Em minha opinião, em vários lugares onde irmãos nossos reclamam dizendo que todas as pessoas boas deveriam ir para uma única e determinada igreja, seria justamente muito melhor contar com três ou quatro. Questiono se a pluralidade de instrumentos envolvidos nas denominações não é benéfica e uma grande bênção. Em vez de, mesmo que muito de leve, levantar-me contra meus irmãos por defenderem suas convicções, eu os louvo e encaro como parceiros em outro barco. Nossas distinções denominacionais ajudam a nos manter despertos, de modo que nos estimulamos uns aos outros, e fazem muito mais o bem ao mundo do que se houvesse apenas uma igreja e sem qualquer expressão. Deus prefere a diversidade de instrumentos. Precisa haver muitas redes e diversos pescadores, dentro de diferentes barcos. Até onde podemos ver, sempre haverá um Paulo e um Barnabé, pessoas incapazes de seguir juntas. Sempre haverá divisões superficiais no ministério. Declaro-me abertamente advogado e grande apreciador desse tipo de coisa. Como eu disse no último sábado, não rejeito, antes apoio o sectarismo.

Vamos agora dar uma olhada interior. Em João, estão todos dentro de um barco, todos pescando juntos, todos puxando uma rede. Ah, irmãos, isso é o que importa, de fato. Não enxergamos, mas, na verdade, todos os ministros de Deus estão puxando uma só e única rede, e toda a igreja de Deus se encontra em um só barco. Oh, glorifico a Deus por essa doce doutrina! De nada adianta lutar pela uniformidade exterior; nunca a veremos. Nem a textura da mente humana nem a vontade de Deus exigem isso. De nada adianta combater as diversidades existentes na grande igreja visível. Não entendo como tais diferenças possam ser ruins. São o resultado natural do caráter finito do homem; devem existir e existirão até o fim dos tempos. É a unidade do Espírito, a unidade em Cristo Jesus, a unidade em amor uns para com os outros que Deus prefere que possamos ver. Aprendamos essa unidade com a realidade de que, afinal de contas, embora possamos parecer discordantes, se somos todos ministros de Deus, há um só ministério. Se somos a igreja de Deus, há uma só igreja no mundo. Só existe uma noiva para o Senhor Jesus, um só rebanho, um só pastor. Embora aos nossos olhos possam ser dois barcos, ou vinte, duas redes, ou cinquenta, para Aquele que vê todas as coisas melhor do que nós existe apenas um barco e somente uma rede. Todo peixe que for capturado por essa rede única deve ser conduzido em segurança à terra firme.

3. Em terceiro lugar, vejamos outra diferença. No primeiro caso, quantos peixes foram pegos? O texto diz apenas *grande quantidade* (Lc 5.6). No segundo caso, grande quantidade é também retirada do mar; todavia, aqui, os peixes são contados: *Cento e cinquenta e três grandes peixes* (Jo 21.11). Lucas não nos diz quantos foram pegos da primeira vez, pois alguns deles não valia a pena considerar. Mas da segunda vez nota-se que o número exato foi registrado, 153. Por que motivo *Pedro* os contou? Acho que sei por que o Senhor o levou a tomar essa atitude. Foi para nos mostrar que, apesar da instrumentalidade exterior empregada para reunir as pessoas na igreja, o número de salvos é para nós uma questão da qual nada sabemos em definitivo; mas o Senhor, em segredo e sem ser visto, o sabe, e os conta até o último. Ele conhece bem quantos a rede do evangelho poderá recolher. Notem que grande multidão é arrebanhada na pregação da Palavra! Milhares, dezenas de milhares, são acrescidos às diferentes igrejas de Cristo por toda parte e professam sua fé. Seria impossível contar em toda a cristandade quantos têm sido recolhidos na rede exterior da igreja visível de Cristo. Mas, irmãos, é sem dúvida conhecido de Deus quantos deverão permanecer até o fim, e quantos já fazem parte agora da igreja *invisível*. Ele os contou, conhece seu número, o fixou, estabeleceu. A quantidade de 153 parece para mim representar um grande número definido. No céu, porém, deve haver um número que homem nenhum seja capaz de pronunciar, pois não são poucos os inumeráveis eleitos de Deus, mas compõem uma quantidade que somente Deus pode contar, pois somente "o Senhor conhece os seus". Formam um número exato e fixo, que não há de diminuir nem crescer, mas permanecerá o mesmo, de acordo com seu propósito e vontade. Agora, *eu*, como pregador, nada tenho que ver com a contagem dos peixes. Meu negócio é com a grande multidão. Lá vai a rede outra vez! Ó mestre, tu que me ensinaste a lançar a rede e apanhar uma multidão de peixes, eleva a nossa coleta acima de 153!

4. Observe agora mais uma diferença. Os peixes que foram pegos da primeira vez pareciam ser de todos os tipos. As redes se rompiam, ou seja, alguns com certeza voltaram para a água. Outros, pequenos demais que não valia a pena levar, com certeza foram devolvidos ao mar. *Puseram os bons nos cestos; os ruins, porém, lançaram fora* (Mt 13.48). No segundo caso, a rede se encheu de peixes grandes. Eram todos grandes, bons para uso, valia a pena conservar todos os 153. Nenhum havia para ser devolvido ao mar.

O primeiro relato nos apresenta o efeito exterior e visível do ministério. Reunimos na igreja de Cristo um grande número de pessoas. Sempre haverá nesse meio alguns frequentadores que não são bons, que não foram de fato chamados por Deus. Às vezes, acontecem reuniões em que, de um modo ou de outro, acabamos por lançá-los fora. Temos muitas reuniões arrebatadoras para recolher peixes — e que grandes quantidades de peixe Deus tem nos dado! Glória seja dada ao seu nome! Em outras ocasiões, porém, somos levados a separar, pela Palavra, os nossos peixes, e alguns, infelizmente, ao ouvi-la, não voltam mais; Deus, simplesmente, não nos força a aturá-los. Isso acontece na igreja exterior, visível. Que nenhum homem, porém, se surpreenda se o joio cresce no meio do trigo — é a ordem natural das coisas, tem de ser assim. Que nenhum de nós fique se perguntando se existem lobos em pele de ovelhas — sempre será assim. Havia um Judas entre os doze; haverá enganadores entre nós até o final dos tempos.

As duas pescas | 389

Isso já não acontece na igreja invisível — a igreja dentro da igreja, o Santo dos Santos no interior do templo. Ali não há mais alguém para ser lançado fora. Não, o Senhor que conduz os peixes à rede escolhe a espécie certa. Nela não inclui hipócrita ou apóstata. Depois de conduzi-los ao número exato de 153, nem um deles consegue sair mais. Pelo contrário, são todos mantidos na rede, pois essa rede não se rompe. Participam da igreja invisível de Cristo e não podem sair, aconteça o que acontecer. Podem até desistir da sua profissão de fé pública, abandonando assim a igreja visível, mas não podem desistir de seu chamado, sua profissão secreta. Não têm como fugir da igreja invisível, e serão todos mantidos nela até que a rede seja puxada para terra firme, com todos os 153 salvos.

5. Note-se, ainda, que as redes se rompem no primeiro caso, mas isso não acontece no segundo texto. Ora, no primeiro, igreja visível, a rede se rompe. Há irmãos que estão sempre exclamando: *A rede se rompeu!* (Lc 5.6). Sem dúvida, é ruim que se rompa, mas ninguém precisa se preocupar com isso. Não há condições agora, quando a rede se encheu, de pararmos para remendá-la. Ela haverá de se romper. O fato de se romper é uma consequência necessária de sermos quem somos. O que eu quero dizer com isso é que, em vez de termos uma denominação, temos vinte ou trinta. A rede se rompeu; mas de modo algum irei lamentar. Assim será enquanto formos de carne e osso. Até que tenhamos recebido a estatura de homens perfeitos, não teremos senão divisões. A rede precisa se romper e o fará. Mas, glória a Deus, na realidade ela não se rompe em absoluto, pois embora a igreja visível possa parecer se rasgar e ficar reduzida a frangalhos, a invisível é única. Os escolhidos de Deus, os chamados, os vivificados, os comprados pelo sangue, são um só de coração e de alma e um só em espírito. Embora tenham nomes diversos entre os homens, ostentam diante de Deus o nome do Pai escrito em suas frontes. São e serão sempre um.

Vocês já perceberam, irmãos, que eu não aconselho pessoa alguma a lutar por uma unidade nominal. Quanto mais se lutar por isso, mais divisões haverá. Alguns irmãos deixaram várias de nossas denominações para formarem, segundo eles mesmos, uma igreja que não fosse uma seita. Tudo o que fizeram foi fabricar mais outra seita, e talvez a mais sectária delas — um pequeno grupo de pessoas das mais limitadas e amargas, embora contendo alguns dos melhores homens, alguns dos melhores cristãos e escritores dos mais qualificados de todos os tempos. Não se pode construir uma unidade visível, isso está além da nossa capacidade — a rede se romperá. Mas cuidem dos peixes e deixem a rede em paz, desde que seja mantida a unidade do Espírito no vínculo da perfeição. Cuidem não ter um coração apegado aos cismas, não abriguem nenhuma heresia na alma, sejam um com todos os que amam o Senhor Jesus Cristo com sinceridade de coração. E, com isso, logo verão que a rede invisível não está rompida, mas nela os santos são um. Glorifico a Deus pelo fato de que, quando nos ajuntamos com seu povo — não importa eles o que sejam —, logo descobrimos que a rede não está rompida. São vários os clérigos piedosos da Igreja da Inglaterra com quem dialogo com grande alegria e constato assim que a rede, na verdade, não está rompida. Conversando com irmãos de todas as denominações, que, por causa de doutrina ou por causa de sentimentos, vivem distantes como os polos, ainda assim tenho tomado conhecimento de que existe entre nós uma harmonia real e perfeita de coração, e, portanto, a rede de modo algum está rompida. Não creio que o amor caridoso pudesse operar obra tão perfeita na igreja de Cristo, não fosse por estarmos divididos como que em tribos, como as doze de Israel, nos tempos antigos. Para mim, caridade não é amar um irmão que pensa como eu — nada posso fazer quanto a isso; mas amar um irmão querido que difere de mim em alguns pontos, aí, sim, há lugar para o exercício do meu amor caritativo. E, assim como Deus nos dá provações e problemas para nos exercitar na fé, creio que nos permite também diferenças doutrinárias com o propósito de exercitarmos o nosso amor, até o dia em que tenhamos adquirido a estatura de varão perfeito em Cristo Jesus. A rede não está rompida, irmãos. Não creiam em uma coisa dessas. Ao lerem sobre esta ou aquela denominação, não se incomodem com nomes e tribos. Em vez disso, agradeçam a Deus por eles. Essa é a igreja visível, e a rede nela, de fato, está rompida; porém existe uma igreja invisível, em que a rede permanece intacta e na qual somos um e seremos um para sempre em Cristo.

Há ainda outros pontos divergentes, mas creio que não teremos tempo de desenvolvê-los muito. Vou apenas comentar com brevidade cada um deles.

No primeiro caso, da igreja visível, vê-se a fraqueza humana tornar-se o ponto mais forte. Lá está o barco prestes a afundar, lá está a rede rompida, lá estão os homens de coração na mão, assustados, espantados e suplicando até ao mestre que se vá! No outro caso, não acontece nada disso. Existe a fraqueza humana, mas, ainda assim, os homens são fortalecidos o suficiente. Não têm forças de reserva, como se vê, mas ainda assim são fortes o suficiente, a rede não se rompe e o barco segue tranquilamente para terra firme, puxando os peixes. Até que, por fim, Simão Pedro os arrasta até a praia. Ele devia ser forte. Aqueles pescadores eram fortes o suficiente para levar seus peixes para a praia. Da mesma forma, na igreja visível de Cristo não raro temos de lamentar a fraqueza humana. Já na invisível, Deus torna seus servos suficientemente fortes para puxarem seus peixes até a praia. Os homens — os meios, a instrumentalidade — terão, todos, força bastante para levar a terra firme cada alma eleita no céu, a fim de que Deus seja glorificado.

Notem bem que no primeiro caso, da igreja visível, os pescadores zarparam para mar aberto. No segundo caso, não estavam longe da praia, apenas um pouco afastados. Assim, nossa pregação hoje nos dá a impressão de que estamos saindo para o grande mar tempestuoso à procura de peixes. Parece que teremos de percorrer um longo caminho para podermos trazer essas almas preciosas para terra firme. No entanto, na visão de Deus, não estamos tão longe assim da praia, e, quando uma alma é salva, isso não acontece longe do céu. Para nós, são talvez anos de tentação, provação, conflito; para Deus Altíssimo, não, acabou: "Está feito". Eles se salvaram: não estão longe da praia.

No primeiro caso, os discípulos tiveram de abandonar tudo para seguir Cristo. No segundo, sentaram-se para festejar com ele o delicioso banquete que dispusera à sua frente. Assim, na igreja visível hoje temos de suportar provações e abnegação por Cristo; mas, glória seja dada a Deus, os olhos da fé percebem que em breve estaremos puxando nossa rede para terra firme, e então o mestre dirá "vinde, comei", e nós nos sentaremos com ele e teremos celebração, em sua presença, com Abraão, Isaque e Jacó, no reino de Deus.

III. O tempo passou, e eu concluo chamando sua atenção para UMA DENTRE VÁRIAS LIÇÕES QUE AMBAS AS NARRATIVAS PARECEM NOS ENSINAR.

No primeiro caso, Cristo estava no barco. Oh, bendito seja Deus, Cristo continua em sua igreja, mesmo estando ela lançada em alto-mar. No segundo caso, vemos Cristo na praia. Bendito seja Deus, Cristo está no céu, não mais aqui, pois partiu; subiu ao céu por nossa causa. Mas quer ele esteja na igreja, quer na praia do céu, *o trabalho duro de uma noite inteira, graças à sua presença, será ricamente recompensado*. É essa a lição. Mães, vocês estão entendendo? Vocês que têm trabalhado muito e há bastante tempo por seus filhos: talvez seja ainda noite para vocês; eles não demonstram receber a graça, mas, em vez disso, continuam dando sinal de pecado e entristecem o seu espírito. Pois sua labuta noturna irá em breve acabar. Vocês, enfim, lançarão a rede do lado direito do barco. Professores da escola dominical: vocês, que têm trabalhado com diligência há tempos e colhido muito poucos frutos. Não esmoreçam; o mestre não permitirá que trabalhem em vão. Em seu devido tempo, se não desistirem, colherão os frutos, e, assim como os discípulos obtiveram uma grande colheita do mar, assim também vocês colherão muitas e muitas almas. Ministro, você, que tem lavrado terrenos rochosos e estéreis e, contudo, nenhum feixe alegre de trigo se tem formado para satisfazer seu coração. Você, sem dúvida, *voltará com cânticos de júbilo, trazendo consigo os seus molhos* (Sl 126.6). E você, ó igreja de Deus, que trabalha tão penosamente a favor das almas, reunindo-se dia após dia em oração, apelando aos homens para que venham a Cristo, o que há por se dizer se ainda não foram salvos? Vem a manhã, a noite é finda e o mestre em pessoa logo surgirá. Embora talvez não encontre fé na terra, ainda assim seu segundo advento proporcionará à sua igreja o sucesso certo que ela tanto tem esperado — tamanho sucesso que, como a mulher não se lembra mais das dores do parto porque um homem veio ao mundo, assim a igreja não se lembrará mais de sua fadiga, de seus esforços e provações, porque o reino de Cristo é chegado e sua vontade será cumprida plenamente assim na terra como no céu. Continuem firmes na labuta, caros amigos! Se houver alguém que não trabalhe, *comece já*. Se houver alguém que ainda não é salvo, o Senhor conceda que logo a Palavra seja pregada, e você seja o primeiro a ser colhido em sua rede. Nós acabamos de lançá-la agora, mais uma vez, esta manhã; e esperamos lançá-la novamente essa noite. *Crê no Senhor Jesus e serás salvo* (At 16.31); pois *quem crer e for batizado será salvo, mas quem não crer será condenado* (Mc 16.16). Corra, então, para Cristo! Fuja da ira vindoura! Possa o Espírito Santo aplicar esta palavra a você e conduzi-lo ao lugar onde, no alto do Calvário, com mãos e pés ensanguentados, o Salvador por você morreu! Basta olhar para ele e você será salvo. Olhe, pecador, e viva! Que Deus salve você, em nome de Jesus! Amém.

"Sobre tua palavra"

Ao que disse Simão: Mestre, trabalhamos a noite toda, e nada apanhamos; mas, sobre tua palavra, lançarei as redes (Lc 5.5).

Como a obediência simples pode participar do sublime! Pedro recolheu a rede para lançá-la ao mar e, com a maior naturalidade possível, anunciou: SOBRE TUA PALAVRA, *lançarei as redes*. Na verdade, estava apelando, naquele exato momento e lugar, a um dos maiores princípios que vigora entre os seres inteligentes e à maior força que dirige o universo: *sobre tua palavra*. Grande Deus, *sobre tua palavra* os serafins voam e os querubins se curvam! Teus anjos excelentes em força cumprem tuas ordens ao ouvir a voz da tua palavra. *Sobre tua palavra* o espaço e o tempo vieram a existir, bem como todas as outras coisas. *Sobre tua palavra* — eis a causa das causas, o princípio da criação de Deus. *Pela palavra do Senhor foram feitos os céus* (Sl 33.6), e por essa palavra a atual constituição deste mundo esférico foi estabelecida em seus pilares. Quando a terra era sem forma e vazia, tua voz, ó Senhor, foi ouvida, dizendo *haja luz* (Gn 1.3), e *sobre tua palavra* a luz brotou. *Sobre tua palavra* o dia e a noite tomaram seus lugares e *sobre tua palavra* as águas se separaram das águas no firmamento do céu. *Sobre tua palavra* a terra seca apareceu e os mares se recolheram a seus leitos. *Sobre tua palavra* o globo se cobriu de verde e a vida vegetal se iniciou. *Sobre tua palavra* surgiram sol, lua e estrelas, *para sinais e para estações, e para dias e anos* (Gn 1.14) . *Sobre tua palavra* os seres vivos encheram os mares, o ar e a terra, e o homem enfim apareceu. De tudo isso, estamos bastante certos, pois pela fé sabemos que os mundos são forjados pela palavra de Deus. Agindo em conformidade com a palavra do nosso Senhor, sentimo-nos em consonância com todas as forças do universo, percorrendo a trilha principal de toda existência verdadeira. Não é uma condição sublime, mesmo quando contemplada nos feitos comuns de nossa vida cotidiana?

Não só na criação a palavra do Senhor é suprema, mas na providência também seu grandioso poder se manifesta, pois o Senhor sustenta todas as coisas pela palavra do seu poder. Neve e vapor e tempestade são, todos, o cumprimento de sua palavra. Sua palavra corre veloz. Quando a geada cai e congela o fluxo da vida, o Senhor envia sua palavra e o faz derreter. A natureza se submete e se move à palavra do Senhor. Assim, também, todas as questões de fato e históricas se apoiam na palavra suprema. Jeová ocupa o centro de todas as coisas; como Senhor de tudo, ele preside no posto de autoridade máxima, e todos os eventos de todas as eras passam marchando ante sua palavra e curvados ante seu desejo soberano. *Sobre tua palavra*, ó Deus, reinos se levantam e impérios florescem. *Sobre tua palavra* povos e nações se tornam dominantes e pisam seus semelhantes. *Sobre tua palavra* dinastias inteiras são extintas, reinos desmoronam, cidades e países poderosos se transformam em pó e deserto e exércitos imensos de homens esvaem como a geada da manhã. Apesar do pecado do homem e da fúria dos demônios, existe um senso sublime em que todas as coisas desde o princípio, e mesmo depois que Adão cruzou o portal do Éden, até hoje, têm acontecido de acordo com o propósito e a vontade do Senhor dos exércitos. A profecia revela seus oráculos, e a história escreve suas páginas *sobre tua palavra*, ó Senhor.

É maravilhoso pensar no pescador da Galileia lançando sua rede em perfeita consonância com todos os arranjos de todas as épocas. Sua rede obedece à lei que regula os planetas. Sua mão executa consciente o que a estrela Arcturo ou a constelação de Órion também fazem sem pensar. O pequeno sino sobre o mar da Galileia retine em harmonia com os carrilhões eternos. *Sobre tua palavra*, disse Pedro, ao obedecer de

"Sobre tua palavra"

pronto, repetindo a senha dos mares e das estrelas, dos ventos e dos mundos. É glorioso, portanto, estar no mesmo compasso da marcha executada pelos exércitos do Rei dos reis.

Existe outro modo de desenvolver esse pensamento. *Sobre tua palavra* tem sido a senha de todos os homens bons desde o princípio até hoje. Santos têm agido com base nessas três palavras e nelas descoberto sua ordem de marcha. Uma arca é construída em terra seca, e uma multidão irreverente se reúne ao redor do patriarca grisalho, rindo-se dele. Mas ele não se sente envergonhado, pois, erguendo o rosto para os céus, diz: "Construí esta grande embarcação, ó Jeová, sobre tua palavra". Abraão deixa o lugar de sua infância e a parentela e vai com Sara e alguns poucos familiares para uma terra longínqua, da qual nada sabe, situada lá do outro lado do grande rio Eufrates. Entra em um país de propriedade dos cananeus, no qual perambula como estrangeiro e andarilho todos os dias de sua longa vida. Habita em tendas com Isaque e Jacó. Mas, se alguém o critica por haver renunciado aos confortos da vida estável, levanta o rosto tranquilo para os céus e responde com um sorriso, falando ao Todo-poderoso: *Sobre tua palavra, Senhor*. Sim, até quando o patriarca franze a testa e uma lágrima quente está prestes a forçar passagem entre suas pálpebras, ao erguer a mão com o cutelo para golpear Isaque, se alguém o acusa de assassino, ou o considera louco, ele volta o mesmo rosto sereno em direção à majestade do Altíssimo e diz: "Sobre tua palavra, Senhor". Sobre essa palavra, ele volta a embainhar com alegria o cutelo sacrifical, com que havia provado sua disposição de ir ao extremo da obediência à palavra do seu Deus.

Se eu tivesse de lhes apresentar, enfim, mil desses homens fiéis, que demonstraram rigorosa obediência à sua fé, em todos os casos eles certamente justificariam seus atos dizendo que fizeram o que fizeram *sobre sua palavra*, a de Deus. Na presença do arrogante faraó, Moisés levantou a vara *sobre tua palavra*, ó grande Deus! Não foi em vão que a levantou sobre a palavra de Jeová, para que se abatessem densas e pesadas pragas sobre os filhos de Ham. Esses homens comprovaram que a palavra de Deus, seja de ameaça, seja de promessa, não retorna vazia, mas cumpre seu propósito. Vejam Moisés conduzindo o povo para fora do Egito, um exército inteiro em seus milhares e milhares! Notem como ele os leva ao mar Vermelho, onde a natureza os encurrala. Os montes os observam irados de ambos os lados, e ouve-se o estrépito dos carros de guerra egípcios logo atrás. Como Moisés pôde ser "tolo" daquele jeito e conduzir o povo a tal lugar? Não havia sepulturas no Egito para que os tivesse de levar a morrer às margens do mar Vermelho? A resposta de Moisés é a silenciosa certeza de que agira consoante a palavra de Jeová, e Deus a confirma abrindo vasta estrada para a passagem dos seus eleitos. Eles marcham alegres por aquele leito seco e, tocando tamboris e dançando, na outra margem cantam hinos de exaltação e louvor ao Senhor que havia triunfado tão gloriosamente. E se em tempos seguintes encontramos Josué circundando Jericó, sem atacá-la com aríetes mas apenas com um grande soar de trombetas, o motivo é que Deus assim proferira a ele sua firme palavra. O tempo não me deixa falar de Sansão, Jefté e Baraque, homens que fizeram o que fizeram mediante a palavra de Deus. O Senhor estava com eles.

É rebaixar, então, do sublime para o ridículo falar em Pedro e na rede que ele lança pela lateral do seu pequeno barco? De modo nenhum. Nós é que somos ridículos quando não tornamos nossa vida sublime pela obediência na fé. É tão sublime, com toda a certeza, lançar uma rede quanto construir uma arca, levantar uma vara ou fazer soar um chifre de carneiro. Se executado obedientemente e com fé, o gesto mais simples da vida pode ser de uma sublime grandiosidade. O brilho da onda que cobre a rede de Pedro pode ser tão sublime para o Senhor quanto a glória do vagalhão do mar Vermelho ao recuar em toda a sua força. O Deus que enxerga o mundo em uma gota, vê maravilhas no menor ato de fé. Eu lhes afirmo: não pensem que ser sublime é questão de quantidade, algo tão mensurável em determinada escala em que um quilômetro possa ser considerado sublime, e um centímetro, um absurdo. Não medimos a moralidade e a espiritualidade por meio de réguas e balanças. O simples ato de pescar sobre a palavra de Cristo relaciona Pedro a todos os principados, poderes e forças que, em todas as épocas, têm conhecido somente uma única lei: *Pois ele falou, e tudo se fez; ele mandou, e logo tudo apareceu* (Sl 33.9).

Nós também teremos comunhão com o sublime se soubermos como ser perfeitamente obedientes à palavra do Senhor. Esta deve ser a norma de todo cristão ao longo da vida: *Sobre tua palavra*. Ela deverá nos guiar na igreja e no mundo, em nossas crenças espirituais e em nossos atos seculares. *Sobre tua palavra.* Gostaria que assim fosse. Ouvimos vanglórias de que a Bíblia, e somente a Bíblia, é a religião dos protestantes. Isso não passa de bazófia. Poucos protestantes poderiam repetir essa afirmação com sinceridade absoluta. Há outros livros pelos quais têm deferência, outras regras, outros guias, além, acima e até mesmo, por vezes, em oposição à Palavra de Deus. Não deveria, é claro, ser assim. O poder da igreja e o poder do indivíduo de agradar a Deus nunca chegarão à plenitude até retornarmos à regra simples e sublime, contida nesse texto que estamos estudando: *sobre tua palavra.*

Vou martelar tal frase esta manhã tanto quanto Deus me permitir: *Sobre tua palavra.* É uma norma que tem diversas aplicações. Primeiro, estou de certa forma repetindo para mim mesmo, *ela deve se aplicar à nossa vida cotidiana.* Em segundo lugar, *deve se aplicar às questões de benefício espiritual.* Em terceiro lugar, e aqui serei um pouco mais abrangente, *deverá encontrar sua principal aplicação no maior propósito de nossa vida, que é sermos pescadores de homens.*

I. *Sobre tua palavra* deve se aplicar A TODOS OS ASSUNTOS DO NOSSO DIA A DIA. Refiro-me, em primeiro lugar, a persistir na atividade normal honesta. Cada um fique diante de Deus no estado em que foi chamado (1Co 7.24). Na crise em que vivemos, muitos homens se sentem como que tentados a jogar tudo para o alto e fugir de suas obrigações, porque trabalham dia e noite, seguidamente, sem obter o resultado que esperavam. Sombras financeiras têm durado muito tempo sobre todos e não dão mostras de ceder. Mas nenhum cristão deve murmurar ou deixar seu posto. Vocês, que têm sido induzidos a isso, continuem a ser diligentes em suas tarefas. Continuem produzindo frutos honestos à vista de todos. Prossigam trabalhando com esperança. Digam como Pedro: *... mas, sobre tua palavra, lançarei as redes* (Lc 5.5). *Se o Senhor não edificar a casa, em vão trabalham os que a edificam* (Sl 127.1): vocês conhecem essa verdade muito bem. Saibam que o Senhor jamais abandonará seu povo. Seus melhores esforços, por si mesmos, não lhes trarão prosperidade. Nem por isso relaxem em seus esforços. Neste instante em que a palavra de Deus para vocês é renunciar a si mesmos, mas serem fortes, cinjam então os lombos de sua mente, sejam equilibrados, permaneçam firmes. Não lancem fora seu escudo, não se desfaçam de sua fé e confiança em Deus; permaneçam firmes em suas fileiras até que mudem os rumos da batalha. Deus os colocou onde vocês estão; portanto, não se desloquem até que sua providência diga. Não corram atrás do vento. Abram a janela amanhã de manhã e vejam suas bênçãos, sem se deixarem levar pela tristeza ou a uma atitude apressada e inadequada. Digam, firmemente: *Sobre tua palavra, Senhor, lançarei novamente as redes.*

Se falo, porém, a pessoas que estão sem trabalho no momento, procurando um lugar de onde consigam ganhar o pão de cada dia para si mesmas e suas famílias, ouçam-me então e ponderem. O homem que não busca prover sua própria casa não se acha debaixo de uma bênção do evangelho, e a seu respeito dizem as Escrituras que é pior que o incrédulo e o publicano. É dever de todos nós, portanto, trabalharmos com as nossas próprias mãos naquilo que seja honesto, para que tenhamos com que prover àqueles que dependem de nós e, sempre que possível, ao necessitado. Se depois de percorrer esta cidade até seus pés se encherem de bolhas você não conseguiu encontrar nada para fazer, não fique em casa na segunda-feira, mal-humorado, e resmungando: "Não vou tentar de novo coisa alguma". Aplique o que nos ensina esse texto à sua provação e, mais uma vez, siga em frente cheio de esperança, dizendo como Pedro a Jesus: *Trabalhamos a noite toda, e nada apanhamos; mas, sobre tua palavra, lançarei as redes* (Lc 5.5). Permita que os outros vejam que um cristão como você não se deixa levar com facilidade pelo desespero. Não; faça-os verem que, quando o jugo se torna mais pesado, aí mesmo é que o Senhor tem um jeito secreto de fortalecer as costas de seus filhos para suportar qualquer peso. Deixe que o Espírito Santo lhe conceda calma e resolução, e você há de honrar a Deus muito mais com sua feliz perseverança do que os tagarelas com seus belos discursos ou espetáculos exteriores. O dia a dia é o lugar real onde provamos a verdade da piedade e glorificamos nosso Deus. Não é executando obras extraordinárias, mas, sim, pela piedade da vida comum que o verdadeiro cristão é conhecido e sua fé é honrada. Sobre a palavra de Deus, aguente firme, então, até o fim. *Confia no Senhor e faze o bem; assim habitarás na terra, e te alimentarás em segurança* (Sl 37.3), diz a Palavra.

"Sobre tua palavra"

Pode ser também que você venha se esforçando em sua vida diária para adquirir habilidades que lhe permitam melhorar suas condições e não esteja no momento sendo bem-sucedido nesse empenho. Ou esteja procurando adquirir mais conhecimento, para melhor poder cumprir sua atividade ou vocação, mas até agora não tem conseguido prosperar nesse desejo. Não cesse seus esforços. Cristãos jamais devem ficar ociosos. Nosso Senhor Jesus não concordaria em que seus seguidores fossem tão temerosos que, se não alcançassem sucesso da primeira vez, nunca mais o tentariam alcançar. Precisamos ser padrão de todas as virtudes e das graças espirituais. Assim, obedientes à ordem do Senhor, siga trabalhando com a mente e com as mãos e busque nele a bênção. *Sobre tua palavra*, lancem sua rede mais uma vez: quem sabe, o Senhor pretenda abençoá-lo muito mais quando, pela provação, esteja apto a receber tão grande bênção.

Agora, algo que se aplica especialmente aos que se dedicam ao trabalho árduo de orientação e formação educacional das crianças. Pode ser que com seus próprios filhos você ainda não tenha encontrado sucesso: o menino continua rude e respondão; a menina ainda não se rendeu de todo docilmente à obediência e à submissão. Pode ser também que você trabalhe na escola dominical, ou em uma escola regular, onde procura compartilhar seu conhecimento e moldar as mentes infanto-juvenis de maneira correta, mas tenha se frustrado nessa sua tarefa. Se é seu ministério, sua vocação, sua obrigação ensinar, não se deixe de modo algum abater. Permaneça firme em seu posto como se ouvisse Jesus dizer: *E tudo quanto fizerdes, fazei-o de coração, como ao Senhor, e não aos homens* (Cl 3.23). Com sinceridade, então, e sobre sua palavra, continue lançando sua rede.

Eu os aconselho, enfim, caros amigos, em todas as coisas em que puserem as mãos, se forem boas, a fazê-lo com todo o seu empenho. Se não forem boas, a deixarem de lado e não mais com elas se envolverem. Pode ser que você tenha sido chamado a ensinar verdades morais a esta geração. Quase sempre, em todas as gerações, alguns indivíduos são chamados a realizar reformas e promover o progresso moral e espiritual da humanidade. Já que você sabe e está disposto a amar o próximo como a si mesmo, sempre que tiver oportunidade faça isso a todos. Mesmo que venha tentando e até agora não haja conseguido ser ouvido como desejaria, não desista de sua intenção: se é coisa boa o que tem em vista e você é um homem cristão, não permita que digam que você desistiu, teve medo ou ficou envergonhado. Admiro em Palissy[1][*] não só seu cristianismo, que não se deixava dominar pela perseguição, mas também sua perseverança na produção de sua cerâmica. Seu último centavo e seu último suspiro devem ter sido gastos na descoberta de um novo esmalte ou na produção de uma cor diferente. Gosto muito de conhecer crentes assim. Não gostaria de ver nosso Senhor sendo seguido por um grupo de covardes incapazes de enfrentar as batalhas comuns da vida: como tais pessoas haveriam de se tornar dignas dos nobres cavaleiros que se embatem contra a maldade espiritual nas regiões celestes? Cabe a nós sermos os mais bravos entre os bravos nas planícies da vida cotidiana para que, quando formos convocados às regiões celestes, onde feitos ainda maiores serão necessários, possamos ir treinados para esse nobre serviço.

Você tem a impressão de ser pouco apropriado falar sobre essas coisas do púlpito? Não penso assim. Observo como o Antigo Testamento nos relata histórias de ovelhas e rebanhos, campos e colheitas de homens bons. Tudo isso tinha que ver com a fé daquelas pessoas. Observo como a mulher virtuosa de Salomão cuidava bem de sua casa e que temos na Bíblia um livro de Provérbios, mais outro chamado Eclesiastes, contendo pouco ensinamento propriamente dito espiritual, mas grande quantidade de bom senso, sadio e prático, para a vida. Para mim, fica evidente que o Senhor não quer que a nossa fé fique presa a um banco de igreja, mas, sim, faça parte da nossa ocupação diária e seja vista em todos os caminhos da nossa vida. O grande princípio do texto de hoje saiu dos lábios de um simples trabalhador, um pescador, e aos que trabalham eu o devolvo. Tem que ver com redes e barcos, com utensílios de trabalho, e com tais coisas comuns é que eu o conecto. Diria ainda a todos que servem ao Senhor neste presente

---

[1] [*] [NT] Bernard Palissy, 1510-1590 aproximadamente. Ceramista francês, dedicou grande parte da vida à descoberta de uma cerâmica especial, sem jamais obter sucesso. Chegou a enfrentar tamanha miséria que viu-se obrigado a queimar os móveis para aquecer a casa em que morava com a família. Apadrinhado por nobres franceses, embora protestante, foi levado a Paris, onde fabricou peças para a realeza. Morreu na Bastilha por recusar-se a negar sua fé.

mundo mau — em nome de Deus, aquilo que você tenha a fazer, não se deixe abater ou desesperar a ponto de interrompê-lo. Mas, sim, sobre sua palavra, avance mais uma vez em seus esforços sinceros e, como Pedro, diga: *Lançarei as redes*.

II. EM QUESTÕES DE BENEFÍCIO ESPIRITUAL, devemos, sobre a palavra de Deus, lançar a rede mais uma vez. Digo isso, em primeiro lugar, àqueles que têm comparecido diversas vezes a este Tabernáculo, com toda a sinceridade, se assim faço bem ao lhe dar crédito, *na esperança de encontrar salvação*. Vocês têm orado antes do início do sermão para que o Senhor os abençoe. Mas, vejam, não entendo vocês muito bem. Não consigo discerni-los. Porque o caminho da salvação está aberto para vocês neste exato momento e ele é simples: *Crê no Senhor Jesus e serás salvo, tu e a tua casa*. Vocês não têm mais nada o que esperar, e toda essa sua espera torna-se pecado. Se disserem que aguardam a água do tanque ser agitada, eu lhes digo que não há água alguma para agitar, nem anjo algum para fazê-lo. Esse tanque já secou há muito tempo, os anjos não seguem mais para aqueles lados hoje em dia. Nosso senhor Jesus Cristo praticamente lacrou Betesda quando disse lá, ao homem deitado junto dele: *Levanta-te, toma o teu leito e anda* (Jo 5.8). E é o que ele diz a vocês também. Eu lhes faria então um convite, com a maior sinceridade, sobre a palavra de Cristo, que nos constrange a pregar o evangelho a toda criatura — "Creiam e vivam!" Lancem a rede mais uma vez, e a lancem deste lado. Digam: *Creio! Ajuda a minha incredulidade* (Mc 9.24). Façam uma oração em voz baixa agora a Jesus, pedindo que ele os aceite. Submetam-se a ele e peçam-lhe que se torne agora, neste exato momento, seu Salvador. Vocês serão ouvidos. Muitos peixes aguardam para serem pegos na rede da fé. Sobre a palavra do Senhor, lancem a rede.

Falarei agora aos demais presentes — àqueles que têm lançado suas redes em vão, talvez, sob a forma de *oração persistente*. Você vem orando pela conversão de um parente, ou pedindo alguma outra coisa boa que crê estar de acordo com a vontade de Deus. Depois de longas súplicas — súplicas geralmente noturnas, pois seu espírito se entristeceu —, você se sente tentado a nunca mais apresentar uma petição. É isso? Ora, sobre a palavra de Cristo, que ordena aos homens orar sempre e não desfalecer — sobre a palavra de Cristo, que diz *orai sem cessar* (1Ts 5.17), lance sua rede e ore, mais uma vez. Não porque as circunstâncias ao seu redor estejam mais favoráveis, mas apenas porque Jesus assim ordena. Continue a orar, e quem sabe não será desta vez que você alcançará o sucesso?

Ou você tem *vasculhado as Escrituras em busca de uma promessa* adequada para o seu caso e não encontra? Quer se apossar de uma palavra boa de Deus que o anime? Cardumes inteiros desses peixes, no entanto, rondam seu barco. O mar das Escrituras está repleto deles: peixes de promessas quero dizer. Ah, mas que pena você não consegue fisgar nem um deles. Mesmo assim, tente de novo e mais uma vez. Vá para casa e esquadrinhe as Escrituras de novo em oração, suplicando ao Espírito Santo que aplique uma porção preciosa ao seu coração, para que você possa, pela fé, desfrutar de sua doçura. Quem sabe hoje ainda você irá concretizar esse seu desejo e receber uma bênção bem maior do que sua mente é capaz de apreender — de tal forma que também no seu caso a rede irá se romper, tal a plenitude da graça alcançada?

Pode ser que você venha trabalhando há tempos por uma *realização santa*. Quer vencer um pecado insistente, exercitar fé mais firme, demonstrar maior zelo e ser mais útil, mas ainda não alcançou seu desejo. Ora, então, já que de acordo com a mente do Senhor você deveria se aperfeiçoar "em toda boa obra, para fazer a sua vontade", não desista do seu propósito, mas sobre sua palavra lance a rede outra vez. Jamais perca a esperança. Seu temperamento ainda há de ser subjugado; sua descrença dará lugar à fé santa. Lance a rede, e todas as graças poderão ser colhidas para serem suas pelo resto de sua vida. Continue trabalhando sobre a palavra de Cristo pelas melhores coisas, e ele as dará a você.

Quem sabe, neste momento você esteja buscando *a presença mais próxima de Cristo* e uma comunhão mais estreita com ele? Você pode estar ansiando por uma visão do seu rosto, que brilha mais que a aurora? Você quer ser levado à sua casa de banquetes para poder se saciar de seu imenso amor e, por isso, tem, por vezes, chorado em vão. Então chore mais uma vez, mas *sobre sua palavra*, pois ele o conclama a se aproximar mais dele; sua voz de amor o convida a se achegar a ele. Sobre sua palavra, insista, lance sua rede mais uma vez, e alegrias indizíveis o aguardam, sobrepujando tudo que você tem experimentado até agora.

"Sobre tua palavra" | 397

Como vemos, existe uma justa aplicação do grande princípio do texto em nosso benefício espiritual. Deus nos ajuda por intermédio do seu gracioso Espírito a seguir em frente dia após dia.

III. O grande princípio do nosso texto deve ser aplicado também ao PROPÓSITO DE NOSSA VIDA. Qual o propósito de vida de todo cristão? Não é ganhar almas? Glorificar a Deus trazendo outros à fé em Cristo é o grande objetivo de nossa permanência aqui na terra. Se não, já deveríamos ter sido levados a participar da harmonia das canções celestiais. Convém a diversas ovelhas perdidas, aqui embaixo, que permaneçamos na terra até que as tenhamos levado para casa, para o grande pastor e bispo da nossa alma.

Ora, o modo com que ganhamos homens para Cristo, ou, para usar a metáfora dele, o método como pescamos homens é lançando a rede do evangelho. Não temos aprendido outro modo de pesca santa. Homens de grande zelo e pouco conhecimento têm tentado inventar formas supostamente mais engenhosas para essa pesca. De minha parte, porém, não creio em nada melhor que lançar a rede do evangelho, narrando a história do amor de Deus pelos homens em Cristo Jesus. Nenhum outro evangelho nos foi entregue por Jesus. Tampouco autorizou ele qualquer novo método para torná-lo conhecido. Nosso Senhor nos tem chamado para a obra de proclamar o perdão gratuito por intermédio do seu sangue a todos os que nele creem. Cada crente está autorizado a buscar a conversão de seu próximo. Não podemos tentar salvar nosso irmão do fogo eterno? A Jesus, não deve ser agradável o empenho de cada um em libertar seu próximo do castigo da morte eterna? Ele nos tem dito: *Quem ouve, diga: Vem* (Ap 22.17). Quem quer que haja aceitado o evangelho deve convidar outros a virem a Cristo. A palavra do Senhor é nossa garantia para nos apegarmos à única tarefa que nos foi dada, de tornar conhecido o evangelho. Seria um triste gesto de rebeldia se ficássemos em silêncio ou pregássemos outro evangelho que não o de Cristo. A palavra do Senhor é uma garantia ao homem que obedece a ela. *Porque a palavra do rei é suprema* (Ec 8.4). De que maior autoridade precisaríamos?

"Oh", dizem alguns, "mas você deveria tratar de alguma coisa maior que a simples doutrina elementar da graça e dar ao povo algo mais, para estar de acordo com o progresso de nossa época". Não faremos isso enquanto Jesus nos ordenar a ir por todo o mundo e pregar o evangelho a toda criatura. Se fizermos o que ele ordena, a responsabilidade sobre a questão deixa de ser nossa. O que quer que advenha disso, estaremos isentos se tivermos obedecido à ordem dele. Ao servo, não cabe justificar a mensagem do seu senhor, mas entregá-la. Isso faz que seja uma alegria pregar, agir *sobre tua palavra*. Nossa obrigação é fazer o que Cristo nos diz, conforme Cristo nos diz, e fazê-lo de novo e de novo, enquanto houver um sopro de vida em nosso corpo. A palavra de ordem nos conclama: *Pregai o evangelho, pregai o evangelho a toda criatura!* (Mc 16.15). Nossa justificação para falar de Cristo crucificado e guiar incessantemente os homens a que creiam e vivam está na mesma palavra que levou Pedro a andar sobre o mar e Moisés a tirar água de uma rocha.

O resultado dessa pregação faz jus àquele que a ordenou. No fim de tudo, homem nenhum poderá se queixar ao Salvador: "Ó Senhor, estabeleceste para teus servos uma tarefa impossível, e lhes deste a utilizar um instrumento nem um pouco próprio a produzir seus objetivos". Pelo contrário, ao encerramento de todas as coisas se verá que, para a salvação dos eleitos, nada melhor que o nosso Salvador crucificado, e para tornar conhecido esse Salvador crucificado nada melhor do que a simples proclamação de sua palavra por lábios honestos, no poder do Espírito de Deus. A *loucura* (1Co 1.25) da pregação se revela a grande prova da sabedoria de Deus.

Irmãos, vocês que ensinam nas escolas, que pregam no púlpito, que distribuem folhetos, que falam face a face com as pessoas, não há nada a temer, pois a sabedoria os eximirá de todas as acusações, justificando-os de seus métodos. Vocês podem ser chamados de "loucos" hoje por pregarem o evangelho, mas essa acusação, como a ferrugem em uma espada, se desgastará à medida que usarem a arma nas guerras do Senhor. A pregação da Palavra abafa todos os clamores contra si mesma. Aliás, tais clamores se levantam basicamente quando não é pregada. Ninguém chama o evangelho de decadente onde ele está ativo, cortando à direita e à esquerda como uma grande espada de dois gumes. Nossa resposta ao clamor contra o fracasso do púlpito é subir nele e pregar, com o Espírito Santo enviado dos céus.

De fato, a palavra de Cristo pela qual nos dá sua garantia para lançarmos a rede tem força de ordem e, por isso mesmo, nos torna culpados se não a obedecermos. Já imaginaram se Simão Pedro tivesse dito: "Trabalhamos a noite toda, e nada apanhamos; e portanto, apesar da tua palavra, não lançarei as redes"? Nesse caso, seria culpado de desobediência ao seu Senhor e de blasfêmia contra o Filho de Deus. O que dizer então de meus irmãos cristãos, que proclamam serem chamados por Deus e discípulos de Cristo, mas nunca lançam a rede? Então, você nada está fazendo pela verdade? Nunca dissemina o evangelho? Chama a si mesmo de luz do mundo, mas nunca brilha? É um semeador, mas esquece suas sementes no cesto? Será que me estou dirigindo a algum membro desta igreja que, nesse aspecto, está desperdiçando sua vida? Quer dizer que o suposto objetivo de sua vida é ser pescador de homens, mas você nunca lança sua rede, tampouco ajuda a puxar outras redes para terra firme? Você estará habitando entre nós sob falsa identidade? Zomba de Deus com uma profissão de fé infrutífera e que nunca tenta tornar frutífera? Não tenho poder algum de condená-lo; só espero em Deus que sua própria consciência o faça. Que dizer do homem a quem o Senhor outorga em comissão que ele faça conhecidas as boas-novas de salvação das pessoas da miséria eterna e que, no entanto, permanece em pecaminoso silêncio? O grande médico lhe confiou o remédio que cura os doentes, mas você os vê morrer à sua volta sem nunca mencionar a existência de tal medicamento! O grande Rei lhe entregou a provisão com que alimentar os famintos, e você tranca a porta da despensa, enquanto multidões morrem de fome pelas ruas! Não é um crime que possa muito bem fazer alguém chorar e pedir a Deus por sua causa? O âmago da nossa grande Londres está se tornando cada vez mais pagã, embora nosso Senhor venha entregando cada vez mais o evangelho nas mãos de suas igrejas. Qual será o motivo da indiferença dos santos? Se mantivermos esse evangelho só para nós, em verdade as gerações vindouras haverão de nos condenar pela maneira cruel como tratamos a nossa posteridade. As gerações que nos sucederem apontarão para nossa era e dirão: "Que tipo de homens eram aqueles, que tinham a luz e a encerraram em uma lanterna de vidros escuros?" Em algum século futuro, quando outros ocuparem esta cidade e percorrerem suas ruas, hão de dizer: "Maldita seja a memória dos ministros e do povo que fracassaram em sua obrigação, que chegaram ao reino em uma época solene, mas nunca perceberam seu chamado e assim perderam o fim e o objetivo da própria existência!" Que sejamos poupados de tamanha calamidade. Sim, temos ordem de trabalhar na propagação da verdade de Deus, e mais do que isso: temos um edito do trono, uma ordem peremptória — ai de nós se não pregarmos as boas-novas!

Agora, irmãos, essa ordem de Cristo é de tal natureza que se mostrará onipotente para conosco, esta manhã, se o nosso coração se prontificar como o de Pedro. O Senhor foi muito poderoso para com Simão Pedro. Vejam bem: o pescador estava *tomado de uma grande decepção: Trabalhamos a noite toda*. Mesmo assim, não duvidou; lançou a rede. Alguns dizem: "Temos recebido todas essas pregações do evangelho, temos participado de todos esses avivamentos, de todos esses eventos, sem resultado algum". Quando, isso? Ouço muito esse tipo de argumentação, mas onde estão os fatos? "Oh, pregador", diz alguém, "o senhor sabe que tivemos um grande avivamento não faz muito tempo". Não sei nada disso. Temos visto lampejos de luz aqui e ali, mas, em termos comparativos, é tão pouco que não vale a pena criarem tanto caso por sua causa. Todavia, considerando o pouco que tem sido feito nesse sentido, a propagação do evangelho tem sido até maravilhosa. Pensem na obra do evangelho hoje em dia. Por exemplo, na Índia! As pessoas dizem que a fé cristã não está propagando-se. Eu digo que está, e de maneira notável, se comparada com o trabalho empreendido e o sacrifício feito. Se você gasta dez centavos para receber mil libras, tem o direito de pedir: "Quero então um milhão!" Mas se seu desejo é assim tão exigente, prove quão sincero é com ação correspondente. Aumente seus investimentos! A colheita é maravilhosa considerando-se a costumeira exiguidade das sementes. Quer mais feixes de trigo? Semeie mais.

A igreja tem tido, na verdade, um enorme retorno, pelo pouco que vem realizando. Na Inglaterra, aconteceram alguns avivamentos parciais, mas em que isso resultou? Vê-se um lampejo de luz em determinado bairro, mas as trevas ainda permanecem soberanas em toda a extensão do país. Os jornais noticiam um grande evento em determinado lugar, mas, se dessem os lugares em que não acontece avivamento algum, teríamos uma visão diferente das coisas! Um pequeno canto no alto de uma coluna seria suficiente

"SOBRE TUA PALAVRA" | 399

para contar a boa notícia, enquanto colunas e mais colunas não bastariam para revelar o lado negro da situação. O fato é que a igreja raras vezes tem conhecido um estado de avivamento universal desde o dia de Pentecostes. Acontece um ou outro mover parcial entre os cristãos, de vez em quando, mas a massa toda nunca ardeu nem se inflamou na dimensão que a grande causa exige. Oh, que o Senhor incendeie então toda a igreja! Não temos motivo algum para desapontamento. Em proporção ao pequeno esforço empreendido, grandes coisas nos têm advindo; portanto, voltemos a lançar nossas redes e não digamos mais coisa alguma quanto à noite que passamos trabalhando.

Vejamos, agora, que a ordem levou Pedro a *superar sua vontade de descansar*. É evidente que ele se sentia exausto quando comentou *trabalhamos a noite toda*. Pescar é um trabalho duro, mais ainda quando não se pesca coisa alguma. É natural querer ser liberado de se ter que realizar mais trabalho quando não se foi recompensado anteriormente. Tenho ouvido alguns cristãos dizerem: "Todo mundo sabe quanto me dediquei à escola dominical anos atrás. Na época, eu costumava trabalhar além até do que me permitiam minhas forças". Sem dúvida que os esforços dessas pessoas foram estupendos, em eras passadas, no seu zelo juvenil. Mal conseguimos imaginar como seria, pois não sobrou evidência alguma que pudesse colaborar com o nosso interesse em saber. Hoje, portanto, se sentem à vontade para levar sua vida cristã com tranquilidade, pois acham não dever mais coisa alguma ao Senhor, ou, pelo menos, se devem, não pretendem pagar. É assim mesmo? Cada um de nós tem direito de deixar o serviço, mesmo quando seja evidente que jamais deixamos de receber misericórdia das mãos do Senhor? Não temos constrangimento desse fato, exposto assim com tanta clareza? "Descanse, vá com calma." Sim, em breve, muito em breve, iremos com calma, pois haverá então descanso completo para nós, ao deixarmos nosso corpo numa cova. Agora, porém, enquanto a alma dos homens perece, afrouxar nossos esforços não é nada bom. Não, não, Pedro, embora você esteja resfolegando e suando de cansaço depois de trabalhar a noite toda, precisa voltar para lá. E é o que ele faz. O trabalho noturno não deu em nada; é preciso voltar a trabalhar enquanto é dia, também, se você quer pegar peixe.

Mais ainda, a ordem de Cristo foi tão suprema que ele *não se deixou deter por razões carnais*. A razão diria: "Se você não conseguiu pegar peixe à noite, com certeza tampouco durante o dia o conseguirá". A noite era certamente o melhor período, como o é em muitos lugares, para apanhar peixes no lago de Genezaré, pois durante o dia, com o sol reluzente iluminando as ondas e permitindo aos peixes enxergarem cada fio da malha da rede, seria pouco provável que normalmente se deixassem capturar. Contudo, quando Cristo ordena, o período mais improvável se torna provável, e até a área menos favorável se torna a mais digna de esperança. Se ele diz "Vai", vá na mesma hora, sem discutir. Não alegue que faltam *quatro meses até que venha a ceifa* (Jo 4.35). Pedro lança a rede de pronto, agindo com sabedoria e em consonância total com a palavra de Cristo.

A grande lição para você e eu é a seguinte: façamos como Pedro, lancemos a rede *pessoalmente*, pois o apóstolo diz: *Lançarei as redes*. Irmão, você não consegue fazer algo por si mesmo, com seu próprio coração, lábios e mãos? Irmã, você não é capaz de fazer algo por si mesma, com seu próprio espírito gentil? "Andei pensando em reunir meia dúzia de amigos para formar um comitê que ajude os pobres à nossa volta." Nada resultará disso: os pobres não ganharão um prato de sopa ou um naco de pão. Faça-o você mesmo. "Mas acho que eu poderia reunir meia dúzia de pessoas para organizarmos uma sociedade." Sim, e depois apresentar resoluções e emendas o dia todo e acabar submetendo a votos de aprovação mútua, verá que é melhor você mesmo começar a agir, como Pedro. E mais: é melhor fazê-lo *de imediato*, pois Pedro lançou as redes com prontidão. Talvez você nunca mais tenha outra oportunidade como essa; seu zelo pode evaporar, e sua vida, terminar.

Só Pedro, no entanto, lançou as *suas* redes — e esse é um ponto a lamentar. Se João, Tiago e todos os demais também tivessem lançado suas redes, o resultado teria sido muito melhor. "Por quê?", você pergunta. Porque, por serem as redes de uma só pessoa, ficaram sobrecarregadas e se romperam. Li, algum tempo atrás, sobre a pesca da cavala em Brighton. Quando a rede ficava cheia, os peixes presos em suas malhas a deixavam tão pesada que os pescadores não conseguiam erguê-la, e até o barco corria risco de afundar, de forma que muitas vezes tinham de cortar a rede e perder o peixe. Se houvesse, ali, várias redes e barcos envolvidos na mesma tarefa, talvez conseguissem recolher tanto peixe. O mesmo poderia ter sido feito no caso de Pedro. Do jeito como aconteceu, vários peixes se perderam com o romper das suas redes. Fica a lição. Se uma igreja puder ser despertada a ponto de cada membro se entregar ao trabalho no poder do Espírito Santo, e todos se unirem, quantas almas serão colhidas para Jesus! Multidões de almas se perdem para o bendito evangelho por causa de nossas redes, que se rompem, e se rompem por não estarmos suficientemente bem preparados para o serviço santo. Por nos faltar sabedoria, geramos perda para a causa do nosso mestre. Os ministros não precisariam se exaurir de tanto trabalhar se cada um e todos na igreja fizessem a sua parte; e um barco não começaria a afundar se os outros barcos participassem da pesca bendita.

Irmãos e irmãs, concluo dizendo que, se consegui realizar alguma coisa esta manhã com a ajuda do Espírito de Deus, espero que tenha sido prepará-los para aceitar a seguinte lista de afazeres extraída do texto: Servirmos a Deus agindo segundo sua palavra. Orarmos para que nenhum de nós mergulhe no serviço do Senhor como uma rotina. Que jamais caiamos na tentação de servi-lo confiados apenas em nossa própria força. Temos de pregar, ensinar e trabalhar em seu nome porque o ouvimos perfeitamente nos ordenar a fazer assim. Devemos entrar em ação imediatamente a uma palavra sua. Trabalharemos, assim, com muito mais fé, muito mais zelo e muito maior probabilidade de sucesso. É uma bênção ver Cristo presente em nosso barco enquanto lançamos a rede. Se pudermos ter um vislumbre do seu sorriso de aprovação enquanto nos observa, tenho certeza de que trabalharemos com mais vigor. Precisamos trabalhar em total dependência dele; não pregar ou ensinar só porque no nosso entendimento seja a coisa mais certa a fazer — Pedro não agiu assim —, mas, sim, porque Jesus proferiu tal palavra, e sua palavra é lei.

Você não pode trabalhar com base em uma expectativa de sucesso devido à excelência do seu serviço ou a natureza das pessoas com quem atua, mas tão somente porque Jesus lhe deu sua palavra. Você pode perfeitamente realizar determinada coisa, apesar das críticas que a considerem absurda, se executá-la com toda a fé e confiança, crendo ser certa, simplesmente porque Jesus ordenou realizá-la. Lembro-me bem de como alguns irmãos costumavam nos falar. Diziam: "Você prega o evangelho para pecadores mortos. Você ordena que se arrependam e creiam. Seria a mesma coisa que sacudir um lenço em cima de um túmulo e mandar o cadáver sair". Exato. Falavam a verdade. Por outro lado, eu bem que gostaria de realmente sacudir um lenço em cima dos túmulos, nos cemitérios, e mandar os mortos viverem, se Jesus assim me ordenasse. Esperaria ver o chão do cemitério quebrar por inteiro e os mortos se erguerem de um extremo ao outro, se fosse enviado com tal incumbência pelo Senhor. Aceitaria esse encargo com muita alegria.

Quanto mais absurdo os homens sábios do nosso tempo entenderem ser o evangelho, quanto mais demonstrarem que ele é inútil para produzir o resultado desejado, mais insistiremos no velho método de pregar Jesus crucificado. Nossas decisões não devem ser abaladas pelo seu raciocínio. Nunca tiramos o motivo para pregarmos o evangelho da obra em si, mas, sim, da ordem que nos é dada por esse mesmo evangelho. Preferimos agir baseados na responsabilidade de Cristo do que na nossa própria. Acho melhor ser um tolo e fazer o que Cristo me diz do que ser o homem mais sábio da escola moderna e desprezar a palavra do Senhor. Prefiro depositar a responsabilidade por minha vida aos pés daquele que me manda viver de acordo com sua palavra a buscar um objetivo de vida por mim mesmo e sentir que a responsabilidade disso está depositada unicamente sobre meus próprios ombros. Mantenhamo-nos, portanto, dispostos a estar debaixo das ordens de Cristo, a perseverar nas dificuldades e a recomeçar o seu serviço a partir deste exato momento. Amém.

43

O MÉDICO DOS MÉDICOS E O CRIADO DO CENTURIÃO

Respondeu-lhes Jesus: Eu irei, e o curarei (Mt 8.7).
Então disse Jesus ao centurião: Vai-te, e te seja feito assim como creste (Mt 8.13).

O centurião de Cafarnaum é exemplo para nós em uma questão relacionada com o nosso tema de hoje, o qual, como vocês sabem, tem que ver com hospitais. Esse bom soldado se preocupava com os enfermos e estava ansioso pela recuperação de seu criado, que se tornara paralítico. Todo patrão deveria se interessar pelos seus empregados domésticos que ficassem doentes, mas a verdade é que em alguns casos nem se pensa nisso. "Se não podem executar suas tarefas, que vão embora": é isso o que se diz com grande frequência em relação a essas pessoas quando doentes, retiradas então da casa o mais depressa possível. Não estou dizendo que todos os patrões e patroas sejam cruéis, mas receio que alguns deles não sejam nem um pouco gentis. Sendo cristãos, a gentileza para com a pessoa humana deve ser tão manifesta quanto a piedade para com Deus. O centurião, por exemplo, havia feito muito do que estava a seu alcance em termos religiosos em benefício das pessoas entre as quais vivia, tanto assim que os anciãos dos judeus haviam testemunhado a seu favor, dizendo: *... ama à nossa nação, e ele mesmo nos edificou a sinagoga* (Lc 7.5). Além disso, aliava ao desejo de fazer o bem à alma a vontade sincera de promover o bem-estar físico das pessoas. Isso fica evidente no interesse que ele demonstrou por seu criado, provavelmente seu servo pessoal ou pajem. Na verdade, como Deus uniu corpo e alma, eles não devem ser separados em nossos feitos caridosos. A caridade do centurião por seu pajem doente foi então demonstrada por uma ação prática. Ele não lamentou o que havia acontecido para em seguida ir para seus afazeres e manter-se distante do enfermo. Tampouco ficou parado observando o sofrimento do criado sem saber o que faria. Levantou-se, foi até o povo estrangeiro em meio ao qual habitava, convocou os anciãos da cidade e certamente reuniu seus melhores amigos judeus. Na verdade, fez que o seu círculo de relacionamento judaico sentisse empatia para com ele quanto à doença do seu criado e solicitou que lhe indicassem o melhor médico que conhecessem. Na minha opinião, seguiu-os em sua busca, lançando mão de todos os recursos a seu alcance, acabando por estar então diante daquele a quem apelou, e que ninguém jamais buscou em vão.

Dos atos do centurião, depreendo que não nos devemos dar por satisfeitos em amar e servir o mais que possamos às pessoas, construindo-lhes não apenas templos de adoração a Deus, como era o caso dele, mas também hospitais e ambulatórios. Providenciar, sim, para elas, pregadores da Palavra, mas também clínicos e cirurgiões. Não podemos esquecer a alma, sem dúvida; mas devemos nos lembrar de que a alma reside em um corpo, suscetível a constantes problemas de saúde. Por vezes, nos tornamos até um tanto espirituais demais, a ponto de espiritualizarmos o próprio espírito do cristianismo. Deus nos dê graça para termos a mesma terna consideração pelo sofrimento humano que a desse centurião, e assim deverá acontecer se tivermos uma fé tão forte e humildade tão profunda quanto ele.

No texto que estamos estudando, Nosso Senhor estabelece também um exemplo capaz de nos convencer a pensar em favor dos hospitais hoje em dia. Jesus estava aqui na terra cumprindo o elevado propósito de nossa redenção. No entanto, não considerou que se envolver a toda hora com a cura de enfermidades denegrisse o seu objetivo divino. Durante três anos, não somente percorreu locais de concentração de enfermos, mas sobretudo viveu dias inteiros curando-os em um verdadeiro ambulatório de plantão constante, já que as pessoas traziam seus enfermos dia e noite e os colocavam, à espera de cura, em torno dele, nas ruas. Desse modo, o mal físico, de uma forma ou de outra, era exposto o tempo todo à sua frente, esperançosamente. Ele tão somente estendia a mão, ou quando muito pronunciava algumas palavras poderosas, e curava a todos de todos os tipos de doenças, agudas ou crônicas. E nosso Senhor agia assim com imensa benignidade e boa vontade, pois isso era parte integrante da obra divina de sua vida. *Eu irei, e o curarei* (Mt 8.7), disse ele, médico em incessante prática, disposto até a mudar seu caminho na mesma hora, se necessário, para visitar e curar um paciente. Ele, de fato, "andou por toda parte, fazendo o bem", deixando claro que não pretendia abençoar apenas uma parte da estrutura do ser humano, mas, sim, nossa natureza completa, tomando sobre si não apenas as nossas iniquidades, mas também as nossas doenças.

Todavia, embora seja intenção do Senhor abençoar tanto o corpo quanto a alma, ele tem deixado no momento presente nosso corpo sob o poder temporário da doença, já que, ainda, *o corpo, na verdade, está morto por causa do pecado, mas o espírito vive por causa da justiça* (Rm 8.10). No entanto, em seus milagres de cura está prefigurada a ressurreição, quando então nos fará reerguer com saúde perfeita, para nunca mais nos queixarmos "estou doente". Cada membro e órgão do corpo restaurado, olho aberto, ferida curada, é uma amostra de que Jesus se preocupa com nossa carne e nossos ossos; e significa que o corpo deverá compartilhar dos benefícios de sua morte mediante gloriosa ressurreição.

Como os atos e ensinamentos do nosso Senhor estavam sempre ligados à cura, é evidente que ele gostaria que sua igreja demonstrasse também profundo interesse pelas dores físicas das pessoas, tanto quanto de suas necessidades espirituais. É uma grande pena quando alguém acredita que a benevolência aos enfermos e necessitados está dissociada do cristianismo, pois até agora a coroa da fé de Jesus tem sido o amor integral ao ser humano. A glória do cristianismo, na verdade, está em erguer, onde quer que chegue, edificações de cunho absolutamente desconhecido no paganismo: hospitais, ambulatórios, asilos, orfanatos e outros locais com finalidade específica da prática da caridade. O caráter do cristianismo é de compaixão pelo pecador e por todo aquele que sofre. Que a igreja possa exercer seu poder de cura, como seu Senhor; e se não pode deixar escapar virtude da orla de suas vestes, nem dizer uma palavra de cura e fazer que a enfermidade se vá, que no mínimo esteja entre os mais prontos a ajudar em tudo que possa aliviar a dor ou auxiliar os necessitados. Assim deve ser, pois *qual ele é, somos também nós neste mundo* (1Jo 4.17). Não é preciso ser diligente demais no estudo do caráter do Senhor, pois ele nos legou um exemplo que devemos seguir à medida que acompanhamos seus passos. Se não temos o poder da cura, apoiemos, pelo menos, aqueles cujo tempo integral é dedicado a ela, a fim de lhes permitir cuidar dos enfermos sem visar recompensa. E que nenhum de nós aja com mesquinharia quando o cego, o coxo e o deficiente físico clamarem por nossa ajuda, como o faziam ao nosso mestre.

Dito isso, quero passar para o assunto de natureza espiritual que escolhi para hoje. Quero que observem bem o desenvolvimento da fé do centurião e, junto com ela, a crescente manifestação do poder do nosso Senhor. Ambos podem ser notados na narrativa.

É evidente que o centurião já ouvira falar de Cristo. Quem sabe a cura da filha do chefe da sinagoga tivesse sido suficiente para convencê-lo de que Jesus era o Messias. Frequentava a sinagoga; duvido que um homem que a construíra não a pudesse visitar. Ali, aprendera sobre Aquele que estava para vir, previsto pelos profetas e esperado pelos santos. O Ungido haveria de operar maravilhas entre os homens, maravilhas de cura, em especial. Assim, pode ter concluído que Jesus era o Cristo, crendo nele como detentor de poder para curar seu criado.

O primeiro resultado prático disso foi que, cheio de humildade, ele enviara anciãos com um pedido urgente de que *viesse curar o seu servo* (Lc 7.3). Acreditava que só Jesus, presente, poderia pessoalmente restaurar o doente. Meditara muito no assunto, e sua fé fora tão longe quanto a de Marta e Maria quando disseram: *Se tu estiveras aqui, meu irmão não teria morrido* (Jo 11.32). Ele queria, portanto, na verdade, dizer: Se vieres, grande mestre, meu criado não morrerá". Rogou-lhe, assim, que viesse e curasse seu servo. Observe que nosso Senhor lhe responde em proporção exata à medida de fé de sua petição: *Eu irei, e o*

O MÉDICO DOS MÉDICOS E O CRIADO DO CENTURIÃO | 403

curarei (Mt 8.7). "Se tu me dizes 'vem, e cura', *eu então irei e o curarei* ". Mas a fé do centurião deve ser vista sob uma luz ainda mais clara. Considerando a questão em profundidade ainda maior, vemos que sua humildade o leva logo a sentir que não deve contar com a presença de Jesus em sua casa. Por que haveria de incomodar o mestre, fazendo-o deixar a multidão e parar de pregar, só para vir cuidar do seu criado? Sente-se talvez deslocado, julgando que não deveria ter proposto aquela visita. Sente-se, na verdade, desqualificado para receber alguém tão santo e grandioso. Por isso, manda seus amigos mais que depressa a apresentar suas humildes desculpas e implorar ao mestre que não precisa vir; mas, avançando em sua fé no poder de Cristo, chega então a dizer: "Não há necessidade de que venhas até a minha casa, ó Senhor; basta que queiras e simplesmente profiras as palavras certas e a cura certamente será operada. Pois também sou um homem debaixo de autoridade, que tem autoridade por estar debaixo dela, e só preciso dizer a um soldado que vá, e a outro que venha, e minha vontade é feita. Não tenho necessidade de executar pessoalmente meus próprios desejos, pois minha vontade governa minha tropa, e os homens se comprometem a fazer, e logo fazem, o que eu lhes ordeno. Assim, grande mestre, permanece, por favor, onde estás, prossegue com o teu digno trabalho e apenas me abençoa e ao meu criado. É o suficiente. Teu desejo será satisfeito, sem erro. Ó tu, grande imperador de todas as forças do universo, ordena às tuas águias imperiais triunfantes que voem até a minha casa, e o inimigo desaparecerá imediatamente diante de ti". Ali estava sua fé crescente e, lado a lado com ela, uma manifestação mais clara do poder do mestre. Nosso Senhor Jesus, naquele instante e lugar, ordena que o poder de cura seja liberado. Não dá nem mais um passo na direção da casa onde está o paralítico. Contudo, o milagre está feito. O servo paralítico ergue-se do leito, o coração do centurião se alegra, e aqueles que foram interceder em seu favor permanecem em sua casa louvando a Deus — estupefactos ante a mão de Deus assim tão próxima e evidente, o que mais poderiam fazer senão bendizer o Senhor, que visitara mais uma vez seu povo?

Esta é a história. Ela prova que nosso Senhor Jesus Cristo é onipotente no mundo físico, onde pode fazer o bem que bem entenda. Embora nem todos no presente o procurem em busca de cura milagrosa, seria bom se confiássemos mais nele nessa questão. Pois sem dúvida todo poder que reside na medicina e toda a capacidade que encontramos nos médicos só são eficazes por causa e por intermédio de sua terna misericórdia. Sabemos, além disso, que nosso Senhor, sendo onipotente no mundo moral e espiritual, mostra sempre e ainda hoje seus mais sublimes feitos de poder e sabedoria. Meditemos nisso, e que o Espírito Santo possa tornar nossas considerações úteis.

I. A primeira coisa que os convido a considerar é A PERFEITA PRONTIDÃO DO NOSSO SENHOR JESUS CRISTO para realizar suas obras de misericórdia. O centurião estava preocupado com seu servo paralisado, assim como hoje em dia você e eu estamos, espero, preocupados com pobres almas paralisadas pelo pecado. Somos capazes de lamentar sinceramente por elas e, se necessário fosse para curá-las, certamente arcaríamos com qualquer autorrenúncia e sofrimento. Se pudéssemos levar alguns dos nossos amigos, parentes e vizinhos a Cristo, seria para nós a maior alegria: sua alma enferma é para nós uma pedra opressiva, um fardo pesado de carregar. Como suportar vê-las morrendo espiritualmente? Essa multidão de trabalhadores à nossa volta, ai! Assim como a maioria de nossos amigos ricos, estão todos debaixo do poder do Maligno! Para eles, as coisas que se podem enxergar são seu único objeto de consideração. Recusam-se a pensar no evangelho de Cristo, na eternidade ou no juízo, no céu ou no inferno. Os privilégios em Cristo de que somos dotados com tanta fartura são tratados como se não tivessem valor algum: o culto, a Bíblia, o evangelho e o trono de graça são simplesmente desprezados por muitos. Na realidade, isso é motivo até de pranto! Irmãos, precisamos recorrer a Jesus para lidar com coisas assim tão más. Para isso, talvez nos ajude agora pensarmos em sua grande disposição em abençoar criados, crianças ou qualquer outra pessoa a quem possamos levar a ele em oração.

Essa disposição do Senhor pode ser encontrada, em primeiro lugar, ao observarmos que *não fez objeção à súplica que lhe fizeram os anciãos judeus* em benefício do centurião. Aqueles homens alegaram que o centurião era *digno de que lhe concedas isto* (Lc 7.4). Não seria, na verdade, o modo correto de rogar àquele que veio salvar o perdido e abençoar o indigno pela liberalidade de sua graça. Os anciãos acrescentaram ainda:

porque ama à nossa nação, e ele mesmo nos edificou a sinagoga (Lc 7.5), e assim por diante. Pobres almas, estavam fazendo o melhor que podiam, usando o tipo de argumento por meio do qual costumavam sustentar as esperanças que acalentavam. Embora a súplica com tanta ênfase no mérito humano justificasse plenamente que Jesus lhes respondesse qualquer coisa como "vocês estão mais me atrapalhando que ajudando", nosso Senhor, naturalmente, viu ali o espírito de amor e intercessão de tais homens, e não a forma com que o apresentavam. Além do mais, a disposição de servir do nosso Senhor era tamanha que ele não lhes fez nenhum questionamento a respeito. Sentiu de longe o coração do centurião e viu que seus representantes lhe deturpavam por completo o ponto de vista e os sentimentos. A última coisa no mundo que o humilde soldado certamente teria pedido seria para que se levasse em conta sua importância pessoal. De fato, suas próprias palavras haveriam de ser: *Não sou digno* (Mt 8.8). Se soubesse, pois, que seus intercessores falariam daquele modo, provavelmente não os teria deixado ir a Jesus. Caso estivesse presente junto com eles, lhes diria: "Suas palavras, meus amigos, ferem fundo os meus sentimentos, pois *não sou digno*. Não há do que me gabar do pouco que tenho feito. Deveria fazer mais até do que já fiz. Por favor, não falem assim com o meu mestre". Amado, muito provavelmente você e eu já cometemos erros graves assim ao orarmos. Imaginamos sempre que oramos muito bem, mas fico às vezes pensando sobre o que o nosso Senhor acha realmente das nossas orações. Sem dúvida que é obrigado frequentemente a extrair um resumo do que realmente pretendem o nosso coração em meio a tantos erros e prolixidade dos nossos lábios. Mas está tão disposto a nos abençoar que se encontrar uma propensão de coração nossa adequada, a oração é aceita. Pois, no caso, ele se regozija em ouvir toda oração que busca a cura de almas enfermas pelo pecado.

Sua disposição se percebe, em seguida, no fato de ele, com muita alegria, *atender a oração na forma em que foi feita*. Os anciãos lhe imploraram que fosse e curasse o criado do centurião. Essa com certeza não era a melhor maneira de se expressar; não representava os pensamentos mais maduros do centurião. Por que Jesus deveria ir se poderia curar o paciente sem sair de onde estava? Não haveria então certa dose de descrença na oração daqueles homens? No entanto, nosso bendito mestre aceitou-a como era e pareceu pensar: "Vejo a medida da sua fé e lhes concederei a bênção tal como vocês se mostraram capazes de recebê-la". O Senhor, sendo bastante generoso, se rebaixa para levar em consideração a nossa capacidade. Se agisse de acordo com o seu padrão divino, ficaríamos assombrados e teríamos até receio de nos aproximar. Condescendente, ele põe de lado o esplendor de sua magnificência para agir e falar conosco segundo o modo dos homens. Vemos então a doce voluntariedade de sua graça e a alegre disposição de seu espírito para nos fazer o bem. Se não conseguimos receber uma bênção daquele modo que achamos que seria excelente, agradeçamos recebê-la da forma que Deus sabe que para nós é realmente a melhor. Não sendo a nossa fé capaz de ir muito além, ele opera a maravilha de acordo com o modo em que nosso pensamento limitado consegue conceber, pedir e receber. Oh, que amigo disposto temos em Cristo! Ele é capaz de envergar os céus para descer até nós, indo ao encontro do fraco em sua debilidade e ao exausto em seu esgotamento, atendendo às orações não somente em conformidade com a riqueza de *sua* glória, mas de acordo com a pobreza de *nossa* necessidade.

Observe também que quando o centurião envia outra comissão, formada por seus melhores amigos, para dizer ao mestre *Senhor, não te incomodes; porque não sou digno de que entres debaixo do meu telhado* (Lc 7.6), *nosso Senhor não reclamou de sua mudança de atitude*. Alguns de nós teriam dito: "O que ele quer, afinal? Primeiro, pede para eu vir, e, quando estou aqui, quase chegando, recebo um pedido para não vir mais — o que quer dizer com isso? Que falta de consideração! Não vou mais fazer milagre algum". Mas o nosso amado e terno Jesus não disse, nem jamais iria dizer, uma coisa dessa. Não; esse tipo de reclamação só poderia partir de um de nós, que nos consideramos importantes segundo o nosso próprio juízo, mas nunca dele. Porque o Senhor é bem maior que todos nós. Jamais pensou em si mesmo, nem em sua santa e divina dignidade. Imitemos o seu espírito manso e tranquilo. Quando estiver procurando fazer o bem, é bem possível que você seja incomodado, com frequência, por estranhos caprichos daqueles aos quais quer beneficiar. Descobrirá, então, que por mais que faça o que as pessoas lhe pedem, muitas delas nunca estão satisfeitas; muitos adultos são como crianças caprichosas, sempre mal-humorados e impertinentes. Temos

O MÉDICO DOS MÉDICOS E O CRIADO DO CENTURIÃO | 405

de tolerar esses pobres corações e a eles nos adaptar, como fazia sempre pacientemente nosso Senhor. Ele tinha tanta vontade e propensão de abençoar que parecia dar carta branca a todos os que lhe pedissem uma bênção: "Sim, você a terá, exatamente do jeito que a está pedindo, para que possa recebê-la e apreciá-la efetivamente. Ela lhe é dada bem de acordo com a sua fé". Nosso Senhor alterava seus movimentos sem maiores esforços e podia ir ou não ir mais até aquela pessoa, conforme sua fé tivesse sido capaz de levá-la a rogar. Bendito, para sempre seja bendito nosso gracioso Salvador, que nunca se cansa de nós, nem se ofende com nossas mudanças infantis!

A disposição do Salvador em abençoar o criado desse centurião fica bastante evidente pelo fato de que *não atribuiu ao centurião qualquer motivo mal-intencionado* quando lhe pediu que desistisse de visitar sua casa. Não houve desconfiança alguma da parte do nosso Senhor. Ele conhecia bem demais tanto a maldade do ser humano quanto a sinceridade daqueles em quem sua graça era depositada para não desconfiar nem interpretar com severidade demasiada nesse caso. A ignorância e o egoísmo são cheios de desconfiança, mas o amor não suspeita mal. Se existirem dois modos de entender uma frase, meus irmãos, e uma for melhor que a outra, interpretem do jeito mais benévolo que possam. Nunca façam elaborações duras sobre palavras e ações. Vocês e eu talvez disséssemos, no caso em estudo: "Logo se vê que ele não me quer em sua bela casa. É um centurião romano, é claro, deve se achar grande coisa, enquanto eu sou pobre, uso roupa modesta. Por isso, ele não me quer em sua mansão, para não macular seus corredores. Ele disse ser comandante, ocupar posição de autoridade, ter soldados que lhe obedecem. Seu orgulho, então, impede minha aproximação; por isso, prefiro não ter nenhuma relação com ele". Mas não, não havia no coração do mestre pensamentos amargos assim. Tal como antes havia dito *eu irei, e o curarei*, agora, quando o centurião, com humildade genuína, lhe pede para não ir, ele dá meia-volta — mas opera o milagre, da mesma forma. Irmãos e irmãs, nosso condescendente Salvador deve estar muito disposto a abençoar os homens, uma vez que toma o verdadeiro significado de suas orações quando muitos lhes dariam talvez dura interpretação. Não tenham receio de se aproximarem dele por mais indignos que vocês possam se julgar, pois ele dará o melhor sentido às suas petições deficientes e as interpretará sempre a favor de vocês. Seus discípulos podem até criticar de vez em quando uns aos outros com severidade, inclusive *vocês*, mas saibam que não aprenderam palavra dura alguma com o Senhor.

Ele não se opõe também à comparação feita pelo centurião. Pois também, disse o comandante, *sou homem sujeito à autoridade* (Lc 7.8). Talvez alguém armasse confusão por causa dessa declaração, enxergando-a com lentes escuras. Pessoas que vivem reclamando diriam: "Como ele ousa se comparar, por um momento que seja, ao Filho de Deus? Como ele pode querer traçar um paralelo entre si mesmo e o bendito Salvador? Que impertinência!" Irmãos, nosso Senhor não era um crítico ácido. Na confraria dos que vivem à procura de erros, vocês jamais verão o Cristo de Deus. Ele sabe lidar com pessoas francas e sinceras, sem ficar procurando defeitos, atribuindo motivos escusos ou se fixando em erros. O centurião não pretendia que sua metáfora tivesse correspondência exata, nem nosso Senhor o tratou como se assim fosse. Alguns de nós podem já ter sofrido esse tipo de ataque, mas nunca teria partido do nosso mestre, nem daqueles que verdadeiramente o seguem e imitam. O Senhor tomou como digno o significado da ilustração do centurião, admirando-o, pois era de fato uma grande e bela ideia tentar descrevê-lo como um grande imperador do universo, debaixo de cuja lei todas as coisas se encontram e a cujas palavras, até as mais simples, toda forma de força, boa ou má, com toda a certeza deve obediência. Ele mostrou ter uma visão correta do Cristo de Deus e o entronizou como deveria ser entronizado, na posição suprema de soberania e poder ilimitados. Portanto, nem por um momento quis o mestre objetar coisa alguma do que disse. Pelo contrário. A oração que foi feita pela cura do criado foi atendida. Tratava-se de um homem exercitando sua fé em que Cristo tinha poder para curar, e essa fé foi honrada. Nosso Senhor fez exatamente o que a oração lhe pedia. Foi lá, quando lhe pediram para ir; foi embora quando lhe pediram para não ir mais. Proferiu a palavra de cura quando lhe pediram para a proferir; curou quando lhe pediram para curar. Em todas as coisas, o Senhor cedeu por completo à vontade do centurião, demonstrando sua total disposição em beneficiar o doente que sofria e responder assim à oração de quem por ele intercedia.

Venham, pois, caros amigos. Podemos estar bem certos da empatia do nosso Senhor, embora não oremos sempre por um enfermo, mas pedindo, sobretudo, por pessoas em pecado. Jesus ama os pecadores mais do que nós, pois lhe têm custado muito mais do que jamais nos custariam, mesmo que passássemos noites e noites em claro orando pelo bem deles. A Jesus foi confiada pelo Pai a salvação do perdido, e seu zelo em cumprir sua obra jamais diminuiu. Podemos estar certos, portanto, de ser esse o tipo de reação que os nossos pedidos e esforços causam em seu coração.

II. Em segundo lugar, temos um tópico igualmente interessante diante dos nossos olhos na CAPACIDADE CONSCIENTE DO NOSSO SENHOR. Vocês viram sua disposição perfeita; contemplem agora o seu poder sem limites. Não sei que efeito isso deve causar na mente de vocês, mas a frase proferida por Jesus, *eu irei, e o curarei*, revela para a minha alma uma estranha majestade. É a palavra decidida de um grande rei, em quem reside todo o poder. Talvez uma das palavras mais majestosas já proferidas antes tenha sido *haja luz*: mal foi ouvida, e as trevas eternas se dissiparam. Fez-se luz. Um lugar de destaque em grandiosidade cabe também a esta — *eu irei, e o curarei* —, proferida na voz do mesmo Senhor que afastou as trevas originais. Contudo, foi essa palavra real e poderosa dita no curso dos acontecimentos: nosso Senhor Jesus nada planejou de antemão para proferi-la. A palavra de cura fluiu dele com a mesma naturalidade que o perfume das flores. *Eu irei, e o curarei* — uma elocução resoluta, verdadeira, compreensível, incondicional e, para *ele*, natural, comum, embora divina para nós.

Amigos queridos, isso demonstra a capacidade consciente do nosso Senhor em lidar com todas as formas do mal, uma vez que *ele não se sentiu nem um pouco hesitante ante essa situação inesperada*. Talvez qualquer outro médico tivesse experimentado alguma perplexidade e indecisão. O caso lhe é descrito como o de um homem atacado de paralisia e, ao mesmo tempo, *horrivelmente atormentado* (Mt 8.6). Como podia ser isso? É raro, senão difícil, associar paralisia, geralmente, a uma dor ou a um tormento. A paralisia provoca certa dormência, que reduz bastante ou até elimina a sensibilidade do paciente. Pelo menos, é essa a impressão geral que temos. Alguns intérpretes acreditam que o criado pudesse estar sofrendo de uma espécie de tétano, mas não há qualquer menção a um quadro desse tipo em qualquer dos relatos do fato. Era, sim, uma paralisia e, mesmo assim, o criado se sentia *horrivelmente atormentado*. Nada sei sobre o assunto, mas li que existe um período em que a paralisia pode se transformar em apoplexia, impondo então ao paciente extrema agonia. Se foi esse o caso, estaria explicado o mistério.

Embora, porém, outros pudessem ter ficado perplexos com o caso, não foi o que aconteceu com Jesus; ele disse apenas: *Eu irei, e o curarei*. Irmãos ministros, vocês e eu não conhecemos um grande número de casos que se nos atravessam o caminho lançando um fardo pesado sobre a nossa experiência e fazendo que nos sintamos confusos ou perdidos? Esta semana, tive de lidar com várias pessoas, passando por diferentes e sérias tentações, cujas dificuldades me deixaram de fato um tanto desconcertado. Ou melhor, *deixariam*, se eu não tivesse recorrido ao meu Senhor. Algumas experiências são como um novelo de lã, a nos impedir de encontrar o fio da meada. De modo que, por mais que avencemos, os nós e as rupturas nos fios constituem a nossa principal recompensa. Vejam como Jesus descarta toda possibilidade de dúvida ao anunciar peremptoriamente: *Eu irei, e o curarei*. Os fenômenos complicados da enfermidade humana, ele os conhece todos. Ao longo do negro labirinto da experiência humana, sua palavra poderosa abre caminho para si mesma: imperturbavelmente, e sem demora, a energia eterna penetra a alma, pois Jesus disse *Eu irei, e o curarei*.

O caráter extremo do caso tampouco o desencorajou. O pobre criado estava prestes a morrer, segundo nos relata Lucas. Contudo, Jesus diz: *Eu irei, e o curarei*. Não lhe importa qual o estágio da doença. Um médico qualquer balançaria a cabeça e diria: "Oh, você devia ter me procurado antes. Eu poderia então ter feito alguma coisa, mas agora o paciente está além de qualquer ajuda possível". As pobres almas, no entanto, nunca estão além do alcance daquele que cura pelo poder divino e por isso ele afirma, sem sombra de dúvida: *Eu irei, e o curarei*. Mesmo que o criado já estivesse morto, Jesus ainda poderia falar e causar o mesmo efeito. *Eu irei, e o curarei* é uma palavra para toda e qualquer emergência.

Amados, nunca hesitemos em aguardar a resposta da oração pelo fato de serem as pessoas, em favor de quem suplicamos, grandes e terríveis pecadoras e haverem mergulhado fundo na iniquidade. Mesmo

O MÉDICO DOS MÉDICOS E O CRIADO DO CENTURIÃO | 407

que possamos julgar que já estejam realmente no inferno, creiamos firmemente que Cristo poderá vir a salvá-las. Se pudermos crer de fato em nosso grande salvador com fé poderosa, é certo que o ouviremos dizer, em relação a qualquer réprobo ou marginal: *Eu irei, e o curarei.*

Quero ainda lhes chamar a atenção para o fato de que *nosso Senhor fala dessa cura como algo comum, corriqueiro.* Sua linguagem lembra muito a empregada por homens que sabem ser versados em seu trabalho e capazes de executá-lo correta e brilhantemente. Se alguém pede a um eficiente técnico no assunto que conserte a sua fechadura ou a sua janela, sua reposta naturalmente será: "Pode deixar que eu cuido disso". Significa que sabe perfeitamente fazê-lo, está dentro de seu conhecimento e capacidade; e para ele é evidentemente tão fácil quanto o simples fato de ir até o local consertar. Assim também, nosso bendito mestre pode salvar um pecador com a mesma facilidade com que seu Espírito se achega a esse pobre ímpio. Sabemos que o Espírito de Deus é livre e, como o vento, sopra onde quer. Jesus poderia então ir até a casa do centurião e, com a mesma facilidade com que teria ido, curar imediatamente o criado. *Eu irei, e o curarei* — uma obra bastante simples para ele, a quem nada é impossível. Nenhuma enfermidade do pecado é capaz de frustrá-lo, ou custar-lhe esforço especial para expulsá-la. Olhem para ele, extremidades da terra, e provem por si mesmas que não há nada além do alcance de sua misericórdia. Oh, que todos os que hoje me ouvem façam então uma pequena prova do seu grande poder de cura.

Quanto ao método de atuação, para nosso Senhor, em seu poder consciente, *é indiferente o modus operandi.* Atende à primeira petição conforme lhe é apresentada e se dispõe a ir e curar o doente. Quando lhe pedem para não ir mais, no entanto, com a mesma boa vontade responde: *Te seja feito assim como creste* (Mt 8.13). Podia curar tão bem a distância quanto de perto. Presente ou ausente, para ele era a mesma coisa. Um toque, uma palavra ou um pensamento seu faria o que desejasse. Assim, o nosso bendito Salvador salvava, e ainda salva, os pecadores de toda maneira. Salva-os em seus bancos de igreja, por meio de uma pregação que hajam ouvido ou não com frequência; ou tendo um encontro pessoal com eles quando estejam sozinhos, orando, meditando ou lendo a Bíblia ou um livro de autor cristão; ou envolvendo-lhes o coração com uma palavra proferida num passeio com amigos. Conhecemos casos em que, por sua graça, chama os homens diretamente dos caminhos do pecado ferindo-os com a seta secreta do arrependimento quando justamente se sentem mais à vontade e seguros a serviço do diabo. Mesmo quando não esteja presente um instrumento da graça, como o chamamos, pecadores são tocados no coração e têm-se voltado para Deus devido à direta influência celestial do Espírito, o que continua sendo o milagre supremo da atual dispensação. Saulo de Tarso não estava de joelhos em oração, mas correndo para fazer derramar sangue inocente, quando o Senhor o derrubou e fez que se submetesse à salvação. Amados, nosso Senhor sabe como alcançar as pessoas aparentemente as mais inacessíveis: elas podem *nos* repelir, mas não *a ele.* Isso nos deveria encorajar muito a suplicar por almas que estejam fora da nossa linha de ação costumeira. Isso faremos rogando a Jesus que nunca permita que queiramos cerceá-lo a meios e modos de nossa própria escolha, mas, sim, que deixemos inteiramente à sua escolha o método de salvação.

Jesus tinha tamanha consciência de seu poder que *jamais o encontramos dando vez a uma expressão de admiração ou manifestando a mais leve surpresa quando a vontade do Pai é por seu intermédio manifestada e por ele é realizado um milagre.* No entanto, se surpreendeu com a fé do centurião e, em outra ocasião, admirou-se da descrença do povo. Cristo não se admira em salvar os pecadores porque está acostumado a fazer isso e sabe que tem essa capacidade. Você e eu, sim, ficaremos sempre maravilhados e por toda a eternidade declararemos, cantando com exaltação e arrebatamento, a bondade e o poder de perdão e salvação de Cristo Jesus. Mas *ele* não se maravilha. A virtude nele se manifesta como que sem o que perceba, tão cheio está de poder, podendo abençoar abundantemente sem propriamente se dar conta disso. Assim como o sol brilha por toda parte, norte, sul, leste, oeste, sem jamais se maravilhar por brilhar, ou uma fonte derrama incessantemente águas reluzentes e nunca para a fim de se admirar do próprio fluxo cintilante, assim Jesus espalha perdão e salvação de pronto, com facilidade, como algo que pertence inerentemente à sua própria natureza. Maravilha-se, sim, com a nossa fé, ou, com frequência maior, com a nossa descrença, mas, para ele, seu próprio poder não é objeto de espanto. Absolutamente.

Amados, quero que tomem posse dessa ideia, se puderem, e peço que a escondam em seu coração — Jesus Cristo é capaz de salvar além de qualquer medida. Na verdade, não cremos nisso, ou, então, nem na metade disso. Achamos que sim, mas não cremos. Não cremos nem em um décimo disso, pois, quando deparamos com um caso mais difícil, ficamos desesperados por querer desistir o mais depressa possível. Perdemos a esperança pelas pessoas e, mais cedo do que seria normal, as abandonamos em sua escuridão. Até de homens e mulheres melancólicos nós nos esquivamos. Gostaríamos que nunca os tivéssemos conhecido, em vez de crer, tanto quanto eles necessitam, e, crendo, interceder por eles, até vê-los felizes em Cristo. Se conhecemos um blasfemo terrível, ou alguém que vive na imundície do mundo ou inchado de tanto beber, sentimo-nos fora do nosso ambiente, como que em uma estranha terra de monstros. Já nosso Senhor, pelo contrário, é com tais casos que ele se sente mais em casa.

Devemos orar mais pelas pessoas, estarmos mais confiantes de que o evangelho existe justamente para ir ao encontro de suas enfermidades aflitivas. Acaso para grandes pecadores não existe exatamente um grande Salvador?

III. Encerraremos com um terceiro ponto, igualmente interessante, de grande valor prático. Até agora, discorri sobre a disposição e o poder do nosso Senhor. Observemos agora O MÉTODO IMUTÁVEL DO NOSSO SENHOR JESUS.

O primeiro método mencionado aqui foi *irei, e o curarei*. Jesus ia por toda parte fazendo o bem, mas hoje não nos concede sua presença corpórea, não dá sinais físicos de estar perto de quem quer que seja. Se alguém disser "Vejam aqui" ou "Olhem, ali", não lhe demos crédito: Jesus não se encontra mais sobre a terra; subiu aos céus. Hoje, portanto, não oramos "Vem e cura" no sentido de quem espera uma visão ou revelação de Cristo em carne àqueles pelos quais pedimos. Esperamos, na verdade, que um dia ele venha, enfim, pela segunda vez e cure a enfermidade deste pobre mundo. Até lá, no entanto, não o esperamos ver em carne nem buscamos sua vinda pessoal.

O outro método imutável de ação do nosso Senhor, porém, é que ele profere a palavra de cura, e ela se cumpre. *Dize, porém, uma palavra, e seja o meu servo curado* (Mt 8.8). É esse o modo do nosso Senhor hoje e por toda esta dispensação. A energia curadora de Jesus pode ser vista agora não por meio de sua presença pessoal, mas pelo poder de sua palavra em resposta à oração de fé. De agora em diante, é este o seu método fixo e imutável de cura: a palavra efetivada pela oração que crê.

Quero que vocês observem que este modo de operação é, exteriormente, semelhante ao modo costumeiro e natural de o nosso Senhor exercitar seu poder na natureza e por sua providência. Embora seja essa, sem dúvida, uma das formas mais elevadas de ação sobrenatural, pode não nos dar à primeira vista essa impressão. Vejam bem: quando Jesus está junto a um leito, curva-se sobre a criança enferma, toca-lhe a mãozinha e ela é curada, o feito é notável, um grande milagre. Mas não lhes parece uma demonstração de poder ainda maior, se isso é possível, que Jesus permaneça a distância e, sem ver a pessoa que está sofrendo nem lhe falar de modo a ser ouvido, sua simples vontade revigore a vida e restaure a saúde? Uma demonstração bastante evidente de poder sobrenatural, não acham a cura pelo exercício da vontade ou por uma única palavra? No entanto, pode não parecer tão impressionante, de certa forma, a olhos semicerrados que a contemplem de um ponto de vista mais geral. E, no entanto, é exatamente este o modo pelo qual o bom Deus opera todo dia na natureza e por sua providência, atingindo seus propósitos por meio de sua vontade silenciosa e pelo eco de sua voz criadora que ainda paira entre nós. Quando, ainda há pouco, nossos campos estavam nus e nossos jardins desolados, se o Senhor de repente se revelasse em terrível glória e fizesse que a neve e o gelo desaparecessem e por benignidade tocasse os vales e as montanhas de modo que os cobrisse de grama e cereais, vocês exclamariam: "Que grande milagre!" Na verdade, porém, é uma demonstração igualmente grande de poder o fato de tais coisas se realizarem normalmente, ainda que por processos menos vistosos. A vontade do Senhor transforma torrões de terra dos vales em um exército de flores de trigo e folhas de trevos. Seu desejo tranquilo enrubesce os cachos da vinha e amadurece o fruto da horta. Isso não é também uma maravilha de poder? Embora o Senhor não se tenha revelado, nesse caso, cavalgando sobre asas de querubins nem proferido frases de comando com

O MÉDICO DOS MÉDICOS E O CRIADO DO CENTURIÃO | 409

voz audível, a energia secreta da palavra eterna está sempre em operação para nos dar a época da colheita e do plantio, o frio e o calor. Que forma mais divina de milagre se poderia desejar? Creio que quando alcançarmos uma fé desenvolvida ao máximo, veremos a nós mesmos sendo circundados todos os dias pela onipotência de Deus, e em cada pequenina folha de grama, em cada inseto que sobre ela se equilibra, na gota de orvalho que a enfeita, a manifestação do dedo de Deus tanto quanto no momento em que as águas do Nilo se tornaram em sangue ou o pó do Egito se transformou em piolhos. Para o crente, os milagres não cessaram. Eles abundam no curso comum da natureza.

O poder da palavra em resposta à oração de fé é agora o modo do nosso Senhor abençoar, e esse método é condizente com o desejo de uma verdadeira *humildade*. A humildade diz: "*Não sou digno* de que Deus faça qualquer coisa por mim que atraia a atenção para mim ou faça que eu pareça mais honrado que os outros". A alma humilde, todavia, ao ouvir falar de alguém que foi salvo por intermédio de um sonho ou visão, pode se sentir indigna de receber um favor desses. Não, meu amigo, tampouco deverá pensar assim. A palavra do Senhor é suficientemente poderosa e essa palavra está próxima de você neste momento, em sua boca e em seu coração. Basta ouvi-la, e sua alma viverá. Se eu peço pela conversão de um pecador, seria para mim constrangedor como uma falta de dignidade se cresse que sua salvação necessitasse de uma manifestação corpórea do meu Senhor, ou alguma demonstração extraordinária de seu poder perante os olhos dos homens. Todavia, como o meu Senhor salva por sua palavra somente, então eu me aventuro a pedir com toda a fé e confiança. Aqui não há nenhum desfile de poder, mas, sim, a tranquila energia divina, em que os mansos da terra se deleitam.

Estou certo de que esse método satisfaz a *fé* mais do que qualquer outro. Oh, que o poder da palavra possa ser demonstrado desta vez. Ó meu Senhor, como eu desejo de ti que salves milhares! Ficaria muito feliz se isso fosse feito sem mim, sem nenhum dos teus servos, se tu apenas dissesses uma palavra e pelo Espírito Santo fizesses uma nação inteira renascer em um só dia! Alguns pregadores ou evangelistas anseiam constantemente por um grande avivamento: parece que só irão crer que o reino de Deus prosperará se milhares acorrerem às reuniões de evangelização, se um grande movimento dominar o país e os jornais estiverem repletos de nomes de pregadores famosos. Gostariam mais ainda se as pessoas tivessem ataques durante as reuniões, se homens e mulheres caíssem ao chão, gritassem de emoção ou sei lá mais o quê. Só conseguem crer no poder de Cristo se houver sinais e maravilhas, só assim. Isto é voltar a *eu irei, e o curarei*; mas nós nos satisfazemos em confiar no segundo modo. Você consegue crer que se cada um de nós fizer o evangelho de Deus ter livre circulação, nosso Senhor pode salvar de fato por meio de sua palavra? Em silêncio, sem ser visto, sem sinais ou maravilhas, Jesus pode abençoar os testemunhos e atender às nossas orações feitas com fé. A fé forte se dá por bastante satisfeita com o estabelecido e usual modo de ação do Senhor e se regozija em vê-lo salvar os homens por sua palavra em resposta à sua oração.

É bastante razoável esperarmos que nosso Senhor demonstre o seu poder de cura desse modo. O que o centurião disse estava repleto de argumentos convincentes: "Sou comandante de uma tropa. Não preciso sair por aí, indo de um lugar a outro para fazer tudo pessoalmente. Permaneço no meu posto e dou ordens, e tenho certeza de que são transmitidas. Digo para este *vá, e ele vai, e àquele outro faça isso, e ele faz* (Lc 7.8)". Não está claro que o Comandante muito mais poderoso de nossa salvação não precisa ir aqui e ali física e pessoalmente a fim de salvar alguém? Sua palavra, é claro, nos basta. Dá tua ordem, ó Emanuel! Fala aos poderes das trevas, e o pecador cativo será libertado! Fala, e a vontade humana terá de ceder a ti, e o coração humano, te receber! Não é assim? Meus irmãos, a verdade é que não cremos o suficiente no nosso Senhor. Insisto: não cremos o suficiente naquilo que, no entanto, é bastante razoável. Se somente proferirmos a palavra do nosso mestre e a propagarmos cada vez menos com palavras próprias nossas, que só servem para atrapalhá-la e enfraquecê-la, almas haverão de ser salvas. Vocês não creem na pregação simples das boas- novas? Não creem no toque das trombetas? Ó filhos de Israel, vocês desprezam as trombetas e preferem cavalos, carros, aríetes e poderosas máquinas de guerra? Lembrem-se de Jericó e de como, pelos meios indicados pelo próprio Deus, embora simples, as enormes muralhas tremeram até cair. Os meios do Senhor ainda não bastam para vocês? Ó crentes, vocês querem alguma coisa hoje além da simples pregação do evangelho? Se sim, estão saindo justamente de onde sua fé deveria permanecer, pois ainda agrada a Deus, pela *loucura* da pregação, salvar aqueles que creem. *O mundo pela sua sabedoria não conheceu a Deus* (1Co 1.21) e jamais conhecerá. Não confiem em filosofias, mas, sim, permaneçam fiéis às Escrituras, orando ao mestre para que opere mediante o texto sagrado, como nos tempos antigos. Vocês não precisam que nenhuma outra palavra seja proferida; deixem apenas que a palavra viva se encha de poder e almas serão curadas.

Agora, se alguém aqui experimentar em seu próprio caso esse método divino de cura, será bem-sucedido, tanto quanto no caso do criado do centurião. Se você, caro ouvinte, crer no poder de Cristo e confiar nele para salvá-lo, com certeza alcançará a vida eterna, e isso de imediato. Você consegue acreditar de coração em Jesus conforme o encontra revelado nas Escrituras? Consegue se dar por satisfeito sem sentimentos estranhos, assombros notáveis, sonhos ou visões? Consegue ficar satisfeito simplesmente confiando em seu Salvador? Você então será curado agora mesmo, sim, neste exato momento. Antes que passe a chuva que cai lá fora, a chuva da graça eterna descerá sobre você. Não peça ao Senhor que venha por intermédio de algum sentimento singular em seu interior, mas apenas que fale enquanto você ouve, e o milagre da graça se dará.

Permitam-me acrescentar mais uma vez: para você que é convertido e anseia por ver mais pessoas sendo salvas, uma atitude sábia é manter o método estabelecido. Ore, creia e espere o Senhor operar por sua palavra em resposta à oração. O centurião adotou este método: começou querendo uma visita pessoal, mas logo cresceu até atingir esse modo simples, direto e, ao mesmo tempo, glorioso. Você é capaz de fazer o mesmo? Não busque maravilhas; teste o poder do evangelho na pessoa que você deseja ver convertida. Não peça ao Senhor que se desvie do seu caminho; pelo contrário: rogue-lhe que aplique sua palavra com poder naqueles cujo bem-estar eterno preocupa seu coração. Traga-os para debaixo da proteção do evangelho e peça ao Senhor da cura que derrame sobre eles o seu poder, e você terá seu desejo satisfeito. Mas, e *quando vier o Filho do homem, porventura achará fé na terra?* (Lc 18.8). Se ele viesse agora e pedisse a nós todos que colocássemos dentro da caixa de coleta toda a fé que possuímos, ao abri-la encontraria o equivalente a um décimo de um centavo? No entanto, cada crente entre nós deveria possuir um tesouro inexaurível de fé. Senhor, nós cremos; ajuda a nossa incredulidade! Senhor, aumenta nossa fé. Amém.

44

O EU HUMILHADO, MAS CRISTO EXALTADO

O centurião, porém, replicou-lhe: Senhor, não sou digno de que entres debaixo do meu telhado; mas somente dize uma palavra, e o meu criado há de sarar (Mt 8.8).

Esse centurião era um homem digno, do ponto de vista humano. No entanto, considerou a si mesmo indigno ao se voltar para o nosso Senhor. Era um homem tão excelente que até os anciãos dos judeus, normalmente nada simpáticos no que se referisse a soldados romanos, defenderam-lhe a dignidade perante Jesus. Tivesse ele, porém, comparecido com eles perante o Senhor e certamente minimizaria ou anularia essa sua defesa. Pois foi o que fez quando enviou um segundo grupo de amigos ao Senhor. Enquanto os primeiros afirmaram "ele é digno", os outros como que tiveram de desmenti-los, declarando, em seu nome: *Senhor, não sou digno.* Os homens de maior valor no mundo costumam não se considerar dignos, enquanto as pessoas menos merecedoras são geralmente aquelas que se vangloriam da própria dignidade, da própria perfeição até. Não seria de admirar que esse homem fosse orgulhoso, pois pertencia a uma estirpe de conquistadores e representava um poder tirânico. Muito embora não ocupasse posição de grande oficial, sendo apenas comandante de uma companhia de uma centena de homens, mesmo assim não raro são as autoridades de pouca importância mais arrogantes que seus superiores. Quando um homem é alçado a posição muito elevada e de grande responsabilidade, com frequência suas obrigações o chamam de volta à sua realidade. Já o mero mas insolente zé-ninguém costuma julgar-se maior que o próprio imperador. Este centurião, no entanto, revelou-se homem de bom caráter, ao dizer de si mesmo: *Não sou digno.*

Ele poderia ter orgulho da popularidade de que desfrutava entre os judeus. Poucos dos que vivem rodeados por uma atmosfera de apreço resistem à tentação de passar a se considerar em situação elevada demais. Ele havia construído uma sinagoga para os judeus. Um belo gesto. Mas é bem possível, após edificar uma obra dessa, tornar-se um grande homem aos próprios olhos, pairando acima da maioria em termos de orgulho. Não era o caso desse bom homem, contudo, que fizera erguer a casa de devoção ao Deus de Israel, mas não se enchera de presunção pela grandeza de sua generosidade. Em momento algum, ele a menciona. Em vez disso, declara: *Senhor, não sou digno de que entres debaixo do meu telhado* (Mt 8.8).

Era também um homem acostumado a comandar. Dizia para seu soldado: *Vá, e ele vai; e a outro: Vem, e ele vem* (Mt 8.9; Lc 7.8). Quem está habituado a ser obedecido tem também propensão a se considerar em alta conta. Esse comandante, contudo, não caíra nesse equívoco tão comum. Mostrando-se atencioso em cuidar da enfermidade do criado, parecia estar determinado também a fazer que fosse curado. Era, portanto, um patrão gentil e liberal. Se quiséssemos achar um homem digno de verdade, não precisaríamos ir além desse soldado romano. E, no entanto, ele afirmou: *Senhor, não sou digno.*

Observem, ainda, que ele não declarou: "Senhor, o quarto em que meu criado dorme não é digno de ti"; ou: "Não convém que subas ao sótão, onde está deitado o enfermo", mas, sim, *não sou digno de que entres debaixo do meu telhado* (Mt 8.8) — nem mesmo, certamente, no melhor cômodo, nem na sala de visitas. "Falo da minha casa, Senhor, a casa de alguém que não ousa ter uma entrevista pessoal contigo, por considerá-la bastante imprópria para receber uma pessoa de tua tão elevada dignidade". Receava causar algum desagrado ao Senhor. Achava que já o mestre chegar até sua porta seria o máximo a que poderia aspirar; e que uma palavra sua bastaria para operar o milagre que tanto buscava.

Meus queridos amigos, é a isso que quero me referir esta manhã: quero chamar sua atenção para a feliz combinação, aqui, de uma bela humildade com uma extraordinária medida de fé. Em sua confissão de pecador, o centurião é pródigo: *Senhor, não sou digno de que entres debaixo do meu telhado*. Mas também na sua profissão de fé ele é claro: *Dize uma palavra, e o meu criado há de sarar* (Mt 8.8). Cometemos um erro vulgar quando pensamos que uma baixa estima de nós mesmos esteja relacionada a uma desconfiança muito grande para com Cristo. Chamo de erro vulgar porque é, ao mesmo tempo, comum e infundado. O fato é que ter a si próprio em alta conta acompanha a atitude de ter Cristo em baixa estima. Nem poderia ser diferente, pois são dois lados da mesma moeda. Mas ter-se em baixa conta deveria sempre estar associado com ter pensamentos elevados acerca de Cristo, pois as duas atitudes são produtos do Espírito de Deus e colaboram uma com a outra. Nossa falta de dignidade salienta o brilho da graça infinita do nosso Senhor. Se afundamos em humildade, voamos alto em confiança. Cristo cresce à medida que diminuímos.

Para deixar clara esta questão, direi, antes de mais nada, que *o sentimento de não ser digno é até bastante desejável e recomendável*. Em segundo lugar, no entanto, *o sentimento de não ser digno pode ser muito mal empregado* e se transformar em motivo de sério pecado. Em terceiro lugar, acrescentarei que *o sentimento de não ser digno encontra parceria adequada em uma fé vigorosa em Cristo*. O texto nos serve de exemplo disso tudo. Que o Espírito Santo colabore em nossas meditações e as torne realmente proveitosas!

I. Primeiro, então, vejamos por que o SENTIMENTO DE NÃO SER DIGNO É BASTANTE DESEJÁVEL E RE-COMENDÁVEL. Alguns de vocês são destituídos desse sentimento. Ouso dizer que o consideram até coisa desprezível e mesquinha. Imaginam que possa ser capaz de lhes afetar a varonilidade, diminuir o autorrespeito e sufocar a coragem. Caros amigos, toda varonilidade que se alimenta do pecado é um fungo venenoso a brotar da miséria de um coração corrupto. Que seja extirpada de nós! Qualquer condição mental fundamentada em uma falsidade só pode ser maligna: é uma bolha soprada pela vaidade ignorante. Não vamos desejar mais autorrespeito, varonilidade ou coragem do que seja condizente com a verdade das coisas.

Recomendo o sentimento de falta de dignidade por ele ser *uma noção do que é verdadeiro*. Quando um homem se considera indigno perante o Senhor, tem o pensamento certo. Quando acredita que não poderia ser salvo pelo mérito de suas próprias obras, que são imperfeitas e impuras, julga então de acordo com os fatos. Qualquer que seja o possível resultado de um pensamento sobre nós, quer nos faça felizes, quer tristes, essa é uma questão secundária. O ponto principal da mente sincera deve sempre ser: isso é verdadeiro? Se o pensamento for verdadeiro, devemos acolhê-lo na mesma hora, custe o que custar. Se a verdade for uma devastação dentro da minha alma e destruir esperanças e fantasias promissoras, não importa. Assim deve ser, pois o efeito mais doloroso da verdade é melhor para mim do que os resultados mais lisonjeiros da falsidade. Melhor os golpes da verdade que os beijos do engano. Se você adotar uma visão muito baixa de si mesmo, alguns talvez o chamem de mórbido. Desconhecem, porém, com que espírito você age desse modo. A humildade é saudável; ter-se em baixa conta não é uma doença. Quando pensamos cada vez mais o pior de nós mesmos, aproximamo-nos cada vez mais da verdade. Somos, por natureza, pervertidos, indignos, desprezíveis, culpados e merecedores da ira de Deus. Se alguma coisa cruel possa ser imaginada contra homens moralmente caídos, com certeza, infelizmente, é verdadeira. Que pior caráter pode ser conferido à natureza humana que o traçado pela pena da inspiração no capítulo 3 da epístola aos Romanos? Ah, se Deus nos fizesse humildes em espírito e nos enchesse de um sentimento profundo de falta de dignidade própria! Pois isso nada mais significaria nos revelar a verdade e nos libertar do caminho da falsidade.

Observem, em seguida, que *o sentimento de não ser digno não é prova alguma de que um homem tenha cometido um pecado flagrante*. A questão pode ser vista sob luz exatamente oposta: se o homem fosse de uma maldade abominável, sua consciência teria perdido a sensibilidade e ele jamais, com toda a certeza, sentiria sua falta de dignidade com tanta clareza. Aquele que tem pensamentos elevados de si mesmo não é necessariamente um homem de vida limpa. Por outro lado, aquele que tem pensamentos bastante depreciativos de si mesmo não comprova, por causa disso, ser pior que os outros. Quem se sente indigno tem algo em si que Deus aprova. Estamos certos disso, pois quando o Senhor busca habitação entre os homens, embora possa escolher entre diversos palácios, é altamente condescendente e diz: *Num alto e santo lugar habito, e também com o contrito e humilde de espírito, e para vivificar o coração dos contritos* (Is 57.15). Não julguemos os homens pelo apreço que têm de si mesmos. Ou, se o fizerem, tomem isso como guia: aquele que se humilha será exaltado e o que se exalta será humilhado. Aquele que é grande, é pequeno; aquele que é pequeno para si mesmo seja ainda maior para nós. Deus não ama quem se vangloria. Sacia o faminto de boas dádivas, mas o rico manda embora vazio.

Recomendo o sentimento de falta de dignidade porque *tende a tornar o homem gentil para com os outros.* Aquele que julga ser tudo pensa, certamente, que os outros não são nada. O orgulho não tem entranhas: prefere, por exemplo, expulsar um criado enfermo porta afora a lhe buscar um médico. Um homem orgulhoso diria: "Sou um homem sujeito à autoridade, tendo soldados abaixo de mim, e não vou perder tempo cuidando de um criado doente". A simpatia, a afabilidade e a estima dos outros são estranhas à casa do orgulho, mas fixam residência com aqueles que se consideram indignos. Amados, é bom que vocês se tenham em baixa conta, porque assim terão mais pensamentos a reservar para o sofrimento alheio. Se souberem que são indignos, reconhecerão os clamores de seu próximo e não se sentirão diminuídos por cuidarem do mais pobre e do mais obscuro. Existem vestígios de obra da graça em seu coração quando vocês mostram amor pelo próximo por sentirem que não são melhores do que ele. Isso é infinitamente melhor do que o contrário: achar ser tão grande a ponto de poder pisotear a multidão em sua dignidade imperial e imperiosa, olhando para baixo com desprezo e observando os muitos que não alcançaram a eminente posição de honra que vocês julgam desfrutar. O chamado grande homem, que acha merecer muito, personalidade dita honrosa e adorável, atropela seus companheiros e esmaga-os sem dó se estiverem em seu caminho e houver possibilidade de lhe atrapalharem os desígnios. Mas o homem consciente da própria indignidade, que sente dever tudo à misericórdia de Deus, que depende dela e só dela, é afável e gentil para com seus parceiros de pecado e lhes fala boas palavras para confortá-los.

Recomendamos, ainda, o sentimento de indignidade porque *torna o homem amável para com o salvador.* De todas as coisas desprezíveis, a mais odiosa é a postura orgulhosa perante o Senhor Jesus. Nem por isso, no entanto, é incomum. Alguns parecem alimentar a fantasia de que Jesus é seu criado, sempre pronto a servi-los. Falam de sua própria salvação como se ele fosse obrigado a concedê-la, sendo capazes de reivindicá-la para si mesmos e até para toda a humanidade nesse espírito. Se mencionamos a possível escolha soberana de alguns para a vida eterna, põem-se logo a clamar sobre injustiça e parcialidade. Como se o homem culpado tivesse direito a alguma coisa do Senhor da glória além de receber punição por seus pecados. Parece até que estou ouvindo o mestre indagar: "Não posso fazer o que bem entendo com o que me pertence?" Muitos desses que se fingem de advogados da graça são na verdade rebeldes traidores do Senhor, querendo lhe arrancar da mão o cetro prateado da soberania. Amados, é bom achegarmo-nos em oração ao nosso Senhor não como credores afoitos por quitar uma dívida, mas, sim, como realmente somos, criminosos condenados, suplicantes por um perdão gratuito. Não temos nada, na verdade, a reivindicar de Deus. Se ele optou por nos salvar é por pura obra de sua própria graça. Aproximemo-nos dele, portanto, com humildade, confessando: "*Senhor, não sou digno de que entres debaixo do meu telhado.* Tua morte em meu favor permanece sendo para mim o maior de todos os milagres. Que tu me escolheste, me chamaste e me perdoaste e me salvaste, isso tudo, a meu ver, é por demais maravilhoso, diante do que a minha alma se coloca em grata admiração. De onde vem isso? Como pudeste olhar para um cão morto como eu?" A postura de coração correta ao lidarmos com nosso Senhor Jesus é a da mulher penitente que lhe banha os pés com lágrimas ou do leproso que se atira ao chão junto a ele e o adora. Se nos aproximamos do salvador dos pecadores, temos de fazê-lo na condição de pecadores. Devemos a ele nos achegar como humildes súplices, não como orgulhosos que imaginam vaidosamente ter uma reivindicação a apresentar contra a graça soberana do Senhor.

O sentimento de falta de dignidade é útil ao extremo porque *coloca o homem onde Deus pode abençoá-lo.* "E onde é isso?", indaga você. É que o Senhor só age em conformidade com seus próprios atributos;

Deus será sempre Deus. Deste modo, tal como somente ele é Deus na criação, também somente ele o será na nova criação. A única posição que podemos então ocupar diante do Senhor é saber que nada merecemos nem de nada somos dignos, enquanto ele é santo e glorioso. Precisamos ouvi-lo dizer *Eu sou Deus, e além de mim não há outro* (Is 45.5); do contrário, seria melhor nunca nos voltarmos para ele em busca de salvação. Se sou alguém que se levanta cheio de supostos direitos e reivindicações, Deus não poderá me abençoar sem me conceder o que jamais me concederá. Como posso reivindicar o que ele chama justamente de dom gratuito? (Rm 6.23). Com muita frequência, tenho feito ressoar neste salão as palavras do Senhor: *Terei misericórdia de quem me aprouver ter misericórdia e terei compaixão de quem me aprouver ter compaixão!* (Rm 9.15). Acredite e confie inteiramente nisso — Deus será Deus.

Se você não quer ser salvo sem que ele deixe seu trono da soberania, então você irá perecer sem nenhuma esperança. Ele é rei e Senhor absoluto na obra da salvação; cabe a você aceitá-la como dom gratuito ou morrer sem ela. Pois, se é gratuito, se é pela graça, não pode, evidentemente, ser por direito seu — as duas coisas são totalmente contraditórias. Inexprimível, de tão grande, é a compaixão de Deus, imensurável a sua misericórdia. Ainda bem, e que tenha realmente piedade daqueles coitados cuja obstinação orgulhosa se levanta contra a sua soberana graça.

Ó pecador, se você pretende ser perdoado, confesse que o Senhor é Rei. O toque do Cristo em pessoa sobre sua vida deve ser como o de Tomé ao pôr o dedo na ferida e exclamar: *Senhor meu, e Deus meu!* (Jo 20.28). Você precisa ter Jesus como seu Senhor e Deus, ou ele nada representará em sua vida, para sua total e eterna infelicidade. Nenhum homem, amados, poderá se render a isso até ter plena convicção da própria indignidade. Não somos dignos de sermos salvos; se fôssemos, seria por dívida, não por graça. Não somos dignos de receber bem algum das mãos de um Deus que só temos ofendido; se o fôssemos, apelaríamos para sua justiça, e sua misericórdia seria desnecessária. Venham, amados ouvintes, curvemo-nos ante o Senhor e confessemos que só ele é rei. Confessemos que nada merecemos além da sua ira:

> Se a tua ira de mim se apoderar,
> Até na morte eu hei de te confessar;
> Se a minha alma para o inferno ela mandar,
> Tua perfeita lei eu hei de aprovar.

Deve ser assim. Deixemos, portanto, de querer apresentar qualquer reivindicação, mas simplesmente clamemos: "Ó Deus, *tem misericórdia de mim* (Lc 18.38)".

Esse posicionamento mental *faz o homem atraído pela pura e simples palavra de Deus*. Tal homem, por ser indigno, não pede a Cristo palavras místicas, cerimoniais de imposição de mãos, nem mesmo uma simples visita à sua casa. Contenta-se com que o Senhor profira simplesmente uma palavra. É a nossa natureza humana orgulhosa que tanto suspira por pompa e requinte. Queremos geralmente seguir felizes para o céu por uma estrada real reluzente; ser salvos ao som de música retumbante e aperfeiçoados por uma parafernália. Gostaríamos de ser perdoados, sim, mas perante um sacerdote visível, usando trajes litúrgicos a rigor. Necessitamos de um altar lindamente decorado ou um espetáculo de velas até à luz do dia. Desejamos mil quinquilharias para ocultar a humilhação de sermos salvos pela pura graça. Contudo, não é assim a alma que sente a própria indignidade e clama: "Senhor, salva-me como quiseres. Tua palavra é suficiente para mim. Profere a tua palavra de ordem, e isso me basta". Lemos que Deus *enviou a sua palavra, e os sarou* (Sl 107.20). O sentimento de indignidade nos deixa contentes por sermos salvos justamente do jeito o mais singelo possível. Almas simples amam um evangelho simples.

Conheço o problema de algumas pessoas, que leem um livro contendo o evangelho e, por ser ele muito simples, dizem: "Isso funciona para pessoas como a minha criada ou o meu jardineiro". Para si mesmas, buscam sempre algo mais complicado e difícil de entender e, por conseguinte, bem mais lisonjeiro para seu orgulho. Há muita gente que prefere um pregador capaz de confundir o evangelho para elas; o discurso direto parece que as ofende. Há certo excesso dessa gente na presente geração. Algumas pessoas, quando

O EU HUMILHADO, MAS CRISTO EXALTADO | 415

ouvem aquilo que não são capazes de compreender, exclamam, com fervor: "Que discurso maravilhoso! Fico deliciado ante um homem de cultura como esse, que eleva o tom da pregação acima do que as classes inferiores são capazes de entender". Como são tolos os que falam assim! Quanto mais simples a palavra, mais provável que seja de Deus. Paulo não disse "tendo este ministério, usamos de grande simplicidade de discurso"?!* O evangelho não é enviado ao mundo para a elite, para poucas almas escolhidas que preferem ler ensaios. O evangelho é enviado ao mundo para *toda criatura* (Mc 16.15). Precisa ser tão simples que até os analfabetos possam entendê-lo e pessoas com a mais limitada educação, ou nenhuma, sejam capazes de compreendê-lo. Você, que é um cavalheiro fino e educado, talvez goste de um evangelho de fino acabamento, que só meia dúzia de pessoas consegue captar. Eu prefiro a salvação comum, as boas-novas para a multidão, a escrita que até aquele que corre consegue ler. Sua integridade e humanidade não reconhecem ser bom que o evangelho seja simples o suficiente para o pobre e o analfabeto, já que também necessitam de salvação tanto quanto o educado? Por Deus, eu gostaria que o sentimento de indignidade nos levasse para baixo desses pináculos do templo da vaidade, onde permanecemos em admiração mútua, mas correndo o terrível perigo de cair. Que a sabedoria celestial nos torne dispostos a sermos salvos como os pecadores comuns, sem querermos que Cristo tenha de vir pessoalmente à nossa casa, mas nos dê aquela palavra de ordem pela qual o milagre da graça se manifeste!

Bem, amigos, tenho a seguinte questão para colocar agora: vocês conhecem a própria indignidade? Não estou perguntando se têm sido afligidos pelo terror, ou atormentados pela dúvida, nem se têm se afogado em desespero — talvez sim, talvez não. Mas estão dispostos a concordarem com isso, de que não são dignos, que a sentença condenatória poderia ser prescrita com acerto no seu caso, e que se estão salvos é só pela graça gratuita?

II. Em segundo lugar, preciso agora lhes mostrar que O SENTIMENTO DE FALTA DE DIGNIDADE PODE SER MAL-EMPREGADO, sendo com frequência deturpado para fins perigosos.

Lá está uma pessoa que afirma: "Ouço o evangelho, mas *não consigo acreditar que ele é para mim*. Não consigo pensar que sou alvo da proclamação do perdão gratuito e da aceitação graciosa por Deus". Mas por que não? "Porque não sou digno." Ouça, amigo! Existe por acaso um único homem sobre a terra que seja digno? Ouça bem as palavras de Jesus: "Ide por todo o mundo, e pregai o evangelho a toda criatura. Quem crer e for batizado será salvo; mas quem não crer está condenado". Não somos enviados a toda criatura digna, mas a *toda criatura*, digna ou não. Você não é uma criatura? Então o evangelho deve ser pregado também a você. Acha que Deus pretende que ele lhe seja pregado apenas como mera formalidade ou uma horrível farsa? Que não tem coisa alguma que ver com você? Por acaso, após você crer e ser batizado, cumprindo ordem divina, Deus há de lhe dizer: "Nunca tive intenção de que essa promessa fosse para você"? É realmente atroz que pense assim. É um pecado novo e doloroso imaginar que o Senhor recuaria diante do que disse. Que você não é digno, isso admitimos. Mas isso torna Deus falso? Ou você é menos digno do que pensa — isso prova que o Senhor é mentiroso? Iria ele torturar os homens enviando-lhes um evangelho que não serve para eles? Colocaria a salvação diante deles, e mandaria que cressem em Jesus para que a alcançassem, se nunca tivesse a intenção de lhes dar tal salvação, mesmo que concordassem com as condições por ele estabelecidas? Ora, ora! Sou capaz de acompanhá-lo até onde você quiser em sua confissão de indignidade; o que não posso tolerar é que torne Deus indigno só porque você o seja. Ele há de manter sempre a sua palavra, como Deus que é, por mais falso que você próprio seja; e toda alma que crer em Cristo Jesus há de receber a vida eterna.

Tenho visto este mesmo mal brotar sob forma de *dúvida quanto à misericórdia de Deus*. Quando o pecado de um homem parece muito grande, sente-se inclinado a dizer: "Deus não pode ter misericórdia de mim". Ora, meu caro, você tem permissão para se considerar o principal dos pecadores, se sentir que assim

---

[1] * [NT] Tradução direta do texto de Spurgeon. O autor parece fundir dois versículos em uma única citação: 2Co 4.1 e 2Co 3.12. No segundo caso, enquanto a versão King James da Bíblia registra *we use great plainness of speech*, a maioria das versões em português traz "usamos de muita ousadia no falar". Outras versões em inglês, como a *New International Version* e a *American Standard Version*, concordam com a acepção adotada em português.

é, mas não para negar a onipotência de Deus. Infelizmente, você não é digno, mas é na falta de dignidade que a graça encontra o seu campo de operação. Não limite o poder da graça que sobrevém aos homens por intermédio de Cristo Jesus. O Senhor se compraz na misericórdia. Duvida? Ousa dizer que ele não pode ter misericórdia de quem tiver misericórdia? Ora, isso significa negar todo o corpo das Escrituras, nas quais ele nos declara que *todo pecado e blasfêmia se perdoará aos homens* (Mt 12.31). Ele testifica que *o sangue de Jesus seu Filho nos purifica de todo pecado* (1Jo 1.7). Você nega isso? Ele diz expressamente: *Ainda que os vossos pecados são como a escarlata, eles se tornarão brancos como a neve* (Is 1.18). Acho que você conhece essas promessas. Pretende então creditá-las à mentira e assim fazer de Deus um mentiroso?

Sua indignidade não justifica ser usada como argumento para a negação do glorioso atributo da misericórdia divina. Ele disse: "Deixe o ímpio o seu caminho, e o homem maligno os seus pensamentos; volte-se ao Senhor, que se compadecerá dele; e para o nosso Deus, porque é generoso em perdoar". Quem é verdadeiro? Você ou Deus? Pode ter certeza, a mentira não está com ele. Oh, que tampouco esteja com você! Em vez disso, neste exato momento, creia que sua misericórdia dura para sempre e que onde abundou o pecado superabundou a graça.

Há pobres criaturas que chegam a ponto de *duvidar do poder do sangue de Jesus para purificá-las*. Se você duvida e diz isso, devo lhe tapar a boca com a mão. Não diga nem mais uma palavra desse gênero. Não basta ter-se maculado com o pecado? Precisa agora atingir também seu Salvador? Você seria capaz de passar por cima do sangue de Cristo? De negar seu poder purificador? Como ele foi Deus tanto quanto homem, o sacrifício do nosso Senhor contém em si uma virtude infinita. Por isso, não podemos admitir que você, culpado que é, acrescente a todos os seus crimes essa iniquidade ainda pior e mais mesquinha de imputar ao sangue de Cristo uma carência de poder purificador. Você atribuiria a Deus uma mentira acerca de seu próprio Filho? Oh, meus caros, se vocês perecem não será por causa do sangue de Cristo não ter eficácia, mas simplesmente porque não creram no nome do Filho de Deus nem se achegaram a ele para receber vida.

Conhecemos pessoas que vivem debaixo de profunda angústia por *duvidarem da promessa de Deus*. É uma promessa grandiosa e certa, que evidentemente lhes pertence, mas que deixaram de lado, dizendo: "É bom demais para ser verdade. Não posso crer porque sou tão indigno". De novo sigo o mesmo raciocínio para responder a isso. *Você pode ser um mentiroso, mas não faça de Deus um mentiroso também*. Você pode ter feito muitas promessas que não cumpriu, mas não atribua a Deus atitude idêntica. Você comprometeu-se a fazer isso e aquilo, desprezou a palavra empenhada e lançou suas promessas no esquecimento. Mas nem sonhe que Deus possa fazer a mesma coisa. Ele não é homem para que minta. Ó homem, eu lhe suplico, se você sente como que às portas do inferno, mesmo assim não duvide da fidelidade de Deus para com a promessa dele. Não lance sombra de dúvida sobre sua veracidade: isso seria uma maldade desnecessária. Às vezes, tenho a impressão de que, mesmo estando perdido, ainda devo crer que Deus é verdadeiro. *Embora ele me mate, ainda assim esperarei nele* (Jó 13.15). Venha, ponha a espada da morte em meu pescoço nu e deixe-me ter a morte que mereço; ainda assim crerei que Deus é bom e verdadeiro. Ó Jeová, tu manténs a tua palavra! Essa nossa fé não é nem um milésimo do que a que o Senhor merece de nossa parte, mas tu jamais nos iludiu e nunca o fará. Meu caro, tome a promessa de Deus pelo seu significado e creia nela.

Imagine alguém que depositasse sua confiança nas mãos de Cristo para a salvação e cresse que, por isso, Deus o salvaria; mas isso então não acontecesse. E daí? Recuso-me a considerar tal hipótese a sério, mas esperarei até que você encontre um exemplo real e então pensarei em como lhe responder. Ora, se uma alma que confiasse na promessa de Deus e corresse para Cristo em busca de refúgio fosse mandada para o inferno, as legiões do abismo demoníaco haveriam de exibi-la como um troféu pela vitória sobre Deus. Tal homem seria carregado sobre os ombros, e ouviríamos um forte alarido: "Eis a prova de que Deus pode mentir. Eis a prova de que o sangue de Cristo deixou de salvar um crente. Eis um pecador que confiou em Deus e, no final das contas, perdeu-se entre os dentes da aliança e do juramento divinos!" Você acha que tal coisa irá acontecer algum dia? Não permita que uma ideia assim blasfema seja tolerada

O EU HUMILHADO, MAS CRISTO EXALTADO

em sua mente nem por um instante. Receba a promessa como procedente de Deus e, portanto, verdade digna de confiança. Apenas creia nela e seja feliz.

Alguns, por não se considerarem dignos, *são capazes de negar ao Senhor Jesus o prazer de salvá-los*. Quando Catão de Útica cometeu suicídio, César se entristeceu ao saber que ele lhe invejava a glória de ter salvo sua vida. Talvez, se soubesse o que César diria, Catão não tivesse sido tão rápido com a espada. Amado, você negará a Cristo o prazer de perdoá-lo? Prefere ir para o inferno e magoar o Salvador só por não suportar a ideia de ser salvo por ele? Alimenta pelo Pai eterno tal contrariedade que seria capaz de dizer "prefiro ser condenado para sempre a ser salvo pela graça de Deus"? Não creio. Você, com certeza, não é tão louco assim. Ora, vamos, homem! Que use a linguagem mais vil para falar de si mesmo: pode se pintar quase como terrível, pouco melhor que um demônio, se isso lhe agrada; pode tomar até o inferno por epíteto se quiser, para demonstrar seu pecado e miséria. Contudo, eu lhe rogo, não toque em Deus, não negue a sua misericórdia, não duvide da sua fidelidade, não se recuse a amá-lo, mas, sim, submeta-se à sua graça salvadora. Lembre-se de como os mensageiros sírios esperaram diligentemente uma resposta do rei de Israel; e assim que o rei Acabe disse *É meu irmão*, eles apressaram-se em apanhar a sua palavra, e disseram: Bene-Hadade é teu irmão! (1Rs 20.33). Que você também se apresse em tomar posse da palavra da graça, porque uma única palavra pode ser suficiente para lhe proporcionar consolação! Lembre-se também de como os ninivitas, quando Jonas pregou para eles, se arrependeram com uma simples esperança de um "quem sabe"? Não contavam com nenhuma palavra de promessa que lhes sustentasse a confiança e, no entanto, correram o risco de supor: "Quem sabe se se voltará Deus, e se arrependerá, e se apartará do furor da sua ira, de sorte que não pereçamos?" Venha então, meu querido, apegue-se à esperança por menor que seja. Prepare uma armadilha para capturar tanto para os raios do sol quanto para o granizo. Agarre-se com força às palavras doces proferidas por Deus, creia que são verdadeiras e arrisque tudo por elas. Você nunca há de crer em um Deus melhor do que ele já é, e você irá logo constatá-lo.

Ah!, existem alguns cujo sentimento de indignidade *se transforma em obstinada rebelião*. Não falarei duro com eles, mas conheço uns poucos que frequentam este lugar e de quem devo dizer que são seus próprios carcereiros e algozes. Como alguém em tempos passados, eles precisam confessar: *a minha alma recusa ser consolada* (Sl 77.2). Há outra passagem nos Salmos que diz: *A sua alma aborreceu toda sorte de comida* (Sl 107.18). Quem eram? O salmista os chama de tolos. Não vou tão longe em relação a nenhum de vocês, caros amigos, mas temo solenemente que seria verdade se o dissesse. Aquele que recusa toda sorte de comida é provável que passe fome; quem deve ser culpado por isso? Se você recusa receber o pão da vida, devemos sentir pena de você se morrer de fome? Afastar de perto de si a única e exclusiva forma de salvação devido à obstinada falta de esperança é tão suicida quanto se esfaquear. Você faria uma coisa dessa? Ou, então, diria "Devo estar perdido; só pode ser isso; não adianta pregar para mim; não adianta orar por mim!"? Diria? Meu amigo, por que você pretende mesmo desistir de um modo tão absurdo, embora ainda permaneça no reino da esperança? Por que você fica aí, sentado no chão do seu calabouço, enquanto me coloco à sua frente lhe oferecendo liberdade e perdão gratuito? Não quer? Recebe quem pede; não vai pedir? Recebe quem está disposto; não é esse o seu caso? Então eu lhe digo solenemente que, se continuar obstinado desse jeito, logo será passada a corda ao redor do seu pescoço, e você colherá a paga devida por seu pecado e loucura.

O quê? Você ainda chora por ser tão pouco digno? Sabemos que é. No entanto, o perdão gratuito lhe será concedido se você o aceitar. "Oh, mas considero minha indignidade tão terrível!" Deve-se enforcar um condenado que teime em desprezar a clemência do rei? É certo ele optar pela própria execução só por se sentir indigno de ser perdoado? Então, você acabará se perdendo para sempre simplesmente por não se sentir digno de ser salvo? Se fosse eu, não diria mais nada contra a graça salvadora e aceitaria hoje mesmo, agradecido, o perdão de amor e terna misericórdia do Senhor. Acho que não caberia advogar a favor da minha própria condenação. O diabo e eu temos várias desavenças e, se houvesse alguma coisa a ser dita contra a minha salvação, não duvido de que ele cuidaria de fazê-lo melhor e com mais riqueza de detalhes. Portanto, não vou enveredar por essa estrada! Nela não há lugar para mim: Satanás já fará tudo o que puder nesse sentido. Acho muito mais lucrativo apanhar todas as migalhas de consolação que conseguir encontrar, em forma de motivos pelos quais deva ser salvo. Ao ler a Palavra de Deus, descubro que esses motivos são tantos quanto, por exemplo, as amoras no outono. Deus o disse, e eu acredito: *Quem crê no Filho tem a vida eterna* (Jo 3.36). Creio em Jesus, por isso tenho vida eterna. [Nesse instante, soaram na plateia gritos de "Aleluia!" e "Bendito seja o Senhor!".] Sim, podemos todos nos juntar a esses clamores que estamos ouvindo e bendizer a Deus por seu amor gratuito e abundante para conosco. Amor que temos visto e conhecido, provado e manuseado. Possamos todos, então, nos juntarmos em um longo aleluia e fazer que ressoe pelas ruas *Bendito seja o nome do Senhor* (Sl 113.2)!

Todavia, as pobres pessoas em que estou pensando neste momento permanecem sentadas a um canto, roendo as unhas, mordendo os lábios, desfazendo-se em lágrimas, sem nunca se mexer um milímetro em direção à única bênção de que necessitam, acima de tudo. Deixem-me então advertir tais pessoas: lembrem-se de que um ser humano pode cometer suicídio tanto ao se recusar a comer quanto ao ingerir veneno. Vocês podem destruir a própria alma tanto ao rejeitar Cristo quanto, com toda certeza e culpa, mergulhando em uma insensata rebelião declarada contra o próprio Senhor Deus. Pensem nisso, por favor, eu lhes peço.

III. Agora, em terceiro lugar — fico feliz por passarmos para este assunto, muito mais agradável —, o SENTIMENTO DE FALTA DE DIGNIDADE ENCONTRA PARCERIA ADEQUADA EM UMA FÉ VIGOROSA EM CRISTO JESUS.

Antes de mais nada, veja bem, *quando você não tem fé alguma em si mesmo, maior é o espaço em sua alma para a fé em Jesus*. Se você confia somente em si mesmo, essa porção do ego já está preenchida. Mas, se lhe falta essa confiança, sua alma tem um vazio, e você consegue então preenchê-lo mais com Cristo. Quanto maior o vazio, mais espaço para aquilo que deve ocupá-lo. Se você não tem motivo algum para ser salvo, exceto a graça gratuita de Deus em Cristo, então aceite a salvação aqui e agora. Deus o ajude a fazer assim, e que nada o possa impedir! Creia mais em Cristo, sim, já que você não consegue acreditar em si mesmo.

Além disso, quem se tem em baixa conta *está em terreno propício para receber a verdade salvadora*. Quem se enxerga mais de acordo com a realidade conta também com a provável descoberta da verdade em relação ao Senhor Jesus e às bênçãos da aliança que nele nos são conferidas. Tudo depende da medida que utilizarmos para fazer os cálculos. Se seu metro é comprido ou curto demais, tudo ficará desproporcional devido à falha no seu padrão de medida. Quando você tem a medida exata de sua condição de homem perdido, arruinado e incompleto, você logo recebe a medida exata de graça e capacidade do Filho de Deus, que é capaz de salvar até os casos mais extremos que chegam a Deus por seu intermédio. Jesus é um Salvador onipotente: não há crime horrível, nem ofensa inexprimível, nem pecado abominável que não possa perdoar. Não há criminalidade ou torpeza de caráter que não possa superar e remover: *Foi-me dada toda autoridade no céu e na terra* (Mt 28.18). No campo da salvação, como em todos, ele é Rei dos reis e Senhor dos senhores. Nada é capaz de lhe resistir. Você crê nisso? Se crê, confie sua vida a ele agora e, no momento em que o fizer, você passará da morte para a vida.

Retomando o tema: aquele centurião, em sua atitude tão humilde, *não teve a presunção de questionar e duvidar*. A dúvida é, na maioria dos casos, filha do orgulho. Pense só em um homem que critica Deus. Talvez Jó tenha agido inadvertidamente assim, mas, quando seus olhos o viram, ele se abominou e arrependeu no pó e na cinza. Quanta insanidade e impertinência! Que nunca tomemos parte em nada disso.

Essa visão tão baixa de si mesmo foi que impediu o centurião *de ditar para Jesus como a bênção deveria ser concedida*. Grande número de pessoas que conhecemos vive mapeando trajetos para o Espírito Santo. Muitos estão dispostos a serem salvos desde que aconteça de determinada maneira. Só irão crer se virem sinais e maravilhas e de nenhum outro modo. A paz em Cristo deverá lhes sobrevir do jeito que elas escolheram e de nenhum outro: têm a mente fechada em relação a como tudo poderá opcionalmente se dar. O centurião poderia ter dito: "Senhor, venha para debaixo do meu telhado e então eu crerei. O sinal da tua presença me fará sentir seguro". Em vez disso, não pediu sinais nem maravilhas nem confortos. Muitos

O EU HUMILHADO, MAS CRISTO EXALTADO

de vocês aqui presentes nutrem a esperança de provar uma sensação única, ou ter uma visão estranha, ou passar por uma experiência diferente. Não conseguem acreditar na mera palavra de Cristo. São orgulhosos demais para serem salvos só por isso. Ó meus ouvintes, mas se o Senhor lhes mostrar a completa falta de dignidade de vocês, aí, sim, vocês certamente se disporão a serem salvos do jeito mais simples. Não pedirão mais nada além de uma só coisa: *Senhor, salva-nos que estamos perecendo* (Mt 8.25).

Se Cristo tivesse ido à casa do centurião, ele teria vivido uma experiência incomum. Seria estranho um soldado romano receber o Salvador do mundo. No entanto, ele não quis essa experiência, essa honra extraordinária. Você lê biografias, ou ouve cristãos relatarem como foram salvos, e então mostra certos pontos mais notáveis, alegando: "Se algum dia eu sentir isso, ou vir isso ou aquilo, crerei em Cristo; do contrário, não posso crer". Parece que o Senhor terá de se curvar perante sua vontade, em vez de agir conforme ele entenda ser mais adequado. Na verdade, *o vento sopra onde quer* (Jo 3.8), e nenhum dos nossos preceitos conseguirá influenciar o Espírito livre ou o Salvador soberano.

Se Cristo tivesse ido a casa daquele homem, haveria grande alegria dentro dela. Mas o centurião não queria propriamente essa alegria. Alguns não crerão no Senhor Jesus, a menos que sintam grande emoção. No entanto, meu amigo, é certo determinar que, se não sentir nenhuma alegria, tampouco você poderá crer nele? Não; muito pelo contrário: se você andar na escuridão, sem ver luz alguma, confie no Senhor. Se tudo em você parece contrário à salvação, creia em Cristo e será salvo. Se todos os poderes e paixões da sua natureza disserem que você está perdido, saiba que não está desde que você se coloque inteiramente na dependência da palavra pura e simples do Senhor Jesus Cristo.

Aquele homem humilhou-se tanto que *se deu por satisfeito com apenas uma palavra. Somente dize uma palavra, e o meu criado há de sarar* (Mt 8.8). É este o ponto a que eu queria chegar. Você se satisfaz crendo na palavra simples de Deus e sendo salvo por essa palavra exclusivamente? Mas creria também na mesma hora se eu pudesse lhe fazer um milagre, não creria? Nesse caso, em que você creria? Em mim. E como não quero que você creia em mim, mas em Cristo, não vou operar milagre algum. Ah, se pudesse experimentar alguma emoção especial, você creria? Em que você creria? Ora, na emoção especial, em nada mais. Não na palavra de Deus. Aquele que não consegue crer na palavra de Deus sem maravilha ou emoção, na realidade concentra sua fé na maravilha ou na emoção, e não na palavra de Deus. Tome a palavra de Deus nua e crua, que diz: *Crê no Senhor Jesus e serás salvo* (At 16.31). Embora você não suspire nem cante, não sonhe nem duvide, embora você não tenha nem grande conforto nem aguda convicção, creia em Jesus! Pecador, indigno como você é, diga apenas: "Esta é a minha salvação e todo o meu desejo. Aceito o Senhor Jesus como o meu tudo em tudo!"

E, afinal de contas, *essa fé é a maior de todas*, pois o Senhor Jesus disse: *Nem mesmo em Israel encontrei tamanha fé* (Mt 8.10). De um homem que se levante e conte para vocês qual a base da sua confiança, poderão talvez saber que em determinado momento ele ouviu uma voz; ou que em determinada noite teve um sonho; ou que durante vários meses viveu a horrível experiência do medo do inferno; ou que, em outra ocasião, sentiu tamanha alegria que se deixou levar pela emoção. Não menosprezem, porém, o crente que diz, com toda a sinceridade, que a sua experiência se resume no seguinte:

> Sou apenas um pobre pecador, não me iludo,
> Mas Jesus Cristo, este, sim, é o meu tudo em tudo.

A experiência deste último deixa bem pouco espaço para ninharias. Vi escrito no Livro infalível que, se eu confiasse no Senhor Jesus, ele realizaria seu ofício de salvador em mim. Confiei nele, e ele me salvou. "Esse é o único testemunho de que você dispõe?", poderá perguntar alguém. E que outro melhor testemunho você poderia desejar? Eu poderia mencionar perfeitamente alguns pequenos incidentes que ocorreram quando da minha conversão, mas eles pouco têm que ver com a minha esperança. Não depositei minha confiança naquilo que pudesse ter pensado ou visto ou sentido. Mesmo que alguém viesse a provar que nunca vi, senti ou ouvi nada disso, não me perturbaria por esse motivo, pois somente de uma coisa sei — dei ouvidos ao texto *Olhai para mim, e sereis salvos, vós, todos os confins da terra* (Is 45.22). Então olhei, e fui salvo. Tem mais: mesmo que eu não tivesse olhado *naquela época* e não fosse salvo *naquela época*, isso pouco importaria, porque olho *agora* e, portanto, agora estou salvo. Esta é a consolação: não precisamos confiar em uma fé passada, mas, sim, devemos continuar sempre acreditando. Olhando continuamente para Jesus, achegando-nos constantemente a ele. Essa é a verdadeira condição para a obtenção da paz. Se descanso em Cristo a cada dia, o fruto dessa fé brotará a cada dia. É preciso não somente crer em Jesus, mas continuar crendo, sempre. Deus os ajude a fazer isso! Coloquem lado a lado um profundo sentimento de não serem dignos e uma alta estima no poder de Cristo para purificá-los do pecado e santificá-los assim como Deus é santo. Caminhem com essas duas perspectivas. Elas não serão como as pernas do coxo, uma maior que a outra; pelo contrário, serão em tudo iguais no belo efeito que causarão sobre sua vida. Abaixo o eu, viva Jesus!

Enquanto afundo, minhas alegrias irão
Atingir inimaginável elevação.

45

HOMEM SUJEITO À AUTORIDADE

O centurião, porém, explicou-lhe: Senhor, não sou digno de que entres debaixo do meu telhado; mas somente dize uma palavra, e o meu criado há de sarar. Pois também eu sou homem sujeito à autoridade, e tenho soldados às minhas ordens; e digo a este: Vai, e ele vai; e a outro: Vem, e ele vem; e ao meu servo: Faze isto, e ele faz (Mt 8.8,9).

Sem nenhuma introdução, já que acabamos de ler o registro em Mateus desse notável milagre do nosso Senhor, passo logo para o texto e, antes de mais nada, analiso *o incidente em si*. Depois, em segundo lugar, *aplicarei suas lições a nossos propósitos práticos*. Há muito que aprender com essa narrativa para nos guiar no tempo presente.

I. Primeiro, então, permitam-me analisar O INCIDENTE EM SI.

Um centurião, comandante do destacamento das forças romanas na época estacionadas em Cafarnaum, tinha em casa um criado muito enfermo. Ele estava paralisado, ou paralítico, mas fora acometido de um tipo de paralisia que ainda deixava espaço para grande tormento e dor. Sentia-se bastante perturbado, além de não conseguir se mexer. O centurião, homem de guerra, era evidentemente um bom patrão, alguém que tinha consideração por seus criados. Ao ouvir falar que o grande profeta, Jesus de Nazaré, chegara à cidade, fez todo o possível para chegar até ele e implorar-lhe que curasse o rapaz. Não pediu propriamente a Jesus que fosse à sua casa realizar a cura, mas o Salvador na mesma hora respondeu: *Eu irei, e o curarei* (Mt 8.7). Era mais do que o centurião pedira. Advogava a cura do criado, mas não contava com a presença em pessoa do glorioso mestre.

Vocês se lembram que, em outra ocasião, certo nobre procurou Jesus e suplicou-lhe, dizendo: *Senhor, desce antes que meu filho morra* (Jo 4.49). Jesus não desceu à casa dele, mas enviou sua palavra de poder e curou o menino.

No caso atual, trata-se do sofrimento de um criado, não de um filho. Como se o Salvador desse maior atenção quanto menor a posição hierárquica, demonstrou logo sua condescendência, prontificando: *Eu irei, e o curarei*. Ou seja: "Irei pessoalmente e realizarei a cura que você me pede". Notem como o Senhor nos concede mais do que pedimos, bem como sua gentileza e consideração para com os pobres e necessitados: nunca os deixaria pensar que os desprezava. Enquanto para aquele filho do nobre enviara uma palavra de graça, ao criado do centurião ele oferece uma visita da graça: *Eu irei, e o curarei*. Jesus é gentil e misericordioso; conhece a dor do coração humano na pobreza e na doença e não lhe inflige ferida alguma desnecessária. É capaz de se desviar do seu caminho por sua extrema amabilidade para com quem está em posição mais baixa na hierarquia social, para mostrar que não considera as pessoas segundo os costumes dos homens.

Observemos agora a atitude do centurião. Ele pedira ao Senhor que lhe curasse o criado. Sente-se muito grato pela bondade do Salvador em se oferecer para ir à sua casa e atendê-lo, mas é um cavalheiro de verdade, de forma que não lhe quer impor nenhuma inconveniência. Sente não ser necessário que o grande médico empreenda viagem até sua casa, de modo que diz: *Senhor, não sou digno de que entres debaixo do meu telhado; mas somente dize uma palavra, e o meu criado há de sarar* (Mt 8.8. O poder purificador da fé dos costumes dos homens é mesmo maravilhoso. Os centuriões romanos costumavam ser práticos e rudes, sem se importar com mais nada ou ninguém. Recebiam treinamento para servir nos duros campos de batalha e escalavam a hierarquia militar por seus méritos de força, não por testes competitivos de inteligência e destreza, mas de socos, bofetadas, arranhões e ferimentos. Contudo, esse oficial, revelando-se crente na capacidade milagrosa de Jesus Cristo, mostra-se mais brando, mais civilizado e refinado, justamente devido a essa sua crença. Vocês devem notar com frequência que os homens mais rudes, as mulheres menos educadas, demonstram traços de caráter mais gentis e doces quando passam a crer no Senhor Jesus Cristo. De modo que o centurião diz: "Meu Senhor, eu ficaria muito contente em receber uma visita da tua augusta majestade, mas não sou digno de que entres debaixo do meu telhado, nem é necessário que o faças. Podes curar meu criado com uma única palavra. Portanto, eu te peço, profere essa palavra apenas, e meu criado ficará bom". Foi esse modo lindo, solícito e afável de sentir, o qual eu nem consigo realçar com ênfase suficiente, que o levou a falar desse jeito. E o que ele disse é extraordinário de tão instrutivo que é para nós.

Observem, primeiro, que *o centurião traçou um paralelo entre ele próprio e o Senhor Jesus Cristo: Também eu sou homem sujeito à autoridade, e tenho soldados às minhas ordens* (Lc 7.8). Há quem tenha procurado mudar o significado disso, ensinando que na verdade o centurião quisera dizer: "Estou sujeito à autoridade, sou apenas um oficial subalterno, e, no entanto, posso fazer o que bem entendo. O Senhor não está debaixo de autoridade, mas é grande e poderoso, e portanto pode fazer muito mais". Não é absolutamente este o sentido. O centurião quis dizer que ele próprio estava debaixo de autoridade, não era um simples civil, mas um servo de César. O uniforme que usava o distinguia como alguém pertencente às legiões do Império Romano. A divisa sobre o uniforme do seu regimento denotava tratar-se de um centurião, um comandante, cuja posição e poder lhe conferiam o grandioso Império Romano. Um *homem sujeito à autoridade*.

Não foi desonra para nosso mestre que esse centurião dissesse: "Reconheço também em ti um *homem sujeito à autoridade*". Muito pelo contrário. Pois nosso bendito Cristo viera ao mundo comissionado por Deus. Não estava aqui na qualidade de mero civil, como Filho de Davi, ou Filho de Maria, ou mesmo Filho de Deus, mas como Aquele a quem o Pai escolhera, ungira, qualificara e enviara para cumprir uma missão divina. Esse oficial conseguiu ver na pessoa de Cristo as marcas do fato de ele ter sido comissionado por Deus. De algum modo, não sei dizer como, ele chegara à conclusão muito segura e verdadeira de que Jesus Cristo agia debaixo da autoridade do grande Deus, criador dos céus e da terra. Portanto, olhava para ele sob esse aspecto, como alguém devidamente autorizado e comissionado para sua obra.

Daremos um passo além. Quem é comissionado para realizar qualquer obra também *recebe da autoridade superior o poder para executá-la*. Assim, um centurião tem soldados abaixo de si: "*Sou homem sujeito à autoridade, e tenho soldados às minhas ordens*; homens colocados abaixo de mim para executar minhas ordens, porque minhas ordens são validadas pela autoridade superior de César". De modo que esse homem parece declarar a Cristo: "Creio que tu estás provido da assistência necessária para levar a cabo todos os propósitos para os quais vieste ao mundo. Eu, se tenho uma ordem para dar", diz ele, "digo ao meu servo 'Vai', e ele vai. Se quero que outro venha, digo 'Venha', e ele vem. Se algo precisa ser feito, mando chamar um dos homens que estão debaixo da minha autoridade e lhe digo 'Faça isso', e ele faz". Ele então parece dizer ao Salvador: "Tu também, comissionado e investido de autoridade pelo grande Deus, deves ter servos designados para te servir. Não foste enviado para uma guerra às tuas próprias custas. Não foste deixado para fazer teu trabalho sozinho. Deve haver, em algum lugar, embora não os veja, soldados sob o teu comando e servos à espera das tuas ordens". Deu para ter uma ideia, não? O paralelo é muito claro, e não me espanta que o Salvador ficasse tão admirado com a fé daquele homem, a qual o capacitava para perceber essa grande verdade.

Isso posto, o centurião avançou um pouco mais em sua argumentação. "Eu, um homem devidamente comissionado, tenho sob mim servos para satisfazer minha vontade, e *meus servos eu mantenho sempre sob controle*." Vocês sabem que há senhores que dizem aos servos "Vão", e eles não vão, ou dizem "Venham", e eles não vêm — pelo menos, não tão rápido quanto deveriam. Há senhores que precisam repetir "venham" ou "vão" muitas vezes antes que os servos os atendam. Também existem senhores que podem ordenar "Faça isto", uma vez, outra vez e mais outra, sem que nada aconteça. Esse centurião, porém, era um homem que sabia conduzir homens. Era um senhor de verdade; não de nome apenas, mas de fato. Em seus domínios, não toleraria recusa ou demora. Por isso, explicou para Cristo: *Digo a este: Vai, e ele vai; e a outro: Vem, e ele vem* (Mt 8.9). Não admitia nada nem parecido com um motim ou que se lhe resistissem à vontade. Mantinha a casa inteira tão sob seu controle que quando dizia para um servo "faça isso", ele logo o fazia. Era o tipo certo de senhor, e os servos, na verdade, gostam de senhores que saibam se fazer respeitar e obedecer. O centurião era um chefe desse tipo e, gentil como a luz do sol, buscou a ajuda de Cristo em favor de seu criado enfermo, embora também firme como aço, na verdade, se necessário. O que dizia era feito, *tinha de ser feito*, e de imediato.

Essa característica ele transfere para o Salvador. Não pode, nem o fará, difamar Cristo, supondo que ele não mantivesse sua própria casa sob controle, que dispusesse de servos que ousassem gracejar de suas ordens, ou que grupos dissidentes tivessem abandonado seu governo e seguissem por onde bem entendessem. "Não", diz ele, "salvador, comissionado pelo Pai, tu tens soldados e servos, e creio que os tenhas sob controle e sujeitos a tal disciplina que basta falares e tua ordem se cumpre, basta mandares e a coisa se realiza para sempre". Confio que nenhum de nós desonraria nosso Salvador questionando a verdade desse paralelo que o centurião traçou depois de muito meditar.

O centurião foi de novo um pouco mais além e deu a entender que, tendo Cristo em suas mãos o poder de realizar a vontade divina, *poderia, se quisesse, direcionar todo esse poder a um único objeto de cura: seu criado.* Sei que vocês creem que o Senhor Jesus Cristo é onipotente. Não duvidam disso, mas a questão para muitos é: Jesus é onipotente para salvá-los? Não duvidam que, se o Salvador quiser, pode lhes tornar o espírito completo. No entanto, perguntam a si mesmos: "Fará? Colocará esse poder em nossa direção?" Não passou pela cabeça do centurião nem a possibilidade de encontrar qualquer dificuldade para a solução do seu caso. "Não", ele parece dizer, "Rei dos reis, onipotente Mestre e Senhor, tu podes mandar um anjo agora mesmo voar até o meu criado, ou ordenar à enfermidade que deixe minha casa, falar à paralisia de modo que ela própria se transforme em tua serva e fuja agora mesmo de lá, ao teu comando. Só precisas exercitar o teu poder sobre meu criado, e ele será curado". Quero que vocês creiam, caros ouvintes, que nosso Senhor Jesus Cristo, não está mais entre nós em carne, mas ressurreto dentre os mortos, está revestido de poder igual ao que ele tinha na época do centurião. Ou melhor, revestido de poder ainda maior, pois após sua ressurreição declarou: *Foi-me dada toda autoridade no céu e na terra.* Então, quero que vocês creiam que ele está preparado para voltar todo esse poder em sua direção, para operar sua libertação da morte espiritual, seu resgate do poder do pecado, e ajudá-los em termos de providência, conduzi-los em termos de sabedoria ou seja qual for, dentre dez mil, sua real necessidade no momento. Oh, que Aquele que deu tamanha fé ao centurião de Cafarnaum a conceda assim, preciosa, a muitos de vocês, para que também o possam glorificar e lhe bendizer o santo nome!

Observem agora que havia apenas uma coisa mais na mente do centurião e era a seguinte: ele olhou para Cristo como senhor sobre todos os tipos de poder necessários a todos os seus propósitos. Encarou-o como alguém que tivesse todo esse poder sob total controle, para fazer que suas ordens fossem executadas de pronto. Ao mesmo tempo, *ansiava por manter a posição que lhe cabia.* Vocês me perguntarão como sei disso. Tenho certeza de que assim era, pois, quando o Salvador se mostrou disposto a ir até sua casa, o centurião declinou tamanha honra, como se sentisse estar sendo colocado em posição errada. Ele também era apenas um servo e achava que, dado o papel particular de que fora investido, não era digno de que seu Senhor entrasse debaixo do seu telhado. Tanto que disse: *Somente dize uma palavra, e o meu criado há de sarar* (Mt 8.8).

Acho que é essa a principal atitude que você e eu temos de tomar. Quando pensamos em nosso Senhor Jesus Cristo, não nos devemos preocupar com o modo com que ele irá atingir os seus propósitos, como os decretos de Deus serão levados a cabo ou como suas promessas serão cumpridas. Nossa principal atitude deve ser a de nos colocarmos na condição de servos do Senhor, de tal modo que, quando ele disser a qualquer um de nós "Vai", nos encontre prontos para ir de fato; quando disser "Vem", cuidemos imediatamente em vir; e quando disser "Faça isso", tratemos de fazê-lo logo. Você governa os mares? Faria melhor governando a si mesmo. Quer purificar a igreja? Faria melhor tratando de purificar o seu próprio coração. Quer reformar o mundo? Alto lá! Por que reformar o mundo sem antes lavar primeiro suas próprias mãos na inocência? Conduza a si mesmo à posição certa, execute seu trabalho e há de lhe suceder bem. Quem é você, afinal, senão um minúsculo trabalhador dentro de um pequeno formigueiro? Tem seu grão de trigo para carregar e é quanto lhe basta. Não se preocupe com tudo o que afeta o formigueiro; se o fizer, pelo menos não se preocupe com o planeta inteiro em que vive, menos ainda com todo o sistema solar. De que adianta se preocupar até a morte? Nada disso. Cumpra seu pequeno quinhão de trabalho em seu próprio formigueiro. Transporte seu grão de trigo até o armazém geral, para responder qual seja o propósito da sua existência, e tudo lhe sucederá bem. Possa Deus, nosso Senhor Jesus Cristo, dar-nos a graça de erguê-lo bem alto como Senhor e Mestre, pleno de poder, sabedoria e amor, e então nos colocarmos bem abaixo, perguntando de que modo, como seus servos, podemos servi-lo com fidelidade todos os dias da nossa vida!

Assim eu analiso, da melhor maneira que posso, o incidente.

II. Em segundo lugar, quero APLICAR SUAS LIÇÕES A NOSSOS PROPÓSITOS PRÁTICOS.

Antes de mais nada, então, meus caros amigos, parece-me que essa pequena narrativa deveria ser usada para nos induzir a *crer no poder do Senhor Jesus Cristo, mesmo que ele não esteja para vir de imediato na glória do seu segundo advento.*

Falo com frequência a amigos cristãos sobre esses dias maus e os danos que nos têm sido causados nesta época em que nos cabe viver. Claro que não é assunto muito animador. Em geral, meus amigos fazem uma observação assim: "Bem, o que nos consola é saber que o Senhor Jesus Cristo voltará muito em breve. As apostasias na igreja que são reconhecidas como tais... as blasfêmias do mundo... não são estes sinais especiais de que o fim está próximo? Quando nosso Senhor vier, então todos esses problemas difíceis serão resolvidos, e tudo o que nos aflige acabará". Sim, sim, creio plenamente em tudo isso, e encaro o segundo advento glorioso do nosso Senhor Jesus Cristo como a mais viva esperança de sua igreja. Ainda assim, no entanto, acho que uma fé mais prática e que honre mais a Deus dirá, sem deixar de lado a bendita esperança do segundo advento: "Apesar de tudo isso, o Senhor Jesus Cristo tem poder para lidar com as atuais maldades da igreja e do mundo, sem precisar vir de fato imediatamente para o nosso meio". Ele pode enviar uma palavra de poder, embora permanecendo nos mais altos céus, entre os esplendores da adoração sagrada da Nova Jerusalém. Pode enviar essa palavra de lá e realizar seu inteiro propósito aqui. Não é essa a verdade que parece fluir com naturalidade da fé do centurião? Senhor bendito, não há necessidade de que abras os céus neste momento e desças em majestade. Não há necessidade de que toques, no sentido literal, as montanhas e as faça fumegar, e que a glória de tua divina presença consuma teus adversários. Se assim te aprouver, podes proferir tuas ordens de onde estás, sem conturbares a presente dispensação, sem nem mesmo operares um milagre. Basta que permitas que as coisas sigam seu curso habitual e que, no entanto, atinjam os teus propósitos supremos.

Amados, quero exercitar essa fé o tempo todo. Talvez vocês congreguem em uma igreja pequena. Quando isso passa a ser ruim, vocês dizem: "Ora, não há nada que possamos fazer para melhorar coisa alguma! Só nos resta esperar até que o Senhor venha". Nada disso. Comecem a provocar sua força agora, pois ele pode operar antes do segundo advento e com grande glória. Vocês abrem os jornais e dizem: "Estou tão cansado de tanta maldade que quase morro". Eu também. Mas e daí? "Oh, respondem vocês, "é melhor nos recolhermos em nossos quartos e aguardar até que o Senhor volte". Respondo a isso com um enfático "não!" Afiemos nossas espadas e ataquemos os inimigos do nosso Senhor com zelo maior do que nunca. Teremos, quem sabe, ainda mais uma ou duas ou mais batalhas antes que ele venha. Quem sabe quanto tempo poderá tardar? Mas quer demore, quer venha logo, não nos inquietemos, como se o seu poder não pudesse ser visto, a não ser somente no segundo advento. Todo o poder lhe foi dado nos céu e na terra. Neste exato momento, o nome de Jesus está sendo "o altíssimo sobre toda a terra". Ele é ainda hoje a grande atração dos homens, o grande destruidor de Satanás. Portanto, não comecemos a fazer pouco caso do poder do nosso Senhor aparentemente ausente e a depositar nossas esperanças somente em

HOMEM SUJEITO À AUTORIDADE

sua presença literal entre nós. Reafirmo que não estou depreciando sua glória vindoura; Deus me impeça de fazê-lo! Ela é ainda a nossa maior esperança. Todavia, não a desloquemos de seu devido lugar a ponto de esmorecermos ou desconfiarmos do que o nosso Senhor, assunto aos céus, é capaz de fazer por nós, de lá, ainda hoje. Ele pode fazer, realmente, "tudo muito mais abundantemente além daquilo que pedimos ou pensamos".

Além disso, caros amigos quero que vocês *creiam nos servos invisíveis do senhor Jesus Cristo*. Vocês olham à sua volta, ou lá para fora, tentando encontrar homens que proclamem o evangelho com vigor pelos próximos vinte anos, e afirmam que não os veem. Nem eu. Mas reflitamos: quando o centurião olhou para Jesus de Nazaré no meio de seus discípulos, o que ele viu? Um homem de aparência humilde, muito semelhante a outros homens, desacompanhado de uma tropa ou desprotegido de um soldadesca. No entanto, creu que esse homem estava rodeado de mãos invisíveis capazes de cumprir suas ordens em um piscar de olhos. Quero que vocês pensem assim em seu Senhor. Hoje, o Cristo de Deus está acompanhado, na terra, por todos os servos de que necessita para a execução de sua grande causa. Os escarnecedores dizem: "Que nada, a antiga verdade está morrendo! Onde estão os homens sábios para pregá-la?" Nossos olhos, porém, iluminados pela fé, conseguem ver a grande multidão que há de divulgar a mesma verdade antiga até que Cristo venha. Os montes estão repletos de cavalos e carros de fogo em volta de Eliseu. Ainda se pode achar miríades de espíritos inflamados para proclamar o evangelho de Jesus Cristo até que ele venha. Gosto, por exemplo, dos versos que dizem:

> Lembre-se que a Onipotência
> Por toda parte tem servos.

Você não os vê, mas eles aguardam tão somente as ordens do seu Senhor, o qual consegue vê-los. Sabe onde os posicionou e quando os convocará, e há de lhes ordenar que realizem sua obra. Não deixemos, portanto, nos abater ou desencorajar por causa do que vemos ou não. Dependamos do invisível e esperemos o inesperado — eu ia dizer esperemos o "inesperável". Aquilo com que não se pode sonhar como possível ou provável, acreditemos, assim mesmo, que será feito, pois Deus é verdadeiro, Cristo jamais poderá ser vencido e o Calvário nunca será uma derrota nem nela poderá se transformar, sob hipótese alguma. A morte de Jesus Cristo, o Filho de Deus, deverá cumprir o total propósito para o qual se realizou. Descansemos seguros, assim, de que ele tem seus servos prontos, aguardando para lhe atender as ordens.

Agora, apliquemos a este assunto um estudo um pouco mais aprofundado. Desejaria que alguma pobre alma agora mesmo *cresse que o Senhor Jesus Cristo é capaz de salvá-la imediatamente com uma só palavra*. Sei que vocês se sentem inclinados a pensar que a conversão dos homens deve ser produzida de forma muito particular e especial. Relatos pictóricos e descritivos de conversões impressionantes têm sido repetidos com grande frequência, levando muita gente a imaginar que o cenário é fundamental para se chegar ao efeito desejado. No entanto, quero que vocês afastem ideias desse tipo de sua mente. Se precisarem de algum cenário, ei-lo aqui, bem diante dos seus olhos. Talvez não lhes sirva. Mas um pregador que se posta neste calor intenso em meio a seis mil almas imortais constitui cenário suficiente para qualquer um que deseje algo impressionante. Se o Senhor vier a você e salvá-lo de uma hora para outra, haverá muito de especial e particular no simples fato de ser você o objeto de sua obra poderosa. Ainda assim, quero que você creia que essa obra da graça divina sobre a alma não tem nenhuma relação com qualquer condição particular em que um homem possa ser encontrado. O Senhor Jesus Cristo pode salvar um homem deitado na cama, ou enquanto se veste, ou caminhando pela rua, ou no trabalho, ou longe dele, entregue ao pecado. Poderia fornecer vários exemplos para mostrar que não existe pré-requisitos, em termos de peculiaridade de condição, para que Cristo possa salvar.

Em casa, você diz à sua criada "Vá em tal e tal lugar", e ela vai; ou "Venha cá", e ela vem. Se houver algum trabalho para ser realizado, você diz "Faça isso", e ela faz. Não é preciso você mandar publicar depois uma nota no jornal informando: "Hoje, 2 de outubro de 1887, Jane de Tal preparou uma xícara de chá para sua patroa (esposa)". É uma coisa corriqueira e comum, do ponto de vista dos afazeres domésticos, não é? Muito bem; exatamente assim é a obra da conversão, do ponto de vista da igreja de Cristo. O próprio Senhor só nos precisa dizer uma palavra, e a grande obra se realiza na mesma hora. O ambiente em que se acha o pecador não significa nada para Jesus. Agora mesmo, nas atuais circunstâncias em que você se encontra, o Senhor é capaz de vir e arrancá-lo da morte para a vida, das trevas para a luz. A despeito de toda a sua peregrinação, ele pode levá-lo para casa em um átimo. Se crer de verdade no Senhor Jesus Cristo, você será um nascido de Deus. Se fizer isso agora, neste exato momento, confiando em Cristo com toda a sua alma, você passará da morte para a vida. Se neste instante você quiser dar o basta a todas as outras esperanças e simplesmente vir e descansar na obra completa de Jesus Cristo, o salvador, você, seja John, Thomas, Mary, Jane, Sarah, seja quem for, estará salvo. Coloco isso agora desse jeito muito corriqueiro de propósito, pois quero conduzi-lo ao seguinte ponto: assim como o centurião afirmou *digo* [...] *ao meu servo: Faze isto, e ele o faz* (Lc 7.8), assim Cristo só precisa proferir a palavra efetiva de sua graça, e o diabo fugirá de você, o pecado será de você afastado, a graça será introduzida em seu coração e alma será salva. Oh, que maravilhosa misericórdia que é isso!

Para vocês que já são povo de Deus, quero agora aplicar o assunto da maneira que passo a descrever. Se for verdade o que eu disse acerca do pecador, que ele deve crer em Cristo se pretende ser salvo, também é verdade que vocês devem *crer por seus servos, seus amigos e seus conhecidos*. Você, que tem filhos ainda não convertidos, já orou por eles, crendo no poder de Jesus Cristo de convertê-los? Alguém disse, outro dia, sobre certa pessoa: "Parece inútil orar por aquele sujeito". Claro, as orações apresentadas perante Deus por alguém que pensa desse jeito serão mesmo inúteis. Quando você desiste de uma pessoa e deixa de acalentar esperanças em relação a ela, que oração poderá oferecer em seu benefício? Quero que você, meu irmão, minha irmã, creia, no tocante a seu filho, seu irmão, seu amigo, seu vizinho não convertido, como o centurião creu em relação ao seu criado enfermo: que Jesus só precisaria dizer uma palavra, e seu criado enfermo seria curado. "Sim, mas o médico diagnosticou paralisia nesse caso! Diz que ele nunca vai recuperar-se. É impossível que seja curado, a enfermidade é complicada demais, temos de desistir de qualquer esperança". Ah, mas o centurião não estava olhando para o paciente! Ele olhou para o médico e acertou ao pensar: "Jesus poderá mandar embora essa doença com a mesma facilidade com que eu mando meu criado quando quero que ele parta para realizar alguma tarefa". Não pense no pecador nem na enormidade do seu pecado, mas, sim, na grandeza e no poder do Salvador. Estou certo de que, se pregássemos com mais fé em Cristo, veríamos mais resultados. Talvez você não testemunhe conversões no seu trabalho porque passa o tempo todo olhando para as pessoas, para os pecadores, para a dureza de seu coração; e o que isso tem que ver com o poder de Cristo para salvar? Se o criado do centurião, além de paralisia, sofresse de febre, lepra e hidropisia, além de todas as outras enfermidades ao mesmo tempo, nada importaria para o grande médico, pois, quando Cristo entra em cena, se há uma impossibilidade em sua vida, qualquer que seja, ele pode derrotá-la. Se forem cinquenta as impossibilidades, ele pode derrotar a todas com igual facilidade. Sendo um Salvador onipotente, que espaço sobra para a dúvida em relação ao que seja capaz de fazer?

Gostaria de conseguir incutir essa verdade em alguns que têm orado por outras pessoas, mas que nunca fizeram a verdadeira oração da fé. É a oração da fé que salva o doente. É a oração da fé que salva o pecador. É a oração da fé que faz tudo em Cristo, que o toma pelo que de fato ele é o mestre de toda situação. Eis o que você deveria fazer: assumir Jesus Cristo como o mestre da situação e com ele argumentar nesse âmbito. Você não terá argumentado em vão, e seu filho, seu amigo, seu servo, será salvo.

Que a conclusão prática da meditação desta noite seja que *cremos em Jesus muito mais do que nunca cremos antes*. Se temos crido em Jesus, que tenhamos ainda mais confiança nele. Acho triste quando um homem prega o evangelho com uma dúvida no fundo da garganta. Que bem conseguirá produzir a sua pregação? Às vezes, nos acusam de dogmatismo. Deveríamos, de fato, ser mais dogmáticos, se pudéssemos, pois falamos do que sabemos e testificamos do que temos visto. Se os homens não recebem nosso testemunho, não podemos fazer nada. Não há por que mudarmos nosso testemunho só porque os homens não

Homem sujeito à autoridade

querem se dar ao trabalho de recebê-lo. Vá à frente, ministro de Deus, pregue o evangelho como uma certeza e você provará que ele o é; pois, se o pregar como algo que pode ou não ser verdade, isso irá paralisar você e não haverá proveito algum para os seus ouvintes. No nome de Jesus Cristo de Nazaré, reivindico de cada homem para quem prego que creia em Cristo, aceite sua grande salvação e curve-se diante dele. Se vocês agirem assim, caros amigos, serão salvos; do contrário, saibam que não se trata de uma questão de opção, pois o próprio Senhor Jesus declarou: *mas quem não crer será condenado* (Mc 16.16). Ele não nos permite brincar com isso. É o próprio Soberano, o Rei dos reis e Senhor dos senhores a nos convidar a lhe beijar os pés, nos curvarmos diante dele e tê-lo como nosso Senhor e Deus.

Nosso principal objetivo neste exato momento não é tanto pensar no que Cristo pode fazer na grande batalha do presente ou no que há de fazer no terrível conflito futuro, mas no que nos cabe realizar. Em minha opinião, cabe-nos *tanto crer em Cristo quanto sermos seus servos obedientes*. Se ele diz "vai", nós vamos; se diz *Vinde a mim, todos os que estais cansados e oprimidos* (Mt 11.28), vamos a ele; se, em relação a algum serviço, nos diz "Faça isso", que o façamos; e se, em vez disso, apenas nos manda crer, acheguemo-nos então mais confiantes a ele, pois essa será a nossa sabedoria, será a nossa felicidade, será o nosso céu: sermos servos obedientes daquele que governa sobre todas as coisas.

Deus tem declarado ser essa a sua glória; ele estabeleceu Jesus em seu trono e espera até que todos os adversários sejam transformados em escabelo de seus pés. Quem optar por ser um desses adversários irá fazê-lo para sua própria destruição. Mas se você vier e se curvar diante dele, como seu servo, descobrirá que o céu e a terra o aguardam para abençoá-lo. Você então irá de força em força sob seu cuidado amoroso e infalível.

O Senhor os abençoe, caros amigos, por amor de Jesus! Amém.

46 | Bendita admiração

Jesus, ouvindo isso, admirou-se, e disse aos que o seguiam: Em verdade vos digo que a ninguém encontrei em Israel com tamanha fé (Mt 8.10).

Vocês se lembram de que iniciei o sermão da manhã observando que não existe evidência de que Jesus tenha se admirado ou da arquitetura gigantesca do templo, ou da disciplina maravilhosa do exército romano, ou do conhecimento profundo dos rabinos. Ele só se admirou duas vezes, de acordo com os registros evangélicos, e em ambas as ocasiões foi devido à questão de fé. Em uma, pela ausência de fé; na outra, por sua presença. No caso sobre o qual falamos esta manhã, ele se admirou da descrença de um concidadão. Na narrativa de agora, ele se admira da fé do centurião. Com isso, aprendemos que não devemos ficar tão absortos nas maravilhas da ciência e da arte, ou mesmo da criação e da providência, a ponto de nos tornarmos indiferentes às maravilhas da graça. Estas deveriam ocupar o lugar mais alto de todos em nossa estima. As sete maravilhas do mundo não são nada se comparadas às incontáveis maravilhas da graça. Só pode ser um tolo o homem que não admira as obras de Deus na natureza, frívolo quem não acompanha com estupor a mão de Deus pela história. Ainda mais néscio é aquele que despreza as obras-primas de capacidade e sabedoria divinas encontradas no domínio da graça. No reino de Deus, o homem sábio só se maravilha uma vez na vida, porém para sempre. Os incrédulos não pensam assim por serem vazios de entendimento. O museu da graça é mais rico do que o da natureza. Um coração quebrantado pelo pecado é maravilha muito maior que o fóssil mais raro, o que quer que ele tenha a nos dizer sobre os antigos fluxos dos mares ou as convulsões da terra. Um olho penitente que brilha com lágrimas é maravilha maior do que as cataratas do Niágara ou as fontes do Nilo. A fé que se une em humildade a Cristo tem em si uma beleza tão grande quanto a de um arco-íris, e a confiança que só olha para Jesus, e assim ilumina a alma, é um objeto digno de admiração tanto quanto o sol a brilhar em todo o seu esplendor. Isso sem ser preciso falar das pirâmides do Egito, do Colosso de Rodes, do palácio dourado de Nero ou do templo de Diana em Éfeso, porque o templo vivo da igreja de Deus é muito mais admirável que todos. Que outros se gloriem nas maravilhas que têm visto; a mim, no entanto, cabe dizer ao meu Senhor: "*Eu te louvarei, pois tu tens feito maravilhas* (Is 25.1). Maravilhoso me é o teu amor. Sim, eu me lembrarei das tuas maravilhas de outrora".

Considerem bem a obra de Deus no interior do coração humano; considerem bem a fé presente no começo e fundação da vida espiritual, e vocês terão um bom motivo para admiração, como aconteceu com o Salvador ao se admirar da fé do centurião. O ponto específico de admiração pode não ser o mesmo, mas toda fé tem em si elementos admiráveis e, como seu divino Autor, pode ser chamada de "maravilhosa".

Falarei então sobre o que havia de tão digno de nota na fé do centurião, tecendo observações práticas à medida que avançamos. Ao final, se faltarem pequenas partes esclarecedoras no conjunto, procuraremos aplicá-las, no mesmo estilo.

I. O que havia, portanto, na fé do centurião que a tornou tão destacável a ponto de Cristo dela se admirar? Parece-me que o primeiro ponto seria O FATO DE HAVER TANTA FÉ EM UMA PESSOA DAQUELAS.

O Senhor pareceu indicar isso quando disse: *A ninguém encontrei em Israel com tamanha fé* (Mt 8.10). Como se esperasse encontrá-la com toda a certeza em Israel, um povo instruído nas coisas de Deus, a quem a lei e as promessas divinas haviam sido confiadas, não em um gentio, um pagão, um soldado

BENDITA ADMIRAÇÃO | 429

romano, pessoa improvável de ser objeto de influências espirituais. Disso podemos deduzir que a fé mais surpreendente e aceitável é a que deve ser exercida pelas pessoas menos prováveis. Ali estava um gentio que cria, e muito mais do que deveria alguém da semente de Israel. A graça trouxe assim o que era distante à plena bênção do Reino. Ali estava um soldado que cria, um soldado romano que cria no Senhor.

Os soldados romanos da guarda da Judeia não eram como os dos nossos exércitos, cuidando do país e protegendo os cidadãos e lares locais. Eram, na verdade, servos tiranos, inimigos invasores, que passavam por cima das leis locais e liberdades do povo, sendo odiados, por isso, em alto grau, pelos judeus. Apesar de tudo isso, de a moeda de troca dos soldados invasores da época ser a opressão, e seu salário, a pilhagem, ali estava um soldado inimigo que mostrava ter fé no Deus dos judeus e, ao que parece, no seu Messias. Para aumentar ainda mais o espanto, esse legionário não era simplesmente um soldado comum, mas alguém que ocupava posição de responsabilidade, o que lhe conferia honra e respeito. As honras deste mundo raras vezes colaboram para a fé. Quando um homem recebe a honra dos homens, geralmente considera impossível receber o evangelho como uma criança. Tudo isso existia na vida do centurião, o qual, porém, não só mostrava ser crente, mas crente excelente, maravilhoso, a ponto de levar Cristo a se admirar de sua fé.

Meu querido amigo, talvez aconteça de você se encontrar nas circunstâncias mais improváveis de corpo e mente para que se converta e se torne um cristão. Contudo, não vejo o que o impede de se converter se o Senhor abençoar a palavra. Se você foi criado alheio à influência da fé, ainda assim, lembre-se, foi esse o caso do centurião, e ele se tornou destaque entre os crentes segundo o próprio Senhor. Por que não você? Embora o terreno do seu coração ainda não tenha sido arado e permaneça como o solo virgem de uma floresta, ainda assim o meu Senhor pode dele obter uma colheita graciosa dentro de pouco tempo, assim que a lavoura da lei e a semeadura do evangelho hajam sido aplicadas em você. Com seu toque gracioso, o Senhor é capaz de tornar uma terra estéril em campo frutífero. Embora você talvez se sinta quase como um lixo no pântano, esta noite, não há por que se desesperar. Embora hoje terra seca como a de Gilboa, ele pode irrigá-la o suficiente como o próprio Hermom. A mulher estéril pode alegrar a casa, e a desolada, regozijar-se em seus filhos. A morte da natureza poderá ceder à vida do Espírito.

Talvez você atenda hoje a um chamado que pode parecer ser antagônico ao da fé, mas nem assim se desespere. Por que o mestre não haveria de chamar você por sua graça e constrangê-lo a deixar o chamado anterior, como levou Mateus a abandonar espontaneamente a coletoria de impostos? Ou então, pelo poder da graça em seu interior, capacitá-lo a exercitar esse seu chamado anterior sem mais cometer pecado? Talvez você nunca tenha lido a Bíblia; por que não começar agora? É possível que não creia nela; contudo, existem muitos argumentos em seu favor — não vou importuná-lo com eles agora, mas alguns deles são bastante vivos e capazes de convencê-lo antes mesmo que você venha a ter plena consciência de que seu preconceito está sendo removido, pois dizem respeito ao que temos provado da Palavra da vida e dela nos servido. Somos testemunhas do poder procedente do evangelho. Somos testemunhas vivas do que ele pode fazer no sentido de soprar paz para dentro da alma e afastar o pecado. Não vejo motivo para que você deixe de provar dessa paz e nela se regozijar. Sim, de avançar e se distanciar até dos outros envolvidos na corrida da graça. Um latoeiro que só se vestia direito aos domingos, na cidade de Elstow, não parecia um homem capaz de escrever O peregrino. No entanto, foi exatamente esse o caso de John Bunyan. Um marinheiro blasfemo que sofreu um naufrágio e se viu lançado a uma colônia de comerciantes de escravos na costa da África, tendo sido ele mesmo transformado em cativo, não dava mostras de que um dia se tornaria um ministro da piedade evangélica, cujo nome seria doce e cheio de sabor para futuras gerações. Pois esse é o caso de John Newton, autor do hino *Amazing grace* [*Maravilhosa graça*]. Não há motivo algum que, por causa das trevas do passado, o futuro não seja brilhante, pois existe Alguém que pode apagar o pecado, vencendo a transgressão e a iniquidade. Por mais hostil que seja sua natureza ao evangelho e à verdade espiritual, existe poder em Jesus Cristo para mudar sua natureza e fazer que você, a pessoa mais improvável para isso, se torne um líder cristão em seu meio, um trunfo poderoso de sua graça soberana. Está escrito: *Fui achado daqueles que não me buscavam, manifestei-me aos que por mim não perguntavam* (Rm 10.20); "Chamarei meu povo ao que não era meu povo; e amada à que não era amada". Com certeza, os anjos se regozijaram quando ouviram o legionário romano dizer *somente dize uma palavra, e o meu criado há de sarar*. Com certeza, os discípulos reunidos em torno do mestre disseram uns para os outros: "Que estranha obra da graça, esta, o fato desse soldado estar falando aqui melhor do que qualquer um de nós sobre a verdade e o poder do Senhor Jesus!"

Oro para ver alguns neste lugar se tornarem trunfos assim notáveis do poder de Cristo. Espero ver as pessoas mais improváveis convertidas em todo este nosso país. A poderosa trombeta será soprada, e grandes pecadores descobrirão que o dia de sua redenção chegou. Do leste e do oeste, os mais distantes hão de se reunir para a festa do amor, enquanto a igreja, atônita e feliz, exclamará: "Essa gente, onde estava?" A igreja não poderia jamais imaginar que Saulo de Tarso, seu grande perseguidor, haveria de ser tornar o seu principal apóstolo. No entanto, assim foi e assim será ainda, enquanto o Rei ocupar seu trono. Ele há de voltar a nós e tirar das fileiras do inimigo os homens mais corajosos, fazendo que dobrem seus joelhos diante da sua majestade. Depois há de recrutá-los para estarem sob o seu estandarte, enviando-os a conquistar vidas e vencer. A presa deverá ser tirada do poderoso, e o cativo será liberto por força da lei. Onde o pecado abundou, a graça, segundo a promessa, será ainda mais abundante. E, no presente caso, a maravilha da graça será mais memorável por causa da singularidade da pessoa que a desfrutar. Possa Deus fazer de você essa pessoa e essa maravilha!

II. O ponto seguinte do que pode ter sido alvo da admiração do nosso Senhor foi o OBJETO DA CONFIANÇA DO CENTURIÃO.

Ele tinha um criado acometido de paralisia, enfermidade que, pelo menos na época, se não hoje, era tida como incurável. O caso daquele criado era ainda mais grave, pois ele se achava também "horrivelmente atormentado". A força de sua constituição lutando contra a paralisia provocava uma agonia incomum. A situação atingira seu clímax, e ele estava a ponto de morrer. Contudo, embora a cura da paralisia fosse coisa de que nunca se tivesse ouvido falar, o centurião acreditava que Cristo podia curá-lo e devolver de imediato a seu criado a saúde perfeita. Sim, eis aqui uma fé capaz de tomar em suas mãos uma impossibilidade e colocá-la de lado. Fé sabedora de que todas as coisas são possíveis para um salvador onipotente. Fé que via em Cristo o Salvador onipotente e, portanto, não levantava nenhum questionamento quanto à sua capacidade ou disposição de Jesus realizar aquela cura.

Caros ouvintes é esse o tipo de fé que eu gostaria que todos nós exercêssemos. Imagino, meu amigo querido, que esta noite o seu caso, o seu pecado, seja como o problema físico do servo do centurião. Você acredita não haver cura para o seu pecado, ou seja, imagina-o imperdoável. Acha também que, se ele tivesse sido perdoado no passado, com certeza você teria voltado para ele, como um cão torna ao vômito. Você olha para o seu caso, portanto, como algo para o qual não existe a menor esperança. Não faça isso, não faça isso! Aquele que pode curar a bebedice de alguém ou a tendência para a luxúria de um outro pode lançar fora qualquer e toda sorte de pecado, e fazê-lo com uma única palavra. Não há transgressão obscura demais que seu sangue não possa purificar de toda mancha, e não há propensão para o pecado forte demais que seu Espírito não controle e destrua afinal. A cura de todo e qualquer caso de enfermidade espiritual é inteiramente possível para ele. O pecador mais tenebroso ainda pode se tornar o mais brilhante dos santos. Talvez esta noite você esteja sentado junto aos portões do inferno, sentindo sua imundície moral, e, no entanto, esta mesma noite você pode não só ser colocado junto aos portões do céu na mais reluzente santidade, como pode ainda, dentro desses portões, ser inserido na perfeição do que é imaculado, com todos os que lavaram suas vestes, tornando-as brancas, no sangue do Cordeiro.

A fé do centurião era essa — ele cria não haver qualquer impossibilidade para Cristo. Depositou por isso o seu criado paralítico nessas mãos graciosas e poderosas. Meu amigo, sua fé, se é para salvá-lo, deve fazer a mesma coisa. Deve pegar você em seu pior estado e mesmo assim crer que Cristo é capaz de salvar até o mais afastado pecador. Seu pecado tem-se agravado — confesse. Seu pecado é em si mesmo imperdoável. A justiça o anota com pena de aço, e não existem lágrimas de arrependimento ou esforço no sentido de corrigir capazes de apagá-lo. Só a graça soberana, fresca no altar do sacrifício expiatório de Cristo, conseguirá dar o basta a esse pecado. Confesse tudo. Você se afastou demais para ter esperança

Bendita admiração

| 431

— confesse. Seu estado natural é realmente perigoso — mas não mortal. Confesse. Considere seu caso tão ruim quanto você consegue conceber — e ele o é. Quando tiver feito isso, porém, diga: "Apesar de tudo isso, creio que Deus em Cristo Jesus pode me perdoar. Descanso a minha alma culpada ao pé da cruz, onde foi feita por Cristo a expiação pelo meu pecado. Creio que Jesus tomou para si e se desfez, ali mesmo, da minha culpa, de modo que tenho paz com Deus". Se você se imagina um modesto pecador, e que é por esse motivo, por causa do seu grau moderado de culpa, que Cristo pode salvá-lo, significa que não entende realmente nada do assunto. Mas se acha, pelo contrário, que seu pecado é grande, abominável, detestável, imperdoável, pode e deve vir a Jesus, por lhe glorificar o santo nome: ao declarar aos quatro ventos ser o principal dos pecadores, mas crendo que ele pode salvá-lo e confiando inteiramente nele para fazê-lo, você demonstra possuir uma fé maravilhosa, que o levará ao céu.

Não é para esquecermos a culpa do nosso pecado e, então, confiarmos em Jesus, mas, sim, lembrarmos do nosso pecado com maior vergonha e dor do que nunca e, no entanto, confiarmos no sangue purificador de Jesus — isso, sim, é fé; isso é a maravilha dos céus. Tem bom ânimo, ó pecador. Se depositar toda a sua confiança no nosso único Mediador, apesar dos seus dez mil vezes pecados acusadores, você é um homem salvo. Oh, que outros como você depositem também sua dependência no mesmo Salvador e perdoador de pecados! Possa o Espírito eterno atraí-los agora para Jesus e lhes dar imediata salvação pela fé preciosa nesse Cristo precioso. A fé é o ponto vital, a única questão necessária. Que ela seja produzida em você agora. A fé pode remover imediatamente as dificuldades que se levantam em seu caminho e abrir para você um caminho reto rumo à glória, pois opera maravilhas, e todas as coisas são possíveis por seu intermédio:

> Ordena que se afastem e dali vão
> Montanhas entre Deus e a alma erguidas;
> De novo une o partido coração,
> Restaura e cura consciências feridas;
> Faz meu pecado, de escarlata cor,
> Ser como a neve, imaculado e alvo;
> Transforma a mim, do pior pecador,
> Em puro anjo de luz, em Cristo salvo.

III. Em terceiro lugar: outra maravilha foi A FORÇA DA FÉ DO CENTURIÃO, QUE O LEVOU A LIDAR COM O CASO DE MANEIRA TÃO EFICAZ.

Ai, ai, a forma banal que assume a crença para a maioria dos homens! Eles a adotam por meio de intermediários ou a copiam e moldam de acordo com o estilo de outra pessoa. Mas o centurião não era assim. Não sei se tinha algum tipo de conhecimento religioso, mas, tendo certamente algum conhecimento das Escrituras, comprovou que Jesus Cristo era justamente aquele que revelava ser — o Messias, o Filho de Deus e Salvador dos homens. Tendo chegado a essa conclusão, na mesma hora confiou em Jesus de verdade, não apenas da boca para fora. E, confiando inteiramente no Salvador, agiu com base nessa fé de modo prático e eficaz. Refletiu: "Sou um comandante. Se digo para um soldado "vai", ele vai; se ordeno a outro "vem", ele vem. Mando meu servo fazer determinada coisa, e ele imediatamente a faz. Ora, esse Senhor Jesus é um comandante bem mais superior a mim. Todos os poderes da natureza, pelo visto, devem estar debaixo de sua supervisão e controle. Ele só precisa dizer uma palavra, pelo que eu soube, e as coisas acontecem. Se mandar o céu se revestir de negro, ele adota o próprio luto; se mandar as nuvens desaparecerem e o sol brilhar imóvel, o sol o reconhece como seu Senhor e de bom grado o obedece e lhe presta honrarias". De acordo com as regras de argumentação, o centurião deve ter sido levado a essas conclusões. Sua mente prática fez então uso imediato da dedução: que Jesus é capaz de fazer sua própria vontade com uma só palavra. E nada mais é a conclusão lógica a que você e eu também chegaríamos de sua natureza e ofício. E que Jesus está sempre pronto a exercer esse poder fica claro pelo caráter e atitudes do centurião. "Se é assim, então", resolveu o centurião, "só preciso ir até ele e lhe pedir pelo meu criado.

Sei que seu benigno coração irá se comover com a minha triste história, e ele só terá de dizer uma única palavra; então, por pior que seja o estado do meu criado, sei que receberá a cura na mesma hora. Serei então o mais feliz amo de um criado para sempre curado!" Raciocínio correto, que trata o fato como fato, e não, como costumamos fazer com frequência, como se fosse uma ficção cristã. Esse soldado piedoso não era, portanto, um mero teórico nem o detentor superficial de um credo nada prático, mas um praticante da palavra, um crente genuíno do que considerava ser a verdade.

Oro para que cada um aqui presente possa ser capaz de levar o evangelho a sério, tratando-o como um fato. Peço a Deus que nenhum de vocês use de gracejos ou brinque com ele, nem o considere mera sutileza de consideração de doutrinadores ou tema de discussão para teóricos e homens que não fazem mais que pensar e discutir. Oro para que vocês façam da única coisa necessária o primeiro e mais verdadeiro interesse de sua vida. Se existe algo real, é com toda a certeza a salvação eterna. Sua condição diante de Deus não pertence ao reino da imaginação, mas ao senso comum, prático, à vida diária dos homens. Vejam bem o que acontece. Vocês infringiram a lei de Deus. São culpados. Deus deve puni-los; a justiça eterna o exige. Mas o Senhor Jesus veio ao mundo para providenciar um caminho pelo qual, sem desrespeitar a justiça divina, o pecado possa ser perdoado. Esse caminho foi a substituição. Cristo ocupou o lugar do pecador, recebeu a punição destinada ao pecador e carregou sobre si a ira de Deus contra os pecadores. Por quais pecadores ele fez isso? Todos. Contudo, só terão acesso a esse caminho os que se arrependam e confiem nele. Eu, então, sendo culpado, venho, me arrependo e confio nele. Tenho excelentes motivos para fazer isso. Ele é Deus, e foi nomeado por Deus para servir de propiciação pelo pecado. Ora, Aquele que é Deus, nomeado por Deus e em quem o Pai se deleita, posso de fato, real e confiadamente, aceitar e nele crer. Meu pecado então se vai; minha iniquidade cessa; sou agora uma alma salva! Raciocinem comigo. Oro para que o Espírito Santo os ajude a fazê-lo. Que seja este o objeto de seu pensamento: "Se eu fosse onipotente como Cristo é, também seria fácil para mim mover uma montanha como se fosse um montinho de terra na entrada de um formigueiro. Portanto, é igualmente fácil para ele levar meus grandes pecados, tanto quanto os pecados, grandes ou pequenos, de qualquer pessoa. Se houvesse um fluido purificador universal, removeria as manchas grandes como as pequenas; então o sangue de Cristo pode purificar meus grandes pecados, bem como os pecados, grandes ou pequenos, de todo mundo. Um golpe de mão, e uma conta está paga. É tão fácil preencher um recibo no valor de quinze mil libras quanto um de dez centavos. Portanto, se Jesus Cristo, que já pagou as dívidas dos crentes, me chamar de perdoado e absolvido, significa que realmente estou. Ele tem poder para fazê-lo, e eu confio no mérito do seu sangue expiatório". Oh, faça isso agora mesmo! Repito: faça isso agora mesmo! Nossos dias, como voam! O seu tempo, como passa depressa! E, com ele, sua oportunidade de vir a encontrar misericórdia! Não parece que foi há muito tempo que estivemos em pleno inverno? E já nos aproximamos do dia mais longo do verão. Mais um pouco e as asas do tempo logo nos transportarão de novo para os meses de geada e neve. Quanto tempo você permanecerá imóvel entre duas opiniões? Essa demora durará para sempre? Pretende passar a vida inteira ouvindo sobre essas coisas sem nunca aplicá-las? Eu lhes suplico, pelo tempo que voa, pela certeza da morte de cada um de vocês e por sua ignorância quanto ao instante marcado para que isso aconteça: busquem o Senhor enquanto se pode achá-lo, invoquem-no enquanto ele está perto. Tomem posse da vida eterna. Como o centurião, venham e depositem sua confiança em Jesus para salvá-los. Por mais maravilhosa que seja sua fé, a honra deve ser toda dele, e a glória, do seu bendito nome.

IV. Outro ponto admirável na fé do centurião é QUE ELE NÃO PEDIU UM SINAL.

Alguns dos grandes homens de outrora, quando Deus estava prestes a lhes cumprir uma promessa, precisaram ser fortalecidos com um sinal. Gideão foi um homem de grande fé. Contudo, necessitou primeiro ter um velo de lã molhado de orvalho enquanto tudo em volta permanecia seco, e depois ver o velo de lã seco enquanto a eira ficava molhada, como sinais de Deus. Precisou também ouvir o sonho do soldado em que um pão de cevada rolava sobre as tendas dos midianitas. Precisou receber sinais e maravilhas, ou seu coração desfaleceria. Com vários homens, o desejo por sinais e maravilhas tem sido uma grande barreira à fé simples. Ora, o centurião não disse como teria dito Naamã: *Pensei que ele viria ter comigo e*

BENDITA ADMIRAÇÃO | 433

passaria a mão sobre o lugar e curaria o leproso (2Rs 5.11) . Não, ele não precisou que Jesus fosse à sua casa para dizer uma palavra de cura, ou fizesse uma oração pessoalmente, ou nem mesmo tocasse o enfermo com a mão. "Não, mestre", disse ele, "não há necessidade de que venhas. Meu criado está longe, deitado em seu leito de dor e prestes a morrer. Tu não precisas te mover um milímetro sequer; dize uma palavra, e ele será curado. A distância não é nada para ti. Tua palavra a quilômetros de distância pode curar tão bem quanto o teu toque". Oh, que majestosa fé! Não quer nenhum sinal visível; seus olhos espirituais contemplam o invisível, e seu coração está determinado e confiante no Senhor. A fé resoluta não requer nenhuma muleta. O centurião não exige nada, apenas pede que o mestre diga uma palavra. Não creio que esperasse *ouvir* o Senhor proferindo essa palavra, pois em Lucas encontramos que o centurião não falava com Jesus face a face, mas por intermédio de amigos, pois não se julgava digno nem de comparecer à sua presença. Talvez se lembrasse da expressão do salmista, que diz: *Enviou a sua palavra, e os sarou, e os livrou da destruição* (Sl 107.20). Buscava a mesma palavra criadora e onipotente para a restauração de seu criado.

Transfiram a situação, irmãos, para a vida de vocês. Oro ao Espírito Santo para que muitos aqui possam ter a fé que não anseia por sinais e maravilhas. "Eu poderia crer que fui salvo", diz alguém, "se sentisse uma tremenda obra da lei dentro do meu coração. Ouço falar de outros que têm estado a pique de se desesperar, que têm sido tentados a cometer suicídio. Se eu me sentisse como essas pessoas, então poderia pensar que há graça para mim". Ah, pobre criatura simplória. Não sabe o que diz. Alegre-se por ser liberto de coisas assim terríveis, pois, se alguns as deixaram para vir a Cristo, receio que outros foram por elas conduzidos ao laço e a algum tipo de morte. Não deseje os horrores do inferno, mas aceite a terna misericórdia do nosso Deus por meio da qual a Aurora que vem do alto nos tem visitado. Pavores e terrores, se você os experimentou ou não, em nada o ajudariam. Creia-me, fariam na verdade o oposto. "Ora", diz outra pessoa, "eu gostaria de experimentar uma sensação extraordinária. Se por causa do sermão desta noite eu fosse abalado, como ouço falar que tem acontecido a irmãos em alguns reavivamentos; se eu sentisse alguma notável emoção física, mental ou espiritual, como nunca experimentei, então diria que era o dedo de Deus". Meu caro ouvinte, para que tanta insensatez? Diz a Palavra de Deus que, se você confiar em Jesus Cristo, está salvo. A Palavra de Deus não lhe basta? Você não aceitará a garantia de Deus sem que aconteça isso ou aquilo como condição para o seu Salvador? Alguns de vocês falam e agem como se o grande Deus tivesse de fazer o que vocês querem ou então não creem. Conheço pessoas que cultivavam o hábito de doar comida e outros bens aos pobres na época do Natal, mas desistiram porque quem vinha receber os presentes ficava escolhendo e fazendo exigências. Uma mulher chegou a devolver seu pernil porque queria um pedaço de carne para cozinhar, e ou ganhava seu pedaço de carne ou preferia não levar nada. Não me admiro se pessoas caridosas, impossibilitadas de fazer o bem que querem fazer com aquilo que lhes pertence, parem de distribuir doações. A razão ensina que, ao recebermos benefícios, não podemos dar ordens aos nossos benfeitores. Ao salvar a sua alma, Deus terá de permitir que um mendigo espiritual como você exija o modo pelo qual isso deveria acontecer? Você dá detalhes precisos disso e daquilo, ou então não consentirá em ser salvo, é assim? Que orgulho mais pretensioso! Envergonhe-se, por favor, de se entregar a tal arrogância. Nem exija mais provas da confiabilidade de Deus sob a forma de sentimentos e emoções. A palavra de Deus é digna da sua total confiança. Se você experimentar esses sentimentos memoráveis, de que lhe valerão se os encarar como uma pessoa sensata, e não como um fanático? Se acontecer de você encontrar um anjo esta noite e ele lhe disser que você vai para o céu, não haverá motivo algum para lhe dar crédito, a menos que você creia em Jesus Cristo. Um anjo que lhe desse qualquer conforto enquanto você permanecesse um descrente não seria um anjo, mas um demônio, mesmo que brilhasse como um anjo de luz. Mas, se você crer no Senhor Jesus Cristo e for batizado, tem a palavra de Deus como penhor de que está salvo. Nesse caso, para que você vai querer a palavra de um anjo? A palavra do Senhor Jeová já não é suficiente? O testemunho de uma criatura é necessário para tornar a palavra de Deus digna de crédito? "Bem", dizem outros, "mas, se pudermos ter sonhos notáveis, podemos ser consolados", Ora, o que poderá assegurar sua alma da salvação pelos movimentos vãos e brincalhões de sua mente quando livres das rédeas da razão? Pode até acontecer de um sonho vir a ser verdadeiro, mas nove entre dez não passam de bobagens. Se a boa doutrina e um conselho sábio acaso forem conduzidos ao coração por um sonho, ele deve receber nossa mais sincera atenção; mas, se a presunção contar com mil visões para fundamentá-la, será sempre perigosa. Seria realmente terrível firmar nossa confiança mediante uma coisa tão frágil como é um sonho. Nada disso. No caso, vocês têm a palavra de Deus, mas não creem nela porque acham que um sonho os ajudaria e lhes confirmaria a confiança. Como se Deus não fosse tão confiável quanto seus sonhos! Não sejam assim tão néscios, mas, como o centurião, declarem: *dize uma palavra.*

Irmãos, devemos aceitar a palavra nua e crua de Deus, revelada em Cristo Jesus, como a base da fé, pois não se deve depender, nem por um instante, de nenhum outro fundamento. Não *seus* sentimentos, mas a promessa *dele* é que deve sustentá-lo. Não consegue concordar com o que estou dizendo? Se o fizer, terá paz. Se vier a Deus desse modo, verá muitos sinais e muitas maravilhas em pouco tempo, melhores do que jamais sonhou. Sua alegria será como um rio, e sua paz transbordará. Mas primeiro você deve se achegar a essas coisas. Venha, considere a palavra de Deus e preste a Cristo a honra de crer nele sem nada para corroborar o que ele diz. Você descobrirá que a bênção o alcançará depois. Esse é um ponto notável na fé do centurião, o fato de ele ter crido sem depender de um sinal.

V. Quinto: um ponto bastante extraordinário na fé desse bom homem era SUA CONVICÇÃO DE QUE CRISTO CURARIA SEU CRIADO IMEDIATAMENTE. *Dize uma palavra, e o meu criado há de sarar* (Mt 8.8).

Normalmente, um combate bem-sucedido contra qualquer doença requer tempo. O cirurgião precisa expulsar de suas trincheiras o demônio da enfermidade, combatê-la de uma defesa a outra, e talvez ainda assim fracasse no intento de desalojar o inimigo. Podem passar meses exaustivos ou mesmo anos antes que algumas formas de enfermidade sejam erradicadas. Mas o centurião creu que a palavra de Cristo conseguiria remover a paralisia, e isso de imediato. Por que não? A onipotência desconhece por completo qual o tempo que seja necessário para impedir o progresso da fatalidade. Para o eterno Deus, o tempo é nada; mil anos são como um dia, e um dia é como mil anos. A fé que salva se apodera dessa verdade, de que Cristo, agora à mão direita de Deus, pode salvar a alma em um instante. O ladrão moribundo não pensava que levaria um mês para obter a salvação. Apenas disse: *lembra-te de mim, quando entrares no teu reino* (Lc 23.42). E a resposta foi: *Em verdade te digo que hoje estarás comigo no paraíso* (Lc 23.43). Salvo naquele mesmo dia, naquele mesmo instante. O perdão do pecado não resulta de semanas de jejum, meses de arrependimento, anos de mortificação. Os olhos do pecador se fixam em Cristo, e seu pecado desaparece de pronto.

> No momento em que o pecador crer,
> Confiando em seu Deus crucificado,
> O perdão imediato vai receber,
> Pelo sangue de Cristo libertado.

O novo nascimento de nossa alma, a regeneração de nossa natureza pelo Espírito Santo, não é obra para longo espaço de tempo. Em um instante, o Espírito de Deus visita nosso coração e o transforma de pedra em carne. Pode parecer que falo sem pensar, mas falo as palavras da verdade e da sinceridade quando digo que, se o Senhor liberar agora o seu poder, os pecadores sentados nestas galerias ou nesta plateia poderão ser salvos antes que o relógio emita o próximo "tique-taque". Quem poderá deter o Senhor e dizer do que ele é capaz ou não de fazer? A ele são possíveis todas as coisas. Por isso, repetimos, se cada um de vocês esta noite for conduzido a depositar sua confiança em Jesus, o que eu disse ser possível há de ser literalmente realizado. Sairão todos daqui salvos e louvando: *Bendito o nome do Senhor que nos tirou da terrível destruição, dum charco de lodo, e pôs os nossos pés sobre uma rocha, e pôs em nossa boca um cântico novo, e firmou os nossos passos!* (Sl 40.2). Que assim o faças, ó bom Senhor, para que teu nome seja louvado!

VI. Outro ponto de admiração: O TEMPO TODO, A PROFUNDA HUMILDADE DO CENTURIÃO FOI NOTÁVEL, MAS ESSA HUMILDADE, EM VEZ DE ENFRAQUECER, SÓ FEZ FORTALECER SUA FÉ.

BENDITA ADMIRAÇÃO | 435

O orgulho é parceiro da presunção, mas a humildade é companheira da confiança. Aquele que pensa só necessitar de um pouco de graça e poder para ser salvo, que se julga, se não tão bom quanto qualquer um, melhor que a maioria, não pode crer realmente. Talvez seja capaz de presumir, mas incapaz de acreditar. A presunção, sem dúvida, cresce bem no solo do seu coração, mas somente um coração quebrantado se torna um coração crente, e o coração seguro deverá primeiro ser um coração humilde.

O centurião prestara bons serviços aos judeus. Amava a nação deles e até lhes construíra uma sinagoga. Tinham-no em alta estima, enquanto ele mesmo se considerava em baixa conta. Por isso, declarou: *Senhor, não sou digno de que entres debaixo do meu telhado* (Mt 8.8). Ou seja: "Não só não sou digno da bênção que peço, como não sou digno de que entres em comunhão comigo a ponto de pisar o meu chão". Profundamente humilde era esse homem, e é em espírito de humildade que você também poderá se tornar um crente. Tenho conhecido muitas pessoas que, ao experimentar a consciência do próprio pecado, dizem na mesma hora: "Não sou digno de crer em Cristo". Imaginam, então, que se tivessem menos pecados poderiam crer? Não é nada disso. Se sua consciência do pecado for um obstáculo para sua fé, sua consciência da justiça há de ser uma barreira infinitamente maior. Acreditar que devo ser salvo porque não sou pecador não é fé; mas saber que sou um dos piores pecadores, culpado e vil, e mesmo assim depositar minha confiança em Jesus — isso, sim, é fé. Quando contemplo meus pecados, contemplo também a cruz. Dificilmente será sinal de fé afirmar que estou em paz porque tenho sido útil a Deus e o Espírito Santo tem me ajudado a fazer alguma coisa pela igreja. Isso é ver, não crer. Mas, se enxergo as minhas imperfeições, lamento minhas loucuras, ponho a boca no pó e digo que, "apesar de tudo isso, sei em quem tenho crido e estou bem certo que é poderoso para guardar o meu depósito" — isso é fé. Oro a Deus para que vocês consigam exercitá-la todo dia. Se meus pecados fossem piores do que são, ou se eu fosse capaz de ter uma compreensão mais profunda deles, ainda assim me regozijaria no fato de que ele pode salvar o pior pecador dentre aqueles que se achegam a Deus por seu intermédio. Dessa rocha de confiança, minha alma jamais será removida.

Irmãos, não pensem que para ter fé em Cristo precisam aceitar a ideia de que existe uma coisa boa em vocês capaz de recomendá-los. Se a sua confiança se inclina para o seu eu, estão navegando em direção errada. Fé é chegar totalmente cego a Cristo e crer que ele pode lhe abrir os olhos. É aproximar-se pobre dele e crer que ele há de torná-lo espiritualmente rico. É achegar-se a ele como quem não tem nada de seu e aceitar o que ele tem como seu para sempre e sempre. Na verdade, é ver a morte estampada no seu ser e encontrar vida nele; a corrupção presente em sua melhor justiça e considerá-la lixo e refugo — aceitando então Jesus Cristo como sua única sabedoria, justiça, santificação, redenção e seu tudo.

Acabo de expor, creio eu, o que é a fé de um modo tão simples quanto permite o meu conhecimento. Contudo, por mais simples que possa ser essa declaração, se alguns de vocês crerem, haverá glória para Deus nisso, pois nenhum homem jamais crê senão quando o Espírito Santo o leva a fazê-lo. "Como?", questiona alguém. "É tão simples assim?" Permitam-me observar que é justamente a simplicidade da fé que a torna difícil. Se fosse complicada, muitos a experimentariam. Mas, por não ser outra coisa além de "creia e viva", corações orgulhosos não se rendem facilmente a ela. Singela como as cinco vogais da soletração, os homens não conseguem, no entanto, compreendê-la porque seu orgulho parece precisar rodeá-la de mistério. Os homens gostam de se mostrar sábios, por isso se surpreendem com aquilo que até uma criança é capaz de entender. O que se pede para que um homem conheça a Cristo é que extirpe de si a vaidade da sua própria educação formal. O que ele pensa ser sapiência deve lhe ser afastado, para que possa se tornar uma criança, sentar-se aos pés de Jesus e nele confiar, tal como uma criança acredita na palavra do pai.

O que a maioria de vocês deverá desejar não é ser exaltado, mas diminuído; não é melhorar, mas sentir que não está bem. Essa é a questão principal que a maioria de vocês deverá buscar. O que o tornará pronto para Cristo não é, em sua própria avaliação, ser o melhor, mas, sim, estar completamente perdido. É disso que realmente você precisa, e, quando o obtiver, creio que então, com alegria, tomará posse dessa bênção, desse caminho simples de salvação, adequado para o mais vil e, ainda assim, apropriado para a maioria. Como alguém já disse uma vez, apropriado tanto para pobres velhinhas em seu leito de morte quanto para filósofos os mais profundos. Justo para o pobre e para o rico, para mim e para você. Oh, que você saiba fazer do Senhor o seu castelo forte. Que meu Senhor e Mestre se maravilhe também com a fé de vocês, amigos queridos. E, mesmo que vocês na verdade nada tivessem ao entrar neste Tabernáculo, que possam sair daqui regozijando-se porque o Senhor os visitou e os ajudou a crer em seu nome.

47

O CENTURIÃO,
OU: UMA EXORTAÇÃO AOS VIRTUOSOS

E chegando eles junto de Jesus, rogavam-lhe com instância, dizendo: É digno de que lhe concedas isto; porque ama à nossa nação, e ele mesmo nos edificou a sinagoga. Ia, pois, Jesus com eles; mas, quando já estava perto da casa, enviou o centurião uns amigos a dizer-lhe: Senhor, não te incomodes; porque não sou digno de que entres debaixo do meu telhado; por isso nem ainda me julguei digno de ir à tua presença; dize, porém, uma palavra, e seja o meu servo curado. Pois também eu sou homem sujeito à autoridade, e tenho soldados às minhas ordens; e digo a este: Vai, e ele vai; e a outro: Vem, e ele vem; e ao meu servo: Faze isto, e ele o faz. Jesus, ouvindo isso, admirou-se dele e, voltando-se para a multidão que o seguia, disse: Eu vos afirmo que nem mesmo em Israel encontrei tamanha fé (Lc 7.4-9).

Este centurião, sem dúvida, desfrutava de boa reputação. Possuía, além disso, dois traços de caráter que não se encontram com frequência em harmonia. Mesmo tendo conquistado o respeito das pessoas à sua volta, tinha baixa autoestima.

Há quem se tenha em baixa conta com razão, já que todo mundo concordaria com essa avaliação. Outros há que se acham grande coisa, mas, quanto mais são conhecidos, menos são louvados; quanto mais inclinam a cabeça para o alto, mais o mundo se ri deles com desprezo. Não é tampouco incomum que os homens pensem grande coisa de si mesmos pelo fato de que o mundo os elogie ou exalte, de modo que se revestem de orgulho e se cobrem de vaidade por terem conseguido, justa ou injustamente, conquistar uma opinião favorável a eles. São bem poucos, porém, os que apresentam a feliz combinação do personagem do texto em foco. Os anciãos dizem ser o centurião um homem digno. Ele, porém, afirma de si mesmo: *Senhor, eu não sou digno* (M 8.8)!. Elogiam-no por edificar uma casa para Deus, mas ele não se julga digno de que Cristo entre debaixo do telhado de sua morada. Defendem seu mérito enquanto ele proclama o próprio demérito. De modo que acaba apelando para o poder de Cristo independentemente de qualquer coisa que pudesse sentir ou pensar de si mesmo. Oh, que você e eu possamos ter essa bendita combinação também em nós: conquistar a elevada opinião dos outros pela nossa integridade, retidão e determinação de caráter, mas, ao mesmo tempo, caminhar humildemente com nosso Deus!

São três itens sobre os quais desejo discorrer esta noite. Possa Deus torná-los proveitosos para nossa edificação. Primeiro, *temos aqui um caráter elevado*; segundo, *temos aqui uma profunda humildade*; e, terceiro, não obstante essa profunda humildade, *temos aqui uma fé muito poderosa.*

Para começar, então, caros amigos, temos aqui UM CARÁTER ELEVADO. Passemos agora a examiná-lo por inteiro, para, em seguida, lhe darmos o merecido destaque como exemplo para nós.

Ao pregarmos Jesus Cristo para os maiores pecadores, por vezes temos tido a impressão de que alguns, que apresentam um comportamento moral e reto, se imaginam excluídos. Não devem, no entanto, pensar assim, nem é justo que tirem essa conclusão. Temos ouvido murmúrios de alguns afirmando que quase gostariam de ter sido mais libertinos e dissolutos nos dias em que ainda não haviam sido regenerados, para que pudessem passar por um arrependimento mais profundo e serem testemunhas de uma mudança mais palpável e completa, a fim de jamais ter motivos para dúvidas quanto ao triunfo da graça em sua experiência. Alguns deles dizem: "Chego a desejar que tivesse rastejado no atoleiro do pecado. Não que o ame; pelo contrário, eu o desprezo. Mas, quando viesse a ser resgatado de tal curso de vida, a mudança seria tão óbvia e visível que eu jamais ousaria me perguntar se sou realmente um homem transformado ou não. Poderia então sentir e ver a evidência disso em minha rotina e conversas diárias". Queridos amigos, se alguma coisa que dissemos os levou a esse engano, sentimos muito por isso: jamais foi essa nossa intenção. Embora escancaremos os portões da misericórdia para que o maior blasfemo, o mais impuro e o mais devasso não fique sem esperança, nunca pretendemos fechá-los na face daqueles que foram criados em relativa justiça e, graças à providência divina e, por vezes, uma boa educação, mantiveram-se afastados de vícios mais grosseiros. Pelo contrário, achamos que ao abri-los para os piores, haveria, sem dúvida, lugar para os menos maus. Se a arca de Noé aceitou o impuro, com certeza o puro não teria motivo para não entrar. Se Jesus Cristo foi capaz de curar aqueles que se encontravam em avançado estágio de qualquer que fosse a enfermidade, é de concluirmos que, com toda a certeza, seria capaz de curar aqueles que, embora enfermos, poderiam não estar em estado tão avançado de sua doença. Também uma pequena reflexão nos pode perfeitamente fazer concluir que o arrependimento dos contritos não é regulado pela extensão de seus atentados contra aquilo que se chama de código moral.

Uma coisa é analisarmos o pecado em sua aparente torpeza, e outra coisa, bem melhor, é termos os olhos do entendimento iluminados para vermos o pecado em sua infinita malignidade, tal como se revela à luz da pureza e da perfeição celestiais, procedentes do trono de Deus, ou se reflete no Calvário, onde o sacrifício maravilhoso de Cristo foi oferecido. Ou vocês acham que o sepulcro caiado do coração de um fariseu seria menos desprezível para o Todo-poderoso que a perdição explícita da vida anterior de Maria Madalena? Ou, em termos de experiência, poderia a lembrança de mil devassidões causar tamanho sentimento de contrição quanto a visão do Crucificado? Ó amigos, permitam-me lembrá-los das palavras de Jesus: *E quando ele* [o Espírito da verdade] *vier, convencerá o mundo do pecado, da justiça e do juízo; do pecado, porque não creem em mim...* (Jo 16.8,9). Nesse único pecado de descrença, concentra-se tanta maldade que poderia superar em volume os crimes de Sodoma e Gomorra e tornar, por isso, tais cidades mais desculpáveis no dia do juízo do que Cafarnaum, que presenciou a olhos vistos as obras poderosas de Cristo e nem assim se arrependeu. O pecado da descrença é tão terrível que os gemidos de toda a criação não passam de suspiros piedosos a deplorá-lo, e rios de lágrimas são apenas um pequeno tributo a lamentá-lo. No entanto, como os erros sempre acabam vindo à tona e os mal-entendidos sempre têm seu lugar, vamos dar uma palavra com relação ao caráter elevado das pessoas *aos olhos dos homens*.

Esse tipo de caráter pode ser desenvolvido por seres humanos que se encontrem em qualquer condição. O centurião era um soldado romano — condição geralmente não muito propícia à excelência moral, muito embora encontremos no exército romano alguns dos cristãos mais brilhantes que já existiram. Ainda por cima, era soldado de um país estrangeiro dominador em Israel — sendo pouco provável, por isso, que sua posição contribuísse para garantir o apreço dos judeus. Estava ali como participante de um poder que conquistara a Judeia e a tratava com grande crueldade. Mais ainda, estando no comando de soldados, era natural que cada ato de violência pessoal dos seus comandados lhe fosse reportado e cobrado. O que quer que fosse feito por um ou mais de seus cem subordinados, seria relatado e cobrado pelas autoridades judaicas ao comandante, de forma que se encontrava em condição de particular dificuldade. Todavia, apesar dos preconceitos, rancores e má vontade despertados pelo domínio romano, sua disposição gentil e conduta bondosa pessoais lhe haviam feito ganhar a confiança e estima de muitos judeus. Dele, os anciãos, representação das mais elevadas e respeitadas entre o povo judeu, disseram, literalmente, a Jesus: "Ele é digno".

Que ninguém aqui, portanto, se desespere! Como quer que estejamos agora colocados, um caráter nobre pode ser por nós adquirido. Vocês podem servir a Deus nas condições as mais adversas possíveis. Podem levar seus adversários a ter de reconhecer a excelência existente na vida de vocês. Podem se apresentar sem culpa diante dos homens e andar eretos diante de Deus. De tal modo que quem os observar esperando testemunhar uma vacilação qualquer de sua parte irá morder os lábios de decepção, por não poder ter uma única palavra a dizer contra vocês, senão, pelo contrário, mencionar sua fé em seu Deus e Rei. Que homem algum agora aqui, onde quer que possa ser depois enviado — e apesar de vir a estar

O CENTURIÃO, OU: UMA EXORTAÇÃO AOS VIRTUOSOS | 439

rodeado por aqueles que o tentem ou ameacem —, perca a esperança, ainda mais se a graça de Deus estiver com ele. Ore como Joabe para encontrar favor aos olhos do seu mestre, e espere a vitória.

Esse centurião parece ter sido, de fato, um homem de grande valor. Não era apenas tranquilo e inofensivo como alguns homens, que são tão insípidos quanto incapazes de representar qualquer risco. Uma reputação elevada não é conquistada a par de nenhum mérito. Ninguém obtém uma boa reputação com indolência e indiferença, ou dissimulação e conversa fiada. Atitude! É isso que se requer. Há mais verdade do que imaginamos no aforismo proferido pelo almirante Nelson na batalha de Trafalgar: "A Inglaterra espera que cada um cumpra com o seu dever". Ninguém, com certeza, há de falar bem de você, a não ser que você aja corretamente. O centurião fazia isso, tanto que outros homens disseram que ele era digno — o que significa que devia ser justo em seus relacionamentos, generoso em seus hábitos; do contrário, não o considerariam dessa maneira.

Dá a impressão, também, de que seu *temperamento pessoal*, além de seu *espírito público*, contribuía fortemente para a estima que lhe tinham. Vocês perceberão, nas circunstâncias em que é trazido ao nosso conhecimento, como seus sentimentos ternos e sua intensa ansiedade são produzidos não em benefício de um filho, mas de um servo, quase praticamente um escravo! Talvez pudesse ser dito simplesmente que o senhor daquele servo lhe dava grande valor; mas, não: a expressão que ele demonstra é de afeição humana pelo criado. Considerava-o, sem dúvida alguma, com bastante estima. A fidelidade do criado pode estar implícita, mas a amabilidade do senhor, em destaque, é o que chama, no caso, mais atenção. Não podemos também deixar passar despercebido que ele, em Mateus, dá ênfase ao fato de que seu criado *jaz em casa* (Mt 8.6), ou seja, sob o seu próprio telhado. Ora, os romanos não ficaram conhecidos por sua generosa bondade para com seus servos. Mesmo no meio de nossa decantada civilização, onde o cristianismo tem exercido influência salutar sobre todas as relações sociais, imagino não ser incomum que em caso de doença grave uma criada deva logo retornar para a casa de sua família. Lamento dizer, mas entre nós não é todo bom patrão ou toda boa patroa cuja gentileza se igualaria à do centurião no sentimento demonstrado pelo criado doente e no conforto a ele propiciado em sua própria casa.

Observemos agora sua *generosidade*. Amigos queridos, não é por feitos ocasionais, de brilho exibicionista, mas pela prática habitual de virtudes atraentes, que se consolida um caráter digno. Mil gentilezas deveriam estar subjacentes, como uma grande raiz de ramificações múltiplas da imensa árvore, ao afirmarem os anciãos que ele *ama a nossa nação*. Logo surge o fruto, manifesto no devido tempo: *ele mesmo nos edificou a sinagoga* (Lc 7.5). Esse exemplo de liberalidade é mencionado, na verdade, como um complemento. Os anciãos judeus não dizem que o centurião romano *ama a nossa nação*, pois *nos edificou a sinagoga* (Lc 7.5), mas, sim, "ama a nossa nação, *e* ele mesmo nos edificou a sinagoga". Esse acréscimo final é um indicativo, um exemplo, certamente, de muitos outros feitos positivos, que lhes haviam conquistado a estima antes que florescesse em uma sólida reputação declarada.

Tenho ouvido todo tipo de homem ser louvado e observado as qualidades que arrancam aplausos da multidão. Os poderosos e os arrogantes têm sempre alguém para louvá-los; e, no entanto, mesmo assim, acho que nunca vi ou ouvi ser elogiado homem algum avarento, alguém que tivesse sido acusado a vida inteira de mesquinharia. Tenha um ser as virtudes que tiver, se lhe faltar liberalidade, generosidade, poucas pessoas, se alguma houver, irão falar bem dele. Permitam-me recomendar a vocês liberalidade em todos os seus atos e benevolência em todos os seus pensamentos. Pode soar como lugar-comum, mas estou convencido de que os pequenos truques no comércio, os pequenos centavos poupados, a suposta astúcia nos negócios são exatamente o que desacreditam um crente. Seria bem melhor se os cristãos pagassem demais do que de menos. É melhor ser culpado de excesso de generosidade do que levar fama de exagerada parcimônia; tornar-se de vez em quando vítima crédula de um enganador do que cerrar as entranhas de compaixão pelo próximo.

Eu buscaria, cristãos, conquistar um caráter nobre. Não consigo entender por que vocês não devam agir assim. Vocês devem incluir a generosidade na escala e arrolá-la na lista de suas virtudes. Um caráter elevado, quando conquistado, é excelente. Digo isso porque alguns poderiam imaginar que, ao pregarmos o evangelho, a necessidade de salvação, estaríamos colocando os maus e os desprezíveis à frente daqueles que andam em justiça. Não é assim. Um bom caráter e uma boa reputação aos olhos dos homens podem nos angariar, como aconteceu no caso do centurião, pensamentos bondosos, palavras bondosas, gestos bondosos, orações bondosas. Os homens hão de orar por você se o virem andando em justiça. Sim, até seu adversário, que de outro modo o amaldiçoaria, descobrirá que a maldição lhe treme na língua. Embora disposto a apresentar sua denúncia com toda a vivacidade, ele há de reter suas palavras, desconcertado com as excelências que você demonstra. Que os cristãos vivam assim, de modo que nunca lhes falte um amigo. Mesmo que transigir, acovardar-se, mentir lhe granjeasse amigos, não valeria a pena. Mas, se à retidão diante de Deus você ainda puder associar afeição e bondade para com as pessoas, lhes conquistará o coração. Façam isso, eu lhes peço. Haverá de chegar o tempo em que a simpatia dessas pessoas lhes servirá de ajuda.

Contudo, lembrem-se, e aqui eu encerro este ponto: por melhor que seja seu caráter, ou por excelente que seja sua reputação, nenhuma palavra a esse respeito jamais deverá ser alegada ante o trono do Altíssimo. Jó podia dizer, como disse, enquanto discutia com seus amigos, "eu não sou ímpio". Podia se vangloriar de suas excelências, como fez. Na presença de Deus, todavia, ele mudou o tom: *Agora veem os meus olhos. Pelo que me abomino, e me arrependo no pó e na cinza* (Jó 42.5,6). Diante do Senhor, devemos todos nos apresentar na qualidade de pecadores. Quando de joelhos, você não tem de que se vangloriar mais do que um homem dissoluto ou que haja pecado contra as leis do seu país. Ali, aos pés da cruz, todos nós necessitamos do sangue purificador de Cristo. Diante dos portões da misericórdia, devemos todos ali bater e sermos alimentados pela mesma mão generosa. Ali não existem graus: entramos pela mesma porta, aproximamo-nos do mesmo Salvador e, por fim — glorificado seja o seu nome! —, sentamo-nos juntos à mesma mesa, quer tenhamos conquistado boa reputação na terra quer não; quer tenhamos nos insinuado no céu, como fez o ladrão, na penúltima hora, quer tenhamos 45 anos de serviço público a nos garantir a aprovação dos homens, como aconteceu com Calebe, filho de Jefoné.

> Em minhas mãos, eu nada carrego,
> Apenas à tua cruz me apego.

Essa deve ser a base comum e a confissão idêntica de todos nós perante o Deus de misericórdia. Que isso sirva de tributo ao elevado caráter do centurião e aos elevados motivos que o exaltam.

II. Em segundo lugar, no centurião vemos, associada à sua reputação elevada e nobre, PROFUNDA HUMILDADE DE ALMA. *Não sou digno de que entres debaixo do meu telhado* (Mt 8.8).

A humildade, então, ao que parece, pode existir em qualquer condição. Existem homens mesquinhos demais para serem humildes. Estão me entendendo? Curvam-se demais, rastejam demais, são furtivos demais, são abjetos demais para serem humildes. Quando usam termos humildes, desgraçam as palavras que empregam. Na mesma hora, se percebe que, para eles, humilhar-se é estar por cima, mais do que estar por baixo. Como poderia ser diferente? Com certeza, não cabe ao verme mais insignificante que rasteja pela terra falar em humildade. Deve estar por baixo: é o lugar adequado que lhe cabe ocupar. O mesmo vale para as criaturas que bajulam e adulam as pessoas: "Como o senhor preferir", "Pois sim", "Pois não", em uma só elocução. Não trazem no interior uma alma que valha a pena ser notada por um gavião. São pequenos demais para serem dignos de observação, mas se dizem humildes. No entanto, para que um homem seja humilde, é necessário ter uma alma: para se curvar, você precisa ter alguma altura da qual se curvar. Você precisa ter alguma excelência verdadeira em si mesmo antes que possa compreender de fato o que significa renunciar ao mérito. Fosse o centurião indigno, fosse mesquinho e opressor, teria dito a verdade quando alegou: *não sou digno de que entres debaixo do meu telhado*; mas não haveria humildade verdadeira em suas palavras. Foi por causa de sua excelência, conforme reconhecida pelos outros, que ele pôde se humilhar na modéstia da opinião que expressou acerca de si mesmo.

Já ouvimos falar de certo monge que, apregoando-se humilde, dizia ter transgredido todos os mandamentos de Deus; que era o maior pecador do mundo, tão ruim quanto Judas. Alguém disse: "Por que nos contar isso? É o que todos nós pensamos a seu respeito há muito tempo!" Na mesma hora, o rosto do santo

O CENTURIÃO, OU: UMA EXORTAÇÃO AOS VIRTUOSOS

homem ficou vermelho e ele atacou seu acusador, perguntando-lhe o que fizera para merecer tal discurso. Conhecemos alguns desse tipo: usam palavras de humildade, mostram-se muito contritos e talvez, em reuniões de oração, vocês os considerem os mais mansos e quebrantados de todos os homens. No entanto, se vocês os tomassem pelo que dizem, na mesma hora afirmariam, como fazem alguns personagens eclesiásticos, estar utilizando uma linguagem em sentido figurado; não queriam dizer o que se imaginava que estariam dizendo, mas algo diferente. Isso não é humildade, mas um tipo de falsa modéstia que anseia incansavelmente por aplauso, proferindo palavras especiais como isca para a armadilha da aprovação.

Nosso centurião era, de fato, humilde. Todo homem o pode ser apesar de sua elevada distinção e mesmo ocupando posição eminente. Eu creio, em minha alma, que poucos homens teriam mais verdadeira humildade que John Knox, pai da reforma protestante na Escócia. No entanto, John Knox nunca bajulava, nunca se curvava. Quando Lutero desafiou os trovões do Vaticano, sem dúvida muitos comentaram quanto fora vaidoso, egoísta e orgulhoso. Em tudo isso, porém, Deus sabia com quão grande humildade Martinho Lutero caminhava a seu lado. Quando Atanásio de Alexandria se levantou e disse "Eu, Atanásio, contra o mundo", na frase podia parecer ressoar o orgulho, mas nela havia, sim, uma humildade verdadeira e sadia diante de Deus, pois queria dizer: "Quem sou eu? Não sou digno de que me deem maior atenção. Por isso, não uso os subterfúgios da covardia para minha segurança pessoal. O mundo que faça o que quiser comigo, a verdade divina é infinitamente mais preciosa do que eu; e eu me entrego, portanto, como oferta sobre seu altar". A verdadeira humildade concorda com o mais elevado cavalheirismo na manutenção da verdade divina, com a ousada declaração do que se sabe, por uma questão de consciência, ser verdade. Embora possa tocar aos cristãos ser *considerados* orgulhosos, que isso nunca seja verdade ou passível de ser provado.

O centurião, embora digno, ainda assim se mostrava humilde. Seus amigos e vizinhos conheciam-lhe a verdadeira natureza por aquilo que dizia e fazia. Pediu que os anciãos fossem em seu lugar, uma vez que não era digno. Então, ao descobrir que haviam pedido um favor grande demais, tratou de detê-los: *não sou digno de que entres debaixo do meu telhado.* Você não precisa dizer às pessoas que é humilde; não há necessidade de fazer propaganda de que é realmente humilde. Que essa sua característica seja descoberta da mesma forma que acontece com o tempero e seu cheiro, ou com o fogo e seu ardor. Se você vive perto de Deus e sua humildade é correta, ela há de se revelar em pouco tempo. Mas o lugar onde a humildade fala alto é o trono de graça. Amados, existem coisas que podemos confessar a nosso próprio respeito diante de Deus, mas seriam inconfessáveis diante dos homens. Existe uma atitude de prostração junto ao trono do Altíssimo que nunca será adotada com a mesma graça pelo homem que rejeita a ideia de se prostrar perante seus semelhantes. Não é a humildade verdadeira que dobra os joelhos diante do trono do tirano: a humildade verdadeira é aquela que, tendo desafiado o tirano face a face, se ajoelha diante do Deus dos céus; ousada como um leão perante os homens, mas mansa como um cordeiro diante de Jeová. O verdadeiro homem, a quem Deus aprova, não se desvia, não ousa fazê-lo, ao enfrentar os homens, pelo amor que tem por seu soberano Senhor. Quando está a sós com seu mestre, no entanto, cobre o rosto com algo melhor do que as asas de anjos. Todo envolto pelo sangue e pela justiça de Jesus Cristo, deleita-se com temor e tremor no fato de estar justificado em todas as coisas agora. Consciente da completa contaminação de sua natureza, porém em prostração profunda da alma, ele se serve do antigo autoclamor dos leprosos para confessar: "Imundo! Imundo! Imundo!" Assim, firma toda a sua esperança no sangue purificador de Cristo e depende só da obediência meritória de Jesus, em quem todo crente santificado confia com exclusividade. Busquem, portanto, tanto quanto estiver em vocês, o caráter elevado que o Cristo deve manter entre os homens. Mas a ele associem sempre a verdadeira humildade, que provém do Espírito de Deus e que nos é necessária na presença do Senhor.

III. O ponto principal a que almejo chegar — por ser, afinal de contas, o mais prático —, acha-se neste terceiro item. Por mais profunda que seja nossa humildade, por mais conscientes que estejamos de nossa própria indignidade, NUNCA DEVEMOS DIMINUIR NOSSA FÉ EM DEUS.

Observem a confissão do centurião: *não sou digno de que entres debaixo do meu telhado.* Qual é a conclusão aqui? "Receio, portanto, que meu servo não será curado"? Não, de modo algum; mas, sim, *dize, porém, uma palavra, e seja o meu servo curado* (Lc 7.7). É um erro imaginar que a grande fé implique orgulho. Amado, quanto maior a fé, mais profunda a humildade. São irmãs, não adversárias. Quanto mais as glórias de Deus lhe saltem aos olhos, mais humilde você se colocará em consciente rebaixamento, porém mais alto subirá em fervorosa oração. Vamos tomar esse princípio e nos esforçar para aplicá-lo a alguns casos: Afirmo que um senso profundo de que não somos nada não é para nos impedir de ter fé forte. Vejamos alguns exemplos.

Há um ministro aqui que tem pregado a Palavra de Deus: ele a tem proclamado de tal modo que Deus parece ter-se agradado desse esforço até certo ponto. Mas talvez haja provocado conflitos, causando certo tumulto, certa confusão, como sempre acontece de alguma forma com o servo fiel de Deus. Apresentando-se então diante do Senhor, tem pedido que uma bênção maior do que nunca possa repousar sobre suas obras. No entanto, alguma coisa lhe retém a palavra; talvez se lembre de suas várias enfermidades, se recorde de como tem negligenciado sua prática devocional a sós com Deus e de como tem sido frio em sua argumentação para com os filhos dos homens. Tem diante de si a promessa: *assim será a palavra que sair da minha boca: ela não voltará para mim vazia* (Is 55.11). Todavia, tão consciente está de não merecer a honra de ser útil que de certa forma receia orar e crer como deveria. Caro irmão, permita-me impingir-lhe o caso do centurião? É certo para você, é certo para mim, dizer: "Senhor, não sou digno de ser transformado no pai espiritual de uma alma imortal". É certo para mim considerar uma honra demasiado grande ter a permissão de pregar a verdade, quase elevado demais que um pecador como eu possa contar com quaisquer joias e presenteá-las ao Redentor para que ele as incruste em sua coroa. Mas oh!, não nos cabe deduzir, por isso, que ele deixará de cumprir a promessa feita a nós e de ouvir nossa oração: "Senhor, dize uma palavra, e, por mais frágil que possa ser o instrumento, a congregação será abençoada. Dize uma só palavra, e o testemunho maravilhoso, embora maculado por mil imperfeições, ainda assim será vivo *e eficaz, e mais cortante do que qualquer espada de dois gumes* (Hb 4.12). Que isso conforte e alegre todo pastor que se sinta desanimado. Que encontre ânimo no que acabo de dizer e compreenda que não é para si mesmo que deve olhar, mas para Deus. Que não é do seu próprio braço que deve depender, mas das promessas de Deus e do braço forte do Altíssimo.

Será, no entanto, que estou me dirigindo a algum irmão ou irmã que se encontra em condição semelhante de perplexidade mental? Durante sua vida, meu caro amigo, você tem abrigado no coração alguns parentes e vizinhos que lhe são muito estimados; ou talvez lecione em uma classe na escola dominical, quem sabe uma classe para adultos, e muitas vezes Satanás o persiga bastante. Quanto mais você se mostra útil a Deus, mais ele o persegue e diz: "Quem é você, para que tenha a esperança de ver alguém convertido? É bem verdade que outros homens e mulheres o têm conseguido, mas eles são bem melhores do que você. Têm mais talento, mais capacidade, servem melhor a Deus, tanto assim que Deus lhes deu uma recompensa maior. Você não deve acalentar a esperança de ver seus filhos salvos. Não conte com isso. De que maneira seu ensino poderia ser útil algum dia?" Amigo, você tem razão em dizer: *Senhor, não sou digno de que entres debaixo do meu telhado.* Quanto mais se sentir *assim*, mais esperança haverá para o seu sucesso. Você está certo em admitir que Davi não esteja preparado para enfrentar o gigante e que os seixos do riacho poderão não constituir armas apropriadas para tal enfrentamento. Mas, oh, não transforme o certo em errado; não desconfie jamais do seu Deus. Não importa quão tolo você possa ser, Deus, já há muito tempo, confundiu os sábios com as coisas tolas. Não importa quão fraco você possa ser, Deus tem derrubado os poderosos por meios e instrumentalidade frágeis demais, e com bastante frequência, antes do tempo presente. Mantenha sua esperança nele, e esta noite, em oração, quando tiver feito suas confissões, em vez de permitir que a fé o abandone, diga: "Senhor, diga uma palavra, e minha classe será abençoada. Diga uma palavra, e aqueles meus alunos adultos, ou aqueles meninos e meninas, teimosos e impertinentes, aqueles a quem falo sempre e que parecem não melhorar nada, serão salvos". Tenha fé em Deus, amado colaborador! O resultado de tudo, debaixo de Deus, dependerá de sua fé. Se você crer em *pouco* sucesso, alcançará pouco sucesso. Mas, se conseguir crer em *grandes* coisas e esperar grandes coisas, com certeza você verá as palavras do seu mestre satisfazendo seu desejo.

O CENTURIÃO, OU: UMA EXORTAÇÃO AOS VIRTUOSOS | 443

Será que agora também estou me dirigindo a pais aqui presentes que vêm orando por seus filhos? Ou a um marido que vem suplicando por sua esposa? Ou a uma esposa que vem intercedendo pelo marido? Só Deus sabe que orações angustiadas são com frequência ouvidas no seio das famílias em que apenas uma parte é salva! Ah!, que dor é para um pai piedoso de verdade ver seus filhos e filhas ainda herdeiros da ira! E que dor saber que aquele a quem você amamentou terá de ser apartado um dia para sempre de você pelo golpe da morte! Não me admira que você ore por seus parentes e amigos; haveria de me admirar justamente se você não o fizesse. Agora, porém, nos últimos tempos, um sentimento de indignidade, ao orar, talvez o venha quase detendo. Embora possa não haver nenhum pecado público em sua vida, embora diante dos outros você esteja conseguindo se defender, tem dito a sós: "Senhor, não sou digno dessa bênção". Ou, então: "Senhor, meus filhos não são salvos porque meu exemplo não é tão bom quanto deveria. Minha conversão não foi tão forte ou sincera quanto deveria". Você tem se sentido, como eu também às vezes me sinto, que não há criatura menor em todo o mundo, nem pessoa alguma amada por Deus, no mundo inteiro, que seja tão grande assombro de ingratidão quanto você. Digo-lhe que está certo sentir-se assim, mas não permita que isso interrompa suas orações. Apresente suas súplicas diante de Deus; dependa do sangue do Cordeiro em seu apelo e da intercessão de Cristo na eficácia da resposta. Não tema. Dedos retesados deixam cair uma carta na caixa do correio, porém a falência da mão a que pertencem não impede que a carta seja postada; há um selo colado nela, e ela há de seguir até seu destino. Seu coração arrasado deixa cair uma oração aos pés de Cristo, mas não pode impedir que sua petição seja ouvida, pois há um selo em cima dela — o sangue de Jeová Jesus. Sua carta pode estar cheia de rasuras e erros de ortografia, e pode haver nela manchas por toda parte; mas não tema, pois Deus conhece a assinatura, por baixo da sua, de seu próprio Filho, e isso atribuirá o devido valor à sua oração. É a assinatura feita com sangue daquele cuja mão foi pregada na cruz que prevalece diante de Deus. Portanto, eu lhe rogo, não dê lugar ao temor. Suas orações retornarão para seu colo com uma resposta de paz.

"Mas eu tenho orado há tanto tempo", diz alguém. Ah!, irmão, não faça como aqueles que limitam o Santo de Israel! Não deixe, irmã, que suas dúvidas prevaleçam. Renove cada um seu apelo a Jesus: "Dize uma palavra; basta que digas uma palavra". Tudo é feito, se pedirmos. A escuridão fugiu de diante de Deus no caos primevo, e à confusão seguiu-se a ordem. Pense: se ele disser *Haja luz* (Gn 1.3) a um coração obscurecido, por acaso não se fará luz ali? Os anos voam conforme suas ordens. Em sua presença, as rochas derretem e as colinas se dissolvem. O Sinai fumega inteiro. E, quando ele avança, trajando as vestes da salvação, não há impossibilidade que o possa deter. Ele pode vencer e conquistar o melhor desejo do seu coração. Portanto, seja humilde, mas não descrente.

Com a permissão de vocês, vou agora transformar o princípio do meu texto em relato em outro sentido. Quanto a vocês, meus amigos, que misericórdias desejam? Se todo homem escrevesse sua oração particular, que grande variedade haveria no papel só ali, na primeira fileira deste Tabernáculo. Se percorrêssemos todas as demais, não seria propriamente como o rolo de Jeremias, com lamentações anotadas de ambos os lados, mas com várias petições do lado de dentro e de fora. Agora imagine qual é o seu caso em particular e o caso das demais pessoas e apliquemos o seguinte princípio a todos: somos absolutamente indignos de receber a misericórdia temporal ou espiritual que talvez estejamos buscando neste momento. Pode ser até que sintamos isso, mas, ao pedir alguma coisa para nós mesmos, temos de fazê-lo com fé em Deus, em sua promessa e em sua graça, e então seremos bem-sucedidos. Este princípio bendito pode servir a todos os tipos de situação. Qualquer que seja o seu desejo, creia apenas, e ele lhe será concedido, se estiver de acordo com a vontade e as promessas da Palavra de Deus. Ou então a Palavra de Deus não seria verdadeira. Seja humilde, mas não tenha dúvida.

O caso que se apresenta aos olhos de minha mente é o seguinte: há uma alma que ainda não foi salva aqui presente esta noite. E acontece que se trata de alguém cujo caráter foi sempre admirável em termos de moralidade. Ninguém encontra nenhuma falta em você; e, como eu já disse, você bem que gostaria que a encontrassem. Não consegue sentir, como acontece com alguns, o temor do Senhor; seu coração não está ainda quebrantado pela convicção, como o de muitos; mas existe um desejo dentro dele: *Senhor, salva-me, ou perecerei!* (Mt 8.25). Que bom, meu caro amigo, que você sinta não haver nada em você capaz de recomendá-lo a Cristo. Fico contente em saber que é esse o seu sentimento. Embora aos olhos dos homens, e até talvez segundo seus próprios pais, não haja nada capaz de fazê-lo envergonhar-se, fico contente em saber que você sente não ter nada do que se vangloriar diante de Deus. Acho que consigo vê-lo agora. Você está pensando: "Mesmo eu frequentando uma igreja, não confio *em nada disso*. Não desisto de frequentá-la, por ser meio da graça, mas não tenho a menor confiança em nada disso. Quanto ao meu batismo, ou à minha profissão de fé, ou ao fato de participar da ceia do Senhor, sei que tais coisas não têm absolutamente nada em si mesmas capaz de salvar minha alma. Eu *amo* as leis de Deus; mas não consigo *confiar* nelas. Senhor, tenho dado de comer aos pobres. Tenho ensinado os ignorantes. Por mim, eu faria qualquer coisa para colaborar com aqueles que necessitam da minha ajuda, mas renuncio a tudo isso como fundamento de fé. Nada tenho de que me gloriar". Ora, meu amigo, resta uma única coisa para lhe dar perfeita paz esta noite, e possa o mestre concedê-la a você! Dirija-lhe a seguinte oração: "Dize uma palavra, e eu serei completo". Cristo pode atendê-lo. A oferta foi feita, o sangue precioso foi derramado, existe uma eficácia poderosa nisso. Ele *pode* afastar seu pecado. Cristo vive para interceder diante do trono e "pode também salvar perfeitamente os que por ele se chegam a Deus". Não duvide, portanto. Em vez disso, ao confiar-se agora a Jesus Cristo, lembre-se de que foi salvo. Não estou mais olhando para o mais vil dentre os vis. Quantas vezes tenho dito que ninguém está fora, a não ser que a si mesmo se exclua. Não há montanha de pecado nem peso de vilania capaz de impedir a entrada de um homem no céu, se crer em Jesus.

Neste exato momento, porém, é *você* que buscamos. Sei que você e outros na mesma situação formam uma classe numerosa. Vocês são, sob alguns aspectos, nossos amigos queridos. Embora não sejam como nós, nos rodeiam. Se algo precisa ser feito pela causa de Deus, vocês são, talvez, os primeiros a participarem. No entanto, vocês próprios ainda não são salvos. Não suporto a ideia de que sejam lançados fora — chegar tão perto dos portões dos céus para, no final das contas, ficar do lado de fora. Por que haveria de ser assim? A voz agora se volta para vocês: o Espírito do Deus vivo fala por intermédio dessa voz. Há vida em um olhar para *vocês* tanto quanto para o principal dos pecadores. Sem convicções firmes, sem terrores da consciência, sem o sentido de qualquer crime grave, se vocês descansarem em Jesus, serão salvos. Não há quantidade alguma de pecado específica, necessária para isso. Vocês se perderam na queda — perderam-se por completo, mesmo sem ter cometido nenhum pecado. No entanto, seu próprio pecado real tem arruinado irreparavelmente sua vida, levando-os para longe da graça de Cristo. Vocês sabem disso, a ponto de senti-lo. Sentirão ainda mais quando passarem a crer em Jesus. Agora, porém, a única mensagem de misericórdia é: "Creiam, e viverão". Tenho a impressão de não conseguir alcançá-los. Minha alma não sairá daqui como eu gostaria, mas vocês sabem que me refiro a seu caso. Quando disparamos nossas armas contra o pecado, mal os atingimos. Vocês se habituaram de tal maneira a nossos apelos que parece inexistir qualquer probabilidade de que consigamos atingi-los. Oh, há alguns de vocês em quem eu não encontraria erro algum, se procurasse. Vocês alegram suas mães, suas famílias, com o tanto que se esforçam, fazem o coração de suas irmãs se regozijar por terem muitas virtudes. Contudo, *uma coisa* lhes falta. Lembrem-se de que, quando a força de uma corrente precisa ser medida, isso é feito levando-se em consideração seu elo mais fraco. Se vocês têm um elo fraco, a união vital está quebrada. Vocês podem ter tudo e mais um pouco, mas só serão filhos da natureza, não filhos vivos.

Só estou lhes repetindo verdades que vocês já conhecem há vários anos, e vocês não refutam tais coisas; em determinadas ocasiões, demonstram até um zelo sincero em relação à sua porção eterna. No entanto, ficam adiando e adiando. Acontece que a morte não se deixa adiar. O dia do julgamento não será postergado. Oh, que sejam arrebanhados agora! Que igreja feliz seremos se pessoas como vocês forem arrebanhadas. Regozijamo-nos pelo principal dos pecadores. Fazemos a igreja retinir quando os pródigos retornam. No entanto, irmãos mais velhos, por que vocês não vêm — vocês que não têm passado o dia inteiro à toa no mercado, mas apenas a primeira hora. Não precisam dizer, ninguém os contratou. Oh, venham para que a casa da misericórdia fique cheia! Deus conceda o desejo do nosso coração, e a seu nome seja tributado todo o louvor. Amém e amém.

A FÉ E A HUMILDADE DO CENTURIÃO

Ia, pois, Jesus com eles; mas, quando já estava perto da casa, enviou o centurião uns amigos a dizer-lhe:
Senhor, não te incomodes; porque não sou digno de que entres debaixo do meu telhado; por isso nem ainda
me julguei digno de ir à tua presença; dize, porém, uma palavra, e seja o meu servo curado. Pois também eu
sou homem sujeito à autoridade, e tenho soldados às minhas ordens; e digo a este: Vai, e ele vai; e a outro:
Vem, e ele vem; e ao meu servo: Faze isto, e ele o faz (Lc 7.6-8).

A maior luz pode penetrar em lugares mais escuros. Encontramos as melhores flores brotando de onde menos seria de esperar. Eis um gentio, um romano, um soldado — soldado investido de poder absoluto —, mas, ao mesmo tempo, um senhor sensível, um cidadão consciencioso, um homem que amava Deus! Portanto, homem algum deve ser desprezado por seu chamado. Que um provérbio do tipo *Pode haver coisa boa vinda de Nazaré?* (Jo 1.46) jamais seja proferido pelos lábios de alguém sábio. As pérolas mais perfeitas são encontradas nas cavernas mais escuras dos oceanos. Por que não haveria de ser assim, que Deus tivesse até em Sardes uns poucos que não contaminaram as suas vestes e que andarão com Cristo trajando vestes brancas, pois são dignos do Cordeiro? Homem algum pense que devido à sua condição na sociedade não possa se superar em virtude. Não se deve culpar o lugar ou a situação, mas, sim, o homem. Se seu coração for reto, mesmo que a condição seja difícil à dificuldade haverá de ser superada. Sim, e dela há de brotar uma excelência que de outro modo jamais se conheceria. Não diga em seu coração "Sou um soldado e no quartel não há como se ministrar às tropas. Portanto, vivo como quero porque não posso viver como deveria". Não diga "Sou um operário trabalhando no meio de blasfemos. Seria vão lhes falar de santidade e piedade". Nada disso. Lembre-se que, em tais casos, é seu dever *não* falar dessas coisas preciosas, mas usá-las como ornamento diário. Onde deve ser acesa a lâmpada, a não ser onde tudo está escuro? Que sua condição não sirva de desculpa para seu pecado, caso nele permaneça, nem de justificativa para ausência de integridade e virtude, se não encontradas em você.

Quanto ao centurião, observemos que talvez nunca tivéssemos ouvido falar nele se não tivesse se empenhado pelo seu servo. Talvez nunca tivéssemos lido a seu respeito não fosse a terna atenção que devotou ao criado. É possível que jamais encontrasse lugar nos registros sagrados, por mais que amasse a nação judaica e lhe tivesse construído uma sinagoga, e que nada soubéssemos dele, embora houvesse se tornado um prosélito da fé judaica. O único fato que lhe confere um lugar nas Escrituras é haver crido no Messias. E tal crente no Filho de Deus que o próprio Jesus disse a seu respeito: *Nem mesmo em Israel encontrei tamanha fé* (Mt 8.10). Esse é o ponto vital. Aqui está, meu ouvinte, o mais importante ponto, que poderá arrolá-lo entre os benditos: se você crê em Jesus Cristo, o Filho de Deus, seu nome está escrito no livro da vida do Cordeiro; mas se não crê, suas excelências exteriores, por mais admiráveis que sejam, de pouco lhe servirão.

A fé do centurião é descrita, tanto no capítulo 8 de Mateus quanto no capítulo 7 de Lucas, que temos à nossa frente, como sendo fé do tipo o mais elevado. Digno de nota, aqui, é que a ela se aliava a mais profunda humildade. O mesmo homem que afirmou *Dize, porém, uma palavra, e seja o meu servo curado* (Lc 7.7) disse também *não sou digno de que entres debaixo do meu telhado*. Ao apresentarmos o exemplo desse incrível soldado, dois pontos principais se levantam, para os quais minha pregação se voltará. Quero guiá-los em direção a essa dupla estrela a brilhar com tão suave esplendor no céu das Escrituras: *a profunda humildade deste homem não era ofensiva à força da sua fé; e sua grandiosa fé não era, de modo algum, hostil à sua profunda humilhação.*

I. Para começar, então, diremos que A HUMILDADE DO CENTURIÃO NÃO ERA OFENSIVA À FORÇA DA SUA FÉ.

Observe as expressões humildes utilizadas no texto. Ele confessou não ser digno de procurar Jesus. *Por isso nem ainda me julguei digno de ir à tua presença* (Lc 7.7), disse. Então, achou-se indigno de que Jesus viesse até ele. "Não sou digno de que entres debaixo do meu telhado". Essa diminuição de si mesmo seria ocasionada pelo fato de que era um gentio? Talvez isso possa ter contribuído. Seria porque ele se penitenciasse de várias atitudes desagradáveis e atos violentos que lhe maculavam a vida de soldado? Pode ser. Não seria mais porque havia feito um sondagem profunda em seu próprio coração e passara a ver seu próprio pecado em uma viva cor? Por que então ele, homem tão digno de acordo com o estatuto dos judeus, considerava-se, na verdade, bastante indigno, segundo sua autoavaliação?

Já devem ter notado, na biografia de alguns homens importantes, como eles falam mal de si mesmos. Robert Southey, em sua *Life of Bunyan* [A vida de Bunyan], parece custar a entender como seu biografado podia usar uma linguagem tão depreciativa em relação ao próprio caráter. Tanto quanto podemos depreender da vida de Bunyan, ele não era, exceto por praguejar de vez em quando com palavras grosseiras, muito pior do que a maioria dos habitantes de uma cidade pequena qualquer de sua época. A bem da verdade havia, pelo contrário, algumas virtudes naquele homem dignas de todo louvor. Southey atribui isso a um estado mental mórbido, mas preferimos reputá-lo a saúde espiritual. Conseguisse o maravilhoso poeta biógrafo se enxergar sob a mesma luz celestial em que Bunyan se via, teria descoberto que o autor de *O peregrino* não exagerava, apenas declarava, tanto quanto possível, uma verdade que superava por completo seus poderes de expressão. A grande luz que brilhou em torno de Saulo de Tarso era um tipo exterior de luz interior, maior que o brilho do sol, que lampeja dentro de uma alma regenerada e revela o caráter terrível do pecado ali existente. Creia-me: quando você ouvir cristãos fazendo confissões abjetas, não significa que eles sejam piores do que os outros; apenas se veem sob uma luz mais clara que as demais pessoas. A indignidade do centurião não se justificava pelo fato de ele ser mais devasso que os outros homens — pelo contrário, é evidente que ele sempre fora muito mais virtuoso do que a maior parte da espécie humana; mas, sim, por ver o que outros não viam e sentir o que outros não sentiam.

Por mais profunda que fosse a contrição daquele centurião, por mais opressivo que fosse seu sentimento de completa insignificância, não duvidou um só instante nem do poder nem da boa vontade de Cristo. A questão da boa vontade, aliás, nem é comentada no texto. O leproso antes dissera *se quiseres* (Mt 8.2). O centurião, todavia, tinha tanta certeza da boa vontade de Cristo para aliviar a humanidade sofredora que nem lhe ocorreu mencioná-la. Havia muito já compreendera esse fato e agora o tomava como certo, como verdadeiro axioma no conhecimento de Jesus. Alguém como o Senhor só poderia estar sempre disposto a fazer todo o bem que lhe pedissem.

Tampouco abriga ele em seu coração qualquer dúvida quanto ao poder do nosso Senhor. A paralisia que afligia o criado era impressionantemente grave, mas isso em nada abalava o centurião. Sentia que Jesus não só podia curá-lo, e de imediato e por completo, como também sem mover um passo sequer do lugar onde se encontrava. Bastava proferir uma palavra e na mesma hora o criado seria curado. Ó gloriosa humildade, quão baixo você se inclinou! Ó nobre fé, quão alto você voou! Irmãos, se conseguirmos imitar esse caráter nobre em ambos os seus aspectos, na profundeza de sua base e na altura de seu cume, quão perto do modelo do templo de Deus teremos nos estabelecido! Vazio de fato ele estava, não tendo nada de seu, sem ser digno de receber, muito menos de abrigar, a ideia de dar alguma coisa a Cristo. Ao mesmo tempo, confiava em que todas as coisas são possíveis com o mestre e que ele tanto pode quanto faz segundo a nossa fé, e de maneira gloriosamente reveladora do seu poder.

Queridos amigos, em especial vocês que andam preocupados com sua alma, vocês que se sentem indignos — este não é um sentimento errado, somos mesmo indignos. Sua indignidade os perturba, mas, se conhecessem melhor o assunto, talvez ficassem ainda mais confusos, pois a preocupação que já têm por

A FÉ E A HUMILDADE DO CENTURIÃO | 447

serem pecadores, embora muito dolorosa, não alcança sua plena extensão: vocês são muito mais pecadores do que pensam, muito mais indignos do que já sabem. Em vez de uma tentativa tola e maldosa de acalmar-lhe os pensamentos obscuros e convencê-los de outra coisa, dizendo "vocês têm ideias mórbidas acerca de si mesmos, não deveriam falar assim", prefiro lhes pedir que creiam que fora de Cristo não há esperança para seu caso. Que, em sua natureza espiritual, a cabeça como um todo está enferma, e o coração como um todo, fragilizado. Quero que não encubram a úlcera horrorosa de sua devassidão como se não tivesse profundidade maior que a da pele. Ela está na fonte, no âmago de sua vida, e lhes envenena o coração. A menos que Cristo intervenha para salvá-los, as chamas do inferno com toda a certeza os envolverão. Na verdade, vocês e eu não temos mérito de tipo ou espécie alguma, nem jamais teremos. Além disso, não temos poder para fugir de nossa condição perdida sem a mão poderosa do Salvador a nos ajudar. Sem Cristo, vocês nada podem fazer e são de uma pobreza arrasadora. Encontram-se em uma falência desesperada e não podem, mesmo por meio da mais extremada diligência, se transformar em pessoas diferentes das que são. Nenhuma palavra que eu possa pronunciar será capaz de exagerar sua condição deplorável, e nenhum sentimento que vocês possam experimentar conseguirá representar seu verdadeiro estado em cores que se possam considerar por demais alarmantes. De fato, vocês não são dignos de que Cristo se aproxime de vocês, nem de se aproximarem dele.

Contudo, e aqui está um contraste glorioso, nunca deixem que isso, nem por um instante, interfira em sua crença de que Aquele que é Deus, mas se investiu de nossa natureza, Aquele que sofreu em nosso lugar na cruz, Aquele que hoje governa nos altos céus, seja capaz de fazer, e esteja disposto a fazer, algo por vocês, excedendo em abundância mais do que vocês pedem ou até pensem. Sua incapacidade, nossa incapacidade, não pode impedir seu poder de operar. Nossa indignidade não consegue pôr freios em sua dádiva nem limites em sua graça. Vocês podem ser pecadores dignos de tudo que haja de pior, mas isso não é motivo para que o Senhor seja incapaz de perdoá-los. Vocês podem ser, segundo sua própria opinião, e com toda a razão, os seres mais infames sobre os quais ele já haja se inclinado para abençoar; todavia, isso não é motivo, de modo algum, para que ele não possa condescender em estreitá-los em seus braços, em aceitá-los e salvá-los. Quero, portanto, que, assim como a primeira verdade ficou gravada fundo em você, a segunda, com igual intensidade, se apodere de seu coração: Jesus Cristo é "capaz de salvar até os casos mais extremos que se aproximam de Deus por seu intermédio" e, assim como é capaz, também está disposto a fazê-lo. O vazio que vocês experimentam na alma não afeta a plenitude dele; a fraqueza que sentem não altera seu poder; a incapacidade que detêm não diminui sua onipotência; a solidão em que vivem não impede seu entranhado amor, que se move com total liberdade na direção exata do mais vil entre os mais vis dos homens.

Satanás quase sempre opera, por determinados meios, da seguinte forma: quando temos uma pequena esperança, em geral ela se fundamenta em nós mesmos, na ideia vã de que estamos melhorando por nós mesmos. Um conceito danoso, esse, da carne cheia de orgulho, a impedir a cura e que o Cirurgião corte fora a gangrena. Não se trata de um indício de cura, mas de um empecilho à sanidade. Por outro lado, se alcançamos um sentido profundo do pecado, o Maligno opera de modo que ponha a pata nele e insinue que Jesus não é capaz de nos salvar do jeito em que nos achamos. Uma grande mentira, sem dúvida; pois quem há de dizer qual o limite do poder de Cristo? No entanto, caso se encontrem o completo senso de pecado e a crença inamovível no poder de Cristo para lutar contra o pecado e vencê-lo, com certeza o reino do céu chegará a nós em poder e verdade. E de novo se dirá: *Em verdade vos digo que a ninguém encontrei em Israel com tamanha fé* (Mt 8.10).

Quanto aos que vivem de coração atribulado, tenho uma palavra para vocês, antes de passarmos para outro tópico. Seu sentimento de indignidade, se bem utilizado, deveria conduzi-los a Cristo. Vocês não são dignos, mas Jesus morreu pelo indigno. Jesus não morreu por aqueles que professam ser bons e merecedores por natureza, pelos que acham que não têm necessidade de um médico. Está escrito: *Cristo morreu estando nós ainda fracos, a seu tempo pelos ímpios (Rm 5.6). Cristo morreu* por quê? Por nossos méritos e virtudes? Não: "por nossos *pecados*, segundo as Escrituras". Lemos que *Cristo morreu uma só vez pelos pecados, o justo...* (1Pe 3.18) pelo justo? De modo algum, mas "o justo *pelos injustos*", para levar-nos a Deus. A farmácia do evangelho destina-se ao doente; o pão do evangelho é para o faminto; a fonte do evangelho está aberta para lavar o impuro; a água do evangelho é para o sedento. Se você acha que não precisa, não deve receber; mas, se você quer, pode se achegar com total liberdade, que receberá.

Que seus grandes e sofridos anseios o levem a correr para Jesus. Que os imensos anelos do seu espírito insaciável o constranjam a vir a ele, em quem toda plenitude habita. Sua indignidade deve agir como asas transportando-o a Cristo, o único Salvador do pecador. Deve também ter o efeito de impedi-lo de se encher de escrúpulos e fazer exigências descabidas, que, na verdade, não passam de enorme empecilho para que encontremos a paz. O espírito orgulhoso, por exemplo, diz: "Preciso ver sinais e maravilhas, ou não crerei. Preciso sentir convicções profundas e tremores horríveis, preciso estremecer por causa de sonhos ou textos ameaçadores aplicados a mim com incrível poder". Ah, homem indigno, se você for humilde de verdade, não ousará pedir tais coisas. Porá fim às suas exigências e especificações, clamando: "Senhor, dá-me apenas uma palavra, profere uma palavra apenas de promessa, e será suficiente para mim. Dize-me apenas *teus pecados estão perdoados* (Lc 5.20). Dá-me apenas uma palavra gentil de encorajamento que afogue meus temores, e eu crerei e nela descansarei". Desse modo, seu senso de indignidade deve conduzi-lo a uma fé simples em Jesus e impedi-lo de requerer tais manifestações, que somente o tolo anseia e solicita com tanta impertinência.

Amados, resumindo: vocês são tão indignos que foram excluídos de toda e qualquer esperança, mas não de Cristo: todas as demais portas estão cerradas para vocês. Se há alguma coisa a ser feita no seu caso para alcançar a salvação, vocês não podem de maneira alguma fazê-la. Se for necessária alguma aptidão, saibam que vocês não a têm. Cristo vem a vocês e lhes diz que não há nenhuma aptidão necessária para se aproximar dele, mas que, se confiarem nele, ele os salvará. Parece que ouço você dizer: "Então, meu Senhor, já que cheguei a isso,

> Se só me resta arriscar a tentar,
> Estou decidido então a provar;
> Pois se ficar longe de ti, eu sei
> Que com toda a certeza morrerei.

"E assim", diga você, "afundando ou nadando, sobre tua preciosa expiação lanço minha alma culpada, convencido de que és capaz de salvar até alguém como eu. Estou tão absolutamente convencido da benignidade do teu coração que sei que não lançarás fora um pobre pecador temeroso, que vem a ti e te toma como a única base de confiança que possui".

II. Quero que você me acompanhe agora, ao mudarmos para outro trecho do texto lido: A GRANDE FÉ DO CENTURIÃO NÃO ERA NADA HOSTIL À SUA HUMILDADE.

Sua fé era extraordinária. Não deveria ser? Todos nós deveríamos crer em Cristo tanto quanto esse soldado. Observem a forma que a questão tomou. Ele dissera consigo mesmo: "Sou um oficial subalterno, debaixo de autoridade. Não sou o comandante supremo, comando apenas uma tropa composta de uma centena de homens. No entanto, sobre esses cem homens, exerço controle ilimitado. Digo para este aqui 'Vai', e ele vai. Digo a outro 'Vem', e ele vem. E a meu criado, meu pobre criado enfermo (aqui, seu coração bondoso volta a se fazer presente, e ele o inclui na ilustração), eu digo 'Faça isso', e ele faz na mesma hora. Sou simplesmente um oficial insignificante, eu mesmo também estou debaixo de autoridade. Contudo, tal é a influência da disciplina que às minhas ordens não são levantados quaisquer questionamentos, não se toleraria qualquer discussão. Nenhum soldado volta reclamando de que eu o enviei em uma tarefa difícil demais. Ninguém, de toda a tropa, jamais ousaria me dizer: 'Desculpe-me, mas não farei o que o senhor mandou, comandante'".

De fato, o poder da disciplina entre as legiões de Roma era grande demais. Os comandantes só precisavam dizer "Faça", e era feito, mesmo que milhares ficassem feridos ou viessem a morrer por causa

A FÉ E A HUMILDADE DO CENTURIÃO

disso. "Ora", argumentara consigo mesmo o centurião, "este homem glorioso é o próprio Filho de Deus, disso não tenho dúvida. Não se trata, portanto, de um oficial subalterno; ele é o comandante supremo. Se der uma ordem, sua vontade terá de ser, com toda a certeza, cumprida. Febre e paralisia, boas e más influências, tudo isso deve estar debaixo do seu poder e controle. Ele pode, portanto, curar o meu criado em um instante! Quem seria capaz de resistir a esse grande César dos céus e da terra?" Foi esse, creio eu, o raciocínio do centurião. Ou seja, Jesus só precisa querer, e até nos limites mais extremos da terra todos os poderes, que se encontram sob seu inteiro controle, na mesma hora entram em operação para realizar sua vontade. O centurião imaginou-se, certamente, sentado em casa, realizando seus desejos sem ter de se levantar, apenas emitindo ordens a seus soldados e criados, e sua fé colocou o Senhor Jesus em idêntica posição. "Não há necessidade de que tu venhas à minha moradia, Senhor; podes permanecer onde estás e, se quiseres, proferir apenas uma palavra, e a cura acontecerá na mesma hora." Entronizou o Senhor Jesus em seu coração como o imperador, o comandante máximo sobre todas as forças do mundo, o generalíssimo dos céus e da terra, tal como um verdadeiro César, um rei governante, de todo o poder do universo. Um pensamento gracioso, uma personificação poética, uma expressão nobre, uma fé gloriosa, que, no entanto, constituía a verdade e nada mais que a verdade, pois o domínio universal está de fato em poder de Jesus. Se já era um verdadeiro César na terra antes de morrer e ressuscitar, quando os homens o desprezavam e rejeitavam, muito mais ainda depois que pisou o lagar e manchou suas vestes com o sangue expiatório; muito mais depois que levou cativo o cativeiro e está sentado entronizado, por direito filial e divino, à mão direita de Deus Pai; muito mais depois que Deus jurou pôr todas as coisas debaixo de seus pés e que em seu nome há de se dobrar todo joelho, dos que estão nos céus e na terra e debaixo da terra; muito mais, afirmo, ele pode operar segundo sua bondade e vontade. O Senhor, hoje, mais do que nunca, só tem a dizer uma palavra, e será feito; ordenar, e tudo se concretizará.

Amados, observem que essa verdade nos sustenta como asas de uma águia. Esse César só precisa dizer "Eu o absolvo", e seu súdito culpado fica livre de qualquer castigo. Só precisa falar, e uma província é conquistada, um exército é enviado. Mares revoltos são navegados à sua ordem, túneis são abertos nas montanhas, o mundo inteiro é cortado por rotas militares. É absoluto, e sua vontade, lei. Assim na terra como, mais ainda, no céu. Que o imperial César dos céus diga apenas "Eu o perdoo", e os demônios do inferno não poderão mais acusar você. Que diga "Eu o ajudarei", e quem se irá opor? Se Emanuel for por você, quem será contra você? Que ordene, e os grilhões do hábito pecaminoso hão de cair, e a escuridão em que sua alma há muito foi encerrada terá de dar lugar instantaneamente à luz. Ele governa como o rei que é Senhor de tudo. Que seu nome seja bendito para sempre. Que cada um de nós, por nossa fé, dê a honra devida ao seu nome. Bem-vindo sejas, ó grande Imperador, um dia morto, mas agora para sempre Senhor dos céus e da terra!

Eis agora um ponto que quero fazê-los lembrar. A fé desse homem nem por um momento interferiu em sua humildade pessoal e completa. Interferir? Meus irmãos, essa fé era fonte dessa humildade, o próprio fundamento sobre o qual ela repousava! Percebem? Quanto mais elevados os pensamentos que acalentava acerca de Cristo, mais indigno ele se sentia de receber as ternas atenções de um personagem tão benigno e grandioso. Se tivesse Jesus em menor conta, não teria dito *não sou digno de que entres debaixo do meu telhado*. Havia também, naturalmente, uma visão de si mesmo que o humilhava, mas era a visão, muito mais impressionante, da glória do Senhor Jesus a verdadeira raiz e fonte de seu autorrebaixamento. Por Cristo ser tão magnífico, ele se sentia indigno tanto de se encontrar com ele quanto de recebê-lo em casa.

Observem, portanto, meus irmãos, como a fé do centurião agia sobre sua humildade, contentando-o com uma palavra de Cristo. Sua fé lhe disse: "Uma palavra é suficiente: ela operará a cura". Ao que a humildade acrescentou: "Ah, como sou indigno até de coisa tão simples da parte dele como sua suficiente palavra. Se sua palavra opera milagres, é de fato algo tão grande e poderoso que só pode ser muito mais do que mereço". E concluiu: "Portanto, não pedirei mais nada. Não quero ver as pegadas se o som dos passos me é suficiente. Não clamarei por sua presença quando sua vontade pode devolver a saúde a meu criado". Como a fé que ele tinha em uma palavra bastava, fez que ele declinasse com humildade de orar por mais do que isso. De modo que sua confiança em Cristo, em vez de interferir em seu sentimento de falta de dignidade, aumentou mais ainda sua manifestação.

Irmãos e irmãs, nunca pensem, nem por um momento, como muitos tolos fazem que a forte fé no Senhor seja necessariamente orgulhosa. Pelo contrário. Uma das piores formas de orgulho se manifesta justamente quando alguém questiona a promessa de Deus. Quando um homem diz: "Cristo prometeu salvar aqueles que confiarem nele; tenho confiado nele, portanto estou salvo, sei que estou; tenho certeza disso, porque Deus assim o diz, e eu não quero melhor prova", essa confiança é humildade em ação. Mas, se um homem afirmar "Deus disse que aqueles que confiarem nele serão salvos. Eu confio nele, sim, mas ainda não sei se estou salvo", isso é o mesmo que dizer que não sabe se Deus é ou não verdadeiro. O que haverá de mais impertinente e insultuoso do que isso? É comum ouvirmos a frase: "Parece-me muita presunção dizer que se tem certeza da salvação". Pois acho presunção duvidar, quando Deus fala em caráter definitivo, e desconfiar, quando a promessa é bastante clara. Deus declara: *Quem crer e for batizado será salvo* (Mc 16.16). Se você crer e for batizado, e sendo Deus, como é verdadeiro, você será salvo — ou melhor, já está salvo. Não há esperança alguma envolvida nessa questão — é assim e terá de acontecer assim. *Seja Deus verdadeiro e todo homem mentiroso* (Rm 3.4), e distante dos lábios a insinuação de uma dúvida de que talvez Deus possa ser falso em sua promessa ou faltar com sua palavra. Se resolver questionar alguma coisa, questione então se você confia mesmo em Cristo. Isso feito, porém, a questão acaba aí. Se você crê que Jesus é o Cristo, você é nascido de Deus; se descansa somente nele, seus pecados, mesmo que muitos, estão todos perdoados.

Confie em Deus por sua palavra, tal como seu filho confia em você pela sua. Não é pedir muito para com Deus: você pede o mesmo de seu filho. Muito embora você seja uma criatura falível, não irá aceitar que seu filho venha a desconfiar de você. Ou seja, se você deve ser crido, por que não Deus? Por que espera que seu filho confie em você, apesar de você ser falho, ao mesmo tempo que não confia que a voz do seu Pai celestial seja a própria verdade e não descansa nela? Faça isso, eu lhe peço. E quanto mais for assim, menos digno se sentirá, ao fazê-lo. Pois me espanta pensar que sou salvo. Maravilha-me pensar que tive lavado meu pecado no sangue precioso de Cristo, que estou estabelecido sobre uma rocha e que uma nova canção foi posta em minha boca. Espanta-me tanto que, ao meditar no assunto, logo exclamo: "Como sou indigno de tais favores! Sou menos que o menor de todos os benefícios que tu tens dispensado a mim". Sua fé não sufocará sua humildade, nem sua humildade ferirá de morte sua fé, porém as duas seguirão de mãos dadas para o céu como irmãs, uma corajosa e a outra justa, uma ousada como um leão e a outra mansa como uma pomba, uma regozijando-se em Jesus e a outra corando diante dele. Bendita dupla, feliz eu a acolheria no coração todos os dias de minha peregrinação sobre a terra.

Assim, da melhor maneira que pude, apresentei o exemplo do centurião em algumas lições. Passemos agora à APLICAÇÃO PRÁTICA, com todo o zelo e brevidade que nos for possível.

A aplicação prática será endereçada a três tipos de pessoas. Primeiro, falamos às *mentes angustiadas* e profundamente conscientes da própria indignidade. Jesus Cristo é capaz de salvá-las e está disposto a fazê-lo esta manhã mesmo. Que forma tem a sua angústia? Creiam, eu lhes rogo, e possa Deus Espírito Santo ajudá-los nisso, creiam que Cristo pode perdoar todos os seus pecados agora. Vocês o veem lá na cruz? Ele é divino e, no entanto, sangra por nós! É divino, mas geme por nós! Está ferido por nós! Morre por nós! Vocês creem que algum pecado é grande demais para que esses sofrimentos o abalem? Acham que o Filho de Deus ofereceu uma expiação inadequada? Uma expiação para a qual se pode afirmar que existe um limite, além do qual não tenha como operar em prol da salvação dos crentes, de forma que o pecado é maior do que o sacrifício, e a imundície, maior em contaminação que o sangue de Cristo em purificação? Oh, não crucifiquem Cristo de novo duvidando do poder do eterno Deus! Irmãos, quando no silêncio da noite estrelada voltamos os olhos para o céu e lembramos das maravilhosas verdades que a astronomia nos tem revelado, da magnificência, da inconcebível majestade, da criação; se então refletirmos que o Deus infinito que fez tudo isso tornou-se homem por nós e que como homem foi preso a um madeiro e sangrou até a morte em nosso benefício, ora, a impressão que temos é a de que, se todas as estrelas estivessem

A FÉ E A HUMILDADE DO CENTURIÃO | 451

coroadas de habitantes e todos esses habitantes tivessem se rebelado contra Deus, encharcando-se até o pescoço de crimes, com certeza haveria eficácia suficiente no sangue de alguém que é o próprio Deus encarnado para levar todos os pecados embora. Esse grande milagre, o milagre dos milagres, Deus em pessoa honrando sua própria justiça ao sofrer uma morte substitutiva, é uma demonstração de infinita responsabilidade e amor, cuja consequente eternidade há de ter um aspecto glorioso capaz de eliminar da criatura a lembrança do pecado e colocá-lo longe do alcance de sua vista.

Sim, pecador, creia que, se Jesus disser uma palavra, neste momento exato, seus pecados, de cinquenta anos, não, de sessenta, setenta ou oitenta anos, ou mais, podem cair de cima dos seus ombros — e, em apenas um instante, você, de tenebroso como o inferno, poderá se tornar alvo e puro como o céu. Se você crê nele, então está feito, pois confiar nele já é estar limpo. Talvez sua grande dificuldade, no entanto, seja se livrar da dureza do coração. Sente-se incapaz de se arrepender — mas será que realmente Jesus não consegue fazer que se arrependa, mediante seu Espírito? Você duvida? Veja o mundo, poucos meses atrás congelado pelo frio de inverno, e veja também como já os narcisos silvestres, e o açafrão, e os galantos brotaram no solo antes enregelado, e como a neve e o gelo já se foram e o sol brilha generosamente no céu! Deus faz isso de pronto, com o sopro suave do vento sul e os primeiros ternos raios de sol. Ele pode fazer o mesmo no mundo espiritual por você. Creia que ele pode e peça-lhe que o faça agora, e você descobrirá que a pedra de gelo do seu coração derreterá, que aquele enorme *iceberg* começará a gotejar em abundância em lágrimas de arrependimento cristalino, que Deus irá aceitar por intermédio de seu querido Filho. Talvez, ainda, seja algum vício ou mau costume que lhe cause problemas. Você está entregue a ele há muito tempo. *Pode o etíope mudar a cor da própria pele, ou o leopardo suas manchas?* (Jr 13.23). Você não consegue livrar-se dele. Sei que não consegue. É um mal desesperador. Ele o arrasta para baixo como as mãos de demônios, puxando você da superfície do riacho da vida para suas negras e terríveis profundezas de morte e ruína. Ah, sei dos seus temores e desespero, mas eu lhe pergunto: Jesus não tem poder para libertar? Sim! Ele tem a chave do seu coração e pode girá-la de tal forma que sua engrenagem passe a descrever um movimento contrário ao de agora. Aquele que sacode a terra com terremotos e varre o mar com ondas e tufões é capaz de mandar um terremoto e uma tempestade de forte arrependimento e arrancar assim seus mais antigos e renitentes vícios e hábitos pela raiz. Aquele de quem o agir é maravilhoso pode, com toda a certeza, fazer o bem que desejar no interior do pequeno mundo de sua alma, pois no grande mundo exterior governa como lhe apraz. Creia em seu poder e peça-lhe para comprová-lo. Ele só precisa dizer uma palavra, e o motivo de sua atual perturbação será levado embora de sua alma.

Ainda ouço, no entanto, você insistir: "Mas eu não consigo". Há uma terrível incapacidade pairando sobre a sua vida. Não se trata, todavia, do que *você* possa ou não fazer — isso nada tem que ver —, mas, sim, do que *ele*, Jesus, pode fazer por você. É possível existir algo difícil demais para o Senhor? Pode o Espírito eterno ser derrotado ao conquistar o interior de um homem? Aquele que "erige os enormes pilares da terra, e estende os céus para além", que um dia foi crucificado, mas que agora vive para sempre, pode ele falhar? Deposite, ó pobre miserável incapaz, todos os seus cuidados nas mãos dele e peça-lhe para fazer o que você jamais poderá fazer por si mesmo, e conforme a sua fé assim lhe será feito.

Outra aplicação do nosso assunto é o de *crentes dedicados e pacientes* que estejam prestes a sucumbir. Sei que se encontram agora aqui, nesta casa, irmãos que suplicam sem descanso a Deus por seus parentes e vizinhos não convertidos para que sejam salvos, sem resultado. Você ora e suplica há muito tempo por seu marido, ou filho, ou filha, que só fazem é adentrar mais e mais no pecado. Em vez de resposta positiva à oração, parece que até o céu se ri da sua insistência. Atente, porém, somente para uma coisa: não sofra de incredulidade pensando que o objeto de seus cuidados *não pode* ser salvo. Enquanto houver vida, há esperança. Sim, embora as pessoas possam se afundar desde a bebedice à luxúria, e da bebedice, blasfêmia e dureza de coração ao não arrependimento, basta Jesus dizer uma palavra, e cada qual deixará todo o seu caminho mau. Isso pode acontecer com o emprego dos meios de graça ou mesmo sem o seu emprego. Tem acontecido, até, de homens em pleno trabalho, ou se divertindo, mergulhados em suas maldades, terem a nítida e real sensação de que haviam sido transformados, naquele momento, em um novo homem, quando menos se esperava que isso um dia pudesse acontecer. Aqueles que haviam atuado até como cabeças da tripulação rebelde e amotinada de Satanás têm-se tornado, com frequência, comandantes dos mais ousados no exército de Cristo.

Não há qualquer espaço para dúvida quanto à impossibilidade de salvação de quem quer que seja quando Jesus libera sua palavra de ordem neste sentido. Você não será um cristão sempre que excluir qualquer possibilidade de esperança para a meretriz ou de arrependimento para o ladrão ou se desesperar a respeito de um assassino. O imenso coração de Deus é maior do que todos os nossos corações juntos, e os pensamentos grandiosos do Pai amoroso não são como os nossos pensamentos, mesmo quando estes atinjam seu ponto mais elevado, nem seus caminhos jamais como os nossos caminhos, mesmo quando estes possam desfrutar da maior liberalidade. Oh, mesmo que seu amigo, filho, esposa ou marido seja considerado pelos outros, verdadeiro demônio, ou mesmo que haja sete demônios ou uma legião dentro dessa pessoa, jamais sussurre a palavra "desespero" enquanto Cristo viver na eternidade. Pois ele pode lançar fora uma legião inteira de espíritos maus e, em seu lugar, conceder seu Santo Espírito. Tenha fé, portanto. Você, nenhum de nós, na verdade, é digno de receber as bênçãos de Deus, mas tenha fé nele, que é poderosamente capaz de concedê-las.

Muitos de vocês comparecerão às suas classes de escola bíblica dominical esta tarde, outros se envolverão com a pregação do evangelho à noite, sentindo o coração apertado por não verem ainda o sucesso em Cristo que tanto almejam. Ora, talvez lhes faça bem sentir como pouca coisa conseguem fazer se afastados da ministração divina. Que essa humilhação da alma permaneça; só não devem deixá-la degenerar em desconfiança *do Senhor*. Se Cristo continuasse morto e sepultado e nunca ressuscitasse, seria terrível para nós, pobres pregadores. Mas como vive e é dotado do Espírito eterno, que nos concede por sua graça, não devemos temer, muito menos nos desesperar. Possa a igreja de Deus alegrar seu coração e sentir que, com Cristo vivo à frente das fileiras da igreja, a vitória em pouco tempo há de contemplar seu estandarte.

A última aplicação que devo fazer é a mesma que a segunda, apenas em escala mais ampla. Muitos se comportam como simples *observadores* que se cansaram. Temos ouvido que Cristo vem — o grande Senhor que há de vir —, e ele próprio sabe muito bem da necessidade premente de vir, pois esta pobre máquina velha de mundo range terrivelmente e dá a impressão de estar tão sobrecarregada com os fardos do pecado humano que seus eixos parecem estar prestes a estourar. A longanimidade infinita de Deus, graças a mil ajudas e esteios, tem impedido que este mundo louco seja entregue à completa dissolução, mas é uma pobre obra que só parece piorar. Nosso estado é de decadência no próprio âmago, tanto nos negócios quanto na política e em todos os relacionamentos. Nenhum homem parece ser tão bem-sucedido quanto aquele que aparentemente consegue se livrar de sua consciência e menospreza os princípios morais. Chegou tudo a um ponto em que há necessidade da vinda do Libertador, ou não sabemos onde podemos ir parar. Mas ele virá, é o que diz a promessa, e para aqueles que esperam por sua vinda há de ser como os raios da estrela da manhã anunciando a aurora. Cristo está vindo, e com sua vinda haverá um tempo glorioso, um milênio, um período de luz e de verdade, alegria, santidade e paz.

Observamos e aguardamos; no entanto, dizemos: "Ah, é inútil pensar em converter o mundo! Como pregar a verdade? Em que linguagem proclamá-la? Quão poucos são os que a anunciam com ousadia! Onde estão os homens para carregar a cruz de Cristo até os limites mais distantes do globo e conquistar nações para ele?" Ah, jamais diga em seu coração: "Antes era melhor do que agora". Não escreva um verdadeiro livro de lamentações questionando: "Os profetas, onde estão? Os apóstolos se foram, e todos os poderosos confessantes que viveram por Cristo já desapareceram". A um estalar de dedos, o Senhor pode levantar mil Jonas para cada cidade de toda a terra, e mil e tantos Isaías para declarar a sua glória. Só precisa mandar, e companhias de apóstolos, exércitos de mártires, surgirão nos recantos mais tranquilos das aldeias ou emergirão nas oficinas das cidades. Ele pode operar maravilhas quando bem quiser. O pior estado da igreja não é este momento em que sua corrente reflui, para recuperar a plenitude de sua força. Tenha confiança, pois mesmo que os instrumentos fracassem e o ministério se torne uma coisa morta e decadente, a vinda de Cristo cumprirá seus propósitos, de modo que, quando ele ressurgir, os reinos deste

A FÉ E A HUMILDADE DO CENTURIÃO | 453

mundo se tornarão os reinos do nosso Senhor e do seu Cristo. Jesus não está debaixo de autoridade, mas, sim, tem muitíssimos soldados sob seu comando. Só precisa dizer a este ou àquele espírito "Vá" ou "Venha", e sua vontade será feita. Só precisa avivar sua igreja por intermédio do seu Santo Espírito e lhe dizer "Faça isso", e a tarefa mais impossível será realizada. O que parecia além de toda capacidade humana ou esperança mortal será feito, e de imediato. Quando ele diz "Faça", seja o que for tem de acontecer, para louvor do seu nome. Oh, que haja mais fé e mais auto-humilhação. Anjos gêmeos se encontram nesta assembleia para sempre. Avançam conosco rumo à batalha e voltam conosco da vitória. Ó Senhor, amante da humildade e autor da fé, dá-nos que mergulhemos em ambos, por amor de Jesus. Amém.

49

UM ASSOMBROSO MILAGRE

Entraram em Cafarnaum; e, logo no sábado, indo ele à sinagoga, pôs-se a ensinar. E maravilhavam-se da sua doutrina, porque os ensinava como tendo autoridade, e não como os escribas. Ora, estava na sinagoga um homem possesso dum espírito imundo, o qual gritou: Que temos nós contigo, Jesus, nazareno? Vieste destruir-nos? Bem sei quem és: o Santo de Deus. Mas Jesus o repreendeu, dizendo: Cala-te, e sai dele. Então o espírito imundo, convulsionando-o e clamando com grande voz, saiu dele. E todos se maravilharam a ponto de perguntarem entre si, dizendo: Que é isto? Uma nova doutrina com autoridade! Pois ele ordena aos espíritos imundos, e eles lhe obedecem! E logo correu a sua fama por toda a região da Galileia (Mc 1.21-28).

Vocês encontrarão a mesma narrativa em Lucas, no capítulo 4, versículos 31 a 37. Seria conveniente que também consultassem essa segunda versão, da qual terei uma ou duas questões a citar.

Ambos evangelistas iniciam seu relato nos falando a respeito da autoridade e do poder singulares presentes nos ensinamentos do Salvador — autoridade tal que homem algum ousava questionar sua doutrina, e tal poder que todos os homens se sentiam constrangidos à aceitação da verdade que anunciava. *E maravilhavam-se da sua doutrina, porque os ensinava como tendo autoridade* (Mc 1.22). Por que o ensino do Salvador tinha em si autoridade e poder tão notáveis? Não seria, antes de mais nada, porque ele realmente pregava a verdade? Não há poder na falsidade, a não ser que os homens optem por se entregarem a ela porque os lisonjeie. Há grande força, de qualquer forma, na verdade. Ela abre seu próprio caminho alma adentro. Enquanto os homens tenham consciência, não há como deixarem de perceber a verdade quando apresentada e que causa efeito sobre eles. Embora possam até irar-se, sua resistência só irá provar que reconhecem a força do que está sendo dito.

Além disso, o Salvador falava a verdade de modo natural, não fingido. A verdade estava nele e dele fluía com liberalidade. Suas atitudes eram verdadeiras, do mesmo modo que o que tinha a dizer. Há um jeito de proferir a verdade de forma que soa como mentira. Talvez não haja maior injúria contra a verdade do que quando ela é dita de maneira dúbia, sem qualquer destaque ou ênfase de convicção. Nosso Salvador falava como os oráculos de Deus: dizia a verdade como a verdade deve ser dita, sem afetação e com muita naturalidade. Como alguém que não prega como profissão, mas com a plenitude do seu coração. Vocês sabem como os sermões proferidos de coração falam ao coração. Nosso Grande Modelo apresentava seu ensino como alguém que crê com toda a sinceridade no que está dizendo e que fala do que sabe; sim, porque falava de coisas que lhe eram próprias. Jesus não tinha dúvida alguma, hesitação alguma, questionamento algum, sendo dono de um estilo tranquilo mas enérgico, como sua fé. A verdade parecia se refletir em seu rosto, brilhar de Deus nele em toda a sua pureza e esplendor. Não poderia falar de outro modo, pois falava conforme era, conforme sentia e sabia. Nosso Senhor falava como alguém cuja vida sustentava tudo aquilo que ensinava. Aqueles que o conheciam não poderiam dizer, de jeito algum: *Ele fala o que é certo, mas age de outro modo* (Rm 3.6). Havia em toda a sua conduta o que o fazia a pessoa mais apropriada para falar a verdade, porque a verdade estava encarnada, personificada e exemplificada em sua pessoa. Por isso, podia perfeitamente falar com toda a segurança, como quando perguntou: *Quem dentre vós me convence de pecado?* (Jo 8.46). Ele próprio era tão puro quanto a verdade que proclamava. Não era um gravador, a repetir algo com o qual não teria ligação vital. Pelo contrário, do centro de seu coração fluíam rios de água viva. A verdade que transbordava dos seus lábios procedia do poço profundo de sua

Um assombroso milagre

| 455

alma. Estava nele e, portanto, dele mesmo provinha. O que aos outros vertia era sua própria vida, com a qual lutava por impregnar a vida dos outros. Por conseguinte, por todos esses motivos e muito mais, Jesus falava como alguém que tinha autoridade. Seu tom era imperioso, e seu ensino, convincente.

A tudo isso, o Espírito Santo, que descera no batismo, permanecia sobre ele e dava testemunho disso mediante operação divina na consciência e no coração dos homens. Se Jesus falava de pecado, o Espírito estava ali para convencer o mundo do pecado; se discorria sobre a justiça, o Espírito ali estava para convencer da justiça; e, quando se referia ao juízo vindouro, o Espírito Santo estava presente para fazê-los saber que viria com toda a certeza um julgamento, um dia, perante o qual cada um teria de comparecer. Por causa de sua ilimitada unção do Espírito, nosso Senhor falava com surpreendentes poder e autoridade, de tal modo que todos que o ouviam eram compelidos a sentir que não se tratava de um mestre, um rabino, como outro qualquer que tinham à sua frente.

Esse poder e autoridade eram percebidos mais ainda quando em contraste com os escribas, pois estes falavam com certa hesitação, citando outras autoridades e como que pedindo permissão para correr o risco de emitir uma opinião. Sustentavam suas ideias mediante a opinião de outros rabinos, embora esses outros rabinos talvez até a questionassem. Passavam o tempo todo atando e desatando nós diante das pessoas e arquitetando jogos de palavras envolvendo questões sem a menor importância. Eram, porém, bastante claros sobre o dízimo até da hortelã, do endro e do cominho; seriam capazes de discorrer páginas e mais páginas sobre a lavagem de xícaras e travessas; detinham um conhecimento completo a respeito de filactérios e orlas das vestes. Sentiam-se em casa quando o assunto era esse tipo de trivialidade, que nem salvava a alma nem extinguia o pecado nem conduzia à prática uma virtude. Lidavam com as Escrituras como sendo meros manipuladores de palavras, apenas homens de letras, cujo principal objetivo era certamente demonstrar sempre a própria sabedoria. Seus exercícios de oratória e jogo de palavras estavam tão distantes quanto os polos um do outro dos ensinos do nosso Senhor. A autoexibição jamais passaria pela mente de Jesus. Vivia tão envolvido com o muito que tinha para ensinar que seus ouvintes não poderiam exclamar "Que pregador!", mas, sim, assombrar-se, dizendo "Que palavra é esta?" ou "Que ensino novo é este?" — palavra e ensino com admirável autoridade e incrível poder, empolgando a mente e o coração dos homens pela energia da verdade que possuía. Os homens reconheciam que o grande mestre lhes ensinava algo digno de conhecer e que o fazia de tal maneira que não havia como deixar de dar atenção a esse novo e excepcional conhecimento.

Quando as pessoas começaram a perceber essa autoridade em sua palavra, nosso Senhor quis por bem demonstrar, também, que havia, como pano de fundo de seu ensino, um poder real; e que ele podia perfeitamente usar tanto tal autoridade quanto esse poder. Quis mostrar ante seus olhos, assim, que, tal como havia poder em seu discurso, havia também poder nele próprio; que era poderoso tanto em feitos quanto em palavras. Produziu, então, o milagre que vemos descrito no texto à nossa frente.

Esse feito tão espantoso em matéria de autoridade e poder tem sido relegado por alguns pregadores ou palestrantes como sendo de importância pequena demais para ser motivo de maior interesse, quando, na verdade, em minha opinião, se coloca, sob certos aspectos, acima de todos os outros milagres, e com certeza não é suplantado por nenhum outro em sua demonstração eficaz da autoridade e poder do nosso Senhor. É o primeiro milagre que Marcos nos apresenta, é o primeiro citado por Lucas e, de certo modo, o principal milagre dos evangelhos, como espero conseguir demonstrar. Lembremo-nos, no entanto, que o objeto do milagre é revelar a plenitude do poder e da autoridade da palavra de nosso Senhor, a fim de que possamos ver, pelos sinais que se seguem, que seu ensinamento tem a envolvê-lo uma força onipotente. Esta verdade se faz bastante necessária no presente momento, pois se o evangelho não salvasse mais os homens, se não fosse mais o *poder de Deus para salvação de todo aquele que crê* (Rm 1.16), então os ataques do ceticismo não seriam mais repelidos com facilidade; mas se ainda constitui um poder sobre a mente dos homens, poder que vence o pecado e Satanás, os céticos, então, que digam o que bem entender que a nossa única resposta será lamentar sua dúvida e lhe desprezar o desprezo. Oh, um relance que seja do Filho do homem — e eis Aquele que marcha sobre o mar e ordena à fúria do inferno que se aquiete com uma só palavra!

I. Em primeiro lugar: para demonstrar esse poder e autoridade, NOSSO SENHOR ESCOLHE UMA PESSOA MUITO INFELIZ EM QUEM POSSA PROVAR SEU PODER.

Essa pessoa era *alguém possuído*. Um demônio habitava nele. Não podemos explicar esse fato mais do que poderíamos explicar a loucura. Muitas coisas que acontecem no mundo da mente e do espírito são inexplicáveis. Aliás, como muitos fatos também no mundo da matéria. Aceitemos o que aqui está registrado: um espírito maligno entrara nesse homem e se mantinha dentro dele. Satanás, vocês sabem, é o imitador de Deus. Está sempre tentando copiá-lo, parodiá-lo. Assim, quando Deus encarnou, ocorreu a Satanás querer se encarnar também. Esse homem da nossa história, assim posso chamar sem fazer mau uso do termo, tornara-se um demônio encarnado. Ele havia se tornado um demônio sob forma humana, e assim, de certa forma, o oposto do nosso Senhor. Pois em Jesus habita corporalmente a plenitude da divindade, mediante uma união eterna. Nesse homem, o demônio habitava já havia algum tempo. Não é um quadro horroroso? Mas observem que no homem a quem Jesus escolheu para nele provar seu poder e autoridade o mal fora longe, a ponto de aquele demônio sujo controlar-lhe inteiramente a mente e transformar seu corpo em um canil. Fico imaginando se uma pessoa de quem esse homem fosse emblema poderia entrar nesta congregação hoje. Digo isso porque tenho visto pessoas assim. Não ouso aplicar pessoalmente determinado epíteto a ninguém, mas o ouço sendo aplicado constantemente. Amigos e vizinhos que estejam enojados ou indignados de certo homem, cansados de sua autoprofanação com bebedice ou sua terrível imundície moral, costumam dizer: "Ele nem parece um homem. Age mais como um demônio". Quando é mulher, dizem: "Ela perdeu tudo que tinha de feminino. Parece um demônio". Bem, se tal pessoa estiver ao alcance da minha voz, ou ler este sermão, saiba que existe possibilidade de ajuda e até de cura e saúde para ela. O poder de Jesus não conhece limites. Sobre alguém que era o próprio diabo em pessoa, o nosso gracioso Senhor demonstra cabalmente sua autoridade e poder, em conexão com o ensino do seu evangelho. E ele não é menos capaz hoje do que naquela época.

O homem do relato bíblico era, assim, *alguém cuja personalidade tornara-se em grande parte ligada à do diabo*. Leia o versículo 23: *Ora, estava na sinagoga um homem possesso dum espírito imundo*. A narrativa seria correta da mesma forma se lêssemos *um homem tomado por um espírito imundo* (Mc 1.23). Estão percebendo? Não se trata de apenas um homem *com* um espírito imundo em seu interior, mas um homem *intimamente absorvido por* um espírito imundo. O significado da frase é bastante simples. Falamos há pouco do homem entregue à bebedice. O fato de a bebida estar em seu interior não quer dizer que apenas metade do homem, no máximo, esteja entregue à bebida. Para apresentar uma ilustração mais agradável, falemos de alguém que "está apaixonado", ou seja, que se deixou tomar por intensa afeição amorosa. Não expressaríamos nem um décimo dessa condição se disséssemos simplesmente que há um grande amor em seu íntimo. Um homem pode ser tomado tanto pela fúria quanto por uma paixão.

Da mesma forma, aquele homem estava inteiramente tomado por um espírito imundo. Era completamente dominado pelo demônio em seu interior. A pobre criatura não tinha mais nenhum poder sobre si mesmo; tampouco, na verdade, poderia ser responsabilizada por seus atos. Em tudo o que digo a seu respeito, justamente, não estou, em absoluto, condenando *o homem*, mas somente usando-o como tipo do pecado humano. Não se esqueçam disso. Na narrativa, o homem, em si, mal aparece. É o espírito imundo que exclama: "Deixa-nos em paz; sabemos quem tu és". São palavras proferidas por meio do homem, mas revelam os sentimentos do demônio, que utiliza seu corpo, seu aparelho fonador, para clamar por vontade própria. O homem, na verdade, mal tinha vontade ou desejos próprios. Nem sequer é percebido até ser atirado pelo demônio no meio da sinagoga. Só vem a surgir como homem em si quando o Salvador o levanta diante de todos, liberto e racional. Até que o milagre aconteça, esse homem se encontra perdido pelo espírito imundo que o domina.

Você nunca viu pessoas assim? Você às vezes diz e com razão: "Ah, pobre coitado! A bebida o domina. Ele jamais faria tais coisas se não fosse por causa dela". Não pretende desculpá-lo com tal expressão, sei disso. Ou talvez se trate de um jogador, e você comenta: "Está obcecado pelo jogo. Mesmo levando a esposa e os filhos à miséria, está possuído por esse espírito tão completamente que não tem cabeça nem vontade para resistir à tentação". Ou pode ser outra pessoa, que se deixe levar por desejos impuros, e comenta-se: "Que tristeza! Havia algo nesse homem que costumávamos apreciar. Era até admirável sob alguns aspectos. Mas está tão tomado por seus desejos ruins que nem parece ser ele mesmo". Quase nos esquecemos da pessoa em si; pensamos quase somente no espírito terrível que a levou à degradação.

O tipo e emblema de tal pessoa, o Senhor havia escolhido como plataforma sobre a qual houve por bem demonstrar sua misericórdia e seu poder. Fico pensando se minha voz alcançará hoje alguém assim. Para ser franco, espero que nenhum de vocês esteja em semelhante condição, mas, se estiver, há grande esperança para sua vida em Cristo Jesus. Somente ele é capaz de libertar aqueles que estejam sendo conduzidos cativos desse modo, sob o jugo de Satanás. Embora você possa aparentemente ter desistido por completo e estar absolutamente entregue ao domínio de um terrível pecado, diante do qual se resigna a uma obediência servil, Jesus pode romper esse jugo de ferro do seu pescoço e levá-lo à liberdade da santificação. Seria horrível você vir a morrer em seus pecados, mas com certeza é o que irá acontecer, a menos que creia no Senhor Jesus. Se voltar seus olhos para Jesus, ele pode torná-lo puro e santo e fazê-lo nascer de novo.

Queremos agora lhes mostrar como nosso Senhor escolhe os piores casos para usar do seu poder. Era esse um homem *no qual um demônio se achava em seu pior estado*. Vejam com olhar compassivo o capítulo 4 de Lucas, versículo 33, onde é dito que em um homem havia *o espírito de um demônio imundo*. Pensem bem nisso. Se o demônio nunca é particularmente limpo, em momento algum, como será então um "demônio imundo"? O espírito que dominava aquele homem não só era demoníaco, mas também *imundo*. Satanás às vezes simula que se limpa e surge fingidamente brilhante, reluzente, como um anjo de luz. Não se confundam; é ainda um demônio, apesar de toda a sua pretensa pureza. Existem até pecados parecendo respeitáveis e reluzentes, e são os que mais arruínam a alma. Mas esse pobre homem tinha um demônio infame em seu interior, um espírito dos mais sujos, grosseiros e abomináveis. Suponho que esse espírito sujo incitasse sua vítima a usar uma linguagem imunda, repugnante, e a praticar sujos atos obscenos. O diabo se deleita em pecados contra o sétimo mandamento; quando consegue levar homens e mulheres a desonrarem seu corpo, encontra especial deleite em tais crimes. Não duvido que essa pobre criatura estivesse reduzida à mais brutal forma de baixo animalismo. Posso bem supor que fosse sujo de corpo e fala, bem como em todos os pensamentos que turbilhonavam dentro de sua pobre mente afetada e em todos os seus atos e comportamento. Devia viver em tamanho grau de impureza que nem é bom conjecturarmos. Se tivéssemos que discorrer a respeito de um caráter como o desse homem e preferíssemos mudar de assunto no meio do discurso, quem haveria de nos culpar? Se também procurássemos nos afastar de tal pecador, quem poderia nos censurar? Não queremos nos aproximar de Satanás de forma alguma; preferimos, acima de tudo, nos manter distantes dele, principalmente quando se apresenta aberta e declaradamente impuro. Vocês dizem: "Não suportamos ouvir tal homem falar. Sua aparência nos é por demais ofensiva". Não há nada de estranho em que reajam assim. Existem pessoas tão decaídas que a honradez até treme de horror quando em sua companhia; e o sentimento que faz que vocês possam estremecer não é o de serem condenados, nem brota de autopiedade nem do desprezo. Agora, vejam bem, imaginem: nosso bendito Senhor e Mestre fixou seus olhos puros e sábios justamente sobre um homem com um demônio sujo e impuro em seu interior; e, hoje, seu olhar de misericórdia e benemerência repousa sobre os exemplares mais baixos e vis da espécie humana, para que, por sua conversão, possa demonstrar o poder e autoridade de sua palavra, assim como sua compaixão. Senhor faze isso agora mesmo! Que vejamos hoje os milagres da tua graça. Traze o principal dos pecadores ao arrependimento, Senhor! Levanta aqueles que caíram ao mais baixo nível!

Nesse homem parecia não haver coisa alguma a partir do que pudesse o Senhor começar. Quando você procura levar uma pessoa ao Salvador, observa-a em busca de onde possa tocá-la, do que nela existe com que você possa trabalhar. Talvez seja, no fundo, um bom marido, muito embora viva bêbado, e você, inspiradamente, procura então trabalhar em suas afeições domésticas. Se a pessoa em vista, enfim, tem algum ponto de caráter positivo no qual você pode apoiar sua alavanca, sua obra se torna até certo ponto fácil. Existem algumas pessoas, porém, que você examina de alto a baixo e não consegue encontrar um lugar em que depositar esperança; parecem ter alcançado um extremo onde não lhes resta nem razão, nem consciência, nem vontade, nem poder de pensamento. De tudo isso, o homem possesso na sinagoga serve como exemplo surpreendente, pois, quando Jesus chega à sinagoga, o pobre coitado não começa a orar "Senhor, cura-me". Não; seu primeiro clamor é: *Vieste destruir-nos?* (Lc 4.34). O homem não tem como resistir a esse clamor do espírito maligno em seu próprio interior, embora representasse muito como injúria. Ele diz ainda: *Que temos nós contigo, Jesus, nazareno?* [...] *Bem sei quem és* (Mc 1.24). O homem possesso parece totalmente perdido pelo domínio do espírito do mal, que lhe permeia todo o ser.

Encaro isso, embora ruim, como parte flagrante da dificuldade. Não me importa quão longe o homem tenha ido em termos de pecado exterior. Se lhe restou algum ponto em seu interior, por menor que seja, de honestidade, ou de amor por sua família ou bondade no coração, você sabe por onde começar a agir. Há esperança para o seu trabalho. Até o leviatã tem fissuras entre as escamas, embora estejam fechadas como por um selo. Existe pelo menos uma junção na armadura da maioria dos homens, apesar da malha de aço que os encobre da cabeça aos pés. Mas nos proscritos a que me refiro agora, não existe nem lugar para a esperança, nem suporte para a fé, nem algo como uma saliência mínima de apoio para o amor. Assim como o homem na sinagoga vivia preso à influência do demônio, assim também alguns homens estão inteiramente dominados por sua iniquidade, bloqueados por sua depravação. E, no entanto, Aquele que é mestre em levantar os caídos até esses pode resgatar. Nosso Senhor é capaz de salvar até o mais extremo caso de pecado.

Outra questão confere à situação desse homem em particular um aspecto ainda mais terrível: *para ele, as ordenanças de caráter religioso estavam perdidas.* Ele comparecera à sinagoga naquele sábado, mas não creio que fosse algo incomum. O pior de todos os homens é aquele que frequenta os meios da graça e, no entanto, permanece debaixo do pleno poder do mal. Os pobres pecadores que desconhecem por completo o evangelho e nunca vão à casa de Deus, para estes permanece, pelo menos, a esperança de que a novidade da Palavra Sagrada os possa alcançar. Quanto àqueles, porém, que estão o tempo todo em nossas sinagogas, o que fazer por eles, se permanecem no pecado? É singular, mas muito verdadeiro, que Satanás entre em um local de adoração. "Será? Com certeza, ele nunca faria isso", duvida você. Ele o vem fazendo há muito tempo, como aconteceu nos dias de Jó, quando os filhos de Deus foram apresentar-se perante o Senhor e Satanás estava entre eles. Aquele espírito maligno conduziu à sinagoga, naquela manhã, o infeliz homem por ele possuído, talvez com a intenção de perturbar o ensinamento do Senhor Jesus Cristo, se ali aparecesse. Fico contente que justamente o demônio estivesse ali. Gostaria que todos os escravos do pecado e de Satanás frequentassem o culto. Só assim se colocariam diretamente ao alcance das armas do evangelho — e quem seria capaz de dizer quantos pecadores subjugados pelo mal poderiam ser então libertos? No entanto, é triste constatar que as influências da adoração religiosa fracassaram completamente no resgate desse homem de sua escravidão! Cantavam-se hinos na sinagoga, mas ninguém foi capaz de expulsar-lhe o espírito maligno com os cânticos; liam-se passagens e pregavam-se lições das Escrituras para o dia, na sinagoga, mas não houve quem conseguisse expulsar-lhe o espírito imundo com tal leitura e doutrinação; alguns justos certamente oravam em seu favor, mas nunca puderam expulsar o demônio com orações. Nada pode expulsar Satanás, a não ser a palavra do próprio Cristo. Sua palavra, saída de seus lábios, tem poder e autoridade sobre tais espíritos; qualquer coisa menos que isso cai por terra sem atingir o objetivo a que se proponha. Ó divino Redentor, que tua onipotência seja hoje demonstrada na transformação de grandes pecadores em crentes sinceros!

Percebam, assim, que caso terrível o mestre escolheu. Não exagero, tenho certeza. Oh, o conforto que existe na certeza de que o Senhor ainda opta por salvar pessoas de quem aquele pobre, miserável, é o emblema e representante perfeito! Ó tu, o mais vil dentre os vis, eis que surge esperança para ti!

II. Olhemos agora um pouco mais além e notemos que NOSSO SENHOR ENCONTRA UM INIMIGO FIRMEMENTE ENTRINCHEIRADO.

O espírito maligno nesse homem construíra barricadas e bastiões contra o avanço de Cristo, pois, como já vimos, *mantinha o homem sob seu controle e comando.* Conseguia levá-lo a dizer e fazer o que lhe apetecesse. Tinha o homem tão sob seu comando que conduziu-o à sinagoga naquele dia e *o compeliu a se*

Um assombroso milagre | 459

fazer um perturbador da própria adoração. O silêncio e a ordem deveriam estar presentes nas reuniões do povo de Deus, mas essa pobre alma foi incitada a gritar e produzir barulho horrendo, de modo que causasse tumulto na congregação. Os judeus, na verdade, concediam ampla liberdade às pessoas possuídas, e, desde que o comportamento delas fosse suportável, eram toleradas até na sinagoga. Esse pobre possuído, no entanto, ultrapassou os limites da adequação, de modo que seus gritos se tornaram um terror para todos. Observem, porém, como o Senhor Jesus lida com esse perturbador. É justamente nesse homem que Deus deveria ser glorificado. Eis que tenho visto, assim, meu Senhor perdoar e converter seu inimigo mais furioso e recrutar a seu serviço os mais violentos dentre seus opositores.

O Maligno *compeliu sua vítima a suplicar ser deixada em paz por Cristo*. É o que significa o texto bíblico: *Que temos nós contigo?* (Mt 8.29). Na versão de Lucas, é dada a mesma interpretação do original, mas aqui encontramos acrescida a exclamação "Ah!" Ou seja, enquanto o Senhor Jesus ensinava, ouviu-se de repente um terrível "Ah!" Um berro horrível, medonho, assustou todo mundo. Em seguida, as seguintes palavras: *Que temos nós contigo, Jesus, nazareno?*. Não era uma voz súplice, no entanto; muito pelo contrário. Era uma oração não *por* misericórdia, mas *contra* ela. Também seria bastante aceitável que por acaso a tradução trouxesse "Deixa-nos em paz".

Que coisa terrível essa, a de Satanás levar os homens a dizerem ainda: "Não nos perturbe com o evangelho! Não nos incomode com religião! Não venha com seus panfletos! Deixe-nos em paz!" Reivindicam o infeliz direito de perecer em seus pecados, a liberdade de destruir a própria alma. Sabemos bem quem governa os homens quando falam assim: é o príncipe das trevas, que os faz odiar a luz. Ó meus ouvintes, não têm visto alguns que vivem dizendo: "Não nos queremos preocupar com assuntos a respeito de vida e morte, juízo, eternidade. Não queremos ouvir falar de arrependimento, de fé em um Salvador. Tudo o que queremos das pessoas religiosas é que nos deixem em paz"? Lamento muito, mas não podemos atendê-los. Como estar junto dessas pessoas e vê-las perecer sem nada fazer? No entanto, que triste a condição moral daquele que não quer ser purificado! Seria de imaginar ser impossível para Jesus fazer alguma coisa com um homem que grita *Deixa-me em paz*. Foi, contudo, o espírito maligno presente nesse homem que nosso Senhor confrontou e venceu. Não existe aqui, sem dúvida, encorajamento para que saibamos lidar com aqueles que não nos dão as boas-vindas e, em vez disso, nos batem a porta na cara?

O espírito imundo *fez o homem ser levado a renunciar a todo interesse por Cristo*. Uniu-o a si mesmo e o obrigou a dizer: *Que temos nós contigo, Jesus, nazareno?* (Mt 8.29). Isso era um repúdio a toda e qualquer ligação com o Salvador. Na verdade, como que se ressentia da presença de Jesus, considerando-a uma intromissão. A voz parece gritar ao Senhor: "Não tenho nada a ver contigo. Segue o teu caminho e me deixa em paz, não quero saber de ti. Tudo que poderias fazer para querer me salvar ou abençoar eu repudio. Somente me deixa em paz!"

Ora, quando uma pessoa lhes diz: "Não tenho nada que ver com seu Jesus. Não quero saber de perdão, salvação ou céu, nada disso", acho que a tendência da maioria de vocês é responder: "Este é um caso sem esperança. É melhor deixá-lo, irmos para outro lugar". Todavia, mesmo quando Satanás levou um homem a chegar tão longe, o Senhor mostrou-se ainda totalmente capaz de libertá-lo. Jesus é realmente poderoso para salvar e até o coração mais duro ele pode mudar.

Contudo, o espírito imundo fez mais que isso. *Ele fez que o homem acabasse revelando seu temor do Salvador*, ao exclamar: *Ah!* [...] *Vieste destruir-nos?*. Muita gente também tem medo do evangelho. Para essas pessoas, a fé se reveste de um caráter um tanto obscuro. Não fazem questão de ouvir falar sobre esse assunto, com receio de que as deixe melancólicas ou as prive de prazeres. "Oh, não", dizem, "a religião me levaria à loucura!" Desse modo, Satanás, por meio de terríveis mentiras, faz o ser humano temer seu melhor amigo e tremer diante daquilo que o faria feliz para sempre.

Satanás, no caso, havia armado outra trincheira: *fez sua vítima apresentar um aparente reconhecimento do evangelho*. *Bem sei quem és* (Mc 1.24), disse o espírito, falando pelos lábios do homem, *o Santo de Deus* (Mc 1.24). De todas as formas de artimanhas de Satanás, essa é uma das piores para os obreiros de Deus. Há homens que dizem: "Sim, sim, o que você diz é muito certo e apropriado!" Você se aproxima deles, lhes fala de Jesus, e eles respondem: "Sim, sim. É verdade. Eu lhe agradeço muito por esta palavra". Você prega o evangelho, e eles elogiam entre si: "Fez um discurso muito interessante; é um homem muito inteligente!" Você os "encosta na parede" e insiste sobre a salvação, e eles apenas agradecem: "Gostei. É muita gentileza da sua parte falar comigo com tanta sinceridade. Eu sempre admirei esse tipo de atitude. Sua sinceridade é algo digno de louvor hoje em dia". Esta é uma das tarefas mais difíceis que recebemos, pois as balas que atiramos acabam não acertando o alvo e perdem sua finalidade. Isso permite a Satanás continuar seguro em sua fortaleza no coração humano. O Salvador, todavia, desalojou esse demônio, demonstrando com isso seu poder e autoridade.

Será que me fiz entender? Jesus escolheu um dos indivíduos mais infelizes para se tornar exemplo de sua supremacia sobre os poderes das trevas. Escolheu justamente um espírito firmemente entrincheirado para ser expulso da natureza que se tornara uma fortaleza para ele.

III. Temos, porém, algo mais agradável em que pensar ao observarmos, agora, que NOSSO SENHOR VENCEU DE MANEIRA EXTRAORDINÁRIA.

A vitória *começou assim que o Salvador entrou na sinagoga*, colocando-se sob o mesmo teto que o demônio. O Maligno começou então a temer. Aquele primeiro grito, *Ah*, ou o "Vieste destruir-nos?", demonstra que o espírito maligno conhecia seu Vencedor. Jesus nada havia dito àquele homem; mas sua simples presença e ensinamento tornam-se terror para os demônios. Onde quer que Jesus Cristo entre, Satanás sabe que tem de ir embora. Jesus veio para destruir as obras do diabo, e o Maligno tem consciência disso. Ora, assim que um de vocês entra em uma casa com o intuito de levar seus moradores a Cristo, é enviada uma mensagem telegráfica ao poço sem fundo abaixo dela. Por mais insignificante que se considere, você é uma pessoa muito perigosa para o reino de Satanás se for em nome de Jesus para falar do seu evangelho. O Senhor Jesus Cristo abriu a Palavra de Deus, a leu e passou a ensiná-la na sinagoga. Sua leitura e seu ensino, com autoridade e poder, fez os espíritos malignos sentirem imediatamente abalado o reino que construíram para si. "Eu via Satanás, como raio, cair do céu", diria nosso Senhor em outra ocasião. Essa queda estava se iniciando neste "princípio do evangelho de Jesus Cristo, Filho de Deus". O primeiro indício do triunfo do nosso Senhor foi a evidente apreensão que levou o espírito maligno a gritar e reclamar de sua presença.

O sinal seguinte foi *que o demônio começou como que a tentar negociar com Cristo*, pois assim entendo o motivo pelo qual ele disse "Bem sei quem és: o Santo de Deus". Ele não confrontou nosso Senhor com uma dúvida hostil "*Se* tu és o Filho de Deus", mas, sim, com o reconhecimento: "Bem sei quem és". "Sim", deve ter pensado o espírito mentiroso, "permitirei que o homem sob meu domínio declare seu credo e então talvez eu seja deixado em paz pelo Cristo. O homem tem certo aspecto sadio, de modo que o fato de eu viver nele pode parecer não ser uma coisa ruim. Estou até disposto a ouvir o que Jesus tenha a dizer, desde que não interfira no fato de eu continuar controlando este homem". O Maligno, como conhece a Bíblia, sabia que Daniel se referira a Jesus chamando-o de "santíssimo", de modo que o chama de *o Santo de Deus.* "Estou bastante disposto a admitir tudo isso", decide o demônio, "desde que me deixem ficar no homem. Não se metam comigo, e os lábios deste homem confessarão o que vocês acham ser a verdade".

Quando Jesus chega com seu poder, e os homens ouvem sua palavra, tal acordo fraudulento é com frequência proposto e tentado. Há pecador que diz: "Eu creio em tudo isso. Não nego nada. Não sou nenhum pagão, mas pretendo continuar com meu pecado. Não tenho intenção alguma de sentir o poder do evangelho a ponto de me arrepender e ver meu pecado afastado de mim. Concordo com o evangelho, sim, mas não permitirei que controle a minha vida". Esse acordo demonstra que o espírito caído conhece seu Destruidor, mas não está disposto a bater em retirada com facilidade. Prefere se curvar, ceder um pouco, assumir uma atitude falsamente servil e até mesmo reconhecer de certo modo a verdade, se lhe for permitido se manter em seu refúgio — a alma humana. Mentiroso como é, deve ter sido terrível ir contra sua própria natureza e dizer "Bem sei quem és". No entanto, assim o fará sempre, se lhe for deixado manter o domínio que obteve. De forma que quando Jesus se aproxima da mente de certos homens, eles dizem: "Seremos chamados cristãos, creremos na Bíblia, faremos tudo o mais que tu prescreves; apenas não nos incomodes a consciência, não interfiras em nossos hábitos nem desalojes jamais o nosso egoísmo

UM ASSOMBROSO MILAGRE | 461

e os nossos interesses". Há homens que, de fato, aceitam qualquer coisa para não terem de renunciar ao seu pecado, seu orgulho, seu conforto.

Então aconteceu a verdadeira obra do nosso Senhor sobre esse homem. *Ele deu ao espírito maligno uma ordem curta e firme: Cala-te, e sai dele* (Mc 1.25). Jesus, diz o texto, o repreendeu. O termo implica que ele lhe falou com toda a autoridade. De que outro modo falar com alguém que atormentava por pura maldade um homem que não lhe fizera mal algum? A palavra grega poderia ser traduzida por "ser amordaçado". É uma expressão ríspida, que descreve algo que espírito impuro atormentador bem mereceria. *Cala-te, e sai dele* é exatamente o que Jesus quer que o demônio faça, quando liberta alguém. Ordena-lhe *Saia desse homem* (Mc 5.8) como se dissesse: "Não quero saber de conversa falsamente piedosa e de declarações aparentemente religiosas. Saia sem fazer alarde algum; simplesmente, saia".

Não é para os espíritos malignos, tampouco para os ímpios, tentarem honrar Cristo com palavras. Os traidores não honram aqueles a quem louvam. Os mentirosos não podem testemunhar a verdade, ou, se o fizerem, porão a causa a perder. *Cala-te* (Mc 1.25), diz Jesus, e em seguida: *Sai dele*, como um homem talvez falasse ao se dirigir a um cão: "Passa fora". "Oh", poderia argumentar o espírito impuro, "deixe-me ficar, e o homem passará a frequentar a igreja. Participará até dos sacramentos". "Não", diz o Senhor, "sai dele. Você não tem direito algum de permanecer nele. Ele é meu, não seu. Sai dele já!" Oro para que o mestre possa lançar um de seus chamados poderosos neste momento e falar a alguma pobre criatura possuída, dizendo ao demônio em seu interior: *Sai dele!*. Ó pecadores, o pecado deve deixá-los agora, ou os arruinará para sempre. Não se sentem ansiosos por ficarem livres dele?

Agora vejam a vitória de Cristo sobre o espírito imundo. *O demônio não ousou pronunciar nem mais uma palavra*, embora tenha se aproximado tanto quanto pôde disso. Ele clamou com grande voz; soltou certamente um uivo inarticulado ao deixar o homem. Tentou causar à sua vítima algum prejuízo a mais, mas nisso também fracassou. Ele o convulsionou, atirando-o com violência ao chão no meio da sinagoga, mas, Lucas acrescenta, *saiu dele sem lhe fazer mal algum* (Lc 4.35). A partir do momento em que Jesus ordenou *sai dele*, o poder do Maligno de fazer o mal desapareceu imediatamente e por completo. O demônio saiu do homem como um cão sem dono.

Percebam só como Jesus triunfa. Assim como fez esse bem ao homem na sinagoga, também o faz espiritualmente a milhares de outros casos até hoje. O último ato do demônio foi maldoso, mas infrutífero. Já vi uma pobre criatura rolar na poeira do desespero por obra do inimigo, que estava de partida, mas logo depois se levantar alegre e em paz. Vocês nunca viram alguém em uma sala de interrogatório, em prantos, derramando seu espírito contrito? Pois isso não lhe causou nenhum dano real, foi até um benefício para ele, fazendo que experimentasse um sentido mais profundo do pecado e levando-o para o Salvador quase sem querer. Oh, que triunfo esplêndido é para o nosso Senhor quando o poder reinante do pecado é expulso, por uma palavra sua, de um grande pecador! Eis como o nosso Senhor pisa o leão e a áspide! Como calca aos pés o filho do leão e a serpente! Se o Senhor falar hoje com poder a uma alma, por mais maldosa, devassa ou possuída pelo diabo que seja seus pecados reinantes irão deixá-la, e o pobre pecador há de se tornar um troféu de sua graça soberana.

IV. Por fim, O SALVADOR CAUSA GRANDE ASSOMBRO E ADMIRAÇÃO COM O QUE FEZ. O povo que assistira a tudo ficou mais atônito do que em geral se sentia com os milagres do Salvador, pois disse "Que é isto? Uma nova doutrina com autoridade! Pois ele ordena aos espíritos imundos, e eles lhe obedecem!" A maravilha estava no seguinte: *ali estava um homem em seu ponto mais baixo*. Não poderia encontrar-se em pior situação. Mostrei aqui a impossibilidade de existir um ser em situação pior do que estava essa pobre criatura. E não quero dizer com isso que fosse mau, falando em termos morais, pois, como já deixei claro, o elemento moral não se aplica de modo algum ao caso de um homem como esse, oprimido. É, isso sim, um exemplo ilustrativo do pior homem em termos morais — completa e inteiramente possuído por Satanás, levado a extremos pela força do mal.

No entanto, por intermédio da pregação do evangelho, o pior homem vivo pode ser salvo. Ao ouvir o evangelho, o poder que acompanha a Palavra é capaz de tocar o mais duro coração, subjugar a vontade mais orgulhosa, mudar as afeições mais pervertidas e levar o espírito menos disposto aos pés de Jesus. Falo agora do que sei concretamente, porque tenho visto, em grande quantidade e em milhares de casos, que pessoas as mais improváveis, para as quais parecia não haver nada de esperançoso quanto à obra da graça, foram totalmente afastadas do poder de Satanás e levadas para Deus. Essas pessoas foram atingidas em cheio pela pregação do evangelho, e demônios foram obrigados a deixá-las de uma hora para outra, tornando-se, então, novas criaturas em Cristo Jesus. Isso, evidentemente, produz grande admiração em muitos e cria tremendo mal-estar entre os ímpios. Eles não conseguem entender e se perguntam: "Que é isso? Que nova doutrina é essa?" Esse é um sinal convincente que faz que o descrente mais obstinado comece a questionar sua descrença.

Observem também, neste caso, que *Jesus trabalhou total e completamente por conta própria*. Na grande maioria dos seus outros milagres, ele exigiu fé. Para que haja salvação, é preciso haver fé. Mas o milagre que estamos estudando não é tanto um sinal da experiência do homem e, sim, da operação de Cristo, e essa operação em nada depende do ser humano. Quando um homem recebe a ordem de estender a mão atrofiada, ou ir ao tanque de Siloé para lavar os olhos, ele tem de fazer alguma coisa. Aqui, porém, o homem, propriamente, é ignorado. Se lhe coube algum papel, foi mais de resistir do que de ajudar. O demônio o faz gritar: "Deixe-nos em paz; que temos nós contigo?" O Senhor Jesus Cristo demonstra, então, sua soberania, seu poder e autoridade, ao ignorar por completo o homem possuído, sem consultar-lhe a vontade nem a fé, inteiramente dominadas, mas ordenando ao espírito imundo que o controla e por ele se manifesta: *Cala-te, e sai dele*. A obra está feita, e o homem é liberto da escravidão sem que tenha tido tempo nem de pedir ou orar.

Esse milagre me parece ensinar apenas isto: que o poder de Cristo para salvar do pecado não está na pessoa salva, mas inteiramente no próprio Jesus. Mais ainda, aprendemos que, embora a pessoa a ser salva tenha chegado a extremos tais que dificilmente se poderia esperar dela demonstração alguma de fé, o evangelho, uma vez que a ela tendo chegado, pode por si próprio lhe trazer fé e cumprir sua obra desde o início. E se eu dissesse que o evangelho é uma semente que cria a própria terra fértil? É uma faísca que carrega em si o próprio combustível; uma vida capaz de se implantar no interior da morte, sim, entre as mandíbulas da destruição. O Espírito eterno vem com sua luz e vida próprias e cria homens em Cristo Jesus para o louvor da glória da sua graça. Oh, a maravilha desse milagre! Nunca me senti mais atraído a admirar o esplendor do poder de Cristo para resgatar os homens do pecado do que nessa hora.

Para concluir, observo que nosso Senhor, no caso, *nada fez além de falar*. Em outras situações, ele impôs a mão sobre o enfermo, ou conduziu-o para fora da cidade, ou tocou nele, ou lhe aplicou barro com saliva. Mas aqui não se serviu de nenhuma instrumentalidade. Sua palavra bastou. Disse somente *Cala-te, e sai dele*, e o espírito imundo foi expulso. A palavra do Senhor estremece o reino das trevas e solta as amarras dos oprimidos. Como quando dissipou a escuridão primeva decretando "Haja luz", assim Jesus proferiu a palavra, e o poder intrínseco a ela baniu o mensageiro das trevas.

Você, que prega Cristo, pregue com ousadia! Lábios covardes não podem proclamar seu invencível evangelho! Você, que prega Cristo, não escolha seu local de trabalho; não dê as costas para o pior da humanidade! Se o Senhor quiser enviá-lo às fronteiras da perdição, vá lá e pregue esse Cristo com toda a segurança de que não será em vão. Você, que ganha almas, não tenha preferência quanto ao que elas deveriam ser; ou, se quiser ter essa opção, escolha então as piores! Lembre-se: o evangelho do meu mestre não é só para o falso moralista em sua habitação respeitável, mas também para o abandonado e o caído, para a casa imunda e o proscrito. A luz do Sol da Justiça, que tudo vence, não é apenas para uma aurora sombria, a fim de iluminá-la até que atinja o pleno esplendor; mas, sim, é feita para a mais densa noite, que faz até a alma estremecer como se estivesse à sombra do vale da morte. O nome de Jesus está acima de tudo e de todos, no céu e na terra. Vamos pregá-lo, portanto, com toda a autoridade e confiança, não como se fora uma invenção dos homens. Ele afirmou que estará conosco sempre, e sabemos que nada lhe é impossível. A Palavra do Senhor Jesus não cai no vazio. As portas do inferno não podem prevalecer contra ela. A vontade do Senhor há de prosperar em suas mãos. O Senhor, em breve, esmagará Satanás sob os nossos pés.

Fui longe neste sermão visando a poder alcançar pecadores que também hajam ido muito longe. Que vocês aceitem esta mensagem de incrível misericórdia! Aquele que veio salvar os pecadores é Deus, e essa é a base mais segura de toda esperança que existe para as piores criaturas. Ouçam isto, eu lhes peço. É o Senhor, seu Deus, quem lhes fala: Olhai para mim, e sereis salvos, vós, todos os confins da terra; porque eu sou Deus, e não há outro (Is 45.22).

Como lidar com a doutrina da eleição

Respondeu-lhes ele: Não fui enviado senão às ovelhas perdidas da casa de Israel. Então veio ela e, adorando-o, disse: Senhor, socorre-me (Mt 15.24,25).

Você, que conhece o coração amoroso do nosso Senhor Jesus, sabe bem que ele jamais desencorajaria uma alma a se aproximar dele. "Contudo, ele não lhe respondeu palavra", diz o texto, no presente caso. Jesus emudecer quando a infelicidade lhe rogava uma palavra? Mas o amigo do homem não costumava se mostrar, em geral, todo atração, encorajamento, fascínio e receptividade? No entanto, em vão uma mulher ansiosa clama a ele em favor de sua filha atormentada! Não nos incomodemos, porém, demasiadamente com isso. Conhecemos nosso Senhor bem demais para podermos suspeitar de qualquer falta de amor de sua parte. Ele não está abandonando um pássaro ferido. Nem está tendo um inesperado ataque de rispidez. Não desestimularia qualquer coração que bate em um peito humano; a menos que houvesse realmente um excepcional e excelente motivo para isso, um propósito da graça a ser satisfeito com essa atitude.

Ninguém teria coragem nem razão para acusar nosso divino Senhor de dureza inadequada para com uma alma que buscasse sua ajuda. O mundo poderia suspeitar que alguns de seus ministros são duros e frios, como certos púlpitos de mármore que nestes tempos gelados têm sido exaltados entre o povo. Poderia considerar alguns de nós como mais melindrosos que gentis. Na verdade, não há entre nós destacadas criaturas de pedra, quase sem sentimento e de aproximação nada fácil? As pessoas podem suspeitar que somos econômicos de afeição, ou que nos falte sinceridade. Podem até dar a entender que somos fanáticos demais; ou achar que desconfiamos tanto dos outros homens que, certamente, nos damos ao prazer de tentá-los com coisas difíceis e proibidas, a fim de mantê-lo a pelo menos uns dois quilômetros de distância de nós. Sei que nos julgam como "pais" deploráveis, que estariam mais prontos a lançar mão do castigo do que de uma suave repreensão. Dispõem, para isso, de justificativas demais.

Gostaria, na verdade, que não fosse assim. Mas você pode supor o que quiser de ruim sobre *nós*, que somos servos de Deus, e essa suposição pode ser verdadeira ou caluniosa. O que você não pode é supor algo desse tipo do Senhor Jesus Cristo. Seu amor, graça e bondade são tão evidentes que você não pode ter motivo para levantar suspeita contra ele. Se Jesus algum dia o recebeu, já nesse simples fato você pode encontrar uma prova irrefutável de sua ternura. Estará então confiante em sua compaixão. Tem certeza de que ele *não esmagará a cana quebrada, e não apagará o morrão que fumega* (Mt 12.20); pois não quebrou nem apagou *você*.

No entanto, ele desencorajou essa mulher do texto bíblico; não só os discípulos agiram assim, como o próprio mestre. Afirmo-lhes que devia haver uma necessidade secreta para isso. Por algum motivo desconhecido, mas para o bem dela, o bondoso Senhor iria lhe responder com palavra dura e tão desanimadora.

Creio que nós, caros amigos, humildes imitadores do Senhor Jesus Cristo, devemos encorajar todos em quem existe esperança. Sempre que uma alma errante se voltar na direção do regresso ao lar, estejamos prontos a dar-lhe a mão e direcionar seus passos vacilantes. Ainda assim, imitando nosso Senhor, podemos ser levados a dizer coisas que magoam, mas que, como as feridas fiéis provocadas por um amigo, são tão salutares quão aguçadas são. Nem sempre os lábios do amor vertem mel. A adulação fascina com frases melodiosas, porém com frequência a sábia afeição tem de usar de tons um tanto duros e cortantes. Há uma

COMO LIDAR COM A DOUTRINA DA ELEIÇÃO

| 465

tendência hipócrita entre algumas pessoas de confortar demais e não mencionar verdades importantes, com medo de serem mal compreendidas. Doutrinas gloriosas, que fizeram fortes nossos antepassados, ficam na obscuridade do esquecimento, pelo receio de que se tornem pedras de tropeço para mentes instáveis. Acabaremos chegando ao exagero de só utilizarmos um *evangelho para crianças*. Estamos passando a farinha por tantas peneiras que não restará material com que assar os bolos.

Se fosse sempre sábio confortar e encorajar, o mestre teria mantido essa linha de ação. Como ele não fez isso, presumo — e creio que ninguém ousará me contradizer — que algumas vezes as pessoas requerem algo mais do que simples encorajamento. Lemos que *toda Escritura é divinamente inspirada e proveitosa para ensinar, para repreender, para corrigir, para instruir em justiça, para que o homem de Deus seja perfeito, e perfeitamente preparado para toda boa obra* (2Tm 3.16,17). Existem verdades que não devem ser caladas só porque podem não encorajar, pois sua utilidade é reprovar e corrigir. Existem verdades que em determinadas ocasiões devem ser ditas, embora seu efeito possa vir a ser o de, temporariamente, diminuir o ardor ou embotar a esperança do pecador que está vindo a Cristo. Como nosso mestre, devemos desejar sempre a salvação do pecador; mas, tal como ele, precisamos fazer isso com sabedoria. Temos de ser bastante atenciosos e exibir uma grande ternura paternal para com os pecadores, como um pastor o é com suas ovelhas. No entanto, esse mesmo amor, essa mesma ternura, pode levar o professor bem-intencionado a dizer por vezes algumas coisas que o discípulo preferiria certamente não ouvir. Nosso pastorado, enfim, tem que ver não só com pastos verdejantes, mas também com a tosa das ovelhas. Temos não só de consolar, mas também corrigir, sendo a nossa edificação do tipo que frequentemente tem de lidar com a derrubada de partes arruinadas ou desgastadas de uma parede, a fim de promover a restauração para o bem do edifício todo. Portanto, vez por outra poderemos parecer ser destruidores, quando, na verdade, somos construtores, atuando em parceria com Deus. Nosso Senhor sabia que somente uma palavra franca sobre determinada verdade livraria seus discípulos de ervas daninhas. Manteve, então, um silêncio discreto? Não, pelo contrário. No momento certo, abriu sua alma, e então lemos: *Por causa disso muitos dos seus discípulos voltaram para trás e não andavam mais com ele* (Jo 6.66).

Vamos então considerar por que o Salvador falou dessa maneira com aquela mulher. Por que se referir a um fato que não servia para apoiar nem fortalecer sua fé? Encontraremos a resposta adiante, à medida que prosseguirmos.

O que o nosso Senhor Jesus praticamente fez foi desencorajar a mulher siro-fenícia com a doutrina da eleição. Posso lhes afiançar que existe uma diferença entre a eleição da nação de Israel e a eleição de indivíduos; não entraremos, no entanto, nesse assunto esta noite. A questão, aqui, é que foi a doutrina da eleição que o Salvador lançou no caminho da pobre mulher, ao dizer: *Não fui enviado senão às ovelhas perdidas da casa de Israel* (Mt 15.24). Isso foi o suficiente para lhe deprimir o ânimo, com toda a certeza. Todavia, o Salvador expôs a questão diante dela sem rodeios. Por quê?

Acho que Jesus fez isso naquele momento, em primeiro lugar, *porque seria melhor ele mesmo tocar no assunto do que seus discípulos*. Se você sente que uma pessoa deva ser advertida ou conscientizada de determinado assunto, para o próprio bem dela, faça-o. Considere o seguinte: "Se eu mandar recado, mesmo que seja pelo seu melhor amigo, ele poderá se ver constrangido, tornar o assunto mais tenso do que eu pretendia e, mesmo assim, deixar de transmitir a principal ideia contida na minha mensagem. Criará, enfim, um problema, que eu não pretendia. Assim, prefiro eu mesmo transmitir minha mensagem". Você não sente, com frequência, ser uma questão de verdadeira urgência chegar antes de todo mundo para informar pessoalmente determinado assunto? Sim, você, que tem cuidado com os corações e mentes, sabe que há momentos em que é preferível se desincumbir você mesmo de toda a comunicação e bloquear todos os telefones do mundo. Você conhece a pessoa a quem o recado deve ser dado e o efeito que deverá causar sobre ela. Por isso, prefere monopolizar sua atenção e seus ouvidos por algum tempo. O Salvador sabia que talvez não demorasse muito e aquela mulher ouviria que a missão do Cristo era destinada a Israel; e poderia ouvir isso de tal forma e sob tais circunstâncias que lhe deprimiria muito mais o ânimo do que se ele lhe dissesse agora, face a face. Assim, sem perder sua mansidão e gentileza características, lhe explicou: "Eu não fui enviado a Tiro e Sidom; *fui enviado às ovelhas perdidas da casa de Israel* (Mt 15.24)". Ou seja, sua missão como Messias e como profeta, enquanto na carne, neste mundo, era voltada para Israel. E a Israel, na maior parte das vezes, ele limitaria sua obras por toda a sua vida terrena.

Ele próprio explicou isso à mulher, então, para evitar que ela o ouvisse, até distorcido, de segunda mão. Será sábio também de nossa parte, quando encontrarmos pobres almas que queiram se achegar a Cristo cheias de esperança, manifestarmos consideração e prudência apresentando as verdades básicas de nossa crença. Já que elas as ouvirão, de um modo ou de outro, é melhor que as ouçam de cristãos sábios e amorosos, donos de um coração terno, do que de espíritos duros, indiferentes, sem amor, cuja doutrinação consiste em regras e frases feitas. Não se pode manter recém-convertidos dentro de uma redoma; e por que haveríamos de desejar uma coisa dessa? Tentar esconder a verdade faz parte de uma política muito pobre; revela de certa forma, uma visão católica, jesuítica. Por que a verdade deveria ser oculta? Por termos vergonha dela? Se assim for, melhor então é rever o nosso credo. Em nome da honestidade, no entanto, nada temos a esconder daquilo em que cremos. Quanto mais luz, melhor. Quanto mais a verdade for dada a conhecer em sua plenitude, maior nossa certeza de que isso resultará no bem de todos. Bendigo a Deus por ter conhecido as doutrinas da graça ainda em minha juventude. Elas têm sido o esteio da minha vida adulta e creio que serão a glória da minha velhice. Longe de hesitar ou ter timidez quanto à doutrina da eleição pela graça, ela tem ganhado sempre o entusiasmo de todo o meu ser.

Creio, ainda, que o Senhor apresentou a verdade à mulher naquele instante porque *ela poderia ouvi-la de outro modo quando estivesse em condição pior para recebê-la*. Naquele momento, a mulher estava desesperadamente determinada a receber uma bênção de Cristo. Seu coração inteiro se encontrava em alerta. Seu espírito ardia em fogo. Sua natureza inteira ansiava pela bênção. Se em algum momento da vida ela seria capaz de suportar uma repreensão, o momento era exatamente aquele. "Como sabe disso?", você me pergunta. Por uma espécie de instinto. A narrativa abre para mim uma janela sobre a alma da mulher. Estou convencido de que o mestre não teria empregado nada que se parecesse com uma verdade desencorajadora para ela, a menos que tivesse percebido que a mulher tinha condições para suportá-la. Talvez, mais ainda, para suportá-la *naquele justo momento* do que em qualquer outra ocasião. Penso haver grande sabedoria em saber transmitir a verdade às pessoas na hora certa. Não foi o próprio Senhor quem disse *Ainda tenho muito que vos dizer; mas vós não o podeis suportar agora* (Jo 16.12)? No momento em que disse isso, seus discípulos, muito provavelmente, estavam despreparados para ouvir muito da verdade; deste modo, o oráculo do amor manteve-se silencioso por algum tempo. Em outra ocasião, pôde então o Salvador se lhes revelar abundantemente, como faz conosco, em todo tipo de sabedoria e prudência, e lhes tornar conhecido o mistério de sua vontade em medida plena. O Senhor, de fato, não nos ensina toda verdade de uma vez, mas permite pouco a pouco nossa entrada nas câmaras de seu tesouro oculto. O cirurgião, depois de operar um olho cego, diz para o paciente: "Sua visão foi restaurada com perfeição, mas durante os próximos dias eu devo lhe pedir que permaneça dentro de um ambiente em penumbra. Quero que receba pouco a pouco a luz, para que possa recebê-la com toda a segurança".

Infinita é a sabedoria do Espírito Santo ao iluminar pouco a pouco a alma. O Senhor não deixa o pecador conhecer de uma vez toda a extensão do seu pecado nem lhe dá uma ideia completa do castigo devido por causa dele; tampouco, creio eu, lhe dá logo de início todo o conhecimento que há de ter do completo perdão do seu pecado e das inúmeras alegrias que sobrevêm ao pecador perdoado por intermédio de Jesus Cristo, seu Salvador. Mas, sim, pouco a pouco, tal como se alimenta um recém-nascido: não com carne, mas com leite. Pouco a pouco, como se ensina aos jovens estudantes na escola. "Preceito sobre preceito, preceito sobre preceito; regra sobre regra, regra sobre regra; um pouco aqui, um pouco ali." Sua missão para com a casa de Israel era uma das verdades que o Salvador percebeu ter a pobre mulher cananeia de assimilar e, assim, a transmitiu exatamente quando sentiu que ela teria fé suficiente para passar por cima de todo desencorajamento e obter a bênção que seu coração estava determinado a conseguir.

Essas coisas devem se nos mostrar bastante instrutivas. Prosseguirei, agora, para falar a respeito das almas que, de certo modo, se encontram como a dessa mulher. Vamos abordar, em primeiro lugar, *a*

COMO LIDAR COM A DOUTRINA DA ELEIÇÃO | 467

palavra desencorajadora que lhes sobrevenha, semelhante ao que aconteceu com ela. Depois, lhes pedirei para imitarem *o louvável gesto dessa mulher* em relação a seu desencorajamento, pois, muito embora pudesse parecer ter sido repelida, mesmo assim ela se aproximou mais ainda de Cristo e o adorou. Enfim, antes de concluir, quero tecer *algumas poucas considerações* para qualquer ouvinte que se possa sentir um tanto desconfortável com a doutrina que acabo de mencionar. Vem, Santo Espírito Consolador, e enche nosso coração com alegria celestial neste instante tão feliz!

I. Primeiro, então, A PALAVRA DE DESENCORAJAMENTO DIRIGIDA À MULHER. A palavra traduzia, conforme já disse, um modo de expressar a doutrina da eleição, verdade inquestionável criada por Deus para abençoar a semente de Israel mediante a obra e o testemunho pessoal de seu Filho Jesus. A bênção do ministério de Jesus ainda não estava destinada, naquela ocasião, aos gentios, como os povos de Tiro e Sidom, como depois o foi.

Quanto à doutrina da eleição, tem sido transformada em uma grande fonte de receios e problemas por oponentes inescrupulosos e seus adeptos imprudentes. Tenho lido alguns sermões, até admiráveis, contra ela, mas nos quais a primeira coisa que ressalta é a absoluta falta de conhecimento real do assunto por parte dos autores. Um pouco de conhecimento os teria feito talvez hesitar e refletir, sendo, portanto, uma espécie de armadura de Saul para eles; ou seja, que, no caso, teria sido até melhor para eles terem seguido sem tal armadura em seu desatino. O método usual de compor um sermão contra a doutrina da graça é o seguinte: primeiro, exagerando e distorcendo a doutrina, depois argumentando contra ela. Quando se declara a verdade sublime conforme se encontra na Bíblia, não há propriamente o que dizer contra ela. Mas, reunindo certa quantidade de expressões impensadas, de pessoas intolerantes e contenciosas, a tarefa parece que fica fácil. Fantasie a doutrina de espantalho e então lhe ateie fogo! Que coisa terrível tem sido feita pelos homens incendiando representações daquilo que eles mesmos trazem em seu interior! Ninguém jamais creu na doutrina da eleição conforme eu a ouvi declarada por polêmicos arminianos. Ouso dizer que ninguém, a não ser em um manicômio, jamais creria naquilo que nos tem sido imputado como sendo tal doutrina. Não é curioso que justamente nós estejamos tão desejosos de denunciar os dogmas que são imputados a nós como jamais nossos oponentes estiveram? Por que são tão zelosos e decididos em querer invalidar aquilo que ninguém defende? Pois que se poupem desse trabalho.

Nossos amigos abominam a doutrina conforme é declarada por eles mesmos, e nós estamos com eles nisso; embora seja verdadeira doutrina em si, conforme a declaramos, e nos seja tão cara quanto a própria vida. Supõem, por exemplo, que jamais pregaríamos o evangelho livremente aos pecadores, coisa que jamais deixamos de fazer e com uma liberdade que ninguém é capaz de exceder. Poderiam nos dizer como melhorar nossa pregação do evangelho, coisa que nos deleitaríamos em aprender? Dizem eles que, se pregarmos o evangelho com liberdade, seremos incoerentes, acusação essa que refutamos sem lhe dar maior importância. Como cremos ser coerentes com as Escrituras, nunca passou por nossa mente a ideia de necessitarmos ser coerentes com nós mesmos. É nosso desejo abarcar toda a verdade revelada, mas condensá-la por inteiro em um credo simétrico está além da nossa expectativa. Somos pobres criaturas tão falhas que, se um dia tivéssemos de criar todo um sistema lógico, haveríamos somente de nos sentir seguros se pudéssemos reunir porções de teoria e grandes quantidades de mera obra de adivinhação em uma única trama. Em matéria de teologia, vivemos pela fé, não pela lógica. Cremos e somos salvos. A partir do momento em que começamos a especular, somos como Pedro afundando nas ondas. Acreditamos que, se apenas nos ativermos ao que diz a Palavra de Deus, nela encontraremos verdades aparentemente conflitantes, mas sempre harmônicas. Em todo assunto, há uma verdade disposta face a face com outra verdade. Uma é tão verdadeira quanto a outra; uma não se afasta da outra nem levanta questões insolúveis sobre a outra; mas uma deve ser declarada tanto quanto a outra, e as duas, dispostas lado a lado. As duas verdades, relativas, formam a grande estrada da verdade prática, ao longo da qual nosso Senhor viaja para abençoar os filhos dos homens. Alguns homens, no entanto, gostam de viajar sobre apenas um dos trilhos dessa ferrovia. Confesso minha preferência pessoal quanto às duas verdades e me recuso a fazer uma excursão sobre uma estrada de ferro da qual um dos trilhos haja sido retirado.

Deve-se admitir, por penoso que seja, que a doutrina da eleição tem desencorajado muitos que buscam o Senhor. A verdade, no entanto, é que *não deveria ser assim*. Encarada da maneira correta, é um arauto real, paramentado de seda e ouro, a anunciar com toda a liberdade aos indignos que o Rei recebe os pecadores, *segundo o beneplácito da sua vontade* (Ef 1.9). Como nos tem servido de encorajamento! Que *tutano e gordura* (Sl 63.5) ela nos tem oferecido depois que encontramos o Senhor! Alimentamo-nos dela como de uma porção divina, a qual sustenta, satisfaz e sacia a alma. Quando conheci Cristo, satisfazia-me perfeitamente sendo um dos cachorrinhos debaixo da mesa. Hoje já não me contentaria com esse papel, pois sei que o Senhor me chamou para um lugar mais elevado. Agora que me tornei um dos seus filhos, sou como era Lázaro, de quem lemos: "Lázaro era um dos que estavam à mesa com ele". A doutrina bendita da eleição é para minha alma como vinho puro bem refinado. É algo proveniente do melhor, mais profundo e mais glorioso amor divino como jamais esperei compreender. *Água pediu ele, leite lhe deu* [ela]; *em taça de príncipes lhe ofereceu coalhada* (Jz 5.25). Pedimos perdão, mas ele nos dá mais, nos dá justificação. Pedimos um pouco de misericórdia, mas o Senhor nos concede graça ilimitada, sim, graça em cima de graça, dizendo: *Pois com amor eterno te amei, também com benignidade te atraí* (Jr 31.3). Se o pecador conhecesse de fato a doutrina da escolha da graça, não fugiria dela, antes se sentiria inclinado a correr para seus braços.

No entanto, para muitos ela parece ser como aquele lado escuro da nuvem que o Senhor voltou contra os egípcios. Vamos, assim, examinar o desencorajamento como Cristo o apresentou àquela mulher. Primeiro, afirmou: *Não fui enviado senão às ovelhas perdidas da casa de Israel*. Temos aqui a impressão de que ele quer dizer: "Fui enviado aos judeus; fui enviado à casa de Israel, não a vocês." Esta grande verdade, ela, com certeza, acabaria cedo ou tarde descobrindo. Se a descobrisse mais tarde, poderia temer que a cura da filha lhe seria tirada, por ter sido concedida contrariando a missão do Messias. Jesus a faz saber dessa dura verdade de uma vez, de forma que não se preocupasse depois. Quando, afinal, ela obtém a cura da filha, ele a faz saber que a cura lhe fora concedida aberta e diretamente, não por um suposto erro provocado pela piedade ou por um descuido da caridade. Ela estaria assegurada de que o Senhor Jesus em momento nenhum se esquecera de si mesmo — de que tinha plena consciência do limite de sua comissão durante sua vida mortal e, ao ultrapassar essa barreira, sabia o que estava fazendo; não se deixara levar de modo algum para além de si mesmo por uma simples impetuosidade do seu Espírito.

Agora, sim, existe o que chamamos de *a escolha de Deus*. O Senhor tem um povo redimido dentre os homens. O Senhor Jesus tem um povo, do qual declara ao Pai: *Eram teus, e tu mos deste* (Jo 17.6). Alguns estão destinados à vida eterna e, portanto, creem no Senhor Jesus Cristo. Esse fato desanima você? Não vejo por que deveria. Por que você não haveria de estar nesse grupo? "Mas, e se eu não estiver?", pode perguntar alguém. Por que não supor que você *está*? Se você realmente nada sabe a esse respeito, por que se ater a determinada suposição? Desistir de supor seria, nesse caso, muito mais sensato do que destilar para si mesmo uma poção mortífera de desespero, a partir de cascas ressequidas e inúteis de mera suposição. Já tenho bastante com o que me ocupar para ter de aguentar o peso dos fatos, sem precisar me sobrecarregar com conjecturas. O que Deus não revela não é para cogitarmos nem sabermos. De fato, parece-me melhor sermos ignorantes do que Deus não nos fornece nem quer nos fornecer informação. O Senhor escolheu um povo para ser salvo, e sinto-me feliz em pensar que assim o tenha feito. Ninguém me pode provar que não pertenço a esse povo. Se há alguns a quem Deus salva, eu sei quem são, porque ele me diz serem aqueles que se arrependem do pecado, o confessam e abandonam, e creem no Senhor Jesus Cristo para receber a vida eterna. Isso tudo minha alma primeiro anseia por fazer, e depois que o satisfaço sei que sou um dos escolhidos e salvo.

Quando as pessoas estão nas trevas, mostram ter medo de qualquer coisa, de tudo, de nada! *Eis que eles se acham em grande pavor onde não há motivo de pavor* (Sl 53.5). Veja o caso de uma pessoa que esteja passando por um estado depressivo e nervoso. Por causa dessa experiência, a queda de uma folha poderá lhe sugerir uma avalancha; a menor sombra de uma nuvem poderá lhe antecipar a completa ruína do dia; uma gota de chuva será o início da conflagração final! "Que coisa estranha", pensa você. E, no entanto, não é mais singular e ultrajante que muitas das deduções extraídas por meio do desespero voluntário.

Como lidar com a doutrina da eleição

São pessoas perturbadas por achar que não podem ser salvas porque existe um *outro* Israel a quem Deus escolheu para salvar!

Nosso Senhor colocou diante dessa mulher algo pior do que o fato em si da escolha de Israel. Ele deixou claro, também, *o lado negativo da escolha sagrada*: *Não fui enviado senão às ovelhas perdidas da casa de Israel*. Você e eu, ministros do evangelho, temos bem pouco a fazer, que é pregarmos sobre o que Cristo não foi enviado a fazer. Nesse ponto, receio que mentes não renovadas, armadas de lógica impiedosa, pecam dolorosamente contra o amor de Deus. A verdade quando tratada segundo as Escrituras é um santo remédio, mas segundo os costumes das muitas escolas de pensamento por aí existentes pode se deteriorar em veneno mortal. Pobres corações penitentes! Nada existe no decreto divino que exclua vocês da esperança! Como o Senhor afirma: *Não falei secretamente, de algum lugar numa terra de trevas; eu não disse aos descendentes de Jacó: Procurem-me à toa* (Is 45.19). Mesmo assim, é evidente que o Salvador revelou o lado, digamos, escuro da doutrina à pobre mulher, ao declarar: *Não fui enviado senão às ovelhas perdidas da casa de Israel*. A mulher sabia que essa eleição, do modo em que ele a declarou, *devia excluí-la*. Pois a estava advertindo de que não fora enviado a não ser para uma nação à qual ela não pertencia. Era uma mulher cananeia, natural de Tiro e Sidom; portanto, obviamente excluída. E *o próprio Jesus lhe dissera isso*.

A experiência deve ter feito a frase soar aos seus ouvidos como uma sentença de morte. Se um servo nos falasse algo semelhante, poderíamos até esquecer, mas no momento em que o mestre em pessoa nos dissesse: *Não fui enviado senão às ovelhas perdidas da casa de Israel* (Mt 15.24), a questão certamente terminaria no mais completo desespero. Nada mais lógico que a mulher encerrasse ali suas súplicas, concluindo: "O que mais me resta fazer? Não posso ir contra a palavra dos lábios do próprio Cristo". No entanto, ela não agiu assim; mas, como verdadeira heroína, perseverou até chegar a um final feliz. Vejam: o motivo para que ela desanimasse era bem pior do que o de vocês. Pois vocês não sabem se estão excluídos ou não; nada na etnia ou no povo a que pertencem, no lugar onde nasceram, os condiciona a isso. Além do mais, Cristo jamais os advertiu nem declarou que *vocês* estão excluídos. Creio que nenhum ministro jamais lhes tenha dito algo semelhante. Mesmo, porém, que vocês tenham deduzido isso da fala de algum ministro ou de uma reflexão distorcida resultante da leitura de algum livro, não têm direito algum de chegar a tal conclusão. Nunca foi intenção da minha alma querer o desânimo de um só de vocês; pelo contrário, eu preferiria morrer se necessário para que vocês pudessem viver. Mas se vocês, por acaso, acharam amargas as minhas palavras e chegaram a conclusões desastrosas, então os concito a serem tão sensatos e corajosos quanto foi essa mulher, que, sem entender coisa alguma a partir de ministério algum, mas tendo ouvido do próprio Cristo que ele não fora enviado para alguém como ela, mesmo assim perseverou, insistiu, foi até ele e o adorou, dizendo: *Senhor, socorre-me* (Mt 15.25).

Alguns poderiam até me perguntar, esta noite: "Afinal, por que abordar esse assunto tão difícil?" Toco no assunto, sim, porque existe; porque aflige e preocupa muitas mentes. Muitos se sentem perturbados por esse motivo, e os servos de Deus devem poder lidar com o que os perturba. Eu ficaria muito contente em deixar de lado esses temores se deixassem de lado o meu povo. Uma ideia severa de predestinação confronta a maioria dos homens, em um momento ou outro. Até nos caminhos da filosofia não se pode fugir dela. E quando sobrevém ameaçadora a almas graciosas de verdade, grande parte do seu poder de causar dano reside na ignorância do assunto por parte da pessoa sob ataque. Se fôssemos melhor instruídos, provavelmente não veríamos nenhum mistério onde agora tudo é misterioso para nós. Os homens se esquecem frequentemente de que o ordenamento de Deus tem que ver com o todo. Não só com o espiritual, mas, sem dúvida, com o mundo natural também. No entanto, nunca permitem a Deus interferir em seu trabalho pelo pão de cada dia, em sua luta por riqueza, em sua corrida pela fama. Por que haveriam, então, de dissociar a questão da salvação dos dez mil outros casos abrangidos pela mesma esfera? Por que os homens agem em outras questões segundo o seu bom senso, mas nessa questão em particular transformam as colinas em montanhas? Fantasiam que a vontade de Deus resolve uma ou duas questões e deixam todo o restante "pra lá". Imaginam que a vontade de Deus afasta a livre instrumentalidade e responsabilidade e transforma os homens em máquinas. Não conseguem entender que esse plano divino não interfere em nenhuma vontade do homem, ao mesmo tempo que garante que se faça a vontade de Deus. Tampouco conseguem ver como tudo prossegue pela livre instrumentalidade das criaturas, tanto quanto como se não houvesse nenhum Deus; e, no entanto, Deus a todos governa.

Gostaria que esse assunto não preocupasse os homens, mas é bobagem querer isso. Ele os tem perturbado desde o começo e há de fazê-lo até o fim. Como não podemos alterar os fatos, temos de lidar com eles. Queridas almas perturbadas, Jesus quer que vocês se aproximem dele sem medo. Ele as convida a confiar nele. Sim, mais até, ordena que creiam em seu nome. Nada do que pensou, ou ordenou, ou pretendeu, ou predestinou tem qualquer intenção de afastar vocês dele. O que quer que seja ou deixe de ser a predestinação, uma coisa é certa: *Cristo Jesus veio ao mundo para salvar os pecadores* (1Tm 1.15). Tudo aponta para ele e sua cruz. Venha! Não permita que nada o detenha, nem por uma única hora.

II. Agora, observem o GESTO LOUVÁVEL DESSA MULHER. Ao consideramos sua atitude, chegaremos então à parte prática do assunto. Vejam que ela não procura, nem por um minuto, negar o que Jesus dissera. Ele a havia alertado: *Não fui enviado senão às ovelhas perdidas da casa de Israel*. Ela não retruca: "Senhor, isso não pode ser verdade". Não questiona nada que Jesus afirma, o que teria sido uma presunção grosseira da sua parte. Não levanta objeções triviais, não reclama nem se opõe. Aceita as palavras de Jesus sem contra-argumentar. Não tenta discutir a suposta injustiça de o Cristo de Deus vir apenas para a casa de Israel. Não insiste, como alguns têm feito, para vergonha própria, que Deus deveria se voltar tanto para um quanto para outro, ou que deveria respeitar as pessoas. Esse tipo de coisa, que ouvimos com tanta frequência, estava longe de sua mente. A mulher permanece em silêncio, submissa ao discurso do Salvador. Não argumenta que, com certeza, em seu exemplo solitário, ela poderia receber permissão para quebrar as regras. Não discute, em absoluto. Deixa toda a verdade, apesar de muito ruim para ela, aos cuidados daquele cujo nome é luz. Vê a nuvem negra, sim, mas a atravessa simplesmente, com a sensação de que não pode ser mais que uma nuvem. Assim, coloca-se aos pés do Salvador e clama: "Senhor, me ajuda. Eu não entendo isso. Estou imersa em um nevoeiro, desnorteada. Senhor, me ajuda. Senhor, não peço para compreender, só clamo por ajuda. Capacita-me a crer e a receber a tua bênção, por pior que seja o que a verdade tenha a dizer".

Muitas pessoas são tão fracas de discernimento que, se obrigadas a lutar contra uma dificuldade de compreensão antes de serem salvas, perecerão lutando. Ó pobre coração, não lute contra nenhuma dificuldade! Deixe-a de lado. Caso se trate de uma grande verdade *para adultos* e você não passe, espiritualmente, de *uma criança*, não vá se engasgar com a comida dos adultos. Se um grande mistério se intrometer em sua vida, corra para Jesus Cristo em busca de alívio, com a seguinte oração em seus lábios: "Senhor, me ajuda. Estou em dificuldade, ajuda-me a compreender. Estou deprimido, ajuda meu coração. Acima de tudo, vivo em total iniquidade; resolve, então, meu pobre e triste caso, faze por mim o que eu não consigo de modo algum fazer sozinho, por mim mesmo. Salva a minha alma e me liberta".

Vimos, então, que a mulher cananeia não via, e nisso ela é admirável. Analisemos o que de fato via. Leia o que a Bíblia diz que aconteceu quando ela se aproximou de Jesus: *Então ela veio e, adorando-o, disse: Senhor socorre-me* (Mt 15.25).

Primeiro *ela foi até Jesus*, em vez de ficar a rodeá-lo apenas. Não recorreu a Pedro, Tiago ou João, mas a Jesus em pessoa. Não ficou parada se lamentando, como fizera antes, de longe, clamando e chorando para ele. Em vez disso, foi até Jesus, chegou bem junto dele; não duvido de que se tenha lançado a seus pés, mas foi a Jesus. Agora, pobres almas, por tudo que há debaixo dos céus, corram também para Cristo vivo, pessoal. Existe hoje alguém vivo, Jesus Cristo, o Salvador dos pecadores, cujo prazer está em tratar das enfermidades, das moléstias e doenças dos homens. Não se detenham, eu lhes peço, em doutrinas, preceitos, ministérios ou serviços, mas vão direto a Cristo — o Salvador vivo, pessoal, ungido do Senhor. Nele repousa a sua esperança.

"Como devo ir?", você talvez pergunte. Se fosse uma questão de aproximação física, sei que, mesmo que a estrada fosse longa e a viagem monótona, você partiria ainda esta noite, sem demora. Mas a aproximação é mental. Você deve ir a Jesus não com seus pés e pernas, mas com mente e o coração. Lembre-se

COMO LIDAR COM A DOUTRINA DA ELEIÇÃO

|471

que existe tal pessoa. Pense nele. Medite nele. Creia nele. Adore-o e o reverencie, pois é o Filho do Altíssimo. Confie nele, pois é *poderoso para salvar* (Is 63.1). Trata-se, aqui, de ir até ele. Sendo ele o Salvador, deixe-o cumprir essa obra em sua vida. Você necessita muito de salvação; dê-lhe a oportunidade de mostrar o que é capaz de fazer. Diga em sua alma: "Eu, o principal dos pecadores, estou perdido, arruinado e destruído. Mesmo assim, vejam, vou até ele. Se perecer, perecerei confiando nele". É impossível que uma alma possa morrer espiritualmente confiando em Jesus. É mais fácil o céu e a terra passarem do que Jesus deixar de salvar uma alma que nele confia.

Tão logo Jesus proferiu a palavra de desencorajamento, a mulher foi até ele. Lemos no texto: *Então veio ela e, adorando-o, disse* (Mt 15.25). Como assim, *então*? Quando ele justamente parecia tê-la dispensado? Naquele exato momento? Jesus acabara de lhe dizer que não fora enviado para ela, e *"então* veio ela". Ele acabara de declarar uma verdade bastante misteriosa e desanimadora, mas *então veio ela*. O tipo de fé que se aproxima de Cristo só em dias de verão, em meio aos lírios do campo, tem seu valor, mas não tem tanto assim; todavia, se flores, borboletas e tudo o mais procedente da calma e da luz já passaram, se necessitamos urgentemente de uma esperança capaz de nos fazer sobreviver ao congelamento — é esse o tipo de fé válido, que se aproxima de Jesus no meio do inverno, quando o frio nos devora e o vento feroz ronda os montes de neve criados pelo gelo; é essa a fé que salva a alma, a fé que se expõe ao Salvador sejam quais forem as condições. A fé que salva aprende a aceitar as contradições, a não dar importância às aparentes impossibilidades, a dizer: "Não pode ser, mas será".

Nossa pobre amiga siro-fenícia, que pareceu ter recebido duro golpe pela palavra do nosso Senhor, foi, no entanto, secretamente sustentada pela visão de sua pessoa. O que pode uma palavra comparada com uma pessoa — uma pessoa como Jesus, o Amigo do Pecador? Ela creu *nele*, além de crer no seu falar. Ele, que afirma não ter sido enviado a ela, *está aqui, à sua frente*; ele, que informa não ter sido enviado senão às ovelhas perdidas da casa de Israel, *aqui está*. Está aqui, em uma terra onde praticamente não existe pessoa alguma da casa de Israel. A mulher, então, pensa: "Quer ele tenha sido enviado a nós, quer não, *está aqui*. Veio para o meio dos de Tiro e de Sidom, e eu consegui me aproximar dele. Sua missão não o reteve longe de mim. Não entendo bem sua linguagem, mas compreendo seu olhar, sua atitude bondosa. Entendo a atração exercida por sua pessoa bendita. Posso ver que a compaixão mora neste Filho de Davi. Tenho certeza de que tem todo o poder que lhe foi dado, se quiser, para curar minha filha, e ele está aqui *agora*. Nada sei sobre sua missão, mas eu o vejo, eu o estou conhecendo em pessoa e vou lhe apresentar meu clamor". De modo que se aproxima de Jesus *naquele exato momento e lugar*. Por que você não há de fazer o mesmo?

Diga-me, meu irmão, é esta a noite mais escura que já lhe sobreveio? Venha a Jesus agora. Tem certeza de que seu caso é desesperador? Tem certeza de que seu destino está selado? De que você escreveu sua própria sentença de morte? De que estabeleceu uma aliança com a morte e um pacto com o inferno? Tem certeza de que será amaldiçoado antes que a luz da manhã rompa sobre sua vida? Então, venha a Jesus Cristo *agora*. "*Então* veio ela." É isso — venha a Cristo, como diz Bunyan, quando ele tem uma espada desembainhada na mão. Venha a Cristo quando está com o cenho cerrado. Venha a Cristo quando tudo diz "mantenha distância". "*Então* veio ela." "Mulher corajosa!", dirá você. "Farei o mesmo que ela."

Observe somente, porém, como ela veio. "*Então* veio ela e, *adorando-o*, disse". Meu coração se regozija enormemente com esta cena, e gostaria até de a retratar. A mulher não se detém em querer entender e buscar solução para a difícil questão que Jesus lhe apresenta. Em vez disso, ela fixa o olhar nele e dele se aproxima; e, ao chegar perto do Senhor, faz a melhor coisa que estava ao seu alcance — o adora. Baixa o rosto diante dele e, quando ergue os olhos, traz neles reverente admiração e confiança. Bendito seja seu nome, pois ainda que não o consigamos entender, podemos sempre adorá-lo!

Você tem pensado muito em seu próprio caso e, quanto mais pensa, mais se deprime e desespera. Nenhum conforto lhe poderá advir por esse caminho. Se eu fosse você, desistiria dessa via e começaria imediatamente a pensar em Jesus, o Filho de Deus, o Salvador dos homens. "Oh, mas eu sou um tão grande pecador!" Sim, e ele é um tão grande Salvador! "Oh, eu sou tão imundo!" Sim, mas ele é capaz de torná-lo alvo como a neve. "Com certeza, mereço sua maldição!" Sim, mas ele se fez "maldição por nós; porque está escrito: Maldito todo aquele que for pendurado no madeiro". Com sua morte, o Senhor afastou toda maldição. Olhe para ele sobre a cruz, removendo o seu pecado; e comprove se não consegue imitar o exemplo da mulher: *Então veio ela* [...], *adorando-o*. Experimente, pobre espírito temeroso — experimente vir e adorá-lo. Essa é a maior homenagem que um coração humilde pode prestar, de modo aceitável. O coração orgulhoso é capaz de fazer de tudo, menos adorar a Deus. O orgulho, o ego e a rebeldia não conseguem adorar o Altíssimo, reconhecê-lo como tal. Já os corações humildes se saem muito bem quanto a isso. Oh, que você se curve agora comigo diante do Cordeiro de Deus! Adore-o agora! "Bendito Filho de Deus! Bendito Filho de Deus, que um dia te tornaste homem pelos homens, e morreste no lugar do pecador! Ah, o teu amor! Teu maravilhoso amor! E que depois subiste à glória, onde estás agora. Tu te sentaste à mão direita de Deus, e ali eu te adoro, como meu Senhor e meu Deus. Se não puder te chamar de meu Salvador, ainda assim tu és o meu Deus. Se eu não conseguir me regozijar em ti, pelos menos te adorarei." Esta é uma fala santa. Exala um perfume que o Senhor aprecia. Desse modo, a fé alcançará você; a vida, a paz e o descanso alcançarão você. Aquela cananeia trêmula aproximou-se e o adorou: siga-lhe o exemplo, compartilhe com ela dessa bênção.

Observe, agora, *a oração que ela fez*. Como já se concluiu, pela experiência, se nos encontrarmos em cima de uma camada de gelo que começa a ceder e não estivermos conseguindo chegar ao solo firme, com medo até de o tentar, uma das melhores alternativas é ficar de quatro e rastejar em cima do gelo, com todo o ânimo possível, até podermos sair de alguma forma de tal situação embaraçosa. Assim procedeu a mulher. Ela pareceu cair de bruços diante da verdade que não era capaz de compreender. Adora, venera e reverencia, então, Aquele que a pronunciou, distribuindo sua fraqueza por todos os pontos de apoio possíveis, até chegar à segurança de um solo firme. "Senhor", diz ela, "socorre-me. Oh, não me rejeites, me ajuda. Senhor, não me deixes, me ajuda. O que quer que tenhas para me dizer, dize; mas eu, de todo modo, te adorarei, como meu Senhor e meu Deus."

> Apesar de tudo, confiarei;
> Mesmo estando no pó, louvar-te-ei.

Meu caro ouvinte faça isso, faça-o *agora*. Nenhuma doutrina o afligirá por muito tempo, estou certo disso. Pelo contrário, você ainda se perguntará por que se deixou abater tanto. Você já permitiu à doutrina da predestinação afligir-lhe a vida diária? Se amanhã, por exemplo, você espera ganhar o seu dia em sua atividade profissional rotineira, mas pode ser que não ganhe e talvez até perca uma oportunidade, por que não diz agora para si mesmo: "Pode ser que a providência de Deus tenha predestinado que eu não possa trabalhar, ou não ganhar um centavo sequer, amanhã; então é melhor eu ficar em casa parado, sem fazer nada!" Ora, você não chegará a esse ponto, não é mesmo? Irá trabalhar; abrirá a porta da sua loja; venderá suas mercadorias; fará negócios; dará no seu trabalho o melhor de si —, ou seja, cumprirá suas tarefas em busca do ganha-pão costumeiro. Deixará a providência divina agir como lhe convém, enquanto a sua parte é fazer o que estiver a seu alcance. O mesmo acontece com toda pobre alma que busca a Deus. O objetivo dessa alma deverá ser o de permitir que o Senhor faça o que ele queira fazer, e, a tudo isso, simplesmente fazer sua parte, clamando: *Senhor, socorre-me*. Submisso por inteiro, mas o adorando de coração, deponha-se agora aos pés de Jesus e creia que esse divino Salvador quer e haverá de salvar toda alma que se achegue a ele. É esse o caminho da sabedoria; siga-o. Deus o ajude a fazer isso, e de imediato.

Não acho que preciso dizer alguma coisa mais para confortá-lo, pois o que disse até aqui já é o bastante, e o Senhor há de inclinar o coração para buscar a sua face, meu irmão, agora mesmo. Lembre-se que jamais houve nem haverá uma alma que venha a Cristo e ele a repudie, pois ele mesmo disse: "o que vem a mim de maneira nenhuma o lançarei fora". Lembre-se também que toda alma que um dia se aproxime de Cristo o faz porque o Pai a atrai a ele; e que toda alma que dele se aproxima constata haver uma eleição da graça que a inclui, da qual faz parte. Até a pobre cananeia acabou se revelando alguém por quem Cristo fora enviado a abençoar. Embora durante toda a sua vida na terra ele tenha agido, sobremodo, como

COMO LIDAR COM A DOUTRINA DA ELEIÇÃO | 473

enviado à semente de Israel, assim como foram enviados também os profetas, houve sempre exceções até entre os profetas, não sendo de admirar, portanto, que houvesse exceções também com o Senhor, acima dos profetas. *Muitas viúvas havia em Israel nos dias de Elias* (Lc 4.25), lembrou ele mesmo, o Senhor, certa vez, *e a nenhuma delas foi enviado Elias, senão a uma viúva em Sarepta de Sidom* (Lc 4.26) — exatamente o lugar, aliás, onde habitava a mulher cananeia. *Também muitos leprosos havia em Israel no tempo do profeta Eliseu, mas nenhum deles foi purificado senão Naamã, o sírio* (Lc 4.27), cita ainda o próprio Jesus, no mesmo exemplo. Naamã não pertencia ao povo escolhido. Era um estrangeiro, vindo de longe. No entanto, recebeu a bênção da cura do Senhor Deus de Israel.

A eleição de Deus em relação a coisas temporais pareceu sempre excluir a todos, menos a semente de Israel; todavia, apenas na aparência. Sempre houve gentios entre os escolhidos. De modo que essa forma peculiar de eleição, que consistia em o ministério pessoal do nosso Senhor ser apenas para os judeus, não iria causar a exclusão da pobre mulher estrangeira crente. Para ela, Jesus Cristo parecia continuar dentro da linha divisória dos escolhidos, *pois ali estava ele!* Encontrava-se naquele momento fora das fronteiras do seu país. Portanto, fora até ela! Ou seja, neste exato momento, não importa o que você pense sobre esta ou aquela doutrina, saiba que *Jesus Cristo vem até você.* Tenho pregado essa verdade, e você hoje a ouviu. Sim, e certamente se sentiu parte do poder do Senhor. Renda-se a ele, eu lhe peço. Se você se render, se se aproximar de Jesus e nele confiar, regozije-se, porque as fronteiras do amor que elege o incluíram nelas. Você é um deles. Não poderia achegar-se a ele, nem o faria, mesmo em oração e com fé, se assim não fosse. Sua chegada a ele comprova que seu amor eterno saiu ao seu encalço. Vá para casa, ó homem, ó mulher de espírito sofredor; não esteja mais triste. O Senhor os abençoe, em nome de Jesus. Amém.

51

OS CACHORRINHOS

Ele, porém, respondeu: Não é bom tomar o pão dos filhos e lançá-lo aos cachorrinhos. Ao que ela disse: Sim, Senhor, mas até os cachorrinhos comem das migalhas que caem da mesa dos seus donos (Mt 15.26,27). Respondeu-lhe Jesus: Deixa que primeiro se fartem os filhos; porque não é bom tomar o pão dos filhos e lançá-lo aos cachorrinhos. Ela, porém, replicou, e disse-lhe: Sim, Senhor; mas também os cachorrinhos debaixo da mesa comem das migalhas dos filhos (Mc 7.27,28).

Recorro aos dois registros, de Mateus e Marcos, para que tenhamos o problema exposto como um todo à nossa frente. Possa o Espírito Santo abençoar nossa meditação deste momento em diante.

As joias mais reluzentes costumam ser encontradas nos lugares mais obscuros. Cristo nunca deparara com tamanha fé, nem em Israel. Não uma fé como a que descobriu nessa pobre mulher cananeia. Os limites e margens da terra costumam ser mais frutíferos que o centro e ali a agricultura ser mais abundante. Em um campo onde um fazendeiro poderia esperar não muita coisa além de ervas daninhas, o Senhor Jesus encontrara a mais rica espiga de trigo que até então compusera um feixe. Aqueles dentre nós que ceifamos após o Senhor sejamos encorajados a esperar experiência idêntica. Nunca falemos mal de área alguma da cidade, como se fosse perdida demais para nos dar convertidos, nem de nenhum grupo de pessoas como decaídas demais para se tornarem crentes. Vamos até as fronteiras de Tiro e Sidom, mesmo estando a terra sob maldição, pois ali descobriremos alguns eleitos, destinados a figurar como joias na coroa do Redentor. Nosso Pai celestial tem filhos em toda parte.

Em coisas espirituais, descobre-se que as melhores plantas, com frequência, crescem em terreno estéril. Salomão falou de árvores como o hissopo crescendo em muros, e o cedro, no monte Líbano. Assim é o mundo natural: as maiores árvores são encontradas em grandes montanhas, e as menores plantas, em lugares adequados às suas raízes minúsculas. Não é assim que acontece, no entanto, entre as árvores plantadas pela mão direita do Senhor. Neste sentido, espiritualmente, temos visto o cedro crescer sobre o muro — grandes santos em lugares onde aparentemente seria impossível que existissem —, e o hissopo crescer na montanha — uma devoção a Deus questionável e insignificante em lugares e condições das mais exuberantes e vantajosas. O Senhor é capaz de fazer uma fé vigorosa surgir e crescer cercada de pouco conhecimento, escassa alegria e raro encorajamento. Fé vigorosa que triunfa e vence em tais condições, glorificando a graça de Deus em dobro. Assim era essa mulher cananeia, um cedro crescendo em solo bastante limitado. Mulher de fé surpreendente, embora devesse ter ouvido falar pouca coisa daquele Messias em quem cria. Talvez nunca o tivesse visto pessoalmente até o dia em que prostrou-se a seus pés e disse: *Senhor, socorre-me!*.

Nosso Senhor tinha olhos e coração aptos a detectar a fé. Mesmo que uma joia estivesse na lama, seu olhar captava-lhe o brilho; se entre o joio se achasse uma excelente espiga de trigo, nunca deixaria de percebê-la. A fé sempre exerceu forte atração para o Senhor Jesus e à sua visão: *o rei está preso pelas tuas tranças* (Ct 7.5) e clama: *enlevaste-me o coração com um dos teus olhares, com um dos colares do teu pescoço* (Ct 4.9). O Senhor ficou sem dúvida fascinado pela formosa joia da fé da cananeia e, observando-a, deleitando-se nela, resolveu colocá-la sob forte luz, para que as várias facetas desse diamante de valor incalculável pudessem reluzir e assim comprazer sua alma. Eis por que ele lhe comprovou a fé, primeiro com silêncio, depois com respostas aparentemente desanimadoras, a fim de trazer à luz a sua força. Após

Os cachorrinhos | 475

aprazar-se nessa fé, sustentando-a em segredo, e considerando que já a provara e comprovara o suficiente, fê-la expor-se como preciosa e depositou então sobre tal fé o seu selo real, com essas palavras memoráveis: *Ó mulher, grande é a tua fé! Seja-te feito como queres* (Mt 15.28).

Tenho a esperança de que certamente esta manhã alguma pobre alma aqui presente, que se encontre sob circunstâncias muito desanimadoras, possa, ainda assim, ser levada a crer no Senhor Jesus Cristo, com uma fé como essa, vigorosa e perseverante. Embora a pessoa que porte tal fé talvez até agora não haja desfrutado de paz alguma, nem conhecido qualquer resposta graciosa às suas orações, confio em que a sua fé lutadora venha a ser fortalecida com o notável exemplo da mulher cananeia.

Da narrativa do apelo dessa mulher ao senhor Jesus, e do sucesso que ela alcançou, extraio quatro fatos. O primeiro é *os lábios da fé não podem ser fechados*. O segundo: *a fé nunca discute com Deus*. Em terceiro lugar, concluo que *a fé argumenta com poder*. Em quarto lugar, *a fé consegue o que quer*.

I. Os lábios da fé não podem ser fechados.

Se alguma vez a fé de uma mulher foi provada a ponto de quase fazê-la desistir, foi no caso desta filha de Tiro e Sidom. Ela teve de lidar com dificuldade atrás de dificuldade, mas nem por isso nada pôde impedi-la de rogar por sua filha, por acreditar em Jesus como o grande Messias, capaz de curar todas as formas de enfermidade. Estava disposta a suplicar até que ele cedesse diante de sua impertinência. Estava confiante em que somente Jesus seria capaz de expulsar o demônio de sua filha.

Note que *os lábios da fé não podem ser fechados apesar, até, dos aparentemente ouvidos fechados e lábios cerrados de Cristo*. Ele não lhe disse, de imediato, sequer uma palavra em resposta. A mulher falara com grande ansiedade, depois se aproximou e provavelmente se atirou a seus pés. O caso de sua filha era muito urgente. Sentia seu coração materno derreter, lançava lancinante clamor, mas, apesar de tudo isso, em momento algum ele lhe dava uma palavra como resposta. Como se fosse surdo-mudo, Jesus parecia ignorá-la. Contudo, ela não esmoreceu. Em vez disso, creu nele. Nem o próprio Cristo conseguiria tê-la feito duvidar dele, mesmo que a tentasse silenciar.

É difícil continuar crendo quando nossa petição parece ser um fracasso. Por Deus, eu gostaria que toda pobre alma aqui presente que tem buscado o Senhor pudesse crer que Jesus Cristo é capaz de salvá-la e está disposto a isso; mas que cresse tão plenamente que suas orações sem resposta não conseguissem de modo algum fazê-la duvidar. Mesmo que você ore aparentemente em vão, durante um mês inteiro ou mais sem interrupção, não permita que passe por sua mente uma dúvida que seja acerca do Senhor Jesus e do seu poder para salvar. E daí, se você ainda não conseguiu alcançar a paz, que a fé, no final, lhe trará? E daí, se você ainda não tem certeza do perdão do seu pecado? E daí, se nenhum lampejo de alegria interior lhe visita ainda o espírito? Creia nele, mesmo assim, naquele que não pode mentir. *Embora ele me mate*, disse Jó, *ainda assim esperarei nele* (Jó 13.15). Essa era uma fé esplêndida. Seria muito para alguns de nós se pudéssemos dizer: "Ainda que ele me fira, ainda assim crerei nele". Jó, no entanto, fala *me mate*. Se ele se passasse por um verdugo e saísse ao meu encalço como que para me destruir, ainda assim eu iria crer que ele está repleto de amor por mim. Cristo é benigno e cheio de graça de toda forma, e não posso duvidar disso. Portanto, a seus pés estarei e a ele erguerei meus olhos, esperando receber graça de suas mãos. Oh, que fé quero ter! Ah, não haja dúvida: se você a tem, sua alma está salva — e isso é tão certo quanto o fato de você estar vivo. Se nem a aparente recusa do Senhor em abençoá-lo puder calar seus lábios, significa que você tem uma fé nobre e a salvação lhe pertence.

Além disso, a fé daquela mulher não podia ser silenciada pela conduta dos discípulos. Eles não a trataram propriamente bem, mas não se pode dizer que a tenham tratado mal assim. Não eram, na verdade, gentis como o seu mestre, pois frequentemente afastavam alguns que dele se aproximassem. A algazarra feita pela cananeia, todavia, os aborreceu, e ainda por cima ela resolveu insistir com uma perseverança que lhes pareceu infinita. Até que chegaram a Jesus, pedindo, por favor: "Despede-a, porque vem clamando atrás de nós" (Mt 15.23). Pobre alma! Em nenhum momento, ela havia clamado atrás deles, ou seja, lhes suplicado qualquer ajuda, mas, sim, buscava insistentemente se fazer ouvir pelo próprio mestre. Os discípulos costumavam assumir, de vez em quando, ares de importância excessiva aos próprios olhos.

Esqueciam que os empurrões e ajuntamentos para ouvir o evangelho não era causado pelo anseio do povo em ouvi-los; pelo contrário, sabemos que ninguém, depois, daria a mínima atenção ao que tivessem a dizer não fosse pela mensagem do evangelho, que ficaram então encarregados de transmitir. Bastaria lhes haver sido dado qualquer outro assunto a tratar, e a multidão logo se desfaria. Embora cansados do clamor da mulher, que lhes parecia importuno, agiram, no entanto, nesse caso, com certa atenção para com ela, mostrando-se de certo modo interessados em vê-la alcançar o que buscava. Isso faz que a resposta do nosso Senhor não tenha sido, então, inteiramente inapropriada, pois dirigiu-se a eles: "Não fui enviado senão às ovelhas perdidas da casa de Israel". Advertia-os, assim, de que não estavam propriamente se importando com a cura da filha da mulher, mas, sim, que pensavam mais no próprio conforto, ansiosos que se mostravam por se verem livres dela: Despede-a, pediram, porque vem clamando atrás de nós (Mt 15.23). Todavia, embora não a tratassem do modo com que os homens judeus naquela época tratariam geralmente uma mulher, mas, sim, como sabiam que, na qualidade de discípulos de Jesus, deveriam tratar alguém em busca de uma resposta; embora a tratassem, enfim, como os cristãos devem tratar todas as pessoas, principalmente os aflitos, apesar de tudo isso ela não se calava.

Pedro talvez a observasse com um jeito até certo ponto desdenhoso; talvez João tenha ficado um pouco impaciente, pois tinha pavio curto por natureza; provavelmente, André, Filipe e os demais a considerassem por demais impertinente e presunçosa. Não importa. Ela parecia não estar interessada no que dela pudessem imaginar; só pensava na filha que havia deixado em casa e na miséria horrorosa a que o demônio a submetia. Assim foi que clamou, insistente, aos pés do Salvador: *Senhor, socorre-me*. Palavras supostamente frias e duras, um comportamento que muitos considerariam até antipático, não conseguiram impedi-la de suplicar àquele em quem cria.

Ah, pobre pecador, talvez você esteja dizendo: "Anseio por ser salvo; no entanto, um ou outro crente foi um tanto áspero comigo, duvidou da minha sinceridade, questionou a realidade do meu arrependimento, causou-me raiva, mágoa e aborrecimento. Parece até que não querem que eu seja salvo". Essa experiência, meu querido amigo, pode ser, de fato, uma grande provação, mas se você tem fé verdadeira no mestre não se importe muito conosco, os discípulos, nem com o mais gentil nem com o mais ríspido ou frio entre nós; siga em frente simplesmente com a sua petição ao seu Senhor e Salvador até que ele haja por bem dar-lhe uma resposta de paz.

Repito, *os lábios dela não se fecharam ante uma doutrina supostamente exclusivista, que parecia restringir a bênção a uns poucos favorecidos.* Disse o Senhor Jesus Cristo: *Não fui enviado senão às ovelhas perdidas da casa de Israel.* E embora não exista nada de exclusivista, muito menos de ríspido nesta frase, se bem compreendida, poderia ter-se abatido sobre o coração da mulher como um peso de chumbo. "Meu Deus", ela poderia ter pensado, "ele não foi enviado a mim. Então, estou buscando em vão por um socorro que ele reserva somente aos judeus?" Ora, a doutrina da eleição ensinada nas Escrituras não impede alma alguma de se aproximar de Cristo. Se bem entendida, encoraja mais que desestimula essa aproximação. Com frequência, porém, para um ouvido despreparado, como é o da maioria dos não crentes, a doutrina da escolha divina desde antes da fundação do mundo tem geralmente um efeito muito depressivo. Temos conhecido pobres almas em busca do Senhor que afirmam, em tom de lamentação: "Vai ver, então, que não há misericórdia para mim; pode ser que eu esteja justamente entre aqueles para quem não existe propósito algum de misericórdia por parte de Deus". Essas pessoas têm sido levadas a querer parar de pedir e orar, com medo de perder seu tempo e não valer a pena insistir mais, por não serem predestinadas à cura, à salvação e à vida eterna.

Ah, alma querida, como a fé dos eleitos de Deus se revela em você, então não serão as suas errôneas deduções autocondenatórias, extraídas de supostos segredos de Deus, que irão deixá-lo de fora. Pelo contrário, se você crê naquilo que lhe tem sido revelado com toda a clareza, pode estar seguro de que há como contradizer os decretos dos céus. Embora houvesse um povo escolhido, em conformidade com a antiga aliança, e mesmo tendo sido nosso Senhor enviado, em sua vinda à terra, apenas, ou prioritariamente, a esse povo, ou seja, à casa de Israel, seu sacrifício logo viria justamente a gerar, ou revelar, a existência de

Os cachorrinhos | 477

um povo seu, uma casa de Israel não segundo a carne, mas segundo o espírito. A mulher siro-fenícia, por exemplo, estava sem dúvida dentro deste outro povo, mesmo que imaginasse ter sido excluída; e você também pode estar incluído nesse destino glorioso e que agora tanto o angustia. De todo modo, diga sempre a si mesmo: "Na eleição da graça, outros tão pecadores quanto eu têm sido incluídos. Por que não aconteceria o mesmo comigo? Têm sido incluídos outros que se sentiam tão cheios de angústia quanto eu por causa do pecado. Por que, então, eu deixaria de ser incluído?" Raciocinando assim, você estará perseverando e seguindo em frente, com esperança e, ao mesmo tempo, crendo, como Abraão, contra a esperança, sem sofrer com nenhuma conclusão por conta própria de qualquer doutrina das Escrituras, que possa vir a impedi-lo de crer no escolhido Redentor.

Os lábios da fé neste caso não estavam fechados por um sentido de indignidade confessa. Cristo mencionou os cachorrinhos querendo dizer que os gentios eram para Israel como os cães em relação às pessoas, ou seja, de alguma importância, sim, mas secundária. A mulher não contestou; submeteu-se a ele, simplesmente aceitando: *Sim, Senhor.* Achava-se digna, no caso, de ser comparada apenas a um cachorrinho da casa; e não há por que duvidarmos, então, que existisse aí o sentido justamente de não ser digna ou merecedora da bênção de Cristo. Ela não esperava, portanto, conquistar o benefício que buscava tendo por base seu próprio mérito. Não. Dependia, isso sim, inteiramente da misericórdia e da bondade do coração de Cristo, e não, absolutamente, de sua reivindicação; da excelência do poder do Senhor, em vez da duvidosa qualidade do seu pleito. Por isso, embora consciente que estava de ser apenas um pobre cãozinho sem mérito, isso não a impediu de clamar e pedir. E ela clamou: *Senhor, socorre-me.*

Ó pecador, se você se sente o pior dos pecadores do lado de fora do inferno, ore mais, continue orando pela misericórdia divina e nela crendo. Mesmo que o seu senso de indignidade seja tal que tende a poder levá-lo até a autodestruição, ainda assim, eu lhe suplico, da mais baixa profundeza do calabouço do seu autodesprezo, clame a Deus! Pois sua salvação não depende, em medida alguma ou grau algum, de você mesmo, de algo que você é, ou tenha sido, ou possa vir a ser. Na verdade, você precisa é ser salvo *de si* mesmo, mas não *por* si mesmo. Cabe a você tão somente se esvaziar, para que Jesus possa novamente preenchê-lo. Cabe a você confessar sua imundície, para que ele possa então purificá-lo. Cabe a você considerar-se ser menos do que nada, a fim de que Jesus possa ser mais do que tudo em sua vida. Não permita, de modo algum, que a quantidade, a obscuridade, a intensidade ou a frequência de suas transgressões, ou quão odiosas possam ser, lhe façam calar a oração. Mesmo sendo um cachorro de rua, abandonado, indigno até mesmo de ser contado entre os cães de raça da matilha do Senhor, mesmo assim, abra a sua boca em uma oração de fé.

Observemos, também, haver um tom e uma vitalidade no que o Senhor Jesus disse que poderia vir a abater a esperança da mulher e reprimir-lhe a oração. Contudo, *ela não se deixou abalar nem pelas mais obscuras e deprimentes sugestões da resposta. Não é bom,* disse o Senhor, ou seja, não convém, não é apropriado, não é legítimo, *tomar o pão dos filhos e lançá-lo aos cachorrinhos* (Mt 15.26). Pode ser que ela não percebesse tudo o que ele talvez quisesse dizer, mas aquilo que compreendia era certamente suficiente para despejar água fria na chama de sua esperança. Contudo, apesar disso, sua fé não se extinguiu. Era uma fé de tipo imortal, dessas que nada ou ninguém pode matar. A mulher cananeia estava determinada, e o que quer que Jesus quisesse ou não dizer, ela não deixaria de confiar inteiramente nele e somente nele, e a insistir exatamente com ele para ter atendida sua demanda.

Há muita coisa no evangelho e em torno que os homens enxergam apenas como que em meio a uma neblina. Se mal interpretadas, mais repelem do que atraem a alma de quem busca a Deus. Seja o que for, porém, precisamos assumir a firme decisão de nos achegarmos a Jesus, dispostos a correr todo tipo de risco, se necessário for. "Se eu perecer, pereci", diz a Palavra. Além da já comentada grande pedra de tropeço da eleição, existem outras verdades e fatos que quem está buscando o Senhor aumenta ou diminui e interpreta errado, até vir a deparar com mil dificuldades para seu entendimento. Perturba-se, então, com a experiência cristã, com o novo nascimento, com o pecado inato, com todo e qualquer tipo de coisa. Na realidade, mil leões atravessam o caminho da alma que busca chegar a Jesus, mas aquele que dá a Cristo a fé que ele merece diz consigo mesmo: "Nada disso temerei. Socorre-me, Senhor, e eu em ti confiarei. Aproximar-me-ei de ti, passarei por cima dos obstáculos para chegar a ti e me atirarei a teus pés amados, sabendo que todo aquele que vem a ti de maneira nenhuma tu o lanças fora".

II. A FÉ NUNCA DISCUTE COM DEUS. A fé, simplesmente, crê, confia, adora. Observe como Mateus se expressa: *Então veio ela e, adorando-o, disse*. A fé suplica e ora. Observe como Marcos coloca: *"Rogava-lhe"*. Ela clamou *Senhor, socorre-me* depois de ter dito *Senhor, Filho de Davi, tem compaixão de mim* (Mt 15.22). A fé apela, mas não contesta; não contesta nem mesmo a palavra mais dura procedente de Deus, como a proferida por Jesus. Se a fé contestasse — o que seria uma inverdade —, não seria mais fé, pois quem contesta é a descrença. A fé em Deus implica concordância total com o que ele diz e, por conseguinte, exclui a ideia da dúvida. A genuína fé crê em tudo que sai da boca de Deus, seja desanimador, seja encorajador. Nunca levanta um "mas", um "se", um "no entanto", mas se atém a: "Tu o disseste, Senhor, portanto é verdade; tu o determinaste, Senhor, portanto está certo". Jamais passa disso.

Observe em nosso texto que *a fé concorda com tudo o que o Senhor diz*. A mulher cananeia respondeu: "Sim, Senhor". O que Jesus quer dizer? "Você pode ser comparada a um cachorrinho." "É verdade, Senhor, sou mesmo." *Não é bom tomar o pão dos filhos e lançá-lo aos cachorrinhos* (Mt 15.26). "Tem razão, Senhor, não seria adequado; eu não aceitaria que nem um dos teus filhos fosse privado da graça por minha causa." "Ainda não chegou a sua hora", disse Jesus, "os filhos devem ser alimentados *primeiro*; ou seja, os filhos na hora da refeição, e os cachorrinhos depois. Agora é a vez de Israel, dos filhos; os gentios, os cachorrinhos, virão depois. Mas não agora." Ela quase diz: "Sei disso, Senhor; e concordo com tudo isso".

A mulher cananeia não questiona nem discute a justiça do Senhor de dispensar sua própria graça segundo sua vontade soberana. Ela não erra, como fazem alguns, levantando suas irritadiças objeções à soberania divina. Seria uma prova dela de que teria como esses, pouca ou nenhuma fé, se assim o fizesse. Ela não discute o plano e a ordem estabelecidos pelo Senhor para a distribuição do pão. *Deixa que primeiro se fartem os filhos* (Mc 7.27), disse Jesus, e ela não contestou ser aquele o momento para isso; ao contrário de muitos que não aceitam ser agora o tempo aceitável e ficam procrastinando — enquanto essa mulher antecipou, sem precisar contestar, o dia da graça. Ela não levantou questão alguma sobre ser impróprio ou não tirar o pão da aliança dos filhos e dar aos gentios incircuncisos. Não tinha nenhuma intenção de que Israel fosse lesado, ou deixasse de receber a bênção a que tinha direito, por sua causa. Como simples cachorrinho que era, não pensava nem podia aspirar a que qualquer propósito de Deus, qualquer direito da casa divina, viesse a ser alterado só por sua causa. Aquiesceu a todas as ordens do Senhor.

Essa é a verdadeira fé que salva, a que concorda com a mente de Deus mesmo quando possa parecer adversa a si, que crê nas declarações e revelações de Deus, quer pareçam agradáveis, quer terríveis; que aceita inteiramente a palavra de Deus, quer seja um bálsamo para sua ferida, quer seja uma espada a cortar mais ainda. Contra a palavra de Deus verdadeira, ó homem, não lute; curve-se diante dela. Não é tomando armas contra o que Deus declara, como fazem alguns, que age a fé viva e verdadeira em Jesus Cristo; nem que se obtém a paz com Deus. Em nossa submissão, está a nossa segurança. Diga *Sim, Senhor*, e você encontrará salvação.

Observe que a mulher não só concordou com tudo o que o Senhor disse, como também *o adorou em tudo*. "Sim", diria ela, "no entanto, tu és meu Senhor. Tu me consideras um cachorrinho, mas tu és o dono; tu és o meu Senhor. Tu me consideras indigna de receber agora as tuas benesses, mas, tudo bem, porque tu és aquele que manda; tu és o meu Senhor, e eu te adoro e reconheço como tal." Tem a mesma mente de Jó: *Receberemos de Deus o bem, e não receberemos o mal?* (Jó 2.10). Está disposta a receber o que pode até não ser o melhor para ela, mas dizer: "Quer o Senhor me dê, quer se recuse a fazer isso, bendito seja o seu nome; ele é o meu Senhor". Eis uma grande fé, que lança fora o espírito de contenda e não só concorda com a vontade do Senhor, como também o adora por meio dela. Seja como for, ó Senhor, mesmo que a verdade venha a me condenar, ainda assim tu és o Senhor, e eu confesso a tua divindade, confesso tua excelência, reconheço teus plenos direitos de realeza e me submeto inteiramente a ti. Faze para comigo segundo a tua vontade.

Os cachorrinhos

| 479

Note bem: quando a cananeia diz *Sim, Senhor, ela não continua a falar para sugerir que uma alteração qualquer deva ser feita em seu benefício.* "Sim, Senhor, tu me classificaste entre os cães", diria, no caso, e em seguida pediria: "Mas tu não me podes colocar entre os filhos?" Pelo contrário: ela pede apenas, já que é um cachorrinho, para ser tratada então como o são os cachorrinhos, em casa. *Os cachorrinhos comem das migalhas que caem da mesa* (Mc 7.28), lembra. Não quer que propósito algum de Deus seja alterado nem que ordenação alguma seja mudada, muito menos que se revogue qualquer decreto. "Seja feita a tua vontade, Senhor, ela é a minha vontade", é a essência do que diz. Ela vislumbra um lampejo de esperança onde, se não tivesse fé, veria apenas a escuridão do desespero. Tenhamos nós uma fé como a dela e jamais entremos em tolas controvérsias com Deus.

III. Chegamos agora a uma parte interessante do nosso assunto, qual seja, A FÉ ARGUMENTA, embora não discuta. *Sim, Senhor,* disse ela, *mas até os cachorrinhos comem das migalhas que caem da mesa.* O argumento dessa mulher estava correto e rigorosamente lógico em seu conjunto. Era baseado nas premissas do próprio Senhor, e você sabe que, ao se debater qualquer assunto, não há nada melhor do que pegar as declarações do interpelador e argumentar em cima delas. Ela não prossegue apresentando novas premissas, ou discutindo as apresentadas e procurando se defender, como: "Que é isso, Senhor? Eu não sou cachorro, não!" Em vez disso, concorda: "Sim, Senhor, eu sei que sou um cachorrinho". Aceita essa declaração de Jesus e a utiliza como um bendito argumento, de modo jamais superado neste mundo. Tomando as próprias palavras da boca do mestre, usa delas com inspirada sabedoria para prevalecer, como Jacó prevaleceu na luta com o anjo.

Existe tamanha força no argumento dessa mulher que praticamente quase me desespero esta manhã para poder conseguir mostrar tudo isso a vocês. No entanto, devo observar que os tradutores causaram grande dano ao texto ao optarem pela conjunção adversativa "mas". No grego, ela não existe, mas, sim, outro termo, bem diferente. Vejamos uma versão que considero mais adequada. Jesus disse: *Não é bom tomar o pão dos filhos e lançá-lo aos cachorrinhos.* "Não", responderia ela, "na verdade, não seria bom fazer isso; pois os cachorrinhos já têm a sua parte garantida, já que comem das migalhas que caem da mesa dos seus donos. Seria bastante impróprio dar-lhes o pão dos filhos, porque eles já têm garantido seu próprio pão. Concordo então, Senhor, que não seria bom dar aos cachorrinhos o pão dos filhos, porque já recebem sua parte, comendo das migalhas que caem da mesa dos filhos. Isso é tudo o que eles têm direito e que poderiam querer; e é tudo o que eu desejo, Senhor. Não te peço que me dês o pão dos filhos, só te peço as migalhas que caem da mesa para os cachorrinhos."

Analisemos agora a força do seu raciocínio, que se revela de várias formas. A primeira forma, exponho a seguir: *A mulher argumentou com Cristo da posição de alguém que acalenta uma esperança.* "Eu sou um cachorrinho", argumenta ela, "mas, Senhor, percorreste um longo caminho até aqui, até Sidom, e como estás em pessoa aqui, na fronteira do meu país, acho que não posso mais me considerar um cachorro de rua, mas, sim, um cachorrinho de casa, que está debaixo da tua mesa". Marcos nos diz que ela afirma: ... *mas também os cachorrinhos debaixo da mesa comem das migalhas dos filhos.* Poderia ter dito, de outra forma: "Senhor, vês a minha situação? Eu era um cão de rua, distante de ti; agora, porém, tu vieste e pregaste dentro das nossas fronteiras, e estou tendo o privilégio de te ver e ouvir. Muitos têm sido curados, e tu estás, nesta mesma casa, fazendo atos de divina graça, enquanto observo tudo. Embora eu seja um cachorrinho, estou debaixo da tua mesa. Deixa-me receber, Senhor, pelo menos as migalhas que caem da mesa".

Compreende, querido ouvinte? Você reconhece que é um pecador, um miserável pecador, mas diz: "Senhor, sou um pobre pecador que teve permissão para ouvir o teu evangelho, portanto como ele me abençoa. Sou um cão, sim, mas estou debaixo da mesa; trata-me como tal. Se há um sermão sendo pregado para o conforto do teu povo, estou presente para ouvi-lo. Sempre que os santos se congregam, preciosas promessas são apresentadas, e eles se regozijam nelas, estou ali, olhos voltados para cima, ansiando poder estar entre eles. Agora, Senhor, como me deste a graça de deixar ser um ouvinte do evangelho, creio que não me rejeitarás em meu desejo de ser também um receptor dele. Pois, com que finalidade e propósito me trouxeste para tão perto de ti, ou chegaste tão perto de mim, se depois de tudo tu me rejeitasses?

Cão eu sei que sou, mas estou debaixo da tua mesa. É um privilégio ser favorecido com a possibilidade de permanecer junto dos filhos, mesmo que para me deitar a seus pés. Oro a ti, então, bom Senhor, já que agora tenho permissão para erguer os olhos a ti, para te pedir esta bênção: não me rejeites". Para mim, parece que foi esse um ponto forte no caso da mulher, que ela soube utilizar, e muito bem.

Seu argumento foi, ainda, *encorajador do seu relacionamento Sim, Senhor*, diz ela, *mas até os cachorrinhos comem das migalhas que caem da mesa dos seus donos*. Veja a ênfase dada aqui por Mateus: *da mesa dos seus donos* (Mt 15.27). "Não posso dizer que és meu Pai, Senhor, tampouco erguer os olhos e reivindicar o privilégio de ser teu filho. Mas tu, pelo menos, és meu mestre, meu Senhor, e os senhores, os donos, dão de comer a seus cães. Pelo menos, as migalhas que caem de sua mesa eles deixam para os cachorros que os têm como dono".

Esse argumento é muito parecido com aquele sugerido pela mente do pobre filho pródigo ao retornar à casa paterna. Ele achou que deveria dizer ao pai: *Trata-me como um dos teus empregados* (Lc 15.19). A diferença está apenas no fato de a fé dele ter sido mais frágil que a da mulher cananeia. "Senhor, se não mantenho uma relação contigo como filho, sou, no entanto, tua criatura. Tu me fizeste, de modo que olho para ti e te imploro com veemência que não me deixes perecer. Se não tenho nenhum outro ponto de apoio em ti, tenho este, pelo menos: devo te servir e sou, portanto, teu servo, embora um fugitivo. Pertenço a ti ao menos pela aliança das obras, se não pela aliança da graça. Oh, já que sou teu servo, não me rejeites por completo. Tu tens propriedade sobre mim, de todo modo, pela criação. Olha para mim e me abençoa. Os cachorrinhos comem as migalhas que caem da mesa dos seus donos; permite-me fazer o mesmo." A mulher observa a relação do cachorrinho com seu dono e tira o máximo proveito disso com bendita criatividade, que faríamos bem imitar.

Observemos, ainda, que ela usa como argumento *a associação com os filhos*. Neste ponto, devo lhes dizer que considero uma pena não ter sido possível aos nossos tradutores esclarecer qual seja, afinal, a essência da passagem. A mulher estava pedindo por sua *filha*, e nosso Senhor lhe diz: "Não é bom tomar o pão dos filhos e lançá-lo aos *cachorrinhos*". A palavra é um diminutivo, e a mulher fixou-se nisso. O termo "cachorros" não seria, neste caso, tão adequado quanto o foi "cachorrinhos". Observem que a mulher retruca: *Sim, Senhor, mas até os cachorrinhos comem das migalhas*. No Oriente, na época, mandava a regra que os cães não entrassem em casa. Eram considerados animais imundos, que perambulavam pelas ruas sem que ninguém lhes desse importância; quase, na verdade, selvagens. O cristianismo elevou o cão a uma condição melhor, fazendo dele companheiro do homem, como de toda criatura bruta, até que a crueldade da vivissecção e as brutalidades das pessoas vieram a ser conhecidas como horrores de uma época bárbara, que ficou no passado. De todo modo, o cão ainda ocupa posição bem inferior na escala de vida, no Oriente. Em alguns lugares, vagueia pelas ruas em busca de comida e tem um temperamento pouco melhor que de um lobo. Os orientais adultos, em geral, não criam cães, tendo preconceito contra eles; já as crianças, não sendo tão tolas, se relacionam mais com os cãezinhos. O pai costuma não permitir aos cães se aproximarem dos filhos, mas os filhos, desconhecendo o motivo dessa insensatez, não dão a ela maior importância e fazem os cachorrinhos acompanhá-los em suas brincadeiras. Assim, os cachorrinhos entram para debaixo da mesa, sendo tolerados dentro de casa mais por causa das crianças. A mulher cananeia parece argumentar nesse sentido: "Tu nos consideras, e eu assim também me considero e à minha filha cachorrinhos. Pois, então, os cachorrinhos estão debaixo da mesa, junto aos filhos. Eles se relacionam com as crianças, tal como estive com teus discípulos Não sou um deles, não sou filha, mas ao menos os tenho seguido e ficaria contente se pudesse ter a honra de estar *entre eles*".

Para ser sincero, como eu gostaria que alguma pobre alma se agarrasse a essa palavra e dissesse: "Senhor, não mereço reivindicar ser considerado um de teus filhos, mas amo estar sentado entre eles. Nada me dá maior felicidade do que estar junto deles! É bem verdade que às vezes me irritam e aborrecem, como as crianças apertam e machucam seus cachorrinhos, mas, na maior parte das vezes, me afagam, me agradam, falam comigo com gentileza e me confortam, oram por mim e desejam sinceramente minha

Os cachorrinhos | 481

salvação. Por isso, aqui estou, junto a eles; dá-me então, pelo menos, o tratamento de um cachorrinho; e as migalhas de misericórdia que almejo, que caem da mesa".

O argumento da mulher vai mais longe, pois *o cachorrinho come as migalhas do pão dos filhos, para deleite das crianças*. Quando uma criança tem seu cachorrinho por perto enquanto come, o que faz? Ora, é claro, lhe dá pequenos pedaços do alimento de vez em quando. O próprio cachorro toma ampla liberdade e se serve tantas vezes quanto quiser. Quando os cachorrinhos estão com as crianças à hora da refeição, com certeza ganham migalhas de um ou de outro de seus companheiros de brincadeiras. Ninguém se opõe a que comam o que obtenham. Assim, a mulher cananeia parece dizer: "Senhor, aí estão os teus filhos, os teus discípulos. Eles não me tratam muito bem como deveriam. Na verdade, os filhos não tratam sempre bem os cachorrinhos. Apesar disso, Senhor, eles parecem mostrar que desejariam que eu recebesse a bênção que estou buscando. Eles têm porção plena de ti, têm a tua presença, têm a tua palavra. Sentam-se aos teus pés e têm alcançado todos os tipos de bênçãos espirituais. Tenho certeza de que não ficarão ressentidos por eu receber um único benefício que seja. Estão desejosos de que o demônio seja expulso de minha filha, e essa bênção, comparada às que recebem, é apenas uma migalha. Ficarão felizes se eu a receber. Portanto, Senhor, respondo agora ao teu argumento. Disseste que não é bom tomar o pão dos filhos e lançá-lo aos cachorrinhos; mas, Senhor, os filhos estão satisfeitos e bastante desejosos de que eu receba também a minha porção. Concordam em permitir que eu fique com as migalhas. Não as darias a mim?"

Entendo que houve ainda outro ponto forte na argumentação da mulher: *a abundância de provisão*. Tinha uma grande fé em Cristo e acreditava em grandes coisas a seu respeito. Por isso, diria: "Senhor, não há grande força em teu argumento, se pretendes provar que não devo receber o pão por precaução de que não haja o suficiente para os filhos; pois tens tanto que, ao mesmo tempo que os filhos estão sendo alimentados, os cães podem ficar com as migalhas e ainda assim sobrará e haverá bastante, e com abundância, para teus filhos". De fato, os cachorrinhos jamais poderiam ser admitidos debaixo da mesa de um pobre, que não pudesse se dar ao luxo de perder sequer uma migalha; mas se se trata da mesa do riquíssimo Rei, onde há enorme fartura de pão e cujos filhos podem se saciar à vontade, os cachorrinhos, é claro, podem ser admitidos para que comam os restos debaixo da mesa — não propriamente o pão que o dono *lança fora*, mas as migalhas que *caem*, porque são tantas que há o suficiente para os cães sem que os filhos sejam privados de um só bocado que seja. "Não, Senhor", diria a cananeia, "não há necessidade alguma de que tires o pão de teus próprios filhos, e que tal coisa jamais seja desejada por mim. Há em tua mesa mais do que o suficiente para teus filhos, em teu amor e misericórdia transbordantes, e ainda bastante também para mim, pois tudo o que quero são só umas migalhas, se comparado com o que dia após dia dás generosamente a teus filhos."

Eis agora o último ponto que deu força ao seu argumento. *Ela viu a situação do mesmo ponto de vista de Cristo*. "Se me vês como a um cachorrinho, Senhor", diria ela, "então, lançando mão dessa tua própria palavra e argumento, a cura que te peço para minha filha é apenas uma migalha do que o teu grande poder e bondade podem me conferir". Ela usou uma palavra que contém, em si, a ideia de algo bastante diminuto, migalha: *Os cachorrinhos comem das migalhas que caem da mesa dos seus donos*. Que fé ousada a sua! Valorizava a misericórdia que buscava, colocando-a acima de tudo. Considerava que a misericórdia divina valia dez mil talentos, mas, para o Filho de Deus, seria apenas uma simples migalha, tal sua riqueza em poder para curar, tal sua plenitude de bondade e bênçãos. Se um homem dá uma migalha a um cachorro, significa que pouco tem a perder; se Jesus dá misericórdia ao maior dos pecadores, ele também nada tem a perder: simplesmente continuará tão rico quanto antes em bondade, misericórdia e poder para perdoar. O argumento da mulher foi muito correto. Foi tão sábia quanto sincera e, melhor que tudo, revelou possuir uma fé maravilhosa.

Encerrarei este esboço de argumento afirmando que, no fundo, a mulher estava, na verdade, argumentando de acordo com o propósito eterno de Deus; pois qual o grande desígnio do Senhor ao dar o pão aos filhos, ou, em outras palavras, ao enviar uma revelação divina a Israel? Foi sempre seu alto propósito que os cachorrinhos obtivessem o pão por intermédio dos filhos. Ou seja, que o evangelho fosse entregue aos gentios por intermédio de Israel. Sempre foi plano de Deus que, ao abençoar sua própria herança, seu caminho viesse a ser conhecido em toda a terra, e sua força para curar, entre as nações. Essa mulher cananeia, de um modo ou de outro, mediante inspiração divina, veio a se enquadrar no método do Senhor. Embora não lhe haja desvendado o segredo, ou, pelo menos, não fica explícito que isso tenha acontecido, contou, todavia, com uma força inata em sua argumentação. Essa argumentação era, em resumo, a seguinte: "É pelos filhos que os cachorrinhos têm de ser alimentados. Não te peço, Senhor, que deixes de dar aos filhos o pão que lhes pertence; tampouco te peço apressar a refeição dos filhos. Sejam eles fartamente alimentados, em primeiro lugar. Mas, ainda enquanto estejam se alimentando, permite-me receber das migalhas que caiam das mãos bem cheias deles, e já me darei por satisfeita". Este é um argumento altamente estimulante para você, pobre pecador que se aproxima de Deus. Deixo-o em suas mãos e oro para que o Espírito de Deus o ajude a usá-lo. Se conseguir usá-lo bem, você prevalecerá sobre o Senhor, como quer o Senhor, neste dia.

IV. Nossa manchete de encerramento é esta: A FÉ CONSEGUE O QUE QUER. A fé da cananeia, em primeiro lugar, *conquistou-lhe um elogio*. Jesus disse: *Ó mulher, grande é a tua fé!* (Mt 15.28). Ela, bem provavelmente, nunca ouvira profecias relacionadas a ele. Não nascera nem fora criada e educada de tal modo a que provavelmente viesse acabar se tornando uma crente em Jesus. E, no entanto, tornou-se uma fiel de primeira grandeza. Foi maravilhoso que isso acontecesse, e na verdade a graça se delicia em operar maravilhas. Ela nunca antes vira o Senhor, em toda a sua vida, tampouco era dos que o acompanhavam aonde quer que fosse. Contudo, bastou vê-lo uma única vez para adquirir essa grande fé. Foi surpreendente, sim, mas a graça de Deus é sempre surpreendente. Provavelmente, também nunca tivesse visto antes um milagre dele. Toda a sua fé certamente teve de se apoiar sobre o que ouvira a seu respeito, por alto, em seu país: que o Messias dos judeus viera e estava operando maravilhas. A siro-fenícia creu que aquele homem de Nazaré e o Messias eram a mesma pessoa, ali presente, e nisso inteiramente confiou. Ó irmãos, com todas as vantagens que vocês têm, com as oportunidades que se nos apresentam de conhecermos a vida inteira de Cristo e compreendermos as doutrinas do evangelho conforme nos foram reveladas no Novo Testamento, com vários anos de observação e experiência, nossa fé não deveria, então, ser muito mais forte do que é? Essa pobre mulher não nos envergonha quando a vemos, com tão parcas oportunidades, ser tão forte na crença em Cristo, a ponto de ele próprio a elogiar, dizendo: *Ó mulher, grande é a tua fé!?*

Sua fé, porém, foi mais além, pois ela *conquistou um elogio pelo seu modo de agir*. Segundo relata Marcos, Jesus disse: *Por essa palavra, vai; o demônio já saiu de tua filha* (Mc 7.29). É como se a recompensasse tanto por suas palavras quanto pela fé que as sugerira. Jesus se revela tão feliz pelo modo sábio, prudente, humilde, mas corajoso, com que ela usara as próprias palavras dele para afirmar ter fé em seu poder, que declara: *Por essa palavra [...] o demônio já saiu de tua filha* (Mc 7.29). O mesmo Senhor que elogia a fé elogia também os frutos e atos dela decorrentes A própria árvore consagra o fruto. Os atos de homem algum podem ser aceitáveis a Deus até que ele próprio seja aceito. No caso da mulher, tendo sido aceita, por sua fé, os resultados dessa fé logo se tornaram agradáveis ao coração de Jesus.

A mulher, também, *conseguiu alcançar a bênção que buscava: o demônio já saiu de tua filha* — e saiu para sempre. O que ela só precisou fazer, então, foi correr de volta para casa e encontrar sua filha na cama, descansando, tranquila, coisa que certamente a filha não fazia desde que o demônio dela se apossara. Ao lhe conceder a bênção de maior desejo em seu coração, nosso Senhor o faz de maneira grandiosa, dando-lhe uma espécie de carta branca, ao declarar: *Seja-te feito como queres*. Não conheço nenhuma outra pessoa que tenha recebido dele tal palavra: *Seja-te feito como queres*. Foi como se o Senhor da glória se rendesse, por opção própria, aos braços vitoriosos da fé de uma corajosa e humilde mulher. O Senhor concede a você e a mim, em todos os tempos da nossa luta, a capacidade de vitória total mediante a nossa fé. Nem podemos imaginar quão grande e precioso será o tesouro que receberemos quando o Senhor nos disser: *Seja-te feito como queres*.

O desfecho disso tudo é que essa mulher é uma lição para todos os excluídos. Para você; que se considera além da mais pálida esperança; para você, que não foi criado na casa de Deus e talvez tenha deixado de lado toda e qualquer fé em Deus quase a sua vida inteira. A pobre mulher cananeia era de Sidom; vinha de um povo que fora condenado a morrer muitos séculos antes, uma das sementes amaldiçoadas de Canaã. Contudo, apesar de tudo isso, tornou-se grande no reino dos céus, simplesmente porque creu. Não há motivo pelo qual aqueles que se imaginam fora da igreja de Deus não lhe ocupem o centro e venham a ser a luz mais ardente e brilhante de todas. Ó vocês, pobres proscritos e distantes, confortem-se e se fortaleçam, venham a Jesus Cristo e confiem a vida em suas mãos.

Essa mulher é antes de mais nada um exemplo para aqueles que pensam que têm sido rejeitados em seus esforços pela salvação. Você ora e, todavia, não tem sido bem-sucedido? Você busca o Senhor e, no entanto, se sente mais infeliz do que nunca? Você tenta se reformar e corrigir, crê estar agindo na força de Deus, mas tem fracassado? Confie naquele cujo sangue não perdeu a eficácia, cuja promessa não perdeu a validade e cujo braço não perdeu o poder para salvar. Agarre-se à cruz, pecador. Se a terra afundar debaixo de seus pés, mantenha-se nela agarrado. Se as tempestades rugirem e todos os rios se encherem, se o próprio Deus parece estar contra você, agarre-se à cruz de Cristo. Nela está a sua esperança. Nela você jamais há de perecer.

Essa é também uma lição para todo intercessor. A mulher não estava pedindo por si mesma; pedia por outra pessoa. Se você pedir por outro pecador, não o faça, jamais, com frieza de coração. Peça como se fosse por você mesmo, por sua própria alma, pelo seu próprio coração. Prevalecerá sobre Deus como intercessor o homem que carregar o problema de outrem no próprio coração, tomando-o como se fosse seu, rogando e regando com lágrimas uma resposta de paz como se a buscasse para si mesmo.

Por fim, lembremo-nos de que essa mulher poderosa, essa mulher gloriosa, é uma lição para toda mãe e todo pai, pois suplicava por sua filha. O amor materno, ou o paterno, torna o mais forte no mais fraco, e o mais corajoso, no mais tímido que seja. Mesmo entre as feras ou os pássaros, quão poderoso é esse amor! Um pobre pássaro, que se assusta à simples aproximação de passos, é capaz de se sentar valentemente sobre o ninho quando sente que um intruso se aproxima colocando seus filhotes em risco. O amor de mãe ou pai transforma uma pessoa temerosa em heroína, pelos filhos. Quando rogar a Deus por seus filhos, faça-o conforme seu amor materno ou paterno lhe sugerir, até que o Senhor também lhe diga: *Grande é a tua fé! O demônio já saiu! Seja-te feito como queres.* Deixo este último pensamento com os pais como encorajamento à oração. O Senhor os leve a fazer assim, em nome de Jesus. Amém.

52

O PÃO DOS FILHOS DADO AOS CÃES

Ao que ela disse: Sim, Senhor, mas até os cachorrinhos comem das migalhas que caem da mesa dos seus donos (Mt 15.27).

Nesta narrativa, está o retrato da alma para a qual uma bênção certa foi reservada. Mesmo que terminasse sem o versículo final, seria possível saber com toda a certeza qual foi o resultado da súplica da mulher. Cristo precisaria ter mudado sua própria natureza se uma pessoa, ao se aproximar dele como está dito aqui que ela se aproximou, fosse mandada embora por ele de mãos vazias.

Pretendo esboçar em poucos traços o retrato da mulher. Pedirei então que veja a si mesmo se você é como ela; se for, será uma evidência de que o tempo para favorecê-lo, sim, seu tempo certo, chegou. A mulher cananeia tinha *uma grande e premente necessidade*. Sua filha estava sendo atormentada por um demônio, e ela não suportava mais ver a desgraça que esse espírito maligno causava à menina. A dor, a angústia, o delírio e o horror em que a criança fora lançada eram demais para ela. Por uma necessidade consciente, difícil, perturbadora, acabou se desesperando. *Tinha de se livrar do problema.* O mesmo acontece com você, querido ouvinte? Seu pecado o importuna? Sua transgressão está sempre diante dos seus olhos como uma ofensa contínua? Ela o atormenta dia e noite a ponto de hoje, no estado atual, você não conseguir viver sem perdão, precisar ser perdoado, ou enlouquecerá? Você sente que as coisas chegaram a tal ponto que não pode mais viver debaixo da sentença da ira divina? Isso tudo é sinal de grande bênção e esperança. Se houver muitos aqui presentes nessas condições, saibam que cânticos de júbilo angelicais os aguardam.

Quando o caso da mulher cananeia chegou a esse ponto, *ouviu certamente falar do Senhor Jesus, e, baseada no que ouviu, agiu.* Informaram-lhe ser um grande curador de enfermos e capaz de expulsar demônios. A mulher, não se dando por satisfeita apenas com essa informação, pôs mãos à obra na mesma hora para comprová-la. Ao saber ser um momento oportuno, pois Jesus tinha vindo e estava bem próximo de sua terra, foi a ele o mais rápido possível e se pôs a clamar por sua ajuda. Ah!, meu caro ouvinte, você também já ouviu falar, e muito, de Jesus. Nem preciso lhe perguntar se conhece as doutrinas de sua divindade e humanidade e de sua expiação pelo pecado — você as conhece bem. No entanto, colocou sua informação em prática? Compreendendo que ele salva almas, já lhe entregou sua própria alma? Sabendo que ele pode perdoar o pecado de todos, já se voltou para ele com o intuito de ter o *seu* pecado perdoado? Se for assim, e embora você continue sentado à sombra da morte, a hora de sua libertação rapidamente se aproxima. A alma que, sob o senso de necessidade, busca com sinceridade a face do Salvador não está longe do reino dos céus.

A mulher *estava desesperadamente resoluta*. Tomara a decisão, creio eu, de que jamais voltaria ao lugar de onde viera sem receber a bênção que almejava. Seguiria os passos do Salvador, haveria até de cercá-lo, se necessário fosse. Se seus discípulos por acaso não permitissem sua aproximação do mestre, aguardaria outra oportunidade; e, se mesmo assim não obtivesse sucesso, continuaria tentando, em toda ocasião que se mostrasse propícia. Arriscaria sempre e ainda mais uma vez. Foi então provada pelo Salvador, que testa aqueles a quem ama e que sabe serem fortes para suportar a provação. E, como não obtivesse resposta positiva de sua parte — deparando, pelo contrário, com uma aparente recusa —, não se deixou, porém, intimidar, mas insistiu fortemente em seu pedido. Foi como se tivesse se embebido profundamente do espírito do hino que diz:

O PÃO DOS FILHOS DADO AOS CÃES | 485

Resoluto estou, eis minha última defesa,
Se tiver de perecer, morro com certeza.

Se houver aqui alguma alma que haja chegado a esse ponto, que nunca desista de orar até receber uma resposta confortadora. Nunca deixe de chorar e lamentar com sinceridade pelo seu pecado até que o sangue de Cristo o tenha lavado. Alegrem-se, céus, e alegre-se, ó terra, pois existem almas aqui que chegaram hoje ao nascimento e hoje aqui se apresentarão perante o Senhor. Existem almas aqui, neste instante, no limiar da liberdade, à beira da paz. Ainda hoje, encontrarão a completa libertação de todo o seu cativeiro. Eu disse que a mulher cananeia era o próprio retrato do caso mais esperançoso do mundo. Você é capaz de enxergar sua própria face na história dela, como que se contemplando em um espelho? Fico feliz por isso: há uma grande esperança na situação em que você se encontra.

Não posso deixar esse quadro, no entanto, sem observar que a mulher *suportou triunfalmente uma provação muito comum à alma que busca Jesus*. Irmãos, talvez alguns evangelistas que não atuam como pastores possam discordar de mim no que vou dizer, mas, se souberem um pouco mais a respeito da alma humana, tenho certeza de que não o farão. É regra de quem ocupa o púlpito exortar as pessoas a crerem em Jesus Cristo. Aliás, não somente regra, mas a coisa mais acertada a fazer. E quanto mais se fizer, melhor. Existem, porém, pregadores que se satisfazem com uma exortação de forma genérica, sem querer abordar cada caso em separado com sabedoria e afeto. No entanto, há situações em que a simples exortação geral para crer não basta. Fico pensando o que os pregadores que agem assim fariam com determinados casos como os que tenho neste instante em minhas mãos. Tenho explanado o evangelho vezes sem conta, lançando mão da minha melhor habilidade e do meu dom para isso. Oro pessoalmente com determinadas pessoas, em seu favor; dou-lhes livros que Deus tem usado para abençoar muitas outras pessoas; procuro conduzi-las a passagens das Escrituras que têm sido empregadas com êxito para levar a luz a milhares de almas. No entanto, mês após mês, tais pessoas permanecem tão cheias de dúvidas e aflições quanto no começo, se não piores. Foi esse, aliás, o meu próprio caso, durante anos, na minha infância. O evangelho me foi ensinado por meus pais, mas eu passei a me encontrar em tamanha escuridão e desespero de espírito que não conseguia fazer o que me aconselhavam ou mesmo ordenavam. Sentia não ter olhos com os quais pudesse obedecer, quando me recomendavam simplesmente me voltar para Cristo e olhar para ele. Até o evangelho me parecia pouco ou nada adequado ao meu caso. A cegueira imposta pelo pecado e a loucura pela culpa me faziam pensar assim. Mas, ufa!, quantos, como eu era, não vivem por aí também cegos, necessitando ter seus casos tratados com atenção e sabedoria. Embora lhe digam "creia", a pessoa longe está de se sentir segura ou confortada com tal conselho. É preciso, para ela, uma explanação maior, uma revelação talvez mais simples da verdade salvadora, talvez uma resposta obtida com muito empenho e oração para as suas dificuldades, antes que possa encontrar a paz.

Eis que os que buscam uma bênção com sinceridade e ainda não a alcançaram poderão provavelmente achar consolo nessa narrativa referente à mulher cananeia. Apesar da fé da mulher, o Salvador não concedeu sua bênção de imediato. Não se espante; é a verdade. Se ela não tivesse como tinha, de fato, uma fé real e genuína em Cristo quando dele se aproximou, provavelmente jamais teria suportado nem sua rejeição inicial por parte dos discípulos. E, no entanto, apesar de crer e de sua insistência e resistência, ela não encontrou de imediato a bênção que tanto buscava. O Salvador, sem dúvida, tinha a intenção de concedê-la, mas ele preferiu esperar um pouco. "Contudo ele não lhe respondeu palavra". Seriam boas as orações da mulher? Nunca houve talvez melhores no mundo. Não se mostrou ela necessitada da bênção? Sim; dolorosamente necessitada. Será que não demonstrou *sentir* o suficiente sua própria necessidade? Claro, demonstrou sentir-se realmente esmagada por ela. Seria bastante sincera? Ela era tão sincera quanto uma mãe poderia ser. Tinha fé? Tinha um grau tão elevado de fé que, no final, o próprio Jesus, impressionado, exclamou: *Ó mulher, grande é a tua fé!* E, no entanto, apesar de tudo isso, durante algum tempo ela não logrou obter uma resposta que fosse à sua petição e ao seu clamor.

Vejam, portanto, amigos, que embora seja verdade que a fé traz a paz, nem sempre isso acontece de uma hora para outra. Determinados motivos de Deus pode haver que levem à provação temporária, em vez de à imediata recompensa. Muitas vezes, a fé genuína reside na alma como uma semente escondida, que ainda não abriu, não desabrochou em alegria e paz. O conforto é filho da fé, mas nem sempre tem a mesma idade dela. Digo isso para animar alguns de vocês. Eu lhes peço: não desistam de buscar, não desistam de confiar no meu mestre por não terem obtido ainda a alegria pela qual tanto anseiam. Não duvido de que vocês serão realmente salvos, embora no momento nenhuma promessa favorável lhes alegre o coração. "Lentamente irrompe a luz" no coração, mas esse processo, com certeza, assim que se inicia, se completa sem demora.

Um silêncio da parte do Salvador já é uma provação atroz para a alma que o busca. Mais pesada, no entanto, deve ser a aflição de receber uma resposta dura e cortante, mesmo se dita gentil e amorosamente, como: *Não é bom tomar o pão dos filhos e lançá-lo aos cachorrinhos*. Muitos que esperam no Senhor encontram consolo imediato, mas não é o caso de todos. Alguns, como aconteceu ao carcereiro de Paulo e Silas, em um só instante passam das trevas à luz. Outros, todavia, mostram-se plantas de lento crescimento. Um sentido mais profundo de pecado pode lhes ser dado, em vez do sentido de perdão, e nesse caso precisam de paciência para suportar um golpe pesado. Ah, pobre coração! Embora Cristo lhe fira, ou até mesmo aparentemente o mate, confie nele de todo o seu íntimo. Embora lhe dê uma palavra supostamente irada, creia no imenso amor do seu coração. Mesmo que nos próximos meses você não seja capaz de dizer "Estou consolado e sei que Cristo é meu Senhor e Salvador", ainda assim entregue-se a ele, perseverando; dependa dele até mesmo ao ponto mais extremo, onde não consiga mais ter esperanças de que venha a obter regozijo.

Voltemos ao texto em si. O caso dessa mulher é um exemplo típico da fé que prevalece. Se você pretende vencer em Cristo, deve imitar sua tática. Se eu fosse chamado, por exemplo, para ser comandante de um exército, observaria como agiram outros comandantes que tivessem sido bem-sucedidos. Eis uma mulher que se impôs a Cristo. Sigamos, pois, suas regras e também venceremos em Cristo, por sua própria graça.

I. Em primeiro lugar, observem que ELA ADMITE A ACUSAÇÃO LEVANTADA CONTRA A SUA PESSOA. Jesus chamou-a indiretamente de cachorrinho, e ela respondeu com mansidão: *Sim, Senhor*. Aqui não há nenhuma controvérsia com Cristo, nenhum estabelecimento de oposição, paliativo, desculpa ou mitigação. A mulher é sincera, decidida, humilde e aberta. *Sim, Senhor* — essa é sua única resposta direta a ele. Quando se luta, depende-se muito do apoio para os pés. Caso o lutador não se posicione com firmeza, poderá não vencer. Do mesmo modo, se formos lutar contra o anjo da misericórdia, devemos encontrar um apoio onde essa mulher encontrou: em um profundo sentido de não ser digna. Ela sabia ser uma proscrita por Israel e o confessou. Na maioria, as pessoas, se chamadas de *cachorrinhos*, ou dariam meia-volta e iriam embora, em silencioso e irado desespero, ou pegariam fogo de tanta raiva, provavelmente retrucando ao mestre: "Não sou mais cachorrinho do que o Senhor. Se vim lhe pedir uma caridade, o Senhor não poderia, pelo menos, ter me dado uma recusa civilizada?" O coração natural se rebela contra o que dizem as Escrituras a esse respeito. Até que um homem seja humilhado de verdade, ele se recusa a admitir sua natureza devassa. Embora possa estar bastante disposto a usar os termos comuns da humildade, ele não é sincero, pois se lhe fossem aplicados de outra forma, seria tomado de muita ira. Tal como um monge, que declarou que havia quebrado todos os mandamentos e se considerava tão ruim quanto Judas Iscariotes; mas quando um espectador comentou em voz alta: "É o que eu sempre achei!", o monge ficou terrivelmente bravo e chegou a jurar vingança contra o homem que tanto o insultara. Ou seja: você pode me chamar de "cavalo" se quiser, mas não ouse colocar uma sela em minhas costas! Ouvi falar a respeito de uma mulher que, em visita a seu ministro, confessou-lhe ser uma pecadora chocante. "Bem", disse o ministro, "não duvido que seja mesmo. Vamos repassar seus pecados". Assim, ao começar com o primeiro mandamento, ela já declarou que nunca o quebrara; nunca adorara nenhum outro deus a não ser Deus. Quanto ao segundo mandamento, jamais erigira imagens de escultura, tinha certeza disso. Tampouco

O PÃO DOS FILHOS DADO AOS CÃES | 487

deixara de guardar o dia de sábado. Honrara seu pai e sua mãe, nunca cobiçara coisa alguma, nem jurara falso testemunho, nem cometera assassinato. Na verdade, estava afirmando jamais haver quebrado qualquer dos Dez Mandamentos. Não obstante, se confessara uma tão triste pecadora. Declaramo-nos culpados de roubar uma floresta, mas negamos termos algum dia roubado um par de gravetos que seja.

A mulher cananeia acreditava verdadeiramente na degradação de seu estado, tanto que quando o Salvador se dirigiu a ela daquela maneira aparentemente rude, ela se mostrou tão concordante com a própria baixa condição que não se surpreendeu ser chamada do que supunha ser. Ouvira certamente o pecado ladrar em seu interior com tanta frequência e tão alto que, quando o Salvador a chamou de *cachorrinho*, deve ter sentido apenas que ele estava dando o nome certo às coisas. Se eu repetisse aqui toda a narrativa da queda do homem e declarasse os danos do pecado, todos vocês, presentes neste lugar, sem dúvida diriam: "É verdade". Mas, ah!, quão poucos seriam os que de fato sentiriam ser isso uma grande verdade e ficariam profundamente aflitos por causa dessa realidade! "Somos todos pecadores" — é o que *dizemos*; "mas temos todos nossas boas qualidades" — é o que *sentimos*.

A Palavra de Deus não oferece um quadro muito lisonjeiro da humanidade. Ela nos informa que nosso primeiro pai pecou e que, por meio dele, já que nos representava a todos, nós caímos e perdemos o favor de Deus. A Universidade das Escrituras nos fornece uma árvore genealógica terrivelmente miserável. Os aristocratas ingleses tão orgulhosos de seus ancestrais normandos ou anglo-saxões fariam bem em investigar sua árvore familiar até datas bem antigas. Descobririam que sua linhagem de sangue azul começa no jardineiro que roubou uma fruta do patrão e foi mandado embora, entregue à mercê da própria sorte, sem um trapo para lhe cobrir a nudez. Ascendência digna de um mendigo, essa, que é compartilhada por vocês, nobres da terra. Essa é uma *nódoa* no brasão de sua família que nada ou ninguém conseguirá jamais limpar. A Palavra inspirada afirma que todos nascemos em pecado e fomos moldados em iniquidade; que no pecado nos concebeu nossa mãe. Testifica que não somos pecadores apenas de corpo, mas de coração. Que o pecado não é uma simples cicatriz na pele, mas, sim, uma lepra na alma. Que *toda a cabeça está enferma e todo o coração fraco* (Is 1.5). Que *enganoso é o coração, mais do que todas as coisas, e perverso* (Jr 17.9). Vai mais longe ainda e certifica que não somos apenas maus e depravados, mas pervertidos por completo. Que por meio do nosso pecado nossa vontade se tornou perversa, de forma que não nos aproximaremos de Cristo, para que possamos ter realmente vida, trocando, como fazemos habitualmente, o amargo pelo doce e o doce pelo amargo; escolhendo o mal e evitando o bem. Diz-nos ainda que essa nossa incapacidade para o bem é tão grande a ponto de equivaler à morte espiritual. Dirige-se a todos nós, enfim, para nos considerar, por natureza, *mortos nos vossos delitos e pecados* (Ef 2.1). Ou seja, encontramo-nos em tal estado que não podemos conduzir a nós mesmos à salvação, do mesmo modo que os mortos em sua cova não conseguem pelo próprio poder se levantar e passar para um novo estado, de vida e saúde.

O Livro de Deus diz tudo o que há para ser dito contra o homem e que o homem só se dispõe a confessar seu pecado quando sobre ele vem o Espírito de Deus. Então nosso coração responde: *Sim, Senhor*. Mais ainda, a Palavra de Deus afirma que o nosso pecado é tão grande que é sempre odioso para Deus. Nós que o cometemos mereceríamos ser banidos da sua presença para sofrermos aflição indescritível. E, no entanto, a natureza humana se rebela contra isso e diz: "Não, o pecado é só uma fraqueza, um desvio de caráter, um erro, nada mais". Quando, porém, o Espírito Santo entra em nosso coração, clamamos: *Sim, Senhor*. O pecado, na verdade, *é* mau; é uma coisa demoníaca, infernal. Se tu, Senhor, nos mandasses para o inferno, só estarias fazendo o que deve ser feito com o pecado.

Amados amigos, sempre que vocês depararem com um pecador curvado sob o peso do pecado, nunca tentem fazer com que esse pecado lhe pareça mais leve. Digam à pobre alma que seu estado é de fato. desesperador: "Você se sente um grande pecador, mas saiba que seu pecado é muito maior do que você imagina". Quando uma alma clamar: *Meu pecado é pesado demais* (Nm 11.14), não tente confortá-la, criando desculpas. Diga, pelo contrário: "Por mais pesado que você considere seu pecado, ele é muito mais pesado ainda". Não se deixe ser transformado em joguete nas mãos do diabo para desculpar o pecador de seus pecados. Ao confortar seu amigo, dizendo-lhe: "Bem, você não tem sido um pecador tão grande quanto pensa", você estará lhe dando um falso conforto destrutivo. É o mesmo que presenteá-lo com uma droga venenosa capaz de fazê-lo dormir, mas que depois irá levá-lo à destruição. Diga-lhe que o pecado em si é tão horrível que, se um homem pudesse ver um pecado nu, isso o deixaria louco. Que a menor ofensa contra Deus é tão intolerável que, se o fogo do inferno se extinguisse, bastaria um pecado para reacendê-lo.

Assim, se houvesse um modo adequado de obter conforto relevando o pecado, a mulher cananeia teria certamente argumentado: "Não, Senhor, eu não sou um cachorrinho. Posso não ser tudo que deveria, mas não sou de forma alguma um cachorrinho. Sou um ser humano. Tu falas com aspereza demais, bom mestre, não sejas assim injusto". Em vez disso, ela admite o que ele disse. Isso demonstra que aquela mulher tinha os conceitos corretos em mente, ao aceitar, em seu significado mais obscuro, mais pesado, o que quer que o Salvador tivesse escolhido para dizer contra ela. À noite, o vaga-lume brilha como uma estrela, e a brasa reluz como ouro derretido; mas à luz do dia o vaga-lume não passa de um mísero inseto, e a brasa, de carvão queimado. O mesmo acontece conosco. Até que a luz entre em nossa vida, consideramo-nos bons, mas, quando brilha a luz do céu, descobrimos que nosso coração é pura podridão, corrupção e decadência. Não sussurre que não é bem assim ao ouvido de quem disso se lamenta, nem se iluda com a crença de que não é. Toda pessoa é um pecador perdido. Merece a condenação, principalmente *você* — se mais ninguém a merecer. Você tem pecado contra a luz e contra o conhecimento. Está arruinado, totalmente arruinado. Por pior que você pense ser, seu caso é mil vezes pior ainda do que imagina. Não estou aqui para lhe dar conforto dizendo *paz, paz* (Jr 6.14) onde não há paz alguma. Seu estado, ó pecador, é ruim demais, e logo ficará bem pior, desesperadamente pior. Que diante de Deus você possa ser levado a sentir isso e a ele dizer: *Sim, Senhor*.

II. Note, em segundo lugar, que, APESAR DE TUDO, ELA SE APEGA A CRISTO. Observaram a força do que ela diz? *Sim, Senhor; mas até os cachorrinhos comem das migalhas que caem... — de onde?... da mesa dos seus donos.* No Oriente, hoje, é muito raro um cão ter dono. Existem cachorros, em quase todas as cidades orientais, vivendo de lixo jogado na rua, e representando tamanho estorvo que desconheço a existência de uma só palavra em toda a Escritura a favor deles. O cão, como o conhecemos, é um servo muito afetuoso e fiel do homem e por isso merece de nós todo o cuidado. Na maior parte do Oriente, porém, recebe desprezo. Nada mais é que uma quase fera, a uivar, latir e atacar quem passa. Nos dias do Salvador, porém, os povos orientais haviam aprendido costumes romanos e introduzido pequenos cães domésticos nas casas. Digno de nota é o fato de nosso Senhor não ter comparado os gentios, ou seja, a mulher, a um cão sem dono, mas, sim, a um cachorrinho, um animal caseiro, de estimação. Havia em sua frase, sem dúvida, uma contrastante comparação entre os filhos e os cachorrinhos, mas nada que a tornasse ofensiva ou pesada: *Não é bom tomar o pão dos filhos e lançá-lo aos cachorrinhos.* Há uma palavra aqui que eu gostaria que observassem. Vejam que a mulher não diz que *os cachorrinhos comem das migalhas que caem da mesa...,* e cessa sua fala aí, mas completa: *... da mesa dos seus donos.* Ela parece estar dizendo: "Senhor, estou em busca de uma grande bênção. Digas o que disseres de mim, pretendo recebê-la assim mesmo. E, se eu não puder alcançar a bênção, de todo modo sempre *te* seguirei. Tu és, tu serás, meu dono, meu Senhor. Mesmo que nunca me digas: 'Vai em paz, te concedo a bênção', ainda assim te elegi meu Senhor para sempre". Agiria ela, então, como um cachorro de rua, que escolhe como dono um estranho que passa e o agrada, e o segue até em casa, parecendo dizer: "Você pode até me enxotar, me colocar fora de casa e fechar a porta, mas eu o escolhi como meu dono. Se fechar a porta na minha cara, irei tentar entrar por outra. Se fechar ambas as portas, deitarei em cima do capacho. Se me enxotar, ficarei deitado lá fora na frente da sua casa até que você saia e então o seguirei. Eu o elegi para ser meu dono, e meu dono você será".

Agora, pobre alma, é este o seu caso? Se não é, quero estimulá-lo a assumir essa posição. Você reconhece que tudo que Jesus diz é verdade. Então, diga também: "Apesar de tudo, seja eu um cão, um perdido pecador, nunca deixarei de me achegar a ti, Cristo Senhor, como meu Salvador. Se sou um cão, hei de te seguir junto aos teus calcanhares de misericórdia. Manhã, tarde e noite, me deitarei junto de ti, aos pés do meu Dono, e jamais desistirei de confiar em ti, Jesus, mesmo que não pareça receber conforto de ti. Ponderei o assunto dentro do meu coração e concluí que, se Deus se tornou o Salvador, nada pode haver

O PÃO DOS FILHOS DADO AOS CÃES | 489

acima do seu poder infinito. Se o Filho de Deus morreu e verteu seu sangue por mim, não pode haver nenhum pecado meu, por mais escarlate que seja, que esse sangue não seja capaz de lavar. E, se ressuscitou e subiu aos céus, então ele é capaz de salvar até o pior dentre os que vão a Deus por seu intermédio. Estou decidido, portanto, a esperar e lutar, ó Senhor, até que te dignes a me dar uma resposta!"

Nenhum homem se apega tanto a Cristo do que aquele que é mais sensível ao próprio estado de perdição. Quem é o náufrago que segura a balsa da salvação com mais força? Aquele que tenha medo maior de se afogar. O temor, quase sempre, intensifica a fé. Quanto mais receio tenho dos meus pecados, com maior firmeza me agarro ao meu Salvador. O medo é, muitas vezes, a própria mãe da fé. Alguém caminhando pelos campos surpreendeu-se ao ver uma cotovia voar para o seu colo. Que atitude estranha para um pássaro que é conhecido como tão tímido e arisco! Acontece, porém, que vinha um falcão atrás, lhe dando caça. O medo do falcão provocou na cotovia uma ousadia suficiente para buscar refúgio em um homem! Oh, quando os abutres ferozes do pecado e do inferno perseguem o pobre pecador, ele é constantemente levado, pela coragem do desespero, a correr para junto do coração do bendito Senhor Jesus! John Bunyan tem estas palavras, que traduzem muito bem isso: "Fui levado a tamanho pavor e medo sob a ira de Deus que não pude deixar de confiar em Cristo. Senti que, se ele estivesse com uma espada na mão, preferiria correr direto para a ponta de sua lâmina a suportar meus próprios pecados". Espero e oro para que o Senhor possa conduzir você a Jesus de uma forma como essa, caso não seja atraído por meios mais gentis.

Irmãos, a alma firmada sobre Jesus, agarrada a ele como quem foge da morte, não poderá de modo algum perecer; é absolutamente impossível. Tenho às vezes tentado imaginar se haveria no inferno uma alma que buscasse a Jesus resoluta a morrer ao pé de sua cruz. Tal coisa não pode existir. Mas imagine-a por um instante, e a suposição destruirá a si própria. "Meu Deus", diria a alma perdida, "Jesus, eu me agarrei apenas em ti, mas fui destruído. Eu era indigno, não merecia nada do teu favor, mas confiei em ti como o Salvador dos homens mais vis. Dependi do teu poder para me libertar e aqui estou eu, agora, no inferno". Você consegue imaginar uma fala parecida com essa em meio aos desesperados gemidos do inferno? Como os demônios ririam! "Ah, ah!, onde estão as promessas? Onde está o grande coração de Cristo para deixar perecer um pecador que passou os braços à sua volta? Teria sido por que ele *não podia*." Então Satanás exclama: "Ah, ah!, ele não foi capaz de salvar o pior deles que se aproximou de Deus por seu intermédio. Embora afirmasse ser médico, não pôde curar. Ou então, "diz ainda nosso arqui-inimigo", ele *não quis* salvar aqueles que ansiavam e ofegavam para ser salvos". Você estremece só de pensar que terrível blasfêmia tudo isso seria e como iria manchar a honra do glorioso Redentor, não é mesmo? Nunca há de ser assim, pecador, jamais será. Mesmo que você possa ser o mais terrível ofensor que já viveu, lance-se aos pés de Jesus, decidido a nunca mais sair dali até que ele lhe conceda seu perdão. Ele não tem como recusá-lo. Não devemos limitar Deus ou dizer o que ele pode ou não pode fazer. Mas, na verdade, sabemos com toda a certeza que ele não mente nem pode mentir, e, se Jesus fosse lançar fora uma alma que se aproximasse dele, Deus estaria então mentindo. Alegre-se, portanto. Tão somente permaneça firme e forte em jamais abandonar o Salvador e, até se necessário, morrer ao pé da cruz, e tudo sairá bem com você.

III. Além de tudo que já foi dito aqui, a grande arma que a mulher cananeia usou em sua batalha foi a seguinte: ELA APRENDERÁ A ARTE DE OBTER CONSOLO NAS MÁS SITUAÇÕES.

Jesus chamara a ela e a seu povo de *cachorrinho*. "Sim", disse ela, *mas até os cachorrinhos comem das migalhas*. Foi, assim, capaz de enxergar em uma nuvem negra uma borda prateada. Cristo lançou-lhe um osso, sendo ela um cachorrinho, mas ela, o apanhando, dele extraiu o tutano. Podia parecer uma pedra muito dura, mas trazia em seu interior uma pepita de ouro, que a mulher arrancou da pedra e, deste modo, enriqueceu. "Pode me chamar de cachorrinho", diz ela, "não tem importância; serei então um cachorrinho, mas pegarei as migalhas". Ela tira água viva do consolo até do poço profundo do seu infortúnio.

Então, você, pobre alma que se encontra no mesmo estado, tente fazer a mesma coisa, com a ajuda do Espírito Santo! Satanás vem lhe dizendo "Você infringiu a lei de Deus, você o ofendeu, você tem sido um *pecador*". Se lhe sobra algum juízo, corte fora a cabeça do demônio com a espada dele próprio! Refute suas acusações, dizendo: "Sou pecador, sim, mas está escrito 'Fiel é esta palavra e digna de toda a aceitação:

que Cristo Jesus veio ao mundo para salvar os pecadores'. O que você tem a dizer sobre isso, Satanás? Sou pecador, mas ele veio ao mundo justamente para salvar os pecadores. Se não fosse um pecador, Jesus não teria vindo salvar-me, pois não está escrito em parte alguma que ele tenha vindo para salvar aqueles que não são pecadores".

Quanto mais eu provar com absoluta clareza que sou um pecador, mais poderei demonstrar com absoluta clareza que sou objeto da misericórdia do Salvador. Talvez a consciência, ainda envenenada. sussurre: "Você não é um pecador comum. Você foi longe demais, tanto assim que seu coração se endureceu. Você é um *pecador perdido*". "Ah!", responda, "vou aceitar essa ideia, pois o Filho do homem veio buscar e salvar aquele que estava perdido. Não veio buscar quem não queria ou não precisava ser encontrado; nem veio como o grande Pastor para encontrar a ovelha que já estava no aprisco, mas, sim, a ovelha perdida, aquela que se havia desviado. Sendo eu uma ovelha perdida e vendo que o Pastor percorre as montanhas em busca de ovelhas perdidas, vou balir como uma ovelha, clamar a ele, e ele então, provavelmente, virá logo ao meu encontro, pois me procura". Mas a pobre consciência torna a lhe dizer: "Mas você não merece *nada*. Além de pecador perdido, é completamente indigno". Tome essa palavra, pecador, e refute: "Deus é um Deus de misericórdia. Sei que a última coisa que mereço é misericórdia, se pensar em termos de justiça. Mas, porque sou indigno, há espaço e esperança em minha vida para o Senhor manifestar a abundância da sua graça".

Não pode haver espaço algum para quem queira ser generoso junto às esplêndidas mansões do elegante bairro londrino de Belgravia. Imagine alguém que quisesse doar mil libras como caridade. Encontraria ali, certamente, uma dificuldade terrível em fazê-lo aos residentes naqueles palacetes principescos. Se batesse à porta de uma dessas grandes casas e dissesse que buscava uma oportunidade de ser caridoso, mordomos perfumados bateriam a porta em sua cara e lhe diriam para ir embora com sua insolência. Acompanhem-me, agora. Vamos perambular pelos cortiços da cidade; atravessemos montanhas de lixo; refugiemo-nos em becos onde multidões de crianças esfarrapadas brincam na sujeira e na miséria, onde todos são de uma pobreza extrema e o cólera campeia. Agora, sim, a pessoa caridosa pode e deve doar os seus sacos de dinheiro. Aqui há amplitude e bastante lugar para a sua caridade. Aqui a pessoa generosa pode levar ambas as mãos ao bolso sem medo de ser rejeitada. Pode distribuir seu dinheiro a torto e a direito com facilidade e satisfação. Assim também, quando Deus, o Deus de misericórdia, quer distribuir sua misericórdia, não irá oferecê-la àqueles que não a desejam ou acham que dela não necessitam. Você, porém, necessita de perdão, pois está cheio de pecado. É, portanto, a pessoa mais indicada para recebê-lo.

"Ah!", pode ainda alegar alguém, "mas estou inteiramente *arrasado*. Não consigo crer, não consigo orar". Se eu visse uma ambulância passando a grande velocidade pelas ruas, teria certeza de que não seguia para minha casa, pois não a chamei. Mas não precisaria procurar adivinhar o seu destino para logo concluir que se apressava certamente a socorrer alguém enfermo ou moribundo. O Senhor Jesus Cristo é o médico das almas. Quanto mais doente você se encontrar, mais espaço existirá para a ciência do médico. Quem deseja abrir um negócio, procura quase sempre um local onde haja grande demanda dos seus produtos, para ali instalar sua loja. E se eu dissesse que o negócio do meu mestre é justamente salvar pecadores? Se eu dissesse que essa é a única atividade de que ele se ocupa: ser como é, o único Salvador das almas perdidas e arruinadas? Então, ele irá instalar sua loja, seu negócio, bem no seu coração, e creio que ficará muito feliz e satisfeito com sua gratidão e seu amor por tê-lo salvo.

Experimente agora, meu caro ouvinte, encontrar esperança justamente na desesperança de sua condição, qualquer que seja a forma com que essa desesperança se apresente a você. A Bíblia diz que você está *morto em pecado*. Se assim é, conclua então que há espaço para Jesus entrar, uma vez que ele é a ressurreição e a vida; se você estivesse vivo, não haveria espaço, pois você não conseguiria ter ao mesmo tempo duas vidas, mas, como está morto, há espaço bastante para Jesus lhe dar vida. A Bíblia nos diz que estamos mortos; que você está morto. Não o negue; responda apenas *Sim, Senhor* e, então, raciocine que há espaço em sua alma para a vida e a plenitude de Cristo. Se estivesse cheio, você não teria como abrigar

O PÃO DOS FILHOS DADO AOS CÃES | 491

juntas duas plenitudes: sua plenitude própria acabaria por manter a de Cristo do lado de fora. Acontece, porém, que, estando você vazio, há espaço de sobra para ele.

Caro ouvinte, em vez de tentar tirar o melhor por si mesmo do seu próprio caso, creia em sua completa ruína; no entanto, alegre-se porque há esperança. Não há nem como exagerar o seu pecado e, mesmo que tivesse, seria mais sábio errar nesse sentido do que no outro. Um homem apareceu em minha casa, há algum tempo, em busca de ajuda de caridade. Um mendigo perfeito, eu logo reconheci. Julgando que os trapos e a pobreza daquele homem fossem verdadeiros, dei-lhe um pouco de dinheiro, algumas das minhas roupas e um par de sapatos. Depois que ele os vestiu e saiu, pensei: "No final das contas, é bastante provável que, na verdade, eu lhe tenha feito mal, pois ele não conseguirá mais receber tanta esmola quanto antes, já que não tem mais aquele horrível aspecto miserável". Aconteceu de eu ter de sair quinze minutos depois e topar com meu amigo. Ele já não usava mais as roupas que lhe dera; não, senhor. Na verdade, eu teria arruinado seu negócio se tivesse conseguido lhe impor uma aparência respeitável. Ele fora sábio o suficiente para se enfiar debaixo de uns arcos, despir toda a roupa boa e tornar a vestir seus andrajos. Culpei-o por isso? Sim, pela atitude desonesta; mas não por voltar a tocar sua atividade como um verdadeiro homem de negócios. Ele apenas voltou a usar o uniforme apropriado, pois farrapos são o uniforme do mendigo. Quanto mais esfarrapado parecesse, mais esmolas obteria. A mesma coisa acontece com você. Se pretende ir a Cristo, não se revista somente dos seus bons atos e sentimentos; não conseguirá nada. Leve a ele seus pecados; eles são o seu uniforme de serviço. A ruína em que você se encontra é o seu argumento para solicitar misericórdia; sua pobreza espiritual é o seu aval para pedir esmolas celestiais; sua necessidade é o motivo para poder conquistar a bondade divina. Vá como está e deixe que suas misérias intercedam em seu favor.

Se eu me ferisse no campo de batalha e viesse um médico atender os doentes, sei que ele com certeza visitaria primeiro aqueles em pior estado, pois em uma frente de batalha ninguém irá se preocupar com um homem que teve o dedo da mão amputado por um tiro quando há outros sem braços e sem pernas. Trataria, então, de relatar meu caso com a maior riqueza de detalhes possível. Não falaria de modo algum dos meus ferimentos como se tivessem pouco valor, só para ter suturadas as minhas feridas sujas de sangue o mais breve possível. Não diria: "Oh, isso não é nada, eu me feri muito pouco, não tem importância". Procuraria, pelo contrário, conseguir toda a ajuda e cura de que precisasse. Aprenda isso, pecador. Não precisa se pintar de cores berrantes, mas reconheça que está perdido e arruinado. Em seguida, sempre se apegando a Cristo, faça que seus desejos, necessidades, morte e ruína sejam o argumento pelo qual o Senhor da misericórdia deverá demonstrar poder em sua vida.

IV. Permitam-me, em quarto lugar, examinar como a mulher encontrou consolo: ELA TINHA PENSAMENTOS GRANDIOSOS ACERCA DE CRISTO.

Prestem atenção agora. O mestre falara do pão dos filhos: "Ora", ela como que argumentou, "como tu és o dono da mesa e sei que és um senhor rico e generoso, com certeza haverá sempre abundância de pão à tua mesa para os filhos. Não és um provedor mesquinho. Haverá tamanha quantidade de pão para os filhos que muitas migalhas serão então lançadas ao chão, aos cachorrinhos. Assim, os filhos não deixarão de se alimentar fartamente só porque os cachorrinhos devam ter o que comer". Ela não imagina o Senhor Jesus como, por exemplo, o dirigente de um albergue que precise servir uma quantidade certa e pequena de pão para cada abrigado ali, mas, sim, como um generoso provedor, que mantém uma mesa tão boa que, proporcionalmente falando, ela só precisaria de algumas migalhas que dali caíssem.

Todavia, lembremo-nos, tudo o que essa mulher queria era a expulsão do demônio de sua filha. Algo grandioso para ela, que, no entanto, tinha Cristo em tão alta conta para realizar que, certamente, pensava: "Sim, isso não é nada para ele — só uma migalha". Eis o caminho certo para o consolo. Considerar grandioso apenas o seu pecado acabará por levá-lo ao desespero; mas ter um pensamento grandioso acerca de Cristo logo elevará você ao céu em asas de águias. "Meus pecados são muitos, mas, oh!, isso não é nada para Jesus, que pode jogá-los todos fora. Ele é capaz de arrasar montanhas e montanhas do meu pecado com maior facilidade do que eu para acabar com um montinho de areia feito por uma criança. É bem verdade que o peso da minha culpa me oprime mais que o pé de um gigante esmagando um verme, mas não passo de um simples grão de poeira para ele, que já carregou sobre o seu próprio corpo, na cruz, a maldição dos pecados de todos nós, humanos. Será, então, um pequeno feito *para ele* conceder-me plena remissão dos meus pecados, embora *para mim* seja uma bênção infinita recebê-la". A mulher cananeia espera grandes coisas da parte de Jesus, e ele enche sua vida com seu amor.

Amigos queridos, eu lhes peço, façam o mesmo. Oh, que o Espírito Santo os capacite a isso. Tenham pensamentos grandiosos para com Jesus, lembrando-se de que *ele é Deus*. Vocês costumam estabelecer limites, ao mesmo tempo que contam com Deus para lidar com seus problemas, não é verdade? Mas ele mede os céus em palmos, segura os mares na palma da mão, toma as ilhas como coisas pequenas! Se Jesus Cristo é Deus, como então pensar que não tenha poder para salvá-los? Ó irmão, quando você lidar com o Eterno e Infinito, deixe suas dúvidas soltas ao vento. Pense somente em que ele, sendo Deus, *sofreu a máxima pena em seu lugar, pelo seu pecado*. Suportou um sofrimento que outro homem algum sozinho não teria suportado. O peso da ira do Pai caiu toda sobre Jesus Cristo no Calvário. Consegue vê-lo com as mãos e os pés perfurados, consegue interpretar as linhas de agonia desenhadas em sua fronte coroada de espinhos, e não crer que ele é capaz de o salvar? Ele, Deus, que está acima de tudo e de todos, a glória de cujo semblante enche o céu de esplendor, consentiu em que seu santo rosto fosse coberto de vergonhosas cusparadas e bofetadas, e sua fronte salpicada de suor tinto de sangue, tudo em favor de todos nós! Alguma coisa seria impossível, para mérito desse Deus agonizante? Pense nisso, pecador, e você não estabelecerá mais limites para o que Jesus pode fazer. Além de tudo, porém, *Jesus ressuscitou*. Veja-o enquanto se ergue do túmulo, subindo para o trono do Pai entre o júbilo de miríades de anjos. Veja as chaves dos céus, da morte e do inferno a ele sendo entregues. Do que seria então incapaz? De salvar você? Aquele a quem Deus *elevou a Príncipe e Salvador, para dar* [...] *o arrependimento* (At 5.31), que *pode também salvar perfeitamente* (Hb 7.25) e que sempre viveu para interceder — você é capaz mesmo de duvidar do seu poder para salvar? Não desonre meu mestre! Confie nele agora.

Mas você ainda duvida? Então lhe mostrarei só mais uma coisa, que, pelo doce amor de Deus, deverá afastar para sempre suas dúvidas e fazer que você se apegue ao nosso amado Salvador. Em cidades do interior de um país oriental atua um famoso médico. Ouvimos falar de trens que partem de vilarejos remotos abarrotados de gente disposta a percorrer de quarenta a cinquenta quilômetros só para se consultar com esse famoso doutor. Se ele de fato lhes traz algum bem, não sei dizer, mas a ilustração serve ao meu propósito. Imagine que um de vocês precisasse consultar esse médico. Embora sentindo-se muito mal e enfermo, você teria receio, no entanto, de que ele de nada lhe servisse, afinal. Durante a viagem, porém, você vem a conhecer dezenas de pessoas muito alegres, que, na verdade, estão retornando para casa. Elas perguntam: "Para onde você está indo?" Ao que você responde: "Vou me consultar com o doutor *fulano de tal*, pois estou doente". "Oh", dizem elas, "é muita sorte sua poder fazer isso. Estivemos lá. Sentíamo-nos todos tão mal quanto você agora, e fomos todos curados; estamos voltando para casa". "Mas", você agora quer saber, "algum de vocês estava com a perna tão ruim quanto a minha?" "Oh, sim", uma daquelas pessoas responde, "eu estava com as duas pernas muito ruins, meu caso era até pior que o seu". "E você ficou completamente restabelecido?" "Sim", diz um homem. "Veja como posso andar, estou plenamente recuperado." Você não seguiria viagem se sentindo bem mais seguro? Um receio antes o incomodava, mas agora você pensa: "Já posso ir agora com alegria, pois essas são grandes provas do poder do médico".

Existem centenas de pessoas esta manhã, aqui mesmo, neste Tabernáculo, capazes de dizer: "Sim, Jesus tem poder para salvar". Essas pessoas podem ainda lhe fornecer prova melhor disso, acrescentando: "Pois ele me salvou!" Queridos ouvintes, sei que Cristo tem poder para salvar os pecadores porque tenho visto sua salvação em milhares de casos, mas a melhor prova de que disponho é o fato de ele ter me salvado. Quando olhei para ele, fui iluminado, e meu rosto não se cobriu de vergonha; então eu soube. Não precisava de mais argumento algum. Ó pecador, ele tem salvado bêbados, praguejadores, prostitutas, devassos, adúlteros. Paulo afirma que ele salvou aqueles que se haviam contaminado com pecados tais que nem nome tinham, acrescentando: *Tais fostes alguns de vós; mas fostes lavados* (1Co 6.11). Até assassinos

O PÃO DOS FILHOS DADO AOS CÃES | 493

podem ter seus crimes de sangue lavados pelo sangue de Jesus. Todos os tipos de pecado e blasfêmia podem ser perdoados aos homens, visto que *o sangue de Jesus seu Filho nos purifica de todo pecado* (1Jo 1.7). Jesus é não somente o nosso grande Salvador; é o maior, o único Salvador, maior que o maior. Quanto a seus pecados, eles afundarão no mar do sangue expiatório de Cristo, e nada mais haverá contra você, para todo o sempre. Lembre-se: a mulher cananeia acalentava pensamentos grandiosos acerca de Cristo, e isso lhe serviu grandemente de estímulo, esperança e consolo.

V. Por fim, temos que ELA ALCANÇOU A VITÓRIA.

A cananeia reconheceu o que Cristo lhe dera. Mais que depressa se apoderou disso e extraiu argumento até de suas aparentemente duras palavras. Ela creu e esperou grandes coisas de sua parte, e por isso prevaleceu para com ele. Deixem-me dizer-lhes, porém, que o motivo principal pelo qual prevaleceu sobre Cristo foi, na verdade, o fato de que, antes de mais nada, venceu a si mesma. Venceu a si mesma antes mesmo de lutar com o Salvador. Foi uma luta contra a sua própria alma. Acho até que a vejo antes de sair de casa. Um belo dia, uma vizinha muito falante lhe diz: "Você já ouviu falar do novo profeta?" "Não, não ouvi. O que tem ele?" "Oh, é um grande operador de curas!" "É mesmo? O que você sabe? Conte-me!", interessou-se grandemente a mulher. Ouviu vários relatos; mas, sabendo que a amiga falava muito mais do que o necessário, não acreditou propriamente em tudo. No dia seguinte, porém, foi procurá-la para confirmar: "Tem certeza de que tudo o que você me disse daquele profeta é verdade?" "Bem", respondeu a vizinha, "quem me contou foi *fulana de tal*, cujo filho foi curado". A mulher então decide investigar melhor o assunto e acaba encontrando uma testemunha ocular, cuja palavra podia ser aceita. "Sim", disse ela, "ele é considerado por muitos o Messias prometido a Israel, o Filho de Deus que desceu à terra. Tenho certeza de que ele é capaz de curar, porque vi alguns milagres fantásticos sendo feitos por ele. Não tenho dúvida quanto ao seu poder". A princípio, a mulher ficou um tanto confusa. Fora criada como pagã. Havia adorado deuses dos gentios, e eles só a haviam decepcionado. Experimentara consultar seus sacerdotes, e eles só a tinham conseguido desiludir. Achou que também essa tentativa fosse mais um desapontamento. No entanto, resolveu pensar bastante no assunto. As objeções eram muitas, mas raciocinou: "Ouvi dizer que tais e tais sinais iriam acompanhar a vinda do Messias de Israel, e este homem é exatamente como dizem que seria o Messias. Acredito que ele possa ser de fato o Enviado. Então, se é de fato o Messias, o Filho de Deus, deverá ser capaz de curar a minha filha". Seguiu-se uma série de oposições e dificuldades: "Mas você é uma cananeia". "Sim, mas dizem a respeito do Messias que 'a cana trilhada, não a quebrará; nem apagará o pavio que fumega'. Eu irei e experimentarei. Também está escrito sobre o Messias que ele será 'estandarte dos povos, ao qual recorrerão as nações'. Pertenço a uma dessas nações; por isso, confiarei nele". Imagino que o assunto tenha sido debatido durante muito tempo em sua mente. Tendo, então, vencido a si mesma, ela pôde confrontar o Salvador e sobre ele prevalecer.

É possível que alguns de vocês suponham haver certo grau de dificuldade no ato de o Senhor Jesus ser levado a salvar um pecador. Não há dificuldade alguma. A dificuldade, sim, está em o pecador ser levado a confiar nele. Essa, sim, é a obra, o trabalho. No caso da mulher cananeia, o conflito com Jesus foi apenas externo, não real. Ele já estava do lado dela. O verdadeiro embate foi travado por ela com a descrença dela própria. Quando sua fé provou ser vitoriosa, ela também se tornou vitoriosa quanto a Cristo.

Cristo aplaina cada montanha que se ergue em seu caminho, aterra cada vale e constrói a ponte que há de ligar você ao trono do próprio Deus. A dificuldade está em você, não nele. Qual o seu problema? Você consegue realmente confiar em Cristo? Consegue se entregar inteiramente a Jesus crucificado? Se sim, seus pecados estão perdoados. Siga seu caminho e regozije-se. Mas se não o consegue, eis aí a sua dificuldade. Oh, que possa Deus ajudá-lo a lutar contra isso. É um pecado duvidar de Cristo, uma crueldade, um golpe doloroso suspeitar que ele não esteja disposto a perdoar. Lance fora, eu lhe peço, essa perigosa descrença! Possa Deus Espírito Santo ajudá-lo a fazer isso! Venha como está, descanse em Jesus, e você encontrará vida eterna.

53

SÚPLICA, NÃO CONTESTAÇÃO

Ao que ela disse: Sim, Senhor, mas... (Mt 15.27).

Você observou, ao ler a narrativa da mulher siro-fenícia, os dois fatos mencionados nos versículos 21 e 22? *Ora, partindo Jesus dali, retirou-se para as regiões de Tiro e Sidom.* E eis que uma mulher cananeia, provinda daquelas cercanias, clamava. Veja, Jesus vai em direção à costa de Sidom partindo do interior, ao passo que a mulher de Canaã vem do litoral ao seu encontro. E assim chegam os dois à mesma cidade. Que algo parecido se repita esta manhã neste Tabernáculo! Que nosso Senhor Jesus entre nesta congregação com poder para expulsar demônios e que alguns — não, muitos — tenham vindo a este lugar com o propósito de buscar graça das suas mãos! Bendito seja esse encontro do dia de hoje! Vejam como a graça de Deus dispõe as coisas. Jesus e a Cananeia têm um ponto comum de atração. Ele vai, ela vem. De nada teria adiantado ela ir ao litoral de Tiro e Sidom se o Senhor Jesus não tivesse descido à costa israelita da Fenícia para a encontrar. A vinda dele fez da vinda dela um sucesso. Que circunstância feliz quando Cristo encontra o pecador e o pecador encontra o seu Senhor!

Nosso Senhor Jesus, como o Pastor de Deus, fez aquele caminho levado pelo sentido divino de seu coração: estava em busca de ovelhas perdidas e parecia intuir que haveria uma assim a ser encontrada na costa de Tiro e Sidom. Seguiu, assim, naquela direção para encontrá-la. Não consta que Jesus tenha pregado ou feito qualquer coisa de especial durante aquela viagem. Deixou suas 99 *ovelhas* (Lc 15.4) junto ao mar da Galileia para sair em busca da ovelha perdida lá na praia do Mediterrâneo. Depois de ajudá-la, retornou ao seu recanto na Galileia.

Nosso Senhor foi levado a ir em direção a essa mulher, mas ela também o foi a seguir em sua direção. O que a teria feito buscá-lo? É estranho dizer isso, mas o responsável foi um demônio. Não devemos, porém, atribuir qualquer boa ação aos demônios. A verdade é que Deus, gracioso como é, utilizou-o para conduzir a mulher a Jesus. Sua filha estava *horrivelmente endemoninhada* (Mt 15.22), e ela não suportava mais vê-la ficar em condição tão miserável. Oh, com que frequência um grande sofrimento conduz homens e mulheres a Cristo, assim como um vento furioso compele o marinheiro a se apressar para o porto! Conheço o caso de uma aflição quanto à filha, que fora tomada de uma enfermidade terrível, que influenciou fortemente o coração da mãe a buscar o Salvador. E, sem dúvida, mais de um pai, com o espírito quebrantado ante a probabilidade de perder o filho querido, que voltou o rosto em direção ao Senhor Jesus em sua angústia.

Ah, Senhor! Usas de muitos meios para trazer de volta tuas ovelhas desgarradas, até mesmo enviando o cão negro da dor e da enfermidade para lhes dar caça. Esse cão entra nas casas, e seu uivo é tão terrível que a pobre ovelha perdida corre para o Pastor em busca de abrigo. Deus está fazendo justamente isso, esta manhã, com todos vocês que tenham um grande problema em casa! Possa a enfermidade ou o problema doméstico cooperar para sua salvação! Sim, que até a morte já ocorrida de um filho seja o meio pelo qual o pai ou a mãe, ou ambos, venham a conhecer a vida verdadeira! Que sua alma e Jesus possam se encontrar hoje aqui! Seu Salvador, trazido por seu amor, e seu pobre coração, pela angústia — que sejam conduzidos pela graça!

Seria de imaginar que, como Jesus e a mulher cananeia andassem em busca um do outro, o feliz encontro e a bênção graciosa viessem a acontecer com naturalidade. Acontece, porém, que, como declara

SÚPLICA, NÃO CONTESTAÇÃO

um velho ditado, "o amor verdadeiro não corre em leito sereno". De fato, raras vezes o curso da verdadeira fé está livre de provação. Ali estava o amor genuíno no coração de Cristo em relação à mulher cananeia e a fé genuína no coração da mulher para com Cristo. No meio do caminho, no entanto, surgiram alguns problemas que jamais se poderia prever. Foi para o bem de todos nós que aconteceram. Ainda assim, talvez tenha havido mais dificuldades no caminho dessa mulher do que na de qualquer outra pessoa que procurou Jesus nos dias de sua carne. Nunca se vê antes o Salvador, nas Escrituras, aparentemente em tal estado em que se encontrava ao dialogar com essa mulher de tanta fé. Lemos por acaso em algum outro lugar do evangelho que tivesse dirigido palavras supostamente tão frias a alguém? Teria, em alguma outra ocasião, lhe saído dos lábios uma frase tão dura como *Não é bom tomar o pão dos filhos e lançá-lo aos cachorrinhos* (Mt 15.26)? Na verdade, ele logo a conheceu bem, concluindo que ela provavelmente sobreviveria à prova e acabaria sendo altamente beneficiada com isso; que ele próprio, por sua vez, seria glorificado por sua fé em todas as gerações futuras. Ou seja, somente por um bom motivo ele a levaria a passar pelo verdadeiro exercício de treinamento de uma fé vigorosa. Por nossa causa, sobretudo, Jesus a conduziu a uma prova à qual jamais a teria exposto se ela fosse uma mulher frágil e incapaz de suportá-la. A mulher desenvolveu grandemente sua fé, assim, graças à sua aparente rejeição por Jesus. E, enquanto sua sabedoria a provava, sua graça a sustinha.

Agora vejam como tudo começou. O Salvador chegara à cidade, onde quer que ela fosse, e não se expôs muito em público, buscando, pelo contrário, ficar isolado. Como Marcos nos relata, no capítulo 7, versículos 24 e 25, *Levantando-se dali, foi para as regiões de Tiro e Sidom. E entrando numa casa, não queria que ninguém o soubesse, mas não pôde ocultar-se; porque logo, certa mulher, cuja filha estava possessa de um espírito imundo, ouvindo falar dele, veio e prostrou-se-lhe aos pés.*

Por que Jesus iria se esconder dela? Em geral, ele não se esquivava da alma sequiosa que o buscasse. "Onde está ele?", a mulher deve ter perguntado aos seus discípulos. Eles não lhe deram nenhuma informação; pois certamente tinham ordens do mestre para deixá-lo permanecer em oculto. Queria sossego e precisava disso; de forma que os discípulos se mantiveram calados, na maior discrição. Todavia, ela o descobre e cai a seus pés. Alguém lhe dera alguma indicação por alto, e ela então seguira a pista até descobrir a casa e o Senhor em seu refúgio. Aqui começa a provação dela: o Salvador estava escondido, *mas não pôde ocultar-se* (Mc 7.24) da busca ansiosa da mulher. Ela era toda olhos e ouvidos nessa procura. Ninguém conseguiria manter-se oculto de uma mulher angustiada, ávida por encontrar a libertação e cura da própria filha. Incomodado por ela, o Salvador sai à rua, e seus discípulos o rodeiam. A mulher está determinada a ser ouvida por cima dos ombros deles e, por isso, põe-se a clamar em alta voz: *Senhor, Filho de Davi, tem compaixão de mim!* (Mt 15.22). Enquanto Jesus segue caminhando, ela clama sem parar, com súplicas poderosas, até a própria rua ecoar sua voz. Com isso, a presença de Jesus, que ele *não queria que ninguém o soubesse* (Mc 9.30), é proclamada em plenas áreas do mercado. Pedro, certamente, não gosta nada do sucedido, pois prefere a adoração silenciosa. João se sente também bastante desassossegado com o barulho: acabava de perder o final de uma frase de Jesus, algo muito importante que o mestre estava dizendo. O alarido causado pela mulher perturba todo mundo, de modo que os discípulos, sem saber o que mais fazer, se aproximam de Jesus e lhe pedem por favor: *Despede-a, porque vem clamando atrás de nós* (Mt 15.23). Ou seja, Faze alguma coisa, Senhor. Dize a ela que vá embora, pois nos segue clamando, e não temos mais sossego algum com ela gritando atrás de nós. Nem conseguimos mais ouvir o que o Senhor diz, tal é o seu clamor". Então, a mulher, percebendo que falavam com Jesus, chega mais perto, irrompe no círculo deles, prostra-se diante de Jesus e o adora, pedindo, entre lágrimas: *Senhor, socorre-me!*.

Há mais poder, sim, na adoração do que na algazarra. Ela dera, na verdade, um passo à frente. Nosso Senhor não lhe dirige, porém, uma única palavra em resposta à oração. Ouviu, sem dúvida, o que ela disse, mas ainda assim não lhe diz uma única palavra sequer em resposta. Tudo o que faz é se voltar para os discípulos, esclarecendo: *Não fui enviado senão às ovelhas perdidas da casa de Israel.* Como nada a impediu de haver chegado a seus pés nem a fará parar de pedir, ela acha que o bendito Messias falou com ela. Surpreendentemente, porém, o que ele dissera não deixava de ser uma rejeição, indiferente a ela. Que palavra fria, até mesmo mordaz! Só não ouso dizer "cruel" porque não o poderia ser, oriunda de Jesus. *Não é bom tomar o pão dos filhos e lançá-lo aos cachorrinhos.*

E aí, o que irá fazer essa mulher? Ela já está junto ao Salvador; logrou obter uma audiência com ele e já está de joelhos à sua frente, adorando-o — embora ele, estranhamente, pareça rejeitá-la! Como agirá ela agora? Eis o ponto sobre o qual pretendo falar. A mulher não se deixará rejeitar. Pelo contrário, irá perseverar, na verdade transformará a rejeição em argumentação e súplica. Veio em busca de uma bênção, e uma bênção ela crê que irá obter. Pretende rogar até se dar por vencedora. Portanto, lida agora com o Salvador de um modo que diríamos, até, "heroico" e de um modo o mais sábio possível, do qual eu gostaria que cada um dos que buscam Jesus tire uma lição. Você, assim como a mulher cananeia, pode vencer com Cristo e ouvir também o mestre lhe dizer esta manhã, como disse a ela: *Grande é a tua fé! Seja-te feito como queres* (Mt 15.28).

Três conselhos eu extraio, então, do exemplo dessa mulher. Primeiro, *concorde sempre com o Senhor, com o que quer que ele diga.* Responda "Sim, Senhor; sim, Senhor". Diga "sim" a todas às suas palavras. Em segundo lugar, *argumente, também, com o Senhor* — "Sim, Senhor, mas...", "contudo...". Pense em outra verdade e mencione-a a ele em forma de argumentação. Diga com sinceridade: "Senhor, preciso manter minha posição. Por isso, devo argumentar ainda que...". Em terceiro lugar, *qualquer que seja o caso, tenha fé inabalável no Senhor, confie nele, diga ele o que sabiamente disser.* Se quer que ele o prove e aprove, creia e saiba com toda a certeza que ele merece a maior confiança em seu amor e em seu poder.

I. Eis, portanto, meu primeiro conselho para todo coração aqui presente em busca do Salvador: CON-CORDE COM O SENHOR. A mulher disse *Sim, Senhor.* O que quer que Jesus dissesse, ela não o contradiria. Gosto de traduzir sua frase por "É verdade, Senhor", uma versão mais expressiva. Ela não reclamou de que ele lhe tivesse sido "difícil" ou "indelicado", mas concordou: *Sim, Senhor.* Ou seja: "É verdade que não é bom tomar o pão dos filhos e lançá-lo aos cachorrinhos. É a mais pura verdade que, comparada aos filhos, a Israel, eu, sendo gentia, sou, como sei, um cachorrinho. Para mim, receber a tua bênção seria então como um cachorro se alimentar do pão dos filhos. É verdade, Senhor, a mais pura verdade". Veja bem, querido amigo, se você está tratando com o Senhor uma questão de vida ou morte, *nunca contradiga sua palavra.* Você jamais encontrará paz perfeita se houver uma disposição em seu coração para contestar ou contradizer, pois essa é uma condição mental orgulhosa e inaceitável. Aquele que lê a Bíblia para encontrar erros nela logo descobre que a Bíblia é que encontra erros nele. Pode-se dizer do Livro de Deus o mesmo que sobre seu Autor: *Se [...] continuardes a andar contrariamente para comigo, eu também andarei contrariamente para convosco* (Lv 26.27). Acerca deste Livro, posso dizer, verdadeiramente, que *para com o perverso te mostras contrário* (Sl 18.26).

Tenha sempre em mente, meu caro amigo, que *se o Senhor se referir à sua indigna condição, ele só estará dizendo a verdade.* Você demonstrará sabedoria, então, se responder humildemente: *Sim, Senhor.* As Escrituras descrevem você como tendo uma natureza perversa: Sim, Senhor; o descrevem como ovelha perdida, e a acusação é verdadeira; mostram você como tendo um coração enganoso, pois é um coração exatamente assim que você tem. Portanto, repita: "Sim, Senhor; sim, Senhor". A Palavra de Deus retrata você como alguém "sem força" e "sem esperança". Que sua resposta seja: *Sim, Senhor.* A Bíblia nunca tem uma boa referência para a natureza humana não renovada, que também não a merece. Expõe cruamente nossa corrupção e desnuda nossa falsidade, orgulho e descrença. Não levante objeções frívolas contra a fidelidade da Palavra. Ocupe o lugar mais baixo e reconheça-se um pecador, perdido, arruinado e incompleto. Se as Escrituras parecerem degradar você, não fique ofendido com isso. Saiba apenas que a Palavra lida com você com a maior sinceridade. Nunca permita que sua natureza orgulhosa possa contradizer o Senhor, pois isso significaria aumentar ainda mais o seu pecado. A mulher cananeia tomou para si a posição mais baixa possível. Não apenas admitiu que era como um cachorrinho, como também colocou-se, como cachorrinho, devidamente debaixo da mesa — debaixo da mesa dos filhos, em vez de da mesa do Dono da Casa. *Os cachorrinhos comem das migalhas que caem da mesa dos seus donos,* disse ela. Provavelmente, a maioria de vocês deve ter imaginado que ela se referisse às migalhas caindo da mesa do

SÚPLICA, NÃO CONTESTAÇÃO | 497

próprio Dono da Casa, do Chefe de Família. Mas, se perceberem bem, verão que não é assim. A expressão *seus donos* alude a vários senhores, está no plural. Faz referência, na verdade, às crianças da casa, que no Oriente eram os pequenos senhores dos cachorrinhos. De modo que a mulher se humilhou a ponto de ser um cachorrinho não apenas para o Senhor, mas para a casa de Israel — para os judeus, para o povo de Deus. Foi, na verdade, ir muito longe, para uma mulher siro-fenícia, de orgulhoso sangue, admitir que o povo de Deus representasse para ela seus donos; que os discípulos de Jesus, por exemplo, que haviam acabado de pedir ao mestre *Despede-a* estavam para ela como os filhos da família estão para os cachorrinhos debaixo de sua mesa. A grande fé é sempre irmã da grande humildade. Não importa quão baixo Cristo a colocasse, ela iria permanecer *nessa posição* em que se colocara. *Sim, Senhor.*

Recomendo com toda a sinceridade aos meus ouvintes que concordem com o veredicto do Senhor e jamais levantem sequer uma reclamação contra o grande Amigo dos Pecadores. Quando seu coração estiver pesado e você se sentir o maior dos pecadores, oro para que se lembre de que você é um pecador maior do que imagina. Embora sua consciência possa lhe ter conferido uma classificação muito baixa, você poderá ir mais baixo ainda e, enfim, colocar-se no seu lugar certo. Pois, para dizer a verdade, você é tão ruim quanto poderia ser, ou mais. É pior do que seus pensamentos mais obscuros jamais o pintaram. É um ser deplorável, que não merece nada, a não ser o inferno. Sem a graça soberana, seu caso seria de fato desesperador. Se estivesse agora no inferno, não teria queixa alguma para levantar contra a justiça de Deus, pois mereceria estar lá. Por Deus, eu gostaria que todo ouvinte aqui presente, que ainda não encontrou misericórdia, aprovasse as declarações mais severas da Palavra de Deus, pois são todas verdadeiras e fiéis. Oh, que você diga "Sim, Senhor, tens toda a razão: não tenho uma palavra sequer para dizer em minha defesa!"

Por outro lado, *se parecer ao seu humilhado coração muito estranho você pensar em ser salvo, não lute contra essa convicção.* Se o que se lhe mostre como sendo um sentido da justiça divina lhe sugerir pensamentos como: "Você, salvo? Será o maior milagre! Deus teria de superar a própria misericórdia para perdoar alguém como você. Teria de tomar pão dos filhos e lançar aos cachorrinhos. Você na verdade é tão indigno, tão insignificante e inútil que, mesmo que seja salvo, em nada servirá para a obra de Deus", como esperar, então, a sua bênção? Não tente argumentar o contrário. Em vez de procurar se defender ou parecer maior do que é, clame: "Senhor, concordo com a avaliação que fazes de mim. Reconheço de livre vontade que se estou perdoado, se me tornei um filho de Deus e se vou entrar nos céus, será realmente a maior maravilha do teu amor imensurável e graça ilimitada sobre a terra e o céu". Devemos estar prontos a dar nossa concordância e aprovação a cada sílaba da Palavra divina, já que *Jesus nos conhece melhor do que nos conhecemos.* A Palavra de Deus sabe mais sobre nós do que jamais seremos capazes de descobrir. Somos parciais em relação a nós mesmos e, assim, um tanto cegos. Ao aferirmos nós mesmos o nosso caso, nosso julgamento sempre deixa a desejar no equilíbrio dos pratos da balança. Para qualquer pessoa que não esteja em bons termos consigo mesma, suas falhas são sempre desculpáveis, e, se fizer um pequeno bem que seja, o feito será motivo por muito tempo de longas conversas e de valorização como sendo o mais puro diamante moral já lapidado.

Cada um de nós é para si mesmo uma pessoa superior, pois assim nos diz o nosso orgulhoso e incorrigível coração. Nosso Senhor Jesus não nos louva, mas, sim, permite que vejamos o nosso caso tal como de fato é. Seus olhos sábios e esquadrinhadores captam facilmente a verdade nua e crua de tudo e, como *testemunha fiel e verdadeira* (Ap 3.14) que é, nos trata segundo a regra da retidão, embora gentil e amorosamente. Ó alma em busca de Deus, Jesus ama você demais para lhe tecer falsos elogios. Portanto, eu lhe suplico, tenha tamanha confiança nele que, por mais que em sua Palavra e por seu Espírito o repreenda, reprove e até pareça condenar, você possa, sem hesitação, responder sempre: "Sim, Senhor! Sim, Senhor!"

Não se ganha nada apresentando objeções frívolas ao Salvador. Um mendigo para à sua porta e apela para sua caridade. Se entabular uma discussão com você e começar a contradizer suas declarações, mostra que escolheu o caminho errado se pretende mesmo obter boas dádivas de suas mãos. A um mendigo não cabe ter preferências, muito menos causar polêmica. Se o mendigo quiser discutir que então desista de mendigar. Se quiser reclamar de como deva receber as ofertas ou como ou o que você lhe deve dar, é bem provável que fracasse nesse ramo de negócio. Um pecador crítico que discute com o Salvador é um tolo, em letras garrafais. Quanto a mim, tenho decidido ser mais fácil discutir com quem quer que seja do que com o meu Salvador. Acima de tudo, prefiro discutir comigo mesmo, para armar uma briga com meu próprio orgulho, a ter qualquer sombra de discordância com o meu Senhor. Contender com o nosso Benfeitor é de fato uma loucura! O condenado que reclama com justiça de um Legislador investido da prerrogativa de perdoar está cometendo uma tremenda loucura. Em vez disso, eu clamo de alma e coração: "Senhor, o que quer que eu encontre na tua Palavra, o que quer que leia nas Sagradas Escrituras, que são a revelação da tua mente, eu creio, crerei e devo crer sempre. E a tudo isso digo e direi: *Sim, Senhor*! Embora até me condene, é tudo verdade!"

Agora, guarde bem isso: se o seu coração concordar com o que Jesus diz, mesmo quando ele lhe responder com aparente aspereza, você pode ter certeza de que essa *é uma obra da graça*. Pois a nossa natureza humana é muito presunçosa e se apoia demais em sua tola dignidade, contradizendo o Senhor assim que ele a trate com franqueza e se sinta humilhada. A natureza humana, em sua verdadeira condição, é como se fora uma criatura nua, que orgulhosamente pretende se cobrir com um traje feito por ela mesma, costurando folhas de figueira umas às outras para ver se consegue criar um avental! Mas que objeto mais inútil, esse! Com suas folhas retorcidas, ela fica pior do que nua! No entanto, essa mesma natureza humana desprezível se rebela, cheia de orgulho, contra a salvação de Cristo. Não quer nem saber de ouvir falar em justiça imputada: sua própria justiça lhe tem muito mais valor. Ai dessa cruz de orgulho, que rivaliza com a do Senhor! Se você, meu ouvinte, está disposto a se considerar um pecador, perdido, arruinado e condenado, vai tudo bem com você para a salvação. Se pensar assim, seja qual for a verdade aparentemente humilhante que o Espírito de Deus lhe ensine de sua Palavra ou pela convicção na consciência, você há de concordar na mesma hora com ela e confessará "Sim, Senhor, é assim mesmo" — e então, como o Espírito de Deus o levou a essa condição humilde, fiel e obediente, há esperança de salvação para você.

O Senhor Jesus não veio para salvar orgulhosos e arrogantes que se sentam em seu trono e olham de cima, com desdém, para as demais pessoas. Continuem vocês sentados aí, tanto quanto puderem, até que seus tronos e vocês mesmos se dissolvam em perdição; não há esperança para vocês enquanto forem assim. Mas aos que jazem no lixo, aos que se sentem tão indignos quanto o próprio pó à sua volta, que reconhecem e choram não conseguir se levantar do lixo sem a ajuda divina — vocês são aqueles a quem ele há de tirar do estado de mediocridade e os estabelecerá entre os príncipes do seu povo. Vejam! Os que ocupam posição mais elevada serão os menores, e os que estão embaixo serão elevados à posição mais alta. É assim que o Senhor opera uma reviravolta nas coisas. *Depôs dos tronos os poderosos, e elevou os humildes. Aos famintos encheu de bens, e vazios despediu os ricos* (Lc 1.52,53). Se você acha bem em seu coração dizer *Sim, Senhor* a tudo que o Espírito Santo ensina então com certeza esse mesmo Espírito já está operando em sua alma, levando-o a olhar firme para Jesus e fazendo que seu coração concorde em que você percorra o caminho da salvação por intermédio do mérito do sangue do redentor.

II. Meu segundo ponto é: embora você não deva levantar objeções triviais e irritantes a Cristo, pode, contudo, ARGUMENTAR COM ELE. *Sim, Senhor*, diz a mulher cananeia. E então acrescenta um "mas".

Aqui, portanto, vai minha primeira lição: *confronte uma verdade com outra*. Não contradiga uma verdade que o faz franzir a testa, mas, sim, mostre outra verdade que o faça sorrir ao encontrá-la. Lembre-se de como os judeus foram salvos das mãos de seus inimigos nos dias de Hamã, Ester e Mardoqueu. O rei assinara um decreto ordenando que, em determinado dia, o povo de suas terras poderia se levantar contra os judeus, matá-los e tomar-lhes as posses como despojo. De acordo com as leis dos medos e persas, isso não tinha mais como ser alterado; o decreto iria prevalecer de qualquer maneira. O que fazer? Como contornar o problema? Confrontado essa ordem com outra. Novo decreto foi assinado determinando que, embora qualquer um pudesse se levantar contra os judeus, os judeus estavam autorizados a se defender; e, se alguém os ferisse, poderiam até matá-lo e tomar-lhe a propriedade por espólio. Desse modo, um decreto

SÚPLICA, NÃO CONTESTAÇÃO | 499

frustrou o anterior. Com que frequência temos a chance de usar a arte sagrada de voltar nossos olhos de uma doutrina para outra, ambas válidas! Se uma verdade me parece difícil ou obscura, não será sinal de sabedoria da minha parte persistir nela sem obter resultado, mas, sim, examinar cuidadosamente e em toda a extensão essa verdade e ver se não há uma doutrina que, em complemento, me dê esperança. Davi praticou isso quando diz sobre si mesmo: *estava embrutecido, e nada sabia; era como um animal diante de ti* (Sl 73.22); e, então, muito confiante, acrescenta: *Todavia estou sempre contigo; tu me seguras à mão direita* (Sl 73.23). Ele não se contradiz. No entanto, a segunda fala remove toda a amargura que acaso a primeira haja deixado. As duas frases juntas descrevem a graça de Deus, que capacita um pobre ser semelhante a um animal a poder vir a se comunicar com ele. Rogo-lhe, meu irmão, que aprenda essa arte sagrada de dispor uma verdade lado a lado com outra, obtendo assim uma visão justa da situação como um todo, e não se desesperar.

Tenho conhecido pessoas que me dizem: "Ó pregador, meu pecado é terrível. Ele me condena. Sinto que nunca poderei responder ao Senhor por minhas iniquidades, nem colocar-me em sua santa presença". Claro que isso é verdade; mas lembre-se de outras, referentes a Jesus: *O Senhor [Deus Pai] fez cair sobre ele a iniquidade de todos nós* (Is 53.6); *Àquele que não conheceu pecado, Deus o fez pecado por nós* (2Co 5.21); "Portanto, agora nenhuma condenação há para os que estão em Cristo Jesus". Confronte a verdade, de que o nosso Senhor carregou sobre ele mesmo o seu pecado, a sua culpa e a maldição do seu pecado, com o fato de você estar vivendo afastado desse seu grande Substituto.

"O Senhor tem um povo escolhido", exclama alguém, "e isso me desanima". Por que deveria? Não contradiga essa verdade, mas creia nela sempre que a encontrar na Palavra de Deus. Mas ouça bem como Jesus coloca essa questão: *Graças te dou, ó Pai, Senhor do céu e da terra, porque ocultaste estas coisas aos sábios e entendidos, e as revelaste aos pequeninos* (Mt 11.25). Para você, que é fraco, simples e confiante como um bebê, a doutrina está repleta de consolo. Se o Senhor salvará uma quantidade de pessoas que nenhum de nós pode numerar, por que razão você não seria salvo? Está escrito: *Todo o que o Pai me dá virá a mim* (Jo 6.37) e, mais ainda, e o que vem a mim de maneira nenhuma o lançarei fora". Aceite a segunda metade do versículo tanto quanto a primeira.

Alguns ficam confusos com a soberania de Deus; de que ele terá misericórdia de quem ele queira ter misericórdia. Ora, sendo justo, ele pode perguntar: "Não devo fazer o que quero com o que me pertence?" Amado, não questione os direitos do Deus eterno. Ele é o Senhor; é sábio; deixe que ele faça como bem lhe pareça. Não discuta com o rei, mas se aproxime dele com toda a humildade e suplique: "Ó Senhor, só tu tens o direito de perdoar. A tua Palavra declara que, se confessarmos os nossos pecados, tu és fiel e justo para perdoar os nossos pecados. Disseste ainda que quem crer no Senhor Jesus Cristo será salvo". Essa argumentação prevalece. Não despreze a verdade para evitar ter de pisar com o pé nu em ponta de ferro.

Por outro lado, não se detenha em uma verdade somente até que ela quase o enlouqueça, mas olhe também para outras até que o regozijem. Submeta-se a toda verdade, sobretudo àquelas que lhe são favoráveis. Ao ler que *necessário vos é nascer de novo* (Jo 3.7), não fique aflito: nascer de novo é obra que está além das suas possibilidades pessoais; é obra do Espírito Santo, e o fato de estar fora do seu alcance pessoal não deve, então, apoquentá-lo. Todavia, nesse mesmo capítulo 3 de João, em que Jesus diz: *Necessário vos é nascer de novo*, ele também declara: *Porque Deus amou o mundo de tal maneira que deu o seu Filho unigênito, para que todo aquele que nele crê não pereça, mas tenha a vida eterna* (Jo 3.16). Assim, fica claro que quem crê em Jesus é nascido de novo. Peço-lhe que mantenha seus olhos voltados para toda a vasta terra da verdade; e, se você se sentir incomodado em uma de suas cidades, vá para outra. Existe sempre uma cidade de refúgio para você. Além disso, em toda verdade há um lado positivo, desde que você tenha presença de espírito para sondá-lo e percebê-lo. A mesma chave que tranca também abre; muita coisa depende de se saber fazer girar a chave, mais ainda com as engrenagens do seu pensamento.

Isso me leva a uma segunda observação: *receba conforto até mediante a verdade aparentemente mais dura*. Una este conselho, dando-lhe prioridade, aos outros que aqui lhe dei. Nossa versão da Bíblia é muito boa, mas devo admitir que talvez não seja muito fiel à maneira com que a mulher cananeia se expressou. Conforme já expliquei, ela não disse propriamente *Sim, Senhor, mas...* (Mc 7.28), como se fosse fazer uma objeção, mas, sim, "É verdade, Senhor, *pois*...". Não mencionara isso antes porque a tradução em nossas Bíblias expressa o modo pelo qual nossa mente costuma encarar as coisas. Imaginamos geralmente rebater uma verdade bíblica com outra, quando, pelo contrário, são todas concordes entre si e não podem ser conflitantes. É justamente da verdade que nos pareça a "pior" que podemos tirar nosso maior conforto. Deste modo, eis o que a mulher, de fato, disse: *Sim, Senhor; pois até os cachorrinhos comem das migalhas que caem da mesa dos seus donos* (Mt 15.27). Ela não foi buscar conforto em uma verdade que poderia parecer neutralizar a primeira. Não; em vez disso, tal como a abelha, que suga mel até da flor da urtiga, a mulher achou encorajamento na Palavra supostamente severa do Senhor: *Não é bom tomar o pão dos filhos e lançá-los aos cachorrinhos* (Mt 15.26). "É verdade, Senhor", diz ela, então, "*pois até os cachorrinhos comem das migalhas que caem da mesa dos seus donos*" — eis aí sua concordante resposta. Não precisou, absolutamente, distorcer nem virar de pernas para o ar o que Cristo dissera. Tomou-lhe as palavras exatamente pelo que de fato significavam e, de modo inspirado, viu conforto e esperança nelas. Eu insistiria então, com toda a sinceridade, que você aprenda a arte de extrair conforto e esperança de cada declaração da Palavra de Deus, sem precisar criar de modo algum uma segunda doutrina, mas, sim, crendo que a verdade presente, mesmo que pareça conter um aspecto ameaçador, é, no entanto, sua maior aliada.

Pode ser, no entanto, que você ainda alegue: "Mas como posso ter esperança, se a salvação só vem do Senhor"? É esse exatamente o motivo pelo qual você deveria se encher de esperança e buscar salvação só no Senhor mesmo. Se a salvação dependesse de você, aí, sim, poderia até se desesperar. Como provém do Senhor, no entanto, tenha esperança. Você reclama: "Meu Deus! Não posso fazer nada"? E daí? O Senhor pode fazer tudo. Como a salvação provém do Senhor somente, peça-lhe que seja o Alfa e o Ômega em sua vida. Você geme: "Sei que devo arrepender-me, mas sou tão insensível que não consigo atingir a medida certa de bondade". Isso é verdade; portanto, seja o Senhor Jesus exaltado nos céus por lhe dar arrependimento. Você não se arrependerá pelo seu próprio poder, tanto quanto não irá também para o céu por mérito próprio. Mas o Senhor lhe dará arrependimento — pois este, também, é um fruto do Espírito.

Amados, quando eu me achava sob o sentido de pecado, ouvi falar da doutrina da soberania divina: *Terei misericórdia de quem me aprouver ter misericórdia* (Rm 9.15). Ela não me assustou em absoluto, pois senti maior esperança ainda da graça pela vontade soberana de Deus do que por qualquer outro modo. Se o perdão não é uma questão de merecimento humano, mas de prerrogativa divina, então havia esperança para mim. Por que eu não seria perdoado, bem como outras pessoas? Se o Senhor tivesse apenas três eleitos e eles fossem escolhidos de acordo com o seu prazer, por que não seria eu um deles? Coloquei-me a seus pés e desisti de toda esperança, exceto daquela que fluía de sua misericórdia. Sabendo que ele salvaria um número de pessoas que ninguém poderia calcular e que salvaria toda alma que cresse em Jesus, eu cri que estava salvo. Para mim, não havia problema algum em saber que a salvação não aconteceria por mérito meu. Assim, poderia atravessar perfeitamente aquela porta, pois o Senhor poderia muito bem me salvar tanto quanto a qualquer outro pecador. Como se eu tivesse lido que *o que vem a mim de maneira nenhuma o lançarei fora* (Jo 6.37), fui a ele, que, de fato, não me lançou fora.

Quando bem entendida, toda verdade expressa na Palavra de Deus leva a Jesus, e não há uma única palavra isolada capaz de rejeitar o pecador em busca de Deus. Se você for um bom sujeito, mas cheio de justiça própria, cada uma das verdades do evangelho lhe parecerá negativa. Mas se for um pecador, que nada merece além da ira de Deus, e no seu coração confessar que merece a condenação, você é o tipo de homem que Cristo quer e veio salvar, o tipo de homem que Deus escolheu desde antes da fundação do mundo. Você poderá, então, sem nenhuma hesitação, avançar e depositar sua confiança em Jesus, que é o legítimo Salvador do pecador. Crendo nele, somente nele, você receberá imediata salvação.

Não lhe darei mais exemplos nem citarei mais casos particulares. O tempo não me permitiria. Deixo-o nesse ponto com o seguinte conselho: não cabe a você levantar questionamentos, mas dizer em submissão: *Sim, Senhor*. Deste modo, será grande prova de sabedoria de sua parte confrontar uma verdade

SÚPLICA, NÃO CONTESTAÇÃO | 501

com outra, até que tenha aprendido a encontrar luz na própria verdade obscura. Deus o ajude a tirar mel da rocha e óleo da pedra dura, mediante uma fé simples e não questionadora no Senhor Jesus Cristo.

III. Em terceiro lugar, de qualquer modo, e o que quer que Cristo diga ou não, TENHA FÉ NELE. Olhe para a fé dessa mulher cananeia e tente copiá-la. Ela cresceu, em sua aceitação de Jesus.

Antes de tudo, ele é *o Senhor de misericórdia*. A cananeia clamou *tem compaixão de mim*. Tenha fé suficiente, caro ouvinte, para crer que você necessita de compaixão. A misericórdia não é para os que pensam que a merecem: a reivindicação do merecedor é por suposta justiça, não por misericórdia. Os culpados, e somente eles, necessitam e buscam misericórdia. Creia que Deus se deleita na misericórdia; se deleita em dar graça onde não é merecida; em perdoar onde não há motivo para o perdão, a não ser pela sua bondade. Creia também que o Senhor Jesus Cristo, a quem pregamos, é a encarnação da misericórdia. Até sua existência é sinal de misericórdia para conosco; até sua palavra significa misericórdia. Sua vida, sua morte, sua intercessão desde os céus, tudo isso significa misericórdia, misericórdia, misericórdia, nada além de misericórdia. Você necessita da misericórdia divina, e Jesus é a personificação dela — ele é o Salvador designado para você. Creia nele, e a misericórdia de Deus será sua.

A mulher cananeia também o chamou de *Filho de Davi*, reconhecendo com isso sua humanidade, seu parentesco com os seres humanos Pense em Jesus Cristo como Deus acima de tudo, bendito para sempre, que fez os céus e a terra e susteve todas as coisas pela palavra do seu poder; mas, também, que ele se tornou homem, ocultando a própria divindade nesse barro pobre que somos. Foi amamentado como bebê no seio de uma mulher, sentou-se como um homem fatigado e sedento à beira de um poço, sofreu e morreu com malfeitores em uma cruz — tudo isso por amor ao homem. Você não consegue confiar no Filho de Davi? Davi era bastante popular porque andava entre o povo e provou ser um rei do povo. Jesus é assim. Davi reuniu à sua volta um exército de homens que lhe eram muito chegados porque, quando o procuraram, formavam um bando aflito e desordenado; tinham dívidas, eram perseguidos, viviam insatisfeitos. Todos os que haviam sido expulsos do reino de Saul aproximaram-se de Davi, fazendo dele seu comandante. Meu Senhor Jesus Cristo é alguém escolhido pelo povo, escolhido por Deus, com o propósito de ser um irmão para nós. Irmão nascido para a adversidade, irmão que tem se associado conosco, apesar de nossa maldade e miséria. É o amigo dos homens e mulheres arruinados pela culpa e pelo pecado. *Este recebe pecadores, e come com eles* (Lc 15.2), disseram dele. Jesus é o líder de um povo pecador e corrompido, que levanta para a justificação e a santidade e que faz habitar consigo na glória, para sempre. Você não confia em um Salvador como este? Meu Senhor não veio ao mundo para salvar pessoas superiores, que se acham santas de nascença. Repito: quem quiser pode permanecer encarapitado em cima de um trono, que um dia seu trono baixará à perdição completa. Jesus, porém, veio salvar o perdido, o arruinado, o culpado, o indigno. Esses, que se aproximem dele, aglomerando-se, como abelhas em torno da abelha-rainha, já que sua missão é reunir os escolhidos do Senhor, como está escrito: "e a ele se congregarão os povos".

Essa mulher crente poderia ter se alegrado de outra maneira. Nosso Senhor disse a seus discípulos: *Não fui enviado senão às ovelhas perdidas da casa de Israel*. "Ah!", pensaria ela, "esse homem é um pastor de ovelhas perdidas. Qualquer que seja o seu rebanho, *ele é um pastor* e tem grande compaixão por uma pobre ovelha perdida. É, com certeza, alguém para quem eu posso me voltar com confiança". Ah, caro ouvinte! Meu Senhor Jesus Cristo é, de fato, Pastor, por ofício e natureza, e, se você é uma ovelha perdida, essas são realmente boas-novas para sua vida. Há um desiderato sagrado nele que o faz reunir as ovelhas em seus braços e buscar as perdidas, as que se desviaram em dia nebuloso e escuro. Confie em que ele busca encontrá-lo. Venha então ao seu encontro agora e lhe entregue sua vida.

Mais que tudo, essa mulher tinha uma confiança em Cristo como se fora *um grande senhor e chefe de família*, pois parece dizer: "Esses teus discípulos são os filhos que se sentam à tua mesa, e tu os alimenta com o pão do teu amor. Preparas para eles um banquete tão grande e lhes dá tanta comida que, se minha filha for curada, para mim seria uma coisa grandiosa e abençoada, mas para ti, Senhor, não seria mais do que se uma migalha caísse debaixo da mesa e um dos cachorrinhos dela se alimentasse". Ela não pede que lhe lance as migalhas, apenas que tenha permissão para apanhar as que caírem da mesa. Não pede, aliás, nem mesmo as migalhas que o próprio Senhor deixe cair, mas, sim, as dos filhos: em geral, eles são grandes produtores de migalhas que sobram. Observo que, em grego, a palavra *cachorrinhos* corresponde ao termo *migalhinhas* — algo muito pequeno mesmo, bocados minúsculos que caem quase eventualmente.

Pense agora em sua fé. Ver o demônio expulso da filha era a maior coisa que ela poderia imaginar. Contudo, tinha tanta fé na grandeza do Senhor Jesus Cristo que achava que, para ele, curar sua filha não seria mais do que para um grande senhor ou chefe de família permitir a um pobre cachorrinho comer as pequeninas migalhas de pão derrubadas da mesa pelas crianças. Não é uma fé esplêndida? E você, consegue exercitar uma fé assim? Consegue crer — você, um condenado, um pecador perdido — que, se Deus o salvar, será a maior maravilha para você? E, no entanto, para Jesus, que se fez sacrifício pessoal pelo seu pecado, para ele não será mais do que um pequenino bocado deixado cair, por seus filhos, da mesa? Não consegue pensar que Jesus é tão grande que o que é o céu para você será apenas uma migalha para ele? Não consegue ver que ele pode salvá-lo de imediato? Quanto a mim, creio nele e o faço sem a menor dificuldade. E lhe digo mais: se tivesse todas as almas de todos os presentes aqui dentro do meu corpo, eu as confiaria a Jesus. Sim, se tivesse um milhão de almas pecadoras sob meu poder, eu entregaria todas com liberalidade ao Senhor Jesus Cristo, proclamando, como Paulo: *Estou certo de que ele é poderoso para guardar o meu depósito até aquele dia* (2Tm 1.12). Não suponha que falo assim porque estou consciente de alguma bondade minha mesmo. Não. Longe disso: minha confiança não está de modo algum em mim mesmo, em alguma coisa que eu possa ser ou fazer. Se eu fosse realmente bom, não precisaria confiar em Jesus. Por que o faria? Confiaria em mim mesmo. Mas porque nada tenho de mim, sou constrangido a viver pela fé e me regozijo de que possa fazer isso. Meu Senhor me dá crédito ilimitado no seu Banco da Fé. Tenho uma enorme dívida para com ele e nem consigo calcular realmente qual seja o meu débito. Anda que eu fosse um milhão de vezes mais pecador do que sou, mesmo assim confiaria totalmente em seu sangue expiatório para me purificar e nele próprio para me salvar. Por tua agonia e suor de sangue, Senhor, por tua cruz e paixão, por tua morte preciosa, gloriosa ressurreição e maravilhosa ascensão, por tua intercessão pelo culpado à mão direita de Deus, ó Cristo, sinto que posso descansar inteiramente em ti. Possam todos vocês chegar a este ponto, ou seja, crer que Jesus é capaz de salvar.

Agora, lhe pergunto: você tem sido como o ladrão? A última pessoa que esteve bem junto do nosso Senhor na terra foi um ladrão moribundo. "Oh!", retruca você, "fui desonesto a vida toda. Corrompi--me com todo tipo de mal". Todos aqueles a quem ele se associa hoje foram todos impuros um dia, mas confessam que lavaram as vestes, e elas se tornaram brancas, em seu sangue. Suas vestes também um dia estiveram tão sujas que nada, a não ser o sangue do coração de Jesus, pôde torná-las brancas como a neve. Jesus é, porém, o seu grande Salvador, bem maior do que eu seria capaz de dizer. Sou falho e incapaz quando pretendo declarar seu verdadeiro valor e ainda falharia ao fazer isso mesmo que pudesse transmitir o céu em cada palavra minha e expressar o infinito em todas as minhas frases. Nem todas as línguas dos homens ou dos anjos são capazes de expressar em plenitude a grandiosidade da graça do nosso Redentor. Confie nele, meu irmão! Tem medo de confiar? Então, tome impulso e corra para ele. Aventure-se nisso; aventure-se nele.

> Aventure-se nele por completo,
> Sem que lhe impeça outro qualquer projeto.

Olhai para mim, diz ele, *e sereis salvos, vós, todos os confins da terra; porque eu sou Deus, e não há outro* (Is 45.22). Olhe! Olhe agora! Olhe para ele tão somente. E, quando o estiver fitando com os olhos da fé, ele há de olhar para você com amorosa aceitação e dirá: *grande é a tua fé! seja-te feito como queres* (Mt 15.28). Nesse exato momento, você estará salvo. E, mesmo que haja entrado nesta casa de oração penosamente atormentado por demônios, sairá daqui em plena paz de Deus, descansado como os anjos do Senhor. Deus lhe conceda esta bênção, em nome de Jesus. Amém.

54

POUCA E MUITA FÉ

Homem de pouca fé, por que duvidaste? (Mt 14.31).
Ó mulher, grande é a tua fé! Seja-te feito como queres (Mt 15.28).

Entre o mais baixo grau de fé e o estado de completa descrença, há um enorme precipício. Um abismo imensurável se abre entre o homem dotado que seja da menor fé em Cristo e aquele que não tem nenhuma. Um está vivo, embora febril; o outro se encontra morto em seus delitos e pecados. Um foi justificado; o outro *já está julgado, porquanto não crê no nome do unigênito Filho de Deus* (Jo 3.18). O crente mais franzino mantém os pés na estrada para o céu. O outro, desprovido de fé, percorre uma estrada descendente e um dia encontrará sua porção entre os descrentes — terrível porção, na verdade.

Por outro lado, embora falemos de crentes como um grupo homogêneo, existe, no entanto, uma grande distância entre fé fraca e forte. Distância essa, graças a Deus, que se mede sobre a mesma estrada — a estrada segura do Rei. Não há, portanto, nesse caso, precipício separando quem tem muita fé de quem tem pouca. Quem tem fé fraca só precisa avançar sobre a estrada real até alcançar seu irmão mais forte. Então, verificará em sua própria vida o cumprimento do texto que diz: *Fortalecei-vos no Senhor e na força do seu poder* (Ef 6.10).

Quero hoje apressar alguns viajantes retardatários na estrada sagrada. Quero ajudar a extinguir dúvidas e renovar a fé. Quero que o indeciso, o medroso e o desanimado, bem como toda a tribo dos mais frágeis, se encham de esperança esta manhã e observem que ainda não desfrutaram de tudo que o Senhor tem preparado para eles. Embora mesmo a pouca fé seja suficiente para salvar, há muito mais para se ter: a fé maior, que fortalece, alegra, honra e torna útil é uma graça mais desejável. Está escrito que ela nos "dá maior graça". Portanto, Deus tem mais para nós. Assim, a fé menor pode aumentar até atingir a estatura da confiança plena, com maturidade e doçura.

Pretendo, deste modo, tratar hoje de três assuntos. O primeiro tem que ver com a *pequena fé que recebe uma leve censura: Homem de pouca fé, por que duvidaste?* (Mt 14.31). Em seguida, tratarei da *pequena fé que recebe um amável elogio*, pois não é pequena a bênção de ter fé, seja ela de que tamanho for, mesmo se considerada como pouca. Em terceiro lugar, concluirei discorrendo sobre *a grande fé como algo a ser muito mais elogiado*. Para falar desse último aspecto, me servirei das palavras graciosas do mestre: *Ó mulher, grande é a tua fé! Seja feito conforme queres* (Mt 15.28).

Li para vocês dois trechos dos capítulos 14 e 15 do evangelho de Mateus. É significativo o fato de os incidentes que ilustram a pequena e a grande fé serem relatados próximos um do outro. Tomarei como certo que vocês têm claras em sua mente a história de Pedro andando sobre o mar e a da mulher cananita; de todo modo, mantenham sua Bíblia aberta nessas duas passagens enquanto prego. E que possa o Espírito de Deus abrir seu coração para compreendê-las!

I. Primeiro, temos a PEQUENA FÉ QUE RECEBE UMA LEVE CENSURA.

Que dizer sobre o assunto, já de início, a não ser o seguinte: *esse tipo de fé costuma ser encontrada onde esperávamos coisa maior*. O homem aqui repreendido por sua pouca fé é Pedro, a quem o Senhor transmitira um conhecimento muito claro de si mesmo. Pedro, o líder dos doze; Pedro, aquele que mais tarde se tornaria o grande pregador do Pentecostes; Pedro, o discípulo por alguns elevado a primaz ou papa da Igreja apostólica, embora ele mesmo jamais haja reivindicado para si tal posição; Pedro, uma verdadeira lasca da pedra fundamental; Pedro, a quem o mestre prometeria entregar as chaves do Reino e comissionaria, determinando *Pastoreia as minhas ovelhas* (Jo 21.16), *Apascenta os meus cordeirinhos* (Jo 21.15). A esse mesmo Pedro, Jesus chama aqui *homem de pouca fé* (Mt 14.31).

Meu irmão, minha irmã, não terá você, porventura, recebido grande misericórdia, desfrutado de elevados privilégios, obtido graciosa proteção e alcançado um excelente relacionamento com Cristo, o mais querido e íntimo amigo? A essa altura, portanto, você deveria ser forte na fé. Contudo, sabemos, nem sempre o é. Não demora muito, quem sabe, você estará indo de volta ao lar, com seus cabelos brancos ou quase refletindo a prateada luz da terra de Emanuel, já podendo ouvir o cântico dos anjos e santos do outro lado do rio. Com o tempo, enfim, que você tem de vida e por já ser ensinado por Deus há tanto tempo e tão profundamente experiente nas coisas dele, você deveria ser um pai, em termos de fé, quando, na verdade, ainda é um filho; deveria ser mãe em Israel, quando não passa de uma criança — não é verdade? E por que é inegável esse triste fato? Salomão fala do cedro do monte Líbano e do hissopo que brota no muro. No entanto, vejo com grande frequência hissopos que nascem no monte e já deparei em um muro com um cedro brotando. Ou seja, tenho visto grande graça surgir onde pareceria nada haver para servir de apoio e pouca graça se revelar onde tudo contribuiria com a certeza para um grande crescimento. Não deveria ser assim. Você e eu, que hoje já deixamos de ser crianças; você e eu, que deixamos de ser uma embarcação costeira e zarpamos para o alto-mar, já tendo sido até experimentados em mais de uma tempestade; você e eu, que hoje não somos mais estranhos ao nosso Senhor, pois o rei nos tem conduzido com frequência à sua sala de banquetes e seu amor tem sido um estandarte constante tremulando sobre nós — deveríamos nos sentir envergonhados de ainda lamentarmos nossa frequente pouca fé. É uma enfermidade de que não nos podemos gloriar, pois a descrença é um tremendo pecado. Bem poderia o mestre apontar o dedo para alguns do que estão sentados nos bancos desta igreja agora pela manhã e perguntar-nos, um a um: *Homem de pouca fé, por que duvidaste?*

Seguindo na análise de nossa leve censura, observamos que *a pequena fé geralmente anseia de modo exagerado por sinais*. Não creio que a fé de Pedro tenha se tornado pouca de repente. Ela certamente sempre fora pouca, e a visão do vento forte tornou exposta uma tal escassez. Quando ele diz: *Senhor! Se és tu, manda-me ir ter contigo sobre as águas* (Mt 14.28) já mostra que sua fé fraquejava. Por que desejaria andar sobre as águas? Por que Pedro iria buscar essa maravilha? Porque sua fé era pouca. A fé forte se satisfaz, sem sinais, sem evidências, sem quaisquer manifestações de maravilha. Crê somente, na palavra crua de Deus, sem pedir milagre algum de confirmação. Sua confiança em Cristo é tamanha que não requer sinais nos céus, nem nas profundezas do mar. Já a pequena fé, com esse seu "Se és tu", está necessitada de sinais e maravilhas, ou cederá à dúvida. Notáveis cogitações, sonhos fora do comum, manifestações singulares do cuidado divino, respostas esplêndidas à oração, ajuda especial — a pequena fé necessita receber algo fora do rotineiro, ou desmorona. O grito desse tipo de fé é, constantemente, *mostra-me um sinal do teu favor* (Sl 86.17). Não se satisfaz com o arco-íris que Deus dispôs na nuvem; gostaria que o céu inteiro se tingisse de cores celestiais. Não se contenta com a porção costumeira que cabe aos santos; precisa receber mais e mais, fazer mais, sentir mais que o restante dos discípulos.

Por que Pedro não conseguiu ficar quieto dentro do barco, como os outros irmãos? Não; como sua fé era pouca, teve de querer trocar o barco pelas águas. Não concebe que Aquele possa ser de fato o seu mestre que vem caminhando sobre as águas, a menos que também possa caminhar como ele. Por que pedir para fazer o que o seu divino Senhor está fazendo? Porque não se contenta em partilhar da humildade de Jesus; em vez disso, quer ir mais longe, participando de um milagre da onipotência. Deveria eu duvidar se não puder operar um milagre como o meu Senhor? É essa uma das falhas da pequena fé em face do Senhor: não se dá por satisfeita em beber do seu cálice e ser batizada no seu batismo; quer compartilhar do seu poder e participar do seu trono.

A pequena fé tende a ter uma opinião elevada demais quanto ao próprio poder. "Oh", poderá dizer alguém, "mas você deve estar enganado. O erro da pouca fé não é ter uma opinião baixa demais da sua própria capacidade?" Irmãos, homem algum pode ter uma opinião baixa demais do seu próprio poder, por não ser

POUCA E MUITA FÉ

dotado de poder. O Senhor Jesus Cristo disse: *Sem mim nada podeis fazer* (Jo 15.5), e seu testemunho é verdadeiro. Se temos fé forte, damos glórias por nossa impotência, pois, na verdade, é o poder de Cristo que está sobre nós; mas, se temos pequena fé, nossa tendência é diminuirmos a confiança em Jesus e depositarmos abundantes medidas de confiança no nosso eu, em nosso coração. A ideia que fazemos de nós mesmos fortalece na mesma proporção que a fé em nosso Senhor enfraquece. "Mas eu pensava que uma pessoa dotada de vigorosa autoconfiança fosse alguém de grande fé", diz outro. Esse, pelo contrário, é o homem que não tem pouca ou não tem fé alguma, pois autoconfiança e confiança em Cristo não conseguem habitar um mesmo coração.

Pedro imagina poder alcançar seu mestre por sobre as águas. Não tem tanta certeza quanto aos demais discípulos, mas ele parece seguro de si. Tiago, João, André e todo o restante estão com ele no barco. A Pedro, não ocorre que qualquer um deles seja capaz de andar por cima das ondas. Em vez disso, grita: *Senhor!, se és tu, manda-me ir ter contigo sobre as águas* (Mt 14.28). Autoconsciência não é atributo da fé; pelo contrário, serve de ninho para a dúvida. Se Pedro realmente se conhecesse, poderia ter dito: *Senhor, manda João ir ter contigo sobre as águas porque sou indigno de receber tão grande honra.* Mas, não. Sendo fraco na fé, ele se mostra forte em termos da opinião que tinha de si mesmo, de modo que corre para frente, como de hábito; apressa-se a enveredar por um caminho bastante impróprio para os seus pés vacilantes — e em pouco tempo descobre seu erro. É a pequena fé que admite ideias elevadas do eu. A grande fé esconde o eu debaixo de suas asas poderosas.

Observe outro aspecto acerca da pequena fé: *é bastante influenciada pelo ambiente em que se encontra.* Pedro ia muito bem na sua jornada sobre as águas, até notar que o vento encapelava as ondas à sua volta com uma força tremenda. Então, sentiu medo. Não conhecemos cristãos que se mostram dispostos a viver arrojadamente tão somente com base no que veem e sentem? Não ouvimos com frequência um recém--convertido dizer "Eu sei que sou convertido porque me sinto muito feliz"? Bem, um vestido novo deixa qualquer menina feliz, e dinheiro no bolso faz qualquer rapaz se regozijar. Será essa é a melhor prova que se consegue apresentar? Na verdade, sentir-se perturbado pode ser até um melhor sinal de conversão do que a sensação de felicidade. É bom chorar pelo pecado cometido, lutar contra ele e pedir a Deus para ajudar a vencê-lo. Essa, sim, pode ser uma marca segura da graça, talvez bem mais certa do que a costumeira alegria transbordante.

Ah, crente! Você viverá mais feliz, no melhor e mais elevado sentido do termo, se confiar em Jesus; mas logo perderá a felicidade se ela passar a servir como única base e sintoma para a sua fé e confiança. Felicidade depende muito de como as coisas acontecem. Com frequência, quando é grande demais, não passa de um acontecimento, só isso. Algo um tanto aleatório em demasia. Ao passo que, por sua vez, a verdadeira fé descansa sempre em Cristo qualquer que seja a ocasião, boa ou má, mesmo imprevista. É feliz na ocorrência tanto da alegria como do sofrimento e dor, por depender inteiramente de Deus. A fé real descansa na palavra e na promessa fiéis do Senhor, haja o que houver. "Ah, como me sinto inferior e tolo!", queixa-se alguém. "Sinto-me pesado até quando tento orar; não consigo orar como gostaria." E, por isso, duvida de sua salvação? Por quê? Ela depende de haver vivacidade em sua oração?

É marca da pequena fé que tudo aponte para cima e, logo em seguida, para baixo. Se vivermos por nossos instáveis sentimentos, irmãos, levaremos uma vida lamentável. Não habitaremos na casa do Pai, mas, sim, seremos uma espécie de ciganos espirituais, cujas tendas, frágeis demais, não conseguem nos proteger do tempo mau. Deus nos poupe de sermos como um barômetro, que em determinado momento indica "tempo bom", mas basta as condições meteorológicas mudarem e o ponteiro se volta para "nublado" e, em seguida, pode cair para "chuvoso", antes mesmo que tenhamos tempo de pensar. Já a fé forte sabe onde tem o seu verdadeiro fundamento e, confirmando-o imutável, conclui que ele é tão bom hoje quanto em qualquer outro dia. Está edificada sobre Cristo. Como a promessa sobre a qual a fé forte repousa não é variável, mas constante, seu descanso é sempre o mesmo. Nosso Deus fiel salva todos aqueles que nele depositem sua confiança. É este o resumo completo da questão; não precisamos ir além. Mas a pobre da fé fraca, não; procura sempre saber se o vento sopra do leste ou do oeste, do norte ou do sul. Se assim for, lá vai ela. O vento está calmo? Pedro caminha sobre as águas. O vento ruge? Pedro começa a afundar. Isso é típico da fé fraca. Ela nos torna dependentes do ambiente em torno. Deus nos ajude a nos elevarmos acima dela!

A fé fraca, além disso, *não atenta para o perigo constante* e, por isso, não aprende a crer de modo que possa enfrentá-lo. Ao caminhar sobre as águas, Pedro correu o mesmo perigo de quando começou a afundar. Em um sentido prático, na verdade, ele jamais correu perigo algum, pois Jesus, que o autorizou e capacitou a andar por cima do mar, estava com ele o tempo todo. Em cima das águas, Pedro não teria dado um passo sequer se o mestre não o sustentasse. Quando começou a afundar, foi o mestre que o impediu de se afogar. Acha que Jesus seria capaz de retirar a força divina e permitir que seu pobre servo perecesse? A força de Pedro desaparecera; neste exato momento, o mestre poderia tirar dele a força divina e deixar que perecesse? A fé fraca, no entanto, comete esse erro com frequência. Ao olhar para si mesma, a pessoa não reconhece que, onde quer que se encontre, está o tempo todo em perigo extremo; por outro lado, não tem também a menor consciência de que jamais corre perigo algum, esteja onde estiver, se estiver olhando somente para o Senhor. Se você tiver uma visão nada clara de sua confiança e começar a ter fé não em Cristo pura e simplesmente, mas em outro Cristo Jesus de quem você imagina que deva somente desfrutar, um Cristo a quem você pensa que se assemelha, um Cristo conforme possam ter-lhe ensinado erroneamente — se você, em sua confiança, acolher quaisquer dessas versões de Cristo, elas podem acabar se transformando em noções adulteradas. Assim, quando uma noção de perigo cair sobre sua mente, você não saberá, na verdade, para quem se voltar para obter o restabelecimento de sua confiança. A fé forte só toma o verdadeiro Jesus Cristo como base; já a fé franzina tenta acrescentar-lhe coisas. A fé fraca, amados, tenta compensar a carência de confiança no Senhor com uma confiança não muito clara na própria pessoa, nas obras que realiza, nas orações que faz ou em qualquer outra coisa. Se Pedro tivesse confiado de verdade em Jesus, quer caminhasse sobre vagalhões, quer submergisse nas ondas, teria feito o que seu mestre lhe dissera para fazer. Deste modo, a razão de sua segurança não se deixaria afetar em nada pelo vento. Se sua confiança estivesse só em Jesus, a base dessa confiança nunca seria questionável. Oro para que possamos ir muito acima da fé fraca que se levanta e cai com os incidentes passageiros da história desta vida.

A fé fraca, quando consciente do perigo, oscila como um pêndulo para o extremo oposto e *em um segundo começa a exagerar seu perigo*. Pedro caminha sobre o mar. No instante seguinte, já está prestes a se afogar. Curioso que não lhe passasse pela cabeça nadar. Quando a alma confia em Cristo, deteriora-se sua capacidade de depender do eu. Depois que o homem descobre o caminho para andar por cima das águas, esquece sua capacidade de nadar. A autoconfiança vai embora quando a confiança em Cristo entra em cena. Foi da vontade do Senhor que Pedro conhecesse sua fraqueza e visse com muita clareza que ficar de pé nas águas dependia de fé; e que a fé encontra toda a sua força no Senhor Jesus. Lá vai Pedro para o fundo; agora é *Senhor, salva-me!* (Mt 14.30). Chegou ao limite de sua capacidade. Vai se afogar — com o mestre logo ali, perto! Morrerá, enquanto Jesus vive. Será? Perecerá ao fazer o que Jesus lhe ordenou? É possível isso? Você acha que isso poderia acontecer? É evidente que ele tem todo esse medo.

Sou também tolo o suficiente para, às vezes, pensar que vou afundar sob meus problemas. Que bobagem! Se confundirmos nossa confiança em Cristo em dias ensolarados, quando venham os dias escuros grande parte dela já se foi e tememos então perecer. Pois até vocês, que creem na doutrina da perseverança final dos santos, não dizem, de vez em quando, "um dia cairei nas mãos do inimigo"? Sabem que Cristo prometeu sustentá-los e, no entanto, por não perseverarem como deveriam, imaginam que *ele* não os susterá. Sabem que Cristo jamais desistirá de vocês; contudo, estão quase sempre prontos a desistir de tudo e dizer: "Vou acabar, afinal, virando apóstata". Assim, a pequena fé esquece facilmente do seu Senhor. Ela é muito ousada um dia, tímida demais no outro, e tudo porque constantemente confunde a sua confiança nele.

A *pequena fé fala irracionalmente*. Observe como nosso Senhor coloca a questão: *Homem de pouca fé, por que duvidaste?* Fé é bom senso espiritual; a descrença é irracional. Vejam, se Cristo era digno de

POUCA E MUITA FÉ | 507

confiança, e Pedro mostrou que achava que fosse lançando-se ao mar, deveria ser digno de confiança até o fim. Não se pode dizer de alguém que seja "um sujeito leal" só porque "às vezes a gente pode confiar na sua palavra". Essa expressão "às vezes" é fatal para a definição de tal pessoa. A menos que se possa depender sempre dela, não há como considerá-la alguém honesto, que fale sempre a verdade. Se você também disser das promessas de Deus: "Posso crer em algumas, por isso confio em que ele me ajude em determinadas dificuldades", está acusando o Senhor de infidelidade. Ó meu amigo, você estará então arrancando pela raiz a pouca fé que tem. Seu Senhor poderá lhe perguntar: "Por que você crê tão pouco quanto crê? Se você chegou até aqui, por que não vai até o fim? O motivo que o faz crer tanto quanto você crê deveria fazer que cresse em grau ainda mais elevado. Ó homem de pouca fé, por que duvidar? Se qualquer dúvida lhe serve, por que então qualquer fé a mais não serve para você?" As duas coisas, de fato, são incompatíveis. Não há lógica em ser um crente fraco em um Cristo forte. Por que ter uma fé vacilante em uma promessa segura? Por que ter uma fé frágil em um Salvador poderoso? Que a sua fé assuma as cores daquele sobre quem se firma, bem como da Palavra em que você crê. Então, você estará se firmando sobre um solo bom, sólido e razoável, justificável à consciência e ao entendimento.

Uma palavrinha mais sobre nossas temerosas apreensões. *A fé fraca acaba com frequência tomando um "caldo".* Embora Pedro não tenha se afogado, pode ter certeza de que se encharcou até os ossos. Se você tem uma fé forte, há de sobreviver constantemente a um mar de problemas, no qual a fé fraca, por sua vez, quase sempre afundará. A pequena fé é uma grande produtora de horrores. Tenho amigos que sustentam para si uma verdadeira fábrica de problemas, onde vivem a produzir açoites para as próprias costas. Não confiam em Deus, nem nessa nem naquela questão, e em consequência estão sempre aflitos e preocupados, encharcando-se de problemas. Ouvi dizer que roupa feita em casa raras vezes cai bem. Com certeza, também, problemas feitos em casa são muito difíceis de serem suportados e, mais ainda, solucionados. Também já ouvi dizer que, por outro lado, uma roupa feita em casa pode durar mais que as outras; acredito, assim, que os problemas feitos em casa possam se fixar em nós por muito mais tempo que os outros que Deus designe para nossa vida. Feche essa fábrica de medos, meu irmão, e em seu lugar passe a produzir cânticos de louvor! Quando Deus lhe apresenta um problema, não é por acaso. Sim; mas quem deu um banho em Pedro dos pés à cabeça, encharcando-o, senão ele mesmo? Pedro, o aflito! Se tivesse uma forte fé, teria permanecido seco e tranquilo no barco. Seu mestre impediu que as águas o afogassem, mas ele sofreu e se sentiu mal com isso. Se você tem uma fé fraca, viverá não apenas alegrias incompletas, mas também muitos sustos e desconfortos.

Censurei, assim, a fé fraca. Mas não tive a intenção de magoar nem um fio de cabelo seu. A pequena fé é uma bênção — não por sua falta de densidade, mas por ser fé. Como eu ficaria feliz se pudesse acabar com a sua escassez e estimular só a fé; se a pequenez pudesse ser removida, e a fé, aumentada!

II. Vejamos agora como A PEQUENA FÉ RECEBE UM AMÁVEL ELOGIO. Vou louvá-la agora, não porque seja pouca, mas por ser fé. Ela requer um manuseio delicado e, por isso, deve ser vista como algo precioso.

Antes de mais nada, *é fé verdadeira*. Fé que começa em Jesus e acaba em Jesus é fé verdadeira. Apesar de não ser como a fé forte, a menor fé em Jesus é um dom de Deus e *igualmente preciosa* (2Pe 1.1). Se você tem fé como um grão de mostarda, pode operar maravilhas. Apesar de ser tão pequena que talvez você tenha de buscá-la com a máxima atenção, ainda assim ela tem a mesma natureza que a fé mais forte. Uma moeda de prata de baixo valor monetário é uma peça de prata tanto quanto uma de maior valor e traz também a marca da Casa da Moeda. Uma gota d'água do mar é da mesma natureza que a de uma grande onda. Uma faísca é tão fogo quanto as chamas do Vesúvio. Ninguém sabe o que poderá resultar de uma centelha de fé; ela é capaz talvez de incendiar mil almas! A pequena fé é verdadeira, tanto assim que disse nosso Senhor a Pedro: *Bem-aventurado és tu, Simão Barjonas, porque não foi carne e sangue que to revelou, mas meu Pai, que está nos céus* (Mt 16.17). Pedro tinha fé genuína, apesar de pouca.

Ó meu ouvinte, *todo aquele que crê que Jesus é o Cristo, é nascido de Deus* (1Jo 5.1). Mesmo que se você se entregue cheio de medos à obra acabada de Cristo, sua fraqueza no ato de crer não altera o fato de que você se lançou em mãos fortes, que, com toda a certeza, hão de salvá-lo. Jesus disse: *Olhai para mim, e sereis salvos* (Is 45.22). Por mais que o seu olhar, meu irmão, seja bastante incerto e lágrimas de dor lhe toldem os olhos, a ponto de você não conseguir ver como ele é, mesmo assim só o fato de você olhar para ele o salva. A fé pequena nasce de cima, pertence à família dos salvos. A mais frágil fé é uma fé verdadeira.

Contudo, observe, também, que *a fé pequena obedece aos preceitos e será incapaz de dar um passo a mais. Se és tu, manda-me ir ter contigo sobre as águas. Disse-lhe ele: Vem. Pedro, descendo do barco, e andando sobre as águas, foi ao encontro de Jesus* (Mt 14.28,29). Se Jesus diz *Vem*, a fé pequena responde "Vou!" Apesar do passo vacilante e dos joelhos trêmulos, ela irá, para onde quer que Jesus a chame, seja por cima das águas de enchente, seja do fogo. Conheço alguns filhos do Senhor que raramente experimentam grandes alegrias. Contudo, quase os invejo por sua terna consciência. O fato de se afastarem ante a menor possibilidade de contato com o pecado, o cuidado e a atenção que demonstram para se manter no caminho dos mandamentos do Senhor, são traços admiráveis de seu caráter. Andar na graça é, afinal de contas, mais precioso do que se sentir confortável. Como posso culpá-los, portanto, a vocês que têm uma fé pequena, quando os vejo receosos de colocarem um pé na frente do outro, de pisarem onde receiam que não deveriam? Prefiro vê-los, em toda a sua timidez, cuidadosos assim com a própria obediência, a ouvi-los falar alto de sua suposta grande fé e em seguida vê-los às voltas com o pecado e o desatino, achando talvez que o fato de terem cometido um grave erro não é uma questão de grandes consequências. A delicadeza de consciência que floresce lado a lado com a fé pequena compõe, na verdade, um quadro de dois lírios de rara beleza.

A pouca fé de Pedro não tentou andar sobre as águas até Jesus lhe dar permissão. Pedro pediu: *Manda-me*. Tenho observado homens e mulheres sem esperança nenhuma, receosos demais, e que, no entanto, jamais seriam capazes de fazer coisa alguma até ouvirem "a palavra que está por trás" deles, vinda de Deus, dizendo: *Este é o caminho, andai nele* (Is 30.21). Hesitam, mas até terem consultado o mapa da Palavra e se certificado do caminho certo a percorrer. Não ousam correr riscos, mas, em vez disso, se ajoelham e clamam por orientação sempre, com receio de dar um só passo que seja fora da vontade do mestre. Têm, na verdade, um temor santo de perderem as garantias do Senhor. Você, homem ou mulher de pouca fé, se é essa sua disposição mental e seu temperamento, louvamos muito a Deus que assim o seja!

A fé pequena luta para se achegar a Jesus. Pedro não deixou o barco com o simples objetivo de andar sobre as águas, mas se arriscou em cima das ondas para poder se achegar a Jesus. Sua intenção não era passear sobre as ondas, mas certificar-se da presença e da companhia de seu Senhor. *Pedro, descendo do barco, e andando sobre as águas, foi ao encontro de Jesus* (Mt 14.29). Eis o seu objetivo — ir ao encontro de Jesus. Alguns de vocês aqui presentes têm pouca fé, sei disso. Mesmo assim, anseiam por chegar mais perto de Jesus. Seu anseio diário se traduz em "Senhor, revela-te a mim e faze-me mais como ti". Quem busca Jesus tem o rosto voltado para a direção certa. Embora seus joelhos cheguem a bater um no outro e as mãos lhe pendam inertes ao lado do corpo, ainda assim o pouco progresso que você faz acontece na direção de Jesus; você luta por servi-lo e honrá-lo, não é verdade? Embora os ventos sejam contrários, ainda se bate para chegar à praia. Bem, não obstante seja pequeno em fé, fico feliz em vê-lo lutando, apesar de sua fragilidade, para alcançar o Senhor. Continue assim, pois Jesus sairá ao seu encontro. E se você começar a afundar por causa de desconfiança, ele há de imediatamente ampará-lo e colocá-lo outra vez sobre os próprios pés. Alegre-se, pois!

A fé pequena merece elogios, ainda, por *se comportar com grandiosidade, mesmo que durante algum tempo*. Embora Pedro tivesse pouca fé, ele andou de uma onda a outra com rara coragem. Acho que consigo vê-lo após saltar do barco, atônito por se achar de pé em cima das imensas águas que se estendiam noite adentro pelo vasto mar. Com o coração batendo apressadamente, deu um passo vacilante, como a criança que aprende a andar, e, com confiança crescente, outro, mais outro e mais outro... Embora as ondas rolassem debaixo de seus pés, Pedro se manteve firme em cima delas por algum tempo. A fé pequena consegue ir levando adiante a pessoa corajosamente por certo tempo. Quando a mulher retraída Jael tomou da estaca da tenda e matou o general Sísera, se transformou por algum tempo na corajosa guerreira que chegara a ponto de eliminar o grande inimigo de Israel. Muitas vezes, o coxo ou o fraco, aqueles,

POUCA E MUITA FÉ | 509

enfim, que normalmente não seriam capazes de levantar uma mão sequer nem uma guerra santa, têm-se mostrado corajosos, estimulados e até heroicos, em tempos presentes. Foi a fé pequena, como a funda de Davi, que matou o gigante; como a espada que Eúde empunhou com a mão esquerda, a fé pequena tem muitas vezes operado libertação. Assim, honro a fé pequena, porque tem por vezes suas falhas e perdas, mas também consegue cantar suas vitórias, alcançadas em nome de Jesus. Se com ela acontecesse sempre o que só acontece de vez em quando, seria de fato gloriosa! Mesmo assim, é capaz de mover montanhas e arrancar árvores pela raiz.

Devo elogiar ainda a fé pequena porque, *quando em apuros, se refugia na oração*. Pedro começa a afundar. O que ele faz então? Ora: *Senhor, salva-me!*. A fé pequena sabe de quem sua força depende. Quando se vê em apuros, não recorre à confiança humana ou à força natural, mas se volta, no mesmo instante, para o Senhor, em oração. Derrama seu coração diante de Deus.

Gosto muito de ver as pessoas, no momento da angústia, começarem a orar de pronto, com a naturalidade com que os pássaros assustados saem voando para seus abrigos. Algumas delas, não; em vez disso, correm para quem quer que lhes esteja mais próximo ou buscam conselho em sua própria sabedoria pessoal. Esse tipo de ação, no entanto, nunca lhes serviu de grande coisa. Experimentemos um método mais seguro. Em vez de pararmos para revirar toda a velha bagagem de que dispomos, tentemos recorrer, na mesma hora, a Jesus, em busca de ajuda. Mas, não; não vamos a Jesus até que tenhamos batido em todas as portas sem sucesso. E, então, sua misericórdia estará em ele não nos despedir já na entrada. *Senhor, salva-me!* Ó fé pequena, você se torna grande argumentadora em suas súplicas. Sendo exatamente sua fraqueza que a leva com maior frequência a se colocar de joelhos, talvez você possa não ser tão eficaz em oração quanto a fé forte, mas é bastante abundante em seus rogos. Vejo você tremendo e desfalecendo e então clamando, pedindo forças ao Senhor; e ele a ajuda. Esse seu clamor mostra que você faz parte do batalhão de reservistas espirituais, como, há algum tempo, certo Saulo, a quem o Senhor determinou a Ananias que visitasse, informando: "eis que ele está orando".

A fé fraca merece também o elogio de que *está sempre segura, sabendo que Jesus está perto*. Pedro sentiu-se seguro sobre as águas porque Cristo estava ali também. Sendo sua fé pequena, ele não foi salvo, na verdade, pela força da sua fé, mas, sim, pela força da mão de Cristo, que se estendeu para sustentá-lo quando afundava. Se você crê em Cristo de todo o seu coração, se ele é o primeiro e o último em sua confiança, então, mesmo que você se sinta temeroso e alarmado, Jesus jamais o deixará perecer. Dependa dele, somente dele, pois a ele é impossível desprezar sua fé e deixar que pereça. Que Deus não permita insultarmos nosso Senhor a ponto de supor que seja capaz de abandonar o crente, por mais frágil que a fé deste venha a ser! Se Cristo vive, como morreríamos? Se Cristo andou sobre as águas, como afundaríamos? Não somos, afinal, um com ele?

Uma coisa mais posso dizer em honra à fé fraca: *o próprio Jesus a reconhece como fé*. Ele disse a Pedro: *Homem de pouca fé*. Repreendeu-a por ser pouca, mas reconheceu ser fé. Gosto de refletir que o Espírito Santo é o criador não da pequenez da nossa fé, mas da fé em si, mesmo sendo ela tão pequena. Nosso Senhor reconhece ser fé aquilo que achávamos ser pouco mais que descrença. *Creio! Ajuda a minha incredulidade* (Mc 9.34) é uma oração muito apropriada para muitos de nós. Cristo perdoa a falta de fé, mas, melhor ainda, a aceita apesar de sua fragilidade. É capaz de enxergá-la mesmo quando, como uma brasa quase apagada, esteja abafada sob um monte de entulho.

Teço mais elogios à fé pequena porque, embora às vezes soçobre, *consegue se recuperar e operar suas antigas maravilhas muitas vezes mais*. Pedro está prestes a afundar, mas seu mestre o segura. O que vemos aqui? Agora não é uma pessoa que caminha em cima das águas, são duas. Cristo está lá, mas Pedro também. Pedro, meu caro, você anda sobre o mar como quem nasceu fazendo isso! Oh, sim, sua pequena fé aprende, por meio de um toque do Senhor, a fazer isso já da primeira vez: acaba de caminhar sobre as ondas da primeira vez e agora repete o feito. Vejam! Pedro vem agora para o barco com o seu Senhor. Você, irmão, que costumava praticar boas obras e neste momento as vê no passado com saudade e profundo arrependimento, pode voltar a viver algo semelhante outra vez. Você, que perdeu as esperanças e se entristeceu, anime-se, pois terá novamente seus dias festivos e mais brilhantes do que antes. "Oh, mas por causa da minha fé fraca eu desperdicei tanto tempo da minha vida", queixa-se alguém. É realmente uma grande pena que tenha sido assim. Contudo, há uma promessa que eu indico para a sua fé: "Assim vos restaurarei os anos que foram consumidos pela locusta voadora". A locusta devorou as colheitas — a locusta da fraqueza tem devorado as mais belas frutas. Mas nosso Senhor Jesus Cristo pode devolver os anos perdidos. Ele é capaz de compensar dez anos de inutilidade em um só, transformar um dia de alegria em dez, e assim recuperar o melhor do passado perdido. Nosso Senhor pode fazer você esquecer a vergonha da sua juventude e não se lembrar mais do opróbrio da sua viuvez.

Anime-se, fé pequena! Você provém de boa família, embora ainda seja um bebê. Anime-se, pequena fé! Você talvez se sinta agora um pouco enjoada a bordo do barco, mas ele é bastante seguro e você há de chegar à terra firme com a mesma certeza de que há de vir a ser uma forte fé. Deposite sua confiança inteiramente no Senhor e espere por ele com tranquilidade, para que sua manhã nasça no tempo devido com toda a certeza. Com isso, encerro minha leve censura e amável elogio afetuoso à pouca fé.

III. Quero agora dizer umas poucas palavras para completar, e o tema delas é este: A GRANDE FÉ É MUITO MAIS DIGNA DE LOUVOR.

Às vezes, ela se encontra onde menos esperamos. Nosso Senhor a observou não em Pedro, o ousado valentão, mas, sim, na frágil mulher bondosa que suplicava a libertação de sua filha. Uma pobre mulher, dona de uma fé capaz de envergonhar qualquer homem. Mulher gentia, cananeia, ou seja, do povo do qual se havia dito um dia: *Maldito seja Canaã* (Gn 9.25); e que, no entanto, tinha fé mais forte do que Pedro, o israelita, conhecedor das Escrituras desde a infância. Mulher que experimentava grande problema em casa, pois o demônio se fizera presente lá, atormentando-lhe a filha. É terrível estar em casa todo dia sabendo que há um demônio em seu marido ou em um de seus filhos. Muitas mulheres cristãs são, aliás, obrigadas a suportar isso. A despeito dessa grande provação, e mesmo nada tendo nem ninguém que a pudesse confortar ou ajudar, era uma mulher de fé, de grande fé.

O que nos impede de sermos como ela? Embora as condições e circunstâncias de sua vida sejam contrárias ao seu crescimento na graça, irmão, por que você deixaria de crescer até atingir a maturidade em Cristo? O Senhor Jesus pode fazer que cresça. Pode parecer que a rajada de vento gelada ou o solo cruel a rodeá-lo o detenham; todavia, o grande Agricultor tem como promover seu desenvolvimento de tal modo que você venha a se tornar uma árvore forte e frondosa. Deus pode até tornar circunstâncias adversas em meios de crescimento. Pela santa química de sua graça, pode perfeitamente extrair o bem até do mal. Louvo a grande fé, especialmente, quando tudo em sua volta lhe é hostil.

Afirmo também que a grande fé deve ser elogiada porque *persevera em buscar o Senhor.* A mulher cananeia procurou Jesus para ter sua filha curada. No princípio, ele não lhe dá nem uma palavra como resposta. Oh, a espera silenciosa! Depois, fala não com ela, mas a respeito dela, e com frieza, aos seus discípulos. Todavia, a mulher persiste. Veio em busca de uma bênção e crê tanto nesse Senhor, Filho de Davi, que não aceitará um simples "não" como resposta. Está determinada a ser ouvida; de forma que então o pressiona, importunando-o. Que forte fé, que fé perseverante! Vocês, homens, usam por acaso essa fé? Aqui está uma frágil mulher que a tinha, e que a manteve viva e em operação até alcançar o seu objetivo. Que possam ter e manter dessa fé em abundância!

A grande fé *vê luz na mais densa escuridão.* Não creio que Pedro tenha sido provado nem metade do que o foi a cananeia. O que o assustou? O vento. O que poderia tê-la assustado? As palavras aparentemente duras do próprio Jesus. Quem tem medo de vento? No entanto, quem não temeria a rejeição de Cristo, expressa nas palavras parecendo ásperas que ele proferiu? *Não é bom tomar o pão dos filhos e lançá-lo aos cachorrinhos*". Se nosso Senhor falasse assim a qualquer um de nós, provavelmente nunca mais ousaríamos orar a ele outra vez. Alegaríamos: "Não, essa frase ríspida me afastou dele por completo". Mas a fé forte não age assim. "Ele me chamou e ao meu povo de 'cachorrinhos', mas os cachorrinhos são benquistos; são levados, pelos filhos do chefe de família, que são os seus pequenos donos, para dentro de casa na hora do jantar e colocados sob a mesa, para que possam ganhar uma casca de pão ou as migalhas que dela

PeucA E MUITA FÉ | 511

caem. Sim, Senhor serei como que um cachorrinho, mas ficarei à espera de uma migalha. Pois para ti é apenas uma migalha conceder o que quero, embora seja tudo para mim consegui-lo." Convencida assim a si mesma, ela argumenta com Jesus de pronto, como se tivesse recebido dele uma promessa, e não uma recusa. A grande fé enxerga o sol à meia-noite, colhe frutos em pleno inverno e encontra mananciais em lugares secos. Não depende da luz do sol, pois vê o invisível sob outras luzes. Descansa na certeza de que isso ocorre assim e assim porque Deus o disse, e se satisfaz com sua palavra nua e crua. Se não vir nem ouvir nem sentir coisa alguma para corroborar a promessa divina, crerá em Deus por ele mesmo, e tudo estará bem para ela.

Ó irmãos, espero que vocês sejam conduzidos a essa condição — que creiam em Deus mesmo que seus sentimentos possam desconfiar da certeza das promessas que haja feito, ou as circunstâncias também. A despeito de que outros possam acusar o Senhor de haver mentido, que vocês resistam e cheguem a esse patamar. *Seja Deus verdadeiro e todo homem mentiroso* (Rm 3.4), pois duvidar dele não ousaremos nem o faremos. Sua promessa segura permanecerá. Uma fé assim merece ser louvada. Até nosso Senhor a louva. *Ó mulher, grande é a tua fé!*

A grande fé ora e prevalece. E como prevalece! A filha da mulher cananeia foi restaurada, ou seja, ela recebeu a porção que desejava. *Seja-te feito como queres* (Mt 15.28). Gostaria que tivéssemos uma fé assim poderosa conectada à nossa oração. Uma pessoa orando com fé obtém mais de Deus do que dez pessoas — até dez mil — inconstantes e descrentes. Creia-me, há um modo de orar mediante o qual você pode alcançar o que quiser de Deus. Basta entrar em seu quarto, ajoelhar, pedir e obter. Basta sair depois de seu isolamento, testemunhando: "Recebi!" É bem verdade que você não o pediu, nem recebeu, como simples objeto para seu prazer pessoal; mas sua fé conseguiu, realizou, porque creu e, por isso, tomou posse imediata. Lutero, nos seus piores momentos, descia com frequência de seus aposentos exclamando "*Vici!*", ou seja, "Venci!" Lutava com Deus em oração e depois sentia que tudo o mais que precisava enfrentar não era nada: se vencera os céus em oração, venceria a terra, a morte e o inferno.

A fé forte opera tudo isso e parte para fazer ainda mais. Ela tem extraordinária reverência por Deus, mas também uma familiaridade maravilhosa com ele. Se pudesse ouvir o que a fé forte já ousou dizer a Deus, você consideraria profano. Profano seria, sim, em quaisquer outros lábios, não nos dela. Deus, porém, consente que ela lhe conheça o segredo, revelado somente àqueles que o temem. Por isso, afirma: "Pedi o que quiserdes, e vos será feito", significando com isso que a grande fé tem uma bendita liberdade com ele, a ser louvada, e não proibida. Se o Filho o libertar por sua oração, você será livre de fato. A fé forte está sempre do lado vencedor. Usa as chaves dos céus presas ao cinto. O Senhor não pode negar nada às súplicas de uma fé inabalável.

Louvo a fé forte porque *Jesus, nosso Senhor, se deleitava nela.* Que música melodiosa há nestas suas santas palavras: *Ó mulher, grande é a tua fé!*. Provavelmente, seu rosto já não expressasse tanta satisfação ao ter de admoestar Pedro como *homem de pouca fé* (Mt 14.31). Magoava-o talvez, até, que seu destacado seguidor tivesse ainda tão pouca fé nele. Todavia, alegrou-se, sem dúvida, que aquela pobre mulher demonstrasse uma fé tão esplêndida. Ele contemplou sua fé como fazem os joalheiros diante de uma fascinante pedra preciosa de valor indescritível. *Ó mulher*, disse ele, *grande é a tua fé.* Ou seja: "Estou encantado com a tua fé. Estou impressionado com a tua fé. Estou deleitado com a tua fé". Bem, irmãos, você e eu ansiamos por fazer alguma coisa para agradar nosso Redentor. Sei que com frequência clamamos "Oh, que farei para louvar meu Salvador?" Tenhamos uma grande fé nele, então. Creiamos em suas promessas sem duvidar. Creiamos nele de verdade. Creiamos sem vacilar. Creiamos nele plenamente, com uma forte fé, até mostrarmos nada mais haver para nós em que queiramos acreditar. Creiamos cada vez mais e sempre em Cristo Jesus.

Que rica aquela mulher se tornou! Ela agradara seu Senhor, que então a agradou: *Seja-te feito como queres.* Ela foi embora como a mulher mais feliz debaixo dos céus. Deus lhe concedera seu desejo, alegrando-a sobremaneira e para sempre. *Que benefícios conferiríamos nós também aos outros se tivéssemos uma forte fé!* A filha da mulher foi restaurada. Se você, pai, se você, mãe, tivesse mais fé, quem sabe seu filho não seria logo conduzido a Jesus? Se você tivesse mais fé, seu filho ou sua filha certamente não seria mais o problema que é hoje. Tenham mais fé em seu Deus, e, quando vocês tratarem seu Pai melhor, seus filhos os tratarão melhor também. Mas, se vocês desonrarem Deus duvidando, será que seus filhos não os desonrarão desobedecendo a vocês também? Ó irmão evangelizador, se você tivesse mais fé, também provavelmente faria mais convertidos! E você, professor da escola dominical, se tiver mais fé, mais alunos de sua classe serão conduzidos ao Salvador. *Aumenta-nos a fé* (Lc 17.5), pediram os apóstolos a Jesus. Espero que estejamos todos dizendo o mesmo em nosso coração neste momento.

Concluirei com uma pergunta: não existe um grande motivo pelo qual sua fé em Cristo deve ser forte? Não existem todos os motivos do mundo pelos quais deveríamos ter a fé mais forte possível? Eu lhes contei, outro dia, e repito agora a história de John Hyatt, o inventor americano responsável por simplificar a produção de celulose. Em seu leito de morte, alguém lhe disse: "Senhor Hyatt, o senhor consegue confiar sua alma a Cristo agora?" Ao que ele respondeu: "Eu lhe confiaria até dez mil almas, se as tivesse". Podemos ir ainda mais longe. Se todos os pecados que os homens cometeram desde que o mundo foi criado e começaram os tempos fossem depositados sobre a cabeça de um pobre pecador, esse pecador seria justificado bastando somente crer que Cristo poderia levar todo esse pecado embora. Portanto, quem quer que você seja, o que quer que você seja, traga todos os seus fardos e deposite-os a seus pés, lançando todos os seus cuidados sobre ele, pois ele tem cuidado de você. E que, daqui por diante, ele nunca tenha de lhe dizer: *Homem de pouca fé, por que duvidaste?*; mas que possa exclamar com alegria, a seu respeito: *Grande é a tua fé! Seja-te feito como queres!* Possa o Espírito Santo abençoar estas minhas simples palavras para sua edificação. Amém.

A PERSEVERANÇA DA FÉ

Então respondeu Jesus, e disse-lhe: Ó mulher, grande é a tua fé! Seja-te feito como queres. E desde aquela hora sua filha ficou sã (Mt 15.28).

Tenho lhes falado com frequência sobre a fé dessa mulher cananeia, como Cristo a provou e a maneira pela qual, por fim, a honrou, concedendo-lhe tudo o que pedira. A história é tão cheia de significados que se poderia virá-la de um lado, do outro, e novamente ainda, e sempre deparar com joias antes não percebidas, nela incrustadas. Hoje, porém, quero usá-la com apenas um propósito: o de encorajar quem tem fé suficiente para buscar Jesus, para sua própria paz e alegria, mas ainda não foi capaz de encontrá-lo.

A mulher cananeia chegara a seu limite. O que mais ela poderia dizer? Quando Cristo a comparou a um cachorrinho, ela concordou e disse: *Sim, Senhor, mas até os cachorrinhos comem das migalhas que caem da mesa dos seus donos* (Mt 15.27). Chegara a seu limite, e agora surgira a chance de Cristo lhe dirigir sua melhor palavra. É do modo dele fazer-nos por vezes esperar até estarmos como que esgotados, sem nada mais termos a fazer ou dizer. Então, ele se nos apresenta na plenitude do seu poder divino e nos dá o que tanto buscávamos com fé, importunando-o com tanta persistência. Nosso limite é a sua oportunidade.

I. A primeira observação que devo fazer, e a que pretendo elaborar um pouco mais, é que SOMENTE A FÉ PODE MANTER A ALMA EM BUSCA DE CRISTO, APÓS UM DESENCORAJAMENTO. Outros motivos ou estímulos podem nos levar um pouco além, mas só a fé nos levará a um seguro descanso.

O que fez essa mulher cananeia buscar o Salvador foi, antes de mais nada, o amor materno. Amava a filha. Ansiava ter o demônio expulso da menina, para que não fosse mais atormentada nem sofresse tanto. Isso a pôs a caminho, levando-a em direção à bênção. Mas o fato é que, se dependesse apenas do amor natural, teria provavelmente parado antes de receber a bênção que buscava.

Sua determinação, em um amplo sentido, também a impulsionou. Quando saiu em busca da cura para a filha, estava decidida. Quando clamou *Senhor, Filho de Davi, tem compaixão de mim* (Mt 15.22), foi com voz aguda e comovida. Não aventava jamais a ideia de não ser recebida. Poucos talvez se aproximaram de Cristo com súplica tão arraigada no coração quanto essa pobre cananeia. Não repetia preguiçosas fórmulas pré-fabricadas de oração; seu clamor brotava apaixonado de sua alma: *Senhor, Filho de Davi, tem compaixão de mim!* Todavia, apenas sua determinação não a sustentaria durante a dura experiência a que fora chamada a passar. Teria cedido, não fosse a firme convicção de que Cristo podia realmente curar sua filha e que o faria.

Sua humildade também a ajudou muito. Fosse uma mulher orgulhosa, teria tomado uma ofendida defesa da própria dignidade quando comparada, com seu povo, a *cachorrinhos*. A humildade muito a ajudou, e não se mostrou ressentida com as palavras supostamente duras que o Senhor usou. Pelo contrário, tomou-as para argumentar em favor da bênção de cura para sua pobre filha. Ora, o amor materno, a determinação e a humildade são excelentes qualidades, mas insuficientes, para capacitar a alma a se apegar a Cristo e não querer deixá-lo. Algo mais se faz necessário.

Essa mulher fenícia mostrou ser bastante sensata, sábia e prudente. Soube converter as palavras de Cristo em argumentos a seu favor. Não se deixou vencer. Mesmo que ele não lhe tivesse respondido, continuaria insistindo. Mas como ele respondeu, não a ela, mas aos seus discípulos, que não era bom tomar o pão dos filhos e lançá-lo aos cachorrinhos, ela encontrou então, nesse osso aparentemente seco jogado aos "cãezinhos", bastante tutano com que alimentar sua esperança. No entanto, embora tão sábia e prudente, não teria aguentado até haver alcançado a bênção para a filha se não fosse sua fé.

Podemos ter certeza, portanto, de que o fato mais digno de nota na história dessa mulher é a sua fé. Primeiro, porque *temos a palavra de Cristo de que assim é*. Ele mesmo reconheceu: *Ó mulher, grande é a tua fé!* (Mt 15.28). Veja, ele não disse "grande é o teu amor pela tua filha", nem "grande é tua determinação", nem "grande é tua persistência". Em vez disso, apontou para o poder que realmente a motivara a seguir em frente, declarando, literalmente: *Ó mulher, grande é a tua fé!*.

Não só neste caso isolado Cristo credita a sua bênção à fé. Em quase todos os registros no evangelho de que o solicitante obtém dele o favor que pediu, a fé é assinalada por ele próprio como o meio que garantiu o recebimento da misericórdia divina. A fé se revela, assim, mais poderosa do que todas as outras forças disponíveis.

A fé sustenta as demais graças. As demais graças ajudaram, neste caso, sem dúvida, a alma a argumentar com Cristo; mas todas devem esse poder à fé. Não fora a fé da cananeia a sustentá-la, o amor materno pouco lhe teria auxiliado. Não fora a fé, teria sido resoluta e impertinente. A fé abastece de força todas as outras graças e, no que quer que façam, é a fé que opera, por seu intermédio. A fé é o poder principal. Apega-se a Cristo em meio às trevas, ao Cristo silencioso, ao Cristo que recusa, ao Cristo que repreende, e não o deixa ir. A fé é o grande amálgama a unir nossa alma ao Salvador.

A fé é assim poderosa devido aos seus efeitos. *A fé ilumina, revigora e fortalece.* Está escrito quanto ao Senhor que os homens *olharam para ele, e foram iluminados* (Sl 34.5). A fé lança luz sobre muitas coisas e nos permite ver que, mesmo se Cristo nos pareça ter uma expressão severa no rosto, há amor em seu coração. A fé olha diretamente no interior do coração de Cristo e nos ajuda a perceber que ele nada pretende senão oferecer misericórdia para a alma que o busca. A fé revigora. Quando nosso coração começa a esmorecer, a fé derrama nele do seu frasco de sais aromáticos e o reanima. Davi disse: *Pereceria sem dúvida, se não cresse* (Sl 27.13). Crer é a cura para o sentimento de morte; portanto, de duas, uma: ou você crê ou perece.

A fé constitui, então, a maior ajuda para quem busca Cristo. Ilumina tanto quanto reanima a alma. Fortalece. Faz o fraco alcançar sua bênção. Por iluminar, revigorar e fortalecer assim, amados, a fé é a graça mais desejável à alma que busca ter Cristo, mas que não consegue vislumbrar seu rosto bendito e, com isso, se reconfortar.

Mais ainda, *a fé persiste em se manter em Cristo*. É como o grego Antístenes, que procurou um filósofo com quem pudesse ser instruído filosoficamente. Acontece que não era um discípulo muito arguto, de modo que o filósofo que encontrou o mandou embora. No entanto, quando foi na aula seguinte, Antístenes lá estava de volta. O filósofo ordenou então que um homem armado de um porrete o expulsasse dali. Antístenes, porém, conseguiu se safar e ainda declarou: "Não há porrete suficientemente pesado que me possa afastar de ti. Aqui eu pretendo ficar, e aprender o que quer que tenhas a me ensinar". Oh, que tenhamos uma fé como essa, capaz de dizer a Cristo: "Não vou embora de junto de ti. Não há advertência em tuas palavras capaz de me fazer ofendido e sair de sua presença. Tudo pode me acontecer, exceto a morte, que não me faça permanecer contigo; e, se me afastar de ti, perecerei. Portanto, hei de ficar contigo para sempre e hei de aprender tudo o que me ensinares"! A fé é também como outro grego, esse nos dias de Xerxes, que se agarrou a um barco com a mão direita. Quando lhe cortaram fora essa mão, agarrou-se ao barco com a esquerda. Quando lhe cortaram fora a esquerda também, segurou-se ao barco com os dentes e não largou até lhe separarem a cabeça do corpo. Alma, agarre-se a Cristo com a mão direita, ou com a esquerda, ou como quer que possa. Isso só há de lhe fazer bem. Agarre-se a Cristo e diga-lhe, com santa ousadia, resultante da fé: *Não te deixarei ir, se me não abençoares* (Gn 32.26). Fé, agarre-se a Cristo!

Eu diria, ainda, que *a fé faz tudo melhor quando não a ajudam*. Com que frequência tentamos auxiliar nossa fé! Pretendemos que ela possa contar com algumas obras, algumas orações, alguma ajuda nossa. É como se alguém tentasse me facilitar a caminhada dando-me uma grande cadeira para levar, para

A PERSEVERANÇA DA FÉ | 515

descansar se preciso fosse. Eu não andaria tão bem levando esse fardo do que sem ele. Ouça esta parábola, relacionada à fé. Contam que ela precisava cruzar um rio cuja correnteza era forte. Aparece alguém e diz: "Ó fé, eu vou ajudá-la! Venha comigo rio acima até encontrarmos um lugar onde possamos cruzá-lo". A fé responde: "Não, não recebi ordens de cruzar o rio nesse seu lugar". Então, vem outro e diz: "Vou construir uma ponte para que você possa passar por cima do rio com facilidade". Dispõe então umas poucas pedras no chão, sem chegar a fazer coisa nenhuma. Chega um terceiro e fala: "Vou pegar para você um barco". Mas, como não há barcos por ali, pede à fé que o espere construir um. O que faz a fé? Tira a roupa e mergulha na água. "Graças a Deus", diz ela consigo mesma, "que eu sei nadar". E assim chega logo à outra margem, sem barco, sem ponte e sem ter de procurar um ponto onde o rio fosse mais raso.

É isso o que eu gostaria que todo pecador aqui presente fizesse — começasse a nadar. Não espere ajuda alguma. Lance-se logo na água do amor eterno de Cristo. Creia somente nele, e não na carne, com suas pontes, seus barcos, seus supostos pontos mais rasos de travessia. Lance-se na correnteza da graça e nade até a outra margem. A fé pode capacitá-lo perfeitamente a fazer isso. Somente a fé. Leve essa lição consigo, você que busca o Salvador neste momento. A única coisa que o ajudará a seguir Cristo e encontrá-lo é a fé. Todos os seus gemidos e lamentos não o ajudarão tanto. Toda a sua dúvida e tremor pouco valerá. Seu sentimento de que é um pecador vil demais para ser salvo e que a fé seria difícil em um pecador como você também não o ajudará em nada. Em vez disso, creia que Cristo pode salvá-lo, confie em seu poder e amor, e ele o salvará. Venha a ele tal como fez a mulher cananeia, com seu clamor impertinente: *Senhor, Filho de Davi, tem compaixão de mim* (Mt 15.22). Ele, então, com toda a certeza, terá compaixão de você, assim como teve dela. Creia, creia, creia! Você jamais chegará à luz pela dúvida e pelo medo. O caminho para a liberdade está depois dessa única porta, a porta da fé. Creia e viva!

Eis, portanto, nossa primeira observação, de que somente a fé pode manter a alma em busca de Cristo, apesar do desencorajamento.

II. Em segundo lugar, A FÉ É EXTREMAMENTE PRAZEROSA PARA CRISTO. O que ele disse à cananeia começa com uma exclamação dela, como se algo nela o tivesse realmente impressionado, além de o fazer se deleitar. *Ó mulher, grande é a tua fé!*, foi esta a sua reação. Observe que ele se referia à fé, somente à fé, que ela demonstrara. Sabia do seu amor, via sua determinação, reconhecia sua humildade — mas não mencionou uma única palavra sequer sobre isso. Seu único elogio foi para a fé de sua interlocutora: *Ó mulher, grande é a tua fé!* É isso que o Senhor procura ainda hoje. Ele olha para vocês, sentados nestes bancos, para verificar se alguém realmente tem fé nele. Isso nos leva a várias reflexões, que podem encorajar quem está de fato buscando Cristo. Vejamos.

Cristo é capaz de visualizar a fé que ainda está brotando. Se tiverdes fé como um grão de mostarda (Lc 17.6), ele há de enxergá-la e a aceitará. Se você está começando a crer que Jesus é de fato o Cristo, e a confiar nele, embora sua fé seja tão frágil quanto um bebê que ainda não consegue ficar em pé sozinho, mas apenas engatinhar ou se agarrar à mãe, Jesus facilmente há de captar e compreender esse princípio. Veja bem: é ele o *"autor e consumador da nossa fé.* Conforte-se, portanto, quanto à pequena confiança que você tem nele.

Mesmo assim, *ele se sente grandemente satisfeito ao constatar uma grande fé.* O pecador que diz: "Creio que Cristo é Salvador poderoso o suficiente para me salvar" produz alegria no coração dele. Quando um antigo pecador confessa: "Creio que seu sangue precioso pode levar embora meu pecado de mais de setenta anos", o coração do Senhor muito se rejubila com isso. Cristo ama muito a grande fé. Ele merece a grande fé; e, quando a encontra, sente-se altamente satisfeito. *Ó mulher*, exclamou ele, cheio de admiração, à cananeia, *grande é a tua fé!*

Cristo se deleita tanto com a fé que *passa por cima de outras coisas só para chegar a ela.* Se das orelhas da mulher cananeia pendessem brincos, seu pescoço estivesse enfeitado de pérolas, seus dedos cobertos de diamantes, ele nem estaria aí para seus ornamentos e enfeites. Jesus vê algo na pessoa que a valoriza para ele muito mais do que qualquer outra coisa. Por isso, lhe diz *grande é a tua fé!* Encanta-se com os finos atavios, sim, que vê na alma e no coração. Por esse tesouro, *o rei está preso* (Ct 7.5). Acerca da fé é que Cristo diria *enlevaste-me o coração com um dos teus olhares* (Ct 4.9). Quando conseguimos pelo menos olhar diretamente para Cristo e nele confiar, o Senhor se deixa cativar e enlevar por nossa fé.

Por que Cristo tem a fé em tão alta conta?

Um dos motivos é que *a fé o glorifica*. Ele a considera tanto porque a fé o tem também em grande consideração. A fé crê nele, confia nele, vive e depende dele. Para a fé, ele é *o primeiro entre dez mil* (Ct 5.10) e "totalmente desejável". Assim como a fé estima tanto a Cristo, portanto, Cristo estima demais a fé.

Ele ama a fé, também, por ser *o modo designado por Deus para recebermos sua bênção*. Deus poderia ter estabelecido a lei como veículo da graça. Em vez disso, fez da fé o meio de salvação. Se você crê, será salvo. Aquele que pela fé toma a si a Cristo apodera-se da vida eterna. *Quem crer e for batizado será salvo* (Mt 16.16). Para o pecador que desperta, nossa palavra ainda é: *Crê no Senhor Jesus e serás salvo*. E, porque Deus coloca a fé em tal eminência, nosso Senhor Jesus Cristo ama encontrá-la. Ele tem todo o prazer naquilo que dá prazer ao Pai.

Outro motivo pelo qual ele a ama é porque *a fé é o sinal que permite a misericórdia chegar até nós*. Sempre que a descrença levanta os braços ou aciona um sinal vermelho, o trem da graça onipotente para. De determinado lugar, Mateus conta que Jesus *não fez ali muitos milagres, por causa da incredulidade deles* (Mt 13.58). A dúvida das pessoas era tal que bloqueara seu caminho. Mas quando a fé dá sinal verde, o grande Condutor do expresso celestial sabe que a estrada está agora livre para operar. Deleita-se em vê-la assim, desimpedida e segue em frente. Oh, se você puder ao menos dar o sinal verde, demonstrando que a linha está livre de toda obstrução, Cristo, com toda a certeza, chegará logo a você! Ele tem prazer em ir, e rapidamente, até onde possa levar uma bênção, e se regozija quando a fé lhe revela uma estrada aberta para isso.

Além disso, *a fé tem os braços abertos para enlaçar Cristo*. Quando ele chega à nossa porta e a encontra trancada, fica ali parado, e seu tristonho queixume poderia ser como o do esposo, no poema de Salomão: *Minha cabeça está cheia de orvalho, os meus cabelos das gotas da noite* (Ct 5.2). Mas, quando chega e a porta está aberta, o pobre pecador fica tão fascinado por sua reluzente beleza espiritual que nem pensaria jamais em fechar a porta e deixar Cristo de fora. "Oh", dizia sua alma enquanto o buscava, "se o Senhor ao menos a mim chegasse!" Pois ele chegou! E, ao encontrar a porta de seu coração aberta, entra e passa a nele habitar; faz de seu coração uma feliz morada com sua divina e radiante presença. Cristo ama a fé porque ela lhe dá uma recepção calorosa. A fé o acolhe, a fé o abraça.

Oh, por Deus, como eu gostaria que vocês pensassem nisso e exercitassem sua fé no Senhor Jesus! Que vocês possam ver que nada o deleita tanto quanto um pecador que passa a crer nele. Nada lhe dá mais alegria do que o santo que nele descansa por completo, sem dúvida ou medo!

Assim, acabamos de meditar em dois pontos: primeiro, que o único modo de manter a alma que busca Cristo em pleno encorajamento é mediante a fé; segundo, que nada agrada mais a Cristo que crermos em seu santo nome.

III. O terceiro ponto é que a FÉ OBTÉM EM POUCO TEMPO UMA TERNA RESPOSTA DO SENHOR JESUS. Aquela pobre mulher não recebeu logo uma resposta ao seu pedido: *Senhor, Filho de Davi, tem compaixão de mim* (Mt 15.22). Quando Cristo afinal dirigiu a palavra, e não propriamente a ela, ouviu o que lhe poderia parecer, em um primeiro instante, uma resposta rude. Depois de algum tempo, porém, após sua segura e sábia argumentação junto a ele, as seguintes notas de música celestial soaram nos ouvidos da cananeia: *Ó mulher, grande é a tua fé! Seja-te feito como queres*.

É provável que alguém aqui esteja dizendo: "Venho orando há tanto tempo e não recebi resposta animadora alguma". Se você crê em Jesus, creia também que terá uma boa resposta em pouco tempo. Se pretende não fazer outra coisa senão se apegar a Cristo, determinado a orar, clamar e pedir até que ele lhe responda, ele o fará, cheio de bondade, em pouco tempo. Continue crendo sempre que ele tudo pode e lhe dará o que você pede e necessita, e não será desapontado. "Oh", diz alguém, "você não sabe quem eu sou!" O mesmo talvez valesse para aquela mulher. Ela era cananeia, uma gentia, de um povo amaldiçoado, e ainda assim recebeu a bênção de Cristo. Você também receberá, se lhe imitar a fé. "Mas não acho que sou digno!", dirá outro. Cristo alguma vez o comparou a um cachorrinho doméstico? Foi exatamente

A PERSEVERANÇA DA FÉ | 517

o que ele fez com a mulher cananeia. Ela, no entanto, continuou firme junto a ele, pela fé, e prevaleceu. "Oh, mas tenho orado em vão há tanto tempo!", queixa-se mais alguém. Ela também fez isso. Orou e orou e durante algum tempo não recebeu nenhuma resposta. "Mas eu me sinto pior ainda depois que oro!" Ela também; em vez de ter recebido uma resposta confortadora que talvez esperasse, ouviu Cristo dizer aos discípulos: "Não é bom tomar o pão dos filhos e lançá-lo aos cachorrinhos". Não há como você estar em pior situação que a dela naquele instante. "Mas o demônio me perturba", poderá acrescentar você. O demônio também a perturbava, ou não? Pois se ela fora pedir em favor da filha que fora possuída por um demônio! Mas continuou pedindo e crendo. Estava determinada a receber de Cristo a cura e a libertação.

Eu o exorto, meu irmão, a se achegar a Cristo com a mesma determinação santa. Que a graça onipotente de Deus o ajude a fazer isso, e então você receberá, com certeza, uma resposta de paz! Terá uma resposta reconfortante em pouco tempo, provavelmente muito antes até do que imagina.

Tenha em vista, ainda, que:

Cristo pode demorar a fim de aumentar sua fé. A sua fé deve crescer pelo exercício. Por isso, ele a põe à prova, para que ela se fortaleça, e você possa usá-la com maior segurança.

Cristo pode demorar a fim de aumentar a bênção. Enquanto esperamos, a bênção pode aumentar, e nossas mãos devem se tornar mais fortes para poder recebê-la quando ela chegar. Pode ter certeza de que nosso bendito Senhor lhe dará uma resposta mais que satisfatória. Saiba que ele o tem sustentado desde antes você pedir, mesmo parecendo não ter nenhuma resposta a lhe oferecer. Quando os irmãos de José desceram para o Egito, ele fingiu não conhecê-los, dirigindo-lhes então palavras ásperas e colocando-os na prisão; no entanto, quando retornaram para Jacó, encontraram os sacos cheios de mantimentos. José se recusava a sorrir para eles, mas não os mataria de fome. Por fim, "José não se podia conter" e "se deu a conhecer a seus irmãos". Sentiu-se constrangido a ter de demonstrar seu amor, afinal. Já desde antes de fazê-lo, porém, enchera de alimento os sacos de viagem dos irmãos. Cristo lida com você de modo semelhante. Enquanto você espera por uma resposta, ele não o deixa carente nem a ponto de morrer.

Ó que maravilha, me lembro agora, o modo pelo qual o Senhor me sustentou quando, ao longo de anos exaustivos, eu lhe busquei a face! Não posso dizer que tivesse qualquer conforto que ousasse chamar de meu; contudo, fluía para o interior da minha alma, de alguma forma, um poder secreto que me capacitava a continuar esperando e a aguentar sempre ainda um pouco mais. Quero, por isso, hoje, bendizer-lhe o nome, ao contar isso para o encorajamento de todos os que talvez se sintam aflitos de alma como eu naquela época. Continue buscando a graça do Senhor, meu amigo. Continue crendo sempre e um pouco mais ainda, pois um dia desses, quando menos esperar, ele lhe dará uma resposta que o satisfará.

Leve em conta que *é contrário à sua natureza recusar-se a abençoar.* Jesus Cristo transborda de amor. Se aparentemente rejeitar um pecador por algum tempo, só pode ser a coisa mais certa, terna e sábia a fazer no momento. Na verdade, seu coração anseia por todo pecador que o busca. Ele quer você mais do que você o quer. Anseia por você. Deseja abençoar você. Precisa fazê-lo, pois é de sua natureza agir assim.

Volto a afirmar que ele lhe dará uma resposta satisfatória em pouco tempo porque *é contrário à sua glória recusar-se.* Se ele permitisse perecer um pecador que o busca, onde estaria sua verdade? Ele disse bem claramente: *O que vem a mim de maneira nenhuma o lançarei fora* (Jo 6.37). Nosso amigo dr. Bernardo anunciou que nenhum órfão jamais será rejeitado em seu abrigo; que ali nenhuma criança jamais será recusada. Imagine — coisa que logicamente seria impossível — que crianças órfãs fossem ali dispensadas; a confiança nesse grande filantropo irlandês seria, naturalmente, prejudicada ou arruinada. Do mesmo modo, se fosse possível que Cristo algum dia lançasse fora uma única alma que fosse das que o procuram, isso acabaria com sua honra e sua glória, e não teríamos mais como crer nele. Abaixo, portanto, ideias como essas, tão absurdas!

É contrário à sua palavra recusar qualquer pessoa que o busca. Cristo há de sempre honrar sua palavra. *Vinde a mim,* disse ele, *todos os que estais cansados e oprimidos, e eu vos aliviarei* (Mt 11.28). Se ele não lhe desse alívio quando você o buscasse, de que valeria sua promessa? O meu amigo dr. Pierson enviou-me, há pouco tempo, uma imitação de um dólar americano. De um lado, liam-se as palavras: *Meu Deus suprirá todas as vossas necessidades segundo as suas riquezas na glória de Cristo Jesus* (Fp 4.19). Que nota esplêndida! Tinha o nome do nosso amigo no verso, "Arthur T. Pierson". Ao enviá-la para mim, ele ainda me disse: "Se o Senhor não lhe pagar, eu o farei, pois endossei a nota". Nunca terei de procurar meu irmão Pierson para lhe dizer que a nota que ele endossou não tem valor. Pelo contrário, ela vale para sempre. Deus honrará sua palavra. Sei disso, e quero que vocês, pobres pecadores como eu, saibam também. O Senhor nunca fugirá de sua própria promessa. Sua palavra é sua hipoteca. Assim é com todo homem honesto, quanto mais para com o Deus trino e santo: seu juramento e promessa são compromissos eternos.

Deixem-me acrescentar, ainda, que, se Cristo não der uma resposta satisfatória a vocês que o buscam com fé, estará agindo *de modo contrário ao seu costume*. Muitos de vocês que aqui estão conhecem o nosso Senhor há uns quarenta anos ou mais. E podem confirmar que seu costume é ouvir as nossas orações e, de acordo com a nossa fé, ser-nos feito conforme queremos. Venha você, pecador, que se acha o pior dos pecadores que ainda está fora do inferno, venha lavar-se na fonte de onde jorra o sangue remidor de Cristo, e será limpo, tão certo como Cristo morreu por você! Venha você, o mais vil, mais mesquinho, mais autoexecrado e mais autocondenado de toda a humanidade! Venha, olhe para ele e confie nele, e, se não encontrar paz imediata, ainda assim esteja certo de que a terá em pouco tempo. Em breve, "vem a manhã". Não há como deter a misericórdia de Cristo. Tal como José, ele acaba irrompendo em pranto por seus irmãos. Por isso, haverá de se manifestar a você, em breve, em amor, ternura e bondade. Empenho minha palavra por ele de que assim será.

IV. Por fim, chegamos a um pensamento muito glorioso: AO OBTER A PALAVRA DE CRISTO, A FÉ OBTÉM TUDO. Preste atenção no texto: *Então respondeu Jesus, e disse-lhe: Ó mulher, grande é a tua fé! Seja-te feito como queres. E desde aquela hora sua filha ficou sã* (Mt 15.28).

Cristo proferira sua definitiva *palavra de bênção e consolo*. Como o rosto dessa mulher deve ter-se alterado quando ele lhe falou dessa maneira! No momento em que ele a deixara sem resposta, seu rosto talvez tenha se coberto de uma expressão de dúvida e decepção. É provável até que lágrimas hajam brotado de seus olhos. Agora, no entanto, Cristo fala em outro tom, completamente diferente. Como ela deve ter se sentido radiante! A tristeza se fora. Assim é, até hoje. Uma palavra de Cristo pode confortar você — mesmo que seus parentes já estejam examinando a possibilidade de interná-lo para tratamento da sua extrema melancolia. Uma palavra do meu mestre será para você como o bálsamo de Gileade para suas feridas. Há de sarar seu coração quebrantado e triste. Ele o confortará e lhe dirá palavras de amor e paz, como fez para com a mulher cananeia. Foi uma palavra de bênção, amor, cura, conforto e felicidade.

Foi, também, uma *palavra de honraria: Ó mulher, grande é a tua fé!* Ela nunca havia sido elogiada desse modo. Talvez, até, seu marido a elogiasse — e que bom marido não elogia a sua esposa, como está escrito, em Provérbios, a respeito da mulher virtuosa: *como também seu marido, que a louva* (Pv 21.28)? Mas os louvores de seu marido, por mais doces que fossem, nunca foram tão maravilhosos como essa palavra do Senhor Jesus! Não tenho dúvida de que a filha, quando sã, a chamasse de todo tipo de adjetivo carinhoso que lhe viesse à mente, pois era amada pela mãe, e nada mais natural que também a amasse; mas agora, quando Cristo a olha nos olhos e diz *Ó mulher, grande...* (Mt 15.28) — e ela deve ter até pensado: "Ele vai dizer 'Grande é o teu pecado', ou 'Grande é a confusão que aprontaste'" —, que espantoso deve ter sido ouvi-lo completar: *... é a tua fé*. Isso foi para ela insuperável. Jesus estava simplesmente lhe dando uma nota 10, um grau o mais destacado em fé. Melhor ainda: a estava promovendo para a classe celestial dos primeiríssimos alunos, dos seus melhores discípulos! *Ó mulher, grande é a tua fé!* Foi, de fato, uma palavra de louvor, que ela precisava tanto, e só ele podia lhe dar.

Essa palavra foi também *uma palavra de comando*, ao completar ele, dizendo: *Seja-te feito.* Jesus fala como o Rei que assim determina. Se hoje o Senhor proferir sua palavra graciosa com poder, como eu oro para que ele o faça, poderá dizer: "Evangelista, conforte aquela mulher, que deposita sua confiança em mim"; ou então: "Ordenança, conforte os cansados! Pão e vinho, sejam estímulo à alma desses pobres perturbados"; ou ainda: "Reuniões de oração, sejam uma alegria para os pobres tentados". Pois é com voz de comando que o Senhor dos exércitos fala, ao ordenar: *Consolai, consolai o meu povo, diz o*

A PERSEVERANÇA DA FÉ | 519

vosso Deus. Falai benignamente a Jerusalém, e bradai-lhe que já a sua malícia é acabada, que a sua iniquidade está expiada (Is 40.1).

Além de ser uma palavra de comando, é uma *palavra criadora*. Foi a mesma palavra que o próprio Deus usou ao criar a luz! Ele disse: *Haja luz* (Gn 1.30). À terra, ordenou também *haja*, e ela passou a existir. Disse aos céus *haja*, e eles surgiram. Cada palavra sua é um decreto. Em latim, significa exatamente isso: *fiat* é faça-se. É a mesma voz de poder que diz agora: *Seja-te feito como queres* (Mt 15.28). Envia, ó Deus, uma palavra *fiat* poderosa, neste momento, para tantos pobres corações cansados! Cria luz, cria alegria, cria paz. Ele pode criar tudo isso em seu coração agora, meu irmão, minha irmã. Que Jesus faça isso pelo poder de sua graça onipotente! A fé da pobre mulher cananeia obteve como bênção uma ordem criativa dos lábios de Cristo.

Mais ainda, essa é uma *palavra de concordância*. Quase todos os atributos da palavra citados aqui começam com a mesma letra, *c*: palavra de *conforto*, palavra de *comando*, palavra de *criação* e palavra de *concordância* — além de palavra de louvor. *Seja-te feito como queres*, ou seja, "o que quer que você deseje, do jeito que lhe agradar e do modo que quer receber". Cristo "capitula" diante de uma fé vencedora. Nada jamais o venceu, a não ser a fé. Seu amor é mais forte que a morte. A morte não pôde vencer Cristo, nem todos os poderes do inferno o puderam. Mas aqui ele se rende ao bel-prazer da alma que consegue vencê-lo, porque crê. *Seja-te feito como queres*. Você poderia querer mais alegria do que essa? Salvação mais completa? Descanso mais perfeito? Veja, portanto, o que Jesus tem também para cada um de vocês que é capaz de crer nele e que de fato crê: *Seja-te feito como queres*.

Por fim, é uma *palavra complementadora*: *E desde aquela hora sua filha ficou sã* (Mt 15.28). Desde aquele momento exato, a filha da mulher ficou completamente curada e liberta. Cristo completou prontamente sua obra. Não estava mais ocupado com ela.

A salvação de uma alma leva tanto tempo quanto um relâmpago para se fazer visível. Você passa da morte para a vida em um instante. Quando perdido, arruinado, condenado, o homem se lança aos pés de Cristo, e é salvo de pronto. Não é questão de horas, semanas ou anos, quando você confia na obra acabada de Cristo. Tudo que exige tempo Cristo o cumpre em um instante. Tudo que tem de ser feito é logo executado. Se alguém tem sede, não há de demorar a beber, pois há água em abundância. Lembra-se do convite com que as Escrituras quase se concluem: *E quem tem sede, venha; e quem quiser, receba de graça a água da vida?*(Ap 22.17). A água da vida está à disposição; beba-a. Quando alguém sente fome, não demora a comer, porque haverá pão à mesa. Deus pode agora lhe dar — a você, que chegou a este Tabernáculo estando tão afastado dele —, e em um só instante, graça bastante que o capacite a estabelecer um relacionamento íntimo com ele. Pode tirá-lo, de pronto, das trevas do pecado e deixá-lo, na mesma hora, mais alvo do que a neve. Faça então a oração de Davi, aí mesmo onde você está: *Lava-me, e ficarei mais alvo do que a neve* (Sl 51.7), e estou certo de que será imediatamente atendido.

Creia em meu Senhor e mestre. Por que não crer nele? Que toda dúvida e todo raciocínio distorcido cessem agora! Tome agora de um martelo e pregos simbólicos e prenda sua descrença e seu medo na cruz de Cristo. Que sejam pendurados no santo madeiro e ali pereçam! Eles destroem a alma dos homens! Venha, fé simples, que não tem sabedoria alguma! Uma criança, mas que tem as chaves do Reino! Venha e receba o meu coração. Todos vocês também creiam e confiem em Cristo, neste exato momento! Se o fizerem, serão salvos. *Seja-te feito como queres*. Deus os abençoe! Amém.

56

PROBLEMA ATUAL

E seus discípulos lhe responderam: Donde poderá alguém satisfazê-los de pão aqui no deserto? (Mc 8.4).

Durante algum tempo, estive afastado da multidão, incapaz de alimentá-la ou de conduzir enfermos ao mestre. Aqui e ali, eu ajudava um ou outro, conforme se apresentasse a oportunidade; mas minha tendência era mais de me acomodar do que de servir. No entanto, o tempo todo, nunca deixei de pensar, constantemente, na grande quantidade de pessoas perdidas que estão por aí: esta grande cidade, em sua lamentável situação, este país, a Irlanda, as demais nações do nosso continente e nosso mundo, estão todos sob uma pesada nuvem de profunda ruína. Pode-se até tirar o corpo fora, mas o coração continua dentro do problema. Se existe época mais apropriada a um chamado a todo o povo cristão para que exerça uma forte compaixão pelas multidões que perecem, essa época é agora. Se há algum momento em que a igreja necessariamente deva estar pronta a realizar o serviço do mestre, esse momento é o atual. Nunca nos esqueçamos de que a igreja deve ser a coadjutora de Cristo. É ela a sua noiva escolhida e deve, portanto, unir-se a ele em sua grande obra para com os filhos dos homens. Tal obra consiste na salvação, que deve ser operada por meio da verdade divina, a ser levada aos homens, externamente, por mãos humanas e, internamente, pelo Espírito de Deus. A igreja estará sendo desleal para com seu noivo se não participar da benignidade do seu coração e não se envolver em sua graciosa obra de amor.

A questão levantada no texto acima é, sem dúvida, quando menos, singular, se levarmos em conta que aqueles que a apresentam haviam, justamente, testemunhado um milagre anterior, em que uma multidão inteira fora alimentada por Jesus. Quem havia presenciado cinco mil pessoas serem alimentadas por ele milagrosamente não deveria jamais indagar do mestre como seria possível saciar a fome de outras quatro mil: *Donde poderá alguém satisfazê-los de pão aqui no deserto?* Já que, em memorável ocasião, haviam presenciado o Senhor fazer admirável multiplicação de pães e peixes, deveriam, pelo que se poderia supor, esperar perfeitamente que ele realizasse o mesmo prodígio outra vez. Em minha opinião, essa foi, assim, uma pergunta imperdoável. Não há como buscar justificativa para ela. E, no entanto, trata-se de uma pergunta muito *natural* — ou seja, bastante condizente com a *natureza humana*, caída e corrompida, que é motivo de nossa aflição diária. Quem conhece a natureza humana não se surpreende com o que ela é capaz de produzir. Não me refiro à simples natureza humana não renovada pela graça, mas, sim, à natureza humana fortemente carnal, que persiste, inclusive, nos discípulos de Cristo. Ela possui tal caráter que dá margem até, vergonhosamente, à incredulidade. Se vocês me pedirem para citar um exemplo, apontarei para vocês mesmos. Vocês não têm visto com frequência a mão de Deus? E, no entanto, se necessitam de auxílio divino, enchem-se de ansiedade e dúvida. Israel, por exemplo, testemunhou a divisão do mar Vermelho pela ação de Deus e pôde atravessá-lo em seco; e, no entanto, logo depois, já temia, tomado de pavor e revolta, morrer de sede no deserto. Assim que a rocha ferida o aliviou da sede, o povo veio a recear, logo em seguida, morrer de fome; mas, depois que choveu pão dos céus, tornou-se a alarmar-se, desta vez com o tamanho dos gigantes que habitavam Canaã. Tudo aquilo que Deus ia lhe fazendo parecia, estranhamente, não valer coisa alguma para aquele povo, por ele mesmo liberto do Egito. Voltava a recair sempre em sua antiga descrença e falta de fé.

Você e eu, por acaso, somos bem melhores? Quem dera! Podemos nos contemplar nessas passagens como que em um espelho. Quem de nós percorre um caminho aprazível é possível se vangloriar de ter

PROBLEMA ATUAL

muita fé ou aquilo que imagina ser; mas quem segue pelo caminho do deserto costuma com frequência confessar, constrangido, que, mesmo depois de receber grande misericórdia, ainda encontra certa descrença se imiscuindo em seu coração. Isso é vergonhoso para nós, e deveria nos causar amarga dor e até o temor de provocarmos a ira do Senhor, pois temos, para nossa edificação, o exemplo daqueles cujos corpos tombaram no deserto por causa de sua descrença. Faz também pensarmos seriamente, se tivéssemos com nosso Senhor em um lugar deserto ante uma multidão sem pão, se teríamos nos comportado melhor do que os discípulos. Poderíamos então, assim como eles, não ter em mente ou não levar em conta, alienadamente, o milagre anterior da multiplicação dos pães, e perguntado também, ansiosos, ao mestre: *Donde poderá alguém satisfazê-los de pão aqui no deserto?*

Por mais surpreendente e imperdoável que seja esta pergunta, ela poderá, no entanto, esta manhã, ser utilizada em nosso benefício. Esse bem, pelo menos, ela nos poderá oferecer; como não há como responder a ela com nenhum argumento de caráter humano, servirá para mostrar nossa incapacidade — e isso nosso Senhor pretende sempre deixar bem claro antes de revelar o seu poder. Não me cabe levantar conjecturas, mas não posso deixar de aventar que o Senhor conduziu esse povo mais uma vez para o deserto com determinado propósito, a fim de que não lhe restasse dúvida alguma. Para que, quando alimentado, não julgasse haver sido sua fome suprida pelos campos ou pomares vizinhos e pela bondade dos habitantes das aldeias em torno. Estavam em um lugar realmente deserto e isolado, do qual nada se poderia extrair, nem ao qual coisa alguma poderia chegar, para abastecer as pessoas. Os discípulos precisavam, na verdade, sentir, reconhecer e declarar expressamente esse fato. Então, teria, como teve o Senhor, uma límpida plataforma sobre a qual operar seu milagre. Do mesmo modo, Jesus quer purificá-lo, meu irmão. Quer fazê-lo perceber quão frágil, pobre, insignificante e miserável é você. Quando o tiver levado a enxergar isso, seu braço forte será revelado aos seus olhos e de todo o povo, e você e todos que o contemplarem darão a devida glória a seu nome.

Passemos, agora, à questão em si, na esperança de que venha a ser consagrada com uma finalidade santa.

Donde poderá alguém satisfazê-los de pão aqui no deserto? Em primeiro lugar, *este é um problema premente*: como atender às carências das multidões? Em segundo lugar, por mais premente que seja, *é um problema de dificuldade tremenda*. Em terceiro lugar, para nossa alegria, *é um problema capaz de receber, no entanto, uma resposta bastante gloriosa.* Há Alguém que, de seus recursos infinitos, tem realmente poder para satisfazer a mais incontável miríade da raça humana, até mesmo no deserto.

I. Em primeiro lugar, portanto, trata-se de UM PROBLEMA PREMENTE. O que fazer pela multidão que perece? O que fazer em favor da satisfação da alma de milhares de homens? Embora restrinja o problema ao aspecto espiritual neste momento, de modo algum menosprezo as terríveis questões sociais e materiais que igualmente se levantam por toda parte e bastante aflitivas, no presente.

Hoje em dia, miríades de *almas estão passando por uma necessidade espiritual premente.* Não é raro alguém pensar em sua própria salvação e na dos outros como se fora algo referente há dias futuros; na verdade, no entanto, a salvação é algo urgente e importante demais para a atual situação de nossa vida. O homem que não conhece Cristo é um desgraçado. O homem que nunca teve o coração renovado, que vive em pecado e aprecia viver assim, nesse estado calamitoso, é um ser realmente digno de pena, uma alma perdida por quem os anjos choram. Mesmo que não houvesse um céu a perder e um inferno a merecer, ainda assim o pecado seria como é, uma maldição sobre essa vida. Pois é um inferno verdadeiro viver sem um Salvador.

Se não houvesse tanta miséria em Londres, bastaria, para condoer o coração, pensar no que há de pecado nesta cidade reinando sobre os ímpios. O lado atroz da vida londrina, que nos leva a erguer um "amargo clamor", não é, afinal, seu aspecto pior. É, em grande parte, uma enfermidade visível, mas que evidencia um câncer secreto no coração da sociedade. Se a bebedice não trouxesse graves consequências e o vício em geral não envolvesse miséria alguma, isso não seria melhor, mas pior, muito pior, para a humanidade. O mais terrível é justamente quando a maldade se reveste de tecido escarlate e linho fino, e o vício, com a ajuda de um protecionismo abominável, consegue ficar até livre da taxação de impostos. O pecado crescente sem controle algum seria ainda pior que nossa presente aflição. Na verdade, é terrível pensar que grandes massas, que incluem muitos de nossos amigos, parentes e conhecidos, nunca se voltaram para o seu criador em obediente esperança, nunca confessaram seus pecados contra ele e vivam sem lhe agradecer por sua misericórdia ou temer e tremer ante a sua justiça. Ó grande Senhor, tu conheces melhor do que nós o horror que reside na impiedade! Ó irmãos em Cristo, multidões continuam sem receber o pão, o verdadeiro pão da vida. Não deveríamos sair agora mesmo a distribuí-lo, no meio delas?

As multidões correm também *um terrível perigo em termos de futuro*. Quando nosso Salvador olha com compaixão para a multidão, não apenas lhe nota a fome, mas prevê o que dela irá resultar: *Se eu os mandar em jejum para suas casas, desfalecerão no caminho; e alguns deles vieram de longe* (Mc 8.3), diz ele. A fome imediata daquela gente comovera o Salvador, mas ele levava em conta, sobretudo, suas consequências posteriores: teriam de voltar para suas casas nas montanhas, em cuja encosta, ao subir, alguém poderia rolar por causa da fome; ou alguém, sob o sol forte, poderia também tombar, por causa da fome e exaustão; talvez uma mãe carregando seu bebê acabasse por ter de chorar por ele desnutrido e morto; ou mulheres, fracas, desmaiassem e perecessem pelo caminho. Nosso terno e benigno Senhor não conseguia nem sequer suportar pensar nessas tristes possibilidades.

Assim também, ao olharmos para o futuro de uma alma sem salvação, nos sentimos horrorizados com o que vemos. Nos dias de hoje, meus irmãos, vêm sendo feitas tentativas de apresentar a condição dos pecadores impenitentes, no mundo futuro, como sendo menos terrível do que o modo de as Escrituras retratarem com toda a franqueza e simplicidade. Não vejo que resultado prático se possa obter desse ensino, a não ser o endurecimento do coração dos homens e deixá-los mais à vontade do que já estão atualmente em sua tremenda indiferença quanto a Deus e ao próximo. Na busca por ajudar a salvar as pessoas, o melhor argumento que poderia apresentar ao meu pobre coração seria a ideia, de todo modo também insuportável, de que, se morrerem sem um salvador, deverão passar a um estado permanente em que continuarão a pecar e pecar e, por conseguinte, a sofrer as consequências dessa horrenda miséria, sem esperança alguma de mudar.

Estou ansioso, portanto, por ajudar a salvar os homens do inferno agora mesmo, porque o amanhã, da maneira que vivem o hoje, não lhes trará esperança alguma. E, já que as coisas são assim, e tenho a certeza de que é todo homem que abrigue no peito uma fagulha de humanidade e um grão de graça que sejam tem o dever de clamar poderosamente a Deus pela vasta multidão de seres humanos que estão se afastando do evangelho e rejeitando-o. Seres que vivem na terra da luz do evangelho e fecham os olhos propositadamente para ele, optando pelas trevas sem fim. Se você, cristão, não se sente estimulado a agir pela simples convicção de que o pecado nesta vida é, de fato, um mal intolerável e resulta em aflição infinita na vida futura, que mais então poderá ser capaz de estimulá-lo? Se essa face da verdade não consegue despertar sua compaixão pelos homens e não lhe causa angústia, não estará você sendo duro demais, como são as pedras, e inteiramente insensível, como as feras selvagens?

Solucionar o problema das multidões deve ser também da alçada da igreja de Deus. Em sua primeira multiplicação dos pães, o Senhor Jesus Cristo entregou aqueles milhares de esfomeados aos seus discípulos e os comissionou, determinando: *Dai-lhes vós de comer* (Mt 14.16). Que grande honra para eles serem chamados a participar da obra do seu Senhor — e privilégio enorme trabalhar com ele no alívio de uma necessidade tão grande! Uma honra, de fato, mas que responsabilidade envolvia! Se um deles, por acaso, se refugiasse nos bastidores, sussurrando consigo mesmo: "Que ideia absurda"; ou se um outro se escondesse atrás de uma pedra e dissesse: "Vou orar sobre o assunto, mas isso é tudo o que posso fazer" — que desgraça teria sido para todos, multidão e discípulos! Em vez disso, eles foram fiéis ao seu mestre. Ao ser o fardo depositado sobre seus ombros, o aceitaram, e seu Senhor os capacitou a carregá-lo com alegria. Usufruíram da felicidade especial de dar o pão a uma vasta multidão, que o recebia comovida e agradecida. Os doze se tornaram muito populares a partir desse dia, isso eu lhes garanto, e vistos com grande admiração por todos quantos os rodeavam. Pois não era de fato um alto privilégio distribuir comida assim para tantos homens, mulheres e crianças famintos? Devem ter ficado corados de entusiasmo e se deleitaram com a

Problema atual | 523

função. Tenho certeza de que foi assim. Permear uma multidão de pessoas ansiosas e famintas, alimentando-as até poder satisfazê-las, é obra que até um anjo desejaria realizar.

Estou certo, também, de que muitos corações generosos aqui estão constantemente elaborando e imaginando formas de poderem experimentar esse deleite. Não seria esse o seu caso? Estou falando em sentido literal: você não ajudaria a aliviar a carência das pessoas doando comida e roupa? Retornando, então, ao aspecto espiritual da questão: o Senhor está chamando a sua igreja dos nossos dias para uma obra árdua e, na verdade, impossível sem ele, mas com ele honrosa, simples e fácil de ser executada. Chama sua igreja para a grande tarefa de alimentar espiritualmente as multidões de Londres, as multidões do nosso país, do nosso império, as multidões de todo o mundo. E a premência do problema não há de nos causar maiores problemas, já que ele está presente e pronto a multiplicar os nossos pães e peixes.

Irmãos, *não podemos deixar de lado essa obra*. Nós, que, de fato, somos cristãos não temos como fugir de prestar esse serviço. O mestre o confiou a nós, e o único jeito de escapar dessa comissão seria renunciar por completo ao senhorio dele. Tentar ser cristão e não viver para o próximo é hipocrisia. Supor que você pode ser fiel a Cristo e deixar multidões perecerem sem fazer qualquer esforço para ajudá-las é uma fraude abominável. Trai seu mestre aquele que não mergulha de corpo e alma em sua grande obra e à qual ele dedicou a vida inteira. Essa obra é a de *que o mundo fosse salvo por ele* (Jo 3.17). Se você pretende dizer adeus a Jesus, pode já sair correndo com seus próprios pães e peixinhos e ir comê-los em secreto egoísmo; mas, se tem a intenção de permanecer com Cristo, deve trazer à frente seus pães e peixes e doá-los. Deve trazer a si mesmo — e ser o próprio despenseiro dos pães e dos peixes multiplicados. E perseverar na sua distribuição, até que o último homem, a última mulher, a última criança estejam satisfeitos. Então, Jesus receberá toda a justa glória pelo milagre, mas a você caberá, sem dúvida, a honra de ter servido à mesa real do Senhor no majestoso banquete de seu amor.

Vejam, portanto, em que condição nos encontramos esta manhã. Somos chamados a resolver um problema bastante urgente: *Donde poderá alguém satisfazê-los de pão aqui no deserto?* Não durmamos, então, como fazem alguns, mas, sim, encorajemos a nós mesmos, uns aos outros, a trabalharmos lado a lado, como amados e fiéis irmãos, cheios de vontade em entregarmos o pão da vida a milhões nesta cidade, a miríades neste mundo.

II. Vejamos, agora, porém, que temos em nossas mãos UM PROBLEMA DE DIFICULDADE TREMENDA. A dificuldade em alimentar quatro mil pessoas era certamente imensa, mas a de salvar multidões em toda a humanidade está muitíssimo acima, tanto quanto o céu da terra. O milagre descrito no texto que hoje abordamos, bem como seu similar anterior, proporcionou, na verdade, uma única refeição, embora farta, a alguns milhares, que depois, naturalmente, voltariam a ter fome; enquanto a obra que temos pela frente é a de alimentar espiritualmente miríades de forma tal que nunca mais venham a ter fome, para sempre. Pense nisso!

Primeiro que tudo, como já é difícil satisfazer *as carências de uma única alma!* Eu gostaria que quem considera fácil a salvação das almas do pecado procurasse levar alguém à conversão. Você, professora da escola dominical, já procurou realmente levar uma criança a Cristo? Ela pode ser uma das crianças mais doces de toda a escola, mas, se você tentar levá-la à conversão sem buscar o auxílio divino em oração, sem recorrer ao Espírito de Deus para influenciar de fato o coraçãozinho da criança, estará cometendo um tremendo erro. Se você, meu irmão, tiver de ajudar a salvar uma alma, por onde pretende começar? A introdução do pensamento santo em mentes carnais é um milagre tão grande quanto um raio de luz penetrar em olhos cegos ou o sopro de vida em um morto. Como é difícil libertar uma pessoa do estado bruto de indiferença e fazê-la refletir, em sua alma, sobre Deus e a eternidade! Quanto à regeneração do coração de pedra, à vivificação da alma morta, quem pode fazer isso? Entramos, então, na área dos milagres! Você é capaz de criar um simples inseto que seja? Quando você tiver produzido a mais ínfima criatura, poderá então pretender a criação de um novo coração e um novo espírito no ser humano!

O texto que temos hoje em foco fala em satisfazer milhares de homens, mulheres e crianças: *Donde poderá alguém satisfazê-los?* Satisfazer uma só alma já é obra que tão somente Deus tem poder para realizar.

Abra o homem ambicioso sua boca, e nela depositemos o mundo inteiro; e, quando o tiver engolido, irá pedir mais outro, como Alexandre, o Grande. Não se satisfará com o mundo mais do que com um naco de pão. Quanto aos anseios espirituais dos homens, então, como satisfazê-los? O perdão dos pecados, a esperança de vida eterna, a semelhança com Cristo — tudo isso é necessário para proporcionar satisfação. Como propiciá-lo? O mundo não dispõe de modo algum desses alimentos em seus estoques. A obra já é praticamente impossível de início, com apenas um necessitado a atender: donde poderá alguém satisfazer a fome espiritual de uma única alma? Gostaria, então, que todo crente deixasse de lado suas próprias ideias e o conceito que tem de si mesmo, clamasse imediatamente ao seu Deus forte por força e buscasse usar não sua própria capacidade, mas, sim, a arma simples do evangelho no poder do Espírito Santo.

Mas, meus irmãos, do que é que estou falando? De apenas uma alma! O que é isso? *Pensem no incontável número dos que necessitam de pão celestial.* Não temos apenas uma alma, ou apenas um milhão de almas, porém mais de cinco milhões de seres humanos só nesta cidade. Quantos milhões temos neste mundo imenso? A soma de um bilhão não abrangeria o inumerável exército acampado atualmente por todo o globo. Poderíamos excluir, por acaso, propositadamente, uma dessas pessoas da esperança? Permitir que alguma delas fosse deixada a perecer, deliberadamente? Não deveriam ser todas alimentadas, se possível? Não deverá todo homem, toda mulher e toda criança na terra, tanto quanto o nosso desejo for capaz de alcançar, participar do banquete espiritual do Senhor? Então, como ficamos? Estamos todos no mesmo barco, em pleno mar.

Na verdade, não fazemos a menor ideia do que seja realmente um milhão de pessoas. Levaria muito, muito tempo, até que pudéssemos contar todas. Pense só nesta nossa cidade de Londres — é possível atravessá-la a cavalo, ou então cruzá-la a pé, durante um ano, para, no final só se conseguir admirá-la ainda mais por sua incalculável vastidão. Suprir esta metrópole de bênçãos graciosas é um trabalho digno somente de Deus. Todavia, a igreja do Senhor é chamada a alimentar todos com o pão dos céus; a todos os que estão aí, em todo este nosso mundo pagão. Ó homem frágil! Do que você é capaz sozinho? E, no entanto, como Deus poderá usá-lo de forma gloriosa para o cumprimento dos seus propósitos divinos!

Aí está, portanto, o problema, do qual disse há pouco ser de um grau de dificuldade tremendo. Mas o que parece haver realmente preocupado os discípulos foi o lugar onde se encontravam — um *deserto*. Talvez se visse aqui e ali um pouco de vegetação, que até uma cabra desdenharia de pastar, mas, na maior parte, chão arenoso e pedregoso mesmo. Ao narrar o primeiro milagre da multiplicação, nosso evangelista fala em "relva verde", mas aqui, neste caso, diz apenas que o povo se sentou "no chão" — chão, certamente, despido de vegetação. Não havia por perto nem campos, nem hortas nem árvores frutíferas. Não havia literalmente nada a que recorrer e com que contar. Se as pedras pudessem ser transformadas em pães, o povo se saciaria, mas o solo, em si, nada oferecia. Talvez vocês possam pensar que sou um profeta sombrio quando afirmo que nossa presente época é tão nua de proveito para o evangelho quanto foi inútil aquele solo em colaborar para o banquete de Cristo. Na verdade, porém, o mundo nunca conheceu período mais prejudicial para o evangelho que o presente. Lemos no Apocalipse que em determinado momento, pelos menos, a terra *acudiu à mulher* (Ap 12.16); mas nem assim é agora. Não vejo nenhum elemento favorável à conversão do mundo a Cristo. Pelo contrário, tudo coopera para acontecer o oposto. O povo não está atento ao evangelho como antes: as massas não se têm dado ao trabalho nem sequer de entrar em uma casa de oração. Em Londres, as pessoas deixaram, em sentido muito amplo, de se importar com a pregação da Palavra. Ainda assim, devem ser alcançadas — bendito seja Deus, elas devem ser alcançadas.

A tendência de nossa época, na verdade, não é no sentido da religiosidade, mas, sim, da descrença, do materialismo e do egoísmo mais sórdido. Uma corrente — uma corrente, não, uma torrente de descrença ruge em torno das bases da sociedade, e os nossos púlpitos se inclinam sob sua força. Muitos cristãos, hoje, são apenas meio crentes. Têm sido quase sufocados pelo denso nevoeiro de dúvida que nos cerca. Entramos no domínio das nuvens e não conseguimos mais enxergar o caminho. Muitos estão naufragando no pântano; aqueles de nós que têm os pés sobre a Rocha da Eternidade têm as mãos cheias no ajudar os irmãos que escorregam.

Problema atual | 525

Firmados que estamos diante de Deus com a fé de uma criança, e nele confiando sem questionamento, para nós não importa, na verdade, em nível pessoal, se a escuridão dos arredores irá se aprofundar em meias-noites negras como o inferno, *porque andamos por fé, e não por vista* (2Co 5.7). *Ainda que a terra se mude e ainda que os montes se projetem para o meio dos mares* (Sl 46.2), nos apegaremos a Deus e seu Cristo com um vínculo de inabalável confiança. Mas muitos dos que professam ser cristãos, no entanto, infelizmente não são assim. O tempo todo deparo com irmãos oscilando de um lado para o outro, cambaleando feito embriagados, no fim de sua capacidade. Regozijando-me, então, por ter me sido dada capacidade de me ajustar ao balanço do navio, busco animá-los e assegurar-lhes que de modo nenhum naufragaremos. O bom navio não soçobra; a verdade eterna é tão segura quanto sempre foi. Não está distante o dia em que o Senhor nos enviará uma grande calmaria. Não demora muito e as filosofias de descrença deste nosso século XIX serão expostas às crianças das nossas escolas dominicais como exemplo da loucura monstruosa em que homens sábios tiveram permissão de mergulhar por recusarem a palavra do Senhor. Tenho tanta certeza disso quanto tenho certeza de estar vivo: a sabedoria do mundo atual é uma arrematada tolice em letras garrafais, e a doutrina cristã, ora rejeitada como coisa decadente de puritanos e calvinistas, ainda conquistará o pensamento humano e reinará suprema. Tão certo quanto o sol que se põe esta noite e amanhã se levantará à hora esperada, assim a verdade do Senhor brilhará sobre toda a terra. Esta nossa era, no entanto, é ainda um deserto: nos púlpitos e fora deles, na moral social e na política, um deserto terrível. *Donde poderá alguém satisfazê-los de pão aqui no deserto?*

O Senhor permite com frequência que a multidão esteja passando por um estreito desfiladeiro para que nela possa operar sua graciosa libertação. Tomemos um exemplo moderno. Cento e cinquenta anos atrás havia uma letargia religiosa generalizada na Inglaterra e a iniquidade era dona da situação. O demônio, ao sobrevoar o país, pensava ter anestesiado aqui a igreja de tal forma que ela jamais despertaria. Como estava enganado! Um estudante de Oxford, que havia trabalhado como auxiliar geral em uma estalagem em Gloucester encontrou o Salvador e começou a pregá-lo. Comenta-se que seu primeiro sermão deixou dezenove pessoas como que enlouquecidas de entusiasmo, porque ele as despertara para a vida real. Outros intelectuais também de Oxford se reuniram para orar fervorosamente e foram demitidos da universidade pelo horrível pecado de organizarem uma reunião de oração. Da mesma universidade saiu, então, um poderoso evangelista — John Wesley, que, juntamente com Whitefield, tornou-se líder do grande avivamento metodista. Os efeitos de seus atos persistem até hoje. O arqui-inimigo logo descobriu que suas esperanças se frustravam, pois a igreja tornara a despertar. Mineradores pobres estavam ouvindo o evangelho. Suas lágrimas escorriam pelo rosto encarvoado, enquanto homens parecidos com serafins lhes falavam do amor que perdoava. Então, a respeitável dissidência acordou de seu leito indolente e a Igreja da Inglaterra começou a esfregar os olhos, a se perguntar onde estava e o que estava acontecendo. Um período antes maligno abriu-se para uma época feliz. Não pode acontecer de novo? Não há o que temer com relação a isso. Todas as coisas cooperam para o bem daqueles que amam a Deus e fazem sua vontade. O Senhor leva de propósito as pessoas para o deserto, a fim de que se possa ver perfeitamente que não é a terra, mas, sim, ele mesmo quem alimenta o homem.

O ponto nevrálgico da questão que temos à nossa frente, no entanto, vou agora mencionar: *a fragilidade humana.* Os discípulos de Jesus lhe responderam com uma pergunta: *Donde poderá alguém satisfazê-los de pão aqui no deserto?* Como *um homem* poderia fazer isso? Somos apenas humanos. Se ao menos fôssemos anjos! Ah se fôssemos anjos! Sim, o que tem isso? Se fôssemos anjos, tenho certeza de que seríamos excluídos da situação toda, pois *não foi aos anjos que Deus sujeitou o mundo vindouro, de que falamos* (Hb 2.5). Os anjos não participam da cena. Mas o que um homem ou uma mulher pode fazer? De onde um homem ou uma mulher irá tirar alguma coisa com que alimentar uma multidão? "Veja o meu caso!", exclama alguém. "Não sou um grande homem, não tenho dez talentos, sou uma criatura frágil; como faço, então, para alimentar essa multidão? De onde tirar comida para tanta gente?" É este o ponto nevrálgico de toda essa história, para os corações sinceros. "Ah", diz outro, "se eu fosse fulano de tal, o que é que eu não faria!" Agradeça a Deus por não ser outra pessoa além de você mesmo; pois você só é bom sendo você mesmo, ainda que talvez não seja digno de muita honraria. Esta frase "Se eu fosse outra pessoa, poderia fazer alguma coisa" só quer dizer o seguinte: como Deus escolheu fazer você como ele o fez, não há como você servi-lo; mas se ele fizer de você outra pessoa — ou seja, se sua vontade puder ser suprema —, então, é claro, tudo ficará na mais perfeita ordem. Acho melhor você ser quem é e um pouco melhor do que isso. Comece a trabalhar e a servir seu mestre e pare de questionar "De onde poderá alguém fazer isso ou aquilo?" Para todo homem, as possibilidades são estupendas. Aliado a Deus, nada lhe é impossível. Que Deus não nos dê o poder do ouro, ou da posição social, nem eloquência ou sabedoria; dê-nos apenas um homem de Deus. Nosso Senhor pensava assim quando subiu aos céus. Ao entrar pelos portões de pérolas, quis disseminar dádivas generosas a seu povo aqui embaixo. Por isso, estendeu a mão para o tesouro do seu Pai e dele tirou... o quê? Homens. *E ele deu uns como apóstolos, e outros como profetas, e outros como evangelistas, e outros como pastores e mestres* (Ef 4.11). Foram esses dons legados aos filhos dos homens após sua ascensão.

Embora falemos assim a respeito do que o Senhor poderá fazer conosco, somos apenas, por nós mesmos, pobres criaturas. De vez em quando, venho a conhecer um irmão que se acha perfeito, e a vontade que sempre sinto é de lhe "estourar a bolha". As imperfeições desses perfeitos costumam ser mais brilhantes que as dos crentes comuns. Ah!, somos todos criaturas tão pobres, tão frágeis, que podemos chegar até a perder toda a confiança em nós mesmos. Indagamos, então, ao Senhor, com a maior ênfase e ansiedade: "Donde poderá *alguém* satisfazê-los de pão aqui no deserto?"

III. Fico feliz, assim, em chegar a uma bendita conclusão, neste terceiro tópico de nossa conversa: a de que, ao enfatizar a palavra mais frágil do texto, *alguém* — "Donde poderá *alguém*?", A PERGUNTA DOS DISCÍPULOS PODE SUSCITAR UMA RESPOSTA BASTANTE GLORIOSA.

Poderíamos, como resposta, afirmar como João Batista: *No meio de vós está um a quem vós não conheceis* (Jo 1.26). Embora tenha estado entre nós todos esses séculos, seu povo, na verdade, mal o conhece. Quem o conhece realmente? "Oh, sim,", poderá afirmar alguém, "eu conheço Cristo". Em certo sentido, sim; mas ele ultrapassa esse conhecimento. "Eu creio em Deus", diz outro. Tem certeza de que crê mesmo? Lembro-me de haver lido sobre certo ministro do evangelho que passou dias lutando em oração por se sentir tentado a duvidar da existência de Deus; quando chegou à plena convicção da existência do criador, comunicou à sua igreja: "Vocês vão se surpreender com o que eu tenho a dizer, mas crer em Deus é algo muito maior do que qualquer um de vocês possa imaginar". É algo muito maior crer em Jesus Cristo do que a maioria das pessoas pensa. Crer na noção de um Deus é uma coisa; crer em Deus realmente é outra questão. Alguém me inquiriu, em uma ocasião em que eu estava perturbado: "Você não tem um Deus gracioso?" Ao que respondi: "Claro que tenho". Ele então retrucou: "Mas de que adianta tê-lo se você não confia nele?" Fiquei penosamente aturdido e me senti humilhado em espírito com essa resposta verdadeira. Nós não conhecemos, em toda a plenitude, o que Jesus é. Ele está muito acima dos nossos pensamentos mais elevados a seu respeito. Vive em nosso meio, e nós não o conhecemos.

Mas o que eu quero que você reflita é que esse Homem e Deus maravilhoso pode alimentar o povo com pão, hoje mesmo, neste deserto. Espero fazer você crer nisso pelo poder do Espírito Santo. Assim, quero que, antes de mais nada, *ouça o que esse homem diz*. Acabo de ler para você uma narrativa que está não somente em Marcos, mas a encontramos também no capítulo 15 de Mateus. Vá a esse capítulo, ao versículo 32, e leia: *Jesus chamou os seus discípulos, e disse...*. Pare. Prepare seus ouvidos para ouvir música suave. Jesus disse: *Tenho compaixão da multidão*. Oh, como são doces essas palavras! Quando você se sentir preocupado por causa da multidão, seja da Irlanda, seja de Londres, seja da África, seja da China ou da Índia, ouça estas palavras: *Tenho compaixão da multidão* (Mt 15.32). Jesus falou assim enquanto aqui esteve e ainda o faz agora, quando se encontra exaltado nos céus, pois levou consigo para lá seu terno coração; e da excelência de sua glória podemos ouvi-lo dizer, em resposta à oração do seu povo: *Tenho compaixão da multidão*. Aí está nossa esperança: esse coração, através do qual penetrou uma afiada lança e do qual saiu sangue e água, em seu sofrimento máximo por nós, é a fonte de esperança para a humanidade. *Tenho compaixão da multidão*.

PROBLEMA ATUAL | 527

Ouça-o falar de novo, e você há de concordar em que há uma grande doçura nessa sua expressão. No final do versículo, lemos: ... *e não quero despedi-los em jejum* (Mt 15.32). Não temos a intenção de julgar Pedro, Tiago, João e os demais discípulos, mas me parece que, depois de ouvir o mestre dizer isso, não deveriam ter perguntado: *Donde poderá alguém satisfazê-los de pão aqui no deserto?*; ou, então, deveriam ter completado, dizendo, com toda a tranquilidade, fé e confiança: "Ó bom Senhor, só tu mesmo podes responder, pois acabas de decidir, prometendo claramente: *Não quero despedi-los em jejum!*.

Vocês acham que, afinal de contas, o Senhor Jesus Cristo pretende deixar este mundo do jeito que está? Diz a Bíblia: *Porque Deus enviou o seu Filho ao mundo, não para que julgasse o mundo, mas para que o mundo fosse salvo por ele* (Jo 3.17). Renunciaria a esse propósito? A crônica da história dos tempos não há de terminar neste atual horrível estado de coisas. O tear da providência não há de deixar sua peça de pano com uma ponta assim tão mal-acabada. Pelo contrário, seu trabalho deverá ser concluído e receberá franjas de fios de ouro. A glória de Deus ainda há de iluminar a história desde o início até o fim. Toda carne verá a salvação de Deus, e todas as nações ainda chamarão de bendito o Redentor. *Não quero despedi-los em jejum*. Ou seja, o povo deverá comer o pão das mãos do Senhor.

Grande mestre, a tarefa é grandiosa demais para que a executemos sozinhos. Mas se disseste *tenho compaixão da multidão*, [...] *não quero despedi-los em jejum*, então, sob teu comando, haveremos de alimentá-la. Teus humildes servos aguardam cumprir tuas ordens, quaisquer que sejam, certos de que estarás conosco o tempo todo, até o fim, conforme prometeste.

Peço agora que pensem por um instante naquilo que o Senhor *não disse*, pois falava do pão comum. Pense *naquilo que sabemos ser também verdade a seu respeito*, no tocante à provisão espiritual do homem. O maior anseio espiritual do homem, o perdão dos pecados, foi realizado mediante a expiação de Cristo na cruz. Se ainda estivesse sem resposta à pergunta *Donde poderá alguém satisfazê-los de pão aqui no deserto?*, sem dúvida poderíamos vacilar. Bendito seja Deus, pois essa questão não está mais de pé: a expiação foi por ele oferecida, completada e aceita, em toda a sua plenitude. Ele mesmo disse: *Está consumado* (Jo 19.30). A real dificuldade foi inteiramente superada. A cruz fez rolar a pedra do sepulcro, e a esperança despertou na ressurreição. Se é difícil aceitar a expiação, trabalho maior, não resta dúvida, foi realizá-la. O poço está cavado e pronto. Tirar a água é fácil. Uma vez que Jesus morreu pelo homem, há vida para a humanidade. Como ele orou *Pai, perdoa-lhes* (Lc 23.34), deve haver, sem dúvida, perdão para o culpado. Tendo subido à glória, nossa espécie jamais irá perecer na vergonha. A partir da cruz, temos argumentação suficiente para um milênio de glória. Esse homem é capaz de satisfazer plenamente as multidões só por causa do rico mérito do seu sangue.

Lembremo-nos, em seguida, que esse homem glorioso está agora investido de onipotência. Suas próprias palavras são: *Foi-me dada toda a autoridade no céu e na terra. Portanto ide, fazei discípulos de todas as nações, batizando-os*, em nome do Pai, e do Filho e do Espírito Santo (Mt 28.18,19). Nosso Jesus é onipotente Deus. É ele quem fez o mundo, pela sabedoria infinita de Deus Pai, *e sem ele nada do que foi feito se fez* (Jo 1.3). Alguma coisa é difícil para o criador? Alguma coisa é impossível, ou há alguma dificuldade para ele, que governa todas as coisas pelo poder de sua palavra? Tenham bom ânimo, irmãos; a grande questão foi respondida. Se, então, houve plena expiação e temos um Salvador, exaltado nos céus, com todo poder em suas mãos, o que nos poderá esmorecer?

Ouçam mais ainda. O Espírito de Deus nos foi dado. Melhor que a presença corpórea de Cristo entre nós é a presença do Espírito Santo. Foi muito certo e apropriado que Jesus partisse, a fim de que o Espírito Santo pudesse habitar conosco, como o grande abençoador do povo de Deus, da igreja. O Espírito Santo, por acaso, se foi? Terá o Espírito Santo deixado a igreja de Deus? Precisa a igreja estar constrangida em meio a dificuldades, estando o Espírito de Deus derramado sobre ela? Qual o problema dela, então? Esqueceu-se de si mesma? Tornou-se insana? Meus irmãos, tendo, como temos o próprio Jesus sacrificado como forma de expiação; Jesus Cristo exaltado como Príncipe e Salvador à mão direita de Deus; e, ainda, o Espírito Divino habitando conosco para sempre — existe alguma coisa que seja impossível à igreja de Deus?

Chego, então, a mais um ponto: assim como lhes fiz ouvir mais uma vez as palavras do Senhor e os conduzi a lembrar dos recursos infinitos com que conta à sua disposição, quero, agora, que *possam prever desde já a operação do Senhor*. Como Cristo costuma operar entre os homens? Como procede quando começa a agir entre as massas? Existe, certamente, uma variedade de operações, mas existe também uma continuidade de norma que as perpassa. A linha de ação divina é praticamente a mesma em todos os casos.

Antes de mais nada, o modo de agir de Cristo costuma ser o de poder se utilizar de alguma coisa que se encontre disponível. Nesse caso, uns poucos pães e peixes foi o pequeno suprimento básico, como encontrado e fornecido por seus seguidores. Não é maravilhoso como o Senhor às vezes faz vir à luz pequenas coisas até então ocultas para nós e as transforma em coisas grandiosas? A Escócia estava sob o domínio da descrença e do formalismo. Como haveria de ser libertada? O ministro e teólogo Thomas Boston, tendo ido à modesta casa de um pastor, encontrou ali um livro que se tornara raro. Chamava-se *Marrow of Modern Divinity* [A essência da teologia moderna], de Edward Fisher. Boston ficou exultante com a luz do evangelho que o texto fez brilhar sobre sua alma e passou a dar testemunho dele. Grande controvérsia sobre o assunto se seguiu, mas, melhor ainda, um grande avivamento: seguidores fiéis da essência do evangelho logo romperam com erros que haviam sido consagrados como certos. Vejam só o que apenas um livro pode fazer. A Suécia foi também grandemente abençoada pela descoberta, em uma pequena casa do interior, de uma velha cópia do comentário de Lutero sobre Gálatas. Percebam, então, como uma voz pode despertar toda uma nação.

Quem sabe, irmãos, o que pode resultar de nossos sete pães e uns poucos peixes? Sim, os inimigos podem fazer o que quiserem, inclusive pregar o que bem lhes aprouver, apossar-se de um púlpito atrás do outro dos pregadores de linha ortodoxa, soterrar-nos no lixo da teoria da evolução e da falsa filosofia; seja o que for, havemos de nos levantar outra vez. As pequenas nuvens no horizonte logo passarão. Talvez possa nem permanecer um único propagador idôneo do evangelho que seja; mas, enquanto Deus viver, o evangelho não morrerá. Ainda que seu poder se mantenha apenas latente, em pouco tempo ele há de despertar de seu aparente sono e clamar como um homem forte que brada sob o estímulo do vinho. Enquanto nos restar um fósforo, poderemos incendiar o mundo. Enquanto houver uma Bíblia, o império de Satanás correrá perigo. Só havia alguns pães de cevada e uns poucos peixinhos nas mãos daquele grupo apostólico, mas Jesus os tomou e operou sobre eles.

Cristo, ainda, operava por meio de multiplicação secreta e misteriosa. O pão começa a crescer nas mãos dos discípulos como antes o trigo crescera no chão. Pedro, por exemplo, pegou um dos pães e se pôs a dividi-lo a partir de uma das beiras, e, para sua surpresa, o pão continuava sempre do mesmo tamanho! Então, resolveu partir a outra extremidade do pão e dar a outra pessoa faminta. Uau! O pão continuava inteiro! Ele prosseguiu partindo tão rápido quanto podia, e o pão continuou sem diminuir, até que todos receberam sua quota plena. Mãos maravilhosas aquelas, não é? Nada disso. Eram apenas as simples e rudes mãos de um pescador castigadas pelo trabalho duro e pelas intempéries. As outras mãos que tinham antes dele tomado, abençoado e partido os pães é que haviam operado o milagre. Como é maravilhoso constatar como Deus age por intermédio de nossas mãos, quando, na verdade, é sua própria mão que faz tudo.

Além de usar a instrumentalidade humana, o Senhor pode também influenciar a mente de homens e mulheres de modo que multipliquem sua verdade. Ouvi falar de uma mulher da ilha de Skye, na Escócia, em uma época em que se pregava bem pouco o evangelho por lá. Ela sentiu, de repente, que Deus não estava operando naquela ilha. Assim, tomou uma balsa e atravessou o mar até o continente. Ali chegando, perguntou, a todos que encontrava, onde poderia achar Deus. Afinal, topou com uma boa mulher, que respondeu: "Vou lhe mostrar onde você pode achá-lo"; e a levou a um local de adoração, onde Jesus era apresentado de forma bastante simples. A mulher ouviu o evangelho e, voltando a Skye, passou a pregar e a contar aos demais sobre o grande Salvador.

A obra do diabo jamais se completa: é desfeita a cada minuto, com a graça de Deus em operação. Até em nossas cinzas sobrevivem as nossas brasas: um sopro dos céus lhes pode reacender a chama. A Deus,

PROBLEMA ATUAL | 529

nunca faltam instrumentos. Ele poderia transformar o papa em evangelista, um cardeal em reformista, um padre em ministro do evangelho. O homem mais supersticioso, mais ignorante, mais infiel, mais blasfemo e degenerado poderá ainda se transformar, pela mão de Deus, em paladino da verdade divina. Que, portanto, o coração de homem algum esmoreça; o pão há de ser multiplicado, e o povo todo, alimentado.

A distribuição foi feita pelos discípulos por toda a multidão. Pedro dividiu seu pão, e muitos ficaram satisfeitos em serem alimentados por ele. Nada mais certo de que, se Pedro os alimentava, se sentissem felizes com ele. Mais adiante, ia João também levando um pão, partindo-o, certamente, com menos impetuosidade; um pouco além, Tiago, trabalhando com afinco e método —, mas qual a diferença na distribuição? O pão era o mesmo. Desde que o povo fosse satisfeito, que importância tinha a mão que lhes entregava o pão e o peixe? Nunca imaginem meus caros amigos, que Deus irá abençoar determinado pastor ou pregador apenas, ou determinada denominação. Ele abençoará, sim, se assim for de sua vontade, alguns pregadores e sermões mais do que outros, porque é soberano e sabe por que o faz. Mas não deixará jamais de abençoar todos os que trabalham em sua obra, pois é Deus. Nunca esquecerei um dia, quando meu querido avô ainda era vivo, em que eu tinha um sermão para pregar. Uma grande multidão me aguardava, mas eu ainda não havia chegado porque o trem atrasara. Diante disso, o venerável ancião meu avô deu início à pregação, em meu lugar. Ia bastante adiantado em seu sermão quando surgi à porta. Olhando para mim, ele disse: "Vocês todos vieram ouvir o meu neto querido; por isso, vou parar por aqui, para que o possam ouvir. Ele pode pregar melhor do que eu, mas não um evangelho melhor, isso ele não pode pregar. Pode, Charles?" Do corredor, minha resposta foi: "Eu não posso pregar melhor; e, mesmo que o pudesse, não poderia pregar um evangelho melhor". Assim é, irmãos: alguns distribuem pão de modo melhor ou para mais pessoas; mas não têm como distribuir pão melhor do que o evangelho que vocês ensinam, ou seja, o mesmo pão que é procedente das mãos do nosso Salvador.

Disponham-se, portanto, cada um de vocês a distribuir o pão, pois é esse o método de Cristo de alimentar as multidões. Cada um que se alimentou desse pão divida sua porção com outra pessoa. Encha ainda hoje os ouvidos de alguém com as boas-novas de Jesus e seu amor. Empenhe-se hoje cada um de vocês, que são o povo de Deus, em transmitir a um homem, a uma mulher ou a uma criança um pouco do alimento espiritual que haja alegrado sua própria alma. É esse o jeito, o método, do meu mestre. Não quer adotá-lo? Não há como fazer de maneira melhor. Ninguém conseguiu até hoje conceber método com maior probabilidade de sucesso, nem mais honroso para seu Senhor e benéfico para si mesmo. Traga seu pão de cevada, traga seu peixinho, coloque sua pequena provisão nas mãos do Senhor, e receba-a de volta, das mãos dele, com a bênção que a torna frutífera e multiplicada; para, então, com ela, poder alimentar toda uma multidão. Assim, você sairá com alegria, e em paz será guiado. Que assim seja. Amém.

57

A FIGUEIRA QUE SECOU

E, deixando-os, saiu da cidade para Betânia, e ali passou a noite. Ora, de manhã, ao voltar à cidade, teve fome; e, avistando uma figueira à beira do caminho, dela se aproximou, e não achou nela senão folhas somente; e disse-lhe: Nunca mais nasça fruto de ti. E a figueira secou imediatamente. Quando os discípulos viram isso, perguntaram admirados: Como é que imediatamente secou a figueira? (Mt 21.17-20).

E is um milagre e uma parábola. Há livros sobre milagres e volumes sobre parábolas: em qual desses dois grupos deveríamos inserir essa narrativa? Eu responderia: nos dois. É um milagre singular e uma parábola admirável. Uma parábola encenada, na qual nosso Senhor nos oferece uma ilustração prática. Coloca, neste exemplo, a verdade diante dos olhos dos homens, para que a lição possa causar impressão mais profunda em sua mente e coração.

Gostaria de enfatizar que é uma parábola, pois, se não olharmos a narrativa sob esse prisma, não poderemos entendê-la. Não somos daqueles que se colocam diante da Palavra de Deus com a impertinência fria de críticos, considerando-se mais sábios que ela e aptos a julgá-la. Cremos que o Espírito Santo é maior do que o espírito do homem e que nosso Senhor e Mestre é melhor juiz daquilo que seja certo e bom do que qualquer um de nós jamais conseguiria ser. Nosso lugar é a seus pés: não somos seus contestadores, mas, sim, seus seguidores. O que quer que Jesus diga ou faça, encaramos com a mais profunda reverência. Nosso principal desejo é aprender o máximo dele. Percebemos grandes mistérios em seus atos mais simples e profundo ensinamento em suas mais singelas palavras. Quando ele fala ou age, ficamos tal como Moisés, humildemente, junto à sarça ardente, sentindo que estamos pisando solo santo.

Pessoas frívolas têm dito grandes tolices sobre essa passagem. Costumam entendê-la como se nosso Senhor, estando com fome, só pensasse em sua necessidade e, na expectativa de se saciar com uns poucos figos verdes, recorresse a uma figueira estéril. Não encontrando fruto na árvore, e uma vez que naquela época do ano não poderia mesmo esperar outra coisa, teria se aborrecido e proferido uma maldição contra a árvore, como se ela fosse o agente responsável por esse fato. Essa visão da ocorrência pode ser resultante de falta de percepção do observador, mas não é verdadeira. O que pretendia nosso Senhor era ensinar a seus discípulos a respeito da condenação de Jerusalém. A recepção dada a ele em Jerusalém fora promissora, mas acabaria se transformando em nada. As altas aclamações de *hosana* (Mt 21.9) se converteriam em altos brados de *crucifica-o!* (Lc 23.21).

Quando Jerusalém estava para ser destruída por Nabucodonosor, em tempos mais longínquos, os profetas não só haviam usado da palavra como também de sinais expressivos. No livro de Ezequiel, por exemplo, encontra-se o registro de vários sinais e símbolos que apontam para o horror que se prenunciava. Tais indícios alertaram as pessoas e as levaram a refletir a respeito, ao tornarem as advertências proféticas bastante evidentes para a mente e o coração do povo. Agora, mais uma vez, o juízo de Deus batia à porta dessa cidade rebelde. A palavra — a palavra de Jesus — não fora levada em conta; até mesmo as lágrimas — as lágrimas do Salvador — haviam sido vertidas em vão. Era a hora de dar um sinal — um sinal da condenação, prestes a ocorrer. Por meio de Ezequiel, o Senhor havia dito: *Assim saberão todas as árvores do campo que eu, o Senhor, abati a árvore alta, elevei a árvore baixa, sequei a árvore verde* (Ez 17.24). Nesse contexto, foi sugerida exatamente a imagem empregada por nosso Senhor. Ele viu uma figueira, por um capricho da natureza, coberta de folhas, em um tempo em que, no curso comum das coisas, não deveria

A FIGUEIRA QUE SECOU

| 531

estar assim. Fatos singulares como esse acontecem, aqui e ali, no mundo vegetal. Nosso Senhor viu ali, então, a oportunidade de dar uma lição prática, motivo pelo qual fez questão de constatar, junto a seus discípulos, não encontrar naquela árvore figo algum, senão somente folhas. Tendo isso acontecido, ordenou à figueira que permanecesse para sempre infrutífera, e, no mesmo instante, a árvore começou a secar.

Nosso Senhor teria dado à figueira um propósito excelente se a destinasse para servir de combustível e aquecer mãos frias; mas fez melhor ao usá-la para aquecer corações gelados. Nenhum mal foi feito a homem algum. Apenas se perdeu uma árvore, e uma árvore inútil. Dor alguma foi impingida a ninguém; nenhuma pessoa sentiu raiva de nada. Na lição prática, limitou-se o Senhor a dizer à figueira: *Nunca mais nasça fruto de ti* (Mt 21.19). E ela secou. Com isso, nosso Senhor deu uma grande lição a todas as gerações, com compensadores resultados. O ato de a árvore secar tem servido para vivificar muitas e muitas almas, através dos tempos. Ainda que assim não fosse, ninguém iria perder coisa alguma pelo fato de haver secado uma árvore que se mostrava infrutífera. O grande mestre pode até, se quiser, fazer muito mais do que destruir uma árvore, se houver necessidade de demonstrar com isso uma verdade e espalhar a semente da virtude. É absurda, portanto, a crítica que atribui erro a nosso Senhor Jesus por um exemplo de excelente instrução prática, para o qual, se tivesse sido realizado por qualquer mestre do mundo, teria sido concedido, pelos mesmos críticos, o mais rasgado louvor.

A figueira que secou é uma metáfora, de extraordinária inteligência, do Estado judaico. A nação israelita parecia prometer grandes coisas a Deus. Enquanto todas as outras nações eram como árvores sem folhas, sem empenhar-se em qualquer profissão de lealdade ao verdadeiro Deus, Israel se cobrira de folhagem de abundante confissão religiosa. Escribas, fariseus, sacerdotes e anciãos do povo mostravam-se, todos, arraigados à letra da lei, vangloriavam-se de serem adoradores do único Deus e observavam com rigor todos os preceitos sagrados. Seu clamor constante era: *Templo do Senhor, templo do Senhor, templo do Senhor são estes* (Jr 7.4). "Temos por pai a Abraão" estava com frequência em seus lábios. Podiam ser comparados à figueira em plena floração. Contudo, não havia fruto neles. O povo não era santo, nem justo, nem verdadeiro, nem amava o próximo, nem se mantinha fiel a Deus. A igreja judaica se compunha de uma multidão dotada de ostensiva religiosidade, não sustentada por uma vida espiritual condizente. Ao chegar a Jerusalém, nosso Senhor havia entrado no templo e encontrara a casa de oração transformada em covil de salteadores. Condenou, portanto, Israel e a igreja judaica a permanecerem uma coisa sem vida, infrutífera, e assim foi. A sinagoga havia permanecido aberta, mas seu ensino já se tornara uma fórmula morta. Israel não exercia mais a menor influência político-religiosa em seu mundo e em sua época. O povo judeu se convertera, no decorrer dos séculos, em árvore seca. Quando Cristo veio, os judeus nada mais tinham senão uma fria religião, que iria se mostrar mais tarde, impotente, inclusive, para salvar a cidade santa do massacre final. Cristo não precisou destruir a organização religiosa dos judeus. Limitou-se a deixá-los como estavam. Eles já haviam, na verdade, secado desde a raiz; até que os dominadores romanos, a fim de reprimir uma revolta, deceparam, com o machado de suas legiões, o tronco infrutífero.

Que lição para os povos e as nações! Professam uma religião em alto e bom som. No entanto, deixam de mostrar a verdadeira justiça, capaz de exaltar uma nação. Adornam-se com toda a folhagem de civilização, e de arte, e progresso, e religiosidade, mas se não houver vida interior de piedade, nenhum fruto de justiça, as nações e os povos permanecerão por algum tempo e depois secarão.

Que lição para as igrejas! Há igrejas que se erguem proeminentes em números e em influência, mas a fé, o amor e a santidade não são nelas mantidos; de modo que o Espírito Santo as abandona em sua vã demonstração de profissão de fé infrutífera. Lá estão apoiadas sobre um tronco de organização e dotadas de galhos que se estendem para longe, mas mortas e secando; e a cada ano se tornam cada vez mais secas e decadentes. Irmãos, até entre os não conformistas, hoje em dia, temos igrejas assim. Que nunca seja este o caso desta igreja! Podemos contar com um grande número de pessoas que vêm ouvir a Palavra e um considerável corpo de homens e mulheres professando e sendo convertidos. Contudo, a menos que uma piedade vital se faça presente constantemente em nosso meio, o que é uma congregação, o que é uma igreja? Podemos ter um ministério valioso, mas o que será sem o Espírito de Deus? Podemos ter muitos membros e vários ramos e serviços exteriores, mas o que é tudo isso sem um autêntico espírito de oração, espírito de fé, espírito de graça e de consagração? Receio muito que algum dia venhamos a nos tornar como uma árvore cheia apenas de folhagem, ostensiva em uma profissão de fé superlativa, mas infrutífera e, portanto, sem valor algum aos olhos do Senhor, porque a vida secreta da piedade e a união vital com Cristo se foram. Melhor que o machado arranque fora qualquer vestígio dessa árvore, na verdade seca, do que permanecer desenhada contra o céu como uma mentira, uma zombaria, uma ilusão, em exposição.

É esta a lição do texto. No entanto, não devemos considerá-la tão somente quanto ao todo, em relação a nações e igrejas. É meu desejo que possamos aprendê-la em detalhes e levá-la para casa, cada qual em seu coração. Possa o Senhor em pessoa falar a cada um de nós esta manhã, individualmente. Ao preparar o sermão, empreendi grandes sondagens de coração. Oro para que, ao ouvi-lo, produza ele idêntico resultado. Que possamos temer e tremer quanto ao fato de que, tendo professado nossa piedade e procurando usá-la com certa visão, ainda assim nos faltem os frutos, únicos capazes de garantir a autenticidade da nossa profissão de fé. O título de santo, se não justificado pela santidade, é uma ofensa para o homem honesto, quanto mais para um Deus santíssimo. Uma declaração aberta, explícita e sem rodeios de que somos cristãos sem uma vida cristã como pano de fundo é uma mentira, repugnante a Deus e ao homem, uma ofensa contra a verdade, uma desonra para a fé e presságio de verdadeira maldição de secagem.

Possa o Espírito Santo me ajudar a pregar muito solene e poderosamente desta vez!

Nossa primeira observação é a seguinte: *Existem casos de profissão de fé sincera, mas infrutífera*. A segunda observação: *Esses casos devem ser avaliados pelo rei Jesus*. Terceira: *O resultado dessa avaliação poderá ser tremendo*. Ajuda-nos em nossa explanação, ó Espírito de Deus!

I. Em primeiro lugar, portanto, EXISTEM CASOS DE PROFISSÃO DE FÉ SINCERA, MAS INFRUTÍFERA.

Esses casos não são raros. *Sobrepujam até em muito os seus similares*. A promessa que apresentam aparenta ser gritante, e em geral são, exteriormente, bem impressionantes. Parecem, de fato, serem árvores frutíferas. Deles você espera muitos cestos dos melhores figos. São quase sempre pessoas que nos impressionam com sua conversa e nos conquistam com suas atitudes. Acabamos, às vezes, por invejá-las e nos martirizamos por não sermos iguais. Este último ato talvez não nos fizesse mal, se invejar hipócritas nunca fosse senão prejudicial a longo prazo; pois, quando sua hipocrisia nos é revelada, ficamos em situação de querermos repudiar tanto a fé quanto os que a fingem ter. Você não conhece esse tipo de pessoa que, na aparência, é tudo, mas, na realidade, nada é? Mas, oh, que coisa terrível! Não pode acontecer de nós mesmos sermos assim?

Observe só determinado sujeito, que seja forte na fé a ponto de presunção; que seja alegre na esperança a ponto de leviandade; amoroso em espírito a ponto de completa indiferença à verdade! Como é loquaz! Como é profundo em sua especulação teológica! Como é fervoroso ao estimular o avanço na fé! E, no entanto, ele mesmo jamais entrou no reino pelo novo nascimento! Nunca aprendeu verdadeiramente a respeito de Deus. O evangelho o alcançou apenas em palavras. É inteiramente estranho à obra do Espírito Santo. Não existem pessoas assim? Não existem defensores da ortodoxia e que, no entanto, são heterodoxos em sua própria conduta? Não conhecemos homens e mulheres cujas vidas negam o que seus lábios professam? Temos certeza que sim. Todo pomar abriga figueiras cobertas de folhas, as quais chamam a atenção pela folhagem da profissão de fé que fazem; mas que não produzem fruto algum para o Senhor.

Tais pessoas *parecem desafiar as estações do ano*. Não era tempo de figos, no entanto a figueira de que Cristo se aproximou estava carregada de folhas, coisa que normalmente indica figos maduros. Imagino que todos vocês também saibam aquilo que tenho observado com meus próprios olhos — a figueira dá frutos antes de dar folhas. No começo do ano, você vê nódulos verdes surgirem nas pontas dos seus galhos, que crescem e se transformam em figos verdes. A folhagem aparece mais tarde, de modo que, quando a figueira estiver coberta de folhas, os figos estão prontos para serem colhidos e comidos. É de esperar, portanto, encontrar frutos na figueira em plena folhada. Se isso não acontecer, significa que não dará frutos naquela estação. A árvore do texto exibia uma abundância de folhas antes da estação apropriada, e nisso superava todas as demais figueiras. Sim, mas era uma aberração da natureza, não o resultado saudável de

A FIGUEIRA QUE SECOU | 533

um verdadeiro crescimento. Similares a tais aberrações que ocorrem nos bosques e pomares são distorções encontradas no mundo moral e espiritual. Alguns homens e mulheres parecem se situar muito mais à frente das pessoas comuns que os rodeiam e nos impressionam com suas aparentes virtudes especiais. São sempre os melhores entre os melhores, mais excelentes que os mais excelentes possam ser — pelo menos, na aparência. São tão piedosos que não se deixam abater pelo mundo à sua volta: sua alma grandiosa é capaz de inventar um verão só para elas. O atraso dos demais santos em acompanhá-los e a maldade dos pecadores não os atrapalham. Têm vigor demais para serem afetados pelo ambiente em torno. São pessoas bem superiores, cobertas de virtudes, assim como a figueira da parábola por suas folhas.

Observe também que essas pessoas *ignoram a lei comum do crescimento*. Conforme expliquei, a regra natural da figueira é em primeiro lugar os figos, depois as folhas. Mas temos visto pessoas professarem sua fé antes de produzirem o mais leve fruto de arrependimento que a justifique. Gosto de ver nossos jovens amigos que, ao crerem em Cristo, comprovam a própria fé pela santidade em casa e pela piedade fora dela, avançando então pela vida afora sempre confessando sua fé no Senhor Jesus Cristo. Esse me parece ser o modo racional e normal de proceder: o homem deve primeiro ser para depois professar ser. Ser primeiro iluminado para depois brilhar. Primeiro se arrepender e crer para depois confessar o seu arrependimento e a sua fé, como recomendam as Escrituras, pelo batismo em Cristo.

Tais pessoas, no entanto, acham desnecessário dar atenção a esse tipo de detalhe — e ousam omitir a parte vital da questão. Frequentam reuniões de avivamento e se declaram salvas, embora jamais hajam renovado seu coração nem se arrependido de nada, nem tenham fé. Vão à frente da congregação para confessar uma simples emoção. Nada têm a oferecer senão uma simples decisão, mas a floreiam de tal modo que fique bem melhor que o fato em si. Rápido como o pensamento, esse tipo de convertido se torna professante da fé. Sem teste ou prova de suas virtudes, muito recentes, apresenta-se como exemplo para os outros. Ora, não faço objeção à rapidez da conversão. Pelo contrário, eu a admiro, se verdadeira. Mas só a posso julgar verdadeira depois de ver seu fruto e sua prova na própria vida. Se a mudança de conduta for evidente e real, não me importa quão rápido haja sido realizada; mas é necessário que se possa comprovar ter havido, de fato, uma mudança. Há calor que leva à fermentação, e fermentação que produz acidez e corrupção.

Ó amigos queridos, nunca considerem ser normal ou possível pular a geração do fruto e ir diretamente à da folha. Não sejam o falso construtor, que diria: "É bobagem gastar trabalho e material em obras no subsolo. Ninguém vê as fundações. Sou capaz de levantar uma casa em um piscar de olhos; quatro paredes e um telhado, afinal, não tomam muito tempo". Sim, mas quanto tempo uma casa assim poderia durar? Valerá mesmo a pena construí-la sem fundações? Se for para eliminar a fundação, por que não eliminar logo o projeto da casa inteira? Existe uma tendência, ainda mais nos dias de hoje, quando os homens são ou fanáticos ou céticos, de se cultivar uma piedade de cogumelo, que brota de uma noite para a outra e morre na noite seguinte. Não será altamente prejudicial se a condenação pelo pecado for menosprezada, o arrependimento não considerado, a fé simplesmente imitada, o novo nascimento simulado e a piedade fingida? Amados, isso nunca será capaz de se manter de pé. Precisamos mostrar figos antes de folhas, atos antes das declarações, fé antes do batismo, união com Cristo antes de união com a igreja. Não se pode passar por cima dos processos da natureza e muito menos omitir os processos da graça, a fim de que a folhagem sem fruto não venha a se tornar uma maldição sem cura.

Essas pessoas costumam chamar a atenção dos outros. De acordo com Marcos, nosso Senhor avistou "de longe" essa figueira. As outras árvores não estavam, certamente, com folhas, de modo que, quando Jesus começou a subir a colina em direção a Jerusalém, logo vislumbrou essa única árvore folhada a uma boa distância, antes de se aproximar dela. Uma figueira vestida com sua cobertura de um verde majestoso era, de fato, admirável, possível de se avistar de longe. Além disso, erguia-se perto da estrada que ia de Betânia até o portão da cidade, ou seja, em um local onde todo viajante a veria e, provavelmente, comentaria maravilhado a respeito daquela sua folhagem, singular para a época do ano. Pessoas cuja fé é falsa costumam ser notáveis porque não têm graça suficiente para serem modestas e reservadas. Buscam os lugares mais altos ou mais destacados, uma boa posição, e lutam por assumir um papel principal ou de liderança. Não caminham em segredo com Deus, pouco se preocupam com a piedade em privado e vivem ansiosas, sobretudo, por serem vistas pelos homens. Essa característica é tanto sua fraqueza quanto o risco que correm. Embora praticamente incapazes de suportar a depreciação natural da publicidade, são ávidas por ela, sendo, por isso, ainda mais observadas. Esse é o mal de toda a questão, pois isso acaba por tornar conhecido de muitos o fracasso espiritual dessas pessoas. Seu pecado traz maior desonra para o nome do Senhor, a quem professam servir. Melhor ser infrutífero em um canto de uma floresta do que na via pública que conduz ao templo.

Essas pessoas não só buscam chamar a atenção, mas também *com frequência atraem para si a companhia de homens bons*. Quem nos pode culpar por nos aproximarmos de uma árvore que já está coberta de folhas muito antes das suas congêneres? O correto não é cultivarmos o relacionamento com aqueles que se sobressaem por serem bons? Nosso Salvador e seus discípulos foram até a figueira frondosa: ela não apenas lhes chamou a atenção, mas os atraiu para que dela, de fato, se aproximassem. Não ficamos, do mesmo modo, geralmente fascinados com a conduta de alguém que nos parece um irmão em Cristo mais devoto do que de costume, temente a Deus bem acima de muitos? Como Jeú, ele nos atrai, como que dizendo: *Vem comigo, e vê o meu zelo para com o Senhor* (2Rs 10.16). Sentimo-nos honrados em nos relacionarmos com essa pessoa, que parece tão piedosa, tão generosa, tão humilde, tão útil, a ponto até de fazer que a admiremos e desejemos ser dignos de podermos com ela nos associar. Jovens recém-convertidos e jovens em busca de uma orientação são naturalmente muito propensos a agir assim. E é uma triste calamidade quando acaba se revelando haver sido a confiança desses moços muito mal direcionada.

Sempre que observarmos alguém se sobressaindo demasiadamente, fazendo uma profissão de fé muito ousada, que pensarmos a seu respeito? Não julgá-lo, não cairmos na desconfiança habitual. Pois o Senhor não ficou de longe julgando: "Aquela árvore não vale nada". Não; foi até ela com seus discípulos e a examinou. Pessoas que se sobressaem assim podem ser objetos da graça divina: esperemos e oremos para que assim seja. Que o Senhor e seu amor sejam nelas exaltados! Deus tem figueiras que produzem figos no inverno; tem santos repletos de boas obras enquanto o amor de outros já esfriou. O Senhor levanta alguns para ser modelos da verdade, pontos de referência em meio à luta. O Senhor tem poder para fazer logo amadurecer e tornar úteis novos convertidos. Alguém já disse, em forma de provérbio, que "há homens que já nascem de barba". O Senhor pode conceder a grande graça de acelerar o crescimento espiritual e, ao mesmo tempo, garantir sua solidez. Ele faz isso com tanta frequência que não temos nenhum direito de duvidar de que o irmão que esteja se sobressaindo seja um desses casos. A não ser que venhamos a constatar, arrependidos, que ali não existem sinais de graça, nenhuma evidência de fé, esperemos o melhor e nos alegremos ante a visão da graça de Deus. Se, pelo contrário, nos sentirmos propensos a desconfiar, estaremos apontando a espada em direção ao nosso próprio peito. A autodesconfiança é saudável, mas desconfiar de outros pode ser cruel. Não somos juízes e, mesmo que o fôssemos, faríamos melhor nos atendo a nossa própria corte, ocupando a cadeira que nos é destinada, administrando a lei dentro do pequeno domínio do nosso próprio eu.

Quando aqueles que se sobressaem revelam ser tudo aquilo que professam, constituem, de fato, uma grande bênção. Seria bom se naquela manhã tivesse havido figos na figueira. Seria um grande refrigério para o Salvador se ele pudesse ter sido alimentado pelos frutos. Quando o Senhor torna o primeiro em posição o primeiro em santidade é uma bênção para a igreja, para a família e para a comunidade. Pode até, na verdade, acabar se tornando uma bênção para o mundo todo. Oremos, portanto, ao Senhor para que regue com suas próprias mãos as árvores que ele mesmo plantou. Em outras palavras, que sustente com sua graça à sua direita os homens a quem fortaleceu para si mesmo.

Todavia, se aplicarmos o texto ao nosso próprio coração, não há necessidade de sermos tão gentis quanto no caso dos outros. Alguns de nós temos sido como aquela figueira, há muitos anos, no que diz respeito a proeminência e profissão de fé. Até aqui, nada temos sentido que nos possa envergonhar. E, no entanto, é evidente que a parábola se dirige a nós. Temos, certamente, nos colocado em destaque em

A FIGUEIRA QUE SECOU | 535

profissão de fé e serviço junto à "estrada principal", de tal modo que possamos ser vistos "de longe". Temos professado com muita ousadia nossa fé, sem nos envergonharmos de repeti-la sem cessar diante dos homens e dos anjos. Mas eu pergunto: temos sido sinceros? E se em nós não houver nada de vida e amor e, por conseguinte, nossa profissão de fé for *como o metal que soa ou como o címbalo que retine* (1Co 13.1)? E se houver muita falação e nenhuma obra; muita doutrina e nenhuma prática? E se não houver santidade em nós? Então, nunca veremos o Senhor. Qualquer que seja o aspecto que a parábola-milagre da figueira possa ter, ela é capaz de afetar muitos de nós. Eu, o pregador sinto quanto ela me atinge. Nesse sentido, meditei muito sobre ela, com ansiedade, confiando em que cada diácono e cada oficial desta igreja, cada membro e cada obreiro entre nós, haverá de empreender grandes sondagens em seu coração. Possa cada ministro de Cristo que aqui veio esta manhã dizer a si mesmo: "Sim, tenho sido como essa figueira em proeminência e profissão de fé. Deus conceda que eu não seja como ela no sentido de não portar fruto algum!"

II. Vamos agora à verdade solene contida em nosso segundo ponto: TODA PROFISSÃO DE FÉ HÁ DE SER AVALIADA PELO REI JESUS.

O Senhor chega às pessoas e, ao fazê-lo, *busca por frutos*. O primeiro Adão recorreu à figueira em busca de folhas para se cobrir; o Segundo Adão vai em busca de figos. Sonda nossa alma, dos pés à cabeça, para ver se nela existe uma fé real, um amor verdadeiro, uma esperança viva, alegria, que é o fruto do Espírito, paciência, autonegação, fervor em oração, caminhar com Deus, habitação do Espírito Santo. Se não os encontra, não se satisfaz com frequência à igreja, cultos de louvor, reuniões de oração, comunhão, sermões, leitura e estudo da Bíblia. Pois tudo isso pode não ser mais do que folhagem. Se o nosso Senhor não vir o fruto do Espírito em nós, não ficará satisfeito conosco, e sua avaliação pode conduzir a medidas severas. Observe bem que o que Jesus procura em você não é a sua palavra, sua decisão, sua confissão, mas, sim, sua sinceridade, fé interior, seu ser verdadeiramente trabalhado pelo Espírito de Deus para produzir frutos dignos do Reino.

Nosso Senhor tem o direito de esperar por frutos ao buscar frutos. Ao chegar à figueira, ele tinha todo o direito de esperar achar frutos, porque os frutos, no caso, antecedem as folhas. Se as folhas já tinham aparecido, deveria haver frutos. É bem verdade que não era tempo de figos. Mas, então, não seria também, muito menos, tempo de folhas, pois os figos deveriam ter vindo primeiro. Ao ostentar as folhas, sinal de figos maduros, essa árvore, na prática, estava anunciando que tinha frutos. Quanto a nós, por piores que sejam os tempos, temos de anunciar que não seguiremos os tempos, mas tão somente a única verdade imutável. Como cristãos, devemos confessar-nos redimidos dentre os homens e libertos desta geração perversa. Cristo não pode esperar frutos de homens que só reconhecem o mundo e suas eras em transformação como seus guias; mas, sim, esperá-los daquele que crê somente em sua santa palavra. Espera, portanto, frutos do pregador, do professor de escola dominical, do oficial da igreja, da irmã que conduz uma classe de crianças na escola bíblica, do irmão que lidera um grupo jovem para os quais é o guia no evangelho. É o que espera de todos que se submetam às normas do seu evangelho. Assim como Cristo teve o direito de esperar frutos de uma figueira carregada de folhas, tem o direito de esperar também grandes coisas daqueles que se confessam seus seguidores fiéis.

Ah, meu Deus, como este fato deveria fazer tremer o pregador e afetar em cheio também muitos de vocês! *São os frutos que o Senhor deseja sinceramente e com tanto zelo.* Ao se colocar junto à figueira, o Salvador não o fez porque desejasse folhas: lemos que estava com fome, e a fome humana não se debela com folhas de figueira. Queria saborear um ou dois figos. Ele anseia por receber nossos frutos também. Tem fome de nossa santidade: quer ardentemente que sua alegria esteja em nós, que nossa alegria seja completa. Aproxima-se de cada um de vocês, membros desta igreja, em especial de cada líder do seu povo, e busca em vocês atitudes em que sua alma se apraz. Gostaria de ver em nós o amor por ele, amor ao próximo, vigorosa fé na revelação, combate sincero em favor da fé que nos concede súplica constante em oração, vida zelosa por toda parte do nosso caminho. Espera de nós atos que se coadunem com a lei de Deus e a mente do Espírito do Senhor. Se não encontra essas coisas, deixa de receber sua paga. Por que foi que ele morreu senão para tornar o seu povo santo? Por que se entregou senão para que pudesse santificar para si mesmo um povo zeloso de boas obras? Qual a recompensa do seu suor com sangue, das suas cinco feridas, da agonia da morte, senão que por meio de tudo isso fôssemos comprados por preço? Se não o glorificamos, estamos roubando-o de sua recompensa, e o Espírito de Deus, em consequência, se entristece com nossa conduta, por não o louvarmos com vida piedosa e zelosa.

Observe-se também que, quando Cristo se aproxima de uma alma, *ele a examina com acurado discernimento*. Não se deixa enganar. É impossível fraudá-lo; achar que ele possa vislumbrar um figo onde, na verdade, é uma folhagem. Nosso Senhor não comete erros. Mas não despreza também figos pequenos, que acabam de brotar. Conhece o fruto do Espírito, qualquer que seja o estágio em que se encontra. Jamais confunde expressão fluente com sentimento sincero, nem graça real com mera emoção. Saibam amados, que estão em boas mãos quanto à prova de sua condição, quando o Senhor Jesus chegar a vocês para examiná-los. Os homens costumam ser apressados em seu julgamento, ou críticos ou parciais, mas o nosso Rei profere somente sentenças justas. Sabe exatamente onde estamos e o que somos. Julga não pela aparência, mas conforme a verdade. Oh, que esta manhã a seguinte oração possa subir dos nossos lábios aos céus: "Jesus, mestre, vem e lança teus olhos perscrutadores sobre mim e julga se vivo ou não em ti! Dá-me ver a mim mesmo como tu me vês, para que eu possa ter meus erros corrigidos e minha graça alimentada. Faze-me ser de fato, Senhor, o que professo ser. E, se ainda não o sou, convence-me da falsidade da minha situação e começa uma obra verdadeira em minha alma. Se sou teu, correto aos teus olhos, concede-me uma palavra gentil e encorajadora, na qual possa afogar meus temores, e com alegria me regozijarei em ti como o Deus da minha salvação".

III. Em terceiro lugar, com a ajuda do Espírito de Deus, consideremos a verdade de que PODE SER TREMENDO O RESULTADO DA APROXIMAÇÃO DE CRISTO DAQUELE QUE PROFESSA, MAS NÃO DÁ FRUTOS.

O Senhor busca e só encontra folhas onde seria de esperar que encontrasse frutos. Nada além de folhas significa nada além de mentiras. Acha que é dura essa expressão? Mas, se professo fé e não tenho fé alguma, não estarei mentindo? Se eu me declaro arrependido e não me arrependi, não estarei enganando? Se eu me congrego com o povo do Deus vivo e não temo a Deus em meu coração, não estarei fraudando? Se me achego à mesa da comunhão, participo do pão e do vinho e, no entanto, nunca discerni o corpo do Senhor, não estarei sendo falso? Se afirmo defender a doutrina da graça e não tenho certeza da verdade do que ela afirma, não estarei dissimulando? Se nunca percebi minha perversidade, se nunca fui chamado de fato por Deus, nunca reconheci minha eleição, jamais descansei no sangue redentor de Jesus Cristo nem fui renovado pelo Espírito, minha prática e minha defesa da doutrina da graça não são uma reles mentira? Se nada há além de folhas, nada além de mentira, é isso o que o Salvador verá. Todo o viço da folha verde, nesse caso, será um esplendor do funeral da alma morta. A crença sem santidade é como uma luz procedente da queima de madeira podre — é a fosforescência da decomposição.

Falo palavras terríveis, sim, mas como ser diferente? Se você e eu nada temos senão um simples nome para viver e estamos mortos, em que estado horrível nos encontramos! É pior que o de putrefação: é a putrefação da putrefação. Professar fé, mas viver em pecado é o mesmo que aspergir um perfume sobre um monte de esterco, sem que ele deixe, por isso, de ser esterco. Dar nome de anjo a um espírito que tem o caráter de demônio é quase pecar contra o Espírito Santo. Se permanecermos na verdade não convertidos, de que nos adianta ter nosso nome escrito entre os piedosos?

Nosso Senhor descobriu que não havia fruto na figueira, e isso foi terrível. *Ele condenou a árvore.* Foi certo condená-la? Amaldiçoá-la? Ela já era, em si, uma maldição. Servia somente para prejudicar o faminto, ao tirá-lo do seu caminho apenas com o intuito de enganá-lo. Deus não admite que o pobre e necessitado seja motivo de zombaria. Uma profissão de fé vazia é também, na prática, uma maldição. Não deveria, então, receber censura do Senhor da verdade? A árvore não tinha utilidade alguma; não contribuía em nada para a satisfação ou a tranquilidade de homem algum. Assim também, o confessante estéril deveria ser bênção quando, na verdade, representa uma influência maléfica. Por não ter em si a graça de Deus, é inútil e, muito provavelmente, uma maldição: é um Acã no acampamento, ofendendo o Senhor e causando mal-estar ao seu povo.

A FIGUEIRA QUE SECOU

O Senhor, no entanto, usou a figueira com um bom propósito ao fazê-la secar. Ela se tornou, a partir de então, sinal e advertência a todos aqueles que demonstram vãs pretensões. Assim, quando ao ímpio que ostenta uma florescente profissão de fé é concedido desfalecer em seus caminhos, algum bom efeito moral pode resultar para as demais pessoas. Elas serão levadas a ver os riscos de uma profissão de fé insana e, se forem sábias, deixarão de cometer o mesmo erro. Queira Deus que assim seja em todos os casos, sempre que um notório fanático religioso vier a secar!

Ao condenar a figueira, *o Salvador deu sua sentença sobre ela*. Que sentença foi? Um simples "Nunca mais". Tão somente a confirmação do estado em que já se encontrava a árvore. Essa figueira não dera fruto algum até então e nunca mais o daria. A quem opta por continuar vivendo sem a graça de Deus, embora fingindo que a professa, nada mais justo que o grande juiz diga: "Siga então sua vida sem a graça". Quando este juiz, enfim, dirigir a palavra a todos os que se mantêm afastados dele, haverá de lhes confirmar apenas: "Afastem-se de mim". Por toda a sua vida, eles sempre se apartaram do Senhor e após a morte suas atitudes ganham o carimbo definitivo da perpetuidade. Se você escolhe viver longe da graça, viver longe da graça será sua condenação. *Quem está sujo, suje-se ainda* (Ap 22.11). Que o Senhor Jesus nunca tenha de sentenciar nenhum de nós desse modo. Pelo contrário, que nos transforme para que possamos ser transformados e que opere em nós a vida eterna, para seu louvor e glória!

Então, uma mudança aconteceu à figueira. Na mesma hora, começou a secar. Não sei se os discípulos detectaram um estremecimento a percorrê-la naquele momento. Na manhã seguinte, porém, ao passarem por ali, de acordo com Marcos, ela morrera, desde a raiz. Não apenas as folhas tinham caído como flâmulas em dia sem vento, não apenas o tronco parecia ter perdido qualquer sinal de vitalidade, mas também todo o seu tecido vegetal estava irremediavelmente seco. Você já viu uma figueira e seus estranhos galhos? Que visão extraordinária, quando despida de folhas! No caso que estamos analisando, chego a imaginar seus braços esqueléticos! A figueira ficou totalmente morta.

É assim que vejo que podem secar alguns dos melhores professantes de fé, semelhantes a algo úmido que receba o calor de uma fornalha e imediatamente perca a umidade. O professante como que deixará de ser ele mesmo: toda glória e beleza se irão, para seu desespero. Machado nenhum se erguerá, nenhum fogo terá sido aceso. Uma palavra de Deus fará todo o trabalho, e a árvore secará desde a raiz. Desse modo, sem raio, sem praga, o eminente professante da fé, que um dia foi tão rigoroso, será atingido como se sobre ele se abatesse o julgamento dado a Caim. Um fim terrível. Teria sido melhor que alguém tivesse se aproximado dele com um machado na mão e o golpeasse com a lâmina, desafiando: "Árvore, ou você dá fruto ou será derrubada". Advertência terrível, mas infinitamente melhor do que ser abandonado intocado, para secar pouco a pouco até completa destruição.

Gostaria de me libertar desse pesado fardo da suposição que fiz depositando-o mais sobre mim mesmo do que sobre qualquer de vocês; pois me coloco em posição de maior proeminência que qualquer de vocês e tenho feito profissão de fé em voz mais alta que a maioria. E, se não contar com a graça de Deus em mim, terei de me postar perante a multidão que me conhece em meu verdor e secar até a raiz, exemplo tremendo do que Deus faz com aqueles que não dão fruto para sua glória. Mas quero concluir com palavras mais ternas. E que ninguém ache que "isso seria rigoroso demais". Irmãos, nada há de duro ou rigoroso no fato de que, se professamos uma fé, é de esperar que lhe sejamos fiéis, concordam?

Além disso, não quero que nem imaginem que meu Senhor seria capaz de fazer algo rigoroso demais para conosco. O Senhor é todo gentileza e ternura. A única coisa que ele destruiu em sua vida terrena foi essa figueira. Não destruiu homens, como Elias fez, ao fazer descer fogo sobre eles, nem como Eliseu, quando as ursas saíram do bosque e atacaram os que zombavam dele. Foi apenas uma árvore estéril que Cristo fez secar. Ele é só amor e carinho: não quer secar você, nem o fará, se você for sincero e verdadeiro. O mínimo dos mínimos que ele espera de você é que seja sincero e verdadeiro quanto àquilo que professa. Você se rebelaria só porque ele lhe pede para não bancar o hipócrita? Se você começar a se debater contra tal admoestação, irá se mostrar insincero de coração. Em vez disso, venha e se curve humildemente aos seus pés, dizendo: "Senhor, se alguma coisa desta verdade tem que ver comigo, suplico que a aplique à minha consciência, para que eu possa sentir o teu poder e corra a ti em busca de salvação". Muitos homens se convertem dessa forma — fatos duros, reais e honestos os levam a se afastar dos falsos refúgios, levando-os a serem verdadeiros para com Cristo e sua própria alma.

"Ah, então já sei", pode concluir apressadamente alguém, "não vou professar coisa alguma; assim, nunca ostentarei minhas folhas". Meu amigo, isso é ter também espírito obstinado e rebelde. Em vez disso, você deve orar: "Senhor, não te peço para levar embora minhas folhas, mas que me deixe ter frutos". Pois é provável que os frutos não amadureçam bem sem as folhas; elas são essenciais à saúde da árvore, e a saúde da árvore é essencial ao amadurecimento dos frutos. A confissão aberta e sincera é boa e não deve ser jamais rejeitada: "Ó Senhor, não me deixe cair uma única folha".

Não me envergonha confessar meu Senhor,
tampouco sua causa defender,
nem a honra de sua palavra manter,
nem à glória de sua cruz dar louvor.

"Ó Senhor, não quero ser deixado de lado em um canto; satisfaço-me permanecendo onde os homens podem ver minhas boas obras e glorificar meu Pai que está nos céus. Não peço para não ser visto. Não me envergonho disso. Apenas, Senhor, prepara-me para ser visto." Se o comandante dissesse a um soldado: "Fique alerta, mas lembre-se de ter prontos seus cartuchos para não erguer uma arma descarregada", o que aconteceria se o soldado respondesse: "Não consigo ser tão detalhista assim. Se for para isso, prefiro então ficar lá atrás, no final do pelotão". Seria uma resposta adequada? Claro que não! É covardia! Então, só por seu capitão adverti-lo de não agir como um impostor você se revelaria capaz de fugir da luta? Não restaria dúvida de você pertencer à pior espécie humana. Ninguém é realmente do Senhor se não consegue suportar sua leve repreensão. Que a verdade não nos afaste dele, mas, sim, que nos leve a clamar: "Senhor, eu oro a ti, ajuda-me a tornar meu chamado e minha eleição verdadeiros. Ajuda-me, eu te suplico, a produzir os frutos esperados. Tua graça pode fazer isso".

Sugiro a todos aqui presentes que clamem ao Senhor para que nos conscientize de nossa esterilidade natural. Irmãos na graça, possa o Senhor fazer que lamentemos nossa esterilidade relativa, ainda que estejamos dando algum fruto. Sentir-se plenamente satisfeito consigo mesmo é perigoso: achar que é santo, que é perfeito, é colocar-se na beira do poço do orgulho. Se você mantiver a cabeça assim erguida, receio que acabe por dar com ela no batente da porta. Se andar em pernas de pau, receio que acabe levando um tombo. É mais seguro pensar: "Senhor, eu sirvo a ti e não sou dissimulado. Eu te amo de verdade. Tu tens operado as obras do Espírito em mim. Mas, ai!, não sou o que quero ser, não sou o que deveria ser. Aspiro à santidade: ajuda-me a alcançá-la. Eu seria capaz de me deitar no pó diante de ti, Senhor, só de pensar que, depois de ter recebido a semente e o adubo, eu tenha produzido tão pouco fruto. Sinto-me menos que nada. Meu clamor é: 'Deus, sê misericordioso para comigo'. Se tivesse feito tudo, eu ainda seria um servo inútil, mas tendo feito tão pouco, Senhor, como posso negar minha deficiência e minha culpa?"

Por fim, depois que você tiver feito essa confissão e o bom Senhor certamente o tiver ouvido, há um símbolo nas Escrituras que eu gostaria que você levasse em conta: o das doze varas. Se nesta manhã você se sente seco, morto e estéril, a ponto de não ser capaz de servir a Deus como deveria, nem mesmo de orar pedindo mais graça, como gostaria então seu caso é parecido ao das doze varas, de que fala a Bíblia. Elas estavam mortas e secas. Foram empunhadas pelos doze chefes de tribos de Israel, que as usaram como símbolo de autoridade, colocando-as perante o Senhor. Uma delas era de Arão. Estava tão morta e seca como qualquer outra. As doze varas foram então dispostas na tenda da congregação, considerado o lugar sagrado, de habitação do Senhor. Vejamos agora as varas na manhã seguinte. Onze continuaram secas, mas veja só a de Arão! O que aconteceu? Antes estava também seca e como morta. Mas olhe agora como floresceu! Que maravilha! Veja, botões desabrochando! E há flores de amendoeira na vara, que se reconhece pelo seu tom branco e rosado. Maravilhoso! Mas, olhe, produziu até amêndoas também! Tome,

A FIGUEIRA QUE SECOU |539

aqui estão elas! Veja esses frutos, cuja casca se pode quebrar para chegar à semente. O poder celestial desceu sobre a vara seca, e ela gerou flores e botões, que desabrocharam até produzirem amêndoas. Dar fruto é sinal de vida e favor.

Senhor, toma esta manhã essas pobres varas secas e faze que produzam botões. Aqui estamos nós, Senhor, como varas, em um só feixe: realiza esse milagre em milhares de nós. Faze que geremos botões e que eles desabrochem e deem fruto! Vem com teu divino poder e transforma esta congregação, de feixe de varas, em um pomar de árvores frutíferas. Oh, que o nosso bendito Senhor possa achar figo em um ramo seco esta manhã! Pelo menos um figo como este: *Ó Deus, sê propício a mim, o pecador!* (Lc 18.13) Há doçura nesta oração. Nosso Senhor Jesus gosta muito do sabor de um figo assim. Ou então: *Creio! Ajuda a minha incredulidade* (Mc 9.24). Mais um: "Ainda que ele me mate, nele esperarei". Que haja um cesto cheio dos primeiros figos maduros, e o Senhor há de se deleitar na doçura deles. Vem, Espírito Santo, produzir fruto em nós, neste dia, pela fé em Jesus Cristo, nosso Senhor! Amém e amém.

NADA ALÉM DE FOLHAS

... nada achou senão folhas (Mc 11.13).

Os milagres de Moisés são, na maioria, grandiosas demonstrações de justiça divina. O que foram aquelas dez primeiras maravilhas senão pragas? O mesmo pode-se dizer acerca dos profetas, em especial de Elias e Eliseu. Não fica evidente o caráter e a missão de Elias quando ele invoca fogo do céu sobre os capitães de cinquenta? E aquele sobre quem sua capa caiu não se mostrou menos terrível quando as ursas o vingaram dos zombadores. Coube a nosso Senhor encarnado revelar o coração de Deus. O unigênito era cheio de graça e de verdade, e em seus milagres o mais importante é o fato de Deus nos ser apresentado como AMOR. Com exceção do milagre da figueira, que temos à nossa frente, e talvez parte de outro, todos os milagres de Jesus tiveram um caráter da mais absoluta benevolência; mesmo assim, este, na verdade, não é bem uma exceção, apenas o aparenta ser. Ressuscitar os mortos, alimentar multidões, aquietar a tempestade, curar os enfermos — o que era tudo isso senão demonstrações da bondade de Deus? O que isso haveria de nos ensinar senão que Jesus Cristo veio do Pai para cumprir uma missão de pura graça?

Tuas mãos, ó Jesus querido,
não tinham açoite vingador,
nem da missão foste investido
de punições pelo Senhor.

Com misericórdia e bondade,
do ódio tu extinguiste a ação,
quando vieste, na verdade,
para nos trazer salvação.

Regozijemo-nos pelo fato de que Deus dá prova de seu *amor* para conosco, pois *Cristo morreu a seu tempo pelos ímpios* (Rm 5.6). Contudo, como que para mostrar que o Salvador é também o juiz, uma centelha de justiça há que brilhar. Para onde deverá a misericórdia direcioná-la? Observem, então, meus irmãos, que ela não aponta para um homem, mas, sim, ilumina um objeto inconsciente — uma árvore. A maldição, se é que podemos chamá-la de maldição, não recai sobre um homem ou um animal, nem mesmo sobre o menor dos insetos. Seu dardo incide sobre uma figueira junto do caminho. Ela carregava em si o sinal da esterilidade e talvez nem fosse de propriedade de ninguém. Ou seja, foi pequena ou nenhuma a perda com que alguém teve de arcar pela secagem dessa verdejante ilusão, ao mesmo tempo que surgiu e permaneceu uma instrução mais preciosa que mil acres de figueiras em benefício de todas as gerações.

O único outro ato similar, em um milagre de Jesus, a que referi, foi aquele da permissão dada aos demônios para entrarem em porcos, fazendo que a manada inteira se precipitasse com violência, de um local íngreme, para o mar e perecesse nas águas. Nesse caso, mais uma vez, vejam a grande misericórdia do Senhor ao não permitir que um homem se tornasse vítima do maligno. Foi infinitamente melhor que a manada inteira de porcos perecesse do que o pobre homem continuasse a enlouquecer por influência dos demônios. As criaturas afogadas no abismo não passavam de porcos — porcos que seus proprietários, sendo

Nada além de folhas | 541

judeus, não tinham motivo ou direito de manter. De qualquer modo, não pereceram por causa de Jesus Cristo, mas da maldade dos demônios, que leva até os porcos ao desespero se por eles forem conduzidos.

Observemos, portanto, com bastante atenção esse exemplo solitário de juízo severo operado pela mão do Salvador, no caso da figueira. Consideremos seriamente que, se uma única vez em sua vida inteira Cristo operou esse milagre de juízo puro, a lição que dele advém, além de singular, deve estar cheia de significado. Se houver pelo menos uma maldição, sobre o que ou quem recai? Qual o seu sentido simbólico? Não sei se já senti mais premente necessidade de uma verdadeira frutificação diante de Deus do que quando estudava essa parábola-milagre — que pode ser assim perfeitamente chamada. A maldição, podemos perceber, recai principalmente, em seu sentido metafórico e espiritual, entre outros, sobre aqueles professantes da fé que, na verdade, são destituídos de real santidade. Ou seja, sobre aqueles que fazem alarde de suas folhas, mas não apresentam fruto algum para Deus. Um único ataque apenas, diretamente lançado contra os que vivem fingindo e se vangloriando. Uma só maldição, para os hipócritas. Ó Espírito bendito, escreve em nosso coração esta verdade feita especialmente para sondá-lo!

I. Começarei nossa exposição observando que MUITAS ÁRVORES EXIBEM FOLHAS APENAS, SEM QUE NENHUMA DELAS HAJA SIDO AMALDIÇOADA PELO SALVADOR, EXCETO ESSA ÚNICA FIGUEIRA. O Salvador, tendo fome, não se voltou para o carvalho ou o olmo, por exemplo, em busca de alimento. Tampouco poderiam o abeto, o pinho ou o buxo lhe oferecer alguma esperança de satisfação da fome. Nem iria jamais proferir uma palavra de censura que fosse para eles, por conhecer-lhes a natureza e saber que não eram, nem poderiam pretender ser, árvores frutíferas. Assim também, meus caros amigos, existem muitos homens cuja vida ostenta folhas, mas nenhum fruto — e, no entanto, graças sejam dadas a Deus, a onipotente paciência os trata com liberalidade. Eles têm permissão para viver cada qual seu tempo próprio; então, é bem verdade, são arrancados e lançados ao fogo. Mas, enquanto lhes for permitido permanecer, maldição alguma os leva a secar, e a longanimidade de Deus mostra-se graciosa para com eles.

Entre as personalidades que têm folhas, mas nenhum fruto estão milhares de pessoas que, por ignorância, *seguem os sinais exteriores, mas nada conseguem discernir da substância.* Na Inglaterra, nós nos consideramos mais avançados que alguns povos de países papistas, mas quanto da essência do papismo desponta na adoração de muitos de nós! Vão à igreja e pensam que o simples fato de se dirigirem a esse lugar, nele permanecerem sentados por certo tempo, ouvindo o sermão e participando do louvor, e a ele retornarem depois de alguns dias constitui o mais elevado ato aceitável a Deus. A mera formalidade, como sabemos, se confunde facilmente com verdadeira adoração espiritual. Têm o cuidado de levar os filhos para serem aspergidos ou mesmo batizados com água, mas o que tal cerimônia significa desconhecem totalmente. Sem consultarem a Bíblia para ver se o Senhor ordena isso ou aquilo, a ele oferecem uma adoração ignorante, ou em obediência a costumes ou até por superstição. O que estão fazendo ou por que agem assim não perguntam nem querem saber, apenas o fazem e como papagaios repetem seu louvor e suas orações. Nada sabem sobre graça espiritual e interior, de que o catecismo de sua doutrina fala, se é que o faz, ou se esta pode ser relacionada a um sinal exterior e visível, não previsto nas Escrituras etc. Quando essas pobres almas se achegam à ceia do Senhor, seus pensamentos não vão além do pão e do vinho, ou das mãos que oferecem um e servem o outro. Pouco ou nada sabem a respeito da verdadeira comunhão com Jesus, do motivo de comer de sua carne e beber do seu sangue. Sua alma chega, digamos, até a casca, mas nunca a quebram para realmente encontrar a noz e saborear-lhe a doçura. Têm um nome pelo qual vivem, mas infelizmente são pessoas mortas; sua religião é um mero espetáculo, uma tabuleta sem a estalagem, uma mesa bem posta sem a comida, uma grande pompa em que tudo brilha, mas nada é ouro. Nada é real; é tudo cartolina, gesso, tinta e fingimento. Entre os não conformistas, nossas capelas fervilham dessas pessoas, e as casas da igreja oficial vivem cheias delas! Multidões vivem e morrem satisfeitas com as pompas exteriores da religião, inteiramente estranhas à piedade interior e vital. No entanto, essas pessoas não são amaldiçoadas nesta vida! São dignas de pena, de que se ore por elas, de serem procuradas com palavras de amor e verdade sincera. Devem ser também merecedoras de esperança, pois quem sabe Deus não as chamará ao arrependimento e não receberão em sua alma a vida do Senhor?

Há uma outra classe, também muito numerosa, que *tem opinião, mas não fé*; tem um credo, mas não crê. Nós os encontramos por toda parte. Como são zelosos defensores do protestantismo! Não só seriam capazes de morrer como até de matar pela ortodoxia evangélica! Se for a doutrina calvinista que receberam, os chamados "cinco pontos" lhe são tão caros quanto os cinco sentidos. Essas pessoas lutam, já não digo com coragem, mas como selvagens, pela fé. Condenam com grande veemência aqueles que discordem delas no mais ínfimo grau, distribuindo com incrível liberalidade condenação eterna a todos que não pensam como acham que deveriam, de acordo com os critérios de sua pequena Zoar, Reobote ou Jiré. Enquanto isso, do Espírito de Cristo, do amor do Espírito, das entranhas de misericórdia e da santidade de caráter, destes não se pode esperar mais que uvas de espinheiro, ou figos de cardo.

A verdadeira doutrina, meus irmãos, deve ser avaliada acima de qualquer valor. Ai da igreja de Deus quando o erro for considerado uma ninharia, pois a verdade estará então sendo desprezada; e quando a verdade se vai, o que sobra? No entanto, ao mesmo tempo, cometemos o erro grosseiro de pensar que a ortodoxia do credo é que nos salva. Estou farto de clamores de "verdade", "verdade" e "verdade", levantados por homens de vida corrupta e de disposição mental profana. Há uma estrada ortodoxa, tanto quanto uma heterodoxa, que pode levar ao inferno, e o diabo sabe manipular tão bem calvinistas quanto arminianos. O âmbito de igreja alguma pode nos assegurar a salvação, nem há doutrina alguma capaz de nos garantir a vida eterna. *Necessário vos é nascer de novo* (Jo 3.7). É preciso apresentar frutos dignos de arrependimento. *Toda árvore, pois que não produz bom fruto, é cortada e lançada no fogo* (Lc 3.9). Se não estabelecermos uma união vital com o Senhor Jesus mediante a fé verdadeira, deixaremos de possuir a grande qualificação para entrar nos céus. Contudo, não chegou ainda o tempo em que aqueles que detêm conhecimento apenas mental, e não espiritual, serão amaldiçoados. Essas árvores têm folhas somente; todavia, nenhuma maldição fatal as secou além da esperança. Elas devem ser por nós buscadas, pois ainda poderão conhecer o Senhor em plenitude em seu coração, e o Espírito Santo poderá transformá-las em verdadeiros e humildes seguidores do cordeiro. Que assim seja!

Uma terceira classe se caracteriza por sua *falação sem sentimento*. O Tagarela, personagem de *O peregrino*, de Bunyan, representa bem esse grupo, bastante numeroso. São pessoas muito loquazes ao discorrer sobre as coisas divinas. Quer o tópico seja doutrinário, do campo da experiência ou prático, eles falam com facilidade de tudo. Mas é evidente que a coisa toda provém da garganta e dos lábios. Nada brota do coração. Se as coisas viessem de seu coração sairiam dele fervendo, mas lhes pendem dos lábios como gotas congeladas. Você os conhece — e talvez até possa aprender alguma coisa com eles; mas, enquanto os ouve, o tempo todo você se torna ciente de que caso abençoem as pessoas com suas palavras, eles mesmos permanecerão sem receber a bênção. Ah, que não seja esse o nosso próprio caso! Que o pregador sinta a ansiedade do apóstolo Paulo de que, ao pregar, não seja ele próprio reprovado por suas palavras. Que meus ouvintes sintam também a mesma preocupação: que, ao falarem das coisas de Deus, não estejam falando apenas da boca para fora, mas, sim, como filhos autênticos e aprovados do Altíssimo.

Uma outra tribo salta neste exato momento diante dos meus olhos — aqueles que sentem *remorso sem arrependimento*. Muitos de vocês, ao ouvirem um sermão que cala fundo em seu coração, se afligem por causa de seus pecados, mas não têm força mental para se livrar deles. Dizem sentir muito e, no entanto, continuam no mesmo caminho. Quando a morte e o juízo os pressionam, sentem realmente uma espécie de arrependimento por terem sido tão tolos, mas não dura muito e a força da tentação é tamanha que vocês caem presa da mesma paixão. É fácil conduzir um homem ao rio do arrependimento, mas não há como obrigá-lo a beber de sua água. Se Agague pudesse ser morto com palavras, nenhum amalequita sobreviveria. Se as dores passageiras dos homens por causa do pecado fossem de verdadeiro arrependimento, não haveria um único homem vivo que, nesse ou naquele instante, não tivesse se tornado verdadeiro penitente. Todavia, nessas figueiras só existem folhas e nenhum fruto.

Temos ainda outra classe de pessoas: as dotadas de *decisões sem ação*. Elas *farão*! Ah!, se *farão*! O tempo é sempre o futuro. São ouvintes da Palavra e têm até a capacidade de a poderem sentir, mas não são seus *praticantes*. É um ponto a que nunca chegam. Poderiam ser livres, mas não têm paciência para limar os

Nada além de folhas | 543

próprios grilhões, nem coragem de submeter suas algemas ao martelo. Sabem distinguir o que é certo e, no entanto, se deixam governar pelo que é errado. As belezas da santidade os cativam, mas preferem se iludir com a licenciosidade do pecado. Andariam nos caminhos propostos pelos mandamentos de Deus se a estrada não fosse, no seu entender, esburacada demais, e percorrê-la, um trabalho fatigante. Lutariam por Deus, sim, mas a vitória é conquistada somente a penas, para eles, muito duras; de modo que, quase no mesmo instante em que partem para a batalha, já se voltam para o outro lado. Colocam as mãos no arado, mas se mostram indignos do reino.

A grande maioria das pessoas que têm algum tipo de religião ostenta folhas, mas não produz fruto. Sei que há algumas assim aqui, em nosso meio; por isso, as advirto seriamente: mesmo que nenhuma maldição recaia sobre vocês, mesmo que não acreditem que o milagre ora em estudo tenha algo que ver com vocês, lembrem-se de que árvores que só produzem folhas para nada servem, a não ser para que, no devido tempo, o machado as corte e derrube e sejam lançadas no fogo. *Esse será o destino de vocês?* Por que não? Tão certo quanto vocês vivem debaixo das boas-novas do evangelho sem serem por ele convertidos, assim também vocês poderão vir a ser lançados na escuridão exterior. Tão certo quanto Jesus Cristo os convida e vocês não vêm a ele, assim também ele há de enviar seus anjos para recolher os galhos secos e mortos, para lançar no fogo, entre os quais é bem provável que estejam vocês! Tome cuidado, portanto, você, árvore infrutífera! Você não há de permanecer para sempre! Que a misericórdia verta lágrimas sobre você agora. Que a bondade do Senhor o rodeie como uma trincheira protetora. Que o supremo lavrador ainda se aproxime de você em busca de fruto, ano após ano, e possa encontrá-lo. Tome cuidado! Porque a lâmina do machado é afiada, e o braço que o brande não é menos que onipotente. Cuidado para que você não seque e caia no fogo!

II. Em segundo lugar, havia talvez outras figueiras, estas sem nem mesmo folhas, quanto mais frutos, e nenhuma delas foi amaldiçoada!

A época de figos ainda não chegara. Ora, como a figueira produz figo antes das folhas, ou figos e folhas ao mesmo tempo, essas árvores, com exceção da citada no texto evangélico em foco, estavam provavelmente nuas tanto de folhas quanto de figos. Jesus, portanto, não as amaldiçoaria, pois nenhuma delas, ao contrário desta, parecia anunciar ter figos fora da temporada de frutificação, que na verdade ainda nem chegara.

Este é o caso de multidões que vivem destituídas de qualquer coisa que possa ser chamada de crença religiosa, ou se assemelhar a religião ou algo parecido. Não professam fé religiosa alguma. Além de não terem nenhum fruto de piedade, não têm folhas nem como demonstração exterior de respeito à religião. Não frequentam a corte da casa do Senhor. Não usam espécie de oração alguma. Não cumprem rituais ou ordenações doutrinárias. Uma grande massa alienada vive nesta enorme cidade — e a nossa fé não a afeta? É muito triste pensar que pessoas convivem em total escuridão com a luz; que na mesma rua e até muito próximo de onde o evangelho é pregado, encontramos aqueles que jamais levaram a sério falar em Jesus. Na verdade, contam-se aos milhares, por toda a cidade, os que não sabem distinguir a mão direita da esquerda em termos de piedade! Alguns mandam até os filhos à igreja, à escola dominical, mas eles mesmos passam o fim de semana inteirinho entretidos com qualquer outra coisa que não seja a adoração a Deus! Em nossas cidades do interior, igualmente, com grande frequência, nem a religião oficial nem a fé de igrejas dissidentes em nada afetam uma grande parte da população. Tome-se como exemplo a aldeia que, para sua infelicidade, será sempre lembrada enquanto durar o condado de Essex: Hedingham. Existem naquele lugar não apenas igrejas da crença oficial, mas também locais de reunião de diversas igrejas dissidentes da Inglaterra. No entanto, as pessoas que assassinaram sordidamente ali um pobre infeliz supostamente pela prática de feitiçaria deveriam ser ignorantes e indiferentes não somente de bom senso, quanto mais de fé cristã ou religião! Nem povos selvagens da África, como os hotentotes ou os cafres, para quem a luz da religião cristã ainda não chegou, seriam comparáveis a elas.

Por que isso? Não será pela inexistência de espírito missionário suficiente entre o povo cristão que o leve a tentar alcançar aqueles que pertencem sobretudo às camadas sociais mais baixas, de tal modo que multidões sobrevivam sem jamais entrar em contato com a piedade? Em Londres, missionários têm testemunhado que, conquanto muitas vezes consigam chegar às esposas, nos lares, existem milhares de maridos que se mantêm indiferentes à sua visita, sem receber uma palavra sequer de ajuda, advertência, exortação, sugestão ou encorajamento em Cristo, e que jamais deve ter soado em seus ouvidos desde o dia em que nasceram. Na prática, esses homens tanto poderiam ter nascido e morar na selva da África quanto na cidade de Londres, pois vivem sem Deus, sem fé, sem esperança, inteiramente afastados e estranhos ao povo de Deus, e não somente por obra maligna, mas, principalmente, por sua densa ignorância de Deus.

Poderíamos dividir a multidão de tais pessoas em duas categorias, sobre nenhuma das quais recai a maldição da secagem em vida.

Para a primeira olhamos com esperança. Embora não vejamos nelas nem folhas nem fruto, sabemos que *não era tempo de figos* (Mc 11.13). Refiro-me aos *eleitos* de Deus, mas que ainda não foram *chamados*. O nome deles está escrito no livro da vida do Cordeiro desde antes da fundação do mundo. Embora se encontrem mortos em delitos, são objeto do amor divino e *devem*, muito certamente, no devido tempo, ser chamados pela graça irresistível, passando, então, das trevas à luz. O Senhor tem *muito povo nesta cidade* (At 18.10), e isso deveria servir de encorajamento a muitos de vocês buscarem lhe fazer o bem. Deus tem reservado, entre os mais vis e perversos, mais corrompidos e viciados, um povo eleito, que *deve* ser salvo. Ao lhes levar a Palavra, você o faz porque Deus ordena que seja o mensageiro de vida para essas almas, que *têm de receber a Palavra*, pois assim prevê o decreto da predestinação. Essas pessoas deverão ser chamadas na plenitude dos tempos para serem irmãos de Cristo e filhas do Altíssimo. São os *redimidos*, amigos amados ainda *não regenerados* — tão redimidos pelo sangue precioso de Cristo quanto os santos perante o trono eterno. São propriedade de Cristo e, no entanto, talvez neste exato momento estejam perambulando próximo ou dentro dos bares e cabarés, à espera de que lhe abram a porta celestial — comprados pelo sangue precioso de Cristo, mas desperdiçando suas noites em bordéis e seus dias na miséria do pecado.

Todavia, se Jesus Cristo os comprou, ele haverá de tê-los. Se sobre eles derramou suas gotas de sangue precioso, Deus não é irresponsável a ponto de esquecer o preço que por eles seu Filho pagou. Não admitirá que sua expiação seja de modo algum morta ou ineficaz. Dezenas de milhares de redimidos ainda não estão regenerados, mas regenerados haverão de ser. E esse é o meu e o seu consolo, ao sairmos com a Palavra vivificante de Deus. Melhor ainda: por esses pobres ímpios, Cristo ora diante do trono. *E rogo não somente por estes* (Jo 17.20), disse o grande intercessor, *mas também por aqueles que pela sua palavra hão de crer em mim* (Jo 17.20). Eles próprios não oram por si. Pobres almas, ignorantes, nada sabem ainda sobre oração. Mas Jesus ora por eles. Seus nomes estão em seu peito e em breve deverão dobrar os joelhos obstinados, suspirando de arrependimento ante o trono da graça. *Não era tempo de figos*. O momento predestinado, portanto, para estes ainda não chegou; mas, quando vier, *assim agirão*, pois Deus há de ter como seus os que são seus. *Assim agirão* porque não há resistência ao Espírito, quando vêm à frente com poder. *Assim agirão* tornando-se servos dispostos do Deus vivo. *O meu povo apresentar-se-á voluntariamente no dia do meu poder* (Sl 110.3). *O meu servo justificará a muitos* (Is 53.11). *Ele verá o fruto do trabalho da sua alma* (Is 53.11). *Darei o seu quinhão com os grandes, e com os poderosos repartirá ele o despojo* (Is 53.12). Maldição alguma recai sobre estes; eles a mereceriam, mas o amor eterno a impede. Seu pecado a inscreve, mas o sacrifício consumado na cruz a apaga. Poderiam perecer, por não buscar a misericórdia, mas Cristo intercede por eles de modo que venham a buscá-la e viver.

Ah!, mas entre aqueles que não têm nem folhas nem frutos, existe uma outra classe que *nunca* exibe nem uma coisa nem outra. Vivem em pecado e morrem em ignorância, perecendo sem esperança. À medida que partem deste mundo, será que nos podem censurar por os havermos negligenciado? Estaremos isentos do seu sangue? O sangue de muitos deles não poderá clamar desde o túmulo contra nós? Ao serem condenados por seus pecados, não poderão inquirir-nos por não lhes termos levado o evangelho, deixando-os onde estão? Terrível, este pensamento! Não permitamos que nos possa abalar. Existem dezenas de milhares que todos os dias passam para o mundo dos espíritos perdidos e herdam a justa ira de Deus. Nesta vida, contudo, vejam bem, nenhuma maldição especial recai sobre eles; e este milagre

NADA ALÉM DE FOLHAS | 545

não tem uma relação particular com eles, mas, sim, com uma classe de pessoas totalmente diferente, da qual falaremos agora.

III. TEMOS À NOSSA FRENTE UM CASO ESPECIAL.

Conforme já expliquei, na figueira os frutos precedem as folhas, ou ocorrem ambos ao mesmo tempo. De modo que se tem como regra geral que, havendo folhas na árvore, é de esperar, com certeza, encontrar frutos nela.

Assim, para darmos início à explanação desse caso especial, voltamos a enfatizar que *na figueira os frutos vêm antes das folhas*. Portanto, no cristão verdadeiro o fruto precede sempre sua profissão de fé. Encontre um homem, em qualquer parte, que seja um verdadeiro servo de Deus e verá que, antes de se unir a uma igreja, ou tentar se envolver com oração em público, ou se identificar com o povo de Deus, ele buscou constatar se de fato se arrependera dos seus pecados — queria confirmar se tinha uma fé sincera e genuína no Senhor Jesus Cristo e talvez haja demorado um pouco para se examinar e verificar que havia frutos de santidade em sua vida diária. Pode-se dizer que alguns até esperam demais. Têm tanto receio de errar que preferem não fazer uma profissão de fé antes de realmente tomar posse da graça, a ponto de esperarem ano após ano — tempo demais —, tornando-se insensatos e fazendo que a virtude se transforme em defeito. Mesmo assim, essa é a regra entre os genuínos cristãos: entregam-se primeiro ao Senhor, depois ao povo do Senhor, em conformidade com a vontade divina. Vocês, que são servos de Deus — não repudiam a ideia de se exibirem além da medida? Não acham que seria vergonhoso de sua parte professar algo que jamais sentiram? Não se enchem de zelo santo ao ensinar a outros, de modo a não passar além do que Deus lhes transmitiu? Não receiam usar em suas orações de expressões que estejam além de sua própria compreensão do significado? Tenho a certeza de que o cristão autêntico teme constantemente ter as folhas antes dos frutos.

A essa observação, segue-se, forçosamente, que *onde se veem folhas tem-se o direito de se contar com frutos*. Quando deparo com um membro de igreja, quando o ouço começar a orar, espero ver nele a santidade, o caráter e a imagem de Cristo. Tenho o direito de esperar isso dele porque já confessou solenemente ser participante da graça divina. Ninguém pode se unir a uma igreja sem tomar sobre si sérias responsabilidades. O que você declara quando, ao nos visitar, pede para ser admitido em nossa comunidade? Você nos declara haver passado da morte para a vida, nascido de novo, sofrido uma transformação como nunca antes conheceu e como somente Deus poderia produzir. Relata-nos que tem o hábito de orar sozinho, em privacidade, e que anseia pela conversão de outros. Se você, enfim, não professar sua fé, não ousamos recebê-lo. Bem, tendo feito tal confissão, seria insincero de nossa parte se não esperássemos crer em seu caráter santo e considerar sua conversão como efetiva. Temos o direito de esperar isso de sua parte tendo como firme base suas próprias palavras; temos o direito de fazê-lo com base na obra do Espírito a que você afirma haver se submetido. Acaso o Espírito Santo trabalharia no coração de um homem para nada produzir de verdadeiro? Acha que o Espírito de Deus nos escreveria o Livro e que Jesus Cristo derramaria seu precioso sangue para que fosse gerado um hipócrita? Um cristão inconsistente seria a obra mais elevada de Deus? É de supormos que o plano de salvação de Deus tenha requerido dele mais ideias e sabedoria que a criação de todos os mundos e a sustentação de toda a providência. E essa obra de Deus, a melhor, a mais elevada e a mais amada por ele, não haveria de originar algo mais que um pobre, mesquinho, tagarela, inerte e infrutífero impostor e dissimulador disfarçado? Uma pessoa que não tenha amor algum pelas almas, nenhum interesse na propagação do reino do Redentor, mas que acha que o Espírito de Deus fez dela o que ela é? Nada de zelo sagrado, nada de entranhas de misericórdia se desmanchando, nada de clamores de súplica sincera, nada de lutas com Deus, nada de santidade, nada de autonegação — mas que se proclama um vaso produzido pelo mestre e ajustado especialmente para seu uso! Como poderia ser isso?

Não. Se você professa ser cristão, em consequência da obra do Espírito, temos o direito de esperar que você dê fruto. Nos genuínos professantes de fé, temos fruto, sim. Detectamos uma fiel dedicação à causa do Redentor, uma persistência até o fim, seja na pobreza, seja na doença, seja na vergonha, seja na perseguição. Constatamos ainda serem os verdadeiros confessantes bastante arraigados à verdade, não se deixando desviar pela tentação, tampouco desgraçando a causa que abraçaram. Se você professa ser alguém assim, temos todo o direito de querer encontrar os mesmos frutos benditos do Espírito em sua vida. Se não os encontrarmos, significa que, infelizmente, você terá simplesmente mentido.

Observe-se, também, que *nosso Senhor tem fome do fruto*. Quem tem fome busca algo que possa satisfazê-lo, ou seja, fruto, e não folhas! Jesus tem fome de sua santidade. "Que expressão forte", você poderá achar. Mas eu não duvido de sua aplicabilidade exata. Na verdade, para o que somos eleitos? Somos predestinados à conformidade com a imagem do Filho de Deus, escolhidos para as boas obras, *as quais Deus antes preparou para que andássemos nelas* (Ef 2.10). Qual a finalidade de nossa redenção? Por que Jesus Cristo morreu por nós? *Deu a si mesmo por nós para nos remir de toda a iniquidade, e purificar para si um povo todo seu, zeloso de boas-obras* (Tt 2.14). Por que somos então chamados senão para sermos santos? Qual o objetivo de qualquer das grandes operações da aliança da graça? Não apontam todas para nossa santidade? Se você pensar em qualquer privilégio entre tantos que o Senhor confere a seu povo por intermédio de Cristo, perceberá que visam todos à santificação do povo escolhido — à criação desse povo para produzir frutos, a fim de que o Pai seja nele glorificado. Por isso, ó cristão, as lágrimas do Salvador! Por isso, agonia e suor misturado a sangue! Por isso, suas cinco feridas mortais! Por isso, sua morte, sepultamento e ressurreição! Para que ele nos tornasse santos, perfeitamente santos como ele próprio! E será possível que, quando ele tem fome de frutos, você não pense em proporcioná-los?

Ó você que apenas professa e não vive como é mesquinho! Aos seus próprios olhos, um filho de Deus, comprado por sangue, e que, no entanto, o que faz é só viver para você mesmo! Ó árvore estéril, como ousa professar ser regado pelo suor rajado de sangue do Senhor, gerado pelas dores e ais do Salvador ferido — como ousa apresentar somente folhas, e não frutos? Que escárnio sacrílego a um Salvador faminto, provocação blasfema a um justo Senhor com fome, professar que reconhece ter custado tanto a ele e, no entanto, não lhe render coisa alguma! Quando penso que Jesus tem fome de fruto em mim, sinto-me compelido a fazer mais e mais por ele. Essa ideia não lhe causa o mesmo efeito? Ele tem fome de suas boas obras, fome de ver você ser útil. Jesus, o rei dos reis, tem fome de suas orações e intercessões — fome de sua ansiedade pela alma dos outros. Nada jamais há de compensar a árdua labuta da alma do Senhor senão vê-lo dedicado à sua causa por inteiro.

Isso nos leva à análise plena do sentido do milagre de secagem da figueira. *Existem aqueles que exibem uma profissão de fé incomum, mas decepcionam a expectativa do Salvador*. Os judeus agiram assim. Quando Jesus Cristo veio, não era época de figos. O tempo de grande santidade se daria após a vinda de Cristo e o derramamento do Espírito. Todas as outras nações se encontravam ainda sem folhas. Grécia, Roma, nenhuma delas dava sinais de progresso espiritual. Todavia, lá estava a nação judaica, coberta de folhas. Professava já haver alcançado as bênçãos que Cristo viera justamente trazer. Lá estavam os fariseus com suas longas e exibidas orações. Lá estavam os doutores da lei e os escribas com seu conhecimento exclusivista das coisas do reino. Diziam eles ter a luz. A época dos figos ainda não chegara, e, no entanto, já mostravam farta folhagem, mas nenhum fruto. Sabemos, como resultado, a maldição que recaiu sobre Israel, como a árvore toda secou desde a raiz, a partir da destruição de Jerusalém. Ela tinha folhas, somente folhas, nenhum fruto a oferecer.

O mesmo vale para qualquer *igreja*. Há épocas em que todas elas parecem mergulhadas em igual letargia. Digamos que estamos vivendo um tempo assim há mais ou menos uns dez anos. Mas eis que uma delas, talvez, parece mostrar estar viva. Suas congregações são grandes. Ao que parece, se propõe muito disposta ao crescimento do reino do Salvador. Grande agitação é feita, então, em torno disso. Há muita falação, e as pessoas se enchem de expectativa. Contudo, se não houver fruto algum, consagração alguma a Cristo, se não houver nem sinal de genuína liberalidade, de generosidade verdadeira, de piedade vital sincera, de uma consciência santificada, embora outras igrejas possam, sem tudo isso, sobreviver, no caso da igreja que faça profissão de fé tão elevada, mas se mostre tão disposta e prematura na produção de folhas, está sujeita a acabar por receber de Deus verdadeira maldição. Não comendo fruto dela o Senhor, nem homem algum, irá fatalmente secar.

NADA ALÉM DE FOLHAS | 547

No caso dos *indivíduos*, a moral do nosso milagre funciona para com alguns, conhecidos geralmente como *jovens crentes*, pessoas que se unem muito cedo à igreja; todavia, *não era tempo de figos*. Não é muito comum encontrar crianças convertidas, e, quando vemos algumas, nos sentimos de fato muito gratos a Deus; somos ciosos, no entanto, de que não queremos ver folhas sem fruto. Como são casos extraordinários, esperamos, quase sempre, resultados mais elevados. Quando se desapontam, o que recai sobre elas senão uma espécie de maldição por sua precocidade, que as conduziu a tal decepção? Alguns de nós se converteram, ou alegam ter-se convertido, quando bem jovens; todavia, ao verificarem que só têm produzido meras palavras, falsas decisões e profissões de fé, mas nenhum fruto para Deus, o que esperar senão a maldição?

Além destes, há ainda os *professantes de fé que se encontram em destacada posição*. Existe somente o estritamente necessário, embora em pouca quantidade, de ministros e oficiais da igreja. Assim, quando os crentes se distinguem pelo zelo, ou por fazerem sua profissão de fé em voz alta mais do que os outros, para ganhar os ouvidos do grande público cristão, sendo então, por isso, colocados em posições de responsabilidade — se não vierem a produzir fruto algum significa que são pessoas bastante sujeitas à maldição da figueira. Com acontece a outros cristãos, para eles talvez até não seja *tempo de figos*. Não que se hajam adiantado tanto quanto os que mostram tê-lo feito; no entanto, como foram eleitos, como eles próprios sabem, para um ofício que essencialmente requer frutos, se não os apresentarem, que tomem muito cuidado.

A mesma cautela pode ser aconselhada *àqueles que proclamam um grande amor a Cristo*. Acho que a maioria dos cristãos pode até alegar que *não era tempo de figos*, pois nos assemelhamos muito à igreja de Laodiceia. Mas conhecemos alguns crentes que, ao contrário, se revelam como que apaixonados por Cristo! Com que beleza conseguem *falar* a respeito dele! No entanto, o que *fazem* por Cristo? Nada! Tanto amor fica restrito às palavras que saem de sua boca, e nada mais. Observe que, quando o Senhor tem séria repreensão a fazer, é quase sempre sobre esses que a direciona. Vão muito além de todos os outros na declaração precipitada de seu amor muito fervoroso e, todavia, não têm fruto algum para apresentar! "Amo tanto a Deus", alega alguém de posses, "que não considero nada do que tenho como sendo de fato meu. É tudo do Senhor — tudo mesmo; eu sou apenas seu mordomo". Esse bom homem, naturalmente membro de sua igreja, algum tempo depois é requisitado a dar uma pequena ajuda a uma obra missionária, que dela tanto necessita; e qual a sua resposta? "Já pago o aluguel do meu lugar reservado na igreja, e essa é toda ajuda que posso dar."[1*] Um homem de posses e meios! Pouco tempo depois, esse mesmo homem conclui pela inconveniência de pagar até mesmo por seu lugar, de modo que agora frequenta outra igreja, cujo salão não enche tanto, de modo que consegue sempre um bom lugar para sentar sem ter de doar coisa alguma para ajudar no sustento do ministério! Se há alguém que mereceria que lhe caísse um raio em cima, não fosse a misericórdia divina, são esses hipócritas fervorosos, que gemem de amor por Cristo ao mesmo tempo que se curvam ante o santuário da própria riqueza!

Tomemos outro caso. Você conhece também essas pessoas: sua profissão de fé não tem tanto que ver com amor, mas, sim, com a *grandiosidade da sua experiência pessoal*. Oh, que experiência elas têm vivido! Que profunda experiência! Ah, conhecem a fundo desde a submissão do coração a Deus à devassidão da natureza humana! Conhecem os porões da corrupção e os píncaros da comunhão divina, e assim por diante. No entanto, se você entrar, digamos, em uma loja dessa gente, descobrirá que por trás dos balcões se pratica a desonestidade, e nos livros contábeis, a fraude. Se desconhecem a maldição em seu próprio coração, pelo menos não desconhecem que são uma maldição para sua família. São detestáveis aos homens e mais ainda a Deus.

Outros que você conhece são *os que têm língua crítica*. Que gente boa devem ser, pois conseguem ver os erros das outras pessoas com muita clareza! Essa igreja não está certa, a outra está errada, aquele pregador

---

[1] * [NT] Referência do autor a um sistema, certamente em vigor na Inglaterra nessa época, em que famílias alugavam bancos na igreja que frequentavam, os quais ocupavam todos os domingos. O valor do aluguel variava conforme a localização do banco — quanto mais na frente, mais caro.

ali adiante... bem, há quem o considere um homem muito bom, menos eles. São capazes de detectar as deficiências das várias denominações e observam que pouquíssimas cumprem de fato as Escrituras como deveriam. Reclamam de falta de amor quando são os primeiros a criar essa carência. Agora, se você se der ao trabalho de observá-los, verá que os erros por eles apontados nos outros são exatamente os que toleram em si mesmos. Procuram encontrar um argueiro no olho do irmão, mas têm uma trave em seus próprios olhos. São pessoas justamente a que a parábola da figueira alude. De acordo com o que exibem, deveriam ser melhores do que todos os outros. Se o que afirmam fosse verdade, seriam, então, estrelas de um brilho intenso, a lançar sobre o mundo uma luz altamente radiante. Agem, enfim, de tal forma que Jesus Cristo deveria contar com abundantes frutos seus. Não passam, no entanto, de gente enganadora, que voa alto demais e vive se enchendo de orgulho e arrogância. Não passam de embusteiros. Como Jezabel com sua maquiagem, que certamente ainda a deixou mais feia, procuram simular ser o que não são. Como dizia um velho sábio: "São velas de sebo, que, quando apagam, exalam um cheiro bastante desagradável e nauseante". "Trazem o suor do verão na fronte e o frio do inverno no coração." Fazem-se passar por estar na terra de Gósen, mas provam se encontrar no deserto do pecado. Sondemos a nós mesmos, para que não seja esse o nosso caso também.

IV. Para encerrarmos: UMA ÁRVORE COMO ESSA BEM PODE SER LEVADA A SECAR. *O engano é abominação para Deus.* Lá estava o templo judaico; lá estavam os sacerdotes em solene pompa; lá estava sacrifício em abundância oferecido no altar de Deus. Mas se sentia Deus satisfeito com o seu templo? Não; porque no templo havia todo tipo de excessiva folhagem, todo tipo de adoração exterior, mas nem um sinal da verdadeira oração, muito menos de fé no grande cordeiro prometido da páscoa de Deus. Nada de verdade, nada de justiça, nada de amor por Deus e pelos homens, nada de zelo para com a glória do Senhor. O templo, antes uma casa de oração, se tornara um covil de ladrões. Não estranhe, portanto, o fato de ter sido destruído.

Você e eu podemos, infelizmente, nos tornar como o templo. Podemos prosseguir levando nossa existência com toda a exterioridade de cunho religioso, sem que ninguém possa apontar nossa falta em reuniões da igreja, sem que nunca deixemos de cumprir nossos compromissos cristãos. Apesar de tudo isso, porém, tendo transformado nosso coração, de casa de oração em covil de ladrões; tendo o nosso coração sido entregue ao mundo, enquanto somente as cerimônias exteriores sejam por nós mantidas e respeitadas. Tenhamos muito cuidado, pois um lugar assim, uma situação assim, não pode durar muito tempo sem cair em maldição. É abominação para Deus.

Mais ainda, *o engano é altamente prejudicial aos homens.* Olhe só aquele templo! Por que os homens iam lá? Para encontrar santidade e virtude. Por que caminhavam por seus pátios consagrados? Para se aproximarem de Deus. E o que encontravam ali? No lugar de santidade, avareza; em vez de chegarem a Deus, acabavam se vendo no meio de um mercado, onde se regateava o preço dos pombos e havia brigas e discussões por causa de troca de moedas. Mesma coisa acontece se os homens esperam ouvir uma palavra sensata dos nossos lábios e, em vez disso, ouvem maldade. Assim como o templo foi amaldiçoado por enganar os homens, assim seremos nós se os enganarmos e desapontarmos em sua necessidade humana.

Além disso, a figueira estéril *cometeu sacrilégio contra Cristo.* Ou não? Não o teria exposto ao ridículo? Pois alguém poderia ter dito: "Como procuras fruto, tu, que és um profeta, em uma árvore na qual não há fruto?" Há falsos professantes da fé que expõem Cristo ao ridículo. Como o antigo templo desonrou Deus, assim faz o cristão quando seu coração não age corretamente. Desonra Deus e faz a causa santa ser pisoteada sob os pés do adversário. Tais homens têm motivos de sobra para tomar muito cuidado.

Essa árvore, ainda, bem poderia ser secada porque o simples fato de nada produzir além de folhas já evidenciava claramente sua esterilidade. Tinha força e vitalidade, mas as usara para intentos que não os corretos, e continuaria a fazê-lo. A maldição lançada por Cristo foi apenas uma confirmação daquilo que a árvore já era. Ele apenas disse: "Você, que é infrutífera, continue a sê-lo". E se o Senhor entrasse neste Tabernáculo esta manhã, olhasse para você e para mim e visse em qualquer um de nós uma grande profissão de fé e de pompa só de folhas, mas nenhum fruto? E se lançasse uma maldição sobre nós? Qual seria o efeito disso? Secaríamos, como tem acontecido com outras pessoas. O que queremos dizer? Que, de repente, essas pessoas voltaram para o mundo. Na verdade, nunca conseguimos entender como uma pessoa tão santa, alguém tão verdadeiro, de repente se torne um obscuro demônio! Mas o fato é que Cristo profere sua palavra e começam a secar. Se ele pronunciasse uma palavra de desmascaramento contra qualquer falso professante da fé aqui, dizendo: *Nunca mais coma alguém fruto de ti* (Mc 11.14), este estaria entregue ao pecado e secaria, para sua vergonha. É provável que isso acontecesse de uma hora para outra, e, a partir de então, o caso seria irremediável. Você nunca mais seria restaurado. A súbita rajada de vento que se abateria sobre sua cabeça seria eterna. Passaria a viver como um monumento duradouro da terrível justiça de Cristo, o grande cabeça da igreja. Restaria como um exemplo para todos de que alguém de fora da igreja pode ainda, talvez, escapar com impunidade nesta vida, mas um membro da igreja que receba maldição na presente existência terá de permanecer como uma árvore destruída pelo raio de Deus para sempre.

Essa é uma questão a respeito da qual cada um de nós deve ser levado a sondar o seu próprio coração. Ela me ocorreu ainda ontem. Pensei: "Bem, aqui estou eu, um homem que sempre professou ter sido chamado por Deus para o ministério. Lutei por ocupar uma posição de liderança na igreja de Deus. Tenho me colocado voluntariamente em um lugar altamente vulnerável, onde uma condenação sete vezes mais grave será a minha herança inevitável se eu não me mantiver sempre sincero, honesto e verdadeiro". Cheguei quase a aventar ser possível me afastar um pouco da igreja, ou pelo menos desse obscuro lugar em sua hierarquia, para poder escapar dos perigos e responsabilidades da minha posição. O mesmo, porém, pode acontecer com você que não tenha em seu interior o testemunho do Espírito de que é nascido de Deus — você pode vir a querer que nunca tivesse pensado em Cristo, que jamais tivesse sonhado em tomar seu santo nome sobre si. Se você tem aspirado e agido diligentemente em somente assumir posição mais elevada entre o povo de Deus; se tem a oferecer apenas folhas sem frutos, muito cuidado: a maldição é certa, porque grande será para com você a decepção do Salvador. Quanto mais você professar, mais será esperado de você. E se não corresponder, mais justa será a condenação de ficar seco para sempre, pela palavra de Cristo.

Ó homens e irmãos, temamos e tremamos na presença do olhar divino, que sonda os corações. Mas lembremo-nos também de que a graça pode ainda nos tornar frutíferos. O caminho da misericórdia continua aberto. Voltemo-nos para as feridas de Cristo por nossa causa, esta manhã. Se nunca o fizemos, comecemos agora. Lancemos nossos braços ao redor do amado Salvador e o tomemos como nosso. Tendo feito isso, busquemos a graça divina, para que o resto da nossa vida possamos trabalhar para Deus. Oh, espero mesmo fazer mais por Deus e espero que você também o faça. Ó Espírito Santo, opera em nós poderosamente, pois em ti se encontra o nosso fruto! Amém.

59

A MORAL DE UM MILAGRE

Respondeu-lhes Jesus: Tende fé em Deus (Mc 11.22).

Esta exortação está relacionada com o milagre da figueira que secou por estar coberta de folhas, mas despida de frutos. A particularidade da parábola pede uma rápida explicação, antes de prosseguirmos e reiterarmos a moral nela contida. Para muitos leitores, parece estranho e incoerente que, não sendo tempo de figos, nosso Senhor esperasse encontrar algum naquela árvore. Ficam imaginando como ele pôde culpar a figueira por não dar figos quando a época desse fruto ainda não chegara. Todavia, não compreendemos isso porque não vivemos em uma terra de figueiras. Segundo a ordem natural das coisas, o figo precede a folhagem. A figueira dá figos antes de tudo, no final da germinação — pequenos botões começam a se formar no início da primavera, e os figos já se tornam bastante desenvolvidos antes que surjam quaisquer folhas. De forma que, se uma figueira tem folhas, deve ter figos, e em considerável estado de amadurecimento.

Essa figueira do texto bíblico, em época em que não se esperava dela figo algum, muito menos folhas, parecia suplantar todas as suas congêneres. Parecia ter decidido ir muito além e avançar, por conta própria, como figueira. Excedera todas as exigências da estação; alcançara um estado sobrenatural de suposta produção de frutos, como nenhuma outra figueira jamais sonhara. Sem ter frutos, já tinha folhas. O Salvador se aproximou e, deparando com essas folhas, que deveriam denotar a presença de figos amadurecendo, ergueu os olhos; não encontrando, porém, nem um único figo que justificasse tão grande folhagem e pretensão, lhe disse: "Nunca mais nasça fruto de ti".

Sabemos que, de vez em quando, há árvores que produzem folhas fora de época. Há um carvalho famoso no Parque Nacional de *New Forest*, que costuma exibir folhas bem desenvolvidas por volta do Natal, quando o inverno reina por todo lado e "morto jaz o reino vegetal". Há uma bela tradição popular acerca disso, que diz que é como se a árvore prestasse entusiasticamente a sua homenagem ao nascimento do grande Senhor. Conheço a árvore e acho realmente admirável que ela se carregue de folhas justamente quando não se vê uma única folha sequer em toda a floresta. De modo semelhante, aquela figueira, por um motivo qualquer, dera folhas em um período em que não deveria. Mas, se o fez, deveria ter dado figos também. O fato é que tinha muitas folhas e figo nenhum. Com isso, tornou-se um símbolo bem adequado para determinados homens, como alguns que conhecemos que se vangloriam de justiça própria, impossível de ser constatada. À vista, eles parecem ser mais piedosos do que seria razoável esperar que fossem. Criam uma aura de piedade em torno de si mesmos, bastante exibida e até prematura, dando sinais de maturidade muito antes do tempo normal. Professam muita fé, mas nada produzem que seja condizente com ela — revelando-se verdadeiros prodígios de presunção. Não se proclamam perfeitos, mas não são necessários olhos muito perspicazes para perceber até onde pretendem chegar. Fazem por sobrepujar todos os seus correligionários. Têm uma conversa maravilhosa. Sua crença parece ser mais sadia, sua consciência mais sensível, sua conduta mais santa que a de qualquer um, e o padrão que usam para avaliar os outros, mais crítico que o do restante da comunidade. Toda essa impressão está em nossa mente até nos aproximarmos dessas pessoas. Então, descobre-se ser tudo neles conversa fiada, tolices sem valor algum. *Nada achou senão folhas* (Mc 11.13): nenhuma virtude real, apenas uma exibição verdejante.

Sim, eu sei o que é a moral ultrajada por essa monstruosa dualidade; toda a folhagem e ramaria de uma vida pseudopiedosa, toda a morte e corrupção de uma licenciosidade ímpia! Quem vive em torno de tais pessoas sente-se, muitas vezes, constrangido, por se imaginar muito inferior em suas próprias realizações; até que, um belo dia, a rapidez com que secam em pouco tempo deixa os outros atônitos, mais depressa até do que como cresceram. Não havia nada ali. Uma antiga expressão popular talvez explique isso bem, quando diz: "Muito barulho por nada". Muito barulho, sim, pois até vozes mais santas chegam a ser silenciadas pelas altissonantes vozes dessas pessoas. E nada aparece em absoluto que possa justificar tanta algazarra. *Nada achou senão folhas.*

Ora, se um homem seca de repente é porque certamente é esse o seu caso. Uma coisa que tenho percebido ao observar determinadas igrejas é que alguns irmãos, que parecem bons demais para viver neste mundo, acabam por se tornar ruins demais para que possamos desejar que vivam muito tempo. Mostram-se tão puros, tão imaculados, tão impecáveis, tão inocentes, tão precisos, tão exatos, têm a boca tão aveludada, são tão bajuladores, tão cheios de açúcar, tão supersantos em sua hipocrisia, que chega a parecer até uma crueldade experimentar qualquer tipo de apreensão quando se está perto deles; no entanto, debaixo da fina camada de toda essa pretensão vazia, são por demais deficientes no que diz respeito à vida espiritual, à realidade e à sinceridade. A ponto de que, quando os deciframos, não conseguimos deixar de sentir certa indignação ardendo em nossa alma por constatarmos serem os homens capazes de ir tão longe em matéria de mentira ao Espírito Santo. Não admira que Ananias e Safira tenham caído mortos, ou que a figueira cheia de folhas e destituída de frutos tenha secado. Vemos coisa semelhante acontecer a outros homens e não estranhamos. Pensamos no quanto Deus é justo ao desmascará-los e expor-lhes os vícios medonhos à execração do mundo — mundo que jaz no maligno, sim, mas ainda tem algum senso de desprezo perante a falsidade religiosa.

Nosso Salvador realizou esse milagre como forma de parábola: não porque tivesse propriamente algum interesse em figos, nem por ter se irritado com o fato de não encontrar fruto algum, mas para aproveitar a situação como oportunidade para instruir seus discípulos. Foi uma ilustração posta em prática. Nunca aprendemos tão bem como com algo que nossos olhos podem ver de fato. Jesus agiu como agiu para que eles pudessem ver e sua mente fosse influenciada pelo que viam. A principal impressão sobre a mente de Pedro e dos demais parece ter sido o do extraordinário poder de Cristo. Após haver o Senhor dito *Nunca mais nasça fruto de ti*, no dia seguinte, ao passarem pelo mesmo caminho, encontraram seca a figueira à qual ele dirigira essas palavras. Estava completamente seca — não somente suas folhas tinham desaparecido, mas, conforme nos relata Marcos 11, versículo 20, eles viram a figueira seca desde as raízes. Ou seja, inteiramente destruída. No lugar da figueira verdejante, erguia-se a ruína de uma árvore, o oposto exato do que ela parecera ser apenas 24 horas antes. Os discípulos ficaram perplexos com o poder da palavra de Cristo: diante de uma simples ordem da sua boca, a destruição se abatera sobre a árvore. Ele não a tocara, tanto quanto sabemos: apenas falara, e seu vigor definhara. Havia chegado a hora final para aquela árvore. Ora, nosso Senhor preferiu não ir adiante para lhes revelar o significado da parábola, mas, sim, percebendo a forte impressão que o milagre causara na mente deles, optou por lhes imprimir mais profundamente ainda na alma a moral transmitida a seus sentidos. Assim, prosseguiu discorrendo sobre o grande poder de Deus, acerca do qual indagavam-se, afirmando-lhes ser possível terem também esse poder, exercê-lo e permanecerem nele cingidos.

I. Nossa primeira observação, a fim de realçarmos essa linha de pensamento, será no sentido de que é SEMPRE BOM PARA NÓS PERCEBERMOS O PODER DE DEUS.

Aqueles discípulos viram o poder de Cristo, que é o poder de Deus, no fato de a figueira ter secado. Hoje em dia, não costumamos prestar maior atenção à ocorrência de milagres. Não procuramos sinais e maravilhas que possam servir de credenciais para selar nossa fé. As obras de Deus na natureza, se entendidas da maneira certa, já constituem para nós testemunhos do "eterno poder e divindade", ao mesmo tempo simples e sublime. Talvez, sob certos aspectos, transmitam lições mais elevadas do que os milagres. Assim, penso eu, é bom mantermos os olhos abertos o tempo todo, para podermos enxergar o poder de Deus na renovação da face da terra. Gosto de observar isso nas estações do ano. Que poder maravilhoso é esse que, de repente, convoca todos os bulbos e flores adormecidos a deixarem seu leito de morte e faz que o solo até então escuro floresça em jardins dourados ou canteiros adornados com lantejoulas de muitas cores! Você nunca viu lugares ermos no bosque ou recantos entre árvores tão gloriosamente coloridos que parece haver o Senhor emprestado pedaços do manto dos céus lançando-os sobre a terra? Vemos jacintos se erguerem de uma hora para outra no mais profundo tom azul-celeste onde antes só havia mofo escuro ou folhas secas. Testemunhamos essa maravilha todos os anos. Deveríamos nos levantar e dizer: "Como o inverno passou rápido! Como a terra se vestiu depressa de juventude outra vez!" Você não enxerga o poder de Deus em tudo isso? Essas criações e ressurreições da primavera não significam nada para você? Agora, nesta estação do ano em que as folhas caem por toda a nossa volta, embora as árvores não estejam secas, com que rapidez elas vão passando pelo maravilhoso processo em que se desnudam. Outro dia mesmo, você deparava com uma árvore toda verde e se deliciava, parado, debaixo de sua folhagem; hoje, ao pôr do sol desta tarde, ela mesma parecia arder em fogo, com suas folhas amareladas pelo toque do outono.

Como Deus gerou tudo isso? Com calma e silêncio, sem som de trombetas, de um ano para outro prosseguem milagres da natureza como esses sobre os quais estou discorrendo, muito por alto, agora. Aqueles que sobre eles se debruçam, que os estudam, porém, se enchem certamente de estupefação ante o poder extraordinário de Deus. Este mundo gira em torno do sol em ciclos completos. Quem seria capaz de detê-lo em seu caminho senão somente o Altíssimo? Gira a cada dia e nos propicia a deliciosa alternância entre dia e noite: é o Senhor quem movimenta o mundo em seu eixo. Não sabemos considerar como convém o imenso poder de Deus, que está em contínua operação. A criação do sangue nas águas, naquela praga do Egito, geralmente nos deixa muito mais atônitos do que o giro constante do mundo, e, no entanto, é este um fato muito mais impressionante, desses dois. Faz-nos bem, amados amigos, nos postarmos ao ar livre de vez em quando à noite e, erguendo os olhos para o céu cheio de estrelas, pensar em que Deus é esse que a todas elas chama pelo nome, que as conduz em movimento de forma que nenhuma delas falhe e sustenta cada uma das órbitas celestiais em seu devido lugar desde milênios e eras a fio. Maravilhosas são as obras de Deus na natureza. Você consegue pensar sobre o Vesúvio despejando sua lava incessantemente, ou tomar conhecimento de terremotos que sacodem montanhas desde a base e balançam e destroem as mais fortes obras dos homens, sem um senso de temor reverente? Consegue se imaginar no meio de uma tempestade em alto-mar, temendo e tremendo enquanto cada tábua do madeiramento da embarcação se desprende à medida que as ondas a açoitam, sem sentir que servimos a um grande Deus? Eu o convido a pensar na grandiosidade, na majestosa grandeza de Deus na natureza, porque o Deus da natureza é o mesmo Deus da graça, é o Deus que tudo governa desde os céus e troveja a seu bel-prazer. É o Deus a quem chamamos de Pai e que nos acolhe em sua família para que sejamos verdadeiramente seus filhos e filhas. Embora possamos não deparar com figueiras secas, devemos nos deter com frequência em santa admiração e dizer: "Grande Deus, quão maravilhosas são as tuas obras!"

Agora, se você desviar os olhos da natureza para a providência, coisa que o convido a fazer neste momento, encontrará exemplos estupendos do grande poder do Senhor. Essa figueira seca tem sido repetida dez mil vezes, em grande escala. Eu só lembrarei do que vem acontecendo em nossos dias mesmo. Não faz muitos anos, a escravidão parecia ter fincado sólidas raízes no solo dos estados norte-americanos do Sul. Seus ramos subiam pelas paredes: os estados do Norte teriam simplesmente que lhes devolver um escravo fugitivo que fosse. Quão rapidamente essa figueira secou! A escravidão se foi, bendito seja Deus, para sempre! E agora não caminha sobre solo dos Estados Unidos um único homem negro escravo. Do outro lado do canal da Mancha, o grande império de Napoleão fechou seu semblante. Parecia grandemente poderoso. Espalhou-se como um enorme loureiro verde. Era ele o principal apoio do papado. Contudo, como secou depressa essa figueira! Mais além, na Itália, havia diversos principados insignificantes, governados por tiranos desprezíveis, que oprimiam o povo. Deus levantou ali um homem honesto, que se tornou o heroico libertador dos oprimidos — com que rapidez aquelas pequenas figueiras secaram e caíram! Lá

A MORAL DE UM MILAGRE | 553

estava o homem do pecado com seu poder temporal, mestre de seus próprios domínios e, acima de tudo, da cidade de Roma. Mas como secou rápido também aquela altiva figueira! A uma revolução seguiu-se outra. Acontecimentos parecidos têm tido lugar também em nossos próprios dias, provando que o Senhor é grandioso em poder.

Por toda a história, as eras exibem registros de que sempre que uma instituição não produz fruto algum, quando mais carregada se encontra justamente de folhas e todo mundo indaga ansiosamente: "Será que não podemos esperar frutos dela?", mas se supõe que seja impossível também acabar com ela, nesse exato momento o Senhor fala, e chega seu momento de ruína. Basta uma palavra da parte de Deus e com que rapidez a figueira seca! Toda a providência está cheia de exemplos assim. Aquele que lê a história em busca da providência divina não vira duas páginas sem encontrar um exemplo. Reconhecerá a mão de Deus aqui e ali, e aqui e ali de novo, permitindo até por algum tempo o desenvolvimento do mal para depois arrancá-lo fora mais que depressa. Todo sistema que desafia as leis divinas acaba provando que sua prosperidade é precursora de sua completa destruição. Todo sistema, na verdade, desabrocha e floresce apenas para se curvar e morrer — mesmo que ainda em seu apogeu. Enquanto nós trememos, atônitos com sua propagação, de tão grandes que são as folhas dessa figueira e tão constatável é a sua vitalidade, nesse exato momento ouvimos a voz poderosa de Cristo e comprovamos então o inevitável resultado: a que estava no apogeu do seu vigor secou e pereceu.

Portanto, quanto tivermos de oportunidade de observar o poder de Deus, o façamos sempre. Mas não com um vago assombro, nem com espanto sem maior importância, exclamando uns para os outros: "Oh, que extraordinário!" Pois, embora as obras de Deus sejam motivo correto de nos maravilharmos em adoração, quando nos lembramos de quem ele é e o que ele é, faz sentido deixarmos de simplesmente nos espantarmos ou nos surpreendermos, como se nossa pobre filosofia tivesse de tomar sempre como fenômenos estranhos os sinais de sua presença, as provas de sua ação e a marca de sua mão. Não sei se conhecem, por exemplo, a história da boa mulher que, quando lhe contaram sobre alguns sinais de resposta a orações que haviam sido recebidos e lhe perguntaram: "Não é maravilhoso?", limitou-se a responder: "Não, não tem nada de maravilhoso nisso. Deus é assim mesmo. É assim que ele age". Portanto, quando Deus descarta figueiras secas e demonstra seu poder de outras maneiras em sua divina providência, para nós é maravilhoso contemplarmos; não é maravilhoso, no entanto, o fato de ele haver realizado tudo isso. Ele *quebra o arco e corta a lança; queima os carros no fogo* (Sl 46.9); e diz que nos aquietemos, que saibamos que ele é Deus; ele é *exaltado entre as nações* (Sl 46.10). Esse tem sido o jeito dele, desde o princípio, e sempre será.

Precisamos, na verdade, contemplar essas obras de poder para que venhamos a perceber que Deus está comprometido por inteiro conosco, do nosso lado. Se de fato estivermos do lado de Deus, se sua graça nos reconciliou com ele, se vivemos para promover sua glória, se estamos sob seu sustento e a guarda do Senhor Jesus, então todo o poder que causa terremotos será usado para estremecer céus e terra antes que pereçamos; todo o poder que se manifesta na providência será usado para nos libertar antes que morramos oprimidos. Nossa fortaleza será a Rocha. O pão nos será dado, e a água nos está garantida. O poderoso Deus, Jeová é seu nome, empenha sua onipotência para o avanço e a vitória do seu povo, que de pé há de permanecer e vencerá.

É este, portanto, o meu primeiro ponto nesta nossa meditação vespertina: é bom contemplar o poder de Deus.

II. Deus tem chamado seu povo para OBRAS QUE NECESSITAM DE TODO ESSE PODER.

Nosso Senhor Jesus Cristo nos diz isso de modo muito prático quando afirma: *Em verdade vos digo que qualquer que disser a este monte: Ergue-te e lança-te no mar; e não duvidar em seu coração, mas crer que se fará aquilo que diz, assim lhe será feito* (Mc 11.23). Um cristão é um milagre. Uma quantidade de milagres. Quando chegar ao céu, será um milagre de milagres. A narrativa de sua história encherá o céu de entusiasmo, tão maravilhosa é a obra de Deus nos herdeiros da salvação. Não é pouca coisa ser um soldado da cruz — um seguidor do cordeiro. Esta noite, almas queridas, caso o Senhor Jesus Cristo, por seu Espírito, chame um de vocês para ir a ele, você, o escolhido, talvez sinta profunda ansiedade em seu coração. Acho que posso até ouvi-lo dizer: "Mesmo que eu confie nele e vá, como posso chegar a ele e ser salvo? Não vê o obstáculo que se ergue no meu caminho? Tenho diante de mim uma enorme montanha dos meus pecados passados. Então, como chegar a Cristo? Com certeza essa alta montanha de transgressões irá me esconder dele". Tenha fé em Deus, caro amigo, e o poder do Senhor há de ser liberado para mover essa montanha. Na verdade, Cristo já a afastou com sua morte preciosa. "Ai, ai", queixa-se um pobre coração, "mas eu sinto uma tamanha montanha de desespero que não consigo ter esperança. Acho que pequei para além da graça". Tenha fé em Deus, e você verá a montanha da dúvida e do desespero ser varrida para longe e há de se alegrar naquele que apaga seu pecado como uma névoa e suas transgressões como uma nuvem. "Ah", diz essa outra alma, "mas eu sou tão frio, tão pesado, tão morto. Não me sinto nada zeloso e ansioso como deveria. Não há nada em mim que seja bom". Tenha fé no poder de Deus para ajudá-lo, e você há de ver sua letargia e abatimento darem lugar a energia e vigor, e seu frio coração se derreter em rios correntes de arrependimento. "Mas eu preciso mais", diz ainda alguém. "Estou bem longe de Deus, tão longe quanto poderia estar. Existem barreiras intransponíveis entre mim e Deus." Sim, mas tenha fé no seu Senhor. Creia, pelo menos, em seu amor e em sua graça paternos, em sua bondade e sua fidelidade. Confie, ao menos, em Cristo. Entregue-se ao grande amor do Pai em Cristo Jesus e descobrirá que as montanhas que o intimidam irão se desfazer e nunca mais o irão atrapalhar.

Sei o que também pode lhe ter acontecido. Sua figueira pode ter secado desde a raiz. Como ela costumava ostentar grande quantidade de folhas! Você era uma ótima pessoa. Pode não ter dado nenhum fruto para Deus, mas que belas promessas fez — que decisões grandiosas tomou! Que excelente fariseísmo demonstrou! Contudo, o poder da vontade de Deus o secou desde a raiz. Agora o poder idêntico do seu evangelho, pelo Espírito, há de remover todas as montanhas que se erguem entre você e ele, lançando-as nas profundezas do mar. Então, você se regozijará nele!

Deus chama o pecador que se arrepende para tarefas e obrigações além de sua própria capacidade natural e que requerem, na verdade, o poder do Senhor, para capacitá-lo a cumpri-las. Mesmo quando ainda chamado a se arrepender, confiar e vir a Cristo, o pecador precisa que a Trindade o ajude a fazer isso. A trindade irá capacitá-lo, levando-o a receber graça para poder obedecer com fé. Tenha fé em Deus, portanto, e não desfaleça nem em face do maior desencorajamento. Mas, mesmo depois de irmos a Cristo, quase sempre não julgamos tarefa fácil continuar a nos apegarmos a Deus. Vocês que têm crido nele e são salvos certamente clamam com frequência: "Ó frágil e falho mortal eu sou! Como algum dia alcançarei a perfeição? Como me libertar do pecado que assombra minha imaginação e me atormenta o coração? Que céu de êxtase posso conhecer sem que a minha alma seja purificada de cada uma de suas manchas?" É bem verdade que não existe felicidade perfeita sem que haja santidade perfeita. Todavia, pela fé, o crente pode buscar ambas. "Mas", ouço você perguntar; "minha ignorância não atrapalha meu caminho?" Tenha fé em Deus, e você será plenamente ensinado sobre ele. Então essa obscura montanha desaparecerá. "Mas a minha velha corrupção está também no meu caminho. Ela se interpõe entre mim e cada progresso em graça que eu poderia fazer." Tenha fé, e você descobrirá que Deus há de retirar seu coração de pedra e o encherá de virtude e vitalidade. "Mas e as provações e tentações de cada dia, como as suportarei?" Você, de fato, não pode suportá-las sozinho; são demais para você. Mas tenha fé em Deus, e, então, por mais ferozes que sejam essas tentações, você conseguirá a elas resistir, pois o poder de Deus é suficientemente capaz de sustentá-lo. Ainda que uma legião de demônios o tente ao mesmo tempo, tenha fé em Deus, e eles serão postos para correr. Você terá graça de Deus bastante a lhe servir de apoio.

"Ah", diz outra pessoa, "você não conhece minha provação!" Não, meu amigo, nem você conhece a minha. Mas de uma coisa tanto você quanto eu podemos ter certeza: aquele que tomou medida da nossa provação, pois todas elas são medidas e pesadas por ele até a última fração, sabe perfeitamente como nos fortalecer para que possamos suportá-la. Devemos ser capazes de dizer à montanha de provação: "Saia!", tão certo quanto podemos ordenar à figueira infrutífera: "Seque!" Levante-se, ó bichinho de Jacó, trilhe os montes e os moa; sim, transforme-os como a pragana, e o vento os levará! Confie tão somente no poder e na divindade eternos e não haverá nada entre a terra e o céu que possa vir a lhe causar qualquer

A MORAL DE UM MILAGRE | 555

temor. Se estivermos sem Deus, tropeçaremos até em uma palha, mas, se Deus for conosco, quem ou o que poderá estar contra nós? Mesmo que, com nossa vida se prolongando até idade avançada, nossos ossos se enchessem de dor e nossa carne de mil enfermidades; mesmo que passássemos anos sobre um leito de dor, acompanhados de pobreza, mesmo assim se tivermos fé em Deus cantaremos bem alto no leito e louvaremos o Senhor por causa do seu poder derramado sobre nós. Vocês e eu não somos chamados como soldados para um desfile de gala, a fim de exibirmos nossos melhores trajes e adereços regimentais. Somos chamados a lutar. E devemos fazê-lo, se pretendemos vencer com Cristo. Não se enganem; vocês são chamados para operar milagres — milagres morais, milagres espirituais. Chamados para operar grandes maravilhas entre a terra e o céu. Encarem o seu chamado, irmãos, e , se atentarem bem, verão que nada os poderá ajudar a cumpri-lo, a não ser o poder divino.

Tanto quanto isso é verdade em relação à nossa vida espiritual, estou certo de que o é também no que diz respeito à tentativa de conquistarmos almas para Cristo. Quem busca levar uma alma a Cristo alcança resultados que nenhuma genialidade ou capacidade humana seria capaz de obter. Não tem paralelo o poder que Deus deposita sobre o homem para fazer dele o meio de converter um pecador das trevas para a luz. Se um homem me dissesse que estancou as cataratas do Niágara com uma palavra, eu não lhe invejaria o poder se Deus me permitisse apenas deter um pecador em sua louca relação com o pecado; se uma criatura conseguisse pôr o dedo sobre o Vesúvio e extinguir-lhe as chamas, eu não lamentaria o fato de não ter o mesmo poder desde que me fosse dado ser o meio de deter um blasfemo e conseguir ensiná-lo a orar. O poder espiritual é o maior imaginável e o mais desejável. Se qualquer um de nós pretende ser útil, só será bem-sucedido se detiver esse poder divino, pois sem a ajuda divina e onipotente não temos como produzir nenhum resultado de cunho espiritual. Você pode ler ou pregar um sermão, ou ouvir seu filho ler na classe de escola dominical sem a ajuda de Deus, sem que nada resulte disso. Para que haja pregação viva e ensinamento vivo, que de fato conduza almas a Cristo, a obra toda, do princípio ao fim, terá de ser realizada sob o poder do Espírito Santo. Vejam, então, o que é o seu chamado, irmãos. Vocês deverão ter esse poder que fala à figueira e ela seca; poder para falar a uma montanha e arrancá-la do lugar pela base. Nada menos do que isso é que verdadeiramente deverá equipá-los para a obra.

Pensem agora no assunto em larga escala, por um minuto. Somos todos chamados para tentar expandir o reino do redentor. Como cristãos, estamos deveras preocupados com o progresso da igreja e da verdade de Deus. Tenho certeza de que, nestes dias maus, não há nenhum de nós capaz de olhar para os sinais dos tempos sem sentir considerável aflição. Estou quase certo de que não é por eu estar envelhecendo que tenho hoje uma visão mais melancólica das coisas do que alguns anos atrás. Não são os meus olhos; eu vejo de fato a superstição atualmente muito mais desenfreada do que antes. A doce figueira do ritualismo estende também os seus ramos de modo incrível. Ainda há a figueira bastante especial do ceticismo, que parece ofuscar uma parte considerável da igreja de Cristo. Bem, e o que resta fazer? Nada; exceto o que nos diz o Senhor, no texto: *Tende fé em Deus* (Mc 11.22).

Se tivermos fé em Deus, deveremos falar com fidelidade e autoridade; demonstrar nossa fé pelo testemunho que trazemos — e a palavra de Deus que sai de lábios fidedignos rolará como um trovão, brilhará como um raio e atingirá seu alvo como uma descarga elétrica. Assim, ela há de repetir o efeito que sempre teve sobre frondosas figueiras infrutíferas: fará secar. Se você por acaso já leu a história do pensamento cético na Alemanha — não que eu esteja recomendando tal leitura, pois é um trabalho aflitivo e um verdadeiro aborrecimento para o espírito; mas, se você alguma vez já vadeou essas histórias de filosofia como eu, terá observado sem dúvida a presença de um pensamento se elevando como uma nuvem cheia de inquietações e cobrindo a terra com suas sombras fantásticas, até as pessoas serem conduzidas a ver tudo sob uma nova luz ou sob uma nova coloração. O poeta, o ensaísta, o crítico, recebiam dessa nova nuvem o seu crédito de inspiração, e todos os que se colocavam sob sua sombra eram dados como infalíveis. No entanto — como é inseguro o reino da sabedoria humana! —, cerca de 25 anos depois já era possível comprar todos os livros abordando essa filosofia por preço de jornal velho, pois uma nova filosofia surgira nesse meio-tempo, um sistema novo que tornava obsoleto tudo que o precedera. Os *sábios* ficam extasiados com essas coisas. Exclamam: "Eureca!" e olham com escárnio e desprezo para todos os que deixam de ecoar seu grito. Espere mais um pouco, e outro meteoro deverá lhes atrair o olhar, outro vaga-lume efêmero brilhará na escuridão. Já li a história de uma aboboreira que "numa noite nasceu, e numa noite pereceu", porém os cedros do Líbano crescem devagar e duram muito mais tempo.

Como é que imediatamente secou a figueira? (Mt 11.20), perguntaram, espantados, os discípulos. Nisso tenho eu pensado e tenho indagado também, ao ler um após outro os vários sistemas absurdos sucessivos a que chamam de filosofia ou de metafísica. *Como é que imediatamente secou a figueira?* Agora, por intermédio até de alguns dos jovens presentes aqui, vocês já devem ter visto diferentes sistemas de descrença surgindo ultimamente em diversas regiões na Inglaterra, sob os quais pensadores de nossa época (como eles se chamam), ou frívolos da hora (como podemos chamá-los melhor) têm buscado abrigo. Em determinado momento, tornamo-nos completamente errados por causa de alguma maravilhosa descoberta de ossadas antigas: a geologia nos desconcerta; então, vem outra ciência e toma precedência. Há quem já tenha vivido o bastante para testemunhar vários desses pequenos espantos. Figueiras surgem constantemente, ostentando vasta folhagem, sem nenhum fruto. Olhando para elas, que ficam para trás, podemos então perguntar: *Como é que imediatamente secou-se a figueira?* Quanto às pretensões presentes, quaisquer que sejam, temos apenas de esperar um pouco mais com confiança em Deus, e veremos essas figueiras infrutíferas secarem também. Mesmo que haja no mundo sistemas que possam parecer mais duradouros, colossais como os Alpes, com alicerces profundos como o inferno, ainda assim teremos de continuar exercitando nossa fé e clamando a Deus alto o suficiente, lançando-nos aos pés do Onipotente, e, ao falarmos com ousadia do evangelho eterno, veremos esses sistemas montanhosos sendo removidos com suas raízes e lançados no meio do mar. Essa é a questão: precisamos ter a força divina para poder fazer isso.

III. Agora, nosso Salvador nos mostra O ELO ENTRE O PODER DIVINO E O NOSSO TRABALHO.

Como adquirimos esse poder? Cremos que Deus é capaz de fazer todas as coisas. Temos visto muito da grandeza do seu poder. Como nos cingirmos dele? A resposta aqui está: "Tende fé em Deus". Tem de ser pela fé. Ou seja, pela confiança, dependência, crença em Deus. Tem de ser em Deus. Nossa fé não pode estar com uma parte em Deus e outra parte em qualquer outra coisa; mas, sim, somente em Deus. É isso que é, literalmente, *Tende fé em Deus* — a fé forjada em nós por Deus e por ele sustentada. Esta é a única fé que vale a pena.

Tende fé em Deus. "Oh, mas isso é uma coisa muito pequena", alega alguém. Sim, é mesmo. É instintivo na criança confiar no pai; mas é a graça mais rara do mundo confiar em nosso Pai que está nos céus. *Quando vier o Filho do homem, porventura achará fé na terra?* (Lc 18.8). Se alguém puder apresentá-la, ele a encontrará. Ele sabe onde está, pois é o autor, doador e sustentador da fé. Contudo, há tão pouco do seu cultivo no mundo de hoje que, mesmo que ele próprio procurasse, não encontraria muitos campos nos quais a fé cresça ou muitos corações em que viceje. Alguns de nós, porém, têm fé naquele por meio do qual somos salvos do presente mundo mau. Mas como temos motivo para ficarmos constrangidos com nós mesmos quanto à pequena fé que temos no Senhor para o fomento da sua própria obra, e como o nosso coração desanima à toa ante as nossas provações diárias! Ele já nos deu a justificação pela fé, mas a fraqueza da nossa fé ainda deverá fazer que tenhamos de nos humilhar diante dele.

Duvidar de Deus! Como isso soa monstruoso, como parece tolo, impossível até. Para o cristão experiente, à primeira vista, parece de fato incrível que um discípulo de Jesus possa duvidar de Deus. Você, meu querido irmão, que tem sido alimentado e mantido por toda a sua vida por providências singulares — você, cuja vida é tão singular que, se seus incidentes fossem todos transcritos, as pessoas olhariam para o resumo de suas experiências como não passasse de um breve romance; você, que tem visto o braço divino se revelar em seu benefício tantas vezes; você, que tem sido muitas vezes constrangido a confessar: "Minha vida, apesar de tudo, tem visto sempre renovadas maravilhas" — você duvida dele? Como pode ser isso? Ah, meu Deus! Não tem sido isso justamente a falha, o grave, o gritante pecado de muitos filhos de Deus? Por isso, nosso Senhor diz isso, dessa maneira. Não apenas nos fala de fé em Deus, mas frisa: "Tende; tende". *Tende fé em Deus.* "Tende fé sempre à mão. Tende fé ao seu redor. Tende-a para uso

A MORAL DE UM MILAGRE | 557

diário." Carregue-a com você. Alguns de vocês têm em casa uma boa âncora, mas vocês, quase sempre, a esqueceram lá quando sobrevém a tempestade no mar! Têm a fé, sim, mas guardada em algum lugar; não parecem exercitá-la no momento exato em que ela é justamente requerida. *Tende fé em Deus*. Jesus não diz quanto de fé. Não há necessidade alguma de prescrever qualquer quantidade ou limite. Tende fé *ilimitada* em Deus; tende fé diária em Deus, fé contínua, perpétua, abundante, em Deus. *Tende fé em Deus*. Esse é o elo entre a nossa fraqueza e a força divina, pela qual somos fortalecidos.

Tenha fé em Deus em relação a todo propósito e todo risco que possa surgir. Vocês viram como a figueira secou. Tenham fé acerca disso. Vocês o testemunharam. Agora, tenham fé em relação às montanhas. Não pensem que o poder de Deus se limita a secar figueiras. Tenham fé acerca tanto de coisas importantes quanto insignificantes, mais ainda acerca das coisas que neste momento os aflijam. Se vocês se sentirem capazes de crer em Deus acerca de quase tudo, exceto de uma questão em particular que neste exato momento lhes angustia a mente e interrompe sua paz, então é evidente que têm em baixa consideração ou muito mal a sua própria capacidade de crer. Sua força pode ser medida pela influência que exerce sobre você na provação presente. Ó minha irmã, tenha fé em Deus em relação àquela criança enferma em sua casa. Se seu coração está entristecido porque a vontade do Senhor deve ser feita, ele há de fortalecê-la para que creia mais em seu amor. Tenha fé também acerca daquelas simples questões familiares que lhe causam tanta irritação. Você já vem orando por elas, agora entregue sua causa a Deus e tenha fé em que ele há de atender ao seu pedido. "Mas há uma questão de profunda importância incomodando minha alma, que eu não gostaria de mencionar a ninguém", você diz. Tenha fé acerca disso e conte tudo ao seu Senhor. Não cometa o erro de sair por aí falando do seu problema para todo mundo, mas tenha fé. "Ai, mas eu estou desempregado", diz um pobre homem, lá adiante, "e por isso sofro grande opressão". Meu caro irmão, você é um crente verdadeiro? Tenha fé na solução do seu problema agora mesmo. Sei que você vai me dizer que não conheço sua provação. De fato, não conheço. Mas tampouco você conhece alguns dos problemas por que passo! E se você me dissesse para ter fé em Deus em relação a eles, eu lhe agradeceria a exortação, pois esse é o único modo que tenho de superá-los. Esse é também o único modo que você encontra para ser liberto dos seus dilemas. Que grande quantidade de problemas está aqui representada, nesta multidão reunida! Se conseguíssemos juntá-los, que tremenda montanha formariam! No entanto, se o Deus vivo recebe toda a nossa confiança, eis que a montanha inteira se desfaz! Que significa isso? Que o fardo desaparece por inteiro quando, em determinado momento, você o entrega a Deus. Possa o Senhor Deus Espírito Santo ajudar cada um de nós a ter fé ante a presente dificuldade, seja ela uma figueira, seja uma montanha.

Não sei o que alguns de vocês fazem que não têm um Deus em quem confiar. Alguns acham que é porque são muito pobres e precisam sofrer um bocado nesta vida, sem nutrir nenhuma esperança nem para a vida vindoura. Ah, pobres almas, que o Senhor tenha misericórdia de vocês. Outros parecem passar pelo fogo e pela água aqui embaixo sem, no entanto, ter também céu algum em perspectiva, nenhuma esperança no futuro. Vejam, então. Que meu Deus lhes conceda fé em Cristo para que não haja montanha alguma entre vocês e ele, mas para que passem a estar com ele onde ele estiver quando chegar a hora da partida.

IV. Concluo com o meu quarto ponto, que é O ELO ENTRE O PODER DIVINO E NÓS.

Para usar uma figura simples: lembrem-se de como Benjamin Franklin, ao descobrir a existência de eletricidade nas nuvens, mais que depressa empinou uma pipa e trouxe para baixo um raio. Pois bem. Sabedor da existência do poder eterno de Deus lá em cima, preciso somente fazer que minha fé suba às nuvens e traga abaixo o poder divino para mim. Se tiver fé suficiente, posso conseguir qualquer quantidade de poder. *Seja-vos feito segundo a vossa fé* (Mt 9.29). Você provavelmente é fraco porque a sua fé não tem sido um bom condutor entre você e a força eterna. Se tivesse melhor fé, seria impossível determinar quão forte você poderia ser. Não há como dizer do que um homem é capaz se sua fé crescer, conforme a ocasião. Em Sansão vemos o resultado da força física em um homem que confiava em Deus. Esse homem, Sansão, muito embora imperfeito sob muitos aspectos, tinha uma enorme confiança em Deus como dificilmente alguém já teve. Mil filisteus bradavam contra ele, mas que importância tinha isso para aquele menino grande que era Sansão quando o Espírito do Senhor viesse, como sempre vinha, com poder sobre ele? *Com a queixada de um jumento montões e mais montões! Sim, com a queixada de um jumento matei mil homens* (Jz 15.16), iria ele gabar-se. Ó fé gloriosa! Assim devemos nos sentir. "Nada sou, mas Deus é comigo; por isso, sigo em frente, intrépido, sem me abater." Se a terra estiver toda contra nós, isso não importa, se Deus estiver conosco. Mesmo que haja uma minoria de um, mas este um for Deus, estamos, na verdade, em maioria, pois Deus é tudo, e todas as pessoas do mundo nada são diante dele.

O Senhor nos fornece indicações quanto ao modo correto de usarmos nossa fé. Primeiro, empregá-la para banir toda dúvida que resista em permanecer. *Qualquer que disser a este monte: Ergue-te e lança-te no mar; e não duvidar em seu coração, mas crer que se fará aquilo que diz, assim lhe será feito* (Mc 11.23). Deus não pode abençoar as palavras de um homem que está cheio de dúvidas sobre o poder divino. Livre-se da dúvida. O falso evangelho, pregado na atual metade do século XIX, chama-se "dúvida". Ele não diz: *Serás salvo* (Mc 16.16), porque não vê a necessidade nem a possibilidade imediata de salvação. Esse evangelho, que é pregado aos borbotões em nossos locais de adoração, afirma: "Duvide, duvide. Não seja como aqueles primeiros e extintos puritanos, que criam na inspiração da Bíblia para se apegar a doutrinas ultrapassadas e desacreditadas. Seja homem, duvide". Com tanta dúvida, tais pregadores, em breve, acabarão se vendo em situações as mais difíceis e embaraçosas. Duvidarão até o momento em que suas igrejas começarem a ficar vazias. Estão afugentando as pessoas de si mesmos, e é natural que isso aconteça, pois a dúvida é uma terrível e horripilante experiência. Mas, irmãos, você e eu temos de fazer exatamente o contrário. Precisamos trazer à tona cada dúvida que ainda paira em nosso coração, removê-la e lançá-la fora. Dúvida! Quando alguém estiver prestes a desferir um golpe de dúvida em sua fé, é ela que deverá paralisá-lo. Dúvida! Até mesmo a menor dúvida é como uma pedrinha no sapato do andarilho: pode impedi-lo de caminhar. Embora pequena, é melhor passar uma semana tentando eliminá-la do que seguir em frente com ela. Assim também, você deve tirar a dúvida, por menor que seja, de dentro do seu coração, pois, a não ser que creia inteiramente, nunca fará uma boa viagem para o céu, nunca será forte no Senhor. Imagine só Martinho Lutero tomado de dúvidas enquanto seguia para enfrentar a inquisição em Worms! Ou sem muita certeza sobre a justificação pela fé enquanto respondia àquela arguição! Imagine-o agitado por dúvidas quando sua própria vida estava em jogo, no confronto com os poderes do mundo em nome de Deus! A dúvida teria sido sua ruína. Vamos dar caça ao espírito da descrença para expulsá-lo. O Senhor nos ajude a agir assim e sermos sempre cheios de fé.

Outra sugestão que o Salvador nos dá é estarmos em oração, porque é pela oração que a fé em Deus se exercita. *Tudo o que pedirdes em oração, crede que o recebereis, e tê-lo-eis* (Mc 11.24). Muita oração, do tipo que crê, deve ser oferecida pelo discípulo autêntico e confiante, pois é o clamor da fé, ou seja, a verdadeira oração, que toca o coração do grande Pai, e ele se sente estimulado a conceder aos filhos seus desejos.

Uma sugestão mais. Devemos cuidar para que sejamos purificados do que de fato poderia impedir que a oração fosse ouvida. "Se eu tivesse guardado iniquidade no meu coração, o Senhor não me teria ouvido." Se você quer o poder de Deus a cingi-lo, precisa se livrar de toda maldade no seu coração. Precisa perdoar seu irmão. Todo egoísmo e falta de caridade devem ser erradicados do seu peito, ou do contrário o Senhor não terá como lhe confiar seu poder. Se você fosse deter um poder despótico, relacionado a uma disposição impiedosa, não apenas iria amaldiçoar a figueira sem folhas como seguiria amaldiçoando tudo e qualquer coisa que lhe contrariasse o gosto. Se fosse dotado de todo tipo de poder, não significaria ser você objeto da misericórdia divina, mas, sim, alvo de infinita miséria, por não participar da mente de Cristo. Se você não tivesse em seu coração infinita pureza e benevolência, o poder seria uma coisa muito perigosa a lhe ser confiada. O Senhor só concede poder a seus filhos na proporção em que conheçam sua vontade e se esforcem por realizá-la. Quando se tornam inteiramente como ele, até suas orações, antes demonstradoras de fraqueza, passam a ser glorificadas em poder.

O pecado, enfim, é terrível e debilitante: enfraquece e prostra o homem por completo. Se houve qualquer tipo de pecado tolerado pela vontade — se houver um desejo ardente, uma cobiça no eu — e

A MORAL DE UM MILAGRE | 559

se pensarmos que o poder, quando obtido, poderá ser usado para nosso próprio prazer, lucro ou honra, o poder não virá, será impossível Deus concedê-lo sob tais condições. Você não irá remover montanha alguma até que, antes de mais nada, a montanha do seu egoísmo seja removida e lançada no mar.

Ó Senhor, purifica teus vasos e então os enche. Limpa os instrumentos da ferrugem e então os usa. Aqui estamos nós, diante de ti. Bendito seja o teu nome, tu nos salvaste. Prepara-nos para sermos úteis em tua causa e em teu reino, pobres e indignos que somos. Tu então serás honrado em nós e por nosso intermédio, para sempre. Amém.

POR QUE NÃO EU?

E eis que veio um leproso e o adorava, dizendo: Senhor, se quiseres, podes tornar-me limpo. Jesus, pois, estendendo a mão, tocou-o, dizendo: Quero; sê limpo. No mesmo instante ficou purificado da sua lepra (Mt 8.2,3).

Mateus narra este milagre logo após transcrever o Sermão do Monte. É provável que um pequeno intervalo de tempo tenha se interposto entre um fato e outro, durante o qual nosso Senhor pregou em Cafarnaum e curou o povo nas ruas, conforme acabamos de ler no primeiro capítulo de Marcos. Não era certamente a intenção de Mateus dispor os acontecimentos em ordem cronológica exata; tinha outro objetivo em vista. Assim, depois do Sermão do Monte, descreve milagres fantásticos, como que para nos expor que *as palavras do nosso Senhor eram confirmadas por suas obras*. Nosso Senhor mostra-se poderoso tanto em palavras quanto em feitos. Seu reino se revela não só na verdade, mas em poder. Operava milagres para permitir aos homens ver com os próprios olhos que o poder de Deus estava sobre ele e ter certeza de que falava com autoridade divina. Hoje, amados, ainda é assim. O poder se propaga pela pregação do evangelho. As palavras do Senhor Jesus são espírito e vida, cheias de autoridade em si mesmas. Temos de aceitá-las com fé imediata. No entanto, por sermos tardios em crer, o Senhor continua a operar tanto quanto a falar. Seus sinais, que depois acompanharam os apóstolos, podem ainda ser facilmente percebidos: olhos cegos são iluminados; ouvidos surdos, abertos; corações de pedra, convertidos em carne; mortos no pecado, ressuscitados. À proclamação da doutrina da graça, segue-se a conversão, pois a palavra tem poder. Temos testemunhado maravilhas do poder regenerador em nosso meio, amados, e somos, por isso, constrangidos a crer mais e mais em Jesus. Bendito seja o poder divino, que confirma a palavra! Jesus só se torna conhecido na plena autoridade de sua palavra depois que o Espírito Santo faz sentir a glória de sua obra em nosso coração. Temos a palavra, mas oramos pedindo mais e mais da palavra. O Senhor nos fala com graça pelo ministério do evangelho. Oh, que ele opere agora também em nós, para sua própria glória!

Ao falar nosso Senhor, *suas palavras alçavam voo tal que atingiam grandes distâncias*. Era ouvido não somente pelo grupo mais próximo, composto de seus discípulos e da grande multidão reunida à sua volta, mas suas palavras eram levadas com o povo ao retornar a suas cabanas nos montes ou suas residências junto ao mar. Voavam para o exterior como pombas com asas revestidas de prata, pousando nos lugares mais longínquos. E tão marcantes, que não se podia esquecê-las; tinham tamanha força em si mesmas que se entremeavam de maneira poderosa na mente e no coração dos homens, sendo repetidas por quem quer que as ouvisse.

Em meio a tantos ouvintes, chegaram as palavras do Senhor Jesus a um pobre leproso, que vivia sozinho fora dos muros da cidade. Sabemos pouco a seu respeito. Nem seu nome. Contudo, até ele chegaram as boas-novas de um Salvador. Ele passava a maior parte do tempo solitário, mendigando, pois não podia dedicar-se às atividades normais dos homens, ganhar o próprio pão com seu trabalho, como os demais. A doença mais desesperançosa estava sobre ele, e não havia quem quer que pudesse ajudá-lo em seu tremendo sofrimento e sua terrível aflição. Ouvira falar de Jesus e até, quem sabe, à margem da multidão, o tivesse ouvido pregar. Sentia haver algo divino no pregador que falava como nenhum outro homem jamais falara. Isso despertou em seu interior a esperança e, por isso, foi até Jesus — que o curou. Qual o

POR QUE NÃO EU? | 561

nome de sua família, sua história pregressa, não sabemos. Aparece somente listado entre os anônimos famosos da terra, cujos nomes estão registrados nos céus.

Assim também, nenhum de vocês aqui presente sabe até onde a palavra de Deus voará hoje. Pode ser a bênção para algum esquecido ou solitário, que nela encontrará a misericórdia do Senhor. Nossa congregação é composta de pessoas de todas as condições de vida, de toda parte. Nela existem especificidades de caráter inteiramente desconhecidas deste pregador. O Senhor, no entanto, abençoa a todos os que ouvem sua palavra. Deus é que os traz para junto de si. Além disso, considerando que a palavra aqui proferida é uma repetição da Palavra do próprio Cristo, que é o mesmo evangelho que Jesus pregou, esperamos que voe também para bem longe, tenha longo alcance e convoque muitas almas enfermas pelo pecado a comparecer aos pés do médico dos médicos. O Senhor assim o conceda!

Como tenho pregado constantemente sobre esse mesmo leproso, vocês certamente já conhecem bem a história. Devem até se perguntar por que eu haveria de falar nele outra vez. Faço isso para poder discorrer mais detalhadamente sobre um aspecto específico da narrativa, que creio ser capaz de encorajar mais almas a se achegarem a Jesus. Tenho em mim uma sede ardente de salvação das almas. Onde está o homem ou a mulher que me dará de beber hoje, vindo ao meu Senhor?

Notem o objetivo específico da frase no texto bíblico, ao dizer: *E eis que veio um leproso*. Sobre isso tenho a dizer, em primeiro lugar, que *ele veio por conta própria*. Em segundo lugar, que *veio sozinho*, não tendo amigos para incentivá-lo nessa aventura. Em terceiro lugar, *que foi altamente recompensado por ter vindo*.

I. Em primeiro lugar, então — e é este o ponto principal de nossa conversa, esta manhã — ELE VEIO POR CONTA PRÓPRIA. Leia nas Escrituras os milagres de Cristo e você se surpreenderá ao perceber que as pessoas eram quase sempre *conduzidas* até ele. Uma mão amiga conduzia um cego, ou os pequeninos, e houve até quem fosse *levado* a Cristo, no sentido literal do termo: lemos sobre um paralítico que foi *carregado por quatro* (Mc 2.3), que o baixaram, com o auxílio de cordas, por uma abertura feita no teto do lugar onde Jesus se encontrava. Os que não podiam ser conduzidos, o Senhor ia ao encontro deles, quer estivessem em um leito quer esperando junto a um tanque. Contudo, eis o caso de um homem que veio por conta própria, sem ajuda de ninguém.

Quero que vocês observem bem esse fato, pois estou convencido de que temos em nosso meio muitos que não contam com pessoa alguma para levá-los a Cristo, nem para orar por eles, convencê-los, exortá-los ou rogar-lhes que aceitem Jesus. Ainda assim, podem perfeitamente se achegar ao Senhor, por força de operação direta do Espírito Santo sobre sua alma. São os que geralmente ficam do lado de fora do muro, vivendo do outro lado, além da linha do empenho comum cristão. Mas que não estão, nem por isso, de modo algum, fora do alcance da graça divina. Esse leproso veio por conta própria. Sem que ninguém o chamasse ou incentivasse a ir, encheu-se de coragem e, conforme está registrado como se fora algo admirável, *eis que veio um leproso e o adorava*.

Observe bem que este homem *tinha toda a certeza de que seu caso era dos mais terríveis*. Não pretendo descrever os horrores da hanseníase. Em outras oportunidades, já a temos visto como um símbolo, estabelecido por Deus, do pecado. Verdadeira morte em vida, fonte de dor, desgraça e miséria, sofrimento, humilhação e aviltamento, o mesmo vale para o pecado. A medicina de hoje não afirma com exatidão se a chamada lepra é sempre ou não infecciosa; acredita-se que seja contagiosa até certo ponto. O problema é que, em Israel, particularmente, não parecia haver propriamente uma razão higiênica premente pela qual os leprosos devessem ser excluídos da sociedade. O Senhor, porém, querendo fazer da lepra, sob a antiga teocracia, o retrato do pecado, ordenou que quando alguém se tornasse leproso deveria ser considerado tão impuro que toda pessoa ou coisa que nele tocasse se tornaria impura também. Com isso, a aproximação do leproso era bastante temida. Era visto, além disso, como um morto em vida, e o seu caso, sem qualquer esperança, algo assim fora do alcance da ajuda humana. Lembrem-se de como o rei de Israel exclamou, quanto ao leproso que lhe fora enviado pelo rei da Síria: *Sou eu Deus, que possa matar e vivificar, para que este envie a mim um homem a fim de que eu o cure da sua lepra?* (2Rs 5.7). A recuperação de um leproso era vista como verdadeiro prodígio, um retorno à vida, uma ressurreição dos mortos.

Esse homem sabia, portanto, e melhor até do que qualquer pessoa, em que estado desprezível e repugnante se encontrava. Sua enfermidade era o seu cartão de visitas. E se a lepra já é horrível de se ver, como será senti-la? Se já é terrível de descrever, como será suportá-la? Esse homem sabia, além disso, que chegara ao último estágio da sua enfermidade. Lucas o descreve como *um homem cheio de lepra* (Lc 5.12). Chegara ao fim: a doença já o tomara todo e se tornara mais que evidente sobre ele. Sua pele era repugnante, suas juntas estavam quebradiças. É bem provável que alguns de seus dedos, dentes e cabelos não existissem mais. Sabia, enfim, que em breve morreria. Tal era esse espectro de morte ambulante acerca do qual lemos que veio até Jesus e o adorava. Ele não se deixou deter nem pelo fato de estar desesperadora e asquerosamente enfermo, quase morto, para se achegar ao Senhor, adorá-lo e pedir sua misericórdia.

Aprendamos bem esta lição. Oro com toda a sinceridade para que alguma pobre alma culpada, consciente do pecado, horrorizada consigo mesma, possa agora se aventurar a vir a Jesus. Embora sinta uma imunda enfermidade espiritual em seu interior e receie que já haja atingido seu pior estágio, queremos encorajar essa alma a se aproximar daquele que é o único capaz de purificá-la de imediato e salvá-la. Se você é esse que se sente repugnante e corrupto, ou, pior ainda, endurecido e insensível de consciência, venha mesmo assim a Jesus, para ser curado! Mesmo que seja aquele ser descrito em um conhecido hino como alguém que tem "aversão a si mesmo", venha ao Senhor: ele não tem aversão alguma a você. Venha de uma vez e diga, como o leproso: *Senhor, se quiseres, podes tornar-me limpo.* Venham os casos mais desesperadores, os casos para os quais parece não haver mais esperança alguma. Rogo ao Senhor que assim seja. Ó meus irmãos em Cristo, eu lhes suplico, orem comigo para que esses venham!

Observem agora, com relação ainda a esse homem, que *as outras pessoas o haviam abandonado, como um caso sem esperança*. Elas passavam ao largo, bem distantes dele. Ele mesmo tinha a obrigação de adverti-las para ficarem longe dele, gritando *Imundo, imundo!* (Lv 13.45). Para o hanseniano, o doce sabor da amizade e todas as consolações da vida doméstica haviam se tornado então proibidos e desconhecidos. Era um pária, um lixo da sociedade. Se os sacerdotes o haviam examinado e declarado impuro, a partir daí estava oficialmente banido do meio dos homens. Existirá alguém assim, semelhante, aqui, agora, à minha frente? Seus parentes, seus amigos, se afastaram de você? As pessoas da sociedade o evitam? Oh, que você tenha graça e fé para vir a Jesus exatamente tal como está, atirar-se a seus pés e adorá-lo. Pois pode ter a certeza de uma coisa: ele tem poder para torná-lo puro e lhe dar um nome e um lugar entre o seu povo. São exatamente os desesperançados e os desesperados como você que Jesus veio salvar e quer salvar.

Ninguém podia ou se disporia a levá-lo a Jesus. Era asqueroso demais para ser tocado. Estava em um estado avançado demais da doença para ser objeto de esperança. Aqui e ali, encontramos pessoas que desapontaram seus amigos com tanta frequência que não admira o fato de agora preferirem mantê-las à distância. Até uma mãe amorosa já disse: "Nós o colocamos à prova várias vezes, mas não adianta. Não podemos mais ajudá-lo, ele acabou se desgastando com a família". O pai só falta orar para esquecer esse filho pródigo, e o irmão mais velho não quer mais vê-lo. É muito duro quando se chega a esse ponto, mas casos assim existem. Há no mundo homens de quem a sociedade está cansada. O libertino insiste em importunar pessoas bondosas e tolerantes até que todo mundo se cansa desse tipo de indivíduo incapaz de praticar o bem. Todos têm a impressão de que, caso se associem a ele, serão suspeitos do mesmo vício. Julgam-no menos adequado para um reformatório e mais digno de uma prisão. Ninguém argumenta com ele, ninguém mais suplica nem ora em seu favor. Flutua sobre o oceano da vida como destroço abandonado de um navio. Acaba se tornando um pagão, e até sua irmã, antes tão afetuosa, acostumada a argumentar com ele cheia de lágrimas nos olhos, agora dá de ombros quando dele se aproxima. A linguagem dele tornou-se tão sarcástica e blasfema que a moça não o suporta mais.

Mas agora justamente que ninguém mais se importa com a sua alma, como eu anseio que você mesmo, pecador, se importe com ela! Oh, que você tome a decisão singular e salvadora de ir por conta própria ao Senhor Jesus, frustrando assim todas as profecias nocivas que têm sido proferidas contra você! Pobre alma! Por que você há de perecer? Por que há de morrer? Se houver uma pessoa assim aqui, neste momento, oro do fundo da minha alma para que possa agora, com absoluta determinação, vir a Jesus! Ó

POR QUE NÃO EU? | 563

anjos, que vocês tenham motivo neste instante para exclamar de novo *Eis que veio um leproso e o adorava!* (Mt 8.2). Há uma mão que de bom grado conduzirá você a Jesus — eu a estendo em sua direção, nesta manhã. Ainda existe um coração capaz de argumentar para que você busque a salvação. Mesmo que não haja outro no mundo, ainda assim venha, do jeito que você está, e apresente a sua miséria ao Senhor de misericórdia! Os homens podem já ter formulado a sua sentença de morte, mas o Senhor Jesus não a assinou. Não pode, portanto, ser executada. Eles o chamam de pária, mas o Senhor chamou a si os párias de Israel. Sua longanimidade em lhe poupar esta vida significa a promessa de sua salvação.

Enquanto a lâmpada ainda queimar,
o mais vil pecador pode voltar.

Venha, então, com todo o seu pecado sobre si, arrependa-se de suas transgressões, creia em Jesus e você será limpo.

No caso do leproso, *não havia precedente semelhante a encorajá-lo*. Tudo indica que nosso Senhor não havia curado leproso algum até então. Não havia antes outro caso igual. O Ser bendito tivera de lidar com muitas enfermidades, mas ainda não deparara com *um homem cheio de lepra*. Quando muitos são os precedentes, forma-se uma espécie de estrada pavimentada a se percorrer. Esse homem, porém, teve de abrir uma vereda própria. Podemos, por exemplo, argumentar: "Meu pai e meu irmão vieram a Jesus e foram salvos; por que eu não poderia?" Esse homem, porém, não tinha como usar tal argumento. Fico imaginando se essa pobre criatura tivesse podido ouvir o que Jesus disse na sinagoga em Cafarnaum, creio que pouco tempo antes: *Muitos leprosos havia em Israel no tempo do profeta Eliseu, mas nenhum deles foi purificado senão Naamã, o sírio* (Lc 4.27). Imagino que pudesse, então, ter extraído algum tipo de conforto dessa frase. Mas não. Teve de abrir seu caminho somente com fé e ousadia e ser, assim, o primeiro leproso a se aproximar de Jesus. Ó meu caro ouvinte, se você acha que nunca um pecador como você foi salvo antes, seja ousado então em abrir caminho! Ouse se aproximar do Senhor vivo, capaz de purificá-lo; não perca a esperança, mesmo que jamais tenha ouvido falar de outro pecador como você que haja sido perdoado.

Quanto à maioria aqui presente, meus queridos ouvintes, vocês e o leproso têm um ponto discordante a partir deste momento. Ele não contava com precedente algum, enquanto vocês têm diversos. Sabem que Cristo tem salvado pecadores por todo o seu ambiente em derredor. Há quem vocês provavelmente conheçam que tem o caso de um irmão que costumava ser tão pecador quanto vocês e se converteu. Ou já ouviram seu próprio pai contar como ele se desviou dos caminhos de Deus e o Senhor o trouxe para junto de si. Muitos de nós aqui presentes podemos também lhes assegurar que *este recebe pecadores* (Lc 15.2), pois ele *nos* recebeu. Podemos testemunhar, com toda a intrepidez, que ele detém abundante poder para salvar, pois assim o tem manifestado plenamente para nós. Com base nesses precedentes, de que o Senhor Jesus tem salvado muitas e muitas pessoas como você, achegue-se a ele, então, eu lhe peço, e comprove que ele é o mesmo hoje e sempre. Se você é um alcoólatra, saiba que muitíssimos bêbados têm sido resgatados de seu vício degradante. Você é um ladrão? Considera-se um mentiroso? Não respeita Deus? Assim também fomos alguns ou muitos de nós; mas fomos lavados e purificados pelo seu poder. Sim, mesmo que você seja um adúltero, tenha sido um assassino — poderia dizer coisa pior? —, saiba que *Todo pecado e blasfêmia se perdoará aos homens* (Mt 12.31). Homens da pior espécie têm sido salvos. Venha, portanto, ao Senhor com toda a confiança, como esse leproso, e deposite sobre ele sua fé.

Além disso, *esse homem não tinha nenhuma promessa especial para si*. Não sei de que Jesus haja dito em algum momento: "Vinde a mim, vós, os leprosos, e eu os curarei". Desconheço que algum apóstolo seu tenha sido enviado a pregar dizendo: "Vinde a Jesus, todos os leprosos, e ele os limpará". Não há promessa alguma nesse sentido, exceto somente pelo fato de nosso Senhor ser, em si mesmo, uma promessa consolidada. O próprio fato de ele ter estado aqui embaixo já é uma verdadeira cadeia de montanhas de promessas para a nossa humanidade caída. Sem qualquer promessa verbal especialmente para si, portanto, esse leproso avançou e disse: *Senhor, se quiseres, podes tornar-me limpo* (Mt 8.2).

Meus caros ouvintes, não posso dizer a nenhum de vocês que não venham a Jesus por não haver promessa alguma para vocês. Muito pelo contrário. Se não houvesse nenhuma promessa, eu os exortaria a buscar misericórdia como fizeram os ninivitas, quando se perguntaram: "Quem sabe se voltará Deus...?" Mas as promessas para vocês são tão abundantes quanto as estrelas. *Deixe o ímpio o seu caminho, e o homem maligno os seus pensamentos; volte-se ao Senhor, que se compadecerá dele; e para o nosso Deus, porque é generoso em perdoar* (Is 55.7). *Mas o que as confessa [suas transgressões] e deixa, alcançará misericórdia* (Pv 28.13). *Quem crer e for batizado será salvo* (Mc 16.16). *Crê no Senhor Jesus e serás salvo* (At 16.31). Você não se sente atraído por essas promessas? Consegue deixar de vir quando uma palavra dessas surge à sua frente: *O que vem a mim de maneira nenhuma o lançarei fora?* (Jo 6.37). A bendita doutrina da eleição não é um obstáculo para você, pois todos que se achegam a Jesus são eleitos. A verdade sagrada do novo nascimento não exclui você, pois aquele que crê é nascido de novo. Eu lhe peço, venha e se apresente ao grande curador, e ele não o lançará fora.

Mais ainda, *esse homem não teve convite algum*. Nosso Senhor não o chamou. Mas, além de ele nunca haver dito "Vinde, leprosos, vinde e sereis curados", ninguém mais convidou esse leproso ou ordenou--lhe que viesse, ninguém o convenceu disso, ninguém o animou e muito menos o compeliu a vir. Por si mesmo, levado por um impulso divino, desconhecido de todos, resolveu vir e se descobriu bem recebido, apesar de não ter sido expressamente chamado. Já vocês, ouvintes queridos, não posso dizer que não tenham sido convidados, pois estamos sempre clamando: *Venham, vocês que estão cansados e sobrecarregados* (Mt 11.28). Venham, pois Jesus está chamando. *E o Espírito e a noiva dizem: Vem.* [...] *E quem quiser, receba de graça a água da vida* (Ap 22.17). Os convites de misericórdia são aqui despachados em ampla escala, uma vez que somos chamados a pregar "o evangelho a toda criatura". *E quem quiser, receba...* (Ap 22.17). Sim, aqueles dos caminhos e valados serão incentivados a vir e entrar. O que mais dizer? Se vocês continuam perdidos, não será por falta de convite. Se derem as costas a Cristo, não poderão alegar, no inferno, que não foram instados a se achegar a ele. Eu lhes suplico, portanto, a virem a Jesus como fez esse leproso e oro para que o Espírito Santo torne minha súplica eficaz em vocês.

O leproso foi, sem dúvida, muito ousado ao vir a Jesus, sem ter ninguém a encorajá-lo, muito menos a chamá-lo, pois naturalmente ele mesmo *se sentia inferiorizado, humilhado, isolado em meio à multidão.* Foi ousado porque, para ele mesmo, não tinha direito algum de estar ali. Será que alguém aqui, esta manhã, olhando ao seu redor, nesta grande plateia, sente-se compelido a dizer: "Aqui estou eu, um estranho para todo mundo. Ninguém me conhece, mas, se conhecesse, não se associaria a mim. Sinto-me deslocado no meio do povo de Deus"? Você está em luta consigo mesmo sob um terrível senso de pecado? Tem-se curvado ao peso da própria indignidade? Sente-se perdido na multidão? A multidão a rodear Cristo não merece grande nota no texto bíblico em foco, mas é a aproximação do leproso do Senhor o fato mais notável, uma cena digna de se observar. Por isso, a palavra "eis": olhe só quem está vindo a Jesus! Sim, é um leproso, e ousa vir! A multidão abre caminho, constrangida, enojada, e o leproso se lança aos pés de Jesus, tendo o amor e o poder infinitos se curvado então sobre ele! Ó meu amigo, você não quer vir correndo para isso, neste momento? Você não precisa nem se levantar ou fazer qualquer outra demonstração explícita, mas pode, em espírito, se curvar aos pés do nosso Senhor. Oh, que o Espírito de Deus mova você a vir a Jesus agora! Não dê maior importância à multidão. Você está isolado pelos seus próprios sentimentos; seu coração quebrantado o levou a uma condição solitária. Venha a Jesus antes que a multidão se disperse. Os anjos o verão, os demônios também, mas venha mesmo assim. Oh, se eu pudesse gritar: "Eis que ele veio"! Eis que veio um pecador que, de uma vez por todas, neste momento e neste lugar, se lançou aos pés de Jesus! Conceda-nos isso, ó Deus! Ó Deus Espírito Santo, opera, e opera agora, nós oramos, e ao nome de Jesus seja dada glória para sempre!

Foi este o nosso primeiro tópico: o leproso veio por conta própria, mesmo sem ninguém para ajudá-lo ou encorajá-lo.

II. Em segundo lugar, O LEPROSO VEIO SÓ. Uma situação diferente da dos dez leprosos que vieram a Jesus em grupo, acerca dos quais ele perguntou ao único que voltou para agradecer: *E os nove, onde estão?*

(Lc 17.17). É fácil ir para onde alguns outros também vão, mas é muito difícil ir sozinho. Muitas pessoas são capazes de fazer muita coisa, e de imediato, na companhia de outras; mas nunca se aventurariam a fazê-las individualmente. Só existe um como você, meu ouvinte. Quando esse único um se sente então repudiado, repugnante, vil, é bastante ousado de sua parte vir a Jesus sozinho. No entanto, confio em que você o fará.

Aqui, gostaria de ampliar um pouco o tema, observando, em primeiro lugar, que, sem dúvida, *o leproso analisou o problema sozinho*. Estando sempre só, meditou no que ouvira a respeito do grande pregador. Levou em consideração tanto sua doutrina quanto seus milagres e tirou suas próprias conclusões. Há sempre esperança para o homem quando começa a meditar sobre o Senhor Jesus. O problema de muitos ouvintes do evangelho é que começam a refletir sobre a Palavra enquanto a ouvem, mas não fazem mais nada disso depois que vão embora. Esse homem considerou toda a questão com honestidade e esperança, dela extraindo uma conclusão sólida, clara e prática para sua vida. Não se contentou com uma teoria geral abarcando o mundo inteiro, mas, sim, descobriu uma verdade que particularmente lhe dizia respeito.

Deste modo, *chegou à conclusão de que nosso Senhor era onipotente para curar*. Observem bem que ele chegou a essa conclusão no que se referia especificamente a si mesmo. Foi por acaso tal conclusão "Senhor, se quiseres, podes purificar os *leprosos*"? Não, foi algo bem pessoal: a de que Jesus poderia salvá-*lo*, ou seja, *até ele*. Durante muito tempo, acreditei que Cristo podia salvar meus irmãos e irmãs — nunca tive dúvida a esse respeito. Nunca duvidei do poder do nosso Senhor para salvar qualquer pessoa. Até pensar em mim mesmo. Então, me pareceu ser esse o único caso que sua onipotência não cobriria. Eu não conseguia enxergar como Jesus haveria de me salvar. Por estranho que pareça, quando um homem está debaixo do senso de pecado, não nega o poder onipotente da graça de Deus para todo o restante da humanidade, mas, em segredo, se exclui do alcance da misericórdia divina. Estranha crueldade essa para com o ego que ele tanto ama. Considera-se além do limite e do alcance da graça. O leproso de nossa história, porém, não era assim tão tolo. Ele argumentou provavelmente consigo mesmo: "Sou um leproso, sim, mas Deus pode curar e tem curado leprosos. Sou um leproso no pior estado, pois já estou cheio da lepra. Mas para Deus todas as coisas são possíveis. Esse homem é possivelmente um enviado de Deus, e o poder de Deus está com ele. Posso então concluir que ele será capaz de me limpar da lepra, se quiser". Foi uma bela reflexão da parte do leproso. É maravilhoso chegar-se a uma conclusão racional e justa. Gostaria que todas as pessoas aqui presentes pudessem chegar à mesma conclusão acerca de sua própria alma. Mesmo que você se condene, mesmo que nem a mais dura expressão que eu pudesse usar fosse capaz de ofender você em sua autoestima, ainda assim a questão é a seguinte, e quero que você pense muito bem a esse respeito: "Cristo pode salvá-lo se ele quiser — e ele quer". Você não está de modo algum excluído da salvação, seja por palavra da Escritura, seja por falta de amor ou poder da parte do Salvador. Se você é pior que os outros, a graça infinita de Deus será maior ainda para a sua salvação. Jesus pode realmente salvar *você* — *até você*.

Ainda quanto à reflexão, *o leproso percebeu perfeitamente onde estava o ponto fraco da questão*. Tudo dependia não da sua vontade própria, mas inteiramente da vontade do nosso Senhor. Alguns dizem que ele poderia estar duvidando da boa vontade de Cristo, mas eu discordo dessa interpretação de suas palavras. Ele declarou tão somente uma grande verdade. Bastava Jesus querer e ele seria limpo, sem precisar dizer ou fazer nada! Toda a obra dependia apenas da vontade do Senhor para que fosse realizada. Sua vontade era a própria fonte do poder curador. Alguém duvida disso? Há pregadores que insistem em discorrer sobre a liberdade da vontade humana na obra da salvação. Não levanto objeção alguma quanto a isso. Só gostaria que insistissem também, e mais, na liberdade da vontade divina. Cristo tem o direito de salvar quem lhe convém, e, embora salve todos os que nele confiam, isso de fato não acontece sem que seja realmente da sua vontade. Assim, ele respondeu ao leproso: "Quero". Não há nenhum exemplo na Escritura de alguém que haja suplicado por cura a quem ele tivesse dito "*Não quero*"; sua graça salvadora, no entanto, está sempre sob o controle de sua soberania: ele nada deve ao homem e, por isso, pode fazer conforme bem lhe aprouver. Isso "não depende do que quer, nem do que corre, mas de Deus que usa de misericórdia". Esse homem, em seus pensamentos solitários, deparou com essa pepita de ouro da verdade. Viu que sua esperança dependia da vontade de Cristo. E haveria como desejar dependência melhor? Acho que nessa questão ele sobrepujasse alguns de vocês, pois sua vontade mostrou-se bastante correta; receio até mesmo que, em alguns casos, a vontade de vocês não se revelasse tão correta como essa diante de Deus. Não é dito, de modo algum, que a vontade do leproso houvesse encontrado a solução certa e que, por isso, ele tivesse ido apelar para Cristo. Seria o que Jesus quisesse. Não há dúvida alguma quanto a isso.

Quero que todos os que buscam a salvação saibam que ela pode ser operada agora, pela simples vontade de Jesus. Se ele o tornou disposto a recebê-la, com certeza está disposto a lhe conceder tal salvação. Você será salvo não porque o tenha merecido, mas porque ele dá a salvação liberalmente, porque quer fazê-lo, segundo a soberana generosidade de seu coração. Esse homem descobriu, assim, uma verdade grandiosa ao constatar que sua cura dependia, unicamente, da vontade do Salvador.

Então, *ele se submeteu a essa vontade com alegre esperança*. Não poderia saber com certeza que seria curado enquanto Jesus nada lhe respondesse sobre a cura. Contudo, manteve uma atitude positiva, crendo que ele poderia fazê-lo se quisesse. É fundamental crer na onipotência de Jesus na questão da salvação. Levamos grande vantagem sobre o leproso, pois sabemos que ele quer realmente salvar todos os pecadores que a ele se achegam. O leproso se colocou diante de Cristo e como que disse, na verdade: "Eis-me aqui. Tu vês que criatura desprezível sou. Nada pior poderá me acontecer. No entanto, se tu quiseres, podes purificar-me. Entrego meu caso inteiramente em tuas mãos". Orou com intensidade, certamente muito mais por meio de gestos que por palavras. Ainda assim, Jesus sabia o que ele queria dizer.

A conclusão prática a que chegara esse homem, em seu raciocínio solitário, *ele a expressou diante do Senhor em palavras muito suas*. Nas poucas palavras que empregou, não citou nada de escritos, nem de orações ou expressões devocionais. Na verdade, era um homem segundo ele mesmo, apartado de todos os demais. O resultado de seus pensamentos foi um ato de decisão, uma declaração corajosa de sua fé na onipotência de Jesus.

Ele honrou Jesus. Ajoelhou-se diante dele e o adorou. Creio que fez isso sob total persuasão da divindade, pois não acho que fosse capaz de dizer "se quiseres, podes tornar-me limpo" a menos que cresse que Jesus era Deus. Nosso Salvador não disse: "Levante-se: você não me deve adorar, pois sou apenas um homem, e me adorar seria a mais pura idolatria". Não. Nosso Senhor nunca recusou as honras divinas que lhe eram oferecidas por seus seguidores. Pelo contrário, as aceitava como uma questão de direito, pois não considerava uma usurpação, no seu caso, ser igual a Deus. Este homem confiou naquele a quem adorava e adorou aquele em quem confiava. Com oração reverente, humilde e insistente, apresentou seu caso e o depositou nas mãos do Salvador. Ó meu ouvinte, se você o imitasse! Suplico em espírito para que assim seja.

O leproso se apresentou sozinho. Não por intermédio de amigos convincentes. Receio que algumas pessoas frequentem a igreja somente porque outras pessoas as pressionem continuamente nesse sentido. Isso não deixa de ser um erro. Algumas delas são capazes de dizer que só creem em Jesus porque isso agrada aos seus amigos ou parentes piedosos. Isso não é nada bom. O leproso não agiu sob o efeito de pressão ou constrangimento. Sua atitude também não foi fruto de algum dito avivamento, mas tão somente da graça. Não chegou a um lugar onde deparasse com pessoas muito devotas de Jesus e por isso se visse sujeito a imitar um sentimento parecido. Nada disso. Chegou sozinho, aproximou-se deliberadamente e curvou-se aos pés de Jesus. Quero que qualquer um aqui que não esteja acostumado a receber influência de caráter religioso, que não tenha mãe, cônjuge ou irmão que passe os braços ao redor do seu pescoço para orar por ele ou por ela, tampouco tenha amigo que lhe explique pacientemente as coisas de Deus, que venha agora a Jesus. Você precisa de um Salvador. Não sente essa necessidade? Mesmo sem a companhia de outras pessoas, venha a Jesus. Venha só, desacompanhado. Venha agora mesmo a Cristo e lance-se a seus pés.

O indivíduo que medita sozinho e crê é com frequência um dos melhores convertidos e nele, na maioria das vezes, se pode confiar. Gosto muito daqueles que não são imitadores dos outros, mas seguem o seu próprio caminho para chegar a Jesus. Outros há que se deixam influenciar durante certa época de entusiasmo religioso e acham que foram convertidos, quando não o são; ou professam a fé porque é o que

Por que não eu? | 567

seus irmãos, irmãs ou amigos estão fazendo, mas não porque seja uma questão individual e de coração para eles. Coloco o leproso do texto bíblico ante vocês como exemplo de coragem que provém do próprio Jesus, quer os outros venham também quer desistam de fazê-lo. Tenho me mantido dentro desse meu único tema e orado durante todo esse tempo, como oro agora ao Senhor para que traga todos os meus ouvintes não convertidos a Jesus.

III. Encerro dizendo que ESTE HOMEM FOI RECOMPENSADO POR HAVER SE APROXIMADO DE JESUS.

Nosso Senhor providenciou para que ele não viesse em vão. Pobre alma! Sofrendo como ele estava, e temendo uma morte terrível, mal fez menção de se aproximar e *nosso Senhor já o recompensou com sua simpatia*. Dirigiu-lhe um olhar diferente daquele que o leproso costumava receber. Quando as pessoas o viam, sempre de longe e pelo canto dos olhos, tratavam de se afastar dele o mais rápido e distante que podiam. Se alguém alguma vez por acaso se viu próximo ou face a face com ele, certamente tratou de desviar os olhos daquele espetáculo medonho. Ninguém tinha pena dos leprosos naqueles dias, por julgarem que eram condenados e feridos por Deus. Eram objetos de horror por serem considerados objetos da ira do altíssimo. Mas Jesus, quando viu aquele pobre homem aflito, lemos em Marcos, ficou *compadecido dele* (Mc 1.41). Creio que eu não seria capaz de traduzir o pleno sentido do termo grego empregado aqui. Mal o conseguiria pronunciar, tal a confusão de consoantes. Você já viu um homem dominado pela emoção? Seu coração parece aumentar, seu peito fica arfante e as lágrimas escorrem. No caso do nosso Senhor, todo o seu ser se comoveu. As profundezas de seu espírito foram agitadas. Ficou inteiramente emocionado — invadido por um sentimento de amor e solidariedade. Ao ver o leproso a seus pés, seu olhar deve ter traduzido: "Ah, pobre alma, o que você tem sofrido! A que estado de repugnância foi conduzida! Você é para os homens um monte de esterco. Mas eu não a desprezo; a amo, me compadeço de você". Agora, meu ouvinte, se você vier a Cristo, é assim que ele o receberá. Se você padece, o Senhor padecerá com você e por você. Se você repudia o pecado, saiba que ele o detesta mais ainda; e, no entanto, ele tem a maior piedade do pecador. Ele se enche de toda a compaixão pelo seu trágico e miserável estado.

Quando o leproso se aproximou, este seu gesto solitário foi *recompensado por nosso Senhor, que o tocou*. Ninguém mais teria tocado naquele homem. Provavelmente Pedro, Tiago, João e todos os demais discípulos teriam afastado até a barra de suas vestes. De modo algum entrariam em contato com um leproso. Quanto à multidão, ele não teve maior dificuldade para passar pelo meio dela, pois todos, horrorizados, lhe abriram caminho, criando como que um corredor de passagem exclusivamente para ele. Agora, no entanto, o Salvador o tocava. Havia algo de maravilhoso e animador naquele toque.

Ouvi falar de uma mulher que tinha uma grande comiseração por pobres crianças aleijadas, e um dia veio a conhecer uma muito deformada, enferma e mal-humorada. A criança vivia chorando, e ninguém se sentia capaz de amá-la. A mulher passou a alimentar e sustentar essa criança, mas não era uma tarefa prazerosa e fácil para ela: por mais que o fizesse, a pobre criança chorava sem parar, desempenhando sempre um papel bastante desagradável. A boa mulher tinha pena dela, mas não conseguia amá-la. Certa vez, com a pobre criatura no colo, a mulher cochilou e sonhou que Jesus se aproximava e se curvava sobre ela própria. Queria lhe dizer que, embora, na alma, ela também fosse como que doente aos seus olhos, ele, no entanto, a amava e se manifestava para ela. Ao despertar, ela olhou para a pobre criança deformada. Devia sentir, como sempre, aversão por aquela criança tão desgraçadamente deformada, tão repulsiva por causa das feridas que a cobriam, tão irascível e rabugenta; mas, sob o poder da visão que tivera em sonho, todos os seus sentimentos de repugnância repentinamente desapareceram, dando lugar a que experimentasse uma grande ternura na alma. Então, abraçou com mais força a criança em seu regaço e beijou-lhe o pobre rosto pustulento. A criança abriu os olhos maravilhada, pois nunca fora beijada antes. Por meio daquele carinho, um novo mundo se abriu para ela. A criança tornou-se agradecida, feliz, quieta, deixando de ser um fardo para quem dela cuidava.

Quanta coisa pode advir de tão pouco! O toque pessoal do nosso Senhor nos cura ainda hoje. Seu toque trouxe ao leproso esta certeza: "Eu não o desprezo. Não me vou manter longe de você; pelo contrário, chego bem perto de você. Trago um contágio celestial sobre sua vida, e, em vez de você me transmitir sua enfermidade, receberá de mim a minha saúde". Jesus Cristo, o Senhor, virá até você, pobre homem, pobre mulher que o está buscando, e provará ser seu irmão e amigo. Alma querida, se você tocar em Jesus, ele tocará em você. Se você crer nele, ele há de se manifestar para você. Nesta manhã, vocês que não viam outra imagem senão do seu próprio eu leproso ao entrarem aqui, voltarão para casa sem ver outra imagem senão a do Deus encarnado, glorificado em sua salvação.

O Senhor recompensou sua submissão com uma palavra soberana: "Quero". Conforme já disse, Jesus jamais responde a uma alma que o esteja buscando: "Não quero". Se você se lançar a seus pés e crer que ele quer e é capaz de salvá-lo, ele há de lhe confirmar: "Quero". O "Quero" de um imperador exerce grande poder sobre seus domínios; mas o "Quero" de Cristo subjuga muito mais: morte e inferno. Vence a enfermidade, afasta o desespero, inunda o mundo de misericórdia. O "Quero" do Senhor pode mandar embora a lepra do seu pecado e fazer de você agora alguém que desfrute de saúde perfeita. Que não haja engano quanto a isso — dirijo-me a você, meu ouvinte, inclusive a você para quem estou olhando neste momento. É a você que a palavra desta salvação é enviada.

Como recompensa por sua fé, nosso Senhor concedeu ao leproso a cura; e, para maior maravilha ainda, cura imediata. No mesmo instante, ficou purificado da sua lepra (Mt 8.3). Como foi possível operar-se transformação tão grande não sabemos dizer. Dissecar um milagre é absurdo. Cada parte daquele corpo deixara de ser normal havia muito tempo. Certas secreções estavam apodrecidas, e alguns vasos, destruídos. Contudo, uma única ordem, Quero; sê limpo, restaurou o arcabouço arruinado do leproso naquele exato momento e lugar. Aquele que criou é capaz de restaurar. Deus pode transformar um pecador em santo em um instante? Pode. As cataratas de Niágara caem com estrondo do precipício rochoso; a onipotência poderia reverter este fluxo e fazer a água saltar para cima? Deus pode todas as coisas. É tão poderoso no mundo moral quanto no universo exterior. O coração pode ser duro como o diamante, ou como a pedra de moinho; pode o Senhor suavizá-lo? Sim; em um só instante ele pode torná-lo tão tenro como carne ensanguentada. Você crê nisso? Se crê, submeta-se então à energia divina e peça que assim lhe seja feito. Creia apenas, sem duvidar, que Jesus é Deus encarnado e, por conseguinte, tem todo o poder sobre a natureza humana para perdoar e purificar. Jesus pode salvá-lo, ainda que você se encontre entre as mandíbulas escancaradas do inferno. Jesus pode salvá-lo, ainda que você seja a própria imundície por ter chafurdado tanto tempo na lama imunda da luxúria e da descrença. Com uma só palavra, ele pode torná-lo branco como a neve. Crê nisso? Se crê, eu lhe digo, faça uma prova submetendo-se a Jesus para que seja o seu Salvador. E ele então lhe dirá: Quero; sê limpo.

Vamos encerrar. Deixei o portão da misericórdia escancarado. Você não vai entrar? Que o poder secreto do Espírito Santo possa conduzi-lo com toda a gentileza neste sentido! Lancei, com a ajuda de Deus, uma grande rede, e espero que alguns de vocês se enredem em suas malhas. Sofro as dores do parto por vocês neste dia, para que vocês nasçam de Jesus.

Uma coisa se pode dizer sobre o caso desse pobre leproso — não haveria como piorar sua situação se, após ter ido a Jesus, fosse rejeitado. Já estava cheio de lepra. Nada tinha a perder, portanto, apelando para Jesus. Você também não tem como piorar sua situação, meu ouvinte, se confiar em Jesus. Tudo poderá lhe acontecer, menos perecer, se for até ele. Todavia, amado, é impossível para Jesus rechaçar um pecador que dele se aproxime. Ele disse: O que vem a mim de maneira nenhuma o lançarei fora. Mesmo que este seja um leproso, mesmo que não tenha um precedente, que não conte com nenhuma promessa, que não tenha recebido convite. Se esse alguém o procurar, de modo algum o Senhor irá lançá-lo fora. O clamor do evangelho é "venham e sejam bem-vindos".

Jesus ama ver os homens desfrutando de boa saúde. Ele não tem prazer algum na doença ou na dor. É uma alegria para ele purificar e restaurar a alma dos homens. Você será um homem feliz se Cristo o salvar, mas a ele caberá a porção maior de felicidade, já que foi essa a alegria disposta diante dele pela qual suportou a cruz, desprezando a vergonha. Nosso Senhor lembra-se sempre de suas feridas, pelas quais obteve nossa cura. Lembra-se sempre do lenho cruel pelo qual nos resgatou do inferno. Lembra-se de sua agonia e de seu suor misturado ao sangue, de sua cruz e de sua paixão. Ele tem misericórdia do culpado pelo qual morreu. Você, também, lembre-se dos sofrimentos do seu Senhor e nele confie; confie só e completamente nele. Olhe de uma vez para aquele que morreu e está vivo para sempre: por esse olhar, você viverá. Adore-o neste momento. Curve-se aos seus pés. Enquanto ainda se encontra nesta igreja, prostre seu coração diante do Filho de Deus e entregue-se a ele, para que ele lhe conceda salvação eterna. Tão certo quanto o Senhor vive, se você, pobre alma solitária, crer no Senhor Jesus Cristo, será salvo. Vá em paz e regozije-se para sempre na grande salvação que ele lhe ofertou e olhe para ele mais e mais, todos os dias da sua vida. Lembro-me que em um dia 8 de janeiro de vários anos atrás olhei para Cristo. Hoje, oro para que neste dia 7 de setembro, eu, que olhei para ele daquela vez, sirva de instrumento para conduzir outros a olharem para ele e viverem também. Por que não? Queridos homens e mulheres que estão distantes de Cristo, por que não olhar para ele agora? Meu coração anseia pela salvação imediata de vocês. Espírito do Deus vivo, atrai-os para Cristo, e ao teu nome seja dada glória para todo o sempre! Amém.

61

O Senhor e o leproso

E veio a ele um leproso que, de joelhos, lhe rogava, dizendo: Se quiseres, bem podes tornar-me limpo. Jesus, pois, compadecido dele, estendendo a mão, tocou-o e disse-lhe: Quero; sê limpo. Imediatamente desapareceu dele a lepra e ficou limpo (Mc 1.40-42).

Amados, vemos nessa leitura que pouco antes nosso Senhor estivera ocupado em oração especial. Afastara-se para a encosta da colina a fim de manter comunhão com Deus. Simão e os demais o procuraram, mas ele só retornou no começo da manhã, certamente com o mato seco da colina preso às roupas, o cheiro do campo no corpo, de um campo que o Senhor Deus abençoara. Surgiu no meio do povo carregado do poder que recebera durante a comunhão com o Pai. Agora, podemos esperar dele mais maravilhas. E de fato as vemos, pois o demônio teme e foge quando ele fala. Pouco depois, apresenta-se diante dele um ser extraordinário, condenado a viver apartado do resto dos homens para que não espalhe a infecção por todo lado. Um leproso dele se aproxima, ajoelha-se a seus pés, expressa nele a confiança de que é capaz de restaurá-lo. Eis agora o Filho do homem glorioso em seu poder para salvar.

O Senhor Jesus Cristo tem hoje também todo o poder nos céus e na terra. Tem energia divina para abençoar todos os que vêm a ele em busca de cura. Oh, que possamos ver hoje grandes maravilhas do seu poder e graça! Oh, que vivamos um dos dias do Filho do homem aqui e agora! Para isso, é fundamental termos casos em que seu poder espiritual se manifeste. Há alguém aqui em quem sua graça possa dar prova da própria onipotência? Não você, o bom, o virtuoso! Você não lhe dá espaço necessário para agir. Você, que é perfeito, não precisa de médico: em você não há oportunidade para ele demonstrar sua força milagrosa. Mais à frente, porém, talvez se encontrem pessoas que procuramos. São vocês, desamparados e perdidos, cheios de pecados e autocondenação, os personagens que buscamos. Você que se sente como se estivesse possuído por espíritos malignos, você que tem a lepra do pecado, são estas as pessoas em quem Jesus encontra amplo espaço e terreno suficiente para demonstrar sua santa capacidade. A seu respeito eu poderia dizer, como uma vez disse ele acerca de um cego de nascença: vocês estão aqui para que por seu intermédio possam se manifestar as obras de Deus. Em sua culpa e iniquidade, são os vasos vazios nos quais sua graça pode ser derramada, almas enfermas sobre as quais ele poderá demonstrar seu incomparável poder de abençoar e salvar. Mantenham a esperança, então, pecadores! Ergam os olhos esta manhã para a aproximação do Senhor e tenham a esperança de que até em vocês ele é capaz de operar grandes maravilhas. Este leproso deve ser um retrato — espero até que um espelho — em que vocês possam ver a si mesmos. Oro para que, enquanto repasso e comento os detalhes desse milagre, muitos aqui se coloquem no lugar do leproso e façam como ele fez, recebendo, como ele recebeu, sua purificação das mãos de Cristo. Ó Espírito do Deus vivo, os milhares do nosso Israel agora te suplicam que operes, e que Jesus Cristo, o Filho de Deus, possa ser glorificado neste momento e lugar!

I. Começarei meu ensaio sobre essa narrativa do evangelho observando, primeiro que tudo, que A FÉ DESTE HOMEM O LEVOU A DESEJAR SER CURADO. Ele era leproso. Não vou nem me deter na descrição dos horrores contidos nesta única palavra. Todavia, ele cria que Jesus poderia purificá-lo, e sua fé o levou ao desejo e anseio de ser curado de uma vez por todas.

Meu Deus, aqui estamos para lidar com leprosos espirituais devorados pela enfermidade imunda do pecado! Acontece, porém, que *alguns deles não creem que possam ser curados*, e a consequência disso é que

O Senhor e o leproso

| 571

sua desesperança os faz pecar e serem devorados pela enfermidade do pecado com voracidade ainda maior. "Tanto faz ser condenado por roubar um cordeiro ou uma ovelha" é o que parece ser a impressão interior de muitos dos pecadores, por julgarem não existir misericórdia e ajuda para eles. Por julgarem não haver esperança, mergulham cada vez mais fundo no lamaçal da iniquidade. Oh, que você possa ser liberto dessa falsa ideia! A misericórdia ainda governa nosso tempo. A esperança existirá enquanto Jesus enviar seu evangelho a você e o convidar a se arrepender. "Creio no perdão dos pecados": eis a doce expressão de um credo verdadeiro. Eu também creio na renovação do coração dos homens, pois o Senhor tem poder para dar um novo coração e um espírito justo a todo miserável e ingrato. Gostaria que você cresse nisso também. Acredito que, se o fizer, isso poderá estimulá-lo a buscar perdão para os seus pecados e renovação para a sua mente. Você crê? Então venha a Jesus e receba as bênçãos do dom gratuito.

Há diversos leprosos em nosso meio que trazem sua enfermidade estampada na testa, visível a todos; contudo, *mostram-se indiferentes a isso*. Não lamentam a própria maldade, a própria enfermidade, nem estão minimamente interessados em ser limpos. Sentam-se em meio ao povo de Deus e ouvem falar da doutrina do novo nascimento, das boas-novas do perdão. Ouvem o ensino de Jesus como se nada tivessem que ver diretamente com isso. Vez por outra, chegam a experimentar algum desejo de que a salvação também pudesse alcançá-los. Mas é um desejo fraco demais para durar muito tempo. Não reconhecem, na verdade, a própria enfermidade e o perigo que correm, senão orariam pedindo para serem libertos. Dormem sobre o leito da indolência, não se importando nem com céu nem com inferno. A indiferença às coisas espirituais é, aliás, um pecado de nossa época. Os homens se acham insensíveis de coração para com a realidade eterna. Terrível apatia paira sobre a multidão. O leproso do texto lido não era tão insensato assim. Ansiava ser liberto de sua terrível enfermidade; anelava de alma e de coração ficar limpo da horrenda profanação de seu corpo. Que o mesmo possa acontecer com vocês! Possa o Senhor fazê-los sentir quanto são corrompidos de coração e quão enfermas pelo pecado se encontram todas as faculdades de sua alma!

Ah, meus amigos, e tem mais: *há alguns que chegam a amar a própria lepra!* Não é uma tristeza dizer isso? A loucura, sem dúvida, deve ter tomado conta do coração dos homens. Não querem ser salvos da prática do mal. Amam os caminhos e o salário da iniquidade. Gostariam, sim, de ir para o céu, mas "precisam", primeiro, entregar-se às suas folganças, vícios e bebedices pelas ruas. Gostariam muito, certamente, de serem salvos do inferno; mas não do pecado, que para o inferno os conduz. A ideia, enfim, que fazem de salvação não tem relação com o fato de serem libertos e deixarem de amar o mal, de serem purificados e limpos, mas é a isso justamente que Deus se refere quando fala a respeito de salvação. Como podem esperar ser livres e, ao mesmo tempo, escravos do pecado? Nossa primeira e prioritária necessidade é a de sermos salvos do pecado. Até o nome de Jesus afirma *isso*: ele recebeu este nome porque "Jesus" significa que "ele salvará o seu povo dos seus pecados".

Essas pessoas, porém, não têm em vista, nem estão interessadas, em uma salvação que implique abnegação e renúncia da luxúria e da impiedade. Ó leprosos perdidos e infames, que consideram a própria doença como beleza e têm prazer no pecado — coisa mais repugnante aos olhos de Deus que a pior enfermidade do corpo! Que Cristo Jesus venha e lhes mude a visão total que têm das coisas, para que adquiram a própria mente de Deus no que diz respeito ao pecado. Saibam que ele simplesmente o chama de "coisa abominável que odeio". Ah, se os homens pudessem ver esse amor que nutrem pelo erro, pelo pecado e o engano como uma enfermidade mais asquerosa que a própria lepra! Ficariam ansiosos, então, por serem salvos e, de preferência, agora mesmo! Ó Espírito Santo, convence os pecadores dos horrores do pecado, para que possam desejar e ansiar serem limpos o mais depressa possível dessa enfermidade!

Os leprosos eram constrangidos a se associarem entre si, formando uma terrível confraria. Como ficariam felizes se pudessem dela escapar! Conheço leprosos espirituais, no entanto, que *amam a companhia de seus parceiros de enfermidade*. É isso. Quanto mais leproso um homem se torna, mais eles o admiram, nessa confraria. O pecador mais sujo e ousado torna-se um ídolo entre seus camaradas. Embora tendo uma vida imunda, as pessoas se apegam a ele justamente por esse motivo. São pessoas que gostam de aprender novas maldades, almejam serem iniciadas em uma forma ainda mais obscura de sórdido prazer. Anseiam por ouvir a última canção lasciva, ler o último romance impuro! Parece ser desejo de muitos conhecer o máximo de maldade possível. Andam em grupos, onde extraem formidável satisfação em conversas e atos baixos, que são horror para todas as mentes puras. Leprosos estranhos estes, que juntam sua enfermidade como se fora um tesouro! Além desses, há ainda quem não participe do pecado aberto e total, mas se satisfaz com ideias materialistas e infiéis e opiniões céticas, uma forma ordinária de lepra mental. Ó enfermidade tenebrosa, que leva os homens ao pecado de duvidarem da palavra do Deus vivo!

Os leprosos não tinham permissão para se relacionar com pessoas saudáveis, a não ser sob severas restrições. De modo que viviam separados dos amigos mais próximos e mais queridos. Que dor, meu Deus! Conheço, no entanto, pessoas apartadas por conta própria, que *procuram não se relacionar com os piedosos.* Para elas, uma companhia santa é, quando menos, entediante e cansativa. Não se sentem à vontade com ela, por isso a evitam tanto quanto possível. Como podem esperar então viver com os santos para sempre se hoje os excluem, tendo-os como meros conhecidos entediantes e deprimentes?

Cheguei aqui esta manhã, queridos ouvintes, na esperança de que Deus abençoasse a palavra para algum pobre pecador que se sinta como tal e gostaria de ser limpo. Esse é o leproso que busco de todo o coração. Oro a Deus para que abençoe a palavra para aqueles que não querem andar segundo o conselho dos ímpios, nem se deter no caminho dos pecadores, nem se assentar na roda dos escarnecedores; para aqueles que se cansaram das companhias pecaminosas e querem fugir delas, a fim de que não estejam amarrados com elas em um só feixe no último grande dia — para esses eu falo agora, movido pelo desejo terno de que se salvem. Espero que minha palavra seja acompanhada da aplicação divina em algum pobre coração que esteja aqui clamando: "Eu gostaria de ser contado com o povo de Deus. Queria ser capaz de atuar como porteiro da casa do Senhor. Oh, que minha terrível propensão para o pecado seja subjugada, de forma que possa manter uma relação de amizade com os piedosos e para que eu também seja um deles!" Espero que meu Senhor tenha trazido a este lugar exatamente esses perdidos, para com eles se encontrar. Estou à procura deles com lágrimas nos olhos. Mas meus olhos frágeis não têm capacidade para distinguir o caráter interior. Por isso, é bom que o amoroso Salvador, capaz de discernir os segredos de todos os corações e reconhecer todos os desejos mais íntimos, ao observar das torres de vigia dos céus, revele aqueles que querem vir para ele, mesmo que se julguem longe de alcançar esse objetivo. Oh, que os pecadores possam agora suplicar e orar para serem libertos dos seus pecados! Que aqueles que estão habituados ao mal consigam romper com seus hábitos malignos! Feliz será o pregador que se achar rodeado de penitentes a odiar seu pecado, de culpados clamando para serem perdoados, e de tal forma serem transformados a ponto de saírem da pregação livres e não pecarem mais.

II. Em segundo lugar, observemos que A FÉ DESSE LEPROSO ERA BASTANTE FORTE PARA FAZÊ-LO CRER QUE PODERIA SER CURADO DE SUA HORRENDA ENFERMIDADE. *A lepra era uma doença absolutamente repulsiva.* Existe até hoje, e é descrita por aqueles que a viram de forma tal que prefiro não atormentar os sentimentos de vocês repetindo detalhes asquerosos. A citação seguinte pode ser mais que suficiente. O dr. Thomson, em sua famosa obra *The Land and the Book* [A terra e o livro], diz o seguinte, ao mencionar os leprosos do Oriente: "O cabelo cai da cabeça e sobrancelhas. As unhas ficam moles, apodrecem e caem. Junta após junta, os dedos das mãos e dos pés se contraem e aos poucos se desprendem. As gengivas são absorvidas pelo organismo e os dentes desaparecem. Nariz, olhos, língua e palato são consumidos pouco a pouco". Essa doença transforma um homem em uma massa repugnante, um monte de pestilências ambulante. A lepra nada mais é que uma morte prolongada e horrorosa.

O leproso de nossa narrativa tinha uma triste experiência pessoal nesse campo. Todavia, creu em que Jesus poderia limpá-lo. Que fé esplêndida! Oh, que você, afligido por lepra moral e espiritual, possa crer da mesma forma! Jesus de Nazaré é capaz de curá-lo. Sobre o horror da lepra triunfou a fé. Que no seu caso suplante o terror do pecado!

A lepra era tida como incurável. Não havia caso de cura alguma da verdadeira lepra por qualquer tipo de tratamento clínico ou cirúrgico que fosse. Isso tornava o antigo caso de Naamã mais digno ainda de

O Senhor e o leproso

nota. Observe-se que o nosso próprio Salvador, tanto quanto sabemos, nunca havia curado um leproso até o momento em que esse pobre coitado entrou em cena. Curara febre e doenças diversas e expulsara demônios, mas a cura da lepra ainda era ainda algo sem precedentes na vida do Salvador. No entanto, esse homem, ao somar dois mais dois e entender um pouco da natureza e do caráter do Senhor Jesus Cristo, creu que ele tinha poder para curá-lo de sua doença tida como incurável. Sentiu que, mesmo ainda não tendo o grande Senhor curado um leproso, era com certeza capaz desse feito. Decidiu então recorrer a ele. Não era, portanto, grandiosa a sua fé? Oh, que uma fé como essa possa ser encontrada entre os meus ouvintes, nesta hora! Ouça-me, ó trêmulo e temeroso pecador: ainda que você esteja tão cheio de pecado esta manhã quanto um ovo cheio de clara e gema, Jesus pode remover esse pecado todo de sua alma. Se a sua propensão para o pecado for acaso tão indômita quanto um urso da floresta, ainda assim Jesus Cristo, o Senhor de tudo, pode dominar suas iniquidades e fazer de você um servo obediente ao seu amor. Jesus tem poder para transformar o leão em cordeiro e pode fazê-lo agora. Pode transformar você onde quer que esteja sentado, salvando-o até mesmo nesse banco distante em que você se acomodou, enquanto estou aqui falando. Todas as coisas são possíveis a Deus, o Salvador, e todas as coisas são possíveis ao que crê. Gostaria que você tivesse fé como o leproso, e mesmo que seja um pouco menor ainda servirá a seu propósito, pois você não tem de enfrentar as dificuldades contra as quais o leproso lutava. Jesus já salvou milhares e milhares de pecadores como você e já transformou muitos corações tão duros quanto o seu. Ao regenerá-lo, não estará fazendo por você nada de mais para ele, mas tão somente um dos milagres constantes da sua graça. Se até o dia de hoje ele já curou muitíssimos dos seus parceiros de lepra, será que nem assim você consegue crer que ele tem poder para curá-lo também?

Esse homem tinha uma fé maravilhosa, a ponto de *crer enquanto, ao mesmo tempo, era vítima de enfermidade mortal*. Uma coisa é confiar no médico enquanto existe toda a possibilidade de cura e recuperação; outra, bem diferente, é confiar nele quando o corpo já se encontra em franco processo de deterioração. Para um pecador sincero e consciente, confiar no Salvador não é pouco. É fácil se sentir confiante quando ainda se pode esperar encontrar algo de bom para si; mas ter consciência da própria ruína e, apesar de tudo, crer na restauração divina — isso, sim, é fé de verdade. Ver sob a luz do sol significa apenas ser dotado de visão natural; enxergar no escuro requer olhos de fé. Crer que Jesus o salvará se sinais visíveis indicam isso é resultado da razão; mas confiar nele para purificá-lo enquanto ainda se sente inteiramente maculado e tomado pelo pecado — eis a essência da fé salvadora.

A lepra já se encontrava firmemente instalada e completamente desenvolvida nesse homem. Lucas afirma que ele se achava *cheio de lepra*: o pobre homem abrigava em si todo o veneno que um corpo seria capaz de conter. A enfermidade atingira nele seu pior estágio. Ainda assim, cria em que Jesus de Nazaré tinha poder para limpá-lo. Gloriosa confiança! Ó meu ouvinte, se você está cheio de pecado, se suas propensões e hábitos têm-se tornado tão ruins que já não há como piorar, oro para que o Espírito Santo lhe dê fé suficiente para crer que o Filho de Deus pode perdoá-lo e renová-lo, e isso de imediato. Com uma palavra, Jesus pode transformar sua morte em vida, sua corrupção em beleza. Transformações que não temos como operar nos outros, menos ainda em nós mesmos, Jesus, pelo seu Espírito invencível, pode operar no coração dos ímpios. De pedras, é capaz de suscitar filhos a Abraão. Seus milagres morais e espirituais são produzidos em casos que parecem estar além de toda esperança, em que até a misericórdia humana luta por não querer mais lembrar, por terem sido em vão seus esforços nesse sentido por tanto tempo.

O que mais aprecio na fé desse homem é o fato de crer que Jesus Cristo tinha poder para purificar não apenas um leproso, mas para purificar a *ele* próprio! Por isso, afirma: *Se quiseres, bem podes tornar-ME limpo.* É muito fácil crer em lugar de outras pessoas. Na verdade, não há fé alguma na confiança assim impessoal, substitutiva. A verdadeira fé crê primeiro por si mesma, depois pelos outros. Oh, eu sei que alguns de vocês podem estar dizendo: "Mas eu creio que Jesus pode salvar meu irmão. Creio que ele pode salvar o mais vil dos vis. Se me dissessem que ele salvou o maior bêbado do bairro boêmio de Southwark, de Londres, eu não me admiraria". Você consegue crer em tudo isso e, no entanto, teme que ele não o consiga salvar? Estranha incoerência. Se ele cura a lepra de outro homem, não pode curar a *sua*? Se um bêbado pode ser salvo, por que não outro? Se em determinado homem é dominado o temperamento passional, por que não em outro? Se a luxúria, a avareza, a mentira e o orgulho têm sido curados em várias pessoas, por que não em você? Ainda que você seja um blasfemador, há vários exemplos em que a blasfêmia tem tido cura; por que deixaria de acontecer no seu caso? Ele pode curá-lo do tipo particular de pecado que tomou conta de sua vida, por maior que seja o poder que esse pecado exerça sobre você. Pois nada é difícil demais para o Senhor. Jesus é capaz de transformar e purificar você agora mesmo. Em um só instante, é capaz de lhe conceder nova vida, de dar início a um novo caráter em você.

É difícil crer nisso? Pois essa é a fé que glorifica Jesus e que trouxe cura ao leproso. É também a fé que o salvará na mesma hora em que você a exercitar. Ó Espírito do Deus vivo, opera essa fé na mente dos meus queridos ouvintes, para que sejam bem-sucedidos em sua demanda de vencer com o Senhor Jesus e seguir seu caminho curados da praga do pecado!

III. Em terceiro lugar, observem que a fé deste homem FIXOU-SE EXCLUSIVAMENTE EM JESUS. Deixem-me reler suas palavras — o doente ajoelhado diante do Senhor, dizendo: *Se quiseres, bem podes tornar-me limpo*. A ele não ocorreu olhar para os discípulos. Não; nem para um, quanto mais para todos ou quase todos. Nenhum outro sonho de esperança lhe restava. Com os olhos fixos tão somente no bendito Operador de Milagres de Nazaré, clamou: *Se quiseres, bem podes tornar-me limpo*. Nele próprio, então, não tinha nenhuma sombra de confiança. Toda desilusão desse tipo fora banida pela terrível experiência da enfermidade que o consumia. Sabia não haver alguém mais sobre a face da terra capaz de libertá-lo da doença e que nenhum poder inato de sua própria constituição conseguiria lançar fora o veneno que o intoxicava. Em face de tido isso, cria apenas, e cheio de convicção, que somente o Filho de Deus tinha poder em si mesmo para operar a cura. Tal fé lhe fora dada por Deus — a fé do eleito de Deus, da qual o único objeto é Jesus.

Como esse homem conseguiu ter tamanha fé? Eu não saberia descrever, mas creio que podemos tentar entender, sem parecermos presunçosos. Ele, acaso, *teria ouvido nosso Senhor pregar?* Mateus coloca essa história logo após o Sermão do Monte, informando: "Quando Jesus desceu do monte, grandes multidões o seguiram. E eis que veio um leproso e o adorava, dizendo: Senhor, se quiseres, podes tornar-me limpo". Teria esse homem estado, de alguma forma, na periferia daquela multidão e conseguido ouvir Jesus falar? Teriam as magníficas palavras do Senhor o convencido de que aquele grande homem era mais do que um simples Mestre? À medida que haja observado os temas, o estilo e o modo de afirmação da verdade daquela maravilhosa pregação, teria dito para si mesmo: *"Nunca um homem falou como este* (Jo 7.46). *Verdadeiramente, ele é o Filho de Deus* (Mc 15.39). Creio nele. Confio nele. Ele pode me limpar"? Possa Deus abençoar também a pregação do Cristo crucificado e ressurreto a você que me ouve hoje! Pois não era assim que o Senhor costumava agir, a fim de demonstrar o poder de Deus para a salvação de todo aquele que crê?

Talvez este homem tivesse *visto milagres do nosso Senhor*. Tenho quase certeza que sim. Provavelmente, testemunhara a expulsão de demônios e ouvira falar da cura da sogra de Pedro, que estivera acamada por causa de uma febre e se havia recuperado de um momento para outro. O leproso poderia haver argumentado para si mesmo, com grande propriedade, que tais obras requeriam onipotência. Uma vez tendo admitido que a onipotência estava em plena operação em cada um desses casos, teria concluído ser ela também capaz de lidar com sua lepra. Estaria correto seu raciocínio, enfim, se tivesse argumentado consigo mesmo: "O que esse Senhor fez, pode fazer de novo. Se nesse e naquele caso demonstrou tão grande poder, pode demonstrar esse mesmo poder em mim". Os atos do Senhor estariam, assim, corroborando suas próprias palavras e fornecendo um fundamento seguro para a esperança do leproso. Caro ouvinte, você não tem visto Jesus salvar as pessoas? Ou não tem lido, pelo menos, a respeito de seus milagres, operados pela graça? Creia nele, então, por causa dele mesmo; e diga-lhe: *Se quiseres, bem podes tornar-me limpo*.

Pode ser, ainda, que esse homem tenha *ouvido alguma coisa a respeito da história de Cristo*, conhecendo as profecias das Escrituras concernentes ao Messias. Não temos de modo algum como afirmar com certeza,

O SENHOR E O LEPROSO | 575

mas talvez um seguidor de Cristo o tenha informado do testemunho de João Batista sobre ele e dos sinais e maravilhas que comprovavam o testemunho de João. Ele pode ter discernido assim em Jesus o Filho do homem, o aguardado Messias de Deus, a Divindade encarnada. De qualquer modo, como o conhecimento precede a fé, ele deve ter recebido conhecimento suficiente para sentir que poderia confiar nesse glorioso personagem e crer que Jesus, se quisesse, iria limpá-lo da lepra.

Ó meus queridos ouvintes, vocês acham difícil confiar no Senhor Jesus Cristo desse modo? Não creem — mas espero que creiam, sim — que ele é o Filho de Deus? Se creem, por que não confiar inteiramente nele? Aquele que nasceu de Maria, em Belém, era, afinal de contas, Deus, bendito para sempre! Não creem nisso? Por que, então, não depender totalmente de Deus com relação à nossa vida? Creem em sua vida consagrada, em sua morte sofrida, em sua ressurreição e ascensão e em estar sentado agora em poder à mão direita do Pai? Por que não confiar nele? Deus Pai o exaltou sobremaneira e fez que toda a plenitude habitasse nele. É capaz de salvar a todos, até os confins da terra. Então por que não vêm a ele? Creiam que ele tem poder. Assim, tendo à sua frente todos os seus pecados, escarlates como são — acompanhados de todos os hábitos pecaminosos e propensões malignas que têm cultivado e se acham arraigados à sua vida como as pintas ao leopardo —, creiam que o Salvador dos homens pode, em um só instante, torná-los mais alvos do que a neve, quanto à culpa do passado, e livres da tirania do mal, presente e futuro.

Um Salvador divino deve ser capaz de limpar vocês de todo o pecado; e somente Jesus tem poder para isso — somente ele, neste exato momento, em sua vida, com uma única palavra. Que a vontade de Jesus aja é tudo a que se pode aspirar, pois a sua vontade é a vontade do Senhor onipotente. Diga, então: *Se quiseres, bem podes tornar-me limpo.* Sua fé deve ser fixada somente em Jesus. *Nenhum outro nome há, dado entre os homens, em que devamos ser salvos* (At 4.12). Oro ao Senhor para que conceda essa fé a todos os queridos amigos aqui presentes esta manhã, sobretudo àqueles que ainda não receberam a purificação de suas mãos. Jesus é o ultimato de Deus para a salvação; é para os homens culpados a única esperança tanto do perdão quanto de sua renovação. Que vocês o aceitem agora!

IV. Vamos, então, um passo além: A FÉ DESSE HOMEM DIZIA RESPEITO A UMA CURA REAL E PRÁTICA. Ele não pensava no Senhor Jesus Cristo como um sacerdote que iria executar determinada cerimônia, como ungir sua cabeça, repetindo uma fórmula religiosa: "Você está limpo". Isso, para ele, não seria verdadeiro. Queria ser libertado realmente da lepra; que aquelas crostas secas em que sua pele insistia em se transformar desaparecessem todas; que sua carne, enfim, se tornasse como a de uma criança. Queria que a podridão que lhe devorava o corpo fosse detida e ter sua saúde de fato restaurada. Amigos é muito fácil crer na simples absolvição sacerdotal, caso se disponha de credulidade suficiente. Mas precisamos de mais do que isso. É muito fácil, também, acreditar na regeneração apenas pelo batismo infantil — mas que bem ela de fato nos traz? Que resultado prático produz? A criança continua a mesma depois de passar pela suposta regeneração oferecida pelo batismo infantil e cresce para provar o que estou dizendo. Aos mal informados, é fácil crer no sacramentalismo, mas logo se descobre que nele não existe conteúdo algum. Nenhum poder santificador advém de cerimônias exteriores nem se acha nelas mesmas. Crer que o Senhor Jesus Cristo pode nos levar a amar as coisas boas que um dia desprezamos e evitarmos as más em que um dia tivemos prazer — isso é crer nele de fato e de verdade. Jesus pode muito bem mudar a natureza e transformar em santo um pecador. Isso é fé no sentido prático; é a fé que vale a pena ter.

Nenhum de nós jamais iria supor que esse leproso quisesse dizer que o Senhor Jesus poderia fazê-lo sentir-se melhor continuando a ser leproso. Há pessoas que parecem fantasiar que Jesus veio para nos deixar seguir em frente em nossos pecados com uma consciência tranquila, mas não é nada disso. Salvação é sermos purificados dos pecados, e, se amamos nossos pecados, não estamos salvos deles. Não há como termos justificação sem santificação. Não adianta ficar criando sofismas sobre o assunto. É preciso haver uma transformação, uma mudança radical, algo que mude o coração, ou não estaremos salvos. Pergunto- -lhes então: vocês desejam mesmo uma transformação moral e espiritual, mudança de vida, pensamento e motivação? É isso que Jesus dá. Assim como esse leproso precisou de completa mudança física, você também necessita de uma renovação absoluta em sua natureza espiritual, de modo que se torne nova criatura em Cristo Jesus. Oh, que muitos aqui desejem isso, pois seria um sinal encorajador. O homem que deseja ser puro já começa a se tornar puro. O homem que com sinceridade anseia vencer o pecado já lhe desferiu o primeiro golpe. O poder do pecado é estremecido no homem que se volta para Jesus em busca de libertação do pecado. O homem que se aflige por estar sob o jugo do pecado não será seu escravo por muito tempo. Se puder crer que Jesus Cristo é capaz de o libertar, muito em breve estará livre dessa servidão. Até pecados que se hajam encruado em seus hábitos desaparecerão no mesmo instante em que Jesus Cristo o olhar com amor. Conheço pessoas que, por muitos anos, não diziam uma só palavra sem logo praguejar ou soltar um palavrão e que, após se converterem, nunca mais se soube voltassem a usar linguagem de baixo calão, ou dificilmente se hajam mostrado tentadas a fazê-lo. Esse é o tipo do pecado que parece ser abatido logo ao primeiro tiro, e é maravilhoso que assim o seja. Outras pessoas também conheço, tão transformadas de uma vez, que sua tendência pecaminosa mais forte tornou-se justamente a que menos passou a molestá-las depois. Tiveram tal reversão de atitude mental que, apesar de outros pecados ainda as preocuparem por alguns anos, seu pecado antes favorito e predominante nunca mais exerceu a mais leve influência sobre elas, exceto a de lhes causar uma tremenda sensação de horror e profundo arrependimento, ao se lembrarem dele. Oh, que você tenha fé em Jesus de que ele é capaz de expelir, capaz de lançar fora, os pecados que o dominam! Creia no braço vencedor do Senhor Jesus, e ele o fará. A conversão constitui milagre permanente na igreja. É prova autêntica e clara do poder divino presente no evangelho, tanto quanto a expulsão de demônios ou a ressurreição dos mortos no último dia. Podemos ver conversões acontecerem incessantemente até os dias de hoje e temos prova inconteste de que ao Senhor é possível continuar realizando mais e mais ainda dessas maravilhas espirituais por todo o sempre e até o fim. E aí, meu caro ouvinte? Continua não acreditando que Jesus seja capaz de fazer de você uma nova criatura?

Agora, ó irmãos já salvos, quero lhes pedir que orem silenciosamente por aqueles que ainda não foram purificados da repugnante doença do pecado. Orem para que possam obter a graça de crer no Senhor Jesus como capaz da purificação de seu coração, perdão de seus pecados e implantação neles da vida eterna. Para que, ao ganharem sua fé, possa o Senhor Jesus operar neles a santificação, e nenhum deles seja impedido de efetivamente recebê-la. Oremos, então, silenciosamente. (Aqui, fez-se uma pausa, enquanto a oração silenciosa subia aos céus.)

V. Passemos agora a outro ponto: A FÉ DESSE HOMEM PODERIA SER INTERPRETADA COMO PARECENDO SER UM TANTO HESITANTE. Todavia, depois de refletir sobre ela, vejo-me pouco inclinado a julgá-la hesitante, como a muitos poderia parecer. Ele disse: Se quiseres, bem podes tornar--me limpo. É esse Se, na fala, que tem levantando a suspeita de hesitação por parte de alguns pregadores. Acham eles que isso faz supor que o leproso duvidasse da vontade do Senhor em curá-lo. Eu não concordo que a frase deva ser analisada assim tão rigorosamente em sua construção. O que ele pode ter pretendido dizer é o seguinte: "Senhor, eu não sei se foste enviado a curar os leprosos; eu nunca te vi fazendo isso. Todavia, se faz parte da tua missão, creio que podes fazê-lo, e certamente tu o podes, se assim o quiseres. Creio que tu podes não somente curar todos os leprosos, mas também, particularmente, a mim; sim, tu podes me tornar limpo".

Mais ainda: o que eu admiro nesse texto é *a deferência com que o leproso reconhece a soberania da vontade de Cristo tanto quanto da concessão de seus dons. Se quiseres, bem podes tornar-me limpo* é como se ele dissesse: "Sei que tu tens todo o direito de distribuir os teus grandes favores como for de teu agrado. Eu nada posso reclamar quanto a isso; nem posso pretender se deves ou não me tornar limpo; apelo apenas à tua imensa piedade e ao teu grande favor. É tua, inteiramente, a decisão".

O leproso da nossa história nunca lera o texto que diz "não depende do que quer, nem do que corre, mas de Deus que usa de misericórdia", que, aliás, ainda nem fora escrito por Paulo. Contudo, tinha em si o espírito humilde sugerido por essa grandiosa verdade. Ao afirmar *Se quiseres, bem podes*, reconhecia que a graça deve vir como dom gratuito da boa vontade de Deus. Amados, não precisamos levantar

O Senhor e o leproso | 577

questionamento quanto à vontade do Senhor para nos conceder sua graça, se queremos recebê-la. Ainda assim, gostaria que todo pecador se sentisse realmente impossibilitado de reivindicar o que quer que fosse de Deus. Ó pecador, se o Senhor desistisse de você, como ele fez com os gentios referidos no Capítulo 1 da epístola aos Romanos, seria porque você teria merecido. Se acaso jamais olhasse em sua direção, o que você poderia dizer contra sua justa sentença? Você pecou de propósito e mereceria ser deixado em seu pecado. Mesmo confessando tudo isso, porém, podemos nos agarrar à nossa firme convicção no poder da graça e clamar humildemente: "Se quiseres, bem podes". Roguemos pelo amor e a misericórdia do nosso Salvador, confiando em seu ilimitado poder.

Reparem também como o leproso, no meu modo de ver, *fala sem nenhuma hesitação*. Ele não diz, por exemplo: "Senhor, se estenderes tua mão, podes me limpar"; ou: "Senhor, basta que fales e podes me purificar". Mas apenas "Se *quiseres*, bem podes tornar-me limpo". Basta a vontade do Senhor para realizá-lo. Oh, fé esplêndida! Se você se sentisse inclinado a detectar uma pequena hesitação que fosse em nosso personagem, eu o convidaria a admirá-lo por correr tão bem com um pé aleijado. Se houvesse alguma fragilidade em sua fé, ainda assim seria tão forte que a fraqueza só serviria para lhe manifestar a força. Assim é, pecador. Oro a Deus para que seu coração consiga entender isso: se o Senhor quiser, pode torná-lo limpo. Crê nisso? Se crê ponha em prática o que sua fé lhe indica — ou seja, venha a Jesus e faça o seu pedido. Receba então dele a purificação de que tanto necessita. Espero poder ajudar você a atingir esse objetivo, segundo me capacite o Espírito Santo.

VI. Em sexto lugar, observe que DA FÉ DESSE HOMEM FLUIU UMA ATITUDE DECIDIDA. Crendo que Jesus poderia torná-lo limpo se assim quisesse, o que fez o leproso? Na mesma hora se achegou a ele. Não sei que distância teve de percorrer, só sei que ele se aproximou de Jesus tanto quanto possível. Lemos então que lhe suplicou, ou seja, implorou, rogou e argumentou com ele? Ou por acaso clamou: "Senhor, limpa-me! Senhor, cura minha lepra!"? Nada disso. Caiu de joelhos e o adorou; segundo Lucas, até "prostrou-se com o rosto em terra" diante de Jesus. Não hesitou em lhe prestar a devida honra divina. Adorou o Senhor Jesus Cristo, dispensando-lhe merecida e reverente homenagem. Prosseguiu, então, honrando-o por meio do reconhecimento aberto do seu poder, do seu maravilhoso poder, poder infinito, afirmando: *Se quiseres, bem podes tornar-me limpo*. Não me admiraria se algumas pessoas que estavam por perto começassem a zombar do que pensavam ser uma credulidade fanática do pobre homem. Murmurariam entre si: "Que tolo é esse leproso, pensar que Jesus de Nazaré é capaz de curá-lo de sua doença incurável!" Raras vezes, na verdade, se ouvira tamanha confissão de fé. Mas o que quer que críticos e céticos pudessem pensar, aquele homem corajoso estava como que declarando com ousadia: "Senhor, esta é a minha confissão de fé: creio que, se quiseres, podes tornar-me limpo".

Agora, pobre alma, você, que está cheio de culpa, endurecido pelo pecado e ainda assim ansioso por ser curado, olhe diretamente para o Senhor Jesus Cristo. Ele está aqui agora. Está conosco sempre na pregação do evangelho. Fite nele seus olhos da mente, pois ele olha diretamente para você. Você sabe que Cristo vive, embora não o veja. Creia neste Jesus vivo; creia na perfeita purificação que pode dar à sua alma. Clame a ele e o adore; confie nele. Ele é o próprio Deus; curve-se diante dele e lance-se sobre sua misericórdia. Ao chegar em casa, ponha-se de joelhos e diga: *Senhor, eu creio que tu podes tornar-me limpo*. Ele ouvirá o seu clamor e o salvará. Não existirá intervalo entre a sua oração e a graciosa recompensa de sua fé, sobre a qual pretendo agora discorrer.

VII. Por fim, A FÉ DESSE HOMEM FOI RECOMPENSADA. Tenham paciência comigo só mais um minuto. A recompensa da fé desse homem foi manifesta, antes de tudo, no fato de que *suas palavras foram preservadas*. Mateus, Marcos e Lucas registram, todos os três, as palavras exatas desse crente: *Se quiseres, bem podes tornar-me limpo*. É evidente que não viram nenhuma falha nelas, como querem alguns críticos. Pelo contrário, devem tê-las considerado verdadeiras pedras preciosas, dignas de serem engastadas em seus evangelhos. Foram pelos três evangelistas registradas por comporem uma confissão de fé esplêndida para um pobre leproso enfermo. Creio que Deus é tão glorificado por essa única frase do leproso quanto pelo cântico de querubins e serafins que clamam sem parar *Santo, santo, santo é o Senhor dos exércitos* (Is

6.3). Quando os lábios de um pecador arruinado declaram confiantes sua inteira fé no Filho de Deus são como se estivessem sussurrando para Deus sonetos tão doces quanto aqueles dos coros angelicais. As primeiras palavras de fé desse homem encontram-se, assim, acondicionadas em linho puro nos rolos dos três evangelhos, guardados na sala do tesouro da celestial Casa do Senhor. Deus dá o maior valor à linguagem de humilde fé e confiança. Sua recompensa seguinte foi que *Jesus fez eco às suas palavras*. Ele disse: *Se quiseres, bem podes tornar-me limpo*. Ao que Jesus respondeu: *Quero; sê limpo*. Se você, portanto, conseguir chegar ao menos ao ponto de confissão do leproso, nosso Senhor Jesus, do seu alto trono, haverá de responder à sua oração.

Tão potentes foram as palavras desse leproso que *comoveram nosso Senhor poderosamente*. Veja o que diz o versículo 41: *Jesus, pois, compadecido dele*.... A pronúncia da palavra grega aqui empregada bastaria para sugerir seu significado, caso eu a repetisse para vocês. Expressa todo um estímulo à humanidade do ser, uma comoção das entranhas de qualquer pessoa. O coração e todos os órgãos vitais do homem são por ela acionados. O Salvador ficou, então, bastante comovido. Já viram um homem comovido, não? Quando alguém forte é incapaz de se conter e se vê forçado a dar vazão aos seus sentimentos de emoção, vocês o veem como que tremer inteiro, irrompendo esse estado, afinal, em um quase colapso. Foi esse o caso do Salvador: sua misericórdia o levou a se comover por inteiro. Sua emoção e seu deleite na fé do leproso como que o tomaram de assalto. Quando ouviu o homem lhe falar com tamanha confiança nele, nosso Salvador comoveu-se da sagrada paixão que, por envolver empatia, é chamada de "compaixão". E pensar que um simples e pobre leproso pudesse exercer tamanho poder sobre o divino Filho de Deus! Todavia, meu querido ouvinte, se, em todo o seu pecado e miséria, você não conseguir crer assim em Jesus, não poderá comover o coração do bendito Salvador. Neste exato momento, as entranhas do seu amoroso coração esperam e anseiam por você.

Tão logo o Senhor Jesus se comoveu, já *estendeu sua mão*, tocando o leproso e curando-o na mesma hora. Não foi preciso mais que um segundo de tempo para operar a cura! O sangue daquele homem se purificou, e seu corpo foi limpo em um só instante. Assim que nosso Senhor operou esse milagre, todas as coisas certamente se renovaram na vida desse homem, já que *Todas as coisas foram feitas por intermédio dele, e sem ele nada do que foi feito se fez* (Jo 1.3). Ele restaurou o pobre corpo em decadência e putrefação, purificando-o e regenerando-o de uma só vez. Mais ainda: para lhe assegurar de que fora limpo, o Senhor Jesus o mandou procurar um sacerdote, para deste obter como que um certificado de cura. Estava tão limpo que poderia ser examinado e aprovado pela autoridade sanitária competente na época em Israel sem precisar vir a levantar suspeitas. A cura que recebera fora radical, mas verdadeira. Podia ir, portanto, imediatamente submeter-se a exame e ganhar seu certificado oficial de cura.

Se os nossos convertidos não forem também submetidos a teste, nada valerão para o mundo. Que até os nossos inimigos possam então julgar se não é verdade que se tornaram homens e mulheres melhores quando Jesus os renovou. Quando Jesus salva um pecador, ele não teme que todos os homens testem sua transformação. Jesus não busca se exibir, mas quer a comprovação daqueles que se achem aptos a julgar, para que creiam. Nossos convertidos devem, pois, se submeter à prova.

Vinde anjos! Vinde, inteligências puras, capazes de observar os homens em segredo! Eis um miserável pecador que se apresenta esta manhã. De certo modo, parece até um verdadeiro parente do diabo; mas eis que o Senhor Jesus Cristo o converte e transforma. Olhai agora para ele, anjos. Observai em casa, em seus aposentos! Considerai sua vida íntima e particular. Já sabemos de antemão qual o veredicto a que chegareis: *Há alegria na presença dos anjos de Deus por um só pecador que se arrepende* (Lc 15.10). Isso comprova o que vocês certamente já sabem: que a uma transformação assim maravilhosa os anjos conferem imediatamente o seu certificado. E como o fazem? Manifestando sua alegria ao ver o pecador se afastar dos seus caminhos pecaminosos. Que os anjos possam ter esse tipo de atitude esta manhã! Que você, caro ouvinte, seja alguém por quem eles venham a se regozijar! Se você crer em Jesus Cristo e depositar sua confiança nele como o Enviado de Deus, completa e inteiramente, de toda a sua alma, ele o limpará. Veja-o na cruz; sinta seu pecado sendo por ele ali descartado. Veja-o

O Senhor e o leproso | 579

ressurreto dentre os mortos e a nova vida que ele lhe confere. Veja-o entronizado em poder e o mal completamente derrotado por ele. Estaria pronto até a ser posto em cadeias por meu Senhor, para ser seu fiador, se assim fosse necessário, a fim de que você, meu ouvinte, se aproximasse dele para tornar-se limpo. Basta, porém, que creia tão somente em seu Salvador, e ele há de operar sua cura. Deus o ajude, em nome de Jesus Cristo! Amém.

PRIMEIRO A CURA, DEPOIS O SERVIÇO

Ora, tendo Jesus entrado na casa de Pedro, viu a sogra deste de cama, e com febre. E tocou-lhe a mão, e a febre a deixou; então ela se levantou, e o servia (Mt 8.14,15).

Isso aconteceu em Cafarnaum, porém Pedro havia residido antes em Betsaida, pois lemos em João que *Filipe era de Betsaida, cidade de André e de Pedro* (Jo 1.44). Por que Pedro teria então casa em Cafarnaum? Não seria natural um simples pescador ter duas residências, em dois lugares diversos. A conjectura mais provável é a de que, como o Senhor Jesus Cristo se achava com bastante frequência em Cafarnaum, Pedro talvez tivesse resolvido ir morar ali, para poder, o mais e melhor possível, estar com ele e até recebê-lo em casa. Gosto de pensar nessa suposição de que o servo haja mudado seu local de moradia só por causa do seu mestre. Seria muito bom se os cristãos levassem em consideração, ao escolher uma casa, se ela seria mais próxima ou mais fácil de poderem ouvir com frequência a Palavra. Vocês não acham que uma grande quantidade de pessoas que professam nossa fé buscam principalmente outros tipos de vantagem para sua moradia, de modo que, depois de quase já terem feito sua escolha, só então questionam acerca de um item aparentemente sem importância: de um lugar próximo ou facilmente acessível onde possam adorar a Deus e desfrutar da comunhão cristã e serem úteis a Deus? Há hoje aqui alguns de nossa congregação que se mudaram para esta parte da cidade justamente para se tornarem membros de uma igreja piedosa e séria. São crentes que sentem que a primeira coisa a considerar em sua vida deve ser a saúde de suas almas, o bem espiritual de seus filhos e sua própria utilidade na promoção da causa de Cristo. Quando escolhem uma casa principalmente por esse motivo, ganham uma bênção sobre eles, segundo diz a promessa: *Buscai primeiro o seu reino e a sua justiça, e todas estas coisas vos serão acrescentadas* (Mt 6.33). Os que se esquecem dessa possibilidade e escolhem, como Ló, as planícies bem irrigadas de Sodoma, têm, muitas vezes, vivido depois em arrependimento por causa de tal opção. Embora possa ser uma residência espaçosa e situada em posição conveniente, suas vantagens podem não compensar a perda de oportunidades de participar melhor dos meios de graça e do santo serviço. Mefibosete vivia em Lo-Debar, lugar sem pasto algum, mas Davi o levou para Jerusalém, onde ele próprio gostava de morar. Seria bom para muitos irmãos de certo modo deficientes empreender também uma mudança dessas. Antes mesmo de cruzarmos a soleira da porta da casa de Pedro, já aprendemos, então, esta lição.

Nosso Senhor Jesus Cristo tivera um dia puxado: comparecera à sinagoga, onde pregara e operara milagres; andara o tempo todo e ensinara em meio a uma grande multidão; agora, que o sábado chegava ao fim, necessitava de descanso. Por isso, foi bastante oportuno que Pedro tivesse uma casa onde o Senhor pudesse se recolher. Não era certamente, nem a imagino, uma mansão imponente. Devia ser pouco melhor que uma cabana, pois Pedro não passava de um mero pescador. Mesmo assim, o Senhor Jesus a honrava, entrando nela: onde está o rei, ali está o seu palácio.

Embora tendo ido à casa de Pedro para descansar, nosso Senhor não a encontrou livre de problemas. A moradia estava servindo de hospital antes que ele a transformasse em palácio. A mãe da mulher de Pedro estava acamada, com febre. Talvez tifo ou outra doença da pior espécie ameaçasse lhe consumir a vida. Por melhor que seja o ser humano, não tem como fugir da provação em sua carne. Você pode ter uma casa cheia de santidade e nela também enfermidade, ao mesmo tempo. Enquanto estamos aqui, constatamos ser muito certo que *o corpo, na verdade, está morto por causa do pecado, mas o espírito vive por causa da justiça*

PRIMEIRO A CURA, DEPOIS O SERVIÇO | 581

(Rm 8.10). O espírito regenerado se levanta para a vida, enquanto o corpo jaz sob o poder da morte e de suas amas, a dor e a debilidade. Certas pessoas atribuem toda doença ao diabo ou a algum pecado especial de quem esteja sendo seriamente afligido. Este ensinamento é não somente falso, como cruel. *O Senhor corrige ao que ama* (Hb 12.6), diz a Palavra. Sou testemunha de que algumas das pessoas mais piedosas que já conheci passaram tempos seguidos em cima de um leito de dor. Outras, em quem a própria imagem do Cristo chega a ser evidente, e de cujos lábios todo o nosso país recebeu as frases mais seletas de sua santa experiência, estão há vinte ou trinta anos inválidas. Nossas enfermidades, por dolorosas que sejam, são desígnios do Senhor. Podemos, sem dúvida, repetir quase sempre, como Davi: *O Senhor castigou-me muito* (Sl 118.18). Também *Senhor, eis que está enfermo aquele que tu amas* (Jo 11.3), referindo-se a Lázaro, ainda é frequentemente uma verdade para muitos de nós. Até a casa de Pedro, lugar de habitação de um santo escolhido, daquele que viria a ser um dos principais apóstolos, de quem até a sombra haveria de curar depois os enfermos, abrigava agora uma febre terrível, em sua sogra, a ponto certamente de ameaçar a vítima de morte. Jesus, porém, entrou onde a febre profanava o ar. Se a doença ali dominava, ali chegara agora o grande médico e libertador. Não tememos a cruz quando Cristo é quem a transporta.

Quanto ao fato, em si, de sua entrada na casa de Pedro, observamos que Jesus chegou ali acompanhado dos seus três discípulos geralmente sempre mais próximos. Ao lermos em Marcos a narrativa do mesmo acontecimento, ficamos sabendo que *Em seguida, saiu da sinagoga e foi à casa de Simão e André com Tiago e João* (Mc 1.29). Embora André morasse ali com seu irmão Pedro, se ele entrou ou não ali naquele mesmo instante com os demais, o texto não deixa claro; mas Pedro, evidentemente, sim. E sempre que vemos Pedro, Tiago e João presentes junto ao Senhor nas narrativas, é sinal de maravilhas especiais. Entre outros momentos, foram eles que viram sua glória excelente no monte da Transfiguração; foram também os mais próximos do Senhor em sua agonia no Getsêmani, e os que tiveram sua permissão para presenciar a ressurreição da menina filha de Jairo, em que o Senhor exerceria todo o seu poder. A esse seleto triunvirato, Jesus revelou-se como não o fez para com nenhum dos outros apóstolos, muito menos para com o mundo. Deste modo, parece Marcos nos indicar que a cura da sogra de Pedro constituiu uma manifestação superior do poder e da graça do Salvador, que certamente pretendia, com ela, transmitir uma lição aos espíritos mais excelentes dentre os seus seguidores. Assim, portanto, é que irei usar esse aparentemente simples incidente. Para você, que ama muito Jesus e vive em especial proximidade com ele, há uma lição procedente do leito daquela senhora, que se levanta sem febre e vai servir ao Senhor. Você também é chamado, depois da cura de sua enfermidade ou fraqueza espiritual, a erguer-se e prestar seu serviço àquele que cura todas as nossas enfermidades.

No entanto, embora Jesus, Pedro, Tiago e João estivessem ali, não temos à nossa frente, no caso, senão uma cena tipicamente familiar, que se desenrola no interior de uma modesta residência particular. O cristianismo expõe assim uma de suas maiores maravilhas em torno de um estrito círculo familiar. A sogra de um singelo pescador adquire contornos de personagem histórico pelo simples fato de o Senhor havê-la tocado e curado. Que luz e glória Jesus Cristo lança sobre as coisas mais comuns! De que majestade envolve a casa de um pobre homem! A cabana do pescador se transforma em quartel-general do Comandante da nossa salvação! Ele cura uma mulher no interior dessa morada e daí a pouco, segundo Marcos, *toda a cidade estava reunida à porta* (Mc 1.33). Oh, que possamos testemunhar coisas semelhantes: nossos queridos sendo salvos e depois a cidade inteira interessada, despertando para buscar a cura divina!

Vamos dispor nosso estudo do texto em quatro tópicos, cada qual com um título próprio.

I. Observemos, em primeiro lugar, que TALVEZ TENHAMOS ALGUÉM EM NOSSA CASA QUE NECESSITE DO MINISTÉRIO DO SENHOR JESUS. Alguém na casa de Pedro não podia servir a Cristo porque ainda precisava que Cristo ministrasse sobre o seu próprio ser. Era a sogra dele, como sabemos, tomada de grave febre e, por causa disso, bastante prostrada, a ponto certamente de não conseguir se levantar. Examinemos se há alguém à nossa volta espiritualmente enfermo, para podermos comparar tal situação à febre daquela senhora. O que a febre representaria? A pessoa febril representa, em termos espirituais, aquele que está *ardendo em pecado*. O termo original empregado para *febre* mantém relação muito próxima com a palavra *fogo*. Shakespeare, o grande poeta, fala de *febre ardente*. Um calor impetuoso inflama o corpo, acelera o pulso a um batimento incomum, resseca boca e língua, o organismo inteiro. Aqueles que sentem essa febre na alma são ávidos pelo pecado, vivem consumidos pelos maus desejos, inflamados pela luxúria. Que energia doentia muitos demonstram na indulgência para com suas próprias paixões e na busca pela satisfação de seus desejos. Sentem-se de tal forma inflamados pela concupiscência que sua vida vai aos poucos sendo destruída.

Já não temos visto alguns a quem amamos bastante afligidos por essa feroz enfermidade? Toquemos em certos pontos de sua alma e descobriremos que são sensíveis, revelando a enfermidade que os aflige. Revelam então um estado mental febril, e é impossível fazê-los pensar com frieza ou julgar com calma, pois se tornam nervosos e irados. Seu próprio toque é nesses momentos o de uma mão febril; sua natureza inteira parece arder com o fogo do pecado.

Tais pessoas, no entanto, não vivem sempre inflamadas. Por vezes, são afáveis e gentis, tanto que, nessas ocasiões, nos enchemos de esperança em relação a elas. Sua febre, porém, costuma ser intermitente. O paciente se apresenta, assim, quente em determinado momento e frio em outro. Em muitos pecadores, a febre do pecado é descontínua em seus sintomas. Não passam, por exemplo, o tempo todo bebendo; permanecem por vezes sóbrios por certo período. Então, se dizem profundamente arrependidos das quedas passadas. Que agradável companhia, que espírito refinado e até genial são capazes de demonstrar nesses períodos! Mas a febre retorna, e nada será capaz de detê-los: bebem, se for o caso, até o ponto de delírio. Meu Deus, que miséria causada por esse comportamento!

Outros, gentis e amorosos por algum tempo, de repente dão lugar à raiva, e não há mais como saber o que são capazes de dizer ou fazer. A partir do momento em que a febre toma conta deles, inflamam-se como que para sempre. Conhecemos pessoas das quais o calor da febre se foi há tanto tempo que as imaginamos com certeza curadas. Mas, meu Deus, os períodos de refrigério representam apenas uma pausa entre os ataques, e o mal logo retorna com energia redobrada. Sua bondade é passageira como a nuvem da manhã, como o primeiro orvalho: chega trazendo esperança, mas logo desaparece por completo. Confundimos o intervalo entre os surtos de febre com a bonança da cura, mas ao final descobrimos que realmente não é bem assim. Tais pessoas acabam então, muitas vezes, se tornando até piores, depois dos momentos de esperança, do que antes. Como aquele, da citação de Jesus, de quem o espírito mau sai, mas apenas para retornar depois trazendo consigo sete outros espíritos piores, para nele entrarem e habitarem. Pode ser que existam casos assim debaixo do seu próprio teto, ou entre seus entes queridos, amigos ou vizinhos — pobres almas inflamadas pelo terrível calor do pecado!

Essas pessoas febris *costumam vir a ser muito agitadas*. Em consequência de uma febre, a pessoa, em geral, não consegue ficar deitada de um lado nem de outro por muito tempo, mas passa o tempo todo se virando no leito. Até seu sono é intermitente. Nem durante o dia nem à noite encontra descanso. Fica exaurida e se sente tão fraca como se tivesse se dissolvido por completo na poeira da morte. Sua experiência tem menos que ver com dor do que com algo pior que a dor, uma completa ausência de descanso. Não há pessoas em seu círculo de amizade que, neste sentido, estejam espiritualmente febris? É bem possível que estejam assim se estiverem de fato sob o poder do pecado. Onde o desassossego é excessivo, há sinal de sua existência. Conhecemos jovens procedentes de lares felizes que não conseguem se dar por satisfeitos com coisa alguma. Parecem decididos a partir o coração da mãe, e o pai não sabe o que fazer com eles. Nada os contenta, vivem inquietos. Conseguiram boa colocação em meia dúzia de empregos sucessivos e já abandonaram cada um deles. Querem então viajar para um país estrangeiro ou se alistar voluntariamente no exército ou fazer qualquer coisa diferente do seu real chamado. Sabemos de alguns que foram para alguma colônia e voltaram, nada tendo encontrado por lá de interessante. Uma viagem marítima deveria curá-los, mas, qual!, um pecador em terra firme é o mesmo pecador em alto-mar. A enfermidade reside em seu interior, e o jovem necessita é de uma mudança do eu, em vez de uma mudança de lugar.

Debaixo da influência da febre do pecado, os homens almejam tudo, só não sabem o que almejam. São como uma bola rolando sob o vento forte, ou ondas do mar rolando sobre as águas e arrebentando na praia. Nenhuma parte deles parece descansar, há uma espécie de loucura que os possui. Acima de tudo,

Primeiro a cura, depois o serviço | 583

há um desassossego que os domina relacionado ao pecado. Pecam mas não se satisfazem; depois de pecar, sentem-se consumidos pelo remorso. Mas um remorso que não chega a produzir resultados práticos, pois vão e pecam de novo, voando feito moscas à vela onde já chamuscaram as asas. Essas pessoas com frequência se irritam com os amigos quando confrontadas em seus malfeitos, acabando por se tornar, como o caso de Pasur no livro de Jeremias, um terror para si mesmas e seus entes queridos.

Posso estar pisando em terreno frágil ao afirmar tudo isso; mas creio que minhas palavras sejam certas e verdadeiras. Peço aos cristãos que não convivem com esse peso que sejam muito gratos a Deus e orem por aqueles que se encontram em situação de suportá-lo. Aos queridos amigos que tenham de lidar com a angústia dolorosa de ter alguém assim na família, quero lhes oferecer minha solidariedade e encorajá-los a trazer esses espíritos febris ao Senhor Jesus, mediante oração e fé, para que neles se cumpra literalmente a parábola do filho pródigo.

Um dos sintomas da febre é a pessoa *perder o apetite por aquilo que seria bom para ela*. Nossos amigos não convertidos desconhecem geralmente o sabor do evangelho. Não há como induzi-los com facilidade a se aproximarem para o ouvir. Se pudéssemos fazê-los prestar atenção à palavra do evangelho, poderíamos orar e até nos angustiarmos por eles, ao mesmo tempo que a verdade estaria sendo pregada. Mas, ó Deus, não querem saber nem de se aproximar! Não querem provar o sabor do evangelho, nem têm nenhum pendor para ele. Não se interessam pelas coisas celestiais. O que mais necessitam é isso, que menos desejam. Ainda assim, não há o que temer. Confiemos em Jesus, que pode lhes abrir o apetite e tudo o mais que se faça necessário para a sua perfeita cura.

Por outro lado, um paciente febril costuma *sentir enorme sede*, não consegue atenuá-la de modo algum. Anseia por beber água mais e mais, mas nem assim, com toda a água que venha a consumir, seu calor diminuirá.

Muitas vezes, também, o enfermo tem *apetite pelo que não deve experimentar*; almeja coisas as mais prejudiciais, estranhas até. Parece preferir alimentos que lhe podem ser perniciosos ao extremo. Assim acontece, igualmente, com o não convertido quando sob o poder do pecado. Aspira por ouvir uma leitura ímpia ou opiniões opostas à verdade. É capaz de se submeter a privações para satisfazer suas paixões ou sacrificar fortunas para que lhe seja concedido saciar seus piores desejos. Acontece que, tal como as filhas da sanguessuga, *Dá, Dá* (Pv 30.15), de que nos fala o livro de Provérbios, assim é também o pecado insaciável. Jamais consegue gerar satisfação alguma para a alma, assim como não poderá o sedento esperar alívio algum bebendo goles de água salgada. Do mesmo modo que ocorre com os cálices de vinho se dá com o pecado: cada qual abre caminho para o seguinte. Quem tem pecado, peca e continuará pecando. Uma característica terrível da punição que está latente no pecado é que ele cresce até se tornar um hábito e aumenta cada vez mais em intensidade à medida que se cede a ele. Pode-se dizer sem medo de errar a respeito do poço escuro do pecado que *todo o que beber desta água tornará a ter sede* (Jo 4.13). O pecado é uma coisa de rápida propagação e jamais subsiste sozinho. Você não pode abrigar um pecado isolado dos demais: em pouco tempo, ele produz uma prole numerosa, uma geração de víboras, tantas quantos são os seus cabelos. Que coisa terrível é para o homem, portanto, ter sobre si uma febre dessa, que o faz sentir cada vez mais sede daquilo que lhe aumenta a sede!

O pior problema no caso do pecado, no entanto, é que essa febre *acaba se tornando fatal*. Seu filho ou filha, marido ou esposa pode perecer por obra da febre do pecado, se não for curado ou curada a tempo. Se uma grande febre física já constitui um grande perigo, que dirá no caso do pecado! Nos dias do nosso Senhor, os homens não sabiam lidar com as febres físicas tão bem quanto agora. Quem contraía uma delas estava sujeito a se achar condenado à morte. A pobre mulher sogra de Pedro, por exemplo, provavelmente poderia ter morrido se Jesus não interviesse a tempo. Assim também é com os pecadores, cujos casos lastimamos.

Identificamos, portanto, a doença. Que faremos com ela agora? Vejamos qual foi a atitude dos discípulos.

Marcos diz que, para Jesus, eles *logo lhe falaram a respeito dela* (Mc 1.30). Eu gostaria de o convencer a pensar seriamente em fazer o mesmo. Tome o caso da pessoa que está em seu coração e o exponha diante do Senhor. Repasse cada detalhe; não propriamente para maior informação dele, mas para estimular sua própria devoção. Olhe para o problema de frente, sem criar desculpas para o pecador, mas, com muita exatidão, conte ao Senhor o que perturba o pobre pecador. Derrame seu coração diante de Deus e entristeça-se sinceramente pelo perdido, assim como Samuel lamentou por Saul, mas com maior esperança. Conte o caso para Jesus como você relataria o problema físico de uma pessoa a quem estima ao seu próprio médico. Jesus está pronto a ouvir tudo, e tudo o que ouvir levar em conta e ponderar. Faça de Jesus, enfim, seu *confidente*. Não saia por aí reclamando para a vizinhança inteira: "Meu filho faz isso", ou "Meu marido faz aquilo"; você poderá aumentar mais ainda o mal desse jeito, levando a pessoa a se inflamar contra você e sua fé. Mas a Jesus você pode contar tudo sobre o assunto, sem restrições. Nenhum mal advirá dessa relação; pelo contrário. Isso não somente será um alívio para sua mente, como também o modo mais apropriado de envolver o seu Senhor para que ele o ajude.

Lucas nos conta, por sua vez, que os discípulos *rogaram-lhe por ela* (Lc 4.38). Depois de expor o caso ao Senhor, rogue a ele pela pessoa a que se refere, rogue com base em suas promessas. Rogue apelando para sua natureza divina; rogue expondo-lhe a urgência do problema e pela glória que a cura trará. Não faça oração fria, mas, sim, uma súplica fervorosa, sincera e intensa.

Quanto aos pecadores, nunca discuta religião com eles, antes lute com Cristo em seu favor. Nunca suplique aos pecadores por Cristo; mas nunca deixe de suplicar a Cristo pelos pecadores. Mesmo quando pouco puder fazer junto aos homens, muito ainda poderá fazer junto a Jesus. Será de pouca utilidade, também, ficar o tempo todo a admoestá-los com: "Você não deveria fazer isso", "Você não deveria fazer aquilo"; mas será de uma utilidade infinita você poder dar um passo à frente e clamar ao Senhor: "Senhor, tem misericórdia dessas pobres almas que não te conhecem!" Nunca pare de orar pelos filhos pródigos enquanto houver fôlego no corpo deles. Nunca pare, nem mesmo se eles o amaldiçoarem por causa disso.

Vemos ainda que, depois de haverem falado a Jesus sobre a sogra de Pedro e lhe suplicarem em favor dela, os discípulos *o conduziram para o interior da casa*. Vejam como está escrito no texto de Mateus: *Ora, tendo Jesus entrado na casa de Pedro, viu a sogra deste de cama, e com febre* (Mt 8.14). Assim, ao entrar, pareceram lhe dizer: "Senhor, tudo o que podemos fazer é te trazer aqui; gostaríamos que olhasses essa mulher doente e que a curasses. Aqui está ela, Senhor". No seu caso, você consegue perceber a presença do Senhor Jesus Cristo pela fé e vê-lo observando a situação desesperadora daqueles com quem você se preocupa? Seu amigo ou seu parente está febril por causa do pecado, mas Jesus o está vendo. Seu filho se mostra rebelde ou incontrolável, mas Jesus bem o observa. É provável que sua filha esteja perecendo, mas Cristo, sem dúvida, cuida dela. Deixe que, todos os dias, suas orações insistentes mantenham todos eles debaixo dos olhos de Cristo. Traga a ele todos os seus pecadores. Deposite-os a seus pés. Deixe-os em sua augusta presença. Quando você tiver feito tudo isso, tiver dito tudo a ele sobre essas pessoas, houver implorado a ele por elas e o tiver chamado ou levado até elas para cuidar delas, você só terá então de esperar por seu toque curador e sua palavra salvadora.

É essa nossa primeira observação.

II. Em segundo lugar, o MINISTÉRIO DE JESUS DEVE PRECEDER O MINISTÉRIO DOS SALVOS. Ansiamos para que esses nossos amigos que agora se encontram enfermos pela febre do pecado ainda se tornem servos de Cristo, a ponto de um dia virem a ministrar a palavra em seu nome. Posso imaginar a alegria de uma mãe hoje aflita lá à frente, tendo o privilégio de ouvir seu filho antes rebelde pregando o evangelho — um jovem que se tornara conhecido pelo palavreado de baixo calão que usava. Que deleite encherá o coração da esposa se puder ouvir seu marido antes descrente conduzindo uma oração em público! Alguns de vocês neste momento talvez estejam pensando em certas pessoas talentosas que conhecem, que usam as suas habilidades contra a causa de Cristo. "Oh", diz você , "se fulano fosse convertido para usar seu talento a favor da causa!" É um desejo justo, mas atente para não ceder a ele, como faria um insensato. Não peça a uma pessoa descrente para fazer nada a favor de Jesus enquanto não for salva. Tal como no caso da sogra de Pedro, a cura deverá preceder o serviço.

PRIMEIRO A CURA, DEPOIS O SERVIÇO | 585

Quando uma pessoa está *de cama, e com febre,* não lhe peça para se levantar e cuidar de servir ao Senhor. Não; veja bem: o ministério *dele* na vida da sogra de Pedro precedeu o ministério *dela* para com Jesus. Ela estava *de cama,* ou seja, prostrada por enfermidade. Como um corpo debilitado parece se agarrar ao leito e quase afundar com ele, assim estava a sogra de Pedro. Tornara-se algo esmagado, ou como uma ovelha que houvesse caído em um buraco fundo; estava debilitada e inteiramente incapaz de fazer o que quer que fosse. O mesmo acontece com o pecador. O que pode fazer por Cristo? Nada. "Quando ainda éramos fracos, Cristo morreu a seu tempo pelos ímpios." Ou seja: não há força alguma no ímpio por meio da qual possa servir a Deus. Ele não tem fé alguma, e *sem fé é impossível agradar a Deus* (Hb 11.6). Não dispõe de amor a Deus; de maneira que, mesmo que levasse a cabo um feito qualquer de forma correta, sem amor para motivá-lo não seria aceitável a Deus. O pecador, na verdade, nem tem vida espiritual. Se tentasse fazer boas obras, seriam todas mortas e não poderiam agradar o Deus vivo. De fonte imunda, não há como jorrar água pura; de um coração corrupto, não há como proceder obra pura aceitável. Somente Cristo é quem pode e deve nos dar força e operar em nós tanto o querer quanto o executar, segundo sua boa vontade; sem ele, lembre-se sempre, nada podemos fazer.

Observemos, então, que essa mulher enferma se encontrava *completamente incapacitada* de fazer qualquer coisa por Jesus e seus discípulos, em razão da grande febre que lhe pesava sobre o corpo. No que quer que atuasse poderia até espalhar o contágio de sua doença, que não sabemos qual era: tudo em que tocasse ficaria então infectado; qualquer alimento que preparasse se tornaria perigoso, quando não rejeitável. Teria, pois, que permanecer na cama e que ninguém se aproximasse dela, a menos que fosse obrigado.

A enfermidade com febre é assim. Depressa pode fazer nova vítima. Quem é ímpio não pode, por isso, servir a Deus, pois tudo o que fizer não será puro. Não pode colocar a mão no que é sagrado sem o macular. Seus pensamentos, suas palavras, seus atos são febris. Não se pode, por conseguinte, solicitar sua cooperação na obra do Senhor. O ímpio pode até fazer mais mal do que bem se fingir prestar serviço santo a um Deus verdadeiramente santo. Sua perversidade pode disseminar a infecção por toda parte, mesmo sendo o objetivo servir ao Senhor.

Mais ainda: uma pessoa enferma e com febre, caso pudesse se levantar em seu estado febril e servir aos convidados, por exemplo, além de não obter bem algum, *correria terríveis riscos.* Pessoas com febre não devem ser expostas a correntes de ar, levadas a fazer grandes esforços etc. Todo médico julgaria esse trabalho bastante nocivo para alguém com febre executar. Creio, sim, que pessoas não convertidas podem realmente se prejudicar em cumprir deveres ligados à fé. Pregar, por exemplo, com o coração não renovado poderia ser equivalente a proferir a própria sentença de morte. Sabemos que, se pessoas não renovadas se achegam à mesa sacramental, comem e bebem condenação para si mesmas. E se por acaso fazem profissão de fé, apenas promovem a encenação de uma falsidade à vista dos altos céus, onde se sabe que não são dotadas de tal fé. *Mas ao ímpio diz Deus: Que fazes tu em recitares os meus estatutos...?* (Sl 50.16). Não, os que ainda não foram lavados no sangue do Cordeiro precisam se manter afastados até que o sejam. Não podem ministrar a Cristo enquanto a febre lhes tomar a fronte. Aquele que tem serafins como seus servidores não necessita nem deseja o serviço febril de almas enfermas pela iniquidade. Não quer saber o rei Jesus de escravos do pecado engrossando suas fileiras. Devem primeiro ser libertos do jugo do pecado, para então se tornarem verdadeiros servos do Senhor.

Ouçam-me, pessoas ardendo em febre aqui presentes, que irei agora descrever como o Senhor Jesus Cristo ministrou cura àquela mulher.

Ele ministrou cura à sogra de Pedro *por meio de sua presença.* O fato de Jesus vir até o cômodo onde ela se achava significou que a salvação entrara em sua casa e em sua vida. Amados, creiam, ele está aqui. Disse o Senhor a seus discípulos e ministros: *E eis que estou convosco todos os dias, até a consumação dos séculos* (Mt 28.20). Quero que saibam, então, que nosso Senhor não está trancafiado atrás dos portões dos céus, mas, sim, aqui. Seu poder para salvar está presente no meio desta assembleia, e estará presente em seu quarto quando você chegar em casa e ali se colocar de joelhos.

Outra coisa que abençoou essa mulher foi *seu olhar*. Jesus *viu a sogra* (Mt 8.14) de Pedro acamada. Há mais coisas ditas aqui do que aparentemente. Você sabe o que um médico quer dizer quando afirma: "Passarei em sua casa para dar uma olhada em seu filho doente". Não que ele pretenda se limitar ao fato de olhar, mas, sim, irá certamente examinar o caso, estudá-lo e ver o que pode ser feito. Você pode crer que o senhor Jesus Cristo realmente o vê, sonda seu coração, conhece seus pensamentos secretos, ouve seus gemidos e atenta para os seus mais íntimos desejos? Ele conhece o poder que o pecado exerce sobre você e sabe a dificuldade que você encontra para vir até ele. Vê tudo isso e sabe como lidar com o problema. Jesus não só está perto, à mão, mas também presente, de olhos abertos, observando tudo aquilo que o aflige. Com uma mente capaz de empatia profunda e um coração rápido para trazer alívio a você.

Além disso, uma coisa que o Senhor Jesus Cristo usou nessa cura foi *seu toque*. Foi este o momento exato da cura. "Tocou-lhe a mão, e a febre a deixou." Estabeleceu-se aí um necessário e forte contato. Oh, a gloriosa doutrina da encarnação de Cristo! Há cura nela! Não digo na doutrina propriamente, mas, sim, no fato de que o Senhor Jesus Cristo tomou sobre si nossa carne e tornou-se ser humano, *osso dos meus ossos, e carne da minha carne* (Gn 2.23). Assim, ele pôde e ainda pode nos tocar e curar. Não tivesse sido um ser humano e não poderia ter morrido. Se não morresse, seríamos constrangidos nós a morrermos para sempre. Deus em Cristo Jesus está muito perto de você, pobre alma! Tão perto que se, pela fé, você lhe tocar a barra da veste, será salvo. Se você crer no Senhor Jesus, ele entrará em contato com você. Sua mão fria há de segurar sua mão febril e, à medida que sua febre se dissolver nele — pois *ele tomou sobre si as nossas enfermidades* (Is 53.4) —, sua saúde fluirá para dentro de você, de forma que poderá se levantar e servi-lo. O contato pela fé com Jesus Cristo nosso Senhor é o meio prescrito da salvação.

Não apenas esse contato, mas houve outra forma de poder envolvida ali. Nosso Senhor dirigiu a palavra *à febre*. Sabemos que *sua palavra* é uma palavra de poder. Se o toque do nosso Senhor representa encarnação, sua palavra, por sua vez, representa ressurreição: à voz do Filho de Deus, todos os mortos podem se erguer de seus túmulos. Sua palavra é vivificante; onde quer que caia, comprova ser uma semente viva e incorruptível. Pela palavra do Senhor, mediante o evangelho de Jesus, a febre do pecado tem sido afastada de homens e mulheres. Que o Senhor Jesus possa então agora falar com você, por intermédio dos meus lábios — falar com poder supremo ao seu coração! Que vocês, pobres pecadores enfermos pelo pecado, possam ouvir a palavra do Senhor com seu ouvido interior, pois tal ouvir é vida eterna! Deus os ajude a ouvi-la!

Há cura para vocês, e eu os advirto, mais uma vez, que precisam receber essa cura antes que possam trabalhar para Jesus. Seu Senhor deve começar com vocês onde vocês não podem começar com ele. Não saiam daqui dizendo coisas insensatas sobre este Tabernáculo, ou coisas como: "Posso dar aula perfeitamente na escola dominical"; "Acho que vou tentar pregar"; "Pretendo doar todos os meus bens para a causa do Senhor". Nada disso. Permaneçam apartados do serviço até que sejam curados. Chorem, orem e mortifiquem-se, até serem curados. Vocês devem receber de Jesus tudo que ele tem a dar antes que possam dar qualquer coisa para ele, em fé.

Isso pode parecer um tanto ríspido para quem tenha as melhores intenções, mas o Senhor me proíbe que eu os coloque falsamente de pé, em um zelo por Deus que não está de acordo com o conhecimento da verdade. Estrangeiros, infelizmente, não podem permanecer nos átrios do Senhor; devem se converter em israelitas antes de poderem ser convocados a oficiar como os sacerdotes no templo. Primeiro a salvação, depois o serviço.

III. Em terceiro lugar, o texto ensina claramente que A FORÇA PARA MINISTRAR VEM COM A CURA. *Imediatamente ela se levantou e os servia* (Mc 1.31). A febre causa fraqueza extrema e, quando deixa o paciente, este passa ainda certo período debilitado. A cura comum costuma ser lenta, mas, quando é Jesus quem cura, o faz de imediato. Embora usando apenas de um toque e uma palavra, sua cura é tão perfeita que nenhuma debilidade permanece. A mulher não continuou deitada na cama, alimentando-se de alguma dieta que lhe garantisse a convalescência e a recuperação de suas forças. Em vez disso, naquele mesmo momento e lugar, levantou-se, cingiu suas vestes e saiu para cuidar dos afazeres domésticos. Não é maravilhoso vê-la indo rápido para a cozinha, para preparar uma refeição para o Senhor Jesus e seus amigos?

PRIMEIRO A CURA, DEPOIS O SERVIÇO | 587

Com que radiante gratidão no rosto ela dispôs cada prato em cima da mesa e trouxe água com a qual seus convidados pudessem lavar os pés! No momento em que o Senhor Jesus Cristo salva uma pessoa, ele lhe dá forças para os serviços que a ela sejam atribuídos.

Quero chamar a atenção de vocês para o seguinte: o serviço daquela mulher foi *imediato*, desempenhado naquele instante mesmo, sem delongas. Alguns de vocês se converteram em nossos últimos encontros especiais. Permitam-me convidá-los a servir ao Senhor já, assim como o Senhor os serviu. "De que jeito? Você quer que comecemos a trabalhar agora?" Sim, agora mesmo. Pois há algo muito belo no que é produzido por novos convertidos. Oh, a beleza do primeiro olhar de amor!... a doçura das primeiras notas de louvor!... o poder das primeiras frases de testemunho! Não encontro defeito algum em nossos queridos santos de longa data; há riqueza espiritual e maturidade neles. Ainda assim, minha alma anseia pelos primeiros frutos que amadurecem. Há uma pungência de sabor nos primeiros frutos da graça, até certo azedume neles, que lhes torna o gosto notório para aqueles mais lentos e desatentos. Deem-me os frutos úmidos do orvalho da manhã. Sangue novo nas veias da igreja é um grande promotor de sua saúde e pujança. Os primeiros frutos, sobre determinados aspectos, são realmente melhores. Eu não ousaria obrigar um novo convertido a esperar nem uma semana para tentar fazer alguma coisa por Jesus. Corra assim que você encontrar apoio para os pés!

Observe, porém, que essa boa mulher fez algo bem *apropriado*. A sogra de Pedro não se levantou da cama para ir à rua bater papo com um grupo de outras senhoras, reunidas. As mulheres, aliás, são melhores quando silenciosas; compartilho dos sentimentos do apóstolo Paulo quando concita as mulheres a estarem caladas na assembleia. No entanto, há sempre obra à espera das mulheres santas. Lemos sobre a sogra de Pedro que ela se levantou e foi servir a Cristo. Fez o que podia e devia. Levantou-se e serviu-lhe. Há pessoas que não fazem propriamente o que lhes é pedido e permitido, mas desperdiçam suas energias lamentando não terem sido chamadas para outra obra, a obra de outras pessoas. Benditos são aqueles que fazem o que podem e devem. É melhor ser uma boa esposa, ou boa enfermeira, ou bom empregado, do que ser um pregador ineficaz ou sem o menor talento. A sogra de Pedro não se levantou e preparou uma conferência nem um sermão, mas, sim, preparou uma refeição. Era isso que sabia e estava pronta a fazer. Pois não era uma dona de casa? Então, como dona de casa, deixem-na servir ao Senhor.

Não digo, porém, que, se você se converteu há uma semana, deve sair pregando de pronto; mas deve servir ao Senhor do jeito para o qual você sabe que está melhor qualificado, e isso talvez seja por meio do testemunho vivo da sua graça em seu chamado diário. Comete-se um erro crasso quando se acha que só o pregador pode ministrar, em nome do Senhor. Jesus tem trabalho de todo tipo para todos os tipos de seguidores. Paulo fala de mulheres que muito o ajudaram e, tal como certamente não há anjo ocioso, não deve haver cristão ocioso também. Não somos salvos por nossa própria causa, mas para que possamos ser úteis ao Senhor e seu povo. Não vamos perder nem desperdiçar nosso chamado.

Quando curada da febre, a sogra de Pedro teve forças, então, para realizar um ministério *adequado*, ou seja, como requeria a ocasião, por mais peculiar que pudesse parecer. Fez por Jesus e seus discípulos aquilo que era necessário ali, naquele momento. Jesus tivera um dia duro pregando, trabalho este que lhe causara fome. Tivera um dia pesado curando, e essa havia sido uma tarefa exaustiva. Agora, precisava e queria se alimentar. Foi, por isso, até a casa de Pedro. A principal cozinheira do lugar, no entanto, estava acamada, de modo que nosso Senhor não poderia nem quis saber de descansar — ele, que sempre pensava mais nos outros do que em si mesmo. Nesse momento, em que sentia fome, deixou de lado sua própria necessidade para restaurar a saúde daquela mulher enferma. Feito isso, se o próximo passo necessário era que o pregador e médico cansado então se alimentasse, a própria grata mulher curada o providenciou. Quando, de outra feita, nosso Senhor se sentou junto a um poço e conversou com uma mulher, em Samaria, também se sentia fraco e cansado; por isso, pediu de beber. Contudo, mais uma vez deixou de lado sua natural necessidade para pregar a ela o evangelho. Só depois disso surgiram os discípulos com o alimento que haviam ido comprar. Na ocasião na casa de Pedro, o atendimento foi a ele ministrado pela própria pessoa curada, que acabava de deixar o leito. *Ela se levantou, e o servia.*

Portanto, caros amigos, vocês que são convertidos podem servir a Cristo de um modo tão útil e necessário quanto o serviço dos melhores pastores e pregadores. Há sempre algo para vocês fazerem que pode ser um refrigério para ele e seus seguidores. Ele há de o permitir e o aceitará graciosamente. Podem servir em pessoa a um Cristo pessoal. Não podem fazer de tudo, naturalmente, mas podem fazer algo útil e agradável a ele. Podem e devem. Na verdade, servir a Jesus é praticável, permissível e até obrigatório. Vocês devem a ele sua própria vida. Venham, dediquem sua vida ao seu serviço. De imediato, hoje mesmo, sirvam a Jesus. Mesmo para você, que está sendo salvo hoje, haverá alguma tarefa de que se possa desincumbir, tão necessária para a glória de Deus quanto o ministério dos querubins e serafins. Faça isso agora. Não vou insistir mais, pois já vejo no próximo item algo que certamente o levará a fazê-lo.

IV. O DESEJO DE SERVIR BROTA DA CURA. Ali estava uma mulher, uma pobre mulher, senhora de idade, viúva, alguém que estivera bem doente havia ainda pouco. No exato momento em que é curada, sente o desejo de servir a Cristo. Pode fazê-lo e o faz. Como você imagina que ela foi motivada para isso? Não será porque *a força física leva naturalmente à atividade*, tal como fora recuperada? Quando você se sente cansado, evidentemente não tem vontade de fazer coisa alguma. Quer ficar sentado, deitado, quieto. No entanto, toda pessoa normal, quando descansada, recuperada, quer sempre algo a fazer, envolvendo-se, por vezes, até com mais atividades do que seria capaz de realizar, tal é a motivação da força renovada. Ora, se o Senhor lhe tem dado vida espiritual, essa vida há de querer trabalhar; se lhe tem dado luz, essa luz há de querer brilhar. "Muito bem, vela, não brilhe." E ela lhe dará ouvidos? Não, não consegue deixar de brilhar uma vez acesa. Se Cristo lhe deu sua graça, e ela está de fato em você como um poço de água viva, terá de fluir para fora, de modo que permita que outros dela possam beber. A própria fonte não tem como evitá-lo, precisa pôr para fora o seu jorro. O mesmo deverá acontecer com você. A força que Deus lhe dá em Cristo o leva inquestionavelmente à atividade.

A gratidão por essa força o estimula à atividade. Como pode um homem ficar quieto depois que Cristo a ele falou e o libertou? Há algum tempo, lemos no jornal que o rei da Itália, para sua grande honra, compareceu diante de uma corte de justiça para testemunhar a favor de um homem, ali conduzido sob a acusação de ter causado uma morte. O rei presenciara o acidente de que havia resultado a morte e se apresentou perante o juiz como testemunha comum, apenas para dizer que vira o cavalo fugir ao controle do condutor da carruagem, de modo que aquele condutor não deveria ser responsabilizado pelo acidente. Não sei o nome do homem, mas tenho quase a certeza de que, seja ele quem for, se acaso algum dia o rei Umberto precisar de alguém que fale a seu favor, nele encontrará imediatamente um aliado. Ele dirá: "Meu rei compareceu perante o juiz e falou em minha defesa e, enquanto eu viver, falarei em seu benefício". Ora, o Senhor Jesus Cristo é seu advogado. Seja, portanto, você também um advogado para ele. Você conseguirá guardar silêncio a seu respeito, agora que o Senhor Jesus o redimiu da maldição da lei e da punição do pecado? Se conseguir ficar calado e não fizer coisa alguma por Cristo, sinto muito dizer isso, mas significa que você jamais provou do seu amor e graça.

Volto a afirmar que quem foi curado por Cristo com certeza fará alguma coisa por ele, porque *até seus antigos hábitos antigos o ajudarão*. Não quero dizer com isso que a atividade pecaminosa pode nos ajudar na atividade santa, mas, sim, que podemos transformar os antigos hábitos, a fim de promovermos uma espécie de ajuste de contas com Jesus. Creio que a sogra de Pedro era uma senhora bastante amável e gentil. Existe certo preconceito contra sogras, em geral, mas, se Pedro julgava conveniente tê-la morando em sua casa, sem dúvida devia ser uma mulher bondosa. Sou capaz de desenhar um retrato em minha mente. Quando certamente nada havia para fazer, essa mulher pegava roupas ou meias para consertar ou ia encarregar-se de qualquer outro trabalho corriqueiro. Vivia, na verdade, ocupada. Ninguém jamais precisaria lhe pedir para trabalhar; ela fazia isso voluntariamente, por conta própria. No preparo das refeições e tudo o mais na casa, se sentia perfeitamente à vontade, sem nunca resmungar, jamais reclamar, sem colocar a filha contra seu marido, sempre procurando fazer todo o possível para que a casa funcionasse como por sobre engrenagens muito bem azeitadas. Quando acometida pela enfermidade da febre, certamente não gostou nada de ter de ficar recolhida ao leito. Por isso mesmo, assim que se viu curada e restaurada, lá

PRIMEIRO A CURA, DEPOIS O SERVIÇO | 589

estava ela já trabalhando. Sua paixão pelo trabalho voltara a predominar agora que a morte fora afastada. A sogra de Pedro serve a Jesus, inclusive, por estar acostumada sempre a servir a alguém. Quando Jesus entrou ali acompanhado do dono da casa, além de Tiago e João, ela ficara aflita, por não suportar a ideia de não haver nada preparado para eles se alimentarem. No momento, porém, em que se sentiu melhor, apressou-se para a cozinha, munida de toda a sua habilidade, a preparar a melhor refeição possível.

Vocês também, que, quando não convertidos, estavam sempre em atividade, devem agora ser duas vezes mais ativos ainda. Em família, façam tudo pelo Senhor Jesus Cristo. As rotinas diárias — adocem-nas e temperem-nas com o amor por ele. Reverenciem e glorifiquem o Senhor em tudo que fizerem. Já viram se não há nada que possam fazer pelo vizinho ou por seus filhos, alguma parte da obra do Senhor de que possam se ocupar? Verifiquem.

Quanto a vocês, jovens, que viviam tão irrequietos, tão cheios de energia, no que diz respeito ao pecado, parece-me que agora essa energia habitual bem poderia ser posta em consagração a Cristo. Um cavalo sem vigor é fácil de conduzir; mas o cavalo dotado de algum vigor, se domado, é muito melhor, por mais que escoiceie, corcoveie e tenha grande movimentação: conduzido de forma adequada, e atendendo ao comando do cavaleiro, é bom mesmo que tenha bastante vigor. O mesmo vale para o jovem quando se converte. Se detém vigor que o levava a escoicear e corcovear quando servia ao diabo; se causou tanto dano e estrago ao reino de Cristo, é perfeito agora para puxar bem a carruagem da causa de Jesus. Oro ao Mestre, portanto, para que venha e cure os jovens de sua febre e lhes acalme o sangue nas veias ainda hoje, restaurando-os por sua graça. Oh, que o Senhor toque todos os demais doentes e os torne saudáveis! Então, quando todos estivermos curados, haveremos de nos levantar para servir àquele que nos tem servido. A ele seja a glória para todo o sempre. Amém e amém.

63

A MELHOR VISITA

Em seguida, saiu da sinagoga e foi à casa de Simão e André com Tiago e João. A sogra de Simão estava de cama com febre, e logo lhe falaram a respeito dela. Então Jesus, chegando-se e tomando-a pela mão, a levantou, e a febre a deixou, e ela os servia. Sendo já tarde, tendo-se posto o sol, traziam-lhe todos os enfermos, e os endemoninhados; e toda a cidade estava reunida à porta (Mc 1.29-33).

Temos à nossa frente um começo modesto e um final grandioso. Pouco antes, um homem fora chamado ao discipulado pela voz de Jesus e em seguida outro. A casa em que eles residem é então consagrada pela presença do Senhor. Logo, a cidade inteira se agita de um extremo ao outro, diante do nome e da fama do grande mestre.

Com frequência, queremos que Deus faça algo grandioso no mundo. Olhamos então à nossa volta, à procura de instrumentos que, no nosso entender, seriam mais apropriados para isso. Pensamos em lugares onde a obra poderia se dar ou se iniciar. Como seria bom, no entanto, se apenas pedíssemos ao Senhor para fazer uso de *nós*, e se nós, cheios de confiança, esperássemos até que a nossa febril instrumentalidade produzisse grandes resultados mediante o seu poder; e que o *nosso local de habitação* se tornasse o ponto central do qual rios de bênções fluíssem e refrescassem a vizinhança.

A casa de Pedro não devia ser certamente, a construção mais notável na cidade de Cafarnaum. Mas não devia ser também a residência mais pobre do lugar, pois Pedro tinha um barco ou, pelo menos, a quota de um barco em sociedade com seu irmão André. Aliás, é provável que ele e André, Tiago e João fossem proprietários de dois ou três barcos pesqueiros, pois tudo indica que esses pares de irmãos fossem sócios ou parceiros e tivessem empregados em comum contratados para a pesca. Ainda assim, Pedro não devia ser abastado nem desfrutar de destacada posição social. Não era alto negociante, nem administrador de sinagoga ou eminente escriba, e sua casa não devia ter nada que a fizesse sobressair entre as habitações que compunham o pequeno bairro de pescadores junto ao mar. No entanto, Jesus foi até sua casa. Ele provavelmente previra esse momento. Escolhera visitá-la e acabou por torná-la célebre por sua presença e poder milagroso. Redes de pesca pendiam de suas paredes, do lado de fora da porta — único brasão e escudo de alguém designado para futuramente sentar-se em um trono e julgar com os companheiros apóstolos as doze tribos de Israel. Debaixo desse teto despretensioso, Emanuel achou por bem se revelar: "Deus conosco" manifestaria Deus a Simão. Mal sabia Pedro, porém, que bênção divina entrara em sua casa quando Jesus atravessou a soleira da porta, nem quão vasto rio de misericórdia jorraria desde sua porta para as ruas de Cafarnaum.

Amigo querido, pode ser que sua moradia, embora por você muito estimada, não seja objeto da consideração de mais ninguém. Nenhum poeta ou historiador jamais lhe escreveu a história; nenhum artista lhe esculpiu a imagem. Talvez não seja propriamente uma choupana ou a casa mais pobre do lugar onde você vive, mas, mesmo assim, é obscura. Ninguém, ao passar por ela, irá ter a curiosidade de indagar: "Quem será que mora aqui?"; ou: "Que casa extraordinária é esta?" No entanto, não há motivo algum pelo qual o Senhor não deva visitar você e sua família e fazer de sua casa como a de Obede-Edom, na qual a arca do Senhor esteve hospedada; ou como a casa de Zaqueu, à qual veio a salvação. Nosso Senhor pode tornar sua morada o centro de misericórdia para toda a região, um pequeno sol espalhando luz em todas as direções, um dispensário a distribuir saúde para as multidões em redor. Não há razão alguma, exceto

A MELHOR VISITA

em você mesmo, pela qual o Senhor não deva fazer de sua residência uma bênção maior que uma catedral e todo o clero para o lugar onde se localiza. Jesus não se importa com belos prédios e pedras entalhadas; não desdenhará entrar debaixo do teto de sua casa se for modesta e levar consigo um tesouro de bênçãos, o qual enriquecerá sua moradia e garantirá as mais valiosas dádivas a seus vizinhos. Por que não haveria de ser assim? Você tem fé para orar neste momento pedindo que isso aconteça? Como você gostaria que fosse assim! Maiores bens serão produzidos por uma oração silenciosa apresentada por você nesse sentido do que qualquer coisa que possa ser dita por mim. Se cada cristão aqui dirigir aos céus agora uma súplica: "Senhor, habita onde eu habito e faze de minha casa uma bênção para a vizinhança", resultados maravilhosos a ela se seguirão.

Falarei sobre três tópicos esta manhã. O primeiro é *como a graça entrou na casa de Pedro*. Depois, *o que a graça fez ao chegar ali*. E, em terceiro lugar, *como a graça fluiu da casa de Pedro*.

I. COMO A GRAÇA ENTROU NA CASA DE PEDRO. O primeiro elo na cadeia de causas foi *a conversão de um de seus parentes*. André ouvira João Batista pregar e ficara impressionado. A palavra que o abençoou deve ter sido: *Eis o Cordeiro de Deus, que tira o pecado do mundo* (Jo 1.29). André seguiu Jesus e, tendo se tornado discípulo, quis levar outros a se tornarem discípulos também. Começou, como todos devemos fazer, com aqueles mais próximos por laços de relacionamento: *Ele achou primeiro a seu irmão Simão* (Jo 1.41). Amigo amado, você, que é salvo, deveria olhar à sua volta e se perguntar: "Para a casa de quem posso me tornar um mensageiro da salvação?" Talvez você não tenha família. Também não sei se André tinha esposa e filhos. Na época desta narrativa, parece que residia na mesma casa que Pedro. Talvez cada um deles tivesse tido uma casa em Betsaida, que era sua cidade de origem, porém passassem a morar juntos quando foram para Cafarnaum. Pode ser que André haja pensado: "Preciso buscar o bem de meu irmão e sua família".

Se formos de fato cristãos dedicados e atenciosos, nossa conversão será motivo de felicidade para todos os nossos familiares. Não podemos ser negligentes, alegando: "Eu teria cuidado bem dos meus filhos e da minha família, se os tivesse; como não tenho, estou isento e desculpado disso". Temos de nos considerar devedores para com aqueles que, tendo sua própria família, são nossos parentes. Espero que algum André aqui presente, alistado por Jesus, seja o meio de ganhar para Cristo um ou mais irmãos, assim como a casa destes. Se não houver nenhum André, espero que algumas Marias e Martas se inflamem de zelo para trazer um irmão seu Lázaro, bem como outros além deste, para o Senhor. Tios e tias deveriam igualmente se interessar pela condição espiritual de sobrinhos e sobrinhas; primos deveriam se preocupar com seus primos, e todos os laços de sangue deveriam ser consagrados ao propósito da graça. Moisés não deixou nem um animal, muito menos uma pessoa sequer, para trás, ao conduzir o povo, sua grande família israelita, para fora do Egito. Não podemos também nos dar por satisfeitos deixando um parente nosso permanecer como escravo do pecado. Abraão, já na velhice, empunhou espada e escudo em defesa de seu sobrinho Ló. Da mesma forma, os crentes mais maduros e idosos deveriam olhar à sua volta e buscar o bem dos membros mais jovens, e até distantes em parentesco, de sua família. Se todos agíssemos assim, o poder do evangelho seria sentido em todo o nosso redor.

A casa da qual Pedro era o chefe de família poderia, assim, nunca ter conhecido o evangelho se um parente seu, o seu irmão André, convertido, não o tivesse levado à conversão. O primeiro elo da graça gerou, portanto, imediatamente outro, e de importância muito maior, com a *conversão do cabeça da família*. André tinha procurado o irmão e lhe contara ter a certeza de haver encontrado o Messias. Levou-o então a Jesus, e nosso Senhor, na mesma hora, aceitou o novo convocado. Chegou até a lhe dar um novo nome. Pedro creu e tornou-se seguidor fiel de Cristo; de modo que o próprio chefe da casa passou para o lado certo.

Observem, chefes de família, a responsabilidade que pesa sobre seus ombros! Deus nos tem concedido alguns poucos domínios, nos quais nossa autoridade e influência pode se revelar melhor ou pior, e por toda a eternidade. Não há adulto, jovem ou criança em nossa casa que não seja afetado para o bem ou para o mal por aquilo que fizermos. Talvez possamos não ter a menor vontade de influenciá-los e até nos esforcemos por ignorar essa responsabilidade; mas é impossível fazê-lo. A influência paterna é um trono do qual homem algum pode abdicar. Os membros de nossa família estão inescapavelmente sob a nossa sombra; e, ou pingamos veneno neles, como uma resina tóxica, ou os deixamos respirar uma atmosfera perfumada de amor e piedade. Os botes que estão amarrados à embarcação maior, que somos nós, são inexoravelmente arrastados por nós, em nossa esteira. Ó pais e mães, a salvação ou a ruína de seus filhos dependerá muito de vocês, em Deus. O Espírito de graça poderá usar vocês para a conversão deles, ou Satanás empregar vocês como instrumento de sua destruição. Qual das duas situações, no seu caso, é mais provável que aconteça? Pensem bem nisso, eu lhes recomendo.

É um fato extraordinário na história familiar quando a graça de Deus estabelece seu quartel-general no coração do marido e pai. A crônica dessa casa a partir de então será escrita com pena de ouro. Aqueles de nós que somos do Senhor reconheçamos, agradecidos, sua misericórdia para conosco e repassemos nossa bênção para toda a nossa família. As nuvens carregadas derramam-se em chuva sobre a terra; oremos para sermos como nuvens de graça para a nossa família. Quer tenhamos apenas um Isaque e um Ismael, como Abraão, quer doze filhos, como Jacó, oremos em favor de cada um e de todos, para que vivam diante do Senhor. Que nós e os nossos permaneçamos unidos no feixe da vida.

Observem ainda que o terceiro passo na chegada da graça à casa de Pedro aconteceu depois da conversão de André e Pedro, quando *ocorreram algumas outras conversões entre os amigos e companheiros desses dois irmãos*. É muito bom para o homem contar com amigos e colegas de trabalho piedosos. Se tiver de sair para pescar, como Pedro, por exemplo, será muito útil ter um Tiago e um João como parceiros. É ótimo para a sua piedade quando homens cristãos se reúnem dia a dia para trabalhar com parceiros também cristãos e falam uns com os outros sobre coisas excelentes. Tições em brasa, quando colocados juntos, queimam melhor; carvões dispostos em pilha logo ardem e pegam fogo. O mesmo acontece quando corações em chamas tocam corações semelhantes quanto a assuntos divinos, provocando combustão interna e fervor sagrado que raras vezes pode ser alcançado por quem esteja sozinho. Muitos cristãos são levados a ter de empreender ferozes batalhas por sua existência espiritual ao terem de trabalhar com descrentes. Além de serem eventualmente vítimas de zombaria, desprezo e perseguição, e todo tipo de dúvida e blasfêmia poderem lhes ser dirigidas, tal situação costuma atrapalhar materialmente o seu crescimento na vida celestial. Quando submetidos a essa provação, por ação da providência divina, necessitam de grande graça para permanecerem firmes. Assim, amado irmão, se nos seus afazeres diários você não encontra um cristão que o ajude, mas muitos descrentes que o atrapalham, viva mais próximo ainda junto a Deus, pois seu caso requer uma porção dobrada de graça. Se, todavia, pela misericórdia divina for colocado onde existam companheiros cristãos para auxiliá-lo, não abandone facilmente essa situação, mesmo que possa vir a receber remuneração maior, ou em dobro, de outro modo. É preferível trabalhar com Tiago e João por vinte xelins do que com blasfemadores e bêbados por sessenta. Quanto a vocês que residem com pessoas crentes, de fato são muito favorecidos, e esperamos que se tornem cristãos eminentes. São como flores em uma estufa, que tendem a desabrochar com perfeição; vivem como que em um jardim de alfazema e por isso haverão de exalar doce perfume. Comprovem, então, que sabem apreciar e usar com acerto sua posição privilegiada, empenhando-se por trazerem graça à sua casa, de modo que ela seja inteiramente do Senhor.

Um quarto passo, e mais evidente, ocorre quando *Pedro e seus amigos são atraídos mais para perto do seu Senhor*. O bom chefe da casa já era salvo, bem como seu irmão e seus companheiros. Mas, pela graça de Deus, vieram a crescer para se tornarem algo mais do que meros pecadores salvos, recebendo o chamado para uma posição mais elevada e serviço mais nobre: de pescadores comuns a pescadores de homens. Em vez de movimentar seus barcos de pesca, passariam a pilotar o navio da igreja. Pedro já era discípulo, mas continuava na obscuridade. Precisava, agora, assumir posição mais à frente. Até então, fora mais pescador que discípulo; agora, deveria ser mais discípulo que pescador. Precisava seguir Jesus por meio de confissão mais aberta, serviço mais constante, comunhão mais próxima, discipulado mais atento, companheirismo mais pleno. Por isso, teria de receber preparação interior por parte do divino Espírito. Na verdade, como sabemos, estava sendo chamado por seu Senhor e Mestre para ser alçado a plataforma ainda bem mais alta, sobre a qual habitaria e aprenderia pelo Espírito o que a carne e o sangue não poderiam revelar.

A MELHOR VISITA | 593

Amados, pode haver uma grande diferença entre um cristão e outro! Noto isso, por vezes, cheio de perplexidade. Não chegaria a ponto de afirmar ter visto tão enorme diferença entre um cristão e outro quanto tenho observado entre um cristão e alguém do mundo; pois há sempre uma distinção mais ampla entre o mais baixo grau de vida e a forma mais clara de morte do que entre os graus mais baixo e mais alto de vida. Todavia, a diferença é, por vezes, gritante. Conhecemos pessoas que são salvas — pelo menos esperamos que sejam — mas, ah, como são poucos os frutos do Espírito em sua vida. Quão fraca é a luz que emitem; como são carentes de consagração; como são pobres na semelhança com Aquele a quem chamam Mestre e Senhor. Graças a Deus que temos visto muitas outras, que vivem em atmosfera bem diversa. Não é que seja propriamente uma vida mais elevada; não gosto muito deste termo, pois a vida de Deus é única e a mesma em todos os crentes. Mas que é uma condição mais elevada de vida, isso é; mais desenvolvida, mais vigorosa e influente. Uma condição de vida com olhos mais claros, mãos mais ligeiras, ouvidos mais atentos, discurso mais musical. Vida de saúde, quando há muita gente que só conhece vida com trabalho árduo e debaixo de enfermidade, pronta a render o espírito a Deus e deixar a carne. Existem, sim, Mefibosetes entre os favoritos do rei; mas vejam a vida de Naftali, *saciado de favores, e farto da bênção do Senhor* (Dt 33.23), ou de Aser, de quem está escrito *mergulhe em azeite o seu pé* (Dt 33.24). Embora ame a escuridão, a coruja vive, e a toupeira também, apesar de passar o tempo todo se enterrando em sua toca; no entanto, vejam a vida daqueles que sobem com asas de águias, que vivem de alimentos cheios de tutano e bebem de vinho puro e cristalino. São esses os poderosos de Israel, cuja alegre energia ultrapassa em muito a do cansado e abatido, cuja fé é fraca e cujo amor é frio.

Pedro e seus amigos tinham sido chamados a se dedicar muito menos a redes e barcos de pesca e a permanecerem muito mais ao lado de Jesus em sua humildade e dele aprender os segredos do reino, para depois os ensinarem a outros. Ao ouvirem o mestre lhes ordenar *Sigam-me* (Mt 16.24), deixaram tudo. Passaram a trilhar o caminho do companheirismo, seguindo em frente com esforço e ousadia para atenderem à ordem de seu Senhor. Já haviam empreendido um grande avanço na carreira cristã. E naquela época, amados, os homens levavam as bênçãos para casa. Oh, eu seria capaz de suspirar só de imaginar as aptidões que permanecem adormecidas em alguns cristãos! É triste pensar como os filhos de cristãos poderiam ter crescido e, com a bênção de Deus, se tornado pilares na casa do Senhor, talvez até ministros do evangelho, sob a influência de pai e mãe consagrados de verdade. Em vez disso, no entanto, a estagnação, o desinteresse, o mundanismo e a inconsistência dos pais têm impedido seus filhos de virem a Cristo e lhes dificultado quaisquer grandes progressos na vida divina, tolhendo seu crescimento em estatura na graça e os prejudicando por toda a vida. Irmãos, muitos de vocês desconhecem as possibilidades que existem em vocês mesmos quando o Espírito de Deus repousa em sua vida. O fato é que, por terem sido chamados a uma forma mais elevada de vida, precisam se tornar meios de bênção para seus parentes e amigos. Marido, esposa, filhos, colegas, a família e a vizinhança toda terão de melhorar, como consequência do seu progresso nas coisas espirituais.

Observem também que, pouco antes de o Senhor estar prestes a abençoar a casa de Pedro, *estivera transmitindo ensinamentos a Pedro e André, Tiago e João*. Ele tinha estado com eles na sinagoga, onde o haviam ouvido pregar. Um sermão excelente — repleto de energia, muito diferente dos discursos dos pregadores comuns, contendo autoridade e poder em si mesmo. Foi depois que voltaram da sinagoga para casa e ouviram esse sermão que a bênção desceu sobre a moradia de Pedro. O melhor dentre nós necessita de ensinamento. É imprudente o cristão se ocupar tanto com a obra de Cristo que não lhe consiga ouvir a palavra. Precisamos ser alimentados, ou não conseguiremos alimentar os outros. A sinagoga não pode ficar deserta se Cristo estiver ali presente. Oh, e quando o mestre está presente, que poder há na palavra: não se trata propriamente da eloquência do pregador, de sua fluência de linguagem, da novidade do pensamento. Há nele um segredo, uma influência silenciosa, que penetra na alma e a submete à majestade do amor divinal. Você sente a energia vital da palavra divina, que não é a palavra comum dos homens para seus ouvidos, mas, sim, a voz vivificante de Deus reverberando pelos cômodos de seu espírito e fazendo seu ser viver inteiramente na presença do Senhor. É esse sermão como o maná dos céus ou como o pão e o vinho com que Melquisedeque recebeu Abraão; sermão que o anima e fortalece, e o torna renovado. Querido irmão, irmã querida, chegou a hora de ir para casa levando seu Senhor consigo. Pedro e seus amigos desfrutaram tanto da grande companhia do mestre na sinagoga que certamente lhe pediram para ficar com eles, de modo que foram com ele diretamente para casa.

Será que vocês conseguem fazer a mesma coisa esta manhã? Se meu Senhor chegar e sorrir para vocês e lhes aquecer o coração, não o percam ao passarem pelos corredores, não o deixem ir quando chegarem à rua e se dirigirem para casa. Não o aborreçam com tagarelices sobre questões inúteis, mas, sim, levem Jesus junto com vocês. Digam-lhe que é meio-dia, roguem que permaneça com vocês durante o calor do dia. Ou, se for ao entardecer, argumentem que o dia já quase acabou e peçam-lhe que passe a noite em seu lar. Vocês podem sempre encontrar um bom motivo para reter seu Senhor. Façam como a esposa que, no Cântico dos Cânticos, diz: *Achei aquele a quem ama a minha alma; detive-o, e não o deixei ir embora, até que o introduzi na casa de minha mãe, na câmara daquela que me concebeu* (Ct 3.1-4). Há um doente em sua casa? Leve Jesus para ver essa pessoa. Há dor em sua casa? Rogue ao Senhor que o acompanhe até lá para aliviar essa aflição. Há pecado em sua casa? Tenho certeza que sim. Leve Jesus consigo para limpá-la. Lembrem-se, no entanto, que não podem levá-lo para casa a menos que primeiro o tenham com vocês em um nível de relacionamento pessoal. Lutem nesse sentido então. Nada de se darem por satisfeitos sem isso. Tomem a decisão de serem seus servos — coisa que espero vocês realmente sejam. Servos caminhando na luz, como ele está na luz, e tendo uma relação de companheirismo com ele — eis o que espero de vocês. Isso feito, tomem a decisão de levá-lo a seus amigos e parentes, para que sua casa possa ser abençoada.

Antes de passar para o segundo tópico, quero dar grande ênfase a este ponto. Um antigo provérbio nosso diz que a caridade deve começar em casa. Permitam-me adaptá-lo do seguinte modo: a piedade deve começar com você mesmo. Antes de pedir salvação para sua família, apodere-se dela para si mesmo. Isso nada tem que ver com egoísmo. Na verdade, a mais pura benevolência faz o homem querer estar qualificado para beneficiar os outros, e não se pode estar preparado para abençoar os outros a menos que Deus o tenha abençoado primeiro. Seria o egoísmo que levaria o homem a parar junto a uma fonte para encher seu próprio cálice, se pretende entregar esse cálice para outros beberem? É algum tipo de egocentrismo orarmos para que haja em nós um poço de água transbordando para a vida eterna, quando nossa intenção é que de nós fluam rios de água viva onde outros possam se recuperar? Não é egoísmo algum desejar que o poder do Senhor esteja sobre nós se ansiamos por exercê-lo sobre o coração das pessoas, para o seu bem. Olhem para vocês, irmãos, olhem bem para si mesmos. Vocês não poderão abençoar seus filhos nem seu lar até que, antes de mais nada, sobre vocês repouse a unção do Senhor. Ó Espírito do Deus vivo, sopra sobre nós, a fim de que vivamos ainda em maior abundância espiritual e, então, nos tornemos vasos escolhidos para levar o nome de Jesus aos demais.

II. Daremos agora o passo seguinte, mostrando o que a graça fez na casa de Pedro quando ali chegou.

O primeiro efeito que a graça causou foi *levar a família a orar*. Mal os quatro amigos entraram na casa de Pedro, passaram a conversar com o mestre, pois, como o texto nos relata, *logo lhe falaram a respeito dela* (Mc 1.30) — que a sogra de Pedro se encontrava enferma. Gosto dessa expressão, em Marcos — não sei se a observaram bem: *logo lhe falaram a respeito dela*. Lucas nos diz que *rogaram-lhe por ela*. Não duvido que Lucas esteja certo, mas Marcos também está: *logo lhe falaram a respeito dela*. A mim me parece que esse trecho nos ensina que, às vezes, tudo o que posso fazer com a minha penosa aflição é simplesmente falar ao meu querido Senhor sobre ela e deixá-lo agir conforme achar sábio e conveniente, segundo seu próprio critério. Você tem algum problema ou enfermidade em casa? Conte para Jesus. Muitas vezes, é tudo o que pode fazer. Rogue a ele que cure seu parente querido, mas depois deverá acrescentar: *Não seja como eu quero, mas como tu queres* (Mt 26.39). Você sentirá, portanto, que tudo o que pode fazer é relatar o caso a Jesus e entregá-lo inteiramente em suas mãos. Ele é tão bondoso, gentil e amoroso que com certeza fará o que for melhor, tomando a atitude mais acertada.

A MELHOR VISITA

Podemos, então, nos dar por satisfeitos ao aplicarmos em nossa vida esta frase: *logo lhe falaram a respeito dela*. Com relação às coisas espirituais, podemos por vezes tentar fazer pressão e sermos bastante insistentes; mas, com relação às coisas temporais, precisamos traçar um limite e nos contentarmos em narrarmos o problema a Jesus e deixarmos a questão sob seu julgamento. Alguns pais, ao verem o filho adoecer, chegam a suplicar a Deus de forma tal que parecem demonstrar agir mais por sua natureza humana que pela graça; que fala mais alto a afeição materna ou paterna que a resignação a Cristo. Não deve ser assim. Se confiarmos nossos caminhos ao Senhor em oração e lhe falarmos com mansidão de nossa dor, será sábio depois permanecermos em silêncio, esperando até que o Senhor se pronuncie. Ele jamais será injusto ou indelicado, por isso podemos e temos de dizer: *Faça o que bem parecer aos seus olhos* (Jz 19.24).

É bem provável que a sogra de Pedro já fosse também uma crente em Cristo. Mesmo assim, arrisco-me a considerar seu caso como, em parte, de uma doença espiritual. Não quero com isso insinuar que se encontrasse só espiritualmente enferma, visto ter demonstrado, ao se levantar, curada, ser uma das cristãs mais devotadas. Suponha agora, meu querido amigo, que você leve Jesus Cristo para casa consigo. Se houver uma pessoa ali que não seja convertida, na mesma hora você não irá falar a Jesus "a respeito dela"? Uma oração muito simples. Não me diga que não pode rogar por seu irmão ou irmã: basta se aproximar de Jesus e, de um modo simples, até infantil, contar-lhe o caso. Isso é oração. Descrever a necessidade costuma ser a melhor maneira de pedir ajuda. Vi uma pessoa dizer a um homem, de cujo auxílio necessitava: "Não estou lhe pedindo nada, só quero que ouça minha história. Aí, então, você poderá fazer o que bem entender". Quem demonstra idêntica sabedoria, que leva os outros a sorrir, pode até dizer: "Você não chama isso de pedir, chama?" Conte então tudo a Jesus Cristo sobre o assunto. A visão que ele tem e compartilhará com você só poderá lhe trazer benefícios.

Essa forma elementar de oração é muito poderosa. A polícia londrina não permite que as pessoas fiquem pedindo esmola nas ruas, mas não conheço lei alguma que as possa impedir de ficarem sentadas em atitude de quem está na maior miséria, exibindo buracos nos joelhos das calças e os pés nus dentro de sapatos sem sola. Testemunhei tal demonstração esta manhã mesmo. O homem não estava pedindo esmola, mas achei fantástico o fato de parecer que estivesse. Sua postura atendia melhor ao seu propósito do que se usasse palavras. Falar informalmente a Jesus Cristo sobre um parente ou amigo não convertido pode ter em si um grande poder. Na verdade, talvez seja uma das coisas mais sérias que você poderia fazer; pois a ausência de súplicas e argumentos em palavras pode perfeitamente se elevar do seu ser, já tão sobrecarregado pela ansiedade que você nem consegue encontrar palavras para dizer "Senhor, me alivia!" Você pode continuar suspirando então sob seu fardo, e seus gemidos indizíveis irão agir como súplicas prementes ao coração compassivo de Cristo e clamar a ele, rogando: "Senhor, me ajuda!"

Contar a Jesus é um modo simples de oração e que me parece combinar bem com o crente. Como se Pedro e seus companheiros tivessem chegado a esta conclusão: "Só precisamos contar o problema e nosso bendito Senhor cuidará dele. Se lhe falarmos logo, não haverá necessidade alguma de abraçar-lhe os joelhos e chorar com lágrimas amargas por aquela que arde em febre. Pois assim que ele ouvir, tão amoroso é seu coração que estenderá sua mão de poder". Vá então a Jesus, caro amigo, nesse espírito, para o bem de seu amigo ou filho impenitente. Faça como eles, que "logo lhe falaram". Mas há algo muito instrutivo nesse caso em particular, pois talvez achemos que não se deva contar ao Senhor os problemas mais "comuns" que ocorrem em nossa casa, em nossa família. É um grande erro. Como "comuns"? Pode a vulgaridade ou aparente simplicidade de um mal excluí-lo da lista dos assuntos supostamente apropriados para súplica? A costa de Cafarnaum, onde Pedro habitava, é tida até hoje pelos viajantes como lugar muito úmido, pantanoso, empestado de doenças causadoras de febre. Uma quantidade infinita de pessoas, naquela época, tinha ali, certamente, uma febre à sua espera ao dobrar a esquina da rua. Pedro e André, porém, nem discutiram a possibilidade de nada dizerem ao Senhor só pelo fato de talvez se tratar de uma doença comum. Não deixe Satanás obter vantagem sobre você, convencendo-o a manter seus problemas ou pecados aparentemente corriqueiros longe do seu Senhor amoroso e perdoador. Amado, se ele sabe quantos fios há em sua cabeça e se nem um pardal cai ao chão sem o conhecimento dele, pode crer que seu problema mais trivial receberá do Senhor a maior atenção e solução. *Em toda a angústia deles foi ele angustiado* (Is 63.9).

É um grande erro, portanto, achar que você não pode levar ao seu Redentor suas provações comuns do dia a dia. Conte-as, sim, conte-as todas a ele. Se seu filho é, digamos, um pecador comum, se não há perversidade alguma extraordinária nele, se nunca o fez sofrer por capricho; se sua filha, embora rebelde, não deixa de ser cordial e meiga a maior parte do tempo — não pense que, por isso, não há necessidade alguma de orar. Mesmo em se tratando de um caso comum de febre do pecado, pode ser fatal da mesma forma. Portanto, a menos que seu filho ou filha encontre um bálsamo para essa sua aflição, leve o problema na mesma hora a Jesus. Não espere até seu filho se tornar pródigo — ore agora mesmo! Não demore até que seu filho esteja às portas da morte — ore agora!

Às vezes, no entanto, surge uma dificuldade do outro aspecto da questão. A sogra de Pedro fora acometida de uma febre que nada tinha de comum. Está escrito que era "muita febre": esta expressão implica que a pobre mulher certamente ardia em febre. Devia estar muito debilitada também, já que a encontraram prostrada no leito. Ora, o diabo muitas vezes insinua: "Não adianta levar esse problema a Jesus. Seu filho agiu de modo vergonhoso, sua filha é muito voluntariosa: casos assim jamais farão jus à graça divina em resposta à sua oração". Não se deixe deter por essa sugestão maldosa. Nosso Senhor Jesus Cristo pode repreender grandes febres e levantar os que se acham quebrantados e impotentes por pecado feroz. "Maravilhas de graça a Deus pertencem." Vá e relate a situação a Jesus, seja ela comum ou incomum, seja ordinária ou extraordinária, assim como a ele os discípulos contaram a respeito da enfermidade da sogra de Pedro.

Agora, observe comigo um ou dois motivos pelos quais acreditamos terem sido eles levados a falar a Jesus sobre ela. Conheço o motivo maior, mas antes quero mencionar os menores.

Imagino que contaram a Jesus a respeito dela, em primeiro lugar, porque a febre era provavelmente contagiosa e não seria certo fazer entrar alguém sem avisar em uma casa onde um doente ardia em febre. Se há um grande pecado em sua casa, talvez você sinta em seu coração: "Como pode Jesus Cristo entrar em minha casa se meu marido bêbado age do jeito que age?" Ou então, mais triste ainda, pode ser que a mulher costume beber em segredo, e o marido, que encara isso com profundo pesar, diga: "Como esperar que o Senhor nos abençoe?" Ou talvez um grande e triste pecado tenha maculado seu filho e você se pergunte: "Como esperar que o Senhor sorria para esta casa? Seria o mesmo que desejar que um homem entrasse em uma casa infectada por uma doença grave!" Nada disso importa. Conte tudo a Jesus e, havendo ou não febre, havendo ou não pecado, ele virá.

Acho também que lhe falaram sobre a situação dela como uma espécie de desculpa para a escassa acolhida que Jesus receberia. O que a esposa de Pedro ou este e André poderiam fazer para preparar uma refeição? A anfitriã principal da casa estava doente e não tinha como servir ao ilustre visitante. Nós, pobres homens, por exemplo, somos uma catástrofe no preparo de uma mesa. Precisamos das Martas e Marias para nos auxiliar, ou de uma esposa, como a de Pedro, ou então uma sogra, como a dele. Devem ter dito, por isso, com a tristeza estampada no rosto: "Bom Mestre, de bom grado nós o receberíamos bem, mas aquela que teria o maior prazer em servir-lhe está acamada, com febre". Com que frequência uma família é impedida de receber Cristo por causa de uma alma enferma em casa. "Ó Senhor, nós bem que gastaríamos de orar em família, mas isso não é possível: meu marido não permite". "Senhor, gostaríamos que a casa estremecesse de louvores a ti, mas isso deixaria um dos moradores tão aborrecido que preferimos fazer nossas orações baixinho ou em silêncio." "Não podemos te oferecer uma festa digna da tua presença, bom Senhor: temos de colocar diante de ti o pouco de que dispomos da melhor maneira possível, senão o ambiente aqui vai ficar incômodo demais para podermos suportar." Nada disso também importa. Conte, igualmente, tudo a Jesus a respeito do problema; ele há de vir, há de cear com você e transformar os obstáculos em apoio.

Mais ainda: o rosto dos amigos estava triste demais. Ouso dizer que, na sinagoga, Pedro talvez quase esquecera da mãe de sua mulher, tão contente se sentiu com a pregação. Chegando a casa, porém, possivelmente a primeira pergunta que fez quando passou pela porta foi: "Como está ela?" Outros lhe

A melhor visita

responderam: "Ai, ardendo terrivelmente em febre". Contristou-se o espírito de Pedro, uma nuvem cobriu-lhe o semblante. Ele então, provavelmente, voltou-se para Jesus e clamou: "Bom Mestre, não posso deixar de ficar triste, embora tu estejas aqui, pois minha sogra, a quem amo muito, encontra-se bastante enferma, com febre". A tristeza deve ter ajudado Pedro a contar tudo; eis por que ele e seus companheiros "falaram a respeito dela" com Jesus.

Contudo, o grande motivo, na verdade, creio que foi o de que nosso bendito Senhor tinha um coração tão compassivo que fazia sempre com que o sofrimento das pessoas as deixasse. Onde quer que estivesse, os homens nada podiam guardar para si mesmos. Cristo revela-se alguém tão semelhante e próximo a você, e tão experiente e sábio em todos os problemas e dissabores da vida, que você não pode deixar de lhe confessar o que seja. Exorto-os agora, a vocês que amam o meu e seu Senhor, a permitir que sua doce compaixão tire de vocês o peso e a dor que lhes atormentam o coração. Permitam-lhe que os constranja a lhe falar de seus parentes ainda não convertidos. Ele suporta toda a oposição e contrariedade dos pecadores a si mesmo, ama a alma dos homens e por eles morreu. Pode, assim, aliviar com a maior ternura toda a angústia que você sente pelas almas rebeldes e endurecidas pelo pecado. Faça, então, como aqueles que *lhe falaram a respeito* (Mc 1.30) da sogra de Pedro enferma.

Acho, no entanto, além de tudo, que lhe falaram dela, principalmente, por esperarem naturalmente que ele a curasse. Ao contar a Jesus sobre seu filho ou amigo ou parente impenitente, você há de esperar, sem dúvida, que Cristo se volte para eles, com seus olhos de amor. Pois ele pode salvar. É do seu jeito agir assim. O Senhor se deleita em ajudá-lo. E será para sua própria honra que o fará. Espere, então, que ele o faça, contando-lhe hoje mesmo o caso do seu filho ou amigo ou parente não regenerado. Mas posso lhes fazer uma pergunta? É provável que cada um de vocês tenha alguém na família que ainda não foi salvo. Vocês talvez já até têm dito: "Ah, eu acalentava tanto a esperança de que tal pessoa se convertesse!" No entanto, já falaram a Jesus a respeito dela, alguma vez? "Sim, muitas vezes", vocês poderão responder. É bem possível, porém, que não o tenham feito por meio de uma decisão realmente responsável e consciente. Façam isso agora. Dediquem algum tempo todo dia, a partir de hoje, para narrar ao Senhor cada detalhe sobre o caso de Jane, Mary, Thomas ou John. Atraque-se com Deus, se preciso for, a noite inteira, como Jacó, e diga: *Não te deixarei ir, se me não abençoares* (Gn 32.26)". Não creio que a maioria de vocês fique mais, por muito tempo, carregando o seu problema, assim que o tiverem relatado dessa forma ao Senhor. Foi justamente o que aconteceu quando Jesus entrou na casa de Pedro. *Imediatamente* lhe falaram da mulher. Assim que Cristo entrou, falaram-lhe sobre ela; e na mesma hora, ele a curou.

A primeira obra que a graça operou na casa de Pedro, portanto, foi levá-los a orar. Isso, em segundo lugar, *levou o Salvador a curar a enferma*. Ele entrou no quarto, disse uma palavra, tomou-a pela mão, levantou-a, e aquela senhora foi restaurada. O maravilhoso disso tudo, sabemos, foi ela ter sido capaz de ficar de pé e na mesma hora se pôr a servir-lhes. Isso nunca acontece pela medicina humana na cura de uma febre, pois, quando se vai, deixa o paciente ainda muito fraco. Às vezes, precisa de dias, semanas, até meses, antes de recobrar suas forças. A cura de Cristo, porém, é perfeita, de modo que, no mesmo instante, a paciente se ergueu inteiramente recuperada e lhes serviu alimento.

Podemos afirmar, além disso, que, quando a graça entrou naquela casa e operou a cura, *transformou bastante aquela família*. Observe a diferença. Lá está a pobre mulher, a enferma, tremendo inteira, ardente por causa da febre. Mal consegue erguer a mão. Agora, observe-a de novo, ocupada em servir, com um sorriso nos lábios. Não há ninguém ali mais feliz ou saudável que ela. Ou seja, quando a graça de Deus vem, aquele que era antes objeto de maior ansiedade se torna a pessoa mais feliz de todas. O pecador salvo pela graça soberana se torna um servo do Senhor; uma senhora antes gravemente doente assume seu papel de dona de casa e anfitriã.

Observe a mudança operada também nos demais. Estavam todos com o coração pesado, mas agora se regozijam. Não há mais ansiedade alguma estampada no rosto de Pedro; André deixou de se sentir preocupado; o "fantasma" desapareceu; a enfermidade foi expulsa; e todos podem cantar um hino de glória e alegria. A casa se transformou de hospital em igreja, de enfermaria em sala de banquete. O Senhor mesmo parece mudado, se é que alguma mudança lhe poderia sobrevir: de médico que entra cuidadoso no quarto da enferma, sai dali o rei que vence mais uma vez o inimigo. Todos olham maravilhados e reverentes para o poderoso Senhor, vitorioso sobre espíritos e forças invisíveis. Oro a Deus para que nossas casas e famílias sejam transformadas e transfiguradas desse mesmo modo: nossa cidade antes chamada Luz torne-se Betel; nosso vale de Acor, uma porta de esperança; nossos filhos antes obstinados, sementes a crescer servindo ao Senhor. Se vocês receberem a plenitude da graça, o passo a seguir é que sua família receba também a vasta plenitude, até que ninguém permaneça enfermo nem de corpo nem de alma, mas sejam todos felizes no Senhor e todos, todos a servi-lhe.

III. Veremos agora, depois que a misericórdia chegou COMO A GRAÇA TRANSBORDOU DAQUELA CASA. Não foi possível manter guardado no interior da casa o fato de que a sogra de Pedro fora curada. Não sabemos quem tocou no assunto. Fosse hoje, imagino teria sido um dos empregados, que gostam tanto de tudo comentar. Mas, lá, talvez tenha sido algum amigo que chegou na hora e acabou se informando da novidade. Talvez um médico, que passava em sua ronda habitual, para ver como andava a boa senhora. Para seu assombro, encontrou-a de pé, andando de um lado para o outro a servir ao genro, ao irmão deste e aos visitantes. Na visita à casa seguinte, ele pode até ter comentado: "Assim, vou acabar desempregado. Minha paciente, que até ontem ardia em febre, foi perfeitamente curada por Jesus, aquele profeta de Nazaré". De qualquer modo, a história vazou. Não se pode manter em segredo a graça de Deus, que há de sempre se revelar. Você não precisa fazer propriamente propaganda de sua fé pessoal; viva-a apenas e deixe que outras pessoas falem a respeito dela. Evidentemente, é bom falar de Cristo sempre que surja uma oportunidade; mas sua vida será sempre o melhor sermão.

A história correu a cidade, e um pobre homem de muletas deve ter pensado: "Vou, mesmo coxeando, até a casa de Pedro"; outro, acostumado a rastejar pelas ruas, murmurou com seus botões: "Vale a pena ir até lá só para ver"; e outros ainda, movidos por impulso idêntico, partiram para aquele lugar. Muitos que tinham em casa ou conheciam pessoas enfermas convidaram-se: "Vamos levar nossos doentinhos até a casa de Pedro?" De forma que logo a casa se tornou um local público e popular. Junto à porta de entrada, formou-se uma multidão como Pedro nunca vira ali antes. A rua se tornou um imenso ambulatório, com pacientes clamando para ver o grande profeta. *E toda a cidade estava reunida à porta* (Mc 1.33). E agora, o que dizermos da casa de Pedro? Começamos chamando-a de residência humilde, onde habitava um simples pescador. De repente, se tornou um majestoso hospital, um palácio da misericórdia. Para ali acorreram pessoas com todo tipo de doença e problema: leprosos, coxos, cegos, surdos, aleijados, deformados. Mas ali também se encontrava o mestre amoroso, o médico dos médicos, passeando em meio a toda essa gente até haver curado cada uma delas.

As ruas de Cafarnaum vibraram naquela noite com cânticos de louvor e alegria. Em seus pátios e calçadas, executaram-se novas danças, pois até os que tinham sido coxos e paralíticos agora saltitavam. Até as vozes que entoavam as músicas acompanhando as danças eram novas, pois as línguas dos antigos mudos louvavam em altos brados, com cânticos de glória a Deus. E toda essa misericórdia provinha da casa de Pedro.

Ah, irmãos, creio que Deus olhou para Pedro, logo depois para sua sogra, depois para seus parentes e, enfim, para a casa inteira, para que dela transbordasse sua misericórdia e seu poder, a ponto de toda a vizinhança e até gente mais distante vir a senti-los e deles participar. "Na minha casa provavelmente isso nunca acontecerá", diz alguém, tristonho. Por que diz isso, irmão? Se você está impondo limites, não será a Deus, mas a si mesmo. "Acontece", diz outro, "que eu vivo em um lugar onde não há vida no ministério". Mais um motivo para você se tornar uma bênção para esse lugar. "Oh, mas eu vivo onde muitos cristãos atuantes já fazem obras excelentes." De novo um bom motivo para você se sentir encorajado a também fazer o bem. "Eu moro em um bairro aristocrático." Todos anseiam pelo evangelho, acima de tudo; e como são poucos os grandes e poderosos que chegam a ser salvos! "Meu bairro, pelo contrário, é muito pobre." Você está então no lugar ideal, onde é bem mais provável que o evangelho seja recebido com alegria. Quando o evangelho é pregado aos pobres, eles quase sempre o ouvem.

A MELHOR VISITA

Enfim, você não conseguirá inventar uma desculpa que possa sustentar nem por um segundo: Deus é capaz de fazer de sua casa o centro de bênção para todos que moram nela e em volta dela, desde que você esteja disposto a permiti-lo. O modo para que isso aconteça eu já descrevi. Primeiro você precisa ser salvo, ser chamado para a forma mais elevada de vida, aquecido no coração pela presença do seu Mestre. Depois, sua família deve ser abençoada. Então, o círculo irá se ampliar ao redor de sua habitação. Oh, que seja assim. Conheço irmãos que, onde quer que estejam, são sempre luzes ardentes e brilhantes; mas também conheço outros que, embora sendo lâmpadas, é difícil dizer se estão acesas ou não: podemos detectar um bruxuleio de luz, mas nunca temos certeza. Irmãos, aspirem a ser abundantemente úteis. Ou preferem levar uma vida ignóbil? Querem viver presos ao esqueleto repugnante de um falso cristianismo morto? Abominamos a indiferença até o seu âmago! Chega de negligência em nosso meio! Nosso tempo de vida é muito curto para darmos nosso testemunho, logo entraremos em descanso. Trabalhemos, então, enquanto for possível. As sombras logo se alongam, e o dia se aproxima do fim. Vamos, irmão, vamos! Se você pretende apresentar muitas joias a Jesus, cingir-lhe a cabeça com coroas preciosas, trabalhemos para ele, eu lhe suplico, enquanto podemos.

Há alguns não convertidos aqui entre nós. Não lhes dirigi a palavra, mas tentei fazer com que todos os demais falem com eles. Vocês, convertidos, vão fazer isso agora ou devo esperar até que ouçam a segunda parte do meu sermão? Não, confiarei em que me atenderão agora. Possa Deus abençoá-los, em nome de Jesus. Amém.

A FEBRE E SUA CURA

Ora, levantando-se Jesus, saiu da sinagoga e entrou em casa de Simão; e estando a sogra de Simão enferma
com muita febre, rogaram-lhe por ela. E ele, inclinando-se para ela, repreendeu a febre, e esta a deixou.
Imediatamente ela se levantou e os servia (Lc 4.38,39).

Pedro era de Betsaida, mas estava agora residindo em Cafarnaum. É muito provável que tivesse se mudado para lá a fim de estar no próprio quartel-general de nosso Senhor, ouvir tudo que ele tinha a ensinar, presenciar seus milagres e lhe devotar constante e cada vez maior atenção e serviço. Eu creio que sim. É o que devemos esperar daqueles que seguem o Senhor de coração sincero. Fico triste quando constato muitos que se confessam discípulos de Jesus, hoje em dia, agirem baseados em outros princípios. Se mudam de residência, por exemplo, não consideram a conveniência ou necessidade de se estabelecer próximos da casa de oração ou do lugar em que servem a Cristo. Embora sua alma esteja sendo sempre alimentada e declarem intenso amor à igreja e estima e apreço ao pastor, mesmo assim vão embora, e de coração leve, para lugares onde nem encontram meios da graça. Deveria ser assim? Ao escolhermos nossa nova residência, nós, crentes, deveríamos levar com consideração sua relação para com a obra de Deus e o bem-estar de nossa alma. A pergunta a ser feita deveria ser então: "Estaremos onde nos será possível honrar nosso Senhor?"

Simão Pedro mantinha de bom grado em casa a mãe de sua mulher, o que já é prova de que era bom marido e bom genro, disposto até, por amor, ter de suportar, se necessário, algum desconforto, para abrigar a velha senhora. Temos prova também de que, em compensação, sua sogra seria uma boa mulher, pois, no mesmo instante em que foi curada, levantou-se pronta a servir a todos os presentes na casa, quando certamente, na maioria dos casos, uma pessoa idosa, recém-saída de uma doença febril, pediria, pelo contrário, que lhe dessem atenção e cuidassem dela. A sogra de Pedro seria uma bênção, enfim, em qualquer casa, pois, pelo visto, devotava sua força e sua vida a serviço da família. Conheço mulheres assim, que vivem para servir e ajudar os outros. Feliz era Pedro por ter uma sogra como essa! Feliz era ela por ter um genro, um filho na verdade, como ele!

Por melhores que fossem os ocupantes da casa, no entanto, uma terrível enfermidade se imiscuíra ali. Cafarnaum, tal como outras cidades pequenas, situava-se na região baixa e pantanosa que cerca o norte do mar da Galileia, perto de onde o Jordão corre para aquele lago. A incidência de febres ali era sempre muito alta; e uma enfermidade, assumindo sua mais intensa manifestação sob a forma de febre, atacara a casa de Pedro — a ponto de ser descrita por Lucas como *muita febre* (Lc 4.38) —, prostrando no leito sua sogra, para a dor de muitos que a estimavam. Por mais caros que possamos ser ao coração de Deus, e por mais próximos dele que possamos viver, ainda assim estaremos sujeitos a dor e sofrimento. *Porque a aflição não procede do pó, nem a tribulação brota da terra, mas o homem nasce para a tribulação, como as faíscas voam para cima* (Jó 5.6,7). Nenhum de nós pode acalentar a esperança de ser isento de dor, anseios, aflição: não tenho nem certeza de que possamos almejar tal isenção.

Aconteceu, no entanto — como, aliás, quase sempre acontece —, que justamente quando a provação chegou, chegou também Jesus. É maravilhoso para nós podermos ver o Senhor da vida seguindo a febre de perto e pronto a libertar aquela pobre mulher, sua escolhida. Quando uma grande aflição entrar em nossa casa, contemos que uma grande bênção de Deus se aproxima também. Assim como são muitas

A FEBRE E SUA CURA

| 601

as nossas tribulações, muitas são também as nossas consolações. Tenho observado com frequência que, quando estamos bastante alegres, alguma notícia ou fato ruim costuma ofuscar e diminuir o nosso regozijo. Aconteceu comigo, esta semana mesmo: voltando de uma feliz reunião, um telegrama me chegou às mãos anunciando uma triste perda. Por outro lado, porém, quando estamos sofrendo demais, o Senhor, por seu Espírito Santo, faz que um senso de paz e tranquilidade repouse sobre nós e nos sustente, sem que ao menos o percebamos. Com que constância tenho encontrado a presença divina mais conscientemente revelada e docemente sustentada na hora de um problema do que em qualquer outro momento! Não convidaria a febre a entrar em minha casa, é lógico, mas se Jesus vier com ela não me sentirei nem um pouco alarmado com a sua chegada. Se de fato enxergarmos que é o Senhor que monta o cavalo amarelo, receberemos bem o cavalo, por causa, evidentemente, do seu majestoso cavaleiro. Vem, Senhor Jesus, vem quando e como quiseres; sim, que não venha a provação sozinha!

Quando Jesus entrou naquela casa, seus amigos lhe falaram sobre a sogra de Pedro. Adote o hábito de contar ao Senhor tudo que diz respeito à sua família. Apresente as enfermidades e outros problemas seus ao seu melhor amigo. Faça isso na oração familiar, mas faça-o também sozinho, junto ao seu leito antes de dormir. Jesus vem para ficar com você e não há de permanecer indiferente a suas ansiedades. Vem com o seu grande coração solidário, para ser afligido em suas aflições. Nada mantenha em segredo dele, já que ele nada mantém em segredo de você: *O segredo do Senhor é para os que o temem* (Sl 25.14). De modo que Pedro e os demais contaram a Jesus sobre a boa mulher que estava de cama com febre e na mesma hora ele entrou no quarto, levando seu divino poder para abater a enfermidade, fazendo que fosse restaurada naquele exato instante. Colocou-se ao lado dela, repreendeu a febre, tomou-a pela mão e a levantou. No mesmo instante, a febre se foi, e a boa mulher não só foi curada, como teve suas forças restabelecidas.

Você já ouviu pregarem sobre esse milagre antes, mas não talvez da maneira que pretendo aqui usar. É notável que, tanto quanto sei, no vasto campo da homilética evangélica, não haja um só sermão em que esta cura seja tratada como os outros milagres de cura. As demais curas milagrosas têm sido legitimamente consideradas pelos pregadores da Palavra como tipos de remoção de certas formas de pecado. Quando pregamos sobre a lepra, falamos a vocês sobre um grande pecado, uma séria profanação, a que poderia ser comparada. Quando abordamos a história de Lázaro, que Jesus ressuscitou, mostramos que cada ponto da sua ressurreição está repleto de ensinamento espiritual. Se é assim em outros milagres, por que não neste? Por que um milagre deveria ser encarado como instrutivo de verdade espiritual e moral, e outro, deixado de lado nesse sentido? Quero, portanto, usar esse milagre da cura da sogra de Pedro em nosso benefício, pois pode ser que alguns de nós estejamos, mental ou espiritualmente, também enfermos de febre. Existe, na verdade, uma febre de alma que incide até sobre as pessoas escolhidas e que só Cristo é capaz de curar. Oh, que ele possa fazer isso agora!

Eis, pois, o trajeto de minha mensagem. Primeiro, veremos que *as febres espirituais são comuns*; segundo, que *surgem de várias causas*; terceiro, que *são altamente nocivas em sua ação*; e, quarto, que *existe alguém capaz de curá-las*. Que eu possa ser ajudado pelo Senhor a falar dessa enfermidade espiritual neste momento. Que, ao ouvirem minha voz, sintam, sobretudo, o toque do meu mestre e saiam daqui restaurados de sua febre!

I. Permitam-me, então, em primeiro lugar, lembrar-lhes que AS FEBRES ESPIRITUAIS SÃO MUITO COMUNS. *Toda febre começa com uma espécie de desassossego.* O paciente não consegue ficar parado nem à vontade em posição alguma. Não se sente satisfeito com coisa alguma mais que um simples instante. Nada há que se possa fazer em relação a isso. É jogado de um lado para o outro, como que em um mar agitado. O paciente suspeita de todo mundo e em ninguém confia. São muitos, também, os que se encontram nessa condição no que diz respeito às coisas espirituais. Têm por religião um inquérito, mais que uma doutrina; um experimento, mais que uma experiência. O interesse que demonstram em Cristo se traduz em grave ansiedade, em vez de um deleite seguro. Creem nas promessas, mas não conseguem se apropriar delas de modo que se sintam confiantes e felizes. Um sermão repleto de afirmações positivas não lhes confere nem uma xícara de conforto. Estão de tal modo febris que não se acomodam com coisa alguma.

Nenhuma promessa, nenhuma verdade, nenhum dom celestial é capaz de lhes trazer paz e repouso: são lançados para cima e para baixo como um gafanhoto.

Esse desassossego os afeta no que diz respeito às coisas temporais também: vivem ansiosos, hesitantes, temerosos. Vejam o caso da esplêndida irmã de Lázaro chamada Marta. Ela está aqui esta noite, mas para isso teve de se esforçar por se manter distante da comida por fazer ou das roupas por lavar ou cerzir. Enquanto sentada em algum banco aqui da igreja, fica o tempo todo imaginando se se lembrou de pôr a tampa na panela ou se apagou o fogo antes de sair. Enfia a mão no bolso três ou quatro vezes para ter certeza de que as chaves de casa estão ali. Tem certo receio de que um acidente qualquer aconteça com o bebê, aos cuidados da babá, antes que ela volte. Sente-se ansiosa em relação a tudo em que consegue pensar e em relação até a coisas em que não pensou. Seu marido chegará em casa antes dela? Como ele estará? Gostará do jantar que lhe preparou? As crianças todas estarão bem? É evidente que sofre de uma febre doméstica e que a possibilidade de descansar está fora de cogitação. Há que se inquietar o tempo todo, e não há como consolá-la.

Sei como é, por sentir-me febril, como ministro, em relação ao caráter e procedimentos dos membros da igreja. Ouvi dizer que os agricultores são muito suscetíveis à chamada febre das condições climáticas. O tempo, para eles, está sempre úmido ou seco demais. As batatas exigem tempo bom, mas aí o milho pode ser prejudicado. Os homens de negócios, por sua vez, têm uma febre especulativa, e os operários, a febre da insatisfação e da greve. Alguns de vocês, que são comerciantes, vivem certamente febris por causa de suas lojas, das vendas e do estoque. Será que, afinal, depois de uma boa temporada, conseguirão obter um lucro justo?

Quando um homem ou uma mulher caem nesse estado febril, embora não chamemos um médico para examiná-los, há grande necessidade, sem dúvida, de convocar o médico celestial. Um cristão dotado de boa e forte saúde espiritual é sempre calmo, tranquilo, pacífico, feliz, comedido, pois obedece àquele doce verso dos salmos: "Descansa no Senhor, e espera nele". O desassossego é um sinal dos tempos, mas também uma grande pena a afligir o povo de Deus.

Algumas pessoas portadoras dessa febre vivem incomodadas pelo *calor ardente da irritabilidade*. Ofendem-se quando não havia intenção de ofensa alguma. Não há significado correto das palavras capaz de satisfazê-las. Membros de igrejas que caem nesse estado de irritação imaginam sempre ter inimigos à sua volta; que ninguém demonstra o devido respeito por sua nobre condição ou posição. Dão um valor exagerado aos pequenos desprezos e sentem-se bastante indignados com isso. Conheço muito mais pessoas portadoras dessa febre do que seria de esperar. É tão bom, no entanto, viver com um irmão espiritual e mentalmente sadio, a quem você pode falar com total liberdade sem receio de ser mal compreendido! Já as pessoas febris encaram você como um ofensor, quer por causa de uma palavra, quer por um simples olhar. Afligem-se porque você não as viu, ou pelo fato de tê-las visto: de um jeito ou do outro, você, para elas, estará sempre errado. Com elas, tem-se a impressão de estar pisando em ovos o tempo todo. É preciso cuidado, elevado a um grau atroz. Sejamos gentis com o irmão irritadiço. Ele não pode evitar a atitude que toma, pobre homem! O problema não é tanto de sua pessoa em si, mas, sim, da febre que dele se apoderou.

A influência da febre é detectada de outras maneiras também. Sendo *intermitente*, faz o paciente *passar de quente para frio*. Pessoas febris têm como religião a agitação. São impulsivas e impacientes, omitem o arrependimento e se armam de uma falsa segurança. Seu ardor, que não corresponde propriamente a um motivo razoável, torna-se tão voraz quanto as chamas dos galhos de um espinheiro debaixo de uma panela e logo se extingue. Que pessoas precipitadas! Tudo, para elas, tem de ser feito naquele mesmo instante. Consideram a espera paciente da fé lenta demais. Estão determinadas a conduzir a igreja de qualquer maneira para a frente e a arrastar o mundo atrás. O caminhar penoso de maneira bíblica não conseguem suportar.

Apreciamos, na verdade, o saudável entusiasmo da dedicação. O problema é que nessas pessoas arde o calor da paixão. Esse calor febril logo se transforma em frieza, e elas estremecem desgostosas, justamente com aquilo por que clamaram tão alto. Tornam-se, então, tão frias quanto foram quentes; mas daí a pouco estarão voltando rapidamente a serem tão quentes quanto foram frias. O constante calor do princípio vital,

A FEBRE E SUA CURA | 603

da fé inteligente, do amor verdadeiro a Cristo e do zelo pela conversão das almas tem pouca relação com essa febre do fanatismo. Possa Deus nos conceder sempre o calor de uma vida saudável, mas nos mantendo livres de nos sentirmos delirantes um dia e apáticos no outro! A exaltação religiosa é uma imitação perigosa do zelo santo. Seja tão quente quanto você quiser; só não esfrie de uma vez, ou estremeceremos por você.

Um tipo pior de febre talvez seja aquele que mostra *sede*, de variadas espécies.

Há os que sofrem a febre amarela da avareza: têm sede de água de ouro, e quanto mais bebem mais a sede os consome. Levantam-se cedo, deitam-se tarde, comem o pão do cuidado, e tudo porque só anseiam ganhar e acumular. O amor de Jesus não passa nem perto de seu coração. Tal febre mortal paira sobre eles — precisam guardar muito durante vários anos e acrescentar bens a bens, até ficarem sozinhos na terra. Deus salve seu povo de até um simples toque dessa febre! Outros se deixam impressionar pela febre escarlate da ambição. Precisam ser tudo no mundo. Aspiram a ser grandiosos, maiores, o maior dos maiores e depois maior ainda, sempre cobiçando a primazia, como Diótrefes, citado na terceira carta de João. A ambição pode ser algo bom, desde que controlada e mantida em seu devido lugar. Se atinge a temperatura de febre, torna-se um grande pecado. O homem não desfruta do que tem quando cobiça demais e, para alcançar seus objetivos, pisoteia os semelhantes e se torna meticuloso e grosseiro; quando se enche de inveja e más intenções se alguém se mostra um pouco mais que seja acima dele. Possa o Senhor nos curar dessas febres, se tivermos, mesmo que for, o mais leve traço delas!

Ah, meu Deus! Não posso deixar de mencionar outra febre, uma espécie de febre gástrica, *a febre da bebida*! Sobrevém a homens que descem abaixo dos animais pela simples intoxicação constante do seu corpo. Se tentam abster-se e deixar de lado o copo, essa verdadeira febre os trava. Imaginam alguns ser fácil fugir da bebida, mas não é. Alguns dos que hoje são verdadeiros filhos de Deus têm nos dado uma terrível descrição do desejo ardente que os acometia mesmo meses depois de terem abandonado a bebida. Com frequência lhes pareceu realmente um milagre não terem caído em tentação: sentiam até como se tivessem obrigatoriamente de beber para não morrer. Ó amigos queridos, tenham grande pena do alcoólatra em sua luta para fugir do vício. Ajudem-no tanto quanto possam com palavras de encorajamento, mais ainda com o grande encorajamento do seu próprio exemplo. Creiam-me, essa é uma febre horrível. Feliz aquele que nunca a experimentou. Se algum de vocês a tem sobre si, volte-se somente para a graça onipotente, em busca de libertação; pois, caso se voltem para qualquer outra coisa, receio que acabarão retornando ao seu arrasador pecado.

Ainda há outra febre que eu gostaria de mencionar. Acho que bem posso chamá-la de *febre cerebral* — enfermidade muito comum hoje em dia. As pessoas não conseguem se satisfazer com as antigas doutrinas do evangelho. Acham que precisam de algo novo. Desconhecem que, em teologia, nada novo é verdadeiro e nada verdadeiro é novo. Deus nos tem dado a fé de uma vez por todas entregue aos santos sem nenhuma intenção de algum dia mudá-la. Você acha que a revelação é imperfeita e necessitamos melhorá-la? Afinal de contas, há de pensar você, não é na revelação de Deus que devemos crer, mas no que deduzimos dela e nas melhorias que possamos produzir a partir disso. Deus não permita que caiamos em tamanha ilusão! Muitos rapazes — diria que muitas moças também, embora não as encontre com tanta frequência — começam a achar que precisam *pensar*. Coisa que, aliás, deveria nos deixar muito felizes por eles o fazerem. Mas eles acham que devem ter pensamentos próprios e recusam a submeter sua mente à instrução do Espírito de Deus. Essa ideia é vã. Afirmam poder pensar como bem entendem, e acontece, então, de seus pensamentos não serem os pensamentos de Deus. Divergem mais e mais da verdade eterna de Deus, até se desviarem por entre as montanhas negras do erro e perecerem na mais absoluta infidelidade. Deus nos poupe disso. Se essa febre está sobre qualquer um de vocês, possa a mão de refrigério do Espírito Santo e a influência de uma divina experiência que devolva a sensatez trazê-lo de volta à saúde espiritual e mental.

Essas febres são tão comuns quanto fatais. Talvez você, caro ouvinte, não tenha sofrido de nenhuma delas, mas é o caso de muitos outros. Estamos ansiosos pela cura destes. Eis por que queremos levá-los a Jesus, que pode repreender toda febre e curar todos os enfermos.

II. Em segundo lugar, ESSAS FEBRES SURGEM POR VÁRIOS MOTIVOS.

A sogra de Pedro talvez tenha contraído a febre por causa dos lugares sem saneamento básico e dos alagadiços em torno do mar da Galileia, ainda mais onde o Jordão forma um pântano. *Morava em uma baixada*, onde doenças empestavam o ar com suas febres assoladoras. Ah, povo cristão! Se vocês vivem em condições abaixo dos privilégios que lhes foram dados, no pântano do mundanismo, negligenciando a oração, não lendo e estudando a Bíblia; se as grandes verdades do evangelho não lhes ocupam a mente em reflexão; se se detêm entre os ímpios e participam da roda dos escarnecedores, estarão vivendo em condições de facilmente contrair dentro de pouco tempo uma ou mais das febres espirituais. Se, pelo contrário, subirem as montanhas da confiança em Deus, habitarem próximo a ele e descansarem nele a sua alma, toda e qualquer febre logo desaparecerá. Pois, se persistirem em continuar nos baixos vales da descrença e nos lugares úmidos do mundo, acabarão se tornando mais e mais ansiosos e inquietos e sentindo sede de coisas péssimas. Aquele que habita nos baixios nebulosos duvida até do seu próprio amor a Jesus. Se, porém, escalar a colina da alegria e habitar nas alturas da comunhão, reconhecerá seu próprio amor por Deus e o verá aumentar todo dia. A luz do sol do semblante divino é cura certeira para a febre da ansiedade. Habite com ele, e o calor da ansiedade irá embora, sua irritabilidade desaparecerá e você será calmo, alegre e seguro.

A segunda grande causa da febre espiritual é *permitir que as coisas fiquem estagnadas*. No momento em que as autoridades sanitárias abrem valas de esgoto, para permitir que as águas escorram para fora da terra levando embora a sujeira, surtos de febre tendem a diminuir. Água estagnada acumula bactérias. A partir de então, é certo que podem ocorrer condições enfermiças que causam febres. Quando, porém, as águas deixam de ser pútridas e têm livre curso, as fontes de febres vão embora. Quantas pessoas passam a sofrer de um estado espiritual febril por terem estagnado! Se você lecionava e não leciona mais na escola dominical, seu poder de ensinar estagnou. Se você nunca mais foi à estação de trem ou à praça para pregar, o seu poder de pregar estagnou. Se você não tem mais por quem orar, estagnou o seu poder de intercessão. O melhor em sua vida parou e começou a se estragar. Você não tem uma boa razão para viver, nada de útil a fazer; seu ser está fechado em si mesmo, e tudo isso lhe é prejudicial. Que o Senhor o ajude a abrir um bom e largo valão de escoamento e permita que sua vida flua com algum propósito útil, em vez de estagnar, se acumular e apodrecer pelo egoísmo. A febre espiritual logo desaparecerá, diante de sua atividade santa, generosa e altruísta.

As febres ocorrem também por causa do calor excessivo. Em lugares onde a temperatura é muito alta, as febres são sempre mais comuns e fatais que nos lugares menos quentes. Em determinadas partes da África, o estrangeiro sucumbe facilmente e até o homem local acha difícil viver. Receio, no entanto, que a vida na amena Londres esteja se tornando como se fora nas encaloradas regiões tropicais. Não me refiro à temperatura e às condições naturais, mas à vida interior. Nossos antepassados levavam a existência com maior tranquilidade. No tempo de Cromwell, nos conta um escritor que caminhava até Cheapside pela manhã bem cedo e encontrava todas as cortinas fechadas, porque em todas as casas estava se fazendo a oração em família. Onde encontrar tal estado de coisas nesta cidade, nesta era ardente? Levantamo-nos cedo pela manhã e já começamos a correr. O dia inteiro você corre, corre e corre. Pouco descanso é dado às nossas mentes. E, no entanto, precisamos do descanso santo. Precisamos nos sentar aos pés de Jesus, como Maria, irmã de Lázaro; e, como não o fazemos, o peso e o calor do dia vão se manifestando sobre nossa constituição espiritual. Deixamos então de ser fortes como deveríamos.

Pior que tudo isso, porém, é que *as febres surgem com frequência da sujeira*. Imagino que mesmo o calor excessivo não as produziria não fosse pelas matérias em estado de putrefação que, ao apodrecer, exalam vapores malignos e gases mortais. Todavia, nada há tão pútrido no mundo natural do que o pecado no mundo moral. Fuja do pecado como você fugiria de um malcheiroso monte de estrume em estado de decomposição. Eu lhes peço, filhos de Deus, sejam limpos em si mesmos e em tudo em torno de si. *Purificai-vos, os que levais os vasos do Senhor* (Is 52.11). É difícil evitar o contato com o mal nos dias de hoje. Todavia, deve ser esse o nosso objetivo. Nossos muros públicos nos repugnam com indecências do tipo mais estarrecedor: chegam a nos fazer corar. Podemos, no entanto, manter-nos longe dos lugares de reunião dos devassos, frívolos, corruptos e viciados. Eu lhes suplico, pelo amor que vocês têm ao Senhor e pelo muito que vocês desejam ser saudáveis aos olhos deles, não se detenham no caminho dos pecadores, nem se assentem na roda dos escarnecedores. Não corram com a multidão para praticar o mal. Saiam do meio dela. Apartem-se dali. Não toquem nas coisas imundas. Então, Deus será um Pai para vocês, e vocês serão seus filhos. A corrupção, que exala um odor desagradável à nossa volta, tem a terrível tendência de produzir em nossa mente febres dos tipos mais perigosos. Usemos, portanto, dos nossos esforços mais extremos para nos mantermos impolutos, pela graça de Deus.

As febres também advêm da superconcentração. Onde as pessoas dormem amontoadas, respirando um ar viciado, ali a doença paira como se em sua toca preferida. Receio que a maioria de nós viva comprimida demais pela amizade com as pessoas. Conversamos com elas da manhã à noite, com elas trabalhamos e fazemos negócios. Assim, apreendemos muito de seus caminhos, adquirindo-lhes o espírito. Oh, entrar na mais pura atmosfera celestial e estar a sós com Deus! Somente no reino espiritual encontramos espaço e ar suficiente para a alma respirar à vontade. Ali, onde Deus se manifesta a nós, somos revigorados pela brisa que vem da montanha eterna. Por que nos fatigarmos com as conversas inúteis dos homens ou a tagarelice das mulheres, quando o diálogo com Deus nos reaviva o espírito? Oh, que prazer deixar de lado as pessoas fúteis e estar sossegado com Deus! No meio da multidão, sentimos nossa alma sufocar, mas quando estamos no monte de Deus respiramos liberdade e experimentamos um revigor.

Enfim, para não esquecermos detalhe algum que possa nos instruir, eu lembraria, ainda, que *as febres resultam também, com frequência, de uma alimentação pobre.* Se o organismo não conta com o suficiente para se nutrir, os germes da febre podem se desenvolver com a debilidade. Para muitos cristãos, a norma parece ser de apenas uma refeição espiritual por semana. A manhã de domingo é a única ocasião semanal para dar de comer à montaria da fé. A maioria de vocês, pessoas cristãs das mais respeitáveis, vai à igreja adorar a Deus somente na manhã de domingo e em nenhuma outra ocasião. O que fazem na tarde de domingo? Ninguém pode dizer. O que fazem na noite de domingo? Ficam em casa, certamente, como lhes apraz. Em uma reunião de oração, algum tempo atrás, ouvimos um irmão orar para que o Senhor abençoasse aqueles que estavam em casa "em seu leito de enfermidade e *sofá de bem-estar*". Estas últimas palavras foram surpreendentes e inesperadas, mas muito certas e necessárias. Alguns de nossos amigos praticam a arte de ficar em casa aos domingos, mas acho que nem saibam bem o que irão fazer. Quanto às reuniões de oração e sermões durante a semana, são vistos mais como tarefas do que privilégios para muitos que professam a fé cristã. Vivem, enfim, de uma refeição por semana.

Alguns de vocês que agem assim, que tal experimentar o mesmo regime em relação ao seu corpo? Deveriam comer apenas no domingo pela manhã. Poderiam se servir do que melhor lhes apetecesse nessa refeição única, e tanto quanto o conseguissem. Mas deveriam fazer apenas essa única refeição até a semana seguinte. Recusam fazer essa experiência? Muito sábio da sua parte, na minha opinião. Eu não esperaria realmente encontrar muitos de vocês aqui no próximo domingo para contar como foi. Com toda a certeza, vocês quebrariam as regras antes que elas provocassem um resultado fatal. Então, eu lhes peço: não levem avante sua experiência de fome espiritual, para que não morram. Essa omissão de alimento celestial tem conduzido muitos cristãos a um estado tão baixo que a febre espiritual logo se atém a eles. Muitos têm uma dieta espiritual por demais pobre. Há alimentos espirituais hoje em dia que, quando ingeridos, não valem grande coisa. Em diversos lugares onde chegou o evangelho pregado por aquele bom homem que hoje está nos céus, você há de constatar que se fala de tudo, menos do próprio Senhor. Pessoas que se dizem cultas sentem-se enjoadas só pela ideia de ter de pregar sobre o sangue precioso derramado na cruz. Chamam até a principal doutrina do evangelho de "teologia do matadouro". Que vergonha é ela para essas línguas profanas! Sentem o maior constrangimento em ter de falar do pecado original, ou do novo nascimento, ou de dizer aos homens que, se não forem salvos, serão lançados no fogo do inferno. São refinados demais para falar a verdade pura e simples. Você teria de fazer mil refeições desse tipo de alimento para poder saber que ingeriu um pouco dele, pois é tão leve como o ar e tão inconsistente como a espuma. Esses pastéis de vento jamais poderão satisfazer uma alma faminta, mas, sim, somente matá-la de fome, com a enfermidade nela se instalando e levando-a de vez a perecer.

Alguns se tornam febris não tanto pelo que fazem, mas por estarem em *contato com outros enfermos*. As febres geralmente são contagiosas. Posso dar testemunho pessoal disso. Tenho tido oportunidade de lidar com febres da dúvida, da depressão, da ansiedade e do desespero, e é difícil conviver com elas sem contraí-las. Lembro-me de que, uma vez, em um só dia deparei com vários casos muito tristes de depressão. Não digo que as pessoas devessem ser internadas nesses casos; mas tenho a certeza de que, em muitos lugares de atendimento a esse tipo de enfermidade, há pacientes até mais racionais do que aqueles com quem então conversei. Entristecidos, meus consulentes duvidavam, temiam, tremiam e se apavoravam. Não era um trabalho leve tratar seus casos infelizes. Busquei confortá-los e espero que tenha sido bem-sucedido em certa medida; mas, depois de haver carregado os fardos de meia dúzia deles, eu também já estava necessitando de conforto. Não é fácil levantar os outros sem ficar exausto. Repassava todos os argumentos do evangelho em favor da salvação pela fé, ouvia-lhes as objeções e insistia com a verdade. Iam embora sorrindo enquanto eu ficava para trás orando, pedindo a Deus que fizesse efetivo meu trabalho e que voltasse sobre *mim* a luz do seu rosto, pois precisava ser cheio dela de novo depois de haver despejado minha alma em favor daquelas pessoas.

Podemos contrair a febre da depressão ao agirmos como se fôssemos médicos ou enfermeiros de pessoas febris. Se você convive com um amigo que está sempre tocando sua música em tom menor, descobrirá que sua própria música irá adquirindo contornos cada vez mais tristes. Se tem parceiros em sua vida nervosos, irritadiços, medrosos, melancólicos — ou, o que é pior, cheios de dúvidas em relação a Deus —, é provável que se torne tão desvirtuado quanto eles e logo sinta a luz do sol desaparecer de sua existência. O que fazer? Fugir dessas pessoas infelizes? De jeito nenhum. Você tem é de buscar mais graça, a fim de que, em vez de ser arrastado por elas para baixo, possa puxá-las para cima, para Deus e as coisas mais brilhantes. Encha-se de vida espiritual e então sobreviverá em seu contato com febris e enfermos. Não poderia deixar de mencionar esse fato, que para mim já foi causa frequente de febre e me fez aspirar a me elevar muito acima disso.

III. Em terceiro lugar, e tão breve quanto me for possível, ESSAS FEBRES, EM QUALQUER UMA DE SUAS FORMAS, SÃO SEMPRE PERNICIOSAS. O que fazem? Bem, toda febre *altera a pessoa por completo*. Nunca se consegue dizer com precisão onde começa ou termina ou em que órgão opera com mais poder. A febre é uma perturbação que coloca todo o sistema orgânico fora de funcionamento. Nada se mantém em ordem. Você tem a impressão de não conseguir ficar sentado, ou deitado, ou quieto em posição alguma. Não consegue fazer corretamente coisa alguma do que precisa. Quando uma alma contrai a febre da descrença, do medo, da ansiedade, entra em desordem geral. Sua oração é febril, os louvores definham, a paciência falha, a adoração se arrasta. A mente é como uma harpa com as cordas desafinadas. Esta febre é altamente prejudicial — para todas as faculdades do indivíduo.

Toda febre *traz sofrimento e infelicidade*. No início de uma febre, a dor costuma ser detectada nas juntas e em outras partes do corpo. Se começo a me sentir temeroso e ansioso, experimento sofrimento mental. Se passo a me sentir cheio de dúvidas e receoso, experimento sofrimento também. Se estou mal-humorado, irritadiço, petulante, se murmuro o tempo todo, é porque devo estar sofrendo. Eis por que é tão ruim ser tragado por uma febre espiritual.

A febre espiritual *tira do cristão sua beleza interior*. Um doente febril apresenta traços fisionômicos oprimidos e cansados. Um médico será capaz de dizer quando um paciente está com determinada febre só pelo aspecto de seu rosto; só examinando seus olhos e traços, já poderá diagnosticar: "Este homem está com febre tifoide". E não existem alguns cristãos que passam também a não ter mais a mesma aparência que costumavam ter? Tornam-se mal-humorados, introvertidos, tímidos, rabugentos, apressados — tudo por causa de febre interior. Sua voz perde o tom jovial que costumava ter, e todo o seu comportamento é agora melancólico. As aleluias desaparecem, e os hosanas se extinguem em sua garganta. O Senhor, porém, quer seu povo belo e alegre. Ele o fez para que manifestasse seu louvor. Não é pequeno o mal que

A FEBRE E SUA CURA | 607

ocorre quando o calor da febre espiritual seca a umidade de nossa graça e transforma nossa beleza em deterioração.

O calor febril espiritual traz consigo *abatimento e fraqueza*. O homem continua crente, mas não mais um bom crente. Vive, mas não cresce espiritualmente nem demonstra força para tal. Que diferença há entre o trabalhador saudável e o inválido! Uma estrada de ferro precisa ser construída cortando uma montanha. Necessitamos de certa quantidade de trabalhadores para executar a obra. Ouvimos dizer que poderíamos conseguir dez homens de uma só vez se os solicitássemos ao hospital de tuberculosos. Não vemos, porém, onde estaria a sabedoria em tal conselho. Pobres irmãos, que cena miserável vê-los dando o melhor de si, com dor e labuta, sem conseguir grande coisa! Preferiria não contratar esse grupo. Dessem-me uma corporação de escavadores ingleses corpulentos, feitos de ossos e músculos, a montanha voaria diante de suas pás como a água face a uma rajada do vento norte. A estrada se abriria no meio da montanha, e os homens partiriam para realizar maravilha semelhante em outro lugar. Queremos nos dias de hoje crentes dotados de igual resistência. Que obra grandiosa pode fazer a alma saudável deles! Se eles contraírem febre espiritual, no entanto, que esforços dolorosos e fúteis irão empreender!

Caros amigos, devemos temer, ainda, pelo fato de que *quem venha a contrair febre pode chegar ao delírio*. As febres costumam levar a isso. Meu bom amigo que começa reclamando e murmurando um pouco não sabe que pode vir a se tornar um dos mais obstinados irritadiços e resmungões do mundo. Minha boa irmã ali adiante, que agora se sente um tanto nervosa e irritada, não sabe o tamanho do abismo de descrença em que pode estar prestes a mergulhar. Se uma pessoa diz uma palavra contra Deus, nada há de natureza humana que a impeça de dizer duas; e se disser duas, o diabo logo a ensinará a dizer dez, vinte, até que, afinal, acabe despejando sua injusta raiva contra o Senhor, seu Deus. Permaneçamos em silêncio diante de Deus, em santa calma e paz! Só assim conseguiremos escapar ao delírio de pavor rebelde para o qual tantos correm.

Se pela graça de Deus conseguimos nos livrar de uma febre, *pode ser, no entanto, que ela deixe sequelas*. Qualquer médico lhe dirá que febres são terríveis não só pelo que são, mas pelo que deixam atrás de si. Uma pessoa pode ser curada de febre e continuar prejudicada pelo que ela lhe causou pelo resto da vida. Se não nos mantivermos quietos diante de Deus, calmos e felizes, mas começarmos a ficar ansiosos, obstinados, mesquinhos e ambiciosos, poderemos nos magoar seriamente e para sempre. Talvez até em nosso leito de morte olhemos para trás com pesar, para o dia de descrença em que ofendemos o Senhor e perdemos sua presença. O Senhor nos mantenha longe dessas febres em todas as suas espécies e gradações!

Devo ainda voltar a lembrá-los, amados, de que, como eu já disse, *a febre, quase sempre, pode ser causada por uma enfermidade contagiosa*. Mencionei este fato em nosso segundo tópico, mas preciso repeti-lo mais uma vez. Se as pessoas pudessem se martirizar, perturbar e se preocupar sem ferir ninguém, em seu processo de febre espiritual, talvez não tivesse tanta importância assim. Mas o pior é que até alguns crentes, em tais situações, arrastam outros para baixo, para dentro de sua desgraça. Eles estragam a alegria dos santos. Os irmãos, sem dúvida, estão dispostos a confortá-los, mas os crentes febris deveriam estar menos prontos a angustiá-los. Há alguns que bastam para transmitir a febre do desânimo a uma igreja inteira. Os ministros de Deus que se prontifiquem a confortá-los não deveriam procurar entrar tão fundo em seu caso. É geralmente um desperdício de tempo e um ministério terrível esse cuidado todo dispensado a pessoas febris.

Quando um exército chega a ponto de precisar carregar metade do seu contingente em ambulância, quase toda a outra metade é necessária para transportar os enfermos, de modo que acaba não restando quase ninguém para travar combate. As crueldades da guerra são tão grandes que hoje em dia o objetivo nem é mais matar o inimigo e, sim, feri-lo. Se se mata um homem, é uma baixa para o outro lado; mas se se fere um e outro é chamado para cuidar deste, já serão duas pessoas a menos na luta. Esse tipo de astúcia é o empregado por Satanás para prejudicar o exército de Deus. Não elimina alguns de vocês levando-os para o pecado grosseiro, mas, sim, procura feri-los de forma que vocês necessitem de mais um para ajudar em sua cura; e, assim, a força do exército de salvação fica bastante diminuída. Se eu deveria estar despendendo minha força para ganhar almas, mas, em vez disso, preciso cuidar dos crentes que têm febre espiritual, posso estar conformado em atuar como enfermeiro, mas preferiria estar ganhando almas na frente de batalha.

IV. Por fim, EXISTE ALGUÉM CAPAZ DE CURAR A FEBRE. Receio ter feito uma exposição um tanto lastimável e sinto muito se cheguei a levar alguns de vocês a dizer: "Por mais triste que seja, infelizmente é a verdade". Mas observem agora a cura da febre espiritual, queridos amigos. Não é operada por meio de remédio, cirurgia ou qualquer outro sistema médico. A cura está descrita aqui, nesse texto. A pobre paciente estava prostrada em seu leito, como lemos em Mateus: ... *tendo Jesus entrado na casa de Pedro, viu a sogra deste de cama, e com febre* (Mt 8.14). Portanto, não conseguia se sentar, muito menos se levantar. Mas, assim que abriu os olhos e voltou-os para cima, deparou com o Senhor Jesus Cristo *de pé a seu lado*. Ó alma febril, abra seus olhos esta noite e veja Jesus em pé do seu lado! Ele olha para você com terno amor e compaixão infinita. Protege você, pensa em você e vela por você, para o seu bem. Ele o ajudará; portanto, não tema. Esta noite, Jesus o cobre, como faz a águia sobre seus filhotes; Jeová-Jesus se curva sobre você em plenitude de amor e poder. Em toda a sua tribulação, medo e depressão de espírito, Jesus está ao seu lado, e seus olhos e seu coração estão sobre você.

Logo em seguida, certamente para admirada surpresa da sogra de Pedro, *o Senhor a tocou*. Caro mestre, toca nos que estão com febre esta noite. Oh, sinta que ele é real como você, é seu irmão, alguém muito próximo! Este é o toque que expulsará sua febre. Amo uns versos antigos, que dizem:

> Homem ele era, homem de verdade,
> Que um dia no Calvário morreu;
> Amado, exaltado, em eternidade,
> É o mesmo Deus com o Pai, lá no céu.

O Senhor Jesus, verdadeiro Deus e verdadeiro Homem, toca como tal em você, em sua natureza febril e sofredora, como que dizendo: "Em todas as suas aflições, eu sou afligido". Quando os santos se encontram na fornalha de ferro, o Filho de Deus está com eles; são eles sofredores, sim, mas ele é muito mais, *homem de dores, e experimentado nos sofrimentos* (Is 53.3). O Senhor lhe conceda sentir o toque da verdadeira humanidade de Cristo!

Lemos, no texto estudado, que, ao tocar a sogra de Pedro, nosso Senhor *repreendeu a febre*. O estado febril em que você se encontre receberá dele também, sem dúvida, a repreensão. Oh, que ele mande sua febre espiritual embora! Que ele diga esta noite: "Saia, descrença! Saia, ansiedade!... mau humor!... dúvida e medo!" Vento e ondas ouviram uma vez sua repreensão e, de seu grande ruído, agitação e alarido, aquietaram-se, silenciaram, em paz e calma. Que Jesus venha então agora e repreenda sua febre; e você se torne tão feliz quanto os pássaros do paraíso!

Tive um grande problema na noite passada. Não vou lhes contar o que foi — um grande problema em meu coração. Esta manhã, porém, tive uma grande alegria, que quero então compartilhar. É este bilhete: "Caro pregador: Sinto-me muito feliz em lhe contar que o Senhor perdoou uma pobre pária da sociedade. Eu passava fora a noite inteira e era uma pessoa miserável. Enquanto o senhor pregava sobre o leproso, minha vida inteira de pecado surgiu à minha frente. Eu me vi pior que o leproso, desprezada por todo o mundo. Não existe um só pecado do qual eu não seja culpada. À *medida que o senhor continuava, olhei direto para Jesus*. Uma resposta graciosa me foi dada: 'Teus pecados, que são muitos, estão perdoados'. Não ouvi mais nada do seu sermão. Senti tamanha alegria só em pensar que Jesus morrera até por uma pobre meretriz. Muito antes que o senhor receba esta carta, confio que estarei a caminho do meu querido lar, do qual fugi. Por favor, ore por mim, para que eu seja sustentada pelo poder onipotente de Deus. Nunca lhe poderei agradecer o suficiente por me trazer para Jesus" — e assim por diante. Se não fosse por esse pequeno trecho sobre voltar para casa, eu poderia ter alguma dúvida a respeito. Mas quando uma moça caída volta para a casa, para junto do pai e da mãe, é seguro. Isso me enche de alegria. Você se pergunta

A febre e sua cura | 609

por quê? Porque ver almas salvas é o céu para mim. Descubro que meu Senhor tem um modo gracioso de aplicar um emplastro de refrigério onde fez um machucado. Se o coração estiver pesado de dor, Deus pode perfeitamente equilibrá-lo com suas consolações.

A ação seguinte que Jesus fez para com a sogra de Pedro foi levantá-la. Você já deve ter sentido, quando muito doente e acamado, como se tivesse sido enterrado em seu leito. Assim, o Salvador estendeu a mão para ela e *a levantou*. A sogra de Pedro achou que não pudesse levantar, mas, com sua ajuda, sentou-se. Ele então lhe deu cura instantânea, ao mesmo tempo que lhe renovou as forças. Nenhum vestígio mais de febre permaneceu. Ela se sentiu perfeitamente bem. E, instintivamente, como matrona responsável pela casa, levantou-se no mesmo instante e foi preparar uma refeição para seu Benfeitor e seus discípulos.

Oh, que vocês que duvidam, vocês que estão com febre, possam em um só instante ser curados e levantados, de forma que saiam na mesma hora para servir ao Senhor e ministrarem a todos à sua volta! Venham, sejamos tão felizes quanto possível, tão úteis quanto tenhamos o poder de o ser. Que a febre nunca mais torne a visitar nenhum de nós! Pelo contrário, quando forem para casa, saltitem sobre a calçada, com um senso de saúde espiritual! E, quando chegarem a casa, digam, na mesma hora: "Preciso servir a Jesus. Ele levou embora meus cuidados e temores, e tranquilizou-me a mente e o coração. Por isso, dedicarei, por amor, toda a minha vida ao seu louvor". Deus os abençoe, por amor do Salvador! Amém.

65

O MINISTÉRIO DA GRATIDÃO

Imediatamente ela se levantou e os servia (Lc 4.39).

A sogra de Pedro sofria de uma grande febre e foi restaurada pelo toque das mãos do Salvador e pelo poder de sua palavra. A graça de Deus não nos assegura que viveremos livres de provações. A casa dos irmãos Pedro e André fora bastante favorecida. A graça de Deus passara por muitas outras casas, mas escolhera aquela para sua morada. E, no entanto, em sua morada ocorreu grande enfermidade — a sogra de Pedro caiu de cama com febre, prestes a morrer. Grande era a dor na casa, mas essa dor haveria de trazer benefício duradouro a todos. Deus ama demais seus escolhidos para deixar que vivam sem prova do seu poder. Se nos amasse menos, poderia até, hipoteticamente, desleixar de nós ou nos esquecer; mas o amor do nosso sábio Pai é grande demais para nos privar do benefício sagrado resultante da provação. A doença chegou àquela casa, portanto, não como um fator inimigo, mas amigo. Foi um meio pelo qual o grande poder de Cristo se tornou manifesto àquela família e, por intermédio desse poder, também o seu amor. A sogra de Pedro jamais poderia ter sido objeto tão distinto do poder do redentor se não estivesse prostrada com febre. A malária, a febre palustre, procedente dos pântanos ao redor da cidade, foi, assim, o meio com que aquela senhora veio a se tornar instrumento da manifestação de energia divina do nosso Senhor. A pior das doenças é, com frequência, o cavalo preto sobre o qual a melhor das bênçãos corre em nossa direção.

Não foi pequena a honra para Pedro que sua casa se tornasse o quartel-general do Salvador. Enfermos passaram logo a se aglomerar à sua porta. Assim que o sol declinou, terminando o sábado, uma multidão passou a trazer pessoas afligidas por toda sorte de enfermidade, ansiosas por alcançar aquela moradia favorecida, colocando-as diante do Senhor. O poder de cura ali demonstrado transbordava da casa como uma enchente impressionante, e todos que dele bebiam eram restaurados. A casa abrigava a Fonte, sendo, por isso, honrada além do normal. Durante anos, certamente, aquela residência foi uma das mais famosas da cidade. Deviam chamá-la, talvez, de "a casa do grande médico". Não, é claro, como uma antiga casa em Antuérpia, na Bélgica, que levava esse nome, abominável por ter servido de covil à Inquisição; mas, sim, cara aos muitos que foram curados e seus filhos, como o são, por exemplo, até hoje, o Hospital da Misericórdia ou o Palácio da Bênção.

Dentre os apóstolos, Pedro recebe honras extraordinárias, pois tudo ou quase tudo em torno dele, de uma forma ou de outra, relaciona-se a um milagre. Foi por milagre, por exemplo, que ele andou sobre as águas e foi salvo de se afogar, quando o Salvador lhe estendeu a mão e ordenou que resistisse sobre as ondas. Outro conhecido milagre sobre as águas se relaciona ao seu barco, no qual uma pesca milagrosa se deu, enchendo-o tanto de peixes a ponto de começar a afundar, quando então Simão se ajoelha e adora Jesus como seu Senhor e Salvador. Houve ainda outro milagre de Jesus, esse em relação à espada enferrujada de Pedro, que ele usa, revoltado, para cortar a orelha do criado do sumo sacerdote, que estava entre os que foram mandados a prender Jesus no Getsêmane; mas o mestre logo cura a ferida que seu impulsivo defensor provocara, advertindo-o de que não deveria ter feito aquilo. No caso que estamos analisando, um milagre é realizado dentro de sua própria casa e com sua família, quando a mãe de sua mulher é restaurada de uma grande febre pelo poder onipotente do Senhor Jesus Cristo.

Todo homem cristão deve ambicionar ter também a mão de Deus relacionada a tudo o que ele tem ou faz, de modo que, ao olhar para sua casa, sua família e sua vida, possa ver sempre nelas a providência de

Deus. Que, ao olhar para a roupa que veste, a veja como o uniforme dado pelo amor de Deus, e a comida sobre sua mesa, como um dom diário da benignidade divina. Olhando para trás, em sua biografia, possa o crente ver pontos brilhantes onde a presença de Deus ainda fulgura, tornando as circunstâncias mais humildes em ilustres acontecimentos. Acima de tudo, porém, deve ser sua oração que a mão de Deus esteja sempre na vida de seus amigos e parentes, para que cada um deles possa também dizer "O Senhor me restaurou" ou "O Senhor me deu vida espiritual em resposta à minha oração". Que o cônjuge, os filhos, servos, recebam todos a cura do "médico amado". Que toda a nossa casa seja "santa para o Senhor" e cantemos todos de júbilo porque o Senhor tem feito grandes coisas por nós e por isso estamos alegres.

O acontecimento do qual iremos falar esta manhã se deu em um sábado. Os sábados costumavam ser grandes dias escolhidos por Jesus Cristo para romper com a observância demasiada e supersticiosamente rígida do sábado entre os fariseus: por ser um dia sagrado, era certamente o mais adequado para a manifestação das grandes obras do santo Filho de Deus, que nos viera salvar. Era, portanto, um sábado, e a pobre paciente estava ali, prostrada em seu leito, talvez lamentando em sua alma o fato de não poder ir à sinagoga e se juntar ao seu povo, como de costume, para orar. Talvez a febre a tivesse deixado em tal estado que fosse incapaz de lembrar de Jesus, o mestre e curador, ou de ao menos sussurrar uma oração a Deus por sua presença. Contudo, Pedro e André, ao saírem com ele da sinagoga, lhe contaram o caso, pedindo-lhe que a curasse. É uma bênção para você, meu amigo, que, estando enfermo de alma, tenha crentes seus amigos ou parentes — alguém que se lembre de você em oração e fale aos ouvidos de Cristo em seu favor. Se durante desespero ou depressão de espírito você não conseguir orar por si mesmo, feliz será se tiver amigos compassivos que falem ao rei em seu benefício. Um cristão na família pode trazer grandes bênçãos para ela. Aqui, havia dois: tanto Simão quanto seu irmão, André; e, se dois crentes estiverem de acordo no que diz respeito a qualquer coisa relacionada ao reino de Deus, ela lhes será feita. Os dois foram bem-sucedidos com o Salvador. Naquele sábado, quando a paciente talvez nem sonhasse com isso, o Salvador chegou ao seu humilde quarto e, parando junto a ela com infinita piedade, primeiro proferiu uma palavra de rei, repreendendo a doença, para então levantá-la gentilmente pela mão, com seu jeito terno e misericordioso. De repente, a sogra de Pedro se viu com a saúde perfeita outra vez. Que amor santo deve ter sentido por seu gracioso benfeitor! Não admira que a gratidão brilhasse em seu coração e, curada, fosse na mesma hora tratar de servir a quem a curara. Seu ministério, nesse sentido, começa desde o primeiro momento da sua recuperação. Desse ministério é que iremos falar. *Imediatamente ela se levantou e os servia.*

I. O fato de essa mulher restaurada se pôr a servir a Cristo e seus discípulos de imediato prova, antes de tudo, A CERTEZA DE SUA CURA. Não há meio melhor de comprovar nossa perfeita conversão do que por meio de atitudes como essa, da sogra de Pedro. Imagine, todavia, se, a fim de demonstrarmos ter sido ela de fato restaurada, procedêssemos a um exame crítico do *modus operandi* de Cristo, ou seja, do modo pelo qual ele costumava operar. Pretenderíamos então mostrar, com isso, que naquela ocasião ele operou do seu jeito ortodoxo e regular. Suponha que o Mestre estivesse acostumado, coisa que não estava, a usar uma série de rituais sobre todos aqueles que curava, a respeito do que então diríamos: "Bem, ele fez isso, aquilo e aquilo outro, como está acostumado a fazer; portanto, a mulher está curada". Não seria um raciocínio nada conclusivo, é verdade, mas esse é o raciocínio de muitos: essa criança foi batizada e esse jovem foi, além disso, confirmado e depois tomou a santa ceia — por conseguinte, essas pessoas estão salvas e regeneradas pelo batismo e estabelecidas em graça. E assim por diante. Para eles, se os cerimoniais estão corretos, a obra está feita. Muitos podem acreditar em tal raciocínio e me admiro que o façam.

Para nós, no entanto, parece existir um modo bem melhor de testar se as pessoas receberam a graça ou não. Dizemos mais ainda: se pessoas como essas citadas, regeneradas pelo batismo e confirmadas pelos sacramentos, continuam a viver em pecado como outras quaisquer, parece-nos que nada têm da graça de Deus. Podem até simular que a receberam, como bem entenderem, mas isso não ocorreu. Se aquela mulher ainda estivesse quente de febre e todos os sintomas de sua doença continuassem nela depois da ação de Jesus, de nada adiantaria enganar, dizendo "isso e aquilo aconteceu", pois não seria verdade. A mulher não teria sido curada. Se as pessoas que se dizem salvas continuam vivendo como pecadores incorrigíveis e impenitentes, pode ter certeza de que a obra do Espírito Santo não está nelas.

Imagine, agora, se a paciente tivesse continuado deitada e começasse a falar sobre como se achava, como estava bem melhor, da sensação incomum que lhe atravessara o corpo quando o Salvador repreendeu a enfermidade e de como se sentia curada, por estranho que parecesse. Se, todavia, não tivesse se levantado, mas permanecesse deitada, praticamente imóvel, não haveria maior evidência de sua restauração; pelo menos, nenhuma evidência real, com base na qual alguém pudesse crer na cura ou julgar o que de fato teria acontecido. Assim, quando algumas pessoas nos dizem que têm sentido grandes mudanças de coração, que sabem que foram renovadas porque desfrutam disso ou daquilo, amam aquilo e abominam aquilo outro, ficamos muito esperançosos e desejamos seriamente acreditar no que nos dizem; mas como, no fim das contas, as árvores se conhecem por seus frutos, esses possíveis convertidos, embora nos possam relatar a experiência interior que viveram, não nos podem convencer só com isso. Precisamos ver sua atitude exterior em relação a Cristo. Se seus atos são santos, e sua vida purificada, saberemos então, mas nunca antes disso, se sua natureza foi de fato renovada.

Imagine, ainda, por outro lado, se essa senhora, ainda deitada em sua cama, tivesse dito "Bem, espero estar curada" e depois passasse a expressar a frágil expectativa de um dia, quem sabe, voltar a ser capaz de exercer as funções de uma pessoa saudável. Não poderíamos saber se, de fato, ela fora restaurada. Sempre se espera, nesses casos, algo mais que simples esperanças e expectativas. Ou então imagine se, pelo contrário, ela saltasse da cama toda agitada, saísse correndo pela rua e realizasse ali gestos grotescos. Não seria uma prova de que se havia recuperado, mas, sim, poderia nos levar a desconfiar, ou até tivéssemos certeza, de que estava sofrendo de um delírio e que a febre certamente continuava bem forte a dominá-la. Assim, quando vemos pessoas inertes quanto à santidade, não podemos crer que tenham sido salvas. Todavia, se as virmos presas de uma agitação vazia relacionada com a religião, mas não servindo a Deus nos atos corriqueiros da vida, concluiremos que estão delirando ou entregues a uma presunção pecaminosa, mas não podemos considerá-las curadas pela mão que afasta o calor da febre e a acalma — a mão do grande médico, o qual, ao extinguir a febre, restaura a alma à tranquilidade e à paz.

A sogra de Pedro deu prova muito melhor do que qualquer um desses casos poderia fazer. Isso nos leva a reafirmar que a única prova inconteste que se tem de que uma pessoa foi espiritualmente curada por Cristo deve ser encontrada na mudança de sua conduta, mais ainda, do seu viver, servindo a Cristo e sendo obediente a ele a partir de então. É este o teste e não menos que isso. Quando vemos um viver santo no homem que antes foi um ofensor grosseiro, temos a certeza de que Cristo o curou, porque passou a fazer o que antes jamais faria. Talvez aquela pobre mulher febril ainda conseguisse fazer alguma coisa para o Salvador, mas o não convertido, este está realmente morto e inerte em seus delitos e pecados. Pode até conhecer alguma forma de religião, mas a verdadeira santidade está muito além, acima e longe de sua visão. É simplesmente incapaz de andar no caminho dos mandamentos de Deus. Portanto, ao vê-lo fazendo o bem, temos de exclamar, surpresos: "Aqui tem o dedo de Deus. O Senhor curou este homem, ou ele não teria como viver do modo que está vivendo agora". Além disso, o ímpio, antes de se converter, detesta a santidade, não tem a menor propensão para ela. De forma que, quando sua vida se torna pura e correta, quando se dedica ao serviço a Jesus Cristo, esteja certo de que somente pode ser por obra do Espírito Santo em sua alma; pois nada mais lhe teria transformado a natureza a não ser a mesma Onipotência que o criou, antes de mais nada. A mão de Deus está sem dúvida nessa conversão, e isso se prova tão somente pela santidade do caráter exterior do homem. De fato, ao mesmo tempo que o pecador não tem propensão alguma para o que seja santo, nutre desprezo pelo Salvador e pouca ou nenhuma consideração por seu povo. Por conseguinte, quando um homem é levado a servir ao Salvador e se mostra disposto a fazer o bem aos filhos de Deus por causa de Cristo, há nisso uma marca segura de que um milagre nele se operou, a ponto de lhe tocar o âmago do ser, transformando-o por completo. A sogra de Pedro haver se levantado para servir a nosso Senhor foi sinal suficiente e seguro de seu retorno à saúde. A mudança de caráter que leva uma pessoa antes descrente a se dedicar ao serviço de Cristo é prova ainda mais infalível de verdadeira salvação.

O MINISTÉRIO DA GRATIDÃO

|613

No entanto, quero que vocês observem por um momento, caros amigos, a natureza do ato que essa mulher restaurada realizou, por ser simbólico da melhor forma de ação pela qual se pode julgar o fato de uma pessoa ter sido renovada. Suas tarefas eram humildes. É provável que desempenhasse ali o papel de dona de casa, por isso começou na mesma hora a cumprir as tarefas condizentes com sua posição, tarefas despretensiosas e comuns. Muitas pessoas que almejam ser convertidas aspiram a começar a pregar logo o evangelho. O principal para elas é o púlpito, e sua ambição, falar a uma grande congregação. Querem fazer algo de grandioso e ocupar o assento primordial da sinagoga. Essa boa mulher, no entanto, não pensava em pregar. Pensou, sim, em lavar os pés de Cristo e lhe preparar uma refeição, como era próprio dela. Entregou-se a essas ações gentis, porém triviais. A atenção a tarefas humildes é um sinal de graça melhor do que a ambição por obras imponentes e elevadas. É bem provável que haja muito mais graça de Deus no serviço amoroso de uma mãe para com Cristo ao criar seus filhos no temor do Senhor do que haveria caso se tornasse conhecida por assumir um papel de liderança em um grande movimento público. Pode haver mais serviço por Cristo quando alguém cumpre as tarefas de sua profissão e tenta fazer o bem para com seus colegas de trabalho, clientes e demais pessoas do que em querer se tornar um grande líder da mente e dos pensamentos alheios. Claro que existem exceções, pois gloriosa foi Débora e grande será seu nome em Israel, e tampouco deixarão de merecer seu galardão aqueles que são enviados por Deus a liderar sua igreja. Mesmo assim, tais escolhidos, caso tivessem de apresentar evidência pessoal de sua graça, jamais diriam: "Sabemos que passamos da morte para a vida porque pregamos o evangelho", pois se lembram de que Judas fez a mesma coisa; nunca afirmariam: "Temos confiança na salvação porque Deus operou maravilhas por nosso intermédio", pois sabem que o filho da perdição teve a mesma honraria. Em vez disso, certamente recairiam nas mesmas evidências que provam a verdade da fé em pessoas mais humildes. Regozijam-se no testemunho comum a todos os eleitos: "Nós sabemos que já passamos da morte para a vida, porque amamos os irmãos". As graças e tarefas mais humildes são, assim, o melhor teste. Os hipócritas simulam cumprir deveres públicos, mas a vida privada da verdadeira piedade não podem simular. E como não podem fazer o mesmo "com os seus encantamentos", concluímos como os magos do Egito: *Isto é o dedo de Deus* (Êx 8.19).

Lembremo-nos, também, que a boa mulher se dedicou a tarefas dentro de sua própria casa. Não precisou andar centenas de metros de rua para glorificar Cristo. Ouso supor que talvez tenha feito isso depois. Primeiro que tudo, porém, começou em casa. A caridade começa nesse lugar, e o mesmo deve acontecer com a piedade. É esta a melhor fé, a que se sente à vontade em casa. A graça que se manifesta no círculo familiar é graça de fato. Se a própria casa ou a família não consegue perceber que a pessoa é piedosa, pode estar certo de que ninguém mais conseguirá. Se seus pais ou filhos têm sérias dúvidas acerca da sinceridade de sua fé, acho que você deveria ter sérias dúvidas acerca de si mesmo. A sogra de Pedro serviu a Cristo em casa, e isso foi prova clara de lhe ter sido devolvida a saúde. O melhor testemunho de sua conversão, no seu caso, será o de você servir a Jesus no seio de sua família e de fazer de sua casa o local de morada de tudo o que é amável, santo e bom.

A sogra de Pedro se dedicou a tarefas apropriadas e consistentes com sua prática, capacidade e condições. Não quis ser o que Deus não a fez para ser, mas agiu conforme suas possibilidades. Dedicou-se a suas tarefas normais, aquelas que lhe cabiam cumprir no momento, sem nada de irreal ou extravagante. Desincumbiu-se do trabalho necessário naquele mesmo instante e lugar, em vez de ficar esperando para servir ao Senhor em local mais conveniente, ou em ocasião especial, ou somente daqui a um ano. Atendeu a seu chamado de modo tranquilo e natural, como se realmente jamais lhe tivesse ocorrido agir de outra maneira. Se alguém se admirasse de vê-la trabalhando daquele modo para servir a Cristo e os discípulos, com certeza ela estranharia o motivo de tal surpresa; parecia-lhe a coisa mais natural a fazer. Ouso dizer que, enquanto ela esteve acamada, pensou em pelo menos umas cinquenta atividades que gostaria de estar fazendo — que dona de casa em situação semelhante deixaria de se preocupar com o serviço doméstico que iria acumulando à sua volta? Mas como Jesus estava ali e a curou, assim que sentiu a saúde voltar ela se levantou disposta a dar prioridade em cumprir com as obrigações de gratidão e hospitalidade para com ele, como seria de esperar. Não poderia agir de outra forma senão servir ao Mestre.

Na verdade, as boas obras que provam que uma pessoa é cristã não são motivo para ela se vangloriar, pois as pratica com naturalidade. Sente que não poderia fazer outra coisa, nem imagina se haveria de agir de modo diferente. Não é nascido de Deus? Almeja, então, ensinar outros acerca do seu Salvador. Não há como evitar. Sua língua quer falar de Jesus o tempo todo. Começa, assim, a compartilhar de sua essência. Não lhe ocorre que isso possa ser algo digno de nota ou extraordinário. Nem imagina que possa deixar de ser generoso diante de tão real necessidade. Volta-se talvez para as crianças da vizinhança: será que poderia levá-las para a escola dominical? Ou se ocupa de alguma outra forma de obra cristã. Faz isso por considerar inevitável agir assim. É um dos instintos da nova natureza que Deus Espírito Santo implantou nela. Essas incumbências naturais e tão comuns, que brotam de instintos santos, do interior do ser, são a melhor prova da obra da graça: quanto mais genuinamente inatas e espontâneas, melhor.

Vã é a pseudorreligião que almeja condições artificiais e faz grande caso de sinais desnecessários. O que há de especial em uma veste, ou na artificialidade do discurso, ou na separação de residência, por exemplo? Tais coisas servem à nossa própria vanglória. A verdadeira piedade não almeja sua própria honra, mas se contenta em trabalhar entre muitos, de modo a ser um homem entre homens, sem em nada diferir, exceto no caráter. Tal como o sal verdadeiro, nossa piedade está em nos misturarmos à massa humana, em vez de buscarmos um isolamento orgulhoso. Nascemos e somos homens, não monges; nossas irmãs, mães, esposas, mulheres comuns, não freiras. Tudo o que interessa ao bem do ser humano nos interessa. Só diferimos dos demais da raça humana em nossa conformação à imagem de Cristo, enquanto os demais ainda portam a imagem do Adão caído. Possa Deus nos conceder graça para apresentarmos um cristianismo de vida comum, cristianismo real e prático do dia a dia. O cristianismo não está com os eremitas em suas celas, as monjas em seus conventos, os frades em seus claustros. São eles soldados acovardados, que se afastaram da batalha da vida. A verdadeira fé está na alegria e na força de todos os que amam o Senhor e lutam suas batalhas nas vastas planícies da vida. Deve ser manifesta nas oficinas, nas casas, nas ruas e nos campos, nos berçários e nas escolas. Esta flor celestial revela seu mais rico perfume não nas estufas da exclusão artificial, mas sob o vasto céu azul-claro da vida, pois, *como a flor do campo* (Sl 103.15), floresce onde Deus a plantou.

Um último ponto antes de deixarmos este: essas coisas se tornam prova conclusiva de graça no coração quando apresentadas voluntariamente, como no caso dessa boa mulher. Não lemos que tenham solicitado a ela fazer alguma coisa por Cristo, mas, sim, tudo indica que a ideia lhe ocorreu na mesma hora, independentemente de qualquer ordem ou pedido. Sua obra foi feita de pronto, pois *imediatamente ela se levantou* e se pôs em ação. Mal recobrou as forças para trabalhar, aproveitou a oportunidade sem demora. A prontidão é a alma da obediência: *Apresso-me sem detença a observar os teus mandamentos* (Sl 119.60). Não duvido que cumpriu seu ministério com toda a alegria. Há todo um ar de satisfação em torno das palavras *ela se levantou* (Lc 4.39). Leva a crer que ela se pôs a trabalhar com vivacidade, vigor, ânimo e avidez até. O melhor serviço para Deus é feito de pronto, sem demora; voluntariamente, sem pressão; generosamente, sem relutância; de coração, sem protestos. Não nos move a ideia de que "é isso que você deveria fazer e é isso que tem de fazer". Servimos a Jesus porque amamos fazê-lo, e trabalhar por ele é para nós um prazer e um deleite.

II. Apresentei, assim, o primeiro ponto de meu estudo. Atentem agora para o segundo, bem mais interessante. O ministério da sogra de Pedro a Cristo e seus discípulos demonstrou, em segundo lugar, A PERFEIÇÃO DA CURA QUE ELA RECEBERA. Talvez não lhe ocorra de imediato, mas pense bem. Ela estava acamada por causa de uma febre. Imagine que um profeta visite sua casa e restaure um parente seu de grande febre. A febre geralmente deixa atrás de si extrema fraqueza e, depois que desaparece por completo, o enfermo ainda precisa de duas a três semanas, ou mais, antes de conseguir executar seu trabalho diário. No caso da sogra de Pedro, ocorreu de fato uma cura digna do Senhor, obra divina enfática, pois foi curada a ponto de toda a sua fraqueza desaparecer por completo e de imediato e de ser ela capaz de logo retomar seu trabalho, sem nenhuma dificuldade. Amados, uma das marcas da obra da graça se revela em que o convertido se torna imediatamente servo de Cristo.

O MINISTÉRIO DA GRATIDÃO | 615

A teoria humana da reforma moral considera o tempo um importante elemento em sua operação. Se pretendemos recuperar uma pessoa muito violenta, precisamos tirá-la de um vício primeiro, depois de outro erro etc. Deve-se submetê-la a um processo de educação pelo qual pouco a pouco perceba que o que está acostumada a fazer é ruim para si própria, até chegar à convicção de que a honestidade e a sobriedade lhe serão bem melhores. Requer tempo o reformador moral, ou não terá como desenvolver sua ação. Considera ele ridícula a ideia de ter de executar qualquer coisa em apenas uma ou duas horas. O homem, criatura ligada ao tempo, deve, de fato, ter tempo para a realização de suas obras imperfeitas. Todavia, para o Deus eterno o tempo não é nada. Seus milagres superam o tempo. Quem se converte está curado de uma hora para outra de seus pecados. A principal raiz de seus pecados é cortada naquele mesmo momento e lugar, e, mesmo que alguns dos pecados ainda permaneçam, receberam todos o golpe que há de se revelar, mais cedo ou mais tarde, mortal para eles. Quando o homem crê e nasce de novo, em um só instante o machado está posto à raiz de todas as árvores malignas dentro dele, de uma vez por todas. O pecado é naquele exato momento condenado a perecer. Mais ainda: todas as graças são também em um só instante implantadas na alma; não propriamente em perfeição — terão de crescer —mas, de qualquer modo, todas semeadas dentro do homem em um só momento como embrião. De forma que o pecador renovado, mesmo que só haja nascido há apenas cinco minutos, já tem dentro de si o embrião do santo perfeito que um dia há de se postar diante do trono de Deus. Essa é uma das maravilhas que certificam ser a obra divina.

Observem, amados, que aqueles que acabam de realmente se converter são capazes de adorar a Deus, louvá-lo, orar a ele e amá-lo, embora estranhos a esse tipo de atos até então. Algumas das adorações mais doces que o próprio Deus já ouviu vêm de corações recém- regenerados. De todas as orações que tocam o ouvido do cristão como música, as mais doces, com certeza, são as súplicas entrecortadas daqueles que acabam de encontrar o Salvador. Eu me delicio com as expressões de fé de cristãos antigos, que já atingiram a plena maturidade — são muito instrutivas e preciosas; mas, ah!, o primeiro agarrar da mão, o primeiro lampejo no olhar, a primeira lágrima de alegria, quando uma alma enxerga Cristo pela primeira vez e fica atônita ante a visão inigualável do amor encarnado — não há adoração mais doce debaixo do sol! É a mulher que se levantou de imediato e serviu a Cristo e o pecador que se levanta de imediato e começa a adorá-lo.

Eu disse que o pecador recém-convertido é capaz de amar e ama de fato seu Senhor assim que é nascido de Deus? Permitam-me que me corrija: não só pode amar e ama, como ama além dos demais; pois é muito raro o amor posterior ultrapassar em fervor o amor nupcial, também conhecido como primeiro amor. Esse amor inicial é implantado dentro de nós de imediato, florescente e perfumado. Mesmo antes odiando a Cristo, em menos de um minuto os corações são levados a ser arrebatados por seu imenso e perfeito amor. Inimigos de Deus de uma hora atrás são capazes de morrer para defender seu evangelho, transformados que foram em sua natureza. Só pode ser evidentemente, obra divina. Se o que era como que uma inundação, extinguindo cada faísca de fogo, de repente se inflama e brilha como a fornalha de Nabucodonosor, só pode ser produto de uma transformação operada por Deus. Sabe me dizer quem converteu as águas de ódio tão intenso em chamas de amor santo? Quem fez isso senão o próprio Deus todo-poderoso? Se um *iceberg* de repente se torna um farol flamejante, quem pode ter operado essa maravilha senão o Operador de Milagres? Só ele é capaz de obras tão grandiosas. Glória a Deus! Com que frequência vemos motivos pelos quais ele deva ser louvado! Quão pura, na verdade, torna-se a vida de alguns homens com a conversão — e pura de imediato, embora antes maculada por todo tipo de vício e devassidão. Mesmo sendo certo que contra certos pecados talvez a maioria de nós tenha de lutar a vida inteira, é inegável também que o homem realmente renovado, quase sempre, não encontre maiores dificuldades para com os mais grosseiros. Conheci um homem que estava acostumado a blasfemar. Provavelmente nunca, desde a infância, tivesse dito meia dúzia de frases sem soltar uma imprecação no meio. Todavia, depois de se converter, esse terrível hábito profano nunca mais o molestou. Conhecemos, todos nós, alguns perturbados por muitos anos por um temperamento violento, a ponto de se poder quase compará-los a demônios, mas que, a partir do momento em que se converteram, tornaram-se notórios pela gentileza e mansidão. Conhecemos também, certamente, usurários que passaram a demonstrar a mais liberal generosidade instantaneamente, assim como ex-ladrões que passaram a ser escrupulosamente honestos.

Embora a tentação do velho pecado por vezes retorne, quase sempre aqueles que foram salvos de vícios grosseiros são os que experimentam a maior repugnância ante a menção de suas antigas abominações. Tamanha é a obra de Deus em sua alma que essas maldades são expulsas de pronto e para sempre. A partir de então, o homem que antes fora um adepto de toda forma de obra maligna se torna quase que devotado a toda forma de obra santa. Pode não compreender bem certas engrenagens da religião — mas chega facilmente ao seu âmago, ao seu segredo, e sai para trabalhar por Jesus Cristo a seu próprio modo, revelando desde o início maravilhosa sabedoria e extraordinária habilidade. Alguns dos melhores evangelistas que já vimos são aqueles que aprenderam de imediato a evangelizar e que parecem conhecer tudo sobre o assunto desde o primeiro momento em que se converteram a Deus, apegando-se a essa tarefa com um amor interior, tal como os jovens cisnes se apegam à corrente para suavemente sobre as águas singrar. Algumas das melhores pessoas que falam a outras sobre a necessidade de salvação da alma começam a fazer isso logo depois que encontram o Salvador e obtêm muito sucesso nessa arte sagrada — que arte bendita, essa! —, como se em um só determinado momento tivessem sido tocadas pela mão de Deus e logo inspiradas para o serviço que ele pretendia que realizassem.

Qual então o sentido prático desta nossa segunda observação? Estando provada a real divindade da cura da sogra de Pedro só pelo fato de ela ter sido capaz de trabalhar para Cristo logo em seguida, vocês, jovens convertidos, deveriam então ter em alta conta tal honra de Cristo e comprovarem a realidade da graça em sua própria alma, ao produzirem fruto imediato para honra dele. Provem que também podem se levantar e servir-lhe na mesma hora. Sejam zelosos como o ladrão moribundo: ele nem bem conhecia Cristo e já o confessava, fazendo também a única coisa que podia pelo seu Senhor à beira da morte, ao repreender o outro malfeitor também crucificado que insultara o Salvador. Se vocês amam de fato Jesus, não esperem até completar anos e anos de cristãos; sirvam-no agora! Se estão curados do pecado, não esperem até acumular experiência. Embora inexperientes de tudo, exceto do seu novo nascimento, vão e busquem o bem das outras pessoas. Não suponham que ainda devam ser muito bem treinados para essa guerra, mediante um longo processo de severo exercício espiritual, mas marchem para a frente de batalha agora mesmo, com todo o coração e alma, no frescor de sua vida recém-adquirida. Pode ser até que alcancem maiores triunfos do que muitos dos veteranos. Porque, ó Deus do céu, alguns deles já estão sem vigor, enquanto outros de há muito esqueceram os seus primeiros dias de entusiasmo. Em muitos antigos cristãos, o pessegueiro já perdeu a floração e a flor murchou no caule. Deixaram de amar e ser sinceros e assim decaíram para folhas ressequidas e amareladas da religiosidade. Vão vocês, como o orvalho da manhã ainda sobre o espírito, e nem sei que grandes e graciosas obras o Senhor poderá fazer por seu intermédio!

III. Passamos agora a um terceiro tópico. A sogra de Pedro provou SUA PRÓPRIA GRATIDÃO ao servir a Cristo. Seu gesto de hospitalidade o demonstrou. Se queremos comprovar nossa gratidão a Cristo, irmãos, seria bom que o fizéssemos da mesma forma. Vejam bem: não há registro de que ela se lançou a seus pés clamando "Bendito seja o teu nome". Pode até tê-lo feito. A Bíblia, na verdade, não dá espaço para muitas expressões santas, mas, sim, mais para atos graciosos. Não sei então se ela até cantou um hino; talvez sim. Boas mulheres antes dela fizeram isso, e esperamos que ainda o façam. Todavia, seu hino também não foi registrado: as Escrituras Sagradas não reservam espaço para todos os hinos que as boas pessoas cantam e, sim, mais para os atos que realizam. Temos um livro inteiro dos Atos dos Apóstolos, mas não de todos os sentimentos, hinos, louvores ou expressões piedosas dos apóstolos. Essa boa mulher, portanto, provou sua gratidão por meio de um feito tangível. Nem disse como resolução para si mesma: "O Senhor me atendeu, por isso o servirei!" Jamais ocorre a uma pessoa revigorada em Cristo que simples palavras sejam uma reação adequada à graça divina. Em troca do fruto da cura do Senhor, você seria capaz de dar apenas um punhado de folhas da árvore do falar? Poderia parecer uma falta de consideração. Se lhe der

O MINISTÉRIO DA GRATIDÃO | 617

as folhas, porém, junte a elas um fruto. Dê-lhe um ato verdadeiro, um serviço consagrado: é este o fruto mais adequado de um coração agradecido.

Observe também que não é dito se ela servia a Cristo antes de ser curada. A paciente febril é primeiro restaurada, depois passa a servir. Jamais irei exortar qualquer um de vocês a servir a Cristo se sua vida interior não for, antes de tudo, renovada por ele. O coração deverá estar regenerado por meio do seu toque bendito; do contrário, a vida renovada pode ser até imitada, mas jamais possuída de fato. Primeiro a cura, depois o serviço. A cura vem antes. Mas, notem bem, o serviço a segue muito de perto. Se você é salvo, levante-se e desenvolva sua salvação com temor e tremor, pois é Deus quem opera em você tanto o querer quanto o efetuar, segundo a sua boa vontade. Uma vez que o seu fogo interior foi atiçado, deixe-o brilhar de sua vida. Uma vez que Cristo abriu em sua alma um poço de água viva, deixe-a transbordar do seu interior, como um rio, para serviço dele e benefício a todos os seus semelhantes.

Essa boa alma como que sabia com que propósito fora restaurada. Ela sabia *de quem* recebera a cura: só do Senhor. Sabia *do que* fora restaurada, ou seja, da própria boca da morte. Sabia *que* fora restaurada, pois sentia que sua saúde e força lhe tinham retornado. Portanto, supunha certamente, instintivamente, *para o que* fora restaurada, a saber, para servir ao Senhor. Você, meu irmão, foi honrado e transformado em herdeiro do céu. Para que, senão a fim de que pudesse servir ao seu Senhor aqui e agora e glorificá-lo no futuro? Nossa gratidão nos ensina o objetivo divino da sua graça, e devemos cuidar para que seja atingido. O Senhor Deus Pai, de fato, não nos poderia ter salvado por preço tão caro como a morte de seu próprio Filho por motivo menor do que vivêssemos para ele. Qual então a conclusão de nosso coração agradecido sobre isso? Não é a de que, se fomos comprados por preço, não somos mais de nós mesmos? Que se o Espírito Santo nos tem dado nova natureza, deva ser para que tenhamos nova vida, e essa nova vida seja consagrada ao seu Autor? Amados, a verdadeira gratidão nos leva a servir e faz do Senhor que cura o objeto de nosso serviço. Coloca-o em primeiro plano. *Imediatamente ela se levantou e os servia.* Ele, primeiro, seus discípulos em seguida — a Cabeça e, por causa da Cabeça, todos os demais membros do Corpo santo. O redentor e, por causa dele, todos os redimidos.

Faço a cada um dos presentes aqui, curados do pecado e salvos da morte espiritual por Cristo, a seguinte pergunta: como você tem retribuído ao seu Senhor? O que está fazendo por ele? Comece por ele. Faça tudo como se para ele. Faça o que tem de fazer na presença dele e apresente-o curvado a seus pés. Então saberemos se você está fazendo alguma coisa por seu povo também. Você há de ajudar seus pobres, buscar reunir seus afastados, visitar e cuidar de seus enfermos. Irá consolar seus desolados; seus perdidos — e ainda não encontrados — você irá buscar; às suas ovelhas perdidas, você deverá dedicar muito do seu empenho. Servirá assim a ele e aos seus escolhidos, a todos os membros do seu Corpo. O que você está fazendo, meu irmão, minha irmã? Não lhe pergunto isso em meu próprio nome, mas no nome daquele cujas mãos foram transpassadas em seu favor, e cujo coração foi perfurado pela lança do soldado por sua redenção. Ó você, o que está fazendo por ele? Você o ama? Se o ama, apascente seus cordeirinhos e ovelhas. Se o ama, sirva; e para bem o servir, sirva primeiro a *ele*, e logo depois a seus filhos e seu povo. Aí, sim, você comprovará sua gratidão.

IV. Por fim, o serviço dessa mulher a Cristo provou A CONDESCENDÊNCIA DO MÉDICO. Aquele que a curou da febre não precisava, na verdade, de seu serviço. Aquele com poder para curar com certeza também o tinha para subsistir sem o ministério humano. Se Cristo pôde levantá-la, devia ser onipotente e divino; que necessidade teria, então, do serviço de uma pobre senhora? Ele poderia até ter usado do estilo grandioso do Antigo Testamento para dizer: "Se eu tivesse fome, não te diria, pois meu é o gado sobre milhares de outeiros". Em vez disso, no entanto, o poderoso Senhor de todos os homens e todos os anjos condescendeu em ser servido por uma simples mulher. Foi sempre grande condescendência da sua parte necessitar do serviço humano, e imensa gentileza o fato de, com tanta frequência, escolher o ministério realizado por mulheres. Por meio de uma mulher ele veio à terra, e os primeiros panos de seu vestuário foram enrolados em seu corpo pelas mãos de sua mãe. Ao morrer, mulheres santas ajudaram a envolvê-lo em sua mortalha e depositar seu corpo no sepulcro. Maravilha inigualável era essa sua condescendência, pois, onipotente e bendito para sempre, curvou-se desde os céus para poder precisar do ministério dos seres humanos. Ainda hoje, ele ministra a nós mediante sua humildade em aceitar nosso serviço humano.

A sogra de Pedro era apenas uma das muitas pobres mulheres de Cafarnaum, mas Jesus a honrou. Quem era ela senão apenas mãe da esposa de um simples pescador, uma pobre mulher analfabeta e obscura? No entanto, Cristo lhe permitiu servir-lhe, uma honra que nem Herodias, a princesa real, jamais teve. Da mesma forma, o Senhor deveria ser amado hoje por nós, por sua humildade em permitir que lhe sirvamos, em permitir que *eu e você* façamos qualquer coisa pelo seu amado e santo nome. Não fico admirado pelo fato de Cristo ter admitido que Paulo, ou Pedro ou João lhe servissem, mas, sim, que ele *me ature* fazendo isso! Esse fato assombroso me constrange! A você também não? Não se maravilha também? Assim como parece fácil ou natural aceitarmos que a Virgem Maria, assim como Maria Madalena e outras mulheres santas, tenham sido honradas por ele, que acha, minha cara irmã, da beleza do privilégio de poder também participar do seu serviço? Não acha isso maravilhoso? Você, homem ou mulher, não o bendirá e servirá com a maior alegria por sentir ser essa uma tão grande graça em sua vida?

Não é gracioso também da parte do nosso Senhor abrir espaço em sua igreja os nossos ministérios? Suponhamos que o Senhor tivesse feito todo o seu povo rico. Então, não haveria espaço algum para a generosidade, para o seu povo poder ajudar os pobres irmãos santos. Não teríamos oportunidade de provar nosso amor para com ele. Imagine se tivesse convertido todos os seus eleitos por meio de obra em segredo do seu Espírito, sem qualquer ensinamento. Nesse caso, não haveria necessidade de querer você ensinando na escola dominical ou distribuindo folhetos, ou a mim com os meus sermões. Não teríamos nada a fazer por Cristo. Ficaríamos suspirando e choramingando: "Será que o bom mestre não nos permite lhe dar nada?" Ora, os filhos adoram dar ao pai algum presente no aniversário, nem que seja apenas um buquê de flores do jardim, ou algum objeto barato ou então até usado... Gostam disso, sim, para demonstrar seu amor. Pais sábios deixam e até incentivam, com certeza, seus filhos a fazerem esse tipo de oferta a eles, por amor. O mesmo acontece com o nosso grande Pai que está nos céus. O que são nossos ensinamentos na escola dominical, nossos louvores, nossas pregações e tudo o mais, senão objetos baratos? Nada, absolutamente nada. Contudo, o Senhor nos permite com eles fazer sua obra, por causa do seu amor por nós. Seu amor por nós encontra sua doçura em nosso amor por ele. Sinto-me muito grato pelo fato de haver espaço na igreja para tamanha variedade de ministérios. Alguns irmãos têm uma constituição tão franzina que nem sei dizer para o que devam ter sido designados. Mas creio que, se fizerem parte do povo de Deus, haverá lugar para eles em seu templo espiritual.

Certo homem, habituado a comprar madeira e trabalhar com ela, em determinada ocasião encontrou um pedaço de pau bem torto no meio de um lote que adquirira por uma pechincha. Deixando-o de lado, comentou com seu filho: "Não sei o que fazer com este pedaço de pau aqui, John. É a peça de madeira mais feia que eu já comprei em minha vida". Mas aconteceu, ao construir um celeiro, de ele precisar de uma madeira exatamente com aquele formato. De modo que o pedaço torto posto de lado se encaixou com perfeição, tanto que ele disse: "Parece até que aquela árvore cresceu de propósito para esse canto". Assim, nosso gracioso Senhor dispôs sua igreja de tal forma que todo pedaço de pau, mesmo aparentemente torto, possa se encaixar em um lugar ou outro do seu serviço. É de árvore do seu plantio; foi ele quem o fez, com um propósito, e sabe como pode cumpri-lo. Isso deve calar qualquer um que diga: "Não vejo o que posso fazer". Existe uma obra específica para você, querido amigo. Descubra-a — na verdade, penso até que não esteja longe: um pouco de oração e reflexão logo o capacitará a descobri-la. Seja grato por ser assim, sem exceção: todo filho de Deus, por ele curado, tem algum ministério a prestar a Cristo, e isso de imediato. Possa o Senhor conceder a cada um aqui presente que mostre sua gratidão dessa forma, e ao fazê-lo, que seja sempre em espírito de adoração, dizendo: "Senhor, eu te agradeço por teres permitido que eu desse minha aula hoje na escola dominical". Não olhe para sua obra como um fardo, mas, sim, diga: "Senhor, eu te agradeço por ter a tua permissão para poder realizá-la". "Ó Deus, eu te bendigo por me ser dada a permissão para percorrer aquele bairro e bater de porta em porta em cada casa". Vocês, mulheres

O MINISTÉRIO DA GRATIDÃO | 619

bíblicas, bendito seja Deus por ter permitido que desempenhassem esse papel. Vocês, missionários urbanos, agradeçam a Deus por terem permissão para tal.

"Oh", diz alguém, "eu dificilmente posso fazer, ou continuar fazendo isso, porque sou sempre muito insultado, maltratado demais". Bendiga a Deus, então, meu caro irmão, por ele considerar você digno de sofrer em seu nome! Conhece uma história a respeito de *sir* Walter Raleigh, o explorador britânico que fundou o primeiro núcleo de colonização inglesa na América do Norte? Certo dia, quando a rainha Elizabeth chegou de carruagem a um local totalmente lamacento, em uma estrada, ele tirou a própria capa e a estendeu na lama, para que, ao saltar, ela passasse por cima. Será que se arrependeu desse gesto? Não, pelo contrário, ele o fez com o maior prazer, e metade da corte passou a desejar que a rainha fosse a outro local lamacento para poder ter a chance de imitá-lo. Ó você, que ama o seu Senhor, ao ser desprezado por causa do seu nome, esteja disposto a se atirar no chão por causa de Cristo e poder assim pavimentar as partes lamacentas do caminho. Essa honra você deveria, tal como os cidadãos ingleses, cobiçar, e não procurar evitar.

Levantem-se e ministrem, todos vocês, que foram curados! E quanto a vocês, que ainda não o foram, esperamos que possam crer naquele que é capaz de restaurá-los apenas com seu toque. Ele é poderoso para salvar. Creiam nele e viverão. Amém.

COM OS DISCÍPULOS NO MAR DA GALILEIA

E aqueles homens se maravilharam, dizendo: Que homem é este, que até os ventos e o mar lhe obedecem?
(Mt 8.27).

Encheram-se de grande temor, e diziam uns aos outros: Quem, porventura, é este, que até o vento e o mar lhe obedecem? (Mt 4.41).

A história da tempestade no mar da Galileia é maravilhosa por ser plena de interesse espiritual. Não apenas mostra literalmente o poder divino do mestre bendito para acalmar tempestades, ainda mais evidente por ser apresentado lado a lado com a fraqueza humana que o levara a dormir no barco, como também, em termos espirituais, é uma espécie de história eclesiástica, um esboço miniaturizado da história da igreja em todas as eras. Vai, porém, mais além. O ensinamento ali contido não termina depois que você estuda o incidente sob essa nova luz. Oferece, ainda, um prognóstico sugestivo da história de todo homem que empreende a viagem espiritual em companhia de Jesus.

Vejamos, em primeiro lugar, o sentido com que se apresenta como uma espécie de história eclesiástica. Lá está Cristo no barco com seus discípulos. O que pode isso representar senão uma igreja e seu pastor? Vemos a igreja como um barco que transporta carga valiosa, seguindo para o porto desejado, mas preparado também para a pesca durante o caminho, caso surja a oportunidade. O fato de o barco estar no mar demonstra tratar-se da igreja aqui embaixo, sujeita a provações, sofrimentos, muita labuta e perigos. Acho que não pode haver retrato mais adequado da igreja do que esse barco sobre o traiçoeiro mar da Galileia, tendo Jesus e seus discípulos como tripulação. Daí a algum tempo irromperá a tempestade — e podemos afirmá-lo com toda a certeza: enquanto outra embarcação qualquer é capaz de empreender uma viagem tranquila, com vento sempre soprando a seu favor, isso jamais acontecerá ao barco da igreja. Ele tem seus momentos de calmaria, sim, mas estes não duram para sempre. Sua vela, sem dúvida, em um ou outro momento será fustigada pela intempérie, e as raras ocasiões de descanso serão muito distantes umas das outras. A embarcação que tem Jesus no comando está, enfim, destinada a enfrentar tempestades. Cristo não veio à terra trazer a paz, mas a espada — ele próprio o declarou e sabe bem o que quis dizer com isso. Cada vela do bom barco que navega sob a bandeira do Almirante de Esquadra nosso Senhor deverá vir a ser açoitada pelo vento. Cada tábua que constitui a embarcação terá de ser provada pelas ondas.

Não são poucas as tempestades que caem sobre a igreja de Cristo, muitas da pior espécie possível e imaginável. A tempestade da heresia: ah, como o barco esteve prestes a ser afundado pelas falsas doutrinas do gnosticismo, do arianismo, do papismo e do racionalismo! Na tempestade da perseguição, o barco tem sido experimentado o tempo todo, e essa procela tem-se mostrado, muitas vezes, excessivamente impetuosa. Nos primeiros tempos da história da igreja, perseguições pagãs choveram em Roma, uma após a outra. Depois que o Gigante Pagão despejou toda a sua fúria contra a nave de Cristo, surgiria um tirano pior, cujas artes mágicas provocariam furacões contra o barco. Em Roma, uma meretriz perseguiu por demais os santos, embebedando-se de seu sangue. Em seguida, foi a vez de se abater um ciclone que quase arrasta a embarcação para fora da água, por pouco não afogando a tripulação e os passageiros. Esse feroz tufão se lançou sobre a embarcação real, de tal modo que as ondas ameaçaram engoli-la com rapidez. Lágrimas e sangue cobriram os santos, como que borrifando-os de sal manchado de vermelho.

Na verdade, porém, não se trata de uma embarcação de passeio, mas, sim, de um barco salva-vidas, construído justamente com o propósito de afrontar e vencer as tempestades. O verdadeiro barco do Senhor esteve, está e estará em meio à tempestade até que o Senhor venha. Então, não haverá mais ondas de provação, mas, sim, um mar como espelho para sempre.

Observe, no texto, que, enquanto a tempestade rugia com intensidade cada vez maior, o Senhor se encontrava no interior do barco; só que parecia dormir. Tem sido sempre assim. Não há ação alguma da providência que liberte antes o perseguido, nem manifestação alguma do Espírito que afaste antecipadamente a heresia. O Cristo está na igreja, mas como que nos fundos e dormindo com a cabeça apoiada em um travesseiro. Vocês conhecem bem a história, ilustrada aqui como da igreja. Vem a aflição. Os discípulos, o povo de Deus, começam a se sentir alarmados: temem perecer para sempre. Você duvida de que isso pudesse acontecer diante de tão grande perigo? A aflição leva à oração. A oração de poder é sempre causada por provação intensa. Oh, quão negligente, no entanto, a igreja tem sido na apresentação de sua oferta espiritual até que o Senhor envie fogo sobre ela. Esse fogo vem lhe iluminar o incenso, de forma que dele começa a se desprender uma fumaça que sobe aos céus. A oração produzida pela aflição dá fim à própria aflição. É quando o mestre se levanta e logo mostra o seu poder e divindade. Sabemos que ele tem agido assim também de tempos em tempos em reformas e avivamentos. Tem repreendido a falta de fé de seus amedrontados santos e silenciado ventos e ondas, gerando um tempo de paz e prosperidade para sua pobre igreja assolada pelas intempéries; um tempo livre de derramamentos de sangue e heresia, uma era de progresso e paz. A igreja tem uma história que já se repetiu diversas vezes. Se você tiver interesse em navegar nessa magnífica embarcação que leva Cristo e todos os seus escolhidos, nunca mais reclamará de tédio.

Como disse, porém, a história da tempestade no mar da Galileia é ainda um admirável emblema da jornada espiritual de todo homem que se encaminha para um porto sereno em companhia de Jesus. Estamos com Cristo, felizes ao seu lado, velejando satisfeitos. Mas até quando isso há de durar? Logo se forma uma tempestade. O barco sacode, balança, ondas o encobrem. Parece que dessa vez nossa pobre casca de noz irá para o fundo do mar. Contudo, Jesus está firme em nosso coração, ele é a nossa segurança. Não somos salvos pela nossa arte da marinharia, mas, sim, por termos a bordo o Senhor Supremo, que reina sobre ventos e ondas e até hoje jamais perdeu uma embarcação que tivesse no topo do mastro a bandeira com a cruz. Às vezes, parece adormecido dentro do nosso coração. Não lhe ouvimos a voz, bem pouco lhe divisamos o rosto. Seus olhos parecem fechados, na verdade está quase todo oculto à nossa visão. Não nos deixou por completo, é verdade, e bendito seja seu nome, mas parece dormir. De repente, a embarcação sacode de novo, e nós, atirados de um lado para o outro, ficamos imaginando como é que ele ainda consegue dormir! Somos então, bastante assustados, levados à oração. Já deveríamos ter recorrido a ela há muito tempo; mas pode ser que estivéssemos ocupados demais com cordas e roldanas, reforçando o mastro, enrolando a vela, executando todo tipo de trabalho que julgamos necessário em uma hora dessas. Havíamos deixado de fazer, no entanto, o serviço mais necessário de todos, qual seja, o de buscarmos o mestre e lhe relatar o perigo a que estamos expostos. Não oramos, até sermos forçados a nos ajoelhar, pobres pecadores que somos. O barco parece que irá a pique! Irá afundar! É nesse exato momento que nos voltamos para o Senhor e como que tentamos despertá-lo, clamando: *Mestre, salva-nos porque perecemos!* Depois disso, você sabe o que acontece: como sua gentil repreensão nos atravessa o espírito e nos sentimos envergonhados de nossa falta de fé. No entanto, sua maior repreensão vai para os ventos e ondas, que logo se aquietam, sossegam, amainam e adormecem, como leõezinhos amansados aos seus pés. Em nós, e por toda a nossa volta, reina agora grande calma. Oh, quão profunda paz! Bendita tranquilidade! Sentimo-nos quase tentados a dizer: "Deus permita que dure para sempre".

Contudo, essa tranquilidade pode não ser perpétua. Os riscos que corremos nas águas poderão, bem provavelmente, se repetir. Com frequência, descemos em barcos ao mar; atuamos em grandes águas; queremos ver as obras do Senhor e suas maravilhas realizadas até nas profundezas. Mas eis como, em tais circunstâncias, canta o poeta o domínio do Senhor Jesus sobre as águas:

> Cada onda é mais feroz e selvagem,
> A noite é uma só escuridão;
> Lutam os remos com toda a coragem,
> Ergue-se em espuma branca o vagalhão;
> Treme toda a marujada, infeliz,
> Com a morte os rondando cada vez mais;
> Mas eis que o Deus dos deuses lhes diz:
> — Aqui estou eu e ordeno minha paz!

> Onda elevada sobre a embarcação,
> Abaixa tua crista de imediato!
> Rugido do vento euroaquilão,
> Acalma o teu furor insensato!
> O medo vai embora de roldão,
> E a escuridão inteira se desfaz,
> Pois da luz das luzes é a proclamação:
> — Aqui estou eu e ordeno minha paz!

> Ó Jesus, amado libertador!
> Sê comigo em todo o meu navegar,
> Conduz esta viagem, ó meu Senhor,
> De minha existência por todo o mar!
> E se da morte chegarem tempestades,
> De ruína tomadas por fúria assaz,
> Sussurra, então, Verdade das verdades:
> — Aqui estou eu e ordeno minha paz!

Não quero, porém, chamar sua atenção neste momento para a tempestade nem para a calmaria; mas, sim, que observem os sentimentos dos discípulos durante o desenrolar de todo o acontecimento narrado no texto bíblico. Diz o texto em Mateus: *E aqueles homens se maravilharam, dizendo: Que homem é este, que até os ventos e o mar lhe obedecem?* (Mt 8.27). É evidente que Deus tem em alta conta os sentimentos do seu povo, aqui registrados e em várias outras passagens. A descrição do que sentiram os pobres pescadores recebe o mesmo destaque que o relato do que disse seu Senhor e Mestre, sendo necessária para demonstrar a intenção e o propósito das afirmações do Senhor. Deus costuma considerar a ação externa como simples invólucro, mas o sentimento das pessoas constitui o âmago da história de sua vida, por isso ele o valoriza. Alguns homens são de tal forma introspectivos que acabam transformando os próprios sentimentos em uma espécie de segredo inacessível. Isso está errado. Mas há um erro também na situação oposta, quando se deixa de ter consciência dos próprios sentimentos e os considera uma questão sem importância, como se a vida real pudesse prescindir deles. Podemos e devemos exaltar a fé, mas não há motivo, para reverenciá-la, de termos de depreciar as demais graças, especialmente as emoções. Podemos honrar o herdeiro sem que isso seja motivo para menosprezar o restante da casa real. Devemos tanto sentir quanto crer de maneira correta, e muitas vezes nos faz bem termos uma lição sobre como nos sentirmos em relação a nosso Senhor Jesus Cristo. Mesmo sendo os sentimentos secundários à fé, ainda assim estão longe de não terem importância.

A partir de agora, nos deteremos quase que só em três sentimentos relacionados com Cristo. Primeiro, que os homens se maravilharam. Vamos nos demorar nesse ponto: *maravilhar-se diante da obra de Cristo.* Em seguida, se você olhar para o versículo 41 do capítulo 4 de Marcos, verá que o evangelista descreve o sentimento dos homens como *grande temor.* Esse será nosso segundo tópico: *acometidos de medo em sua presença.* Em terceiro lugar, procuraremos ver, no texto em estudo, como eles *se admiraram dele*, pois chegaram a dizer: *Que homem é este*, ou *Quem, porventura, é este*; para ser mais exato: "*Que tipo de pessoa é esta*, a quem até os ventos e o mar obedecem?"

I. Comecemos, portanto, com *o assombro diante de sua obra*. Gostaria de convidá-lo a ceder por um instante a esse sentimento. Você crê em Jesus Cristo e é salvo. A salvação não vem pelo assombro, pela admiração, mas pela fé. No entanto, depois de ser salvo, depois de passar da morte para a vida, e tendo sido preservado durante anos no mar da vida, em meio a várias tempestades, desfrutando hoje de grande calma e tranquilidade de espírito, eu o convido a se maravilhar. Que coisas incríveis tem feito Jesus por mim! Posso perder meu tempo lendo romances, mas não me interessam, pois encontro em minha própria vida muito mais aventuras que em um livro. A história da bondade de Deus para comigo é mais sensacional do que qualquer obra de ficção. Dirijo-me a pessoas que, tenho certeza, haverão de se unir a mim no reconhecimento de que há uma sensação de frescor, de novidade, uma capacidade de surpreender, na conduta de Deus para conosco, que não encontramos em nenhum outro lugar. Bem fazemos ao cantar o hino que diz:

> Não preciso me ausentar para me alegrar:
> Em minha própria casa tenho como festejar.

De fato, não precisamos andar por aí para conhecermos maravilhas, porque temos verdadeira galeria delas em nossa vida, constituída de nossas experiências em Cristo. John Bunyan, descrevendo a experiência do seu herói *O peregrino*, exclama: "Ó mundo de maravilhas! Não posso dizer menos que isso". De fato, assim é. A vida do homem piedoso, à medida que Deus dela participa, torna-se um museu de exposição da arte celestial de se receber a graça de Jesus, lugar de exibição da capacidade e do poder divinos, país das maravilhas da misericórdia.

> Minha vida tem visto maravilhas
> De uma benevolência rara;
> Um monumento da graça sou eu,
> Que a tua bondade declara.

Vamos refletir sobre o paralelo existente entre nós e os discípulos no mar da Galileia, em termos de assombro e admiração. Consideremos, inicialmente, que uma densa e instantânea calmaria se estabeleceu então no mar, que *contrariava a natureza*. O lago chamado de mar da Galileia está localizado em uma depressão profunda, muito abaixo do nível do mar. Nas laterais, despenhadeiros e montanhas encerram-no como um funil, no fundo do qual rajadas de um vento frio costumam soprar de uma hora para outra. Na época de tempestades, o lago não se agita como mar aberto, mas, sim, as águas se levantam, e o lago quase é lançado para longe de seu leito, açoitado e afligido por tufões a comprimi-lo e redemoinhos a fazer girar tudo que encontram pela frente. Nenhum marinheiro saberia dizer em que direção sopra o vento de fato, exceto que sopra em todas as direções ao mesmo tempo, principalmente para baixo. É como se uma corrente de ar caísse pesada do céu, comprimindo as embarcações contra a água, para em seguida mudar de curso de repente e alçá-las no ar. Semelhante a um caldeirão em ebulição, como que espíritos da imensidão abissal agitam as águas desde a profundidade. O embarcadiço desacostumado a esse estranho mar bravio logo perde a cabeça e se desespera, com medo de perder a vida. No entanto, esse lago, que se torna assim tão encapelado em determinado momento, foi transformado instantaneamente em um espelho, de tão tranquilo, simplesmente pela palavra de Jesus. Uma ocorrência muito mais maravilhosa de se testemunhar do que de se ler a respeito. Uma transformação desse tipo nas intempéries contraria inteiramente a natureza, e por isso "aqueles homens se maravilharam".

Amado irmão, olhe para trás e examine como foi até aqui a sua vida. Não sei dizer ao certo onde sua história de vida começaria. Há quem parta dos fossos enlameados de Sodoma, do vício, da bebedice. Outros iniciam errando pelas montanhas escuras da infidelidade ou entre os pântanos e brejos da hipocrisia, da mentira, da corrupção e da desonestidade. Seja como for, aconteceu um dia o milagre de você ter caído aos pés de Jesus, clamando por misericórdia mediante o seu sangue precioso. Que você haja aberto mão de toda exagerada autoconfiança, afastando-se, ao mesmo tempo, da luxúria favorita em que um dia se deleitou, constitui tamanha maravilha que ninguém lhe daria crédito antes se recebesse tal previsão como profecia a anunciar. Nem mesmo você, com certeza, teria crido. No entanto, ela aconteceu, e outras transformações inesperadas têm-se seguido. Você tem vivido desde então de uma forma que você mesmo teria repudiado em outros tempos com verdadeiro "absurdo". Se um vidente o informasse disso, você certamente teria ridicularizado seu vaticínio. "Que nada!", diria. "Nunca serei *assim*, jamais sentirei *nada disso*, nunca farei *essas coisas*." Contudo, é assim que tem sido. O caldeirão em ebulição de sua natureza se resfriou e aquietou, e uma calma obediência a Deus sucedeu ao antigo furor rebelde; não é verdade? Só posso dizer que, se sua fé nunca lhe produziu uma maravilha, fico imaginando se você de fato crê. Se em você nada há que lhe tenha sobrevindo por intermédio da graça divina e o surpreendido, não me admiro se um dia desses descobrisse que tem enganado a si próprio. O caminho da graça nos homens está muito acima da natureza. Se você já o conhece, ele deve ter produzido em sua vida o que seu temperamento natural e seu ambiente mundano jamais conseguiriam. Tem havido fogo onde você esperaria encontrar neve e riachos frescos onde você contaria com chamas ardentes. O trigo tem crescido bem onde a natureza não geraria mais que espinheiros. Onde o pecado abundou, a graça há de abundar muito mais, e sua vida tornou-se assim palco de milagres, lar de maravilhas.

Aqueles homens se maravilharam, em segundo lugar, porque a calmaria era *imprevista pela razão*. O barco estava prestes a ser feito em frangalhos. Uma fortíssima rajada de vento ameaçou arrancá-lo da água, e a rajada seguinte tentou mergulhá-lo até o fundo do mar. Os pescadores, já exaustos pela luta, não esperavam, com certeza, uma calmaria: nada indicava tal bênção, tão extraordinária. Quando clamaram *Mestre, Mestre, estamos perecendo* (Lc 8.24), não sei o que achavam que o Senhor faria, mas, sem dúvida, em nenhum momento sequer sonhavam que ele, se erguendo logo no barco, repreendesse a natureza, exclamando, como que com estas palavras: "Ventos e ondas, o que é isso? Seu Senhor está aqui! Aquietem-se já!" Tal possibilidade estava muito além da experiência de vida que possuíam. Nem seus pais tinham visto tamanha maravilha, no tempo deles. Jamais poderiam esperar que em um só instante se vissem, do meio de um tufão, em uma profunda calmaria.

Poderia então lhe pedir que se maravilhasse um pouco com o que o Senhor tem feito por você? Não é verdade que ele tem feito coisas que você nunca esperou? Falo por mim mesmo: jamais pensei em subir a um púlpito e pregar a milhares de integrantes do povo de Deus. Quando me aproximei de Jesus pela primeira vez, não acalentava tal esperança. Por que eu seria tirado da escola e da frente da escrivaninha para conduzir uma parte do seu rebanho? Cada vez mais me surpreende o fato de, por sua graça, eu ser quem hoje sou. Alguns de vocês, certamente, ao participarem da comunhão, sentem que a coisa mais maravilhosa que ela significa é o fato de serem bem-vindos à festa de alguém que é ninguém menos que o próprio Senhor Deus em pessoa. Alguns de vocês esperavam, um ano atrás, estarem aqui agora, em uma noite de quinta-feira, ouvindo uma pregação sobre Jesus Cristo? Muitos mal sabem como chegaram até aqui! Não são realmente capazes de narrar em detalhes o caminho pelo qual o Senhor os conduziu para se tornarem firmes amantes do evangelho. Observem bem os seus próprios sentimentos e a posição exterior que vocês ocupam agora: não são, frequentemente, objeto de desejos, anseios e aspirações, mas também, por outro lado, de prazeres, doces e preciosos carinhos, expectativas elevadas e graciosas, que os surpreendem por completo, quando se lembram do que costumavam ser? Não são *como os que estão sonhando* (Sl 126.1) quando pensam na magnífica bondade do seu Deus? E se outros lembram que *grandes coisas fez o Senhor* (Sl 126.3) por eles, seu coração não concorda com toda a veemência e não faz eco às notas desse jubiloso louvor, de que *grandes coisas fez o Senhor por nós, e por isso estamos alegres* (Sl 126.3)? Venham, cedam ao assombro e à perplexidade. Admirem-se e se maravilhem com a extrema graça de Deus para com vocês, ao operar em sentido contrário ao da natureza, contrário a todas as expectativas humanas razoáveis, levando vocês a serem seus filhos queridos e prediletos. Maravilhas de misericórdia, maravilhas de graça, pertencem ao Deus altíssimo.

Uma tempestade tão furiosa seguida tão de imediato por absoluta calmaria foi, de fato, *uma experiência nova e surpreendente*. Aqueles pescadores do lago da Galileia nunca tinham visto nada parecido. Lemos no Antigo Testamento sobre alguns homens a quem foi dito *por este caminho nunca dantes passaste* (Js 3.4). O mesmo, com certeza, se aplicava aos discípulos naquele instante: "Vocês já enfrentaram várias tempestades, mas nunca em sua vida se viram no meio de um tempestade em um minuto para estarem em plena calmaria no minuto seguinte". O acontecimento deve ter sido suficiente para fazê-los chorar de alegria ou, no mínimo, erguer as mãos aos céus em alegre perplexidade. A libertação promovida por seu Senhor fora de tal forma inusitada, tão absolutamente nova que maravilhar-se era a coisa mais natural naquela hora.

Voltando agora, irmãos e irmãs, à nossa vida outra vez. Não têm experimentado com frequência coisas que os surpreendem pela novidade? As misericórdias de Deus não se renovam a cada manhã? Falo especialmente àqueles que seguem os caminhos do Senhor já há quarenta ou cinquenta anos. Não é verdade que descobrem um contínuo frescor nas manifestações da bondade de Deus para com vocês em graça e providência? Permitam-me perguntar-lhes: a vida de fé para vocês tem sido como o mover da mó do moinho — monótona, cansativa, uniforme demais? Se assim é, algo de errado há com vocês, pois enquanto vivermos com Deus estaremos sempre habitando debaixo de novos céus e caminhando sobre nova terra. Quando se percorre os Alpes em um dia claro, tem-se a impressão de que tudo é novo, como que criado naquela mesma manhã: a gota de orvalho sobre a grama que nunca se viu antes, a nuvem soprada pelo vento que acaba de entrar em cena no céu; nunca o viajante terá contemplado face tão radiante e sorridente da natureza como a que depara a cada instante. Não tem sido assim também com você na jornada na vida? Não têm as coisas se renovado e permanecido novas desde que você nasceu de novo? Em sua vida, não se tem acumulado graça sobre graça, de tal forma que cada nova experiência venha a superar a anterior?

Tenho eu observado novas belezas no rosto do meu mestre, glórias adicionais em sua palavra, recebido nova confiança em sua fidelidade e providência e ganhado novo poder em seu Espírito, à medida que ele lida cada vez mais, cheio de graça, com a minha alma. Sei que o mesmo acontece com você. Quero, portanto, que se maravilhe com isso: com o fato de Deus se dar ao trabalho de se manifestar a nós, pobres criaturas, indignas até de que ele as calcasse com os pés, e de elaborar continuamente mil coisas raras e novas para insetos tão insignificantes, cuja vida não dura mais que um dia, como nós. Glória seja dada ao seu bendito nome! Bem se poderia dizer a nosso respeito *E aqueles homens se maravilharam, dizendo: Que homem é este, que lida assim com seu povo?*. "Quem é Deus semelhante a ti?" "Que é o homem, para que te lembres dele? e o filho do homem, para que o visites?"

Foram, pois, essas três coisas que deixaram os discípulos maravilhados. Mas há ainda mais uma. Imagino que representasse grande maravilha para eles a calmaria ser enviada *logo depois* da tempestade. O homem precisa de tempo, mas a palavra de Deus corre veloz. O homem avança com pés cansados; o Senhor monta em um querubim e voa, sim, voa sobre as asas do vento. Partículas de ar e gotas de água se misturaram todas no meio da tempestade, precipitando-se como se o caos tivesse tornado a existir, elevando-se em redemoinhos e descendo em verdadeiros dilúvios. No entanto, bastou aos discípulos presentes no barco verem a face de seu mestre para se aquietarem. Em um único instante, fez-se calma. Você e eu não temos também experimentado manifestações instantâneas da graça divina sobre o nosso espírito? Pode ser que não seja assim com todos, mas muitos de nós, já em seu primeiro momento de fé, e em um átimo de segundo, viram-se livres do fardo do pecado. Antes que percebêssemos, nossa carga desaparecera por completo.

A passagem de dor para alegria não foi operada em nós por etapas; mas, sim, em um só instante o sol brilhou em nós acima do horizonte e a noite de nossa alma chegou ao fim. Não tem sido assim desde então? Permanecíamos no meio do povo de Deus pesados feito chumbo, sem o poder de desfrutarmos da verdade ou realizarmos um ato santo. Os hinos nos pareciam uma zombaria, e a oração, uma fórmula vazia. Contudo, em apenas um momento a vara do Senhor tocou a rocha e águas se precipitaram para fora. Por intermédio dos mesmos meios da graça que nos pareciam tão tediosos e ineficazes, temos sido estimulados e confortados. Bendizemos o Senhor por um dia nos ter conduzido a esse ponto. Não sei como é que passamos por essas mudanças tão repentinas. Ou melhor, na verdade, eu sei. Deus opera todas as boas coisas em nós e é capaz de realizar em um só minuto tudo aquilo que não conseguimos em um ano. Para ele, basta um momento para transformar nossa prisão em palácio e nossas cinzas, em beleza; ordenar que removamos os panos de saco e vistamos as roupas deleitosas de casamento. Em um piscar de olhos, este corpo corruptível irá um dia se revestir de incorruptibilidade, de forma que em um só instante nossa morte espiritual desabrochará em vida celestial. Que grande maravilha é isso! Maravilhem-se, pois, irmãos, naquilo que o Senhor tem feito com tanta rapidez em seu favor!

Pensemos agora em que o milagre deve ter sido algo *perfeito*. Quando a tempestade no mar amaina, o mar, em geral, continua ainda agitado durante muito tempo. Um vento forte ontem em Dover deixou o Canal da Mancha encapelado durante um bom período. Mas, quando nosso Senhor Jesus criou essa calmaria, o mar até se esqueceu da raiva e sorriu na mesma hora. Ele, na verdade, "faz cessar a tormenta, de modo que se acalmam as ondas", como já dizia o salmista. Os ventos silenciam toda a sua fúria e ficam repentinamente quietos quando ele os manda sossegar. Oh, quando o Senhor dá alegria, paz e bem-aventurança a seu povo, não o faz por partes. *Se ele dá tranquilidade, quem então o condenará?* (Jó 34.29) Não existe isso de meia bênção para um filho de Deus. O Senhor lhe dá plenitude de paz — *a paz de Deus, que excede todo o entendimento* (Fp 4.7)". Ele o faz desfrutar de calma por meio da fé e o capacita até a se regozijar na tribulação, pois a tribulação opera bênção na alma dos homens.

Sinto que não dará para falar tudo o que gostaria, mas devo concluir esta parte dizendo que um dos motivos de assombro foi a calmaria ter sido *operada de maneira tão evidente pela palavra do mestre*. Ele falou e então aconteceu. Não derramou nenhum óleo ou coisa alguma nas águas; sua vontade se revelou em uma palavra, e essa vontade era lei. Nenhum átomo de matéria ousará se mover se o decreto divino o proibir: a soberania de Jesus é suprema, e sua palavra tem poder.

Bem, meu querido amigo, sei que deve haver muito de maravilhoso em sua vida cristã. Não quero, porém, que pense em si mesmo como sendo o único participante dessa maravilha. Sentemo-nos todos e perguntemo-nos uns aos outros: "Como isso me aconteceu? Por que eu, Senhor? Como uma graça tão grande pôde se revelar a mim? Como o Filho de Deus se curvou para olhar para mim e me tomou em união de casamento consigo, prometendo que viverei porque ele vive e reinarei porque ele reina?" Sente-se, eu o convido, e maravilhe-se em fé. Maravilhe-se, maravilhe-se e maravilhe-se. Nunca cesse de se maravilhar. Deixe-me sussurrar uma palavra em seu ouvido: tem alguma coisa que você quer muito de Deus e que a descrença tem afirmado ser maravilhosa demais para você poder esperá-la? Pois seja então *este* o motivo pelo qual você deve esperá-la! Nada há mais provável na vida do cristão que o inesperado; nem nada há mais provável de ser feito por Deus em nosso favor do que aquilo que está além de tudo o que pedimos ou pensamos. Deus se sente à vontade no país das maravilhas. Se o que você quer é algo comum, talvez até não aconteça. Mas se lhe parecer por demais maravilhoso, significa que seu coração se encontra em condição adequada para honrar a Deus com esse desejo, e por isso é provável que ele o torne realidade. Por haver entre você e o céu uma gigantesca estrada de maravilhas, isso não significa que nunca lhe será possível chegar lá. Pelo contrário; você há de concluir que o Deus que começou salvando-o por meio de tão grande milagre, como foi a dádiva e a morte de seu próprio Filho querido, continuará a lhe aperfeiçoar a salvação, nem que para isso tivesse de lançar ao mar mil céus de modo que criasse pedras onde você pudesse pisar para chegar à sua presença. *Aquele que nem mesmo a seu próprio Filho poupou, antes o entregou por todos nós, como não nos dará também com ele todas as coisas?* (Rm 8.32). Portanto, esteja pronto para receber maravilhas. Os homens no barco se maravilharam; pois você também esteja pronto para continuar se maravilhando até o dia em que chegar ao céu, onde deverá continuar se maravilhando por toda a eternidade. O assombro será certamente um dos principais ingredientes da nossa adoração na eternidade, como dizem os versos:

Cantaremos maravilhados e surpresos
A sua bondade lá nos céus.

COM OS DISCÍPULOS NO MAR DA GALILEIA
|627

Demorei-me mais do que pretendia neste primeiro tópico; por isso, falarei pouco, bem pouco, agora no segundo.

II. Vejamos, então, como os discípulos ficaram TEMEROSOS ANTE A PRESENÇA DO NOSSO SENHOR. Marcos diz que os homens *encheram-se de grande temor* (Lc 2.9). Eles temeram tanto porque se viram na presença daquele que aquietava ventos e ondas. Irmãos, é bom cultivar a santa familiaridade que nos advém da proximidade de Jesus; contudo, precisamos nos humilhar em face do verdadeiro sentido dessa proximidade. Ao crente mais ousado gostaria de lembrar que nosso Senhor tão amoroso é ainda Deus, acima de tudo. Deve ser honrado e reverenciado, além de adorado e estimado por todos os que a ele se achegam. Por mais que seja nosso irmão, ele lembra: *Vós me chamais Mestre e Senhor; e dizeis bem, porque eu o sou* (Jo 13.13). É maior ainda justamente por causa de sua condescendência para conosco, fato que precisamos reconhecer.

Assim, sempre que Jesus estiver junto a nós, um sentimento de santa reverência e solene temor há de tocar seus verdadeiros discípulos. Desconfio sempre um pouco de certa demasiada familiaridade com Cristo, que chega a ponto de o tratarem como "amigão Jesus" ou algo semelhante, como se ele fosse apenas mais um Jack ou Harry qualquer ali da esquina, em quem pudéssemos ter a intimidade de dar tapinhas nas costas sempre que quiséssemos. Acho que não deve ser bem assim, não. Se não é essa a linguagem que os homens usariam para com os seus príncipes, presidentes, governantes, por que se dirigirem desse modo ao Filho de Deus, Rei dos reis? Por mais amados e privilegiados que sejamos, continuamos sendo apenas pó e cinza. Nosso espírito necessita ser também disciplinado pela reverência.

Quando Jesus está junto a nós, deveríamos temer, *porque temos duvidado dele*. Se você suspeitasse de um querido amigo seu, acalentasse pensamentos negativos acerca dele, e de repente se visse sentado diante dele, não se sentiria sem jeito, mais ainda se descobrisse que ele sabia de tudo o que você havia pensado e dito a seu respeito? Tenha certa vergonha de si mesmo e se humilhe, meu irmão, quando Jesus chegar a você. A atitude mais sábia a tomar nesse caso é você assumir seus erros e lhe dizer: "Meu amado Mestre, Senhor e Salvador, me honras tanto com a tua magnífica e maravilhosa presença que sinto que devo, primeiro que tudo, cair, como agora o faço, humildemente aos teus pés, para confessar que duvidei de ti, que cheguei realmente a pensar que aquele vento tempestuoso que atingiu minha vida engoliria a embarcação e que as ondas acabariam por tragar não só a mim e aos meus, mas até a ti! Perdoa-me, portanto, meu querido Senhor, que me tens salvado e abençoado sempre, perdoa-me por ter pensado tão mal de ti!" Sempre que estivermos perto de Cristo, um dos primeiros sentimentos deve ser esse, o da maior humildade, prostrando-nos a seus pés e confessando como temos pensado mal dele, assim como todos os nossos demais pecados, com que o temos ofendido e a Deus Pai e lhe pedindo sinceramente perdão.

Irmãos, *temos sido tolos em temer não a ele, mas às criaturas*, prestando-lhes uma espécie de adoração pelo temor, como se tivessem mais poder de nos causar o mal do que Jesus de nos socorrer. Costumamos atribuir ao vento, ao mar e a outras criaturas e elementos da natureza atributos que pertencem a Deus somente! Encaramos os perigos e as provações como se ameaçassem também o próprio Senhor! Como se pudessem superá-lo ou vencê-lo, tanto quanto julgamos serem capazes de nos vencer. Então, nosso próximo sentimento diante do Senhor deveria ser: já que ele veio até mim e está aqui, esse Poderoso Deus, que tem operado tamanhas maravilhas em meu favor, *deixe-me adorá-lo como deve ser, apresentando-me corretamente em sua presença*. Noto, sempre que o Senhor Jesus Cristo se faz sentir presente nesta congregação, o cuidado com que todos cantam. Observo que a afinação, o ritmo e o tom são diferentes e melhores que o usual, até mesmo no caso das pessoas que conhecem música. Por outro lado, não consigo deixar de observar que algumas pessoas, quando se achegam à mesa da comunhão, é como se cumprissem uma rotina, geralmente se comportando de maneira vulgar, fazendo barulho ao caminhar, olhando para os lados ou então sentando-se como estátuas, em uma postura dura e fria e o semblante vazio; e, no entanto, em outras, percebe-se que o amor e a amizade a Cristo lhes afeta o olhar, os pensamentos, a alma e, em consequência, até os movimentos do corpo. Quando o homem tem de fato consciência de que Jesus, o Operador de maravilhas, está perto, ele o ama e teme muito. Sempre que você desejar dizer, por exemplo, a Jesus: *Tu sabes que te amo* (Jo 21.15), não esqueça de usar o tratamento respeitoso e carinhoso *Senhor* antes da frase: *Senhor, tu sabes todas as coisas [...] tu sabes que te amo...* (Jo 21.17), pois ele é o seu Senhor. Onde Jesus está, há um temor piedoso, que de modo nenhum é o mesmo que o temor do escravo. Todo verdadeiro filho, toda filha verdadeira, guarda uma reverência de amor para com o pai, um carinhoso respeito de amor para com a mãe. Assim devemos ser para com o nosso Senhor Jesus Cristo. De tal forma lhe somos devedores, e ele é tão grande e bom, enquanto somos tão pequenos e pecadores, que é preciso haver em nós um santo sentido de reverência sempre que nos apresentarmos diante dele.

Adote essa ideia. Faça-o agora mesmo. Você sabe como João coloca a questão, no Apocalipse: *Quando o vi, caí a seus pés como morto* (Ap 1.17). Ora, quem fala aqui é o homem que, na santa ceia, inclinara a cabeça no regaço de Cristo. Isso mesmo: esse mesmo homem caiu depois aos seus pés feito morto! Se uma pessoa nunca inclinou a cabeça sobre o peito do Senhor, não me admira que possa querer mantê-la erguida em sua augusta presença; mas se um dia a repousou ali, em amorosa confiança na sua ilimitada misericórdia, se prostrará diante dele com a cabeça no chão, e até desprovida de coroa se Deus assim a tenha honrado, pois será para seu deleite depositar tal coroa a seus pés e lhe tributar toda a honra e toda a glória. Oh, reina para sempre, rei dos reis e Senhor dos senhores! Conquista-me, meu Senhor, subjuga-me à perfeição. Faz de mim o pó debaixo dos teus pés, nem que tenhas de ser um décimo de polegada mais elevado que eu em minha humilhação. Oh, meu Mestre e Senhor, com que alegria eu me diminuiria a ponto de me transformar em nada em tua presença, a fim de que sejas tudo em tudo. Possa ser este o teu sentimento e o meu.

No barco sobre o mar da Galileia, os homens temeram demais. Temamos nós também, mas o temor que vem da fé.

III. Para encerrar, o terceiro ponto é: ADMIRANDO A PESSOA DE JESUS. Os homens que estavam com ele no barco, que se maravilharam e temeram sobremaneira, demonstraram admiração pela pessoa daquele que os libertara da tempestade, ao perguntarem: *Quem, porventura, é este, que até o vento e o mar lhe obedecem?* (Mc 4.41).

Venha, admiremos e adoremos a natureza de Cristo, coisa absolutamente além da nossa compreensão. Os ventos e o mar lhe obedeceram, embora ele dormisse pouco antes como outros homens. Quando ainda criança, a coroa do Universo já lhe repousava sobre a fronte. Quando ainda trabalhava na carpintaria de José, era já o Criador de todos os mundos. Ao ser levantado em um madeiro para morrer, uma miríade de anjos estava pronta para vir resgatá-lo se ele assim o desejasse. Até em sua máxima humilhação, era o Filho do Deus Altíssimo, Deus acima de tudo, bendito para sempre. Agora, que se encontra exaltado nos céus, à destra do Pai, não nos esqueçamos do outro aspecto: crer que ele é ainda tão humano agora como quando esteve aqui — membro de verdade de nossa espécie tanto quanto é Deus sobre todas as coisas, bendito por toda a eternidade.

Entreguemos então nosso coração em admiração a ele por *sua complexa natureza, muito além da nossa compreensão*. É meu parente próximo e, no entanto, meu Deus; ao mesmo tempo, meu Redentor e Senhor. Poderíamos cada um de nós clamar, inspirados em Jó: "Pois eu sei que o meu parente próximo vive, e que por fim se levantará sobre a terra. E depois de consumida esta minha pele, então fora da minha carne verei a Deus". Porque ele vive, sendo meu parente — eis a beleza disso tudo; e porque é meu Deus — eis a glória de tudo isso. Ele tanto nutre terna misericórdia por minhas fraquezas quanto é capaz de vencê-las de maneira gloriosa. É um Salvador completo, porque é tanto humano quanto divino. Vem, minha alma, curva-te maravilhada diante do fato de Deus um dia ter enviado um Salvador como este por tua causa!

Uma pessoa me perguntou outro dia se eu conheço um livro intitulado *Dezesseis salvadores*. Respondi: "Não, não conheço nem quero conhecer esses dezesseis salvadores. Estou perfeitamente satisfeito com um só e único". Mesmo que todos os que habitam o céu e a terra pudessem ser transformados em salvadores e se reunissem, seria possível para ele soprá-los para longe, como faz a criança com os leves flocos que saem das sementes da paineira. A verdade é que existe um só Salvador, o Filho do homem, que é também Deus poderoso, e não há quem o possa superar ou remover. Alegrem-se, pois meus irmãos, regozijem-se na natureza do seu bendito Senhor.

Regozijem-se ainda *em seu poder, que não tem limites*, de forma que até os ventos e as ondas lhe obedecem. Os ventos — poderiam ter um mestre? As ondas que lançam espuma até no rosto dos poderosos — poderiam ter um soberano, dominante acima delas? Sim, o mais mutável dos elementos, a mais incontrolável das forças, encontram-se todos debaixo do poder de Jesus. Alegre-se e regozije-se nisso, meu irmão. O pequeno tanto quanto o grande — desde o imenso Atlântico, a dividir o mundo em dois hemisférios até a menor gota d'água da bacia de Genezaré — encontram-se de igual modo nas mãos de Jesus. O poder de Deus pode ser contemplado na montanha que pode um dia ruir e esmagar uma aldeia, tanto quanto nas pequenas sementes que se espalham na terra levadas pela brisa ou numa pétala de rosa que cai serena no gramado do jardim. Deus pode ser visto quando um anjo reluz desde o céu até a terra e quando uma mínima abelha esvoaça zunindo de flor em flor. Jesus é o Senhor das pequenas e das grandes coisas, sim, Rei de tudo e sobre tudo. Exulto neste momento ao refletir que até as ações maldosas de homens impiedosos, embora não alheias ao seu pecado a ponto de torná-los menos responsáveis, são totalmente desfeitas e invalidadas pelo grande Senhor nosso, que opera todas as coisas segundo o conselho da sua sabedoria e vontade. Vejo Jesus à frente conduzindo a providência e, atrás, protegendo os que o seguem; nas alturas, governando como rei dos reis e Senhor dos senhores; nas profundezas, com sua tremenda justiça, amarrando o dragão em cadeias. Que o clamor universal de aleluias se eleve até o Filho de Deus, neste mundo sem fim!

Admire e adore seu poder ilimitado, e conclua, então, prestando homenagem à *soberania do Senhor, que não pode admitir questionamento algum, por ser absoluta*. Veja que ventos e ondas não apenas cumpriram fielmente a sua vontade, mas, sim, como se fossem seres despertos para a vida, elevados a um conhecimento inteligente de Jesus, como se realmente *lhe obedecessem*. Da narrativa, depreendemos que Cristo é não só o Senhor poderoso dos agentes inteligentes do Universo, como o soberano de todas as coisas, que lhe podem e têm de obedecer. Assim, é e será sempre obedecido. Ah, podem seus inimigos lhe mostrar os dentes e sibilar para ele, mas, tal como a víbora da fábula, que quebrou os dentes ao se irritar com a lima e tentar mordê-la, sem jamais conseguir feri-la, assim os ímpios podem usar toda a sua destreza e força contra ele que seu fim será sempre o mesmo: derrota, ruína, vergonha e confusão. Há ainda os que consideram o reino do nosso Senhor e Mestre muito distante por chegar, e sua causa é como que desanimadora para os medrosos e covardes. Mas aquele que se assenta no alto céu junto ao Pai tem misericórdia tanto da impaciência dos irrequietos quanto da descrença dos tímidos e da impiedade dos que se obstinam no mal, pois sabe que tudo acabará bem, como ele quer. Pois do aparente mal ele pode perfeitamente produzir até o bem, e desse bem coisa melhor, e melhor ainda, em progressão infinita. Tudo há de convergir para sua eterna coroação. Como cada átomo da história convergiu um dia para sua cruz, assim também cada átomo se projeta em direção à sua coroa: o Senhor Jesus tem seu trono tão certo quanto assumiu sua vergonhosa cruz.

Por isso, ele, coroado, vem, e quando vier será como quando se levantou no barco e repreendeu os ventos, maravilhando os homens. Pois todas as tempestades da paixão avassaladora, da opinião conflituosa e do combate feroz serão silenciadas, e ele, admirado por seus santos, será definitivamente glorificado em todos os que creem. Até os descrentes se maravilharão dele e dirão: "Quem, porventura, é este, que até a terra e o inferno lhe obedecem, e todas as coisas estão sujeitas ao seu poder soberano?" Felizes os olhos que o enxergarem naquele dia com prazer. Felizes os homens que se sentarão à mão direita daquele que virá. Ó amado irmão, os seus e os meus olhos verão tudo isso, se tivermos primeiro olhado para o redentor na cruz e nele encontrado salvação. Coragem, irmãos! Deixem que as ondas se arremetam e os ventos uivem. O Senhor dos exércitos é conosco, o Deus de Jacó é o nosso refúgio. Tudo está certo e seguro, por causa de sua presença, e tudo terá um fim glorioso por causa da sua manifestação. O Senhor os abençoe, na tempestade e na calmaria, por amor de Jesus. Amém.

67

CRISTO ADORMECIDO NA EMBARCAÇÃO

Mestre, não se te dá que pereçamos? (Mc 4.38).

O dia fora glorioso. Nosso Senhor demonstrara de maneira notável o seu poder de ensinar e curar. Grandes multidões tinham sido atraídas a ele, que tanto lhes apresentara as mais preciosas parábolas quanto operara entre elas as curas mais maravilhosas. Apesar de ter sido um grande dia, não iria encerrar sem uma grande tempestade. Do mesmo modo, na história da igreja de Deus, encontramos, entremeadas aos grandes sucessos, grandes aflições. Ao Pentecostes, segue-se perseguição; ao sermão de Pedro, seu encarceramento. Embora hoje em dia uma e outra igreja, como parte da igreja de Cristo, possam florescer em abundância, em pouco tempo podem também ser visitadas por sérias adversidades. Podem ser tentadas, ainda mais, pelo fato justamente de Deus estar em seu seio a abençoá-las. Quando nosso Senhor lançou-se ao mar, certamente as condições atmosféricas pareciam ser bastante boas. Seria quase impossível que um punhado de barcos pequenos, partindo em comboio, liderado pela embarcação do grande mestre, pudesse agitar demais a superfície das águas. A "bandeira" que o barco do Senhor ostentava era de almirantado, e compunham todos uma frota feliz. A alegre flotilha velejava com mansidão, como aves marinhas quando o oceano está de bom humor. Todos os corações se sentiam jubilosos, todos os espíritos, serenos, e o sono do mestre em seu barco bem representava a paz predominante. A natureza repousava; o lago parecia um espelho líquido. Tudo estava tranquilo. De repente, no entanto, como costuma acontecer em mares internos localizados em baixios, como é o caso do mar da Galileia, o espírito maligno da tempestade saiu violentamente de sua toca nas montanhas, varrendo tudo à sua frente. Tornou-se difícil, quase impossível, impedir que a pequena embarcação se achasse sob séria ameaça de afundar. Em poucos minutos, já se encontrava cheia d'água, prestes a naufragar, pelas ondas que a encobriam intermitentemente, sem parar, e pela força do tufão que soprava, sacudindo-a e jogando-a de um lado para o outro.

É raro um cristão passar muito tempo folgado, à vontade. Nossa vida, tal como o verão, é feita de muito sol e muita chuva:

> Suspeitemos que perigos estão a nos espreitar
> Quando vemos que há deleites demais para desfrutar.

Não se pode confiar em nada do que existe debaixo do sol. Todas as coisas são invariavelmente variáveis. *Não te vanglories do dia de amanhã* (Pv 27.1), diz o sábio em Provérbios e poderia ter acrescentado: "Não te vanglories do dia de hoje, porque não sabes como se encerrará a noite, por mais brilhante que tenha começado a manhã". Aprendamos esta lição desde o início: jamais contemos com a permanência do bem-estar, nem fixemos a nossa felicidade nas inconstantes condições atmosféricas deste mundo; mas estejamos prontos, sim, para quaisquer mudanças, de modo que, venha o que vier, não temamos as ondas malignas, por termos nosso coração firmado e confiante no Senhor.

Ao que parece, quando a tempestade começou, os discípulos não quiseram despertar o mestre. Tinham consideração com seu extremo cansaço, já que passara a noite inteira em atividade, a ponto de se lhe exaurir a força humana. Mas acharam também, talvez, que a natural confusão provocada pela

CRISTO ADORMECIDO NA EMBARCAÇÃO |631

tempestade o acordaria. "Como podia dormir em meio a ventos uivando e ondas rugindo?", certamente se perguntavam. Desconheciam a profunda tranquilidade que lhe dominava sempre o coração, de forma que, mesmo em plena tempestade, seria capaz de dormir muito bem. A tempestade não chegava nem perto de sua alma. Quando, afinal, os discípulos perceberam o grande perigo que *eles* corriam, uma vez que o barco estava, com toda a certeza, para afundar, mudaram, então, imediatamente de ideia, passando a julgar o seu Senhor com certa descrença e até dúvida. Pensaram que pereceriam, e se indagaram como ele poderia se manter tão tranquilo e até displicente, a ponto de nem ligar que uma iminente e bastante provável tragédia estivesse para lhes acontecer. Por isso o procuraram, como conta Lucas, clamando: *Mestre, Mestre, estamos perecendo.* Ou, como narra Marcos: *Mestre, não se te dá que pereçamos?*. Todos eles gritavam; um dizia uma coisa, outro dizia outra, mas, na verdade, o espírito geral em que se encontravam era de protesto contra o seu Mestre e Senhor. Sabiam que ele os amava, mas alguns já começavam a considerá-lo até um tanto cruel. Antes confiavam todos nele, mas agora alguns já acalentavam dúvida atroz. Ao mesmo tempo que ainda o chamavam de mestre, promoviam quase uma espécie de motim a bordo contra ele. Embora ainda de certo modo reconhecendo o seu poder, estavam prontos a se rebelar justamente por ele não o estar exercendo, como deveria, segundo pensavam, para resgatá-los.

Tomemos desse texto a ideia central do nosso tema. Primeiro, pensemos na *aparente indiferença do Senhor para com o seu povo*. Mas observemos, em segundo lugar, que *ela é apenas aparente*. Em terceiro lugar, vejamos como *o Senhor mostra um cuidado real pelos seus todas as vezes que parece indiferente*. Por fim, em quarto lugar, *sempre constatamos, depois, que assim é.*

I. Tanto nós quanto os discípulos no mar da Galileia às vezes reclamamos da INDIFERENÇA DO SENHOR PARA CONOSCO. Na verdade, trata-se apenas de uma indiferença aparente.

Às vezes, a reclamação toma a forma que passo a descrever agora. Deus permite que as leis naturais sigam seu curso preestabelecido, mesmo que seus próprios filhos sejam esmagados por elas. Há uma embarcação em alto-mar, envolta em denso nevoeiro. Orações sobem aos céus, feitas por homens piedosos a bordo, pedindo a direção certa para o barco. No entanto, ele continua a ser atacado pelas ondas e arrastado pela intempérie sem que nada se altere; se nada mudar, acabará afundando, ou se chocando contra uma rocha, coisas que costumam acontecer. Deus, então, não se importa com a morte de seu povo, que está ali no barco, orando por orientação e livramento? Os ventos fortes continuam soprando, e a embarcação se agita inteira; logo, logo afundará; não há como resistir mais tempo naquela tempestade. Mais súplicas e rogos sobem a Deus, e, no entanto, a tempestade não cessa nem diminui em nada sua fúria.

As leis da natureza, em tais ocasiões, parecem rigorosas e insensíveis, como que comandadas pelo príncipe das potestades do ar. Como Deus ordenou, assim a natureza se comporta. As ondas que ameaçam alagar uma cidade não se erguerão, em vez disso, na praia, formando alta muralha inofensiva, nem as águas se negarão a afogar alguém só porque assim o desejamos. Mártir ou assassino, o fogo devora com igual furor, enquanto a espada desce e fere, com golpe igualmente mortal. "O mesmo sucede ao justo e ao ímpio", diz Eclesiastes. Deste fato, se levanta mais de uma reclamação, de modo que bradamos: *Não se te dá que pereçamos?* Está enfermo, por exemplo, um nosso ente querido, a quem Jesus ama. Suplicamos noite e dia por sua recuperação, a febre segue inalterada, se não é um membro quebrado que requer tempo para curar. Deus não altera as leis da física do corpo de acordo com a conveniência de seus escolhidos. Para nós, tanto quanto para todas as demais pessoas, veneno é veneno e enfermidade é enfermidade.

Com grande frequência, o Senhor permite que aqueles a quem ama sofram durante longos períodos, sem que pareça atentar para suas orações e súplicas. Na verdade, a impressão que se tem é de que a situação só faz piorar. Estamos mais que prontos, quando sob uma provação, a tachar as leis naturais de muito impiedosas e desprovidas de entranhas de misericórdia; e então indagamos, súplices, constantemente: *Mestre, não se te dá que pereçamos?* (Mc 4.38). É bom lembrar, no entanto, aquilo que com enorme facilidade esquecemos: a reclamação sobre as leis da natureza se baseia em um tremendo erro, pois essas leis nada fazem, absolutamente. Pode-se culpá-las tanto quanto a um pedaço de papel com os Dez Mandamentos impressos e pendurado na parede da igreja. Não existe esse poder em uma lei da natureza agindo por si mesma. Todo o poder está em Deus, de modo que a lei natural nada mais é que a maneira pela qual o Senhor opera de modo geral. O barco mal conduzido bate na rocha porque, de modo genérico, Deus faz que as embarcações obedeçam ao leme e que as rochas se conservem rígidas. O homem que morre de uma enfermidade, por causa de uma força ingovernável da natureza, mas porque Deus continua a dar força a agentes da destruição. As leis naturais nada mais são que letra inócua. É Deus quem opera todas as coisas. Como ele mesmo disse, *Eu formo a luz, e crio as trevas* (Is 45.7). Nenhuma semente germina debaixo da terra, nenhum botão se abre em toda a sua beleza, nenhuma espiga de milho amadurece para a colheita, sem Deus. Ele é o orvalho e o sol, a luz e o calor, a nutrir e aprimorar as plantas. Feliz é aquele que contempla em todas as coisas a divindade presente. Contemplo as leis da natureza e sei que o Senhor age de acordo com elas; mas vejo algo mais e melhor: está por trás dessas leis. Por si sós, que força elas têm? Deus opera por seu intermédio. É ele quem faz tudo.

Essa verdade expõe a questão a uma nova luz, pois, se o Senhor traz a provação sobre nós, não há por que abrirmos a boca, mas nos rendermos à sua vontade. Seu modo de ação deve estar certo, e, mesmo que nos cause dor, ainda assim sentimos que ele não nos aflige por gosto nem nos faz sofrer sem propósito. Ao percebermos sua mão, beijamo-la no flagelo que nos atinge. Em vez de dizermos: *Mestre, não se te dá que pereçamos?*, afirmemos resignados: "É o Senhor; deixem-no fazer o que sabe ser melhor".

Às vezes, porém, nosso lamento assume outra forma. Encaramos os problemas que nos sobrevêm como resultado de decretos severos do destino. Estremecemos porque, aos olhos da nossa descrença, parece que Deus nos tem dado pouca importância, dispondo as coisas sem levar em grande conta a fragilidade, o sofrimento e a enfermidade do seu povo. Irmãos, a maioria de nós aqui presente crê na predestinação. Estamos convencidos de que o Senhor opera tudo segundo o conselho da sua vontade. Cremos que todas as coisas, grandes e pequenas, são estabelecidas por um propósito eterno e com certeza hão de se dar conforme foram determinadas. Essa doutrina, no entanto, é frequentemente local de tocaia para a tentação. Olhamos de esguelha para o que imaginamos serem as pesadas engrenagens da predestinação em seu terrível movimento rotatório e tememos que nos triturem, que nos reduzam a pó. Ao pressentirmos problemas, tememos ser pegos por tal terrível maquinário, que não haverá de se deter diante dos nossos gritos e, portanto, há de nos fazer em pedaços. Tal como o profeta Ezequiel, tememos as "rodas giratórias", só que com um pavor bem maior.

Precisamos refletir, no entanto, que não existe isso de "destino cego" — pois predestinação é coisa bem diversa. Podemos comparar o destino a um homem cego que avança correndo feito louco porque é preciso fazê-lo; enquanto a predestinação não é nada cega, mas, pelo contrário, cheia de olhos, e segue em frente em uma linha reta, por ser esse o melhor caminho que ela pode tomar. O destino é um tirano declarando que determinada coisa aconteceu porque ele assim o deseja, enquanto a predestinação é o pai ordenando todas as coisas para o bem de sua família. Deus tem seu propósito e seu caminho, e os seus propósitos são tanto para o bem do seu povo quanto para a sua própria glória. Quem de nós gostaria que o Senhor desistisse de seus santos e graciosos desígnios? Ele ordena sempre o melhor. Gostaríamos mesmo que mudasse? Ele determina todas as coisas com sabedoria. Preferiríamos mesmo que as dispusesse de outra forma? O que nos acontece, ele só o faz porque, segundo o julgamento de sua sabedoria e bondade infinitas, é de todo melhor para nós que assim seja. Optaríamos acaso por ordenar o Senhor tudo de outra maneira? Estaria você disposto a desafiar o Santo de Israel? Pediria a ele que fizesse algo diferente daquilo que é sábio e justo, bom e santo, para sua glória? Em vez de vociferar contra a predestinação, aceitemo-la com alegria, porque o Senhor está nela. Não diga *não se te dá que pereçamos?*, mas creia que, em vez de perecer, sua completa salvação está sendo promovida por meio de todos os acontecimentos da providência em sua vida.

Pode ser que nos encontremos hoje em um diferente estado de coração, preocupados por nos parecer ser a aflição enviada sobre os homens de modo totalmente alheio à sua personalidade, ou, ainda, ter a impressão de que aos piedosos seja dado sofrer muito mais que aos perversos. Se você reler a pergunta dos apóstolos dando ênfase ao pronome "nós" — *Não se te dá que [nós] pereçamos?*, compreenderá o

CRISTO ADORMECIDO NA EMBARCAÇÃO | 633

sentido do que quero dizer. Na verdade, eles estavam afirmando: "*Nós* somos teus seguidores, teus servos, amigos, discípulos, apóstolos, Senhor; *nós* te amamos, obedecemos, dedicamos nossa vida a ti; não se te dá que *nós* pereçamos? Está bem, ainda entenderíamos que um barco transportando publicanos e pecadores afundasse na tormenta, mas *nós*, Senhor? Não se te dá que *nós* pereçamos?" Muitas vezes, diante de um problema, ficamos imaginando por que estamos sendo tão afligidos. Temos a impressão de que o Senhor nos afasta e nos mantém afastados do pecado, conduzindo-nos por um caminho de santidade. Portanto, não vemos motivo algum para esse seu "castigo". Nosso clamor é então, como o de Jó, *faze-me saber por que contendes comigo* (Jó 10.2). E se alguém nos contestar, sendo bastante implacável como os consoladores de Jó para argumentar que sofremos por causa certamente de algum pecado oculto que cometemos, recorreremos logo à nossa integridade, respondendo que não somos tão ímpios no sentido em que nos acusam. Pois bem. Examinemos tudo isso em um instante e descobriremos que Deus envia, sim, a aflição de acordo com a personalidade de cada um; mas não segundo uma regra que carne e sangue prescreveriam. Não está absolutamente escrito: "Aquele a quem eu odeio eu castigo"; longe disso. Deus permite que o ímpio viceje como a grama e floresça como o loureiro. Como o boi, ele é bem alimentado, ganhando assim condições de ir direto para o matadouro quando ficar empanturrado: seu fim está próximo. Acontece, porém, que o que está escrito é: "Eu repreendo e castigo *a todos quantos amo*": os favoritos dos céus são herdeiros do flagelo. Os ramos que não produzem frutos serão podados? Não, serão completamente arrancados na devida estação e lançados ao fogo. Mas Jesus também diz que "toda vara *que dá fruto*, ele a limpa, para que dê mais fruto". Portanto, quando a aflição recair sobre nós, ou sobre nossos entes queridos que tenham levado uma vida exemplar; ou quando uma pessoa de rara benevolência tiver morte dolorosa, não julguemos o Senhor com rigor, como se fosse injusto, mas nisso enxerguemos, sim, sua mão amorosa, e bendigamos seu santo nome por nos tratar e aos nossos amados conforme sabe perfeitamente lidar com seus filhos queridos. Pois quem é o filho a quem o nosso Pai bondoso não corrija? Ele corrige com amor todo filho pródigo que recebeu de volta. O ouro é levado à fundição justamente por ser ouro; de nada adiantaria fundi-lo se não o fosse. O trigo só é sovado porque é trigo; fosse joio, nem seria tocado por quem o debulha. O grande Proprietário e Produtor das joias celestiais acha que vale a pena usar de instrumentos e recursos mais eficientes para lapidar suas pedras mais preciosas; um diamante de admirável pureza irá passar, sem dúvida, por mais afiadas lapidações que outra pedra, porque o rei quer lhe destacar as várias, belas e multiformes facetas, a fim de que possam vir a refletir com maior esplendor, por toda a eternidade, a luz da glória do seu nome.

Irmãos queridos, talvez tenhamos pensado, algumas vezes, que Jesus não se importa conosco porque não operou o milagre que julgávamos necessário a um livramento nosso ou não interveio do modo notável que imaginávamos para nos ajudar. Neste momento, é capaz de vocês estarem também enfrentando uma aflição tão terrível que seriam capazes de reclamar: "Oh, por que ele não abre logo os céus e desce para me dar a mão?" O Senhor, porém, não faz nada disso. Lemos em biografias de homens santos exemplos extraordinários de intervenção divina, mas nada parecido com seu resgate. Vocês podem estar se tornando cada vez mais pobres ou mais aflitos e esperam que Deus venha a adotar com urgência algum método especial, fora do comum, para com vocês. Mas isso ele, de fato, não faz. Muitas vezes, Deus opera maravilha maior se mantiver o problema de seu povo do que se o afastar. Para ele, deixar a sarça arder sem que o fogo a consuma é algo mais importante que extinguir o fogo e aparentemente salvar a planta. Deus é glorificado em nossos problemas. Se vocês perceberem isso, estarão prontos, então, a dizer até: "Senhor, aumenta a minha carga, se for para a tua glória. Só te peço que me dês força proporcional à minha tarefa diária e que eu possa saber empilhar e carregar meu fardo. Sei que não serei esmagado debaixo dele, mas, sim, servirei como honroso exemplo do teu poder. Teu poder será glorificado na minha fraqueza".

É possível ainda que a suspeita de que Jesus não se importa com você assuma outra forma. "Não peço que o Senhor opere um milagre, mas somente que ele alegre meu coração. Quero que aplique suas promessas à minha alma. Que seu Espírito me visite, como sei que ele faz com algumas boas pessoas, para que minha dor possa ser esquecida no deleite de sua presença. Desejo sentir confiança tão plena da presença do Salvador em minha vida que a atual provação venha a ser, como outras já o foram, arrasada por um peso de alegria muito mais excelente. Mas, oh, o Senhor esconde sua face de mim, e isso torna minha provação ainda mais pesada." Amado, você tem dificuldade em crer em um Deus silencioso? Depende sempre de sinais de Deus? Precisa ser acarinhado feito uma criança mimada? O caráter de seu Deus o leva a desconfiar dele só porque o rosto dele está aparentemente velado no momento? Não consegue mais crer nele simplesmente porque não pode vê-lo? Saiba então que está perdendo o que tem enquanto anseia pelo que não tem. Você diz "quero promessas", e eu lhe pergunto, como indagou o poeta:

> O que Deus lhe pode dizer mais do que já tem dito
> Desde que você se refugiou em Jesus bendito?.

Você parece precisar de um sinal definitivo — e a que maiores sinais poderia aspirar além dos que ele já lhe deu em suas experiências passadas ou lhe apresentou em suas feridas vivas de Salvador agonizante na cruz, em seu favor? Os sinais definitivos que Jesus nos deu no Calvário deveriam ser suficientes e guardados como tesouro.

Mesmo assim, alguém poderá dizer: "Se ele não puder vir a mim para romper minha escuridão com alguma luz de sua presença, quero que, pelo menos, alivie a dor que não suporto; e, se não a levar embora por completo, com certeza não há de me deixar perecer vítima dos rigores dessa dor". Ah, "perecer", eis a questão! Observe qual a diferença: "Que ele nos prove, ainda somos capazes de entender; mas que nos deixe perecer, não conseguimos chegar a compreender essa situação!" Não, meu caro, ninguém lhe pede que compreenda, pois você não pereceu nem parece estar prestes a perecer. Por pior que seja o seu caso, poderia ser ainda mais grave. Você pode ter sido humilhado, mas poderia ter sido muito mais ainda nos calabouços do inferno. Que grande misericórdia há, portanto, no fato de você não haver descido ao túmulo e de já estar salvo antes que desça. Agradeça a Deus por isso. Pode estar certo de que antes de você chegar ao ponto mais baixo de sua provação, Deus intervirá. Quando chega ao limite da maré baixa, a corrente do mar muda; e a parte mais escura da noite é aquela que precede o nascer do sol. Coragem, você não pereceu! Permita então que a verdade contida nas palavras seguintes seja uma bênção para você:

> E, Senhor, ainda estou vivendo,
> Não no inferno nem tormentos tendo!.

Por que uma pessoa viva haveria então de reclamar? Não deveria acalentar esperança ainda, confiante em que, se chegar ao limite, Deus virá em seu socorro?

Mencionamos assim várias formas em que a tentação de acusar o Senhor de maneira insensata se manifesta na alma.

II. Vejamos agora como a indiferença de Deus para com seu povo, em qualquer momento, não passa de uma suposição e jamais poderia ser real.

Pare um instante para pensar. Considere o caráter do Deus trino e uno, de quem estamos falando. O Pai — ele pode ser insensível? *A sua benignidade dura para sempre* (Sl 118.2); seu nome, sua essência, é amor. Diz-se dele que "se deleita na benignidade". Sabemos que é um Deus imutável, por isso não somos consumidos. Ó herdeiro celestial, consegue mesmo crer que ele é indiferente a você, seu filho? Se você, sendo pecador, tem cuidado dos seus filhos, que dirá seu Pai que está nos céus? Não terá ele piedade dos seus? Você seria capaz de ficar parado vendo seus filhos ser torturados pela dor sem querer aliviá-los? Algumas vezes, vocês, mães, não chegam à conclusão de que preferiram tomar de bom grado sobre si as aflições de seus filhos, se pudessem delas livrá-los? Se vocês, pobres criaturas caídas, têm essas entranhas de misericórdia, seu Pai celestial não teria nenhuma? Ora, não o julguem assim. Não lhe digam: *Não se te dá que pereçamos?*

Pense na agora Segunda Pessoa da bendita Trindade, em Unidade, Jesus, o Filho de Deus, seu irmão, bem como o Filho querido de Deus — poderia ele esquecer de seu povo? Não assumiu sobre si nossa

CRISTO ADORMECIDO NA EMBARCAÇÃO | 635

natureza? Não foi tentado em todos os pontos em que você é tentado? Não gravou seu nome nas palmas das próprias mãos e escreveu memoriais de seu amor em seu lado ferido, perto do coração? Você seria capaz de olhar para o rosto do Crucificado e crer que ele lhe é indiferente? Oh, sim, houve um tempo de seu primeiro amor com o Senhor, quando o sentia abraçando-o pelos ombros. Nessa época, você, certamente, jamais teria sido tão duro em pensar nele. Quando você descobriu que seu amor era melhor que tudo, não seria capaz de dizer coisas tão grosseiras acerca de seu mestre amado. De fato, é impossível que um dia sequer Jesus se mostre indiferente às aflições de seu povo.

E o Espírito, o querido e sempre bendito Espírito Santo, que habita em nós? Pode não haver misericórdia nele? Ele concordou em habitar em nós e tomar a si o ofício peculiar de consolador. Foi uma concessão ímpar. Acha mesmo que ele é o consolador, mas, mesmo assim, não tem nenhuma empatia por você? Um consolador sem empatia seria de fato um ser estranho, um escarnecedor da dor humana. No entanto, ele está repleto de terna piedade. Pense no grande e terno amor do Espírito Santo e nunca, nem por um instante, suspeite, nem de leve, que ele seja indiferente quanto a você perecer ou não.

O Deus trino é amor. *Como um pai se compadece de seus filhos, assim o Senhor se compadece daqueles que o temem* (Sl 103.13). Não pode ficar indiferente à condição justamente daqueles que são seus. Considere, amado, os antigos feitos do amor divino, dos quais as Escrituras falam de modo categórico, e verá que o Senhor nunca há de ficar indiferente ao seu bem-estar. Não sabe que Jeová, o Eterno, o amou antes mesmo que existisse o mundo? Lembre-se, então, de que milenares montanhas, com seus cimos antigos e grisalhos, não passam de bebezinhos se comparadas com o amor de Deus por você. Ele o escolheu desde antes do princípio de tudo. Sim, ele escolheu você para ser um dos seus. De longe o Senhor me apareceu (Jr 31.3), profetiza Jeremias, *dizendo: Pois que com amor eterno te amei, também com benignidade te atraí* (Jr 31.3). Isso significaria que ele o tem amado miríades de anos para permanecer indiferente aos seus gemidos agora? Seria possível uma coisa dessas? Se ele pretendesse lançá-lo fora, já o teria feito há muito tempo, não é mesmo? Se quisesse ter motivo para rejeitá-lo, há o teria encontrado desde toda a eternidade, pois já sabia perfeitamente quem e como você seria. Nenhum pecado é surpreendente para ele, que anteviu a dureza do seu coração e a instabilidade de sua disposição. Se ele quisesse rejeitá-lo, jamais o teria escolhido nem nunca o teria tomado para si. Oh, que o amor eterno, então, o faça parar de imaginar tolices como a de que ele algum dia possa ficar indiferente ao fato de você vir a perecer ou não.

Em seguida, peço-lhe que pense somente no que ele tem feito em seu favor. Vou tocar nesse assunto rapidamente. Acha que Cristo veio do céu à terra para salvá-lo e agora se tornou indiferente a você? Acha que ele viveu aqui mais de trinta anos de trabalho pesado e exaustivo por sua redenção, para agora então descartá-lo? Acredita que ele subiu à cruz por você, tendo antes suportado a mais terrível agonia no jardim de Getsêmane e ali até suado sangue, só que agora não tem mais nenhum interesse por sua vida? Pensa talvez que ele carregou o castigo de Deus sobre seu corpo em seu favor, mas que considera sua salvação tão insignificante que pouco se lhe dá se você esteja ou não para perecer? Crê que o Filho de Deus dormiu por três dias dentro de um túmulo por sua causa, que ressuscitou por sua causa, que entrou no celestial santo dos santos por sua causa, que suplica incessantemente ante o Pai em seu favor, mas que, no final das contas, não nutre um amor verdadeiro por você? Bem, amigo, se o que Cristo tem feito não o convencer, o que mais o faria? Muitas águas não poderiam extinguir-lhe o amor, nem as enchentes afogá-lo. Tem certeza de que não confia mesmo nele, nem para o presente nem para o futuro, depois de tudo isso que ele já fez e tem feito em seu favor?

Considere então o que ele tem operado na sua vida em particular e o que você tem conhecido e sentido, por causa disso, em seu íntimo. Talvez poucos anos atrás você fosse seu inimigo; mas ele o salvou e o transformou em seu amigo. Lembra-se de quando, em sua angústia de alma, você clamou a ele como se dentro do mais profundo poço e ele veio em seu resgate? Por que iria deixar você agora? Lembro-me agora de como o poeta transformou em argumentação sua história pregressa para apresentá-la ao Senhor e suplicar sua misericórdia. Faça o mesmo você também.

Uma vez, um pecador, quase a desesperar,
Buscou teu trono de misericórdia, ao orar;
A misericórdia o ouviu e o libertou:
Tua misericórdia, Senhor, que me alcançou.

Desde então, muitos e muitos dias se passaram,
Mudanças mil na vida meus olhos presenciaram;
Tenho sido até agora, porém, sustentado:
Quem senão o Senhor me teria segurado?

Tu tens me ajudado em toda necessidade,
E me encorajas a confiar em tua bondade:
Como então, depois de tanta bênção desfrutar,
Seria meu fim neste momento naufragar?

Eis o cerne da questão. Se Deus não tivesse feito tanto por nós no passado, poderíamos questionar as intenções dele para conosco. Mas, depois de toda a bondade e misericórdia que tem demonstrado, irá com certeza exercê-las até o fim, aperfeiçoando a obra que começou. Já investiu demais nessa obra para abandoná-la agora.

Lembre-se também, amado — e este é um doce refrigério para o espírito — do relacionamento existente entre você e seu Deus. A relação pai e filho é repleta de conforto. Como poderia então o Senhor ser um Pai não amoroso? Abandonaria seus próprios filhos? *Pode uma mulher esquecer-se de seu filho de peito, de maneira que não se compadeça do filho do seu ventre? Mas ainda que esta se esquecesse, eu, todavia, não me esquecerei de ti* (Is 49.15). Lembre-se também que entre você e Cristo, ó crente, existe um relacionamento de natureza conjugal. "Porque eu sou como esposo para vós", diz o Senhor por intermédio do profeta, o mesmo que nos revela, ainda, haver declarado o Deus de Israel: "Pois eu detesto o divórcio". "Onde está a carta de divórcio de vossa mãe?", diz ele por outro profeta, como se desafiasse alguém a provar ser possível ele se apartar de seus amados. *E desposar-te-ei comigo para sempre* (Os 2.19) — eis a linguagem do nosso Deus imutável. O Senhor nunca lançou fora seu povo, a quem já conhecia de antemão. Se assim é, por que então desconfiar dele? Oh, pelo relacionamento afetuoso que existe entre o nosso coração e Deus, não o suspeitemos jamais de indiferença.

Lembre-se também, meu irmão, das promessas divinas. Seria ele mentiroso e nos deixaria perecer? Lembre-se do seu juramento! É blasfêmia, pura e simplesmente, imaginar que ele possa algum dia renunciar ao seu juramento! Lembre-se do selo sagrado do sangue da reconciliação: como poderia Deus tratar com indiferença o próprio sangue derramado e renunciar à aliança firmada e endossada pela morte de seu Filho na cruz? Deixar um crente perecer! Ficar indiferente ao fato de seus redimidos serem salvos ou não! Impossível! Não poderia ser. Fora, pensamento horrível! Que a tempestade ruja o quanto quiser e Cristo durma tanto quanto puder: ele tem o maior amor pelo seu povo, com toda a certeza; sua indiferença não passa de blasfêmia, insana imaginação.

III. Em terceiro lugar, e serei breve neste ponto, EXISTE EM NOSSO SENHOR, EM MEIO À SUA APARENTE INDIFERENÇA, UM CUIDADO VERDADEIRO POR SEU POVO. Com certeza, foi assim no mar da Galileia. Observe que Cristo, apesar de adormecido, estava, de todo modo, presente no barco. Não abandonara seus discípulos. Seja qual for o modo pelo qual Deus pareça lidar com o seu povo, está sempre presente. *Não temas, porque eu sou contigo* (Is 43.5), afirma ele. Ainda que não houvesse mais nada, somente a presença do Senhor já bastaria para nos alegrar. Nosso Pai celestial conhece as nossas carências. Ser banido da presença de Deus seria o inferno. Por mais que a tempestade açoite o nosso barco, não podemos nos desesperar enquanto pudermos contar com a presença do Senhor.

Lembre-se também de que, embora dormindo, Cristo foi sacudido certamente de um lado para o outro e correu o mesmo perigo de naufrágio que os seus discípulos, no barco. Ao dizerem *Não se te dá*

CRISTO ADORMECIDO NA EMBARCAÇÃO | 637

que pereçamos?, deveriam, embora não o tenham feito, incluí-lo no sujeito da frase, pois *todos* ali, mesmo Jesus, corriam o risco de se afogar. Na verdade, se somos ameaçados, Jesus considera-se sob ameaça; quando perseguidos, Jesus assume nossa própria perseguição; a Cabeça sofre o mesmo que o corpo, quando sofremos; nossa causa é sua causa. Isso deve nos servir sempre de encorajamento.

Lembremo-nos, ainda, de que nosso Senhor, ao dormir, estava de todo modo, beneficiando seus discípulos: oferecia-lhes, com o descanso sagrado, um belo exemplo de tranquilidade, segurança e firmeza de fé em tempos de dificuldade, por pior que esta possa parecer. Dormia, enfim, não apenas devido ao seu cansaço como homem, mas porque se sentia inteiramente seguro nas mãos do Pai. Certamente que, quando o mestre colocara o pé naquela embarcação, já sabia da tempestade. As sacudidas do barco não o pegaram de surpresa. Deitara-se para dormir sabendo que estava tudo bem, não havia perigo. Ninguém conseguiria dormir tendo conhecimento antecipado da tempestade, a não ser que seu coração estivesse repleto de confiança em Deus Pai, como Jesus. O Senhor, na verdade, quer seu povo sempre tranquilo, não inquieto, *pois ele supre aos seus amados enquanto dormem* (Sl 127.2). Nunca lemos sobre o sono do nosso Senhor, exceto nessa ocasião, oportunidade majestosa, em que dormia em uma embarcação açoitada pela tempestade, com a cabeça apoiada numa almofada e seu coração repousando no Pai. Era, sem dúvida, como se aconselhasse aos seus seguidores: "Descansem em tempos turbulentos; deixem tudo nas mãos daquele que tem o cuidado de vocês". Seu sono foi, assim, um sermão posto em prática sobre seu conhecido conselho: "Não se turbe o vosso coração".

Mais ainda, Jesus os estava provavelmente testando e se revelando a eles. Talvez muitos ali se encontrassem no mesmo estado de Pedro, ou seja, se achassem capazes de suportar qualquer coisa sem deixar de confiar no Senhor. Permitiu assim que a tempestade soprasse até assumirem sua real disposição mental, de temor e dúvida. Até vir à tona sua descrença e falta de fé, já à espreita em seu íntimo. Mediante essa prova, queria, na verdade, fortalecê-los, para que se tornassem, por toda a vida, pescadores de homens. Pescadores de homens, tanto quanto os pescadores de peixes, têm também de enfrentar tempestades. Aquela tempestade fazia parte então do seu aprendizado. Contavam ali com a presença do seu mestre e comandante; mas, quando eles próprios se tornassem comandantes de suas embarcações, mesmo longe do mestre, deveriam saber que nada de mau lhes aconteceria em caso de tempestade. Cristo estaria com eles. Se só tivessem tempo bom agora em sua vida, enquanto Cristo fisicamente os acompanhava de perto, viriam a ficar, sem dúvida alguma, inteiramente apavorados ao soprar os furacões quando ele já os houvesse deixado e partido para o céu. Iriam então lembrar uns aos outros, em termos de encorajamento e fé, em tempos de perseguição e provação: "O Senhor nos mostrou isso, naquele dia em que nos levava para o Getsêmane e tivemos de enfrentar aquela tempestade no lago. Ele estava como está sempre conosco, no barco. Ele acalma o vento e o mar; ele manda, e lhe obedecem".

Melhor que tudo, Cristo demonstrou se importar com eles, sim, ao fazer do perigo que corriam uma oportunidade para inteiramente se revelar a eles. Era imprescindível lhes demonstrar a onipotência que detinha, para o bem de sua própria fé. E como fazer isso sem dificuldade de espécie alguma a vencer com o seu poder? Dera-lhes a conhecer como podia dominar e expulsar os demônios e as enfermidades. Agora, queria que soubessem como ventos e ondas eram também submissas à sua vontade. Libera, assim, essa feroz tempestade. Enfrentarmos um leão acorrentado é fácil; mas solte-se a fera, e então somente um valente domador lhe sairá ao encontro. O furacão se desdobra a pleno valor; as ondas se erguem furiosas, devorando o barco. Agora, sim, se verá então quão grande é o mestre dos mestres, o Senhor dos senhores, quando Cristo se posta de pé, no barco que inunda e balança, indo quase a pique, e exclama a toda aquela tempestade, que ruge, furiosa, batendo desafiadoramente de encontro ao seu próprio rosto: *Cala-te, aquieta-te* (Mc 4.39). No mesmo instante, tudo silencia, debaixo dele. Sem a tempestade assim vencida e dominada, jamais teriam os discípulos visto a glória do pacificador; este, o motivo pelo qual tal provação se fazia absolutamente necessária, para que pudessem apreender de Cristo sua plena divindade e nele poder crer e confiar para sempre.

IV. Chegamos agora ao nosso último ponto: OS QUE CONFIAM NO SENHOR VERÃO NO DEVIDO TEMPO QUE DEUS SE IMPORTA COM ELES. Jesus não ficou de modo algum aborrecido por que o despertaram. Poderia ter até, naquele instante, se afastado dos discípulos, se quisesse; tinha poder suficiente para ir embora dali por cima dos vagalhões e abandoná-los, desgostoso. Sim, depois das coisas negativas que muitos de nós dizemos e pensamos de Cristo e de Deus, ele bem que poderia nos deixar, a fim de que perecêssemos, se assim desejasse. Ele, porém, jamais seria capaz de nos fazer tal coisa. Jesus não repeliu o acovardado pedido de socorro de seus frágeis seguidores no barco. Poderia, sentindo-se ofendido, ter reagido, dizendo algo do tipo: "É isso que pensam de mim? Que seria capaz de os deixar perecer?" Mas, não; não os repreendeu desse modo. Corrigiu-os com gentileza, por amor a eles, mas sem rancor. Aceitou seu pedido e despertou — e que despertar foi aquele! Quão poderosa foi então sua obra! Instantes depois que acordou, não restava nem sombra de tempestade. O mais estrondoso vento agora dormia feito um bebê; a superfície do mar se tornara quase lisa como um chão de mármore.

Ó homem apreensivo, você ainda há de desfrutar de calma. Pobre filho de Deus provado e tentado, você ainda haverá de viver dias em que se perguntará onde estão seus antigos problemas. Você ainda dirá para si mesmo: "Minhas preocupações de fato foram embora; não resta mais nada com que me inquietar. Cristo expulsou meus sofrimentos, minhas angústias, minhas ansiedades e dores". Você há de desfrutar de uma longa tranquilidade — algo incomum, tranquilidade tão profunda e íntima a ponto de você dizer: "Valeu a pena passar por uma tempestade para encontrar uma paz como essa". Depois de atravessar o deserto, você realmente entrará em Canaã. Anjos o visitarão para expulsar os demônios que tenham vindo tentá-lo. Você trocará o campo de batalha pela terra de Beulá, onde ouvirá os coros celestiais cantarem e anjos lhe trarão especiarias dos jardins do Senhor bendito. Tenha coragem! Permaneça firme na fé, confie em seu mestre, pense bem dele e descanse nele, pois, assim como o Senhor vive, nenhuma embarcação com Cristo a bordo sofrerá naufrágio. Aquele que tem fé está seguro contra toda destruição. Espere no Senhor. Ainda que a visão demore, a luz serena do sol e a navegação tranquila serão a sua recompensa.

Quero sugerir a aplicação do que proferi em dois sentidos.

Primeiro: acho que tudo isso se aplica muito bem ao estado da igreja de Cristo em seu momento atual. Existe uma grande preocupação com a igreja em muitas mentes. Tudo parece ir de mal a pior, há uma verdadeira comoção em curso. Os sinais dos tempos parecem obscuros. O pior problema, no meu entender, é que, para muitos, Jesus parece estar dormindo. Nada de novo ou de forte parece estar acontecendo, nenhum grande avivamento religioso, pouco poder nos ministérios. Pessoalmente, no entanto, sinto-me reconfortado. Creio que Jesus pode até estar dormindo, como parece — mas ele nunca passará do momento exato de despertar! Quando adormecemos, não sabemos quando e como despertar; mas Jesus Cristo sabe — se ele dorme, jamais passará da hora. Glória seja dada ao seu nome! Ele dorme, mas não está morto, e ,enquanto viver, nosso júbilo estará vivo. Enquanto houver o Cristo vivo sempre haverá uma igreja viva. Pode haver um Cristo aparentemente adormecido, assim como pode existir uma igreja supostamente adormecida, mas nem Cristo nem sua igreja irão perecer. Se nosso Senhor estiver dormindo, ainda assim se encontra junto ao leme — só precisa, ao despertar, estender a mão ao leme e na mesma hora conduzir a embarcação. Se dorme o fará somente até clamarmos por seu socorro. Quando nos vemos em um problema tamanho que nada conseguimos fazer por nós mesmos e sentimos nossa inteira dependência do Senhor, ele nos revela mais uma vez o seu poder.

Talvez nos próximos anos a situação da religião na Inglaterra só faça piorar. É muito provável que por um bom número de anos haverá muita infidelidade, descrença e superstição, até que a igreja se encontre, aqui, em estado desesperador. Então, poderá se exclamar: "Ó Deus, nossa lamparina quase apagou, a luz está quase extinta!" Em seguida, se fará subir um clamor tão intenso e amargo que Cristo ouvirá e virá avivar sua obra com grande glória. Pode ser que ainda por algum tempo ele permita que a luta contra nós prevaleça; que a pouca força que temos se torne uma completa fraqueza e quase nos desesperemos de lutar. Então, fará soar sua trombeta, e seu Espírito virá. O toque de sua trombeta nos dirá: Sede forte; *porque quando estais fracos então é que sois fortes* (2Co 12.10)! De repente, de nossa absoluta impotência,

CRISTO ADORMECIDO NA EMBARCAÇÃO

arremeteremos fortemente contra o inimigo. Tal como o pão de cevada de Gideão, que bateu nas tendas dos midianitas e as derrubou, assim o povo do Senhor haverá de empreender grandes façanhas, porque o Senhor terá despertado do seu sono como um homem poderoso. Uma vitória repentina e gloriosa fará céus e terra retumbarem com seu louvor. Não desanimem, pois, irmãos, nem se aflijam. A tempestade ainda não atingiu seu apogeu; a embarcação ainda não se encheu de água, que nem ainda lhe chegou sequer à amurada; portanto, ainda singra e flutua. Quando mal se conseguir evitar o naufrágio e o barco estiver quase indo a pique, seu comandante há de assumir o comando e aquietará os ventos e mares. Quando o furor da onda quase esmagar a embarcação, ele lhe dirá: *Cala-te, aquieta-te*. Uma calmaria, longa calmaria milenar, pode estar logo à nossa frente — não sabemos quão próxima possa estar, mas continuemos a acalentar nossa esperança.

A outra aplicação tem que ver com o pescador. Talvez algum dos presentes aqui se encontre em situação desesperadora no momento. Sente os próprios pecados como ondas esfomeadas prontas a devorá-lo e não sabe como escapar. Mas tem orado, e isso me deixa feliz. Meu querido amigo, nunca desista de orar! Se sua pobre alma clama *Senhor, ajuda-me!*, é esta a oração certa, irmão; continue assim. Em vez disso, você terá, no entanto, a impressão de que Jesus dorme, de modo que já concluiu o seguinte: "Será que ele não se importa com um pobre pecador? Haverá de permitir que me afogue nesse inferno sem nem parar para pensar a respeito?" O que você acha disso, amigo? Se você fosse ele, deixaria um pecador que ora a você ir para o inferno se pudesse salvá-lo? "Oh, não!", você me diz. "Se clamasse a mim, eu o ajudaria." Então você se considera mais bondoso que Cristo? Pois eu lhe digo, como dizem os versos, que

Seu coração é feito de terno calor,
E suas entranhas se derretem de amor.

Creia em seu amor, entregue-se à sua graça e, quando você confiar inteiramente nele, estará salvo. Não tenha mais pensamentos maus acerca do Senhor. Toque a orla de seu manto, e será restaurado! Confie sua alma culpada a ele, e tudo irá bem com você desde agora e para sempre. Possa Deus lhe conceder sua bênção, em nome de Jesus. Amém.

68 Por que a fé é tão frágil?

E então lhes perguntou: Por que sois assim tímidos? Ainda não tendes fé? (Mc 4.40).

Na manhã do último domingo, a música aqui na igreja foi executada em um tom mais alto. Buscávamos grande fé em nome do Senhor. Ocorreu-me que talvez eu possa ter desencorajado alguns dos mais frágeis e, portanto, seria apropriado dar sequência àquele sermão. Pretendo me empenhar por encorajar aos irmãos de fraca fé que a exercitem até que sua fé se fortaleça. Também quero convidar aqueles que ainda não têm fé alguma que se lancem na direção da confiança em Deus como uma criança.

Com essa breve introdução, passemos ao nosso assunto.

Não me admira que os discípulos achassem que tinham muita fé em Jesus, seu Mestre e Senhor. Passavam o dia todo com ele, ouvindo-o ensinar e crendo até, algumas vezes, mesmo quando nem haviam compreendido bem o seu ensino. Reuniam-se depois em torno dele, em um grupo privado, para ouvir sua explicação completa do que havia dito, sentindo-se muito gratos por serem favorecidos com tal exposição, em que o Senhor se tornava seu preceptor particular. Nem questiono se cada um deles se considerava um crente firme em Jesus, nem se poderia tolerar a si mesmo alguma dúvida. Na verdade, porém, meus irmãos, nenhum de nós faz a menor ideia de quão escassa é nossa fé. Quando chega a hora da provação, a pilha de grãos procedentes da debulhadeira se transforma em uma quantidade ínfima ao passar pela peneira.

No texto em estudo, vemos que, após um dia de tranquilo serviço dos discípulos com Jesus, surge uma tremenda tempestade, pondo à prova a fé daqueles que o acompanhavam. Foi tão pouco o que se viu de fé e confiança nele que Jesus até lhes indagou: *Por que sois assim tímidos? Ainda não tendes fé?* Em nenhum outro momento, podemos ter fé maior do que no momento da provação. Tudo aquilo que não resiste a uma prova não passa de mera confiança carnal. A fé no tempo bom não é fé; só é fé verdadeira em Jesus Cristo aquela que consegue confiar nele quando não é capaz nem de rastreá-lo, que crê nele mesmo quando impossibilitada de vê-lo.

Essa tempestade era uma provação especial para os discípulos, por isso tão severa. Estavam acostumados a ser atirados de um lado para o outro do barco, naquele mesmo lago. Dessa vez, porém, os elementos haviam sido como que incitados a provocar extremo tumulto: os ventos se abateram sobre as águas com toda a sua força e fúria. Uma guerra da natureza se travou contra a fiel embarcação em que viajavam. Tribulação mais pesada que de costume é um teste sério à fé. Quando parece que somos provados acima da medida comum, o fraco só faz é tremer, e até o forte cai de joelhos aos brados de *Creio! Ajuda a minha incredulidade* (Mc 9.24).

A tempestade foi ainda mais árdua porque os alcançou justamente quando cumpriam seu ministério discipular. O mestre lhes havia dito que atravessassem o mar. Não se tratava de uma viagem de passeio; nem estavam seguindo a sugestão de um irmão que os chamara a pescar. Em vez disso, estavam sendo guiados por uma ordem do grande comandante. Agiam de modo correto e, no entanto, sofriam grave problema. Fatos como esse deixam sempre perplexos os homens bons. Ouvi um crente, certa vez, dizer: "Eu prosperava mais antes de ser cristão do que tem acontecido depois que me converti. As coisas eram mais fáceis para mim antes de eu conhecer o Senhor. Como pode ser isso? Justamente o meu empenho

POR QUE A FÉ É TÃO FRÁGIL? |641

em fazer o que é certo e permanecer íntegro me parece que se tem tornado a causa da minha mais dura provação". Isso não é novidade sobre a terra. Todo filho de Deus terá de nadar contra a corrente. Sem luta, não haverá de conquistar sua coroa.

Colaborou mais ainda para lhes provar a fé o fato de a tempestade lhes ter sobrevindo encontrando-se o próprio Jesus no barco. Se o Senhor estivesse ausente, eles talvez ainda tivessem entendido. Mas acontece que ele estava bem ali, junto com eles, na embarcação! Como podia o mar ser assim tão turbulento para com eles estando o próprio Cristo no barco? Se o crente está fora da comunhão com Cristo, geralmente compreende se as coisas lhe vão mal. Mas, se anda constantemente em amizade e até proximidade consciente com o Senhor, e mesmo assim é provado, transtornado, o que pensar disso? Eis o teste da fé. *Pois o Senhor corrige ao que ama, e açoita a todo o que recebe por filho* (Hb 12.6). Esquecemos dessa palavra e fantasiamos que as provações possam significar ira divina, quando, na verdade, devem ser sinais e testes de amor.

Aos discípulos, deve ter parecido, ainda, uma tempestade inoportuna, já que acompanhavam Jesus diversas outras pequenas embarcações, todas apanhadas de surpresa pela procela. Costumamos ficar sempre ansiosos por aqueles que vêm ouvir o evangelho para que nada os indisponha contra ele, e os discípulos, também, talvez temessem que aquele tempo ruim acabasse por afastar de Cristo os ouvintes, que, não fosse isso, poderiam vir a se converter. Ao depararem os ouvintes com uma tempestade dessa tão pouco depois de terem começado a remar junto a Jesus, poderiam, quem sabe, considerá-lo como um outro Jonas e achar melhor evitar doravante o pregador da Galileia. Sei quanto gosto de ver fazendo tempo bom durante os cultos ao ar livre, assim permanecendo até que o povo retorne às suas casas, e tenho a impressão de que os discípulos sentiram a mesma coisa. Não queriam que seu Senhor fosse visto, como se acreditava naquela época, como uma daquelas aves cujo voo fugidio significa tempestade certa, ou seja, como símbolo de "mau agouro". Vocês sabem como a superstição era forte naqueles dias. Estivéssemos você e eu lá, pediríamos, certamente: "Senhor, permite-nos ter uma calmaria, para que quem veio contigo nesses barcos possa voltar para casa com tranquilidade. Faze que as tuas pregações maravilhosas junto ao mar continuem cada vez mais agradáveis, de modo que da próxima vez que vieres a essa margem, possam as pessoas se reunir em quantidade ainda maior para te ouvir". Algumas vezes, circunstâncias que nos parecem estranhas em uma provação podem torná-la para nós mais difícil de suportá-la. A provação nunca é realmente bem-vinda, mas por vezes pode se tornar especialmente desagradável.

Vejam só meus irmãos, como os discípulos saíram da tempestade! Haviam se comportado bem no início da provação, mas em pouco tempo já se encontravam em terrível condição. Vemos um pássaro de plumagem brilhante, ostentando no peito metade das cores do arco-íris, exibindo-se sob a luz do sol, e lhe admiramos a beleza. Em pouquíssimo tempo, no entanto, os céus despejam chuvas abundantes e sem dó. A partir de então, nosso bravo pássaro assume forma bastante diversa. Encharcado e sujo de lama, busca um abrigo humilhante. Assim somos nós, geralmente, depois de severa provação. Pavoneamo-nos na carne, até sermos provados. Então nossas penas murcham e se apegam a nós, abaixamo-nos, escondemo-nos, até que o mestre venha nos advertir: *Por que sois assim tímidos? Ainda não tendes fé?* (Mc 4.40).

Essas duas perguntas do Senhor, estudaremos esta manhã, no intuito de delas podermos extrair o melhor proveito espiritual. Possa o Espírito de Deus assim o permitir!

Em primeiro lugar, analisemos o texto como *a exclamação de piedade: Por que sois assim tímidos?* A seguir, como *a censura do amor:* "Ainda não tendes fé?" Por fim, procuremos considerá-lo como *a indagação da sabedoria:* "*Por que sois assim tímidos? Ainda não tendes fé?*" Que essa nossa meditação tripartite traga ricos benefícios a todos!

I. Tomemos inicialmente, então, a inquirição de Jesus como uma EXCLAMAÇÃO DE PIEDADE. O querido mestre, ao despertar do sono como se à sua volta reinasse uma brilhante manhã de verão, apesar de ser escura a noite e se encontrar em meio a uma terrível tempestade, olha admirado para seus discípulos, achando-os tão estranhamente diferentes de si mesmo. Pergunta, então, com toda a tranquilidade de seu espírito corajoso: *Por que sois assim tímidos?* Teve piedade deles nessa ocasião, creio eu, por vários motivos.

Primeiro, pelo fato de *os temores daqueles homens os tornarem tão diferentes dele*. Eram seus discípulos muito próximos, e seria de esperar, portanto, que se comportassem o mais possível como o mestre. Se aprendiam diariamente com ele era para que colocassem em prática as lições de seu exemplo. Jesus se mantinha constantemente seguro, intrépido e tranquilo e esperava que sua paz já os tivesse contagiado a ponto de lhes causar efeito semelhante. O tempo todo demonstrava coragem e sossego, por isso mesmo transmitia coragem e sossego àqueles que dele se aproximassem. No entanto, os homens que agora o acompanhavam no barco estavam como que perdendo a bênção. Ele perguntou, portanto, compadecido: *Por que sois assim tímidos?* Admirava-se não do fato de sentirem temor diante do tufão, mas teve pena, sim, de sentirem medo *a ponto de agir como se não tivessem fé*. Ainda não se pareciam muito com ele, apesar de o grande propósito de todo o seu ensinamento fosse fazê-los iguais ou quase iguais a ele.

Quantas vezes nosso mestre bendito deve olhar para nós, queridos amigos, com grande piedade! Imagino que lamente por nós, pelo fato de, mesmo estando com ele há tanto tempo — e alguns dentre nós já começam até a ficar de cabelos brancos em seu serviço —, permanecermos ainda tão longe de sua glória. Estamos destinados a nos moldarmos à sua imagem, mas o processo está sendo lento. Depois de lhe copiar a grafia, a nossa grafia própria continua altamente desajeitada e feia, formada em grande parte de rabiscos e garranchos. Cada uma das páginas do nosso caderno da vida encontra-se cheia de erros, emendas e borrões. O grande Professor não pode deixar de ter dó de seus pobres alunos. Como é possível, por exemplo, que sintamos tantos temores e receios a toda hora, enquanto nosso Senhor e Mestre se mantém tão seguro e tranquilo? É essa a nossa imitação de Cristo? As dúvidas, os alarmes, as angústias e as desconfianças constantes de Deus que revelamos diariamente são coisas que um verdadeiro e sincero seguidor de Jesus deveria demonstrar?

Ele teve dó daqueles homens também porque *aquela situação os deixava diferentes até deles mesmos*. Eram homens arrojados e, no entanto, seus temores agora os acovardavam. Eram pescadores, homens curtidos na sua faina diária e acostumados com o mar bravio, mas se poderia imaginá-los até meros homens da cidade ou do campo caso se lhes observasse os atuais temores. Fora como crianças assustadas que haviam clamado: *Mestre, não se te dá que pereçamos?* Embora não se pudesse considerá-los homens sábios perante o mundo, naquele exato instante, no entanto, se revelavam no limite de uma estreita capacidade mental. Na verdade, geralmente, quando temos medo, como nos tornamos tolos em nosso modo de pensar, falar e agir! Como seria bom se a fé nos firmasse! No entanto, a descrença nos faz cambalear e oscilar de um lado para o outro. Poderíamos resistir à tempestade se não abríssemos mão da nossa confiança em Deus; mas, fracassando nesse ponto crucial, tornamo-nos moles e líquidos como água. Como caem os poderosos! Ó meu Deus, os filhos de Efraim, armados e munidos de arcos, recuam no dia da batalha! Aqueles que um dia serviram de modelo de coragem se acovardam quando a fé falha. Pais em Israel agem como bebês na graça quando sua fé se enfraquece! Nosso Senhor sofre por nós ao ver que caímos tão baixo que, em vez de sermos como ele, não somos nem mais como nós mesmos.

Jesus, ainda, teve piedade dos discípulos porque *o medo que sentiam os tornara muito infelizes*. O terror transparecia no semblante deles. Ficaram certamente brancos como papel ao constatar que o barco não podia mais ser esvaziado da água que entrava sem cessar e que se enchia e enchia cada vez mais, a uma velocidade constante, começando a afundar. O que teria provocado tamanho pânico? O medo da morte? Seus temores, na verdade, lhes causavam sofrimentos ainda maiores do que a morte por si mesma conseguiria provocar. Muitas vezes, experimentamos mil mortes em uma. A morte nada é se comparada ao medo de morrer. Toda a agonia da morte se baseia em sua previsão como certa. A morte, em si mesma, é na verdade o fim de toda agonia! Ela não é a tempestade, mas a completa extinção dos elementos responsáveis pela perturbação. Por meio da morte, a alma passa ao descanso desta vida. O infortúnio dos apóstolos estava, assim, em seus temores.

Sei de cristãos que enfrentam sofrimentos terríveis pelo mesmo motivo. Conheço um homem que mora onde moro e ocupa o púlpito que ocupo que precisa confessar seus próprios erros neste dia. Ele poderia desfrutar de paz constante, não fosse pelo fato de que, no cuidado e na obra de sua grande igreja

POR QUE A FÉ É TÃO FRÁGIL? | 643

e suas várias afiliadas, ele olhar para as dificuldades e as necessidades do momento e para a própria debilidade, abrindo assim as portas para a invasão do medo. Amados, não podemos ser dotados dessa timidez infantil. Lutemos por uma posição corajosa. Quebremos os ovos do temor quando ainda chocando no ninho de nossa descrença. Nossos sofrimentos são na maioria de fabricação caseira, forjados na fundição da nossa falta de fé e com o martelo dos nossos falsos augúrios. O Senhor nos perdoe! Jesus tenha dó de nós por corrermos o risco de sermos dilacerados por temores desnecessários, deixando de usufruir a alegria de uma fé descansada.

Mais ainda, o mestre teve pena deles porque *seus temores os tornaram rudes*. Os discípulos foram um tanto agressivos no tratamento dado ao mestre que dormia. Se pelo menos tivessem parado para pensar, concluiriam: "Não, não o despertemos! Ele teve um dia muito cansativo. Os cuidados do mundo repousam sobre ele. É um homem de dores, experimentado nos sofrimentos. Deixemo-lo descansar. Melhor sofrermos do que incomodá-lo". Mas, se precisavam despertá-lo, não poderiam ter dirigido a ele palavras mais apropriadas? *Mestre, não se te dá que pereçamos?* foi, de fato, uma petulância, quase uma maldade. Para um coração terno como o do Senhor ser ferido, bastaria ouvir isso. Nossa descrença tende a fazer de nós pessoas rudes. Não somos geralmente muito ternos com os outros quando algum problema nos aflige.

Permitam-me divagar um pouco agora a respeito do amor compassivo. Comecemos por reconhecer que os discursos ácidos, em geral, costumam proceder de um coração entristecido. Pode-se tomar a linguagem mesquinha como um dos sintomas da doença, mas devemos ter mais dó do enfermo do que nos irritarmos com o discurso ofensivo. Não vale a pena dar grande importância ao que diz aquele que sofre, pois certamente ele mesmo, em breve, lamentará tê-lo dito. Se conhecêssemos a verdadeira razão de muitas palavras duras, nossa compaixão, sem dúvida, impediria até a nossa raiva momentânea. Nosso Senhor preferiu, assim, sabiamente, não tomar conhecimento da petulância dos apóstolos; pois não questionou "Por que sois assim tão rudes?", mas, sim, em vez disso, perguntou: "Por que sois assim tímidos?" Em todos esses casos, procuremos curar a grosseria mediante o amor em dobro.

Ouvi falar ontem de um velho pastor, galês, homem sábio e de espírito generoso, que foi magoado por um diácono grosseiro e mal- educado — e diácono, quando resolve ser rude, consegue causar danos terríveis. Esse diácono era, além de tudo, perverso. Gostava de atormentar o idoso cavalheiro de toda forma possível. Até que um dia, depois de ter dito coisas horrorosas, mais amargas do que de costume, o diácono adoeceu. O pastor, muito paciente, logo foi visitá-lo. No caminho, comprou umas belas laranjas e as levou. "Irmão Jones", disse ele chegando à casa do diácono, "sinto muito vê-lo adoentado. Trouxe algumas laranjas para você". O irmão Jones se espantou sobremaneira com atitude tão gentil e não teve muito o que dizer a esse respeito. Sendo assim, o ministro continuou, sempre muito delicado: "Acho que comer uma dessas frutas o reanimaria. Vou descascá-la para você". E assim fez, descascando a laranja, ao mesmo tempo que conversava em tom bastante amável. Em seguida, partiu a fruta, entregando ao enfermo um pedaço tentador, do modo mais gracioso possível. O homem de espírito amargo comeu e chegou a se comover um pouco. O momento de oração a Deus foi também muito agradável. O irmão Jones começou a melhorar em mais de um sentido. Uma terceira pessoa, que conhecia tudo a respeito do diácono, incluindo sua fama de mal-humorado, encontrou enorme dificuldade para acreditar que o pastor agira daquela maneira com alguém que se lhe opunha o tempo todo, difamando-o de maneira bastante degradante. Inconformada, essa pessoa procurou depois o ministro e lhe perguntou: "O senhor foi mesmo visitar aquele homem tão cruel como é o velho Jones?" "Oh, fui sim", ele respondeu. "Senti-me na obrigação de fazê-lo." "E levou laranjas para ele?" "Isso mesmo, levei laranjas, sim. Fiquei contente em fazer isso." "E o senhor sentou-se ao lado da cama e descascou uma laranja para ele?" "Sim, descasquei uma laranja para ele. Fiquei satisfeito em ver como ele gostou. Porque, minha irmã, aprendi que, quando um homem sofre de temperamento muito ruim, uma laranja é coisa muito boa para lhe dar de comer. De qualquer forma, no meu caso, foi bom."

A lição aqui é a seguinte: se pretende curar uma pessoa de sentimentos ruins, seja gentil ao extremo para com ela. Encare os discursos rudes e petulantes como sintomas de uma doença para a qual o melhor

644 | MILAGRES E PARÁBOLAS DO NOSSO SENHOR

remédio não é mais uma dose de amargor, mas uma laranja. Por outro lado, amados, se, em vez de laranjas, vocês têm se servido desses discursos rudes, não o façam mais. Parem com essa timidez; ou seja, deixem de ser medrosos do mal, para que consigam deixar de ser tão mal-humorados. Nosso bendito mestre não encontrou falha na indelicadeza de seus discípulos, mas atacou a raiz do mal silenciando seus temores. Por isso, lhes disse: *Por que sois assim tímidos? Ainda não tendes fé?* (Mc 4.40). Aqui se percebe a piedade do nosso Senhor. Gostaria de poder saber proferir essas palavras do modo que ele as disse, e então vocês se maravilhariam com a admirável ternura que elas contêm.

II. Em segundo lugar, vemos que essas palavras foram ditas também como CENSURA DO AMOR. Havia a intenção de que carregassem em si uma gentil repreensão ao coração descrente daqueles homens.

A descrença dos discípulos naquele barco foi dolorosa para o Senhor Jesus. Em vez de nele crer como deveriam, magoaram seu perfeito amor pelo fato de duvidarem dele. Como podiam ter imaginado que Cristo deixaria que se afogassem? Ele estava na mesma embarcação que eles! Julgavam então que, apesar de tudo, ele não passava de um mero imitador da Divindade e que o barco poderia naufragar com ele a bordo? Amados, batamos no peito, arrependidos, se soubermos ter algum dia causado uma pontada no coração do nosso querido Senhor, que entregou sua vida para nos salvar. Ele não pode ser alvo de dúvidas: isso seria pura blasfêmia, até crueldade. O mínimo que podemos fazer é chamar de "superfluidade perversa" duvidar daquele cuja vida e morte são coroadas de provas infalíveis do seu imutável amor para conosco.

Nosso Senhor questionou os apóstolos desse modo não propriamente porque a descrença deles o ofendesse, mas, sobretudo, porque *nada tinha de razoável*. A coisa mais irracional no ser humano é duvidar de Deus. Fé é razão pura. Pode parecer um paradoxo, mas é verdade absoluta: nada é mais racional do que crer na palavra de Deus — o Deus que não pode errar nem mentir.

O medo dos discípulos açoitados pela tempestade era inteiramente irracional porque contrariava tudo aquilo em que eles próprios criam. Eles acreditavam, de fato, em que Jesus fora enviado por Deus em missão gloriosa. Como essa missão se cumpriria, então, se ele se afogasse? Se naufragassem, Jesus também naufragaria, pois estava a bordo da mesma embarcação. A fé que tinham em sua missão divina não deveria ter mantido a esperança deles no pior momento da tempestade? Meus irmãos, não sejamos incoerentes naquilo em que cremos. Não neguem o seu próprio credo, por menor que pareça, pois isso é irracional.

Mais ainda, o temor daqueles homens estava em franca oposição às experiências que acumulavam. Tinham visto seu Senhor operar milagres, alguns dos quais envolvendo-os diretamente. Haviam contemplado provas do seu poder e divindade, bem como de seu cuidado para com eles. Isso não se aplica também ao nosso caso? Alguma vez o Senhor falhou conosco? Não nos tem ajudado até o dia de hoje? Ousaria você negar toda a sua experiência passada? Tudo em que você crê e tem crido acerca de Deus não passa de ficção? Será que até hoje você esteve sob a influência de uma enorme ilusão? Você, crente avançado em idade, como pode duvidar? Com tantos Ebenézer em sua história, dos quais vale lembrar com renovada gratidão, você deveria se elevar acima de todo medo.

O temor dos discípulos era, enfim, completamente incoerente com tudo o que já haviam observado. Tinham testemunhado Jesus curar doentes e alimentar multidões. Não sei bem quantos de seus milagres já haviam sido operados diante deles, mas com certeza o suficiente para que tudo que tinham visto os constrangesse a crer que ele fosse capaz de salvá-los até do perigo e da morte. Como então puderam duvidar? Quanto a nós, não temos também visto o suficiente do dedo de Deus para nos mantermos confiantes no dia da tribulação? Se não cremos, não ousemos pôr a culpa em necessidade de evidência. Desconfiar é irracional porque contraria toda a experiência do nosso coração e a observação dos nossos olhos.

Ainda mais, a descrença contrariava o próprio bom senso deles. Algumas pessoas têm o bom senso em altíssima conta. Fazem bem, pois ele é o mais raro de todos os sentidos. Seria razoável da parte dos discípulos pensar que Jesus, sendo capaz de prever o futuro, haveria de levá-los para o interior de um barco sabendo de antemão que uma tempestade os faria naufragar? Que um líder tão bondoso os conduzisse até o meio do mar da Galileia para que viessem a se afogar? Ou então que ele, tão favorecido por Deus, seria abandonado pelo Pai para perecer antes de completar sua missão? Que Jesus se deitaria para dormir

POR QUE A FÉ É TÃO FRÁGIL? |645

se os seus discípulos corressem perigo de fato? Que o rei de Israel, que eles sabiam ser a luz do mundo, estava destinado a morrer afogado? Raras vezes, a nossa descrença, meus irmãos, mereceria figurar na lógica de qualquer raciocínio. Nossos temores com frequência demonstram uma imensa tolice. Quando os superamos e olhamos para trás, enchemo-nos até de vergonha por termos sido tão tolos. Nosso Senhor censurou-lhes a descrença porque ser irracional.

Mais ainda, a descrença dos discípulos merecia censura porque *procedia de uma visão restrita a respeito do Senhor Jesus*. Tanto assim que, quando depois viram a maravilha que ele havia operado, comentaram, espantados, entre si: *Quem, porventura, é este, que até o vento e o mar lhe obedecem?* Já não deviam conhecer a resposta de antemão? Se tivessem se lembrado disso, teriam sido, por acaso, esmagados pelo medo? Que tenhamos Jesus sempre na mais alta conta! Tê-lo em alta conta seria, na verdade, impossível. Basta o tomarmos por tudo o que ele é de fato e, se o tivermos como Deus verdadeiro, nele descansaremos e diremos adeus às nossas dúvidas e aos nossos temores. Se Jesus passar a ocupar desde agora posição maior em nossa estima, nossa vida há de ser bem mais grandiosa.

Jesus censurou os amigos por *saber que tão grande falta de fé como a deles os desqualificaria para sua vida futura*. O barco é o símbolo da igreja de Cristo, sendo a tripulação os próprios apóstolos. A tempestade, por parábola, seriam as perseguições que a igreja haveria de suportar. Ao se mostrarem medrosos por causa de uma tempestade no insignificante mar da Galileia, os tripulantes do barco provavam que não estavam prontos ainda para as tremendas tempestades espirituais que nos anos seguintes iriam abalar a igreja nascente, misturando terra e inferno em terrível confusão. Pedro, Tiago, João e os demais teriam de conduzir o barco da igreja de Deus por mares de sangue e permanecerem firmes junto ao leme em meio aos furacões do engano. A timidez seria, então, um triste mal, que os incapacitaria para a importante tarefa que os aguardava. Jesus lhes poderia ter dito: "Se vocês fogem ante os soldados de infantaria, e eles os cansam, o que farão quando obrigados a enfrentar a cavalaria? Se esses ventos e ondas foram fortes demais para vocês, como reagirão quando tiverem de travar combate contra principados, potestades e hostes espirituais da iniquidade nas regiões celestiais? Se causas naturais destroem sua paz, até que ponto as influências espirituais não irão perturbá-los?"

Irmãos, as provações do momento presente podem nos servir, frequentemente, de campo de treinamento para enfrentarmos conflitos posteriores mais graves. Nunca saberemos o que ainda temos pela frente a suportar. As adversidades de hoje são uma escola preparatória para aprendizado mais elevado. Se não agirmos com coragem agora, o que faremos no futuro? Se devido a algum pequeno desconforto de ordem doméstica estivermos prontos a desistir de tudo, que faremos, como Deus indaga a Jeremias, "na soberba do Jordão"? Se um pouco de esforço e fadiga nos abate, como reagiremos quando o suor da morte pingar sobre a nossa testa? Meus irmãos em Cristo, ouçamos com atenção quando nosso Senhor nos repreende com amor. Desembaracemo-nos de nossos medos e decidamos que não mais os teremos, por sua graça, mas, sim, confiaremos inteiramente no Senhor. Oh, entreguemo-nos, como uma criança, à tranquila esperança e ao descanso seguro do amor de Deus, que jamais pode falhar!

Passei rapidamente sobre um terreno em que poderia ter me demorado um pouco mais, e com proveito, mas tão somente porque desejo dar uma palavra mais densa a vocês neste terceiro ponto, a seguir.

III. Podemos, enfim, ver as palavras de Jesus como UMA INQUIRIÇÃO DOTADA DE SABEDORIA. É sempre bom sondar a dor até o fundo, se houver alguma esperança de se lhe descobrir a causa e poder vencê-la. Se você tiver medo, poderá superá-lo simplesmente removendo-se sua causa. Se ficar evidente que não há motivo algum para sentir medo, deixará de temer. Se descobrir que existe, sim, uma boa razão para o temor, poderá então saber como lidar com ela. Minhas palavras aqui talvez sejam curtas demais, como em um telegrama. Estudem melhor o assunto, então, por favor, em suas horas de folga.

"Como é possível que vocês não tenham fé alguma?" — foi essa a indagação de Jesus.

Seria por necessidade de conhecimento? Se os discípulos conhecessem melhor Jesus, talvez não tivessem mostrado tanto medo, mas demonstrado uma fé firme. É o que acontece com alguém aqui presente? Você tem sido mal ensinado no evangelho? Só conheceu até agora metade das doutrinas? Tem uma visão nebulosa a respeito da aliança da graça e da salvação relacionada com a pessoa do Senhor? Se assim é, o caminho mais rápido para aumentar a fé, no seu caso, será ler mais a Bíblia, estudá-la com maior atenção e ouvir o evangelho com maior frequência. Venha aos cultos noturnos durante a semana; mantenha mais comunhão particular com Cristo. Gaste três, quatro, cinco vezes mais tempo com a devoção e chegue mais perto do seu Senhor, rogando ao Espírito Santo que o conduza a toda a verdade. Você terá investido seu tempo admiravelmente bem na conquista de mais conhecimento se vier a se descartar de seus temores e fortalecer sua fé. Lembre-se da palavra: *Apega-te, pois, a Deus, e tem paz, e assim te sobrevirá o bem* (Jó 22.21). Aprenda mais sobre Jesus e, quando o conhecer melhor, os principais motivos de seus temores serão afastados.

Ou *seria por necessidade de pensar*? Será que aquela boa gente sabia das coisas, mas se esquecera? Falharam por não terem raciocinado como deveriam? Foram superficiais em sua maneira de pensar? Será também por esse motivo que você tem tido tanto temor e tão pouca fé? Você, afinal, é um ancinho, em vez de ser uma pá ou mesmo uma escavadeira? Satisfaz-se em roçar a superfície do solo quando há pepitas de ouro depositadas logo abaixo? É isso, então? Tem pouquíssima ou nenhuma consideração pelo que é eterno e invisível? Seus pensamentos se ocupam o tempo todo de seus negócios desta vida, ficando Deus, portanto, praticamente excluído deles? Você estará sempre usando sua pá para revirar o lixo da ganância e nunca espia pelo telescópio da fé? Os tesouros permanentes estarão para você encobertos, enterrados no meio das coisas temporárias, aparentes e obscuras e dos sentidos? Se assim for, comece a endireitar seus caminhos, meu irmão. Faça isso agora mesmo. Alimente pensamentos mais elevados; pratique mais oração — muito mais oração; faça mais louvor — muito mais louvor; mais meditação, mais investigação pacífica do próprio coração, mais familiaridade com as coisas de Deus. Não acha que poderia encontrar certamente o remédio para os seus temores indo na direção da intimidade santa com a realidade invisível de Deus? Que ela possa ser mais verdadeira para você, e que os problemas desta vida sejam recolocados em seus devidos lugares, como leves aflições que subsistem apenas por um instante e nada mais.

A investigação do motivo pelo qual tememos tanto pode nos levar ainda a outra causa: *será que é porque as nossas provações nos pegam sempre de surpresa*? Talvez os discípulos considerassem que tudo estava certo, já que tinham Cristo a bordo. Não sejamos tão confiantes assim; mas, sim, estejamos de certo modo atentos a fim de não permitir que aflição alguma nos choque ou surpreenda. Na verdade, o próprio Senhor nos avisou: *No mundo tereis tribulações* (Jo 16.33). Portanto, se nossos parentes amados morrerem, não nos surpreendamos: poderiam ser eles imortais? Se perder suas riquezas materiais, não se surpreenda — riquezas na terra sempre tiveram asas, portanto não admira que voem! Se qualquer adversidade, enfim, se abater sobre sua vida, não se choque nem surpreenda, porque *o homem nasce para a tribulação, como as faíscas voam para cima* (Jó 5.7). O Senhor nos advertiu justamente sobre isso para que, quando acontecesse, pudéssemos não perder nossa fé. Conte com a possível tribulação, e não será tragado pela surpresa nem se afligirá tanto como se algo estranho e raro lhe tivesse acontecido.

Ou será que eles se encheram tanto de medo *por excesso de autoconfiança*? Confiariam certamente demais na qualidade do barco que possuíam? Ou se sentiriam seguros simplesmente por causa de sua destreza como homens do mar? Com frequência, confundimos nossa dependência do eu, ou de algum outro braço de carne, com nossa dependência do Senhor. Constantemente, homens bons e tranquilos pensam em voz alta: "Disso eu dou conta". Oh, sim, já enfrentamos problemas antes, somos pessoas experientes e perspicazes, capazes, portanto, de cuidarmos do nosso próprio caminho. Irmãos, nunca somos tão fracos como quando nos sentimos os mais fortes e nunca tão tolos como quando imaginamos ser sábios. Quando nos sentimos "em plena forma", logo descobrimos que não atingimos nem a marca mínima exigida para competir. Quando nossa confiança está depositada somente parte em Deus e grande parte em nós mesmos, nossa derrota não está longe de acontecer. O anjo que se postou com um pé sobre o mar e outro em terra firme teria se afogado se não fosse um anjo. Como não somos anjos, tomemos cuidado em pôr os dois pés sobre terra firme da força e da verdade divinas. Se você confiar em si mesmo, mesmo que no menor grau de confiança possível, um elo da corrente estará sempre fraco demais para suportar o seu peso. De

POR QUE A FÉ É TÃO FRÁGIL? | 647

nada adianta ter os outros elos fortes. Não será esse justamente o motivo pelo qual você tem tanto medo, por estar a sua fé misturada à sua autoconfiança?

Ou será que o que os levou ao receio excessivo foi o fato de *estarem concentrados demais na provação que os acometia*? Se tivessem de descrever sua experiência, falariam, sem dúvida, da escuridão, das horríveis *trevas que se poderiam apalpar* (Êx 10.21). Teriam levado os ouvintes a escutar, em imaginação, o uivo dos ventos e seus gritos medonhos como relinchos de cavalos selvagens furiosos em luta. Que se visse como o vento se abatia em torrentes desde as colinas, empurrando o barco para baixo como se quisesse submergi-lo! O mar, por sua vez, se ressentindo dessa tentativa, procurava arremessar a frágil embarcação às alturas, balançando-a de um lado para o outro como se em mãos feitas de água, como os pinos nas mãos de um malabarista! A tempestade era por demais feroz, e o barco, frágil demais. Vejam como ele girava no redemoinho!

Imagine, porém, se disséssemos que deveriam permanecer confiantes e calmos naquele instante. Não responderiam, certamente, que não estávamos em sua pele e que não era fácil manter a calma? "Ah!", diz alguém, "tenho mulher e filhos em casa que dependem da minha pescaria. Como posso ficar calmo pensando neles deixados como viúva e órfãos? Um homem não pode se dar ao luxo de morrer afogado se tem uma família para sustentar! É muito bonito falar, mas você não sabe o que é ficar ensopado até os ossos e perto de morrer!" Bem, irmão, talvez não saibamos mesmo. Mas uma coisa sabemos: que quando fixamos o pensamento única e exclusivamente nos ventos, nas ondas, na esposa e nos filhos e tudo o mais, aí, sim, é que ficamos perturbados. Se nos fosse possível colocar à frente de tudo o pensamento mais importante, este, sem dúvida, seria diferente. O pensamento que supera tudo isso é que Jesus está conosco. O vento sopra, mas Jesus está a bordo! As ondas se enraivecem, mas Jesus está a bordo! Os pobres pescadores não perecerão, pois Jesus está a bordo! Se pudessem ter mantido esse fato animador à frente de tudo, teriam banido seu sobressalto e, como o seu Senhor, mantido a calma. Em vez disso, a preocupação com a provação foi demais para a sua fé, de modo que se amedrontaram como crianças.

Será que alcancei meu objetivo? Se vocês não descobriram a causa de seu temor, devo deixá-los para que a procurem por si mesmos. Confio em que conseguirão fazê-lo, destruindo-a de imediato. Não devemos continuar a ter uma fé pequena; mas, sim, glorifiquemos nosso Senhor por meio de firme confiança nele, de modo que nem a tempestade do sofrimento nem a da tentação nos consigam abalar.

Devo concluir levando essa investigação para uma área diferente, com outro propósito. Nesta congregação, há uma quantidade considerável de amigos que ainda não são crentes em Jesus Cristo. Quero saber deles esta manhã por que não têm fé. Ajudem-me, vocês mesmos, nessa investigação, eu lhes peço: por que ainda sentem tanto medo? Um dia haverão de morrer. Quer creiam em Cristo, quer não, vocês também morrerão, e esse final é sempre duro para quem não conta com um Salvador. Quem sabe se até o próximo sábado vocês se encontrarão na "soberba do Jordão"? O que pretendem fazer então, se não tiverem fé em Cristo? Vocês a desejam ter? Fico contente em ouvir isso, mas gostaria de lhes devolver a questão somente para averiguar se esse desejo é sincero, completo e de coração. Você sabe o que deseja? Está determinado realmente a ser salvo? Não estou perguntando se está determinado a escapar do inferno. Isso creio que seja bastante provável, se você tiver juízo. Mas e escapar do *pecado*? Quer ser salvo do poder do mal? Deseja se tornar bom, obediente, leal e puro em vida? Se sim, então eu o lembraria de que a fé em Jesus é a única forma de salvação. Eu insistiria muito com você para desejar ter essa fé imediatamente. Sim, eu o incitaria agora a crer no Senhor Jesus Cristo de todo o coração.

"Eu quero crer", você diz. Então qual é o empecilho? Se não consegue ficar sentado quieto no seu banco e obrigar-se a crer de imediato, existem outros modos de atingir esse objetivo. Se me dissessem, por exemplo, que o rei da Tartária morreu, não sei se creria ou não nisso, porque não sei nada sobre o rei da Tartária, nem mesmo se ele existe. Se quisesse, porém, acreditar na notícia, eu pegaria o jornal e leria sobre o assunto; e decidiria certamente quanto a crer ou não nisso em questão de minutos. Conhecimento e prova levam à crença e à fé. É exatamente a mesma coisa com a fé em nosso Senhor Jesus Cristo. Ela é dom de Deus e obra do Espírito Santo, mas nos chega de certa forma. Pense um instante. *Pense em quem é* o *Salvador*. Ele é Deus e homem. Desceu à terra com o propósito de salvar pecadores. Você acha que essa Pessoa divina é capaz de salvá-lo? Que ele tem esse poder? Acredita que esse Deus e Homem amoroso o acolherá? Que está disposto a salvá-lo? Nesse caso, confie nele. Em seguida, *considere o que Jesus fez*. Ele levou na terra uma vida de labuta e dores, morrendo na cruz para fazer expiação pelo pecado. Pare e olhe para ele como alguém crucificado pelos homens. *Levando ele mesmo os nossos pecados em seu corpo sobre o madeiro* (1Pe 2.24). A maior fonte de fé é a contemplação da cruz de Cristo. Fixe os olhos em suas agonias e diga a si mesmo: "Posso crer que por mérito dessa morte extraordinária, suportada por um homem como esse, Deus pode perdoar o pecado com justiça". Creia, então, em seu próprio benefício, e veja seus pecados serem levados embora pela morte de Cristo. Está disposto a *considerar o que Jesus está fazendo agora*? Ele ressuscitou dentre os mortos, subiu aos céus e agora intercede pelos transgressores — por pessoas como você. Confie nele, então. Confie em Jesus por causa do que ele é, do que ele fez e do que está fazendo em prol dos pecadores. Lembre-se de que essa é toda a questão, tanto quanto lhe diz respeito. Você deve aceitar o que o Senhor Jesus apresenta para você. Aceite-o. Sim, tome-o como seu. Olhe aqui. Vou me virar para este amigo atrás de mim e convidar: "Quer segurar minha mão?"[1] Vejam, ele a aceita com liberalidade. Jesus Cristo é tão liberal para com todos os pecadores que sentem necessidade dele quanto minha mão foi para meu amigo. Ele tomou-me a mão sem questionar. E você, não vai aceitar Jesus? Aceite-o agora. Se o fizer, ele será seu Senhor e Salvador, seu para sempre! Aceite sua mão, e ele jamais a afastará do seu alcance. Oh, que você clame agora: "Senhor, eu te aceito!"

Ainda em dúvida quanto à verdade do evangelho? Se tem, quero saber o que você acha a respeito do que pregamos. Nós por acaso o enganamos? O que você pensa da confiança de sua mãe, ou sua irmã, ou sua esposa, em Cristo — ela também está sendo enganada? Aqueles seus parentes ou amigos queridos que morreram felizes no Senhor eram todos enganadores, ou foram enganados? Claro que não. Você sabe que a Palavra de Deus é verdadeira. Então, creia nela. Creia, para seu próprio bem, e ela será tão verdadeira para você quanto tem sido para nós. Tenho certeza de que você não conseguiria negar as Escrituras. Não ousaria afirmar que o evangelho é uma invenção. Ele ostenta a prova de si mesmo bem à nossa frente. A salvação substitutiva do nosso Senhor é uma ideia tão grandiosa que ninguém seria capaz de inventá-la. É evidente, e evidente por si mesma, que se trata de um fato divino. Que Deus seja justo e ao mesmo tempo nos ignore os pecados é uma maravilha que vai além da concepção dos homens. Algo assim só poderia brotar do coração de Deus. Creia nisso, aceite-o como verdade absoluta e entregue-se a essa verdade. Possa o Espírito de Deus conduzi-lo a fazer isso agora!

Se você ainda não está crendo em Cristo, gostaria de saber o motivo. Será porque você crê mais em si mesmo? Se for o caso, deixe de lado essa insensatez. Você não pode confiar em si mesmo e em Cristo ao mesmo tempo. Não há como existir tal combinação! Dependure sua autoconfiança em uma forca alta, como aquela em que Hamã, da história de Ester, foi enforcado, pois autoconfiança, perante Deus, é, antes de tudo, abominação.

Ou talvez seja seu grande pecado que o leve a desesperar do perdão. Não há ocasião para tal incredulidade, pois Deus é abundante em misericórdia, e o sangue de Jesus nos purifica de todo pecado. Se você tem um grande pecado, lembre-se que para isso existe um grande Salvador. Aquele que nos veio salvar é o Filho de Deus. Dispôs de sua vida por nós e, por isso, tem poder para salvar até o caso mais extremado de pecado. Em vez de duvidar, peço que glorifique a Deus por isso, crendo na grandeza de sua salvação.

Foi um prazer para mim, anos atrás, desfrutar da amizade do sr. Brownlow North. Antes da conversão, era ele um homem mundano e, imagino eu, quase tão leviano e dissoluto quanto costumam ser os homens de seu caráter e posição. Depois que se converteu, North começou a pregar o evangelho com grande fervor, embora sabendo do desprezo dos antigos companheiros, que certamente o consideravam um hipócrita. Um dia, estava para dirigir a palavra a uma grande congregação quando alguém, um estranho, lhe passou uma carta, dizendo: "Leia isso antes de pregar". A carta continha uma descrição de irregularidades

---

[1] [NE] O pregador executou o gesto ao falar, e um dos diáconos próximos prontamente lhe segurou a mão.

Por que a fé é tão frágil? |649

de conduta cometidas por Brownlow North no passado, terminando com as seguintes palavras: "Como ousa, estando ciente da verdade celestial, orar e falar ao povo, esta noite, sendo você um tão vil pecador?" O pregador guardou a carta no bolso, subiu ao púlpito e, depois da oração e do louvor, antes de tocar no texto escolhido para aquele evento, mostrou a todos a carta e informou o povo de seu conteúdo. Em seguida, acrescentou: "Tudo o que está escrito aqui é verdade. Esta carta é um perfeito retrato do pecador vil que fui um dia. Ó graça maravilhosa, capaz de avivar-me e ressuscitar-me de tamanha morte em delitos e pecados, transformando-me, como esta noite me apresento diante de vocês, em um vaso de misericórdia, alguém consciente de que todos os seus pecados passados foram limpos pelo sangue expiatório do Cordeiro de Deus! É de seu amor redentor que venho agora lhes falar, rogando a qualquer pessoa aqui presente que ainda não se reconciliou com Deus que esta noite venha com fé a Jesus, para que possa ter seus pecados afastados e seja curado deles".

Que vocês, meus ouvintes queridos, creiam que o Senhor Jesus é de fato Salvador de pecadores de verdade e venham a ele trazendo sobre si todos os seus pecados! Não acalentem a esperança por se considerarem puros, mas, sim, venham a Jesus justamente por serem impuros, necessitando ser por ele purificados. Lancem-se a seus amados pés imediatamente. Tomem como amigo o Amigo dos Pecadores, pois é o que vocês são. Deixem o Salvador ser seu Salvador porque precisam ser salvos. Deus os abençoe, em nome de Jesus! Amém.

69

UMA CONVERSA FRANCA COM OS NEGLIGENTES

Quando ele viu a Jesus, gritou, prostrou-se diante dele, e com grande voz exclamou: Que tenho eu contigo, Jesus, Filho do Deus altíssimo? Rogo-te que não me atormentes (Lc 8.28).

Se entendermos essas palavras como a exclamação de um espírito maligno que atormentava um pobre endemoninhado, veremos que, na verdade, são muito naturais. É possível compreendê-las se levarmos em conta que a presença de Cristo representa tormento tão grande para o príncipe das trevas que ele bem poderia clamar: *Vieste aqui nos atormentar antes do tempo?* (Mt 8.29). De fato, se quisermos pôr Satanás em fuga, só teremos de proclamar o Senhor Jesus Cristo no poder do Espírito: é este o "inferno" dos demônios. Eis por que rugem tanto contra os pregadores do evangelho. Rugem porque o evangelho os faz sofrer. Por outro lado, se considerarmos essas palavras como a linguagem de um homem submetido à possessão demoníaca, teremos de admitir serem realmente espantosas. São de tal modo loucas e insensatas, em sua condição incomum, que temos forçosamente de levar em conta terem sido proferidas, embora por um homem, por um infeliz dentro do qual havia um demônio a perturbá-lo. Pois, sem dúvida, ninguém, a não ser um endemoninhado, diria a Jesus, único capaz de nos abençoar: "Aparta-te de mim" ou *Não me atormentes!* No entanto, dezenas de milhares de pessoas neste mundo, que se dizem ou parecem normais, costumam dizer isso ou algo similar, a todo instante. Sim, milhares de pessoas aparentam se sentir mais desejosas de escapar da salvação do que da ira eterna. Buscam diligentemente evitar o amor celestial com zelo meticuloso, e a oração por excelência de sua vida parece ser: "Afasta-me, Senhor, dos céus! Impede que eu seja salvo! Concede-me atingir os extremos do meu pecado e deixa-me viver de modo que arruíne minha alma!"

Que comportamento mais estranho! Por que razão tamanha loucura? Chegam ao grau máximo o desejo e a determinação de algumas pessoas no sentido de promover a própria destruição. Tão extraordinários são o ódio por si mesmas e o empenho em repudiar as exortações e súplicas de misericórdia feitas em seu favor que, repito, só podemos considerar tais pessoas como que possuídas e enlouquecidas, por deter Satanás domínio sobre elas, mantendo-as cativas como bem entende.

Antes de seguir em frente para discutir essas palavras em si, há algo que podemos aprender de imediato com elas. Podemos observar que *alguém é capaz de conhecer muito sobre a verdadeira religião e no entanto ser, ao mesmo tempo, uma pessoa completamente estranha para ela*. Pode saber que Jesus Cristo é o Filho do Deus altíssimo e, todavia, estar endemoninhado. Pode, mais ainda, como nesse caso, servir de covil a uma legião inteira de demônios. O mero conhecimento nada faz em nosso benefício senão nos inchar de orgulho. É possível saber, saber e saber das coisas, de tal modo que nos aumente a responsabilidade, sem que isso nos leve a um real estado de esperança. Cuidado, pois, ao dependermos do conhecimento intelectual. Cuidado ao dependermos da ortodoxia da crença sem amor, apesar de toda a sua correção doutrinária. Podemos acabar nos tornando como o *metal que soa ou como o címbalo que retine* (1Co 13.1). É bom ser perfeito na fé, sim, mas a perfeição deve estar no coração tanto quanto na cabeça. Há um caminho que leva à destruição via ortodoxia de tão fácil acesso quanto o da heterodoxia. O inferno abriga milhares de supostos "crentes" que nunca foram propriamente heréticos. Lembre-se de que *os demônios também o creem, e estremecem* (Tg 2.19). Não existem "crentes" teóricos mais perfeitos que os demônios. No entanto, sua conduta não é nem afetada por aquilo em que creem. Por conseguinte, permanecem em inimizade com o Deus altíssimo e seu Cristo. Em outras palavras, um crente apenas cerebral se encontra par a par com os anjos caídos e terá sua porção com eles por toda a eternidade — a menos que a graça lhe transforme o coração.

Aprendemos também das palavras do texto que *no mundo são pronunciadas muitas orações ruins*. O homem que disse *Rogo-te que não me atormentes* estava realmente decidido a fazer que Cristo o deixasse em paz, muito determinado mesmo. Várias, várias e várias orações, bem articuladas, excelentes em si mesmas, não contêm nem metade da resoluta afirmação que esta detém. Muitos homens, assim como os porcos, correm velozes quando Satanás os conduz; mas até alguns dos melhores dentre nós são, de fato, bastante lentos em caminhar para o céu. A oração do pecador costuma ser, por sua própria miséria, uma coisa horrível e medonha, em razão de sua terrível determinação. Ah, com que frequência temos ouvido homens pronunciarem orações que seriam apavorantes se Deus de fato as levasse em conta! O que são as imprecações e as blasfêmias senão orações dessas, negativas? São orações da pior espécie, sem dúvida, mas, de todo modo, orações. Mil misericórdias, isso sim, pedimos; que Deus jamais atenda à oração de um infeliz blasfemador, mas que se satisfaça, em sua bondade, em poupá-lo, ainda que tão frequentemente ele rogue imprecações sobre a própria cabeça. Ó blasfemador, ajoelhe-se agora mesmo e agradeça ao Altíssimo por não tomá-lo por sua palavra! Se algum dia você firmou aliança com a morte, um pacto com o inferno, se chegou a pedir que Deus o destruísse, sinta-se grato por ele não o ter atendido. Encare isso como sinal de sua altíssima misericórdia e ore para que a longanimidade de Deus o conduza ao arrependimento. Oro por ele ter poupado você, com a intenção, bem certamente, de ainda vir a salvá-lo para a eternidade.

Passemos agora às palavras em si, mesmo que não as tomemos na ordem exata em que se encontram no texto. A primeira coisa para a qual chamo sua atenção é *um mal-entendido pernicioso*: muita gente tola no mundo, por incrível que pareça, imagina que Cristo veio para atormentá-las e destruí-las e que a sua fé nele as tornaria ainda mais miseráveis e infelizes do que são. O segundo dado que apresento é essa *indagação impertinente: Que tenho eu contigo?* (Jo 2.4). Muita, muita gente mesmo pensa que nada tem que ver com religião cristã, que nada tem que ver com Cristo. Por isso, pergunta, em tom entre desdém e sinceridade, dependendo de seu estado mental: *Que tenho eu contigo, Jesus, Filho do Deus altíssimo?* (Mc 5.7).

I. Vamos abordar, em primeiro lugar, O MAL-ENTENDIDO PERNICIOSO.

Muitos homens, hoje em dia, imaginam que receber o evangelho de Jesus Cristo seria deixar de ser feliz, desistir de toda alegria e contentamento e sentenciar o próprio eu a uma vida seca e melancólica. Para melhor argumentar sobre este ponto, devo começar admitindo que algumas coisas merecem ser reconhecidas abertamente. O homem honrado, ao abraçar uma causa, não deve mergulhar nela às cegas, mas dispor-se a fazer concessões onde a verdade de fato as requer, mesmo que pareçam estar em franca oposição a ele. Mas tenho também de reconhecer que, *logo que as pessoas se mostram dispostas a se afastar de seus pecados, o evangelho, ao lhes chegar à consciência, faz que se encarem e se sintam miseráveis*. Ele age como o sal nas feridas expostas ou o açoite no dorso rebelde. Sei que alguns de vocês se enquadram nesse tipo de pessoa, cujo retrato eu poderia pintar com tal facilidade que se reconheceriam no mesmo instante. Tenho ouvido falar de algumas pessoas, e até conheço algumas delas, que mantêm o hábito de praticar vícios evidentes, como, por exemplo, o da embriaguez; no entanto, frequentam esta igreja com regularidade. Porque gostam do fato de a congregação ser assim grande, ou apreciam o modo de o ministro pregar, ou por qualquer outro motivo, voltam sempre, com frequência. Alguma impressão então se faz sobre elas, que passam a sentir um desejo ardente de melhorar; mas acabam raciocinando da seguinte forma: "Não posso continuar vivendo como tenho vivido e vindo aqui — esse pregador tem a sua faca cada vez mais afiada, pelas palavras que profere. Preciso abrir mão dos meus pecados ou, então, abandonar a igreja completamente". Assim, algum tempo depois, por se sentirem desprezíveis, em razão dos sermões que têm ouvido, desistem de comparecer aos meios da graça. Não poucas pessoas têm descido os degraus de saída da igreja com os dentes cerrados e quase jurando nunca mais retornar; no entanto, são justamente as que irão voltar daí a não muito tempo depois. Fico, naturalmente, satisfeito que seja este o resultado, pois guardo sempre uma esperança naquelas pessoas a quem resta consciência suficiente para que se irritem com a verdade que as toca e afeta. Melhor, no caso, um ouvinte irado do que um alienado ou indiferente com o que ouve. Se o dardo incomoda, esperamos que haja então atingido fundo.

Temos de admitir, no entanto, que, se alguém está decidido a manter seus pecados, para ele será sem dúvida muito desagradável e desconfortável ouvir falar de Cristo Jesus, salvação, santidade, eternidade, pecado, ira vindoura. A aproximação a Jesus Cristo mediante a pregação do evangelho atormenta os pecadores impenitentes e faz que experimentem alarme e terror, a ponto de tentar sufocá-los ao opor-se à verdade. Dizem que, nos primeiros tempos do metodismo aqui na Inglaterra, ao pegarem um bêbado e o levarem à força para servir no exército, a fim de tentar recuperá-lo, havia no quartel quem reclamasse: "Levem esse sujeito daqui! Para um homem que hoje em dia ficar bêbado ou disser um punhado de palavrões, há de haver sempre algum metodista por perto, que com toda a certeza o repreenderá!" É isso mesmo: onde quer que a verdadeira fé esteja presente, faz que os pecadores se sintam incomodados. O cristão é uma censura viva ao ímpio. O crente verdadeiro, sóbrio, decente, puro, que vive como deve viver o cristão, constitui tamanha crítica viva aos ímpios que, se não puderem queimá-lo em uma fogueira — mesmo porque hoje em dia seria difícil alguém se dispor a levar a cabo essa ideia —, mas ignorá-lo ou insinuar que não passa de um hipócrita ou tem algum motivo sinistro por trás do seu comportamento, só então se sentirão um pouco mais à vontade, a serviço do mal, aquecendo suas mãos no fogo de Satanás. Confio em que este Tabernáculo há de ser sempre um lugar quente demais para pessoas como os que pretendam guardar pecados secretos e manter-se apegados a maldades ocultas. Enquanto Deus me poupar a língua, não recuarei ante a necessidade de lhes apontar os erros, pois, se o fizesse, sua culpa repousaria sobre mim, e seu sangue se derramaria à minha porta. Que me seja concedida a graça de ser muito mais fiel a Deus, mesmo que a aprovação deles se transforme em rancor! Sim, temos de admitir que quem pretende ir para o inferno não é preciso vir aqui ouvir o evangelho, porque fazer isso só o deixará mais incomodado ainda nesta vida e de nada lhe adiantará na vindoura.

Outro reconhecimento temos de fazer: o de que *muita gente, no momento em que passa a falar sério e se entrega a Cristo, passa a ter uma vida miserável*. Há alguns para quem o arrependimento é tão amargo que se tornam a pior companhia possível. Eles mesmos passam a evitar a companhia dos outros, e quem aprecia a alegria pura se afasta deles. O temor do Senhor recai sobre eles, que passam a sentir o próprio fardo do pecado — não admira, portanto, que uma nuvem paire sobre sua fronte. Lendo a vida de John Bunyan, não podemos senão admitir que durante anos ele se tornou, por causa da religião, um homem o mais desagradável possível. Muitas outras pessoas passam justamente pelo mesmo estado psíquico, algumas delas por alguns dias, outras por meses ou até anos. Mas permitam-me lembrar que isso, evidentemente, não é, de modo algum, culpa do Senhor: se essas pessoas se rendessem a ele realmente desde o início e obedecessem ao grande mandamento do evangelho "Creia e viverás", teriam encontrado paz instantânea.

Já parou para pensar na estrofe do hino que acaba de ser executado? Ela nos diz que nenhuma preparação é necessária antes de vir a Jesus. Vou citá-la mais uma vez:

> Esta fonte, embora rica, de cobrança livre está;
> Quanto mais pobre o pecador, mais bem-vindo aqui será.
> Venha, carente, culpado, imundo, exposto à visão;
> Não há sujo demais para vir, venham assim como estão.

Se uma alma se lançar simplesmente sobre a obra gloriosa do grande Redentor, será salva no mesmo instante e lugar. Se aqueles há tanto tempo com problemas na alma tivessem vindo verdadeiramente a Cristo, confiado nele e nada mais, mesmo com todos os pecados ainda sobre si, teriam encontrado paz imediata. O motivo pelo qual prosseguiram por tanto tempo na miséria foi não terem ido de fato a Jesus Cristo, mas, sim, continuarem olhando para si mesmos, buscando ter esse ou aquele sentimento, poder praticar aquela boa ação, ganhar aquela experiência, imaginando que por não obterem nada disso não poderiam ser salvos. Ah, se tivessem aceitado de uma vez a verdade simples de que *o sangue de Jesus seu*

UMA CONVERSA FRANCA COM OS NEGLIGENTES | 653

Filho nos purifica de todo pecado (1Jo 1.7)! Vejam bem: se uma pessoa é submetida a um exame médico e lhe é prescrito um remédio, e se demora meses para ficar curada, mas alguém descobre o frasco do remédio inteiramente intocado em seu armário, ela jamais poderá culpar o médico por sua falta de cura. Há os que experimentam vinte outras alternativas e só fazem é piorar. É bom que queiram ser curados, mas seria bem melhor se pelo menos tentassem o remédio mais indicado como capaz de curá-los! Do contrário, nunca será culpa do médico sofrerem por longa data — mas, sim, deles próprios.

De igual modo, se um homem não crer em Jesus, não culpe o Mestre por não encontrar a salvação. Ó pobres corações atribulados, vocês não precisam percorrer o caminho tortuoso da dor, sendo tentados e atirados para todo lado, atormentados por mil dúvidas e temores. Há um caminho muito mais rápido e seguro para a vida eterna: basta virem direto a Jesus Cristo e se lançarem aos pés da cruz, depositando ali sua alma e nada mais. Então vocês encontrarão paz e alegria esta noite mesmo — antes de irem embora para casa, já saberão que, para Deus, foram tornados *agradáveis a si no Amado* (Ef 1.6). Mas, ainda que sua dor fosse necessária, observem o seguinte: não é um custo bem pequeno para pagar, tornar-se desprezível por um pouco de tempo para depois receber a perfeita paz e, acima de tudo, ter salvação eterna em sua vida vindoura? Supondo que uma parte do pé tenha se danificado e um osso precise ser extraído, a vítima certamente não dirá: "Mas o cirurgião corta fundo e usa ferramentas terríveis!" Claro que sim, ele age desse modo, mas, se puder salvar o membro e restaurar um mínimo de saúde do pé que seja, o operado não irá pensar na pequena adversidade, desde que sua vida seja preservada. Se você tivesse de ficar esperando por Jesus junto aos portões da misericórdia, no frio, com uma tempestade de granizo de ira divina lhe golpeando a pele durante anos e anos, teria de aturar, na verdade, pouca coisa se depois disso entrasse no descanso reservado ao povo de Deus. Continuaria sendo, mesmo assim, um bom negócio. Um sábio consideraria esse custo pequeno demais.

Agora, no entanto, àqueles que acham que Jesus Cristo os tornaria miseráveis, quero fazer uma ou duas perguntas. Acabo de admitir muita coisa — então peço que, por sua vez, sejam abertos e justos comigo. Vocês têm medo de se tornar miseráveis, não? *Quer dizer, portanto, que desfrutam de uma felicidade extraordinária atualmente?* Temem que, no caso de se tornarem cristãos, passem a ficar melancólicos. Digam-me, portanto: vocês se acham assim tão extraordinariamente cheios de alegria no momento atual, tão extraordinariamente felizes, que receiam estragar seu pequeno paraíso? Perdoem-me se ouso questionar se esses "campos elísios" de vocês são mesmo tão deliciosos assim. Tenho minhas dúvidas quanto a esse prazer tão fascinante. Desconfio que sejam mais tinta do que realidade. Ah, meus amigos, pouco sabemos das misérias do ímpio! Tome-se como exemplo o bêbado. Que bom camarada, que sujeito mais alegre ele é! Sim, mas o que nos diz Salomão, em seus Provérbios? *Para quem são os ais?* (Pv 23.29). Ouça a palavra de novo: "Para quem são os *ais*?" Ora, esse homem a quem o mundo chama de "bom camarada" tem *ais* — porque ele perde tempo precioso e sua vida com o vinho, com a bebida forte. Nenhum homem sensato irá tomar os *ais* do bêbado por alegria. Não há comparação — ele tem a pagar um alto preço, uma pesada pena, por toda essa aparente jovialidade. A bebida alcoólica envelhecida e rara acaba se revelando uma triste ruína, e o vinho fino e espumante, trevas e morte. O mesmo vale para os demais vícios. Eles criam certa expectativa, como uma espuma borbulhante, para então se transformarem em pura e simples amargura, cuja borra todos os ímpios da terra haverão de beber. Quem não sabe que a punição para os vícios da carne são terríveis demais até para serem descritos? O homem não pode pecar sem trazer sobre si mesmo o sofrimento, ainda nesta vida. A desdita segue de perto a transgressão. Ninguém perca tempo tentando me convencer do contrário — aquele que gasta seu dinheiro nos palácios do gim ou nos entrepostos da cerveja não pode ter um lar feliz. A mulher que perambula por todo lado da cidade, visitando esse e aquele lugar de prazeres e diversão, negligenciando a família, não encontra a felicidade, tenho certeza disso. Seu rosto prova o que estou dizendo. Quem mente, trapaceia, pragueja e se esquece de Deus, estou certo de que não encontra a alegria que professa desfrutar.

Para resumir, você que lamenta o fato de a religião ser melancólica geralmente se cerca e até participa de um bando de hipócritas. Portanto, meu caro, aproxime-se e deixe-me lhe dizer uma pequena verdade bastante simples. Argumentar que a religião o tornaria melancólico, quando você já é tão melancólico quanto possível, a ponto de se ver obrigado a buscar, o tempo todo, esse ou aquele estímulo que lhe permita esquecer o seu eu? Quando você cai em si sem ter bebido nada e pensa no que de fato é e para onde está indo, sabe muito bem que nada poderia torná-lo mais miserável do que é agora. Você já leva uma vida tão insípida quanto possível! Não crie essa confusão sobre ficar miserável e infeliz: você já é. Em vez disso, se é uma pessoa pelo menos sensata, pare de achar falha naquilo que ainda nem experimentou.

Há outra questão que eu gostaria de abordar: se vocês responderam que são felizes agora, muito me contentaria saber *se essa felicidade atual de que desfrutam, ou dizem desfrutar, durará muito tempo*. As folhas nesta época do ano caem muito rápido das árvores, levando-nos a lembrar que um dia também morreremos. Sua alegria e felicidade lhes servirão de apoio até a hora final? Conseguirão sustê-los em meio às ondas geladas do mar escuro da morte? Não; precisam reconhecer que todo o seu júbilo nesta vida irá então acabar. Não acham que essa é uma perspectiva muito pequena ante o leito da morte? Consideram sábio optar por morrer sem esperança? E depois da morte — como será? O seu deleite mundano atual poderá lhes proporcionar conforto em outras condições de existência? Esperam que os prazeres e vaidades da vida, a que se entregam tanto ricos quanto pobres, lhes servirão de consolo ao olharem para trás, quando sua alma já estiver separada do corpo, e forem colocados ante o tribunal de Deus? E se morrerem sem ser salvos e Deus os condenar, apartando-os de sua presença? Acreditam que as alegrias dos salões de baile, dos teatros e das tavernas produzirão, via memória, gotas d'água que lhes refresquem a língua candente na eternidade? Serão esses os apoios com que contam para a sua cabeça dolorida no inferno? As alegrias pecaminosas da terra soprarão a brisa suave da consolação sobre vocês quando Cristo disser *Apartai-vos de mim, malditos?* (Mt 25.41). Sabem muito bem que não. Portanto, ouçam-me. Essas alegrias que vocês tanto temem perder não passam de bolhas que cedo ou tarde estourarão. São brinquedos de criança que se quebram, e pronto, acabou. Vocês mesmos logo estarão onde não soprarão bolha de sabão alguma nem terão brinquedo com que se divertir. Assim, não façam tanto escarcéu em torno dessa alegria atual — nada há nela que reste. Podem lançá-la aos cães, e até eles a recusarão, pois a alegria que o homem é capaz de conhecer afastado de Cristo é, quase sempre, senão totalmente, indigna de um ser imortal — insatisfatória, enganadora, destrutiva. Se sua fé em Cristo puder levar embora toda essa alegria de sua vida, só terá removido de junto de vocês a injúria, que vocês deverão se sentir muito felizes em perder.

Vamos um pouco mais além na abordagem desse mal-entendido pernicioso. Você deve imaginar que, se Jesus Cristo entrasse em seu coração, teria de abrir mão dos seus prazeres. *Mas que prazeres?* O prazer do lar e da família reunida? O de ver os filhos crescendo à sua volta até um dia vir a chamá-los de benditos? O de fazer o bem a todos a quem possa? O prazer de se desincumbir de seus deveres como que perante os olhos de Deus? O prazer de uma consciência tranquila? O prazer de saber que poderá ficar face a face tanto com seus iguais quanto com Deus? Nenhum desses prazeres Cristo há de levar embora da sua vida. O prazer de acalentar uma boa esperança de agora em diante? De ter um bom amigo com o qual possa compartilhar seus problemas? O prazer de comparecer ante o Pai celestial com todas as suas dores e sofrimentos? Nada disso Jesus levará de você. Nem seria possível conceber qualquer prazer que fosse digno de ser chamado assim e o homem perder ao se tornar cristão. Ah, sim! Já sei o que você quer dizer! Está se referindo ao fato de que *não poderá mais desfrutar de seus pecados*. Eu o compreendo. Por que não disse antes? Por que não chamou espada de espada? Chame seus pecados de *pecados*, não de prazeres, e aprenda que os prazeres do pecado, os quais duram apenas uma curta temporada, não passam de iscas de Satanás. Por meio delas, ele fisga almas em seu anzol para poder simplesmente destruí-las. Você não perderá prazer algum, mas apenas aquilo que é doentio, inadequado para sua alma, insatisfatório para si mesmo e indigno de sua natureza. Ao chegar à cruz, você há de compreender uma grande verdade:

A fé não foi criada para diminuir ou eliminar nosso prazer.

Uma conversa franca com os negligentes | 655

Pelo contrário: a fé multiplica por mil os nossos prazeres mais verdadeiros e puros.

"Oh", diria você, *mas terei de abrir mão da minha liberdade*! Liberdade? Em que sentido? Liberdade para ser sincero e justo? Liberdade para amar o próximo? Para ser gentil com o ingrato e o mesquinho? Para andar por toda parte praticando o bem? Liberdade para examinar, julgar e concluir por si mesmo? Não; você não terá de abrir mão de nada disso ao se tornar cristão. Na verdade, ouso dizer que lhe será conferida até liberdade muito maior e mais maravilhosa que qualquer outra que possa haver conhecido até o momento. Liberto é aquele a quem a verdade torna livre; fora isso, somos todos escravos. Cristo confere ao homem tal independência de espírito que ele não mais teme, a não ser com amor, a Deus; e faz o que é certo, estimulado pelo espírito daquilo que é certo em seu interior. A partir de então, vai pelo mundo afora sem medo dos opressores, intrépido e arrojado sob quaisquer circunstâncias, liberto no Senhor. Você, portanto, não terá de abrir mão de sua liberdade. Mas eu sei a que falsa liberdade você certamente se refere — à *liberdade para pecar*, ou seja, *liberdade para arruinar a si mesmo*. Graças a Deus, *essa* liberdade lhe será tirada, pois você não tem direito a um mecanismo assim tão terrível de autodestruição. Ele lhe será tirado para que você mesmo possa vir a se alegrar em perdê-lo. Veja um porco que chafurda na lama. Se um milagre o transformasse num anjo, esse anjo teria liberdade também para ir chafurdar naquela lama? Mesmo que a tivesse, em algum momento gostaria de fazer isso? Claro que não; é contrário à sua natureza seráfica se refestelar em um atoleiro. Assim será o seu caso. Você repudiará e não vai querer dar mais qualquer importância às coisas impuras que agora são seu deleite. Em vez disso, livre como estará do pecado, haverá de considerar uma imundície lidar com elas por mais um segundo que seja. Não será a perda de sua liberdade, mas, sim, a soltura de todos os seus grilhões!

Ainda há os que alegam: Se eu me tornar cristão, certamente vou virar um melancólico! Por quê? Por que se converter a Cristo iria torná-lo melancólico? Você fica melancólico só de pensar que irá viver a vida verdadeira e Deus será seu pastor, mas que não é bem isso o que você quer? Fica melancólico só de pensar que, ao morrer, "Jesus fará seu leito de morte macio como um travesseiro de plumas"?

Você fica melancólico por saber que está a caminho do céu e que, quando as provações desta pobre vida acabarem, você estará para sempre feliz junto a Jesus? Não posso nem fazer ideia do que é isso que você sente. Não permita que a mentira de Satanás o engane! Esteja certo de que, pelo contrário, sua melancolia deverá justamente ir embora com muito mais facilidade assim que Jesus Cristo ingressar em sua alma.

Quero ainda lhe mostrar algumas verdades com a maior sinceridade, pois anseio vê-lo abandonar seus maus caminhos e ser salvo pela graça soberana de Deus. Que o Espírito Santo possa incutir em sua mente os argumentos que vou apresentar. Você conhece perfeitamente a história do nosso Salvador, que veio dos céus à terra para morrer até pelos seus inimigos. *Você acha que ele veio à terra para nos tornar miseráveis?* Consegue ver o rosto do homem que verteu seu sangue pelos pecadores para que pudessem viver e, mesmo assim, imaginar que ele veio com um desígnio malévolo de tornar os homens infelizes? Claro que não. Você sabe disso, e de coração. Só pode haver alegria em tudo o que esse homem opera: Redentor assim tão benigno e gracioso só pode ter como objetivo a nossa felicidade. Ouça seus ensinamentos. Pergunto-lhe, então: *esses ensinamentos tendem a levar alguém a se sentir miserável?* Mostre-me um só preceito dele que seja em que o Salvador nos ordene deixarmos de nos regozijar. Convido-o a encontrar na Palavra um mandamento original ou procedente do Senhor contra a alegria íntima, sólida, pura, santa e verdadeira. *Eu*, por minha vez, encontro para *você* palavras sábias como estas: *Regozijai-vos sempre no Senhor; outra vez digo, regozijai-vos* (Fp 4.4); *Regozijai-vos nesse dia e exultai* (Lc 6.23). Que dia? Um dia esplendoroso? Nada disso. *Quando vos injuriarem e perseguirem e, mentindo, disserem todo mal contra vós por minha causa* (Mt 5.11). Ele começa seu primeiro sermão já usando a expressão "bem-aventurados" e a repete por diversas vezes, enfaticamente. Assim como foi no começo, ele continuou até o fim, pois não deixou de abençoar seus discípulos ao subir aos céus. Veio ao mundo, enfim, para que seus ensinamentos tornasse os homens seres abençoados, tanto aqui quanto na vida futura.

Pergunto-lhe agora: *você já observou em seus seguidores algum tipo particular de tristeza ou infelicidade?* Alguns deles é bem verdade, quando se encontram enfermos podem estar temporariamente abatidos pela doença, mas logo reagem; assim como há aqueles que se professam cristãos, mas, na verdade, não têm fé suficiente ainda para serem totalmente felizes. Nós, crentes, no entanto, na maioria, somos um povo feliz. Dou agora meu testemunho. Falarei de mim mesmo. Creio ter um espírito que se deleita na felicidade e que, nem por isso, seja um dos representantes mais estúpidos da raça humana. Não tenho dúvida de estar sendo sincero naquilo que lhe digo: posso lhe assegurar que nada jamais me deu maior prazer que o conhecimento de que Jesus Cristo é meu; meu Senhor, meu Salvador. Tenho sofrido muitas dores, e nada tem me ajudado a suportar as pontadas lancinantes — e como têm sido lancinantes! — do que a ideia de que, quanto a Jesus Cristo, "Seu caminho foi muito mais acidentado e escuro do que o meu".

A vocês, jovens, que acham que devem "conhecer a vida", eu lhes afirmo que, antes de tudo, precisam de Cristo. Vocês que querem desfrutar da verdadeira felicidade, felicidade que possam ter o tempo todo, desde que se levantam até ir dormir e com a qual possam viver e morrer — não a felicidade de tolas borboletas que esvoaçam de flor em flor e não se alegram a não ser nos teatros, nas tavernas, nos salões de baile, mas a verdadeira felicidade de uma pessoa que queira ser digna de ser chamada ser humano, feita à imagem de Deus — digo-lhes que essa felicidade assim sólida só se encontra na piedade vital. Compartilho com vocês o pensamento do poeta Young, que disse:

Uma divindade em que se crê é alegria iniciada;
Uma divindade que se adora é alegria aumentada.
Uma divindade que amamos é a alegria amadurecida;
Em todo ramo da piedade, alegria nos é oferecida.

Deus é minha testemunha, não minto, de que uma grande alegria pode ser encontrada no conhecimento de Cristo como não em nenhum outro lugar de todo este vasto mundo — busque-a você onde quer que seja. "Ah, se tivesses dado ouvidos aos meus mandamentos!", diz o Senhor, pelo profeta Isaías. "Então seria a tua paz como um rio, e a tua justiça como as ondas do mar."

Somente uma coisa mais tenho a dizer antes de darmos por encerrado este item. Na verdade, embora possa fingir que não, você acredita que a fé está ligada à felicidade. Precisa somente confessar isso e, na verdade, até o fará, *pois você almeja morrer como um cristão.* Quem sabe, talvez lhe agrade, no momento, entregar-se a essa ou àquela loucura ou iniquidade — mas você gostaria de morrer em Cristo, não? Ora, se você anseia por vir a morrer como um cristão, precisa, antes de tudo, vir a ser como um cristão ainda em vida. Enfim, no fundo de sua alma, mesmo que o negue, você tem consciência de que a fé em Jesus Cristo vale a pena e que seria para você bem melhor a ele se converter e receber o Espírito Santo para que ele habite seu coração. Não reprima mais essa ideia. Eu lhe suplico, não destrua essa consciência interior. Creia nela, pois é verdadeira. E que você, ainda esta noite, pela graça divina, seja conduzido a buscar o Salvador e possa encontrá-lo antes de dar descanso a seus olhos e entregar-se ao repousante sono! Meu desejo, enfim, é que você seja realmente salvo! Meu coração sofre ante a perspectiva de sua ruína eterna. Oh, que você possa ser conduzido a Jesus! Confie sua alma às mãos do Cristo, que se deixou crucificar por você, e irá constatar que ele, absolutamente, não nos atormenta, mas, pelo contrário, é somente conforto, muito conforto, pleno conforto, para o espírito.

II. O tempo passa rápido demais; de modo que quero agora tratar de tudo que ainda falta, neste segundo item, qual seja, UMA PERGUNTA EM TOM DE QUEIXA: "Que tenho eu contigo, Jesus, filho do Deus altíssimo?"

"Que tenho eu contigo?" Uma pergunta que ouvimos diversas vezes. *Os pobres a fazem com frequência.* Ouvi um trabalhador afirmar: "Não tenho nada que ver com religião. Sei que ela faz muito bem ao meu patrão, aos párocos e às damas de fino trato, bem como aos aristocratas e às senhoras de idade; mas para mim é inútil. Tenho de dar duro, tenho uma família para criar, de modo que religião não tem nada que ver

Uma conversa franca com os negligentes

|657

comigo". Pois bem: dê-me sua mão, meu bom amigo, e creia-me: você está redondamente enganado. Não há ninguém no mundo com quem a fé cristã tenha mais que ver do que você, pois *aos pobres é anunciado o evangelho* (Mt 11.5). Jesus Cristo dirige seu evangelho, acima de tudo, àqueles que dão duro e carregam fardos pesados. Mais ainda, não conheço ninguém capaz de melhor poder recebê-lo do que vocês, pessoas para quem a vida não reserva geralmente muita alegria ou conforto. Passar por este mundo em tempos como os que vivemos é uma árdua luta, mas, se vocês ganharem uma boa esperança para a vida vindoura que possa auxiliá-los na batalha desta vida, irão suportar as provações e resistir com alegria às dificuldades que a sabedoria celestial lhes oferecer. Há muitos operários com suas esposas aqui esta noite, membros desta igreja. Sei que, se os convidasse agora a fazê-lo — e estaria me dirigindo a centenas de pessoas —, cada um deles poderia testemunhar para nós que a melhor herança de que já desfrutaram tem sido seu interesse por Cristo e que nunca antes se viram tão verdadeiramente abençoados como quando tomaram posse da vida eterna, confiando em Jesus. Isso tem tudo que ver com vocês, homens afeitos ao trabalho árduo. Eu os amo, meus irmãos, e anseio que, se ainda não creem, possam crer nesta grande verdade e colocá-la à prova.

Os *ricos* também questionam, com grande frequência: "Que temos nós contigo?" Luvas de pelica perfumadas e o evangelho nem sempre se dão muito bem. As classes privilegiadas não estão nem um centímetro mais perto do céu por causa da sua grandiosidade imaginária. Certos cavalheiros muito cultos, instruídos em metafísica e filosofia, costumam também nos informar, com ares de superioridade, que o caráter limitador da religião é muito apropriado para manter as classes operárias restringidas a certa ordem, mas que, na verdade, eles mesmos se encontram em uma posição muitos graus acima disso. Assim, indagam, com toda a naturalidade: "Que temos nós com isso?" Ah, os maiores tolos do mundo são aqueles que desprezam os outros! Faz isso, com certeza, quem afirma ser algo muito bom ou bem adequado para esse ou aquele grupo diferente do seu, mas indubitavelmente indigno de pessoas tão excelentes quanto eles próprios! Quem são, no entanto, para que ergam tão alto a cabeça? Pelo que nos informam as Escrituras, Deus "de um só fez todas as raças dos homens, para habitarem sobre toda a face da terra". Daí, é de concluir que o que é bom para o lixeiro mais pobre com seus tamancos é bom também para o mais rico membro da nobreza com suas insígnias. O que pode ser uma bênção para o mais ignorante deve ser uma bênção para o mais culto dos homens.

Ó meus irmãos, por mais cultos, educados, refinados e ricos que vocês possam ser, o evangelho de Jesus tem tudo que ver com vocês também. As mentes gigantescas de Milton e Newton encontraram ainda amplo espaço no evangelho. Deliciaram-se em banhar-se como leviatãs no oceano da verdade divina. Filosofia? Não existe nada mais filosófico e incitante à reflexão quanto a doutrina da cruz de Cristo. No que toca à metafísica, o homem que nela se deleita encontrará espaço mais que vasto no estudo das doutrinas da graça. Os mais vigorosos campeões da lógica podem aqui se desafiar e competir na arena do debate. Aqui há espaço para a mais profunda erudição. Se alguém pudesse estudar até conhecer todas as coisas, sem exceção, ainda assim descobriria que o conhecimento de Cristo Jesus supera todos os demais, e que o mistério de sua cruz constitui a mais excelente das ciências. A fé tem muito a fazer por você; sim, grandes coisas. Possa a graça lhe curvar o pescoço sob o jugo de Jesus.

"Que tenho eu contigo?", diz esse ou aquele indivíduo, nesta grande assembleia. Sim, muitos aqui presentes talvez digam: "Religião nada tem que ver comigo". Mas, minha linda jovem, a fé em Cristo irá acrescentar um novo encanto à sua personalidade, um brilho incorruptível como nada mais lhe pode dar. O conhecimento de Cristo Jesus deverá lhe conceder uma beleza mental que durará até depois de haverem os vermes extinto sua formosura, e a sua forma bem delineada tiver se dissolvido no pó, que é todo o resíduo físico final desta existência. Meu rapaz, cheio de vida e vitalidade, transpirando masculinidade, Jesus Cristo tem muito que ver com você. Pode torná-lo mais varonil do que você pode ser de outra forma. Tem poder para ressaltar os pontos nobres de seu caráter e educá-lo para ser algo mais do que a escola ou a universidade conseguirão fazer. Você, que tem de dar duro no trabalho e suportar os aborrecimentos da vida, Jesus Cristo o confortará e susterá. Você, de cabelos brancos, quem precisa mais de Jesus do que você? Eis o seu apoio, o travesseiro do seu leito terminal, o seu descanso eterno.

658 | MILAGRES E PARÁBOLAS DO NOSSO SENHOR

O que ele, então, tem que ver com vocês? Creio que vocês têm muito que ver com ele; pois ele muito tem que ver com vocês, conforme passarei a demonstrar agora. Primeiro, o que vocês têm que ver com Cristo? Existem duas ou três questões em que todos têm que ver com Cristo, quer queiram, quer não, e a primeira é a seguinte: *graças à sua intercessão, vocês estão aqui, vivos, esta noite*. Se sua árvore não produziu fruto algum e Deus mandou cortá-la, por que, então, permanece de pé? Porque o lavrador, muito provavelmente intercedeu, pedindo: "Poupe-a, Pai, um ano mais ainda". A árvore ingrata pode então dizer agora "Que tenho eu contigo, lavrador", quando lhe deve a própria existência? Ah, meu amigo, foi Jesus, a quem você despreza, quem interveio e ergueu sua mão perfurada na cruz entre você e a espada da justiça — ou seu corpo já estaria a esta hora no túmulo, e sua alma, sendo atormentada no abismo! Você tem, então, alguma coisa que ver com ele! Não se sente levado a se arrepender? O Espírito de Deus não o leva a honrar o autor de sua sobrevivência?

Você tem que ver com Cristo, ainda, o seguinte: *graças inteiramente a ele, você se encontra agora em um lugar onde o evangelho pode lhe ser proclamado*. Ó pecador, não haveria esperança alguma, esperança do evangelho para você, se Jesus não tivesse morrido. Que bálsamo haveria em Gileade, que médico serviria dali, se Jesus não tivesse vindo dos céus para salvar? O fato de você ser capaz de me ouvir e eu de dizer *Crê no Senhor Jesus Cristo e serás salvo* (At 16.31), você e eu o devemos a Cristo. De outro modo, ao nos encontrarmos aqui seria talvez apenas para lembrar um ao outro que estamos debaixo da maldição de Deus e que, quando esta vida chegasse ao fim, passaríamos para um mundo de misérias. No entanto, podemos ouvir agora a trombeta de prata fazer soar as notas de amor do convite celestial: "Vinde ao banquete celestial, vós aleijados, mancos e cegos!" Os pecadores podem se aproximar e, se confiarem em Jesus, serão salvos. Não fosse, porém, o crucificado Filho do altíssimo, e nenhuma nota de esperança alcançaria os ouvidos dos culpados.

Lembro, mais ainda, que, enquanto você pergunta "Que tenho eu que ver com Cristo?", apressa-se o tempo em que a indagação está para receber uma resposta bastante conclusiva. Nesse grande dia final, *mesmo que você ache que nada tenha que ver com ele como Salvador, terá de forçosamente comparecer perante ele como juiz*. Os dias de graça terão, então, chegado ao fim. Um grande trono branco será estabelecido nos céus, e uma congregação infinitamente maior do que qualquer uma que já vimos se reunirá em torno daquele extraordinário tribunal. Todos os homens serão obrigados a comparecer ao julgamento final, e cada um deverá ouvir sua última sentença, de absolvição ou condenação. Ah, você não terá mais como fugir! Não há como se esconder dos olhos e mãos do Juiz! As montanhas se recusarão a se encurvar para encobri-lo, e as rochas não abrirão suas duras entranhas para recebê-lo! Os olhos de fogo divino encontrarão os seus, e a voz de trovão lhe dirá: *Porque tive fome, e não me destes de comer; tive sede, e não me destes de beber* (Mt 25.42); e também: *Porque clamei, e vós recusastes; porque estendi a minha mão, e não houve quem desse atenção* (Pv 1.24); e ainda: *Apartai-vos de mim, malditos, para o fogo eterno, preparado para o Diabo e seus anjos* (Mt 25.41).

Precisamos ter que ver com Cristo. Você pode escapar esta noite, ou qualquer outra, nesta vida. Pode continuar frequentando os antros do pecado, dizendo: "Não serei acompanhado pelos dardos do evangelho" —mas os dardos da justiça divina com certeza o alcançarão. Pode fugir do Salvador, mas estará correndo cada vez mais para os braços do Juiz. Pode fugir do seu amigo, mas o estará fazendo para os de seu inimigo. Pode desperdiçar esta vida desprezando-o, mas, como a próxima não acabará nunca, sua negligência nesta vida lhe causará um imenso e atroz remorso eterno, do qual jamais poderá se libertar. *Que tenho eu contigo?* (Jo 2.4) É uma pergunta que se reveste de grande responsabilidade! Não brinque mais com isso, caro ouvinte! Pondere bem sobre a pergunta que estamos analisando agora, e jamais se aventure a fazê-la outra vez.

Antes de encerrar, preciso lhe dizer o que Jesus Cristo tem que ver com você e com muitos aqui presentes, que têm confiado nele. Se alguém que entrou aqui esta noite na mais completa indiferença for embora convencido sobre o que direi, isso equivaleria a mil misericórdias, a algo que mereceria ser louvado no céu. Sinto-me sinceramente mui grato pela oportunidade de ter podido pregar a vocês mais

Uma conversa franca com os negligentes

uma vez hoje à noite. Agradeço a Deus por poder estar aqui. Tinha sede de voltar a me ocupar do meu solene, mas amado ofício outra vez. Estou muitíssimo contente por ser de novo usado pelo meu Senhor como meio de advertir e chamar a ele pobres pecadores. Acho que não conseguiria demonstrar minha gratidão de maneira melhor do que buscando a conversão de alguns que estão mais distantes da verdade. Espero que muitos do povo de Deus tenham orado para que nos sobrevenha agora tal bênção. Minha alma ora enquanto falo. Oh, que o Senhor me ouça! Se houver aqui, inclusive, alguém que nunca ouviu falar do evangelho e outros que só entraram por curiosidade, sejam essas, a seguir, para eles, as "palavras que sustentam".

Alguns de nós fomos um dia tão negligentes, tão ímpios, tão incorrigíveis e tão pecaminosos quanto qualquer um de vocês; e Jesus Cristo teve que ver conosco o seguinte: nos revelou nossa condição de perdidos, quebrantou o nosso coração e nos convidou a olhar para ele. Que dia feliz quando assim o fizemos! Nós o vimos, pela fé, pendurado no madeiro e cremos que ele padeceu ali em nosso lugar. Depositamos nossa alma sobre o que ele fez por nós, e desde então, em vez de perguntar "Que tenho eu contigo?", sentimos que temos tudo que ver com ele. Jesus lavou-nos dos nossos pecados, que jamais nos poderiam ser retirados de nenhum outro modo. Revestiu-nos de sua justiça; e não temos outra para usar senão unicamente essa, que ele criou e introduziu em nossa vida. A partir do momento em que foi estabelecida tal relação de amor e amizade entre nós e ele, descobrimos ser um prazer obedecer aos seus mandamentos; um privilégio crer em suas promessas; uma alegria rogar em seu santo nome junto ao trono da misericórdia; um êxtase conversar com ele; um incomparável deleite esperar o momento em que seremos como ele e o veremos como de fato é.

Você não tem a menor ideia do que o cristão conhece de satisfação e conforto espiritual enquanto não se tornar cristão. Não poderá julgar das delícias espirituais mais do que um animal teria condições de julgar dos prazeres do saber do matemático ou do astrônomo, pois não tem a natureza adequada que o qualifica para isso. Há um outro mundo dentro deste, uma outra vida dentro desta, e ninguém a conhece, a não ser o homem que crê em Jesus. Crendo em Jesus, no entanto, milhares de nós, que não somos demasiadamente entusiastas nem fanáticos, damos nosso firme testemunho de que Jesus Cristo é tão precioso que, quanto mais os homens o conhecerem, mais o amarão. Se você, enfim, já soubesse que delícia é ser cristão, certamente já teria lamentado, como muitos, ter vivido tanto tempo sem o ser também. Se você já soubesse quanto é doce ter Cristo como seu, desejaria que nem mais uma hora se passasse antes de também poder dizer: "Cristo é meu".

O único modo de ter Cristo é confiando nele. Existe toda uma vida em olhar para Jesus. Para isso, nada há de especial que você deva fazer ou sentir. Basta vir a ele do jeito que está e confiar nele. É isso que é o evangelho: *Quem crer e for batizado será salvo* (Mc 16.16). O batismo é a expressão exterior da fé, ou seja, que você crê. Ao ser imerso nas águas, significa que você crê haver sido sepultado com Cristo e nele ressuscitado para a vida eterna. Porém, a essência da salvação é crer — é mediante a fé que se recebe a grande graça divina, única capaz de salvar a alma. A isso se segue o batismo, como uma confirmação da obediência, um meio de refrigério para a alma. *Quem crê no Filho tem a vida eterna* (Jo 3.36). *Mas a todos quantos o receberam, aos que creem no seu nome, deu-lhes o poder de se tornarem filhos de Deus* (Jo 1.12).

Que esta noite, Pai eterno, teu filho veja, mais uma vez, o fruto do trabalho de sua alma. Rogamos-te esta noite, que concedas que mais alguns de nós possam não mais rejeitar o teu Filho; e possa o teu Espírito eterno, capaz de convencer de um modo que jamais saberemos, operar com eficácia na vontade e consciência dos homens, constrangendo-os a vir àquele de quem até agora prescindiram, para que a tua casa de misericórdia possa ser concluída. O Senhor atenda ao desejo do coração de vocês. Em o nome de Jesus. Amém.

Um vigário de Cristo em Decápolis

Então começaram a rogar-lhe que se retirasse dos seus termos. E, entrando ele no barco, rogava-lhe o que fora endemoninhado que o deixasse estar com ele. Jesus, porém, não lho permitiu, mas disse-lhe: Vai para tua casa, para os teus, e anuncia-lhes o quanto o Senhor te fez, e como teve misericórdia de ti (Mc 5.17-19).

Que qualificação mais impressionante: *o que fora endemoninhado* (Mc 5.18). Ela ficaria ligada àquele homem enquanto vivesse. Onde quer que ele estivesse, seria como um sermão vivo sobre a sua libertação. As pessoas devem ter passado, certamente, a lhe pedir que contasse a história de como antes costumava ser e de como se deu sua transformação. Que história maravilhosa de se ter para narrar! Ninguém mais, senão ele mesmo, seria capaz de descrever a vida no tempo em que estivera endemoninhado — as cenas vividas na calada da noite entre túmulos, os cortes aplicados em si mesmo com pedras, os uivos, os sustos perpetrados aos viajantes que se aproximavam, as correntes que o prendiam, o bater das algemas, a quebra dos grilhões e vários outros detalhes, nos quais só ele próprio podia entrar ao contar sua história aos amigos e curiosos. E com que capacidade de enternecer seus ouvintes contaria como Jesus se aproximou dele e como o espírito mau que o dominava o obrigou a confrontar o Senhor!" "Foi a melhor coisa que poderia ter-me acontecido", confessaria, "a apresentação ao mestre da desesperada legião de demônios que acampara dentro do meu ser, fazendo da minha alma o seu quartel" Explicaria ainda de que maneira, em um só instante, a legião inteira se fora ao ouvir a palavra de Cristo.

Há pessoas que poderiam contar uma história muito parecida com a desse homem. História de escravidão a Satanás e de libertação pelo poder de Cristo. Se você tem uma história dessas para contar, não a guarde para si mesmo. Se Jesus tem feito grandes coisas em sua vida, esteja sempre pronto a falar delas, até que os homens todos conheçam do que Cristo é capaz. Creio que grandes pecadores salvos hajam recebido um chamado especial para difundir as boas-novas, o evangelho da graça de Deus. Se você se mostrou intrépido ao enfrentar a verdade, seja intrépido também ao lutar por ela. Se não se manteve indiferente quando servia a Satanás, não seja indiferente agora que serve a Jesus. Muitos entre nós poderiam perfeitamente receber os mesmos títulos de personagens de destaque dos evangelhos, como "o ex-cego de nascença", o leproso que foi curado", "a mulher que era grande pecadora", ou mesmo *o que fora endemoninhado*. Espero que estejamos dispostos a aceitar qualquer qualificação ou título nosso que glorifique a Cristo. Não creio, inclusive, que esse homem pensasse alguma vez em processar o evangelista Marcos por calúnia por tê-lo chamado de *o que fora endemoninhado*. Oh, não! Reconhecia, certamente, que um dia estivera realmente possuído pelo demônio e glorificava a Deus por haver sido liberto pelo Senhor Jesus.

I. Farei poucas observações sobre a passagem que escolhi como texto de estudo. A primeira delas será: VEJAM COMO DIFEREM OS DESEJOS DOS HOMENS. Vemos no versículo 17 que *começaram a rogar-lhe que se retirasse dos seus termos* (Mc 5.17). As pessoas ficaram ansiosas de que Cristo se afastasse dali, para bem longe delas. E, no entanto, o homem a quem ele havia curado desejou, pelo contrário, seguir Jesus aonde quer que ele fosse.

A que classe desses dois tipos de pessoas você pertence, meu caro amigo? Espero que não à primeira classe, a *dos muitos que rogaram a Jesus que se afastasse deles*. Mas por que desejariam tanto assim que ele fosse embora dali?

Entendo, em primeiro lugar, por desejarem viver sossegados e sem susto. Para eles, o que sucedera tinha sido verdadeira calamidade. Porcos se haviam precipitado no mar, e não estavam mais a fim de catástrofes desse tipo. Era evidente que aquele Homem desconhecido que havia chegado ali detinha um estranho e extraordinário poder. Pois não havia até curado o endemoninhado? Pois então? Não o queriam mais ali. Não estavam em busca de nada fantástico ou fora do comum. Eram pessoas simples, rústicas, ignorantes, que tudo a que aspiravam na vida era prosseguir no seu dia a dia contínuo e no curso sempre igual e constante de seu estreito caminho. Por isso, lhe rogaram que lhes fizesse o favor de ir embora. Há pessoas desse tipo ainda hoje, entre nós. Elas dizem: "Não; não queremos avivamentos aqui, não. Somos tradicionais demais para essas coisas. Não temos interesse em nenhuma pregação que se diz inspiradora. Estamos muito bem assim; por favor, não perturbem a nossa paz". Tais pessoas, quando tomam conhecimento de que Deus está operando em determinado lugar próximo delas, sentem logo vontade de ir morar em outro lugar qualquer, bem longe. Preferem viver sossegadas a tudo o mais na vida. O lema que as norteia é: "Tudo por uma vida tranquila". "Deixem-nos em paz, deixem-nos seguir nosso velho e conhecido caminho" é o clamor dessa gente, muito semelhante ao dos israelitas quando pediram a Moisés: *Deixa-nos, que sirvamos aos egípcios* (Êx 14.12).

É possível, por outro lado, que aquelas pessoas desejassem a partida do nosso Salvador por estarem de olho em seus negócios. A criação de porcos poderia não ser para eles um mau negócio. Sendo judeus, é bem verdade, nada podiam ter que ver com aqueles animais, pois não comiam de sua carne; mas é bem possível que os criassem para vendê-los a outros, não judeus, dos quais aquela região de Decápolis estava cheia. De repente, por causa da ação de Jesus, haviam perdido rebanhos inteiros de suínos! Imagine o que todos aqueles porcos valeriam para seus proprietários. Quando constataram seu prejuízo, decidiram que aquele Nazareno tinha de ir embora imediatamente de suas terras antes que tivessem perdas maiores ainda. Não admira, portanto, que determinados sujeitos que vendem bebidas alcoólicas, por exemplo, ou se dedicam a qualquer outro tipo de comércio em que só ganham dinheiro causando prejuízo ao próximo, não queiram saber de Cristo "rondando" por ali, perto deles. Talvez alguns aqui não gostariam que Cristo visse quão parco é o que pagam a pobres e exploradas costureiras pela confecção de suas requintadas roupas. Ou então, se Jesus Cristo fosse visitar a residência de algumas pessoas, o marido diria antes à mulher: "Depressa, esconda o livro onde anoto os salários dos nossos empregados! Não quero que ele o veja".

Ó meu amigo, se existe um motivo pelo qual você não quer que Cristo cruze seu caminho, oro para que o Espírito Santo o convença de que você *precisa* que ele entre em sua vida. Quem tem maior objeção a Cristo é quem mais necessita dele. Tenha certeza disso: se você não quer se converter, se não quer nascer de novo, você, mais que qualquer outra pessoa, é quem mais precisa se converter e nascer de novo. Não parece, de fato, uma decisão insensata quando, por causa de nossos rebanhos de porcos, resolvemos nos afastar de Cristo? *Pois que aproveita ao homem ganhar o mundo inteiro e perder a sua vida?* (Mc 8.36). O mais que ele poderá conquistar será um belo e destacado necrológio no jornal, anunciando que morreu aquele cidadão que, ao que parece, valia milhões de libras. O que nem será verdade, porque ele não vale nem jamais valeu um *penny* sequer; e ninguém daria um tostão furado que fosse por ele agora que está morto. O homem pode até pagar caro para se ver livre de Jesus em vida, mas não poderá levar seu dinheiro consigo. E nada vale, sobretudo, justamente por usar tudo o que acumula sempre em propósitos egoístas, nunca para ajudar realmente o próximo, muito menos para a glória de Deus. Ah, pobre ímpio rico!

Não admira, pois, que aquelas pessoas da região de Decápolis, absortas mais em si mesmas, em seus interesses e do mundo, rogassem a Cristo *que se retirasse dos seus termos*. Mas será que ele poderia, mesmo que se não tivesse interesse em ouvi-lo, ficar em algum lugar nas proximidades? Não. Quando os descrentes se levantam contra a fé cristã, vão a extremos na tentativa de querer afastá-la o máximo possível do seu meio. Não foram apenas um ou dois crentes que tiveram de deixar suas moradias onde realizavam reuniões de oração porque os respectivos proprietários das casas, além de não desejarem Cristo para eles mesmos, tampouco permitiam que o tivessem quem assim o desejasse. Haverá alguém entre nós, aqui, que se encontra nessa condição?

Espero ter aqui pessoas do outro tipo, ou seja, semelhantes a *este pobre homem que fora endemoninhado e que rogava ao Senhor que lhe deixasse estar com ele*. Por que tanta vontade de ficar com Jesus? Ele tencionava, certamente, trabalhar como seu servo, a fim de lhe demonstrar gratidão. Se pudesse servir a Cristo, soltar-lhe as correias das sandálias e lavar-lhe os pés ou lhe preparar refeições, ele provavelmente se sentiria o homem mais feliz sobre a face da terra. Amaria fazer alguma coisa por aquele que expulsara uma legião de demônios do seu interior.

No entanto, e evidentemente, não desejava servir ao Senhor apenas para lhe mostrar gratidão, mas, sim, tornar-se seu discípulo, para dele, pessoalmente, poder aprender. O muito pouco que sabia de Cristo tornara-se para aquele homem algo tão valioso, tivera uma experiência pessoal tão grandiosa do seu poder que gostaria, naturalmente, de estar doravante sempre aprendendo alguma coisa, a cada palavra proferida por aqueles lábios benditos, a cada gesto daquelas mãos divinas. Suplicou-lhe que o deixasse estar com ele, portanto, como alguém que almejava ser ensinado.

Desejava estar com ele, também, como companheiro. Já que Cristo teria de ir embora dali, exilado de Decápolis, ele parecia não ver motivo pelo qual devesse permanecer naquele lugar. "Senhor, como tu tens de deixar os gerasenos, deixa-me ir junto contigo! Vais embora, pastor? Então eu vou também. Tens de atravessar o mar e ir além, não importa onde? Eu irei contigo, até mesmo à prisão ou à morte." Por sentir-se de tal forma ligado agora a Cristo é que lhe suplicou permissão para acompanhá-lo.

Acho que havia ainda outra motivação por trás de sua súplica, esta relacionada ao temor. Talvez temesse que algum demônio da legião expulsa pudesse voltar e que, se estivesse com Cristo, o Senhor poderia, sem dúvida, mandá-lo embora. Não é de estranhar que pudesse se sentir ameaçado e temeroso, não aceitando ficar longe do grande Médico que o havia curado de enfermidade tão atroz. Digo a todos, sempre, que jamais estamos a salvo, a não ser com Cristo. Se você se sente tentado a ir aonde Cristo não o acompanharia, não vá. Conhece a história do demônio que levou consigo um rapaz que se encontrava em um cabaré? Um pregador confrontou Satanás e disse: "Espere aí! Esse rapaz é membro da minha igreja!" "Bem", retrucou o diabo, "se ele é membro da sua igreja, não me importa. Eu o encontrei dentro do meu terreno e, portanto, tenho todo o direito sobre ele". O pregador não achou resposta para dar. Se você for ao terreno do diabo e ele o atacar, não há nada que eu possa dizer a respeito. Não vá a parte alguma onde não possa levar com você o Senhor Jesus. Aja sempre como agiu esse ex-endemoninhado, que almejava ir aonde quer que Cristo fosse.

II. Em segundo lugar, vejamos como a conduta de Cristo é diferente e extraordinária. Eis um pedido injusto, o da população: *Retira-te dos nossos termos*. Jesus atende. E eis uma súplica piedosa: "Senhor, deixa-me estar contigo". *Jesus, porém, não lho permitiu* (Mc 5.19). É assim que ele age, atendendo à petição dos inimigos e rejeitando a dos amigos? Sim; às vezes.

No primeiro caso, *ao lhe rogarem que fosse embora, ele o fez*. Ó queridos amigos, se algum dia, ao se aproximar Cristo de vocês, se sentirem um pouco incomodados em sua consciência, se experimentarem uma espécie de pulsar de vida espiritual, por favor, não peçam que ele se retire. Pois, se ele o fizer, não somente os deixará sozinhos, como poderá nunca mais voltar. A sentença de vocês estará selada! A única esperança para a vida de vocês é a sua presença. Se rogarem contra essa esperança, serão suicidas, culpados por assassinar a própria alma.

Jesus se apartou daquelas pessoas porque era inútil continuar ali. Se queriam que se fosse, de que adiantaria ficar? Se ele argumentasse, não o ouviriam; e se ouvissem sua mensagem, não lhe dariam maior atenção. Quando a mente dos homens está inteiramente posta contra Cristo, o que fazer, a não ser deixá-los? Ele empregaria melhor seu tempo em outra parte qualquer. Se você não quer saber do Senhor, há quem queira. Se você prefere encostar-se em seu orgulho, dizendo: "Eu não quero esse Salvador", uma pobre alma perdida anseia por ele, clamando: "Oh, possa eu encontrá-lo para ser *meu* Salvador!" Cristo sabia disso; que, se os gerasenos o recusavam, o povo do outro lado do lago lhe daria as boas-vindas em seu retorno. Ao ir embora, ele, inclusive, os salvava de pecado maior ainda. Se ficasse, talvez, quem sabe, até tentassem matá-lo. Quando começam a rogar a Cristo que se retire de seus termos mostram que são bastante maus, capazes de qualquer coisa. Poderiam lançar mão de violência contra sua pessoa, de modo que preferiu se afastar.

Não é terrível pensar que, se o ministro do evangelho não pode ajudar a salvar você, pode ajudar a condená-lo? Para Deus, somos um perfume sempre doce; mas, enquanto para alguns homens, somos um perfume de vida para a vida, para outros somos um perfume de morte para a morte. Ó meus ouvintes, se vocês não pretendem vir a Cristo, apropriaram-se indevidamente do banco que aqui ocupam! Poderia haver outra pessoa sentada aí, para quem o evangelho talvez fosse valioso. Nossas oportunidades para pregá-lo nunca são demais. Não gostaríamos de desperdiçar nossa força em terreno rochoso, em blocos rígidos de pedra que rechaçam a semente. Rocha, rocha, rocha, você jamais quebrará. Deveríamos continuar a semeadura em você, mesmo que jamais venha a nos dar uma colheita? Que Deus a transforme, rocha, e faça de você um solo fértil, para que a verdade ainda possa crescer sobre você!

A oração maldosa, então, foi atendida. *Já a oração boa não foi respondida.* Por quê? A razão principal deve ter sido a possibilidade de aquele homem vir a ser útil ali mesmo, em sua terra. Ele poderia glorificar melhor a Deus se permanecesse entre os gerasenos, no seio de sua família e de sua comunidade, relatando o que Deus lhe fizera, do que mediante qualquer desvelo que pudesse oferecer a Cristo. É digno de nota que o Senhor não tomou ninguém para servi-lo como ajudante ou criado pessoal durante todo o seu ministério terreno. Deixou claro, inclusive, que não veio para ser ministrado, mas para ministrar; não veio para ser servido, mas para servir. Por isso, não quis que aquele homem o acompanhasse para tornar sua vida mais fácil ou confortável. Preferiu mandá-lo de volta para os seus, junto aos quais teria como tornar conhecido o seu poder, o poder de Cristo, e os ganhar, assim, para Deus.

Talvez também a petição daquele que fora endemoninhado não haja sido respondida para evitar que seu temor fosse sancionado. Se provavelmente temia que os demônios voltassem a perturbá-lo, e em termos morais considero certo que sim, é lógico que só poderia ansiar por estar com Cristo; mas o Senhor afasta esse medo dele, pois é como se lhe dissesse: "Você não precisa estar junto a mim fisicamente para estar bem. Eu o curei, e esteja certo e tranquilo de que nunca mais voltará a sofrer desse mal". Nenhum paciente diria, certamente, ao seu médico: "Doutor, estive enfermo durante muito tempo, sim, mas graças à sua capacidade foi-me restaurada a saúde; de modo que eu gostaria de ficar agora o tempo todo perto do senhor, para que, em caso de alguma recaída, possa procurá-lo imediatamente e na mesma hora". Mas, se o dissesse, o médico poderia retrucar: "Não, não; não é preciso; você pode ir embora para a Suíça, para a Austrália, para onde bem quiser"; e estaria dando uma grande prova de que nada teme em relação àquele paciente, aquietando-o assim de quaisquer dúvidas.

Veja, então, como a conduta de Cristo difere para cada homem e situação. Por acaso não conheço alguns que continuam em pecado e, no entanto, prosperam nos negócios, acumulam riquezas e têm tudo o que o coração pode desejar? Acaso não conheço também outros que se arrependem, voltam-se para Deus e desse mesmo dia em diante enfrentam problemas que nunca tiveram antes, passando a percorrer uma estrada bastante acidentada? Sim, a ambos conheço. Não invejo os caminhos fáceis dos maus, nem sinto que haja algo de muito estranho nos caminhos irregulares dos justos. Afinal, não é o caminho a questão fundamental, mas, sim, o seu fim. Mesmo que eu pudesse viajar tranquilo para a perdição, não escolheria fazê-lo. Se o caminho para a vida eterna se apresenta todo esburacado, ainda assim prefiro enveredar por ele. Ao pé do "Monte dificuldade", Bunyan faz o Peregrino cantar:

> O monte, embora alto, anseio escalar;
> A dificuldade não irá me afetar,
> Pois sei que o caminho da vida cá está.

III. Meu terceiro ponto é o seguinte: VEJAM QUE COISA BOA É ESTAR COM JESUS.

Este homem rogou ao Senhor que lhe permitisse estar com ele. Se sua salvação é uma experiência recente, espero que abrigue no coração o desejo de também estar sempre com Cristo. Todavia, vou lhe dizer a maneira provável de como esse anseio pode ter-se desenvolvido. Você está muito feliz, muito alegre, teve um encontro bendito com Cristo, tanto assim que, logo depois, você pensa: "Pena que acabou. Gostaria que esse encontro com o Senhor durasse a noite inteira, que continuasse no dia seguinte, que nunca mais terminasse".

Na verdade, nesse caso, você está raciocinando como Pedro, que queria construir três tabernáculos sobre o monte da Transfiguração e ali permanecer pelo resto de seus dias. Mas, assim como ele não pôde, você também não pode e não deve. Precisa voltar para casa, seja para o marido intolerante, seja para a esposa intransigente, para o pai ímpio ou a mãe desatenciosa. Não há como se deter para sempre em seu encontro. O que acontece, então, é que você pode estar fazendo uma ideia um tanto equivocada do que seja estar com Cristo. Sente-se tão feliz quando consegue ficar só, ler sua Bíblia, meditar e orar, que diz: "Senhor, gostaria de poder fazer isso sempre. Gostaria de ficar o tempo todo aqui onde estou agora, lendo e estudando as Escrituras, meditando, orando, em comunhão contigo". Sim, seria bom, mas não pode fazer isso. Tem, por exemplo, as meias das crianças para cerzir ou os botões para pregar, o seu trabalho profissional para exercer ou suas contas para pagar, todo tipo de pendência para resolver, sendo impossível negligenciar qualquer uma delas. Os afazeres e as responsabilidades que recaem diariamente sobre você, tem de lhes dar atenção. Gostaria certamente de não ter de ir para a cidade amanhã. Não seria maravilhoso passar a noite inteira em uma reunião de oração e mais um dia inteiro lendo e estudando as Escrituras? Seria; mas não foi isso o que o Senhor para você determinou. Você precisa cuidar de sua vida e da dos seus. Trate, portanto, de tirar a roupa domingueira e vestir a do dia a dia e considere-se ainda mais feliz por poder praticar e demonstrar sua fé em sua vida diária.

"Sim, mas", diz alguém, como ouço dizer com muita frequência, "acho que conseguiria estar sempre com Cristo se pudesse parar de trabalhar de uma vez e me dedicasse somente ao serviço do Senhor". Você acha até que mais assim seria no caso de assumir um ministério. Nada tenho a dizer, evidentemente, contra o exercício de ministério algum do evangelho. Se sente que o Senhor o chama para isso, obedeça e sinta-se grato por considerá-lo fiel a ponto de colocá-lo em um ministério. Se imagina, porém, que estará mais perto de Cristo somente pelo simples fato de se dedicar a um ministério, desculpe-me, mas está enganado. Esta manhã, por exemplo, depois que acabei de pregar, as pessoas me trouxeram, para ouvir e lhes aconselhar, problemas suficientes para cerca de um mês. Como ministro, temos de suportar as dores e os sofrimentos de todos, as dúvidas de todos, as carências e as necessidades de conforto e de ajuda por parte de todos. Você se vê sobrecarregado pela grande quantidade de serviço a executar, mesmo a serviço do Senhor. Aliás, é fácil perder o Senhor de vista na obra do Senhor. Desejamos ter sempre grande graça para que a tentação insidiosa não nos domine, mesmo no ministério. É possível andar com Cristo e manter uma loja de tecidos. É possível andar com Cristo e vender mantimentos. É possível andar com Cristo e ser um operário, um estivador. É possível andar com Cristo e ser um limpador de chaminés. Não hesito em dizer que, pela graça de Deus, é possível andar com Cristo tão bem em uma ocupação ou em outra, desde que honesta. Pode ser um grande erro desistir do trabalho pensando em estar mais junto de Cristo caso você se torne um missionário urbano, ou uma evangelista, ou uma vendedora de livros cristãos, ou um oficial do Exército de Salvação, ou qualquer outra forma de serviço santo que se possa desejar. Continue em seu trabalho. Se você sabe engraxar sapatos bem, faça isso. Se não sabe pregar bons sermões, não faça isso.

"Ah!", diz alguém, "mas eu sei como gostaria de estar com Cristo". Sim, eu também sei: você gostaria de estar no céu. Não deixa de ser saudável o desejo de estar lá com Cristo, pois é muito melhor do que estar aqui! Mas, lembre-se, pode ser um desejo egoísta, até pecaminoso, se você for longe demais para procurar satisfazê-lo. Um companheiro meu de serviço perguntou, certa vez, a um homem de Deus: "Irmão, o senhor não tem vontade de ir para casa?" "Como assim?" "O senhor não tem vontade de ir para o céu?" Ao que respondeu o irmão: "Vou lhe responder fazendo outra pergunta. Se você tivesse um homem trabalhando para você e na quarta-feira ele dissesse 'Eu gostaria que hoje fosse domingo', você o manteria a seu serviço?" O outro concluiu que, quanto a isso, era preciso, realmente, alimentar sempre uma boa esperança. Você conhece de fato uma pessoa que trabalha com você ao perceber se ela vive ou não ansiosa por chegar o fim de semana, não é verdade? Fica até feliz em vê-la ir para casa no final do expediente da sexta-feira ou do sábado, porque não lhe servirá mesmo de grande coisa se permanecer mais um pouco no trabalho. Assim também, teria eu, por exemplo, o direito de ficar anelando pelo céu quando posso ainda prestar algum serviço a Deus e fazer algum bem aqui a vocês na terra? Não é mais celestial, na verdade, estar fora do que dentro do céu, se pudermos ser mais úteis fora do que dentro do céu ao Senhor? Almeje, portanto, somente por ir embora quando o Senhor assim quiser e desista de sua vontade egoísta, pois no seu caso permanecer na carne poderá ser melhor para o bem da igreja e do mundo, sobretudo para a glória de Deus. Nem se magoe com o Senhor se, ao rogar para estar com ele, for dito a seu respeito o mesmo que foi quanto àquele homem: *Jesus, porém, não lho permitiu.* Onde quer que estivermos, é delicioso sempre estar com Jesus.

IV. Em quarto lugar, veremos que PODE AINDA HAVER COISA MELHOR.

No sentido a que quero me referir, existe coisa melhor ainda do que simplesmente estar com Cristo. E o que pode ser melhor do que estar com Cristo? Trabalhar para Cristo! Jesus disse àquele homem: *Vai para tua casa, para os teus, e anuncia-lhes o quanto o Senhor te fez, e como teve misericórdia de ti* (Mc 5.19). Isso é *mais honroso.* Como é bom permanecer sentado aos pés de Jesus! No entanto, assim como o posto mais honroso no campo de batalha é o do risco ou a designação mais honrosa do Estado é para o serviço ativo real, assim também a condição mais honrosa para o cristão não é, de fato, a de ficar sentado, cantando e se deleitando aos pés do Senhor, mas, sim, levantar-se e arriscar sua reputação, vida e tudo o mais por amor de Jesus Cristo. Querido amigo, aspire a servir seu Senhor. É mais honroso do que simplesmente estar com ele.

É também *melhor para as pessoas em geral.* Ao se afastar dos gerasenos, que lhe pedem que os deixe, o Senhor parece dizer àquele homem: "Só vou porque me pediram para ir. Minha partida resulta de um julgamento deles, por me haverem rejeitado. No entanto, não estou indo embora inteiramente. Ficarei com você. Colocarei sobre você meu Espírito, de modo que permaneceremos juntos. Embora não me queiram ouvir, eles o ouvirão". Cristo, portanto, renuncia ao pastorado físico daquela área, mas estabelece uma testemunha em seu lugar. Não tão boa quanto ele próprio, mas à qual está certo de que as pessoas darão atenção; não tão poderosa e útil quanto ele, mas melhor adequada àquela gente. Enquanto Cristo se foi, esse homem permaneceu ali. O povo passaria a ir a ele para ouvir a história dos demônios lançados nos porcos e de como os animais se precipitaram no mar; e mesmo que não o procurassem, ele a eles iria e lhes contaria o que lhe acontecera. Haveria como que um apóstolo fixo, um vigário permanente ali, incumbido de cumprir o sagrado ministério agora que o grande Bispo se fora. Gosto dessa ideia. Cristo foi para o céu por ser desejado lá, mas deixando você aqui, querido irmão, para levar a cabo sua obra. Você não pode, naturalmente, se comparar a ele sob aspecto algum. Lembre-se, porém, do que ele disse aos discípulos: *Aquele que crê em mim, esse também fará as obras que eu faço, e as fará maiores do que estas; porque eu vou para o Pai* (Jo 14.12). Eis por que Cristo prefere que você não esteja ainda junto a ele no céu no presente momento. Você deverá ficar aqui por causa das pessoas com as quais convive, tal como *o que fora endemoninhado* teve de ali permanecer por causa dos gerasenos, aos quais teria de testificar de Cristo.

O fato de permanecer seria também *melhor para sua família.* Não acha que muitas vezes o homem de Deus é mantido fora do céu por causa de sua família? Ainda não é hora de ir, pai; os meninos precisam do seu exemplo e influência por mais tempo. Mãe, tampouco você pode ir agora. Sei que seus filhos já cresceram e a afligem demais. Mesmo assim, se há alguma coisa que os detém face ao pecado é sua velha mãe, e você precisa ficar aqui enquanto puder interceder a Deus por eles; e certamente ainda muito o fará. Tenha bom ânimo.

Muitos aqui, creio eu, poderiam estar no céu, mas por seu intermédio Deus pretende trazer alguns a Cristo, de forma que têm de permanecer entre nós um pouco mais. Embora até enfermo no corpo, abalado nos nervos, com frequência sentindo dores agudas, talvez com uma doença terminal e ansioso por ir embora, você, servo, provavelmente não irá até que sua obra esteja concluída.

Ele queria partir com Jesus. *Jesus, porém, não lho permitiu*. O que fora endemoninhado teria de ir para casa e contar para os seus que grandes coisas o Senhor lhe fizera. Pregadores eminentes já retrataram com talento a cena desse homem voltando para casa, de modo que não vou tentar fazer isso também. Você bem pode imaginar como isso seria caso lhe ocorresse algo semelhante e o tivessem antes trancafiado em um hospício, ou nem isso, de tão mal que estivesse. Como seus parentes e amigos ficariam felizes ao verem que você fora totalmente curado e voltava para casa gozando da mais perfeita saúde! Sou capaz de imaginar a esposa desse homem olhando surpresa pela janela, ao lhe reconhecer a voz chamando-a, de fora. Teria voltado para casa em um surto de loucura? Como os filhos se encheriam primeiro de temor ao som da voz do pai, mas logo de júbilo, ao constatarem que nele, de fato, tinha havido uma completa transformação!

Ah, você, pobre pecador, que veio à igreja esta noite! Talvez se lembre agora, amargurado, que seus filhos costumam tentar se esconder debaixo da cama quando o pai chega bêbado em casa. Sei que existem muitas pessoas assim e que, não raro, entram neste Tabernáculo. Que o Senhor tenha misericórdia do alcoólatra. Que esta noite vire para baixo definitivamente o seu copo e faça dele um novo homem em Cristo Jesus! Então, quando chegar em casa curado e contar do dom gratuito, do amor imorredouro e da maravilhosa transformação que Deus operou em sua vida, sua presença será uma bênção para sua família e para todos que o rodeiam. Pode ser, querido amigo, que você depois volte e permaneça aqui, até desfazer do seu coração a maior parte dos erros cometidos no passado. Você sentirá então que precisa trazer a Cristo, seu Salvador, alguns daqueles a quem ajudou levar para a perdição e arruinar. Pois há algo melhor até do que estar com Cristo: trabalhar para Cristo.

V. Por fim, consideremos que EXISTE AINDA UMA SITUAÇÃO QUE É A MELHOR DE TODAS. Podemos contar, aqui, com três graus de comparação. Qual o melhor de três estados? Estar com Cristo? É muito bom. Ser enviado por Cristo em uma santa missão? Bem melhor. Há, no entanto, algo ainda melhor do que tudo isso: é estar com ele e trabalhar para ele, ao mesmo tempo. Quero que todo cristão aspire a tal posição. É possível sentar-se com Maria aos pés do mestre e, ao mesmo tempo, atarefar-se como Marta para bem servir ao Senhor? Sim, é possível. Se Marta vier a alcançar o que estou propondo agora, nunca se sentirá atribulada por servir tanto nem achará errado o comportamento da irmã. "Mas não podemos permanecer sentados junto ao Senhor e fazermos mil coisas ao mesmo tempo", alegará alguém. No corpo, não; mas na alma, sim. Você pode estar sentado aos pés de Jesus, ou reclinado em seu peito na mesa da ceia e, ao mesmo tempo, lutar as batalhas do Senhor e realizar a sua obra. Para isso, *cultive tanto a vida interior quanto a exterior*. Empenhe-se não apenas em *fazer muito* por Cristo, mas em *ser muito* com Cristo, ou seja, em viver intensamente nele. Ao chegar à igreja, por exemplo, não vá direto para sua classe de escola bíblica ensinar uma lição fria e repetida, como alguns que agem assim; venha mais cedo e ouça a mensagem do mestre, alimentando em primeiro lugar a sua alma. Ou então, depois de se servir de um banquete espiritual pela manhã, dedique o resto do dia ao serviço santo. Deixe as duas coisas andarem juntas. Só alimentar-se o tempo todo, sem nunca trabalhar, poderá provocar uma sensação de demasiada fartura, de dispepsia espiritual. Por outro lado, se trabalhar sem parar, sem nunca comer, receio que você não irá suportar as provações tão bem quanto o cavalheiro que ontem fez sua primeira refeição depois de quarenta dias de jejum. Não procure imitá-lo; não é algo certo ou sábio de fazer, mas, sim, muito perigoso. Tenha abundante alimentação espiritual e realize copiosas obras espirituais.

Deixe-me lhe dizer, enfim: preocupe-se enquanto houver uma nuvem mínima que seja entre você e Cristo. Não espere que se adense como um nevoeiro. Encare o fato, mesmo que se trate apenas de fiapos de nuvem. Muito sábia é a observação de George Müller,[1] que diz: "Nunca saia do quarto de manhã até estar tudo certo entre você e Deus". Mantenha, portanto, uma firme amizade perpétua com Jesus. Assim você poderá estar com ele e servi-lo ao mesmo tempo. Lembre-se de, antes de começar a servir a Cristo, buscar sempre sua presença e auxílio. Não se envolva em nenhuma obra do Senhor sem primeiro haver contemplado a face do rei em toda a sua beleza. E, quando estiver trabalhando, recorde a todo instante o

---

[1] [NT] George Müller (1805-1898), evangelista e fundador de orfanatos em Bristol, Inglaterra.

objetivo daquilo que você está fazendo, para quem e por quem está sendo feito. Ao terminar a obra, não atire o chapéu para o alto, exclamando "Parabéns para mim!" Outra pessoa lhe dirá "Parabéns" se você merecer. O louvor a si próprio não é recomendado. Salomão disse: Seja outro o que te louve, e não a tua boca; o estranho, e não os teus lábios (Pv 27.2). Quando concluímos tudo, continuamos sendo servos inúteis. Teremos cumprido apenas com a nossa obrigação.

Portanto, se você for tão humilde quanto é ativo, tão despretensioso quanto vigoroso, poderá se manter junto de Cristo ao mesmo tempo que realiza suas missões até os confins da terra. Considero ser esta a experiência mais feliz que qualquer um de nós pode alcançar deste lado dos portões de pérola. O Senhor os abençoe e os leve até lá, em nome de Jesus! Amém.

71

De volta para casa
— um sermão de Natal

Vai para tua casa, para os teus, e anuncia-lhes o quanto o Senhor te fez, e como teve misericórdia de ti (Mc 5.19).

O caso aqui aludido é extraordinário. Pode-se contá-lo entre os fatos dignos de ser lembrados da vida de Cristo, talvez tão distinto quanto qualquer outro registrado por qualquer dos evangelistas. O pobre coitado envolvido na história, estando possuído por uma legião de espíritos maus, fora levado a uma situação pior que a loucura. Tendo feito morada entre os sepulcros, vivia no meio deles noite e dia, tornando-se o terror daqueles que passavam por ali. As autoridades haviam tentado controlá-lo. Ataram-no com grilhões e cadeias, mas nos acessos de loucura ele quebrara as cadeias e transformara os grilhões em pedaços. Também haviam sido feitas tentativas de recuperá-lo, mas homem algum conseguia domá-lo. Era pior que as feras selvagens, pois estas, pelo menos, podem ser dominadas. Sua natureza feroz não se deixava render. Representava uma calamidade para si mesmo, perambulando sobre os montes, gritando, soltando uivos terríveis, cortando-se com pedras pontiagudas e torturando o pobre corpo de maneira assustadora. Jesus Cristo chegou à localidade onde ele vivia e logo ordenou à legião de demônios que o possuía: *Sai desse homem* (Mc 5.8). No mesmo instante, o pobre homem ficou curado e caiu aos pés de Jesus — tornara-se um ser racional outra vez. Um homem inteligente. Isso mesmo, inteligente. Mais ainda, convertido ao Salvador. Por gratidão ao seu libertador, afirmou a este: *Seguir-te-ei onde quer que fores* (Lc 9.57); serei teu seguidor constante, teu servo. Permite, Senhor, que assim seja. "Não", respondeu Jesus. "Compreendo os teus motivos, a gratidão que sentes; mas, se quiseres mesmo demonstrá-la, *vai para tua casa, para os teus, e anuncia-lhes o quanto o Senhor te fez, e como teve misericórdia de ti* (Mc 5.19)."

Isso nos ensina um fato muito importante: a verdadeira fé em Cristo não parte os elos do relacionamento familiar. A fé não usurpa, na vida dos homens, o lugar de honra da instituição sagrada — quase a chamaria de divina — que é o *lar*. Não separa pessoa alguma de sua família nem a torna estranha à própria carne, ao próprio sangue. A superstição, sim, costuma fazer isso. Uma dessas, terrível, e que ousa dizer ser cristianismo, tem apartado os homens de seu lar. O verdadeiro cristianismo jamais fez nem faria isso. Se me fosse possível, iria até um eremita em sua caverna solitária e lhe diria: "Amigo, se você é o que afirma, um verdadeiro servo do Deus vivo, e não um hipócrita, como acredito ser; se você é um verdadeiro crente em Cristo, demonstre, para quem quiser ver, o que ele tem feito em seu favor: entorne essa bilha, coma o último pedaço do seu pão, abandone esta cova lúgubre, lave o seu rosto, desate o seu cinto de cânhamo; se quer demonstrar realmente gratidão a Deus, vá para casa, para junto dos seus, e conte-lhes que grandes coisas o Senhor tem feito em sua vida. Você não consegue levantar as folhas ressequidas da floresta? Podem as bestas-feras aprender a adorar esse Deus, a quem sua gratidão deveria fazer você se dedicar a honrar? Espera converter estas pedras, despertar estes ecos e transformá-los em canção? Nada disso, volte para casa. Habite entre seus familiares e amigos, realce o seu parentesco com todos os homens, torne a se unir aos seus bons companheiros, pois esse é o caminho pregado por Cristo para se mostrar gratidão a Deus". Percorreria depois cada mosteiro e convento, conclamando monges e freiras assim: "Venham, irmãos e irmãs, saiam daí! Se são o que pretendem ser, servos de Deus, voltem para junto de seus parentes e amigos. Chega dessa disciplina absurda. Ela não é nem nunca foi uma regra prescrita por Cristo. Vocês estão agindo de modo inteiramente contrário à maneira de viver que ele mesmo adotou em sua própria

De volta para casa — um sermão de Natal | 669

vida na terra. Retornem para casa, para sua família e seus amigos!" Às irmãs de caridade, eu convidaria: "Sejam irmãs de caridade para com as suas irmãs e seus irmãos verdadeiros. Voltem para seus parentes e amigos, cuidem de seus pais idosos, transformem suas casas em centros de amor divino. Não fiquem aí sentadas, paparicando seu orgulho e em desobediência à ordem de Cristo, que disse: *Vai para tua casa, para os teus, e anuncia-lhes o quanto o Senhor te fez, e como teve misericórdia de ti.*"

O amor à vida solitária e ascética, considerada por alguns uma virtude divina, nada mais é que uma enfermidade da mente. Nas épocas em que havia pouca benevolência e, por conseguinte, poucas mãos para construir hospícios, a superstição andou suprindo a falta de caridade, de modo que a homens e mulheres com problemas mentais foi concedido que realizassem suas fantasias em retiros isolados ou no ócio fácil. Young disse, em versos, com muita propriedade:

> Os primeiros sintomas de uma mente salutar
> são a paz no coração e o prazer de estar no lar.

Acima de tudo, meus amigos, evitemos os conceitos absurdos de virtude que são frutos de superstição e opostos à verdadeira justiça. Não abandonem o afeto natural, mas, sim, amem sempre os que estão presos a vocês pelos laços de família. E a verdadeira fé cristã não há como, de modo algum, se mostrar incoerente com a natureza pura. Não nos pode exigir, por exemplo, que nos abstenhamos de chorar quando morre um parente ou um amigo. *Jesus chorou* (Jo 11.35) quando da morte de Lázaro. Não nos pode negar o prazer de um sorriso quando a providência nos é propícia, pois um dia também *exultou Jesus no Espírito Santo e disse: Graças te dou, ó Pai* (Lc 10.21). Quanto a ser adulto e responsável, não significa dizer ao pai e à mãe "Não sou mais seu filho, sua filha". Isso não é cristianismo, mas, sim, coisa pior até do que fariam as feras, o que nos levaria a viver à parte dos nossos familiares e melhores companheiros, a estar no meio deles como se não tivéssemos com eles nenhuma relação de parentesco ou amizade. A todos os que considerem a vida solitária equivalente a uma vida de piedade, eu digo e repito: "Isso é a maior ilusão". Aos que julgam que indivíduos assim devem ser bons tão somente por haverem rompido seus laços de relacionamento natural, permitam-me dizer que melhores que eles são justamente as pessoas que mantêm intactos esses laços. O cristianismo faz do marido um marido melhor; da esposa, uma esposa melhor. Não me livra das minhas obrigações como filho, mas me torna um filho melhor; e meus pais, melhores pais. Em vez de debilitar meu amor pelas pessoas, renova o motivo do meu afeto. Aquele a quem amei antes como pai, hoje amo também como meu irmão e cooperador em Jesus Cristo. Aquela a quem eu amava e respeitava como minha mãe, hoje amo e respeito também como minha irmã na aliança da graça, o que ela há de ser para sempre no porvir. Nenhum de vocês imagine sequer que o verdadeiro cristianismo tenha tido alguma vez a intenção de interferir no seio familiar. Seu intuito é consolidá-lo e construir lares que nem a própria morte consegue dividir, pois o cristianismo os prende no feixe da vida com o Senhor, seu Deus, e reúne seus participantes depois na outra margem do lago.

Vou agora revelar a razão pela qual escolhi esse texto para estudo. Pensei: "Um grande número de jovens vem sempre me ouvir pregar. Lotam os corredores da igreja. Muitos têm se convertido ao Senhor. Eis que o dia do Natal se aproxima, e muitos estão voltando para suas cidades para rever a família e os amigos. Quando chegarem aqui, hão de querer ouvir uma mensagem relacionada ao Natal. Vou lhes sugerir uma — para ser mais específico, àqueles que se converteram há menos tempo. Estarei lhes entregando uma mensagem, tirada da própria palavra de Jesus, adequada à sua estada junto a seus parentes e amigos na noite de Natal. Talvez possa não ser tão atraente quanto o conto natalino *The Wreck of the Golden Mary* [O naufrágio do Golden Mary], de Charles Dickens, mas é certamente da maior importância para eles. Começa assim: "Vá para casa e conte a seus parentes e amigos o que o Senhor fez por sua alma, e como ele tem tido compaixão de você".

De minha parte, gostaria que houvesse vinte dias de Natal por ano. São raras as oportunidades para os jovens se encontrarem com seus familiares e amigos; quase nunca conseguem se reunir com todos como uma família feliz. E, embora eu não tenha ligações propriamente com o cerimonial religioso do dia, ainda assim amo o dia de Natal como instituição cristã e familiar, um dos dias mais brilhantes da Inglaterra e a maior comemoração anual do mundo. É quando o arado repousa em seu sulco, o alarido silencia, o patrão e o trabalhador saem para se refrescar no gramado verdejante da alegre terra. Se houver patrões aqui presentes peço que me perdoem a digressão quando lhes peço, com todo o respeito, que paguem a seus empregados pelo feriado do dia de Natal o mesmo salário que pagariam se estivessem trabalhando. Estou certo de que essa atitude alegrará em muito o lar deles. Seria injusto da parte de vocês fazer que o festejem em jejum. É justo que se lhes deem meios com que festejar e se alegrar nesse dia de tanto júbilo.

Passemos então ao nosso tema. Estamos voltando para casa a fim de rever os amigos e eis a história que alguns de nós têm para contar: *Vai para tua casa, para os teus, e anuncia-lhes o quanto o Senhor te fez, e como teve misericórdia de ti.* Primeiro, *aqui está o que devem dizer*. Depois, *o motivo pelo qual devem dizê-lo*. Por último, *como dizê-lo*.

I. Comecemos, portanto, por AQUILO QUE DEVEM DIZER. Deve ser o relato de *uma experiência pessoal. Vai para tua casa, para os teus, e anuncia-lhes o quanto o Senhor te fez, e como teve misericórdia de ti.* Você não deve retornar para casa e pôr-se a pregar de imediato. Não é isso que lhe foi ordenado. Não pegue assuntos doutrinários para sair discorrendo sobre eles, nem se empenhe em querer aproximar as pessoas de suas visões e sentimentos particulares. Não volte para casa, enfim, levando consigo as diversas doutrinas aprendidas nos últimos tempos para tentar transmiti-las. Não é essa a ordem que lhe é dada. Pode fazê-lo, se quiser, ninguém poderá impedi-lo. Sua missão específica ao voltar para casa, no entanto, é a de relatar não aquilo em que passou a crer, mas aquilo que tem *sentido* — o que veio a saber realmente por si mesmo. Em vez de se prender a coisas grandiosas sobre as quais tem lido, fale das coisas grandiosas *que o Senhor tem feito por você*. Não só o que você tem visto ser operado na congregação, e como grandes pecadores têm-se voltado para Deus, mas o que o Senhor tem feito *por você*. Esteja certo do seguinte: não existe jamais uma história mais interessante que a contada por alguém sobre si mesmo. *The Rhyme of the Ancient Mariner* [A balada do velho marujo], de Coleridge, deve grande parte do seu interesse ao fato de o homem que a escreveu ter sido ele mesmo um marinheiro. Na narrativa, um homem de dedos muito magros, dedos da morte, põe-se a relatar a história obscura de um barco no mar durante uma grande calmaria, quando, de repente, criaturas lodosas começam a nadar, impulsionadas pelas pernas, na água reluzente; e um convidado daquela festa de casamento acomoda-se então, silenciosamente, para ouvir o velho marujo, pois ele, por si só, já era uma história. Há sempre um grande interesse provocado por uma narrativa pessoal. O poeta Virgílio sabia desse fato e, sábio como era, faz, na *Eneida*, o herói, Eneias, contar sua própria história, pois logo de início ele revela: "da qual participei, grandemente, também". Assim, se você quiser atrair o interesse dos seus amigos, conte-lhes o que sentiu. Conte que um dia você foi um pecador perdido e abandonado e que o Senhor o encontrou. Fale de como dobrou seus joelhos e derramou a alma diante de Deus, o que culminou com você dando pulos de alegria ao ouvi-lo dirigir-lhe a palavra: "Eu, eu mesmo, sou o que apago as tuas transgressões por amor de mim". Conte a seus amigos uma história extraída da sua experiência pessoal.

Observe que seu relato precisa ser uma história sobre o *dom gratuito de Deus*. Não se trata de anunciar tudo quanto você fez, mas, sim, tudo quanto o *Senhor* lhe tem feito. O homem que insiste apenas no livre-arbítrio e no poder da criatura, ao mesmo tempo que nega a doutrina da graça, invariavelmente confunde grande parte do que ele próprio tem feito, ao narrar sua experiência. Já aquele que crê no dom gratuito e sustenta as grandes verdades primordiais do evangelho ignora isso e declara:

"Falarei do que o Senhor fez por mim. É bem verdade que orei, antes de mais nada, é preciso dizê-lo. Mas orei porque

A graça ensinou a minha alma a orar,
a graça de meus olhos se fez transbordar.

De volta para casa — um sermão de Natal

Sim, preciso contar dos problemas e provações em que Deus esteve comigo; mas confessando também que

A graça me susteve até o presente dia,
e sei que ela jamais me desampararia.

Nada diz sobre seus próprios feitos, ou propensões, ou orações, ou buscas, mas tudo isso atribui à graça do grande Deus, que olha para o pecador com amor e faz dos que se arrependem seus filhos, herdeiros da vida eterna. Vá para os seus, rapaz, e conte a história do pobre pecador que você foi. Vá para os seus, moça, abra seu diário e revele a suas amigas as muitas histórias da graça sobre você. Conte-lhes a respeito da obra poderosa da mão de Deus e de como operou em você com seu grande amor, soberano, imerecido e livre. Faça disso uma atraente história sobre o dom gratuito de Deus, a ser narrada com toda a família reunida em torno da lareira.

O relato do homem geraseno mostrou ser, ainda, uma história de *gratidão*, ao anunciar aos outros: "Vou lhes contar as maravilhas que o Senhor fez por mim". A pessoa grata está sempre plena da grandiosidade da misericórdia que Deus lhe demonstrou. Acha, sempre, que o que Deus fez em seu favor é imensamente bom, extraordinário até. Talvez quando você estiver narrando *sua* história, um de seus amigos retruque: "E daí?" Sua resposta será então: "Pode não ser grande coisa para você, mas para mim é. Você acha pouco arrepender-se, mas não é essa a minha impressão. Para mim, foi grandioso e precioso ser levado a me descobrir ser um pecador e confessar esse fato. Você acha pouco eu ter encontrado um Salvador?" Encare seu interlocutor e diga: "Se você também o tivesse encontrado, não menosprezaria minha experiência. Em sua opinião, pode não ser grande coisa que haja sido retirado tal fardo das minhas costas; mas, se você tivesse sofrido o que sofri por carregá-lo, sentido seu peso como senti durante muitos e longos anos, não haveria de considerar ser tão pouco eu ter ganhado tamanho resgate e libertação, ao olhar para a cruz". Afirme a todos os seus amigos e parentes que viveu uma história extraordinária, sim, e se eles não conseguirem enxergar-lhe a grandiosidade, lamente por eles. Tudo você lhes deve contar com a maior sinceridade. E esperemos que sejam levados a compreender, pelo menos, que você se acha muito grato a Deus, embora possam não experimentar a mesma coisa. Possa Deus lhe conceder que você lhes narre uma história cheia de gratidão. Nenhuma história vale a pena ser ouvida mais que uma história de gratidão.

Por fim, e aproveitando o ensejo, deve ser uma história contada por um pecador que sente *não merecer* o que recebeu. ... o quanto o *Senhor te fez, e como teve misericórdia de ti* (Mc 5.19). De que não foi um gesto de mera bondade, mas, sim, de total misericórdia para com alguém que se encontrava na pior desgraça e infelicidade. Oh, tenho ouvido algumas pessoas narrarem a história da sua conversão e vida espiritual de tal modo que meu coração se vê obrigado a abominar seu relato; pois falam de seus pecados como quem se vangloria mais da grandiosidade do crime cometido. Mencionam o amor de Deus sem derramar uma única lágrima sequer de gratidão; sem dar graças por meio de um coração realmente humilde, mas, sim, como quem se exalta a si mesmo tanto quanto ou até menos do que exalta Deus. Eu contaria a história da minha conversão com o mais profundo pesar, lembrando o que costumava ser, mas, ao mesmo tempo, com enorme júbilo e gratidão, ao considerar quão pouco eu mereceria essa graça. Pregando certa vez sobre conversão e salvação, senti dentro de mim — coisa que acontece com frequência aos pregadores — que contar aquela história seria como falar com a garganta seca, uma história insípida, insípida demais para mim; de repente, porém, um pensamento me tocou a mente: "Ora, você não passa de um pobre pecador perdido e arruinado. Conte a história de uma vez, conforme a recebeu. Passe a discorrer sobre a graça de Deus de acordo com o que você crê sentir". A partir desse momento, meus olhos se transformaram em fontes de lágrimas. Os ouvintes ali presentes, que até então tinham se limitado a balançar a cabeça concordantes, começaram a se animar e a prestar atenção de verdade. Porque agora ouviam algo que um homem sentia, algo que reconheciam como real e verdadeiro, mesmo que não compartilhassem de seus sentimentos. Contem sua história, meus ouvintes, como se fossem pecadores perdidos. Não vão para casa pensando entrar ali com ar arrogante, como quem diz: "Eis o santo que volta para junto dos pobres pecadores a fim de lhes contar uma história". Volte para os seus como é: um pobre pecador arrependido. Se, ao entrar, sua mãe se lembrar de como você costumava ser, é desnecessário lhe explicar que houve uma transformação — ela logo perceberá, mesmo que você só passe um único dia ao lado dela. Talvez ela lhe pergunte: "Que transformação foi essa que aconteceu com você?" Se for uma mulher piedosa, você então lhe relatará toda a história de sua conversão. Sei que você não se envergonhará se eu disser que ela passará o braço ao redor do seu pescoço e beijará você como nunca, pois é seu filho nascido duas vezes, de quem ela jamais se apartará, ainda que a morte os separe por um breve momento. *Vai para tua casa, para os teus, e anuncia-lhes o quanto o Senhor te fez, e como teve misericórdia de ti.*

II. Em segundo lugar, POR QUE CONTAR ESSA HISTÓRIA EM CASA? Ouço muitos da minha congregação dizerem: "Ministro, sou capaz de contar essa história a qualquer outra pessoa com maior facilidade do que para meus amigos ou parentes. É possível para mim entrar no seu gabinete e lhe contar tudo o que tenho experimentado e vivido da Palavra de Deus, mas não tão facilmente ao meu pai, ou à minha mãe, ou aos meus irmãos, minhas irmãs, meus amigos". Tentarei argumentar, então, para convencê-lo a mudar esse comportamento, de forma que eu possa ir aos seus neste Natal e servir como testemunha e missionário em sua localidade de origem; a fim de que seja um verdadeiro pregador, embora não tendo oficialmente esse título. Amigos queridos, vocês devem narrar sua história, quando voltarem para casa, pelos seguintes motivos:

Primeiro, *por causa do seu Mestre e Senhor.* Sim, eu sei que você o ama. Tenho certeza disso, pois tem provas suficientes de que ele o amou. Não consegue pensar no Getsêmane, em Jesus suando sangue, no momento em que lhe feriram o lado, muito menos na coroa de espinhos e nos instantes em que o esfolaram com açoites, nem imaginar o Calvário e suas mãos e pés perfurados, sem amá-lo. Por isso, uso desse argumento forte, quando lhe digo que, por causa daquele que tanto o amou, vá para os seus e lhes conte tudo. Ou você alguma vez pensou que poderíamos receber tanta coisa maravilhosa sem termos de contar nada a respeito disso depois? As crianças, nossos filhos, se alguém lhes dá alguma coisa de bom, mal deixam passar alguns minutos para contarem a todo mundo: "Tal pessoa me deu um presente... aquela outra me fez esse ou aquele favor". Os filhos de Deus não deveriam então fazer o mesmo, narrando como foram salvos quando rolavam velozmente para o inferno e como a misericórdia redentora os impediu de serem lançados naquela fornalha como simples gravetos? Se você ama Jesus, meu jovem, minha jovem, pergunto-lhe então: por que se recusaria a contar a história do amor de Deus por você? Seus lábios emudeceriam justamente quando sua honra está em jogo? Aquele homem que fora endemoninhado, uma vez curado, conforme nos é dito, se foi "e começou a publicar em Decápolis tudo quanto lhe fizera Jesus; e todos se admiravam". O mesmo vale para você. Se Cristo fez tanto em seu favor, você não tem como se recusar — precisa contar a todo mundo o que lhe aconteceu. Um amigo amado, o sr. Oncken, ministro de Deus na Alemanha, compartilhou conosco, na noite da última segunda-feira, que, assim que se converteu, o primeiro impulso de sua alma recém-nascida foi fazer o bem para os outros. Mas onde o faria? A primeira ideia que lhe ocorreu foi de retornar à Alemanha. Era sua terra natal, e ele pensou justamente nessa determinação de Jesus: *Vai para tua casa, para os teus.* Não havia, na verdade, um único batista em toda a Alemanha, nem ninguém com quem pudesse compartilhar sua história, e a maior parte dos luteranos havia se desviado da fé de Lutero e se afastado da verdade de Deus. Mesmo assim, partiu para lá e pregou. Hoje, existem setenta ou oitenta igrejas estabelecidas no continente europeu organizadas a partir de sua pregação. O que o levou a fazer isso? Nada além do amor pelo Mestre, que tanto fizera em seu favor, poderia forçá-lo a ir e contar a seus conterrâneos a história maravilhosa da bondade divina.

Diga-me, agora, o seguinte: seus amigos ou parentes são piedosos? Então, vá e conte tudo a eles, a fim de *lhes alegrar o coração.* Na noite passada, recebi uma breve carta escrita com mão trêmula por alguém que já passou da idade provecta comum do homem. Reside no condado de Essex. Seu filho se converteu ao ouvir a Palavra sendo pregada, de modo que o bom homem não podia deixar de escrever para o

DE VOLTA PARA CASA — UM SERMÃO DE NATAL | 673

ministro, agradecendo *a ele*, mas, acima de tudo, bendizendo Deus pelo fato de seu filho ter sido regenerado. Começa dizendo: "Um velho rebelde escreve, para lhe agradecer e, acima de tudo, agradecer a Deus pelo fato de seu querido filho haver se convertido". Guardarei a carta como um tesouro. Ela termina dizendo: "Siga em frente e que o Senhor o abençoe!" Há um outro caso, que ouvi há algum tempo, de uma moça que, convertida, foi à casa dos pais, e, quando sua mãe a viu, exclamou: "Veja só! Se me dessem Londres inteira de presente, eu não ficaria tão contente como agora — pensar que você teve de verdade sua personalidade mudada e está vivendo no temor de Deus!" Oh, se você quer fazer o coração de sua mãe saltar de alegria dentro do peito, se quer deixar jubiloso e grato seu pai; se quer fazer feliz a irmã que lhe mandou tantas cartas, as quais você lia de vez em quando contra um poste de luz, com seu cachimbo na boca, vá para casa e conte a sua mãe que os desejos dela foram todos realizados, que suas orações foram ouvidas, que você não mais fará troça dela por causa da escola dominical nem rirá mais dela pelo fato de amar o Senhor; mas passará a acompanhá-la à casa do Senhor, pois você agora também ama Deus e diz: "*Seu povo será o meu povo, e seu Deus será o meu Deus* (Rt 1.16), pois tenho a esperança de que um dia o seu céu seja o meu para sempre". Que alegria se alguém que está aqui e se desviou voltasse assim para casa!

Tive o privilégio, há pouco tempo, de pregar para uma instituição maravilhosa, na recepção de mulheres que tinham levado antes uma vida devassa. Antes que desse início ao sermão, orei a Deus para que o abençoasse. No final do sermão impresso, vocês observarão que há um relato de duas pessoas que naquela ocasião foram abençoadas e restauradas. A propósito, permitam-me contar-lhes o que aconteceu certa ocasião com o sr. Vanderkist, missionário urbano que labuta a noite inteira para fazer o bem, dentro da grande obra de Deus. Dois bêbados brigavam na rua. O sr. Vanderkist se colocou entre aqueles homens para apartá-los e comentou com uma mulher, que estava parada ali perto, sobre como era terrível ver dois homens se excederem daquela maneira. Superada a confusão, a mulher o acompanhou, caminhando a seu lado por um breve trecho de rua, e pôs-se então a lhe contar uma história também de dores e de pecado — de como fora trazida para longe da casa dos pais, que ficava em Somersetshire, para aquele lugar, em detrimento eterno de sua alma. Ele a levou para a casa da família dele e passou a lhe ensinar sobre o temor e o amor de Cristo. Qual a primeira coisa que ela fez quando começou a trilhar o caminho da piedade, tendo descoberto ser Cristo o salvador dos pecadores? "Preciso ir aos meus amigos", decidiu ela. Escreveu então para cada um deles, que foram recebê-la na estação de Bristol. Nem imaginam que encontro feliz foi aquele! O pai e a mãe haviam praticamente perdido a filha, pois nunca mais tinham ouvido falar a seu respeito. No entanto, ali estava ela, de volta, graças à instrumentalidade daquela mesma instituição onde preguei, o Albergue Feminino de Londres, e restituída ao seio da família. Ah, se houvesse alguém assim hoje aqui! Não sei; no meio de tamanha multidão, pode ser que haja. Minha irmã, você se desgarrou de sua família? Abandonou-a há muito tempo? *Vai para tua casa, para os teus*, eu lhe suplico, antes que seu pai vá cambaleante para o túmulo, antes que os cabelos brancos de sua mãe repousem em cima do travesseiro, branco como a neve, de um ataúde. Volte para casa, eu lhe imploro! Diga a eles que está arrependida, que teve um encontro hoje com Deus — que um ministro conclamou *Vai para tua casa, para os teus*, e você o ouviu. Se você o fizer, não me envergonharei de ter dito tais coisas, embora você talvez preferisse que eu não as tivesse mencionado. Porque, se eu conseguir ganhar pelo menos sua alma, bendirei o Senhor por toda a eternidade. *Vai para tua casa, para os teus, e anuncia-lhes o quanto o Senhor te fez* (Mc 5.19).

Você consegue imaginar a cena, quando o que fora endemoninhado, citado no texto, retorna para casa? Ele fora considerado um "louco varrido" durante muito tempo. Quando chega e bate a porta, você não imagina seus amigos e parentes comentando uns com os outros, assustados: "Oh, aqui está ele de volta!" A mãe corre e tranca todas as portas, porque regressara o filho que enlouquecera. As crianças choram de medo por terem ouvido falar de tudo o que ele fazia — que costumava se cortar com pedras e rebentar cadeias, por estar endemoninhado. Mas imagine, no entanto, a alegria de todos quando o homem de repente exclama, curado, sadio e feliz: "Mãe! Jesus Cristo me curou. Deixe-me entrar, não sou mais um louco!" Quando o pai abre a porta, o ouve dizer: "Pai! Não sou mais o que era, todos os espíritos maus se foram! Não preciso mais viver no meio de sepulcros. Quero lhes contar como um Homem glorioso operou minha libertação e realizou esse milagre — como ordenou aos demônios 'Fora dele', e eles se precipitaram, nos porcos, por um lugar íngreme, até cair no mar lá embaixo! Então vim para casa, e aqui estou, são, curado e salvo!" Se houver alguém aqui, esta manhã, possuído dessa maneira pelo pecado e decidir voltar para junto dos seus, para lhes contar a história de sua libertação, creio que há de viver uma cena até certo ponto muito semelhante.

Continuando, amigos, ouço alguém de vocês dizer: "Ah, ministro, juro por Deus que gostaria de retornar para amigos e parentes piedosos! Quando vou para casa, no entanto, acabo me vendo no pior dos mundos, porque minha casa está entre aquelas que nunca conheceram o Senhor. Nunca oraram por mim nem jamais me ensinaram nada relacionado com os céus". Bem, meu amigo, volte para os seus mesmo assim. Ainda que sejam ruins, são sua família. Isso, sem falar nos seus amigos. Algumas vezes, encontro jovens desejosos de se unirem à igreja, que dizem, quando lhes indago sobre os pais: "Oh, ministro, estou brigado com o meu pai". Ao que respondo: "Meu jovem, você precisa se acertar com seu pai antes que eu possa ter qualquer coisa que ver com você. Se há inimizade entre você e seu pai ou entre você e sua mãe, não o receberei na igreja. Ainda que sejam muito ruins, eles são *seus pais*". Volte, então, meu amigo, minha jovem, para junto deles e conte-lhes a sua história; não para que se alegrem, pois é até provável que fiquem de certo modo chateados, por lhes faltar ainda fé, mas, justamente, *para a salvação da alma deles*. Espero que, quando você estiver narrando tudo o que Deus fez a seu favor, que sejam levados pelo Espírito a desejar a mesma misericórdia para eles também.

Contudo, não conte sua história para seus amigos ímpios quando estiver com eles todos juntos, pois rirão de você. Converse com eles um a um, quando surgir a oportunidade de ficar a sós com cada qual. Conte então sua história, e eles, depois, o levarão a sério. Houve certa vez uma senhora muito piedosa que alugava quartos para rapazes em sua casa. Eram todos muito alegres e levianos, e ela queria falar-lhes a respeito da fé. Apresentou o assunto em determinado momento, mas foi recebida com uma risada geral de desdém na mesma hora. Então pensou: "Cometi um erro". Na manhã seguinte, depois do café, quando estavam todos de saída, ela voltou-se para um deles e disse: "Meu rapaz, eu gostaria de conversar com você por um ou dois minutos". Levou-o para outro cômodo e conversou com ele sobre fé. Na manhã seguinte, foi a vez de outro jovem, e mais outro no dia seguinte, e assim por diante. Agradou ao Senhor abençoar-lhe as palavras simples, quando transmitidas individualmente. Sem dúvida que, se tivesse insistido com a ideia de falar-lhes em conjunto, um daria sempre apoio ao desprezo do outro, e todos continuariam fazendo pouco caso dela. Ao buscar evangelizar uma pessoa amiga, que vocês estejam sós. Um versículo é capaz de atingir a pessoa de uma forma que um sermão inteiro talvez não o conseguisse. Você pode ser o meio usado por Deus para trazer uma pessoa a Cristo, alguém até que com frequência ouve a Palavra e só tem rido dela, mas que não resistirá à admoestação gentil de quem se dirige a ele em particular. Em um dos estados da América, havia um homem, pagão famoso por ser um grande desdenhador de Deus. Guardava ódio dos domingos, das igrejas e de todas as instituições religiosas. Os ministros não sabiam mais o que fazer por ele, por mais que se reunissem e orassem em seu favor. Diferentemente dos demais, no entanto, certo presbítero resolveu passar longo tempo em oração por aquele homem. Depois, um dia, montando resolutamente seu cavalo, desceu até a oficina de forja do outro, que era ferreiro de profissão. Deixou o cavalo do lado de fora e disse: "Vizinho, vim até aqui motivado por uma enorme preocupação com a sua alma. Oro dia e noite para que se salve". Disse isso e logo partiu então de volta para casa. O ferreiro, por sua vez, entrou em casa depois de um minuto ou dois e comentou: "Essa é boa. O presbítero fulano desceu até aqui não para discutir nem nada, só para me dizer: 'Carrego comigo uma enorme preocupação com sua alma. Não suporto a ideia de que você se perca'. Ora, que sujeito!", disse ele. "Mas a verdade é que eu nem soube o que responder!" Lágrimas então começaram a rolar por suas faces. Aproximando-se da esposa, continuou: "Não consigo entender isso. Nunca dei importância à minha alma. No entanto, um cidadão, sem nenhuma relação comigo, mas de quem sempre dei muitas risadas, percorreu sete quilômetros a cavalo esta manhã só para me avisar que está preocupado com minha salvação". Não durou muito e ele achou que realmente era hora de se preocupar com sua salvação também. Entrou em casa, fechou

De volta para casa — um sermão de Natal

| 675

a porta e começou a orar. No dia seguinte, estava na casa do presbítero, contando estar preocupado com a própria salvação e pedindo-lhe que explicasse o que precisava fazer a fim de ser salvo. Oh, que o Deus eterno possa fazer uso de alguns dos que estão aqui presentes do mesmo modo, para que sejam induzidos a:

> Contar aos outros em derredor
> Que amado Salvador encontraram;
> Apontar seu sangue redentor
> Como o caminho de Deus que acharam!

III. Não desejo retê-los muito mais. Há somente um terceiro ponto, sobre o qual quero ser breve: Como a história deve ser contada?

Em primeiro lugar, *conte-a com toda a sinceridade*. Não fale mais do que você sabe. Não relate a experiência de John Bunyan quando deve se ater à sua. Não diga à sua mãe que você sentiu o que só Rutherford experimentou. Não lhe exponha mais que a verdade. Conte sua experiência com honestidade, pois, às vezes, como diz um adágio, "uma única mosca no pote de unguento basta para estragá-lo todo". Uma única declaração sua, se não for verdadeira, pode pôr a perder todo o resto. Conte sua história com toda a sinceridade.

Além disso, *conte-a com grande humildade*. Não tente enganar os mais idosos e experientes, que sabem muito mais. Apenas relate sua história, e com toda a humildade; não como um pregador, não do alto de um imaginário posto de autoridade, mas, sim, como um simples amigo e filho.

Também, *conte-a com seriedade*. Deixe as pessoas verem que você fala sério. Não discuta religião com leviandade. Se o fizer, não estará proporcionando vantagem a ninguém. Não faça trocadilhos com textos bíblicos, nem use as Escrituras como piada; se o fizer, acabará falando como um tolo sem que isso sirva de nada, podendo chegar até ao extremo da situação de dar a seus ouvintes a oportunidade de rir *de você*, ao rirem *com você* de coisas sérias e sagradas. Fale tudo com leveza, mas com muita seriedade.

Enfim, *conte-a com grande devoção*. Não tente contar sua história aos homens antes de relatá-la primeiro a Deus. Em casa, no dia de Natal, não permita que ninguém lhe veja o rosto antes que o Senhor o tenha visto. Levante-se pela manhã e lute com Deus. Se seus amigos e parentes não forem convertidos, *lute com Deus em favor deles*. Aí, sim, você encontrará facilidade na obra de *lutar com eles em favor de Deus*. Procure se puder, falar separadamente um a um ao contar sua história. E não tenha medo de fazê-lo. Pense apenas no bem que estará praticando. Lembre-se que aquele que salva uma alma da morte cobre uma multidão de pecados e receberá estrelas em sua coroa para todo o sempre. Procure, enfim, ser contado entre os salva-vidas de Deus junto à sua família; servir de meio para conduzir seus amados parentes e amigos a buscar e encontrar o Senhor Jesus Cristo. Então, um dia, quando vocês se reunirem no Paraíso, será um grande júbilo, uma felicidade você saber que eles estão lá porque Deus usou você de instrumento para salvá-los. Permita que a sua confiança no Espírito Santo seja completa e sincera. Não confie em si mesmo, mas não tenha nenhum receio de confiar inteiramente nele. O Espírito de Deus pode lhe dar as palavras para dizer. Pode aplicar essas palavras ao coração das pessoas, capacitando-o assim a ministrar "graça aos que a ouvem".

Para encerrar, lançarei mão de uma rápida e, creio eu, agradável mudança na análise do texto, para sugerir outro sentido. Em breve, amigos queridos, muito em breve no caso de alguns de vocês, o Mestre dirá: "Vai para tua casa, para os teus". Vocês sabem onde fica essa casa. Fica acima das estrelas.

> Onde os nossos melhores amigos
> E os nossos parentes habitam;
> Onde reina Deus, o Salvador.

Você, de cabelos brancos, que já enterrou quase todos os seus amigos e parentes, é provável que diga: "Eu irei para eles, mas eles não virão para mim". Sim, talvez muito em breve seu Mestre lhe diga: "Você já permaneceu tempo demais neste vale de lágrimas. Vá para casa, para junto dos seus amigos". Oh, que momento feliz será então! Mas, quando formos para casa, para os nossos, no Paraíso, o que haveremos de fazer? Bem, primeiro nos dirigiremos ao bendito trono onde Jesus se assenta, tiraremos nossa coroa para depositá-la a seus pés, e depois o coroaremos Senhor sobre todas as coisas. Feito isso, qual será nossa próxima ocupação? Ora, contarmos aos benditos nos céus o que o Senhor nos tem feito e como ele tem tido compaixão de nós. Mas uma história dessas há de ser contada nos céus? Será esse um cântico de Natal dos anjos? Isso mesmo. Seu conteúdo já foi tornado público por lá muito antes — não se envergonhe de relatá-la mais uma vez. Jesus já deixou isso explicado: "E chegando a casa, reúne os amigos e vizinhos e lhes diz: Alegrai-vos comigo, porque achei a minha ovelha que se havia perdido". Você, pobre ovelha, quando for trazida para o aprisco, não irá narrar então de que maneira o Pastor a buscou e como a encontrou? Não se sentará nos prados verdejantes dos céus para relatar a história da sua redenção? Não falará com seus irmãos e irmãs como Deus amou e levou você para lá? Talvez você observe: "Mas será uma história muito curta". Sim, seria se tivesse de escrevê-la agora. Um livro pequeno bastaria para conter toda a sua biografia. Lá em cima, no entanto, quando sua memória estiver ampliada, quando sua paixão estiver purificada, e sua compreensão, esclarecida, você descobrirá que aquilo que não passava de um panfleto na terra transformou-se em um enorme volume nos céus. Lá em cima, você contará uma longa história da graça sustentadora, irresistível, constrangedora. Creio que, quando você fizer uma pausa para permitir que outra pessoa também conte sua história, e então mais outra, e mais outra, passados mil anos no céu, você então se adiantará e exclamará: "Ó santos, tem mais uma coisa que eu gostaria de dizer!" Depois cada qual retomará sua história, até que de novo você os interrompa: "Ó amados, pensei em outro caso ocorrido comigo da misericórdia libertadora de Deus!" E assim prosseguirá, fornecendo-lhes temas para cânticos, revelando para eles material que sirva de base e conteúdo para os sonetos celestiais.

Vai para tua casa, ele em breve lhe ordenará; *vai para tua casa, para os teus, e anuncia-lhes o quanto o Senhor te fez, e como teve misericórdia de ti.* Só espere mais um pouco, permaneça deleitando-se nele e servindo-o, e logo você será arrebanhado para a terra da vida futura, o lar dos benditos, onde a felicidade infinita lhe tocará como sua devida porção. Que Deus lhe conceda toda a sua bênção, por amor do seu santo nome!

72

O PERDÃO DO MÉDICO A SEU PACIENTE PARALÍTICO

E eis que lhe trouxeram um paralítico deitado num leito. Jesus, pois, vendo-lhes a fé, disse ao paralítico: Tem ânimo, filho; perdoados são os teus pecados. E alguns dos escribas disseram consigo: Este homem blasfema. Mas Jesus, conhecendo-lhes os pensamentos, disse: Por que pensais o mal em vossos corações? Pois qual é mais fácil? Dizer: Perdoados são os teus pecados, ou dizer: Levanta-te e anda? Ora, para que saibais que o Filho do homem tem sobre a terra autoridade para perdoar pecados (disse então ao paralítico): Levanta-te, toma o teu leito, e vai para tua casa. E este, levantando-se, foi para sua casa (Mt 9.2-7).

Durante a leitura do texto, comentei que o evangelho de Mateus pode ser chamado de evangelho do reino e do rei. Ao longo do livro, o título de rei é empregado o tempo todo referindo-se a Cristo, sendo a majestade do Senhor salientada desde o capítulo inicial até o final. Vemos aqui o Rei exercitando suas prerrogativas reais. Na passagem que lemos, encontramos diversos exemplos de Cristo agindo de modo que não poderia ter agido, a não ser que dotado, como era, de poder real e divino.

I. Passo diretamente aos meus comentários, enfatizando, então, que Jesus lidou com o paralítico de modo real e divino.

Segundo Marcos e Lucas, os que carregavam o paralítico haviam irrompido pelo telhado de uma casa, do que quer que este fosse construído naquela época, para levar o doente até o Salvador. Baixaram o homem, em seu catre, sobre as cabeças da multidão impaciente, e ali ele ficou, deitado no leito, diante de Cristo, incapaz de mover suas mãos e os seus pés. Em seus olhos voltados para cima, no entanto, havia um olhar atento, cheio de expectativa, que Cristo tão bem compreendia.

Notem que nosso Senhor não ficou à espera de que alguém lhe dissesse coisa alguma. Olhou apenas para aqueles homens que com tanto esforço haviam trazido o paralítico e *neles viu a fé*. Mateus justamente escreve: *Jesus, pois, vendo-lhes a fé...* Como se pode ver a fé de alguém? Pode-se, em geral, quando muito, ver seus efeitos. Mas também se pode descobrir seus sinais e indícios. Foi o que aconteceu neste caso: a abertura feita no telhado e a descida do paralítico em seu leito à presença de Cristo de modo tão inusitado evidenciaram que aqueles homens criam que Jesus iria curá-lo. Na verdade, porém, os olhos de Cristo não apenas enxergaram as provas daquela fé, mas também a própria fé em si. Lá estavam aqueles quatro homens como que dizendo com o olhar: "Mestre, veja o que acabamos de fazer! Temos certeza de que agimos de maneira correta, na confiança de que o Senhor há de curar o nosso querido amigo". Lá estava também o paralítico, deitado em seu leito, olhando para cima e tentando imaginar o que o Senhor faria. Encorajava-o, porém, sua crença de que se encontrava agora em situação de esperança e que, com toda a probabilidade, haveria de se tornar um homem agraciado, mais até do que outros. Cristo via não somente a expressão em seu rosto e nos dos amigos que o seguravam, mas também, e principalmente, sua fé.

Ah, meus amigos, não temos o poder de enxergar a fé uns dos outros! Quando muito, conseguimos distinguir seu fruto, cuja falta, por vezes, acreditamos poder também discernir. Para ver a fé em si, torna-se necessária uma visão divina, o olhar do Filho do homem. Jesus, sim, enxergou-lhes a fé. E esta noite, esses mesmos olhos estão voltados para toda esta congregação. Ele contempla a sua fé. Têm alguma fé para que ele veja? "Oh, claro que sim, sim!", alguns de vocês talvez respondam. "Temos, é bem verdade, uma fé um tanto modesta, vacilante. Não tão grande quanto deveria, é claro, mas de todo modo uma fé pela qual somos muito gratos." Sim, talvez alguns dos aqui presentes tenham consciência do seu pecado, e de que toda a fé que possuem não passa de uma tímida esperança, uma crença frágil em que, se pelo menos o Senhor a eles se dirigir e der uma palavra, seus pecados serão perdoados. Na verdade, você crê que ele é capaz de salvar até o pior pecador que se achegar a Deus por seu intermédio; no fundo do coração, no entanto, receia que você mesmo não consiga dele se aproximar, ou pelo menos de maneira correta. Ainda assim, mesmo sendo muito pequena sua fé, meu mestre a enxerga. Tal como em outras eras costumava-se procurar uma única fagulha na lareira que permitisse obter luz nas manhãs frias, também o Senhor procura pela mínima centelha de fé em todo coração humano, para que dela possa fazer surgir uma chama de vida espiritual: *Jesus, pois, vendo-lhes a fé...* Portanto, meu caro ouvinte, os olhos de Cristo estão postos em você esta noite. O que quer que você tenha de fé, exercite-o agora: creia em Jesus. Ele é o Filho de Deus. Creia nele como alguém que pode salvá-lo, pois ele é capaz disso e está disposto a fazê-lo. Confie agora sua alma a ele, haja o que houver. Decida agora que, se tiver de morrer, você morrerá aos pés da cruz de Cristo e que não há de buscar salvação em nenhum outro lugar, onde não existe. *Jesus, pois, vendo-lhes a fé...* Sua visão real e divina conseguiu distinguir perfeitamente o que estava inteiramente oculto a todos os meros mortais.

Observe, em seguida, que, ao ver-lhes a fé, Jesus *curou logo o mal mais importante que afligia aquele homem*. Não começou curando-o da paralisia. Era uma enfermidade bastante ruim; mas o pecado é pior. O pecado no coração é pior que a paralisia de cada músculo do corpo. Pecado é morte, mas é algo pior até do que a morte. Por isso, Cristo, dando início a este milagre, e demonstrando seu senhorio, seu poder real e divino, diz logo ao homem: *Tem ânimo, filho; perdoados são os teus pecados* (Mc 2.5). Equivalia a deitar o machado à raiz da natureza pecaminosa do homem; a abater o leão, tido como a maior fera de todas as criaturas selvagens, à espreita na floresta mais densa do ser humano: as palavras de Cristo atraíam o forte animal feroz para fora da toca, para, mediante sua onipotência, o destroçarem como se fora um simples filhote.

Pode ser que você esteja enfrentando vários problemas neste momento e talvez se sinta ansioso por desdobrá-los na presença do Senhor. Um filho doente ou desviado, o marido querido que ficou em casa porque está enfermo ou descrente de tudo, um negócio que vai mal e tem grande possibilidade de fracassar, aquela sua doença que pouco a pouco o enfraquece cada vez mais e o torna pouco apto a estar na casa do Senhor esta noite... Pois bem, quero que você deixe de lado todas essas coisas, por mais pesadas que sejam. Comparadas com o pecado, veja bem, elas são quase insignificantes. Não existe veneno mais maligno que o pecado. É o absinto e o fel, a presa mortífera da serpente cuja picada inflama e envenena todo o nosso ser. Se este mal for removido, toda a enfermidade e todo o mal irão embora com ele. Por isso, Cristo começa assim: *Perdoados são os teus pecados*. Faça uma oração silenciosa agora, pedindo-lhe perdão pelos seus pecados: "Jesus, mestre, perdoa-me! Tu podes perdoar os meus pecados com uma só palavra. Basta que declares minha absolvição para que todas as minhas iniquidades sejam afastadas na mesma hora e para todo o sempre. Ó meu Senhor, queres, por favor, afastá-las de mim esta noite?"

Note também que *Jesus perdoou aquele homem em caráter definitivo: Tem ânimo, filho; perdoados são os teus pecados.* Ele não disse "teus pecados deverão ser perdoados" ou "poderão ser perdoados", mas, sim, "*perdoados são os teus pecados*". Ou seja: "*Eu te absolvo de todos eles.* Quaisquer que sejam ou tenham sido os teus pecados, pecados da juventude, da vida adulta, anteriores ao momento em que a paralisia tomou conta de ti, pecados de murmuração desde que passaste a viver preso a um leito — coloca-os todos juntos em um grande monte. Por mais numerosos que sejam, como as estrelas do céu ou como os grãos de areia da praia, filho, *perdoados são os teus pecados*". O homem sentiu que assim era; creu que de fato acontecera. Um fardo fora removido de seu coração e de sua alma. Seu espírito inteiro fora estimulado pelas palavras: *Tem ânimo, filho; perdoados são os teus pecados.* Oro a meu mestre que trate igualmente desse modo alguns dos que se encontram nestes bancos, trazendo o seu coração muito pesado. Possa ele falar direto às profundezas do seu espírito: "Filho, filha, perdoados são os teus pecados! Foram apagados, desapareceram todos!"

Oh, que momento terrível para alguém é aquele em que contempla seu pecado pela primeira vez! É o instante mais obscuro de sua vida. Por outro lado, bendito seja o momento em que vê que Cristo

O PERDÃO DO MÉDICO A SEU PACIENTE PARALÍTICO

lançou fora seu pecado, dizendo: "Você não morrerá em suas iniquidades, porque foram todas removidas, todas perdoadas". Tudo então se torna leve e brilhante ao seu redor. É, agora, como se saísse de um poço fundo onde estava preso, de um horrível buraco sem fim, de um imenso lamaçal imundo, sim, do ventre do próprio inferno! Parece saltar, na mesma hora, para o próprio trono dos céus, enquanto canta: "Meu pecado, sim, expiou na cruz, e por graça, sem igual, salvou-me meu Jesus".[1] Não se admire se essa pessoa mal conseguir se conter. Não se maravilhe se correr, saltar e dançar, de puro júbilo. É assim que Cristo age para com pobres homens e mulheres paralíticos espirituais, atados ao pecado. Enxerga-lhes a fé para, então, lhes remover e afastar os pecados para onde nunca mais sejam vistos, por todo o sempre. Pois Jesus Cristo é rei, é Deus, é capaz de perdoar e apagar toda iniquidade!

Ouvi falar de alguém que, tendo estado debaixo de um grande sentimento de pecado durante longo tempo, depois de liberto só conseguia proclamar: "Ele é um grande perdoador". O que quer que outras coisas lhe exigissem atenção, não conseguia atendê-las. Era incapaz de discutir qualquer outro tipo de assunto, a não ser este: "Jesus Cristo é um grande perdoador". Esta noite, não me sinto propenso a falar com vocês qualquer outra coisa, a não ser isto: "O Senhor é um grande perdoador". É o que descobri a seu respeito, assim como o descobriram muitos aqui presentes. Todos os que confiam em seu grande sacrifício expiatório logo sabem perfeitamente que "ele é um grande perdoador"!

II. O segundo item do nosso tema de hoje diverge um pouco do primeiro, mas segue o texto, de modo que não chega a constituir propriamente uma discordância.

Por meio de seu poder real e divino, Cristo lia e julgava os pensamentos dos homens. Veja, aqui, o caso dos escribas, estudiosos, ou melhor, como eram conhecidos e considerados, sábios e doutores da letra da lei. Conheciam até a quantidade de letras existente em cada livro do Antigo Testamento! Contavam-nas com tamanha precisão que eram capazes de saber qual era a do meio. Homens maravilhosos, esses, de tão sábios! Consegue vê-los? Estão muito irritados e aborrecidos. Têm pensamentos duros acerca de Jesus. Só não ousam dizer o que realmente pensam porque ninguém certamente lhes teria dado ouvidos, caso se manifestassem naquele instante. De modo que "morderam a língua" — mas não conseguiram conter o malicioso coração. Acontece que havia um leitor de pensamentos ali, não alguém que simplesmente alegasse dominar essa arte ou ciência, mas, sim, Aquele que de fato a dominava. Jesus detectou aquilo de que o ouvido comum mais aguçado jamais conseguiria perceber o sentido. Ouviu perfeitamente o que diziam os escribas mentalmente, só pela troca de olhares, condenatórios e desdenhosos a ele, entre si: *Este homem blasfema* (Mt 9.3). Detalhe interessante é que na Bíblia inglesa, Versão King James, a palavra correspondente a "*homem*", aqui, está impressa em grifo [tipo de letra inclinada, para destaque]. Isso porque é de se supor que os escribas pensassem em dizer "Este...", pretendendo completar a frase com a palavra "sujeitinho" — ou qualquer outro nome maldoso que você queira inserir aqui, como *Este blasfemo*, por exemplo. Recusavam-se a dizer em voz alta o que pensavam dele, mas não queriam chamá-lo de outra coisa senão de "Este... este lixo". *Cristo leu-lhes na mente, sobretudo, o desprezo que nutriam por ele.* Nenhum deles teve a coragem de dizer coisa alguma em voz alta. Jesus nada ouviu propriamente, no sentido literal da palavra.

Que coisa terrível é guardar um desprezo silencioso por Cristo! Você talvez se orgulhe de dizer: "Eu nunca falei coisa alguma contra a fé cristã, nunca usei de expressão profana ou ofensiva para com o cristianismo". Pode ser que não. Mas, se você não chama ou não considera Jesus Cristo o Senhor, se não o reconhece de fato como seu Salvador, ele sabe perfeitamente o que significa essa sua desdenhosa omissão. Aquilo que você não diz, embora se limite a começar sua frase com um "Este..." seguido de um espaço em branco, ele lê com perfeição. Se há pessoas aqui que abrigam esse tipo de pensamento contra o nosso Senhor e Mestre, eu não gostaria de conhecê-las pessoalmente; e espero também que não se façam conhecer por mais ninguém — a menos que se arrependam e se disponham a mudar seu pensamento. Lembrem-se, porém, que Jesus sabe tudo a seu respeito, pois é Deus e rei e lê todo segredo de todo coração; e no devido tempo, se estes não tiverem mudado, terá de expô-los abertamente.

---

[1] * [NE] Estrofe do Hino nº 390 do *Cantor cristão* (por adaptação do original).

Vemos, então, que *Jesus captou-lhes a devida acusação de blasfêmia.* Diziam eles em seu coração que Jesus blasfemava ao tomar para si uma prerrogativa divina. De acordo com os relatos de Marcos e Lucas, inclusive, eles chegaram até a dizer: "Por que fala assim este homem? Ele blasfema"; ou: *Quem é este que profere blasfêmias?*; e, então: *Quem pode perdoar pecados senão só Deus?* (Mc 2.7). O fato é justamente este: que nós, que reconhecemos e adoramos Cristo como sendo Deus, o Filho de Deus, Pessoa da Trindade, jamais poderemos ter qualquer relação de concordância em matéria de fé com aqueles que negam sua divindade; tampouco eles podem ter qualquer relação de concordância em matéria de fé conosco enquanto mantiverem sua recusa em aceitá-lo como Deus e homem verdadeiro. Assim, por ele ser, de fato, como é, o Filho de Deus, para nós estará blasfemando quem isso negar; ao passo que, se ele fosse apenas um homem, aí, sim, teria de fato, blasfemado, e todos nós, cristãos, até hoje, não passaríamos de meros idólatras, adoradores de um homem.

Ah, meu caro ouvinte, saiba que, quando você receia ou julga que Jesus seja incapaz de perdoar seus pecados, está oscilando à borda do precipício da blasfêmia! Assim como o crime de traição indireta existe, assim também existe o pecado de indireta blasfêmia. Negar o poder de Cristo para salvar é fazer dele um simples homem; e, se você o diminuir à condição de simples homem, estará blasfemando. Embora possa não ter a intenção de proferir blasfêmia, em sua descrença paira a sombra escura da ofensa.

Veja, ainda, que *Jesus julgou os pensamentos deles.* Ele os inquiriu diretamente, dizendo: *Por que pensais o mal em vossos corações?* (Mt 9.4). O coração deles, não seus pensamentos, eram maus. Geralmente, o erro intelectual brota de um coração não renovado. E que mal pensaram aqueles homens? Consideraram o Senhor blasfemo, além de haverem pensado nele com desprezo e desdém. No entanto, provavelmente, o maior de todos os males foi haverem limitado seu poder divino em sua mente. Não conseguiam crer que ele fosse capaz de perdoar. Acharam ser blasfêmia de sua parte mostrar-se detentor do poder divino de perdoar os pecados dos homens.

Pois bem, meu ouvinte. Sei que você recuaria na mesma hora ante a possibilidade de blasfemar abertamente contra Cristo, se for a pessoa que eu imagino que seja. Então, por favor, por maior que seja o seu pecado no momento, não o aumente imaginando ou insinuando que ele não pode perdoá-lo; porque este pode ser o mais cruel de todos os seus pecados: o de pensar que ele seja incapaz de o perdoar. Tal atitude fere profundamente a condição de Salvador do Senhor Jesus Cristo, que é da sua própria essência. Se você disser "Sou muito culpado", pode repetir, porque você realmente o é e disse uma verdade. Mas se declarar "Sou tão culpado que ele não pode me perdoar", por favor, eu lhe suplico, retire imediatamente essas palavras perversas de sua mente, de sua boca, de seu coração, para não limitar o ilimitado Santo de Israel. Do contrário, ele poderá lhe indagar: *Por que pensais o mal em vossos corações?* (Mt 9.4). Pois se trata de um pensamento maligno acerca dele imaginar que não seja capaz de perdoar todo e qualquer pecado.

Dirijo minha palavra àquele que se julga o pior homem sobre a face da terra. Se você se considera hoje a alma mais escura do inferno, se neste momento você se tem como o mais culpado e o maior condenado dentre toda a miríade de ofensores da nossa raça decaída, ainda assim eu o exorto a não acrescentar a seus pecados o erro adicional de duvidar do poder de Cristo para salvar até alguém como você. Pelo contrário, venha como está, lance-se a seus pés e diga: "Permite, Senhor, que todo o teu poder para salvar me seja demonstrado. Sou o pior dos pecadores, de modo que tens aqui oportunidade de demonstrar a grandiosidade do teu poder para perdoar".

Repare agora que, ao lidar com os escribas, nosso Senhor lhes dirigiu a palavra investido de toda a sua realeza e divindade, *revelando o caráter irracional do modo deles de pensar o contrário,* quando lhes indagou: *Por que pensais o mal em vossos corações?* De fato, pergunto se alguém aqui conhece algum motivo pelo qual Cristo não possa, como Deus e rei, perdoar todos os pecados. Há alguém aqui que duvide do seu poder para perdoar e seja capaz de encontrar alguma razão para essa dúvida? Se você crê (e presumo que de fato creia) que ele é o Filho de Deus, não acha que ele pode perdoar os pecados? Se crê que ele curou leprosos, cegos, paralíticos e endemoninhados, e até ressuscitou alguns da morte, acha que não possa perdoar os pecados? Mais ainda: se você crê que ele morreu pelos pecados de todos nós, que na cruz

O PERDÃO DO MÉDICO A SEU PACIENTE PARALÍTICO | 681

oferеceu nada menos que a si próprio como sacrifício, por que acha que não teria poder para perdoar? Se crê que ele próprio ressuscitou dos mortos — e eu sei que você crê nisso —, que de fato morreu e ressuscitou para a justificação do ímpio, como é possível que ele não fosse capaz de perdoar? E se ele foi para a glória, e você sabe que ele está à direita do Pai, onde intercede pelos transgressores, como consegue pensar que ele não seja capaz de perdoá-lo? *Por que pensais o mal em vossos corações?*, limitando o poder do meu mestre? Ele é capaz de perdoar todos aqui presentes, de perdoar cada alma em quem veja fé em sua pessoa, seja quem for e por mais medonha que possa ser sua culpa.

III. Retornemos agora ao paralítico e observemos, em terceiro lugar, com que grande majestade Jesus declara, sem rodeios, a sua comissão. A mim me parece ler a carta patente que o Pai lhe deu, ao enviá-lo nessa missão de amor e misericórdia: *O Filho do homem tem sobre a terra autoridade para perdoar pecados* (Mc 2.10).

Primeiro que tudo, Jesus é o Filho do homem e não esconde esse fato. Alguém poderia pensar que ele deveria dizer: *Sou o Filho de Deus* (Mt 27.43). Contudo, opta por manter ainda sua divindade em suspenso, de forma que diz: "*O Filho do homem tem sobre a terra autoridade para perdoar pecados*. Eu, o filho de Maria, filho do carpinteiro, que fui criado e vivi em Nazaré por cerca de trinta anos; eu, que tenho andado junto a vocês, sofrendo e atormentado por sua constante hostilidade, exausto, mas trabalhando sem cessar para o bem de vocês; eu, o *Filho do homem, tenho poder para perdoar pecados*". Pense nisso. Ele se coloca em posição humilde; mas declara que, como Filho do homem, foi-lhe conferido, em virtude de sua divindade, o poder para perdoar pecados. E ele declara assim seu título ao dizer que *perdoa os pecados em virtude de sua autoridade como Filho do homem sobre a terra*. Estava na terra e detinha o poder sobre a terra. Então, em sua vida terrena, em sua necessária humilhação, depois que se fez, por algum tempo, menor que o Pai, a ponto de ter condições de dizer "o Pai é maior do que eu" — ou seja, o Pai é mais elevado em hierarquia nesse momento —, depois que assumiu a forma de servo, podia agora dizer: *O Filho do homem tem sobre a terra autoridade para perdoar pecados*. Oh, como eu amo essa palavra!, pois ele revela ter sobre a terra o mesmo poder que tinha e tem no céu. Ora, se o Senhor tinha tal poder como Filho do homem aqui na terra, que maior poder não terá agora como Deus e homem em uma só pessoa, no céu! Você pode confiar plenamente nele!

Encontrava-se, na verdade, na terra, um Cristo a quem os olhos carnais não podiam perceber o próprio Filho de Deus a quem os olhos humanos não tinham a capacidade de contemplar e que teria depois de se revelar espiritualmente, ao passar despercebido pelos sentidos mortais. Mas esse mesmo Cristo, que os homens não conseguiam ver, na qualidade de Filho do homem, a quem podiam ver até mesmo esse Filho do homem, em sua aparente debilidade, mas na verdade com autoridade sobre a terra, era capaz de perdoar os pecados. Sim, até mesmo o Cristo a quem muitos de nós ainda mal conseguimos enxergar — pois muitos ainda não conseguem enxergar nem a centésima parte dele —, o Cristo a quem aqueles que, embora não sendo cegos, só eram capazes de divisar como a sombra de um homem — mesmo esse Cristo, o Filho do homem, era inteiramente capaz de perdoar os pecados. Tenho a impressão de que talvez não fosse preciso pregar tanto sobre esta verdade gloriosa. Por outro lado, no entanto, sinto que devo proclamá-la e deixá-la como um fato solene, para vocês, se quiserem, rejeitarem por sua conta e risco, caso se atrevam a tanto; ou, o que é melhor, para a receberem com o mais alegre júbilo. Porque, creiam-me, a única esperança de todos nós está aqui. Ó filhos culpados de Adão, eis a vida regenerada para vocês! Seu pai Adão os arruinou, mas o Filho do homem veio para buscá-los e salvá-los e declara que tem poder sobre a terra para perdoar os pecados!

Veja também que no bendito desenvolvimento de sua comissão como Filho do homem, *Jesus enche de alegria os entristecidos*. Ao pobre paralítico, ele diz: *Tem ânimo, filho; perdoados são os teus pecados*. E que conforto é isso para você, que está triste por causa do seu pecado! Eis o Filho do homem, que tem poder para perdoá-lo. Você treme face à grandeza de Deus, com medo de sua majestade; mas o Filho do homem, seu Irmão, cujas mãos foram atravessadas por pregos e cujos pés ainda exibem as marcas dessa perfuração, cujo lado ostenta o ferimento causado pela lança do soldado, é ele mesmo que tem o poder de perdoar seus pecados. E com que gentileza ele se aproxima de você! Com que amabilidade lida com você! Ele tem as mãos de um cirurgião, de quem se diz que precisa ter olhos de águia, coração de leão e mãos de dama. Ei-las, mãos humanas, gentis, mãos amorosas trazendo perdão a você. Não há necessidade de você se encontrar diretamente com Deus Pai, pois tem para si o único Mediador entre Deus e os homens, aquele que é sangue do seu sangue e carne da sua carne e que declara cabalmente: *O Filho do homem tem sobre a terra autoridade para perdoar pecados.* Isso faz o nosso coração, pesaroso por causa do pecado, se encher de alegria.

Além disso, *Jesus assegura aos perdoados que de fato os perdoou.* Eu amo pensar nesta bendita realidade: de que Cristo não nos perdoa para manter o seu perdão em oculto; mas, sim, afirma claramente: *Filho, perdoados são os teus pecados.* Com isso, fornece abertamente garantia do perdão ao pecador a quem perdoa. A consciência do perdão é um sentimento maravilhoso! Não vale a pena pecar, qualquer que seja o resultado do pecado, a não ser para dizer como Agostinho, arrependido, *Beata culpa!*, ou seja, "Bendito erro!", pois não existe fora dos céus uma alegria maior que todas as outras do que a alegria da alma pecadora ao lhe ser concedido o perdão divino, deixando-a mais alva que a neve rodopiando no ar, desfrutando de maior frescor que do orvalho matutino. Sou um homem perdoado, oh, maravilha das maravilhas! Logo eu, que quebrei todas as leis de Deus e atraí para mim a ira de Deus, estou perdoado de todas as minhas transgressões! Sim, o Filho de Deus assim o disse, e sua palavra é certa e imutável: *Filho, perdoados são os teus pecados.*

Acho que todos os homens de pronto abririam mão dos prazeres deste mundo e os considerariam como se nada fossem, se conhecessem o êxtase do pecado perdoado. Oh, o homem que se diz amante do riso jovial declararia nunca haver antes desfrutado de alegria real ou compreendido o verdadeiro júbilo se, ao menos uma vez na vida, soubesse o que é estar reconciliado com Deus. Nosso Senhor Jesus Cristo nos faz beber do mais doce dos perdões. Ele não se limita a lançar à fogueira os livros de registro dos nossos pecados, mas também nos diz que assim o fez, anunciando: *Perdoados são os teus pecados.*

É assim, portanto, que Cristo nos expõe sua comissão divina, ao começar por declarar ter poder na terra para perdoar os pecados. Ele veio ao mundo justamente com o propósito de perdoar a culpa humana; não para condenar, nem mesmo pecadores como aquela que foi apanhada em ato de adultério. *Nem eu te condeno*, declarou ele; *vai-te, e não peques mais* (Jo 8.11). Jesus não veio para condenar o ladrão que está morrendo na cruz e confessa ser merecida a própria morte; em vez disso, lhe promete: *Em verdade te digo que hoje estarás comigo no paraíso* (Lc 23.43). A comissão de Cristo é perdoar. É este o seu êxtase, é esta a sua glória. Veio com o propósito de poder perdoar o culpado. Ah, se todos os pecadores fossem até ele em busca de perdão!

IV. Depois de declarar francamente, deste modo, a sua comissão, notemos, em quarto lugar, que Jesus exibe suas credenciais.

Como os escribas contestam seu poder para perdoar, ele trata de lhes fornecer uma prova prática de que podia fazê-lo. Peço sua especial atenção para esse momento. Ele lhes diz, na verdade, o seguinte: "Perdoar pecado é um ato divino. Agora, o que é mais fácil? Dizer: Perdoados são os teus pecados, ou dizer: Levanta-te e anda?" Coloco também para vocês, queridos amigos, esta questão: qual desses dois é mais fácil de dizer? Veja bem que Jesus não pergunta "Que é mais fácil *fazer*? Perdoar os pecados ou curar a paralisia?" Não. Ele pergunta: *Pois qual é mais fácil, dizer: Perdoados são os teus pecados, ou dizer: Levanta-te e anda?*

Ora, *a primeira opção é muito mais fácil*. Muitos poderiam dizer: *Perdoados são os teus pecados* sem que se pudesse constatar se esses pecados foram, de fato, perdoados ou não. Veja a quantidade daqueles que se autodenominam sacerdotes e que, depois de ouvirem a confissão de um arrependido, vaticinam: "Eu o absolvo". É muito fácil dizer isso, mas quem poderá afirmar se a pessoa que se declara arrependida foi mesmo absolvida? Nenhuma transformação evidente, confirmatória, se opera então ante os olhos do observador. Um pobre pecador a quem se diz que está absolvido pode, crédulo como é, encontrar um conforto ilusório nas palavras de outro também pecador; e, no entanto, quem vê de fora não consegue

O PERDÃO DO MÉDICO A SEU PACIENTE PARALÍTICO | 683

detectar a menor diferença no homem ou na mulher que volta do confessionário em relação ao que era quando para lá se dirigiu.

É muito fácil, enfim, dizer: *Perdoados são os teus pecados*. Qualquer tolo pode fazer isso, até um patife pode fazer. Por outro lado, se você disser *Levanta-te e anda* (Lc 5.23), imagine se a pessoa não se levanta e não anda. E aí? Qualquer um pode, na verdade, chegar também para um paralítico e ordenar: *Levanta-te e anda*. O doente poderá até, talvez, fazer um esforço no sentido de tentar se levantar, mas logo cair de novo, tão impotente quanto antes.

Portanto, embora ambos os milagres, em si mesmos, sejam impossíveis para o homem e requeiram o poder divino, ao menos a parte que envolve a elocução de palavras de um deles é muito fácil, ao passo que do outro é mais difícil. Impostores recuariam ante a ideia de ordenar *Levanta-te e anda* por sentir imenso receio de que se descobrisse que uma coisa é falar e outra, muito diferente, é o paciente realmente se levantar e andar. De modo que Cristo comunica aos escribas o seguinte: "Vou provar a vocês que sou divino e tenho poder para perdoar os pecados. Farei agora um milagre que vocês verão e não terão como contestar. Será realizado ante seus olhos, para que saibam que, assim como fui capaz de fazer o mais difícil ao dizer, com toda a segurança: *Levanta-te e anda*, posso realizar também o que se tornou mais fácil de dizer: *Perdoados são os teus pecados*".

Mais ainda: ao dizer ao paralítico *Levanta-te, toma o teu leito, e vai para tua casa* (Mc 2.11), *Jesus tornou manifesto cada detalhe do milagre*. Fazia-se necessário expor o argumento para torná-lo completo e esmagador. Primeira ordem: *Levanta-te*. Aquele homem não poderia fazer isso se a paralisia ainda o dominasse. No mesmo instante, porém, ele se levantou. Em seguida, *toma o teu leito*. Ele então se inclina para a frente, dobrando-se, e todos ali presentes o veem não só pegar o que lhe servia de cama, como também o colocar debaixo do braço ou em cima do ombro. Agora, a próxima ordem de Cristo: *e vai para tua casa*. E ele sai andando para casa. Em nossa época, em que se costuma promover verdadeiros espetáculos com os curados ou convertidos, pegariam certamente esse homem e o levariam para cima e para baixo, exibindo-o pelas ruas como um troféu. O Salvador, no entanto, fez melhor ainda. Voltar o paralítico andando, sozinho, para casa, para seu lar, era uma prova mais evidente da cura do que se ficasse andando junto com Cristo, porque se poderia supor, enquanto estivesse com o Salvador, que alguma influência benfazeja emanada do grande Médico o estivesse estimulando e levando a demonstrar gozar de perfeita saúde. Eis por que Cristo ordena: "Volta para tua casa, para tua vida rotineira" (como qualquer pessoa faria) "levando o teu leito e tudo o mais". E ele obedeceu. Foi necessário, portanto, elucidar cada detalhe do milagre para deixar claro que a cura fora verdadeira, radical, completa, e que ele, o Cristo, capaz de operar tamanho milagre, era também capaz de perdoar os pecados.

Observemos, agora, que *a melhor prova do perdão do pecador é a mudança de sua natureza*. Você pode chegar para mim esta noite e declarar: "Ministro, estou perdoado". Ficarei feliz em ouvir isso, mas como você se comportará depois, em casa? "Estou perdoado!", exclama alguém, de repente, durante um sermão, como se tomasse um choque. Sim, sim. Mas você, por acaso, quer ficar conosco e nunca mais voltar para casa? Impossível; pois então uma cura como essa não haveria de ser perfeita, eficiente e completa. Volte para casa. Seus atos morais, seu autocontrole, sua honestidade, sua pureza, a obediência a seus pais, sua boa conduta como empregado, sua generosidade como patrão, nada disso salva; no entanto, se não vermos tudo isso, como saberemos que Cristo operou um milagre em você? E, se não operou um milagre em você, levantando-o da paralisia do pecado, como saberemos que o perdoou? Nem saberemos nem poderemos crer que o tenha feito, pois os dois atos andam juntos, um servindo de prova do poder que operou o outro. Se você foi perdoado, terá sido renovado. Aí mesmo onde você está agora, em seu lugar, esta noite, você pode ser perdoado de todo o seu pecado. Se o for, amanhã não será mais o que tem sido até hoje. Não levará mais o copo da embriaguez aos lábios. Não lhe será mais agradável a companhia dos lascivos. Nenhuma imprecação, nenhum discurso profano, nenhuma conversa tola sairá mais de sua boca.

Cristo o perdoa por completo não quando você esteja curado de seus maus hábitos, mas enquanto você está espiritualmente paralítico, e a prova de que foi perdoado, o ponto mais difícil, segundo o julgamento do mundo, será sempre você tomar seu leito e voltar andando para casa, renunciando a toda a indolência pregressa. Porque, a partir de agora, isso será considerado indolência. O leito sobre o qual você não podia evitar de deitar se tornará o divã da indolência para você, se passar mais tempo em cima dele. Você terá de tirá-lo do chão e voltar para casa — e será uma pessoa ativa em seus afazeres diários, em sua casa, em sua vida cristã, doravante e enquanto viver.

Observe o seguinte, caro ouvinte: nós não lhe pregamos a salvação mediante as obras; mas, sim, a partir do momento em que você é perdoado, suas boas obras aparecem. O mesmo Cristo que perdoa seu pecado faz de você nova criatura. Você não pode receber somente uma metade de Cristo. Ele precisa ser seu curador e perdoador. Se Cristo pudesse ser fatiado em porções, poderíamos até "vendê-lo". No entanto, ele tem de ser tomado por inteiro e de imediato, tanto como aniquilador do pecado quanto como perdoador deste. Por isso, sempre haverá quem possa receá-lo, e só peço a Deus que nenhum de vocês seja desse tipo.

Note também que *a obediência detalhada que o Salvador requereu daquele homem foi a melhor prova de que ele perdoara seu pecado: Levanta-te, toma o teu leito, e vai para tua casa.* Doravante, fazer tudo quanto Cristo lhe ordenar, na ordem que ele ordenar e porque o ordenou; fazê-lo de pronto, com alegria o tempo todo, com dedicação e gratidão, deve ser essa a comprovação de que ele de fato o tratou como um Deus perdoador. Ó queridos ouvintes, lamento dizer, mas existem alguns crentes que professam ter sido perdoados, mas que não são tão obedientes a Cristo quanto deveriam ser! Negligenciam, na verdade, certas obrigações. Cheguei a conhecer um deles que se recusava a ler determinados trechos da Palavra de Deus simplesmente porque o inquietavam. Tenha a certeza de uma coisa: quando você e a Palavra de Deus discordam, ela jamais está errada. Se alguém não é capaz de ler determinado versículo da Bíblia sem desejar que ele não existisse, é como diria Hamlet, de Shakespeare: "Há algo de podre no reino da Dinamarca..." Sim, se há algum versículo que você gostaria que tivesse ficado de fora da Bíblia, esse é justamente um versículo que deveria estar grudado em você, como um apêndice seu, até você poder acatar e cumprir seu ensinamento! Sempre que você discorda da Palavra de Deus ou a critica, algo não vai bem com você.

Repito, a obediência detalhada é a prova mais segura de que o Senhor perdoou seu pecado. Por exemplo: *Quem crer e for batizado será salvo* (Mc 16.16): não despreze nenhuma parte deste preceito; se Cristo lhe ordenar que tome sua ceia para que você se lembre do que ele fez por você, não negligencie também este mandamento. Ao mesmo tempo, lembre-se de viver com sobriedade, retidão, honestidade e piedade na presente era maligna. Porque, se assim não o fizer, se você não obedecer a cada detalhe, persistirá a dúvida de que, afinal, o Senhor lhe haja dito um dia: *Perdoados são os teus pecados.*

Por último, *a melhor prova se dá sempre em casa.* Por isso, *toma o teu leito, e vai para tua casa.* Se há lugar onde a piedade pode ser melhor vista e julgada, é no altar da família. O que uma pessoa é em casa, ela o é de fato. Nada mais fácil, você sabe, que mascarar as coisas em sociedade, parecer que é algo maravilhoso sobre os palcos deste mundo e, na realidade, não ser bem o rei que se supunha ou se fazia, mas apenas um espécime lastimável de humanidade. Então: *Levanta-te, toma o teu leito, e vai para tua casa.* Alguém comentava comigo, hoje mesmo, acerca de determinado homem, indagando: "O senhor acha que ele era um bom homem, ministro?" Eu respondi: "Bem, irmão, acho que ele era um bom homem de um mau tipo". Desculpe-me, mas não soube expressar a verdade de modo mais caridoso. Lembro-me de uma velha senhora que foi ouvir um ministro de determinado credo de que ela não gostava, embora pregasse muitíssimo bem. Quando voltou, perguntaram-lhe o que achara do pregador. Ela retrucou: "Ele é um dos melhores, de uma fornada muito ruim". Pois bem, não gosto de me sentir constrangido a dizer isso acerca de ninguém que se declare cristão, e isso não deve mesmo acontecer. Tampouco quero que você seja o pior de uma fornada boa — embora isso talvez seja preferível a ser o melhor ou o pior de uma fornada ruim. Devemos querer ser de tal forma que possamos resistir ao mais detalhado exame, à mais minuciosa inspeção.

"Ah!", reclama alguém, "eu vim aqui em busca de perdão do pecado, mas agora, ministro, o senhor enveredou pela conduta moral!" Foi, sim; mas é aqui que desejo que você pare. Busque o perdão dos seus

O PERDÃO DO MÉDICO A SEU PACIENTE PARALÍTICO | 685

pecados ainda esta noite. Deverá obtê-lo, como já disse, apenas mediante a fé: *Jesus, pois, vendo-lhes a fé, disse ao paralítico: Tem ânimo, filho; perdoados são os teus pecados*. Mas, para ter a certeza do perdão, ou seja, de que Cristo é de fato capaz de perdoar seus pecados, a melhor prova — na verdade, a única para os atentos escribas lá fora — será que você tome o seu leito e ande. "Oh, sim", talvez você diga, "ainda tenho muitos pecados, mas felizmente não sou mais quem costumava ser. Sou hoje um homem de coração transformado. Não suporto mais o que um dia tanto apreciei, não poderia repetir tais coisas que antes me eram habituais; e aquilo, pelo contrário, que eu detestava e desprezava agora me é o mais prazeroso". Fico feliz que assim seja e oro para que todos os meus ouvintes tenham essa mesma experiência. Possa Deus operar a grande transformação da graça em muitos que se encontram neste Tabernáculo esta noite, por amor do nosso Senhor Jesus Cristo! Amém.

73

Um novo modo de agir

Então ele se levantou e, tomando logo o leito, saiu à vista de todos; de modo que todos pasmavam e glorificavam a Deus, dizendo: Nunca vimos coisa semelhante (Mc 2.12).

Nada mais natural que haja muitas coisas surpreendentes no evangelho. Na verdade, já é sobremaneira extraordinário o simples fato de haver um evangelho. Assim que começo a meditar no assunto, exclamo como Bunyan: "Ó mundo de maravilhas, não posso dizer menos do que isso!"; e convido todos vocês a se juntarem à multidão que diz, no texto: "Nunca vimos coisa semelhante". Quando o homem pecou, Deus poderia ter destruído nossa raça rebelde em um só instante, ou permitido que ela passasse a existir, como acontece com os anjos caídos, em estado de inimizade com tudo o que é bom e, por conseguinte, em desgraça. Mas Aquele que preteriu os anjos assumiu para si a semente de Abraão e olhou para o homem — um item menos importante na ordem das coisas criadas —, determinando que este deveria experimentar a salvação e anunciar sua graça divina. Foi algo maravilhoso, assim, antes de mais nada, que surgisse um evangelho para os homens. Quando lembramos que o evangelho envolveu a entrega do unigênito Filho de Deus, quando lembramos que foi necessário que Deus, o Espírito invisível, se revestisse de carne humana, que o Filho de Deus se tornasse filho de Maria, tivesse de se submeter à dor e à fraqueza, à pobreza e à vergonha — quando lembramos de tudo isso, é de esperar que encontremos grandes maravilhas reunidas em torno de um fato tão estupendo.

Contemplando Cristo em carne humana, os milagres não mais nos impactam como maravilhosos, pois a encarnação de Deus supera, como milagrosa, o próprio milagre. Devemos lembrar também, no entanto, que, a fim de trazer o evangelho até nós, foi necessário que Deus se oferecesse, em nossa natureza, por expiação pelo pecado humano. Pense só nisso! O Deus santíssimo fazendo expiação pelo pecado! Quando os anjos do Senhor ouviram falar dessa ideia pela primeira vez, devem ter ficado atônitos, em perplexidade, pois nunca tinham visto "coisa semelhante". Acaso o ofendido deveria morrer pelo ofensor? O juiz, suportar a punição pelo criminoso? Deus tomar sobre si a transgressão de sua rebelde criatura? No entanto, assim foi e tem sido. Jesus Cristo nasceu para que não tivéssemos jamais de suportar as consequências do pecado — mas não o pecado em si. *Ele fora [...] ferido pela transgressão do meu povo* (Is 53.8), como diz em Isaías. Jesus foi feito maldição por nós, como lembra Gálatas: *Maldito todo aquele que for pendurado no madeiro* (Gl 3.13). Ora, não se poderia imaginar um resultado banal para um evangelho enviado a homens rebeldes envolvendo a encarnação e a morte do Filho de Deus. Na criação de Deus, é tudo construído proporcionalmente. Há um equilíbrio de proporções entre a gota de orvalho pousada sobre a rosa e a mais distante e majestosa das órbitas das estrelas que adornam a fronte da noite. A lei universal de Deus regula com exatidão todas as coisas, desde uma única gota d'água até o imenso oceano. Por isso mesmo, estamos convencidos de que um sistema envolvendo Deus encarnado e uma expiação ilimitada deve ser algo da máxima importância e bem impressionante. Deveríamos estar prontos a exclamar, quanto a isso, a todo momento: *Nunca vimos coisa semelhante* (Mc 2.12). O lugar comum não é adequado ao evangelho. Ao contemplarmos o amor de Deus em Cristo Jesus, ingressamos realmente no país das maravilhas. A ficção é totalmente superada pelo evangelho. Quaisquer maravilhas que os homens possam vir a imaginar, os *fatos* da graça assombrosa de Deus os superam de longe. São mais extraordinários do que qualquer coisa que a imaginação humana jamais concebeu.

UM NOVO MODO DE AGIR | 687

Desejo dizer neste momento duas ou três palavrinhas àqueles que não estão familiarizados com o evangelho. Vêm sempre aqui, a esta igreja, pessoas para as quais o evangelho, conforme temos constatado, representa uma grande novidade. Quero aconselhá-los, então, a *não descrerem do evangelho só porque possa lhes dar a impressão de ser algo muito estranho*. Saibam, desde já, que *no evangelho é comum haver coisas assombrosas, maravilhosas e surpreendentes*. Cabe-nos simplesmente procurar expô-las aos amados ouvintes na esperança de que, longe de descrer delas, possa a fé ser forjada em sua alma à medida que as ouvem. Enfim, *se qualquer uma dessas coisas admiráveis for presenciada por vocês e sua reação for "Nunca vimos coisa semelhante", glorifiquem a Deus e honrem seu nome por isso*.

I. Primeiro, então: não descreiam do evangelho porque ele os surpreende. Lembrem-se, acima de tudo, que *nada maior que o preconceito pode se interpor no caminho do verdadeiro conhecimento*. A humanidade poderia conhecer muito melhor os fatos científicos se não se detivesse tão ocupada e cativada pela suposição científica. Tomem-se os livros que abordam a maioria das ciências e há de se verificar que a parte principal de seu conteúdo refere-se a teorias, simples teorias, estabelecidas no passado ou originadas em tempos modernos. As teorias são, na verdade, na sua maior parte, uma praga da ciência, um lixo que deveria ser varrido para que fatos reais valiosos pudessem ser revelados. Se você passar a se dedicar ao estudo de um assunto já pensando "é esta a forma que quero dar a tal matéria", ou seja, aprontando sua cabeça antecipadamente em relação a como devem ser os fatos, estará colocando em seu caminho uma dificuldade bem mais séria do que a matéria em si seria capaz. O preconceito é um obstáculo para o progresso. Crer que sabemos antes de sabermos de fato é nos impedirmos de fazer descobertas reais e alcançar o conhecimento.

Determinado observador, religioso, ao descobrir que existem manchas no sol, tratou de relatar o fato na mesma hora. Contudo, foi logo chamado à presença de seu confessor e repreendido por divulgar uma coisa desse tipo. O confessor, jesuíta, lhe explicou haver lido várias vezes toda a obra de Aristóteles sem jamais ter encontrado qualquer menção a manchas no sol; assim, tais manchas não poderiam existir. Quando o observador retrucou que vira essas manchas com o auxílio de possantes lentes, o jesuíta o aconselhou a não confiar nas lentes nem em seus próprios olhos, mas, sim, *nele*, porque, repetiu, se Aristóteles não indicara a existência das manchas, com toda a certeza elas não deveriam existir. Nisso, sim, é que ele deveria acreditar.

Ora, há quem venha aqui ouvir o evangelho com esse espírito. Faz uma ideia de como o evangelho deve ser — um credo bastante firme, forte e inflexível, de manufatura própria, ou então um credo hereditário, que veio acompanhando a velha e tradicional cômoda da família. É evidente, portanto, que essas pessoas estejam despreparadas para ouvir e aprender algo diverso do que pensam e creem. Tampouco recorrem às Escrituras com a finalidade de descobrir o verdadeiro pensamento e o Espírito de Deus, mas, sim, somente para encontrar algum pretexto que justifique seus preconceitos. É fácil mostrar algo a uma pessoa que mantém os olhos abertos. Contudo, se os fechar e resolver que não quer enxergar, a tarefa se torna bem difícil. O processo de acender uma vela é rápido e eficaz — a não ser que haja um apagador em cima dela. Existem pessoas que usam apagadores em sua alma, cobrindo-a de preconceitos. Agem como juízes do que o evangelho deveria ser. Desse modo, se for dito algo que não condiz com suas noções preconcebidas, ofendem-se até, na mesma hora. Isso é não só um absurdo; no que diz respeito à nossa alma, pior que ridículo: é perigoso demais. Devemos nos achegar à pregação da Palavra, dizendo: "Ensina-me, Senhor. Conduze-me, bendito Espírito, a toda a verdade. Permite-me ver que essa ou aquela doutrina consta de fato da tua Santa Palavra, e então eu a aceitarei, embora possa vir a escandalizar ou fazer estremecer os meus preconceitos. Mesmo que pareça algo muito novo ou surpreendente para mim, se estiver e puder ser encontrada na Palavra de Deus, estou disposto a recebê-la e a me regozijar nela com amor". Deus nos dê um espírito assim, para que os nossos preconceitos não nos impeçam de acolher a verdade quando chegar o momento de dizer, como no texto, "nunca vimos coisa semelhante".

Lembremo-nos, caros irmãos, de que *muita coisa que conhecemos hoje como reais e verdadeiras não teriam sido acreditadas por nossos ancestrais se lhes tivessem sido reveladas com antecedência*. Considero que gerações anteriores à nossa, se informadas de que atualmente os homens viajariam a dezenas e dezenas de quilômetros por hora sobre a superfície da terra em máquinas que dispensam cavalos ou mesmo um motor a vapor, balançariam a cabeça e ririam de tal prognóstico com desdém. Até pouquíssimo tempo atrás, se alguém profetizasse que seríamos capazes de falar com o outro lado do Atlântico e na mesma hora obter resposta por meio de um cabo posicionado no fundo do oceano, seria capaz de nós mesmos não imaginarmos ser isso possível. Como poderia ser uma coisa dessas? No entanto, são fatos corriqueiros para nós hoje. É de esperar, portanto, que, ao lidarmos com aquilo que é mais maravilhoso que a própria criação e muito mais extraordinário que qualquer invenção do homem, venhamos a deparar com coisas difíceis de acreditar. Estejamos, assim, dispostos a abrir a alma e o coração para receber a verdade e exercitemos, o tempo todo, uma fé simples naquilo que Deus nos revela.

Além disso, sabe-se que *muitos fatos, embora indubitáveis, são difíceis de serem aceitos ou entendidos por determinados grupos de pessoas*. Não faz muito tempo, um missionário relatou à sua congregação, na África, que, durante o inverno na Inglaterra, a água fica tão dura, tornando-se gelo, que se pode até andar ou deslizar por cima dela nesse estado. Ora, aquela gente aceitava muita coisa que ele dizia, mas não foi capaz de crer nisso de jeito nenhum. Não conseguiam imaginar o que fosse o gelo natural, naquele calor africano, e alguns chegaram a cochichar com os outros que o missionário estava mais era mentindo. Até que, um dia, o missionário trouxe um deles para conhecer a Inglaterra. Ele veio, sem dúvida, munido ainda da plena convicção de que seria até ridículo pensar em alguém poder andar ou deslizar por cima da água endurecida de um rio. Afinal o inverno chegou, o rio congelou e o missionário levou seu amigo africano até lá. Ele mesmo ficou em pé em cima do gelo, mas não conseguiu convencer aquele a quem convertera a correr o mesmo risco. "Nem pensar", comentou o missionário. "Meu amigo africano não conseguia acreditar. 'Mas você está *vendo* como é verdade, homem!', insisti com ele. 'Prometo ficar aqui do seu lado! Venha!' 'Não', recusou-se o outro, 'mas confesso que nunca tinha visto nada parecido! Vivi até hoje cinquenta anos no meu país e nunca tinha visto uma pessoa andar assim por cima do rio!'." "Mas é o que estou fazendo", retorquiu o missionário, "venha comigo!" Segurou-o então pela mão e puxou-o com tanto vigor que o africano, enfim, experimentou pisar na água endurecida — e constatou, perplexo, que o gelo, de fato, suportava o seu peso. Deste modo, a declaração do missionário provou ser verdadeira, embora contrariasse a experiência de vida do africano.

A mesma regra vale para o evangelho. Você pode contar que nele encontrará certas coisas que normalmente não acreditaria serem verdadeiras; mas se alguns de nós já comprovamos que são fatos reais e temos vivido o prazer diário que nos proporcionam, não se recuse obstinadamente a prová-las você também. Se o tomarmos pela mão com grande afeto e lhe pedirmos: "Venha. Suba para este rio da vida, que ele suportará seu peso. Pode andar com segurança em cima dele. É o que estamos fazendo agora e há anos temos feito", não aja para conosco como se fôssemos mentirosos ou impostores, nem se afaste de nós sob o argumento absurdo de que o evangelho não pode ser verdadeiro só porque até hoje você não o provou e, portanto, não experimentou do seu poder. Sim, amigo querido, isso vale para tudo. Assim como o rio congelado é algo possível, normal e comum em inúmeros lugares como a Inglaterra, mas o amigo africano do missionário jamais o tinha visto e provado e só constatou ser realidade quando o experimentou, ao se aventurar pisar nele, você também somente comprovará a realidade de Jesus Cristo e que os fatos preciosos do evangelho são seguros, firmes e verdadeiros, como os consideramos, a partir do momento em que se aventure a lançar sua alma e seu coração sobre eles.

Mencionei isso tudo para preparar sua mente para a plena convicção de que *o fato de uma afirmação do evangelho parecer nova e extraordinária para você não lhe deverá causar descrença alguma*. Pode ser, por exemplo, meu amado amigo, que você exclame: "Não posso esperar que meu pecado seja perdoado! Não consigo imaginar que meu coração venha de fato a ser transformado! Não concordo de jeito nenhum com a ideia de que, por um simples ato de fé, seja possível que eu me torne salvo". Entendo. Mas não vê que toda pessoa mede as coisas segundo o seu próprio padrão? Medimos a plantação de milho dos outros com base na produção do nosso próprio alqueire. Até Deus, queremos medir segundo nosso próprio padrão. Há um texto, em Isaías, que nos repreende, e com grande doçura, por causa disso: *Porque os meus pensamentos não são os vossos pensamentos, nem os vossos caminhos os meus caminhos, diz o Senhor* (Is 55.8). O que considero certo esperar de Deus pode, muito possivelmente, ser algo bem diferente do que Deus esteja preparando para me dar. Talvez eu julgue seu comportamento para comigo de acordo com o que acho que mereça. Se ajo assim, o que posso esperar? Ou talvez eu julgue sua misericórdia pela minha, considerando se eu conseguiria ou não perdoar meu ofensor setenta vezes sete — ou seja, caso fosse provocado com frequência, se eu ainda conseguiria ignorar tal transgressão; e, como não encontro em meu coração tanto poder para perdoar assim, então concluo que Deus certamente é tão duro e tão pouco disposto a perdoar quanto eu.

Evidentemente que não podemos e não devemos julgar dessa maneira. Não façam isso, por favor, ó pecadores! Se justamente anseiam por uma grande salvação, vocês não podem nem devem medir a Divindade por centímetros, avaliar os méritos de Cristo por polegadas, calcular se ele é capaz disso ou daquilo. Deus é Deus — o que ele pode ou não pode fazer? Acaso seria da natureza de Jesus fazer propiciação repetida e constante pelos nossos pecados? Que pecado, então, ainda existe que sua expiação única e suficiente não tenha conseguido lavar? Não considere o Senhor, portanto, segundo o julgamento humano. Saiba, ó homem, que ele não é um riacho ou um lago que você possa medir e cuja capacidade consiga calcular; mas é, sim, um mar sem fundo e sem praia, em que todos os seus pensamentos se afogam quando você tenta medi-lo. Erga os seus pensamentos o mais alto que possa e pense grandes coisas sobre Deus; e espere grandes coisas de Deus. E quando tiver ampliado suas expectativas e sua fé, atingido a capacidade máxima possível, Deus pode ainda fazer muito mais abundantemente além daquilo que você possa pedir ou pensar. *Poderás descobrir as coisas profundas de Deus?* (Jó 11.7), diz em Jó. Você espera excedê-lo, desejar mais, esperar mais do que ele seja capaz de lhe dar? Oh, isso é impossível. Considere apenas o seguinte: você pode estar cometendo um grave erro em relação ao que é o evangelho; mas é natural que seja assim, que o seu modo de avaliar seja falso, pois você julga apenas com base no que sabe e do que é capaz, ao passo que Deus está infinitamente acima de tudo o que você sabe ou tenha condições de conceber.

Avançando um pouco mais, deixe-me lembrar a você, amigo, um estranho para o evangelho, que *não deve descrer dele por conta de sua estranheza, pois muitos têm cometido enganos quanto ao que é realmente o evangelho.* Os judeus da época do Salvador puderam ouvir o melhor pregador das coisas sagradas que já existiu e, no entanto, muitos deles não conseguiram compreendê-lo. Não por sua falta de clareza, pois *nunca homem algum falou assim como este homem* (Jo 7.46), mas simplesmente porque interpretavam errado tudo quanto ele dizia. Imaginavam conhecer o significado de suas palavras, quando elas não eram nada disso que eles pensavam. Até seus discípulos e apóstolos, antes de virem a ser iluminados pelo Espírito de Deus, confundiam o propósito de seu mestre, e alguns deles pouco entenderam de seus ensinamentos. Assim, caro amigo, não é de admirar que você fique um tanto atônito — você, que jamais encontrou a alegria e a paz em poder realmente crer em Cristo. Não é possível que você, afinal, esteja confuso? Os judeus ouviram o Salvador em pessoa e, no entanto, não entenderam a verdade. Alguns deles eram sábios, bem instruídos, quase se poderia considerá-los gênios. Houve um em especial, membro do grupo governante — um doutor da lei, como diziam os judeus — que não compreendeu bem o que pregava Jesus. Quando o Salvador lhe disse, pessoalmente: *Necessário vos é nascer de novo* (Jo 3.7), ele tomou, ao que parece, tais palavras ao pé da letra; não foi capaz de atinar com a transformação espiritual a que o Salvador especificamente se referia. Ora, se Nicodemos, que era doutor da lei, não o entendeu, bem como não o compreenderam vários outros sábios judeus como ele, pode ser que você também não tenha decodificado a palavra de Jesus e, por isso, não está ainda de posse dela, para seu júbilo e proveito. Talvez você seja, de fato, uma pessoa de considerável educação formal, portador de vários dons ou diplomas; nesse caso, meu amigo, se há alguém mais propenso a interpretar errado o verdadeiro sentido do evangelho, esse alguém pode ser você. Talvez considere estranha esta minha afirmação, mas se fundamenta em fatos reais. *Não são muitos os sábios segundo a carne, nem muitos os poderosos [...] que são chamados* (1Co 1.26), diz Paulo; ou seja, não são muitos os instruídos deste mundo que um dia conheceram Cristo. Ele ensina até criancinhas, mas deixa que sábios se vangloriem sozinhos em sua própria insensatez. Os magos do Oriente, ao partirem em viagem para encontrar o Salvador, e apesar de contarem com uma excepcional estrela para lhes guiar o caminho, por algum tempo se perderam; no entanto, humildes pastores da planície de Belém, sem a estrela a guiá-los, foram diretamente ao local onde Jesus se encontrava. Ah, como é inspirado e verdadeiro o comentário de Agostinho, quando diz: "Enquanto o instruído manipula o ferrolho tentando abri-lo em vão, o simples e pobre já entrou no reino dos céus". A simplicidade do coração é muito mais útil para o entendimento do evangelho do que a cultura da mente. No que diz respeito à aceitação do evangelho, estar pronto a aprender é uma faculdade bem melhor do que ser capaz de ensinar. Até um diploma em Divindade pode atrapalhar seu caminho para melhor entendê-la e lhe tornar ainda mais difícil compreender aquilo que o peregrino, embora sendo um ingênuo, já sabia de cor. E, uma vez que é assim, não estou, naturalmente, insultando-o, ao dizer que talvez, meu caro amigo, você deva ter labutado até agora debaixo de um engano. Portanto, sempre que em algum momento o evangelho lhe seja pregado, é bom lhe dedicar justa atenção, em vez de rejeitá-lo por lhe parecer uma estranha novidade.

Uma última observação e passarei ao próximo tópico. A pessoa a que me dirijo neste momento — e creio que existam várias delas aqui presentes — precisa confessar que *sua religião atual não tem feito muito em seu favor*. Você pensa conhecer o evangelho; mas, digamos, seria capaz de morrer pelo que já conhece em matéria de religião? Morreria *agora — agora, sim —* feliz e contente com a esperança que possui? Se sim, agradeço a Deus e parabenizo você. A esperança que você possui tem confortado seu coração? Sente e sabe com certeza que seus pecados estão perdoados? Vê Deus como seu Pai? Tem o hábito de falar com ele como um filho conversa com o pai, confiante, a ele relatando todos os seus cuidados e problemas? Se sua resposta é afirmativa, meu caro amigo, regozijo-me com você. Na verdade, porém — a menos que sua fé seja em Jesus Cristo —, sei que você não encontrou ainda realmente a paz.

Aquilo que as pessoas chamam "religião" assume, de fato, muitas formas. Muitas mesmo. Todavia, quase sempre, representam o seguinte: coloca-se o homem em uma posição em que ele se sente quase tão bom quanto qualquer outra pessoa e tão próspero em assuntos espirituais quanto a média das pessoas, ou mais. Se der o melhor de si e agir de acordo com o conhecimento e a luz que tem, poderá melhorar. Quando chegar seu dia de morrer, talvez, com a assistência de um clérigo ou sacerdote — quem sabe, até, por intermédio de uma experiência fora do comum a que se submeta no uso de sacramentos —, possa vir a entrar no céu. Eis a religião geral da humanidade, em que todos se encontram em determinado caminho pelo qual precisam necessariamente seguir. Se persistirem nele com diligência e atenção, é possível que se salvem, por meio, se for o caso, de auxílio gracioso do Senhor Jesus Cristo — detalhe que, em geral se adiciona, para fazer, evidentemente, que a justiça própria da pessoa pareça um pouco mais respeitável. Pois faço questão de declarar, como quem tem perfeitamente consciência de estar na presença de Deus, que tal religião não vale meio centavo.

A verdadeira fé no Senhor Jesus Cristo outorga de imediato ao homem um perdão completo, total, gratuito, irreversível de todos os seus pecados, acompanhado de mudança de sua natureza, implantação de uma nova vida e sua introdução na família de Deus. Isso, sabendo desde logo que de fato possui tais coisas e as desfrutando conscientemente, passando a viver em seu poder e espírito e servindo com humildade o Senhor que as fez tão grandiosas por sua causa. Esta é a religião de Cristo, e é disso que trataremos agora com mais detalhes, enquanto mencionamos algumas poucas coisas que levam os homens a dizer: *Nunca vimos coisa semelhante.*

II. Em nosso segundo tópico, cuidaremos, então, de analisar que existem coisas singulares e surpreendentes no evangelho. Passemos a mencionar algumas delas.

A primeira que gostaria de citar é a seguinte: *o fato de o evangelho chegar a pessoas consideradas por ele mesmo incapazes*. A maravilha da narrativa que estamos estudando está em constatar que o Senhor Jesus lidou com uma pessoa aleijada, paralítica, em estado tão avançado de sua doença que não conseguia nem rastejar em sua presença, mas tendo de ser carregada por quatro amigos. Olhem só para ele! Inválido e incurável. Nada pode fazer além de ficar deitado no leito sobre o qual a bondade de outros o instalam e ali permanecer. Não pode fazer mais do que isso. O evangelho, na verdade, considera todo homem para

UM NOVO MODO DE AGIR | 691

o qual é apresentado como incapaz de fazer o bem. Por isso, se dirige a nós como se fôssemos paralíticos, e vai mais além ainda, descrevendo-nos como mortos. Sim, o evangelho fala aos mortos em vida. Ouço falar com frequência que o ministro cristão tem o dever de provocar a ação do pecador. Creio que seja o contrário: deve trabalhar, isso sim, para atacar e impedir a sua ação autoconfiante, de tal modo que a considere também como morta, conscientizando-o de que tudo o que ele possa fazer por si mesmo é pior do que nada fazer. Ele não tem como fazer, na verdade, o que quer que seja. Como pode um morto se mover dentro do túmulo? Como pode o morto no pecado operar sua própria ressurreição? O poder para salvar não está no próprio pecador, mas em Deus. Saibam vocês que aqui estão e ainda não são convertidos que não vim lhes indicar algo que possam ser capazes de fazer, por meio do qual conseguirão se salvar; mas, pelo contrário, adverti-los de que estão perdidos, arruinados, liquidados, e que nada podem fazer. Têm tão somente condições de perambular como ovelhas desgarradas, e, se quiserem voltar ao aprisco, seu pastor terá de trazê-los de volta; jamais conseguirão regressar por si mesmos. Já tiveram poder para se destruir e o exerceram. Agora, no entanto, seu auxílio não está mais em vocês próprios, mas somente em Deus. Pode parecer estranho que o evangelho retrate desse modo o homem em condição tão desesperadora, mas assim é. E que ninguém duvide dele, por mais assombroso que pareça.

Da mesma forma, digno de nota é que o evangelho *conclama os homens a fazerem o que não podem fazer*. Disse Jesus ao paralítico: *Levanta-te, toma o teu leito, e vai para tua casa*. Acontece que, normalmente, ele não teria a menor condição de se levantar, tomar o leito e muito menos andar; e, no entanto, recebeu ordem de fazer tudo isso. Uma das coisas mais surpreendentes do caminho da salvação é que:

> O evangelho ordena ao morto reviver;
> Pecador, à voz da vida obedecer.
> Ossos secos, levantar e se encorpar;
> Coração de pedra em carne se tornar.

Precisamos dizer, em nome de Jesus, ao homem com a mão atrofiada — tão atrofiada que nada pode, e temos consciência disso: *Estende a tua mão* (Mt 12.13). Alguns irmãos, adeptos de determinada doutrina, discordam: "Isso é um absurdo! Se você admite que seu interlocutor não tem condições de atendê-lo, não é possível lhe ordenar tal coisa". Pouco nos importa, no entanto, a censura ou o julgamento humano. Se Deus nos outorgou uma comissão, ela nos serve perfeitamente de proteção a que possamos sofrer com a crítica das pessoas. "Ezequiel, não estás vendo diante de ti um vale de ossos secos?" "Sim", responde o profeta, "eu o vejo. São muitos e bastante secos os ossos. Eis que durante mais de um verão o sol os queimou e por mais de um inverno ventos intensos os ressecaram até ficarem como se tivessem passado por um forno". "O que podes *tu* fazer com esses ossos, profeta? Se for da vontade de Deus devolvê-los à vida, assim irá acontecer. Portanto, deixa-os em paz; o que podes fazer?" Ouça então o profeta decretando sua solene proclamação: *Assim diz o Senhor: vós, ossos secos, vivei!* "Ridículo, Ezequiel! Eles não podem viver; por que então você lhes dirige a palavra?" O profeta sabe perfeitamente que, por si mesmos, os ossos secos não têm como voltar à vida; mas sabe também que Deus manda que lhes ordene que vivam, e ele obedece ao Senhor. O mesmo acontece com o evangelho: o ministro deve ordenar aos homens que creiam, dizendo: *Arrependei-vos, e crede no evangelho* (Mc 1.15). Só por isso é que insistimos em dizer: *Crê no Senhor Jesus e serás salvo* (At 16.31). O evangelho determina que você creia, embora morto em delitos e pecados. "Não consigo entender", pode alguém contestar. Não entende e jamais o conseguirá, até que Deus o revele a você. Quando o Senhor vier habitar em você, irá compreender isso com perfeição e verá por que o exercício da fé por parte do pregador do evangelho tem que ver com a operação divina por meio da qual as almas mortas ressuscitam.

Outra coisa notável é a seguinte: conquanto o evangelho seja pregado a homens incapazes e mortos, e lhes sejam dadas ordens que por si mesmos não teriam como cumprir, *eles, na verdade, o fazem*. Essa é a grande maravilha. Se, em nome de Jesus, determinarmos a um paralítico espiritual: "Levanta-te, toma o teu leito, e vai para tua *casa* (Mc 2.11)", ele se erguerá, pegará o leito sobre o qual estivera deitado até então e sairá andando imediatamente. Proferida a palavra em fé, em inteira confiança no Pai, penetra poder eterno no homem que por si mesmo não tinha poder algum. O eleito de Deus, chamado pela pregação do evangelho, ouve a mensagem do céu. Com a mensagem, vem sobre ele poder no mesmo instante, de tal modo que obedece à palavra e vive. Por morto que esteja, ele vive.

Oh, que maravilhosa operação é essa que, no meio desta congregação, se eu disser: *Crê no senhor Jesus*, haverá sempre alguém que há de crer e será salvo. Aquele que o faça não agirá assim por ter mais poder para crer que os demais, de modo algum. Por sua própria natureza, encontram-se em idêntico estado de morte todos os que não creem. Mas, para os escolhidos de Deus, a Palavra chega com poder, acompanhada do Espírito Santo; e eles creem e vivem. Na verdade, eis um fato singular. Pode parecer estranho dizer a vocês, povo bom da igreja, que sempre faz tudo tão certinho que, a menos que vocês sejam realmente convertidos, estarão mortos em seus delitos e pecados e todas as suas boas obras não passarão de mortalha a lhes envolver o cadáver, nada mais do que isso. É estranho, sim, que nos vejamos constrangidos a convocá-los constantemente a realmente crer em Jesus, alertando-os de que de outro modo vocês não terão vida espiritual; que tenhamos de adverti-los sempre de que estarão vivendo em grande pecado se não crerem de fato em Jesus Cristo. Mas mais extraordinário ainda, vocês hão de convir, é estarmos confiantes sempre de que a advertência que lhes fazemos, indo direto ao assunto e com toda a sinceridade, em nome de Deus, será abençoada pelo Espírito Santo, levando-os a crer e a confiar, doravante, verdadeiramente em Jesus. Pode parecer estranho, mas assim é.

Notável para a multidão foi ainda, sem dúvida, o fato de que *o paralítico foi curado no mesmo instante*. Se acontecer de uma cura humana da paralisia poder se realizar, a qualquer tempo — e esse é o tipo de cura raro, muito raro, de suceder —, creio que jamais o será em um só instante. O homem retratado na passagem bíblica que lemos era incapaz de movimentar suas pernas, ou braços também. No entanto, Jesus diz a ele: "Levanta-te e anda", e na mesma hora ele se ergue do chão como se nunca tivesse estado paralítico. Cada nervo, cada junção e ligadura, assume imediatamente seu devido lugar e função, cada músculo está logo pronto a agir naquele mesmo instante em que é demandado. O normal seria certamente pensar que levaria um mês ou dois, além de exigir muita massagem e fricção, para poder devolver ao sangue do homem uma condição e atividade saudável que viessem a lhe permitir percorrer e aquecer aquele corpo, trazendo-o de volta à vida. Mas nada disso foi o que ocorreu: bastou ao paralítico ouvir a majestosa voz, que lhe ordenava fazer o que não podia, para obedecer, graças ao poder que acompanhava a mensagem. Levantou-se, curado, na mesma hora.

Aqui está a maravilha do evangelho. Se o pecador lhe dá ouvidos, no momento em que todos os pecados de sua vida inteira ainda pesam sobre suas costas, mas crê nesse evangelho, seus pecados desaparecem em um segundo. Comparece então limpo diante do trono de Deus, como se pecado algum jamais o tivesse maculado. Até o momento em que acolheu o evangelho, era um inimigo de Deus, por causa de suas obras pecaminosas. Aceito, porém, o testemunho de Deus concernente a seu Filho amado, o pecador descansa agora no Senhor, e seu coração se torna como o de uma criança. É nova criatura em Cristo Jesus. A escuridão desaparece, tal como a escuridão primeva fugiu adiante da ordem *Haja luz* (Gn 1.3). Aconteceu — e em um só segundo.

Você jamais entenderá isso, tenho certeza, a menos que o experimente. Oh, como bendisse a Deus quando, faz alguns anos, ouvi a mensagem do Senhor: *Olhai para mim, e sereis salvos, vós, todos os confins da terra* (Is 45.22). Fui por ele capacitado a olhar e viver. Ansiava e anelava antes, constantemente, pela salvação. Havia me esforçado e orado muito para obtê-la, sem jamais avançar um milímetro sequer em sua direção. Então, veio a mensagem: *Olhai!* Mas como poderia fazer isso, se meus olhos estavam cegos? Mesmo assim, olhei — pois o poder para olhar acompanhou a ordem para que eu assim agisse. No momento então em que olhei, tive consciência de que estava perdoado, tanto quanto estou consciente da minha existência. Encontrei vida para mim em olhar para o Crucificado. Perdão garantido, seguro, dado à minha consciência, e selado, foi-me concedido no mesmo instante em que olhei para Jesus suando sangue, para Jesus na cruz, para Jesus ressurreto dentre os mortos, para Jesus recebido na glória. Bastou um olhar para ele, e tudo foi consumado.

"Nunca pensei nisso", diz você, e isso até o surpreende. Porque até agora você achava certamente que deveria cumprir os sacramentos da igreja e frequentar continuamente um lugar de adoração, até que, pouco a pouco, com muito trabalho e esforço pessoal, começasse a deixar sua condição de paralítico espiritual. Esse caminho é o caminho humano da salvação. Já o caminho de Cristo é diferente: é a transformação imediata do coração, com o perdão instantâneo dos pecados.

Outra coisa acerca da qual os judeus nunca tinham visto algo semelhante foi *o homem ser curado sem nenhum ritual*. O modo comum de se curar um paralítico em Israel naquela época seria mandar chamar o sacerdote, que traria água e óleo ou derramaria o sangue de um novilho, oferecendo-o em sacrifício, para em seguida cumprir um sem-número de cerimônias; e aos poucos então, pelo poder místico do cerimonial, o homem seria purificado. Mas não acontece neste caso nem um único ritual. Há somente uma ordem de *Levanta-te e anda*. E o paralítico, embora em dúvida se pode ou não realmente tomar seu leito e andar, ainda assim crê que aquele que o mandou fazer isso lhe dará poder para tanto; de modo que o toma, sim, e sai andando. Eis tudo, em poucas palavras. Ele crê, age com base nessa sua fé, e é restaurado.

Isso resume o plano da salvação. Você crê no evangelho, age conforme a verdade que nele está, e é salvo — no momento mesmo em que aceita o testemunho de Deus concernente a seu Filho, Jesus Cristo. Mas não há um batismo? Há, sim, para os salvos; mas não com o intuito de se alcançar a salvação. Quando você já é salvo — já é um crente em Jesus —, então os regulamentos instrutivos da casa de Deus se tornam úteis à sua vida. Deus proíbe, no entanto, que encaremos o batismo como meio de salvação. Proíbe até que encaremos a ceia do Senhor com esse propósito. Que evitemos qualquer coisa, mesmo que parecida com a fé, sob a forma de ritual. Quando salvo, os regulamentos da casa para a qual você entrou — os regulamentos da família da qual se tornou membro — dizem respeito então a você; mas não lhe dizem respeito, tampouco podem lhe prestar qualquer serviço, até que seja salvo. A salvação da morte no pecado nada tem que ver com cerimônias. Creia e viva: é este o único preceito do evangelho.

Outra coisa digna de nota é que *este homem foi perfeitamente restaurado* — não apenas provisoriamente e por um momento, mas por completo e por todo o restante de sua vida. Uma restauração parcial não ficaria nem um pouco tão célebre assim. Tenho amigos queridos que sofreram paralisia parcial e, depois de algum tempo, conforme a boa providência divina, se recuperaram de certa forma. Mas um lábio repuxado, uma deficiência em um dos olhos ou uma fragilidade na mão permaneceu como prova de que a paralisia estivera ali. Já o homem de nossa história ficou perfeitamente são e de uma só vez. A glória da salvação está também no perdão completo de quem quer que creia no Senhor Jesus. Não são alguns de seus pecados que são lançados fora, mas todos. Regozijo-me ao olhar para isso, como faz nosso querido poeta Kent, ao dizer:

> Eis o perdão para a antiga transgressão,
> Não importa quão sombrio foi o passado;
> E, ó minha alma, como esplêndida é a visão:
> Perdão também para o futuro pecado.

Somos mergulhados na fonte do sangue remissor e purificados de todo medo de um dia virmos a ser considerados culpados diante do Deus vivo. Somos aceitos pelo amado mediante a justiça de Cristo, justificados de uma vez por todas e para todo o sempre perante o rosto do Pai! Cristo disse: *Está consumado*, e de fato consumado está. Oh, que felicidade isso representa — assim como uma das coisas que bem podem fazer vacilar aqueles que jamais ouviram falar dela. Mas que não o rejeitem só porque os confunde e, sim, em vez disso, proclamem: "Este é um sistema maravilhoso que salva, que salva por completo e em um só instante, bastando apenas desviarmos o olhar do nosso eu para Cristo; e é um sistema digno da sabedoria divina, pois engrandece a graça de Deus e vai ao encontro da mais profunda necessidade do homem".

Outro fato acerca daquele paralítico que sem dúvida maravilhou os presentes foi *sua cura ser tão evidente*. Ficou claro que não podia haver qualquer fraude ali, pois ele mesmo enrolou o colchão, ou a esteira, em que antes vivia deitado, colocou-o nas costas e saiu andando rumo à sua casa. Ao carregar um fardo nas costas, não restou dúvida alguma quanto a haver sido restaurado com toda a perfeição. Eis a glória disso tudo: quando uma pessoa *crê* em Jesus Cristo, não há dúvida quanto à sua conversão; você a vê em suas ações. Dizem-me que a criança renasce no batismo. Muito bem, deixem-me então dar uma olhada nessa criança: há alguma diferença nela? Alguns de vocês, talvez, possam ter filhos que nasceram de novo à maneira sacramental. Meus filhos, não. Não posso, portanto, falar por experiência própria. Fico imaginando se seus filhos acabaram se tornando melhores do que os meus — se, de fato, a regeneração pelas águas fez alguma diferença neles. Estou convencido de que não se pode fingir detectar algum resultado. É um tipo de regeneração que não se mostra na vida, nem produz resultados práticos. Porque esses preciosos bebês, meninos e meninas, ditos regenerados continuam idênticos aos meninos e meninas não regenerados: nada os distingue uns dos outros. Mande-os para a mesma escola, e eu me incumbirei de mostrar, com grande frequência, que alguns dos que nunca passaram pela regeneração do batismo são na verdade melhores do que os que passaram. Pois é provável que estes últimos tenham pais cristãos que se dão ao trabalho maior de instruí-los na fé do que pais supersticiosos, que se limitam a confiar na cerimônia exterior.

A regeneração que não produz efeito nada é — é menos até que nada. Seria como você dizer: "Aquele homem está salvo da paralisia". "Pode ser", retrucariam, "mas ele passa o tempo todo deitado na cama". "Sim, tem razão, ele não sai da cama, como antes", você concorda, "mas está liberto da paralisia". "Como sabe?" "Bem, talvez a cura não tenha sido real, mas virtual, porque ele se submeteu a uma cerimônia e, portanto, deve ter sido curado. Temos de crer nisso." Excelente argumentação; mas quando o homem do texto bíblico se levantou, pegou o leito, colocou-o nas costas e saiu andando, foi muito mais convincente. Quando a providência divina traz a esta casa um homem entregue à bebida, e ele ouve o evangelho, crê em Jesus Cristo e entorna na pia suas garrafas de bebida, tornando-se um homem sóbrio, há alguma coisa aí. Se um homem chega aqui todo orgulhoso e arrogante, mostrando que odeia o evangelho por inteiro, capaz de praguejar e sem a menor consideração pelo culto ao Senhor; e se passa a crer em Jesus, tornando-se gentil como um cordeiro em casa, a ponto de a esposa mal o reconhecer como o mesmo homem; se ele agora até se deleita em ir à casa de Deus, há algo possível de se ver e admirar nisso, não há? Há algo real, tangível. Outro homem é capaz de enganar os outros, assim que lhe ponham os olhos em cima, nos negócios; contudo, a graça de Deus chega até ele e o transforma em uma pessoa honesta ao extremo. Ou eis um homem acostumado a se associar aos mais desprezíveis dos desprezíveis, mas recebe o evangelho de Jesus Cristo, passa a buscar companhias piedosas e hoje só se relaciona com aqueles cuja conversa seja decente, limpa e santa. Ora, tudo isso é possível de *ver*.

Eis aí o tipo de salvação que queremos — uma salvação que pode ser vista — que faz o pecador, paralítico espiritual, enrolar seu leito e levá-lo embora consigo, andando; que o transforma em vencedor sobre seus maus hábitos; que o livra da escravidão do pecado, tal como se mostra agora na vida exterior a todos que se derem ao trabalho de olhar para ele. Sim, irmãos, é isso que o evangelho tem feito por nós. E se me dirijo a alguém aqui presente esta noite que haja encarado a religião como uma espécie de bálsamo, para ser usado ao mesmo tempo que prossegue em seus pecados, quero que veja que coisa realmente diferente ela é. Cristo veio salvar você dos seus pecados não mantê-lo no fogo enquanto impede que se queime. Ele quer arrancá-lo das brasas como um tição. Veio para fazer de você nova criatura, coisa que tem poder para operar neste exato momento, enquanto você está aí sentado nesse banco. Se, ao ouvir o chamado de *Creia no Senhor Jesus Cristo* (At 16.31), você sentir em si mesmo disposição mental para atender, que lhe é concedida pela graça divina, de tal forma que passe a confiar inteiramente no Senhor, você será salvo, tão certo quanto Cristo vive.

Essas coisas podem parecer estranhas, mas não as rejeite apenas por esse motivo, pois são de Deus e dignas dele.

III. Por fim, se vocês depararem com uma ou mais dessas coisas e se virem na obrigação de dizer *Nunca vimos coisa semelhante* (Mc 2.12), glorifiquem a Deus. Exaltem-no do mais profundo de sua alma.

Se a salvação fosse por obras e pudéssemos lutar para abrir caminho até os céus por nossos próprios méritos, eu mesmo, quando chegasse lá, jogaria o chapéu para o alto e diria: "Parabéns para mim! Fiz por merecer e obtive o que buscava". Mas como a salvação é somente pela graça, do início ao fim, não produto do homem, nem determinada por ele, ou por sangue ou nascimento — e já que é o Senhor que a inicia, dá continuidade e termina — vamos dar a ele toda a glória que merece. E quando algum dia ele nos der, como o fará, a incorruptível coroa da vida, nós a lançaremos, gratos e humildes, a seus pés, dizendo: "Não a nós, Senhor, não a nós, mas ao teu nome dá glória para todo o sempre". Vivamos neste espírito, caros amigos. O homem que diz crer na doutrina da graça, mas se tem em alta conta, está sendo de uma incoerência absurda; o homem que diz crer ser pura graça a salvação, mas não glorifica incessantemente a Deus, age de modo contrário ao que alega ser sua própria convicção. *Engrandecei ao Senhor comigo, e juntos exaltemos o seu nome* (Sl 34.3). Ele *também me tirou duma cova de destruição, dum charco de lodo; pôs os meus pés sobre uma rocha, firmou os meus passos. Pôs na minha boca um cântico novo* (Sl 40.2,3) e louvores para sempre. Louvado seja Deus, pois foi quem fez tudo isso e deve por isso ser sempre glorificado.

Oh, sim, você não consegue louvá-lo, você que não conhece a salvação. Não o exortaria a tentá-lo. Antes de mais nada, que venha a conhecê-la. E isso *pode* acontecer hoje mesmo. Bendito seja Deus, em quem confio que alguns de vocês conhecerão ainda esta noite a salvação — quando se afastarem de si mesmos, abdicando de toda a dependência de si mesmos em tudo o que possam fazer, ser ou sentir, para se lançarem nas mãos de Jesus, descansando em sua obra acabada e nele totalmente confiando. Ele o fará — ele há de salvar você, que confia nele. Então, você poderá e haverá de lhe prestar o devido louvor. Deus abençoe a todos, queridos amigos, em nome de Jesus.

74 | LEVADO POR QUATRO OUTROS

Mas ele se retirava para os desertos, e ali orava. Um dia, quando ele estava ensinando, achavam-se ali sentados fariseus e doutores da lei, que tinham vindo de todas as aldeias da Galileia e da Judeia, e de Jerusalém; e o poder do Senhor estava com ele para curar. E eis que uns homens, trazendo num leito um paralítico, procuravam introduzi-lo e pô-lo diante dele. Mas, não achando por onde o pudessem introduzir por causa da multidão, subiram ao eirado e, por entre as telhas, o baixaram com o leito, para o meio de todos, diante de Jesus. E vendo-lhes a fé, disse ele: Homem, são-te perdoados os teus pecados. Então os escribas e os fariseus começaram a arrazoar, dizendo: Quem é este que profere blasfêmias? Quem pode perdoar pecados, senão só Deus? Jesus, porém, percebendo os seus pensamentos, respondeu, e disse-lhes: Por que arrazoais em vossos corações? Qual é mais fácil, dizer: São-te perdoados os teus pecados; ou dizer: Levanta-te, e anda? Ora, para que saibais que o Filho do homem tem sobre a terra autoridade para perdoar pecados (disse ao paralítico), a ti te digo: Levanta-te, toma o teu leito e vai para tua casa. Imediatamente se levantou diante deles, tomou o leito em que estivera deitado e foi para sua casa, glorificando a Deus. E, tomados de pasmo, todos glorificavam a Deus; e diziam, cheios de temor: Hoje vimos coisas extraordinárias (Lc 5.16-26).

Você encontra esta mesma narrativa no nono capítulo de Mateus e no segundo capítulo de Marcos. O que foi registrado três vezes por penas inspiradas deve ser considerado três vezes mais importante, bastante digno de nossa fervorosa meditação. Observe o fato exemplar de que o nosso Salvador, ao deparar com multidão reunida fora do comum, costumava se recolher e passar um tempo à parte em oração. Retirava-se para um lugar deserto, a fim de manter comunhão com o Pai e voltar revestido de mais abundante poder de cura e salvação. Como Deus, Jesus sempre teve esse poder sem medida, mas agia assim por nossa causa, para aprendermos que o poder divino só repousa em nós na proporção que nos achegamos a Deus. Negligenciar a oração representa, acima de tudo, verdadeiro enxame de gafanhotos a devorar a força da igreja.

Ao retornar de seu retiro, nosso Senhor encontrava certamente multidão maior e tão heterogênea quanto antes, que se reunia à sua volta. Embora nela houvesse muitos dos que nele criam com sinceridade, havia também inúmeros observadores céticos. Não poucos dos presentes sentiam-se ansiosos por auferir do seu poder de cura, mas outros mostravam-se desejosos de encontrar oportunidade para se lhe opor. O mesmo acontece hoje em dia em toda congregação. Por mais que o pregador esteja revestido do espírito e da força de seu mestre, o grande ajuntamento será sempre pouco uniforme: ali se mesclarão, entre crentes e fiéis, fariseus e doutores da lei, críticos afiados prontos a apontar supostos erros, contestadores capciosos, sangues-frios, em busca de eventuais equívocos e falhas. Ao mesmo tempo, porém, estarão presentes os escolhidos de Deus e os atraídos por sua graça, crentes devotos que se regozijam no poder revelado entre os homens e os que buscam Deus com sinceridade, querendo sentir em si mesmos o poder e a energia curadora de Cristo.

Ao que parece, nosso Salvador seguia a norma de suprir cada ouvinte de alimento segundo sua espécie. Os fariseus logo encontrariam, assim, matéria-prima para armar as ciladas que tanto pretendiam. O Salvador se exprimia com tão sublime verdade divina que para eles, rastejantes e mal- intencionados,

LEVADO POR QUATRO OUTROS | 697

seria fácil, distorcendo, embora, o propósito de suas palavras, acusá-lo de blasfêmia. Mas a malícia do coração deles viria então à superfície, dando oportunidade a que o Senhor pudesse repreendê-los. Assim, o poder do Senhor estava ali presente para curar, inclusive, até eles. Ao mesmo tempo, os pobres doentes que temiam e tremiam, enquanto oravam e suplicavam por cura, não se iriam desapontar. O bom médico não passava ao largo de nenhum caso sequer. Seus discípulos, por sua vez, em busca de ensinamento e oportunidade para louvá-lo, também viriam a ser plenamente recompensados, pois com olhos alegres viriam um paralítico ser restaurado e seus pecados serem perdoados por Jesus.

O caso que a narrativa nos apresenta é o de um homem acometido de paralisia. Poderia ser, no caso, uma triste enfermidade já de longa data. Há paralisias que matam o corpo pouco a pouco, prendendo-o cada vez mais a uma completa invalidez. O sistema nervoso acaba quase inteiramente destruído. O poder de se locomover é suspenso por completo. As faculdades mentais permanecem, todavia, embora bastante enfraquecidas e algumas até quase se extinguindo. Há quem sugira que o doente desse texto bíblico deva ter sido acometido daquilo que hoje se costuma chamar de paralisia universal. Ela costuma levar à morte muito depressa, o que poderia ser justamente a causa da urgência extrema dos quatro amigos em transportar o paralítico para perto do Salvador. Não conhecemos detalhes do caso. O certo é que aquele homem estava paralítico.

Analisando a situação como um todo, com base nos três registros evangélicos, imagino perceber que essa paralisia estivesse de um modo ou de outro, pelo menos a se julgar pelo seu portador, relacionada ao seu pecado. Tratava-se, provavelmente, de um homem arrependido, que se sentia tão oprimido na mente quanto em seu arcabouço corporal. Não sei se seria possível chamá-lo de crente, mas é bem provável que, por pesar-lhe nas costas o senso do pecado, abrigasse no peito a esperança da misericórdia divina, embora tênue como uma faísca em um braseiro, subsistindo com dificuldade, mas resistindo a apagar-se. A aflição pela qual os amigos se compadeciam dele manifestava-se no corpo; todavia, talvez mais do que isso, vivesse ele um drama muito mais intenso em sua alma. É provável que, menos que a ideia de ver o próprio corpo curado, fosse a esperança de perdão e bênção espiritual que o dispusesse agora a ir em busca do profeta nazareno que curava, desde que se lhe fosse permitido colocar-se debaixo dos olhos daquele que ele imaginava pudesse ser, de fato, como diziam alguns, o Salvador prometido. Deduzo isso do fato de nosso Senhor dirigir-se a ele com as palavras *Tem ânimo, filho*, revelando, com isso, haver percebido imediatamente estar aquele homem desesperado, com seu espírito afundando dentro dele; e, então, por reconhecer sua forte necessidade de perdão, e tomado de misericórdia por ele, em vez de lhe dizer em primeiro lugar *Levanta-te, toma o teu leito e vai para tua casa*, o terno coração do Senhor preferiu logo anunciar: *Filho, são-te perdoados os teus pecados*. Desse modo, conferiu-lhe a bênção máxima aguardada, pela qual certamente os amigos do paciente não esperavam, mas que o próprio paralítico, mesmo sem fala, tanto buscara no silêncio de sua alma. Era, sim, para o Senhor, um "filho", um filho querido de Deus, naquele instante tão sofredor e aflito. Apesar de ainda não conseguir mexer pés ou mãos, seus olhos pareciam revelar estar pronto a obedecer às ordens do Senhor, se o poder de fazê-lo lhe fosse, pela cura, concedido. Ansiava poder mostrar a todos, na cura, a confirmação do perdão de seus pecados, que lhe fora dado; mas ainda não era capaz nem de estender a mão para tocar seu Salvador. Não demoraria muito, porém, e o faria, para a glória de Deus.

Pretendo utilizar agora a narrativa com fins práticos. Queira o Espírito Santo torná-la, assim, realmente útil, é o que peço. A primeira observação que faremos, então, será:

I. Há casos em que se faz necessária a ajuda de um pequeno grupo de colaboradores antes que a pessoa seja realmente salva.

Esse homem precisou ser carregado por outros quatro em seu leito, segundo nos relata Marcos. Devia ser naturalmente, um carregador em cada canto do leito.

Muitas das pessoas conduzidas ao reino de Cristo se convertem certamente por meio da oração genérica da igreja, que é um de seus ministérios. É provável também que três em cada quatro membros de qualquer igreja deva ainda sua conversão ao ensino regular do evangelho oferecido pela igreja, de uma forma ou de outra. Enfim, a oração congregacional, a escola dominical, a pregação no púlpito, a literatura evangelística compõem uma rede em que as pessoas são colhidas para Deus, na qual a palavra pessoal, assim como a oração individual, em oculto, não deixam também de participar, em diversas ocasiões. É verdade que alguns são conduzidos a Jesus pelo empenho isolado de uma pessoa. Tal como André encontrou seu irmão Simão, assim também todo crente, por seu testemunho pessoal da verdade a outra criatura, torna-se instrumento, por intermédio do Espírito de Deus, de sua conversão. Cada novo convertido pode trazer outro, e este outro, um terceiro. Não há, porém, como atribuir a maioria dos casos a oração ou empenho isolado. Parece ser uma regra, creio eu, o Senhor fazer que muitos, até em sua maioria, sejam levados a ele mais pelo soar da grande trombeta do jubileu, na dispensação do evangelho por seus pregadores, senão pela dedicação da igreja em ministérios de caráter coletivo.

O texto bíblico que estamos estudando, no entanto, parece mostrar que, em determinados casos, as pessoas não são conduzidas a Deus pela pregação genérica da Palavra ou ministério da igreja, tampouco pela instrumentalidade pessoal de alguém. Tais casos exigem, sim, a presença de um pequeno grupo, de dois, três ou quatro crentes, em santa união, os quais, com o consentimento da pessoa e experimentando todos um desejo único na alma, decidam se dedicar, como companhia, a um único objetivo. Jamais pensam em desistir dessa santa confederação até atingirem esse objetivo e verem o amigo salvo. O paralítico da história não podia ser conduzido a Cristo por uma só pessoa; tampouco por uma multidão. Precisava de apenas quatro, mas precisava desses, pelo menos, que emprestassem sua força para carregá-lo, ou não chegaria ao local da cura.

Apliquemos o mesmo princípio à vida de hoje. Tomemos um chefe de família que ainda não foi salvo. Sua esposa vem intercedendo por ele há muito tempo, porém suas orações continuam sem resposta. Ó boa esposa, Deus não a abençoou com um filho com quem se regozija no temor do Senhor? Não tem, também, mais duas filhas crentes? Vocês quatro, segurem cada um em um canto no leito desse homem enfermo espiritualmente e tragam esse seu marido e pai ao Salvador!

Há também o caso de um marido e uma esposa, ambos de Cristo. Vocês têm orado pelos filhos, não é? Jamais interrompam essa súplica, continuem orando. Todavia, talvez haja um membro de sua amada família que continua ser mostrando mais inflexível em se converter. Faz-se necessária, então, uma ajuda extra. Bem, somando a vocês o professor de sua classe da escola dominical, já serão três. Ele poderá segurar um canto do leito. Eu, por mim, ficaria muito feliz se também puder participar desse bendito grupo, tornando-me seu quarto integrante. Quem sabe se a piedade doméstica, a escola dominical e a pregação do ministro se unirem, o Senhor não há de olhar para baixo com amor e salvar seu filho inflexível?

E você, irmã ou irmão, que está pensando em uma pessoa amiga por quem vem orando há algum tempo; você já lhe falou de Cristo e usou de todos os meios necessários, até agora sem resultado. Talvez você lhe fale em tom amistoso e individual demais; talvez não lhe tenha ainda apresentado a verdade exata, de modo que pese sobre essa pessoa na medida que sua consciência requer. Busque, então, auxílio. É possível que um segundo irmão seja mais didático ao falar, enquanto você só se preocupou até agora em consolar; talvez a instrução seja o meio para a graça alcançar a vida dessa pessoa. Todavia, pode acontecer de nem a instrução se mostrar mais suficiente que a consolação; talvez seja necessário chamarem um terceiro crente, que fale de modo que impressione com sua exortação e advertência. Talvez seja isso que está faltando? Vocês dois, já em campo, servirão de apoio e equilíbrio à exortação, para evitar ser pungente demais e incutir preconceitos na mente da pessoa. Vocês três, juntos, talvez consigam formar um instrumento adequado nas mãos do Senhor; mas também pode ser que, mesmo compondo uma feliz combinação, o pobre paralítico espiritual continue não sendo atingido no que diz respeito à salvação. Uma quarta pessoa, então, se fará necessária, a qual, com uma afeição mais profunda do que vocês três e talvez uma experiência mais apropriada para o caso, possa, trabalhando em conjunto com vocês, garantir o resultado afinal.

Quatro companheiros e auxiliares mútuos, juntos, têm como realizar, pelo poder do Espírito, o que nem um, nem dois, nem três se mostram, muitas vezes, qualificados a fazer. Pode acontecer, por exemplo, de alguém ter ouvido Paulo pregar, mas, embora a doutrina do apóstolo, clara, lhe ilumine o intelecto,

LEVADO POR QUATRO OUTROS | 699

não lhe convenceu a consciência; de ter ouvido também Apolo e o brilho dos apelos eloquentes do orador aquecerem seu coração, mas sem conseguirem amainar o seu orgulho. Ouviu ainda Cefas, ou seja, Pedro, cujas frases duras o derrubaram, convencendo-o do pecado; mas, antes que possa encontrar júbilo e paz na fé, terá de ouvir as palavras doces e afetuosas de João. Só então, a partir do momento em que uma quarta pessoa segurar a extremidade do leito e levantá-lo, junto com os outros, com entusiasmo, o paralítico será levado a caminho da misericórdia.

Anelo ver nesta igreja pequenos grupos de homens e mulheres unidos uns aos outros pelo amor ardente pelas almas. Gostaria que vocês dissessem uns para os outros: "Eis um caso pelo qual experimentamos um interesse comum. Vamos nos comprometer uns com os outros a orar por essa pessoa. Busquemos em conjunto a sua salvação". Pode ser que um dos muitos que ocupam continuamente nossos bancos, depois de ouvir minha voz nesses últimos dez ou quinze anos, não se tenha deixado impressionar tanto pela minha pregação. Pode ser também que outro tenha deixado de frequentar a escola dominical sem chegar a ser salvo. Que quartetos de irmãos possam então cuidar dessas pessoas, sob a bênção e o auxílio de Deus. Formem, cada grupo, um quadrado em torno dessas pessoas; cerquem-nas pela frente, por trás e pelos lados; e não permitam que digam, frustradas: "Ninguém se importa comigo, com minha alma". Reúna-se cada conjunto em oração, com um objetivo definido diante de vocês e busquem atingi-lo pelos caminhos mais prováveis, diante de Deus. Não sei, meus irmãos, quanta bênção poderá nos advir por meio disso, mas posso afirmar com toda a certeza que até que o tenhamos tentado não podemos pronunciar veredicto algum sobre o assunto. Tampouco podemos nos considerar livres de responsabilidade para com a alma das pessoas até que tenhamos testado cada método possível e provável de lhes servir e fazer o bem.

Receio, porém, que não existam muitos irmãos, mesmo nas grandes igrejas, capazes de se tornar carregadores de enfermos. Vários podem considerar o plano admirável, mas deixar que outros o levem a cabo. Lembre-se de que as quatro pessoas reunidas nessa obra de amor têm de estar todas cheias de intensa afeição por aquela cuja salvação estão buscando. Devem ser pessoas que não se retraiam por causa de dificuldades, que empenhem toda a sua força para suportar nos ombros o fardo amado, e perseverem até serem bem-sucedidas. Precisam ser fortes, pois o fardo é pesado; resolutos, pois a obra lhes provará a fé; reverentes, pois de outro modo o trabalho será vão; crentes, ou se mostrarão inúteis por inteiro. Jesus viu-lhes a fé e por isso aceitou seu serviço. Sem fé é impossível agradar a Deus. Onde encontrar quartetos como esse? Possa o Senhor revelá-los e enviá-los a pobres pecadores moribundos, paralisados espiritualmente em um leito.

II. Passemos agora à segunda observação: de que ALGUNS DESSES CASOS, AO SEREM ASSUMIDOS, EXIGIRÃO MUITO PLANEJAMENTO ANTES DA EXECUÇÃO DO PROJETO.

O meio básico pelo qual uma alma é salva é bastante claro. Os quatro carregadores em momento algum questionaram quanto ao modo de levar a cabo a cura do amigo. Foram unânimes nesse aspecto — precisavam conduzi-lo a Jesus, de um jeito ou de outro, de qualquer maneira. Tinham de colocá-lo diante do Salvador. Era um fato incontestável. A questão era somente a seguinte: como fazer isso? Um velho provérbio secular diz: "Quem quer vai, quem não quer manda". Creio que podemos aplicá-lo às coisas espirituais sem necessidade de maiores justificativas. "Quem quer vai." Se alguém é chamado pela graça de Deus a sentir profundo interesse por uma alma em particular, haverá de buscar a melhor maneira de levar essa alma a Jesus. Essa maneira, todavia, poderá somente se revelar depois de muita reflexão. Em alguns casos, o modo de alcançar o coração da pessoa em vista é tão incomum, extraordinário até, que normalmente não seria utilizado, muito menos bem-sucedido.

Imagino que os quatro carregadores da narrativa bíblica combinaram de início: "Bem, vamos transportar este pobre paralítico até o Salvador e entraremos na casa onde ele está pela porta". Mas, quando chegaram lá e tentaram fazer isso, uma multidão bloqueava a entrada, de tal forma que não conseguiam chegar nem à soleira da porta. "Abram caminho! Abram caminho para um doente, por favor! Abram espaço e deixem passar esse pobre paralítico! Por misericórdia, deixem esse doente chegar até o profeta!" Em vão clamaram todos esses pedidos, súplicas e ordens. Aqui e ali, talvez, uma ou outra pessoa mais compassiva recuou ou se afastou para dar passagem, mas a maioria ou não tinha como se afastar ou nem estava disposta a fazê-lo. A maioria havia acorrido até ali por motivo semelhante, o de cura, e tinha razões idênticas para não deixar outros passarem à sua frente. "Venham comigo", exclama, então, um dos quatro carregadores. "Eu vou abrir caminho de qualquer jeito." Ele então sai empurrando e dando cotoveladas, conseguindo avançar uma pequena distância em direção à casa. "Venham, vocês três!", ele chama. "Sigam-me e lutem, milímetro a milímetro." Mas não conseguem. É impossível: o pobre paciente que carregam está prestes a morrer de medo. Seu leito é sacudido para todo lado pela multidão, como uma casca de noz em meio às ondas do mar. Seu temor aumenta, os carregadores se angustiam e já se dão por bastante satisfeitos quando, afinal, conseguem se afastar outra vez e parar um pouco para pensar. É evidente a impossibilidade de entrar ali pelos meios comuns. O que fazer então? "Não podemos cavar um túnel na terra. Mas será que não podemos passar por cima da cabeça das pessoas e descê-lo pelo telhado? Onde fica a escada?" No Oriente, em geral, as casas contam com uma escada externa, que sobe até o topo. Não sabemos, evidentemente, se existia, no caso, uma escada desse tipo; mas, de todo modo, uma coisa, pelo menos, ficou clara: com fé e decisão, transportaram seu fardo infeliz até em cima da casa e, abrindo o teto, conseguiram, enfim, baixá-lo.

É provável que a casa fosse de um único piso e talvez o cômodo onde o Salvador pregava fosse aberto para um pátio interno, que devia estar abarrotado de gente. Fosse como fosse, o senhor Jesus se encontrava bem debaixo da cobertura do telhado, e telhado firme. Ninguém que leia o texto deixará de notar que havia realmente, como barreira, um telhado a ser ultrapassado. Há quem aponte a dificuldade de que a quebra do telhado, se fosse de barro ou cerâmica, envolveria barulheira, confusão e sobretudo muito risco para quem estivesse logo abaixo, além de causar uma grande nuvem de poeira. Tem-se levantado então várias suposições, entre as quais a de que o Salvador se encontrava sob uma cobertura do tipo tenda, e que os homens simplesmente a abriram ou retiraram com facilidade para fazer baixar o paralítico; ou então que nosso Senhor se encontrava em uma espécie de alpendre com uma cobertura muito leve, talvez de palha, que os homens também poderiam afastar ou retirar com facilidade. Imaginaram até um alçapão para a ocasião. No entanto, com o devido respeito aos eminentes estudiosos que chegaram a tais conclusões, a palavra dos evangelistas não pode ser descartada com tanta prontidão. De acordo com nosso texto, o homem foi descido *por entre as telhas* (Lc 5.19), e não por entre a cobertura de uma tenda, de um teto de palha ou de qualquer outro material leve. Fosse qual fosse, então, o tipo de telha, era feita com toda a certeza de barro queimado, pois isso está claro na palavra usada aqui no original. Mais ainda: de acordo com Marcos, eles *descobriram o telhado*, o que significa que removeram as telhas; tanto assim que "fizeram uma abertura", ou seja, abriram um grande vão ou buraco, ao retirarem as telhas. A palavra grega empregada por Marcos e traduzida por *abertura*, aliás, é muito enfática, significando mais furar ou escavar e carregando em si a ideia de um esforço considerável para a remoção do material. Tem-se dito que os telhados das casas orientais costumam ser feitos de grandes pedras. Isso pode, de fato, valer como regra geral, mas não nesse caso: a casa era realmente coberta de telhas, conforme relatam os evangelhos. Quanto à poeira e à queda de cacos ou entulho, podem não ter acontecido.

Tão claro quanto as luz do meio-dia, porém, é o fato de que abriu-se um buraco de tamanho considerável em parte do telhado, o que exigiu a cuidadosa e até difícil retirada de telhas. Por esse vão, foi baixado o paralítico em seu leito. Mesmo que viesse a haver barulho e poeira, e algum perigo para eles, os carregadores mostraram-se dispostos a levar a cabo seu propósito custasse o que custasse. Precisavam e queriam fazer o enfermo entrar na casa e ir até Jesus de qualquer modo. Não há necessidade, no entanto, nem mesmo de ficarmos imaginando coisas, pois sem dúvida os quatro homens tomaram o maior cuidado em não incomodar o Salvador e seus ouvintes. As telhas retiradas devem ter sido colocadas em local à parte sobre o próprio telhado. Quanto a vigas, deve ter havido espaço suficiente entre elas para permitir a passagem do leito do enfermo sem que fosse necessário retirar qualquer uma delas. O sr. Hartley, em seu livro *Travels* [Viagens],[2] afirma: "Quando morei na ilha de Egina, Grécia, costumava olhar, não com

---

[2] [NT] O trecho citado pode ser encontrado na página 218 da obra *Researches in Greece and the Levant* [Pesquisas sobre a Grécia e o Levante], de autoria do reverendo John Harley, M.A., disponível para *download* em: <http://books.google.com>.

LEVADO POR QUATRO OUTROS | 701

pouca frequência, para o telhado acima da minha cabeça e observar como deve ter sido fácil toda a operação envolvendo o paralítico. O telhado era feito da seguinte forma: uma camada de junco, de uma espécie bastante larga, disposta sobre as vigas. Em cima dela, certa quantidade de urze espalhada. Sobre a urze, terra batida até se formar uma massa sólida. Ora, que dificuldade haveria em remover primeiro a terra, em seguida a urze, depois o junco? Tampouco dificultaria muito mais se acima da terra houvesse uma camada de telhas. A remoção das telhas e da terra não acarretaria nenhuma inconveniência para as pessoas dentro da casa, pois a urze e o junco impediriam que alguma coisa caísse ali dentro, de modo que todo o material seria enfim removido".

Baixar um homem pelo telhado foi um artifício bastante estranho e surpreendente, mas isso só ajuda a salientar a observação que temos de fazer agora. Se queremos que almas se salvem, não podemos ficar muito "cheios de dedos" no que diz respeito a convenções, regras e usos do mundo, pois é justamente em situações assim que "o reino dos céus é tomado à força". Precisamos assumir uma decisão: tudo aquilo que se interponha entre a alma a salvar e Deus deve ser removido. Não importa que telhas tenham de ser retiradas, que o reboco precise ser escavado, que vigas devam ser afastadas — seja qual for, enfim, o trabalho, o problema ou o esforço que tenhamos de enfrentar. Toda alma é preciosa demais para nos determos diante das questões de supostos escrúpulos. Se conseguirmos levar alguns a Cristo, dessa ou daquela maneira, eis cumprida a nossa missão. *Pele por pele!* (Jó 2.4), é dito em Jó. Tudo o que tenhamos de fazer não é nada, comparado à alma a salvar de um ser humano. Se quatro corações sinceros estiverem determinados a promover o bem espiritual de um pecador, sua fome santa de o fazer haverá de levá-los a saltar muros de pedra e ultrapassar telhados. Não tenho dúvida de que foi uma tarefa bastante difícil carregar o paralítico escada acima, abrir o telhado, remover as telhas, abrir o vão e descê-lo com leito e tudo, com o máximo cuidado. Deve ter sido uma missão árdua, exigindo grande capacidade e habilidade. Contudo, a obra foi realizada, e seu objetivo, atingido. Não nos podemos deter ante as dificuldades, quaisquer que sejam. Por mais duro que possa ser o trabalho, para nós deverá ser sempre mais difícil deixar uma alma perecer do que trabalhar com afinco, e da forma mais abnegada possível, por sua libertação.

Foi um gesto incomum o que os carregadores empreenderam. Quem pensaria, no caso, em fazer uma abertura no telhado? Ninguém, a não ser quem muito o amasse e desejasse demais ajudar aquele doente. Que Deus nos faça tentar também coisas fora do comum, se necessário for para ajudarmos a salvar almas. Que se possa estimular na igreja uma inventividade santa, uma criatividade a ser posta em operação para ganhar o coração dos homens. Deve ter parecido algo singular à sua geração quando John Wesley se postou junto ao túmulo do pai e pregou, em Epworth. Glória a Deus por ter ele tido a coragem de pregar assim, ao ar livre. Pareceu também extraordinário quando alguns ministros passaram a pregar em teatros. Mas é sempre motivo de júbilo que pecadores sejam alcançados quando as regras estabelecidas são quebradas dessa maneira; pecadores que certamente teriam conseguido se esquivar da Palavra, fossem outros, comuns, os meios então empregados. Sintamos nosso coração cheio de zelo por Deus e amor pelas almas e logo seremos levados a adotar meios que outros talvez critiquem, mas que são plenamente aceitos e honrados por nosso Senhor Jesus Cristo.

Enfim, o método que os quatro amigos resolveram utilizar deve ter sido apropriado à sua capacidade e habilidades pessoais. Imagino que fossem quatro sujeitos fortes, para quem a carga não representava grande incômodo e que consideraram fácil até certo ponto o trabalho de erguer o doente, remover as telhas e abaixá-lo pela abertura. Em relação à sua capacidade, o método escolhido caía certamente como uma luva. Mas e o que fizeram depois de baixar o enfermo? Ficaram olhando, admirados? Não leio em parte alguma que tenham dito uma única palavra. No entanto, o que tinham feito bastava: sua fé, junto à sua capacidade, força e competência, os levou a desempenhar todo o trabalho necessário. Alguns de vocês talvez digam: "Oh, não temos como ajudar em nada assim. Gostaríamos mesmo é de poder pregar". Mas esses homens não sabiam nem queriam pregar; tampouco precisaram. Somente levaram o paralítico até Jesus e deram sua obra por concluída. Não sabiam pregar, mas podiam carregar um leito e segurar uma corda.

Precisamos na igreja não apenas de pregadores ou instrutores, mas também de ganhadores de almas, capazes de carregá-las até Cristo em seu coração, sentindo e suportando o fardo. Crentes que talvez não saibam falar retoricamente, mas que saibam e possam chorar; que não saibam quebrantar com palavras o coração das pessoas, mas quebrantem o próprio coração em compaixão. No caso da narrativa que temos diante de nós, não houve a menor necessidade de que alguém suplicasse: "Jesus, filho de Davi, olha para cima, pois está descendo um homem que precisa de ti". Não; não houve necessidade de salientar que o paciente estava enfermo havia muitos anos. Nem sabemos se ele mesmo pronunciou uma só palavra que fosse. Paralisado e impotente, faltava-lhe até vigor para suplicar. Os amigos colocaram aquela forma quase sem vida diante dos olhos do Salvador, e isso foi apelo suficiente. Sua triste condição era mais eloquente que as palavras. Ó corações que amam ver os pecadores depositarem sua condição de decaídos perante Jesus: apresentem seu caso ao Salvador. Se gaguejarem, seu coração prevalecerá. Se não conseguirem falar nem ao próprio Cristo como gostariam, por não terem o dom da oração, ainda assim, se brotarem as suas aspirações do próprio espírito de oração, vocês não terão fracassado. Deus nos ajude a fazer uso de meios que estão sob nosso alcance e poder, em vez de permanecermos sentados, ociosos, lamentando a capacidade que não possuímos. Talvez, quem sabe, fosse até arriscado para nós ter as habilidades que cobiçamos. É sempre mais seguro nos consagrarmos àquelas que temos e com as quais sabemos lidar.

III. Passemos agora a uma importante verdade. Pela narrativa, podemos deduzir, com toda a certeza, que a raiz da paralisia espiritual está no pecado não perdoado.

Jesus pretendia curar o paralítico, mas o fez isso anunciando, antes de mais nada: *São-te perdoados os teus pecados*. Há alguns nesta casa de oração esta manhã, provavelmente, que se encontram paralisados em termos espirituais. Têm olhos e veem o evangelho, têm ouvidos e o ouvem, até com atenção. Mas estão de tal forma paralisados que dirão, com toda a sinceridade, não se sentir capazes de tomar posse da promessa de Deus. Não conseguem crer que Jesus possa lhes salvar a alma. Se insistirmos para que orem, certamente responderão: "Tentamos orar, mas nossa oração não é uma oração aceitável". Se você lhes disser que tenham confiança, responderão, embora talvez não com essas palavras, que já se encontram quase em desespero. Eis como pode ser a sua cantilena:

> Cantaria, mas não posso cantar;
> Oraria, mas não consigo orar;
> Satanás não deixa, vem me tentar
> E minha pobre alma logo assombrar.

> Amaria, mas sou incapaz de amar,
> Embora atraído ao divino amor;
> Não há motivação que possa abalar
> Alma como a minha, tão sem valor.

> Eu creria, mas não consigo crer,
> Mesmo que com frequência a me esforçar;
> Meu coração de pedra não há de ceder
> Enquanto Jesus nele não tocar.

> Oh, mas se pudesse em Cristo acreditar,
> Como tudo pra mim fácil seria!
> Não posso, Senhor, mas vem me livrar,
> És meu único socorro — então creria!

A base de tal paralisia é, sem dúvida, o pecado, que pesa na consciência, operando a morte espiritual nas pessoas. Elas geralmente são sensíveis à culpa que carregam, mas impotentes para crer que a fonte

LEVADO POR QUATRO OUTROS | 703

púrpura é capaz de removê-la, vivendo voltadas tão somente para a dor, o desalento e a agonia. O pecado as paralisa pelo desespero, e nesse desespero entra em grande medida a descrença, o que em si já é pecado; mas é possível que também o componha uma dose de arrependimento sincero, o que traz consigo uma certa esperança em algo melhor. Nossos pobres paralíticos esperam assim, muitas vezes, poder ser perdoados. Só que não conseguem crer nisso. Não conseguem se regozijar nisso, nem se lançar sobre Jesus. Estão sem força suficiente para tal. Ora, se o fundamento disso, repito, está no pecado não perdoado, rogo a vocês que amam o Salvador, com toda a sinceridade, que tomem a resolução de buscar o perdão para esses paralíticos. Você talvez me diga que *eu* é que deveria ter essa resolução. Concordo, e quero ter. Mas o caso dessas pessoas, meus irmãos, parece ir além da esfera de ação do ministro. O Espírito Santo, ao que tudo indica, quer fazer uso de outros instrumentos para sua salvação. Elas têm ouvido a palavra pública; agora, necessitam de consolação e ajuda particular. E isso requer, justamente, três ou quatro crentes dispostos a agir. Vocês, irmãos piedosos e dedicados, deem-nos uma ajuda. Formem grupos de quatro e segurem o leito desse paralítico que vocês presumem que deseja ser salvo, mas se sente incapaz de crer. O Senhor Espírito Santo faça de vocês o meio para conduzi-lo ao perdão e à salvação eterna. Ele espera há muito tempo por isso. Seu pecado, no entanto, o mantém imobilizado. O sentimento de culpa o impede de tomar posse da salvação em Cristo. É esta a questão, e é para casos assim que eu invoco a ajuda dos meus amados irmãos.

IV. Prosseguindo, lembremos, em quarto lugar, que Jesus pode remover tanto o pecado quanto a paralisia em um só instante. A função dos quatro carregadores era levar o homem a Cristo. Seu poder terminava ali. A nós também cabe conduzir o pecador culpado ao Salvador, e aí se encerra nosso poder. Graças a Deus, porém, que onde acabamos Cristo começa, operando de maneira gloriosa. Observe que já de início ele declara: *Perdoados são os teus pecados*. Põe o machado à raiz da árvore. Não apenas é seu desejo que os pecados do paralítico sejam perdoados ou expressa concordância nesse sentido, mas, sim, pronuncia a própria absolvição, por força da autoridade de que está revestido na qualidade de Salvador. Os pecados do pobre homem deixam de existir naquele instante e lugar. Ele é justificado aos olhos de Deus. Crê nisto, meu ouvinte? Que Cristo assim operou em favor do paralítico? Então eu o concito a crer em algo mais: se Cristo tinha na terra poder para perdoar pecados, antes mesmo de oferecer a remissão destes, muito mais agora tem para fazê-lo, depois de haver derramado o seu próprio sangue e declarar *Está consumado* (Jo 19.30); depois de haver subido para a glória e se assentado à mão direita do Pai. Ele se acha exaltado nas alturas para conceder o arrependimento e a remissão dos pecados. Ao enviar o Santo Espírito à sua alma, revelando-se assim a você, no mesmo instante você será absolvido por completo. A blasfêmia denigre você? Uma longa vida de infidelidade mancha você? Tem sido um libertino? Abominável, de tão mau? Uma palavra somente é capaz de absolvê-lo — uma palavra proferida pelos amados lábios que um dia disseram: "Pai, perdoa-lhes; porque não sabem o que fazem". Exorto-o a buscar essa palavra de absolvição. Nenhum ministro ou sacerdote terreno tem como dá-la a você, mas tão somente o grande Sumo Sacerdote, o Senhor Jesus, pode de imediato proferi-la. Vocês que buscam a salvação dos outros, eis também seu encorajamento. Orem por eles agora, enquanto o evangelho está sendo pregado aos seus ouvidos. Orem por eles dia e noite e o tempo todo lhes apresentem as boas-novas, pois Jesus, ainda e sempre, é capaz de *salvar perfeitamente os que por ele se chegam a Deus* (Hb 7.25).

Depois de arrancar a raiz do mal, note-se que nosso bendito Senhor levou embora a paralisia em si. Em um segundo, a doença desapareceu. A saúde foi imediatamente devolvida a cada membro do corpo daquele homem. Podia agora ficar de pé, podia tomar o próprio leito nas costas, andar, ir embora para casa. Tanto seus nervos quanto todos os seus músculos haviam sido restaurados e desfrutavam de pleno vigor. Ao Jesus falar, um segundo apenas será suficiente para o desesperado se tornar feliz e o descrente se encher de confiança. Aquilo de que *nós* jamais seremos capazes com nossos arrazoados, persuasões e súplicas, nem mesmo com a letra da promessa de Deus, Cristo pode fazer em um único instante, mediante o Espírito Santo. Tem sido uma de nossas alegrias ver isso acontecer. É este o milagre permanente da igreja, realizado por Cristo tanto hoje como antes. Almas paralisadas, que nada conseguiam realizar, tampouco querer, têm-se mostrado aptas a realizar com galhardia e a almejar com determinação. O Senhor tem derramado poder sobre o desfalecido, e para aquele que não possuía força alguma tem dado vigor. E continua tendo poder para isso. Aos espíritos amorosos, que buscam o bem das pessoas, repito: que isso lhes sirva de encorajamento. Talvez vocês não tenham de aguardar muito tempo pelas conversões a que aspiram. Talvez possa acontecer, antes que esta noite termine, que pessoas pelas quais oram venham a ser conduzidas a Jesus. Mesmo que tenham de esperar um pouco mais, a espera promete ser compensadora. Enquanto esperam, lembrem-se de que o Senhor nunca nos falou em segredo e nos lugares tenebrosos da terra. Em nenhum momento, disse à semente de Jacó que ela buscaria sua face em vão.

V. Seguindo em frente, chegamos à conclusão de que, onde e como quer que nosso Senhor opere um duplo milagre, ele será sempre evidente. Jesus perdoou o pecado do paralítico e levou embora sua enfermidade ao mesmo tempo e no mesmo instante. Como ficou isso patente? Não haja dúvida de que o perdão do pecado foi mais bem conhecido por ele mesmo que teve o seu pecado perdoado. Todavia, é de todo possível que quem viu tão reluzente o seu semblante, até então tão triste e descaído, certamente notou que a palavra de absolvição havia lhe calado na alma como chuva abundante derramada em terra sedenta. *Perdoados são os teus pecados*. Esta frase veio sobre o paralítico como um orvalho dos céus. Ele creu na declaração sagrada, e seus olhos cintilaram. Quase poderia ter-se sentido indiferente ao fato de permanecer ou não paralítico, tal a alegria de ser perdoado — e perdoado pelo próprio Senhor. Isso bastava para ele. Mas não para o Salvador. Por isso, ele lhe ordena que tome o leito e ande, revelando que lhe concedera forças para fazê-lo. A cura do homem se prova, então, por sua obediência. A todos os que ali estavam, a obediência, ativa, aberta, torna-se prova incontestável da restauração total daquela pobre criatura.

Observe, pois, que nosso Senhor ordena que ele se levante — e ele se levanta. Não teria poder algum para fazê-lo senão pelo poder que acompanha, então, a ordem divina. Levanta-se porque Cristo lhe disse: *Levanta-te*. Em seguida, dobra seu pobre leito — cujo termo em grego denota que devia ser algo muito pobre, desprezível, miserável —, enrola-o conforme o Salvador ordenara, coloca-o sobre o ombro e vai para casa. Seu primeiro impulso deve ter sido lançar-se aos pés do Salvador e louvar: *Bendito seja o teu nome*. Contudo, o mestre mandou: ... *vai para tua casa*. Não acho que, em face dessa ordem, teria permanecido naquele lugar para agradecimento. Em vez disso, atravessa a multidão às cotoveladas, empurrando as pessoas, que ali se comprimiam, com sua carga nas costas, e prossegue jubiloso em direção à sua casa, como lhe fora dito, sem querer discutir ou questionar coisa alguma. Cumpria uma ordem do seu Senhor, e o fez com toda a precisão, em detalhes, de imediato, com a maior gratidão e satisfação. Oh, que alegria poder fazê-lo! Ninguém pode sequer imaginar o que é isso, a não ser aqueles que tenham vivido algum dia situação semelhante.

Portanto, o verdadeiro sinal de o pecado ter sido perdoado e de a paralisia espiritual ter sido removida do coração é a obediência. Se você é salvo de fato, fará tudo o que Jesus ordenar. Seu pedido será como o de Paulo no caminho de Damasco: "Senhor, que farei?" Tendo entendido sua resposta, você irá desejar satisfazer sua determinação. Se você me diz que Cristo o perdoou, mas vive contrariando suas ordens, como espera que eu acredite na sua palavra? Se você afirma ser um homem salvo e, no entanto, por obstinação, dispõe sua vontade contra a de Cristo, que evidências tenho do que você afirma? Não conto, pelo contrário, com claras evidências de que você não pode estar falando a verdade? A obediência franca, criteriosa, imediata e agradável a Cristo é o teste maior de comprovação da obra maravilhosa que Jesus operou em sua alma.

VI. Por fim, isso tudo tende a glorificar a Deus.

Os quatro companheiros do paralítico tinham servido como meio indireto de dar grande honra a Deus e glória a Jesus. Não duvido de que glorificassem a Deus em seu coração também, em cima daquela casa. Homens felizes por terem sido tão úteis para o amigo preso ao leito! Quem mais se uniu a eles na glorificação a Deus? Em primeiro lugar, sem dúvida, o homem que fora restaurado. Cada porção do seu corpo deve ter glorificado a Deus. Acho até que consigo ver isso! Ele apoia um pé, em glorificação a Deus; firma o outro, com idêntico propósito; anda um pouco, para a glória de Deus; pega e carrega seu leito, para exaltação ao Altíssimo; movimenta o corpo inteiro, para a glória do Todo-poderoso. Fala, grita, canta, salta, quando sai dali, para a glória do Deus eterno.

Quando um homem é salvo, sua humanidade inteira glorifica a Deus. Passa a ser movido por uma vida, recém-adquirida, a brilhar, com enorme intensidade, em cada parte do seu ser: espírito, alma e corpo. Como herdeiro dos céus, honra e produz glória ao grande Pai que o adotou e introduziu em sua família. Respira, bebe e come só para o louvor de Deus. Quando o pecador é conduzido à igreja do Senhor, todos nós nos alegramos, até mesmo os anjos no céu; mas ninguém se sente mais alegre, mais jubiloso e grato do que ele próprio. Louvamos todos a Deus, mas *ele* deve louvá-lo mais alto que todos, e o fará.

E quem mais, além do paralítico, deve ter glorificado a Deus? O texto não diz, mas temos a impressão de que sua família o fez, pois ele partiu diretamente para casa. Suponhamos que tivesse esposa. Aquela manhã, quando os quatro amigos vieram e colocaram-no em cima do leito, saindo com ele carregado, talvez ela balançasse a cabeça em meiga ansiedade. Ouso imaginá-la dizendo: "Tenho receio de confiá-lo a vocês. Pobre marido, tenho medo do seu encontro com a multidão! Não sei se não será uma loucura esperar sucesso nessa empreitada de vocês! Desejo que tudo corra bem, mas tremo. Segurem bem esse leito, por favor, certifiquem-se de que não o deixarão cair. Cuidem para que nenhum acidente aconteça a meu pobre marido acamado. Ele já está bastante mal assim, portanto não lhe causem maior desgraça". Mas quando ela o viu de retorno à casa, trazendo consigo o leito no ombro... já imaginou o seu deleite? Como deve ter começado a cantar, a louvar e a bendizer o Senhor Jeová Rafá, que havia curado seu amado esposo! Se tinham filhos pequenos, brincando por ali na frente da casa, como devem ter gritado de alegria: "Mãe! O papai vem vindo! Ele está andando! Está curado, está bom! Bom de novo!" Que casa alegre! Todos se reuniriam em volta dele, da esposa e dos filhos, amigos, parentes e vizinhos, todos começando a cantar um salmo: *Bendize ó minha alma, ao Senhor, e tudo o que há em mim bendiga o seu santo nome. Bendize, ó minha alma, ao Senhor, e não te esqueças de nenhum dos seus benefícios. É ele quem perdoa todas as tuas iniquidades, quem sara todas as tuas enfermidades* (Sl 103.1-3). Como o homem entoaria esses versículos regozijando-se primeiro no perdão e depois na cura, tentando imaginar como é que Davi sabia tanto a esse respeito a ponto de descrever esse seu caso em palavras tão apropriadas!

Tudo isso é muito bom. Só que certamente não terminou por aí. Esposa e família respondem apenas por parte do alegre coro de louvor, por mais melodioso que seja. Outros corações adoradores se uniram, indubitavelmente, na exaltação ao Senhor que o curou. Os discípulos que estavam em volta do Salvador glorificaram a Deus. Regozijaram-se e comentaram uns com os outros: *Hoje vimos coisas extraordinárias* (Lc 5.26). Assim, toda a igreja cristã se enche também de louvor sagrado quando um pecador é salvo. Até o céu se alegra. Houve glórias elevadas a Deus, ainda, dadas pelas pessoas da multidão que assistiram a tudo em derredor. Não desfrutavam da afinidade com Cristo comparável à dos discípulos, mas, sim, ficaram impressionadas com a visão desse notável milagre. Por isso, não podiam deixar de declarar que Deus havia operado grande maravilha. Eu oro para que os espectadores, mesmo os ainda estranhos à nossa nação de Israel, quando virem o desalentado, feliz, sendo consolado, e os perdidos sendo achados, se sintam compelidos a dar o seu testemunho do poder da graça divina — além de, sobretudo, serem conduzidos a se tornarem participantes dela. Sim, quando uma alma antes paralítica é cheia da força e do vigor da graça, há *Glória a Deus nas maiores alturas, e paz na terra entre os homens de boa vontade* (Lc 2.14).

Será que preciso ainda rogar aos irmãos já convertidos que carreguem outras pobres almas a Jesus? Preciso fazer um apelo aos que amam ao Senhor, para que se unam a fim de ganhar almas? Sua bondade para com a alma paralítica pede isso, sim; mas seu desejo de produzir glórias a Deus faz muito mais: os constrange. Se vocês forem de fato o que declaram, glorificar a Deus deve ser o desejo mais apaixonado e a ambição mais elevada de sua alma. A menos que vocês sejam desobedientes ao Senhor e desumanos para com seu próximo, o que não acredito, hão de tomar a ideia prática que lhes apresentei e buscarão companheiros crentes dispostos, convocando-os: "Venham, vamos orar e trabalhar juntos em favor de tal e tal pessoa". Se conhecem um caso desesperador, tenho a certeza de que logo irão compor um quarteto sagrado para ajudar a levá-lo à salvação. Que o poder do Altíssimo habite em vocês, e quem sabe a glória que o Senhor haverá de obter por seu intermédio? Não se esqueçam jamais dessa admirável narrativa: do paralítico que foi levado no leito por quatro homens a Jesus e sozinho levou de volta o seu leito.

75

O PODER DE CURA DO EVANGELHO

Um dia, quando ele estava ensinando, achavam-se ali sentados fariseus e doutores da lei, que tinham vindo de todas as aldeias da Galileia e da Judeia, e de Jerusalém; e o poder do Senhor estava com ele para curar (Lc 5.17).

Lucas, o autor deste evangelho, era médico. Ou seja, tinha olho clínico para enfermidades e a ocorrência de cura. Pode-se identificar perfeitamente em todo o seu texto evangélico a mão de alguém habilitado em medicina e cirurgia. Disso podemos depreender que qualquer que seja nossa vocação, ou a arte ou ciência em que formos versados, devemos voltar sempre nossa atenção para a possibilidade do uso de nossos conhecimentos em prol de Cristo. Se chamados ao serviço do Senhor sendo médicos, por exemplo, maior será a nossa chance de melhor compreender a obra do Senhor Jesus sob o ponto de vista da nossa própria atividade profissional, assim como podemos fazer mais por nosso Senhor em verdadeira e substancial utilidade junto aos nossos pacientes. Que nenhum homem despreze, portanto, sua atividade honesta e sua vocação. Seja o que for que Deus haja colocado em suas mãos como instrumento para o seu sustento e o proveito de muitos, considere que nosso grande Comandante conhece perfeitamente que arma você domina e sabe manejar melhor. Não cobice a arma de fogo ou a lança do próximo, mas, sim, use aquilo que seu Senhor lhe concedeu e avance para a batalha da vida pronto a melhor servir de acordo com suas habilidades e capacidade. Se você foi colocado nessa ou naquela parte da vinha, considere apenas que está no melhor lugar para você e para o seu Mestre. Não passe o tempo todo julgando o que os servos seus colegas deveriam fazer ou não no lugar em que foram colocados, muito menos imaginando o que você seria capaz de fazer se estivesse no lugar deles ou em qualquer outro lugar que não o seu; mas, sim, veja o que é capaz de fazer onde está e use isso para glorificar seu Mestre e Senhor.

Pode-se verificar como, na linguagem de um homem sincero, amante da verdade, ele apresenta o seu próprio eu. Davi canta com frequência como alguém que tinha sido pastor de ovelhas em sua juventude e, já rei, não se envergonha de confessar haver um dia portado o cajado de pastor. Há também uma nítida diferença entre as vidências de Amós, *boieiro e cultivador de sicômoros* (Am 7.14), e Isaías, profeta oficial do reino. Homens verdadeiros não imitam uns aos outros, mas cada qual, movido por Deus, fala ou age de acordo com sua vocação inata, com a posição em que a providência, basicamente, neste mundo, o colocou. Foi nefasto para a arte egípcia quando os homens poderosos da terra traçaram as normas de bom gosto e as regras de escultura e pintura pelas quais todo artista deveria se pautar, afastando com isso tudo o que se referia à novidade e à originalidade. As proporções de cada estátua colossal e de cada figura pendente das paredes foram fixadas com rigidez, de modo que a glória e a excelência da arte propriamente dita desapareceram daquela terra. Aplicar o mesmo princípio à religião é ainda mais insensato. Afirmar que "todos devem falar de um só jeito e se conformar a essa maneira de falar e viver" é uma insensatez elevada ao seu mais alto nível. Que cada homem fale de acordo com o modo que lhe é próprio, cada qual segundo seu método próprio, cada alma vivificada trazendo sua individualidade e nela buscando exaltar a Deus e anunciar a riqueza de sua graça. Essas observações me são sugeridas pelo abundante registro de curas neste capítulo e por toda parte do evangelho de Lucas. O médico evangelista não escreve como João nem copia o estilo de Mateus. Não redige como um pescador ou um publicano, mas como médico. Lucas não deixou de ser Lucas quando chamado pela graça, mas continuou sendo o mesmo homem nobre,

O PODER DE CURA DO EVANGELHO | 707

refinado e instruído, ao consagrar os dons que adquirira em seu chamado terreno a objetivos mais elevados. Era médico antes e tornou-se "o médico amado" após sua conversão.

I. O texto lido nos mostra, em primeiro lugar, que O PODER DE CRISTO NO EVANGELHO É ESSENCIAL- MENTE UM PODER DE CURA. E o poder do Senhor estava com ele para curar. O poder do evangelho, do qual Cristo é a essência e substância, é um poder de cura. Ao descer à terra, irmãos, Jesus poderia ter trazido consigo um poder destruidor. Seria muito justo se Deus tivesse enviado seu único Filho acompanhado de exércitos vingadores para destroçar este mundo rebelde. No entanto,

Tua mão, Jesus, não veio armada
De tua vingadora espada;
Não era dos objetivos teus
Ir à desforra, como Deus.

Tua misericórdia se alçou
E a ira ao trono renunciou,
Quando, ó Rei, vieste em missão,
E nos trouxeste a salvação.

Pois o Filho do homem não veio para destruir as vidas dos homens, mas para salvá-las (Lc 9.56), declarou francamente Jesus. Elias clamou por fogo do céu sobre cinquenta soldados e seu chefe, que vinham detê- -lo, para consumi-los; Cristo traz fogo do céu com diferente propósito: de que os homens sejam salvos da ira vindoura. O evangelho não é um poder visando à destruição dos homens. *Deus enviou o seu Filho ao mundo, não para que julgasse o mundo, mas para que o mundo fosse salvo por ele* (Jo 3.17), enfatiza o Senhor. Se o evangelho, para alguém, tiver *cheiro de morte para morte* (2Co 2.16), não será por causa das qualidades e desígnios a ele inerentes, mas, sim, devido à perversidade e maldade do coração humano. Se os homens perecerem por causa do evangelho da vida, é por haverem feito pedra de tropeço para si mesmos aquilo que deve ser, essencialmente, pedra de fundação.

O evangelho nem veio ao mundo sequer para apenas revelar enfermidades. É bem verdade que ele as desvenda, detecta e descreve, no caso do homem caído. Uma das mais nítidas exposições do estado de decadência do homem é o evangelho da graça de Deus. Contudo, é muito mais um desígnio da lei que do evangelho revelar ao homem a própria ruína. Foi no clarão dos raios no Sinai que os homens interpreta- ram trêmulos a sentença condenatória sobre aqueles que haviam transgredido a lei divina. À luz mais ter- na do Calvário, eles *podem* ler a mesma verdade, e *devem* fazê-lo, mas não é esse o seu objetivo principal. O Calvário é lugar de bálsamo curativo, não da lanceta e da faca. A obra de Jesus, nosso Médico celestial, não é tanto apontar nossa enfermidade, mas indicar e aplicar o remédio.

Certos filósofos tomaram a si a incumbência e o prazer, com um sorriso sarcástico e repugnante no rosto, de apontar com o dedo e identificar a maldade e a fraqueza humanas como tema para o ridículo e a zombaria. A filosofia dos estoicos e a sabedoria de homens como Diógenes não passam de uma demons- tração cruel e desapiedada da loucura e do pecado humanos. Desconhecem o remédio e não se preocupam em buscá-lo. Expõem uma humanidade pobre, sujeita a ser intoxicada, ludibriada, aviltada e pervertida e nesse estado a deixam, passando ao largo, tal como fizeram o sacerdote e o levita em relação ao homem ferido da parábola do bom samaritano. Jesus, porém, não veio em missão tão infrutífera. Ele convence o mundo do pecado, mediante seu Espírito, não para que se desespere irremediavelmente de uma possível restauração, mas, sim, para recuperá-lo pelo seu poder. Jesus traz sobre si o poder para curar. Esta é sua honra, este o seu renome. Tem olhos de águia para avistar nossas enfermidades, destemido coração de leão para ir ao encontro delas e mão gentil de médico para lhe aplicar o unguento celestial. Nele, essas três qualidades essenciais a um bom cirurgião se unem com perfeição.

Amados, posso lhes afiançar que tenho presenciado este poder de curar em nosso meio. Sabemos, com certeza, que se trata de um *poder divino* esse, proveniente do nosso Senhor Jesus, pois, sem sombra de dúvida, ele é Deus. É prerrogativa exclusiva de Deus curar a enfermidade espiritual. A enfermidade física pode ser sanada por meio do homem como instrumento, embora, ainda assim, a honra deva ser dada, acima de tudo, a Deus, que concede virtude à medicina e poder à estrutura humana para expulsar ou debelar a doença. Quanto à enfermidade espiritual, no entanto, sua cura permanece restrita ao grande Médico. Ele a reivindica como sua exclusiva prerrogativa: *Eu faço morrer e eu faço viver; eu firo e eu saro* (Dt 32.39). Um dos melhores títulos do Senhor é Jeová Rafá, "o Senhor que te cura". *Te sararei as feridas* (Jr 30.17) é promessa que jamais poderia ser pronunciada por lábios de homem, mas apenas do Deus eterno. Eis por que o salmista clama ao Senhor: *Sara-me, Senhor, porque os meus ossos estão perturbados* (Sl 6.2); e, mais uma vez: *Sara a minha alma, pois pequei contra ti* (Sl 41.4). Por isso, também, o piedoso profeta louva o nome do Senhor com as seguintes palavras: *Ele tomou sobre si as nossas enfermidades* (Is 53.4). Aquele que criou o homem consegue curar o homem. Aquele que foi no princípio o criador da nossa natureza consegue recriá-la. Que conforto excelente é saber que temos na pessoa de Jesus de Nazaré a Divindade encarnada! *Nele habita corporalmente toda a plenitude da divindade* (Cl 2.9). Minha alma, seja qual for a tua enfermidade, o médico dos médicos tem poder para te curar. Se ele é Deus, e é, impossível haver limite ao seu infinito poder. Se ele é divino de verdade, e é, impossível haver qualquer limite à magnificência de sua força. Vem, então, com os olhos cegos do teu entendimento, vem com o pé claudicante da tua energia, vem com a mão deformada da tua fé, vem apenas, do jeito que estás, pois Aquele que é Deus pode te curar com toda a certeza Ninguém pode dizer ao fluxo curador de seu amor: *Até aqui virás, porém não mais adiante* (Jó 38.11). O grau extremo da enfermidade humana consegue ser alcançado por este grande médico. Confia, ó pobre coração duvidoso! Mantém tua confiança inabalável no divino Curador.

Embora o Senhor Jesus curasse na qualidade de divino, lembremo-nos de que tinha também poder para curar sendo *humano*. Está escrito que *o castigo que nos traz a paz estava sobre ele, e pelas suas pisaduras fomos sarados* (Is 53.5). Cristo não usou outro remédio para curar nossa enfermidade espiritual do pecado senão levando nossas dores e enfermidades sobre si. Foi o único "cura-tudo" da história. Bendito seja ele, o Filho de Deus, pelo fato de o remédio, por menos amargo que fosse, não ter de ser bebido por nós, mas já ter sido ingerido por ele mesmo. Ele tomou para si o terrível cálice no Getsêmane, e no Calvário o bebeu todo por nossa causa. Os cortes agudos, dolorosos, apesar de curativos para nós, da lanceta cirúrgica, não foram feitos em nosso corpo; ele os suportou em sua carne. Os profundos sulcos feitos pelo arado não marcaram as costas do pecador, mas do grande Substituto dos pecadores.

Quem já ouvira falar antes, ó terra, de médico como este — que cura sofrendo ele próprio? Cuja dor, mágoa, aflição, angústia, agonia, paixão e morte são o remédio por excelência por meio do qual ele remove o sofrer dos homens? Ó bendito Filho de Deus, se eu confiar em ti, sabendo que és divino, como te amarei! E como me agarrarei a ti, Senhor, sabendo que és humano! Com que enorme gratidão te verei ao olhar para a tua cruz, ao mesmo tempo que do teu bendito manancial de cura jorra um rio púrpura de purificação, e do teu coração, fonte de toda a nossa saúde espiritual, verte uma torrente celestial eficaz para lavar o pecador de toda enfermidade! Venham, venham todos os enfermos pelo pecado contemplar o glorioso Filho de Deus, feito à semelhança da carne humana, que entrega sua vida na cruz! Venham vocês que choram pelo pecado, paralíticos e doentes que estão por sua iniquidade! Aqui há poder, poder presente no Salvador, ainda que moribundo, para curar todos vocês, qualquer que seja a sua doença, física ou espiritual. Ele curou todos os que tinham necessidade de cura enquanto permaneceu na terra, e o bálsamo precioso de sua expiação nada o fez perder de sua força, mas a revigorou.

O poder para curar que habita em Cristo e dele procede, tanto como divino quanto como humano, é *aplicável*, acima de tudo, *na remoção da culpa pelo pecado*. Ao lermos este capítulo, detemo-nos com regozijo no versículo 24, quando ele mesmo declara firmemente aos que duvidavam do seu poder: *o Filho do homem tem sobre a terra autoridade para perdoar pecados*. Eis uma das mais poderosas e importantes virtudes do grande Médico: ele tem poder para perdoar os pecados! Enquanto aqui na terra, e antes mesmo de pagar por nós o preço do resgate, antes mesmo que seu sangue fosse aspergido no altar da misericórdia, já detinha o poder de perdoar pecados. Então, não o teria mais, depois que passou pela morte vitoriosa?

O PODER DE CURA DO EVANGELHO | 709

Irmãos, nem podemos calcular o poder que possui Aquele que resgatou toda a dívida do seu povo, por mais irrisória que parecesse ser! Tem poder, sim, sabendo-se que na cruz deu cabo da transgressão e do pecado. E, se alguém ainda duvida disso, veja-o ressuscitar dentre os mortos! Contemple-o no esplendor de sua ascensão e em ocupar o trono à direita de Deus! Ouça-o rogar por nós diante do Pai eterno, realçando assim as próprias feridas, os méritos de sua paixão sagrada! Que poder para perdoar há nele! *Tu subiste ao alto [...] recebeste dons dentre os homens* (Sl 68.18). *Deus, com a sua destra, o elevou a Príncipe e Salvador, para dar a Israel arrependimento e remissão de pecados* (At 5.31). Neste momento, pecador, Cristo tem poder para perdoar, poder para perdoar *você*, assim como a milhões que se encontram na mesma situação em que você está. Ele nada mais precisa fazer para obter de Deus Pai o perdão em seu lugar. Toda a sua obra de remissão dos nossos pecados está concluída. E ele pode, então, respondendo às suas lágrimas, perdoar seus pecados hoje mesmo, fazendo, inclusive, que você saiba disso. Pode soprar em sua alma, neste exato momento, a paz com Deus, que excede todo o entendimento e que brotará da remissão perfeita que faz de suas muitas iniquidades. Crê nisso, meu irmão? Confio que sim. Que você possa experimentar agora que o poder de cura do evangelho é poder para perdoar seus pecados! Não demore em recorrer ao médico das almas; corra para ele, usando de palavras como estas:

Jesus! Mestre! Ouve o meu gemido;
Faze-me, com uma palavra, curado;
Eis-me aos teus pés desfalecido,
Meu lamento ouve, sussurrado.

Perdoar os pecados não é a única forma assumida pelo poder de cura que habita sem medida em nosso glorioso Senhor. Ele cura também *a tristeza causada pelo pecado*. Conforme está escrito, ele *sara os quebrantados de coração, e cura-lhes as feridas* (Sl 147.3). Quando o pecado se manifesta à consciência, torna-se para o pecador algo muito doloroso. Ter a consciência pacificada com eficiência é, então, uma bênção incomparável. Pois a convicção do pecado torna-se mais afiada que uma seta perfurando o peito ou um punhal atravessando o coração. Quem já sofreu as torturantes ferroadas de uma consciência culpada sabe bem que não há dor do corpo que se lhes compare. Esmagado sob a mão de Deus, o homem pode chegar até a ter uma ideia de como deve ser a desgraça total no inferno. Na mesma proporção, todavia, é a alegria do alívio que o Senhor Emanuel nos oferece, quando retira de nós todo o nosso sofrimento causado pelo pecado, em um só instante. Uma só promessa aplicada por seu Espírito, uma gota somente do seu precioso sangue transportada à consciência e, na mesma hora, tamanha paz, tão íntima e profunda, se produz, que nada há que se possa comparar. No caso da cura espiritual, vale em dobro, então, o que escreveu o poeta sobre a recuperação da enfermidade física:

Vede o ser humano de há muito lançado
Sobre o mais espinhoso leito de dor;
Quando, enfim, de toda a perda de vigor,
Respirando e andando, estiver sarado,
A mínima flor que veja o vale enfeitar,
O mais leve sopro de brisa que for,
A mais suave luz do sol, o céu, o ar,
Serão para ele o Paraíso escancarado.

Deus permita que o Sol da justiça se levante para você, que teme seu nome, trazendo cura debaixo de suas asas!

Jesus cura também o homem de *submissão ao poder do pecado*. O pecado pode ser tão poderoso no seu caso, meu caro amigo, que o carregue como um remoinho de vento, segundo seu bel-prazer. Você se sente como uma folha seca arrastada por uma tempestade. Não tem força para resistir às próprias paixões. Talvez haja cedido há tanto tempo a determinadas formas do mal que passou a experimentar a mais completa impotência em lutar contra elas. Não se desespere, no entanto. Cristo, com toda a certeza, pode libertá-lo. O endemoninhado geraseno de Marcos 5 abrigava tamanha energia maligna dentro de si que quebrava grilhões e cadeias com as quais era preso, além de se ferir com pedras e uivar a noite inteira, perambulando em meio a túmulos, no cemitério. Mas, quando Jesus o curou, ele logo voltou a se vestir normalmente e a agir em seu juízo perfeito, sentando-se até mansamente aos pés do grande Médico. Assim será também com você, pobre prisioneiro do mal. Não ache que precisa ser um bêbado para sempre ou dominado o tempo todo pelo seu temperamento furioso. Não imagine que deva continuar sendo um escravo da luxúria ou levado cativo pela vontade do demônio. Há esperança para você onde Cristo estiver. Apesar de sua enfermidade poder lhe parecer ser tão duradoura quanto talvez sua própria vida, uma palavra dos lábios poderosos do Filho de Deus tem força suficiente para curar até você. O poder do evangelho cura a culpa, o sofrimento e a influência do pecado; pois Jesus Cristo veio ao mundo para destruir as obras do diabo sob todas as formas.

Não nos podemos esquecer, ainda, de que o Senhor Jesus é capaz de nos curar das nossas *reincidências no pecado*. A recaída é geralmente mais temida pelos médicos do que a ação da doença antes da cura, existindo até certo período no processo de recuperação em que o vírus, resistindo, parece demonstrar energia renovada. O médico experimenta então a sensação de que agora, mais do que da vez anterior, a verdadeira batalha contra a doença terá de ser travada. Conhecemos pessoas que se dizem convertidas, e por isso confiamos em que tenham sido transformadas de fato, mas que voltam atrás, como o cão ao vômito e o porco ao lamaçal. Temos orado e pranteado por esses, em quem a transformação parecia ser grande, quando, na verdade, não passou da superfície, de modo que depressa o mal retornou a eles. Mas você, meu ouvinte, que apostatou, saiba que Jesus é capaz de curá-lo de sua apostasia. Essa é a sua grande misericórdia! *Eu sararei a sua apostasia, eu voluntariamente os amarei; porque a minha ira se apartou deles* (Os 14.4). Mesmo que você se tenha tornado sete vezes mais filho do inferno do que antes, ainda assim a misericórdia eterna, a mesma que expulsou uma legião de demônios de um homem em tempos passados, pode expulsá-los de sua vida. O poder de cura do meu mestre é tamanho que, se você tiver apostatado a ponto de percorrer um longo caminho para trás, mesmo assim ele lhe diz: "Volte! Volte! Volte!" Haverá mais alegria por você, pobre ovelha perdida, do que por 99 que não se desgarraram. Ele ficará mais contente em receber você, filho pródigo a vagar pelo mundo, do que se rejubilaria pelo filho justo que permaneceu sempre na casa do Pai.

Enfim, para concluir, meu mestre, nosso médico, opera curas *de maneira repentina*. Ele toca o enfermo e o feito é consumado no mesmo instante. E opera curas *de todos os tipos*. A ponto de ser prontamente superado por ele até o que seja pedra de tropeço para outros médicos. Lembre-se: *Jesus nunca falha*. Em seu diário médico, não consta um único caso que haja ultrapassado seu extremo poder. E cura *com eficácia*, a ponto de a enfermidade nunca mais ocorrer depois que a destrói de uma vez. Cura, com sua palavra, até aqueles que pensavam não poder ser curados. Não existem hospitais para almas incuráveis simplesmente porque não existem almas nessas condições. O amigo dos pecadores *pode [...] salvar perfeitamente os que por ele se chegam a Deus* (Hb 7.25). Casos de doença espiritual tão terrível ou repugnante que leve alguém até a sugerir, quanto ao enfermo: "Mandem-no para um lugar afastado, onde não possamos mais vê-lo"; vícios e pecados tão detestáveis que a simples menção nos faz enrubescer — até esses a mão de Mestre do Senhor Jesus pode perfeitamente curar. Para Deus, nada é impossível; portanto, para o Filho de Deus, que é um com Deus, nada é difícil ou insuperável. Ele pode salvar o pior dos pecadores, o mais indigno dos mais abjetos. O poder do evangelho destina-se a curar no mais alto grau concebível. Venha agora, pobre pecador, e contemple, adore e aceite Aquele que é capaz de curá-lo de suas feridas mortais, para sempre. Venha agora olhar para ele — e viver.

Eleva à cruz o teu olhar em sofrimento,
E vê o príncipe da Glória ali morrendo;
Eis que falece, mas do seu corpo sangrento
Bálsamo de cura está *para ti* vertendo.

O PODER DE CURA DO EVANGELHO

II. Uma segunda observação nos vem do texto: PARECE HAVER CERTAS OCASIÕES EM QUE O PODER DE CURA DE JESUS SE MOSTRARIA MAIS ABERTAMENTE. O versículo que temos à nossa frente diz, justamente, que em determinado dia o poder do Senhor estava presente para curar. Disso se depreende não que Cristo não fosse sempre Deus, não que em algum momento fosse incapaz de curar, mas que, em determinados períodos, haveria por bem ao Pai, e a Jesus, tornar manifesta em grau incomum a energia divina para Cristo curar. O mar nunca se esvazia. Na verdade, está sempre tão cheio em um instante quanto no seguinte. No entanto, nem sempre é maré cheia. O sol jamais se turva. Brilha com igual intensidade em todas as horas. Mas nem sempre é dia, tampouco podemos sempre nos aquecer no calor do verão. Cristo é sempre plenitude, mas essa plenitude nem sempre transborda. Tem poder para curar, mas nem sempre está empenhado especificamente em curar. Há momentos em que o poder de salvar se manifesta mais do que de costume — momentos de restauração, épocas de avivamento, dias de visitação, dias aceitáveis, dias de salvação. Qualquer estudante da história mundial que a analise à luz da verdadeira religião poderá observar que há épocas visivelmente mais favoráveis, em que o poder de Deus revela-se bem mais presente para curar os homens.

Minha convicção é de que estamos vivendo exatamente uma era assim. O momento presente parece ser um dos períodos estabelecidos para que o poder de Deus se torne mais evidente. Deduzo isso de vários sinais, mas até o texto bíblico me ajuda, no caso, em minha certeza. Note-se que naquela ocasião mencionada no texto *havia um grande anseio entre as multidões em se ouvir a palavra de Deus*. Lemos no início do capítulo que uma multidão pressionava Jesus junto ao lago de Genezaré buscando ouvi-lo pregar. Mais adiante, deparamos com gente acorrendo de toda parte, formando multidões, para vê-lo e ouvi-lo de perto. Há, inclusive, uma menção especial aos doutores da lei e aos fariseus por serem as últimas pessoas do mundo que se deixariam por ele impressionar; e, mesmo assim, como que arrebatados pelo entusiasmo popular generalizado, foram ter com o Senhor misturados à multidão. É-nos dito também que a população enchia de tal forma a casa onde estava Jesus que o paralítico não poderia ser conduzido até ele, em meio àquela concentração, a não ser por meio do expediente que usaram os amigos do entrevado de fazer uma abertura no teto.

Quando o poder de Deus se move, há um movimento correspondente entre o povo. Ele se mostra ansioso por ouvir a palavra de Deus quando o poder divino está com quem prega. Se as casas dedicadas à adoração e pregação lotam, encare isso como sinal da graça. Considere que o Senhor está prestes a encher a rede quando os peixes se amontoam em volta do barco. Não podemos esperar que o evangelho seja bênção propriamente para quem não o ouve ou não quer ouvi-lo; mas é lídimo e apropriado esperar que seja uma bênção para quem experimenta um imenso desejo de escutá-lo. Vejo no tempo presente um despertamento de fé entre as massas, em Londres. Não tão grande, talvez, quanto gostaríamos, mas, mesmo assim, autêntico. Sejamos gratos por ele. Não somos obrigados, na verdade, a aturar por muito tempo o absurdo pernicioso do tractarianismo.[1] A opinião pública nos ajudará a derrubá-lo. Levou muito tempo para a nossa nação despertar, mas finalmente está despertando. Acho que posso perceber o fluxo do sentimento popular já se voltando para a direção correta. As pessoas estão agora mais preocupadas com o pensamento religioso em geral e, quer o considerem certo quer errado, estão dando mais atenção do que antes à verdade da fé cristã. Aos locais onde ministros pregam com simplicidade e amor o evangelho de Cristo, mais e mais ouvintes acorrem para ouvi-los. Este é um sinal claro de que o poder do Senhor está presente para curar.

Observe-se, em seguida, que o poder de cura era patente quando *Cristo ensinava*. Observe com atenção a oportunidade, descrita no texto: *Um dia, quando ele estava ensinando...* (Lc 5.17). Jesus estabelecia uma relação entre a cura e o ensino. Se assim era com a cura material, muito mais com a espiritual, pois *a fé é pelo ouvir, e o ouvir pela palavra de Cristo* (Rm 10.17). Amados, entre os nossos irmãos de quem

---

[1] [NT] Também conhecido por Movimento de Oxford, pretendia demonstrar que a Igreja Anglicana descendia diretamente da igreja estabelecida pelos apóstolos.

podemos falar com maior certeza existe agora mais ensino de Cristo como jamais houve. Estou convencido de que a maioria dos meus irmãos prega em maior plenitude e com maior fidelidade à verdade simples de Cristo Jesus do que em épocas passadas. Ensinar é retornar ao púlpito. Veja bem, meu caro ouvinte, quer você seja salvo, quer não: se você estiver presente onde Cristo é pregado em sua plenitude, onde é exaltado, proclamado e recomendado, saiba que se encontra em lugar onde ele também está presente para curar. Não está escrito, justamente, "eu, quando for levantado da terra, todos atrairei a mim"?

Outro sinal desse poder se acha com maior clareza nas *pessoas enfermas curadas por Jesus*. Sabemos que nesta casa, onde nos encontramos agora, não se passa um domingo sem que almas sejam convertidas. Temos como referência das reuniões de nossa igreja casos de centenas de pessoas que Deus tem abençoado mediante o simples relato da história da cruz. Isso constitui prova positiva de que Cristo vem sendo ensinado e as almas vêm sendo abençoadas; de que ele está presente de maneira notável para curar.

Outra coisa ainda a ser observada é que a ocasião em particular a que se refere o texto foi *antecedida de um momento de oração* por parte de seu principal agente. Notou? Ele se havia recolhido e orado; e então o poder do Senhor se fez presente para curar. Significa que até o próprio Cristo, senhor e doador da vida, em quem habita a plenitude da divindade e possui o Espírito sem medida, antes que o Espírito se manifestasse em grau mais elevado, se submetia a um isolamento especial dedicado a fervorosa oração. Isso nos diz com toda a clareza que a igreja precisa também orar se quiser ter o pleno poder da cura! Todavia, temos orado meus irmãos. Tem havido mais oração dirigida aos céus por esta congregação como creio que nunca houve antes, só mesmo talvez nos tempos apostólicos. A última segunda-feira, por exemplo, foi um dia de luta espiritual tão intensa que a bênção não poderia ser retida. Quase parei de tanto pedir mais; e espero em alegre expectativa a visitação celestial. Assim, não me apresento hoje tanto como um semeador, mas como um ceifador. Creio que os peixes estão na rede, bastando-nos puxá-la para terra firme. Deus queira que não arrebente de tão abarrotada de peixes!

Deus está conosco, e isso vale, sobremodo, para esta casa hoje. Maravilhas da graça estão sendo aqui operadas. Enquanto falamos, homens e mulheres estão sendo chamados a olhar para Cristo. Enquanto o exaltamos, olhos cheios de lágrimas estão se voltando para ele, e em mais de um coração pode-se ouvir a resolução: *Levantar-me-ei, irei ter com meu pai* (Lc 15.18). Todos os sinais se reúnem agora: o desejo de ouvir, o tempo estabelecido para a oração em oculto, o ensino da Palavra e a manifesta bênção das almas debaixo da Palavra. Entendo que, com isso, chegamos no presente momento ao mesmo estado descrito no texto.

III. Passando para a nossa terceira proposição, observamos que, QUANDO O PODER DO SENHOR ESTÁ PRESENTE PARA CURAR, PODE NÃO SE MANIFESTAR EM TODOS, MAS APENAS EM ALGUNS CASOS ESPECIAIS. É uma constatação um tanto melancólica verificar que, dos homens que se encontrem na área de ação do poder divino, nem todos são alcançados por sua operação. Tenho lido este versículo muitas vezes com um objetivo: tento fazer que o texto signifique, se possível, que o poder do Senhor se manifestaria também para curar *os fariseus e doutores da lei* ali presentes. No entanto, o texto não nos ensina isso. O poder de Deus não se fez presente para curar os doutores e fariseus; isso não aconteceu. A descrição bíblica dos fatos poderia dar a entender que o poder para curar estava sobre o Senhor em benefício daqueles que "achavam-se ali sentados". Todavia, não é assim; é preciso considerar que a casa onde Jesus se encontrava não apenas os abrigava, mas, sim, estava lotada de verdadeira multidão de ouvintes e enfermos, a ponto de só permitir se alcançar o grande Mestre que curava por meio de uma abertura no teto. O poder para curar se faria presente, sem dúvida, mas em benefício de outros, como o paralítico, e não dos doutores da lei nem dos fariseus. Contudo, como eles estavam tão perto de poder obtê-lo também! Se ao menos tivessem consciência da *própria* enfermidade e se dispusessem a confessá-*la*, havia poder suficiente para curar até eles. Do modo em que tudo aconteceu, no entanto, não lemos que nenhum deles tenha sido curado — nem um único doutor da lei, nem um único fariseu experimentou o poder que se encontrava tão perto deles, a ponto de deixá-los estupefatos e confusos e cometerem a falta de criticar tudo aquilo que viam e ouviam.

Ouvintes queridos, esta mesma observação melancólica pode ser aplicada a alguns dos que estão aqui presentes. Você pode se encontrar em meio a uma congregação como esta, que se encontra sob a constante visitação impressionante da graça de Deus, e, no entanto, não ocorrer poder divino algum operando em seu coração para curá-lo. Note que, no texto, quem deixou de receber essa graça não foram, por exemplo, as meretrizes; por mais desprezíveis em seu caráter que elas fossem, muitas sentiram o poder do amor de Deus mediante Jesus e vieram a ingressar em seu reino. Não vemos também que esse mesmo poder fosse recusado aos publicanos; temos no evangelho, inclusive, o exemplo de um deles que, convertido, ofereceu um banquete em sua casa para Cristo. Onde esse poder não se manifestava, nem era buscado nem sentido? Em primeiro lugar, entre *os homens mais instruídos, supostamente, nas coisas de Deus*, os doutores da lei. Tais mestres julgavam saber demais para se submeterem ao ensino daquele modesto, mas, na verdade, o mais sábio Rabi. Existe essa condição, como a dos doutores da lei, de saber demais a ponto de não saber nada, de ser ou se julgar tão sábio a ponto de não passar de um mero tolo. O conhecimento desses doutores era do tipo que incha, mas não de fato procedente de Deus. Ah, ouvinte querido, cuidado com o conhecimento mental sem conhecimento do coração. Cuidado para não ser tão ortodoxo a ponto de se estabelecer como juiz do pregador, de rejeitar a ideia de se submeter à verdade. Cuidado para não dizer, friamente, sem sentir: "Oh, sim, sim, sim, isso se aplica perfeitamente bem à vida de fulano de tal; muito bem colocado". Sinta — e não critique. Seria preferível que, nesse caso, você fosse um homem rude, do campo, que assobia enquanto maneja o arado, alguém que nada sabia dessas coisas até o dia de hoje, mas que as ouviu agora em toda a sua novidade, poder e beleza pela primeira vez; seria melhor para você do que ouvi-las tanto a ponto de lhe ecoar nos ouvidos como um sino que toca todos os dias e de cuja monotonia você já está cansado. Cuidado para não descer ao inferno com uma pedra de mó de doutrina em volta do pescoço, pois, se condenado, você poderá perecer, pensando conhecer ou não realmente a verdade. Se você entender as fórmulas, adotar o credo e imaginar-se então mestre dos outros, será mais fácil perecer nesse estado do que se tivesse entrado em um lugar como este ignorante de tudo, mas desejoso de coração de ouvir a Palavra em sua mais simples mensagem. Foi o caso desses homens instruídos, que não alcançaram o poder para serem curados.

Aqueles outros que tinham uma boa opinião sobre si mesmos também ficaram sem bênção. Os fariseus! Não haveria pessoas melhores, de Dã a Berseba, do que eles, se você os considerasse pelo juízo que faziam de si mesmos. Observe com o devido respeito sua apresentação e seu procedimento públicos. Não eram dos mais notáveis? Repare na largura da orla de suas vestes! Quão visíveis os seus filactérios! Com que diligência lavavam as mãos antes de comer! Quão escrupulosos se mostravam ao retirar moscas do vinho! Quão cuidadosos ao pagar o dízimo da hortelã, do endro e do cominho! No entanto, foram essas mesmas pessoas que também não obtiveram nenhuma bênção de Jesus. Eram "boas demais" para serem salvas. Quantas existem desse tipo! "Ora", poderá alguém alegar, "nunca roubei ninguém. Criei minha família com todo o respeito e sempre me conduzi com tanto decoro que seria impossível alguém encontrar falha em mim". Certo. Mas justamente por ser tão "perfeito" você "não precisa" e não terá Cristo; simplesmente, não se julga enfermo, de modo que não tem necessidade de médico. "Ah", exclama outro, "mas basta cumprirmos nossos deveres da melhor maneira possível e tudo o mais dará certo para nós". Está bem. Se pensa assim, você acabará descobrindo que, depois de cumprir seu dever da melhor maneira possível, continuará sem ter parte alguma, nem porção alguma, do Salvador; pois é evidente, como você mesmo demonstrou, que isso é coisa de que não precisa nem faz questão. O Senhor Jesus levará em conta essa sua demonstração e então lhe dirá: "Eu não o conheço. E como poderia? Você nunca ficou doente e, se ficou, nunca precisou de mim. Você sempre se declarou perfeito e completo e afirmou que jamais se curvaria para aceitar a salvação que eu, o Salvador, vim trazer". Assim Jesus se dirigirá a você, que, orgulhoso, hoje despreza sua graça.

Além disso, no texto, os que não obtiveram a bênção não foram somente os instruídos e os que se julgavam muito bons; mas também *aqueles que ficaram olhando de longe, sem querer se envolver*. Como alguém já comentou, eles não tinham ido até ali *receber o ensino* de Cristo, mas apenas *assistir à pregação*. O antigo estilo do prólogo dos sermões costumava ser o seguinte: "Sermão pregado *diante* do ilustre ou do venerável fulano de tal". Esse é o pior tipo de sermão que existe: aquele que é feito *diante* das pessoas, sem que elas se envolvam. A pregação feita diretamente *para* as pessoas é a única digna de se ouvir e que vale a pena ser proferida. Na ocasião da narrativa que lemos, é de supor que havia ali certo número de pessoas que não se aproximaram de Cristo para que operasse na vida delas. Não eram propriamente pacientes, mas "visitas de hospital". Como visitas, davam voltas em torno dos leitos, liam as prescrições médicas para os enfermos, observavam curiosos caso a caso; e, quando o médico entrava e começava a exercitar sua arte sobre o doente, punham-se de lado, observando, para depois criticar seu tratamento. Imaginavam, o tempo todo, que eles próprios gozavam de perfeita saúde. Se ocupassem um daqueles leitos, reconhecendo ser tão ou mais enfermos que os demais, teriam sido curados também. Manifestavam, porém, um interesse apenas superficial na cura, pois não tinham ido até ali para tomarem parte nela.

Cuidado, querido ouvinte, para não frequentar locais de adoração como simples espectador. Não haverá espectador algum no céu nem no inferno. Cuidado, portanto, para não bancar o espectador na adoração a Deus aqui. Cada verdade proferida pelos servos de Deus está relacionada diretamente a você. Se for ameaçadora e você se sentir em amargor de espírito, ela então é *sua*, é para você; trema debaixo dela! Se, pelo contrário, for uma promessa de amor divino e você sentir não ter parte alguma nela, tema e trema também, envergonhe-se, tome como sinal de alerta e corra para Cristo, a fim de poder se tornar dela um ativo participante. Quem não alcança bênção alguma são justamente aqueles que imaginam não necessitar dela, colocando-se ao largo, comparecendo tão somente para ver e serem vistos, mas não para receber a cura.

Quem não experimentou o poder da cura ficou assistindo à cena com desdém e criticando. Mais à frente, no capítulo, vemos que alguns deles questionam: *Quem pode perdoar pecados, senão só Deus?* (Mc 2.7). Se uma pessoa nada extrai de bom para si *do* ministério, certamente irá concluir nada haver de bom *no* ministério. Se não consegue obter água do rio por não querer se curvar para beber, poderá concluir erroneamente que o rio está seco. Na verdade, é o seu joelho teimoso que se recusa a dobrar ou a sua boca resistente que não aceita se abrir para receber a água do evangelho. Mas, quando reclamam, criticam, levantam questão, contendem, logo reconhecemos a que tipo de gente essas pessoas pertencem. Identificamos imediatamente sua espécie ao nos lembrarmos de como Jesus as classificou, ao repreendê-las severamente: *Serpentes, raça de víboras! Como escapareis da condenação do inferno?* (Mt 23.33). Sim; não escaparão da condenação aqueles que, ao ouvirem o evangelho, só lhes serve para torná-lo alvo de sarcasmo e objeto de ridículo e chacota; que olham com ar irônico para a cruz sobre a qual está seu único e autêntico Salvador e fazem pilhéria do sofrimento e da agonia do verdadeiro Redentor do mundo. Cuidado para que tal pilhéria que se ache constantemente em sua boca aqui na terra e você não a tenha de engolir no inferno. Cuidado para que seu escárnio não se volte contra você no último grande dia, quando deverão se cumprir as palavras de Salomão: *Mas porque clamei, e vós recusastes; porque estendi a minha mão, e não houve quem desse atenção* (Pv 1.24); [...] *também eu me rirei no dia da vossa calamidade* (Pv 1.26). Houve pessoas, portanto, naquela oportunidade, a quem de nada serviu o poder presente de Cristo para curar. Pode ser que outras haja, agora, semelhantes. Você, meu amigo, minha irmã, não é uma delas, é?

IV. Por último, quero que o povo cristão aqui reunido observe que, UMA VEZ PRESENTE, O PODER DE CRISTO, AO MESMO TEMPO QUE SE MANIFESTA, COLOCA EM OPERAÇÃO A ENERGIA DE SEUS AMIGOS E SEGUIDORES.

Queridos irmãos, a vocês em especial dirijo o que tenho agora a dizer, com toda a ênfase. Notem, no texto, que, assim que se descobriu estar presente ali o poder de cura do Senhor, corações amorosos trataram de trazer doentes para o experimentar. Quatro homens, segurando firmemente os cantos de um leito, levaram até Jesus um homem paralítico, incapaz de ir até ele por si mesmo, fazendo-o descer, com toda a dificuldade, por uma abertura que fizeram no telhado. Deus está abençoando a igreja agora. Unam-se, portanto, homens e mulheres cristãos, unam-se para orar por seus amigos que não possam ou mesmo não queiram orar por si mesmos. E, ao depararem com alguém em profunda aflição, paralisado de tal modo pelo desespero que seja incapaz de levantar um dedo sequer de fé, empenhem-se por trazê-lo de todo modo possível para ouvir o evangelho. Tragam-no até onde Cristo opera milagres. Se você sozinho não

O PODER DE CURA DO EVANGELHO

conseguir ser bem-sucedido nem na apresentação de um enfermo espiritual ao Senhor, junte-se a mais alguém; se dois não forem suficientes, que três e logo quatro combinem suas súplicas, em perfeita harmonia. Se quatro, mesmo assim, não bastarem, convoquem a igreja, peçam a todos que orem com vocês. Esforcem-se, enfim, por trazer pecadores moribundos até onde Cristo está operando milagres de cura e de vida.

Continuando a ler o capítulo de Lucas, você logo ficará sabendo, com toda a certeza, como fazer chegar até o Salvador pessoas que jamais o ouviriam. Vemos então que o publicano Levi, ou seja, Mateus, deu um lauto banquete em sua casa, com uma excelente intenção: "Eu gostaria que Jesus viesse à minha casa e pregasse aos cobradores de impostos, meus colegas. Eles são grandes pecadores, eu sei, assim como eu também. Se ao menos conseguisse fazer que o ouvissem, pode ser que muitos deles, tal como eu, viessem a se converter. Mas", raciocinou, "se os convidar a ouvir Jesus, na mesma hora responderão que não têm tempo nem condições de perder algumas horas de trabalho. Não vão querer vir só para ouvir um sermão, mesmo sendo do mestre. Ah, sim", ele teve então uma ideia, "vou convidá-los para um banquete em minha casa! Virão com certeza, e aí pedirei a Jesus que venha também e coma conosco. Sei que Jesus não os deixará ir embora sem lhes dirigir uma boa palavra!" Como você pode ver, Mateus usou de uma atração, semelhante, de algum modo, à dos caçadores para pegar suas presas. Você não se sente assim, vigilante e zeloso para com seus amigos e parentes, como aconteceu com ele? Não consegue atrair os proscritos, os que não guardam o dia do Senhor ou nunca vão à igreja, à sua casa ou de outro crente, usando de uma forma de poder expô-los à sã Palavra de Deus? Se você mantém flores em um vaso dentro de casa, quando chove no verão não as leva para fora, não as coloca ao ar livre para que tomem um pouco de chuva? Faça o mesmo com seus amigos, vizinhos, filhos, parentes. A chuva da graça está caindo. Procure, então, colocá-los debaixo dela! Se não quiserem ir de um jeito, experimente outro, mas faça que vão até onde o poder do Senhor está presente! Jesus olhará diretamente para eles, e eles, para Jesus, e serão curados.

Permitam-me lhes assegurar, por fim, que, se eles não forem salvos, a responsabilidade, nesse caso, não recairá sobre vocês, como também a responsabilidade quanto a vocês, esta manhã, não repousa sobre mim. Temos proclamado, vezes sem conta, que Cristo Jesus veio ao mundo para salvar os pecadores. Temos dito insistentemente que o Pai celestial está disposto a receber os pecadores de volta; que se deleita na misericórdia e é poderoso para apagar para sempre o pecado. Temos repetido sem cessar que o sangue de Cristo pode purificar o mais impuro pecador e que todas as formas de pecado e blasfêmia serão perdoadas aos que se arrependam. Temos instado, enfim, para que vocês acorram como pombos para junto de Jesus. O poder do Espírito de Deus tem trazido a ele muitos de vocês, que, hoje, são salvos. Mas, ah, meu Deus, permanece ainda uma multidão sem ser salva! Se perecerem, porém, não será porque Cristo deixou de ser aqui ensinado. Se alguns de vocês descerem ao inferno, certamente terão até uma luz brilhando nas pálpebras, mas mantendo, infelizmente, os olhos cerrados de propósito para ela. Perecerão fechados para a luz, mesmo com a voz da misericórdia ecoando em seus ouvidos. Uma vez no inferno, talvez venham a ser então tremendos monumentos da justiça de Deus, que provavelmente lhes dirá: "Vocês pecaram contra a luz e o conhecimento, contra o amor e a misericórdia". Vejam bem: se pereceram aqueles que desprezaram a lei de Moisés, como escaparão vocês se negligenciarem tão grande salvação? Possa o Espírito Santo agora, com poderosa energia, aplicar o sangue precioso de Jesus em cada ouvinte. E a Deus seja a glória para sempre. Amém.

> Bendito Salvador, a teus pés prostrado,
> Eis-me aqui para morrer ou ser curado;
> Tua graça impeça o meu temor pungente,
> Graça que triunfa, graça onipotente.

> "Afasta de mim o dardo envenenado,
> Trata e medica meu coração magoado;
> Dá à minha face saúde exuberante,
> Muda a sombria noite em manhã radiante.

76

"ALI SENTADOS"

Um dia, quando ele estava ensinando, achavam-se ali sentados fariseus e doutores da lei (Lc 5.17).

A congregação é um ajuntamento estranho; é semelhante à coleta de uma rede de pesca ou ao resultado da ação de uma draga. Quanto maior, mais notável é ainda. Que estranha variedade de criaturas se reúne na verdadeira arca de Noé que é uma casa de oração abarrotada! Se alguém pudesse escrever as histórias de todos aqui agrupados, o resultado seria uma série de livros contendo relatos os mais singulares. Vocês, queridos amigos que costumam vir adorar a Deus nesta casa, talvez não façam ideia da miscelânea incomum de nacionalidades, profissões, condições sociais e religiões representadas em uma só das reuniões realizadas neste Tabernáculo. Frequentemente me surpreendo ao deparar com os traços fisionômicos de pessoas antes conhecidas por mim somente através dos jornais, em meio a esta nossa grande assembleia; não imaginaria que tais pessoas jamais pudessem entrar em um lugar onde se prega o evangelho!

Vale observar, porém, que Deus sempre seleciona para nós a nossa congregação, e suas disposições são sempre sábias. Costumo dizer a mim mesmo: "Devo ter uma congregação seleta esta noite". Por mais curioso que possa parecer, em alguns casos essa tem sido a verdade. Pessoas que antes talvez nem pensassem nessa possibilidade têm vindo a este lugar, atraídas por um motivo especial. Então, a palavra aqui proferida é tão adequada ao seu caso que ficam inteiramente maravilhadas. Provavelmente se tivessem avisado que pretendiam vir, e o pregador soubesse tudo a seu respeito, talvez nossa pregação não chegasse a ser tão pessoal, uma vez que, sem querer, temos entrado por vezes em detalhes precisos e tocado em questões íntimas, que, se conhecêssemos de antemão, decerto jamais revelaríamos. O Senhor conhece o que se passa na privacidade do lar e das almas e sabe direcionar seu servo que ministra de forma que toque no ponto exato e a falar diretamente ao coração de cada um.

Temos nesta congregação um grande número de pessoas que conhece o Senhor há bastante tempo e há anos se regozija em seu nome. Temos também outro grupo de frequentadores, que não conhece o Senhor em um nível pessoal, mas que, mesmo assim, tem muita familiaridade com o evangelho e não está distante do reino de Deus. Falta pouco para se deixar convencer. Prefere ficar por mais algum tempo na região de fronteira. Oh, que essas pessoas consigam atravessar a fronteira de uma vez e se tornar habitantes da terra de Emanuel! Temos ainda entre nós alguns que se encontram bem distantes da vida divina. Um povo pelo qual, na verdade, nutrimos quase sempre pouca esperança. No entanto, é do meio destes que extraímos constantemente os mais ricos tesouros para Cristo; pois ele se compadece, sobretudo, dos ignorantes e dos que percorrem longínquos caminhos. Gosto desta palavra: *longínquos*. Que o Senhor salve todos vocês que se encontram nessa condição!

Como em toda congregação, temos também um quarto tipo de pessoas, que não cabe em qualquer tipo de classificação. Acerca delas, poder-se-ia dizer que estão aqui, mas não estão. São mais espectadores do que propriamente ouvintes. Como os cavalheiros mencionados em nosso texto bíblico de hoje, permanecem *"sentados"*, apenas. Consideram-se especiais ou respeitáveis demais para serem contados com a multidão comum. De jeito nenhum, o querem ser. São simplesmente visitantes, *sentados*, tão somente como quem assiste a tudo de camarote. Não se arrependem; não creem; de modo algum se pode dizer que estão penetrando na verdade. Mas continuam, meramente, *sentados*. Vieram ver, tomar notas, tecer

"Ali sentados" | 717

comentários. Permanecem nas regiões limítrofes da batalha, mas não entram em combate. Estão *sentados* em um lugar onde esperam estar fora do alcance dos tiros.

Quero falar justamente desses que só ficam *sentados*, pois receio que estejam acomodados demais no lugar que escolheram. Sentam-se como o povo de Deus se senta. Todavia, não estão de fato no meio desse povo; apenas *sentados*. Compõem uma fração muito provocadora e desconcertante das nossas assembleias. No entanto, lá estão eles, sempre; não as mandaríamos embora, nem se tivéssemos essa opção. Satisfaz-nos ter essas pessoas, das quais buscamos tentar extrair pedras preciosas, pois, quem sabe, dentre elas, Deus, em sua misericórdia infinita, não possa escolher indivíduos que nunca mais permanecerão sentados, mas se envolverão de alma e coração com Cristo, sua causa e seu povo, tornando-se, inclusive, líderes do exército divino?

Permitam-me lhes falar sem meias palavras sobre alguns daquele que, na narrativa do evangelho, permaneceram sentados, só assistindo a tudo. Não deviam de modo algum ser menosprezados, pois alguns eram até importantes. Eram fariseus, membros de uma seita exclusivista. Relacionavam-se apenas com outros fariseus e seguiam costumes bastante rígidos no que dizia respeito à exterioridade da religião. Consideravam-se superiores, realmente, os fariseus. Era possível ver em seu rosto que se sentiam bastante importantes. Costumavam acompanhá-los, como ali, os doutores da lei, homens altamente instruídos, que haviam estudado meticulosamente as Escrituras, até contado as palavras de cada livro sagrado e descoberto a letra que ocupava o centro exato de cada um deles, em hebraico. Esses doutores da lei estavam ali para ouvir um homem rústico, oriundo de Nazaré, a respeito do qual tinham uma opinião muito forte, embora de modo nenhum favorável. Tinham ouvido falar nele e se dignado a ouvi-lo, um tanto constrangidos com a própria "modéstia" que os levava a agir assim. Não que, segundo eles, tivesse alguma coisa a *lhes* ensinar; não. Só queriam ficar ali *sentados*, ouvindo-o, estudando-o, analisando-o, mais nada.

Não vemos muita gente assim importante aparecer no meio de nossas aglomerações. Talvez nem exista alguma dessas pessoas aqui agora, mas não há como termos certeza. Pouco nos importa, porém, sabermos se há pessoas letradas e cultas aqui. Vêm até nós de vez em quando, embora apenas para ficarem sentadas observando. Não direi mais nada sobre esses notáveis agora, pois há outras pessoas que entram nas congregações apenas para assistir. Não vêm com o desejo de aprender, compreender, sentir ou serem salvas: só querem é ficar "sentadas", assistindo.

I. Nosso primeiro tópico deverá responder à pergunta: O QUE AQUELES HOMENS ESTAVAM FAZENDO ALI? Eles permaneceram o tempo todo apenas sentados. Mas isso quer dizer muita coisa. Primeiro, que *estavam ali querendo satisfazer uma curiosidade*. Haviam deixado diversas cidades da Galileia e da Judeia, bem como Jerusalém, só para virem saber pessoalmente o motivo de tanta agitação em torno do Mestre. Tinham ouvido falar na grande fama de Jesus em operar milagres, e isso as atraiu à multidão que o rodeava o tempo todo incessantemente. A multidão em si também lhes chamava a atenção. Por que um ajuntamento assim tão grande? Do que poderia se tratar aquilo tudo, afinal? Gostariam de descobrir só para satisfazer, pelo menos, sua curiosidade. Pela primeira vez, ouviriam em pessoa aquele homem, a fim de não se poder alegar depois que nunca o tivessem feito; mas, diziam a si mesmos, não se deixariam de modo algum influenciar por suas palavras. Haveriam de ouvi-lo como pessoas estranhas àquele ambiente, *sentados*, simplesmente *sentados*. Sentiam curiosidade, mas não ansiedade.

Bem pouco desse tipo de público, quase sempre, comparece a locais de adoração. Contudo, prefiro mil vezes que as pessoas venham por esse motivo a deixarem de comparecer. A curiosidade pode ser o trampolim para algo melhor. No entanto, a curiosidade em si mesma que bem pode trazer? No domingo, as pessoas vão à Catedral de *Saint Paul*, à Abadia de Westminster, ao Tabernáculo, a esse e àquele lugar, imaginando estarem com isso adorando a Deus, quando, na verdade, podem ter ido apenas assistir a um culto ou a um espetáculo. Aliás, vão mais, na verdade, a um espetáculo, levando-se em consideração o que geralmente as move. Não se iludam: se vocês comparecerem a um local de adoração apenas para ficar olhando à sua volta, ouvir alguém falar bem e ouvir boa música, não estarão adorando a Deus. Se vêm a esta casa para satisfazer um desejo ou um capricho, não estarão adorando a Deus mais do que o fariam se empreendessem um passeio pelo campo. Vocês são aqueles que, em sentido muito pobre e humilhante, permanecem apenas *sentados*.

Há, sim, os que frequentam nossas reuniões e se sentam em nossos bancos somente com esse intuito: o de *guardar a mais completa indiferença*. Não acho que aqueles escribas e fariseus tivessem propriamente a mesma intenção de serem indiferentes: apenas se inclinavam na direção errada, sendo, por isso, amargamente antagônicos a Jesus. Já gente demais, pelo contrário, age como se dissesse: "Vim ouvir um pregador famoso, mas não sei qual é a sua doutrina nem me interessa". Não pergunta: "Que doutrina é essa, a da queda do homem? O que significa essa tal de 'perversão do coração'? E a obra do Espírito, afinal, o que é? O que quer dizer isso que chamam de 'sacrifício vicário'?" Não se dá ao trabalho de tentar descobrir se alguma coisa do que está lhe sendo dita tem que ver consigo mesma. Tampouco indaga: "O que é esse tal de novo nascimento, essa translação das trevas para a luz, a santificação da natureza?" Ouve um termo teológico e o descarta como se nenhuma relação tivesse com sua vida. Não querem saber de nada. Sacrifício expiatório — o derramamento do sangue precioso de Jesus, o afastar do pecado pelo seu sacrifício —; ouvem falar constantemente sobre esse mistério salvador, mas o tratam como questão de pouca ou nenhuma importância. Não significa coisa alguma para essas pessoas que Jesus tenha morrido na cruz ou ressuscitado. Oh, meus caros amigos, isso *tem* de significar alguma coisa para vocês! Se existe algo digno de merecer sua atenção é o seu estado espiritual diante de Deus, sua posição em relação às coisas eternas, sua condição neste momento em termos de pecado e salvação — se o pecado ainda os tinge de escarlate ou se vocês já estão lavados na fonte aberta por Cristo. Se existe algo digno de conhecimento por parte do homem é a questão da condição de sua alma por toda a eternidade. Queira Deus que vocês não sejam mais encontrados, aqui, *sentados* apenas, mas, sim, que concluam, com toda a sinceridade: "Há algo aqui para mim. Talvez haja uma paz que nunca conheci, uma alegria como jamais imaginei. Preciso verificar isso por mim mesmo. Talvez haja um céu de que já tinha perdido a esperança. Vou buscar saber e verei se é assim ou não". Que seja esta a sua decisão hoje e você não mais se coloque entre os que se mantêm impassíveis, sentados em sua própria indiferença e perdição!

Os escribas e os fariseus permaneciam sentados, no entanto, em outro sentido, esse pior: *estavam ali para fazer críticas, tomados de um espírito de querela e arrogância*. Ou eles encontrariam falhas em Jesus, ou então as inventariam. Vejo-os rabiscando rapidamente anotação sobre uma palavra que o Salvador dissera e que consideravam distorcida. Como certamente se cutucavam e sussurravam discretamente quando ele afirmava algo que a eles soava incomum e ousado! Ah, se ao menos conseguissem pegá-lo "pelo pé"! Quando, enfim, ele anunciou ao enfermo: *Homem, são-te perdoados os teus pecados* (Lc 5.20), acho que consigo ver um fogo maligno lampejar-lhes nos olhos. "Agora nós o pegamos! Agora nós o pegamos!" *Este homem blasfema* (Mt 9.3). Esperavam que ele agora dissesse mais do que poderia sustentar, de modo que logo lhe perguntaram, triunfantes: *Quem pode perdoar pecados, senão só Deus?*. Estavam "sentados", observando o Salvador como um gato estuda cuidadosamente os movimentos de um rato — e com que avidez, então, pularam como um gato em cima dele!

Que coisa mais infame, meus ouvintes! Que pobreza de espírito ir à casa de Deus somente para criticar, por exemplo, um mortal como nós que só está tentando fazer o bem. No nosso caso, isso não afeta muito o pregador, pois sua pele está curtida e ele não sente os golpes minúsculos da censura comum. De maneira nenhuma, porém, pode a crítica mesquinha produzir qualquer benefício. Só lamento que, quando desejamos com sinceridade mostrar o caminho da salvação, alguns criem obstáculos por meio de observações triviais acerca de falar imperfeito, como um engano, um tropeço no momento de pronunciar determinada palavra complicada, uma entonação imprecisa. Meu Deus, que coisas pequenas tentam afastar o ouvinte da verdade eterna! Eu não sei, tampouco gostaria de saber, que bagatelas mesquinhas as pessoas ainda alimentam e sobre as quais ainda falam a respeito, depois de lhes pregarmos sobre o céu, o inferno, o dia do juízo, a ira vindoura e o modo de escapar da ira. Carlyle fala do grilo que canta em meio à dissolução de tudo no dia do juízo final. Sinto-me inclinado a acreditar que muitos agem como esse grilo. Prosseguem com sua tagarelice inútil quando o próprio Cristo está colocado diante deles na cruz.

"Ali sentados" | 719

Com toda a certeza, isso é, tipicamente, uma mediocridade. Se tenho fome, vou a um banquete e, em vez de me regalar com as iguarias, começo a criticar o uniforme dos garçons, a ironizar os arranjos da sala do banquete e a vilipendiar as provisões, evidentemente que voltarei para casa tão faminto quanto cheguei; e a quem culpar por isso, se não a mim mesmo? A melhor crítica que você pode fazer à hospitalidade de um amigo é dela participar de coração. A maior honra que podemos prestar a Cristo Jesus está em nos alimentarmos dele, em recebê-lo, em confiarmos nele e vivermos dele. A simples crítica e o questionamento não levam a bom resultado algum ao mais inteligente de vocês. E como seria possível que o fizessem? Para vocês, é uma perda de tempo, digna de pena, e uma provação para a paciência dos outros. No entanto, há muitos que, como os escribas e fariseus, permanecem assim: *sentados* e prontos a criticar.

Não tenho maior interesse em ir além com essas diferentes formas de ficar "sentado". Não resta dúvida, porém, de que *alguns deles até apreciam tudo com certa cordialidade, mas sem tirar para si qualquer proveito*. Centenas de pessoas "sentadas" são ouvintes atentos e amigos cordiais, mas não tomam parte nem têm qualquer porção na questão da salvação. São frequentadores mais ou menos regulares desta casa de oração há, digamos, doze, quatorze, quinze, vinte anos. Mesmo assim, em nada melhoraram espiritualmente. Alguns deles ainda passam direto da adoração para a taverna. Não negligenciam, porém, ir à igreja por nada deste mundo. Muitos deles não estão nem um pouco melhores em casa, apesar de tudo que têm ouvido, e sua esposa é triste testemunha desse fato. Ora, alguns de vocês, esses a que me refiro, têm sido objeto de oração há um tempo infinito e ouvido pregações constantes, mas continuam *sentados*. Não compreendo por que vêm com tanta constância aqui e aproveitam tão pouco. Pareceria muito estranho aos que os conhecem se os vissem perambulando dentro de determinada loja durante uma hora e meia, em um dia na semana, durante dez ou vinte anos, sem jamais adquirirem um centavo sequer de mercadoria ali. Por que, então, têm entrado e permanecido nesta loja do evangelho, no mesmo período de tempo citado, sem levar nada em troca? Têm demonstrado um comportamento, no mínimo, tolo. Não gostaria de usar palavra tão dura, mas ela é empregada também nas Escrituras para descrever justamente pessoas como vocês. Quem acha que algo é tão importante a ponto de merecer despender um dia na semana para só ouvir falar em tal assunto, mas sem considerá-lo importante o suficiente para aceitá-lo como uma dádiva, como lhe é oferecido, mostra-se um tolo por causa dos próprios atos. Como você responderá por tal procedimento no último grande dia, quando o grande juiz lhe disser: "Você creu o suficiente para ir e ouvir sobre a salvação. Por que, então, não creu a ponto de aceitá-la? Você creu o suficiente para até discutir por ela e seria capaz de se levantar para defender a doutrina do evangelho; contudo, não foi capaz de aceitá-la para si mesmo e, por isso, pereceu em seu pecado". Que resposta dará você, que continua aí *sentado*? Terá de dizer alguma coisa, mas o que dirá? Oh, queira Deus que vocês usem de um pouco de bom senso quanto à sua alma e abandonem o assento do tolo, trocando-o pelo banco dos arrependidos. Então deixariam de ser, de uma vez por todas, mais um dos que permanecem *sentados* apenas, e ganhariam a salvação.

II. Em segundo lugar, vejamos o seguinte: O QUE TERIA ACONTECIDO COM AQUELES HOMENS ENQUANTO PERMANECIAM SENTADOS? Eles haviam entrado e se sentado no local onde Jesus pregava, onde uma multidão se espremia para o ouvir, atenta, e milagres de misericórdia estavam sendo sucessivamente operados. Permaneceram ali criticando, queixando-se a respeito de bobagens e levantando sofismas. Mas o que de fato acontecia com eles durante esse tempo todo?

Antes de mais nada, *estavam chamando a si mesmos uma alta responsabilidade*. Meus amigos, ninguém pode ouvir o evangelho, rejeitá-lo e ainda assim permanecer como sempre foi. Após ouvir o evangelho, ou a pessoa o aceita e melhora ou o rejeita e piora. O evangelho foi feito para ter sabor de vida, para a vida, ou de morte, para a morte. Lembrem-se do que disse Jesus: haveria menos rigor para Sodoma e Gomorra no dia do juízo do que para Betsaida e Corazim, que tinham ouvido o evangelho e não o aceitaram. Rejeitá-lo significa incorrer em erro capital: não há pecado como esse. Isso não é, absolutamente, pessimismo de minha parte. É o que diz a Palavra de Deus. O Senhor Jesus nos ensina que os homens de Nínive condenariam os de Jerusalém, porque os de Nínive aceitaram a advertência divina, enquanto os de Jerusalém, não. Ó você, que tem ouvido o evangelho há tanto tempo e permanecido *sentado* esse tempo todo, veja que montanha de culpa já repousa sobre sua cabeça! Como escapará? O que será de você depois de tamanha negligência e ingratidão?

Além disso, aqueles homens *estavam acumulando dureza de coração*. Cada vez que alguém ouve o evangelho e fecha seu coração para ele, torna-se menos provável que venha a admiti-lo. O ferrolho que enferruja fica duro e difícil de se tirar do lugar. A terra batida do caminho há muito pisoteada pelo trânsito diário se torna rija, quase tanto quanto uma pavimentação de pedras. Corações confrontados com frequência pelo evangelho sem resultado adquirem a consistência de ferro sob uma superfície. Receio que sua consciência haja se endurecido pelo trânsito nela constante do evangelho, sem nela ingressar. Sei que, infelizmente, é assim no caso de muitos. Que o Senhor os perdoe. Se eu pudesse ter uma congregação formada somente de pessoas que nunca ouviram antes o evangelho, talvez acalentasse maior esperança para ela do que acontece quando falo a vocês, que o têm ouvido há anos. Pois o que conseguirá afetá-los agora? Que argumentos novos posso eu apresentar? Talvez possa lhes contar algumas histórias novas, mas e daí? Vocês já ouviram relatos demais. Deixou de ser fácil prender-lhes a atenção como antes: minha voz se lhes tornou familiar, e o estilo, conhecido. Como poderei esperar ainda conseguir alcançar alguns dos corações em direção aos quais já lancei tantas flechas, se sei que todas erraram o alvo? Ó Deus, tem misericórdia desses que têm permanecido *sentados* por um tempo tão longo!

Quero ainda lembrar que os homens *sentados* naquele lugar *visavam a obstruir Cristo tanto quanto possível*. Todo pregador entenderá o que vou dizer agora: há algo na congregação em si que afeta o pregador, ao mesmo tempo que ele afeta a congregação. Sinto quando pessoas piedosas nesta assembleia estão orando por mim, clamando "Ó Senhor, ajude-o a pregar!" Não sei lhes explicar como, mas o fato é que algumas congregações por vezes me imobilizam, de tão frias, enquanto outras me animam e incendeiam. Quando "fariseus" e "doutores da lei" se encontram *sentados* na reunião, eles nos oprimem de tal forma que não conseguimos realizar grande obra. Se meus olhos detectam em um relance a presença de um desses homens de gelo e eu percebo sua desditosa indiferença e o olhar de escárnio mal disfarçado no rosto, enfraqueço na mesma hora. Imagino ouvir essas pessoas me dizendo: "Não nos interessa o que você tem para dizer. Não somos daqueles que você consegue influenciar. Estamos revestidos de armadura contra suas armas". Isso me gela até a medula. Essa é, portanto, a tendência de sua conduta se você estiver tão somente *sentado* — gelar o pregador e, com isso, vir a causar prejuízo à congregação. Você sabe o que é dito a respeito até de Jesus: *E não fez ali muitos milagres, por causa da incredulidade deles* (Mt 13.58). Sim, até o Senhor, enquanto homem na terra, dependia até certo ponto daqueles que o rodeavam. Tanto assim que, quando lhes vislumbrou a fé, curou o doente de paralisia. Em outra ocasião, vendo a descrença em seu coração, olhou ao seu redor com indignação.

É terrível, portanto, o fato de alguns de vocês agirem de modo que possa vir a atrapalhar a salvação de outros, mediante sua indiferença para com a mensagem sagrada. É esse o caso, justamente, daqueles que são boas pessoas em tudo — exceto na única coisa necessária. Como não temem Deus, toda a sua bondade não opera senão a favor do mal. O exemplo do bêbado malcheiroso e pobre que não se converte talvez não influencie determinadas mentes, pois sentem certa repulsa diante de sua vulgaridade e são inclinadas a procurar algo melhor; mas se jovens deparam com uma excelente pessoa como você, tão educada, instruída, fina, amável, mas sem religião, podem logo depreender do seu exemplo que a piedade é coisa desnecessária, achando-se no direito de virem a descartar a fé também. Assim, você, que está apenas *sentado*, de nada mais pode servir, sem o saber, senão de maldição para muitos. Pode estar encorajando outros a querer viver, ou melhor, a morrer, sem o Salvador.

Permitam-me, porém, não concluir este tópico sem repetir a observação de que preferimos ter essas pessoas apenas sentadas a saber que desistiram de vir à igreja de uma vez por todas. Se estiverem junto conosco no caminho, é bem provável que um dia cheguem ao Senhor. Se a caça correr na direção de onde os caçadores estão atirando, é bem possível seja atingida. O melhor, portanto, é sempre virem e ouvirem o evangelho, até por um motivo errôneo qualquer, do que não. Não sei se conhecem um curioso

"ALI SENTADOS" |721

fato ocorrido com o grande Hugh Latimer.[2]* Como pregador, concitava ele os seus ouvintes a irem sempre ouvir o evangelho; e deu uma vez como exemplo, elogiosamente, uma pobre mulher que sofria de insônia e vinha tomando remédio para dormir, sem resultado. Ao constatar que não havia droga forte o suficiente para fazê-la dormir, a mulher o procurou e disse, com toda a sinceridade: "Se o senhor me permitir, eu irei à sua igreja só para dormir. Tenho certeza de que conseguirei. Já dormi lá alguns anos atrás, todo domingo". Voltou então, com sua permissão, a frequentar aquele local, para ela realmente só de repouso, e logo estava curada da insônia. "Bem", concluiu Latimer, "é melhor que ela venha à igreja para dormir do que não vir mais". E eu lhes digo: mesmo que vocês estejam aqui para dormir, venham; e que o Senhor então os desperte para buscar e encontrar o Salvador!

De todo modo, ficar *sentado* apenas não deixa de continuar sendo um grande absurdo em sua vida.

III. Vejamos, em seguida, qual a causa de esses homens permanecerem sentados. Por que foram ouvir Jesus, mas não se tornaram parte integrante da congregação atenta, preferindo ficar à margem da cena, apenas sentados? Sem querer ofender ninguém dos que têm vindo aqui, peço licença para declarar coisas talvez aplicáveis a estes também.

Em primeiro lugar, no caso dos fariseus e dos escribas, ou doutores da lei, foi a *presunção* que os levou a permanecerem sentados. Um falso sentido de superioridade separava-os da multidão. Diziam consigo mesmos: "Estamos aqui para estudar e analisar o que diz Jesus de Nazaré, para ver se está certo ou errado em face das Escrituras e da lei; por isso, nada temos que ver com o que ele prega, com a sua mensagem pessoal sobre perdão dos pecados". "Além de tudo", pensavam ainda, "somos pessoas de elevada instrução e posição social; não precisamos ouvir o que diz um pregador popular. A salvação que ele prega, dispensamos, porque não estamos perdidos". O próprio Jesus, aliás, afirmara, em tom de censura e advertência, a eles: "Não necessitam de médico os sãos, mas sim os enfermos", indicando, com isso, ser a imagem que tinham de si mesmos que os mantinha afastados dele — e da verdadeira salvação. Esta é a razão pela qual tantos ficam apenas *sentados*: pois, em sua própria opinião, são tão bons quanto os melhores e não têm necessidade de transformação em seu caráter e em sua vida. São pessoas que se têm como muito respeitáveis e acreditam ser as mais corretas e generosas do mundo. Certa noite, saiu daqui um homem acompanhado de um de nossos amigos, que já o conhecia do comércio e o tinha em boa conta. "Então, o senhor veio ouvir nosso ministro esta noite?", indagou o amigo. "Sim, receio que sim", respondeu o homem. "Ora", retrucou nosso amigo, "receia por quê?" "Bem, porque ele me virou pelo avesso e destruiu a ideia que eu fazia de mim mesmo! Quando entrei no Tabernáculo, eu me achava o melhor homem de Newington; agora, tenho a impressão de que minha justiça não vale nada." "O senhor está certo", concordou o amigo. "Mas provavelmente há de voltar, já que a Palavra atingiu o seu coração e lhe revelou a verdade. O senhor há de encontrar conforto em Deus." Esse cidadão voltou realmente e está aqui esta noite. Hoje, se compraz na mesma verdade que o virou pelo avesso, de modo que vem aqui com o propósito de que a palavra de Deus possa sondá-lo, prová-lo, ser para ele como um fogo refinador. Aqueles que mais temem ser virados pelo avesso são justamente os que mais necessitam se submeter a esse processo. No entanto, meu Deus, muitos não permitem que a Palavra os sonde! Raciocinam assim: "Isso é bom, muito bom mesmo; mas não é para mim". São esses os que ficam apenas "sentados" o tempo todo. Acomodam-se em um canto, longe da máquina de joeirar os grãos. Você não os vê se empertigando nem olhando com gravidade para os outros, como se dissessem ao vizinho ao lado: "Olhe, trate de adotar essa ideia para você! Essa doutrina é boa para vocês, pecadores; o pregador não está dirigindo palavra alguma a mim". Não demonstram, mas é isso o que pensam.

Aqueles homens permaneceram sentados também por não haver neles *nenhum senso de necessidade pessoal*, nenhuma percepção da própria nudez que só Cristo é capaz de cobrir, nenhum sentido da fome interior que só Jesus tem o poder de satisfazer. Não desejavam para si um Salvador, embora se mostrassem

---

[2] *[NT] Hugh Latimer, mártir protestante, teólogo, bispo de Worcester, um dos fundadores do protestantismo na Inglaterra (1485/90-1555).

tolerantes em ouvi-lo ser pregado para os outros. Não pediam misericórdia para si, mas ficavam satisfeitos em ver que pelo menos os vis pecadores ouviam falar a esse respeito. Podiam enxergar, e muito bem; não precisavam, portanto, que se lhes abrissem os olhos. Tinham, em sua opinião, todas as coisas; não podiam se queixar da carência de nada. Assim será sempre na pregação da Palavra. Vão ouvi-la com alegria aqueles que percebem que precisam e desejam o que ela lhes oferece. Os demais não sentem o menor interesse por ela. A necessidade consciente predispõe o ouvido a ouvir. Até que o Espírito de Deus opere isso em nós, permaneceremos surdos como um poste à voz do amor; e continuaremos apenas *sentados*.

Havia também com aqueles homens *muito preconceito*. Sua tendência conservadora foi que mais os manteve desinteressados. Essa tendência, quando exagerada, como no caso deles, pode até transformar um homem em uma estátua de sal, impedindo-o de escapar do castigo para salvar a própria vida. Tendo bebido sempre do vinho velho, essas pessoas, com uma atitude altamente insensível, rejeitam provar vinho novo por julgarem simplesmente que o velho é somente e seguramente o melhor. Todavia, se o vinho velho já tiver azedado ou mofado e o vinho novo for doce e bom, será uma pena ter preferido o ruim ao melhor. O velho e intoxicante vinho da salvação por mérito humano ou obediência a cerimônias é por muitos preferido ao novo vinho do reino da justiça divina, do nosso Senhor, ou seja, da justificação por sua graça mediante a fé. "Creia e viva" é preterido por: "Se o homem fizer tais coisas, viverá graças a elas". Preferem, enfim, o Sinai ao Calvário, seus trapos imundos ao manto perfeito da justiça do Senhor. Apegam-se à antiga aliança temporária, já revogada, não aceitando a nova aliança, eterna, da graça. Os preconceitos próprios da natureza humana orgulhosa são difíceis de superar. Os homens não se dispõem a consultar as Escrituras para descobrir, pelo menos, se estão certos ou não, mas se agarram a falsidades recebidas de herança.

Muitos também estão apenas *sentados* devido a uma *firme descrença e decidida autoconfiança*. Ó meus amigos, parece que é inato crermos em nós mesmos. Mas isso o que é, senão pura idolatria? Somente quando nascemos de novo, passamos a crer em Cristo Jesus, a confiar no Deus vivo e a receber a viva esperança da salvação eterna. Possa o Senhor nos libertar da antiga confiança na carne, que para nada serve. Que possamos entornar no chão para sempre o velho vinho azedo e bolorento e provar o vinho novo, cujas uvas foram esmagadas, ainda no cacho, pelo agonizante Filho de Deus na sagrada cruz: o vinho novo da salvação pela graça por meio da fé, para a glória de Deus! Queira Deus que aqueles que estão *sentados* por causa de seus preconceitos arrogantes sejam trazidos, atraídos pelo divino convite, à festa de bodas da graça do Cordeiro. Que estejam prontos a usar as vestes de convivas e honrar Aquele que preparou essa festa! O preconceito é a ruína de milhares e milhares de pessoas. Poderiam ter todos os olhos abertos se não julgassem que já veem. Poderiam ser felizes no Senhor se a sua presunção infundada não os fizesse ficar *sentados* o tempo todo.

IV. O que dizer desses que assistem a tudo apenas sentados? Só uma palavrinha, a fim de podermos formar uma avaliação a seu respeito, e então darei por encerrado o tempo que a eles dediquei. Oh, que o Senhor lide com eles pessoalmente, mediante o Espírito Santo! Essas pessoas acomodadas, que se recusam a participar da verdade do evangelho e da fé, embora ouçam o evangelho, falem dele, até brinquem com ele e, então, se deem por satisfeitas — o que dizer delas?

Ora, em primeiro lugar, no caso da narrativa bíblica, aqueles homens me parecem *extraordinariamente deslocados, se pensarmos no Senhor que estava ali pregando*. Como podiam permanecer indiferentes na sua presença? Enquanto Jesus vivia um dos seus grandes momentos de santo entusiasmo, os fariseus e doutores da lei continuavam sendo verdadeiros blocos de gelo. Jesus era todo energia, enquanto eles ficavam *sentados*. Jesus se desgastava e se deixava desgastar, mas eles permaneciam *sentados*. Jesus passara uma noite inteira em oração junto ao divino Pai e vinha agora à frente revestido de poder divino para curar; mas os doutores e fariseus, como sempre, estavam e se mantinham somente *sentados*. Embora fazendo-se passar por doutores e mestres do povo, dotados, portanto, de grande responsabilidade para com as pessoas, eles se sentiam satisfeitos, no entanto, em apenas ficar *sentados*, enquanto Jesus derramava sua alma em favor de todos os homens. Ó senhores, nenhum de nós pode ficar indiferente na presença do Cristo de Deus.

"Ali sentados" | 723

Ele está investido de zelo como se nele fora um manto; como haveremos, então, de nos manter mornos perante ele? Ele deu a vida pelas ovelhas; como viveremos para o nosso próprio eu? Ele ainda vive por seu povo e não retém a sua paz; pelo contrário, por meio de súplica incessante ao Pai, prova seu perpétuo interesse por nossa causa. Ficarmos *sentados* constitui uma tremenda ingratidão! Por acaso, homens receberam grande salvação permanecendo *sentados*, indiferentes, enquanto o Salvador morria? Não será que os homens correm ainda o risco de ir parar no inferno neste exato momento, *sentados*, despreocupadamente, já que o portão da misericórdia foi aberto diante deles pela mão perfurada de Jesus? Oh, como é estranha e triste essa situação! Ó Senhor, dá sabedoria a esta geração, tão tola! Não lhes permita que continuem *sentados* e indiferentes!

Mostravam-se inconsistentes também com a condição do restante da congregação. Veja: há tamanha multidão em torno do Senhor Jesus que quatro homens tentam fazer um paralítico chegar perto dele sem conseguir. Ninguém abre caminho, estão todos muito ansiosos por ouvi-lo e dele obter alguma bênção. Por fim, os quatro levam o paralítico para cima do telhado, abrem as telhas e fazem o doente descer, certamente pendurado por cordas, por sobre a cabeça das pessoas. Sim, isso bem no meio dos cultos e arrogantes doutores da lei e dos orgulhosos fariseus. Cacos de telhas velhas e quebradas talvez caíssem em volta, e poeira voasse por cima da multidão e dos escribas e religiosos. Veja quanto se mostra, apesar disso, cada vez mais ansioso, determinado e impetuoso o povo em torno! No entanto, aqueles cavalheiros permanecem *sentados*, em fria indiferença! Veja-os tomando notas, para registrar uma expressão na qual possam ter encontrado alguma dúvida, alguma suposta falta! Repare como observam com frieza os detalhes de tudo que ali acontece! Não estão nem um pouco emocionados, não eles! Um homem está prestes a ser curado, por um meio nada natural e bastante incomum, de uma paralisia que o aflige por longo tempo, e eles tratam isso como se fosse um caso de interesse médico apenas, em volta do qual uma equipe de alunos de medicina talvez se reunisse para uma aula prática. Como são capazes de agir, em tais circunstâncias, desse jeito? São feitos de pedra ou de ferro? Seria de imaginar que a simples humanidade os afetasse; mas não, se recusam a embarcar em qualquer coisa que Jesus diga ou faça. Permanecem, tão somente, *sentados*.

Seria terrível para alguns de vocês quando, lançados para longe, para sempre, se lembrassem de que um dia estiveram sentados ao lado de gente que foi salva, até mesmo no exato momento em que essas pessoas ouviram falar pela primeira vez da vida eterna e responderam ao chamado de Cristo. Suportariam lembrar que essas pessoas foram salvas por uma Palavra poderosa, que quase os levou também a se ajoelhar, e que só não o fizeram por terem se desvencilhado logo da sensação, retomando a indiferença e prosseguindo sua vida em pecado? Essa ideia poderia mordê-los como uma serpente se passassem do ponto da esperança e fossem retirados para sempre da presença de Deus. Seria como o verme que nunca morre, ao pensarem: "Estava ali presente quando Jesus, por sua graça, renovou o coração de várias pessoas. Estava presente quando vizinhos meus de banco ouviram, creram, e foram salvos. Mas me recusei propositadamente a ouvir e dei as costas ao único Salvador!" O que dizer de um marido, lembrando da esposa que neste mundo o abraçou, chorou por ele, disse-lhe que encontrara o Salvador e lhe implorou que considerasse a imortalidade da alma e também se voltasse para o seu Senhor? Talvez você viesse a se lembrar de como endureceu o coração contra benditas influências e recusou as lágrimas santas de pessoas que muito o amavam. Ou de quando seu amado filho voltou para casa depois da escola dominical chorando de arrependimento por causa do pecado, e você, o pai ou a mãe, que deveria dar graças a Deus por seu rebento bendito, ridicularizou sua atitude penitente. Tudo isso é o que significa ficar *sentado*, de uma dessas maneiras as mais horríveis: para negar, se recusar, resistir, desobedecer, teimar, escarnecer, contrariar, se opor. Enquanto outros são salvos, você fica sentado. Ora, se eu sofresse de paralisia e estivesse esta noite aqui deitado, e visse o mestre curando você da mesma enfermidade, acho que pelo menos clamaria da melhor forma que me fosse possível: *Jesus, mestre, tem misericórdia de mim!* (Lc 17.13). Exorto, pois, qualquer de vocês que ainda não seja convertido a tomar essas palavras da minha boca e, de todo o coração, usá-las em oração. Clame agora: "Senhor, tem misericórdia de mim. Cristo, tem misericórdia de mim!"

V. Eu teria muito mais a acrescentar neste instante, contudo o tempo me desaconselha. Dirijo então umas poucas palavras a alguns que não deveriam estar entre aqueles que permanecem *sentados*. Você, que sente a *enfermidade de sua alma*, se quiser, não será contado entre eles. Tem consciência de sua culpa, de sua necessidade de Cristo; sente-se quebrantado, esta noite. Pois, então, não fique aí sentado nem mais um segundo. Levante-se — ele o convida! Avance, por intermédio da cruz, até o Senhor Jesus. Creia nele e viva. Possa o Espírito Santo conduzi-lo a tomar essa atitude agora mesmo! Antes de eu encontrar o Salvador, visitei quase todos os lugares de adoração da cidade onde morava, mas em nenhum deles achei salvação plena. Credito isso mais à minha própria ignorância. Então, em uma pequena capela metodista, quando ouvi Cristo ser pregado e recebi o chamado de olhar só para ele, encontrei descanso para minha alma. O motivo pelo qual isso aconteceu foi sua graça me fazer saber que eu o desejava. Não creio que aquele sermão que me foi tão útil tivesse alguma coisa de excepcional em relação a outras pregações do evangelho. O principal ponto é que o Senhor me preparara para receber a mensagem da salvação.

Dizem que a água do Nilo é muito doce. Ouvimos alguns de nossos compatriotas afirmarem que até beber um pouco dela já seria excessivo e que quem passa por essa experiência não deseja repeti-la. Gosto não se discute. Na verdade, quanto às propriedades da água, alguns a elogiam sobejamente, ao passo que outros a acham lodosa. A razão pela qual a água do Nilo, sendo ou não tão doce, é tão plenamente aceita pelos egípcios está no clima quente e seco em que vivem. Aquele povo tem muita sede, e outra água à disposição seria difícil de obter. Assim como debaixo do sol escaldante um gole de água fresca é sempre bem-vindo, assim também para a alma sedenta de misericórdia, reconciliação e vida eterna, cada promessa do Senhor é sempre uma delícia. E nada confere tanto sabor e fragrância ao evangelho como a obra do Espírito Santo, por meio da qual somos levados a ter consciência de nossa grande necessidade.

Ó você, que ainda não encontrou Cristo — você, que busca por ele —, vá a todo lugar onde Cristo é pregado, até encontrá-lo. Se não obtiver a bênção celestial em um lugar, parta para outro. Não pare onde não encontra bênção pelo simples fato de ser o lugar onde costuma congregar. Você quer o seu pão, e se determinada panificação não o tem, procure outra. Busque o Salvador como os homens cavam ouro ou diamantes. Ouvi falar de um homem que havia muito frequentava uma congregação da igreja da Escócia. Como sua vida não estivesse melhorando, saiu para ouvir outra pregação, em uma igreja considerada de natureza pouco ortodoxa, e ali encontrou a paz em Deus. O velho ministro de sua igreja tradicional o advertiu do que achava ser um erro ele haver feito isso, dizendo, em puro sotaque escocês, o que vou repetir em nossa língua: "Donald, você não deveria ter ido ouvir aquele homem. Ele não pertence à igreja escocesa". "Mas eu desejava receber a bênção de Deus", respondeu Donald, "e senti que deveria ir a outra igreja para consegui-la". "Bem, Donald", retrucou o ministro, "você deveria ter aguardado então junto ao tanque até que a água fosse agitada, como aquele homem do evangelho, e Cristo, provavelmente, viria ao seu encontro". "No caso, ministro", retrucou o crente, "aquele homem via a água ser agitada às vezes e, embora ele próprio não conseguisse entrar nela, sabia que outros o faziam e eram curados. Isso o encorajava a aguardar um pouco mais, na esperança de que chegasse sua vez. Mas eu passei os últimos quarenta anos deitado junto ao seu tanque e nunca vi a água ser agitada nem ninguém ser curado nela... Concluí, então, que já era hora de procurar o que desejava em outra parte". De fato, era. Não nos podemos dar ao luxo de nos perdermos por causa de igreja ou congregação. Ó meu ouvinte, busque o Senhor de todo o seu coração. Busque-o sem parar, até encontrá-lo. Pare de ser mero espectador, somente sentado, fora da cena; mas, sim, obedeça ao chamado que o convida a se aproximar. Não se dê por contente permanecendo sentado em uma pretensa casa de oração onde ninguém ora nem alma alguma é salva. Não desça mais o seu balde em poço vazio. Busque e vá até onde Jesus está. Percorra igrejas e denominações e não pare até poder dizer: "Encontrei Jesus". Se Cristo não estiver sendo devidamente pregado em um lugar, corra para outro. Mantenha ouvidos e coração abertos. *Buscai ao Senhor enquanto se pode achar, invocai-o enquanto está perto* (Is 55.6). Não se renda ao hábito de ir a um lugar porque sempre o tem feito e só por isso pretende continuar. Alguns de vocês têm quase criado raízes em seus bancos e se tornado tão de madeira quanto os bancos em que

"Ali sentados" | 725

se agarraram. Ó vocês, que ficam somente sentados, assistindo apaticamente a tudo de longe, eu lhes imploro, não continuem assim. Clamem ao Senhor neste momento:

Dá-me Cristo ou morrerei!

Que o meu Deus os ajude a fazer do ouvir uma realidade e de estar sentado uma maneira de receber o evangelho!

Quanto a você, que passa por *grande sofrimento*, não é possível que queira se restringir ao papel exclusivo de espectador! Você pode estar desapontado com o amor humano; ou tem enfrentado um mundo de problemas; ou já viveu sua fase da diversão sem fim, mas está cansado disso, do mundo e de si mesmo: sente que tanto faria encher a barriga de vento ou a alma de diversão mundana que daria no mesmo. Você certamente chegou aqui esgotado e enojado de tudo. Tem o coração cansado e oprimido e anela por descanso. Venha, então, experimente meu Mestre e Senhor. Ele o convida, lhe roga que venha a ele, clamando: *Vinde a mim, todos os que estais cansados e oprimidos, e eu vos aliviarei* (Mt 11.28). Ele fala sério. Você já tem trabalhado bastante para o mundo e sabe que o salário que ele paga, a recompensa que o mundo oferece, não vale a pena. Venha agora Àquele cujo dom é a vida eterna. Você é dos que não podem se dar ao luxo de ficar somente sentados, pois o pecado o atormenta, a morte o ameaça e a ira eterna o persegue. Eis o que lhe irá acontecer, a menos que a graça o impeça: terminado o sermão, você voltará para casa, tal como muitos outros aqui, que continuarão sendo apenas espectadores, pois com uma simples sacudidela de ombros se desvencilham facilmente de novas convicções para poderem continuar tão indiferentes quanto antes. Lembre-se, porém: eu o avisei. Estaria disposto a desprezar o alerta? Uma pobre mulher decaída que esteja aqui, exausta de seus delitos: quer conhecer o Salvador? Deixem-na confessar seu pecado e renunciar a ele e então não ficará apenas sentada. Um jovem de coração quebrantado que começa a colher o fruto amargo das loucuras e prazeres a que se entregou: permanecerá apenas sentado? Quer saber como seu coração pode ser transformado, seu pecado perdoado, sua alma confortada? Que se levantem e vão até o Pai, não fiquem só sentados!

Assim eu encerro: com um amplo e livre chamado ao evangelho. Venham, e sejam bem-vindos, vocês que com alegria querem vir a Jesus. Façam isso agora mesmo, trazendo consigo todos os seus pecados, e contemplem o Cordeiro de Deus que tira o pecado do mundo. Se quiserem saber como é vir até ele, saibam que é *confiar nele*. Digam: "Jesus, não consigo te ver. Revela-te a mim. Confio em ti para me perdoar e me renovar". Jesus não o rejeitará, pois ele não lança fora ninguém que quer vir e vem a ele. Sentados mesmo, do jeito que vocês estão, entreguem-se agora às mãos queridas, perfuradas pela sua culpa e sempre prontas a suster todo pecador. Assim como o pescador de pérolas se alegra em encontrar um punhado delas, Jesus fica muito feliz em receber em seus braços os pobres pecadores e os fazer serem seus. Entreguem sua alma aos cuidados dele. Confiem nele inteiramente! Confiem só nele! Confiem nele agora! Esta noite, corram para ele, para salvar sua vida e encontrem refúgio na Rocha de todas as eras. Jesus clama: *Olhai para mim, e sereis salvos, vós, todos os confins da terra* (Is 45.22).

Ó Senhor Deus Pai, leva todos esses pecadores a olharem agora para teu Filho, Jesus Cristo, mediante o Espírito Santo, por tua misericórdia! Amém.

77

Primeiro o perdão, depois a cura

E vendo-lhes a fé, disse ele: Homem, são-te perdoados os teus pecados (Lc 5.20).

Li para vocês a narrativa da cura de um homem acometido de paralisia. Muitos aqui se lembram de que, na noite do último sábado, preguei sobre os fariseus e os doutores da lei que permaneceram *sentados* (Lc 5.17). Procurei representar a posição de muitos dos frequentadores de nossas congregações, que ficam apenas "sentados" o tempo todo. Preguei para os estranhos à nossa congregação sobre os diversos motivos que levam a essa atitude de apenas "ficar sentado". Devo confessar que não contava com bênção tão grande como a que vi resultante daquele sermão. Na segunda-feira à tarde, quando vim para cá — segunda-feira posterior ao domingo do Pentecostes, quando se imagina que todo mundo esteja aproveitando o feriado —, fui surpreendido, já na chegada, por volta das quinze horas, por um amigo correndo em minha direção e dizendo: "Estamos muito contentes que tenha vindo, pois a casa está cheia!" Também um bom número de amigos veio à frente, e, um após o outro, confessaram: "Não podemos ficar apenas sentados por mais tempo. Sentimos ser impossível continuarmos entre os que passam o tempo todo assistindo apenas, mas que devemos participar da festa do evangelho, unindo-nos aos discípulos do nosso Senhor e Salvador Jesus Cristo".

Esse bendito resultado do meu sermão fez os sinos do meu coração badalarem a semana toda, e sinto uma profunda gratidão a Deus por causa disso. Assim, cheguei à conclusão de que, se a primeira seta disparada dessa aljava foi certeira ao alvo, poderia disparar mais outra. Tendo me dirigido àqueles que permanecem *sentados*, acho que agora poderia falar àqueles que não o fazem, mas que na verdade são as principais pessoas da congregação, ou seja, as que estão enfermas e sofrendo e que necessitam do Salvador. O paralítico que desceu por cordas pelo teto mostrou ser justamente uma das pessoas mais importantes naquela congregação. Podemos nos esquecer com facilidade dos fariseus e demais cavalheiros ilustres ali presentes, mas jamais conseguiremos esquecer do homem ao qual, assim que seus amigos, *por entre as telhas, o baixaram com o leito, diante de Jesus* (Lc 5.19), o Salvador disse: *Homem, são-te perdoados os teus pecados.* Confio em que estejam presentes nesta plateia alguns dos que não se contentam em ficar apenas sentados, mas oram: "Deus, tem misericórdia de mim!" Gente cuja oração sobe aos céus em exclamações como esta: "Senhor, ajuda-me!"; "Senhor, salva-me, ou perecerei!" São vocês as pessoas mais importantes da congregação, não só para o pregador, mas, sobretudo, para o mestre. Ele se importa muito mais com vocês e com o que lhes possa acontecer do que com quaisquer fariseus ou doutores da lei que queiram permanecer o tempo todo sentados. Deus é glorificado em distribuir seus milagres de misericórdia onde são mais necessários. Assim que o pobre homem foi baixado pelos quatro amigos pelo teto, no mesmo instante o Senhor Jesus lhe anunciou: *Homem, são-te perdoados os teus pecados.* Mateus coloca as palavras do Salvador da seguinte forma: *Tem ânimo, filho; perdoados são os teus pecados* (Mc 2.5). Ao passo que no registro de Marcos lemos: *Filho, perdoados são os teus pecados.* Jesus pode ter proferido de um modo ou de outro essas palavras e as diferentes versões da narrativa serem todas corretas, pois o ouvido do homem não capta todas as frases exatamente conforme elas nos são ditas. Podemos nos dar por felizes por três evangelistas haverem registrado a ocorrência do milagre e o que o Salvador disse, sem haver diferença real nem de conteúdo nem de sentido entre eles, e suas palavras semelhantes só comprovam que Jesus deve ter de fato proferido a frase, de uma das três formas.

Primeiro o perdão, depois a cura

Quero agora falar um pouco sobre esse paralítico. Primeiro, sobre *antes de ele ser perdoado*. Depois, um pouco sobre *o seu perdão*. Enfim, sobre o que aconteceu *depois do seu perdão*.

I. Pensemos então neste homem antes do seu perdão.

Não nos é relatado muito a seu respeito. Se eu der um pouco de asas à imaginação, vocês terão um quadro pelo menos verossímil da realidade. Este homem, quer me parecer, tinha, antes de mais nada, *uma fé que se projetou em direção ao Senhor Jesus*. Pelo que encontramos na narrativa, considero possível que ele haja ficado paralítico de repente. A paralisia é uma doença que pode e costuma atacar repentinamente. Pessoas que cuidam normalmente de sua vida, sempre ativas, de uma hora para outra podem ser acometidas dessa enfermidade. Esse homem parece ter ficado inteiramente paralisado, a ponto de ser incapaz de se locomover. Prostrado em sua invalidez, ouviu falar que Jesus de Nazaré chegara à cidade e, provavelmente conhecendo sua fama, creu que seria capaz de Jesus curar até mesmo alguém como ele. Não me parece que seus amigos o teriam levado ao mestre sem que fosse para atender um rogo seu. Para mim, a explicação mais racional para todo aquele procedimento é a seguinte: o paralítico creu em Jesus como alguém capaz de curá-lo e passou a clamar a Deus com determinação, a orar suplicando poder, de um jeito ou de outro, ser conduzido à presença de Cristo. Não conseguia mover mãos ou pés, mas tinha amigos, aos quais pediu então que o levassem a Jesus.

Nunca houve nem haverá alma que possa ter mais fé em Cristo do que ele mesmo se revele em plenitude de amor para aquela alma. Se você sabe que não tem como salvar a si mesmo, se crê realmente que somente Cristo pode fazê-lo e sua única esperança é lançar-se a seus pés para que venha a olhar para você e curá-lo, ele com toda a certeza o receberá e há de curar você. *O que vem a mim de maneira nenhuma o lançarei fora* (Jo 6.37), disse o Senhor. Quer você chegue a ele correndo, caminhando, rastejando ou carregado por outros, desde que chegue a ele, Cristo indubitavelmente o receberá. Se sua fé tiver pelo menos o diminuto tamanho de um grão de mostarda, nosso Senhor não deixará jamais que ela venha a perecer. Se houver um resquício que seja do fogo da fé, ele não há de apagar, de modo algum, o pavio que fumega. Você crê nisso, meu irmão? Que sirva então para alegrá-lo e confortá-lo você saber que alguma coisa já vai bem com sua alma. É melhor estar paralisado, mas ter fé em Cristo, do que andar muito ereto como os fariseus e doutores da lei e não ter fé alguma. A aparente desgraça de sua condição, nesse caso, não é a verdadeira; e pode até acabar se revelando uma bênção e um motivo de esperança. Se você crê em Jesus, não importa quão fundo possa ter caído nem quão grande seja sua aparente incapacidade; se você crê, será levado a entrar em contato com a onipotência divina que está em Cristo, e essa onipotência haverá de curá-lo.

Aquele homem, penso eu, creu que Cristo podia curá-lo, mas *começou também a sentir o peso da sua própria condição de pecador*. Estou certo de que isso aconteceu porque Jesus jamais perdoa onde não há arrependimento. Antes que a ele fosse proferida a declaração *são-te perdoados os teus pecados*, deveria haver uma consciência sua do pecado, seguida de confissão, mesmo que interior, desse pecado. *Se confessarmos os nossos pecados, ele é fiel e justo para nos perdoar os pecados e nos purificar de toda injustiça* (1Jo 1.9). Aquele homem ali deitado, paralisado, deve ter chorado ao pensar em sua vida pregressa, suas omissões e seus atos, seus fracassos e transgressões. Seu coração pesou. Parecia dizer aos amigos: "Levem-me de algum modo ao grande profeta. Façam que eu fique dentro do campo de visão do maravilhoso Salvador. Oh, levem-me a tocar nele, para que eu seja restaurado, para que esse grande fardo que me oprime tão dolorosamente seja retirado do meu coração! Pior para mim do que a paralisia é esse terrível senso de pecado. Levem-me, levem-me à presença do Messias, do Filho de Deus, para que ele possa ter misericórdia de mim!" Essa, imagino, deve ter sido sua condição antes que fosse pronunciada a palavra de seu perdão.

Direi então que ele, esperançoso, como passou a manifestar, *inspirou esperança aos amigos*. Ninguém o levaria a Cristo se não tivesse alguma fé de que ele pudesse ser curado. É maravilhoso constatar do que pessoas enfermas são por vezes capazes quando não conseguem fazer coisa alguma sozinhas. Muitas delas, quando parecem se encontrar impotentes por completo, encontram força justamente na própria fraqueza. Seu próprio desamparo parece servir de motivação para o que existe de generosidade no coração de quem seja capaz de ajudar. De modo que, quando esse paralítico clamou: "Creio que Jesus me curará, creio que ele terá misericórdia de mim, levem-me até ele, por favor, levem-me até ele", seus amigos logo decidiram atendê-lo em tudo o que fosse possível. Ele então se dispôs a ser carregado até Cristo, e quatro amigos fortes e resolutos disseram: "Sim, nós o levaremos até junto dele de alguma forma, embora possa ser uma tarefa difícil quando chegarmos lá, porque o lugar é pequeno e apertado e certamente está abarrotado de uma multidão, que impedirá a passagem desde a porta até o mestre". "Mas tentem", insistiu o pobre paralítico, "tentem, por favor, porque é minha única esperança! Se ao menos eu conseguir chegar onde Jesus possa me ver, ele olhará para mim e me salvará. Oh, levem-me até lá, levem-me até ele!"

Eles não tinham nem como prever nem discutir de que modo isso poderia melhor ser feito, de modo que o transportaram até a porta da casa e, lá chegando, devem ter pedido ao povo que ali se amontoava: "Por favor, abram caminho para um pobre paralítico!" Ele também certamente deve ter insistido: "Rogo a todos, meus amigos, meus vizinhos, abram caminho, por favor, para eu chegar ao Mestre Jesus!" Não conseguiam, no entanto, avançar um passo sequer. É que, na maior parte da multidão, muitas outras pessoas estavam naturalmente desejosas de serem elas mesmas curadas, ou conduzirem amigos ou parentes ao grande Curador, ou ansiavam por ouvir as sábias e santas palavras do grande Mestre nazareno, sem perder uma só. De maneira que todos ali se empurravam, espremiam e acotovelavam, com o intuito de chegar e permanecer tão perto quanto possível dele. Vejam vocês, ainda, que provavelmente os fariseus e doutores da lei apegados às suas ninharias, porque haviam chegado e entrado primeiro, haviam contribuído para bloquear ainda mais o caminho de acesso a Jesus. Esse tipo de gente está sempre no caminho do pobre pecador até Deus. O que fazer nesse caso? Os carregadores do pobre paralítico teriam abandonado sua empreitada, imagino, quando então ele pode ter suplicado: "Não, não desistam de tentar me levar para dentro! Essa é a minha única esperança. Levem-me lá para dentro! Levem-me para perto dele, de qualquer maneira!"

É bem provável, assim, que aquele homem deva ter-se mostrado *inteiramente disposto até a ser baixado desde o telhado à presença de Cristo*. Eles podem tê-lo consultado, e ele, aprovado sua ousada ação. Não havia outro jeito à vista, na verdade; e, sem temer, como outros naturalmente o teriam feito, mas com toda a fé, seus quatro amigos, procedentes de uma aldeia de pescadores e peritos no uso de cordas, prepararam em um instante o equipamento necessário e abriram caminho para ele pelo telhado até Jesus. Como eu disse durante a leitura do texto bíblico, sempre me sinto bem com a ideia de poeira, restinhos de cacos e cal caindo na cabeça dos fariseus e dos doutores da lei. Sempre me deleita pensar que aqueles cavalheiros ficaram com a cabeça, embora protegida certamente por véus ou turbantes, coberta desse leve entulho, pelo menos uma vez na vida. No lugar em que se encontravam, corriam o risco, de fato, de receber um pouco desse lixo. É evidente que quando cavalheiros como aqueles vêm a um lugar de adoração, como este, as pessoas se veem um tanto constrangidas a ter de se mostrar respeitosas para com eles, e é o que geralmente fazem. Se chegam em uma hora inoportuna, quando há um atento trabalho em andamento, que não deva ser interrompido, ninguém comenta nem se queixa; todavia, enquanto almas estão sendo salvas, não podemos nem lhes devemos pedir perdão, tampouco lhes apresentar qualquer desculpa. Naquele caso, uma obra como a que Cristo tinha por fazer não podia ficar parada por causa de reverência aos fariseus e doutores da lei; de modo que o telhado foi aberto, e o homem, embora sendo paralítico, não teve medo de ser baixado pelos amigos, cheios de fé. Não consta que ele haja clamado, mostrando receio, quando passaram a descê-lo. Acho que, se fosse comigo, eu ficaria com medo, pelo menos, de uma corda ser descida mais depressa do que outra, e eu me despencar lá embaixo. Mas não, o homem se manteve tranquilo, quieto, em sua mistura de paralisia, fé e coragem, até que foi colocado frente a frente com o Salvador.

Lá está ele, deitado em seu catre, *bem à frente dos olhos do Salvador*, no ponto exato que tanto desejara. Dirijo-me agora a alguns dos que aqui se encontram e que dariam tudo para ser levados até diante dos olhos de Jesus. A ideia fixa de quem sofre parece ser esta: "Oh, se eu pudesse chegar perto dele! Se pudesse me aproximar do Senhor! Se ele olhasse para mim, me curasse de tudo, perdoasse meus pecados!" Que imagem maravilhosa, então, a dessa cena: a multidão não cedendo em abrir espaço, é preciso baixar um

Primeiro o perdão, depois a cura | 729

homem paralítico, em seu leito, por cima da cabeça das pessoas. E, da forma em que é baixado, no meio da multidão, ali permanece. O grande mestre está pregando, e para. Seu discurso é interrompido por um minuto para ser ilustrado com a ação de um milagre, de modo que, no futuro, os homens venham a saber que o que conhecem a respeito não é apenas um simples relato, um mero texto. O milagre que está prestes a ser operado será registrado de tal modo que irá melhor transmitir as maravilhas que o Pregador tem a dizer a todos.

Sim, um pobre homem paralítico está deitado ante o Salvador. É esse também o lugar onde você desejaria ficar, meu caro amigo? Em seu sofrimento mortal, em seu pecado e fraqueza, gostaria de ficar deitado, ou prostrado, aos pés do Salvador? É onde eu também gostaria que você se colocasse. Se é esse o seu desejo, trate então de realizá-lo. O Senhor Jesus está em nosso meio, esta noite. Você pode lançar-se em terra diante dele agora mesmo. Faça isso. Conte a ele sobre sua paralisia, sua enfermidade física e espiritual, quanto você sabe e confessa ser pecador. Não é preciso, de modo algum, falar de maneira que eu possa ouvi-lo. Pelo contrário. Os ouvidos do Senhor entendem perfeitamente os sussurros de sua triste alma. As batidas de seu coração angustiado são sons captáveis pelo coração dele, que há de ouvir e gravar com o máximo de cuidado e atenção tudo o que você diz ou sente no mais secreto de sua alma. Basta até ficar somente prostrado diante de Jesus. Enquanto estiver prostrado, o que você fará? O homem do texto bíblico não disse uma palavra sequer; mas creio que, enquanto esteve ali deitado, ele se arrependeu de ter vivido como viveu e lamentou haver desperdiçado sua vida e dissipado tanto seu tempo. Acho também que não deixou de crer um só instante, olhando sem cessar para aquele homem extraordinário e confiando em que todo o poder de cura e salvação estava nele. Que Jesus só teria de proferir uma palavra e ele, pecador, e seria perdoado no mesmo instante. Permaneceu assim na presença de Jesus, na esperança e na expectativa de receber perdão e cura.

II. Em segundo lugar, consideraremos o perdão em si.

Esse pobre paralítico não ficou muito tempo prostrado até que o bendito mestre rompesse o silêncio e lhe dissesse: "Homem, são-te perdoados os teus pecados". Acho que seus quatro amigos, que certamente estavam ainda no telhado, olhando para baixo e acompanhando tudo o que acontecia, devem ter tido dificuldade para compreender o sentido dessa frase. Eles o haviam levado a Jesus devido à sua paralisia; mas ele mesmo, provavelmente, quisera estar ali, antes de mais nada, por ser um pecador. Desejava ser curado da paralisia, sim; mas no íntimo de sua alma havia uma questão que seus amigos talvez não entendessem se ele tivesse tentado explicar. Seu pecado era seu fardo mais pesado; e o Salvador, o grande leitor de pensamentos, sabia tudo tanto sobre o pecado quanto sobre aquele pecador. De forma que a primeira coisa que ele lhe disse não foi: *Levanta-te, toma o teu leito e vai para tua casa* (Mc 2.11); mas, sim, começou pela questão fundamental para aquele doente: *Homem, são-te perdoados os teus pecados*.

Note ainda que *o perdão dos pecados foi dado em uma só sentença*. Jesus falou, e aconteceu. Ele disse: *Homem, são-te perdoados os teus pecados*, e eles foram. A palavra de Cristo era investida de tamanha onipotência que não precisava ser transmitida mediante muitos vocábulos. Não havia necessidade de uma lição comprida para o pobre homem aprender; não havia problema complexo algum para ele ter de trabalhar em sua mente. O mestre disse tudo o que era necessário em uma frase única: *São-te perdoados os teus pecados*. Para o Senhor, o fardo de um pecador não leva nem dois tiques do relógio para serem retirados. Mais veloz que o clarão do raio é o veredicto de absolvição procedente dos lábios eternos, quando o pecador jaz à espera, crendo e se arrependendo aos pés de Jesus.

Lembremo-nos também de que a frase foi *proferida por Aquele que era o único autorizado a absolver*. Fora enviado pelo Pai com o propósito de perdoar o pecado. Não se há de imaginar que ele tenha perdido a autorização para perdoar, pois "Deus, com a sua destra, o elevou a príncipe e Salvador, para dar a Israel o arrependimento e remissão de pecados". Jesus foi nomeado sumo sacerdote, justamente com o propósito de se colocar como representante de Deus e declarar a remissão dos pecados. Ele falava com autoridade divina. É inútil um sacerdote terreno anunciar ao pecador: "Eu te absolvo". O que ele pôde, então, fazer realmente, com relação a isso? Qualquer homem que não se autodenomine sacerdote pode falar em nome

Milagres e Parábolas do Nosso Senhor

do Senhor, explicando ao pecador: "Se você se arrepender com sinceridade e crer de verdade será absolvido por Cristo Jesus, nosso Senhor; e eu o conforto com a garantia dessa absolvição, se você assim proceder". Quanto a isso, tudo bem. Só o Senhor pode conceder absolvição de fato. Ela tem de vir somente dele, que tem poder sobre a terra para perdoar os pecados.

E você, caro ouvinte, já foi perdoado de seus pecados? Se não foi, você está aí, em seu banco, e ao mesmo tempo prostrado aos pés do amado mestre, desejando acima de tudo que ele lhe diga *são-te perdoados os teus pecados*? Crê que ele pode dizer isso e o aceita dele como sendo de legítima autoridade divina? Pois, então, saiba que ele o diz pessoalmente a você, pois declara em sua Palavra que aqueles que creem nele serão perdoados. A cada pecador arrependido que crê em sua graça, ele afirma: *são-te perdoados os teus pecados*. É assim que Jesus Cristo, pela pregação do evangelho e pela palavra de Deus revelada, fala com autoridade a cada penitente. Aceite sua absolvição e siga em frente. Faça como Martinho Lutero, nos dias de obscura aflição, quando um monge irmão lhe disse: "Não tem fé no Credo, ao dizer 'creio na remissão dos pecados'? Pois, então, creia no perdão dos *seus próprios* pecados". Confie na palavra de Cristo e você estará crendo na mais absoluta verdade. Confie, extraia dela conforto e siga o seu caminho.

Observe ainda que essa frase, embora única e tão curta, foi *de uma abrangência maravilhosa: Homem, são-te perdoados os teus pecados*. Não somente um pecado, nem alguns ou muitos dos pecados, mas *todos* os pecados são por ele perdoados, de uma vez. Ao se descer a particularidades, corre-se risco de omitir alguma parte. Eis por que a declaração abrange tudo, e não partes específicas. *São-te perdoados os teus pecados*. Pecados contra o santo Deus? Contra a lei? Contra o evangelho? Pecados contra a natureza? Pecados desse ou daquele tipo? Não, não há especificidade alguma. *O sangue de Jesus seu Filho nos purifica de todo pecado* (1Jo 1.7). Assassinato, adultério, roubo, fornicação, blasfêmia? Sim. Em uma palavra: *Todo pecado e blasfêmia se perdoará aos homens* (Mt 12.31). *Homem, são-te perdoados os teus pecados*. Que amplo alcance tem esse perdão! *São-te perdoados os teus pecados*. Com um só movimento repentino da divina onda de misericórdia, todos eles são lavados de uma vez. Não existe essa coisa de meio perdão de pecado. Ouvi alguém aventando, outro dia, sobre o pecado original ser perdoado e outros pecados, não. Acontece que o pecado é um todo; ou ele vai embora ou fica inteiro; não pode ser dividido em pedaços; está tudo ali ou não está nada. Não estará mais se você crer em Jesus. Eis, portanto, uma frase bendita e abrangente, que libera cada partícula de sujeira e mancha de culpa: *Homem, são-te perdoados os teus pecados*.

Perceba-se, também, que *a frase não contém nenhuma condição*. O evangelho confere perdão absoluto ao se referir a todo pecador arrependido e crente. A escritura de sua dívida está rasgada; o registro dos seus débitos está pregado na cruz. Quanto aos pecados, eles são como os egípcios: o mar Vermelho os tragou, as profundezas os cobriram, não restou um só com vida, por maior ou muitos que fossem. Se você crê no Senhor Jesus Cristo, ele lhe diz, por sua palavra: *Homem, são-te perdoados os teus pecados*. Oro para que o Senhor, mediante o seu Espírito Santo, faça sua palavra atingir muitos aqui com poder. Oh, que seus lábios queridos, como lírios gotejando mirra, falem agora particularmente a você! Que possam as suas chagas, como que declarando amor aos pecadores, lhe dizer *são-te perdoados os teus pecados*! Não há o que nos fale mais de seu perdão que as feridas produzidas quando de seu santo sacrifício, pelas quais seu coração se manifesta, dizendo: "Tenho te amado e me entreguei à morte por ti. Teus pecados carreguei sobre o madeiro e lancei-os fora de uma vez por todas. Homem, são-te perdoados os teus pecados". Oh, que Jesus em pessoa possa falar assim com eficácia a muitos de vocês!

Contudo, notem que *a frase foi suficiente para seu receptor*. Quando depois o Salvador convidou o paralítico a se levantar com toda a saúde e força, não o fez para confirmar ao homem que seus pecados estavam perdoados. Ele já sabia disso, não precisava de evidências do fato. Jesus agiu assim por outro motivo, que apresentou aos escribas e fariseus: *Para que saibais que o Filho do homem tem sobre a terra autoridade para perdoar pecados* [disse ao paralítico], *a ti te digo: Levanta-te, toma o teu leito e vai para tua casa* (Mc 2.10,11). Aqueles homens incrédulos achavam não ter prova de que Cristo pudesse perdoar, mas o homem a quem dirigira a palavra não queria outras provas além do poder daquela voz manifesto em sua própria consciência. Ao falar ele com você assim, meu ouvinte, você não precisará de livros dando mostras de seu poder

PRIMEIRO O PERDÃO, DEPOIS A CURA | 731

nas Escrituras, provas de inspiração nele e assim por diante. O milagre incontestável do pecado perdoado se erguerá para sempre em seu coração como um memorial santo da graça poderosa de Deus. Será para você um sinal, um símbolo perpétuo, que jamais será removido, de que Deus o perdoou e ordenou a paz em sua alma. Este Deus será o seu Deus para todo o sempre. Para cada pessoa em situação semelhante à do pobre paralítico, deitada, arrependida e crendo, aos pés de Jesus, sua Palavra oferece a confortável garantia: "Crê, e teus pecados, que são muitos, te serão todos perdoados". Sim, creia e vá em paz.

III. Encerro, observando, em terceiro lugar, o que aconteceu após o perdão desse homem.

Ele havia sido completamente, irreversivelmente, eternamente perdoado, porque *os dons e a vocação de Deus são sem arrependimento* (Rm 11.29). Deus nunca age como um irresponsável para com os homens. Jamais emite um perdão do seu trono para depois condenar e executar o pobre pecador antes perdoado. Seu perdão cobre tudo o que possa acontecer depois, tal como tudo que já aconteceu antes. O que houve, então, depois, com o paralítico?

Em primeiro lugar, creio que *uma paz interior se instalou tranquilamente em sua alma.* Se fosse possível ver-lhe o rosto, enquanto ainda paralítico e deitado em seu leito, constataríamos que uma transformação maravilhosa ocorrera. Já viram um rosto transfigurado? Quem é ganhador de almas está acostumado a vê-lo com frequência. Nem todos os rostos humanos, naturalmente, são belos. Na verdade, alguns são até bastante rejeitáveis. O semblante da pessoa que vive há muito tempo no pecado geralmente é terrível de se contemplar. Todavia, tenho notado que rostos de pessoas, que a princípio eu mal conseguia encarar, me parecem belos, de fato, após essas pessoas terem sido conduzidas ao Salvador e perceberem o amor de Deus por elas, passando afinal a crer e sentir na alma o beijo da paz! Gostaria de até fotografá-los, e só não faço isso por se tratar de algo sagrado demais. A graça de Deus é tamanho embelezadora que um rosto do qual você se desviaria até com asco, dizendo: "Não pode haver nada de bom por trás desse semblante", é inteiramente transformado pela obra poderosa do Senhor. Não se trata de dizer, com isso, que um ou outro traço seja alterado. A pessoa pode manter a mesma feição de sempre, mas, ah, que maravilhosa diferença na expressão de toda a sua fisionomia quando a graça e o amor imorredouros lançam seu encanto sobre seu espírito, tendo o Espírito Santo feito sua alma reviver e a pessoa nascer de novo em Cristo Jesus.

Essa transformação aconteceu na mente e no coração do homem paralisado, estou certo disso, quando Jesus lhe disse *são-te perdoados os teus pecados.* Ele pareceu não mostrar mais ansiedade por deixar sua condição de paralítico. Os escribas e fariseus continuavam observando tudo com seu semblante malévolo, mas não o assustavam. Permaneceu deitado, sem se mover, como que aguardando pacientemente receber agora a bênção da cura do mestre. A bênção viria, ele parecia ter tomado consciência disso; e viria no devido tempo, ele confiava nisso. Estava até de bom humor. Afinal de contas, Jesus lhe dissera *Tem ânimo, filho; perdoados são os teus pecados.* Isso valia mais que tudo.

Em seguida, viria *a sua cura imediata.* O Mestre lhe ordenou: *Levanta-te, toma o teu leito e vai para tua casa.* Nosso bendito Mestre costumava pregar e praticar o evangelho de um jeito que tenho ouvido alguns questionar. Dizem que não devemos convidar os homens a crer e se arrepender, pois eles não podem fazer isso. Existem dois partidos, no caso, opostos. Um deles argumenta: "Se você disser a um homem que creia e se arrependa, isso prova que ele sozinho pode fazê-lo" — coisa em que eu não acredito. O outro alega: "Se ele não pode se arrepender, você então não deveria exortá-lo a que o faça" — coisa em que não acredito também. Embora eu saiba que todo pecado é tão inválido e impotente quanto aquele pobre paralítico, incapaz de levantar uma das mãos ou um pé, ainda assim, declaramos *em nome do Senhor,* exatamente como ele costumava dizer: *Levanta-te, toma o teu leito e vai para tua casa.* "Oh", alguém poderá contestar, "mas eu não poderia dizer isso a um homem não regenerado". Se não puder, meu irmão, não diga. Vá para sua casa e deite-se. Que utilidade tem você para um trabalho desse? O homem capaz de proferir milagres é do que se necessita; aquele que consiga falar como seu Mestre lhe ordena a fazer. A fé, com toda a certeza, não está em crer que o homem possa por si mesmo cumprir o que lhe seja ordenado por Deus. A fé está em crer que Cristo, sim, pode perfeitamente fazê-lo, e, portanto, agindo em nome dele, dizermos ao pecador como o Senhor fez com o homem da mão atrofiada: "Estende a tua mão" — e ele obedeceu. Olhe para

Ezequiel se dirigindo aos ossos secos no vale. "Ezequiel, você crê que esses ossos secos possam viver?" "Eu não", responde ele, "sei que estão mortos". O Senhor então lhe ordena: *Ezequiel, profetiza sobre estes ossos secos* (Ez 37.4)! Como ele pode obedecer? Seria incoerente com o que acaba de dizer? "Bem, não tenho nada a ver pessoalmente com isso", pensa ele então, "mas recebi a ordem do Senhor para fazer isso e obedeço em nome de Deus". Aquilo que pode parecer incoerente com a razão torna-se bastante coerente quando a fé introduz o elemento sobrenatural, com que Deus faz agir aqueles aos quais deu a comissão de pregar e praticar o evangelho em seu nome.

O Salvador disse ao paralítico: *Levanta-te, toma o teu leito e vai para tua casa.* Observe que *ele obedeceu com toda a precisão: Imediatamente se levantou diante deles* (Lc 5.25), diz Lucas. A tendência da pessoa paralítica é sempre a de ficar imobilizada também na vontade. Há algumas doenças de que seus portadores podem ser curados com facilidade se crerem nessa possibilidade, porque o problema não é tão íntimo, afinal de contas. Não era bem o caso desse homem, paralisado de verdade, de corpo e alma. Ele, porém, creu em Cristo, e tão inteiramente, que logo se levantou, se pôs de pé diante do mestre que isso lhe ordenara. Quando Jesus lhe disse *toma o teu leito*, acho que consigo vê-lo desatar as quatro cordas e pôr depressa o leito sobre os ombros. *Vai para tua casa*, disse por fim o mestre, e ele saiu andando e foi. Poderia ter hesitado e alegado: "Senhor, deixe-me ficar. Gostaria de ouvir seu sermão até o fim". Mas não. Nem uma palavra saiu de seus lábios sobre o assunto. Em vez disso, partiu para casa, feliz, obedecendo.

Oh, que todos sejamos tão obedientes a Cristo quanto esse homem; que possamos demonstrar com a simplicidade da fé a mais plena obediência a ele! A norma é que, ao recebermos o perdão, recebamos também uma consciência sensível, uma mente bem-disposta e um espírito consagrado a Cristo. *Fazei tudo quanto ele vos disser* (Jo 2.5), recomendou a mãe do Senhor aos servos, nas bodas em Caná da Galileia. E esse é um bom conselho para todos nós. Se Cristo o curou, obedeça-o; obedeça-o de pronto, obedeça-o com precisão, obedeça-o em tudo, seja pouco, seja muito. Se alguém argumentar que isso ou aquilo não é essencial, não se iluda. Lembre-se de que o que realmente não é essencial à salvação o pode ser, no entanto, como prova de gratidão e lealdade a Cristo, e aí pode estar a razão da obediência; ou, mesmo, essencialmente necessário à obra. Se Jesus ordenou, faça. Faça, quer lhe pareça necessário quer não, essencial ou não — essa é uma questão que não lhe compete. Jesus o curou, Jesus o salvou. Faça tudo conforme e quando ele lhe ordenar, sem levantar nenhum questionamento sobre o assunto. Obedeça em tudo Àquele que merece ser em tudo obedecido.

Por fim, conforme está escrito, o paralítico "imediatamente se levantou diante deles, tomou o leito em que estivera deitado e foi para sua casa, *glorificando a Deus* (Lc 5.25)". "Glória!", ele certamente clamava, "glória seja dada a Deus!" Sentia-se tão alegre, tão feliz, que tomou o leito do chão e, na frente de todos, enquanto se ia, glorificava em voz alta a Deus. Você não faria o mesmo se tivesse estado paralisado e fosse restaurado como ele foi? Se o pecado o aprisiona ainda e Cristo hoje o libertar, você não irá contar na primeira oportunidade aos outros o que ele fez e buscar glorificar seu nome? É claro que irá! Não fiquei admirado quando um irmão me disse há pouco tempo: "Passei a manhã inteira na oficina contando aos rapazes que encontrei o Salvador". E outro, no último domingo, virou-se para a esposa aqui neste Tabernáculo e exclamou: "Estou salvo!" Ela ainda o admoestou, baixinho: "Não atrapalhe o culto", mas eu, na verdade, fiquei muito feliz que ele o tivesse feito. Que grande misericórdia de Deus é sermos salvos! A salvação faz brilhar um novo sol em nosso céu e um novo júbilo em nosso coração. Creia você também em Jesus, e essa salvação será sua. Deus conceda que assim seja, em nome de seu Filho querido! Amém.

78

Posso?

Se eu tão somente... (Mt 9.21).

A mulher da narrativa estava convencida de que, se tocasse o manto do nosso Senhor, a saúde lhe seria restaurada. O que ela ouvira e vira quanto a Jesus lhe dava confiança em seu poder superabundante para curar enfermos. Um toque só bastaria. Sim, até um simples toque em sua roupa. A única dúvida era: conseguiria tocá-lo? Poderia tocá-lo? Seria curada, com certeza, se fizesse isso; mas seria uma atitude admissível? Sei que multidões de homens e mulheres enfermos se atormentam com essa mesma questão. Oh, que eu possa ajudá-los a superar essa dificuldade! Possa o Espírito Santo, o consolador, me auxiliar nisso.

Essa pobre mulher enferma não pronunciou sua dúvida em voz alta. Talvez, se o tivesse feito, não a incomodasse tanto, pois a dúvida silenciosa corrói por dentro até atingir o coração. Já ouviram falar da história do menino de Esparta que escondeu uma raposinha, que havia caçado, dentro da camisa, junto do tórax? Ela o atacou, o mordeu todo, acabando por lhe devorar o peito antes que ele pudesse reagir. Cuidado ao esconder uma dúvida no coração: uma raposa dessas pode também devorar e destruir você. Portanto, se neste momento você está sofrendo de uma dúvida secreta do tipo *se eu tão somente...*, semelhante à daquela mulher, revele logo sua dúvida, seu problema, a uma pessoa cristã e sensível de sua amizade, e certamente haverá de conseguir se livrar da questão que tanto o atormenta.

A mulher sofredora do texto bíblico, no entanto, teve de fazer a pergunta a si mesma por um motivo prático. Queria analisar se devia ou não pôr em ação o seu plano. Teve então o bom senso, a sabedoria concedida pela graça, de não esperar solucionar o problema sozinha, em sua mente; decidiu, na hora, quer devesse, quer não, a ir tocar na orla do manto do Salvador — e foi curada. Oh, que aqueles a quem me dirijo tenham a coragem e tomem a decisão de fazer a mesma coisa agora! Que submetam todo questionamento perturbador a um teste prático de uma vez! Só poderá haver, no caso, um resultado positivo, porque tantos quantos tocaram o Senhor até hoje foram perfeitamente curados. Tenho a certeza de que há almas aqui que serão salvas esta noite. Desconheço quem sejam, mas o certo é que algumas virão ao Salvador e serão devidamente curadas. Sei disso porque muitos de nós oramos há uma hora nesse sentido lá embaixo e sentimos a confirmação de que fôramos ouvidos. Ao orar agora mesmo, senti com toda a certeza uma liberdade extraordinária no propiciatório e o testemunho do Espírito dentro em mim de que era ouvido. O Senhor tem atendido aos pedidos que temos apresentado em nome de Jesus. Você será salvo. Por Deus, eu gostaria que toda pessoa não convertida aqui presente se inclinasse para a frente e dissesse: "Que possa ser *eu*. Deus conceda que a salvação venha até *mim*". Por isso, do modo mais simples possível, sem nenhuma tentativa de fazer um sermão, tentarei falar de forma que vá ao encontro dessa questão, que vem aguilhoando e espicaçando mais de um coração sincero — esta duvidosa indagação: *Se eu tão somente....* Muitos de vocês sabem quem é Jesus, por crerem ser o Filho de Deus, o Salvador dos homens. Têm certeza de que ele pode "salvar perfeitamente os que por ele se chegam a Deus". Não têm dúvida alguma quanto à verdade eterna relacionada a sua divindade, seu nascimento, sua vida, morte, ressurreição e segunda vinda. A dúvida somente diz respeito a vocês mesmos, em nível pessoal: "Não sei se posso participar dessa salvação". Têm certeza de que a fé em Jesus Cristo salva qualquer um — inclusive vocês, se a exercitarem; e não têm dúvida quanto à doutrina da justificação pela fé, que aprenderam e têm recebido como questão além da possibilidade de ser questionada. Assim, quem nele crer terá a vida eterna, e vocês sabem que quem vem a ele não será de modo algum lançado fora. Conhecem, enfim, o remédio e confiam em sua eficácia. De repente, porém, surge a dúvida: "Será que posso mesmo ser curado por ele?" No fundo de sua crença e fé, se esconde um pensamento obscuro: "Será que posso realmente crer? Posso confiar? Vejo a porta sendo aberta e muitos entrando. Será que posso entrar também? Vejo que há a purificação do pior dos pecadores na fonte sagrada. Muitos estão sendo limpos. Posso também me lavar e purificar?"

Sem você chegar a formular sua dúvida de modo que lhe dê expressão definida, ela surge de todo lado e lhe tira o sossego; a esperança, até. Sempre que um sermão sobre salvação é pregado, sua sensação é certamente semelhante à de alguém diante de uma mesa com todo tipo de iguarias finas, que olha para tudo aquilo, mas não sabe se tem o direito de sentar e participar.

É uma ilusão ignóbil, essa. Seu resultado é mortal, a menos que você se liberte dela. Como uma ave de rapina, ela paira sobre você como que querendo caçá-lo, grasnando sem parar. Agora, me diga: se você vir fluindo a corrente cintilante de um riacho enquanto estiver sentindo sede, por acaso lhe invadirá a ideia de que não tenha permissão para beber? Se isso acontecer, você não estará certamente dentro de seu juízo perfeito; estará pensando como alguém privado de razão. Contudo, muitos são os que se encontram nesse estado espiritual. Duvidar de sua liberdade para se achegar a Cristo é algo tremendo. Frustra e danifica sua capacidade de ler e ouvir a Palavra e suas tentativas de orar. Você jamais encontrará qualquer conforto até que essa questão seja resolvida em seu coração de uma vez por todas: "Será que eu posso?"

Este será o nosso tema: *Se eu tão somente....* Em primeiro lugar, *se ao menos me for permitido...*; em segundo lugar, *se ao menos eu for capacitado a...*; e, em terceiro lugar, *se eu de fato..., Se eu tocar de fato a orla do seu manto, serei curada* (Mc 5.28).

I. Em primeiro lugar, nos basearemos no texto lido no início: "Se eu tão somente tocar-lhe o manto, ficarei sã". Isto é, "*se* me for permitido tocar-lhe o manto, ficarei curada". É essa a sua dificuldade? Não saber *se* tem ou não liberdade e autorização para se aproximar e confiar em Cristo — *se* você, como tão grande pecador que é, tem permissão ou não para descansar a alma sobre sua grande expiação e sua obra acabada? Deixe-me argumentar com você um pouco.

Em primeiro lugar, você pode ter uma certeza: nada existe que realmente o proíba de vir e descansar sua alma culpada sobre Cristo. Desafio você, depois de ler o Antigo e o Novo Testamentos, a localizar um único versículo em que Deus o impeça de se achegar e depositar sua confiança total em Cristo. Talvez você retruque que, embora nada possa achar de parecido na Bíblia, Deus poderá falar isso, ali, de outra maneira. Permita-me contestá-lo. Ele diz claramente: *Não falei em segredo, nem em lugar algum de trevas da terra; não disse à descendência de Jacó: Buscai-me em vão* (Is 45.19). Na verdade, ele já o convidou inúmeras vezes a buscar sua face e jamais o advertiu de que você poderia fazê-lo em vão. Pode, portanto, descartar essa ideia. Volto então ao que acabo de dizer: nada há nas Escrituras que lhe negue permissão para vir e descansar sua alma de uma vez por todas em Cristo. Está escrito: *Quem quiser, receba de graça a água da vida* (Ap 22.17). Isso, por acaso, exclui você? Está escrito também: *Todo aquele que invocar o nome do Senhor será salvo* (Rm 10.13; At 2.21). Isso deixa você de fora? Não; tudo isso inclui você, o convida, o encoraja. Repito: em parte alguma da Palavra de Deus está dito que você será lançado fora, caso se aproxime do Senhor, ou então que Jesus Cristo deixará de remover o seu fardo do pecado se você o trouxer a ele e o depositar a seus pés.

Muito pelo contrário, inúmeras passagens das Escrituras lhe dão as boas-vindas, e nenhuma delas empunha uma espada desembainhada para mantê-lo afastado da árvore da vida. Nosso Pai celestial mantém perpetuamente seus anjos junto aos portões de sua casa para receber todos os sempre bem-vindos recém-chegados. Ali não existem cães para latir para os pobres pedintes nem advertências para que os intrusos se afastem. Venha e seja bem-vindo! Nada há nem ninguém para lhe dizer não.

Além disso, você não acha que *a própria natureza do Senhor Jesus Cristo deveria impedi-lo de levantar dúvida quanto a ter permissão para dele se aproximar e tocar-lhe a orla do manto?* Com certeza, proferiria uma calúnia contra o seu caráter divino alguém que pretendesse pintar o Senhor Jesus Cristo como um asceta, que repudiasse com arrogância o povo mais humilde que nunca poderia atingir sua alta dignidade de consagração; alguém que ousasse pintá-lo como um fariseu rechaçando publicanos e pecadores, ou uma pedra de gelo de justiça pronta a congelar o pecador; alguém que afirmasse que Jesus seria tão severo que jamais receberia um pecador culpado do jeito que se encontra, mas exigiria muito dele, só tomando para si aqueles que fossem, como ele, bons, verdadeiros e excelentes. Nada disso seria a verdade, mas, sim, justamente, o oposto dele. *Este recebe pecadores, e come com eles* (Lc 15.2) — eis o que lhe foi lançado na face enquanto viveu aqui na terra. Essa, sim, é a sua verdade, toda a verdade. Pois a sua verdade se revela desde logo naquilo que o profeta dele havia previsto: *A cana trilhada não a quebrará, nem apagará o pavio que fumega* (Is 42.3).

As crianças, em geral, são juízes maravilhosos, pois sabem por pura intuição quem é bom. O mesmo acontece, geralmente, com as mulheres: elas não elaboram um grande processo racional para chegarem a uma rápida conclusão sobre o caráter de um homem. Ora, crianças vieram e se achegaram ao Redentor; mulheres santas sempre o seguiram, e mães lhe traziam bebês para receberem sua bênção. Como se pode imaginar que ele, por acaso, haveria alguma vez de *rechaçá-los, de repudiá-los*? Foram as mulheres que mais o prantearam e lamentaram sua morte, junto à cruz; como poderia ele, portanto, haver alguma vez rejeitado quem iria demonstrar tanta compaixão por ele? Estou certo de que nunca foi difícil pessoa alguma comovê-lo com toda a sinceridade. Ele chorou junto ao túmulo de seu amigo Lázaro. Quero, com tudo isso, que você tenha a certeza do seguinte: nada existe de fato no caráter do Salvador que pudesse ser capaz, por um instante que fosse, de levá-lo a descartar você, a afastá-lo para longe de sua presença.

Aqueles que o conhecem melhor afirmam categoricamente ser impossível que Jesus Cristo algum dia rejeite o perdido, o pecador, o pobre e o necessitado. Nenhum cego jamais clamaria a ele sem receber visão, nenhum faminto jamais olharia para ele sem ser alimentado. Ele sentia em si nossas enfermidades, quando tocado. Foi o mais terno, amoroso e gentil de todos os homens que jamais habitaram sobre a terra. Suplico-lhe, então: dê como certo que você pode se achegar a ele com ousadia, sem temer qualquer rejeição. Cristo tem poder para curá-lo quando você o toca; sinta-se seguro, portanto, de que pode fazê-lo. Creia somente; não há o que questionar. Jesus é amoroso demais para rejeitar você. E será até motivo de júbilo para ele o receber. É impossível, enfim, ele lhe dizer não. Convença-se, meu ouvinte: não está em sua natureza, de modo algum, lançá-lo fora de sua presença.

Portanto, pode-se considerar a *plenitude do poder de Cristo para salvar* e, com isso, desenvolver um forte argumento. Cristo se encontrava certamente de tal forma pleno de poder para abençoar, naquela ocasião, que sua virtude chegava a transbordar de suas vestes. Transbordava, desde sua pessoa bendita, até a orla de seu manto. Meu Deus, chegava, sim, até a orla, uma franja azul que todo judeu usava em torno da roupa. De modo que, se a mulher enferma tocasse tão somente os fios daquela orla, virtude plena fluiria para ela. Na verdade, sendo um toque de fé, não importa se o contato se estabeleceria de fato ou não. Costuma-se julgar, hoje, a disposição de alguém em ajudar pelo poder, ou valor, daquilo que oferece. Se tem pouco para dar, sua tendência será a de ser parcimonioso; precisa tomar cuidado com cada centavo antes de entregar porque dispõe de pouco dinheiro para despender. Mas, caso se trate de alguém cujas posses são ilimitadas, já se sabe que provavelmente dará com liberalidade, se seu coração for generoso e terno. Nosso bendito Senhor estava tão cheio de poder para curar que nem teria como restringir os milagres de cura que estava ainda por operar. Dada a bondade da sua natureza, no entanto, como deveria se sentir feliz em transbordar poder e transmiti-lo àqueles que dele se aproximassem!

Sabemos quando nossa cidade está promovendo um racionamento de água se a empresa responsável pelo abastecimento nos informar que só podemos utilizar determinada quantidade do precioso líquido, além de restringir os banhos públicos e nas fábricas, apor causa de sua escassez. Todavia, se logo passarmos ao longo do Tâmisa, cheio, após farta estação chuvosa, constataremos que não há mais necessidade alguma de fornecimento racionado e de normas de economia de água. Se um cão quiser beber da água do rio, ninguém poderá questionar seu direito de fazê-lo; ele vai até a margem e lambe a água que quiser. O cão, enfim, vai diretamente ao rio e se sacia sem pedir licença a ninguém e indiferente aos que possam ou não vir a necessitar também daquela abundante água. Veja igualmente o gado. Entra no rio até ficar com água pela metade das patas e bebe, bebe e bebe, sem parar. Ninguém, ao subir o Tâmisa, irá alegar o absurdo de que a "pobre população de Londres" iria ficar sem água só porque os cães e o gado poderiam vir a beber tudo, antes que a água chegasse à cidade. Não, não; jamais passaria pela cabeça de alguém requerer ao Parlamento impedir os cães e as vacas de beberem do rio. Há tanta e tanta água que é garantida a plena liberdade a todos de beberem quanto quiserem até se saciar.

Portanto, à sua pergunta "Posso?", responderei: nada há que o proíba. Toda a natureza de Cristo o encoraja a fazê-lo, e há tamanha plenitude de misericórdia nele que é impossível imaginar em Cristo o mais leve motivo para reter sua graça infinita. Mais ainda: imagine que você venha a Cristo como essa mulher e toque a orla de seu manto. *Você não lhe infligiria mal algum por causa disso.* Você certamente poderia hesitar se soubesse que para alcançar um bem para si teria de prejudicar aquele de quem iria obtê-lo. Mas você não causará mal algum ao Senhor Jesus Cristo. No caso da mulher enferma, Jesus percebeu perfeitamente que saíra virtude dele; mas não que tenha sido por meio de sofrimento ou dano algum pessoal que ele tenha sentido. Na verdade, creio até que o Senhor se haja dado conta disso mediante prazer que experimentou. Algo que, de repente, lhe causou felicidade. Um toque de fé o atingiu por sobre suas vestes, e ele se regozijou por haver seu ser reagido liberando virtude de si mesmo.

Você jamais há de desonrar meu Senhor, ó pecador, ao apresentar diante dele, arrependido e humildemente, todo o seu pecado! Ele jamais precisará morrer de novo para lançar fora o fardo recente da sua transgressão. Não terá de derramar nem mais uma gota de sangue para fazer novamente a expiação pelos seus muitos delitos: seu sacrifício único e suficiente no Calvário se antecipou a toda a nossa culpa possível e imaginável. Você pode vir do jeito que estiver, que ele não precisará deixar o céu para nascer outra vez na terra e aqui viver uma vida santa e morrer uma morte dolorosa a fim de poder salvá-lo. Não precisará usar outra coroa de espinhos, nem ressuscitar mais uma vez, tampouco exibir novas feridas nas mãos, nos pés e no lado, para que creiam. O Senhor cumpriu e completou inteiramente, de uma vez por todas, sua obra de expiação — lembre-se sempre do seu grito de vitória: *Está consumado* (Jo 19.30). Sim, ninguém pode feri-lo mais, apesar de todos os pensamentos, palavras e discursos ofensivos que se depositam constantemente sobre ele. Então, você não há de despojá-lo, apesar de o seu toque de fé tomar dele virtude e conferir vida plena a você. Jesus tem tamanha plenitude em si mesmo que se todos nós, pobres pecadores, chegássemos a ele ao mesmo tempo e ao mesmo tempo o tocássemos, depois de havermos extraído toda a virtude que nos fosse necessária, ainda haveria de lhe restar tanta virtude plena quanto antes. Ao lidarmos com o poder infinito, é possível dividir e subtrair; jamais diminuir. Mesmo quando toda a raça humana venha a ser lavada na fonte infinita do mérito de Jesus, seu poder infinito persistiria.

Permita-me então lhe dizer que, se você vier a Jesus e confiar nele esta noite — tão somente confiar, mais nada —, *sua atitude servirá para beneficiar o Senhor, e não, de modo algum, prejudicá-lo*; pois o seu coração se alegra em perdoar o pecador. Ele almeja, tem sede, em curar consciências feridas. Meu Senhor está sempre desejoso, mesmo agora em que se encontra nos céus, de trazer pobres pecadores aos pés do Pai e com este reconciliá-los. De modo que você há de glorificá-lo e aumentar seu júbilo se voltar para o Pai, cuja casa você um dia abandonou. Deliciará seu coração por ele de novo haver encontrado a moeda perdida, conduzido de volta ao aprisco a ovelha desgarrada, recebido de braços abertos o filho pródigo que retorna. Creio que você não precisará continuar mais hesitando e dizendo *se tão somente*, porque os motivos animadores irão bastar para convencê-lo de que está inteiramente autorizado a confiar naquele a quem Deus estabeleceu como príncipe e Salvador, *para dar a Israel o arrependimento e a remissão de pecados* (At 5.31).

Isso também deverá lhe servir de estímulo: saber que *muitos outros como você já correram o risco de se aproximar dele e não houve um único sequer que tenha sido rejeitado*. Como você, provavelmente, eu pensava, quando criança, que o evangelho era uma coisa maravilhosa e gratuita para todos — menos para mim. De modo algum, ficava imaginando se meu irmão e irmãs, meu pai e minha mãe, tinham deixado de ser salvos. Por algum motivo, no entanto, não conseguia tomar posse da salvação em minha vida. Para mim, era algo precioso demais, tão fora do meu alcance quanto os diamantes da rainha. Assim pensava eu. Para muitos, o evangelho é um bonde em movimento, que vai passando e para dentro do qual não conseguem saltar. Eu tinha plena convicção de que todo mundo seria salvo, mas eu não o conseguiria. Mas, assim que comecei a clamar por misericórdia, eu a encontrei! Minhas expectativas de enfrentar enormes dificuldades se frustraram. Cri e achei descanso imediato para a minha alma. No momento em que entendi haver vida em olhar para o Crucificado, olhei para ele e encontrei vida eterna. Até hoje, não conheci ninguém que haja também lançado um olhar para ele e tenha sido rejeitado; mas proclamam todos que:

> Vim a Jesus como estava,
> Triste, abatido, cansado;
> Achei nele meu descanso,
> E ele me tem alegrado.

Ninguém jamais deu testemunho contrário. Desafio o universo a me mostrar um homem que tenha sido expulso das portas de Cristo ou impedido de nele descobrir o Salvador. Rogo-lhe, portanto, meu irmão, que observe que, assim como outros o têm encontrado, assim também você há de encontrar este caminho para a vida e a paz, que Deus instituiu como passagem de todos para a graça. Ó pobres pecadores culpados, um marco foi assim estabelecido: "Este é o caminho para o pecador; é o caminho para o culpado; o caminho para o faminto; o caminho para o sedento. Este é o caminho para o perdido". *Vinde a mim, todos os que estais cansados e oprimidos, e eu vos aliviarei* (Mt 11.28). Então, com toda a certeza, você não precisa perguntar: "Posso?"

Eu lhe farei mais uma pergunta ainda: *Em sua opinião, por que será que o Senhor Jesus Cristo, em sua misericórdia, conduziu você até aqui esta noite?* "Oh, mas eu sempre venho a este lugar", responderá alguém. Bem, então o que tem levado você a frequentar um lugar onde só se fala, e se fala tanto, de Cristo, e onde ele realmente salva tanta gente? Com certeza, o Senhor o aceitará se você crer nele, não acha? "Eu nunca tinha vindo aqui antes", diz outro, "e acho que só entrei aqui esta noite levado pela curiosidade". Sim, a curiosidade pode ter impulsionado você; mas não será que a compaixão do Senhor fez que ele o trouxesse até a porta e lhe desse curiosidade de querer entrar?

Gosto de ouvir a esposa que diz: "Meu marido não é membro de igreja, pastor, mas ele vem ouvir o evangelho, e, por isso, acalento muita esperança em relação a ele". Ah, sim! Se os introduzirmos na batalha, um tiro, um dia, haverá de lhes atravessar o caminho. Adoro ver pardais famintos esvoaçando do lado de fora da janela. Cedo ou tarde, acabam ganhando coragem para apanhar uma migalha de misericórdia. É essa a minha esperança. E por que não *agora*? Se o problema é ainda "Posso?", pergunto então se não ajudará você a se livrar dessa dúvida ficar em atitude de oração, de súplica diante de Deus, antes que você possa se entregar ao desespero. O intenso sofrimento do Senhor por você não basta para conduzi-lo ao arrependimento e convencê-lo a vir a Cristo?

Agora, ouça, amigo: não existe espaço para perguntar "Posso?" porque, antes de mais nada, *você é convidado* a aceitar Cristo como seu Salvador — convite este feito várias e várias vezes na Palavra de Deus. *O Espírito e a noiva dizem: Vem. E quem ouve, diga: Vem. E quem tem sede, venha; e quem quiser, receba de graça da água da vida* (Ap 22.17). *Ó vós, todos os que tendes sede, vinde às águas, e os que não tendes dinheiro, vinde; comprai, e comei; sim, vinde e comprai, sem dinheiro e sem preço, vinho e leite* (Is 55.1). Jesus Cristo convida todos os que estão cansados e oprimidos a virem a ele, que ele lhes dará descanso. Deus é sincero em seu convite, esteja certo disso. Se o convida, é por desejar que você aceite o convite e venha. Depois de ler os inúmeros convites que se encontram registrados na Palavra de Deus e endereçados a pessoas tais quais a você, é impossível alguém se perguntar "Posso?" Significaria levantar uma dúvida até maldosa da sinceridade do nosso Senhor.

Todavia, mais que objeto de um convite, *você é alvo, na verdade, de uma súplica.* Muitos dos chamados de Deus nas Escrituras vão mais além de um simples convite. Deus o deseja convencer e até suplica que venha a ele. Parece clamar como alguém que chora: *Vivo eu, diz o Senhor Deus, que não tenho prazer na morte do ímpio, mas sim em que o ímpio se converta do seu mau caminho, e viva. Convertei-vos, convertei-vos dos vossos maus caminhos; pois, por que morrereis, ó casa de Israel?* (Ez 33.11). Em uma parábola realista de Jesus, Deus, havendo preparado um lauto e festivo banquete, ao qual não compareceram os convivas, envia seus servos a constrangê-los a vir. Pois então eu rogaria, suplicaria, exortaria todos vocês, que ainda não creem em Jesus, a fazê-lo. Em nome de Cristo, eu lhes imploro que busquem o Senhor. Não se trata aqui de colocar simplesmente "Vocês aceitam ou não?", mas, sim, de empenhar todo o meu coração nessa súplica e os convocar: "Venham a Jesus! Venham e descansem nele sua alma cansada!" Ou não compreendem a mensagem do evangelho? Não sabem o que ela pede e o que oferece? No mesmo instante em que crerem em Jesus, vocês hão de receber completo perdão e uma vida que jamais acabará. Recebam-na agora, rápido como um raio! Basta que confiem no Filho de Deus. Quem quer que você seja e o que quer que tenha feito, se de todo o coração crer naquele a quem Deus levantou dentre os mortos, e obedecê-lo a partir de agora como seu Senhor e Salvador, todos os tipos de pecado e iniquidade que haja praticado ou tramado lhe serão perdoados. Deus há de encobrir suas transgressões como uma nuvem. Fará você começar *de novo* — e de outro modo. Transformará você em uma nova criatura em Cristo Jesus. As coisas velhas passarão, e tudo se fará novo em sua vida.

Só há uma questão a considerar — crer em Jesus. Você então olha para mim e clama: "Mas será que eu posso?" Será que você pode? Ora, você é convidado, é exortado, são-lhe endereçadas súplicas a fim de que o faça, e ainda duvida? E isso não é tudo: *você recebe até ordem de fazê-lo!* Este é o mandamento — que você creia em Jesus, a quem o Pai enviou. Este é o evangelho: "Quem crer e for batizado, será salvo; mas quem não crer será condenado". É este o mandamento, que se faz acompanhar de uma ameaça contra a desobediência. Será possível, então, depois disso, questionar: "Posso?" Se leio "Amarás ao Senhor teu Deus de todo o teu coração", duvidarei ainda: "Posso amar a Deus?"; se leio *Honra a teu pai e a tua mãe* (Mt 19.19), indagarei: "Posso honrar meu pai e minha mãe?" Claro que não. Toda ordem é uma autorização e algo mais. Dá plena permissão e vai mais além. Como você será condenado se não crer, foi-lhe dado o pleno direito de crer — ou seja, não apenas uma permissão, mas uma garantia de não vir a ser condenado. Será que você não consegue mesmo ver? Será que você não clamará a Deus: "Senhor, se me condenas por não crer, mas me destes a plena liberdade do evangelho para crer, agora venho e deposito toda a minha crença e confiança em Jesus"?

"Posso?" Suponho que já chega desse tipo de questionamento. Você vai cessar com ele, não vai? Oh, que o Espírito Santo lhe demonstre, pobre pecador, que você pode *agora* depositar seu fardo aos pés de Jesus e ser salvo neste mesmo instante. Creia nisso, sem medo. Você tem a permissão total de Deus para confessar seu pecado e receber dele o perdão imediato. Prove e veja se não é assim. Deposite sua alma culpada sobre Jesus Cristo e se levante, perdoado e renovado, para viver de hoje em diante em fervorosa gratidão, em um milagre de seu bendito amor.

Esse, o primeiro significado do texto, quando a mulher enferma diz: *Se eu tiver permissão para tocar-lhe o manto, ficarei sã* (Mt 9.21).

II. Levanta-se, porém, em outros corações a seguinte indagação, igualmente amarga: "Mas será que eu consigo? Sei que tenho permissão, mas o problema é que talvez não o consiga". A mulher do texto bíblico, vivendo um momento de grande pressão, poderia perfeitamente ter dito: "Se puder tocar a orla do seu manto, ficarei sã. Mas será que consigo chegar até ele? Como uma pessoa frágil como eu poderá abrir caminho à força nesta multidão e chegar até ele e tocá-lo?"

É a esta pergunta que pretendo agora responder. O desejo de crer em Cristo é uma obra da graça, tanto quanto a fé, e, quando há um desejo ou uma vontade premente, significa que já foi recebida certa medida da graça e, com ela, o poder para crer. Não sabem que o desejo de cometer adultério, de acordo com a palavra de Jesus, já se pode considerar como o próprio adultério sendo cometido? *Todo aquele que olhar para uma mulher para a cobiçar, já em seu coração cometeu adultério com ela* (Mt 5.28), disse ele. Ora, se até o pensamento impuro e o desejo nessa direção são considerados o ato em si, o desejo ou a vontade de crer já contém em si a maior porção da fé. Não digo que isso seja tudo, mas afirmo que, se o poder de Deus faz um homem desejar crer, a obra maior já foi realizada e o crer de fato virá no devido tempo. A disposição completa para crer é, digamos, nove décimos de crer. Portanto, se o desejo está presente em você, o poder que você ainda não consegue encontrar com certeza lhe sobrevirá. Se um homem está morto, a coisa mais difícil é fazê-lo reviver; todavia, no caso, a vivificação pode ser realizada, pois o homem já vive o suficiente para desejar. Tem vontade de crer, anela crer, anseia por crer. Quanto então já foi feito em seu favor! Ressuscitar dentre os mortos é, na verdade, um feito bem maior que a execução de um ato de vida. Já vejo certo fôlego de vida em vocês que anseiam e aspiram por tomar posse de Cristo. Isso haverá de acontecer, e, então, vocês hão de viver em sua presença. Se eu estivesse lá e soubesse o que sei hoje, teria dito àquela mulher: "Ó mulher, essa sua fé, de que se tão somente tocar a orla do manto do mestre ficará sã, é algo bem maior do que o toque em si. Se até o momento presente sua fé ainda não produziu efeito prático, ela é, no entanto, um produto dos mais singulares da graça. Você já tem dentro de si a obra maior da graça e a menor certamente deverá sucedê-la em breve. Milhares de pessoas podiam se acotovelar na multidão e tocar a orla do manto do Salvador, mas você é a única pessoa em quem Deus fomentou a fé de que um toque seu a fará ficar sã. Sou capaz de dizer, sobre tamanha fé, que *não foi carne e sangue que to revelou* (Mt 16.17); e que, se você está nesta condição, uma obra muito grande já foi realizada em sua vida. Não precisa duvidar da possibilidade de que pode e que conseguirá tocar nessas vestes sagradas".

Guardem bem isso: a fé em Cristo é o ato mais simples que qualquer pessoa é capaz de realizar. É o ato de uma criança. É, de fato, o ato de um recém-nascido em graça. Um bebê nunca realiza um gesto muito complicado. Dizemos "Oh, que coisa infantil" justamente nos referindo a algo muito simples ou pequeno. Ora, a fé surge no momento exato em que alguém nasce na família de Deus. É paralela e contemporânea ao novo nascimento. Um dos primeiros sinais e indícios de que se nasceu de novo é a fé. Deve ser, portanto, coisa muito, muito simples. Arrisco-me a exagerar na singeleza quando afirmo que a fé em Cristo não difere, sob aspecto algum, da fé em qualquer outra pessoa, exceto no que diz respeito, exatamente, à pessoa em quem está sendo depositada. Você pode crer em sua mãe. Pode também crer em Jesus Cristo, o Filho de Deus. Você pode crer em seu amigo. Ato idêntico é direcionar sua fé para o seu mais elevado e melhor amigo. Crê nas notícias que são transmitidas pelos jornais diários. O mesmo é crer nas Escrituras e nas promessas de Deus. O motivo pelo qual a fé no Senhor Jesus é um ato superior a ter fé em qualquer outra pessoa reside no seguinte: você está crendo em uma pessoa superior, portadora de boas-novas em tudo superiores àquelas em que costuma crer. Nosso coração natural é mais avesso a crer em Jesus do que em qualquer outra pessoa. O Espírito Santo ensina nossa fé a se apoderar das coisas elevadas de Cristo Jesus. Esse apoderar-se, porém, acontece por meio de uma fé simples como de uma criança.

É a mesma fé, repito. Mas é dom de Deus até nisso: que o Senhor nos dá entendimento e capacidade de julgamento para exercê-la em relação a seu Filho e recebê-lo. A fé da criança no pai é quase sempre maravilhosa, como a fé que pediríamos ao nosso Senhor Jesus. Muitos filhos creem que não existe outro homem no mundo tão grande e bom, tão correto, gentil, rico e tudo o mais, como seu pai. Se alguém, seja quem for, disser que seu pai não é tão maravilhoso quanto o primeiro-ministro Gladstone ou qualquer outro estadista, podem se sentir ofendidos, pois, se não são filhos do próprio rei, o erro está em ninguém ainda haver coroado seu pai. O que esses filhos pensam dos pais é o tipo de fé que gostaríamos que você exercesse para com o Senhor Jesus Cristo, que merece confiança bem maior até do que essa. Deveríamos devotar a Jesus uma fé por meio da qual o honrássemos e exaltássemos sobremaneira. Assim como a criança não se preocupa em saber de onde virão pão e a manteiga que irá saborear na manhã seguinte, nem passa por sua cabeça como irá obter meias novas quando as atuais se gastarem, assim também você deve confiar em Jesus Cristo para tudo o que deseja entre o céu e a terra. Confie nele sem questionamentos. Ele tem como o prover e o fará. Apenas se entregue a ele, sem restrições, tal como a criança se entrega aos cuidados do pai e com ele se sente inteiramente segura.

Oh, que gesto simples é esse! Um simples gesto de fé. Estou certo de que deve ser um gesto muito simples mesmo, sem requerer sabedoria nem algo parecido, pois já percebi serem justamente os sábios do mundo que geralmente não conseguem realizá-lo. Os fortes tampouco o conseguem, e as pessoas justas aos próprios olhos não conseguem jamais alcançá-lo. A fé é, de fato, um ato executado por quem é de coração, como uma criança e a quem o mundo certamente considera um tolo, ridiculariza e persegue por sua suposta insensatez. *... não são muitos os sábios segundo a carne, nem muitos os poderosos, nem muitos os nobres que são chamados. Pelo contrário, Deus escolheu as coisas loucas do mundo para confundir os sábios; e Deus escolheu as coisas fracas do mundo para confundir as fortes; e Deus escolheu as coisas ignóbeis do mundo, e as desprezadas, e as que não são...* (1Co 1.26-28). Existem pessoas que não receberam nenhum tipo de educação formal, que só consideram ser verdadeira sua Bíblia e têm fé abundante. São até pobres neste mundo, mas ricas em fé. Gente feliz! Ai dos sábios cujo grande conhecimento obstrui a fé em Jesus! Frequentaram, por vezes, mais que uma universidade, conquistaram todos os diplomas que a sabedoria humana pode alcançar e, no entanto, não conseguem crer em Jesus Cristo, o Filho de Deus. Ó meu amigo, não pense que a fé seja uma coisa difícil ou desconcertante, pois se assim fosse os velhos polemistas e doutores em teologia a teriam; é, pelo contrário, o ato mais simples que a mente consegue realizar. Assim como agora estou apoiando todo o meu peso sobre este parapeito, e se ele quebrar eu cairei, apoie você também, com toda a confiança, todo o seu peso em Jesus Cristo. Isso é fé. Faça como o bebê que dorme no colo da mãe, alheio a raios e tempestades, ou ao balanço de um barco, seguro e feliz por repousar no regaço do amor. Todos os seus temores se vão diante do carinhoso coração que bate junto do seu. Assim você também se lance por inteiro a Cristo. Isso é tudo o que você tem de fazer — e tudo o mais que tem de deixar de fazer.

> Lance ao chão seus feitos mortais,
> Lance ao chão, aos pés de Jesus.
> Mantenha-se nele e em nada mais,
> Glória completa é a sua luz.

"Mas eu não tenho de fazer boas obras?", pergunta alguém. Claro, depois de salvo, você pode e deve fazê-las, tantas quantas quiser. Até lá, no entanto, em se tratando de sua salvação, você precisa é se desvencilhar de toda justiça própria, como algo pecaminoso que é, capaz de prejudicá-lo, e então vir a Cristo, somente a Cristo, nele confiando inteiramente. "Oh", exclama alguém, "acho que começo a enxergar uma luz. Se eu me tornar capacitado — se eu me tornar forte o suficiente para confiar em Jesus —, deverei então ficar são".Vou lhe fazer uma pergunta: você não sabe que *está designado a crer em Cristo*? Que é graças a Cristo que se crê nele? Eu jamais faria afirmações categóricas sobre sua fé por minha conta. Tenho dito a amigos meus que me procuram afirmando não conseguir crer em Cristo: "Mas você consegue crer *em mim*? Se eu lhe dissesse que faria tais e tais coisas, você acreditaria em mim?" "Oh, sim, é claro", respondem. "E se alguém lhe dissesse que não crê no que digo — como você se sentiria?" "Ficaria indignado", é a pronta resposta, "pois tenho certeza absoluta de que posso confiar em você. Na verdade, não há por que não confiar em você." Quando recebo tal declaração de confiança em mim, de uma criatura igual em tudo a mim mesmo, sinto ser um erro tremendo e cruel essa mesma pessoa declarar: "Não consigo confiar em Cristo".

Ó meu amado, não confiar em Jesus por quê? Quando foi que ele mentiu para você? "Ah, desconheço a razão; mas não consigo crer nele", é a resposta, evasiva e sem fundamento algum. Não conseguir crer em Jesus — que loucura, essa! Ele morreu por toda a verdade. Selou o testemunho de sua vida com o sangue do seu amoroso e sincero coração; mesmo assim, você não consegue crer nele? Tenho a certeza de que muitos de vocês o conseguem, sim, inclusive já até o fazem, em um sentido geral. Apenas, certamente, devem estar à espera de sinais ou de maravilhas, que nunca verão. Por que, então, não ir além de tal possibilidade? O Espírito de Deus já lhe concedeu certa medida de fé. Creia apenas mais plenamente, sem reservas. Sei que você estremece só de pensar em duvidar de Cristo; percebe quão injusto e errado isso é. Pois existe latente em você uma fé no Senhor. "Quem em Deus não crê, mentiroso o fez." Algum de vocês consideraria Cristo mentiroso? Sei que vocês, corações amados, não o fariam, de modo algum. Embora possam afirmar não ousar crer nele, ainda assim sabem que ele não mente. Sabem também que o Senhor é perfeitamente capaz de salvá-los. Que estranha condição, portanto, a mente de vocês alcançou! Quão desconcertados e confusos vocês se encontram. Na simples qualidade de observador, eu me imagino capaz de enxergar no interior da alma de vocês uma fé real em Jesus Cristo, bem como as dúvidas que os perturbam. Por que não trazer essa fé para fora? Diga cada um de vocês, de uma vez: "Eu creio, sim, e crerei sempre, que Cristo, o Filho do Altíssimo que morreu pela culpa de todos os homens, é capaz de salvar todos aqueles que nele confiam. Confio nele, portanto, para me salvar. Quer eu possa sair nadando, quer soçobre, confio nele em tudo. Perdido ou salvo, nele hei de confiar. Tal como estou, sem outra razão senão a de que tenho a certeza de que ele é capaz de me salvar e está disposto a isso, lanço minha alma culpada sobre ele". Cada um de vocês passará a deter o poder de confiar nele ao se render à convicção de que Jesus Cristo é digno de receber essa confiança. Só é preciso estar cheio da certeza de que Deus Espírito Santo já operou em muitos de vocês, e no mesmo instante muitos de vocês encontrarão a paz.

Mesmo assim, se você ainda acha que alguma coisa o impede de ter fé em Cristo, embora sabendo que, se a tivesse, seria salvo, eu lhe peço que não se dê por satisfeito nem por um único segundo sem uma fé plena, completa e salvadora em Cristo. Se você morrer descrente, se perderá, e será para sempre. Sua única segurança está em crer no Senhor Jesus Cristo de todo o seu coração e obedecer a seus mandamentos. Portanto, use o que lhe sugerir o seu bom senso como meio de obter a fé.

Se um amigo meu verdadeiro, de cuja palavra eu nunca poderia duvidar, viesse ao meu gabinete depois do culto para me dizer algo que, apesar de tudo, me parecesse inacreditável, eu não deixaria de lhe revelar meu desejo de realmente crer em sua palavra. Não daria a entender, nem por um momento, que *ele* não fosse digno de confiança; somente deixaria claro que achava difícil crer em sua extraordinária declaração. O que, então, faria? Se fosse necessário e premente que eu cresse em suas palavras, eu lhe perguntaria: "Como você obteve essa informação? Onde ouviu falar ou leu a esse respeito? Quais são os fatos exatos que você conhece sobre isso?" Talvez, quem sabe, no mesmo instante em que ele mencionasse a fonte onde obtivera a informação, eu concluísse ser certa, sem sombra de dúvida, sua admirável declaração. Mas se ele me dissesse: "Bem, eu estou transmitindo isso a você por minha própria conta e risco, mas, se você quiser informações adicionais, pode obtê-las agora mesmo lendo este documento aqui: ei-lo", eu, então, trataria de ler o tal documento do começo ao fim. Faria isso acompanhado de uma boa dose de pensamentos a favor do meu amigo; mas, de qualquer modo, haveria de ler o documento para ver se conseguiria crer plenamente no que ele dissera, porque precisava ter a certeza de que esse amigo não estaria enganado e, sem querer, me enganando. Ora, se há alguma coisa no ensino do Senhor Jesus Cristo, ou acerca dele, que você questione, eu o convido a ler de novo os quatro evangelhos, em especial a narrativa de sua crucificação. A cruz de Cristo é, de fato, uma coisa notável, pois não apenas salva aqueles que nela têm fé, mas também produz fé naquele que a contempla.

> Quando o vejo ferido, a sangrar,
> Morrendo sobre o madeiro, enfim,
> O coração me faz acreditar
> Que ele sofreu tudo isso por mim.

Há vida em um olhar nosso para Cristo, e só o pensar nele gera uma fé viva. Ouvimos a Palavra, e a fé vem pelo ouvir. Lemos a Palavra e imaginamos o que ela diz perante os nossos olhos. E declaramos, então: "Sim, eu creio. Nunca tinha visto esses fatos de maneira tão clara antes, mas agora eu creio, e com base no que eles mostram nitidamente eu corro o risco de depositar inteiramente a minha alma, com fé, em Cristo". Pois bem, meus amados amigos, aquele dentre vocês que nunca confiou em Cristo, se o fizer esta noite e perecer, eu perecerei junto! Pois, embora conheça meu Senhor há 35 anos, não tenho outra esperança de salvação diferente daquela que encontrei quando me acheguei a ele. Não tinha eu nenhum merecimento então e continuo a não tê-lo agora. Nesses anos todos, preguei muitos sermões, fiz muitas orações, dei muitas esmolas, levei muitas almas a Cristo. Mesmo assim, ponho tudo que já fiz debaixo dos meus pés e desejo apenas, desde que tenha sido algo bom, dar glória a Deus por tudo o que haja realizado. Quanto a mim mesmo, poderia facilmente ser lançado ao mar. Sou salvo em Cristo tão somente por sua graça, mediante a fé nele. A confiança em mim mesmo me é hoje abominável. Ouso crer em Jesus Cristo como meu tudo em tudo, pois eu mesmo, por mim mesmo, sou menos que nada diante dele.

Veja, então: você e eu encontramo-nos praticamente nas mesmas condições. Esta noite, estamos no mesmo nível, com a mesma confiança no mesmo Salvador, contando com o mesmo sangue para nos purificar e o mesmo poder para nos salvar. Haveremos certamente de nos reencontrar, um dia, no céu. Tão certo quanto estamos nos encontrando agora na cruz, tornaremos a nos reunir onde o Salvador reina. Oh, que você confie nele, creia inteiramente nele agora! "Não tenho nenhuma boa obra a apresentar", poderá alegar alguém. Evidente; mas você não precisa, nem pode nem deve confiar nelas. Basta confiar tão somente em Jesus. "Mas eu não trago em mim bons sentimentos." Fico feliz em ouvi-lo dizer isso. Significa que, em vez de ser tentado a confiar em seus próprios sentimentos, você está sendo levado a confiar inteiramente no Senhor. "Oh, mas me sinto tão deslocado." Ótimo, pois você não tem de confiar em sua adequação; terá de confiar nele somente. É uma bênção quando a pobreza espiritual leva uma pessoa a enveredar pelo verdadeiro caminho da vida.

III. Encerro com as seguintes palavras. A mulher do texto bíblico disse em seu coração: "Se eu tão somente tocar-lhe o manto, ficarei"... O quê? "Ficarei sã." Ela não pensou "Se eu tão somente tocar-lhe o manto *pode ser que* fique sã". Nada disso. Superou os *pode ser* já no primeiro embate. Ou seja: "se eu puder, conseguirei". Se você também confiar em Cristo, ficará curado. Se nesta noite descansar realmente em Cristo, o Senhor que vive você também viverá e será salvo. A menos que a Bíblia fosse uma mentira, que Jesus fosse um impostor, que nosso eterno Deus pudesse mudar, você que hoje vem e se entrega a Jesus deverá ser salvo, e assim estará no último grande dia de nossa prestação de contas.

"Audaz me postarei naquele grande dia", pois falarei ao Senhor a respeito de sua própria promessa e de como ordenou que confiasse nele. Se não estivesse salvo, sua palavra se teria corrompido, o que jamais irá acontecer. Ele *é* a verdade. Você precisa vir agora, portanto, e confiar, entregando-se por inteiro àquilo que Cristo fez por você. Ele amou, viveu e morreu a fim de que os pecadores como você pudessem nunca mais morrer. Realizou um trabalho completo, do qual declarou, ao expirar: "Está consumado". Nada há para acrescentar; nada é necessário você trazer consigo para torná-la mais plena. Do jeito que você estiver — despido de toda esperança, impuro, enlameado, culpado, abominável, o pior dos piores —, você só precisa vir e olhar para as chagas do Salvador, para sua cabeça coroada de espinhos, da qual escorre o seu sangue, e declarar: *Nas tuas mãos entrego o meu espírito* (Sl 31.5). Então, será salvo. Só isso. "Teus pecados, que são muitos, te são perdoados. *Vai e não peques mais* (Jo 8.11)." Você é seu filho. Vá e viva, para a glória do Pai. Que a paz de Deus, que excede todo entendimento, esteja com você para todo o sempre. Amém.

79

A COMPETÊNCIA FRACASSADA E O GRANDE MÉDICO BEM-SUCEDIDO

Ora, certa mulher, que havia doze anos padecia de uma hemorragia, e que tinha sofrido bastante às mãos de muitos médicos, e despendido tudo quanto possuía sem nada aproveitar, antes indo a pior, tendo ouvido falar a respeito de Jesus, veio por detrás, entre a multidão, e tocou-lhe o manto; porque dizia: Se tão somente tocar-lhe as vestes, ficarei curada (Mc 5.25-28).

Meditemos um instante no caso dessa pobre mulher. Havia muito tempo que a afligia uma enfermidade que não só lhe dilapidava a saúde, a ponto de ameaçar levá-la rapidamente à sepultura, mas também a tornava impura, de acordo com os princípios da lei cerimonial judaica. Ou seja, ela era considerada inapta a viver em sociedade. Estava condenada à pobreza, ao sofrimento, ao desespero, à tristeza e à solidão. Os médicos da época talvez fossem ousados o suficiente para arriscar curas impossíveis, mas sua competência não fazia jus a tal coragem. Faziam sofrer com suas práticas ousadas os seus pacientes, mas raras vezes conseguiam aliviá-los de outra coisa além do dinheiro que possuíam. Até há poucas centenas de anos, muitas substâncias administradas aos pacientes como remédio e enaltecidas por sua suposta extrema eficácia eram, na verdade, tão repulsivas que prefiro não declinar seus nomes. Além disso, os processos cirúrgicos mais comuns naquela época só poderiam ser considerados satisfatórios hoje em dia se a intenção fosse matar o paciente. Seria atualmente absurdo e desumano propô-los como operações salutares. A ciência médica, de fato, não existia. Na era do nosso Senhor, a medicina se resumia a um amontoado de charlatanice e muita pretensão, sem nada de real competência ou conhecimento para embasar sua prática. A pobre mulher do texto em estudo, no entanto, em seu anseio por ter de volta o convívio social e a saúde, recorrera primeiro a um médico, depois a outro e ainda a um terceiro, mesmo que todos só lhe causassem sofrimento com seus remédios extremamente amargos e suas perigosas operações. Decorridos doze anos, ela se viu sem um vintém e com a saúde em pior estado. Por essa ocasião, e com a situação de seu corpo continuando a ocupar posição de destaque em sua mente, ela ouviu falar de um grande profeta que curava enfermidades. Depois de tomar conhecimento de um ou dois relatos de curas operadas por ele, ou, quem sabe, ver algumas pessoas que tinham tido a felicidade de ser objeto de seus milagres, ela concluiu: "Esse homem, sem dúvida, foi enviado por Deus. Dizem ser ele o Messias, o Filho de Davi, o Filho de Deus. Creio que seja mesmo. Se for o Messias aguardado, deve ser cheio de força sagrada; de modo que bastará que eu chegue perto dele e toque, que seja, a orla do seu manto, e bem provavelmente receberei cura". Feliz o dia em que ela se apropriou dessa ideia. Mais feliz ainda o dia em que a pôs em prática, estendendo a mão trêmula para tocar a orla do manto do Salvador e ficando curada no mesmo instante.

Creio nada mais precisar dizer acerca da narrativa em si. É um relato que nos recomenda o Salvador, mostrando seu grande poder sobre o mundo físico e comprovando seu caráter divino. Faz o Senhor tornar-se admirado por nós também graças à sua misericórdia e compaixão. No mundo espiritual, no entanto, existem inúmeros casos paralelos ao da mulher enferma. Multidões como ela estão enfermas, tomadas de um desânimo devastador e uma terrível tendência constante para o desespero. Experimentam todos os tipos de miserável consolo de que este mundo é abundante. Depois de desperdiçar sua essência e força, são conduzidas ao completo desamparo espiritual. Sentem-se incapazes de fazer o que quer que seja, consideram-se prontas para morrer. Espero que esta manhã, se nunca antes, ouçam sobre esse Jesus que tem poder para curar, inclusive, os casos mais desesperados e tomem a firme decisão de a ele se consagrar. Que por meio de uma fé sincera, embora frágil, possam as pessoas estabelecer um contato com sua energia curadora e ser libertas hoje mesmo de todo mal pelo toque do grande Restaurador. Deus assim o conceda, por seu Filho, o Salvador, e por intermédio do Espírito Santo; e que a ele seja dado todo o louvor.

Esta manhã, pretendo, antes de mais nada, *desmascarar os médicos em quem as pobres almas enfermas pelo pecado costumam confiar*. Isso feito, quero lhes mostrar *por que todos esses médicos, sem exceção, falham*. Em terceiro lugar, descreverei *a péssima condição dos pacientes depois do fracasso desses médicos em quem confiam*. Por último, mostrarei *como a cura pode ser neles operada*.

I. Permitam-me então DESMASCARAR OS MÉDICOS QUE ILUDEM TANTOS COM SUAS VÃS PRETENSÕES.

Entre a grande massa de impostores, chamo a atenção de vocês, em primeiro lugar, para o mais vil deles: um médico há muito estabelecido e que tem vasta clientela entre as almas enfermas pelo pecado — um velho malvado e, apesar disso, muito popular, chamado "dr. Saduceu". Em geral, adora o princípio homeopático, ou seja, a cura do semelhante pelo semelhante. Ele apresenta uma forma de pecado como a cura para outra. Mal avista uma depressão provocada pela descrença, já prescreve a libertinagem. Ele diz: "Você está se transformando em uma pessoa enjoada. Precisa se animar! Deveria se enturmar mais. Uma pessoa jovem como você não pode se incomodar com pensamentos tão sérios. Essa gente da igreja que vive a alarmá-lo não passa de um bando de fanáticos. Por favor, acalme-se. Eu lhe recomendaria frequentar teatros, bailes, cafés etc. As diversões levarão embora suas preocupações tolas". O dr. Saduceu toma o pulso do paciente e anuncia estar baixo demais: ele necessita de fato tomar um estimulante, uma bebida, e experimentar tudo o que a diversão possa ser capaz de fazer. Ai meu Deus, essa prescrição tão antiga quanto incriminatória é frequentemente imposta a almas desesperadas como se fosse a tradução mais perfeita da sabedoria, quando não passa de uma artimanha a revelar, no fundo, toda a falsidade satânica. Ela, na verdade, nunca operou uma cura, nem poderá fazê-lo. Recomenda simplesmente que a pessoa evite se afogar mergulhando em águas ainda mais profundas; para extinguir a chama que lhe queima o coração, indica que lhe acrescente combustível. Finge curar o leproso empurrando-o para os recessos mais obscuros da casa do lazarento, onde o vírus da enfermidade reina sem parcimônia. Piorando o que já está ruim, o atraído aos prazeres espera se recuperar das aflições da consciência. Como exemplo notável do método do dr. Saduceu, em sua forma mais branda, eu citaria o caso de George Fox, o famoso fundador dos quacres. Perplexo com a própria salvação, ele procurou diversos amigos e ministros em busca de conselho. Um deles supôs que lhe faria muito bem fumar tabaco. Outro recomendou-lhe casar-se o mais rápido possível. Outro ainda achou que ele deveria se dedicar a um serviço de voluntariado, que com certeza afastaria seus pensamentos da melancolia. "Ai, meu Deus!", confessou ele depois. "Descobri serem tão vazios quanto um tambor oco."

Tais médicos não administram remédio algum para a mente enferma. Conta-se uma história sobre Carlini, conhecido ator italiano, que, sofrendo de pesada depressão de espírito, na França, recorreu a um médico. Ouviu a recomendação de que frequentasse o teatro italiano; e mais ainda: "Se Carlini não dissipar de vez a sua queixa sombria, seu caso será mesmo desesperador", disse o médico. Qual não foi, porém, sua surpresa quando o ator, seu paciente, retrucou: "Pelo amor de Deus, doutor, *eu sou* Carlini! E, enquanto divirto toda a Paris com jovialidade e quase os mato de tanto rir, eu mesmo morro de tristeza!" Quão vazios e insuficientes são os entretenimentos e as diversões do mundo! O coração de quem a eles se entrega não se regozija como parece, pelo que se vê em seu sorriso. Pobres consoladores são todos aqueles que tentam conseguir extrair seriedade do vinho e da farra! Quando o coração se parte, vão se torna o esforço de lhe oferecer mais música e dança ou encher até a boca sua taça borbulhante. Quando as setas do Senhor se fincam na alma do homem, as vãs canções do mundo tornam-se inteiramente inadequadas para o momento; mostram-se desagradáveis ao ouvido e aumentam a miséria que deveriam levar. Quando Deus desperta o pecador, ele não pode mais ser enganado com tanta facilidade como na época em que vivia às voltas com seus sonhos. O Espírito Santo o faz provar o gosto amargo do pecado e sentir-se ferido pela vara contundente da convicção. Seus ossos quebrados exigem então um médico de verdade, e o pecador não consegue suportar mais o enganador, que lhe dirige um sorriso maldoso e matreiro ao dizer que não existe ressurreição alguma, nem anjos, nem alma, nem salvação. É tarde demais para convidar tal homem com as palavras *comamos e bebamos, porque amanhã morreremos* (Is 22.13). Ele agora teme morrer sem salvação e treme ante a ideia de que a morte lhe sobrevenha quando menos esperar.

Um grupo de médicos muito mais respeitável estabeleceu-se desde tempos imemoriais na região do monte Sinai, perto da residência de Agar, conhecida escrava. O negócio é hoje conduzido pelo "dr. Legalismo" e seu pupilo, o "sr. Civilidade". Nos tempos de John Bunyan, autor de *O peregrino*, eles mantinham uma vasta clientela. O "sr. Sábio Mundano" os patrocinava e enviava justamente o peregrino em direção a eles, dizendo-lhe que o velho médico tinha grande competência em libertar os homens de seus fardos. Se não estivesse em casa, seu jovem ajudante, o sr. Civilidade, o atenderia quase tão bem quanto ele. Esse grupo atuava, nos dias do nosso Salvador, sob os títulos de escribas e fariseus. Lançavam mão do mesmo sistema enganoso, pois a impostura, sob os mais diversos nomes, será sempre igual até o final dos tempos. Sua teoria é a seguinte: "Seja cuidadoso no seu regime alimentar, observe muito bem determinadas leis e regulamentos, e seu problema sanguíneo ou outro qualquer será curado". Percorram a Inglaterra inteira e verão que o grande médico da alma dos homens, o mais popular e atuante hoje em dia, é esse tal dr. Legalismo. Sua receita única é: "Faça isso e aquilo, abstenha-se disso e daquilo, não insista naquilo outro; cumpra os mandamentos, ore em determinadas horas, e tudo isso o salvará". Trajada segundo as mais diferentes modas, mas sendo sempre a mesma coisa, essa grande falsidade de salvação por meio das obras da lei ainda mantém os homens debaixo de um controle férreo, seduzindo-os à sua autodestruição. Talvez alguns dos aqui presentes já se sintam infelizes o suficiente para poderem conhecer a verdade que Paulo nos revela de modo tão direto: [...] *pelas obras da lei nenhum homem será justificado diante dele; pois o que vem pela lei é o pleno conhecimento do pecado* (Rm 3.20). Eu mesmo cheguei a ser tratado por esse dr. Legalismo durante algum tempo, e por sua recomendação tomei mais de um de seus tenebrosos remédios. Tentei cumprir com minhas próprias obras a lei de Deus, achando que meu arrependimento e minhas lágrimas fossem expiação suficiente para o meu passado. No entanto, quem é capaz de, por si mesmo, cumprir a lei? Como poderá o homem manter a integridade daquilo que ele mesmo violou? Cada um de nós pecou; portanto, a esperança da salvação por nossa própria bondade é vã. A lei decreta maldição sobre o homem que peca uma única vez; como poderá ele, então, tendo pecado dez mil vezes, esperar que por meio de sua obediência futura venha a conseguir escapar da maldição que paira densa e pesada sobre sua cabeça, prestes a explodir em uma tempestade eterna? Todavia, é esta a doce ilusão da humanidade. O Sinai continua sendo o caminho para o céu escolhido para filhos aleijados de um pai que considerou a tarefa árdua demais para si mesmo. Alguns de vocês certamente ainda imaginam que se derem o seu melhor — se forem gentis com todo mundo, generosos para com o pobre, se não deverem a ninguém, se agirem sempre com respeitabilidade —, isso será suficiente para salvá-los. Mas não é assim que acontece. Aquele que não crê em Jesus Cristo será condenado, tanto com sua moralidade quanto por sua devassidão. Aquele que não se lança sobre a misericórdia de Deus revelada no Salvador crucificado fecha na própria cara a única porta para o céu e jamais conseguirá entrar na vida eterna.

Há outro médico, a quem desprezo demais, mas que me sinto compelido a mencionar porque ele tem apanhado muitos em suas armadilhas. Trata-se de um certo "dr. Cerimonial". É o mais vil dos charlatães, um curandeiro, um completo embusteiro. Suas drogas são um lixo inútil, seu modo de agir não passa de truques de um bufão, palhaçadas de um mestre de dança, mais do que ensinamentos sóbrios envolvendo a capacidade de pensar e julgar. Esse dr. Cerimonial patenteou uma loção para produzir regeneração em crianças pequenas, por meio da aplicação de umas poucas gotas de água em sua fronte. Colocando as mãos na cabeça de meninos e meninas e mediante o que ele chama de influência oculta, confirma-os, sabe-se lá como, na graça de Deus. Declara-se capaz de fazer de um pedaço de pão e de um cálice de vinho algo realmente divino, canais de graça em si mesmos para as almas dos homens. As substâncias são materiais — um rato poderia mordiscar o primeiro, uma garrafa é capaz de conter o segundo. Você consegue tocá-los, saboreá-los, cheirá-los. Contudo, todos os adoram como divinos, imaginando que substâncias materiais podem servir de alimento para a alma. O dr. Cerimonial floresce muito com o absurdo de seus ensinamentos. Suas pílulas douradas são enormes, mas os homens as engolem aos montes, sem receber nada em troca. Pense por um instante e pasme em ver pessoas sendo santificadas por revirarem os olhos, fazerem genuflexões, usarem véus, fitas e velas! Dizem seus preceitos que o Oriente é uma região mais preciosa aos céus que o Ocidente, de modo que orar o credo repetidamente voltado para aquela direção possui para alguns uma eficácia toda especial. Tudo indica também que espiritualmente certas cores são mais eficazes que outras, de modo que, de um modo geral, as orações feitas ou os hinos entoados usando-se vestes brancas predominam sobre os que são proferidos usando-se vestes de outra cor; todavia, conforme a época do ano, parece que o roxo, o escarlate ou o azul tornam-se mais aceitáveis para Deus. Não tenho a menor paciência com essas coisas. Não me servem nem como motivo de riso. Todavia, enquanto existirem os ingênuos, os embusteiros florescerão, e o dr. Cerimonial levará os homens a despenderem sua essência em grande quantidade de rituais, sem considerar e tampouco se arrepender de como seres racionais podem se tornar tão incautos e tolos em suas mãos. Espero que nenhum de vocês continue sendo enganado desse jeito. Que sentido podem ter o sinal da cruz, as reverências e a repetição vezes sem conta das mesmas rezas com as mesmas palavras? O que significa adorar se a razão e muito menos o coração não participam? Que pode haver em um ritual que confira santidade a seus praticantes? Isso tudo não é menos absurdo que o fetichismo dos indígenas, ao crer que determinados ídolos e certos materiais podem tornar um lugar santo. Como determinado lugar pode ser, por si mesmo, mais santo do que outro? Como um simples pedaço de chão pode ser mais santo que o solo comum? Ou como pode um homem, só pelo fato de certas palavras terem sido declaradas, impondo alguém, também distante da graça, as mãos sobre a sua cabeça de ímpio, ser transformado em despenseiro da graça de Deus e perdoador de pecados? Mesmo muitos de nós não nos deixando enganar, esse charlatão, dr. Cerimonial, continua mantendo um consultório bastante movimentado e é tido por inúmeras pessoas ainda na mais alta conta.

Cito agora certo "dr. Ascetismo", que estabeleceu sua prática junto ao consultório do dr. Cerimonial. Seus negócios só não vão tão bem hoje em dia como antigamente porque seus métodos são considerados rigorosos demais para os nossos tempos. Se submetidos ao seu tratamento, os homens aprendem que dor e virtude são a mesma coisa; passar fome é um meio da graça; imundície é sinônimo de devoção; crina de cavalo esfregada contra a pele provoca uma irritação santificadora etc. Poucas pessoas gostam desse tratamento rígido, mas certas fraternidades e irmandades ainda se divertem com uma versão um tanto modificada dele. Doses heroicas de losna e fel saíram de moda, mas seus seguidores ainda provam algo de sabor amargo, muito embora em quantidade moderada. Nos velhos tempos, o dr. Ascetismo prosperou bastante. Naquela época, os homens chegavam a usar roupas de pelo, fustigar seus pobres ombros, sair em peregrinações e romarias loucas e se afligirem com castigos físicos, crendo que grandes renúncias fossem o remédio para obter a libertação de enfermidades espirituais. Esse sistema de cura da alma fazia vítimas como os eremitas em cavernas, os seguidores de Simeão, o Estilista, anacoreta que vivia o tempo todo instalado em cima de uma estreita coluna, e outros tolos que o tempo não nos permite mencionar. Ainda hoje, lemos sobre as freiras de Saint Ann, que dormiam em pé dentro de caixões, acabando por não conseguir mais fazê-lo em nenhuma outra posição. O que faquires hindus fazem com suas camas de pregos talvez não seja tão rigoroso quanto algumas regras monásticas que alguns ditos cristãos quiseram durante muito tempo impor sobre os demais. Tudo isso é, sem dúvida alguma, mera invenção e pura distorção do homem da verdadeira fé, e aquele que o segue descobrirá, afinal, que se atormentou em vão.

Tratarei a seguir de um médico que trabalha sobretudo entre os cristãos reformados, mas também entre muitos outros, e tenho quase a certeza de que alguns de vocês, inadvertidamente, sejam seus pacientes. Seu nome é "dr. Ortodoxia". O tratamento prescrito por ele consiste em se crer em determinadas doutrinas com muita firmeza e até fanatismo. Aí, sim, a pessoa estará salva. Não é verdade que há alguns de vocês assim aqui, hoje, neste lugar, esta manhã? São pessoas cuja grande dificuldade com relação à salvação reside no fato de não conseguirem entender muito bem os princípios da predestinação. Se você conversar com elas sobre o sangue precioso de Jesus e falar de sua eficácia para salvar almas com base na fé nele depositada, retrucam: "Mas eu não consigo entender muito bem a doutrina da eleição!" Em seguida, citam alguma passagem das Escrituras sobre o assunto — denotando a ideia de que, se conseguissem entender tais mistérios, seriam salvas; que, se pudessem manter a fé ortodoxa em todas as questões, seriam libertas de seus pecados. Mas não é bem assim que acontece. Conheço muitos que se mantêm presos a grilhões tenebrosos por pensarem tão somente e com exclusividade em uma face da ortodoxia, deixando de fora todo o restante das sãs doutrinas. Tornam-se piores, mais perturbados, mais desesperados do que antes, porque, ao tomarem conhecimento da doutrina da eleição e predestinação, sentem a necessidade de ficar fazendo um cavalo de batalha em torno disso pelo resto de sua vida. Essa doutrina é, na verdade, para mim, uma doutrina bendita; creio nela e a ela me apego com ardor: Deus tem, de fato, um povo escolhido. Contudo, em vez de virem a Cristo, os homens costumam fazer dessa doutrina uma pedra de tropeço e rocha de escândalo. Mesmo que você fosse infalível e cresse em toda a verdade conforme ela é ensinada nas Escrituras da maneira mais correta possível, seu perfeito conhecimento e sua interpretação certa da doutrina não iriam salvá-lo. A verdadeira fé é algo mais que opinião e prática correta de doutrinas. Um homem pode muito bem descer ao inferno sendo ortodoxo, tanto quanto sendo heterodoxo. Há uma estrada que leva diretamente à salvação, bem como outra em que não se chega a ela. Refiro-me ao caminho pelo qual o homem carrega a verdade em sua mão direita, bem como àquele em que, além disso, esconde uma mentira ou uma dúvida na mão esquerda.

Farei menção a mais um médico, o "dr. Preparação". Ele sustenta e ensina que o caminho para ser salvo é se preparar para receber Cristo. Somente se você se preparar e se adequar devidamente para se apresentar diante de Jesus Cristo, encontrará nele a salvação e a paz. Os modos de realizar tal preparação são, em resumo, os seguintes: "Você precisa se penitenciar. Não pode só depender da vontade e do poder de Deus para salvá-lo. Mesmo que pareça desonrar Jesus com seus temores, tem de suportar os horrores da consciência arrependida e ser tomado de alarme e desespero por haver pecado, penitenciando-se muito por isso". Não é o que está escrito no sagrado Livro, mas é esse o ensino corrente em muitos lugares. Isso é levado tão a sério que os homens preferem não confiar em Jesus Cristo se não sentirem nem experimentarem tal condição. Deparo toda semana com pessoas que me dizem: "O senhor convida a quem sinta vontade ou necessidade de vir a Cristo que venha. Eu não sinto vontade ou necessidade de vir, embora devesse; então, não posso vir?" Não consigo entender por que tais pessoas não abrem os ouvidos, pois vezes sem conta repito que Jesus Cristo não veio a este mundo salvar apenas os pecadores sensíveis, mas para salvar também os pecadores da insensibilidade que os assola. Insisto em que Jesus Cristo convida os pecadores a crerem nele, não se limitando àqueles que se arrependam. Os homens devem vir não apenas *com* o coração quebrantado, mas também *para* quebrantar o coração. Assim, caso não sintam vontade ou necessidade, devem vir a Cristo para receberem ajuda nesse sentido. Pois ele lhes concede "a luz revigorante do seu Espírito". Meu Senhor e Mestre nada quer de vocês, ó pecadores perdidos e falidos; apenas os convida a confiar nele, nada mais, a serem nada em si mesmos e dele receberem tudo. Acho que quem acredita nunca sentir necessidade ou vontade de ser salvo geralmente é quem mais a sente. Se alguém afirma: "Percebo em mim a necessidade de ser salvo", afirma algo muito bom. Mas quem confessa não nutrir tal sentimento é quase sempre um pobre falido, quebrado, que já perdeu o último centavo espiritual que lhe restava, e a quem, por isso, o evangelho foi enviado. Confie em Jesus, creia que ele tem poder para fazer aquilo que você jamais irá conseguir; e, na ausência de algo bom em você mesmo, que assim considere, creia que todo o bem que você deseja está nele entesourado. Entregue-se vazio, nu, despojado, enfermo de corpo e alma, tal como estiver, à obra perfeita de Jesus Cristo, e será salvo.

Acabo de passar, então, uma lista de médicos espirituais com os quais, creio, muitos de vocês se encontram de há muito familiarizados.

II. Qual a razão do seu fracasso? Por que nenhuma das prescrições desses cavalheiros aparentemente cultos, mas altamente populares, conseguiu operar uma única cura verdadeira? Não será, antes de mais nada, porque *nenhum deles jamais alcançou a cura das enfermidades que se disponham a sarar?*

Se a enfermidade da natureza humana fosse apenas uma questão de iniquidade exterior, ou tivesse só a profundidade da pele, por meio de um erro intelectual, as cerimônias talvez conseguissem produzir algum efeito. Exortações legalistas seriam de alguma utilidade. Mas como o coração interior do homem é depravado, e o pecado da nossa natureza ocupa bem o centro da nossa humanidade, herdado do nosso nascimento, de que adianta água benta, ou sacramentos, ou boas obras, ou qualquer coisa externa, que não pode mudar a natureza e transformar a propensão da mente? A vontade é obstinada, as afeições estão corrompidas, o entendimento, obscurecido, os desejos, maculados, a consciência, embrutecida. Mas os médicos legalistas tornam limpos o exterior do prato e do copo sem tocar nos males interiores. Desconhecem o fato de que o homem está morto no pecado. Tratam o paciente como se tivesse se ferido de leve e pudesse ser remediado, consertado, restaurado. Nada sabem sobre a profunda contaminação do pecado, imaginando que o homem apenas se sujou um pouco, só um pouco, de forma que uma esponja de reforma externa e água quente de pseudoarrependimento logo podem remover todas as marcas desagradáveis. Não é bem assim, no entanto, que funciona. A fonte do nosso ser está infectada, o fundamento da nossa natureza apodreceu, e, enquanto não nos achegarmos a Cristo, não descobriremos médico algum que vá ao ponto exato da doença e toque em sua nascente.

Mais ainda, *esses médicos, quase sempre, prescrevem remédios impossíveis para os seus pacientes.* Dizem a um homem: "Você precisa sentir". "Sentir?", retruca o homem. "Meu coração é um bloco de granito. Se eu pudesse sentir, conseguiria fazer tudo o mais; mas não sou capaz de ter sentimentos mesmo que me transforme em um anjo. O que o senhor me prescreve, doutor, é algo muito além das minhas forças." Ou, então, recomendam que lute, que se empenhe, clamando: "Você tem de insistir em prosseguir com sinceridade; lutar, batalhar, labutar desesperadamente!" "Mas", diz o pobre homem, "eu tento. Aliás, venho tentando há anos, mas Deus não aceita meus esforços. Posso continuar tentando até morrer. No entanto, preferiria que me indicassem um caminho seguro para a salvação imediata; anseio por paz instantânea, luz e liberdade". Esses médicos prescrevem caminhadas para quem tem as pernas quebradas e visão como remédio para aqueles cujos olhos já não enxergam mais. Dizem aos homens para fazer o que não podem e nunca lhes apontam o que Jesus realizou em seu benefício. Quando o evangelho manda o pecador parar de se esforçar e confiar só em Jesus, sem ter nada ou ser nada em si mesmo, mas aceitando Jesus como seu tudo em tudo, e quando acrescenta que até isso é dom do Espírito de Deus, está colocando diante dele o único método de salvação, acessível a todos, até mesmo ao mais pecador, ao mais fraco, mais culpado e mais aflito.

Muitos dos remédios prescritos por tais médicos nem chegam a tocar na enfermidade. Conforme já demonstramos, as cerimônias externas não podem de modo algum afetar a natureza interior, e a simples realização de boas obras ou a elocução de orações excelentes não têm como causar qualquer efeito na pacificação da consciência, que clama: "Eu ofendi Deus. Como posso me reconciliar com ele? Meus pecados passados clamam por vingança divina. Deus não será justo se deixar de me punir. Oh, quando, como e onde encontrarei paz para minha alma?" Quando, como e onde senão chegando ao grande e único Mediador? Só no Calvário se encontra o remédio para a consciência ferida. Das chagas do nosso bendito Senhor, fluem fontes de cura. Quem voltar os olhos para ele encontrará paz, consolo e plena salvação. Mas fazer, sentir, executar isso e aquilo e mais dez mil outras coisas, tudo isso não passa de perda de tempo, brincadeira, ilusão, armadilha. E nem sequer toca na enfermidade. *A doença da humanidade caída é incurável — exceto por obra e graça da Onipotência de Deus.* Seria para nós tão fácil nos curarmos por conta própria quanto criar um mundo novo ou um novo coração. Seria tão fácil para o homem alimentar a esperança de abolir definitivamente o frio e a neve quanto poder erradicar o pecado de sua natureza por meio do que quer que exercesse. Seria o mesmo que dizer à terra: "Está liberta da maldição do trabalho"; dizer para si mesmo: "Libertei-me por meu próprio esforço da escravidão do pecado". Só Deus tem poder para salvar — essa é uma prerrogativa exclusiva dele. Quem quer que se diga capaz de poder fazê-lo; que afirme que ele ou os sacerdotes, seus enganadores, podem contribuir de alguma forma diretamente para a salvação; que suas lágrimas, seus gemidos, seus gritos, seu arrependimento e sua humilhação conseguem fazer por si mesmos alguma coisa, a essas pessoas eu recomendo: fujam da presença de Deus! Vocês estão simplesmente afrontando-o, tentando surripiar, sem sucesso, sua mais cara prerrogativa; refutam-lhe a Palavra, roubam-no de sua glória, provocam-lhe a ira. Deus é soberano e, como tal, deve ser tratado. Ai daqueles que lutarem contra ele!

A COMPETÊNCIA FRACASSADA E O GRANDE MÉDICO BEM-SUCEDIDO | 749

Irmãos e irmãs, permitam-me dizer mais uma única palavra com toda a franqueza e então mudarei de assunto. Estejam certos de que, onde quer que vocês virem um rasto de poder ou de mérito de criatura na salvação, saibam que se trata de obra falsa, contaminada, arruinada. Se houver na fonte uma gota do que for que não do sangue de Jesus, tal fonte não purificará o pecador. Se houver na veste um único fio que não tenha sido entretecido pelo próprio Cristo em nosso favor enquanto aqui esteve, a veste inteira estará mal acabada ou será falsa e não servirá de veste nupcial. Para a alma carente, a obra deve ser de Cristo do princípio ao fim, toda dele e de sua graça. Se houver nela alguma coisa de mérito humano ou outra coisa que venha do homem, ela estará arruinada por inteiro, e Deus não a aceitará. Esses são alguns dos motivos pelos quais os médicos que citei deixam de produzir saúde e cura.

III. Descreverei agora A CONDIÇÃO DO PACIENTE QUE OBEDECEU A ESSES CHARLATÃES e hoje se vê em desgraça.

Durante cinco anos, estive nessa situação, buscando encontrar a paz com Deus de toda maneira que pudesse imaginar. No final do período, minha condição era muito parecida com a dessa pobre mulher. Os danos por ela sofridos poderiam ser considerados de quatro modos. Primeiro, ela *perdera seu tempo*. Doze anos! Quem é capaz de calcular o valor de um único dia perdido? Quem tem condições de imaginar quanto pode valer um ano? Doze anos desperdiçados! Que pena que a pobre gente que busca a salvação por intermédio das obras da lei perca tanto tempo precioso! Que pena que vocês, caros amigos, que ainda não são salvos, fiquem de cabelos brancos deixando passar tantos anos sem proveito algum! Tempo que poderia e deveria ser aproveitado para o Senhor. Espero que ainda o seja o que resta dele em sua vida. Pensem bem e com humildade: vocês têm estado esse tempo todo do lado de fora, junto à porta do salão do banquete. Não se lavaram, embora a fonte à sua espera esteja cheia. Não foram curados, quando a mão restauradora do Senhor pode salvá-los em um minuto. Todo esse tempo correndo perigo, expondo a própria alma a riscos tremendos, quando as portas da cidade de refúgio estão e sempre têm estado abertas. É de fato uma tremenda perda de tempo o que as ilusões impõem ao homem. No entanto, não podemos arrancar as pessoas de debaixo delas, pois, se provarmos a insensatez de qualquer dessas quimeras, as pessoas correm a se agarrar a outra; se provarmos a insensatez de todas, ainda assim voltam para elas como o cão ao vômito. São capazes de preferir qualquer coisa a Cristo, e sobre isso o próprio Jesus advertiu: [...] *não quereis vir a mim para terdes vida!* (Jo 5.40). Os homens, em geral, tendem a acorrer a qualquer outro alvo, menos a ele.

O segundo grande dano causado à mulher foi o fato de *ela em nada melhorar*. Sentir-se ao menos um pouco melhor já constituiria para ela algum encorajamento. Ter alguma dor mitigada, alguma porção da enfermidade suspensa, já seria considerado pela mulher satisfatório. Do mesmo modo, tampouco vocês, que ainda não chegaram a Jesus para tocá-lo, poderão estar melhores do que quando entraram nesta casa pela primeira vez, algum tempo atrás. Emendaram-se um pouco, talvez, o que não é mau. Abriram mão de algumas coisas ruins que um dia lhes foram muito caras, o que também é bom. Ainda assim, no entanto, não se sentem nem um pouco felizes. Não morreriam hoje sentindo nenhum conforto maior do que há alguns anos — não têm esperança maior de imortalidade agora do que naquela época. Em determinadas ocasiões, chegaram a imaginar que a escuridão se adensava e a perspectiva de esperança parecia tornar-se cada vez menos aparente. É triste que, depois de terem feito tanto, tudo se converta em tão pouco, não é verdade? Infelizmente, tal como acontecia com a mulher antes de achegar-se ao Senhor, vocês, que ainda não decidiram entregar-se a ele, continuam depositando suas riquezas em um saco cheio de buracos, esbanjando seus recursos naquilo que não é pão, dando seu empenho em troca daquilo que não satisfaz.

O terceiro prejuízo sério causado à mulher se evidencia em que *ela até piorou*, depois de *sofrer tanto* nas mãos dos médicos. O que conseguiu foi perder ainda mais. Os médicos, certamente, haviam aplicado um pouco de unguento aqui, lancetado ali, ministrado um veneno irritante ou uma droga repugnante, revelando-se competentes em coisa nenhuma, a não ser em lhe infligir ainda mais e desnecessário sofrimento. Ou seja, enquanto vocês olharem para outro lado que não para Cristo, na tentativa de alcançar a salvação, estarão se afligindo e torturando à toa. O desespero prosseguirá permanecendo à espreita em seu caminho, e o desalento irá pairar, trajando uma mortalha, acima de vocês. Na verdade, ainda terão muito mais tristezas e sombras da morte a suportar se não abrirem mão de tudo que provém do seu próprio eu e não se entregarem inteiramente a Cristo. Eu, no seu lugar, correria o risco — vamos chamar assim — de chegar a Cristo. Vocês nada têm a perder. Não há como piorar a situação em que se encontram. Mesmo que Jesus estivesse muito aborrecido com vocês, ainda assim seria bem melhor correr para os seus braços do que permanecerem afastados dele. Jesus Cristo, Salvador dos homens, tem poder para salvar até os casos mais extremos. No entanto, enquanto alguém buscar a salvação em outros que não nele, isso, naturalmente, não será possível. Há muitos por aí que hão de tentar apoiá-los ou ajudá-los lançando mão da ideia de virtude própria, ou que colocarão à sua frente, como condição indispensável à salvação, obrigações impossíveis, cuja experimentação só lhes aumentará ainda mais o desespero.

> Somente Jesus, o Salvador,
> Pode fazer bem ao pecador.

Pecadores desvalidos se afligem cada vez com muitas dores à medida que acorrem a médicos terrenos à procura de alívio. Há ainda, no caso, mais uma questão. A mulher havia *dispendido tudo quanto possuía sem nada aproveitar* (Mc 5.26) em favor de sua cura. A pobreza a que chegara representava agora para ela, na verdade, uma nova enfermidade. O único benefício disso tudo foi que, totalmente desiludida, não tendo mais como gastar com médicos e inspirada pelo Espírito de Deus, ela se sentiu chamada a Cristo. É, portanto, uma experiência bendita, apesar de dolorosa, quando uma pessoa, que já usou de todos os seus recursos, até descobrir que não lhe resta mais nada, nem uma fração ínfima de mérito ou qualquer esperança, vai a Cristo. É bom quando alguém clama: "Sempre pensei que houvesse uma escapatória para mim; mas agora não me resta esperança alguma. Estou tão destituído de poder quanto de mérito e de recursos. Sinto que deveria, mas não consigo orar; gostaria, mas não consigo me arrepender; quero crer, mas não sou capaz de fazê-lo, tanto quanto não seria capaz de voar — preciso, sim, que tudo isso me venha de Deus". Em momentos assim, de franca e sincera humildade, você há de receber tudo de Deus, pois o limite do homem é sempre oportunidade para o Senhor agir. Quando você se encontra e se reconhece vazio, quando sua reserva toda se esgotou até o último trapo e a última migalha, e você ficou para trás em sua condição de pecador impotente, desesperado, indigno, merecedor somente do inferno, só então pode de fato sentir que, se Deus não estender a mão para salvá-lo, estará tão perdido quanto aqueles que povoam as trevas. É nesse momento que Jesus Cristo se nos revela e nossa alma clama: "Ó meu Senhor, glorioso Filho de Deus, não há esperança alguma senão em ti. Tu podes me salvar. Coloco-me inteiramente em tuas mãos, e ainda que só me reste perecer mesmo se confiar em ti, corro esse risco. Se for lançado ao inferno, como sei que mereço, ainda assim crerei que tu, só tu, podes me salvar". Então, é certo, você não perecerá, nem haverá quem o arranque de suas santas mãos. Se Deus lhe der o poder de crer em Cristo e você o fizer de verdade, sem dúvida estará salvo, tão seguramente quanto Deus está nos altos céus com Cristo à sua direita intercedendo por nós.

IV. Passemos agora àqueles que têm gasto tudo com falsos médicos. Quero explicar COMO SUA CURA PODE SER OPERADA.

A mulher do texto em estudo pensou: "Para mim, o caminho da cura é chegar até Jesus. Infelizmente, os médicos, para mim, não serviram para nada. Não tenho outra coisa a fazer, nem ninguém mais pode me ajudar. Preciso perseverar em chegar junto *dele*. Mesmo que não seja possível pegar em seu braço, o mínimo que eu conseguir, tenho certeza, já me será suficiente; mesmo que não possa nem tocá-lo, se eu puder, ao menos, tocar, que seja, na fímbria do seu manto, sei que isso já me bastará para ser curada". Eis uma doce verdade: que o mínimo de Cristo é suficiente para salvar. O melhor dos homens, o conjunto completo de todos os homens, não poderá beneficiar você, em um grama sequer, tanto quanto a menor partícula de toque em Cristo o pode salvar. Se você tiver uma fé pobre e trêmula a ponto de mal se poder considerá-la fé de verdade, ainda assim, se ela servir para conectá-lo com Cristo, você há de alcançar a

A COMPETÊNCIA FRACASSADA E O GRANDE MÉDICO BEM-SUCEDIDO

virtude que dele emana. Lembre-se que não foi a mão da própria mulher tocando no manto que a salvou, mas, sim, o Cristo do manto em quem ela tocou. Verdade seja dita, a cura ocorreu mediante um ato de fé, mas o ato de fé em si não traz a cura — a cura toda está em Jesus. De modo que você não deve manter os olhos voltados para a própria fé, mas, sim, para Jesus, o Senhor da fé. Se sua fé contar com ele como ponto de convergência; se você confiar e descansar inteiramente em Jesus, o Filho de Deus, sua fé é boa o suficiente para lhe trazer o céu. A fé mais vigorosa que qualquer pessoa já possa ter tido, se não baseada em Cristo, de nada serviu senão para prejudicá-la; mas a fé mais fraca que alguém já teve, se voltada diretamente para a pessoa exata e a obra suficiente de Jesus, com toda a certeza o salvou.

O fato, pecador, é que, se você quiser ser salvo, deve, a partir de agora, passar a não ter mais nada que ver consigo mesmo, com sua própria bondade ou maldade. "Não consigo sentir", diz você. Esqueça a sensação. Você será salvo pelo que Cristo sentiu, não pelo que você sente. "Não consigo." E daí? Que importa se você consegue ou não? Sua salvação não depende do que você consiga fazer ou não, mas do que Jesus é capaz de fazer, e ele pode realizar todas as coisas. Está disposto a confiar nele agora? Permita-me colaborar com sua fé por meio de mais duas ou três palavras, na esperança de que o Espírito Santo as abençoe. Cristo é Deus: acaso não teria poder para salvar você? Cristo, o Filho de Deus ensanguentado na cruz por sua causa, em seu favor, curvou a cabeça diante de morte maldita e levou sobre si a ira do Pai, para que todo aquele que nele confia não tivesse mais de merecê-la. Esse Cristo da cruz não pode, então, perdoar seu pecado? É ele o amado do Pai; confie nele. Acha que Deus não concederá misericórdia se você suplicar em nome de Jesus? Ele vive hoje, para salvá-lo — não se trata de um Cristo morto em quem lhe ordenem crer. Ele vive, e sua ocupação constante é implorar por nós diante do trono de Deus. Sua súplica é: "Pai, perdoa-os por minha causa".

Se ele morreu para salvar, agora que vive pode salvar mais ainda. Em seu instante de agonia, Jesus afirmou a um dos ladrões que o ladeavam: *Em verdade te digo que hoje estarás comigo no paraíso* (Lc 23.43). Será que não pode dizer coisa semelhante a você, agora que ostenta a coroa da glória? Sim, talvez você tenha entrado aqui esta manhã sem pensar nada de bom; talvez nunca tenha proferido uma única palavra santa em toda a sua vida. Mesmo assim, ele pode salvá-lo tão rápido como aconteceu com o ladrão. Embora quando aqui entrou você não se considerasse mais que um ser perdido e miserável, muito distante da graça de Deus, ainda assim, neste exato momento, você pode ser uma alma salva. Cristo não opera conforme o tempo que passa; não está limitado por dias, anos, horas, minutos. Se você conseguir voltar seus olhos para a cruz e dizer *Senhor, lembra-te de mim* (Lc 23.42), ele certamente lhe dirá, em resposta: *Hoje estarás comigo no paraíso* (Lc 23.43). Com ele, não há perda de tempo, dificuldade ou discussão. Ele é o Deus encarnado, o Deus-homem que sangrou sobre a cruz, o Filho de Deus que ascendeu aos céus, hoje vestido de majestade e reinando em esplendor, aquele cuja promessa nós proclamamos. A promessa que está nas Escrituras afirma que *Quem nele crê não é condenado* (Mc 16.16): *Crê no senhor Jesus e serás salvo* (At 16.31); "Quem crer e for batizado será salvo; mas quem não crer será condenado". Está disposto a crer nele, meu irmão? É para você então chegar a ele, confiar nele, achegar-se cada vez mais perto dele, depender dele, fazer dele sua única e exclusiva dependência. Está disposto a fazer isso? Sente que Deus já o capacitou para fazê-lo? Se sim, vá em paz; sua fé o salvou, seus pecados estão perdoados. Vá e viva para seu louvor, o louvor daquele que o comprou com seu sangue. Vá e sirva com determinação aquele que o serviu tão bem. Vá agora e até o último segundo da sua vida seja servo daquele que tem sido tão seu amigo. O Senhor nos abençoe em seu nome. Amém.

80

O TOQUE (I)

Porque dizia: Se tão somente tocar-lhe as vestes, ficarei curada (Mc 5.28).

O milagre da cura dessa mulher aconteceu quando nosso Salvador se dirigia para a casa de Jairo a fim de lhe ressuscitar a filha. Não tenho dúvida de que, embora a cura da mulher hemorrágica tenha sido em si mesma um extraordinário milagre, estaria fadada a não permanecer isolada em seu relato, mas, sim, a ter uma forçosa associação com o relacionamento do Senhor para com Jairo. Pelo que deduzimos da narrativa, o chefe da sinagoga se encontrava em uma situação de vir a ter a sua fé provada com rigor. Ele procurara o Salvador dizendo que sua filha jazia às portas da morte e lhe suplicara que fosse curá-la. Antes que chegasse com Jesus a seu destino, no entanto, mensageiros o alcançaram e avisaram: *A tua filha já morreu; por que ainda incomodas o mestre?* (Lc 8.49). Ora, a fim justamente de que a fé de Jairo fosse preparada para tal choque, nosso Senhor lhe concedera, poucos minutos antes, presenciar admirável milagre como esse, operado na mulher. Ante a notícia trazida pelos mensageiros, nosso Senhor só teve então que lhe dizer, como lemos em Lucas: "Não temas; crê somente, e [tua filha] será salva". Como disse o velho bispo Hall, "como que para confirmar suas palavras, pelo simples toque na orla de seu manto ele havia restaurado uma mulher que se encontrava à beira da morte".

Na verdade, é curioso observar como se posiciona adequadamente no campo da esperança esse caso de uma menina de 12 anos, justamente após haver nosso Senhor curado uma mulher que estivera em idêntico intervalo de tempo sujeita a uma enfermidade atroz, considerada incurável. Uma mulher que havia doze anos estava à beira da morte é curada e vive, para que Jairo possa crer que sua filha de 12 anos, morta, pode ser restituída à vida. Irmãos, quando Deus nos abençoa, nunca sabemos o tamanho ou a quantidade de bênção que ele também possa estar dispensando a outros. Pode ser até que a nossa conversão tenha uma relação distante, mas bem distinta, com a conversão de outros. A graça sorri para cada ser pessoalmente, mas seu objetivo pode perfeitamente alcançar muito além do benefício particular concedido a cada pessoa. Ao aceitar e honrar a nossa fé, salvando-nos, o Senhor pode estar também fortalecendo a fé de outros filhos seus ou operando fé em uma alma recém-convertida. O ditado fala em "matar dois coelhos com uma só cajadada", mas nosso Salvador sabe mais: sabe como abençoar de duas a duas mil almas com um único toque de sua mão.

Não quero, porém, detê-los nesse fluxo de pensamentos, com que abri minha fala acerca de tão interessante narrativa; o que desejo, na verdade, é trazê-los mais para perto da pessoa gloriosa do nosso grande curador. Nosso Senhor operou o milagre na mulher no momento em que seguia para operar outro. Tal como o sol, ele brilha continuamente enquanto avança, e cada raio seu está repleto de toda a graça. Na verdade, não somente o que ele faz de modo visivelmente intencional é glorioso. Está tão pleno de graça e poder que até mesmo seus feitos aparentemente casuais, incidentais, são notáveis. Evidentemente que o curso e o desígnio principais de sua vida devem sempre ocupar prioritariamente o nosso mais fervoroso pensamento. Contudo, até episódios menores do belo poema de sua vida sagrada são de uma riqueza bem maior do que se conseguiria descrever em palavras. Não existe neles um único detalhe em que não haja algum tipo de instrução. Como não há, porém, como esgotarmos esse assunto, vamos nos restringir e nos dar por satisfeitos, por hoje, deixando de lado algumas questões, embora interessantes, e passar objetivamente ao cerne da história.

O toque (I) | 753

Em primeiro lugar, convido você a olhar para aquela mulher como *uma paciente*. Depois, observar *as grandes dificuldades de que estava rodeada a sua fé*. Em terceiro lugar, chegarmos ao ponto da *transformação*, observando então como todas as suas dificuldades desapareceram repentinamente, como a névoa matutina, tão logo se voltou para Cristo Jesus. Por fim, iremos nos dedicar um pouco em analisarmos *seu retumbante sucesso*. Que o Senhor nos ajude a alcançar maiores bênçãos, capacitando-nos a seguir o exemplo dessa mulher. Vem, ó Espírito Santo, e ajuda nossa fé, para que ela nos leve a estabelecer um contato mais íntimo ainda com o divino nosso Senhor.

I. Começando, então, olhemos para A PACIENTE. Era uma mulher que sofria de doença muito grave, que lhe havia esgotado a vida. Sua constituição física fora minada, fora exaurida de toda a sua vitalidade. Sua existência se transformara em constante sofrimento e debilidade. Contudo, *que coragem e presença de espírito ela ainda demonstrou!* Estava pronta a atravessar fogo e água para recuperar a saúde. Devia ter em seu interior uma vitalidade incrível, pois, enquanto outros provavelmente teriam ficado estendidos em cima de um leito de dor, tendo há muito tempo perdido qualquer esperança, ela insistiu, durante doze anos, na busca de uma cura, procurando um médico atrás do outro. Nada a abatia, nada a intimidava. Não desistiria enquanto lhe restasse fôlego de vida. Quando, afinal, encontrou o verdadeiro médico, mergulhou na densa multidão a fim de tocá-lo de qualquer jeito. Não pediu a ninguém que intercedesse em seu favor, mas, com coragem e intrepidez dignas de serem associadas à sua profunda humildade, abriu caminho pelo meio do povo até chegar ao Cristo que cura. Demonstrou intensa energia e espírito inabalável na perseguição de sua saúde. Oh, que os homens possam ser, pelo menos, um décimo assim vigorosos quando se trate da salvação de sua alma.

Observe, também, *sua firme determinação*. Ela estava disposta a morrer lutando, se necessário fosse. Não se resignaria ao inevitável enquanto não lançasse mão de todo o esforço possível para preservar a vida e recuperar a saúde. Durante doze anos, tudo indica, havia perseverado de diferentes modos e nas garras das mais diversas e terríveis agonias. No texto, nos é dito que havia sofrido muito nas mãos de vários médicos. Já é bem ruim sofrer nas mãos de um só facultativo, imagine sofrer em consequência da ação incompetente de muitos deles! Naquela época, então, eram os doutores, em geral, quase sempre mais temíveis que as piores enfermidades. Se eu lesse para vocês um breve resumo dos tratamentos e cirurgias praticados nos velhos tempos, certamente iriam estremecer e me suplicar que interrompesse a leitura. Qualquer pessoa razoável naqueles dias preferiria, se pudesse, sofrer de qualquer tipo de doença a ter de se submeter às mãos supostamente curativas dos médicos. As prescrições geralmente eram horrendas. Mesmo as receitas de cerca de apenas duzentos anos atrás, passíveis de serem encontradas em livros como *Culpepper's Herbal* [O Livro das Ervas Medicinais, de Culpepper], eram tão confusas e continham um número tão grande de abominações que com certeza seria melhor morrer a beber misturas tão terríveis e detestáveis. À base de sangria por ventosas, sanguessugas e faca, assim como de cauterização, vesicatório e incisão, amarras, flagelação, punção e drenagem, os pacientes eram levados, antigamente, a ter de se submeter a toda espécie de tortura inimaginável. No entanto, nossa heroína suportou cada um desses processos em que se supunha haver alguma virtude. Não sei quantos tratamentos e intervenções ela foi obrigada a aturar, ou quantos litros de drogas repugnantes foi forçada a engolir, mas com certeza tudo isso veio a lhe causar grande dor e amarga decepção.

A tudo isso, também, foi sendo o seu dinheiro despendido com excessiva liberalidade em médicos e tratamentos, até praticamente nada mais restar com que pudesse garantir algum conforto para si, justamente quando dele mais poderia necessitar. Enquanto o dinheiro durou, no entanto, jamais economizou um níquel sequer em favor da restauração de sua saúde. Sua determinação, como já dissemos, é bem digna de ser observada: estava decidida a obter a cura, fosse qual fosse essa possibilidade debaixo dos céus. Pelo tempo que desfrutasse de um restante de vida, ela sem dúvida o gastaria de toda maneira para esquivar-se da morte. Fico contente quando vejo tamanha persistência em uma alma desperta para o Senhor. Como isso é raro! Alegra-me quando uma pessoa, por mais ignorante que seja do caminho da salvação, mesmo assim resolve: "Terei salvação se for algo possível de alcançar. O que quer que for preciso sofrer, do que quer que for preciso abrir mão, o que quer que for preciso fazer, se houver um caminho para a salvação ao meu alcance, esse caminho eu tomarei. Nem que seja tudo no mundo devo considerar como sacrifício grande demais para isso. A abnegação mais árdua nada será para mim, se eu puder obter salvação". Por acaso, irmãos, a salvação de nossa alma imortal não é realmente digna de toda a nossa atenção, toda a dedicação, toda a constância de propósitos e firmeza de determinação de que sejamos capazes? Quem, por acaso, poderia determinar seu valor? Que peso poderia ser depositado no prato da balança da vida para aferir o valor de uma alma salva? O mais fino ouro pode ser considerado escória se comparado à salvação do nosso espírito imorredouro; o diamante e o cristal preciosos não merecem nem ser citados em comparação. Em Jó, está escrito: *Pele por pele! Tudo quanto o homem tem dará pela sua vida* (Jó 2.4). De fato, é preciosíssimo o resgate de nossa alma. É um radiante sinal de esperança, símbolo da graça, quando gerada no interior do homem a determinação de que, se puder ser salvo, há de ser salvo.

Admiro também a *maravilhosa esperança* dessa mulher. Ela crê que, apesar de tudo por que passou, ainda pode ser curada. Poderia perfeitamente ter desistido da ideia há muito tempo, segundo o raciocínio comum, pois em geral nos baseamos em resultados iguais ou repetidos para chegarmos a uma conclusão; e ela poderia, somando seus vários médicos e tratamentos e seus muitos fracassos, ter concluído que seu caso já havia passado do ponto em que ainda fosse possível acalentar alguma esperança. Poderia ter dito a si mesma: "Minha doença é incurável. Preciso somente clamar por paciência; a fim de suportá-la até morrer, não posso mais sonhar com cura alguma". Em vez disso, a mulher de olhos brilhantes, como tenho certeza de que ela era, viu a esperança onde outros teriam se desesperado. Alguma coisa dentro dela a impedia de soçobrar. Continuava a nutrir a esperança de dias melhores. Por isso, ao ouvir falar de Jesus, seu coração deu um pulo dentro do peito. A esperança lhe disse: "A bênção chegou, afinal. Espero há muito tempo por ela, e agora Deus a enviou a mim. Ei-la; tomarei posse dela de imediato. Agora o sol da justiça raiou sobre mim, trazendo cura sob suas asas, e eu me banharei em sua luz. Escapei finalmente de meros embusteiros e encontrei Aquele que tem, de fato, poder para curar". Vejam, portanto, quem é essa paciente. Mulher de fibra, decidida, cheia de esperança. Pessoas como ela resultam em trabalhadores grandiosos na seara do Senhor ao se converter. Deus conceda que eu tenha muitos homens e mulheres assim aqui à minha frente. Que o mestre venha esta manhã por meio de seu Espírito e neles realize a sua obra de cura.

II. Em segundo lugar, peço que consideremos AS DIFICULDADES PARA A FÉ DESSA MULHER. Devem ser pesadas, a fim de que venham a revelar sua força. As dificuldades devem ter sido conforme se segue.

Primeiro que tudo, não conseguir ela esquecer *que sua enfermidade era de fato incurável e que dela já vinha sofrendo por muito tempo*. Muitas doenças, quando descobertas no início, podem ser mitigadas em grande parte, se não removidas por completo. No caso dessa pobre mulher sofredora, contudo, já era tarde demais. Eram doze anos — uma longa, uma extensa porção de vida humana para se passar sentindo que a vida se exaure. Definhar e sangrar durante doze anos é, realmente, bastante para deixar uma pessoa sem qualquer esperança. Seria viável, de fato, ainda a cura? Poderia uma enfermidade que se enraizara em um corpo durante doze anos ser ainda erradicada? Poderia, enfim, o que se mostrava incurável ir embora e o corpo voltar a ser sadio? O coração dela questionava: "Como poderia ser isso?" Você certamente se perguntaria se, depois de passar tanto tempo debilitada pela doença e cada vez mais fragilizada devido à longa duração da enfermidade, ela não poderia senão considerar estar inteiramente incapacitada para a cura. No entanto, observe e admire sua conduta: ela não vacila, mas, sim, crê totalmente em Jesus.

Repetindo: *ela suportara frequentes decepções*, e todas deveriam ter lhe fornecido razões terríveis para duvidar de tudo. "Sim", poderia ela até ter dito, "lembro-me do primeiro médico com que me consultei, que me disse ser um problema sem importância e que se eu tomasse do seu elixir egípcio, que havia importado desde junto às tumbas dos faraós e me era cedido a um alto custo, ficaria curada bem depressa. Ai, meu Deus, ele só fez me aliviar do meu dinheiro. Outro doutor, famoso professor, me assegurou que suas pílulas fariam todo o trabalho de cura se a tomasse cerca de trezentas delas e tivesse o cuidado de comprá-las apenas dele, pois só ele detinha esse segredo, de modo que mais ninguém conseguiria preparar as verdadeiras. Não tinha dúvida de que eu melhoraria depois da tricentésima; mas, após uma espera tediosa, nada melhorei". Recordava ainda que, submetida a novos tratamentos, interpretava sempre cada pequena mudança em si mesma como indício de esperança, para logo se ver arrancada de seus devaneios por um recrudescimento do mal. Suas desventuras foram muitas, todas com um final triste. Lembrava, por exemplo, do velho médico sisudo que ela visitara havia alguns anos e que balançara a sábia cabeça, assegurando-lhe que talvez nunca tivesse deparado com caso mais terrível. Ela considerou na ocasião uma grande sorte tê-lo procurado, pois lhe informaram não haver outro em toda a Palestina que melhor entendesse daquela enfermidade. O velho achou ser capaz de interromper o avanço da doença, sem dúvida, pelo uso diário do seu bálsamo do Líbano, preparado com as melhores resinas de cedro e o extrato mais rico de ervas odoríferas, misturados de modo extraordinário, segundo orientação dos antigos e observação de muitos anos de prática. Para ele, tinha sido de fato excelente que ele tivesse ainda um pouco do seu bálsamo inigualável, que pôde ela levar por um preço bastante módico, considerando o alto custo que o seu fabrico representava. A mulher aceitara a sugestão, mas o remédio lhe causou mais dores e mais enfermidade. Pagara caro mais uma vez para suportar mais sofrimento. Mudara então de médico, recorrendo a um grego, que condenou com veemência todos os seus predecessores, aos quais chamou de tolos. Ensinou-lhe um sistema tão complexo que a pobre mulher não conseguiu entender nada do que ele disse, mas nem por isso creu menos, apesar de tudo, atribuindo à própria ignorância e ao profundo conhecimento daquele profissional a sua dificuldade. Ela tentou então um médico romano, homem simples, áspero, prático que não falava grego nem hebraico, mas era acostumado ao tratamento emergencial e imediato de soldados feridos em batalha. Após experimentar diversos remédios durante um período considerável de tempo, ele a informou de que no seu caso era bastante indicada uma cirurgia, que ele próprio fora o primeiro a executar — de fato uma bela operação. Já a usara em várias pacientes e, embora ninguém tivesse se recuperado, continuava convicto de que seu tratamento era o melhor. Ela declinou do heroico procedimento, mas acabou se sujeitando a outro, e mais outro, até passar a sentir muita dor quando se locomovia e a ter o corpo cheio de escoriações, a ela concedidas por seus amigos médicos.

Quando pensamos na longa e hipotética história da qual acabo de fazer um esboço, não seria de admirar que ela tivesse dito: "Não consigo mais confiar em ninguém. Melhor deixar a natureza agir por conta própria do que me colocar nas mãos de outros charlatães". Todavia, não se sentia desanimada: sua fé se elevara além das experiências amargas, de modo que creu no Senhor seu Deus. É mais fácil para mim lhes contar isso desse modo do que percebermos quais devem ter sido de fato as tremendas dificuldades vividas por essa mulher. Se vocês também tiverem procurado alcançar a salvação por meio de boas obras, cerimônias, orações e prantos, e tenham sido derrotados em todas as tentativas, como acontece a muitos, não seria de admirar que custem um pouco a crer na possibilidade de um dia serem salvos. Mas que a fé de vocês, como a dessa mulher, possa também navegar sobre a crista dos vagalhões da descrença e da decepção e levá-los a esperar firmes no Salvador onipotente.

Outra dificuldade havia ainda no caminho daquela mulher, qual seja, *seu vívido senso de demérito pessoal*. Ao pensar em Jesus, ela o viu como uma pessoa ao mesmo tempo santa e poderosa: reverenciou-o ao mesmo tempo que confiou nele. Tenho certeza disso. Todavia, embora reunisse coragem suficiente para tocá-lo, sua modéstia a levaria a vir por detrás dele, como se não merecesse ser vista. Evidentemente, temia encará-lo. Receava que, se ele lhe percebesse logo o demérito, poderia rejeitá-la e proibir que se aproximasse; pois era considerada impura segundo a lei cerimonial judaica, e a vergonha da própria enfermidade a impedia de correr o risco de fazer uma solicitação verbal ou expor seu anseio. Depositava grande fé e confiança em seu poder e misericórdia, sim, mas tinha igual respeito por sua pureza, de modo que temia zangá-lo caso o tocasse ou mesmo o encarasse. Tal postura pôde, certamente, tê-la atrapalhado bastante. Como então correr o risco de chegar até ele? "Dos outros médicos, eu podia me aproximar", pensava, "pois sabia que eram como eu. No que diz respeito ao Mestre Jesus, no entanto, sei que se trata de um profeta poderoso em palavra e feitos — verdadeiro homem santo de Deus. Como ousar chegar perto dele?" A ideia de se aproximar por trás demonstra seu total desconhecimento da bondade e da misericórdia do Senhor, assim como de seu atributo divino de onisciência. Prova, enfim, que agiu sob seu senso de demérito próprio. Mesmo assim, e apesar de tudo, ela creu. Ah, ouvintes queridos, quando curvados debaixo da consciência do próprio pecado e insensatez, que o Espírito Santo os conduza a crer que Jesus Cristo tem poder e misericórdia para restaurá-los.

Desconheço se outra dificuldade relacionada a essa lhe ocorreu, como a mim com certeza ocorreria: *ela agora não tinha um vintém*. Despendera tudo e tudo quanto possuía, conforme nos é dito em Marcos. Os médicos que consultara tinham sido todos realmente muito valiosos — em matéria de honorários cobrados, naturalmente. Souberam perfeitamente como lhe diminuir as posses sem diminuir o sofrimento e tampouco conseguir restabelecer a saúde. Ela fora a eles por extrema necessidade e, por isso, como tinha posses, pronta a lhes retribuir merecidamente, mediante recompensas grandiosas, transferindo-lhes assim, pouco a pouco, tudo quanto estava ao seu alcance, na esperança de que fosse curada. Agora, nada mais tinha a oferecer. Sua enfermidade se mantinha incólume, mas seus bens já se tinham ido todos. Estava reduzida à pobreza. Como então se apresentar diante do grande Curador, de quem tanto ouvira falar? Imagino que pensar em sua generosidade e nas muitas curas que ele operava com a maior liberalidade, sem nada cobrar, ajudaram-na a superar essa dificuldade. Mesmo assim, ainda passa pela cabeça de muitos a ideia absurda de querer comprar a salvação. São inúmeros os que necessitam ser lembrados de que Jesus dá de graça sua graça a todos, sobretudo àqueles que não tenham qualquer retribuição a lhe oferecer. Suas bênçãos são inteiramente "sem dinheiro e sem preço", mas várias consciências despertas parecem se esquecer disso.

A maior dificuldade de todas, porém, talvez fosse *ser extrema a enfermidade da mulher*, naquela época. Lemos que ela não melhorara nada, mas, pelo contrário, piorara. Certamente estivera bastante ruim antes, mas os médicos haviam agravado a doença com seus remédios, incisões, vesicatórios. Deixaram-na em estado pior do que a natureza teria deixado se fosse a única a agir sobre seu corpo. Atingira um terrível estágio da doença e agora se encontrava além de qualquer ajuda humana, como se poderia constatar só de vê-la. Tanto que, ao que parece, só conseguia andar muito devagar. Em geral, uma enfermidade como a dela deprime o espírito, enfraquece a mente e faz que a pessoa portadora sinta falta de energia. Sendo, porém, apesar de tudo, mulher decidida, seria de admirar se dissesse: "Não, não posso fazer mais nada, tenho de me render. Não me resta mais nada agora senão deitar e morrer, pois me encontro em tal condição que todas as tentativas para recuperar a saúde seriam inúteis". Que grande fé a dela, no entanto, capaz de elevá-la acima de sua fraqueza para superar a depressão de ânimo, lançar fora a letargia que pouco a pouco tomava conta do seu ser e crer que tudo seria diferente agora, pois sabia não estar lidando com mais um embusteiro, mas, sim, com um enviado de Deus, que muitos consideravam ser o próprio Messias, o Filho de Deus. Alguém revestido de poder infinito, capaz de realmente fazer face ao seu caso — e curá-la.

III. De modo que chegamos agora ao terceiro item, que trata da TRANSFORMAÇÃO, A PARTIR DE SUAS DIFICULDADES. Lemos no relato de sua história que, primeiro, *a mulher ouviu falar de Jesus*. Marcos nos conta: *tendo ouvido falar a respeito de Jesus* [...] (Mc 5.27). A fé é pelo ouvir (Rm 10.17). O que ela tinha ouvido a respeito dele? É bem provável que ela tenha ouvido falar, inclusive, da cena retratada no evangelho de Lucas, no capítulo 6, versículo 19, quando *toda a multidão procurava tocar-lhe; porque saía dele poder que curava a todos*.

Grande aglomeração de pessoas costumava seguir nosso Senhor, amontoando-se sobre ele com o intuito de tocá-lo, visto que quem o tocasse era curado de qualquer que fosse a enfermidade. Que cena maravilhosa devia ser quando as pessoas se mostravam assim tão entusiasmadas por serem abençoadas, a ponto de se aglomerar em volta do grande médico! Na verdade, embora nosso Senhor não estivesse mais apto a salvar em um dia do que em outro, havia, no entanto, certos dias em que o poder de cura parecia emanar de sua pessoa com intensidade bem maior do que em outras ocasiões; na minha opinião, em proporção à fé das pessoas que o rodeavam. Naqueles momentos, quando um grande grupo o seguia, confiante em seu poder, o Senhor lhes permitia testemunhar tamanhas maravilhas que de repente empreendiam como que uma corrida geral em sua direção, e todos que o tocavam obtinham cura. Alguns intérpretes entendem que até mesmo os sãos tocavam nele, para com isso alcançar maior vigor. Eu não me admiraria. Afinal, é assim que funcionam as coisas espirituais.

O TOQUE (I) | 757

A mulher ouvira falar de todas as curas extraordinárias que ele operara e pensou: "Se é assim, vou até ele, e serei curada. Porque, se esses relatos forem verdadeiros, então basta que consiga tocar nele para que também fique sã". Parecia crer que Cristo estava imbuído de um poder maravilhoso, mais ou menos como um gerador carregado de eletricidade emitindo energia para todos os lados. Não era, propriamente, mulher dotada de grande sabedoria. Sua maior qualidade era a insistência, a fé. Arriscava-se a cometer um grande equívoco relacionado ao nosso Senhor e suas vestes, mas isso não a preocupava desde que não influenciasse o seu buscado resultado final. Ou seja, pensava nele somente com o fim de receber do seu poder, e isso lhe bastava. Cria *nele* de verdade; e se você crê, nem que seja um pouco, em Cristo, mesmo permanecendo na dúvida acerca de mil coisas, sua fé o salvará. Se você crê realmente em Jesus, todos os seus enganos e as suas dúvidas acerca dele não afetarão de modo algum o seu divino poder para o abençoar, nem farão voltar contra você o seu benigno coração, nem tirarão o valor de sua fé. *Se eu lhe tocar pelo menos as vestes* (Mc 5.28), pensou ela, "ele está tão cheio de poder que me curará".

O ponto a observarmos com maior atenção aqui é este. A pobre mulher cria que o contato mais leve com Cristo a curaria. Note a disposição que fiz das palavras no texto do parágrafo anterior: "Se eu lhe tocar *pelo menos as vestes*". Não é "Se *pelo menos eu lhe tocar* as vestes". A questão não estava no toque — "Se *pelo menos eu lhe tocar* [...]" —, mas, sim, no que seria tocado: "Se eu lhe tocar *pelo menos as roupas*". Ou seja: "Se não me puder aproximar o suficiente para tocar-lhe a carne, espero tocar-lhe pelo menos as roupas. Tal é o poder que habita nele que deve transbordar para suas roupas; de tal modo, que devem estar impregnadas da virtude de que eu tanto necessito. Essa virtude chega, é lógico, até aquela franja azul, aquela orla que, como hebreu, ele usa no manto. Tenho certeza de que, se eu tocar pelo menos nessa orla, e mesmo que não consiga mais do que isso, posso ser curada". Que fé esplêndida! Não maior do que Cristo até mereceria, mas, mesmo assim, extraordinária. É o tipo de fé que desejo possuir em abundância. O contato mais tênue, a comunicação mais indistinta com Cristo, cura o corpo, cura a alma. Una-se *pelo menos* a Jesus, e sua obra bendita será em você executada. Estabeleça com ele uma conexão, e sua virtude o alcançará. *Se lhe tocar pelo menos as vestes, serei curada.*

Quero ainda que você observe com toda a atenção que a mulher parece pensar menos a seu próprio respeito. Não se pode colocar ênfase no pronome pessoal, "se [*eu*] tão somente tocar-lhe as vestes, [*eu*] ficarei curada"; não ficaria de acordo com o contexto. Não importa, na verdade, no caso, quem sou *eu*, qual é especificamente a *minha* doença, a *minha* impureza, o *meu* caráter, a *minha* disposição mental. Se tão somente tocá-lo, tocar-lhe as vestes, estabelecer com ele um contato, serei salva, serei curada. Cada pessoa que entra em contato com Jesus pelo toque da fé participa de seu infinito poder de cura e salvação. Aquela mulher parece que sabia disso, de modo que fechou os olhos para todas as demais considerações. Não deu ênfase alguma a si mesma como personalidade, nem a um tipo específico de toque. Nada disso. *Se tão somente tocar-lhe as vestes* — e não: se eu conseguir pegá-lo, abraçá-lo, segurá-lo, me atracar com ele. Nada disso. Ela crê que o mais simples contato com Jesus atenderá totalmente ao seu propósito. É sempre uma bênção quando um homem é ensinado por Deus a esquecer de si mesmo, até da própria fé, e só pensar no Senhor Jesus, objeto único da nossa confiança. Ela sentia que a virtude para curar estava *toda* nele, não nela, tampouco em sua mão estendida para tocá-lo. Sabia que, fosse ela o que fosse, seu poder poderia superar todas as dificuldades do seu caso e de sua vida. O resultado não dependia do modo com que ela o tocasse, nem do tempo de duração desse toque, mas tão somente e puramente do Senhor. Era dele que a virtude emanaria, como de fato emanou, por mais breve que fosse o contato.

Essa fé é digna de cultivo. Esquecer tudo o mais e só considerar o Senhor Jesus e seu poder para abençoar, isso é sabedoria. Aqui estou eu, um pobre pecador perdido, mas, se tão somente me achegar a Jesus, serei perdoado e salvo. Aqui estou eu, fustigado por paixões turbulentas, enfermo por causa desse ou daquele pecado, mas, se tão somente tocar nele, ele é tão cheio do poder de cura e salvação que, por mais que eu talvez seja apenas um monte de enfermidades espirituais, no momento em que o tocar, sua virtude há de prevalecer contra as minhas enfermidades e as fará ir embora, desaparecer para sempre. Veja mais uma vez o caso da mulher. Volte a fixar seu gesto até se tornar como ela. Todos os seus pensamentos foram direcionados tão somente para o Senhor Jesus. Ela esqueceu de si mesma, do cansaço, do desânimo, do aborrecimento natural contra a própria enfermidade; esqueceu certamente até do fato de ter de se aproximar de modo que ninguém a visse e furou intrepidamente a multidão. Tudo o que buscava teria de vir dele. Sabia que se tocasse nele alcançaria a bênção almejada; longe dele, permaneceria na desgraça e na miséria até a morte.

Se tão somente tocar-lhe as vestes — não porque aquelas vestes, particularmente, fossem especiais, ungidas e poderosas, por si mesmas; mas porque são *suas* vestes — as vestes daquele que tem em si todo o poder e a elas o transmite; as vestes que ele está usando e que, portanto, constituem um meio de contato *pessoal* com ele, com sua divina e poderosa pessoa. É esse o ponto central de sua transformação, a partir do qual ela passa a direcionar seu pensamento somente a Jesus e a ganhar a certeza de cura por meio do contato com ele. Se vocês, pecadores em busca de salvação, pensassem assim, mais em Cristo, tudo daria certo. Vocês que não conseguem crer, se renunciassem a seus duvidosos e vacilantes pensamentos sobre fé e sobre pecado e começassem a pensar somente nele — no Filho de Deus, exaltado como sacerdote e Salvador, o Cristo cuja obra acabada é inteiramente e toda voltada para os pecadores, o Cristo da ressurreição, o Jesus que vive para sempre, o Jesus em quem reside todo o poder —, parece-me que logo vocês encontrariam salvação eterna. Quando seu coração inteiro se firmar sobre ele, e não mais em si mesmos, vocês alcançarão a paz e desfrutarão de descanso para sua alma.

IV. Em quarto lugar, falemos DO SUCESSO GRANDIOSO DESSA MULHER. Permitam-me lembrar-lhes mais uma vez como aconteceu sua vitória final. Ela estendeu a mão proposital e voluntariamente para tocar no Senhor. Devo insistir um instante no caráter intencional do gesto. Ela abriu caminho pela multidão, mesmo sendo acotovelada e empurrada por todo lado, não haja dúvida disso, apesar do seu estado debilitado, como prestes a desmaiar ou mesmo morrer. Em meio a tantos homens rudes, que se atropelavam certamente em volta do Salvador, e não contando, evidentemente, com simpatia alguma em torno, muito pelo contrário, mesmo assim o desespero não lhe permite hesitar, determinada que estava a tocar suas vestes a qualquer custo. Avança por trás dele disposta a tocar nas vestes nem que fosse de leve, pois precisava, era fundamental, indispensável, inadiável, fazê-lo. Isso consistia, para ela, em tudo o que era necessário. Eis que na aglomeração, porém, as vestes de Cristo se tornam indistintas. Só a pouca distância, por um vislumbre, ela identifica parte da franja azul pendendo do manto. Chega então bem perto: só precisa tocar *aquele pedaço de pano* — e tão forte é a sua fé que a orla daquele manto lhe basta. Não precisa mais que isso. Estende, tremulamente, mas corajosamente, a mão — e o toque se completa.

Observe que ela não foi curada contra sua vontade. Ninguém a empurrou para cima de Jesus. Pelo contrário, o toque foi um gesto voluntário, intencional, ativo, não incidental ou passivo. *Vês que a multidão te aperta* (Lc 8.45), argumentou um dos apóstolos, quando Jesus quis saber quem o havia tocado. Jesus, porém, sabia que não haveria nada de extraordinário em termos de eficácia do seu poder se o contato tivesse sido um dos muitos inevitáveis e involuntários da multidão que o apertava. Por isso, buscou em torno. O toque da mulher fora, sim, um gesto proposital, realizado sob a convicção de que lhe granjearia a cura. Por isso, funcionou. Essa é a fé que produz salvação. Nem todo contato com Cristo, portanto, salva os homens; mas, sim, somente com motivação e estímulo próprios para nos aproximarmos dele — o toque resoluto, pessoal, decidido, de fé. Temos de crer. O Espírito nos ajuda, mas somos nós que cremos. Alguns de vocês permanecem, muitas vezes, sentados, quietos, esperando que o Senhor os visite. Aguardam junto ao tanque de Betesda que venha um anjo e agite a água. Ou algo assim. Nada disso, porém, está de acordo com a mensagem do evangelho. O evangelho não chega para o pecador dizendo: "Quem esperar por sensações será salvo"; mas declara: "Crê no Senhor Jesus"; *Quem crer e for batizado será salvo* (Mc 16.16). Exercite seu ato voluntário, intencional, de fé, e encontrará salvação.

Oh, espero em Deus que algum pecador aqui presente, dotado de plena consciência da própria culpa, seja desperto para executar tal gesto ainda esta manhã. Por menor que seja seu conhecimento de Jesus, creia nele tanto quanto o que você sabe dele lhe permita. Mesmo que só possa entrar em contato com a orla das suas vestes, ou seja, com aquela porção de Cristo que você aprendeu das Escrituras, esse pouco faz parte dele, de modo que você terá, de todo modo, *tocado no Senhor*. Você pode ainda não estar familiarizado com as coisas profundas de Deus, nem com as doutrinas que honram a palavra do nosso Senhor. Contudo, o pouco que você já saiba basta, com fé. Se você declarar a si mesmo: "Confiarei no Cordeiro de Deus" e fizer isso mesmo, terá estabelecido contato com ele, e será salvo. Embora sua manifestação possa ser apenas uma oração crente, uma lágrima crente, tendo fé em Jesus você o alcançará, e será curado. Essencial é que o toque de sua fé seja um ato seu, um feito seu, e intencional. Ninguém é salvo enquanto dorme; ninguém pode afirmar ter sido transformado em nova criatura se não for mediante um ato vivo de fé e confiança. A presença dessa fé, que toma posse das coisas divinas, é necessária. Essa mulher a tinha.

Revejam agora como foi seu retumbante sucesso. Mal o tocou, foi curada. Em um só instante, rápido como a luz elétrica, o toque foi dado, o contato estabelecido e a hemorragia cessou, irradiando-se a cura por seu rosto na mesma hora. Salvação é assim: imediata! Alguém comentou comigo outro dia que ouvira falar em conversão imediata, mas não sabia o que pensar disso. Por mais longo e demorado que possa ser o processo de preparação, há um momento exato em que a alma morta ganha vida. Pois há um instante em que o bebê ainda não nasceu e logo outro em que ele nasce. Somos perdoados ou condenados; há, portanto, certo momento em que o homem ainda não está perdoado e salvo, e outro em que está, e isso geralmente acontece em um período de tempo quase imperceptível. É bem verdade que muitos atos da consciência podem se dar muito antes de se chegar a um estado de percepção da vida espiritual, de modo que pareça ser a salvação uma obra gradual. Contudo, o verdadeiro nascimento, a vivificação divina pela qual ao homem é dado viver em Cristo, é necessariamente instantâneo, em todos os casos. O homem é de fato conduzido passo a passo a um profundo senso de pecado, à renúncia do eu e assim por diante, mas não existe um largo período em que paire entre a vida e a morte. Ou torna-se vivo para Deus ou ainda está morto no pecado. Se estiver morto, está morto; se se tornar vivo, vivo estará. Não há um estado intermediário entre as duas condições. Ou o homem foi regenerado, ou não foi. Não existe um território neutro entre essas duas situações. A mulher foi curada em um instante; e Deus pode salvar você, meu caro ouvinte, também em um instante. Que ele o faça! Se você crer, está feito.

Há casos também em que uma bênção sobrevém a um homem e ele nem toma consciência disso. Já essa mulher tomou conhecimento imediato de que estava curada. Sentia em si mesma que fora recuperada de seu flagelo. Não digo que gostaria de me submeter a seus doze anos de sofrimento por causa desse momento de júbilo, mas tenho certeza de que ela ficou plena de felicidade por essa extraordinária bênção recebida. E a extrema alegria da primeira hora em que você se descobre salvo? É por vezes quase incontrolável, de tão excessiva. Durante algum tempo, perdura com intensidade e êxtase esse jorro de luz, mais brilhante que o sol! Esse resplendor, essa inundação, esse arrebatamento inefável, a transportar em sua torrente tudo que encontra pelo caminho. Quando, enfim, podemos dizer: "Agora, tenho certeza de que meus pecados foram perdoados e removidos — estou salvo, trago dentro de mim a confirmação desse fato", experimentamos um júbilo além de qualquer possibilidade de descrição. Bendito seja Deus por havermos conhecido tamanho enlevo! Bendito seja Deus, digo eu, e seria capaz de dirigir-lhe mil e um agradecimentos sem cessar. Ó pobre pecador, estenda agora sua mão e toque em seu Salvador. O Senhor o liberta de tudo que é de você mesmo. Ele o traz agora a olhar para ele; e você há de reconhecer então, em si mesmo, que está livre de seu pecado, sua doença, sua aflição.

Direi, ainda, que a mulher recebeu do próprio Cristo a segurança de que fora curada, mas só obteve essa segurança depois de fazer uma confissão pública. Sentiu em si mesma estar restaurada, mas havia ainda um conforto maior reservado para ela. Sim, o Senhor Jesus Cristo quer que quem o segue deixe de se esconder na multidão e se apresente. Quem crê e foi salvo precisa ser batizado, dando profissão de sua fé. Aquele que em seu coração crê, deve com a boca confessá-lo. Por isso, Cristo se interessou de fato em saber: *Quem me tocou as vestes?* (Mc 5.30) . Ao ouvir essa pergunta, a chama recém-acesa do júbilo ameaçou a se extinguir dentro da mulher, por medo talvez de perder a bênção da cura que havia recebido. Seu ânimo desceu para abaixo de zero. Os discípulos ainda comentaram: *Vês que a multidão te aperta, e perguntas: Quem me tocou?* (Mc 5.31). Mas Jesus, olhando a sua volta de novo, insistiu: "Alguém *me tocou*". Não apenas suas roupas, mas ele próprio havia sido tocado por alguém. Esse pobre "alguém" queria afundar chão adentro naquele instante, tenho certeza disso. A mulher tremia certamente, enquanto Jesus a procurava. Os olhos benditos do Salvador olharam em torno até se deterem sobre ela. Mas, quando a fitaram, ela deixou de se sentir tão alarmada como antes. Sentiu certa coragem. Mesmo ainda tremendo um pouco de medo, prostrou-se diante dele e contou-lhe a verdade. Ele a fez levantar, amorosa e gentilmente, e lhe disse: *Filha, a tua fé te salvou; vai-te em paz, e fica livre desse teu mal* (Mc 5.34). Ela agora recebia a notícia oficial de sua cura e salvação pelos lábios do próprio Cristo, muito acima de sua própria consciência. Contava com o próprio testemunho divino, testificando com seu espírito que de fato estava curada e salva. Aqueles dentre vocês, portanto, que desejam obter o testemunho do Espírito devem se adiantar, confessar sua fé e contar o que o Senhor tem feito em sua vida. Então receberão o selo do testemunho do Espírito em seu espírito de que de fato são nascidos de Deus. O Senhor os ajude, a vocês que, embora trêmulos, tocaram enfim na orla das vestes do meu mestre, a reconhecer com ousadia esse fato diante de todos — mais ainda, diante de vocês mesmos.

Irmãos, o vinho produzido dessa messe é este: o mais leve contato, a mais breve conexão com Jesus nos abençoa. Desejo dispensá-los com essa única verdade em mente. Quer seja você um filho de Deus, quer ainda não, atente para essa importante lição que aprendemos. A mulher de nossa narrativa de hoje creu na verdade inigualável de que o mais leve toque em Cristo a curaria. *Se tão somente tocar-lhe as vestes, ficarei curada* (Mc 5.28). Creiam nisso, eu lhes rogo, cada um para si mesmo. Você, querido filho de Deus, se sente deprimido esta manhã — o coração gelado, arrasado, morto? Se tão somente tocar-lhe as vestes, terá o coração aquecido outra vez. Se tão somente se aproximar do seu Senhor, há de recuperar sua vida, seu vigor e entusiasmo. Parece que o ouço dizer estar cheio de dúvidas, desanimado, infeliz. "Sei que sou convertido, mas não consigo me regozijar." Restabeleça a comunicação com seu Senhor, meu irmão. Se apenas tocar suas vestes, você ficará curado do flagelo da dúvida. Basta chegar perto dele, de Jesus, seu Senhor ressurreto, por meio de uma oração ou um pensamento de fé, e pronto, tudo estará feito e perfeito. Ainda que seja um toque leve seu, será restaurado. Talvez você diga: "Mas me sinto desencorajado em minha obra cristã. Penso até em desistir. Não tenho visto nenhuma conversão nos últimos tempos; não consigo dar prosseguimento ao meu trabalho com o espírito que um dia tive". Você está resvalando para a letargia espiritual, meu irmão, mas, se tocar em seu Senhor de novo, estará recuperado no serviço dele.

O Senhor Jesus não o curou da primeira vez? Ele pode ainda e sempre fazê-lo; ele não perde virtude quando lhe dispensa poder. O professor que transmite a um aluno sua sabedoria continua depois disso tão sábio quanto no início. Ao conceder a plenitude da graça, o Senhor permanece tão cheio de graça quanto antes. Venham, pois, para ele, vocês, santos que se encontram cabisbaixos. Venham agora! Venham sempre! Se vocês apostataram, se cometeram um erro crasso, se sua digestão espiritual está ruim, se seus olhos espirituais se turvaram a ponto de impedi-los de enxergar mais longe, se seus joelhos enfraqueceram e suas mãos pendem inertes ao lado do corpo, se sua cabeça está enferma e seu coração desfalecido, ainda assim eu digo: se tão somente tocarem as vestes do Senhor, irão sem dúvida sarar. Esse remédio maravilhoso tem poder ilimitado para tratar as recidivas tanto quanto para curar a enfermidade inicial. Não posso deixar de lhes lembrar a igreja de Laodiceia, que é apresentada no Apocalipse em estado tão terrível que o próprio Senhor declara estar prestes até a vomitá-la; todavia, logo acrescenta, maravilhosamente confortando-a e chamando-a de novo a si: *Eis que estou à porta, e bato; se alguém ouvir a minha voz, e abrir a porta, entrarei em sua casa, e com ele cearei; e ele comigo* (Ap 3.20). A comunhão com Cristo é a cura perfeita para a falta de coragem e ânimo. Quando você cair tão baixo que até Cristo pode parecer se cansar de você — e olhe que precisa ser um caso muito sério para ele realmente se cansar —, até nessa situação, se você tão somente abrir a porta para recebê-lo e ele cear com você, tudo ficará bem de novo. Basta entrar em comunhão com aquele que tem vida em si mesmo, e a sua vida se encherá de vigor. Ó filhos queridos de Deus, se vocês tiverem caído na infelicidade, ponham em prática o exemplo da mulher e provem se Jesus ainda não é o mesmo. Um toque é coisa muito simples; mas jamais duvidem, por causa disso, do seu imenso valor.

O toque (I) | 761

Quanto a vocês que receiam não serem um dia seus filhos, ouçam bem: esta manhã, coloco diante de vocês uma porta aberta e oro a Deus para que sejam capacitados a entrar por ela. Se tão somente tocarem as vestes do Redentor, serão sarados. Qualquer que seja a transgressão, a iniquidade, o pecado de que sejam culpados, estabeleçam contato imediato com o Cordeiro que derramou seu sangue por vocês na cruz, e serão perdoados. Na verdade, nem é preciso propriamente tocá-lo: há vida tão somente em *um olhar para ele*. Um simples olhar para Cristo pode representar contato suficiente para produzir salvação. *Olhai para mim, e sereis salvos, vós, todos os confins da terra* (Is 45.22). *Contemplai-o e sereis iluminados, e os vossos rostos jamais sofrerão vexame* (Sl 34.5). Tão somente olhem, tão somente saiam de si mesmos em direção a ele de uma forma ou de outra. Embora um olhar não seja capaz de levar consigo nem um fio tênue como o de uma teia de aranha, basta, se for sincero e verdadeiro, para estabelecer um contato, uma conexão com Cristo. O raio de luz proveniente das chagas de Jesus rumo aos seus olhos será um elo suficiente, mediante o qual a salvação eterna o alcançará. Achegue-se agora a Cristo, pecador, achegue-se a Cristo agora mesmo. Então, será salvo. Confesse sua fé, honre a Jesus. Ame-o de todo o seu coração, e, quando os anjos estiverem se regozijando por você, alegre-se também. Cristo o salvou, louve-o para todo o sempre. Que o Senhor acrescente muitas bênçãos à sua vida, em nome de Jesus. Amém.

O TOQUE (II)

Marcos 5.21-43.

Tendo Jesus passado de novo no barco para o outro lado, ajuntou-se a ele uma grande multidão; e ele estava à beira do mar. Chegou um dos chefes da sinagoga, chamado Jairo, e logo que viu a Jesus, lançou-se-lhe aos pés [...] (v. 21,22).

Eis uma demonstração de respeito e deferência para com o nosso Senhor, como era dever desse chefe da sinagoga. Observa-se aqui uma cena exemplar: a lei aos pés do evangelho. É esse o seu lugar. A melhor obra que a lei pode produzir é colocar-nos aos pés de Jesus. O chefe da sinagoga tinha um pedido sério a fazer, por isso colocou-se, súplice, em posição de humildade. Nós também seremos bem- sucedidos em nossa petição sempre que suplicarmos ao Senhor com toda a humildade, curvando-nos até o pó diante dele.

[...] e lhe rogava com instância, dizendo: Minha filhinha está nas últimas; rogo-te que venhas e lhe imponhas as mãos para que sare e viva. Jesus foi com ele, e seguia-o uma grande multidão, que o apertava (v.23,24).

Em outra parte das Escrituras, somos informados tratar-se de sua filha única, que tinha doze anos. O coração do pai estava, naturalmente, voltado inteiramente para ela; sua vida estava entretecida com a da própria filha. A menina se encontrava à beira da morte. Morreria, a menos que o grande mestre fosse à sua casa e lhe restituísse a saúde. Tinha fé esse chefe da sinagoga; eis por que lemos que *Jesus foi com ele*. A fé atrai e garante o auxílio de Jesus de imediato. Se formos capazes de confiar nele, Jesus há de nos acompanhar. Você consegue depender dele? Nesse caso, também a seu respeito irá se escrever: *Jesus foi com ele.*

Ora, certa mulher, que havia doze anos padecia de uma hemorragia [...] (v.25).

Nessa passagem de sua vida, nosso Senhor abençoa duas mulheres — uma menina à beira da morte e uma mulher cuja enfermidade a fazia padecer demais. Grande parte das curas de Jesus foram realizadas em homens; mas as curas operadas em mulheres são quase todas especialmente dignas de nota. Em milagres de natureza espiritual, as mulheres parecem receber porção dobrada. Essa pobre senhora vinha sofrendo havia doze anos, ou seja, o mesmo tempo de vida da menina. Quantos, na verdade, vivem seu tempo de existência como que só para sofrer, sendo sua vida não mais que um prolongado desgaste constante de sua pessoa!

[...] que tinha sofrido bastante às mãos de muitos médicos, e despendido tudo quanto possuía sem nada aproveitar, antes indo a pior, tendo ouvido falar a respeito de Jesus, veio por detrás, entre a multidão, e tocou-lhe o manto [...] (v. 26,27).

[...] tendo ouvido falar a respeito de Jesus [...] A fé é pelo ouvir (Rm 10.17). Seja o que for que você ouça ou deixe de ouvir, querido ouvinte, tome o cuidado de ouvir o máximo acerca de Jesus. Alguns oradores pregam a respeito da igreja; melhor seria se pregassem a respeito do cabeça da igreja. Outros pregam a respeito do credo; mais sábio seria proclamar aquele que é a essência do credo. Frequente mais os lugares onde se sabe que a maior parte do que se fala é de Cristo. É por ouvir falar dele que você poderá ser abençoado, tal como o foi essa mulher. O que ela ouviu a respeito de Jesus a levou a Jesus; e ir a Jesus é

O TOQUE (II) | 763

um grande objetivo a almejar. Tendo ouvido falar de Jesus, ela tomou a firme decisão de obter a cura que somente ele seria capaz de conceder. E você? Estará imbuído de uma determinação igual?

[...] *porque dizia: Se tão somente tocar-lhe as vestes, ficarei curada* (v.28).

Ela não dizia *se tão somente tocá-lo*, como que enfatizando o simples toque; não. Os tradutores foram sábios na estruturação da frase. A mulher cria que tudo ligado a Jesus estaria repleto da energia de cura, inclusive suas próprias vestes. Sentia que *se tão somente tocar-lhe as vestes, estabelecerei perfeito contato com ele, e ficarei curada*. Não se deu por satisfeita, porém, com sua mera teoria ou suposição, mas tratou de pô--la em viva ação: conforme nos informa Lucas, ela se enfiou no meio do povo aglomerado que cercava e seguia o mestre até poder tocar a orla do seu manto. Oh, que maravilha se todas as boas intenções fossem assim de pronto transformadas em ação!

E imediatamente cessou a sua hemorragia; e sentiu no corpo estar já curada do seu mal (v.29).

Imediatamente. Marcos gosta muito da palavra *imediatamente*. Mas a ação instantânea do nosso Senhor em face do chamado de fé dos necessitados é de tal modo extraordinária que não é admirar que o evangelista assim o registre. Por acaso, existem aqui, neste lugar, almas enfermas que obteriam com júbilo uma salvação imediata? Eis que um toque de Jesus poderá, então, isso lhes dar. Instantaneamente.

E logo Jesus, percebendo em si mesmo que saíra dele poder, virou-se no meio da multidão e perguntou: Quem me tocou as vestes? Responderam-lhe os seus discípulos: Vês que a multidão te aperta, e perguntas: Quem me tocou? (v. 30,31).

Foi Pedro, segundo Lucas, quem agiu, nessa resposta, como precipitado porta-voz dos demais. Todavia, como logo veremos, Jesus está sempre certo, mesmo quando pareça errado aos olhos do bom senso. Não devemos suspeitar jamais de que ele cometa erros. Na verdade, questioná-lo poderá até revelar uma grande presunção de nossa parte.

Mas ele olhava em redor para ver a que isto fizera (v.32).

Ele provavelmente *sabia* quem era. Olhava em redor à procura *dela*. Não tentava propriamente descobrir, mas ver aquele alguém, a quem pretendia tirar, com amor, do esconderijo onde se havia refugiado. Percorrendo a multidão com seus olhos sábios e firmes, ele logo a identificou.

Então a mulher, atemorizada e trêmula, cônscia do que nela se havia operado, veio e prostrou-se diante dele, e declarou-lhe toda a verdade (v.22).

Eis outra cena exemplar, ou ilustrativa. Há pouco, vimos a lei aos pés de Cristo. Agora temos uma sofredora necessitada a seus pés. Que bela visão! Se até o chefe da sinagoga tinha o direito de estar aos pés de Jesus, quanto mais essa pobre mulher, que recebera o milagre da cura e devia tudo a ele. Ó você, que foi salvo por Jesus, adore-o. Prostre-se a seus pés com reverência, acomode-se junto dele com desvelo e mantenha-se ali em obediência.

Disse-lhe ele: Filha, a tua fé te salvou; vai-te em paz, e fica livre desse teu mal. Enquanto ele ainda falava, chegaram pessoas da casa do chefe da sinagoga, a quem disseram: A tua filha já morreu; por que ainda incomodas o mestre? (v.34,35).

A palavra *incomodas*, aqui, é muito forte, como se julgassem um exagero da parte do chefe da sinagoga levar o Salvador até sua casa. Isso poderia implicar a presença de sinais de cansaço no mestre, a ponto de os amigos de Jairo considerarem um incômodo para Jesus o chefe da sinagoga tentar induzi-lo a atravessar com certa dificuldade aquela multidão só para ir até sua casa. Por vezes, esse tipo de informação

Milagres e Parábolas do Nosso Senhor

secundária no texto do evangelho pode revelar mais sobre a condição do homem de dores naquele momento do que registra a narrativa. Ah, mas não existe condição alguma de incomodar Jesus! É seu prazer visitar os que dele necessitam onde quer que roguem por sua presença.

O que percebendo Jesus, disse ao chefe da sinagoga: Não temas, crê somente (v.36).

É o mesmo que ele dizer: "Eis tudo o que você pode fazer e precisa fazer: apenas confiar em mim. Não se deixe abalar, mesmo que a morte em pessoa esteja lá. Eu sou maior do que ela". Nosso Senhor teria dito o que disse a Jairo se não estivesse consciente do seu próprio poder infinito, inclusive de sua divindade? Como então podem refutar alguns que ele seja o Filho de Deus? Ele sempre falou, com toda a certeza, a linguagem da onipotência. Essas não são palavras de um simples homem. Ouçamo-las, então, e as pratiquemos: *Não temas, crê somente.*

E não permitiu que ninguém o acompanhasse, senão Pedro, Tiago, e João, irmão de Tiago. Quando chegaram à casa do chefe da sinagoga, viu Jesus um alvoroço, e os que choravam e faziam grande pranto (v. 37,38).

Pranteadores contratados, como era de costume judaico, estavam ali presentes para imitar a dor. Todavia, tudo aquilo que é falso, que só acontece mediante recompensa, sai, necessariamente, quando Jesus chega para operar suas maravilhas.

E, entrando, disse-lhes: Por que fazeis alvoroço e chorais? A menina não morreu, mas dorme (v. 39).

A morte da menina não tinha, certamente, caráter definitivo. Jesus tinha conhecimento disso. Assim, embora considerando que ela havia falecido, falava em sentido amplo, tendo em vista o futuro. Então, no sentido por ele empregado, a menina não estava morta, pois em poucos minutos seus pais a teriam de volta, viva. A breve morte pela qual ela passava não era, portanto, propriamente morte, mas um enigmático sono.

E riam-se dele [...] (v. 40).

Esta frase deve servir de encorajamento a qualquer um de nós que, ao agir certo, depara com o menosprezo, o riso de mofa e de pouco caso e a reprovação dos outros. *Riam-se dele.* Algum dia você já achou difícil, terrível, doloroso, irritante, revoltante, ser ridicularizado, quando o próprio Senhor, o rei da glória, foi motivo de riso e chacota aqui na terra? Não, meu irmão. Diga, isso sim, em seu maltratado coração:

Se em minha face por teu nome for lançado
opróbrio, vitupério, vexame ou afronta,
que valha a vergonha, que seja eu desonrado,
desde que tu, ó Senhor, me leves em conta.

[...] *porém ele, tendo feito sair a todos* [...] (v. 40).

Aqui está outro lampejo de divindade. Já observaram como o Senhor Jesus frequentemente fazia coisas que seriam consideradas absolutamente estranhas se realizadas por um homem comum? Como quando chegou ao templo e expulsou compradores e vendedores com um açoite de cordas, ou quando limitou-se a dizer, no Getsêmani, "Sou eu", e todos caíram por terra? O mesmo acontece aqui. Ele tira do cômodo todos os pranteadores e carpideiras. Isso não denota na pessoa humana de Cristo certa dignidade e autoridade incontestáveis, que deixavam todos atônitos? Sim, até mesmo em sua humilhação mais profunda, nosso Senhor teve sempre a circundá-lo toda uma glória, revelando o Deus que habitava em seu interior.

[...] *tomou consigo o pai e a mãe da menina, e os que com ele vieram, e entrou onde a menina estava* (v. 40).

O TOQUE (II) |765

Cristo e a morte juntos, no mesmo cômodo de uma casa: que quadro impressionante! Vejam a criança, lívida, morta, de um lado; e o Senhor, doador da vida, do outro. Sabemos qual será o resultado, ao travar nosso Senhor a última batalha com o inimigo.

> *E, tomando a mão da menina [...] (v.41).*

A mão gelada, imóvel, da menina! A menina jaz diante dele como um lírio coberto pelo orvalho da morte.

> *[...] disse-lhe: Talita cumi, que, traduzido, é: Menina, a ti te digo, levanta-te (v. 41).*

Ele lhe dirige a palavra na língua dela. Como é bom ser chamado à vida por meio de sons assim familiares. Há algo de bem puro e simples em todo chamado do amor celestial.

> *Imediatamente a menina se levantou, e pôs-se a andar, pois tinha doze anos. E logo foram tomados de grande espanto. Então ordenou-lhes expressamente que ninguém o soubesse [...] (v. 42,43).*

Não queria o Senhor que o acontecimento se tornasse publicamente conhecido. Tinha motivos para, naquele momento, não fazer alarde de seus milagres. Além do mais, nosso bendito Salvador era sempre modesto, avesso à ostentação, como está escrito: *Não clamará, não exaltará, nem fará ouvir a sua voz na rua* (Is 42.2). Nunca buscou a honra dos homens. Nada façamos, nós também, visando a que venha a ser proclamado, depois, por toda parte.

> *[...] e mandou que lhe dessem de comer (v. 43).*

Essa ordem, bastante natural, adquire caráter singular quando proferida após um milagre. Não poderia ele, que lhe devolvera a vida, satisfazer também a fome da menina? Claro que sim. Mas Jesus foi sempre sóbrio e equilibrado em seus milagres. Essa é a marca do Cristo verdadeiro. Veja o anticristo: veja as prodigiosas maravilhas operadas por ele em Lourdes e em mil outros santuários — são aos borbotões. Paulo fala desses *sinais e prodígios de mentira* (Mc 13.22) como marca registrada do mistério da iniquidade. Já o Cristo não opera nenhum milagre desnecessário; ele se detém onde cessa a necessidade do sobrenatural. Mas aqui nos ensina também uma lição: que, quando concede vida espiritual, é nosso dever supri-la do necessário alimento de verdade divina. Temos de prestar todo o ensino e conforto aos recém-convertidos que entram na família da fé. Aos pais, na família, cabe essa obrigação; igualmente, àqueles que atuam como pais na igreja. Não deixemos de obedecer a esse preceito do nosso Senhor. E que possa Deus abençoar a leitura de sua Palavra para nós.

Sermão

> *E logo Jesus, percebendo em si mesmo que saíra dele poder, virou-se no meio da multidão e perguntou: Quem me tocou as vestes? Responderam-lhe os seus discípulos: Vês que a multidão te aperta, e perguntas: Quem me tocou? (Mc 5.30,31).*

Acabamos de ler a história de uma mulher hemorrágica curada imediatamente. Crentes geralmente sabem que os milagres registrados pelos evangelistas são verdadeiros porque os têm visto muitas vezes. Não significa dizer que tenhamos visto também a hemorragia de uma mulher estancada por seu toque nas vestes de Cristo, mas, sim, que temos sido testemunhas de seu correspondente espiritual. Temos assistido a homens e mulheres sendo curados de todos os tipos de enfermidade espiritual e moral pelo simples fato de entrarem em contato com o nosso Senhor Jesus. Os que tocam no Senhor são restaurados; pois Jesus ainda vive, e sua obra de cura não terminou, mas apenas passou para uma nova fase. Ele continua declarando: *E eis que estou convosco todos os dias, até a consumação dos séculos* (Mt 28.20). E, estando conosco, não está sem fazer nada, mas, sim, continua sendo o mesmo, ontem, hoje e sempre, e operando os mesmos milagres, não apenas no corpo do homem, mas também em sua alma. Jesus está presente curando a lepra mental e moral e abrindo os olhos dos cegos de entendimento; ele continua entre nós ressuscitando os que estavam mortos em seus pecados e delitos. Apesar de vivermos no que se poderia chamar de um grande leprosário, ainda assim somos confortados ao vermos Jesus percorrendo os hospitais, curando por toda parte todos os que entram em contato com ele. À vista das maravilhas de sua graça, clamamos como outros o fizeram, em seus dias de carne, referindo-se justamente a ele: *Tudo tem feito bem* (Mc 7.37).

Os milagres físicos de nosso Senhor Jesus Cristo, tanto quanto representações de suas obras extraordinárias no reino espiritual, são igualmente educativos, por estabelecerem, com grande vigor, verdades impressionantes e preciosas. Tenho esta noite um único desejo, qual seja o de conduzir a Jesus pobres almas adoecidas pelo pecado. Não me darei por satisfeito até que muitos irrompam por esta multidão e avancem, mesmo que com dificuldade, para tocar a orla do manto de Cristo e encontrar sua cura imediata.

Antes, porém, terei de discorrer sobre três assuntos. Acerca dessa *pessoa maravilhosa* que é Jesus Cristo, se simplesmente tocado, emana virtude de cura aos que nele tocam. Em segundo lugar, sobre esse *toque extraordinário*, com certeza algo bem distinto do tocar e da pressão constantes da multidão ansiosa e curiosa que o apertava, seguindo-o, mal o deixando se movimentar. Por fim, pediremos a cada um aqui presente que responda à *indagação pessoal e singular* que o Salvador fez naquela ocasião, repetida agora a esta assembleia: *Quem me tocou?*. Quem sabe alguns aqui esta noite sejam capazes de dizer com trêmula, mas plena confiança: "Eu toquei no Senhor e ele me curou". Possa o Espírito Santo fazer que assim seja.

I. Antes de tudo, então, quero ter a tarefa bendita, muito superior à minha capacidade — mas, oh, quão doce ela é à minha alma — de falar sobre a PESSOA MARAVILHOSA DE JESUS.

O Senhor Jesus Cristo, no meio da multidão, estava cheio de poder, que as traduções chamam, por vezes, de *virtude*. Concentrava-se nele uma força de cura muito eficaz. Ele emitia esse poder, algumas vezes, por sua palavra, e muitas outras, pelo toque de sua mão. No caso em foco, a força fluiu de suas vestes, quando tocadas apropriadamente. O Senhor estava carregado de bênçãos de onipotência, de modo que quem entrasse em contato com ele podia ser restaurado. Não pensem queridos amigos, que ele esteja menos cheio de graça divina para conceder aos filhos dos homens esta noite. Ouso afirmar até que esteja muito mais pleno do poder de cura, porque curvou a cabeça diante da morte, nela tendo cravada a coroa de espinhos, mas a ergueu, livre, ao ressuscitar do túmulo, e subiu aos céus para a glória, levando cativo o cativeiro. Neste momento, pois, ele está em nosso meio, mais dotado ainda de divina energia para abençoar do que quando caminhou pelo solo da Palestina curando os homens e mulheres necessitados e fragilizados do seu tempo.

Observem, ainda, que o poder de Cristo para abençoar está depositado, acima de tudo, *em sua divindade*. Aquele homem humilde, mesmo quando fatigado, exausto, era o Filho do Altíssimo. E, porque era Deus, sua vontade era onipotente. Bastava que falasse à febre ou à lepra, para que se submetessem a suas ordens. Como declarou o centurião, cujo servo ele iria curar a distância, reconhecendo o divino poder de Jesus: *Pois também eu sou homem sujeito à autoridade, e tenho soldados às minhas ordens; e digo a este: Vai, e ele vai; e a outro: Vem, e ele vem* (Lc 7.8). Assim também, bastava ao Cristo divino desejar e as enfermidades fugiam em face de sua vontade. Ele não é menos divino hoje. Neste momento, clama: *Olhai para mim, e sereis salvos, vós, todos os confins da terra; porque eu sou Deus, e não há outro* (Is 45.22).

Seu poder para nos abençoar está também *no fato de que ele se tornou homem exclusivamente por nossa causa*. Falo com humilde reverência, mas *convinha que o Cristo padecesse* (At 17.3), diz a Palavra. Ele achou necessário ser atingido por sofrimento e dor para que pudesse nos salvar dos nossos males e enfermidades. E foi capaz de curar não só por ser Deus, mas também por ser Emanuel, Deus conosco. Oh, mistério bendito da encarnação! Que fonte de misericórdia ele é para nós, miseráveis pecadores! Aquele que estendeu os céus foi condescendente a ponto de nascer de mulher, pobre, e, como frágil criancinha, ser colocado, envolto em faixas, em uma simples manjedoura. Aquele que sustenta os pilares do universo esforçou-se e fatigou-se aqui embaixo para dar-nos força, mediante o uso de seu corpo e sua alma humanos. Tomou sobre si as nossas enfermidades, mas sendo capaz de nos libertar da enfermidade espiritual e de nos restaurar até os mínimos detalhes do que nos compõe. Vejam meus irmãos, vejam o Filho de Deus, que foi encarnado, presente hoje entre nós, e que *pode também salvar perfeitamente os que por ele se chegam a Deus* (Hb 7.25).

Somando-se a tudo isso, não esqueçamos também que o nosso bendito mestre, sendo tanto divino quanto humano, estava também *dotado sem medida do Santo Espírito*. É dito nas Escrituras, com frequência, que o Senhor Jesus era capaz de operar sinais e maravilhas poderosos porque o Espírito Santo estava com ele. Até hoje, o mesmo Espírito o acompanha em plenitude de poder. Jesus, que lhes prego, o homem de Nazaré, o poderoso Deus, tem em si o depósito do Espírito, mediante cujo poder é capaz de remover de nós toda a força e a culpa do pecado e nos tornar de novo perfeitamente íntegros, ou seja, santos.

Isso, então, não é motivo de nos deliciarmos — o fato de haver um Salvador e que esse Salvador esteja aqui, acessível, esta noite? Todo tipo de doença, individual ou social, o bendito médico das almas pode curar. Sou capaz de afirmar que o tenho visto, de fato, curar tais enfermidades; que tenho sido testemunha da cura de todo tipo de pecado. Além de tudo, ele me curou e me cura das minhas enfermidades, e me encontro debaixo do seu terno cuidado, convencido de que pode restaurar perfeitamente até mesmo alguém como eu, antes de dar por concluída sua obra em mim. Tenho visto orgulhosos, que de outro modo nunca teriam sido curados de sua arrogância, sentar-se aos pés de Jesus e dele aprender humildemente, até se tornarem inteiramente mansos e felizes. Tenho visto gente obstinada vir a Jesus e aceitar tomar, com alegria, o seu jugo sobre si, passando a obedecer, de boa vontade e até com júbilo, à vontade suprema daquele que os comprou com sangue. Tenho visto frequentemente o impuro e o lascivo serem atraídos a Jesus por seu amor e sua gentileza e transformados em homens puros e sóbrios. Estes olhos têm visto bastante também o desesperado à beira da loucura ser liberto, e se alegrar e ser confortado, a ponto de cantar louvores a ele, cheio de gratidão e regozijo no coração. Tenho presenciado o covarde se transformar em corajoso, o sombrio em gentil, o vingativo em perdoador — tudo por estabelecerem um simples contato que seja com Jesus!

Ninguém pode amar o meu Senhor e amar o pecado. Não se pode confiar nele e ainda se deliciar na iniquidade. Basta se aproximar dele, e ele há de começar uma cura sobre seu caráter, de modo que em pouco tempo o terá aperfeiçoado. Se sua enfermidade for a de deleite nos prazeres e buscas do mundo, o Senhor há de lhe ensinar a não amar mais o mundo nem as coisas do mundo. Você sofre de egoísmo? Ele o ensinará a se negar. Sua cruz o crucificará com ele, até que você morra em sua busca egoísta. Sofre de uma indolência que não o deixa ser ativo? O zelo do meu mestre incendiará sua alma até que, como ele, seja tomado de grande energia. Não me importa qual o seu erro, meu irmão, minha irmã. De uma coisa eu sei: há poder no meu Senhor e Mestre para redimir você. Ele é capaz de destruir o mal e criar o bem. Ele faz novas todas as coisas!

Ah, se eu estivesse me dirigindo a um grupo de pessoas cegas, surdas, aleijadas, doentes em geral, e lhes dissesse que Cristo estava aqui para curá-las de todas as suas enfermidades corporais, que confusão provocaria! Coloque-se Jesus em Trafalgar Square, bem no centro de Londres, para ser tocado por todo tipo de gente enferma e lhes garanto que a multidão se acotovelaria até a morte no anseio de alcançá-lo. No caso das enfermidades espirituais, no entanto, infelizmente isso não acontece. É mais grave ter os olhos cegos em termos espirituais do que físicos; mas as pessoas, de modo geral, não pensam assim; por conseguinte, não se mostram desejosas de obter saúde espiritual. Posso exaltar meu mestre nesse particular, como o faço sempre com satisfação, até os céus, sem que deem maior importância a isso. Para a maior parte das pessoas, tanto faz estarem moral e espiritualmente enfermas ou não. Algumas delas chegam até a se orgulhar da própria enfermidade, sem sabermos ao certo se conscientes ou não de sua tolice e ignorância. E, então, o que lhes sobrevirá? No dia em que Deus, como preveem as Escrituras, fechar as portas, deixando de fora os enfermos espirituais — doentes, pestilentos, pútridos, corruptos; no dia em que os lançar em Tofete, por não mais poderem ter permissão para estar entre os seus santos, em sua casa santa nos céus, de quem será a culpa por não terem sido essas pessoas curadas? Quem levará a culpa por morrerem em seus pecados? Não, naturalmente, Deus, o Senhor Jesus Cristo, mas elas mesmas, porque optaram pelas próprias ilusões e não quiseram saber do Senhor.

Concluo aqui minha tentativa de expor a situação como é. Oh, como eu gostaria que vocês o desejassem que ansiassem por ele! Jesus está aqui, e basta um simples toque nele, ou dele, para salvá-lo! Pobres almas vão deixá-lo passar direto sem nem procurar tocar nele ou rogar que ele dê o seu divino toque em vocês?

II. Quero agora, em segundo lugar, falar um pouco, com a ajuda de Deus, sobre o TOQUE EXTRAORDINÁRIO DESTA MULHER.

Podemos também dar um toque como o dela em Jesus, exatamente nesta boa hora. Não temos, naturalmente, como tocar seu manto, literalmente; mas pode ser feito um toque espiritual em Cristo, capaz de extrair virtude dele, de tal forma que todas as nossas enfermidades espirituais sejam curadas de imediato. Nem sempre esse contato é descrito nas Escrituras como um toque; é representado, por exemplo, como ouvir: *Inclinai os vossos ouvidos, e vinde a mim; ouvi, e a vossa alma viverá* (Is 55.3). Estabelece-se, de fato, uma forte ligação entre vocês e mim esta noite pelo fato de eu falar, e vocês ouvirem, acerca de Jesus. Uma ligação espiritual estabelecida entre Cristo e vocês pode, portanto, perfeitamente curá-los de seu pecado. Há vezes em que esse contato é descrito como um olhar — que é, aliás, o símbolo favorito: *Olhai para mim e sereis salvos, todos os confins da terra.* Parece ser uma ligação tênue demais a que se pode estabelecer pela vista; e, no entanto, se existente entre vocês e Cristo, como aconteceu entre os israelitas, fadados a morrer da praga das serpentes, e a serpente de bronze que foi erguida por ordem de Moisés, essa conexão poderá levá-los à salvação. Na narrativa em estudo, o contato é simbolizado pelo toque. Por meio dele, a mulher enferma se conectou a Jesus e sentiu no próprio corpo que fora liberta de sua praga, melhor dizendo, de sua doença.

E vocês? Não gostariam de tocar em Jesus e se tornarem sãos, ou seja, santos? Façam isso; lembrando-se de que o toque deve ser voluntário. Se algum de vocês foi conduzido a uma suposta ligação com Cristo quando criança, sem consciência do que estava então acontecendo, eu o concito a não depositar a menor confiança na cerimônia realizada naquela época. O rito religioso, cumprido por vocês quando ainda inconscientes incapazes de dar o seu consentimento ou recusa nesse sentido, não tem poder para salvá-los. O que quer que possa haver nesse ato, nada há que salve o homem. É preciso firmar uma união voluntária com Jesus para que sejam restaurados. O contato deve ser intencional. No fato narrado no texto, certamente alguns eram empurrados contra o Salvador à medida que se acotovelavam uns contra os outros. A multidão se movia como que em um bloco compacto, empurrando-se para lá e para cá. A mulher enferma, no entanto, não foi jogada em cima de Jesus, ainda mais sem o seu consentimento. Oh, não, ela estava ansiosa por chegar até ele. Empurrou também as pessoas, lutou, debateu-se, mas afinal alcançou a orla do seu manto, e um contato foi por ela propositadamente estabelecido, com sua mão. Desejava ser sarada; e tocou em Cristo tendo isso em mente. Vocês, também, devem vir a Jesus tendo em mente a libertação de sua culpa, do castigo, do poder do pecado. Precisam estabelecer um contato voluntário com Cristo, no intuito de que ele seja o seu real Salvador. Rogo a vocês que providenciem isso, e ao Espírito Santo que os conduza nesse sentido, agora mesmo!

"Oh", diz você, "mas eu não sei como entrar em contato com o Salvador". O melhor jeito, o único jeito, é crendo nele. Se você esta noite disser em seu coração: "Eu confio em Cristo para me salvar", na mesma hora se estabelecerá entre você e ele um contato como deve ser. Você é aquele que crê, e ele, a pessoa em que você crê. Há, portanto, um forte ponto de união entre você e Cristo, e isso o levará à salvação por ele, pois até hoje nunca houve quem confiasse plenamente no sangue e na justiça de Jesus sem ser por ele justificado por nele crer assim. A regra do reino é esta: *Seja-vos feito segundo a vossa fé* (Mt 9.29). Se a sua fé for do tamanho de um grão de mostarda apenas, mas for genuína, ela servirá a Cristo

O toque (II) | 769

para operar na cura da doença da sua alma, e você passará a viver em justiça. O ponto de contato é uma questão fundamental, e eu oro para que você dê atenção a ele. Não vê que, quando a mulher tocou nas vestes de Cristo, estabeleceu-se na mesma hora uma ligação entre os dois, mediante a qual lampejou a virtude divina? Nem preciso comparar o ocorrido à eletricidade, porque essa figura se sugere por si mesma, no caso, a todos vocês. O fato é que a fé estabelece de fato um contato entre o pecador e Cristo e por seu intermédio a virtude da cura vem até nós.

A fé, de nossa parte, é um ato de recepção. Aceitamos Cristo como ele é e Deus o fez ser: a propiciação pelos nossos pecados. Recebêmo-lo como nosso Senhor, Salvador, Mestre, Líder, Governante, e ele é nosso em todos esses sentidos. Tudo que o Pai diz que Jesus é, e assim está em sua Palavra, concordamos, e o tomamos como sendo tudo isso para nós. Nós o aceitamos, enfim, por ele ter vindo salvar a todos, mas sobretudo o seu povo. Cito a vocês, por vezes, palavras de Lutero, que costumava expor determinada verdade de maneira tão clara que podia acabar até ofuscando outras verdades. Expressava-se em uma linguagem que poderia talvez não resistir a uma análise mais rigorosa, mas que, na maioria dos casos, era bastante adequada para transmitir as suas ideias imediatas. Lutero afirma: "Não tenho nada que ver com salvar a mim mesmo. Jesus Cristo é o Salvador: deposito minha alma inteiramente em suas mãos". Isso coloca a questão, sem dúvida, de modo muito amplo; mas eu lhe digo que, de fato, você só precisa dizer: "Não posso libertar a mim mesmo do poder do pecado, mas sei que Jesus tem esse poder; de forma que me entrego em suas mãos para que o faça". Quando a fé nos une desse modo a Jesus, a virtude da cura flui dele imediatamente para nós.

"Oh, sim", diz outro, "ouço sempre pregarem que Cristo nos salva, mas sinto que não posso fazer coisa alguma a esse respeito". Isso mesmo. Só quero que você chegue a ele, para que Cristo opere em seu interior e a seu favor. "Mas eu não sou ninguém." Não, não é. Você é justamente o tipo da pessoa que tenho prazer em conhecer: a quem Jesus Cristo quer e pode transformar em alguém e de quem ele venha a ter como dizer *Alguém me tocou*. "Oh, mas..." Não há fim para essas objeções. Portanto, deixe-me dizer-lhe com toda a franqueza: não se preocupe com você, nem com o que você é. A questão é: quem é o Senhor Jesus Cristo? Se ele tem poder para salvar você, confie nele, conte com ele, descanse sua alma nele. Parece que ouço alguém retrucar: "Não vejo como isso me tornará melhor". Minha resposta é que a fé, por mais simples que pareça, é a única coisa que, pela graça de Deus, pode fazer de você uma nova criatura. Se você confiar em Jesus, você o amará, e, se você o amar você será salvo. Será então alguém melhor. Ao ter consciência de que Jesus o salvou, a gratidão irá saltar do seu coração e se tornará a força motivadora por meio da qual uma nova vida irá se iniciar e prosseguir em você. Só lhe peço que faça essa experiência. Lembro-me de alguns anos atrás, quando provei o poder da fé em Jesus. Foi um toque pobre, frágil e trêmulo que dei em Cristo, mas graças a esse toque me ergui da tristeza e do desespero para a alegria e a esperança. Eu havia encontrado algo pelo qual viver e a perspectiva de ser capaz de realizá-lo. Sempre, agora, que me sinto enfermo, triste, miserável e pecador, vou a ele, e sou abençoado. Se quero ser purificado, ele deverá me lavar. Se quero roupa, sei que irá me vestir. Se quero força, irá me revigorar. Ele é tudo em tudo para a minha alma. E estou só lhes falando do que conheço porque quero convencê-los a confiar nele, também, por experiência própria.

III. Por fim, a pobre mulher, tendo tocado na orla da vestimenta de Cristo e sido sarada, estava para se retirar furtivamente, quando o mestre fez a INCRÍVEL PERGUNTA que a colocou na berlinda, para obrigá-la a confessar o que Cristo fizera a seu favor.

Por Deus, como eu gostaria que todos vocês que têm experimentado o poder de Cristo fossem testemunhas de tal fato. Aqueles que se convertem neste lugar não têm hesitado, quase sempre, em confessar publicamente Cristo, mas há alguns dentre vocês, que amam meu Senhor, que nunca proclamaram sua conexão com ele. Estão do lado de Cristo, mas ainda não vestiram sua camisa, não tomaram sua causa para si. Não o confessam, mesmo tendo ele prometido que quem o faça ele também o confessará no dia final. Somos todos apegados demais ao nosso dia a dia e bem-estar material, e, por isso, neste nosso mundo, grande parte da força do verdadeiro bem permanece sem ser usada nem reconhecida, pois os homens, no tocante a isso, parecem assumir uma postura inativa, retraída até. Quem almeja postar-se à frente de batalha? Somente os ousados e corajosos, cujo coração Deus tenha tocado. Os que se lançam na linha de frente tornam-se alvo fácil da oposição, mesmo que a prudência prescreva que se abriguem do conflito. Mas você, meu querido amigo, se você ama Jesus Cristo, meu mestre, eu lhe peço que nunca se envergonhe de estar do lado dele, do lado do que é certo, justo e verdadeiro. Assuma esse lugar, seu lugar como ser humano e como crente, e declare-se um soldado da cruz. Muitos se mostram como a mulher tímida do nosso texto: após receberem o benefício de Jesus, procuram se esquivar, se esconder na multidão. Quero lhes falar ainda um pouco a esse respeito.

O toque que extrai virtude de Cristo é tal que não pode ser percebido por outros. O jovem ali adiante pode ter tocado em Cristo esta noite e quem está sentado junto dele nem ter ideia disso. O ato da salvação acontece em segredo interior e assim se mantém quase que até para a própria pessoa. Há quem mal ouse pensar possa ter sido tão arrojado. A pobre mulher fechou-se dentro de si mesma: sabia que fora curada, mas tinha medo em pensar no que fizera para conseguir a cura. Tenho conhecido pobres almas como essa, em grande quantidade. Creem em Cristo, mas sentem como se isso fosse uma presunção de sua parte. À consciência realmente humilde, pode parecer excessiva a misericórdia de haver sido perdoada, a tal ponto de achar não ser justo se atrever pensar que Jesus haja lançado fora os seus pecados. Ouça-me, você, que está temendo e tremendo. Não permita que seus temores roubem ao seu Senhor a honra que lhe é devida. Você precisa confessar publicamente sua fé. Jesus ama que aqueles a quem ele cura o reconheçam. Por isso se virou e disse: *Quem me tocou?*. Ele se deleita em sua terna confissão, úmida de lágrimas. Você sabe que quando você mesmo faz o bem ao próximo, não gosta que palavra alguma de reconhecimento ou gratidão não seja proferida. Sei de benevolências que quase murcham só por causa de falta de gratidão. Meu mestre não tem esse defeito nosso; ainda assim, recebe com carinho nossas palavras de humilde reverência e reconhecimento. Ama ouvir o balido da ovelha que em seus ombros trouxe de volta ao aprisco. Ama o muito amar que procede diretamente do muito perdoar. Portanto, não se cale. Se Jesus de fato o curou, conte tudo a ele e ao seu povo, para o seu louvor. A graça precisa ser conhecida. Há algo, por acaso, de que nos envergonharmos? De minha parte, me glorio no fato de ser salvo por Cristo. Se quem é cristão for considerado tolo, faço questão que arrolem meu nome entre os tolos. Não é isso também que você diz, pobre irmão que trabalha na seara do Senhor? Quando chega, por exemplo, ao seu local de trabalho e ouve comentarem de propósito, em tom de chacota: "Esses crentes são um bando de bobos, ou são hipócritas", você não costuma responder, tranquilamente: "Pode me incluir entre eles"? Pois se o seu Senhor e Mestre não se ressentiu de ser levado ao pelourinho, e mesmo de o açoitarem, lhe cuspirem no rosto e o crucificarem, tudo por você, que covardia realmente seria de sua parte se, em algum momento, você se furtasse a admitir sua fé nele por medo do ridículo, não acha? Se ele assumiu sua culpa até a morte, nunca enrubesça por ser considerado seu leal seguidor. Que todo pensamento covarde seja banido do seu espírito. Se Jesus o livrou de descer ao fundo do poço e fez de você uma nova criatura, jamais se envergonhe, onde quer que seja e diante de quem quer que seja, em proclamar: "Cristo me sarou, Cristo me salvou; desde então, eu sou dele".

A mulher curada e Jesus constituíram, sem dúvida, a partir daquele dia, uma sólida comunhão que jamais acabou; suas vidas estavam ligadas para todo o mundo ver. Você não gostaria que algo semelhante a isso lhe acontecesse? A ela, Cristo disse: *Vai-te em paz* (Lc 7.50). Que bênção, portanto, ela ganhou só por sair do seu esconderijo e revelar seu toque; pois, se partisse sem uma confissão aberta, haveria com certeza de ter a mente constantemente perturbada pelo temor de que sua cura fora por ela roubada e talvez, por isso, não durasse para sempre. Assim que o Senhor lhe disse *Vai-te em paz*, uma profunda calma caiu sobre o seu espírito, como quando as aves marinhas se assentam sobre as ondas e os ventos se entregam a um sono profundo. Foi, daquele dia em diante, uma mulher feliz, vivendo em paz, por Jesus simplesmente ter-lhe dito *Vai-te em paz*. Sim; pois o que mais conseguiria perturbá-la?

Ora, aqueles dentre vocês que amam Cristo vão todos para o céu, mas alguns perderão certamente uma imensa porção de paz e conforto pelo caminho por nunca haverem confessado abertamente pertencer a

O TOQUE (II) | 771

Cristo. Alguns talvez nem jamais encontrem a paz até se declararem seus discípulos e entregarem publicamente toda a sua vida a Jesus. Quando fizerem isso, quando tomarem sua cruz, com toda a vergonha, mas também toda a glória que a acompanham; quando forem conhecidos e reconhecidos como cristãos por toda a sociedade de que participam, então a sua paz será como um rio que corre alegre e mansamente.

Termino aqui, mas ainda desejo colocar para a congregação a seguinte questão: "Quem de vocês tocou em Cristo esta noite?" Oh, que alguns respondam em seus coração: "Eu toquei nele esta noite, pela fé". Por que vocês não haveriam de confiar no Salvador que foi para isso especialmente designado? Dizem não compreender o que é a fé? É confiar — confiar de maneira absoluta na pessoa, na obra, no mérito e no poder do Filho de Deus. Alguns pensam que confiar em Cristo seja algo fora do comum, quando, na verdade, é a coisa mais simples do mundo. Para muitos de nós, verdades antes difíceis de aceitar e crer são agora corriqueiras. Encontraríamos dificuldade, sim, para atualmente duvidarmos delas.

Se um antepassado nosso, por exemplo, se erguesse dentre os mortos e viesse para o presente, como seria grande a confiança que isso dele exigiria. Pela manhã, ao acordar, ele nos pediria: "Onde estão a pedra e o metal? Quero fazer fogo". Ao que lhe daríamos uma caixinha contendo pequenas lascas estreitas de madeira, orientando-o a friccionar uma delas no lado da caixinha para obter fogo de imediato. Ele teria de confiar muito em nossa palavra para poder crer que o fogo seria produzido desse modo. Em seguida, lhe diríamos, apontando o fogão: "Agora que você acendeu um fogo pequeno, gire essa pequena manivela e acenda o fogo grande, para poder cozinhar". Ele não veria coisa alguma, mas, ao girar a manivela, seria incomodado pelo cheiro do gás. Ora, como poderia confiar que aquele vapor invisível produziria uma luz e um fogo maior? No entanto, é o que acontece. "Agora nos acompanhe, vovô. Sente-se aqui e olhe para a caixa à sua frente. O senhor verá sair dali, em breve, um retrato seu, exato." "Não, meu filho", ele diria, "isso é ridículo. Essa caixa vai fazer o meu desenho, meu retrato? Não acredito". "Sim, e daqui a pouco o senhor viajará em um carro a oitenta quilômetros por hora, sem cavalos." "Não posso acreditar nisso", diz ele. "Mais ainda, o senhor falará, por sinais, com outra pessoa, do outro lado do mar, em Nova York, e ela lhe responderá, pelos mesmos sinais, em questão de minutos." Não deveríamos deixar atônito o velho senhor? Ele não haveria de precisar de toda a sua fé para crer? No entanto, cremos em tais coisas sem esforço algum, porque a evolução dos fatos e a nossa experiência nos familiarizaram com elas.

A fé se torna bastante necessária a vocês, que são estranhos às coisas espirituais e parecem perdidos quando falamos delas; a vocês, que as nossas palavras desconcertam. Todavia, como são simples para nós, que já desfrutamos da nova vida em Cristo e mantemos comunhão com as realidades espirituais! Temos um Pai com quem falamos e que nos ouve, um Salvador bendito que ouve os anseios do nosso coração e nos ajuda nas lutas contra o pecado. Torna-se tudo isso bastante simples para aquele que crê e entende.

Que o Espírito de Deus conduza então cada um de vocês ao pleno entendimento dessas coisas espirituais! Que alegria seria para todos nós se todos tocássemos o Salvador, se fôssemos todos curados do pecado e recebêssemos permissão para nos estabelecermos à sua mão direita, para todo o sempre. Então, fôssemos quem fôssemos, e a despeito de nossa suposta posição hierárquica ou talento, nos reuniríamos todos entusiasticamente, em igualdade, confraternização e franca comunhão, para entoarmos juntos uma nova canção: "Digno é o Cordeiro, que foi morto, de receber [...] a honra, e a glória, e o domínio pelos séculos dos séculos". Amém.

CONTE TUDO

Então, a mulher, atemorizada, e trêmula, cônscia do que nela se havia operado, veio e prostrou-se diante dele, e declarou-lhe toda a verdade (Mc 5.33).

Jesus estava passando, prensado pela multidão, para a casa de Jairo, a fim de ressuscitar sua filha morta; mas tão profícuo em bondade ele é que opera outro milagre ainda a caminho. A vara de Arão, ao mesmo tempo que porta maravilhosa flor ainda incompleta, produz as amêndoas maduras de uma perfeita obra de misericórdia. Se tivermos em vista um propósito importante, fundamental para nós é realizá-lo; mostra-se imprudente para nós, enquanto não o fizermos, despender nossas energias em outro assunto. Ao nos lançarmos no resgate de uma pessoa que esteja se afogando, por exemplo, não nos podemos dispor a exaurir as nossas forças em outro salvamento, até que tenhamos concluído aquele. Basta à árvore produzir um só tipo de fruto, e ao homem, cumprir seu propósito ou chamado particular. Nosso mestre, porém, desconhece limite de poder ou missão. Tão generoso ele é em concessão de sua graça que, como o sol que vai brilhando por toda parte à medida que cumpre o seu trajeto, mostra-se constantemente exuberante em benevolência em seu caminho radiante. É como se fosse uma seta ardente em amor, que não somente alcança determinado objetivo, mas também vai perfumando o ar enquanto risca o espaço. Há sempre virtude sendo emanada de Jesus, tal como um doce odor que a flor exale continuamente; e estará sempre sendo dele emanada, tal como a luz incessante que é emitida de um astro central. Que encorajamento excelente esta verdade nos traz! Se nosso Senhor está tão pronto a curar o doente e abençoar o necessitado, então, minha alma, não seja tão vagarosa em se colocar em seu caminho, para que ele possa sorrir em você! Não seja negligente ou mesquinha em sua petição, já que ele está tão pronto e é tão abundante em a conceder! Darei destaque especial à sua palavra esta manhã, e, embora o sermão possa parecer ter a intenção principal de abençoar outros aqui, mesmo que casualmente, Jesus poderá vir a falar diretamente à sua própria alma. Os homens falam muito em "matar dois coelhos com uma só cajadada", mas o Senhor cura muitas almas em uma só jornada. Não poderá ele então curar você? Ó Filho de Davi, volta teu olhar e considera essa angústia! Permite a esse irmão, a essa irmã, receber neste dia, de ti, uma total e completa restauração!

A mulher aflita da narrativa se aproximou por trás de Jesus, em meio à aglomeração em torno dele concentrada, e obteve dele uma cura — tudo despercebido pela massiva multidão. Ah, quantos podem haver em meio à multidão que venham a ser verdadeiramente curados por Jesus Cristo, mas dos quais pouco ou nada se saberá! É sem dúvida maravilhoso ver a obra de conversão realizada pelo Senhor, testemunhar seu trabalho diligente e se regozijar nele; mas, quando os segredos de todos os corações forem revelados, constataremos que Jesus Cristo tem feito dez vezes mais maravilhas do que os olhos já viram e os ouvidos já ouviram. Não há nem como imaginar sabermos tudo quanto o nosso Deus infinito já realizou ou esteja realizando. *Grandes são as obras do Senhor, e para serem estudadas por todos os que nelas se comprazem* (Sl 111.2); mas nem estes jamais poderão ver ou saber tudo a esse respeito.

> Uma pérola do mais puro brilho já criada
> O fundo do oceano guarda em sua escuridão;
> Uma rósea flor perfeita nasce sem ser notada
> E esbanja sua graça no deserto, em solidão.

Ouçamos, agora, o que um tímido bem poderia dizer: "Sim, existem muitos por aí que recebem a graça de Deus e que, tremendo, se escondem dos olhos dos homens; já eu, não: nem me atreveria a tocar secretamente no Senhor, pois, embora a virtude emane dele em abundância, não espero que me possa abençoar; prefiro continuar desconhecido e despercebido como sou a arriscar a me expor".

Começo com estas notas de encorajamento apenas para afinar minha harpa; pois desejo cantar uma canção dedicada aos amados do Senhor, cujo refrão deve ser: *Consolai, consolai o meu povo* [...] (Is 40.1). A narrativa a respeito dessa mulher trêmula, embora sendo uma cena secundária, como já disse antes, é, do princípio ao fim, um dos mais comoventes e instrutivos milagres do Salvador. A mulher, certamente, não era propriamente uma pessoa que soubesse das coisas. Devia provavelmente imaginar, em sua ingenuidade, que a virtude exalasse de Cristo espontaneamente, como que por uma lei natural, sem o conhecimento ou o desejo do seu portador. É possível que acreditasse que a santidade e a divindade de Jesus transferiam automaticamente sua misteriosa eficácia às vestes dele. Do mesmo modo que os ossos de Elias haviam restaurado um morto à vida, ela entenderia então que as vestes, em si, somente porque dispostas sobre o corpo do Salvador, poderiam emitir a virtude da cura, livrando-a, assim, de sua doença. Havia nela fé, sem dúvida, mas, também, um pouco de crendice e superstição. Além disso, desconhecia inteiramente a generosidade e benignidade da pessoa de Jesus, senão não teria ido por trás dele para obter às escondidas a cura que ele, na verdade, estaria pronto a francamente lhe conceder. O sofrimento deve sempre se colocar frente a frente com a misericórdia. Se conhecesse o grande amor existente no coração de Jesus, teria pensado: "Tenho de ficar onde ele possa me ver. Sua onisciência lhe indicará o meu caso, e o seu divino amor haverá de operar imediatamente a minha cura".

Admiramos, evidentemente, a fé dessa mulher, mas ficamos impressionados, de certo modo, com a sua falta de discernimento. Como pôde imaginar que conseguiria se esconder daquele cujas vestes estancariam a sua hemorragia? Se ele poderia lhe curar a enfermidade, para muitos secreta, é certo que deveria perceber, também, seu toque, embora dissimulado. Após ter obtido a cura, ela se regozijou, sim, mas temendo e tremendo; estava enlevada pela virtude divina que operara verdadeiro milagre em seu corpo, mas receava que Cristo viesse a cancelar essa bênção, recusando-lhe a concessão de tal graça. Que triste alguém alimentar tais ideias indignas a respeito do nosso bendito e bondoso mestre! A mulher pouco ou mal compreendia a plenitude do seu imenso amor. Nós, vocês e eu, não temos também uma visão tão clara dele quanto gostaríamos. Não conhecemos, na verdade, os pontos mais elevados e mais profundos, a extensão e a amplitude de seu amor. Todavia, conhecemos o Senhor, pelo menos, um pouco melhor do que ela — temos a certeza de que Cristo é realmente muitíssimo bom, a ponto de fazer revelar até em uma alma trêmula o dom que ela possui. Eis uma maravilha: apesar do pouco conhecimento daquela mulher, de suas dúvidas e desconfianças e de sua absurda concepção errônea sobre nosso Senhor, ainda assim sua fé, por ser uma fé genuína, a levou a ser salva.

Se tivermos um tanto de fé quanto um grão de semente de mostarda, haverá vida nesse grão, que não poderá morrer. Um vestígio de fé assegura o livramento total do negrume da escuridão para sempre. Se formos inscritos no rol dos filhos de Deus, ainda que sejamos os mais insignificantes de sua família, só por sermos seus descendentes e herdeiros pela fé nenhum poder humano ou satânico poderá reverter a nossa adoção. Ainda que jamais venhamos a poder segurar o Senhor em nossos braços, como o fez com alegria o velho Simeão no templo, quando da apresentação do menino; ainda que jamais possamos recostar nossa cabeça em seu peito, como João, na última ceia de Jesus —, se pudermos, pelo menos, segui-lo e tocar na fímbria de suas vestes, seremos inteiramente restaurados.

Coragem, portanto, vocês, que são tão tímidos que raramente ou nunca conseguem vislumbrar o seu próprio nome inscrito no registro da mansão dos céus: essa inscrição não deixará de estar garantida só porque vocês não conseguem visualizá-la. Gostaria muito que sua fé em Deus fosse mais poderosa, mas o próprio Senhor me proíbe de ferir o espírito sensível de vocês e desencorajar sua crescente esperança; meu mestre, que não apaga o pavio que fumega nem quebra a cana trilhada, tampouco iria permitir que este seu servo o fizesse. Na verdade, prefiro ver vocês, com toda a sua timidez, usufruindo de uma fé verdadeira em Jesus, a ter de ficar censurando não terem uma base sólida para a sua ousadia, como que sustentados por uma confiança presunçosa e volúvel. É melhor ir mancando para o céu do que correndo para o inferno. É melhor participar da vida sendo coxo ou aleijado do que ter as duas mãos e os dois pés e ser lançado no fogo do inferno. Coragem, digo eu, irmãos tementes e trêmulos. Gritar *abba* com lágrimas e lamentos é melhor do que clamar com alarde *paz, paz* (Jr 8.11) quando não há paz. É uma alegria bem maior estar rodeado de cordeiros dóceis do que ser guiado por bodes robustos e poderosos.

Examinemos agora a reação dessa mulher. Ela dispôs de uma só palavra e uma só atitude, útil como exemplo, no entanto, para dois grupos distintos. Primeiro, *para o pecador arrependido*, instando-o a uma confissão pública: [...] *declarou-lhe toda a verdade* (Mc 5.33) — faça assim você também, que se arrepende. Em seguida, *para o já convertido*, exortando-o a uma profissão de fé pública, franca e aberta: declarou diante da multidão ali presente como fora restaurada. Ó discípulo "secreto", ou que se esconde, *vai, e faze tu o mesmo* (Lc 10.37).

I. Essa mulher tímida deve ser, de fato, UM EXEMPLO PARA TODO PECADOR ARREPENDIDO fazer ampla declaração pública do seu estado e condição. [...] *declarou-lhe toda a verdade*. Para a alma que carece da ajuda de Cristo, que não haja dificuldade em suplicar. Jamais questione sua possibilidade de orar de forma aceitável, pois Deus lhe deu o principal, o sentido da necessidade de oração. Não murmure: "Não sou eloquente; não consigo organizar minhas palavras; não consigo elaborar uma forma satisfatória para uma oração improvisada". Lembre-se de que nada disso é indispensável. Tudo que se espera de uma oração é que, em nome de Jesus, você diga toda a verdade ao Senhor. Você não precisa de nenhum argumento mais comovente do que a sua própria angústia; não precisa de uma descrição mais inflamada do que o próprio caso triste de que dispõe. Embora possa achar não saber defender a sua causa perante o Senhor como um advogado o faria perante um juiz, defenda-a como fez aquele publicano observado por Jesus no templo, humilde e sinceramente, diante do tribunal da misericórdia divina. A simples declaração de sua necessidade e a expressão sincera do seu desejo de que venha a ser suprida, em nome de Jesus, é toda a oração que Deus pede a você.

Ao nos prostrarmos diante do Senhor de modo aceitável, temos de lhe contar toda a verdade sobre a *nossa doença*. Aquela mulher assim o fez. A enfermidade dela era tal que seu recato a induzira a escondê-la da multidão; mas não a escondeu de Jesus. Sua doença a havia tornado impura, de modo que não tinha o direito de se misturar com a multidão, pois tocá-la macularia todo aquele que o fizesse. Toda essa impureza, ela teve de reconhecer na presença daquele que a havia curado, mas também não poderia mais, agora que seu Senhor a curara e assim o exigia, esconder da multidão que a cercava. Embora sem nos vangloriarmos do nosso pecado, mas mostrando quanto estamos conscientes dele, há que fazermos uma exposição total de nossa enfermidade espiritual perante Jesus e, se ele assim o quiser, não esconder mais de ninguém o pecador que fomos até a graça nos recuperar.

Nossa doença é o pecado. Reconheça-o, pecador. Vá, mostre-se, em toda a sua impureza, para o Grande Sacerdote. Confesse a perversão de sua natureza; conte-lhe quanto sua mente está doente e quão corrupto é o seu coração. Não desenhe um quadro lisonjeiro de si mesmo quando em oração. Confesse que seus pensamentos são vis, suas fantasias, imorais, e seu julgamento, maldoso. Diga-lhe que sua memória só sabe acumular tolice e que joga fora as palavras de sabedoria que recebe. Deixe claro que você é toda uma criatura impura e que sua honradez é feita somente de trapos imundos. Declare uma *mea culpa* sobre seus atos manifestos. Conte-lhe, quando a sós com o Senhor em seu quarto, precisamente o que tem feito de mal. Não dissimule seus delitos nem meça palavras usando de termos delicados. Se tem sido um ladrão, confesse; se tem sido um bêbado ou um obsceno, confesse — não dizendo "Senhor, eu tenho cedido às vezes aos desejos da carne", mas dizendo francamente: "Senhor, tenho me embebedado frequentemente..." e isso e aquilo. Coloque as coisas claramente. Reconheça o que for de seus erros e defeitos, em sua privacidade diante de Deus, pelo próprio nome. Uma grande tentação oferecida por Satanás é a de induzir as almas arrependidas a empregar rótulos dissimuladores ou pomposos para os seus pecados. Oro para que você não faça isso. Reconheça, pecador, exatamente aquilo que você tem sido, cubra-se "de pano de saco e cinzas", como faziam os judeus, de tristeza e vergonha, em casos bastante apropriados à sua condição. Dê "nome aos bois" e não continue a querer adornar o seu estilo. Não é tempo de Agague deixar de ser executado nas mãos de Saul, mas, sim, ser liquidado pela espada justiceira de Samuel, perante o Senhor, seu Deus. Confesse as exacerbações do seu pecado; não esconda de Deus que você pecou contra a luz e a sabedoria divinas; contra as muitas advertências e os esforços de uma consciência despertada. Não hesite em reconhecer que afastou a lágrima que o evangelho arrancou de você, que voltou a entrar mais uma vez no pecado e no mundo e deixou perder todo o bem plantado em sua mente e em seu coração.

É bom para nós, ao buscarmos a misericórdia de Deus, declarar a pior face do nosso caso, não a melhor. Quando estamos prontos a confessar toda a nossa miséria, é sinal infalível de que a misericórdia de Deus deverá logo se manifestar a nós. Onde você tem estado? Diante de Deus em oração? Se não, vá outra vez e seja, então, mais direto e claro em sua confissão; e não descreva seu caso em termos obscuros. Não é possível, nem é preciso, exagerar sua culpa, natural ou adquirida. Você já é um infeliz, arruinado, sem a graça soberana. Diga isso ao Senhor; e, se não encontrar palavras para assim se expressar, deixe que os seus sinceros gemidos, suspiros e lamentos emanem voluntariamente durante a confissão — para isso é que servem o coração e a alma daquele que ora de modo autêntico e sincero: para revelar toda a sua verdade, colocando-se na poeira dos pés de Jesus.

A mulher falou ao Senhor a verdade sobre *o seu sofrimento*. A doença que havia anos a afligia lhe tinha exaurido as forças. Ela devia certamente exibir uma aparência macilenta, não havia cor em sua face; e seu modo de andar era de uma fraqueza absoluta. A labuta que sua pobreza a obrigara suportar para seu sustento, depois que tudo havia perdido, deve ter sido muito dolorosa para ela, roubando o pouco vigor que lhe restava. Sua bolsa fora esvaziada pelos médicos, e o coração, pela hemorragia. Pobre criatura! Pouco ou nada sabemos para podermos falar sobre os seus dias de angústia e padecimento, as noites dolorosas que suportou, os longos períodos de desânimo e desespero que recaíram sobre seu espírito. Ela contou ao Senhor toda a verdade; pode ter falado pouco, mas em poucas palavras narrou tudo, tudo o que havia sofrido e aguentado. Ó alma tentada pelo pecado, você, com quem o Espírito de Deus está em lide, conte ao Senhor em oração todos os seus sofrimentos e angústias! Diga-lhe como seu coração tem sido ferido; como sua consciência tem estado alarmada; como seu sono tem sido abalado por pesadelos; como seus dias têm sido tão negros como a noite, sem um raio de luz de esperança. Diga-lhe como o pecado tem-se tornado um tormento para você; como os lugares onde antes encontrava alegria tornaram-se agora para você uma terra deserta e hostil. Seja franca em lhe contar como a sua harpa perdeu a música; sua taça, as tentações; sua mesa, os atrativos; e a sociedade, os seus encantos. Porque você está farto dos seus próprios hábitos e vícios, e seus pecados se tornaram um pesado fardo para você. Deixe suas tristezas fluírem em torrentes perante o Senhor dos Exércitos, pois nada de estranho pode haver em seu infortúnio para o seu Deus, que tudo sabe e tudo compreende. Fale, conte a ele tudo, perturbado pecador; diga a ele toda a verdade.

Estou convencido também de que essa mulher não hesitou em lhe narrar a respeito de *suas tentativas inúteis em busca de cura*. Ela visitara vários médicos; sofrera muito em suas mãos: alguns a haviam submetido a cirurgias diversas, das mais dolorosas naturezas; outros a obrigaram a tomar remédios nojentos para a boca e prejudiciais aos intestinos. Esses verdadeiros mestres da medicina lhe haviam dado noites insones e dias de extraordinária angústia, que ela poderia ter suportado com paciência se tivesse tido um mínimo de melhora; mas, em vez disso, piorou, e muito. Os médicos, ao que parece, foram a parte mais grave de sua doença; acrescentaram à hemorragia não curada e ao seu sofrimento um excessivo desperdício de dinheiro; acometeram-na de uma praga devastadora de suas economias, perturbando-a com o distúrbio de seus elevados honorários. Os recursos que possuía poderiam ter-lhe rendido mais conforto e alimentação mais sadia para sustentá-la sob o medonho esgotamento do organismo; em vez disso, os doutores a sugaram como vampiros e praticaram um rombo em sua bolsa mais rapidamente do que se poderia supor. A mulher falou pouco ao Senhor, mas aquela confissão deve ter sido tão boa quanto dizer: "Senhor, tenho ido a todos os lugares possíveis; do contrário, nunca teria vindo até ti; tenho tentado de tudo, e porque todos os outros que se propuseram me curar fracassaram é que me apresento perante a tua santa pessoa".

Alguém poderia pensar que uma confissão como essa o deixaria aborrecido; mas não. Acho que ninguém deve esconder do seu Senhor e Mestre essa parte da história. Conte-lhe que você já buscou a outros; como você foi até Moisés, de como ele o levou ao pé do Sinai e o fez temer e tremer excessivamente, mas nunca lhe curou as feridas; diga-lhe como se apoiou no "dr. Civilidade" e no pai dele, o "dr. Legalismo", que se jactaram de ter bastante competência para tirar o fardo de suas costas e o prepararam de modo fastidioso para agirem assim, mas nunca contribuíram com um átomo que fosse para sua cura; conte-lhe sobre as suas muitas orações e como você confiou nelas; sobre as suas boas obras, e como você também depositou nelas toda a sua confiança. Você pode desfiar diante dele toda a sua história, desde o seu batismo ainda na infância, sua confirmação, suas idas desde criança à igreja; de como você esteve sempre de pé desde cedo para a oração da manhã e guardou todos os dias santos; de como procurou mortificar o corpo e renunciar a muitos confortos; diga-lhe como você fez de tudo antes de vir *a ele*. Seja franco e confesse também que, mesmo agora, não tivesse sido levado a isso, não teria vindo; que você tem sido, por natureza, de certo modo, um tanto hostil à verdadeira cruz; que não teria vindo se tivesse encontrado uma sombra de esperança em outro lugar. "Bem", alguém poderia questionar, "mas isso seria uma oração?" Sim, meu irmão, minha irmã. Esse é o espírito da oração: contar ao Senhor toda a verdade, seja qual for. Não podemos esperar que ele nos conceda absolvição se não lhe fizermos nossa confissão total e sem reserva. Se você esconder, abrigar, um pecado em qualquer canto de seu coração, esse pecado o condenará; se houver em sua alma algum canto obscuro que oculte qualquer perversão ou leviandade, ali se desenvolverá um câncer espiritual, que acabará por corroer sua própria alma. Diga-lhe toda a verdade; não esconda nada dele, nem mesmo esse orgulho ruim e teimoso que persegue sua própria retidão, não o submetendo à justiça de Cristo; diga a ele toda a verdade.

Essa pobre mulher lhe falou, ainda, sobre *todas as suas esperanças*, dizendo, em lágrimas: "Senhor Jesus, quando eu já tinha gasto tudo o que possuía e não podia mais correr atrás dos muitos médicos dos mais diferentes lugares, ouvi falar de ti. Foi numa noite em que me recostei para descansar, muito enfraquecida. Uma vizinha veio e me falou que um filho dela, que tinha nascido cego, havia recuperado milagrosamente a visão; e que o mesmo homem que o havia curado, chamado Jesus, da Galileia, um profeta poderoso, tinha até restituído à vida o filho morto de uma viúva, às portas de Naim. Então eu disse em meu coração: 'Talvez ele me cure'; e à minha alma, que já havia desistido do desejo aflito de desfrutar de um momento de esperança que fosse, eu disse: 'Se é possível para ele até ressuscitar um morto, então ele pode estancar minha hemorragia; se livrou uma vista de cegueira de nascença, pode também me curar'. Pensei que, se a jornada não fosse longa demais para fazê-la, não fosse difícil o caminho e eu pudesse pelo menos me rastejar até a sua presença, eu estaria junto àqueles que o acompanham e, quem sabe, quando ele estendesse a mão para abençoar, me abençoasse também, até mesmo *a mim*; e fosse tão cheio de virtude curativa que, mesmo que não olhasse para mim, bastaria eu olhar para ele para ser restaurada". Ela deve ter lhe falado assim de sua esperança; das decepções com que se defrontou enquanto era espremida pela multidão; de como homens corpulentos e rudes a empurraram ou puxaram para trás; de como muitos, indelicados, agressivos, desatenciosos, lhe disseram que saísse de sua frente, fosse embora dali, e alguns poucos menos brutos mostraram ter inveja do lugar que ocupava, disputando com ela para chegarem mais à frente. Talvez ela lhe tenha falado sobre como, por fim, chegou perto dele o suficiente para tocar, pelo menos, na fímbria de suas vestes, e de como se aventurou a tocá-lo, na esperança de ser curada. Então é possível que, como já se sentia realmente restabelecida, esperava, com toda a humildade, que ele não retirasse esse prenúncio de sua bênção e seu grande amor, mas confirmasse essa cura e a deixasse ir perfeitamente restaurada.

Se você quer orar de forma correta, exponha suas esperanças perante o Senhor. Lembro-me de que, quando busquei o Senhor, lhe disse: "Senhor, li nas Escrituras que perdoaste pecadores como Saulo de Tarso e Manassés. Sou um pecador, é verdade, tão grande quanto eles, mas certamente não me poderás salvar; mesmo assim, minha alma espera que possas voltar um olhar de compaixão para mim e digas: *Teus pecados te são perdoados* (Lc 7.48)". Por vezes, essa esperança se tornava tão forte que sentia que iria ser

CONTE TUDO | 777

salvo, ou melhor, sabia que iria ser; mas, então, a esperança se esmaecia tanto que parecia impossível que o Senhor pudesse ter piedade de mim. Lembro-me então que o inquiria como poderia ele ter me dado aquela esperança tão amorosa e me apresentado as Escrituras de tal modo que pareciam ter sido feitas especialmente para mim, para me fazer chegar a Cristo, e que eu não conseguisse, ainda assim, encontrar nelas consolo algum. Você tem de fazer a mesma coisa. Esparrame suas esperanças malogradas diante do seu Deus e diga a ele toda a verdade.

Não deixe também de lhe falar sobre *os seus temores*. Posso afirmar que a mulher certamente disse a ele: "Oh, Filho de Davi, antes eu pensava ser uma tolice minha vir a ti, porque sei, ó Jesus de Nazaré, que és muito zeloso quanto à lei. Sabes que a lei determina que uma mulher com hemorragia é impura e, por isso, achei que não teria o direito de me aproximar de ti, pois poderias me repreender, dizendo: 'Mulher, mulher, como ousas te misturar com a multidão e tornar todas essas pessoas impuras? E que insolência é essa de pensares que me podes tocar? Se o teu toque macula, como pudeste te arriscar a chegar perto de mim e me tocar?' Senhor, muitas e muitas vezes pensei em ir embora; mas eu precisava, era extremamente necessário, que tivesse coragem; sentia que não tinha o direito, mas tinha de ir a ti, romper a multidão, de qualquer maneira. Então, eu te toquei às escondidas, sem ousar fazer isso diante da tua face; mas agora, mestre, tenho medo de que me amaldiçoes, que digas que eu vá embora, saia daqui, e que me ponhas em cima novamente minha doença, vergando minhas costas, já tão curvadas, com uma carga ainda mais esmagadora". Quão rapidamente, no entanto, seus medos foram desaparecendo, à medida que ela os expôs ao Senhor!

Conte, pobre pecador, conte todos os seus medos a ele, não importando quais sejam. Se você teme que seus pecados sejam imperdoáveis, diga isso a ele. Teme não ser um dos seus escolhidos? Diga-lhe isso também. Acha que ele nunca irá chamá-lo? Diga isso a ele. Acredita que, se chegasse a ele, o Senhor o recusaria? Diga-lhe isso, se achar que deve; mas eu creio que dificilmente você pronunciaria uma contradição tão manifesta às próprias palavras dele: [...] *o que vem a mim de maneira nenhuma o lançarei fora* (Jo 6.37). Você sente que seu coração é duro demais? Confesse que seu coração é como uma mó duríssima; que seria mais fácil um diamante derreter do que seu coração se entregar. Considera, no entanto, que há coisas que não tem a coragem de contar? Seja sincero: declare que sente que não poderia fazê-lo. Seja como for, deixe brotar toda a verdade possível.

Você não precisa, para orar, consultar o Livro de Oração, pois ali nada encontrará que possa servir a um pecador arrependido; nem precisa ter em mãos um devocional, pois as suas próprias lamentações são melhores que a melhor fórmula e a mais bem escrita. "Mas a minha oração poderá não ser tão boa!" Ela será sempre a mais satisfatória, porque partida de um coração triste e sincero. Mas você poderá ainda argumentar: "Minha oração não tem mérito algum!" Claro: você também não tem mérito algum, então sua oração está bem adequada a você mesmo. Enfim, quando o grande Deus o ouvir, você verá que não foi por causa propriamente de sua oração, mas, sim, por causa de Jesus; pois tudo que você fez foi somente lhe contar a verdade, e se isso prevaleceu é porque o coração amoroso e os sofrimentos do Salvador o moveram a ter piedade de você.

Peço a Deus que o Espírito Santo guie estas palavras, para que encorajem você, que tem buscado Jesus. Permita-me recomendar-lhe mais uma vez que conte toda a sua história, por uma simples razão: *o Senhor sabe tudo de antemão*; você não pode esconder nada dele. Qualquer que tenha sido o pecado, ainda que tenha sido perpetrado secretamente, à noite, à sombra da mais densa escuridão, ele tudo vê, tudo conhece. Todo pecado, mesmo o mais secreto, é cometido perante Deus. Um roubo que ninguém ainda descobriu? Ou apenas um pensamento, um pensamento obscuro, que nenhum ouvido, nem mesmo o seu próprio ouvido, ouviu? Deus viu, Deus ouviu. No livro dele, tudo o que você tenha feito é registrado, a seu favor ou contra você. Não seja tolo, então; não procure esconder nem negar aquilo que está registrado nos cimos da glória. O Juiz o publicará um dia, afinal. Mesmo que você esconda tudo durante a vida toda, tudo um dia aparecerá. Vá, portanto, e conte — conte tudo agora. *Falar tudo diante de Deus será um grande serviço que irá prestar a você mesmo.* Levará você a sentir que precisa fazer isso mais vezes. Acredito que, de modo geral, o pecador arrependido, ao iniciar sua confissão, não é tão sensível à culpa quanto no final de sua oração. Se você conduzir sua alma a olhar seu pecado, examinar sua vileza, meditar sobre sua odiosa ingratidão, enquanto estiver tratando do assunto, o Espírito de Deus agirá em você e do seu coração, como a pedra no deserto, golpeada por essa vara, fará jorrar torrentes de arrependimento.

Se seu coração está muito angustiado, quero lembrar a você que a confissão é uma das maneiras mais rápidas de obter alívio imediato da aflição. Embora o dique possa reter uma cheia causada pela chuva, é só deixá-lo um pouco aberto que a água dele escoa. Basta que haja um escape na barragem e a massa d'água, avolumada no alto da montanha e que de outro modo inundaria o vale, flui, engrossando o rio e fertilizando a terra. Se você tem uma ferida que está inflamada, supurando, o cirurgião a lanceta com o bisturi e, fazendo esvair o conteúdo nocivo, alivia a dor. Da mesma forma, a confissão traz ao coração escoamento, alívio e paz. Vá a Deus sem mais delonga, você que tanto necessita do Salvador; vá a ele e confesse francamente seus pecados. Jesus não é um adversário insensível nem juiz cruel. Ele o ama. Ele vai gostar muito de ouvir sua história, ó pecador que desperta; e, antes de você a concluir, ele lhe dará um beijo de amor e dirá: "Desfaço as tuas transgressões como a névoa, e os teus pecados como a nuvem". Confie na imensa generosidade do coração infinitamente terno de Jesus para lhe conceder o desejo de sua alma, o perfeito e completo perdão de seus pecados.

Convidei aquela mulher curada por Jesus como que para ser a pregadora desta manhã e falar a todos os que estão arrependidos de seus pecados. Que a Palavra seja, portanto, abençoada.

II. Mudemos de assunto por uns instantes, para falarmos sobre OS QUE ESTÃO CONVERTIDOS, MAS QUE, ASSIM COMO ESSA MULHER ANTES, AINDA NÃO RECONHECERAM SUA PRÓPRIA FÉ NA PRESENÇA DE OUTRAS PESSOAS.

Nosso Salvador nada faz pela metade. A mulher poderia estar contente por ter seu corpo curado, mas Jesus não ficaria satisfeito até que sua alma estivesse recuperada também. Ela obteve a cura, mas é provável que, se pudesse, se esquivaria pela multidão afora a fim de se esconder de toda e qualquer observação. Isso não iria contribuir de modo algum para o bem da mulher, muito menos para a honra do mestre, motivo por que ele deseja obter dela uma confissão. Olhando em redor, Jesus indaga: *Quem me tocou?* (Mc 5.31). De início, não houve resposta. Então, certamente, pergunta outra vez: *Quem me tocou nas vestes?* (Mc 5.30). Todos em torno o negam ou não sabem dizer. Pedro então procura fazer ver ao Salvador que aquela seria uma pergunta absurda: *Vês que a multidão te aperta e dizes: Quem me tocou?* (Lc 8.45). Mas ele insiste em olhar em volta e, possivelmente já olhando aquela própria mulher, enfatiza: *Alguém me tocou; pois percebi que de mim saiu poder* (Lc 8.46). Esse "alguém" sai então da multidão e, prostrando-se diante dele, declara, perante todos, assim diz Lucas, por que havia tocado nele e a cura que se tinha então operado em seu corpo.

Na grande obra da salvação, há muitos, conforme temos observado, que são salvos, mas que, por timidez, não se apresentam e confessam o que Jesus Cristo fez e tem feito por eles. Acredito que nosso Senhor use muitas vezes de meios singulares para fazer que seus seguidores secretos se revelem e o reconheçam publicamente; as palavras que passo a dizer neste instante, portanto, talvez sejam parte de um plano pelo qual ele quer fazer que aquele "alguém", seja quem for, essa irmã ou esse irmão aqui presente, que haja nele tocado, se apresente e declare diante de todos nós o que o Senhor tem feito em sua vida.

As razões de Jesus Cristo para compelir a mulher a fazer sua confissão pública foram três. Primeira: *era para sua glória.*

> Por que as maravilhas por ele produzidas
> Deveriam ficar ocultas e esquecidas?

É bem verdade que, ao observarmos a natureza, não a vemos procurando se tornar mais arrumada, como para um visitante, tal qual fazem alguns crentes, que, ao julgarem que estão sendo observados, enfeitam sua religiosidade a fim de fazê-la parecer mais aceitável. Por outro lado, porém, a natureza nunca é propriamente modesta ou acanhada. Não tenta esconder suas belezas do observador. Caminha-se pelo vale; o sol está brilhando, e alguns pingos de chuva começam a cair; ao longe, eis que surge o arco-íris, e nosso olhar o contempla. Ele logo encerra sua sessão de cores maravilhosas e se retira? Não! Não recua ante o olhar humano. No jardim, as flores abrem seus cálices em forma de joias; pássaros cantam e insetos zumbem, por entre a folhagem. É um lugar tão bonito que Deus em pessoa poderia caminhar por ali ao entardecer, como fazia no Éden. Olhamos para tudo isso sem nos apressarmos em admirar as belezas do jardim. E então? Todos os insetos logo recolhem suas asas e se escondem sob a folhagem? Retraem as flores os seus botões? O sol puxa um véu de nuvem sobre sua face esplendorosa? A natureza ruboriza de timidez a ponto de os verdes vegetais se tornarem escarlate? Claro que não! A natureza não está nem aí para os observadores, e, quando alguém a contempla, não se precipita em puxar um manto sobre suas excelsas formas, nem em fechar cortinas sobre a sua grandeza. Assim também, se não cabe ao cristão estar expondo exageradamente o que lhe acontece, pois isso o faria tornar-se um fariseu, mas Deus realiza em sua vida algo que é belo, agradável, de boa reputação, algo que glorifica a cruz de Cristo e faz felizes os anjos na presença do trono eterno, quem é ele para encobri-lo? Quem somos nós para roubarmos de Deus sua própria honra? Se você não gostaria que lhe fosse escondida a beleza autêntica da natureza, por que, então, ocultar a beleza da graça recebida? Jesus Cristo merece ser professado diante dos homens. Ele não se envergonha por ser nosso defensor e amigo perante a grandiosidade da justiça do tribunal de seu Pai. Muito menos se envergonhou do escárnio, das chicotadas e das cusparadas recebidas em nosso lugar diante de Pilatos, nem da cruz na qual, por nossos pecados, foi cravado. Por que, então, você consideraria um problema ou uma dificuldade reconhecê-lo como seu Senhor e Salvador? Reconheça-o!

Deveríamos nos sentir exaltados pela honra de nos ser permitido reconhecer Cristo. Eu, digamos que sou uma congregação de pecadores, poderia me envergonhar de chamar de meu esposo aquele que é o mais justo dos filhos de Deus? Eu, que sou mais miserável espiritualmente que a própria miséria, posso me ruborizar do vexame de ter o rei dos reis como meu irmão? Eu, que mereceria o inferno mais profundo, posso me sentir ofendido por ter como Senhor e Salvador o Cristo que me purificou em seu precioso sangue, que colocou meus pés sobre uma rocha e pôs uma nova canção em minha boca? Ó meu amado mestre, não posso estar envergonhado de você! Como poderia ser isso?

> Não! Que, ao me envergonhar, seja meu vexame
> De que o teu nome não reverencie e ame!

Meu irmão, minha irmã, você, que permanece em isolamento e esconde seu talento, não o faça mais; por causa do querido nome daquele que o ama com um amor sem fim e o tem gravado na palma de suas mãos, apareça e declare a sua fé.

Cristo desejava também, sem dúvida, ter a confissão da mulher curada *para o bem de Jairo*. Isso surpreende você? Pois bem. Jairo, o chefe da sinagoga, precisava de muita fé. Ele, que tinha vindo a Jesus rogar que fosse a sua casa curar sua filha, seria informado, por pessoas de seu relacionamento, logo após a confissão da mulher, que sua filha estava morta. Se já era preciso fé para crer que Cristo poderia curar a menina doente, quanto mais para a possibilidade de ele reerguê-la da morte! Por isso mesmo, a confissão da mulher era indispensável, para nutrir e fortalecer a fé daquele pai apavorado. Você não sabe, querido amigo, de quanta valia pode ser a sua confissão pública de Cristo para muitas almas trêmulas! Uma das razões para nós, cristãos, nos mantermos unidos em igrejas, em congregações, é podermos ajudar os fracos e hesitantes; por força de nossa ousadia em dizer "Cristo me salvou", outros podem criar coragem e se achegar a ele e nele encontrar a mesma misericórdia. Mas, se você diz "Oh, a igreja não me quer", então *eu* posso hoje dizer a mesma coisa, e todos os demais cristãos podem amanhã me imitar. E como poderá continuar então a existir uma igreja visível em toda a terra? O que pode parecer certo a um cristão fazer pode ser considerado certo para todos os outros fazerem; se for tido como certo você negligenciar a sua confissão pública de Cristo, sua profissão de fé, também logo o será para todos os demais crentes, no mundo todo. E aí? Como fica a igreja? O nosso ministério, a nossa comissão, ordenada pelo Senhor? E a verdade de Cristo? Como os pecadores serão salvos, afinal?

Suponha, meu irmão, que João Calvino e Martinho Lutero tivessem dito: "Bem, agora, que já sabemos a verdade, é melhor ficarmos quietos, pois assim podemos ir para o céu muito mais confortavelmente. Se começarmos a pregar e a orar, vamos chamar a atenção de todos os ouvidos do mundo, e pode ocorrer uma porção de maldades e perseguições à igreja verdadeira por parte dos inimigos de Cristo; centenas de pessoas serão mártires da fé, e estaremos todos sujeitos a muitos sofrimentos". Eles teriam o mesmo direito de esconder a religiosidade deles quanto você, não acha? Teriam tantos motivos para encobrir a sua fé e a sua crença quanto você. Mas que infelicidade seria isso para o mundo! Como poderia ter acontecido a Reforma se eles fossem tão temerosos, hesitantes ou acomodados quanto você e tivessem, como você, se esquivado na hora da batalha? E o que teria sido da nossa pobre e coitada Inglaterra, que calamidades sobreviriam à nossa ilha, se todos os que conhecem Cristo como você conhece agissem assim, do modo que você está agindo? Não haveria simplesmente quem pudesse ou quisesse pregar o evangelho! Eu mesmo, por exemplo, poderia estar agora sentado em minha poltrona, em minha casa, lendo tranquilamente minha Bíblia, ou desfrutando de uma oração íntima, com todo o conforto, e evidentemente não estaria suplicando por você e pelos demais pecadores — se eu imitasse seu exemplo. Onde teriam ido parar os ministros e os diáconos competentes das nossas igrejas? Onde? Se todos fossem como você, o eco responderia apenas: "Onde?" Como os pagãos seriam convertidos? E o que dizer dos missionários: como se atreveriam a pregar Cristo entre distantes pagãos, se fossem como você? Todo cristão seria então um tolo, não daria nenhum testemunho; na realidade, porém, nem existiriam cristãos. Mesmo se pudesse haver alguns, escondidos em algum lugar, o mundo diria: "Essa religião de Cristo é a mais desprezível de todas, pois os que acreditam nele não se unem, nem mesmo professam sua crença. Têm tanta vergonha do seu mestre que nem se apresentam para reconhecer e nos revelar o que ele fez, afinal, por sua alma".

Vocês estarão agindo, portanto, de modo inconsequente e incoerente se não se apresentarem e reconhecerem seu Senhor publicamente. Não se esquivem, não, meus queridos irmãos! Refiro-me, sobretudo, aos que têm vindo aqui durante anos e que já deveriam ter professado sua fé e se tornado membros desta igreja há algum tempo; mas me refiro a outros, também, que chegaram aqui pela primeira vez esta manhã, ou conhecem o Senhor há pouco tempo, mas que podem e devem se unir o mais breve aos demais cristãos. Quão realmente bem melhores vocês todos a que me refiro poderão ser, caso se disponham a romper de uma vez por todas essa carapaça que os encobre e a contar a seus irmãos o que o Senhor tem feito em sua vida! Vocês irão descobrir que, depois de ter feito sua profissão de fé, serão levados a falar sempre com o Senhor, e quem poderá dizer quantos benefícios poderão desfrutar, se ousarem começar a falar com ele hoje!

Todavia, não haja dúvida de que a razão principal de Jesus Cristo haver conduzido essa mulher a declarar o que ele havia realizado milagrosamente em seu corpo, e o fez então também quanto à sua alma, foi *para o próprio bem dela*. Imagine se ele a tivesse deixado ir para casa sem nem chamá-la, em total segredo e silêncio — lá vai ela, bem calada; e, quando chega em casa, diz a si mesma: "Puxa, roubei aquela cura; estou tão feliz por ter conseguido isso!" Logo, porém, lhe vem um pensamento assustador: "Mas e se qualquer dia desses essa cura for embora, simplesmente se evaporar? Como fico eu? Estarei tão mal quanto antes, porque nem pedi a ele que me abençoasse!" Sua própria consciência a acusaria: "É claro, pois foi um roubo..."; e, de qualquer maneira, ela não teria desculpa a apresentar, por mais que quisesse. No entanto, Cristo a chamou; e sua consciência não mais poderá perturbá-la, porque *ele confirmou sua cura, proclamando a sua salvação, de corpo e alma, diante de todos*. Ela não temerá jamais pelo retorno da doença, seja de origem física, seja de origem espiritual, porque Jesus lhe disse claramente: *A tua fé te salvou* (Lc 17.9).

Que bênção seria então se vocês se revelassem e professassem agora seu Senhor e Mestre. "Bem,", poderá alegar alguém, "mas eu não gostaria de ser batizado". Está bem; há um bocado de crianças malcriadas neste mundo, que teimam em não obedecer ao que os pais determinam ou recomendam; mas essas crianças, geralmente, acabam tendo de receber algum castigo ou uma séria advertência para aprenderem

Conte tudo | 781

a obedecer — e é provável que essa seja, então, a sua preferência de vida diante de Deus. O nosso bom irmão que falou aqui na noite de domingo passado omitiu parte do texto bíblico que citou com mais frequência. Deveria ter mencionado o texto todo. Disse ele: "Quem crer será salvo". O texto completo diz: "Quem crer *e for batizado* será salvo (Mc 16.16)". Assim é que está nas Escrituras. Nós, batistas, damos muita ênfase e importância ao batismo. Creio que há, de fato, um sério risco em não se dar o devido destaque a esse aspecto. Se meu mestre me diz para pregar o evangelho a toda criatura e o coloca dessa forma: *Quem crer e for batizado será salvo*, eu não posso ousar querer assumir a responsabilidade de omitir parte da mensagem. Eu sei que aquele que crê é salvo; mas, perceba, eu não correria o risco de deliberadamente me recusar a prestar atenção à segunda parte do mandamento. Se existe algo nas Escrituras que é tão claro quanto o dia é o batismo dos que creem, dos chamados fiéis a Cristo. Pois um ponto que poderia ser tão contestado quanto o batismo dos que creem em Jesus seria, então, a divindade de Cristo, assim como sua morte e ressurreição. Ora, se uma pessoa ler a Bíblia sem nenhum preconceito, é impossível que não conclua que o seguidor de Jesus é enterrado e ressuscitado com Cristo no batismo.

Por outro lado, poucos amigos nossos têm consciência do dano que causam ao aceitar e praticar o batismo de infantes. Essa é a raiz e o pilar do papismo, o baluarte e o bastião do puseísmo. É uma invenção do homem, contra a qual os cristãos deveriam protestar todos os dias, porque o batismo infantil é uma negação prática da necessidade de fé pessoal em Cristo. Talvez não seja concebido dessa forma por aqueles que o praticam, mas é assim que o interpreta o mundo. O batismo de infantes coloca na igreja aqueles que ainda não estão na igreja. Ministra um rito supostamente de fé a não convertidos e que não têm nenhuma noção do que seja fé. Ensina às pessoas que, só por suas mães e seus pais serem aparentemente cristãos, elas também o são, apesar de o não serem; apesar de continuarem sendo, em que pese o ritual superficial a que são submetidas, tão pagãs quanto se tivessem nascido nas aldeias indígenas dos hotentotes; que se encontram no fel da amargura e nos braços de iniquidade, não obstante toda a excelência de seus pais. Dar ordenança cristã a uma pessoa não convertida é perverter o testemunho da igreja de Deus.

O batismo do fiel em nome de Cristo é e deve ser um símbolo significativo de sua morte e ressurreição para o mundo. É a travessia do Rubicão, o desembainhar da espada contra o mundo para sempre. É uma ordenança cujo sinal nunca mais pode ser apagado; ordenança que desgraça e envergonha o homem aos olhos do mundo pervertido mais do que qualquer outra coisa. O opróbrio do cristianismo, o escárnio e o desprezo da religião cristã pelo mundo não convertido está no batismo do fiel. Abençoado é o homem que pode olhar para isso deste modo e por amor a Jesus erguer sua cruz e o seguir.

"Não vejo dessa maneira", alguém poderá discordar. Meu querido irmão, se você não consegue enxergar assim, em nada o posso ajudar. Não é sua consciência que rege o seu dever, mas a Palavra de Deus, e, se a Palavra de Deus assim o ordena, não importa o que sua consciência diga a respeito, você estará pecando ao se recusar a obedecer. Eu sugeriria, a essa altura, que você fizesse uma declaração aberta, à maneira preferida de Cristo, pois não deverá fazê-la à sua própria moda. É idolatria adorar o Deus verdadeiro de forma errada. O culto aceitável só pode ser prestado a Deus do próprio modo dele: À *Lei e ao Testemunho!* (Is 8.20) se eles não falarem segundo esta palavra, nunca lhes raiará a alva. Acredito que, uma vez tendo professado deste modo sua fé diante dos homens, há de aumentar sua intrepidez, e estará mais completa a sua separação do mundo. Você passará a ser um homem marcado e frequentemente menosprezado pelo mundo. As pessoas o apontarão com desprezo, dizendo: "Eis aí um desses tais crentes". Sua profissão de fé, portanto, irá distingui-lo do mundo, sendo o valioso elo que irá mantê-lo em justiça, a divina cadeia de ouro que irá ajudá-lo a se firmar com segurança nos princípios de verdade do nosso Senhor e Mestre. Tal como aquela pobre mulher, fale toda a verdade, e o faça à maneira de Cristo.

Concluo queridos amigos, lembrando mais uma vez aos que se arrependam a necessidade de revelar tudo a Jesus; e desejando ainda que vocês, que encontraram o Salvador, contem ao mundo todo, deem seu testemunho, de que, não importa o que os outros façam, você e sua casa servirão ao Senhor.

Ao nome de Deus seja dada glória para sempre. Amém.

83

ENFIM CURADA

E certa mulher, que tinha uma hemorragia havia doze anos [e gastara com os médicos todos os seus haveres]
e por ninguém pudera ser curada, chegando-se por detrás, tocou-lhe a orla do manto, e imediatamente cessou
a sua hemorragia (Lc 8.43,44).

Embora tomando a narrativa de Lucas como base, recorrerei constantemente à versão que encontramos em Marcos 5, versículos 25 a 29. Temos aqui um caso mantido em segredo por Deus, que certamente não mereceria ser conhecido publicamente por causa do sofrimento que escondia. Eis uma mulher de poucas palavras e com muita vergonha. Sua enfermidade a sujeitara a uma penalidade dolorosa pela lei cerimonial judaica. Há no livro de Levítico um capítulo atroz, que contempla seu caso. Ela era considerada impura; e qualquer lugar sobre o qual se sentasse e todos aqueles que tocassem esse lugar estariam compartilhando de sua impureza. De modo que, além de sua fraqueza contínua, era levada a se sentir rejeitada, sob a condenação da lei. Isso deve ter gerado nela, sem dúvida, uma grande solidão de espírito, já que a impelira a se manter afastada e a se esconder de todos. Na narrativa completa do episódio que temos diante de nós, a mulher não diz uma palavra até que o Salvador venha a extraí-la, para o seu bem. Age de forma muito prática e pronta, mas busca atingir o seu objetivo em silêncio total; teria preferido, provavelmente, se possível, permanecer na obscuridade.

Alguns dos aqui presentes podem pertencer a esse grande regimento dos tímidos e trêmulos. Se necessário for demonstrar coragem diante dos outros para poder assegurar a salvação, será para eles um duro problema, pois se encolhem diante da possibilidade de serem notados e se mostram a pique de morrer de vergonha por causa de sua aflição, mantida em segredo. Um hino de Cowper descreve seus sentimentos interiores, quando diz, justamente a respeito dessa mulher, ao se confrontar com Jesus:

> Escondida no meio de uma multidão,
> Ela não teve como evitar sua visão;
> Mas, conquanto sua fé fosse resistente,
> Sua alma temia e tremia fortemente.

São como plantas que crescem na sombra e se esquivam da luz do sol. A natureza de seus sofrimentos os leva, inclusive, a pensamentos solitários sobre si mesmos. Oh, que o Senhor possa curá-los nesta hora! A cura imediata dessa mulher é ainda mais notável porque foi um milagre à beira do caminho. O Salvador estava indo à casa de Jairo, chefe da sinagoga, para restabelecer a filha deste. Foi um suplemento da graça, uma espécie de derramamento extra da grande fonte de misericórdia. A taça de poder do nosso Senhor estava cheia — até a borda —, e ele a estava transportando à casa de Jairo; essa pobre criatura receberia nada mais que uma simples gota, que ele derramaria no caminho. E tanto bastou.

Bem fazemos *nós*, quando em missão de amor, concentramos nela toda a nossa energia e a realizamos até o fim; já o Salvador não só seria capaz de realizar uma grande maravilha, como também algo mais, em segundo plano, incidentalmente — eu quase diria acidentalmente, em seu caminho. Os episódios secundários relativos à vida e missão do Senhor Jesus são tão bonitos quanto os do curso principal do poema de sua esplêndida existência. Oh, que neste dia, enquanto meu sermão possa parecer significativo para alguém, e nitidamente o dirigir à salvação, que possa também, pelo poder de Jesus, levar à salvação outro irmão nem tão claramente indicado! Enquanto a palavra possa se mostrar evidentemente apontada a uma personalidade em particular, possa o Senhor lançar o mesmo vento do evangelho a conquistar mais uma alma; ou seja, que, enquanto pomos a mesa para determinado convidado, outra alma, faminta, possa também ter a bênção, dada por ele, de tomar o seu lugar no banquete da graça! E que aqueles que muito se escondem, e a quem, por isso, é provável que jamais conseguiríamos descobrir e conhecer, possam vir, possam aparecer a Jesus, e tocá-lo, e viver!

Vamos falar agora daquela mulher muito aflita, porque se trata de uma personagem bem característica. Mas, enquanto comentamos sua conduta e sua cura, que ela possa servir de espelho onde muitos trêmulos mirem a si mesmos. Vamos examinar, exatamente, *o que ela havia feito* e, então, *o que resultou disso*. Isso nos levará a ver melhor *o que ela fez por fim*, assim como *o que nós deveríamos fazer*. Que o Espírito Santo possa tornar este discurso muito prático, motivando você a seguir essa mulher até obter a mesma bênção de cura e salvação que ela obteve! Este seu pregador é frágil; que o Senhor possa, então, usá-lo segundo a sua vontade e trabalhar por seu intermédio para a salvação de vocês.

Consideremos, então, O QUE ESSA MULHER HAVIA FEITO. Ela estava literalmente morrendo havia doze anos. E o que vinha fazendo? Tinha se resignado ao seu destino ou tratado da enfermidade como um assunto menor? Longe disso. Sua conduta é altamente exemplar.

Em primeiro lugar, *ela resolvera não morrer e, sim, ver se poderia ser curada*. Fica evidente, portanto, ser uma mulher de grande determinação e esperança. Sabia que, se deixasse, aquela doença poderia fazer a sua vida se esvair até levá-la à sepultura; mas disse consigo mesma: "Vou lutar. Se existe uma possibilidade de remover esse flagelo, ele será removido, nem que me custe o que for, de despesa ou de dor". Oh, que bênção seria se os não salvos aqui pudessem dizer a si mesmos: "Sou uma alma perdida; mas, se uma alma perdida pode ser salva, eu hei de ser salvo. Sou culpado, sim; mas, se toda culpa pode ser lavada, a minha há de ser lavada também. Tenho um coração duro, reconheço; mas, se um coração de pedra pode ser transformado em coração de carne, quero isso para mim, e não descansarei até que essa obra da graça seja operada em mim!" Quem dera! Não é assim, no entanto, que acontece com muitas pessoas. A indiferença é a regra; indiferença em relação à sua alma imortal! Muitos estão enfermos, portando uma doença espiritual medonha, mas não tomam a resolução de obter a cura; brincam com o pecado, com a morte, com o céu e o inferno.

A insensibilidade recaiu sobre muitos, além de uma presunção orgulhosa. Estão cheios de pecado e ainda proclamam autossuficiência. São fracos e nada podem fazer, mas se vangloriam de sua capacidade. Não têm consciência de sua doença e, consequentemente, não buscam a cura. Como poderiam desejar se curar se não acreditam que estejam enfermos? Como é triste constatar que debaixo da bochecha corada da moralidade deve se esconder a consumação fatal da animosidade a Deus! Como é horrível ser justo por fora e leproso por dentro! Não são muitos os que podem falar abertamente sobre religião e parecem ser corretos diante de Deus, e estes, mesmo assim, no recôndito do coração, são vítimas de uma insinceridade e um desejo de verdade que fatalmente solapam a essência de sua profissão de fé. Não são, na verdade, o que parecem ser: há uma pecaminosidade secreta que exaure a parte vital de sua religião. Que o Espírito Santo possa mostrar a todo pecador a natureza letal da doença de sua alma, pois isso, acredito eu, levaria a uma firme resolução sua de encontrar a salvação, se a salvação é o que querem obter.

É bem verdade que alguns se furtam de tal ação devido ao poder paralisante do desespero. Chegaram à falsa conclusão de que não existe esperança para eles. Consideram as promessas do evangelho como uma mensagem de Deus para os outros, mas sem palavra consoladora alguma para eles. Alguns até supõem que acharam realmente o livro da vida, mas têm a certeza de que seu nome não está escrito nele; agem como se sua sentença de morte já tivesse sido assinada e não será revogada. Não conseguem crer na possibilidade de virem a se tornar participantes da vida eterna. Encontram-se encobertos por uma ilusão destruidora tal que os leva a abandonar completamente a esperança. No entanto, ninguém é mais presunçoso que o desesperado. Quando não tem esperança, o homem como que logo perde o temor. Não é terrível?

Que o Senhor o salve de tal doença! O desespero é algo irracional ante a misericórdia de Deus: se você pensa que tem motivo para isso, então o fantasma do embuste deve tê-lo sugerido a você. As Sagradas Escrituras não contêm nenhuma justificativa para a desesperança. Nenhum mortal tem um justo pretexto para perecer em desespero. Nem a natureza de Deus, nem o evangelho de Deus, nem o Cristo de Deus justificam o desespero. Milhares de textos nas Escrituras encorajam a esperança; e nada ali, desde que sabiamente compreendido, dá lugar a dúvida quanto à misericórdia divina. "Todo pecado e blasfêmia se perdoará aos homens." Jesus, o grande Curador, jamais se engana em relação a qualquer doença da natureza humana: ele pode expulsar uma legião de demônios e ressuscitar os mortos. Oh, se eu pudesse sussurrar a esperança no ouvido daquele que lamenta! Oh, se eu pudesse depositar um pensamento estimulante no coração triste daquele que se condena! Quão contente eu me sentiria! Meu pobre e desesperado amigo, de bom grado eu o levaria a ver suas correntes partidas, suas algemas arrebentadas! Que o Espírito de Deus possa então levá-lo, como essa mulher, a concluir que, se existe cura para a sua alma, você há, sem dúvida alguma, de obtê-la.

Ah!, e outros nunca tomam essa resolução valiosa porque acalentam uma esperança vã e se enganam com um sonho com que alimentam sua indolência. Imaginam que a salvação virá até eles sem que precisem buscá-la. Certamente não têm que esperar. É bem verdade que o nosso Senhor é edificado até naqueles que não o buscam; mas esse é um ato da própria soberania divina, não uma norma para nossa conduta. A orientação das Escrituras é: "Buscai o Senhor enquanto se pode achar, invocai-o enquanto está perto". Como deixar de lado essas palavras de graça? Eles imaginam que possam acordar um belo dia e se descobrir salvos. É mais provável que lhes aconteça como ao homem rico, da parábola do mendigo Lázaro, rico este que, no inferno, *ergueu os olhos, estando em tormentos* (Lc 16.23). Deus permita que nenhum de vocês esbanje sua alma cometendo tal erro! Há aqueles que imaginam que no momento de morrer possam implorar: "Deus, sê misericordioso para comigo, um pecador", e assim saltar para a salvação. A reconciliação com Deus lhes parece ser um negócio insignificante, muito fácil de fazer. Acreditam que possam ser convertidos quando bem entenderem e, assim, se furtam disso dia após dia, como se não tivesse maiores consequências, como se correspondesse a ir rapidamente a uma loja e comprar imediatamente alguma coisa. Creiam-me, a Palavra de Deus não trata do assunto desse jeito. Ela nos diz que até mesmo o justo pode com dificuldade vir a ser salvo, nos incitando a nos esforçarmos para passar pela porta estreita. Que Deus o salve, meu irmão, de toda falsa confiança, que o impediria de levar a sério a cura de sua alma. Espiritualmente, seu caso é tão sem esperança quanto o da pobre mulher da narrativa diante de nós, antes de sua cura. Que Deus possa, com seu amor e doçura, fazê-lo sentir que precisa ser curado já e que não deve adiar mais esse momento tão abençoado! Se debaixo do firmamento há cura para uma alma adoecida pelo pecado, como a sua, busque então essa cura até encontrá-la. Que o Senhor o guie a uma tal resolução mediante o seu bom Espírito, e você estará bem próximo do reino dos céus.

Em segundo lugar, em nosso texto, vemos que essa mulher, tendo tomado sua resolução, *adotou os recursos mais prováveis em que conseguia pensar*. Médicos são homens que, em princípio, se dedicam ao propósito de tratar e curar as enfermidades humanas; assim, ela foi procurá-los. E o que mais poderia fazer? Ela fez o que lhe parecia ter toda a possibilidade de sucesso. Assim também, quando uma alma está resolvida a encontrar a salvação, é válido, bem adequado e próprio lançar mão de todos os meios e recursos possíveis para encontrá-la. Oh, se as pessoas fossem pelo menos sábias o suficiente para ouvir o evangelho e se achegarem de uma vez por todas a Jesus; mas, não: em geral, cometem erros diversos, alguns deles bem graves. Essa mulher, por exemplo, procurou provavelmente doutores considerados entre os maiores entendedores da ciência médica de sua época e região. Não era natural que procurasse ajuda em sua propalada sabedoria médica superior? Não pode ser culpada, portanto, só por procurar homens de reconhecido mérito e influência em seu meio. Muita gente, naqueles dias, fazia o mesmo. Aliás, muita gente até hoje ainda o faz. Ouvem falar de homens aparentemente cultos e de suas declarações sobre a insignificância do pecado, sobre uma esperança maior e a não necessidade de renascimento, e os buscam. Pobres criaturas iludidas! No fim das contas, descobrem que nada resulta disso; que a sabedoria do homem

Enfim curada | 785

nada mais é do que uma estupidez pretensiosa. O mundo da sabedoria não conhece Deus nem a sua salvação. Existem muitos que parecem conhecer tudo a respeito da vida — exceto a verdade salvadora; pois estão convencidos da fantasia humana que eles mesmos inventam ou a pesquisa humana descobre. Não podemos culpar assim a mulher que, sendo alma simples e estando ansiosa pela cura, buscou os primeiros da lista dentre os que julgava que mais sabiam. Que Deus não nos permita, tendo Cristo tão perto de nós, seguir por caminhos tão tortuosos como ela fez antes, mas, sim, tocar em nosso Senhor imediatamente, tal como ela fez finalmente.

Não há dúvida de que a pobre sofredora procurou então homens detentores de grande conhecimento, ou se não, pelo menos, autorizados a atuar como médicos. Como poderíamos culpá-la por buscar a cura com aqueles que detinham a autorização oficial para tratar e curar? Muitas almas adoecidas pelo pecado, em nossos dias, guardam também, acima de tudo, a esperança de que cidadãos ordenados para o clero oficial ou tradicional possam beneficiá-las com seus serviços regularmente executados e seus sacramentos regularmente administrados. Sim, homens eminentes na igreja oficial ou tradicional, sobretudo, são constantemente procurados como sendo de grande ajuda em diversos casos. Corre a fama de que sabem lidar com as almas! Ah, mas como é inútil confiar nos homens em absoluto e rematada tolice depender de sua dignidade oficial ou distinta reputação! Há muito falso mestre, que quase nada sabe a respeito de sua própria alma, quanto mais ainda da alma do seu próximo. Pouco ou nenhum proveito existe na ajuda do homem, seja ele quem for. Não importa qual seja sua popularidade, grau de conhecimento ou eloquência, se você o procurar por oração ou ensinamento, considerando-o capaz de salvá-lo, com toda a certeza o terá buscado em vão, como fez, quanto aos médicos, para sua cura, aquela pobre mulher. Ela não é culpada, e poderia até ser elogiada por ter feito o que lhe pareceu ser o melhor a si mesma, dentro de sua estrita compreensão; mas você, não, você está avisado: não busque o ser humano, seja quem for, para sua salvação.

Sem dúvida, ela encontrou muitos que se vangloriaram de poder curar sua doença de uma vez por todas. Começavam, provavelmente, dizendo: "Você tentou fulano, mas ele não passa de um curandeiro; já o meu remédio tem fundamento altamente científico. A fórmula que você usou, eu bem poderia lhe ter dito antes que seria inútil, se você tivesse me procurado; eu, sim, tenho o verdadeiro segredo de sua cura. Coloque-se totalmente em minhas mãos e deixe comigo que vai dar tudo certo. Tenho curado muitos enfermos que foram abandonados até pelos sábios, por não conhecerem a solução para o seu caso. Siga minhas ordens e orientação rigorosamente, e você será logo restabelecida". As pessoas doentes, em geral, ficam tão ansiosas por se recuperar que caem imediatamente na armadilha que lhes é oferecida por charlatães e por sua própria imprudência. Fala suave e maneiras gentis, apoiadas por promessas mentirosas, triunfam facilmente sobre aquele que esteja aflito por obter o que lhe seja, com tanto enfeite, oferecido.

Sim, mas "nem tudo que reluz é ouro"; e nem todos os que se prestam a ajudar as almas adoecidas pelo pecado são verdadeiros. Muitos dos que reivindicam possuir novas revelações por aí são falsos médicos da alma, de nenhum valor. Não há bálsamo em Gileade; não há médicos lá. Se houvesse, a ferida da filha do meu povo teria sido curada há muito tempo. Não há, na verdade, remédio debaixo do céu que possa aliviar ou compensar as palpitações de um coração que teme e treme pelo julgamento que sabe que um dia virá. Não há cirurgia terrena que possa retirar a carga de pecado da consciência. Não há mão de padre ou pastor, profeta ou filósofo, que possa limpar a alma da lepra da culpa. O dedo de Deus é, em todos os casos citados, indispensável. É Deus, somente Deus, quem tem o remédio que cura tudo, o remédio divino universal, e apenas ele. Feliz quem tem recebido esse bálsamo infalível de Jeová Rafá — o Senhor que cura. Não é de admirar, na verdade, que, quando oprimida por um senso de culpa, a alma tente qualquer coisa, mesmo que tudo que se lhe ofereça venha a se revelar, quando muito, apenas uma simples e tênue esperança de alívio passageiro. Eu desejaria mesmo que todos os meus ouvintes tivessem um zelo intenso em querer encontrar a salvação. Ainda que isso os conduza a enganos passageiros, todavia, sob a bênção de Deus, haverão de acabar certamente por descobrir o seu caminho correto e a glorificar a graça de nosso Senhor Jesus Cristo, que nunca falha.

Essa mulher, além disso, tendo resolvido não morrer se a cura pudesse ser obtida e, tendo adotado os meios mais prováveis para isso, *perseverou no uso desses meios*. Não há dúvida de que deve ter tentado muitos remédios e tratamentos, até mesmo incompatíveis. Um doutor, por exemplo, lhe dissera: "Você faria bem se procurasse os banhos mornos do mar de Tiberíades; tais banhos serão reconfortantes e de grande ajuda". Ela piorou com os banhos. Aí, teria procurado outro médico, que lhe teria dito: "Você foi tratada de forma errada; precisa se revigorar com os banhos frios do Jordão". Nada. Assim, ela teria passado de vaidade em vaidade, para descobrir, no final, que eram todas inúteis. Um profissional eminente lhe garantia que ela precisava de um remédio de uso interno e só ele poderia lhe dar a receita infalível. Tal receita, porém, mostrava-se inútil, e ela procurava outro facultativo, que lhe afirmava que determinada aplicação externa deveria ser tentada, como se tivesse a virtude curativa do famoso emplastro de figos de Isaías. Que dolorosa perseverança essa mulher deve ter tido! Não vou dizer nada sobre nossos doutores de hoje, pois não há dúvida de que muitos estão entre os mais instruídos e capacitados possíveis; mas as cirurgias de tempos remotos, pelo que se sabe, eram quase sempre altamente doridas e sanguinárias, e os remédios, venenosos. Muitas das prescrições daqueles tempos eram de causar náusea, além de absurdas. Li ontem uma prescrição do tempo do nosso Salvador, garantindo curar muitas doenças, que consistia em ovos de gafanhoto. Conjecturava-se que exerciam uma influência maravilhosa; todavia, felizmente, não perduraram na lista de medicamentos. Dos dentes da raposa, era dito também que possuíam poderes especiais. Mas observei que a droga mais poderosa de todas, a mais cara e considerada a mais segura em sua ação, era a unha de um dedo de um homem enforcado. Era importante que tivesse sido enforcado; outra unha de outra pessoa qualquer poderia não fazer efeito. Os pobres doentes eram, enfim, submetidos a sofrimentos por meio de medicamentos cruéis, que de longe eram piores que a própria doença. Quanto a operações cirúrgicas, se ainda fossem planejadas para matar, tudo bem, teriam sido então correta e admiravelmente organizadas para o devido propósito. E é curioso que por doze anos a pobre natureza humana daquela mulher tenha podido resistir não somente à sua doença, mas principalmente aos doutores que a trataram.

Espiritualmente, irmãos, o caso é bem semelhante, praticamente o mesmo. Quantos, sob o fardo do pecado, vão primeiro a um, depois a outro falso orientador: pratique isso; sofra depois aquilo; anseie ainda por mais outra solução, com perseverança — tudo isso sem proveito algum! Viaje tão rápido quanto puder na direção errada: você jamais alcançará o lugar que buscou. Inúteis são todas as coisas que não autênticas de Jesus, nosso Senhor. Você já visitou, por exemplo, o "dr. Cerimonial"? É o doutor da moda de nossa época. E ele falou que você deve prestar atenção a costumes e regras, não é mesmo? Prescreveu-lhe tantas orações e tantas incumbências, não é assim? Ah, muitos são os que o frequentam, e perseveram em um círculo sem fim de observâncias religiosas, mas sem colher alívio duradouro algum para sua consciência. Já tentou, por acaso, o "dr. Moralismo"? Ele tem uma longa prática; é um bom e velho médico judeu. "Seja bom por fora", ele diz, "e isso funcionará internamente, limpando seu coração". Um grande número de pessoas imagina haja sido curada por ele e por seu assistente, "dr. Civilidade", quase tão engenhoso quanto o seu mestre, embora exista boa evidência de que nenhum dos dois, separadamente ou mesmo juntos, possa lidar com eficiência com uma doença interna. Façam eles o que puderem, sua ação não consegue estancar o ferimento de um coração que sangra. Outro, o "dr. Mortificação", oferece também uma prática toda especial; só que homem algum é salvo por negar a si mesmo enquanto não renuncie ao seu falso moralismo, em primeiro lugar. O "dr. Emoção" é outro, ainda, que tem muitos pacientes, mas é raro que suas curas sobrevivam à clara luz do sol. Já o "dr. Sentimento" é muito procurado por espíritos sensíveis, que tentam de toda maneira sentir tristeza e remorso, acima de tudo; infelizmente, porém, seu modo de curar não está relacionado de modo algum à clemência e à compaixão pelos infelizes e desgraçados. Com exceção unicamente do nosso amado e abençoado Senhor Jesus Cristo, todos os que se proponham a curar podem fazer o que quiser que a alma enferma jamais será melhorada em coisa alguma. Podemos tomar remédios humanos a vida inteira que o pecado continuará no poder, com a culpa se agarrando à consciência, e o coração tão duro quanto antes.

Essa mulher, no entanto, não apenas tentou os meios mais prováveis e perseverou no seu uso, *como também investiu todas as suas economias nisso.* Talvez fosse essa a melhor parte da medicina de antigamente! — a pílula dourada que fazia um grande bem ao médico, não importando o que acontecesse ao paciente. Ou seja, o ponto mais importante do tratamento era o pagamento ao doutor. Os recursos de sustento dessa mulher foram sendo devastados tanto quanto sua vida. Ela continuou pagando, pagando, pagando, sem receber benefício algum; sofreu provavelmente muito mais do que teria sofrido se tivesse mantido intacto seu dinheiro, sem empregá-lo na cura. Assim também, a maioria dos homens esbanja e desperdiça seus pensamentos, cuidados, orações e aflições naquilo que nada é nem representa para sua vida e salvação; gastam, enfim, seu dinheiro naquilo que não é pão. Finalmente, a mulher chegou ao seu último *shekel*, à sua última moeda. Chegou ao fim de seus recursos; havia gasto tudo o que tinha.

Mas o que não dará um homem para ser salvo? Nunca me admirou o fato de homens prósperos, agonizantes, darem suas propriedades a padres e igrejas na esperança de poderem salvar sua alma. Se o ouro pudesse de fato comprar o perdão, quem o reteria? Na verdade, a saúde física, se pudesse ser comprada com ouro, seria barata a qualquer preço; mas a saúde de alma, a santidade do caráter, a aceitação de Deus, a garantia do céu, jamais poderiam ser compradas, mesmo que pudéssemos esbanjar rios e rios de dinheiro. Há homens tão avarentos que não abririam mão de um tostão por um lugar no paraíso, mas, se conhecessem sua doença real e a cura verdadeira, mudariam logo seu modo de pensar. O preço da salvação é inestimável. Tivéssemos as mais valiosas minas de ouro e muito lucraríamos se as pudéssemos trocar tão somente pela salvação da nossa alma.

Amados, vimos até onde essa mulher chegou. Ela se encontrava em tão evidente e desesperado zelo para ter sua enfermidade mortal curada que não poupou seu labor nem seu sustento nesse propósito. Nisso devemos imitá-la sabiamente, quanto à cura da nossa doença espiritual e à nossa salvação.

II. Vimos, assim, o que a mulher tinha feito; vamos agora ponderar sobre o RESULTADO DISSO. É dito no evangelho que ela sofrera muitas coisas na mão de muitos médicos. Essa foi sua única recompensa por confiar e gastar: não tinha sido aliviada, muito menos curada; *tinha sofrido.* Suportara demasiado sofrimento só por buscar a cura. Esse é o caso de vocês que não se achegam a Cristo, mas, sim, estando sob o senso do pecado, têm procurado alívio por toda parte, sem pensar. Tudo aquilo que você faça em busca da salvação que não seja buscar a Jesus apenas lhe causará sofrimento ainda maior. Se você tem tentado se salvar por meio da oração, a oração pode ter feito seu pensamento se voltar ainda mais para você e para sua culpa, acabando por torná-lo mais infeliz do que antes. Se tem dado mais atenção às cerimônias e mesmo delas participado com toda a sinceridade, elas podem acabar por forjar em você um sentimento solene da santidade de Deus e de sua distância dele; e isso, por mais apropriado que pareça, só aumenta sua tristeza. Se tem tentado sentir-se bem fazendo o bem, pois acha que só assim pode ser bom, esse empenho certamente o tem feito perceber quão distante se encontra da bondade que tanto almejaria alcançar. Se sua autonegação tem instigado os desejos ardentes do mal e suas mortificações dado vida nova ao seu orgulho, seus esforços por salvação fizeram do seu ato de resistência os esforços de um homem se afogando e certamente o levarão a afundar ainda mais. O fruto de seus esforços desesperados, enfim, é que você tem sofrido ainda mais. Pode ser que tudo isso colabore de alguma forma para o seu bem, embora eu tenha minhas dúvidas a respeito; mas certamente não tem servido até agora, de modo algum, a qualquer propósito curativo a seu favor: você se encontra, na verdade, às portas da morte espiritual — e todas as suas orações, seus lamentos, sua prática religiosa, suas idas à igreja e os sacramentos por você recebidos não o têm ajudado, nem um pouco, em nada, quanto à sua cura e salvação.

Existe, assim, uma angústia peculiarmente pungente em relação a tudo isso: a de que você *não melhorou coisa alguma.* Esperou com alegria e, no entanto, se decepcionou cruelmente. Exclamou: "Desta vez consegui", mas a bolha de sabão logo se desfez assim que você a tocou. O mal, que é próprio de sua natureza, quando reprimido em um lugar, irrompe-se em outra parte de sua vida. Você tem procurado tratar os sintomas de sua doença, mas não atacou ainda, muito menos cortou, a raiz desse mal: a enfermidade apenas se manifesta de outras formas, mas nunca vai embora. Se você abre mão de um pecado, é tão somente para imediatamente entrar em outro; se vigia a porta da frente, o ladrão penetra pela porta dos fundos. Até agora, ó alma, você não se achegou a Jesus; por isso, apesar de suas idas e vindas a outros lugares, você não tem melhorado em nada! E talvez esta manhã esteja dizendo: "O que posso fazer? O que devo fazer?" Eu lhe direi. Você nada pode fazer senão o que essa mulher finalmente fez e de que falarei daqui a pouco. Você desperta agora para uma condição extrema: está sem forças, sem mérito, sem poder; e precisa olhar para fora de si mesmo, para outro, que tem força e mérito e pode salvá-lo. Deus permita que, antes que este culto acabe, você possa olhar para ele, para aquele que é seu único Salvador glorioso!

Lemos a respeito dessa mulher que, apesar de ter sofrido muito, ela não estava nada melhor, *senão que piorou muito.* Nenhuma melhora depois de doze anos de tratamentos? Ela foi, digamos, a um médico egípcio, que lhe prometeu sua saúde de volta em três meses. Ficou pior. Tentou então um médico sírio: o homem tinha grande conhecimento de ciências ocultas e não se envergonhava de praticar encantamentos. Ficou amargamente desapontada, vendo-se ainda mais fraca. Ouviu falar então de um médico grego, que a curaria num átimo. Pagou o que lhe sobrara de dinheiro, mas só fez caminhar mais para trás. Ela comprou decepções e mais decepções pagando muito caro. É esta também, amigo, a sua condição? Você fica ansioso por acertar e, então, investe em todo esforço que acha que será necessário para se salvar; mas continua pior, nada melhor. Escala todo um monte e não consegue chegar no topo após toda a sua escalada. Sua embarcação vai rio abaixo, se deixando levar pela correnteza, mas encalha quando a corrente muda; ou, então, dia após dia, noite após noite, volta para o mesmo velho cais de onde partiu. Oh, que condição lamentável! Está ficando grisalho, se tornando um cavalheiro e ainda não chegou nem um passo mais próximo da vida eterna do que quando era jovem, frequentava assiduamente a casa de Deus e desejava fervorosamente se tornar um filho de Deus.

Nenhuma melhora? Não. A mulher ficou pior? Sim. Novos males certamente se haviam nela desenvolvido, e outras doenças passaram a alimentar sua fraqueza; estava provavelmente cada vez mais macilenta e mais inerte do que nunca. Que resultado triste para tanta esperança e persistência! Não será também esse o caso de alguns de vocês, que são sinceros, mas não iluminados? Em termos espirituais, a verdade é que você está trabalhando cada vez mais e, no entanto, ficando cada vez mais pobre à medida que trabalha. Pouco ou nada mais há em você, como antes costumava haver, de sentimentos bons, desejo sincero, devoção, amor pela Bíblia, disposição e interesse em ouvir o evangelho. Tem se tornado mais desatento, mais dúbio do que foi um dia. Perdeu muito de sua antiga sensibilidade. Está fazendo coisas agora que o teriam assustado poucos anos atrás; está negligenciando certas questões que para você já foram essenciais. É evidente que você, o seu barco, foi pego pela correnteza e está a pique de chegar às cataratas. Que o Senhor o livre!

Esse caso é, na verdade, muito, muito triste. Como clímax de tudo isso, a heroína de nossa história, tendo *gastado tudo aquilo que tinha,* não podia mais ir nem ao médico egípcio, nem ao sírio, ao hebreu, ao grego ou romano; a médico algum. Agora, precisava se arranjar sem o unguento desses doutores, não podia mais comprar nenhuma de suas custosas invenções. Talvez fosse essa sua aflição mais amarga. Mas permita-me dizer: era ainda a melhor coisa que lhe tinha acontecido; e estou orando para que possa acontecer a alguns de vocês. No fundo de sua bolsa vazia, confio em que encontrará sabedoria. Quando chegamos ao fim do nosso eu, estamos chegando ao começo de Cristo. Aquele último níquel nos une aos miseráveis, mas a falência nos torna livres para irmos ao encontro daquele que cura nossa doença sem dinheiro e sem preço. Tenho muito prazer em conhecer um homem que haja passado fome espiritual como resultado de sua autossuficiência. Bem-vindo, irmão! Você está pronto para Jesus. Quando toda a sua virtude própria for embora, você irá buscar e encontrar a virtude que dele emana.

III. Isso nos leva a observar então, em terceiro lugar, O QUE ESSA MULHER FINALMENTE FEZ. Mais e mais fraca ela se tornara, e sua bolsa também. Ouve então falar de Jesus de Nazaré, um homem enviado por Deus que está curando o povo de todo tipo de doença. Ouve atentamente; reúne as narrativas que ouve e acredita nelas, pois carregam em si um forte testemunho da verdade. "Oh", diz ela a si mesma, "ainda há uma oportunidade para mim. Vou me misturar à multidão e, se puder tão somente tocar na franja azul que ele, sendo judeu, usa como orla em suas vestes, tenho certeza de que serei restaurada". Que esplêndida fé! Assim foi considerada naquele próprio dia, e mais ainda, agora, podemos dar valor ao fato de que aquela fé tão rara haja se desenvolvido em mulher tão sofredora.

Repare bem, no entanto, que *ela resolveu confiar em Jesus mesmo em condição de absoluto desespero*, por já haver tentado muitas outras coisas sem resultado positivo algum. Meu querido amigo, não sei em que lugar desta grande congregação você está sentado, esta manhã — quase desejaria saber, para que eu pudesse chegar até você e lhe dizer pessoalmente: "Experimente Jesus Cristo, confie nele e veja se ele não o salvará. É evidente que todas as outras portas estão fechadas; por que então não entrar de uma vez pela porta de Cristo? Não há outra boia salva-vidas para você; agarre-se a esta! Diga como o poeta:

> Se for, posso até perecer,
> Mas estou resolvido a tentar;
> Pois, se assim permanecer,
> Irei para sempre acabar.

Exerça a coragem que nasce do desespero. Que o Espírito Santo de Deus possa ajudar você agora a impelir-se para a frente e entrar em contato com Jesus! Diga: "Sim, aceito Cristo por minha livre vontade. Pela graça de Deus, eu o receberei como minha única esperança. Eu o receberei agora". Seja guiado a Jesus pela própria força das circunstâncias. Uma vez que não existe outro porto, ó barco castigado pelo mau tempo, dirija-se para este! Ó ser errante, eis um refúgio! Vire-se para cá, venha, não há outro abrigo.

Afinal, *era essa a coisa mais simples e fácil que ela poderia fazer*. Tocar em Jesus. Estender a mão e tocar na orla do seu manto. As receitas médicas que ela mandava fazer demoravam sempre a ficar prontas, e os resultados das medicações, também; isso, não, era coisa rápida. Tratamentos e intervenções nela realizados eram geralmente muito complicados; isso, não, era da maior simplicidade. O sofrimento que ela suportava era tão tenebroso como a noite escura; isso, não, mostrava-se tão claro e límpido como um amanhecer. Tocar na orla de suas vestes: isso era tudo. Ó meu ouvinte, você, que já tentou tantas coisas, coisas grandes, complicadas, difíceis, dolorosas, por que não tentar essa simples questão de fé? Acredite no Senhor Jesus Cristo, e você será salvo. Confie em Jesus para purificá-lo, e ele o fará. Coloque-se nas mãos de seu Salvador de uma vez por todas, e ele o salvará.

Essa era não apenas a coisa mais simples e mais fácil para a pobre mulher aflita, mas sem dúvida também *a mais importante e graciosa*. Não precisava pagar um tostão. Não havia pessoa alguma esperando, no consultório, para tomar seu dinheiro; nem mesmo a insinuação que fosse de uma remuneração ou recompensa: as bênçãos de Deus são tão gratuitas quanto o ar que ele nos fornece incessantemente. Além disso, o Filho de Deus curou esta mulher, sem recursos para mais nada, em plena rua, no meio da multidão. Ela mesma sentia que, se estivesse em meio à multidão, conseguiria, a qualquer custo, chegar perto o suficiente para alcançar nem que fosse a orla de suas vestes, e então seria curada. Assim é aqui também, esta manhã, meu querido ouvinte. Você, que está em meio à congregação, venha e receba a graça livremente. Não traga consigo boas obras, boas palavras, sentimentos bons ou boas resoluções visando a pagar pelo perdão; traga somente suas mãos, suas mãos vazias, e toque no Senhor, pela fé. As coisas boas que você deseja Jesus lhe dará como consequência de sua cura; elas não são nem podem ser a causa ou o preço de sua salvação. Aceite a misericórdia do Senhor como um presente do seu amor! Venha de mãos vazias e receba! Venha desmerecedor e seja favorecido! Apenas entre em contato com Jesus, que é fonte de vida e saúde, e você será salvo.

Essa era também *a coisa mais discreta que a mulher podia fazer*. Ela nada falou. Não clamou em alta voz alta, como os cegos. Não pediu a amigos que testemunhassem sua ousadia e aventura. Manteve-se firme em seu propósito e se esgueirou por entre a multidão. Em silêncio absoluto, conseguiu um toque "roubado" na túnica do Senhor. Ó meu ouvinte, você pode ser salvo em silêncio. Não tem necessidade de falar coisa alguma com pessoa conhecida sua, nem mesmo seu cônjuge, um filho seu, um irmão, sua mãe, seu pai, uma pessoa amiga. Neste exato momento, a sós com o Senhor neste lugar da igreja onde você está simplesmente creia e viva. Ninguém saberá que você está tocando no Senhor. Em alguns dias, você mesmo estará reconhecendo sua fé, mas agora, no próprio ato, estará só e despercebido. Creia em Jesus Cristo. Confie-se inteiramente a ele. Não se interesse mais por todas as outras demais confianças. Diga apenas: "Jesus Cristo é toda a minha salvação". Receba-o agora mesmo, se não com um aperto de mão, pelo menos com um toque espiritual nele. Ó criatura só, tímida e acanhada, toque no Senhor! Confie em seu poder de salvar. Não me deixe lhe dizer em vão para que faça isso; faça-o imediatamente. Que o Espírito de Deus possa motivá-lo a aceitar Jesus como seu Senhor e Salvador agora!

É essa *a única coisa eficaz*. Toque Jesus, e a salvação será sua na mesma hora. Simples e infalível, como é a fé. Bastou à mulher um toque na franja das vestes do Salvador; em um instante, sentiu em seu corpo que estava curada daquele flagelo. "Já são doze anos", disse a si mesma, "que não me sentia como uma mulher viva. Tenho afundado em morte constante enquanto isso durou; mas agora sinto que toda a minha energia, minha vida, voltou". Abençoado seja o nome do grande Curador! A mulher exalava felicidade. Tremia até, com receio de que fosse bom demais para ser verdade; mas seguramente sabia que estava curada. Ó meu querido ouvinte, confie no meu Senhor, porque ele seguramente fará por você o que nenhum outro pode fazer. Deixe de lado os sentimentos e os esforços e experimente somente sua fé em Jesus. Que o Espírito Santo possa conduzi-lo a fazer isso imediatamente!

IV. Agora, pobre pecador condenado, eis o ponto a que eu queria chegar. Faça como fez esta mu-lher. Não pergunte a ninguém a respeito, apenas faça. Ela não procurou Pedro, Tiago ou João e disse: "Bons senhores, me aconselhem". Não lhes implorou que a apresentassem a Jesus, mas, sim, procedeu por sua própria conta e vontade, buscando por si mesma a virtude procedente de um toque seu. Você já está devidamente instruído; basta fazer agora o que vale, o esforço verdadeiro. Há muita tendência em querermos nos encorajar conversando com pessoas de fé; vamos nos afastar delas e falar diretamente com o seu e nosso mestre. Conversas com irmãos da igreja ou amigos crentes são muito boas, mas um toque em Jesus será infinitamente melhor. Não o culpo por buscar aconselhamento religioso, que pode ser até uma guarita no meio do caminho onde fazer uma parada; mas não é a estação final. Vá em frente até que, pela fé pessoal, possa estar somente com Jesus. Não fale a ninguém o que você esteja prestes a fazer; espere até que haja terminado. Em outra ocasião, você poderá se sentir feliz em contar ao ministro ou aos irmãos em Cristo sobre o que o Senhor fez por você; mas, no momento presente, pense e creia em silêncio no Cordeiro de Deus que tira o pecado do mundo.

Tampouco se questione sobre isso. Se tivesse ficado se aconselhando consigo mesma, duvidando e hesitando, a pobre mulher nunca se teria aventurado a chegar tão perto do Filho Unigênito de Deus. Claramente excluída da sociedade pela lei de seu povo e seu Deus, se tivesse pensando melhor sobre o assunto, poderia ter chegado a abandonar a ideia. Abençoada foi a impetuosidade que a empurrou pela multidão, que a manteve à frente do público e a fez chegar ao Senhor em meio ao aperto. Não ficou cismando e pensando, de forma lógica ou não, sobre tal desafio. Não se questione você também a respeito; simplesmente faça. Creia e faça. Não pare para discutir com a sua própria incredulidade, nem responda a suas dúvidas e seus medos crescentes; mas, sim, imediatamente, neste exato momento, estenda sua mão, espiritualmente, toque na orla das vestes do Senhor e veja o que advirá. Que Deus ajude você a fazê-lo mesmo enquanto ainda estou falando!

Renda-se ao impulso sagrado que Deus opera em você neste momento. Não diga: "Amanhã pode ser mais conveniente". No caso dessa mulher, o Senhor estava lá à sua frente; ela queria porque queria ser curada e, assim, veio como pôde e mergulhou na multidão. Estava tão enfraquecida, que alguém se poderia perguntar como teria conseguido chegar tão perto dele; mas é possível que a multidão tenha até, em seu impulso coletivo, a erguido do chão e levado como que de arrastão para a frente, como em geral acontece em meio a um movimento compacto de uma turba. Ali estava, porém, sua oportunidade, e a ela a mulher se agarrou. Ali estava a franja do manto do Senhor; ela esticou a mão e pronto: estava tudo consumado! Ó meu amigo, você tem uma oportunidade agora, pela grande graça de Deus, de estar em uma casa de oração. Jesus Cristo está passando por aqui neste momento. Ele fala com você não para lhe dizer coisas bonitas, mas para ganhar sua alma. Oh, como eu queria poder conduzir você a esse toque salvador! Mas é o Espírito de Deus que pode fazer isso. Que ele possa levá-lo a exclamar: "Creio nessa oferta solene e confio minha alma a Jesus!" Você faz isso? Então, está salvo. *Aquele que crê no Filho tem a vida eterna* (Jo 3.36).

"Oh, mas eu temo e tremo tanto!" Assim fez também aquela que Jesus curou. Sua mão certamente tremia, mas mesmo assim ela tocou em seu manto. Imagine sua mão trêmula. Pobre mulher macilenta, esquálida e frágil! Os dedos adelgaçados que esticou, e como tremiam! Embora a mão de sua fé possa tremer, se você assim o fizer, se tocar a orla que seja das vestes do Senhor, o poder, a virtude, fluirá dele para você. Pois o poder não está na mão que toca no Salvador, mas, sim, no Salvador que é tocado. Estabeleça-se tal contato entre você e a força todo-poderosa de Jesus, e o poder dele haverá de se mover por intermédio de sua mão de fé, trêmula, trazendo a cura ao seu coração. Um fio entre postes pode ser sacudido por uma rajada de vento e ainda assim conduzir a corrente elétrica; assim também, até mesmo uma fé trêmula e aparentemente frágil pode transmitir a salvação procedente de Jesus. Uma fé forte, que descansa em qualquer lugar que não em Jesus, é na verdade uma ilusão; mas uma fé fraca que descansa apenas no Salvador traz salvação segura. Estenda sua mão, querida alma, estenda sua mão! Não vá embora até haver tocado no Senhor mediante uma oração ou esperança declaradamente convicta. Que o Espírito Santo não permita que as pessoas deixem este Tabernáculo até que, por um desejo convicto, confiante, portador de algum tipo de segurança, hajam estabelecido um contato com Jesus e sintam que a virtude do Senhor entra em sua alma, para sua cura imediata. Ó Senhor, salva estas pessoas!

Por que vocês vêm, domingo após domingo, em turbas, e tenho eu de continuar aqui, desmanchando meu coração por amor a sua alma? É o único resultado que teremos de obter, eu estar levando vocês a passar uma hora e meia em algum tipo de entretenimento de cunho religioso? Que desperdício do meu labor, e do tempo de vocês — a menos que alguma obra da graça seja realizada! Ó meus amigos, se vocês não forem conduzidos a Cristo, minha pregação se lhes provará ser um verdadeiro tormento! Horroriza-me só em pensar que a pregação do evangelho tenha para vocês um sabor de morte, pois seu propósito é que realmente lhes traga vida. Não afastem de vocês, portanto, o dia da graça. Pelo Deus vivo, imploro, confiem no Redentor vivificante. Como reencontrarei todos vocês um dia, face a face, ante o tribunal de Cristo, eu lhes rogo agora: estiquem sua mão de fé e confiem inteiramente no Senhor Jesus, tão perfeitamente merecedor de sua confiança. Vejam, a simples confiança de seu coração no Senhor porá fim à morte que ora opera em vocês. Que Deus nos dê a todos essa confiança, é o que peço, em nome de Jesus! Amém.

84

"Não passara despercebida"

Então, vendo a mulher que não passara despercebida, aproximou-se tremendo e, prostrando-se diante dele,
declarou-lhe perante todo o povo a causa por que lhe havia tocado, e como fora imediatamente curada
(Lc 8.47).

Falamos em nossa última pregação pela manhã a respeito dessa mulher, curada de longa hemorragia. Depois de haver gastado todas as suas economias com médicos e tendo se decepcionado com todos eles, tocou nas vestes do Salvador, e foi curada. Ela se aproximara por trás dele, penetrando pela compacta multidão que o seguia, pois não queria ser vista; e não disse uma palavra sequer, pois não tinha coragem de pedir abertamente a bênção que desejava. Somente tocou nele e, uma vez curada, se esquivou, voltando a se imiscuir na multidão. Queria porque queria passar despercebida. Ora, se a história terminasse aqui, não ficaríamos surpresos. Tratar-se-ia, certamente, de um caso altamente delicado, que provavelmente exigiria um fim assim, especial, em segredo, sendo então permitido à mulher seguir o caminho de volta para casa, restaurada e feliz. Contudo, suponhamos também que, devido à brandura e à compaixão do nosso amado Salvador para com essa mulher trêmula, tivesse ele lhe permitido partir sem haver feito uma confissão pública de sua cura. Qual teria sido a consequência? O Salvador queria decerto que o milagre fosse registrado para sempre, como o foi em três dos quatro evangelhos; mas, se o acontecimento tivesse terminado onde paramos na última pregação, tal é a nossa natureza humana que possivelmente teríamos chegado à conclusão de que não é preciso confessar a fé que salva. Nosso amor natural pelo que é fácil e nosso desejo de evitar a cruz nos teriam feito seguir o exemplo dessa mulher e, se fosse preciso tentar tocar no Senhor para nos curar, procuraríamos certamente nos esquivar e não fazer confissão alguma de nossa fé e nosso discipulado. Muitos de nós teríamos citado o caso dela como modelo e desculpa para escapar da responsabilidade, dos deveres e dos sofrimentos que o comprometimento com o Senhor envolva; haveria seguramente os que poderiam alegar, covardemente, que o silêncio do Salvador fora o consentimento para que ela se retirasse e que, portanto, poderiam perfeitamente imitá-la. Conheço bem os homens e o jeito deles de argumentar. Isso seria uma boa muleta para muita gente. Pense em como essa história poderia ter sido usada nos tempos de martírio. Os covardes argumentariam: "Se podemos ir parar na prisão ou em uma estaca se confessarmos nosso Senhor, por que deveríamos ser tão ousados sem necessidade? Podemos tranquilamente receber a graça de Deus sem precisarmos ser conhecidos por esse ato; uma vez tendo obtido a salvação, podemos perfeitamente nos esquivar e nos misturar à multidão, evitando assim termos de nos expor ao perigo".

Jamais nos permitiria o Salvador, no entanto, encontrarmos uma desculpa para nossa má conduta. Eis por que ele levou à confissão a mulher a quem havia curado. O espírito de ocultação e dissimulação, por sua vez, não se encontrava, graças a Deus, na igreja do tempo dos mártires; motivo pelo qual corajosos homens e mulheres santificados se apresentavam e confessavam sua fé em Cristo, com entusiasmo incomum. Se a narrativa tivesse, enfim, terminado no ponto em que paramos na pregação passada, imagine-se a tranquilidade a que se teriam dado ao luxo pessoas amantes da paz, que, nos momentos de blasfêmia e censura à fé, costumam não tomar partido algum, em nome de uma vida calma e serena! Estariam, sem dúvida, bastante confortáveis em sua posição inabalada e pretendendo continuar assim. Na verdade, o que importa a esse tipo de pessoas que a igreja toda venha a ser carcomida por um tremendo erro? Tais

"Não passara despercebida" | 793

pessoas esperam somente ir, na maior segurança, para o céu — aliás, já se sentem até como se estivessem lá. Embora não sendo, de modo algum, soldados da cruz, acreditam piamente ser seguidoras do Cordeiro; não combatendo o bom combate em favor da fé que lhes foi entregue pelos santos, comem e bebem, no entanto, do bom e do melhor e desfrutam dos privilégios de uma religião altamente confortável. É esta a política de muitos, que, aparentemente muito felizes da vida, parecem se abrigar atrás dessa mulher. Ela, porém, não conseguiu se esconder; nem eles tampouco podem fazê-lo. Já temos desculpa suficiente para o nosso egoísmo, o nosso ócio e a nossa falta de compromisso sem que o Salvador precise nos fornecer mais uma. Deste modo, tomou ele o cuidado especial, nesse caso, de que nada de ruim pudesse ser feito a partir da cura que havia operado. O que poderia ter sido um argumento de defesa para o silêncio culposo, Jesus iria transformar em argumento grandioso para a confissão pública. Ele jamais irá permitir, em casos como esse, escondermos o que nos ocorreu de bom, mas, sim, nos fará tomar nossa cruz e segui-lo.

É este o assunto desta manhã. Que eu possa ser ajudado pelo Espírito Santo para saber tratá-lo; e que todas as pessoas aqui presentes que sejam sinceras em seu amor a Cristo, mas nunca o tenham devidamente manifestado, possam ser impelidas a se revelar de uma vez por todas e a declarar perante o Senhor Jesus Cristo e seu povo que tocaram em seu manto e ficaram, por isso, imediatamente curadas.

Permita-me lhes dizer que *sua ocultação poderia ser desculpável*; mas, em segundo lugar, que *não era justificável*; em terceiro lugar, que *essa ocultação não deveria ser desculpada nem justificada, mas, sim, necessariamente ter fim, como de fato o foi*.

I. Em primeiro lugar, então, diremos, em relação a essa mulher, que SUA OCULTAÇÃO PODERIA SER DESCULPÁVEL. Como já disse em outro sermão, se alguma cura milagrosa tivesse de passar despercebida, por algum motivo, seria essa provavelmente a mais indicada. Por várias razões. Primeiro, por causa da *timidez e do recato natural dessa mulher, tendo em vista o caráter de sua enfermidade*. Esse caso poderia ter sido resolvido tanto em uma esquina quanto em meio a uma multidão e ter passado inteiramente em branco, sem ser notado, e isso nos parece bastante evidente. Todavia, o Salvador, em sua ternura, não quer isso para nós.

Você, caro amigo, poderia, se fosse seu caso, alegar: "Desculpe-me, mas sou, por natureza, tímido e reservado demais". Ora, a essa mulher aconteceu de não só já ser certamente acanhada por natureza, mas também de sua doença a ter levado a desejar, e com justa razão, permanecer na obscuridade. "Não quero que minha história se torne pública", pode alguém perfeitamente rogar aos outros; e ela deve ter pensado exatamente a mesma coisa. De fato, seria provavelmente muito difícil para ela confessar do que o Senhor a havia curado, levando-se em conta a grave acusação de impura, que a lei cerimonial judaica lhe imputava, por ser portadora daquele tipo de enfermidade. Mesmo assim, era preciso, para o seu próprio benefício, reconhecer publicamente a graça recebida — e é o que você também deve fazer. Ela era uma mulher doente, abatida, que por doze anos piorava cada vez mais. No entanto, estava agora curada e tinha de se apresentar e confessar a cura. Se acontecesse algo semelhante a você: isso lhe pareceria assim tão difícil? Era, sem dúvida, o mínimo que ela poderia e deveria fazer por iniciativa própria; mas, se em algum caso fosse permitido manter silêncio, no caso dela, particularmente, como se tratava de assunto tão especial e delicado, poderia ter recebido o privilégio, embora questionável, de obter a misericórdia divina sem precisar reconhecê-la em público.

Há que lembrarmos, porém, que *o Salvador não buscava publicidade para si mesmo*, de modo algum. Jamais instou àquele a quem curava que fosse contar a toda gente o milagre recebido. Cristo não precisava, tampouco desejava, ganhar fama ou o respeito do mundo; não lhe era absolutamente necessário clamar, nem se exaltar a si próprio, tampouco fazer ouvir a sua voz na rua. Houve casos, até, em que o Senhor ordenou à pessoa restaurada não contar a respeito de sua bênção a ninguém. A presente cura, inclusive, ele a havia concedido sem um pedido da pessoa doente, ou nem, pelo menos, ver e conhecer a quem beneficiara ou ter falado com essa pessoa, antes ou no momento em que operara o prodígio. Poderia então a mulher ter concluído que, por isso, seu ato secreto de fé fora aprovado e deveria continuar sendo oculto, mesmo após haver obtido o benefício? Você poderia argumentar desse mesmo modo no seu caso, alegando que Jesus não precisa do seu testemunho a respeito dele; de fato, ele não carece de coisa alguma de qualquer um de nós, mas é essa a maneira correta de tratarmos nosso benemérito Senhor e Salvador? Você poderia declarar, enfim, que o silêncio de sua parte seria também desculpável. Mas não foi assim que o Salvador pensou quanto ao caso daquela mulher e acredito que não será assim que irá pensar quanto ao seu caso, seja ele qual for. Creio plenamente que Jesus, por sua altíssima misericórdia, há de lidar com você tal como lidou com ela, compelindo-o, para maior proveito de sua alma, a se apresentar diante dele e assumir as maravilhas de sua graça.

Havia talvez ainda, no entanto, no caso da mulher, um motivo pelo qual ela pudesse ter pensado que não deveria fazer uma confissão pública: era o de que *o Salvador naquele momento mostrava estar muito ocupado com outro assunto.* De fato, com a multidão o seguindo e cercando, Jesus se achava a caminho da casa do chefe da sinagoga, para dar assistência à filha deste, visando a curá-la; para a tímida mulher curada da hemorragia, ela não poderia de modo algum interromper o profeta nazareno em sua elevada missão de amor. Como poderia o grande Curador vir a ser detido logo por ela? Jairo, o chefe da sinagoga, é bem capaz de não ter visto com bons olhos Jesus parar por causa do tal toque; e se aquela parada inesperada provocasse uma demora fatal para sua filha? Quanto à pobre mulher, talvez, quem sabe, argumentasse consigo mesma: "Como pode uma pessoa tão insignificante como eu deter o profeta? Quem sou eu para tomar um segundo sequer do seu tempo? Esse homem, com quem ele está indo, chegou a ele antes de mim; é seu direito, é a sua vez. Sim, eu já tenho a bênção, não há necessidade alguma de eu deter o grande curador".

Na verdade, estamos sempre prontos a arranjar uma desculpa qualquer quando temos de fazer ou fizemos algo de que tememos muito as consequências. Suponho, aliás, que esse possa ser justamente o seu caso. No entanto, como essa desculpa, mesmo que ocorresse à mulher, não poderia ser levada em conta, aconselharia então a você que jogasse fora todo e qualquer subterfúgio, tendo em mente e diante de si, firmemente, o que dizem as Escrituras: *Porque, se com a tua boca confessares a Jesus como Senhor, e em teu coração creres que Deus o ressuscitou dentre os mortos, serás salvo* (Rm 10.9); ou, citando outro versículo, igualmente bem claro: *Quem crer e for batizado será salvo* (Mc 16.16). A fé e a confissão quanto ao Senhor Jesus são unidas pelo próprio Espírito Santo; e *o que Deus ajuntou, não o separe o homem* (Mc 10.9).

A mulher curada poderia encontrar desculpa também no fato de que *sua cura se faria conhecida pelo próprio resultado.* Quando chegasse em casa, todos veriam que ela era agora outra pessoa; e, quando perguntassem como isso tinha acontecido, poderia então contar tudo a respeito. Todos veriam em sua própria vida a melhor prova da obra do nosso Senhor. Não seria melhor falar por sua própria vida do que pelos seus lábios? É exatamente assim, e nisso reside a força aparente dessa desculpa para a desobediência. Basta um pouco de verdade para se sustentar o equívoco. Note-se que essa mulher não estava de modo algum autorizada a reter a declaração pública devida a Cristo, embora, é certo, sua saúde e conduta, bem melhores, fossem de fato testemunhas do poder do Senhor. A mesma coisa acontece quando você alega: "Não preciso fazer parte de uma igreja: posso ser cristão perfeitamente em casa. É melhor viver uma autêntica vida cristã do que usar o nome de cristão só por causa do batismo". Meu amigo, ninguém jamais lhe propôs que usasse o nome de cristão só pelo batismo em lugar de uma vida cristã; muito pelo contrário, temos falado justamente o oposto a essa ideia. Queremos, a propósito, lembrar as palavras do nosso Salvador, quando diz: *Estas coisas* [...] *devíeis fazer, sem omitir aquelas* (Mt 23.23); ou seja, a atenção a determinado aspecto não justifica a negligência a outro. Eu lhe peço: não desobedeça em situação alguma. Professe o seu Senhor, reconheça o que ele tem feito por você e assegure-se, isso sim, de que o resultado de sua vida dá apoio à sua confissão. Traga consigo a lança do Deus vivo, mas esteja sob a proteção fundamental de uma corajosa confissão.

Um pretexto que realmente poderia ter usado essa mulher, se desejasse uma desculpa, seria: "É evidente que *uma confissão pública não é essencial à minha cura,* pois já estou curada". De fato, ela fora curada imediatamente; sentira em seu corpo que estava verdadeiramente curada daquele flagelo; sabia perfeitamente, portanto, e sem dúvida alguma, que estava curada. Deste modo, uma confissão de sua fé não era,

"Não passara despercebida" | 795

de fato, necessária para poder receber essa grande bênção do Senhor. Muitos, então, podem argumentar: "Confessar Cristo e fazer parte de seu povo não é necessário à minha salvação". E quem disse que é necessário? A confissão pública não é necessária, nem é possível, até que você esteja salvo. Como essa mulher poderia ter feito a confissão de uma cura até que estivesse curada? Mas, ao ficar curada, fez-se necessário que ela assim o confessasse. Não é necessário à cura, portanto, e isso está bem claro, mas necessário *por causa* da cura. É necessário sempre ao discípulo fazer tudo o que seu Senhor ordena. É essencial ao soldado da cruz seguir as ordens de seu Comandante. Jesus nos convoca a deixarmos nossas luzes brilharem; para que escondê-las? Se tivermos recebido a graça de suas mãos, e ele nos mandar confessar que a recebemos, nosso senso de justiça torna tal necessidade uma obrigação para nós.

Vimos, assim, que, no caso da mulher curada de hemorragia, vários pretextos e desculpas poderiam ter sido por ela usados, e, no entanto, mesmo assim, não seria nada correto se ela tivesse se escondido de volta na multidão e ido para casa sem confessar publicamente a cura e sem louvar o Senhor. Seria, para ela, uma desonra eterna. Creio que pensou nisso quando o Salvador fixou seus amáveis olhos nela, ao dizer: *Alguém me tocou* (Lc 8.46). Que visão de amabilidade e paz foi essa para ela! No mesmo instante, deve ter pensado: "Que tola fui de me esconder deste profeta! Seu simples olhar foi para mim altamente confortante; um relance de seus olhos me encheu de tanta alegria! Se eu tivesse lhe pedido a cura, sem dúvida ele teria atendido a meu pedido com um sorriso de bondade e muito carinho". Quando viu quão divinamente benigno era Jesus e percebendo sua real personalidade, a mulher envergonhou-se, certamente, de ter como que roubado a cura de alguém tão pronto a concedê-la. Sua visão foi censura suficiente por haver tocado nele às escondidas para obter a bênção. Quanto a ir embora sem confessar a cura, parece-me que, a partir do momento em que atinou com a sua misericórdia, com a divina realeza de sua santidade, não poderia fazer outra coisa senão prostrar-se a seus pés e adorar tão glorioso Senhor. Em seu íntimo, sentia ser uma cura maravilhosa a que havia recebido pelo toque e que jamais conseguiria lhe agradecer suficientemente. Imaginou que pedras poderiam rolar contra ela e a terra teria se recusado a sustentar sua ingratidão se não confessasse tal milagre de gracioso poder. Instantaneamente, e tendo se prostrado diante dele, disse-lhe toda a verdade. Os pensamentos de seu coração foram revelados ao seu Senhor, o qual poucas vezes foi tão verdadeiramente adorado quanto por essa pobre criatura, cujo silêncio fora censurado pelo amor de Cristo e condenado por sua bondade imensurável.

II. Em segundo lugar, A OCULTAÇÃO DE SUA CURA NÃO LHE SERIA PERMITIDA PELO SALVADOR. Eu disse a vocês, no início desta pregação, que terminar a história dessa mulher sem analisá-la seria como que um encorajamento à negação fácil de Cristo, que consiste em encerrar e restringir nossa fé nele a ele mesmo, sem professá-la publicamente. A saída dessa mulher de seu esconderijo foi promovida pelo próprio Salvador em pessoa, e assim, apesar de toda a sua rudeza aparente, podemos ter certeza de que foi a coisa mais gentil que lhe poderia ter acontecido. Fazê-la vir à cena teve, sem dúvida, a melhor consequência.

Antes de tudo, uma confissão aberta por parte dela era necessária *no que se refere à glória do Senhor*. Amados, os milagres de Cristo constituem os selos concedidos por Deus Pai à sua missão. Sendo ele um enviado de Deus, as maravilhosas obras que realizava comprovavam que o Pai estava com ele. Se não se tornassem conhecidas, permanecendo ocultas, teriam perdido seu efeito como selos. Como saberiam os homens que ele era o Cristo verdadeiro se nunca tivessem ouvido falar sobre seus milagres, como a cura de enfermos? Do mesmo modo, se essa mulher tivesse acobertado sua cura, outros o fariam, e se todos o fizessem, a comissão de Cristo não teria mostrado visivelmente o seu real endosso por parte do Senhor Deus. Gostaria de deixar bem claro àqueles entre vocês que não confessaram até hoje publicamente seu Senhor e Salvador, que o que quer que julguem estar certo fazer será certo também para outros crentes fazerem. Assim, se um cristão considerar correto não professar abertamente Cristo nem fazer parte de uma igreja, a mesma atitude poderá ser perfeitamente acolhida e seguida como um direito por outros cristãos. E aí, como fica a igreja de Cristo? Como fica a continuação da pregação do evangelho? Quem irá se arriscar a ser um pregador, se ninguém se dispõe a fazer uma confissão pública de sua conversão e salvação? Se você pode ir para o céu pela porta dos fundos, eu também posso, e a grande porta de entrada de Deus para o reino ficará, desta forma, simplesmente deserta. Sim, quem iria se importar em ir para o céu pelo verdadeiro caminho, com toda a responsabilidade e a oposição que acarreta, se fosse muito mais fácil pegar o atalho por trás da cerca e penetrar nos paramos da glória sem nenhuma necessidade de obediência? Não pode ser assim, irmãos, sobretudo se considerarmos quanto o Senhor Jesus Cristo merece de nós e como a nossa confissão pública é indispensável à exaltação de sua missão junto à humanidade. A mudança que se realiza nas condições espirituais e morais de todos os salvos é o testemunho de Deus da obra do evangelho; se não proclamada pelos seus próprios beneficiários, de que maneira saberá o mundo, afinal, que Deus nos enviou o evangelho vivo mediante seu Filho, nosso Senhor?

Faz-se necessário lembrar também que *os milagres do nosso Senhor ilustravam seus ensinamentos.* Quando vistos de modo apropriado, os milagres de Cristo revelam ser as imagens de um livro cujo conteúdo são as suas pregações. Se você ler em uma revista, por exemplo, sobre a inauguração de um edifício público ou a respeito de uma grande cerimônia, terá, na verdade, a descrição do fato, mas as ilustrações o ajudarão, sem dúvida, muito mais a ter uma ideia melhor do assunto. Você não gostaria, certamente, de deixar de ver as ilustrações, que são, para muitos, a parte mais interessante das reportagens. No ministério do nosso Salvador, suas palavras eram o texto, e os milagres, as ilustrações. Se em uma revista ilustrada não saírem impressas as ilustrações nas reportagens, os leitores se sentirão altamente decepcionados, e a revista será grandemente prejudicada em sua finalidade. O mesmo aconteceria com os ensinamentos de nosso Senhor: seriam bastante prejudicados se os seus milagres não aparecessem, ficassem escondidos, não fossem divulgados. No último domingo, pela manhã, eu lhes mostrei que a cura da mulher que sofria de longa hemorragia foi uma ocorrência maravilhosamente instrutiva; como poderia, portanto permanecer desconhecida? Deveria ser escondida para gratificar o medo dela? Deveria Jesus operar esse milagre e ninguém jamais ficar sabendo? Assim como Deus Pai se revela em suas obras e prodígios, Deus Filho, Jesus Cristo, é visto em seus milagres cheios de graça. Devemos furtá-lo de sua glória? Deus nos proíbe que lhe façamos tão grave desonra. Se quando tomei conhecimento do Senhor alguém me tivesse dito: "Você terá vergonha de professar Cristo, apesar de ele tê-lo salvado. Chegará o dia em que enrubescerá por professar seu nome", eu teria me sentido, decerto, altamente indignado com tal estranha sugestão. Ah, quanto eu almejava dizer a todos sobre o amor do Salvador! Se ninguém ao meu redor quisesse me ouvir, contaria até aos gatos, mas contaria! Sentia-me como Bunyan, quando disse que queria contar aos corvos da terra arada tudo sobre tal trabalho. Não consigo entender como você, que conhece o Salvador, ou acha que conhece, pode julgar certo esconder e encobrir a glória de Cristo. Ah, conte! Conte a todo mundo que ele nos curou, nos perdoou e nos salvou.

A confissão teria de ser feita, principalmente, *pelo bem dos outros.* Há alguém aqui que deseja viver só para si mesmo? Se existe, saiba que você precisa ser salvo urgentemente do seu egoísmo. Já li como denúncia contra os evangélicos que ensinamos aos homens a buscar sua própria salvação e que isso é uma espécie de egoísmo espiritual. Mas, se essa salvação significa a salvação do egoísmo, onde está então, nela, o egoísmo? Um ponto muito importante na salvação está no fato de sermos salvos da dureza de coração e indiferença para com os outros. Você quer ir para o céu sozinho? Acho que nunca chegará lá. Não deseja que os outros sejam salvos? Então, não está salvo, tenha certeza disso. Que atitude pode ser mais natural para a salvação dos outros do que darmos o testemunho da nossa própria salvação? Nosso Senhor curou essa mulher, portanto, pelo bem de toda aquela multidão. Aquela gente deve ter ficado paralisada ao ouvir sua história. Assim o fez, especialmente, pelo bem de Jairo. A filha de Jairo tinha doze anos, e havia doze anos que essa pobre mulher morria — note o tempo exato de cada caso. Havia sem dúvida nessa cura um alto chamado a Jairo, para exercitar sua crença em Jesus, e deve tê-lo ajudado muito em sua fé, que não era provavelmente tão forte quanto parecia.

A declaração pública da mulher foi também necessária *para o bem dos discípulos do nosso Senhor.* Os discípulos a ouviram, não a esqueceram e sobre ela comentaram certamente uns com os outros várias vezes, fortalecendo assim a fé de todos eles. A rememoração desses milagres notáveis, em que haviam presenciado a admirável obra de seu Mestre, lhes serviria depois, sempre, como porto seguro

"Não passara despercebida" | 797

de fé no Senhor em tempos de perseguição. Amados, o Senhor já olhava até para mim e para vocês, que viríamos a nascer, por sua graça, somente séculos depois. Acreditem: ele buscou a mulher curada e a levou a confessar a cura de tal maneira que, uma vez narrado o acontecimento no evangelho, isso iria encorajar, sobretudo, outros tímidos a também fazê-lo quanto à sua cura e salvação, ao longo das muitas e muitas gerações subsequentes. Previa nosso Senhor que muitos outros iriam também se animar a tocar a orla de suas vestes simplesmente por terem tomado conhecimento da persistente fé daquela mulher em sua própria cura!

Então, quando até uma trêmula e hesitante mulher o reconhece como seu Senhor, abençoada é toda a família de Deus. Todavia, mais especificamente, ela teria de fazê-lo *para o seu próprio bem*. Tinha o Salvador um grande objetivo em seu gracioso amor para fazer essa pobre e trêmula mulher se manifestar perante o povo. Ele, na verdade, a estava salvando de uma hoste de medos que a teriam depois assombrado constantemente. Supondo que ela tivesse ido para casa curada e nunca tivesse confessado a bênção recebida, certamente teria se sentido para sempre insatisfeita e desconfortável consigo mesma. A ideia de ter ganhado a graça sem pedir, sem permissão ou licença, e nem ao menos haver agradecido a Jesus, lhe teria causado certamente constantes sonhos incômodos e tristes apreensões. Poderia, provavelmente, vir a se preocupar e temer que a doença retornasse, sem mais direito a cura, ou que um dia fosse submetida a um juízo divino inundado de horror. Poderia ter ficado, enfim, dizendo insistentemente a si mesma ou aos que a cercavam: "Fui pouco menos que uma ladra: não entrei pela porta; escalei a parede. Temo que isso pese contra mim no dia do juízo. Conseguirá por acaso uma pessoa roubar impunemente a Deus? Não furtei eu quem devia ser o próprio ungido de Deus?" Tais medos foram desde logo eliminados, tornados impossíveis, por sua confissão pública e tudo que se seguiu. Jesus assegurou a ela de que não havia tomado sua ousadia como ofensa e que, pelo contrário, era seu desejo que ela não tivesse medo algum, pois lhe disse: *Filha, a tua fé te salvou; vai-te em paz* (Lc 8.48).

Antes uma mulher tímida e trêmula, ela agora sacudiria de si todo temor. Conheço muitas pessoas que foram definitivamente curadas da timidez ao se apresentarem para confessar Cristo. Poderia mencionar vários casos de pessoas por demais retraídas, raramente capazes de dizer uma só palavra sobre qualquer assunto, que, ao passarem a fazer parte da igreja e serem batizadas, sua confissão pública quebrou o gelo que as imobilizava e retinha, e as águas de sua vida foram postas em movimento. Nosso Senhor remove essa fraqueza mediante nossa obediência aos seus mandamentos, pois, já diz o salmista, *em os guardar há grande recompensa* (Sl 19.11).

Nosso Senhor deu a ela também a grande bênção da salvação após sua confissão. O Senhor está guardando grandes favores para vocês quando assumirem seu nome como Salvador. Enquanto vocês se escondem, ele lhes concede leite suficiente para sobreviverem; mas, se saírem e o confessarem, ele os alimentará com as mais nobres carnes do reino. Você irá se tornar uma pessoa mais corajosa e mais útil ao tomar a si sua cruz. Você agora é como Saul, filho de Quis, escondendo-se entre a bagagem; saia do esconderijo e seja um rei. Confesse o que Cristo fez por você. E o que o Salvador fez por ela? Deu-lhe a conhecer o relacionamento que tinha com ele. Ele a chamou de *filha*. Oh, possa o Senhor permitir aos trêmulos ver e sentir o relacionamento íntimo e mui caro ao Senhor que existe entre ele e a alma deles! Que sua filiação se destaque ante sua mente e seu coração de forma vívida, como que corroborando a aceitação de sua pessoa e sua obediência. Que Jesus diga a alguns de vocês: "Filho, sinta-se confortado"; ou *Filha, anime-se, sua fé a salvou* (Mt 9.22). "O que eu não daria", dirá alguém, "para que Jesus me chamasse de 'filho'"! Dê-se por inteiro a ele, acredite nele, confesse-o, e veja se ele não revelará a você todo o seu amor. Que esplêndidas revelações você deve estar perdendo por causa do seu silêncio pecaminoso, isso nem se pode imaginar; mas não há dúvida alguma de que você tem perdido muitas palavras animadoras dos lábios do próprio Senhor. Se você não o assume, como pode esperar dele receber o espírito de adoção? Se, em vez desse espírito, você quiser se manter sob o de escravidão, depois não reclame.

Observe, ainda, que nosso Senhor deu a ela alegria. Disse ele: *Filha, [...] vai-te em paz*. Suavize as rugas de sua testa, minha filha; tranquilize-se.

Por que deveriam os filhos de um rei
Se lamentar todos os seus dias?

"Fique em paz!" Ah, amigos, alguns de vocês concordam, mas baixando a cabeça! Se tivessem graça suficiente para admitir Jesus plenamente em seu coração, manteriam a cabeça erguida, e o sol brilharia na face de vocês, e marchariam alegres pelo resto da vida. Eu os aconselho a tentar. Um dos melhores remédios para espíritos deprimidos se encontra na corajosa obediência a Jesus. Mantenha-se junto do Crucificado, e sua própria cruz se tornará mais leve em comunhão com a dele.

Observe que ele honrou a crença da mulher: [...] *a tua fé te salvou.* Não foi apenas sua fé que a restaurou, mas Jesus, benigno, coloca a própria coroa na cabeça dela por causa de sua fé. É de esperar sempre Jesus coroar a fé, pois é a fé que sempre coroa Jesus. A fé da mulher poderia até redarguir: "Não, Senhor, nada fiz; o Senhor fez tudo", e, no entanto, Jesus atribui sua cura inteiramente à sua fé. Como gostaria que você, que agora tem medo de sua própria fé, viesse a ganhar um elogio de seu Senhor ao se colocar diante dele e testemunhar o que ele fez em seu favor! Então, você não apenas há de crer, mas também saberá que está realmente crendo, e o seu presente estado de miserável dúvida estará encerrado.

O Senhor deu a ela, por fim, uma palavra de preciosa tranquilidade, dizendo: [...] *vai-te em paz.* Seria o mesmo que dizer: "Não se detenha mais nessa multidão, não se deixe mais empurrar nem influenciar, mas, sim, vá para casa em tranquilidade e quietude. Volte para o seu lar, para os seus, com o coração em paz. Está tudo bem. Faça bom proveito da minha graça. Chamei-a de filha e nunca retirarei o que disse. Eu a abençoei, e você está abençoada. Dou-lhe minha paz na terra e no céu". Ó você, que ama o Senhor e confia nele, mas que ainda não declarou sua fé, em obediência aos seus mandamentos. Você poderá dizer: "Nem sei como é essa paz; só sei que, enquanto ouço dizer que o povo de Deus tem grande paz, não desfruto de paz nenhuma". Claro, você não pode esperar que haja paz em sua vida sendo desobediente como é. Se não está realmente ao lado de Jesus, como espera que ele possa estar ao seu lado? Você pode ter pão e água de maneira que sua alma sobreviva; mas não estará saboreando os melhores vinhos nem as mais saborosas carnes enquanto não confessar seu Senhor e Salvador. As guloseimas da despensa da casa não são para crianças desobedientes. Ah, você tem vergonha de Jesus? Como então pode esperar que ele, como seu amigo íntimo, o abrace? Que ele o salvou é mais que sua promessa; mas, como o ama, não poderá ser seu amigo íntimo enquanto não o aceitar como tal, confessando seu nome e sua obra.

Por que você desperdiça o conforto que lhe é oferecido por causa de negligência? Todos os que se acham no trem da fé irão para o céu; mas por que tantos, como você, viajam na segunda classe, ou, pior ainda, no vagão de carga? Por que não viajar de primeira classe? Ser completo em Cristo é viajar de primeira. Confesse logo seu Senhor. Determine-se a não mais esconder sua bandeira. Seja cristão de corpo e alma. Viva para Jesus e esteja pronto a morrer por ele. Isso é ir para o céu de primeira classe; e por que você não deveria? Por que se manter irritado e nervoso, chorão e lamentador, quando pode muito bem estar cantando, dançando e festejando, na presença do nosso Senhor e de toda a sua família? Você hesita em admitir seu Senhor e Mestre e sofrer por sua causa? Não deixe que outro dia passe sem que tenha deixado sua clausura no castelo dos covardes e se juntado às fileiras vitoriosas do Senhor dos Exércitos.

III. Chegamos, assim, ao nosso ponto final: SUA OCULTAÇÃO DEVE SER ENCERRADA. "Está falando com quem?", algum de vocês poderá inquirir. Bem, não naturalmente com vocês, queridos amigos, que sempre estiveram à frente erguendo o estandarte da cruz. Estarei falando com quem, então? Com você, meu amigo, que se diz um discípulo de verdade, mas que é um discípulo secreto, ou seja, que teme a reação dos descrentes. Se você se mantém discípulo sozinho, consigo próprio, é com você mesmo que eu estou falando, e quero realmente pressioná-lo em relação às suas obrigações. Sabe o que *deve ao meu Senhor?* Você foi limpo de suas impurezas. Veste o manto da retidão. Foi aceito no Amado. Sabe que passou da morte para a vida. A menos que tivesse sido medrosamente enganado, o que não aconteceu, você sabe que pertence ao Senhor. Aproprie-se disso, então. Não fique envergonhado de tomar seu lugar na companhia do Portador da Cruz e siga o Cordeiro a qualquer lugar que ele vá. Por seu amor a Jesus, não vire à direita, buscando suas facilidades próprias, nem à esquerda, em direção à paz de outros; vá direto para onde Jesus e o dever para com ele o conduzem. É esse ainda o caminho, e sempre o será, para a honra e a verdadeira imortalidade.

Você não acha *dever algo à igreja de Deus*, que tem mantido o evangelho vivo no mundo para você e muitos outros ouvirem? Não foi porque um grupo de homens e mulheres religiosos se reuniu e o evangelho entre eles foi pregado, não foi só por isso que um dia você foi salvo? Não deveria, portanto, ajudar a manter essa igreja por meio da qual você foi trazido a Jesus? Que me possa ser permitido dizer, penso eu, que *deve algo também ao ministro que o conduziu a Jesus*. Que alegria sentimos ao recebermos uma carta de alguém que encontrou o Senhor por meio do nosso pobre ensinamento e, melhor ainda, quando deparamos pessoalmente com alguém que confiou no Salvador por intermédio do nosso modesto auxílio! Aqueles que propagam a semente sabem que é uma alegria vê-la germinar. Quem são as pessoas que nos causam desânimo desnecessário, que nos impedem o necessário encorajamento? Aquelas, justamente, que não se apresentam e contam abertamente o que a graça de Deus fez por elas. Em nome dos que labutam na palavra e na doutrina em meio a vocês, peço a você, por favor, que se apresente. Sua simples gratidão deveria levá-lo a nos deixar saber que a nossa labuta não tem sido em vão no Senhor.

Além disso, *vocês devem isso a si mesmos*. Ou vocês estão se preparando para serem meros morcegos, sacudindo-se agitados quando ninguém os observa e se escondendo da luz? Estarão se preparando, por acaso, para serem como ratos, que só saem para lambiscar na despensa à noite? Tornem-se seres humanos! Ó vocês, que se escondem nas fendas das rochas, deixem o Salvador ouvir as suas vozes e ver o seu semblante!

Vocês devem isso também à sua família. Deveriam contar a toda a família o que a graça de Deus fez por vocês. Como uma pessoa pode se espantar que seus filhos e filhas não se deem bem na vida, quando ela mesma nunca esteve abertamente ao lado do Senhor? "Oh", diz alguém, "mas eu tenho agido corretamente, de acordo com o meu próprio coração". Está bem; só que a sua luz interior fica encarcerada numa lanterna escura. Quem consegue ler um livro fechado? Queremos ver expostas na iluminada vitrine de sua vida algumas das mercadorias que estão estocadas no escuro armazém do seu coração; senão, como poderá oferecê-las aos outros em nome do seu Senhor? Quando uma pessoa diz de forma corajosa: "Acredito em Jesus", e o prova por suas ações, exerce uma santa influência em seus filhos, seus parentes, seus empregados e as pessoas de sua amizade. Você não desejaria influenciá-los, e corretamente?

Vocês não acham que *devem isso a seus vizinhos, para mostrar-lhes seu novo caráter?* Existem nesta cidade ruas inteiras em que raramente uma única pessoa vai a um culto a Deus. Deveria essa pessoa, por isso mesmo, esgueirar-se por entre as sombras, meio envergonhada disso? O que restaria de nós se o pouco de sal que existe perdesse o seu sabor? Há regiões nesta cidade, habitadas por centenas de milhares de pessoas, em que a frequência aos cultos está tão escassa que as igrejas abrigam apenas algumas poucas pessoas. Não deveria aquele que ama o Senhor ser bastante corajoso para deixar saber aos demais que ainda existe um Deus que merece ser adorado, um Salvador em quem se pode confiar? Nestes dias ruins, mais do que em todos os outros:

> Vós, que sois os que servem ao Senhor
> Contra os seus inúmeros inimigos:
> Vossa coragem cresce com os perigos,
> Vossa força à deles pode se opor.

Muitos se juntam ao lado vencedor, se Cristo ali estiver; mas de que valem os seus hosanas? O tipo de pessoa em que Cristo crucificado se deleita é aquela que segue seu Senhor no dia da blasfêmia e da reprovação. O verdadeiro soldado de Jesus pode se levantar até sozinho pelo seu Senhor. Ele é tão verdadeiro para Jesus como único quanto o seria se milhões o seguissem. Abençoado aquele que não se sente humilhado por estar com Cristo nem, muito menos, envergonhado de sua cruz. Ó vocês, os salvos, hasteiem sua bandeira; icem-na no mastro principal da vida, preguem-na lá; jamais permitam que o inimigo possa tirá-la. Oh, que Deus sensibilize cada um aqui, que se ache tímido ou reticente, a segui-lo, mesmo sem tropa, e a encarar a rejeição do mundo ao Senhor!

Agora me permitam *ouvir algumas de suas objeções e responder a elas*. Espero que eu já o tenha feito, pelo menos em grande parte, nesta pregação. Eis uma delas: "Bem, sr. Spurgeon, eu me considero uma pessoa muito insignificante. Não posso fazer nenhuma diferença com as minhas atitudes". Sim, e aquela mulher também era uma pessoa muito insignificante — não passava de uma simples mulher! Quando digo isso hoje, pode até parecer um tanto deselegante; mas fosse um rabino que o dissesse nos dias de Cristo, não seria nada ofensivo ou impróprio, pois chegava-se a ensinar que nenhum homem santo deveria permitir que, em público, as vestes de uma mulher o tocassem, para que não fosse maculado. Achavam também que um escriba desonraria a lei se procurasse ensiná-la a uma mulher. Os homens em geral, e os religiosos em particular, davam muito pouco valor à mulher nos tempos do Salvador. Nosso divino Senhor jamais emitiu a mais leve sanção a qualquer espírito humilde, e não serei eu que iria outorgar qualquer sanção à declaração: "Sou apenas uma pobre e frágil mulher". Deus considera muito o humilde; ninguém deve falar desse modo de si mesmo. Além disso, tenho a certeza de que muitos de vocês, afinal, não pensam tão mal assim de si mesmos e só simulam isso quando querem, provavelmente, evitar cumprir um dever. Não se desculpe por meio de humildade simulada. Se o Senhor o resgatou com seu sangue, você não é tão insignificante assim para se permitir negar a ele seus serviços.

"Mas me apresentar, me unir a uma igreja e tudo mais é para mim uma grande provação." Pode ser. No caso daquela mulher, foi uma provação muito maior do que poderia ser para você. Imagine-a, com sua fragilidade, chamada em meio a toda aquela multidão para confessar sua cura! Pronta para se enfiar num buraco de tanto medo e vergonha! Uma mulher impura, que havia quebrado a lei cerimonial! Como ela desejaria sumir! Todavia, o Senhor, gentilmente e para o próprio bem dela, levou-a a se apresentar, e o que parecia uma provação se tornou para ela um regozijo. Jesus não pode permitir que pessoa curada alguma possa ser induzida ao erro de se julgar dona da obra da graça de Deus e com isso cair em pecado. Uma prezada senhora, que muito antes de ir para a glória foi honrosa integrante da membresia desta igreja, a senhora Burgoyne, ao desejar unir-se a nós, me revelou: "Caro pastor, não posso ir à frente, na igreja. Está além das minhas forças fazer uma confissão de Cristo diante dos demais". Respondi-lhe que não poderia fazer exceção para pessoa alguma, mas sobretudo para ela, que estava tão bem edificada na fé que certamente poderia responder a algumas perguntas diante daqueles que eram seus irmãos no Senhor. Munida de coragem, ela veio à frente e falou com doçura do seu Senhor. Alguns de vocês podem lembrar-se dela, de suas feições graciosas, uma ouvinte respeitável. Tendo confessado seu Senhor, ela pôs ambas as mãos sobre as minhas e disse enfaticamente: "Eu lhe agradeço de todo o meu coração por isso; agora, nunca mais me envergonharei de Cristo. Quando meus amigos aristocratas me convidarem para suas reuniões sociais, ali falarei para eles sobre o meu Senhor e Salvador". Isso ela realmente o fez com bastante frequência. Nunca se veria ela tardar em apresentar o evangelho a quem estivesse em sua companhia. Muitas vezes, me disse: "Oh, que treinamento aquela confissão foi para mim! Poderia ter continuado tímida pelo resto dos meus dias se não a tivesse feito diante da igreja". Digo então a você que, se for uma provação, passe por ela, em nome de Cristo. Na verdade, porém, deve ser de fato um prazer confessar o Senhor entre os seus próprios discípulos.

"Ai de mim", lamenta alguém. "Eu não poderia contar o que o Senhor fez por mim, porque minha história é triste! O pastor sabe perfeitamente quem eu era; a graça soberana me fez diferente, mas a minha vida anterior me leva a ter de silenciar!" E não foi assim justamente com aquela mulher? Como poderia contar sua história? No entanto, para a glória de Deus, ela declarou a Jesus toda a verdade. O que quer que você tenha sido antes de se converter, nunca se vanglorie disso, mas também não o negue, e honre sempre o seu Salvador. Lembre-se com que frequência Paulo nos fala sobre o que ele era antes de se converter. Se alguém acaso descobrir seus antigos pecados, sem mesmo você os haver revelado, diga-lhe que, de fato, são lamentavelmente verdadeiros, mas afirme que foi purificado e que muito lhe foi perdoado. Reconheça que você foi um grande pecador e que mesmo agora está longe de ser o maior dos salvos, mas que o Senhor o trouxe da morte para a vida, para glória de seu nome.

"Não passara despercebida"

"Tenho tão pouco a dizer", diz outra pessoa. Eis aí, então, uma boa razão pela qual você deveria dizê-lo, pois será infinitamente mais fácil para você. Aquele que tem pouco a dizer deveria contar tudo de imediato. Não lhe darei outra resposta além desta. Saiba, porém, que, se você puder dizer que o Senhor Jesus o tem purificado em seu precioso sangue, não considero pouco a ser dito. Se você tem a dizer: "Antes eu era cego; agora enxergo", diga-o e não pense ser isso pouca coisa. Se em algum momento você o considerou como o fato mais importante que já poderia ter vivido, continue pensando assim. Não enfeite a história; apenas conte como aconteceu.

"Mas talvez as pessoas não acreditem em mim." Eu disse que era preciso que as pessoas acreditassem em você? Acreditar tem algo que ver com você e a verdade da sua história? Aja corretamente, sem se preocupar com as opiniões ou consequências. Não tenha dúvida, no entanto, de que, se for a pura verdade, as pessoas irão acreditar em você, porque você merece ser ouvido e acreditado. Quando nos reunimos como fiéis, e ouvimos a história de um pecador salvo pela graça, nenhum de nós é tido como enganador ou suspeito. Não tema ser desacreditado. Confesse sua fé em qualquer momento, e Deus abençoará seu testemunho.

"Ah!", diz alguém, "mas imagine se, após confessar Cristo, eu me tornar novamente ruim como antes fui". Imagine, isso sim, se aquela mulher tivesse suposto tal triste coisa, dizendo: "Ó Senhor, não posso confessar que me curaste, pois não sei como estarei daqui a seis meses". Mas ela não era tão receosa quanto você é. "Mas suponha que o Senhor me abandone e que me faça sofrer ao abandoná-lo." Sim, mas imagine que você abandone todas as suposições desse tipo e fique apenas com a promessa dele como ela se lhe apresenta: *Aquele que crê no Filho tem a vida eterna. Quem crer e for batizado será salvo.* Crê nas palavras dele? Então, deixe de lado temores e suspeitas. Jesus não nos dá uma salvação temporária e falsa; não nos salva somente por alguns meses e depois nos abandona. Nunca. Uma vez salvo, você estará salvo para sempre! Ele é o autor da salvação eterna. Se ele lhe der um novo coração, será de fato um novo coração e nunca mais voltará a se tornar um coração velho. Se puser dentro de você a água da vida, não será do mesmo modo que se lava a calçada pela manhã, que logo seca; mas, como ele mesmo diz, "a água que eu lhe der se fará nele uma fonte de água que jorre para a vida eterna". Quando confiei em Cristo, não confiei para que ele me salvasse somente por um ou dois anos, mas para sempre. Quando você parte para a jornada sagrada, leva consigo um bilhete de passagem até o destino final. É bem verdade que alguns amigos nossos, equivocados, compram uma passagem para apenas a próxima estação e, então, logo se apressam a comprar outra. Compre sua passagem para a Nova Jerusalém, meu irmão, minha irmã, e não para uma estação intermediária. O verdadeiro trem jamais quebrará, e a linha da ferrovia nunca se desviará do seu trajeto glorioso. Se você confiar em Jesus Cristo para que ele o conduza à glória, ele assim o fará. Não deixe, portanto, que o medo perturbe você.

"Oh", diz ainda outra pessoa, "mas parece bom demais para ser verdade! Não consigo pensar que alguém como eu poderia ousar querer se unir ao Senhor Jesus Cristo, que é tão magnífico e glorioso". E, no entanto, essa é sua única esperança; você só será salvo se estiver em Cristo. Isso poderá parecer ser bom demais para o imaginarmos, mas não é preciso imaginar; está claramente revelado na infalível Palavra de Deus. Aquele que crê em Cristo passa a ser um com ele. Venha, então, e passe a fazer parte desses abençoados. Seja um com Cristo hoje em sua humilhação e será um com ele por toda a sua glória eterna. Seja desprezado e ridicularizado em nome dele e será honrado e glorificado com ele no dia em que voltar. Deus o abençoe em nome de Cristo! Amém.

85

A MÃO ATROFIADA

Partindo dali, entrou Jesus na sinagoga deles. E eis que estava ali um homem que tinha uma das mãos atrofiada [...]. Então, disse àquele homem: Estende a tua mão. E ele a estendeu, e lhe foi restituída sã como a outra (Mt 12.9,10,13).

Observe-se bem como está redigido o texto da narrativa: [...] *entrou Jesus na sinagoga deles. E eis que estava ali um homem que tinha uma das mãos atrofiada* .Um advérbio chama a atenção, aqui, para determinado fato, ou pessoa, como se fosse algo incomum, ou notável: a palavra "eis" funciona no texto como uma espécie de ponto de exclamação, visando a alertar o leitor sobre aquilo ou aquela pessoa que indica. Se em certos lugares chegassem ou já estivessem ali alguns dos mais poderosos e destacados homens deste mundo, as pessoas seriam certamente levadas a exclamar, apontando-os: "Olhe, *eis* ali o duque... o conde... o bispo!" No entanto, e apesar de terem existido homens notáveis assim na época do nosso Salvador, raramente ou nunca encontramos nos evangelhos um destaque maior sobre a sua presença em algum lugar; nenhum "eis", de modo que chame a atenção sobre ele. Seria natural, na verdade, que, estando presentes em uma assembleia, como nessa sinagoga, pessoas de destacada posição social ou alto grau de conhecimento, o público ali congregado comentasse depois: "Você sabia que o professor Ciência, ou o doutor Clássico, estiveram presentes ao culto?" Haveria então um *eis*, referente a essas pessoas, marcado na memória de muitos. Havia, de fato, quase sempre, pessoas bem instruídas que ouviam Cristo pregar, junto com a multidão, mas não se vê no evangelho, propriamente, nenhum "*eis*" para chamar a atenção sobre sua presença. No entanto, achava-se nessa sinagoga um pobre homem que tinha uma das mãos atrofiada —, e somos chamados à atenção justamente para essa pessoa e esse fato.

Segundo Lucas, sua mão ressequida ou atrofiada era a direita; assim, pior para ele, que deste modo mal conseguia realizar um trabalho e ganhar o pão de cada dia. Não tenho dúvida de que se tratava de um homem humilde, ignorado, insignificante, provavelmente vivendo muito mal, em constante estado de pobreza, por não conseguir trabalhar e não possuir também, certamente, herança, nem deter posição de destaque, tampouco conhecimento ou inteligência especial. Sua presença naquela assembleia não era propriamente digna de se notar. Imagino que ele estava acostumado a ir à sinagoga exatamente como outros moradores daquela cidade o faziam. Mesmo assim, o Espírito Santo teve o cuidado de mostrar a Jesus que ele estava ali presente; assim como inspirar, depois, o evangelista a inserir no texto a palavra *eis*, como um sinal de reconhecimento e consideração para com esse pobre homem aleijado.

Pouco importa, caro amigo, para o pregador ou para a congregação, que *você*, que se encontra aqui esta noite, seja uma pessoa digna de nota ou de importância lá fora, pois não diferenciamos dignitários nem atribuímos importância especial a quem quer que seja neste lugar, onde se reúnem tanto o pobre quanto o rico, tanto o notável quanto o desconhecido. Mas se você que está aqui tem a sua alma altamente necessitada, em busca do Salvador; se tem a sua mão espiritual atrofiada, ressequida, de tal modo que nada consegue fazer do que tanto almeja e poderia, e espera vê-la restaurada, haverá certamente para você aqui, especialmente, um *eis*. E que há de ser duplamente enfático, pois, nesta mesma noite, o mestre há de lhe dizer: *Estende a tua mão* (Mt 12.13), e o poder divino haverá de lhe restaurar essa mão, realizando mais um notável feito da graça neste lugar.

A MÃO ATROFIADA | 803

O que mais o nosso Senhor poderia desejar naquela manhã de sábado, em particular, era provavelmente alguém em quem pudesse operar, alguém que pudesse curar, e desafiar assim o tradicional legalismo dos fariseus, que diziam ser errado curar no sábado. Cristo queria não apenas a saúde das pessoas, naquela manhã; buscava mais: buscava pela cura de uma doença que pudesse ilustrar o seu poder, o poder de Deus, de restaurar as pessoas. Não buscava propriamente, por isso, a grandeza de pessoa alguma presente ali na sinagoga; mas, de preferência, um pobre necessitado, em quem pudesse demonstrar seu poder de cura. É este, exatamente, o caso desta noite. Se você for rico espiritualmente, tiver recursos morais e não tiver necessidade de ajuda, o mestre não precisa agora ajudá-lo. Lembre-se: ele é um médico, e os que praticam a arte de curar buscam naturalmente a doença como seu campo de ação. Se falássemos a um médico a respeito de uma cidade onde ninguém ficasse doente, mas, pelo contrário, todos desfrutassem sempre de saúde perfeita, ele, evidentemente, preferiria não se estabelecer ali, a menos que quisesse se aposentar. Meu mestre não precisaria se fazer presente a uma assembleia onde todos cressem, caso se sentissem espiritualmente satisfeitos, onde não existissem olhos cegos, ouvidos surdos, corações partidos e mãos atrofiadas; pois por que precisariam tais pessoas de Salvador, se já o têm? Ele olha então ao redor e seus olhos se fixam sobre a dor, a necessidade, a incapacidade, o pecado, sobre tudo, enfim, em que possa fazer o bem. O que quer de nós é a oportunidade de nos fazer o bem, e *não* a pretensão de nossa parte de que *nós* é que possamos fazer o bem *a ele*, como muitos julgam.

Inicio com isso porque meu discurso esta noite será muito simples, dirigindo-se especificamente àqueles que querem meu Senhor e Mestre como seu Mestre e Senhor. Aqueles de vocês que sabem ou acham que não precisam dele podem ficar à vontade para ir embora, se assim quiserem; mas os que anseiam por ele poderão encontrá-lo aqui hoje. E ficará gravado no céu o registro não daqueles que aqui se encontram para declarar: "Não somos cegos; nós vemos", ou dizer: "Nossa mão é forte e bastante preparada para o trabalho"; mas, sim, daqueles que reconhecem que nada enxergam e aqui estão para pedir: "Filho de Davi, abre os nossos olhos", assim como dos que têm a mão atrofiada e que aqui a estenderão, obedecendo à voz divina, para que seja restaurada. Não sabemos realmente se o nosso amigo inválido, do texto bíblico, fora à sinagoga, naquela manhã, na tênue esperança de, quem sabe, ter curada a sua mão atrofiada. Sendo ele provavelmente homem piedoso, tinha ido lá certamente só para adorar; mas acabou recebendo de Deus muito mais do que poderia desejar. Pode ser que alguns de vocês aos quais Deus quer abençoar esta noite nem saibam exatamente por que vieram aqui. Vieram, sem dúvida, porque de algum modo amam as ordenações da casa de Deus e se sentem felizes em adorar a Deus e ouvir o evangelho sendo pregado. Talvez ainda não se hajam dado conta de quão importante e valioso é o evangelho para sua vida, ou já desfrutem do privilégio e da bênção da salvação como se de fato lhes pertencesse; ainda assim, alimentam uma fervorosa esperança por melhores resultados em sua existência. Então, o que irá acontecer se esta noite chegar realmente a hora, a hora da soberana graça na data marcada em vermelho no calendário do amor, em que a sua mão espiritual atrofiada será restaurada e tornada forte, e o seu pecado será totalmente perdoado? Imagine a alegria que você poderá viver, tomando o caminho da glorificação a Deus, por ter tido um impressionante milagre da graça operado em você! Que Deus permita que assim seja feito, pelo poder do Espírito Santo. Imploro àqueles que amam e seguem o mestre que roguem ao Senhor que realize obras maravilhosas sobre muitos de nós esta noite, e que dele seja sempre o louvor.

I. Falemos então, primeiramente, sobre A PESSOA À QUAL O MANDAMENTO DESTE TEXTO É ENDEREÇADO.

"Então disse àquele homem: *Estende a tua mão.*" Esta ordem foi dirigida a *um homem desesperançadamente incapaz de obedecer. Estende a tua mão.*

Não sabemos se o braço dele estava aleijado ou apenas sua mão. Como regra geral, quando uma atrofia severa e não parcial predomina na mão, aleijando o membro por completo, tanto a mão quanto o braço tornam-se inválidos. Podemos deduzir que nesse homem a mão estivesse toda ressequida ou atrofiada, mas não vemos em Mateus, nem em Marcos ou Lucas, nenhuma afirmação ou sugestão de que o braço estivesse também afetado. Não muito distante daqui, em Kennington Gate, havia um rapaz que sempre subia no degrau do ônibus e exibia suas mãos, que pendiam como se os pulsos estivessem quebrados, lamentando: "Ai de mim! Ai de mim!" e apelando para a nossa compaixão. Acredito que seu caso fosse semelhante àquele que se apresenta agora diante de nós: uma atrofia na qual talvez não o braço, mas somente as mãos estivessem ressequidas. Embora não podendo afirmar que, conforme a narrativa do evangelho, o braço do homem não estivesse também atrofiado, podemos notar perfeitamente, no entanto, que nosso Senhor não disse: "Estende o teu braço", mas, sim, "a tua mão", indicando assim exatamente o lugar onde se localizava a invalidez.

O problema é que o Senhor lhe ordenava, na verdade, que fizesse o que não conseguia fazer — estender a mão —, já que a mão do homem, conforme bem narram os evangelistas, estava, indubitavelmente, ressequida, atrofiada. Não era uma doença falsa. Ele não fingia estar, mas estava, de fato, incapacitado. Sua mão havia perdido a força vital. A energia física que lhe dava força havia sido como que retirada dela, e ali estava algo ressequido, atrofiado, torto, murcho, inútil, com o qual o homem nada conseguiria realizar. Mesmo assim, foi justamente para esse homem, portador dessa mão totalmente inválida, que Jesus ordena: "Estenda a tua mão".

É importante reparar nisso. Pois alguns de vocês, sob o fardo do pecado, acreditam que Cristo não salva pecadores reais — que as pessoas que ele salva não são, sob vários aspectos, tão ruins quanto você; que não há uma intensidade de pecado nelas tão grande quanto no seu caso, ou, mesmo que haja, que não existe pessoa tão inútil e desesperançada quanto você. Você se sente bastante ressequido e desesperadamente sem forças. Querido ouvinte, é exatamente àqueles como você que Jesus Cristo dirige seus mandamentos. Você é chamado a pregar a si mesmo, dizendo: "Crê", ou por vezes: *Arrependei-vos e crede no evangelho* (Mc 1.15), *Crê no Senhor Jesus e serás salvo* (At 16.31), pois tais determinações não são endereçadas, como pensam alguns, a pecadores sensíveis, mas, sim, a pecadores insensíveis, a pecadores tolos, pecadores que não podem, quanto à capacidade moral, obedecer de fato a tais mandamentos. Esses são os concitados por ele a assim fazer, tal como, nesse caso, ordenou ao homem para, de forma natural e pessoalmente, realizar aquilo de que não era capaz; pois perceba que se o homem pudesse esticar a mão por si mesmo, sem Cristo ordenar, não haveria necessidade de milagre, já que a mão não estaria atrofiada. É evidente que ele não conseguia mexer sua mão e que, mesmo assim, o Salvador se dirigiu ao homem como se fosse capaz de fazê-lo. Vemos aqui um exemplo da maneira de falar não somente do próprio Cristo, mas também do evangelho, com o pecador. O evangelho nos exorta, apesar de toda a nossa miséria e incapacidade, dizendo que ... *a nós é enviada a palavra desta salvação* (At 13.26). Nossa incapacidade e inabilidade constitui o espaço no qual é demonstrado o poder divino, e, por ser você incapaz, é justamente para você que o evangelho existe, para que a excelência do poder de Deus possa residir no evangelho e no próprio Salvador e de maneira nenhuma na pessoa que é salva.

O mandamento, então, que trouxe a cura, foi endereçado a quem era fisicamente incapaz de cumpri-lo. Mas, perceba, de todo modo, a *quem estava pronto a obedecer*. Porque esse homem, sabia-o certamente Jesus, se encontrava muito pronto a aceitar sua ordem. Se acaso o tivessem questionado, saberiam que não possuía a menor vontade de permanecer com aquela mão atrofiada — nenhum desejo de que seus dedos permanecessem inanimados e inúteis. Se lhe tivessem alguma vez perguntado: "Pobre homem, você gostaria de ter sua mão restaurada?", lágrimas teriam brotado de seus olhos, e ele teria respondido: "Ai de mim, isso eu queria, pois poderia ganhar o pão para os meus filhos queridos; não precisaria continuar implorando e ter de depender da ajuda de outros, ou só ganhar uma côdea de pão dormido com esta minha mão esquerda. Gostaria, sim, acima de tudo, que pudesse ter a minha mão perfeita, restaurada!" No entanto, o pior de muitas pessoas ainda não convertidas é que não querem ser curadas, não querem ser restauradas.

Tão logo um homem anseie verdadeiramente pela salvação, na mesma hora a salvação virá a ele; mas a maioria, infelizmente, não deseja ser salva. "Oh", alguém diz, "não é verdade; desejamos, sim, realmente ser salvos". Não penso assim. O que você quer dizer com "ser salvo"? Ser salvo de ir para o inferno? Todo mundo quer, é claro. Algum ladrão por acaso não gostaria de ser salvo de ser algemado por um policial ou ir para a prisão? Mas, quando falamos de salvação, queremos dizer ser salvo do hábito de praticar atos errados e maus; ser salvo do poder do mal, do amor ao pecado, da prática de toda insensatez e do poder extremo de encontrar prazer na transgressão. Você deseja, por acaso, ser salvo de pecados prazerosos ou lucrativos? Aponte-me o alcoólatra convicto que ore de modo sincero para se livrar do vício da embriaguez. Mostre-me o homem lascivo que anseie por ser puro. Apresente-me a um mentiroso inveterado que queira intensamente falar somente a verdade. Indique-me um tremendo egoísta que do fundo do coração se odeie por isso e almeje vir a se encher de amor e se tornar o mais semelhante possível a Cristo. Se tudo isso fosse tão fácil, metade da batalha já estaria ganha. O passo inicial teria sido dado. A mesma coisa vale para o mundo espiritual. O que tenho em minha mente é o caso de uma alma que desejasse ser o que não pode ser, de fazer o que não poderia fazer, mesmo que o desejasse. Quero dizer ao homem que chora em agonia: "Seu desejo pode ser real, mas não o vemos realizar aquilo que é bom, em tal direção". "Sim, eu queria, mas não posso me arrepender. Meu coração parece ser de pedra. Eu amaria Cristo de toda a minha alma, mas, ai de mim, sinto que estou preso, acorrentado, ao mundo." Ou: "Eu gostaria de ser santo, sim, mas, ai de mim, o pecado vem, recai violentamente sobre mim e me carrega com ele".

É para tais pessoas que o evangelho de Jesus Cristo tem a força de um mandamento. Quer ser restaurado, meu amigo? Então, você o poderá ser. Deseja ser salvo do pecado? Poderá ser. Ser liberto do cativeiro da corrupção? Poderá, também. E o caminho da salvação é este: *Crê no Senhor Jesus Cristo e serás salvo.* Ele veio com o propósito de fazer isso a pecadores arrependidos, sinceros, não a embusteiros, pois está claro que não pode salvar do pecado os homens que não reconheçam ter pecado; não pode curar a mão atrofiada dos que não procurem estender a mão doente para ser curada. Ele veio para você, que o deseja; para você, que sabe ser culpado; para você, que tem sua mão espiritual atrofiada. Para você é a palavra gloriosa das boas-novas proclamadas: que Deus lhe conceda a graça para você mantê-la com fé e sentir cada vez mais o seu poder!

II. Em segundo lugar, quero falar sobre A PESSOA QUE DEU A ORDEM. Era *Jesus* que a dera. *Ele* disse: *Estende a tua mão.*

Nosso Senhor falou por ignorância, supondo que o homem pudesse fazer isso? De forma alguma; nele o conhecimento é abundante. Já havia lido o coração dos fariseus, e você pode estar certo de que, se podia ler aqueles espíritos insidiosos, poderia obviamente ver a condição exterior desse paciente. Viu que a mão do homem estava ressequida e, ainda assim, disse: *Estende a tua mão.* Quando leio na Bíblia o mandamento: *Crê no Senhor Jesus Cristo,* estou certo de que Jesus Cristo sabe o que está dizendo. *Ide,* disse ele, *por todo o mundo e pregai o evangelho a toda criatura* (Mc 16.15). Suponha que alguns de seus discípulos tivessem sido muito ortodoxos e tivessem se voltado e dito: "Senhor, não haveria um equívoco seu em relação às pessoas? Por que pregar a *toda* criatura? Algumas delas já não estão mortas no pecado? Preferiríamos pregar para gente de bom caráter". Pois bem; já ouvi servos professos de Cristo dizerem que oferecer vida aos pecadores, que estão mortos no pecado, tem a mesma serventia que agitar um lenço em cima das sepulturas, onde defuntos estão enterrados. Minha resposta para eles é: "Você está totalmente certo. Não o faça; pois é evidente que não foi chamado para isso. Vá para casa, para a cama. O Senhor nunca o enviou para que fizesse algo assim, pois você, reconheço, não acredita nisso". Mas, se meu Mestre *me* enviasse como arauto da ressurreição e me mandasse agitar um lenço em cima das sepulturas, eu o faria; e esperaria que esse pobre lenço, que *ele* ordenou que fosse agitado, pudesse ressuscitar os mortos, porque Jesus Cristo sabe o que está fazendo quando envia seus servos. Se ele não nos enviou, é de fato um esforço inútil ir e clamar: "Mortos, vivam!"; mas, se nos enviou, e como a autoridade dele faz toda a diferença, podemos clamar aos mortos: *Desperta, tu que dormes, e levanta-te dentre os mortos, e Cristo te iluminará* (Ef 5.14). Como? Despertar primeiro, para Cristo iluminar depois? Não tentarei explicar isto; é uma ordem nas Escrituras. Se Deus e meu Mestre assim o colocam, fico muito satisfeito em seguir suas palavras. Não posso explicá-las, mas faço isso com alegria por levá-las aos mortos em vida, pois sigo todos os seus passos e creio plenamente em toda palavra dele. Se ele me ordena dizer: ... *levanta-te dentre os mortos,* eu o farei prontamente. Vocês, mortos, vivam, em nome de Jesus. Corações duros, sejam rompidos. Dissolvam-se, corações de aço. Creiam, incrédulos. Vacilantes, firmem-se em Cristo. Se é o Senhor quem fala por seus ministros, essa palavra terá poder; se não, pouco importa o que nós, seus ministros, dissermos.

Poderá argumentar, porém, um irmão judicioso que não haveria utilidade no *seu* chamado para um morto se levantar, pois, confessa, seu mestre nem sempre está com ele. Deixemo-lo, então, retornar às origens até que seu mestre volte a estar com ele. Se seu Mestre estiver com ele, deverá falar a palavra do mestre e não temer ser chamado de tolo. Pois é o próprio Senhor Jesus Cristo quem diz ao homem com a mão *atrofiada* que estenda a sua mão.

Gosto muito de pensar que o Senhor nos concede poder para fazermos o que ordena. Se você é chamado a crer e com lágrimas nos olhos se levanta e diz: "Senhor, eu não consigo entender, não posso acreditar", então não sabe que aquele que o chama a crer pode lhe dar poder para isso? Quando ele lhe fala, seja mediante seus servos, seja por sua palavra escrita, seja diretamente pelo Espírito em sua consciência, aquele que está chamando você a fazer isso ou aquilo não é um simples homem, mas o Filho de Deus; e você deve então a ele responder: "Ó Senhor, peço-te que me dês a fé, com base na qual me chamas"; "Senhor, dá-me o arrependimento que me ordenas". Ele ouvirá a sua oração, e a fé e o poder para realizar hão de brotar dentro de você.

Nunca notaram, queridos amigos, o modo com que Cristo faz a sua obra? Geralmente é assim: primeiro, dá uma ordem; depois, ajuda o coração a transformar a ordem em oração; para, então, responder a essa oração com uma promessa ou concessão. Tomemos o seguinte exemplo. O Senhor diz, em Ezequiel: *Criai em vós um coração novo* (Ez 36.26). Essa é, nitidamente, uma ordem. Logo encontraremos Davi dizendo, no Salmo 51: *Cria em mim, ó Deus, um coração puro.* Daí, voltando a Ezequiel, temos a promessa: *Também vos darei um coração novo.* Primeiro, ordena; depois faz o fiel orar pela bênção; e, então, a dá. Vejamos outro exemplo. A ordem é: *Convertei-vos, convertei-vos dos vossos maus caminhos; pois por que haveis de morrer, ó casa de Israel?* (Ez 33.11). Então vem a oração: "Converte-me, e serei convertido", seguida da abençoada conversão, da qual fala o apóstolo Paulo, quando diz que Deus enviou seu Filho para nos abençoar pela conversão de todos nós da iniquidade. Tomemos ainda outro caso, no que se refere à purificação. Encontramos o Senhor nos ordenando: *Expurgai o fermento velho* (1Co 5.7); então, temos a oração: *Purifica-me com hissopo, e ficarei limpo* (Sl 51.7); e a promessa: *Purificarei como com potassa a tua escória* (Is 1.25). Ou tomemos outro preceito, este mais leve, pertinente ao cristão. As Escrituras lhe dizem constantemente para cantar e louvar: *Cantai louvores a Deus, cantai louvores; cantai louvores ao nosso rei, cantai louvores* (Sl 47.6). Em outro lugar, nos defrontamos com a oração: *Abre, Senhor, os meus lábios, e a minha boca proclamará o teu louvor* (Sl 51.15); e em um terceiro versículo temos a promessa divina: *Esse povo que formei para mim, para que me desse louvor* (Is 43.21). Veja, então, o modo de o Senhor operar: ele lhe ordena crer, ou se arrepender; prepara-o para fazer uma oração que você poderia não ser capaz de fazer e lhe concede a graça de poder fazê-la, de forma que a bênção de fato possa vir para sua alma; por fim, dá a bênção, que pode vir em forma de promessa ou realização. Por toda parte do evangelho, mandamentos são proferidos pelo próprio Cristo ao coração do homem, e ele, ao recebê-los, encontra a capacidade de poder cumpri-los, que vem com a ordem.

"Mas ele está aqui?", duvida alguém. "Ele não está aqui, está?" E eu lhe respondo, em seu santo nome: o Senhor, sem dúvida alguma, está aqui. Ele nos prometeu: *E eis que eu estou convosco todos os dias até à consumação dos séculos* (Mt 28.20). Até que esta dispensação seja concluída, Cristo estará onde quer que o evangelho seja pregado. Onde quer que a sua mensagem seja honesta e sinceramente entregue mediante o Espírito de Deus, lá estará presente o próprio Jesus Cristo, falando pelos lábios de seus servos. Então, querida alma, que tem atrofiada a sua mão espiritual, nesta noite é o próprio Jesus quem lhe diz: *Estende a tua mão.* Ele está presente para curar; seu método é o do mandamento; e o seu mandamento é esse. Que o gracioso Espírito de Deus esteja agora presente conosco para que os homens possam crer e obedecer.

III. Mais algumas palavras, estas referentes a outro ponto: O MANDAMENTO EM SI. A ordem ao homem foi: *Estende a tua mão.* Podemos perceber que esse mandamento contém toda a essência do assunto. Ele não disse: "Friccione a sua mão direita com a esquerda"; nem determinou: "Mostre sua mão ao sacerdote e deixe-o realizar uma cerimônia sobre ela"; muito menos: "Lave sua mão"; mas, sim: *Estende a tua mão.*

A MÃO ATROFIADA

|807

Isso, o homem, de fato, não conseguia fazer, e assim a ordem atingiu a própria raiz do mal. Assim que a mão fosse estendida, estaria curada, e a ordem teria atingido diretamente o objetivo desejado.

Esta noite, meu Senhor e Mestre não está dizendo também a nenhum de vocês: "Vá para casa e ore". Sim, é bom que vocês sempre orem; mas não é esse propriamente o grande mandamento evangelístico que ele quer agora que vocês ouçam e ao qual obedeçam. O evangelho, sobretudo, diz: *Crê no Senhor Jesus e serás salvo*. Foi o que Paulo declarou, no meio da noite, a um carcereiro trêmulo, que mal entendia a própria pergunta quando clamou: "Senhores, que me é necessário fazer para me salvar?" De acordo com a prática de alguns, no entanto, parece que Paulo deveria ter dito: "Vamos fazer uma breve oração, meu irmão"; ou então: "Vá para casa, ore, leia as Escrituras, e mais tarde eu o instruirei, quando você estiver em um estado melhor". Ele não fez nada disso, mas, sim, disse: *Crê no Senhor Jesus e serás salvo* (At 16.31). Não existe evangelho pregado se você não chegar a crer; para que a salvação possa vir pela fé e por nada menos do que ela. "É esse o ponto crucial", você me diz. Sim; é este o ponto crucial, que o mandamento então atinge, ao dizer: *Estende a tua mão*, ou, no caso do pecador: *Crê no Senhor Jesus*. Lembre-se: tudo o que você possa fazer em termos de vida eterna em que não haja fé em Jesus não poderá representar senão apenas um esforço de sua natureza carnal, o que significa tão somente morte. E o que poderá resultar de atos de morte, senão uma morte ainda mais profunda? A morte jamais poderá produzir vida. Orar sem fé! Que tipo de oração pode ser essa? É a oração do homem que não crê em Deus. Deve o homem esperar receber algo do Senhor se não crê que ele é Deus e que é a recompensa daqueles que diligentemente o buscam? "Oh, sim, mas não tenho de me arrepender antes de crer?", questiona alguém. Que tipo de arrependimento é esse que não confia em Deus, que não crê nele? Um arrependimento incrédulo não será mais que uma expressão egoísta de remorso, por causa do castigo devido. À fé deve estar ligada toda oração e ligado todo ato de arrependimento, ou não têm como ser aceitáveis. Temos, pois, de chegar diretamente ao ponto de exigência de fé, ao dizermos: *Crê no Senhor Jesus*; ou: *Estende a tua mão*.

Estender a mão era *um ato inteiramente de fé*. Não uma ação dos sentidos. Sob o ponto de vista de sentido e natureza, o homem seria incapaz de tal ato. Ele só o fez porque sua fé lhe deu capacidade para tal. Foi, portanto, um ato de pura fé. "Não entendi até agora", diz alguém. "como pode um homem fazer o que não consegue fazer?" Você há de entender esta e muitas outras coisas maravilhosas quando o Senhor o instruir. Na verdade, a vida cristã é constituída de uma série de paradoxos; e, de minha parte, duvido de uma experiência, a não ser que haja algo de paradoxal nela. De qualquer modo, estou certo de que é assim: eu, que nada posso fazer por mim mesmo, *posso todas as coisas naquele que me fortalece* (Fp 4.13), Jesus Cristo. O homem que busca Cristo nada pode fazer, mas, mesmo assim, se crê em Cristo, tudo pode fazer, e estende a sua mão ressequida.

Além de ser um ato de fé, esse foi *um ato de decisão*. Lá estavam os fariseus, arrogantes e carrancudos. Sua imaginação pode facilmente retratar esses cavalheiros bem-apessoados, com belas franjas em suas vestes e filactérios sobre a testa. Havia ainda os escribas, envolvidos em seus trajes formais — homens muito sérios e instruídos. As pessoas chegavam a ter medo de olhar para eles, de tão sagrados e altivos. Veja, lá eles se sentam, como juízes de um julgamento, para testar o Salvador. Agora, Cristo escolhe, por assim dizer, esse pobre homem com a mão atrofiada para ser testemunha de seu poder; e, com seu mandamento, praticamente indaga do homem o que ele fará: obedecerá aos fariseus ou a ele, ou seja, a Deus? Mas é errado curar no dia de sábado, dizem os fariseus. O que diz você com a mão atrofiada, que ali se encontra? Se concordar com os fariseus, é claro que se recusará a ser curado e, portanto, não estenderá sua mão; mas, se concordar com Jesus, você estará feliz em ser curado, quer no sábado quer não. Ah, você estenderá a sua mão e se afastará dos tiranos que a manteriam atrofiada? Sim, o homem optou por Cristo. E muitas outras almas encontraram paz quando, afinal, ele estendeu sua mão, como que dizendo: "É tudo ou nada, perdido ou salvo; Cristo é por mim, Cristo é por mim! Se eu perecer, me agarrarei ao pé de sua cruz e apenas para ele me voltarei; estarei a seu lado, na esperança de que tenha ele compaixão de mim". Quando tal ato de decisão é executado, vem logo a cura. Se você mostrar sua mão para Cristo, ele há de torná-la já uma mão sã, apesar de estar toda paralisada e como morta. Mesmo sendo indigno, como somos, quando você lhe estende a mão, ele tem o poder de dar vida a ela e de conceder a bênção aos melhores desejos do seu coração.

Acho que ouço alguém dizer: "Oh, eu não estou exagerando em declarar que o que mais desejo é ser salvo, e à maneira de Cristo; eu lhe daria até meus próprios olhos para isso!" Você não precisa perder seus olhos; dê-lhe tão somente sua fé e confiança; dê-lhe os olhos de sua alma. Olhe para ele e viva. "Oh, que eu possa ser salvo", diz outra pessoa. "Como espero por isso!" Possa o Espírito Santo conduzir você a decidir em sua própria alma que não quer nem será salvo por ninguém, senão por Cristo. Cabe a você resolver:

> Ele, que em meu lugar sofreu conformado,
> Quero que meu médico ele venha a ser.
> Nunca em minha vida serei confortado
> Até o conforto de Jesus receber.

Quando você o fizer, não duvide de que, pela fé no seu médico, será vivificado, mediante o poder divino que dele provém, e encontrará de imediato a sua cura definitiva.

IV. Eu os levarei agora, em quarto lugar, a observar a OBEDIÊNCIA DESSE HOMEM. Narram os evangelistas que ele estendeu a mão. Cristo disse: *Estende a tua mão*, e ele a estendeu. Notem que ele *fez exatamente e não mais que aquilo que o Senhor lhe ordenou.* No entanto, muitos pecadores, quando despertados, são tolos o suficiente para tentar por sua conta e risco outras experiências, que nem Cristo nem ninguém determinou. Cristo disse: *Estende a tu mão*, e ele, simplesmente, assim o fez. Se, em vez disso, tivesse também, por exemplo, atravessado a sinagoga e se colocado diante de todos, o Mestre teria dito: "Não disse que fizesse isso. Só disse que estendesse a mão". Ou, então, se tivesse com a outra mão agarrado o rolo da lei e o beijado em reverência, não teria sido isso para ele de nenhum proveito, e o mestre o teria igualmente advertido de que somente dissera que estendesse a mão. Há pessoas que dizem a si mesmas: "Fui aconselhado a só confiar em Jesus, eu sei; mas, em vez disso, prefiro, primeiro, testar os mais variados e supostos meios da graça, para ver se dão certo". Faça o que quiser; jamais, porém, como um substituto da fé, ou sua fé e confiança serão em vão. A ordem é: "Crê e vive". Concentre sua atenção nisso, não importa o que outros façam. "Bem", pensa consigo alguém, "acho que preciso ler bons livros; assim, quem sabe, eu me tornarei uma boa pessoa". Sim, leia bons livros, mas, lembre-se, eles não são o evangelho; e o que o evangelho diz é: *Crê no Senhor Jesus e serás salvo* (At 16.31). Suponha que um médico tem um paciente sob seus cuidados, a quem recomenda: "Você deve tomar um banho pela manhã; isso o ajudará muito a curar sua doença". Em vez disso, o paciente prefere tomar uma xícara de chá no lugar do banho, alegando: "Isso, sim, me fará bem, não tenho a menor dúvida". E aí, voltando à consulta, o médico indaga: "Fez o que mandei? Tomou seu banho pela manhã?" "Não, doutor, preferi tomar um chá." "Ah, então não espere, é claro, qualquer melhora; você me desobedeceu." Assim somos nós, quando, praticamente, dizemos a Jesus Cristo, ao examinar nossa alma: "Ó Senhor, me disseste para confiar somente em ti, e eu o faria de bom grado; mas antes, Senhor, quero sentir sensações terríveis, que, tenho certeza, me darão muita fé: quero ser sacudido sobre a boca do inferno; quero ser alarmado; ficar aflito etc". Sim, você pode fazer qualquer coisa que quiser; mas o que Cristo lhe prescreve é que deve, simplesmente, ter fé nele, confiar nele. Em vez de procurar sentir ou não sentir isso ou aquilo, você tem apenas de chegar a Jesus e se lançar a ele, pois *só ele* pode salvá-lo, e é só.

"Mas não está querendo dizer, pastor, que é contra orarmos, lermos bons livros bons etc, está?" Que nunca eu diga uma só palavra que seja contra qualquer dessas coisas. Só que, se eu fosse o médico que citei, diria ao homem que preferiu tomar uma xícara de chá, em vez do banho recomendado: "Pode tomar seu chá, mas não deixe de tomar o banho que lhe prescrevi". Assim, pode-se e se deve orar, sim; e quanto mais orar, melhor; pode-se e se deve ler bons livros e, melhor ainda, sempre as Escrituras — mas, lembre-se, se essas coisas forem colocadas no lugar da fé em Cristo, substituindo-a, sua alma estará prestes a se arruinar. Permita-me lembrar uma palavra de Cristo: *Examinais as Escrituras, porque julgais ter nelas a vida eterna, e são elas que dão testemunho de mim* (Jo 5.39). Eis onde está a vida: nele, em Cristo; não propriamente na leitura das Escrituras, por mais benéfica que seja, como realmente é. Se pusermos ídolos no lugar de Cristo, tais ídolos, mesmo sendo de ferro ou de bronze, serão tão passíveis de ser destruídos como se fossem feitos de areia, ou de lama, ou de esterco. Não importa quão boa seja uma ação, se não for o que Cristo ordena. *Estende a tua mão*, disse ele; e seria esse o único modo pelo qual a cura do homem viria. O homem não fez nada mais do que isso; e recebeu notável e graciosa recompensa.

Observem também que *ele não fez pergunta nem objeção alguma ao Senhor*. E olhem que esse homem tinha até bons motivos para fazê-las. Acho que poderia muito bem argumentar: "Mas isso é incoerente, bom mestre. Tu me dizes: *Estende a tua mão*; mas, se eu puder estendê-la, então não há nada de ruim nela e não há necessidade de curá-la, como o Senhor deseja. Agora, se eu não posso estender a minha mão, então como podes me pedir que eu o faça?" Alguns de vocês certamente já ouviram nossos amigos, que gostam de fazer troça com as coisas sagradas e ridicularizar a doutrina da graça, declarar que ensinamos que "você pode, mas não pode; deve, mas não deve". Eles têm razão, apesar de sua intenção de nos ridicularizar. Não fazemos nenhuma objeção a que coloquem assim a questão, se lhes agrada. Ensinamos, na verdade, paradoxos e contradições, se apenas os considerarmos assim, ao pé da letra; mas se se mergulhar no mais íntimo do conteúdo do assunto, é em meio a tais paradoxos e contradições que se encontra a verdade eterna. Sabemos que o homem está morto em transgressão e pecado, imerso em um torpor espiritual e moral do qual não consegue se erguer; mesmo assim, por determinação do próprio Mestre, temos de clamar: *Desperta, tu que dormes, e levanta-te dentre os mortos, e Cristo te iluminará* (Ef 5.14); ou, em outras palavras, temos de dizer a quem tenha a mão atrofiada: *Estende a tua mão*, e ela há de ser estendida. O resultado abençoado justifica a atitude e o ensinamento de Cristo, que seguimos, embora por si mesmos possam parecer, mas na verdade não o são, merecedores de dúvida ou sarcasmo.

Observe também que *o que esse homem fez, ele o fez espontaneamente*. Se você lhe tivesse perguntado: "Mas, afinal, você estendeu ou não a sua mão?", ele, evidentemente, teria respondido: "Claro que estendi". "Mas, espere um pouco, meu bom homem: você estendeu sua mão *por si mesmo?*" "Sim", ele diria. "Eu tentei antes, muitas e muitas vezes, e não conseguia; mas desta vez consegui." "E como você conseguiu?" "Ah, o bom mestre Jesus me disse que a estendesse, e eu desejei fazer isso e fiz." Não é de esperar que ele tivesse podido explicar realmente a razão de aquilo ter acontecido, e talvez ninguém mais o possa. Deve ter sido de fato uma visão sensacional presenciar aquela pobre mão, atrofiada, ressequida, sem energia, definhada, antes presa, agora boa, inteiramente restaurada, aberta e estendida, tendo seus dedos livres e sendo movimentados, diante de todas as pessoas, no meio da sinagoga. Você vê o sangue começar a fluir, os nervos ganhando poder e a mão se abrindo como uma flor que revive! Oh, a alegria dos olhos desse homem brilhando quando ele os dirigiu, primeiro, ao dedo mínimo, depois aos outros dedos, até o polegar, mexendo-os um a um, para ver se estavam mesmo todos vivos! Então ele se voltou com a maior gratidão para aquele Mestre abençoado que o havia curado, desejoso por cair a seus pés e lhe prestar todo o devido louvor!

Não podemos também explicar nossa conversão, regeneração, renascimento e tudo o mais; só sabemos isto: que Jesus Cristo diz *Creia*, e nós cremos. Por nosso próprio poder? Evidentemente que não. Mas quando queremos crer — e ele mesmo nos dá esse querer —, recebemos dele poder para o fazermos de acordo com o seu bom grado.

Olho agora ao meu redor, me perguntando onde está o homem, onde está a mulher, com a mão ressequida, atrofiada, esta noite, aqui. Para essa pessoa, eu quero dizer, em nome do meu Senhor: *Estende a tua mão*. É o momento propício para isso. Algo grandioso deverá realizar-se em você. Creia agora. Se antes você achava: "Nunca conseguirei crer", agora é a hora de confiar em Jesus. É tudo ou nada. Confie nele.

Aventure-se nele com todo o fervor;
Que nenhum outro possa ser da fé credor,
Pois somente Jesus Cristo, nosso Senhor,
Torna capaz o inválido pecador.

Nosso Senhor Jesus nunca rejeita o pecador que nele confia. Eu colocaria até mesmo desta maneira: se você sente que não pode ou não deveria vir a Cristo por se considerar tão indigno, venha então como que furtivamente; infiltre-se em sua casa de misericórdia, do mesmo modo que um pobre mendigo faminto se infiltraria, se pudesse, onde há algo para comer. Existe algo muito abençoado no meu mestre: se você pegar uma migalha de pão sob sua mesa, ele não a tomará de você; pois ele jamais recusa ou expulsa, mas, sim, acolhe misericordiosamente, todo aquele que a ele se achega. Não importa como você venha: ele nunca o mandará embora sem uma bênção, nem jamais irá retirá-la de você. Ele nunca disse nem nunca dirá que você não tem direito a ter esperança em sua graça. Lembre-se da mulher hemorrágica, que não ousava vir a Cristo ante seus olhos, mas veio por trás dele e tocou na orla de suas vestes. Ela lhe "roubou" a cura, por assim dizer, querendo ele ou não. Mas o que ele disse? "Venha cá, mulher, o que você fez? Que direito tinha de tocar minhas vestes e roubar uma cura assim? Uma desgraça cairá sobre você". Foi isso o que ele falou, assim, indignado? De jeito nenhum! O Senhor a buscou, e a mulher lhe disse toda a verdade; e então Jesus lhe respondeu: *Filha, a tua fé te salvou; vai-te em paz*. Alcance o seu Salvador, alma sofrida! Seja diante dele, seja por detrás dele, apresse-se a tocar nele! Lance-se em sua direção! Se houver uma multidão, até de demônios, entre você e Cristo, não tema: você há de abrir seu caminho em meio a eles pela fé resoluta. Ainda que possa ser o vilão mais indigno que já tenha confiado nele, não importa: confie nele agora, pois no céu há de ser proclamado com júbilo que hoje foi salvo um pecador maior do que todos os que foram anteriormente salvos. Sua salvação fará Cristo mais glorioso; e se o seu caso for pior do que o daqueles nos quais ele tocou com a sua sagrada mão que cura, haverá ainda mais louvor e glória para ele no céu quando o tiver tocado e curado, como sem dúvida, há de fazê-lo. Ó alma angustiada, quisera eu poder persuadir você a se aproximar dele, mas é o próprio Senhor quem pode fazê-lo e, mediante seu Espírito Santo, o fará. Possa ele atraí-lo agora, por meio de sua imensa graça!

V. A última coisa a considerarmos é O RESULTADO DA ATITUDE DO HOMEM EM ESTENDER A MÃO EM OBEDIÊNCIA AO MANDAMENTO DE JESUS.

Ele foi curado. Já colocamos diante de vocês o fato de que a cura foi *manifesta*, bem como *imediata*. O homem não teve de estar de pé ali, no meio da sinagoga, por muito tempo: sua mão foi curada no mesmo instante. Juntamente com isso, foi uma cura *perfeita*, pois sua mão tornou-se tão boa quanto a outra, tão útil ou mais que a sua mão esquerda, com toda a destreza maior que, em geral, tem a mão direita. Perfeitamente curada, ainda que curada em um instante. E, vocês podem ter certeza, curada *para sempre*.

Apesar de já ter ouvido falar de almas salvas que teriam renegado a graça e perecido, nunca, na verdade, acreditei nisso; pois nunca li nem jamais soube que qualquer dos casos que o nosso Senhor curou haja se tornado enfermiço outra vez. Jamais ouvi falar de uma mão ressequida curada que tenha ficado novamente atrofiada. Isso nunca aconteceu e jamais acontecerá. Toda cura do meu mestre permanece para sempre. Lembro-me de ter visto um anúncio na vitrina de uma loja, anos atrás, que ali se podia obter "cura momentânea" para a dor de dente. Meses depois, notei que o proprietário daquele precioso remédio, fosse ele qual fosse, descobrira que ninguém queria propriamente uma cura *momentânea*, ou seja, temporária; e assim, a palavra "momentânea" foi trocada pela palavra "instantânea", que resultou em um aproveitamento da propaganda mais eficaz. Na verdade, o que acontece é que a salvação de algumas pessoas parece ser uma salvação momentânea. Isso porque recebem uma espécie de graça, não autêntica, mas a perdem depois; conseguem certa paz, não verdadeira, por não muito tempo. Todavia, é a permanência o que buscamos, e existe permanência na genuína obra de Cristo. Não há retrocesso nos dons e nos chamados de Deus, e sua cura nunca é revogada.

Você vê, então, o que poderá obter neste exato momento de Jesus? Sua cura por toda a vida; libertação do poder atrofiador do pecado por toda a eternidade. É isso, sobretudo, o que você alcança com sua obediência prestimosa a esse maravilhoso mandamento: *Estende a tua mão*, ou, em outras palavras: "Confia, confia, confia sempre nele". Estive conversando, esta semana, com alguém que dizia não poder confiar em Cristo; e eu lhe disse: "Não podemos concordar com isso, meu caro amigo. Você confiaria em *mim*?" Sim, ele confiaria em mim. "Por que, então, você pode confiar em mim e não confiar no Senhor Jesus?

A mão atrofiada

|811

Vamos colocar essa questão de outra forma. Se você me dissesse que não pode confiar em mim, o que isso significaria?" "Significaria, é claro", respondeu ele, "que você é uma pessoa tão ruim que não posso confiar em você". "Ah", respondi, "pois é exatamente isso que você insinua quando diz que não consegue confiar em Jesus; pois aquele que não crê nele o faz passar por falso, não confiável, enganador. Você quer dizer, então, que o Filho de Deus é um mentiroso?" Meu amigo com quem eu falava se retraiu diante de tal conclusão e confessou: "Não, pastor, sei que ele é Deus e é verdadeiro". Portanto, você também pode confiar totalmente nele, que é Deus e é verdadeiro. Não deve haver dificuldade alguma nisso: confiar e repousar naquele de quem você não pode duvidar implica apenas algo óbvio e simples, como é a sua boa opinião sobre ele. Sua convicção de que ele é verdadeiro não deixa de constituir, portanto, em certa medida fé. Mas vá mais longe. Lance-se sobre ele agora mesmo. Assim como eu me apoio neste parapeito do púlpito com todo o meu peso, apoie-se inteiramente na misericórdia de Deus em Cristo Jesus. Isso, sim, é fé total.

Se a misericórdia de Deus em Cristo não pudesse salvá-lo, você estaria perdido. Faça então da misericórdia sua única esperança e única confiança. Agarre-se a Deus em Cristo Jesus como um vaso, por exemplo, permanece pendurado no prego firme que o sustenta. Tal como um homem lança todo o seu peso sobre a cama ao se deitar sobre ela, lance a si mesmo, sem reservas, sobre o amor divino, que está em Cristo Jesus ontem, hoje e sempre. Se você fizer isso, será salvo. Não digo simplesmente que será salvo do inferno; o poder da fé, operando em você pelo Espírito Santo de Deus, o levará à salvação, ainda mais, do seu amor ao pecado; sendo perdoado, você há de amar de agora em diante esse Deus que o perdoou; receberá um novo princípio de ação, forte o suficiente para romper as ataduras de seus hábitos antigos; e se erguerá para uma vida pura e santa. Se o Filho de Deus o tornar livre, você de fato será livre; e livre será agora, imediatamente, se confiar nele já. Que o Senhor nos conceda a sua bênção, em nome de Cristo. Amém.

86
JESUS SE INDIGNA COM A DUREZA DE CORAÇÃO

E olhando em redor para eles com indignação, condoendo-se da dureza dos seus corações, disse ao homem: Estende a tua mão. Ele a estendeu, e lhe foi restabelecida (Mc 3.5).

Meu texto se baseará mais nestas palavras: *E olhando em redor para eles com indignação, condoendo-se da dureza dos seus corações...* Nosso divino Senhor, Jesus compassivo, meigo e humilde de coração, é mostrado aqui como tendo se indignado. Onde mais poderíamos encontrar tal descrição tão incomum a seu respeito, durante toda a sua jornada entre os homens? Ele estava na sinagoga, onde se encontrava também um pobre homem, que tinha uma mão atrofiada, ressequida. Era a mão direita, e quem tem de ganhar o pão de cada dia poderá perfeitamente avaliar o que deve ser ter uma parte do corpo atrofiada ou paralisada. O Salvador logo se revelou pronto a restabelecer àquela mão paralítica toda a sua força e destreza naturais. Que bela oportunidade! As pessoas que se haviam reunido na sinagoga, aparentemente para louvar a Deus, teriam agora um motivo especial para o fazerem, quando vissem tal milagre da bondade divina! Eu poderia até imaginá-las sussurrando umas às outras: "Hoje, veremos nosso pobre amigo restaurado; o profeta nazareno, enviado de Deus, está no meio de nós com o seu conhecido poder de curar e, decerto, fará deste dia de sábado um dia muito glorioso, por obra do seu gracioso poder". Eu poderia, sim; mas não devo deixar minha imaginação me enganar: aquelas pessoas não fizeram nada disso; nem parecido. Em vez disso, os maiorais da sinagoga se postaram a observar o Senhor Jesus, de modo nenhum para se deleitarem com um ato de seu divino poder, mas, sim, para encontrar algo com que pudessem acusá-lo. O máximo que poderiam alegar é que ele faria uma cura *no sábado*. Deixando de lado, assim, qualquer honra devida ao milagre da cura em si, passaram a dar toda a ênfase ao fato de a cura ser realizada naquele dia da semana, considerado especial e sagrado. Ergueram suas mãos fazendo-se hipocritamente de horrorizados por tal ato "secular" ser executado naquele santo dia. O Salvador coloca então muito claramente diante deles a seguinte questão: *É lícito no sábado fazer bem, ou fazer mal?* (Mc 3.4). E a coloca de uma forma que só permitia uma resposta. A pergunta poderia, sem dúvida, ser facilmente respondida por aqueles escribas e fariseus, mas que, então, teriam condenado a si mesmos; ficaram todos, portanto, mudos como ratos. Escribas dos mais hábeis em discussões intensas e fariseus que poderiam medir a orla de uma vestimenta de até um oitavo de polegada declinaram de responder a uma das perguntas mais simples sobre padrão de conduta. Marcos descreve então o Salvador olhando-os em redor, com indignação e pesar, como bem poderia fazê-lo.

Sabe-se quanto Marcos é meticuloso em seus registros: a observação é minuciosa, e a descrição, fotográfica ao último grau. Pelas palavras claras de Marcos, aqui, pode-se facilmente imaginar o Salvador olhando os escribas e fariseus ao seu redor. Ele se levanta então corajosamente, como alguém que nada tem a temer, alguém que está pronto a fazer algo perfeitamente correto e do qual não precisa apresentar satisfações nem defesa. Desafia o olhar vigilante deles, embora consciente de que sua oposição à autoridade religiosa pode vir a envolver sua própria morte, com a precipitação do significativo momento da cruz. Não os provoca, mas, ao colocar-se de pé e olhar ao redor, os faz sentir a mediocridade e a insignificância de seus preconceitos ante a verdade, a misericórdia e o poder soberano de Deus. Você pode ter ideia do poder desse olhar? Geralmente, o olhar de um homem dado frequentemente à fúria tem pouca força: é a ligeira labareda em um punhado de palha, feroz mas efêmero; em alguns casos, quase leva ao riso a raiva

JESUS SE INDIGNA COM A DUREZA DE CORAÇÃO | 813

impotente que salta dos olhos de quem costumeiramente se enfurece. No entanto, um espírito compassivo, amoroso e gentil como o do Salvador demanda todo o respeito e seriedade quando movido pela indignação. Somente algo realmente irrefreável poderia levar seu meigo, humilde e bondoso coração a ser perturbado pela fúria. Temos certeza de que, como sempre, Jesus não errou, mas fez muito bem aqui em se mostrar aborrecido.

Todavia, mesmo movida por um olhar indignado, sua ira termina ali. Ele apenas olha; não diz uma palavra sequer de censura. O próprio olhar tem em si mais de piedade do que de desprezo; ou, como bem diria alguém, "mais de compaixão do que de paixão". O olhar do nosso Senhor naquela assembleia de verdadeiros adversários seus merece nossa atenção e consideração. Ele fizera uma pausa longa o suficiente para contemplar cada pessoa e deixá-la saber qual a intenção do relance. Ninguém escapou da luz penetrante que aqueles olhos expressivos relampejaram sobre cada malicioso observador. Puderam perceber que para ele a sua atitude fora deprimente; ele os entendera, sim, mas ficara profundamente sentido com a obstinação deles. E, embora Jesus não tenha falado uma palavra, disse mais do que poderia ter dito. Aqueles homens não eram merecedores de uma palavra sua; e palavras, tampouco, teriam ali um efeito mais leve. O Senhor preferiu economizar suas palavras para o pobre homem com a mão atrofiada; para estes, um olhar era a melhor repreensão: eles o olhavam, e ele olhava fixamente para eles. Isso nos ajuda a entender aquela passagem do Apocalipse em que os incrédulos imploram aos montes e rochedos que caiam sobre eles e os escondam da face daquele que está assentado sobre o trono, da ira do Cordeiro. O juiz, aqui, não pronuncia uma única palavra; nem mesmo ainda abre os livros; tampouco pronuncia sentença amaldiçoadora; mas eles o encaram visivelmente apavorados ante o olhar que reluz daquele semblante respeitável. O amor, sem dúvida, mora na face de Jesus, o Juiz; mas, nesse dia de temor, eles o veem incendiado de ira. A ira de um leão é grande, mas nada é comparada à do Cordeiro. Queria ter a capacidade de descrever o olhar do nosso Senhor; mas tenho de pedir a ajuda do entendimento e da imaginação de vocês para torná-lo vívido em sua mente.

Quando nos fala daquele olhar, Marcos passa a mencionar os sentimentos mesclados que tal olhar revelava. Havia nele duas coisas: ira e pesar, indignação e tristeza interior. *E olhando em redor para eles com indignação, condoendo-se da dureza dos seus corações* [...] (Mc 3.5). Ele se indignou porque aqueles homens fechavam os olhos para uma verdade tão clara, para um argumento tão correto e convincente. Havia colocado para eles uma questão que só permitia uma única resposta, e eles se recusaram a dá-la; havia lançado luz sobre seus olhos, e se negavam a vê-la; havia anulado completamente o pretexto escolhido para lhe fazer oposição, e ainda assim persistiam propositadamente em querer contrariá-lo. Claro que é possível estar furioso e, ao mesmo tempo, ter toda a razão. A muitos soa estranho o preceito *Irai-vos, e não pequeis* (Ef 4.26), e esse acontecimento torna então o caráter do Salvador ainda mais admirável, pois realiza com tanta facilidade o que é tão difícil para nós. Podia estar furioso com o pecado e mesmo assim não deixar de ser compassivo para com o pecador. Sua ira não era a de desejar mal; nenhum toque de maldade havia nela; tratava-se apenas de amor em brasa, lava fervilhante de indignação contra o que é de fato abominável.

Combinada à ira, a indignação. Jesus estava realmente decepcionado com o coração deles, que se mostrava cruel. Como diz muito bem Manton: "Ele ficou entristecido com a dureza do coração deles". Não saíram dele chamas desapiedadas da ira que queima nos olhos secos; mas, sim, lágrimas, junto com a indignação. Sua tempestade trazia consigo uma torrente de piedade. Aqui, há uma palavra grega difícil de traduzir literalmente; nela reside o que um eminente crítico chama de uma espécie de *duplo sentido* do que Jesus sofreu por causa deles. Sentia plenamente que a dureza de coração deles iria ainda um dia lhes trazer muito sofrimento; e, prevendo-o, sofria com eles antecipadamente. Ele se condoía com tal rispidez de coração porque isso, sobretudo, acabaria por magoá-los; sua animosidade cega o indignava porque trazia em si mesma a própria destruição deles. Estava aborrecido simplesmente porque aqueles homens rejeitavam voluntariamente a luz que os teria iluminado com brilho celestial; rejeitavam a vida que os teria levado à integração com a verdadeira alegria. Estavam, assim, exterminando, de forma determinada e resolutamente, a sua alma, por conta de um tolo ódio a ele, e com isso ele se enfurecia, mais em nome deles do que em seu próprio nome.

Há algo muito admirável em nosso Salvador, mesmo quando o vemos sob uma condição como essa, incomum. Mesmo quando ele se indigna com os homens, quando fica bravo por não o deixarem abençoá-los e perseveram em se lhe opor por motivos que não podem sustentar nem mesmo ousam confessar. Se eu fosse um dos discípulos que o acompanhavam na sinagoga, creio que me teria queimado de indignação ao ver escribas e fariseus sentados ali, recusando-se irredutivelmente a deixar de vez o seu ódio, ainda que incapazes de dizer uma só palavra que pudesse justificar essa sua atitude. Não duvido de que, nessa ocasião, um espírito amável como o do apóstolo João se haja inflamado. De fato, que coisa terrível essa, de criaturas humanas agirem de maneira tão baixa e indigna para com o abençoado Filho de Deus, como se pudessem culpá-lo por querer fazer o bem! Que desgraça é para a humanidade pessoas que agem assim, de forma tão inumana, preferindo ver seu semelhante permanecer atrofiado, aleijado, inválido, incapaz, e ainda ousarem culpar o maior e divino Médico por querer e estar pronto a tornar um ser humano perfeitamente restaurado! Quando encontra motivo para odiar um feito de amor, o homem se coloca então realmente em antagonismo com Deus.

Nossa primeira questão é: *Qual a causa dessa ira e desse sofrimento de Jesus?* Em seguida, vamos perguntar: *Existirá algo desse tipo em nós?*, ou seja, temos causado ira e sofrimento ao nosso Senhor? E, em terceiro lugar, indagamos: *Qual deverá ser o nosso sentimento ao percebermos que algo em nós pode causar ou tem causado ira e sofrimento a ele?* Que o Espírito Santo abençoe esta pregação para todos os que me ouvem neste dia!

I. O QUE CAUSOU ESSA IRA E ESSE SOFRIMENTO A JESUS? Foi a dureza de coração dos escribas e fariseus; a insensibilidade da consciência deles, sua falta de sentimentos. O coração deles tinha, por assim dizer, se tornado calejado, perdendo a delicadeza. A mão pode nos dar um exemplo. Algumas pessoas possuem mãos sensíveis; o cego que lê com os dedos desenvolve uma sensibilidade especial, para ele do maior valor. Mas quando o homem se dispõe a trabalhar na lavoura, quebrar pedras ou outro trabalho pesado braçal, a mão tende a se tornar dura e calejada. O mesmo acontece com o coração: deveria ser extremamente terno, mas, na presença de pecado nele, se torna calejado e insensível. O uso do corpo humano o faz segundo a natureza da atividade: os pés do viandante endurecem com o caminho, seu rosto se enrijece com o frio, e ele próprio é, muitas vezes, endurecido pelo seu modo de vida. Pessoas que usam determinados remédios constantemente vão, pouco a pouco, se tornando como que imunes a seus efeitos: lemos na história que Mitrídates, célebre rei do Ponto, inimigo de Roma, tomou veneno em mínimas doses até conseguir não mais morrer por envenenamento de tão imunizado que se tornara. Todavia, o enrijecimento do pior tipo é o que acontece no coração. O coração deveria ser só ternura; e, quando não o é, a vida se torna áspera e perversa. E, no entanto, multidões são moralmente atingidas pelo endurecimento do coração. Conhecemos pessoas cujo coração não passa simplesmente de um grande músculo. Parece feito de couro, pois não se apiedam de ninguém, não tendo compaixão nem mesmo de parentes mais próximos. Deus nos salve de um coração endurecido: leva a algo pior que a morte! Todo homem pode, enfim, deixar de lado o coração de carne e, em seu lugar, passar a ter um coração de pedra, que as Escrituras chamam de pedra rija — insensível, inflexível, impenetrável, obstinado. Os inimigos do nosso Senhor, que se encontravam na sinagoga naquele dia de sábado, insistiam em se mostrar inabaláveis: estavam decididos desesperadamente a somente odiá-lo e fortaleciam cada vez mais sua resolução de não se convencer a dar por encerrada sua oposição a ele, falasse ou fizesse ele o que quer que fosse. Nosso Senhor Jesus ficou, por isso, aborrecido, indignado e pesaroso para com eles.

Mas qual foi, exatamente, o erro deles?

Primeiro, *não quererem enxergar*, apesar de ser essa uma questão bem clara. Jesus havia exposto a verdade de forma tão nítida que eles se viram obrigados a distorcer a compreensão natural só para não se permitirem dar por vencidos; tiveram de fechar a janela da alma e abaixar as venezianas da mente para que nada pudessem ver e entender. Ninguém é mais cego do que aquele que não quer enxergar, e eles

JESUS SE INDIGNA COM A DUREZA DE CORAÇÃO

| 815

portavam esse tipo de cegueira; no entanto, como de fato tinham olhos e alardeavam poder enxergar, para o seu pecado não havia desculpa. Ah, existem ainda muitos dentre nós que sabem das coisas, mas não agem com tal conhecimento; que não querem de modo algum ser convencidos e convertidos, mas, sim, se enrijecem cada vez mais em oposição ao conhecido dever e claro direito de serem salvos por Cristo.

Além disso, *esses homens não confessariam jamais que estavam sendo forçados a enxergar*. Travaram a língua propositadamente e de mau humor, quando tinham justamente a obrigação de falar. Acontece a muitos de o evangelho se impor sobre suas crenças. Sentem, então, que não podem invocar uma discussão contra a verdade divina que se estabelece diante deles. A palavra de Deus lhes chega com tal demonstração de poder que os golpeia com a força de uma marreta; mas não tencionam de maneira alguma admitir esse poder e, por isso, se condenam a suportar o golpe sem ceder. Fecham a boca para a água da vida que se ergue sobre eles sob a forma do cálice dourado do evangelho. Nenhuma criança conseguiria cerrar tanto os dentes diante de um remédio como eles ante o evangelho. Qualquer homem consegue levar um cavalo até uma fonte, mas 10 mil homens não os fariam beber — e isso já está provado em muitos ouvintes da Palavra. Lá estavam, enrustidos, escribas e fariseus, e é uma surpresa que as pedras não se levantassem contra eles, tão persistentemente determinados a não admitir aquilo que não podiam negar. Não há entre nós, justamente, alguns dessa espécie?

Mais que isso: *além de não enxergar o que era claro, vigiavam diligentemente em busca de erros e faltas em quem não havia, ou seja, no Senhor Jesus*. Há quem alegue não conseguir entender o evangelho e, no entanto, tem conhecimento suficiente para esmiuçá-lo e apontar deficiências. Tem olhos cruelmente aguçados para erros que não existem nas Escrituras; alguns destes encontram erros, geralmente, em Deuteronômio, e outros, no Gênesis. Que grande sabedoria essa, a de ser diligente em fazer descobertas contra os próprios interesses espirituais, pessoais e eternos! O evangelho do Senhor Jesus é a única esperança de salvação do homem; que tristeza, portanto, creditar à inteligência a destruição da nossa única esperança! Ah, céticos capciosos! Têm visão de águia para ver o que acham que é contrário a si próprios, mas são cegos como morcegos para com aquilo que lhes traz realmente a paz. Aqueles escribas e fariseus tentavam descobrir o que seria impossível de ser descoberto, falhas em Jesus, mas não conseguiam perceber a própria perversidade em fazer oposição a ele. *Ousaram querer julgar o Senhor*, que, por seus milagres, já provara ser divino, o próprio Enviado de Deus, ao mesmo tempo que professavam reverência a Deus e à sua lei. Apesar de estarem lutando contra Deus, *simulavam se mostrar muito zelosos para com ele e seus preceitos*, sobretudo, no caso, o dia sagrado do sábado. É esse um velho truque do inimigo: combater a religião verdadeira com a falsa religião, combater a santidade com legalismo e ortodoxia. É um embuste, porém, sem o menor valor. Não nos impressionamos, por isso, haver o nosso sempre sincero e verdadeiro Senhor se indignado com tal atitude. Vocês verão, quando eles assim agirem; e acho que muitos de vocês já têm visto: eles tentam, com o zelo para com as aparências da religião, justificar sua oposição à prática legítima da fé.

Irmãos, oro para que nenhum de nós seja assim hipócrita, pois é tudo que o Senhor Jesus mais o abomina. Ele não rejeita a falsidade dos sepulcros caiados e proclama a infelicidade de seus adeptos. Permitam-me aqui uma breve parábola. Em nossas belas igrejas e catedrais antigas, vemos monumentos erguidos aos mortos. São ataúdes ricos, feitos de mármore caro, com esculturas elaboradas, toques de ouro aqui e ali e inscrições em latim exaltando os mortos cujos restos ali se encontram. Que linda apresentação! No entanto, o que significam? O que existe sob eles? Removam-se as placas de mármore, um pouco de terra, e se chega somente à deterioração e à repugnância. Esses túmulos, na verdade, seriam mais adequados a cemitérios do que a lugares consagrados ao Deus vivo. Não faço aqui, porém, censura alguma às tumbas propriamente; apenas as estou usando como alegoria. Que dizer de homens e mulheres que são realmente seu sinal e representação? Pessoas já mortas enquanto ainda vivas; que têm forma de santidade, mas negam seu poder; que exibem um aspecto exterior razoável, mas interiormente causam toda sorte de repulsa. Que fazem essas criaturas na igreja de Deus? Que terrível que permaneçam e persistam em estar nas assembleias dos santos! Ó meus ouvintes, temam tal dureza de coração e alma, como é a dessas pessoas, que as leva a serem tremendamente hipócritas! Acima de tudo, combatam essa apatia de alma que torna possível essa falsa profissão de fé, por demais dolorosa para o nosso Senhor.

Um coração endurecido, insensível, impenetrável, inflexível, não se consegue atingi-lo, mesmo que se o golpeasse como se fora uma rígida parede de pedra. Satanás o fortalece e torna seu portador rijo, inabalável, inflexível, nos caminhos do pecado. A animosidade de tal coração leva-o a resistir a tudo o que é bom; sua dureza o faz retribuir sob a forma de oposição a todo e qualquer esforço de amor em seu favor. Nosso Salvador teve diante de si pessoas assim, que se lhe opunham, não importando o que fizesse; que jamais iriam mudar seu modo de pensar por mais que pudessem ser levadas a enxergar seu erro. Isso bastaria para explicar a cena diante de nós na sinagoga e o motivo pelo qual nosso Senhor tanto se indignou e sofreu.

II. Devo agora chegar mais próximo de vocês e lhes perguntar: HAVERIA ALGO DESSE TIPO ENTRE NÓS? Ajudem-me, por favor, nesse trabalho de autoexame!

Lembrem-se de que podemos causar pesar ao Salvador pela dureza do nosso coração e, todavia, nos mantermos pessoas bastante respeitáveis. Podemos ir ao templo ou à sinagoga, como eles faziam, ler as Escrituras, como faziam os rabinos e escribas, praticar toda forma externa e visível de religião, como os fariseus, e, mesmo assim, levar o Senhor Jesus a sofrer por nossa causa devido à dureza do nosso coração. Podemos até indignar o Senhor e, no entanto, nos mantermos estritamente sóbrios e reservados. Ouso dizer que alguns aqui não são cristãos, mas nem por isso dizem uma só palavra contra o cristianismo; se mantêm estritamente neutros. Julgam certamente que, quanto menos pensarem ou se manifestarem sobre esse ou aquele assunto importante, será melhor. Jesus se indignou, inclusive, porque aqueles homens silenciaram, quando a honestidade e a sinceridade exigiam que falassem. Não pense que irá escapar só por alegar "Não sou mestre nisso". Não existe uma terceira resposta; na vida eterna, não há lugar para os neutros. Quem não estiver com Jesus estará contra ele, e os que a ele não se juntam ficarão dispersos do lado de fora. Ou se é trigo, ou joio, e nada existe em comum entre os dois.

Oh, sim, podemos afligir o Senhor mesmo que não nos oponhamos abertamente a ele! Alguns de vocês são particularmente culpados por se colocarem em tal oposição bem à frente de seus amigos. É uma vergonha tratar tão mal o Senhor publicamente! Você pode ser até muito gentil para com o próximo; na realidade, você pode ter, como o velho rei judeu Zedequias, um grande carinho para com todo mundo, menos para com o Senhor. Sei de muitos que são bastante amáveis para com os outros, mas não podem ser cristãos porque não têm coragem moral para se opor a quem quer que esteja errado, em nome da verdade. Ó irmãos, isso também pode fazer Jesus olhar para vocês com indignação; vocês são tão abnegados, tão afáveis e atenciosos para com os outros e, no entanto, agem de modo tão ríspido e cruel para com ele e com vocês mesmos. Guardar-se de falar o que deve ser dito pode ser uma falsa bondade, altamente cruel. Seu medo pode levá-los a um suicídio espiritual. No intuito de querer evitar um pequeno transtorno atual, você está, todavia, acumulando ira e juízo para si futuramente.

Ah, essa dureza de coração pode realmente estar em nós, apesar de nos mostrarmos falsamente de coração derretido! Já observei que o homem que tem um coração muito duro fica às vezes profundamente comovido, mas logo reprime, e com violência, as suas emoções. Corre para casa e se tranca em seu quarto, angustiado; daí a pouco, como que revive, livrando-se de seus temores. Vai a um funeral, estremece à beira da sepultura, mas logo se aproxima novamente de alegres companheiros de farra e vício e volta aos seus pecados outra vez. Gosta de ouvir um sermão emocionante, mas tem o cuidado de não ir muito além em sua profundidade enquanto o ouve. Está sempre alerta quanto ao próprio bem-estar, mas é cauteloso em poder evitar a tempo uma bênção. Por uma resolução desesperada, resiste à pressão da graça de Deus quando esta lhe chega em exortações e súplicas. Muitas vezes, é repreendido, mas ergue a cabeça; de vez em quando, se vê a pique de se submeter a Deus, mas logo recobra sua miserável rigidez e continua em seu caminho com uma perseverança que seria de fato digna de uma causa bem melhor. Com que frequência esperamos coisas positivas de alguns de vocês! E com que frequência vocês nos têm arruinado essa esperança! Devem ser realmente muito duros de coração, para poderem resistir por tanto tempo. Demonstram alguns uma constituição muito forte, quando, por exemplo, um homem se acha às portas da morte e logo se recupera;

Jesus se indigna com a dureza de coração

e mostram uma impressionante vitalidade do mal quando guiados até o limiar do arrependimento e então retrocedem deliberadamente para o caminho do pecado, atentando contra sua consciência e convicção.

Mais ainda: podemos ter essa dureza de coração e mesmo assim nos mantermos perfeitamente livres de grandes pecados. Tenho me surpreendido de como alguns homens conseguem evitar ir em certas direções, mas, ao mesmo tempo, são tão negligentes em outros assuntos. Enquanto praticam pecados de sobra contra Deus, mostram-se escrupulosos em, por exemplo, repelir a injustiça entre os homens. Seus pecados não são propriamente pedras, mas areia; todavia, se esquecem de que a areia não deixa de ser também uma carga pesada e, além disso, um barco no mar pode perfeitamente encalhar e ser mais facilmente destruído em um tremendo banco de areia submerso, traiçoeiro e irremovível, do que em uma rocha visível, de que se pode desviar. Um homem exteriormente moral consegue ser, muitas vezes, um rebelde endurecido contra Deus. Seu orgulho o ajuda a se endurecer rigidamente contra o evangelho da graça. Condena os outros, que, na verdade, não são piores que ele. Há um tipo abominável de prudência que leva alguns homens a evitar certos pecados: são malvados demais para serem desperdiçadores ou pródigos; ou então muito amigos de facilidades, de tal modo que não cometem pecados altamente arriscados. Há, no entanto, homens levados por uma enchente de tentações, que pecam sofregamente, mas que, no fundo do coração, são bem menos endurecidos quanto geralmente outros transgressores, frios e calculistas. Ai daquele que é levado a pecar deliberadamente, repartindo a iniquidade como se fosse uma mercadoria legal, a ser pesada em quilos e gramas! Por causa justamente da força manifesta de sua mente, coisas melhores poderiam ser esperadas dele. Para estes, está reservado o inferno mais profundo, mesmo que escapem da presente condenação.

Pode ser que a dureza de coração não o sujeite totalmente, no momento; ainda assim, você deve ter sérios motivos para temê-la. Ela rasteja sobre os homens, subindo por degraus imperceptíveis. O homem de coração duro não se faz de uma vez; a natureza de seu coração vai sendo petrificada pouco a pouco. Aquele que ora amaldiçoa e blasfema pode um dia ter-se lamentado no colo da mãe por seus erros infantis e teria estremecido diante da simples ideia de ir dormir sem fazer sua oração. Existem muitos, próximos de nós, que dariam mundos para se verem livres do cativeiro do hábito, só para sentir o que uma vez já sentiram. A alma dessas pessoas está tão árida quanto o Saara, esquecida do orvalho das lágrimas; seu coração é quente como um forno cheio de paixões más, e nem mais um leve sopro de arrependimento o visita. Ah, se pudessem chorar, se pudessem sentir! O arrependimento se foi, há muito, de seus olhos. Nada lhes resta de sensibilidade, a não ser uma imitação barata, que os invade quando se encontram em um estado pseudossentimental, embalado por uma bebida forte. Que calamidade poderia ser maior? O que de mais terrível pode ser dito do pecado que endurece e enfraquece? Bem diz o livro de Hebreus: ... *exortai-vos uns aos outros todos os dias, durante o tempo que se chama hoje, a fim de que nenhum de vós se endureça pelo engano do pecado* (Hb 3.13).

Não poderia deixar de mencionar que, entre os endurecidos, há aqueles que podem ser citados por provocar especialmente o Senhor. Dentre estes, estão os que receberam um intenso senso moral desde seu nascimento e formação, mas se tornaram embotados por causa de seus delitos repetidos. Pecam, muitas vezes, duplamente, pois tiveram o dobro de luz e carinho especial da natureza. Digam, irmãos, se não existem muitos como estes entre vocês! Esaú, por exemplo, foi mais profano por ser filho de Isaque, sabendo assim a respeito da herança do pacto, e por ter certos traços bons da natureza que deveriam tê-lo feito um homem melhor. Isso vale, então, para aqueles favorecidos pela providência divina. Deus tem sido para com muitos de uma generosidade maravilhosa, mantendo-os o tempo todo em boa saúde, prósperos nos negócios, com os filhos crescendo ao seu redor; eles têm, enfim, tudo aquilo que o coração poderia desejar. Mesmo assim, não recebe Deus a gratidão de sua parte; na verdade, raramente ou nunca voltam para ele o pensamento. É praticamente certo que a ingratidão traz maldição sobre o homem que a pratica; mas ingratos há, infinitamente, por toda parte. Alguns que conheço deveriam se lembrar do Senhor só pelo simples fato de lhes terem sido concedido um caminho suave, uma carteira recheada e a luz do sol perenemente para a jornada. Se tivessem um coração pelo menos honesto, se apegariam ao Senhor em amor profundo e sincero. As cordas de seda do amor são mais fortes para os homens verdadeiros do que as correntes de ferro para os criminosos.

Permitam-me lembrar ainda da obrigação para com Deus de outros, frequentemente castigados, pois esse lado da questão também tem sua força. Certas pessoas têm suportado muitas provações, muitas vezes sofrido de dores no corpo e levadas à beira da morte; perderam entes queridos, de um só golpe; acompanharam pais ou filhos à sepultura; os sofrimentos têm, enfim, sido multiplicados sobre elas. Mesmo assim, conseguem se manter duras de coração. O fogo da aflição não amoleceu sua férrea e inamovível natureza. Por que isso? Deveriam ser ainda mais golpeadas? Pior; elas se revoltariam, cada vez mais. O próprio Deus lamenta: *Que te farei, ó Efraim?* (Os 6.4). Quando o sofrimento contínuo fracassa, a misericórdia está esgotada. Não há mais flagelo a usar. Assim como o boi escoiceia contra o aguilhão, resistem à disciplina do Senhor Deus. O Salvador olha para estes também com tal ira pesarosa da qual o texto fala.

Ah, sim! Não posso omitir aqueles pelos quais o Salvador muito especialmente deve sentir indignação, por terem sido, especialmente, objeto de um ministério carinhoso, sincero e fiel. Nem quero falar destacadamente do meu próprio ministério, aplicado durante anos sobre muitos de vocês; mas que, se a alguns não influenciou, não foi por falta de um desejo forte e intenso do pregador de estar a serviço de suas almas. Deus é testemunha de que nada tenho procurado negar a vocês de sua verdade. Também nunca os bajulei; tampouco tenho ocupado este púlpito para dele fazer uma plataforma onde me exibir. Não me tenho esquivado, enfim, de lhes declarar todo o desígnio de Deus para a vida de vocês. Além disso, alguns de vocês tiveram, certamente, o ministério carinhoso de uma mãe santa que agora pode estar junto a Deus, ou de um pai sábio que ainda vive para orar por vocês, ou professores dedicados que os instruíram corretamente, ou amigos amorosos que buscaram seu bem. Pai, seu filho o tem procurado tanto! Marido, sua esposa recém-convertida está sofrendo por você, neste exato momento! Têm sido sobremaneira especiais as interferências sobre vocês; escolhidas e harmoniosas as vozes que se têm empenhado para encantá-los e atraí-los a Deus. Se essas vozes não forem capazes de alcançá-los, nenhum de vocês conseguirá se converter àquele que ressuscitou dos mortos e quer ressuscitá-los também. Mas se o próprio Jesus aqui estivesse, novamente entre os homens, como poderia alcançá-los? Se todos os meios e instrumentos que ele tem usado fracassam com vocês, não sei o que será feito de sua alma. Temo que até o próprio Salvador possa lançar um olhar condoído e indignado, como aos escribas e fariseus naquela sinagoga, por causa da dureza do seu coração. Oh, fica, Senhor Jesus, fica um pouco mais! Que sejam eles por ti conquistados! Que teu Espírito não necessite ameaçá-los em tua santa ira de que não entrarão em seu descanso, mas que seja, como sempre, paciente e benigno para com eles, só um pouco mais, em nome da tua misericórdia!

III. Vamos concluir. Oh, que minhas pobres súplicas a vocês não se possam perder! Em muito do que aqui falei, talvez tenha sido somente uma voz barulhenta para muitos de vocês; mas agora, por favor, ouçam-me com atenção enquanto levanto esta questão: QUAL DEVERIA SER NOSSO SENTIMENTO EM RELAÇÃO A ESSE ASSUNTO?

Em primeiro lugar, *renunciarmos para sempre à prática do rigor e da artimanha*. Aqueles escribas e fariseus eram grandes peritos em manipular as palavras, assim como críticos extremos, excelentes em apontar culpas. Repreenderam o Salvador por curar no sábado. Ele, no entanto, não havia quebrado de modo algum a lei de Deus no tocante a guardar o sábado; tinha, sim, mostrado o grave erro deles de interpretação quanto a esse detalhe. Se o sábado, porém, não lhes tivesse fornecido oportunidade para objeção, provavelmente eles teriam encontrado outro pretexto para o hostilizar, pois o que queriam era se opor, de uma maneira ou de outra discordar, de Jesus. Talvez haja aqui hoje pessoas presentes que estejam infelizmente endurecendo o seu coração devido ao triste hábito de excessivo e desnecessário rigor nos detalhes, recusa à verdade e à misericórdia e uso de sofismas para justificar e encobrir o seu equívoco. Enquanto outras pessoas ficam deslumbradas e se entregam a Cristo pela beleza do evangelho que ouvem, essas pessoas só fazem é registrar, por exemplo, um erro de pronúncia ou de citação, sem a menor importância, cometido pelo pastor. Com base nessa tola linha de raciocínio, passam a julgar por si mesmas o evangelho pregado, e daí a pouco as próprias Escrituras ficam sujeitas às suas alterações e correções. A sabedoria se perde, a reverência se vai,

JESUS SE INDIGNA COM A DUREZA DE CORAÇÃO

a autossuficiência reina torta e absoluta. Criticar a Palavra de Deus qualquer um pode fazer, mas somente um tolo o fará. Outorgando-se ares de homens letrados, esses falsos críticos não se comportam nem se consideram como simples ouvintes: exigem algo mais, algo, digamos, intelectualizado. Encaram com desprezo as pessoas que desfrutam com toda a pureza e sinceridade do evangelho e estão realmente comprovando o seu poder em sua vida. Acham-se a si mesmas pessoas de mente notável, homens de saber e influência, o que lhes concederia a distinção, se é que isso é distinção, de fazer parte dos céticos. Mostram sua suposta sabedoria empinando o nariz para os claros e profundos ensinamentos da Bíblia.

Aliás, parece ser uma grande característica do homem culto de hoje em dia vestir a máscara do sarcasmo e da zombaria, se acaso se reúne com os fiéis. Um idiota pode, de fato, atingir em cinco minutos um grau elevado de desprezo pelo próximo; mas que não exiba tal estupidez, por favor. Esse tipo de orgulho arruína todo aquele que o adota. Ser incrédulo só para mostrar a própria superioridade nem vale a pena. Que nunca imitemos o próprio espírito do mal, que no jardim do Éden mostrou ser patrono e exemplo de todos os céticos do mundo. Lembrem-se de como ele levantou a questão: "É assim que Deus disse...?"; e de como prosseguiu, bancando o filósofo e sábio, fingindo que havia uma esperança maior e que Deus havia se enganado ou mentido: "Certamente que não morrereis". Foi em frente, então, simulando estabelecer uma ousada filosofia radical, sussurrando: *Porque Deus sabe que no dia em que comerdes desse fruto, vossos olhos se abrirão, e sereis como Deus, conhecendo o bem e do mal* (Gn 3.5). Aquela velha serpente deixou seu rastro em muitas mentes até hoje, e vocês podem vê-la nas perguntas viscosas e sugestões venenosas de nossa época. Fuja da artimanha e da mentira: de todos os labores, é esse o menos compensador.

Além disso, *sintamos um intenso desejo de nos submetermos ao Senhor Jesus*. Onde quer que ele esteja, seja ou não no templo, seja na sinagoga, vamos lhe rogar que, por favor, nos cure, e que o faça ao seu próprio modo, segundo sua santa vontade. Tornemo-nos seus adeptos, seus seguidores e discípulos, e vamos junto com ele onde quer que ele vá. Rendamo-nos inteiramente a Deus. Sejamos como a cera derretida a seu dispor, para ele dar o seu selo; como a água do lago, que se move obediente a cada sopro do vento. Tudo que o Senhor deseja é a nossa salvação. Ó Jesus, permite que tua vontade seja feita em nossa vida!

Sejamos cuidadosos em nos mantermos afastados de todas as influências de endurecimento do coração, quer de livros, quer de homens ou de práticas, quer de hábitos ou prazeres. Se houver algo ou alguém que nos possa enfraquecer em assuntos espirituais, impedir nossas orações, tentar abalar nossa fé ou desanimar nosso zelo ou nossa determinação, abandonemos imediatamente e nos mantenhamos afastados disso ou dessa pessoa. Se alguma distração vir a minorar nossa repulsa ao pecado, não nos aproximemos mais dela; se algum livro ousar querer anular nossa visão de Jesus, não o leiamos. Já basta nos tornarmos duros involuntariamente pelo contato necessário com o mundo em razão do nosso trabalho ou negócio; não aumentemos esse mal. Afastemo-nos da conversa fiada do sarcástico, do indolente e do zombador, do caminho do fracassado e do incrédulo. Rejeitemos as falsas doutrinas, os argumentos materialistas, a instigação da rivalidade. Mantenhamo-nos longe da frivolidade e do que seja superficial. Sejamos sinceros e puros. Vivamos o mais perto possível do trono de Deus, sem jamais voltarmos a nos aproximar do trono de iniquidade.

Por fim, *usemos influentemente de toda a brandura para com todos*. Peça a Deus para ter seu coração sensibilizado todos os dias, mediante a morada nele de seu vívido Espírito. Que você ouça com frequência a Palavra: ela é como um fogo que devora o mal, poderoso martelo que rompe a pedra endurecida em pedaços. Permaneça sempre aos pés da cruz, pois é dela que procede a ternura que domina e apazigua o coração humano. Jesus torna todo coração suave e manso ao reestampar nele a imagem divina, sua própria imagem. Rogue ao Espírito de Deus para lhe dar um senso muito intenso do pecado e um sentimento de recusa muito intenso dele. Ore, por exemplo, como Charles Wesley, no hino em que implora:

> Rápido como a pupila de um olho,
> Torna, ó Deus, minha consciência preparada!
> Desperta minha alma, que o pecado é noite,
> E a mantém, como o dia, despertada.

> Oh, nenhuma omissão possa atingir
> Minha alma por ti bem orientada;
> Guia-me mais uma vez ao teu sangue,
> E torna minha ferida restaurada!

Se for essa a condição do nosso coração, o Senhor evidentemente não há de se indignar conosco, mas, sim, olhará para nós com alegria e se deleitará em nós.

Mantive-me até agora fiel ao texto, sustentando com ânimo o fardo do Senhor. Se não é algo difícil de ouvir para você, confesso, no entanto, ser um tanto doloroso de pregar, para mim. O mesmo amor que levou nosso amoroso Senhor Jesus a sofrer é o que me leva a falar desse modo. Não que eu ame os homens tanto quanto ele; mas uma fagulha de seu fogo inflamou minha alma e a queima segundo a medida de graça alcançada. Agora, porém, meus queridos ouvintes, permitam-me que eu perdoe a mim mesmo com uma palavra do evangelho. Há alguns dentre vocês que certamente desejam perder a dureza de seu coração e clamam para si mesmos:

> Coração de pedra, piedade, por favor!
> Derrete, subjugado a Jesus, por seu amor!

Há um abundante motivo de esperança para você. Aquele que fez o coração pode também derretê-lo. Jó disse: *Deus macerou o meu coração* (Jó 23.16). É peculiar ao Espírito Santo renovar a nossa natureza; ele nos faz, de fato, nascer de novo, operando em nome do nosso Senhor Jesus, cuja palavra é: *Eis que faço novas todas as coisas* (Ap 21.5). O Espírito Santo pode perfeitamente trabalhar em nós na condenação do pecado, no nosso novo nascimento, em nossa fé no Senhor Jesus, no profundo arrependimento e em sagrada brandura. Você o quer assim? Quer unir-se a mim em uma oração silenciosa de modo que a obra enternecedora de Deus possa ser sentida neste momento em sua alma?

A você é enviada a palavra de salvação. O Senhor Deus se responsabilizou por glorificar a si mesmo ao redimir seu povo de toda iniquidade. Firmou um pacto com os seus escolhidos, e todo aquele que crê em seu Filho, Jesus, está compreendido nesse pacto. Diz assim o compromisso: [...] *vos darei um coração novo, e porei dentro de vós um espírito novo; e tirarei da vossa carne o coração de pedra, e vos darei um coração de carne.* Está em Ezequiel 36.26. Veja como essa promessa se enquadra perfeitamente no seu caso! O tipo de conversão de que você muito necessita lhe será dado, apesar de poder ser o milagre dos milagres que isso aconteça. Se uma nova mão, antes atrofiada, ou um novo braço ou uma nova perna, já seria uma maravilha, que dizer, então, de um novo coração? O Espírito que você tanto quer lhe será concedido; seu caráter, seu temperamento, suas tendências serão alterados de maneira extraordinária. O Senhor pode remover de você inteiramente o espírito maligno, renovar seu espírito e preencher o seu ser com o próprio Espírito Santo dele. Se a sua natureza se recusa a sentir ou ceder, quebrantar ou vergar, o Senhor é capaz de mudá-la e renová-la do mesmo modo. Que operação maravilhosa ele tem a realizar e ainda deixando o paciente totalmente vivo! *Tirarei da vossa carne o coração de pedra.* Ninguém senão aquele que fez o coração poderia executar tal delicada cirurgia.

Acha que isso jamais poderia ser feito no seu caso? Lembre-se de que o Senhor nunca fala além do seu limite, não existe bravata para ele. O braço dele não se encolheu; ele pode conceder a salvação por mais remota que possa parecer. Quando o velho coração de pedra se vai, o Senhor consegue preencher o espaço vazio com os sentimentos mais gentis e sensíveis, quando diz: *Vos darei um coração de carne.* Por esse motivo é que devemos reverenciar a Palavra de Deus; temos de temer e tremer diante dele; mas devemos também sentir por ele uma gratidão verdadeiramente infantil, um grato amor filial, dedicar-lhe santa obediência. Em vez da necessidade de sermos forjados como o ferro, com um martelo, podemos sentir o leve toque da mão divina e responder com amor ao suave chamado de sua voz. Que mudança!

Essa é, enfim, uma questão de promessa. Vejam como o versículo do profeta reluz com os *vos darei*. O próprio Senhor, que tem a capacidade de cumprir sua palavra, foi quem falou desse modo, e ele jamais se

JESUS SE INDIGNA COM A DUREZA DE CORAÇÃO | 821

furtará de sua promessa. Mas leiamos também o versículo 37 desse mesmo capítulo 36 de Ezequiel, para marcá-lo bem em nossa mente. *Assim diz o Senhor Deus: Ainda por isso serei consultado da parte da casa de Israel, que lho faça; multiplicá-los-ei como a um rebanho* (Ez 36.37). Você não vai pedir ao Senhor que o faça com você também? Se você diz que sim, sua oração começa a ser atendida. Esse seu desejo é a mostra de que a pedra em seu coração está derretendo e em seu lugar se formando carne. Ó Senhor, permita que assim seja! Creia no Senhor Jesus, meu irmão, minha irmã. Creia que ele é inteiramente capaz de poder fazer isso por você — e isso se dará segundo a sua fé.

87

Jesus não é um fantasma

Os discípulos, porém, ao vê-lo andando sobre o mar, assustaram-se e disseram: É um fantasma. E gritaram de medo (Mt 14.26).

Algumas das bênçãos mais preciosas, nós as perdemos por nos faltar uma clara percepção das coisas. Que consolação poderia ser maior para os discípulos, enfrentando uma tempestade no mar, que ver seu mestre vindo a eles sobre as ondas, revelando-se manifestamente Senhor tanto das águas quanto da terra seca? Por não o terem enxergado de maneira clara, perderam uma oportunidade de consolação incomparável. Pior ainda, por vezes a obscuridade de nossa percepção acaba por transformar a consolação mais excelente em fonte de medo. Jesus está vindo a eles, e sua vinda faz raiar o sol da alegria; mas os discípulos, não percebendo que é Jesus e achando tratar-se de um fantasma, ficam alarmados e gritam de medo. Ficam tão amedrontados com aquele que é seu maior e melhor amigo que o julgam como seu arqui-inimigo. Cristo caminhando sobre as águas os deveria ter levado a pôr todo o medo de lado; em vez disso, o confundem com um ser fantasmagórico em meio à tempestade, ou seja, como sinal de desgraça ainda maior. Enchem-se de horror com aquilo que deveria tê-los feito pular de exultação. Oh, o benefício do colírio divino, pelo qual nossa vista é purificada! Que o Espírito Santo possa ungir nossos olhos com ele. Oh, a excelência da fé, que, como um telescópio, traz Cristo para perto de nós e nos deixa vê-lo como ele é! Oh, a suavidade de caminhar junto de Cristo e conhecê-lo mediante uma compreensão segura, confiante e clara, que nos restaura o conforto que perdemos e remove de imediato a angústia que nos aflige desnecessariamente!

Do assunto sobre o qual hoje quero lhes falar farei agora um esboço. O primeiro ponto é o seguinte: *é muito comum o erro de fazermos de Cristo um fantasma*; em segundo lugar, *estamos mais prontos a cometer esse erro quando Jesus nos é revelado de forma mais evidente*; em terceiro lugar, *disso nascem os nossos maiores sofrimentos*; e, em quarto lugar, *se nos permitirmos ser curados desse mal, Jesus subirá muito em nossa estima, e muitas bênçãos poderão daí se seguir*.

I. É MUITO COMUM O ERRO DE FAZERMOS DE CRISTO UM FANTASMA.

Alguns fazem, pelo contrário, a um fantasma, de Cristo. Tomam como seu salvador o que não passa de uma ilusão: sonham; imaginam; se alvoroçam a um ponto elevado de credulidade presunçosa; convencem-se de um conforto ilusório; e tornam seu sentimento exaltado ou sua imaginação o seu Cristo. Não estão salvos, mas pensam que estão. O verdadeiro Jesus não é conhecido deles; pois não são espirituais, não são seu rebanho, não são seus discípulos, ainda que tenham colocado diante de sua imaginação algo que julgam ser Cristo; e o seu ideal de Cristo, que não passa de um fantasma, é Cristo para eles. Um erro terrível! Que Deus nos livre disso e nos leve a conhecer o Senhor, de verdade e em verdade, mediante o ensinamento do seu Espírito Santo; pois conhecê-lo é ter a vida eterna.

Mas erro igual e provavelmente mais comum é fazer de Cristo um fantasma. Uns mais, outros menos, todos nós erramos nesse sentido. Permitam-me mostrá-lo para vocês, a título de crítica e orientação.

Primeiro, com que frequência o fazemos *em termos do pecado e de sua purificação*! Nosso pecado, quando estamos convencidos dele, nos parece muito real. E, de fato, real ele é. Nossa ofensa a Deus não é imaginária; temos provocado, sem dúvida, sua ira, e ele está aborrecido e magoado conosco. A mancha do pecado não se encontra apenas na superfície; essa lepra subsiste profundamente dentro de nós. O pecado

JESUS NÃO É UM FANTASMA | 823

é um mal terrível, e, quanto mais nosso espírito pode ver sua realidade e atrocidade, elas mais se aprofundam em nós. Oh, mas quanto é glorioso podermos ver, com a mesma vivacidade, a purificação efetiva do pecado, que Cristo confere a todos os fiéis, por seu precioso sangue! Ver a alma escarlate e lamentar por causa disso é bom, mas melhor ainda é ver esse mesmo escarlate se desvanecer até tornar-se o branco puro do sacrifício reconciliador. Você já teve uma percepção tão clara da segunda situação quanto da primeira? É uma grande bênção quando Deus faz o pecado ser uma experiência pesada para você, de forma que o sinta muito, mas é uma bênção ainda maior quando o sangue reconciliador de Cristo se torna tão totalmente quanto vividamente percebido por você, quando pode vislumbrar as doces gotas de suor e sangue do Getsêmani sendo exauridas, da vida do redentor, sobre o Calvário, e a inenarrável agonia pela qual a culpa foi inteiramente expiada ante o trono eterno.

Meus irmãos, quando estamos sob uma inquietação da alma, ou, mesmo após uma primeira convicção do pecado, se a iniquidade retorna de maneira pesada sobre o nosso espírito, os nossos medos, terrores e alarmes são bastante reais; ninguém nos ousaria dizer então que nos encontramos em estado de agitação nervosa por causa de uma ficção. O perigo se acha bem diante de nós, tanto quanto as chamas diante de uma pobre pessoa confinada em uma casa pegando fogo. Estamos cientes do perigo; nós o vemos, percebemos, sentimos em cada poro. Há, porém, e acima de tudo, a salvação, dada pelo redentor. Ele tomou a si os nossos pecados, sofreu o castigo por eles e os removeu de nós. Basta crermos nele para que os nossos pecados desapareçam, para termos direito à paz e estarmos completamente seguros em nos colocarmos diante de Deus e dizer: *Quem intentará acusação contra os escolhidos de Deus?* (Rm 8.33).

O que queremos não é ter nossa salvação como algo onírico, que possa ser ou não ser, mas, sim, constatá-la como fato realmente evidente, tão certo quanto o nosso sofrimento e o pecado que o causou. Não vamos, portanto, olhar para o Salvador, através da tempestade, como se fora um fogo fátuo, algo fantasmagórico, enquanto é real a tempestade que nos cerca; vamos, sim, ver nosso real Salvador para o nosso pecado real e nos regozijarmos no seu real perdão, ou seja, o perdão que enterra para sempre todos os nossos erros e delitos. Vamos olhar para uma salvação real, uma salvação que coloca nossa percepção sobre uma rocha, além do alcance do mal. Se chegarmos a esse ponto em relação ao pecado, irmãos, que possamos choramingar menos; ou, se ainda choramingarmos, que tenhamos muito mais de regozijo. Lamentamos nosso pecado, e bem o fazemos, e espero que o façamos até chegar aos portões do céu. Mas o pecado nunca deve ser lamentado nem causar arrependimento demais a ponto de nos esquecermos de que Jesus morreu para anular toda a nossa culpa. Não, que cada nota de lamentação seja acompanhada de prazeroso acorde de triunfo, pois a iniquidade se foi, Cristo acabou com a transgressão, deu fim ao pecado; e todo aquele que nele crê não está condenado, nem o pode ser, para todo o sempre.

Essas mesmas observações se aplicam à questão da *nossa aceitação por Deus após o nosso perdão*. Queridos irmãos e irmãs, falando tanto em meu nome quanto em nome de vocês, devo dizer que, em geral, as nossas deficiências no dever cristão se mostram, infelizmente, mui dolorosamente reais para a nossa alma. Raramente pregamos, oramos em intercessão, damos um auxílio ou prestamos qualquer outro serviço ao Senhor sem nos sentirmos, ao final, como sendo, de fato, servos inúteis. As falhas e imperfeições do nosso serviço se nos mostram face a face, e não há praticamente um dia da nossa existência em que não sejamos levados a reconhecer que estamos muito longe daquilo que um cristão deveria idealmente ser; na verdade, chegamos, muitas vezes, a nos questionar se podemos realmente nos considerar cristãos e nos sentimos, com razão, angustiados quanto à autenticidade da profissão de fé que fizemos. Quando, por exemplo, ao nos prepararmos para a ceia do Senhor, fazemos um autoexame, constatamos muitos motivos de inquietude, assim como razões para estarmos tementes e trementes de espírito. Examinando o percurso até então de nossa carreira cristã, a vergonha tende a cobrir nosso rosto, e temos uma grande necessidade de dizer: "Não a nós, Senhor, não a nós, mas ao teu nome dá glória". Não nos podemos imaginar capazes de obter algo da glória sendo a nossa vida tão ignominiosa, indigna e merecedora de repreensão.

Existe muito crente para quem esse estado de coisas é demasiado e gravemente doloroso. Assume um modo de pensar desesperador, passa a se olhar interiormente com frequência, e tanto sua corrupção íntima quanto atitudes externas causam-lhe inquietude e alarme incessantes. Na verdade, como existe algo de bom nisso, quem o condenará? Ao mesmo tempo, porém, o equilíbrio sagrado da alma deve ser preservado. Se minhas deficiências são reais, igualmente real é a retidão perfeita de Jesus Cristo, na qual todo fiel deve sempre se apoiar. Minhas orações são imperfeitas? Ah, sim, mas perfeitas e prevalecentes são as orações e as intercessões do meu grande advogado diante do trono de Deus. Estou corrompido pelo pecado e mereço ser rejeitado? É verdade; mas é verdade também que em Cristo não há pecado, e seus méritos eternos têm o maior valor para o nosso sempre abençoado Pai e me protegem sempre, pois ele, meu representante e minha garantia, coloca-se continuamente em minha defesa ante o divino trono. Por mim mesmo, sou indigno, mas sou aceito por Deus Pai no Filho Amado. "Sou pecador?"; "Sim...", há de concordar o fiel, acrescentando, no entanto: "... mas perdoado e aceito". Igualmente certo é que somos belos, sim, belos aos olhos de Deus; para ele, somos *sem mácula, nem ruga, nem qualquer coisa semelhante* (Ef 5.27). Como Deus nos vê em Cristo Jesus, não contempla a iniquidade em nós. Cristo removeu nossas manchas e nos fez ser belos em sua beleza; por isso, Deus só vê o que é agradável em nós. Cristo nos confere sua própria beleza, pronto que está para vir sempre a nós com sua sabedoria, retidão, santificação e redenção. Tudo de que precisamos está em Cristo. Nossa situação é segura nele; eis por que o amor do Pai para conosco nos alcança sem nenhuma restrição e a qualquer tempo, apesar das nossas falhas e faltas, mediante a perfeita aceitação do Amado no Pai.

Não torne embaçada essa verdade. Não olhe para o Senhor segundo sua própria concepção, ou seja, como sendo um fantasma. Não grite de terror como se julgasse que a obra do Senhor é algo inalcançável, capaz de confortar os outros, mas que jamais poderá confortar você. A obra de Jesus é o mais grandioso e importante de todos os fatos para todos nós. Oh, que a sua fé se agarre a isso e nisso se apoie!

Esse princípio se aplica, em seguida, à questão da *santificação*. Muito real e próxima de nossa alma, meus irmãos, está a carne; ela nos faz gemer, ao nos sobrecarregar todos os dias. Algo também muito íntimo nosso é a corrupção — inimiga de nossa família, ela nos atormenta tanto que chega a nos levar a esquecer nossos familiares. Bem conhecidas de nós, igualmente, são as nossas tentações, que nos espreitam por todo lado; e é bastante notório o conflito interior que resulta do embate da nossa natureza decaída com o mundo e as tentações de Satanás. Não podemos duvidar dos nossos conflitos mais do que um soldado ferido poderia duvidar da sanguinolência da batalha. Todas essas coisas estão sempre diante dos nossos olhos, para o nosso pesar. Mas temo que aqui também Cristo Jesus seja para nós, muitas vezes, apenas uma aparição, não um parceiro real em nossos conflitos espirituais. Acaso você não sabe, amado irmão, que Jesus Cristo é tocado de intensa compaixão por você em todas as suas tentações? Não entende que ele tem preparada a munição para você em todos os seus conflitos, a fim de que possa seguramente alcançar a vitória? Não esperaria pelo menos dizer: sou vencedor pelo sangue do Cordeiro? Não desejaria, neste momento, gritar uma palavra auspiciosa de triunfo: *Graças a Deus que nos dá a vitória por nosso Senhor Jesus Cristo* (1Co 15.57)? Você sofre de uma corrupção interna — isso é fato; mas Cristo criou em você a esperança da glória — isso é fato também. Há em você aquilo que o destruiria, mas há também o que foi implantado e que não pode ser destruído — e que é igualmente verdade. Não está mais no primeiro Adão, feito do pó da terra, sobre o qual tem muito o que lamentar, mas, sim, já se encontra no segundo Adão, começando a sustentar a imagem celestial, imagem que há de sustentar perfeitamente por muito tempo. Você consegue entender isso? Ou não chega a apreender tais coisas, não conseguindo dizer, como o apóstolo João: [...] *o que temos visto com os nossos olhos, o que contemplamos e as nossas mãos apalparam, a respeito do Verbo da vida* (1Jo 1.1)? Isso não é apenas uma doutrina a ser aceita só porque a aprendemos, um conhecimento a ser recebido só porque algumas pessoas o experimentaram, mas não poucos já o viveram como experiência interior. Para que o possamos conhecer por meio de uma realização abençoada é que o Espírito Santo se irradia do Pai em nós e entre nós e Cristo busca vencer nosso pecado dentro de nós mediante o poder da água purificadora que flui com seu sangue; livrando-nos, do mesmo modo, do poder do pecado, tal como nos salva da culpa do pecado — esta é realmente a experiência divina.

Não podemos deixar de ilustrar esse estado de espírito, também, pela condição de muitos santos quando *sob juízo*. Quantas vezes, em plena tempestade e com o nosso pobre barco se enchendo de água, percebemos tudo, menos o que deveríamos entender. Somos como os discípulos no mar da Galileia. O barco é real — ah, e como rangem as madeiras; o mar é real — como as ondas violentas se erguem, assolando a todos!; os ventos são reais — veja como as velas se rasgam em pedaços, como o mastro se curva feito um arco!; o próprio desconforto é real — estão todos molhados até os ossos com as rajadas d'água, ensopados, enregelados!; o perigo que se corre é real — o barco provavelmente irá afundar com todos a bordo! Tudo é real — menos o mestre caminhando sobre as ondas. No entanto, amados, nada havia tão real em toda aquela tempestade quanto o mestre. Todo o resto poderia se tratar até de uma ilusão para eles, mas ele, sim, era real e verdadeiro. Tudo aquilo podia mudar, passar, terminar, mas ele continuaria o mesmo.

Observem quão frequentemente nos encontramos em situação semelhante. Circunstâncias desditosas, despensa vazia, doença, fraqueza física, a perda de um filho querido ou de um amado pai, todos esses infortúnios que nos aguardam, temor de falência ou de penúria, tudo isso nos parece real; mas a palavra *Eis que eu estou convosco* (Mt 28.20) muitas vezes parece, sob tais condições, uma questão de crença, não de realização. Quanto à promessa: *E sabemos que todas as coisas concorrem para o bem daqueles que amam a Deus, daqueles que são chamados segundo o seu propósito* (Rm 8.28), não ousamos rejeitá-la, mas também não somos confortados por ela no grau em que o deveríamos ser, porque não a apreendemos, não a captamos, não a compreendemos. Os santos mártires queimados vivos sabiam perfeitamente que estavam no fogo, mas se sentiam seguros porque sabiam, com a mesma certeza, que o Filho de Deus estava ali com eles. Do mesmo modo, quando na fornalha das circunstâncias, sabemos que, embora nenhum juízo no presente nos pareça jubiloso, mas pesaroso, sabemos igualmente que onde está Jesus o juízo é abençoado e a aflição traz em si mesma a paz que excede todo o entendimento.

Vou apenas exemplificar com outros dois pontos. Quando o assunto é *morte*, meus caros irmãos, não sei se algum de vocês consegue pensar nisso sem certo estremecimento. Receio que haja muitos que não conseguem nem pensar. É muito fácil cantarmos, aqui, aos domingos, regozijando-nos com os irmãos:

> Fico às margens do Jordão impetuoso,
> Lançando além um olhar esperançoso.

Receio, no entanto, que, apesar de tudo, preferimos ainda viver a morrer. Um missionário me contou a história de uma senhora na Jamaica que costumava cantar, referindo-se a si mesma: "Anjo Gabriel, vem e leva tia Betsy para a glória"; mas, quando algum gaiato vinha e batia à sua porta na calada da noite, dizendo ser o anjo Gabriel que tinha vindo buscar tia Betsy, ela respondia: "Tia Betsy mora na casa aí do lado". Talvez seja assim mesmo que aconteça conosco: ainda que imaginemos olhar além das vagas do Jordão, que nos separam do que pode ser ou não terra firme do outro lado, hesitamos sempre, trêmulos, quando nos aproximamos da margem deste lado do rio. Tememos deixar de vez o recinto desta nossa casa de barro e lançamos, muitas vezes, um olhar demorado e saudoso ao que ficou para trás. Por quê? Porque trazemos à mente o leito de morte, a agonia, o sofrimento final, a dor aguda e repentina, o olhar vitrificado — em geral procurando pensar que tão cedo isso não se irá transformar em realidade para nós; mas não imaginamos outras realidades, estas positivas, como sentinelas angelicais ao lado do leito esperando para nos levar em escolta, assim como a nossa elevação para as belas regiões desconhecidas do mais puro céu. Não imaginamos o Salvador recebendo com alegria os santos e abraçando-os junto ao peito, ali onde podem descansar até o soar da trombeta final do arcanjo. Nunca pensamos, enfim, na nossa própria ressurreição:

> Dos leitos do pó e do barro silente,
> Para os reinos do dia permanente.

Se o compreendêssemos, então nossa cantilena sobre a morte seria mais verdadeira, e nossa prontidão para partir, mais constante. Pois o que é a morte? É uma picada de alfinete, na pior das hipóteses, frequentemente incomum; é um fechar de olhos na terra e abri-los no paraíso. Rápida, portanto, é a partida do santo; é um movimento da alma aqui em direção à presença do Senhor acolá, pois, mal a morte acontece, já é absorvida pela vitória. Oh, com a plena realização em Jesus, a morte perde todo o seu aguilhão.

Gostaria ainda de dizer — e é este o último exemplo que darei sobre esse ponto — que receio que na *obra cristã* mergulhemos, muitas vezes, no mesmo tipo de dúvida. Eis um desafio. Se formos sábios, podemos imediatamente imaginar quais serão as dificuldades; se mais do que sábios, podemos exagerar e concluir que, a contarmos com os nossos próprios parcos recursos, jamais seremos capazes de lutar contra as dificuldades. Ah, mas por que tão raramente nos lembramos do nosso Salvador, vivo e presente, cabeça da igreja? Podemos até calcular a força da igreja, mas jamais esquecer o item mais importante de todos: a onipotência do Senhor, seu Rei. Somemos a fragilidade de seus pastores, mestres, evangelistas e membros, mas, uma vez feito isso, não imaginemos haver calculado todos os recursos da igreja, pois só consideramos seus adereços; o corpo principal e a força da igreja residem na plenitude da divindade como um todo, tendo como apoio a pessoa de Jesus Cristo. Deveria o paganismo ser real? O sacerdócio ser real? Deve o romanismo ser real? Devem ser reais a corrupção do coração humano e a alienação da vontade humana? E não imaginarmos que a onipotência de Cristo na esfera do espírito e o poder irresistível do Espírito Santo sejam capazes de fazer volver os homens da escuridão para a luz, e do poder de Satanás para Deus?

Não permita que Cristo seja um fantasma para sua igreja. Nos piores momentos vividos por sua congregação, ainda que abalada como um barco em plena tempestade, deixe que o seu Senhor, assim como anda sobre as águas, seja real para ela; e ela seguirá avante destemidamente, e os resultados serão para sempre gloriosos.

Isso nos basta para o primeiro tópico.

II. Vejamos, em segundo lugar, que o pior é que FAZEMOS DE CRISTO UM FANTASMA, SOBRETUDO QUANDO ELE É MAIS VERDADEIRAMENTE CRISTO, mais verdadeiramente revelado como o Filho do Altíssimo.

Observem, meus queridos irmãos, que, nas ocasiões em que nosso Senhor Jesus Cristo caminhava em terra firme, jamais nenhum de seus discípulos ousaria dizer dele É *um fantasma* (Mt 14.26), ou "É uma aparição". Só viam sua humanidade; não havia mais o que ver de Cristo, enquanto ele caminhava em terra, do que há para ser visto em qualquer outro ser humano — simplesmente um homem, nenhuma divindade a ser revelada. Mas, quando Cristo caminhou sobre as águas, havia mais do Cristo visível do que quando ele estava em terra; então, viram não somente sua humanidade, mas também sua divindade, que fazia as águas o sustentarem. Havia mais de Cristo para ser visto, e, por fim, o viram. Não é estranho, porém, que quanto ele mais se revele nós o vejamos menos e, quanto mais se mostre claramente, nosso olhar incrédulo seja menos capaz de enxergar? Observem também que Cristo nunca é tão verdadeiro do que quando opera além do curso costumeiro da natureza. É Cristo, sim, quando toma uma criança no colo e a abençoa; todavia, muito dele é visto quando impõe a mão sobre a filha de Jairo e a ressuscita, ou quando chama Lázaro para sair do túmulo. É Cristo ao dizer uma palavra gentil para um coração entristecido; mas, oh, que Cristo ele é muito mais ao repreender o vento e as ondas do mar! Então, sua glória se expõe ao olhar fortalecedor da fé. Verdadeiramente, o Senhor é mais ele mesmo quando mais acima de todos; quando se acha acima da terra, até a altura dos céus, tão altos são seus pensamentos acima dos nossos pensamentos e seus caminhos acima dos nossos caminhos! Nunca o veremos plenamente, irmãos, se não o visualizarmos ao longe, acima de tudo e de todos, agindo além dos limites, das expectativas e da razão. Cristo está parcialmente oculto quando age como um homem qualquer. Não aparece em sua totalidade no decorrer do nosso cotidiano comum; é no extraordinário, no incomum, no inesperado, que o vemos em sua glória e plenamente. No entanto, eis que nos recusamos mais em distingui-lo e glorificá-lo quando ele se mostra mais francamente a nós.

Permitam-me expor o meu ponto de vista. Afirmo que Cristo caminhando sobre o mar é, mais do que tudo, Cristo ali, ainda que seus discípulos não o percebam. Do mesmo modo, é *no perdão de um grande*

JESUS NÃO É UM FANTASMA | 827

pecado que se manifesta mais de Cristo. No entanto, toda vez que um homem cai em grande pecado, ou seja, em um vil pecado, segundo a avaliação dos demais, clama: "Ah, é imperdoável o que fiz; não posso ser perdoado por isso!" Meus irmãos, Jesus é justamente mais verdadeiro quando perdoa a iniquidade mais deplorável. Por somente perdoar suas pequenas transgressões, conforme você assim as julga, acha que isso é tudo que ele veio resgatar, um mísero caído, um insignificante transgressor? Seria ele um Salvador menor, destinado somente a pecadores menores e a ser menos adorado? Oh, não; ele veio para ser totalmente o Cristo em ação e em verdade, para que assassinatos sangrentos, adultérios obscuros, blasfêmias tenebrosas e vergonhosas obscenidades fossem todos lavados para sempre mediante seu sangue sagrado. Que o vejamos então como ele é: um grande Salvador; aquele que é poderoso para salvar. Por que o distinguirmos menos se ele nos perdoa tão amplamente? Por que, meus irmãos, o honrarmos como deve ser honrado somente quando acharmos que o sentimento de pecado foi retirado por ele? Se reconhecermos que a realidade, a imundície e a danação do pecado são removidas por Jesus e confiarmos inteiramente nele quando os nossos pecados pareçam mais tenebrosos, mais sórdidos, mais detestáveis, então o honraremos e o veremos como o Cristo que ele é.

Ainda, *a grande aflição* da alma. Agrada a Deus, após nossa conversão, permitir que as fontes dos grandes abismos de nossa corrupção sejam rompidas e que nos sintamos como nunca antes nos sentimos. Na verdade, não esperávamos por isso, e ficamos estupefatos ao verificar que nos encontramos em uma situação tão corrupta, enganosa e detestável. Em um mesmo instante, Satanás invade nosso coração com tentações violentas e insinuações terríveis, e o nosso espírito, temeroso e desconfiado, imagina que nem o próprio Jesus poderá nos ajudar em tal situação. Oh, não, senhores; é justamente então o momento para a manifestação divina! É agora que devemos ver Cristo em sua plenitude! Você supõe que o Senhor Jesus venha apenas falar de paz àqueles que já têm a paz, ou para oferecer a paz aos que sofrem com um problema supérfluo, de menor importância? Por quê? Você considera Jesus uma superfluidade? Imagina que ele seja apropriado apenas para pequenas ocasiões? Tenha vergonha só de pensar tais insinuações; pois ele reina lá no alto, acima das mais tremendas tempestades; governa as ondas imensas e as inundações mais estrondosas. Quando toda a nossa natureza se encontra inquieta, quando as nossas esperanças se esvaem e o nosso desespero predomina, é em meio ao tumulto de tal tempestade que ele diz: *Paz seja convosco* (Lc 24.36) e nos concede a serenidade. Creia no Cristo que pode salvar você quando suas tentações mais poderão sugá-lo. Não pense que ele seja somente capaz de salvá-lo quando você estiver em um extremo, mas acredite que quando as maiores calamidades nos ameaçarem ele pode ser visto bem mais nitidamente por nós.

Eu poderia escolher muitos outros casos para ilustrar o que afirmo, mas discorrerei sobre apenas um ou dois, em uma rápida análise. Talvez estejamos sofrendo uma *experiência extraordinariamente severa* para nós e precisando mais do que um simples apoio; todavia, cheios de apreensão, dizemos: "Não tenho esperança de que o Senhor possa me ajudar sob tamanha aflição". Ah, então o nosso Cristo não passa de um fantasma? Se você o visse em toda a sua plenitude, saberia que nada é difícil demais para ele; que o sustento da alma, até mesmo quando chega a um ponto de escassez absoluta, é uma obra bastante simples para o nosso divino Consolador. Então, certamente você se lançaria em direção a ele confiantemente e não agiria como age agora. Sim, se você precisa de grande provisão espiritual para os seus dias de sofrimento; se as circunstâncias estão provando você no mais alto grau — não faça, logo agora que você precisa tanto, que Cristo seja tão pobre e parcimonioso em sua estima. Em vez disso, diga como Abraão: *O Senhor proverá* (Gn 22.8). Abraão, em seu extremo limite, quando estava para matar o filho, Isaque, a mando de Deus, vê que Deus se interpõe e, logo, lhe mostra um carneiro para ser imolado em oferenda. Na pior situação em que você se encontre, Cristo intervirá; Jesus provará, mais uma vez, que é Senhor absoluto da terra e do céu. Você verá então que toda a plenitude reside nele. Será que você só poderia confiar em Jesus nas dificuldades pequenas e corriqueiras? Sim, é bom correr para ele nessas horas. Mas será que ele é só aquele amigo que pode protegê-lo de uma chuva miúda e caminhar com você quando um vento não muito forte estiver soprando? Que se recusaria a estar com você em meio à tempestade ou na travessia do mar turbulento? Oh, não! Não faça o Salvador diminuir e desaparecer de sua vida tão miseravelmente! Não torne o redentor um fantasma quando, na verdade, você precisa tanto dele de forma plena e absoluta. Você tem problemas reais, uma cruz real para carregar, dificuldades reais a enfrentar; veja então o Senhor realmente, como ele deve ser visto: que ele é real e verdadeiro em relação à própria palavra e que o seu nome, Jeová-Jiré, deve ser escrito com letras de fogo em meio à escuridão de seus anseios.

Em tempos de *grande* perigo, às vezes murmuramos com tristeza: "Agora certamente não serei preservado; Cristo me manteve até agora, e acredito muito que ele assim faria se as circunstâncias atuais não fossem piores que as de tempos passados; agora, porém, estou sendo tentado ao extremo, sou violentamente assaltado, minhas tristezas se multiplicam; ele me ajudará agora?" Você ousa duvidar, "ele me ajudará agora?", quando sabe que ele não pode mudar? Você ousa indagar se "ele pode"? Existe algo difícil para o Senhor? Ou você quer transformar seu Salvador numa mera aparição? Ele é um Salvador real; apoie-se nele. Ele o salvará, com toda a certeza. Cubra-se com sua proteção e afaste de você os dardos de fogo do inimigo. Jesus jamais o deixará nem o abandonará.

Grandes libertações! Ah! Você imagina que jamais voltarão a acontecer? Que Jesus não haverá de operá-las como antigamente? É assim que imaginamos, de modo negativo. Todavia, se acontecerem, seremos como Pedro, quando não pôde perceber sua fuga da prisão. Ele sabia que os santos deviam certamente estar orando por ele, mas, ao se ver livre da prisão e se encontrar nas ruas da cidade, não pôde acreditar que fosse verdade sua soltura: *Pedro, saindo, o seguia, mesmo sem compreender que era real o que se fazia por intermédio do anjo, julgando antes que era uma visão* (At 12.9). Muitas vezes, dizemos, antes de Deus nos resgatar: "Não pode ser". Nosso Cristo não passa de um fantasma para nós; por isso, ao nos resgatar, dizemos: "Não entendo. Chego a estar dominado pelo assombro". O fato realmente acontece, mas não conseguimos nos agarrar a Cristo e ter a certeza de que ele é real, presente, poderoso e gracioso; ou, se o fizermos, que deveremos receber sua maior libertação, como prova natural de sua bondade e grandeza, tal como a fé é autorizada a esperar. "Não é de surpreender", diz alguém, "que Deus tivesse ouvido minhas orações e fosse tão gracioso em sua providência para comigo?" "Não", me disse uma vez uma santa idosa senhora, cuja longa experiência lhe ensinara muito sobre o Senhor, "isso não me surpreende; é bem do jeito dele, do modo com que trata seu povo". Oh, sentir essa grande misericórdia por nós é muito próprio dele; é o que deveríamos esperar sempre de Deus: que nos conceda grande libertação, que deve caminhar sobre as águas da nossa aflição e lhes ordenar que cessem sua fúria! É uma fé abençoada a que nos permite reconhecer Jesus sobre as águas e dizer: "Sei que é Jesus, pois ninguém senão Jesus poderia agir tão maravilhosamente. Poderia não tê-lo reconhecido se o tivesse visto agindo de modo costumeiro, ou seja, viajando na direção de Emaús como um viandante comum; mas aqui, em meio a tal situação incomum, espero a sua ajuda. Mesmo que nunca o tivesse visto antes assim, esperaria vê-lo agora; agora que o vejo, não estou assombrado, mas, sim, encantado. Eu muito o busquei e sabia que, quanto mais minha carência dele fosse maior, sua vinda seria mais certa". Quando a fé clareia os olhos da esperança, a alegria não está longe.

Gostaria de acrescentar, enfim, que, se quisermos tomar Cristo como real, as nossas *grandes vitórias* seguramente acontecerão sobre os nossos inimigos espirituais, em meio a dificuldades e acima delas, e novamente nos provarão a sua infalível realidade; mas, se imaginarmos não ser ele capaz de nos dar tais grandes vitórias, lutaremos em desespero quando deveríamos estar nos alegrando no Senhor.

Sobre nosso futuro próximo, frequentemente pensamos que será difícil *morrermos* tão cedo; ou, então, estremecemos só de nos imaginarmos diante do tribunal do divino juízo. Lendo sobre o dia do juízo, pensamos: "Como poderei enfrentar uma coisa dessas?", esquecendo-nos de que conheceremos melhor o nosso Redentor após a morte do que antes e que na ressurreição e na glória o veremos mais claramente revelado do que agora. Assim, deveríamos pensar mais e melhor sobre ele e nele descansarmos de todas as nossas grandes preocupações da eternidade, com uma grande, confiante e pura fé.

III. Passemos ao nosso terceiro assunto. NOSSOS MAIORES SOFRIMENTOS TÊM ORIGEM EM TRATARMOS O NOSSO SENHOR COMO IRREAL.

É porque diluímos, vaporizamos e fazemos desaparecer de nossa visão nosso Senhor Jesus Cristo, transformando-o, quase sempre, em um mito, em vez de compreendê-lo com uma fé de bom senso,

JESUS NÃO É UM FANTASMA | 829

prática, firme e concreta, que sofremos tanto com as nossas dificuldades. Pois, irmãos, é uma infeliz causa de problemas ter um Redentor fantasma, um Salvador que não possa de fato perdoar o pecado quando se trata de um grande pecado, um Salvador que nos dê apenas uma pequena esperança vaga sobre a nossa culpa, mas não a remova literal e totalmente. Essa é a sementeira de todo tipo de erva daninha. Não é de surpreender que você esteja atormentado com dúvidas e medos se ainda não assumiu Cristo como seu real Senhor e Salvador. Oh, que todos possamos aprender a cantar, com Hart, estes seus belos versos:

Eis o Homem, eis o Homem real,
Com ferida ainda viva totalmente,
Da qual rico sangue escorre inclemente,
Das mãos, dos pés, de cada lateral.

(Não se trata aqui de imaginação,
Nem forma figurada de falar;
Esse Homem, que sofreu em nosso lugar,
Junto ao Pai tem no céu a Direção.)

Esse Homem tão bom, maravilhoso,
É o Deus real, onipotente, eterno,
Que nos resgatou da morte e do inferno,
E o preço foi seu sangue precioso.

Guardem-se, irmãos, de se sentirem contentes e satisfeitos, a não ser com sua fé em nosso real mediador, literal e vivo, pois nada além da realidade pode ser de utilidade nesse assunto. É evidente que, com um salvador falso, fantasmagórico, para resgatar pecados verdadeiros, com uma falsa aparição de redentor para resgatar de um cativeiro real, não se obterá jamais resultado seguro algum. De que serve uma miragem de água para um peregrino sedento no deserto? Um ajudante-fantasma para uma aflição real é a pior ajuda que se poderia receber. Se o seu salvador não o apoia realmente e de forma prática em tempos de necessidade, se não supre os seus desejos nem o consola na depressão, então em circunstância alguma você estará melhor do que aquele que não tenha ajuda. Jesus é o amigo de verdade. Sua graça, seu amor e sua presença não são uma ficção; de todo fato verdadeiro, este é sem dúvida o mais certo. Se eu tiver de carregar um fardo real e contar com um fantasma para me ajudar, na verdade não conto com auxílio algum. Precisamos de poder, força e energia verdadeira por parte do nosso auxiliar, e tudo isso a fé pode comprovar em Jesus, seu autor; mas você pode constatar também que onde Jesus é superficialmente considerado se multiplicam os sofrimentos.

Para alguns, infelizmente, Cristo não é apenas, por assim dizer, um espírito impalpável, mas um espírito indiferente e insensível. Para os discípulos no mar, naquela hora, parecia talvez que Jesus iria passar por eles e os deixar sozinhos, abandonados à própria sorte. Assim também, imaginamos, muitas vezes, que o nosso amado Senhor é negligente para conosco, ou, de todo modo, esquecemos que ele se encontra dedicadamente voltado para nós e o nosso caso. Você nem se dá conta, por exemplo, de que, na última semana, quando estava tão mal, Jesus veio em seu socorro sofrendo por sua aflição. Esqueceu, querido irmão, de que você estava tremendo quando veio à frente na congregação, mas Jesus sabia que você tremia e o apoiou o tempo todo enquanto dava seu emocionado testemunho? Muito raramente nos lembramos disso; de que:

Em cada pontada que nos rasga o coração
O Homem de Dores sofre uma boa fração.

Ah, bom marido, você reparou que sua mulher sentiu pena de você, notou bem a lágrima que nela rolou quando viu sua aflição. Ah, querida criança, você viu quanto sua mãe se entristeceu por você. Todavia, se conhece Cristo, você sabe disso também, pois ele nunca o expõe a uma dor desnecessária, jamais o prova com uma experiência inútil. Há um porquê para tudo, e em tudo ele sente total compaixão por você.

Muitos pobres pecadores imaginam Jesus como sendo até um espírito furioso e chegam a clamar de pavor dele. Imaginam que, irado, os rejeite com a maior indignação. Ah, vocês não compreendem verdadeiramente o meu Salvador se julgam que alguma vez ele rejeitaria qualquer pessoa que o procurasse. Quão bondoso e verdadeiro Médico de almas ele foi em sua passagem pela terra! Misturou-se aos rejeitados publicanos e perseguidos pecadores, não se dirigindo a eles como pessoas que devessem tomar jeito na vida, mas, sim, permitindo que o acompanhassem pessoalmente e até que uma dessas pessoas, um dia, lhe lavasse amorosamente os pés com as próprias lágrimas e os secasse com os próprios cabelos. Ele tocava com suas santas e puras mãos os pecadores mais impuros e doentes enquanto os curava. Não era um Salvador diletante; não veio a este mundo para nos salvar de pecados hipotéticos ou preocupações imaginárias. Não há nada mais omitido e, no entanto, que deveria ser melhor observado sobre o nosso Senhor e Salvador do que sua praticabilidade do bom senso. É um homem inteiramente destituído de simulação e pretensão. Aparece sempre nas narrativas dos evangelhos tão real quanto a vida ao seu redor, jamais transmitindo a impressão de ser teatral ou presunçoso. Que possamos todos sentir que ele é, sem dúvida alguma, um Salvador amoroso, um Salvador carinhoso, factível e possível para todos nós. Que vocês possam conhecê-lo melhor, melhor compreendê-lo e, então, verão que suas aflições hão de acabar ou serão aceitas por vocês com gratidão a Deus.

IV. Por fim, se pudéssemos ser curados desse mal desesperador, nosso Senhor Jesus Cristo ocuparia um lugar mais elevado em nossa estima e muitos outros resultados benéficos se seguiriam.

Em primeiro lugar, observem que os discípulos, assim que o reconheceram como o Cristo, e Jesus veio ter com eles no barco, lhe disseram: *Verdadeiramente tu és Filho de Deus* (Mt 14.33). Basta que vocês o reconheçam como Cristo uma só vez para que o conheçam em sua verdadeira pessoa como jamais o fariam, por mais que eu lhes pudesse falar ou ler sobre ele. Se alguma vez vocês leram sobre um homem, viram seu retrato estampado no jornal ou em uma revista, ouviram as pessoas falarem a respeito dele, mas acabam um dia se encontrando com ele, evidentemente irão dizer: "Agora, sim, conheço fulano pessoalmente; não o conhecia antes". Se puderem perceber Cristo de maneira que se aproximem dele pela fé, sentirão que começam a conhecê-lo de verdade, e, o que é melhor, o conhecerão realmente. Os discípulos disseram: *Verdadeiramente tu és Filho de Deus*. Vocês podem se convencer de que ele é Deus pelo que encontram nas Escrituras, mas quando o virem realmente, quando ele se tornar real para vocês, a doutrina de sua divindade não precisará mais de argumentos para apoiá-la: a verdade de que Jesus Cristo é o Senhor está entretecida no seu próprio ser. Ele será o Filho de Deus para cada um de vocês, mesmo que não o seja para outros. O que fizeram os discípulos quando constataram que realmente era Jesus que andava sobre as águas? Diz o texto: *Então os que estavam no barco adoraram-no* [...] (Mt 14.33). Vocês nunca adorariam um fantasma, uma imagem, uma aparição. Sabendo que Jesus é real, imediatamente se prostrarão diante dele. "Abençoado Deus, abençoado Filho do homem, vem dos céus até mim. Derramaste teu sangue por mim. Sustenta-me agora na glória e roga por mim ao Pai. Tenho meditado sobre a tua pessoa, Senhor, tenho ouvido a tua voz; mas agora eu te vejo, e o que posso fazer senão te adorar?" É a firme compreensão de Cristo, com fé, que produz a devoção; pois a nebulosidade e a confusão dos nossos pensamentos sobre ele é que constituem a raiz do nosso estado de espírito de não devoção. Deus nos dá firme certeza sobre Cristo, e nós instintivamente o adoramos.

Eles não apenas o adoraram, como também o serviram. Tudo, então, que Cristo ordenou que fizessem, eles o fizeram, e o barco foi guiado para onde queria, levando-os ao outro lado, onde o Senhor desejava ir. Aqueles que percebem Cristo, logo o obedecem. Não conseguimos, na verdade, obedecer a algo que flutue diante de nós como uma nuvem; mas, quando vemos o verdadeiro Deus-homem, reconhecendo-o como uma pessoa tão real quanto nós mesmos, com uma existência tão verdadeira quanto a nossa e a de nossos irmãos, então o que ele nos ordenar fazer faremos, e nossa obediência só se torna real na medida em que o Mestre que a ordena torna-se real para nossa alma. É assim, caros amigos, que nos tornamos humildes em espírito. Nenhum homem se conscientiza de Cristo sem se conscientizar de si mesmo e se quebrantar em auto-humilhação: *Com os ouvidos eu ouvira falar de ti; mas agora te veem os meus olhos. Pelo que me abomino, e me arrependo no pó e na cinza* (Jó 42.5,6). Com a humildade, porém, vêm a alegria e uma paz sincera e profunda. Com Cristo no barco, e sabendo que ele está ali, sorrimos para a tempestade; se ela irá continuar ou cessar, tanto faz; estamos agora em paz, pois sabemos que Cristo está conosco.

Acredito que ter o Senhor como real é exatamente tudo o que os cristãos precisam; necessitamos, acima de tudo, do nosso líder real, queremos compreender sua realidade e sentir seu verdadeiro poder. Para isso, é necessário que o Senhor venha aqui fisicamente, em pessoa? Não creio. Se ele aparecesse neste lugar esta manhã, vocês certamente exclamariam, deslumbrados: "Oh, que visão gloriosa! Aqui está nosso Senhor!" Sei que vocês se curvariam, se colocariam de joelhos em adoração, que o fitariam e o contemplariam maravilhados, banquetearia suas almas com a visão, e cada um até diria: "O que posso fazer por ele?" E se o Mestre ordenasse ou desse permissão a cada um de vocês para vir e esparramar ofertas aos pés do crucificado, oh, que grande quantidade de tesouros seria trazida! Alguns até se lamentariam: "Oh, não tenho comigo o que tanto gostaria de ofertar", e muitos diriam: "Leva tudo o que tenho, meu Senhor abençoado, pois me resgataste com o teu sangue". No entanto, ele não é tão prezado assim para você agora, mesmo estando invisível? Sua fé não é uma faculdade tão poderosa quanto sua visão? Não é *a prova das coisas que não se veem* (Hb 11.1)? Não é verdade o que diz o poema de Charles Wesley?

> As coisas não sabidas pela frágil ciência,
> Invisíveis à tênue linha da razão,
> Com bastante forte e poderosa evidência
> Suas origens divinas um dia mostrarão.
>
> A fé emprestando sua luz à realidade,
> As nuvens se dispersam e sombras não há mais;
> O invisível aparece em um relance da verdade,
> E Deus pode ser visto pelos olhos mortais.

A fé não torna Jesus tão real para nós como o faria nossa visão? Assim deve ser, e oro para que seja. Veja então quão verdadeira será sua consagração, quão abundante será seu serviço, quão pronto seu agradecimento, quão copiosa sua oferta! Possa Deus lhes conceder a graça de ingressarem nesse estado verdadeiro, tanto a vocês que já são salvos quanto a vocês que ainda o serão, pois com o Cristo real vocês assumem a realidade de todo e qualquer benefício. Deus lhes conceda essa graça, em nome de Jesus. Amém e amém.

O Sr. Medroso confortado

Homem de pouca fé, por que duvidaste? (Mt 14.31).

A dúvida, ao que parece, deve estar condenada a ser eterna companheira da fé. Assim como o pó acompanha as rodas da carruagem, assim também o faz comumente a dúvida, embaçando a fé. Homens de pouca fé estão sempre sendo amortalhados pelo medo; sua fé parece ser forte apenas o suficiente para lhes permitir duvidar. Se não tivessem fé alguma, talvez não duvidassem; mas, como têm essa pequena fé, e por ser pequena, se acham continuamente envolvidos em infelizes conjecturas, suspeitas e medos. No entanto, até outros que já atingiram grande poder e estabilidade de fé estão também, por vezes, sujeitos à dúvida. O portador de uma fé colossal poderá por vezes constatar nuvens de temor flutuando acima do cume de sua confiança. Não é possível ao homem, creio eu, desde que se encontra neste mundo, ser perfeito em coisa alguma, e, de fato, parece ser bastante impossível que venha a ser perfeito na fé. Realmente, às vezes o Senhor parece deixar temporariamente seus filhos, retirar os divinos afluentes de sua graça e lhes permitir começar a afundar, para que possam entender que a fé não é obra deles mesmos, mas, acima de tudo, um presente de Deus, e que é sustentada e mantida viva no coração por pura obra do Espírito Santo.

Penso que Pedro era um homem de grande fé. Enquanto outros duvidaram, Pedro acreditou. Declarou corajosamente que Jesus era o Cristo, o Filho do Deus vivo, e recebeu um elogio do mestre por sua fé: *Bem-aventurado és tu, Simão Barjonas, porque não foi carne e sangue quem to revelou, mas meu Pai, que está nos céus* (Mt 16.17). Era um homem de fé tão forte que, a uma ordem de Cristo, pôde andar sobre as ondas e sentiu-as como vidro sob seus pés, impedindo-o de cair. Quando, porém, a fé o abandonou e ele, olhando para o vento e para as ondas, começou a afundar, o Senhor o advertiu, amorosamente: *Homem de pouca fé, por que duvidaste?* É como se dissesse: "Ó Pedro, a tua grande fé é um presente meu, e a grandeza dela é obra minha. Não penses que és o autor da própria fé; se o fizeres, tua grande fé poderá desaparecer rapidamente e, como alguém que não tem fé, irás acreditar mais na força do vento e temer mais as ondas, deixando de crer no poder do teu mestre; então, afundarás".

Acho que estou bastante certo em supor que nesta manhã há pessoas aqui cheias de dúvida e medo. Tenho certeza de que todo cristão verdadeiro tem seus momentos de questionamento inquietante. O coração que nunca duvidou é porque ainda não aprendeu a acreditar. Como dizem os lavradores: "A terra que não produziu joio não produzirá trigo". O coração que não consegue produzir uma dúvida ainda não entendeu o significado de crer. Quem nunca duvidou de sua condição pode ser que o faça, talvez, tarde demais. Sim, pode haver aqui alguns tímidos, aqueles que sempre são de pouca fé, como também pode haver os de grande coração, valorosos para com a verdade, mas que vivam uma época de desânimo e escuridão em sua coragem.

Gostaria então de observar, no intento de confortá-los, que o assunto desta manhã irá abordar um princípio muito sábio. Se alguém crê em algo, cabe sempre lhe perguntar: "Por que crê? Que prova tem de que aquilo em que acredita é correto?" Há quem só dê crédito à prova; a parte mais tola da dúvida de muitas pessoas é que não duvidam da prova. No entanto, se lhes indagarmos: "Por que duvida?", não conseguiriam responder satisfatoriamente. Apesar de aflitiva a dúvida, porém, o modo mais sábio de removê-la é simplesmente verificando se tem uma base firme. "Homem de pouca fé, por que duvidaste?" Se alguém só crê em algo se disso tiver a prova, antes de duvidar de alguma coisa deveria ter a prova também. Acreditar sem prova é ser crédulo e duvidar sem motivo é ser tolo. Deveríamos ter um fundamento para a nossa dúvida, assim como uma base para a nossa fé. Nosso assunto prossegue, assim, em um princípio ainda mais excelente, dirigido a todas as mentes em dúvida e fazendo-lhes esta pergunta: *Homem de pouca fé, por que duvidaste?*

Vou me empenhar por exortá-los nesse fito, esta manhã. Dividirei meu sermão em duas partes. Na primeira parte, gostaria de me dirigir àqueles que estão em grande dificuldade em relação a *circunstâncias temporais*. São povo de Deus, sim, mas estão sendo extremamente provados, e por isso começam a duvidar. Em seguida, quero me ocupar daqueles submetidos a *questões espirituais*. Há alguns aqui fiéis a Deus, pessoas cheias de vida e ânimo, mas que enfrentam atualmente dúvidas. Também a estes dirigirei a pergunta: *Homem de pouca fé, por que duvidaste?*

I. Primeiro, então, abordemos as CIRCUNSTÂNCIAS TEMPORAIS.

Deus não faz para o seu povo, especialmente, um caminho mais fácil para o céu. Antes de sermos coroados, temos de lutar; antes de podermos ingressar na cidade celestial, precisamos cumprir uma peregrinação de certo modo exaustiva. A fé nos ajuda e dá força nas dificuldades, mas não nos dá direito a escaparmos delas. É em meio à tribulação que herdamos o reino. Todavia, quando cheio de fé, o cristão passa pela aflição com uma canção nos lábios; entra na própria fornalha ardente sem medo algum da chama voraz; ou desce como Jonas às grandes profundezas, destemido, no mar faminto. Enquanto a fé mantém sobre nós sua custódia, o medo é um ser estranho. Contudo, em meio a várias, grandes e dolorosas dificuldades, o cristão pode começar a temer que por fim venha a ser dominado e seja deixado à própria sorte para sucumbir em desespero.

Qual, no entanto, a razão para duvidarmos? Tenho de voltar ao texto e à grande pergunta: *Homem de pouca fé, por que duvidaste?* Aqui, então, cabe investigarmos: por que Simão Pedro duvidou?

Ele duvidou por duas razões. Em primeiro lugar, porque deu mais atenção do que devia às causas secundárias; e, em segundo lugar, porque deu menos atenção do que devia à causa principal. Esta resposta também deve lhe servir, meu irmão temeroso e trêmulo. É esse o motivo pelo qual você duvida: deve estar dando atenção demais às coisas visíveis e bem pouca atenção ao seu grande Amigo invisível, que está no controle de suas dificuldades e logo irá libertá-lo. Veja o pobre Pedro: seu mestre o convida a vir a ele. Na mesma hora, ele se lança ao mar e, para sua própria surpresa, se vê caminhando sobre as ondas. Olha para baixo, e realmente é verdade: seus pés estão sobre uma onda encrespada, mas ele continua ali, caminhando sobre as águas. Anda mais um pouco, e seu caminhar é seguro. "Oh!", pensa Pedro, "mas isto é maravilhoso". Começa a se perguntar então, em sua imaginação, que espécie de homem formidável ele mesmo deve ser que consegue andar assim sobre a superfície das profundezas do mar. Naquele mesmo instante, lhe chega, uivando, um terrível golpe de vento; assobia na orelha de Pedro, que diz consigo mesmo: "Ih!, lá vem certamente uma enorme onda, trazida por essa rajada do vento e, com toda a certeza, vai me afogar!" Tão logo lhe surge esse pensamento, ele vai para baixo, e as ondas começam a encobri-lo. Enquanto tinha os olhos fechados para os vagalhões, e os ouvidos, para as rajadas de vento, mantendo-os abertos para o Senhor, que se mantinha ali diante dele, não afundou; mas no momento em que fechou os olhos para Cristo e os abriu para as ondas, e os ouvidos, para o vento tempestuoso, ele foi abaixo, para a profundeza traiçoeira que temia. Poderia ter atravessado léguas no Atlântico, poderia ter até cruzado o Pacífico, se mantivesse seu olhar em Cristo, e nem vento nem vagalhão algum teria retido os seus passos; mas teria submergido também em um pequeno riacho, se passasse, como passou, a olhar para as causas secundárias e se esquecesse do Grande Senhor e Mestre do Universo, que o convidara a caminhar sobre as águas.

A verdadeira razão da dúvida de Pedro foi, portanto, olhar para as causas secundárias e deixar de olhar para a principal. É esse também o motivo pelo qual você duvida. Permita-me sondá-lo um pouco mais. Você, que se encontra desanimado diante de preocupações temporais: qual é a razão para ficar nesse estado? "É porque", explica você, "nunca estive em tal situação antes na minha vida. Onda após onda de problemas vem em minha direção. Perdi até um parente querido e depois outro. E é como se todos os meus melhores negócios estivessem cada vez mais fugindo de mim. Antes, eu tinha uma maré cheia de oportunidades; agora só tenho maré vazante; meu pobre barco quase range sobre o cascalho e vejo que em breve talvez nem haja mais água suficiente para flutuar — o que será de mim e dos meus?"; ou então: "Oh, meus inimigos têm conspirado contra mim em todos os sentidos, para me derrubar e me destruir; oposição sobre oposição me ameaçam. Minha loja precisa ser fechada, a falência é iminente, não entendo o que está acontecendo comigo!" Se não é bem assim, suas dificuldades adquirem outras formas. Você sente, por exemplo, que é chamado a prestar um serviço ao Senhor, que se mostra ou lhe parece eminentemente árduo; que sua força é totalmente insignificante se comparada à tarefa que tem pela frente. Acha que, se tivesse uma grande fé, seria bastante para que pudesse realizá-la; mas, com sua pequena e pobre fé, sente--se completamente abatido. Não consegue ver como poderá cumprir o prometido.

O que é tudo isso senão simplesmente olhar para as causas secundárias? Você está olhando para o seu problema; não para Deus, que lhe deu e conhece como resolver esse problema; você está olhando para si mesmo, não para Deus, que habita, pelo Espírito, dentro de você e que prometeu ajudá-lo e sustentá-lo para sempre. Ó alma abatida, bastaria ter a mais poderosa dúvida no coração, se ajudasse alguma coisa se concentrar apenas nas coisas visíveis. Quem está próximo do reino dos céus teria motivo para se curvar e morrer se não tivesse nada mais do que os olhos podem ver e os ouvidos podem escutar. Que maravilha então se você, quando ficasse desconsolado, passasse a observar apenas as coisas que são inimigas da fé!

Devo lembrar-lhe, porém, que você deixou de dar atenção a Cristo justamente a partir do momento em que se viu nessa dificuldade. Permita-me então lhe perguntar: você não tem pensado menos em Cristo do que antes? Não estou supondo que você tenha negligenciado suas orações ou tenha deixado de ler a Bíblia; mas pergunto: tem tido alguns daqueles agradáveis pensamentos sobre Cristo que um dia já teve? Já levou suas dificuldades diante dele e disse: "Senhor, a ti, que sabes de todas as coisas e tens todas as soluções, confio tudo isso em tuas mãos"? Deixe-me ainda perguntar: já considerou que Cristo é real- mente onipotente e capaz de libertá-lo de qualquer má situação? Que Cristo é fiel e irá libertá-lo porque prometeu fazê-lo? Você não manteve o olhar nas mãos que o tenham oprimido e prejudicado em vez de mantê-lo nas mãos libertadoras dele? Não olhou mais para a pessoa desonesta que o golpeou do que para o coração daquele que conhece tanto você quanto essa pessoa? Lembre-se de que jamais poderá entrar na alegria e na paz enquanto estiver olhando para as coisas visíveis, para as causas secundárias da sua dificuldade. Sua única esperança, seu único refúgio e alegria, devem ser olhar para aquele que reside no santo dos santos. Pedro afundou quando olhou para as circunstâncias exteriores, tal como você. Nunca teria deixado de caminhar sobre as águas, nunca teria começado a afundar, se tivesse olhado apenas para Cristo; tampouco você irá afundar se olhar tão somente para ele.

Permitam-me agora passar a argumentar com aqueles que são pessoas de Deus, mas estão em sérias dificuldades, a fim de que Cristo não as deixe afundar. Permitam-me aplacar seu medo com palavras de consolação. Você está na própria condição de Pedro; você é como Pedro: *você é um servo de Cristo*. Cristo é o seu bom mestre, seu Senhor e Salvador. Pedro, quando estava na água, estava onde seu mestre o havia chamado a estar; e você, em sua dificuldade atual, é não apenas o servo de Cristo, mas está exatamente onde Cristo quer que esteja. Suas aflições, lembre-se, não vêm do leste nem do oeste, tampouco sua di- ficuldade brota do chão. Todo o seu sofrimento lhe é enviado por seu Deus. O remédio que você toma, e deve fazê-lo, é composto no céu. Cada partícula desse amargor que agora enche sua boca espiritual foi dosada pelo médico divino. Não há uma gota a mais de dificuldade em sua dose que Deus não haja esco- lhido colocar lá. Seu fardo foi antes pesado por Deus e só depois foi você chamado a carregá-lo. O mesmo Senhor que lhe dá a misericórdia também lhe dá reforço e segurança na tempestade mediante a provação; o mesmo Deus que o abençoa com alegria é aquele que o treina na aflição. Você está onde Deus o colocou. Faça-lhe então as perguntas que desejaria fazer: "É possível que Cristo coloque seu próprio servo em uma condição perigosa e o deixe lá para sempre?"; "Tenho ouvido falar de espíritos malignos, em fábulas de tentação aos homens para submergirem no mar; mas Cristo incitaria sua própria gente a ir de encontro às pedras? Ele a seduziria a algum lugar para a destruir?" Claro que não. Se Cristo o chama para o fogo, ele

O Sr. Medroso confortado

também há de tirá-lo dele; se ordena que você caminhe sobre o mar, lhe permitirá caminhar em seguran-ça. Não duvide. Se você tem andado por si mesmo, poderá sentir medo; mas se é Cristo quem o colocou lá, de lá mesmo ele há de retirá-lo. Deixe que este seja o pilar da sua confiança: você é servo dele, e ele jamais o deixará; você está onde ele o colocou, e ele não permitirá que você pereça. Olhe adiante, então, para além das dificuldades que o cercam; olhe para o mestre, para suas mãos, que controlam todas essas coisas e que hão de abençoá-lo.

Lembre-se, sobretudo, de quem é este que o colocou onde você está. Não é um tirano cruel, que o te-nha levado por simples opressão a dificuldades. Não é um rude e austero coração, que o tenha ordenado a passar por essas dificuldades para satisfazer sua vaidade ou extravagância caprichosa. Não; aquele que lhe concede enfrentar as dificuldades é Cristo, o Filho do Deus vivo. Lembre-se de suas mãos sangrando na cruz, por você e em seu lugar. Não consegue entender que mãos que tombaram assim sangrantes jamais poderiam pender sempre que devam se erguer por sua bênção e libertação? Pense nos olhos dele, que choraram por você na cruz. Acha que olhos que lamentaram assim por você podem se fechar e recusar a ver quando você está em aflição? Pense no coração que foi aberto, por você. Então, um coração que sangrou até o fim da vida para poder resgatá-lo da morte deveria ser duro e impassível quando você se encontra subjugado em sofrimento? É Cristo quem está de pé sobre as ondas, em meio à tempestade, com você. Ele sofre tanto quanto você. Pedro não estava sozinho ao caminhar sobre o mar; seu Mestre estava com ele. Assim é Jesus também para com você hoje: ele está com você em suas dificuldades e sofre *com* você como sofreu *por* você. Não poderá jamais deixá-lo aquele que o resgatou, aquele que está unido a você, aquele que o tem conduzido até aqui, que o tem socorrido até agora, que o ama mais do que ama a si mesmo. Nunca irá desamparar você. Sim, afaste o seu olhar das grandes ondas agitadas; não dê ouvidos à tempestade uivante. Volte seus olhos somente para ele, o seu Senhor amoroso, seu amigo fiel; fixe sua confiança nele, que, mesmo agora, em meio à tempestade, lhe diz, como disse aos discípulos: *Sou eu. Não temais!* (Jo 6.20).

Quero oferecer ainda outra reflexão para você que esteja em dificuldades dolorosas por causa de questões temporais: *Cristo o ajudou até agora* — isso não deveria confortá-lo? Ah, Pedro, por que você tem medo de que possa afundar? Já não foi milagre suficiente que você não afundou logo de início? Que poder é esse, que o tem mantido até agora? Certamente não é o seu próprio poder. Você teria ido imedia-tamente para o fundo do mar, meu caro, se Deus não tivesse sido seu ajudante; se Jesus não o tivesse feito flutuar, Pedro, você teria virado, logo, uma carcaça flutuante. Aquele que o ajudou a caminhar enquanto você caminhava certamente poderá ajudá-lo o tempo todo, até conduzi-lo pela mão ao Paraíso, para ser glorificado com ele. Qualquer cristão que olhar para trás, para o seu passado, fica surpreso ao ver o que é e onde está. Toda a vida cristã é uma série de milagres, maravilhas e mais maravilhas, em uma corrente perpétua. Maravilhe-se, portanto, por estar sendo apoiado até agora. E aquele que o manteve até agora não irá preservá-lo até o fim? O que é essa onda que se levanta e ameaça subjugá-lo, se você já suportou ondas maiores do que essa no passado? O que é essa rajada de vento uivante, se o Senhor o salvou quando o vento estava uivando muito mais do que agora? Aquele que o ajudou em tantas dificuldades não o abandonará. Aquele que o tem livrado do leão e do urso não irá nem poderá abandoná-lo agora.

Até agora, os tenho levado a voltar seus olhos daquilo que vocês estão vendo para aquilo que não podem ver, mas em que têm de acreditar. Oh, que eu possa ter êxito, apesar de minhas frágeis palavras, e que mais poderosa ainda seja a consolação de Deus a fluir.

Um ministro de Cristo, que tinha o hábito de visitar aqueles que sabia se destacarem pela devoção, para que deles pudesse aprender um pouco mais, foi chamado por um veterano crente que se distinguia pela santidade. Para sua grande surpresa, ao se sentar junto ao leito onde estava o velho homem, este declarou: "Oh, estou perdido! Pensava que fosse um filho de Deus, mas agora vejo que tenho sido uma pedra de tropeço para os outros. Durante esses quarenta anos, tenho enganado a igreja e enganado a mim mesmo, e agora descobri que sou uma alma perdida". O ministro, muito sabiamente, retrucou: "Ah, então suponho que você gosta muito do som melodioso das músicas do mundo, da bebedeira, dos divertimentos mundanos, que se deleita em profanação e pecado". "Ah, não!", disse o homem, "não consigo suportar nada disso; não consigo suportar pecar contra Deus". "Oh, então", replicou o ministro, "não é provável que Deus o prenda no inferno com homens que você não consegue aguentar aqui. Se você odeia o pecado, Deus não o trancará para sempre com pecadores. Mas, meu irmão", disse ainda o ministro, "afinal, o que o trouxe a tal estado de espírito angustiado?" "Ah, reverendo", disse ele, "estive olhando para distante do Deus da providência; estive olhando para mim mesmo. Consegui economizar umas cem libras e tenho estado doente nesses últimos seis meses. Assim, achei que, se minhas cem libras poderiam ser gastas, teria de pensar no que empregá-las. Acho que terei de ir para um asilo, pois não tenho quem possa cuidar de mim, e tenho pensado em usar nisso as minhas cem libras. Eu sabia que isso aconteceria; mas, depois, fiquei pensando em como o Senhor poderia me prover. Nunca tive dúvida ou medo disso, até que comecei a me preocupar com esses assuntos temporais. O bom era quando eu podia deixar tudo com Deus. Se não tivesse as cem libras, estaria perfeitamente seguro de que ele proveria às minhas necessidades; mas começo a pensar agora que não poderei prover depois à minha própria subsistência. No momento em que penso nisso, meu coração fica apertado e entristecido". O ministro o levou então para além de toda a confiança na força humana. Lembrou-lhe que sua dependência natural de pão e água não estava nas cem libras, mas, sim, no único Deus que é o dono do céu e da terra — e que, enquanto seu pão lhe fosse dado e sua água estivesse garantida, Deus tomaria conta dele, pois assim fazendo estaria apenas cumprindo sua promessa. O homem se sentiu capacitado, em matéria de providência, a se lançar completamente nas mãos de Deus, e assim suas dúvidas e seus medos se apaziguaram; e mais uma vez ele começou a caminhar sobre o mar da dificuldade, sem afundar.

Ó fiel, se você tomar sua vida em suas próprias mãos, logo se verá em dificuldade. Um velho puritano disse: "Aquele que esculpe como estátua a si mesmo logo cortará seus dedos"; e eu acredito nisso. Nunca houve um homem que tomasse seus próprios assuntos da mão de Deus e não ficasse ansioso por levá-los de volta ao Senhor. Aquele que corre adiante da desgraça faz uma caminhada inútil. Se deixarmos todos os nossos assuntos, tanto temporais quanto espirituais, nas mãos de Deus, não nos faltará nada de bom; e, o que é melhor, não teremos preocupação, dificuldade ou pensamento fixo; lançaremos todo o nosso fardo sobre ele, pois ele cuidará de nós. Não há necessidade de dupla preocupação: Deus se preocupar e a criatura também. Se o criador cuida de nós, podemos cantar o dia todo com prazer e felicidade:

> Mortais, cessem labuta e sofrimento,
> Pois Deus lhes dará todo o mantimento.

II. Na segunda parte desta pregação, quero falar a respeito de COISAS ESPIRITUAIS. Para o cristão, são essas, geralmente, a causa de mais dificuldade do que todas as suas provações temporais. Em matéria de alma e de eternidade, muitas dúvidas são as que surgem. Eu as dividirei em dois tipos: dúvidas sobre a nossa aceitação atual e dúvidas sobre a nossa perseverança final.

Muitos dos filhos de Deus tornam-se bastante aflitos, preocupados e com dúvidas quanto à sua aceitação atual pelo Pai. "Oh", dizem, "houve um tempo em que eu sabia que era um filho de Deus; estava certo de que eu era de Cristo; meu coração voava até o céu, olhava para Cristo em esperança na cruz, punha toda a minha confiança nele, e um doce, calmo e abençoado repouso enchia todo o meu espírito".

> Que bons tempos de paz eu desfrutei outrora;
> Quão doce a memória que deles posso ter!
> Mas só me deixaram um vazio, ao irem embora,
> Que o mundo todo não consegue preencher.

"Agora", diz ainda esse crente em dúvida, "a impressão que tenho é de que nunca conheci o Senhor; acho que me enganei ou que tenho sido um hipócrita. Oh, daria tudo para saber de novo que sou de Cristo, que ele é o meu Senhor amado e sou seu amado servo". Quero lidar com você, alma, do mesmo modo que acabei de discorrer sobre Pedro. Suas dúvidas surgem justamente quando você dá atenção às causas secundárias, e não a Cristo. Vejamos se isso não é verdade. Por que você duvida? Sua resposta certamente deve ser: "Porque tenho consciência de que meu pecado é enorme. Oh, quantos pecados tenho cometido! Quando me acheguei a Cristo, eu *achava* que era o maior dos pecadores; agora, *tenho certeza* disso. Dia após dia, tenho aumentado minha culpa, e desde a minha aparente conversão tenho sido um pecador maior do que antes. Tenho pecado contra a luz e o saber, contra a graça, a misericórdia e a generosidade. Oh, nunca existiu no paraíso de Deus e fora do inferno um pecador assim como eu". Mas, irmão, irmã, você está olhando para as causas secundárias! É bem verdade que você pode ser o maior dos pecadores; tomemos isso como fato consumado e não vamos discutir a respeito. Seus pecados devem ser tão ruins, e tantos também, quanto você diz. Se depender deles, você, de fato, é pior do que pensa. Você pensa ser bastante ruim; mas não é tão ruim em sua própria estima quanto o é na verdade. Para você, seus pecados talvez se pareçam como vagalhões imensos, mas aos olhos de Deus são mais: como montanhas elevadas de que não se vê o cume; se aos seus próprios olhos você parece tão escuro quanto às tendas de Quedar, aos olhos de Deus é mais tenebroso ainda. Todavia, que as ondas sejam altas, e o vento esteja uivando, isso não vou negar; mas, pergunto, o que tem você que ver com isso? A Palavra de Deus não lhe ordena a olhar somente para Cristo? Embora seus pecados possam ser imensos, Cristo é bem maior e muito mais poderoso que todos eles. São de cor escarlata? O sangue de Cristo pode lavá-los até ficarem mais brancos que a neve. Sei que pelos seus pecados você mereceria condenação; mas você faz jus à salvação por causa dos méritos de Cristo. Sim, é verdade: o poço do inferno seria sua herança legítima; mas o próprio paraíso é o seu dote gracioso. O quê? Se Cristo é menos poderoso que o seu pecado? Impossível! Imagine a criatura se tornar mais poderosa que o Criador. O quê? Se a sua culpa predomina mais junto a Deus do que a retidão de Cristo? Como pode pensar tão pouco assim de Cristo a ponto de imaginar que seus pecados possam vencê-lo e subjugá-lo? Ó irmãos, os pecados podem ser como montanhas, mas o amor de Cristo é como o dilúvio: suas águas purificadoras prevalecem muito acima das montanhas do pecado, e os topos são por elas encobertos. Olhar para o próprio pecado e não olhar para o Salvador que o elimina foi, portanto, o que lhe causou tanta dúvida. Você olhou para a causa secundária, e não para aquele que é maior do que ela e que tudo.

"Não, pregador", você talvez conteste; "não é o meu pecado que me aflige; é que me sinto rijo, endurecido; não consigo sentir meu pecado me incomodando, como deveria. Oh, se pudesse ao menos chorar!, pudesse ao menos orar! Só assim, acho eu, poderia ser salvo. Se pudesse sentir um pouco dos temores que sentem os homens de bem, penso que poderia crer. Mas não sinto nada disso. Meu coração parece uma pedra de gelo, duro como granito e tão frio quanto um *iceberg*. Não irá derreter à toa. Posso orar que ele não se deixa influenciar; posso orar, que meu coração parece se manter emudecido; posso até ler ou ouvir a respeito da morte de Cristo que, mesmo assim, minha alma não se comove. Oh, certamente que não posso mais ser salvo!" Ah, isso também é *olhar para as causas secundárias!* Você se esqueceu da palavra que diz: [...] *maior é Deus do que o nosso coração* (1Jo 3.20)? Você se esqueceu disso? Ó filho de Deus, envergonhe-se por estar buscando conforto e consolação onde jamais poderão ser encontrados! Veja bem onde está buscando sua paz! Nada de paz pode haver em um campo de batalha. Veja bem onde o seu coração está buscando alegria! Não pode existir alegria nessa imensidão seca e estéril de pecado. Volte os seus olhos para Cristo: só ele pode purificar seu coração; só ele pode criar vida, luz e verdade em seu íntimo; só ele poderá lavá-lo até você se tornar mais branco que a neve, limpar sua alma e despertá-la, torná-la viva, sensível e comovida, para que possa ouvir as palavras dele mais simples e obedecer aos seus mandamentos mais sussurrados. Não olhe mais para as causas secundárias; olhe tão somente para a grande causa principal; do contrário, terei de fazer novamente a você a grande pergunta: *Homem de pouca fé, por que duvidaste?*

"Eu ainda poderia crer", diz outra pessoa, "apesar do meu pecado e da minha dureza de coração; mas ultimamente perdi minha comunhão com Cristo, de tal maneira que nem adianta pensar que eu não seja um excluído. Oh, sim, já houve tempo em que Cristo costumava me visitar e me inspirava doces sentimentos de amor. Eu era como a pequena cordeira da parábola do profeta Natã, que *do seu bocado comia, do seu copo bebia, e dormia em seu regaço* (2Sm 12.3); quantas vezes ele me levou para banquetear em sua casa, e sua promessa para mim era de amor! Que festa eu vivia então! Eu me aquecia à luz do sol de seu semblante. Era verão para a minha alma. Mas agora é inverno; o sol se foi, e a casa de banquetes está fechada. Não há mais frutas na mesa; não há vinho nos odres da promessa; venho ao santuário, mas não encontro conforto; folheio a Bíblia, mas não encontro consolo; caio de joelhos, mas até mesmo um jorro de orações me parece um riacho seco". Ó alma, mas você também está olhando para as causas secundárias! Essas são as mais preciosas de todas as causas secundárias, mas não deixam de ser secundárias; você não precisa nem deve olhar para elas, mas, sim, para Cristo. Lembre-se de que não é a sua comunhão com Cristo que o salva, mas a morte de Cristo; não é a visita reconfortante de Cristo à sua alma que assegura sua salvação, mas é a visita de Cristo ao local de lamentação, ao jardim de Getsêmani. Seu conforto poderia ser mantido enquanto você mesmo o pudesse manter; mas, mesmo quando ele se evapore, acredite no seu Deus. O profeta Jonas, deprimido, se abrigou sob uma planta para dormir, e, quando aquela planta secou, começou a se lamentar. Seria o caso de alguém lhe ter dito: "Jonas! Você perdeu sua planta, mas ainda não perdeu o seu Deus". Assim também, podemos lhe dizer: você não perdeu o amor de Jesus; você pode ter perdido temporariamente a luz de seu semblante, mas não o amor do seu coração; pode ter perdido eventualmente sua doce e graciosa comunhão, mas ele ainda é o mesmo, acredita perfeitamente em sua fidelidade e confiança até na escuridão e o apoiaria em meio a todo vento e tempestade. Não olhe para nenhuma das coisas exteriores; olhe apenas para Cristo — Cristo sangrante, Cristo moribundo, Cristo morto, Cristo ressurreto, Cristo ascendente, Cristo intercessor. É para ele que você deve olhar, somente para Cristo. Olhando-o, você será reconfortado. Não olhe para qualquer outro lado: você começará a afundar, como aconteceu com Pedro; as ondas cairão sobre você, e você terá de clamar: "Senhor, salva-me, ou perecerei".

Para concluir: outras pessoas de Deus têm medo de que nunca serão capazes de perseverar e resistir até o fim. "Oh", diz alguém, "sei que ainda vou acabar desistindo e perecerei; pois veja o coração mau e incrédulo que eu tenho; não consigo viver um dia sem pecar. Meu coração é tão traiçoeiro quanto uma granada explosiva: deixe que apenas uma faísca de tentação caia sobre ele, que explodirá, para minha destruição eterna. Com um coração assim tão inflamável e perigoso quanto o meu, como posso ter a esperança de escapar, se caminho no meio de uma chuva de faíscas?" "E eu?", declara outra pessoa. "Sinto minha natureza como tão totalmente vil e depravada que não posso nem ter esperança de perseverar. Se eu aguentar uma semana ou um mês, já será um grande feito; sujeitar, porém, toda a minha vida a Deus até a morte — oh, isso seria impossível!" Mais gente olhando para as causas secundárias, não é mesmo? Gostaria somente de lembrar que, se alguém olhar para o suposto poder de si mesmo, da criatura, será de fato totalmente impossível que consiga perseverar na graça, mesmo que seja por alguns minutos, que dirá por dez anos! Se sua perseverança depender de você mesmo, está perdido. Pode escrever isso como certo. Se não tiver um mínimo de sua perseverança depositado na graça divina, nunca verá a face de Deus; sua graça desaparecerá; sua vida será extinta; você de fato perecerá se sua salvação depender de si mesmo. Lembre-se, porém, de que você já foi sustentado na fé durante esses meses ou anos todos. O que o manteve? Foi, evidentemente, a divina graça; e a graça que o sustentou por tanto tempo pode perfeitamente sustentá-lo até por uma centena de anos, por uma eternidade. Aquele que começou em você a sua obra pode continuá-la e há de continuar; caso contrário, seria falso à sua promessa e se negaria a si mesmo.

"Sim, mas eu", argumenta você, "não tenho nem como contar a quantidade de tentações de que sou rodeado; meus amigos todos riem de mim, e sou objeto de chacota só porque sigo a causa de Cristo. Até agora, pude aguentar sua reprovação e zombaria; mas já estão usando de outra estratégia para me afastar de Deus, me atraindo para as diversões mundanas, e sinto que vou acabar não conseguindo resistir nem aguentar. Uma gota poderia ter mais esperança de viver no meio do oceano do que eu de que a graça possa sobreviver em meu coração". Oh, alma, quem a fez viver até aqui e agora? O que a tem ajudado a dizer "não" às tentações? O Senhor, o seu redentor! Você jamais conseguiria fazer isso sozinho, irmão, por

O Sr. Medroso confortado | 839

tanto tempo, não fosse ele quem realmente o fez; e aquele que o tem ajudado a resistir tanto e por tanto tempo nunca o deixará ser coberto de vergonha. Isso porque, sendo você, como é, um filho de Deus, e ele supostamente o abandonasse, e você perecesse, que desonra seria para ele, Cristo! O diabo riria, dizendo: "Eis um filho de Deus, e o próprio Deus o expulsou de sua família, então o receberei no inferno. É isto que Deus faz com seus filhos: ama-os num dia e os odeia no outro; diz que os perdoa, mas os pune; diz que os aceita em Cristo e, no entanto, os manda para o inferno?" Como pode ser isso? Será assim mesmo? Nunca! Não enquanto Deus for Deus. "Ha-ha!", riria novamente Satanás, "os fiéis acham que têm a vida eterna concedida a eles; mas eis um deles, que pensou que tinha a vida eterna, mas essa vida eterna se extinguiu. Não era eterna. A promessa era uma mentira. Foi uma vida temporária; não uma vida eterna. Ha-ha!, encontrei uma falha na promessa de Cristo: ele lhes concede apenas uma vida temporária e a chama de eterna". Nosso arqui-inimigo poderia ainda dizer, se fosse possível um filho de Deus vir a perecer: "Tenho aqui uma das joias da coroa de Cristo" e a exporia, desafiando Cristo face a face, rindo com desdém. "Esta é uma joia que você comprou com seu próprio sangue. Eis um daqueles por quem você veio ao mundo para salvar e ainda que pudesse não o salvaria. Você o resgatou, pagou por ele, mas eu ainda o tenho; ele era uma joia da coroa, mas ainda está aqui, nas mãos do príncipe das trevas, seu inimigo. Ha-ha!, rei da coroa avariada! Você perdeu uma de suas joias". Pode ser assim? Não, jamais! Por esse motivo, todo aquele que crê em Cristo já pode estar tão certo do paraíso quanto se estivesse lá. Se você simplesmente se lança nos braços de Cristo, nem a morte nem o inferno jamais o destruirão. Sabem o que me disse meu amigo, o bom e velho sr. Berridge, quando nos encontramos certa manhã? "Como vai, sr. Berridge?" "Muito bem, obrigado", disse ele, "e tão certo do paraíso como se já estivesse lá, pois tenho uma sólida confiança em Cristo". Isso é que é um homem feliz, tal como um homem deve ser, que conhece e sente o que é verdadeiro! Mesmo que vocês não sintam isso, mas se são filhos de Deus, pergunto a vocês: Por que duvidar? Não há boas razões para crer? Então, "homem de pouca fé, por que duvidaste?" Se vocês creem em Cristo, salvos foram e salvos serão, se confiarem sempre a si mesmos nas mãos dele. Afirmando para si mesmos: [...] *eu sei em quem tenho crido, e estou certo de que ele é poderoso* [...] (2Tm 1.12).

"Está bem", diz ainda alguém, "mas não é bem esse o medo que me preocupa; minha única dúvida é se sou ou não um filho de Deus". Termino, então, voltando a enfocar o mesmo fundamento. Se você quer saber se é filho, ou filha de Deus, não olhe para si mesmo, mas para Cristo. Vocês que estão aqui hoje, que desejam ser salvos, mas ainda temem que nunca o serão, não olhem para si mesmos, em busca de um fundamento de aceitação perante Deus. Não olhem para si próprios, mas para Jesus; não para o seu próprio coração, mas para Cristo; não para o ser humano, mas para o criador deste. Ó pecador, não pense que você carrega consigo algo para Cristo tomá-lo em consideração. Achegue-se a ele da maneira que você é; venha como estiver. Ele não quer nem precisa de suas boas obras, tampouco de seus bons sentimentos. Venha do jeito que for. Tudo o que lhe falta para chegar ao paraíso, ele já resgatou para você e lhe dará; você receberá dele tudo espontaneamente, sem precisar pedir. Venha apenas; ele não o expulsará. Se você teima em dizer: "Não consigo acreditar que Cristo pode salvar um pecador como eu", eu repito: *Homem de pouca fé, por que duvidaste?* Cristo tem salvado pecadores tão grandes ou maiores que você; apenas experimente e comprove.

> Aventure-se nele inteiramente;
> Não seja outra fé a que você sente.

Experimente. Se achar que é mentira, diga por toda parte que Cristo não é verdadeiro; mas isso, evidentemente, nunca se dará. Venha a Cristo; confesse-lhe que você é uma miserável alma arrasada sem a sua graça soberana; peça-lhe que tenha misericórdia de você; declare estar determinado, se perecer, a perecer aos pés de sua cruz. Venha e se apegue a ele, enquanto ele sangra por você na cruz, olhe-o em sua face e lhe diga: "Jesus, não tenho outro refúgio; se me rejeitares, estou perdido; mas nunca me afastarei de ti; hei de te abraçar na vida e te abraçarei na morte, como a única rocha de salvação da minha alma".

Com certeza, você não será deixado no vazio; há de ser aceito, se simplesmente crer. Oh, que Deus possa capacitá-lo, pelo divino poder do seu Espírito Santo, a crer; e então não teremos mais de lhe fazer a pergunta: *Homem de pouca fé, por que duvidaste?*

Peço a Deus que aplique essas palavras agora em sua consolação. Palavras simples e humildes, próprias e convenientes a um coração humilde e simples como o seu. Que Deus as abençoe, e dele seja toda a glória!

A HISTÓRIA DE UMA PEQUENA FÉ

Imediatamente estendeu Jesus a mão, segurou-o, e disse-lhe: Homem de pouca fé, por que duvidaste? (Mt 14.31).

Há apenas uma palavra no original grego que significa toda a expressão *homem de pouca fé*; ou seja, o Senhor Jesus se dirige a Pedro pelo apodo de "pouca fé" em uma só palavra. Não acredito que Pedro tenha alguma vez imaginado que tal atributo lhe fosse aplicável. Provavelmente julgava em seu íntimo que sua fé fosse forte. Certamente quando mais tarde viu o mestre alimentar uma multidão com apenas alguns pães e peixes e ajudou a encher doze cestos com muita sobra, sentiu então que, de fato, sua fé valia quase nada. Aquele que podia alimentar tantos com tão pouco, que podia realizar essa e tantas outras maravilhas — como pôde Pedro, o bravo e honesto Pedro, pensar em duvidar desse Senhor? Ó irmãos, não conhecemos a nós próprios! Pensamos ser tão ricos e abastados; mas, ah, na hora do julgamento nos descobrimos nus, pobres, miseráveis. Os que consideram possuir uma forte fé segundo o seu próprio entendimento podem, em pouco tempo, ver-se sob circunstâncias nas quais essa confiança venha a ser dolorosamente estremecida. Pedro é forte na fé dentro do barco pesqueiro, forte na fé até mesmo quando andando sobre as águas; mas uma inesperada rajada de vento, que desceu uivando das montanhas, o pega de surpresa, o atordoa e faz sua fé encolher. Então as águas ajuntam-se sob seus pés, e, enquanto afunda, descobre sua própria fraqueza e tem sua constatação confirmada pelo veredicto do próprio Senhor, que o chama de *homem de pouca fé*.

Que nenhum homem se considere maior que a sua própria experiência. A experiência é o nosso verdadeiro parâmetro; e aquele que se gaba de sua suposta fé está inflado de vanglória. Não estenda seu braço além da manga, pois pode enregelar. Ludibria-se aquele que glorifica a si mesmo. Não é fácil resistir à humilhação que se segue ao colapso da autoconfiança não comprovada. Estejam certos, irmãos, que entre este mundo e o paraíso precisamos, e muito, de cada grama de fé que tivermos; e que, sempre que nos sentirmos seguros demais de nossa própria força, podemos ter certeza de nossa própria fragilidade. A autoconfiança nada mais é que a espuma no topo do copo; não é o puro suco da vinha da verdade. Quando um homem começa a se sentir seguro de si mesmo, corteja a tentação, aventura-se impetuosamente em experiências desnecessárias e acaba tendo, por fim, de implorar, entre lamentos: "Salva-me, Senhor". Aprendamos, pois, com esse texto do evangelho, que não somos tão fortes quanto pensamos ser e que, quando por acaso somos muito bravos e ousados, talvez não consigamos nos livrar inteiramente, tanto quanto imaginávamos, do temor e tremor que nos envolve. Ah, a incredulidade pode desfigurar até mesmo a fé de um Pedro! Que aquele que pensa poder andar sobre as ondas saiba que pode também afundar.

No caráter de Pedro, havia uma mistura singular do forte e do fraco: ele ascendeu à excelência e afundou na pequenez. Por que, no entanto, deveria considerá-lo singular, se todos nós somos feitos do mesmo material; se em todos nós também estão misturados o duro ferro e a mole argila? Os melhores homens não passam de homens no seu melhor. No crente, a antiga natureza permanece, apesar de uma nova natureza nascer, de modo que há em nossa alma um conflito entre santidade e pecado, fé e incredulidade, fortaleza e fraqueza. Tanto andamos sobre as águas, como o nosso Senhor, quanto, logo, logo, afundamos, como o duvidoso Pedro. O homem cristão é sempre um mistério para si mesmo, quanto mais para os outros. Note como Pedro fala: ele clama, aflito, *Senhor! se és tu* [...] (Mt 14.28) — uma fala, se não censurável, pelo menos não louvável, depois de o Senhor ter afirmado: "Tende bom ânimo; sou eu". Ouçamos, porém, Pedro continuar dizendo: [...] *manda-me ir ter contigo, por sobre as águas* (Mt 14.28) — e eis a coragem quase queimando de tanta impetuosidade, mas com certa medida de temor e respeito; pois ele não ousaria ir, a menos que lhe fosse ordenado: só arriscaria a vida se tivesse permissão do seu mestre. Que qualidades tão diversas se reúnem, então, em um mesmo homem! Ele se propõe a uma arrojada e quase louca aventura, mas é prudente e cauteloso o bastante em pedir autorização ao Senhor para realmente arriscar a pô-la em prática.

Veja-o agora andando sobre as ondas e admire a força de sua fé! *Você seria capaz de fazer isso?* Todavia, veja-o afundando por causa de uma forte rajada de vento soprada em sua face. Você se admira da incredulidade dele? Teria feito melhor? Aquele que conhece a si mesmo sabe que a dúvida anda sempre à espreita da confiança; que a desconfiança anda à solta e se revela sempre e rapidamente em ataques inesperados. No mesmo canteiro onde formosas flores da fé, da esperança e do júbilo vicejam, podem se esconder, de tocaia, as mortíferas víboras da desconfiança e da suspeição. Abraão, pai dos que creem, pecou mais de uma vez pela desconfiança, ao negar ser Sara sua mulher.

A mistura de fé e incredulidade em Pedro não deve, no entanto, servir de justificativa, tampouco de desculpa, para nós. Podemos falar disso como algo a evitar, não como exemplo a seguir. Tanto assim que o próprio Pedro não teve como responder à pergunta: [...] *por que duvidaste?*. Sua hesitação não tinha qualquer base nem fundamento. Se de fato acreditava, por que duvidar? A incredulidade que torna pequena a fé pode ser considerada um pecado e lamentada como tal; é errôneo que a consideremos apenas como uma falha e inventemos desculpas para ela. Na verdade, o crente verdadeiro não tem motivo para duvidar do seu Senhor. O processo de entendimento do comportamento do Senhor é feito para nos inspirar confiança. Ele nada faz para criar suspeitas sobre seu amor, sua verdade ou seu poder. Se não duvidarmos, ainda que possamos acaso imaginar vir a ter motivo para tal, e persistirmos em crer, nossa vida será muito mais rica em fé do que geralmente é. Quanto à pequena fé, com seus defeitos e irracionalidade, rogo agora que Deus permita que todas as pessoas de pouca fé sejam levadas a aumentar sua confiança nele. Que o Espírito Santo nos abençoe agora com sua palavra e possibilite que muitas Rutes possam recolher as espigas deixadas cair propositadamente pelo grande Segador, neste campo.

I. Nosso primeiro assunto será A HISTÓRIA DE UMA PEQUENA FÉ. É a história de Pedro. Estejamos prontos a rever e entender o papel desempenhado por Pedro na narrativa.

O homem de pouca fé é um discípulo verdadeiro, mas imperfeito. Não a pequenez da fé, mas a fé em si é um presente de Deus. Ninguém além de Deus conseguiria fabricar um grão como o de mostarda; e ninguém além de Deus poderia nos conceder a menor partícula que fosse de fé. A fé no Senhor Jesus Cristo, por mais fraca que em nós possa ser, é, portanto, fruto do Espírito de Deus, uma marca do nosso novo nascimento. Poderíamos então dizer de Pedro o que o Senhor Jesus disse dele em outra oportunidade: *Bem-aventurado és tu, Simão Barjonas, porque não foi carne e sangue quem to revelou, mas meu Pai, que está nos céus* (Mt 16.17). Mesmo a fé que não consegue ir além de tocar a barra das vestes de Cristo é obra do Espírito de Deus; mesmo a alma que clama *Creio! Ajuda a minha incredulidade* (Mc 9.24) é, bem como a sua existência, criação do Altíssimo. Notemos, pois, que a pequena fé tem relação com a vida imortal, de que nosso ressurreto Senhor falou: [...] *eu vivo, e vós vivereis* (Jo 14.19).

Desde cedo em sua vida, *o homem de pouca fé mostra grandes desejos.* Veja o caso de Pedro. Ele está no barco com seus companheiros enquanto Jesus está mais além, sobre as águas; Pedro está tão determinado a ir até o seu Senhor e ficar com ele que se dispõe a se atirar ao mar para ir ao seu encontro. Não poderia esperar, como fizeram os outros? Sua obrigação imediata deveria ser para com os demais a bordo; mas seus desejos veementes o levam acima das tarefas comuns. Enquanto a grande fé demonstra paciência, a pequena fé tem pressa. Não que houvesse problema em ansiar por estar com Jesus; mas teria sido certamente mais aconselhável ter esperado que o Senhor viesse andando sobre as águas até o barco. O cristão equilibrado e contido tem, na verdade, profundo anseio por estar junto do seu Senhor; mas também a convicção de que o seu Senhor virá a ele, podendo aguardá-lo permanecendo fiel aos seus deveres, e assim

A HISTÓRIA DE UMA PEQUENA FÉ | 843

espera em paz pelo Senhor. A pequena fé, como a de Marta, corre ansiosa ao encontro de Jesus; mas a grande fé, como a de Maria, sua imã, permanece em casa. A pequena fé mostra fervor por obter imediato regozijo. Quer estar no paraíso amanhã. Conseguiria converter o mundo inteiro antes do pôr do sol, mas provavelmente desfaleceria antes que esse entusiasmo todo viesse a preencher seu desejo. A pequena fé costuma arrancar os frutos das promessas enquanto ainda estão verdes, pois não se contenta em esperar até que se tornem maduros e doces.

No entanto, como são belos esses anseios, e peço a Deus que todos os homens os tenham! Por mais errados que possam ser esses prementes desejos por conquistas espirituais, eles simplesmente não se revelam em corações não renovados. Abençoados anseios por Cristo, que alguns de vocês sentem e que os fazem clamar: "Ah, se eu soubesse onde posso encontrá-lo!" Agradeçam a Deus por eles. Os detentores de grande fé sabem ter encontrado o Senhor; sabem que ele é como o sol, que não se pode ocultar; sentem seu calor e alegram-se com sua luz. No entanto, a forte fome e sede por Cristo presentes na pequena fé são algo admirável, e o próprio Senhor as abençoa. Alegro-me com a florescência da macieira, que não é algo tão valioso quanto o fruto, mas excessivamente belo. Do mesmo modo, os ávidos anseios de um coração tremulante pelo Senhor Jesus são cheios de amabilidade e fragrância e não devem de modo algum ser desprezados. É, enfim, da natureza própria da pequena fé esse comportamento sedento, ávido e impaciente por estar na companhia de Cristo.

A pequena fé é ousada. Desde cedo, seu portador mostra querer se aventurar em tudo aquilo em que possa vir a ter seus anseios realizados. *Senhor! se és tu, manda-me ir ter contigo sobre as águas* (Mt 14.28) — clama a pequena fé ao seu Senhor. São grandes palavras, mas saídas de um coração hesitante e tremulante. Homens se aventuram frequentemente porque sua essência é pequena. Almas pequenas em fé recorrem muitas vezes a medidas quase desesperadas para ganhar esperança. Ó amados, alguns de vocês não dariam seus olhos, até sua própria vida, para estar com Cristo, experimentar seu amor? Muitos de vocês, sabemos, vieram a este Tabernáculo, esta manhã, com a sensação de que, se Cristo ordenasse que vocês se atirassem ao mar para encontrá-lo, não questionariam essa ordem. Sentem-se talvez como Rutherford, que disse que nadaria através de sete infernos só para chegar a Cristo, sem questionar, se assim pudesse se prostrar aos seus pés.

Esses veementes e intensos desejos contidos em seu espírito para com o seu Senhor e Mestre são cruciantes, mas são sentimentos extremamente abençoados. Você não deve reprimi-los, mesmo que eles o forcem a arriscar tudo em nome de Cristo. Arriscar-se pelo amor por Cristo pode trazer resultados compensadores; pois que dano pode sofrer quem perde o mundo inteiro, mas ganha o Salvador? Que perda pode haver para uma pessoa, uma vez que seu Senhor a espere e lhe estenda a mão, salvando-a, como a Pedro, de vir a afundar? A pequena fé pode, na verdade, levar seu detentor a se tornar um verdadeiro herói quando o Senhor lhe ordenar: "Vem!" Pois, em princípio, não é o mar que ele teme; é não obedecer e receber a recriminação do Senhor.

A pequena fé realiza, por vezes, grandes maravilhas. Quando seu mestre lhe disse "Vem!", Pedro logo desceu às águas e andou sobre as ondas, com toda a facilidade. O Senhor demonstra sua força para conosco mesmo quando revelamos nossa própria fraqueza de fé. Pedro deu um passo, depois outro, sobre as revoltas ondas, perguntando-se certamente durante o trajeto como o conseguia. Não agiu assim com sua pequena fé? Lembro-me do primeiro passo de fé que dei: admirei-me com ele e me surpreendi comigo mesmo. Você também não se surpreendeu consigo mesmo? Lembra-se de quando creu que Deus realmente o tinha salvo, pois ele sabia que você tinha fé? Então, mesmo sabendo ser verdade, você mal podia pensar se deveria rir de alegria ou chorar de medo, ao refletir sobre a possibilidade de ter sido salvo em Cristo Jesus. Você ousou crer que fora adotado na família de Deus, depois de haver se assustado ao ouvir seu coração dizendo: "Como pode ele me incluir entre seus filhos?" Você se lembra de ler sobre predestinação nas Sagradas Escrituras e então pensar: "Certamente sou um dos escolhidos: o Senhor me amou com amor eterno; portanto, com amável gentileza me escolheu". Não foi isso, na verdade, um pouco de ousadia? Andar sobre as águas não poderia ser mais arriscado. Você permaneceu correto quando tentado; aguentou

844 | MILAGRES E PARÁBOLAS DO NOSSO SENHOR

firme, apesar de seu inimigo ter investido contra você; caminhou para Jesus, em que pese parecesse ser o caminho pelo mar; um grande entusiasmo elevou o seu espírito, e você se elevou acima de si mesmo; mas ainda assim, no fundo, havia uma lágrima latente, uma dúvida ainda não completamente superada de que sua confiança fosse boa demais para resistir, e sua alegria, presunçosa. Em seu íntimo, você tinha medo de afundar; e não foi por acaso que gradualmente seu medo foi se fortalecendo .

Agora, então, surge mais uma parte de nossa história: *A pequena fé torna-se muito inclinada a desviar o olhar do Senhor*. Ao seguir por cima dos vagalhões, Pedro deixou de olhar por um instante para o seu mestre, e, então, um tremendo vento bateu violentamente em sua face, levando o pobre discípulo a se alarmar. Ele havia talvez considerado a força das ondas, mas se esquecido da fúria do vento. Quando falou ao Senhor, disse *manda-me ir ter contigo sobre as águas* (Mt 14.28), sem levar em conta, com certeza, a força do vento. Esse agente sutil e misterioso o pegou então de surpresa. Não considerou haver tanto vento quanto água a enfrentar, e agora o vento se mostrava uma nova provação. A rajada que soprou forte sobre Pedro fez que ele gelasse até a espinha e gelou seu coração também. Ouviu o vento e se esqueceu da voz que dissera: *Sou eu; não temais*. Esse é o risco da pouca fé. A fé pequena é, em princípio, pouco abrangente; não tem uma visão completa dos perigos e das dificuldades possíveis e, deste modo, quando o que por ela foi omitido vem à tona, há uma alta probabilidade de vir a ser seriamente perturbada. Ó você, que tem pequena fé, sua esperança reside em manter todo o seu ser dependente do seu grande Senhor! Se começar a medir as circunstâncias, você poderá até ficar enfermo, ó pobre tremelicante que é! Que temos a ver, você e eu, com tal medição? Há quem consiga avaliar o mundo todo, pesar vales e montanhas em balanças. Entreguemo-nos, com fé, nas mãos do nosso imensurável Deus, e nossas almas permanecerão em perfeita paz, habitando nele. Sim, ando sobre as águas; mas não eu e, sim, Jesus. Não olharei, portanto, para o vento, mas para ele; não pensarei em afundar, mas só o contemplarei, firmemente, e nele inteiramente confiarei.

A pequena fé começa a afundar justamente no momento em que tira seus olhos do Senhor e se fixa no vento. Veja Pedro indo a pique: está a ponto de perecer; as orgulhosas ondas prevalecem contra ele; não tem poder nem ao menos para ajudar a si mesmo. É de presumir que, sendo Pedro um pescador, soubesse nadar. Por que então não saiu nadando? Entendamos isso: quando um homem começa a viver pela fé e sua fé lhe falta, faltam-lhe também suas habilidades naturais. Aquele que podia anteriormente nadar sem fé não há de nadar mais quando pela fé tiver começado a andar sobre as águas. Se falhar em sua caminhada, não conseguirá retomar e usar de sua capacidade anterior de nadar. E "começar a afundar" é uma condição terrível! Pobre pouca fé, nem sequer avaliou isso! As experiências intensas são ainda mais dolorosas quando inesperadas. Quando Pedro, deixando o convés, escorregou pela lateral do barco e tocou o mar, os milagrosos primeiros passos devem tê-lo enchido de tal euforia que ele nem iria pensar poder estar daí a instantes à beira do afogamento; mas, agora, afunda como uma sonda nas poderosas águas. Os vagalhões abrem sua enorme boca para engolir sua pouca fé, e lá vai ele para baixo! Será essa a condição de algum dos filhos de Deus aqui presentes nesta manhã? Confesso que foi, por vezes, a minha condição. Apenas alguns passos me separaram da morte. O que me sustentava pareceu se abrir, e águas adentraram até mesmo em minha alma.

Não posso terminar essa história sem mencionar que *a pequena fé sabe orar*. Apesar de Pedro de repente não poder chegar a Cristo pelas águas, sabia como chegar pela oração. Apesar de sua alma não ser o que deveria ser, estava onde deveria estar; pois o seu clamor foi tão somente para o seu Senhor e único Salvador. Ele não pediu socorro aos que haviam ficado no barco, mas apenas ao seu querido Mestre, que se erguia sobre as revoltosas ondas. Não clamou: "João, salva-me!", mas, *Senhor, salva-me!* Uma oração, pequena, mas abrangente, que expressava sua necessidade de salvação, provava sua fé na vontade de o seu Senhor salvá-lo, reconhecia Jesus como seu Senhor e tacitamente admitia que somente o Senhor o podia salvar e mais ninguém. Em sua petição, Pedro abandona qualquer outra esperança e volta-se completa e unicamente para Jesus, clamando: *Senhor, salva-me!* Sua fé se refere ao que o Senhor já fizera por outros, ao curar, alimentar e salvar, e agora ele pede a Jesus que aja do mesmo modo que o seu título faria — ao

A HISTÓRIA DE UMA PEQUENA FÉ | 845

dizer, praticamente, "Ó Salvador, salva-me". Apela também à sua autoridade: "És meu Senhor, ordenaste que eu viesse; portanto, como meu Senhor que és, salva o teu servo". Seu curto clamor está cheio de força. Imitemo-lo, tanto em sua brevidade quanto em sua força. Onde a fé for fraca, que seja forte a oração. Quando nada pudermos fazer senão chorar e clamar, clamemos com toda a força. Se não for um clamor cheio de fé, que seja, pelo menos, um clamor de agonia: *E começando a submergir, clamou: Senhor, salva-me!* (Mt 14.30). A criança pequena é sempre boa em chorar, se não em mais nada; assim também deve ser a pequena ou pouca fé. Justamente quando Jacó estava mais assustado, tornou-se corajoso o bastante para atravessar o Jaboque. Até mesmo uma pequena fé tem uma oração apropriada para o seu fôlego, para o seu ar. Ó alma, você está afundando? Clame: *Senhor, salva-me!*.

Alguns de vocês se reconheceram nesse pequeno exemplo? Anseiam por Cristo? Arriscariam tudo em seu querido nome? Confiam nele? Desfrutaram momentos felizes quando pela fé já realizaram coisas impossíveis ao senso comum? Por vezes acreditaram, e nessa crença encontraram uma sustentação para o espírito que os tornasse mais que vencedores? Se, então, neste momento houver um colapso, e sua fé hesitar, orem ao Senhor. Ele permanece firme, mesmo se você vacilar. É sábio de sua parte, portanto, clamar fervorosamente na hora de necessidade, e tão certo como o Senhor vive ele virá em seu resgate.

Dentre todas as carcaças arrastadas às margens do mar Morto, nunca será encontrada a da pequena fé. Apesar do portador de pouca fé frequentemente declarar: "Cairei um dia nas mãos do inimigo", nenhuma arma ainda foi forjada que pudesse atingir seu coração ou quebrar seus ossos que o Senhor tenha permitido. Aquele que crê, mesmo que com uma pequena fé trêmula, está seguro sob o cuidado guardião do Deus Eterno. *Ele te cobre com as suas penas, e debaixo das suas asas encontras refúgio; a sua verdade é escudo e broquel* (Sl 91.4).

Por fim, a pequena fé haverá de se desenvolver plenamente e subirá ao barco, sim, ao céu, com Cristo. Encontrará seu modo de cruzar o Jordão e terá o seu lugar no fim dos dias; e, talvez, dentre os mais extasiantes cânticos que irão glorificar o redentor, permanecendo até o fim, estarão aqueles dos que foram fracos e trêmulos aqui embaixo. Portanto, tenha confiança!

II. Chego agora ao segundo ponto de meu sermão, que é bem interessante: A PEQUENA FÉ É RECONHECIDA PELO SENHOR. No texto bíblico, observem que o Salvador não chamou Pedro de "Homem sem fé", ou "Homem de falsa fé"; mas, sim, "*Homem de pouca fé*. Algumas vezes há em que daríamos tudo para ter a garantia do nosso Mestre de que temos pelo menos uma pequena fé. Se ele ao menos reconhecer que há fé, então a raiz do problema está em nós. Prefiro, naturalmente, ter uma grande a uma pequena fé; mas prefiro ter uma pequena fé a uma grande presunção que se confunda com confiança sagrada. Deve ter sido de grande consolação para Pedro, mesmo que a intenção fosse censurá-lo, ouvir seu Senhor, que não erra, reconhecer que, pelo menos, ele tinha fé.

Note-se ainda que uma pequena fé é fé; e que *é fé verdadeira*. Uma mínima semente tem tanta vida em si quanto sua gigantesca árvore cujos ramos abundantes abrigam os pássaros. Uma faísca é fogo tanto quanto o grandioso incêndio que queime toda uma cidade. Uma pequena fé não é tão poderosa quanto uma grande fé, mas é, igualmente, fé verdadeira. Ó alma, se você tem um raio de luz, ele veio do sol; se você tem uma pulsação de vida, ela vem do coração; se você tem qualquer medida de fé, ela é obra do Espírito de Deus. Uma pérola é uma pérola, ainda que não seja maior que uma cabeça de alfinete. A assinatura de Deus é tão válida quando ele a escreve com letras minúsculas quanto o é se a escrever com maiúsculas.

No caso de Pedro, *sua pequena fé era fé, com fundamentação muito sólida*. Ó filho de Deus, por menor que seja sua fé, se você acreditar em Cristo, terá fé a mais correta e justificável; na verdade, tão forte é a base de sua fé que o Salvador até lhe pergunta: *Por que duvidaste?* Como se dissesse: "Você tem todo o fundamento para ter fé, mas que fundamento tem para duvidar?" Ó querido coração, se você vier a Cristo e se jogar nele, estará fazendo a melhor e mais acertada coisa que puder, e ninguém poderá questionar sua conduta. Ah, se você se extasiar no querido seio do eterno amor, nada dali o arrancará; nada poderá separá-lo, mesmo em sua fragilidade, de Cristo. Ele disse que aquele que a ele se achegar de modo algum irá dele se separar; quem, então, irá afastá-lo de sua presença? Você não está sendo presunçoso, não está indo além do que lhe é permitido ao confiar a si mesmo e tudo o que é seu a Cristo, seu Senhor. Faça-o de novo, e faça-o mais uma vez e mais intensamente, e nunca se envergonhará de tê-lo feito; não será sua glória se ousar crer em seu Senhor. A promessa dele nunca será ultrapassada por sua fé. Abra bem a sua boca, e ele a encherá. Peça por mais fé, e ele lhe dará e cumprirá para você maiores promessas; vá de fé em fé, e irá receber bênção sobre bênção. Não há limite para o amor do seu Senhor; tome toda a liberdade nele; não há motivo algum para hesitar. Cristo reconhece a pequena fé como uma fé com base muito sólida, por isso inquiriu: *Por que duvidaste?*

Nosso Senhor Jesus reconhece a pequena fé porque, por menor que seja, *é capaz de arriscar tudo por ele*. Pedro havia se lançado ao mar para ir a seu mestre, e o Senhor reconheceu esse fato. Aquele que arrisca tudo por Jesus e em Jesus, não pensará ser isso uma vã especulação. Ainda que você não ouse dizer que tem uma fé forte, mesmo assim, por Cristo, será capaz de abdicar dos prazeres do mundo, de ganhos pecaminosos e sorrisos falsos e fáceis; você jamais negaria o Senhor, nem por todos os tesouros do Egito. Nosso Senhor, então, o reconhece como sendo dele e há de o manter intacto até o fim. A pequena fé, que é fé real, não conhece a timidez que assombra o coração dos hipócritas. Teme não ser aceita no fim, mas não teme ser perseguida em nome de Cristo. Basta-me apenas saber que sou servo dele e ele é meu Senhor, e enfrentarei fogo e água para estar junto dele.

A pequena fé lança-se a Jesus inteiramente, como no caso de Pedro. Ao deixar o barco, o apóstolo o faz para ir a Jesus e por esse motivo somente. O primeiro passo que dá no mar é na direção de Jesus, e todos os seus demais passos também; e quando começa a afundar, afunda indo naquela direção, inclinando-se na direção do mestre, clamando por ele enquanto afunda: *Senhor, salva-me.* O Senhor Jesus reconhece a fé que vai em sua direção, por mais imperfeita que seja. Se você tiver uma falsa fé, que presta mais atenção a si mesmo, uma maldição recai sobre você. Se tem uma suposta fé, que dá mais atenção a cerimonial, rituais, rezas e sentimentalismo, ela irá falhar justamente quando mais você precisar dela. Se, todavia, você tem uma fé cujos olhos se voltam para Jesus, cujos anseios são por Jesus, cujas esperanças estão centradas em Jesus, cujos passos tendem para Jesus, então você tem uma fé na qual Jesus depositou sua marca; e ainda que ele a chame de "pequena", também a chama de "fé". Tenha certeza de que aquilo que o próprio Senhor reconhece como fé é fé, mesmo que no momento ela o deixe um tanto abalado com tanta água do mar da qual você é mais uma vez arrancado.

A prova de que o mestre reconhece essa fé é que, *daí a pouco, a pouca fé voltava a caminhar com Jesus no mar*. Vi uma vez uma pintura representando Pedro que afundava e Cristo inclinando-se para salvá-lo. Gostaria, porém, que um artista inspirado pintasse ambos andando juntos e em paz, Pedro e seu Senhor, sobre as águas. Que alegria pensar naquele homem de pouca fé salvo do afogamento e de pé sobre as ondas espumantes, lado a lado com o grande Senhor, seu Salvador! Agora, sim, Pedro estava agindo conforme a vontade de seu Senhor. Agora o servo estava revestido da força do mestre. Vemos anteriormente, em Daniel, o Filho de Deus andando no fogo com três jovens santos; agora observamos como que o outro lado da medalha: um santo andando sobre a água com o Filho do homem. Não é uma verdade esplêndida e reconfortante ver que até a pouca fé pode vir a agir como Cristo? Há de chegar o dia em que o Senhor terá fortalecido tanto o portador de uma pequena fé que ele conseguirá fazer as coisas que faz o Senhor, e será então inteiramente cumprida a promessa: *Aquele que crê em mim, esse também fará as obras que eu faço, e as fará maiores do que estas, porque eu vou para o Pai* (Jo 14.12). Se você me diz que não consegue se rejubilar hoje, eu lhe digo que Jesus o verá novamente, e seu coração irá se regozijar. Você não consegue estar presente no culto cristão, por se achar imperfeito, devido a fraqueza espiritual? Virá o dia em que o homem coxo saltará como um cervo; o curador de seu povo deitará as mãos sobre você e o tornará fortalecido *no Senhor e na força do seu poder* (Ef 6.10). Você tem hoje uma consciência maior de sua incapacidade em si mesmo do que de sua capacidade no Senhor; mas não será sempre assim: chegará o tempo em que, em elevada solidariedade a ele e pelo poder de sua graça, você será, neste mundo, tão correto quanto ele é; e aquela gloriosa vida que na pessoa de Cristo andou sobre

A HISTÓRIA DE UMA PEQUENA FÉ | 847

o mar como se fosse um mar de vidro, essa mesma vida estará em você, de modo que você terá enfim superado o mundo, a carne e o mal.

Sinto-me feliz de ter, pelo menos, uma pequena fé. Sinto verdadeiro pesar por ela ser tão pouca, quando sei que meu Senhor merece o máximo de confiança possível. Ainda assim, sou grato a ele por me ter sido dado crer em seu nome, pois isso me traz para perto dele e me trará cada vez para mais perto ainda; e, pouco a pouco, me permitirá estar com ele onde ele está e contemplar sua glória.

Vimos, então, que o Senhor reconhece a pequena fé. A cana trilhada, não a quebra; tampouco despreza a fé não desenvolvida, mas a chama de fé, responde às suas orações e faz que permaneça nele, em comunhão de poder.

III. Em terceiro lugar, quero que notem A LIBERTAÇÃO DA POUCA FÉ. Ela começa a afundar, mas apenas começa. O afundamento não culmina com o afogamento de Pedro, mas com sua salvação pelo seu Senhor. O texto diz que ele estava *começando a submergir*; e essa é a real extensão do ocorrido. Nenhum filho de Deus vai além de começar a submergir. Podemos estar a pique de perecer, mas não chegamos de fato a isso. Nossos passos podem estar quase desaparecidos, mas "quase" não é "de fato". Um homem de Deus pode estar perto da morte, e ainda assim viver; pode começar a afundar, e ainda assim ser salvo. Amigo, pode ser que por um tempo você tenha começado a submergir, mas ainda não afundou. Você não está consumido; a pureza da misericórdia do Senhor ainda não se foi de todo e para sempre de você: o Senhor não se esquece de ser gracioso para com seus filhos. Muitas vezes, começar a submergir é para nós o mesmo que Cristo começar a nos estender sua mão. O começo do reconhecimento de nossas próprias fraquezas é quase sempre o começo da demonstração do poder de Deus.

A pequena fé recebeu sua libertação, no caso, *inteiramente do Senhor*. Como eu já disse antes, não foi a habilidade de Pedro em nadar que o livrou do problema, tampouco a ressurreição de sua fé, mas, sim, o Senhor, que veio em seu socorro e provou seu poder ao ajudar tal peso morto. Que assim seja com você, ó coração temente e tremente: que Deus apareça para você na hora exata de sua extrema dificuldade. O Senhor o proverá. Que você se torne forte em sua fraqueza; pois ele disse: *Não te deixarei, nem te desampararei* (Js 1.5).

Como procedia do Senhor, foi um ato *imediato*. Faça a gentileza de notar bem que o texto diz, bem claro: *Imediatamente estendeu Jesus a mão* [...] (Mt 14.31). Antes de censurar Pedro por sua pouca fé, o Senhor o livrou do perigo. Ó detentor de pequena fé, você tem apenas que clamar, e o Senhor há de ajudá-lo. Não detenha o clamor, porque ele também não demorará no socorro. O Senhor pode até permitir que o problema percorra certa distância até que pensemos estar tudo acabado; mas aparece no momento exato para nos livrar. No momento mais sombrio, em que possamos estar lendo nossa própria sentença de morte, em meio ao ribombar da tempestade, chegará o pronto alívio do amor do Senhor. Nenhuma asa de querubim consegue ser mais veloz do que a mão certeira do Senhor quando ele resgata o seu povo de águas as mais profundas.

O estender a mão foi, na verdade, um ato crucial por parte de Jesus, como se estivesse se forçando à derradeira energia, esticando-se além de si mesmo, para resgatar seu servo. A mão estendida ilustra todo um exercício de poder por parte da pessoa que assim age. No caso do seu povo escolhido, muitas vezes foi necessário que Deus o tivesse ajudado com uma mão estendida e um braço forte bem esticado, para seu livramento. Pedro teve seu êxodo das águas, como Israel, do Egito. Quem haveria de saber a força do braço de Deus se ele não o estendesse? E por que haveria ele de estendê-lo sem necessidade? São os nossos perigos que produzem a necessidade de Deus esticar o braço, tornando-se meios de demonstração de sua graça para nós. São as nossas carências as portas por meio das quais a grande generosidade do Senhor chega até nós. Se a pequena fé não elevasse seu clamor de desalento, não se teria elevado a mão do Senhor para o resgate.

Há ainda o *segurou-o*. O Senhor entra em contato pessoal com seu servo; ele o segura. Todo o peso de Pedro está dependurado em Cristo. Se Pedro afundasse, Jesus também afundaria; pois ele não deixaria de o segurar. Por um instante, Pedro e Cristo estão unidos por um único sustentáculo: a força de Cristo, que vem do Pai. Ó pequena fé, na hora de perigo você há de sentir uma união bem mais próxima e maior do que nunca com Cristo. Quando Jesus se coloca pronto a salvar a pouca fé, ele direciona de tal modo toda a sua força ao dever e segura quem esteja afundando com uma ação tão rápida e firme que ou ambos afundam ou se sustentam. Se todo o peso de Pedro estava em Jesus, então toda a segurança de Jesus fora concedida a Pedro. A pouca fé de Pedro se segura em Jesus enquanto Jesus a apoia totalmente. Uma alma desesperada e meio incrédula segura Jesus com uma pegada ferrenha, mas em tal pobre pessoa frágil o apoio de Jesus é sempre firme e seguro. Jamais permitirá que um pecador que esteja se afogando morra se expressar sua fé nesta prece: *Senhor, salva-me!* Não conheço uma união mais consistente entre uma pessoa e Cristo do que a que se forma quando, em momentos de perigo de afogamento, a pegada da mão crucificada é sentida pelo pecador como seu único e lídimo resgate da morte. Aleluia! Quem separará a noiva de Cristo do coração de Cristo? Quem conseguirá separar o mais temente e tremente dentre os pecadores da mão eterna, jurada para o libertar? [...] *eu dou minha vida pelas ovelhas* (Jo 10.15), disse ele, *para que tenham vida, e a tenham em abundância* (Jo 10.10). O Senhor irá sempre estender sua mão, segurar aquele que afunda e lhe dar toda a sustentação de que necessita.

IV. Encerro com a REPREENSÃO DA POUCA FÉ. Depois de a pobre alma ser resgatada e posta em segurança, vem a amorosa e bem-intencionada censura: *Homem de pouca fé, por que duvidaste?* Eis uma reprovação tão gentil que me parece possível que o mestre queira até dizê-la para nós na entrada do Paraíso. Talvez não nos seja tão desagradável ele nos dizer: *Por que duvidaste?* (Mt 14.31) quando você e eu tivermos levantado de nosso leito de morte e deixado para trás toda dor, toda pobreza e toda mágoa; quando nos encontrarmos na cidade de ruas douradas junto ao Bem-amado e olharmos para trás vendo o caminho pelo qual ele nos conduziu. Então, talvez, ele nos diga amavelmente: *Por que duvidaste?* Teremos de rever o nosso caminho de peregrinação. Lá atrás estará o lamaçal do desânimo, já seco; a cabeça do gigante Desespero pendurada em um mastro; ídolos e demônios destruídos, presos em correntes; o rio cuja gélida torrente um dia tanto o afligiu; todos brilhando na luz eterna. *Por que duvidaste?* Se você não duvidou de nada, pelo menos terá provavelmente feito tempestade em copo d'água. Pois quando tudo operava a seu favor, você certamente disse, como o trêmulo Jacó: "Tudo está contra mim!" Há de produzir nosso Senhor um êxtase em nosso espírito ao nos lembrar de seu amor invariável, sua verdade imutável, sua lealdade inabalável. Deveremos nos debruçar eternamente sobre nossas dúvidas? E se nosso Senhor disser: "Não saíste do pecado confiando em mim como teu Senhor amado? Falhei contigo? Disse alguma palavra aborrecida? Eu te deixei ou abandonei? Por que então duvidaste?" Se ele o fizer, e é bem provável que o faça, deveremos nos repreender por havermos pensado em ter tido, no mínimo, um momento que fosse de desconfiança do nosso querido Senhor, o Noivo de nossa alma, em quem a nossa fé deve ser constante e radiante como o dia.

Notem, queridos amigos, com relação a esta pergunta: *Por que duvidaste?*, ser algo *inconsistente* para um fiel duvidar do seu Deus ou desacreditar dos poderes do Senhor Jesus. Se você crê, por que duvida? Se duvida, então por que crê? Se é fé, por que tão *pouca* fé? Óleo e água não se misturam; como poderão fé e incredulidade ficar juntas, se frequentemente se encontram em pé de guerra? "Oh, não, não posso duvidar do meu Deus", dizia-me uma irmã em Cristo outro dia, ao mesmo tempo que expressava suas dúvidas. Era uma estranha mistura, presente em alguém que conhece bem o glorioso evangelho. Na verdade, somos todos estranhos, de um modo ou de outro; mas não é nada apropriado que acreditemos e ao mesmo tenpo desacreditemos. Como pode uma fonte jorrar água doce e amarga simultaneamente? Que se vão as nossas dúvidas! Que vão todas embora, agora, de uma vez! Pois, de fato, que têm elas a fazer aqui, neste festival de fé? Vão, aves de rapina, que devoram o pão da mesa do Senhor e corrompem as nossas deliciosas iguarias! Que direito têm vocês, ó dúvidas, de penetrar nas sagradas moradas da fé?

Todavia, embora as dúvidas sejam inconsistentes, são também *desonrosas*. Por que duvidarmos do nosso Senhor? Deveremos deixar espalhar pelo mundo que não confiamos em Cristo? Deve ser dito que aqueles que são salvos por ele, não obstante declararem ser um trabalho difícil, não acreditam nele? Será difícil crer nele, que provou seu amor por nós mediante a agonia e o suor de sangue? Ó meu Senhor,

A HISTÓRIA DE UMA PEQUENA FÉ | 849

preferiria duvidar do meu irmão, do meu pai, duvidar da minha esposa, do que de ti! Preferiria duvidar dos meus olhos, dos meus ouvidos, das batidas do meu coração, do que de ti, Senhor! Posso duvidar das leis da natureza, de tudo o que parece certo, das conclusões matemáticas e científicas; mas de ti, ó meu amado Mestre e Senhor, por que deveria duvidar? Não. Seguremo-nos no amor de Jesus, apeguemo-nos a ele, ainda que com justa razão nos reprove e castigue. Que à nossa consciência de culpa seja Deus que nos açoite e, no entanto, ainda que assim nos açoite, que tenhamos fé nele, em seu perdão, em seu amor e em sua salvação.

Quão *imperdoável* é, portanto, esse duvidar entre nós, que cremos! Somente algumas desculpas mereceriam ser citadas. Há aqueles que só poderiam ser desculpáveis por desejarem ser humildes: "Não ouso pensar que essas boas coisas prometidas pelo Senhor sejam verdadeiras *para mim*. Sei que sou, de todo modo, desmerecedor delas, e temo ser orgulhoso se assumi-las". Você não sabe, caro amigo, que justamente o maior orgulho consiste em duvidar de Deus? E que a mais doce humildade é crer em Deus como uma criança crê confiantemente em seus pais? A mais humilde atitude do coração é justamente dizer: "Essas coisas são boas, extremamente boas, mas sou muito desmerecedor delas; no entanto, se o Senhor disse que ele dá graciosamente esse presente aos indignos, quem sou eu para questioná-lo?" Sim, quem sou eu para arriscar levantar dúvida sobre a intenção do Senhor? Devo encerrar todo questionamento orgulhoso e toda dúvida de minha parte e ser justo como um recém-nascido que bebe sem duvidar o leite puro, não adulterado, da Palavra.

Estou convencido de que a incredulidade é às vezes causada pela ignorância. Não deixe que a ignorância permaneça em você. Seja diligente em examinar as Sagradas Escrituras. Se ainda não conhece o Senhor, sua providência, a doutrina da perseverança final dos santos, o pacto da graça, ah, então talvez você fique até altamente admirado; mas não deixe de conhecer essas coisas; conheça-as, e você será aceito e salvo.

Não tenho dúvida, além disso, de que a descrença é causada não só pela ignorância, mas também pelo esquecimento. Esquecemos facilmente das misericórdias do Senhor. Se o Senhor nos tirou uma vez como a um galho para fora do fogo, não nos pode tirar agora da água? Ele, que nos libertou do poder mortal do pecado, não nos pode libertar de toda e qualquer tentação? Na verdade, o Senhor já realizou mais por nós do que precisaria realizar no futuro. Não terá de morrer novamente sangrando no madeiro; não terá de se oferecer novamente em expiação pelos nossos pecados. Novecentas e noventa e nove partes de mil já são nossas. Temos apenas de fechar os olhos e abri-los no céu. O restante é nosso. Nossa salvação está mais perto do que imaginamos. Estamos *quase* chegando em casa! Já avistamos os vales e montes da boa terra! Tremeremos agora? Não devemos começar a nos regozijar com inenarrável júbilo? Não começou nossa pouca fé a se estabelecer com segurança?

A você, que ainda não crê em Jesus, tenho buscado mostrar o caminho da salvação pela fé em Cristo. A você, que crê com temor e tremor, tenho apontado o muito que o pode confortar. A você, que consegue crer com plena certeza, digo que guarde essa certeza com zelo e cuidado, pois, se aqui embaixo é o seu céu, é apenas o começo lá de cima. Que o Senhor, o Espírito Santo, esteja com vocês, em nome de Jesus. Amém.

ESPERANÇA EM CASOS DESESPERADOS

Trazei-mo [o menino] aqui (Mt 17.17).

Muito embora o texto que estudaremos hoje seja, na verdade, o de toda essa passagem, escolhemos esta frase como o seu real ponto crítico.

O reino do nosso Senhor Jesus Cristo, enquanto na terra, foi tão extenso que tocou os confins tanto do céu quanto do inferno. Em dado momento, podemos vê-lo falando com Moisés e Elias em sua glória, como se estivesse nos portões do céu, e eis que, poucas horas depois, o temos confrontando um espírito impuro, como que desafiando o próprio poço do inferno. Amplo é o seu percurso, de patriarcas a diabos, de profetas a demônios mudos; todavia, motiva-o a misericórdia, e o poder o apoia, de forma que o Senhor é igualmente glorioso em qualquer situação. Que glorioso foi Jesus, mesmo quando de sua humilhação! Que glorioso é ainda hoje e sempre! Quão longe sua bondade alcança! Verdadeiramente ele domina de mar a mar, e o seu império atinge os extremos da condição humana. Nosso Senhor e Mestre volta-se com alegria ao clamor de vitória do crente que venceu o inimigo e, no mesmo instante, inclina-se ao pranto desesperado de um pecador que perdeu toda a confiança em si mesmo, mas desejoso está de ser salvo por ele. Aceita a coroa que o guerreiro lhe traz por haver combatido o bom combate e imediatamente se acha curando e atando as feridas àqueles de coração partido. Há uma notável diferença entre a cena final do fiel que triunfa e chega ao repouso eterno e o pranteado arrependimento inicial de Saulo de Tarso ao buscar a misericórdia do Salvador a quem perseguia; e, no entanto, o coração e os olhos do Senhor estão tanto com um quanto com outro. A transfiguração de nosso Senhor não o desqualificou a expulsar demônios, tampouco o fez sentir-se sublime e espiritual demais para lidar com as enfermidades humanas; e, assim, naquele momento a glória do céu não o afasta da miséria da terra, nem o faz se esquecer dos gritos e das lágrimas dos fracos que a ele recorrem neste vale de lágrimas.

O caso desse menino possuído por um demônio, conforme já lemos desde o início da passagem, e para o qual chamo sua atenção esta manhã, é bastante digno de destaque. Todo pecado é prova de que a alma está sob o domínio de Satanás. De fato, todas as pessoas não convertidas se encontram, de certa forma, possuídas pelo mal: Satanás edificou o trono do mal dentro do seu coração e ali reina e dali governa os membros do seu corpo. O "espírito que agora opera nos filhos de desobediência" é o nome que Paulo dá ao príncipe das trevas. As possessões, no entanto, não se assemelham em todos os casos, e a expulsão de Satanás, apesar de sempre realizada pelo mesmo Senhor, nem sempre se manifesta da mesma forma. Louvamos a Deus, pois muitos de nós, quando vivíamos em pecado, mesmo assim não cedemos ao delírio furioso do inimigo — havia uma certa moderação em nossa loucura. Não reivindicamos tal crédito, mas, sim, agradecemos a Deus por isso, pois não ficamos dando voltas, como objetos rolando ao sabor da tempestade, mas fomos contidos e nos mantivemos nos limites da dignidade externa. Somos gratos também porque, ao sermos despertados e alertados e percebermos estar sob o tirante de ferro de Satanás, não fomos levados ao desespero absoluto, ao terror da grande escuridão, do tormento e da agonia interior a que alguns são impelidos a suportar; e quando Jesus veio nos salvar, embora ainda bastante retidos por Satanás, mesmo assim não chegamos a nos espumejar do orgulho, a nos espojar na concupiscência obstinada, nem à lamúria do desespero extremo, como lemos em diversos casos de possessão maligna, mas o Senhor abriu o nosso coração suavemente com sua chave dourada, entrou no aposento do nosso espírito e dele tomou posse.

Na maioria das vezes, as conquistas que Jesus realiza na alma do seu povo, apesar de operadas pelo mesmo grande poder, são conduzidas de modo mais tranquilo do que nesse caso diante de nós. Permitam-me, assim, que muitos agradecimentos sejam prestados ao nosso Deus da graça. Todavia, de vez em quando ocorrem casos estranhos e fora do comum, como esse, de pessoas em quem Satanás parece agir incontroladamente e exercer a máxima força de sua maldade; mas nas quais, também, demonstra o Senhor Jesus a grandeza excelente do seu poder, quando, em amor onipotente, destrona o tirano e o expulsa para nunca mais voltar. Se houver aqui uma só pessoa em tal situação esta manhã, ficarei reconfortado em poder cuidar dela, pois: *Qual de vós é o homem que, possuindo cem ovelhas, e perdendo uma delas, não deixa as noventa e nove no deserto, e não vai atrás da perdida...?* (Lc 15.4) Peço a oração daqueles que, no passado, hajam sido trazidos a Jesus e agora se regozijam nele, para que possamos encontrar esta manhã os que ainda perambulam ao longe e, mediante a unção do Espírito Santo, libertar os que se acham amarrados pelas correntes de ferro do inimigo. Que possam estes se tornar hoje libertos no Senhor, pois se o Filho os libertar, verdadeiramente serão livres.

Primeiramente, com a ajuda do meu Senhor, devo me estender sobre o *caso deplorável*; em seguida, meditaremos sobre o *único recurso*; e concluiremos admirando o *resultado inquestionável*.

I. Em primeiro lugar, vamos dar uma olhada, tanto quanto o tempo permitir, nos detalhes do CASO DEPLORÁVEL que temos diante de nós.

Entendemos que os milagres físicos de Cristo são tipos de obras espirituais. As maravilhas por ele realizadas no mundo natural têm sua analogia no espiritual; o natural e exterior simboliza o espiritual e interior. No entanto, o menino possuído, trazido pelo pai para ser curado, não seria propriamente um caso representativo de pecado grave, apesar de se tratar de um espírito imundo e Satanás corromper tudo em toda parte; mas, sim, um exemplo de grande horror, perturbação e alucinação desesperada, causados pelo mal em mentes doentias, para seu tormento e exposição a risco. Podemos observar, quanto a isso, que *o mal se manifestava sempre por meio de intensos ataques de obsessão, em que o menino tornava-se completamente incontrolado.* Os ataques, sob a forma de epilepsia, jogavam a pobre vítima em todas as direções.

Temos visto, de modo idêntico, pessoas melancólicas que o desalento, a desconfiança, a descrença e o desespero encolerizam, por vezes com fúria indomável. Não hospedam convidados malignos, mas são vítimas deles. Tal como em Marcos o pai informa a Jesus que seu filho é "apanhado" pelo espírito, esses coitados são também tomados e dominados por tremendo desespero. As circunstâncias os flagelam, levando-os por entre lugares áridos, onde buscam descanso e não encontram. Recusam-se a ser confortados, e sua alma abomina todo tipo de ajuda; não mostram poder algum para combater a melancolia — sua resistência nem mesmo se insinua — e são transportados para fora de si mesmos em arrebatamentos causados pela angústia. Tais casos não são absolutamente incomuns. Satanás, por saber que seu tempo é curto e Jesus intensifica cada vez mais o nosso resgate, chicoteia seus pobres cativos com excesso de maldade, tentando destruir de qualquer modo suas vítimas antes da chegada final do excelso Libertador.

O pobre menino diante de nós estava tomado naquela ocasião por *terrível angústia*, expressa por espumar na boca, gritos e ser jogado e revolver-se no chão. Além de terríveis quedas, seu delírio o fazia ir de encontro a qualquer coisa à sua frente, causando assim ainda mais sofrimento. Ninguém, senão quem já as sentiu, poderá dizer quão tremendas são as dores da condenação do pecado, agravadas por constante e terrível acusação do inimigo. Os que já passaram por isso podem afirmar que se trata de um inferno na terra. Sentimos na alma o peso da mão de um Deus tomado de ira divina. Sabemos o que é abrir a Bíblia e não encontrar uma só promessa que pareça servir de consolo ao nosso caso; mas, pelo contrário, ver cada página irradiando ameaças, como se maldições em forma de raios saíssem delas. Mesmo passagens escolhidas a dedo parecem levantar-se contra nós, como se dissessem: "Não se intrometa aqui. Estes confortos não são para você; nada há aqui que lhe possa servir de resposta ou consolo". Machucamo-nos de encontro a doutrinas, preceitos e promessas; até mesmo de encontro à cruz. Oramos, e a nossa própria oração nos aumenta a aflição; mesmo diante do propiciatório caímos, julgando não passarem as nossas preces de teimosos e insistentes sons ininteligíveis aos ouvidos do Senhor. Congregamo-nos em assembleia com o povo de Deus, e o próprio pastor parece nos recriminar, esfregar sal em nossas feridas, agravar mais ainda nosso sofrimento. As leituras, os hinos e a pregação pareciam conspirar contra nós, e voltamos para casa, para nosso isolamento, mais desamparados do que antes.

Espero que nenhum de vocês esteja passando por tal situação, pois é uma das mais temíveis de todas as coisas comparáveis ao inferno. Em tais apuros, só lamentando profundamente, como Jó: *Por isso, não reprimirei a boca; falarei na angústia do meu espírito, queixar-me-ei na amargura da minha alma. Sou eu o mar ou algum monstro marinho, para que me ponhas guarda? Quando digo: Confortar-me-á a minha cama, meu leito aliviará a minha queixa, então me espantas com sonhos e com visões me atemorizas; de modo que eu escolheria antes a estrangulação e a morte do que estes meus ossos. A minha vida abomino; não quero viver para sempre; retira-te de mim, pois os meus dias são vaidade* (Jó 7.11-16). Graças a Deus que a libertação dessa escravidão é tal que faz os anjos cantarem de alegria; mas enquanto perdura, a noite é de fato uma escuridão horrorosa. Um mártir sob tortura, amarrado com uma corrente de ferro a uma estaca e as chamas lambendo-o, se o Senhor sorrir para ele, sua angústia nada será, em comparação à tortura de um espírito sendo escaldado e queimado pelo sentido interior da ira de Deus. Tal pessoa só poderá repetir o lamento de Jeremias e clamar: *Fez-me habitar em lugares tenebrosos, como os que estavam mortos há muito. Cercou-me de uma sebe, de modo que não posso sair; agravou os meus grilhões. Ainda quando clamo e grito por socorro, ele exclui a minha oração* (Lm 3.6-8). [...] *Armou o seu arco, e me pôs como alvo à flecha. Fez entrar nos meus rins as flechas da sua aljava* (Lm 3.12,13). [...] *Encheu-me de amarguras, fartou-me de absinto* (Lm 2.15). O espírito de um homem pode resistir à enfermidade, mas o que pode suportar um espírito ferido? Gemer por pecados não perdoados e temer a punição merecida e o fogo eterno fazem os homens sofrer com intensidade e nos levam a pensar ser a vida um fardo pesado.

Dessa narrativa, podemos deduzir que o espírito maligno, ao tomar posse total do homem, *busca sua destruição* atirando-o nas mais diversas direções. *Pois muitas vezes cai no fogo, e muitas vezes na água* (Mt 17.15). Assim é com as almas profundamente perturbadas. Um dia parecem estar em chamas, com intensidade e ardor, mostrando impaciência e ansiedade; no dia seguinte, mergulham em horrível frieza e apatia, de que parece ser incrivelmente impossível se livrar. A alma se revela toda sensível ontem, toda insensível hoje. É incerta; não se sabe como se irá encontrá-la. Caso se lide com ela como se fora um espírito sob o risco do fogo da petulância, não se poderá entender sua dor, pois no momento seguinte já estará sob o perigo da água da indiferença. Voa de um extremo a outro. Essas almas são do tipo que a falsa crença diria parecerem padecerem no "purgatório", onde, como é dito, as almas sofrem alternadamente em fornos e em cubículos de gelo. Do modo como falam agora, pode-se imaginar que realmente se sentem os piores pecadores; mas, daí a pouco, negam sentir qualquer tipo de arrependimento por seus pecados. Ao ouvi-las dizer que não cessarão de orar, pode-se imaginar que de fato o farão até que hajam encontrado o Salvador; gradualmente, porém, declaram não conseguir orar de maneira alguma e que ajoelhar-se diante de Deus não passa de um rito desnecessário. Fazem toda sorte de mudança; são mais volúveis que o clima; suas cores vão e vêm como as do camaleão; são alternadamente começo e fim, contorção e emperramento. É mais que natural que ninguém consiga se preocupar com elas por muito tempo, pois variam com mais frequência do que as fases da lua. Sua doença parece escarnecer de nós, seus problemas derrubam todos os nossos esforços de consolo. Somente Jesus Cristo em pessoa pode lidar com elas. Somente ele tem um modo próprio e peculiar de lidar com doenças desesperadoras e encontra deleite em curar aqueles que os outros homens abandonaram, dando como perdidos.

Para aumentar a dificuldade, nesse caso deplorável, o menino tornava-se *surdo* quando possuído, tanto assim que, em Marcos, nosso Senhor lhe diz: *Espírito mudo e surdo, eu te ordeno: Sai dele* [...] (Mc 9.25). Não haveria, portanto, como poder convencê-lo a sair por meio da palavra comum; som normal algum conseguiria transpor aqueles ouvidos selados pelo diabo. Com outros portadores desse distúrbio, seria certamente possível falar, e uma palavra suave viria a acalmar a perturbação de sua mente; mas palavra alguma, por mais gentil que fosse, conseguiria alcançar esse pobre espírito atormentado, que parecia mostrar se achar impenetrável. E, na verdade, não existem tais indivíduos, para quem as palavras nada

ESPERANÇA EM CASOS DESESPERADOS

dizem? Você pode lhes falar a respeito das promessas, encorajá-los, explicar-lhes as doutrinas — nada disso funciona; eles terminam sempre onde começaram: como *hamsters* correndo em pé dentro de um círculo giratório, eles nunca vão adiante. Oh, quantas contorções e volteios, convulsões e movimentos espiralados dessas pobres mentes atormentadas! É até fácil lhes dizer para crer em Jesus, mas, se o entenderem, será de uma maneira tão obscura que você precisará explicar de novo, e essa explicação deverá ainda ser exposta novamente, mais à frente. Lançarem-se simplesmente no sangue derramado e descansarem na obra consumada de Jesus é o que há de mais fácil para eles, até o abecedário não poderia ser mais fácil, e no entanto não é nada fácil para eles; parecerão compreender você e então começam a sair pela tangente; poderão parecer estar convencidos e abandonarão por um breve tempo as suas dúvidas e medos, mas encontre-os pouco tempo depois e verá que falou às paredes, discursou para os surdos. Oh, que situação lamentável! O Senhor da misericórdia olha por tais pessoas, pois desesperançada é a esperança que procede do homem. Glória a Deus, que nos oferece sua ajuda mediante aquele que é poderoso, que pode fazer os surdos ouvirem, fazendo sua voz soar com melodiosos estímulos até o fundo sepulcral das masmorras do desespero.

Tal como Jesus chamou o espírito obsessor, o aflito se tornava, do mesmo modo, por causa da possessão demoníaca, *mudo*, ou melhor, incapaz de fala articulada. Como o demônio, por meio do menino, gritou ao deixá-lo, conclui-se que os órgãos da fala do menino funcionavam; somente a fala articulada é que ficava impedida de manifestação. Haveria certamente uma expressão vocal de tipo incoerente pela vítima durante a possessão; o aparelho fonador mantinha-se fisicamente em forma, mas nada de inteligível dele saía, apenas gritos estranhos e desolados. Esse tipo de mudo, espiritualmente, existe em abundância: não consegue articular bem as palavras para explicar sua própria condição; sempre que fala, sua conversa é incoerente; se contradiz a cada sentença. Sabemos que tais pessoas estão falando o que acreditam ser verdade, mas, se não o soubéssemos, poderíamos até pensar que estivessem proferindo falsidades, misturadas umas às outras. Sua experiência é uma sequência de contradições, e sua manifestação vocal é ainda mais complicada que sua experiência. É um tanto árduo e extremamente difícil falar com elas, pois desgastam a paciência do ouvinte; e, se desgastam a paciência do ouvinte, quão penoso deve ser para a própria pessoa que fala! Elas oram, mas eu não ousaria chamar de oração ao som, que mais se assemelha ao chilrear de uma ave. Falam com Deus sobre o que acontece em seu pobre coração, ah, mas em tal confusão que, quando terminam, é de pensar se oraram realmente ou não. É como se fora um grito, um grito amargo e angustiante de dor, intraduzível em palavras; um gemido, um anseio, uma nostalgia indescritível do espírito, mal sabendo a própria pessoa o que significa.

Sei que você talvez esteja cansado dos detalhes desses casos tristes, mas já vou concluir. Se alguém nunca teve ou conheceu experiência semelhante, agradeça a Deus por isso; ao mesmo tempo, tenha piedade e ore por aqueles que estão passando por esse estado de espírito. Invoque agora, silenciosamente, a esperança do grande Curador. Que ele venha e trate essas pessoas, pois somente seus cuidados estão acima de toda ciência e habilidade humanas.

Em Lucas, o pai diz a Jesus que o obsessor deixava seu filho *quebrantado*. Como poderia ser diferente com alguém como ele, que era tomado por quantidade tão grande de distúrbios e tão constantemente atormentado que o descanso natural do sono era certamente sempre interrompido? Não seria possível que seu vigor pudesse ser mantido por muito tempo em um sistema orgânico assim tão torturado e tenso; e, observe mais ainda, o desespero da mente é algo excessivamente debilitante, tanto para a alma quanto para o corpo. Por ser debilitante para o corpo é que o sofredor cansado se queixa, como Davi: *O meu humor se tornou em sequidão de estio* (Sl 32.4). Também sentir a culpa do pecado, temer o castigo próximo, entoar um grito de fúria contra o próximo, recear a morte e esperar por ela a qualquer momento e, acima de tudo, duvidar de Deus ou dizer coisas amargas contra ele — são coisas que fazem os ossos se decompor e o coração definhar. Em *Grace Abounding* [Graça abundante], de John Bunyan, há a imagem, inspirada na vida, de uma alma deixada como urze no deserto, de tal forma que não poderia ver quando algo bom adviesse disso. Assim também é quando uma mente balança para cima e para baixo por entre mil ondas de incredulidade, nunca descansando em momento algum, mas perpetuamente perturbada e levada por desconfiança, suspeita e maus pressentimentos. Se esses ataques continuarem e não forem por vezes interrompidos; se não houver, que seja, uma pequena pausa, por assim dizer, entre os ataques de descrença, seguramente o homem fracassará de vez e voltará para casa como presa de sua própria incredulidade cruel.

O pior do presente caso, no entanto, é que tudo isso, segundo está em Marcos, *persistia há anos*. Jesus pergunta há quanto tempo aquilo vinha ocorrendo, e o pai responde que desde a infância do filho. Muitas vezes, Deus permite, com propósitos que não compreendemos, o sofrimento profundo de uma alma tentada durante muito tempo. Não poderia dizer durante quantos anos, mas certamente alguns há que tiveram de lutar com a incredulidade até quase já nos confins da sepultura e tão somente no ocaso da vida lhes veio a luz. Quando todos pensavam que eles iriam morrer na escuridão, o Espírito Santo lhes surgiu, e foram esclarecidos e confortados. Os puritanos costumavam citar a experiência notável da sra. Honeywood como exemplo singular de como o Senhor liberta seus escolhidos. Durante longo tempo, ano após ano, ela esteve no cativeiro da melancolia e do desespero, mas de repente passou a se sentir livre pela graciosa providência de Deus, de modo quase milagroso. Em seu desespero, ela pegou um dia um copo de vidro fino e declarou: "Estou certamente tão condenada quanto este vidro irá ser partido agora em pedaços!" e o jogou no chão; mas, para sua surpresa e surpresa de todos, ninguém sabe como, o copo que caiu ao chão não teve seu vidro lascado, muito menos quebrado. Aquela circunstância lhe concedeu logo um raio de luz, e ela então se lançou nos braços do Senhor. Muitas vezes, uma luz soberba é concedida em meio a extraordinária escuridão; Deus tira o prisioneiro da masmorra mais oculta, onde seus pés estavam presos no tronco e, por fim, após anos de escravidão, lhe concede liberdade perfeita e desfrutável.

Mais uma coisa sobre esse caso. Os *discípulos fracassaram* em expulsar o demônio. Em outras ocasiões, tinham sido bem-sucedidos — chegando a dizer ao mestre: *Senhor, em teu nome, até os demônios se nos submetem* (Lc 10.17). Mas, nessa ocasião, sentiram-se derrotados. Fizeram o melhor possível. É bem verdade que tiveram alguma fé, ou então não teriam tentado realizar a tarefa, mas sua fé provavelmente não foi compatível com o tamanho da emergência. Escribas e fariseus os cercaram e deles escarneceram. Se houvesse poder suficiente entre os apóstolos para realizar o feito, eles alegremente o teriam feito; mas lá estavam, fracassados e abatidos — com o pobre paciente diante deles, suplicante e atormentado, e eles incapazes de prover o mais leve alívio que fosse. Ah, eis aí uma situação que se torna muito dolorosa: quando uma alma ansiosa vai à casa de Deus durante anos sem encontrar consolo; quando um espírito perturbado procura em vão ajuda dos ministros, dos homens e das mulheres cristãs; quando a oração é oferecida e não respondida; quando lágrimas são derramadas inutilmente; quando livros que consolaram outros são estudados sem resultado; quando ensinamentos que converteram milhares de outros deixam de causar a devida boa impressão; mas há ainda exemplos nos quais toda ação humana é de tal forma dizimada que parece impossível confortar os pobres perturbados tanto quanto é impossível acalmar as ondas do mar ou aquietar a voz do trovão. O coração fica em angustiada expectativa, enquanto o espírito entra em conflito com o Espírito Santo, demonstrando toda a sua malignidade e levando a alma ao extremo da agonia; ainda assim, temos de confiar em que o Espírito Santo há de mostrar todo o seu poder salvador e conduzirá a alma para fora de tal prisão para louvar o nome do Senhor.

Acho que acabo de ouvir um incrédulo sussurrar: "Graças a Deus que nada tenho a ver com isso". Pare para pensar antes de agradecer a Deus por isso, pois é maligno e deplorável demais. Seria melhor ter que ver com tudo isso do que permanecer sem sensibilidade espiritual; seria melhor ir para o céu queimado e marcado, tendo sido fustigado e escoriado a cada passo do caminho, do que escorregar tranquilamente para o inferno, como a muitos acontece — dormindo docemente, enquanto demônios os carregam pela estrada da perdição. Vale a pena, na verdade, ser perturbado e atormentado por algum tempo se, ao final, pela interposição de Deus, terminarmos crendo e em alegria e paz; mas é incomparavelmente terrível ouvir dizer "paz, paz" aos seus ouvidos quando não há paz e se ver naufragado no poço de onde não há escapatória. Em vez de ser agradecido, pediria que você temesse. Sua calma é aquela mesma calma tremendamente profética que o viajante muitas vezes percebe no cume dos Alpes: de repente, tudo

Esperança em casos desesperados

fica calmo; os pássaros suspendem o canto, voam baixo e se escondem; na colmeia as abelhas tornam-se silentes; uma quietude horrível impera, como se a morte tivesse silenciado todas as coisas ao lançar sobre elas o seu cetro. Consegue o viajante perceber o que está acontecendo? O trovão está se preparando; os raios, em breve, lançarão suas poderosas faíscas. A terra deverá tremer; picos de granito serão dissolvidos; toda a natureza será, enfim, abalada com a incontrolável fúria da tempestade. É essa a sua solene calma hoje, pecador. Não se regozije nela. Está vindo a tempestade, o vendaval, a tribulação, que hão de varrer tudo e terminantemente destruir. Antes, pois, ser molestado pelo diabo agora do que ser atormentado depois para sempre.

II. Trouxe, assim, a vocês, um assunto bastante doloroso. Agora, em segundo lugar, oro para que o Espírito Santo nos ajude, enquanto lembrarei a vocês a respeito do ÚNICO RECURSO.

Os discípulos estão abalados, estarrecidos. O Mestre, no entanto, permanece seguro; e solicita, quanto ao menino: *Trazei-mo aqui*. Temos não só de usar dos recursos tanto quanto pudermos, mas somos compelidos também a torná-los até mais eficazes do que comumente o são. A oração e o jejum são prescritos por nosso Senhor como forma de obtermos maior poder do que aquele que possuiríamos de outra maneira. Conversões existem que jamais seriam realizadas pela ação costumeira de cristãos comuns. Somos instados a orar mais, assim como pela abstinência a manter o nosso corpo em submissão, a fim de desfrutarmos de comunhão mais íntima com Deus, antes de podermos ser capazes de lidar com casos mais angustiantes. A igreja de Deus seria muito mais forte para lutar contra essa era incrédula se fosse mais dedicada a orar e jejuar. Há uma poderosa eficácia nessas duas práticas cristãs. A primeira nos liga ao céu, e a segunda nos separa da terra. A oração nos leva ao banquete de Deus; o jejum recusa as excessivas mesas da terra. A oração permite que nos alimentemos com o pão do céu; o jejum libera a alma de ser sobrecarregada pela pletora do pão que perece. Quando os cristãos atingem maiores possibilidades de vigor espiritual, acham-se aptos então, com o Espírito de Deus neles operando, a expulsar demônios que, sem oração e jejum, deles zombam e escarnecem. Mesmo assim, até para o mais preparado cristão haverá sempre dificuldades que devem ser diretamente deixadas à eficiente e inigualável ação pessoal do Mestre para serem resolvidas. Eis por que ele muitas vezes nos solicita: *Trazei-mo*.

Para que o texto possa nos ser o mais útil e prático, peço que se lembrem de que *Jesus Cristo ainda está vivo*. Por mais clara que seja essa verdade, precisamos constantemente nos lembrar dela, para o nosso bem. Muitas vezes, estimamos o poder da igreja por observarmos ação de seus ministros, ou os seus costumes ou a atividade de seus membros. Todavia, o poder da igreja não reside aí; reside no Espírito Santo, e no nosso sempre vivo Salvador. Jesus Cristo morreu, é verdade, mas vive, e podemos tão verdadeiramente ir a ele quanto o fez aquele pai aflito do menino endemoninhado, nos dias de sua jornada terrena. Dizem que não há mais milagres; os milagres naturais talvez sejam menos frequentes, mas os espirituais crescem a cada dia. Não temos, porém, propriamente, poder de operar nem uns, nem outros. É Cristo quem tem o poder de operar todo prodígio e ele ainda está capacitado e desejoso, neste mesmo momento, de operar milagres espirituais no seio de sua igreja. Deleito-me em pensar em meu Senhor e Salvador como um Cristo vivo, a quem posso falar e contar sobre cada caso que ocorre em meu ministério; um Ajudador vivo, a quem posso levar cada dificuldade que surge em minha alma e na alma de meus irmãos. Oh, não pense simplesmente que ele esteja morto e enterrado! Não o procure dentre os mortos! Jesus vive, e vivo consegue agir milagrosamente em todos os casos de angústia e aflição, tanto quanto quando aqui embaixo se encontrava.

Lembremo-nos, também, de que *Jesus ocupa lugar de autoridade*. Quando aqui, já detinha poder sobre os demônios; agora, onde está, tem poder ainda maior; pois aqui na terra estava ainda encoberto temporariamente o esplendor de sua divindade, mas lá a sua glória se irradia resplandecente e até o inferno há de confessar a majestade do seu poder. Não há demônio, por mais forte que seja, que não trema se Jesus tão somente falar, ou mesmo olhar para ele. Jesus é o mestre dos corações e das consciências; por seu secreto poder, pode operar na mente de cada pessoa; pode quebrantar ou exaltar, arrefecer ou fortalecer. Não há caso difícil para o Senhor. Temos apenas de levá-lo a ele. Ele vive — e vive em plena morada do poder; e pode atingir o desejo do nosso coração. Além do mais, *Jesus habita na torre da observação total e de lá, mesmo assim, opera suas necessárias intervenções.* Somos tentados geralmente a imaginá-lo como alguém que se acha distante e, por isso, não percebe as angústias de cada um e os anseios de sua igreja; mas eu lhes asseguro, irmãos, que a honra de Cristo está neste momento tão intimamente ligada à vitória ou à derrota de cada um e de todos os seus servos quanto estava quando desceu do cume do monte da transfiguração. Desde as janelas dos céus, Jesus observa a obra de seus ministros e discípulos fiéis; e, se os vê frustrados, fica cioso da honra de seu evangelho e logo se dispõe a interpor, se necessário, para garantir a nossa vitória hoje, como o fazia antes. Temos apenas de confiar em Cristo. Ele não se aposenta por velhice, como o antigo deus pagão Baal. Não é insensível à nossa aflição, nem indiferente ao nosso sofrimento. Nosso abençoado Mestre está apto a socorrer e é forte para libertar! Temos apenas, enfim, de levar o problema que nos aflige a ele, e Jesus tratará desse problema segundo sua imensa compaixão.

Devemos nos lembrar ainda que *Jesus Cristo quer que o vejamos como realmente ele é: vivo, poderoso, intercessor, e que estejamos prontos a nele confiar.* Não temos consciência do que perdemos por nossa falta de fé; concluímos erroneamente que determinadas pessoas se encontram em situação perdida, e ponto-final; e deste modo as magoamos e desonramos Cristo. Deixamos de lado problemas e desafios, e simplesmente os abandonamos, em vez de apresentá-los constantemente a Cristo; limitamos o Santo de Israel, molestamos seu Santo Espírito e sua mente santa. Todavia, se, tal como um filho confia em seu pai, confiarmos em Jesus sem vacilar, com fé abraâmica, crendo ser capaz de cumprir tudo o que nos tem prometido, podemos constatar que até mesmo casos como esses são por ele trazidos à luz do dia e que ele oferece *óleo de gozo em vez de pranto, vestidos de louvor em vez de espírito angustiado* (Is 61.3).

Por isso, sinceramente, lhes recomendo com insistência, a vocês, pais, familiares e todos aqueles que tenham filhos, parentes ou amigos com perturbação mental, que levem seus entes queridos a Jesus. Não duvidem jamais do Senhor — assim só irão entristecê-lo; e não hesitem em contar a ele, esta manhã, a condição em que se encontram seus amados. Apressem-se até ele, ponham os enfermos diante dele e mesmo que, embora orando, o caso pareça se tornar pior, não hesitem, vocês que se colocam diante do infinito Filho de Deus, e que, portanto, nada precisam temer nem duvidar. Deus nos provê a graça em todos os acontecimentos e problemas diários, especialmente nos assuntos da alma, permitindo que os levemos todos ao Senhor Jesus.

III. Por fim, e com brevidade, falaremos sobre o RESULTADO INQUESTIONÁVEL.

Quando aquele menino foi levado perante nosso Senhor, o caso parecia incrivelmente sem solução. Achava-se, devido à obsessão, surdo e mudo: como conseguiria o mestre lidar com ele? Além do mais, espumava e se contorcia: que abertura parecia haver para o poder divino? Não é de admirar que o pai tenha dito: [...] *se podes fazer alguma coisa, tem compaixão de nós e ajuda-nos* (Mc 9.22). Em casos semelhantes, a voz de Jesus havia acalmado o espírito; agora, no entanto, talvez não conseguisse alcançar aquela alma, pois os ouvidos estavam espiritualmente fechados. Ao que parecia, nunca se havia apresentado antes perante o Salvador um caso tão sem solução, incorrigível para todos os efeitos. Mesmo assim, a cura se revela divinamente certa, quando Jesus, sem hesitar nem por um momento, diz ao espírito impuro: *Espírito mudo e surdo, eu te ordeno: Sai dele e nunca mais entres nele.* Cristo tem poder para dar ordens aos demônios com autoridade. Eles não ousam desobedecer. [...] *e nunca mais entres nele,* disse o Salvador. A quem Jesus cura está curado para sempre. Uma vez que ele traz a alma para fora da prisão, ela não volta para lá nunca   mais. Se ele diz: "Eu perdoo", o pecado é perdoado; se fala de paz, a paz será como um rio que nunca seca, correndo até que se dissolva no oceano do eterno amor. A cura em si era inatingível, mas tornou-se absolutamente certa quando Jesus estendeu sua mão curadora. Ó você, hoje tão alquebrado e desesperado, nada há que *eu* ou *você* possamos fazer; mas também nada há que o Senhor não possa. Tão somente achegue-se a ele esta manhã, e com uma palavra ele lhes dará paz, uma paz que jamais será interrompida, mas que perdurará para sempre.

Não obstante, a palavra de Cristo, apesar da certeza da vitória, foi firmemente rejeitada. O demônio se revoltou com grande ira, sabedor de que seu tempo era curto. Começou a atacar violentamente, concentrando toda a sua força diabólica no pobre garoto, que, espumando e se contorcendo, caiu como

Esperança em casos desesperados

morto, sob tremenda agitação. Isso acontece muitas vezes, ao primeiro comando de Cristo: o espírito imundo se perturba ainda mais, não porque Jesus perturbe, mas porque Satanás se rebela. Uma pobre criatura tentada pode até deixar-se cair em desespero, como se estivesse morta, e aqueles ao seu redor irão lamentar: "Morreu"; mas então virá a curadora mão de ternura e amor do Senhor, que com seu toque fará a alma sobreviver. Ó alma, se você se julga morta, se a sua última esperança expirou, se parece não haver nada mais diante de você além da espera do juízo ou uma lancinante indignação, é quando então Jesus justamente intercederá. Aprenda que nada conseguimos afastando-nos de Cristo. Acredite que seus extremos são extremos apenas para você, e não para ele. O maior dos pecados e o mais profundo dos desesperos, juntos, não conseguem abalar o poder de Jesus. Se você estivesse até mesmo nas garras do inferno, Cristo o salvaria. Se os seus pecados o tivessem levado além dos portões do inferno, com as chamas já lambendo o seu rosto, mas você buscasse Jesus, ele o salvaria. Se você for levado a ele batendo à porta da morte, mesmo assim você há de receber a misericórdia eterna.

Como Satanás tem a insolência de levar os homens ao desespero? Sem dúvida, faz parte de sua infernal impertinência que ele ouse assim fazer. Desespero? — quando você tem um Deus onipotente a seu lado? Desespero? — quando o precioso sangue do Filho de Deus foi dado pelos pecadores? Desespero! — com um Deus que nos enleva em piedade? Desespero? — quando assim soa o sino de ouro: *Vinde a mim, todos os que estais cansados e oprimidos, e eu vos aliviarei* (Mt 11.28)? Desespero?, quando perdura a vida; quando o portão da misericórdia se encontra bem aberto; quando os arautos da piedade rogam para que você venha, por mais que seu pecado seja escarlate, para sua alma vir a se tornar branca como a neve? É somente, portanto, a impertinência infernal que ousa sugerir a ideia de desespero a um pecador. Cristo é incapaz de salvar? Nunca. Cristo pode ser superado por Satanás e pelo pecado? Impossível. Há um pecador com doença demais para o grande médico curar? Pois eu lhe digo que, se todas as doenças dos homens estivessem em você e todos os pecados dos homens assomassem em sua alma — se a blasfêmia, o homicídio, a fornicação, o adultério, se todos os pecados possíveis e imagináveis tivessem sido cometidos por você, ainda assim o precioso sangue de Jesus Cristo, o querido Filho de Deus, poderia purificá-lo.

Se você desejar apenas confiar em meu mestre — e ele é digno e merecedor de toda a sua confiança; se você desejar apenas crer nele, ele agora mesmo o salvará. Oh, por que postergar? Por que levantar questões, debater, deliberar, desconfiar, suspeitar? Caia em seus braços! Ele não irá, de modo algum, rejeitá-lo, pois ele mesmo disse: [...] *o que vem a mim de maneira nenhuma o lançarei fora* (Jo 6.37). Sim, pobre irmão, não cabe a mim convertê-lo, mas tão somente o Mestre. É minha obrigação informá-lo disso, mesmo que você não concorde; até que venha Cristo com todo o poder sobre o seu espírito e o convença. Que ele então venha logo, venha hoje, e diga ao espírito maligno que acaso ainda habite em você: "*Sai dele, espírito imundo, e nunca mais entres nele* (Mc 9.25)! Deixa-o ser liberto e livre, pois eu o redimi com o meu mais precioso sangue".

Orem, queridos amigos, para que, por mais fracas que tenham sido as minhas palavras hoje, por mais desconexos que tenham sido meus pensamentos, Deus — Pai, Filho, Espírito Santo — os abençoe; para que sejam removidas as barreiras de ferro; para que os portões sejam abertos e os cativos postos em liberdade. Que o Senhor assim os abençoe, em seu santo nome. Amém.

91

Um caso de desespero — como enfrentá-lo

Depois os discípulos, aproximando-se de Jesus em particular, perguntaram: Por que não pudemos nós expulsá-lo? Disse-lhes ele: Por causa da vossa pouca fé; pois em verdade vos digo que, se tiverdes fé como um grão de mostarda, direis a este monte: Passa daqui para acolá, e ele há de passar; e nada vos será impossível [mas esta casta de demônios não se expele senão à força de oração e de jejum] (Mt 17.19-21).

A narrativa de que este texto faz parte descreve uma cena ocorrida imediatamente após a transfiguração de nosso Senhor. Sem divorciá-la, portanto, de sua conexão, vamos dar uma olhada nos antecedentes do caso, para que nada seja perdido por negligência, bem como para que possamos ganhar algo mais mediante a meditação.

Que grande diferença entre Moisés e Cristo! Quando esteve por quarenta dias no alto do monte, Moisés sofreu tal transfiguração que sua face passou a resplandecer com um brilho excessivo e, ao descer para voltar a se reunir ao seu povo, foi obrigado a colocar um véu sobre o rosto, pois ninguém conseguia fitar os olhos em sua face, do modo resplendente como estava. Tal não se deu no caso do nosso Salvador. Na verdade, Cristo foi transfigurado em glória bem maior do que aquela que Moisés possa ter experimentado e, no entanto, ao descer do monte, por mais que tivesse sido o brilho radiante de sua face, não está escrito no evangelho que pessoa alguma não conseguisse olhar para ele, mas, pelo contrário, que vieram ter com ele e o saudaram. A glória da lei afastava as pessoas; pois a majestade da santidade e justiça leva geralmente os espíritos amedrontados para longe de Deus. Mas a glória maior de Jesus atrai; pois ele é santo, justo e íntegro, e, juntamente com estas virtudes, há nele tanto de verdade e graça que os pecadores acorrem a Jesus, maravilhados com sua bondade, atraídos pelo encantador fascínio do seu amor; e o saúdam, e se tornam seus discípulos, e o tomam como seu Senhor e Mestre.

Alguns de vocês podem estar, neste momento, ofuscados pelo brilho esplêndido da lei de Deus. Você percebe as exigências da lei em sua consciência, mas não consegue satisfazê-las em sua vida. É algo muito elevado para você e você não consegue atingi-lo. Não que encontre defeitos na lei; pelo contrário, você tem por ela consideração e respeito os mais profundos. De nenhum modo, porém, você se sente atraído a Deus por seu intermédio; e, se você for rigoroso em seu coração, pode acabar chegando à conclusão do desespero: "Como é impossível eu obter a salvação mediante as obras da lei, prefiro então continuar com os meus pecados". Ah, pobre coração! Tire seus olhos de Moisés, com todo esse seu resplendor que o afasta, e olhe para Jesus, crucificado pelos homens pecadores. Veja suas chagas sangrando e sua cabeça coroada de espinhos! Ele é o Filho de Deus, mais importante que Moisés. Suporta em nosso lugar a ira de Deus e nisso revela muito mais da justiça de Deus do que as tábuas quebradas por Moisés poderiam revelar. Olhe para ele, e, ao sentir a atração de seu amor, corra para seus braços e você será salvo.

Que diferentes os espíritos de Moisés e Jesus! Quando Moisés desce do monte, apresta-se em purificar o acampamento. Parece empunhar uma espada de fogo; quebra o bezerro de ouro e ataca os idólatras. Jesus, ao descer do monte, encontra uma confusão armada, de certo modo semelhante ao que acontecera com Moisés no acampamento: depara com seus próprios apóstolos derrotados e abatidos, da mesma forma como Arão fora derrotado pelo clamor das pessoas. Todavia, não agride nem ataca fisicamente ninguém; faz apenas uma repreensão: "Ó geração incrédula e perversa! Até quando estarei convosco? até quando vos sofrerei?" Seus atos, então, são mais de misericórdia — não quebra nada em pedaços, mas cura; não

UM CASO DE DESESPERO — COMO ENFRENTÁ-LO | 859

amaldiçoa, mas abençoa. O amor repousa em sua fronte ao tocar o pobre coitado que está praticamente morto, tomado por uma possessão demoníaca, e lhe restaura a vida e a saúde. Vá então, para Jesus, meu irmão; deixe a lei e o seu próprio farisaísmo para aqueles que nada podem fazer por você, mas somente amaldiçoá-lo. Corra para Jesus; pois, seja você quem for, há perdão para você nos lábios dele; há bênçãos nas mãos dele; há amor no coração dele; ele não o receberá com desdém; não, nem mesmo *você*.

Quanto de condescendência na atitude de Cristo! Nosso Senhor havia sido grandemente glorioso no alto do monte da transfiguração, tendo junto a si Moisés e Elias; mas, ao descer para junto da multidão, não desconsidera a súplica do pobre pai nem se recusa a curar o infeliz menino possuído por um demônio. Observem essa elevada condescendência do meu mestre, que concede cuidadosa atenção a cada um e a todos, com sua atitude se suavizando em piedade para, logo em seguida, se enternecer em compaixão graciosa, que parece ser realmente o único canal pelo qual flui o seu inigualável poder. Lembremo-nos, além de tudo, de que ele é o mesmo hoje e sempre, como era então.

> Embora agora reine em esfera superior,
> Mui grande ainda é seu inigualável amor.

Ele continua tão disposto a receber os pecadores quanto o estava quando dele se disse: *Este recebe pecadores, e come com eles* (Lc 15.2); está tão pronto a receber vocês, pobres pecadores, quanto o estava quando foi tachado de amigo de publicanos e pecadores. Achegue-se a ele. Curve-se a seus pés. O amor dele ainda o chama. Creia que o Jesus transfigurado e glorificado ainda é o mesmo Salvador amoroso, capaz de absolver e perdoar.

Vejam que esclarecimento há, ainda, na história sagrada. Após ter estado ausente por algum tempo, Jesus voltou. Havia subido ao monte para orar e, enquanto orava (estou certo disso, bem como de seu jejum também), foi que sua transfiguração se deu. Por devoção própria e revelação especial do Pai, voltou então, por assim dizer, com renovado poder, para prosseguir em seu ministério. A partir desse momento, nos tornamos testemunhas do notável poder que demonstraria logo em seguida e do aconselhamento não menos valioso que daria de modo pertinente a seus discípulos, quando estes vieram lhe confessar e questionar a própria fraqueza. Temos assim diante de nós, nesse texto, um caso peculiar: um enfermo que frustra por completo a capacidade dos discípulos de Jesus, mas é curado de vez pelo grande Mestre; e a razão dada pelo próprio Senhor para explicar por que até os apóstolos não tinham sido capazes de libertar um endemoninhado.

Examinemos, então, *esse caso deplorável*; peculiar, sim, mas não tão singular, por ser um caso que podemos voltar a encontrar ao nosso redor. Observemos, em seguida, *a cena armada em torno do caso*: o pai, os discípulos, os escribas, para verificarmos então, posteriormente, com grande alegria, que, *quando o Salvador intercede, soluciona toda e qualquer dificuldade*. Por fim, iremos atentar para os motivos que Jesus apresenta aos discípulos para explicar o fracasso deles, sem perder de vista que, *antes de sua vinda, aqueles homens haviam se tornado totalmente incapazes de realizar a obra*.

I. Em primeiro lugar, temos diante de nós um CASO MUITO PECULIAR.

Ao que parece, os discípulos já tinham expulsado demônios de quase todo tipo. Onde quer que tenham ido antes, este ficou sendo seu testemunho mais conhecido e uniforme: *Senhor, em teu nome, até os demônios se nos submetem*. Agora, porém, estão confusos. É de supor haverem encontrado um demônio da pior espécie. Existem graus na diabrura, como no pecado humano. Quanto ao pecado humano, todos os pecadores são maus, mas nem todos são maus da mesma forma. Entre os demônios, todos estão cheios de pecado, mas não no mesmo grau. Disse Jesus, em um de seus ensinamentos: *Então vai, e leva consigo outros sete espíritos piores do que ele* [...] (Mt 12.45). Existe provavelmente uma gradação na maldade dos demônios, como talvez também em seu poder de cumprir seus impulsos perversos. Podemos pensar de forma simplista que todos os demônios sejam Satanás. Todavia, este parece ser um arquiespírito mau importante, o grande Diabo, o acusador dos irmãos — o poderoso Lúcifer, que caiu dos céus e se tornou o príncipe dos poderes das trevas. É provável que não exista em todas as suas hostes demônio igual a ele.

É o principal e o chefe dessas ex-estrelas da manhã, caídas; os demais espíritos devem ocupar diferentes graus de maldade, na hierarquia do inferno. Aquele pobre menino parece ter sido possuído por um dos piores, dos mais potentes, agressivos e violentos desses espíritos ruins.

Acredito, irmãos, que temos também neste mundo um quadro de certa classe de indivíduos que não sejam apenas perdidamente pecadores, mas igualmente sujeitos a impulsos anormais, que os carregam a longitudes infernais e profundidades infames; indivíduos incapazes de se conter, constituindo verdadeiro terror para os parentes e uma indigência para si mesmos. Como disse antes, todos os homens são pecadores, mas o poder da depravação para alguns é muito mais forte do que para outros; pelo menos, se não intrinsecamente mais forte, apresentando certas manifestações que não percebemos geralmente entre os demais. Quão frequentemente, queridos amigos, ah!, muito frequentemente até, vemos pessoas jovens que correspondem a essa descrição, que são precoces na maldade. É o mesmo que, quando (em Marcos) Jesus pergunta ao pai do menino: *Há quanto tempo sucede-lhe isto?*, ser a resposta do pai: *Desde a infância* (Mc 9.21). Lembro-me, inclusive, de haver conhecido certa vez uma criança que sofria de um ataque tão repentino que seu rosto enegrecia. Quando pôde andar por si mesma e foi enviada para uma escola pública, qualquer tipo de pedra, pau, pedaço de tijolo, qualquer coisa que pudesse se aproximar de sua mão, ela o lançava, sem pensar por um segundo, sobre qualquer um que a contrariasse. Mais tarde, seu canivete podia ser tirado do bolso e aberto em um instante. Muitas vezes o jovem assassino em potencial foi impedido de esfaquear alguém pela mão atenta e o olhar vigilante de quem dele cuidava.

A mesma coisa temos notado em alguns jovens. Começam cedo a mentir, a roubar e logo aqueles lábios jovens ensaiam linguagem obscena, enquanto a mãe e o pai ansiosos não conseguem entender onde o filho poderia ter aprendido tais coisas. Protegeram esse filho de toda a contaminação e pareciam cercá-lo e rodeá-lo de influências sagradas; no entanto, mesmo assim, em casos desesperados como esses, tão logo pôde distinguir entre o certo e o errado, o filho escolheu o pior por sua livre e espontânea vontade, com uma teimosia e uma imprudência violentas e totalmente incomuns. Temos conhecido alguns casos assim. Que Deus nos permita que isso nunca nos aconteça, de sermos pais de tais filhos. Existem, porém, esses, que então crescem e cujas paixões da infância se desenvolvem; podemos ver alguns deles, de cabeça baixa, olhar carrancudo e sombrio, ao visitarmos os presídios; ou os encontrarmos nas ruas, desejando, sem maldade, mas de todo o coração, que estivessem na prisão há muito tempo, pelo perigo que representam fora dela. Desde criança, parecem haver sido possuídos por um demônio, ter tido sua vontade aprisionada por ele.

Esse menino da narrativa parece ter sido afligido por algo que poderia ser qualificado como distúrbio mental e que, na verdade, se manifestava sob a suposta forma de epilepsia. Ao que parece, estava constantemente sujeito a tais ataques pseudoepilépticos. Ataques de tal violência ultrajante recaíam sobre ele, e não havia como ser oferecida resistência de sua parte. Então se jogava, ou era jogado, no fogo ou, se houvesse água profunda mais perto, parecia tentar a autodestruição mergulhando nela. Encontramos não raramente pessoas desse tipo, de comportamento ocasional totalmente chocante e fora de controle, quando do um ataque do mal parece recair sobre elas. Vou exemplificar com alguns casos que tenho observado.

Conheci, esses dias, um homem — que pode ser que até esteja aqui esta manhã e, se estiver, reconhecerá sua própria descrição — que, por vezes, é tão racional que toda pessoa desejaria se relacionar com ele. Aprecia ouvir a palavra de Deus e é, sob alguns aspectos, uma pessoa amável, agradável e respeitável. Todavia, algumas vezes, ocorrem-lhe ataques de embriaguez, para os quais se torna totalmente impotente, sob evidente influência demoníaca; enquanto duram esses ataques, não importa nem que saiba que está errado, mil anjos não conseguem arrastá-lo dessa perturbação. Lança-se nas águas espirituais da autodestruição e quer continuar mergulhado nelas. Pode-se julgar motivá-lo, convencê-lo pela lógica, imaginando: "Oh, se ele vir que alguém o ama, nunca mais fará isso outra vez; ele é um homem muito sensato; já tem-se mostrado bem-educado; a palavra de Deus poderá produzir, quem sabe, um efeito tal sobre ele que ele nunca mais fará isso de novo" — mesmo assim, ele o faz; repete os velhos paroxismos e tem sido assim já há vinte ou trinta anos; e, se viver mais alguns anos, mas a soberana graça divina não o impedir, morrerá bêbado, tão certo quanto agora ainda vive, indo diretamente da bebedice para a danação.

Um caso de desespero — como enfrentá-lo | 861

Outro caso, que extraio igualmente da vida diária, é o de um homem amável, gentil e generoso — excessivamente generoso. Ele tem um lar — *teve*, eu deveria dizer —, teve um lar, e foi sua luz. Ninguém jamais suspeitou dele — isto é, em seus melhores tempos —, de suas falhas graves; mas às vezes — e isso tem sido ocultado por muitos amigos indulgentes —, às vezes um ataque de lascívia lhe advém e, em tais períodos, não importa qual possa ser a tentação, ou quão impuro possa ser esse pecado, tal homem a ele se entrega. Se você o conhecesse e argumentasse com ele, seria tempo e esforço seus jogados fora. Embora ele saiba disso, quando lhe advém o ataque dessa espécie de epilepsia diabólica, ele cai e se contorce no chão do pecado com toda força e poder, tão possuído pelo amor ao pecado se torna. Eu o conheci quando desfez o lar e atravessou o oceano para ir a outro país, onde pudesse se entregar às suas paixões vis sem censura ou a moderação dos amigos. Ele provavelmente há de voltar, com o coração partido, pensando talvez que jamais poderia ser tão tolo. Todavia, é bem capaz de se entregar ao pecado da depravação outra vez. Está nele. O demônio está nele. E, a menos que Deus o expulse, continuará fazendo tudo igual outra vez, escolhendo deliberadamente sua própria danação.

Poderia prosseguir descrevendo diversos casos assim, mas não é necessário que eu continue com muitos exemplos, pois poderiam variar apenas nas diferentes formas de pecado. Permitam-me, contudo, citar somente mais um. Um rapaz tinha um pai tão bom como poucos filhos poderiam ter. Atuando no mesmo trabalho do pai, era um dedicado aprendiz. Então, correu o rumor de que certa quantia em dinheiro havia desaparecido. O pai ficou muito angustiado, pois era o chefe ali, e logo o assunto foi encoberto pelo silêncio. Passado algum tempo, deu-se a mesma coisa. O rapaz foi despedido, e nada mais se falou a respeito disso; mas o pai estava extremamente perplexo. Passou a procurar alguma outra colocação em que o filho pudesse, talvez, recuperar sua reputação. Após algum tempo, a mesma coisa voltou exatamente a acontecer. Más companhias se acercavam cada vez mais do rapaz, ou, pior ainda, ele havia se tornado um líder em más companhias. Alguma coisa precisava ser tentada. E foi. Ele experimentou uma vintena de situações diferentes, e todas convergiam para a mesma consequência. E que tratamento acham que dava aos pais? Em vez de ser grato pela bondade e indulgência reiteradas que lhe eram demonstradas, o rapaz se envolvia em problemas tão terríveis que até a vida de seus pais corria risco; e quando se demorava em seus antros mais que o habitual, se tornava um ser tão terrível que sua mãe, que tanto o amava e lamentava por ele, chegava a vê-lo como um demônio; ao voltar para casa, tudo saía errado, a confusão se instalava naquele lar e o terror ali reinava, agindo ele como um louco. Diziam: "Mande-o para a Austrália, mande-o para a América" — para onde eram enviadas, nessa época, muitas pessoas desse tipo —, mas, se fosse para lá, ele acabaria certamente, mais cedo ou mais tarde, pendurado em uma forca: estava desesperadamente atacado pelo mal, e nada disso o desviaria. Contrariado, espumava encolerizado. Seu coração pulsava escancaradamente por qualquer tipo de vício, e parecia não haver um único traço redentor em seu caráter; ou, se houvesse, parecia já estar inteiramente dominado e submisso ao intenso poder de sua luxúria. E ainda buscava meios para ser cada vez mais poderoso, para desgraça do mundo.

Que casos horrorosos — por que então falar neles? Falo neles, caros amigos, porque meu coração ordena que eu encoraje e conforte aqueles que se veem diante da necessidade de carregar sua cruz todos os dias tendo filhos ou relacionamentos como esses. É uma das aflições mais pesadas que podem recair sobre nós.

No caso bíblico que estamos estudando, o menino tornava-se surdo-mudo, não devido a causa orgânica, mas quando dos acessos de epilepsia originada por possessão satânica. Temos visto assim alguns jovens e crianças — estarei, sem saber, encarando-os agora face a face, esta manhã, enquanto estou pregando aqui? Alguns já nem são tão jovens nem crianças — mas certamente podem ainda estar surdo-mudos no tocante aos sons espirituais. Por eles temos rogado, e esperamos que não seja em vão. Sabem a verdade, conhecem toda a verdade, mas não conhecem seu poder. Nunca se abstêm da oração familiar, nem de qualquer outra oração alguma vez dada por seus pais. Vêm até nós, assistem às nossas aulas da escola dominical, frequentam nossos cultos de avivamento. De vez em quando, um ou outro demonstra certa sensibilidade, mas não muita; parecem se assemelhar a uma máquina, que não pode ser cativada, mas que nos cativa tão sabiamente. Outras pessoas da família provavelmente são convertidas. Quase toda a sua casa já foi trazida para

Cristo. Lídia tinha um coração aberto; Deus se comprouve também em chamar o jovem Timóteo — mas estes jovens, ou jovens adultos, persistem, e depois de muita ansiedade, muito esforço e muito trabalho, nenhum bem foi alcançado. Um diamante talvez parecesse mais macio que o coração deles, e os ouvidos de um surdo mais atentos à repreensão que sua consciência. São outros casos muito tristes.

Tenho deparado também algumas vezes com casos de outro tipo: pessoas envolvidas com uma doutrina dita elevada, mas que têm o mal dentro de si, inflando sua mente carnal com uma vaidade de profundo entendimento, enquanto degradam seu caráter com uma impureza repugnante de coração e de vida. Se você falar de salvação com elas, lhe dirão que de fato desejam ser salvas — dariam o braço direito para ser salvas, mas que isso não depende delas. Se você as convidar, então, a crer em Jesus, elas responderão que não sentem necessidade de um salvador, que não se encontram ainda em condições adequadas de crer; que quando o tempo de Deus chegar para elas, aí, sim, a coisa acontecerá. Só aceitam uma doutrina "superior"; não querem ouvir nada além disso. Se por acaso surgir uma tentação cruzando seu caminho, dizem, seu domingo, naturalmente, será empregado não em frequentar qualquer lugar, mas na pura adoração a Deus. Durante a semana, no entanto, se rendem a todo tipo de pecado. Seja qual for a tentação, a seguem. O consolo que obtêm da sua religião, que se encaixa sobre eles como um manto, é esta: que nenhum ministro fala a verdade, exceto uma ou duas; que a verdade, mesmo, é o fatalismo; que tudo o que têm a fazer é continuar indo em frente, como toras de madeira, mortas e inanimadas, rio abaixo, pois não são responsáveis pela maior parte dos próprios atos; ou, se o forem, basta manter com coragem inabalável os seus próprios sentimentos imperfeitos.

Conheço algumas dessas pessoas — boas pessoas, a seu modo —, e chego às vezes a pensar que a conversão de bêbados seja mais promissora do que a delas; pois esse fatalismo deplorável, que por alguns é até colocado no lugar da predestinação das Escrituras, as aprisionou — colocou-as em uma gaiola de ferro. Colocam-se, assim, em uma situação fora do alcance da ajuda, persistindo em seu pecado e rejeitando o evangelho de Cristo, enquanto julgam ser conhecedoras dos mistérios mais secretos da Palavra.

Contudo, meus irmãos, por que casos como esses seriam permitidos por Deus? O que levaria o Senhor a consentir que o mal preencha almas de pecado dessa forma?

Penso eu que seja, em primeiro lugar, para mostrar que existe a realidade do pecado. Se fôssemos todos elevadamente morais e respeitáveis, talvez passássemos a pensar que o pecado fosse apenas uma fantasia. Esses tristes pecadores nos mostram a realidade.

Em segundo lugar, para manifestar a realidade da graça divina; pois quando esses pecadores são salvos, nos maravilhamos e sentimos compelidos a dizer: "Existe algo de esplêndido nisso. Se tal natureza rígida e férrea se desfaz ante o poder do amor divino, há, sem dúvida alguma, magnificência nesse fato".

Ainda, para nos quebrantar e nos fazer ver quão totalmente incapaz é a ação humana. É preciso sair do próprio eu e ir em direção a Deus. Quando o mal é mortífero, somente a onipotência de Deus pode nos ajudar. A alma roga: "Estende teu braço, Senhor! Faze-o, que a glória é tua!" Esta é, provavelmente a razão principal: para que o Senhor tenha, merecidamente, toda a glória para si. Deus permite temporariamente que o mal possa ter tudo a seu modo. Diz o Senhor: "Escolhe o teu próprio terreno, luta no teu próprio território, manobra do teu jeito próprio, e com uma só palavra acabarei com o teu poder". O Todo-poderoso concede vantagem a Satanás, deixa-o se entrincheirar firmemente na alma dos mais jovens, de tal forma que a vitória possa ser a mais esplêndida, no mais elevado grau.

Temos assim, diante de nós, para nossa contemplação pesarosa, o caso de um menino cujo distúrbio ou doença escarnece dos médicos, zomba do empenho humano e desafia o cuidado mais atento de tratamento visando a arrefecer sua força ou a melhorar seus sintomas medonhos.

II. Voltemos agora, então, em um passar de olhos, a OBSERVAR A CENA. A aglomeração é constituída de cinco tipos de pessoas.

Havia os escribas — dirigindo-se cinicamente, imagino, aos discípulos de Jesus: "Estão vendo? Seu mestre pensou lhes dar poder para expulsar demônios, mas, que coisa, hein!, vocês não conseguem expulsá-los! Aqueles que vocês acham que curaram não estavam realmente possuídos. Bem pequeno, aliás,

UM CASO DE DESESPERO — COMO ENFRENTÁ-LO | 863

devia ser o seu problema. Eram pessoas fantasiosas, que acreditaram em vocês no calor do entusiasmo. Pobres incautos da credulidade! Seus encantamentos os enfeitiçaram, e foi assim que eles acharam que haviam melhorado. Mas vocês, na verdade, não conseguem expulsar um só demônio sequer — vocês não conseguem expulsar *este* demônio!" "Expulse-o, quero ver", desafia um dos escribas a André. "Venha, Filipe,", diz outro, "veja se você consegue!" Após mais tentativas, o maligno não seria expulso. "Ah!, é assim?", escarneciam os escribas, "Então, vocês são impostores! Não conseguem nada!"

Lembrem-se, amigos, que em sua própria experiência de vida vocês já viram homens dessa espécie. "Ah, sim", dizem eles, "o evangelho converte determinado tipo de pessoas, que são aquelas que frequentam sempre as igrejas e outros locais de adoração, ou então o mais inteligente ou o mais respeitável da comunidade. Mas, veja, não é muito bom, não, nesses casos mais difíceis; nesses mais complicados, o evangelho, muitas vezes, nem consegue tocar. Estão além do seu poder". "Ah!", costumam dizer também. "Onde está o poder ostentado por esse seu grande médico, Jesus? Ele pode curar suas dores com o dedo, mas não sabe como fazer essas doenças asquerosas cessarem de uma vez!"

Estava ali também um pobre pai, inteiramente abatido. "Eu o trouxe a vocês. Soube que vocês expulsavam demônios e pensei que pudessem expulsar o mal do meu filho. Estou decepcionado com vocês, mas ainda acho que seu mestre poderia fazer isso; aliás, já nem estou muito certo de que ele mesmo o consiga. Acho que não deve haver solução para mim. Sinto que estou tomado de total incredulidade. Oh, queria nunca ter trazido meu filho até aqui, para expô-lo como espetáculo público e ser toda essa gente testemunha do fracasso de vocês." Eis um pobre pai. Talvez outro pobre pai esteja aqui, esta manhã, dizendo: "Ah, eu creio, sim, mas ainda guardo certa incredulidade. Tenho trazido aqui a minha filha, o meu filho, para ouvir a voz da Palavra; tenho orado, tenho lutado com Deus em oração, e minha filha, ou meu filho, não está salva, não está salvo". "Trouxe meu marido", diz uma senhora, "mas ele continua tão tomado por Satanás como jamais esteve. É o que constato, desesperada".

Havia os discípulos — e eles pareciam, realmente, dignos de pena. "Bem", diziam, "não sabemos explicar o que houve, não podemos dizer o que aconteceu. Ordenamos, neste caso, o mesmo que estamos acostumados a ordenar". "Quando estivemos em um país estrangeiro", conta um deles, "e ordenávamos a um espírito imundo, em casos como este: *Em nome de Jesus Cristo, ordeno que saia desta pessoa* (At 16.18), o demônio sempre saía. Não podemos compreender o que está acontecendo." "Devemos nos dar por vencidos?", se interrogam os apóstolos. Por algum motivo desconhecido para eles, esse caso parece estar totalmente fora do catálogo de casos a que foram comissionados a curar. Assim também, algumas vezes ouvimos um ou outro ministro, abatido, depois de haver pregado por muito tempo para sujeitos endurecidos, dizer: "Bem, não consigo entender; pois não é o evangelho *o poder de Deus para salvação de todo aquele que crê* (Rm 1.16)? Tais pessoas devem, então, estar predestinadas à condenação; temos que nos dar por vencidos". Essa, porém, é uma conversa de ministro um tanto incrédulo — ou, pelo menos, da maior parte dos ministros em períodos de apreensão e desgosto.

Estava ali, além disso, a multidão em geral, pessoas que não se situavam, em opinião, nem de um lado nem do outro. Preferiam ser imparciais. "Vamos, prossigam com o espetáculo! Se Jesus Cristo não for um impostor — se for realmente um profeta de Deus —, certamente irá curar este pobre menino." Eis, no entanto, a prova e a provação: "Se este garoto não for curado", diziam, "não acreditaremos em mais nada; mas, se for, então teremos de crer que Jesus Cristo é um enviado dos céus". Ó queridos amigos, com que frequência pensamos dessa maneira, em casos difíceis como esse! Há sempre uma quantidade de pessoas indecisas, olhando e dizendo: "Ah, se fulano for convertido, eu diria que existe algo de bom nisso. Se ele puder verdadeiramente ter um coração novo e um espírito reto, eu também me voltarei para Deus com o coração cheio de bons propósitos".

Um quinto participante, ali, era o próprio demônio. Oh, e como se sentia triunfante! "Ah!", parecia dizer. "Tentem seus exorcismos; continuem usando suas palavras; preguem para mim; orem por ele, clamem por ele; façam o que quiserem, mas vocês não vão conseguir me fazer sair!" Ele parecia permanecer entrincheirado na fortaleza daquele pobre corpo torturado. "Façam o melhor possível, façam o pior possível, eu não tenho medo de vocês. Tenho esse corpo e nele permanecerei. Eu me estabeleci nele de tal forma que poder algum jamais conseguirá me expulsar." É assim que parecemos ouvir esse grito vil do inferno sobre algumas pessoas: "Sim", diz o inimigo, "posso deixar que esse ser humano que eu domino vá ao Tabernáculo do Spurgeon. Sei que ali milhares de pessoas já sentiram o poder do Espírito Santo transformando-os em homens novos, mas este é um caso em que posso confiar. Nada jamais o tocará. O 'grande martelo' já rompeu as correntes de muitas pessoas, mas não consegue tocar nestas, que são mais duras que o ferro. Não temo por ele" — e talvez esteja até se regozijando em seus pensamentos, justamente agora, com os tormentos por que passam homens dominados em outro mundo. Ah, demônio!, quando o nosso mestre chegar aqui esta manhã, você há de abaixar sua crista! Basta ele ordenar: *Saia dele, espírito imundo* e você voltará uivando para o seu antro abjeto; pois a voz dele pode fazer o que a nossa voz nunca faria.

Não podemos, na verdade, perceber com facilidade uma cena semelhante àquela, aqui, agora, nesta congregação? Aqui estão os zombadores, certamente um pai ansioso, um ministério que por vezes se reconhece impotente em relação ao problema, uma multidão que observa, o mal que se alegra com os coitados que se encontram em uma situação crítica muito além do esforço humano de ajudar. O que mais se poderia querer para tornar vivo esse quadro ante a nossa imaginação?

III. Mas vejam! O Mestre chegou!

Sim, o Mestre chegou! Imediatamente, a cena muda. Os oficiais e soldados que haviam começado a travar a batalha não entendiam muito bem da arte da guerra, por isso foram rechaçados pelo adversário. A ala direita foi quase destruída, a esquerda começou a recuar, o centro já enfraqueceu. As trombetas do inimigo anunciam sua vitória. Lá vem ele, atacando novamente, ostentando seu estandarte com orgulho. O que será do nosso exército agora? Esperem! Esperem! O que é aquilo que vemos? Uma nuvem de poeira! Quem é aquele valente que vem galopando? É o nosso comandante supremo! "O que estão fazendo?", ele inquire. "O que fizeram, o que estão fazendo?" Em um momento, ele logo percebe e diagnostica esse modo errôneo de a tropa lutar. Compreende as dificuldades do caso na mesma hora. "Avante! Vocês aí, avante! Vocês, para trás!" A balança vira. A simples presença do comandante supremo muda toda a cena do campo de batalha; e agora, vocês, adversários, já podem virar as costas e bater em retirada. Foi assim no caso de Jesus, exatamente. Seus oficiais e soldados — seus apóstolos — haviam perdido um combate naquele dia. Jesus chega no campo de batalha; compreende a situação do caso. "Tragam o menino aqui, para junto de mim", ordena, e o pobre infeliz, atormentado, espumando, é trazido até ele, que diz: "Sai dele, espírito mudo e surdo!" O fato é consumado; a vitória, alcançada; os indecisos recebem Cristo como real enviado de Deus; a boca dos zombadores se cala; o pai, trêmulo, se regozija; o possuído fica curado.

Quando Jesus Cristo chega para curá-lo, esse menino se encontra em estado bastante lamentável. A presença do Salvador parece tornar isso ainda pior. Pois, assim que percebe que Cristo chegou, o demônio começa a atacar mais violentamente sua pobre vítima. Como diz o singular estudioso Fuller, assim como o inquilino ruim cujo aluguel esteja em atraso, ele odeia o proprietário da habitação e faz todo o estrago que pode, pois sabe que está para receber a ordem de despejo. Não raro, quando suas vítimas estão para ser convertidas, os demônios se mostram piores que antes, promovendo uma exibição incomum de maldade desesperada e grande ira, agora que seu tempo é chegado e curto.

A luta no menino torna-se, então, aterradora. O demônio parece que irá matá-lo antes que possa ser curado; e, após paroxismos do tipo mais medonho, o pobre jovem é prostrado no chão, pálido como um cadáver, a ponto de muita gente julgar que esteja realmente morto. O mesmo acontece exatamente com muitas conversões de desesperados pecadores. Suas convicções são duramente terríveis; quase sempre a obra do demônio dentro deles, afastando-os de Cristo, é tão tenaz e furiosa que alguém normalmente poderia perder as esperanças e dizer: "Esse homem está ficando louco; esses sentimentos terríveis e essa intensa agonia em seu espírito vão acabar por afetar suas faculdades mentais, e ele acabará, numa prostração abjeta, por morrer em seu pecado". Ah, queridos amigos, essa é mais uma vez apenas uma amostra da maldade de Satanás. Sabendo muito bem que Cristo poderia libertar aquele pobre menino, coloca todo o seu poder sobre ele, para atormentá-lo enquanto possa. Teria eu aqui algum caso desesperado assim, entre

Um caso de desespero — como enfrentá-lo | 865

meus ouvintes, esta manhã — alguém que tenha sido considerado como filho de Belial entre os filhos dos homens? Estará o demônio ainda atormentando você hoje? Sente-se frequentemente tentado a cometer suicídio? Está sendo impelido, por alguma compulsão estranha, a cometer um pecado maior para afogar suas aflições e estrangular sua consciência de outros pecados? Ó pobre alma, não faça tal insensatez! Meu mestre logo se curvará sobre você e, levando-o pela mão, há de erguê-lo. Então, terá início seu consolo, pois o espírito imundo que o domina será expulso de você. "Ah!, ele pretende me destruir", diz a alma sujeita à opressão. Não, alma, Deus não destrói aqueles a quem torna conscientes do pecado. O lavrador não ara o campo em que não pretende semear. Se Deus o ara é com a intenção de semeá-lo com o consolo do evangelho e de você produzir uma bela colheita, para a glória dele. Tal como quem costura faz penetrar primeiro no pano a agulha para depois puxar a linha, assim, em seu caso, a agulhada para pôr fim ao pecado será rapidamente seguida pela linha prateada da alegria e da paz em crer.

Perceba! A visão lá em cima no monte da transfiguração revelou Jesus em si mesmo. Seu brilho inigualável eclipsou qualquer outro. Assim, também, é Jesus em si mesmo aqui embaixo, no vale. Sua graça inigualável não consegue encontrar rival. Tenha isso em mente para sempre: foi o mestre que fez tudo isso. Seu aparecimento na cena remove todas as dificuldades. Em tais casos extremos, haverá, e deve haver sempre, uma mostra bastante eminente do poder de Deus, sem associação alguma com os meios. Sob quaisquer circunstâncias, será apenas o Senhor a fazê-lo, para o louvor e a glória de sua graça.

IV. Chegamos agora ao último ponto, talvez a parte mais importante do sermão. Trata-se de um enigma um tanto desconcertante. É o que interrogam os discípulos, desnorteados, a Jesus: "Por que motivo não pudemos nós expulsá-lo?" Vamos deixar que o mestre nos responda por que esse caso impede que se manifeste nosso poder.

O Salvador responde que é por falta de fé. Nenhum homem pode esperar ser o instrumento para a conversão de um pecador se não tiver fé que o leve a crer firmemente que o pecador será convertido. A conversão pode ocorrer, mas não é a regra. Se eu pregar com toda a fé que meus ouvintes serão salvos, eles o serão. Se eu não tiver fé, Deus poderá honrar sua Palavra, mas não será de um modo significativo; e, certamente, não me honrará. Pecadores abandonados, quando convertidos afinal, são levados para debaixo do poder da divina graça por intermédio de ministros de grande fé. Observe que houve quem ouvisse quase todos os sermões da época de Whitfield, tanto desse grande pregador pioneiro do metodismo quanto de outros. Sob quem, enfim, foram convertidos? Sob Whitfield, homem de fé magistral. Ele acreditava que, pela graça, os perdidos podiam ser resgatados, as piores doenças podiam ser curadas e os pecadores mais odiosos, rejeitados, perdulários e blasfemos poderiam ser salvos. Pregava para todos, como se esperasse que o surdo fosse tocado pela sublime melodia do evangelho, e o morto, ressuscitado ao chamado do nome do grande redentor. Em Surrey Chapel, tempos atrás, nos dias de Rowland Hill, alguns dos mais rudes salafrários e dos maiores trapaceiros que já chegaram a infestar Londres foram salvos. Por quê? Porque Rowland Hill pregava o evangelho para grandes pecadores e acreditava no fato de que esses pecadores seriam convertidos. As pessoas respeitáveis daquela época comentavam: "Oh, só os rotos e os esfarrapados assistem aos sermões do sr. Hill". "Exatamente", retrucava Hill, "e que sejam bem-vindos os rotos e os esfarrapados, pois são esses exatamente os que quero". "De que adianta tais pessoas ouvirem o evangelho, do jeito que são? Por que o sr. Hill tenta pregar para prostitutas e ladrões?", diziam. "São as pessoas adequadas", respondia Hill. "Creio que esse povo pode ser salvo." Era falta de fé dos outros; pois se um homem tiver fé do tamanho de um grão de mostarda, por menor que seja, se for verdadeira, será extraordinária em relação ao seu poder. Hill tinha o poder da fé e era o seu meio de conversão de grandíssimos pecadores. Não faz muitos anos, era bastante inútil alguém tentar conseguir resgatar sua filha caída no pecado; mas alguns homens tinham fé de que isso poderia ser feito, e isso foi alcançado.

Pretendo agora enfatizar que se houver um grande pecador aqui, tal como acabo de procurar descrever, algum caso grave de possessão infernal, e se essa pessoa não for salva, será por simples falta de fé, em nosso caso. Se trouxermos as pessoas perante Deus, ficarmos ansiosos por sua salvação e Deus não ouvir essa prece, é porque não conseguimos crer que esse caso poderia ser realmente salvo. Se Deus lhe dá o poder de crer que toda alma pode ser salva, então todas elas serão salvas, não haja dúvida quanto a isso.

Acrescentou, porém, nosso Senhor: *Mas esta casta de demônios não se expulsa senão à força de oração e de jejum* (Mt 17.21). O que quis dizer com isso? Queria dizer, creio eu, que nesses casos específicos a pregação comum da Palavra não trará todo o benefício desejado e a oração comum não será suficiente. Deverá haver uma fé incomum e que, para chegar nela, é preciso um grau incomum de oração; assim como, para levar essa oração ao ponto exato, deve haver, em muitos casos, jejum também. Não há dúvida de que há algo de especial em termos de repreensão na oração, por causa da associação que estabelece. Um tipo de cristão usará de súplica formal; e os pedidos que fizer estarão fundamentados em um sentido de propriedade, sem nenhuma aura de sentimento. Outro tipo poderá esperar que o Espírito Santo o mova; e, quando determinados impulsos estimularem sua mente, se regozijará, tomado de um sentido de liberdade. No entanto, eu lhes mostrarei "um caminho sobremodo excelente". É o daqueles que vigiam em oração, esperam no Senhor, buscam sua face e exercitam a paciência até que consigam dele audiência. Esses discípulos continuam em seu isolamento até que obtenham a experiência de acesso pela qual anseiam.

E o jejum, para que serve? Esse parece ser o ponto mais difícil. É, evidentemente, suplementar à prática contínua e peculiar da oração, realizado com frequência por nosso Senhor e sugerido por ele a seus discípulos. Não propriamente uma espécie de observância religiosa, meritória em si, mas, sim, podendo tornar-se um hábito, quando associado ao exercício da oração, inquestionavelmente útil. Não tenho certeza se não perdemos uma grande bênção na igreja cristã ao abrirmos mão do jejum constante. Dizia-se que havia certa superstição nele; mas, como diz um antigo provérbio religioso, "é melhor uma colher cheia de superstição do que uma tigela cheia de gulodice". Martinho Lutero, cujo corpo, como de muitas outras pessoas, tinha tendência à obesidade, sentia, como alguns de nós sentimos, que em nossa carne nada se encontra de bom, em sentido diferente do que o apóstolo Paulo queria dizer, e, por isso, costumava jejuar frequentemente. Ele comenta que sua carne estava habituada a se lamentar terrivelmente na abstinência, mas, mesmo assim, jejuava, pois acreditava que o jejum avivava sua oração. Há um tratado de um antigo puritano, intitulado *The Soul-Fattening Institution of Fasting* [A instituição do jejum como engorda da alma], no qual o autor nos relata sua própria experiência de que, ao fazer jejum, sentia uma vivacidade mais intensa de sua alma em oração.

Alguns de vocês, queridos amigos, talvez consigam chegar ao ponto de fervor em oração, sem jejuar. Acredito, porém, que outros não o consigam; e, se reservássemos às vezes um dia inteiro para orar por um objetivo especial, provavelmente nos sentiríamos, no início, pesados, tolos e abatidos. Se, então, determinássemos: "Bem, hoje não vou almoçar. Vou dar uma pausa; pois aspiro por um estado de espírito de oração e então vou aproveitar e permanecer agora aqui sozinho"; e, quando chegasse a hora do jantar, disséssemos: "Sinto um pouco de vontade de comer, mas satisfarei essa vontade com algum alimento bem leve — um pedaço de pão ou algo desse tipo — e continuarei em oração", acho que muito provavelmente nossas orações se tornariam mais poderosas e veementes do que em qualquer outra ocasião. Não recomendamos isso, naturalmente, para aqueles que sejam fisicamente fracos. Há também algumas pessoas com pouca ou nenhuma dependência de carne em sua alimentação. Todavia, outros de nós têm uma constituição física pesada, sendo levados constantemente pela tentação de alimento e tendo de ser quase empurrados para andar mais depressa porque são mais comparáveis a pedras no chão do que a pássaros no ar; para esses últimos, penso, podemos nos aventurar a recomendar as palavras de Cristo.

De qualquer forma, posso imaginar um pai, por exemplo, que reservou um dia de oração, suplicando, lutando com Deus, rogando tanto que, como foi dito de famoso mártir de Bruxelas, chega a esquecer de tudo, menos da oração; e, quando venham chamá-lo para comer, não responde, porque se ausentou de todas as coisas terrenas em sua luta com o anjo e não consegue pensar em mais nada. Um homem assim, se tomasse a si orar pelo caso de um rude pecador, acredito, seria o instrumento da conversão deste. Na verdade, a razão pela qual alguns nunca são conduzidos a Cristo, é, falando à maneira dos homens, porque não temos pessoal qualificado para lidar com eles; pois *esta casta de demônios não se expele senão à força*

Um caso de desespero — como enfrentá-lo | 867

de oração e de jejum. Quando oramos e alcançamos o ponto da verdadeira fé, o pecador é salvo pela força poderosa de Deus, e Cristo é glorificado.

Parece-me que há alguns nesta casa prontos a dizer: "Bem, se assim é, vou tentar. Seguirei o mestre em sua palavra". Irmão, se meia dúzia de nós nos unirmos nessa determinação, pode ser melhor; pois, *se dois de vós na terra concordarem acerca de qualquer coisa que pedirem, isso lhes será feito por meu Pai, que está nos céus* (Mt 18.19), disse Jesus. Deixe alguns de nós colocarmos isso à prova quanto a um grande pecador e observemos se se torna realidade ou não. Acho que posso pedir a vocês, que amam o próximo, que têm olhos que choram e coração que sente, para experimentar a prescrição do meu mestre e ver se o demônio mais intratável que já se apossou de um coração humano não será expulso, como resultado de oração e jejum no exercício de sua fé. O Senhor os abençoe nessa ação e possa levar todos nós a confiarmos nele com fé salvadora. Dele seja a glória para todo o sempre. Amém.

"Se podes"... "Se [TU] podes!"

Mas se podes fazer alguma coisa, tem compaixão de nós e ajuda-nos. Ao que lhe disse Jesus: Se podes! — tudo é possível ao que crê (Mc 9.22,23).

Conhecemos todos a história desse menino, possuído por um espírito surdo-mudo, que o fazia ser acometido de violentos ataques de epilepsia e nele operava terrível mal, lançando-o, por vezes, no fogo e na água, para destruí-lo. O pai pretendera levá-lo a Jesus, de quem havia ouvido falar tantos prodígios; mas, não estando o Senhor presente na ocasião, entregou-o aos cuidados dos discípulos, que fracassaram em realizar sua cura. Daí a pouco, descia o mestre do monte onde se dera sua transfiguração e então o pai se dirigiu suplicante ao Senhor. Antes de abordarmos propriamente o texto, gostaria que percebêssemos algumas lições que nos oferece essa história.

O ponto principal que eu então enfatizaria é que, ao buscarmos uma bênção, nosso Senhor nos permita saber claramente o que realmente desejamos. Se você vai a Jesus Cristo é por alguma razão, seja para você ou para outro; e o nosso Salvador deseja ardentemente que você saiba o que quer dele. Como temos visto, há muita oração em vão; pedidos de misericórdia feitos apenas por saber a pessoa que tais e tais palavras são a isso destinadas, sem ter uma ideia vívida e clara do que é a bênção pretendida por meio dessas palavras. O Salvador aprecia muito que oremos com compreensão, que tenhamos consciência de nossa necessidade e noção do que queremos que ele faça. Procure, portanto, ter em seu coração uma nítida ideia do que você está buscando. Cristo quer que você saiba o que e por que está implorando a ele.

Assim, quando esse homem se apresenta e a seu filho enfermo, o Salvador permite que ele faça um resumo do caso. Com ansiedade própria do amor, o pai narra até em detalhes o mal que se havia abatido sobre seu filho. Tal relato assim detalhado não era de todo necessário para que o Salvador logo se informasse a respeito disso; conhecia perfeitamente o que era uma possessão como aquela do menino e sabia de toda a miséria resultante desses ataques do inimigo. A explanação desoladora do pai tornava-se, todavia, necessária — para que, em primeiro lugar, pudesse o pai se concentrar de maneira clara no mal de que desejava fosse o seu filho salvo; assim como para que aqueles que os cercavam pudessem vir a saber que milagre era esperado de Jesus. É muito sadio que, por vezes, os fiéis parem e se perguntem: "O que, afinal, estamos buscando?" Talvez Cristo lhes indague: "O que querem que eu faça? O que realmente estão me pedindo?" Há muitos que clamam "Salva-me, Senhor!" sem que talvez tenham noção do que é que deveriam ser salvos ou para que finalidade o devam ser.

Nosso Senhor havia permitido que, antes, esse pobre homem houvesse feito seu pedido aos discípulos. Não diria ter sido de propósito que ele encontrou o fracasso; mas acredito que esse fracasso iria ensinar ao homem uma lição valiosa e certamente instruir também os discípulos, mostrando a um e a outros, com toda a clareza, que toda a esperança reside em Jesus Cristo. Vocês têm procurado a salvação, queridos amigos? Mas como esperam ser salvos? "Ora, buscando os meios da graça", me responderão. Um tanto ou quanto certo, e nada tenho a dizer contra os meios da graça mais do que teria a dizer contra os apóstolos que procuraram curar o menino; mas os meios da graça não podem salvar vocês, do mesmo modo que os apóstolos não puderam expulsar o demônio daquela criança. Não é aos meios da graça, mas a Cristo, a quem vocês devem se achegar; assim como não eram os discípulos, mas o Mestre, quem teria de operar o milagre. Talvez vocês venham sentando durante anos nesses bancos, esperando que algo venha a vocês

"Se podes"... "Se [tu] podes!" | 869

por causa de sua presença contínua e constante aqui. O Senhor os quer piamente convencidos de que não serão salvos, a menos que se acheguem a ele, o próprio Senhor Jesus. Nem a leitura da Bíblia, nem ouvir sermões, nem orações — se apenas nisso se crer — poderá salvar vocês. Sua confiança deve ser inteiramente no Cristo de Deus, o realizador dos milagres. Se vocês confiarem no Salvador, serão salvos, de imediato. Se crerem agora, obterão perdão imediato de todo pecado e salvação instantânea, pelo poder do Cristo de Deus. Pode ser que vocês não hajam pensado nisso antes; que tenham dado voltas em redor e ficado cansados, de modo que irão se queixar, como o homem da narrativa: [...] *pedi aos teus discípulos que o expulsassem, e não o puderam* (Lc 9.40); ou seja: "Busquei os meios da graça, Senhor, ouvi teus ministros, li bons livros; mas nem livros, nem ministros, nem cultos, nem tudo isso junto conseguiu expulsar o demônio de mim. O Senhor poderia fazê-lo?" O fracasso das outras esperanças é algo que Cristo nos faz saber quando finalmente nos achegamos a ele para receber nossa grande bênção.

Após ter o pai exposto o caso e confessado estar decepcionado com os discípulos, o Salvador o fez ver outra demonstração do mal de que seu filho seria salvo. Então, perante todos os presentes, ao levarem o rapaz a Jesus, começou o demônio a atacá-lo, talvez mais violentamente do que antes; ele espumava pela boca e parecia, por fim, encontrar-se em tal estado que todos que o viam certamente sussurravam: "Está morto. Este caso está irremediavelmente perdido". Assim, mesmo diante de Cristo, o espírito maligno empregava um esforço supremo para manter o controle sobre sua vítima, ou destruir o corpo que dominava. Ora, amados, no caso de vocês, se forem fiéis, o Senhor pode permitir que o pecado corra solto, de forma jamais vista, antes de expulsá-lo de seu corpo. Pode ser que vocês se deem por mortos; na verdade, até espero que o façam, pois, quando a morte atinge cada esperança carnal e ardentemente nos desesperamos pela salvação, então é o momento em que o poder onipotente da divina graça adentra em nós e se manifesta sem limites. Ó vocês, que esta noite são levados à intensa desolação, com isso me alegro! Espero ver Cristo vindo a vocês, levantando-os e dizendo ao mau espírito: *Sai dele, e nunca mais entres nele* (Mc 9.25). Deus permita que assim seja! Ou então, se sua ansiedade está relacionada a outra pessoa, que Deus permita que o pecado naquele que vocês estimam irrompa mais forte do que nunca, para que dele seja livrado. A vocês, que vêm orando por meses, talvez por anos, isso poderá provavelmente soar como um tanto inútil. Têm trazido seus cônjuges, filhos, parentes ou amigos a Cristo, e, em vez de verem uma mudança para melhor, pode ser que esteja parecendo até agora uma mudança para pior. No entanto, lembrem-se do que respondeu Jesus ao pai do menino: *Se podes! — tudo é possível ao que crê.* Talvez ele nos permita ver mais vividamente do que jamais perceberíamos a real situação desesperadora do caso para que possamos compreender mais claramente a grandeza da misericórdia que buscamos em suas mãos.

Abordarei no texto, principalmente, dois assuntos. Deveria limitar-me mais apropriadamente ao caso de uma pessoa que ora por outra, pois a palavra do Senhor que acabamos de mencionar foi dita a um pai que implorava por seu filho. O mesmo princípio, no entanto, se aplica a outras circunstâncias. Rogo assim àqueles que oram por si mesmos que levem consigo tanto quanto puderem do sermão; e que Deus Espírito Santo o torne pertinente a eles também! Com esta introdução, chegamos ao texto em foco.

Há dois *se podes* aqui. O pobre e perturbado homem diz o primeiro a Cristo com certa medida de dúvida: *Se podes fazer alguma coisa, tem compaixão de nós e ajuda-nos* (Mc 9.22). Em seguida, vem o outro, quando Jesus responde: *Se podes! — tudo é possível ao que crê.*

I. Comecemos dizendo, então, em primeiro lugar, que o "se podes" não está em Cristo, como possibilidade de salvá-lo, ou, em resposta à sua oração, como possibilidade de salvar a pessoa objeto de sua preocupação. Não há, de fato, *se podes* com referência a Cristo, apesar de ser bem provável que sua incredulidade possa sugerir alguma dúvida sobre o seu amor, o seu poder ou a sua disposição de salvar.

Não pode haver nenhum "se" quanto a Cristo ser capaz de salvar o pecador ou realizar qualquer outra coisa; porque, antes de tudo, *ele é o amado Filho de Deus*. Sobre o cume nevado do Hermom, por cujas íngremes escarpas ele desceria depois para confrontar a multidão na planície, Cristo foi transfigurado e brilhou em toda a sua glória como o sol, na presença de discípulos seus, mais branco que a neve que os cercava; e de uma nuvem que os sombreava veio a divina voz, dizendo: *Este é o meu Filho amado; a ele ouvi* (Lc 9.35). Sendo, pois, Jesus Cristo o favorito dos céus, o querido Filho do Pai eterno, iria ele lhe negar fosse o que fosse? Não consideremos este *se*, portanto, como o ponto completamente duvidoso da questão. A revelação da glória no monte e a voz surgida dos céus são provas suficientes de sua filiação. Nem mesmo o diabo em pessoa poderia negar que Jesus é o Filho de Deus. É bem verdade que ele disse, na fúria da tentação: *Se tu és Filho de Deus, manda que estas pedras se tornem em pães* (Mt 4.3); todavia, esse *se* não é uma dúvida, mas, sim, um desafio, pois, no fundo, sabia que Cristo é verdadeiramente o Filho do Altíssimo. Tanto assim que, em diversas ocasiões, demônios confrontados e logo expulsos por Cristo manifestaram-se reconhecendo-o: *Tu és o Cristo, o Filho de Deus* (Mt 16.16). Sendo, pois, o Filho verdadeiro de Deus, pode algo ser impossível para ele? Não. Disse ele: *Foi-me dada toda a autoridade no céu e na terra* (Mt 28.18). Quando penso no grande amor com que Deus revestiu seu querido Filho, não há como imaginar que tenha economizado em lhe dar a capacidade de abençoar. Cristo é capaz de salvar até o mais perdido dos que vão a Deus em seu nome, por ser o Filho perpétuo do Pai Eterno.

Lembremo-nos ainda, se esse argumento não basta, de que *Jesus Cristo é Deus*. Como poderia haver, então, qualquer *se* duvidoso do seu poder? O que Deus não pode realizar? Ele fez este mundo, o Universo, os milhões de globos que cravejam o céu à noite; mas de tudo o que Deus já fez, apesar de longe ainda de nossa total compreensão, nada pode ser comparado ao que ele poderia ainda fazer, se o desejasse, pois a ele são possíveis todas as coisas, sem exceção. A Jesus Cristo, que é Deus, por ser o Filho absoluto do Deus absoluto, todas as coisas são possíveis. Pode salvar todos os presentes ainda não salvos aqui, neste recinto. Dirija, que seja, um sopro de oração confiante a ele e você há de comprovar o seu poder; ele o salvará. Sua palavra corre velozmente e dentro em pouco, quando ele assim operar, circundará o mundo todo, e todas as nações terão Jesus como seu Senhor abençoado. Se já obtivemos de Deus a bênção de podermos suplicar a Jesus, tenhamos a certeza de que sua promessa de salvação será mantida; jamais precisaremos inserir um *se* em nossa mente, duvidando se ele pode ou não fazê-lo. Ó amados, mesmo que fôssemos mais corrompidos do que somos, ele poderia nos mudar; mesmo nossos amigos e parentes estivessem mais afundados no pecado do que agora — e Deus não permita que isso aconteça —, ele ainda assim conseguiria a todos salvar: *Eis que a mão do Senhor não está encolhida, para que não possa salvar; nem surdo o seu ouvido, para que não possa ouvir* (Is 59.1). Que vergonha, você que duvida! Que vergonha, você que treme! Não pode existir em nosso coração um único *se*, sequer, para com o Cristo de Deus, o Filho de Deus, o Filho igual a Deus, rodeado de onipotência.

Em terceiro lugar, tenhamos em vista que, *como Salvador, as obras da graça são fáceis para ele*. Se pararmos para pensar por um minuto sobre o que ele tem feito pela salvação dos homens, creio que veremos que não há motivo de *se* algum para com ele. Vejam o Cristo crucificado, exposto ao desprezo público perante o qual haveria de morrer. As dores que sente são inimagináveis; como que desamparado por Deus, experimenta inconcebíveis torturas da alma. É o Filho de Deus que morre, aquele cuja face é a glória do céu, que morre como um delinquente, "o justo pelos injustos, para levar-nos a Deus". Tenho tal convicção no poder da morte de Cristo que se me fosse revelado que na cruz ele redimiu não apenas o nosso mundo, mas tantos quantos deles são estrelas no céu, eu creria. Oh, o sangue precioso do Filho de Deus! Que grandioso mérito há de haver em tal sacrifício! A Divindade infinita se unindo à perfeita humanidade e assim a vida total garantindo que o homem haveria de viver! Digam-me que Cristo não consegue salvar! Digam-me que o sangue dele não consegue lavar o pecado mais escarlate que haja corrompido algum homem! Eu não creio! Uma infinita virtude há que existir no sacrifício expiatório de Cristo. Não pode existir, de modo algum, um *se* no poder do Crucificado de perdoar todos os que a ele se achegam e creem em sua grande vitória.

Se alguém ainda questiona o poder da morte de Jesus Cristo, lembre-se então de que ele ressurgiu dos mortos, ascendeu à glória e que hoje e aqui ele reina. Creio poder vê-lo agora à direita do Pai, revestido de honra perpétua e divina majestade. Que faz ele? Veja! Ergue as mãos. Advoga um favor dos pecadores. Iria o Pai lhe negar algo? Ele intercede pelos transgressores. Iria Deus recusar abençoá-los? Oh, pelo Cristo vivo que está à direita de Deus, e invocando o mérito de seu sacrifício, quero certificá-los de não haver um único *se* de dúvida quanto ao seu poder de salvar qualquer dos filhos dos homens!

Não precisa você me assegurar que é o pior pecador que já existiu, eu acredito; irei mais além: suponho que você talvez seja ainda pior do que pensa. Muitos já têm vindo a mim e, face a face, exposto tristemente seus mais horrendos pecados. Quase sempre eu lhes digo: "Você não precisa me dizer isso; eu não tenho a menor dúvida de que você é mil vezes pior do que me diz ou do que acha ser. Você está bem qualificado para ir para o inferno", e eles concordam: "Ah, isso mesmo, isso mesmo". Eu fico feliz em ouvi-los consentir com tal veredicto — pois esse é o tipo de pessoa que Jesus Cristo veio para salvar. Ou você acha que ele veio para salvar somente o pecador simples e pequenino, que nunca fez muito que de fato fosse errado? Também; mas veio, sobretudo, para ser o grande Salvador dos grandes pecadores. Imagine se um dia você me contasse, com radiante entusiasmo, que há um excelente médico em Londres. Eu pergunto: "O que ele faz?" "Ah, ele tem muitos pacientes", você me responde. "Mas o que ele faz?", insisto. E você me dá a seguinte resposta: "Ah, ele cura dedos machucados". Eu não veria nada de mais nisso. Mas imagine se, pelo contrário, em resposta à minha pergunta: "O que esse grande médico faz que tanto o empolga?", você me respondesse: "Ele tem curado muitas pessoas desprezadas ou abandonadas pelos outros. É capaz de curar as piores doenças e, pelo que dizem, se um homem estiver quase morto, pode trazê-lo de volta à vida". Então, eu também o elogiaria e, se estivesse doente, iria a ele para me curar. Por isso, tenho muita confiança na capacidade de cura de Cristo; pois a ele fui depois que meu pecado havia passado por todos os curadores e remédios humanos e ele restaurou cada ínfima parte do meu ser. Não há palavras que bastem para falar do seu poder de salvar e abençoar. Se você acha que meu mestre só consegue salvar pequenos pecadores, aqueles que têm pecados quase imperceptíveis, então lhe digo que você realmente não o conhece. É, como já disse e repito, o grande Salvador dos grandes pecadores; e por mais culpado que você possa ser e se lamente e se remoa, lembre-se de que Cristo é capaz de salvar até mesmo o pior e o maioral dos pecadores. É capaz de salvar todos vocês agora, bem agora, onde quer que estejam sentados e de fazê-los deixar esta casa como novas criaturas nele.

Você pode ver, assim, que o *se* não tem que ver com Cristo.

II. Mas então onde está o *se podes?* ESTÁ NA NOSSA FALTA DE FÉ. Como disse Jesus ao pai do menino: *Se podes — tudo é possível ao que crê.* Mas por que é necessário ter fé?

Em primeiro lugar, porque é *uma necessidade inteiramente razoável.* É desarrazoado esperar que Cristo faça qualquer coisa por nós se não crermos nele. O menos que um bom cirurgião pode esperar de seu paciente é que deposite inteira confiança em sua capacidade. Não é de admirar, portanto, que Jesus Cristo espera de vocês que creiam nele, e que "quem não crer será condenado". Se você negar a Cristo sua confiança, não poderá saber se ele lhe dará salvação. *Se podes!*, dito por Jesus, soa como se o Senhor, admirado, repetisse as palavras daquele pobre pai ao constatar que ele, o Filho de Deus, deveria estar sendo tão mal-entendido que seres humanos que iam a ele, que criou todas as coisas, duvidavam de seu imenso poder. O pobre leproso que foi a ele após o sermão do monte expressou sua falta de conhecimento de Jesus de forma diferente. Disse: [...] *se quiseres* [...], duvidando não do poder de Cristo, mas de sua disposição em curar. Não sei qual dos dois é o pior, mas estou certo de que ambos são desarrazoados; pois, se a sua vontade ou capacidade não estivessem presentes, Cristo não seria curador, muito menos Salvador dos pecadores. Mas, como frequentemente cantamos em um hino,

Ele é capaz,
Ele quer; não mais duvide.

A fé é necessária, em segundo lugar, pois ela se destina à *glória de Deus.* Não seria glória para Cristo abençoar aqueles que não cressem nele. Iria recompensar a incredulidade? Seria possível dizer que Cristo veio a este mundo, viveu e morreu pela salvação dos pecadores e que, depois disso, mesmo que alguém não cresse nele, daria a essa pessoa perdão e misericórdia? Naturalmente, não. Jamais poderia haver tal coisa: um incrédulo perdoado; alguém salvo que não cresse em Cristo. Isso seria sua desonra; faria dele o senhor do pecado, não o Salvador. A fé é necessária, portanto, para que Deus tenha a glória da salvação do homem.

Também *para nosso próprio bem* é a fé. Nosso Senhor queria abençoar aquele pobre homem curando seu filho, mas desejava abençoá-lo duplamente, curando-o também de sua incredulidade; pois é de fato um terrível mal que a um homem falte fé em Deus; é uma repugnante doença do espírito que um homem dele possa duvidar. Se examinarmos na legislação penal a relação de crimes, assim considerados, veremos que ali se acham alguns verdadeiramente abomináveis; no entanto, se procurarmos a mais faltosa das transgressões sob o ponto de vista moral e espiritual, não encontraremos nada mais abjeto que o pecado do homem que duvida do amor e do poder de Cristo, que morreu para que esse homem pudesse viver. É a obra-prima das tentações do inferno. Estamos o mais afastado de Deus ao duvidarmos do amor que ele marcou com o sangue do seu próprio coração. É, portanto, para nosso próprio bem que temos de crer. Aqui e para sempre a glória de Deus e o nosso próprio bem estão intimamente ligados. Glorificar a Deus é desfrutar dele para sempre.

A fé, portanto, é algo racional, glorioso, abençoado e, no caso do pecador, *absolutamente necessário à sua salvação*. Temos de crer em Jesus Cristo se quisermos ser salvos. Não podemos ser salvos sem crer? Não. O que será de nós se não crermos em Jesus Cristo? Não preciso fazer especulações sobre isso. O próprio Senhor disse: [...] *quem não crer será condenado* (Mt 16.16). Não estou preocupado em me cercar de interpretações meticulosas ou em pesquisar uma suposta versão mais refinada do texto; quero apresentá-lo justamente assim, em sua crua e tremenda simplicidade: *Quem crer e for batizado será salvo; mas quem não crer será condenado*. Se você não crer em Jesus Cristo, será condenado, o que quer que isso signifique; e deve significar, na verdade, algo terrível ser condenado por Deus e ser privado de sua presença, por não crer nele. Não há solução para isso, pois não há outra salvação, nem outra porta da esperança, exceto através da fé naquele designado Salvador da humanidade. Como disse John Newton, um grande pecador salvo pela maravilhosa graça:

> A pior doença é leve,
> Se comparada ao pecado;
> Ele de tudo se serve,
> Deixa nosso eu assolado.
> É veneno, febre ardente,
> É loucura, combinado:
> E ninguém senão o crente
> Dele o alívio tem encontrado.

Eis, portanto, onde o *se* se encontra: na nossa falta de fé.

III. Como terceiro ponto, permitam-me questionar: O QUE LEVA O "SE" A SE MANIFESTAR? Por que não conseguimos crer? Se uma pessoa sem preconceitos e que não tivesse tido contato com a Bíblia a lesse pela primeira vez e lhe fosse perguntado: "É difícil o que Deus pede aos homens, visando à sua salvação: que para serem salvos é necessário que creiam em Jesus Cristo, por ele enviado para salvá-los?" Qualquer mente pura responderia: "Não; pelo contrário, deve ser a coisa mais fácil do mundo, já que Deus não tem por que enganar ninguém". Tal veredicto seria absolutamente verdadeiro; pois o presente que por Deus nos foi oferecido, seu Filho, por ele amado, prova sua real honestidade, não deixando dúvida quanto à certeza e sinceridade de sua vontade de abençoar os filhos dos homens. Deus não conseguiria ser falso, ou ir tão longe na falsidade, a ponto de dar seu Filho à morte: isso seria inteiramente inconcebível. Parece ser inquestionável, então, que Deus seja verdadeiro ao declarar que irá salvar todos aqueles que confiarem em seu Filho; e nos parece, à primeira vista, a coisa mais simples do mundo confiar em Cristo, como, de fato, é. Por que, então, há tanto *se* nisso? Por que é necessário que Cristo tenha de repetir *Se podes* e afirmar ser tudo possível ao que crê?

O motivo é que *nos afastamos de Deus em nosso coração*. Se estivéssemos na presença de Deus, a fé não seria uma questão de necessidade. Mas não amamos Deus. Por natureza, muitos de nós, infelizmente,

"Se podes"... "Se [tú] podes!" | 873

até o detestam, e eis o motivo de nem todos confiarmos nele. Seria lamentável que alguém, a quem você estivesse falando sobre o pai dele, lhe dissesse: "Não acredito no meu pai"; e se você insistisse: "Mas seu pai é um homem do mais elevado caráter", seria triste ouvir essa pessoa retrucar: "Pode ser, mas não confio nele". "Mas seu pai é a bondade em pessoa", você reafirmaria; e se a pessoa então respondesse peremptoriamente: "Sim, é o que ouço dizer, mas mesmo assim não creio nele, não confio nele", você deduziria haver aí uma temerosa animosidade familiar, alguma circunstância estranha que pudesse haver torcido a mentalidade do seu interlocutor, de modo que não amasse seu pai nem cresse nele. De fato, se o pai em questão for pessoa de reputação inatacável e integridade indubitável, a última coisa que você esperaria ouvir do filho seria: "Não consigo confiar nele". Agora, em relação a Deus, quem dentre nós poderia blasfemar, afirmando que Deus já foi alguma vez mentiroso ou falso? No entanto, é o que dizem, embora com outras palavras, alguns homens e parecem mostrar a maior tranquilidade em dizê-lo. Apesar de estar escrito que *quem em Deus não crê, mentiroso o fez* (1Jo 5.10), há homens capazes de dizer, como se fosse uma simples escusa, e não um pecado: "Não consigo crer em Cristo; não consigo crer em Deus". Isto, por estarem afastados dele e porque não o amam. Que lamentem isso e o confessem diante de Deus. Quando seu coração for renovado pela graça, então a fé certamente virá.

Outra razão para o *se* é sermos *idólatras por natureza*. "Não, não", diz você, "não somos idólatras". Pois digo que o somos por natureza — todos nós. O que é um idólatra, senão alguém que possui um ídolo, algo em que possa confiar e que represente para ele o invisível? O católico se torna um idólatra ao se colocar diante do crucifixo em si ou qualquer imagem ou relíquia dos santos. Você pode se tornar idólatra também, sem precisar parecer ser supersticioso. Assim você será, por exemplo, em seus negócios ou em suas finanças particulares, se para conseguir confiar em Deus precisar ter sua remuneração, suas despesas e seus impostos normalizados. Não é em Deus, então, que você confia; é no dinheiro. O mesmo vale para sua alma. Você confiaria em Deus se um anjo descesse do céu para lhe falar, ou ouvisse uma voz durante a noite? Aí, então, não seria em Deus que você creria, mas no anjo ou na voz. Você quer algo, enfim, que possa ver ou ostentar. É inerente à espécie humana, aliás, ter símbolos; mas o que é isso, senão idolatria? Oh, que possamos nos livrar disso e declarar: "Deus é invisível. Não preciso esperar vê-lo; preciso é confiar nele. Tenho de crer que aquele que fez o céu e a terra e deu seu Filho à morte por mim irá me salvar; e, de uma vez por todas, deposito minha total confiança em seu amado Filho".

Outra razão para o *se* é *medirmos Deus por nós mesmos*. Não conseguimos crer que Deus possa nos perdoar porque consideramos muito difícil perdoar o nosso próximo. Além disso, não conseguimos conceber que Deus assim o faça sem nenhum motivo, senão por pura graça, porque somos sempre interesseiros: a menos que possamos ver alguma possibilidade de recompensa, de um modo ou de outro, temos muito pouco interesse em fazer algo pelos outros. Então acreditamos ser Deus de todo modo como nós mesmos; apesar de, de vez em quando, nos lembrarmos de já ter visto escrito na Bíblia: *Porque, assim como o céu é mais alto do que a terra, assim são os meus caminhos mais altos do que os vossos caminhos, e os meus pensamentos mais altos do que os vossos pensamentos* (Is 55.9). Medimos Deus por nossos semelhantes. Dizemos, por exemplo: "Tais e tais pessoas são muito boas; mas ninguém, nem Deus, jamais perdoaria isso que fizeram". Ou: "Ninguém é capaz de se dar generosamente como *se diz* que Deus se dá". Do mesmo modo que povos negros costumam fazer todas as imagens de seus anjos ou santos de igrejas com rosto negro, imaginamos ser Deus como nós mesmos ou nossos semelhantes e por isso achamos difícil crer nele. Descarte essas ideias de Deus de seus pensamentos. Seria mais fácil você segurar um oceano na palma da mão ou medir os céus com os dedos do que, por seus métodos e sem a ajuda da graça, ter uma ideia que seja da grandeza e da glória de Deus. Não se esqueça de que Deus é tão grande em misericórdia quanto em qualquer outro atributo. Ele se deleita em perdoar. A alegria de seu coração está em apertar seus filhos pródigos contra o peito. Nada dá tão intensa satisfação ao coração de Deus quanto a manifestação de sua ilimitada graça. Gostaria que cresse nisso. Mas porque limitamos assim o Santo de Israel é que cremos ser tão difícil a simples questão da fé. Por causa disso, subsiste em nós o grande, tremendo e inabalável *se: Se podes!*

IV. Para concluir, deixe-me fazer outra pergunta e procurar responder a ela: Como o *se* pode ser removido? Se há aqui, nesta casa, hoje, alguém que anseia ser salvo, mas levantou um *se* quanto a Cristo, duvidando: "Senhor, se podes fazer alguma coisa...", que saiba então que esse *se* está nele mesmo. Que nos demos as mãos, para ver se não conseguimos eliminar este *se*! Venha, irmão, deixe-me ajudá-lo. Se o seu "se" tem sido muito pesado em seu coração, peço ao Espírito de Deus que abençoe minha palavra a você e o livre dessa dúvida. Aliás, em relação àquele outro *se* a que já me referi, dito pelo leproso que desejava ser curado, ouvi uma história sobre uma menina, cuja mãe a encontrou um dia segurando uma tesoura e com a Bíblia da família na mão. "O que está fazendo?", perguntou a mãe, com certa preocupação em relação à filha e ao livro. "Ó mãe", disse ela, "eu estava lendo na Bíblia sobre o homem que disse a Jesus: *Senhor, se quiseres, podes tornar-me limpo* (Mt 8.22), e achei que ele não deveria ter dito *se quiseres* a Jesus; portanto, achei que eu deveria cortar este *se quiseres* da página". Algo muito bom de fazermos com todos os nossos *se*! Como iremos, porém, trabalhar com este, em particular? O melhor seria imitarmos o pai do filho epilético possuído por um demônio:

Antes de tudo, *confessar a fé*. Aquele homem disse: *Creio*! Há algo de notável aí. Se você não conseguir ir tão longe quanto gostaria, vá tão longe quanto puder. No que você crê em Jesus Cristo? Venha, trêmulo, pobre e amado coração, recapitule em sua mente agora tudo em que crê a respeito de Jesus. Acho que eu, antes de verdadeiramente crer em Cristo, cheguei a dizer: *Senhor Jesus, creio que és o Filho de Deus* (At 8.37). Eu cria nisso; nunca duvidei. Acrescentei, então: "Creio também que foste enviado para ser o Salvador da humanidade". Lembro-me de jamais ter duvidado disso. Alguns de vocês também creem nisso desde a infância; sua mãe e seu pai os ensinaram; sempre que leem as Escrituras, têm certeza disso. Agora, pois, entreguem-se a isso. "Senhor, eu creio que és o Filho de Deus. Creio que és Deus. Creio que és capaz de salvar. Creio que o teu precioso sangue remove o pecado de todos os que creem em ti. Creio que todos os que creem em ti têm a vida eterna. Creio que enviaste o evangelho ao mundo, dizendo: *Quem crer e for batizado será salvo* (Mc 16.16). Creio em tudo isso, Senhor". É algo pelo qual vocês devem ser gratos; mas é algo também que pode vir a condená-los, a não ser que avancem, vão mais longe; pois, se já creem tudo isso, por que não crer mais? Está certo que o ateu ou o materialista, por exemplo, não confiem em Cristo; mas se você está seguro de sua crença, de sua fé, não dá para imaginar uma desculpa para que não creia e confie inteiramente em Cristo. Se alguém disser: "Acho *fulano* um desonesto; não dá para confiar nele", isso é consistente; mas se disser: "Acredito que *fulano* é um homem sério, correto, mas não consigo confiar nele", não há como ouvir essa pessoa, que por sua própria boca se contradiz. Portanto, vocês devem avançar, pois, se não o fizerem, acabarão se condenando. De fato, se alguém declara a Cristo: "Creio que és o Messias, o enviado, que devia vir a este mundo; creio que és o Filho de Deus; creio que ressuscitaste dos mortos; creio que estás sentado à mão direita de Deus Pai, advogando em defesa dos pecadores", terá necessariamente de acrescentar: "Portanto, creio em ti". É a conclusão natural a que se chega. Deus o ajude, então, a confessar a fé que você tem em Cristo!

Outro modo de derrubar esse *se* é *apelando a Cristo para que o ajude*. *Creio*!, disse aquele pobre homem, acrescentando: *Ajuda a minha incredulidade* (Mc 9.24). Ele estava clamando do fundo de sua alma: "Ajuda-me, Senhor, ajuda-me a vencer minha incredulidade". Você também, pobre coração, vem procurando crer? Já experimentou fazer o mesmo que esse homem, crer que Cristo pode ajudá-lo a crer? Soa estranho, não? Mas, veja, ele teve de ter fé em Cristo nisso também, senão não teria dito: *Ajuda a minha incredulidade*. Imitemo-lo, então, clamando, como Cowper:

> Salva-nos, Emanuel, aqui estamos,
> Aguardando sentir teu toque de amor;
> Almas feridas, que tua cura esperamos,
> Profundamente somos, ó Salvador.

"Se podes"... "Se [tu] podes!" | 875

Fraca é a nossa fé, fazemos confissão;
A crer na Palavra não damos valor;
Que tenhas ao menos de nós compaixão,
Venha a nós a tua bondade, ó Senhor!

Lembra-te daquele que um dia afirmou,
Com temor e tremor e fidelidade:
'Senhor, eu creio', mas, chorando, clamou:
'Ajuda, Senhor, minha incredulidade!'

Muitas vezes, há muito mais fé no coração de um pobre pecador do que ele acredita que haja. Crê de fato no Salvador, mas não sabe que realmente o faz. Está salvo e, no entanto, teme pensar que isso seja possível. Muito tempo depois de eu conhecer o Salvador e de nele crer, costumava por vezes me assustar com o pensamento de que era bom demais para ser verdade. Diz o tentador: "Não pode ser verdade que você tenha sido perdoado, que agora seja de Cristo, que foi lavado no sangue do Cordeiro e que está salvo para sempre!" Sim, parece ser bom demais para ser verdade; mas nada é bom demais para ser verdade quando se está na presença do nosso Deus e nosso rei. Quando um rei se prepara para entrar em ação, é costume dizer que, quanto mais magnânimo e forte ele for, mais provável é que a ação seja inteiramente executada. Pense mais alto ainda. Se for um rei superlativo, infinito, de algum modo inimaginável, mas de todo modo revelado, então é totalmente provável que isso seja verdadeiro, pois ele se mostra como é, sendo Deus. Imploro, portanto, a você, que traga sua incredulidade a Cristo e a deixe morrer a seus pés! A incredulidade não tem como confrontar a verdade da cruz. Se você a fizer se espelhar no Salvador crucificado, no Cristo de Deus ressuscitado, a incredulidade morre. Deus o ajude, então, a dizer: *Creio! Ajuda a minha incredulidade!*

Para seguir o exemplo daquele pai, você deve fazer mais uma coisa. *Leve seu problema a Cristo.* O pobre homem levou seu próprio filho, com seriíssimo problema, a ele. Certamente foi para o pai um grande esforço e teve de pedir que outros o ajudassem. Consegue imaginar quanto aquela criança sofredora era atirada, nos ataques, ora para um lado, ora para o outro? Talvez você já tenha visto algum coitado com tal distúrbio físico e o seu sofrimento quando convulsionado. Com esse menino era pior; pois o menino não só espumava pela boca, mas ficava também totalmente desvairado, alucinado, ao ser tomado pelo demônio. Imagine o pai procurando ajudar seu filho, segurando-o, e então o filho se solta; outra pessoa o ajuda a segurar pelo braço, enquanto o pai o agarra. Assim é levado, puxado, empurrado, debatendo-se, até Cristo. *Trazei-mo*, dissera Cristo; e o que mais poderia fazer o pai senão levá-lo? Assim o fez, e deitou seu filho, agitando-se, convulsionado, aos pés de Jesus. Que lugar poderia ser mais propício para se levar um enfermo ou possuído do que aos pés do Salvador? A quem poderíamos ir se nos desviássemos de seu terno coração? De quem mais, portanto, o menino e seu pai poderiam esperar ser confortados e ajudados; e de quem mais além de Cristo poderão você e seus filhos esperar por uma bênção?

É isso o que gostaria que fizessem com seus parentes e amigos: levá-los de alguma forma a Jesus Cristo, mediante oração poderosa, veemente e determinada. Além de orar por eles, procurem fazê-los ouvir o evangelho. Gosto muito de pregar a pessoas que nunca ouviram o evangelho antes; é uma grande obra. Em alguns de vocês, acho que nunca conseguirei deixar marca; foram por tanto tempo martelados com determinadas ideias que temo se hajam deixado endurecer contra o evangelho. Se você levar alguém para ver as estrelas — alguém do interior, que está acostumado a vê-las —, talvez ele não faça nenhuma ressalva, ou simplesmente diga: "Não noto nada em particular nas estrelas". Mas imagine um paciente saído de uma operação oftalmológica, depois de não ver por muito tempo e que até se esquecera de como seria bom voltar a enxergar. Leve-o para uma dar uma volta à noite, e a primeira coisa que ele observará serão certamente as estrelas no céu. Exclamará, entusiasmado: "Que visão! Que coisa gloriosa! Que divino!" É esse o tipo de pessoa a quem tenho muito prazer em pregar; pois quando o Senhor dá vista àqueles que eram cegos espirituais, quando veem espiritualmente pela primeira vez na vida, como exultam em poder ver! Pessoas que raramente veem flores se encantam à sua visão e encontram grande deleite em sua fragrância; no entanto, ouvi falar de uma menina vendedora de violetas na rua e que tinha de levar as flores restantes de volta ao seu pobre quarto todas as noites, até que disse odiar o cheiro das violetas: tão acostumada a elas estava que não as suportava mais.

Isso pode parecer estranho, mas é justamente assim que alguns dos que ouvem o evangelho costumam reagir: dizem que o ministro prega por muito tempo, criticam nossos sermões; receio que estejam tão mal acostumados ao doce aroma da Rosa de Sarom, do Lírio dos Vales, que sua fragrância acabe por enfastiá--los. Que triste quando alguém se torna tão mal acostumado ao evangelho que reclama do sermão: "Que enfado!" Que este nunca seja o seu caso; mas, se for, venha e traga também esse seu problema a Cristo! De nada adiantaria trazê-lo a mim, pedindo-me para orar por você; de nada ajudaria recorrer a outros meios da graça. Dirija-se ao Senhor Jesus, que está junto de você, e conte-lhe tudo o que acontece; diga a ele que você renuncia a qualquer outra esperança que acaso pudesse haver e que confia a si mesmo inteiramente em suas mãos. Creia nele neste momento e o evangelho terá o cheiro de morte à morte, para você. Se você confiar em Cristo, terá vida. Ó Espírito de Deus, ajuda muitos a virem a ti nesta hora e a confiarem tão somente no crucificado, em nome de Jesus! Amém.

93

Fé onipotente

Ao que lhe disse Jesus: Se podes! — tudo é possível ao que crê (Mc 9.23).

Quero guiar a mente de vocês mais uma vez à cena em meio à qual Cristo proferiu estas palavras memoráveis. Ele tinha estado no monte em que se havia transfigurado na presença de três de seus discípulos. Durante sua ausência, os demais discípulos foram tomados de perplexidade: viram-se incapazes, pela falta de fé, de operar um milagre. Escribas e fariseus, ali presentes, triunfaram. Cristo desceu nesse exato momento e virou o jogo.

Encontramos caso equivalente com Moisés, quando, juntamente com seu servo Josué, subiu ao monte e contemplou a glória do Senhor. Enquanto ele e Josué estavam ausentes, o mal ergueu sua cabeça e aqueles que se guiavam por vista prevaleceram sobre a fé pobre e fraca de Arão, de forma que Arão acabou fazendo para eles um bezerro de ouro; e, ao retornar, Moisés deparou com o povo adorando aquela imagem, um deus que podiam ver e tocar. A fé havia deixado derrotada o acampamento, cujo defensor ali não estava, e a visão pecadora tornou-se por um momento vencedora. Moisés se arrojou, então, corajosamente, em meio ao povo, e no mesmo instante tudo virou uma balbúrdia; alguns tremeram e até os mais abusados tiveram de recuar. Ele destruiu o bezerro de ouro, reduziu-o a pó, derramou o pó na água e dela os fez beber.

Agora, nosso Senhor com seus três Josués — Pedro, Tiago e João, os três eleitos do eleito — desciam do monte da transfiguração. Tal como Arão, os demais apóstolos viam-se atacados por aqueles que desejavam ver sinais e maravilhas. Por serem incapazes de provê-los, devido à falta de fé, os fariseus levaram ampla vantagem, e as hostes de Deus pareciam fugir diante deles. De repente, como um grande Rei, Cristo surge; os fariseus ficam confusos; um milagre é realizado; a fé triunfa e os que duvidavam se envergonham. Assim como um general poderoso que, tendo se ausentado do campo de batalha, encontra de volta seus comandados engajados em ação imprudente e sendo derrotados — a fileira da esquerda se rompendo, a da direita procurando abrigo, o centro começando a recuar —, Jesus ergue o estandarte entre as tropas e chama a todos para se reunir em torno dele; eles se reúnem, e ele avança sobre o inimigo antes quase triunfante, logo recuperando o equilíbrio com a vitória e fazendo os ex-quase vencedores voltarem com ignomínia as costas e baterem em retirada.

Irmãos, aqui está, logo de início, uma lição. O que nos falta à conquista é o comando de um poderoso rei no meio de nós. A presença de Cristo é vitória para sua igreja; a ausência do Senhor Jesus pode nos levar a uma derrota deplorável. Ó exércitos do Deus vivo, não fiquem contando consigo mesmos; não confiem em sua força; não se apoiem na capacidade de seus ministros; não louvem o poder humano; não temam por serem poucos nem tremam por serem fracos. Se o Senhor está com vocês, vocês são mais poderosos do que todos aqueles do lado oposto. Se Cristo estiver entre vocês, cavalos e carruagens de fogo estão junto a vocês e ao seu redor.

> Quando suas mangas arregaça,
> Quem pode impedir sua ação?
> Se a causa de seu povo abraça,
> Quem pode deter sua mão?

Ergam seus olhos para o alto, de onde vem Jesus em seu auxílio, e não lhe supliquem em nome de seu povo, mas, sim, que permaneça com o povo e que junto com o povo e à frente dele caminhe sempre.

Surgira ali antes uma disputa com os escribas, porque certo homem tinha um filho possuído por um demônio, um espírito surdo-mudo, o qual o lançava em convulsões e delírios, semelhantes aos da epilepsia, da mais horrorosa espécie; e os discípulos de Jesus não haviam conseguido expulsá-lo. Diante desse fracasso do desempenho dos discípulos, o pai parece perder a fé no próprio Jesus Cristo; e, quando convocado pelo Mestre a trazer seu filho para junto dele, diz então a Jesus: *Mas se podes fazer alguma coisa, tem compaixão de nós e ajuda-nos* (Mc 9.22). Havia agora um *se* na questão; só que o pobre e trêmulo pai colocara o *se* no lugar errado. Jesus, sem lhe dizer para desdizer o *se*, apenas o coloca na posição correta. "Na verdade", é o que ele parece dizer, "não deveria haver *se* algum em relação ao *meu* poder, tampouco à *minha* disposição; o *se*, no caso, deverá ser quanto a *ti*: *se tu podes!... — pois tudo é possível ao que crê* (Mc 9.23)". O homem recebe imediatamente a mensagem de fé. No mesmo instante, faz uma petição simples e humilde de crescimento em sua crença. Logo Cristo profere a sagrada palavra, e o demônio é expulso, com a ordem de nunca mais voltar.

Irmãos, vemos muitas vezes que existe um *se*; mas continuamos a cometer o mesmo grave erro de colocá-lo no lugar errado. *Se Cristo* pode converter alguém? Não! *Se a igreja* crer, ele o consegue. *Se Cristo* pode fazer um ministério ser bem-sucedido? Não! *Se pudermos* crer, ele pode. *Se Cristo* pode me perdoar os pecados?; *se ele* pode me conferir grandes alegrias?; *se o Senhor* pode me tirar da dúvida e do medo? Não, meus irmãos, não dessa forma; pois os seus "ses" estão colocados aí no lugar errado. O correto é: *se vocês* podem crer; pois, se vocês puderem, exatamente como todas as coisas são possíveis a Cristo, assim também todas as coisas serão possíveis a vocês, se crerem. A fé se apoia no poder e na magnificência de Deus; ela se reveste do manto real e cavalga no cavalo do rei; pois ela é a própria graça, que o rei se deleita em honrar. Cercada do poder glorioso do Espírito Santo, que tudo opera, a fé se torna, pela onipotência de Deus, poderosa em realizar, ousar e suportar. *Tudo* — tudo, sem limites — *é possível ao que crê*.

Nesta manhã, devo me estender sobre *algumas realizações da fé*, para, em seguida, examinarmos *onde se encontra o grande poder da fé*. Que Deus nos ajude a abordar com poder divino esse dois pontos.

I. Em primeiro lugar, vejamos ALGUMAS REALIZAÇÕES DA FÉ.

Se eu apenas me ativesse a dar um simples registro que fosse daqueles que já obiveram uma bela conquista mediante a fé, faltaria certamente tempo necessário para isso. Não é preciso que minha humilde fala recapitule o que Paulo, com lábios inspirados, declara aos ouvidos da igreja. Vá também ao capítulo 11 de Hebreus e veja ali um arco triunfal imenso, que o Espírito Santo de Deus inspirou em comemoração aos sucessos esplêndidos alcançados pela fé. Veja na torre de Davi, construída para ser uma fortaleza na qual milhares se encontram, todos os escudos de homens poderosos. A igreja recorda com júbilo seus muitos integrantes valorosos, pois o Senhor revela sua voz diante de seu exército e seus campos são extensos. Não é necessário, porém, que eu lhes relembre essas vitórias antigas; em vez disso, prefiro falar de algumas que a fé pode realizar ainda hoje.

1. Primeiro, quero considerar a fé em *sua relação com a culpa*. Aqui, devemos dizer que, se você puder crer, sua culpa pode ser removida. O perdão perfeito e a justificação completa são possíveis até para o pecador mais vil, se puder crer em Cristo. Veja a fé ao entrar em conflito com o pecado. Acompanhe por alguns momentos determinadas lutas suas, mas veja-a regressando como Davi trazendo a cabeça de Golias nas mãos — uma conquista poderosa, mediante a força de Deus. Ao lidar com o pecado, a fé *não menospreza sua grandeza*. Nosso pecado é tremendo; impossível superestimar sua culpa. Pecador algum, mesmo sob a mais terrível das culpas, jamais se excedeu quanto ao mal do pecado, que é algo horrível e amargo; mas a fé sabe lidar com ele. "E se o meu pecado for grande demais? Tenho um grande Salvador. Ele toma a si, sem dúvida, o meu pecado, mesmo que pudesse ser centenas de vezes maior do que parece, e o lança nas profundezas do mar. Sei que me tenho rebelado muito e pecado contra Deus gravemente; mas creio em sua imensa misericórdia e que Deus é capaz de dissolver meus pecados como se fossem uma

simples nebulosidade e as minhas piores transgressões como se fossem uma nuvem." A fé não diminui a consciência do mal do pecado pelo pecador; mas, sim, exalta Cristo de tal forma que o pecador crê firme e inteiramente que mesmo que, o seu pecado possa ser multiplicado, o Senhor, que é poderoso em salvar, pode lançar longe todo esse fardo e o tornar livre para sempre. Se você pode crer, a grandiosidade de pecado não é barreira à sua remoção.

Muitos, porém, estão preocupados com suas impressões *do árido deserto do pecado*. Estão prontos a olhar somente para o inferno e parecem até ouvir gemidos como que procedentes do lugar de tormento. Em suas mentes inquietas, acham-se sempre presentes passagens da Bíblia como estas : *Porque uma fogueira está, de há muito, preparada;* [...] *a sua pira é fogo, e tem muita lenha* (Is 30.33). *Melhor é entrares no reino de Deus com um só olho, do que, tendo dois olhos, seres lançado no inferno, onde o seu verme não morre, e o fogo não se apaga* (Mc 9.47). Mas a fé diz: "Sim; apesar de tudo isso, no entanto, grande foi a agonia de Cristo, uma expiação justa e completa, pela qual aquele que crê e confia em Jesus é dispensado de todo esse tormento, pela misericórdia de Deus, podendo, até mesmo, ascender aos lugares mais elevados do céu". Conhecer o deserto do pecado, mas, ainda assim, crer que Cristo pode perdoar — eis a obra da fé; ou seja, não entender o pecado como simples pecadilho, como ofensa pequena e trivial, mas, sim, aceitar que o braço eterno de Deus nunca é pesado demais para recair sobre o homem que ousa insultar suas leis — e crer que, apesar de tudo, a reparação promovida mediante o sangue na cruz foi suficiente, mais que suficiente, para remir toda culpa. Essa é a vitória da fé: saber que o sangue de Jesus Cristo, o Filho querido de Deus, nos purifica de todo pecado.

Grande número de pessoas, também, sente-se atormentada só em pensar *no que a culpa tem causado* nelas. "Eu sou tão dura de coração," — diz uma dessas pessoas — "tenho tão pouco arrependimento, oro tão pouco, não tenho nada de bom em mim; sou tudo o que pode haver de mais vil; nada existe de recomendável em mim que possa atrair a piedade de Deus". Vem a fé e, então, diz: "É verdade; apesar de tudo isso, porém, acredito na pura e simples promessa de Deus; apresento-me a Jesus como sou, nada tendo em mim, mas possuo todas as coisas nele". A fé não permite que a dureza de coração nem a teimosia da vontade sirvam de argumento para que a alma não deva descansar em Cristo, mas, crendo que tudo pode assumir e se arrependendo tristemente de tudo, a fé diz ainda: "Está escrito: [...] *o que vem a mim de modo nenhum o lançarei fora* (Jo 6.37). *Eu* vou a Jesus, e ele não me lançará fora, não irá querer fazer isso". Se sentimos nossa alma suavizada, ou o mover do fogo vivo em nós, então crer que Cristo pode nos salvar não é uma grande fé; mas se não sentimos uma vida espiritual, se o nosso coração é rijo como pedra e nos vemos tão corruptos quanto a maior impureza, então crer nele, que justifica o incrédulo, receber a misericórdia que Cristo concede até ao maior dos pecadores, essa é uma obra-prima de fé; e é essa a fé que torna todas as coisas possíveis àquele que crê.

Em esperança, contra toda esperança,
Eu acredito, mesmo desesperado,
Que a tua palavra avivadora me alcança,
E teu Espírito me ergue, renovado.

Mesmo que algo domine meu pensamento,
Fiel a mim meu Senhor sempre será;
Não vacilarei em descrença um momento,
Pois Deus me deu a palavra que o fará.

Vê a fé, poderosa fé, a promessa
E tão somente nela é que então confia;
Ri da impossibilidade, não teme essa,
E clama: Há de ser feito o que Deus queria.

Pecadores há, ainda, que se tornam muito preocupados *quanto ao futuro*. "Você vai pecar novamente", diz Satanás, "do mesmo modo que já tem pecado; toda a sua pretensão de uma vida nova será um tremendo fracasso; você voltará como o cachorro volta para o vômito; voltará, como o porco que foi lavado volta a se espojar na lama". A mente avivada logo percebe claramente que, de fato, esse será o resultado inevitável se a obra vier a ser realizada pela força humana; a fé, no entanto, nega essa acusação ao olhar tão somente para o Senhor. Mesmo que em nós, isto é, em nossa carne, nada habite de bom, Cristo pode salvar até o último daqueles que vêm a Deus por seu intermédio; e a fé se apega à promessa: *As minhas ovelhas ouvem a minha voz; eu as conheço, e elas me seguem. Eu lhes dou a vida eterna; jamais perecerão, e ninguém as arrebatará da minha mão* (Jo 10.27,28); ela olha para o futuro com os mesmos olhos de fé com que vê o passado perdoado e descansa na fidelidade de Deus e em seu poder para salvar.

Às vezes, os velhos pecados entram de volta de roldão, com uma força tremenda, na mente do fiel. Pela força terrível da *justiça de Deus*, nossos pensamentos podem ser atormentados com a visão de um Deus bravo, com a espada desembainhada, pronto a nos punir por nossas ofensas. Gloriosa é aquela fé que consegue se lançar nos braços de Deus mesmo tendo ele a espada à mão, crendo que Deus não irá atacar o pecador que confia no sangue de Jesus. Poderosa é aquela fé que, observando a justiça dura e severa, mesmo assim não treme, mas clama: "Ó Senhor, és misericordioso e *justo* para me perdoar os pecados, porque eu os confessei. Cristo expiou todos eles, e sei que não hás de me cobrar a mesma dívida, já paga por teu amado Filho; sei que não hás de acrescentar ônus algum à minha conta, que ele por mim já pagou". Triunfante é aquela fé que marcha diretamente até o céu, que se coloca diante do trono resplandecente do grande e sagrado Deus e clama: "Quem poderá acrescentar algo ao fardo do eleito de Deus? Deus já o justificou; quem poderá condenar? É Cristo quem morreu; mais propriamente, quem ressuscitou" — e isso, mesmo quando o pecado se levante como uma torrente negra, e a recordação do passado venha fustigar a alma como uma tempestade.

Quando alcançamos conhecer verdadeiramente o mérito abençoado do sangue de Jesus; quando entendemos plenamente a misericórdia superlativa de Deus; quando nos damos conta do amor transbordante do Pai para com seus filhos amados — não olhamos propriamente para o pecado como se fosse menos pecado do que antes, mas já não tememos suas consequências punitivas, confiantemente seguros em nossa alma de que nenhuma de nossas iniquidades nos poderá destruir; de que nem mesmo todos os nossos pecados juntos poderão, por um momento sequer, abalar nossa posição em Cristo, nem nos colocar, por quaisquer meios, sob algum risco da ira eterna, visto estarmos cobertos pela justiça de Cristo e lavados em seu sangue.

Irmãos, nossos pecados quando perdoados deveriam aumentar nosso deleite em Deus, pois nos fornecem prova de sua graça e de seu amor excessivamente abundantes. Amalie Sieveking, notável heroína cristã, uma das mais zelosas obreiras dos nossos tempos, escreve: "O senso de minha própria falta de poder só me leva mais para junto daquele cuja força se aperfeiçoa em nossa fraqueza. Eu me entrego à sua orientação, com a feliz confiança de que ele há de completar o trabalho que começou e ajudará vezes sem conta esta pobre criança vacilante a subir, sim, mesmo que ela tropece uma centena de vezes por dia". Eis, porém, o ponto no qual eu gostaria que vocês reparassem: "Sinto às vezes que deveria revelar aos outros todo o montante acumulado da minha culpa, pois em mim poderiam admirar as riquezas da longanimidade divina". É essa a maneira com que a fé aprende a lidar com o pecado: transformando-o em um fundo de ornato que faça realçar o brilho da misericórdia — um engaste no qual o diamante do amor divino fulgure com resplendor superlativo. O coração fiel sempre se lembra de seu pecado com vergonha; mas se lembra, muito mais, com gratidão, do amor perdoador de Deus, e a tristeza ajuda a aumentar seu reconhecimento. Quanto mais afundamos por causa da queda, mais alto se ergue o nosso amor a Deus ao refletirmos sobre quanto sua mão forte nos tem livrado: "Também me tirou duma cova de destruição, dum charco de lodo; pôs os meus pés sobre uma rocha, firmou os meus passos". Oh! Eu gostaria que nesta manhã aqueles que estão cheios de pecado cressem que Cristo pode salvá-los! *Tudo é possível ao que crê*. Se você se considera o pior pecador fora do inferno, ainda assim confie em Cristo esta manhã; lembre-se:

Fé onipotente | 881

Tudo é possível ao que crê. Em um instante, sua alma se tornará mais branca que a neve, se você puder descansar em Jesus, o único capaz de salvar.

2. Observemos agora a fé *em meio aos ataques constantes de que são alvo os herdeiros do céu.* Aqui também a fé realiza todas as coisas. Assim que nasce um cristão, meus irmãos é deflagrado contra ele um grande conflito relativo ao próprio Cristo, pois Herodes busca ainda a criança que pode vir a destruí-lo. Sabemos como o mundo nos ataca constantemente, sobretudo se desejarmos ser diferentes, se quisermos manter brancas nossas vestes, se desejarmos não nos entregar aos prazeres comuns nem ser guiados pelas regras usuais da sociedade. O mundo uiva para nós como uma matilha de lobos. E daí? A fé encontra aqui uma fácil tarefa, pois logo aprende a glorificar a Deus nas tribulações, lembrando com muita alegria as bem-aventuranças de Jesus: *Bem-aventurados sois vós quando vos injuriarem e perseguirem e, mentindo, disserem todo mal contra vós por minha causa. Alegrai-vos e exultai, porque é grande o vosso galardão nos céus; porque assim perseguiram aos profetas que foram antes de vós* (Mt 5.11,12). Eis uma conquista diária do cristão: rir das ameaças de Satanás. *E esta é a vitória que vence o mundo: a nossa fé* (1Jo 5.4). O mundo, todavia, nos ataca também com seus sorrisos enganosamente agradáveis, e infeliz é o homem que não tem fé, pois logo as adulações do mundo o vencerão; mas aquele que está cheio de fé, quando o mundo lhe oferece prata, responde: "Não, já tenho muito ouro", e, mesmo que o mundo lhe dê um tesouro, pode recusar: "Tenho muito mais do que aquilo que vocês possam me oferecer. Você deseja ganhar um rei apenas com tostões ou um príncipe com as parcas provisões de um mendigo? Em Cristo, eu sou herdeiro de todas as coisas; este mundo é meu e o céu também". Assim ri o crente, em resposta a todos os sorrisos do mal, do mesmo modo que o faz do seu olhar de reprovação.

Ah, irmãos, somos, ainda, atacados *pela carne.* A luxúria interior não morre; ela busca sempre voltar a agir com eficácia, e sabemos quanto isso nos pode custar caro. Aqui também vence a fé; pois, conhecendo o poder da carne e da lascívia, a fé aquieta-se junto a Cristo, sendo então alçada aos lugares divinos e colocando a corrupção sob seus pés. A fé diz ao fiel: "Esteja certo de que, não obstante toda a calamidade do seu próprio coração e de sua natureza, você há de se sair tão vitorioso quanto Cristo e um dia será tão puro e imaculado quanto ele próprio diante do trono do Pai". Revide sua luxúria, fiel! Não existe pecado que não se renda à fé. Não há necessidade alguma de continuarmos sempre pecando enquanto vivermos: *podemos* vencer nossa lascívia. Você *pode* expulsar os "cananeus": embora eles habitem em cidades fortificadas até o céu e tenham carruagens de ferro, você é capaz, mesmo assim, de pôr os pés em seu pescoço e destruí-los totalmente. Você pode expulsá-los gradativamente e tão somente pela fé; não, porém, mediante notáveis feitos individuais; não pela confiança em sua própria ação; mas, sim, pela confiança total no sangue derramado de Jesus, com o qual pode vencer toda tentação e subjugar todo pecado.

> Com minha funda e minha pedra eu vou
> Lutar agora contra os filisteus;
> Vencerei, o Senhor já me falou,
> Sobre o pecado os triunfos serão meus;
> Em sua promessa eu posso confiar,
> Contando com ele, o Todo-poderoso;
> A vitória completa hei de alcançar,
> Pois o afirma meu Deus maravilhoso.
> Na força do Senhor vou então me erguer
> E avançar ao encontro do inimigo;
> À fé se une a palavra de poder,
> Que destrói o gigante e o maior perigo.
> Fé no potente nome de Jesus!
> Atiro a pedra direto ao pecado,
> Atinjo o alvo, pois Deus a conduz,
> E cai o monstro logo derrotado.

Assim é com *o mal*. O mal se revela contra nós, mas somos mais que simples adversários para ele se a nossa fé for firme. Sob o escudo da fé, suas flechas envenenadas, e com a espada da fé o ferimos em suas entranhas. Não há tentação que deixe de assaltar o fiel, mas a fé pode, sem dúvida, lhe fornecer total defesa. Se eu creio em Jesus e tenho sua promessa de que vencerei, vencerei, porque creio nessa promessa. Mesmo que me encontre sob os pés do mal e haja ele erguido sua espada para me ferir, possa eu clamar: "Não te alegres, inimigo meu, a meu respeito; quando eu cair, levantar-me-ei", e a vitória será minha. A fé vence o próprio inferno e seu monarca: conta para defesa com armadura completa, e para o ataque, com a lança da intrepidez, além de outras armas de guerra.

Quanto às *provações desta vida*, é maravilhoso que as dificuldades existam para a afirmação da fé, ao perceber que procedem de Deus os infortúnios. Crisóstomo faz uma observação sobre a passagem em Jó em que este diz, referindo-se à grande perda que sofrera: *O Senhor o deu, e o Senhor tomou* (Jó 1.21). Jó não declara que os sabeus ou os caldeus o tomaram, não obstante serem estes os principais instrumentos, no caso; mas, sim, que o *Senhor* o tomou, o levou. O fiel que vê a mão de Deus em tudo que acontece a ele se sente agradecido por tudo ao seu redor. Como a providência está nas mãos do Pai, sabe que é sempre guiado por seu amor, sabedoria e graça; e, assim, considera seus piores dias como sendo tão bons quanto os melhores; seus dias mais feios, quanto os mais belos; os dias escuros, como luminosos. Crê, em total confiança, que todas as coisas concorrem para seu bem e deixa a obra de Deus inteiramente com Deus. Oh, amados, é apenas a ausência de fé que torna este mundo um lugar de sofrimento; quando nos apropriamos da fé, ela supera toda e qualquer tribulação, seja qual for, venha de onde vier.

Mostrei a vocês, deste modo, que *tudo é possível ao que crê* (Mc 9.23). Levantem-se, ó hostes do inferno, e atirem suas flechas!; ó céus, preparem suas tempestades!; lance, ó terra, seus dilúvios; e você, ó carne, venha com toda a sua blasfêmia e maldade — a fé há de caminhar incólume por entre toda a fúria, tanto quanto, ou mais, caminharia um conquistador que a enfrentasse.

3. Voltamos a atenção de vocês, agora, para outro ponto: *a obtenção da eminência na graça*. Cristãos existem que estão sempre duvidando e temendo, e que julgam seja o temor ou a dúvida o estado ideal dos fiéis. De jeito nenhum, irmãos! *Tudo é possível ao que crê*. Pode acontecer de eventualmente você vir a se achar em situação em que surja uma dúvida ou um temor, mas que seja como um pássaro que vem voando e pousa por breve tempo em sua alma, sem se demorar. Há quem leia sobre comunhões elevadas e encantadoras desfrutadas por santos e suspire: "Ah, isso não é para mim, não". Ó você, que busca ir em direção ao alto! Se você tiver fé, poderá chegar até mesmo ao pináculo extremo do templo; porque todas as coisas são possíveis àquele que crê. Se você lê a respeito do que grandes homens fizeram com a ajuda de Jesus, sobre o que desfrutaram dele, quanto viveram como ele e como perseveraram pela causa de Cristo, por que duvida, dizendo: "Isso não seria possível para mim, pois não passo de um verme"? Nada há que um salvo, ou santo, de tempos passados, tenha feito que você não possa fazer. Não existe extensão de fé, talento para espiritualidade, local, garantia, ministério ou ação de responsabilidade que não possam ser igualmente franqueados a você, se tiver o poder de crer. Levante-se, levante-se de seu leito; livre-se de suas roupas de pano de saco e de suas cinzas. Não é próprio para você rastejar na poeira, ó filho do rei. Suba! O trono dourado da certeza está esperando por você! A coroa da confiança em Jesus está pronta para ornamentar sua fronte! Vista-se, espiritualmente, de fino linho púrpura, suntuosamente bem, todos os dias; pois quem crê pode comer da melhor espécie do trigo; toda a sua terra será inundada com óleo, vinho e mel, sua alma será um jardim irrigado e seu espírito saciado com fartura e abundância. *Tudo é possível ao que crê*.

4. Ainda um quarto ponto: o poder da fé com referência à *oração*. Aqui também, *tudo é possível ao que crê*. Ao orarmos, hesitamos por vezes quanto a grandes coisas que poderíamos e desejaríamos pedir; mas a fé, ao contemplar as imensas promessas, o excelso Deus e seu inigualável amor, só pode considerar as grandes coisas como benignas migalhas caídas da mesa do mestre. Se, então, mais uma vez, nos reprimimos, por causa de um sentimento de indignidade, a fé contempla a *dignidade de Cristo* e crê que sua honra e seu mérito são suficientes para livrar totalmente nossa indignidade do juízo em que a colocamos.

FÉ ONIPOTENTE | 883

Somos levados então a pensar sobre o direito de Deus de adiar o cumprimento de suas promessas; mas logo nos lembra a fé que Deus jamais se recusa a cumprir o que promete, apesar de poder ou não protelar seu cumprimento; espera, pois, que a promessa seja o mais breve possível realizada. Apesar de a visão por vezes parecer tardar, a fé espera sempre até que ela venha, pois certa está de que realmente *virá*. E, oh!, que maravilhoso é ver a fé esperar em Deus em oração e recusar todos os recursos carnais, dependendo, simples e totalmente, da promessa em si, crendo que Deus é inteiramente capaz de realizar sua própria obra e executar sua própria palavra.

Irmãos, nenhum homem deveria duvidar, nestes tempos modernos, de que Deus *responde* à oração e de que a fé com oração é capaz de tornar qualquer coisa realidade. Já ouviram falar de George Müller, de Bristol? Ali, em Bristol, sob a forma de magníficos abrigos cheios de órfãos, sustentados sem necessidade de comitês nem secretarias, sustentados apenas pela oração e pela fé desse homem, ali se encontra, em tijolos e cimento sólidos, o testemunho vivo de que Deus ouve as orações. Mas, vocês sabem, o caso Müller é apenas um, entre muitos. Lembrem-se do trabalho de Francke, em Halle. Olhem também para a obra do dr. Wichern nos arredores de Hamburgo, que, tendo começado com alguns meninos abandonados e contando apenas com a ajuda e a bondade de Deus, tem agora toda uma aldeia cheia de meninos e meninas recuperados e salvos e tem enviado irmãos para exercer atividades úteis em lugares diversos. Lembrem-se também do irmão Grossner, de Berlim, e de quão poderosamente Deus o ajudou a enviar não menos que duzentos missionários para todas as longitudes e latitudes da terra para pregar Cristo. Teve como apoio nada além da mera promessa de Deus e a fé mediante a qual aprendeu a alcançar a mão de Deus e dela obter tudo o de que necessita.

Não posso, porém, deixar de lhes falar, mais uma vez, sobre quem já discorremos na noite da última sexta-feira — o pastor Harms, de Hermaunsburgo. Pelo poder de sua fé na pregação da Palavra, ele viu florescer um deserto estéril e sua igreja se transformar em verdadeiro modelo do que uma igreja de Deus deve ser um corpo vivo em funcionamento, de onde são enviados missionários para a África, não tendo nada para provisão senão ofertas espontâneas e pessoas concentradas no exercício da oração e da fé. Estive lendo uma passagem de sua vida, em que conta que estava esperando para enviar missionários para a tribo africana dos galas, na Núbia, mas não conseguia obter recursos. Diz ele: "Então bati solicitamente à porta do querido Deus, em oração; mas, já que um homem em oração não deve sentar-se tranquilamente, com suas mãos sobre o colo, procurei companhias marítimas, sem sucesso; dirigi-me ao bispo Gobat, em Jerusalém, mas não obtive resposta; então, escrevi ao missionário Krapf, em Mornbaz, mas a carta se perdeu, nunca chegou. Então, um dos ajudantes que me restavam sugeriu: 'Por que não construir um navio? Pois assim poderá enviar quantos missionários quiser e quando desejar'. A proposta era boa, mas e o dinheiro? Aqueles eram tempos de conflito, e eu lutava com Deus. Nada e ninguém estava comigo senão o revés; até mesmo amigos e irmãos mais fiéis insinuavam que eu não estava em meu juízo perfeito. Quando o duque George da Saxônia jazia em seu leito de morte, e ainda se encontrava em dúvida sobre a quem deveria entregar sua alma, se ao Senhor Cristo e seus méritos ou se ao papa e suas boas obras, ali lhe falou um cortesão fiel: 'Alteza, *seguir em linha reta é o que faz o melhor corredor*'. Aquelas palavras repousaram rapidamente na minha alma. Eu havia batido nas portas dos homens e as encontrara fechadas; mas o plano era ainda notoriamente bom e para a glória de Deus. Que deveria fazer? *Seguir em linha reta é o que faz o melhor corredor*. Orei fervorosamente ao Senhor, colocando o assunto em suas mãos. Quando à meia-noite me levantei da minha genuflexão, exclamei, com uma voz que a mim mesmo quase me assustou, no silêncio da sala: *Avante, em nome de Deus!* A partir desse momento, nunca mais passou um pensamento de dúvida em minha mente'".

Amigos! As igrejas de Cristo não precisam do maquinário moderno que tomou o lugar da simplicidade da fé. Eu, verdadeiramente, acredito que, se o Senhor varresse muitas das juntas, secretarias e sociedades missionárias para fora do universo, deveríamos estar melhores sem elas, pois as nossas igrejas confiariam em Deus, enviariam seus próprios missionários, levantariam fundos para sustentá-los e creriam que Deus haveria de abençoá-las. Espero que a igreja de Cristo possa logo dizer como disse Davi da armadura pesada que lhe emprestou Saul, para enfrentar Golias: "Não posso andar com isto, pois não estou acostumado" — e apenas com sua funda e sua pedra e confiante em seu Deus, tenho fé de que poderá confrontar o inimigo. Se pudermos confiar em Cristo, tudo poderemos fazer. *Tudo é possível ao que crê*; mas nada é possível aos esquemas e seus sistemas humanos. Deus um dia os varrerá a todos, e feliz será o homem que levar à destruição total essas coisas vãs. Voltem-se contra elas e tomem seus baluartes, porque não são do Senhor; ele não as ordenou, nem as sustentará. Ajam somente com fé, ó vocês, que são de Deus, e comprovem o poder da oração, comprovem que *tudo é possível ao que crê*.

5. Outro ponto no qual tenho me entrincheirado é: *Tudo é possível ao que crê* quando *no serviço de Deus*. O mal pode até lhe dizer: "Você não tem dom algum para isso". Que dom você não tem? Se tiver o dom de fé, você pode cumprir sua missão. Talvez você seja um ministro trabalhando em um vilarejo com pouco sucesso. Será que você não acreditou que Deus poderia lhe dar sucesso? Se tivesse crido, certamente o teria alcançado. Você não é limitado em Deus, mas limitado em você mesmo. Eu sei o que é ir para o meu quarto sentindo vergonha de um sermão que preguei e lamentar muito por causa disso; mas sei também o que é descobrir, espantado, dentro de um mês, que esse sermão foi mais útil em conversão do que outros que eu pensava tivessem algo que os tornasse mais eficazes. A verdade é que Deus não quer o nosso poder, mas a nossa fraqueza; não quer a nossa falsa grandiosidade, mas a nossa real insignificância. Ó irmão, se Deus o chamou para um serviço que seja dez vezes mais pesado do que as suas forças consigam desempenhar, vá e o faça com fé e a *sua* força, pois *tudo é possível ao que crê*.

Gostaria que a nossa era tivesse mais homens incomuns: estamos ficando tão insípidos, tão frios, tão lugares-comuns — seguimos todos o mesmo andar da carruagem, imitando uns ao outros; em vista dos heróis do passado, somos seres pequeninos caminhando sob suas enormes pernas, murmurando porque nos achamos em ignóbeis sepulturas; tudo isso, por termos abandonado a fé. Deixe só que um homem creia que Deus o chamou a uma missão e proclame: "Avante, em nome de Deus!"; e verá como esse homem será mencionado sobre seu tempo, terá seu nome gravado na rocha das eras e deixará atrás de si lembranças que os anjos ainda contemplarão quando os nomes de reis e imperadores já tiverem sido varridos pelo esquecimento. Irmãos desta igreja! Muitas e muitas vezes os tenho incitado à fé e alguns começaram já a compreender o que a fé significa; mas, oh, receio que muitos há que ainda não chegaram à plenitude desse significado. Viver na região dos milagres, ser chamado de crente fiel, ver as mãos de Deus tão visíveis quanto você vê a si mesmo, reconhecer Deus como maior do que as causas secundárias, encontrá-lo como alguém em cujos braços você pode descansar, cujo poder você consegue receber e estar numa posição extraordinária, muito acima de onde a razão poderia colocá-lo — a de saber que é um filho distinto, diferenciado, especialmente favorecido de Deus —, oh, isso é o paraíso começando aqui embaixo. Acreditem-me, eu sempre me espanto de ver como as pessoas podem pensar que as conquistas atuais da igreja são tudo aquilo que a igreja poderia esperar. Vejo comerciantes honestos, ministros respeitáveis, mulheres amáveis e muitas outras pessoas fazendo algo, mas fazendo muito pouco, e me inclino a dizer: "Mas o que é isso? Foi só por isso que Cristo derramou seu precioso sangue, foi só para fazermos isso? Isso é tudo que o Espírito Santo consegue? Fazer um homem ouvir um sermão sério em um domingo? E só? É essa a obra de Deus? Vejo a obra de Deus na natureza, e aí estão os Alpes imponentes, os oceanos estrondosos, as cachoeiras em fúria; mas, quando olho para a obra de Deus na igreja, vejo pouco, muito pouco e pouco, por toda parte. A insignificância está estampada nas frontes nos dias de hoje; não fazemos e não ousamos; e chego a pensar que até que vejamos algo grandioso, até que uma ação mais intrépida seja tentada, até que alguma coisa destacável seja feita para Cristo, não teremos a glória do Senhor revelada, de tal modo que toda a humanidade possa conhecê-la. O que estamos fazendo aqui, todos nós que nos achamos confinados nesta pequena ilha, todos nós que vivemos na Inglaterra, se *o mundo inteiro* jaz no maligno? (1Jo 5.19). Quanto nosso coração bate pelos pagãos? Nós ficaríamos tanto aqui, se ouvíssemos mais essa solicitação. Mas não seria o chamado de Deus ainda mais alto, se ao menos tivéssemos fé? Somos, no entanto, tão carnais — vivemos tanto para as "coisas visíveis" que não ousamos realizar uma ação arrojada, valente e audaciosa para o mestre. Que Deus nos ajude a fazê-lo! Então, a igreja se

FÉ ONIPOTENTE | 885

levantará e vestirá os seus trajes mais vistosos! E ai de você, Ascalom, quando o Deus de Israel estiver no acampamento!; ai de você, Gaza, pois seus portões serão levantados em nossos ombros quando crermos de vez que somos fortes o suficiente para levá-los até o topo da colina, com pilares, barras e tudo o mais! *Tudo é possível*, no serviço de Deus, *ao que crê* .

Por fim, ao alcançarmos a morte, a doença não nos causará ansiedade; os mistérios solenes da última cláusula não nos alarmarão; a sepultura não será um local de trevas; o juízo não será carregado de terror; a eternidade não será horrenda; pois, para aquele que crê tudo é possível, e a morte e a sombra da morte recuarão diante da fé. Os céus à fé se renderão; o inferno tremerá perante ela; a terra será impotente diante da fé, e ela estará sempre ao alcance do homem fiel: tal como o barro na roda do oleiro, a fé será moldada segundo o seu desejo de servir a Deus.

II. Chego ao meu último ponto, e que Deus nos abençoe. ONDE RESIDE, ENTÃO, A FORÇA SECRETA DA FÉ? Reside no alimento que a sustenta; pois a fé compreende *o que é a promessa* — uma emanação da graça divina, um transbordamento do grande coração de Deus; e diz: "Meu Deus não poderia ter feito essa promessa não fosse por amor e graça; por isso, é totalmente certo que essa promessa será cumprida". Pois a fé só indaga: "*Quem fez* essa promessa?" e nem sequer irá questionar sua grandiosidade porque sabe quem é o autor; mas tem em mente quem é Deus, que não pode mentir — Deus onipotente, Deus imutável. Então, deduzindo que a promessa irá ser cumprida, vai adiante, nessa firme convicção; e constata *por que* a promessa foi feita — ou seja, para a glória de Deus. Sabe com toda a certeza que a glória de Deus está resguardada; que o Senhor nunca irá manchar seu próprio brasão nem arruinar o brilho da própria coroa; e conclui então que a promessa estará firmemente de pé. A fé considera, daí, a incrível *obra de Cristo* como sendo a prova clara da intenção do Pai em cumprir sua palavra. *Aquele que nem mesmo a seu próprio Filho poupou, antes o entregou por todos nós, como não nos dará também com ele todas as coisas?* (Rm 8.32). Então se volta *ao passado*, para as batalhas que a fortaleceram, para as vitórias que lhe deram coragem. Lembra-se de que Deus nunca falhou com ela; de que jamais falhou com qualquer de seus filhos. Recorda tempos de grande perigo, de momentos de libertação — instantes de terrível necessidade diária e constante de sua força e presença; e diz: "Não; jamais poderei vir a crer que Deus possa negar a si mesmo, mudar seu caráter e abandonar um servo seu". A fé sente como se não conseguisse crer em algo tão severo da parte do querido Deus. Devo usar tal expressão? Sim, devo usá-la, pois Deus é querido para mim! Creio que algo do qual me arrependi acima de outros pecados que tenha cometido foi o pecado de duvidar dele, que tanto me ama e que preferiu morrer a me deixar perecer, como, de fato, morreu para que eu vivesse.

Ora, esse Deus tão querido à minha alma, como duvidar dele? Eu jamais afirmaria que meu pai seria um mentiroso ou que minha mãe renegasse sob juramento. Não; mas, se o fizesse, meus abençoados pais não seriam severos comigo. Meu abençoado Deus, minha fé sabe muito bem que ele não *pode* ser inclemente; seu amor, por si só, o *faria* fiel, mesmo que sua fidelidade não bastasse. Se o nosso Deus *pudesse* nos abandonar, então realmente eu estaria enganado sobre seu caráter. Se eu *pudesse ousar algo* contando com Deus e ele me abandonasse, então eu teria lido mal as Escrituras. Não acredito, portanto, meu jovem guerreiro, que, se Deus o ordenar que se lance na densidade da batalha, vá abandoná-lo, como Joabe a Urias, para tombar pela flecha do inimigo. Apenas ouse, e Deus será maior que sua ousadia. Todavia, nós nos recusamos a ser intrépidos. O menor problema, a menor dificuldade, o menor perigo, e nos encolhemos de volta a nossa ignóbil indolência. Oh, se nos erguêssemos à glória da crença!

Tento, portanto, amados irmãos, encorajar sua alma; mas ciente estou de que não conseguiremos ter tal fé em Cristo se não tivermos mais de seu Espírito Santo. Lembremo-nos, então, da promessa: *Se vós, pois, sendo maus, sabeis dar boas dádivas aos vossos filhos, quanto mais dará o Pai celestial o Espírito Santo àqueles que lho pedirem?* (Mt 7.11). Peça por mais fé. Esta igreja é bastante para a conversão do mundo inteiro se Deus nos der fé suficiente para tal. Se o pequeno grupo de Jerusalém foi tudo o que era necessário, um grupo de mais de dois mil homens e mulheres fiéis pode ser mais que suficiente, se tivermos fé. Olhe para igrejas à sua volta: o sucesso delas seria tão pequeno se tivessem mais fé? Tudo é possível, e ainda assim, não fazemos nada! Tudo está ao nosso alcance e, no entanto, somos pobres! O próprio céu está ao nosso lado, e ainda assim somos derrotados! Vergonhosa incredulidade, seja colocada à morte para sempre! Fé gloriosa, viva em nossa alma! Que tanto o pecador quanto o salvo possam realmente crer na misericórdia, na bondade e na verdade de Deus, como reveladas em Cristo; e que levemos para casa conosco, para nossa nutrição, como se fosse uma refeição diária, estas palavras: — *Tudo é possível ao que crê.*

> Na terra e no inferno a fé põe-se a marchar,
> Subjugando a morte e qualquer inquietação;
> E não nos admiremos poder afirmar
> Que até o céu conquista mediante oração.
>
> Ordena que, por mais escarlate em pecado,
> Alvo como a neve possa o ser se tornar;
> Faze o pecador às alturas elevado
> Para junto dos anjos de luz habitar.

ONDE SE SITUA O "SE"

Ao que lhe disse Jesus: Se podes! — tudo é possível ao que crê (Mc 9.23).

Acredito que a versão da Bíblia que quase sempre adotamos passe à mente do leitor o sentido pretendido pelos evangelistas; mas é bem mais provável que em palavras exatas esta outra versão esteja mais próxima do original. Ela expressa melhor o sentido aos leitores em geral. Ora, fornecer o significado é o principal objetivo de uma versão. O pai do menino obsedado havia dito a nosso Senhor: [...] *se podes fazer alguma coisa, tem compaixão de nós e ajuda-nos* (Mc 9.22); ao que o nosso divino Mestre praticamente respondeu o seguinte: "O *se podes* não está situado em mim, mas em ti. Não se trata de *eu* poder, mas de *tu* o conseguires". Observem que a palavra "crer" está implícita, quando não expressa, no diálogo do pai com Jesus. O Senhor, sem dúvida, poderia ir tão longe quanto fosse a fé daquele homem; todavia, como a lei do reino diz que de acordo com a fé assim será para com aquele que crê, a falta de fé do homem acabaria por retardar sua obra. Exatamente tal como o suplicante poderia se livrar de sua falta de fé, Jesus iria expulsar de seu filho o demônio. A dificuldade em expulsar o demônio residia, assim, principalmente, na falta de fé do pai. Que fique entendido, então, como ensinamento básico deste texto, que a dificuldade do modo de as almas serem salvas reside não em Jesus Cristo, mas nelas próprias. Não há necessidade de perguntar: "Jesus consegue perdoar?", ou "Ele consegue renovar?" Há outra questão, antecedente: Você crê que ele consegue perdoar, renovar? Se a graça de Deus o leva a dizer, com toda a sinceridade: "Consigo; eu de fato creio que Jesus pode operar em mim de acordo com a medida total da minha necessidade", então toda a dificuldade terá desaparecido. Se a sua fé crê na onipotência de Cristo, ele será onipotente para você, pois *tudo é possível ao que crê.*

Gostaria neste momento de chegar a alguns, que aqui estão, que não conseguem chegar a Cristo. Peço a Deus que por seu Espírito possa lidar com a dificuldade de vocês, seja ela qual for, a fim de que seja superada de uma vez por todas; e que vocês possam depositar sua confiança em Jesus e nele encontrar, neste dia, vida eterna.

I. O primeiro assunto de que iremos tratar é uma questão vital: O QUE É CRER? Depois de todas estas centenas de anos de pregação do evangelho, é necessária esta questão? Acredito ser tão necessária que, mesmo que em todo sermão se pregasse somente sobre a fé, ainda não se teria dito o suficiente. Seria bom se toda pregação abordasse o evangelho, da forma mais simples possível, pois, apesar de todo ensinamento religioso cristão que nos cerca, nada é menos conhecido ou menos compreendido do que a fé no Senhor Jesus Cristo. Temos de admitir também, é verdade, que muitas exposições sobre a fé são o mesmo que nenhuma, tendendo apenas a deixar o assunto ainda mais confuso do que antes; temo até que a minha própria explicação possa vir a ser desse tipo. Procurarei fazer o melhor possível, então, para evitar esse problema, falando do modo mais simples que possa.

Vamos usar o mesmo homem como exemplo e, com base nele, ver o que pode ser a fé. Esse homem certamente acreditava que Jesus curava, pois disse: *Mestre, eu te trouxe meu filho* [...] (Mc 9.17). Não haveria de levar seu filho a Jesus se não tivesse alguma confiança nele. *É um bom começo de fé saber que, se serei salvo, o serei somente por Jesus Cristo.* Sim, é bom saber que a salvação da alma deve vir apenas da ação de Jesus e de mais nada ou ninguém, pois *nenhum outro nome há, dado entre os homens, em que devamos ser salvos* (At 4.12). Esse homem demonstrava ter também certa fé na disposição de Cristo em curar.

Podia não ser uma fé muito forte, mas existia; de outro modo, o homem não teria colocado ênfase em sua petição no poder do Senhor. Ele não disse: "*Se quiseres*, podes fazer alguma coisa...", mas, sim: "[...] *se podes* fazer alguma coisa, tem compaixão de nós e ajuda-nos". Enfim, ao contemplar a face de tão inigualável bondade e ternura de Jesus, foi que o homem sentiu que podia pedir: [...] *tem compaixão de nós*. De algumas pessoas não há como esperarmos compaixão ou bondade, pois parecem que não as possuem; em vez disso, mostram um olhar duro e as cerca um ar congelante. Não era assim, porém, o nosso Salvador: o homem sentiu que Jesus estava repleto de compaixão; e seu pedido foi para que tal compaixão se manifestasse para com seu filho e ele. *É um bom início para a fé salvadora crer que Jesus está desejoso de salvá-lo*. Acredito que muitos de vocês já tenham chegado a esse ponto.

O que é, no entanto, de forma real e salvadora, crer em Jesus? O pai suplicante não havia atingido ainda a condição de fé que poderia garantir o milagre; era necessário mais — mais o quê? *Precisava crer no poder de Cristo em relação especificamente ao seu próprio caso*. O ponto no qual a fé do homem ainda falhava era quanto ao poder de nosso Senhor para com o seu caso em particular; tanto assim que disse: [...] *se podes fazer alguma coisa* [...] Antes de condenarmos o ansioso pai por sua dúvida, quero lembrar que seu filho se encontrava em péssimas condições e que o Senhor o tinha feito detalhar os tristes aspectos do caso. O pai resumira pesarosamente o caso como: *E este, onde quer que o apanha, convulsiona-o, de modo que ele espuma, range os dentes, e vai definhando* (Mc 9.18); informando ainda que o demônio dominava o menino desde a tenra infância, acrescentando: *E muitas vezes o tem lançado no fogo, e na água, para o destruir* (Mc 9.22). Somente depois de dar esses dolorosos detalhes, fez então sua lamentadora petição: [...] *se tu podes* [...] — já pensaram nisso? Jesus, então, lhe deu a entender o seguinte: "*Se podes* crer, apesar de tudo isso, verás a salvação de Deus". É muito fácil dizer: "Eu creio" quando não se tem consciência do próprio pecado nem consciência do risco a que se está exposto com ele; é a coisa mais fácil do mundo dizer: "Sim, Cristo pode me salvar" quando não se crê que de fato se necessita de salvação. Onde não há consciência dessa necessidade, a fé nada mais é que a imagem da fé e não realmente a graça que salva a alma.

Eis, portanto, a questão: *neste exato instante, meu caro amigo, você conseguiria crer e confiar em que Jesus pode salvá-lo, apesar de se sentir cheio de pecado?* Talvez você conseguisse dizer: "Senhor, estou possuído por um espírito mau: estou amarrado a ele e tenho estado assim desde criança. Fui levado a um pecado e por ele jogado ao fogo; fui lançado a um pecado oposto e jogado na água; fui dilacerado pela paixão e tomado de desejos malignos; pequei contra a luz e o saber, pequei contra o amor e a compaixão; pequei em pensamentos, palavras e atos; pequei dolorosa e continuamente; mas creio que me podes perdoar e fazer de mim uma nova criatura. Por mais pernicioso que eu seja, e sei que sou, creio que podes expulsar o pecado do trono do meu coração e me fazeres te amar e servir por todos os dias da minha vida". Se você consegue crer em Jesus desse modo, ele o salvará — ou melhor, já o salvou. Se você, pecador indigno, conseguir honrar de tal modo a piedade de Deus, crendo que ele pode destruir seus pecados mediante Cristo Jesus, assim será feito. Lembre-se de que sua confissão deverá vir não depois de haver esquecido o pecado, mas, sim, quando ainda estiver plenamente consciente dele e humilhado por causa dele. Se eu achar que sou pecador apenas no nome, então crerei que Jesus é meu Salvador apenas no nome; se eu for um pecador e não negar haver pecado, mas julgar que posso engodar o Senhor, dizendo: "Oh, sim, sou um pecador; somos todos pecadores", então serei um pecador dissimulado, irei me tornar um crente falso e dissimulado e o verdadeiro Salvador nada tem que ver comigo. Jesus veio salvar aqueles que reconhecem estar muito e realmente perdidos. É o pecador inequívoco, aquele que não ousa negar sua culpa, o objeto da busca salvadora do Senhor. No auge de sua culpa consciente, você ainda é capaz de crer que Jesus pode purificá-lo e renová-lo? Então você possui um dos principais elementos da verdadeira fé que salva.

Observem, no entanto, que, se aquele homem, embora crendo no poder de Cristo de salvar seu filho, tivesse por qualquer motivo se recusado a levá-lo a Jesus para cura, teria perdido outro dos princípios básicos da fé verdadeira. Pois, *se você desejar chegar ao âmago, ao íntimo da fé, ei-lo aqui: confie inteiramente no Senhor*. Confie! Confie! É esta a palavra de fé. Crer que Cristo é capaz de salvá-lo é um princípio básico, sem dúvida, mas colocar-se nas mãos dele para que seja salvo, eis, de sua parte, o ato decisivo salvador.

Onde se situa o "se" | 889

Creia que a palavra de Cristo é verdadeira e apodere-se então desta palavra como se fosse dita particularmente para você: creia que ela é verdade para você e repouse nessa verdade — eis aí a fé salvadora. Ver Cristo como o Salvador de que você necessita, capaz e disposto a salvá-lo, é uma visão excelente; mas você tem também de admitir o Salvador como sendo *seu*. Diga sinceramente: "Àquelas mãos que foram pregadas na cruz entrego totalmente minha alma culpada, esperando e crendo que o Senhor Jesus Cristo é inteiramente capaz de perdoar todas as minhas transgressões e me fazer vir a amar tudo o que é sagrado e verdadeiro, a partir de agora e para sempre".

> Tu podes, tu irás (não ouso duvidar),
> meus demônios interiores destruir;
> Confio em teu poder para os expulsar,
> E em tua graça para me redimir.

Aquele que confia em Jesus está salvo. Eu não disse "*será* salvo", mas *está* salvo. "*Quem crê no Filho tem a vida eterna* (Jo 6.47). *E de todas as coisas de que não pudestes ser justificados pela lei de Moisés, por ele é justificado todo o que crê* (A13.39).

Observem, por favor, que a fé desse homem *não era uma fé perfeita*. Apesar de ter obtido a cura de seu filho, era uma fé fraca. Sua fraqueza pode ser censurável, mas a imperfeição da fé não significa de modo algum sua destruição. Uma fé débil pode receber um Salvador poderoso, do mesmo modo que um pedinte com a mão paralítica pode receber uma valiosa oferta. O herdeiro de uma propriedade tem tanto esse direito quando é criança quanto o terá quando adulto; do mesmo modo, a pequena fé tem direito à herança, mesmo sendo ainda incipiente. O pai ansioso clamou: *Ajuda a minha incredulidade* (Mc 9.24), mas essa falta de fé, confessada e lamentada, não o impediu de receber a bênção. A falta de fé que se demora em nosso íntimo é algo, sem dúvida, de que nos precisamos livrar, com a ajuda de Cristo; todavia, não afeta a virtude, em si, da fé que possuímos. Portanto, queridos amigos, se a sua fé em Jesus Cristo já atinge o ponto em que creem que ele os pode salvar, e consequentemente creem nele, então vocês estão salvos, mesmo que ainda se assustem com alguns temores ou sejam perturbados por seus pecados. A fé de vocês os salvou, vão em paz. Essa fé há de crescer, desde um pequeno grão de mostarda, até tornar-se frondosa árvore. Gostaria que vocês tomassem Jesus em seus braços, como o fez o velho Simeão com o menino no templo, para então dizer a Deus, como ele, com total certeza: [...] *os meus olhos já viram a tua salvação* (Lc 2.30). Se não podem fazer tanto, estendam pelo menos seus dedos e toquem a orla das vestes do Senhor, pois, se apenas a tocarem, serão restaurados. O menor contato com o eternamente abençoado Cristo abrirá um caminho pelo qual o poder salvador fluirá dele para você. Oh, quão gratificante é saber que Deus abriu um caminho tão direto de fé para nós, pobres pecadores! É mediante a fé que se faz a graça, com a finalidade de que a promessa seja cumprida para com todos os escolhidos.

Essa fé no Senhor Jesus deve ser para cada um de nós a coisa mais fácil do mundo. Se fôssemos o que deveríamos ser nunca nos ocorreria duvidar do Senhor Jesus. Nossa vergonhosa descrença é a prova mais conclusiva de nossa necessidade dele, pois talvez nos tenhamos tornado tão gravemente incorretos em nosso coração que chegamos a admitir nossa dificuldade em crer em Jesus. Que ofensa ao Senhor! Que iniquidade de nossa parte! Lembremo-nos tão somente da graça para corarmos por nossa deturpada falta de fé. Deus, o eternamente abençoado Deus a quem ofendemos, nos envia seu Filho amado à semelhança da carne e do pecado; e ele habita entre nós, como nosso irmão, mestre, amigo e ajudante. No fim de seu tempo, assume nossos pecados e nossas dores, sendo levantado na cruz com a terrível carga de toda a nossa culpa. Apesar de ser ainda e sempre o bem-amado Filho de Deus, sofre até a morte no lugar de seu povo, e Deus o tem em conta haver sido realmente mandado por ele como propiciação pelo pecado. Deus aceita, portanto, essa expiação; por que não a aceitariam os pecadores? Ele é o Salvador; Deus assim o ordenou. Não concordarão os pecadores que Jesus há de salvá-los? E por que não? Se não tivéssemos descido ao mais lamentável grau de depravação, deveríamos estar certamente clamando com alegria: "Senhor, nós cremos. Bendito seja o amado nome de Jesus, nosso substituto, nós podemos crer e cremos nele. Temos a total certeza de que, se o Senhor Deus designou seu Filho, Jesus Cristo, para ser a salvação até os confins da terra, ele é e deve ser a salvação perfeita. Nós o aceitamos, portanto, com alegria e deleite". A maldição da nossa salvação, o vício inato em nosso coração, no entanto, é que somos incapazes de crer no nosso Deus, tornando-o assim um mentiroso. Oh, o horror de suspeitar da verdade de um Deus que os próprios anjos de luz adoram com a face velada! Oh, a ousada presunção de questionarmos a promessa do único Deus, e um Deus tão fiel! É simplesmente terrível ao extremo desconfiar de um Todo-poderoso Pai e duvidar de seu Filho que por nós sangra! Não há condição de existir espaço para *se* em nosso coração, se sabemos que no Senhor Jesus toda a plenitude habita.

Não estou neste momento falando com aqueles que rejeitam a Palavra de Deus e negam a divindade de Cristo; posso entender tal colocação e lidarei com ela em outra oportunidade; falo agora diretamente com vocês, que aceitam a Bíblia como a Palavra de Deus e dizem crer inquestionavelmente que Jesus Cristo é divino: a vocês eu digo que a recusa em depositar sua total confiança nele é indesculpável; eu, pelo menos, não consigo encontrar uma desculpa para vocês. Lembrem-se das palavras do Senhor Jesus: *Se digo a verdade, por que não me credes?* (Jo 8.46). Se creem que Jesus Cristo é o Filho de Deus e Salvador dos homens, por que não confiam sua alma a ele? Por que não confessar a ele neste momento que você admite ser merecedor de sua confiança?

II. Procurei até aqui explicar a natureza da fé. Agora, em segundo lugar, quero abordar a intrigante questão: POR QUE A FÉ PODE SER TÃO DIFÍCIL?

Ela é, de fato, difícil para alguns; não em si mesma, apesar de pensarem dessa forma aqueles de coração atribulado, assim como os que trabalham para levar esses a Cristo e encontram obstáculos para o conseguir.

Antes de mais nada: *é difícil colocar a própria ideia de fé na mente de alguns homens* — difícil não apenas para que venham a crer, mas até para saber no que creem. Sei de pessoas que frequentam determinado lugar de culto regularmente por vinte ou trinta anos e jamais conseguiram entender que a fé é simplesmente a pura confiança em Jesus. Fui ensinado quando ainda jovem sobre esse abençoado segredo, pelo Espírito de Deus; no entanto, fiquei admirado ao constatar que havia frequentado antes ministérios evangélicos durante anos sem saber o que significava realmente crer em Cristo. Essa simples verdade irrompeu em minha mente como uma revelação. Eu havia lido toda a Bíblia, nela não havia parte alguma que eu não conhecesse, mas nem mesmo do livro sagrado eu conseguira depreender o que significava crer em Cristo. Não é curioso? É esse um fato notável e, no entanto, muito comum. Procura-se, por meio de narrativas, ilustrações e parábolas infundir a noção de fé nos homens; mas não se consegue nem mesmo colocá-la em sua mente, que dirá no coração. Martinho Lutero reclamava que gostaria de pegar a Bíblia e enfiá-la na cabeça de seus ouvintes, porque não conseguia fazer que entendessem uma doutrina tão clara como a da justificação pela fé. O conceito de crença parece ser alheio à mente humana e somente conseguir ali ingressar se forçar o seu caminho contra a tendência contrária da natureza humana.

Essa é mais uma prova triste da decadência humana, já que a fé em si não é nenhuma ideia difícil: é o pensamento mais simples de ser proferido e ser aceito. Confie na salvação em Cristo, e Cristo o salvará — eis uma lição que até mesmo um bebê pode aprender. No entanto, os incrédulos não pensam assim: embaralham a ideia toda, prendendo-se a uma falsa noção de que a fé é algo para ser sentido, ou visto, ou realizado, ou sofrido. Confiar em Deus Pai, apegar-se à reconciliação do Filho — isto não está na mente deles, e, portanto, seu coração está obscurecido, sem conseguirem ver o caminho que se estende bem à sua frente.

Após conseguirmos colocar tal pensamento em sua mente, segue-se a próxima dificuldade: *fazê-los crer que a fé por si só pode salvá-los.* Parece-lhes difícil acreditar nisso, pois, para eles, *é fácil demais*. Dizem: "Quê?!, depois de trinta, quarenta, cinquenta anos de pecado, serei libertado de toda a punição por minhas transgressões simplesmente crendo no Senhor Jesus Cristo?" Se você lhes dissesse que para serem salvos teriam de ir para o deserto e lá viver como eremitas, apenas de frutos silvestres e água pelo

Onde se situa o "se" | 891

resto de sua vida, provavelmente acreditariam. Ou, então, se fossem mandados se flagelar com chicotes, esperariam certamente obter bom resultado desse autossofrimento. Nunca, porém, por apenas crer. Se debruçassem sobre a ideia de aplacar Deus com seu sofrimento pessoal, para eles seria impossível crer; e por algum tempo se inclinariam para esse lado, em vez de para a doutrina da salvação pela fé no grande substituto. Pensamentos terríveis, desesperos e temores são vistos também como esperança por alguns; contam poder chegar ao perdão por meio de emoções profundas, forçando o seu caminho para o céu por entre os portões do inferno. E, no entanto, confiar em Cristo e acreditar na promessa de Deus é algo simples demais para eles; temem que sua certeza de salvação não seja encontrada, ou pelo menos não tão rapidamente. Ah, pobres almas! Se o pregador tivesse recomendado fazer algo grandioso, vocês não o fariam? O que dizer, então, quando lhes diz: "Crê e vive"?

Gostaria que você mudasse sua opinião sobre o que de fato é a fé. Ela não é, de modo algum, um assunto tão insignificante quanto supõe. É simples, sim; mas, por mais simples que seja, nela reside grande mérito e valor. A fé em Deus é o mais divino exercício da mente. Crer em Deus e em seu Cristo é reconciliar-se com Deus e ser restaurado de sua injustificada animosidade para com ele. Concordamos de todo o coração com aqueles em quem cremos e confiamos. Crer em Deus é adorá-lo: a essência da adoração é a fé. Crer no Senhor confere mais honra a um pobre pecador do que a qualquer querubim com o mais inspirado acorde de louvor. Se, apesar de todos os meus pecados e da minha pecaminosidade, tendo consciência completa de minha culpa, creio que o sangue de Jesus me salvou — não será esse o verdadeiro louvor? Confessar o pecado escarlate e dizer: *Lava-me, e serei mais branco do que a neve* (Sl 51.7) é dar ao Senhor grande glória por sua misericórdia e seu poder. E, ainda assim, a doutrina de "Crê e vive" assombra os pecadores por ser fácil demais!

Se superam a ideia de extrema facilidade, dizem a si mesmos: *"Isso é bom demais para ser verdade"*. "Será que eu entendi bem, pregador, que se eu crer agora no Senhor Jesus Cristo serei imediatamente libertado do meu pecado e feito uma nova criatura em Cristo?" Sim, você entendeu bem o que eu disse; é esse o sentido que se pode depreender das minhas palavras. No entanto, você mesmo diz que "é bom demais para ser verdade". Será que não percebe quão pequeno ou pobre julga ser Deus? Sei que a graça do perdão está infinitamente além do seu próprio mérito e, portanto, dos seus pensamentos; mas não sabe o que diz o Senhor? *Porque, assim como o céu é mais alto do que a terra, assim são os meus caminhos mais altos do que os vossos caminhos, e os meus pensamentos mais altos do que os vossos pensamentos* (Is 55.9). A graça pode ser boa demais para que você a espere, mas não é boa demais para que Deus não a conceda. Oh, se você pensasse melhor de Deus, diria de sua incrível graça: "É exatamente como ele!" Repita comigo estas palavras:

> Quem é Deus como tu és, tão clemente,
> com graça espontânea e magnificente?

A salvação está firmada nessa condição, de ser concedida gratuitamente a quem quer que creia em Jesus! É exatamente como o Senhor é, e assim a aceitamos, como portando o selo divino, a marca divina, sobre ela. Deus perdoa como Deus que é, e isso não causa estranheza alguma à nossa fé; pelo contrário, a confirma.

Os homens se impressionam também com a *rapidez da justificação*. Podem ser cinquenta anos de pecado perdoados em um instante? Consegue a fé encerrar de imediato um passado culposo e dar início a um futuro santo? Sim; assim é. Em um instante, o homem começa um caminho de vida crente que o conduz a um novo mundo. O que há de estranho nisso? Não é da natureza de Deus fazer maravilhas em tempo diminuto? Levou nada mais que uma semana para formar a terra, o céu e tudo o mais, inclusive o homem; ou melhor, seis dias foram suficientes, e no sétimo descansou. Para criar a luz do dia, em que nos deleitamos, foi só preciso dizer: *Haja luz* (Gn 1.3). No caso do milagre que temos diante de nós, nosso Senhor disse ao demônio apenas: [...] *eu te ordeno: Sai dele, e nunca mais entres nele* (Mc 9.25), e isso logo se realizou. Se tivéssemos todo o tempo ao nosso dispor, não conseguiríamos realizar tais maravilhas; mas para Deus não há limites, nem extensão ou brevidade, do tempo. Mil anos são para ele como um dia, e, um dia, como mil anos. Ele ordena, e é feito. Pense nisso — salvação em um instante! Instante no qual o pecador crê, vive em Deus, e suas transgressões são perdoadas. Ó pecador, por que duvidar? E, no entanto, não conseguimos facilmente fazer crer nessa verdade aquele que é assolado pelo pecado em sua consciência.

Se conseguimos conduzir o pecador para fora dessa dificuldade, cai em outras. *Ele não consegue ficar satisfeito apenas com a palavra de Deus como base para sua fé*. Por que creio que estou salvo? Sei que estou salvo porque a palavra de Deus simplesmente diz: *Quem crê no Filho tem a vida eterna* (Jo 3.36); se eu creio em Jesus, tenho vida eterna. "Mas", argumenta alguém, "se essa palavra me fosse demonstrada com poder, quem sabe eu iria crer?" Certamente que sim; só que até lá você se recusa a crer na pura promessa de Deus e o trata como um mentiroso! Deus deveria dar a você alguma garantia ou certificado, além de sua promessa, por não ser a palavra dele boa o suficiente para você, apesar de se aceitar que o penhor de um bom homem seja a sua palavra de honra? Você não consegue confiar em seu Deus? "Ah, mas se eu tivesse um sonho..." Você, então, poderia ter mais fé em um sonho vão, talvez um pesadelo causado por uma indigestão, do que na solene palavra e na promessa escrita de Deus? "Ah, pregador, mas se um anjo falasse comigo, eu poderia crer." Mas, se Deus prefere não lhe enviar um anjo, e então? Então, por isso, o Senhor não deve ser acreditado, mas tratado como um enganador? O que significa isso senão dizer: "Senhor, tu tens de te curvar aos meus caprichos, para que eu possa crer em uma palavra do que tu dizes"? É assim? Você ousa exigir sinais de Deus? Então, deixe-me lhe perguntar: a Bíblia contém a palavra de Deus? Diga "Não", e eu entenderei a sua conduta; mas se você acredita, como sei que acredita, que esse livro é a própria palavra de Deus, como ousa então desconfiar de Deus? Se todos os anjos do céu viessem a mim para me garantir que Deus mantém e garante a sua palavra, eu diria: "Obrigado, mas eu não preciso de modo algum que me digam isso, pois o Senhor nunca deixou de ser tão fiel quanto a sua palavra". Deus é tão verdadeiro que o testemunho dos anjos, no caso, seria supérfluo. Se meu pai fizesse uma afirmação, eu não precisaria chamar os empregados para confirmar. Se esse livro foi ditado pelo Espírito Santo, temos de necessariamente acreditar nele, sem exigir confirmações ou exemplos. Afirmemos, pois: "Essa palavra é verdadeira, pois Deus a proferiu: que Jesus Cristo veio ao mundo para salvar os pecadores; eu sou um pecador e, portanto, confio em que ele me salvará. Pois a Palavra diz: *Mas, a todos quantos o receberam, aos que creem no seu nome, deu-lhes o poder de se tornarem filhos de Deus* (Jo 1.12); e como eu creio no seu nome, tenho, assim, o poder e o privilégio de me tornar um filho de Deus. Filho de Deus eu sou; Deus isso me diz, e isso me basta".

Se buscamos fazer o pecador ver que a Palavra do Senhor é mais certa do que todos os sinais e maravilhas, ele quer sempre algo mais. Se o compelimos a reconhecer que a Palavra de Deus é a única e suficiente base da fé, *ele logo começa a olhar para a própria crença como se ela, sim, é que lhe fosse dar a salvação*. Ele se queixa: "Minha fé é tão fraca; minha fé é tão volúvel; minha fé está tão estremecida", e assim por diante. É como se aqueles que foram ordenados por Moisés a olhar para a serpente de bronze procurassem, ao contrário, olhar para si mesmos, para a cura da praga. Eis uma criança sedenta e uma fonte que jorra. Você dá à criança uma caneca para que vá à fonte e beba. A criança, então, não vai à fonte, mas fica tão contente com a caneca vazia que tenta satisfazer sua sede com ela. Ou, então, imagine que ela se recuse a ir à fonte só porque a caneca é feita de cerâmica, ou de estanho. Não seria, um ou outro, um comportamento estranho para uma criança que mostre ter sede? A criança precisa, sim, da caneca para beber, mas jamais conseguirá beber com a caneca vazia. A fé é a caneca; Cristo é a fonte. A fé é secundária, se comparada a Cristo. Devemos ter a fé como se fora nossa mão, com que tocamos a orla das vestes do mestre; não é a nossa mão que opera a cura. Devo me recusar a tocar nas vestes de Cristo por não ter a minha mão lavada, ou estar sem aquele anel dourado, ou haja traços de reumatismo nela? Depositar tanta importância à mão para tocar nas vestes de Cristo seria uma insensatez. Portanto, não se importe com a mão: toque a orla das vestes de Cristo. Achegue-se a Cristo de algum modo, pecador, de qualquer modo,

Onde se situa o "se" | 893

venha como estiver; pois, ao se achegar a ele, você viverá. Não é, afinal de contas, nem da grandeza nem da perfeição de sua fé, mas da grandeza e da perfeição *dele* que você deve depender.

Outra provação é a de procurarmos fazer o pecador perturbado *ver a diferença entre a sua fé e os respectivos frutos.* "Eu poderia crer em Cristo", alega alguém, "se eu fosse tão santo quanto *fulano*, que é um fiel, mas, veja só, sou um pecador!" Note, meu caro amigo, que a pessoa que fala dessa maneira não acredita ser nem um pouco mais digno do que você. Se você inquirir esse bom homem, ele lhe dirá que qualquer santidade que você vir nele é obra da graça; que na verdade ele foi a Cristo assim como se deve vir, isto é, como pecador. Ora, a fé produz santidade; mas quando vamos a Jesus o fazemos ainda como pessoas profanas, e como tais ele nos recebe. Suponha, por exemplo, que eu tenha certo número de mudas que, disseram-me, deverão produzir flores notáveis; se eu acreditar nessa afirmação, devo cuidar, em primeiro lugar, para que sejam devidamente plantadas. Os jardineiros começam por plantar suas mudas em vasos, para que tenham belas flores no final do inverno e começo da primavera. Suponha, porém, que eu resolva não plantar as minhas mudas, pois, guiando-me por vista, chego à conclusão de que, por não ver uma bela flor ou nem mesmo o brotar de uma delas em qualquer das mudas, não há razão para plantá-las. Vocês me diriam, certamente, que eu deveria ter fé e plantar a muda, de modo que pudesse, no devido tempo, vê-la florescer. "Essa muda se tornará uma linda flor azul", me dirá alguém. Respondo que só estou vendo um tipo de raiz marrom e seca e que irei jogá-la fora, pois não vejo botão nem flor alguma nisso. Quão tolo eu seria se assim dissesse, não é verdade? Apesar de eu não poder ver, evidentemente que se encontra, bem compactada e quietamente escondida dentro daquela muda, uma beleza que há de despertar ao chamado da primavera. Da mesma forma, se você crê em Cristo, há uma vida inteira guardada dentro de sua fé, que gradualmente irá brotar e se desenvolver. Mesmo dentro de uma fé fraca residem elementos da perfeição última. Se você verdadeiramente crer em Cristo, sua preparação já começou. Assim como na história do rei escondido em um carvalho, assim também está Cristo oculto na fé verdadeira. Não espere enxergar tudo isso logo de início: verá somente a raiz agora, mas um crescimento a acompanhará. Você não chegou a Cristo porque está curado, mas para se curar; sua fé precisa ser a fé de um pecador antes que ela seja a fé de um santo. Confie em Cristo enquanto ainda é imperfeito, perdido e incompleto, e ele o salvará, purificará e ressuscitará.

Encontramos, ainda, aqueles que se agarram à ideia de que devem ser ou sentir algo antes que possam confiar em Jesus. Não conseguimos fazê-los ver que a plenitude de sua salvação reside em Jesus Cristo e somente nele. É difícil removê-los da confiança em seus próprios sentimentos, ou súplicas, ou orações, ou leituras da Bíblia, ou qualquer outro tipo de obra. Esses estão entre os que olham também para a própria fé em vez de para Jesus Cristo. Então, não sabem que nosso Senhor ofereceu reparação completa pelo pecado e trouxe perfeita retidão para o seu povo? O sacrifício dele deve ser aceito de forma plena. Devemos assumir como nossa a sua própria justiça. Nossa inteira confiança deve ser depositada na obra perfeita do nosso Senhor, não repousar na nossa fé. Confiar em nossa própria confiança seria um absurdo. Um ferido que recebesse pomada e gaze para o seu ferimento, mas só atasse a gaze ao redor deste, dispensando a pomada, não poderia esperar a cura. A fé é a gaze com a qual o unguento de Cristo deve ser colocado; não podemos aplicá-la sem ele, senão faremos da fé um rival de Cristo. Ah, se pudéssemos superar algumas das dificuldades de que os homens se cercam, de modo que pudessem olhar para fora de si mesmos, para Jesus apenas!

III. Tratemos agora do último ponto. Ó você, que procura descanso, atente agora em cada palavra, tal como amavelmente as entregaremos a você. O QUE PODE TORNAR FÁCIL A FÉ? O Espírito Santo faz isso sozinho; mas o faz trazendo certas verdades à nossa mente. A fé se torna fácil para o homem, pelo Espírito Santo, quando ele tem claramente, acima de tudo, *a certeza inquestionável do registro sagrado.* Este registro é o que Deus fornece quanto ao seu Filho: que todo aquele que nele crê tem a vida eterna. A Bíblia é verdadeira ou não? Acredito em cada letra dela: aceito-a como a palavra de Deus no sentido mais irrestrito; e você, a quem falo, também o faz. Se assim é, não é difícil acreditar no que está ensinado, claramente, neste livro. Se Deus falou, finda a dúvida. Pode soar um tanto rude; pode se mostrar obscuro; pode parecer bom demais para ser verdade — mas e daí? Ousaremos questionar o Senhor? Ele não é homem para que possa mentir, nem filho do homem para que se arrependa. Declara que aquele que crer em Jesus não perecerá, mas terá vida eterna; se assim crermos, a vida eterna será nossa.

Outra coisa que o Espírito de Deus nos ajuda a ver é a aplicação desse registro em nós mesmos. Assim, ao lermos que *Cristo Jesus veio ao mundo para salvar os pecadores* (1Tm 1.15), concluímos que, como o somos, só podemos esperar que nos salve. Se lemos: *Vinde a mim, todos os que estais cansados e oprimidos, e eu vos aliviarei* (Mt 11.28) e nos sentimos esgotados ou duramente onerados, vamos a ele, que nos dará descanso, alívio, libertação. Ao lermos que *Cristo morreu a seu tempo pelos ímpios* (Rm 5.6); e, sabendo que somos indignos, criamos coragem e vamos a ele, que expiou a nossa culpa por meio de sua retidão. Lemos também que *quem quiser, receba de graça a água da vida* (Ap 22.17) e sentimos que tal desejo está em nós e, portanto, podemos beber da água da vida livremente. Lemos, enfim, *Ide por todo o mundo, e pregai o evangelho a toda criatura* (Mc 16.15); e nós, como criaturas que somos, concluímos que o evangelho tem algo a nos dizer. Em qualquer desses casos, vemos que o evangelho está direcionado a nós e, portanto, o recebemos.

É melhor para nós que a promessa nos esteja dirigida de forma geral, em vez de citar os nossos nomes verdadeiros. Seu nome é John Brown? Bem, se o evangelho viesse em uma carta para você, endereçada a John Brown, o que você não diria se fosse tentado a duvidar? Diria a si mesmo que há na Inglaterra muitos outros John Brown além de você e que, portanto, a mensagem poderia não se dirigir exatamente à sua pessoa. Mesmo que fosse direcionada ao seu endereço, você poderia duvidar se outro John Brown não chegou a morar naquela casa antes mesmo de você nascer e poderia hesitar em receber a mensagem, a menos que não houvesse erro na data. Mesmo estando corretos seu nome, endereço e data, talvez você desconfiasse o suficiente para supor que houvesse algum engano, ou que outra pessoa com seu nome tivesse usado seus dados. Quando se pretende cavalgar o dorso da falta de fé, qualquer desculpa serve de sela. Todavia, se a promessa é dirigida para "todo aquele que crê em Jesus", não há de existir dúvida de que se refere a você e a nós, que cremos. Quando lemos: *Se confessarmos os nossos pecados, ele é fiel e justo para nos perdoar os pecados e nos purificar de toda injustiça* (1Jo 1.9), não está claro que, se confessarmos os nossos pecados, obteremos o perdão? É algo abençoado para nós, portanto, quando o Espírito de Deus nos leva a ver que o evangelho é gratuito para todos aqueles que desejam recebê-lo.

Outra coisa que torna fácil a fé é quando o Espírito de Deus nos mostra *a glória da pessoa de Cristo*. Nosso Salvador é verdadeiramente Deus, e esse fato nos ajuda a crer nele. Fico imaginando se o pobre pai ansioso não tenha sido bastante levado a crer em nosso Senhor pela peculiar majestade que brilhava sobre ele, em virtude de sua recente descida do monte da transfiguração. O caso, ali, era muito complicado, puxando pela mente do pobre homem; e, no entanto, nosso Senhor aparecia a ele com um esplendor incomum — esplendor sobre o qual lemos: *E logo toda a multidão, vendo a Jesus, ficou grandemente surpreendida; e correndo todos para ele o saudavam* (Mc 9.15). A visão da face de nosso Salvador deve ter contribuído, então, para que aquele que antes tremia clamasse: "Creio!" Ah, se o Espírito de Deus o levar a ler as Escrituras até que você tenha uma clara ideia da divindade e perfeita humanidade do Senhor Jesus, há de sentir que tudo é possível a esse Salvador todo-poderoso: para o Senhor, nada há demasiadamente difícil. Tendo ascendido à sua glória, é capaz de salvar todo aquele que vai a Deus por seu intermédio. Ah, se você pudesse apenas vislumbrar a ideia de que aquele que lhe pede a confiança é o Filho do Altíssimo, que tem todo o poder na terra e no céu, você, sem dúvida, não poderia, não conseguiria refrear entregar sua inteira confiança a ele! Para mim, reconhecer a divindade do meu Senhor muito além de qualquer dúvida faz-me parecer bastante fácil confiar nele. Já lhes contei, e agora repito, o que respondeu John Hyatt em seu leito de morte, quando seus diáconos lhe indagaram: "Consegue confiar a alma a Cristo agora, sr. Hyatt?" "Uma alma?", disse ele. "Eu confiaria um milhão de almas a ele, se as tivesse!" Eu também seria capaz de confiar ao Senhor Jesus não apenas a minha alma, mas a de todos, no céu e da terra, no tempo e na eternidade. Todo filho de Deus pode também, seguramente, dizer isso. De fato, eu poderia confiar a Cristo todas as almas que vivem, que ainda viverão ou já viveram, se fossem minhas. Ele pode perfeitamente guardar e proteger tudo aquilo que comissionamos a ele.

Uma grande ajuda à fé é, ainda, entender *a plenitude da obra divina e do sacrifício do Senhor Jesus*. Ele tomou nosso pecado sobre si mesmo, sobre o seu próprio corpo crucificado, fazendo-se pecado por nós para que pudéssemos alcançar a justiça de Deus, feita por seu intermédio. Deixe que seus olhos espirituais contemplem o Filho de Deus sofrendo a agonia da morte pela humanidade culpada, e você há de crer no seu poder de redenção. Mesmo que os homens fossem mais pecadores do que são e um milhão de vezes mais numerosos, e cada estrela que craveja o céu da noite fosse um mundo, cada qual repleto de pecadores, ainda assim o autossacrifício de Deus, mediante seu Filho, seria, pela glória de sua própria natureza, tal vindicação a si mesmo do cumprimento completo da lei que serviria muito bem de motivo suficiente para ser perdoado o universo rebelde inteiro! Por que iria o Infinitamente Sagrado sofrer pelos culpados? Por que assumiria o Eterno a humanidade sobre seus ombros e curvaria sua cabeça até a morte? Seu sacrifício, portanto, possui tamanha e ilimitada eficácia que ninguém pode temer que deixe de atender à sua mais carente necessidade. Nada jamais poderá impedir o poder que emana da expiação divina na cruz. Ó Deus meu, sei que foi por mim que entregaste teu próprio Filho à morte; tenho então a certeza de que em seu precioso sangue derramado há razão mais do que suficiente para minha fé total em ti e em Cristo.

Se isso não o levar ainda a crer, então o Espírito de Deus certamente há de operar de outro modo. Há quem tenha sido ajudado a crer em Jesus *vendo outros serem convertidos e perdoados e se tornado felizes*. Se alguém como você é salvo, você se encoraja a crer.

> O ladrão na cruz se regozijou ao ver
> a fonte, naquele dia, bem a seu lado;
> Nela, você, ainda que tão vil possa ser,
> pode também ser lavado do pecado.

"Fui um adúltero", confessa alguém, entristecido. Davi também o foi; mas ele rogou: *Lava-me, e ficarei mais alvo que a neve*. "Fui um assassino", lamenta profundamente um terceiro. Também o foi Manassés, que derramou muito sangue inocente. "Mas eu era um perseguidor e blasfemador." Também o era Saulo de Tarso, e obteve misericórdia. "Pareço ter muito mais do diabo em mim do que qualquer outro ímpio." Também deveria parecer assim a Maria Madalena, de quem Cristo expulsou sete demônios. Na verdade, você pensa ser um pecador sem igual, mas houve outros como você, e a porta pela qual outros passaram à misericórdia está aberta igualmente para você. Os pequenos coelhos, no dia em que Noé levou as criaturas vivas para a arca, não acredito que ficassem preocupados propriamente em saber se haveria espaço ou não na arca, mas, em todo caso poderiam, sim, estar temerosos. Todavia, teriam certamente esquecido todos os seus receios ao verem o elefante e sua parceira subirem e passarem pela porta; saberiam então que não haveria problema algum para eles em embarcar. Ó vocês, que têm mantido a moral e a retidão e, portanto, não se destacam como pecadores; vocês poderão, sem dúvida, entrar na mesma porta da salvação onde o chefe dos pecadores conseguiu entrar de imediato. A salvação alheia é, muitas vezes, um belo encorajamento para que os pecadores confiem em Cristo.

Por fim, lhes direi o que os fará, definitivamente, crer nele: *a desesperança em todas as outras esperanças*. É de fato singular que o desespero possa algumas vezes gerar fé; mas é, no caso, um pai que morre ao ser a filha gerada. Muitos são levados a crer em Cristo justamente por não terem mais nada em que acreditar. Quando já levados ao derradeiro desespero extremo, é comum corrermos então para Jesus e o assumirmos inteiramente como nosso único Salvador. Um menino acordou com a casa em chamas. Ele podia ser visto da rua, pobre criança, e o risco de fato era muito grande. Correu para a janela; seu pai estava lá fora, embaixo, e o instava a pular em seus braços; mas era uma grande queda, e a criança estava com muito medo. Agarrou-se à janela, mas não ousava pular. Sabe o que o que fez o menino largar da janela e pular nos braços do pai? Uma grande explosão de fogo, que veio lá de dentro na direção da janela e o apavorou; então, ele imediatamente se atirou nos braços do pai. Gostaria que alguns de vocês fossem ameaçados pelas chamas do desespero, que os compelissem a dizer:

Posso perecer se arriscar,
mas decidi que vou tentar,
pois se ficar aqui eu sei
que com certeza morrerei.

Faz alguns anos, um membro de nossa congregação foi ficando muito enfraquecido pelo que parecia ser tuberculose. Ouvira falar em determinado medicamento, que diziam ser muito bom para esses casos, mas ele não tinha fé no remédio. Quando foi ficando cada vez pior, eu lhe disse: "Meu irmão, você está às portas da morte; experimente tal remédio. Pode haver algo de bom nele. De qualquer modo, mal nenhum lhe fará". Ele tomou o remédio por puro desespero; e Deus o abençoou, pois continua vivo até hoje. Jamais teria tentado tomá-lo se não sentisse que não havia nenhuma esperança. Assim também, poderá lhes fazer muito bem serem levados ao extremo quanto à situação de sua alma, para que possam crer em Cristo Jesus e dizer a ele, como a ele disse Simão Pedro: *Senhor, para quem iremos nós? Tu tens as palavras da vida eterna* (Jo 6.68). Aqui estão estes versos de encerramento, para que em casa vocês os recordem:

Culpado, fraco, um inútil ser,
eu me lanço nos braços, na cruz,
de minha justiça e meu poder,
do meu tudo, Cristo Jesus.

O DESPERTAR DA FÉ E SUAS NUVENS

Imediatamente o pai do menino, clamando, [com lágrimas] disse: Creio! Ajuda a minha incredulidade (Mc 9.24).

Na pregação do último fim de semana pela manhã, tratamos do modo com que a fé chega à alma. [...] *a fé é pelo ouvir* [...] (Rm 10.17) — e ficamos felizes em constatar que a fé veio de fato para muitos, que puderam então descansar no Senhor Jesus Cristo, para a salvação de sua alma. Ora, todo bom pastor sabe que deve cuidar atentamente dos filhotes recém-nascidos em seu rebanho. Por esse motivo, pareceu-me que seria mais oportuno, esta manhã, dirigir-me aos que acabam de crer em Cristo e me empenhar em fortalecê-los e ajudá-los a enfrentar sérias provações que costumam incidir sobre a sua ainda frágil condição. Quando um homem se apega a Jesus pela primeira vez, vê-se muito propenso a se sentir angustiado se sua alegria não estiver sempre à mesma altura; encontra-se muito pouco preparado para conflitos espirituais e desanima facilmente; as vacilações próprias de sua antiga condição permanecem ainda nele e se acha predisposto a uma recaída. A luz que esse homem recebeu, embora o preencha de deleite intenso, não é, todavia, ainda muito clara e constante; vê, na verdade, os homens como árvores caminhando e está pronto a esconjurar mil medos.

A fraqueza da fé recém-nascida pede, enfim, a ajuda e compaixão de todos aqueles que amam a alma humana. Além disso, a par de sua própria fragilidade, essas pessoas estão sujeitas a outros perigos, já que, nessas ocasiões, Satanás se mostra sempre muito ativo. Nenhum rei deseja de bom grado perder seus súditos ou cativos, e o príncipe das trevas trata de batalhar para trazer de volta aqueles que lhe escaparam pelos confins dos seus domínios. Se não forem atormentadas mais tarde, as almas podem estar certas de que o serão, de todo modo, durante a passagem da Cidade da Destruição para a Cidade Celestial. Em sua obra *O peregrino*, Bunyan coloca mui sabiamente o Vale de Lágrimas bem no começo dessa viagem espiritual. O covarde habitante do inferno assalta os fracos, evidentemente, para acabar com eles antes que se tornem fortes o suficiente para causar dano ao seu reino. Como Faraó, ele quer arrasar com os foragidos. Busca, então, tirar deles toda esperança de consolação, de tal modo que sua fé ainda trêmula possa perecer completamente.

O texto desta manhã me parece ser adequado a muitos desses, aqui. Tenho certeza de que será. Que o Espírito de Deus nos ajude nas reflexões com que voltaremos para casa, tendo confortada a nossa alma inquieta:[*Senhor*] *creio! Ajuda a minha incredulidade!*

O texto nos mostra três coisas bastante claras: *a fé verdadeira, a dolorosa falta de fé* e *a batalha entre as duas.*

I. Fica evidente no texto que existe, naquela circunstância, uma FÉ VERDADEIRA. "Creio!", clama o pai ansioso. Quando o Senhor lhe diz que tudo lhe será possível se crer, ele não opõe dúvida alguma, não pede um tempo para pensar, não quer ouvir mais nada, mas, imediatamente, responde: "Creio!" Chamamos essa fé de fé verdadeira, e provaremos que assim é. Em primeiro lugar, porque é a fé *na pessoa de Cristo*. É um grande engano pensar que aceitar toda a doutrina cristã é o mesmo que ter fé salvadora. Enquanto a fé salvadora aceita a verdade de Deus e se concentra principalmente na pessoa e na obra do Senhor Jesus Cristo, residindo sua essência na total confiança no próprio Jesus, não estaremos salvos por simplesmente crermos ou confiarmos nas Escrituras, por acreditarmos na doutrina da graça; somente estaremos salvos se crermos em Cristo; em outras palavras, por confiarmos inteiramente nele. Jesus é o meu credo. É a verdade. O Senhor Jesus, no mais elevado sentido, é a Palavra de Deus. Conhecê-lo é obter vida eterna. O conhecimento dele nos justifica.

Não sei se o pai do menino, da narrativa, já tinha ouvido alguma pregação de Jesus. Não estou certo se tinha alguma noção clara quanto ao reino do Salvador. Não era essencial, no entanto, que o tivesse para poder obter a cura de seu filho. Seria desejável que ele fosse um seguidor de Cristo, devidamente instruído a respeito de Jesus; mas, na emergência em que se encontrava, o principal era que cresse imediatamente que Cristo podia e estava pronto a expulsar de seu filho o demônio. Até esse ponto ele creu perfeitamente; e, apesar de sua fé ser ainda deficiente, tanto em amplitude quanto em profundidade, ainda assim ela lhe permitiu perceber que era o Messias que se achava diante dele, era o Senhor, e isso o levou a colocar toda a sua confiança no mestre. Ele não cria mais nos discípulos; confiara neles uma vez e haviam fracassado. Não acreditava também de modo algum em si mesmo; reconhecia sua própria incapacidade de expulsar o espírito mau de seu filho. Não acreditava mais em quaisquer remédios ou médicos, com os quais possivelmente já perdera tempo e dinheiro; mas creu, sim, no homem de semblante resplandecente, que há pouco havia descido do monte da transfiguração. Quando o ouviu dizer: *Se podes! — tudo é possível ao que crê*, ele respondeu de imediato: "Creio!"

Amado ouvinte, espero que você, que já tenha vindo aqui ou não antes — mesmo até tenha vindo, quem sabe, no último fim de semana —, coloque agora sua confiança total em Jesus, crendo que ele é capaz de salvá-lo e está pronto a fazê-lo. Descanse nele; nele, seu Deus, seu irmão, seu Salvador; nele, que viveu entre os filhos dos homens; nele, que sangrou e sofreu como sacrifício substitutivo em seu lugar; que se ergueu da morte, para não mais morrer; que está sentado à direita do Pai, revestido de poder para salvar. Você crê e confia nele? Se você não crê, por mais devoto que possa ser, e mesmo que sua crença seja a mais ortodoxa possível em doutrina da fé, não está apto para a vida eterna; mas, se toda a sua confiança estiver depositada em Cristo; se toda a ajuda que você espera é somente dele; se as chagas de Cristo são o seu único conforto e abrigo; se o sangue por ele derramado é seu único consolo; se ele é para você a única, verdadeira e legítima pessoa digna de inteira confiança — então você é um homem salvo, as transgressões lhe foram perdoadas em seu santo nome e você é aceito por Deus Pai no Amado. Regozije-se com alegria total, pois tem todo o direito de fazê-lo, tem todos os motivos de alegria para comemorar.

A fé daquele bom homem era real e salvadora, também, por outra razão. Era uma fé pessoal *quanto ao próprio assunto em questão*, uma fé referente ao caso justamente sobre o qual estava implorando. Você nunca considerou que crer fosse maravilhosamente fácil, mas somente para outras pessoas? Quando eu ainda buscava o Salvador, não tinha dúvida alguma sobre sua recepção a qualquer outro arrependido. Tinha a certeza de que, se o pecador mais vil se chegasse a ele, podia perfeitamente ser salvo; no entanto, não tinha essa fé em relação à minha própria pessoa. Se eu viesse a deparar com outra alma aflita em condição semelhante à minha, acredito que a teria estimulado a depositar sua total confiança em Jesus; mas para mim mesmo eu temia fazê-lo. Crer, para os outros, é fácil; mas, quando se aplica ao próprio caso, crer que pecados como os seus possam ser destruídos; que você, que se tem apresentado tão mal como o filho pródigo que retorna, possa ser recebido pelo Pai amado; que suas doenças espirituais possam ser curadas e o demônio possa ser expulso de você — eis toda a dificuldade. Mas, meus caros amigos, temos de crer ser possível, caso contrário não temos uma fé salvadora.

Ó meu Salvador, deveria eu então brincar de fé, fingindo acreditar que podes curar um caso semelhante ao meu e mesmo assim não podes curar o meu? Deveria traçar um limite para ti, ó Santo de Israel, determinando: "Podes salvar só até chegar a mim, não tão longe quanto eu fui"? Deveria achar que teu sangue precioso tem um pouco de poder, mas não o suficiente para destruir os meus pecados? Na arrogância do meu desespero, ousaria estabelecer um limite para os méritos de sua vocação e a virtude de seu sacrifício reconciliador? Deus me livre disso! Jesus é perfeitamente capaz de salvar até o último dos que se acheguem a Deus por seu intermédio — é capaz de salvar, inclusive, a *mim mesmo*. Aquele que vem a ele, como ele mesmo disse, de modo algum o lançará fora; eu venho a ele, e ele não irá, não poderá, de modo

O DESPERTAR DA FÉ E SUAS NUVENS | 899

algum, me recusar. Você tem uma fé pessoal em Cristo, uma fé a respeito, pessoalmente, de si mesmo, de seus próprios pecados, de sua própria condição diante de Deus? Você acredita, enfim, que Cristo pode salvar *você*? Você pode lançar-se inteiramente nele, lançar nele o seu próprio eu? O eu dele próprio sofreu pelos nossos pecados, em seu próprio corpo, na cruz; e nós, o nosso próprio eu, temos de nos lançar nele. Se assim o fizermos, então nós, como o homem da narrativa, teremos a fé real, a fé dos eleitos de Deus.

Para que não se pense nisso, porém, como algo sem maior importância, permita-me mostrar, ainda, que a fé desse homem era real por ser *a fé que triunfa sobre as dificuldades*; dificuldades essas que tipificam as nossas. Essa fé resultava claramente de operação do Espírito de Deus, pois ninguém pode suportar sozinho tais provações. Permita-me lhe perguntar, caro ouvinte, se sua fé também triunfa sobre as dificuldades. Observe que, no caso dele, o menino se encontrava cruelmente atormentado e que aquele mal já vinha de *longa data*. Quando o Salvador lhe perguntou: *Há quanto tempo sucede-lhe isto?*, respondeu o pai: *Desde a infância* (Mc 9.21). Esse caso parecia, então, improvável de ser recuperado, agora que o filho já estava crescido. Esperamos sempre que nossos filhos superem seus males; mas nesse caso se tratava de um problema que, depois de muitos anos, não havia melhorado coisa alguma; pelo contrário, só mais se agravava. Os anos tinham apenas aumentado o sofrimento. A despeito dessa evidência, o homem creu em que Cristo poderia expulsar aquele antigo demônio do seu filho.

O caso do seu pecado é bem semelhante, meu caro amigo. Os pecados de sua juventude se erguem ainda diante de você: estão como que entranhados em seus próprios ossos; os pecados do início da sua vida adulta, os dos anos mais maduros e talvez os de sua maturidade, todos eles estão diante de você. *Pode o etíope mudar a sua pele, ou o leopardo as suas malhas?* (Jr 13.23). Se assim for, dizem as Escrituras, pode então aprender a fazer o bem aquele que está habituado a fazer o mal. Posso eu, depois de me ter ensopado de tintura escarlate, até estar impregnada na minha própria natureza — posso eu ser lavado e tornado mais branco do que a neve? Delitos que persistem tão longamente, vícios tão profundamente arraigados, podem todos eles ser superados? Ó alma, se você tiver fé verdadeira, poderá dizer: "Sim, pois, uma vez que Cristo é Deus, creio que ele pode me livrar de todo mal e me perdoar de todo pecado. Mesmo que eu tivesse vivido tanto quanto Matusalém e permanecido o tempo todo na mais vil das transgressões, ainda assim Jesus é tão poderoso em salvar que poderia me livrar de tudo em um só instante. Sua palavra é: *Todo pecado e blasfêmia se perdoará aos homens* (Mt 12.31). Contemplando sua amada face ferida, aquela fonte de sangue e amor, eu creio, eu quero crer, que todos os meus anos de pecado sejam por ele apagados de mim em um só instante e que se desvaneçam como densas nuvens ante um vento poderoso, para nunca mais voltar". Oh, isso, sim, é fé, pobre alma. Oro para que Deus lhe permita exercitá-la.

Por muito tempo, é bem possível, esse homem vinha considerando que para o caso de seu filho *não havia esperança*. Além do fato de estar sujeito a ataques de epilepsia e impulsos extremos de fúria, o filho tornava-se surdo-mudo, de forma que nenhuma expressão inteligível de sentimentos podia externar; não podia oferecer a seu pai uma palavra que servisse de esperança, tampouco ouvir qualquer palavra que seu pai lhe dirigisse. Os ouvidos tornavam-se fechados e a língua atada. Aflição dolorosa, excessivamente dolorosa para o pai, que deveria continuar por anos e anos! O pai já devia sentir que, enfim, não havia utilidade alguma em empreender qualquer esforço em sua cura. O menino poderia ser somente fortemente controlado, jamais restabelecido; era um caso sem qualquer esperança.

Talvez haja alguém aqui, esta manhã, que tenha ficado sem esperança de salvação; que sente como se seu caso estivesse fora do catálogo da misericórdia; que haja dito ou escrito coisas amargas contra si mesmo e conjecturado que Deus selou essas coisas amargas e as tornou definitivas em sua vida; mas, veja: aquele pai, na presença de Cristo, creu, mesmo no extremo de seu desespero; *em esperança, creu contra a esperança* (Rm 4.18); e eu oro para que você faça o mesmo. Na presença de Cristo, a esperança do homem voltou para ele. E você, meu ouvinte, que não tem esperança — pode fazer o mesmo? Eu jamais poderia crer que me fosse possível ser livrado dos meus pecados antes de reconhecer que aquele mesmo que veio para me salvar é o meu próprio Criador; aquele que veio para me redimir é ele mesmo, o que carrega os imensos pilares da terra em seus ombros e sustenta todas as coisas pela palavra do seu poder. Para ele nada é impossível. Vejo suas mãos e seus pés traspassados e deduzo que, se ele se humilhou tanto para sofrer no lugar do pecador, o mérito de seu sacrifício deve estar muito além da nossa concepção de grandeza. Em Jesus, o desesperado tem esperança; aquele que sofria falta de esperança sente agora o coração cheio de ânimo. Oh, é essa a verdadeira fé, fé que não se permite ser escrava da dúvida e do desânimo, agora que vê Jesus o Senhor chegar. É uma fé poderosa, que se recusa a continuar parada no vale da sombra da morte, mas que se ergue, se renova, sacode a poeira e se veste de seus mais belos e vistosos trajes.

O pai havia experimentado outra prova para sua fé ao haver ele mesmo *testado os discípulos*. Trouxe o filho a Cristo, mas, Cristo estando ausente, pediu ele aos apóstolos que ali estavam que vissem o que é que poderiam fazer. Eles tentaram fazer o melhor, mas, não tendo o poder do Mestre, fracassaram. Isso deve ter sido uma severa provação para a confiança do pai. Provavelmente sabia, ou tinha ouvido falar, que em outras ocasiões o poder de Cristo se tinha manifestado plenamente nos apóstolos; que o Senhor operara milagres por meio deles. Nessa oportunidade, no entanto, ocorrera uma completa cessação de sua energia curativa. Se Jesus não escolhera operar por meio deles nessa ocasião, uma insinuação pode ter logo surgido no coração do homem: "Talvez o próprio poder dele se haja tornado menor". Todavia, ele a deixou de lado e creu, apesar de tudo.

Ó alma, você também buscou ministros e outras pessoas de Deus esperando receber conforto e não encontrou coisa alguma? Procurou determinadas práticas e observâncias e acabou considerando-as nascentes secas? Recorreu a ouvir mais o evangelho e achou ser um tanto estéril no seu caso? Apesar de tudo isso, no entanto, nenhuma sombra de suspeita cruzou sua mente sobre a capacidade ou a vontade do Senhor em salvá-la. Venha então agora aos pés de Jesus e ainda creia nele. Seja qual for a alegação que possa falar em sua alma incitando-o ao desânimo, por causa de derrotas passadas, creia firmemente que o poder do Senhor é ainda e sempre invencível. Seus braços não são curtos, para que não possa estendê-los e salvar, nem seus ouvidos inertes que não possam ouvir. Justamente por encontrá-lo, você deve observar o fracasso do homem e glorificar a graça de Deus; por constatar que os servos sejam incapazes, comprovar ser a mais notável a capacidade única do mestre. Que o Senhor possa ajudá-lo a crer que, apesar de nenhum homem poder lhe fazer o bem; apesar de todos os pastores e bispos da igreja, todos os mártires e confessores das eras passadas, todos os apóstolos e profetas não poderem encontrar um bálsamo em Gileade que sirva ao seu caso; apesar de tudo isso, existe uma mão, uma mão traspassada na cruz que pode curar suas feridas e sangrar como bálsamo em sua alma, restabelecendo-a efetivamente. Sim, mesmo sob o maior estado de desalento, a fé verdadeira crê.

Gostaria que observassem também, enquanto estamos nesse ponto, que o pai acreditou em Cristo e em seu poder de salvar apesar de, *naquele exato momento, seu filho estar atravessando uma fase horrível de dor e sofrimento*. O espírito maligno que se apoderava dessa pobre criatura costumava lançá-lo algumas vezes no fogo e outras vezes na água. Exatamente semelhante à nossa condição: nosso próprio espírito muitas vezes nos lança no fogo extremo da presunção ou, em outros momentos, no dilúvio do desespero. Alternamo-nos entre o frio da melancolia e o calor da arrogância. Em determinado momento, proclamamos: "Adoro a satisfação e atrás dela é que eu vou"; para então, em outras horas, dizermos: "Minha alma prefere ser estrangulada a viver". Quando Satanás domina a mente de uma pessoa, ela, tomada de desespero, é capaz de chegar aos extremos; não descansa em lugar nenhum; caminha como um espírito impuro por lugares áridos, buscando repouso sem encontrá-lo. No mesmo instante em que o pai falava com Jesus, o pobre garoto era jogado e se espojava no chão, em convulsões apavorantes de sua suposta doença, rangendo os dentes e espumando pela boca. O servo de Satanás encontrava-se em grande fúria porque sabia que seu tempo era curto. Quando o Salvador ordenou ao demônio que saísse do menino e fosse embora, então, violenta batalha se desenrolou, pois o espírito imundo passou a dilacerar a criança, com gritos os mais terríveis. Apesar disso tudo, o pai, no entanto, havia declarado firmemente: "Creio!"

Pode ser também, querido ouvinte, que nesta manhã você esteja cheio de grande inquietação, contrariado, aborrecido, atormentado, cheio de inenarráveis medos da ira divina; um pequeno inferno pega fogo dentro de sua alma, uma angústia indescritível se apodera de você, seu coração é um campo de batalha tomado pelas hostes adversárias, que parecem correr de lá para cá, destruindo tudo. Você é a própria agonia personificada; sente-se como Davi, quando disse: *As angústias do Seol se apoderaram de mim; sofri tribulação e tristeza* (Sl 116.3). Você poderá crer agora? Poderá aceitar agora a palavra do Altíssimo? Se puder, irá glorificar grandemente a Deus e trará para si mesmo muita bem-aventurança. Feliz é o homem que não apenas pode crer quando as ondas se formam suavemente ao som da música da paz, mas que confia naquele que é todo-poderoso para salvar mesmo quando a tempestade desencadeia sua fúria no mar e as arrebentações de imensas vagas se seguem umas às outras, ansiosas por engolir o seu barco em pleno oceano. Cristo Jesus merece, sem dúvida, que creiamos nele sempre, pois, como a estrela polar, que sempre indica o norte no céu ao navegante, ele permanece em sua fidelidade, não importando quanto as tempestades se enfureçam. É constantemente divino, sempre onipotente em socorrer, continuamente transbordante de ternura, pronto e disposto a receber até o maior dos pecadores. Ó sofredor, não aumente suas tristezas com a falta de fé, que é amarga demais para ser misturada à sua xícara de dissabores. É muito melhor declarar ao Senhor: *Em me vindo o temor, hei de confiar em ti* (Sl 56.3).

Tem de haver poder ilimitado naquele que condescendeu em morrer na cruz. Venha até o Calvário e veja. Consegue olhar para aquela cabeça coroada de espinhos e para as gotas de rubi que escorrem de sua fronte e ainda duvidar do seu poder em salvar? Consegue perceber aquele rosto sagrado mais ferido do que de qualquer homem — ferido pelas nossas aflições, marcado pelos nossos pecados? Consegue contemplá--lo e continuar incrédulo? Analise cada parte desse precioso corpo torturado por nossas transgressões e veja se é capaz de entender sobre quem foi colocado o castigo severo em troca da nossa paz! Consegue ver aquelas mãos e aqueles pés pregados na cruz? É capaz de visualizar esse quadro de dor, e saber que Cristo é divino, e mesmo assim ainda ter dúvida sobre o seu poder de salvá-lo? No que me diz respeito, sou compelido a clamar: "Senhor, eu creio, tenho de crer; tu mesmo me compeliste à fé". Que todas as coisas rolem sob meus pés, mas a cruz do meu Senhor permanecerá firme para sempre! Se o Filho de Deus morreu pelos pecadores, é certo então que todo pecador que crê não deverá morrer, mas ser salvo, pois Jesus por ele sangrou. Que Deus permita a cada um de nós se colocar no lugar daquele pobre pai em relação à sua fé e dizer, com convicção, como ele disse: "Creio!"

Terei de deixar esta importante parte incompleta, pois o avançar da hora a isso me obriga. Aquela fé era intensa: levou o homem a lágrimas de arrependimento; ensinou-o a orar; levou-o à confissão pública; que em todos esses pontos a fé de vocês possa ser semelhante.

II. Vamos agora para a segunda parte do assunto: A INCREDULIDADE OU FALTA DE FÉ. *Ajuda a minha incredulidade*, clamou o pai do menino ao Senhor. Ele havia antes duvidado do poder de Cristo, ao pedir: "[...] se podes fazer alguma coisa, tem compaixão de nós e ajuda-nos"; mas, mesmo que tivesse fé e não a tivesse manifestado e, sim, a mantido secretamente dentro de si mesmo, como que temeroso ou envergonhado, por qualquer motivo, dela; mesmo assim, logo depois, diante dos escribas que o ridicularizavam, ele confessou: "Creio!" E ele a manifestou com notável sinceridade, pois o fez em lágrimas, como se seus sentimentos impregnassem sua confissão; como se seus olhos se umedecessem ao querer dizer, com toda a emoção: "Sim, Senhor, eu creio; não duvide, porque eu não minto: eu creio realmente em ti". Mas, então, continuando a falar, ele manifestou certa falta de fé em sua alma: *Ajuda a minha incredulidade*, acrescentou.

Embora sua fé haja triunfado sobre as condições que mencionei, que pareceriam suficientes para desalentar, se não extinguir, a fé, tais condições podem ter tido, de todo modo, alguma influência em sua mente: não chegaram a impedir sua crença, mas a dificultaram com a dúvida. Apesar de a fé acabar predominando, alguma falta de fé, enfim, o fez hesitar. Aprendamos, com isso, que um pouco de dúvida é condizente com a fé salvadora. Essa fé é fraca, mas é verdadeira, e até uma fé trêmula pode salvar a alma. Mesmo que seja compelido a ter de dizer *Ajuda a minha incredulidade*, se você realmente crê, essa fé, ainda assim, o pode restaurar e justificar perante Deus.

Gostaria ainda, nesta segunda parte, de fazer algumas considerações sobre o que frequentemente leva a falta de fé a inquietar um coração que, não obstante, foi capacitado a crer pelo Espírito Santo.

Em primeiro lugar, existem muitos fiéis verdadeiros que são testados pela primeira vez com falta de fé, por terem então, mais do que nunca, *um sentido do seu pecado*. Muitos tomam consciência do seu pecado de forma muito mais apurada somente depois de haverem sido perdoados de tudo de ruim que fizeram antes. A luz da lei nada mais é que a luz da lua, se comparada à luz do evangelho, que é a luz do sol. A iluminação do amor e da graça faz o pecador se ver como ímpio demais.

Meus pecados, ó meu Salvador,
quão pesados incidem em ti!
Mediante tua bondade e amor,
multiplicados por dez eu os vi.

Sei que todos tiveram perdão,
mas, embora ainda me causem dor,
toda sua tristeza e aflição
foste tu quem as sofreu, meu Senhor!

A luz da promessa resplandecendo na alma revela o infinito abismo de horror no qual ela jazia em pecado. À luz do semblante de Deus descobrimos a impureza, a abominação e a terrível ingratidão de nossa conduta anterior. Nós nos detestamos, sob nossa própria visão. Embora Deus nos abençoe e perdoe os nossos pecados, ficamos abalados ao nos lembrarmos do quão horríveis eram as nossas transgressões, e o sentimento natural resultante dessa nossa constatação é o temor de que não tenhamos sido de fato de todo perdoados. Nós nos indagamos se realmente pecados como esses mereceriam ser relevados. Talvez a memória de determinados delitos caracteristicamente odiosos se torne vívida demais para a nossa consciência; estávamos até meio esquecidos deles, mas se levantaram de repente, com tremenda energia, lançando dúvidas e suspeitas em nossa mente sobre a possibilidade do perdão. Oh, se pudéssemos apagar definitivamente aqueles tempos ruins! Lamentamos: "Maldito seja aquele dia em que me corrompi com tanta iniquidade!" Assim, sob um forte sentido de pecado, apesar de estarmos perdoados, pode surgir a falta de fé, contra a qual precisamos muito do Senhor para nos ajudar.

Alguns se assustam, às vezes, com *a consciência da sua fragilidade*. "Confio em que o passado seja destruído", diz alguém, "mas como posso esperar que, por isso, serei salvo? Pobre criatura sou eu! Tento orar, mas isso não merece ser chamado de oração. Vou à casa de Deus, prometendo que adorarei fervorosamente o seu nome; então, fico conversando o tempo todo, ou alheio, como que entorpecido, durante o culto. Ontem não resisti à tentação e falei de modo rude e inconveniente; e não defendi a causa do meu Senhor e Mestre contra aquele incrédulo, como deveria. Só recentemente achei que tivesse encontrado a paz com Deus, mas, mesmo assim, ainda estou me comportando desse jeito. Como sou ainda muito falso, da maneira que eu acho, não posso, evidentemente, ser salvo. Se meus pecados tivessem sido perdoados, eu, com certeza, agiria de forma bastante diferente". É essa uma causa comum e frequente da falta de fé. A alma que espera descansar em Jesus nada mais tem a fazer senão isso; mas, por isso mesmo, o velho monstro da falta de fé lhe traz uma inquietação desesperada, e ela treme o tempo todo enquanto espera.

Outros estremecem com a falta de fé por causa do seu *temor pelo futuro*. "Temo", dizem eles, "que não terei forças para aguentar, pois para ser um cristão de verdade você tem de perseverar até o fim. Com um coração tal qual o meu, como esperar ser firme; e em uma situação igual à minha, cercado de tantos incrédulos, como esperar perseverar? Eu vi aquele amigo fazer profissão de fé, mas ele nunca mais voltou à igreja; conheço outro que diz ser agora cristão, mas tornou-se pior do que era antes. Temo também que meu fim seja pior do que seria de esperar. Acho que se eu colocar minha mão no arado e olhar para trás, estou provando que não mereço o reino". Pobre coração! Você se esquece desta palavra: *Não te deixarei, nem te desampararei* (Js 1.5). Corretamente tomados de uma sagrada vontade de perseverar até o final, eles dão vez, no entanto, a uma imprópria falta de fé, pois deveriam descansar confiantes em que Jesus não muda; porque começou a boa obra, ele a terminará e a aperfeiçoará até o fim.

O DESPERTAR DA FÉ E SUAS NUVENS | 903

Conheço também pessoas cuja falta de fé tem sido estimulada por *especulações quanto à liberdade e grandeza da misericórdia concedida.* Recordo-me ainda de como isso me assustou. Eu havia acabado de crer em Jesus e me regozijado em sua salvação, mas comecei a me entregar a considerações sobre a graça divina e fui dominado pelo medo. Perdoado; justificado; um filho de Deus, herdeiro dos céus, coerdeiro com Cristo; um dos eleitos de Deus; garantido no céu, com uma coroa me esperando no fim e poder para conquistar diariamente essa coroa — tudo isso parecia bom demais para ser verdade. A falta de fé sussurrou: "Não pode ser". Se me contassem que tal grande graça tivesse sido mostrada a outros, eu não teria estranhado; se homens de grande capacidade, elevada posição e caráter eminente tivessem recebido tal graça, eu teria acreditado; ou se aquela senhora santa, sofredora paciente por tanto tempo, tivesse sido abençoada, teria me parecido uma circunstância normal. Todavia, para um pecador como eu ser favorecido dessa forma só poderia vir a ser um milagre de amor muito fora de série. Lembro-me de como a grandeza da misericórdia divina acabou por ameaçar me esmagar e me enterrar sob sua própria imensidão de bondade. Eu podia crer que o Senhor me daria talvez um pouco de misericórdia, mas que me desse tal imensa misericórdia, tal favorecimento grandioso e inesperado, chegava às raias da crendice. No entanto, pense só que insensatez é ter tais ideias; pois já nos foi dito, de antemão, que "assim como o céu é mais alto do que a terra, assim são os meus caminhos mais altos do que os vossos caminhos, e os meus pensamentos mais altos do que os vossos pensamentos". Esquecemos que estamos lidando com um Deus grandioso, sobre quem o profeta pergunta: *Quem é Deus semelhante a ti, que perdoas a iniquidade, e que te esqueces da transgressão do resto da tua herança?* (Mq 7.18). Pensamos que Deus nos dá apenas de acordo com a nossa limitada medida? Deveria Deus tomar o homem como seu modelo? Lembre-se da palavra que diz ser ele *poderoso para fazer tudo muito mais abundantemente além daquilo que pedimos ou pensamos* (Ef 3.20). Em vez de duvidarmos, a enormidade do perdão divino deveria nos confortar e ajudar a crer, entendendo que isso é bastante coerente com sua natureza. No entanto, e frequentemente, nossos pobres barcos furados começam a afundar, desnecessariamente, nesse profundo mar de amor.

Conheço, ainda, não poucas pessoas cuja falta de fé surge de *uma sagrada ansiedade em estar correto —* ansiedade essa somente apropriada se não levada ao extremo. Uma ideia lhes vem à mente: "E se eu for, acima de tudo, presunçoso e julgar que estou salvo sem estar? O que irá acontecer, então, se eu cobrir o tumor, quando deveria ser lancetado, sem que haja uma cura efetiva?" Gostaria que todos os hipócritas fossem atormentados com esse tipo de medo... Seria uma misericórdia muito grande para muitos pre-potentes receber essa graça, o suficiente para duvidarem de si mesmos. Acho que, na verdade, Cowper estava certo ao dizer:

> Quem não duvida do seu triste estado,
> deveria — se a hora não houver passado.

Todavia, essa ansiedade pode ser levada longe demais, e a alma escorregar, por ela, para o desalento. Devemos, sim, evitar ser presunçosos; mas crer na palavra de Deus não é presunção. Devemos recear proclamar *paz, paz* (Jr 6.14) onde não haja paz; mas se a paz nos vier pela palavra de Cristo, jamais deve-remos dela suspeitar, por mais incomum que nos possa parecer. Posso duvidar de mim mesmo; ir além e me desesperar; mas nunca duvidar da palavra do Senhor. Se ele disse que *aquele que perseverar até o fim, esse será salvo* (Mt 24.13) e eu acreditar nele, não será presunção minha crer que serei salvo. Se a Palavra declara que *de todas as coisas de que não pudestes ser justificados pela lei de Moisés, por ele é justificado todo o que crê* (At 13.39), e eu creio nele, então estou justificado de todos os meus pecados. Há infinitamente muito mais presunção em duvidar do Senhor do que jamais haverá em crer nele. A fé é um dom de Deus e nunca deve, por isso, ser considerada ousada demais. Se creio em Jesus Cristo, não posso dizer: "Espero que, quem sabe, venha a ser salvo por ele", pois isso implica duvidar da declaração de Deus de que todo aquele que crê será salvo; nem tenho o direito de dizer: "Acredito, às vezes, que estou salvo", pois, se creio em Jesus, *tenho a certeza*, sem sombra de dúvida, da minha salvação. Não se trata de uma questão de opinião, mas, sim, de certeza absoluta. Não há nada neste mundo de que uma pessoa possa ter tanta certeza quanto da sua salvação. Outras certezas podem surgir de comprovação pelos nossos sentidos, falíveis, ou testemunho dos homens, sujeitos a se enganar; mas o fato de o fiel a Cristo ser salvo está assegurado para nós pelo testemunho pessoal do próprio Deus, que não mente. Quando as Escrituras nos afirmam claramente: *Quem crer e for batizado será salvo*, se eu crer e for batizado não posso de modo algum questionar a afirmação divina, mas, sim, ter a certeza, tanto quanto a de que eu existo, de que sou ou serei salvo. Essa segurança é totalmente alcançável e deve ser a condição normal do crente. No entanto, acontece, e muito, de uma ansiedade, a princípio até louvável, terminar em falta de fé, altamente censurável.

Já vi a falta de fé florescer até, em algumas almas, por meio da *mais correta reverência em Cristo e a mais alta estima por tudo o que a ele pertence*. Você deve se lembrar de nossa pregação de algumas manhãs atrás, que tratava do Apocalipse e de haver o seu autor, o apóstolo João, ao ver o mestre em toda a sua glória, caído a seus pés como morto. Ah, quando a alma chega junto a Jesus, percebe toda a perfeição dele e se torna consciente de toda a própria imperfeição; vê sua glória e se torna ciente da própria insignificância; vislumbra seu amor e envergonha-se diante da própria falta de amorosidade; nesse momento, torna-se muito suscetível a vir a ser perseguida pela falta de fé, embora não o devesse. Tenho, mesmo, conhecimento de filhos de Deus recém-convertidos que vêm à igreja, que nutrem tal admiração por seus irmãos que recusam serem igualados a eles. Quando ouvem a oração sincera de um irmão, comentam: "Oh, que belíssima oração! Nunca serei como ele"; ou, então: "Ah, não consigo chegar a esse nível; a própria existência pura de um homem como esse me condena". É bom vermos, na família, os irmãos menores admirando os mais velhos e o que veem nestes dos pais. Todavia, essa santa modéstia própria corre o risco de se transformar em falta de fé. Na verdade, ó filho de Deus, se Cristo é tão amável, você está no caminho de vir a se tornar como ele; e se algo há de belo nas atitudes de qualquer um do seu povo, isso também lhe será dado; pois eles são como você é, ou seja, pessoas dotadas de iguais paixões às suas, e Deus, que fez grandes coisas por eles, fará o mesmo por você, pois o ama com todo o mesmo amor.

Vimos, assim, que a falta de fé existe comumente lado a lado com a fé verdadeira.

III. Observemos, agora, O CONFLITO ENTRE FÉ E FALTA DE FÉ.

Note-se que aquele pobre homem não disse: "Senhor, eu creio, mas tenho minhas dúvidas", como se fosse uma mera questão de compreensão e que não o assolava. Oh, não; ele, em lágrimas, fez uma confissão pesarosa. Não se tratava de mera constatação de um fato, mas do reconhecimento de uma falha. Em pranto, ele disse: "Creio!" e, então, reconheceu sua falta de fé. Aprendamos, pois, queridos ouvintes, a considerar sempre a falta de fé em Cristo sob a perspectiva de uma falha. Nunca digamos: "É essa a minha doença", mas, sim, "É um pecado meu". Muitos são os que na igreja de Cristo ainda consideram a falta de fé uma calamidade que exige compaixão ou então uma falta que requer censura. No entanto, jamais deveria alguém declarar: "Sou um incrédulo; portanto, tenham pena de mim"; tampouco: "Sou um incrédulo; portanto, tenho de ser punido". Na verdade, por que deveria eu desacreditar do meu Deus? Por que ousaria duvidar dele, que não pode mentir? Como poderia deixar de confiar no mais fidedigno promitente, que acrescentou seu juramento à própria promessa, e além disso, sobre sua promessa e seu juramento, deu ainda seu sangue como garantia, para que por tais coisas imutáveis, uma vez que é impossível para Deus mentir, tenhamos o máximo consolo? Reprove-se, então, o cético a si mesmo. A dúvida está entre os piores inimigos da alma. Não há por que lamentar nem tratar a dúvida como se fosse um pobre peregrino abandonado, a ser acolhido com toda a hospitalidade e agrado; mas, sim, como uma ideia vadia, a ser expulsa de nossa mente. Lutemos contra ela, resistamos a ela e oremos para que Deus nos ajude a eliminá-la, não deixando sequer um resto de dúvida sobre a terra. A dúvida e a descrença devem ser abominadas e confessadas com lágrimas, como pecado, diante de Deus. Precisamos de perdão por duvidar, tanto quanto por blasfemar. Não devemos desculpar a dúvida mais do que à mentira, pois a dúvida difama a Deus e faz dele também um mentiroso.

O pai do menino, então, tendo feito a confissão de sua falta de fé, rogou a Cristo para ajudar a combatê-la, e foi essa, sem dúvida, uma oração sincera: *Ajuda a minha incredulidade!* É notável que ele não haja dito: "Senhor, eu creio! Ajuda o meu filho". Não. Tampouco: "Senhor, eu creio! Expulsa então o demônio do meu filho". De modo algum. Ele percebeu que sua falta de fé era mais difícil de superar que o próprio demônio, e curá-lo da doença espiritual era um trabalho prioritário e mais importante naquele momento do que libertar seu filho da terrível opressão sob a qual vivia. Este é o ponto crucial a ser atingido: sentir que a deficiência não está no mérito de Cristo; que não há carência de poder em seu precioso sangue; que não há falta de vontade nem de disposição de Cristo em me curar e salvar; mas, sim, que todo o impedimento reside na minha falta de fé. É esse o ponto principal.

Ó Deus, faze o teu poder nos ajudar onde seja mais necessário. Não que o teu sangue não vá me limpar; mas, sim, porque eu não creio como deveria. Não que a oração de Cristo por mim ao Pai não seja ouvida; mas porque eu não confio inteiramente em sua súplica. Se não estou ainda de posse da salvação completa não é porque Cristo não seja poderoso o suficiente para me salvar, mas porque eu não me lancei ainda plena e completamente em seus braços. Ó Deus, tu sabes, e eu reconheço, que esse é o cerne da minha dificuldade. Traze, então, o teu poder sobre isso, Senhor, eu te peço. Não quero clamar: "Ajuda-me nisso, ajuda-me naquilo"; mas tão somente: *Ajuda a minha incredulidade*. É esse o lamaçal que carrego em meu coração; é esse o meu ponto fraco principal; fortalece-me então, Senhor, bem aí.

É bom que, junto com a confissão, usemos de todas as nossas melhores armas de orações fervorosas para resistir àquela atitude que precisa ser levada embora.

Por fim, aquele homem fez bem em procurar na clemência certa a ajuda contra a sua falta de fé. Ele não disse: "Senhor, eu creio; tentarei, então, superar minha descrença". Não; mas *ajuda*, como se sentisse que o Senhor sozinho poderia fazê-lo. Nenhum médico além de Cristo pode curar a descrença. É ele o próprio remédio receitado, além de o médico também. Você, que tem falta de fé, use o sangue de Cristo para curá-la. Pense nele — em Deus, no Filho de Deus, na glória de sua pessoa sendo tabernáculo entre os homens; vivendo em retidão perfeita e, todavia, morrendo como malfeitor, na cruz, no lugar do pecador; pense nele ressurgindo dentre os mortos, revivido, para não mais morrer; pense nele ascendendo aos céus, sob o coro celestial dos anjos; pense nele à mão direita de Deus Pai, portando as chaves do céu, da morte e do inferno; pense nele vindicando para sempre o mérito de seu sangue, ante o trono do Pai, em favor dos homens; pense nele, e, à medida que você assim meditar sobre ele, sua falta de fé, no poder do Espírito, irá desaparecer. Então, você há de reconhecer: "Senhor, meditar sobre ti curou a minha incredulidade; enquanto eu me alimentava de ti, fazia de ti o pão e vinho da minha alma, minha incredulidade se foi. Creio em ti, Senhor, e hei de crer; curastes minha falta de fé".

Se algum de vocês continua ainda ansioso por obter mais fé, vá então até onde encontrou primeiro a sua fé, para obter mais. Se a obteve ao pé da cruz, vá novamente ali para pôr fim à sua incredulidade. Veja o derramar do seu sangue redentor e continue a vislumbrá-lo até que pela divina certeza você saiba o que ele fez pela sua paz com Deus. Que Deus os abençoe em Jesus Cristo. Amém.

96
O CONFLITO ENTRE SATANÁS E QUEM SE ACHEGA A CRISTO

Ainda quando ele vinha chegando, o demônio o derribou e o convulsionou; mas Jesus repreendeu o espírito imundo, curou o menino e o entregou a seu pai (Lucas 9.42).

Este menino possuído por um espírito maligno é uma representação bem adequada do homem incrédulo e não convertido. Embora não possuídos por demônios, estamos, por natureza, possuídos por vícios e luxúria diabólica, que, se é que não afligem e atormentam nosso corpo, destroem, sem dúvida alguma, a nossa alma. Nenhuma criatura possuída por espírito maligno está em apuro pior do que a dificuldade que enfrenta o homem que vive sem Deus, sem Cristo e sem esperança. Todavia, assim como a expulsão de um espírito imundo mostra-se algo impossível simplesmente ao homem, mas inteiramente possível a Deus, assim também a conversão de um pecador é algo além do alcance da capacidade humana e somente realizada pelo poder do altíssimo. Os gritos terríveis, a boca espumando e as convulsões causadas na infeliz criança pelo espírito imundo é um quadro do pecado, das iniquidades e vícios aos quais o homem descrente é compelido, contínua e impetuosamente; é um retrato do sofrimento triste e terrível que o remorso deverá pouco a pouco trazer à consciência, da sensação de que a vingança de Deus logo virá a ocupar o coração.

O fato de esse menino ser levado até o Salvador por seu pai nos ensina também uma lição: aqueles a quem o cuidado das crianças é confiado, sejam pais ou professores, deveriam estar empenhados em trazê-las a Jesus, o único que pode salvá-las. O desejo e a compaixão devotada desse pai por seu filho não é mais que um modelo do que todo pai deveria sentir por sua descendência. Como Abraão, todo pai deveria orar por seu filho, mas não apenas se entregar à oração, e sim também se esforçar em empregar todos os meios por trazer seu filho ao verdadeiro tanque de Siloé, do Messias, em cujas águas seu filho pode e deve realmente entrar e se restaurar. Todo pai deve colocar sua descendência no caminho do Salvador, para que ele possa curá-la. A vinda desse menino a Cristo é uma imagem de fé salvadora, pois é a fé que o aproxima de Cristo, tão somente crendo no poder de sua reparação. Quanto ao demônio atirá-lo ao chão em convulsão, como mencionado no texto, é um retrato fiel do conflito entre aquele que se achega a Cristo e o inimigo de nossa alma. *Ainda quando ele vinha chegando, o demônio o derribou e o convulsionou.* Nosso assunto esta manhã será o fato bem conhecido de que quando o pecador se aproxima de Jesus, quando se achega ao Salvador, é, muitas vezes, jogado ao chão por Satanás e convulsionado espiritualmente, sofrendo excessivamente em sua mente e ficando, frequentemente, muito próximo de se render ao desespero.

Há quatro pontos para nossa consideração. Para que possamos lembrar-nos deles com facilidade, eu os nomeei com termos ditos aliterativos, ou similares: *diligência, desígnio, descoberta* e *derrota* — do demônio.

I. Em primeiro lugar, então, a DILIGÊNCIA DO DEMÔNIO. Quando essa criança é levada a Cristo para curá-la, o demônio a atira no chão e a convulsiona. É bem uma ilustração do que Satanás faz com a maioria, se não com todos, dos pecadores quando vêm ao Senhor Jesus em busca de vida e luz. O inimigo os atira no chão e convulsiona. Permita-me mostrar como o diabo causa essas angústias e agonias extraordinárias, que se manifestam justamente na conversão. Ele faz uso de uma variedade de artifícios, pois, ardiloso como é, tem modos diversos de tentar atingir seus fins.

1. Para começar, faz isso *pervertendo a verdade de Deus*, a fim de destruir a esperança e o consolo da alma. O Maligno é muito sagaz em assuntos relativos à divindade. Seu forte, porém, não parece ser a

O CONFLITO ENTRE SATANÁS E QUEM SE ACHEGA A CRISTO

heterodoxia; acredito até que seja um dos indivíduos mais ortodoxos existentes em toda a criação. Muitas pessoas podem discordar das doutrina da revelação, mas ele não, pois conhece a verdade, apesar de desvirtuá-la; enganador, sabe que seu melhor método para com a alma convencida do pecado não é contradizer a verdade, mas, sim, pervertê-la. Mencionarei, a seguir, as cinco principais doutrinas que defendemos, por serem proeminentes nas Escrituras, e como, mediante a perversão de cada uma delas, o diabo tenta manter a alma em escravidão, escuridão e desespero.

Primeiro, a doutrina da *eleição* — doutrina que prega que Deus escolheu para si certo número de seres humanos, que ninguém senão ele conhece, para serem seus salvos, ou santos, determinados a serem pessoas singulares e zelosas de boas obras. Então, o diabo agita a alma que se aproxima dessa doutrina, argumentando: "Oh", diz ele, "talvez você não seja um eleito. É inútil, portanto, a sua aproximação, a sua luta, o seu esforço; você pode se sentar e não fazer nada e, ainda assim, se for para ser salvo será salvo; mas... se o seu nome estiver escrito dentre os perdidos, não adianta nada: toda a sua oração, sua busca, sua fé e sua crença jamais poderão salvá-lo". Assim começa o demônio, pregando com suposta autoridade no ouvido do pecador, para fazê-lo acreditar que o Senhor certamente o lançará fora. Ele pergunta: "Como você pode imaginar que um infeliz pecador como você possa ser um eleito? Você merece é ser condenado e sabe disso muito bem. Seu irmão, não; é um homem bom, de elevada moral; quanto a você, porém, é o rei dos pecadores; acha que Deus o escolheria?" Se o pobre tentado, no entanto, sabe que a eleição não tem que ver propriamente com os méritos da pessoa, mas, sim, está nas mãos da vontade soberana e da misericórdia de Deus, Satanás abre outra bateria de tiros e insinua: "Claro que você não se sentiria tão mal assim se fosse um dos eleitos de Deus; ele não lhe permitiria mergulhar em todo esse sofrimento e orar tanto em vão". Mais uma vez, ele sussurra: "Você, evidentemente, não é de modo algum um dos santos dele" e tenta, assim, atirar a alma no chão e estilhaçá-la em pedaços.

Queria ter apenas um sopro dessas intrigas dele esta manhã para lembrar aos nossos amigos que, ao se aproximarem de Cristo, não precisam se confundir quanto à doutrina da eleição. Ninguém, ao ensinar o alfabeto a uma criança, a faz aprender primeiro o Z, antes de ter aprendido o A; da mesma forma, um pecador não pode esperar aprender sobre a eleição até que conheça bem, em primeiro lugar, o que é ter fé. O texto básico sobre o qual tem de meditar é este: *Crê no Senhor Jesus e serás salvo* (At 16.31); e quando o Senhor o tiver capacitado a crer e aprender, poderá prosseguir com este: ... *eleitos segundo a presciência de Deus Pai, na santificação do Espírito, para a obediência e a aspersão do sangue de Jesus Cristo* (1Pd 1.2). Se não conseguir se firmar a respeito do assunto, no entanto, basta ter em mente que todo pecador arrependido é eleito; todo convertido, todo crente, é eleito. Se o maior pecador tão somente se arrepender, isso já é prova de que é eleito; se apenas crer em Cristo, é certamente tão eleito quanto genuína é a sua fé. Ninguém poderá dizer que é eleito antes de saber se crê em Deus. Ninguém pode falar sobre algo até que conheça seus efeitos. Não posso dizer se há uma semente na terra, a menos que me permitam remexer no solo ou que eu espere até ver uma plantinha brotando do chão; assim, não posso dizer se o meu nome ou o seu está escrito no Livro da Vida do Cordeiro até constatar o amor de Deus manifestado em mim ou em você, ao estender nosso coração na direção de Deus. Não posso desencavar as pedras fundas da obscuridade para descobrir determinado objeto escondido, a menos que os indícios e os efeitos como que me forneçam a pá ou a enxada necessária. Há um jornal em Glasgow, chamado *Christian News* [Notícias Cristãs], mas também conhecido como *Un-Christian News* [Notícias Não Cristãs] ou, ainda, *Christian Wasp* [*Wasp*[1] Cristão], cujo editor diz que eu não estou preparado para pregar a palavra de Deus porque não sei (adivinhem o quê?) quem são os eleitos de Deus. Nesse sentido, ele escreve: "De acordo com sua própria confissão, esse moço não sabe quem são os eleitos de Deus senão depois de questioná-los e conhecer o seu caráter". Bem, se não fosse assim, eu, de fato, seria maravilhosamente sábio. Quem poderia conhecê-los, na verdade, sem considerar esses sinais, essas marcas, esses indícios no coração e na vida, com os quais

---

[1] [NT] Termo, ou sigla, formado pelas letras iniciais de palavras que se referem, em inglês, a pessoas de cor branca, origem anglo-saxônica e protestantes: *White anglo-saxon protestant = Wasp.*

Deus sempre distingue devidamente seus eleitos? Deveria eu destrancar os arquivos do céu e ler as listas, ou, com mão presunçosa, abrir o Livro da Vida, para saber quem são os eleitos de Deus? Não. Deixarei que o editor do *Christian News* o faça; e quando ele publicar uma relação completa e correta dos eleitos, não há dúvida de que haverá de ser disputada e lida sofregamente, e seu jornal fará rapidamente uma fortuna em vendas só com isso. Não permita que sua alma se angustie em relação à eleição; pois todo aquele que se arrepende e crê assim o faz somente como consequência natural de seu chamado, de sua eleição.

A doutrina seguinte é a que trata da *nossa depravação* — de que todos os homens estão caídos em Adão, que estão todos afastados da verdade e, além disso, pela prática, se tornaram cheios de pecado; que neles não reside nada de bom, e se houver é porque foi posto ali por Deus; nem mesmo existe uma semente natural de bondade naquele coração, muito menos fruto. O diabo atormenta as almas com essa doutrina, dizendo: "Veja que criatura depravada você é; você sabe quanto horrendamente tem pecado contra Deus; você já se perdeu dez mil vezes". Veja, diz ainda, "que há os seus pecados mais antigos gritando atrás de você"; e, como que agitando uma varinha mágica, ressuscita as iniquidades passadas, que se levantam como fantasmas e aterrorizam o coração. "Olhe ali, aquela cena de obscuridade total; lembre-se daquele ato de ingratidão; ouça!, está escutando aquele seu falso juramento reverberando por trás das paredes do passado? Olhe agora para o seu coração: pode ser lavado? Está cheio de sujeira e negrume. Você bem sabe que tentou orar ontem, e sua mente perambulou por seus interesses antes que chegasse ao meio da oração; e desde que você tem buscado Deus tem levado pouco a sério isso, às vezes batendo à porta dele e logo desistindo. É impossível que você seja perdoado um dia; você se extraviou para muito longe, e nem o pastor das ovelhas consegue encontrá-lo; você se tornou completamente imundo; seu coração é enganoso, mais que todas as coisas, e desesperadamente pervertido; você não tem como ser salvo."

Muitas pobres almas tiveram um dilaceramento terrível com essa doutrina. Senti algo disso em mim mesmo, quando de fato pensei que devia ser feito em pedaços pela recordação terrível do que tinha sido. O inimigo atira o pecador no chão e o puxa quase que membro por membro, persuadindo-o de que sua culpa é odiosa e sem comparação, que suas iniquidades estão distantes demais do alcance da misericórdia e sua sentença de morte está assinada. Ah, pobre alma, levante-se novamente! Satanás não tem o direito de jogá-la para baixo. Seu pecado nunca será grande demais para a misericórdia de Deus. Não é a grandeza do pecado que faz homem algum ser condenado, mas, sim, se não houver um desejo de fé. Se o homem tiver fé, não obstante todos os pecados que possa ter cometido, será salvo; mas, se tiver apenas um pecado sem fé, esse pecado o destruirá. A fé no sangue de Cristo aniquila o aguilhão do pecado. Uma gota do sangue precioso do Salvador pode extinguir mil mundos flamejantes se Deus assim o desejar, quanto mais remover os medos ardentes do seu pobre coração. Se você crê em Cristo, diga à montanha de sua culpa: *Tornará [o Senhor] a apiedar-se de nós; pisará aos pés as nossas iniquidades, [... lançando...] todos os nossos pecados nas profundezas do mar* (Mq 7.19).

Em seguida, temos a doutrina do *chamado efetivo*, segundo a qual Deus chama seus filhos efetivamente, não sendo o poder do homem que nos leva até ele, mas, sim, ele que nos atrai à sua graça; chamando aqueles a quem salva com vocação eficaz e especial, concedida por Deus apenas a seus filhos. "Veja bem", argumenta o inimigo, "o ministro diz que deve haver um chamado efetivo de Deus; com certeza, não é o caso do seu, que não é um chamado de Deus e não é efetivo; são apenas alguns sentimentos seus, exagerados; você ganhou muito entusiasmo por causa daquele sermão, mas tudo isso, sabemos, logo passará, como a névoa da manhã. Às vezes, na verdade, você tem desejo forte disso, mas logo não tão veemente assim; se o Senhor o tivesse realmente atraído para si, você estaria sempre atraído com a mesma intensidade; logo verá que isso acabou e, o que é pior, ficará ainda em situação mais lamentável, por ter se inclinado na direção de Deus sob essa falsa convicção e depois voltado a se afastar para longe dele". Amado, retruque a Satanás que você não sabe se tem ou não um chamado efetivo; que somente Deus o pode dizer; que entende que, se tiver de perecer, irá para Cristo e junto a ele perecerá; assim, com a ajuda de Deus, você pode por tais meios dominá-lo quando ele tentar atirar você no chão em relação a essa doutrina.

O CONFLITO ENTRE SATANÁS E QUEM SE ACHEGA A CRISTO

O diabo procura perverter também a doutrina da *perseverança final*. "Olhe", diz Satanás, "como os filhos de Deus sempre se mantêm em seu caminho; nunca desistem de ser santos; perseveram; sua fé é como o caminho do justo, brilhando cada vez mais até o dia perfeito. Assim *seria* o seu caminho se você fosse um dos filhos do Senhor; mas você nunca será capaz de perseverar. Lembra-se de que, seis meses atrás, quando estava de cama, doente, decidiu servir a Deus, mas depois da cura tudo isso desapareceu? Muitas vezes você prometeu solenemente tornar-se um crente fiel, e isso não durou nem quinze dias. Você nunca o fará, é muito inconstante; nunca se manterá firme em Cristo; você o seguirá durante algum tempo, mas logo é certo que retrocederá; portanto, você não poderá jamais ser do Senhor, porque os que são dele nunca retrocedem". Assim, o inimigo tenta puxar e dilacerar sua pobre alma com base falsa nessa grande e confortante doutrina. A mesma estaca na qual o pecador deve apoiar a esperança o demônio tenta levá-la a apoiar sua própria tenda de fé distorcida. Oh, pobre alma, diga a Satanás que sua perseverança na verdade não é sua, mas Deus, sim, é o autor dela; que por mais fraco que você seja, e você sabe de sua fraqueza, Deus nela se fortalecerá; e que, quando ele começa uma boa obra, nunca a deixa inacabada. Assim o repelindo, você poderá se levantar do arremesso no chão e dilaceramento que ele lhe causar.

Vem, então, a doutrina da *redenção*, com a qual o espírito imundo busca também assaltar a alma. "Oh, é verdade que Cristo morreu pelos pecadores", alega Satanás, "mas não por *você*, que é pecador de uma natureza toda especial". Lembro-me de uma vez que o inimigo me fez acreditar, desse modo, que eu era único, sem igual. Pensei que não havia ninguém igual nem pior do que eu no mundo; eu via que outros tinham pecado como eu, tinham ido até onde eu fui, mas imaginava que havia algo estranho e pior em relação ao meu pecado. O demônio tentava me separar dos demais, como se eu não pertencesse ao resto da humanidade. Passei a imaginar que, só se fosse qualquer outra pessoa, poderia ser salvo. Com que frequência desejei ter sido um pobre homem bêbado e blasfemo nas ruas, pois assim, achava eu, poderia ter uma chance melhor; mas sendo como era, imaginei que iria morrer em pecado, abandonado como um animal ferido no fundo da floresta. Lembro-me bem de meus amigos cantando um doce hino que diz:

> Sua graça é livre, soberana sua ação,
> para ti também, minha alma, por que não?

Outro hino, que também me lembro bem, termina assim:

> Seu sangue precioso por todos derramou,
> e por que então, ó minha alma, não te alcançou?

Eis uma questão que raramente colocamos para nós mesmos; nos inquirirmos seriamente: "Bem, alma minha, por que pode ser assim para qualquer outra pessoa menos para você?" Acorde, pobre alma! Se Satanás estiver tentando convulsionar você, diga-lhe que está escrito que o Senhor é capaz de salvar todo aquele que por ele se achega a Deus; e que o próprio Senhor declarou que "o que vem a mim de maneira nenhuma o lançarei fora". Possa Deus livrá-lo, assim, desse conflito desesperador em que haja sido lançado.

2. Satanás, porém, não sendo nada escrupuloso, muitas vezes atira no chão e convulsiona o pecador que se aproxima de Cristo *dizendo-lhe terríveis falsidades*. Talvez alguns de vocês nem conheçam, e agradeço a Deus se não entenderem, algumas das coisas sobre as quais vou lhes falar. Todavia, quando a alma está se achegando a Cristo, Satanás lhe introduz violentamente pensamentos infiéis. Nunca cheguei a ser inteiramente descrente, senão uma única vez; e não antes de eu saber que precisava de um Salvador, mas depois disso. Foi exatamente quando procurei Cristo e o desejei que um pensamento inesperado cruzou minha mente, o qual abominei, mas não o pude dominar: de que não existia Deus, nem Cristo, nem céu, nem inferno; que todas as minhas orações eram apenas uma farsa, e que da mesma forma que eu me dirigia ao Senhor podia perfeitamente assobiar para o vento ou falar com as ondas do mar. Ah, lembro-me então de como o barco da minha fé foi levado pela correnteza daquele mar de fogo, soltando-se da âncora da crença

que recebera de meus pais. Passei a duvidar de tudo; até que, por fim, o demônio derrotou-se a si mesmo, ao fazer-me duvidar da minha própria existência. Havia chegado a pensar por algum tempo que eu seria simplesmente uma ideia flutuando na insignificância da vacuidade. Então, caí em mim e me alarmei com esse pensamento, e, sentindo que afinal de contas eu era, sobretudo, de carne e osso, vi que então que Deus realmente existe, que Cristo existe, que há céu e inferno e que todas essas coisas são de fato verdadeiras.

Não é de espantar se alguns dos aqui presentes já estiveram também à beira da infidelidade, duvidando de quase tudo. Ao encontrar um coração sensível, Satanás tenta estampar sua própria impressão de infidelidade na alma; mas, santificado seja Deus, nunca o consegue no pecador que realmente se achega a Cristo. Empenha-se também em introduzir pensamentos blasfemos em nossa mente e diz que são nossos. Despeja as mais veementes torrentes de blasfêmia e de imaginação maligna em nosso coração, as quais, por desconhecimento, pensamos ser nossas. No entanto, provavelmente nenhuma delas pertence a nós. Lembro-me de uma vez, em que estivera sozinho meditando sobre Deus, quando, de repente, pareceu que as comportas do inferno tivessem sido desatadas; minha mente se tornou um verdadeiro pandemônio de pecaminosidade; dez mil espíritos do mal pareciam estar promovendo um carnaval dentro em mim; segurei minha boca para não dar expressão vocal às palavras de blasfêmia que foram vertidas em meus ouvidos. Coisas que eu nunca tinha ouvido ou pensamentos que nunca haviam ocorrido em minha mente, mal pude me opor à sua influência. Era o demônio me atirando no chão e me convulsionando. Ah, pobre alma! Você eventualmente os terá; mas lembre-se de que é apenas um dos truques do arqui-inimigo. Ele conduz bestas imundas ao seu campo, para então dizer que são suas. Em tempos remotos, quando vagabundos perturbavam uma paróquia, eles os enxotavam, enviando-os de volta à sua própria paróquia. Quando vocês tiverem esses pensamentos ruins, façam o mesmo: os enxotem e despachem; eles não lhes pertencem, não sejam indulgentes para com eles. Mas, se acaso você teme que esses pensamentos possam ser seus, decida: "Irei a Cristo; e, se tais blasfêmias forem minhas, eu as confessarei ao grande Pai, em nome de Cristo; porque ele mesmo declarou que toda forma de pecado e blasfêmia será perdoada aos homens".

3. Se ele não pode derrubá-lo assim, o inimigo tenta ainda outro método: toma passagens da palavra de Deus contra o pecado e afirma que todas se aplicam a você. Lembra a você, por exemplo, esta passagem: "Há pecado para morte, e por esse não digo que ore". "Veja bem", diz o demônio, "o apóstolo recomenda que não se ore pelo homem que comete determinados pecados". Ou então: "[...] a blasfêmia contra o Espírito não será perdoada". "Olhe aí", ele acusa, "outra iniquidade sua: você blasfemou contra o Espírito Santo! Jamais será perdoado!" Então, frisa outra passagem, a que diz: "*Efraim está entregue aos ídolos; deixa-o* (Os 4.17)". "Repare", insinua Satanás, "que você não tem tido resposta para suas orações ultimamente; Deus o deixou, pois certamente você se inclinou para os ídolos; você está completamente perdido"; e o cruel inimigo uiva uma canção de vitória e dança de contentamento insistindo no pensamento de que sua pobre alma já se perdeu. Não acredite nele, meu caro amigo! Nenhum homem consegue cometer um pecado tal contra o Espírito Santo que Deus não tenha graça bastante para perdoar; e nenhum homem chegará a cometer tal pecado se puder se achegar a Cristo e nele crer. Nenhuma alma fiel pode vir jamais a cometer tal delito; nenhum pecador arrependido nunca o cometeu. Se um homem for negligente e insensível a ponto de, ouvindo um sermão terrível, rir-se dele, ou deixar de lado suas convicções e jamais sentir peso na consciência, pode-se supor que talvez possa ter cometido tal iniquidade; mas enquanto tiver algum desejo de seguir a Cristo, você não irá cometer esse pecado mais do que sair voando até as estrelas ou varrer as teias de aranha dos céus. Enquanto você tenha noção de sua culpa e pretenda ser redimido, você não irá cair em tal pecado. Como pecador arrependido, você será sempre salvo; e jamais poderia ser considerado arrependido se tivesse cometido esse pecado.

II. Permitam-me agora estender-me sobre o segundo ponto — o DESÍGNIO DO DEMÔNIO. Por que ele atira no chão e quer dilacerar a alma de quem de Cristo se aproxima?

Primeiro, *porque não gosta nem um pouco de perdê-la*. "Nenhum rei perde de bom grado seus servos", disse Apoliom a Cristão, quando este se foi pela estrada, "e juro que você não irá muito longe; aqui mesmo há de sangrar sua alma"; e ali ele permaneceu, jurando vingança, pois Cristão havia escapado ao seu

O CONFLITO ENTRE SATANÁS E QUEM SE ACHEGA A CRISTO | 911

domínio.[2] Você acha, então, que Satanás perderia seus servos um por um sem se enfurecer? Seguramente, não. Tão logo percebe uma alma escapando em direção ao portão, os olhos fixos na luz, em seu encalço coloca, correndo, todos os cães do inferno. "Lá se vai outro de meus servos! Meu império está enfraquecendo, meu domínio está diminuindo" — e o inimigo tenta, com toda as suas forças e vontade, trazer a pobre alma de volta. Ah, alma, não seja enganada por ele; o desígnio dele é atirá-la no chão. Nada do que lhe diz é para lhe fazer o bem, mas para a impedir de ir a Cristo e prender você cada vez mais em sua teia, até destruí-la por completo.

Acredito também que o diabo tenha o vil objetivo de *induzir pobres criaturas a se autodestruir* antes que tenham uma fé firme em Jesus Cristo. Trata-se de casos extremos, mas eu já conheci não poucos que foram tentados a tirar a própria vida e a se apresentar diante de seu Criador com as mãos vermelhas do próprio sangue; pois Satanás sabe muito bem que nenhum assassino ou suicida traz a vida eterna em seu interior. Todavia, felizmente, ele nunca consegue atingir com esse seu bárbaro desígnio a alma do pecador eleito e arrependido.

Satanás usa, então, de mais outro estratagema. *Quando a alma está indo a Cristo, ele tenta inquietar à toa, propositadamente, aquela alma.* O coração de Satanás é feito exatamente daquilo que é o oposto da benevolência — a malevolência; a nada ama e odeia tudo; odeia ver qualquer criatura feliz, qualquer alma contente, e, quando vê uma alma indo feliz a Cristo, diz: "Ah! Estou quase perdendo-a! Talvez nunca mais tenha a oportunidade de levar uma condenação considerável àqueles ouvidos, tampouco arrastá-la para as chamas do inferno, como planejava; antes que se vá, então, farei algo, e essa última tentativa terá de ser muito dura, esse último golpe terá de ser desfechado com todo o meu poder". Assim, ataca a pobre alma, que cai, chafurdando em insensata inquietação, desespero e dúvida; e a dilacera em medo, hesitação, terror e perplexidade, não a deixando até que tenha operado nela tanto quanto o Senhor permitir. Não tema, porém, filho de Deus. ... *resisti ao Diabo, e ele fugirá de vós* (Tg 4.7); mesmo que o atire no chão, lembre-se de que o justo cai muitas vezes, mas sempre se levanta; e assim há de ser com você, e os desígnios do inimigo serão frustrados.

III. Em terceiro lugar, temos a DESCOBERTA DO DEMÔNIO. Não acredito que o inimigo conseguiria atirar um pobre pecador no chão se resolvesse se apresentar como quem ele realmente é; mas quase sempre não age assim. Apresenta-se como anjo de luz — ou, até mesmo, pasmem, como o próprio Espírito Santo! Sim, sabendo que o Espírito Santo opera toda a obra da salvação, ele tenta falsificar as obras do consolador. Sabe que é trabalho do Espírito Santo retirar o orgulho dos homens e tornar a alma mais humilde. Satanás tenta então sabotar esse abençoado trabalho retirando do homem a *autoestima*, tanto quanto a *esperança*. A título de tornar o pecador humilde, diz a este que deve se curvar ao máximo, até o chão, não apenas humilhando assim a pobre alma, mas jogando-a tão para baixo que chega a desonrar Deus quanto à sua estima ao pecador, ao alegar que Deus não o poderá mais salvar. Satanás tenta, enfim, sem conseguir, estragar o trabalho de Deus enquanto ainda está sendo moldado pelo próprio oleiro; metendo seu instrumento em obra para a qual não foi chamado à medida que o barro é trabalhado, a fim de que a peça final não assuma a forma projetada pelo Espírito Santo, mas, sim, mostre, também, marcas de sua abominável intervenção demoníaca. Se você diz, por exemplo, a Deus que, se necessário, agonizaria em seus braços orando, "está bem, pode agonizar orando", retruca Satanás, fingindo ser Deus aceitando-o, "mas lembre-se de que *primeiro* você deve pedir e receber meu perdão, ou então estará perdido para sempre". Assim, penetra sorrateiramente na mente e no coração do homem e acrescenta uma falsidade à verdade, fazendo crer que se trata de um impulso do Espírito Santo, quando, no fim das contas, não passa de um embuste dele, o pai da mentira. Se o Espírito Santo lhe diz, com amor e misericórdia, que você é um pecador, "ah!", diz o demônio, "isso você é, e não tem mais como ser salvo"; e novamente, sob a aparência do próprio Espírito de Deus, engana totalmente a alma. Tenho comigo a mais forte crença de que certas experiências aparentemente espirituais de alguns cristãos não são, na verdade, propriamente

---

[2] [NE] Citação e referência de O *peregrino*, de John Bunyan.

experiências cristãs. Há cristãos que experimentam coisas que nada têm que ver com cristianismo, mas, sim, muito mais com demonologia. Quando lemos, por exemplo, sobre as convicções de John Bunyan, podemos pensar que todo o terror que sofria fosse fruto do Espírito Santo, mas esteja certo de que muita coisa ali era fruto de influência satânica. Você pode pensar que o Espírito Santo de Deus levaria pecadores ao desespero e os manteria presos a grades de ferro por tanto tempo? De maneira alguma. Onde está o Espírito Santo de Deus, vem Satanás, sempre que possível, para tentar distorcer a obra.

Darei a você agora, pobre pecador, alguns dos meios de como detectar Satanás e saber assim se as suas próprias convicções são inspirações do Espírito Santo ou se se trata apenas de um urro, sob a forma de sussurro, do inferno, em seus ouvidos. Em primeiro lugar, *tenha a certeza de que o que vier do diabo o fará olhar para si mesmo, não para Cristo*. O trabalho do Espírito Santo é desviar o nosso olhar costumeiro de nós mesmos para Jesus Cristo; o trabalho do inimigo é exatamente o oposto. Nove de dez insinuações do demônio têm que ver com nós mesmos. "Você é culpado", diz o demônio — *tratando de sua própria pessoa;* "*você* não tem fé" — *tratando de sua própria pessoa;* "*você* não se arrepende o suficiente" — tratando de sua própria pessoa; "*você* tem um apego muito frágil a Cristo" — tratando de sua própria pessoa; "*você* nada tem de alegria do Espírito; portanto, não pode ser um deles" — *tratando de sua própria pessoa*. Assim, o demônio começa a cavar buracos em nós, enquanto o Espírito Santo remove completamente o egoísmo e nos diz que nada somos, mas que, mediante Jesus Cristo,

... Deus seja tudo em todos.

Satanás toma a estrutura do eu e a dilacera, e, porque é corrupta, ela nos diz com muita certeza que não poderemos ser salvos. Mas lembre-se, pecador, de que não é o *seu apego* a Cristo que o salva — mas, sim, o próprio Cristo; o que o salva não é *sua alegria* em Cristo — mas, sim, o próprio; não é nem mesmo a fé em Cristo, apesar de ser ele instrumento —, mas o sangue e os méritos de Cristo; portanto, não olhe para a sua esperança, mas para Cristo, fonte da sua esperança; não olhe para sua fé, mas para Cristo, autor e aperfeiçoador de sua fé. Se você assim o fizer, dez mil demônios não o derrubarão, mas, enquanto você olhar para si próprio, o menor dos demônios poderá oprimi-lo debaixo dos seus pés.

Você pode detectar as insinuações do demônio de outra maneira: *ele também procura fingir ponderar sobre as coisas de Deus*. Às vezes, finge ponderar a respeito de seu amor, para lhe dizer que não tem jeito mesmo, que Deus não o salvará; às vezes, fala sobre o seu próprio sofrimento, para lembrar a você que já é problema seu muito antigo e que, portanto, não adianta: Deus não poderá salvá-lo dele; às vezes, finge refletir sobre a soberania e a vontade de Deus, para lhe dizer que Deus não escolhe conforme sua soberana vontade, mas, sim, que respeita a personalidade humana e por isso escolhe os seus segundo os próprios méritos destes; outras vezes, sobre a verdade de Deus, para afirmar que nem sempre ele mantém suas promessas; e, às vezes, sobre o próprio ser de Deus, para argumentar que, afinal, ele nem existe...

Não, meu irmão, Satanás jamais poderá ficar em vantagem em relação a você. Apenas, cuidado — detecte-o! Deste modo, ao deparar com o demônio, saberá como frustrar os seus estratagemas e desígnios, quaisquer e tantos quantos sejam.

IV. Por último, temos de meditar sobre a DERROTA DO DEMÔNIO. Como foi aquele demônio derrotado? Jesus simplesmente o repreendeu. Amados, não há outra maneira de sermos salvos dos ataques de Satanás senão pela repreensão a ele de Jesus. "Oh", diz uma pobre alma, "por meses e anos tive angústias, no temor de que não obteria salvação; tenho ido de lugar em lugar na esperança de que algum ministro dissesse algo, que repreendesse a ação do maligno em minha vida". Cara irmã, amado irmão, será que você tem feito o que é certo? Não é Jesus quem repreende o Maligno? Ou talvez você esteja tentando a repreender o diabo por si mesmo? Tentou discutir e contender com ele? Você lhe disse que não é tão vil quanto ele diz que você é? Vocês têm agido certo, amados? Na verdade, não compete a vocês repreender Satanás. "O Senhor o repreenda", é o que devem lhe dizer. Oh, se tivessem se voltado para Jesus e pedido: "Repreenda-o, Senhor!", ele só precisaria dizer: "Quieto!", e o demônio ficaria paralisado em um instante, pois ele sabe o quão onipotente é Jesus e sente seu poder. Em vez disso, você se empenha em pacificar seu próprio coração quando submetido a essas tentações, não se lembrando que é Jesus apenas quem pode remover de você essa aflição. Se houvesse alguém aqui sofrendo desse mal — possuído por Satanás —, eu lhe diria: amado, lembre-se de Jesus; vá espiritualmente ao Getsêmani e confie nele, que o demônio não mais ficará molestando você; pense só nas muitas angústias e aflições suas que o Salvador cobriu com o divino sangue; o inimigo não suporta o sangue de Cristo — ele sai uivando ao menor pensamento dele. Vá, portanto, espiritualmente ao lugar onde Cristo sofreu por todos nós; o diabo não aguentará ficar lá: você logo o verá irritado, caindo fora, assim que se ajoelhar ao pé da cruz e disser:

> Oh, quão deleitoso é ver fluir
> teu precioso sangue a me cobrir.

Não adianta, no caso, simplesmente orar; é um ato muito bom por si mesmo e recomendável para mil situações, mas não é o caminho adequado para se livrar de Satanás. O caminho, sim, é pensar firmemente em Cristo. Costumamos dizer: "Oh, se eu tivesse uma fé mais forte! Se eu tivesse amor a Jesus!" É bom que um cristão diga isso, mas não é o suficiente; o caminho certo para vencer Satanás e ter paz com Deus é o apontado por Cristo: *Eu sou o caminho, e a verdade, e a vida; ninguém vem ao Pai, senão por mim* (Jo 14.6). Se você quer conhecer o caminho e vir ao Pai, venha a Cristo. Ele é a verdade: se você deseja refutar as mentiras do inimigo, venha a Cristo. Ele é a vida: se você deseja ser poupado da morte espiritual por Satanás, venha a Cristo.

Há uma coisa que todos nós confundimos quando oramos, apesar de que considero que o fazemos sem intenção — a saber, a grande verdade de que não é da oração, da fé, dos nossos feitos, dos nossos sentimentos que devemos esperar conforto, mas de Cristo e em Cristo apenas. Chegamos a pensar que não estamos em uma posição correta, que não estamos sentindo o suficiente ou o necessário, em vez de nos lembrarmos que não temos de nos voltar para nós mesmos, mas para Cristo. Devemos entregar tudo a ele. Oh, alma, se você puder se fixar somente em Jesus e deixar de lado todo o resto; se puder não mais dar atenção às boas obras e desconsiderar até as coisas pequenas, a não ser que estejam absolutamente ligadas à salvação; se puder olhar inteira e totalmente para Cristo — digo-lhe que Satanás irá rapidamente desistir de atirar você no chão. Ele irá descobrir que você não corresponde a seus propósitos, já que você cairia não mais no chão, mas em Cristo; e como o gigante que caiu em sua mãe, a terra, você se ergueria cada vez mais forte.

Estarei eu ao alcance de uma pobre, tentada, testada e endemoninhada alma, presente aqui? Terá Satanás a arrastado pelos espinhos, pelas roseiras e pelos arbustos trançados até ter ficado arranhada, cortada e fustigada? Venha, então! Tentei pregar um duro sermão, pois sabia que teria um trabalho difícil a fazer com almas pouco acostumadas. Não há nada aqui, pobre pecador, em que você possa se apoiar? Está tudo tão fechado que nenhum raio de luz atravessa essa porta e essas paredes? Você está tão acorrentado que não consegue nem mexer as mãos e os pés? Pois saiba que eu trago um cântaro de água e um pedaço de pão para você, neste calabouço. Apesar de você estar jogado no chão, aqui há um pouco do que pode confortá-lo, daquilo que eu disse. Ah, mas se meu Mestre pudesse vir, ele traria mais do que isso. Ele repreenderia o espírito impuro, e este imediatamente seria expulso de você. Eu lhe suplico: volte-se apenas para Cristo; nunca espere que a libertação venha de dentro de si mesmo, ou de ministros, muito menos de Satanás ou de homens afastados de Cristo. Mantenha seus olhos apenas nele: tenha sempre vivos em sua mente a morte dele, a agonia dele, os lamentos dele, os sofrimentos dele, os méritos dele, as glórias dele, as intercessões dele; e, quando acordar, pela manhã, busque por ele; quando se deitar à noite, volte-se para ele. Não permita que suas esperanças ou seus medos fiquem entre você e Cristo; busque a Cristo; e deixe que o hino que cantamos seja sua oração:

> Nega-me o que quiseres, Senhor,
> mas me abranda a culpa, por favor,
> e mais que isso, peço-te: Socorro;
> dá-me Cristo — senão eu morro.

Sei que alguns de vocês aqui não darão maior importância, ou até farão pouco caso, quanto ao que eu preguei esta manhã. Que assim o façam; mas, por mais indesejado que meu texto possa ser, gostaria que o tivessem sempre em mente. Por mais triste que pareça a experiência de ser despedaçado pelo inimigo, quando da vinda de Cristo a vocês, e sua ida ao encontro dele, sou franco em dizer que preferiria vê-los assim do que inteiros, não despedaçados, mas longe de Cristo. É melhor ser rasgado em pedaços, mas indo ao Salvador, que ter um coração aparentemente firme e intacto, afastado dele. Tremam, porém, pecadores, tremam, pois se não vierem a Cristo, ele, sim, por fim, poderá acabar com vocês, sem poupá-los. Daqui mais um tempo, teremos certeza disso. Muitos há que se arriscam a ser aniquilados pela ira de Deus. Mas por que perecer? Acredito que realmente não possam responder de imediato à pergunta; mas que ela repouse no coração de vocês. Pensem: que lucro poderiam obter com isso? De que vale ao homem ganhar o mundo inteiro e perder sua alma? Lembre-se de que Jesus Cristo pode salvar *até mesmo* você! Creia no nome dele, pecador, creia em Cristo e será salvo!

Que o Senhor abençoe a todos, em nome de Jesus! Amém.

97

O ÚLTIMO ATAQUE DO DEMÔNIO

Ainda quando ele vinha chegando, o demônio o derribou e o convulsionou (Lc 9.42).

Nosso Senhor Jesus Cristo ensinou por palavras, mas ainda mais por seus atos. Pregou sempre, mas toda a sua vida foi igualmente um discurso sagrado sobre a verdade divina; os milagres que operou não foram apenas prova de sua divindade, mas também ilustrações de seu ensinamento. Suas maravilhas de misericórdia eram, na realidade, sermões interpretados, verdades corporificadas, ilustrações vívidas e atraentes ao olhar, apresentando assim o ensinamento do evangelho tão claramente quanto a expressão vocal poderia fazê-lo. Deste modo, ao lermos sobre os milagres do nosso Senhor, devemos não apenas vê-los como provas de sua divindade e sinais de sua comissão, mas também instruções sobre o modo pelo qual a graça opera. O que realizou no corpo dos homens deve ser considerado como profecia sobre o que está pronto a realizar nos dias de hoje na alma humana. Estou certo de que não é preciso me estender sobre o significado do texto ou sobre a intenção do milagre se, em vez de pregar sobre o menino possuído pelo demônio e insistir apenas na maravilhosa demonstração de poder pelo Senhor, eu me dedicar a mostrar que existem casos paralelos a esse, neste momento, no universo da mente. Jesus é capaz de operar milagres no mundo invisível do espírito, como alguns já mostrados antes, na mesma medida daqueles que operou no mundo natural e visível.

Suponho que alguns aqui talvez nunca tenham visto uma possessão demoníaca, embora não esteja muito certo disso, pois algumas pessoas exibem, no cotidiano, sintomas bastante semelhantes a uma possessão. Não afirmo nem nego a atual existência real de demônios no corpo dos homens, mas nos dias do nosso Salvador era provavelmente muito comum os demônios tomarem posse das pessoas e as atormentarem em demasia. Ao que parece, Satanás foi deixado à solta enquanto Cristo estava aqui na terra, permitindo à serpente entrar em conflito pessoal com a semente da mulher, e os dois adversários se colocarem frente a frente em duelo público, a fim de que pudesse o Senhor Jesus conquistar gloriosa vitória sobre ele. Desde então, em face de sua derrota por nosso Senhor e pelos apóstolos, parece que o poder de Satanás sobre o corpo dos homens esteve muitíssimo limitado; mas ainda o temos entre nós, revestido de uma forma até pior, a saber, do poder do pecado sobre a mente humana. E que este é semelhante ao poder do demônio sobre o corpo está claro nas Sagradas Escrituras. [...] *o deus deste século cegou os entendimentos dos incrédulos* [...] (2Co 4.4), [...] *do espírito que agora opera nos filhos da desobediência* (Ef 2.2), aponta o apóstolo Paulo.

Satanás atua em todo homem incrédulo, como um ferreiro em sua forja; e vocês ainda se espantam porque o incrédulo às vezes praguejа e blasfema? São apenas fagulhas da forja, que voam pela chaminé. O diabo está sempre cooperando com toda a natureza maligna, fornecendo o fogo para o seu estopim, alimentando a chama que existe interiormente nela, de toda maneira dando-lhe assistência e estimulando-a a praticar o mal. Dessa forma, mesmo não estando os homens possuídos por demônios no sentido estrito, como ocorria nos tempos de Cristo, o inimigo tem ainda poder sobre eles, conduzindo-os para onde queira. Não nos defrontamos constantemente com pessoas desse tipo? Eu, sim. Conheço pessoas zelosas e nas quais, no entanto, irrompe repentinamente a maldade mais feroz, enfurecendo-as e irando-as. Posso ainda apontar outras, em que o amor pela falsidade denuncia a presença do pai da mentira em sua vida. Há pessoas que blasfemam e utilizam uma linguagem tão baixa e desprezível que temos a certeza de que sua língua é controlada pelo fogo do inferno, como se de fato o príncipe dos demônios corporalmente as dominasse. Alguém, por exemplo, diz: "Beber está me arruinando, de corpo e alma. Sei que isso está encurtando minha vida. Tenho tido *delirium tremens* e sei que sempre vou tê-lo se continuar assim; mas não consigo largar a bebida. Às vezes, o desejo me invade, e parece que sou obrigado a engolir o trago intoxicante, querendo ou não". Se isso é demônio ou se é a pessoa em si, não vou questionar; mas o demônio bebida, cujo nome certamente é legião, está entre nós nos dias de hoje, e temos ouvido várias pessoas dizerem que estão ansiosas por escapar do seu poder, embora retornem a ele, mesmo a contragosto, precipitando-se para a intoxicação tal como os porcos lançando-se ao mar, quando demônios entraram neles.

Outro mal se traduz na forma de falta de castidade. Quantos homens aqui — ah, e quantas mulheres também! — estão lutando contra uma paixão impetuosa e, ainda assim, tal paixão os acaba conquistando; o desejo impuro recai sobre eles como um furacão, arrastando o que encontra pelo caminho, e a ele sucumbem como uma folha seca a uma lufada de vento. Correm para o pecado ao qual eles mesmos se condenam e do qual já provaram o fruto amargo; não poderiam estar mais ávidos por ele do que se fosse o mais puro dos prazeres. Como a mariposa que se lança mais e mais uma vez sobre a fonte de luz que queimou suas asas, assim fazem os homens, correndo para o vício que tanto os enche de sofrimento. Estão possuídos e dominados pelo espírito da lascívia e retornam a suas iniquidades como o gado retorna sedento ao riacho.

Não é preciso irmos mais longe nos detalhes, pois um homem cai no pecado de uma forma e outro cai de forma completamente diferente. Nem todos os demônios são parecidos — ainda que igualmente malignos. A raiva difere da lascívia e a prodigalidade ri da avareza, ainda que sejam todas da mesma ninhada e participantes da mesma legião terrível. Os homens praticam pecados diferentes, mas todos os seus pecados manifestam o mesmo poder maligno. A menos que Cristo nos tenha tornado livres, estaremos todos de uma forma ou de outra sob a dominação do príncipe das trevas, o mestre das forças do mal.

Esse pobre menino de quem estamos falando nesta noite era levado à mais horrível condição por um espírito satânico. Tornava-se quase um lunático; sua razão era ofuscada; virara um epiléptico, e, se deixado sozinho, cairia ou no fogo ou na água. Você já deve ter visto pessoas com ataques de epilepsia e sabe quão terríveis são os riscos que correm se tomadas por um acesso no meio da rua ou em outro lugar perigoso, como à beira de um rio. No caso dessa criança, a epilepsia era apenas o meio pelo qual o demônio exercia o seu poder, e isso tornava sua condição muitas vezes pior do que se estivesse acometido de uma simples doença. Além disso, o jovem aflito se tornara surdo-mudo e muito violento, tanto que seria capaz de cometer um grande dano. Em todo o Israel e no mundo todo havia apenas uma pessoa que poderia fazer alguma coisa por ele! Havia um Homem apenas que poderia curá-lo e apenas um. Era Jesus. O Senhor Jesus tinha discípulos, sim, que já haviam operado milagres em seu nome; mas haviam fracassado nesse caso muito grave, por inconsistência na fé. Derrotados, desistiram da tarefa, desesperançados. Agora, restava apenas uma pessoa sob a abóbada celeste que poderia resolver em definitivo o caso desse menino, expulsando dele o demônio. Uma pessoa apenas poderia responder às orações de seu pobre pai; estavam mortas todas as demais esperanças. É exatamente esse o estado em que nos encontramos: há um único nome debaixo do céu pelo qual devemos ser salvos. São muitas as salvações aparentes, mas apenas uma é real.

> Existe acima de tudo um nome,
> na terra, no céu, no inferno horrendo.
> Diante dele cai todo anjo ou homem;
> demônios o temem e fogem correndo.

Esse nome único é o nome de Jesus, o Filho de Deus, a quem todo o poder é dado. Ele é Deus, e pode livrar qualquer homem do domínio do mal, qualquer que seja a forma que tenha assumido e por mais consolidado que o domínio possa estar. Não existe cura de outra maneira. Nada mais pode resgatar um homem do cativeiro do seu pecado senão a palavra de Jesus Cristo. Quando a palavra de poder é dita de

O ÚLTIMO ATAQUE DO DEMÔNIO

sua boca divina, todas as coisas obedecem; mas nenhuma das dez mil vozes da terra pode nos livrar do mal. Ficamos mudos diante do único remédio celestial: Deus permita que, sendo tão mudos, possamos nos beneficiar também dele.

Esse pobre menino, embora ninguém pudesse curá-lo, exceto Jesus, tinha um pai que muito o amava, e não há como descrevermos o sofrimento do coração desse pai pelo filho infeliz. O pai deve ter empreendido uma luta cruciante para levar seu filho aos discípulos, pois uma pessoa epiléptica e apresentando também insanidade era, sem dúvida, difícil de controlar. Não podemos ter ideia de quantas pessoas ao redor o ajudaram a segurá-lo, penalizadas pelo estado daquela pobre criatura. Ainda por cima, infelizmente, o Senhor Jesus Cristo estava ausente! O coração do pai deve ter se tornado amargo e pesado ao verificar que o grande curador a quem procurara não voltava, ante a inútil tentativa de cura dos apóstolos. Quando Jesus finalmente desceu do topo do monte, o pobre possuído pelo demônio e seu pai só tinham uma única vantagem: amigos para ajudar o pai a levar o menino a Cristo. Espero também que alguns dos presentes aqui ainda não salvos sejam privilegiados por parentesco ou amizade dos que buscam sua salvação. Talvez possa ser uma esposa que não se conforma que seu marido fique longe de Cristo, ou um marido que anseia que sua esposa se volte para o Senhor; qualquer, enfim, que seja o caso, é sempre, certamente, uma grande ajuda. Com que frequência um pai, uma mãe, carrega em seu coração a angústia secreta por um filho, ou uma filha, ainda não convertido! Conheci uma irmã que em sua família era a única que aceitara o Senhor e falava com Deus dia e noite suplicando que ele abençoasse todos em seu lar. Frequentemente um criado em uma casa se torna seu melhor servidor, ou um vizinho que, tendo compaixão da conduta incrédula dos amigos da casa próxima, não cessa de orar por eles. Quando as pessoas levam um caso especialmente difícil a Jesus, eis uma obra abençoada, pois casos desesperados passam a ganhar esperança sob a influência da oração. Venham agora, vocês que estão salvos, orar comigo por esses pecadores não salvos, para que, neste momento, possam sentir o poder do nosso Senhor Jesus!

I. Meu primeiro ponto de hoje é que NOSSAS ESPERANÇAS DEVEM SER, TODAS, AVIVADAS. Eis um pobre jovem que, embora ímpio e terrivelmente possuído pelo mal, se achega a Cristo! Orações fervorosas são feitas em favor dele por seu pai, e Jesus está próximo. Tudo bem! Vejam o caso de outro pecador, em situação semelhante: orações também são feitas por ele, e essas orações são ouvidas. Temos hoje nesta congregação, acredito, pessoas que se estão achegando a Cristo, e fico muito feliz por isso. Achegar-se a Cristo não é ainda a melhor condição possível, pois a melhor é já estar junto a ele. Para um homem faminto, não basta ir ao local da refeição; tem, de fato, de ir à mesa, se servir e se alimentar. Para um homem doente procurar um médico é promissor, mas não o suficiente; deve consultar o médico e tomar o remédio receitado, se quer ficar curado. Esse é o ponto. Achegar-se a Cristo não é o bastante: você deve de fato recebê-lo de verdade em sua vida e passar a viver nele; pois somente ele tem o poder de transformar os filhos de Deus.

A pobre criança foi levada a Jesus, a chamado deste; assim estão alguns aqui também, que começam a ouvir atentamente o evangelho. Talvez em outros tempos não fossem a lugar algum de pregação, tampouco se levantariam cedo para ir, em um domingo de manhã. Chego a imaginar até que aqui se acha um homem que quase nunca se levantava cedo no domingo, e quando o fazia era para ler seu jornal. Vocês podiam vê-lo até a uma hora da tarde, mais ou menos, em mangas de camisa. Metade da cidade de Londres, atualmente, se encontra nessa situação, todos os domingos: as pessoas consideram esse dia simplesmente como se fosse delas, e não o dia do Senhor. Têm memória muito curta, de modo que lhes escapa o mandamento que diz: *Lembra-te do dia do sábado, para o santificar* (Êx 20.8); esquecem de tudo a respeito do dia do Senhor e não o reverenciam. É, sem dúvida, uma conduta vergonhosa para com Deus. Se um homem, encontrando um mendigo, lhe desse seis dos sete xelins que levava consigo, o mendigo seria um tremendo malvado se, depois, agredisse o homem e lhe roubasse o último xelim que restava. No entanto, muita gente, entre todos nós, a quem Deus dá totalmente seis dos sete dias, não se satisfaz se não tiver para si também todo o sétimo dia, roubando-o de Deus.

O homem a quem me referi já se arrependeu desse erro, e, assim, vocês podem vê-lo chegando aqui todo domingo de manhã para ouvir o evangelho. Ouve muito atentamente, inclina-se até para captar cada palavra e preza e guarda o que ouve. Estamos certos de que está achegando-se a Cristo, pois quando ele chega em casa volta a ler sua Bíblia. Começou recentemente a ler a palavra de Deus de modo atencioso, embora houvesse tempo antes em que achava ser o livro mais tedioso do mundo. Ousou até fazer dela zombaria, tudo porque nunca realmente a lera; pois os que negam a inspiração das Escrituras são quase sempre pessoas que nunca as leram de fato. É um livro que transmite uma convicção interior própria às mentes bem-intencionadas, quando o examinam atentamente. Esse homem está, sem dúvida, se achegando a Cristo, pois ele perscruta as Escrituras. Tenho certeza de que ele está, pois começa a se emendar em muitos aspectos. Reduziu ou cessou sua presença frequente em seu local de culto anterior, ou seja, a taberna. Fica mais em casa, e sóbrio. Há muitas pessoas aqui em Londres que nem precisam de sino chamando-as aos templos de seus deuses. Enquanto em algumas das igrejas e capelas, vemos pessoas chegando vinte minutos ou meia hora depois do início do culto, olhem só para os templos de Baco, seja a uma hora da manhã ou seis da tarde, e vejam quão pontuais são os seus devotos! Há fiéis adoradores do fogo líquido que esperam do lado de fora até que seu santuário seja aberto: receiam chegar atrasados; devem estar tão sedentos que esperam ansiosamente pela hora da libação mortal. A bebida alcoólica parece ser para eles a água da vida, pobres criaturas! Já o nosso amigo, sobre quem estamos tão esperançosos, não é mais visto esperando no umbral das portas — dos bares londrinos. Graças a Deus, está em busca de outra e verdadeira fonte de conforto.

Reparem também que ele abandonou sua blasfêmia e imoralidade. Agora é um homem mais puro na boca e no corpo do que costumava ser. Está se achegando a Cristo. Achegar-se, porém, como já disse, não é o suficiente. A questão é realmente alcançar o Senhor Jesus Cristo e ser curado por ele. Rogo a vocês que não descansem antes disso.

Tudo isso, todavia, representa esperança, muita esperança. Esse homem é ouvinte e leitor das Escrituras; começou a se emendar; pensa melhor também e passou a ser mais cuidadoso com sua alma. Quando em atividade profissional, pode-se reparar que existe algo mais trabalhando em sua mente, antes cheia somente de orgulho e maldade. Há certa ponderação também em seu coração e em sua mente, e é evidente que está mais sério; tanto assim que à medida que conhece o ensinamento bíblico se sente profundamente afetado por este. Compreende que não deixará de existir quando morrer, mas que continuará a ser, mesmo quando o sol se puser. Sabe que haverá um dia do juízo, quando multidões e mais multidões, sim, todos os mortos, estarão diante do tribunal de Cristo para dar conta das coisas que fizeram quando no corpo. Pensa muito nisso e está compenetrado dessa verdade. Estuda o tempo todo a verdade divina e ainda encontra tempo para uma meditação mais profunda. Esse homem está de fato se achegando a Cristo, pois não há prova melhor de uma face voltada na direção de Cristo e do paraíso do que seu estado de espírito contemplativo. Ouvi dizer ainda que, uma noite dessas, começou a orar. Sei, então, que realmente está se achegando a Cristo, pois um claro sinal disso é a oração. Ainda não se lançou totalmente aos pés de Jesus, mas implora: *Senhor, salva-me* (Mt 14.30).

Esse homem está se achegando a Jesus, e fico tão contente quanto os pássaros numa manhã de primavera. Os anjos o estão observando; estão inclinados nos parapeitos do céu para ver se isso vai terminar como deve; e vocês e eu estamos muito esperançosos, sobretudo aqueles que estiveram orando por ele; pois desde que vimos que existe alguma mudança em sua vida e que ele começa a meditar e orar, esperamos por sua salvação, como se esperam as flores quando as chuvas de abril começam a cair. Assim, nossas esperanças estão sendo avivadas.

II. Vou ler agora o texto bíblico em foco mais uma vez: *Ainda quando ele vinha chegando, o demônio o derribou e o convulsionou*; para dizer que: NOSSOS RECEIOS SÃO TAMBÉM AGITADOS.

Que tremenda cena deve ter sido essa! Eis o pobre pai trazendo seu filho possuído, as pessoas o estão ajudando, estão conseguindo trazê-lo para perto do Salvador e acabando de chegar junto àquele que pode curá-lo, quando, de repente, o doentinho é tomado por um ataque medonho, pior que o que sofrera antes. É lançado violentamente ao chão e de um lado para o outro, para lá e pra cá; se espoja na terra, parece ser jogado para cima e para baixo por uma mão invisível, e teme-se até que seja despedaçado. Vejam! Ele cai

O ÚLTIMO ATAQUE DO DEMÔNIO | 919

por terra como morto e ali permanece. A multidão vem correndo e se reúne em torno dele, com as pessoas exclamando: "Morreu!" Não parece algo terrível que quando a esperança alcança seu maior esplendor tudo seja como que atirado longe?

Tenho observado isso uma porção de vezes; poderia dizer, acho que sem exagero, centenas de vezes. Já vi pessoas, exatamente quando estavam começando a ouvir e a pensar sobre o evangelho, enfrentar um repentino e violento ataque do pecado e serem levadas por ele de forma tão medonha que, se não tivesse visto isso antes, teria ficado desesperado; mas, tendo visto isso muitas vezes, sei o que significa e não fico tão assustado quanto um observador sem experiência poderia ficar. Devo confessar, todavia, que isso quase parte o meu coração quando acontece a algum convertido promissor, a quem esperava receber na igreja e me alegrar com ele. Lamentamos ao saber que aquele homem que já estava um tanto convencido da necessidade e certeza da salvação se tornou pior do que antes, tendo retornado ao mesmo pecado do qual fora resgatado. É justamente o caso do que diz o texto: *Ainda quando ele vinha chegando, o demônio o derribou e o convulsionou.*

Como e quando o inimigo consegue fazer isso? Justamente tal como o temos observado: quando alguém já tem quase acreditado em Cristo, mas não totalmente. Satanás parece então multiplicar suas tentações em torno dele e vem com toda a sua força para cair sobre a pessoa. Se há um sujeito pernicioso naquela fábrica, o demônio o tenta, dizendo: "Seu colega está começando a ficar sério demais. Zombe dele. Tente-o ao máximo que puder. Ofereça-lhe uma bebida forte. Convide-o para ir ao cabaré, à casa de danças, ao bordel". É espantoso como os incrédulos colocam todo tipo de armadilha no caminho de quem está fugindo de seus pecados. As pessoas são ousadamente provocadas a se afastar de Cristo. Pois "este é um país livre", não é? Um país tão maravilhosamente livre que um homem cristão pode ser criticado e receber chacotas, em seu local de trabalho, por sua própria vida particular. Um homem pode falar palavrões, beber, fazer o que bem entenda, mesmo que detestável, e nunca receber uma palavra sequer de censura; mas, no momento em que começa a se tornar sério e correto, os mal-intencionados caem em cima dele como uma porção de cães à caça de um rato. O diabo encontra assim servos bem-dispostos, que passam a atormentar o pobre desperto. É de surpreender, portanto, que, enquanto ainda não haja encontrado definitivamente Cristo e não esteja salvo, venha a ser assolado por tais ataques e sinta não poder seguir adiante no caminho que escolheu?

Tenho observado também que Satanás incita as piores paixões nos mais ansiosos. Paixões que estavam adormecidas são subitamente despertadas. Mais ainda: o homem se torna zeloso de sua alma e, por isso mesmo, dúvidas das quais nunca tomara conhecimento antes passam a recair sobre ele. Ao começar a se emendar, descobre a dificuldade em conseguir agulha e linha suficiente para coser o rasgo que foi feito. Passa a acreditar então que é mais fácil continuar rasgando do que emendar; e correr para o pecado é bem menos difícil do que procurar sair da vala negra em que caiu. Assim, com tentações o cercando, suas piores paixões respondendo à tentação e dúvidas obscurecendo tudo, não é de admirar que a pobre criatura piore, em vez de melhorar. A doença, que antes se ocultava em vãos e partes vitais os mais secretos, parece que é trazida à tona, com aparência ainda mais repulsiva. Esse não é sempre, no entanto, um mau sinal. Os médicos certamente o preferem, no lugar de uma ulceração inteiramente interior.

É isso, pois, que tenho visto quando os homens se achegam a Cristo. Seu barco é agitado pela tempestade e são levados para longe, mar adentro.

Sim, eu lhes contarei o que tenho visto. Tenho visto alguém quase convertido, próximo de ser um crente em Cristo, subitamente se tornar mais obstinado em sua oposição ao evangelho do que antes. Um homem calmo, inocente e inofensivo, justamente quando esperamos as melhores coisas dele, pode se voltar com ira, sob a influência de Satanás, para aqueles que procuram lhe fazer o bem, assim como falar com opróbrio do evangelho, que pouco antes parecia tão ansioso por entender. Algumas vezes essas pessoas agem como se fossem arrojadas ou intrépidas, tais como meninos que, ao passarem por um cemitério, assobiam ou cantarolam uma melodia para manter a coragem de seguir em frente. Há homens que dizem coisas que parecem importantes contra o evangelho quando estão quase se submetendo a ele, aparentando não gostar que ninguém saiba que estão sendo convertidos. Um homem que esteja se achegando a Jesus, mas não quer que ninguém saiba ainda, é capaz de assumir uma oposição ao evangelho que não é sincera. Já perceberam que um homem jamais é tão violento contra algo justamente quando esteja sendo convencido a contragosto da verdade desse assunto? Parece que precisa mostrar a si mesmo que não acredita — eis por que é tão veemente em suas declarações; alguma coisa misteriosa em sua alma o faz crer, e ele fica perturbado por não poder resistir à convicção interior.

Não se espante — você, que está tentado a trazer pessoas a Cristo — se em muitos casos acontecer de esses espiritualmente epilépticos e desequilibrados escaparem da conversão, pois tais infelizes sofrem ataques ainda piores exatamente quando Cristo está perto de curá-los.

Descreverei agora o modo usual com que os demônios atiram os homens ao chão e os dilaceram. Isso não se relaciona, evidentemente, a todos os que estão aqui; mas muitas pessoas hão de concordar ser necessário eu falar disso.

É curioso observar que, se existe uma pobre alma em Londres que esteja quase enlouquecida pelo desespero do coração, essa criatura quase sempre quer vir conversar comigo. Frequentemente fico muito sobrecarregado com o esforço de ser solidário com almas tão perturbadas. Não sei bem por que motivo se sentem atraídas por mim, mas o fato é que costumam vir me contar sobre seu miserável estado de espírito — pessoas que nunca me viram antes. Tal fato me oferece, porém, um amplo domínio da prática verdadeira do evangelho e observação minuciosa dos fatos. Frequentemente venho a conhecer pessoas tentadas por pensamentos blasfemos. Ainda não se apegaram a Cristo, mas estão tentando fazê-lo, e, nesse estágio mais crucial de sua experiência, terríveis pensamentos passam por sua mente. Não podem impedi-los; odeiam tais pensamentos, mas mesmo assim eles ocorrem, até um ponto que parecem estar a pique de perder o juízo.

Vou lhes contar um fato que aconteceu comigo. Estava envolvido em oração, sozinho, em local silencioso, em um dia qualquer, logo após ter acabado de encontrar o Salvador; e, enquanto estava em oração, as mais horríveis torrentes de blasfêmias assolaram minha mente, até que bati em minha boca, com receio de que terminasse expressando alguma delas. Fui educado com tanto rigor cristão que não me lembro de jamais ter ouvido alguém blasfemar enquanto era criança; no entanto, naquele momento, eu parecia conhecer todas as imprecações e blasfêmias que existem no próprio inferno; e me espantei comigo mesmo. Não conseguia entender de onde vinha essa torrente obscena. Logo escrevi a meu avô, um respeitável ministro do evangelho havia já sessenta anos, que me respondeu: "Não se preocupe com isso. Não são pensamentos seus; foram introduzidos em sua mente por Satanás. Os pensamentos dos homens seguem-se uns aos outros de forma semelhante à dos elos de uma corrente, um ligado ao outro; mas, quando um homem está em oração, um pensamento desigual que surja em meio à oração não é blasfêmia; pois não é uma sucessão natural dos nossos próprios pensamentos. Um espírito maligno é que lança esses pensamentos na mente".

Li em um livro antigo o que se costumava fazer, tempos atrás, em nossas paróquias, quando nelas havia pouco senso de humanidade. Se um pobre coitado chegasse esmolando em uma paróquia, corriam com ele dali, enviando-o de volta à sua própria paróquia. É assim que devemos tratar esses pensamentos diabólicos: expulsá-los, com repreensão sincera, enviando-os de volta ao lugar de onde vieram à sua própria "paróquia", muito além das profundezas. Pensamentos desse tipo, justamente porque você os abomina, não são seus. Não permita que Satanás deite suas crias em sua porta: envie-as de volta. Isso provavelmente há de levá-lo a romper tal corrente de pensamentos, pois verá que não vale a pena tentá-lo dessa maneira se não puder levá-lo ao desespero: ele raramente perde tempo armando sua arapuca quando o pássaro a reconhece e consegue dela escapar. Por isso, diga a Satanás que vá embora, pois você pode desmascará-lo e não se deixará enganar. Possivelmente, ele irá.

Quando essas tentações não surtem efeito, Satanás procura atirar no chão o pecador que se achega a Cristo e o dilacerar de outro modo. "Veja", diz ele, "você não ouviu o pastor falar sobre eleição? Você não é um dos eleitos". "Talvez eu não seja", concorda alguém. Talvez você seja, digo eu; e acho que,

O ÚLTIMO ATAQUE DO DEMÔNIO

considere-se você ou não um dos eleitos, seria melhor que viesse a Jesus, que diz: [...] *o que vem a mim de maneira nenhuma o lançarei fora* (Jo 6.37). Se você vier, ele não o lançará fora, e você descobrirá que é um dos eleitos. Não precisa se preocupar com a predestinação, pois isso você verá de modo bastante claro muito em breve. Se alguém receber um convite para ir a uma reunião e disser: "Não sei se tenho autorização para entrar ou não", eu tenho a impressão que é bem provável que essa pessoa não seja autorizada a entrar se ficar em casa e não for à reunião; mas se for até lá, apresentar o convite e entrar, fica bem claro que ela estava autorizada a entrar. Você tomará conhecimento de sua eleição justamente quando tiver obedecido ao seu chamado. Vá a Cristo, porque a isso você foi chamado e ordenado, e deixe a questão mais profunda para ser respondida pelos próprios fatos.

Satanás quer também atirar os homens ao chão e dilacerá-los de outro modo. "Ah!", acusa ele, "você é um grande pecador!" Vou ser breve quanto a isso. Nenhum homem é suficientemente um grande pecador. *Todo pecado e blasfêmia se perdoará aos homens* (Mt 12.31), disse Jesus.

"Mas, oh", argumenta Satanás, "agora é tarde demais". Outra mentira. Nunca é tarde demais enquanto estivermos neste mundo e viermos a Jesus em busca de perdão. No caso dos jovens, geralmente, é o contrário: eles voltam o relógio para trás e dizem que "é cedo demais"; mas, então, quando envelhecem, acertam de novo os ponteiros e dizem que "é tarde demais". Tanto quanto vive Jesus, nunca é tão tarde, se o pecador se arrepende. Mesmo que o pecador seja tão velho quanto Matusalém, se vier a Cristo e nele crer será salvo.

"De qualquer modo", afirma já em desespero o inimigo, "sua tentativa não tem proveito algum: o evangelho não é verdade". Claro que é verdade, sim, principalmente para aqueles de nós que já o temos provado! Eu poderia trazer diante de vocês, esta noite, se necessário fosse, homens e mulheres que viveram em pecado e dele desfrutaram e que, mesmo assim, o Senhor Jesus Cristo, com seu sangue precioso, salvou. Eles se regozijariam em lhes contar como foram libertos do reino do pecado pela graça, mediante a fé em Jesus, e que sozinhos jamais teriam podido livrar a si mesmos. O evangelho é a verdade pura. Todo convertido o prova. A conversão é o milagre permanente da igreja; e nos sentimos cada vez mais confiantes e seguros ao vermos que isso funciona todo dia, sem exceção. Quando homens que foram ímpios, descontrolados, desonestos, imorais, avarentos, se tornam santos, piedosos, ternos, puros, generosos, sabemos que o evangelho é verdade pelo que ele produz. Uma mentira nunca produziria santidade e amor. Saia do caminho, Satanás! Tudo o que você diz é em vão, pois são somente falsidades; sabemos a verdade sobre o evangelho, sobre a salvação em Cristo e sobre você, e nunca nos irá enganar!

Ele também pode vir com essa: "Para você, isso não serve. Desista, desista". Muitos dos que já estiveram bem próximos da vida eterna foram atirados no chão e dilacerados desta forma: "É inútil você insistir; desista. Você orou e não obteve resposta alguma; não ore, não, nunca mais. Você começou a frequentar a casa de Deus e se tornou ainda mais infeliz do que antes; não vá nunca mais lá. Desde que se tornou um homem metido a sério e sóbrio, você tem tido mais dificuldades do que nunca. Veja só no que dá essa sua religião". Ele tenta induzir à desistência, sobretudo, aqueles que recentemente despertaram para a vida. Mas, em nome de Deus, me permita dizer-lhe: não volte atrás! Você está na iminência da grande descoberta. No território à sua frente, há um tesouro precioso. Depois de todo o empenho — seu longo empenho —, não desista da busca sem haver encontrado seu Salvador; pois o seu Salvador está para se encontrar com você. Creia e confie nele esta noite, e ele será seu para sempre.

III. Não vou detê-los por muito mais tempo. Mas, assim como nossas esperanças foram avivadas e nossos receios agitados, vamos olhar agora a cena até que SEJA ESTIMULADA NOSSA ADMIRAÇÃO. Percebem como está no capítulo 9 de Marcos, o modo com que Jesus curou esse pobre menino? Ele o curou *por completo*; curou-o de toda aquela complicação: da dominação do demônio, da epilepsia, da sua surdez e mudez, do desequilíbrio mental, da consumação em desgosto; em um só instante, o menino foi inteiramente salvo de todos os seus males. Podia falar, podia ouvir, livrou-se da epilepsia, não era mais um descontrolado e desequilibrado, mas um ser racional e feliz. Isso tudo foi feito de uma vez só! Admiremo-nos, e jamais deixemos de nos admirar.

Todavia, o caráter de um homem pode ser transformado subitamente? "É preciso longo tempo", pode afirmar alguém. Tem razão. Há determinadas qualidades que se obtêm somente pela educação e a vigilância paciente. Há determinados componentes do caráter cristão que vêm da cultura, regados muitas vezes com lágrimas e alcançados mediante oração. No entanto, posso lhes garantir, não como questão teórica, mas pelo que tenho visto na prática por mais de trinta anos, que o caráter de um homem, em inúmeros casos, pode ser e tem sido totalmente transformado em menos tempo do que eu levei para lhes dizer isso. Existe tal poder no nome de Cristo que, se esse nome for exaltado e o Espírito de Deus a ele se justapor, o homem pode ser transformado imediatamente, ocorrendo reversão total de sua conduta e, mais ainda, de todas as suas vontades, tendências e desejos, de seus interesses e repúdios. Deus pode tirar celeremente o coração de pedra do homem e lhe dar um coração de carne. Um filho das trevas pode ser trasladado em pouco tempo ao reino da luz. O coração morto pode ser despertado para a existência espiritual, em um só instante, pela fé em Jesus.

Está dito no evangelho de Lucas que, quando esse pobre possuído e epiléptico foi curado, as pessoas *se maravilhavam da majestade de Deus* (Lc 9.43). Quão grande não será então o nosso assombro se virmos o Senhor Jesus operar um milagre assim em nós! Você talvez venha se esforçando por melhorar, tem orado para melhorar, e tudo parece inútil. Agora, porém, tão somente confie em Cristo, o abençoado Filho de Deus, que reina no céu, que morreu pelos pecadores, ressuscitou, ascendeu, e vive para e pelos pecadores. Creia e confie nele, e o ato abençoado de sua salvação será realizado; você há de se tornar uma nova criatura em Cristo Jesus e começará uma vida nova e sagrada, que jamais irá terminar. Essa maravilha pode ser realizada com você *agora*.

A cura do menino foi então concluída de uma só vez e nele permaneceu para sempre. O ponto mais fascinante disso tudo foi quando o Senhor Jesus disse: *Espírito mudo e surdo, eu te ordeno: Sai dele, e nunca mais entres nele* (Mc 9.25). *Nunca mais entres nele* — eis a maior glória desse ato sagrado! Ainda que o ataque epiléptico se encerrasse, o menino não poderia ficar inteiramente curado se o demônio voltasse a dominá-lo. A cura do Salvador foi, assim, total, completa e resistente à passagem do tempo — para sempre. *Nunca mais* preservou o menino do mal a vida toda, mediante uma palavra consistente, vitalícia e de pleno poder.

Nunca oro pela salvação temporária de alguém. *Crê no Senhor Jesus e serás salvo* (At 16.31), não apenas por esta noite, mas para sempre. Quando Deus salva um homem, esse homem *está* salvo: não por semanas ou anos, mas eternamente. Se Cristo expulsar dele demônio, o demônio nunca mais voltará, para todo o sempre. Essa é, portanto, uma salvação que vale a pena possuir e dignifica o meu sermão. Fosse uma salvação temporária, sem importância, que salvasse o homem por algum tempo e então o deixasse espiritualmente perecer, não mereceria ser pregada, muito menos buscada; mas uma salvação que torna um homem inteiramente novo, que comprova o que diz Jesus: [...] *a água que eu lhe der se fará nele uma fonte de água que jorre para a vida eterna* (Jo 4.14) — essa, sim, vale a pena querer alcançar.

Para falar sobre esse ponto, quero passar a vocês uma história de autoria de Christmas Evans, que muito me agrada. Descrevendo a volta do filho pródigo à casa do pai, diz Evans que o filho, após ser tão bem recebido, sentou-se à mesa do banquete, que o pai mandou dar; e o pai, então, fez colocarem em seu prato os pedaços de carne mais saborosos que ele poderia saborear. O filho, no entanto, não quis comer; aos poucos, lágrimas começaram a correr de seus olhos. O pai virou-se para ele, sem entender, dizendo: "Meu filho querido, por que está triste? Assim, você estraga a festa. Não sabe que eu o amo? Não o recebi com tanta alegria?" "Sim, meu amado pai", ele respondeu, "você é muito bondoso; mas me perdoou de verdade? Você me perdoou completamente, de modo que nunca mais lembrará nem se zangará comigo por tudo que fiz?" O pai o olhou com um amor inefável e disse: "Apaguei seus pecados e suas iniquidades, e nunca mais me lembrarei deles, para sempre. Coma, meu filho". O pai foi servir os convidados, mas de tempos em tempos seus olhos se voltavam para o filho e dele não conseguiam afastar-se. O filho estava chorando novamente e não comia. "Vamos, vamos", disse o pai, "por que você ainda está se lamentando? O que é que você quer?" Irrompendo num mar de lágrimas, o filho disse então: "Pai, vou ficar aqui para sempre? Será que você nunca me vai me mandar embora de casa?" O pai respondeu: "Não, meu filho; você não irá mais partir para sempre, pois o bom filho permanece na casa do pai para sempre". Mas o filho ainda não desfrutava do banquete; ainda havia algo que o amargurava, e ele voltou a chorar. Então, o pai inquiriu: "Agora, me conte tudo. Diga-me, meu filho amado, o que se passa em seu coração. O que você mais deseja?" O filho respondeu: "Pai, você me *fará* ficar aqui? Tenho medo de que, se for deixado por minha própria conta, possa vir a ser pródigo novamente. Oh, meu pai, obrigue-me a ficar aqui para sempre!" O pai disse: "Colocarei o temor de afastar-se de mim no seu coração, de tal modo que você jamais voltará a se distanciar de mim". "Ah", respondeu o filho, "isso basta!", e alegremente festejou, então, sua volta com os demais. Meu sermão para vocês é, resumidamente, apenas este — que o grande Pai, quando nos toma para si, nunca mais quer que nos distanciemos dele novamente.

Seja qual for a sua condição, se você crer, e confiar sua alma a Jesus, estará salvo, e salvo para sempre.

> Uma vez em Cristo, para sempre irá ficar,
> pois do seu grande amor, ninguém se pode afastar.

"Mas... e se eu vier a cair depois em um grande pecado?", pode indagar alguém. Você não permanecerá em um grande pecado. Será livrado e preservado pelo mesmo poder que começou a boa obra, pois ela, sem dúvida, há de ser realizada até o fim.

Apenas mais duas ou três frases e terei terminado. Tenho falado sobre o diabo atirando no chão e dilacerando aqueles que se estão achegando a Cristo. Há algum de vocês que não haja experimentado nada a respeito disso? Fico feliz que sim. Fico contente se vier a Cristo sem ser atirado no chão e dilacerado. Tenho me empenhado em ajudar aqueles que são atormentados de maneira terrível pelo inimigo; mas, se você não está sendo tão tentado, não queira estar. Estiveram aqui esta manhã dois ou três dos pescadores de Newhaven, e quando os vi, com seus trajes pitorescos, me lembrei de uma história que ouvi sobre uma velha senhora vendedora de peixes, que vivia nos arredores de Edimburgo. Um jovem a visitou e começou a lhe falar a respeito de sua alma. Ela, que estava saindo, colocara nas costas uma grande carga de pescados, bem maior do que a maioria dos homens conseguiria ou gostaria de carregar. O jovem lhe disse: "A senhora está levando um grande fardo consigo. Alguma vez já não sentiu um grande fardo espiritual?" Ela colocou a carga no chão e respondeu: "Está falando daquele fardo a que John Bunyan se refere em *O peregrino*, não é?" "Sim, sim", ele respondeu. "Bem", disse a mulher, "eu já sentia esse fardo muito antes da época em que você deve ter nascido, e já me livrei dele há muito tempo também; mas não exatamente do mesmo modo que o peregrino de John Bunyan". Nosso jovem amigo achou que ela não poderia estar muito certa em falar daquele jeito, julgando que John Bunyan não poderia ter cometido um engano. "Bem", continuou ela a argumentar, "John Bunyan diz que Evangelista apontou ao homem com o fardo nas costas o postigo da porta, e que, quando este não conseguiu ver a porta, Evangelista perguntou: 'Vê aquela luz?'. Ele então olhou até que lhe pareceu ver algo semelhante. 'Você deve ir naquela direção — na direção daquela luz e daquele postigo.' Pois bem", prosseguiu ela, "essa não era a direção certa a dar a uma pobre alma carregada como aquela. Ainda bem que saiu dali; mas não tinha ido muito longe quando se viu metido no pântano do desânimo, envolto de lodo até o pescoço e parecendo estar sendo ali engolido. Evangelista deveria ter dito: 'Vê aquela cruz? Não dê nem mais um passo, fique onde está e olhe para ela; e, conforme olhar, o seu fardo irá se extinguir'. Foi o que eu fiz: eu somente olhei para a cruz, e meu fardo sumiu". "O quê?", disse o jovem. "Você nunca atravessou o pântano do desânimo?" "Sim", ela respondeu, "passei depois por ele várias vezes, mas deixe-me dizer-lhe, meu jovem amigo: é mais fácil atravessar o pântano do desânimo *sem o fardo* do que com ele".

Há uma verdade abençoada nessa história. Sei que há alguns de vocês que costumam dizer para si mesmos: "Como eu gostaria de entrar no pântano do desânimo!" Se disse isso, você acabará entrando, e então dirá: "Como eu gostaria de poder sair do pântano do desânimo!" Tenho conhecido pessoas que temem nunca serem salvas só porque nunca experimentaram grandes sofrimentos. Conheço outras que afirmam que não podem ser salvas justamente porque já experimentaram muita coisa terrível. Nada satisfaz as pessoas. Que elas possam, de uma forma ou de outra, simplesmente olhar para Jesus! Uma ocasião, logo após eu haver pregado sobre Jesus Cristo neste púlpito, veio ao meu gabinete um homem, que me disse: "Bendito seja Deus por haver entrado neste Tabernáculo! Venho do Canadá, senhor. Meu pai, antes de encontrar a verdadeira religião, teve de ser internado num manicômio, e eu sempre pensei que teria de ser submetido a semelhante horror antes que pudesse ser salvo". "Não, não, meu amigo", respondi, "basta você somente crer no Senhor Jesus Cristo, e se o fizer, desesperançado ou não, será salvo". É esse o evangelho que eu prego a vocês. Creiam no Senhor Jesus Cristo. Confiem nele, de forma tranquila, humilde, sem afetação e imediatamente. Confie cada um nele, para tornar-se um homem santo — para livrar-se do poder do diabo e do poder do pecado —, e ele fará isso. Pense: "Serei destinado a ele, pois ele manterá sua palavra". Jesus é a própria verdade e jamais quebra sua palavra. Jamais se gabaria de poder fazer aquilo que não pudesse fazer. Reina com o Pai no céu e por isso *pode salvar [...] perfeitamente os que por ele se chegam a Deus, porquanto vive sempre para interceder por eles* (Hb 7.25). Apenas, confie nele. Confie totalmente nele para superar o mal com o qual você tem lutado. Homem, você há de superá-lo, se tão somente confiar em Jesus. Mulher, eis a esperança para você, se confiar no Salvador que por você foi ferido e maltratado, sangrou, morreu e ressuscitou e agora vive. Ele lutará por você, e você irá obter a vitória.

Deus abençoe a todos, e que possamos todos nós nos encontrarmos no céu para louvarmos o Filho de Deus para todo o sempre.

O MENDIGO CEGO

Depois chegaram a Jericó. E, ao sair ele de Jericó com seus discípulos e uma grande multidão, estava sentado junto do caminho um mendigo cego, Bartimeu, filho de Timeu. Este, quando ouviu que era Jesus, o nazareno, começou a clamar, dizendo: Jesus, Filho de Davi, tem compaixão de mim! E muitos o repreendiam, para que se calasse; mas ele clamava ainda mais: Filho de Davi tem compaixão de mim! Parou, pois, Jesus e disse: Chamai-o. E chamaram o cego, dizendo-lhe: Tem bom ânimo; levanta-te, ele te chama. Nisto, lançando de si a sua capa, de um salto se levantou e foi ter com Jesus. Perguntou-lhe Jesus: Que queres que te faça? Respondeu-lhe o cego: Mestre, que eu veja. Disse-lhe Jesus: Vai, a tua fé te salvou. E imediatamente recuperou a vista, e o foi seguindo pelo caminho (Mc 10.46-52).

Esse homem era acossado por dois grandes males — a cegueira e a pobreza. É bem triste ser cego, mas se um cego possui algum recurso a mais que da sobrevivência, pelo menos pode ser que o consolo material lhe ajude a compensar a escuridão dos olhos e aliviar a tristeza do coração. Ser cego e pobre é, na verdade, uma combinação de dois males os mais severos. Há quem ache quase impossível resistir à petição de esmola de um mendigo cego: se já é digno de piedade o cego que tenha possibilidade de sustento, que dirá um cego em necessidade pela rua; dificilmente nos podemos abster de ajudá-lo.

O caso de Bartimeu, no entanto, é também uma imagem de nós mesmos. Somos todos, por natureza, cegos e pobres. É bem verdade que nos julgamos capazes de enxergar, mas isso é apenas um aspecto da nossa cegueira. Nossa cegueira é tal que nos faz acreditar que nossa visão é perfeita; mas ao sermos iluminados pelo Espírito Santo, descobrimos que a nossa visão anterior era de fato cega. Somos cegos espiritualmente, incapazes de discernir nossa situação de perdidos; incapazes de perceber a escuridão do pecado e terror da ira vindoura. A mente não renovada é tão cega que não enxerga a beleza cativante de Cristo. O sol da justiça pode surgir, trazendo a cura sob suas asas, que o seria completamente em vão para os que não conseguem o seu brilho vislumbrar. Cristo pode realizar obras e mais obras na presença de determinadas pessoas que elas não reconhecem sua glória. São cegos até que ele mesmo lhes haja aberto os olhos. Além de sermos cegos, somos também pobres por natureza. Nosso pai Adão gastou o patrimônio que herdaríamos, perdeu os nossos bens. O Paraíso, propriedade da nossa raça, foi dilapidado, sendo deixados na mendicância, sem nada com que pudéssemos obter o pão para nossa alma faminta ou as vestes para nosso espírito nu. A cegueira e a pobreza são, portanto, o quinhão de todos os homens, em se tratando de espiritualidade, até que Jesus os visite em amor.

Deem uma olhada, então, vocês, filhos de Deus; deem uma olhada em volta, esta manhã, e verão que muitos aqui neste salão são semelhantes ao pobre cego Bartimeu, sentado à beira do caminho, mendigando. Espero, porém, que muitos dos que aqui se encontram cegos, pobres, indigentes, estejam implorando a Deus obter algo mais além do que possuem, não satisfeitos com a sua situação. Com uma vida espiritual e sensibilidade suficientes para reconhecer sua miséria, muitos vêm a este lugar suplicar ao Senhor. Oh, que Jesus tenha misericórdia e eles tenham fé para rogar a ele por compaixão! Que seu coração gracioso possa ser comovido pelo clamor emocionado dessas pessoas: *Filho de Davi, tem compaixão de mim!* Que ele possa lhes conceder a visão total e elas possam acompanhá-lo, seguindo vida afora com ele, em plenitude e regozijo!

Quero assim, esta manhã, me dirigir mais particularmente às almas cegas e pobres que aqui estão. A fé do pobre homem cego, como descrita nessa passagem das Escrituras, é uma imagem adequada de fé que eu rogo a Deus vocês possam ser capacitados a exercer para a salvação de suas almas. Iremos observar *a origem da fé desse homem e como essa fé percebeu sua oportunidade quando Jesus passou*; iremos também *ouvir sua fé, ao clamar e implorar ao Senhor*; *considerar sua fé, ao se levantar em um salto de jubilosa obediência ao chamado divino*; *atentar para essa fé, fazendo sua petição: Mestre, que eu veja!*; e, então regozijar-nos com esse homem confiante, ao ter a sua visão restaurada e, na beleza de sua gratidão, ao seguir com Jesus.

I. Em primeiro lugar, vamos observar A ORIGEM DA FÉ DESSE POBRE HOMEM CEGO.

Ele tinha fé, pois foi por intermédio da fé que conseguiu a visão. Onde a adquiriu? A passagem bíblica não nos diz como Bartimeu veio a crer que Jesus era o Messias; mas penso que podemos arriscar. É certo que não veio crer em Cristo por enxergar. Jesus operou muitos milagres, muitos olhos os presenciaram e muitos corações nele creram em razão do que viram. Bartimeu, porém, creu não certamente em razão da sua visão, pois era cego. Nenhum raio de luz provavelmente jamais irrompera em seu corpo e sua alma. Vivia em penumbra extrema, não conseguia ver nada. Então, como veio a crer? Também não poderia ser em razão de ter viajado; como homem cego, não deve ter empreendido jornada alguma, pois nada teria para ver e apreciar; por mais que uma paisagem fosse bela, não poderia atraí-lo; por mais adorável fosse um lugar a ser contemplado, não seria chamativo para o seu olhar vazio. Particularmente, sendo mendigo, como e por que iria viajar? Como mendicante, certamente não conseguiria comover o coração dos estrangeiros a praticar a caridade; tampouco era provável que encontrasse um guia para conduzi-lo por todas as milhas sombrias de outras terras. Estava praticamente fadado a ficar em seu lugar. Talvez nem mesmo houvesse conhecido a cidade onde vivia e onde vivera seu pai, Timeu, a própria Jericó. Sendo assim, como granjeou a fé?

Ele se sentava para esmolar — provavelmente, à luz do sol, pois os cegos gostam de ficar e se aquecer ao sol e, mesmo não enxergando, há um vislumbre de luz que penetra no sistema visual, atraindo-os ao sol; embora não vendo sua radiante luz, podem, pelo menos, desfrutar de seu calor e se sentem felizes com isso. Ali sentado, passou certamente a ouvir pessoas que passavam, ou paravam, falarem de Jesus de Nazaré. E, como os cegos são normalmente curiosos e inquisidores começaram a pedir que lhe contassem dessas histórias que comentavam, ou seja, sobre o que Jesus havia feito. Narravam-lhe como Jesus ressuscitava os mortos e curava todos os enfermos, até leprosos; e o nosso pobre homem indagava, ansioso: "Sabe se ele pode restituir a visão aos cegos?" Um dia aconteceu: ele ficou sabendo que Jesus restaurara a visão a um homem que nascera cego. Essa era, na verdade, a maior história até então que o mundo tinha para contar, pois nunca acontecera antes um caso assim em Israel nem em parte alguma — que um homem nascido cego tivesse seus olhos abertos. Imagine um pobre cego como ele ouvindo esse relato: escuta atentamente, absorve, aplaude, exclama: "Então, ainda há esperança para mim! Talvez um dia o profeta passe por aqui. E, se ele passar, oh, implorarei, suplicarei a ele que me dê visão, que abra a minha vista também. Se um caso desse foi por ele curado, sem dúvida o meu também pode ser!" Por muito e muito tempo, provavelmente, pediu às pessoas, mais uma vez: "Conte-me a história daquele homem que nasceu cego e que Jesus de Nazaré abriu os olhos dele!", e ouvia novamente, sem cansar. Deve ter ouvido essa narrativa mais de cem vezes, e sempre aflorava um sorriso de esperança em sua face ao ouvir história tão bonita e reanimadora. Para ele, jamais poderia já ter sido contada vezes demais, pois adorava ouvi-la. Era como uma suave brisa refrescante ao calor de um sol ardente. "Conte-me, conte, conte mais uma vez", pedia, "a história maravilhosa de quando Jesus de Nazaré abriu os olhos do cego!" Acho até que, quando se encontrava completamente só, e não tendo por que desviar sua mente para outros assuntos, voltava seus pensamentos para aquela narrativa, e a remoía repetidamente, cultivando seus devaneios de que poderia também ver, quase imaginando que seus olhos estavam sendo abertos. Talvez, um dia em que remoía a história em sua mente, lhe haja ocorrido à memória um texto das Escrituras que tinha ouvido uma vez: que o Messias viria para abrir os olhos dos cegos; então, tendo a vista interior mais aguçada do que a exterior, no mesmo instante chegou à conclusão de que Jesus, o profeta que curava a cegueira até de cegos de nascença, outro não era senão o próprio Messias! Desde aquele dia, como que se tornou "discípulo secreto" de Jesus. Se ouvisse que não acreditavam em Jesus, ou dele escarneciam, *ele* não aceitava

O MENDIGO CEGO | 927

isso de modo algum; pelo contrário, como poderia deixar de crer em alguém que abria os olhos dos cegos? Podia ouvir muita gente duvidando de Jesus, insultando-o, chamando-o de impostor, mas *ele* não; como poderia ser impostor o homem que dera visão a um cego de nascença? Imagino que essa crença, essa fé em Jesus, no Messias, ele passou a acalentar; e, por mais que passasse o tempo, o único pensamento desse pobre homem cego era este: "Jesus de Nazaré é o Messias; ele fez o cego ver, pode me fazer ver também".

Agora, ó vocês, espiritualmente cegos, espiritualmente pobres, por que não creem em Cristo? Vocês têm ouvido sobre os atos fantásticos que ele faz e tem feito; ora, *a fé é pelo ouvir* (Rm 10.17). Vocês têm visto e entendido como um pecador após outro é perdoado e absolvido por sua graça; têm estado na casa de Deus e ouvido a confissão dos arrependidos e o jubiloso clamor dos fiéis, e ainda assim vocês não creem? Têm vindo, semana após semana, mês após mês, ano após ano, ao santuário de Deus e tomado conhecimento de muitas histórias — narrativas gloriosas do poder indulgente de Cristo. Como, então, ó espiritualmente cegos, vocês nunca pensam um pouco mais nele? Por que motivo não remoem isso repetidamente em sua alma: "Este homem recebe pecadores; não irá me receber?" Como não pensam que aquele que removeu o pecado de Paulo e o pecado de Maria Madalena pode também remover o seu? Se, certamente, apenas uma história contada ao pobre homem cego lhe pôde dar fé, se a fé dele chegou tão somente por uma simples narrativa, como é que vocês, que já ouviram falar muitas vezes que não pode haver salvação sem fé em Cristo, que já ouviram de vários pregadores um apelo sério para virem a Cristo, mesmo assim ainda não creem?

Pode ser, no entanto, que tenhamos, entre esses pobres homens cegos aqui, hoje, alguns que estejam simplesmente crendo. Não se apegaram ainda muito à fé, mas no fundo de sua alma há algo que diz: "Sim, Cristo é capaz de me salvar; sei que tem poder para perdoar"; e, por vezes, a voz fala um pouco mais alto e anima seu coração com um pensamento como este: "Vou a ele, e ele não me lançará fora; ele nunca lança fora aquele que se lança confiante em seu poder e bondade". Se você se encontra nesta situação, meu caro ouvinte, você é feliz; e eu sou feliz por ter o privilégio de me dirigir a você — não tardará, e a fé que está no seu interior, que nasceu da pregação, irá adquirir força suficiente para ser posta em prática e alcançar a bênção divina.

II. Em segundo lugar, vamos observar a fé em SUA PRONTIDÃO EM SE APEGAR À OPORTUNIDADE GENEROSA.

Jesus passara por Jericó e, à saída da cidade, havia um homem cego como que esperando-o no caminho e Jesus o curou. Bartimeu estava, como narra o texto, no lado extremo de Jericó, e não recebeu a bênção até que o Senhor estivesse prestes a deixá-la. Está sentado em seu lugar de costume, à beira do caminho, onde alguém certamente o deixou para que ali ficasse o dia todo a esmolar, e ouve um grande alarido. Pergunta a alguém que burburinho é aquele. Recebe a resposta: "É Jesus de Nazaré que está passando por aqui". Isso representa, sem dúvida, para ele, um fato inigualável. Sua fé chega então a uma intensidade tal que ele não se conforma que possa deixar Jesus de Nazaré passar por ali sem que tente, pelo menos, pedir para curá-lo. A falta de fé pode lhe ter dito, momentaneamente, o seguinte: "Ele está passando, sim, mas não há cura alguma para você, não há esperança alguma; ele está prestes a ir embora e nem vai tomar conhecimento de você". Na verdade, se você e eu precisássemos de encorajamento em uma hora como essa, seria necessário, certamente, que Cristo estivesse parado, não passando; precisaríamos até, talvez, que alguém viesse nos avisar: "Jesus de Nazaré está ali parado, esperando por você"; mas a fé desse pobre cego era de tal natureza que poderia se alimentar de qualquer migalha de pão seco, com a qual nossa pouca e fraca fé teria, sem dúvida, morrido de fome; migalha como aquelas a que se referiu a mulher cananeia, que, ao ser testada por Jesus, respondeu: *Sim, Senhor, mas até os cachorrinhos comem das migalhas que caem da mesa dos seus donos* (Mt 15.27). Este homem apenas ouviu alguém informar: "É Jesus de Nazaré que está passando por aqui"; e foi mais que o suficiente para ele. Era a oportunidade que tanto aguardava. Deve ter pensado rapidamente consigo mesmo: "Jesus está passando por aqui, está saindo de Jericó, não vai ficar", e logo argumentou consigo mesmo: "Então, com mais razão ainda eu devo abordá-lo, pois essa pode ser a minha última chance". Assim, o que a falta de fé poderia ainda argumentar como motivo para calar sua boca fez que ele a abrisse e clamasse. A falta de fé poderia ter ainda alegado: "Mas, olhe, ele está rodeado por uma grande multidão, não há como chegar até você. Os discípulos estão ao redor dele, e ele deve estar tão ocupado em conversar com eles que jamais dará atenção a você". "Ah, é?", pensou ele. "Mais uma boa razão, então, para que eu grite com todas as minhas forças, para ele poder me ouvir!" A grande quantidade de pessoas em torno de Jesus logo se transformaria então em incentivo para que ele gritasse bem alto: *Jesus, Filho de Davi, tem compaixão de mim!* Assim, por menor que fosse a oportunidade, a fé a tornou encorajadora.

Voltando a você, meu caro ouvinte. Talvez a fé já esteja em seu coração há algum tempo, mas quão insensato então você tem sido; não se tem beneficiado, mediante a fé, das oportunidades como encorajadoras, conforme deveria ter feito. Quantas vezes Cristo tem não apenas passado por você, mas até parado e batido em sua porta ou entrado e permanecido em sua casa. Ele o tem chamado, convidado, mas mesmo assim você não vem a ele; tímido e vacilante, você não se atreve a exercer a fé que possui, arriscando assim o resultado, a sua ida corajosa a ele. Ele tem estado em seu caminho talvez há tantos anos que até seu cabelo já se tornou grisalho. Continua em seu caminho hoje — e hoje ainda se dirige a você e chama: "Vem a mim e vive". Hoje, a misericórdia lhe é apresentada, como sempre de graça. Hoje, uma declaração é mais uma vez feita: *E quem tem sede, venha; e quem quiser, receba de graça a água da vida* (Ap 22.17). Você, pobre coração incrédulo, você não quer, você ousa não querer aproveitar o encorajamento para vir a ele? Seu encorajamento é infinitamente maior do que aquele oferecido àquele pobre cego; não permita que ele se perca em você. Venha agora, neste exato momento, clame pelo Senhor agora, peça-lhe para ter misericórdia de você; pois neste momento ele não está apenas passando, mas, sim, se apresenta de braços abertos, e chama: "Vem a mim, e eu te darei alívio, vida e salvação".

Foi assim o encorajamento resultante da fé naquele homem. Eu bem gostaria que no culto desta manhã pudessem ser também encorajados a ir a Jesus alguns outros pobres cegos Bartimeus, sentados ou de pé, aqui presentes.

III. Em terceiro lugar, após havermos observado como a fé do cego detectou e se agarrou a essa oportunidade, a passagem do generoso Salvador, como sendo única e definitiva, temos de nos voltar e PRESTAR ATENÇÃO AO CLAMOR DA FÉ. O pobre cego ali sentado é informado de que se trata de Jesus de Nazaré. Sem, praticamente, um segundo sequer de pausa, começa a clamar: — *Filho de Davi, tem compaixão de mim! Filho de Davi, tem compaixão de mim!* Mas Jesus, enquanto caminha com os discípulos, está certamente discorrendo em torno de mais um ensinamento, e seus ouvintes, evidentemente, não querem que seja interrompido: "Cale a boca, por favor, ceguinho! Fique quieto! Não vê que o mestre não lhe pode dar atenção agora?" O que diz então a narrativa? "Mas ele clamava ainda mais"; não apenas não obedecera e não se calara, mas gritava *ainda mais: Filho de Davi, tem compaixão de mim!* "Será possível?", diz um dos discípulos. "Já não pedimos que não interrompa o Mestre? Por que então continua gritando?" *Filho de Davi, tem compaixão de mim!*, é a sua resposta, repetindo-a mais uma vez e sem parar. "Tirem-no daqui", pede alguém. "Está atrapalhando o mestre e nos atrapalhando; levem-no embora daqui, por favor." Tentam tirá-lo dali. Mas ele grita de forma ainda mais vigorosa e veemente: *Filho de Davi, tem compaixão de mim! Filho de Davi, tem compaixão de mim!* Parece até que ouvimos seus gritos. Não poderia ser imitado; nenhum ator, orador ou declamador conseguiria se expressar com tamanha veemência ou tamanha emoção como esse homem clamava: *Filho de Davi, tem compaixão de mim!* Cada palavra, cada sílaba por ele dita sugeria um argumento; havia nelas, expressos, força, poder, ânimo e energia da própria vida daquele homem; era como Jacó lutando com o anjo, como se a cada palavra aparecesse uma mão a agarrá-lo para que não pudesse mais prosseguir. *Filho de Davi, tem compaixão de mim!*

Temos aqui uma imagem do próprio poder da fé. Se você quiser ser salvo, sua fé deve se manifestar no louvor, na oração, no clamor enfim. A porta do paraíso é aberta pela fé, mediante o uso da maçaneta do santo clamor. Você não pode ter seus olhos abertos até que sua boca o seja. Abra sua boca com fé em clamor a Deus, e o Senhor abrirá seus olhos para a visão sagrada, na qual você irá encontrar plena alegria e satisfação. Se alguém possui fé e, junto com ela, devoção, deverá, sem dúvida, orar com clamor. Clamar

O mendigo cego | 929

não é propriamente fazer aquela oração que você haja aprendido na igreja e decorado; sua oração não deve ser a mesma entre aquelas que você costuma ouvir constantemente em nossos encontros de oração. Orar com clamor é algo mais. Quando a pobre alma se encontra em dificuldade, opressiva, desfalecida e sequiosa, ergue seus olhos lacrimejantes, cerra seus punhos, bate em seu peito e então clama: *Filho de Davi, tem compaixão de mim!* A oração inexpressiva jamais alcança o trono de Deus. É a lava ardente do clamor da alma, que tem uma verdadeira fornalha em seu interior — um verdadeiro vulcão de aflição e tristeza —, é essa lava ardente do clamor em oração que encontra caminho para Deus. Nenhuma oração alcança o coração de Deus se não vem de dentro do nosso coração. Nove entre dez das orações que você ouve em nossos cultos públicos têm tão pouca devoção em si mesmas que se obtivessem uma bênção seria, sem dúvida, o milagre dos milagres.

Você tem buscado Cristo em ardente oração? Não tema ser excessivamente fervoroso ou insistente demais. Vá a Cristo hoje mesmo, agonize, lute com ele; implore para que tenha misericórdia de você, e, se ele não o ouvir, vá a ele de novo, de novo e de novo. Muitas vezes por dia, clame a ele e torne seu coração resoluto a nunca parar de orar até que o Espírito Santo tenha revelado à sua alma o perdão dos seus pecados. Uma vez que o Senhor haja levado o homem a uma resolução — "Serei salvo; se perecer, mesmo assim irei ao trono da graça e somente ali perecerei" —, esse homem não poderá jamais perecer. Está salvo, e verá a face de Deus com alegria. O problema é que oramos com certa intensidade, um tanto espasmódica, e então paramos. Começamos intensamente de novo, e então mais uma vez o fervor cessa e abandonamos nossas orações. Se quisermos ganhar o céu, não podemos fazê-lo mediante uma ou outra investida desesperada, mas, sim, por um assédio constante e contínuo. Precisamos ganhar o céu com uma bateria incessante e incandescente de orações abrasadoras; disparando dia e noite, sem cessar, até que o paraíso se renda a nós: [...] *o reino dos céus é tomado à força, e os violentos o tomam de assalto* (Mt 11.12). Eis a coragem, portanto, daquele homem. Impedido por muitas pessoas, não parou de clamar. Por isso, se os outros, ou se a carne, o inimigo ou o seu próprio coração, pedirem, sugerirem ou ordenarem que cesse suas súplicas, jamais o faça; mas clame cada vez mais alto: *Filho de Davi, tem compaixão de mim!*

Devo observar aqui a simplicidade da oração desse homem. Ele não precisava de uma liturgia ou de um livro de orações, nessa ocasião. Havia apenas uma coisa de que precisava, e ele a pediu ao Senhor. Quando sabemos qual é a nossa necessidade, ela geralmente irá sugerir a linguagem adequada para a expressarmos. Lembro-me de uma observação de Bunyan, falando a respeito de alguns daqueles que fazem orações pelos outros: "O apóstolo Paulo confessou que não sabia como orar pelos outros", diz ele, "e, no entanto, há muitos, infinitamente inferiores ao apóstolo Paulo, que conseguem escrever orações; que não apenas sabem orar pelos outros e como orar, mas que sabem também como as outras pessoas deveriam orar; e não apenas isso, que sabem até como elas deveriam orar desde o primeiro dia de janeiro até o último dia de dezembro". Não podemos, de modo algum, prescindir da pura influência do Espírito Santo para sugerir as palavras pelas quais nossas necessidades devam ser expressas. Quanto à ideia de que uma forma qualquer de oração jamais poderá satisfazer um crente desperto e esclarecido, ou jamais será adequada e apropriada para os lábios de um pecador arrependido, não posso imaginar tal coisa. Esse homem clamou, de todo o coração, as primeiras palavras que lhe vieram aos lábios, as mais simples que pudessem expressar seu desejo: *Filho de Davi, tem compaixão de mim!* Vá e faça você como o pobre pecador cego, e o Senhor o ouvirá, como ouviu Bartimeu.

Acima do burburinho e do barulho da multidão e do som do tropel de pés, está sendo ouvida uma voz doce, que fala de compaixão, amor e graça. Mas, mais alto que essa voz, é ouvido um grito forte, intenso, angustiado, penetrante — um clamor que é repetido muitas e muitas vezes e que reúne forças a cada repetição; e, embora a garganta que o profere esteja mostrando ficar rouca, ainda assim faz o clamor se tornar mais e mais alto e cada vez mais alto: *Filho de Davi, tem compaixão de mim!* O mestre para. O som angustiante e determinado de alguém clamando por alívio jamais poderia ser negligenciado por ele. Olha ao redor: lá está, clamando, o cego Bartimeu. Embora ele não possa enxergar Jesus, o Salvador pode vê-lo. *Chamai-o*, diz Jesus. "Deixem-no vir até a mim, para que eu possa lhe conceder a compaixão que tanto pede." Então, aqueles que o haviam ordenado a conter seu clamor mudam de tom e, reunidos em torno dele, dizem: *Tem bom ânimo; levanta-te, ele te chama* (Mc 10.49). Ah, pobres confortadores!, se não o tranquilizaram quando ele precisava, que importância haveria agora para o que tinham a dizer? É que o mestre falara. Isso bastava, sem a oficiosa assistência deles; no entanto, pedem: *Levanta-te, ele te chama.* E estão prestes a conduzi-lo a Cristo, quando ele, mostrando prescindir de guias, empurra-os para o lado, tira de cima de si a capa — certamente, esfarrapada — em que se enrolava durante a noite e a lança longe. Ato contínuo, aquele cego, que mais parece agora como se enxergasse, pois a voz do Senhor o guia, deixa, de um salto, seu manto para trás e, agitando-se de pura felicidade, se coloca na presença daquele que lhe deve dar a visão que deseja.

IV. Façamos aqui uma pausa, para observar QUÃO RESOLUTAMENTE ELE OBEDECEU AO CHAMADO. O mestre precisa apenas falar, ordenar que ele seja chamado, e ele virá. Nenhuma pressão é necessária. Pedro não precisou puxá-lo por um braço e João pelo outro. Não; ele se levanta de um salto e vem. "Ele me chama! Não posso deixar de ir!"

E vocês, caros ouvintes, quantos de vocês têm sido chamados pela voz do Senhor, por meio do ministério, e assim mesmo não vêm! Por quê? Não acham que não foi isso justamente que Cristo quis dizer quando falou: *Vinde a mim, todos os que estais cansados e oprimidos, e eu vos aliviarei* (Mt 11.28)? Por que continuam cansados, oprimidos, sobrecarregados? Por que não vêm? Venham! Levantem-se de um salto e venham para aquele que os chama. Rogo que lancem fora a capa da sua mundanidade, o manto esfarrapado do seu pecado. Lancem fora a cobertura do farisaísmo, e venham, venham embora. Sim, sou eu que os estou conclamando, mas o convite é do Salvador; se não aceitarem o chamado do Salvador, evidentemente não aceitarão o meu. Se sua mais grave necessidade não os fizer atender ao gracioso chamado do Senhor, nada do que eu lhes possa dizer irá mover vocês. Oh, meus pobres cegos irmãos e irmãs! Ele chama vocês, que estão cheios de culpa e medo, que não conseguem ver Cristo como seu Salvador:

> Venham vocês, cansados, sobrecarregados,
> perdidos pela queda e pecado, arruinados.

Venham vocês que não têm esperança, que não acham justiça; proscritos, angustiados, derrotados, arrasados, esquecidos, venham!, venham hoje ainda! Conclamamos agora cada um de vocês, com um apelo misericordioso: "Levanta-te, ele *te* chama!"

Ó Salvador, chama cada um, efetivamente. Chama agora: deixa que teu Espírito fale. Ó Espírito do Deus vivo, convida a vir a Cristo esse pobre prisioneiro, permite-lhe que de um salto se liberte de suas correntes!

"Sei o que me manteve por tanto tempo longe do Senhor: imaginava que ele nunca me chamaria. Quando vim a ele, descobri então que de longa data me convidara, mas eu mantinha meus ouvidos fechados. Parecia-me que ele certamente havia convidado todo mundo a vir a ele, mas que eu devia ter sido deixado de lado, por ser o pior e o mais vil dos pecadores". Ó pecador! Se é isso o que lhe diz sua consciência, então você é aquele a quem o convite é especialmente dirigido. Confie nele agora, neste exato momento em que você está vindo a ele com todos os seus pecados sobre você e lhe pedindo para perdoá-los; rogue por seu sangue e méritos, e você não terá suplicado em vão.

V. Estamos nos aproximando da conclusão. O homem que vem ter com Jesus NOS PERMITE OUVIR SEU PEDIDO. Com amorosa condescendência, Jesus o toma pela mão e, a fim de testá-lo, bem como para que toda a multidão pudesse ver que ele de fato sabia o que queria, Jesus pergunta: *Que queres que te faça?* (Mt 10.51). Quão clara foi a confissão do homem, sem nenhuma palavra a mais, mas também sem poder tê-la expressado com uma palavra a menos: *Mestre, que eu veja.* Não houve vacilação, ele não ficou em dúvida sobre o que dizer. Disse-o apenas e de uma vez: *Mestre, que eu veja.*

Se há alguém presente nesta casa que tenha uma fé secreta em Cristo e tenha ouvido seu convite esta manhã, permita-me lhe sugerir que, ao voltar para casa, vá para seu quarto e, ali, ajoelhando à beira da

O MENDIGO CEGO | 931

cama, imagine, pela fé, o Salvador indagando: *Que queres que te faça?* Sem hesitação, diga-lhe tudo o que quer: como você é pecador e culpado e deseja que o perdoe. Confesse seus pecados, não os esconda. Diga: "Senhor, imploro teu perdão pela minha embriaguez, pela minha vida profana, por qualquer coisa da qual tu sabes que sou culpado"; sinta, então, o Senhor perdoando-o, e lhe diga mais: "Ó Senhor, eu quero me manter longe desses pecados. Por favor, te suplico, quero não somente ser perdoado, mas quero ser salvo, ser renovado". Confesse-lhe ter um coração de pedra e implore que o troque por um coração de carne; que seus olhos estão cegos e que você necessita urgentemente ver: ver a verdade e a luz que há somente em Cristo — peça-lhe para abri-los; confesse estar cheio de iniquidade e sempre propenso a pecar e se perder; peça-lhe para tomar sua alma, lavá-la e colocá-la límpida e voltada para as coisas do céu, para que não sofra mais por se manter preso às baixas coisas da terra. Diga tudo de forma clara. Faça uma confissão franca e total na presença do Senhor. Se assim for, meu caro ouvinte, nesse mesmo instante em que você estiver junto a ele em seu quarto, Cristo há de lhe conceder seu toque da graça, aniquilar seus pecados, salvar sua alma e lhe dar a alegria de saber que você é agora um filho de Deus, um herdeiro do céu. Imite o homem cego na clareza e na prontidão de seu pedido: *Mestre, que eu veja.*

Vejam que fato animador: tão logo declara seu desejo, imediatamente o homem cego recebe a visão. Oh! Como ele deve ter saltado de alegria nesse momento! Que júbilo imenso deve ter percorrido o seu espírito! Com ele não aconteceu de ver primeiro os homens como árvores caminhando, mas, sim, recebeu logo a visão total; não recebeu inicialmente um vislumbre, mas toda uma explosão de brilho intenso da luz do sol penetrou de uma vez em seus olhos, tomados antes pela escuridão. Há quem não acredite também em conversões instantâneas; todavia, são fatos, devidamente testemunhados como tais. Muitos são os que vêm a este salão com todos os pecados sobre eles, e antes de deixá-lo sentem que seus pecados foram perdoados. Chegam aqui como réprobos de coração endurecido e partem perdoados, salvos, com um novo coração, uma vida nova e um novo caminhar no temor a Deus. É bem verdade que há muitas conversões graduais; mas a regeneração, pelo menos no que se refere ao chamado "avivamento", é quase sempre instantânea, sendo a justificação dada tão prontamente quanto o lampejo de um relâmpago. Estamos cheios de pecado em determinado instante e no instante seguinte já estão perdoados e apagados; todos os nossos pecados, passados, presentes e futuros, são lançados por Deus aos quatro ventos dos céus em menos tempo do que o relógio leva para marcar um segundo. Aquele homem cego enxergou tão logo e imediatamente pediu a Jesus.

Imaginem, agora, o que esse homem poderia ter feito se quisesse, assim que seus olhos foram abertos. Tinha um pai; não gostaria de ir vê-lo? Teria uma irmã, um irmão? Não ansiava ir se reunir à sua família? Mais importante, talvez: não teria uma companheira em sua pobre existência cega? Não iria procurá-la, para conhecê-la, enfim, agora que podia contemplar a face daquela que por tanto tempo o amava e chorava por ele? Ou não gostaria de ir a Jerusalém conhecer o templo e sua glória? Não desejaria conhecer os campos, as montanhas e suas belezas, contemplar o mar e todas as suas maravilhas? Não. Uma única coisa esse homem que fora cego quis fazer, ao recuperar a visão: seguir Jesus pelo caminho. Que bela imagem essa para um verdadeiro convertido! No momento em que sente perdoados os seus pecados, a única coisa que deseja fazer é seguir e servir a Cristo. Sua alma anseia contar a todos sobre a misericórdia que encontrou e ganhou. Almeja contar à comunidade toda, a todas as pessoas, que seus pecados foram todos perdoados. Não consegue se conter. Acha até que pode pregar a salvação em Cristo desde agora. Coloca-se em um púlpito e, apesar de haver centenas, milhares de pessoas diante dele, não se envergonha em declarar: "O Senhor Jesus Cristo me tirou do lodo imundo, de um terrível lamaçal, e firmou meus pés sobre uma rocha, colocou uma nova canção em minha boca e moldou para mim uma nova existência". Tudo que pede agora é: "Senhor, gostaria de te seguir por onde quer que fores. Nunca me deixes sem desfrutar um minuto sequer da tua companhia. Torna eterna, Senhor, a minha comunhão contigo e faze o meu amor por ti aumentar continuamente. Que meu serviço por ti seja constante; e que não somente nesta vida eu possa caminhar contigo, mas, na vida futura, possa contigo viver para todo o sempre".

Vejam agora a multidão que segue Jesus. Quem é esse homem, no meio do povo, com expressão tão alegre? Quem é esse homem, que perdeu sua capa esfarrapada exterior? Veste ainda trajes pobres na aparência; contudo, não há como imaginar haver qualquer traço de pobreza ou mendicância nele: seu passo é firme, seus olhos cintilam, brilhando de vida, e, enquanto caminha, o ouvimos, muitas vezes, entoar um hino ou uma canção; em outros momentos, quando outras pessoas também cantam, sua voz se destaca como a mais sonora e alegre de todas. Quem é esse homem, sempre tão feliz e tão cheio de gratidão? É Bartimeu, que outrora, como cego, se sentava à beira do caminho esmolando.

Veem outra pessoa ali? Quem é essa outra pessoa, que canta tão entusiasticamente hinos na casa de Deus, e que, caminhando ao acaso na rua, vai continuamente cantarolando consigo mesma uma melodia de louvor? Oh, não é aquele homem que era bêbado, que teve seus pecados perdoados? Ou será aquele antigo blasfemador, que teve sua profanidade purificada? Ou aquela que um dia foi ladra, ou prostituta, e agora é uma das filhas de Jerusalém — aquela que antes arrastava consigo outros para o inferno e agora lava os pés do seu Redentor junto com suas lágrimas de gratidão e os enxuga com seus cabelos, e conduz seus irmãos e irmãs ao Salvador. Oh, permita Deus que essa história de Bartimeu possa ser escrita novamente em suas experiências de vida; e que todos vocês possam, por fim, encontrar o momento em que a eterna luz de Deus haja afugentado de seu coração e sua alma toda a cegueira espiritual para sempre.

99

O CLAMOR SINCERO DO HOMEM CEGO

Este, quando ouviu que era Jesus, o nazareno, começou a clamar: Jesus, Filho de Davi, tem compaixão de mim! E muitos o repreendiam, para que se calasse; mas ele clamava ainda mais: Filho de Davi tem compaixão de mim! (Mc 10.47,48).

O nde quer que Jesus apareça, sua presença é maravilhosamente forte. Quando Cristo estava ausente, os discípulos eram como que um rebanho sem pastor. Chegavam a se deixar envolver em discussões e podiam até fracassar em tentativas de milagres; mas, assim que o Salvador se fazia presente, retomavam sua força habitual. Quando um valente general repentinamente retorna ao campo de batalha para resgatar a tropa que começa a ser derrotada, o estrépito de chegada de sua montaria tranquiliza os trêmulos, e o som de sua voz transforma cada covarde em um herói. Que o glorioso comandante de nossa salvação possa surgir em meio às nossas igrejas, e um clamor de alegria há de irromper entre as nossas fileiras. Nenhuma sentirá necessidade de trocar de pastor ou desejará ter uma categoria melhor de membros; os mesmos capitães e os mesmos soldados serão suficientes para obter esplêndidas vitórias. Com Jesus presente, os homens passam por tal mudança positiva que dificilmente se pode vir a reconhecê-los; tornam-se preenchidos com poder do alto, e em seu nome e por sua força são capazes de realizar as maiores proezas. A energia divina de sua presença não se restringe, todavia, àqueles que já são seus discípulos, mas mesmo pessoas de fora, vizinhos, amigos, transeuntes e até mendigos cegos podem sentir o marcante efeito de sua proximidade. Eis um cego mendicante que ouve a boa notícia de que Jesus de Nazaré passa por ali, e imediatamente começa a clamar por ele.

Meus irmãos, onde o Salvador estiver presente não deve haver escassez de corações em oração. Se não ocorrerem conversões é porque Cristo não está com o seu Espírito residindo ali. Ou o entristeceram, e ele se foi; ou se esqueceram dele, e ele não veio. Que se possa, então, comprovar a própria fraqueza e aprender a glorificar seu poder no futuro. Quando o Senhor graciosamente chega à sua igreja, é frequente o clamor dos arrependidos, e o cântico de louvor daqueles que encontraram a paz pela fé em seu nome sobe aos céus em um coro abençoado. Oh, se o Senhor Jesus aparecesse mais nas igrejas desta nossa época! Temos muito a lamentar. A infidelidade se senta audaciosamente no lugar principal da sinagoga. O romanismo corrói secretamente os pontos vitais da própria religião. O latitudinarismo age como uma traça sobre a doutrina do evangelho. A inconsistência de vida desonra a profissão de fé na prática. Ó Senhor, até quando, até quando! Se o Senhor Jesus operasse graciosamente por seu Espírito entre nós, logo teríamos avivadas nossas debilitadas congregações; os erros sairiam voando, como morcegos e corujas entocados em seus esconderijos quando a luz do sol ali bate; cada doce flor da graça cristã produziria um abençoado perfume sob a magnífica influência dos raios celestiais. Agradeço a Deus por termos Jesus *aqui* conosco. Podemos dizer muitas vezes: "O Filho de Davi está passando por aqui; ele está aqui". Ele está aqui, sim, ainda. Corações verdadeiramente crentes, que reconhecem sua presença e lamentam quando ausente, têm-nos dito que o encontram suavemente manifesto a eles aqui, muitas vezes, na pregação da Palavra, no partir do pão e no companheirismo da oração. Ele está aqui, sim, agora; mas, oh, queremos reconhecer sua presença mais plenamente; queremos ver a influência divina, como córrego procedente das fontes do Líbano, fertilizando todo o nosso jardim. Desejamos ver Jesus operando com eficácia, fazendo os pobres pecadores perceberem a necessidade dele e atraindo-os para si.

A *providência opera sempre em conjunto com a graça na salvação dos escolhidos*. Um exemplo disso vocês têm nessa passagem das Escrituras. Foi a providência, sem dúvida, que colocou o homem cego onde a graça levou Jesus. O Senhor poderia até ter passado por Jericó, mas se esse cego não vivesse, ou não estivesse naquela hora, naquela cidade e, mais ainda, não estivesse, naquele exato momento, esmolando precisamente à beira daquele justo caminho pelo qual Jesus Cristo passava, saindo de Jericó, poderia nunca ter tomado conhecimento de que o Senhor estava andando bem por ali e, consequentemente, não haver clamado por misericórdia a ele e jamais ter obtido a cura necessária. A providência traz cada pecador a ouvir a palavra e faz o pregador selecionar o tema mais adequado à condição de cada um e de todos. A providência os prepara, como o arado prepara o solo, e a graça guia a mente do ministro a agir como a mão que lança o trigo semeando-o sobre a terra. Grato sou por muitos de vocês estarem aqui esta manhã, porque sei que Jesus realmente está passando aqui; e, considerando que não poucos não têm ainda a luz celestial, eis uma circunstância pela qual temos de agradecer a Deus, pois muitos cegos espirituais têm recebido *aqui* a visão das mãos do Senhor Jesus. Creio ter sido uma providência singular que os fez virem aqui. Oro para que essa ocasião se possa revelar como o cavalo branco no qual cavalga Cristo, conquistando; e possa ele obter a vitória na alma deles agora. Todavia, permitam-me lhes lembrar, tal circunstância envolve também a *sua* responsabilidade. Jesus está passando; o cego está sentado à beira do caminho; se este não clamar, sua cegueira de agora em diante ficará por sua conta, será quase intencional; haverá um acréscimo à sua obscuridade visual em sua alma, pois não fez uso do único meio que Deus lhe deu, e estava ao seu alcance, de implorar sua cura ao único médico. Lembre-se, pois, de sua responsabilidade, pecador, e peça a Deus para lhe conceder agora a graça de remir o tempo que voa; e que possa o seu Espírito levá-lo a imitar o exemplo do cego de Jericó, clamando: *Jesus, Filho de Davi, tem compaixão de mim!*

I. Indo diretamente à narrativa, observemos A SINCERIDADE DO HOMEM CEGO, em comparação com o comportamento de muitos ouvintes da Palavra.

Não foi sermão algum, ou então foi um sermão muito curto, o que foi pregado para ele. O cego ouviu apenas que Jesus, o nazareno, passava por ali. Mais nada. Não sei se conhecia doutrina, se sabia precisamente por que um Messias viria ao mundo; mas acho que jamais poderia ter capacidade de interpretar as Escrituras. Nunca tinha ouvido falar, ainda mais em explanação clara e distinta, a respeito da graça de Deus. Tudo o que tinha ouvido foi que passava Jesus, o nazareno. Mas esse curtíssimo sermão, se é que assim podemos chamar, o levou a clamar a Jesus. Amados, que contraste entre ele e alguns de vocês! A alguns de vocês, a quem sermões têm sido pregados até quase à exaustão; que têm sido instruídos tanto sobre a verdade que, teoricamente, talvez não haja ninguém melhor assim orientado; que provavelmente conhecem a preciosa doutrina da fé até a última letra — e que, no entanto, mesmo assim, não têm sido levados a clamar, ou, se o fizeram, nunca foi aquele clamor, forte, decidido, sincero e penetrante, a ponto de alcançar os céus e não ser recusado, como o do pobre cego: *Jesus, Filho de Davi, tem compaixão de mim!*; nunca foi uma oração realmente fervorosa, partida lá do fundo do coração e do espírito de vocês: *Senhor Jesus Cristo, Filho de Deus, tem compaixão de mim!* Quantos há, dentre os que me ouvem com tanta frequência, que temo que nunca fui nem chegarei a ser instrumento de Deus para sua salvação! É tão fácil nos habituarmos a ouvir determinada voz, até que essa voz, que já foi penetrante como a nota de um clarim, se transforme no zumbido de uma abelha em nossos acostumados ouvidos; vocês relaxam ao ouvi-la e dormem ouvindo-a, como o moleiro dorme enquanto seu moinho trabalha por não produzir nenhum som do qual não esteja acostumado. Vocês têm ouvido constantemente minhas frases, minhas imagens e ilustrações; minhas formas de súplica, vocês as conhecem bem; é possível até que possam repetir de cor minhas palavras de exortação; no entanto, apesar de tudo isso, alguns não têm sido mais influenciados pelas minhas pregações, nesses doze anos de esforço sincero, do que um pedaço de mármore poderia ser afetado por doze anos de óleo derramado em sua superfície dura e impenetrável.

Uma reflexão melancólica é que, em vez de refletir sobre o que dizem os sermões, *existem alguns que se entretêm intelectualmente com eles*. O que nos toma por vezes muitas noites e muitos dias de estudo, meditação, oração e lágrimas não é para eles, por si mesmo, digno de maior valia senão para dar oportunidade

O CLAMOR SINCERO DO HOMEM CEGO

de exibir sua habilidade crítica. Nada tenho a reclamar de qualquer crítica de vocês; têm sido muito amáveis e gentis comigo, elogiando meu empenho e minhas palavras mais fracas. Mas chego a desejar que não o fizessem. Se pelo menos reagissem contra a verdade! Eu poderia ter esperanças em relação a vocês. Infelizmente, porém, sua indiferença espiritual, que os faz considerar a verdade como algo comum, elogiando meu estilo, dizendo reconhecer ser o pregador honesto e corajoso, tudo isso termina com vocês me exaltando sem buscar alcançar a essência da mensagem do meu mestre. Oh, meus amados ouvintes, temos aqui algo mais a buscar além de boas palavras. Se vocês nos odiassem, se amassem apenas sua própria alma, não poderíamos lamentar; todavia, se nos estimam, consideram e ouvem nossa voz com respeito, mas escolhem o caminho descendente e continuam em sua própria destruição, pode o pregador estar contente? Ele irá dormir se lembrando de que centenas de vocês poderão ir parar no fogo eterno e nunca ter parte no paraíso entre os espíritos glorificados; ele poderá ir dormir, por acaso, dizendo para si mesmo: "Que importa se eles estão satisfeitos comigo, se sou para eles como aquele que extrai um som suave de um belo instrumento"? Oh, queira Deus que, em vez disso, vocês sejam levados, como aquele pobre cego, a ir do ouvir à reflexão e à oração, do banco na igreja a se ajoelhar em seus aposentos, de me escutar simplesmente à comunhão com Deus, buscando misericórdia em suas mãos.

Vocês talvez aleguem que não podem ser propriamente qualificados desse modo; mas que, pela pregação da Palavra, *têm sido levados a orar de vez em quando*. Sim, me lembro bem de quando eu mesmo era levado a orar de vez em quando ao ouvir a palavra. Mas e depois? A oração de domingo era esquecida no pecado de segunda-feira, e a ansiedade por salvação, dissipada nos prazeres da semana. O mesmo acontece com vocês. Oram, sim, quando um sermão é especialmente enérgico. Quando a flecha de Deus os atinge, choram, prometem se emendar e milhares de coisas boas; até sonham em correr para Cristo, agarrar-se às pontas do altar do templo salpicado de sangue; mesmo assim, não o fazem. As boas resoluções que têm tomado seriam suficientes para pavimentar toda a estrada para o inferno; têm acumulado o suficiente de seus próprios débitos em aberto para condená-los a uma insolvência eterna por faturas não honradas. Oh, imagine se pudesse Deus levar a sério tantas de suas resoluções e reiteradas resoluções, tantos de seus sentimentos baratos, passageiros e temporários, e se essas coisas se voltassem contra o próprio coração de vocês, deixando feridas que ninguém senão Cristo pudesse curar! Que valor pode ter a neblina matutina que se dissipa ante a ventania ou a fumaça da chaminé que se desfaz logo à primeira baforada? Algo mais duradouro do que o orvalho matutino, algo mais significativo do que a fumaça da chaminé se faz indispensável à verdadeira eternidade. Que o Espírito divino possa edificá-los com sua mão direita sobre a boa fundação da fé no Senhor Jesus Cristo. O mendigo cego, com apenas uma simples e extremamente breve informação, insistiu, não desistiu, em clamar até que Cristo lhe concedesse seu desejo; que Deus lhes permita também orar e clamar com sinceridade, para que não sejam enviados, sinceramente, para o inferno.

Aquele pobre homem clamou *em seu próprio favor*: Jesus, Filho de Davi, tem compaixão de mim!; mas não é fácil levar os homens a ouvirem em seu próprio favor. São capazes de dizer: "Espero que esse sermão tão adequado para o meu amigo possa ser também benéfico para mim". Alguns pensarão naqueles que estão na galeria; outros se lembrarão de alguém sentado embaixo. Oh, preste atenção em você!, em *você!*, *você!* É claro que a salvação de outro ser é desejável, mas o que será de você se ele estiver no seio de Abraão, e você, como o homem rico da parábola, atormentado na chama? É para sua própria alma que você tem de olhar em primeiro lugar. A autopreservação é uma lei natural, de Deus; não seja desobediente a ela. Que a graça possa nela colocar força, e que a partir deste dia você diga: *Jesus, Filho de Davi, tem compaixão de mim!* Confesso-lhes que não posso ler essa passagem sem deixar de ter o sentimento profundo e humilhante de pensar como uma simples informação deva ter sido tão abençoada para aquele homem. No entanto, ano após ano, temos dado aqui informações completas a respeito de Cristo Jesus e, mesmo que tivesse de dizer de muitos de vocês: "Quem deu crédito à nossa pregação? E a quem se manifestou o braço do Senhor?", queira Deus pudesse colocar ainda mais esse objetivo em meu coração, e vocês o pusessem mais no seu; pois, afinal de contas, deve ser uma preocupação maior para cada um de vocês do que para mim que cada um seja salvo. Embora seja o pregador responsável pela fidelidade da mensagem que transmite, são também os ouvintes responsáveis pela seriedade com que a ouvem e assumem. Queira Deus que a responsabilidade de vocês não se transfome em uma pedra de moinho pendurada em seu pescoço, levando-os para o fundo do mar do Hades.

II. Passando adiante, vamos observar O DESEJO INTENSO DESSE HOMEM MANIFESTANDO-SE COMO PAIXÃO IMPRESSIONANTE.

Muitas são as desculpas que os homens dão a si mesmos para não buscarem a salvação de sua alma imediatamente. A mais comum é esta: "*Sou um homem muito pobre*. Religião é para gente bem de vida, para pessoas que têm tempo sobrando; não dá para um simples trabalhador". Aquele homem era mais que pobre; era um miserável, um mendigo. Sua posição na vida era bem mais inferior que a de muitos de vocês. Apesar disso, no entanto, ele desejou fervorosamente que seus olhos fossem abertos e pudesse ver. Vocês, superiores, todos, em posição social e econômica em relação a ele, não deveriam fazer de uma suposta baixeza de sua condição pessoal desculpa para não buscar a salvação de sua alma. De onde se originou essa mentira — de que a religião de Cristo não é para os pobres? Será porque tantos dos nossos santuários ostentam arquitetura suntuosa? Por ter-se tornado habitual no domingo, e até muito propriamente, as pessoas vestirem suas melhores roupas para ir à casa de Deus? E o trabalhador pensa que por isso não seria bem-vindo, pois acontece de estar desempregado ou não ter um bom paletó para colocar? Vamos acabar com esse preconceito, por todos os meios possíveis, mostrando ao trabalhador que ele é muito bem-vindo aqui. Tenho observado, aliás, que, muitas vezes, vocês cedem o lugar para um marujo ou um operário de uniforme, ao passo que deixam homens bem trajados, aparentemente respeitáveis, de pé nos corredores, e não os repreendo por isso; os cavalheiros bem vestidos que me desculpem, mas é possível que estejam mais descansados do que aqueles que trabalharam duro a semana inteira. Admiro a escolha que vocês fazem, esperando que contribua para provar que o trabalhador não é ave rara entre nós. Na verdade, é um absurdo, ao vermos uma congregação bem e respeitavelmente vestida, pensarmos que todos nela devam necessariamente pertencer às classes altas. Certo pregador disse-me até, outro dia: "Você prega para os ricos, e eu prego para os pobres". Falou isso sem saber. Temos entre nós, e não me acanho em dizer, alguns irmãos muito bem de vida, cujas ofertas, eu diria principescas, nos permitem fazer muito pela obra do Senhor; mas a nossa grande quantidade de participantes nos cultos é composta de genuína classe trabalhadora. Não são, absolutamente, o tipo de pessoa que choraminga e se lamenta a vida toda, que prefere mendigar e se vestir de farrapos; não. São pessoas sóbrias, econômicas e que, portanto, na maioria, se ergueram para fora do fosso da pobreza absoluta com fé em Cristo e valorosa independência. A religião de Cristo não é somente para o homem pobre, pois, em quaisquer classes sociais, há sempre aqueles que a desejam; todavia, embora atraente para todas as classes sociais, se há uma preferência de todo modo determinada e motivo de santo orgulho de nossa fé é que "aos pobres é anunciado o evangelho". Portanto, quero chamar a atenção de quem dá como desculpa de não buscar a salvação em Cristo: "Religião é para gente bem de vida, para pessoas que têm tempo sobrando; não dá para um simples trabalhador": não repita isso, pois você já viu que não é verdade, você *já sabe* que não é verdade. Poderíamos lhe dar milhares de exemplos em que a fé em Jesus Cristo abençoou a casa mais simples na mesma medida que poderia abençoar um palacete; e é tão boa para o operário que tem de labutar de manhã à noite quanto para a dama da alta sociedade que aparentemente não tem quase o que fazer se é que já não faz algo bastante útil para a causa de Cristo. Livre-se já dessa desculpa, meu irmão.

Aquele cego mendigo, aliás, poderia ter dito como desculpa: *Preciso me dedicar à minha ocupação*. Ora, sua ocupação, seu trabalho, seu ganha-pão, era mendigar, e, embora Jesus Cristo estivesse passando por ali, ele poderia muito bem alegar: "Não tenho tempo para prestar atenção nesse profeta, seja ele quem for. Falam muito bem dele, sua pregação deve ser muito boa, mas eu tenho é de me concentrar em mendigar, senão, quando eu chegar em casa, haverá bem poucas moedas no meu prato de esmolas; de fato, não posso dispor do meu precioso tempo para prestar atenção nesse senhor". É isso também que muitos têm dito: "Olhe, meu trabalho me toma muito tempo. Tenho de labutar desde a manhã cedinho, antes até de o sol se levantar, até bem tarde da noite, quando então estou cansado demais para ler as Escrituras ou orar". Ah,

O CLAMOR SINCERO DO HOMEM CEGO

mas veja que aquele homem se esqueceu da mendicância para ir ao encontro de sua visão; e você pode muito bem se esquecer de seu trabalho, seus negócios, para encontrar a visão de sua alma; se valeu a pena deixar de lado a mendicância para ter os olhos abertos, vale a pena, se necessário, largar temporariamente sua ocupação profissional, se for necessário, para que você possa tão somente encontrar Cristo; ainda que, repare bem, não seja preciso que homem algum negligencie para sempre sua profissão por conta da fé.

Bartimeu poderia ter dito: "Não posso prestar atenção em Jesus Cristo, pois *agora é um dos auges da temporada*". Um auge da temporada de mendicância poderia ser uma daquelas ocasiões em que um grande número de pessoas, por qualquer motivo, se concentrava naquele local. Já que Jesus havia trazido consigo, e ainda atraído, grande multidão, ao passar por ali, ele poderia muito justamente alegar: "Se eu não esmolar agora, não adianta esmolar. Acho que tenho uma oportunidade única da providência divina para me dedicar à mendicância neste instante. Claro que quero ter meus olhos abertos, mas eles podem esperar; agora, tenho é que aproveitar ao máximo essa oportunidade". Esse é o seu estilo de falar? "Veja! Estou muito ocupado agora; a providência divina pôs algo muito bom no meu caminho, e é a issso que eu tenho de me dedicar. Não posso pensar em sair à noite durante a semana para ouvir um sermão, nem dispor de tempo para orar. Preciso de todo o tempo que possa ter para ganhar dinheiro, pois a hora é esta. Quando eu ficar velho e puder descansar, terei tempo então de prestar atenção nos assuntos de Deus". Ah, insensato! Veja o homem que pôs de lado uma boa oportunidade de ganhar dinheiro com a multidão para buscar sua visão; e você é tão tolo que não deixa seus lucros por um instante para ganhar muito mais de sua condição eterna?

O mendigo cego poderia ter dado mil outras desculpas, se quisesse. Poderia ter argumentado, por exemplo: "Bem, supondo que eu venha a ter visão, *não estarei mais em condições de exercer o meu negócio*" — pois um mendigo cego consegue, às vezes, ganhar mais do que um homem pobre que vê; e a qualifi-cação especial para mendigar é, no caso, exatamente não ter visão. Há quem pense também assim: "Se eu for salvo, não poderei mais fazer negócios como agora. Teria de me desfazer do bar. Eu não poderia ser gerente de um lugar de bebedice e, ao mesmo tempo, ser cristão. Prefiro a bebedice". "Eu não poderia continuar naquele bar", me disse, pelo contrário, uma jovem mulher que era garçonete. "Depois que o Senhor se encontrou comigo, trabalhei mais algumas noites no bar, mas não podia continuar ali. Não poderia servir bebidas e depois vir para a mesa da comunhão — nunca faria isso". Alguns temem pensar em religião cristã, por desqualificá-los para sua atividade. É uma desqualificação abençoada — o Senhor desqualifica milhares por dia para um trabalho amaldiçoado. Oh, mas se aquele homem cego pôde muito bem renunciar ao seu negócio de mendigar para clamar pela própria visão, você também pode muito bem renunciar ao seu negócio, se for pernicioso, para sua alma poder ingressar no paraíso. Se você perder o mundo todo, nada terá perdido se ganhar a eternidade.

Imagino por que aquele homem não usou uma desculpa bem conhecida: "Não sei se estou predes-tinado a ter visão; se for para ter visão, terei, e, se não for, não terei. Assim, continuarei sentado aqui, segurando meu prato de esmolas e pedindo. Esta é a melhor solução; vou é me dedicar ao meu trabalho!" Acho que alguns dos homens que usam essa desculpa sabem, em seu íntimo, que não estão certos em agir assim. Não posso acreditar que alguém racional possa tomar esse tipo de decisão: "Se for para ser salvo, serei; por isso, não preciso nem orar". Penso que quem chega a essa conclusão deva ser medroso, ou está tentando se convencer do que sabe que não é verdade. Sabe muito bem, por exemplo, que não há como se dizer esse tipo de coisa nos negócios: "Se for para ganhar vinte libras, ganharei vinte libras; portanto, nem vou trabalhar amanhã. Se for para ter uma boa colheita, terei uma boa colheita; portanto, nem vou arar a terra este ano". Quem geralmente nunca faria algo desse tipo mesmo assim finge ser um insensato, capaz de lançar fora sua alma por causa de uma falsa doutrina da predestinação. Irmãos, se um homem pretende se enforcar, irá procurar um pedaço de corda; e se quer se condenar, irá procurar uma desculpa. Essa desculpa da falsa predestinação é uma a que recorrem quase sempre os maiores tolos. Aquele cego não deu desculpa de qualquer espécie, fosse em relação à sua família, à sua ocupação ou à predestinação; simplesmente, clamou com veemência: "Filho de Davi, tem compaixao de mim!"

938 | MILAGRES E PARÁBOLAS DO NOSSO SENHOR

III. Vamos agora OBSERVAR SUA VEEMÊNCIA, notando ser de UM FERVOR BASTANTE RAZOÁVEL.

De acordo com o original grego dos evangelhos, esse homem teria, parece, uma boa voz ou, pelo menos, usou-a da melhor forma possível. Ele não ficou sentado murmurando: *Filho de Davi, tem compaixão de mim*, mas, sim, clamou, gritou, e, conforme a hostilidade contra ele aumentava, seu clamor era cada vez mais alto: *Filho de Davi, tem compaixão de mim!* Foi veemente, insistente e perseverante em seu clamor, mas justificava-se esse seu fervor: *conhecia a penúria da cegueira*. É uma desventura indizível e é preciso muita graça divina para fazer feliz um homem cujos olhos estão fechados à luz. Essa pobre alma não poderia ser feliz enquanto não tentasse uma chance que fosse de cura.

Já a sua cegueira, pecador, é espiritual — uma cegueira que não lhe deixa ver a si mesmo nem seu Salvador, cegueira que afasta de seus olhos todas as alegrias espirituais, que irá afastar eternamente de você as alegrias do paraíso e condená-lo a perambular sem esperança no negrume das trevas para sempre. No entanto, assim como, muitas vezes, certamente, o mendigo foi para casa sem quase nada, quando esperava que sua sacola fosse ser cheia de moedas naquele dia, você, também, como mendigo espiritual, tem experimentado fracassos com as suas próprias obras; tem esmolado na porta dos rituais e viu que são um espetáculo inútil; tem confiado nas invenções do homem, mas ainda precisa de uma esmola divina para torná-lo rico espiritualmente; sente-se, enfim, nu, pobre e miserável. Considere, portanto, a fraqueza humana, e que somente Cristo tem poder para salvá-lo. Se o seu clamor a ele se tornar extremamente intenso e forte, estará plenamente justificado, pois é um caso de urgência.

Além disso, foi-lhe dito, e então o cego sabia que Cristo estava próximo dele. Quando Cristo está próximo, há muito mais motivo para um clamor sincero a ele dirigido. Se Jesus não fosse ouvir você, se não estivéssemos em plena era da misericórdia, se a graça não estivesse sendo distribuída, como está, em abundância, você poderia até não querer clamar; mas, oh, quando acontece uma plena era de renascimento, quando você está na condição de Jesus abençoar as almas, quando ouve e entende o evangelho que Deus tem honrado, deixe então que seu clamor seja o mais veemente como jamais foi. Aquele pobre homem sentia que *era a hora, agora ou nunca, para ele*. Se não conseguisse que seus olhos fossem curados da cegueira naquele dia certamente nunca mais pudessem vir a ser abertos. Cristo estava passando e poderia nunca mais passar por ali outra vez.

Ó pecador! Pode ser também agora ou nunca para você. Deus pode salvar os homens na última hora, mas há muitos e muitos casos em que não deixa para salvar no último instante; e, depois que sua hora passar, não se sabe se ou quando voltará. Muitos a perdem e, desesperados pela dureza de seu próprio coração, persuadem-se a ser seus próprios destruidores, sem nenhum exame de consciência — não desejamos que venha a ser esse o seu caso. As batidas do relógio clamam constantemente aos homens que sabem como interpretar seu significado: "Agora ou nunca! Agora ou nunca! Hoje na terra, amanhã na eternidade!" Se você quer ter Cristo para sempre, o único tempo para buscá-lo é hoje. "Hoje, se ouvirdes a sua voz, não endureçais os vossos corações..." "Eis aqui *agora* o tempo aceitável, eis aqui *agora* o dia da salvação." O mendigo sentia isso e por esse motivo clamava cada vez mais alto: *Filho de Davi, tem compaixão de mim! Ele tinha consigo a noção, de alguma forma, do grande valor da visão.* Ouvira falar da felicidade de se contemplar a paisagem, os campos, as cheias, o céu. Desejava olhar e conhecer o rosto dos amigos, de seu pai, quem sabe de sua mulher, de seus filhos. Bem pode ser que ele, ao pensar no valor de ter visão, clamasse por isso mais vigorosamente. Pecador! Você tem ouvido testemunhos, tem tomado conhecimento, a respeito da felicidade de alguém ser perdoado para sempre de seus pecados. Tem tido também informação sobre a paz que representa a justificação em Cristo. Sabe, porque muitas vezes lhe tem sido dito, quanto a vida eterna é digna de ser desejada. Ó irmão, que o Espírito Santo possa balançar seu coração esta manhã, até que você não consiga mais conter seu clamor: *Jesus, Filho de Davi, tem compaixão de mim!* Se você pensar sobre o horror do seu estado atual, sobre a esperança que a presença de Cristo lhe concede e a felicidade que pode esperar de uma visão restaurada, verá por que aquele cego tinha boas razões para ser veemente. Mais ainda, se você pensar sobre a ira de Deus recaindo sobre você, sobre seu futuro como todo um conjunto de terror, mas também se lembrar do poder de Cristo em salvar

O CLAMOR SINCERO DO HOMEM CEGO | 939

e da bem-aventurança eterna de estar seguro nele e, sobretudo, sobre a brevidade do tempo e a necessidade urgente do seu caso, será levado a clamar com mais intensidade e sinceridade ainda que ele: *Jesus, Filho de Davi, tem compaixão de mim!*

IV. Vamos passar ao quarto ponto: AQUELE HOMEM EXPERIMENTOU REPRESSÃO AO SEU CLAMOR — que é *uma aflição muito comum.*

Conta John Bunyan em O *peregrino* que Diabolus tinha uma torre perto do portão, de onde costumava abater quem procurasse entrar; além disso, mantinha um grande cão, que latia, uivava e tentava devorar qualquer pessoa que batesse no portão da misericórdia. Essa descrição, embora imaginária, parece representar a mais pura verdade. Sempre que um pecador chega ao portão da misericórdia e começa a bater, esse ruído deve ser ouvido no inferno, pois imediatamente o demônio tenta afastar o pobre infeliz para longe do portão, ameaçando-o. Em tempos passados, piratas argelinos faziam muitos cristãos prisioneiros e os mantinham presos aos remos de suas galés para servir a seus comandantes. Quando navios de guerra cristãos eram avistados a distância, e os presos sabiam que havia esperança de serem libertados, os comandantes piratas ordenavam: "Remem por sua vida", e o chicote era então usado para fazer aqueles pobres presos empregar seu esforço em fugir do próprio resgate. É isso que o diabo faz. Prende e leva os pecadores a puxar seus remos, e, quando Cristo, com sua bandeira vermelho-sangue da liberdade, é encontrado por eles, bem ao alcance de seu clamor, muitos pecadores, em vez de clamarem a ele, se empenham em sair de perto de Cristo, sob o chicote do inimigo.

Como se isso não bastasse, Satanás, muitas vezes, recorre a homens maus, e até a homens bons, mas desavisados, para impedir que o pecador busque de todo modo o Salvador. Vocês sabem as maneiras pelas quais o mundo tenta calar um pecador que clama. O mundo lhe diz que está clamando quanto a um assunto que não faz sentido, pois a Bíblia não fala a verdade, não existe Deus, nem céu, nem inferno, nem vida futura. Mas se Deus o levar a clamar, pecador, você não será detido por isso; você há de clamar ainda mais e excessivamente: *Jesus, Filho de Davi, tem compaixão de mim!* Então, o mundo tentará agradá-lo. Você será convidado com maior frequência do que nunca a ir a festas e bailes, a bares e lugares de perdição. Contudo, se o Senhor pôs o clamor em sua boca, a angústia intensa de seu espírito não será jamais saciada pelo som da música, nem pelas vozes daqueles que só querem se divertir e se espojar neste mundo perdido e nada mais. Talvez o mundo diga que você é um tolo por se preocupar com as coisas ditas espirituais; que você é um melancólico, depressivo, que precisa se distrair. Ele lhe dirá que, se continuar assim, logo estará indo para onde muitos outros já foram — o asilo de doentes mentais. Todavia, se Deus o levou a clamar a ele, você jamais será detido pela risada de deboche dos insensatos; e sua oração angustiante emergirá em segredo: *Tem compaixão de mim.* Talvez o mundo o faça se voltar para preocupações pessoais. Você será então chamado para maior atividade profissional, para a sua carreira, seus negócios; buscará alcançar uma prosperidade que, afinal, jamais fará sua alma próspera; e nisso será encorajado por Satanás, a fim de se esquecer de vez de Cristo, enquanto acumula ou perde riquezas e cultiva preocupações. Mas, ah, se o seu clamor for como espero que seja, ó pecador ansioso, você não será detido nem por isso. Então, o mundo poderá atacar fazendo-o menosprezar a fé e a devoção. Você será desorientado ao ser conduzido a Cristo. Dirão que você se deixou enganar por algum fanático — quando, na verdade, agora é que você está recobrando a razão, ao dar às coisas eternas o seu valor adequado.

No entanto, o pior quanto ao seu clamor é que até mesmo *discípulos de Cristo,* e bem-intencionados, poderão agir como aqueles da narrativa agiram em relação ao cego: *E muitos o repreendiam, para que se calasse.* Alguns evangelizadores não têm muita paciência ou compaixão para com almas ansiosas. Danos são por vezes causados pela aparente conversão, fácil e superficial, feita por evangelizadores apressados. Por outro lado, quantos sermões se perdem por causa do espírito de sofisma de certos críticos e intérpretes! Ouvi falar de uma mulher que orava muito ardentemente pela conversão de seu marido. Um dia, porém, depois do sermão, enquanto caminhava para casa, ela ia conversando com uma amiga sobre alguns trechos do sermão e afirmando que achava que a doutrina nele pregada não se adequava exatamente ao que ela queria. O marido a olhou com assombro: aquele sermão tinha atingido em cheio seu coração e, no entanto, ali estava sua esposa contestando a pura verdade de que Deus a havia também abençoado, ao lhe conceder justamente o desejo do seu coração. Não duvido que, muitas vezes, o povo cristão, com suas críticas sem proveito sobre ministrações que Deus abençoou, concorra para estragar um bom trabalho, tornando-se instrumento nas mãos de Satanás, ao induzir pobres pecadores a cessar o seu clamor. Não, pobre alma, não deixe que crente ou pecador algum o faça calar. Se você começou a clamar, e apesar de estar clamando há meses, e nenhuma resposta da terna misericórdia de Deus ainda chegou, clame ainda mais forte e mais alto! Seja ainda mais humilde e sincero! Sacuda os portões do paraíso com veemência, como se os puxasse e empurrasse, com pilares, barras e tudo. Bata e permaneça às portas da misericórdia e não aceite aparente recusa. Bata, bata e bata outra vez, ainda que tenha de usar muito a aldrava, até obter uma resposta para o seu clamor. [...] *o reino dos céus é tomado à força, e os violentos o tomam de assalto* (Mt 11.12). As orações fracas nunca alcançam os ouvidos de Deus. Estique seu arco com toda a força, se você quer lançar sua seta tão alto quanto o paraíso. Aquele a quem Deus ensina a estar resoluto para ser salvo será salvo. Aquele que não toma a condenação eterna como seu destino, mas que sente que pode e deve ter Cristo, já está sob a ação divina do Espírito de Deus; leva a marca da eleição divina sobre a testa e deverá obter com toda a certeza a eterna salvação.

V. Chegamos próximo à conclusão. O CLAMOR DAQUELE HOMEM SE TORNOU TÃO PODEROSO QUE A PRÓPRIA RECUSA SERVIU DE ARGUMENTO PARA ELE.

Mas ele cada vez clamava ainda mais (Mc 15.14). Ele tomou as armas das mãos dos outros e as usou em seu próprio favor. Que argumentos você imagina que devam ter usado para querer fazê-lo calar? Imaginemos que um deles tenha dito: "Contenha sua língua, mendigo sujo e esfarrapado, contenha sua língua!" "É por isso mesmo que eu não posso conter minha língua", pensou ele consigo. "Sou realmente um mendigo tão repulsivo que preciso gritar, para justamente chamar a atenção de Jesus. Vocês, não, estão numa boa, não precisam chamar a atenção dele como eu. Quanto pior vocês me mostram que eu estou, e têm toda a razão, acho que mais necessidade tenho da ajuda do mestre; por isso, não vou parar de clamar, vou gritar mais e mais ainda." Se o diabo lhe disser: "Clamar para que, se você é um pecador perdido?", responda a ele que é justamente por essa razão que você tem de clamar: por ser tão pecador, tão horrendo e perdido diante de Deus; são esses os motivos pelos quais, mais até do que outros pecadores, você tem de clamar alto e bom som: *Jesus, tem misericórdia de mim!* Se a acaso tenham dito ao cego: "Você não pode gritar desse jeito. Jesus Cristo nem o conhece, nem olhou para você, muito menos o chamou"; "Têm razão!", deve ter pensado ele. "Esse é o verdadeiro motivo para que eu o chame. Se não tenho prova alguma de que me dará atenção, então não devo ficar sosssegado nem feliz até obtê-la. Se ele não me chamou, vou clamar a ele até me chamar." Quanto mais alguém insista em que o caso de um pecador é ruim demais e totalmente perdido, a única coisa que conseguirá provar é que esse pecador tem motivo maior ainda para clamar a Deus. Se me encontro longe demais da esperança, por que não deveria clamar bem alto àquele que deve ser ouvido e que está tão distante de mim? Quem esteja mais longe terá de clamar mais ruidosamente; e, se alguém achar que está mais longe do que todos os outros, terá de clamar mais forte e intensamente do que todos os outros. Portanto, se me acho distante demais de Deus, mas tenho esperança, vou orar, vou clamar, com a maior insistência e importunidade possível, até que a minha voz se faça ouvir por ele. "Você está gritando demais, você está fazendo muito barulho! Fique quieto! Você perturba todos nós." "Ah, que bom", pensa o cego. "Fico contente por me dizer isso, pois significa, então, que *agora* ele me ouvirá." Se esse homem tivesse ouvido o Salvador contar a parábola da viúva cujo pedido insistente e contínuo importunava o juiz, deveria mirar-se naquele exemplo e ter dito: "Faço barulho? Tanto melhor; farei mais ainda: se já incomodo você, talvez possa incomodar o mestre; vou então continuar, até que ele seja levado, como o juiz da parábola, a atender ao meu pedido, pelo grande alarido que faço". Alguns lhe dizem que você não deveria ser tão insistente em suas ideias, pois de fato perturba seus amigos; segundo eles, você está tão preocupado com a sua alma que ficam preocupados com a sua sanidade mental. Diga-lhes que está feliz por isso e que pretende ser ainda mais insistente, pois se você consegue sensibilizar o homem, que tem coração duro, poderá sensibilizar Deus, que é benigno, generoso e nos diz para virmos a

O CLAMOR SINCERO DO HOMEM CEGO

ele sem descanso; a fim de que, finalmente, ele lhe conceda o desejo do seu coração. É possível também que tenham dito ao cego: "Não perturbe o Senhor; ele está muito ocupado, tem muito o que fazer. Ele está pregando agora, está ensinando a seus discípulos". "Ah, bem", pensa ele, "já que ele faz tantas coisas boas, mais uma razão para que eu deva gritar, pois então ele me fará uma boa ação também". De fato, não há por que pedir a uma pessoa para fazer algo se nunca faz nada; mas quem está sempre se doando sempre se doará; e assim o mendigo obtém das muitas obras de Cristo mais uma razão para clamar. "Se ele está abençoando outros, por que não a mim também?" Por isso, caro ouvinte, quando ouvir sobre fartura de bênçãos de Deus, peça que possam recair muitas sobre você também; quando souber que Cristo está salvando tantos, faça disso motivo para também salvar você — *até* você. Podem, ainda, ter alegado ao mendigo cego: "O mestre está indo embora, de volta para Jerusalém; ele não pode ser interrompido por um mendigo qualquer. Contenha sua língua! Como pensa que ele conseguirá chegar lá, se for parar para atender toda pessoa que clamar por ele, só porque acha que a sua reivindicação é a mais urgente?" "Indo embora?", pensa ele. "Então, tenho de detê-lo agora, pois se o deixar ir embora sem falar com ele nunca mais conseguirei pegá-lo outra vez. Minha esperança terá acabado para sempre. Eu o tenho aqui e agora, não lhe darei a chance de ir embora sem me dar atenção." Mais alto eleva-se então o clamor: *Filho de Davi, tem compaixão de mim!* Se o inimigo disser a você: "É tarde demais", responda: "Se é tarde, preciso me apressar. Não vou parar; pois, se tantos anos se passaram sem que eu fizesse a descoberta de um Salvador, cada um deles vale por um estímulo para me fazer voar como o vento, o mais rapidamente, na direção dele". É muito provável que também lhe tenham dito: "Como ousa você, um mendigo, interromper uma pessoa como o Senhor Jesus Cristo? Ele está indo em triunfo para Jerusalém! Passará com pompa solene por todas as ruas da cidade santa. Quem é você para pensar que pode ter uma audiência com alguém tão importante quanto ele?" "Ele é importante!", o cego disse para si mesmo, encantado. "Importante pelo que faz! Eu preciso justamente de alguém assim! Só uma pessoa que se tornou famosa e importante justamente pelos seus feitos pode garantir me dar realmente a visão; e, por ele ser tão importante assim, preciso então realmente clamar, para implorar que se digne voltar para alguém tão sem importância alguma como eu e me conceda o altíssimo favor da sua bênção sem medida." Assim, se você ficar admirado da glória e grandeza do Senhor Jesus Cristo, não retroceda por esse motivo, mas, de preferência, diga: "Então, ele é poderoso? Poderoso para salvar? É ele o Salvador, nosso naravilhoso e importante Salvador? Então ele é exatamente o Salvador de que preciso e desejo! Nunca irei descansar nem parar até que ele diga à minha alma: 'Sou a tua salvação'".

Pedirei solenemente a Deus, agora, que estimule em algum pecador aqui, esta manhã, o desejo de orar e clamar; e, se houver alguém aqui que tenha estado orando e clamando e foi tentado a deixar de fazê-lo, possa a Palavra ser abençoada por Deus mediante o Espírito Santo para levá-lo a ser mais insistente em sua oração e clamor. Oh, que ele possa atender à minha súplica.

Lembrem-se, porém, de que a única forma pela qual o seu clamor e a sua espera por uma resposta chegarão ao resultado desejado é crendo e confiando plenamente e somente em Jesus Cristo. Se deslocarem sua visão de sobre si mesmos e voltarem seus sentimentos e sua oração em direção à obra de Cristo, nele crendo e confiando inteiramente, encontrarão a paz imediata. Há sempre paz para a alma que crê e confia totalmente em Jesus. Embora eu os exorte a orar e clamar, e intencionava fazê-lo hoje, de fato, mais do que tenho feito, não é meu desejo, de modo algum, que coloquem a oração e o clamor no lugar da fé e da crença. Se ainda não podem compreender Cristo o suficiente para descansar nele; se ainda não podem lançar sobre ele todas as suas carências, orem então por mais discernimento e para serem conduzidos a uma fé e confiança maior no Senhor; mas, oh, que Deus possa dar-lhes poder e vontade agora, agora mesmo, de manifestar uma fé viva no Salvador crucificado, pois há vida só em olharmos para aquele que foi crucificado em nosso lugar, em nosso favor. Clamar poderá, sim, levá-los a este ponto; mas rogo a Deus que os leve a ele agora, mediante seu poderoso Espírito, e que, assim como Bartimeu, possamos receber todos nossa visão e seguirmos Jesus pelo caminho afora. Que a Jesus Cristo seja a glória para todo o sempre. Amém.

QUANDO JESUS PARA

Parou, pois, Jesus... (Mc 10.49).

Um amigo me indagou ontem: "Neste domingo, você irá pregar para os santos ou para os pecadores?" Não pude responder naquele mesmo instante, mas, pouco depois, pensei comigo mesmo: "Se eu pregar sobre Jesus Cristo, nosso Senhor e Salvador, 'mato dois coelhos com uma só cajadada', oferecendo tanto aos santos quanto aos pecadores um tema bastante importante para refletir". Há apenas uma mensagem no evangelho, e essa mensagem tem linguagem única para todos. Os santos não conhecem música mais doce que o nome de Jesus, e os pecadores, conforto mais alentador que sua pessoa e sua obra. Pregamos para todos ao pregarmos sobre aquele que é tudo em todos. Cristo se apresenta como vida aos mortos e é igualmente vida para os vivos. Espero mais uma vez trazer uma palavra oportuna tanto para aqueles que temem a Deus quanto para aqueles que não o temem, ao falar hoje a vocês do nosso Salvador com base nestas simples palavras: *Parou, pois, Jesus...*

Nosso divino Senhor mudou de posição, da terra ao céu, mas é o mesmo de sempre, e, portanto, toda verdade que aprendermos que diga respeito a ele no passado se torna igualmente valiosa hoje, pois continua verdadeira nele. O nome completo de nosso Senhor é: "Jesus Cristo, o mesmo ontem, hoje e sempre". Tal como era o seu caráter na terra, ainda o é; seus objetivos na terra ainda são seus objetivos; o principal alvo dele quando aqui estava é a meta principal dele na glória. Não devemos dizer: "Isso é o que Jesus *era*", e então achar que tenha mudado, pois Jesus Cristo é invariável. A passagem do madeiro ao trono não afetou sua natureza de modo que o tornasse diferente do que era quando esteve aqui embaixo. Se nos regozijamos com alguma característica sua apresentada no evangelho, podemos ter certeza de que ele possui a mesma excelência, agora que está à mão direita do Pai. A experiência com o cego Bartimeu de Jericó, dezenove séculos atrás, é um bom exemplo de sua conduta para com todo pobre cego pecador que nesta hora venha a ele suplicando: *Filho de Davi, tem compaixão de mim!* (Mc 10.48); e espero que vejamos o milagre de Jericó repetido nesta casa hoje. Estou convencido de que assim será, pois, compelido pelas orações oferecidas, Jesus há de ser gracioso; e deverá ser dito depois que hoje, ante o clamor de seu povo, Jesus se deteve especialmente para operar maravilhas de amor: *Parou, pois, Jesus....*

I. Vamos, em primeiro lugar, responder à questão: O QUE SIGNIFICA ESSA PARADA NO CURSO DO SALVADOR? *Parou, pois, Jesus* [...] Não era este seu costume; ele estava sempre caminhando: *O qual andou por toda parte, fazendo o bem* [...] (At 10.38). Pode ser até que ele tivesse feito mais entre os homens se tivesse parado e permanecido em algum lugar, de sorte que as multidões a ele recorressem para ouvir sua voz, ou para serem curadas pelo seu poder; mas Jesus não era uma estátua de benevolência imóvel; ele era ativo e enérgico, um pregador itinerante que nunca se cansava em sua jornada. Não era fácil ver Jesus parado. Seu amor não esperava para ser buscado; tinha vindo para buscar e salvar o que estava perdido. O zelo da casa do Senhor o consumia; portanto, a ele não cabia o ócio nem a permanência. Todavia, no caso em foco, o grande obreiro fez uma pausa em sua caminhada: *Parou, pois, Jesus....*

Lemos no evangelho que nosso Senhor se dirigia a Jerusalém. Seu semblante certamente demonstrava estar determinado a realizar sua obra maior. Em suas próprias palavras, *Eis que subimos para Jerusalém, e o Filho do homem será entregue aos principais sacerdotes e aos escribas; e eles o condenarão à morte, e o entregarão aos gentios; e hão de escarnecê-lo e cuspir nele, e açoitá-lo, e matá-lo; e depois de três dias ressurgirá*

(Mt 20.18,19;Mc 10.33,34). Tinha um batismo com que deveria ser batizado, e a este estaria constrangido até que assim se cumprisse; deste modo, obrigava-se em sua ida à Cidade Santa, com corajosa resolução. Cada parada, cada pausa, seria para ele inconveniente, a menos que houvesse alguma boa razão para se deter. Sua obra preocupava sua alma e ansiava poder dedicar-se plenamente a ela, como alguém que tem algo amargo por beber e deseja logo levá-lo aos lábios. No entanto, apesar de seus pensamentos se acharem assim concentrados e seu coração absorto, iremos vê-lo, daí a pouco, fazendo uma pausa em sua caminhada determinada para o aguardado fim. *Parou, pois, Jesus...* Havia, sem dúvida, algo de especial nessa parada. O que o teria detido naquele ponto? Não seria hesitação — o pensamento de voltar atrás jamais passaria pela cabeça do Redentor. Em frente, sempre em frente, era sua firme resolução. Não parou também por uma razão pessoal ou fútil : todos os seus movimentos e todas as suas pausas tinham algo de significativo e uma amplitude de objetivo que nenhum outro motivo poderia oferecer.

Nosso Senhor já havia começado, na verdade, a procissão triunfal que iria prosseguir até chegar ao templo em meio às hosanas da multidão. Avançava para a cruz e, todavia, antes de encontrar a morte, iria ser proclamado Rei, humilde e modesto, que chegava vitorioso em Jerusalém, montado num jumentinho. Sua marcha triunfal, portanto, já havia começado, com Jesus atravessando Jericó, rumo a Jerusalém, em meio aos discípulos, seguidores e admiradores. No entanto, de repente, para; toda a procissão que o segue para também; os discípulos e a romaria dos fiéis se detêm, e a multidão se demora, no caminho da saída de Jericó. Por qual grande razão parou Jesus? Gostaria que um mestre escultor estivesse lá e houvesse retrata-do, pelo menos de relance, Jesus assim parado. Acredito poder vê-lo subitamente parado; por um segundo, não anda um centímetro sequer e se detém em atenção. Seus olhos se fixam na direção de onde provém uma voz, um grito, um clamor de súplica, chamando-o. Seus ouvidos se mantêm inteiramente abertos ao clamor e imediatamente acompanham então, com os olhos, o movimento dos discípulos naquela direção, obedecendo ao seu próprio comando de irem chamar o suplicante, que a ele clama em gritos aflitivos. Pau-sam também os pensamentos do Salvador: ele já está mentalmente absorvido pelo que deve atender, antes de dar o próximo passo. Tendo cessado certamente o ensinamento que dava enquanto vinha andando, embora seus ouvintes lamentassem esse silêncio pela repentina interrupção, o mestre oferece agora inteira-mente seus olhos e ouvidos ao suplicante, cuja voz lhe chegava sobre o barulho e o tumulto da população. *A súplica vinha de um mendigo cego — era esse o homem.* Sim, um simples mendigo cego havia parado o gran-de profeta de Nazaré — digamos logo seu nome: Bartimeu, filho de Timeu; deteve o Salvador e o manteve cativo. Jesus espera que Bartimeu venha a ele, pronto a atender o suplicante e lhe conceder seu desejo de misericórdia. A súplica *Jesus, Filho de Davi, tem compaixão de mim!* atingiu em cheio seu benigno coração, e o som, para ele melodioso e agradável, da palavra *compaixão* o deteve. Como diz Cântico dos Cânticos, *o rei está preso pelas tuas tranças* (Ct 7.5). Atento e preparado para ajudar com todo o seu poder, Jesus aguar-da. Ele se deteve ao ouvir o clamor de um mendigo cego, determinado que está a cumprir sua missão. Já vi servos esperarem por seus senhores, mas eis o Senhor de tudo e de todos esperando alguém talvez mais inferior que um servo, esperando por um homem cuja profissão é a mendicância.

Parou, pois, Jesus...; ele estava todo ali: pronto, disposto, capaz de fazer pelo pobre homem o que quer que precisasse. Pergunta: *Que queres que te faça?* (Mc 10.51), como o servo que aguarda uma ordem, após atender a um chamado e que se vê impedido de ir em frente sem que haja atendido ao pedido.

Parou, pois, Jesus.... Josué deteve o sol sobre Gibeão, mas coloco esse mendigo cego acima de Josué, pois, com seu clamor, faz o Sol da justiça, o próprio Filho de Deus, deter-se e permanecer imóvel para atender à sua súplica. Sim, aquele que criou nos céus o sol estava imóvel, dando toda a sua atenção ao pedido de um pobre homem. Jericó, que havia produzido em era passada um prodígio de fé com uma de suas meretrizes, oferecia agora uma maravilha da graça com um de seus mendigos. Quão esplêndido o poder contido no simples lamento daquele homem! Conseguiríamos encontrar tal poder entre os homens nos dias atuais? Ah, eis a questão! Nosso Salvador, irmãos, é hoje o mesmo de ontem e sempre, e acredito que eu e você temos, neste instante, poder para fazê-lo parar para atender às nossas súplicas e orações se agirmos como Bartimeu. Muitos pobres pecadores presentes aqui esta manhã, se Deus os ajudar a suplicar

944 | MILAGRES E PARÁBOLAS DO NOSSO SENHOR

como fez o cego, conseguirão atrair para si a completa atenção do Salvador, ganhar do seu poder, obter dele a graça que está tão desejoso e pronto a conceder. Quanto a vocês que o conhecem e amam, estejam certos de que nenhum clamor de um mendigo cego tem tanto poder junto ao Senhor quanto o de vocês, seus amigos. Tenho a certeza de que aqueles discípulos que põem a cabeça no peito de Jesus desfrutam de grande poder junto a ele, e, se estes nossos irmãos desejarem tão somente usar de sua influência para com o nosso bem-amado, poderão pedir o que for e assim lhes será feito. A súplica dos santos pode fazê-lo parar para atendê-los hoje mesmo.

Tenho temido e tremido ultimamente por meu país, receoso de que o Senhor Jesus dele se vá, levando consigo seu candelabro de intensa luz. Mais de duzentos anos atrás, George Herbert, vendo o declínio do estado de religiosidade na Inglaterra, disse:

> A religião em nossa terra anda na corda bamba,
> pronta para cair na rede americana.

Ele viu muitos puritanos indo embora para as colônias da Nova Inglaterra e temeu a saída da arca da aliança de sua própria nação. Graças a Deus, porém, as orações de Herbert e outros santos conseguiram fazer que o Senhor Jesus se mantivesse também conosco, apesar de parecer ter feito menção de nos deixar. Na verdade, o Senhor se mostrava muito disposto a estabelecer sua igreja também em meio ao povo cristão que tinha ido para as novas terras. Ele, de fato, fundou novas igrejas na América; mas não nos deixou sem testemunho. Por causa das lágrimas de seus santos, *parou, pois, Jesus....* Nós o seguramos; e não deixaremos que se vá; o Senhor continua habitando em meio às nossas congregações, dando-nos a visão, restaurando os homens, salvando as almas. Ó vocês, que o amam, saibam disto: pelos seus pedidos e clamores, vocês podem detê-lo junto a nós.

Muitas vezes, nosso Senhor, supremo juiz entre as nações, visita repentinamente os pecados de um povo que se encontra sob o domínio do mal. Sua paciência dá lugar à sua justiça, e sua Providência determina que a nação culpada seja advertida ou punida; em tais casos, ocorre, porém, não raro, que essa nação seja de fato abençoada em levar, com seu clamor, o Rei a parar para perdoar. Este nosso pernicioso país já escapou muitas vezes do divino juízo por conta das orações dos santos. Não há como se ler nossa história sem constatar que entre as nações culpadas ocupamos triste posição: temos tido mais luz que muitos outros povos e, no entanto, contra a luz temos pecado inúmeras vezes. Essa nação errônea teria sido levada à destruição não fosse a intercessão do povo de Deus, intercessão essa que alcançou a benevolência do Juiz de toda a terra, fazendo-o parar para nos conceder perdão. Jesus governa todas as nações como Senhor da Providência, distribuindo justiça e juízo entre elas, mas nossos pedidos de misericórdia e compaixão podem levar a uma suspensão ou a um adiamento da punição, permitindo assim a nações pecaminosas subsistir nos limites da graça.

Não duvido de que quando esteja bem perto o fim de um condenado à morte, quando o sopro de vida de um pecador esteja quase deixando seu corpo, enfim, quando esteja prestes a ser executado o juízo sobre uma pobre alma em delito, as preces de homens e mulheres devotados façam o Senhor misericordioso tardar um pouco mais tal execução, criando oportunidade para o arrependimento em um coração muito endurecido, e que o brilho repentino da fé possa ainda ser dado a olhos há muito cegos. Que interrupções não há de poder fazer a graça quando a fé intercede! O que quer que nosso Senhor Jesus esteja realizando, jamais estará ocupado demais para não levar em conta uma oração sincera. Ele porá todas as coisas de lado, se preciso for para ouvir uma súplica insistente e sincera. Até hoje, Jesus para, a fim de ouvir o lamento dos desvalidos. Se pudéssemos descerrar agora as cortinas do céu, veríamos nosso Salvador disposto a ouvir nossa oração e a doar de sua graça dando toda a atenção a cada suspiro, guardando cada lágrima em seu frasco, respondendo a cada pedido de coração sincero que apareça à sua frente. Mesmo governando impérios, ele para porque quer ouvir a lamúria de aflição de um simples coitado; apesar de habitar os louvores de Israel, o Senhor se comove pela tristeza dos pecadores; mesmo preparando o dia

QUANDO JESUS PARA | 945

triunfal de sua vinda e o início do advento vitorioso e ímpar do estabelecimento da Nova Jerusalém, ainda assim Jesus para quando o pobre e o necessitado colocam seus casos diante dele.

Procurei retratar assim quando e por que o Senhor Jesus para e permanece parado. Como gostaria que todo crente contemplasse o Salvador e a ele dissesse como disse Charles Wesley:

Parando ao clamor de um pecador,
tu não consegues mais te mover,
pois tu não consegues te abster
de manifestares teu amor.
Para a tua graça se revelar,
me ordena então tua face buscar.

II. Faremos, a seguir, uma investigação prática: QUEM ERA E O QUE ERA AQUELE QUE FEZ PARAR O SALVADOR? Herodes não o teria conseguido, nem Pilatos, nem os líderes religiosos, nem a visão do sangramento, nem a visão da cruz. Estes teriam, pelo contrário, apenas apressado seus passos para entrar no conflito e alcançar a redenção humana. Quem era e o que era, então, o que o fez parar?

Como já sabemos, foi um *cego mendigo*. Penso que não haja aqui esta manhã quem quer que seja mendigo; vestimos tão boas roupas e somos tão respeitáveis que as pessoas abjetamente mendicantes não gostariam de vir e se sentar aqui conosco. Ainda assim, sei que há pessoas pobres aqui e agradeço a Deus por isso. Que aqueles que estão em pobreza acreditem, assim espero, ser bem-vindos à casa do Senhor, que não tem olhos para o nível social. Ficamos felizes em ver pobres entre nós; quanto mais, melhor. Bartimeu, todavia, era um homem da classe mais baixa; não ganhava o próprio pão, nem conseguiria; sentava-se à margem da via pública e estendia a mão a esmolar. Muitos davam, e ainda dão pouca importância a um mendigo, mesmo cego, sendo capazes de passar por ele sem notá-lo; no entanto, aquele a quem devemos a esperança do céu parou ao clamor daquele pobre ser. Depois disso, nenhum de vocês, tenho certeza, ousará dizer: "Não posso ser salvo, pois sou tão pobre, obscuro, tão sem posses, sem possibilidade, sem esperança!"

Diga-me o que você tem de pior, e ainda assim terei para você as melhores notícias sobre a vontade condescendente do meu Senhor para com as pessoas justamente como você. Você dormiu em um albergue na noite passada? Seja bem-vindo a Cristo. Está deixando o hospital público, o presídio? É convidado de honra ao palácio da graça de Deus. Trabalha muito por muito pouco, mal consegue se sustentar e aos seus? O Senhor Jesus Cristo não requer nenhuma taxa nem contribuição de você; venha de mãos vazias ao cofre dele. Jesus não olha para as roupas. Que importa a Cristo os nossos casacos? Alfaiates é que pensam nesses assuntos, não Jesus. Ele, Cristo, olha para cada pessoa em si, não para suas vestes: olha não para as posses, mas para o coração de cada um. Contempla não a excelência do homem, mas, com misericórdia, sua necessidade, suas tristezas, sua pobreza espiritual. Nenhuma pessoa aqui jamais conseguirá dizer: "De nada me adianta pensar em religião, minhas condições são muito precárias"; ou "Estou tão deprimido que devia pensar em coisas melhores, mas a vida de pobreza é tão temível e difícil que eu acho que não vou conseguir me erguer". Isso tudo não é verdade. Você não deve ser mais pobre do que o cego mendigo de Jericó; nem os dentes afiados da penúria o mordem tão mais fortemente do que já fez a outros santos sofredores do Senhor. A penúria comia o coração daquele pobre cego, e, no entanto, seu clamor fez o próprio Salvador parar para atendê-lo. Assim, quanto a você, que se considera o mais baixo, o mais vil, o mais pobre, o mais afligido e mais desprezado, dos presentes nesta casa, rogo que Deus o ajude a implorar ao Senhor Jesus Cristo por compaixão, e ele há de parar e permanecer atento para ouvir e atender você — até mesmo a *você*.

Bartimeu usou de algum artifício para deter o Senhor? Não. O que parou o Salvador foi o lamento, o clamor de sofrimento e aflição, de um mendigo cego. Ele não entoou um hino enternecido; apenas suplicou. Há pessoas que têm uma voz tão melodiosa que, se cantarem na rua, seremos capazes de parar para ouvi-las; mas este homem não cantava, nem mesmo havia aprendido a entoar melodiosamente as orações, como faziam alguns em épocas passadas. Pergunto-me até se o Senhor ouve de maneira mais atenta nossas orações só porque as transformamos em música e as cantamos com vozes afetadas. Por que será que acreditamos ser melhor dirigir nossas orações de forma cantada para o céu? Esse homem, não; simplesmente, suplicava. Era um lamento, e um lamento retumbante, que certamente aumentava de intensidade cada vez que era repetido: *Filho de Davi, tem compaixão de mim! Filho de Davi, tem compaixão de mim!* Era uma voz vinda de um coração sobrecarregado de penúria, alquebrado de angústia, cansado de longos anos de escuridão, ansioso pela luz, esperançoso em obtê-la. *Filho de Davi, tem compaixão de mim!*, o lamento se erguia, sempre e sempre, acima de tudo e de todos, acima de todo o tumulto e burburinho da multidão.

Lembremo-nos que esse clamor era *um pedido de misericórdia: Filho de Davi, tem compaixão de mim!* Se pedirmos qualquer coisa ao nosso Senhor sob pretexto de nosso mérito, não o teremos senão desatento à nossa petição. Se você acha que é uma boa pessoa, por isso merecedora do favor das suas mãos, ele poderá passar sem o conseguir ouvir: ele não veio para chamar os bons e os justos, mas, sim, os pecadores ao arrependimento. Quando a súplica é humilde, por misericórdia ou por perdão, toca-se seu coração diretamente. O orgulhoso, quando ora, acredita que sua prece eloquente prevalecerá, mas o vento leva suas súplicas; já o humilde nada mais faz senão bater no peito e clamar, como o publicano da parábola: *Ó Deus, sê propício a mim, o pecador* (Lc 18.13), e esse clamor por piedade acaba prevalecendo.

Quando o anjo mensageiro do perdão viajava pelo mundo, ele se perguntou em qual hospedaria deveria passar a noite. *Leão* e *Águia* não estavam em seus planos, e por casas com tais nomes belicosos ele passou ao largo; da mesma forma passou por lugares denominados *Pluma Esvoaçante* ou *Herói Conquistador*, pois sabia que não haveria lugar para ele em tais hospedarias. Por muitas outras passou, até que, por fim, chegou a uma bem pequenina, que levava o nome de *Coração Quebrantado.* "Aqui", disse consigo mesmo o mensageiro do perdão, "alegremente me hospedarei, pois sei por experiência própria que serei bem-vindo". "Ao coração quebrantado e contrito não desprezarás, ó Deus."

Se vocês, amados amigos, implorarem por misericórdia, estando profundamente conscientes de que nada além da graça de Deus os pode salvar, ainda que não consigam juntar belas palavras em uma frase ou oferecer uma longa oração, serão bem-sucedidos com Deus. Não é necessário ser um orador para ser forte na súplica ao Senhor. Apenas pisem no território da graça livre e do amor ardente, e Jesus irá parar e os ouvirá.

Outro ponto sobre o lamento do cego que não deve ser esquecido: *o nome de Jesus foi usado como súplica.* Existe algo no céu, ou mesmo fora dele, mais poderoso que o nome de Jesus? [...] *a fim de que tudo quanto pedirdes ao Pai em meu nome, ele vo-lo conceda* (Jo 15.16); *E tudo quanto pedirdes em meu nome, eu o farei* [...] (Jo 14.13) Pai e Filho se comprometem a reconhecer e aceitar cada retirada da tesouraria do céu endossada pelo nome de Jesus, nome que faz os anjos se regozijarem e os demônios tremerem. Não há nome como este em lugar algum. O cego mendigo de Jericó tinha aprendido o nome de Jesus; e ainda o chamou de *Filho de Davi* — Príncipe, Messias, Enviado de Deus, Salvador do mundo. Aqui há sabedoria. Ó querido ouvinte, se você conhece e reconhece o nome de Jesus, declare-o; se você sabe quem ele é, o que veio fazer, o que fez e o que está fazendo; se você sabe a respeito de seu caráter, sua natureza, suas promessas, seu poder, declare-o diante dele em oração. Diga a ele, com humilde fé: "Jesus, Filho de Deus, sei que de fato és tudo isso; sê tudo isso *para mim*, eu te rogo; sê meu Salvador, *salva-me*; sei que destróis o pecado, destrói o meu; sei que abres a compreensão, abre o meu entendimento, em teu misericordioso nome". Quando podemos assim fundamentar nossos pedidos ao Senhor, temos grande presteza de sua presença e sua ajuda, e será dito, a nosso respeito: *Parou, pois, Jesus....*

Creio, porém, que a razão principal que fez nosso gracioso Mestre parar se deva ao fato de que ele tinha *mais uma oportunidade de fazer o bem*. Jesus veio para buscar e restaurar as ovelhas perdidas; e, ainda hoje, seus olhos brilham sobre alguém dilacerado e incapacitado, para lidar somente e ternamente com esse alguém. Nosso Senhor era e é um Salvador itinerante, e onde quer que seja necessário, ali para e age. O objeto de sua missão é ainda o mesmo:

Penetra as densas nuvens da devassidão,
fazendo resplandecer o clarão mental;
E, aos olhos daqueles que não tenham visão,
derrama do dia toda a luz celestial.

Vem restaurar o destroçado coração
e à alma sangrenta chega para curar;
E com os seus tesouros de graça e perdão,
até o humilde pobre vem rico tornar.

Certas pessoas nos dias de Jesus se gabavam de não sofrer de cegueira, de poder ver. Nosso Senhor não se detinha para discutir com elas; se não o queriam, passava ao largo; mas eis um homem cego — e não foi dito do Messias que ele justamente viria para abrir os olhos dos cegos? Eis, portanto, mais uma oportunidade própria para ele, e é diante dessa oportunidade que ele para, até que sua radiante obra seja realizada. Vocês, boas pessoas, que acreditam poder ir para o céu por sua própria obra, saibam que meu Senhor não espera por vocês; mas vocês, pobres pecadores, que não têm mérito algum, pobres culpados arrependidos que precisam tanto da misericórdia dele, Jesus para por vocês. Vocês, que acham que são tão autossuficientes que podem crer quando bem entendam; arrepender-se se e quando lhes aprouver; ser salvos quando melhor queiram; ser tão independentes do Espírito Santo e da soberana graça de Deus — Jesus nem olha para vocês; mas ó vocês, que reconhecem que são cegos, que não podem ver; vocês, que desejam tanto poder enxergar e que lamentam, suplicam, oram e clamam para isso a ele, pois sabem que não têm força alguma em si mesmos — vocês são as pessoas escolhidas pelo meu mestre. Acreditem, o Senhor da misericórdia não olha para os méritos de alguém, mas para a sua penúria. A necessidade clama fundo no seu terno coração. Ó filhos dos homens, o infinito Salvador não dá valor à falsa autossatisfação da pessoa; seus olhos de piedade repousam, sim, sobre o verdadeiro vazio do ser. Ele vê com indignação os fantasiosos pedidos de homens orgulhosos e farisaicos, mas se apressa em curar e aliviar aqueles que com humildade e sinceridade confessam seus erros e buscam a face do Salvador. É esse o trabalho e o ofício de Jesus, e ele ama exercer esse seu chamado superior. Venha, pois, a ele e deponha seu caso em suas santas mãos. Seja esta sua oração:

Tu, que paras visando a realizar
todo o bem à vida necessitada,
em mim o teu louvor possas gerar
com tua maravilha revelada.

Se és tu, meu Deus, que estiveres passando,
Oh, que eu ache de ti proximidade!
Que o clamor por compaixão, escutando,
toque, Filho de Davi, tua bondade!

Vê que no caminho espero infeliz
da tua divina luz o esplendor;
Ordena que eu vá a ti, então, e diz:
'Recebe a tua visão, pecador!'.

Mostrei o poder que levou o Salvador a parar, de tal modo que o evangelho narrasse: *Parou, pois, Jesus....* Examinemos, agora:

III. O QUE HAVIA DE ESPECIAL NESSE CEGO E EM SEU CLAMOR?

Uma resposta é bastante evidente: o que havia de especial, antes de tudo, é que *aquele homem mostrava grave necessidade.* Tinha ele dois fardos pesados a carregar. Em primeiro lugar, era pobre — e isso já é ruim o suficiente; mas, também, era cego — e com isso, seu problema se tornava pior. Tratava-se, portanto, de um homem com dupla e grave necessidade: sem pão e sem visão; eis por que, provavelmente, seu lamento tinha dupla sonoridade aos ouvidos do grande amigo dos pecadores. Não há como eu percorrer todo este salão, estas galerias em sua extensão, e descobrir todos aqueles que aqui se encontram em eventual terrível necessidade; se pudesse, no entanto, para eles olharia agora e diria:

Vinde, aflitos pecadores, cheios de tristeza e dor.[1]

Posso, no entanto, fazer algumas investigações a respeito — e o Senhor haverá de encontrar, por meio delas, os seus. Estaria presente alguém aqui portador de uma necessidade dupla, ou seja, duplamente culpado, duplamente indefeso — alguém que sinta que, se Jesus não o salvar, estará duplamente condenado? Estarei me dirigindo a alguém cuja necessidade é duplamente urgente, de modo que seu coração desmaie de carência de alívio imediato? Ó você, que se encontra duplamente perdido, não se desespere: Jesus vai parar, por sua causa! Você, que, espiritualmente, é cego e ao mesmo tempo pobre, há de receber imediata atenção do Senhor. Ó você que, do mesmo modo, nada possui nem consegue vislumbrar a esperança de vir a ter algo um dia: é você, justamente, o privilegiado cuja voz suplicante Jesus jamais irá desprezar! Clame, suplique firmemente a ele agora. Ele o aguarda, neste momento. "Por que", pode alguém questionar, "você teria de preconizar nossa pobreza, nossa mendicância, nossa falência?" Em termos espirituais, exatamente pelo seguinte:

> Somente a verdadeira necessidade
> pode nossa alma realmente libertar;
> Enquanto acharmos algo nossa propriedade,
> de tudo ainda não nos iremos livrar.
>
> Mas se nossa dívida vier a acumular,
> seja ela uma dívida muito grande ou não,
> assim que nada tivermos como pagar,
> nosso Senhor dela nos dará o perdão.

Outro fator especial que havia nesse homem, além de sua necessidade dupla, era *seu firme desejo*. Ele almejava ver e falava sério, e não havia como duvidar de sua sinceridade e ansiedade. Seu clamor não se restringia a seus lábios. Seu desejo era, ademais, bastante justo e adequado. Almejava não um luxo, mas uma necessidade. No versículo 36 deste mesmo capítulo 10 de Marcos, que estamos estudando, nosso Senhor indaga a Tiago e João: *Que quereis que eu vos faça?*; agora, quando fala com Bartimeu, usa as mesmas palavras: *Que queres que te faça?* Tiago e João pediam algo que não era adequado, ou necessário, ou cabível; mas esse pobre homem tinha um desejo que era, de todos os possíveis, o mais natural. O que deve um cego almejar senão a visão? Você tem ânsia de sua salvação, caro ouvinte? E pelo que mais deve um pecador ansiar? Deseja o perdão dos seus pecados? A mais adequada de todas as coisas para alguém culpado é desejar o perdão. Espera ter seus olhos espirituais abertos? Clama por ser restaurado? Anseia por se tornar santo? Se seu desejo for real, sincero e fervoroso, o objeto desse desejo é tão cabível, tão louvável, que você pode se assegurar de sua concessão; anime-se, portanto, e confie no Senhor.

Algo também especial nesse caso era *a sinceridade no pedido do homem*. Seu desejo se transformara em clamor, que sintetizava sua argumentação e a tornava urgente, com toda a sinceridade. Sua súplica estava tão cheia de vida que não tinha como ser repreendida. Muitos tentaram silenciá-la, mas não podia ser impedida. Pessoas mais importantes que o cego lhe ordenaram que se calasse; apóstolos recomendaram que

---

[1] [NE] Verso inicial do hino nº 244, *Graça admirável*, do *Cantor cristão*, correspondente a verso similar, citado no original em inglês pelo autor.

QUANDO JESUS PARA | 949

se contivesse, mas ele não ouviu ninguém. Estou quase certo de que, se um apóstolo dissesse a algum de vocês: "Não ore", você se sentiria bem lastreado para cessar de imediato sua oração; pelo menos, serviria como desculpa suficiente para isso. Você diria, certamente: "Não vou mais buscar misericórdia, pois Pedro me disse para não buscar". Oh, mas se em seu coração houvesse uma obra da graça, nem cinquenta *Pedros* o impediriam de orar. A oração que não se pode controlar traz consigo garantida a resposta. Se houver em sua alma uma oração que nem Tiago nem João consigam silenciar; se houver uma súplica que nem André nem Filipe nem Natanael nem todos os doze possam sufocar, o Senhor Jesus irá prontamente ouvi-lo. Ore meu irmão, ore sem cessar; mesmo que todos os demônios digam que não ore ou todos os santos do céu digam que seu pedido é inútil, mesmo assim suplique, e seu pedido encontrará rapidamente o Redentor. O Senhor para por você, e neste mesmo instante pode estar sendo dito dele: *Parou, pois, Jesus....*

Por fim, o que mais fortemente deteve o Salvador foi *a fé desse homem*, tanto assim que depois Jesus lhe disse: *Vai, a tua fé te salvou* (Lc 7.50). Que tipo de fé era essa? Era a melhor quanto à origem, pois, sendo a fé de um cego, não estava adulterada pela confiança que advém da visão. A fé provém não do ato de ver, ou então jamais poderia ter existido neste pobre mendigo; vem do ato de ouvir, e ouvir ele podia. Temos entre nós algumas pessoas que parecem crer que a fé vem pela visão. Crendo nisso, exercitam-se por meio da vista, de muitas maneiras. Ao entrarmos em suas igrejas, deparamos com imensa cruz; o altar é suntuosamente adornado; escritos e personagens místicos estão aqui e ali em abundância. Abra os olhos e receba uma bênção, se houver. Veja, lá vem um homem que traz consigo recursos da graça para os olhos; usa uma cruz enfeitada e está inteiramente paramentado, como se fosse para instruir e salvar todos os que estejam prontos a estudar seu vestuário simbólico. Quem tem olhos, veja. Veja o que faz esse sucessor dos apóstolos; observe suas genuflexões, suas expressões, seus meneios de cabeça — toda essa apresentação ministerial para os observadores. A fé do tipo católico romano ou anglocatólico parece vir da visão; mas a dos eleitos de Deus, a fé que salva a alma, *é pelo ouvir, e o ouvir pela palavra de Cristo* (Rm 10.17). Bartimeu nada vira, mas creu no que lhe contaram sobre o Messias, e assim foi abençoado: *Bem-aventurados os que não viram e creram* (Jo 20.19). Se Jesus Cristo ressuscitara os mortos, esse homem não viu tal milagre; se curou leprosos, esse homem não viu tal maravilha; se o aleijado largou as muletas e pulou de alegria, ele não viu as muletas nem muito menos o pulo de alegria: sua fé provinha unicamente de ouvir, e essa é a melhor estirpe da fé.

Sejam ouvintes atentos do evangelho, queridos amigos. Agradeçam a Deus pelo privilégio de poder escutar. Vocês não têm necessidade de aspirar por cerimônias, nem imagens, nem arquitetura, nem procissões; dispõem de meios da graça mais que suficientes como simples ouvintes do evangelho. É pela porta do ouvir que o rei Jesus entra na cidade da alma humana. Disse o Senhor: *Inclinai os vossos ouvidos, e vinde a mim; ouvi, e a vossa alma viverá* (Sl 71.2). O sonho, a visão, a experiência arrebatadora não são, de fato, sinais; creiam, sim, em Jesus Cristo, e vocês encontrarão nele mais do que em todos os sinais e maravilhas.

IV. Aprendemos, assim, sobre as forças que levaram o Salvador parar; aprendamos agora como usá-las. Alguém poderá perguntar: "O que isso tem que ver conosco?" É este, justamente, meu último ponto: "o QUE HÁ DE ESPECIAL PARA VOCÊ NESSA PASSAGEM, MEU OUVINTE?"

Creio haver muito para você, assim como há muito para mim. Já fui também um mendigo cego, tão cego quanto os deuses pagãos, sobre os quais lemos que *têm olhos e não veem* (2Co 4.18); e fui um mendigo tão miserável a ponto de não possuir uma dádiva, um dom que fosse, de mérito para me abençoar. Uma vez, pensei ter realizado algumas boas obras, mas elas não prestaram, e tive até de removê-las, para não contaminar o local. Achei pior do que se nada tivesse feito, pois, tal como os egípcios quando as rãs da praga foram retiradas, tinha muito lixo que me livrar. Essas minhas boas obras se tornaram, em minha opinião, tais moedas falsas, que temia ser condenado por propalá-las. Ah, as minhas boas obras, minhas orgulhosas boas obras, minhas enganadoras boas obras! Elas afligiram duramente minha consciência. Ao colocá-las em lugar de Cristo, fiz pior que praticar outros pecados. Acabei em estado mais lastimável do que de quem nada tem, pois até os cabelos da cabeça estavam em débito, e eu sabia disso. Foi então que ouvi de alguém que poderia ser liberto, implorei a Jesus, e ele me libertou. Oh, como gostaria que muitos

950 | MILAGRES E PARÁBOLAS DO NOSSO SENHOR

outros sentissem que também precisam do divino Salvador; que os homens soubessem como são pobres e cegos e que Jesus lhes pode dar visão e atender a todas as suas carências.

É muito curioso — muito curioso para mim — que haja incerteza sobre essa narrativa. Não posso falar categoricamente, mas tenho a impressão de que essa história que nos conta Marcos não é tudo que aconteceu de fato; pois Mateus, por exemplo, relata que havia, no caso, dois cegos. Ouça o que conta Mateus. É o mesmo incidente ou um estranhamente parecido. Mateus 20.29-33:

> Saindo eles de Jericó, seguiu-o uma grande multidão; e eis que dois cegos, sentados junto do caminho, ouvindo que Jesus passava, clamaram, dizendo: Senhor, Filho de Davi, tem compaixão de nós. E a multidão os repreendeu, para que se calassem; eles, porém, clamaram ainda mais alto, dizendo: Senhor, Filho de Davi, tem compaixão de nós. E Jesus, parando, chamou-os e perguntou: Que quereis que eu vos faça? Disseram-lhe eles: Senhor, que se nos abram os olhos.

Se havia dois mendigos cegos, Marcos, então, pode ter achado necessário mencionar apenas um, certamente o principal. O outro não tem seu nome conhecido. Sabemos, por Marcos, somente o nome de Bartimeu e o nome de seu pai; não sabemos o nome de seu companheiro. Marcos poderia, quem sabe, ter deixado de fora o nome do pai, Timeu, que está implícito no nome de Bartimeu — *filho de Timeu* (Mc 10.46) — e mencionado o nome do outro mendigo, mas ou não o sabia, ou não se sentia compelido a assim fazer. Talvez pela mesma razão devemos aprender mais com o silêncio dele do que com suas informações. Venero o silêncio da Bíblia tanto quanto seu discurso. Imagino, porém, se haverá algum homem ou alguma mulher que há de receber salvação esta manhã de quem nunca ouviremos falar, cujo nome nunca aparecerá em nossos livros e cuja história nunca iremos celebrar em nosso coração. Parece, com base no que diz Mateus, que esse cego número dois, quem quer que ele seja, esse anônimo, deve ter clamado com as mesmas palavras de Bartimeu. Este era um homem de vontade e energia e clamou, dizendo: *Filho de Davi, tem compaixão de mim!*; o outro assim o seguiu, adotando sua fala. Era como um pobre orador que falava depois de Burke e, mui sabiamente, dizia não mais do que: "Concordo com o sr. Burke". Marcos talvez por isso não haja tomado conhecimento dele: por ser o eco de Bartimeu e, provavelmente, uma mente fraca e volúvel, cuja única chance parecia ser a de seguir a liderança de outra mais forte. Eis, portanto, a piedade de Cristo: apesar de não sabermos o nome do homem, ele teve também os olhos abertos tão certamente quanto Bartimeu e, embora sem conseguir fazer seu próprio clamor e de apenas seguir Bartimeu, tinha esperanças próprias, e recebeu a consolação de Jesus. Ó pobres corações, vocês aí sentados bem no fundo, que parece que nunca terão coragem de fazer parte da igreja de Cristo por serem tão tímidos, tenham coragem: Jesus conhece e vê até vocês. Ó pobres trêmulos, sem capacidade suficiente para colocar uma dúzia de palavras juntas — ou, pelo menos, assim o creem, pois nunca se sabe o que pode estar escondido dentro de vocês —, lembrem-se de que é o nosso desejo interior que Jesus ouve, não as agradáveis frases de oradores bem preparados. Gostaria que vocês tomassem emprestadas as orações da Bíblia, pois as orações das Escrituras certamente são válidas. Usem, por exemplo, a oração do publicano da parábola, se não conseguem fazer a sua própria, e digam: "Ó Deus, sê propício a mim, o pecador!"

Ao rever em Mateus que havia dois mendigos cujos olhos foram abertos, pensei: "Depois da pregação, deverei provavelmente vir a conhecer um convertido cujo nome e família eu conheça e com cuja história de graça eu me conforte; mas, oh, que meu Senhor abençoe também alguém que nunca conheci nem conhecerei, alguém anônimo, uma alma fraca, tímida e acanhada". Há alguém aqui assim? Tais pessoas irão *ler* depois este sermão? Que, diante de sua súplica, Jesus pare para abençoá-las.

Devo mencionar algo ainda mais curioso. Não estou certo, nem estou convencido — falo de coisas que devem permanecer indeterminadas —, mas é muito provável que tenha havido *três* mendigos cegos curados. Pode ter acontecido de, em primeiro lugar, um homem, Bartimeu, se aproximar do Senhor Jesus e ter seus olhos abertos quando o Senhor estava quase fora de Jericó; e de dois outros cegos terem seus olhos abertos depois, quando Jesus e a multidão já estivessem de fato fora de Jericó. Muitos autores creem

Quando Jesus para

|951

que Mateus e Marcos registraram dois incidentes diferentes, e é muito provável que tenha sido assim. É possível que os dois homens cegos, sabendo imediatamente a respeito do sucesso de Bartimeu, tenham sido encorajados a tentar o mesmo para eles e sabidamente imitaram tal modelo, suplicando nos mesmos moldes pelo mesmo obséquio. Houve assim uma repetição do incidente em escala dobrada. Gosto dessa ideia. Pergunto-me também se não estará aqui, hoje, o número três, cujo nome não sabemos e provavelmente nunca viremos a saber e que, no entanto, é conhecido de Jesus e teve seu lamento atendido. Aqui pode ter vindo junto com o pobre número dois, igualmente fraco e trêmulo. Deus abençoe a ambos.

Aqueles de nós em quem o Salvador realizou uma boa obra temos de falar dele para o encorajamento dos tímidos. Dou então meu testemunho do poder do evangelho de abrir os olhos: [...] *uma coisa sei: eu era cego, e agora vejo* (Jo 9.25). Sim, somente Jesus, e ninguém além dele, abriu meus olhos. Fui a ele exatamente como eu era, nele confiei, e ele me salvou. Não haverá aqui mais dois cegos ou cegas que queiram seguir nosso exemplo? Apenas façam como fizemos: orem, confiem, clamem, supliquem, creiam. Digam: *Jesus, Filho de Davi, tem compaixão de mim!* Lembrem-se que aquele que salvou um pode salvar dois; aquele que salvou dois pode salvar três; oh, e ele não para em três; houvesse três mil aqui, todos implorando perdão, todos o teriam, e tantos outros milhares quanto estivessem dispostos a seguir pelo mesmo caminho.

Vejo esta manhã, em minha mente, Jesus parado em frente a Jericó como um segundo Josué. Como vocês sabem os nomes Jesus e Josué, em hebraico são um mesmo nome. Josué cruzou o Jordão e parou defronte a Jericó com sua espada desembainhada, pronto a capturar a cidade, dando início assim à sua marcha em Canaã, conquistando e partindo para conquistar. Eis Jesus. Ele precisa também conquistar Jericó antes de avançar. A cidade das palmeiras terá de lhe dar seguidores antes que os louros da vitória sejam, em Jerusalém, lançados a seus pés. Ele entra em Jericó, no entanto, não para jogar suas muralhas ao chão nem aniquilar seus habitantes, mas para abrir olhos que há muito estavam fechados e abençoar pobres criaturas que se consumiam em penúria. É esse o primeiro triunfo de sua última contenda, início de uma jornada gloriosa que terminaria em Jerusalém, onde iria derrotar para sempre o príncipe das trevas e obteria a vitória final para toda a humanidade. Mesmo agora, posso dizer de Jesus Cristo o que foi dito do filho de Num: *Assim era o Senhor com Josué; e corria a sua fama por toda a terra* (Js 6.27). Gostaria que o Senhor Jesus Cristo fizesse deste lugar as portas de Jericó e começasse aqui, neste ponto, um grande reavivamento de fé por toda a terra, abrindo os olhos daqueles que são cegos. Deixem que as orações subam de seu coração: *Senhor, abre meus olhos* (2Rs 6.20), e ele o fará; que tal pedido seja seguido de outro: "Senhor, salva milhões de criaturas", e ele nos ouvirá. Oremos firmemente, crendo no nome de Jesus. Ouvi-nos, ó Senhor. Amém.

101
Um sermão evangelístico para visitantes

Tem bom ânimo; levanta-te, ele te chama (Mc 10.49).

Estes cultos abertos, como a maioria de vocês já deve ter percebido, têm a intenção de ser puramente evangelísticos. Um grande número de crentes que se encontra aqui, muitos dos quais bem edificados na fé, gostaria certamente de ouvir uma discussão sobre doutrina, a interpretação de uma ilustração bíblica ou um comentário quanto a uma simbologia apocalíptica sendo desvendada; mas, de fato, não posso atender vocês esta noite. Sinto algo assim como Lutero ao pregar para uma assembleia diversificada. Tanto quanto me consta, ele disse, em tal ocasião, algumas palavras como estas: "Vejo aqui na igreja o dr. Justus Jonas, Melâncton e outros sábios doutores. Se eu pregar para a edificação deles, o que será dos demais? Portanto, com sua permissão, vou me esquecer que o dr. Jonas e os outros estão aqui e pregar para o povo". Assim também farei eu nesta hora, pedindo àqueles que se encontrem em avançado estágio de vida espiritual que se unam em oração à minha, a fim de que, mantendo-se estas em contínua ascensão, possa a palavra do evangelho vir a ser abençoada aos não convertidos.

Tantos de vocês, caros amigos, têm estado por tantos anos ouvindo a proclamação do evangelho nas fronteiras, não exatamente, mas quase, na terra de Emanuel, que sinto de forma muito intensa que esta noite deveria ser o momento de sua decisão pelo Salvador; que vocês não devam permanecer por mais tempo como ouvintes apenas, mas, sim, que se tornem sem demora crentes e, em seguida, praticantes da Palavra. Há pessoas na Inglaterra que se podem dar ao luxo de viajar de cidade em cidade em carruagem puxada por quatro cavalos sem levar ninguém, tão somente para o seu próprio deleite. Eu não posso, ou não estou disposto, a fazer algo desse tipo. Se não puder ter minha carruagem lotada de passageiros com destino ao céu, não gostaria que ela saísse a caminho imediatamente e preferiria ter minhas parelhas aguardando no estábulo. Temos de levar almas para o céu, é de cima o nosso chamado, e o nosso tempo, precioso demais para ser desperdiçado em mera pretensão de fazer o bem. Não podemos brincar de pregar: pregamos para a eternidade. Não podemos sentir-nos satisfeitos em fazer sermões simplesmente, seja para multidões insensíveis ou para um público mais atento. Quaisquer que sejam os sorrisos que nos possam saudar ao começarmos e os cumprimentos que nos possam ser bem-vindos ao terminarmos, não estaremos contentes, a menos que Jesus opere a salvação por nosso intermédio. Nosso desejo é que a graça de Deus seja exaltada, e os pecadores sejam salvos. Costumava-se fazer pouco do Tabernáculo em Moorfields e do outro na Trottenham Court Road, chamando-os de "armadilhas de almas" do sr. Whitefield. Um apelido excelente para um local de adoração — e que assim também possa ser este! Deve ser uma armadilha de almas; na verdade, ficaremos até desapontados se não houver algumas almas capturadas em nossa armadilha, esta noite! Ficarei realmente com meu coração pesado se Deus não abençoar sua palavra e torná-la tão forte a ponto de alguns de vocês realmente se aproximarem dele, mediante a proclamação do evangelho, e ingressarem na vida eterna.

Antes de começar a abordar o texto bíblico em foco, permitam-me que lhes descreva o plano de salvação. A maioria de vocês já o conhece. Mas, oh, quem me dera pudesse alcançar milhares dos que vivem em Londres e que não o conhecem, pessoas que jamais entraram em uma casa de oração nem jamais deram atenção à mensagem do evangelho. Nosso coração anseia por essas pessoas; mas o que mais poderíamos fazer para chamá-las? Perecem, em deliberada ignorância. Graças a Deus, no entanto, por

Um sermão evangelístico para visitantes | 953

muitas delas estarem aqui esta noite; e podermos aproveitar esta oportunidade para proclamar o plano da graça. Embora, portanto, muitos o conheçam, permitam-me falar dele novamente a vocês.

Rompemos nossa paz com Deus pelo pecado, pela iniquidade, pela violação da lei de Deus. Estamos, assim, perdidos, pois a Deus cabe punir o pecado. Não seria possível que ele devesse ser justo governante do Universo e permitisse ao pecado sair impune. A punição do pecado não é, no entanto, um propósito arbitrário da ira de Deus. É inevitável, no universo, existir sofrimento onde exista o mal. Toda transgressão deverá, pois, em princípio, receber sua recompensa, se não nesta vida, pelo menos na outra, que sucede a esta. A questão é: mas podemos ser perdoados? Poderão nossas iniquidades ser destruídas de forma consistente com a justiça divina? Este não é um problema difícil, que nos compete resolver: o caminho de Deus para a paz está indicado em sua própria revelação. Por meio de sua palavra infalível, que se encontra nas Sagradas Escrituras, Deus nos revela quais os meios e dispositivos pelos quais os pecadores podem ser perdoados e tornados virtuosos perante ele; como, em vez de serem afastados de sua presença em sua hora derradeira, podem ser aceitos e até levados a habitar à sua mão direita. Deus nos revela que, considerando que o primeiro pecado, que nos arruinou, foi praticado por um homem, Adão, ou seja, que pela transgressão de um só homem todos nós caímos, foi possível a ele, em coerência com sua própria justiça, ordenar que outro homem viesse, no qual poderíamos nos erguer e ser restaurados. Esse outro homem veio: *o segundo homem é do céu* (1Co 15.47), explica Paulo.

A tarefa de nos erguer, no entanto, seria mais difícil que a de condenar. Um homem comum, como nós, nos arruinou, mas um homem comum, como nós, jamais nos poderia redimir e resgatar. Deste modo, o próprio Deus em pessoa, o eterno e bendito Deus, revestiu-se da natureza do homem, nasceu de mulher em uma manjedoura, em Belém, viveu na terra uma vida de humildade e autonegação, tomando por fim os pecados de todo homem como um grande fardo sobre si mesmo. Assim como o mitológico gigante Atlas carregou o mundo em suas costas, Deus, em seu Filho, Jesus Cristo, tomou todo o pecado e toda a culpa humanos para si e os suportou em seu próprio corpo na cruz. Jesus foi crucificado como nosso substituto, substituto único de todos, para o resgate e a salvação de todos os que nele creem. Eis por que, ao pregarmos a salvação que nos oferece, afirmamos: *Aquele que nele crê não será condenado. Aquele que crê no Filho de Deus tem a vida eterna* (Jo 3.36).

Se alguém chega pela primeira vez a uma cidade desconhecida, pode ser que se confunda quanto ao caminho de volta para sair, não conseguindo encontrá-lo tão facilmente; por isso, é importante e útil que o viajante procure sempre conhecer as principais vias da cidade que visita pela primeira vez. Em Roma, por exemplo, viemos a conhecer o sentido do Corso e, assim, conhecendo a disposição dessa via principal, pudemos traçar nossas idas e vindas pela cidade. A via principal do evangelho é a da *substituição*. *Aquele que não conheceu pecado, Deus o fez pecado por nós; para que nele fôssemos feitos justiça de Deus.* (2Co 5.21) A principal via do evangelho corre em sentido transversal; siga-a, e você conhecerá, antes mesmo que perceba, os prós e contras das outras grandes vias. É a grande avenida da Cidade da Graça: *Cristo nos resgatou da maldição da lei, fazendo-se maldição por nós* (Gl 3.13). Cristo tomou nosso lugar; sofreu para que não sofrêssemos. *Pois também Cristo morreu uma só vez pelos pecados, o justo pelos injustos, para levar-nos a Deus* (1Pe 3.18). Quem crê em Cristo está salvo da danação do poder do pecado e liberto da ira vindoura. Assuma esse fato em toda a sua extensão e jamais duvide disso, e você terá a chave do evangelho. Qualquer um, eu afirmo, que entregar sua vida ao Senhor Jesus Cristo, confiando inteiramente no sacrifício que ele ofereceu e na morte que suportou, estará salvo. Não duvide. Deus deu sua palavra; creia e se regozije. *Quem crê nele não é julgado* (Jo 3.18), declarou ele mesmo, afirmando que, *como Moisés levantou a serpente no deserto, assim importa que o Filho do homem seja levantado; para que todo o que nele crê tenha a vida eterna* (Jo 3.14). A confiança pura, simples e total no Senhor Jesus Cristo traz imediata e completa salvação à alma que confia.

Essa é, portanto, a principal via da cidade. Agora, como chegar lá é que é a questão; e honestamente desejo, e devotamente espero ser um meio, se Deus assim me ajudar, de levar alguns dos aqui presentes até lá. Que o Espírito Santo mantenha o testemunho da verdade, usando-o como poder de Deus para a salvação.

Nosso texto diz: *Tem bom ânimo; levanta-te, ele te chama* (Mc 10.49). Nosso primeiro ponto é que muitos dos que buscam Cristo avidamente querem receber dele encorajamento. Segundo: o melhor encorajamento para eles reside no fato de que Jesus os chama. Em terceiro lugar, ao receberem o encorajamento desse chamado, isso exigirá deles uma ação imediata: *levanta-te*. *Tem bom ânimo; levanta-te, ele te chama*.

I. Em primeiro lugar, então, MUITAS PESSOAS QUE BUSCAM DE FATO E AVIDAMENTE O SALVADOR QUEREM RECEBER DELE ENCORAJAMENTO.

Sei que há muitos aqui assim esta noite. Você anseia por vida eterna. Deus colocou em você o desejo de se reconciliar com ele, mas você tem necessidade de encorajamento, pois *cultiva uma espécie de receio de que as coisas boas prometidas não sejam para você*. Em parte, devido à sua consciência, em parte, à sua descrença, em parte, a Satanás — uniram-se os três para lançar sobre você essa névoa, e você realmente acredita, então, que não pode ser salvo. Você talvez não aceite pôr as coisas nesses termos, mas tal é o teor dos seus pensamentos. Uma ideia um tanto obscura paira sobre você de que muitos do bom e santo povo serão salvos e até grandes transgressores serão salvos; o que você não crê é que *você* o possa ser. Ah, se eu pudesse destruir esse pensamento descrente! Existe salvação, misericórdia e perdão, e inteiramente gratuitos, para toda alma que os desejar. Tão gratuitos quanto o ar que você respira, quanto a água que jorra da fonte. *E quem tem sede venha; e quem quiser, receba de graça a água da vida* (Ap 22.17).Você está se enganando com essa sua reflexão taciturna. Você diz coisas amargas sobre si mesmo, mas, veja, não é Deus quem as está dizendo. Anime-se e ganhe esperança: "Talvez, quem sabe, eu encontre esta noite a vida eterna. Talvez, quem sabe, eu possa sair hoje desta casa aliviado do fardo do meu pecado". Sim, seria um ótimo começo ter tal esperança; mas você pode, com confiança, ir muito mais além.

Pode acontecer de *você se sentir desencorajado por pensar que está buscando em vão*. Você começou a orar há apenas alguns meses, meu jovem, e fico feliz de ouvir isso; mas ainda não obteve paz. Não desista de orar. Sei que está desestimulado, mas não canse de procurar. Eu mesmo, por muitos meses, me sentia ávido em buscar Deus pelo caminho da oração. Achava que pela incessante oração encontraria perdão. Não entendia então o que está dito: *Crê no Senhor Jesus e serás salvo*. Então, eu me pus a orar. Sou grato por nunca ter cessado de orar, apesar de frequentemente parecer que gastava minhas palavras e desperdiçava minhas lágrimas por nada. Não se deixe desencorajar. O cego não foi ouvido de imediato, apesar de suplicar avidamente. Ele teve de suplicar por sua visão várias vezes, aumentando a intensidade a cada súplica. Não seja levado ao desespero. Pode haver atrasos, mas nunca haverá objeção àquele que suplica com sinceridade. Sinta-se encorajado. Siga em frente, cara alma, siga em frente, e você há de encontrar paz e conforto.

Talvez, também, você esteja abatido *por haver muitos ao seu redor que o desencorajam*. Dizem, por exemplo, que nada há de essencial ou proveitoso na religião. Mas como podem saber? Essa é uma obsessão estranha. Muitos indivíduos no mundo são considerados bons e honestos nos seus negócios e as pessoas os respeitam voluntariamente, confiando em suas afirmativas sobre qualquer produto ou serviço que estejam oferecendo. Todavia, se assumem e declaram estar conscientes de uma nova vida interior; que constataram que Deus é real e espiritual; que têm agora o Espírito Santo habitando neles e comungam com Deus, quando um grande número de pessoas diz, justamente, o contrário, ou seja, que isso não é verdade — são chamados, imediatamente, de mentirosos. Mas por que isso não poderia ser verdade? Qual a base para serem desacreditados? Tão somente porque as pessoas que o negam alegam simplesmente que jamais viram pessoalmente tal coisa e nunca a sentiram. Evidentemente que, se em meio a uma comunidade de cegos, alguns poucos deles que tivessem ganhado visão começassem a falar sobre a beleza, as cores, a luz do sol, todos os demais cegos diriam: "Não é verdade". Por quê? "Porque *nós* nunca vimos a beleza, nem as cores, nem a luz do sol". Isso prova que o que os outros dizem não é verdade? Apesar de tais cegos não possuírem a faculdade da visão, os outros a possuem. Se aqueles homens são considerados sérios e honestos em seus negócios, têm todo o direito de serem dignos de crédito também nesse assunto.

Nós, porém, declaramos categoricamente haver algo real e verdadeiro na religião cristã. Não se trata de um credo apenas; é a própria vida. Os que são restaurados em Cristo pertencem a uma nova criação. [...] *se alguém está em Cristo, nova criatura é* (2Co 5.17), com novas faculdades e novos poderes, tendo ingressado em um mundo novo. Não acredite, portanto, naqueles que afirmam não haver nada de essencial na religião, pois nada sabem e, deste modo, não são, absolutamente, testemunhas confiáveis. De nada podem dar prova senão somente do fato de que não conseguem penetrar em assuntos mais profundos. Sua atitude é a mesma de um homem que fosse levado a julgamento, acusado de crime a ele atribuído por seis testemunhas, e alegasse poder levar ao tribunal sessenta mil pessoas que *não o viram* fazendo aquilo. Da mesma forma, podemos convocar milhares de pessoas para dizer que não há vida espiritual porque *elas* nunca a sentiram. O que isso provaria? Só provaria que esses milhares de pessoas não têm o menor conhecimento dessa questão. Todavia, se convocarmos poucos — mesmo bem poucos — homens francos, sérios e honestos, em quem a maioria das pessoas confia por outros motivos, para testemunharem a favor da fé cristã, quase todos, senão todos, estarão compelidos a aceitar o testemunho deles.

Na verdade, há algo real na fé em Jesus. Há uma paz maior que a maior inimaginável, pelo perdão do pecado. Há um novo nascimento, pois nós o sentimos. Há uma nova vida, pois a desfrutamos. Há uma alegria que ultrapassa os estreitos limites da terra. Há um alívio no coração comparável ao alívio dos abençoados no céu, que pode ser desfrutado aqui e agora. Milhares, milhões de nós podem testemunhar que é assim. Não se sinta desestimulado, então, pois o que lhe afirmamos não é conto da carochinha; é a verdade nua e crua, que nós mesmos experimentamos e vivemos. Você, que busca a vida eterna, não há que ser confundido pelos céticos; somos homens de palavra e lhe asseguramos declarar o que experimentamos. Você irá ainda perceber que é também justamente o que Deus declara.

Outra razão para você ainda não ter ganhado encorajamento é, talvez, *por não conhecer todo o evangelho*. Boas notícias contadas só em parte podem soar como falsas ou até más notícias. Li que, tempos atrás, quando as mensagens distantes eram ainda transmitidas pelo semáforo, chegou à Inglaterra uma aguardada mensagem, que se reportava à dramática situação do duque de Wellington à frente do exército inglês na batalha de Waterloo. Somente parte dela pôde ser lida, e com dificuldade, quando apareceu nos sinais luminosos distantes, devido a forte cerração de neblina na costa da ilha naquele dia, e causou verdadeiro pânico nos ingleses, pelo que puderam ler. Sua leitura foi a seguinte: "Wellington aceita derrota". Todos ficaram arrasados, embora sem ter lido a mensagem toda. No entanto, assim que a neblina foi desaparecendo, pouco a pouco, e conforme o horizonte foi ficando claro, o semáforo pôde mostrar a informação completa: "Wellington aceita derrota *e rendição do exército inimigo francês*" — algo, como se vê, exatamente oposto àquilo que havia feito os britânicos tremerem tanto. Assim, quando você ouve apenas parte do evangelho, ele pode até parecer condená-lo; mas, basta conhecer todo o restante, para comprovar quão encorajadoras são as suas mensagens. Eu o aconselharia a ser diligente em ouvir e conhecer todo o evangelho; diligente em buscá-lo no Livro Sagrado que Deus nos deu; e, ao conhecer sua mensagem plenamente, verá a fé vir a você por ouvir e compreender totalmente a palavra de Deus. Não dê maior atenção àqueles que só sabem pregar apenas uma parte do evangelho, mas, sim, procure conhecer a mensagem completa do amor de Deus, e logo, pelo ensinamento e pela compreensão dados pelo Espírito Santo, você irá perder seus receios.

Vejam, também, que alguns dos que buscam o Senhor sentem falta de conforto e encorajamento *por se esquecerem de que Jesus Cristo está vivo*. O Cristo da Igreja de Roma é quase sempre, senão sempre, apresentado em duas principais condições — ou como bebê, nos braços da mãe, ou crucificado. Esse é o Cristo católico. O nosso Cristo, o verdadeiro, está vivo: [...] *tendo Cristo ressurgido dentre os mortos, já não morre mais; a morte não mais tem domínio sobre ele* (Rm 6.9). Fui convocado a ir a Turim, na Itália, para, com outros convidados, ver a mortalha com a qual, se diz, o Salvador foi sepultado. Devo confessar que não tive fé suficiente para acreditar no sudário, nem curiosidade suficiente para examinar o suposto legendário tecido. Não daria um tostão sequer por ele, mesmo que fosse genuíno. Nosso Senhor deixou na terra sua mortalha e seu sepulcro e subiu ao céu, onde habita. Está tão vivo que o seu suspiro de êxtase em adoração o alcançará, suas lágrimas o encontrarão e o desejo de seu coração o trará até você. Apenas o busque como Salvador vivo e amoroso, creia nele como ressuscitado para sempre dos mortos, para nunca mais morrer, e o conforto e o encorajamento nele irão, sem dúvida, iluminar o seu espírito.

Você, também, *talvez tenha a ideia de que a conversão seja algo terrível*. Uma jovem veio a mim outro dia, após o culto, para perguntar se eu falava sério quando declarei que quem crê em Jesus Cristo seria salvo ali mesmo e naquela hora. "Sim", disse eu, e lhe dei a garantia disso nas Escrituras. "Ora", disse ela, "meu avô me disse que seis meses depois de haver descoberto a religião, quase teve de ser internado em um manicômio. Ficou muito perturbado". "Bem", respondi, "isso às vezes pode acontecer. Mas não foi tal perturbação que o salvou. Aquilo foi apenas a consciência dele e Satanás, mantendo-o longe de Cristo. Ele foi salvo não pelo que passou, mas porque creu em Cristo". Continuei então a apresentar Cristo a ela como a única base de nossa esperança, em oposição a nossos sentimentos pessoais. "Entendi", me disse ela; e me regozijei ao perceber a luz brilhante que surgiu em seu rosto, fagulha de luz divina que muitas vezes tenho reconhecido no semblante daqueles que creem em Jesus Cristo, quando a paz preenche até a borda a alma, iluminando a face com uma transfiguração quase imperceptível. É verdade. Temos apenas de confiar em Cristo, e está feito; mas alguns sentem medo.

Certamente já devem ter ouvido falar na história do homem que, perdendo-se no caminho, em uma noite muito escura, e chegando ao que achava ser a beira de um grande precipício, escorregou e caiu, mas conseguiu se agarrar a tempo ao galho de uma velha árvore. Ali ficou pendurado, agarrando-se com toda a força possível àquele galho, até que, perdendo a resistência e entrando em estado de desespero, suas mãos não conseguiram mais segurar o galho. Caiu, então — *cerca de trinta centímetros ou pouco mais* — em um solo de grama macia, logo abaixo, onde permaneceu, passado o susto, além de ileso, bem seguro e feliz. Não havia precipício algum. Muitos aqui acreditam ser certa a destruição que os aguarda se confessarem e entregarem tudo nas mãos de Deus. Eis um temor inútil. Abandone suas crenças em tudo, menos em Cristo, e se deixe cair; macio e gramado será o solo que o receberá. Jesus Cristo, por seu amor e pela eficácia de seu precioso sangue, lhe dará descanso e paz imediata. Lance-se agora; caia já. Essa é a parte principal da fé — desistir de qualquer outra esperança e simplesmente deixar-se cair em Cristo. Essa queda o levará à salvação.

II. Agora, em segundo lugar, o maior encorajamento que considero é aquele contido no próprio texto bíblico abordado. Ei-lo: "Tem bom ânimo; levanta-te, ele te chama" — uma fala ótima para o cego, que soube logo, assim, que Jesus não o chamava para caçoar dele ou simplesmente dizer que seus olhos não poderiam ser abertos. Jesus não o chamava, absolutamente, para brincar com ele ou desapontá-lo. O chamado de Cristo é sincero, amoroso e honesto e garante a bênção àquele que o aceita.

Há dois chamados, amados amigos, mencionados nas Escrituras. O primeiro é o *chamado geral* do evangelho, e o outro é o *chamado efetivo*, o chamado pessoal, por meio do qual o homem é salvo.

O chamado geral e universal traz grande conforto e encorajamento a qualquer alma, em sua busca por salvação. Pela palavra de Deus, *você*, querido ouvinte, até mesmo *você*, é chamado a vir a Cristo. Como sabemos disso? Porque Jesus ordenou a seus discípulos: *Ide por todo o mundo, e pregai o evangelho a toda criatura* (Mc 16.15). Você é uma criatura, não é? Então, está incluído nessa ordem. O evangelho tem de ser pregado *a você*. Além disso: *Fiel é esta palavra e digna de toda a aceitação: que Cristo Jesus veio ao mundo para salvar os pecadores* [...] (1Tm 1.15). Você é um pecador? Admite isso? Pois bem, de acordo com o texto, a palavra de fé deve ser endereçada a você. E você sente um fardo sobre sua alma? Então, amado, o chamado do evangelho destina-se a você: *Vinde a mim, todos os que estais cansados e oprimidos, e eu vos aliviarei* (Mt 11.28). Sim, há muitos que estão sendo chamados assim também. Há, ainda, mais uma convocação que deve incluir você: *E quem tem sede, venha, e quem quiser, receba de graça a água da vida* (Ap 22.17). Deseja vir? Então, sem dúvida alguma, você está sendo chamado para vir a Cristo.

Esse fato não deve encorajá-lo? Pois, como já disse, ele não o chama para fazer pouco de você, ou sem a intenção de o abençoar. Ouça o chamado sincero, crie coragem e venha a ele. Ninguém se sente incomodado em ir a um lugar onde o convite é amplo e irrestrito. Alguém aqui já cruzou o desfiladeiro de São Bernardo, na Suíça? Se já, acredito que não tenha havido qualquer dificuldade para passar a noite no abrigo ali existente para isso: ao ser atendido e lhe informarem que todos ali, ricos ou pobres, são bem-vindos, e que quase todos, senão todos os viajantes, se hospedam ali, você, certamente, se sentiu tranquilo. Visitei outro

UM SERMÃO EVANGELÍSTICO PARA VISITANTES

dia o *St. Cross Hospital*, próximo de Winchester, que alguns de vocês talvez conheçam. Lá, dão um pedaço de pão a todos que batem à porta. Bati tão forte quanto pude. Por que não? Se dão pão a todos, por que eu não teria a minha parte? Assim, é claro, a portinhola se abriu e peguei meu pedaço de pão, bem como as pessoas que estavam comigo. É uma esmola dada até hoje a todos que chamarem. Nada fiz de humilde nem de especial: aquilo foi tudo que fiz, e recebi o pão como qualquer um que estivesse disposto a bater. Do mesmo modo, se o evangelho é para todas as criaturas, por que você fica pechinchando ou barganhando, se quer o pão da vida? Por que precisa ficar criando questões e mais questões, se tão somente o que precisa fazer é pegar o pão que Jesus gratuitamente lhe oferece? Não use de escapatórias contra si mesmo, tal como não o faria em questões materiais. Se uma propriedade lhe for dada por herança, é evidente que você não irá contratar um advogado para criar problemas ou inventar objeções ao testamento, não é mesmo? Por que então criar dificuldades para sua própria salvação, em vez de alegremente aceitar o que a infinita misericórdia divina tão graciosamente provê para todos aqueles que, com o coração quebrantado e alma desejosa, estão prontos a agarrar o que Deus, o sempre generoso Deus, está pronto a oferecer?

O convite é bem amplo, e isso deve ser destacado. *Ninguém jamais foi recusado*. Há uma instituição de caridade famosa em Londres que traz em seu frontispício a inscrição: "Nenhum menino desamparado será jamais recusado aqui". Assim também, poderíamos colocar na frente da grande Casa de Misericórdia de Cristo os dizeres: "Nenhuma alma desamparada será jamais recusada aqui". Posso até imaginar dois garotos de rua parados na calçada em frente à citada instituição do dr. Barnardo, um dizendo ao outro: "Será que *nós* podemos entrar aqui?" "Claro", responde o outro. "Acho que podemos. Somos desamparados, não somos? Olhe as minhas roupas: estão em farrapos. Eu não tenho nem um tostão, nem pai, nem mãe. Durmo debaixo da ponte. Sou um menino desamparado, não há dúvida." Mas posso imaginar também o outro, cheio de orgulho, dizendo: "Eu não; não sou desamparado. Consigo me sustentar: tenho quase meia libra no bolso". Este garoto não quer, e acha que não tem motivo para querer, ser recebido no abrigo, pois acredita que não está desamparado; mas o outro, que está faminto, com roupas rasgadas, sem lar, com certeza será bem-vindo. Ao ler na placa: "Nenhum menino desamparado será jamais recusado aqui", ele conclui: "Há esperança para mim aqui, então". Ó alma desamparada, Jesus Cristo jamais recusa alguém como você. Todavia, se você tiver qualquer medida de mérito de si mesmo, se acredita que pode ser salvo por suas boas obras, não se enquadra propriamente na categoria de "desamparado". "Não necessitam de médico os sãos, mas sim os enfermos." Se, pelo contrário, você for destituído de toda jactância; se foi levado à falência no plano do mérito pessoal; se chegou à pobreza absoluta quanto a qualquer esperança em si mesmo, então, como nenhuma alma desamparada jamais foi rejeitada e jamais será por Jesus, venha imediatamente para ele! *Tem bom ânimo; levanta-te, ele te chama*".

Eu disse, queridos amigos, que havia ainda outro chamado: *o chamado efetivo*. É o chamado que o Espírito Santo dirige ao indivíduo e que quando chega não há como resistir a ele, ou, caso se resista a ele por algum tempo, por fim se é vencido, de modo que o ser humano se vê obrigado a atender. Ó Espírito Santo, faze esse teu chamado esta noite. A dois irmãos pescadores, Simão e André, Jesus chamou: *Sigam-me* (Mt 16.24). Eles largaram suas redes e o seguiram. Mateus estava sentado na coletoria de impostos, com sua pena de escrever atrás da orelha e seu livro de registros diante de si, quando Jesus, passando, o convocou: *Segue-me* (Mt 9.9). Mateus se pôs de pé e o seguiu de imediato. Outro coletor de impostos teve de escalar uma árvore, pois, sendo de baixa estatura, não conseguia ver, por sobre as cabeças da multidão aglomerada, Jesus, que passava ali pelo caminho. Quando olhou para baixo, viu por entre os galhos folhosos o mestre passando próximo àquela árvore, o qual avistando-o, o chamou: *Zaqueu, desce depressa, porque importa que eu fique hoje em tua casa* (Lc 19.5). Zaqueu desceu rápido. Como poderia evitar? O Espírito de Deus havia feito seu chamado efetivo, e logo depois Cristo estava na casa daquele homem, que daria prova abundante de desejar uma mudança real em seu coração. Oh, que o Espírito eterno aja de modo semelhante com alguns dos aqui presentes, para que aceitem o chamado e sigam Jesus.

Esse chamado, venha como vier, *lança uma doce suavidade sobre a alma*. O homem não consegue externar seu sentimento, mas se vê bastante diferente do que antes. Os nervos de aço de seu pescoço se suavizam. A fria pedra contida em seu peito se faz terna, em carne. Ele escuta o evangelho que outrora desprezou. Ouvindo-o, medita; e é, de fato, muito importante fazer um homem pensar em si mesmo, em Deus, na eternidade, no céu, no inferno, no redentor. À medida que pensa, vê a vida sob uma luz diferente. Percebe que tem pecado — muito mais do que jamais imaginou; e, ao constatar seu pecado, lamenta; quase chega a desejar não ter nascido, por haver transgredido tanto como transgrediu. Seu coração se comove, sob a força da lei de Deus. Deixa de lado o orgulho e confessa estar cheio de impureza, iniquidade e erros. Junto com esse arrependimento, contudo, irrompe uma pequena esperança: percebe que há salvação, que vale a pena recebê-la, e se pergunta por que não. Vem, então, a fé: reconhece que Jesus é o Filho de Deus e diz para si mesmo: "Se ele é, e creio que é, Deus, pode salvar até mesmo a mim". Crê e confia e, confiando, a escuridão que o envolvia começa a desaparecer. O homem obtém um pouco de luz, e mais e mais um pouco, até que, por fim, proclama: "Eu creio que Jesus morreu por mim. Descanso minha alma em suas mãos traspassadas na cruz. Estou perdoado de meus pecados — salvo para sempre". Este, o homem que foi chamado pelo bendito Espírito de Deus.

É, todavia, por vezes estranho o modo pelo qual Deus chama alguns de nós. Vi isso acontecer uma vez aqui, neste Tabernáculo. Ao pregar, fiz uma observação que se encaixava perfeitamente em determinado caso de um homem naquela ocasião presente, como se até tivesse sido seu conhecido. A verdade é que Deus vinha certamente operando nesse homem e fez este seu servo atuar na mesma direção. O Senhor, com sua majestosa providência, abriu um túnel na montanha rochosa de indiferença do coração daquele homem, enquanto me fazia trabalhar do outro lado da montanha, guiando meus pensamentos para que eu pregasse o evangelho da maneira adequada; tal qual se abrem os túneis em montanhas, como foi realizado recentemente no extenso túnel ferroviário de Cenis com uma equipe de operários perfurando por uma extremidade e outra equipe pela extremidade oposta, encontrando-se as duas no coração da grande massa de rocha. No caso, quem sabe, uma mãe piedosa, ou um pai, ou uma professora cristã, ou uma esposa, um irmão, uma irmã, um amigo, estivesse buscando, com suas súplicas, a ação perfuradora de Deus naquela montanha de ferro; ou talvez a doença, como uma broca de diamante, estivesse desgastando o interior do homem; e por fim, aqui, neste local, a palavra do Senhor veio e alcançou seu objetivo, de modo que o túnel da alma se completou, e o resultado foi a salvação eterna. Talvez palavras que a alguns dos presentes possam parecer aleatórias esta noite podem não ter sido para outros ditas ao acaso, mas, sim, palavras diretas de Deus dirigidas à sua alma. Que Deus permita que assim seja e dele seja o louvor. Ó Espírito eterno, que assim seja.

III. Encerrarei, agora, com um terceiro tópico. O ENCORAJAMENTO QUE NOS É DADO PELO CHAMADO DEVE NOS LEVAR À AÇÃO IMEDIATA.

Tem bom ânimo; levanta-te, ele te chama. A exortação para a pessoa se levantar significa que deve tomar uma *decisão imediata.* Você, ao que parece, tem estado hesitante e instável, como os pratos de uma balança, indeciso entre céu e inferno. E aí? O que vai ser de você? Que o Espírito Santo o chame, para que seja sua salvação e vida eterna em Cristo. Não me entristeço por ver alguém ficar irritado comigo por ouvir meu sermão; pelo contrário: a pior coisa que me pode acontecer é que vocês todos fiquem satisfeitos. Quando as pessoas ficam aborrecidas, elas começam a pensar sobre o que ouviram; e, pensando, sentem; e, sentindo, podem, quem sabe, se voltar para Deus. Apesar de sua ira, são capazes de voltar. Se o anzol estiver na boca do peixe, podemos pescá-lo; vamos dar mais linha e o prenderemos. Deixemo-lo reagir; nós o teremos quanto antes. Nada melhor para alguns homens do que ter o antagonismo que sentem pelo evangelho atiçado por alguns instantes. A verdade chegou finalmente a eles, está trabalhando neles, e antes do previsto podemos confiar em que a obra bendita será completada e a alma estará salva. É esse o alvo.

Levanta-te, diz o texto. Isto é, não deixe que seja apenas uma questão a mais: "Será?" ou "Será que não?", mas decida esta noite: "*Assim seja.* Pela graça de Deus, eu serei um cristão. Pela graça de Deus, se há salvação, eu a terei". Não peço que tome essa decisão pelo simples motivo de fazer uma promessa, que você cordialmente adotaria e descuidadamente esqueceria; mas peço que a graça de Deus o leve a dizer, com firmeza de coração: "Assim seja". Muitos de vocês vêm e vão; ouvem e ouvem sem nada obter; pois

Um sermão evangelístico para visitantes | 959

tudo sempre acaba no ouvir, nunca amadurecendo para uma decisão. Muitos de nossos ouvintes habituais continuam não sendo convertidos, enquanto muitos de nossos ouvintes ocasionais têm sido salvos. Pode-se amassar um pedaço de borracha de várias formas que, no final, sempre retorna à forma original. Há ouvintes do evangelho que são desse tipo: muito impressionáveis, mas rapidamente retornam aos seus velhos costumes e hábitos. Há também pessoas duras como uma rocha. Conheci algumas delas que se isolavam nos cantos, roendo as unhas, e que nunca tiveram a intenção de crer no evangelho e, no entanto, com um golpe do martelo do mestre, seu duro coração se desfez; a armadura de resistência e a couraça de rebeldia partiram, e elas experimentaram a mais pura e sincera das conversões. É uma impressão infeliz que leva à indecisão. Aqueles que mostram caráter maleável, do tipo borracha, aparentam saber o que estão fazendo, mas estão sempre persistindo no erro. Fingem que querem ir para o céu, mas, oh, há pouca esperança de que alcancem a Cidade dos Benditos. As chances são as mais negativas: têm perdido tanto tempo em prorrogar sua decisão que a indecisão se tornou crônica e os agrilhoou ao seu próprio pecado. Depois de muitas temporadas em que a folhagem verdejante da figueira não cumpriu a esperança de dar fruto, nosso desânimo para com eles é como se fora o arauto da desesperança. Há tão pouca probabilidade de que se decidam por Deus e por seu Cristo que nem esperamos com tremor; em vez disso, trememos em ter esperança. Antes não quisesse Deus assim.

Ó queridos amigos, rogo para que atentem bem para este texto: *Tem bom ânimo; levanta-te, ele te chama.* Levantar-se para algo além da decisão: levantar-se para uma resolução. Vocês todos conhecem a parábola de Jesus sobre a pobre mulher que não conseguia que um juiz lhe fizesse justiça. Ela foi ao juiz diversas vezes, mas ele não lhe dava atenção. No entanto, ela resolveu que ele teria de recebê-la. Apareceu no tribunal e, na primeira oportunidade, assim que o juiz surgiu, ela o deteve e disse: "Meu senhor..." "Eu não lhe disse para não me incomodar?" "Mas, meu senhor", ela suplicou novamente. "Sente-se", ele aquiesceu em somente lhe ordenar. Ela se sentou, mas, antes que a corte se reunisse, a mulher insistiu: "Não posso ter uma audiência?" "Não, não posso atendê-la, minha senhora", suspira o juiz. O juiz sai do tribunal para ir para casa, e lá está ela, acorrendo à janela de sua carruagem, dizendo: "Quando o senhor há de ouvir o meu caso? Meus pobres filhos estão famintos". Vai depois até a casa dele e bate na porta em hora inoportuna. "Quem é?", pergunta o juiz ao criado, que lhe informa: "É aquela pobre mulher, que quer que seu caso seja ouvido". Ele ordena que a expulsem de lá. A mulher volta para sua casa, mas determinada, e na manhã seguinte já está no tribunal de novo. O juiz havia ordenado aos funcionários que não a deixassem entrar, mas ela o consegue de algum modo e a primeira coisa que o juiz ouve é sua penetrante voz: "Meu senhor, por favor, será possível me ouvir?" Por fim, ele não suporta mais, se cansa e diz: "Apesar de eu não temer a Deus nem respeitar nem dever favor a homem algum, só porque essa viúva me incomoda demais, eu a ouvirei e julgarei seu caso, para que não continue a me molestar". Embora nosso Deus, justo, não guarde semelhança com esse juiz injusto, a ação insistente e importuna da viúva que prevaleceu, a despeito do constante desencorajamento por ela recebido, deve exortá-lo à oração incessante. Dirija-se ao grande Deus com a mesma insistência que Cristo dá como exemplo e recomenda nessa parábola. Diga para si mesmo: "Não hei de perecer. Só perecerei se não tiver salvação; portanto, hei de tê-la. Morrerei ao pé da cruz, se assim tiver de morrer, mas terei salvação".

Alguns anos atrás, fui convidado a realizar uma palestra na prefeitura de Glasgow. Apareci na hora marcada para cumprir meu compromisso, e o próprio prefeito de Glasgow me acompanhou ao salão da palestra; mas o porteiro, um policial, não nos deixou entrar, pois não tínhamos ingressos, e suas ordens eram para não deixar ninguém entrar sem ingresso. Criou-se então uma situação estranha, inusitada, quase cômica. O prefeito insistia: "Mas *a nós dois* você precisa deixar entrar. Sabe quem somos?" O policial respondeu que simplesmente não nos poderia deixar entrar, fôssemos quem fôssemos. Eu disse: "Mas este é o senhor prefeito! O prefeito!"; mas ele respondeu que não estava interessado em saber quem ele era: não nos deixaria passar infringindo as regras. Tinha recebido ordens do inspetor para não deixar ninguém entrar e tinha certeza de que nenhum prefeito gostaria que ele desobedecesse as ordens. O prefeito já estava impaciente: "Mas este é o sr. Spurgeon! Ele tem de apresentar a palestra!" "Não posso ajudar. Tenho ordens e não posso deixar ninguém entrar sem ingresso". O que acha que fizemos? Que nos conformamos em receber um "não" como resposta? De forma alguma. Estávamos decididos a entrar. Conversamos, discutimos, racionalizamos, mas ele, como bom policial que era, cumpria seu dever e não acataria ordens de nós, contrárias às que deveria obedecer. Por fim, condescendeu em permitir que mostrássemos as nossas credenciais ao seu chefe, o inspetor, e imediatamente entramos. Agora, se tivéssemos aceitado seu "não" como resposta e tivéssemos ido embora, eu teria até hoje a reputação de ter deixado um bom número de pessoas decepcionado em Glasgow. Eu sabia que tinha o direito de entrar, estava decidido a entrar e entrei.

Você deve fazer o mesmo. Ainda que seu pecado o condene, que a lei o denuncie, que pseudofuncionários de Deus se recusem a permitir que entre e digam: "Você não pode entrar; nenhum pecador pode", mesmo assim insista; insista em que você é uma criatura de Deus e um pecador — que o evangelho é enviado justamente a cada criatura, que chama todo pecador, e que, portanto, você está determinado a entrar no banquete da graça, não importa quem quer que se oponha. Creia firmemente em que você há de entrar, e tão certo quanto Deus é verdadeiro quanto a esse compromisso e perseverança para com você, você há de entrar nesse banquete de amor, você há de herdar a vida eterna e se regozijará para sempre.

Se você, meu caro amigo, chegou a essa decisão e resolução, há somente mais uma coisa a fazer: *lance fora tudo que o impedir de encontrar a salvação*. O pobre cego jogou fora sua capa. Portanto, se deseja ser salvo, deve resolver em sua alma, com a bênção do Espírito Santo, que cada pecado e cada hábito seu que o impeça de encontrar Cristo devam ser de imediato revogados. Não há prazer que valha o preço de sua alma. Nenhum pecado merece o favor da permanência, não importando qual seja. Deixe todos os velhos prazeres e velhos hábitos irem embora; deixe que todos vão e se entregue inteiramente a Jesus Cristo. Como eu gostaria que esta noite muitos fossem levados a dizer: "Há salvação para mim mediante a fé. Creio que a palavra de Deus é verdadeira e assumo Cristo como meu". Doe-se totalmente a Cristo; nada de meias medidas, hesitação e sobressaltos. Sabe o que fez Cortez quando chegou ao México na intenção de conquistá-lo? Os soldados que o acompanhavam eram poucos e desanimados. Os indígenas mexicanos eram muitos, e a empreitada, incerta. Os soldados teriam voltado para a Espanha, mas Cortez tomou consigo dois de cada três homens, escolhidos, voltou ao mar e destruiu seus navios. "Agora", disse ele, "conquistamos ou morremos. Não podemos voltar". Destrua seus navios; livre-se de todo pensamento de retorno; abandone o pecado e o abomine. Que Deus o ajude a fazê-lo, pois este é o evangelho dele: *Arrependei-vos, pois, e convertei-vos, para que sejam apagados os vossos pecados* [...] (At 3.19). Renuncie ao pecado, creia em Jesus Cristo e deixe que os barcos de sua iniquidade sejam destruídos, afirmando seu compromisso de que não haverá mais volta ao pecado.

Eu lhes disse o que deve ser feito; mas somente Deus pode levá-los a fazê-lo. Podemos levar o cavalo até a água, mas não podemos fazê-lo beber; podemos mostrar o plano da salvação aos homens, mas não podemos induzi-los a aceitar, salvo se, em resposta à oração, o Espírito eterno se mover em sua alma. Ele se move sobre você agora. Temos certeza de que ele está pairando sobre alguns de vocês agora. Não resista. Entregue-se completamente a esse chamado. Como o junco da fonte se encurva para a brisa que passa, curve-se ante o movimento do sempre abençoado Espírito de Deus. Que ele o ajude a assim fazer, em nome de Jesus. Amém.

102

A CRISE DA ALMA

Disseram-lhe que Jesus, o nazareno, ia passando (Lc 18.37).

Tal era a novidade naquele dia. Uma exclamação, sem dúvida, era repetida muitas vezes enquanto nosso Senhor fazia sua jornada pelas terras da Palestina e cercanias: *Jesus, o nazareno, está passando!* Quão rapidamente os habitantes das vilas e cidades se agitavam assim que esse rumor os alcançava! Quanta curiosidade havia em vê-lo, considerando-se que sua fama se espalhara por toda parte! Quão ansiosa certamente se tornava a multidão para chegar bem junto dele! Quão intenso anelo de irem alguns eles próprios, e outros, de levarem seus parentes e amigos enfermos, para obterem a cura e a saúde! Oh, a mim me parece que tais palavras significavam o suficiente para que homens e mulheres abandonassem suas lavouras e suas mercadorias, seus trabalhos e seus entretenimentos, para acorrerem a presentear seus olhos e ouvidos com a visão da face e o som da voz do nazareno — ou, mais ainda, procurar conseguir obter o grato alívio e as substanciais benesses daquele que só cuidava de fazer o bem.

Gostaria, no entanto, queridos irmãos, que todos aqui captassem o elevado significado espiritual dessas palavras emocionantes. Os que as entenderem irão se levantar e se livrar de sua letargia. Ficarão ávidos por desfrutar de sua presença e ansiosos por aprender sua doutrina. Mas o que mais poderá agitar seu coração, e sua paixão estimular, tenho certeza, é o veemente desejo de salvação, de salvação imediata por ele. Tenho certeza de que grande número de vocês está pronto a recebê-lo em sua casa, recepcioná-lo em seu coração e se sentar aos pés dele, desvanecido em amor, admiração e louvor. No entanto, mesmo assim, muitos outros de vocês que se juntam à multidão e se misturam às famílias que vêm buscar o Senhor continuam indiferentes, bastante despreocupados consigo mesmos, como se seus pecados não existissem, como se sua alma não estivesse sob perigo imediato.

Oh, é hora de muitos aqui presentes serem salvos. Em pouco tempo talvez já não estejam mais neste mundo. Naquela coluna, à minha direita no corredor final, naquele banco, ali se sentavam habitualmente dois ouvintes atentos, marido e mulher, que hoje mesmo, mais cedo, foram sufocados pela fumaça da sua própria casa pegando fogo, bem abaixo de seu teto. Nunca pensei que pudessem servir de exemplo para nós — e, no entanto, hoje, servem. A calamidade súbita e misteriosa que os impediu de se juntarem a nós mostra a incerteza da vida e a necessidade de preparo para a partida tão vividamente diante de nós que não podemos refrear nossas emoções ou reprimir nossa compaixão. Sua ausência deveria falar alto àqueles que agora ocupam o lugar vago, perguntando a essas pessoas se estão prontas para a partida. Não menos alto esse fato deveria falar a todos os outros aqui presentes, levantando uma questão no coração de alguns de vocês que não são diligentes para com sua alma: como suportariam passar deste mundo para o outro se a flecha da morte os encontrasse despreparados? Um acidente banal pode mostrar-se fatal, uma ligeira enfermidade pode ser a precursora de um rápido colapso. Vocês conseguem imaginar seu próprio remorso, enquanto olham para trás, para o evangelho que tanto ouviram, mas nunca abraçaram, que ouviram, mas nunca aplicaram à sua consciência? Para o Salvador, por quem passaram com indiferença quando ele passou por vocês, disposto a doar de sua graça, e de quem não desejaram ser discípulos? Ah, vocês podem até se desviar dessas questões com um sorriso vago agora — mas logo poderão estar voltando a esse assunto com um pálido calafrio.

Há alguém aqui ansioso por ser salvo? Que eu mereça a atenção solene, sincera e devotada dessa pessoa. Peço a Deus que o que digo de forma simples atinja sua consciência e toque seu coração. Se quiserem um julgamento justo, que a palavra venha com luz a seu espírito, e nessa luz contemplem Cristo e encontrem a salvação.

Nosso texto é extraído da pequena e conhecida narrativa sobre um homem cego que se sentava à beira do caminho mendigando, na saída de Jericó — imagem não muito diferente da de vocês, meus amigos, apreensivos por misericórdia e ansiosamente desejosos de salvação. Não são vocês tão cegos e pobres espiritualmente quanto literalmente era o mendigo? Tenho certeza que sim e que hão de reconhecer de imediato sua própria cegueira. Sabem que os olhos da sua compreensão estão turvos e seu coração envolto em escuridão. Muito do que querem ver não conseguem enxergar, nem ao menos enxergam seus pecados, para que se arrependam com contrição! Sim, ainda não conseguem ver o poder do precioso sangue de Jesus para que nele creiam, como genuínos adoradores, purificados e abundantemente conscientes de que essa fé lhes traz a remissão. Tanto quanto estão cegos, tenho certeza de que não se ofenderão nem se aborrecerão comigo se eu o disser, vocês, também, são pobres, como aquele cego, Bartimeu. A pobreza dele era financeira; a de vocês é de alma. Vocês não têm mérito; não têm força; não têm possibilidade alguma de obter por si mesmos seu sustento espiritual. São tão pobres quanto o mais pobre dos mendigos que já pediu em nome da caridade de Deus a um transeunte. Hoje vocês se sentam aqui, de certa forma, no mesmo lugar que o cego; pois ele estava sentado em um lugar por onde Jesus estava passando, e vocês se encontram em um lugar onde a misericórdia de Deus frequentemente se revela, por onde santos e pecadores passam em multidões, mas por onde também — louvado seja seu nome! — Jesus passa sempre, em pessoa. E se, nesta noite, vocês fossem informados, e tomassem consciência, da presença dele, e chamassem por ele, e ele parasse e abrisse seus olhos cegos e lhes desse a luz da vida e a alegria da salvação eterna? E se vocês voltassem para casa dizendo aos seus familiares e amigos: "Tive uma experiência hoje como nunca havia tido; encontrei o Salvador; recebi o perdão de meus pecados; sou uma nova criatura em Cristo Jesus"? Então, certamente, vocês teriam feito os anjos cantarem novas aleluias no céu, enquanto na terra Deus seria mais uma vez glorificado, e vocês e seus parentes e amigos estariam sendo abençoados por tal exercício vívido de fé e tão maravilhosa participação da graça.

I. Agora, e considerando seja esse o caso, desejo falar muito especialmente a vocês sobre determinadas questões. Primeiro: quando Jesus passou pelo cego, para este foi um dia de esperança.

Ele talvez já houvesse, desde algum tempo, abandonado todo pensamento de um dia poder ver, tantos anos fazia que seus olhos estavam fechados para a luz. Todavia, quando Jesus começou a ali passar, o caso mudou de figura. O nazareno podia realizar qualquer milagre, não havia limite para o seu poder restaurador; por que não abriria os olhos de um cego? E você, meu caro amigo ansioso, que tem sentido como se não mais pudesse ser salvo? Sim, se dependesse de você mesmo, não haveria como; nem por obras realizadas ou serviços prestados teria mérito suficiente para entrar no céu, tampouco conseguir o perdão de seus pecados na terra. Mas, se depende de Jesus Cristo, que justamente veio ao mundo para salvar os que estão perdidos, a história é outra. Ele pode, com toda a certeza, perdoar os maiores ofensores e livrar o mais indigno dos rebeldes da queda no poço do inferno. Aquele foi, portanto, um momento de esperança para o homem cego; e, se Jesus estiver passando por aqui agora, será um momento de esperança para você também.

Mas estará ele passando por aqui agora? Respondo: sim. Há diferentes modos de como isso pode ser entendido quanto ao nosso Senhor. Ele tem passado de certo modo por alguns de vocês desde que começaram a discernir o certo do errado. São aqueles, de vocês, que foram ensinados e criados ouvindo o evangelho e que nem conseguem se lembrar do tempo em que não sabiam nada, absolutamente nada, dos fatos e verdades referentes ao cristianismo. Por todo esse tempo, Jesus Cristo tem passado lentamente por você — parando, esperando, dando espaço para que talvez você lhe clame por misericórdia. Preste atenção, porém: tal passagem pode acabar; a vela da vida pode apagar. Todavia, se hoje o evangelho soa forte aos seus ouvidos, eis um dia de esperança para você: não deixe nem Satanás nem seu próprio coração desesperado o convencerem do contrário.

Mais especial é a passagem de Cristo *quando o evangelho é pregado com poder*. Se nesta noite o evangelho assim chegar a você, de modo que prenda sua atenção e derreta seu coração; se sentir que um controle

A CRISE DA ALMA | 963

divino é exercido sobre você — então não faltam provas de que Jesus está passando por você. Se, porém, o evangelho não o afetar, embora exerça influência e gere frutos em outros que se sentam próximos a você, de tal modo que sejam salvos, pode acreditar que o reino de Deus terá chegado perto de você, terá passado por você, sem que você receba a bênção, porque não o buscou com fé. Haverá, de toda maneira, consequências para você. Jesus terá passado por outros homens cegos, que clamaram por visão e foram atendidos, enquanto você permanece cego, não porque Jesus não quer ou não pode curá-lo, mas porque não pediu por sua cura, preferindo continuar perdido em sua descrença nele.

Tenho a confiança interior de que nesta noite, nesta exata noite, Jesus está, de maneira especial, presente nesta congregação. Por vezes, o pregador tem anelos dentro de si em favor das pessoas, como se estivesse empenhado em um trabalho árduo de sua formação até que Cristo esteja consolidado nelas; luta com tão sinceros anseios na alma como se o perigo que correm as pessoas e o conflito pelo resgate dos fiéis fossem todos dele; na verdade, não é um fardo simples, em troca da bênção futura. Percebe também o mesmo desejo em muitos de seus ouvintes convertidos. Ao saber, então, que seu povo ora a Deus com tanta veemência espiritual para que aceite os pecadores, tal atmosfera de oração se torna, para ele, uma indicação do tempo e do lugar onde Jesus se manifesta, pois, onde seu povo ora, Cristo com certeza se faz presente. Eu os encorajo, portanto, queridos ouvintes, com sinais esperançosos da graça divina. Este é um momento de esperança. Se vocês viveram até aqui sem salvação, libero minha fervorosa esperança de que é chegada a hora em que hão de encontrá-la. Apesar de terem até agora buscado e buscado aparentemente em vão, o tempo de receber o favor chegou. O Senhor permita que assim seja, que seja assim para muitos, para que bendigamos mais ainda seu santo nome.

II. Em segundo lugar, além de ser um tempo de esperança para o pobre cego, foi também, em especial, UMA OCASIÃO DE GRANDE ATIVIDADE.

Vocês, que ansiosamente desejam a salvação, prestem atenção no que lhes digo. Um homem não pode ser salvo pelo que faz; a salvação está em Cristo. Ainda assim, nenhum homem é salvo, a não ser que busque sinceramente Cristo. Esse cego não abriu os olhos por si mesmo. O que ele fez não ajudaria nem contribuiria de alguma forma, por si só, para que obtivesse a visão. Não obstante, ele teve de buscar Jesus para ter seus olhos abertos. Havia nisso força suficiente para acender toda a sua paixão, reunir toda a sua capacidade e empenhar toda a sua energia; embora, com toda a certeza, nada houvesse ali com que pudesse exercitar qualquer habilidade de descobrir ou aplicar um remédio para sua cura, nada que merecesse para si alguma honra, nada que justificasse receber qualquer recompensa.

Esse homem é um retrato do que temos de ser se quisermos ser salvos. Antes de mais nada, *ele ouvia atentamente*. Não podia ver, mas tinha bom ouvido. Percebia de longe o barulho de passos. O silêncio quebrado pelas multidões que vinham chegando pela estrada era peculiar, o murmurar já era um som diferente, e os tons das vozes, mais diversos ainda dos barulhos de contenda ou de festança ou das músicas dos viajantes costumeiros. Ele ouvia, sim, ouvia com ouvidos atentos. Portanto, queridos ouvintes, quando o evangelho for pregado, não dispense a ele a mesma atenção que daria a uma história qualquer que lhe é contada; mas ouça-o como a palavra de Deus, ouça-o com o fôlego contido e profunda reverência; beba dele como a terra seca bebe da chuva; ouça-o temendo perder uma única palavra, como se tal palavra fosse justamente a destinada a abençoá-lo. Creio serem os ouvintes atenciosos as pessoas mais prováveis de obter a bênção. Que nenhum de nós, portanto, quando, em uma casa do Senhor, ouvirmos a pregação do evangelho, nenhum de nós deixe os pensamentos vagarem para lá e para cá, mas prestemos a devida atenção; e, se assim o fizermos, poderemos, como o cego, detectar os passos do Senhor que se aproxima por intermédio da fala de seus discípulos.

Este homem, porém, depois de ouvir com discernimento, *indagou com avidez o que aquilo significava*. Oh, como eu gostaria que nossos ouvintes começassem a perguntar: "O que isso significa?" Posso afirmar que procuro usar minhas palavras da forma mais clara possível. Muitas vezes, quando houve oportunidade de usar buquês de flores de retórica, que eu gostaria e conseguiria usar, joguei-os fora, para que não se interpusessem no caminho dos pobres pecadores, fazendo que não compreendessem bem a plena verdade.

Ah, mas ainda por mais que falemos claramente, a mente carnal não entende as coisas que são de Deus. É um sinal divino quando os homens começam a se perguntar: "De que se trata isso, afinal? Qual é o sentido dessa pregação, desse evangelho? O que o pastor quer dizer com pecado e sua crueldade? O que ele quer dizer com Cristo e seu precioso sangue? De que tratam todas essas coisas?" Ó queridos ouvintes, alguns de vocês só tiram a poeira da Bíblia quando eventualmente vão lê-la. Gostaria que parassem, ponderassem e perguntassem a crentes que já têm experiência: "O que significa esse texto?" Se houver portanto, algo em um sermão que os deixe confusos, gostaria que vocês procurassem algum crente, santo e instruído, e dissessem: "Explique-me, por favor, o que isso significa". Eu teria grande esperança se vocês assim se interessassem pelo plano da salvação. Não é importante para vocês fazer tais indagações? Quando alguém erra o caminho, pergunta vinte vezes, em vez de continuar no caminho errado; e vocês errariam o caminho para o céu por não pedirem aos viajantes mais experientes que os guiassem? Eu lhes rogo, pois, que sejam sérios no aprendizado, e não tardará que Deus os instrua, pois, quando ele torna um homem consciente de sua ignorância e ansioso por aprender, Deus Espírito Santo sem dúvida o instrui até antes do esperado.

Quando o cego indagou e lhe foi respondido que era Jesus de Nazaré que passava, veja o que ele começou a fazer: *começou a clamar*. Seu clamor era uma oração, e sua oração, uma súplica. Seu clamor tomou a forma de uma explosão comovente e enfática de desejo: *Filho de Davi, tem compaixão de mim!* (Lc 18.38). Ele não precisou ler um livro de orações, para isso. Sendo cego, aliás, não conseguiria lê-lo. Louvado seja o Senhor, não precisamos de livros de orações. Precisamos é fazer orações como as que até os cegos possam fazer tão prontamente quanto aqueles que conseguem ler. E que oração curta, mas tão forte e intensa era esta: *Tem compaixão de mim! Tem compaixão de mim!* Não foram as palavras da oração em si, mas o desejo e a confiança nelas contidos, que alcançaram o Senhor: *Filho de Davi, tem compaixão de mim!* E você, meu caro ouvinte, que diz que deseja ser salvo, que está ansioso, ou melhor, interessado em ser salvo, você ora? Como pode esperar a bênção se não considera ser importante pedi-la? Como quer que Deus lhe dê salvação sem que você a busque? Ele a dará, sim, mas é o caminho usual da graça, o caminho mais apropriado, que você humildemente peça por misericórdia aos pés dele. Você, acaso, não o fará? Veja bem: o inferno é uma condenação tão trivial que você acha que não deve orar para escapar dele? O quê? É o céu um destino tão frívolo para que não precise orar para ser admitido nele? Ó irmãos, se só se obtém a compaixão divina ao pedir, não invocarão vocês o Todo-poderoso e não se humilharão aos pés do Redentor para obtê-la? Se não, então realmente mereceriam perecer! Se, orientados a orar, vocês não suplicam, e aconselhados a buscar ao Senhor enquanto ele pode ser encontrado, voluntariamente se recusam a encontrá-lo — então, verdadeiramente, mereceriam perecer em seus pecados! Todavia, não será assim com vocês. Não consigo olhar em seu rosto e pensar que vocês assim agirão, contrariando o chamado de Deus e seus próprios interesses. Não. Sei que vocês vão orar; confio em que irão orar, que suplicarão com todo o coração a Deus. Podem ter a certeza de que nunca, quando um homem tenha implorado por misericórdia e continuado a implorar de todo o coração, a misericórdia haja deixado de vir sobre ele. Não há almas orando no inferno. Deus jamais condena aquele que pede compaixão. Se você tão somente abraçar a cruz de Cristo e disser: "Não a deixarei até que obtenha a bênção; não cessarei até que haja sido satisfeito o santo desejo de minha alma", você em breve terá a piedade que busca. Oh, que Deus o incite a orar assim!

Assim que esse homem se pôs a clamar, algumas pessoas próximas logo o repreenderam: "Silêncio! Contenha sua língua! Você perturba a pregação! Não conseguimos ouvir as palavras do mestre! Sossegue! Não é correto um mendigo como você, que se arrasta pelas ruas, perturbar as pessoas respeitáveis com sua voz rouca e áspera — fique quieto!" Mas, como seu coração estava cheio de lídimo desejo, não havia silêncio para sua boca, e cada vez mais, com crescente força e veemência, ele reiterava a oração: *Filho de Davi, Filho de Davi, tem compaixão de mim! Tem compaixão de mim!* Se você deseja a salvação e já começou a orar e a clamar, Satanás lhe dirá: "Isso de nada adianta! Cale-se!" A carne lhe dirá: "Por que todo esse barulho? Há tempo suficiente para isso". A protelação acrescentará: "Quando você ficar mais velho haverá tempo suficiente para então começar a buscar o Senhor". Mil dificuldades surgirão; mas, ó alma,

A CRISE DA ALMA | 965

se você tomou a decisão de realmente buscar a salvação, e Deus a faz uma decisão sincera, dirá a todos: "Para trás! Não me posso calar e não me calarei, por vocês; tenho de obter o perdão de Deus; é o perdão que quero e o devo alcançar, ou perecerei para sempre; portanto, suplicarei cada vez mais e ainda mais". Eu gostaria — mas, ah, não está ao meu alcance —, eu gostaria de poder persuadi-los a orar persistentemente. Que o Espírito Santo os guie em oração. Bem me lembro das minhas próprias orações quando buscava Cristo. Orei durante meses. Por vezes, no aposento onde buscava o Senhor sentia como se não pudesse sair do propiciatório até que tivesse obtido alguma resposta de paz; mas esperei muito antes de obter tal resposta. Mesmo assim, ela veio, e, oh, valeu a pena esperar! Se alguém tivesse de suplicar pelo perdão por vinte anos seguidos, ainda assim, quando o cetro prateado lhe fosse estendido, bem valeria, por todas as lamentações e todas as lágrimas do espírito mais ansioso. Vão para seus lares, seus aposentos, ou, se não puderem ir para seus aposentos, para o sótão, o porão, o celeiro, não importa, ajoelhem-se e abram seu coração diante do Senhor, e não se levantem até que ele lhes tenha dito, a cada qual: "Perdoados são os teus pecados, que são muitos".

Quando esse homem assim suplicou, note-se que Jesus logo parou e mandou chamá-lo. Quero pedir a atenção de vocês para o seguinte ponto: assim que Jesus chamou o homem cego, o efeito produzido nele foi espantoso. Creio vê-lo à beira da estrada, clamando, desolado. Jesus manda então que venha. Ele se levanta e, de um impulso só, se livra da capa, que lhe era tão preciosa, na qual tantas vezes se enrolara nas noites frias para dormir ao relento. Aquela capa que, apesar de certamente muito velha, muito gasta, esfiapada, remendada, imunda, era tão estimada e valiosa para ele, foi pelo cego lançada fora, de súbito. Ela poderia tê-lo atrasado talvez menos que um minuto, mas, mesmo assim, dela se livrou, descartando-a. Ah, que grande bênção quando a pobre alma sente que pode e deve jogar fora toda e qualquer coisa que a impeça de ir e chegar logo a Cristo. "Oh, se houver algo que me impeça ainda de obter o perdão", diz o pecador que realmente busca um Salvador, "quero imediatamente disso me livrar; algum hábito que eu não saiba ser pecado, ou algo que eu faça que me dá prazer, mas que eu desconheça que é censurável aos olhos de Deus, que o Senhor disso venha me libertar. Ó Senhor, se devo ter menos recursos materiais, ou menos oportunidades, ou até mesmo menos anos de vida ou menos saúde, que seja assim, que eu venha a ser liberado daquilo que seja desnecessário, se preciso for, para poder encontrar o teu perdão e a tua plena salvação".

> O maior ídolo que erroneamente temi,
> seja ele qualquer ídolo que for,
> ajuda-me do trono a ele depor,
> e passar a adorar apenas a ti.

Eu exorto vocês, que buscam Jesus, a não permitir que nada se interponha entre vocês e Cristo. Vocês têm de alcançar a salvação. Não irão conseguir jamais viver sem ela. Livrem-se, portanto, de tudo que os impeça de alcançá-la. Joguem fora a capa, por mais valiosa que lhes seja, que os possa estorvar na corrida santa. Deixem de lado todo peso, toda tentação que facilmente os assalta, e corram para Jesus. Nesta noite, eu rogo a vocês: corram para Jesus com urgente velocidade e não se sintam contentes até que obtenham sua bênção!

Quando esse homem chegou a Jesus, e o Senhor lhe indagou: *Que queres que te faça?*, o homem deu uma resposta direta e inteligente: *Senhor, que eu veja* (Lc 18.41). Assim, quando estiver orando, qualquer um de vocês, não faça uma oração habitual ou genérica; faça-a de forma a mais clara, a mais direta, a mais específica e na linguagem mais simples possível, ao Senhor.

Posso imaginar o teor de uma confissão e súplica assim feitas deste modo: "Senhor, aqui estou. Tenho sido ouvinte constante do evangelho e por vezes ficado tão profundamente impressionado ou comovido com a pregação da tua Palavra a ponto de derramar lágrimas, não sei se de arrependimento ou de esperança. Todavia, Senhor, isso de nada me tem adiantado; sermão após sermão que escuto não têm tido maior efeito sobre mim que essas lágrimas passageiras. Temo ser um pecador já empedernido de tanto ouvir o evangelho; creio, Senhor, que, pelo fato de eu me sentar e ouvir o pregador falando tão enfaticamente como faz, testemunhando tudo aquilo que faço e como muitos outros foram salvos, enquanto eu continuo deixado sem salvação, meu coração deve, por isso mesmo, ter endurecido como pedra. No entanto, ó Senhor, sei que ainda me podes salvar! Tem compaixão de mim! Derrete este coração de pedra; rompe esta couraça; estilhaça este bloco de gelo! Senhor, sei que muita coisa me perturba: aquele estimado pecado; aquela vil companhia; os vícios; a maldade; a luxúria da carne. Ó Deus, leva-me a abrir mão, definitivamente, de tudo isso! Ajuda-me a arrancar o braço direito, o olho direito, se necessário for, Senhor, como disseste, pois, oh, não posso perecer; não posso suportar tua ira na vida futura; dela temo e tremo; de tua ira quero escapar e encontrar refúgio somente em Jesus, meu Senhor e Salvador!"

Talvez seu caso seja um tanto diferente, e, quando falar com Deus, deva confessar: "Senhor, nunca te busquei; nunca guardei um dos teus dias santos, mas em todos eles tenho perdido meu tempo e minha vida com prazeres pecaminosos. Tive até agora pouco ou nenhum conhecimento de ti e nem sei se tenho algum amor por ti; só sei que deparei com a multidão que ingressava em tua casa hoje para ouvir tua Palavra; entrei também no templo; e, ó Senhor, tua magnífica Palavra me encontrou, me tocou, e eu sinto o que nunca senti antes: quero te amar, ser perdoado dos meus pecados, quero ser curado, ser salvo e me reconciliar contigo para sempre. *Tem compaixão de mim!*

Oh, vocês não poderão jamais calcular quão feliz o Pai divino irá ficar em ouvir sua oração, seu clamor; pois, assim como, na parábola do filho pródigo, o pai corre e se lança no pescoço do filho que volta, enlaça-o e o beija, assim também nosso Pai que está no céu corre e se lança em seu pescoço de culpado e arrependido pecador e lhe dá o beijo do perdão e da aceitação, e você, até mesmo você, é por ele salvo. Glória a Deus! Não há um sequer que corra, e busque, e bata à porta e assim se empenhe que fique sem a misericórdia divina derramada sobre si.

Não me posso furtar a mais uma observação. Aquilo que realmente trouxe salvação ao homem cego *foi sua fé*; pois Cristo diz: *A tua fé te salvou* (Lc 18.41). Eis o grande ponto: fé! Pois empenho sem fé é de pouca valia. Fé traz a grande graça salvadora; é o verdadeiro germe da vida. "Que é a fé?", diz você. Ansioso inquiridor, se você deseja saber mesmo o que é a fé, saiba que os outros nomes para ela são *crença* e *confiança*. A fé que salva é a crença de que Jesus Cristo, o Filho de Deus, oferece a remissão dos pecados e, com firme convicção, a simples e total confiança nessa remissão para a salvação. Consegue você, hoje à noite — oh, rogo para que o Espírito Santo assim o permita! —, crer em Jesus Cristo? Quando faço tal pergunta para um pecador desperto, parece-me que a resposta deva ser sempre: "Sim, é claro! Tal Salvador, tão divino, oferecendo sacrifício tal como sua própria morte, certamente nele eu posso crer!" Eis uma âncora que suporta todo o peso de um barco. Eis uma ponte por onde dezenas de milhares de pecadores os mais pesados podem passar com segurança. Venham, então, pecadores. Que me dizem? Estão decididos a crer em Jesus? Se sim, então a fé já os salvou; vão e se entreguem à oração até que tenham certeza da salvação.

III. O tempo voa, e não me devo demorar; portanto, permitam-me dar uma palavra solene sobre outro ponto. Ao passar Jesus, esse momento foi para o cego, como dissemos, uma hora de esperança e, ao mesmo tempo, de apressar-se. Notemos agora, em terceiro lugar, que foi também, no entanto, UM MOMENTO DE CRISE.

Enquanto durar a vida, Jesus estará passando. Isso é verdade; no entanto, haverá certamente casos em que a hora de encontrar o perdão não ocorrerá mais até a morte.

Um homem havia que escutava uma exortação sincera do evangelho e, à medida que ia ouvindo, sentia, do fundo do seu coração, como se o pregador estivesse falando diretamente a ele. Pensou: "Esse assunto é importante". Quanto mais ouvia, a importância do assunto parecia atingi-lo ainda mais. Lágrimas começaram a fluir, e ele decidiu que quando chegasse em casa naquela noite buscaria o Senhor. Enquanto ia para casa, um amigo o encontrou e disse: "Venha comigo", convidando-o a ir a uma taberna. Ele se sentiu confuso. Sua alma parecia deliberar. "O que vai ser? Será a jovial companhia desse amigo ou

A CRISE DA ALMA | 967

a oração sincera na qual eu já me havia decidido?" Hesitou por apenas um segundo e logo o seu melhor lado, ou, mais precisamente, o Espírito Santo dentro dele, prevaleceu. Naquela mesma noite, em casa, se ajoelhou, a luz divina brilhou em sua alma e ele se transformou em um salvo, um crente em Cristo.

Na mesma ocasião, outro homem havia que passou precisamente pela mesma experiência; para quem a tentação veio e cedeu a ela e nunca mais foi perturbado por qualquer questionamento. Continuou ouvindo sermões, mas nunca mais os sentiu como sentia, levado por outra vontade. Toda pregação de Cristo perdeu para ele o interesse. Não demorou muito, e deixou de frequentar os meios da graça. Hoje, é um viciado e blasfemador, quando antes já parecia haver alcançado as últimas fronteiras da salvação. É provável que para esse homem nunca mais advenha um dia da graça. Colocou-se além do alcance dos recursos de salvação; não frequenta mais nenhum local de adoração; não dispensa mais atenção alguma aos assuntos do gênero. A religião cristã se tornou para ele assunto do qual ri (amargamente), e ministros e evangelistas são objeto de seu ácido escárnio.

Eis os pontos críticos de duas vidas: a graça decidindo pela primeira, e a carne decidindo pela outra; uma, em meio a toda probabilidade humana, sendo conduzida para o céu, e a outra, ah, acabando destinada ao inferno. Uma noite como aquela pode acontecer hoje. Não conheço determinado jovem, nem sei onde está sentado aqui hoje, mas sei que está aqui. Depois de encerrado o expediente de cada dia de serviço, participa ele de uma atividade que se sua santa mãe, lá no campo, soubesse, a faria ficar com os cabelos em pé, de horror, por pensar que seu filho possa ter chegado a *tal ponto*. Eu o exorto, pelo Deus vivo, a largar de vez esse pecado, ou nesta mesma noite poderá selar sua própria condenação. Senta-se hoje também nesta casa uma mulher que irá, se o Senhor preencher o propósito de seu coração, buscar Cristo e o encontrar; mas se a tentação com que luta a vencer, sendo a noite gasta em uma conversa sem sentido, sua consciência será marcada como se com ferro em brasa, e a partir deste momento será muito mais difícil para a seta do evangelho penetrar seu coração.

Oh, que Deus ajude cada um aqui, hoje, em sua vontade, sua teimosa e deturpada vontade, a se curvar e ceder diante do abençoado impulso do Espírito Santo em seu coração, pois estou convencido de que esta é uma hora de crise para muitos que aqui estão.

IV. Por último, lembrem-se que esse momento da passagem de Jesus é UM MOMENTO QUE FINDARÁ EM BREVE.

Reparem bem na palavra: "Disseram-lhe que Jesus, o nazareno, *ia passando* (Lc 18.37)". Jesus não estava parado, ele *ia passando*, indo embora, em direção aos muros de Jericó, para atravessar por uma de suas portas e sair. Homem cego! É agora ou nunca, pois ele está passando. Veio e chegou até onde você se encontra; clame a ele, portanto, agora! Está passando por você agora, clame a ele! Ele ainda pode ouvi-lo; clame a ele agora! Ah, se ele tiver passado e se for, e você não houver clamado, não haverá jamais outro que possa abrir seus olhos; nem o fará o próprio Messias, o filho de Davi, o unigênito de Deus, pois passou e não foi chamado, passou e não foi buscado para lhe conceder a maravilha única de sua bênção. Você certamente viu Cristo passar quando era mais jovem. Oro a Deus que você tenha rogado a ele então: *Tem compaixão de mim!*. Todavia, se você esperou até que ele viesse a passar novamente por você na idade em que já se encontra e ainda assim não o procurar agora — oh, quanta tristeza por isso! Agora que alguns cabelos grisalhos lhe surgem e cerca de meio século de falta de fé endurece seu coração; agora que você está chegando perto dos seus sessenta anos de incredulidade —, ele não está surdo; ele ainda o ouvirá agora. Oh, mas suplique a ele agora, peço-lhe que suplique, por favor, e que o Espírito Santo de Deus, autor de todas as nossas súplicas verdadeiras, lhe sopre um pedido, um clamor, que não será interrompido até que você tenha obtido a resposta: *A tua fé te salvou.*

Pode ser que alguns de vocês a quem falo pensem que esse sermão não é muito sério, que a nossa conversa sobre esses assuntos solenes é simples e fácil demais. Asseguro-lhes, porém, hoje, diante de Deus, que considero este trabalho árduo. Não que não seja gratificante pregar o evangelho; mas eu me preocupo seriamente com a alma de vocês. Não consigo entender por que muitos de vocês se aglomeram aqui e, embora sabendo que há aqui talvez tantos quantos houvesse lá fora querendo entrar, ainda assim não sei por que isso. Nada faço demais para atraí-los até aqui além de pregar o evangelho do meu Mestre e Senhor. A verdade, porém, é que, por haver o Senhor inclinado seu coração e os trazido até a palavra do evangelho que anseio sempre proclamar, sinto por vocês uma responsabilidade que não é possível avaliar. Se vocês declararem, no dia do juízo: "Lotamos aquela casa, Senhor, e escutamos aquele homem, mas ele não nos disse nada de importante nem verdadeiro, ou nos disse de maneira tão fria e descabida que achamos que aquilo não tinha a menor importância, ou não era verdade, de modo que deixamos aquilo de lado!"; oh, se vocês estiverem perdidos, garanto-lhes que sofrerei, pois gostaria muito de vê-los salvos; e se minha persuasão não puder levá-los a Cristo, que vocês pelo menos não pereçam pela falta dela.

Crê no Senhor Jesus e serás salvo — é esta a mensagem essencial, e, se vocês a rejeitarem, um peso recairá sobre o meu espírito — parecendo esmagar-me, como agora, uma mó, só pelo pensamento de os ver perdidos! O que é ser perdido? Ser lançado fora da presença de Deus, ser lançado ao inferno, ter sofrimento, e tudo isso para sempre, com toda a onipotência que Deus pode usar, com toda a justiça que Deus pode infligir. Pois, senhores, se eu tiver uma dor de cabeça, ou uma dor de dente por uma curta hora, minha paciência mal suporta a tortura; o que dizer então de sofrer dores e dores pela eternidade? Não consigo imaginar como deva ser! Como deverá ser sentir dores dez mil vezes mais fortes que todas para todo o sempre? Ficar deprimido, desesperado, desconsolado — como isso tortura os homens! Alguns até usam de uma arma, de um veneno, em um ataque de insanidade, por não suportar mais a vida, por conta de angústia e desespero. Mas todas as dores, torturas e abandonos que os homens sofrem aqui não se comparam às feridas e à angústia e às aflições dos flagelos pelo pecado, no mundo vindouro.

Oh, a agonia de um espírito condenado, desamparado, amaldiçoado, sobre o qual Deus porá seu pé, em terrível ira, para nunca mais erguer! E ali, enquanto permaneça atormentado ao máximo, ter somente como recompensa, como seu mísero dote, o remorso: "Ouvi o evangelho, mas não lhe dei atenção; Cristo foi posto diante de mim, mas não o reconheci; fui instado insistentemente a crer em seu santo nome e a correr em sua direção para a salvação, mas hesitei, vagueei em dúvida, tardei, e, por fim, o neguei e o perdi. A troco de quê? Por um gole de bebida? Por uma dança, uma diversão tola qualquer, por um pecado reles que me levou além do vão prazer, ou por ganhos mundanos, vícios baixos e humilhantes, por uma indiferente, falsa e inautêntica felicidade passageira?" Perdido, perdido, perdido, e por nada! Um pecador condenado! Perde sua alma, nem ganha propriamente o mundo. Ganha apenas um pouco de prazer frívolo, por um rápido instante, que o torna condenado ao inferno para sempre! Que assim não seja com vocês — com nenhum de vocês, velho ou jovem, mas que o Senhor tenha misericórdia de toda esta congregação, por seu amado nome. Amém.

Um tempo há, não sabemos quando,
um ponto, não sabemos onde,
que marca o destino do homem,
para a glória ou para o desmando.

Há uma linha, a nós encoberta,
que cruza todo o nosso caminho;
Fronteira oculta que faz vizinho;
perdão de Deus de sua ira certa.

Passar do limite é morrer,
é secretamente expirar,
sem perder o brilho do olhar,
sem a saúde empalidecer.

A consciência em paz pode estar,
e o espírito, leve e jovial,

o agradável, principal,
e a vida continua a rolar.

Mas deixou Deus em nossa testa,
indelevelmente, um sinal,
que ao homem se torna fatal
quando a cegueira inda resta.

E o caminho do homem em pecado
tal no Éden à queda o levará,
sem que saiba, e não saberá,
que está desde então condenado.

Ele acha que tudo está bem,
e todo medo é aplacado.
Mas dorme e no inferno é acordado,
então vê que saída não tem.

Onde está o limite escondido,
Em nosso caminho cruzado,
a respeito do qual Deus nos tem alertado
que quem o rompe está perdido?

Até onde seguir em pecado?
Quanto vai Deus tolerar?
Onde irá a esperança findar
tendo o desespero iniciado?

Responso é do céu remetido:
'Aquele que a Deus não atenda,
enquanto é tempo se arrependa,
sem mais coração endurecido'.

103

Fé salvadora

A *tua fé te salvou* (Lc 7.50; 8.48; 17.19; 18.42).

Não me lembro de ser achada essa expressão em algum outro lugar da palavra de Deus senão somente nos Evangelhos. Além de Lucas, encontramos a expressão A *tua fé te salvou* uma vez em Mateus (9.22) e duas vezes em Marcos (5.34; 10.52).

No caso de Lucas, particularmente, é de supor que seu longo relacionamento missionário junto ao apóstolo Paulo, como mostra o livro de Atos, o levou a receber deste a grande doutrina da justificação pela fé, que Paulo ensinava de forma tão clara, assim como atribuir à fé a alta importância que Paulo sempre lhe dava. Lucas não teria escrito algo que não fosse verdadeiro em prol da manutenção da grande doutrina ensinada tão claramente pelo apóstolo. Penso também que sua plena convicção da doutrina contribuiria para ajudar a avivar sua lembrança das palavras do Senhor Jesus, pelas quais tal doutrina pode ser mais claramente captada ou ilustrada. Seja como for, sabemos que Lucas foi bastante inspirado e não escreveu nem mais nem menos do que aquilo que o Salvador realmente disse. Portanto, podemos estar absolutamente certos de que a expressão A *tua fé te salvou* proveio dos lábios do Redentor e somos obrigados a aceitá-la como verdade absoluta e inquestionável, repetindo-a sem medo de enganar os outros ou tocar as raias de qualquer outra verdade.

Menciono isso porque outro dia ouvi um zeloso amigo dizer que a fé não nos salva e fiquei um tanto surpreso diante de tal declaração. O irmão, aliás, fez logo uma ressalva, alegando que pretendia deixar claro que Jesus nos salvava, e não o nosso próprio ato de fé. Concordei com *o que ele quis dizer*, mas não com *o que disse*, pois não tinha o direito de entrar em total contradição direta com uma declaração categórica do Salvador: A *tua fé te salvou*. Não devemos tomar uma clara expressão para fazê-la significar outra coisa que quem a diz demonstra intencionar, e é bom sempre tomar cuidado para que as palavras dos outros não sejam jamais distorcidas, mal interpretadas ou mal compreendidas. Deste modo, não podemos ir tão longe assim a ponto de negar a declaração do próprio Senhor, mesmo a pretexto de analisá-la. Pode-se, quando muito, ser ressalvada, se assim se desejar, mas jamais ser desmentida; pois sustenta, aberta e francamente: A *tua fé te salvou*.

Portanto, esta manhã, queremos, com a ajuda de Deus, perguntar: *o que salvou* as pessoas cujas histórias temos diante de nós? Foi sua fé. Segunda pergunta: *que tipo de fé* as salvou? E, em terceiro lugar, *o que isso nos ensina em relação à fé?*

I. O QUE SALVOU as pessoas cujas histórias estamos prestes a considerar?

No caso da mulher penitente (Lc 7.50), seus muitos pecados foram perdoados, e ela, sentindo-o, tornou-se uma criatura de um amor extraordinário: amava muito porque fora muito perdoada. Ao pensar nela, concordo com um eminente pai da igreja, que disse: "Essa narrativa não é algo sobre o qual eu possa pregar de modo satisfatório; preferiria muito mais chorar sobre ela em segredo". As lágrimas dessa mulher, seus cabelos longos e soltos enxugando os pés do Salvador, sua vinda para tão perto do seu Senhor estando ele em tal companhia, e enfrentando tais soberbos caviladores fariseus, com a intenção, de fato, extremamente amorosa e resoluta de honrar Jesus — certamente, dentre aqueles que os evangelhos nostram que amaram o Salvador, não existiu talvez ninguém mais importante que essa mulher, uma pobre pecadora. Mesmo assim, Jesus não lhe disse: "O teu amor te salvou". O amor é o fruto dourado da árvore cuja raiz é a fé, e o Salvador foi cauteloso em não atribuir ao fruto aquilo que pertence à raiz.

Essa mulher amorosa também foi bastante notável por seu arrependimento. Reparem bem naquelas lágrimas. Não foram lágrimas de emoção sentimental, mas uma torrente de angústia santa e profunda pelos pecados cometidos. Ela fora uma grande pecadora, e sabia disso; lembrava-se bem da quantidade e gravidade de suas transgressões, sentia que cada pecado merecia lágrimas de arrependimento e ali estava entregue às lágrimas, porque ofendera demais seu caro Senhor e Salvador. Mesmo assim, não está dito que Jesus tenha declarado: "O teu arrependimento te salvou". Sua fé motivou seu arrependimento, mas não foi seu arrependimento que a salvou.

O sofrimento resultante do pecado é um símbolo inicial da graça operando no interior do coração; mas em lugar nenhum do evangelho está dito: "O teu sofrimento pelo pecado te salvou".

Era, além disso, uma mulher de grande humildade. Veio até o Senhor e lavou seus pés como se se sentisse apenas capaz de ser uma serva humilde, destinada a realizar trabalhos submissos e poder encontrar paz e prazer tão somente em servir seu Senhor. Sua reverência para com ele alcança, então, um ponto muito elevado: ela o respeita e exalta como rei, fazendo até o que somente era feito aos monarcas por súditos submissos e zelosos — beija os pés do Senhor amado do seu coração, que bem merecia essa homenagem. Apesar dessa sua reverência leal a haver levado a beijar os pés do Senhor soberano de sua alma, no entanto, não vejo que Jesus lhe tenha dito: "A tua humildade te salvou", ou "A tua reverência te salvou"; mas, sim, ele pôs a coroa sobre a cabeça da fé daquela mulher, afirmando, expressamente: *A tua fé te salvou.*

No caso do cego de Jericó, ao qual outro texto (Lc 18.42) se refere, ele se destaca por sua ousadia e sinceridade, ao clamar, e clamar bem alto: *Filho de Davi, tem compaixão de mim!* (Lc 18.38). Tornou-se notável por sua insistência e importunidade, fazendo que aqueles que o teriam silenciado o reprovassem em vão, clamando, gritando, cada vez mais alto: *Filho de Davi, tem compaixão de mim!* Não lemos, porém, que Cristo haja atribuído sua salvação ao clamor, por mais intenso, sincero e insistente que fosse. Não está escrito: "O teu clamor te salvou"; mas, sim, está dito: *A tua fé te salvou.*

O cego mostra ser um homem de discernimento claro e considerável, e tinha uma compreensão da pessoa verdadeira de Cristo: ele não o chama Jesus de Nazaré, como certamente fazia a multidão, mas o proclama *Filho de Davi*, e na presença daquele grande público ousa confessar sua convicção plena de que aquele homem humilde, vestido com trajes simples de homem do povo, que abria seu caminho tranquilamente em meio ao povaréu, outro não era senão o verdadeiro herdeiro da linhagem real de Judá, sem dúvida alguma a própria personificação, real e autêntica, do tipo profético ensaiado por Davi, o Messias esperado, o rei dos judeus, o Filho de Davi, o ungido, enviado de Deus. Todavia, não vemos que Jesus tenha atribuído a salvação desse cego ao seu conhecimento, à sua compreensão clara, à sua proclamação do Messias; mas, sim, simplesmente lhe diz: *A tua fé te salvou*, colocando tão somente sobre a sua fé, portanto, toda a ênfase daquela salvação.

Assim, em ambos os casos, somos levados a perguntar: qual a razão para isso? Qual a razão para que, em cada caso, de cada ser humano que é salvo, seja a fé o grande instrumento de salvação? Não seria, antes de mais nada, porque Deus tem o direito de escolher o modo de salvação que lhe agrada, e ele tem escolhido aqueles que devam ser salvos não por suas obras, mas pela fé em seu Filho, nosso Senhor? Deus tem o direito de conceder misericórdia a quem lhe aprouver; tem o direito de concedê-la quando quiser; e sabemos, ó filhos dos homens, que o decreto dos céus é imutável e se sustém para sempre: *Quem crer e for batizado será salvo; mas quem não crer será condenado* (Mc 16.16). Não deve haver exceção; o Senhor criou a regra, e ela deve permanecer. Se você desejar a salvação, creia no Senhor Jesus e será salvo; se não crer, a salvação não será possível para você. É esse o caminho indicado. Siga-o, e ele o conduzirá ao paraíso; recuse-o, e você perecerá. Esta é a determinação soberana de Deus: *Quem crê nele não é julgado; mas quem não crê, já está julgado, porquanto não crê no nome do unigênito Filho de Deus* (Jo 3.18). A vontade de Deus há de ser cumprida. Se esse for o método da graça, não podemos contrariá-lo. Se está determinado que a fé é que deva salvar, então que a aceitemos: que o bom mestre tão somente nos gere e incremente a fé.

Ao mesmo tempo que atribuímos isso à vontade soberana de Deus, no entanto, percebemos, pois a Escritura assim nos indica claramente, a razão natural pela qual a fé deva ter sido para isso selecionada. O apóstolo nos diz que é natural da fé que ela seja produto da graça. Se sentimento ou obra fosse condição para a salvação, tal é a depravação de nossa natureza que inevitavelmente iríamos atribuir o mérito da salvação à obra ou ao sentimento. Poderíamos perfeitamente reivindicar algo do que nos gloriar. Por menor que fosse tal condição, o homem consideraria que algo lhe era exigido, que alguma coisa deveria vir dele, e que, portanto, poderia haver algum crédito para si próprio. Todavia, nenhum homem, a menos que seja demente, jamais reivindicou mérito por crer na verdade. Se ouvir alguma coisa que o convence, estará convencido, e, se for persuadido, persuadido está, e entende que não poderia ser de outra forma. Ele atribui o efeito à verdade e à influência desta. Não especula a respeito disso, tampouco disso se vangloria, porque assume que é tão claro para ele que disso não pode duvidar. Caso se vangloriasse da fé, muitos lhe diriam logo: "Por que você se vangloria do fato de crer, se nunca teria tido essa fé não fosse pela força da verdade, que o convenceu, e pela obra do Espírito de Deus, que o compeliu a acreditar?"

A fé é a escolhida por Cristo para portar a coroa da salvação porque — permitam-me contradizer a mim mesmo — ela jamais se prontifica por si mesma, a portar a coroa. Deste modo, tendo sido Cristo quem salvou a mulher penitente, Cristo quem salvou o mendigo cego, ele tira a coroa de sua própria cabeça e a coloca sobre a fé, tão preciosa é a fé para ele, declarando: *A tua fé te salvou*, por estar absolutamente certo de que a fé jamais tomará a glória para si mesma. Prefere deitar a coroa a seus pés perfurados na cruz e dizer: "Que a glória não seja toda para mim, pois você o realiza, você salva", a fim de destacar e preservar os interesses da graça soberana e afastar toda vanglória do homem. Deus se agrada, pois, em fazer que o caminho da salvação passe pela fé e por nenhum outro meio.

Isso não é tudo. Fica claro que, para a renovação do coração, a parte mais importante da salvação, é bom começar pela fé. Porque a fé, uma vez exercitada corretamente, se transforma na mola mestra da natureza toda. O homem crê que foi perdoado. E, então, o que acontece? Sente gratidão por aquele que o perdoou. Sentindo gratidão, é natural que passe a abominar o que desagrada ao seu Salvador e ame intensamente o que agrada àquele que o salvou. De modo que a fé opera sobre a natureza toda e se transforma em instrumento nas mãos do Espírito regenerador, mediante o qual todas as faculdades da alma são colocadas em condições corretas. Um homem é aquilo que pensa ser em seu coração; mas, como seus pensamentos resultam de suas crenças, se nestas ele for corrigido, sua nova compreensão irá operar sobre todas as suas afeições, e logo todos os outros poderes de sua condição humana, todas as coisas antigas, irão desaparecer, e as coisas se tornarão novas, por intermédio do maravilhoso efeito da fé, que procede da ação de Deus. A fé opera pelo amor e por intermédio do amor purifica a alma, e o homem se torna uma nova criatura. Veem, então, a sabedoria de Deus? Ele poderia escolher o caminho que quisesse, mas escolheu um caminho que tanto protege sua graça de nossa vanglória perversa quanto produz em nós a santidade que de outra forma nunca teria existido.

A fé na salvação, todavia, não é a causa meritória; nem é, de maneira alguma, a própria salvação. A fé nos salva da mesma maneira que a boca nos salva da fome. Se estivermos famintos, o pão é a verdadeira cura para a fome, mas, justamente porque comer é que tira a fome, o pão em si não nos pode beneficiar enquanto a boca não o ingira. A fé é a boca da alma, por meio da qual a fome do coração é saciada pelo pão da vida, Cristo. Cristo também é a serpente de bronze levantada: toda virtude que cura está nele; todavia, nenhuma virtude que cura emana da serpente de bronze para aquele que não a queira enxergar, olhar para ela; de modo que é a ação de olhar que pode ser corretamente considerada como o ato que salva. É verdade que, no sentido mais profundo, é Cristo quem salva — que a ele seja dada toda a glória; mas, se não olharmos para Cristo, não podemos ser salvos — de tal modo que

Há vida em um olhar,

exatamente como há vida no Salvador para quem você olha. Nada é seu, até que você se aproprie dele. Se você enriquecer, a coisa da qual você se apropriou é que o enriquece; não seria correto, estritamente correto, portanto, dizer que é a apropriação da bênção em si que o torna rico. A fé é também a mão da

Fé salvadora

alma. Estendida, toma para nós a salvação em Cristo; e assim, repetindo mais uma vez, pela fé somos salvos: *A tua fé te salvou*. Creio não ser preciso mais insistir neste ponto. Com base nesse texto, fica claro como o sol que a fé é o grande meio da salvação.

II. Que tipo de fé era essa que salvou aquelas pessoas? Quero mencionar, em primeiro lugar, as *concordâncias* essenciais, e depois, em segundo lugar, as *diferenças*, ou pontos nos quais essa fé diferia em sua manifestação externa, nos dois casos.

Nos exemplos tanto da mulher penitente quanto do mendigo cego, sua fé estava centrada tão somente em Jesus. Não se consegue descobrir coisa alguma a mais em sua fé que a pudesse adulterar; é fé pura no Senhor. A mulher chega a *ele*; suas lágrimas *nele* tocam; seu unguento é derramado sobre *ele*; seus cabelos longos e soltos enxugam *seus* pés. Ela não cuida de nenhuma outra pessoa ali presente, nem mesmo dos discípulos, aos quais certamente respeitava somente por sua causa; todo o seu espírito e toda a sua alma se encontravam absorvidos nele, no Senhor. Para ela, somente ele poderia salvá-la; só ele poderia apagar seus pecados. Ela cria nele; ela fez o que fez para honrar a ele e somente a ele.

Semelhante foi o caso do mendigo cego. Ele não tinha a menor ideia do que fossem determinadas cerimônias ou sacrifícios realizados pelos sacerdotes do templo que talvez pudessem concorrer para sua cura; não tinha ideia alguma de remédio ou ato cirúrgico que lhe pudesse ser ministrado pelos médicos. Só sabia é que Jesus curava, mais ninguém. Por isso, seu clamor foi para ele, só para ele: *Filho de Davi! Filho de Davi!* A única atenção que ele deu aos outros foi a de ser indiferente aos pedidos deles que se calasse, e a Jesus clamou, então, mais alto ainda: *Filho de Davi! Filho de Davi! Que queres que te faça?*, foi a pergunta do Senhor, e ele respondeu que pedia por sua cura; pois sabia que tudo a ser feito, no seu caso, só poderia ser feito pelo Ungido Filho de Davi.

É essencial que nossa fé deva descansar tão somente em Jesus. Mescle algo com Cristo e você nada obterá. Se a sua fé se sustenta com um pé sobre a rocha dos méritos de Jesus e com outro pé sobre a areia de suas próprias convicções particulares, sua fé cairá, e tal queda será grande. Construa de forma total e completa sobre a rocha, pois, basta que uma parte da construção se apoie em qualquer outra coisa, e é certo que irá ruir por inteiro:

> Ninguém senão Jesus, nada senão o Senhor,
> poderá fazer todo bem ao pecador.

Nesse sentido, toda fé verdadeira é semelhante. A fé daqueles dois é semelhante, também, em sua confissão de demérito próprio. Que quer dizer o fato de a mulher penitente se aproximar de Jesus por trás dele e o que significam suas lágrimas abundantes, senão que se sentia altamente desmerecida em poder se aproximar dele? E o que representa o clamor do mendigo: *Tem compaixão de mim?* Reparem na ênfase que ele coloca nessa frase: "Tem *compaixão* de mim". Não reivindica a cura, nem por mérito, pela graça ou como recompensa. À compaixão, sim, ele apela. Não importa qual seja a fé, se aquela de Davi em seus amargos clamores no Salmo 51, ou se aquela de Paulo em sua mais elevada exaltação sobre estar isento agora da condenação mediante Cristo, há sempre em conexão com a verdadeira fé o sentido total e profundo de que é a misericórdia, apenas a misericórdia divina, que nos salva da ira vindoura. Não se engane, caro ouvinte. A fé e a vanglória opõem-se uma à outra como os dois polos. Se você se apresentar diante de Cristo com sua justiça própria, estará se apresentando sem fé; mas, se com fé, deverá se apresentar com a confissão de seus pecados, pois a fé verdadeira sempre caminha junto com um profundo senso de culpa perante o Altíssimo. Isso é assim em todos os casos.

Além disso, a fé de ambos é semelhante em desafiar e vencer a oposição. Pouco sabemos das lutas interiores da mulher penitente antes de atravessar a soleira da porta da casa de Simão. "Ele vai repelir você", diria um fariseu frio e austero. "Vá embora, meretriz! Como ousa sujar a casa de um fariseu, um homem honesto?" Seja, porém, o que possa vir a acontecer, ela passa ousadamente pela porta, vai por detrás até os pés do Salvador, e ali ela para. Simão a olha, sisudo, de relance, pensando que com esse olhar a faria se intimidar, mas seu amor a Cristo é bem maior e muito bem enraizado para ser intimidado por ele. Simão, sem dúvida, dá sinais de seu desagrado e mostra estar um tanto indignado por tal criatura moralmente asquerosa se encontrar ali, em sua casa, perto dele, mas ela não toma o menor conhecimento disso. Seu Senhor amoroso e perdoador ali está, e ela se sente por ele protegida. Tímida como uma pomba, não treme enquanto se acha junto dele, mas não devolve os relances desafiadores do olhar duro e arrogante de Simão; seus olhos estão ocupados em chorar de arrependimento e de amor a Cristo. Não se vira buscando uma explicação para aquele gesto grosseiro, farisaico, pois seus lábios estão totalmente absortos em beijar os pés do amado. Seu Senhor, seu Perdoador, é tudo para ela. Ela prevalece, tão somente mediante a fé nele, e se mantém em seu propósito, sem sair até que ele mesmo diga, mansamente, que pode ir: *Vai-te em paz* (Lc 7.50). A mesma coisa acontece com o homem cego. Ele clama: *Filho de Davi, tem compaixão de mim!* E gritam com ele: "Quieto! Por que essa gritaria, ceguinho? Não sabe que a palavra dele para nós é música? Não o interrompa! Jamais homem algum falou como ele fala. Cada tom do seu dicurso soa como as harpas dos anjos. Calado! Como se atreve a arruinar seu ensino?" Acima e apesar de todos eles, no entanto, sua oração inoportuna, mas sincera, se eleva: *Filho de Davi, tem compaixão de mim!*. E ele prevalece.

Toda fé verdadeira encontra resistência. Se a sua fé nunca for testada, não nasceu da estirpe da igreja militante. [...] *e esta é a vitória que vence o mundo: a nossa fé* (1Jo 5.4); ou seja, conforme indicado nessa declaração, algo existe a vencer, e a fé deve empreender essa luta por sua afirmação e existência.

A fé dessas duas pessoas é semelhante, ainda, por ser abertamente declarada. Não podemos dizer que a declaração haja adquirido a mesma forma em ambos os casos, pois não foi assim; mas em ambos os casos é igualmente franca.

Ali está o Salvador, e eis que chega a mulher penitente e chora. Ela o ama. Está envergonhada de dizer isso? Pode ser que seja recriminada; seu ato certamente lhe evoca as antigas reprovações contra ela, já que tem sido uma grande pecadora. Não importa, porém, o que ela foi nem quem possa estar presente para vê-la. Ama o seu Senhor e quer demonstrar isso. Traz o unguento e ungirá seus pés, mesmo na presença dos fariseus, fariseus esses que diriam: "Essa aí faz parte dos discípulos de Cristo? Que bela convertida de que se orgulhar! Uma conquista rica essa, para seu reino, sem dúvida: uma meretriz sua discípula! E agora, o que virá a seguir?" Jesus deve ter sabido, sentido, tudo isso, mas ainda assim não houve dissimulação de sua parte. Ela amava seu Senhor e o declararia na própria face do fariseu; mas, não havendo oportunidade mais conveniente, ela se apresenta e, sem palavras, mas com ações muito mais eloquentes do que palavras, diz: "Eu o amo. Estas lágrimas devem demonstrá-lo; este unguento deve divulgar esse fato, e seu doce perfume preenchendo a sala, e cada fio do meu cabelo que enxuga minhas lágrimas em seus pés, serão testemunhas de que sou do meu Senhor e ele é meu". Ela declara deste modo sua fé.

Assim também faz o homem cego. Ele não se mantém calado e quieto, pensando: "Sei que ele é o Messias, o Filho de Davi, mas não devo dizer isso". Informaram-lhe, alguns de modo desdenhoso, e outros de maneira indiferente: "É Jesus, o nazareno". Mas ele não o vê assim: "É Jesus, o Filho de Davi", pensa consigo; e alto, apesar de todo o barulho, eu o ouço gritar, como um arauto que anuncia o rei: "Filho de Davi!" Porque, meus amigos, me parece que ele se exalta para assumir um alto encargo: o de se transformar no arauto voluntário do Rei, e o anuncia, por ser essa a tarefa por excelência dos altos funcionários do reino. O mendigo cego mostra, então, grande determinação e coragem. Ele grita, com vigor: "Filho de Davi! Você, Filho de Davi! Eu o proclamo, Filho de Davi! Você deve ser proclamado, a despeito de quem quer que se possa objetar; apenas volte seus olhos e tenha compaixão de mim".

Há alguém aqui que se envergonhe da fé que possa ter em Cristo? Pois eu também me envergonho de você, assim como Cristo de você se envergonhará quando vier na glória do Pai com seus santos anjos. Envergonha-se, por acaso, em afirmar categoricamente que é honesto? Então me parece que você deve andar em má companhia, para a qual ilustre é ser patife. E, se você se envergonha de dizer "Amo meu Senhor", me parece que desfruta da amizade dos inimigos de Cristo; e o que você pode ser senão um inimigo de Cristo também? Se você o ama, diga-o. Vista o uniforme do mestre; aliste-se em seu exército; apresente-se e declare: *Eu e a minha casa serviremos ao Senhor* (Js 24.15). A fé daqueles dois era

Fé salvadora | 975

semelhante nestes quatro aspectos, em particular: era centrada apenas em Cristo, era escoltada por um senso de desmerecimento, era desafiadora e vencedora de resistências e se declarava abertamente diante de quem quer que fosse.

Contando com a paciência de vocês, tentarei agora mostrar as *diferenças* da fé em suas diversas manifestações. Em primeiro lugar, a fé da mulher se comportou como uma fé feminina. Demonstrou um amor terno, e os sentimentos ternos representam a beleza e a força das mulheres. Assim o foi, certamente, quanto a ela. O amor dessa mulher por Cristo era delicado, e ela o derramou, em lágrimas sinceras, sobre o Salvador. Já a fé do cego se comportou como uma fé tipicamente masculina em sua determinação e força. Ele persiste em clamar: *Jesus, Filho de Davi*. Havia tanto de masculino em sua fé quanto havia de feminino na fé da mulher penitente, e tudo deveria acontecer justamente em sua ordem e em sua ocasião apropiadas. Não teria sido adequado que a voz da mulher fosse ouvida tão ousadamente daquela forma sobre a multidão; teria parecido impróprio também que lágrimas de um homem fossem derramadas abundantemente sobre os pés do Salvador. Um ou outro poderia ser justificável, mas não teriam sido apropriados. Mas foram tão apropriados quanto excelentes. A mulher agiu como uma mulher devota deveria agir; o homem, como um homem piedoso.

Por outro lado, nunca nos devemos avaliar, e ainda mais inadequadamente, por outras pessoas. Não diga, portanto, meu irmão: "Eu não conseguiria derramar lágrimas". E quem pediu que você o fizesse? As lágrimas de um homem são na maioria das vezes interiores, e assim as deixe estar: é próprio que usemos de outros modos para demonstrar nosso amor ao Senhor. E você, minha irmã, não diga: "Eu não conseguiria agir como um arauto e proclamar publicamente o rei". Não duvido de que você até pudesse fazê-lo, caso fosse necessário. No entanto, suas lágrimas em segredo ou os silenciosos gestos de amor a Jesus que você oferece não são menos aceitáveis por diferirem da atitude que um homem empregaria. Não, são melhores, porque são mais apropriados a você. Não pense que todas as flores do jardim de Deus devem desabrochar com as mesmas cores ou exalar o mesmo perfume.

Observemos ainda que a mulher agiu como quem havia sido, de fato, uma grande pecadora. O que teria sido mais adequado senão suas lágrimas de arrependimento, dor e amor? E qual a parte do divino corpo teria sido mais adequada para ela senão os pés do Salvador? Enquanto ela, que fora uma grande pecadora, agiu como tal, o mendigo cego agiu justamente como um mendigo. O que faz um mendigo senão implorar, implorar esmolas? Ele suplicou gloriosamente por compaixão. Poucas vezes alguém teria exercido sua prática de vida com mais justeza do que ele. *Filho de Davi*, implorou ele, "tem compaixão de mim!" Não sei se eu teria gostado, talvez, de ver o mendigo vir chorar aos pés do redentor, ou ter ouvido a mulher penitente clamando na rua. Algo me diria não ser muito natural. A fé, portanto, opera segundo a condição, as circunstâncias, a pessoa e as possibilidades da pessoa em quem vive, revelando-se melhor em sua própria forma, não de maneira artificial, mas no fluxo natural da vida e do coração.

Note-se, também, que a mulher não falou. Há algo muito bonito no silêncio de ouro dessa mulher, mais rico do que uma palavra de prata. Já o homem de modo algum manteve-se em silêncio; ele falou, e falou alto, e suas palavras foram sublimes. Aventuro-me a dizer que o silêncio da mulher falou tão intensamente quanto a voz do homem. Penso encontrar tanta eloquência nas lágrimas que rolaram e nos cabelos soltos enxugando os pés do Salvador quanto no grito: *Filho de Davi, tem compaixão de mim!* Ainda que ambas as formas de expressão tenham sido igualmente boas, todavia o silêncio caiu melhor na mulher com suas lágrimas e o discurso no homem com sua confiança segura em Cristo.

Não considero necessário, enfim, que, a fim de servirmos, tenhamos de fazer o mesmo trabalho, ou similar, que o de outras pessoas. O que suas mãos encontrarem para fazer, faça-o à sua maneira adequada, com sua própria disposição e força. Se você acha que não consegue honrar Cristo senão em um púlpito, pode ser que mais tarde você se veja na situação de ter de honrá-lo melhor saindo dele tão rapidamente quanto possível. Tem havido pessoas mais qualificadas para servir à religião de Cristo de outros modos que têm considerado necessário subir em um púlpito, e nessa posição têm sido um obstáculo para o seu evangelho. Irmã, irmão, se há um campo de trabalho adequado a você, empenhe-se nele, não deixe que ninguém o tire de você; não pense que não há nada mais a fazer, exceto o trabalho que outros já fazem melhor. Se Deus tem chamado você, siga a voz de Deus: se ele chama você em outra direção que não na de outras pessoas, acompanhe sua voz para esse lado. Você, irmã, irmão, será muito melhor que essa outra pessoa excelente que admira quando perceber que é diferente. Você será mais verdadeiramente obediente a Cristo, como ela é, se perseverar em outro caminho, em seu próprio caminho, que Deus há de lhe indicar.

Há, ainda, outra diferença entre os dois. A mulher oferece seu próprio unguento, suas lágrimas, seu amor. O homem faz o contrário: ele pede, clama, implora. Existem maneiras diferentes de demonstrar o amor a Cristo e que são igualmente excelentes provas de fé. Dar a mulher de seu unguento, de suas lágrimas, o conforto de seus cabelos, foi bom: mostrava sua fé, que atuava por amor; nada oferecer, pois o mendigo nada tinha para dar, mas simplesmente honrar Cristo proclamando-o rei, Filho de Davi, apelando para seu poder real e sua generosidade, foi o melhor para o mendigo. Não podemos exaltar um em detrimento do outro, pois não haja dúvida de que os dois, a penitente e o mendigo, deram a Cristo todo o seu coração — e o que mais Jesus pede de alguém?

Os pensamentos da mulher e os do mendigo eram diferentes também. Os pensamentos dela eram principalmente em relação ao passado e seus pecados — daí, as lágrimas. Ser perdoada era seu principal objetivo. Os pensamentos dele eram principalmente em relação ao presente, nem tanto em relação a seus pecados quanto em relação à sua deficiência, debilidade e incapacidade. Não duvido de que ele haja pensado também em seus pecados, assim como ouso dizer que ela também pensou em sua incapacidade; mas no caso de ela pensar nos pecados foi mais importante, portanto as lágrimas; assim como, para ele, a cegueira era mais importante, portanto o pedido: *Senhor, que eu veja*. Não comparem sua própria experiência, meus irmãos, com as de outras pessoas. Deus é um Deus de uma variedade maravilhosa. O pintor que se repete em muitos quadros tem uma pobreza de concepção, mas o artista gabaritado raramente nem mesmo esboça um desenho semelhante uma segunda vez. Há uma variedade sem limites no gênio, e Deus, que transcende todos os gênios humanos, cria uma variedade infinita nas obras de sua graça. Portanto, não procure semelhanças em toda parte. A mulher, como disse o próprio Senhor, amava muito e provou seu amor com seus atos; o homem amava muito também e demonstrou seu amor por meio de ações igualmente admiráveis, seguindo depois Jesus estrada afora, glorificando a Deus. Não vejo por que ele devesse ter trazido um vaso de alabastro com bálsamo raro para ungir os pés de Cristo, nem vejo por que ela devesse literalmente seguir Cristo glorificando-o, apesar de não duvidar de que ela o tenha feito em espírito. Há diferenças de operação, mas o Senhor é o mesmo; há diferenças na capacidade e diferenças no chamado. Com esta reflexão, espero que vocês possam ser capazes de se livrar do erro de julgamento de uns pelos outros e queiram buscar a mesma fé, não o mesmo desenvolvimento dela.

Esse assunto é tão interessante que gostaria que vocês ainda me acompanhassem enquanto esboçarei muito rapidamente o caso da mulher e o do homem, sem precisar mencionar as diferenças uma a uma, mas permitindo que as imagens produzam, cada qual, uma impressão vívida na mente de vocês.

Observem a mulher. Que estranha combinação era ela. Era conscientemente indigna, e por essa razão chorou; mesmo assim, foi e ficou junto de Jesus. Seus atos foram de proximidade e comunhão; lavou os pés de Jesus com suas lágrimas, secou-os com seus cabelos, ao mesmo tempo que os beijava repetidamente. *Ela, [porém] desde que entrei, não tem cessado de me beijar os pés* (Lc 7.45), disse Cristo. O senso de indignidade e a alegria da comunhão nela se mesclavam. Oh, a divina fé, que combina os contrários! Ela era tímida, mas foi muito corajosa. Não ousava olhar o mestre no rosto e dele se aproximou por trás; mas ousou desafiar o fariseu Simão e permaneceu em sua sala, quer ele a olhasse com reprovação quer não. Sei de pessoas que, de fato, se ruborizariam diante de Cristo, mas não se ruborizariam perante um juiz, nem diante do martírio, se a estes arrastados pela causa de Cristo. Um exemplo disso foi Anne Askew, humilde diante do mestre, mas uma leoa diante dos inimigos de Deus.[1]

---

[1] [NE] Refere-se a Anne Askew (1520/21-1546), poetisa protestante inglesa, torturada na Torre de Londres e queimada viva como herege.

A mulher penitente chorou, lamentando-se, apesar de sentir uma alegria profunda; sabemos que estava feliz porque cada beijo seu nos pés do Senhor significava certamente alegria. Cada vez que os beijava, seu coração provavelmente saltava em arrebatamento de amor. Seu coração conhecia a amargura do pecado, mas também a doçura do perdão. Que mescla notável! Somente a fé produziria essa combinação. Era humilde, e talvez nunca alguém foi tão humilde, mas, apesar disso, vejam como ela toma a si, por sua conta, a tarefa de servir ao próprio Rei. Irmãos, vocês e eu já estaríamos satisfeitos, e bem poderíamos ficar se pudéssemos ousar lavar os pés dos irmãos santificados, mas não ela. Oh, a coragem dessa mulher! Como que atravessa o pátio do palácio e vai direto ao trono do próprio rei, e ali presta sua homenagem, com a própria pessoa dela diante da própria pessoa dele, e lava os pés do Maravilhoso Conselheiro, Deus Forte, Príncipe da Paz! Não sei se um anjo alguma vez prestou tal serviço, e eis por que essa mulher recebe a preeminência de ter feito por Jesus aquilo que nenhum outro ser jamais fez. Eu disse que ela permanecia em silêncio e mesmo assim falou; quero acrescentar que ela fora antes rejeitada e desonrada, mas Cristo a colocou em suprema honra e fez Simão, que a desprezara, sentir-se pequeno diante dela. Quero ainda acrescentar que ela, antes uma grande pecadora, tornou-se uma grande santa. Sua grande condição de pecadora, ao ser perdoada se transformou em matéria-prima da qual são feitos os grandes santos pelo poder imenso de Deus. Por fim, ela foi salva, sim, pela fé, e assim o disse o Senhor; mas, se alguma vez houve alguém de quem Tiago não precisaria ter dito: *Porventura essa fé pode salvá-lo?* (Tg 2.14), mas de quem poderia ter dito: *Eis, contudo, alguém que demonstra sua fé por suas obras* (Tg 2.18), era o caso justamente dessa mulher. Ela aqui está, diante de vocês. Mesmo que não possam efetivamente copiar seus feitos, imitem sua fé.

Agora vejam o homem. Embora cego, conseguia ver muito mais do que os fariseus, que diziam perfeitamente enxergar. Cego externamente, mas sua óptica interior visualizou o Rei em sua beleza, vislumbrou o esplendor de seu trono e o confessou como o soberano. Era mendigo, sim, mas possuía uma alma majestosa e uma determinação nobre e forte, que não podia ser facilmente abatida. Ele tinha o tipo de mente de que são dotados os homens que se tornam os maiorais entre seus companheiros. Não pôde ser detido pelos seguidores de Cristo, muito menos pelos apóstolos. Começou a clamar, e a clamar continuou até obter a dádiva da atenção de Jesus, que buscava. Reparem bem que clamou ao único que respeitava e reconhecia, suplicou o que de modo geral precisava e foi direto ao detalhe do que mais carecia: "Senhor, que eu veja". Foi claro em relação à sua necessidade e indubitável quanto à única pessoa que poderia supri-la. O que pedia é o que realmente mais ansiava; pois, se logo veio, quando chamado a vir, evidentemente é porque esperava que sua visão fosse restaurada — inclusive, somos informados por Marcos que ele o faz lançando de si sua capa de mendigo, mostrando assim que pretendia nunca mais ter de esmolar. Tinha quase a convicção, pela fé, de que seus olhos estavam prestes a ser abertos. Por fim, muitíssimo agradecido pelo que recebera, tão logo passou a caminhar sem precisar de guia humano, tomou Cristo como seu verdadeiro e supremo guia, seguindo o Senhor, glorificando-o.

Observem as duas imagens, a da mulher e a do mendigo. Que vocês possam compreender as luzes e sombras, até que se disponham a fazer de vocês próprios também imagens distintas do mesmo Artista, cuja mão por si só pode produzir tais maravilhas.

III. O QUE ISSO NOS ENSINA EM RELAÇÃO À FÉ? Ensina, em primeiro lugar, que a fé é da máxima importância. Rogo que vocês, meus ouvintes, vejam se possuem realmente fé preciosa, fé de eleitos de Deus. Lembrem-se de que na Escritura não existem muitas coisas ditas preciosas; existe o sangue precioso e, com ele, a fé preciosa. Quem não a tem deve tê-la, ou estará perdido. Se você não a tiver, não estará apto a viver, nem a morrer: seu destino eterno será o desespero infinito. Se você tiver fé, ainda que seja como um grão de mostarda, será salvo: *A tua fé te salvou.*

Vamos aprender, agora, que a questão principal na fé é a pessoa em *quem* você crê. Não estou dizendo uma pessoa a quem você simplesmente dá crédito, ou acha ser digna e verdadeira até prova em contrário. Isso não corresponde exatamente à expressão bíblica. Sua fé tem de credenciar *totalmente* Cristo. Sua fé deve reconhecê-*lo* e se achegar a *ele* como Senhor e Salvador; não descansar meramente em seu ensinamento ou em sua palavra apenas, mas nele: *Vinde a mim, todos os que estais cansados e oprimidos, e eu vos aliviarei* (Mt 11.28). Um Salvador particular para os pecadores! Você se apoia tão somente nele? Você crê e confia inteiramente nele? A segurança de uma construção depende sobretudo de sua fundação: se a fundação não for segura, não aguentará. Você constrói sua vida em Cristo? Questione-se a respeito disso, como assunto especial, digno de análise.

Observe, a seguir, que não podemos esperar exatamente a mesma reação ou manifestação em cada convertido. Que os membros das igrejas não o esperem; que os pais não o exijam de seus filhos; que os amigos não o busquem; que vocês não o tenham como certo em vocês mesmos. Os relatos de conversões são muito úteis, mas podem se tornar uma armadilha. Não posso julgar que não me tornei filho de Deus por não ser precisamente como esse bom cidadão sobre cuja vida estive lendo. Estou descansado em Cristo? Creio e confio inteiramente nele? Então pode ser que a graça do Senhor esteja iniciando para mim um caminho que seja muito diferente daquele que foi percorrido por meu irmão; que me possa mostrar outras faces de seu poder, e mostrar a principados e potestades as riquezas excedentes do amor divino.

Por fim, a questão que resume tudo e que é esta: se temos fé em Jesus, estamos salvos, e não há por que falarmos ou agirmos como se houvesse alguma dúvida sobre isso. "A tua fé te salvou", disse Jesus. Assim, se vocês têm fé em Cristo, é certo que essa fé os salvou. Não continuem, portanto, falando, agindo e sentindo como se não fossem salvos. Conheço um grupo de pessoas salvas que clama a cada culto: "Senhor, tem misericórdia de nós, miseráveis pecadores". Essas pessoas, no entanto, não são miseráveis pecadores, já que estão salvas, e proferir essas palavras é como se mostrassem desprezo pela salvação que Cristo lhes concedeu. Se são pecadores salvos, deveriam se mostrar santos em regozijo. O que essas pessoas dizem, outras não dizem, mas agem como se o dissessem. Os que se ocupam em pedir a Deus que lhes conceda a misericórdia que já obtiveram mostram esperar um dia receber o que Cristo já lhes assegurou que possuem e indagam dos demais como se tratasse de uma questão de perguntar se foram salvas ou não, quando esta não se pode tratar como questão controversa. *A tua fé te salvou*. Imaginem a pobre mulher penitente virando-se e dizendo ao Salvador: "Senhor, espero humildemente que seja verdade". Não haveria nem humildade nem fé em tal expressão. Imaginem o homem cego, quando Cristo disse: "A tua fé te salvou", dizendo: "Creio que nos anos futuros isso poderá ser comprovado". Seria desmentir ao mesmo tempo seu próprio caráter sério e a honestidade da palavra de Cristo. Se vocês creem, estão salvos. Não falem como se não o fossem, mas, sim, tomem agora suas harpas penduradas nos salgueiros, como os exilados de Babilônia, e cantem para o Senhor uma nova canção.

Tenho notado, em muitas pessoas que oram, uma tendência de evitar falar dos fatos como se fossem realmente fatos. Tenho ouvido, por exemplo, esse tipo de expressão: "Sim, *se* grandes coisas fez o Senhor por nós; por isso, *devemos estar* alegres (Dt 29.24)". O texto diz: "Sim, grandes coisas fez o Senhor por nós, e por isso *estamos* alegres". Se o Senhor tem feito grandes coisas por nós, é nosso direito nos alegrarmos por elas e não portarmos uma dúvida em nossos lábios diante do Senhor, que não mente nem pode mentir. Se estivermos lidando com pessoas amigas, podemos suspeitar delas, pois a maioria até que o merece; se estivermos ouvindo suas promessas, podemos duvidar, pois essas promessas poderão vir a ser quebradas; mas, se estivermos lidando com o nosso Senhor e Mestre, nunca suspeitemos dele, pois está além de qualquer suspeita; jamais duvidemos de suas promessas, pois céu, terra e inferno desaparecerão, mas nem uma vírgula de suas palavras cairá por terra. Clamo a Cristo que vocês lancem fora para sempre toda fala que contenha "mas", "se", "porventura", "espero que" e "acho que", se estão justamente na presença do Deus Uno, que disse: *Em verdade, em verdade* (Jo 6.47) e quis dizer o que disse, ou seja, que ele é "o Amém, a testemunha fiel e verdadeira". Vocês, evidentemente, jamais cuspiriam em seu rosto; todavia seus "ses" e "mas" são insulto semelhante lançado sobre suas promessas, sua palavra, sua verdade. Vocês não o açoitariam; no entanto, o que fazem suas dúvidas senão flagelá-lo e enchê-lo de vergonha? Se acham que ele mente, nunca acreditem nele; mas, se sabem que fala a verdade, jamais duvidem dele. Somente, enfim, quando tiverem deixado de lado totalmente sua maligna falta de fé, vocês saberão que, de fato, sua fé os salvou. E seguirão em paz.

104

COMPAIXÃO PELA MULTIDÃO

Então eles lhe disseram: Não temos aqui senão cinco pães e dois peixes. E ele disse: Trazei-mos aqui (Mt 14.17,18).

Tal como era Cristo quando neste mundo, meus irmãos, assim também somos nós. Tal, de fato, é o nosso chamado de Deus. Do mesmo modo que Jesus era "a verdadeira luz, que alumia a todo homem", assim também disse ele a seus discípulos: *Vós sois a luz do mundo* (Mt 5.14). Quão importantes são, igualmente, estas outras palavras do nosso Senhor: "Assim como o Pai me enviou, também eu vos envio a vós"; e quão notáveis são as palavras do Apóstolo: "E tudo quanto fizerdes [...] fazei-o em *nome do Senhor Jesus* [...] (Cl 3.17,23)"; "Porque nós somos *cooperadores* de Deus [...] (1Co 3.9)". Há algo, ainda, mais que um paralelo interessante, que eu gostaria que observassem. Uma rica alegoria parece estar subjacente ao simples registro dos evangelistas. A história de Cristo parece representar também a história de sua igreja. Um leitor interessado o poderá facilmente constatar. Pensem em como a igreja de Cristo estava envolta em panos no começo de sua vida, deitada na manjedoura da obscuridade, e como sobreviveu à conspiração de reis pagãos; pensem também em seu batismo no Espírito Santo, nos desafios e nas tentações que teve de superar. A vida de Cristo será então vista por vocês, também, deste modo, como se projetasse uma imagem da carreira da igreja. Poucos pontos há, da história de Jesus, desde a manjedoura em Belém ao jardim do Getsêmani, que não sejam, além de sua narrativa pessoal, uma história típica e pictórica de sua igreja. O Senhor se alegra, assim, em ter deixado para sua igreja um grande exemplo escrito por sua própria vida. Tal como ele ressuscitou dos mortos, deve a igreja também fazê-lo, mediante seu Espírito, que nela reside. Assim como Cristo curou os enfermos, deve ela conduzir também um grande ministério de cura por todo o mundo. Ou, referindo-nos diretamente ao texto bíblico hoje enfocado, assim como Cristo deu de comer aos famintos, deve a igreja também, onde quer que encontre aqueles que têm fome e sede de justiça, abençoá-los, em nome daquele que disse: "Bem-aventurados os que têm fome e sede de justiça, porque eles serão fartos". O papel da igreja hoje, e o meu papel como membro da igreja de Cristo, é dar de comer às almas famintas que perecem por falta de uma experiência com o Pão da Vida. O caso diante de nós provê um nobre retrato do nosso dever, da nossa missão e do que esperamos que o Mestre faça por nós, para que possamos trabalhar intensamente por ele.

Vamos procurar, em primeiro lugar, entender a cena completa, reunindo em concordância os relatos dados pelos quatro evangelistas; em seguida, consideremos duas lições práticas a serem deduzidas dessa narrativa.

Esse milagre é registrado por Mateus, Marcos, Lucas e João. Há pequenas diferenças em cada um deles, como naturalmente haveria, pois quatro espectadores diferentes jamais conseguiriam apresentar a mesma descrição exata de uma cena qualquer. Todavia, aquilo que um omite, outro fornece; um ponto que para um é o mais interessante, para outro não tem o mesmo peso; enquanto um terceiro mostra maior interesse em determinado detalhe ao qual todos os outros talvez não hajam dado a mínima importância. Cristo havia se retirado para uma região erma, perto da cidade de Betsaida. Betsaida era um lugar que frequentemente ele visitava. Em certa ocasião, chegou a advertir Betsaida e Corazim, alertando essas duas localidades de que seus privilégios se voltariam, no juízo final, contra elas, para condená-las por sua falta de piedade e fé. Jesus havia procurado esse lugar ermo como retiro para si e seus discípulos, um descanso de sua labuta extenuante. O povo, contudo, o seguiu, em multidão, o dia todo. Ele não deixou, assim, de pregar o evangelho e curar os enfermos.

Chegada a tarde, o bondoso mestre, sempre paciente e presciente das necessidades humanas, vendo a multidão até aquela hora sem comer, chama Filipe, que era de Betsaida, conhecedor, portanto, daquela região, e o inquire: "Onde compraremos pão, para estes comerem?" Isso foi dito, naturalmente, para testar o discípulo, para ver se sua fé era à prova de apreensão. Fosse Filipe dotado de uma fé mais forte, e poderia, certamente, ter respondido: "Mestre, tu não podes alimentá-los?" Filipe era, porém, um seguidor um tanto frágil, em matéria de fé, de tão poderoso Senhor. Sabemos, inclusive, que esse mesmo discípulo viria a demonstrar, mais tarde, sua incompreensão de quem era aquele que lhes falava havia já três anos, ao dizer a Jesus: *Senhor, mostra-nos o Pai, e isso nos basta* (Jo 14.8), quando então recebe do Senhor, como resposta, uma branda reprovação: *Há tanto tempo estou convosco, e ainda não me conheces, Filipe? (Jo 14.9)* No caso do pão necessário, Filipe responde não terem dinheiro suficiente para suprir a multidão, mostrando não ter fé bastante nem compreendido a lição do que é fé. Ele não consegue crer em nada além do que consegue ver com os olhos dos sentidos, perplexos ou maravilhados, e é até capaz de ter pensado em se juntar a seus colegas discípulos para debater o assunto e buscar uma solução prática. É quando então André, irmão de Pedro, sugere ao Senhor haver um rapaz ali, entre as pessoas mais próximas, que tem cinco pães de cevada e dois peixinhos. André lembra, também, não ser o suficiente para tanta gente; em todo caso, pensa certamente consigo, *é seu dever procurar ver o que se pode fazer de melhor*. Então, pães e peixes são retirados do recipiente do rapaz, não talvez sem um pouco de estranheza e preocupação por parte dos discípulos em como haveriam de reparti-los entre tantas pessoas!

Segundo, porém, as outras versões diferentes dessa, dos evangelistas, o que ocorreu foi que, à medida que o dia se arrastava e o sol começava a se pôr, os discípulos chegaram ao mestre, para ressaltar ser o lugar deserto, e a hora do dia, avançada, sugerindo: *Despede as multidões, para que vão às aldeias e comprem o que comer* (Mt 14.15). Eles provavelmente haviam debatido entre si sobre como resolver o problema de alimentar a multidão e chegado à mesma conclusão, sem fé, de Filipe: de que *nem eles nem Jesus* conseguiriam fazê-lo. Como não conseguiriam, a melhor coisa a fazer, para eles, era mandar todo mundo ir embora, em busca de sua própria alimentação. Ou seja: uma vez que não conseguiam suprir a necessidade das pessoas, o máximo que poderiam fazer seria fechar os olhos para as pessoas e sua necessidade. Ao que o mestre prontamente responde: "Não precisam ir embora; *dai-lhes vós de comer* (Mt 14.16)". Ele, como sempre, falou sabiamente. Por que deveriam os famintos separar-se do grande provedor, daquele que alimenta todas as criaturas neste mundo e que, ao abrir sua mão, satisfaz a necessidade de suprimento de todas as coisas vivas? *Dai-lhes vós de comer*, disse ele intencionalmente, para arrancar deles, então, uma confissão de pobreza e deficiência: *Não temos aqui senão cinco pães e dois peixes*. Sim, o que seria isso para tanta gente? Olhando por alto a massa reunida, calculavam que deveria haver ali pelo menos uns cinco mil homens, além de um número igual ou maior de mulheres e crianças. O mestre ordena então que tragam os pães e os peixes. Ele os pega, mas antes de parti-los, sendo um Deus ordeiro, determina que as pessoas se sentem em grupos.

O evangelista Marcos, sempre astuto observador, e que retrata, como um Hogarth,[1] todas as pequenas minúcias das cenas, diz que Jesus fez que se reclinassem "sobre a relva verde" — como se ali fosse uma paisagem verdejante. Diz também que se inclinaram, reunidos no que, em nosso idioma, é traduzido por "grupos", mas que em grego é uma palavra usada para significar uma grande disposição de canteiros de flores. Ou seja, segundo Marcos, eles formaram canteiros verdejantes, por assim dizer, parecendo querer significar que fossem flores a serem regadas, ou alimentadas, pelo mestre. Uma vez todos reclinados, de modo que o mais forte não precisasse lutar pelo pão e o mais fraco não fosse negligenciado, todos dispostos em grupos, o Mestre ergueu os olhos, pediu a bênção do Pai para os alimentos e partiu o pão, dando-o aos discípulos, assim como com os peixes. Os discípulos foram e puderam distribuí-los para cada

---

[1] [NE] Refere-se a William Hogarth, pintor e gravador inglês (1697-1764), cuja obra considera-se inaugural da "idade de ouro" da pintura inglesa, tendo se consagrado com estudos dos costumes, onde se aliam espírito crítico e moral.

COMPAIXÃO PELA MULTIDÃO | 981

homem, cada mulher e cada criança. Haviam, praticamente, jejuado o dia todo; então ouso dizer que não estaríamos errados se, a exemplo de um camponês que uma vez conheci, devêssemos enfatizar, aqui, a palavra *todos* — "E *todos* comeram e se fartaram (Mc 6.42)!" Comeram, sim, até que a fome fosse saciada; comeram até se sentirem totalmente satisfeitos; comeram até que estivessem abundantemente fartos.

Posso imaginar, então, que, em uma pedra, ou algum lugar na verde relva, onde Cristo houvesse deixado os primitivos pães e peixinhos, o que ali se encontrava teria, nesse meio-tempo, se multiplicado. Há quem estranhe a ideia de os discípulos recolhendo as sobras deixadas pelas pessoas; e há quem pense que nem tenha sido assim. Contudo, sobrou ainda muito do pão e dos peixes sem ser tocado e que não caiu no chão nem na lama — e os discípulos talvez tenham conseguido juntar mais do que havia sido consumido. O milagre continuava ocorrendo. As coisas haviam se multiplicado pela divisão e somado pela subtração. Não haja dúvida de que isso foi feito para espanar dúvidas e derrotar para sempre os céticos. Em dias posteriores, algumas daquelas pessoas poderiam comentar: "Pode até parecer ter sido uma espécie de sonho, mas, na verdade, comemos e comemos, e ficamos todos satisfeitos". O pão que havia sobrado, doze cestos cheios, forneceu algo sólido para que jamais pensassem ter sido ilusão. Esta parece ter sido a coroação do milagre. Referindo-se, não muito tempo depois, a esse milagre, assim como à sua segunda ocorrência, o próprio Senhor em pessoa lembra aos discípulos: *Quando parti os cinco pães para os cinco mil, quantos cestos cheios de pedaços levantastes?* (Mc 8.19). *E quando parti os sete para os quatro mil, quantas alcofas cheias de pedaços levantastes?* (Mc 8.20). É como se os cestos recolhidos no final fossem a batida de martelo definitiva para fazer compreender o abençoado argumento de que Jesus é o Cristo, o Filho do Deus vivo, que deu pão para seu povo comer, como Moisés alimentou os israelitas com o maná no deserto.

Tendo considerado assim os fatos, tomemo-los agora por base, para sobre ela construirmos, com a ajuda de Deus, duas lições práticas. O texto e o milagre em si nos ensinam, em primeiro lugar, a respeito de *nossa missão e nossa fragilidade*; e, em segundo lugar, de *nossa linha de trabalho e a força de Cristo*.

I. Somos claramente ensinados sobre NOSSA MISSÃO E NOSSA FRAGILIDADE. Nossa missão! Contemplem diante de si, discípulos de Cristo, nesse dia exato, milhares de homens, mulheres e crianças passando fome do Pão da Vida. Sentem essa fome até desfalecer. Gastam seu dinheiro naquilo que não é pão e o produto do seu trabalho naquilo que não pode satisfazer. Caem famintos pelas estradas, perecendo por falta de conhecimento. Pior ainda, quando desfalecem, há quem finja alimentá-los. A superstição corre solta e lhes oferece pedras em vez de pão e serpentes em vez de peixes. O papista e o cerimonialista se aprestam a vender às almas famintas algo visando a gratificá-las; elas tentam disso se alimentar, mas não conseguem se satisfazer; nada comem além de vento e engolem apenas o remoinho. O infiel tenta persuadi-las, dizendo que não estão com fome, mas apenas nervosas; e ri do apetite delas. Em breve, é o corpo satisfeito com bolhas e a boca recheada de sombras, assim como a alma suprida de ilusões e inventivas humanas. As pessoas desfalecem; sentem fome; estão prestes a morrer. Aqueles que fingem alimentá-las apenas riem e as atormentam com sua fome. Nem podem se alimentar a si mesmas: suas despensas estão vazias. Ao cair, Adão passou a mendigar por toda a sua posteridade. Nenhum homem, nenhuma mulher ou criança entre eles são capazes de saciar a própria fome. As dezenas de milhões da raça humana neste mundo — na Europa, na Ásia, na África, na América, na Oceania —, ninguém dentre os homens, mesmo que se juntassem, conseguiria encontrar nem um filão com o qual uma única alma pudesse por si só se alimentar. A aridez, a pobreza e a esterilidade se abateram sobre todos os campos da lavoura humana. Estes nada lhes fornecem. Semeiam, mas não colhem; lavram, mas não obtêm a safra. Pelas obras da carne nenhum homem vivo consegue se justificar, e os preceitos da tradição e da razão humanas a alma nenhuma conseguem oferecer conforto. Vejam, discípulos de Cristo, vejam a grande necessidade que se apresenta diante de seus olhos. Abram os olhos para o entendimento agora, deixem suas entranhas se revirarem, deixem seu coração bater com compaixão, deixem sua alma ficar viva de dó — sintam por esses milhões! Eu lhes suplico: se vocês não conseguem ajudá-los, lamentem, então, por eles; que haja agora diante da visão de sua mente um claro e distinto reconhecimento das centenas de milhões de pessoas que lhes suplicam: "Deem-nos de comer, pois estamos famintos; deem-nos pão, ou morreremos!"

Creio ouvi-los argumentando em seu coração ou sussurrando uns aos outros: "Quem somos nós para termos de alimentar essa multidão; olhe para essas hostes, quem conseguiria contá-las? Assim como as estrelas do céu, tantas são também as sementes de Adão. Essas bocas famintas e suplicantes são quase tão numerosas quanto os grãos de areia na praia; de onde tirarmos o que lhes dar de comer?" Mesmo assim, lembrem-se, esta é a sua missão. Nenhum de vocês deseja assumir e adotar a fragilidade de fé tão bem ilustrada pelo questionamento de Filipe. Se o mundo deve ser conduzido, é por Cristo e mediante sua igreja. Até que os reinos do mundo se tornem reino do nosso Pai e do seu Cristo, somos nós, os guerreiros, que devemos ir, levando conosco as vitoriosas armas da cruz, às mais longínquas partes da terra. Somos esmoleres da livre generosidade de Deus, até que seja remida a plenitude dos gentios. Deus ordena que os homens de todas as partes se arrependam; e cabe-nos endossar seu mandamento. Ó meus irmãos, vocês sabem como Jesus realizou a obra do Pai; sabem como ele andou fazendo o bem; mas sabem também que ele disse: *Aquele que crê em mim, esse também fará as obras que eu faço, e as fará maiores do que estas; porque eu vou para o Pai* (Jo 14.12). Deixem que essas palavras penetrem bem em seus ouvidos. Deixem a visão assomar perpetuamente diante de seus olhos. Visualizem a obra. Por maior que seja, por mais desanimados que fiquem pela imensa multidão que clama por ajuda, reconheçam o apelo feito à sua fé. Deixem que a magnitude da missão os estimule ainda mais sinceramente à obra em vez de detê-los.

Parece que ouço alguns murmurarem: "As multidões são numerosas e os suprimentos são escassos. Temos apenas cinco pães, e de cevada; não temos mais do que dois peixes, e pequenos. O pão mal dá para nós mesmos; os peixes são tão pequenos que neles há mais espinhas do que carne. Que são eles para tantos?"; "Eu o ouço dizer, pregador, que nós, como igreja, temos de alimentar o mundo; mas como podemos? Quão escassos são os nossos recursos, os nossos talentos! Não temos riquezas com que financiar missionários, para que os enviemos a erguer o estandarte de Cristo. Temos pouco talento: poucos há de nós que sejam letrados ou sábios; não temos muita eloquência. Sentimos vontade, sim, mas não sentimos o bastante".

> Feliz, minha piedade se lançaria
> em tirar das chamas o tição;
> Mas frágil se mostra minha compaixão
> e lamento, quando amar deveria.

"Além disso", acrescentam alguns, "que posso fazer sozinho? Que utilidade poderia ter? E o que poderão fazer realmente os poucos amigos que tenho? Ora, o mundo seria até capaz de rir de um corpo tão frágil de homens. Diria: 'Que pretendem esses fracotes?'. Temos, na verdade, uma montanha diante de nós e não temos como aplainá-la: o que faremos? Nossa força não é suficiente; somos destituídos de poder. Oh, tivéssemos nós os grandes e os nobres ao nosso lado! Tivéssemos reis para serem os patronos e provedores de nossa igreja! Tivéssemos ricos para dar de seus tesouros abundantes e sábios para nos fornecer conhecimento e oradores eloquentes para nos oferecer suas falas de ouro, então *talvez* tivéssemos sucesso! Mas não! Prata e ouro não temos; e aos pés do mestre depositamos bem pouco; tão pouco que é extremamente insignificante, se comparado às necessidades devoradoras do mundo, aos gemidos de lamento de toda a criação!"

Então, creio ouvir também alguns de vocês tomarem fôlego e dizer: "Não sabemos de coisa alguma, de pão algum que se possa achar; nem o poderíamos comprar para toda essa multidão". Se tivermos, nós mesmos, um pequeno dom de oratória que seja, por exemplo, não precisamos adquirir a eloquência dos outros. De fato, a oratória comprada de nada nos adiantaria. Para a causa de Cristo, precisamos do voluntariado de homens cuja voz aflora da garganta e sentem com o coração aquilo que propalam com os lábios. Tais homens falam por não conseguir evitar fazê-lo: "Ai de mim se eu não pregar o evangelho!" Se tivermos alguma capacidade, não precisamos comprá-la de outras pessoas. Não se deve imiscuir com dinheiro o ofício do amor. Ouço, porém, o desalentado coração de alguns de vocês dizer: "Se pudéssemos contar com tropas mercenárias nas hostes de Deus, quem sabe vencêssemos — se obtivéssemos mais doações, mais força para as forças do Senhor Jesus, então talvez houvesse provavelmente mais pão em sua casa e as multidões viessem a ser saciadas". Mas, assim como, segundo Filipe, duzentos denários de pão não bastariam para cinco mil homens, milhões de libras, hoje, não seriam suficientes para as dezenas de milhões de pobres ignorantes no mundo. "Mestre, o que podemos fazer? Há tantos deles: não temos pão nem para nós mesmos, e não temos como comprar para eles!"

Ouço, então, o lamento de alguém, que está ficando grisalho devido à idade: "Oh, sinto muito, mas já é tarde demais para mim, e as necessidades do mundo se tornam cada vez mais prementes; a fome continuará, até que os homens morram de fome; ficarão, infelizmente, sem pão, até que venham a perecer ou desfalecer no caminho; e virá a noite, uma longa e lúgubre noite, e quem há de trabalhar então? Estamos prontos a descer à cova; nossa sombra se esvai e nosso esqueleto se encolhe; estamos fracos e temos a cabeça pendente, como o bambu envergado; somos pessoas que de há muito buscam a sepultura".

"Deixem-me dizer-lhes, irmãos e pais, nós, que somos jovens, sentimos do mesmo jeito. Bom Deus, nossos dias parecem girar sobre nós, e nossas semanas, voar, deixando somente um sinal, como aquele dos ferros de marcar o gado. Por mais que trabalhemos, e alguns de nós podemos dizer que não desperdiçamos tempo fora da causa de Cristo, mesmo assim nada podemos fazer. Parecemos ser um só homem contra hostes incontáveis ou uma criança tentando remover uma montanha apenas com suas mãozinhas. A noite passa, estamos envelhecendo, nossos anos disparam, nossa morte se aproxima. Almas morrem, e o inferno se enche. Para baixo, nas cataratas da destruição, estão sendo lançados homens, incessantemente, além da nossa visão, além da nossa esperança. Nada podemos fazer. Quanto mais sentimos a responsabilidade, mais nossa incapacidade nos oprime. Tu nos chamaste, Senhor, para uma obra muito dura. Não conseguiremos realizá-la, mestre. Viemos a teus pés para dizer que não conseguimos dar de comer a essa multidão. Por favor, não nos menosprezes. Não nos ordenes que façamos coisas impossíveis. Tu nos ordenaste que pregássemos o evangelho a todas as criaturas sob o firmamento. Não conseguimos alcançá-las. Somos bem poucos; somos muito frágeis; somos débeis; somos desprovidos demais de talento. Não conseguiremos fazê-lo, mestre. Estamos prontos a tombar a teus pés, em completo desespero."

No entanto, ouçam! Ouçam os lamentos das multidões que nos chegam aos ouvidos. Clamam: "Estamos perecendo: nos deixarão perecer? Estamos famintos: nos deixarão passar fome? Nossos pais desceram ao inferno, e os pais de nossos pais pereceram por falta do pão que veio do céu. E vocês, *nos* deixarão morrer?" Por toda a África, multidões olham para além do mar, para nós, e nos indagam: "Vocês *nos* deixarão perecer? Seremos para sempre tão somente um campo de caça para aqueles que se deleitam com correntes de escravidão e derramamento de sangue?" Da Ásia se ergue a súplica: "Vocês vão nos abandonar? Seremos para sempre os escravos de deuses como Jaganata, Brama, Xiva e Vixnu?" Da Austrália nos suplicam os que ainda não pereceram; suplicam os aborígines: "Não poderemos jamais ver a luz? Nunca ouviremos o evangelho?" Pior do que dos aborígines é o pranto dos não poucos que se lembram em sonho dos cultos em nossos santuários, mas que no cotidiano se esquecem da observância ao dia do Senhor; e o seu pranto é deveras penetrante. Oh, que terrível é ele — o pranto combinado que vem de todas as nações sob o céu! *Um* homem apenas disse a Paulo, num sonho: "Passa à Macedônia e ajuda-nos", e foi o bastante para impeli-lo; e eis milhões, não em sonho, mas ao alcance da visão, que nos clamam em uníssono: "Venham e nos ajudem". Dissemos, há pouco, que não podíamos? Vamos retificar nossas palavras e dizer: "Devemos!" Sim, Senhor Deus, devemos! Não só podemos, devemos! Sentimos nossa fragilidade, sim, mas há um impulso dentro de nós que diz que devemos, que não podemos, nem ousamos, parar — seríamos amaldiçoados se assim procedêssemos. As rajadas do inferno e a ira do céu cairiam sobre nós, se renunciássemos à nossa tarefa. A única esperança do mundo — iríamos extingui-la? A estrela solitária que ilumina a escuridão — poderíamos apagá-la? O Salvador é dos homens, e cruzaremos nossos braços e os deixaremos morrer? Não! Pelo amor que temos por seu nome; pelos laços que nos unem a ti; por tudo que é sagrado diante de Deus e humano diante de nossos companheiros mortais; por tudo que é bondade e compaixão nas batidas do nosso coração e em nossas entranhas, diremos que podemos; ainda que sintamos que não, nós podemos!

Há, no entanto, sempre, uma forte tendência em nosso coração para nos esquivarmos da responsabilidade pessoal. "Vamos mandá-los embora para que comprem comida." É essa ainda, infelizmente, uma grande tentação para muitas igrejas. Talvez você diga: "Não é todo nosso esse trabalho a realizar: afinal, há outras igrejas; deixemo-las fazer uma parte. Em todo subúrbio de Londres há, pelo menos, uma igreja paroquial; não podem ouvir o evangelho ali? Há sempre um missionário na cidade indo atrás dos descrentes; qual a necessidade de os visitarmos? Existem, sem dúvida, alguns bons homens pregando e orando nas ruas; qual a necessidade de que eu o faça? Deixem que vão comprar sua comida". Mas não é assim. O mestre diz a *vocês: Dai-lhes vós de comer. Vós, vós mesmos.* Que esta igreja sinta que deve olhar para o mundo como se fosse a única igreja sobre a terra e realizar seu dever como se não tivesse quem a pudesse ajudar em todo este planeta, mas que tivesse toda a obra para realizar sozinha. E que todo o corpo da igreja de nosso Senhor Jesus Cristo — em vez de contar com a sociedade, ou o comércio, ou os governantes, para a evangelização — lembre-se que ele é o único agente da salvação neste mundo. Cristo não encarnou em rei ou príncipe secular. E a encarnação dele hoje é nas fileiras santas dos seus chamados e eleitos. Se você me perguntar onde estava Cristo quando na terra, apontarei para o homem Cristo Jesus; mas, se você me perguntar onde está Cristo na terra hoje, apontarei para sua fiel igreja, convocada e dirigida pelo seu Espírito. Assim como Cristo é a esperança do mundo, também é a igreja, e ela deve assumir esse seu dever prioritário como se outros não houvesse. Em vez de enviar os famintos de lá para cá e daqui para lá, deve é ouvir seu mestre ordenar: *Dai-lhes vós de comer.*

Temo, enfim, queridos amigos, que muitos de nós nos estejamos acomodando em relação aos homens que perecem, ao nos afastarmos de seu caminho. Fechar os ouvidos para os lamentos da fome, ou os olhos para a necessidade da viúva e do órfão, não é o caminho para aliviar a fome e a carência real. Nem é o caminho para fazer bem ao mundo evitar os antros dos pobres e abandonar os ninhos da desolação e do pecado. Cabe-nos tocar o leproso com o nosso dedo curador, e não nos encolhermos na presença deste; cabe-nos sair ao encontro dos desnudos, dos enfermos e dos indefesos filhos dos homens, e então derramar vinho e óleo balsâmico sobre suas feridas. Deixem que o sacerdote e o levita, se quiserem, passem ao largo por eles. O que o seu Mestre pede de vocês, cristãos, é empenho e dedicação de modo prático e pessoal. Seu cristianismo de nada valerá, a menos que vocês prestem atenção ao mundo — *Dai-lhes vós de comer;* a menos que vocês, como indivíduos e como corpo unido, realizem o trabalho de Deus pelo bem do mundo, em nome de Cristo Jesus. Posso e devo dizer a *vocês,* aqui, às pessoas que neste momento me ouvem, que a salvação do mundo foi entregue, de modo instrumental, às suas mãos. Até onde sua força alcançar, vocês devem se considerar esperança do mundo e agir como tal.

Contudo, o que direi de vocês se, em vez de aceitarem tal dever de Cristo, se sentarem e nada fizerem? Se, depois de construir esta casa abobadada na qual se reúnem, vocês descartarem aqueles que não ouvem a Palavra de Cristo; se, alimentados com comida divina, se satisfizerem em deixar os outros perecerem, eu lhes digo, como igreja, que será escrito em sua fronte: *icabô.* As vestes desta igreja serão rasgadas, e seu véu, dilacerado. Ela se tornará motivo de escárnio; será transformada em uma estátua de sal, como a mulher de Ló, por todas as gerações, se ousar olhar para trás agora que o Mestre a chamou para sua grande e solene obra. *Ninguém que lança mão do arado e olha para trás é apto para o reino de Deus* (Lc 9.62). Tenho fé em vocês, queridos amigos, mas tenho mais fé no meu Deus; tenho fé em vocês, em que não olharão para trás, mas aceitarão a penosa tarefa que lhes foi transmitida de trazer luz ao mundo. Mas, se a rejeitarem, serei testemunha contra vocês no último dia, de que sabiam da vontade de seu mestre e não a realizaram — que vocês foram chamados ao serviço do mestre e se voltaram para a preguiça e a indolência.

II. Tendo assim me estendido sobre nossa missão, e esclarecido nossa fragilidade, é hora de avançarmos e chegarmos a NOSSA LINHA DE TRABALHO E A FORÇA DO MESTRE.

Nossa linha de trabalho começa, primeiramente, com a obediência imediata à primeira ordem de Cristo: *Trazei-mos. Não temos aqui senão cinco pães e dois peixes. Trazei-mos.* (Mt 14.18) Em Marcos, as palavras de ordem partidas do Senhor são: "Ide ver!" Eles deveriam procurar e ter certeza de que nada mais havia senão, como verificaram, cinco pães e dois peixes. Deveriam esmiuçar os recursos

COMPAIXÃO PELA MULTIDÃO | 985

disponíveis e trazer cada pão e cada peixe a Cristo. *Trazei-mos. Mestre, são pães de cevada e... apenas cinco! Trazei-mos. Há apenas dois peixinhos; só dois, Mestre; não merecem maior atenção; guardamo-los conosco? Não, trazei-mos. Mas são tão pequenos... Trazei-mos,* diz ele, *trazei-mos.* A tarefa da igreja, quando olha seus recursos e constata serem extremamente insignificantes para a obra, é, ainda assim, trazer tudo que tem a Cristo.

Como trazer? De muitas maneiras. Deve trazer tudo a Cristo *em consagração.* Um irmão lá atrás pode dizer: "Tenho pouco dinheiro para a oferta!" "Não importa", diz Cristo, "me traga o que tem". "Ah", diz outro, "tenho pouco tempo para poder fazer o bem"; ou, diz um terceiro: "Disponho de muito pouca capacidade, meu estoque de conhecimento é muito parco; e meu discurso, insignificante". *Trazei-mos.* "Oh", alega alguém, "o mais que posso fazer é ensinar na escola dominical"; "Acho que nem isso sei fazer", diz outro. "Só poderia mesmo entregar panfletos." *Trazei-mos.* Todo talento e todo recurso que cada crente e a igreja têm devem ser trazidos e consagrados a Cristo. E lembrem-se — falo agora algo um tanto difícil, que alguns talvez não compreendam — tudo que vocês possuem neste mundo e que não consagrem à causa de Cristo, vocês roubam do Senhor. Todo cristão verdadeiro, quando doa a Cristo, doa tudo que tem. Não chama tudo o que tem de seu, mas, sim, do mestre. Não seremos verdadeiros para com a causa do mestre até que seja assim. "Quê? E não prover para minha família?" Certamente que sim, mas desde que seja também dado a Deus. "Não provermos para nós mesmos?" Certamente que sim, desde que não de forma cobiçosa. Lembrem-se: cabe a Deus prover para vocês. Se ele provê para vocês mediante seu próprio trabalho, vocês estão fazendo em parte a obra de seu mestre e recebendo, assim, de sua generosidade, pois é tarefa dele prover para vocês. Deve haver, assim, de sua parte, uma firme consagração a Cristo de tudo o que você tem. Onde sua consagração termina, termina também sua sinceridade para com Deus. Quantas vezes você fez esse voto em seu louvor! Não será fiel a seu pacto com ele?

> Tudo o que sou, tudo o que é meu,
> seja, por todo o sempre, seu;
> Tudo o que o dever me ordenar,
> minha mão irá, alegre, lhe dar.

> Mesmo que ele deixasse eu guardar
> uma parte sem lhe dedicar,
> amo meu Deus com fé tão certa
> que até isso lhe daria em oferta.

Trazei-mos — não apenas em consagração, mas também *em oração.* Creio que, ao trazer a igreja todos os seus pães de cevada e peixes a Cristo, o tempero poderiam ser nossas reuniões de oração. "Aqui nos reunimos, ao redor do altar, e os trazemos, grande mestre, para que os abençoes. Somos fracos e débeis, por isso aqui viemos para sermos feitos fortes; não temos poder próprio, por isso viemos receber de ti o poder do alto; e aqui esperaremos, em nossa reunião de oração, como fizeram obedientemente teus discípulos em Jerusalém, até que o Espírito seja sobre nós derramado, do alto." É maravilhoso ver como um homem com um único talento é capaz de fazer dez vezes mais que um homem com dez talentos, quando tem a graça, porque adquire dez vezes mais capacidade e poder. A bravura de um soldado, afinal de contas, não se mede por sua arma. Dê a um ineficiente um rifle Armstrong e talvez ele até se destrua com ele. Dê a um atirador capaz nada além da mais frágil arma de fogo e verá que, com uma mira boa e firme e uma segura posição, fará muito mais do que o outro. Há pessoas que parecem ser líderes na casa de Deus, mas são incapazes e nada fazem, enquanto outros há que nada são senão pequenos em Israel, mas a quem Deus torna grandes, mediante sua graça.

Ó servos do Senhor! *Trazei todos dízimos à casa do tesouro, para que haja mantimento na minha casa, e depois fazei prova de mim, diz o Senhor dos exércitos, se eu não vos abrir as janelas do céu, e não derramar sobre vós tal bênção, que dela vos advenha a maior abastança* (Ml 3.10). Tragamos, pois, tudo o que temos de trazer a Cristo, em fé, deitando tudo a seus pés e crendo que o seu grande poder fará que as menores quantidades sejam suficientes para os maiores fins. *Não temos aqui senão cinco pães...* — que, de fato, eram apenas cinco quando os tínhamos nas mãos; mas agora que estão em tuas mãos, Senhor, são comida para cinco mil homens. *... e dois peixes* (Mt 14.17) — que, na verdade, eram dois peixinhos, quase insignificantes, enquanto nossos, mas que teu toque enobreceu e multiplicou e agora servem de farto alimento para uma multidão. Abençoado o homem que, sentindo que verdadeiramente consagra tudo a Deus, pode dizer: "Há o bastante. Não quero mais talento; não preciso de mais conteúdo; não desejo ter mais, pois há bastante para a minha obra; sei que isso é extremamente insignificante em si, mas a nossa suficiência está em Deus". Oh, não me digam, senhores, que nós, como cristãos, somos frágeis para poder fazer tanto bem. Não me digam que o cristianismo da Inglaterra é muito fraco para a evangelização do mundo. Nada disso. Há bastante, há suficiente, porque assim agrada ao Senhor. Se houvesse apenas seis bons homens vivos, e esses seis fossem firmemente e realmente consagrados a Deus, seriam suficientes para a conversão do mundo. Não é a multiplicação humana de seus recursos, não é a complexidade de suas máquinas, não é a organização de suas sociedades nem a qualificação de seus secretários que Deus procura — são seus homens consagrados, inteiramente seus e somente seus. Que creiam que Deus pode fazê-los fortes, e serão poderosos em Deus a ponto de derrubar uma fortaleza.

Não hesito em dizer que há púlpitos que ficariam melhor vazios que ocupados; que há congregações que seria melhor não tivessem pastor, pois, tendo ministros não verdadeiramente consagrados a Deus e que não falam pela fé, se contentam com as coisas do modo que são e crescem apáticas. Se tal simulação fosse desfeita, certamente implorariam por um ministério de verdade. Deus lhes concederia um derramamento do Espírito Santo, que lhes falaria por intermédio de línguas de fogo, testemunho interior e energia espiritual, levando a depositarem sua total confiança nas promessas de Deus e em sua Palavra. Ó queridos amigos, podemos acreditar que sempre há recursos suficientes se Cristo abençoá-los o bastante para angariá-los dos escolhidos de Deus.

Trazei-mos — em *serviço ativo*. Aquilo que é dedicado a Cristo em pacto solene, em sincera oração e em humilde fé, deve ser dedicado também em serviço ativo. *Vocês todos* estão trabalhando por Cristo? Membros desta igreja, falo a vocês, em primeiro lugar; é apenas acidentalmente que me refiro a outros fiéis. Estão todos vocês fazendo algo por Cristo? Creio que não deveria haver um único membro desta igreja que não estivesse de alguma forma ocupado com o mestre. Devo isentar alguém? Posso isentar o fraco em sua cama; mas ele bem pode falar de Cristo quando alguém o visitar; isentar os moribundos em seus leitos, mas eles podem portar um abençoado testemunho de sua lealdade antes de transpor o rio; isentar o mudo, mas ele pode mostrar ser fiel a Cristo, apesar de não falar; isentar o cego, mas ele pode cantar o louvor; isentar o extremamente incapacitado, e ele pode engrandecer o Senhor com seu exemplo de paciência e resignação. Sim, devemos, todos e cada um de nós, como cristãos, servir ao Senhor. Se sou um filho, não tenho deveres para com minha mãe e meu pai? Se sou marido, não tenho deveres de amabilidade para com minha esposa? Se sou empregado, serei preguiçoso, descuidado e desobediente para com meu patrão? Será "cristão" um adjetivo ou apelido meramente nominal? Será apenas um título, e estéril? Uma insígnia ou identidade somente para ser exibida? Um tipo de cruz que os que se dizem cristãos devam carregar por não haverem realizado valorosos feitos nem enfrentado conflitos por Cristo? Será "cristão" ser apenas um objeto, não uma realidade viva? Que o Senhor tenha piedade de tais cristãos!

Todavia, caros amigos, se vocês precisam de persuasão para serem compelidos a trazer tudo o que têm de trazer a Cristo, permitam-me estimulá-los. Saibam que, ao trazer, estarão depositando seus talentos nas mãos dele — mãos que foram traspassadas na cruz por vocês. Estarão ofertando-o a ele, que é o amigo mais merecedor de sua estima; ofertando-o a ele, que não poupou o sangue de seu coração para poder redimir vocês. Vocês não o amam? Não será uma honra poder demonstrar seu amor para tão nobre e notável personagem? Temos ouvido falar a respeito de mulheres que trabalham, mas que passam fome, para poderem levar comida aos filhos; e, ao colocarem preciosos bocados de alimento na boca de seus pequeninos, esquecem-se da labuta, pois os estão dando àqueles que mais amam. O mesmo é com o fiel — deve crer

COMPAIXÃO PELA MULTIDÃO | 987

que, antes de tudo, é abençoado quando bendiz Cristo com sua oferta. De fato, quando o cristão realiza seu dever para com Jesus, ele abençoa tanto ou mais aquele que dá do que aquele que recebe.

Além do mais, ao darem algo a ele, estarão dando às pessoas, à multidão. Conheço pessoas que pensam que, quando realizam algo para a igreja, estão ajudando ou agradando somente ao ministro, ou aos diáconos. Ó queridos amigos, não é bem assim. Que interesse teria eu, em todo o mundo, além do amor a pobres almas? Que diga Deus, que há de ler os corações no dia do seu juízo, que não existe alguém que deseje mais desinteressadamente a salvação do mundo do que o ministro que lhes fala. Creio que posso falar a mesma coisa de meus irmãos em Cristo, que anseiam ver o mundo salvo. Olhem para o mundo faminto e, quando derem o pão, deixem que os olhos que os encaram, deixem aqueles que comerão tão abundantemente, agradecer-lhes, e seja isso recompensa suficiente pelo que fizeram. Há um homem, creio hoje aqui presente, de quem me recordo, há dois ou três invernos, ter vindo a mim desejando fazer parte da igreja de Cristo. Quando nos sentamos e falei com ele, vi pela aparência do rosto do pobre homem que ele necessitava tanto de pão material quanto de pão espiritual. Então lhe disse: "Antes de falar com você, gostaria de vê-lo revigorado", e trouxe-lhe algo para comer. Olhei para ele por um instante, vi seus olhos brilharem, e deixei a sala, temendo que não comesse o bastante por causa de minha presença. Posso lhes dizer que, quando vi o imenso prazer com que ele comia, seria suficientemente recompensador para mim, mesmo que aquela pouca comida me tivesse custado dez mil libras. E se vocês vissem aquele pobre pecador firmemente agarrar-se a Cristo, de maneira tão alegre, se vocês vissem seus olhos brilhando e as lágrimas que lhe corriam pela face, diriam: "Foi muito recompensador ter feito o bem a um coração tão pobre". Senhor, basta! Alimentei essas pobres almas.

Enfim, tragam seus pães e peixes a Cristo, em vez de seguir Cristo para dele obter os pães e peixes. Não é estimulante que vocês possam ser distribuidores de benefícios? Quando éramos crianças, e meu pai cortava um pedaço de carne para ser levado a uma senhora enferma dali da vizinhança, não me lembro de como Thomas, Mary e Ann brigavam para ver quem iria levar o recipiente com o pedaço de carne? Gostávamos muito de bater à porta da boa mulher e dizer: "Tome, por favor; é para o seu jantar...". As crianças sempre ficam alegres quando têm algo para doar. Se puserem um níquel em suas mãos para que seja dado a um pobre homem cego, veja quão velozmente elas correm a ele! Sentimento como esse tem o cristão, se, mesmo lhe faltando talento que haja consagrado a Deus, puder fazer algo pelo mundo. Ele circula por entre os grupos de pessoas prontas a receber o pão, e as alimenta, e sente felicidade no dever.

Para encerrarmos este ponto: *Todos comeram e se fartaram; e dos pedaços que sobejaram levantaram doze cestos cheios* (Mt 14.20). Recolheram mais pedaços talvez do que trouxeram antes. Cristo nunca há de deixar homem algum perecer por débito seu. O que vocês fizerem a ele será abundantemente reposto, se não temporalmente, espiritualmente. Grandes sobras encherão os cestos tão generosamente esvaziados. Vocês acabarão descobrindo que, ao suprir os outros, estarão se abastecendo. A alegria compartilhada será mútua. Fazer o bem é receber o bem e dar aos outros por Cristo é a maneira mais garantida de enriquecer.

Vou resumir agora, brevemente, o restante dos deveres do fiel. Quando trouxerem seus talentos a Cristo, tendo consciência de sua grande missão, seu dever é olhar para o alto. Agradeçam a Deus pelo que têm e dão: olhem para o céu! Digam: "Nada há no que faço; nada há em minhas orações, em minhas pregações, em minhas idas, em meus feitos, a menos que tu abençoes todos eles. Abençoa-os, Senhor!" Então, após Deus os haver abençoado, entregue-os, distribua-os. Lembrem-se que a multiplicação só vem com a divisão, e que a adição não tem início senão com a subtração. Então, comecem a doar, a fazer o bem, a divulgar a Palavra. Saiam e sirvam ativamente ao Mestre e, quando tiverem assim feito e assim distribuído, lembrem-se de que só nos é possível distribuir das próprias mãos de Cristo. Coloquem, pois, seus talentos, suas habilidades e capacidade nas mãos dele. O Senhor os abençoará e os devolverá a vocês, para que os deem às pessoas. Se eu lhes der pão espiritual simplesmente a partir deste púlpito, que é meu, de nada adiantará. Mas se, tendo obtido tal pão de meus estudos, eu o puser nas mãos de Cristo, e o Senhor mo devolver e eu lhes der, então vocês poderão ser dele alimentados. É esta a maneira de Cristo de abençoar os homens. Ele não dá a bênção logo ao mundo, mas, sim, primeiro a seus discípulos, e, então, os discípulos, às multidões. Recebemos em particular e o distribuímos em público. Temos acesso a Deus, como seus escolhidos. Chegamos junto dele. Ele nos dá, e nós o damos aos outros.

Assim, amigos, estabeleci diante de vocês uma grande e nobre missão. Primeiro, fiz vocês confessarem: "Não podemos"; para, então, procurar fazer vocês reconhecerem: "Devemos". Quero agora terminar fazendo vocês afirmarem: "Podemos!" Sim! Cristo está conosco, e podemos. Deus é por nós, e podemos. O Espírito Santo está em nós, e podemos. Deus Espírito Santo nos chama; Jesus Cristo, o Filho de Deus, nos recebe; Deus Pai sorri para nós. Podemos, devemos e faremos! Os reinos deste mundo se tornarão o reino do nosso Senhor Deus Pai e seu Filho, Jesus Cristo.

Mas, para isso, teremos crido em Cristo? Se não o tivermos, nada podemos fazer. Venham primeiro até Jesus, para então trabalharem por ele e para ele. Deem-lhe, primeiro, o seu próprio coração, para então lhe darem tudo o que lhe possam dar. Ele, assim, aceitará sua oferta e abençoará sua alma, em seu próprio nome.

105

JESUS SABIA O QUE FAZER

Mas dizia isto para o experimentar; pois ele bem sabia o que ia fazer (Jo 6.6).

Observem queridos amigos, quão cuidadoso é o Espírito Santo para que não nos enganemos a respeito de nosso Senhor Jesus Cristo. Sabe Deus que há sempre homens propensos a querer diminuir o valor e a importância de seu eternamente e bendito Filho e que alguns há até que, não obstante se proclamarem cristãos negam sua divindade e estão sempre prontos a apresentar argumentos contra a real e verdadeira divindade do Salvador, com base em qualquer coisa que pareça limitar o seu poder ou o seu conhecimento. Aqui está um exemplo do cuidado do Espírito em nos prevenir de cair em conclusão errônea. Nosso Senhor consulta Filipe, perguntando a esse pobre discípulo: *Onde compraremos pão, para estes comerem?* (Jo 6.5). Daí, alguns poderem deduzir que Jesus não soubesse o que fazer e se sentisse um tanto envergonhado disso. Com base nessa conclusão, argumentariam que Jesus não poderia ser Deus todo-poderoso, pois a falta de conhecimento e a vergonha daí resultante são incompatíveis com a onisciência e a onipotência divinas. Por que Jesus teria de consultar Filipe se soubesse de todas as coisas? O Espírito Santo nos alerta, então, quanto a não cairmos em pensamento tão vulgar sobre o nosso grande Senhor e redentor, especialmente quanto a ficarmos tão equivocados a ponto de duvidar ser ele Deus. Assim, logo nos esclarece, por intermédio do evangelista, que escreve: *Mas dizia isto para o experimentar; pois ele bem sabia o que ia fazer* (Jo 6.6). Jesus, portanto, não estava pedindo informação ou conselho a Filipe porque tivesse dúvida sobre como proceder, tampouco precisava de ajuda do discípulo. Não queria, é verdade, que Filipe multiplicasse o pão, mas desejava multiplicar a fé de Filipe. Tenhamos cuidado, portanto, queridos amigos, em nunca pensarmos pouco do Salvador nem imputarmos motivo a nenhum de seus atos que diminua sua glória.

Aprendamos aqui, também, que nós, que somos muito capazes de errar em relação a Cristo, precisamos que o Espírito de Deus interprete constantemente Cristo para nós. Basta Jesus perguntar a Filipe: *Onde compraremos pão, para estes comerem?* e nos encontramos sob o risco de tirar uma conclusão precipitada; eis por que o Espírito Santo nos esclarece sobre os motivos de Cristo, para que escapemos de tal perigo. Ao abordar os motivos de nosso Senhor, ele impede que o julguemos mal e a seus atos. Precisamos ter o Espírito de Deus conosco, ou nunca conheceremos o Cristo verdadeiro. A única maneira de reconhecermos o sol é mediante sua luz; o único modo de melhor conhecermos Jesus é mediante seu próprio Espírito. O próprio Jesus disse, a respeito do Espírito Santo: [...] *receberá do que é meu, e vo-lo anunciará* (Jo 16.14). Nenhum homem chama Jesus de Senhor sem ser por inspiração do Espírito Santo. O Espírito deve vir a cada homem pessoalmente e revelar o Filho de Deus a ele e dentro dele. Portanto, ao lermos a Bíblia, não imaginemos que devemos de imediato entendê-la como a um livro comum, mas oremos para que o Grande Autor de seu conteúdo, em pessoa, o Espírito de Deus, nos dê a graça de penetrar em seu propósito, a fim de entendermos o significado da palavra dada e sentirmos seu poder. Mesmo sendo a palavra infalível, como é, você poderá facilmente errar seu próprio caminho e cair em erro sofrível se não tiver a orientação interpretativa do Santo Espírito. Pela misericórdia divina, porém, está escrito: *E todos os teus filhos serão ensinados do Senhor* (Is 54.13), bem como: [...] *vós tendes a unção da parte do Santo, e todos tendes conhecimento* (1Jo 2.20). Não há como compreendermos coisa alguma senão por meio dessa unção e de tal divino conhecimento. Que criaturas dependentes somos nós, então, pois cometemos erros até sobre o Senhor Jesus Cristo, a menos que o Espírito de Deus nos instrua sobre ele! Guia-nos sempre, ó luz de Deus!

Outra coisa que aprendemos do texto antes mesmo de nele mergulhar é que o nosso divino Senhor sempre tem um motivo para tudo que faz. O motivo daquela pergunta é, assim, perfeitamente explicado; mas, se não o fosse, ainda assim podemos ter a certeza de que haverá um motivo digno. O motivo, no caso da pergunta a Filipe, não foi falta de sabedoria, *mas dizia isto para o experimentar* (Jo 6.6). E se há um motivo para tudo que Jesus pergunta, mais motivo ainda há para tudo o que Deus faz. Não poderíamos falar sobre a razão da eleição — por que este ou outro homem é escolhido por Deus; mas um motivo existe, já que Deus nunca age de maneira desarrazoada, apesar de suas razões nem sempre serem reveladas e, mesmo que fossem, talvez não as compreendêssemos. Sua soberania é absoluta, mas nunca absurda. Há sempre uma causa justificável para tudo o que Deus executa no reino da graça, embora essa graça jamais seja devida ao mérito da pessoa favorecida e nela não entre mérito. É possível que você já tenha tentado explicar o projeto do Todo-poderoso em relação à sua provação e ao seu problema atual, meu querido amigo, mas sem sucesso. Não sabe que os caminhos dele vão além da simples revelação? Durante toda a eternidade, com quase toda a certeza, você jamais saberá a razão de Deus para a sua atual provação, mas que existe um motivo, isso é certo, e esse motivo, pode crer, é sábio e benévolo. Ele é tal que você possivelmente até mesmo nele se deleitaria, se fosse capaz de entendê-lo.

Se você tivesse uma mente como a de Deus, agiria muito certamente como Deus mesmo age nesse assunto que o atormenta; acontece, no entanto, que seus pensamentos estão muito abaixo dos de Deus e você erra, portanto, ao tentar avaliar os caminhos dele. Assim, se você tem uma querela com o Pai celestial sobre uma dificuldade ou enfermidade, encerre-a imediatamente, com humildade e vergonha. Pois não vale a pena haver um único momento de reflexão para se vir a formular uma questão sobre o que é ou não certo — seja a questão levantada por um simples jovem, ignorante e inexperiente, ou por um grande e bom sábio: a vontade do Pai celestial será sempre a melhor para o filho do que a própria vontade deste. Esteja em total submissão ao Pai, e viva. Creia em seu Senhor, e mantenha-se calado: Deus sabe o que faz e por que faz. Para sua perda de saúde, há um motivo; para suas dores no corpo, depressão de ânimo, falta de sucesso profissional ou nos negócios, até mesmo permissão à língua cruel da calúnia de infligir feridas a você, há um motivo; e, possivelmente, esse motivo pode residir nas palavras do nosso texto: *Mas dizia isto para o experimentar*. Você precisa, por vezes, ser testado. Deus não dá fé, nem amor, nem esperança, nem graça, sem testá-los. Quando se constrói uma ponte ferroviária, para que os vagões pesados possam nela passar com segurança, sua capacidade de suporte deve ser testada. Quando se abre uma estrada, para que haja tráfego intenso nela sem maiores riscos, cada reta e cada curva devem ser testadas. Se alguém produzir apenas uma agulha que seja, precisa ser testado para o trabalho que irá realizar. Os pilares que suportam esta abóbada foram calculados e, depois de prontos, devidamente testados para suportarem tão grande peso; e nestes vinte anos têm resistido bravamente a tal pressão. Seria um absurdo terem sido considerados aptos a suportar o peso da abóbada sem que tivessem sido postos à prova de peso. Se Deus o torna forte no Senhor Jesus, meu irmão, ele há de querer testar cada grama de sua força. Como tudo que Deus faz tem um propósito, ele deverá testá-lo para poder ajudá-lo, sempre que necessário, a poder corresponder ao seu projeto. Creio que nem um único grão de fé será deixado de fora do fogo; cada pepita do ouro deverá passar pela fornalha para ser testada e apurada. Já ouviram falar das casas de testes de pólvora, em Birmingham? Pois bem: o grande Criador de fiéis prova todos aqueles que produz em sua fábrica da graça com alguns testes suportáveis de aflição, e aqueles que logo mostram resistir à provação cedo recebem a sua marca. Se nenhuma outra explicação de um ato da providência divina em sua vida puder ser encontrada, pode confiar em que Deus o diz ou faz para testar você.

Chegamos, agora, ao texto bíblico, que me parece trazer bastante conforto. Que o Espírito Santo nos conduza a ele.

Primeiro, há *uma pergunta feita a Filipe — Onde compraremos pão para estes comerem?* (Jo 6.5), uma pergunta feita por um motivo. Em segundo lugar, *não há dúvida alguma no Mestre*, que já sabia o que fazer.

JESUS SABIA O QUE FAZER | 991

Em terceiro lugar, se entrarmos no espírito do Mestre, *terão fim as nossas dúvidas*, pois estaremos perfeitamente satisfeitos em que ele saiba o que fazer.

I. Vejamos em primeiro lugar, portanto, que HÁ UMA PERGUNTA PARA FILIPE, assim como existem muitas perguntas para nós. Jesus faz a pergunta a Filipe, como sabemos, *com o objetivo de testá-lo* em diversos pontos. Provaria, assim, sua *fé*. Como alguém bem disse: "Jesus não queria de Filipe o pão, mas, sim, a fé". Se o Mestre indaga *Onde compraremos pão para estes comerem?*, o que Filipe, se tivesse uma fé forte, deveria responder? Certamente responderia: "Mestre, não há necessidade alguma de comprarmos pão. Tu és maior que Moisés, e, se sob Moisés o povo foi alimentado no deserto com o maná do céu, tu terás apenas de falar e choverá pão sobre a multidão, e ela será alimentada". Ou, tivesse Filipe uma grande fé, teria respondido: "Senhor, tu és maior que Eliseu, que, com alguns pães e algumas espigas alimentou cem dos filhos dos profetas; tu, ó Senhor, que operas milagres maiores, nisso poderás fazer muito mais". Tivesse Filipe uma fé maior ainda, talvez pudesse ter dito: "Senhor, não sei onde comprarmos pão, mas está escrito: *Nem só de pão viverá o homem* [...] (Mt 4.4; Lc 4.4). Tu podes revigorar essas pessoas sem o pão visível: podes saciar sua fome sem precisar de um único bocado; pois está escrito, também, que o homem viverá *de toda palavra que sai da boca de Deus* (Mt 4.4). Fala a palavra, Senhor, e serão todos restaurados!" A pergunta foi feita para testar a fé de Filipe, e a comprovou ser muito pequena; pois o discípulo optou por calcular mentalmente o dinheiro necessário para comprar pão: "Um... dois... três... quatro..." — não; não contarei até duzentos, mas foi isso que Filipe fez. Começou a calcular e a contar os tostões, em vez de olhar firmemente para a onipotência de Deus diante de si e nesta confiar. Você já não terá feito o mesmo, querido amigo, quando provado? Começou a somar e a contar seus "cobres", em vez de contemplar o Deus eterno e nele confiar inteiramente? Receio que poucos de nós possamos afirmar já não termos caído nessa falha. Até Moisés cedeu a cálculos de dúvida e incredulidade: *Respondeu Moisés [a Deus]: Seiscentos mil homens de pé é este povo no meio do qual estou; todavia tu tens dito: Dar-lhes-ei carne, e comerão um mês inteiro. Matar-se-ão para eles rebanhos e gados, que lhes bastem? ou ajuntar-se-ão para eles todos os peixes do mar, que lhes bastem?* (Nm 11.21,22). Qual foi, no entanto, em resposta, a admoestação do Senhor ao seu ansioso servo: *Pelo que replicou o Senhor a Moisés: Porventura tem-se encurtado a mão do Senhor? Agora mesmo verás se a minha palavra se há de cumprir ou não* (Nm 11.23). Do mesmo modo, podemos testemunhar a lealdade de Deus; mas, se agirmos com incredulidade, talvez tenhamos de vê-la de um modo para nós um tanto doloroso, como resultado do pecado de havermos duvidado de sua santa palavra.

A pergunta foi feita, porém, para provar também o *amor* de Filipe. Quanto a esse aspecto, talvez ele pudesse ter passado pelo teste de forma melhor; pois, apesar de ter pouca fé para crer como deveria, ele amava Jesus. Em muitos corações sinceros, existe mais amor silencioso do que fé ativa. Sinto pena da pessoa quando tem pouca fé, mas me sinto de certo modo reconfortado se nela existir bastante amor a Deus. O Salvador pareceu também querer dizer: "Filipe, quero estas pessoas alimentadas. Podes me ajudar nisso? Como, *juntos*, poderíamos fazer esse trabalho?" Filipe, então, que amava seu Mestre, mostrou-se disposto a resolver a situação, mas só soube dar, quando muito, o benefício de sua aritmética, calculando por alto e respondendo prontamente ao Senhor: *Duzentos denários de pão não lhes bastam, para que cada um receba um pouco* (Jo 6.7). Acontece, porém, que o Mestre não lhe havia perguntado *o que não seria suficiente*, mas, sim, *o que seria*. Filipe calcula, portanto, o que é pior, de forma *negativa* — questão que sempre temo, pois não raramente também costumamos raciocinar e calcular dessa forma! Se dar um pouco a cada um da multidão não poderia ser feito nem com duzentos denários, não é evidente que nossos recursos são inadequados? Essa é tipicamente uma resposta inútil, negativa, desanimadora, e que em nada ajuda a resolver o problema. O pobre e bem-intencionado Filipe calcula o que *não é suficiente* para pessoa alguma, mas deixa o todo-suficiente Senhor de todos fora de suas considerações.

Mesmo em seus cálculos, no entanto, ele demonstra amor pelo Mestre. Não fosse ele cheio de amor e estima por Jesus, poderia ter dito: "Meu Senhor, é inútil pensar nisso. Somos um grupo pobre, temos pouco dinheiro, que nos é dado esporadicamente. Não tenho certeza da soma exata, talvez Judas saiba, mas eu acho que não temos o bastante na sacola para alimentar essa multidão, mesmo que houvesse onde comprarmos pão nas redondezas". Filipe, porém, não respondeu assim, pois tinha muita reverência e muito amor a Jesus para tal. Falhou na fé, sim, mas não no amor. Será bastante para nós, portanto, se amarmos o Senhor a ponto de jamais tratarmos seus planos como visionários nem os julgarmos impossíveis. Jesus nunca propõe planos quixotescos, e nunca deveremos permitir tal ideia em nossa mente: a conquista do mundo pela verdade e pela retidão não pode ser vista como um sonho, mas deve ser considerada inteiramente possível, por todos os que amam Jesus.

A pergunta do Mestre pôs à prova, ainda, a *compaixão* de Filipe. Com sua inquirição, ele comoveu o coração de Filipe a se preocupar com o povo. Disseram outros discípulos: *Despede as multidões, para que vão às aldeias, e comprem o que comer* (Mc 6.36). Jesus, talvez, notando um pouco mais de compaixão em Filipe do que nos outros, indagou somente a ele: *Onde compraremos pão, para estes comerem?* Foi concedida assim a grande honra a Filipe de poder unir-se a Jesus nessa decisão e tarefa. Talvez o Senhor tivesse visto no discípulo uma alma solidária, e Cristo ama trabalhar com agentes solidários e compreensivos. Uma coisa percebo — que Deus nunca ou raramente faz uso da pessoa egoísta, ou que tenha coração duro ou frio. O entusiasmo dentro de nós pode criar entusiasmo nos outros. Se uma pessoa não amar os outros não pode ajudar a salvá-los. O ministro deve ter um desejo intenso de ver sua congregação salva e demonstrar nisso a sua compaixão, ou Jesus não fará uso dele. Nosso Senhor, portanto, procurou estimular a solidariedade de Filipe. "Filipe, o que *nós*, você e eu, podemos fazer? Onde *compraremos* pão, para esta multidão poder comer? (Jo 6.5). Não considere, pois, que Filipe tenha falhado de todo, aqui. Ele não tinha tanta fé em seu mestre quanto deveria, mas mostrou ter amor ao Senhor e compaixão pelas pessoas. Creio que nosso Deus nos tenha dado também um tanto de comunhão com seu querido Filho em seu amor pelas almas dos homens e que, deste modo, essa questão haja sido colocada, aqui, igualmente para nos provar.

Que nunca estejamos com falta de fé, amor ou compaixão. Permita Deus que abundemos em todas essas coisas, mediante a obra efetiva de seu Espírito Santo em nós; e estaremos assim preparados para podermos trabalhar eficientemente com ele.

Mas por que a pergunta foi feita especificamente *a Filipe*? Por que é feita a alguns de vocês uma pergunta especial, ou dada uma provação em particular? A indagação foi feita, sim, para testá-lo, conforme é dito; mas por que Filipe deveria ser testado?

Acredito que o Salvador haja falado a Filipe, prioritariamente, por ser Filipe natural daquela região, ou seja, de Betsaida, de onde estavam próximos. As pessoas costumam conhecer bem o lugar onde nasceram, ou onde foram criados, ou vivem. Provavelmente, Jesus diria a muitos de vocês: "Como podemos fazer isso assim e assim em Londres?", porque muitos de vocês são londrinos, possivelmente nascidos ao som dos sinos da Igreja de *St. Mary-le-Bow* ou em um bairro interior. Fazem parte dos quatro milhões de habitantes desta grande província — esta minha grande "nação" de uma única cidade (e, de fato, é uma solene responsabilidade ser um cidadão da maior cidade do mundo e conhecê-la). Se o Senhor tivesse de querer saber algo referente a Londres, ele indagaria daqueles que a conhecem, que nasceram ou moram nela; eis por que disse a Filipe: *Onde compraremos pão, para estes comerem?*" Se ele também quisesse se associar a alguém na evangelização de uma vila ou de uma cidade, poderia ser uma pessoa nascida ali, ou que residisse ali. Embora ele mesmo haja dito que ninguém é profeta em sua própria terra — e velhos provérbios declarem que a mulher do sapateiro anda descalça; que na casa do ferreiro o espeto é de pau; ou que um médico é capaz de tratar pessoas a milhares de quilômetros de distância e não olhar por sua própria família — não é o caso aqui, pois é a Filipe, homem de Betsaida, que Jesus indaga sobre aquela região, próximos que estão a Betsaida: *Onde compraremos pão...?* Assim é dito, no entanto, para provar sua fé; como a você, irmão, questões outras semelhantes podem ser feitas para prová-la.

É possível também que fosse dever de Filipe cuidar das provisões da pequena companhia dos doze e seu líder. Judas era o tesoureiro, sim; mas é provável que Filipe fosse o mordomo. Seria seu dever checar se tinham pão suficiente ou arranjar provisão necessária quando em um lugar deserto. Assim também, há irmãos na igreja, alguns deles aqui presentes, cujo ofício é cuidar das almas dos homens. Dentre eles, ministros, pregadores leigos, missionários, professores de escola dominical, diáconos, distribuidores de Bíblias,

JESUS SABIA O QUE FAZER | 993

literatura e folhetos e outros. Pode o Senhor não perguntar a muitos: "O que podemos fazer a esse respeito em Londres?", mas o indaga especificamente a esses. É uma pergunta feita para testar — para testar se estamos preparados para o nosso ofício, ou se assumimos um cargo para o qual não estamos bem qualificados por não termos propriamente inclinação para tal. Cristo nos pergunta de maneira toda especial, assim como pergunta àqueles que fez sacerdotes ou governantes em Deus, como podemos obter pão e alimentar esta grande cidade. A pergunta vem para nos provar, porque é sobre nós que esse encargo está colocado e o aceitamos.

Talvez, ainda, a pergunta tenha sido dirigida a Filipe por ele não estar tão adiantado na escola da fé como outros. Filipe não iria fazer uma observação muito sábia ao dizer, em ocasião posterior, a Jesus: *Senhor, mostra-nos o Pai, e isso nos basta* (Jo 14.8), quando o Senhor teve de lhe responder: *Há tanto tempo estou convosco, e ainda não me conheces, Filipe?* (Jo 14.9). Ele era, deste modo, ao que parece, um tanto atrasado ou lento no aprendizado. Não posso afirmar que possa ter sido o discípulo menos inteligente dos doze, mas certamente não era o mais perspicaz. Tiago, João e Pedro eram os três primeiros; André e Tomé vinham provavelmente logo atrás; e talvez Filipe estivesse, com outros, depois destes. Certamente o Salvador o selecionou não como o pior da classe, mas também não como o melhor, para indagar: *Onde compraremos pão...?* As pessoas em posição intermediária quase sempre são frequentemente testadas, para sua própria satisfação. O tipo de cristão mais frágil em fé e conhecimento geralmente mal consegue suportar provação. Pobre alma, precisa mais é de encorajamento do que de testes, pois não sabe bem como reagir aos problemas. Por outro lado, os mais elevados, que sabem como passar pelas provações, não requerem muita avaliação, pois claro é o cumprimento do seu chamado. Já os tipos medianos quase sempre precisam de teste. Eles compõem, tenho quase certeza, a grande maioria das fileiras de Deus. Muitos há que podem ser descritos como semi-instruídos, semi-iluminados, e é a eles que o Senhor costuma propor questões como: *Onde compraremos pão, para estes comerem?* — para que sejam testados.

Observe-se também que *a pergunta que o Salvador faz a Filipe para prová-lo alcança seu objetivo.* Ela o provou. Alcançou seu objetivo, porque revelou sua incapacidade, além de sua falta de fé. *Onde compraremos pão?* Filipe se perde com cálculos. Faz contas sobre o que *não* seria suficiente nem para revigorar um pouco cada homem. Esta acaba sendo sua contribuição: nem um pão nem um peixe com que se pudesse começar. Filipe é derrotado. Sua fé, testada, se encontra derrotada também. "Ó bom mestre", ele parece dizer, "o povo não pode ser alimentado por *nós*. *Nós* não temos como obter pão — *nós*, nem tu, nem eu. Tu és o Senhor e podes fazer grandes coisas; no entanto, mesmo tendo fé suficiente, não consigo acreditar que possamos obter pão para todos estes milhares de pessoas." A pergunta, então, atingiu seu objetivo. Testou a fé de Filipe, e sua fé provou ser muito fraca e vacilante.

É bom para nós que isso seja descoberto? Sim, irmãos, é muito bom conhecer nossa pobreza espiritual. Há aqueles de nós que julgamos ter fé suficiente, mas, se o Senhor a provasse, nem seria preciso jogá-la no fogo para derreter; bastaria apenas passá-la de leve por cima do fogo, e grande parte dela se esmaeceria. Há muita fé que desaparece ante uma privação comum como o orvalho da manhã quando bate o sol. Quanta fé pode ter um homem quando saudável! No entanto, aperte só a rolha e veja quanta fé irá desaparecer. Quantas pessoas têm fé enquanto desfrutam de uma boa e regular fonte de renda; mas, se tiverem de perguntar, perplexas: "Como obterei minha próxima refeição?", continuarão a ter fé? É sadio, portanto, sermos levados a ver quão fracos somos, pois, ao descobrirmos que a maior parte de nossa fé é irreal, isso nos levará a buscar mais a fé verdadeira e a suplicarmos: "Senhor, aumenta minha fé". Filipe foi desacreditado pelo Senhor, e é um grande acontecimento ser desacreditado por nosso Senhor, para sentir a realidade: "Senhor, não posso fazê-lo; mas quero crer e anseio em te ver fazer isso. Não consigo crer como deveria, mas sei que me podes dar fé. Então, venho a ti por mais fé; de mãos vazias, venho a ti, para receber fé". Eis quando nos tornamos satisfeitos e fortes. Você verá depois Filipe repartindo o pão com os outros discípulos e alimentando a multidão porque Cristo, primeiro, esvaziou suas mãos. Se não tivesse esvaziado suas mãos, ele não as poderia encher para compartilhar o pão quando do fornecimento. Jesus fez a pergunta *para o experimentar* (Mt 22.35), porque era necessário fazê-lo enxergar sua própria fragilidade, para que então pudesse vir a ser preenchido com a força do próprio mestre.

Essa pergunta fez bem, inclusive, porque não estava destinada apenas a provar Filipe, mas também a outros discípulos. De qualquer modo, eis as respostas diferentes, embora ao mesmo tempo similares, de dois deles, Filipe e André, para o problema levantado pelo questionamento do Senhor. Filipe: *Duzentos denários de pão não lhes bastam...*; André: *Está aqui um rapaz que tem cinco pães de cevada e dois peixinhos...* (Jo 6.9). Gosto dessa colaboração fraternal de mentes dispostas, e ver em que diferem no raciocínio. Filipe mostra certa vontade de dar início ao trabalho, mas só se tiver um grande começo; precisará ter mais de duzentos denários e pão à mão para então estar pronto a entrar em atividade. Já André parece que estaria disposto a agir com recursos mais modestos: alguns pães e peixes talvez o permitissem — só, então, como que caindo em si, observa: *Mas o que é isto para tantos?* (Jo 6.9). Quando os irmãos conversam entre si e procuram se ajudar mutuamente, talvez um descubra o que o outro não consegue. Filipe estava contando os impossíveis denários e não conseguia ver os pães possíveis; André já conseguia ver o que Filipe negligenciara. Ele enxergou o rapaz com o cesto contendo pães e peixes. Não era muito, de fato: André não tinha tanta fé assim para poder vislumbrar naquele pequeno cesto comida para os milhares; mas, ainda assim, viu o que viu, e informou seu mestre sobre isso. Produziram ambos assim um começo de proposição, pela colaboração mútua. Quem sabe, se colaborássemos uns com os outros, também tivéssemos um início de estudos ou de propostas? Se uma pergunta remói em nosso coração, como: "Que podemos fazer por Londres?" e leva os cristãos a se reunirem e falar sobre isto, e alguém sugere: "Ora, seriam necessários muitos milhares de libras para construirmos capelas, encontrarmos ministros, mantermos missionários", já existe algo de esperançoso em tal declaração. Muito bem, Filipe, fico feliz que tenha contribuído e mostrado a dificuldade da tarefa. Mas gostaria que André se levantasse e dissesse o que tem a dizer: "Bem, é uma tarefa muito árdua, mas ainda assim devemos fazer o possível; e, como temos esses cinco pães e dois pequenos peixes, acho que devemos pelo menos apresentá-los perante o Senhor e deixar com ele o que pode ser feito". Tudo isso é melhor do que nos esquivarmos totalmente da questão e deixarmos a multidão morrer de fome.

Filipe teve de todo modo, suas faculdades exercitadas. Cristo testou não só sua fé, mas também sua aritmética, sua vista, sua mente e seu espírito; e isso o preparou para ir e servir satisfeito no grandioso banquete que se seguiu. Um homem nunca faz nada bem sem que tenha sentido ou meditado sobre aquilo; se Filipe não tivesse parado para pensar sobre como alimentar as multidões, não estaria preocupado, e muito menos pronto, para participar da tarefa. Isso o levou também a adorar mais seu Mestre após a majestosa refeição milagrosa e certamente deve ter concluído, quanto ao ocorrido: "O Mestre me perguntou como deveria ser feito, e não pude dizer, mas agora, apesar de eu e os irmãos termos tomado parte nisto, a ele deve ser dada toda a glória. Ele multiplicou os peixes, ele multiplicou os pães. Minha pobre fé jamais poderia requerer qualquer glória para si. Foi ele quem tudo realizou".

Talvez algumas perguntas surjam a vocês, meus irmãos, a respeito da obra do Senhor: "Como pode ser feita? Como pode a Inglaterra ser evangelizada? Como podem as massas ser alcançadas? Como fazer o mundo ouvir o evangelho?" Qualquer que seja a questão colocada diante de vocês é uma questão levantada com o propósito de lhes fazer o bem, de beneficiar sua alma e levá-la a engrandecer mais ainda o Senhor, quando for realizado o milagre da graça.

II. Chego agora à segunda parte do assunto, que é: NÃO HAVIA DÚVIDA EM JESUS. Apesar da pergunta que fez a Filipe, Cristo não tinha dúvidas. "Mas dizia isto para o experimentar; porque ele bem sabia o que ia fazer".

Tomemos estas palavras e as separemos em partes. *Ele bem sabia.* Ele sempre sabe. "Ah", pode dizer alguém, "tenho certeza de que não sei o que fazer." Não, querido amigo? E, por isso, você pede conselhos? Eis um ótimo meio de se confundir. Ouço pessoas suplicarem, atordoadas: "Não sei o que fazer. Já consultei todo mundo e não sei o que fazer". Esse estado pode até tornar-se crônico, embaralhando nosso pobre cérebro. Jesus, porém, sabia o que queria e ia fazer. É um doce conforto saber que Jesus sabe. Ele sempre sabe tudo. Sabia quantas pessoas havia ali. Sabia de quanto pão precisaria; sabia de quantos peixes iria precisar; e como alimentar a multidão e dispensá-la satisfeita. Sabia tudo antes que acontecesse. Irmão

JESUS SABIA O QUE FAZER

que tem sido provado, Jesus sabe tudo sobre seu caso e como irá fazer para você superar a situação. Não pense que você terá de informá-lo do que quer que seja; pois, assim como, segundo ele mesmo disse, *vosso Pai sabe o que vos é necessário, antes de vós lho pedirdes* (Mt 6.8), assim o sabe também ele próprio, o Filho de Deus. A oração que fazemos não é feita para informar ao Senhor. As perguntas não são feitas por ele a nós para que, respondendo, tenhamos de instruí-lo, mas, pelo contrário, para que ele nos instrua. Deus fez os céus e a terra sem nenhum de nós. Com quem se aconselhou? Quem o instruiu? Ele faz você atravessar suas provações sem precisar acrescentar o mínimo da sabedoria que você possui ao infinito conhecimento dele. Ele sabe de tudo.

Jesus *sabia o que ia fazer.* Pretendia fazer determinada coisa, estava pronto a realizá-la e sabia perfeitamente o que iria fazer. Nós podemos ser constrangidos a dizer: "Algo precisa ser feito, mas não sei quem o poderá fazer". O Salvador, não; sabia que algo deveria ser feito, sabia que somente ele é que o faria e o que é que ia realizar. Não tinha pressa, nunca a tem. Ele nunca está adiantado nem atrasado. Nosso bendito mestre desfruta de glorioso descanso, por ser sempre pontual: pessoas atrasadas sempre têm pressa; ele, não, como nunca está atrasado, nunca se apressa. Tudo faz com calma e serenidade, porque já sabe e prevê tudo o que vai fazer. Em relação a você, prezado amigo, Jesus sabe não apenas o que você fará, mas também o que *ele* fará. É este o ponto central da questão — e ele deseja fazer algo grandioso com você e para você e em tudo ajudá-lo. Ele quer também esta cidade e esta nação a seus pés. Deseja que cada joelho se dobre a ele e que toda a terra seja preenchida com sua glória. Ele sabe o que quer e o que deve e irá fazer.

Jesus sabia, além do mais, *de que maneira pretendia agir.* Sabia perfeitamente o método que pretendia utilizar e que resultados iria assim alcançar. Já havia pensado nisso provavelmente muito antes de André lhe ter dito que havia ali um rapaz com cinco pães e dois peixinhos. Não posso imaginar o que teria feito o rapaz levar consigo cinco pães de cevada e dois pequenos peixes, e com eles seguir a multidão atrás de Jesus, até aquele lugar ermo; a não ser que o Senhor haja sussurrado em seu coração: "Leva contigo uma boa provisão de comida. Leva esses cinco pães de cevada; não te esqueças de levar também uns dois peixes que seja. Não sabes quanto tempo ficarás por lá, longe de casa". Um "sexto sentido" pode ter lhe concitado a providenciar isso; e tal sentido pode ser a voz de Deus, se Deus assim decide ser. Era certamente um rapaz forte, ou em fase de crescimento, dotado por isso de um bom apetite e que desejava se alimentar bem. Será que, no entanto, chegou por acaso a pensar que tais pães iriam ser coincidentemente providenciais, a ponto de virem a alimentar toda uma imensa massa humana? Que homem é esse, escolhido para ser um provedor universal? Quem é esse chefe da divisão de fornecimento? É um simples e modesto jovem — ele traz consigo, sem que saiba, todo um armazém de estoque móvel de alimentos. Carrega em sua pequena sacola, em suas costas, sem que desconfie, um verdadeiro depósito de víveres para uma multidão inteira. O Salvador sabia disso. Ele sabe sempre exatamente, amigo, de onde deve vir a ajuda, em sua hora de aperto. Você não sabe, mas ele sabe. Sabe de onde virão os ministros que despertarão toda a cidade de Londres; sabe como e de que modo chegarão às massas. Enquanto todo mundo se mantém estático, perplexo, abalado, ele se acha inteiramente pronto. Sabia que aqueles pães e peixes seriam trazidos para servir de base milagrosa para o banquete; sabia que iria abençoá-los, dividi-los e multiplicá-los, e que os daria aos discípulos, e os discípulos os distribuiriam a toda a multidão. Já estava tudo planejado e organizado em sua mente, tão planejado e organizado quanto, desde milênios, o nascer do sol de cada dia.

Cristo agiu, enfim, como *alguém que sabe o que vai fazer.* Como age uma pessoa que sabe o que vai fazer? Geralmente procede do modo mais natural. Sabe que irá fazer, então vai e faz. Você consegue conceber um milagre que tenha sido realizado de maneira mais *natural*? Se este tivesse sido um milagre desses humanos, geralmente venerados pela Igreja Católica Romana, provavelmente teriam sido atirados pães para o alto, e caído misteriosamente transformados e multiplicados milhões de vezes. Todos os milagres papistas, se vocês observarem, têm um viés muito teatral e esplendoroso. São totalmente distintos dos milagres de Cristo. Ele realiza este milagre da maneira mais natural possível, porque é, praticamente, o mesmo milagre que Deus realiza todo o tempo. Tomamos certa quantidade de trigo e espalhamos por aí, e o resultado final será o trigo multiplicado em forma de grandes quantidades de pão. Os peixes que estão no mar evoluem para enormes cardumes. O trigo semeado passa pela mesma operação no solo, pelas mesmas mãos — as mãos de Deus — e o resultado são pães. É isso precisamente o que resultou da ação de nosso Senhor. Ele pegou um bocado em suas próprias mãos, partiu, e continuou multiplicando-o em suas mãos, para as mãos dos discípulos, até que todos estivessem alimentados e satisfeitos.

Ele sabia o que iria fazer, e o fez naturalmente, e o fez *ordenadamente*. Não é assim quando as pessoas não sabem o que e quanto têm para oferecer. Imagine uma grande reunião social, com todos os preparativos feitos para servir-se o chá, e aparecem três vezes mais convidados que os chamados. Que descontrole, que correria! Quanta confusão para lá e para cá! Jesus jamais procederia dessa maneira. Sabia o que iria fazer, então ordenou que as pessoas se reclinassem em grupos na grama, tanto homens como mulheres e inúmeras crianças. Marcos nos diz que eles se reuniram em grupos de cinquenta e cem pessoas; ordenadamente, como se a cada um tivesse sido indicado especialmente seu lugar e encontrado seu nome diante de seu prato. Além disso, havia certamente tanta grama no lugar que eles tinham onde se reclinar, uma espécie de tapete tal que nenhuma tecelagem hoje provavelmente conseguiria produzir. O banquete foi, assim, conduzido organizadamente, como se tivessem sido distribuídos convites com uma semana de antecedência e como um patrocinador tivesse organizado e fornecido as provisões. Nada poderia ter sido feito de maneira melhor — tudo porque Jesus simplesmente sabia o que e como iria fazer.

Ele assim o fez com *satisfação*. Tomou os pães e peixes e os abençoou. Ocupou-se disso com grande prazer. Eu adoraria ver seu rosto enquanto ele olhava para aquelas pobres pessoas famintas sendo alimentadas. Como um bom anfitrião, ele as encorajava com um sorriso, após já haver abençoado e oferecido sua farta alimentação.

Ele o fez *generosamente*, por saber o que iria fazer; ele não estava apenas "meio" preparado, nem economizou para que cada homem só tivesse "um pouco" de pão e peixe. Não; como bem sabia o que fazer, mediu perfeitamente os apetites, algo um tanto difícil de fazermos humanamente se tivermos muitos famintos a alimentar. Proveu todo o necessário e, ao terminar, ainda havia provisão para os "garçons", tanto que cada um deles recolheu um cesto cheio de sobras; sim, eles recolheram as sobras em doze cestos — um para cada discípulo "garçom".

Em relação à escolha de seus eleitos, nosso Senhor Jesus Cristo age, tenho toda a certeza, sabendo também o que faz; e quando você e eu virmos o final do grande festival do perdão, diremos: "Abençoado seja o Senhor! Estávamos em grande apuro; encontrávamo-nos em grave mágoa; mas nosso Senhor agiu sem dificuldade e perfeitamente para conosco. Não houve confusão, nem tumulto, nem atropelamento. abençoado seja seu nome! Não agiu ao acaso ou por afortunada circunstância; mas sabia, desde o começo, o que fazer, havia planejado tudo até o fim, de maneira que os justos e os anjos pudessem cantar e louvar para sempre a graça, o amor, a sabedoria, o poder e a prudência que abundantemente e gloriosamente teve para com seu povo". Oh, se pudéssemos também ver o fim, como vemos o início das coisas, começaríamos desde logo a exaltar o nome de Jesus Cristo, nosso Senhor e Salvador, que antevê toda a sua obra e jamais se desvia de seu plano.

III. Concluo dizendo que, assim como não há dúvida alguma para Cristo, mesmo ao formular perguntas para nós, NÃO DEVE HAVER QUALQUER CONTROVÉRSIA DE CARÁTER DUVIDOSO PARA NÓS QUANTO A ELE. Deixem-me mencionar três perguntas e concluirei.

A primeira pergunta, que atormenta muita gente, é: *Como posso suportar o fardo que carrego atualmente?* Ou: "Como posso resistir a tanto sofrimento?" Ou, ainda: "Como conseguirei sobreviver?" Eis uma questão que, embora você a levante, é colocada para provar ou experimentar você mesmo. Lembre-se que não há dúvida por parte do Senhor quanto ao modo pelo qual você poderá se salvar, pois "como os seus dias, assim é a sua força", e ele há de cuidar dos seus escolhidos até o fim. Que não haja, portanto, nenhuma dúvida sobre isso em você, pois Jesus sabe o que faz. Se você chegou aqui hoje atormentado, pensando: "Gostaria de ouvir uma palavra para que soubesse o que fazer", você sairá daqui não tendo recebido nem meia palavra sobre o que *você* deve fazer; mas, sim, terá ouvido uma palavra diferente: Jesus sabe o que faz, e o que ele irá fazer por você e para você é infinitamente maior e melhor do que qualquer coisa que *você*

JESUS SABIA O QUE FAZER | 997

possa fazer. Sua força, meu amigo, está em ficar tranquilo. Lance seu fardo sobre o Senhor. Faça o pouco que lhe cabe e pode fazer e deixe todo o restante com seu Pai celestial, mediante Jesus Cristo. É essa a resposta de Urim e Tumim (Ne 7.65) para você: Jesus sabe o que faz e o que irá fazer.

Outra pergunta é a que eu já coloquei em debate: *O que pode ser feito por esta grande cidade?* Tive o grande privilégio de poder pregar ontem à tarde em um dos subúrbios da zona leste. Saindo de casa bem cedo, viajei e viajei, por uma linha e outra de trem, até percorrer Londres, por quase duas horas e meia, de uma ponta a outra. Que cidade de magníficas distâncias! Parecia-me não ver uma única árvore verdejante que os construtores não fossem derrubar, nem um único grande gramado que não fossem transformar em horrendas ruas. *Enchei a terra* (Gn 9.1)... mesmo? Creio já estar cheia. Há muita terra morta e enterrada sob as residências dos homens vivos. Quanto às pessoas, miríades delas! E quando se faz esse trajeto, como eu, acompanhado de um crente, ele observa: "É preciso haver uma igreja aqui..."; ou "Há uma igreja ali, mas só de cinquenta pessoas, e nenhuma delas quase comparece...". Então chegamos a outro lugar no subúrbio, e o guia nos informa: "Aqui há muita gente ansiosa pelo evangelho, mas não há quem o leve às pessoas". Fui assim pelo caminho, ontem, questionando tristemente em meu sobrecarregado coração: "Que poderíamos fazer?" E pensei: "É melhor nem fazer tal pergunta a mim mesmo, pois não há muito que eu possa fazer para responder a ela, e ela só irá me preocupar". No entanto, a indagação insistia em voltar a mim: *Como compraremos nós pão para alimentar essa multidão?* Sim, meu Senhor e mestre dizia *nós*. Em meu coração, bem que eu queria que ele me deixasse de fora, mas não deixava. Ele jamais diria: "Como comprarei *eu*...?", porque ele sabe como; então indagava daquele modo a mim, e eu me sentia constrangido com essa pergunta, pois, afinal, ele estava levantando uma questão para o meu próprio bem. Oh, se tivéssemos homens e dinheiro para enviar missionários e construir lugares em que pudessem pregar! Temos pastores preparados até em estabelecimentos de ensino, mas não temos recursos para construir locais de culto. Certamente, muitos de vocês já se sentiram sobrecarregados com o peso da enormidade desta cidade. Mas, meus caros amigos, ela é apenas uma gota d'água numa chuvarada, se comparada a todo o resto do mundo que jaz sob o maligno! Como haverá de ser o mundo quando iluminado? Não há dúvida alguma para Jesus quanto a isso, e, portanto, tal pergunta descrente nem deveria existir em nós. "Conseguirão viver esses ossos ressequidos?" Respondamos: "Senhor, tu o sabes". Deixemos assim, então. Ele é capaz de fazer infinitamente mais do que pedimos, ou mesmo pensamos, e podemos confiar que, se ele jurou que todo joelho ante ele se dobrará e toda língua o confessará, assim será, e dele será toda a glória.

Outra pergunta ainda deve ser mencionada. É esta: Terá o Senhor colocado no coração de alguém não convertido a indagação *Que devo fazer para ser salvo?* Essa questão deixa algum de vocês perplexo? Fico feliz que sim, mas espero que busquem e achem a resposta certa. Espero que estejam perguntando ao Senhor: "É o que gostarias, mestre, que eu fizesse?" Sabem por que tal pergunta é feita a vocês? Para prová-los e torná-los humildes; para fazê-los sentir a impossibilidade da salvação por suas próprias obras; para que se submetam à justiça de Deus e sejam salvos somente mediante a fé em Cristo Jesus. Lembrem-se que não há dúvida para Jesus sobre como devam ser salvos. Na verdade, tal pergunta foi respondida quando? Quando ele morreu? Não, muito antes disso: sua resposta foi estabelecida no pacto eterno firmado antes de as estrelas terem seu lugar escolhido no Universo ou os planetas começarem a girar. Deus já ali fez seu filho, o Cordeiro de Deus, morto, antes da fundação do próprio mundo, e até hoje essa palavra permanece: *Eis o Cordeiro de Deus, que tira o pecado do mundo!*(Jo 1.29). Olhe para ele, e seja salvo. Não há dúvida sobre a possibilidade de sua salvação, ou sobre a capacidade de Cristo em salvá-lo. A pergunta em seu coração "Que devo fazer para ser salvo?" é aí colocada para prová-lo; mas Jesus sabe o que irá fazer. Bendita palavra! Ele sabe como irá perdoar, confortar, restaurar, instruir e conduzir você. Sabe como o manterá até o fim por sua graça imutável. Sabe como irá preservar, santificar e utilizar você, como glorificar seu santo nome em você e levá-lo para o céu, colocando-o ao lado de seu trono e fazendo que os anjos se maravilhem e o adorem por verem tudo isso que irá fazer. Deus abençoe vocês, em nome de Jesus. Amém.

106

Os pães nas mãos do Senhor

Jesus, então, tomou os pães [...] (Jo 6.11).

Vejam, aí estão as pessoas! Cinco mil pessoas, tão famintas quanto animais predadores, todas necessitando de alimentos, e que lhes sejam dados, pois ninguém tem como ir comprá-los! E eis a escassa provisão: cinco pães ralos, de cevada, mais adequados para cavalos do que para homens, e duas enchovas pequenas, para dar sabor! Cinco mil pessoas, e cinco pães e dois peixinhos com que alimentá-las! A desproporção é demasiada: mesmo que cada um recebesse apenas uma ínfima migalha, não haveria o suficiente para todos. Da mesma forma, há milhões de pessoas em Londres e apenas um punhado de cristãos sinceros seriamente desejosos de ver a cidade convertida a Cristo; existem mais de um bilhão de pessoas no mundo inteiro e, oh, tão poucos missionários repartindo entre elas o Pão da Vida; tão poucos de nós para milhões e milhões de pessoas, como foram esses cinco pães de cevada e dois peixes para aquelas cinco mil! É um problema muito difícil. O contraste entre o suprimento e a demanda teria certamente nos abatido, e muito mais incisivamente, se estivéssemos ali, naquela multidão em Betsaida, do que sentados aqui, quase mil e novecentos anos depois, simplesmente ouvindo falar a respeito. Mas o Senhor Jesus foi o mesmo de sempre na situação de emergência: nenhuma das pessoas foi embora sem partilhar de sua generosidade; saíram todos dali satisfeitos.

Nosso bendito mestre, agora elevado nos céus, tem mais poder, em vez de menos; em nada se encontra impedido por nossas carências, mas prossegue usando de nossos parcos recursos para cumprir seus gloriosos propósitos. Não deixemos, portanto, que coração humano algum possa se sentir carente dele. Não nos desesperemos pela evangelização de Londres nem julguemos ser um caso sem esperança que o evangelho deva ser pregado em todas as nações. Tenhamos fé em Deus, que está em Cristo Jesus; tenhamos fé na compaixão do grande mediador: ele não irá abandonar pessoa alguma em sua necessidade espiritual, assim como não fracassou para com aquela multidão faminta em sua necessidade temporal.

Olhemos agora para os pães e os peixinhos, um estoque aparentemente insuficiente para começar; um capital, de fato, por demais escasso para o arrojado empreendimento de alimentar cinco mil pessoas. Devo dizer desses pães e peixes, em primeiro lugar, que *tinham uma história* antes de virem a ser mencionados nesse texto; em segundo lugar, ao voltarmos ao texto iremos perceber pequenas coisas *em uma posição muito mais importante:* Jesus, então, tomou os pães...; e, em terceiro lugar, os pães e peixes *têm uma história posterior* digna de ser notada. Quando as coisas chegam às mãos de Cristo, acham-se no centro do milagre.

I. Começaremos dizendo que ESSES PÃES E PEIXES TINHAM UMA HISTÓRIA ANTERIOR. Disse André a Jesus: "*Está aqui um rapaz que tem cinco pães de cevada e dois peixinhos* (Jo 6.9).

Observem, primeiro, *a providência de Deus em trazer o rapaz ali.* Não sabemos seu nome; nada nos é dito a respeito de sua filiação. Seria ele um vendedor ambulante, que achou que poderia ganhar dinheiro vendendo um pouco de pão e peixe, tendo-os quase todos vendido? Ou seria um rapaz a quem os discípulos chamaram para levar a escassa provisão para o consumo de Jesus e seus amigos? Não sabemos muito sobre ele; mas era o jovem certo na hora certa, naquele dia. Fosse quem fosse, não importa; tinha os pães e os peixes por meio dos quais o povo seria alimentado. Cristo nunca está necessitado; todavia, tem sempre alguém à mão para suprir uma eventual necessidade alheia. Tenhamos fé na providência de Deus. O que fez o rapaz trazer os pães e os peixes até ali, não sabemos. Crianças e jovens geralmente fazem

OS PÃES NAS MÃOS DO SENHOR | 999

coisas inexplicáveis. Contudo, ele levava consigo seus pães e os peixes, e Deus, que entende as ideias e os motivos dos jovens e crianças e dá toda a atenção a pães e peixes, tinha escolhido aquele rapaz para que estivesse ali, naquela hora. Repito, creiam na providência de Deus. O explorador do território africano sr. Stanley nos conta que, quando saiu da longa jornada que empreendera floresta adentro, na África, depois de cento e sessenta dias andando praticamente na escuridão, e se encontrou finalmente em um lugar em que podia ver o sol, sentiu como se a providência de Deus estivesse tomando conta dele. É muito bom saber que o sr. Stanley haja sentido ser a mão de Deus que o trouxe para fora da escuridão da selva. No entanto, não é preciso ir para a África para descobrir que somos inteiramente envolvidos, pela frente, por trás e pelos lados, pela bondade de Deus. Muitos de nós já sentiram uma providência especial de Deus em nossos quartos; ou nos encontramos com a mão dele quando lidando com nossos filhos. Sim, todos os dias estamos cercados por demonstrações desse cuidado. *Quem é sábio observe estas coisas, e considere atentamente as benignidades do Senhor* (Sl 107.43). "Tenho certeza de que Deus toma conta de mim", diz alguém, "pois seguia por certa rua, escorreguei numa casca de laranja e sofri o que era para ser uma terrível queda; mas não tive nem um arranhão". Ao que seu amigo revida: "Tenho certeza, também, de que Deus toma conta de *mim*, pois já passei por tal rua centenas de vezes e nunca escorreguei nem em casca de laranja nem em coisa alguma". Deus se aproxima de nós muitas vezes, e de maneira diversa, na vida cotidiana.

Ele nos chega de modo gentil e delicado
e nos revela seu carinhoso cuidado.

Acreditemos também na providência divina quanto à igreja de Cristo: o Senhor jamais há de abandonar o seu povo; ele vai ao encontro dos crentes para usá-los sempre que os necessita e os quer. Tem sido sempre assim na história dos santos, e assim será para sempre. Antes da Reforma, havia muitos homens escolados que conheciam bem o evangelho de Cristo, mas achavam que não se devia orar ou proclamar o evangelho em voz alta, comungando então uns com os outros e com Cristo silenciosamente. O que lhes fazia falta, na verdade, era um companheiro tempestuoso e obstinado, que proclamasse o evangelho a plenos pulmões e sacudisse o velho estado de coisas. Quem seria e onde encontrá-lo? Havia um monge de nome Martinho Lutero, que, ao ler sua Bíblia, deparou, de repente, com a doutrina da justificação pela fé: era ele o homem; no entanto, quando foi a um querido irmão no Senhor e disse como se sentia, seu amigo lhe recomendou: "Volte para sua cela, Martinho, ore e comungue com Deus, e segure sua língua". Mas então, veja bem, ele tinha uma língua que não conseguia travar, e ninguém mais conseguiria e começou a falar sobre a verdade que o havia tornado um novo homem. O Deus que fez Lutero sabia o que estava fazendo quando o fez: colocou dentro dele um fogo excessivamente flamejante, que não podia ser contido e que incendiaria as nações com forte labareda. Jamais se desesperem quanto à ação da providência divina. Esta noite, pode estar sentado, sossegadamente, em algum canto aquecido por uma lareira, no interior do país, um homem que irá virar o jogo contra a falta de fé e atrair as igrejas de volta ao bom evangelho. Deus ainda não chegou a um ponto de angústia, em relação à sua verdade, quanto a precisar de algum desses seres, que de súbito aparecem, um Davi com uma funda e uma pedra, um Sansão com uma queixada, ou um Sangar com uma aguilhada de bois, que aniquile completamente os adversários do Senhor. *Está aqui um rapaz.... A providência de Deus o havia mandado.*

O rapaz com seus pães e peixes foi trazido a público. Ao buscarem, certamente, por provisões na multidão, esse rapaz obscuro, que em outras condições jamais se tornaria conhecido, foi trazido à frente, pois tinha uma pequena cesta com alguns pães e peixes. Foi André quem o encontrou. Ele veio e disse a Jesus: *Está aqui um rapaz que tem cinco pães de cevada e dois peixinhos.* Tenha certeza de que, se você tiver consigo o Pão da Vida e estiver desejoso de servir a Deus, não precisa temer que a obscuridade o impedirá de fazê-lo. "Ninguém me conhece", costumo ouvir se queixarem. Bem, não é algo assim tão desejável que todos o conheçam: muitos de nós que são conhecidos por todos ficariam muito felizes se não o fossem; não há muito conforto nisso. Aquele que consegue trabalhar por seu Mestre sem ninguém para vê-lo além de seu

Mestre é o mais feliz dos seres. "Tenho apenas uma centena de fiéis a quem pregar", disse-me um pastor do interior; ao que respondi: "Se você tomar conta muito bem dessa centena, já terá muito o que fazer". Se tudo que você tem é muito pouco — apenas um bocado de pães e peixes — use-o sabiamente, e estará fazendo a obra de seu mestre; e quando Deus precisa de você, no devido tempo ele saberá onde e como encontrá-lo. Não é preciso colocar anúncio no jornal; ele sabe perfeitamente a rua onde você mora e o número da sua casa. Não precisa se esforçar para ficar na frente; o Senhor irá colocá-lo lá se quiser e quando bem quiser. Espero que você não queira chegar lá sem que ele o queira. Pode crer: se você se esforçar para ir à frente sem ser chamado, ele o empurrará discretamente de volta. Oh, que a graça trabalhe sem ser observada; que você tenha consigo seu dom, seu talento, seus cinco pães e dois peixes, e só seja notado quando chegar a hora exata; e, quando chegar, que Deus o chame bem alto. Vimos, assim, que os pães e os peixes estavam, primeiro, no lugar deserto, despercebidos, mas colocados lá pela providência de Deus; e os vemos agora, por essa mesma providência, levados ao destaque, à proeminência.

Quando trazidos, os pães e os peixes não tiveram, inicialmente, muito prestígio; *foram julgados insuficientes* para o propósito que se tinha em mente, tanto assim que disse André: *Mas que é isto para tantos?* (Jo 6.9). A estrela do rapaz pareceu se apagar: um estoque tão pequeno — de que serviria aquilo? Sou capaz de dizer que alguns de vocês já tiveram Satanás lhes dizendo: "De que adianta isso? Para que serve?"; "Não dá para tentar fazer alguma coisa!" A você, querida mãe, com família e filhos para cuidar, ele certamente sussurrou: "Você não tem como servir a Deus". Ele sabe muito bem que, pela graça do seu apoio total por Deus, você o pode, perfeitamente; teme quão bem você pode servir a Deus já fazendo que seus filhos o temam. Diz o inimigo ao vendedor de Bíblias: "Você não tem muito jeito para isso. O que vai conseguir fazer?" Ah, querido amigo, ele tem medo até do pouco que você fizer, e, se você já fizer o que puder, Deus irá ajudá-lo a fazer até o que não pode! O pior é que muitos filhos de Deus parecem concordar com Satanás, desprezando o tempo das pequenas coisas. *Mas que é isto para tantos?* Alguns de nós somos, ou nos consideramos, tão poucos, tão pobres, tão destituídos de talento. O que poderíamos almejar fazer? Desdenhados, por vezes, até pelos discípulos de Jesus, não é à toa que somos desprezados pelo mundo. As coisas que Deus honra, o homem, geralmente, costuma primeiro desprezar. Vocês hão de sofrer primeiro, provavelmente, a dura crítica do escárnio do homem, para depois então serem usados e exaltados por Deus.

Apesar de insuficientes para alimentar a multidão, os pães e peixes teriam sido, provavelmente, suficientes para uma refeição do rapaz; no entanto, *ele parecia se mostrar disposto a reparti-los com outros*. Os discípulos jamais os teriam trazido a Jesus à força: o mestre não o permitiria; o rapaz, portanto, os cedeu voluntariamente a fim de que, supostamente, viessem a fazer parte de uma grande refeição compartilhada e coletiva. Alguém poderia até lhe ter aconselhado: "João, se você pretende comer seus cinco pães e dois peixes, guarde-os; vá para um canto para fazer sua refeição sossegado; é cada um por si". É uma boa regra essa, "cada um por si"? Pode ser que sim; mas o rapaz a quem Deus resolveu usar não é nada egoísta. Falo agora a algum jovem cristão, a quem Satanás sussurra: "Ganhe dinheiro primeiro; sirva a Deus depois, aos poucos; apegue-se à sua carreira, aos seus negócios, e toque sua vida; depois, sim, com tempo, você poderá agir como um bom cristão, doando algum dinheiro aos pobres etc." — e assim por diante. Pense nos cinco pães e dois peixes. Se aquele rapaz tivesse atendido apenas aos seus interesses pessoais, em vez de meramente ceder com generosidade ao pedido de Cristo de os colocar em suas mãos, para que pudesse ser feito fosse lá o que fosse, teria Cristo realizado exatamente o que realizou? Se não tivesse entregado confiantemente os pães e peixes ao Senhor, o rapaz os teria, naturalmente, comido; eles só o teriam alimentado, nada mais. Ao entregá-los a Cristo, no entanto, milhares de pessoas foram alimentadas, e ele teve para si tanto quanto ou mais teria se tivesse comido sozinho sua pequena provisão; além disso, teve a bênção e a felicidade eterna de haver participado de um dos maiores milagres de todos os tempos. Tudo de que se abre mão e se dá a Cristo é muito bem investido e poderá render, muitas vezes, dez mil por cento ou mais. O Senhor sabe como recompensar o verdadeiro altruísta. Aquele que deseja salvar sua vida, a perderá, mas aquele que está disposto a perder até mesmo sua vida e o pão que a sustenta em favor dos outros, é o que, no fim das contas, acabará sendo salvo e recebendo a vida eterna.

Os pães nas mãos do Senhor | 1001

É esta, portanto, a história desses pães e peixes. Foram providenciados pela ação de Deus, utilizando um simples e modesto rapaz desconhecido, descoberto em meio à multidão, e trazidos ao Senhor. O alimento dele foi inicialmente desconsiderado como insuficiente, mas mesmo assim, insuficiente ou não, ele se mostrou disposto a doá-lo, a reparti-lo. Com isso, acabou por cedê-lo a ninguém menos que ao milagroso multiplicador dos pães e peixes, seu Senhor e Salvador.

Percebem onde quero chegar? Quero me dirigir a alguns dos rapazes e moças aqui presentes — não liguem para a idade, vocês serão moços se estiverem abaixo dos setenta; quero me dirigir a você que acha que tem pouca capacidade ou possibilidade de participar e lhe dizer: "Venha, traga a sua parte a Cristo". Nós queremos sua participação. Os tempos são duros; as pessoas têm fome. Apesar de poder parecer que ninguém precisa de você, ainda assim tome coragem e venha; quem sabe se não é por isso que você, como a rainha Ester, está chegando ao reino em um tempo como este? Deus pode tê-lo trazido hoje aqui para fazer uso de você na conversão de milhares de pessoas; para tanto, você deve ser convertido antes. Cristo não o usará, a menos que você já seja dele, já seja salvo nele. Se ainda não é, você deverá hoje mesmo entregar-se a ele e ser salvo pelo seu precioso sangue, para que então, depois disso, possa vir e ceder a ele toda a provisão de tempo e talento que tiver, por menor que lhe possa parecer, e orar para que ele faça uso de sua vida como ele fez uso do rapaz dos cinco pães e dois peixes.

II. Quero lembrar agora a vocês como os cinco pães de cevada puderam chegar a uma importante posição. O texto diz: *Jesus, então, tomou os pães*. Pegou-os com suas próprias mãos. Das trêmulas mãos do rapaz, de sua pequena cesta, foram transferidos para as firmes e benditas mãos que um dia carregariam as chagas feitas pelos cravos por todos nós. Isso pode nos ensinar várias lições.

Primeiro, *os pães estavam agora ligados a Jesus Cristo*. Dali em diante, portanto, sugerem uma reflexão tanto sobre o sacrifício realizado pelo rapaz quanto sobre o poder do Salvador. Não é maravilhoso que Cristo, o Deus vivo, se ligue à nossa fraqueza, à nossa falta de recursos ou talento, à nossa ignorância, à nossa pequena fé? Não obstante, ele o faz. Se não estivermos ligados a ele, nada podemos fazer; mas, quando do entramos em vivo contato com ele, tudo podemos. Os pães de cevada nas mãos de Cristo tornaram-se fecundos em alimento para toda uma multidão. Fora de suas mãos, nada mais eram que simples cinco pães de cevada; mas, nelas, estando, ligados ao Senhor, estavam em conexão com a própria onipotência. Você, que ama o Senhor Jesus Cristo, já pensou *nisso* — em trazer tudo o que puder a ele, para que a ele esteja ligado? Sua mente: pode estar ligada aos ensinamentos do Espírito; seu coração: pode ser aquecido com o amor de Deus; sua boca: pode ser tocada com a brasa viva, incandescente, do altar; sua condição humana: pode ser perfeita e totalmente consagrada e associada a Cristo. Ouça a doce ordem do Senhor: *Trazei-mos* (Mt 14.18), e sua vida inteira será transformada. Não diria que todo homem dotado de pequena capacidade possa aumentá-la da noite para o dia por estar ligado a Cristo na fé; mas uma coisa digo — que essa capacidade pequena e comum, em associação com Cristo, se tornará suficiente para a ocasião à qual Cristo, pela providência divina, o convocou. Sei que você tem orado e dito: "Não tenho como, não posso fazer isso". Não fique parado enumerando suas deficiências; traga o que puder e deixe que tudo o que você é, corpo, alma e espírito, se associe a Cristo. Ainda que o Senhor não lhe conceda novas faculdades, aquelas que você tem obterão nova força, ganharão nova forma, com ele; e o que não se pode esperar de uma associação com tamanha sabedoria e poder?

Ato contínuo, *os pães foram transferidos a Cristo*. Um momento antes, pertenciam ao rapaz; agora eram de Cristo. *Jesus, então, tomou os pães*. Tomou posse deles; eram agora de sua propriedade. Ó povo cristão, vocês confirmam o que dizem quando declaram que se entregaram a Cristo? Se fizeram uma transferência completa, haverá nisso, então, grande poder para uso. Todavia, as pessoas dizem com frequência: "Se eu pudesse reter alguma coisa de reserva...". Que significa essa murmuração, esse balido de ovelha, esse mugido de gado, que ouço? E quanto àqueles outros milhares que você colocou na poupança, dias atrás? Quanto ao dinheiro separado para comprar um novo objeto pessoal supérfluo? Sei que você costuma, por vezes, declarar:

Mesmo que ele deixasse eu guardar
uma parte sem lhe dedicar,
amo meu Deus com fé tão certa
que até isso lhe daria em oferta.

Ah, bom! Quando tiver lhe cedido tudo que deva, poderá então, realmente, declarar isso. Temo haver aqui bem poucos que assim possam verdadeiramente declarar. Oh, se pudéssemos ter uma maior entrega de pães nas mãos de Cristo! O tempo que não fosse utilizado para si mesmo, mas, sim, dado a Cristo; conhecimento não acumulado como que em um reservatório, mas dedicado a Cristo; habilidades e capacidade não exercidas no mundo, mas cedidas a Cristo; influência e posição, bens e recursos, tudo posto nas mãos de Cristo e reconhecido como não sendo seu, mas dele — é este o caminho pelo qual as necessidades de Londres e do país serão satisfeitas, e a fome do mundo saciada. Mas vacilamos muito ainda pela dedicação completa a Cristo.

Os pães e peixes dados a Jesus *foram aceitos por ele*. Não apenas lhe foram dedicados, mas também consagrados. Jesus tomou os cinco pães de cevada, os dois pequenos peixes e, ao fazê-lo, pareceu dizer: "Eles me bastam". *Jesus, então, tomou os pães...* Havia motivo para que ele assim procedesse? Sim; tinham sido trazidos *a ele*; foram graciosamente presenteados *a ele*; havia necessidade deles, e ele poderia trabalhá-los; ele, *então*, tomou os pães. Filhos de Deus, se Cristo alguma vez os usou, vocês pararam para pensar como e por que o Senhor os chamou e aceitou? Deve ter havido um "então" nisso. Ele viu que vocês estavam dispostos a trabalhar, a conquistar almas; sabia que as almas precisavam ser conquistadas e, *então*, os usou — mesmo a vocês. Falo agora também a alguns, que poderiam ser de grande ajuda se doassem a si mesmos a Cristo, e ele os aceitasse. Apenas cinco pães de cevada — e Jesus os aceitou; apenas dois peixinhos, trazidos, com os pães, por um modesto e desconhecido rapaz — e o grande Senhor e Salvador nosso os aceitou; e tornaram-se dele. Oremos, agora, como alguém que realmente entrega a Cristo tudo de seu que pode entregar, dizendo:

Oh, usa-me agora, Senhor, mesmo até a mim,
como, onde e quando quiseres, do modo que vim,
até que teu bendito rosto eu possa ver,
e em teu descanso, alegria e glória viver!

Melhor ainda é que *os pães e os peixes foram abençoados por Cristo*, ao erguer os olhos e dar graças ao Pai por eles. Pense nisso. Por apenas cinco pães e dois peixinhos, Cristo deu graças ao Pai; aparentemente, uma escassa provisão pela qual louvar — mas Jesus sabia o que, na verdade, ela significava e quanto dela poderia fazer; dando graças, portanto, pela provisão em si mesma o pelo que, com ela, iria realizar. "Deus nos ama", diz Agostinho, "por aquilo em que nos estamos tornando". Não acham que, ao agradecer ao Pai, ele também agradeceu pelo rapaz e o abençoou? Claro que sim. Em anos vindouros, provavelmente tais palavras de gratidão e bênção devem ter servido àquele jovem como ampla recompensa pelo seu modesto, mas generoso feito. Tal como aquela pobre viúva que colocou suas duas únicas moedas na coleta da casa de Deus, o rapaz deu tudo o que podia, e, sem dúvida, tornou-se digno de ser exaltado pelo seu ato. Cristo ainda é grato quando são feitas tais ofertas a ele; ainda agradece ao Pai quando, mesmo com mãos tímidas e vacilantes, oferecemos o nosso melhor, nosso tudo possível, por menor que seja; seu coração se alegra quando a ele trazemos nossos parcos recursos, para que sejam tomados em suas benditas mãos e por ele abençoados. Jesus nos ama, não somente pelo que somos, mas pelo que estamos nos tornando e pelo que ainda poderá fazer por nós e por meio de nós; abençoa nossas ofertas, não pelo seu valor real em si, mas por aquilo em que o seu poder irá torná-las, digno de menção. Que o Senhor abençoe assim todos os recursos e talentos que vocês tenham e que a ele ofereçam! Que abençoe sua memória, sua inteligência, sua voz; que ele abençoe seu coração, sua alma, seu corpo, sua mente; que ele abençoe a todos e para sempre! Quando ele derrama uma bênção especial sobre um pequeno dom, uma pequena graça que seja, que dele mesmo recebemos, está dando início a boas obras por nosso intermédio e, assim, nos ajudando a avançar para a perfeição.

Abençoados os pães, o próximo feito foi *sua milagrosa multiplicação por Cristo*. Pedro, por exemplo, pega um grande pão e, conforme o parte, tem sempre tanto pão na mão quanto tinha antes. "Pegue também um peixe, amigo", diz ele; dá um peixe inteiro para o homem e sobra um peixe inteiro com ele. Dá para outro, e para outro, e para outro, e segue distribuindo pão e peixe por toda parte o mais rápido que consegue e, assim que termina, tem as mãos as cestas tão cheias de peixe e de pão quanto antes e sempre as tivera. Quando você serve a Deus, nunca fica de mãos vazias. O mesmo Senhor que lhe dá algo para dizer em um domingo lhe dará algo para pregar no outro domingo. Nestes trinta e sete anos, tenho ministrado para a mesma igreja e a mesma congregação e, toda vez que preguei, falei tudo que sabia. Alguns irmãos bem instruídos na Palavra são, para mim, como os conhecidos grandes tonéis de vinho existentes em Heidelberg, na Alemanha: conseguem armazenar tanto vinho que há o bastante para neles até nadar, mas, como têm uma válvula de controle de saída, você nunca consegue tirar deles o suficiente. Já o meu barril de evangelho, não; é pequeno, de fato, mas a saída está aberta tanto quanto poderia; e dele se consegue por vezes tirar mais vinho, e até o esvaziar, do que se poderia de um daqueles maiores. O rapaz deu, na verdade, todos os pães e todos os peixes que tinha; que não eram muitos, afinal — mas Cristo os multiplicou. Seja como ele: dê a Cristo tudo o que possa; não pense em guardar uma parte para outra ocasião. Se é pregador, não pense no que irá pregar da próxima vez; pense somente sobre tudo o que você deve e pode pregar *agora*. Já é o bastante ter um sermão por vez: não é preciso fazer estoque; pois, se você guardar qualquer coisa em qualquer lugar, pode acabar ficando como envelhecido. Até mesmo o maná vindo do céu, quando guardado, acabou alimentando os vermes e cheirando mal; assim também pode acontecer com seus melhores sermões, cuja mensagem seja uma dádiva de Deus; e se não o for, mas, sim, criação de seu próprio cérebro, pode se estragar ainda mais rápido. Não deixe de falar às pessoas sempre sobre Cristo. Leve-as a Jesus e não se atormente sobre o que irá dizer na próxima vez; mas espere até que a próxima vez chegue, e a pregação será dada a você na mesma hora em que se dispuser e se preparar para falar.

Todavia, quando tomou Jesus os pães e peixes, não foi apenas para multiplicá-los, mas também e, sobretudo, para *dá-los*. *Eles foram distribuídos por Cristo*. Ele não fez a multiplicação senão com o objetivo da divisão. A adição, para Cristo, significa subtração, e a subtração significa adição. Ele nos dá para que possamos também conceder. Ele começou a multiplicar, e tão logo os discípulos começaram a distribuir; quando cessou a distribuição, cessou a multiplicação. Oh, que a graça continue sendo distribuída, por ser multiplicada! Se você recebe a verdade de Cristo, espalhe-a! Deus irá soprá-la em seu ouvido; mas se você parar de espalhar, se cessar a empreitada de dá-la e de abençoar os outros, pode ser que Deus não mais o abençoe, nem lhe conceda mais a comunhão de sua face.

Resumindo: se trouxéssemos todos os nossos pães e peixes para o Senhor Jesus Cristo, ele os tomaria e os faria inteiramente dele. Então, depois de tê-los abençoado, os multiplicaria e nos ordenaria que os distribuíssemos. E assim satisfaríamos as carências de Londres, da Inglaterra e do mundo todo, até o último dos homens. Um Cristo que consegue alimentar cinco mil, consegue alimentar cinco milhões ou mais. Não há limite. Se já houve um milagre, pode haver outro maior. Sempre que ouço os críticos diminuírem um milagre, me parece um trabalho pobre; pois, se é um milagre, é um milagre; e, se você o aceita por um tostão, também o aceitará por um milhão. Se você crê que Cristo pode alimentar cinquenta, pode então crer que ele é capaz de alimentar quinhentos, cinco mil, cinco milhões, quinhentos milhões, se ele assim o desejar.

Tenho procurado estimular o povo de Deus a crer no Senhor e consagrar-se a ele. Talvez alguns de vocês, ainda não convertidos, indaguem: "Então, ele não está pregando *para* mim?" De fato, não estou pregando *para* você; estou pregando *por* você. Assim que o povo de Deus despertar, como espero, logo irá buscar você. Você terá alguém o inquirindo sobre a situação de sua alma antes mesmo que consiga sair daqui, deste Tabernáculo; durante a semana, certamente irá encontrar com algum deles, que o incomodarão, atiçando sua consciência e fazendo você sentir quão terrível é continuar sendo inimigo de Deus

1004 | MILAGRES E PARÁBOLAS DO NOSSO SENHOR

e viver sem Cristo. Espero que assim seja. Se você não ama *ainda* meu Senhor, saiba que a seu respeito disse Paulo: [...] *seja anátema. Maranata!* (1Co 16.22) — isto é: que amaldiçoado seja na vinda do Senhor. Rogo-lhe, pois, que não desanime enquanto há chance. Vocês são o povo que queremos alimentar, são o povo que queremos abençoar. Oh, que Deus, em sua piedade, o abençoe! Não pedimos ter a honra de levá-lo a Cristo. Desejaríamos até desconhecer quem o trouxer ao Salvador, desde que você venha a ele. Que o Senhor, em sua misericórdia, o traga!

III. Em terceiro lugar, e para concluir, OS PÃES E PEIXES TIVERAM UMA HISTÓRIA POSTERIOR. Chegaram às mãos de Cristo, e qual foi então o resultado?

Primeiro, *muita fome foi saciada* pela simples cesta de pães e peixinhos do rapaz. Muitas e muitas pobres pessoas estavam famintas; tinham estado com Cristo o dia inteiro, não tinham comido nada nem teriam o que realmente comer; tivessem sido dispersadas como estavam, cansadas e famintas, muitas teriam desmaiado pelo caminho, algumas talvez até morressem de inanição. Oh, o que não daríamos para aliviarmos a fome e a miséria do mundo! Como disse o estadista e filósofo conde de Shaftersbury: "Gostaria de viver mais. Não consigo suportar a ideia de deixar este mundo enquanto há tanta miséria nele". Vocês sabem como esse santo de Deus dispensou seu tempo para cuidar dos pobres, dos indefesos e dos necessitados, todos os dias. Talvez eu devesse insistir com alguns aqui, que ainda não atentaram à ideia de que, se trouxessem o que podem, mesmo sendo pouco, a Cristo, ele poderia fazer uso desse pouco para aliviar a miséria de muitas consciências feridas e o terrível infortúnio que recairá sobre os que venham a morrer sem ser perdoados, quando ficarem ante o tribunal do juízo de Deus sem um Salvador. Sim, meu jovem, Cristo pode fazer de você, apesar de sua idade, o pai espiritual de muitos. Segundo posso ver pela minha própria história, quando jovem nem sequer imaginava que, ao abrir a boca para falar de Cristo, e de maneira humilde, teria um dia a honra de trazer milhares a Jesus. Bendito e louvado seja seu nome! Ele merece esta glória. Não posso, portanto, deixar de pensar haver aqui outro rapaz, como eu era, a quem Cristo pode chamar, por sua graça, para servi-lo. Quando recebi uma carta dos diáconos da igreja em *New Park Street* dizendo que viesse a Londres para pregar, respondi que deviam ter cometido um engano, pois eu era simplesmente um rapaz de 19 anos, vivendo feliz entre pessoas muito pobres e humildes que me amavam, em Cambridgeshire, e nem sequer poderia imaginar que alguém tencionaria me ver pregando em Londres. Mas eles me responderam que sabiam de tudo isso e que eu deveria era vir. Ah, e que história tem sido desde então, uma história de tanta bondade e amabilidade do Senhor! Talvez estas palavras cheguem a um irmão que ainda não vislumbrou a ideia de que Deus pode usá-lo. Você não deve acreditar que Deus escolhe as pessoas mais preparadas, ou cultas, ou finas e elegantes. Não é assim na Bíblia; muitos dos que ele usou eram até pessoas rudes; mesmo os primeiros apóstolos, como sabemos, eram, em sua maioria, pescadores. Paulo era um homem letrado; mas ele era fora de série, como que nascido fora de seu tempo; a maioria dos demais não era assim, e Deus os usou; e ainda agrada a Deus, usando das coisas primárias e das coisas que não são reduzir a nada as coisas que para o mundo têm valor. Não quero, portanto, que pensem muito de si mesmos: seus pães são apenas cinco, de cevada, e de cevada ruim; seus peixinhos são pequenos, e apenas dois. Não quero que pensem muito nisso, mas, sim, que pensem muito em Cristo; e creiam que, quem quer que você seja, se ele considerou válido comprá-lo com seu sangue e deseja fazer uso de você, vale a pena vir e trazer tudo o que possa a ele, que graciosamente está pronto a aceitá-lo. Ponha tudo nas mãos dele e deixe que a seu respeito seja dito, hoje à noite: *Jesus, então, tomou os pães.* Lembre-se que a história dos pães é que eles aliviaram uma boa dose de fome e miséria.

Por fim, *Jesus foi glorificado*; pois disse o povo ser ele *verdadeiramente o profeta que havia de vir* (Jo 6.14) — o Messias. O milagre dos pães naquele lugar ermo e sem recursos levou o povo de Israel de volta ao deserto e ao milagre do maná; lembraram o que Moisés havia predito: *O Senhor teu Deus te suscitará do meio de ti, dentre teus irmãos, um profeta semelhante a mim; a ele ouvirás* (Dt 18.15). Por tal libertador eles esperavam, e, à medida que crescia e se multiplicava aquele pão, foi crescendo sua expectativa até que, em meio aos pães, viram o dedo de Deus e disseram: *Este é verdadeiramente o profeta que devia vir ao mundo.*

Os pães nas mãos do Senhor | 1005

Aquele rapaz tornara-se, com seus pães e peixes, o revelador de Cristo a toda aquela multidão; e quem pode dizer que, se você der seus pães a Cristo, milhares não reconhecerão o Salvador?

Cristo ficou muito conhecido, aliás, pelo partir do pão nesse milagre ou em Emaús. Nesse caso, porém, muitas pessoas foram mais além, e, depois de terem sido alimentadas a pão e peixe, concluíram que ele era, de fato, um profeta, por isso começaram a sussurrar: "Vamos fazer dele um rei". Em um sentido mais verdadeiro do que o texto poderia sugerir, eu pediria a Deus, então, que você e eu, apesar de humildes e frágeis, pudéssemos servir a Cristo até que as pessoas dissessem: "Cristo é o Messias. Façamos dele o rei". Ofereço esta resolução a meu amado mestre, se ele de bom grado aceitar, apesar de ser um pão de cevada, e rogo para que todos tomemos Jesus Cristo como nosso Rei. Oh, que ele possa ter seu trono no coração de muitos, a quem há de alimentar com o pão celestial! Sei, irmãos, que muitos de vocês desejam glorificar a Cristo. Eis o caminho. Tragam seus pães e peixes a ele, para que possa usá-los em sua partilha de alimento espiritual a todos, e aos olhos de todos ele será engrandecido.

Findado o banquete, *havia muita sobra para ser recolhida*. Esta é uma parte importante da história dos pães — eles não se haviam perdido; foram comidos; mas estavam lá. As pessoas foram alimentadas e ficaram satisfeitas, mas havia sobrado boa parte do que havia quando o banquete começara. Cada discípulo trouxe um cesto cheio para devolver aos pés de seu mestre. Dê-se a Cristo; quando tiver usado a si mesmo para a glória dele, você estará ainda capacitado a servi-lo, tanto quanto antes; vocês verão seus estoques crescerem à medida que os distribuírem. Lembrem-se da imagem que Bunyan descreve de um homem que tinha um rolo de tecido. Ele o desenrolou e cortou uma parte para os pobres; então, o desenrolou novamente e cortou mais um pedaço e novamente o doou; e quanto mais ele cortava e doava do tecido, maior o rolo ficava. Assim o descreve, resumidamente, Bunyan:

> Havia um homem, que louco parecia,
> que quanto mais doava, mais possuía.

Assim também acontece com o talento e a capacidade, tendo-se a graça no coração. Quanto mais você os usar, mais haverá. Também é assim com o ouro e a prata: o estoque do homem generoso sempre aumenta, enquanto o do avarento diminui. Temos um velho provérbio, tão verdadeiro quanto sugestivo: "O poço quanto mais explorado tem a água mais doce". Se você continuamente explorar sua mente para o bem, seus pensamentos irão ficar mais doces; se você continuamente explorar sua força em favor de Deus, mais forte ficará, por ação dele; quanto mais você fizer a serviço do Senhor, mais poderá fazer, pela graça do bendito eternamente!

Enfim, aconteceu de *esses cinco pães terem ganhado um notável registro*. Muitos e muitos pães já chegaram às mesas dos reis e poderosos e jamais foram sequer citados; mas os simples cinco pães e dois peixinhos daquele moço entraram honrosamente, para sempre, na Bíblia: você encontra os cinco pães de cevada e os dois peixes em Mateus, os encontrará em Marcos, em Lucas e, no caso do nosso texto, em João. Para ficar bem claro para todos que nunca devemos esquecer o que Deus pode fazer das pequenas coisas, essa história é contada quatro vezes, pelos quatro evangelistas, sendo *o único dos milagres de Cristo que tem tão amplo registro*.

Agora, como questão prática, vamos fazer um teste. Vocês, jovens, que acabam de tornar-se membros da igreja, não demorem a começar a fazer algo para Cristo. Vocês, por outro lado, que já vêm há longo tempo confiando em Cristo e ainda não começaram a trabalhar, animem-se a buscar e realizar algum serviço em nome de Cristo. Amigos idosos e amigos doentes também podem encontrar o que fazer. Talvez, no fim das contas, seja descoberto que as pessoas que acreditávamos ter mais desculpas por causa de doença, fraqueza ou pobreza, tenham sido as que mais realizaram. É a minha opinião. Penso que, quase sempre, quando há um trabalho benfeito, geralmente foi realizado por um inválido ou alguém que poderia muito bem ter pedido: "Eu lhes imploro, por favor, isentem-me dessa atividade". Por que, então, muitos cristãos capacitados e dotados parecem ser tão lentos no serviço do mestre? Se há um encontro político, algo a ver com os liberais ou os conservadores, quão velozmente acorrem a ele! Estarão todos lá, provavelmente, cada um de vocês, ligados à política, que na verdade não vale nem um mísero níquel por ano; mas, quando se trata de almas a serem salvas, muitos se tornam mudos como peixes. Passam um ano inteiro sem nem se importar com o bem-estar espiritual de uma criança! Um de nossos amigos deu uma boa resposta a um irmão que lhe disse: "Tenho sido membro de minha igreja por quarenta anos. Sou um pai em Israel". Ele lhe perguntou: "Quantos filhos você tem? Quantos você trouxe a Cristo?" "Bem", disse o homem, "não sei se já trouxe alguém a Cristo...". Ao que o nosso amigo respondeu: "Diz-se um pai em Israel, e não tem nenhum filho? Acho melhor esperar até que realmente mereça o título!" Eu concordo. Seria melhor que não tivéssemos crentes de tal tipo, mas que todos os nossos membros, mesmo que fossem menos em número, fossem homens e mulheres que constantemente colhessem frutos em Deus na conversão de outros. Deus nos designou para que trabalhássemos todos com esse objetivo!

Estou quase terminando; mas não posso deixar de lembrar àqueles que não estão em Cristo que, apesar de não pregar diretamente a eles, procurei, indiretamente, pregar a eles o tempo todo. Ou vocês são do Senhor, ou não são. Se forem servos de Cristo, peguem uma folha de papel e escrevam: "Senhor, trago meus pães e peixes a ti". Se não forem, confessem essa terrível verdade a si mesmos, e aguentem as consequências; gostaria, então, que fizessem um registro em preto e branco, com nome e data, declarando: *Não sou de Cristo*. Deem uma boa olhada nessa folha; tentem depreender o significado de deixarem de ir ao encontro daquele que os ama e espera salvá-los; e então se perguntem por que não são dele. Lembro-me de uma mulher, não faz muito tempo, que me disse que, em meio à sua labuta diária, lhe veio à mente o seguinte: "Não sou salva!" Ela varria a sala e, quando terminou, disse a si mesma: "Tenho de fazer o jantar, mas... mas não sou salva!" Foi para a cozinha, alimentou o fogo e preparou a comida; mas o tempo todo, enquanto colocava os alimentos na panela, dizia para si mesma, estupefata: "Não sou salva!" E assim foi, enquanto esteve ocupada, por toda a tarde. Quando o marido chegou em casa, ela não pôde evitar de dizer a ele: "Ó meu marido, eu não sou salva!" Mas ele era; então, ele a levou a Cristo: ajoelharam-se juntos e, oh, como ele orou por ela e com ela! Não se passaram muitos dias até que ela encontrasse a bênção que tanto procurava e pudesse declarar a ele: "Oh, estou salva!" Que seja esse o caso de cada um aqui! Que o Senhor abençoe cada um de vocês, onde quer que estejam! Todos nos encontraremos no dia do juízo; que nos encontremos sem temor, então, para cantarmos juntos a soberana graça de Deus, que nos salvou da ira vindoura e nos ajudou a trazer nossos poucos recursos e os colocarmos nas mãos de Cristo! O Senhor esteja com vocês. Amém.

107

O MILAGRE DOS PÃES

Pois não tinham compreendido o milagre dos pães [...] (Mc 6.52).

Examinemos o milagre dos pães com muita atenção, para não cairmos no mesmo erro que cometeram os discípulos, conforme narra a passagem que contém o texto bíblico em foco. Logo em seguida a esse notável milagre, os discípulos iriam ver Jesus, que havia ficado em terra para despedir a multidão e orar, vir para o barco de pesca deles simplesmente caminhando sobre o mar; e, como conta a passagem, *ficaram, no seu íntimo, grandemente pasmados; pois não haviam compreendido o milagre dos pães, antes o seu coração estava endurecido* (Mc 6.51,52). Coração endurecido e incredulidade dolorosa brotam nos locais ermos onde enterramos a misericórdia, esquecida. Os milagres de nosso Senhor Jesus Cristo deveriam ser sempre considerados por todos nós; não são nada insignificantes e não merecem de modo algum ser preteridos como se fossem meros fatos comuns, semelhantes aos noticiados em um jornal diário. Tudo o que tem que ver com o Filho de Deus é assunto bastante apropriado para estudos mais profundos, e todos os seus ditos e feitos deveriam ser constantemente buscados por aqueles que neles se comprazem. Nem terra nem céu, nem tempo nem eternidade rendem as mais seletas pedras preciosas do pensamento do que as conquistas do nosso Senhor. Uma vez que Jesus Cristo é o mesmo ontem, hoje e sempre, tudo o que ele fez outrora deve ser levado em conta, por ser indício daquilo que está pronto a realizar sempre que surja necessidade. Ele está perenemente, e cada vez mais, preparado para alimentar seu próprio rebanho mediante milagre e não permitir que tenha este de vir a passar por carências. Suas maravilhas consumadas jamais hão de exaurir seu poder; ele tem continuamenre renovado o orvalho da juventude sobre si. Deste modo, nossas tranças de Sansão não foram cortadas; nosso rei Salomão não perdeu sua sabedoria; nosso amado Emanuel ainda não deixou de ser o mesmo "Deus conosco" de sempre.

Tivessem os discípulos, portanto, considerado o milagre dos pães como seria de esperar, haveriam observado quanto Jesus Cristo é grandioso nas emergências. Ocorrera aquela tremenda situação de cinco mil pessoas precisarem ser imediatamente alimentadas em um lugar ermo, sem que provavelmente existisse nas cidades e vilas próximas o suficiente para supri-las de pão e não desmaiassem de fome pelo caminho antes de poderem alcançar os mercados. Mostrou-se Cristo, então, constantemente de mãos cheias em tempos de escassez, pronto a distribuir sua generosidade; capaz de atender tão perfeitamente à emergência que as pessoas devem até ter ficado muito gratas por ter surgido tal necessidade e, sem dúvida, muitas vezes, depois, almejado vir a se encontrar em semelhante dificuldade novamente, se pudessem ter o Senhor com elas para livrá-las. Tivessem os discípulos considerado devidamente o milagre dos pães, teriam captado ser o Senhor grandioso, também, não apenas nas emergências, mas mostrando seu poder de forma espontânea sempre que assim lhe aprouver, para o bem dos homens, sem necessidade de pressão ou sugestão alguma. Oberve-se, por sinal, que antes mesmo que qualquer outra pessoa se preocupasse com a necessidade de a multidão se alimentar, ele começara a perguntar sobre a situação das provisões com que se poderia saciar os famintos, a fim de conscientizar os discípulos da urgência de uma pronta e completa ação em tais circunstâncas. Foi ele, pois, quem primeiro pensou em uma maneira eficaz de alimentá-los; foi este um plano ideado e originado pelo próprio Cristo Senhor. Seus seguidores, ao constatar o pequeno suprimento de pão e peixe existente, deram logo a tarefa como perdida. Jesus, porém, inteiramente seguro e sem perplexidade alguma, já havia considerado como iria oferecer um banquete a todas aquelas pessoas e fazer os enfraquecidos até cantar de alegria.

O Senhor dos Exércitos não precisa de súplicas para se tornar o provedor de fileiras e fileiras de homens famintos. Se disso se lembrassem, os discípulos, em suas angústias mais recentes, teriam dito consigo mesmos: "Ele há de mostrar mais uma vez o seu poder. Nem há necessidade propriamente de suplicar, pois antes que o chamemos ele terá respondido, e enquanto a emergência ainda esteja começando a pressionar nossa mente ele já a terá ouvido". Esqueceram-se, no entanto, do que ele fizera naquela ocasião e por isso caíram na falta de confiança ante novas provações. Amados, não é essa justamente uma falha muito comum entre nós? Muitas vezes não nos esquecemos também do que o Senhor fez por nós no passado? Somos capazes de recitar versos como:

> Seu amor passado me proíbe duvidar
> que me deixará em problemas afundar;
> Cada doce Ebenézer que tenho recordado;
> confirma o seu prazer em me haver ajudado.

Mas, na verdade, nem sempre nos lembramos, como deveríamos, dessas situações de Ebenézer, permitindo, muitas vezes, que de nossa memória se apaguem seus benefícios. Não será isso abatimento de espírito ocasionado pelo fato de não considerarmos devidamente o milagre, como foi o dos pães, ou as suas consequências, em nossa história de vida? Quantas vezes busquei o Senhor na dificuldade mais grave e ele me guiou até o fim! Que fardos tenho levado a ele, os quais tenho visto desaparecer! Quais desejos ele não supriu? Que maravilhas não tem ele operado em meu favor? Certamente, se eu pensar no que ele tem feito por mim, não irei jamais, a menos que meu coração esteja endurecido, me permitir ter medo. Muitos de vocês não podem dizer a mesma coisa? Em sua peregrinação através do deserto desta vida, não existem oásis que, ao os rememorarem, estejam em sua lembrança agradecida muito verdes e cheios de luz, e nos quais o Senhor a vocês se revelou e agiu muito poderosamente em seu benefício? Considerem, então, os milagres, como foi o dos pães, na medida em que se têm realizado em sua própria história de vida, e, seja qual for a sua dificuldade atual, nada temam.

Agora, não abordarei o milagre dos pães sob a forma propriamente de sermão, mas, sim, gostaria que nosso discurso tomasse o jeito de conversa amigável.

I. Vamos pensar um pouco, em primeiro lugar, sobre aqueles CONVIDADOS DO BANQUETE reunidos em redor de nosso Senhor, quando do milagre dos pães.

Ficamos impressionados, naturalmente, com *seu grande número*. Jesus tinha seus dias de festividade, quando então como que recebia visitas e recepcionava convidados, em multidões nada comuns. Por duas vezes, em especial, manteve solenidades bem notáveis, distinguindo-se seus banquetes pelo número de participantes. Nesse caso da multiplicação dos pães, eram cinco mil homens, e em ocasião similar, posterior, cerca de quatro mil, sem contar mulheres e crianças, que penso tenham constituído, em ambas as oportunidades, um "excesso" bastante grande, pois podem ter ultrapassado em muito o número dos homens, como tantas vezes o fazem em nossas congregações atualmente. A ocasião do primeiro desses milagres representou verdadeiro festejo em escala real. Cinco mil homens, além de mulheres e crianças, estavam ali reunidos, e todos foram facilmente atendidos, como se houvesse apenas cinco pessoas. Não deveríamos considerar devidamente esse ponto, e crermos, com base nele, que o Senhor Jesus é inteiramente capaz de alimentar a nossa alma faminta se nos achegarmos a ele? Não deveríamos cada um de nós dizer então: "Sendo eu uma alma necessitada de seu amor e de sua misericórdia, ele, sem dúvida alguma, pode me abençoar"? Já não existem muitíssimos salvos? Não são também centenas, milhares, pressionando o Salvador por sua bênção, neste exato momento? Por que, então, deveria eu ser excluído? Aquele que pôde alimentar cinco mil, certamente poderá alimentar cinco mil e um. Um a mais ou a menos não faz diferença em banquete tão generoso como esse. Além disso, tenho certeza absoluta de que Jesus pode me alimentar quando considero que sobraram doze cestos, após haver ele suprido e satisfeito toda uma multidão.

O MILAGRE DOS PÃES

Ó minha alma, se você está faminta, em busca de Cristo, jamais se afaste dele como achando ser demais. Para ele, quanto mais, melhor. Quantos mais chegarem para o banquete evangelístico, mais satisfeito Jesus ficará. Alguns devotos ficam embevecidos com o texto que diz: [...] *estreita é a porta, e apertado o caminho que conduz à vida, e poucos são os que a encontram* (Mt 7.14), concentrando-se nas palavras "*poucos são os que a encontram* (Mt 7.14)" com entusiasmo e evidente autoapreciação, algo assim como o conservador que censurasse o negócio familiar e se gloriasse em seu estrito e próprio monopólio. Tais pensamentos não estão de acordo com a intenção de Cristo. Ele não disse: "Alimentarei somente cinco mil dessas pessoas, e as demais que morram de fome", mas, na poderosa generosidade de seu coração, a magnitude do número delas e sua tremenda necessidade o levaram a prover para todas elas. Fossem cinquenta e talvez pudessem ter sido deixados ir embora, como já ocorrera em outras assembleias, pois é provável que cinquenta pessoas conseguissem encontrar comida nas localidades próximas; mas a imensa necessidade ali representada por cinco mil requeria uma urgente e satisfatória provisão divina. A magnitude do número dos pecadores parece também tanto levar nosso Senhor a agir com misericórdia quanto a tornar divinamente adequado o modo pelo qual deve agir; pois é de seu pleno conhecimento que deve justificar *muitos*, e levar *muitos* filhos para a glória. Pecador algum jamais deverá se preocupar em ser demais no banquete da misericórdia nem ter receio de ser um intruso. A sala de banquetes de Cristo é um campo aberto, sem muros nem portas nem pessoas protegendo a entrada. Assim, irrestrita é sua festa de amor, neste exato momento. Qualquer um que desejar, que entre.

Constatamos, em seguida, *a estranha característica de seus convidados*. Não sabemos que tipo de pessoas eram, mas disso sabemos: que ele não isentou ninguém devido a qualquer especificidade de seu caráter. Era uma multidão indefinida. Pouca coisa boa poderia ser dita daquelas pessoas, exceto que tinham vindo para escutar a pregação de Jesus e estariam de fato contentes se o sermão viesse como primeiro prato e os pães e peixes depois. Eram pessoas carnais, nada havendo nelas que merecesse a especial consideração de nosso Senhor. Mas quem disse que Jesus Cristo espera que os homens mereçam alguma coisa para que os abençoe e salve? Alguns de nós, ao darmos esmola, achamos ser apropriado querer saber a respeito das características meritórias daqueles que a nós recorrem pedindo ajuda, supondo que devamos fazê-lo ou causaremos danos. Nosso Pai celestial, não; ele envia sua chuva tanto sobre o justo quanto sobre o injusto. De modo que nosso Senhor Jesus Cristo alimentou todas aquelas pessoas, embora muitas delas pudessem ser simplesmente indivíduos desocupados ou aproveitadores. Bem ou mal, o Salvador generosamente as alimentou. Não poderia prejudicá-las o fato de terem um pouco de pão e peixe para comer — uma doação de alimento a pessoas que irão comer diante dos nossos olhos é geralmente uma caridade prudente —, e assim fez o mestre. Deixem-me dizer de mim mesmo, então, que posso ser muito indigno, e o sou, e que o meu caráter pode não ter nada que o recomende ao Senhor Jesus Cristo; mas, por isso, ele não me alimentaria com o sustento necessário à minha alma? Não veio ele ao mundo para salvar os pecadores? Não visitou a terra como o médico que vem curar os doentes? Que meu demérito não me faça manter atrás. A falta de mérito não excluiu pessoa alguma do milagre dos pães e não me haverá de excluir; pois ele mesmo, o Senhor, me convida a vir; tão indigno assim como sou, ele me convida, voluntariamente, repetidamente, sinceramente, sim, ele me manda vir. Por que, então, deveria eu hesitar? Se há muitos, serei mais um dentre eles; e se forem de todos os tipos, que eu possa me sentir o mais à vontade em me juntar a eles.

Esses convidados tinham uma coisa em comum, que, não tenho dúvida, é encontrada também entre nós — *todos eles estavam famintos e eram todos pobres*. Nenhum deles, praticamente, poderia dar um só pão ou um só peixe que fosse para a refeição em comum. Ninguém tinha com o que contribuir para o mestre da festa. Estava todo mundo faminto, mas, com raras exceções, como a do rapaz dos cinco pães e dois peixinhos, ninguém estava em condições de fornecer uma crosta de pão sequer. O Senhor, todavia, não lhes pediu para contribuir; mas, também, de modo nenhum os repeliu por causa de sua pobreza. Sou, então, esta noite, um pecador vazio, que nada tenho de bom em mim mesmo para oferecer? Pelo que sinto, não poderia contribuir nem mesmo com um pensamento, muito menos com uma ação solidária para as provisões do mérito do redentor. Não obstante, ele me chama e convida a vir, e eu anseio em vir. É ele o grande doador, e eu posso, tão somente, ser um receptor. Minha falta total de qualidades, no entanto, me qualifica para receber tudo dele, pois o recipiente quanto mais vazio mais pode receber. Se eu pudesse ajudá-lo, não haveria necessidade de ele operar um milagre em mim e para mim; uma vez, porém, que muito pouco ou nada consigo oferecer, necessito urgentemente do seu milagroso poder. Ao vê-lo alimentando tantas almas famintas, quero me reunir aos demais e participar do fruto de sua compaixão. Aquelas eram pessoas sem dinheiro, sem pão, que não tinham nem como ajudar a si mesmas; mas havia ali alguém que podia e pôde ajudar todos e colocar essa ajuda à sua disposição com facilidade. Assim também, esta noite, qualquer que seja a necessidade de nosso coração, Jesus está aqui para nos satisfazer, e de uma maneira que irá manifestar a natureza ilimitada de seu amor e sua graça.

Lemos que na multidão *havia mulheres e crianças entre eles*. Devo confessar que não sou propriamente partidário de que crianças muito pequenas sejam trazidas à congregação; mas claro que fico feliz em ver suas mães aqui e, se não podem vir sem trazer seus bebês, fico feliz também por os haverem trazido; embora as crianças pequenas representem para a congregação não um acréscimo de pessoas convertidas ou a se converter, mas, em contrapartida, um aumento em nossas responsabilidades. Mas aqui estão mulheres e crianças, e algumas das crianças ainda tão intimamente ligadas às mães, transportadas em seus braços, que são, por isso mesmo, geralmente chamadas assim, unitariamente, de *mulheres e crianças*. Todas as crianças, naturalmente, já alimentadas, o que sempre as faz parar de chorar; todas supridas, por mais necessitadas que tenham estado. Para nós também, que buscamos Cristo, não deve ser muito confortável que tenhamos de nos sentir como crianças pequenas chorando, ou parecendo um estorvo na família de Deus; ou, digamos, semelhantes a pessoas tão maltrapilhas que pudéssemos nos mostrar inadequados na congregação. No entanto, as bênçãos e generosidades da divina graça são tão derramadas sobre nós quanto sobre todos os outros. Jesus não diria jamais que não tinha comida suficiente *para as crianças*. Nunca iria mandar as mães para casa, dizendo: "Olha, os adultos todos já fizeram sua refeição, e só restaram apenas algumas poucas sobras, de maneira que as nossas pobres crianças queridas não vão ter nada para comer". Nos banquetes de Cristo, não subsistem as queixas das viúvas, como até ocorreram nos dias apostólicos. Ninguém é abandonado na ministração geral quando Jesus a preside; todo aquele que desejar pode participar perfeitamente da generosidade que o rei celestial preparou para todas as almas famintas e sedentas.

Eis o que desejávamos destacar em relação aos convidados. Que esses comentários possam ser abençoados pelo Espírito Santo, para induzir algum pecador faminto a se unir ao restante do grupo e vir a se banquetear na graça imensa e irrestrita de Deus.

II. O próximo tópico a considerarmos quanto ao milagre dos pães é A ORGANIZAÇÃO DOS CONVIDADOS. Havia cinco mil pessoas, mas elas se reclinaram na relva, para comer, em grupos de cem e cinquenta. Como puderam ser tão bem organizados? Ah, sim, o Senhor dos Exércitos estava ali — e ele sabe como organizar batalhões. Mas como elas aceitaram e se dispuseram a sentar-se em grupos de cem e cinquenta? Convenhamos que as pessoas nem sempre estão muito dispostas a se organizar; além disso, estando famintas, como estavam, muitas vezes tornam-se bastante rebeldes e desobedientes; mas elas se reuniram em grupos exatamente como foram determinadas a fazer, formando pequenos corredores de passagem entre elas. A palavra grega original utilizada por Marcos as apresenta repartidas como que em canteiros de flores, com caminhos entre si, de tal forma que jardineiros pudessem ir passando e regando devidamente todas as plantas em todos os canteiros; e, assim, os discípulos, "garçons" da festa, puderam comodamente dar a cada pessoa seu bocado de pão e peixe, sem confusão alguma.

As coisas não parecem tão ordenadas atualmente quando vemos Cristo, por meio de sua igreja, alimentando as multidões. Não é mesmo? Há um bom trabalho em curso no norte da Inglaterra, um reavivamento na Escócia, um despertamento na Irlanda, um movimento de evangelização nas regiões centrais do país. Tudo isso, porém, não parece um trabalho difícil? Não parece que estamos tropeçando uns sobre os outros, em vez de realizarmos nosso trabalho com disciplina militar? Um bom trabalho surge em um lugar de repente, enquanto a fé se extingue em outras regiões; as pessoas são saciadas aqui e ali, e mais adiante

O MILAGRE DOS PÃES | 1011

apenas um pouco estão morrendo de fome. Não alcançamos as massas como um todo, nem vemos a igreja progredir em todos os lugares. Não vamos julgar, no entanto, com tanta pressa, pois Jesus estabelece a *sua* ordem a partir da *nossa* desordem. Vemos somente uma ou duas peças do quebra-cabeça, mas quando as peças forem colocadas juntas, e virmos tudo, desde o início até o fim, lhes garanto que vislumbraremos a grande festa da misericórdia de Cristo, com sua miríade de convidados, conduzida em um ordenamento tão matematicamente acurado quanto dos planetas em suas trajetórias.

Deus tem registrado no livro de seus propósitos eternos, escrito por ele desde sempre, tudo a ocorrer na grande economia de sua graça e da qual nunca se desvia. Seus propósitos amadurecem no tempo certo, e seus planos são executados de acordo com o método mais sábio. A providência, que com tanta frequência parece devastadora e tempestuosa, não é assim de modo algum: trabalha em harmonia com a graça pela salvação de tantos quantos Cristo resgatou com seu sangue mais precioso e a realização das grandes intenções de seu amor. A abrangência desse e daquele ministério, a construção dessa e daquela casa de oração, até mesmo o comparecimento de certo número de pessoas em determinado local de pregação, e de tais e tais pessoas e não de outras, o mover do coração do pregador para falar desse modo, e não de outro, de concentrar-se nesse exato ponto do assunto, e não em outro — tudo isso está assim de tal maneira ordenado que, quando é relatada a história do grande banquete da graça do Senhor, dizemos a nós mesmos: "Não podia ter sido melhor. Tudo ele faz e tem feito sempre esplendidamente bem". Apesar de admirarmos a grandeza das obras da graça sob o ponto de vista do número de salvos, temos, sem dúvida, de admirar também sua organização, pelo modo com que esses salvos são separados para Jesus por meios certos, no momento certo, no lugar certo, para darmos glória a Deus da melhor forma possível. Gosto de pensar, algumas vezes, sobre isso; não que possamos nos silenciar se não descortinamos o número de salvos, nem possamos crescer sempre indiferentes às grandes multidões que permanecem não convertidas; mas, sim, que possamos ter a certeza de que o nosso Deus não está decepcionado, que seus planos não estão sendo frustrados, e que, afinal, o evangelho não vem sendo pregado em vão.

Não pense, caro irmão, que por haver pregado o evangelho por determinado espaço de tempo aparentemente sem sucesso, haverá, no fim das contas, um déficit em algum lugar nos cálculos de Deus. Não comece a imaginar que, pelo fato de a luz do evangelho se acender ainda muito fracamente em alguns países, Deus está derrotado. Quando o livro dos propósitos de Deus for todo aberto no capítulo da história atual, não haverá, ali, borrões, nem enganos, nem erros. Ele conhece o fim desde o começo, e seus propósitos haverão de ser realizados em cada ponto e em cada traço, e a glória de Deus em nada será frustrada. Ainda que Satanás possa até estar rindo agora, e de quando em quando o mundo possa pensar em se vangloriar contra Deus e seu povo, não será assim no encerramento da questão, sabemos disso; mas será dito do assunto todo, isso, sim, que foi um grande banquete da misericórdia, que foi muito bem e perfeitamente organizado e que Cristo, o grande chefe da casa, deu uma mostra divina de sua munificente misericórdia ao motivar a multidão a provar de sua graça.

Nosso dever, creio eu, é exortar o povo a receber a Palavra; e o dever do pecador, quando vem ouvir o evangelho sendo pregado, é ouvi-lo atentamente, em atitude de expectativa, desejando obter a bênção. Agrada-me imaginar aquelas pessoas da multidão, todas reclinadas na relva, mesmo considerando que algumas delas dissessem: "Não me sentarei. Que bobagem! Vão alimentar todos nós com cinco pães e dois peixinhos? Só eu conseguiria comer tudo isso! Alimentar essa multidão? Ridículo! É um absurdo! Não me sentarei!" É estranho, de fato, que uma ou outra pessoa não se tivesse levantado e dito: "Não, não, não! Não seremos enganados dessa forma. Mostrem-nos os pães, os cestos, as provisões, mostrem-nos algo para que tenhamos de nos sentar, e então nos sentaremos". Estejamos sempre confiantes de que quando Deus inclina o coração das pessoas a esperar por uma bênção, a esperar nele por ela, é porque então a bênção está vindo. Eu não conseguiria imaginar as cinco mil pessoas reclinadas ali, à espera de serem alimentadas, e Cristo não as alimentando. Vocês conseguiriam conceber tal ideia? Reclinadas, levadas por uma sagrada compulsão, na expectativa da compaixão divina, graciosamente concedida. Ó alma, se você se colocar faminta diante de Cristo e disser: "Senhor, sei que me podes alimentar, espero que me alimentes;

pela fé, abro minha boca para que me possas alimentar espiritualmente da tua santa carne e do teu precioso sangue" —, você terá, sem dúvida, a sua fome saciada. Alma alguma jamais foi por ele despedida vazia. Se você crê nele para aceitá-lo, você o terá; regozije-se nele!

Eis tudo o que queríamos dizer sobre a organização da festa.

III. Agora, falemos um pouco sobre o ALIMENTO DA MULTIDÃO. Tinham ali pão e peixe. Aliás, Jesus parece ter feito seu cardápio ser constante ao oferecer um banquete — pão e peixe. Uma vez chegaram a lhe apresentar um pedaço de favo de mel; mas a todos parece ter dado, sempre, pão e peixe. Foi pão suficiente, não foi? Sim e não; não o suficiente para *ele*, que ama sempre suprir um pouco mais que o suficiente. Ele ofereceu um sabor a mais, além da suficiência: havia pão *e peixe*. Ao preparar também seu banquete para as almas, Cristo dá a suficiência — pão, mais que suficiente que possam necessitar e desejar, tudo o que seja indispensável à vida dessas almas; e oferece também excelência: peixe, pois deve haver sabor e deleite e paz com Deus. Que ninguém murmure: "Ele tem me dado uma refeição relativamente boa: coloca em justa porção exatamente aquilo que quero; mas não me ajuda nem com um bocadinho a mais ou algo mais 'substancial'". Não; você não deve buscar ter mais do que aquilo que ele sabe que você realmente precisa; você deve é procurar encontrar em seu prato algo que não vê, algo que parece estar oculto e que irá tornar tudo muito mais valioso, além de outras coisas preciosas, pelas quais você poderá louvar, dizendo: "Com coisas boas ele satisfaz a minha boca".

Jesus poderia ter chamado algumas pessoas para perto de si e ter-lhes dado pão e peixe, alimentando então outro grupo próximo apenas com pão; não foi o que ele fez. Deu pão e peixe a todos. É maravilhoso pensar que todas as almas que se achegam a Cristo recebem o mesmo alimento espiritual; e se não comem na mesma medida é por culpa não dele, mas delas. Todas as promessas que estão na palavra de Deus são para toda alma que nele crê; exceto tão somente algumas promessas reservadas para conquistas espirituais, conquistas essas que devem ser procuradas e podem ser alcançadas por toda a família de Deus. Ó maior dos pecadores, se você se achegar a Jesus, saiba que há no coração dele o mesmo amor para você tanto quanto para o maior dos santos. Ó você, que se acha o menor, o mais fraco, o mais insignificante de todos os que creem em Jesus, há para você o mesmo pacto de misericórdia e bênção que existe para Paulo ou Pedro. Pão e peixe ele oferece a todos em sua mesa; há, do mesmo modo, uma uniformidade de alimento espiritual para todos. Jesus é o mesmo Cristo precioso para toda a sua gente.

Por outro lado, que comida adequada era aquela! Outros tipos de comida poderiam ter sido desagradáveis ou indigestos para um número tão considerável de pessoas, mas pão e peixe certamente satisfariam inteiramente todos os paladares e carências nutritivas ali. Todos poderiam ser melhor satisfeitos com tal alimento, leve, mas substancial, e provavelmente todos o foram. E aqui está a maravilha disso: todos comeram, *e foram saciados*. Era o cardápio certo, um cardápio bastante aprazível; e, mesmo que comessem muito, como não tenho dúvida de que o fizeram, pois estavam muito famintos, tendo estado o dia todo ouvindo sermões — o que dá muita fome —, mesmo assim, havia tanta comida que era mais que suficiente para eles. As provisões do evangelho se adaptam a todas as necessidades. As provisões do evangelho são abundantes e generosamente distribuídas por todos os que a ele se achegam. As provisões do evangelho são agradáveis e gratificantes para todos aqueles que delas participam. As provisões do evangelho podem perfeitamente satisfazer os apetites mais ávidos.

Chegue mais perto, ó alma faminta, você que tem ido a Moisés e dele nada obtido senão a lei pétrea; venha e coma o verdadeiro pão celestial. Venha, pobre pecador, você que tem ido aos prazeres do pecado e nada tem encontrado para se nutrir senão, como o filho pródigo da parábola, as alfarrobas que os porcos comem; venha para Jesus, e ele o saciará plenamente com o mais divino alimento.

Tendo, assim, estudado os convidados do banquete, sua organização e seu cardápio, vamos prosseguir estudando os que o serviram, seus "garçons".

IV. Foram os discípulos de Jesus, como sabemos, os "GARÇONS" desse banquete, aqueles que serviram à multidão. Não somente os apóstolos, creio, mas também outros discípulos, ou seguidores — provavelmente, até todos eles. Cada um recebeu certa porção e a entregou às pessoas nos grupos de cem ou

O MILAGRE DOS PÃES | 1013

cinquenta. Que coisa abençoada Cristo não ter achado por bem chamar todo o seu povo por sua graça sem levar em conta a instrumentalidade em potencial deste. Ele poderia tê-lo feito, se assim achasse melhor. Na verdade, o bendito Espírito de Deus não se detém ante qualquer necessidade nossa, e é tão somente sua condescendência que o leva a nos usar. Ele poderia, se quisesse, ter difundido a Bíblia pelo mundo todo, e a única parte que poderíamos ter sido autorizados a cumprir seria sua impressão, ou sua distribuição, ou sua vendagem, e pararia por aí. Em vez disso, ele utiliza a viva voz, o exemplo vivo e a persuasão piedosa de seus ágeis discípulos. Que grande honra, essa, que privilégio para nós! Estou certo de que eu ficaria eufórico se naquele dia tivesse de ajudar a distribuir o pão e o peixe. Vocês não estariam? Uma das maiores satisfações que se pode ter na vida é alimentar uma pessoa faminta. Se vocês já o fizeram, sabem que há uma expressão em seus olhos e uma alegria na maneira com que come, que faz você até contar depois para alguém: "Queria que você o visse comer". Dá realmente prazer ver seu prazer. Se estiver muito faminto, cada bocado lhe será encantador, e ele lhe passará uma empatia com o seu contentamento enquanto sua fome é suprida. Que trabalho prazeroso, portanto, deve ter sido aquele de servir o pão e o peixe. Mas... oh, pregar o evangelho! Pregar o evangelho, enquanto Deus o abençoa, para os pecadores! Acabo de completar 21 anos pregando para esta congregação, e têm sido 21 anos de trabalho árduo, sobretudo à medida que os sermões são impressos toda semana — mas eu não trocaria esse trabalho por nenhuma outra ocupação imaginável, não trocaria a felicidade de pregar o evangelho por nenhuma outra felicidade, exceto a de ver Jesus face a face, e realmente não sei o que gostaria de fazer, a não ser pregar o evangelho. As almas devem de fato ser salvas, e eu gostaria de permanecer muito tempo ainda aqui para ajudá-las a ir para o céu. Oh, que alegria é vermos homens salvos! Eu os vejo de vez em quando em meu gabinete, quando converso e oro com eles, e eles têm se erguido de seus joelhos dobrados, dizendo: "Agora vejo, pregador, agora compreendo; nunca havia visto assim antes; sou realmente um homem salvo; creio em Jesus; sei que ele é meu Salvador". Se um homem encontra alegria em ganhar dez mil libras nos negócios, por mim ele pode ficar com sua alegria; prefiro desejar a felicidade de conquistar uma alma para Cristo. Existe uma satisfação imensa em conquistar uma alma.

Essas são as coisas das quais diria George Herbert que produzem música em nosso íntimo quando nos deitamos à noite. São coisas que tornam a vida encantadora, e encantadora até a morte, como a de podermos alimentar pobres almas famintas com o pão celestial. Gostaria que todos vocês que amam o Senhor e têm saboreado daquilo que ele provê se ocupem, então, em prover os demais. Desejo que tenhamos mais jovens se apresentando para se dedicar ao ministério cristão, que mais pessoas queiram devotar sua força e seu talento à pregação do evangelho; ao mesmo tempo, mais pessoas se ocupando disso nas escolas, mais falando de Jesus Cristo para as famílias, mais amigos que desejassem abrir suas salas para reuniões de oração, mais irmãos que desejassem, de uma forma ou de outra, buscar alcançar o mundo faminto com o evangelho do Senhor. "Bem", refuta alguém, "mas não devemos pressionar demais nem nos tornarmos importunos". Não sabemos de qualquer dos discípulos de Jesus que agisse sob tal receio. Ninguém é intruso demais para um faminto se lhe trouxer pão para comer; e, se um faminto fosse acaso tão indelicado a ponto de chamar isso de intrometimento, não há dúvida de que depois de ter sido alimentado ficaria muito triste consigo mesmo por ter afirmado o que disse, e aquele a quem censurou aceitaria prontamente seu pedido de desculpas. Vão, meus irmãos, e se interponham entre os famintos com o pão celestial; interponham-se entre os vivos e os mortos, como fez Arão com seu incensório; interponham-se no vale dos ossos secos e clamem em alta voz para eles: "Assim diz o Senhor: vocês, ossos secos, vivam"; interponham-se como Cristo se interpôs em um mundo que o desprezou e rejeitou e para quem, afinal, ele é o único Salvador.

V. Continuemos com a nossa reflexão sobre o milagre. Já que vimos a respeito do cardápio e dos "garçons", vamos agora mais além, ou seja, à BÊNÇÃO. Ali estão eles, da multidão, todos reclinados em grupos, todos famintos, e os "garçons" todos prontos; mas nosso Senhor não irá prosseguir até haver orado e dado graças. Há algo especial em seu olhar e em seu gesto — ele ergue os olhos para o céu. O que isso significa? "Ó Pai, estes pães e peixes são teus. Tu nos deste. Damos-te graças por eles. E agora, ó Pai, teu é todo o poder de fazê-los suficientes para esta emergência; concedei-o a nós, te suplicamos." Irmãos, dirijam sempre esse olhar e a sua súplica para o alto, para Deus, antes de começarem seu trabalho ministerial. Digam: "Senhor, aqui estou, pobre ninguém, buscando ensinar os outros e trazer almas para Cristo. Dou-te graças por eu ser assim, pois o sou por tua graça; se posso ser útil, então, me ajuda, Senhor. Ergo a ti meus olhos na esperança de que abaixes os teus, benignamente, para mim".

Depois de ter erguido os olhos para o céu e orado, nosso Senhor abençoou e então passou a repartir os pães e peixes, multiplicados. Ele deve também abençoar nosso trabalho para que não seja infrutífero. *Ele* pôde abençoar o pão por si mesmo, mas *nós* devemos buscar a bênção nele, e não em nós mesmos. Jesus há de abençoar todos vocês, e o fará se olharmos para o alto pedindo: "Senhor, abençoa-nos". Sempre o façam, de preferência nos sábados e domingos, pois são os dias consagrados ao banquete do Senhor. Se pedirem ao Senhor para abençoar o que o pregador irá dizer, a pregação será mais proveitosa para vocês. Somente após a bênção vem a partilha, não antes. Oh, ergamos mais nossos olhos a Deus, porque nele está a nossa força. Oremos mais, pois nunca haverá oração em demasia. Se pudermos parar o serviço evangelístico por determinado tempo, interrompendo nosso ensino e pregação, a fim de passarmos um período somente clamando poderosamente ao Senhor, seria a forma mais correta de realizarmos a obra do Senhor. Pausas para oração não são atrasos. A falta de oração torna a pressa ruim.

VI. Agora, o trabalho em si: A REFEIÇÃO. Os discípulos distribuíram o pão e o peixe da forma mais rápida e eficiente que puderam, e as pessoas começaram a comer. Todas comeram da provisão e foram todas saciadas. O que deveria concluir cada alma aqui presente senão o seguinte: que, ao prover Jesus o alimento espiritual, ele não o faz para que o alimento seja simplesmente objeto de estudo ou exame. Ele não o coloca diante de nós para que apenas possamos ouvir e refletir a respeito; mas o coloca para que todo o alimento possa ser absorvido, ingerido, utilizado, por nós. O que há aí para mim, Senhor? Estou faminto. Dá-me, por favor, de comer. Ó almas, se vocês ouvissem mais o sermão com a intenção de saber o que há nele para *vocês*, para saber como podem se alimentar dele, que trabalho abençoado para vocês seria o de pregar! Todavia, tomamos o pão celestial e passamos a falar a vocês sobre a sua excelência e a respeito de sua doçura e os persuadimos a provar e ver como é bom; e, então, temos a infelicidade de ver vocês virarem as costas tanto para o pão quanto para o grande Senhor da festa que o deu, e vocês seguem seu caminho como se não se importassem nem com o pão, nem com o Senhor, nem com a sua generosidade.

Os discípulos, ainda bem, não tiveram de encarar essa tristeza para sua desolação. Ninguém da multidão recusou a oferta do Senhor. O milagre dos pães e peixes teria sido um pobre e insignificante ato se as pessoas não tivessem comido do alimento tão maravilhosamente assim fornecido. O quê? Jesus Cristo é um Salvador, e nenhum pecador foi por ele salvo? Cristo é um médico, e nenhum doente foi por ele curado? Seria uma coisa triste. Precisamos ter pecadores salvos e doentes curados, ou Jesus não será por nós honrado. Isso não deveria incentivar todos vocês a se apoiarem em Cristo, já que firme é o propósito dele, no qual nos devemos apoiar? Não deveria estimulá-los a nele se banquetear, porque sua intenção é justamente a de alimentá-los? Se você colocar um pássaro em uma gaiola à noite, e, pela manhã, ao acordar, ele vir uma quantidade de sementes no comedouro, o que o pássaro fará? Irá se perguntar o que as sementes estão fazendo ali? Não, é claro; mas pensará mais ou menos assim: "Aqui estou eu, um passarinho com fome, e aqui estão essas sementes: essas duas coisas combinam muito bem". Ato contínuo, irá comer as sementes. Dessa forma, se você estiver em seu juízo perfeito, não pervertido pelo pecado, dirá a si mesmo: "Eis um Salvador, e aqui está um pecador: essas duas coisas combinam muito bem. Ó amado Salvador, salva-me, a mim, que sou um pecador. Eis um banquete de misericórdia, e aqui está um pecador faminto; para quem pode ser esse banquete, senão para um faminto, e este sou eu. Ó Senhor, desejo participar desse seu bendito festival; e, a menos que me digas para ir embora, desejo me banquetear e festejar até estar satisfeito".

Nunca se soube que Jesus tenha dito a um pecador: "Você não tem direito algum aqui". Muito pelo contrário, está escrito: "O que vem a mim de maneira nenhuma o lançarei fora". Ninguém foi repreendido naquele dia por comer, ou por comer demais, assim como nunca nenhum pecador será recriminado por ter se apegado a Cristo, ou ter se apegado a ele de modo demasiadamente entusiasmado. Venha,

O MILAGRE DOS PÃES

|1015

ó ansioso, e tome posse dele para você; e, quanto mais plenamente puder fazê-lo, mais Jesus ficará satisfeito. Por que corre o rio, senão para alegrar os campos? Por que borbulha a fonte, senão para aplacar sua sede? Por que brilha o sol, senão para seus olhos serem abençoados com a luz? Assim como você respira o ar em redor na certeza de que o ar deve ter sido feito para você respirá-lo, receba a salvação total e gratuita de Jesus Cristo simplesmente porque foi criada para ser assim concedida, e você precisa dela. Não existe mandato divino para excluir você, mas, pelo contrário, toda doutrina sagrada é uma razão para que deva vir, ser muito bem-vindo e receber Jesus livremente. Na multidão, todo aquele povo comeu; ninguém foi tão obstinado a ponto de abrir mão da provisão gratuita. Eles receberam o pão para perecer? Não. Então, eu os exorto a aceitar com prazer o Pão da Vida, que os preservará para a vida eterna.

VII. Quando todos haviam comido, veio a HORA DA LIMPEZA. Depois de todo banquete, deve haver uma limpeza. Os discípulos andaram ao redor e recolheram as sobras que ficaram, resultando em doze cestos cheios. Isso, como tantas vezes já foi observado, nos ensina a economizar em tudo que fazemos por Deus; não a economizar nas ofertas que fazemos a ele, mas no uso do dinheiro do Senhor. Quebremos nosso vaso de alabastro e derramemos o bálsamo sagrado com prodigalidade abençoada, pois a simples prodigalidade é em si a graça da oferta; mas, se Deus nos encarrega de utilizarmos quaisquer meios a seu serviço, usemos desses meios com discernimento e prudência. Com o dinheiro que é dado para uso na causa de Deus, devemos ser ainda mais cuidadosos do que se fosse com o nosso próprio. Esta mesma regra se aplica a outras questões. Se Deus dá ao ministro uma vida propícia aos seus estudos, e este lê constantemente a Palavra, deve anotar e guardar tudo aquilo que possa achar ser necessário vir a pesquisar ou consultar um dia. O vento nem sempre sopra da mesma forma, e é bom triturar seu trigo enquanto o moinho pode trabalhar. Deve-se içar as velas e deixar o barco navegar enquanto corre uma brisa boa e favorável, pois isso poderá compensar os períodos de calmaria. Guarde o ministro parcimoniosamente as sobras que restarem após ter sido alimentada a congregação no domingo, pois algo de útil poderá haver ali para eventuais tempos difíceis, quando estiver cansado ou abatido demais para os preparativos que requer o púlpito.

Penso que a beleza nisso foi que, depois que todos haviam sido alimentados, *muito ainda sobrou*. Escutei uma vez um coração magoado reclamar: "Ouvi falar sobre um grande reavivamento e uma grande bênção, mas infelizmente não pude comparecer; estava saindo da cidade quando essa bênção aconteceu. Ai de mim, era tarde demais quando soube!" Oh, mas sobrou ainda muita coisa! Para um pecador realmente arrependido nunca é tarde demais. Quantas vezes nossos amigos chegam ao fim de uma lauta refeição e nada restou além de uns parcos ossos; aqui, porém, há o suficiente para você. Aqui estão doze cestos cheios até a borda. Você não chegou tarde. Venha e seja bem-vindo. Pedro, traga um pouco desse pão e desse peixe. Você tem todo um cesto cheio; distribua-o. Permita que esse pobre recém-chegado receba sua porção. E se você participou do reavivamento, mas ele não alcançou você, ou se o sermão do fim de semana não abençoou você, embora tenha abençoado tantos, mesmo assim, venha. Venha, pois algo sempre sobra para você.

Observe-se, também, que *muito ainda sobrou para os que serviram*. Além de todos os cinco mil, que comeram, havia ainda os doze apóstolos, que administraram a distribuição, e cada um deles recolheu um cesto cheio de sobras. Era bem mais do que tinham quando começaram, quando nada tinham. Cada um deles tinha agora um cesto cheio de sobras. Muitas vezes, aos que servem os irmãos no banquete do evangelho parece não terem recebido para si mesmos tanto quanto os irmãos receberam. Algumas vezes, me comparo a um açougueiro vendendo carne: uma pessoa chega ao açougue e leva embora um bom peso de bife, enquanto outro leva um pedaço inteiro para assar; e, assim, vou distribuindo a carne do evangelho, enquanto eu mesmo fico muito faminto, e nada parece restar para mim senão apenas o cutelo e o cepo. Não é assim que acontece de vez em quando com professores da escola dominical em suas classes? Não é o que sentem alguns pregadores de rua? Parecemos triturar o trigo com os pés, mas ficamos tão famintos quanto bois amordaçados. Não deve ser sempre assim, no entanto. Alimentemos as pessoas e, depois, sentemo-nos à mesa da refeição. Veremos que um grande cesto cheio de pães e peixes ainda resta para nós, no final. Lembro-me de uma boa história de um dos nossos jovens irmãos universitários. Ele pregava num domingo à tarde o que ele próprio julgava ser um sermão fraco e enfadonho. Já havia terminado e estava indo embora muito desanimado, quando um velho ministro lhe disse: "Meu caro irmão, existem dois sinais que Deus pode lhe dar quanto ao seu chamado, e eles são como os que foram dados a Gideão: pode fazer o pelo de lã ficar molhado enquanto toda a terra ao redor fica seca; ou pode inverter o sinal, fazendo toda a terra ficar molhada enquanto o pelo de lã fica seco. Que sinal você gostaria de ter?" "Oh, senhor", disse o jovem, "entendi o que está querendo me dizer. De fato, se eu puder ao menos esperar que todas as pessoas que me ouviram esta tarde fiquem molhadas, eu não me importo de ficar seco". Podemos optar, meus irmãos, por ficarmos como a lã seca, desde que todos os nossos ouvintes sejam molhados pelo orvalho que cai do céu. Eu desejo que o sinal venha da melhor forma possível, seja como lã molhada ou como terra molhada, pois, se é o Senhor que o concede, é sempre, sem dúvida, um grande favor. Tal foi a dádiva divina naquela ocasião. Ele deu alimento para cinco mil, mas também doze cestos cheios para aqueles que os serviram, para que ninguém fosse embora descontente ou mais tarde viesse a murmurar: "Não havia nada para mim"; para que nenhum dos que serviram sentisse falta de sua parte.

Agora, irmãos, vocês conseguem crer que, se cinquenta mil homens tivessem chegado em grupo naquele lugar, naquele momento — se cada folha de grama daquela montanha tivesse de repente se transformado num homem, e se dentre as plantas, os espinheiros, os arbustos e as pedras uma grande multidão, tal qual aquela que deverá se reunir no dia do juízo, tivesse se levantado de repente, e se todos os homens tivessem chegado e se sentado em volta do Salvador, com fome, ele teria multiplicado os pães e os peixes imediatamente e dado a seus discípulos para os distribuir, até que cada pessoa tivesse sido saciada? Pois eu estou certo de que, se toda a cidade de Londres inteira viesse a Jesus, encontraria o suficiente nele e com ele. Se todos os meus conterrâneos, se toda a raça humana que habita a face da terra, se agrupassem ao redor do Salvador, não haveria perigo de exaurir-se o seu poder de salvar. Não devemos, pois, hesitar nem mesmo um momento sequer, mas mantermo-nos de pé e pregar o evangelho a toda criatura, empregando, no poder do Espírito Santo, o mesmo clamor: "Quem crer e for batizado será salvo".

Venha, então, pecador cansado e faminto; você nada mais precisa fazer do que simplesmente receber Cristo. Você não precisa assar o pão, nem grelhar o peixe. O pão e o peixe já estão prontos, abençoados e entregues. Abra a sua boca e aprecie o alimento. Fé para receber o que Cristo provê é tudo o que é preciso. O Senhor o concede. Receba a salvação gratuitamente. Gratuitamente Jesus a dá a você. Receba-a, e Deus o abençoará. Se você nunca teve Cristo antes e quer recebê-lo esta noite, terá um futuro tão feliz quanto o que lemos na Bíblia, quando "começaram a regozijar-se". Venha, está tudo preparado. Não recue. Deus os abençoe, em nome de Cristo. Amém.

108

CERTOS CÁLCULOS CURIOSOS
SOBRE PÃES E PEIXES

Quando parti os cinco pães para os cinco mil, quantos cestos cheios de pedaços levantastes? Responderam-lhe: Doze. E quando parti os sete para os quatro mil, quantas alcofas cheias de pedaços levantastes? Responderam-lhe: Sete. E ele lhes disse: Não entendeis ainda? (Mc 8.19-21).

Os discípulos se encontravam no barco e haviam se esquecido de levar pão com eles. Às vezes, a memória dos bons homens os trai. Por essa razão, estavam amuados; supunham, assim, que Jesus também estivesse e houvesse elaborado sua fala para lhes dar uma reprimenda indireta por esse fato, ao mencionar "o fermento dos fariseus". Quão pouco compreendiam os pensamentos do Senhor, apesar de estarem há tanto tempo com ele! Os pensamentos de Jesus, naquela hora, não estavam voltados à preocupação de necessidade de pão, nem para si mesmo, tampouco para eles. Sua mente, aliás, mantinha-se quase sempre perfeitamente tranquila em relação às coisas seculares; mesmo em relação a assuntos espirituais raramente ou jamais se perturbava. Apesar de todas as dores e privações pelas quais passou, acredito nunca ter havido uma mente mais serena que a de Jesus Cristo, nosso Senhor. Seu coração era vasto como um oceano e, apesar de visitado por terríveis tempestades, assemelhava-se a um lago calmo. Eles, sim, talvez estivessem inquietos por causa da falta de pão, mas ele se mostrava descansado quanto a isso e tudo o mais. Os possíveis ventos que colocavam os pequenos lagos daquelas mentes despreparadas em ebulição não eram suficientes para criar uma única ruga sequer na mansa superfície de sua alma altamente poderosa.

Não é bom para nós que assim seja? Se estamos perdidos e desanimados, a mente de nosso grande Senhor, no entanto, permanece destemida e pacífica. A criança chora porque o barco balança, mas seu pai, ao leme, sorri para a tempestade; e que bênção é para a criança que o pai possa sorrir, pois, se fraco fosse o comandante, onde estaria a nave? Se o coração do pai fragilizasse, onde o filho buscaria conforto? Ante a tranquilidade de Jesus, olhamos para ele e nos sentimos confortados!

Para confortar seus servos, o mestre aconselhou que refletissem a respeito do que já sabiam, lembrando-lhes o que haviam visto. Geralmente, os olhos do cristão devem estar direcionados para a frente: não é sensato procurar viver de experiências passadas; é um hábito muito perigoso, senão fatal, julgarmo-nos seguros por causa de algo que fizemos ou sentimos há algum tempo. Para tudo isso, porém, é preciso olhar para trás, a fim de examinarmos as lições práticas obtidas por tempo de serviço e obtermos lições de conforto para horas de provação. Tal como o arqueiro, podemos puxar a corda para trás a fim de podermos atirar a flecha, agora, com maior força para a frente.

O mestre pergunta a seus seguidores se haviam usado sabiamente, como deveriam, a própria visão: *Tendo olhos, não vedes?* (Mc 8.18). Eles haviam presenciado, não fazia muito tempo, dois milagres maravilhosos, por meio dos quais milhares de pessoas tinham sido alimentados; mas teriam, de fato, enxergado os milagres convenientemente? Ou teriam ficado satisfeitos em apenas apreciar os pães e peixes sendo distribuídos e a multidão se banqueteando, e deixado o significado de toda aquela cena esmaecer em sua mente? Teriam eles realmente ouvido a voz do que o Senhor havia feito? *E tendo ouvidos, não ouvis?* (Mc 8.18) Haveriam eles deixado de perceber a mensagem? *Não compreendeis ainda, nem entendeis? Não entendeis ainda?* (Mc 8.17). Não compreendeis o que significou meu ato de multiplicação dos pães? Não vedes como isso revela meu poder e minha autossuficiência? Não percebeste, nas entrelinhas, que Deus

1018 | MILAGRES E PARÁBOLAS DO NOSSO SENHOR

alimenta todas as coisas, abrindo generosamente a mão e suprindo a necessidade de todos os seres vivos? Não constatastes também, pelos dois milagres, que nada é impossível para Deus?

E nós? Não deixamos também frequentemente de compreender as intenções de nosso Senhor? Não caminhamos também por um palácio de maravilhas sem observar o brilho da glória e as chamas da luz eterna? Nossa falta de fé é a prova inegável de que não aprendemos tudo o que deveríamos, pois o resultado de ver, perceber e compreender espiritualmente é a fé. Aquele que pouco crê, pouco aprende; aquele que duvida ou está sempre preocupado não passa de um bebê espiritual, precisando ainda aprender os rudimentos da escolaridade sagrada.

Em meio ao seu diálogo, o Senhor lhes faz esta pergunta-chave: "Não vos lembrais?" Irmãos, geralmente nos lembramos muito do que deveríamos esquecer e nos esquecemos muito do que deveríamos lembrar. Pela corrente da memória, fluem restos da cidade de Sodoma, que diligentemente recolhemos; pela mesma corrente, no entanto, passam ricas toras de cedro do Líbano e deixamos que estas se vão. Nossa peneira retém o joio e rejeita o trigo. Não deve ser assim. Revisemos agora toda a nossa vida passada com um olhar cuidadoso e calmo e vejamos se não há o suficiente em nossos diários para condenar nossas dúvidas e enterrar nossas preocupações; para calar nossa ansiedade em uma jaula feita de barras de ouro da misericórdia já recebida, trancada com ferrolhos cravejados de gratidão. *O Senhor tem se lembrado de nós; abençoar-nos-á* (Sl 115.12). Glorifiquemos no que está o Senhor ainda por fazer e magnifiquemos seu santo nome por sua misericórdia que está para ser revelada. Que cada um de nós cante como Davi: *Então irei ao altar de Deus, a Deus, que é a minha grande alegria; e ao som da harpa te louvarei, ó Deus, Deus meu* (Sl 43.4). A memória terá cumprido sua parte quando dos altares do passado tiver tomado um carvão em brasa com que acender os incensos de hoje.

Não podendo ler seus diários pessoais, pois estes estão reservados apenas a vocês, devo então trazê-los novamente aos registros das memórias dos discípulos, para refletirmos sobre o texto, ao nos trazer à lembrança os dois grandiosos milagres de alimentar o Senhor os famintos. Possamos aprender o que pretende o Espírito nos ensinar por meio deles.

I. O primeiro assunto que quero trazer à nossa memória é um AMBICIOSO, PORÉM INEVITÁVEL, PROJETO. O projeto é este: alimentar cinco mil pessoas em um lugar deserto. Duzentos denários foram o cálculo por alto do custo, e de longe insuficiente, de pão, de um dos contadores (Filipe), na hora. Há homens sempre prontos a contar o dinheiro que não têm. Sempre que há um dever sagrado a ser cumprido, nossos matemáticos descrentes surgem com suas estimativas de custos e prudentes previsões de graves prejuízos. Geralmente somos muito bons de cálculo quando muito ruins de fé. Como reunir ou obter a quantia necessária? Eis um problema bastante comum para vários membros da congregação. Infelizmente, tais membros não reservam parte do seu dinheiro para isso, e o dinheiro não dá, e a confiança no homem acaba nos deixando frustrados. É esse o caminho pelo qual grande parte dos pensamentos na igreja ferve, evapora e se perde. Ah, os cálculos quanto a dinheiro! É sempre: "Como poderá alguém fartá-los de pão, neste lugar deserto?" Como? — supondo ser possível haver outro modo. De que maneira vem ao homem tudo aquilo com que o homem sobrevive? Não vem de Deus? Circula por muitos canais, mas tem uma única origem apenas. Mesmo que qualquer dos canais venha a falhar, a fonte ainda jorra; e aquele que tem fé suficiente para ir diretamente a ela não passa necessidade.

Pode ter parecido estranho aos discípulos que, em meio a nada além de vegetação, areia e rocha, e contando com apenas cinco pães e dois peixes, tivessem de organizar imensa refeição para mais de cinco mil pessoas. Não é mais estranho ainda que a igreja cristã tenha de evangelizar uma enorme cidade como Londres? Pode não parecer a vocês; mas, se morassem em meio à extrema pobreza do *East End*, considerariam o problema dos problemas como alcançar tal multidão submersa. Mal imaginamos o vulcão em que vivemos. A miséria reprimida e o pecado efervescente de Londres podem vir a produzir até uma segunda edição da Revolução Francesa, a menos que a graça de Deus se interponha. As pessoas têm, aqui, fome física, mental, moral e espiritual; e temos de alimentá-las. Não me surpreenderei se, na presença desses milhões de moribundos, vocês indagarem: "Como?" Londres é apenas uma de nossas muitas cidades; e

Certos cálculos curiosos sobre pães e peixes | 1019

toda a nossa nação é uma pequena fração da miríade da raça humana. A China, a Índia, a África têm ainda de ser também alimentadas. O mandamento é: "Ide por todo o mundo, e pregai o evangelho a toda criatura". O propósito é que o conhecimento do Senhor cubra toda a terra assim como o abismo do mar é coberto pelas águas, e repito o ponto principal que há pouco disse: esse é um projeto ambicioso; assombroso para o pensador, impossível para o calculista, difícil mesmo para aquele que crê.

Mas, vejam, no caso dos discípulos naquele lugar deserto, tratava-se de um projeto inevitável. Por mais estranha que pudesse soar a palavra do mestre, ela se fazia predominante: eles não a conseguiam evitar, enquanto as pessoas, não tendo trazido víveres, certamente se mostravam já extremamente famintas. Muitas delas tinham vindo de longe. Se tentassem buscar suas próprias casas ou aldeias próximas sem serem revigoradas, desfaleceriam e até morreriam no caminho. Portanto, mandar embora a multidão não era mais a saída. Tinha de ser alimentada. "Como faremos isso?" era a questão e, pudessem eles responder a ela ou não, continuaria a necessidade. Para o Salvador, era uma necessidade inevitável. *Partiria seu coração, certamente, ver as pessoas virem a desfalecer de fome*. Ele não suportaria. Ao menor pensamento sobre a condição desamparada do povo, foi, então, tocado pela compaixão. Toda a sua natureza benigna foi afetada pela visão de provável palidez, desgaste e debilidade das pessoas. Sabia o grande Pastor que *deveria* alimentar as ovelhas famintas. Não estava nele indagar: "Pode ser feito ou não?", mas, sim, afirmar, peremptoriamente: "*Tem de* ser feito". Entrara em sua alma uma das muitas necessidades imperativas que por vezes tomava posse do coração real e "era-lhe necessário" fazer o que deveria. Ele mesmo iria, um dia, tomar-lhes a enfermidade e carregar sobre si as suas dores. Por isso, e por ser assim tão amoroso, benigno e compassivo, ele incluía todas as pessoas em sua própria humanidade. Se estavam famintas, era ele quem estava faminto; se desfalecessem de fome, ele é quem desfaleceria; e se morressem, estaria como que morrendo também. Era levado a sentir, portanto, pela intensa compaixão de sua natureza, que a multidão devia, porque devia, ser alimentada.

Imagine-se, por outro lado, se não fossem alimentados — e começassem a desfalecer e até morrer de fome por todo aquele lugar ermo até onde haviam seguido Jesus, *quanto isso prejudicaria seu ministério!* Não há dúvida alguma de que os discípulos, que haviam recomendado, de forma um tanto arrogante: "Despede a multidão", haveriam de ser oprimidos por toda a vida por uma profunda tristeza se esse seu desejo fosse realizado. Nunca teriam esquecido aquele dia terrível e lúgubre, nem a fome, os desmaios e as mortes que se seguiriam. Pense em como seria tal desfeita para com a causa de Cristo. O rumor de que ele havia conduzido pessoas a um lugar deserto para ali morrerem de fome seria por demais depreciativo para nosso Senhor; pois que profeta agiria assim? Que tremenda vantagem os fariseus teriam obtido com isso! Quão exultantemente teriam bradado: "Esse homem, afinal de contas, pode querer ser um profeta como Moisés, que alimentou o povo com maná no deserto? Ele insinua ser o Filho de Deus; dizem por aí que ele cura enfermos e até ressuscita os mortos; ora, se realmente tivesse tal poder, teria alimentado a multidão faminta, ainda mais que havia gasto suas forças o seguindo". Não, Cristo jamais permitiria que isso acontecesse. Ele tinha vindo para salvar o homem, a vida do homem; não para deixá-lo morrer. Ele tinha de alimentar a multidão.

Imaginem, agora, irmãos, que não levemos daqui hoje a procuração que Cristo nos dá de ensinarmos e ajudarmos à multidão; imaginem que doravante não trabalhemos mais para conquistar almas; que desistamos de Londres como um caso perdido; que abandonemos o mundo pagão, deixando-o entregue à própria destruição, como um navio desgovernado levado à costa rochosa por um forte furacão; imaginem só. Conseguem resistir a tal imaginação? Não podemos abandonar o navio prestes a naufragar! Sejamos seus botes salva-vidas! Sei que alguns se tranquilizam a si mesmos, com certa desesperança, ante a possibilidade de o Senhor Jeová vir a ser rei por toda a terra: vale a pena tentar experiência tão insignificante? Tais pessoas que sejam então deixadas a morrer, ora essa, pois como poderão tantos ser alimentados? Mas o projeto do amor tem de ser executado: a essa esperança nós nos apegamos e para tal fim nos desgastaríamos e seríamos desgastados. Se as coisas não são ainda como deveriam ser, e o cristianismo ocupa apenas um pequeno canto do mundo, não importa para nossa fé; ainda assim, cremos. A fé não leva em conta a desvantagem. Um homem com Deus a seu lado é maioria, mesmo que outro não pense como ele; portanto, mesmo em fraqueza numérica, ainda somos onipotentes na força do Altíssimo.

Não tivesse a multidão sido alimentada, *nosso Senhor teria perdido uma grande ocasião para demonstrar sua graça*. A graça é soberana, assim como abundante: sempre que encontra oportunidade apropriada, demonstra seu poder. Uma multidão faminta e desfalecendo! Quanto espaço para compaixão! Que terreno fértil para a benevolência! Não poderia ocorrer de o Senhor do amor deixar passar tal oportunidade: seu amor era muito ávido de se mostrar para que pudesse ficar quieto em uma hora como aquela. Irmãos, que ocasião para revelar o esplendor da divina graça a era atual também se apresenta! Londres é uma excelente tela para se pintar uma obra-prima de misericórdia, de poder e sabedoria. Que bloco de mármore grandioso o mundo se mostra para o infinito Escultor! Que monumento de graça a humanidade pode se tornar ao se regozijar no Deus Salvador! Estou convencido de que o Senhor permite em grande parte o sofrimento presente para que dele possa vir a produzir uma glória maior. Tenho certeza de que faz a multidão angustiar-se nesse lugar deserto apenas e unicamente para que possa alimentá-la devidamente, revitalizando no universo inteiro seu poder de abençoar.

Espero ter trazido, assim, mui claramente, a seus olhos, o que foi esse notável projeto de Deus, que, embora parecendo de certo modo ambicioso, e até impossível de se realizar, fazia-se, no entanto, necessário, mesmo inevitável.

II. Contando com a ajuda do bom Espírito de Deus, gostaria de levá-los, agora, a outro ponto de vista: os discípulos confusos e seu Mestre sereno.

O mestre havia consultado Filipe sobre os suprimentos, para que a dificuldade do caso e a insuficiência dos meios fossem conhecidas dele e de todos e, assim, prová-lo, e a todos, na fé. André, por sua vez, somente conseguiu descobrir que tudo o que havia de fato de mais disponível era a merenda de um rapaz, perfazendo cinco pães de cevada e alguns peixinhos; e, ansiosamente, acrescentou: *Mas que é isto para tantos?* (Jo 6.9). O discípulo havia feito seu melhor, mas, frustrado, achava que não havia obtido grandes resultados. Deixava então o problema sem solução: [...] *que é isto para tantos?"* Quanto ao restante dos discípulos, olharam a face de Jesus com tristeza, perplexidade e vazio desespero, e aconselharam: [*Mestre,*] *o lugar é deserto, e a hora é já passada; despede as multidões, para que vão às aldeias e comprem o que comer* (Mt 14.15). Todavia, conquanto estivessem eles cheios de inquietação e preocupação, lá estava o Mestre e Senhor, calmo como uma doce tarde de verão, nem abalado nem muito menos preocupado. Que diferença entre a fraqueza e a descrença dos discípulos e a confiança poderosa do Senhor Jesus no Pai! Quanta necessidade de sermos transformados de glória em glória pela imagem do Senhor, tão distantes que ainda estamos de sermos como ele em nosso espírito! Não entramos ainda sequer em sua completa paz, nem entraremos até que tenhamos aprendido de sua fé em Deus Pai todo-poderoso.

Por que se mantinha Jesus Cristo, nosso Senhor, assim tão calmo? Tenho aqui comigo, em minha mente, como resposta, o sabor de uma palavra que o Senhor me deu para que eu passasse a vocês, e que se encontra também no relato da multiplicação dos pães, mas em João: Jesus *bem sabia o que ia fazer* (Jo 6.6). É a nossa ignorância, sem dúvida, em grande parte, que nos coloca em estado de dúvida. Não sabemos o que acontecerá, nem o que podemos ou iremos fazer, muito menos que poderá ou irá ser feito. Estamos quase sempre em suspense; e o suspense corrói a alma, como o ácido corrói o metal. "Quê? Quem? Como? Onde? Quando?" — essas questões nos cutucam como adagas, e cada pontada sua mata uma alegria nossa. "São facas os nossos pensamentos", como dizia George Herbert, e cada faca destrói uma esperança nossa. Mas o Mestre, não; não experimentava o suspense: sabia o que iria e estava por fazer. Quando soubermos também o que iremos fazer, irmãos, teremos paz. "Oh", poderão dizer alguns, "pensei que você ia dizer: 'quando soubermos o que ele irá fazer'". Não, não. Provavelmente, nunca o saberemos até que ele o faça. Basta-nos saber, então, o que *nós* iremos fazer. "Mas", diz alguém, "isso é justamente o que *não* sabemos". Respondo — pois é; é isso o que *devemos* saber. E o que temos de saber? É que precisamos deixar tudo nas mãos do Senhor. Se estabelecermos em nossa mente que nele confiaremos e não sentiremos temor, que paz podemos desfrutar! Se deixarmos todo o trabalho de Deus com Deus, e simplesmente nele confiarmos, beberemos da taça da paz de Deus.

CERTOS CÁLCULOS CURIOSOS SOBRE PÃES E PEIXES | 1021

Além disso, nosso Senhor estava calmo porque *ele tinha fé, enquanto eles não tinham nada senão mera racionalidade*. Ei-los, como já mostrei antes, contando os pães e enumerando os peixes. Ouça-os falando: "Eis aqui apenas cinco pães, e de cevada; e os peixes são não apenas poucos, mas pequenos". Cuidavam de registrar esses fatos e colocar ênfase neles; e estavam também inteiramente cientes da grandeza da fome da multidão e da grandeza e inutilidade do lugar deserto que os cercava. Todos eles agiam de maneira semelhante: julgando pela visão física dos olhos, pelo toque de suas mãos. Já o Filho de Deus tinha um senso diferente e melhor: acreditava totalmente no Pai. Jesus, homem como eles, tinha total confiança de que, na hora da necessidade, a Divindade do Pai, que nele estava, não falharia, mas atenderia à sua vontade. Temos, mediante Jesus, a divindade do Pai e temos até mais do que o próprio Jesus tinha. "Oh", vocês protestarão, "não pode ser!" Hão de concordar comigo, no entanto, quando os lembrar de que temos tudo o que Cristo tinha e, ainda mais, Cristo em pessoa também. Ele nos deu tudo do que é dele, por isso o temos; nos deu a si próprio em pessoa também, e o seu Espírito; portanto, o possuímos em Divina Trindade. Não devemos jamais duvidar, mas, sim, confiar em sua Divindade Pai-Filho-Espírito Santo, em todos os tempos de necessidade. No monte do Senhor, sempre, Deus proverá — "Jeová-Jiré: o Senhor proverá". Oh, que a graça lance fora toda a nossa preocupação; que não sejamos mais confusos e preocupados, mas descansemos e fiquemos quietos e em paz.

Além disso, algo que tornava Cristo tão calmo, creio eu, é que *ele realmente agia enquanto os outros questionavam*. Ele disse: *Quantos pães tendes?* (Mt 15.34); *Trazei-mos* (Mt 14.18). Ele agiu imediatamente e de forma prática. Não acreditam na conversão, geralmente, os que nunca levaram alguém a se converter; mas, assim que um homem se imbui do Espírito para levar outros homens da escuridão à luz e Deus o abençoa em seu trabalho, ele crê. Aquele que faz ou tem algo a fazer tem muito pouca ou nenhuma intenção de duvidar do que o homem que nada fez ou nada tem a fazer, a não ser duvidar. As heresias, na igreja cristã, raramente ou nunca partem do missionário, do pastor fiel, do intenso evangelista; mas geralmente, ou sempre, de ocasionais "fiéis", que não tomam parte ativa em nossa guerra santa. São os janotas literários, que criticam a religião em artigos e não têm nada a fazer senão menear a cabeça e extrair esquisitices de seu cérebro, esses que nos perturbam. Nosso Senhor Jesus Cristo jamais dá lugar a qualquer tipo de dúvida. Ele diligentemente pegou os pães e os peixes nas próprias mãos e os abençoou e partiu, enquanto de seu ato emanou a própria divina energia que multiplicou em muito o pouco acumulado. Se você e eu queremos servir ao Senhor com sinceridade, vamos dar por encerrados nossos cálculos do quanto há por fazer, como há de ser feito, onde é para ser feito e tudo o mais; incumba-se mais do seu trabalho, meu irmão, e a dúvida se dispersará como palha ao vento.

Os discípulos confusos e o mestre calmo e tranquilo formam uma instrutiva ilustração: seremos recompensados ao máximo se também nos tornarmos calmamente confiantes em Deus e não arrebatados por assombros de descrença.

III. Em terceiro lugar, e de forma breve, quero mostrar mais dois assuntos a vocês para confortá-los. Nos milagres em que vemos as multidões serem alimentadas, vemos que MEIOS E HOMENS FORAM USADOS, MAS CRISTO É QUEM SE DESTACA.

Lemos o que nosso Senhor diz dos pães: *Trazei-mos. Os meios são, então, usados*. Depois de multiplicar os pães e peixes, ele os dá aos homens ao seu redor, e estes fazem deles partilhar a multidão. Por mais que ouçamos desatinos de homens que negligenciam os meios destinados ao serviço aos outros, mantendo-se sentados e nada fazendo, achando que Deus fará o trabalho deles, não ouvimos nada disso quanto a Jesus. Ele usou os pães; usou os peixes; e usou os homens, apesar de ser perfeitamente capaz de fazer tudo sozinho. Sendo onipotente, na verdade não precisava deles; mas era sábio e nos ensina a lição de que é pela instrumentalidade humana que a grande obra de Deus deve ser feita. Portanto, não desprezemos os meios, mas, ao mesmo tempo, não descansemos neles.

Observem, porém, como os peixes, os pães, os homens e todos *os meios foram feitos para não aparecer*. Em tal quadro, vocês veem a grande multidão, e não penso que o pintor precise usar de cores muito vívidas; ele pode pintar as pessoas como uma espécie de névoa luminosa, se quiser. A única figura que em tudo assoma, como o sol do meio-dia, ofuscando todo o restante pelo intenso brilho de sua luz, é o mestre. Apenas Jesus é glorioso naquela sala de jantar externa. Onde estão os poucos peixes? "Aqui", diz alguém. "Aqui", diz outro. "Aqui", grita um terceiro. Mas esses peixes poucos e pequenos não podem ser os que estão nas mãos de todos os cinco mil. Onde terá ido parar o pão? "Tenho um", diz alguém; "Tenho outro", ouve-se outro dizer, e todos se alimentam tão vorazmente quanto podem. Mas o que foi feito dos cinco pães originais? Traga-os aqui, irmão; ou, pelo menos, vá e faça uma busca diligente pelos pães e peixes originais, para que possamos preservar um deles como relíquia. O quê? Não consegue encontrar nenhum deles? Você nem sabe onde estão. Todos se foram. É claro. Sempre que Deus abençoa muito um homem, esse homem desaparece no nada de sua autoestima. Se o barco de Pedro estiver cheio demais, o barco de Pedro pode afundar. Se formos completamente mergulhados em bênção, seremos escondidos sob o peso do perdão. Uma pequena bênção, tida como algo extraordinário, eleva o pequeno homem; mas uma bênção inundante vem como uma torrente, enterrando o homem e sua pequenez, deixando à mostra apenas o Senhor e sua bênção. Tenho certeza de que é assim que acontece quando o Senhor usa algum de nós como meio de fazer o bem aos outros; nós somos humilhados, e ele, exaltado.

Findo o milagre, depois de terem circulado para recolher sobras em seus doze ou sete cestos, Pedro, que tem um bom olho, pergunte se ele consegue encontrar um dos pães originais. Ele irá de cesto em cesto e não encontrará. Estão perdidos, na criação que Deus fez deles. Poderá alguém encontrar em todos esses cestos os peixes originais? Podem estar ali, pois foi desses peixes que saíram todos os peixes para alimentar o povo; mas não se consegue encontrá-los. Assim será se Deus nos abençoar, meus irmãos. Pessoas irão se juntar ao nosso redor e dizer: "Que há nesta pessoa? Não percebemos nenhum talento superlativo nela. Que há neste homem, nesta mulher, que torna esta pessoa tão útil? Nada vemos de especial". Não importa. Deixe-os pegar qualquer pão ou peixe que eles pensam ver em seu talento natural ou seu caráter vigoroso; mas você, saiba que, se alguém da multidão é alimentado, tal provisão vem da mão do mestre, que pegou o seu pouco, abençoou e multiplicou para torná-lo bastante para a ocasião. Acredito que *os meios são abençoados pelo uso de Cristo*, mas tenho certeza também de que, mesmo depois que ele os use, os meios afundarão na maior escuridão, e Jesus Cristo será sempre tudo que haverá; não porque os meios sejam profanos, mas justamente por terem sido abençoados em um grau tão elevado e gracioso.

IV. Além disso, vemos nesses milagres um TRABALHO REALIZADO DE FORMA MARAVILHOSA, SEM EXAURIR O PODER DE JESUS. Veja os cinco mil homens, e mulheres, e crianças: *estão todos alimentados*. Há um provérbio que diz que nunca houve um banquete do qual alguém tenha saído insatisfeito, mas que não há regra sem exceção. Eis duas exceções a esse provérbio: *E todos comeram e se fartaram* (Mc 6.42) em duas ocasiões. Não importa quantos milhares de pessoas ali havia, nenhuma pessoa sequer foi excluída pelo sempre bendito anfitrião. Não importa quão famintos estavam, todos comeram até que ficassem saciados e inteiramente satisfeitos.

O ponto, porém, que quero lhes mostrar é que o *poder que multiplicou os pães e peixes e alimentou milhares não se esgotou*. A energia das pessoas para comer se exauriu com a sua satisfação, mas não a força de Cristo para alimentar; tanto assim que, depois de terem todos recebido o máximo para sua capacidade de ingerir, ainda sobrou alimento. O povo estava bastante esfomeado, pela caminhada seguindo Jesus, o ar fresco que lhes abria ainda mais o apetite e o longo tempo em jejum; mesmo assim, depois de todos comerem à vontade, grandes cestos foram cheios de sobras: em um dos milagres, doze cestos, e no outro, sete. Houve o bastante para cada um, o bastante para todos e ainda o bastante para necessidade futura. O eterno Obreiro revelou a infinidade de seu poder em sua generosidade irrestrita e sua incomensurável liberalidade.

Não conseguimos depreender do original grego qual o tamanho dos cestos no primeiro milagre; os do segundo conjunto, de sete, levam um nome que mostra serem razoavelmente grandes, e é bem possível que Paulo tenha sido descido por discípulos dentro de um desses amplos cestos, pelo muro, para fora de Damasco, escapando dos seus inimigos. O primeiro tipo usado, de doze deles, me parece, no entanto, que seria maior ainda. O texto original passa a ideia de um grande caixote ou cofre. Eram cestos bem largos, dos quais se dizia ser possível um homem dormir dentro deles. Esses cestos, por maior que fosse o seu tamanho, ficaram

CERTOS CÁLCULOS CURIOSOS SOBRE PÃES E PEIXES | 1023

cheios de sobras — doze e sete cestos; se o Senhor quisesse, poderia ter preenchido até doze mil ou sete mil ou setenta mil cestos. Seu poder transborda; não pode ser contido em simples vasilhames mundanos, por maiores que sejam, assim como um rio não pode ser contido num frasco. Esse poder continuou fluindo, como um rio, em corrente copiosa, quando todas as bocas e todos os cestos já haviam sido preenchidos.

Alguns imaginam que o Senhor faça tudo comedidamente, atendo-se ao limite e à quantidade certos; mas esse é mais o modo dos homens que o agir do Senhor. Porque o Senhor Jesus Cristo redimiu seus eleitos, alguns consideram que o mérito de tal redenção deva ser limitado. Nunca. Ele "a si mesmo se deu por nós" e não deve haver medida para o valor de tal doação. *Cristo morreu pelos nossos pecados* (1Co 15.3), e não apenas por nossos pecados, mas pelos pecados do mundo inteiro. Seu objetivo era definido, mas ele o alcançou por uma ação que não pode ser limitada. Ele não apenas fez aquilo que tencionava, mas também fez mais; tal como nesses milagres não apenas alimentou milhares de pessoas, mas ainda fez encher cestos e cestos com as sobras. O poder de Deus e o mérito do sacrifício de Cristo estão entre as coisas infinitas; curvemo-nos diante do Senhor, regozijando-nos naquilo que ultrapassa qualquer medida.

Deste modo, irmão, irmã, quanto quer que o Senhor lhe tenha dado, ele ainda tem muito mais a lhe conceder. Quanto quer que você festeje neste culto hoje, ainda há uma boa parte para você levar para casa consigo em um cesto, para guardar no estoque. Por mais que Deus o tenha abençoado em seu trabalho em favor dele no passado, é ainda capaz de fazer muito mais do que você pede ou sonha. Por mais que a igreja haja crescido a ponto de um novo renascimento, Deus ainda não esgotou, de modo algum, sua capacidade para com a igreja: até mesmo o Pentecostes foi apenas um primeiro resultado. Ouço uma voz do céu, que diz: *Coisas maiores que estas verás* (Jo 1.50); [...] *e as fará maiores do que estas, porque eu vou para o Pai* (Jo 14.12). Estamos longe de atingir a *Ultima Thule* das possibilidades sagradas; no entanto, *Não está porventura a flecha para lá de ti?* (1Sm 20.37). Ainda não vimos o melhor do nosso Deus. Podemos seguir adiante com a fé suprema de que o Pentecostes ainda haverá de ser excedido — todas as orações poderosas dos pais da igreja, depois de terem convertido nações a Cristo, serão excedidas em triunfos da cruz, nos últimos dias. Aproximamo-nos de eras mais nobres, e os grandes atos de Deus não irão definhar em trivialidades. Lembrem-se de que tudo que tenham podido ver e tudo que tenham podido saber constituem apenas uma diminuta porção de seu glorioso poder. Tudo o que tenham podido aprender é tão somente uma pequena mostra das franjas das vestes dele. O que é a onipotência, especialmente no reino da graça, ninguém sabe, exceto Deus. Não limitemos o Sagrado, nem enclausuremos o infinito. Na casa de nosso Pai há bastante pão, de sobra e de reserva, mesmo depois de milhões terem sido saciados com suas provisões.

V. Concluirei observando que OS DETALHES DESSES MILAGRES FORAM DIFERENTES, MAS AMBOS FORAM IGUALMENTE INSTRUTIVOS. Ouçam, por favor, o que irei dizer, não como algo de importância notável, mas, sim, ainda como assunto de seu real interesse, no qual pode haver mais instrução do que pareça à primeira vista.

Em relação aos banquetes públicos do nosso Senhor, lembrem-se, em primeiro lugar, que *as sobras depois da festa foram sempre maiores do que o alimento de quando os banquetes começaram*. Começaram da primeira vez com cinco pães e dois peixes e na outra ocasião com sete pães e alguns peixes; mas terminaram com doze cestos cheios no primeiro caso e sete cestos cheios de sobras no segundo caso. Nunca isso aconteceu na mesa de vocês, tenho certeza, ainda mais quando seus filhos se reuniram para uma refeição. Nos milagres, todos comeram e ficaram satisfeitos, e, ainda assim, havia sobrado mais do que no início. Isso parece impossível, mas é regra no reino da graça. Quantas vezes pude constatar, quando cheguei aqui com um pequeno estoque para alimentá-los espiritualmente, que acabei saindo com mais do que entrei. Vocês foram revigorados, sim, mas eu fiquei ainda mais satisfeito do que quando lhes dei as porções. Vocês chegaram à aula, queridos professores da escola dominical, sentindo-se parcamente abastecidos para alimentar seus alunos; mas deram tudo que puderam a eles, e, sob a divina bênção, houve o bastante para a turma inteira e ainda uma porção dobrada para vocês. Chegaram com cinco pães e dois peixes e saíram com doze cestos cheios. É estranho! Podemos dar a Deus tanto quanto recebemos; podemos gastar tanto quanto nos for dado a mais para gastar; podemos tanto morrer por Deus quanto viver por ele mais do que nunca. Se assim é, vejam que amplo campo se abre à nossa esperança e afugenta os nossos temores! Fecha-se a porta da contabilidade com que calculamos usando da razão humana, e abre-se a porta da tesouraria onde podemos sacar qualquer provisão cada vez mais crescente. Vá, irmão, e espalhe suas sementes à mancheia, pois você voltará se regozijando, trazendo feixes e feixes com você! Dê de sua refeição e de seu óleo para o Senhor, e seu barril e sua jarra serão reabastecidos em dobro com essa doação. Lembre-se destes versos de Bunyan, sobre um homem que quanto mais doava pedaços de seu rolo de tecido mais este aumentava, tão verdadeiros do ponto de vista espiritual quanto providencial:

> Havia um homem, que louco parecia,
> que, quanto mais doava, mais possuía.

Aprenda que *Cristo cuida sempre de todos os pedaços*. O Senhor autossuficiente é também um Deus de economia. Como Jesus pode produzir tanto alimento quanto desejar, poderíamos pensar que ele não se daria ao trabalho de juntar as sobras; no entanto, ele o fez. O desperdício é de Satanás, não de Deus. Deus não esbanja sua produção, nem é exageradamente pródigo com milagres. Apesar do Senhor poder reunir aqui, se assim quisesse, cinquenta ministros em um instante, ele não o faria; pois o que ele quer é que façamos uso dos dons e poderes que nos dá e temos. Se formos sobras, nosso lugar não é jogados no chão, mas colocados no cesto. Não devemos permitir sermos jogados fora ou consumidos pelo mundo com voracidade animal, nem deixados em um canto para estragar ou apodrecer; mas, sim, temos de estar presentes no estoque do Senhor, prontos para sermos usados sempre que ele assim quiser e for chegada nossa oportunidade. Seremos de alguma utilidade um dia, se desejarmos ser usados. Se você, meu amigo, minha irmã, não for um pão completo, há de ser, pelo menos, uma fatia ou uma casca de pão, e para Deus nem mesmo as cascas do pão devem ser desperdiçadas; e se você não for uma fatia ou casca do pão, será, no mínimo, uma migalha, e perante Deus até mesmo as migalhas são preciosas para os homens famintos. Se você não for um peixe grande, talvez seja um pequeno, e não deve ser também desperdiçado; tampouco a igreja de Deus pode permitir que você seja jogado fora, mas, sim, deve ser encontrado para você um bom uso qualquer, de alguma maneira.

Que coisa maravilhosa a onipotência recolhendo migalhas! Deus todo-suficiente, para quem o gado de mil montanhas não é nada e que pode criar um mar inteiro rico em peixes, ou dez mil mundos de pão, por sua mera vontade e nada mais, manda, no entanto, que seus discípulos recolham os pedaços não usados, para que nada seja perdido! Certamente, isso nos faz sentir mal ao desperdiçar um níquel, uma hora, uma oportunidade, que poderiam vir a atender ou ajudar a outros no serviço de Deus. Sejamos severamente sóbrios e equilibrados no uso dos meios a serviço do Senhor, nosso Deus amado.

Reparem, ainda, uma coisa curiosa: *sobrou mais quanto menos havia ao começar*. Quando iniciaram o banquete com sete pães, acabaram juntando sete cestos cheios, mas, quando tinham apenas cinco pães, acabaram juntando doze cestos com as sobras. Suponho que os cestos tenham sido do mesmo tamanho em ambas as ocasiões, pois nada indica que o segundo tipo de cestos fosse maior que o primeiro. No entanto, de um estoque de sete pães, depois de todo o dispêndio, vieram sete cestos como sobras; mas quando havia apenas cinco pães, e ocorreu um dispêndio ainda maior, acabaram sobrando doze cestos cheios para os que serviram a refeição. Isso é típico do reino. Com quanto mais se começa, com menos se termina; e com quanto menos se começa, mais se tem quando a ação de servir termina. Tenho observado muitas vezes que isso de fato ocorre. Vocês não? Quando começamos em grande estilo e Deus nos abençoa, temos realmente muita razão para lhe agradecer; no entanto, se começarmos muito frágeis, ele com frequência nos abençoa ainda mais e terminamos louvando-o com grande alegria e exaltação, aos sons elevados dos címbalos. Vamos embora pensando, ensimesmados: "Cinco pães! E deram doze cestos! Ora, ora, o outro dia, quando havia sete pães, foram apenas sete cestos!" Sim, que o rico, em quaisquer recursos que doe, se regozije se for diminuído, pois, como Jó, será mais rico do que antes. Não comece a submergir em seu espírito porque pareça haver diminuído sua capacidade de servir, mas, sim, confie em Deus em que nesse caso haverá maior recompensa no fim se houve menos material para ser oferecido ou trabalhado.

CERTOS CÁLCULOS CURIOSOS SOBRE PÃES E PEIXES
| 1025

Reparem novamente que *houve menos meios ou recursos visíveis quanto mais havia por ser feito*. Havia apenas cinco pães quando deveriam ser alimentados cinco mil; havia sete pães quando teriam de ser alimentados quatro mil. Foi feito mais quando menos havia para se lançar mão na feitura. O mesmo há de acontecer com você, ó obreiro de Jesus: quanto mais Deus o abençoar, tanto menos você terá uma razão consigo pela qual deva ser abençoado. Com apenas cinco pães, você poderá abençoar cinco mil, enquanto alguém que tenha sete certamente fará menos que você.

Outra coisa curiosa é que *quanto mais foi usado, mais havia sobrado*. Na ocasião em que cinco mil, além de mulheres e crianças, haviam comido tanto quanto possível, sobrou mais do que quando comeram quatro mil. O número menor não poderia comer tanto quanto o maior, e, no entanto, as sobras que eles deixaram foram em quantidade menor do que quando cinco mil se fartaram. É uma curiosa inversão de todas as nossas regras. Supomos que, quanto maior for a participação ou o uso pelas pessoas, menos sobrará; mas aqui parece que, quanto maior foi a participação, mais sobrou; e quanto menor, menos restou. Assim é conosco: quanto mais tivermos de extrair espiritualmente de nós mesmos, mais sobrará para nosso próprio deleite. Não devemos, pois, querer economizar reduzindo o número daqueles a quem temos de servir; mas, sim, justamente o contrário.

Aprendamos também que *onde houver mais trabalho a serviço de Jesus, haverá maior recompensa*. Não é assim no mundo, onde os homens geralmente são mais bem pagos quanto menos façam; no caso de nosso Senhor, a recompensa de cada um será devidamente proporcional a seu serviço. Aqueles que serviram à multidão não puderam comer durante a refeição coletiva, já que estavam ocupados distribuindo o alimento aos demais; mas, quando o banquete terminou, o Mestre certamente disse a eles: "Vocês tiveram um grupo grande de pessoas hoje a quem servir; havia pelo menos cinco mil homens, além de mulheres e crianças. Vocês precisam se revigorar; esses doze cestos cheios de pão e peixe que sobraram, dividam-nos entre vocês". Dias depois, o trabalho foi menos cansativo, menos penoso. Aquele milhar de gente a mais, que dificultara o trabalho pela primeira vez, não estava mais ali, e eles conseguiram alimentar quatro mil com mais agilidade e prazer. Então, receberam menos cestos, sete, como recompensa; ou seja, um auxílio generoso, mas não tanto quanto o da ocasião passada. Ao trabalhar por Cristo, doar por Cristo, operar por Cristo, você terá um retorno sempre rico de alegria nele; e terá sempre sua recompensa, em proporção.

Há pessoas que, infelizmente, serão sempre carentes porque nunca dão o que podem dar à causa de Cristo. Os carentes devem aprender a dar o que podem, e Deus sabe o que podem, para que comecem a deixar de ser carentes; e os abastados devem sempre dar o máximo que podem, e Deus sabe o máximo que podem dar, para que não venham a se tornar carentes. Não digo que estes devam ser seus principais motivos de oferta ou serviço, mas têm também grande validade e importância. Se você acha que tem pouca capacidade a oferecer, passe a trabalhar bastante com essa capacidade para que ela se desenvolva; e se você tem uma grande capacidade, aja assim também, já que dispõe de muitos talentos confiados a você.

O Senhor jamais permitirá que serviço algum a ele prestado fique sem a devida recompensa; o trabalho feito para o carente e o necessitado rende um bom salário de bênçãos e graças. Satanás perguntou se Jó servia a Deus por nada. Suponha que assim fosse: o demônio teria argumentado que Deus era um chefe severo, cujos serviços não traziam nenhuma recompensa. De qualquer jeito, Satanás teria cometido um engano, e, como não desejamos agradá-lo, admitimos que não servimos a Deus propriamente por nada, mas, sim, que, por obedecermos a seus mandamentos, haveremos de ter grande recompensa. Quando a multidão houver terminado de se banquetear, o mestre deixará que você possa se alimentar, e você então desfrutará de alegria abundante junto a ele.

O ponto principal para todos nós é realizarmos um trabalho bom e abençoado para o Senhor. Em nome do Deus sempre vivo, alimentemos cada homem, cada mulher e cada criança, até que todo mundo possa estar alimentado, saciado e satisfeito. Cristo está por trás de nós, à nossa frente e ao nosso lado: o Filho de Deus está trabalhando inteiramente conosco; pois o pão é dele, não nosso; e alimentar a multidão não é trabalho nosso, mas dele; o poder não é nosso, mas todo dele; e em nome dele deve ser toda a glória. Amém.

109

UM GRANDE NEGÓCIO

Outrossim, o reino dos céus é semelhante a um negociante que buscava boas pérolas; e encontrando uma pérola de grande valor, foi, vendeu tudo quanto tinha, e a comprou (Mt 13.45,46).

Todo comerciante se empenha em seus negócios de tal modo que obtenha lucro. Lide ele com pérolas, lide com grãos, não espera obter riqueza mediante o esforço físico; deixa isso para aqueles que ganham o pão diretamente com o suor de seu rosto. O negociante, sabemos, ganha o sustento com o "suor" do seu cérebro. Depende não tanto do trabalho braçal ou mecânico e mais do conhecimento, da capacidade e das vantagens que seu conhecimento do artigo com que a lida lhe proporciona. Semelhante à do mercador, de certa forma, é a imagem de quem busca Cristo. Cristo e a salvação não são ganhos, nem devem ser procurados como resultado de esforço pessoal. Devem ser alcançados mediante o conhecimento. Todavia, esse conhecimento, no caso, pertence primeiramente a Cristo. O que diz a palavra de Deus, nas Escrituras? *Com o seu conhecimento, o meu servo justificará a muitos* (Is 53.11), ou seja, por meio de seu próprio conhecimento, Cristo nos torna nele justificados. Eis uma maneira de apresentar o sistema de salvação. Nosso conhecimento de Cristo, no entanto, é também essencial; e, quanto a isso, nos alerta Paulo: [...] *como crerão naquele de quem não ouviram falar? e como ouvirão se não há quem pregue?* (Rm 10.14). A parte que nos cabe na obra, portanto, começa por ouvirmos a pregação; passando então a crer no que ouvimos, e depois, uma vez salvos, em crer que temos a salvação. Este é o conhecimento que precisamos ter — o conhecimento comunicado pela mensagem de Deus, pela palavra de Deus, o conhecimento ouvido, o conhecimento acreditado. O homem chega, então, a conhecer Cristo — e esse conhecimento de nossa parte é para nós vida eterna, pois quando o homem conhece Cristo e o compreende, a ponto de lhe entregar seu coração, está salvo. Assim como o negociante, portanto, alcança seu ganho mediante o conhecimento, o homem ganha a salvação mediante o conhecimento da glória de Deus, por Jesus Cristo, nosso Senhor.

Não irei me alongar, no entanto, nessa analogia, mas começarei agora a falar sobre o negociante desta parábola. Temos aqui o caso emblemático dos muitos que confiam em Cristo e que descobriram ser ele tudo em todos. Acompanhemos esse mercador enquanto ele realiza quatro ações: primeiro, *buscando*; depois, *encontrando*, em seguida *vendendo*; por fim, *adquirindo*.

I. Primeiro, então, iremos vê-lo BUSCANDO. [...] *o reino dos céus é semelhante a um negociante que buscava boas pérolas* (Mt 13.45). É um tanto diferente do homem de que se lê antes, na mesma passagem em Mateus, que, talvez acidentalmente, descobriu um tesouro escondido no campo; não buscava propriamente um tesouro escondido, mas o encontrou. Este representa o homem a quem Deus salva, em sua infinita bondade e soberania, apesar de ele quase sempre ter estado, até certo ponto, indiferente e despreocupado quanto à sua salvação. O de agora é outro tipo de pessoa. Tem um nível de mente certamente mais elevado — uma construção mental diversa. Busca boas pérolas — da melhor qualidade; não exatamente pérolas do maior valor, pois, em princípio, não sabe bem o que poderá encontrar; de todo modo, procura boas pérolas e encontra, em consequência, uma pérola do mais alto preço.

Observem que, como alguém que busca, *ele tem a mente voltada e comprometida com essa pesquisa*. Pensa principalmente em algo — boas pérolas. Seu coração está ocupado em seu negócio. Nisso está concentrada sua energia. Todos os seus pensamentos estão direcionados para preciosas pérolas. Oh, se pudéssemos fazer os homens despertarem para o exercício da faculdade de pensar e então direcionarem, regularem e controlarem seus pensamentos! Mas pensar é uma ocupação que muita gente rejeita. São pessoas frívolas. Não se consegue levá-las a pensar em nada útil ou significativo. Por que as pessoas são tão apaixonadas em ler romances e raramente leem histórias verdadeiras, tão interessantes ou mais que os romances e muito mais capazes de lhes prover prazer, estímulo e entretenimento? Porque a mente humana, em geral, é frívola. Um conto aleatório qualquer — uma história fútil de uma donzela que morre de amores — absorve as pessoas comuns por horas, dias, semanas até; mas alguma narrativa interessante e sólida, sobre algo que valha a pena conhecer, parece exercer pouca atração em seus cérebros rasos. Muitas mentes nem se movimentam. É bem verdade que não são poucos os homens que trabalham de forma árdua somente com as mãos e que sofrem tal fadiga do trabalho corporal que mal conseguem pensar; mas outros há que dissipam seu tempo e consomem sua vida em futilidade, vaidade e ócio, até se tornarem, por fim, incapazes de qualquer pensamento mais substancial. São preguiçosos e indolentes. Têm um discurso vazio na própria alma. Sua mente não funciona. Parecem viver em eterna letargia, como em um sono acordados. Oh, se os homens fossem mais sábios, mais pensativos! Feliz seria o ministro que soubesse estar se dirigindo a uma congregação inteligente e meditativa! Poderia esperar que sementes caíssem a mancheias, prontamente, nos sulcos, gerando colheita certa e abundante. A mente desse negociante de pérolas estava concentrada, pois tinha um objetivo a alcançar diante de si.

Claro que *ele tinha um objetivo determinado e definido*. Havia se dedicado a obter boas pérolas, e caçá-las se tornou a finalidade primacial de sua vida. Se você o tivesse encontrado e perguntado: "O que você está buscando?", ele teria respondido de imediato: "Estou buscando pérolas de boa qualidade; tem alguma para me vender?" Teria sempre à mão esse tipo de resposta. Mas pergunte a muita gente: "Você vive para quê?" Alguns poderão responder, talvez, que vivem para seus negócios, sua família, sua profissão; todavia, se os pressionar com uma pergunta mais instigante: "Mas qual é, afinal, o objetivo primordial de sua vida?", a maioria certamente não saberia ou evitaria dizer que vive tão somente para desfrutar, à toa, de si mesmos — buscar sua felicidade material, o seu próprio prazer. Alguns nem gostariam de dizer que vivem só visando a ter riquezas e mais riquezas. Outros mal saberiam o que ou como responder.

Muitos são os jovens hoje que se acham nessa condição: não têm um objetivo definido de vida. Todavia, ninguém pode ser um bom comandante de uma embarcação se não souber para que porto se dirige. Você terá uma pobre vida, jovem, se, começando como aprendiz e chegando a mestre, não tiver uma mira ou um fim definido. Diga, então, a si mesmo: "Só posso viver por duas coisas: viver por Deus, ou viver pelo diabo; qual o caminho que devo tomar?" Faça sua mente se tornar determinada e firmemente resolvida sobre qual o melhor caminho a tomar. Direi a você de maneira forte e bastante clara o mesmo que disse Elias, ao declarar: *Se o Senhor é Deus, segui-o; mas se Baal, segui-o* (1Rs 18.21). Se o mundo, a carne, o diabo são dignos de que você os sirva, siga então a carreira de um sibarita, de uma pessoa entregue aos prazeres, à futilidade, à perversidade, e a assuma. Permita-se, porém, saber antes o que realmente quer. Se Deus for digno então de que você o sirva e sua alma for digna de salvação, corra nesse caminho. Não ande, porém, furtivamente por este mundo, buscando a si mesmo e sem ter a coragem de a si próprio confessar, dizendo: "Você está vivendo à toa, por sua própria conta e risco". Tenha um objetivo definido e claro ou sua energia vital será desperdiçada e seus dias mais proveitosos serão imprudentemente esbanjados.

Esse negociante de pérolas, além disso, tinha *um objetivo que não era muito comum*. Outras pessoas talvez escolhessem comercializar tijolos ou pedras; outras, cereais, ou, ainda, madeira. Ele escolheu pérolas. Era um mercador que buscava boas pérolas, as melhores que pudesse encontrar. Não buscava pérolas comuns, fossem elas do mar ou dos rios escoceses, mas, sim, buscava as pérolas mais belas e vistosas. Tinha um objetivo de longo alcance, tanto quanto sua linha de ação pudesse atingir. Havia se voltado para um bom negócio. Oro a Deus para que muitos que ainda não hajam encontrado Cristo tenham, não obstante, bastante bom senso, espargido com a graça de Deus, para decidir: "Lançar-me-ei em algo realmente bom; minha vida não será medíocre". Como dizem os versos:

MILAGRES E PARÁBOLAS DO NOSSO SENHOR

A vida dos grandes homens nos traz à mente
fazermos de nossa vida a mais excelente.

É bom para um jovem que tenha tal aspiração: "Minha vida será grandiosa. Não perseguirei objetivos vis nem indignos; não cultivarei gostos depravados nem humilhantes. Buscarei algo que possa submeter tranquilamente à minha própria consciência; algo que faça alguém refletir a respeito, quando eu morrer; algo que apresente a marca da mais alta qualidade quando avaliado na vida vindoura". Ó jovem, se você almeja empreender um bom negócio, do ponto de vista espiritual, eu lhe recomendo buscar as mais belas e as mais vistosas pérolas. Busque a verdade; busque a honra; busque a temperança; busque a paz, o amor, aquilo que o faça ser constantemente bom, verdadeiro e correto. Mais tarde lhe direi onde encontrar essas pérolas; por enquanto, basta-me inculcar em sua mente a louvável ambição por tudo que seja de reputação boa e honesta, o desejo sincero em seu coração daquilo somente que a sua consciência recomende.

O negociante, assim, buscava boas pérolas, e *as buscava com diligência*. Buscava somente pérolas lindas e vistosas. Não colocou à frente de sua loja um cartaz dizendo: "Compram-se quaisquer pérolas", mas, sim. lançou-se a procurar as de mais alta beleza e qualidade. Quanto viajou por esse motivo, não sei; mas os mercadores orientais naquela época, geralmente, percorriam enormes distâncias para fazer negócios de compra e venda. Até hoje, por exemplo, Nijni-Novgorod, no sul da Rússia, é uma cidade de mercadores que percorrem o mundo inteiro buscando o que querem — homens que nem sempre viajam de trem, mas que andarão qualquer distância para obter o artigo exato que desejam e negociam. A distância não parece ser uma barreira para eles; e quando um homem tem um nobre objetivo diante de si e diz: "Antes de morrer, realizarei algo que será certo, verdadeiro e benéfico para todos", é capaz de enfrentar dificuldades que deixariam os outros perplexos. Que peça a Deus então para ter a perseverança necessária para cumprir aquilo a que se propõe e possa dizer: "Se houver algo correto a ser aprendido, aprenderei; custe-me o que custar de preocupação e de trabalho, de dor de cabeça e ao coração, de passar por experiências e de queimar lamparina. Se houver algo a ser feito que seja bom e verdadeiro, eu o farei, a qualquer custo, pois busco unicamente pérolas bonitas e vistosas".

Ao mesmo tempo que esse homem buscava, *usava de discernimento*. Quando muito diligentes e cheios de desejo, corremos o risco iminente de sermos facilmente enganados; mas esse homem que buscava pérolas vistosas não era, evidentemente, alguém que desconhecesse a natureza das pérolas, mas um negociante capaz e experiente, que conhecia o valor de uma pérola só de olhar para ela. Podia dizer perfeitamente, sem nem vê-las, quais eram as mais e as menos opacas, quais as que possuíam um brilho suave ou irradiado, quais as que procediam de tais e tais águas; podia distinguir tranquilamente, à primeira vista, uma pérola real de uma imitação. Era um mercador que buscava tão somente boas pérolas. Sim, caros amigos, e peço a Deus infundir em seu coração a viverem, do mesmo modo, somente em busca do que for espiritualmente precioso, certo e verdadeiro e lhes dê para isso um ótimo discernimento; pois, havendo, como há, muitos embustes no mundo, talvez vocês possam, errônea e prontamente, se prender àquilo que pareça ser bondade substancial, mas que, na verdade, acabe se revelando apenas uma sombra. Não busquem, portanto, simples pérolas, mas pérolas vistosas. Busquem apenas o bem; sim, lancem sua alma à tarefa de buscar sempre o melhor.

Esse negociante, sem dúvida, *estava nesse negócio com expectativas relativamente moderadas*. Ele buscava pérolas de até determinado tamanho e qualidade, genuínas, e, evidentemente, esperava comprar até certo número delas. Buscava *boas pérolas* — no plural; e não imaginava vir a ser afortunado o bastante em um dia encontrar *aquela* pérola belíssima, a mais bela já vista e do maior valor. Todavia, embora não especificamente a buscasse, não deixava de alimentar sonhos e desejos nesse sentido. Se alguém lhe indagasse: "Gostaria de encontrar a pérola a mais vistosa de todas, realmente de grande valor?", ele responderia: "Claro! Gostaria, infinitamente, de encontrá-la, mais do que todas as outras, bonitas, mas menos belas e preciosas, que já encontrei". Não esperava propriamente achá-la, mas, ainda assim, estava pronto a recebê-la, se algum dia viesse a seu encontro. Falo, então, caros amigos, de uma classe de pessoas — e espero

Um grande negócio | 1029

que haja representantes dessa classe aqui — que almejam tudo que possam obter do que seja moralmente bom e verdadeiro na vida; querem ter temperança em tudo; querem ter um caráter imaculado. Lembro-me de ser esse o meu desejo, quando pela primeira vez pensei na vida que se apresentava diante de mim. Antes de conhecer o Senhor, costumava refletir: "Oh, que eu seja poupado da desonestidade; que eu seja preservado da falsidade; que eu seja poupado de um espírito maligno; que eu tenha um coração justo e verdadeiro". Eram essas as pérolas que eu buscava. Não sabia, na época, que poderia encontrar alguma que pudesse incluir todas essas pérolas e outras muito mais. É muito bom que um desejo assim se encontre, especialmente, no coração de qualquer jovem; gostaria também, todavia, que estivesse no coração dos adultos, se até agora não tiverem encontrado essa pérola de tão grande valor.

Mostrei a vocês, deste modo, um homem enquanto à procura de pérolas. Imagino se essa pessoa não estará aqui hoje, em meio a esta congregação. Talvez não seja bem um homem, mas uma mulher, que busca pérolas. As mulheres costumam também empreender e se dedicar a importantes negócios. Lídia, a vendedora de púrpura, era certamente uma admirável negociante. E na divina atividade sobre o qual agora falamos, ela e muitas outras mulheres têm demonstrado que não há diferença também. Na verdade, todos vocês, homens ou mulheres, que ainda não conhecem o Senhor, queridos amigos, querem é buscar tudo que seja excelente. Que assim seja. Prossigamos, então.

II. Estudemos, agora, os ACHADOS desse homem. Ele comprava pérolas por toda parte. Aonde quer que fosse, procurava saber das pessoas se tinham pérolas que desejassem vender. Descia com essa finalidade até as mais estreitas vielas e becos das grandes cidades e acabava conhecendo pessoas que viviam nos recantos mais pobres. Só queria saber se as pessoas tinham pérolas para negociar. Seu único interesse era "pérola", de manhã, de tarde, de noite. Se durante a noite alguém gritasse: "Pérolas!" debaixo de sua janela, lá estava ele, assomando à janela num átimo. Então chegou um dia e uma hora em que ele encontrou uma pérola que jamais imaginara encontrar. Era muito mais do que ele podia esperar.

Oh, só peço a Deus que alguns dos que aqui estão e cujo coração se acha sinceramente buscando aquilo que é certo possam encontrar Cristo, que tem em si muito mais do espírito de temperança, probidade, verdade e filantropia que jamais poderá ser encontrado em qualquer outro ser ou qualquer outro lugar. Oh, que vocês possam encontrar o Senhor, que é a própria verdade, e cuja doutrina é santidade pura e perfeita e vida eterna para todos nós. Será mais do que jamais algum de vocês sonharia encontrar e, por isso, quando vierem a encontrá-lo, quão felizes vocês se sentirão!

Ninguém mais, certamente, buscava pérolas tão primorosas como esse homem. Na verdade, ele buscava *pérolas vistosas*, não *a mais vistosa*; no entanto, como se encontrava ativamente no negócio de pérolas, era bem mais provável que, se alguém descobrisse a mais linda e a mais valiosa pérola do mundo, seria ele. "Estando no caminho, o Senhor o encontrou", lembrará alguém. Oh, se você almeja encontrar o que é certo, bom e verdadeiro, estou seguro de que o Senhor Jesus há de se manifestar a você, e você exclamará então: "Era isso, exatamente isso o que eu procurava! Ansiei e anelei tanto por encontrá-lo, e ei-lo aqui!"

Essa descoberta foi, para o mercador, sem dúvida, *a mais memorável de todas* em sua vida. Ele não encontrou simplesmente mais uma pérola vistosa; encontrou algo bem melhor e acima de tudo: a mais bela, a mais preciosa pérola; uma pérola que, para ele, resumia, representava e continha todas as demais pérolas que já havia procurado e encontrado. Deixe então, você, que já a encontrou, que todos os homens saibam que tudo o que é bom debaixo do sol — tudo o que é verdadeiro, tudo o que é honesto, certo, tudo que é amoroso, filantrópico, recomendável perante Deus e digno de louvor perante os homens é encontrado nos ensinamentos do nosso Senhor Jesus Cristo; e que isso tudo nos é dado e moldado em nós quando o aceitamos e nos submetemos a ele, fazendo dele o nosso tudo. Aquele que é verdadeiramente cristão, cristão genuíno, tem tudo e todas as coisas em um só: Cristo Jesus. Qualquer coisa que possa haver digna de ser louvada e exaltada por um filósofo, um sábio, um poeta, a encontramos no mestre e em seu exemplo incomparável, ele, que de si mesmo nos dá a graça para a possuirmos em nós mesmos.

Esse homem, portanto, *encontrou tudo que esperava e desejava em uma coisa só*. Que valor tinha essa pérola, não sei. A estimativa desse valor não nos é fornecida. Sabemos apenas que ele logo constatou ser a pérola digna de tudo que o que possuía; então, foi e vendeu tudo o que tinha para comprá-la. Evidentemente que a considerou superior, em tudo, a todas as outras pérolas que jamais procurara; porque, se estava investindo tudo o que tinha nessa única pérola é porque iria, daí em diante, abandonar a busca por quaisquer outras pérolas e, na verdade, nem teria mais capital para aplicar em outras pérolas. Considerava, enfim, essa pérola a de mais valia que qualquer outra e a mais merecedora de tudo o que antes possuía. Sim; eu lhes garanto que ele a considerava muito mais preciosa que tudo no mundo. Não teria vendido tudo que possuía para comprá-la se não tivesse a clara convicção de que, como investimento, valia muitas vezes mais que o próprio preço e que, ao adquiri-la, estava aplicando no melhor negócio que então poderia e que o levaria, sem dúvida alguma, a ser mais rico ainda, pois é assim pensando que agem os mercadores ao empreender um grande negócio. Eu não poderia dizer também quanto cada pessoa valorize Cristo quando o encontra; só sei que o mundo inteiro nada mais vale para um cristão depois que encontra seu Senhor e mestre. "Oh, que maravilhoso Senhor e Salvador eu tenho!", exulta alguém; no entanto, jamais conseguirá avaliar, na verdade, quão precioso — quão inconcebivelmente valioso — é o Cristo de Deus para sua alma.

Ainda a respeito da descoberta da pérola, há que ressaltar que o homem, a tendo encontrado, *logo decidiu que queria e iria tê-la para si*. Tendo encontrado a pérola de grande valor, ele não questionou se deveria comprá-la ou não. Se ele não tivesse buscado sempre por pérolas, teria talvez hesitado em relação ao seu valor ou preço, mas tendo o propósito constante de buscar boas pérolas, assim que a viu, concluiu: "Tenho de tê-la! Posso até abrir mão das pérolas que possuo, se assim for necessário, mas *esta* eu tenho de possuir". É algo grandioso quando o Senhor conduz a mente humana para um pensamento como: "Vejo que em Cristo há tudo para mim que um ser humano pode desejar — perdão para os meus pecados, purificação para minha natureza, graça para elevar meu caráter e fazer-me perfeitamente aceito no céu. Há tudo em Cristo que eu desejo, e tenho de tê-lo. *Tenho* de tê-lo — a qualquer preço — custe o que custar, devo, quero e irei tê-lo como meu Salvador".

Apesar de a parábola não entrar nesse detalhe, está claro que a pessoa a quem o negociante propôs comprar a pérola de grande valor mostrou-se disposta a vendê-la, mas sob determinadas condições. Ele a comprou, sim, mas poderia não o ter conseguido se não aceitasse as condições de venda ou se a outra parte simplesmente não estivesse a fim de vendê-la. Apesar de o Senhor não nos vender a graça, mas, sim, em sua grandiosa misericórdia, no-la dar, a maneira com que ele se dispõe a dá-la é aqui representada pelo ato figurado das condições de venda da pérola. Se você deseja Cristo, pode tê-lo, sim, bastando, para isso, simplesmente aceitar a maneira pela qual Deus está sempre disposto a nos dar seu Filho amado. Falaremos disso agora. Se você deseja esta pérola de grande valor, não há razão no mundo pela qual tal pérola não deva ser sua hoje. Se você o encontrar, a ele, que é "*o primeiro entre dez mil* (Ct 5.10) e *totalmente desejável* (Ct 5.16), e o valorizar a ponto de não poder ser feliz sem ele, Cristo imediatamente se tornará parte de você. Se, ao ouvir sobre Cristo, seu desejo em relação a ele mostrar ser ele tudo de que sua alma necessita e você estiver em condições de afirmar: "Não deixarei hoje esta casa de oração até que Cristo seja meu", então não haverá obstáculo que impeça você de vir a possuir essa inestimável bênção. Sim, o próprio Deus Pai está desejoso de que você faça de seu Filho unigênito sua pérola de maior valor, daqui em diante e para todo o sempre.

III. Tendo assim descrito a busca e a descoberta da pérola de grande valor pelo negociante, vamos vê-lo agora VENDENDO tudo o que tinha para comprá-la. Despendeu ele, certamente, algum tempo reunindo tudo o que tinha, e não duvido de que tivesse até então muito zelo por essas posses, mas agora sentia enorme prazer em delas se desfazer. "Não quer comprar minha propriedade?", indagava a um amigo e o estimulava: "Compre-a!" "Não, não quero", respondia o outro. "Não lhe vai custar quase nada, quase nada", incentivava o negociante. "Além disso, podemos chegar a um acordo. Preciso imediatamente de dinheiro, tenho de conseguir dinheiro para uma compra importante." Foram embora, assim, os móveis da casa, um após o outro. Todos. A casa ficou vazia. Foi uma venda rápida. Ele precisava levantar dinheiro. Tudo deveria ser vendido; todo o dinheiro deveria ir para a pérola de grande valor. Apesar de certamente não dizer a outros o motivo, somente a pérola estava em sua mente e em seu coração, e por ela tudo deveria ser vendido. Aliás, ele parecia se mostrar muito mais feliz em se livrar de suas posses do que jamais ficara em obtê-las. Deveriam ser vendidas pelo melhor preço possível, mas deveriam ser logo vendidas, pois ele ansiava, precisava, comprar a pérola. Devemos ter Jesus Cristo, sim; e há muito de que uma pessoa pode e deve abrir mão para que possa vir a chamar Cristo de seu.

"Do que, então, devo abrir mão?", alguém há de indagar. Bem, deve haver, prioritariamente, de sua parte, uma liquidação de grande número de *seus velhos preconceitos*. Por vezes, quando a verdade como está em Jesus chega à mente de um homem, ele a repele, porque é bastante diferente de tudo que aprendeu desde criança; e a razão lhe diz que é melhor seguir as crenças de seus pais: tivesse nascido hotentote, por exemplo, deveria adorar um talismã; se nascido no Industão, segundo essa teoria, teria de louvar o ídolo Jaganata. Mas é grande a misericórdia quando um homem chega a uma conclusão como: "Agora compreendo que Jesus Cristo, o Filho de Deus, morreu no lugar dos pecadores que nele creem e que me basta apenas crer nele para ser salvo. Crendo em Cristo, ganharei nova natureza, renascido no Espírito Santo, e me tornarei discípulo e servo do Senhor. É o que eu quero me tornar, embora contrário a tudo que aprendi. Fui levado a crer que seriam minhas boas obras que me salvariam; ou que a graça estava nos sacramentos. Finalmente, compreendi o que Deus ensina por suas palavras: que a salvação está na fé em Jesus Cristo; e eu a terei. Vou me desfazer de todos os meus preconceitos. Eles têm de me deixar, ir embora".

Você deve abrir mão de *sua integridade própria*. Ouso dizer que você deve pensar que se trata, no caso, de um fino objeto, mas, na verdade, não vale grande coisa. Até aqui, você tem julgado ser muito boa pessoa e a imagem que tem de si mesmo é a de ser um bom seguidor dos mandamentos de Deus, tal como o jovem rico perante Jesus: *Tudo isso tenho guardado desde a minha juventude* (Lc 18.21). Por contar com uma boa dose de idas às igrejas ou casas de oração, incluindo alguns comparecimentos extras no Natal e na Sexta-feira Santa, e certa participação nos sacramentos, você se considera encontrar em uma posição medianamente boa. Agora, meu amigo, minha irmã, você terá de se desfazer dessa velha retidão já carcomida por traças, que lhe traz tão fútil orgulho, pois ninguém pode ser salvo mediante a justiça de Cristo enquanto depositar confiança em sua própria justiça. Desfaça-se dela toda, de cada fiapo. Ninguém a quer, de modo que você deverá dar fim nela. Sabemos que não é bom guardar os últimos fiapos, porque ficarão ainda piores do que eram.

Tudo o mais que você pensou até aqui ser adequado de se vangloriar — vá, livre-se de tudo isso. Você bem sabe o que seja. É melhor, portanto, abrir mão de tudo isso que você bem sabe o quê; pois, a menos que alguém se torne puro como uma criança, não poderá entrar no reino do céu. Evidentemente que você acredita, decerto, que não é um ser forjado em um molde comum e que, como tem grande força de vontade, poderá abrir seu próprio caminho até o céu. Você terá, no entanto, de se livrar o mais rápido possível desse pensamento. Sua suposta força só poderá ser sua fraqueza; somente quando somos fracos em nós mesmos é que somos fortes em Cristo. Concorda, feliz, então, em assim fazer? Em se desfazer de todos os seus velhos preconceitos e de toda a sua velha retidão? Deixe-os ir! Você os deixará realmente ir, ou ainda pedirá por eles uma condição, um preço mínimo? Deixe-os ir de graça, pois são dejetos, lixo; e quanto mais cedo se forem, melhor, porque então você conseguirá obter a pérola de grande valor; o que não conseguirá, de modo algum, enquanto não agir dessa forma.

Ah, sim, existem pessoas que deverão abrir mão de muito do que chamam de prazer, na verdade *prazer pecaminoso*. Nenhum prazer que seja honesto, verdadeiramente benéfico a nós, jamais nos será negado por Deus.

A religião não foi destinada
a diminuir nossos prazeres.

Ela os torna ainda maiores. Todavia, qualquer prazer que tenha cheiro de pecado é nele embasado. Bem, consegue você, então, "vender", eliminar, tudo isso: confraternização com companhias erradas, tudo aquilo que se aproxime da obscenidade, tudo que tenha a ver com gratificação das paixões vis da carne — em nome de Cristo, consegue você abrir mão dessas coisas? Enquanto não puder ou não quiser se livrar, não conseguirá obter a pérola de grande valor. Se quiser continuar a ter o mundo, não poderá ter Cristo; se quiser ainda ter algum prazer nos antros do pecado, você é como um filho do pai do pecado, o diabo, e é a obra dele que você realiza. Livre-se disso; desista de tudo isso; jogue tudo isso fora. Essas coisas devem ser afastadas de nós se quisermos ter a valiosíssima pérola.

Por vezes, em alguns casos, temos de abrir mão de honras numerosas e da satisfação da vida material que nasce da estima de outros. Já chegou a pensar assim: "Se eu me tornar um cristão, irão me ridicularizar"? Não conseguiria tolerar um pequeno opróbrio que fosse por Cristo? "Se eu for um cristão sincero", eis a conclusão a que chegará, "terei de ir ao encontro de toda sorte de injúrias". Que assim seja. Você consegue abrir mão do aplauso dos homens em favor de Cristo? Venha, então; deixe que os cães estraçalhem seu caráter, enquanto se mantém firme e correto perante o Senhor e seu motivo é puro. "Sim, sei como é. Se eu for um crente sério, serei ignorado pela sociedade mundana. Sei, por exemplo, que a senhora fulana, por quem tenho grande respeito e de quem a boa opinião eu não poderia perder de modo algum, não mais me reconhecerá entre suas amizades." Está bem; mas conseguirá você pesar isso na balança e tomar como decisão: "Largarei tudo isso; deixarei tudo isso, para poder obter a mais preciosa pérola"? Não é digno de Cristo quem teme ou se envergonha ser crucificado com ele, ou com ele ir para a prisão ou mesmo morrer. Devemos amar de tal modo nosso Senhor e Salvador que consideremos a reprovação em seu nome como sendo honra, tal como Moisés considerava a reprovação a Deus mais valiosa do que todos os tesouros do Egito.

"Bem, já me desfiz do bastante." Como? O caçador de pérolas vendeu tudo o que tinha, e você ainda tem um pouco? Você tem ainda outras expectativas? Por quê? Se você se tornar cristão, seu velho tio o deixará fora de sua herança? Ou você sabe muito bem que, se for ouvir o evangelho em tais e tais lugares, muito provavelmente será acusado de estar na jogatina? "Sim, *temos* de viver", alega alguém. Isso não fica, de modo algum, muito claro para mim. Sei, isso sim, que teremos de morrer; mas, quanto a "ter de viver", não estou tão certo disso assim. É infinitamente melhor morrer do que praticar ou pensar algo desonroso. Se Jesus Cristo for realmente nosso mestre e Senhor, temos de nos contentar em deixar todas as expectativas materiais razoáveis ir embora de nossa vida; e todas as coisas que pareçam predizer nosso sucesso pessoal devem passar a ser secundárias no nosso modo de ver e viver. Devemos prioritariamente buscar o reino de Deus e sua justiça. Até mesmo o amor há muito ansiado deve ser direcionado sobretudo a Cristo. Companhias desde muito agradáveis devem ser deixadas, se necessário, em nome de Cristo. Tudo isso feito, ainda não será o bastante. Aquele que tem Cristo deve se dar e a todas as coisas que tenha a Cristo. Duvidaria ser um seguidor de Cristo se não tivesse, em minha própria alma, a certeza de ter dado a ele tudo o que sou e que tenho para ser somente e eternamente dele. Ele nos comprou por um alto preço, e não é razoável darmos a ele em troca apenas um braço, ou um olho, um pé e meio coração. Aquele que é cristão verdadeiro é cristão por completo. O que quer que possua de talento, o que quer que possua de material, nada considera como seu, mas como pertencente a seu mestre, e está pronto a usar de tudo para a glória dele e a partilhar com todos, se assim for necessário, para a manutenção do reino de Cristo. O mercador vendeu tudo o que tinha para poder obter a pérola mais valiosa.

Imagino ver alguns de vocês recuarem: "Esta... esta é uma posição a assumir muito dura!" Muito bem, se vocês não querem obter a pérola — significa dizer, se vocês não querem fazer fortuna, pois a aquisição da pérola foi a construção de uma fortuna maior para aquele homem; se vocês não consideram a pérola digna, orem então para que não a tenham. Não é possível estimar o valor intrínseco, o valor real, de Cristo. Não lancemos pérolas aos porcos. Se vocês não o querem, muitos há que o querem. Ele não precisa implorar a vocês que sejam seus clientes. Permita Deus que vocês rejeitem isso a tempo, mas, se não o querem, então o digam. Apenas o digam, e definitivamente, objetivamente, digam: "Nada tenho que ver com ele".

Aquele homem foi e vendeu tudo o que tinha. Digo-lhes que ele se sentiu muito feliz por vender. Considerava que o homem que lhe comprara a propriedade fizera um favor. "Ei-la", disse ele ao comprador, "deixarei que você a compre abaixo do valor se me der logo o dinheiro. Preciso muito do dinheiro". Ele só não ousou dizer mais do que isso por medo de ter de aumentar o preço; mas, em seu coração, pensava: "Quero tanto me apossar daquela pérola que ficaria muito agradecido a qualquer um que viesse e me tomasse logo essa propriedade das mãos". Portanto, se você realmente quer Cristo, em vez de ser preciso que ele ainda mande você se descartar desses pobres bens seus que descrevi, deveria ansiar por deles se livrar, de tal modo que Cristo esteja o mais depressa possível com você. Que o Espírito de Deus lhe infunda essa elevada determinação.

IV. Agora, a última parte: A COMPRA. O negociante vendera tudo que possuía e então entregou ao vendedor da pérola o dinheiro da compra — pagou para que obtivesse a pérola, e a obteve. Foi uma aquisição pensada — um negócio deliberado. Ele não viu a pérola e de súbito foi e vendeu seus bens, supondo o valor dela. Não. Viu e a admirou e, como buscava e conhecia boas pérolas e a beleza e o valor de uma pérola só de olhar, ouso dizer que nem contou ao vendedor que a queria; mas disse a si mesmo: "É uma pérola maravilhosa. Se eu conseguir alcançar seu valor — meus parcos recursos ainda não atingem o que ela vale; se eu conseguir obtê-la, serei o homem mais realizado e feliz". Assim planejou e assim o fez. Nem precisou pensar muito. Oh, uma alma que tão somente conheça Cristo não pensará duas vezes para querer tê-lo. Se os homens não fossem tão tolos — tivessem alguma luz divina para ver o valor do meu Senhor e mestre, em vez de ficar solicitando e buscando maior convencimento, tentando obter referências, creio que diriam apenas: "Fale-nos sobre ele. Nós o queremos. O que ele pede de nós? Que podemos fazer por ele? Que podemos dar-lhe para que nos asseguremos dele, daquele que perdoa todos os nossos pecados, que concede salvação perfeita e imediata a todos que nele confiam? Contanto que tenhamos Cristo, de quem está escrito *Quem crê no Filho tem a vida eterna* (Jo 3.36), estaremos plenamente satisfeitos".

A aquisição da pérola de grande valor foi, portanto, um negócio bem planejado. Foi, no entanto, uma *aquisição imediata*. O comerciante não foi para casa, dizendo a si mesmo, descansadamente: "Vou pensar a respeito". Não; ele sabia tudo sobre pérolas, de modo que refletiu: "Se eu deixar escorregar pelos meus dedos, talvez nunca mais a veja. Se alguém aproveitar esse grande negócio, terei certamente perdido a melhor oportunidade da minha vida". Assim, logo arranjou tempo para cuidar de vender a terra que tinha e a propriedade de que dispunha. Daí a pouco já contava com o dinheiro necessário, temendo apenas que alguém se tivesse esgueirado, nesse meio-tempo, e oferecido mais do que ele sabia que a pérola valia e que havia conseguido juntar, de tal sorte que viesse a perdê-la. Aquele que vem a Cristo corretamente, caros amigos, pode deliberar sobre ele, mas essa deliberação deve ser bem rápida. "Se é para obtê-lo, deixe-me obtê-lo. Oh, se eu puder saber que meus pecados foram perdoados, que eu saiba; se por algum meio eu tiver paz com Deus; se eu puder me tornar um filho de Deus e herdeiro do céu; se minha felicidade eterna puder ser garantida — oh, que seja garantida! Que devo fazer? Vamos, diga-me agora. Não desejo sair deste lugar sem haver encontrado isso de que o pregador fala." Aquele foi um negócio deliberado — mas imediato.

Foi também, sem dúvida, *prazeroso* para o negociante. Tenho certeza de que seus olhos brilharam de felicidade quando pagou e recebeu a pérola. Gostaria de ter uma imagem que fosse de seu rosto quando por fim a obteve. Aquilo que jamais sonhara um dia alcançar ele havia obtido, e de uma forma que nunca poderia esperar. Tinha uma pérola como nenhuma outra das que já havia possuído, e provavelmente estava a pique de pular de alegria só de pensar que havia conseguido obtê-la. Ah, quando uma alma obtém Cristo, canta assim:

> Que dia muito afortunado,
> pois ele lavou meu pecado.

Para uma alma é completo deleite quando pode dizer: "Jesus é meu; sei que é. A graça me qualificou para que eu a ele pertencesse".

Que *aquisição enriquecedora* foi essa, realizada pelo comerciante. Ao obter a pérola em lugar de sua propriedade, pensou consigo mesmo: "Tenho cem vezes mais propriedades agora do que antes; e, apesar de ter aberto mão daquele pedaço de terra, posso comprar metade de uma província agora, com essa pérola que obtive". Querido irmão, se você abrir mão de qualquer coisa por Cristo, tenho certeza de que o Senhor Jesus Cristo fará concessões ainda maiores a você. Há alguns anos, alguém um tanto excêntrico publicou um anúncio procurando pessoas que tivessem sido perdedoras por obedecer aos mandamentos divinos — que qualquer um que houvesse perdido qualquer coisa por amor a Cristo estaria apto a ir a ele e ser recompensado. O anúncio estranho apareceu por alguns meses em nossos jornais religiosos. O mais curioso é que ninguém jamais respondeu à convocação. Seria até de supor que alguém inventasse algo a respeito e fizesse uma tentativa; mas ninguém fez. Não se pode inventar tal possibilidade: não há perdedores com Cristo. "Mas", questiona alguém, "os mártires foram, não foram?" Bem, eles estão lá em cima; pergunte a eles. Eles lhe responderão, enquanto você os contempla com suas coroas de rubis resplandecendo à luz de Deus, como certamente agora estão:

> Os filhos da luz mais brilhantes
> brilham em dobro, em meio aos radiantes.

Consideram como honra lhes ter sido permitido dispor de sua vida em nome de Jesus. Oh, não há perdas quando se trata do Senhor. Você há de lucrar muitíssimas vezes mais do que investir; tenha a certeza. Sim, pois *todo o que tiver deixado casas*, disse ele, *... ou terras, por amor do meu nome, receberá cem vezes tanto, e herdará a vida eterna* (Mt 19.29).

Essa foi também uma *compra definitiva*. Depois dessa compra, o mercador, conforme parece estar bem claro na parábola, nunca mais quis nem precisou comprar pérolas. "Comprei a mais bela pérola do mundo, de altíssimo valor", pensou ele; "agora posso me retirar tranquila e seguramente desse negócio." Quando uma pessoa encontra Cristo — ah, não quer nem precisa buscar mais nada. Se tenho Jesus Cristo, se ele é meu, mais do que tudo nele encontro. Não é necessário um objetivo secundário. Todos os desejos se acalmam e são satisfeitos com a plenitude que reside em Cristo Jesus. Aquele homem se retirou do negócio de pérolas porque simplesmente havia encontrado em uma única pérola todas as pérolas que jamais havia desejado. Foi essa *uma aquisição da qual jamais poderia arrepender-se*. De fato, a parábola não diz que ele haja voltado ao vendedor, pedindo: "Tome sua pérola de volta, devolva-me o dinheiro e deixe-me obter minha casa e minhas terras novamente". Nada disso; tudo havia se encerrado para ele naquela compra. Realizara a grande transação, o maior negócio de sua vida, que jamais precisaria nem iria desejar desfazer. Com aquela pérola de imenso valor em seu poder, tornara-se um homem muitas vezes mais rico, digno de rivalizar até com os maiores príncipes, e sentia ser isso altamente pleno e suficiente para ele. Oh, abençoados são aqueles que podem dizer "Cristo me basta" e nele se regozijar, bendizendo e exaltando sempre o nome santo do Senhor.

> Descansa agora, coração dilacerado,
> seguro nesse núcleo bem-aventurado;
> Quem relutaria, triste, tudo deixar,
> se ao pão dos anjos for chamado partilhar?

Quero dizer, no entanto, apenas uma palavra de advertência. Tomem cuidado, queridos irmãos mercadores, de verificar, quando comprarem a pérola, que se trate realmente da pérola de maior valor; pois conheci espíritos nobres, a quem admirava e estaria até disposto a clamar a Deus por eles, que sacrificaram tudo que tinham por isso e, no entanto, se deixaram enganar. Obtiveram o anticristo em vez de Cristo e assumiram a mentira do inferno, que a eles chegou travestida da roupagem de anjos de luz. Certifiquem-se de que estão ganhando Cristo e sua verdade, tais como se encontram revelados nas Escrituras e se revelam também em seu próprio coração pelo Espírito Santo. Tudo aquilo em que estiver faltando Cristo acabará mostrando ser um embuste e haverá de enganá-los.

Faz alguns anos, uma das maiores pérolas jamais encontradas foi parar nas mãos de um cidadão russo. Era uma pérola enorme — grande como um ovo, em forma de pera. Ele a comprou de alguém que ignorava seu verdadeiro valor. Sendo um homem de posses, o comprador preparou sua casa, que, apesar de simples no exterior, era, por dentro, suntuosamente mobiliada. Ali, levava convidados a uma câmara, que, ao ser destrancada, mostrava conter uma mesa de mármore, no centro da qual havia uma caixa que, para ser aberta, exigia diversas chaves, a decodificação de um "segredo" de fechadura etc.; quando, por fim, chegava-se à pérola, ele tomava muito cuidado de não permitir fosse tocada, pois era de valor inestimável. O imperador da Rússia propôs altíssimo preço por ela, prometendo ainda ao dono honrarias e posições no reino, mas ele recusou, não abrindo mão da pérola. Aconteceu, no entanto, que o possuidor da pérola foi envolvido em uma conspiração — se com razão ou não, não posso afirmar — e teve de deixar às pressas sua casa em São Petersburgo. Levando consigo apenas a pérola, chegou a Paris ainda suficientemente rico, devido à sua posse. Certo dia, porém, o duque de Brunswick, seu único rival em tal assunto, chegou acompanhado de outros para ver a pérola. O dono o levou até a maravilhosa peça, com enorme cuidado e muita explicação; mas, ao abrir a caixa, viu estarrecido que a pérola, estranhamente, havia se tornado pálida. Pareceu-lhe ser atingido por um raio mortal. Que tragédia! Sua pérola, de súbito, havia se tornado nublada, como, aliás, acontece, algumas vezes, com as pérolas: fora acometida de um mal que eventualmente as ataca, se assim pode ser dito. Em pouco tempo, iria se tornar pó. Da noite para o dia, a pérola deixara de ter o imenso valor que tivera; e o homem, de milionário, tornou-se pobre. No entanto, ele havia comprado uma boa e verdadeira pérola, não há dúvida quanto a isso.

Somente uma pérola jamais ficará nublada e irá durar por toda a eternidade: é o Filho de Deus, que tem a imortalidade. Se você obtiver Cristo, terá para sempre a esperança divina, que nunca irá falhar com você; mas se você, em vez disso, depositar sua esperança em ministros, padres ou no sacramentalismo, ou em qualquer outra esperança, enfim, que não aquela em que somente Cristo é o começo e o fim, o teto e o chão, não importam os sacrifícios feitos por você, suas mais brilhantes expectativas acabarão em amargo desapontamento. Que possa o Senhor conceder que nenhum de nós jamais seja privado de tal confiança vital; que nenhuma confusão cega recaia sobre o nosso espírito.

"Ouvi-me vós, os que seguis a justiça, os que *buscais* o Senhor (Is 51.1)." Nessa parábola do reino, a da pérola de grande valor, ouvimos a voz do próprio Jesus direcionando aqueles que *o buscam*. Tais pessoas compreendem uma fração não muito pequena da congregação aqui presente. Seria de fato estranho se aqueles que o buscam não estivessem aqui amplamente representados. Tenho a certeza de que alguns de vocês já viram a pérola que desejam brilhando bem diante de seus olhos. Imagino quantos aqui já decidiram se desfazer de tudo o que têm para poder obtê-la. Mas quem de vocês já tornou verdadeiramente a pérola sua, regozijando-se com a sua posse? Que irão seguir seu caminho regozijando-se, não há dúvida; mas não irão voltar para dar glória a Deus? Não teremos a alegria, o prazer, de nos saudarmos em companheirismo santo no reino da graça? Que o Senhor permita que assim seja, em nome de Jesus. Amém.

110

CEDO OU TARDE, OU *HORAE GRATIAE*

Porque o reino dos céus é semelhante a um homem, proprietário, que saiu de madrugada a contratar trabalhadores para a sua vinha. [...] Cerca da hora terceira saiu, e viu que estavam outros, ociosos, na praça [...]. Outra vez saiu, cerca da hora sexta e da nona, e fez o mesmo. Igualmente, cerca da hora undécima, saiu e achou outros que lá estavam, e perguntou-lhes: Por que estais aqui ociosos o dia todo? (Mt 20.1,3,5,6).

Temos salientado, frequentemente, que não nos parece correto não levar em conta as conexões nas Escrituras. Não temos o direito de separar determinadas passagens da Bíblia do seu contexto e fazê-las significar o que não pretendem ensinar; assim, nesta leitura, quero apresentar a vocês, conforme permita minha capacidade, aquilo que considero ser o propósito imediato da presente parábola. Ela constitui, sem dúvida, uma repreensão àqueles que incorrem em um espírito legalista e passam a calcular que recompensa deveriam receber, em um reino, justamente, em que o espírito legalista é inteiramente sem propósito, pois a recompensa não resulta de crédito pessoal, mas, sim, é dada segundo a graça. Quero, no entanto, discorrer especialmente sobre um fato, bastante evidente, ressaltado nessa parábola. Sem querer de modo algum violar o sentido da narrativa de Jesus, mas justamente observando essa particularidade, e da forma mais transparente possível, cremos que estamos autorizados a analisar uma das principais circunstâncias nela mencionadas: de que os trabalhadores foram contratados em diferentes períodos do dia.

Quanto a isso, somos ensinados, invariavelmente, que significa que Deus envia seus servos à sua vinha em diferentes épocas e estações: enquanto alguns são logo convocados em sua juventude, outros não são chamados a fazer parte do serviço do mestre senão quando seus anos de vida já os tenham levado até quase o entardecer da existência. Devo, no entanto, lembrá-los de que *todos eles foram chamados*: uma menção do que nos ensina o Salvador, de que nenhum homem entra no reino do céu por si mesmo, mas que é a isso vocacionado. Cada obreiro de Jesus, sem exceção, é por ele chamado, de um jeito ou de outro; e ninguém a ele poderá vir sem ser assim. Somos todos recrutados. Fosse o homem o que deveria ser e não necessitaria ser compelido ou convidado para chegar ao evangelho de Cristo; mas como a natureza humana é pervertida, e o homem troca o amargo pelo doce e o doce pelo amargo, a escuridão pela luz e a luz pela escuridão, precisa ser chamado, literalmente, pela palavra; precisa ser convocado, solicitado, encarecido e convencido a isso; para usar de expressão forte do apóstolo Paulo, precisa de que Deus o exorte, e que se rogue, por Cristo, que ele venha a se reconciliar com Deus. Mais que isso: embora alguns venham trabalhar na vinha com certo espírito legalista, atendendo ao chamado comum do evangelho, nenhum homem vem a Cristo em espírito e em verdade sem um chamado adicional, ou seja, o chamado efetivo do Espírito Santo de Deus. O chamado geral é feito pelo pregador da Palavra, e é tudo o que ele pode fazer. Se tentar realizar um chamado particular, como alguns de meus colegas hipercalvinistas o fazem, restringindo o mandamento do evangelho a determinadas pessoas e procurando ser eles mesmos os descobridores dos eleitos de Deus; se buscar tornar privado o que sempre foi público; se o pregador agir assim, empenhado em realizar tal chamado particular, estará praticando uma desordem lamentável e acabando geralmente por deixar de fazer do evangelho, de fato, boas notícias para toda criatura. Quando, no entanto, o homem se contenta em fazer o que pode fazer, ou seja, pregar

CEDO OU TARDE, OU HORAE GRATIAE | 1037

os mandamentos de que "cremos no Senhor Jesus Cristo" e que "Deus ordena aos homens de todas as partes que se arrependam", então, juntamente com o chamado geral, vem, para aqueles que são eleitos por Deus, um chamado especial e particular, que ninguém além do Espírito Santo pode realizar; e o Espírito o faz de forma tão efetiva que todos os que o ouvem se tornam desejosos do poder de Deus e se voltam para o Senhor com o maior propósito no coração. De que forma *muitos são chamados, mas poucos escolhidos* (Mt 22.14), se, pela pregação da Palavra, ninguém é chamado senão aqueles que são escolhidos? Há dois chamados: o primeiro é geral, para todos aqueles que ouvem sobre Jesus; mas muitos dos que são assim chamados não são escolhidos: o outro chamado é pessoal e peculiar dos eleitos — *aos que predestinou, a estes também chamou* (Rm 8.30).

Voltando ao nosso tema de estudo: todos foram de algum modo chamados à vinha. Não há exceção a essa regra em toda a igreja cristã. A doutrina do livre-arbítrio, nesse caso, não tem um único espécime para comprová-la. Não há uma única ovelha do rebanho que haja ido para o pastor sem ter sido buscada; não há uma única moeda que tenha ido parar na bolsa da mulher sem que ela não tivesse limpado a casa inteira para encontrá-la. Irei mais adiante e direi que não há um único filho pródigo em toda a família que tenha dito: *Levantar-me-ei, irei ter com meu pai* [...] (Lc 15.18) sem que a graça do Pai, disfarçada na aflitiva providência de poderosa carência, não haja ensinado o filho quanto às miseráveis consequências do pecado, ao alimentar os porcos, e de que poderia até encher o estômago com as alfarrobas que os porcos comiam, mas não devia nem precisava fazê-lo.

Quero que observem ainda outro fato, na parábola da vinha: é que, de *todos os chamados, é dito terem sido contratados*. Naturalmente que em uma parábola nenhuma palavra deve ser entendida inteiramente ao pé da letra; há que depreendermos o significado, de acordo com o contexto; mas penso podermos dizer que há uma grande semelhança entre contratar uma pessoa para fazer um serviço e o comprometimento de uma alma com Cristo. Geralmente uma pessoa contratada para prestar determinado serviço não pode ser contratada para servir, ao mesmo tempo, a outro contratante; terá de servir unicamente a quem a contratou. Quando uma alma é chamada, pela graça, a servir ao Senhor Jesus Cristo, ela costuma clamar: "Ó Senhor, outros senhores já tiveram domínio sobre mim, mas agora somente a ti servirei". Retira de si os grilhões de escravatura do pecado, dos prazeres e costumes da depravação, e coloca sobre si o jugo e o fardo do mestre, que este declara e prova serem suave e leve. Tal como um servidor contratado não deve trabalhar para outros, a pessoa passa a trabalhar somente para o seu único Senhor e Salvador. Quem é chamado pela graça não vive em função de outro objetivo ou motivo algum, mas em função de seu mestre apenas; também não trabalha por conta própria, não se faz de seu próprio chefe ou patrão, pois "não sabeis [...] que não sois de vós mesmos? Porque fostes comprados por preço"; e não mais chama pessoa alguma na terra de "mestre", pois sabe que um só é o seu mestre, na terra e no céu, a quem todo o seu serviço deve ser dedicado. Assim como há um pacto entre o contratado e seu contratante, há um pacto solene de espírito e verdade entre o crente fiel e seu Senhor. Nós nos devotamos a nós mesmos a seu serviço; abrimos mão de toda a nossa liberdade de vontade própria, e, assim, nossa vontade está sob a vontade do Senhor, e todo o nosso poder e nossas paixões passam a ser, conforme esperamos, pela graça de Deus, obedientes a ele, que nos chamou para trabalhar em sua vinha.

A palavra "contrato" foi usada aqui também para trazer à mente a ideia de recompensa. Foi usada para poder responder à pergunta de Pedro e que muitos ainda fazem — ou seja, para que sua pergunta legalista ao Senhor: "Que recompensa, pois, teremos nós?", pudesse ser claramente esclarecida, e a insensatez nela contida fosse mostrada à luz da graça soberana de Deus, que faz o que bem deseja com o que e quem pertence a ele. No entanto, mesmo sendo o crente "contratado" em puro sentido evangélico, ele, na verdade, não serve a Deus em troca de nada, não trabalha sem recompensa. *Porque o salário do pecado é a morte, mas o dom gratuito de Deus é a vida eterna em Cristo Jesus nosso Senhor* (Rm 6.23). Teremos a mais alta recompensa pelo que fizermos pelo mestre e que, não sendo em forma de salário em espécie, mesmo assim eu lhes digo que, em verdade, não há um só servo de Deus de coração sincero que não receba de seu mestre e Senhor o mais abençoado galardão da graça, no dia de prestar contas.

Vamos agora a dois pontos essenciais. Em primeiro lugar: o Senhor *chama seus servos contratados em diferentes horas do dia*; em segundo lugar, *uma graça distinta brilha em cada caso*, sendo ilustrada e tornada manifesta em sua variedade de gloriosa compaixão e amabilidade em cada uma das diferentes horas em que são chamados os escolhidos.

I. NÃO SÃO TODOS CHAMADOS AO MESMO TEMPO PELA GRAÇA. Segundo a parábola, alguns são chamados logo cedo. Altamente felizes são esses! O período em que uma criança pode ser chamada à graça seria difícil precisar, pois as crianças não têm todas a mesma idade mental que a mesma idade física, e, mesmo em termos de desenvolvimento mental, não ousaríamos limitar o Santo de Israel quanto ao período escolhido para sua operação. Tanto quanto temos observado, porém, a graça opera em alguns meninos ainda no amanhecer de sua consciência moral. Há, de fato, crianças precoces, cujo intelecto e amor muito cedo se desenvolvem e se mostram profundamente santificadas mesmo aos dois ou três anos de idade. Tais crianças geralmente são designadas pelo Senhor a serem trazidas à sua Casa imediatamente. Em obras como a conhecida *A Token for Children* [Um exemplo para as crianças], de Janeway,[1] existem relatos interessantes, comprovando que a santidade pode florescer e amadurecer nos mais jovens corações de crianças, a quem chamarei, com específica propriedade, de "infantes", por cuja boca Deus ordenou louvor e silenciou o inimigo e o vingador. Pequeninos que se poderia supor poderem falar apenas de infantilidades ou brinquedos são capazes de discorrer com aparente profundidade e conhecimento espiritual, sobretudo, sobre assuntos celestiais. Alguns até realizaram tarefa para o mestre ainda nos braços da mãe, falando do Salvador em tons de derreterem o coração maternal e tocarem a consciência paterna, e que cedo foram levados de volta para o céu. "Quem os deuses amam morre cedo", dizem os pagãos; mas não há dúvida de que não é pouco privilégio ser admitido de forma tão precoce na glória: uma rápida passagem pela terra, e logo são remetidos de regresso ao paraíso. Preciosos demais para serem deixados aqui embaixo. Tão preciosos quão queridos para o bom Deus, que os enviou e então os chamou de novo para casa! Formosos botões de rosa, levados, por sua perfeição em tão cristalina beleza de alma, a enfeitar o seio do Salvador — como lamentaríamos sua passagem para o alto?

> Não sejam amargas lágrimas derramadas
> a ti, florescente ser, cedo partido!
> No teu leito, flores sejam espalhadas
> inda em botão, abençoado falecido,
> que um raio róseo foi toda a tua jornada,
> em um clarão, ruborizando a alvorada.

Aqui também devemos incluir aqueles que já passaram da primeira hora da vida, mas não desperdiçam a segunda. Referimo-nos a esperançosos rapazes e moças que melhor chamaríamos de "jovens" — aqueles que já passaram a infância e a meninice, a adolescência, e agora se encontram no apogeu e no vigor da juventude. São rapazes que costumam estar mais em casa do que nos locais de trabalho, prontos, sempre que Satanás os instiga, a fazer algazarra e zombaria em locais públicos, mais do que se ocuparem na vinha; e, no entanto, para louvor do divino amor, são também, geralmente, chamados pelo proprietário, a trabalhar em sua vinha. Cremos ser de bom alvitre avisar alguns de nossos irmãos que pareçam ser um tanto duvidosos da piedade juvenil de que não alimentem suas dúvidas duras e suspeitas a respeito disso. Queremos salientar, e acredito que alguns dos que aqui têm frequentado com assiduidade também já o observaram, que dentre todos os escorregões e quedas que nos têm causado dor, pouquíssimo sofrimento nos foi causado por jovens. Há alguns deles que hoje pregam o evangelho com acolhida e força, que essas mãos batizaram em Jesus Cristo bem cedo, e há entre nós servos honrados de Deus ajudando muito bem nesta igreja, que já nos tempos de escola eram entusiásticos seguidores do Senhor. Entre as primeiras

---

[1] [NE] Trata-se da mais célebre talvez das obras de James Janeway, ministro puritano inglês (1636-1674), considerado o escritor cristão, depois de John Bunyan, mais lido pelas crianças de seu tempo, em seu idioma.

conquistas juvenis que alguns de nós obtivemos, está a compreensão das coisas do Reino: a Bíblia foi, assim, nossa primeira cartilha, nosso abecedário, o guia de nossa meninice e alegria e conforto de dias mais recentes. Agradecemos a Deus que ainda haja Timóteos entre nós, que não são poucos nem distantes; e jovens Samuéis, que, sendo trazidos infantes à casa do Senhor, têm vestido desde tal dia o éfode de linho espiritual e servido à sua maneira a Deus, como quase sacerdotes, de todo o coração. Felizes aqueles que são chamados ainda na manhã da vida, pois têm motivo especial para bendizer e louvar a Deus.

A graça é uma planta, onde quer que cresce,
de raiz a mais pura e celestial;
Mais bela, porém, no jovem aparece,
dando mais doce fruto espiritual.

Vamos parar um minuto que seja para refletir sobre a condição feliz dos que são salvos na infância. De manhã cedo, o orvalho ainda cintila nas folhas, mostrando a donzela manhã, radiante em sua beleza inaugural, somente não apreciada por aqueles que não contemplem o nascer do dia. Assim também, há na piedade cristã precoce uma beleza indescritivelmente encantadora e indizivelmente aprazível em frescor e radiação. Há que ressaltarmos da infância e da juventude a simplicidade natural e a confiança pueril, nunca mais vistas pela vida afora. Pode haver menos conhecimento, sim, mas há muito mais amor; pode haver menos razão, é certo, mas há muito mais de simples aceitação da revelação divina; menos raízes firmadas, mas certamente mais perfume, mais beleza e mais viçoso verdor espiritual na planta que cresce. Se tivéssemos de apontar uma parte da vida cristã na qual há maior alegria, depois da terra desposada, que indicamos em primeiro lugar e principalmente por ser tão próxima de Canaã, cremos preferir a porção da experiência cristã que se encontra ainda na direção do sol nascente, semeada com pérolas de amor e embalada pela música deliciosa dos pássaros da esperança.

De manhã cedo, quando acabamos de despertar, o trabalho é mais fácil; nossa ocupação na vinha constitui um jubiloso exercício, em vez de o trabalho dos muitos que carregam o fardo já em pleno calor do dia. O jovem cristão não se sente oprimido pelas preocupações e os problemas do mundo como outros são; nada mais tem a fazer senão servir a seu Deus. Está livre da vergonha que cerca muitos de nós e impede que se faça o bem quando a ele nos deveríamos consagrar inteiramente. O rapaz e a moça em Cristo nada mais de importante têm a pensar além de no seu e nosso Senhor. Há os livros e os estudos, sim, mas podem manter fervoroso o espírito em meio a eles. Há as amizades de sua idade, sim, mas com pureza e simplicidade podem ser úteis a elas e, por intermédio delas, a Deus. Se pudesse escolher ter o melhor tempo para trabalhar por Jesus, pediria que me fossem dadas as abençoadas horas da manhã, quando meu coração bate mais leve e os mais puros raios de regozijo e satisfação tremulam em meu caminho; quando meu afogueado peito nada anseia com ardor, e meu espírito não se acha preso a correntes de inquietação.

A conversão ainda cedo deveria ser a preferida, pois as pessoas ainda não foram induzidas a se manter à toa na vida. Um cidadão que fique horas e horas parado, com as mãos nos bolsos, palreando com bêbados e assemelhados, não será, ao que parece, muito adequado na hora em que se precisar dele, porque terá se tornado tão natural para ele ficar encostado preguiçosamente na parede que não estará muito disposto a começar prontamente o trabalho. Deem um início matutino à alma deles; selem os potros enquanto ainda são jovens, e eles muito provavelmente aceitarão melhor a sela. Não há trabalhadores comparáveis aos que começam a trabalhar enquanto ainda jovens. Que promessa de um longo dia há para os jovens crentes! O sol acabou de nascer. Ainda levará algum tempo até passar pelo zênite e então começar a baixar. Há bastante tempo e espaço suficiente, portanto, e nenhum deve ser desperdiçado. Se Deus em sua providência o permitir, o jovem tem ainda doze horas do dia para trabalhar — quanto não poderá realizar? Para uma vida grande e gloriosa, a piedade precoce, se não essencial, é pelo menos, e certamente, uma bela vantagem. Entregar nossos primeiros dias a Jesus nos poupa de muito erro e muito arrependimento, nos previne de adquirirmos muitos maus hábitos e nos capacita a alcançar o sucesso espiritual mediante a bênção do Espírito Santo. É bom começarmos a voar enquanto as asas ainda são fortes. Se vivermos em pecado, as asas podem se quebrar e irão bater em vão pelo resto dos nossos dias, mesmo quando a graça nos chame. Que seja desejo dos pais que aqui se encontram a conversão de seus filhos enquanto ainda jovens e crianças! E, oh, que Deus lance o mesmo desejo no coração de jovens presentes aqui esta manhã: antes mesmo que cheguem à idade adulta, antes que possam ser chamados homens e mulheres e sejam considerados, de modo certo, ou não, perfeitos em Cristo, que sejam, desde agora, verdadeiramente filhos de Deus. Que desejem, *como meninos recém-nascidos, o puro leite espiritual* (1Pe 2.2), e o Senhor permita "por ele crescerdes para a salvação". Felizes, bem-aventuradas, as almas que o mestre, por sua maravilhosa graça, converte ainda de manhã cedo!

O proprietário da vinha saiu novamente *na hora terceira*. Esse momento representa o período em que deixamos de ser jovens e somos perfeitamente capazes de ser considerados adultos. Suponhamos estabelecer a primeira hora como que nos primeiros sete ou oito anos de idade, seguida da segunda hora, a partir desse ponto até mais ou menos os vinte anos, e logo depois um período de tempo considerável entre os vinte até os trinta; e assim por diante, chamando os períodos posteriores de terceira, quarta e quinta horas, respectivamente. Deste modo, alguns seres existem que a divina graça restaura na terceira hora. E começa a ser tarde! Aos vinte anos já é, de certo modo, tarde, se pensarmos em quanta alegria precoce já se torna agora impossível, quantos hábitos pecaminosos já foram adquiridos, quantas oportunidades de sermos utilizados já se tornaram simplesmente passado. Um quarto do dia já terá passado para sempre ao alcançarmos a terceira hora! O melhor quarto do dia vem então à memória. A primeira refeição do dia acabou — o abençoado desjejum com Cristo não é mais possível. Muito preciosa é a refeição que o Salvador nos dá na porção da manhã: o maná que derrete enquanto se ergue o sol. Abençoada é a criança alimentada por Jesus. Lembro-me vivamente de quando fui despertado, como Elias debaixo de um pé de zimbro, e alimentado com tal iguaria que até hoje o sabor habita em mim. O homem de vinte anos já perdeu essa primeira refeição; acabou o café da manhã; Cristo dirá a ele, como a outros: "Venha almoçar", e isso é bastante precioso; mas a refeição mais saborosa, da manhã, já passou, o aproveitamento inicial, o primeiro êxtase, nunca será por ele conhecido.

Não tenho dúvida de que muitos aqui consideram que ser convertido aos vinte anos é até bem cedo; mas por que dar vinte anos a Satanás? Por que um quarto da existência humana, aproximadamente, deverá ser devotado ao mal? Pode, inclusive, nem ser um quarto, pode ser apenas a metade, e em muitos casos é toda uma vida. O sol poderá se pôr antes do meio-dia, e aquele que estiver ocioso na praça jamais terá a esperança de vir a ser um trabalhador da vinha. A morte vem quando Deus deseja e pode não dar aviso, fazendo secar e cair a flor ainda em botão, antes que haja aberto: "De manhã cresce e floresce; à tarde, corta-se e seca". É tarde, sim, infelizmente tarde! Muito triste perdermos os dias brilhantes, em que a mente não se ocupa tanto e estamos mais propensos a desenvolver hábitos divinos. Muito triste termos aprendido tanto pecado quanto se aprende até os vinte anos, ter visto tanta iniquidade, ter acumulado na memória tanta profanação. Em vinte anos com Deus, poderia ser alguém bastante escolado no reino; em vinte anos no mundo, torna-se uma pessoa tão escarlate em pecado quanto tenha estado mergulhada na tinta.

É tarde, sim. Todavia, temos de dar graças a Deus por não ser tão tarde assim. Não é muito tarde nem mesmo para o maior dos propósitos. Não apenas é um período da vida não muito tarde para a salvação, como também não muito tarde para fazer o bastante por Jesus Cristo. Alguns de nós aos vinte anos já cumprimos algum tempo de ministério cristão e temos sido o meio de trazer muitas almas à cruz de Cristo; mas se outros forem pela graça levados a só então começar, haverá certamente bastante tempo restante também, se a providência divina poupar essas vidas. O jovem ainda possui, nesse período, toda a sua força e todo o seu vigor; seus ossos estão cheios de tutano, e seu coração está cheio de fogo. Deve, de modo geral, ter adquirido uma boa dose de educação e estar preparado para adquirir ainda mais. Está agora no momento exato em que deve trabalhar. Seus planos de vida ainda não estão definitivamente estabelecidos; possivelmente, ainda não casou, nem ainda tem filhos que possam ser maculados por seu eventual mau exemplo; tem a oportunidade de estabelecer um lar temente a Deus. Se estiver começando

CEDO OU TARDE, OU *HORAE GRATIAE* | 1041

uma carreira ou um negócio, tem a oportunidade de se conduzir de tal modo que, se futuramente precisar, haverá tempo de mudar seu rumo de ação e estabelecer um novo curso de vida. Se chamado à graça de Deus pode perfeitamente, aos vinte anos, dar início a uma santa carreira honrosa, na qual, sem haver ângulos nem curvas, pode navegar em curso direto ao porto e marcar no mar da vida um brilhante rastro, que o fará alcançar, desde o primeiro momento, as luzes do céu, com sua nave completamente lotada de bênçãos. É tarde, sim, sob determinados aspectos, mas, oh, não para servir bem ao mestre, nem para merecer a coroa de grande recompensa, que é a dádiva do divino amor.

Há uma abundância de trabalho a fazer ainda para aqueles que já se encontram na terceira, na quarta ou na quinta hora do dia. Acredito, na verdade, que a igreja possa esperar de nós sua mais ativa obra; pois é costume que, nos últimos desses períodos, o crente se torne quase sempre mais beneficiário da igreja do que doador em termos de atividade. O sangue fresco, a energia, o calor no coração e a pronta ação, no entanto, devem vir em grande parte dos jovens que se convertem. Ó vocês, de vinte anos, pediria a Deus que fossem todos logo renascidos do céu! Donzelas, em sua prematura beleza, que o mestre, em sua infinita misericórdia, as traga a seus pés! Soubessem da doçura de seu amor e não precisariam ser convencidas! Pudessem compreender a alegria da verdadeira crença, não precisariam que eu lhes suplicasse! Há mais alegria consagrada que se pode desfrutar em segredo com o Senhor Jesus Cristo do que toda felicidade que o mundo possa produzir. Um grama do amor de Cristo é melhor do que uma tonelada de adulações do mundo. Os prazeres do mundo são como bolhas de ar com belos matizes, brilhantes para o olhar, mas que desaparecem num sopro. Cristo, porém, nos provê um tesouro verdadeiro, que dura por toda a eternidade. O ouro mundano é simplesmente ignóbil; brilha, mas não tem valor algum. Poderia até haver, aparentemente, um brilho menor nas coisas de Deus; mas nelas persiste uma sólida alegria e um duradouro prazer, que ninguém, senão os filhos de Sião, conhece. Que o mestre venha nesta manhã a seu coração e que por minha simples palavra possa chamá-los na terceira hora do dia para a vinha.

A graça do mestre, porém, não fora ainda exaurida, e, portanto, saiu à sexta hora. Vemo-lo chegando à praça ao meio-dia em ponto. Metade do dia já se passara. Quem iria empregar um homem dando-lhe o salário de um dia inteiro quando doze horas se passaram? Já não faria muito se tivesse sido contratado às seis, que dirá se chamado às doze? Metade de um dia de trabalho! É muito pouco para se buscar ou ser oferecido. O mestre, no entanto, busca e aceita. Ele promete: *Eu vos darei o que for justo* (Mt 20.4). Há, então, aqueles que são chamados e entram na vinha já na sexta hora e que, sendo também salvos pela graça, começam a trabalhar para Jesus. Essa hora representa o período em que um homem deve estar no auge da vida — quando já passa dos quarenta anos. *É, infelizmente, porém, muito, muito tarde*. Tarde demais em muitos aspectos, não só porque resta muito pouco tempo de vida, mas também porque muita energia, zelo e força, que deveriam ter sido dados a Deus, foram desperdiçados; e, até certo ponto, usados para combater Deus. Quarenta anos de dureza no coração! É muito tempo para a paciência divina. Quarenta anos de pecado! Bastante tempo para a consciência do homem poder lamentar. "Durante quarenta anos, estive irritado com aquela geração", lembra Deus. No deserto, os israelitas endureceram quase o tempo todo o coração; e Deus dispôs então que por quarenta anos não entrariam no descanso divino.

Que bênção para você, não convertido que já atingiu seus quarenta anos de idade, no entanto, que o Senhor não haja tomado tão terrível determinação como essa quanto a você. Que a temperança divina perdure, que a paciência de Deus o suporte e ele ainda convoque você: "Venha trabalhar, meu filho, minha filha — venha trabalhar a partir de hoje na minha vinha". Infelizmente é tarde porque andar no caminho do pecado se tornou mais que natural para você. Você terá muito a enfrentar no futuro, como resultado do passado. Mudar de rumo o navio da alma não é tão fácil quanto comandá-lo; e somente a mão divina pode recolocar a alma no caminho da graça. Você precisará de muita graça para poder arrancar a corrupção que teve tempo durante quarenta anos para fincar raízes em seu coração. Você há de constatar que em sua casa existe um inquilino no controle, que o seu controle é quase total e que sua expulsão será difícil de realizar; de fato, tão difícil que somente alguém bem mais forte que ele poderá fazê-lo. Até a morte, a lembrança eventual das coisas malignas que você fez, pensou, falou, viu ou ouviu durante esses quarenta anos de incorrigibilidade o perseguirão; você ouvirá ecos de palavras perversas quando tentar orar, e feitos dos quais se arrepende e se lamenta baterão à sua porta mesmo quando esteja pronto a chamar a Deus *abba Pai* sem vacilar.

É tarde, muito, muito tarde mesmo, nessa sexta hora, *mas nunca tão tarde demais que Deus não possa chamar você*. Não é tarde demais para um dos mais ricos prazeres espirituais, que é poder cear realmente com Jesus; ele ainda pode se manifestar a você, como nunca faz ao mundo; e você pode ainda ter muito tempo para servi-lo. Nem é tarde demais para se destacar entre seus servos. Tome como exemplo a vida de John Newton:[2] chamado já no meio do dia de sua vida, ele deixou na vinha de Deus sua marca notável e que jamais será apagada. Acredito que Paulo também não tivesse menos que essa idade ao ser chamado pela soberana graça, e a maior parte dos apóstolos certamente devia ter pouco menos de quarenta anos quando o perdão de Deus os encontrou; no entanto, cumpriram, sem dúvida alguma, um glorioso dia de trabalho. Se você for salvo na meia-idade, meu irmão, terá de trabalhar, é certo, de maneira um tanto mais rigorosa; deverá entender que o tempo passado já foi mais que suficiente para ter obedecido à vontade da carne e que deverá redimir esse tempo de dias malignos. O homem convertido aos quarenta anos deve marchar duas vezes mais rápido para chegar ao céu; não há tempo a perder. Faça seu melhor, dê duas braçadas nas águas para cada uma a ser dada pelos mais novos. Busque, pois, a força divina para fazer duas vezes mais, já que tem apenas metade do tempo para realizar o trabalho de uma vida inteira. Sei que você deseja obter louros para Cristo; mantenha-se então de pé e ativo. Só se é salvo pela graça, e pela graça apenas. Se você anseia honrar a Cristo, por conta do divino amor gratuito para com você, acaso não poderá se esforçar para fazer no tempo restante o que os outros devam realizar no tempo de uma vida inteira? Você pode: pelo zelo, pela prudência, pela discrição e inteira consagração, você pode perfeitamente servir bem a seu mestre e Senhor.

Saiu o proprietário da vinha, mais uma vez, *à nona hora*, às três da tarde. Ninguém pensa empregar diaristas às três horas da tarde. O trabalho de um dia inteiro para ser feito das três às seis! Só isso mostra a você que o chamado evangélico não é absolutamente como uma contratação no mundo; ele é todo cheio de graça, ou então homem nenhum consideraria aceitá-lo. Três da tarde equivale ao período dos sessenta aos setenta anos de idade. O apogeu da vida já passou. *É tarde, infelizmente muito tarde mesno, muitíssimo tarde.* É tarde porque todos os poderes do homem encontram-se muito mais enfraquecidos. A memória já falha. O ser humano considera sua capacidade de julgar melhor até do que nunca, mas provavelmente, na verdade, não passa de sua opinião. Muitas faculdades perdem a agudeza na velhice. O idoso adquire experiência, sim; todavia, não há tolo mais insensato que o velho tolo; e uma pessoa que não haja aprendido mediante a divina graça aprende muito pouco na escola da providência. Sessenta mil anos não fariam um homem sábio se a graça não o ensinasse.

Agora, pense bem: não é, de fato, muito tarde? Eis um homem nessa idade: se for convertido agora, que se poderá aproveitar dele? É como um toco de vela: pode oferecer alguma luz, mas é mais um pavio que queima no fundo do castiçal. Em que foram gastos esses sessenta, setenta anos? Vamos relembrá-los. Vamos fazer como os filhos de Noé: voltemos no tempo; e oh, que a graça todo-poderosa volte também! A verdade se mostra, apavorante: sessenta, setenta anos gastos a serviço de Satanás! Oh, quanto bem a pessoa idosa poderia ter feito! Se tivesse servido a Deus como serviu ao mundo, quanto bem poderia ter realizado! Fez uma fortuna; mas quão rico poderia ter sido na fé! Construiu uma bela mansão; poderia também ter ajudado a edificar a igreja de Cristo! Passou seu tempo brincando de construir castelos de cartas; ou, como as crianças na praia, construindo castelos de areia, que em breve serão destruídos pelas temerosas ondas da morte. Nossos dentes caídos, nossas dores, enfermidades, reumatismos, tudo nos mostra que não é esse o descanso ideal. O tabernáculo humano começa a ruir, e é o aviso de que o ser em

---

[2] [NE] John Newton (1725-1807), comandante de navio negreiro, traficante de escravos, que em meio a uma tempestade no mar veio a se converter, tornando-se clérigo anglicano e autor de hinos evangélicos, dos quais *Amazing Grace* [Maravilhosa graça] tornou-se, mundialmente, o mais famoso.

breve partirá, deixando para trás seus sonhos, sua fortuna, sua casa; e se isso tiver sido tudo em sua vida, nada terá no fim das contas; a pessoa acumulou sombras, e isso foi tudo o que fez; quando poderia, se tivesse crido em Jesus, ter feito muito em nome de Deus e pelas almas dos homens. Quantos maus hábitos, no entanto, adquiriu!

Que se pode fazer, então, por esse ser? Se for salvo, o será pelo fogo. Está sendo chamado e irá entrar no céu, mas oh, quão pouco ainda poderá fazer pelo Mestre e que terrível lembrança de pecados terá de enfrentar, quantos conflitos interiores até que chegue ao paraíso! É tarde, é muito tarde, mas oh, bendito Deus, para o Senhor *não é assim tão tarde.* Já tivemos entre estas quatro paredes pessoas que de há muito haviam passado do apogeu da vida, mas que chegaram e nos disseram: "Queremos compartilhar com o pregador nossa experiência porque sabemos que o Senhor está aqui". Ouvimos então sua feliz história: de como um idoso pode voltar a se tornar criança; de como quem já está grisalho por causa do tempo pode nascer de novo no reino de Cristo. Não; nunca é tarde demais. Quem disse que é? O diabo? O portão está fechando, sim; podemos até ouvir o rilhar das dobradiças; mas ainda não está fechado! O sol está se pondo, mas ainda não se perdeu no horizonte. Se o mestre chamar, corra o mais rápido que puder; e quando estiver a salvo, sirva-o então, com toda a sua força e todo o seu propósito possível, porque você tem pouquíssimo tempo para glorificá-lo na terra, pouco espaço também para mostrar seu sentido de profunda dívida para com o seu insuperável amor.

O dia está acabando. *Chegamos à penúltima hora*, cinco horas da tarde! Já se começa a calcular quanto falta para as seis; anseia-se por ouvir o soar de badaladas de aviso; espera-se que mais um dia de trabalho logo se encerre. Agora, vejam. O proprietário chega novamente à praça, onde se encontram homens parados, desocupados, que ainda perdem tempo ali, aponta para alguns e inquire: *Por que estais aqui ociosos o dia todo?* [...] *Ide também vós para a vinha* (Mt 20.6,7). Já na penúltima hora, eles vão — um tanto envergonhados, acho eu — mal suportando que os outros os vejam; sentindo-se constrangidos por começarem a trabalhar tão tarde. No entanto, ainda se fazem dignos de alguns olhares; e há companheiros generosos, que os olham por cima das vinhas e os saúdam: "Que bom vê-los aqui conosco, amigos! Que bom vê-los, por mais tarde que seja". Há alguns dentre os trabalhadores, ou, pelo menos, deveria haver, em se tratando da vinha do Senhor, ouso dizer, que até mesmo parariam o trabalho e começariam a cantar e louvar a Deus só de constatar que seus companheiros estão ali, que foram salvos na penúltima hora!

A penúltima hora deve ser vista como o período da vida em que já se passou dos setenta anos; até onde vai, não se pode dizer. Há o exemplo autêntico de um homem convertido a Deus aos 104 anos, durante o último reavivamento irlandês, e que se locomoveu por certa distância para fazer sua confissão de fé em Jesus Cristo. Lembro-me também do caso de um homem convertido na América por um sermão que ouvira, se não me engano, oitenta e um anos antes. Tinha quinze anos de idade quando ouviu um pregador, sr. Flavell, dizer, no fim do sermão, em vez de dar a bênção: "Não os posso abençoar. Como posso abençoar aqueles que não amam o misericordioso Jesus Cristo? *'Se alguém não ama ao Senhor, seja anátema. Maranata!* (1Co 16.22); oitenta e um anos depois, essa solene sentença veio à lembrança do homem quando ele vivia na América, e Deus abençoou sua conversão. Há aqueles para quem a penúltima hora, a do chamado, é a da própria morte; alguns, digo, mas quantos já não conheci! Exemplo conhecido está nas Escrituras: do ladrão moribundo na cruz. Acho que, inclusive, só existe ali apenas esse exemplo. Deus, no entanto, em sua abundante misericórdia pode fazer o que quiser para a glória de sua graça e mesmo à penúltima hora pode chamar seus escolhidos. É muito tarde, é muitíssimo tarde, é tristemente tarde, lugubremente tarde — *mas para Deus não é tarde*; e se o mestre o chamar, venha, mesmo que cerca de cem anos de pecado tornem os seus pés pesados, de tal modo que seja difícil caminhar; se ele o chamar, embora muito tarde, não é tão tarde assim para ele; portanto, venha.

Você já pensou sobre como o ladrão salvo poderia ter trabalhado para o Senhor na vinha? É bem verdade que aquele não era um lugar muito bom de se trabalhar, pregado a uma cruz para morrer, na penúltima hora; mesmo assim, ele realizou algum trabalho nesses poucos minutos que lhe restavam. Veja o que ele fez. Primeiro, confessou Cristo — reconheceu ser ele Senhor e rei e o confessou publicamente, perante os homens. Em segundo lugar, justificou Cristo: *Mas este nenhum mal fez* (Lc 23.41). Até começou a pregar, pois reprovou seu companheiro pecador de que não deveria ultrajar alguém tão injustamente condenado. Enfim, humilhando-se, fez uma súplica que se tornou modelo de oração: *Jesus, lembra-te de mim quando entrares no teu reino* (Lc 23.42). De qualquer modo, gostaria até de poder dizer de mim mesmo o que posso dizer do ladrão: *ele fez tudo que podia*; na verdade, nem posso dizer isso de mim mesmo e receio não poder dizê-lo de muitos de vocês. Não sei de mais nada que o ladrão pudesse ter feito na cruz que não tenha feito. Assim que foi chamado, parece-me que trabalhou na vinha o máximo possível dentro de sua capacidade. Deixe-me dizer-lhe, então, que, se você for chamado na penúltima hora, meu querido ouvinte, apesar de afetado pelo tempo e envelhecido, em nome de Jesus Cristo e de todo o grandioso amor por todas as coisas que ele fez por você, siga o caminho e louve-o com toda a força possível.

II. Meu tempo acabou. Espero poder ter mostrado que A TODO MOMENTO E CHAMADO BRILHOU UMA GRAÇA DISTINTA. Os chamados ainda cedo guardam um maravilhoso motivo para admirarmos a graça soberana, pois nos poupam das mazelas e dos pecados da vida. Em relação a eles, contento-me em repetir estas linhas de Ralph Erskine:

> Nos coros celestiais uma dúvida raiou
> e nunca cessará a disputa que causou:
> Quem dentre os eleitos de toda a raça humana
> deve maior louvor à graça soberana?
>
> Bebês ainda saídos do ventre e a mamar
> clamaram poder mais do que os outros cantar;
> Por haverem o mais feliz lugar encontrado
> que nunca dantes haviam visto ou procurado.

Que magnífica é a graça que nos chama quando ainda jovens! Eis o amor eletivo: *Quando Israel era menino, eu o amei; e do Egito chamei a meu filho* (Os 11.1). Alguns de nós teremos de entoar, ao longo do tempo e da eternidade, uma canção especial de gratidão por esse amor, que nos arrebatou em nossos dias de ingenuidade e desatino e nos conduziu à família de Deus. Não foi por sermos crianças ou jovens mais bem preparados que outros ou porque houvesse algo natural de melhor em nós; éramos tão ansiosos, impetuosos, arrogantes, orgulhosos, geniosos e desobedientes como quaisquer outros de nossa idade, e, no entanto, a misericórdia de Deus nos separou da maioria, motivo pelo qual jamais poderemos deixar de adorar essa soberania.

Observe-se a graça que chama os homens na idade dos vinte anos, quando as paixões são quentes, quando há enorme tentação de se mergulhar nos vícios e nos tão falados prazeres da vida. Ser liberto dos encantamentos do pecado quando ainda é róseo o rosto do mundo e este enverga suas melhores vestes e aprender a preferir a reprovação de Cristo a todas as riquezas do Egito, eis a poderosa graça pela qual Deus deve merecer as nossas mais doces canções.

Ser chamado pelo Senhor aos quarenta anos, no auge da vida, é um maravilhoso exemplo do poder divino, pois a mundanidade já se faz difícil de ser superada: a mundanidade é o pecado típico da meia-idade. Com família a sustentar, muito trabalho a realizar, o mundo lhe comendo por dentro como um cancro, é uma maravilha que Deus, em sua misericórdia, o visite então e torne regenerada a sua alma. Você é, assim, um milagre da graça e deverá senti-la, de fato, para que possa louvar a Deus por toda a eternidade.

Aos sessenta anos: "Pode o etíope mudar a sua pele, ou o leopardo as suas malhas? Então podereis vós também fazer o bem, habituados que estais a fazer o mal". Mesmo assim, você aprende, tem um bendito mestre-escola que docemente o ensina, e você chega a poder fazer o bem. Apesar de seu navio ter começado a afundar nas águas do mar Negro do pecado, tem agora um novo comandante e navegará, sob outra bandeira, pelo Cabo da Boa Esperança rumo à Ilha dos Abençoados, na Terra da Vida Eterna.

Cedo ou tarde, ou *horae gratiae*

O que posso dizer de você, chamado depois de velho? Ah, você terá de amar muito, pois muito lhe foi perdoado. Não acredito que você deva ser, nem um pouco, menos agradecido do que nós, que fomos chamados na juventude; nós temos muito a agradecer a Deus, e você também. Estamos em um extremo, e você no outro; amamos demais por havermos sido poupados de tanto pecado, e você, por ter sido libertado de tanto pecado. Não ser preciso passar pelo fogo é motivo de louvor; mas poder atravessar a chama sem se queimar, andar pela fornalha e ser livre de seu fogo intenso, oh, como deverá você encontrar palavras com as quais possa expressar sua gratidão!

Chamados cedo ou chamados tarde, ao meio-dia ou ao final da jornada, que possamos agradecer, todos juntos, tudo ao Senhor Jesus, pois fomos todos chamados por sua graça; e, levados pela poderosa compulsão do seu amor, trabalharmos por ele, em corpo, alma e espírito, até não mais podermos, e a ele louvarmos por toda a sua glória. Eu vos rogo, irmãos, não deixem que a preguiça ou a negligência ou a indiferença tome conta de vocês. Se buscam expandir o reino do redentor, façam mais e cada vez mais. Deem mais de si, falem mais de Cristo, orem mais, trabalhem mais! Costumo receber conselhos como este: "Não se esforce tanto; procure fazer menos". Não posso fazer menos. Fazer menos? Melhor cair na ruína do que viver uma vida inglória de fazer menos em vez de o máximo que posso fazer por Deus. Nenhum de nós precisa, acho eu, morrer de tanto trabalhar por Jesus. Seria um ato tão abençoado de suicídio que, se existe pecado venial, um deles certamente seria esse. Não receio, porém, que vocês perpetrem esse absurdo. Operem o máximo pelo mestre! Trabalhem o mais que possam pelo mestre! Desgastemo-nos e sejamos desgastados, até quase chegarmos à exaustão, por ele. Não poupemos a carne só para realizarmos os desejos dela. E, oh, quão felizes seremos se formos privilegiados, ao acabarmos o trabalho, em ouvi-lo dizer, a cada um de nós: *Muito bem, servo bom e fiel*, [...] *entra no gozo do teu Senhor* (Mt 25.21).

Que o Senhor os abençoe, em nome de Cristo. Amém.

111

Os primeiros últimos
e os últimos primeiros

Entretanto, muitos que são primeiros serão últimos, e muitos que são últimos serão primeiros (Mt 19.30).
Assim, os últimos serão primeiros, e os primeiros serão últimos (Mt 20.16).

Se quisermos servir ao Senhor, temos de ser salvos. Não há como servir a Deus na condição de não salvos: [...] *os que estão na carne não podem agradar a Deus* (Rm 8.8). É inútil a tentativa de prestar serviço a Deus enquanto ainda se estiver em situação de inimizade para com ele. O Senhor não requer inimigos seus para servi-lo, tampouco escravos para agraciar o seu trono. Primeiro que tudo, portanto, é sermos salvos; e a salvação vem pela graça: [...] *pela graça sois salvos, por meio da fé* (Ef 2.8). Após sermos salvos, e em consequência da salvação, é que servimos. Salvos, nós servimos. Aquele que é salvo se torna filho de Deus e presta então seu serviço filial na casa do Pai. Esse serviço é realizado também mediante a graça. O servo de Deus em Cristo não o serve sob a lei do Antigo Testamento: *Fazei isso e vivereis* (Gn 42.18), pois não está mais sob a lei, mas sob a graça. O pecado não tem mais domínio sobre ele, mas sobre ele tem domínio a graça; e ele busca servir ao Senhor e agradá-lo todos os dias de sua vida. Uma vez salvos, não podemos esquecer que é por estarmos salvos que nos cabe servir; livres do pecado, podemos nos tornar servos de Deus. Davi diz: *Ó Senhor, deveras sou teu servo; sou teu servo, filho da tua serva; soltaste as minhas cadeias* (Sl 116.16); e porque estão soltas as nossas cadeias, estamos sob novas cadeias, as cadeias do amor, que nos ligam ao serviço do Altíssimo.

Portanto, quando passamos a ser servos de Deus, não podemos de modo algum esquecer que somos homens e mulheres salvos; pois, se começarmos a fantasiar que ao servirmos a Deus estamos trabalhando para ganhar a vida por nossos méritos, teremos uma base legalista; e um filho de Deus que serve ao Senhor sobre base legalista acaba se arrependendo, pois se afasta de sua verdadeira posição diante de Deus. Lembrem-se ainda de que *não estais debaixo da lei, mas debaixo da graça* (Rm 6.14). Se você passar a esquecer sua gratidão a seu Salvador, não apenas pela vida eterna, mas por tudo que você é, tem e faz, será como os gálatas, que começaram no Espírito, mas procuraram ser perfeitos pela carne. Será como o jovem rico, cuja pergunta a Jesus recentemente citamos: "Que me falta ainda?" Será como o apóstolo Pedro quando colocou perante o Senhor uma espécie de reivindicação: *Eis que nós deixamos tudo, e te seguimos; que recompensa, pois, teremos nós?* (Mc 10.28). Você será, enfim, como os homens que trabalharam na vinha desde manhã cedo e reclamaram quanto ao pagamento igual dado àqueles que haviam trabalhado por apenas uma hora. Cristo não deseja que seus servos se coloquem sob a sujeição de um espírito legalista. Sempre que ele o constata, corta o mal pela raiz; pois tanto o serviço quanto a recompensa existem em virtude da graça. O serviço nos é dado por Deus, e Deus recompensa o serviço que ele mesmo deu. Poderíamos dizer disso como sendo quase uma excentricidade da graça. Deus nos dá boas obras e então nos recompensa pelas boas obras que ele mesmo nos deu. Assim, tudo é obra da graça, do primeiro ao último item, e jamais deverá ser encarado com um olhar legalista. É sobre esse assunto que eu quero, nesta ocasião, conduzir vocês.

Ouso dizer que vocês têm ouvido sermões sobre esse texto, mas provavelmente não têm pregado sobre ele em seus contatos com não convertidos. Quero estudar o texto com vocês tal como ele se apresenta e dele receber um pouco de esclarecimento para o meu próprio coração, a fim de transmiti-lo a vocês. Embora o texto seja em si verdadeiro, não é toda a verdade que Deus ali pretende nos ensinar, o que nos

Os primeiros últimos e os últimos primeiros | 1047

leva a olhar em torno dele, buscando ver o que vem antes e depois, para que possamos captar o sentido exato pretendido pelo Espírito Santo nessas palavras.

I. Começarei por me estender sobre a seguinte observação: NO SERVIÇO DO NOSSO SENHOR, A GRAÇA SE MANIFESTA LIVREMENTE. Isso pode lhes parecer não se encontrar no texto em si, mas fica bastante evidente no contexto todo. Pensem bem sobre isso.

Assim deve ser, em primeiro lugar, porque, apesar de recompensado, *todo o nosso serviço já o devemos desde antes a Deus*. Pela lei, somos obrigados a amar o Senhor de todo o coração, toda a alma, toda a força e todo o entendimento. Nada mais além disso. Tudo que podemos e devemos fazer já somos obrigados a fazer, pela lei. Trabalhos supérfluos, vãos, desnecessários, são então impossíveis, visto que a lei compreende toda a santidade e condena toda forma de soberba e pecado. Tendo feito tudo o que temos de fazer, somos, mesmo assim, servos inúteis, pois nada mais fizemos que nossa obrigação. Por isso, irmãos, sempre que chamados a um serviço a Deus, mesmo que prometida a recompensa, é um serviço pela graça. Não há como ser de outro tipo. No âmbito do evangelho, a mesma coisa é verdade: tudo que podemos fazer já somos devedores a Deus. *Ou não sabeis que [...] não sois de vós mesmos? Porque fostes comprados por preço* (1Co 6.19,20). Não há faculdade, não há capacidade, não há possibilidade de nossa natureza que não seja redimida e não passe a pertencer a Cristo em virtude do preço do resgate que ele pagou. Você irá, com satisfação e gratidão, sentir obrigação de fazer tudo o que estiver a seu alcance por aquele que o amou e com seu sangue precioso o resgatou.

Possa o meu zelo não impedir reconhecer,
possa eu gratas lágrimas sempre verter.

— tudo, sem dúvida, já devido ao Senhor, em arrependimento e gratidão. Todo o zelo dos missionários, toda a paciência dos mártires, toda a fé dos confessores, toda a santidade dos devotos são, por direito, de Cristo, e por esse motivo não pode para isso haver recompensa para eles, uma vez que já constituem nossa obrigação. Um serviço a Deus para o qual nos seja dada recompensa é um serviço que, por nos ser concedido pela graça, por seu intermédio só da graça podemos receber.

Temos, ainda, esta reflexão: *Todo o nosso serviço é, por si mesmo, inaceitável*. Quando tudo está concluído, de tal modo é inferior e pobre, tão imperfeito e ineficiente, que não merece exigir qualquer recompensa. Jó foi levado a sentir isso no dia de sua humilhação. Ele disse: *Ainda que eu fosse justo, a minha própria boca me condenaria; ainda que eu fosse perfeito, então ela me declararia perverso* (Jó 9.20). Se fosse possível para nós estar diante de Deus por algum mérito nosso, sentiríamos com toda a certeza que não fazemos jus à glória de Deus e que em muito o temos ofendido; então, arrancaríamos de nós nossa justiça, mesmo a melhor que fosse, e a lançaríamos fora como trapo imundo. [...] *todas estas coisas [...] as considero como refugo* (Fp 3.8) — diz Paulo —, *para que possa ganhar a Cristo, e ser achado nele, não tendo como minha justiça a que vem da lei, mas a que vem pela fé em Cristo, a saber, a justiça que vem de Deus pela fé* (Fp 3.9). Se estamos, portanto, tão conscientes dos nossos fracassos, deficiências e transgressões, e se temos de clamar por misericórdia e de confessar nosso pecado mesmo quanto às nossas questões mais sagradas, como podemos supor que alguma recompensa que seja dada possa ser senão da graça, visto que todo serviço a Deus deve ser pela graça?

Reflitamos, mais uma vez. *A capacidade de servir a Deus é dom da graça de Deus*. Não me refiro apenas à capacidade física e mental; mas à capacidade de homens de posses para ajudar a causa de Deus. É Deus quem concede o poder de obter riqueza, assim como é ele quem dá o cérebro para pensar e a boca para falar. *E que tens tu que não tenhas recebido?* (1Co 4.7). Se alguém aqui presente está servindo a Deus com dom e graça, podemos estar certos de que estes são exatamente os que lhe foram dados. Ninguém os conquista por si mesmo. Se alguns foram por aquisição, mesmo assim o poder de adquiri-lhes foi dado por aquele de quem provêm todos os dons virtuosos e todos os dons perfeitos. Portanto, a capacidade de servir a Deus é dom da graça.

Amados, *o chamado para servir a Deus de modo especial também é pela graça.* Se somos chamados para o ministério, lembremo-nos de como Paulo coloca isso: *A mim, o mínimo de todos os santos, me foi dada esta graça de anunciar aos gentios as riquezas inescrutáveis de Cristo* (Ef 3.8). Se nossos monarcas cunham em suas moedas: *Dei gratia* — "pela graça de Deus", reis — (bem, deixemos que digam isso), podemos cunhar também tal expressão em nossa vida: "Pela graça de Deus", professor da escola dominical... "Pela graça de Deus", pregador de rua... "Pela graça de Deus", estudantes de teologia... "Pela graça de Deus", pregador do evangelho. É Deus quem nos chama para as nossas diversas ocupações santas. Nossa ordenação, se formos ordenados, é daquele grande Pastor e Bispo de almas, que costumava subir a montanha e chamar a si aqueles que queria e que fez de seus apóstolos seus primeiros mensageiros; e que, antes de deixá-los, deu-lhes a Grande Comissão, obrigatória a todos os seus seguidores: *Ide por todo o mundo, e pregai o evangelho a toda criatura* (Mc 16.15). É pela graça que somos colocados em alguma esfera de serviço; e é uma graça sermos autorizados a fazer o que quer que seja por ele! Não somos dignos de desatar as correias de suas sandálias, nem suas sandálias levar. Embora sendo uma tarefa de servo, fazer algo por Cristo é trabalho digno de rei. Bendito seja seu nome só por me permitir estar em qualquer lugar a seu serviço, mesmo que eu tenha de ser como o menor ajudante de cozinha! Essa cozinha está em um palácio, e as cozinheiras e copeiras de Cristo são, na verdade, como damas de honra. Aquele que serve a Deus reina. Servi-lo na terra é ser glorificado. Servi-lo no paraíso será o clímax da nossa glória sem fim. E isso, sem dúvida alguma, é pela graça.

Mais ainda, *toda oportunidade de servir a Deus é um dom da graça.* Quando, por exemplo, acontece de eu ter de me afastar do púlpito algum tempo por motivo de doença, considero uma grande graça de Deus ser-me permitido arrastar-me de volta, mais uma vez, a esta tribuna. Quando minha mão se torna incapaz de segurar a caneta, considero uma grande graça conseguir escrever, uma vez que seja, algumas palavras amorosas que possam vir a ser uma bênção para as pessoas. Penso ser a graça de Deus que coloca em nosso caminho pessoas com quem podemos falar diretamente. É a graça de Deus que nos traz as crianças à escola dominical, para que possamos ensiná-las sobre Jesus. Se nos mantivermos despertos e atentos, veremos, o dia todo, oportunidades úteis e clamaremos: "Bendito seja Deus, que por sua providência me coloca de maneira que eu possa ser de algum modo proveitoso para ele, produzindo frutos para o seu louvor!" Tudo vem em virtude da graça: aberturas providenciais, assim como o espírito e o poder para podermos nos beneficiar delas, nos chegam sempre como generosas dádivas de Deus.

Outra coisa que sei: que quando você é chamado para uma tarefa e recebe tal oportunidade, *é um dom da graça estar no estado de espírito certo para prestar serviço ao Senhor.* Você nunca se sentiu indolente, preguiçoso? Não acha que estaria *sempre* assim se o Espírito de Deus não o estimulasse a reagir? Você não se sente, às vezes, tão congelado como se a sua alma se assemelhasse a um grande *iceberg*? E, no entanto, as águas em sua alma jamais fluiriam se o Espírito Santo não chegasse com o seu forte poder de derretimento, não é verdade? Vocês não agradecem a Deus, meus queridos irmãos, por terem tido ocasiões cheias de graça em sua vida, nas quais o Senhor os tem feito como a tribo de Naftali, na predição de Jacó, ágeis como uma corça solta? Quando proferem belas e inspiradas palavras, de quem vem a unção? De onde vem o poder? Vocês costumam certamente julgar a si mesmos, criticando: "Ah, que pobreza!" Mas, se Deus se manifesta por seu intermédio, logo o sentem e exultam: "Ah, que beleza!" Não é essa, então, inteiramente, uma obra da graça? Toda lágrima de compaixão que o pregador derrama quando está buscando almas para Cristo, toda batida de coração e toda angústia que sente quando de bom grado quer incitá-las a virem ao Senhor, todo apoio, todo comportamento de um ministro ou professor orientado pela graça — tudo isso é da graça, e de Deus deve ser a glória. Não é sob a lei que estamos trabalhando; pois a lei não provê força, não provê vigor nem sentido de satisfação. É a graça que nos faz trabalhar; pois ela nos dá a força com a qual trabalhamos. *Uma vez falou Deus, duas vezes ouvi isto: que o poder pertence a Deus. A ti também, Senhor, pertence a benignidade, pois retribuis a cada um segundo a sua obra* (Sl 62.11,12). Ele nos dá força de forma adequada à nossa necessidade e a devida direção em razão das dificuldades da tarefa. Eis a graça, não é assim?

Os primeiros últimos e os últimos primeiros | 1049

Vocês hão de concordar comigo em nosso próximo tópico, sem a menor objeção: *o sucesso do serviço divino é inteiramente do Senhor*. Se formos tão pessoais a ponto de atribuir a nós mesmos a semeadura e a sega, sem considerarmos a graça, ainda assim não ousaríamos atribuir a nós mesmos o crescimento. Disse Paulo: *Eu plantei; Apolo regou; mas Deus deu o crescimento* (1Co 3.6). Uma simples persuasão nossa não prevaleceria sobre o coração duro do homem se o Espírito Santo não o convencesse do pecado e o fizesse se arrepender? O pregador do evangelho, como em nosso pobre caminho, iluminaria uma vez sequer um simples olhar, não fosse Jesus Cristo visto em sua própria luz? Conseguiríamos confortar um coração partido, proclamar a liberdade aos cativos, abrir a prisão aos encarcerados, se não estivesse o Espírito de Deus sobre nós? Se fizéssemos por nós mesmos a proclamação, por que não cairia direto no chão, se não levássemos em conta o trabalho de Deus, que faz quase todas as coisas por nosso intermédio? Somos simples servos trabalhando com ele. Ergamos nossas mãos que Deus erguerá as suas. Nós falamos, ele fala. Se desejamos de bom grado que ele tenha o coração dos homens, ele toma posse deles. Desejamos trazê-los chorando a Cristo, ele os traz e os salva para a vida eterna. Bendito seja o seu nome! Depois de tantos anos profetizando em seu nome, algum de nós ousaria dizer que fomos nós que fizemos viver os ossos secos? Tendo feito seu chamado durante tanto tempo, poderíamos dizer que persuadimos alguém a vir à celebração das bodas sem considerar o trabalho divino do Senhor? Recebemos para nós a glória de uma alma salva? Seria traição; seria blasfêmia. Não nos atrevemos a cometer esse pecado. Nosso trabalho, se bem-sucedido, se merecedor de ser chamado de bom trabalho, é todo da graça.

Todavia, se algum de nós, meus queridos amigos, for chamado a padecer pela causa de Cristo, *a honra do sofrimento será para nós uma dádiva especial*. Se vocês forem vilipendiados, perderem o emprego, sofrerem perseguições e martírios que, embora moderados, ainda são possíveis em um país livre como este, é porque *vos foi concedido, por amor de Cristo, não somente crer nele, mas também o padecer nele* (Fp 1.29). *Alegrai-vos e exultai, porque é grande o vosso galardão nos céus; porque assim perseguiram aos profetas que foram antes de vós* (Mt 5.12). Não tomem para si, no entanto, o crédito. Vocês foram elevados à nobreza do sofrimento, pois foi o seu Rei quem os levou a isso. Têm sua permissão graciosa de passar por grande tribulação; que nada será para vocês, não tivessem já lavado suas vestes e as tornado brancas no sangue do Cordeiro. Paciência, coragem, firmeza em suportar, tudo isso vocês devem ao seu Deus. Durante muito tempo, vocês estiveram desnorteados, por temor do homem, que induz a engano; tornaram-se traidores da verdade e do seu Senhor, como se ele os tivesse deixado. Seu dever, no entanto, é serem fiéis. Vocês não são fiéis por si mesmos; Deus opera todas as nossas obras em nós, e por todas elas deve ser louvado. [...] *efetuai a vossa salvação com temor e tremor* (Fp 2.12). Desenvolvam-na de forma plena, e hão de ser eficientes nisso. *Porque Deus é quem opera em vós tanto o querer como o efetuar, segundo a sua boa vontade* (Fp 2.13). [...] *sede firmes e constantes, sempre abundantes na obra do Senhor* (1Co 15.58). Deus os recompensará; mas sua firmeza, diligência, tolerância, é obra da graça de Deus — e vocês o sabem. Se de fato as possuem, atribuam, todas elas, ao Senhor.

Temos, então, estabelecido, acima de todas as contradições, entre os homens espirituais, como creio, que a livre graça é magnificada no serviço de Deus.

II. Iniciamos, assim, outra etapa, tendo, como nosso segundo tópico, que o Senhor tem sua maneira própria de avaliar o que fazemos. Vemos isso justamente no caso das diversas pessoas que haviam trabalhado na vinha; o proprietário avaliou o trabalho deles à sua própria maneira. Não se guiou pela padrão normal para pagar a hora trabalhada; mas, sim, porque se tratava da graça, esse grande patrão fez a recompensa ser de acordo com a sua própria avaliação, ou seja, um denário tanto por uma hora quanto por doze horas. Fez os últimos serem iguais aos primeiros; pois assim teria de ser: [...] *os últimos serão primeiros, e os primeiros serão últimos*. Por quê? Porque aqui estamos lidando não com um tesoureiro legalista, mas, sim, com o Deus da graça, que avalia por sua própria avaliação, e não pela nossa, o nosso serviço, que por si mesmo é todo da graça.

Ele irá recompensar cada trabalhador, mas não como julgamos. Não cometerá injustiça para com o homem, mesmo na onipotência de sua graça. Dirá a cada trabalhador: "Amigo, não te faço injustiça". Ele não fará injustiça com nenhum de seus servos, seja quem for, isso é certo; mas irá deixar claro: "Não me é lícito fazer o que quero do que é meu?" e há de recompensar seus trabalhadores de sua própria maneira, de forma régia e generosa.

Assim, ele não nos recompensará de acordo com o tempo despendido ou a área trabalhada. Alguns de nós podem ser cristãos por trinta ou quarenta anos e nunca estar entre os primeiros. Não é a extensão do nosso serviço, por melhor que seja, o ganho para Deus. Pode haver os que venham a Cristo e retornem à casa celestial no mesmo ano de sua conversão e que, no entanto, tragam grande honra a seu mestre. Não é o período de tempo em que estamos engajados no serviço do Senhor, nem o espaço que aparentemente abranja, o que conta. Alguns parecem fazer muito, ao deslizarem sobre uma superfície ampla; mas não é bem assim que o mestre avalia: nem por hora, nem por quilômetro. Pode ser um modo legítimo de avaliação, mas não é bem este o gracioso método de avaliação de Deus.

Ele também *não medirá nossa recompensa conforme nossa capacidade*, seja ela mental, material ou de oportunidade. Se fosse essa a regra, alguns poderiam receber uma quota grande, enquanto outros, uma bem pequena. Mas não é desse modo que o mestre avalia. Se para um homem Deus dá o dom da fala, para outro atribui o grande dom de mergulhar com profundidade no significado de sua palavra, e para outro, ainda, a experiência, e assim por diante; todavia, a recompensa para cada uma das pessoas que possuem esses vários dons não se dá na proporção dos dons que possui, mas de acordo com norma bem diferente.

A recompensa não será conforme o julgamento dos homens. Um irmão pode servir bem a Deus à sua maneira e os irmãos o apreciarem muito e o apontarem para um cargo na igreja. Pode ser diácono, presbítero ou, porventura, se tornar pastor. É uma grande recompensa sermos autorizados a ampliar assim nossas oportunidades de sermos úteis; mas não seremos recompensados por Deus de acordo com a eminência dos nossos cargos. Não é esse o padrão no reino onde Cristo governa.

Acima de tudo, *nenhum homem será avaliado por seu julgamento próprio*; de outra forma, sei de alguns amigos que teriam uma recompensa grandiosa. Estão, para eles mesmos, livres do pecado; são perfeitos, dizem; mas o mestre sabe, se eles não sabem, se isso é verdade ou não. Outro diz: "Fiz isso e aquilo". Mas não é o que você diz que fez que determinará a recompensa divina para você. Existem aqueles que falam de forma altissonante sobre o que têm realizado. Não creio que seus irmãos, na maioria, os vejam com bons olhos só por pensarem assim de si mesmos. Acredito que muitos que têm opinião menos valorizada sobre a própria capacidade e utilidade são bem mais apreciados na presença dos santos de Deus. Não; nosso autojulgamento, nosso falar autoexagerado, nossa profissão de fé ruidosa e assim por diante não serão a medida segundo a qual possamos ser recompensados; do contrário, aqueles que, na parábola, disseram [...] *suportamos a fadiga do dia inteiro e o forte calor* (Mt 20.12) teriam recebido dois denários, no mínimo, se não três denários, ou talvez até mais, em relação àquelas pobres criaturas a quem o proprietário fez iguais a eles, apesar de terem vindo somente na undécima hora.

Nossa recompensa não será dada de acordo com a impressão causada entre os homens. Podemos nos ter distinguido em nosso tempo, ou em nossa região ou arredores. Os nomes de alguns homens hão de ser, de fato, lembrados para sempre pela posteridade, enquanto outros não terão fama de modo algum. Pode-se constatar, a respeito de alguns homens, ter sido a sua vida escrita e enaltecida por toda parte, enquanto outros hão de viver no pequeno e estrito círculo de sua família e de poucas amizades, e não mais além desse limite. Mas Deus não nos avaliará dessa forma. A modesta dona de casa devota, com quatro ou cinco filhos educados para Deus em sua casa simples, pode ser considerada por Deus entre os primeiros; e o orador competente, em seu púlpito, com milhares de pessoas firmemente seguras em seus lábios, pode ser considerado por Deus entre os últimos. Deus tem seus métodos próprios de comparar as obras dos homens.

Permitam-me acrescentar que *não seremos recompensados nem mesmo de acordo com o nosso sucesso*. Para alguns homens, o sucesso é partilhado em grande medida: esse sucesso, na verdade, não é propriamente deles mesmos, mas, sim, fruto do labor de outros homens. Um homem, por vezes, prega o evangelho com muitas lágrimas durante anos, mas vê poucos frutos; morre e então outro, de espírito determinado, o segue, colhendo a safra do velho homem. O anterior plantou; e outro participa do resultado de seu esforço. Para quem deve ser dada a recompensa? O sucesso nem sempre é devido somente àquele que parece tê-lo alcançado. Lembrarei para vocês uma antiga lenda católica, que conta uma grande verdade. Havia um irmão que pregava muito vigorosamente e conquistara muitas almas para Cristo. Uma noite, foi-lhe revelado em sonho que no paraíso não receberia recompensa por tudo que fizera; indagou então para quem iria a recompensa, e um anjo lhe disse que para um velho homem, que costumava sentar nas escadas do púlpito e orar por ele. Bem, pode ser assim, embora seja mais provável que ambos partilhassem o louvor de seu mestre. De todo modo, não seremos recompensados simplesmente de acordo com o nosso sucesso aparente.

Nem devemos também ser desprezados como um dos últimos devido ao nosso insucesso. Deve ser da vontade de Deus que alguns homens nunca sejam bem-sucedidos segundo a regra de sucesso na vida que vigora entre os homens. Ele enviou seu servo Isaías para ir e tornar duro o coração das pessoas, e seus ouvidos, surdos; e enviou Jeremias para chorar por uma nação cujas lágrimas não traziam arrependimento nem reforma. Ele poderá enviar você, como Noé, a pregar para centenas de pessoas durante vinte anos e nunca conseguir uma só alma para ingressar com sua própria família na arca. Mas, se você for fiel, isso será bastante agradável a seus olhos. Aqui reside como saber agradar a Deus. Não posso supor que irá acontecer de você ter de fazer todo o arar e toda a semeadura e nunca ter uma braçada de colheita para si mesmo em toda a sua vida; mas, se assim for, você pode ter sido o último crente fiel que Deus encontrou para dar a comissão que lhe deu e, em verdade lhe digo, há de ter sua recompensa; mas sua recompensa nunca será atribuída segundo a regra de sucesso dos homens.

Permitam-me lhes dizer o que penso seja a regra para Deus. É um tipo de regra muito variada. Alguns homens seriam os primeiros certamente devido ao seu desejo ardente de servir. Oh, eles teriam ajudado a salvar as pessoas se pudessem; teriam, se pudessem, persuadido os homens a serem cristãos; teriam dado sua vida para fazê-lo. Pregariam de todo o coração, no seu desejo pela salvação de seus ouvintes. A alma desses homens chegaria a atropelar seus lábios enquanto falassem com as pessoas. Deus conhece seu ansioso desejo e lhes dá determinação para a ação, e *assim, os últimos serão os primeiros*.

Deus também avalia a *proporção*. Um irmão nunca teve mais que um simples talento, mas fez tanto quanto alguns com dez, e, mesmo assim, isso nunca pareceu ser muito aos seus olhos. Sempre lamentou por fazer tão pouco. Imaginava-se como sendo uma daquelas conchas no fundo do mar, fazendo parte de uma formação de coral que jamais se ergueria acima das ondas; mas, na verdade, fazia parte de um grande conjunto que mais tarde daria origem a uma encantadora ilha do mar. Nosso Senhor avalia não de acordo com aquilo que o homem não possui, mas de acordo com o que possui.

Eis alguém, por exemplo, que tem pouco para louvá-lo, exceto seu próprio *espírito*. Ele espera em Deus. É muito generoso. Estremece diante da palavra sagrada. Fala com todo o coração, de forma muito reverente e suave, desejando sempre permanecer em silêncio se Deus assim quiser e apenas falar quando Deus o levar a isso. Seu prazer é fazer a vontade de Deus e nada além da vontade de Deus, e está muito feliz por não ser nada. Implora, aliás, por isso:

Oh, não ser nada, nada, nada,
só descansar aos teus pés!

Deus pode colocar esse homem dentre os primeiros, enquanto o homem autocontrolado e que trabalha para Deus sinceramente, pode, no entanto, ter de ir para o fim da fila e estar entre os últimos.

Eis outra pessoa que o que quer que faça o faz com *perfeição*. Não procura fazer muita coisa, mas faz sempre bem uma coisa só. É tudo o que ela sabe e pode fazer, e lança toda a sua alma nisso e nisso trabalha como um artista do Oriente trabalhando em um camafeu para um príncipe. Toda a sua vida é posta nessa simples coisa. Talvez nosso Rei a conte entre os primeiros; enquanto outro, que muito tem feito, mas em um estilo apressado, um tanto negligente e maculado, e que pensa ter feito grande coisa, terá seu trabalho rejeitado, por não estar à altura do príncipe, que não irá adornar seu palácio com aquilo.

Penso, queridos amigos, que Deus deseja avaliar o nosso trabalho muito mais por lhe darmos a devida importância nesse trabalho. Se o fizermos *todo* para ele; se o fizermos todo *por* ele; se ele estiver sempre em nossa mente ao fazê-lo; e se não pensarmos nos outros nem em nossa própria reputação, pode ser muito mais provável que Deus nos honre, pois deseja colocar entre os primeiros aqueles que lhe dão a justa importância, e os outros entre os últimos. [...] *honrarei aos que me honram* (1Sm 2.30), diz o Senhor.

Além disso, especialmente, tudo o que fizermos deve ser batizado com *amor*. Vejam aquela mulher que trouxe seu vaso de alabastro, o quebrou e derramou unguento precioso sobre a cabeça de Cristo! Ela foi colocada entre os primeiros, fazendo o Senhor menção honrosa a ela onde quer que o evangelho seja pregado. Mesmo os que tenham feito muito podem estar entre os últimos, por não terem tanto amor quanto ela.

Alguns trabalham para Deus com grande *fé*; e o Senhor ama ver-nos trabalhando assim. Fazer uma grande quantidade de trabalho, com uma grande quantidade de falta de fé, é, no fim das contas, fazer algo irrisório. Tal como a oração incrédula não prospera, a ação, a pregação ou o ensino incrédulo igualmente não prosperam. Ponha fé em seu trabalho, e é bem possível que você venha a estar entre os primeiros.

Estou certo de que Deus avalia muito do nosso trabalho também segundo a oração que fazemos por ele. Oh, sim, aquele foi um belo sermão! Alguém seria de dizer quanto o pregador havia trabalhado nele; seria possível se ver quanto ele havia aperfeiçoado cada frase e como havia dividido cada sentença em segmentos menores para melhor ordená-la; mas se poderia também perceber que ele não havia orado pela pregação. Um sermão pelo qual se ora vale dez mil vezes mais do que os que são meramente preparados, ou copiados, ou surgem na mente, sem serem colocados pelo Espírito Santo no coração do pregador. Oh, orar pelo sermão e então orar sobre o sermão, e orar sempre, descansando apenas em Deus!

Muitas vezes, Deus considera a nossa ação em *doar*, não segundo *quanto damos*, mas, penso eu, segundo norma do Senhor, com atenção ao *quanto nos sobrou*. A viúva que doou tudo o que tinha, suas duas moedas, doou mais do que todos os homens ricos, porque nada tinha mais do que aquilo. Eram apenas duas moedas de pouco valor, mas era toda a sua posse. Assim, ela vai para o começo da fila. Meu amigo deu mil libras, e estamos muito gratos a ele; todavia, deve ir para o fim da fila, pois muito ainda lhe sobrou.

Pode ser, então, que os que irão ocupar o primeiro lugar serão *aqueles que não receberam recompensa* pelo que fizeram. Nosso Senhor nos diz que quando dermos um banquete devemos chamar os pobres, os aleijados, os mancos e os cegos. Por quê? "Porque", diz ele, "não têm com que te retribuir". Falando, porém, dos fariseus, afirma: "Em verdade vos digo que já receberam a sua recompensa". Ninguém jamais será pago duplamente. Se você fez algo por Cristo — se, por exemplo, defendeu a fé — e foi censurado ou caluniado, muito bem, você não receberá pagamento por isso; resta, no entanto, a retribuição a receber por serviços não recompensados. É algo para você grandioso se houver algo anotado referente a você no livro de Deus — não no da lei, mas no da graça. Se você ajudou um pobre e ele não lhe agradeceu — oh, esteja muito grato que não lhe tenha agradecido, porque, se tivesse ficado muito grato, talvez você já tivesse recebido desse modo sua recompensa! Quando aqueles a quem você socorre tratam você muito bem e falam muito bem a seu respeito, ou lhe prestam algum serviço útil em contrapartida, isso é muito bom, claro que é; só que, então, você provavelmente já está sendo pago. Aqueles, porém, que fazem o bem e sofrem em consequência disso; aqueles que, para a melhor coisa que realizam, obtêm o pior retorno; que oferecem bondade e recebem apenas crueldade como resultado, pode ser que o Senhor diga a seu respeito: *Estes, que eram os últimos, serão os primeiros*; ao passo que muitos que se acham em primeiro lugar na estima dos homens e na gratidão que recebem terão de ir para o fim.

III. Meu tempo está quase acabando, mas peço que sejam indulgentes comigo, para expor o meu terceiro ponto. Aqui está a parte prática da livre graça em nosso serviço: SOMOS INSTRUÍDOS TANTO EM NOSSO ESPÍRITO QUANTO PARA O NOSSO TRABALHO. Uma vez que o trabalho é todo da graça e Deus tem sua maneira de avaliar esse trabalho, não segundo a lei, mas segundo sua própria graça, duas coisas devem ser então respeitadas. Em primeiro lugar, não nos orgulharmos do nosso trabalho; em segundo lugar, não desanimarmos.

Os primeiros últimos e os últimos primeiros

Não nos orgulhemos, porque muitos que são os primeiros poderão ser os últimos. Suponha, meu caro amigo, que você de fato esteja entre os primeiros, fazendo algo grandioso para Deus; você deverá ficar orgulhoso por isso? Lembre-se que *você é apenas um grande devedor*. Deve ainda mais a essa graça, que o capacita a prestar serviço no reino do seu Senhor. Curve-se, portanto, aos pés do Senhor e seja bem humilde.

Em seguida, lembre-se que, embora se considere estar entre os primeiros, *vocês já pode, agora mesmo, estar entre os últimos*. Sua avaliação de seu próprio serviço pode não ser a avaliação divina. Talvez você pense: "Rico sou, e estou enriquecido, e de nada tenho falta"; e, no entanto, na avaliação de Deus, você pode ser "um coitado, e miserável, e pobre, e cego, e nu". Pode ser que seu trabalho seja, na verdade, como um grande fardo de feno, um enorme monte de palha, uma imensa pilha de restolho; assim, vindo Deus e pondo-o à prova, seja simplesmente queimado e reduzido a um punhado de cinzas; enquanto aquele seu amigo a respeito de quem você pensa tão pouco pode ter desenvolvido uma pequena porção, mas a fez de ouro, prata e pedras preciosas.

Lembremo-nos também que, mesmo sendo verdade que estejamos entre os primeiros, podemos, por causa do nosso orgulho, virmos a *nos encontrar entre os últimos*. Oh, como alguns dos maiores servos de Deus murcharam à medida que começaram a se encher de orgulho e vaidade! Deus os abençoou enquanto fracos, enquanto se apoiavam em sua força; mas cometeram um erro terrível ao se sentirem fortalecidos, confiando em si mesmos, não mais em Deus.

Uma coisa é absolutamente certa: *se você estiver realmente entre os primeiros, há de se considerar entre os últimos*. Aquele que é de fato melhor pensa sempre pior de si mesmo. Que descrição terrível Paulo faz de si mesmo no capítulo 7 de Romanos! "Oh", diz alguém, "ouvi alguém dizer que Paulo não era ainda convertido quando escreveu aquilo!" Não é verdade. Deixem-me lembrar que ele tinha estado no terceiro céu quando escreveu esse trecho de experiência profunda. Tinha tanta identificação com seu Senhor que excedia nisso quase todos os outros homem vivos, exceto, talvez, João; e, não fosse por sua santidade extraordinária, Paulo não teria sido capaz de escrever aquela lamentação tão significativa sobre si próprio, em que declara: *Miserável homem que eu sou! Quem me livrará do corpo desta morte?* (Rm 7.24). O homem que imagina ser santo nunca viu o Deus santo. Se o tivesse visto, se o tivesse contemplado, diria, como Jó: *Com os ouvidos eu ouvira falar de ti; mas agora te veem os meus olhos. Pelo que me abomino, e me arrependo no pó e na cinza* (Jó 42.5). A perfeição superlativa do Senhor Deus e o exemplo absolutamente perfeito de nosso Senhor Jesus Cristo são tais que o homem que tiver verdadeira comunhão com eles se reduz a nada em sua própria estima. Aquele que seja de fato o primeiro estará sempre disposto a se julgar entre os últimos. Embora não ficasse nada atrás de quaisquer dos apóstolos, Paulo se diz menor do que o menor de todos os santos e se descreve como o principal dos pecadores. Ah, amados! É o baixo conceito de si mesmo um dos rótulos com o qual Deus assinala a melhor de suas posses. Não nos orgulhemos, portanto.

Em segundo lugar, no entanto, não desanimemos. Se você acha que está entre os últimos, lembre-se que *a avaliação de Deus não é a sua avaliação*. Embora você se considere entre os últimos, ele pode não pensar assim; ainda que você diga "Não sou digno de ser apóstolo", mesmo assim ele pode decidir que você mereça ser colocado no apostolado. A ideia de Deus sobre seu mérito e a sua própria podem diferir em grande medida; mas a avaliação dele é a única verdadeira.

Suponha, no entanto, que você esteja dentre os últimos, embora "ele dá maior graça". Cristo veio não apenas para que possamos ter vida, mas para que a tenhamos em maior abundância. Não se contentem com aquilo que vocês tenham; *mas procurai com zelo os maiores dons* (1Co 12.31). E procurem, mais ainda, as maiores graças. Deus é capaz de fazer por nós *tudo mais abundantemente além daquilo que pedimos ou pensamos* (Ef 3.20). Está pronto a fazer por nós grandes coisas. Ele disse: "*Abre bem a tua boca, e eu a encherei* (Sl 81.10). Esta manhã, falei com um amigo sobre Deus, dizendo-lhe quanto o Senhor graciosamente me tem capacitado a me aproximar dele em oração e da maneira gloriosa com que tem atendido aos meus pedidos. Meu amigo acrescentou: "Sim, ele tornou sua boca maior do que era". É verdade. A capacidade da oração com fé cresce ao ser empregada. Quanto mais você pede, mais pode pedir; e quanto mais pediu, mais pedirá. A capacidade de receber se amplia com o ato de receber. Que Deus permita que assim possa ser conosco, se formos os últimos!

Lembre-se, ainda, que se de fato você estiver entre os menos proveitosos, ainda assim *um espírito justo pode compensar sua pobreza* e tornar valioso o seu pequeno serviço. Se você não conseguir alcançar um amplo campo de trabalho, não o queira alcançar. Um jovem ministro se queixou a um ministro mais velho: "Ah, senhor! Prego apenas para cerca de cem pessoas. Gostaria de poder chegar ao ponto em que conseguisse reunir mil pessoas". O mais velho respondeu: "Meu jovem, é bastante ter cem pessoas pelas quais se responsabilizar, e, se você conseguir cumprir fielmente seu dever para com essas almas, já terá muito trabalho a fazer". Deseje somente uma esfera mais ampla se você for realmente capaz de satisfazê--la; mas lembre-se de que sua melhor preparação para um proveito maior será se dedicar à posição atual.

Minha última palavra para os filhos de Deus é esta: o que importa, afinal, se formos os primeiros ou os últimos? Não devemos dar a isso maior importância, pois *todos nós compartilhamos a honra dada a cada um*. Ao nos convertermos, nos tornamos membros do corpo vivo de Cristo; e à medida que crescemos em graça e recebemos do Espírito de verdade que permeia esse corpo, temos somente a dizer, quando algum membro do corpo é honrado: "É uma honra também para nós". Se algum irmão é grandemente honrado por Deus, eu me sinto honrado com sua honra. Se Deus abençoa seu irmão, tornando-o dez vezes mais útil que você, veja que ele está também abençoando você. Se minha mão segura algo, meu pé não diz: "Não tenho nada para segurar!" Não; se minha mão segura algo, é como se meu pé também o segurasse, pois esse algo passa a pertencer a todo o meu corpo. Se a minha boca mastiga algo, não é apenas a minha boca que come, mas o meu cérebro, a minha mão, minha coluna vertebral, cada parte de mim. Assim, quando você chega a sentir sua unidade com Cristo e sua unidade com o povo dele, seu único pensamento é: "Que Deus seja glorificado; que Deus seja magnificado. Não importa se sou o primeiro ou o último". Você poderá se erguer e dizer: "Esse irmão, convertido apenas uma ou duas semanas atrás, já recebeu seu denário, e eu estou feliz com isso". Outro irmão tem feito um trabalho muito pobre; mas você deve agradecer a Deus por ele ter recebido também seu denário. Ele é alguém da família. Tudo provém da mesma mão e retorna à mesma casa. Estamos todos como em uma grande loja, onde há diferentes pessoas servindo. Uma jovem atende em um balcão onde muitas senhoras comparecem e ela as serve bem e ganha muito no fim do mês; outro balconista, no fundo, vende mercadorias mais difíceis de comercializar e sobre as quais há um lucro insignificante e uma comissão bem menor. O patrão, por acaso, elogia os empregados da loja de acordo com a quantia em dinheiro que cada um obtém? Não. Aquele que está no fundo da loja e vende mercadorias difíceis é tão diligente, tão esforçado e valoroso aos olhos do patrão quanto os outros. Imaginem que todos eles sejam membros de uma mesma família e que, quando se reúnam à noite, um deles diga: "Hoje, consegui tanto". E outro diga: "Consegui dez vezes mais que isso"; mas todos estão felizes e contentes, porque tudo vai para a sua firma, tudo faz parte dos mesmos seus interesses. Vão, então, queridos irmãos e irmãs, trabalhem com afinco por Cristo e não invejem uns aos outros, mas se alegrem todos por serem permitidos, nessa obra da graça, a obter uma parte ou uma porção qualquer para o seu Senhor.

Só mais uma coisa. Estive falando com o povo de Deus todo esse tempo, porque aqueles que não estão salvos não podem servi-lo. Que posição infeliz, a de vocês que estão ainda fora do âmbito do serviço. Deus não poderá receber nada de vocês até que venham para Cristo. O único modo de oferecer a Deus um "sacrifício" é fazê-lo por intermédio do nosso grande sacerdote, o Senhor Jesus Cristo. [...] *se não vos converterdes e não vos fizerdes como crianças, de modo algum entrareis no reino dos céus* (Mt 18.3); muito menos vocês serão aceitos no reino como servos. Suplico em nome de Deus, então, pela consideração de sua graça, da qual tenho estado falando, que não descansem até que possam dizer que Cristo os salvou, que os tornou participantes de sua graça, e os enviou em seu serviço real. Que o Senhor os abençoe! Amém.

112

Um sermão para os reconhecidamente negligentes e os adeptos nominais da religião

Mas que vos parece? Um homem tinha dois filhos, e, chegando-se ao primeiro, disse: Filho, vai hoje trabalhar na vinha. Ele respondeu: Sim, senhor; mas não foi. Chegando-se, então, ao segundo, falou-lhe de igual modo; respondeu-lhe este: Não quero; mas depois, arrependendo-se, foi. Qual dos dois fez a vontade do pai? Disseram eles: O segundo. Disse-lhes Jesus: Em verdade vos digo que os publicanos e as meretrizes entram adiante de vós no reino de Deus. Pois João veio a vós no caminho da justiça, e não lhe destes crédito, mas os publicanos e as meretrizes lho deram; vós, porém, vendo isto, nem depois vos arrependestes para crerdes nele (Mt 21.28-32).

A visão deste vasto auditório, desta assembleia lotada, me lembra outros espetáculos, que, em dias felizmente bem distantes, eram presenciados em anfiteatros do Império Romano. Nas arquibancadas em torno, fileira após fileira, encontrava-se a multidão, possuída de olhos cruéis e coração de ferro; no centro do estádio, estava um ser solitário e desamparado, aguardando que a porta da toca dos leões fosse levantada, para consagrá-lo como sacrifício à fúria popular e mais uma testemunha de Cristo. Não seria difícil separar os bons dos vis em tal lugar. O mais desinteressado visitante que entrasse pela primeira vez no anfiteatro saberia de imediato reconhecer tanto os discípulos de Cristo quanto os inimigos do Crucificado. No centro da arena, estavam os corajosos seguidores do Nazareno, prestes a morrer; em volta, nas portentosas arquibancadas do Coliseu de Roma, ou nas de outro estádio de uma província qualquer, sentavam-se, conforme o caso, matronas e nobres, príncipes e camponeses, plebeus e patrícios, senadores e soldados, todos olhando para baixo com o mesmo olhar ávido e inclemente; todos exultantes de seus deuses pagãos e vociferantes na alegria com que encaravam a agonia dos adeptos do odiado galileu, esquartejados pelas feras, em mais um festival orgíaco romano.

Outra é a visão que se nos apresenta hoje, com significados bem mais felizes; no entanto, muita atenção! — é tarefa ainda mais árdua a de atualmente separarmos o joio do trigo, o bom do vil, do que nos dias em que o apóstolo Paulo enfrentou feras humanas em Éfeso. Aqui, neste auditório, espero haver centenas, senão milhares de discípulos, prontos a morrer por nosso Senhor Jesus Cristo; assim como, em outros lugares mais além, também apinhados de gente, possamos contar com centenas que carregam seu santo nome e professam o evangelho do homem de Nazaré. Ainda assim, receio que nessas duas supostas colinas e no vasto vale entre elas haja também inimigos do Filho de Deus, que se recusam a aceitar seu clamor — pessoas não ligadas pelas cordas do amor, que as prenderiam ao trono dele, não submetidas ao amor poderoso que se fez revelar na cruz e em suas chagas. Não posso nem tentar fazer sua separação. Uns e outros dos grãos, joio e trigo, deverão crescer juntos até a colheita. Procurar separá-los seria tarefa que no presente instante nem os anjos poderiam realizar, mas que um dia facilmente o farão, quando, por ordem do mestre a colheita chegar, reunindo primeiro os fardos a serem queimados e em seguida o trigo a ser guardado no celeiro de Javé. Não tentarei fazer essa separação, é verdade; mas pedirei que cada um faça tal tentativa em si mesmo. Peço a vocês, moços e moças, pais e idosos, neste dia: façam um autoexame para verificar se estão realmente na fé. Que nenhuma pessoa tenha como garantia ser cristã somente porque ajudou a aumentar o número de crentes na assembleia. Que ninguém julgue seu semelhante, mas cada qual a si mesmo. A todos vocês, digo, com profunda sinceridade: deixem que a divisão seja feita por sua própria consciência e que a sua compreensão faça a distinção entre aquele que teme a Deus e aquele que não o teme. Ainda que não haja aqui "um homem vestido de linho, com um tinteiro de escrivão à sua cintura", que ande pelo meio de vocês, marcando "com um sinal a testa dos homens que suspiram e que gemem por causa de todas as abominações" que se cometem, levem sua consciência a usar desse tinteiro para fazer um sinal honesto, ou deixem de marcar; mas que cada qual possa se questionar, esta manhã: "Estarei do lado do Senhor? Sou a favor de Cristo, ou de seus inimigos? Congrego-me realmente com ele, ou me disperso?" "Divisão! Divisão!", costumam clamar no Parlamento inglês; digamos o mesmo hoje nesta congregação. Divisões políticas nada são se comparadas à importante distinção que peço a vocês considerarem. Procurem dividir da mesma forma como seremos todos separados à direita e à esquerda no grande dia em que Cristo há de julgar o mundo com justiça. Dividam do mesmo modo com que vocês serão divididos quando forem a caminho do êxtase do céu ou dos flagelos do inferno como a eterna porção que lhes caiba.

Se fôssemos divididos em dois grupos e pudéssemos dizer que uns fizeram um pacto com Deus mediante seu sacrifício e que outros, pelo contrário, são ainda inimigos de Deus em decorrência de sua própria obra perniciosa, se nos debruçarmos sobre este segundo grupo podemos ainda achar necessário fazer uma divisão entre eles. Apesar de todos os descrentes serem semelhantes por estarem sem perdão e salvação, ainda assim diferem segundo as circunstâncias de cada caso e na forma de seu pecado. Mesmo sendo similares por estarem sem Cristo, muito diferem em sua condição mental e moral. Confio estar sendo guiado pelo Espírito de Deus em meu texto esta manhã, pois possui tal significado que, ao mesmo tempo que me capacita a me dirigir a todos aqui que ainda não foram convertidos, oferece-me a oportunidade esperançosa de atingir a consciência de cada um, ao dividir o grupo dos descrentes em duas classes distintas. Oh, que para cada classe esteja hoje guardada uma bênção.

Falemos, primeiro, àqueles *reconhecidamente desobedientes a Deus*; depois, àqueles *ilusoriamente submissos a ele*.

I. Em primeiro lugar, então, temos uma palavra para AQUELES RECONHECIDAMENTE DESOBEDIENTES A DEUS. Há não poucos, certamente, desse tipo, aqui. Deus lhes disse, como diz a todos os que são chamados ao evangelho: *Filho, vai trabalhar hoje na vinha* (Mt 21.28), e vocês responderam, talvez até honestamente, mas sem dúvida de modo ousado, indelicado e injusto: "Não quero ir". Nem vacilaram ao responder, mas deram uma recusa direta ao clamor de seu Criador. Responderam o que veio à mente de vez, e não apenas em palavras, mas de maneira ríspida e inequívoca, e ações falam muito mais alto que palavras. Disseram, uma vez após a outra, com suas ações: "Não servirei a Deus, nem quero crer em Jesus".

Fico feliz em vê-lo aqui esta manhã, meu querido amigo, e acredito que sua situação haverá de mudar antes que deixe esta casa; mas até o presente momento você não demonstrou obediência a Deus e, sim, disse de toda maneira: "Não quero". Disse, *praticamente*: "Não vou adorar a Deus, nem frequentar local de adoração algum — é uma amolação insuportável para mim. Não quero cantar louvores ao Criador — não vou fingir bendizer a Deus, por quem não caio tanto assim de amores. Não me unirei aos crentes em oração pública — não tenho coração para isso. Nem pretendo fazer oração, seja matinal ou noturna, sozinho — de que me adiantaria? Não acredito na eficácia da oração e não serei hipócrita em seguir uma prática que para mim é vã e na qual não creio. Quanto ao que é chamado de pecado, há coisas de que não vou abrir mão e não desistirei". Você se orgulha de ser chamado de honesto e aceita todos os elogios de seus amigos, mas recusa ser considerado religioso, pois não admite todos os direitos de seu Criador sobre você. Aos pedidos de outras pessoas você ainda atende com razoável boa vontade, mas à súplica justa e carinhosa de Deus você tem sempre uma recusa clara e evidente. Da maneira mais clara que uma atitude possa falar, você fala, quando não liga para o domingo dedicado a Deus, quando recusa fazer oração, quando nunca lê a Bíblia, quando persevera propositadamente no pecado conhecido, e por todo o trajeto de sua vida vem dizendo: "Não quero, não aceito". Como Faraó, você desdenha: "Quem é o Senhor, para que ouça eu a sua voz...?" Você tem a mesma mente dos antigos, que diziam: "É em vão servir a Deus, e que proveito há em guardarmos seus mandamentos?"

Além disso, meu amigo, você também ainda não aceitou devidamente a doutrina da palavra de Deus; pelo contrário, tanto *intelectualmente* quanto *na prática*, não obedece a Deus. Estabeleceu em sua mente

Um sermão para os reconhecidamente negligentes e os adeptos nominais da religião | 1057

a ideia de que deve compreender tudo antes de crer — ideia, permita-me dizê-lo, que não conseguirá sustentar, pois não consegue compreender sua própria existência; e existem outros milhares de coisas que o cercam que você nunca conseguirá compreender, mas em que terá de acreditar, ou então se tornará um grande tolo. Você critica essa e aquela doutrina, discordando do sistema do evangelho em geral; e se lhe perguntarem por que não comparece a lugares de adoração, é capaz de argumentar que evita adorar porque simplesmente não concorda com essa ou aquela doutrina. Deixe-me lhe informar, por conta própria, que, quanto ao que me diz respeito, pouco me importa se você concorda ou não com as doutrinas que prego. Para o seu próprio bem, estou ansioso para que você creia na verdade como ela é, em Jesus. Enquanto você viver em pecado e rejeitando determinadas doutrinas, isso me fará sentir mais seguro quanto à verdade que devem conter e me levará a pregá-las com maior confiança e veemência ainda. Veja quanto podemos aprender sobre a verdade de Deus mediante a preferência ou aversão daqueles que se recusam a adorá-lo e que buscam com isso uma desculpa para o pecado. Ó homens e mulheres não convertidos, não virá jamais o tempo em que tenhamos de ir a vocês para saber o que gostariam que pregássemos ou não; se caíssemos em situação tão baixa a ponto de assim proceder, vocês mesmos iriam nos desprezar. Deve um médico perguntar a seu paciente que tipo de remédio gostaria que lhe fosse prescrito? Então o doente não precisaria de médico; poderia prescrever para si mesmo o medicamento e o mostrar apenas para o doutor, se fosse o caso, pelas portas do fundo. De que adiantaria então ir ao médico? De que adiantaria um ministro do evangelho que se humilhasse ante os gostos e apetites pecaminosos e indagasse: "Como gostariam, pecadores, que eu pregasse a vocês? Que caminhos suaves gostariam que eu lhes oferecesse?" Ó almas! Temos objetivos maiores a alcançar do que meramente agradá-las. Sua salvação virá por verdades amargas; mentiras adocicadas as arruinarão. O ensinamento no qual a mente carnal mais se delicia é justamente o mais letal e o mais ilusório. Para muitos de vocês, seus gostos, suas crenças e vontades é que precisam ser mudados, ou jamais entrarão no céu.

Admito que, de certo modo, aprecio sua sinceridade em haver declarado de forma direta: "Não quero servir a Deus"; mas é uma sinceridade que me faz estremecer, pois revela um coração endurecido como a pedra de um moinho. É bem possível que até este momento você não se ache em condições de se arrepender de havê-lo dito, pois os caminhos do pecado são, enganosamente, um tanto doces para você, e seu coração está fixado na desobediência e rebeldia. Ainda não pôde sentir a condenação ao pecado que o Espírito Santo colocou em muitos de nós; pois, se a tivesse sentido, teria prontamente se projetado para fora desse seu "Não quero". Se o poder da graça de Deus, do qual milhares de nós somos testemunhas de que é um poder tão real quanto aquele que guia as estrelas e impele o vento — se a graça todo-poderosa de Deus conseguir tocá-lo, você não mais dirá: "Não creio nisso ou naquilo"; pois, temendo e tremendo, tal como um desses crentes a quem hoje despreza, você clamará: "Que devo fazer para ser salvo?" Até agora, porém, você não sentiu esse poder, e, portanto, não posso estranhar a razão por que não o reconhece, apesar de todos os relatos de testemunhas honestas que devem pesar sobre você. De todo modo, você não é, nem na prática, nem intelectualmente, nem confessadamente, um cristão; mas não enganou a si mesmo nem a outros fazendo uma profissão que não honrasse. Tem seguido o caminho que você mesmo escolheu, respondendo, com maior ou menor resolução, a cada chamado do evangelho: "Não quero".

Como já dissemos, a resposta do segundo filho convocado pelo pai, registrada em nosso texto, foi bastante clara. Não era, sabemos, propriamente genuína; mas não foi também a que seu pai esperava. Pedira ele: *Filho, vai hoje trabalhar na vinha*, e o filho respondeu, de forma rude: *Não quero* (Mt 21.28); e, sem maiores desculpas ou argumentos, seguiu seu caminho. Não é bem assim que deveria ser, não é? Talvez você tenha sido um tanto apressado, meu amigo, e por isso tenha sido injusto. Não é bem possível que você haja, com isso, negado a Deus e ao seu evangelho o respeito que merecem? Você falou, sem dúvida, bem claramente, mas, ao mesmo tempo, sem pensar e duramente ao Deus que merece o melhor vindo de você. Já parou, então, para pensar razoavelmente no chamado do Senhor Jesus? Não terá você descartado o evangelho com um desdém um tanto indigno de você? Não estaria você com medo de encarar diretamente toda a questão entre Deus e você? Acredito ser este o caso de centenas de pessoas presentes hoje aqui; o caso de milhares, dezenas de milhares, em Londres. São esses que costumam bater o pé e declarar: "Não quero saber de religião! Já me decidi e não vou mudar: detesto que me falem disso e não quero ouvir". Não haverá uma voz interior que lhes diga que com isso não estão sendo justos nem consigo mesmos nem com Deus? É, acaso, um assunto tão simples assim de ser decidido? Suponha que aconteça de a religião de Jesus ser verdadeira — e então? Que caberá àqueles que o desprezam? A religião de Jesus é verdadeira, meus amigos, e já provei essa verdade em meu próprio caso. Eu lhes rogo, portanto, considerem isso; não joguem fora suas almas imortais! *Considerai os vossos caminhos* (Ag 1.5), diz o Senhor.

É hora então de declarar a esses reconhecidamente não santificados qual o seu estado real. Vocês têm sido mais do que simplesmente orgulhosos de sua honestidade e, menosprezando os que confessam a própria fé, alegam: "Ah! Não faço promessas como eles fazem; sou honesto, sim, sou". Amigos, vocês não conseguiriam sentir maior repúdio para com os hipócritas do que eu sinto. Se tiverem uma chance de fazer pouco deles, peço que o façam; se conseguirem furar seu balão de ar, deixando escapar o gás de sua falsa profissão de fé, rogo que furem. Procuro agir desse modo em minhas atitudes. Façam o mesmo! Você e eu, espero, concordamos inteiramente nisso: em detestar profundamente tudo aquilo que seja embuste ou falsidade. Todavia, se você começar a manter sua cabeça erguida demais e se achar superior só porque acha que não deve confessar Cristo, então serei obrigado a rebaixá-lo em minha consideração, lembrando que não é mérito para ladrão algum não assumir o comprometimento de ser honesto, nem pode ser tido como honroso para homem algum não se comprometer a falar sempre a verdade. Na verdade, o homem que não professe ser honesto é praticamente um ladrão declarado, e aquele que não clame dizer sempre a verdade passa por ser um mentiroso; pois, como dizem provérbios populares, aquilo que escapa de cair na frigideira cai no fogo, e quem se desvia de cair no chão pode cair na areia movediça. Você é negligente, reconhecido e confesso, das coisas de Deus; escarnecedor da grande salvação; declaradamente infiel para com o Cristo de Deus. Quando as nossas autoridades detêm pessoas suspeitas de fanatismo político, não têm grande trabalho com elas, pois geralmente estas se vangloriam de usar insígnias e bandeiras que as distinguem como tais. "Você aí", diz o policial, "está preso por usar o uniforme dos revoltosos". Do mesmo modo, quando o anjo da justiça detém os inimigos do Senhor, ele não tem dificuldade em acusá-los e prendê-los, declarando: "Você se identifica como inimigo de Deus; claramente e sem constrangimento, reconhece que não teme a Deus nem confia em sua salvação". Não serão necessárias testemunhas contra você no último e grande dia; você ficará de pé, mas não de forma tão audaciosa como faz hoje, pois, quando os céus estiverem em chamas e a terra estremecendo, com uma grande nuvem branca encobrindo o campo da visão e os olhos do grande Juiz brilhando como fogo ardente, você certamente usará de modo e comportamento diferentes daqueles que hoje sustenta diante de um pobre pregador do evangelho; mas, ah, meu incrédulo ouvinte, em um caso como o seu não seria necessário nem julgamento, pois por sua própria boca já está condenado.

Todavia, não estou aqui para falar somente de seus pecados, mas, sobretudo, para ajudá-lo a deles ser salvo. Era necessário que tudo isso fosse dito, mas agora voltemos nossa atenção para algo bem mais agradável. Tenho esperança de que hoje alguns de vocês atentem para uma pequena palavra que se encontra no texto: *depois*: "[...] respondeu-lhe este: Não quero; mas *depois*, arrependendo-se, foi". Esta é uma via longa, que parece não ter retorno; cremos, porém, que chegamos ao retorno agora. Ainda cabe o seu arrependimento; ainda que você seja viciado na bebida, ladrão, praguejador, depravado, a sorte final ainda não lhe foi lançada, a mudança é possível. Que Deus permita haja chegado o tempo em que será dito de você: "Mas, depois, arrependendo-se; mudando de ideia; crendo em Jesus, obedecendo à Palavra, foi". Talvez o segundo filho da parábola haja pensado depois com mais calma, ao dizer a si mesmo: "Vou pensar no assunto; segundos pensamentos são quase sempre melhores que os primeiros. Resmunguei para meu pai, dei-lhe uma resposta atravessada e vi uma lágrima brotar nos seus bons olhos. Sim, me arrependo de tê-lo feito se afligir. Isso me faz mudar de ideia. Disse 'Não' a ele, mas não havia pensado bem sobre isso. Esqueci-me que se for e trabalhar na vinha de meu pai estarei trabalhando para mim mesmo, pois sou seu filho, e o que ele tem será de certo modo meu, de sorte que fui muito tolo em me recusar a trabalhar em

Um sermão para os reconhecidamente negligentes e os adeptos nominais da religião | 1059

benefício próprio. Ah, agora vejo quanto meu pai tenciona meu benefício e irei para a vinha, como ele me ordenou". Ele toma suas ferramentas e ruma para o trabalho com toda a sua disposição. Se ele disse *Não quero*, mas se arrependeu e foi, é claro que realizou a vontade do pai.

Oh, como eu gostaria que muitos homens e mulheres presentes aqui hoje, neste Agricultural Hall, clamassem: "Retiro o que disse. Irei a meu Pai, e lhe direi: 'Pai, farei o que me ordenas. Não ofenderei mais o teu amor. Não perderei a oportunidade de fazer o melhor por minha própria alma; obedecerei ao comando do evangelho'". Suponho que tenha agora justamente um de vocês diante de mim e a este, especialmente, falarei. Talvez tenha dito "Não quero" por não entender de fato o que é religião. Quão poucos, no fim das contas, sabem qual é o caminho da salvação! Apesar de talvez frequentarem uma igreja, não aprenderam a respeito do plano de Deus de perdoar os pecados. E você, conhece o plano da salvação? Ouça-o e viva segundo ele. Você ofendeu Deus, e Deus deve punir seu pecado; é uma regra fixa que o pecado deva ser punido; como, então, poderia Deus ter misericórdia de você? Apenas deste modo: Jesus Cristo veio do céu e sofreu em lugar e nas mais rigorosas condições de todos aqueles que pecaram e que nele creem; sofreu tudo o que eles deveriam ter sofrido. De sorte que Deus é justo, mas, ainda assim, ao mesmo tempo, capaz de perdoar até o maior dos pecadores, mediante os méritos de seu amado Filho, nosso Senhor. Se você crer em Cristo, suas dívidas serão pagas por ele. Se você se apoiar em Cristo, e nele apenas, Deus não irá puni-lo por seus pecados, pois já puniu Cristo, em seu lugar, por eles, e não seria justo nem correto da parte dele punir seu Filho e punir você, obtendo assim o pagamento da dívida duas vezes, tanto do Fiador quanto do devedor.

Meu estimado ouvinte, quem quer que você seja, qualquer que tenha sido sua vida passada, se você crer em Cristo, será salvo de todos os seus pecados em um instante, e toda a sua vida passada será apagada; não permanecerá no livro de Deus uma única acusação contra sua alma, pois Cristo, tendo morrido por você, tomou ele próprio sua culpa, deixando-o imaculado perante Deus. Leia o último versículo do texto e verá que é mediante a fé que se entra no reino de Deus, é pela fé que somos salvos. *Eis o Cordeiro de Deus* (Jo 1.36), disse João Batista; e se você olhar para o Cordeiro, que sangra na cruz por você, viverá. Você entende? Não é bastante simples? Não é conveniente a você? E você ainda se recusa a obedecer? O Espírito Santo não o impele a ceder? Nem ao menos você diz agora: "É tão simples. Quero crer em Cristo"? Diga então:

> Culpado, mas no coração tendo amor,
> e lanço às chagas do meu Salvador.

Diga: "Sim, a ele irei, com a ajuda de Deus, esta manhã, a menos que a morte me chegue antes de o sol se pôr. Confio em que Cristo há de me salvar. Eis o precioso caminho de sua salvação! Por que então eu não deveria ser salvo?".

É possível, ainda, que você tenha dito "Não quero" por pensar que não houvesse, absolutamente, esperança para você. Ah, meu amigo, eu lhe garanto — e oh, quão feliz me sinto por assim poder proceder — que há esperança até para o mais vil pecador mediante o precioso sangue de Jesus. Nenhum homem jamais foi longe demais em busca de o braço de Cristo poder alcançá-lo. Cristo se deleita em poder salvar o maior transgressor. Disse ele a seus apóstolos: *... pregai o evangelho a toda criatura*. Mas que começassem... — por onde? — *... por Jerusalém*. Como se dissesse: "Lá vivem os infelizes que cuspiram em meu rosto; os cruéis que martelaram os pregos em minhas mãos. Ide e pregai o evangelho a eles primeiro. Dizei-lhes que sou capaz de salvar não apenas simples pecadores, mas o maioral deles todos. Dizei que creiam em mim e viverão". E você, pecador desesperado, onde está? Sei que o diabo tentará manter o chamado do evangelho longe de seus ouvidos, se puder, e, portanto, irei clamá-lo a plenos pulmões e não me deterei. Ó pecador desesperado, não há espaço para o desespero deste lado de fora dos portões do inferno. Mesmo que você haja passado pelos piores antros de iniquidade, nenhuma mancha permanecerá em você ante o poder do sangue purificador de Jesus:

Há uma fonte de que o sangue é jorrado
das veias de Emanuel, a fluir;
Pecador, nesse fluxo mergulhado,
verá a mancha de sua culpa sumir.

Acredito que, agora que sabe haver esperança para você, dirá: "Irei de imediato e depositarei minha confiança em Jesus".

Assim como os encorajo a se arrependerem da rejeição a Deus, convido-os a vir a Jesus, e mais uma vez nisso os apresso. Ah, meu querido amigo, você, quando menos espere, poderá estar indo embora desta vida. Sim, é bem verdade que há ímpios, em sua estúpida insensibilidade, que morrem, estranhamente, com toda a aparente tranquilidade — como, a respeito deles, diz Davi: "Porque eles não sofrem dores; são e robusto é o seu corpo. Não se acham em tribulações como outra gente, nem são afligidos como os demais homens"; e, no entanto, quer percebam eles ou não, saiba que é algo terrível morrer em pecado, sem o perdão de Deus. Que irá acontecer à sua alma culpada quando deixar seu corpo? Pense nisso por um minuto. É assunto digno de preocupação. Como alguns de nós podemos ir embora logo, e todos nós iremos, muito certamente, antes do esperado, que olhemos então para nós mesmos e reflitamos um pouco. Imagine sua alma desnudada do corpo. Você deixou seu corpo, e seu espírito já se encontra em um novo mundo. Oh, como seria glorioso se em seu espírito separado você visse Jesus, a quem ama, e fosse imediatamente para junto dele, para se saciar para sempre da água cristalina da permanentemente fluente fonte da felicidade; e como seria terrível se, em vez disso, seu espírito se encontrasse só, sem amigos, sem abrigo, sem esperança, atormentado pelo remorso, aflito pelo desespero. E tivesse de lamentar para sempre: "Sabia do meu dever, mas não o cumpri. Sabia do caminho da salvação, mas não o percorri. Ouvi o evangelho, mas fechei os ouvidos para ele. Vivi e por fim deixei o mundo sem Cristo, e eis-me aqui, além da esperança, sem me arrepender, sem saída, sem escapatória, pois piedade e amor não têm mais chance para mim". Tenham pena de si mesmos agora, meus ouvintes. Eu me penalizo de vocês. Se com a minha mão pudesse retirá-los do fogo, quão alegremente eu o faria! Mas como ter pena de vocês, se nem vocês têm pena de si mesmos? Oh, se minha oração pudesse, pela graça de Deus, persuadi-los a confiar em Cristo nesta manhã, eu oraria com toda a minha voz e com todo o meu coração e toda a minha vida! Mas, por favor, tenham dó de si mesmos! Tenham pena desse seu pobre e desnudo espírito, que em breve poderá estar tiritando em extrema agonia, causada por vocês mesmos, agonia da qual não se pode escapar, agonia de que estão sendo avisados, mas que preferem ignorar, em vez de abandonar para sempre o pecado e abraçar a salvação que lhes oferece a soberana graça.

Alegremente desejaria que vocês estivessem dizendo: "Neste momento me arrependo e, pela graça de Deus, irei para Jesus". Deixe-me lembrar que há muitos no céu que, como vocês, disseram um dia "Não quero", mas, depois, ainda na terra, se arrependeram e lá estão agora, salvos. Vou lhes dar somente um exemplo. Pensem em um grupo de homens a cavalo, e um deles, o mais orgulhoso, para quem os outros servem de guarda, indo a Damasco, para trazer de lá alguns dos primeiros cristãos e lançá-los na prisão, a fim de compeli-los a blasfemar e negar ser Jesus o Cristo, o Filho de Deus. Saulo de Tarso é o nome desse atrabiliário, cruel e obsessivo chefe do grupo. Quando o fiel crente Estêvão foi morto, apedrejado pelos inimigos de Cristo, Deus disse a esse Saulo: *Filho, vai trabalhar na minha vinha* (Mt 21.28), mas Saulo claramente respondeu: *Não quero*, e, para confirmar sua recusa, ajudou no que pôde a matarem Estêvão. Agora, lá vai ele, cavalgando com pressa, atrás de sua ignóbil missão, não havendo certamente ninguém mais tão decidido e determinado contra o Senhor quanto ele. Mesmo assim, meu Senhor Jesus quis e pôde domar esse leão e torná-lo um cordeiro em suas mãos. Enquanto cavalga, Saulo vê uma brilhante luz, mais radiante que o sol ao meio-dia; cai do cavalo e fica a tremer no chão, e ouve uma voz vinda do céu, que lhe diz: *Saulo, Saulo, por que me persegues?* (At 22.7). Erguendo os olhos, maravilhado, ele vê que estivera até então, ignorantemente, perseguindo o próprio Filho de Deus. Que mudança essa descoberta não provocou nele! Aquela voz, que dizia *Eu sou Jesus, a quem tu persegues* (At

22.8), partiu seu coração e o ganhou imediatamente para a causa de Deus. E sabemos que três dias depois desse ocorrido, aquele antes orgulhoso e intolerante homem foi batizado e fez profissão de fé em Cristo, a quem outrora perseguia! No entanto, não há como conhecermos um pregador mais sincero e melhor que o apóstolo Paulo, que, com o coração em chamas, escreve: *Mas longe esteja de mim gloriar-me a não ser na cruz de nosso Senhor Jesus Cristo* (Gl 6.14). Espero que haja hoje um Saulo aqui, que seja derrubado do cavalo. Derruba-o, Senhor! Derruba-o, Espírito Eterno, derruba-o *agora*! Talvez você não soubesse que estava lutando contra Deus, mas julgasse ser um tolo sonho a crença em Jesus. Talvez não soubesse que estava insultando seu próprio Senhor. Agora, porém, o sabe; e que sua consciência seja afetada, e que desse dia em diante possa servir ao Senhor.

Desejo esclarecer algo antes de chegarmos ao segundo tópico. Se há alguém aqui que, depois de uma longa recusa, por fim se arrependeu e deseja se tornar um servo de Deus pela fé em Jesus Cristo, deixe-me dizer, para encorajá-lo, que não estará nem um pouco atrás daqueles que dizem professar a fé, mas sem serem verdadeiros a ela. No texto, quando adverte o Senhor que *publicanos e meretrizes entram adiante de vós no reino de Deus* (Mt 21.31), significa que os maiores pecadores, arrependidos, entram no reino de Deus até à *frente desses*, que fazem profissão de fé e de servir ao Senhor, mas não são sinceros nem verdadeiros para com ele. Vocês, até aqui grandes pecadores, que se arrependam, não irão, absolutamente, ocupar os lugares do fundo no céu! Não serão julgados por um tribunal à parte. Terão tanto amor quanto os melhores, tanta alegria quanto os santos mais brilhantes. Estarão o mais próximo de Cristo; irão se sentar junto com ele no trono da graça; usarão a coroa dos justos; seus dedos tocarão em angelicais harpas douradas; irão se regozijar com a alegria que é indizível e plena de glória. Então? Por que não vêm a Cristo? Ele esqueceu sua atitude rebelde anterior e ordena que venham logo, que venham hoje. *Vinde a mim*, diz ele, *todos os que estais cansados e oprimidos, e eu vos aliviarei* (Mt 11.28). Anos e anos de pecado serão perdoados, e não durará nem um minuto para Deus assim proceder. Cinquenta, sessenta, setenta anos de iniquidade desaparecerão como a geada matutina desaparece em segundos ante o sol que aquece. Venham e confiem em meu mestre, acolhendo-se nele e em suas santas chagas.

> Erguendo os olhos caídos, você vê
> cercando seu trono imensa multidão
> de outrora pecadores, como você,
> que nele encontraram total salvação.
> Não ceda, pois, à sua falta de fé,
> pois diz o Senhor que ainda há lugar;
> mesmo sendo o pecador que você é,
> venha, que Jesus o está a convocar.

II. Deixem-me agora que eu lhes fale de meu segundo personagem, o ILUSORIAMENTE SUBMISSO. É ele, de longe, o tipo mais numeroso na Inglaterra, provavelmente o mais numeroso nesta assembleia. Oh, muitos de vocês, meus ouvintes habituais, vocês que ouvem a minha voz ao longo desses treze anos, infelizmente muitos de vocês se encaixam nesse perfil. Vocês responderam ao grande Pai, quando os chamou à vinha: "Sim, Senhor!" — mas não foram. Permitam-me esboçar, com tristeza, o caráter de vocês: frequentam sempre e regularmente determinado lugar de adoração e estremeceriam em desperdiçar um domingo que fosse em uma excursão ou em qualquer outra forma de quebrar a religiosa guarda domingo. Da boca para fora, confirmam a Deus constantemente: "Sim, Senhor" — mas não obedecem. Ao soarem os primeiros acordes de um hino, vocês já se levantaram, e cantam em alto e bom som, mas não cantam com o coração. Se o ministro convoca: "Oremos!", vocês logo cobrem o rosto, mas não oram uma oração sincera e verdadeira. Para justificar seu cordial e respeitoso "Sim, Senhor", mas sem realmente obedecer, dão sempre uma interpretação apenas teórica, nunca prática, ao evangelho; e, quando o pregador menciona qualquer doutrina, são os primeiros a concordar: "Sim, é verdade. Eu creio nisso" — mas, em seu coração, não creem: não creem no evangelho com o centro de sua vida, pois, se assim o fizessem, ele teria verdadeiramente efeito sobre vocês.

Uma pessoa pode dizer "Acho que minha casa está pegando fogo", mas, se está indo calmamente para a cama dormir, logo se verá que não acredita no que diz; se achasse, ou acreditasse, que a casa está realmente pegando fogo, evidentemente que tentaria dali escapar. Se vocês realmente acreditassem que existem um céu e um inferno, tal como parecem crer em outras coisas, agiriam de forma muito diferente do que agem. Devo acrescentar que muitos de vocês dizem "Sim, Senhor" de forma bastante solene; e, quando oramos, e lágrimas correm pelo seu rosto, e vocês vão para casa, para seus quartos, e oram mais um pouco, ficamos achando que dessa vez isso os levará a uma verdadeira conversão. No entanto, sua piedade é "como a nuvem da manhã e como o orvalho que cedo passa"; é como um pequeno monte com neve por cima: enquanto dura a neve, parece branco e grandioso, mas quando a neve derrete, é só um montinho, nada mais. Oh, quantos corações são assim, tão ilusórios! Vocês pecam, e logo vêm a um lugar de adoração e tremem com a Palavra; transgridem os mandamentos, choram e voltam a transgredi-los; sentem o poder do evangelho, de certo modo, mas ainda assim se rebelam facilmente contra ele, mais e mais.

Ah, meus amigos, posso olhar alguns de vocês no rosto e ver que estou descrevendo literalmente o seu caso. Têm estado mentindo para Deus todos esses anos, dizendo "Sim, senhor", sem, de fato, jamais obedecer. Sabem que para realmente serem salvos devem crer em Jesus, mas não creem nele. Sabem que têm de nascer de novo, mas ainda estranham esse novo nascimento. São tão religiosos quanto acham que são os lugares em que se sentam na congregação, mas não mais; e irão para o céu provavelmente tanto quanto esses bancos, mas também nem um pouco mais, porque são, como os bancos, sem vida: vocês estão mortos no pecado, e a morte não pode entrar no céu. Ó meus amados, lamento ser obrigado a dizer mais uma vez algo assim e, no entanto, não ser mais afetado pelo fato; mas, acima de tudo, lamento que alguns de vocês saibam ser verdade o que digo, sem, todavia, se sentirem alarmados! É muito fácil alguns de vocês se impressionarem com um simples sermão, mas receio que nunca passa de mera impressão transitória. Tal como a água quando ferida por uma vara, isso imediatamente some. Vocês sabem, e sabem, e sabem, que é verdade; e sentem, e sentem, e sentem isso de novo; e, no entanto, seus pecados, seu farisaísmo, seu desleixo, sua transgressão voluntária os fazem, depois de dizerem "Sim, Senhor", esquecer logo sua concordância e mais uma vez mentir para Deus.

Falei muito claramente para a outra classe de pessoas, hoje, e devo ser igualmente claro com vocês. Vocês, também, *estão se condenando*. Não será nem preciso testemunhas contra vocês. Admitem que o evangelho é verdadeiro; não contestam a doutrina da punição ou da glória futuras. Têm frequentado um lugar de adoração e ouvido e repetido que Deus é bom e digno de ser servido; têm confessado que devem fidelidade a ele e que devem honrá-lo. Vocês até mesmo se ajoelham e chegam a dizer "Senhor, mereço a tua ira". O grande Deus terá então apenas de pinçar algumas de suas preces formais para encontrar provas suficientes que levem à sua condenação. Suas orações matinais ou vespertinas, todas hipócritas, serão mais que suficientes para condená-los por sua própria boca. Prestem atenção! Prestem muita atenção a isso que lhes digo, enquanto ainda estão aqui, na terra da esperança.

Enquanto isso, como me lembra o texto, enquanto vocês permanecem sem salvação, veem outros pecadores, como publicanos e meretrizes, serem salvos pelo mesmo evangelho que não teve poder algum sobre vocês. Você não conhece o evangelho? Você, que é filho de um piedoso pai, de uma devota mãe? Você sabe, por exemplo, que não está salvo, e, no entanto, aquele rapaz que era bêbado e se empregou na firma de seu pai tem sido, nesses últimos anos, um cristão sóbrio; ele está salvo, e você, quem sabe, talvez tenha até adquirido o vício que ele largou. Você sabe que há mulheres resgatadas das ruas que foram trazidas a Cristo e estão hoje entre as mais belas flores virtuosas do jardim de Cristo; e mesmo assim, vocês, respeitáveis pessoas que nunca cometeram um grande erro em sua vida, permanecem sem se converter e ainda dizem a Cristo: "Sim, Senhor", mas não vão a ele. Vocês continuam sem Deus! Sem Cristo! Perdidos, perdidos, perdidos! Talvez pessoas aparentemente mais justas não pudessem ser encontradas; eu mesmo poderia facilmente chorar por vocês! Oh, mas atenção para não serem como as maçãs de Sodoma,

Um Sermão para os Reconhecidamente Negligentes e os Adeptos Nominais da Religião | 1063

verdes ao olhar, mas se desfazendo em cinzas quando pressionadas. Atentem para não serem como as árvores de *O peregrino*, de John Bunyan, verdejantes por fora mas apodrecidas por dentro, e que só serviam como lenha para a fogueira do diabo. Oh, e muito cuidado para não dizerem, como dizem, "Sim, senhor", sem de fato concordar. Por vezes, encontro pessoas espiritualmente doentes que me alarmam e angustiam. Se digo: "Querido amigo, você está morrendo; tem alguma esperança?", não recebo resposta. Insisto: "Sabe de seu estado perdido?" "Sim, senhor". Eles respondem: "Sim, senhor; sim, senhor; sim, senhor; sim, senhor; sim, senhor". Por vezes, chego a desejar diante de Deus que me contradigam, pois se apenas dissessem honestamente: "Não acredito em uma só palavra do que me diz", eu saberia como lidar com eles. Carvalhos teimosos são somente recurvados pelo vento forte, mas aqueles que se dobram como o salgueiro diante de qualquer vento, que vento de fato os quebrará? Ó queridos irmãos, cuidado para não serem endurecidos pelo evangelho, mas também, do mesmo modo, amolecidos por apenas algum tempo. Cuidado para não serem ouvintes promissores da palavra, e apenas isso!

Não gostaria de encerrar meu discurso falando dessa aparentemente dura maneira, que, por mais dura que pareça, está cheia de amor por sua alma; tenho uma ótima palavra também. Creio que, aqui, hoje, pode haver uma mudança realizada em você pelo Espírito Santo, pois, apesar de você poder ter feito falsas profissões de fé ao longo de muitos anos perante Deus, ainda há espaço no evangelho para que participe do banquete. Leu o texto? "[...] os publicanos e as meretrizes *entram adiante de vós* no reino de Deus". Fica claro, então, que você pode vir *logo depois* deles; pois não poderia ser dito que eles entram *antes* de você, se você não viesse depois deles. Se o Senhor entrar em seu coração, você desejará aceitar o Senhor Jesus, em tudo e por tudo, da mesma forma que um grande pecador o faria, apesar de não ser talvez um tão grande pecador; desejará se apoiar nos méritos de Jesus assim como uma meretriz o desejaria, apesar de você nunca ter sido uma meretriz. Há espaço para vocês, pessoas jovens, apesar de haverem quebrado seus votos e sufocado suas convicções; sim, e para vocês, pessoas grisalhas, apesar de terem vivido por tanto tempo no mundo sem nunca entregar o coração a Jesus. Oh, venham! Neste vigésimo quarto dia de março, que o Senhor traga você a ele, neste exato local, e o leve a dizer silenciosamente: "Pela graça de Deus, não mais serei um fingidor declarado; me entregarei às mãos que por mim sangraram e ao amado coração perfurado em meu lugar, e me submeterei, neste dia, ao caminho de Jesus".

Para encerrar o assunto, a verdade, meus queridos amigos, é que temos o mesmo evangelho para ser pregado a determinada classe de homens do mesmo modo que a outras categorias de homens. Rogo a Deus que nunca chegue o dia em que nos encontremos em nossas orações falando em classe trabalhadora, classe média ou classe alta. Não reconheço diferença em vocês, são todos iguais para mim quando prego o evangelho, sejam reis e rainhas ou simples empregados; seda ou algodão, tecido bom ou ruim, são todos iguais para o evangelho. Se vocês forem da nobreza, não podemos mudar nosso evangelho para adequá-lo a vocês e, se forem da pior corja de ladrões, não podemos excluí-los da voz da misericórdia. O evangelho vem aos homens como pecadores, como igualmente caídos, como Adão igualmente perdido e arruinado pelo pecado. Não tenho um evangelho para sua majestade, a rainha, e outro para uma mendiga. Não; há apenas um caminho para a salvação, uma só edificação, um único perdão, apenas um evangelho. Olhe para a cruz de Cristo e viva. Levantada a serpente de bronze, tudo o que Moisés ordenou foi: "Olhem". Se um príncipe da casa de Judá fora mordido, a ele foi ordenado que olhasse; sem olhar, sua condição social em nada ajudaria; fosse um pobre camponês mordido, a ele era ordenado do mesmo modo olhar, e a eficácia era a mesma tanto para ele quanto para o mais abastado dos homens. Olhem! Olhem! Olhem para Jesus. Creiam no Filho de Deus e vivam! Uma única serpente de bronze para todos, um Cristo só para todas as fileiras e categorias de homens. Que bênção seria se pudéssemos todos crer em Cristo nesta manhã! Por que não, meus irmãos? Ele é digno da confiança de todos. O Espírito de Deus é capaz de trabalhar a fé em todos. Ó pobre pecador, olhe para ele!

Queridos ouvintes, posso não falar novamente a alguns de vocês, e por isso devo insistir com vocês; na hora da morte, pela solenidade da eternidade, imploro e suplico que aceitem o único remédio para o pecado que Deus em pessoa veio a oferecer aos filhos moribundos do homem, o remédio que é o Substituto que sangra, que sofre em sua vez e lugar, acreditado e aceito no coração. Faça-se puro ante Cristo. O caminho da salvação é apenas este — descanse apenas em Cristo! Dependa inteiramente dele. Perguntaram a um negro que havia caído de uma rocha o que havia acontecido que ele se saíra bem, e ele respondeu: "Eu caí da pedra, e aquele que está caído não consegue cair mais que ao chão". Até o chão, pecador! Até o chão! O eterno chão das eras! Não se vai mais abaixo que isso. Concluirei com uma ilustração muito conhecida. Sua condição, irmão, irmã, é a mesma daquela criança na casa em chamas, que, escapando pela beira da janela, segurou-se na esquadria. As chamas saíam da janela de baixo, e a criança estaria em breve queimada, ou, se pulasse de tão alto, seria feita em pedaços; segurava-se, portanto, lutando contra a morte. Não ousou relaxar as mãos até que um homem forte aparecesse lá embaixo, dizendo: "Solte-se! Solte-se! Eu pego você!" Agora, seria uma fé salvadora a criança acreditar que o homem era forte — e essa era uma boa ajuda no sentido da fé —, mas ela poderia saber disso e, mesmo assim, se soltar e perecer; mas houve fé de fato quando a criança largou da janela e caiu nos braços de seu amigo forte. Ei-los, pecadores, agarrando-se aos seus pecados ou então às suas boas obras. O Salvador clama: "Solte-se! Caia em meus braços!" Não é questão de fazer, mas deixar de fazer. Não é trabalhar, mas confiar no trabalho que Jesus já fez. Confiança! Essa é a palavra: simples, sólida, afável e sincera confiança. Confiem, e ele não demorará nem mesmo um minuto para salvá-los; no momento em que confiarem, estarão salvos. Vocês podem ter vindo aqui do mais negro inferno; mas, se confiarem em Jesus Cristo, estarão inteiramente salvos. Em um instante, mais rápido que o brilho de um trovão, o feito da graça se realiza. Oh, que o Espírito de Deus assim faça agora, trazendo-o à confiança, para que você seja salvo.

TRABALHAR PARA JESUS

Filho, vai trabalhar hoje na vinha (Mt 21.28).

Não vou me limitar ao significado dessas palavras, nem utilizá-las estritamente segundo a forma em que foram inicialmente proferidas. Posso, talvez, explicar a parábola muito brevemente no final; mas peço licença para usar tais palavras fora de seu contexto imediato, como uma voz que, creio, soa amiúde nos ouvidos do povo de Deus, e às vezes soa em vão: *Filho, vai trabalhar hoje na [minha] vinha*. Não há dúvida que Deus ainda fala conosco. Ele tem falado conosco em sua Palavra. Nela estão seus preceitos e suas promessas, seus estatutos e testemunhos. Aquele que tem ouvidos para ouvir, ouça esses oráculos sagrados. Além dessa revelação manifesta, porém, há conselhos e repreensões, endereçados, de maneira mais íntima e pessoalmente, à consciência; vozes por vezes suaves como um sussurro, por vezes estrondosas como trovões que ressoam do Sinai. O Senhor tem uma maneira de falar que, como diz Eliú a Jó, *abre os ouvidos dos homens, e os atemoriza com avisos* (Jó 33.16). Assim fala quando os chama efetivamente, por sua graça, à conversão. Assim chamou: *Samuel, Samuel!* (1Sm 15.10), até que o jovem respondesse. Assim disse a Mateus: *Segue-me* (Mt 9.9). Assim ordenou a Zaqueu: *Desce depressa* (Lc 19.5). Assim clamou: *Saulo, Saulo, por que me persegues?* (At 22.7). Assim convida a alguns de nós até que o timbre da voz divina seja claro e irresistível; e muitos de nós o temos ouvido dizer: *Dá-me, filho meu, o teu coração* (23.26), e lhe entregamos nosso coração. Nem poderia ser diferente. Essa voz é empregada com tal encanto fascinante e nos influencia com tal poder divino que somos dominados por ela e rendemos nosso coração ao Deus de amor.

Desde então, você que conhece o Senhor muitas vezes já deve ter ouvido sua voz falando a você e o chamando a buscar sua face em oração. Talvez você esteja ocupado com as coisas do mundo e, no entanto, quando evidencia um impulso um tanto misterioso o invadindo, tem sido levado a ficar por alguns minutos a sós para que possa ouvir Deus ou falar com ele. Sabe perfeitamente como isso acontece, quando medita sozinho sem estar sozinho. Aquele cuja presença sente, cuja face não pode ver, está ali com você. Sente então como se devesse orar. Isso não tem exigido esforço algum de sua parte. Tem sido tão fácil quanto respirar e tão agradável quanto partilhar o seu pão de cada dia. Sente o Senhor colocá-lo junto ao trono da misericórdia e dizer em sua alma: "Pede o que quiser, filho meu, e isso te será concedido". Você deve estar bem ciente de uma voz como essa.

Não tem sentido também, por vezes, no silêncio de sua mente, o Senhor o chamar para uma comunhão mais íntima com ele? O chamado tem o mesmo sentido, se não quase as mesmas palavras, que os cônjuges, em Cântico dos Cânticos, ouvem em sua alma: *Vem, ó amado meu* [...] (Ct 2.10), *vejamos se florescem as vides* [...] (Ct 7.12). *Vem comigo do Líbano, noiva minha, vem comigo do Líbano* (Ct 4.8). Você se levanta e vai. Entra em lugares secretos onde Cristo lhe revela seu amor e, sob sua sombra, se senta com grande satisfação e prova do fruto divino, doce ao paladar. Nossa experiência nos faz saber que há ali vozes celestiais que convidam a orar e chamam à comunhão. Alguns de vocês talvez tenham estado também conscientes de outra voz, que desejo sinceramente possamos todos nós ouvir esta noite, a saber, o mais poderoso e comovente chamado para o serviço do Senhor Jesus Cristo. Alguns têm obedecido durante esses muitos anos ao chamado, que continua soando ainda e cada vez mais alto. Têm estado ceifando, aguentando o calor e o fardo do dia, mas não podem largar a foice, pois sua mão está como que ligada permanentemente a ela. Sim, e certamente alcançam progressos cada vez maiores, e a cada empreitada colhem mais do precioso cereal. Sentem como se não mais pudessem parar, até

Seu corpo com seu fardo descansar,
e de trabalhar e viver cessar.

A voz divina que chama você parece dizer: *Segue-me, e eu te farei pescador de homens* (Mc 1.17). *Eis que te fiz um vaso escolhido para levar o meu nome perante os gentios* (At 9.15). Você tem ouvido essa voz e se esforçado por obedecer cada vez mais. Outras pessoas, porém, nunca a ouviram ou, ouvindo-a, a esqueceram. Não há ninguém tão surdo quanto aqueles que não querem ouvir, e há alguns que têm um ouvido surdo demais para qualquer admoestação. São como Isacar, na predição de Jacó: um jumento forte deitado entre dois fardos, mesmo sem carga alguma. Receio que sobre eles recaia a maldição de Meroz, em Juízes: *porquanto não vieram em socorro do Senhor, em socorro do Senhor, entre os valentes* (Jz 5.23). Agora, todavia, talvez aqui, esta noite, haja homens e mulheres cristãos que venham a sentir a mão do crucificado sobre eles e o ouvir dizer: [...] *não sabeis que* [...] *não sois de vós mesmos? Porque fostes comprados por preço; glorificai pois a Deus no vosso corpo* (1Co 6. 19,20) — e no espírito, sendo ambos dele. E: *Desperta, tu que dormes, e levanta-te dentre os mortos, e Cristo te iluminará* (Ef 5.14).

Que esse texto, espero, seja abençoado por Deus, tornando-se uma voz como essas. Ao ouvi-lo, podemos constatar então quatro coisas. Em primeiro lugar, *o tratamento com que nos chama: Filho*; em segundo lugar, *a finalidade para a qual nos chama*: "vai trabalhar"; em terceiro lugar, *o momento para o qual nos chama*: "hoje"; e em quarto lugar, *o local em que nos quer*: "na vinha".

I. Em primeiro lugar, então, O TRATAMENTO COM QUE NOS CHAMA.

Parece-me ser este um conjunto de palavras muito forte: *Filho, vai trabalhar hoje na vinha* (Mt 21.28). Coloca o trabalho sobre uma base muito graciosa, por sermos convidados a trabalhar pelo Senhor não como escravos, nem como meros servos, mas, sim, como filhos. Se Moisés falasse conosco, nos diria: "Servo, vai trabalhar por seu salário". Mas o Pai, em Cristo, fala conosco dizendo: *Filho, vai trabalhar hoje na vinha*. Não mais como um servo, mas como filho, você deve então servir ao Senhor. O filho pródigo pensa em dizer, ao voltar para a casa do pai: *Trata-me como um dos teus empregados* (Lc 15.19). Não era uma oração; não chegou a ser feita. Antes que a fizesse, o pai o recebeu de braços abertos, declarando: [...] *este meu filho estava morto e reviveu* (Lc 15.24), e assim o recebeu, não como um empregado, mas como um filho. Oh, caras pessoas de Deus, confio em que vocês sempre percebam a distinção muito clara entre a aliança pelas obras e a aliança pela graça. Quando você trabalha para Deus não está trabalhando *para viver*, mas, sim, *já vivendo*. Não se busca servir a Cristo para ser salvo, mas por estar salvo. Você já não obedece aos mandamentos para poder se tornar um filho, mas, sim, por já ser um filho dele. É, deste modo, um imitador de Deus, na condição de seu filho querido. Você diz "Aba", "Pai", porque sente o espírito da adoção em você, e pela mesma razão se empenha em obedecer aos mandamentos de seu Pai. Não digo, portanto, a ninguém, aqui: "Vá e trabalhe para Deus para que possa ser salvo". Eu não ousaria colocar as coisas, a não ser deste modo: *Crê no Senhor Jesus e serás salvo* (At 16.31). Assim, dirigindo-se aos que já estão salvos, a exortação do evangelho é colocada à maneira evangélica: *Filho, vai trabalhar hoje na* [minha] *vinha* pela mesma razão.

Isso nos traz uma força ainda maior, pois, ao dirigir-se a nós como filhos, nos lembra do grande amor que nos faz o que somos. Seríamos, por natureza, herdeiros da ira, assim como outros, mas, amados, *Vede que grande amor nos tem concedido o Pai: que fôssemos chamados filhos de Deus* (1Jo 3.1). Pensem no amor que nos escolheu quando ainda éramos alienados e inimigos; o amor que nos adotou e nos pôs na família, ele próprio meditando enquanto assim fazia, pois o Senhor é representado dizendo: *Como te porei entre os filhos...?* (Jr 3.19) — como se fosse estranho que, tal como somos, fôssemos incluídos entre os filhos de Deus. O amor que nos adotou não fica somente aí, mas, tendo nos dado os direitos de filhos, deu-nos também sua natureza, e deste modo fomos regenerados — [...] *nos regenerou para uma viva esperança, pela ressurreição de Jesus Cristo dentre os mortos, para uma herança incorruptível, incontaminável e imarcescível* (1Pe 1 3,4). Pense cada um de nós agora na eleição, na adoção, na regeneração e quando o Senhor nos trata por *filho*, pense em tudo isso e confesse: "Devo a Deus imensurável gratidão por haver permitido que eu fosse seu filho/sua filha, por dar-me o poder e o privilégio de me tornar filho/filha de Deus. Ouço, pois, atentamente os clamores de minha obrigação e vou me empenhar por trabalhar na vinha do Pai, pois sou seu filho/sua filha, assim feito (a) por sua graça".

Isso, queridos amigos, nos estimula a trabalhar na vinha de forma ainda mais convincente, refletindo não apenas sobre a graça que nos fez filhos, mas nos privilégios que a mesma graça nos concede ao nos fazer seus filhos; pois, sendo seus filhos, o Senhor, mais que nunca, nos proverá, nos vestirá, nos curará, nos protegerá, nos guiará, nos educará e nos fará, além de tudo, sermos participantes na herança dos santos em luz. Lembremo-nos da preciosa passagem que diz: [...] e, se filhos, também herdeiros, herdeiros de Deus e coerdeiros de Cristo; se é certo que com ele padecemos, para que também com ele sejamos glorificados (Rm 8.17). Como herdeiros de Deus, quão vasta é a nossa herança e, como coerdeiros com Cristo, quão certa é essa nossa herança, sendo, com isso, trazidos a tal condição, amados, que até mesmo os anjos talvez nos invejassem; e arrisco até a usar uma passagem das Escrituras, embora generalizando-a, nesse caso — espero que sem deturpá-la, pois se refere ao Filho de Deus, mas aplicando-a a nós, seus outros filhos: Pois a qual dos anjos disse jamais: Tu és meu Filho [...]? (Hb 1.5). O Pai nos trata realmente assim, a nós, meros vermes do pó; e, quando nos ordena que o sirvamos, vem a nós dessa maneira gentil, referindo-se a nós segundo essa relação, dizendo: "Meu filho, minha filha, vai trabalhar hoje na minha vinha, vai. Eu vos dei privilégios infinitos ao vos fazer meus filhos. Eu vos dei todo este mundo e outros mundos por vir. A terra é a vossa morada, e o céu, o vosso lar. Portanto, porque fiz tudo isso por vós — e que poderia ter eu feito mais do que fazê-los meus próprios filhos? — digo: vão trabalhar hoje mesmo na minha vinha".

Ao considerar e apelar ele a nós como filhos, é de supor que devamos possuir alguns sentimentos interiores que correspondam à condição que nosso Pai celestial nos impôs. Ele nos chama de *filho*; e, se algum de vocês, sendo filho, seu pai desejasse que fizesse alguma coisa por ele, e se dirigisse a você como *meu filho*, você sentiria que qualquer coisa que lhe fosse pedida seria capaz de fazer, só porque você é seu filho. Isso despertaria em você o sentimento filial imediato de demonstrar obediência e amor. Então, quando o Senhor olha para você, meu irmão, e o chama de *filho*, pressupomos que haja colocado em seu coração uma natureza filial, por sua graça, e que esse instinto filial determine sua resposta imediata: "Meu Pai, que desejas de mim? Fala, Senhor, fala, meu Pai, pois teu filho te ouve. Anseio por cumprir teu desejo. Com isso me deleito, pois para mim a maior alegria é saber que és meu Pai e meu Deus. Portanto, Senhor, meu coração se prontifica a ouvir o que tens a dizer, e minha mão está pronta para fazê-lo, pois tua graça me permite me fortalecer em tua vontade". Vai, filho, filha, trabalhar hoje na vinha do Pai.

O uso do termo *filho* presume também que você tenha qualificação que o torna apto a fazer o que ele pede ou ordena. É de supor que o filho de um homem que possui uma vinha saiba, naturalmente, algo sobre a vinha. O filho deve ter aprendido algo a respeito com seu pai e patrão. Assim, vocês, que, como filhos, conhecem a vinha de seu Pai e Senhor, são as pessoas aptas a melhor servi-lo em sua vinha — e, em se tratando de ganhar almas para Cristo, ninguém, na verdade, pode fazer isso, a não ser os que já foram ganhos para ele. Se houver um filho perdido a ser resgatado, deverá ser trazido ao Pai por um dos filhos já regenerados. ... ao ímpio diz Deus: Que fazes tu em recitares os meus estatutos...? (Sl 50.16), mas a vocês, seus filhos e filhas, ele entrega o evangelho, confiando em que serão capazes de levá-lo a outros e fazer que também conheçam e amem seu santo nome. Ó queridos amigos, seria de fato penoso, senão absurdo, estar tentando salvar a alma dos outros enquanto vocês mesmos estivessem ainda perdidos; e que mortal infeliz seria aquele que pregasse o evangelho sem o conhecer — falar sobre promessas nas quais não cresse e pregar um Cristo em quem sua alma não confiasse! No entanto, quando o Senhor fala a vocês como filhos, já o próprio fato de haver essa relação com ele prova que vocês têm alguma qualificação para tal serviço. Portanto, amado irmão ou irmã, não retroceda. Não embrulhe seu talento em um lenço e o esconda, pois você já tem talento, ou dom, só pelo fato de ser filho ou filha dele — filho ou filha do Deus Altíssimo.

Procurei, deste modo, esmiuçar o personagem a quem o Senhor fala, mas não conseguiria certamente fazê-lo de modo que interessasse àqueles que não são povo dele; falo a vocês, que são íntimos dele, para quem é Pai e para quem esse fato tem importante significado. Mas, "se eu, pois, sou pai, onde está minha honra?" E se vocês são seus filhos, onde está o seu temor? Se o Senhor os introduziu na família, como de fato o fez, não devem vocês a ele o amor e a obediência de filhos? E o que pode ser mais natural que fazer um trabalho para ele — como trabalhar na vinha? Não deveria, pois, seu Pai esperar que vocês o fizessem, e que, por isso, se voltasse a vocês, a quem ele tanto ama, e pedisse: "Filho, filha, vai trabalhar hoje na minha vinha"?

II. Vamos, agora, ao próximo tópico, que é A FINALIDADE PARA A QUAL O SENHOR NOS CHAMA: "Vai trabalhar". Conheço alguns cristãos que não gostam muito do termo "trabalho" e ficam até um tanto enrubescidos quando lhes falamos qualquer coisa sobre dever. Nem quantificarei quão corados eles ficam, pois há pessoas que já expõem bastante sua própria disposição com olhares atravessados e mau humor; e ficam azedas só de manifestar o que lhes vai em sua natureza interior. Aquele que luta contra os preceitos de Deus, no entanto, luta contra Deus. É bom que saiba disso. Quem não gosta da parte prática do cristianismo pode fazer o que quiser com a parte doutrinal, que sobra, pois não tem lugar nesse assunto. A palavra do verdadeiro filho de Deus é: *Deleito-me com os preceitos do Senhor* (Sl 119.159); e como coloca Davi: *Os teus estatutos têm sido os meus cânticos na casa da minha peregrinação* (Sl 119.54). Na verdade, ele certamente cantaria sobre os preceitos do evangelho. Todavia, o texto agora diz: "Vai trabalhar". Isso é algo prático, real. Ele não diz: "Meu filho, vai pensar, refletir, meditar, especular; realizar experiências interessantes; desenvolver novas ideias, doutrinas e teorias; pasmar os outros com pensamentos, conclusões, questões e proposições, caprichos e esquisitices próprios". Não. Tão somente: *Filho, vai trabalhar.* Não diz aqui: "Meu filho, vai e frequenta conferências o ano todo, passa a viver em um perpétuo labirinto de opiniões, indo de uma reunião a outra, alimenta-te de coisas gordas cheias de tutano". Conferências e reuniões podem e devem ser frequentadas, desde que na devida proporção; aqui, porém, trata-se de ir trabalhar. Quantos cristãos há que parecem entender isso como sendo: "Vai planejar"; então, parece que estão sempre criando planos mirabolantes para a conversão do mundo; mas nunca os vemos trabalhando para converter nem um bebê sequer, nem tendo uma boa conversa sobre Jesus com a menor das crianças da escola dominical. Estão sempre planejando, mas nunca fazem nada de efetivo; mas o texto diz: "Filho, vai trabalhar". Oh, sim, aqueles que não gostam de trabalhar mostram a grandeza de seu talento, ainda, achando erros naqueles que trabalham e com uma clara percepção dos erros e falhas dos melhores trabalhadores, cujo zelo e empenho são geralmente imperturbáveis. O texto, no entanto, não diz: "Filho, vai criticar"; o que ele diz, distintamente, é: *Vai trabalhar*. Andrew Fuller,[1] ao ouvir um austero sermão de um irmão batista escocês sobre disciplina na igreja, respondeu: "Você diz que sua disciplina é melhor que a nossa. Muito bem; mas disciplina serve para fazer bons soldados. Acontece, porém, que meus soldados lutam melhor que os seus; creio, portanto, que você não deva falar muito sobre disciplina". O verdadeiro objetivo do chamado não é, portanto, ficar fazendo cálculos sobre modos de gerir a igreja, sobre métodos de gerenciamento, planos a serem adotados e regras a serem criadas; sobre coisas, enfim, cuja violação seria grave. Que tudo fique bem em seus devidos lugares, pois a ordem é boa, à sua própria maneira. Mas, agora, vamos trabalhar. Vamos fazer alguma coisa de concreto. Acredito até que o melhor trabalho para Deus é feito, quase sempre, de maneira um tanto irregular. Cada vez mais me sinto como aquele velho soldado, lutador em Waterloo, quando lhe perguntou o duque de Wellington qual o melhor uniforme que ele gostaria de usar se tivesse de lutar outra vez naquela batalha. Ele respondeu: "Por favor, duque, gostaria de estar em mangas de camisa". Creio que tinha toda a razão. É esse o melhor uniforme de luta. Livre-se de tudo que seja supérfluo e ponha as mãos na massa. Pediria a Deus que alguns cristãos pudessem fazer

---

[1] [NE] Andrew Fuller (1754-1815) — eminente ministro e pregador batista inglês, que se destacou, sobretudo, em controvérsias doutrinárias sobre a expiação, contra teorias hipercalvinistas, socinianistas e sandermanianistas, assim como na qualidade de fundador da Sociedade Missionária Batista, da Inglaterra, a que dedicou grande parte de sua vida.

TRABALHAR PARA JESUS | 1069

isso: desnudar-se, livrando-se da abundância de ordens, de posses e de tudo o mais que os impede de resgatar pobres almas em Cristo. Lá se vão as almas, descendo ao inferno, enquanto insistimos tolamente sobre esse ou aquele modo de agir; estudando a melhor forma de não fazer, nomeando comissões para refletir e debater, para adiar e postergar e para deixar o trabalho cair no vazio. O melhor caminho é se levantar e fazer e deixar que a comissão se reúna depois. Deus permita que assim façamos. *Filho, vai trabalhar hoje.* Que seja algo prático, real, verdadeiramente produtivo.

Por "bom trabalho" entende-se algo que envolva dedicação, esforço, labuta, sinceridade, abnegação; algo que exija também, talvez, perseverança. Você terá de se apegar a ele. Terá de se entregar ao trabalho de coração e abrir mão de muitas coisas que o impeçam de realizá-lo. Oh, homens e mulheres cristãs, vocês não irão glorificar muito a Deus, a não ser que realmente coloquem seu empenho no modo de agir do Senhor e se lancem de corpo, alma e espírito — com sua masculinidade ou feminilidade completas — à obra do Senhor Jesus Cristo. Não é necessário, para fazer isso, que deixem suas famílias, suas atividades profissionais, seus negócios seculares. Você pode servir a Deus, também, nessas coisas. Elas podem constituir, muitas vezes, oportunidade vantajosa para você no serviço a Cristo, mas você deve se lançar ao serviço com vontade. Ninguém ganha almas se andar meio sonolento. A batalha a ser travada pelo Senhor Jesus deve ser feita por homens bem despertos e imbuídos do Espírito de Deus. *Filho, vai trabalhar hoje na vinha.* Não vá brincar na escola dominical. Não vá brincar de pastor. Não vá brincar de exortar as pessoas nas esquinas nem de distribuir folhetos. *Filho, vai trabalhar.* Lance sua alma nisso. Se isso é digno de fazer, é digno então que se o faça bem feito; e se é digno de que se o faça bem feito, é digno que se o faça como nunca foi feito antes; é digno de ser feito cada vez melhor, pois, mesmo depois de fazer o melhor, há que se chegar ainda mais longe; e o melhor dos melhores é ainda pouco para Deus e sua obra. *Filho, vai trabalhar na [minha] vinha.*

Um chamado como este pode, talvez, segundo pensem vocês, soar um tanto rigoroso; mas posso lhes apontar muitos crentes que ficariam bastante felizes se o Senhor dissesse isso a eles. Posso lhes falar a respeito de pessoas que mal podem deixar o sofá, mal podem ficar sentadas devido à fraqueza, para quem as noites são geralmente cheias de dor e os dias passam com muito desgaste. Elas aprenderam, pelos ensinamentos de Deus, a se contentar a sofrer; mas por vezes não podem sufocar um desejo ardente: gostariam que o Senhor as deixasse servi-lo. Não invejam os outros, mas, às vezes, algo assim como a sombra de um ciúme cruza sua mente, quando pensam nas oportunidades que têm alguns de vocês, tão cheios de força e saúde. Eu vi um irmão ministro deitado de lado, com a voz falha, os pulmões débeis, o coração tentando palpitar, e, oh, como ele desejava pudesse pregar. Com que fervor me disse: "Oh, se ao menos eu tivesse outra oportunidade, como eu a usaria melhor do que quando fui favorecido com ela!" Eu lhes digo que há milhares de servos de Deus que beijariam a poeira dos seus pés se ele apenas lhes dissesse: *Vai trabalhar.* Lembro-me de ter lido sobre um ministro que trabalhou na América até que se achou praticamente exaurido. Teve de fazer uma viagem de repouso por causa de sua saúde. Não muitos dias depois de haver ido viajar, escreveu em seu diário: "Pode haver alguns ministros que acham que é um prazer ser liberado do dever de pregar, mas eu considero isso uma infelicidade. Preferiria pregar continuamente em meu púlpito, como tenho feito, a conhecer todos os reinos da terra". E, de fato, não há prazer no mundo como o de servir a Deus. Se você tirar férias, poderá em breve se cansar, mas nunca se cansará de uma vocação divina, apesar de por vezes ficar cansado de exercê-la. Imagine, agora, se o Senhor lhe tivesse dito: "Vá e deite-se naquela cama por dez anos. Vá e se consuma em desgosto. Não tenho nada para você fazer. Você só tem de realizar esta minha vontade". Então? Não se dá por feliz por estar cheio de força, ou que a tenha pelo menos de certo modo, e que seu Pai divino lhe diga: *"Filho, vai trabalhar na minha vinha*; eu lhe dou forças para isso; vai trabalhar"? Ó Senhor, nós te agradecemos por essa ordem tão boa e gentil!

Além disso, há bastante honra nesse trabalho. Você sabe quanto o seu filho pequeno quer ser adulto; toda criança quer. Quando o seu menino usar pela primeira vez colarinho e gravata, irá se parabenizar por ostentar um sinal que seja de ser "homem". Quão orgulhoso ficará! E se você, como pai, disser a seu filho: "Meu filho, você já tem idade para que eu lhe confie alguns trabalhos em meu nome", veja como o jovenzinho começará a se empertigar e ficará radiante com isso. Tenho certeza de que, se prestarmos atenção, veremos como nós, que somos filhos de Deus, nos sentiremos honrados se nosso Pai celestial nos disser: "Você pode fazer algo por mim". Devemos, na verdade, ser humildes, pois, afinal, nada podemos fazer senão o que ele opera em nós para que o desejemos e façamos; mas é de fato muito gratificante e enobrecedor para um pobre espírito mortal lhe ser permitido fazer algo por Deus, sim, fazer o que os perfeitos santos e os sagrados anjos não podem fazer; pois, ó queridos irmãos, não há espírito glorificado que possa ir àquela rua escura ou àquele beco perigoso, nem subir aquelas escadas que parecem poder desabar sob nossos pés. Vá. Fale de Cristo àquela pobre mulher agonizante. Você tem um privilégio que o virtuoso anjo Gabriel não tem; seja grato por isso. Nenhum anjo poderia falar àquele pequenino aluno da escola dominical sobre o Jesus gentil, dócil e meigo, que conduz os cordeirinhos, como seu bom pastor que é. O Senhor envia você para que o faça. Deveria haver sempre uma demonstração de gratidão de todos nós por ele nos considerar dignos e nos colocar em seu ministério — seja em qualquer parte ou condição do ministério que for — para fazer algo em seu nome. Estamos constantemente recebendo — e isso é muito abençoado; mas mesmo nisso, assim como em outras coisas, mais abençoada coisa é dar do que receber; e quando podemos devolver a Deus com um pouco de serviço, manchado que seja de nossas lágrimas de gratidão, porque assim é, oh, é uma grande alegria, é algo abençoado. Quão agradecido você tem de ser por haver o Senhor lhe dito: *Filho, vai trabalhar hoje na vinha.*

Lembremos, ainda, que o trabalho para o qual o Senhor nos chama é variado, e há bastante mudanças nele; além disso, o Senhor leva em conta os diferentes temperamentos, constituições, disposições e habilidades de seu povo. Ele diz a cada um: *Filho, vai trabalhar hoje na vinha*; mas não lhe dá o meu trabalho para você fazer e não me dá o seu trabalho para eu fazer. Querida irmã, você bem que gostaria de fazer o trabalho de tal e tal excelente cristã, não gostaria? Sim, mas pode ser inapropriado para você. Fique feliz por ter de fazer seu próprio trabalho. Suponha que sua arrumadeira quisesse cozinhar; em breve, sua casa estaria bagunçada. É melhor cada qual ocupar seu próprio lugar de trabalho, cara irmã. Ah, eis um irmão que diz: "Creio que poderia pregar se tivesse para mim tal e tal congregação". Muito bem, irmão, mas é melhor que você pregue para sua própria congregação e que faça o melhor ali. Muito provavelmente, eu me darei melhor com a minha própria congregação; e você se dará melhor com a sua do que eu faria. É melhor que todos se atenham a seu próprio trabalho, em seu próprio lugar. E quão agradecidos seremos se um puder pregar o sermão, o outro oferecer uma oração — pois se um pode falar para milhares, outro pode falar para um ou dois. Há trabalho nas escolas; há trabalho nas famílias; há trabalho nas ruas; há trabalho nas oficinas; há trabalho em todo lugar para Jesus, se você apenas esticar as mãos para encontrá-lo e seguir o bom conselho de Salomão: *Tudo quanto te vier à mão para fazer, faze-o conforme as tuas forças* (Ec 9.10).

III. Agora, o MOMENTO, o assunto do terceiro tópico. "Meu filho, vai trabalhar *hoje* na vinha". Bem direto: *agora*.

Irmão, irmã, não direi uma palavra sobre qual o seu dever para amanhã. Deixe que o amanhã cuide de si mesmo. Não tenho nada a dizer sobre o que será certo você fazer daqui a dez anos. Se você estiver vivo, que seja dada graça por isso. O que tenho a lhe dizer, em nome de Deus, é: "Vai trabalhar *hoje*"; e, se o sol já se pôs, que seja: "Vai trabalhar *hoje à noite* na vinha", se houver oportunidade hoje à noite, antes que o sol volte a nascer. Por que hoje? Porque, irmão, o Pai quer que o que deve ser feito seja feito de imediato: *Por que estais aqui ociosos o dia todo?* (Êx 5.7). Se você não fez nada até agora por Cristo, já desperdiçou muito tempo. Não sossegue; empenhe-se hoje. Ele quer que você faça o que tem a fazer agora, porque a vinha está em tal estado que requer imediata atenção. Há alguém no mundo que está com o espírito atribulado, a quem você pode falar com sucesso. Há ali um enlutado que deseja conforto esta noite. Há outro lutando contra a própria consciência, que requer atenção imediata. Se esses casos forem deixados de lado hoje, será como nos recusarmos a podar a vinha no tempo necessário para retirar as folhas mortas em excesso. Você pode e deve fazê-lo agora. Não pode ser em outro dia. *Filho, vai trabalhar hoje na vinha.*

Hoje, também, porque há perigos aos quais aqueles que você está prestes a ajudar estão expostos hoje. O demônio os está tentando; é preciso que você vá urgente e os ajude contra a tentação. Eles estão em

TRABALHAR PARA JESUS | 1071

desespero; é necessário que você leve já a palavra de consolo da boca do Mestre. Estão, esta noite mesmo, antes de ir dormir, prestes a cometer um grande pecado contra si mesmos; o Senhor quer que você se interponha agora, antes que o pecado seja cometido. *Filho, vai trabalhar hoje na vinha*; você é indispensável: há poucos trabalhadores hoje; muitos já se foram. Vai hoje, filho, vai hoje, enquanto outros estão de folga, ou estão dormindo, ou perdendo tempo. Há uma lacuna bem grande agora; é este o momento exato. Ações valorosas geralmente devem seu sucesso ao momento exato de sua execução. Se Horácio Cocles não tivesse, segundo os relatos históricos, guardado a tempo e sozinho a ponte Sublícia, em Roma, no momento justo em que o inimigo estava prestes a atravessá-la, talvez nunca ouvíssemos sobre ele e seu corajoso feito. É tempo de carência, de necessidade, de urgência. *Filho*, pede Deus a você, "apressa-te e vai hoje, vai agora, trabalhar na minha vinha". Preste atenção: *hoje*.

Significa, também, trabalhar o dia inteiro; trabalhar enquanto possa, enquanto viver. "Filho, não volte para casa da vinha até que o dia tenha terminado." Lamento sempre que ouço cristãos dizerem que estão começando a deixar seu trabalho antes de chegarem as enfermidades naturais da velhice. Embora ache que alguns ministros, quando ficam idosos, deveriam de fato largar um fardo para o qual não estão mais aptos e assumir um menor, mais adequado à sua capacidade mais escassa, sei de outros que desistem desse ou daquele trabalho bem precocemente, dizendo: "Que os jovens venham e assumam a vez". Sim, mas imaginem se o Sol parasse de brilhar e dissesse: "Há outra estrela ali; ela que brilhe em meu lugar". Imagine se a Lua desistisse para sempre de brilhar, alegando estar cansada de sair à noite. Imagine se todo solo dissesse estar farto de fazer crescer as plantações: "Por que deveria eu ser sempre fértil? Que o mar dê trigo!" Persevere, portanto, caro cristão, persevere na vinha enquanto puder. Quem poderia condenar o velho ministro e autor de hinos John Newton? Quando ficou velho demais para subir as escadas do púlpito de sua igreja em St. Mary Woolnoth, tinha de ser ajudado a fazê-lo; mas então, apoiando-se na Bíblia, no púlpito, derramava sua alma. Um amigo lhe disse: "Meu caro Newton, não acha que deveria deixar de pregar?" "O quê?!", disse ele e, referindo-se ao seu passado de pecador: "Pode este velho blasfemo, traficante de escravos, deixar de louvar a graça do Deus que o salvou, enquanto houver fôlego neste corpo? Nunca!" E continuou seu trabalho. Oh, que mais espíritos possam perseverar assim, a serviço do Mestre!

Há ainda este significado: é *somente* hoje, apenas um dia. *Filho, vai trabalhar hoje*, apenas este dia. A vida não é mais longa; o fim se aproxima; o tempo é chegado. Não haverá, no entanto, a noite; pois, ao contrário, está para irromper o dia radiante, quando as sombras fugirão, e então o serviço terreno terá acabado. Não haverá então mais criança para ensinar, nenhum pecador para levar a se arrepender e crer, nenhum cristão apóstata e indiferente para reprovar e recuperar, nenhum impostor para desmascarar, nenhum cético para responder com a fé que não pode ser abalada, nenhum zombador para ser debelado e ter de suportar pacientemente toda insolência. Estará tudo acabado, e os que creem entrarão e sentarão à mesa do banquete do Pai, na maior alegria. *Filho, vai trabalhar hoje*, vai logo trabalhar, pois logo hás de descansar, amanhã. Trabalha agora, pois há descanso suficiente te esperando no céu: trabalha, sim, que na eternidade receberás tua honrosa paga pelo serviço.

IV. Então, quanto ao LOCAL PARA O QUAL O SENHOR NOS CHAMA A TRABALHAR: "Filho, vai trabalhar hoje *na vinha*".

Gosto de pensar nesse local especial de trabalho, por ser realmente um prazer trabalhar na vinha de nosso Pai. Nela, tudo o que fizermos será feito para ele. Podo as videiras, mas elas são do meu Pai. Aro a terra, mas o solo é do meu Pai. Retiro as pedras, mas a vinha que limpo é do meu Pai. Conserto a cerca, mas a plantação que resguardo é do meu Pai. Tudo é dele e feito para ele. Quem não faria tudo que pode pelo redentor, pelo Cordeiro, pelo abençoado Pai do nosso espírito? "Filho, vai trabalhar hoje na *minha* vinha". E que trabalho interessante é este na nossa vinha, porque a vinha é do *nosso* Pai. Tudo o que pertence a ele pertence a nós. Somos filhos trabalhando na vinha do nosso Pai, de modo que até podemos perfeitamente dizer: "Esta vinha, de fato tenho interesse nela, pois sou seu herdeiro, herdeiro das propriedades do meu Pai. Esta terra que me esforço por arar e adubar é minha, porque é do meu Pai. Essa cerca que procuro manter ou reparar é minha, pois pertence ao meu Pai". Sabemos ser sempre mais agradável trabalhar para si próprio; e, em um sentido abençoado, ao trabalharmos por Deus e para Deus, trabalhamos, na verdade, por nós e para nós mesmos. Vocês são, em Cristo, os trabalhadores de Deus, os filhos e a família de Deus, o povo de Deus; e, ao trabalharem pelo nosso Senhor e para ele, estão realmente compartilhando com ele a vinha.

E que trabalho compensador é esse! Filho, vai trabalhar hoje na vinha: trabalha-se em uma vinha porque compensa. Trabalhar no deserto poderia ser uma tarefa inglória; mas trabalhar em uma vinha, onde haverá cachos e cachos de uvas é muito diferente. Já se podem imaginar as suculentas uvas que irão para o lagar e dali para o banquete que se seguirá, com o jorrar do rubro suco — quando então haverá muita alegria, na época da colheita. Você terá vinho novo, vinho muito refinado. Todo puro prazer aguarda o homem que serve ao Senhor.

Filho, vai trabalhar na vinha não significa, certamente, que é trabalho abundante? Há sempre algo para ser feito na vinha. Indague àqueles que cultivam vinhas, e eles lhe dirão que há sempre necessidade de trabalho. Em qualquer época do ano, há algo para ser feito, muitos riscos a serem evitados, muitos inimigos a serem mantidos longe da vinha; há bastante trabalho, irmão. Sim, vá trabalhar na vinha, onde se precisa de todas as mãos. A vinha está ao seu alcance, muito próximo de você. Nosso Pai celestial não diz: "Filho, pega um navio e vai a Társis", ou "vai a Ofir". Não. Ele diz: Filho, vai trabalhar hoje na vinha — e a vinha está logo ali, na porta de trás. A vinha de seu Pai está bem perto de vocês: a rua onde vocês moram; a própria casa onde residem; talvez até mesmo o quarto em que vocês durmam — eis a vinha de Deus, onde vocês podem e devem trabalhar por ele. É trabalho do seu próprio Pai, a ser realizado com a força dele mesmo. Oh, se eu conseguisse incendiar esta noite um jovem com o amor de Cristo, quanto ficaria contente! Quanto minha alma não se regozijaria se pudesse ser tão somente o humilde meio de inspiração de alguma cristã quanto à missão que a tornasse útil em seus dias e em sua geração! Uma tarde, veio a este Tabernáculo um jovem cavalheiro, bastante conhecido por ter uma excelente mão para o taco de críquete. Era cristão e cheio de vontade de compreender as grandes verdades da revelação; mas nunca havia servido a seu Deus. Achava melhor gastar seu tempo livre em jogos e exercícios, em que buscava se recrear. Mas, enquanto eu falava, um fogo se acendeu nele, e ele voltou para casa disposto a começar a pregar o evangelho nas ruas da cidade onde morava e agora é pastor de uma igreja grande e influente que conseguiu congregar. Desde então, tem pregado muitas e muitas vezes o evangelho. Oh, se outros fiéis que se encontrem nessa mesma situação — jovens capazes, que desperdiçam toda a sua força no mundo, embora sem se imiscuir em algo errado, mas gastando muito de seu talento — pudessem ouvir agora a minha voz lhes dizendo, alcançando-os até as últimas fileiras deste auditório: Filho, vai trabalhar hoje na vinha!

Após haver me alongado tanto nessa admoestação prática, sobra-me pouco tempo para uma breve explicação da parábola, ou, mais propriamente, das parábolas da vinha, que no início prometi fazer.

A ocasião em que tais parábolas foram contadas é digna de registro. "Tendo Jesus entrado no templo, e estando a ensinar, aproximaram-se dele os principais sacerdotes e os anciãos do povo (Mt 21.23)" — e Jesus é rudemente interrompido pelo Sinédrio legalista, com o sumo sacerdote à frente, confrontando nosso Senhor, como se tivessem um mandado que lhes desse direito a isso, com duas questões: uma, quanto à autoridade ou título com que agia; outra, quanto à fonte de onde provinha essa autoridade. Todos nós temos conhecimento de como ele logo sabiamente superou seus inescrupulosos antagonistas: Eu também vos perguntarei uma coisa, disse Jesus, colocando-lhes uma questão que provou ser bastante embaraçosa e que os deixou em dúvida, ridiculamente discutindo, pois arrazoavam entre si, pondo-se de lado para sussurrarem, e voltando constrangidos, sem dar uma resposta clara e honesta, pois, como vocês podem ler, temiam uma reação da multidão em torno a favor de João — e de Jesus. A vantagem que nosso Senhor assim ganhou imediatamente usou para adverti-los e instruí-los com uma parábola — a parábola de que estamos hoje falando. Ele assim a abre: Mas que vos parece? — falando então a respeito de dois filhos, o primeiro parecendo ser muito leal e fiel, mas mostrando ser na verdade desobediente, e o outro aparentemente rebelde, mas depois mostrando-se arrependido, humilde de espírito e obediente. A coisa parecia ser tão óbvia que, à pergunta de Jesus: Qual dos dois fez a vontade do pai? (Mt 21.31), eles deram uma

Trabalhar para Jesus

| 1073

resposta sem pensar, que colocava a condenação em sua própria testa. Leiam e entendam a parábola por si mesmos. Percebam sua força. A meretriz arrependida e o publicano pecador são postos na mesma balança junto com os sacerdotes e anciãos insensíveis. Por sua resposta de qual dos dois teria de fato realizado a vontade do Pai celestial, os membros do Sinédrio são, naquele mesmo instante, expostos à condenação de Deus segundo o "caminho da justiça". Leiam e compreendam a passagem, eu peço.

Quase em seguida, a imagem da vinha municiou o Senhor com outra parábola, a qual ele insiste com os sacerdotes e anciãos em que também ouçam. Trata-se de uma forte parábola, que mostra a natureza da nova dispensação e do sinal dos tempos tão distintamente que aqueles homens não poderiam deixar de compreendê-la à luz de seus próprios profetas; ao mesmo tempo, expõe abertamente a traição e a conspiração daqueles lavradores, que, teriam eles de reconhecer forçosamente, eram o seu próprio retrato, levando-os a perceber, então, que falava franca e corajosamente a seu respeito. A vinha era símbolo costumeiro da nação judaica como teocracia. Os homens que se haviam sentado no trono de Moisés seriam os lavradores que, na qualidade de guardiães ou mordomos, eram responsáveis pela vinha, uma propriedade especial de Javé. Como pervertidos governantes de Israel em épocas diversas, eles só haviam buscado atender aos seus interesses e ambiciosos planos malignos, sob o disfarce de sinédrios e conselhos. Mas as palavras e as advertências de Jesus, seus ensinos e parábolas, eram penetrantes demais para elucidarem toda a sua astúcia e deixá-los perplexos, sem escusas para a culpa que pesava em seu coração e era manifesta em sua conduta. Por isso mesmo, o reino de Deus viria a ser tomado deles e dado a uma nova nação, uma nova vinha, que faria florescer os frutos de Deus a partir daí. Que nação seria esta senão a igreja, inspiradamente chamada, pelo apóstolo Pedro, *a geração eleita, o sacerdócio real, a nação santa, o povo adquirido, para que anuncieis as grandezas daquele que vos chamou das trevas para a sua maravilhosa luz* (1Pe 2.9)? A vinha tornar-se-ia, pois, o símbolo literal de nossa vida cristã, formando os crentes o corpo de Cristo. Esta vinha é plantação do próprio Deus, creiam nisso. Vocês, queridos irmãos, são filhos do Proprietário, creiam também. Esperem, então, por se sentarem à sua mesa de banquete e beber do novo vinho que ele oferece. É ele próprio quem lhes diz: *Filho, vai trabalhar hoje na vinha.* Que resposta vocês lhe darão com seus lábios? Que resposta lhe darão com sua vida?

Até aqui, não me dirigi aos não convertidos. Não lhes disse palavra alguma. A eles, porém, tenho somente algo a dizer, que já disse e repito. Não posso pedir que trabalhem por Cristo. Não posso exortá-los a fazer nada por ele. Vocês não estão ainda em condições e estado de espírito próprio para fazê-lo. Devem, antes de mais nada, crer nele. Oh, que nesta noite sintam vocês forte motivo de ansiedade e frustração no fato de serem incapazes de servir a Cristo. Primeiro que tudo, porém, é preciso que confiem em Cristo e comprovem em sua própria alma, em seu coração, que esse evangelho é o poder de Deus para sua salvação. Seus olhos terão de ser abertos; vocês deverão sair da escuridão para a luz, do poder de Satanás para o de Deus, para que, recebendo o perdão pelos pecados e a herança entre os que são santificados pela fé em Jesus, possam então fazer alguma coisa por ele e para ele. Somente então, e não antes disso, vocês serão testemunhas vivas tanto das coisas que já viram quanto das que passarão a ver. Devem nascer de novo antes que possam trabalhar no renascimento de outros, quando Cristo estiver formado neles. Se não podem testemunhar é porque não receberam ainda o sinal e o testemunho de Cristo e em vocês ele não está ainda firmado e confirmado. Seu trabalho seria prejudicial para vocês mesmos. Somente poderão colocar suas mãos no arado divino quando estiverem purificadas por Jesus. Venham a ele, caros amigos, confiem nele, creiam nele, sabendo que, quando ele os tiver salvo, então lhes dirá: *Filho, vai trabalhar na minha vinha.*

A PARÁBOLA DO BANQUETE DE CASAMENTO

O reino dos céus é semelhante a um rei que celebrou as bodas de seu filho. Enviou os seus servos a chamar
os convidados para as bodas, e estes não quiseram vir. Depois enviou outros servos, ordenando: Dizei aos
convidados: Eis que tenho o meu jantar preparado; os meus bois e cevados já estão mortos, e tudo está
pronto; vinde às bodas (Mt 22.2-4).

Se Deus assim permitir, espero abordar toda essa parábola. Neste momento, porém, concentraremos nosso pensamento na cena de abertura da celebração real. Antes de prosseguirmos, queremos expressar nossa profunda gratidão por haver por bem à mente infinita de Deus ter condescendido para com a nossa restrita capacidade e nos instruído por meio de parábolas. Como foi o Senhor ternamente condescendente conosco ao legar tais similitudes, para que seus filhos pudessem aprender os mistérios do Reino! Se já é admirável que, muitas vezes, grandes mentes dentre os homens se disponham a nos deixar seu legado, que maravilha ainda maior que o próprio Deus em pessoa se incline desde os céus e venha ao encontro de nossa ignorância e dificuldade de compreensão! Quando um escolado professor, depois de ensinar sua turma sobre os mais recônditos assuntos de filosofia profunda, vai para casa e, com seu filho ao joelho, busca passar o mínimo que seja das grandes verdades àquela mente infantil, vê-se o grande amor que domina seu coração. Assim também, quando Deus eterno, diante de quem os mais fulgurantes serafins não passam de meras criaturas suas, se dispõe a nos ensinar e nos fazer cônscios de sua salvação, bem podemos dizer: "Nisto consiste o amor". Do mesmo modo que costumamos oferecer a nossos filhos ilustrações diversas, para melhor cativarmos sua atenção e podermos, por meios agradáveis, fixar a verdade em sua mente, também nosso Senhor, como sabemos, com afável criatividade, foi autor de não poucas metáforas, comparações e alegorias, bastante atraentes e muito interessantes, mediante as quais conquista facilmente nossa atenção e pelas quais, por meio de seu Espírito Santo, ilumina nossa mente. Então, se Deus, que tem voz de trovão capaz de fazer tremer as montanhas, se digna a falar conosco em paterna voz suave, mediante seu amado Filho, sentemo-nos confortavelmente aos pés deste, tal como Maria, irmã de Marta, e aprendamos de toda boa vontade tudo o que tem a nos ensinar. Oh, que Deus nos dê a todos um espírito de aprendizado, pois é esse o grande passo a executarmos em direção à melhor compreensão da mente de Deus. Quem mostra desejar aprender, com humilde espírito de discipulado, já está aprendendo grandemente sobre Deus. Estudemos, portanto, essa instrutiva parábola, a fim de sermos inspirados por ela a almejar somente o que seja agradável aos olhos de Deus, considerando que por seus resultados é o aprendizado santo julgado em nossa vida: quanto mais nos tornamos santos, mais nos tornamos sábios. A obediência prática à vontade do Senhor Jesus é a mais segura evidência de um coração que compreende.

A fim de melhor entender a parábola diante de nós, temos de dirigir nossa atenção primeiro ao objetivo do "rei" aqui mencionado. Ele tinha um *grande objetivo* em vista: desejava honrar o filho por ocasião de seu casamento. Observemos então o *modo generoso* com que se propôs a realizar tal propósito: dispôs-se a dar um grande banquete, para o qual convidou muitas e muitas pessoas. Havia, certamente, outros meios com que poderia honrar seu filho, mas aquele que o rei escolheu mostrava, de fato, sua ampla generosidade. Vemos, então, com tristeza, *o sério empecilho* que logo surgiu quando da execução de seu belo plano — aqueles que foram convidados não quiseram ir. Da parte do monarca, nada havia para atrapalhar a magnificência do banquete, sobretudo em relação à sua riqueza — ele estava pronto a esbanjar de sua

A PARÁBOLA DO BANQUETE DE CASAMENTO | 1075

despensa para a festa; todavia, estranho e difícil de superar era o obstáculo que se apresentava: os convidados simplesmente se recusavam a comparecer ao lauto jantar das bodas de seu filho. Nossos pensamentos se voltam então, com admiração, para *a graciosa réplica* que fez o rei aos opositores de seu desejo: enviou outros servos para repetir o convite: *Vinde às bodas.* Basta captarmos profundamente o significado desses três versículos de Mateus e teremos o suficiente para mais de uma meditação.

I. Certo rei, de grandes domínios e grande poder, desejava realizar um magnífico banquete, tendo um GRANDE OBJETIVO em vista. Seu herdeiro amado, o príncipe, estava prestes a receber em núpcias uma bela esposa, e o real genitor desejava celebrar o evento com honra extraordinária. Olhemos agora para o céu. O grande objetivo de Deus, o Pai, é glorificar seu Filho. É desejo dele "que todos honrem o Filho, assim como honram o Pai". Jesus Cristo, o Filho de Deus, já é glorioso *em sua divina pessoa.* É inefavelmente abençoado e está infinitamente longe de precisar de honra. Todos os anjos de Deus o adoram, e sua glória preenche todo o céu. Participa totalmente da ação do Pai junto aos homens desde como *Criador,* e como tal sua glória é perfeita, *porque nele foram criadas todas as coisas nos céus e na terra, as visíveis e as invisíveis, sejam tronos, sejam dominações, sejam principados, sejam potestades; tudo foi criado por ele e para ele* (Cl 1.16). Com o Pai, disse: *Haja luz* (Gn 1.3), e a luz brilhou; ordenou que as montanhas erguessem a cabeça e seus cimos atravessassem as nuvens; criou as cheias, ordenou que águas buscassem seus lugares, apontou seus limites. Nada falta à glória do verbo de Deus, desde o começo com o Pai, que falou e assim realizou, que tudo ordenou e prevaleceu. É também exaltado como *o preservador,* pois é antes de todas as coisas e nele consistem todas as coisas. É o apoio colocado em lugar seguro, no qual todas as coisas se apoiam. As chaves do céu, da morte e do inferno estão presas à sua cinta, o governo está sobre seus ombros, e seu nome é maravilhoso. Tem um nome acima de qualquer nome, ante o qual todos e tudo se curvam, no céu, na terra e embaixo da terra. É o Deus de tudo, criado e não criado. É bendito para todo o sempre. Todo o louvor e a glória universal é para ele, que é e era e será.

Há, porém, e sobretudo, uma posição na qual o Filho de Deus graciosamente se ofereceu a se colocar diante do Pai e de nós. Ele se dignou a ser o *Salvador* da humanidade, e com isso ser seu *noivo.* Embora já tendo glória suficiente, Cristo, na grandeza de seu coração, dispôs sua compaixão até o máximo do seu poder, consentindo assim em tomar a si mesmo, o verbo de Deus, em união com a natureza humana, para que pudesse redimir a nós, amados objetos de sua escolha, da culpa e do castigo do pecado, criando conosco a mais íntima união concebível. É como o Salvador, o noivo, que o Pai quer honrar o Filho; sendo o banquete do evangelho, então, não para honrar somente sua gloriosa pessoa em si, mas para honrar sua gloriosa pessoa nessa nova e designada condição. É para a honra de Jesus em seu relacionamento de união espiritual com a igreja que o banquete do evangelho é preparado, como regozijo real.

Irmãos, quando digo que aqui está uma grande ocasião para nós, ela reside na estima de Deus por nós e assim deve ser em nossa própria autoestima. Devemos nos deleitar em honrar e glorificar o Filho de Deus. De todos os assuntos palacianos, em qualquer reino, o casamento do príncipe herdeiro do trono é, sem dúvida, o de maior interesse em seus domínios, sendo comum se refletir em amplas festividades, comemorações, congratulações, benevolência e regozijo duradouro e constante. No exemplo diante de nós, a ocasião exigiria especial alegria de todos os súditos do grande rei dos reis, pois é motivo do maior deleite e gratidão para *cada um de nós.* Sim; pois com quem é o casamento do Filho do rei? Com anjos? Não; ele não escolheu anjos. É um casamento com a humanidade, com a nossa própria natureza, *pois, na verdade, não presta auxílio aos anjos, mas sim à descendência de Abraão* (Hb 2.16). Não iremos então nos regozijar quando o grande Senhor do céu encarna como homem e aceita redimir a humanidade da ruína causada pela queda? Os anjos também se regozijam, mas não compartilham tanto do motivo de alegria quanto nós deveríamos. É motivo da maior alegria para a humanidade que Jesus Cristo, sendo Deus, não considerou, contudo, que ser igual a Deus fosse algo a que deveria se apegar, mas quis ser feito à semelhança do homem para que pudesse ser uma só carne com seus eleitos. Levantem os que dormem! Se há ocasião mais propícia em que deveríamos animar nosso espírito, declamando: *Despertai, saltério e harpa; eu mesmo despertarei a aurora* (Sl 108.2), é essa, em que Jesus vem desposar sua igreja, tornando-se uma só carne com ela, para redimi-la e depois exaltá-la, fazendo-a sentar-se com ele no trono. Eis abundante razão para que os convidados ao banquete nupcial devessem vir em rápidos e alegres passos, considerando-se múltiplas vezes felizes por serem chamados a participar de tal comemoração. Há, sim, poderosa razão pela qual a humanidade deva se regozijar no glorioso evangelho de Jesus Cristo e se apressar em obter os graciosos benefícios que oferece.

Além disso, devemos levar em conta a *descendência real* do noivo. Lembremo-nos que Jesus Cristo, nosso Salvador, é verdadeiramente Deus, unigênito do próprio Deus. Tem sido pedido a nós que o honremos? Evidentemente, pois a quem mais honraríamos? É óbvio que devemos glorificar nosso próprio criador e benfeitor! Teimosa é a desobediência que não quer prestar a devida reverência a alguém tão corretamente exaltado e tão digno de toda homenagem. Servir a esse Senhor é o máximo, é o céu. Sua glória ultrapassa as nuvens. Que seja adorado para todo o sempre. Ó vinde, adoremos, nos curvemos e obedeçamos alegremente as ordens de Deus de que busquemos honrar seu Filho amado.

Lembrem-se também da *pessoa* de Emanuel e vocês exaltarão sua glória. Esse glorioso Filho, cuja fama deve ser espalhada, é certamente Deus, de quem temos falado, mas é também, seguramente, homem, nosso irmão, ossos de nossos ossos, carne de nossa carne. Não nos deleitaremos ao saber que ele, tentado em tudo como nós, nunca se submeteu à mácula do pecado? Nunca houve homem como ele, o melhor exemplar da raça humana, o segundo Adão, o eterno Pai — quem dentre nós não o reverenciaria? Não buscaremos sua honra, sabendo que ele ergue a humanidade para que fique junto do trono de Deus?

Lembremo-nos, ainda, de seu puro *caráter*. Já houve vida como a dele? Nem falarei tanto de seu caráter divino, apesar de isso nos dar motivo suficiente para culto e adoração, mas pensemos nele como homem. Ó amados, quanta ternura, quanta compaixão e, ao mesmo tempo, quanta coragem santa; quanto amor pelos pecadores e, ao mesmo tempo, quanta paixão pela verdade! Homens que nunca o amaram, não obstante o têm admirado, e corações nos quais menos esperaríamos ver o reconhecimento da excelência de Cristo têm sido, no entanto, profundamente por ele afetados, como se tivessem se debruçado sobre estudar sua vida. Devemos louvá-lo, pois ele é *o primeiro entre dez mil* (Ct 5.10), *sim, ele é totalmente desejável* (Ct 5.16). Seria traiçoeiro calar na hora de falar dele, inigualável entre os homens e incomparável entre os anjos. Batam, batam palmas para o casamento do Filho do rei, para quem está pronta sua noiva.

Pensem, igualmente, em suas *conquistas*. Sempre que se honra um príncipe, leva-se em conta tudo o que tem feito por sua nação. O que fez, então, Jesus por nós? Melhor seria eu perguntar: o que ele não fez? Sobre seus ombros foram postos os nossos pecados; ele os levou para longe de nós, e se foram para sempre. Contra ele acorreram nossos inimigos. ele os enfrentou no travar da batalha; onde estão agora? Foram lançados nas profundezas do abismo. Quanto à morte, o último dos inimigos, a venceu, e há muito que o mais fraco de nós já pode dizer: *Onde está, ó morte, a tua vitória? Onde está, ó morte, o teu aguilhão?* (1Co 15.55). Ele é o herói celestial. Retornou ao trono do Pai em meio à aclamação do universo. Não desejaríamos *nós*, por quem ele lutou, por quem tudo conquistou, não desejaríamos *nós* honrá-lo? Sinto que falo com voz até sôfrega de algo sobre o qual nossa força oratória não deveria ser contida. Tragam o diadema real e o coroem! Não é este o veredito universal dos que o conhecem? Não deve ser este o clamor de todos os filhos do homem? A leste e oeste, norte e sul, não devem soar sinos de alegria e serem dependuradas fitas ornamentais do dia das bodas, para seu regozijo? É o Filho do rei que se casa. Não haverá um festival em sua homenagem? Oh, deixem-no, pois, ser ressaltado e glorioso! Longa vida ao rei! Que entrem as donzelas com seus panderetes, e os filhos da música entoem doces melodias — sim, que todas as criaturas que tenham fôlego irrompam em louvor: *Hosana! Hosana! Bendito o que vem em nome do Senhor* (Jo 12.13).

II. Eis, em segundo lugar, a MANEIRA GENEROSA de o rei executar seu plano. O filho do rei teria de ser excepcionalmente honrado no dia de seu casamento; como fazê-lo? Em nações pagãs, costumava haver, nessa ocasião, um grande festival; mas, ah, como os homens, então, desciam tanto, a ponto de até rios de sangue humano correrem! Até os dias de hoje, às margens da civilização, há desprezíveis tiranos cujos costumes infernais (pois não ouso classificá-los de maneira mais aprazível) determinam a morte

A PARÁBOLA DO BANQUETE DE CASAMENTO | 1077

de centenas de súditos a sangue frio, em certas comemorações e festivais; assim honrariam seus filhos, agindo como um inimigo de seu povo. Nenhum sangue humano, porém, é derramado para honrar o Filho do grande rei do céu. Mesmo sendo Jesus honrado na destruição daqueles que rejeitam sua misericórdia, não é assim que Deus escolheu glorificar seu Filho; no dia de seu casamento com a humanidade, Jesus, o Salvador, é glorificado com misericórdia, e não com ira; e se sangue tiver de ser mencionado nesse dia, será o dele mesmo, pelo qual é glorificado. O massacre de humanos não traria felicidade alguma a ele, que é dócil e humilde e ama os filhos do homem. Tem sido também costume de alguns soberanos realizar casamentos principescos cobrando uma taxa, um subsídio especial ou maior, de seus súditos. No caso do propalado casamento da filha de nossa amada rainha, o dote exigido será dado com o maior prazer, mais do que em qualquer ocasião similar anterior, e nenhum de nós irá levantar um murmúrio sequer de reclamação. A parábola nos mostra, todavia, que o rei dos reis não lida conosco da mesma maneira que os homens. Não pede nenhum dote para seu filho; faz do casamento memorável não pelo que pede, mas pelo que oferece. Nada é exigido dos convidados, mas muito é preparado para eles; dons lhes são reservados generosamente, e tudo que é pedido dos súditos é que se revistam do mais honrado caráter de convidados e assim compareçam voluntariamente ao palácio, não para trabalhar e servir à mesa, mas, sim, para festejar e se regozijar.

Vemos, portanto, que a generosa maneira pela qual Deus Pai honra Cristo se dá sob a forma de um banquete. Matthew Henry[1] descreve os objetivos de um banquete, com seu modo típico puritano de frases de efeito, dizendo: "Um banquete é feito por prezar e prazer, para se saciar e se associar".[2] Assim é com o evangelho. É por *prezar* a você, por *amor* a você, no evangelho, pecador, que você é convidado a se reconciliar com Deus, que lhe é garantido que Deus perdoará seus pecados, deixará de ficar magoado com você e se reconciliará com você mediante seu Filho. Assim se estabelece e se confirma o amor entre Deus e sua alma. É com *prazer*, com *alegria*, que aqueles que vêm a Deus, mediante Cristo Jesus, e nele creem, têm seu coração preenchido com paz abundante, tranquilo lago da paz, que produz serenas ondas de alegria ou nos faz bater palmas de exaltação. Não é para nos lamentarmos, mas para nos alegrarmos, que o grande rei convida a nós, seus súditos, para glorificarmos seu Filho, Jesus. Não é para nos angustiarmos, mas para nos deleitarmos em Cristo, que ele quer que creiamos no Salvador crucificado e possamos viver. Seu banquete, além disso, destina-se a nos *saciar*. A alma faminta só se satisfaz verdadeiramente com as bênçãos da graça. O evangelho preenche plenamente toda a capacidade da nossa humanidade. Não há uma só faculdade de nossa natureza que não se sinta alimentada quando nossa alma aceita e recebe a farta provisão de misericórdia do Senhor; toda a nossa humanidade se refaz e nossa juventude se renova como a águia. *Pois saciarei a alma cansada, e fartarei toda alma desfalecida* (Jr 31.25), diz o Senhor. Para coroar tudo isso, o evangelho leva nossa alma a se *associar*, em *comunhão plena*, ao Pai e a seu Filho Jesus Cristo. Em Cristo Jesus, comungamos com a santíssima Trindade. Deus se revela o Pai, mostrando-nos seu coração paterno; Jesus se manifesta a nós, que nele cremos, como não faz a ninguém mais no mundo; e a comunhão do Espírito Santo conosco é tal que ele reside em nós. Nosso companheirismo com o Senhor torna-se maior do que aquele de Jônatas com Davi, ou até mesmo de Jesus com seus discípulos mais chegados. Podemos nos banquetear com o pão do céu e beber do vinho mais puro. Ingressamos na casa celestial do banquete, onde os segredos do Senhor nos são revelados e o nosso coração se mostra diante dele. Íntima demais é a nossa comunhão com Deus; muito amor íntimo e condescendência ele mostra para conosco. O que você diz disso? Essa refeição não é digna daquele que a prepara? Aqui, tudo o que com a sua maior força você possa desejar de benignidade, ó pecador, lhe é dado; tudo aquilo que você haja desejado de bem por toda a eternidade, Deus para você tudo prepara e oferece, na pessoa de seu querido Filho, nosso Senhor, e determina que você o receba, sem dinheiro e sem preço.

---

[1] [NE] Matthew Henry (1620-1714) — ministro presbiteriano inglês, destacado comentarista bíblico, que se tornou conhecido também por frases de efeito.

[2] [NE] Trad. adaptada. Em inglês: "A feast is for love and for laughter, for fulness and for fellowship".

MILAGRES E PARÁBOLAS DO NOSSO SENHOR

Já lhes disse que todo o custo do banquete recai sobre ele. É um lauto banquete, por demais suntuoso, com bois e outros animais cevados gordos, mas nenhum deles tirado dos pastos ou dos estábulos de qualquer dos convidados. O evangelho é, de fato, um empreendimento rico; o próprio coração de Cristo foi drenado para se obter os recursos desse grande festival; nada, porém, custa ao pecador, nada de gastos, de méritos, de preparativos, de obras. Vocês podem e devem vir tal como estão neste momento ao banquete do evangelho; e o único traje de convidado nupcial necessário, nesse caso, é gentilmente e gratuitamente providenciado pelo rei para vocês. Exatamente como vocês estão, são apenas ordenados a crer em Jesus. Nada têm a fazer, a não serem satisfeitos plenamente por ele, pois *a todos quantos o receberam, aos que creem no seu nome, deu-lhes o poder de se tornarem filhos de Deus* (Jo 1.12). Não lhes é pedido que contribuam com provisão alguma; mas, pelo contrário, que se banqueteiem com tudo que lhes é dado mediante a compaixão infinita.

Quão *honroso* é também o evangelho para aqueles que o recebem. Um convite para o casamento real é uma grande honra para quem é convidado. Não suponho que muitos aqui sejam convidados para o casamento de nossa princesa, e aqueles que o forem certamente deverão se sentir muito honrados, presumindo-se ser esse um dos maiores eventos sociais de nossa nação. Assim foi também, certamente, com aqueles convidados da parábola. Não é todo dia que se casa o filho do rei, como também não é todo mundo que é chamado à presença do monarca. Por todo o restante de sua vida, poderiam contar: "Estive no casamento do príncipe herdeiro e vi todo o esplendor daquela festa". É bem provável que muitos deles jamais tivessem sido convidados e desfrutado antes de uma festa tal como o luxuoso potentado havia preparado para aquele dia e nunca antes tivessem podido estar em tão boa companhia. Do mesmo modo, meus irmãos, nada honra tanto um homem quanto aceitar o evangelho. Enquanto sua fé honra a Cristo, Cristo o honra. Não é nada mau ser filho de um rei, e aqueles que se façam presentes à festa de casamento do próprio Filho de Deus se tornarão eles próprios filhos do rei — participantes, eles mesmos, da glória do grande herdeiro de todas as coisas.

Todavia, ao mesmo tempo que falo da atitude generosa do rei, meu coração se inflama de sagrado ardor, aumentando meu assombro pelos homens não virem, ao serem chamados, ao maravilhoso banquete de amor que honra todos aqueles que para ele são convidados. Um banquete desse, tão custoso ao anfitrião, de acesso gratuito e tão fácil aos convidados, tão honroso a todos os envolvidos, por que haveriam de recusá-lo aqueles tão rudes e ignorantes a este ponto? Eis aí, sem dúvida, uma demonstração da maior insensatez de um coração perdido e não renovado, uma prova da mais profunda depravação que o pecado pode causar. Haverem os homens, em sua estupidez, voltado as costas para Moisés e as tábuas da lei, isso nem me admira tanto quanto desprezarem a mesa de tal banquete, cheia de graça, lotada de bois e cevados e tudo o mais — é coisa por demais estranha. Resistir à justiça de Deus constitui, de fato, um crime contra si mesmo, mas repelir a generosidade do céu, o que será? Teremos de inventar um termo de infâmia com que se possa rotular tão tremenda ingratidão. Resistir a Deus na majestade de seu terror é insanidade, mas menosprezá-lo na majestade de sua misericórdia é muito mais que loucura. O pecado atinge seu horrendo clímax quando desmanda de vez, ao preferir passar fome do que dever alguma coisa à bondade divina.

Sinto que devo antecipar o tempo de fazer o apelo. Como já descrevi o modo com que Deus honra seu Filho, devo de imediato lhes fazer o convite, clamar a todos vocês. Venham ao banquete de casamento. Venham e glorifiquem Jesus, aceitando as provisões da graça. Suas obras não o honrarão se vocês as veem como justiça própria, competindo com a verdadeira justiça, a dele. Nem mesmo seu arrependimento poderá glorificar Cristo se você acredita que se possa comparar ou rivalizar com o seu precioso sangue. Venha, pecador culpado, assim como você está; tome o perdão que Jesus gratuitamente oferece a você e aceite o perdão que o sangue dele garante àqueles que nele creem. Creio que os mensageiros do rei, quando passaram a anotar a quantidade daqueles que rejeitavam o convite, devem ter ficado mudos de assombro. Ele tinham visto os bois, os cevados e todos os demais preparativos para o banquete; conheciam o rei, conheciam o Filho, sabiam quanta alegria seria estar naquela festa; e quando os convidados

A PARÁBOLA DO BANQUETE DE CASAMENTO

passaram a recusar mais uma vez a comparecer à festa, com os mensageiros repetindo o convite de novo e de novo, com empenho, devem ter-se perguntado com espanto, o tempo todo, por que razão ousavam insultar um rei tão bom. Creio vê-los, de início, indignados por seu Senhor e depois arrasados de pena ao perceberem o que iria resultar de tal extravagância de ingratidão, de tal superfluidade de insolência. Devem ter lamentado que os convidados fossem tão tolos a ponto de rejeitar uma oferta tão boa e generosa, menosprezando convite tão abençoado. Eu, também, sou como que jogado de um lado para o outro, em minh'alma, com sentimentos variados, mas veementes. Ó meu Deus, tu, que nos proveste do teu maravilhoso evangelho, não permitas que ninguém nesta casa hoje rejeite nem desdenhe teu Filho e o desonre; mas, sim, que todos aqui se regozijem pelo teu modo generoso de glorificar teu Filho, Jesus Cristo, noivo de tua igreja, e que venham e por vontade própria recebam da graça do festival do teu amor.

III. Avancemos, agora, ao terceiro tópico, em que nos detemos a examinar o SÉRIO EMPECILHO que veio a interferir naquele alegre evento.

O rei havia pensado: "Farei uma grande festa, convidarei muitos. Eles desfrutarão de tudo que o meu reino pode oferecer, e assim mostrarei quanto amo meu filho e, mais ainda, os próprios convidados, que terão doce e inesquecível lembrança dessas bodas". Quando seus mensageiros voltaram a intimar aqueles que haviam anteriormente recebido o convite expresso dizendo que a hora havia chegado, e tinham se recusado a comparecer, a resposta foi, desta vez, que eles haviam decidido que não iriam ao banquete de jeito algum; não que *talvez* não fossem, mas que, *definitivamente, não iriam*. Alguns, alegando uma razão, outros, outra, mas, sem exceção, não iriam. Isso se mostrou um sério empecilho à realização da grande empreitada. Conseguiria o rei chamar seus convidados à mesa? Sim, poderia, se quisesse, mas não conforme seu propósito. Ele não queria trazer escravos acorrentados e arrastados à graça do seu trono; gente compelida a participar de uma festa, um banquete de casamento, que não era do seu agrado. Que vantagem teria o rei se forçasse seus súditos a se sentarem à sua mesa? Não; para ele, os súditos, como disse antes, deveriam ter uma relação voluntária de amizade para com o anfitrião. Era essencial à dignidade do banquete que os convidados comparecessem com prazer e alegria à festa; mas eles resolveram que não iriam.

Por quê? Por que não iriam? A resposta deve ser tal que responda a outra questão: Por que você não vem e não crê em Jesus? Para muitos, devia ser indiferença em relação àquilo. Não viam que importância tinham para eles e suas vidas o rei e o filho dele. Casamentos reais, para esses convidados, eram atos nobres, que diziam respeito somente a pessoas nobres; eles se consideravam homens comuns, de fala simples, lavradores que faziam cercas e cavavam buracos, mercadores que faziam contas e vendiam produtos em lotes ou a granel. Que lhes importava a corte, o palácio, o rei, o príncipe, sua noiva, o banquete! Eles não disseram propriamente isso, mas certamente era o que sentiam; algo assim, de natureza nobre, estava inteiramente fora de seus costumes. Quantos não dizem o mesmo até hoje? Já ouvimos falar o seguinte: "Que tem um trabalhador a ver com religião?"; como também já ouvimos outros, de outros níveis e atividades diferentes, afirmarem, por exemplo, que homens de negócios não podem perder seu tempo com igrejas, mas, sim, que só podem e só devem se preocupar com as boas oportunidades de compra e venda e de lucros. Que o Senhor tenha piedade de tanta tolice! Eis um grande empecilho ao evangelho: a indiferença da alma humana em relação ao maior plano de todo o universo — Deus glorificando seu amado Filho mediante ter tido a maior misericórdia para com pecadores.

No fundo, porém, a causa real da recusa daqueles convidados, na parábola, é não serem leais ao rei. Não queriam ir ao jantar por verem no evento a oportunidade de somente os fiéis ao rei se sentirem felizes; e, como não eram fiéis, não estavam a fim de ouvir as canções e aclamações de louvor ao soberano e seu filho por parte dos que lá comparecessem. Ao ficarem distantes da festa, também repudiaram propositadamente o rei, mostrando pouco se importar se era ele soberano ou não e se seu filho era ou não o príncipe herdeiro do trono. Tencionaram assim, de fato, rejeitar qualquer lealdade à majestade do monarca ao recusarem o convite. Disseram para si mesmos: "Seja ele o rei e seu filho o príncipe, não desejamos de modo algum honrá-los; não faremos coro com os que cercam sua mesa e louvam seu esplendor. Pode ser que o rei ache que seu filho mereça um banquete e que esse banquete seja digno de nossa participação, mas nós lhe recusamos o nosso apetite para que possamos continuar alimentando o nosso orgulho próprio. Proclamamos uma rebeldia a ele, declarando que não iremos". Ah, vocês que não creem em Jesus! No fundo, sua descrença é inimizade para com o Pai, o Criador, sedição contra o grande imperador do universo, que merece sua homenagem. "O boi conhece o seu possuidor, e o jumento, a manjedoura do seu dono", mas vocês não o conhecem nem o consideram; são rebeldes para com a Majestade celeste.

Tal como aquela recusa foi um menosprezo ao príncipe e a seu pai, em muitos casos o evangelho é repelido com o mesmo propósito, pois o descrente rejeita a divindade de Cristo ou despreza a expiação dos pecados por ele. Ó meus amigos, cuidado com isso! Não conheço ato mais fatal que a desonra a Cristo e a negação de sua filiação e divindade. Não se atenham a isso, eu lhes peço, mas, sim: *Beijai o Filho, para que se não ire, e não pereçais no caminho; porque em breve se inflamará sua ira* (Sl 2.12). No texto, a indiferença e o menosprezo acobertam a recusa: *Eles, porém, não fazendo caso [...]* (Mt 22.5); mas, se formos mais a fundo, veremos que o que na verdade houve foi uma traição contra sua majestade, o rei, e uma aversão à dignidade do filho.

Alguns deles também, sem dúvida, desprezaram a festa por si mesma. Sabiam certamente que com esse rei não haveria refeição minguada, mas fingiram menosprezar o farto banquete. Quantos há que desprezam o evangelho que não entendem, e digo que não entendem porque, invariavelmente, quando se ouve alguém desprezar o evangelho, constata-se que mal leu o Novo Testamento e é um completo estranho à doutrina da graça. Ouçamos alguém que se apressa em condenar o evangelho e podemos ter a certeza que fala grosso por ser vazio. Se compreendesse o assunto, o consideraria melhor; se fosse, de fato, alguém dotado de candura, seria levado, pelo menos, à admiração silente do evangelho, se não se tornasse leal em aceitá-lo.

Caros amigos, esse banquete é justamente como aquela ação de Deus da qual vocês estão precisando muito. Deixe-me contar como ela é: é perdão para o passado, renovação para o presente e glória para o futuro. Eis Deus para ser nosso apoio, seu Filho, nosso pastor, e o Espírito Santo, nosso instrutor. Eis o amor do Pai para ser nosso deleite, o sangue do Filho, nossa purificação, e a energia do Espírito Santo, a ressurreição dos mortos para nós. Vocês não irão precisar de mais nada além do que lhes é dado pelo evangelho, e Jesus Cristo será em vocês glorificado se o aceitarem pela fé. Mas eis também o empecilho: os homens não aceitarem o evangelho — *estes não quiseram vir* (Mt 22.3). Alguns acham que basta expor o evangelho claramente à luz e ser sincero em declará-lo aos ouvintes, e eles serão convertidos — e Deus permita que jamais façamos diferente de mostrá-lo nítida e sinceramente. Todavia, mesmo o melhor ministério que já tenha havido ou poderá haver, será, de certo modo, falho. Sim, a menos que esteja presente efetiva obra do Espírito Santo na vida dos ouvintes, ainda há de continuar o clamor: "Quem deu crédito à nossa pregação?", e aqueles que melhor servem ao mestre terão motivo para lamentar que não poucas vezes a semente cai em lugares pedregosos, ou lançam seu pão em águas em que não o acham mais. Mesmo o príncipe dos pregadores teve de dizer: *Examinais as Escrituras, porque julgais ter nelas a vida eterna; e são elas mesmas que dão testemunho de mim; mas não quereis vir a mim para terdes vida!* (Jo 5.39,40). A misericórdia, pois, continuará sendo rejeitada, e o céu, desprezado.

IV. Queremos encerrar com um assunto de consideração mais prática: A GRACIOSA RÉPLICA do rei à impertinência que interferiu em seus planos. Como reagiu ele? Se aqueles convidados haviam sido chamados e depois novamente, tal convite insistente, segundo o costume oriental, demonstrava que a data do banquete estava próxima, para que não fossem pegos de surpresa. O segundo convite, porém, foi rejeitado friamente, deliberadamente, com intenção. Que fez então o monarca? Pôs a cidade em chamas e aniquilou os rebeldes? Não. Em primeiro lugar, relevou a primeira e insolente recusa. Disse consigo mesmo: "Eles talvez possam não ter entendido os meus servos, não ter entendido que está bem próxima a celebração. Ou talvez a mensagem lhes tenha sido entregue muito rapidamente e não entenderam bem seu significado. Ou, quem sabe, tenham se equivocado em manter alguma zanga temporária contra mim; mas, reconsiderando, entenderão que os estimo e certamente desejarão não terem sido tão rudes comigo. Afinal, o que fiz para que recusassem esse banquete? Que fez meu filho para que não desejem honrá-lo

A PARÁBOLA DO BANQUETE DE CASAMENTO | 1081

com o banquete posto à minha mesa? Todos gostam de festas, e meu filho merece a honra deles — por que não viriam? Sim, esquecerei o passado e começarei novamente". Meus ouvintes, alguns de vocês rejeitaram Cristo depois de muitos convites, mas nesta manhã meu Senhor se esquece de suas indelicadezas anteriores e me envia novamente com a mesma mensagem, mais uma vez para convidá-los: "Venham ao banquete do casamento". Não é pequena a paciência de Deus em descontar o passado e perseverar na gentileza, desejando honestamente só o seu bem.

O rei enviou, então, outro convite: *Está tudo pronto; vinde para as bodas* (Mt 22.4), mas notem que ele mudou os mensageiros. "... enviou *outros* servos (Mt 21.36)." Direi então, pois minha alma assim o ordena, que se uma mudança no mensageiro os pudesse conquistar, por mais que ame a tarefa de lhes falar em nome de meu mestre, eu gratamente iria embora agora, para que outro pastor ocupasse esta tribuna, se por ele vocês de fato pudessem ser salvos. Sei que para alguns de vocês meu discurso é monótono. Procuro muitas e novas imagens, tento variar minha voz e minhas maneiras, mas mesmo assim é bem capaz de eu ter me tornado rotineiro se ouvido com tanta frequência. Talvez meus modos não sejam adequados para tocar as peculiaridades do temperamento de vocês — bem, meu bom mestre, põe então este teu servo de lado, e não o uses. Manda outro mensageiro que porventura possa ter melhor sucesso. No entanto, para alguns de vocês eu sou justamente *o outro* mensageiro, não o melhor, mas *o outro*, uma vez que meus irmãos pregadores possam já ter falhado antes com vocês. Oh, neste caso, minha voz clama: Venham a Jesus, confiem na expiação, creiam nele, olhem para ele, e vivam; deixem que esta nova voz tenha sucesso onde arautos anteriores falharam.

Observem, também, na parábola, que a mensagem havia mudado um pouco. De início, era curta. Certamente que, se os corações dos homens fossem corretos, sermões curtos seriam suficientes; seria suficiente um chamado muito breve; mas, uma vez que os corações andam errados, Deus ordena que seus servos encompridem suas mensagens, as expandam e explanem. *Eis que tenho o meu jantar preparado; os meus bois e cevados já estão mortos, e tudo está pronto; vinde às bodas* (Mt 22.4). Uma das melhores maneiras de trazer pecadores a Cristo é explanando-lhes detalhadamente o evangelho. Se falarmos intensamente sobre a preparação, sobre a riqueza e a gratuidade, por exemplo, podem ser atraídos muitos que, pela curta mensagem falando rapidamente sobre o plano da salvação, jamais seriam atraídos. Para outros, basta dizer: *Crê no Senhor Jesus Cristo e serás salvo* (At 16.31). São aqueles interessados, que perguntam: "Que devo fazer para ser salvo?" Há, enfim, os que precisam ser atraídos à festa de casamento pela descrição da suntuosidade e fartura da refeição. Devemos buscar pregar o evangelho mais plenamente para vocês, mas jamais conseguiremos falar sobre todas as riquezas da graça de Deus. Tão distantes da terra são os céus quanto distantes são os pensamentos de Deus dos seus e dos nossos pensamentos, e os modos dele das suas e das nossas maneiras. Abandone, então, seus pecados e seus pensamentos e se volte para o Senhor, pois ele irá abundantemente perdoá-lo. Ele o receberá em seu coração amoroso e dará em você o beijo da afeição paternal imediatamente, se você, como o filho pródigo, retornar para ele. O evangelho é um rio de amor, um mar de amor, um céu de amor, um universo de amor; é todo amor. Não há palavras suficientes para descrever o incrível amor de Deus para com os pecadores; não há pecado tão grande ou tão obscuro, nem crime tão negro ou tão maldito, que deixe de ser por ele perdoado. Se você tão somente olhar para seu amado Filho crucificado, todo tipo de pecado e blasfêmia lhe serão perdoados. Há perdão nele, sim. Jesus nos dá arrependimento e remissão. E a felicidade que será então trazida a você é indescritível. Você terá o céu na terra e a terra no céu; Deus será seu Deus, Cristo será seu amigo, e a glória eterna lhe será dada.

Na última mensagem, os convidados foram intimados, embora gentilmente, mas ainda assim de forma que, se possuíssem qualquer bondade no coração, teriam sido tocados. Veja como o evangelista coloca. Ele não diz: "Vinde, ou perdereis a festa; vinde, ou o rei ficará muito irado; vinde, vinde, ou sereis fracassados". Não; ele coloca, como leio, de outra maneira, bem notável. Ouso dizer — e se estiver errado, perdoe o Mestre o que vou dizer — que o rei se faz quase objeto de pena, como se fosse um anfitrião envergonhado. Como se dissesse: "Meu banquete está pronto, mas não há ninguém para desfrutá-lo; meus bois e cevados já estão mortos, mas não há convidados. Venham, venham, por favor", ele parece rogar, "pois sou um anfitrião sem convidados". Assim também, constantemente, no evangelho, você vê Deus falar como se ele levasse alguma vantagem pela nossa aceitação da sua salvação. O que vemos, porém, é que ele se rebaixa, por amor a nós, para falar à maneira dos homens. Que poderia ele ganhar de nós? Se perecermos, ele é que é o perdedor? No entanto, ele se apresenta muitas vezes, no evangelho, como o pai que chora por seu filho perdido, ansiando para que volte para casa, a fim de com ele se reconciliar. Que atitude benigna e maravilhosa! Como um mascate que anuncia de graça suas mercadorias, ele clama: *Ó vós, todos os que tende sede, vinde às águas, e os que não tendes dinheiro, vinde* [...] (Is 55.1). Observem como Cristo, ao prantear sobre Jerusalém, parece se lamentar tanto a si mesmo quanto aos outros? *Quantas vezes eu quis ajuntar os teus filhos* [...] (Mt 23.37). E nos profetas, Deus se coloca como se fosse sua própria dor: *Como te faria como Admá ou como Zeboim?* (Os 11.8), como se a perda não fosse apenas do filho, mas do pai também, se o pecador morresse. Você não sente compaixão por Deus quando vê o evangelho dele rejeitado? Deve a cruz ser erguida alta e ninguém olhá-la? Deve Jesus morrer sem que os homens sejam salvos por sua morte? Ó amado Senhor, sentimos que, se nada nos impedir, devemos ir, ao te vermos representado como um anfitrião envergonhado por nós, pela falta de convidados ao teu banquete. Nós vamos, grande Deus, vamos alegres, vamos participar da generosidade que provês para glorificar Jesus Cristo, ao receberes tantos pecadores necessitados quanto a tua misericórdia haja providenciado chamar.

Irmãos e irmãs, por encontrar Cristo tantos empecilhos em honrá-lo e louvá-lo, é minha exortação que vocês, que o amam, o honrem cada vez mais, pois o mundo não o fará. Vocês, que têm sido compelidos a vir sempre ao seu banquete, lembrem-se constantemente de louvar ao se achegarem à sua mesa, de se regozijar, agradecer e bendizer seu santo nome. Voltem para casa agora e intercedam por aqueles que não vieram, para que o Senhor ilumine sua compreensão e transforme sua vontade, a fim que sejam levados a crer. Quanto àqueles, aqui, que se sintam inclinados pela primeira vez esta manhã, pelo doce toque de sua graça, a vir, deixe-me convidá-los a vir, sim. É este o evangelho glorioso — é boa a festa; é ele o rei glorioso — um bom anfitrião. É ele o nosso Salvador bendito, o noivo, nessas bodas — ele é bom. Tudo nele é bom; e vocês serão feitos bons também, se sua alma aceitar este convite do evangelho, que lhes é dado hoje. *Quem crer e for batizado será salvo; mas quem não crer será condenado* (Mc 16.16). "Crê no Senhor Jesus e serás salvo". O Senhor lhes envie o seu Espírito para fazer a vocês o chamado efetivo, em nome de seu amado Filho. Amém.

115

Fazendo pouco caso de Cristo

Eles, porém, não fazendo caso, foram, um para o seu campo, outro para o seu negócio (Mt 22.5).

O homem não mudou muito desde os dias de Adão. Em sua estrutura corporal, parece ser exatamente igual, pois esqueletos de anos e anos atrás são estruturalmente iguais aos nossos; e sem dúvida que o que ficou registrado na história como feito pelos homens séculos atrás pode ser registrado novamente, pois *nada há que seja novo debaixo do sol* (Ec 1.9). Ainda está para deixar de ser encontrado atualmente o mesmo tipo de homem (apesar de com nova roupagem) que existia em eras muito tempo passadas. Ainda há homens que correspondem exatamente ao caráter a eles dado, em seus dias, pelo Salvador: [...] *foram, um para o seu campo, outro para o seu negócio*, ao fazerem pouco caso do glorioso evangelho. Tenho certeza de que estão presentes esses personagens aqui hoje e, por isso, peço ao Senhor para que me possa dirigir a eles de forma muito específica. Devo pedir também a todos que compreendem o divino dom da oração que roguem a Deus para que se digne dar abrigo a cada pensamento que ache por bem acolher, a fim de que estes possam ajudar a fazer irromper o fruto confortador da justiça mediante a salvação de muitas almas.

Eles, porém, não fazendo caso [...], fazem assim também ainda hoje; e assim o fará, infelizmente, uma grande parte dos meus ouvintes, esta noite. Penso, porém, que fazer pouco caso de Cristo é um pecado; e sob risco de ser falsamente chamado de legalista, ou de extremo defensor do livre-arbítrio por aqueles que se consideram saber mais do que está de fato escrito, devo condenar os que assim agem, esperando não pertencer à classe de certos calvinistas, que realizam a obra do inimigo ao desculpar os pecadores pelos seus pecados.

Em primeiro lugar, falaremos a vocês a respeito *do que o pecador faz pouco caso*; em seguida, *de que modo faz pouco caso*; e, em terceiro lugar, *por que faz pouco caso*. Depois, uma ou duas observações gerais e não os cansarei em demasia.

I. Em primeiro lugar: DO QUE O PECADOR FAZ POUCO CASO? Na parábola em foco, as pessoas mostraram fazer pouco caso do banquete do casamento do filho do rei, que o rei oferecia, com todos os tipos de atrativos e guloseimas, ao qual foram gratuitamente convidadas e do qual voluntariamente se abstiveram. É fácil encontrar o sentido espiritual disso: pecadores que fazem pouco caso de Cristo, expressando seu desprezo pelo glorioso banquete que Deus oferece pelas bodas de seu Filho. É este o assunto solene a ser debatido. Oh, louvados sejam os valiosos ensinamentos do Espírito Santo!

Tomando sempre a parábola como base do nosso estudo, podemos observar que o pecador faz pouco caso *do mensageiro que lhe traz a notícia de que a festa de casamento está pronta*. Aqueles homens se recusaram simplesmente a comparecer ao banquete, indo *um para o seu campo, outro para o seu negócio*, desdenhando assim do portador do convite. Todo pecador que negligencia a grande salvação de Jesus Cristo faz pouco caso de quem lhe ministra o evangelho, o que não é pouco insulto na avaliação de Deus. Nunca é considerada uma leve ofensa a uma nação se o seu embaixador é tratado com pouco caso ou indiferença; e, pode tomar como verdade, não é pouco insulto para Deus desprezar-se os embaixadores que ele envia. Isso, no entanto, é comparativamente quase nada: os embaixadores são homens como qualquer um de nós e poderiam muito bem digerir o fato de serem desprezados, se fosse apenas isso. Na verdade, seria até razoável que pudéssemos perdoar totalmente os ofensores, se estivesse ao nosso alcance fazê-lo e fosse essa toda a sua culpa.

No entanto, essas pessoas *desprezaram a festa*. Algumas delas imaginaram que os cevados e outras provisões que estariam à mesa não seriam melhores do que aquilo que já tinham em casa. Pensaram que o banquete real não seria algo tão grande que valesse a pena fazê-las desistir de suas transações comerciais por um dia ou renunciar à lavoura por algumas horas que fosse. Fizeram pouco caso do banquete; ao menos, assim parece, pois não desejaram ir. Oh, pecador, quando você negligencia a grande salvação, pense bem no que está desprezando: quando faz pouco caso do evangelho de Deus, está desprezando a justificação pela fé; está fazendo pouco caso da sua purificação pelo sangue de Jesus; está menosprezando o Espírito Santo; está fazendo pouco caso do único caminho para o céu; está fazendo pouco caso da fé, da esperança e do amor; você está, enfim, fazendo pouco caso de todas as promessas do pacto eterno, de todas as gloriosas coisas que Deus oferece àqueles que nele creem e de tudo o que ele revelou em sua Palavra como dádiva prometida para todos os que se achegam a ele.

É algo sério desprezar o evangelho, pois nesta Palavra, dita por Deus — as boas-novas — está reunido tudo aquilo a que a criatura humana poderia aspirar e tudo mesmo que os santos em glória poderiam receber. Oh, menosprezar o evangelho do nosso bendito Deus, que loucura! Quão pior que uma tolice! Despreze as estrelas, e você será um tolo; despreze a terra de Deus, com suas magníficas montanhas, com os majestosos rios que correm, com as amplas campinas, e será um maníaco; mas despreze o evangelho de Deus, e será dez maníacos em um só. Faça pouco caso dele, e será bem mais cego que aquele que não vê a luz do sol, que não enxerga a formosura da lua nem o brilho do firmamento estrelado. Releve, se assim lhe agrada, as obras menores; mas, oh, só tenho a lembrar que, quando você faz pouco caso do evangelho, está menosprezando a obra-prima do seu grande Criador — aquilo que a ele custou mais que uma miríade de mundos — o preço pago com o sangue e a agonia do nosso Salvador.

Mais ainda, aquelas pessoas *fizeram pouco caso do Filho do rei*. Era o casamento *dele, do Filho do rei*, e, na medida em que se ausentaram, desonraram o Filho glorioso, em cuja homenagem a festa foi preparada. Insultaram aquele a quem o Pai amava. Ah, pecador, quando você faz pouco caso do evangelho, menospreza Cristo — Cristo diante de quem gloriosos querubins se curvam, Cristo em cujos pés os altos arcanjos consideram felicidade lançar a coroa; faz pouco caso daquele cujo louvor faz ressoar a abóbada celeste; despreza aquele que junto com Deus Pai e o Espírito constitui *um só Deus e Pai de todos, o qual é sobre todos, e por todos e em todos* (Ef 4.6), Deus bendito para todo o sempre. Ah, é algo realmente muito grave fazer pouco caso de Cristo. Despreze um príncipe, e você terá pouca honra aos olhos do rei; mas despreze o Filho de Deus, e o próprio Deus Pai se magoará com você por seu Filho menosprezado. Oh, meus queridos amigos, parece a mim ser um pecado, não imperdoável, eu sei, mais ainda assim bastante atroz, que os homens desprezem meu abençoado Senhor Jesus Cristo e o tratem com escárnio cruel. Fazem pouco caso de ti, ó querido Jesus! Quando te vejo de suor ensanguentado, conflitante em sua alma no Getsêmani, me curvo diante de ti e digo: "Ó redentor que suas sangue e sangras pelos pecadores, poderá pecador algum fazer pouco de ti?" Quando te contemplo com um rio de sangue fluindo por teu corpo santo, sob o maldito flagelo do chicote de Pilatos, pergunto: "É capaz um pecador de desprezar tal Salvador?" Quando te vejo coberto de sangue, pregado no madeiro, expirando em tortura e gritando: *Eli, Eli, lamá sabactâni?* (Mt 27.46), me pergunto: "Como fazer pouco caso deste nosso único Salvador, por nós tão sofredor?" Se o podem fazer, existe então neles pecado bastante para condená-los, se não tiverem outro — o pecado de que tenham desprezado o verdadeiro Príncipe da Paz, sempre amoroso e para sempre glorioso. Oh, meu amigo, se você fizer pouco caso de Cristo, estará insultando o único que pode salvá-lo — o único que consegue carregar a cruz pelo vale do Jordão; o único que pode destrancar os portões do céu e lá recebê-lo e no céu lhe dar as boas-vindas. Que nenhum pregador de amenidades o convença de que isso não é crime. Ó pecador, pense em seu pecado, e se estiver menosprezando Cristo, sim, estará fazendo pouco caso do Filho Unigênito do Rei.

Aquelas pessoas *também fizeram pouco caso do Rei* que havia mandado preparar o lauto banquete. Ah, quão pouco sabem vocês! Ó pecador, quando você ri do evangelho, está ofendendo o próprio Deus todo-poderoso. Já ouvi alguns dizerem: "Bem, não acredito em Cristo, mas ainda assim tenho certeza de que reverencio Deus; não me importo com o evangelho, não desejo ser purificado, como acreditam, no sangue de Jesus, nem ser salvo pela propalada livre graça; mas não desprezo Deus; sou um religioso naturalista!" Ora, meu amigo, você insulta o Todo-poderoso à medida que nega seu próprio Filho. Despreze a prole de um homem, e você o terá insultado; despreze o Filho unigênito de Deus, e terá rejeitado o próprio Eterno. Não existe isso de "religião natural" cristã sem Cristo; é uma mentira, uma falsidade, refúgio de quem não tem coragem suficiente para afirmar que não ama Deus; pois aquele que nega Cristo é ofensivo para com Deus e, pior, fecha para si os portões do céu. Pela graça, não há como amar o Pai a não ser amando o Filho e não existe adoração aceitável ao Pai senão mediante o Grande Sacerdote, o único mediador, Jesus Cristo. Oh, meu amigo, saiba que, com sua atitude, você despreza não simplesmente o evangelho, mas o evangelho de Deus. Ao desprezar a doutrina da revelação, você despreza Deus; ao insultar a verdade do evangelho, insulta o próprio Deus; você cerrou o punho para com a face do Eterno; suas maldições não caem sobre a igreja, mas sobre Deus em pessoa.

Pense bem, você que zomba da mensagem de Cristo! Pense bem, você que se vira contra o ministério da verdade! Deus é poderoso; ele o pode punir severamente. Deus é um Deus zeloso, e quão severamente ele o poderá punir! Você faz pouco caso de Deus, pecador? Isso, acima de tudo, é um pecado, que, como todos os outros pecados, leva à condenação, e, ao cometê-lo, você pode estar assinando sua própria sentença de morte espiritual; fazer pouco caso de Deus, de Cristo, do santo evangelho, é destruir sua própria alma e correr velozmente para a perdição eterna. Ah, almas já infelizes, mais infelizes ainda ficarão se viverem e morrerem desprezando Cristo e preferindo seus negócios e lavoura aos tesouros do evangelho.

Enfim, reflita, meu pobre e culpado amigo, se você fizer pouco caso de todas as coisas que eu lhe digo, poderá estar *fazendo pouco caso das grandes coisas solenes da eternidade*. O homem que pouco estima o evangelho costuma fazer pouco caso até do inferno; pensa certamente que o fogo eterno não existe ou não é tão quente assim; que as chamas não são como Cristo as descreve; menospreza as lágrimas rascantes que queimam a face do ser desesperado para sempre; ironiza quanto a gritos e súplicas que constituem a canção deprimente e a terrível música das almas a perecer. Ah, não é sábio fazer pouco do inferno.

Pense novamente: você faz pouco caso do céu — aquele lugar para o qual os abençoados anseiam ir, onde a glória reina sem uma nuvem sequer a obscurecer e onde há felicidade a perder de vista. Você põe a coroa da vida eterna abaixo de seus pés, pisa o ramo da palmeira com esses pés não santificados e faz pouco caso de ser salvo e vir a ser glorificado. Ah, pobre alma, quando você estiver no inferno e quando a chave de ferro tiver sido para sempre girada no cadeado do destino inevitável, você há de descobrir ser o inferno algo não tão fácil assim de desprezar; e quando tiver perdido o céu e toda a sua alegria e puder ouvir abençoada música ressoando quase indistinta a distância, tendo sua desgraça aumentada pelo contraste com a alegria alheia, então você descobrirá o que é um dia ter feito pouco caso do céu. Todo homem que menospreza a fé cristã faz pouco caso desses assuntos. Não sabe julgar o valor de sua própria alma e a importância de sua condição eterna.

É disso que os homens fazem pouco caso. "Oh", argumentam, "mas nunca cedi a qualquer palavra hostil à verdade de Deus, nunca zombei de pregador algum nem jamais menosprezei o dia semanal do Senhor." Sim, meu amigo, você poderá ser absolvido quanto a tudo isso; e, mesmo assim, ser condenado desse enorme pecado de fazer pouco caso do evangelho. Ouça-me, pois.

II. DE QUE MODO as pessoas fazem pouco caso dele?

Em primeiro lugar, é fazer pouco caso do evangelho e, consequentemente, de todas as coisas gloriosas de Deus, *as pessoas o ouvirem, mas não se fazerem presentes, de corpo e alma, em sua audiência*. Quantos frequentam as igrejas e outros pontos de pregação para simplesmente cair numa soneca confortável! Pense em quão temeroso insulto é esse para o rei dos reis. Entrariam essas mesmas pessoas no palácio de sua majestade, a rainha, pediriam uma audiência com ela e cairiam no sono em sua presença? Mesmo assim, esse pecado de dormir na presença de sua majestade não seria tão grande, embora contrariando nossas leis, quanto o pecado de intencionalmente dormir no santuário de Deus. Quantos outros vão também às casas de adoração e, se não dormem, a tudo encaram com um olhar vago, ouvindo aquilo que se diz como provavelmente fariam para com alguém que não conseguisse tocar um só acorde razoável em um bom instrumento. Para eles, o que quer que seja ali pregado entra por um ouvido e sai pelo outro. O que quer que por acaso entre em seu cérebro sai sem nem sequer tocar o coração. Ah, meus ouvintes, não se tornem culpados de iniquidade, fazendo pouco caso do evangelho de Deus, sentando-se para ouvi-lo sem estarem realmente presentes! Oh, o que não dariam almas perdidas para ouvir novamente um sermão! O que não daria o infeliz agonizante que se aproxima da cova por ouvir uma pregação! E o que não darão vocês, dia desses, quando estiverem prestes a atravessar o Jordão, para que ouçam mais uma advertência só do perigo que correm, mais uma vez só a solícita voz do ministro de Deus, para crer e ser salvos! Sim, fazemos pouco caso do evangelho quando o ouvimos sem lhe prestar a atenção solene que merece.

Alguns, porém, afirmam que, na verdade, lhe dão atenção. Todavia, é possível dar atenção ao evangelho e ainda assim fazer pouco caso dele. Já vi homens chorarem por causa de um sermão poderoso; já observei suas lágrimas rolando umas após as outras — lágrimas abençoadas, em demonstração de pura emoção interior. Já disse a mim mesmo quanto é maravilhoso ver essas pessoas chorarem ao ouvir a palavra de Deus, que as coloca em atitude de atenção, como se fosse no próprio Sinai que ribombassem trovões de advertência em seus ouvidos. Contudo, muito mais espantoso do que homens e mulheres chorando diante da Palavra é o fato de que, em pouco tempo, muito pouco mesmo, já limpam todas as lágrimas, como se nada tivesse ocorrido. Ah, meu querido ouvinte, se você ouve essas coisas e logo trata de se livrar do impacto solene, ao fazer isso está menosprezando Deus, fazendo pouco caso de sua verdade; preste atenção, então, que suas próprias vestes não fiquem escarlatas como o sangue de sua alma e que não lhe venha a ser dito: *Destruir-te-ei, ó Israel, quem te pode socorrer?* (Os 13.9).

Outros fazem pouco caso dele de outras maneiras. Ouvem a Palavra e lhe dispensam atenção; mas, ah, *prestam atenção a outras coisas também.*

Ó meu ouvinte, você faz pouco caso de Cristo se o coloca em qualquer outra posição que não no centro do seu coração. Aquele que dispensa a Cristo apenas uma parte restrita de sua atenção faz pouco caso de Cristo; pois Cristo ou tem todo o seu coração ou não tem nada. Aquele que dá a Cristo apenas uma fração e ao mundo outra porção, despreza Cristo porque considera que Cristo não merece ter tudo. Enquanto faz isso, acredita nisso, tem pensamentos indignos a respeito de Cristo. Ó homem carnal, você, que é meio religioso e meio profano; que é, por vezes, sério, mas muitas vezes frívolo; por vezes, aparentemente, piedoso, mas muitas vezes bastante indigno, você faz pouco caso de Cristo. Você, que chora no domingo e volta para o pecado na segunda-feira; que favorece o mundo e seus prazeres em lugar de Cristo, faz menos de Cristo do que ele tanto merece; e o que é isso senão fazer pouco caso dele? Oh, eu os conclamo, meus ouvintes, a se perguntarem esta noite se são ou não desse tipo de pessoa. Não fará você pouco caso de Cristo? O homem farisaico, que se diz seguidor de Cristo em matéria de salvação, mas manifesta todo desprezo por todas as boas obras, é de tal cinismo entre os menosprezadores que mereceria ser seriamente punido, dentre todos eles, como exemplo, para que, vendo isso, os demais tremessem e não mais quisessem ser apontados como desdenhosos de Jesus.

Faz pouco caso de Cristo, ainda, *aquele que faz profissão de fé, mas que não vive segundo ela.* Ah, membros de igrejas, querem que seja feita uma triagem rigorosa? Como? Temos imensa quantidade de joio misturada ao trigo, e, por vezes, chego a achar que temos uma proporção pior ainda. Temos alguns em nossas igrejas que não são como o joio, pois não se parecem de modo algum com o trigo; mas não passam de erva daninha. Vão às igrejas como iriam à associação comercial, por acharem que isso pode ajudar a incrementar seus negócios. Receber os sacramentos pode dar maior respeitabilidade a seus nomes; e serem mais estimados por terem sido batizados e fazer parte de uma igreja. Vão, portanto, em busca dos pães e peixes, não em busca de Jesus Cristo. Ah, hipócritas, vocês fazem pouco caso de Cristo ao julgarem ser ele um pretexto para lhes aumentar as riquezas. Se acham que irão selar e domar Cristo e cavalgar na riqueza dele, cometem um terrível erro, pois ele nunca se propôs a levar os homens a qualquer lugar ou posição senão o céu. Se acredita que a fé foi feita para enriquecer, acarpetar seu piso e encher sua bolsa, você erra e muito. Foi feita para ser lucrativa para a alma; e aquele que pensa em usar a fé em seu próprio

FAZENDO POUCO CASO DE CRISTO | 1087

benefício faz pouco caso de Cristo. No último dia, será levado a julgamento esse grave pecado — que você fez pouco dele; e o rei dará castigo eterno a todos aqueles que menosprezaram sua majestade, não obedecendo à sua lei.

III. Agora, em terceiro lugar, eu lhes direi POR QUE FAZEM POUCO CASO DELE. Fazem por muitos e diferentes motivos.

Alguns, na parábola, fizeram pouco caso *por ignorância*: não sabiam quão boa era a festa; não sabiam quão generoso e bondoso era o rei; não sabiam quão leal era o príncipe, ou então teriam pensado de outro modo. Há muitos aqui presentes esta noite que também não dão o devido valor ao evangelho porque não o compreendem. Já ouvi muitas pessoas zombarem de nossa fé; mas, se lhes perguntarem o que é essa fé, mostrarão que não sabem mais do que um animal saberia, ou pior que isso, pois acreditam em inverdades sobre ela, quando um animal não agiria assim. Zombam da fé, simplesmente, porque não a compreendem; é algo que está além de seu entendimento. Ouvimos falar de um homem tolo que ria toda vez que escutava alguma coisa em latim porque achava ser uma brincadeira, ou, no mínimo, uma maneira bem estranha de falar — por isso, ria. Assim é com muitos quando ouvem o evangelho; não sabem o que é e, portanto, escarnecem. "Oh", dizem: "esse homem só pode estar louco". Mas por que estaria louco? Simplesmente por que você não o entende? Seria você tão sábio a ponto de poder afirmar que toda a ciência e todo o conhecimento residem em você? Eu lhe diria, então, que a loucura não está nesse homem, mas no lado oposto. E, ainda que você dissesse: "Tanto conhecimento o deixou louco", responderíamos: "É mais provável que fosse louco por não ter conhecimento algum". São sobretudo aqueles que não possuem conhecimento algum de Cristo os que mais provavelmente o desprezam. Bem disse Watts:

> Seu valor, se todas as nações o soubessem,
> o mundo todo certamente o amaria.

Ó caros amigos, se vocês soubessem apenas que abençoado mestre é Cristo, se apenas soubessem que bênção é o evangelho, se pudessem ser levados a crer quão bendito é o nosso Deus, se ao menos tivessem ao menos um momento das alegrias da experiência cristã, se pudessem ter ao menos uma promessa imbuída no coração, jamais fariam pouco caso do evangelho. Oh, você diz que não gosta dele! Mas se você nunca o experimentou! Pode alguém rejeitar um vinho que nunca provou? Ele pode ser mais doce que seus próprios sonhos. Oh, prove e veja que o Senhor é bom; e é certo que, quando o provar, verá quão grande é sua bondade. Digo e repito que muitos fazem pouco caso do evangelho por pura ignorância; assim, tenho alguma esperança de que, quando venham a ser ligeiramente iluminados pela Palavra, possa o Senhor graciosamente levá-los a si; e, então, sei que nunca mais farão pouco caso de Cristo. Não seja, então, ignorante, pois *não é bom agir sem refletir* (Pv 19.2). Procure conhecê-lo, pois para quem bem o conhece certa é a vida eterna; e, quando o conhecer, jamais fará pouco caso dele novamente.

Outros fazem pouco caso *por causa do orgulho*. "Por que", diria algum convidado, na parábola, "deveria o rei me fazer esse convite? Venha ele à minha casa e eu lhe exibirei um banquete quase tão bom quanto qualquer outro para o qual me convide. Olhe, aqui estão muitos prazeres para você; minha mesa é tão farta quanto a de qualquer outro. Com o perdão de sua majestade, ele não consegue dar uma festa melhor que a minha; não vejo por que eu me arrastaria até ele para obter alguma coisa se tenho algo bem melhor em minha própria casa". Então esse homem não iria por estar cheio de orgulho. Assim é com alguns de vocês. *Você precisa ser purificado?* Oh, não, você nunca foi sujo, ou foi? *Você precisa ser perdoado?* Oh, não, você é bom demais para isso. Você é tão terrivelmente piedoso em seu próprio conceito que, se fosse mesmo verdade, faria até o anjo Gabriel corar de vergonha ao pensar a seu respeito. Você nem mesmo admite que um anjo seja capaz de segurar uma vela para você. O quê? Você buscar misericórdia? Isso é um insulto. "Vá e pregue ao bêbado", dirá você, "vá e alcance a meretriz; mas a mim, não; sou um homem respeitável, vou sempre à igreja, sou um homem muito bom; posso errar de vez em quando, mas compenso no dia seguinte; sou por vezes um pouquinho preguiçoso, mas logo monto a cavalo e percorro a distância que faltava; e afirmo que chegarei ao céu tanto quanto os outros crentes. Sou de muito boa safra".

Bem, meu amigo, não me admira você desprezar o evangelho, pois o evangelho diz que você está completamente perdido. Diz que a sua justiça própria está cheia de pecado. Assim como é a esperança de ser salvo tentando cruzar o Atlântico numa folha seca, assim também é a de tentar chegar ao céu por sua justiça. E quanto a uma roupa adequada para você se vestir, é capaz de, como na fábula, você considerar uma teia de aranha adequada para aparecer vestido dela na corte, considerá-la uma boa roupa para aparecer diante de sua majestade. Ah, meu ouvinte, eu sei por que despreza Cristo; por causa do seu orgulho, de caráter demoníaco. Oro para que o Senhor arranque o orgulho de você; se não o fizer, o orgulho será o maçarico que irá queimar sua alma para sempre. Preste atenção: pelo orgulho caíram os anjos — como poderão os homens, então, mesmo sendo a imagem de seu Criador, esperar prevalecer contra ele? Evitem o orgulho, escapem da arrogância; pois, por serem orgulhosos, incorrerão na culpa de fazer pouco caso de Cristo.

Talvez outros tenham feito pouco caso das boas-novas, por *não acreditarem no mensageiro*. "Oh", disseram, "espere um momento. O rei vai dar um banquete? Não cremos em você. O quê? Você tem certeza de que o jovem príncipe vai se casar? Diga isso aos tolos, sim? Não acreditamos em tal notícia. O que está dizendo? Todos somos convidados? Esta sua história é incrível. Não acreditamos mesmo". O pobre mensageiro foi para casa e disse a seu mestre que eles não haviam acreditado nele. "O que está dizendo?", duvidam. "Que Jesus Cristo morreu para livrar todos os homens de todos os pecados? Não acreditamos. O quê? Um paraíso nos espera? Quem já o viu? Um inferno? Quem já ouviu lamúrias de lá? O quê? Vida eterna? Quem já voltou para nos confirmar essa última esperança de todos os espíritos?... O quê? Bem-aventuranças? Não acreditamos — só em algo deprimente e miserável. O quê? Doçura nas promessas? Não, não há; cremos, sim, que possa haver alguma doçura por aí no mundo, mas não nos poços que cava o Senhor." E, assim, desprezam o evangelho, por simplesmente não acreditarem nele. Tenha a certeza, porém, de que, quando um homem passa a crer, nunca mais faz pouco caso do evangelho. Deixe-me ter a categórica certeza em meu coração, mediante o Espírito Santo, de que, se não for salvo, haverá um abismo imenso a devorá-lo, e você acha que conseguiria dormir sem tremer da cabeça aos pés? Se me for dado crer que há um céu que é entregue a todos os que confiam em Cristo, acha que daria descanso aos meus olhos, repouso às minhas pálpebras, por chorar, enquanto não tivesse a certeza de ser meu? Acho que não. Mas uma condenável descrença mete a mão pela boca dos homens, arranca deles o coração e o destrói, não deixando que acreditem; e assim nada sentem, pois não acreditam.

Oh, meus amigos, a descrença leva os homens a fazerem pouco caso de Cristo; mas não para sempre. Não há descrentes no inferno: são todos crentes ali. Muitos eram descrentes aqui, mas ali não são mais; as chamas são quentes demais para fazê-los duvidar de sua existência. Seria impossível para uma alma, atormentada pela própria chama, duvidar da existência do fogo do inferno. Seria impossível também para uma alma, parada diante dos olhos ardentes de Deus, duvidar da existência de Deus. Ah, descrentes, convertam-se, ou melhor, deixem o Senhor tirá-los da incredulidade; pois é isso que os leva a desprezarem Cristo, que consome a vida de vocês e destrói a sua alma.

Outro grupo fez pouco caso daquela festa *por serem pessoas muito voltadas para as coisas do mundo*. Alegaram, assim, ter muito o que fazer. Contaram-me uma vez a respeito de um próspero homem de negócios, que veio a conhecer um santo homem. Este, logo assim que iniciou a conversa, foi interpelando: "Tem ideia de qual é o estado de sua alma, senhor?" "Alma?", respondeu ele. "Ora, não se preocupe, não tenho tempo de cuidar de minha alma; já tenho muito o que fazer só de cuidar dos meus navios." Cerca de uma semana depois, esse rico negociante, infelizmente, teve de encontrar tempo para morrer, pois Deus o chamou. Lamentamos que Deus, como na parábola do rico insensato, possa lhe ter dito: "Insensato, esta noite te pedirão a tua alma; e o que tens preparado, para quem será?" Muitos de vocês, negociantes de Londres, leem mais seus registros contábeis do que a Bíblia. Não a leem, pelo menos, tanto quanto leem seus livros fiscais todo dia. Na América, costuma-se dizer que há pessoas que adoram o todo-poderoso

Fazendo pouco caso de Cristo | 1089

dólar, no lugar de Deus; creio que em Londres muitos homens idolatram também o todo-poderoso dinheiro; têm o maior respeito a uma cédula ou moeda; é este o deus que muitos homens têm adorado no mundo todo. O livro "de oração" que consultam tão ávida e religiosamente, sempre, é o seu livro-caixa. Mesmo aos domingos, há certamente um cavalheiro, que acha que seu superior talvez não saiba, sentado ali, abrigando-se apenas da chuva a manhã inteira, gerenciando suas finanças; mas vem aqui também à noite, pois se acha um homem extraordinariamente piedoso. Se pudesse, ele seria capaz de mandar fechar os parques no domingo, dia santo; não deixaria uma única alma respirar ar puro nos passeios, nesse dia sagrado, por se achar muito piedoso; mas pode passar meio dia de domingo imerso em sua contabilidade e não considerar isso como pecado.

Muitos, na verdade, estão muito ocupados para pensar em determinadas coisas. "Orar?", dizem eles. "Não tenho tempo para isso; tenho de fazer muitos pagamentos. O quê? Ler a Bíblia? Não, não posso; tenho de cuidar disso, daquilo e daquilo outro e ver como estão os mercados. Sim, tenho de ler o jornal, por isso não tenho tempo de ler a Bíblia." Seria sem dúvida muito ruim para alguns de vocês se descobrissem que o empréstimo de sua vida é por um tempo menor do que gostariam que fosse. O que é pior: se pudessem, teriam assinado um contrato, digamos, por 88 anos; mas talvez fossem suficientemente tolos para viver pelo menos a metade, 44 anos, em pecado. Na verdade, se nos considerarmos inquilinos prestes a ser despejados a qualquer momento, é o máximo da tolice, o próprio clímax do absurdo, viver apenas para juntar as riquezas deste mundo, e não as do mundo futuro. O materialismo é um demônio que já quebrou o pescoço de muitas almas; permita Deus que não pereçamos pelo nosso materialismo!

Há outra classe de pessoas que apenas posso caracterizar desta forma: *elas não pensam coisa alguma*. Se indagadas sobre fé cristã, não têm opinião formada. Não a detestam, não zombam dela, mas não têm um único pensamento a respeito. Na verdade, parece que pretendem pensar sobre ela um dia, aos poucos. Sua existência é como a de uma borboleta: estão sempre flutuando, sem fazer nada de útil, nem para si mesmas. São por vezes pessoas até muito agradáveis, sempre dispostas a dar dinheiro para a caridade; não negam coisa alguma a ninguém, seja para ajudar um clube de críquete ou uma igreja. Se eu tivesse de voltar à minha antiga vida comum e escolher que pessoa gostaria de ser, o último tipo que eu escolheria seria o desse homem que não pensa. De todas as classes de gente que conheço, creio que os que não pensam são os mais propensos a se perder. Gosto, por vezes, de pregar para alguém que deteste vigorosa e rigidamente o evangelho, pois esse coração é como uma pederneira, que, quando golpeado com o martelo do evangelho, se desfaz em pedaços, como a pederneira, num átimo. As pessoas que não pensam, no entanto, têm um verdadeiro coração de borracha — golpeia-se, e ele abre espaço; golpeia-se de novo, e ele abre mais espaço. Quando doentes e você as visita, dizem "sim". Se você lhes fala sobre a importância da fé em Cristo, dizem "sim". Fala para que escapem do inferno e entrem no céu, e respondem "sim". Prega um sermão a elas quando estão curadas e lembra dos votos que fizeram quando doentes: "É verdade", concordam. Respondem sempre o mesmo, não importa o que você lhes diga. São sempre muito educadas. Só que tudo o que você lhes diz é logo negligenciado. Se você começa a falar com elas sobre o vício de beber, oh, não, elas não são de beber em excesso; podem ter ficado casualmente embriagadas, de leve, uma vez ou outra, mas esse foi um pequeno deslize, alheio a seus costumes habituais. Mostre-lhes qualquer pecado, e você pode até atingi-las e acertá-las, mas, não adianta, não serão tão facilmente quebrantadas como o que odeia o evangelho. Ora, se um marujo regressa do mar xingando, blasfemando, amaldiçoando, quando chega à casa de Deus, é quase certo que a primeira palavra que será dita pelo Espírito Santo poderá quebrantar seu coração. No entanto, um jovem de família é capaz de declarar: "Sei quase tanto quanto um ministro me poderia dizer, pois minha mãe me ensinou a Bíblia, e meu velho pai costumava lê-la para mim para que eu cresse; tenho cada trecho dela na mente. Vou à igreja mais por respeito à memória dele, mas não dou a mínima atenção à pregação; a Bíblia é muito boa para pessoas idosas, bem adequada para velhinhos, para aqueles que estão morrendo ou em tempos de necessidade. É uma coisa muito boa, mas não preciso disso no momento". E eu lhes digo, pessoas negligentes, bem categoricamente, que vocês são guardiães do diabo; vocês são o exército de reservistas dele; ele os mantém longe da batalha; ele não os envia à frente de combate como faz com um blasfemo, pois teme que Deus de um golpe possa lançar luz sobre vocês e sejam imediatamente salvos. Mas lhes diz: "Fique por aqui mesmo, amigo, e, se tiver de sair, eu lhe darei uma armadura impenetrável". As flechas zunem em sua direção: todas o acertam, mas, ah, nenhuma penetra em seu coração, que está resguardado pelo mal. Você não passa, assim, de uma crisálida oca. Quando vem à casa de Deus e a Palavra é pregada, faz pouco caso dela porque simplesmente seu hábito é não pensar em coisa alguma.

Vou agora abordar só mais outro caso e então os dispensarei. Talvez vocês, que fazem pouco caso do evangelho, o façam *por completa presunção*. São como o homem tolo, que comete erro e é punido; não como o sábio, que *teme e desvia-se do mal* (Pv 14.16). Avançam, dão um passo aparentemente seguro — e o assumem; o próximo passo parece também seguro — e o dão; seus pés flutuam sobre um abismo de escuridão, mas tentarão dar mais um passo e, se for seguro, tentarão o próximo; e como o último passo foi seguro, e como por muitos anos estiveram em segurança, supõem que sempre estarão; e, porque não morreram ainda, pensam que nunca morrerão. Então, por completa presunção, pensando "todos os homens são mortais, menos eu", seguem fazendo pouco caso de Cristo. Tremei, presunçosos, pois não o serão, jamais, para sempre.

Finalmente, creio que haja muitos que fazem pouco caso de Cristo *por causa da fácil disponibilidade do evangelho*. Ele é pregado em quase todo lugar, e por isso muita gente não dá o devido valor a ele. Pode-se ouvi-lo na esquina de qualquer rua; pode-se lê-lo na Bíblia, amplamente divulgada; e, porque o evangelho é assim tão comum, então não se importam muito com ele. Ah, meus queridos amigos, houvesse um único ministro em Londres que pudesse dizer-lhes a verdade, apenas um exemplar da Bíblia em toda a Londres, acredito que vocês estariam correndo ansiosamente para querer ler ou consultar essa única Bíblia; e o único homem que estivesse de posse da mensagem não teria outra saída senão ser obrigado a trabalhar de manhã à noite, sem parar, para levá-la a vocês. Mas, porque vocês têm muitas Bíblias à disposição, onde e quando quiserem, se esquecem de lê-la; porque recebem muita mensagem, em muitos folhetos, são capazes de jogá-los fora quando os recebem, sem ao menos lê-los; porque ouvem muita pregação, não refletem sobre ela. Por que isso? Não dão valor ao sol só porque ele se irradia por todos os lados? Não dão valor ao pão só porque é o alimento mais comum, que Deus dá a quase todos, se não a todos os seus filhos? Não dão valor à água, quando sedentos, porque qualquer torneira pode jorrá-la? Na verdade, se o desejassem, se se sentissem famintos ou sedentos de Cristo, vocês o amariam ainda mais por estar à sua disposição e ser pregado em todo lugar e não fariam pouco caso dele por causa disso.

Eles, porém, não fazendo caso [...] (Mt 22.5). Quantos de meus ouvintes, esta noite, novamente pergunto, fazem pouco caso de Cristo? Muitos de vocês, sem dúvida. Eu lhes farei então somente mais uma advertência e depois encerrarei. Faça pouco caso de Cristo, pecador, eu lhe digo, e você se arrependerá desse dia, quando estiver em seu leito de morte. Isso será penoso para você, quando a morte o tiver pego e o estiver arrastando pelo rio para jogá-lo no lago final; será duro para você, quando seus olhos falharem e quando o suor da morte gotejar por sua face. Lembra-se da última vez em que teve uma febre, como você tremia? Lembra-se, parece ainda ontem, como tremia em seu leito, quando raio após raio de luz surgia na janela, como você tremeu quando um trovão ribombante falou como a voz de Deus? Ah, pecador, você tremerá ainda mais quando vir a morte por si mesmo, o cavaleiro esquelético, em seu cavalo branco, pegar da foice para cravá-la em suas entranhas. Será doloroso para você, então, se não tiver Cristo para o acolher, se não tiver em você o sangue do redentor purificando sua alma! Lembre-se também de que, após a morte, vem o julgamento. Será penoso para você se houver desprezado Cristo e morrer como quem o rejeitou. Vê agora este anjo vivo? Suas asas ardem como chamas, e em suas mãos está uma espada de dois gumes. Ó anjo, por que essas asas te dão voo tão veloz? "Ouve!", diz ele, "esta trombeta te dirá". Ele leva então a trombeta à boca e

Sopra um toque tão alto e tão terrível,
como nunca houve um som profético tão cheio de desgraça.

Veja! Os mortos se levantam de seus túmulos. Uma carruagem cercada de nuvens é guiada pelas mãos de um querubim. Repare! Ali no trono senta-se agora o rei — o príncipe. Ó anjo, que será, neste dia terrível, do homem que fez pouco caso de Cristo? O anjo desembainha sua espada. "Esta lâmina", diz, "a ele irá e o perfurará. Esta lâmina, como a foice do segador, separará o joio do trigo, e um braço forte enfeixará o joio para ser queimado; esse poderoso braço o pegará e o levará para baixo, cada vez mais para baixo, onde as chamas para sempre queimam e o inferno para sempre arde". Será duro para você, pecador. Guarde minhas palavras; ou, se quiser, zombe e ria; mas lembre-se, direi novamente, será muito sério para você, quando Cristo voltar para o juízo final, se tiver feito pouco caso dele e, pior que tudo, se vier a ser trancado nas cavernas do desespero, ao ouvir dele: *Apartai-vos de mim, malditos* (Mt 25.41); se tiver de misturar seus terríveis brados com o lamento doloroso das miríades perdidas; se você vier a conhecer o poço sem fundo e o abismo cercado de paredes de fogo. Será terrível demais encontrar-se nesse lugar, sabendo que dele não poderá sair jamais! Pecador, eu prego o evangelho esta noite para você. Vá a Deus, que ele o ouça e você creia nele; que Deus lhe conceda a graça de recebê-lo e você seja salvo. *Quem crer e for batizado será salvo; mas quem não crer*, dizem as Escrituras, *será condenado* (Mc 16.16). Crer é confiar em Cristo; ser batizado, mergulhar nas águas, e delas sair, com o nome do Senhor Jesus no coração, dando sua profissão de fé de que já está salvo, que ama Cristo e nele crê, para sempre. *Quem crer e for batizado será salvo; mas quem não crer será condenado* Oh, que você jamais experimente o temível significado desta última palavra. Amém!

116

A SALA FICOU REPLETA

[...] *e encheu-se de convivas a sala nupcial* (Mt 22.10).

Nossa pregação irá acompanhar o raciocínio da parábola. Um rei desejava honrar seu filho de forma imponente. Amava muito o filho, e este o merecia. Assim, ao se apresentar o momento oportuno, decidiu honrá-lo. O filho ia casar; não deveria, pois, seu casamento, que é um grande evento na vida, ser celebrado com honras? O pai resolveu homenagear o filho convidando um grande número de pessoas para um banquete nupcial suntuoso. Não por infligir sofrimento nem pela taxação de impostos, como agiam e agem ainda soberanos de países pagãos, mas, sim, pela liberalidade e festividade, haveria o rei de honrar o príncipe herdeiro. Seria uma festa extraordinária. Certamente, segundo seu entendimento, seria tarefa das mais simples do mundo reunir uma grande quantidade de convidados. Seria até de esperar uma disputa pelo convite; todo mundo nos domínios reais iria ansiar por um convite. Contudo, aconteceu o contrário; havia nos súditos um sentimento de deslealdade ao rei, que agora se expressava: os que foram convidados responderam que não viriam. Deste modo, outros meios tiveram de ser usados, para garantir o resultado que é referido no texto, ou seja, que *encheu-se de convivas a sala nupcial*, ou do banquete.

A parábola é simples. O grande Pai se deleita em honrar Jesus, seu Filho primogênito. O Pai ama o Filho, com quem é uno. O Filho merece tudo das mãos do Pai, pois foi *obediente até a morte e morte de cruz* (Fp 2.8). É objetivo do Pai, pela obra da graça, glorificar seu Filho, que, sendo Deus e homem em uma só natureza, é o canal da graça para os homens caídos. E ele se propõe a fazer isso neste momento em que o Senhor Jesus toma sua igreja em união matrimonial. O Deus encarnado, tendo chamado a si sua escolhida companheira, sua noiva, a esposa do Cordeiro, celebra assim desde logo sua união com um banquete de casamento, para o qual o Pai convida multidões. É um banquete de misericórdia, de graça e paz; uma festa de casamento, de deleite e alegria. O banquete é para glorificação do Senhor Jesus Cristo, de maneira muito especial. Conseguiria algum de nós medir a glória que é dada ao Senhor Jesus por sua união com a igreja? Anjos, principados, poderes e inteligências, existentes ou ainda por vir, hão de sempre ficar estarrecidos só de imaginar a riqueza de sua herança junto aos santos. Que espetáculo! O verbo feito carne para habitar entre nós! Emanuel, Deus conosco, tomando a si a companhia de seres humanos escolhidos, para serem um com ele para sempre. Na união de Cristo com sua igreja, toda a graça brilha, toda a sabedoria se concentra. "A majestade do nosso Deus" é vista na salvação dos eleitos e sua união com Cristo. Nosso glorioso Segundo Adão foi como o primeiro Adão no jardim do Éden, para quem não havia companheira. Nem querubins nem serafins, nem anjos nem espíritos serviriam de companhia para ele, [...] *achando as minhas delícias com os filhos dos homens* (Pv 8.31). Quis assim que sua igreja escolhida tivesse o mesmo relacionamento de Eva para com Adão, que fosse a consolação do coração dele e o descanso de seu amor. Escolheu os seres humanos para serem seus companheiros, seus amigos, sua alegria, sua coroa.

Seria de pensar que todos os homens e mulheres que ouvissem ter sido a humanidade assim honrada em união com a divindade iriam sem dúvida comparecer, em verdadeira aglomeração, ao banquete de casamento. Poderia parecer que todos desejassem conhecer esse mistério celestial e que, assim que tomassem conhecimento dele, se apressassem em participar de tal regozijo. Ah, não foi esse, porém, o caso. Nesta manhã, minha tarefa é lhes narrar como o propósito do amor divino correu perigo, mas como, no final, se realizou; e como, de acordo com o texto, *encheu-se de convivas a sala nupcial*.

A SALA FICOU REPLETA

| 1093

I. Nosso primeiro ponto é que A CONCLUSÃO FOI A DE QUE NINGUÉM REALMENTE COMPARECERIA. O banquete estava preparado; bois e cevados haviam sido abatidos; tudo estava pronto; mas onde estavam os convidados? *Aqueles que haviam sido convidados, e que seriam naturalmente esperados, simplesmente não viriam.* Havia sido feito um convite com antecedência sobre a festa; depois uma convocação foi feita, instando em que a hora era chegada; em vez de uma resposta alegre, no entanto, eles deram a entender que, de fato, não iriam comparecer.

Foram esses, primeiramente, os judeus, para quem o evangelho já fora antes anunciado, mediante a lei e os profetas, com muita antecedência. Então, Jesus *veio para o que era seu, e os seus não o receberam* (Jo 1.11). Israel não era mais o mesmo: poucos da nação escolhida reconheceram seu Messias. Ele chegou com um banquete de misericórdia para eles, mas eles não quiseram desfrutá-lo. Ele os chamou ao banquete, e eles o recusaram.

Esse mesmo comportamento é hoje muito encontrado entre filhos de pais piedosos, consagrados desde o nascimento, objetos de oração de amorosa devoção dos pais, filhos que ouvem o evangelho desde a infância e permanecem sem salvação. Esperamos que venham a Jesus; esperamos que, naturalmente, se regozijem com as provisões da graça, e que, como seus pais, se rejubilem em Cristo Jesus; mas, ah, tem sido sua atitude constante a de não virem a Cristo! Alguns deles encontram-se aqui hoje. Saibam que lamentamos muito por vocês. Não escolheram o Deus de seus pais, não aceitam o Salvador de suas mães. Sim, mas, se *vocês* não vierem, quem mais poderá vir? Se vocês, que aprenderam tudo o que concerne à salvação pela graça, a recusam, como poderíamos nos admirar de que os filhos de não crentes e profanos rejeitem nossa mensagem? Quem virá, se vocês não vêm?

Por outro lado, queridos ouvintes, alguns de vocês, que não foram privilegiados com pais devotos, mas que têm sido por muitos anos ouvintes atentos da Palavra da vida, mesmo assim também não aceitam Cristo Jesus como seu Salvador, nem aceitam as provisões da graça. Não se alegram com ele em união com os escolhidos, pois, ao que parece, não o amam. Que tristeza! Bem poderia um pregador desanimado lamentar e temer em seu coração que o grande festival do amor terminasse em fracasso! Se aqueles como vocês não desejam vir, como poderia o banquete de casamento acabar repleto de convidados?

O panorama fica ainda pior quando sabemos que *muitos não vieram apesar de terem sido convencidos pela lógica.* Como não quiseram vir, o rei enviou outros servos para que lhes explicassem melhor sobre o convite; e foi esta a forma do convencimento: *Eis que tenho o meu jantar preparado: os meus bois e cevados já estão mortos, e tudo está pronto; vinde às bodas* (Mt 22.4). Não poderia ter sido mais afável: havia em sua argumentação um toque até de dignidade e nobreza e, se fossem realmente dignos, teriam ido de imediato. Imagino que os servos devam ter repetido a mensagem de seu senhor com especial ênfase, por se sentirem um tanto preocupados com a espera do rei no palácio, aguardando os convidados. Provavelmente clamaram, em tom de ânimo, aos que hesitavam: "Você já teve tempo para pensar. Venha logo! O casamento não pode esperar, por que demora? Não tarde mais, não. *Hoje, se ouvirdes a sua voz, não endureçais os vossos corações* (Hb 3.15)". No entanto, fizeram pouco caso deles. É muito triste quando se é convidado a Jesus muitas vezes, quando se é implorado com lágrimas, e mesmo assim homens e mulheres de Deus, muitas vezes, retornam com a seguinte resposta ao seu Senhor: "Quem deu crédito à nossa pregação?" Seria surpresa para nós se Jesus não tivesse dito aos homens, em seus dias: [...] *não quereis vir a mim para terdes vida!* (Jo 5.40). Se rejeitaram até o chamado direto dele, não nos podemos admirar de que rejeitem nossa pregação. Embora nossos medos ansiosos não nos permitam ver como o banquete de casamento estará em breve apinhado de convidados, ainda é fato lamentável que, por enquanto, *muitos são chamados, mas poucos escolhidos* (Mt 22.14).

O caso se agrava, então, porque, *apesar de convencidos pelos novos mensageiros, eles não foram.* Como é dito, *enviou outros servos* [...] (Mt 21.36). Eu lhes digo, do fundo do meu coração, que, desde que o Senhor os trouxesse ao banquete da graça, jamais me importaria quem fosse o mensageiro bem-sucedido. Se vocês não crerem no Senhor Jesus Cristo nem na vida eterna por intermédio do que eu digo, que o Senhor me retire e envie outra pessoa, a quem dê poder por sua graça para alcançar seu coração. Ficaria feliz de permanecer neste púlpito por muitos anos, mas não ao custo de uma só alma perdida que fosse. Se outro pode pregar a vocês com maior eficiência, se pode chegar ao coração de vocês melhor do que tenho feito, que o Senhor me remova, para o seu bem! Vocês o desejam? *Depois enviou outros servos*. O pregador pode ser muito retórico; que alguém de fala mais simples, então, seja testado. Pode ser muito pesado; que venha outro, mais leve, com boas parábolas e histórias. Ah, mas para alguns de vocês o que falta não é uma nova voz, mas, sim, um novo coração. Não ouviriam o novo mensageiro mais que o anterior. Pois, depois de tantos, tão bons e verdadeiros mensageiros terem pregado, se homens como Paulo, Apolo e Cefas tivessem falhado, como iria ficar o casamento repleto de convidados?

Se observarmos *os diversos tipos de pessoas que não viriam*, teremos ainda mais motivos para lamentar.

De alguns, lemos simplesmente que *estes não quiseram vir*. Não deram razões nem desculpas, apenas disseram que não iriam. E fim do assunto. Muitos dispensam o evangelho de imediato; nada se lhes pode argumentar; eles tão somente não o querem, e na verdade não o terão. Grande parte das pessoas já ouviu falar do caminho da salvação, mas não se importa. Não se trata de falta de informação, mas de falta de disposição. Elas não têm nem tempo nem vontade para assuntos divinos.

Um segundo grupo fez pouco caso. Eram indiferentes a honras e deveres para com o rei. Tinham sua atenção exclusivamente voltada para suas próprias coisas. Assim, prosseguiram em seu caminho, indo para sua lavoura, alegando: "Dei duro para ter minha plantação e não posso deixar que fique sem a minha presença um dia sequer". Ou, outros, estavam empenhados em obter mais bens e riquezas e continuaram indo cuidar de suas mercadorias ou negócios, dizendo: "Não tenho ninguém de confiança que cuide da minha loja. E tenho de aproveitar minhas chances. Se você não se mostrar vivo, passam por cima de você. Tenho de me ocupar das minhas compras e vendas". Os especialistas em coisas do mundo somam imensa quantidade. Ricos que não podem ter fé porque sua posição social os impede; pobres que não se podem ocupar das coisas de Deus por serem consumidos na obtenção do seu pão de cada dia. Todos têm, enfim, uma desculpa. Senhor, se muitos não têm vontade e se tantos outros estão ocupados com assuntos diversos, como o banquete do casamento será plenamente preenchido de convidados?

Um terceiro grupo se opôs de maneira violenta ao convite: tais pessoas não desejavam ser incomodadas, não tinham paciência com o "jargão real" e *apoderando-se dos servos, os ultrajaram e mataram* (Mt 22.6). Estes, embora não tão numerosos quanto os outros, podem ser encontrados também entre nós. Céticos, blasfemadores, difamadores da santidade, homens de "pensamento moderno", eles insultam a cruz e são ferozes em seus ataques ao evangelho. Sempre que os vemos irados, veementes, podemos nos perguntar tristemente: como poderá o banquete de casamento vir a ser lotado de convidados?

Todavia, eis a parte do relato mais temível de todas: *esses últimos convidados, agressivos, acabaram perecendo*. O rei, em sua ira, enviou tropas, que massacraram os assassinos de seus mensageiros e queimaram suas cidades. Durante esse tempo todo em que prego, muitos dos meus ouvintes morreram. O que será deles agora? Se morreram sem Cristo, não há mais esperança para eles. Não mais poderão entrar no paraíso celeste, porque a porta está fechada; estão na escuridão lá fora, onde ficarão chorando e rangendo os dentes. Quando se pensa nisso, vislumbra-se um futuro muito sombrio. Há homens que estão morrendo, e morrendo sem esperança; e há os ainda vivos decididos a perecer da mesma forma, pois, sincera e gentilmente convidados para o banquete do amor em Cristo, se recusam a comparecer. Como ficará o casamento, então, cheio de convidados?

Nosso rei nos mostra a verdadeira razão por que todos estes convidados não quiseram vir: *não eram dignos*. Aqueles que foram especialmente convidados, e sobre os quais havia enorme esperança, na verdade não tinham nada em si que justificasse essa esperança: não eram leais, nem afáveis, nem honestos; não eram dignos, pois se o fossem teriam feito as honras para o filho do rei. A recusa em estar presente mostrou a grande inimizade ancorada no seu coração. Foi sua maneira infeliz de demonstrar a desconsideração que tinham pelo príncipe no próprio dia de seu casamento. É horrível que os homens recusem Cristo e os céus por inimizade a Deus. Aqueles que rejeitam Cristo tornam-se indignos da graça clemente, indignos de um Salvador mortificado, indignos dos laços de matrimônio que Jesus infunde no coração dos fiéis. Não são dignos no sentido evangélico de dignidade e, consequentemente, não são dignos em sentido mais legalista.

O espetáculo mais lamentável no mundo é um coração que recusa a misericórdia de Deus. A rejeição é muitas vezes a comprovação da doutrina da devassidão humana total. Não sei que adjetivo poderia ser suficientemente forte para descrever a devassidão humana quando percebo que a humanidade recusa Deus sob seu mais amável aspecto: Deus na grandiosidade de seu amor, Deus sem poupar seu próprio Filho. Se os homens se afastassem de Deus somente por causa da ira, ainda poderia entender; caso se afastassem de Deus por motivo de juízo divino, ainda entenderia; mas odiarem Deus a ponto de recusar a salvação, recusarem o perdão por meio do precioso sangue de Cristo, preferirem ser condenados a se reconciliar com Deus, isso mostra quanto o coração deles está desesperadamente corrompido e mal-intencionado. A rejeição da cruz é a prova mais clara de um coração arruinado. Deixo aqui, porém, esse pesaroso assunto, para dar um passo adiante. De todo modo, até aqui tudo indicava que o casamento não iria ter muitos convidados; ou convidado algum.

II. Portanto, AS PERSPECTIVAS ERAM DESOLADORAS. Se não houvesse convidados no banquete de casamento, como as coisas ficariam?

Em primeiro lugar, seria uma enorme desonra para o rei. O príncipe herdeiro se casa e ninguém comparece ao casamento! O banquete é gratuito, rico e abundante, mas ninguém comparece. Que insulto! A sala de banquetes está iluminada, os menestréis em seus lugares, mas não há olhos ou ouvidos encantados. Bois e cevados compõem a mesa farta, mas não há ninguém para fazer o salão ressoar com brados e canções. Que espetáculo desolador! Salões vazios, bancos vazios, carnes intocadas jogadas aos cães! Não há registro na história de insulto mais deliberado e inegável. Deixe-me traduzir a parábola. Se as almas não são salvas, se o grande plano da redenção não salva, então a história toda é uma farsa! Que desonra para o nome do grande Deus! Veja as suposições, para que possa entender sua impossibilidade. Pense por um instante em Javé derrotado, desapontado e desonrado! Como pode ser isso? Sem um banquete do casamento repleto de convidados, o rei se sentiria desapontado e insultado ao extremo. Se os escolhidos não fossem salvos, se os homens não fossem levados a Cristo, então o glorioso nome do Deus da graça seria desonrado. Você acha que tal situação poderia acontecer?

Além disso, ainda supondo que ninguém tivesse ido ao banquete de casamento, *então o próprio filho do rei teria sido ofendido*. Suas festivas bodas, sem ninguém ter comparecido! Se fosse seu próprio casamento, provavelmente você até suportasse tal situação; pois você não se encontra em posição tão pública quanto a do filho do rei e certamente não iria dar um banquete tão vasto. Mas o filho do rei! Imagine só que é o dia do casamento *dele*, que os serviçais estão prontos e espalhados pelo salão, e nenhum único convidado chega! Ele não tem ninguém para felicitá-lo pelo glorioso dia, ninguém para lhe dar parabéns, ninguém para congratular a noiva. A mesma coisa vale para nosso Senhor Jesus Cristo: quando morre na cruz e os homens não creem na razão de sua morte; quando ressuscita e os homens não o aceitam ressurreto; quando entra nos céus como Príncipe e Salvador e ninguém aceita o arrependimento e a remissão dos pecados que para eles conquistou, onde está a honra dele? Onde, a sua glória? Pense só nessa suposição terrível e se há condição de que ela pudesse se realizar. Tenho certeza de que, ao pensar no assunto, você dirá: "Impossível! Um Salvador que deu seu sangue por nós não pode ter morrido em vão. Nosso Cristo não pode ter pago à toa com a sua morte o preço da nossa libertação. Não pode ter-se oferecido como substituto dos homens e ver tudo isso perdido!"

Se nenhum convidado tivesse comparecido, *quão desapontada teria ficado a noiva*! Ela também teria de dividir o fracasso daquele dia. Suas núpcias jamais seriam lembradas com prazer. Ela seria feliz com o noivo, sim, mas infeliz pela grosseria demonstrada para com ele. Em vão teriam sido suas caras vestes nupciais, seus ricos ornamentos especiais para aquele dia, pois não haveria olhos para admirá-los. Se almas não são salvas, a igreja sente falta da sua maior alegria; mas, quando os homens creem em Jesus, quão felizes nos sentimos! Nosso coração palpita de júbilo quando pecadores como nós se arrependem. Se os pecadores não forem salvos, se a pregação do evangelho for em vão, se ninguém vier a Cristo, os santos se encherão de vergonha e opróbrio, a igreja há de chorar, em sua angústia: "Esqueceu-se Deus de ser compassivo?"

Se ninguém tivesse ido ao banquete de casamento, *uma imensa quantidade de provisões teria sido desperdiçada*. O rei mandara dizer: *Os meus bois e cevados já estão mortos*. Veja os bois assados inteiros! Os muitos cevados gordos abatidos para a festa! Pense no número de carneiros e cabritos levados ao abate e preparados! Tudo isso permanecerá intocado. Pratos saborosos, tigelas transbordantes, vinhos finos, frutas deliciosas, não terão quem os aproveite. Será tudo de fato perdido! Quero que você pense nesse terrível quadro até que desapareça de sua mente. Podemos admitir que Jesus tenha feito ele próprio o pão celestial para ninguém se alimentar dele, ou, quando muito, apenas alguns poucos? Poderá ele nos ter fornecido um manto de retidão sem ninguém para usá-lo? Com o céu preparado, será ocupada apenas uma pequena parte? Imagino essas coisas para fazê-los ver quão melancólica seria uma falha que fosse no grande plano da misericórdia.

Não significaria, também, *o triunfo do inimigo*? Os inimigos do rei teriam ouvido sobre isso e rido dele com muito escárnio. Não conseguir reunir seus súditos no dia do casamento do filho! Como zombariam das provisões desperdiçadas! "Ha, ha, ha!" A história seria contada e recontada vezes sem conta em todas as tabernas. Os filhos de Belial teriam nisso um prazer especial. O rei, o príncipe e a noiva seriam para sempre altamente ridicularizados, por conta de um casamento com salões vazios, uma festa nupcial com convidados-fantasmas! Não creio que Deus queira que Satanás triunfe. Não imagino que permita que as forças das trevas abram sua boca maldita contra ele. Se o livre-arbítrio recusa o presente de Deus, a graça livre vem, no entanto, para salvar o dia. Quis mostrar-lhes, portanto, como o livre-arbítrio, dado generosamente por Deus aos homens, ameaça esvaziar o salão dos banquetes, desonrando o rei, o Filho e a noiva. Se a realização do banquete tivesse sido deixada a cargo do livre-arbítrio dos homens, este seria o resultado que se poderia esperar: um Deus desonrado e os homens preferindo morrer a aceitar a vida em Jesus Cristo. Então, jamais poderia ser dito que *encheu-se de convivas a sala nupcial*.

III. Vamos então avançar, para observarmos como, na parábola, ESSA TRAGÉDIA FOI GRACIOSAMENTE EVITADA *e encheu-se de convivas a sala nupcial*.

Encontramo-nos hoje na mesma situação em que estavam os servos quando os convidados disseram que não iriam. Pregamos e ensinamos o evangelho, mas temos a reclamar que muitos não vêm ao banquete da graça. Deus nos dá muitas almas, mas não tantas quanto desejaríamos. Como ansiamos por outras mais, começamos a temer, achando que, a menos que as tenhamos, Deus não será glorificado da maneira que gostaríamos que fosse. Na parábola, porém, o esvaziamento do banquete de casamento foi evitado; e assim há de ser, na realidade. Como a calamidade foi então evitada?

Ela foi evitada por um convite mais amplo e abrangente. Anteriormente, os servos do rei tinham ido chamar apenas aqueles previamente escolhidos, uma espécie de categoria de pessoas mais destacadas. Como estas não vieram, o rei então ordenou: *Ide, pois, pelas encruzilhadas dos caminhos e, a quantos encontrardes, convidai-os para as bodas* (Mt 22.9). Eles partiram, então, não visando a um grupo selecionado, mas a todos que encontrassem. Irmãos, é muito bom quando conseguimos ter uma ideia mais nítida do que realmente é o evangelho. Mais evangélicos se tornam os nossos conhecimentos, a fim de podermos pregar o evangelho a toda criatura debaixo do céu e dizer: *Quem crer e for batizado será salvo*; e mais podermos esperar por um maior sucesso. Se, por minha pregação, levar um homem a olhar para si mesmo a fim de que veja se nele há qualquer coisa que o capacite a crer, estarei, na verdade, praticamente, escondendo dele o evangelho. Se eu pregar excessivamente sobre determinada característica humana, a ponto de o homem, principalmente, se perguntar se possui tal característica, então o terei feito olhar para si mesmo. Não é isso que busco. Se eu sair pelos caminhos e ajuntar todos quantos encontrar, tanto bons como maus, os pensamentos deles se voltarão então mais para o banquete do que para si próprios. É isso que queremos: que os homens olhem para o banquete, para Jesus, que o oferece, e por isso os chamamos oferecendo: [...] *quem quiser, receba de graça a água da vida* (Ap 22.17). Quando deparamos com versículos claros do evangelho e neles nos detemos, podemos esperar ver o braço do Senhor revelado, e o banquete de casamento repleto de convidados.

Repito: *o convite foi feito novamente e de forma pública.* Os servos, antes, haviam ido simplesmente à casa dos convidados e dito: "Está tudo preparado; vinde às bodas!" Agora os servos se dirigiam a lugares públicos de maior concentração de pessoas e gritavam alto, convidando multidões para o banquete. Um se foi para as ruas da feira; outro está clamando onde quatro ruas se cruzam. Ouça a voz de um que fala nas vilas campestres e as canções de outros que atravessam os becos escuros da cidade! Não se chega a uma simples travessa sem que se ouça o convite para a grande festa de casamento. Muitos serão trazidos, sem dúvida, se muitos estiverem empenhados em trazê-los. Deus se apraz em usar os meios que ele mesmo ordena. Quanto mais constante e pública se torne a proclamação do evangelho, mais numerosos serão os homens salvos mediante o Espírito de Deus. É tempo, portanto, de que a salvação venha de Sião. Não escondamos os nossos talentos. Aquele que conhece o evangelho deve proclamá-lo tão claro quanto o conheça, deixando que sua voz seja como a trombeta de prata que anuncia o jubileu, para que quem tem ouvido ouça. Chegou a hora em que a mensagem de convite do rei deve ser amplamente conhecida, para que se encha de convivas a sala do banquete.

Outro assunto foi resolvido: *os servos estavam agora profundamente estimulados.* Estou certo de que ficaria bastante preocupado em ver todas aquelas provisões sem ninguém para prová-las. Pense nos salões decorados, nas cozinhas trabalhando dia e noite, no fogo aceso, nos bois e cevados assando, nos vinhos colocados nos odres, tudo sem nenhum convidado. Isso me teria preocupado e a você também. Você teria dito: "Não é possível, não pode ser, não se pode tolerar uma coisa dessa. O rei, quão triste deve estar! O bom príncipe, quão amargo isto é para ele! A querida noiva, qual não deve ser sua infelicidade ao ver esse enorme insulto a seu casamento! Vou buscar e trazer convidados, mesmo que morra tentando". Tenho certeza de que teríamos tomado caminhos diferentes ao mesmo tempo se pudéssemos; teríamos convidado as pessoas usando mil bocas, se possível. Agarrando um homem pela gola, outro pela manga, os teríamos compelido a ir. Este é também um modo de o Senhor nos abençoar. Ele provoca seu próprio povo, tornando-o triste pelos pecados dos ímpios, e então, ficando sinceramente abalado, o povo acaba indo em busca de outros homens como que para marcá-los a ferro. *Antes que lhe viessem as dores, deu à luz um filho* (Is 66.7). A ausência de sofrimento leva à falta de conversão. Mas quando começamos a suspirar, chorar e lamentar que os caminhos de Deus estão esquecidos, tal empenho move o coração tanto dos homens quanto de Deus, e muitos convidados acabam por vir ao banquete.

Ainda: a tristeza de uma festa de casamento sem convidados foi evitada por *certo poder oculto de que dispunham os mensageiros.* Lemos que eles *ajuntaram todos quantos encontraram, tanto maus como bons* (Mt 22.10). Não apenas os convidaram, mas na verdade como que os arrebanharam. As pessoas não são reunidas em grande número do nada e levadas a um banquete por simples palavras. Meras palavras nada mais são que ar. Nada há em nossas simples palavras que possa fazer os homens virem a Jesus, a não ser que o Senhor opere nelas. No caso do banquete, as pessoas vieram em cardumes. Havia uma influência tal nas palavras dos servos que reunia as pessoas, e ninguém quis deixar de comparecer; e vieram todas felizes. Sua vontade foi gentilmente dominada e lotaram o palácio. Amados, toda a esperança do nosso ministério reside em que o Espírito de Deus opere sobre o espírito dos homens. Gostaria que todos os membros desta igreja assim o sentissem, de forma mais profunda e praticamente mais do que nunca. Não depositem suas esperanças naquele que prega a vocês, não. Se acontecer de eu estar longe, não pensem que Deus está amarrado a mim. Procurem pela bênção no próprio evangelho, não importando quem pregue. Se o Espírito Santo estiver conosco, veremos milhares se reunindo a Jesus. Nenhum pecador virá a Cristo, a não ser pelo poder estimulante, esclarecedor, atraente e conversor do Espírito Santo, exercido de modo sobrenatural sobre a consciência e o coração. Creiamos nisso; e tenhamos a certeza também de que o Espírito de Deus está conosco, para prosseguirmos com toda a coragem. Vamos às esquinas, aos becos, aos barracos, às pensões, às margens das estradas; que nos lancemos e divulguemos amplamente o convite do grande rei: *Os meus bois e cevados já estão mortos, e tudo está pronto; vinde às bodas.*

Vimos assim os meios pelos quais o Espírito Santo traz os homens a Jesus e tornam a sala de banquete repleta de convidados.

IV. Encerro observando, em quarto lugar, que NO FIM A FESTA FOI UM SUCESSO GLORIOSO. [...] *e encheu-se de convivas a sala nupcial*. Os convidados fazem parte da ornamentação e da celebração de toda festa de casamento. Você pode até empilhar pratos de ouro e prata, pendurar enfeites, rechear as mesas, soar música; se não houver convidados, a festa não tem graça nenhuma. É nossa crença solene que o Senhor nosso Deus nunca falhou, e que nunca falhará. Cremos que o propósito eterno do Senhor prevalecerá e que ele há de realizar toda a sua vontade. Não acreditamos na fé cega, mas, sim, confiamos na predestinação cheia de visão e que atinge seus objetivos nos mínimos detalhes. A obra mais importante de Deus é a redenção; falhará ele nisso? A salvação é o objetivo da glória dele; ficará ele frustrado com ela? Se Deus falhasse em relação à cruz, seria realmente um horror; seria desonrado, e as pérolas de sua coroa jogadas aos porcos. Mas não é assim.

Voltemos à parábola, e veremos que *vieram convidados mais que suficientes*: a sala do banquete *encheu-se de convivas*. Havia tantos ou mais convidados que o necessário para honrar o rei, seu filho e a noiva. Oh, sim, quando da realização oficial do evento, as bodas do Senhor Jesus com sua igreja estarão amplamente repletas de convidados: *Ele verá o fruto do trabalho da sua alma e ficará satisfeito* (Is 53.11). Não haverá decepção para Cristo no último grande dia. Satanás pode arquitetar falsamente o desastre e a frustração para nós agora, e por um instante pode parecer que as forças do mal triunfarão; mas não será este o fim. A vontade de Deus, tão cheio de graça e de misericórdia, será realizada, toda a preparação da graça virá a ser utilizada e o propósito do amor divino terá total validade. Assim como aquele banquete de casamento esteve repleto de convidados, contarão os céus também com um número imenso de conversos que homem algum jamais conseguiria calcular.

A festa foi, enfim, de um sucesso bem maior do que se não houvesse oposição a ela. *As pessoas que vieram ao banquete ficaram bem mais gratas e felizes por terem sido chamadas* do que os primeiros convidados seriam se acaso tivessem vindo. Os ricos, os prósperos, os mais favorecidos materialmente tinham, naturalmente, o que comer, e bem, todo dia; fazendeiros podiam constantemente abater um boi ou cevado; e os negociantes, comprar do bom e do melhor para se alimentar. "Obrigado por nada", teriam certamente dito ou dado a entender ao rei se tivessem aceitado o convite. Mas aquelas pobres criaturas recrutadas nas ruas e cruzamentos certamente não provavam o sabor da carne havia tempo. Seu corpo faminto deu boas-vindas aos cevados. Como devem ter ficado felizes! Um deles deve ter dito ao outro: "Faz muito tempo que eu não sento a uma mesa para comer, ainda mais uma mesa farta como esta", ao que o outro respondeu: "E eu? Mal posso acreditar que estou no palácio do rei e comendo com um rei! Ontem mendiguei o dia todo e só consegui dois centavos à noite. Vida longa ao rei, eu digo, e muitas bênçãos de Deus para o príncipe e sua noiva!" Garanto que eles estavam muitíssimo agradecidos por terem sido chamados à festa. Corria à boca pequena que um vento ruim soprara os "bons" para longe e que os "melhores" haviam se recusado a vir; e assim houve espaço para eles, os "piores". Quando o Senhor salva grandes pecadores, como você e eu, angaria corações os mais calorosos para ele. Quando salva os improváveis, recebe agradecimentos descomunais. Quando ele traz a si o bêbado e o profano, o impuro e o endurecido e os torna puros e santos e os coloca em meio aos filhos, que gratidão imensa recebe! O fariseu talvez possa convidar Cristo para um jantar em sua casa, mas é uma pecadora vinda da rua que irá lavar seus pés com lágrimas e os enxugar com os próprios cabelos. Se alguns de vocês, moralistas, forem salvos — e Deus permita que o sejam! — talvez nunca valorizem tanto o precioso sangue derramado de Cristo quanto aqueles por ele purificados dos mais sujos pecados.

A alegria dos convidados daquele dia foi muito mais sincera que se outros tivessem ali comparecido. Aquelas senhoras e aqueles cavalheiros que haviam sido primeiramente convidados, se tivessem vindo ao casamento, teriam se comportado de maneira muito rígida e calculada. Oh, que fina coisa é a decência, a educação social! No entanto, também, que coisa mortal! Disseram-me outro dia: "Vou com frequência a um lugar de adoração por muitos anos e, que eu saiba, pouco ou nunca falam comigo, e ao que parece ninguém jamais falará; ainda bem, pois somos todos, ali, muito respeitáveis para nos conhecermos com intimidade uns aos outros". Vocês conhecem o estilo majestoso das pessoas enfatuadas. Entre elas, não existe cordialidade, não há frescor, não há doce naturalidade. Você já presenciou, no entanto, uma refeição entre mendigos? Já viu um bando de pessoas esfomeadas se fartando de comer? Produzem um barulhão apoteótico; não ficam amarrados pelas conveniências; mas ficam felizes ao receberem cada prato. Elas olham para quem as serve como se fossem anjos; e, quando chega a hora dos agradecimentos, você nota a força que sai de seus pulmões. A tola monotonia da respeitabilidade não conhece a alegria que só vem da pobreza quando se esbanja na mesa ampla da generosidade. O príncipe herdeiro muito provavelmente estava mais feliz naquele dia, em meio a seus mais pobres súditos, do que estaria entre os ricos e os destacados. Aqueles pobres, aqueles trabalhadores, aqueles mendigos, aqueles coitados, aqueles eram os companheiros verdadeiros para se sentir felicidade. Daqueles a quem muito é perdoado sente-se muito do amor. Nos céus, cantam como a voz de muitas águas e ribombantes trovões, purificados que foram de muitos pecados e partilham de uma graça abundante. Deixe o fariseu e o moralista recusarem o evangelho; há aqueles que, ao aceitá-lo, lhe prestarão maior honra que as almas tolas jamais conseguiriam prestar. Não só o banquete de casamento esteve repleto de convidados, mas estes também expressaram sua alegria com muito entusiasmo.

Como foram saboreadas as provisões! Faz bem a uma pessoa ver o esfomeado comer sua refeição. Para ele, até mesmo o que for amargo é saboroso. Não rejeita a comida nem joga fora nenhum pedaço de que não goste, como fazem alguns de vocês por conta de seus apetites delicados. O verdadeiro ouvinte do evangelho presta toda a atenção ao texto: *Ouvi-me atentamente, e comei o que é bom, e deleitai-vos com a gordura* (Is 55.2). Não age como crítico nem torce o nariz para essa ou aquela expressão. Tem muita ânsia em absorver conhecimento para perder seu tempo em ser detalhista em relação ao cardápio ou à maneira de cortar a carne. Por vezes nos maravilhamos com a capacidade dos homens famintos: parece não haver fim para sua fome; o mesmo se dá com a fome espiritual. Creio poder imaginar o que deve ter acontecido naquele casamento: a noiva cochichou ao noivo: "Veja estas pessoas como comem! Não é um prazer oferecer bois e cevados para aqueles que são tão necessitados?" O noivo estava tão feliz quanto podia, pois possuía um coração solidário, e se regozijou bastante na alegria dos pobres se alimentando ao seu redor. Até o rei ficou muito feliz por ter a presença daqueles glutões e de como entre eles não havia mesquinharia nem apontavam defeitos, mas, sim, havia apenas bastante contentamento e gratidão. Era o mais seleto grupo de convidados que poderia ter sido escolhido porque o objetivo era justamente o de ganhar alegria na festa. Ah, queridos amigos! Vocês, que têm um forte sentido de arrependimento de seu pecado, amarão muito a graça livre e o amor daquele que morreu por nós. Esta é a falha de certas damas e certos cavalheiros, que sempre encontram erros no evangelho: não conhecem seu próprio verdadeiro estado pela natureza e na prática e, portanto, não têm como valorizar a salvação. Se sentissem alguns açoites do flagelo da lei sobre sua consciência desnuda, confiariam no perdão do evangelho. Aquele que já esteve na prisão da condenação valoriza a liberdade comprada com o sangue na cruz. Aquele que já sentiu as correntes do pecado valoriza a liberdade para qual Cristo o torna livre. Digo, portanto, que, à medida que pobres criaturas forem sendo trazidas das ruas e seu enorme apetite espiritual se fartar em desfrutar da festa, o banquete de casamento de Cisto não fracassará, mas, pelo contrário, será um grande sucesso em face dos inimigos do rei. O banquete de casamento estava, enfim, repleto de convidados — convidados que se fartavam da abundância provida pelo rei e a apreciavam.

Certamente, *a ocasião tornou-se também mais memorável* que anteriormente seria. Se a festa tivesse transcorrido como fora antes planejada, teria sido apenas certamente mais uma dentre várias similares; mas o banquete real tornou-se único em seu gênero, especial, incomparável. Reunir os homens pobres das ruas, trabalhadores e desocupados, homens bons e homens maus, no casamento do príncipe herdeiro — isso era de fato novo debaixo do sol. Todos falariam para sempre dessa ocasião. Canções seriam feitas em memória do evento e cantadas para honrar o rei, quando antes ninguém o honraria assim. Nas cozinhas, entre os serviçais, era uma bela história para ser contada repetidamente ao pé do fogão, enquanto muutos ali desejariam ter podido presenciar tal banquete. Em todos os abrigos de pobres, em anos e anos por vir, esse seria o assunto de conversa favorito — o conto do casamento do príncipe dos pobres com a princesa dos necessitados. Nas feiras e nos mercados, os homens falariam dos corajosos noivos, que haviam desafiado os costumes de seu tempo e realizado um feito único e ousado demais em termos de bondade e generosidade. Já se ouvira por acaso de tal coisa antes? Uma festa para pessoas que nunca anteriormente haviam festejado coisa alguma! Homens sensíveis comentariam: "Não poderia ser melhor: alimentaram os que precisavam ser alimentados, ao mesmo tempo que deram muita alegria àqueles que precisavam muito dela". Entre os próprios pobres, o nome do príncipe ficou sobremodo famoso, enquanto o retrato da princesa passou a ser pendurado sempre sobre a lareira. As crianças diziam orgulhosamente umas às outras: "Meu pai foi ao casamento do príncipe". Para muitos soava como uma história das *Mil e uma noites*. E de maneira alguma era narrada como uma história comum, mas sempre como um conto de fadas de eras douradas.

Queridos amigos, quando o Senhor nos salva por graça dele, não se trata de um evento comum. Quando nos conduz, grandes pecadores, a seus pés e nos lava, nos dá roupas, nos alimenta e nos torna seus servos, isso é uma maravilha que deve ser divulgada por todo o sempre. Nunca deixaremos de louvar seu nome, por toda a eternidade. Aquilo que parecia difamar o Rei acabou se tornando honra, *e encheu-se de convivas a sala nupcial.*

Mais uma coisa: *a liberalidade do rei foi o que melhor se destacou.* Se aqueles que haviam sido convidados antes tivessem ido, teriam usado, sem dúvida, vestes de finos tecidos. Alguns cavalheiros teriam mandado fazer roupa nova somente para a ocasião. Todas as costureiras e rendeiras da cidade teriam sido provavelmente convocadas para ajudar as senhoras a se apuparem para o banquete, para que tivessem um lugar de honra na corte naquele dia. Mas as roupas finas e enfeites teriam sido, evidentemente, para a glória daqueles que as usavam, e não propriamente para a honra do casamento, ou do príncipe e sua noiva ou mesmo do rei. Nada disso, porém, havia naqueles outros convidados recolhidos das ruas. Vestiam-se como estavam, roupas surradas e sujas. Era difícil dizer, na maior parte dos casos, qual a cor ou a estamparia original de suas vestes, tão gastas, desbotadas e remendadas que estavam. Compunham um roto regimento — e quais as consequências? Ninguém estaria vestido como o príncipe, a noiva ou o rei —, e toda a glória da ostentação seria para eles. Disse o rei então aos serviçais: "Vão aos meus guarda-roupas. Tragam novos vestuários". E todos que haviam ido à festa em trapos foram levados a se vestirem com roupas nobres. Quando ele adentrou para ver os convidados, teve uma visão maravilhosa, pois todos estavam nobremente vestidos. Era uma visão maravilhosa ver tantas pessoas trajadas de maneira tão majestosa; cada um dos convidados usava uma soberba veste de misericórdia. Assim é conosco, pobres pecadores, salvos pela graça. Se possuíssemos alguma justiça própria, de nada nos adiantaria; mas agora consideramos nossa justiça própria como lixo e dela nos descartamos, para que possamos ganhar Cristo e ser encontrados nele. Sua justiça veste e ornamenta a nós, todos os seus santos: não poderíamos estar melhor trajados. Assim foi a festa: mais gloriosa que outrora seria e com o banquete apinhado de convidados.

Como eu gostaria de poder reunir muitos nesta manhã, tanto maus como bons! Por bons, quero dizer aqueles que são condizentes com sua própria conduta moral. São todos convidados a participar do banquete do amor. Mesmo que sejam maus, e obrigados a reconhecer que o são, me sinto igualmente ansioso em poder reuni-los na festa. Vocês me perguntarão: O que temos de fazer? Bem, o que tiveram de fazer aquelas pessoas? Apenas vieram como estavam, e receberam livremente aquilo que o rei havia graciosamente para elas provido. Às vezes, em nossas atividades na escola dominical, cada criança tem de trazer de casa sua própria caneca e seu próprio prato; mas não é assim com nosso grande rei. O banquete dele é muito nobre para isso. Você não precisa levar nada. Ainda assim, será que todos devem ir em casa se lavar? Não é preciso; o banho e as roupas limpas e novas lhe serão oferecidos no palácio do rei. Venha como está. "O que quer dizer com isso, pregador?" Quero que você confie: confie sua alma inteiramente a Jesus Cristo, e ele o salvará. Confie, e saberá quem morreu por você, em sua vez, em seu lugar e condições, para que, crendo nele, você não pereça, mas tenha a vida eterna. Que o Espírito Santo o leve a crer em Jesus, a confiar nele.

A SALA FICOU REPLETA

Falei sobre o evangelho, sobre todo ele. Confie então no Salvador crucificado e você viverá. Jesus diz: *Olhai para mim, e sereis salvos, vós, todos os confins da terra* (Is 45.22). Não olhe mais para dentro de si mesmo para ver o que aí existe, mas para Jesus pendurado na cruz. Um olhar para Cristo crucificado o salvará. Olhem, amados jovens, olhem para Jesus agora! Olhem, idosos e grisalhos, que nunca olharam antes para ele: olhem agora! Estrangeiros e forasteiros, que nunca ouviram essas palavras antes, há vida para vocês em um olhar para o crucificado! Você, o mais culpado dentre os culpados, e você, o mais amável dentre os amáveis, voltem-se de qualquer coisa que esteja em vocês mesmos, seja aparentemente boa ou má, e olhem para Jesus apenas. Recebam de Jesus tudo que ele lhes oferece — perdão, justiça, santidade, redenção, mesmo ele próprio. Aquele que vai a um banquete de casamento não tem nada para fazer senão comer e beber. Entregue sua mente a esse delicioso exercício. Tome agora o alimento que Deus lhe provê. Você poderá servi-lo depois, em consequência da força que haverá de receber do alimento celestial, mediante a fé; por ora, coma, beba e seja feliz, pois estará participando do banquete de casamento do príncipe. Que o Pai fique contente, que o Filho seja honrado e que a igreja, sua noiva, possa ser exaltada por intermédio de servos como você! Amém e amém.

117

O QUE É A VESTE NUPCIAL?

Mas quando o rei entrou para ver os convivas, viu ali um homem que não trajava veste nupcial, e perguntou-lhe: Amigo, como entraste aqui, sem veste nupcial? Ele, porém, emudeceu. Ordenou então o rei aos servos: Amarrai-o de pés e mãos, e lançai-o nas trevas exteriores; ali haverá choro e ranger de dentes (Mt 22.11-13).

Duas semanas atrás, preguei sobre esta parábola e acredito que ela a muitos estimulou; notei, no entanto, que havia entre os duvidosos que me procuraram depois um desejo de esclarecimento a respeito da veste nupcial. Temiam certamente que, ao se apresentarem para se unir à igreja, viessem vestidos como o homem de que fala esse texto. Muitos corações sinceros são extremamente sensíveis ao temor de Deus e parecem estar sempre prontos a motivo de ansiedade. Não os condeno; pelo contrário, gostaria que houvesse mais entre nós pessoas que tremem diante do sagrado. É muito melhor ter medo de estar errado do que ser indiferente, como muitos o são. Percebo, entre os melhores dos santos, um considerável número de crentes que se sentem profundamente expectantes por querer saber da situação do seu estado para com Deus. Aqueles que um dia acabarão sendo expulsos da festa de casamento se banqueteiam sem medo, mas aqueles que têm legítimo direito de participar do banquete são tomados de certa ansiedade. Salomão diz: *Feliz é o homem que teme ao Senhor continuamente* (Pv 28.14): permanecerá perto do seu Deus, e isso o fará feliz; não correrá riscos, como o presunçoso, e, por isso, será bem-aventurado. Esse temor santo, embora restrito a determinado banquete, nos dá a total garantia de que podemos comparecer trajando a veste nupcial adequada à celebração.

Meu principal objetivo esta manhã será abrandar esse temor dos escolhidos pela graça. Ao entenderem o que esse casamento realmente representa, constatarão que já se encontram adequadamente vestidos para a festa; ou, se não, saberão em que guarda-roupa poderão encontrar a veste de júbilo e como alegremente poderão pedir permissão para se trajar e adornar com o que ali se encontra. Que o Espírito Santo, o consolador, dê a cada convidado toda a alegria do banquete de casamento, fazendo-o ver que está, sem dúvida, trajando a veste nupcial.

Em seguida ao nosso texto bíblico de hoje, encontramos, na leitura, as seguintes palavras solenes: *Porque muitos são chamados, mas poucos escolhidos* (Mt 22.14). É uma conclusão da parábola, na qual vemos em funcionamento um processo de separação entre os muitos que são chamados e os poucos escolhidos. Uma distinção foi feita quando da convocação dos convidados. A simples entrega do convite estabeleceu a diferença entre leais e rebeldes — uma distinção clara e decisiva. Assim é com a pregação do evangelho: nós o pregamos a toda criatura ao nosso alcance. Com amor, com afeto e sinceridade, não tão bem quanto gostaríamos, mas, mesmo assim, de todo o coração, chamamos as pessoas à festa real da graça; e, imediatamente, o próprio convite começa a separar os preciosos dos vis. A pura pregação do evangelho já se faz discriminatória. Mesmo que se não queira, já se consegue separar Caim de Abel tão logo o assunto seja sacrifício. Pregue-se a salvação pela graça e se verá que alguns não a buscarão, qualquer que seja o preço, outros adiarão toda e qualquer meditação a seu respeito, e terceiros, ainda, farão intermináveis perguntas a respeito. Assim, os homens fazem pouco caso da salvação, seguindo seu caminho em direção a seus interesses e negócios. Portanto, queridos amigos, em todos os dias de pregação, sem que seja necessário nos colocarmos em posição de juízo para com os homens, o evangelho constitui, por si mesmo, um fogo purificador. O trono do Filho de Davi, no evangelho, é tanto de misericórdia quanto de juízo. Se os

O que é a veste nupcial? | 1103

homens não desejam Cristo e sua graça, basta a Palavra pregada por um humilde servo para afastá-los, e eles se vão como joio.

Todavia, o trabalho de separação não acaba com o evangelho tendo sido ouvido e os homens vindo com frequência à igreja. Mesmo na igreja, torna-se necessária nova separação. Na verdade, é aqui que o trabalho maior é realizado: *A sua pá ele a tem na mão, e limpará bem a sua eira* (Lc 3.17). Se em outros lugares ele usa às vezes de um azorrague, que dirá em seu próprio templo. Há bodes em meio às ovelhas; há virgens insensatas junto com as prudentes; e entre os convidados ao banquete de casamento, aqueles não trajados com veste adequada. Até chegarmos ao céu, haverá necessidade de realizarmos constantemente um autoexame. Mesmo em meio ao colégio apostólico, Judas praticou a traição, como que para ficar claro que nem posição, nem honra em meio aos irmãos, nem experiência, nos livrará da necessidade de indagar: "Porventura sou eu?", quando sua voz de advertência anunciar: *Em verdade vos digo que um de vós, que comigo come, há de trair-me* (Mc 14.18).

No texto em foco, vemos um homem que atendeu ao convite e compareceu ao banquete, passando, por assim dizer, no primeiro teste; mas não conseguiu passar pelo segundo. Foi recebido pelos servos, mas não pôde enganar o senhor. O rei o detecta como uma mancha, e ele é expulso do palácio da misericórdia para as trevas lá fora, onde há choro e ranger de dentes. Que com nenhum de nós seja assim.

Vou procurar responder a quatro questões que emergem naturalmente da parábola. Em primeiro lugar, *o que significa a entrada do rei: Mas, quando o rei entrou para ver os convivas* [...] (Mt 22.11); em segundo lugar, *o que é a veste nupcial*; em terceiro lugar, *quem é aquele que não traja a veste*; e, para concluir, *por que ele emudeceu* quando perguntado: *Amigo, como entraste aqui, sem teres veste nupcial?* (Mt 22.12).

Que o Espírito Santo nos ajude a meditar, primeiro, sobre o SIGNIFICADO DA ENTRADA DO REI.

Mas quando o rei entrou para ver os convivas..., muitos e muitos, certamente, se inclinavam sobre os acepipes, servindo-se e comendo, já que "encheu-se de convivas a sala nupcial". Eles se haviam reunido enquanto ainda havia sol, mas agora a escuridão cobria o ambiente externo *quando o rei entrou para ver os convivas*. Festejavam alegremente quando o rei chegou para honrar a assembleia.

Sua chegada foi a coroação e o ápice da festa. Não importa o sabor das provisões nem o brilho do salão, a festa não chegaria ao ápice até que sua majestade ali aparecesse, em gloriosa condescendência. O mesmo acontece conosco, amados, em relação ao nosso rei. Quando nos reunimos nesta casa, que muitas vezes já se provou um palácio de delícias para nós, não alcançamos o máximo dos nossos propósitos até que o Senhor se manifeste a nós. Vocês podem se deleitar em ouvir a pregação, em se unir aos cânticos e dizer "Amém"; mas isso não é tudo. Seu coração e sua carne clamam pelo Deus vivo; vocês esperam contemplar o Rei em sua beleza. Quando então o glorioso Pai se revela em Cristo Jesus, o culto se mostra grandioso, pois é respondida sua oração: *Faze resplandecer o teu rosto sobre o teu servo* (Sl 119.135).

Nosso glorioso rei nem sempre se manifesta de modo semelhante em nossas assembleias solenes. Por causa de nossos pecados, sem dúvida, ele se esconde. Na verdade, porém, ele está sempre conosco; pois o banquete é dele, o salão é dele, cada um dos convidados é trazido por sua graça e cada prato na mesa foi ali colocado por seu amor; ainda assim, há ocasiões em que ele é especialmente visto em meio ao seu povo. Então, nossa comunhão com o Pai e com seu Filho, Jesus Cristo, é de fato maravilhosa.

Há ocasiões de visitas de plena graça, tempos de refrigério pela presença do Senhor. Quando o rei vem à assembleia, a pregação da palavra se torna uma manifestação do Espírito Santo e do seu poder. Chega de forma plena o Pentecostes: o Espírito é abundantemente derramado, almas são salvas, santos são edificados e Cristo é glorificado. Crentes espirituais logo detectam a divina presença, e a aclamação de um rei é ouvida em todo o campo. Só de pensar nisso, meu coração ora como Isaías: *Oh! Se fendesses os céus, e descesses, e os montes tremessem à tua presença* [...] (Is 64.1). A presença do nosso Deus traz consigo felicidade divina, satisfação solene e alegria abundante. Bem canta o dr. Watts, dizendo:

> O rei acaba de chegar
> para com os salvos festejar;

A ele vamos contemplar
e amar e louvar e clamar.

Somente um dia no lugar
onde o amado Deus esteja
mais doce é que uma era seja
só de pecado a desfrutar.

Queridos amigos, vocês sabem, mais do que eu poderia lhes dizer, se o rei está presente, bem como sabem, pesarosamente, quando ele não se acha na assembleia. De quantas congregações está ausente e de quantas se afastou! Quando o Senhor se vai, abrimos nossas velas, mas não há vento; trazemos o sacrifício, mas não há fogo. A festa do casamento seria um fracasso sem convidados; mas que seria da festa se o anfitrião se recusasse a participar e ver os convidados? Mas o rei chegou a tempo. Sim, entrou para vir conhecer a multidão de convivas recolhida das ruas à última hora, e a sua presença coroou de honra e êxtase a festa.

Essa visita do rei para ver os convidados representa *uma gloriosa revelação de si mesmo*. Ao vir ver os convidados, estes, naturalmente, o viram, mas, já que sua visão dos convidados era mais importante, o principal assunto é o mencionado, ficando o outro implícito. Sabemos realmente o que significa ver a Deus? É um privilégio especial dos limpos de coração. Quando o Senhor está presente no santuário, os santificados o contemplam. Olhos espirituais olharam para Jesus pela fé, e ele declarou: *Quem me viu a mim, viu o Pai* (Jo 14.9). Você nunca se sentiu como João em Patmos, quase desfalecendo por causa do apocalipse, ou seja, da revelação do Pai em Cristo? Quando o Cristo se nos mostra crucificado, nele enxergamos a face do grande rei, e o nosso coração salta de alegria, como se fôssemos capazes até de saltar para o céu se uma ordem assim fosse dada. Quando Agostinho leu as seguintes palavras: [...] *homem nenhum pode ver a minha face e viver* (Êx 33.20), foi corajoso o suficiente para responder: "Deixe-me então morrer para poder ver o teu rosto".

Abençoada visão!

Senhor, tua bela face eu quero ver!
Ela dá o céu inteiro a perceber;
E anjos junto ao trono irão dizer
que é todo o céu que podem conhecer.

O rei se deleita em ver seus convidados, e os convidados se deleitam em ver o rei. Nossa adoração é, portanto, cheia de glória, e nenhum lugar fora do céu é tão semelhante a ele quanto o de nossas assembleias. Lemos no evangelho de João: *Alegraram-se, pois, os discípulos ao verem o Senhor* (Jo 20.20); e bem deveriam se alegrar. Ficamos felizes também quando reconhecemos distintamente nosso Senhor e nosso Deus. Minha própria alma conhece essa alegria indizível, mas, justamente por ser indizível, não falarei mais a seu respeito.

Dignar-se o rei em ver os convidados é uma manifestação de especial generosidade. Comparece não para julgar os convidados, mas para dar sua maior atenção a eles. Aqueles que aqui estiveram na última quinta-feira talvez se lembrem do texto que abordamos: *Volta-te para mim, e compadece-te de mim, conforme usas para com os que amam o teu nome* (Sl 119.132). O Senhor olha com generosidade para os que amam seu nome, pois se sente feliz com eles. Ó irmãos e irmãs, quando o amor de Deus é derramado em nosso coração pelo Espírito Santo, quando o Pai ergue sobre nós a luz de seu semblante, eis a nossa melhor ocasião de viver. Pode ser algo comparado à generosidade de Deus? Nem os sorrisos dos reis, nem a amizade dos imperadores. Alguns de vocês sabem quanto o Senhor nos ama; sim, quanto nos ama desde antes da criação do mundo e há de nos amar até depois de o mundo deixar de existir. Oh, quem dera o Rei viesse hoje aqui com esse propósito, olhasse em cada face e lhes desse a certeza total de que estão

O QUE É A VESTE NUPCIAL? | 1105

no coração dele e lá estarão por toda a eternidade! Que toda a sua igreja seja um templo vivo, no qual o Senhor se deleite em residir; que cada pedra na igreja seja brilhante ao reflexo da luz de sua graça; que toda a nossa obra e todo o nosso testemunho sejam aceitáveis a ele, e seja ele gracioso à voz de nossas lamentações! Ó Jeová, manifesta-te aqui, como o fazes em meio aos querubins! Por amor de teu nome, pois nascemos reprovados, sê, Senhor, a nossa glória! Queremos nos apegar à tua verdade e te rogamos que a luz da tua face nos encoraje!

Neste ponto, quero chamar a atenção de vocês que essa visita traz consigo *a oportunidade de descoberta e busca de coração*. Quando o Rei entra para ver os convidados, as luzes se acendem mais e coisas ocultas se revelam; pois todas as coisas são claras e distintas aos olhos daquele em cuja presença estaremos. Quando o Senhor visita sua igreja, seu fogo se acende em Sião, e sua fornalha, em Jerusalém; consequentemente, o homem sem veste nupcial desaparece num piscar de olhos. Vocês podem continuar dormindo como igreja, mas somente enquanto Deus está ausente, e ninguém irá desaparecer: aqueles que não conhecem o Senhor entrarão e sairão entre vocês como sempre. Na verdade, os mortos permanecerão quietos até que o Senhor faça soar a trombeta da ressurreição; meros professantes, falsos crentes, não saberão que praticam uma falsa fé, entrando, participando e permanecendo tranquilamente em nossos banquetes solenes. Tudo muda quando o rei chega. [...] *quem suportará o dia da sua vinda? e quem subsistirá, quando ele aparecer? Pois ele será como o fogo do fundidor e como o sabão de lavandeiros* (Ml 3.2). Não se consegue ter uma grande vida espiritual na igreja sem o afastamento dos indignos, dos espiritualmente mortos. Um deles se vai espontaneamente porque se ofende com a doutrina; outro se magoa com a experiência de busca com o coração; um terceiro sente sua vida sendo extremamente reprovada. Assim, a visita de graça do Senhor se torna um tribunal do juízo, e o dedo do Senhor escreve na parede: *Pesado foste na balança e foste achado em falta* (Dn 5.27). Se o Senhor, nosso Deus, viesse hoje à sua igreja, encontraria uma terrível diminuição no número de convidados; um pânico dominaria a assembleia, e a porta ficaria atulhada de homens apressados em escapar de seus olhos.

Reparem como o texto destaca o discernimento do rei. Na parábola, apenas um homem deixou de usar a veste nupcial, mas o rei, de imediato, cravou seus olhos nele. Na verdade, o Senhor, por questão de caridade, menciona na parábola apenas um intruso, mas acho bom lembrar que ele representa o papel de muitos. Se o rei viesse, por exemplo, em dia de tomarmos sua Ceia, creio que detectaria mais de um, facilmente. Todavia, se houvesse apenas um, ele concentraria o olhar nesse único e falaria somente com ele. Se você for a única pessoa que ousa querer ingressar na igreja sabendo que não foi convertido, o rei saberá. Se fizer uma profissão de fé baseada em mentira e sustentá-la com fraude, mesmo que talvez se esconda atrás de vínculos de família ou pense que sua falsa respeitabilidade o protegerá, está enganado. Terá de se confrontar com Alguém cujos olhos são fogo em brasa, e ele irá desmascará-lo de tal modo que não terá uma só palavra para dizer em sua defesa. Essa é uma questão categórica. Não leva o crente verdadeiro a desejar que o rei não se meta no assunto, mas, sim, somente os que sejam realmente impostores. Estes é que hão de tremer.

O rei vem à igreja que é sua. Encontra-se especialmente presente em meio a seu povo e, em consequência, seu juízo está restrito a nós. Tive oportunidade de observar aqui a força de sua disciplina de maneira impressionante. Já vi crente sincero ressecar ao calor do amor, tanto quanto cristão sem raízes murchar ao sol a pino da graça. Não conseguiram permanecer sob a espada agitada do Espírito, em sua divisão de alma e espírito, juntas e medula. Não conseguiram se aquietar, mas foran obrigados a sair e procurar talvez um recanto melhor para si. Da mesma forma que realmente temos o rei em meio a nós tornando os santos felizes, temos o rei em meio a nós separando os falsos dos verdadeiros e lançando-os fora, primeiro nas trevas exteriores do mundo, onde reside o perverso, e por fim nas exteriores ao mundo, onde só há choro e ranger de dentes. No entanto, nossa oração, esta manhã, é esta: Que Deus seja misericordioso para conosco, nos abençoe e faça sua face brilhar sobre nós.

II. Responderei agora à segunda questão: O QUE É A VESTE NUPCIAL? Não sei se vocês sabem que este é um ponto grandemente debatido por teólogos. A veste nupcial é a justificação? É a santificação? Ou o quê? Não vou bancar o teólogo, trazendo questões doutrinárias a exame; mas tomo a parábola como foi escrita e interpretarei os detalhes em sua generalidade. A chamada *veste nupcial* era, como ainda é, um traje adequado para se participar da celebração de um casamento. Vamos então traduzir seu sentido na parábola, em vez de tentarmos imputar uma doutrina. O que significaria, no caso, a veste nupcial? O que devemos ter em relação ao casamento de nosso Senhor ou seremos expulsos para sempre?

Creio poder dizer claramente que deve ser *uma marca distinta de graça*. Ninguém se traja à toa com uma veste nupcial: aquele que a traja tem como única razão o fato de ser participante ou convidado no casamento. Podemos até hoje reconhecer um convidado a um casamento pelo seu traje de gala. Veste-se de um modo que seria considerado estranho caso se vestisse assim todos os dias, em todos os momentos. Os homens, por exemplo, vestem casacas de abas compridas e calças listradas para comparecer a uma celebração solene de núpcias, mas não pensam em ir trajados dessa forma trabalhar no escritório. Os membros verdadeiros da igreja de Deus trazem consigo uma marca distinta. Se você não for diferente de outras pessoas, não tem direitos na igreja de Deus. Se alguém conviver com você por anos sem nunca perceber o seu amor por Deus, creio que não haverá o que descobrir. Se você continua tão somente igual a todas as demais pessoas com quem tem convivido, se jamais passou por mudança alguma na vida e é igual a todo o restante dos homens, então você não tem em si a marca distinta que lhe dá o direito de pertencer à igreja de Deus. Há de haver algo em nós que nos distingue — algo que pode ser visto e entendido pelas pessoas comuns, tal como uma veste nupcial pode ser percebida e seu significado entendido de imediato. Sua fé não deverá precisar de uma lente especial para ser vista e compreendida, nem ser tão confusa e indistinta que poucos encontrem um significado nela. Deve ser tão clara e visível quanto, por exemplo, o véu e o vestido de noiva usados tradicionalmente pelas mulheres ocidentais, em geral, em seu casamento. Entendido?

Ouso acrescentar que, no caso da parábola, a veste nupcial era, de fato, uma marca distinta da graça. Como as pessoas tinham sido recolhidas das ruas, não teriam como trajar vestes nupciais; era costume, porém, no Oriente os reis e grandes senhores distribuírem roupas de gala, em suas festas, aos seus convidados. Essa veste nupcial era assim, especificamente, uma marca da graça, livremente dada e recebida. Haverá algo em seu interior que o Senhor deu a você em amor? Você difere de outros não em dotes naturais, mas em graça espiritual? Essa diferença reside sobretudo no que Deus fez por você? Eis a questão envolvida no símbolo da veste nupcial. Você difere do que costumava ser? Difere do que era anos atrás? Difere daqueles com os quais costumava estar, a ponto de haver buscado nova companhia e se afastado daqueles que outrora eram companheiros encantadores para você? Se você diz que sim, você traja a veste nupcial. É sua marca distinta.

Não estou levantando essa questão para magoar alguém aqui; mas, se alguém por acaso se sente ofendido ou magoado, devo informar que me disponho a suplicar a Deus por sua renovação pela graça. Que o Senhor o prepare para poder usar seu uniforme, sua veste! Que lhe dê a marca de seus filhos e que não o deixe mais ser do mundo!

Uma marca distinta, eis, claramente, o principal significado da veste nupcial. Além disso, no entanto, é um símbolo de respeito pelo rei. Para estar adequadamente em sua companhia, deve-se usar uma veste especial. A ausência dessa veste representou, no caso da parábola, também um sinal de desrespeito e deslealdade para com o soberano. Aquele homem não convidado como que tinha dito a si mesmo: "Vou comer nesse banquete e não quero nem saber qual é o seu propósito. Quem se colocar à minha frente para me impedir, será empurrado. Vou entrar e ficar lá com minha roupa comum e não vou usar o traje de gala que me derem para usar, pois não estou a fim de obedecer a ordem alguma do rei". É como se, pelo contrário, uma pessoa perdesse um parente querido e algum demoníaco dissesse: "Vou a esse funeral com uma veste festiva. Que me importa se ferirei os sentimentos dessa gente que chora o defunto! Mostrarei que *eu* não estou nada triste com essa morte". Que insulto! Ponha-se agora na seguinte situação: suponha que você esteja se casando ou casando um filho, e que alguém, que nem foi convidado, entra na festa do casamento vestido com roupas para um velório, inclusive com uma fita crepe preta no braço ou na

O QUE É A VESTE NUPCIAL? | 1107

lapela e até luvas pretas nas mãos. Que ofensa maldosa, essa! Quem estranharia se tal atrevimento fosse imediatamente punido com a expulsão à força do intruso do recinto?

Aquele homem agiu, portanto, dessa maneira porque não tinha respeito pelo rei; mostrou sua natureza desobediente e desleal da pior maneira possível, como que cuspindo no rei e em seus convidados em uma ocasião solene e comemorativa. Creio, queridos amigos, que vocês podem dizer verdadeiramente: "Uso a veste nupcial em reverência ao rei. Não desprezo o Senhor Deus, mas, sim, me curvo diante dele em verdadeira adoração. Venho à sua igreja não para desonrá-lo, mas para dar glória ao seu nome". Na parábola, a veste nupcial era uma mostra de respeito para com aquele que dava o banquete e o presenciava: julgue se você hoje traja a veste nupcial; pergunte-se se você honra e reverencia o Senhor Deus e se empenha por ser obediente a ele em todas as coisas.

A veste nupcial é, além do mais, *uma demonstração de honra para com o príncipe*. Aqueles que vestiram a veste nupcial o fizeram como se declarassem: "Compartilhamos da alegria do príncipe e aqui viemos não só para mostrar nossa lealdade a ele, como para lhe desejar a maior felicidade junto à sua noiva". Meus ouvintes, vocês sentem amor pelo Senhor Jesus Cristo? Na verdade, há muitos que não o sentem. Dói-me dizer que temos uma categoria de pessoas hoje em dia que se dizem cristãs, mas mostram desprezo pelo precioso sangue e ridicularizam o sacrifício substitutivo de Cristo. Que declaração terrível é esta! Mas, infelizmente, é fato. O nome de Jesus, porém, está para nossa vida como o sol para o céu, como o rio para a planície. Nada nos faz mais felizes do que pensar em Jesus. Quando ouço um sermão sobre Cristo, meu mestre, tenho certeza de que tenho meu coração mais aquecido. É assim também com você? Então, você está trajando a veste nupcial; significa dizer que você, verdadeiramente, apesar de poder se valer de uma maneira simples, presta homenagem ao Príncipe da Paz; ama o nome e a pessoa de Jesus e é por causa disso que participa de sua igreja.

A veste nupcial significa também *uma afirmação de aceitação da grande ocasião*. Cada pessoa que comeu dos bois e cevados, bebeu dos vinhos, se fez presente, ajudou a honrar o banquete de casamento, exceto somente aquele único intruso, que, na verdade, nem pretendia compartilhar da comemoração, pois se recusou ao simples ato de usar a veste adequada à ocasião. Você, querido amigo, sente afinidade com os propósitos da graça do Senhor? Regozija-se por Jesus haver escolhido sua noiva em meio à humanidade? Bendiz a Deus pelo pacto da graça, que inclui a encarnação, a redenção e a santificação? Bendiz o nome do Deus encarnado por tomar em união eterna consigo mesmo um povo escolhido do Senhor? Você está, então, em conformidade com as bodas do Cordeiro e tem todo o direito de estar presente no seu banquete. Evidentemente que você usa a veste nupcial, que denota sua alegria em Cristo, seu interesse na igreja de Cristo e a parte que lhe cabe na obra de salvação.

A veste nupcial representa, enfim, *conformidade total com os requisitos relativos à ocasião*. Sendo um casamento, os convidados deveriam trajar-se adequadamente. Aquele homem simplesmente se recusou a proceder assim. Era orgulhoso demais para aceitar uma oferta da graça, representada pelo traje; tinha livre-arbítrio, deveria ser singular, mostrar independência de opinião. A oferta, porém, de modo algum era problemática, e para o restante dos convidados não foi nada penosa; mas esse homem achou que deveria trilhar seu próprio caminho ao desafiar o senhor da festa. Qual seria o resultado de tal insensatez?

Um dos requisitos do banquete, amado, é que você creia em seu coração no Senhor Jesus Cristo e se aproprie da justiça dele como sua. Você se recusaria a isso? Se você não quiser aceitar o Senhor Jesus como seu substituto, carregando no próprio corpo, na cruz, os seus pecados, então você não estará trajando a veste nupcial. Para isso, é requisito essencial que você se arrependa do seu pecado e o abandone; que busque a salvação e se esforce em imitar o exemplo do Senhor Jesus. Você terá, como resultado da obra da divina graça, um caráter correto e devoto. Quer ter tal caráter? Apesar de não ser perfeito, você receberá a veste nupcial caso se arrependa e busque ser justificado. Mas, se você diz que já é cristão, pergunto-lhe: você vive como um cristão? Está em condições compatíveis com o banquete evangélico? Se sim, você já usa a veste nupcial.

Aqueles que compareceram ao banquete eram, quando ali chegaram, como assinala o texto, tanto bons quanto maus. Assim, a veste nupcial não está relacionada ao caráter passado, mas, sim, a algo de que foram revestidos quando compareceram ao banquete. O uso da veste de casamento não se referia também a um ritual, um feito intelectual ou uma experiência emocional; mesmo assim, significava participar do casamento ou não! Envolvia reverenciar o rei, homenagear o príncipe e afinidade com determinados pontos essenciais. Olhem bem para si mesmos e vejam se verdadeiramente estão voltados para o Senhor e se concordam com ele em todos os aspectos.

III. Em terceiro lugar, QUEM É O HOMEM QUE NÃO TRAJAVA A VESTE NUPCIAL?

Devo dizer, em primeiro lugar, que ele é hoje *o homem que rejeita o evangelho revelado de Deus*, para seguir seus próprios pensamentos e sua própria sabedoria. É o homem que por vezes se diz leal a Cristo, esperando que os demais convidados ao banquete sejam amigos dele; pois, pensa ele, não está no banquete, como os outros? Mas não é à lealdade a que ele se refere. Está entre fiéis, mas não é realmente um deles. Se fala de expiação, não significa substituição. Fala sobre a divindade de Cristo, mas não sobre a deidade de Cristo. Refere-se à justificação pela fé, mas não à doutrina da graça. Cita a regeneração, mas querendo dizer evolução. Cobre-se de vestes da filosofia, recusando, porém, a da revelação, pois acha seu feitio fora de moda. Na verdade, é mais um bufão do que um convidado do casamento; talvez, nem isso. Usa um vestuário no qual a justiça e a felicidade jamais serão reconhecidas; os teares da livre graça e do amor agonizante nunca teceram para ele uma veste nupcial. Sua veste não faz parte da provisão de Deus; é do seu próprio guarda-roupa. Glorifica-se em seu próprio conhecimento, e não na revelação nem na obra da graça em seu coração. Está na igreja, mas não está em Cristo. Parece vivo, mas está morto.

Outro tipo de pessoa que não tem a veste nupcial é *a que recusa a justiça de Deus* por ter justiça própria. Acha que suas roupas cotidianas são adequadas para as bodas do próprio Cristo. O que pretende com essa justiça forçada? Considera-a, é bem verdade, imoral. Mas a própria pessoa é que é imoral! O que tem a ver com o precioso sangue de Jesus? Não acha ser necessária sua purificação de manchas escarlates. Fala mal da sensibilidade daqueles que cantam:

> Há uma fonte da qual jorra sangue
> que sai das veias de Emanuel.

Sua justiça, ainda que se baseie na lei, e como tal Paulo a rejeitou, estima-a tanto que considera o sangue do pacto como profano! Ah, a insolência do detentor de justiça própria ! É esse orgulho o principal dos pecados, pois menospreza a justiça de Deus. A justiça própria não deixa a pessoa vislumbrar, praticamente, casamento algum, no evangelho; nada vê no evangelho que a torne feliz, nada que a faça cantar, que a leve a bradar de alegria em seu coração. Não pensa em louvar o príncipe. Não essa pessoa! Acha que está sob a lei e se satisfaz com isso; tenta se salvar por sua própria conta e sua própria obra, e pela lei não reconhece bodas nem banquetes. Não é convidado ao casamento; é um mero escravo da lei.

Outro pessoa, ainda, é a que *faz profissão de fé sem nenhum sentimento cristão*. Se estivesse fora da igreja, talvez a consciência a atormentasse; mas entrou para uma congregação e agora diz para si que está tudo bem. Não se importa em examinar seus sentimentos cristãos; nunca os teve e prefere nunca ter algum. Desconhece o poder da Palavra, apesar de conhecê-la em todas as letras. Quanto ao arrependimento e ao fardo do pecado, nunca os conheceu nem quer saber deles. Acredita que homens como John Bunyan são supersticiosos ou mórbidos quando escrevem coisas como *graça abundante*. Alegria no Senhor é algo igualmente desconhecido, pois despreza toda santa emoção. Não tem tristezas nem arrebatamentos solenes, pois não tem vida espiritual. Como não tem sentimento santo algum, não tem também atitudes santas: mesmo parecendo que se compromete com alguma coisa, nada assume. Sua religião opera mais em sua roupa e em seu chapéu do que em seu coração: significa dizer que se veste respeitavelmente e melhor nos domingos, mas a fé em nada melhora sua conduta. Ninguém, aliás, aponta muitos erros nessa pessoa, que está morta como um prego. Se não comete nenhum pecado terrível, em compensação é certo que não realiza feito algum de amor cristão. É um defunto espiritualmente muito bem arrumado para o sepultamento — e isso é tudo.

O QUE É A VESTE NUPCIAL?

Temos outros, na igreja, que *acham que o que fizeram por si mesmos, ou o que a natureza fez por eles, já é suficiente*. Não buscam coisa alguma de ordem espiritual. Não buscam a veste nupcial mais do que o fazem com sua roupa diária. São muito respeitáveis na aparência e acham que, com um pouco de melhoria, podem ser bons o bastante sem necessidade alguma de novo nascimento nem do Espírito Santo. Ouçam bem, meus ouvintes! Tudo o que a natureza possa fazer por vocês os deixará sempre aqui, do outro lado do céu. Podem cultivar ao máximo o que seja natural que isso jamais os proverá dos frutos do Espírito. *Necessário vos é nascer de novo* (Jo 3.7). Quem não entra em contato com o Salvador vivo, mediante a obra do Espírito Santo, pode estar na igreja, mas não está em Cristo, e não traja de modo algum a veste nupcial.

Também ousam querer participar da igreja alguns que *não têm nem uma simples moralidade*. É constrangedor termos de dizer isso, mas, nos dias de hoje, encontramos alguns que se chamam cristãos mas agem com sutilezas, conseguindo cometer impurezas em seu corpo, sendo desonestos nos negócios, corruptos, desleais, mentirosos, chegando a odiar sua própria carne e seu próprio sangue e ser inimigo de seus irmãos, e ainda ousam participar da mesa da comunhão. Certa ocasião, como se sabe, foi difícil reunir cristãos para a mesa do Senhor nos planaltos da Escócia, pois tremiam ante a noção de sua própria indignidade. Não queremos ir tão longe, mas isso é melhor que a ousadia indigna encontrada na mente e no coração de muitos que querem servir ao mesmo tempo a Cristo e Belial. Deus salve sua igreja dessa degradação! Crentes falsos e indignos não têm vestes nupciais: suas vestes próprias de modo algum se adaptam ao banquete do Rei; tais pessoas são para ele uma desonra.

Não vejo como alguém pode se dizer trajando a veste nupcial *se não tem o menor interesse na obra da igreja*. Observe-se que, quando alguém coloca em si a veste nupcial, praticamente está declarando: "Estou interessado neste casamento. Desejo a bênção de Deus para o noivo e a noiva". Mas muitos que comparecem ao banquete do rei não o fazem se importando com a igreja de Deus, tampouco com Cristo. Comparecem porque uma espécie de egoísmo os faz querer muito ser salvos; mas quanto à noiva, à esposa do Cordeiro, não se importam se irá fenecer ou florescer. Que coisa triste e perversa! Se os membros da igreja distribuem folhetos ou comparecerem às reuniões de oração — e, fazendo isso, mostram interesse pelas bodas de Cristo —, podem trajar a veste nupcial; no entanto, se tudo o que fazem é apenas ouvir críticas ou elogios, mas nunca trabalham por Cristo, nem oram por Cristo, nada têm que ver com o banquete de casamento e, portanto, não têm direito à veste nupcial.

IV. Para concluir, POR QUE AQUELE HOMEM, NA PARÁBOLA, EMUDECEU?

Não é comum encontrarmos pessoas que não tenham desculpas a dar por suas falhas. Inventar uma desculpa sempre foi a saída mais fácil para uma situação crítica. Qualquer pessoa pode inventar uma desculpa praticamente do nada, uma mentira direta. No entanto, aqui estava um homem que não conseguia falar! Por quê?

Bem, acredito, em primeiro lugar, que *a inquirição do rei foi surpreendente e direta: Amigo, como entraste aqui?* De fato, se ele demonstrava não gostar do rei, bem poderia ter ficado do lado de fora. Não havia razão alguma para ali comparecer e demonstrar sua dissidência. Se algum de vocês está decidido a se perder, não é preciso aumentar ainda mais sua ruína eterna fazendo uma falsa profissão de fé, pois a hipocrisia representa uma abundância excessiva e desnecessária de ingratidão. Aquele homem decidira voluntariamente não usar as vestes nupciais. As queridas almas que mencionei no começo do sermão não recusaram voluntariosamente a graça do Senhor; tenho certeza que não. Oh, não, elas podem temer não estarem certas, mas não desejam estar erradas. Não estão entre aqueles que essa parábola condena.

A inquirição do rei foi muito audaciosa, também. "*... como* entraste aqui?", quis saber o rei, estranhando. De fato; deve ter burlado os guardas, porteiros ou recepcionistas para ingressar ali. Mas se o rei ordenou: "Amarrai-o de pés e mãos", é que certamente sabia que poderia vir a usar pés e mãos para reagir e querer ficar. Parece mesmo que ele seria capaz disso, uma vez que deve ter planejado: "Vou entrar de qualquer jeito e desafiar o rei cara a cara me sentando em meio a seus convidados, sem veste nupcial". Não deseje fazer isso, querido amigo. Aliás, tenho quase a certeza de que seria a última coisa que você faria. A nós nos cabe procurar convencê-lo a entrar no reino de modo correto; pois você parece estar de fato bastante interessado, a não ser que estejamos enganados. Não deixe, portanto, que essa parábola o condene.

Contudo, por que aquele homem emudeceu? Respondo, ainda: *pois foi o próprio rei em pessoa que lhe falou*. Sim, se sou eu que falo a você, quem sou eu, além de carne e osso? Você nem se importaria comigo! Mas se o Rei em pessoa estivesse aqui hoje e se dirigisse a qualquer um de vocês, querendo saber: *Amigo, como você conseguiu entrar aqui sem estar trajando a veste nupcial?*, o tom de voz dele e a glória de sua presença brilhariam de tal modo no olhar e no seu coração que você seria obrigado a admitir sua culpa, engolir em seco e não poder inventar desculpa alguma. Quem não o amar, nem tiver ligação alguma com o Filho, ficará estarrecido, estático e mudo perante o juízo.

Por fim, a razão pela qual ele permaneceu mudo é certamente a de que, mesmo que pudesse falar, sem temor, *nada havia a ser dito*. Não poderia desculpar-se: "Senhor, eu não sabia que tinha de usar a veste nupcial". Ele vira todos os outros convidados usando-a. Nem podia alegar: "Senhor, eu não consegui arranjar uma veste nupcial", pois todos os outros haviam recebido, ao chegar, uma veste nupcial para usar na festa, e ele poderia ter recebido a sua. Ele não poderia querer argumentar: "Senhor, eu fui trazido aqui por outra pessoa". Não; havia escolhido por livre vontade comparecer e desafiar as normas. Os convidados, provavelmente, olhavam agora, todos, para ele: alguns tinham até se afastado dele, isolando-o. Alguns deles podem até ter-lhe inquirido, antes: "Você não vai usar a veste nupcial?" Ele teria respondido: "Não". "Então, você sairá antes que o rei chegue?" "Por quê? Tenho meus motivos e propósitos próprios para estar assim", teria respondido arrogantemente. "E tenciono me manter deste modo." Não é de surpreender, portanto, que o rei tenha ordenado: *Amarrai-o de pés e mãos, e lançai-o nas trevas exteriores; ali haverá choro e ranger de dentes*.

Nosso Senhor Jesus Cristo diz coisas muito fortes a respeito do futuro dos perversos. Já fui acusado de retratar o estado dos perdidos de maneira muito cruel. Pois bem: nunca fui além das temíveis descrições feitas pelo próprio Senhor. Não arrisque, portanto, meu amigo, minha irmã, seu futuro eterno. Venha para a igreja de Deus, sim, faça parte dela, mas não se de fato não amar o Senhor. Não procure comparecer ao banquete do evangelho, a não ser que ame e reverencie verdadeiramente o rei; a menos que ame e reverencie o príncipe; a não ser que sinta e tenha afinidade com a grande obra da graça que é representada pelo banquete de casamento. Se você tem que ver com as bodas, tem amor verdadeiro ao Noivo e a mais alta consideração pela noiva, então venha; seja bem-vindo; pois você pode e deve trajar a veste nupcial.

Imagino agora as centenas de convidados no casamento, todos trajados com veste nupcial. Que alegria devem ter sentido! Muitos deles eram, ou melhor, haviam sido maus; e eram todos pobres. Todos, porém, revestiram-se da veste nupcial, e, então, nenhum deles foi expulso. Se você quer depositar sua confiança em Jesus, honrá-lo, descansar no amor do Pai e assim amar o rei, fique sabendo que está escrito: [...] *o que vem a mim de maneira nenhuma o lançarei fora* (Jo 6.37). Que Deus os abençoe, em nome de Jesus! Amém.

118

A VESTE NUPCIAL

Mas quando o rei entrou para ver os convivas, viu ali um homem que não trajava veste nupcial, e perguntou-lhe: Amigo, como entraste aqui, sem veste nupcial? Ele, porém, emudeceu. Ordenou então o rei aos servos: Amarrai-o de pés e mãos, e lançai-o nas trevas exteriores; ali haverá choro e ranger de dentes. Porque muitos são chamados, mas poucos escolhidos (Mt 22.11-14).

Aparentemente, a parábola do banquete de casamento estaria completa sem esse acréscimo, mas houve infinita sabedoria em anexar tal sequência. Ela é vista, na prática, na experiência da igreja de Deus. Aqueles que têm capacidade de observar as grandes ocorrências na igreja concordarão com quanto a parábola da veste nupcial é apropriada e precisa. Sempre que acontece um reavivamento e muitos são trazidos a Cristo, parece inevitável que pessoas indignas entrem na igreja na mesma proporção que os bem-intencionados. Por mais diligente que seja a vigilância, haverá sempre impostores que se infiltrarão entre os crentes sem chamar a atenção e, assim, quanto mais o pregador se esforçar na colheita de almas para Cristo, mais precisará de santo zelo para que aqueles que se proponham a fazer profissão de fé não sejam movidos por simples motivos carnais e deixem de entregar realmente seu coração a Deus. Para podermos arrastar muitos peixes, temos de usar a rede, mas nem todos os que colhemos são bons. Na eira de Sião, nem todo monte de grão debulhado é formado de trigo puro; há refugo misturado com o grão, e é preciso peneirar. Do forno de Deus que está em Sião há muita necessidade, pois o ouro ainda está na pepita e precisa ser separado da escória. A construção provisória pode ser rápida, mas é um desperdício de esforço; precisamos examinar continuamente o material empregado para garantir que usemos apenas ouro, prata e pedras preciosas na edificação.

Torna-se necessário assim, principalmente em tempos de exaltação religiosa, lembrar aos homens que a santificação não decorre de simples profissão de fé, mas, sim, deve ser expressa por vitalidade interior e santidade exterior. Tudo há de ser testado por um Deus que sonda os corações e, quando ele vier nos inspecionar, se formos encontrados despreparados, é certo que seremos expulsos do banquete de casamento; pois existe um caminho partindo dos portões do céu que leva diretamente ao inferno. Em suma, é bom que tenhamos em mente que os inimigos do grande Rei estão não somente fora da igreja, mas até mesmo dentro dela; pois, enquanto uma parte se recusa a vir ao casamento de seu Filho, outros comparecem ao banquete, mas continuando a ser seus adversários.

Permita Deus que esse assunto possa nos conduzir à meditação. Que seja como o vento norte quando se nos perpassa pela medula e que nos leve a desejar sermos confrontados e provados por Deus, quer sejamos agora verdadeiros na fé quer reprováveis em sua estima.

A parábola pode ser desdobrada em cinco tópicos. *Um inimigo no banquete; o rei presente à festa; o rei se tornando juiz no banquete;* em consequência, *o inimigo se tornando criminoso na festa; o inimigo sendo rapidamente expulso pelo executor, presente à celebração.*

I. Vejamos, no texto, UM INIMIGO NO BANQUETE.

Ele compareceu ao banquete por ser convidado, mas veio apenas em aparência, não compareceu de coração. O banquete era destinado a homenagear o filho do rei, mas ele não tinha essa intenção; desejava comer e beber do melhor, mas não tinha a menor consideração pelo rei e pelo príncipe e sua noiva que estavam sendo comemorados e honrados com o banquete. Não disse, como outros: "Não irei, pois não admito que esse rei domine sobre mim"; mas disse: "Eu vou, sim, mas por mim o propósito do rei jamais será alcançado, e sim atrapalhado. Estarei presente, mas não tomarei parte na comemoração; irei mostrar, pelo contrário, que não tenho a menor consideração nem reverência por esse filho do rei nem pelo seu casamento, a não ser para comer e beber do melhor às custas do rei". O homem compareceu, assim, no completo exercício de sua própria vontade e amor-próprio. Resolvera não prestar homenagem, mas, sim, demonstrar ali sua soberba independência e soberania própria. Queria mostrar ao rei, até mesmo à mesa dele, onde a generosidade estava tão bem representada, que não temia afrontá-lo. Ao chegar ao local da festa, viu, certamente, todos os convidados vestindo as roupas adequadas para o banquete de casamento, oferecidas, como era de praxe, pelo anfitrião. Tal como hoje em nosso país, cada pessoa presente em um funeral deve ostentar os símbolos fúnebres fornecidos por seus organizadores, também nas festas antigas de casamento todo convidado deveria usar uma veste nupcial, que, como identificação distintiva, indicava-o como alguém que se regozijava por aquele evento. Enquanto os outros convidados alegremente e de bom grado vestiam a roupa fornecida para a festa do casamento, o traidor certamente escapulia, determinado que estava a desafiar as regras do evento e assim insultar o rei, aparecendo com os próprios trajes que viera de casa, provavelmente bem inadequados. Desdenhou do traje harmônico de respeitável felicidade e preferiu se fazer notar por sua ousada insolência. Como o traje distintivo tencionava mostrar que o usuário era um verdadeiro participante da alegria da festa, justamente por esse motivo o rebelde achou de não usá-lo. Não reconhecia o valor e a autoridade nem do rei nem do príncipe e não queria, por isso, dar a mínima atenção ao feliz evento como digno de ser celebrado. Não fazia objeção, no entanto, em poder estar ali usufruindo das delícias em comidas e bebidas e assistindo gratuitamente a toda a pompa e espetáculo da festa; mas apenas estava lá, não tinha nada a ver com aquela comemoração e aquele lugar; estava presente em corpo, mas não em espírito.

Há multidão de pessoas cuja união com a igreja chega a ser um insulto a Deus. Os costumes dos homens governam tais pessoas, e não uma fé sincera. Não têm o menor respeito pela igreja ou pelo Deus todo-poderoso. Tratam sua própria frequência aos locais de culto com certo desprezo e até escárnio e não têm a menor ternura de coração que o assunto merece. Chegam a dizer, insultuosamente: "A ceia do Senhor não significa coisa alguma". *Estes são escolhos em vossos ágapes, quando se banqueteiam convosco* [...] (2Pe 2.13). Muitas vezes, tem sido indagado: *O que é, afinal, a veste nupcial?* Tantas respostas já foram dadas que cheguei à conclusão de que, se o nosso Salvador quisesse dizer apenas uma coisa específica, ele o teria feito de maneira clara, para que pudéssemos ser capazes, sem muita disputa doutrinária ou teológica, de compreender o que ele quis significar. Parece-me, todavia, que nosso Senhor tinha em mente muito mais que um único significado. Os convidados foram chamados a participar do banquete, evidentemente, para homenagear e honrar o rei e o príncipe; muitos responderam que absolutamente não poderiam vir, demonstrando assim sua má vontade ou dissensão para com o rei. Esse homem veio; mas quanto à determinação de que certa veste específica deveria ser usada por todos os convidados, bela em aparência e apropriada para a ocasião, decidiu consigo mesmo que não a usaria e ponto final. Com esse ato de rebeldia, opôs-se afrontosamente ao rei, tanto ou mais que aqueles que não se fizeram presentes; foi, na verdade, além, pois ousou declarar sua deslealdade e seu desprezo à comemoração na própria presença do rei e de seus convidados.

Quantos pretendem receber as bênçãos do evangelho e, no entanto, permanecem em inimizade para com Deus e não têm nenhum deleite no Filho primogênito! Tais pessoas ousam, muitas vezes, usar dos costumes divinos, mas seus corações estão repletos de maldade, rebeldia e desobediência ao Senhor. A veste nupcial representa, na verdade, algo indispensável ao cristão, mas que o coração não renovado se recusa a aceitar; algo que o Senhor ordena ser necessário para a salvação, mas contra o qual o egoísmo humano se rebela. Pode-se dizer que represente a justiça de Cristo a nós imputada, pois muitos dos ditos cristãos, cristãos nominais, repudiam a doutrina da justificação pela graça, usando de sua justiça própria, em oposição a ela. Ser achado em Cristo, não tendo justiça própria, que é a da lei, mas a justiça que é de Deus pela fé, eis o distintivo realmente relevante para o verdadeiro servo de Deus; e recusá-lo significa manifestar oposição à glória de Deus e ao nome, à pessoa e à obra de seu louvado Filho.

A VESTE NUPCIAL | 1113

Devemos ainda dizer, com igual verdade, que a veste nupcial é uma característica santa, é a justiça concedida por Deus e pela qual o Espírito Santo opera em nós, necessária também como prova da graça. Para respaldar essa afirmativa, permita-me lembrar a descrição das vestes dos justos, no Apocalipse, dos quais é dito que *são os que vêm da grande tribulação, e lavaram suas vestes e as branquearam no sangue do Cordeiro* (Ap 7.14). Suas vestes, portanto, passaram por uma purificação; o que não pode ser dito, de maneira alguma, da justiça do Senhor Jesus Cristo, sempre perfeita e imaculada. Fica claro, então, que a santidade é usada geralmente como exemplo quanto ao caráter pessoal. Está presente nos servos leais do grande rei, ou seja, é *a santificação, sem a qual ninguém verá o Senhor* (Hb 12.14). Muitos crentes se acomodam à ideia de que possuem a justiça concedida, tornando-se indiferentes à obra santificadora do Espírito. Recusam-se, assim, a usar a veste da obediência; rejeitam a veste branca de justiça dos santos. Demonstram querer impor sua vontade própria, revelando inimizade para com Deus e insubmissão ao seu Senhor, o Filho de Deus. Tais pessoas podem falar o que quiser sobre justificação pela fé e salvação pela graça, que continuarão sendo rebeldes no coração, pois não têm a veste nupcial, tanto quanto aqueles que confiam na justiça própria e aos quais tão duramente condenam.

O fato é que, se desejamos as bênçãos da graça, devemos nos submeter em nosso coração às leis da graça sem separar nem escolher. É vão discutir sobre se a veste nupcial é fé ou amor, como fazem alguns; pois todas as graças do Espírito e bênçãos do pacto andam juntas. Nenhum homem jamais teve a justiça concedida de Cristo sem receber ao mesmo tempo uma medida de justiça produzida em nós pelo Espírito Santo. A justificação pela fé não é contrária à realização de boas obras. A fé pela qual somos justificados é a que produz santidade, e nenhum homem é justificado pela fé que não o santifique e liberte do pecado. Toda a essência do caráter cristão pode ser compreendida como compondo a veste nupcial. Em suma, revesti-mo-nos de Cristo, *o qual para nós foi feito por Deus sabedoria, e justiça, e santificação, e redenção* (1Co 1.30).

A veste nupcial é simplesmente mencionada aqui como uma prova de lealdade para aqueles que comparecem ao banquete de casamento, um modo pelo qual a rebeldia se revela e a lealdade se torna patente. O homem foi ao banquete do evangelho disposto a se recusar a obedecer a um mandamento relacionado à festa. Preferiu voluntariamente a si mesmo em lugar de Deus; seu coração se encheu de inimizade e orgulho; desprezou a oferta da graça; fez pouco caso do princípio do amor; mostrou-se um rebelde desafiador no próprio banquete de misericórdia que o rei oferecia.

O pecado dele consistiu, antes de tudo, em comparecer sem a veste nupcial. Se ele não pretendia se unir de coração com seu senhor e seus irmãos convidados, por que havia ido? Se uma pessoa não tenciona se curvar à vontade de Deus, por que professa ser da igreja de Deus? Se alguém não é salvo pela justiça de Cristo, por que professa crer em Cristo? Se não é obediente à vontade sagrada de Cristo, porque finge ser seguidor do Senhor? É um grave erro de qualquer um imaginar que pode pertencer à igreja de Cristo em benefício próprio sem ter seu coração renovado, sem realizar o discurso que prega e amar sinceramente os princípios sob os quais professa se abrigar.

O pecado do intruso foi agravado pelo fato de, mesmo depois de ter comparecido ilicitamente à festa, haver lá permanecido sem a veste nupcial. Pareceu não demonstrar nenhum arrependimento de sua atitude ou de ter tido qualquer pensamento no sentido de consertar seu erro. Apenas quando entrou o rei, pode ter tido o abusado, se é que teve, alguma ideia de poder mudar. Tivesse comparecido, como receio que alguns de vocês hajam comparecido a essa igreja, somente devido a um mal-entendido, julgando que não houvesse necessidade de usar veste nupcial, quando, olhando ao redor, viu as outras pessoas usando-a, e ao constatar que se tratava de uma particularidade para os convidados, deveria ter se sentido incomodado e procurado os que tomavam conta do vestuário para obter uma veste para si. Assim, esse pecado não lhe teria sido imputado. No entanto, insistiu em permanecer como estava e ainda onde estava. Ó meus queridos ouvintes, se vocês já perpetraram o pecado de se unirem à igreja visível de Deus sem os pré-requisitos indispensáveis, sem se colocarem de fato submissos a Deus em seu coração e desejando sinceramente honrar a Cristo, eu lhes peço: busquem o que é preciso, a fé em Deus, um novo coração, a santidade de vida; busquem se tornar servos leais do rei, e não se satisfaçam até terem obtido tudo isso;

pois o rei em breve virá: enquanto ele ainda lhe dá tempo, que também lhe dê a graça de perceber que, estando você onde não deveria estar, possa logo justificar sua presença obtendo aquilo que viabilizará sua presença e permanência. O convidado trajado com as próprias roupas era como ave rara em meio a uma passarada igual. Era possível para ele ter-se tornado um deles; mas não o fez, não quis fazê-lo, continuou a desafiar o rei e teve de arcar com as consequências.

O homem, inclusive, persistiu na teimosia, apesar de provavelmente conhecer o destino daqueles que se haviam recusado a vir. Sabia certamente que o rei havia enviado seus exércitos e destruído os perversos que haviam molestado seus mensageiros, mas mesmo assim ousou impor sua vontade própria e desafiar o poder do monarca. Fez sua fronte de aço, endureceu seu coração como diamante e forçou sua entrada e estada num lugar em que seu espírito subversivo podia claramente se mostrar. Disse à sua alma: "Não ligo nem um pouco para esse casamento. Farei pouco dessa comemoração; penetrarei nessa festa e ali ficarei e mostrarei meu desprezo. Consumirei até de suas provisões, mas o filho do rei não terá jamais minha honra, e o rei não me verá curvado à sua vontade". Teve, assim, a audácia de se divertir, como rebelde, conscientemente, na festa da misericórdia que menosprezava. Existirá entre vocês alguém igual a ele? A tendência é de que justamente aqueles que não o sejam comecem a se condenar. Conheço uma pessoa que disse: "Sou eu esse convidado sem a veste nupcial". Isso não era verdade, pois nem mesmo era membro da igreja e, portanto, isso não dizia respeito à sua pessoa; mas muitos, semelhantes, dizem coisas amargas de si mesmos. Outros dirão: "Sou eu tal convidado"; mas, na verdade, se há alguém que vive próximo a Deus e cujo desejo é ser como Cristo e em todas as coisas ser conforme à vontade divina, esse pode se julgar ser realmente tal homem. Aqueles que andem mais corretamente provavelmente podem achar que o não estejam, enquanto aqueles que são desonestos e nunca se submeteram à vontade de Deus provavelmente podem dizer: "Que importa? Estou indo tão bem quanto os outros, doo o mesmo, compareço à igreja com a mesma frequência, certamente não há motivos para me preocupar". Deus permita que você, então, sinta ansiedade e temor de ser o convidado sem veste perante o Senhor.

II. Passemos ao próximo ponto: O REI PRESENTE NA FESTA.

Mas, quando o rei entrou para ver os convivas [...] Que honra e privilégio foi para aquelas pobres criaturas, recolhidas das ruas e estradas, que a munificência real se fizesse ali presente! Não era este, justamente, o ponto central de toda a festa? Uma de nossas maiores alegrias é cantar:

> Vem, ó Cristo, desejado!
> Vem depressa, redentor!
> Salve o dia esplendoroso
> do regresso teu, Senhor![1]

Que seria da comunhão da igreja se nela não houvesse a presença de Deus? Sentar-me junto com meus irmãos e me regozijar no seu amor é certamente delicioso; mas o melhor vinho é, sem dúvida alguma, a companhia do Pai e de seu Filho Jesus Cristo, mediante o Espírito Santo. O rei não havia só organizado o banquete e então deixado os convidados pra lá, por conta própria, mas, sim, foi lá, *entrou para ver os convivas*. Assim também, em toda igreja cristã, em conformidade com suas promessas, nosso Rei comparece, se faz presente. Tenho certeza de que o mais ardente desejo desta igreja é que o rei possa pessoalmente nos visitar. Confiamos em que está conosco, mas gostaríamos que se revelasse ainda mais plenamente. Nossa súplica é: "Vem, grande rei, com todo o teu glorioso poder, com o teu Espírito e o teu glorioso Filho, e manifesta-te para nós como jamais fazes para o mundo".

Quando o rei entrou no aposento do banquete, *viu os convidados*, e eles também o viram. Foi uma revelação mútua. Isso é sempre doce para os santos: que seu Deus olhe para eles; o olhar de Deus não traz terror à nossa mente quando somos obedientes e o amamos. "Deus me viu" soa como doce música.

---

[1] [NE] Primeira estrofe do hino 106 do *Cantor cristão* ("O desejado"), de autoria de Daniel W. Whittle e James McGranahan, tradução de Salomão Ginsburg, aqui colocada por sua similitude a versos citados pelo autor.

A VESTE NUPCIAL

Desejamos para sempre residir sob a inspeção divina, pois é uma inspeção de amor sem limites. Ele vê nossas falhas, para removê-las; observa nossas imperfeições, para limpá-las. Observa-me, ó grande Rei, e descansa teus olhos sobre mim e me aceita no amado. Que alegria para nós, que somos salvos em Cristo Jesus, poder vê-lo! E "agora vemos como por espelho, em enigma", ao Senhor, por não estarmos ainda preparados para contemplarmos o inteiro esplendor da sua santidade! No entanto, quão docemente ele se revela para nossa alma e nos desvela seu amor eterno. É então que o banquete se torna mais um banquete de vinho, quando a flâmula do amor ondula sobre nós e a voz do rei nos enche de indizível prazer.

[...] *quando o rei entrou para ver os convivas* [...], este momento, digo, foi o ápice do banquete. Observe-se que ele veio depois de os convidados terem tomado cada qual o seu lugar. Eles não o haviam visto antes de ele entrar no aposento. Quando alguém supostamente de classe mais baixa vai entrevistar-se com alguém de classe mais elevada, geralmente aquele chega primeiro e aguarda que o superior apareça. Se sua majestade, a rainha, tiver de atender a algum de seus nobres, este já a estará esperando. Assim também é no banquete da misericórdia. Eu e você nada veremos de Deus, via comunhão com ele, até que sejamos conduzidos, por sua misericordiosa convocação, ao banquete de casamento do evangelho; pois, de fato, até tal momento, a visão de Deus nos arrebataria de temor e tremor:

> Até que eu veja Deus em humanidade,
> minha mente não tem tranquilidade;
> E a justa, santa e sagrada Trindade
> ao meu coração só traz temeridade.
>
> Mas alegria e esperança vou obter
> se a face de Emanuel puder ver;
> Só seu nome é capaz de o medo vencer
> e sua graça o pecado remover.

Ao chegar ao banquete da misericórdia, posso ousar olhar para o rei dos reis; até lá, não conseguirei. Que feliz visão, então, é esta, a visão de Deus e Pai de nosso Senhor Jesus Cristo, Pai da glória, tal como está no evangelho, que comemora seu banquete junto conosco, com suas provisões e seus cevados — Deus encarnado em Cristo, tornado Deus visível a nós e nos fazendo felizes por tê-lo. *Não poderás ver a minha face, porquanto homem nenhum pode ver a minha face e viver* (Êx 33.20) — era sua antiga ordenação, agora modificada. Na união matrimonial de Cristo com seu povo vemos a face do rei em sua beleza; e nossa alma não apenas vive, mas ganhamos muito mais vida.

Observem, queridos irmãos, que o rei reserva determinados tempos específicos para isso. Nem sempre se encontra no aposento das comemorações. Todavia, para nossa tristeza, nós é que muitas vezes perdemos a oportunidade de estarmos na presença do rei e à sua mesa. Temos sempre os mandamentos de Deus, mas nem sempre desfrutamos do Deus dos mandamentos. Os meios da graça são constantes, mas a graça dos meios varia segundo a vontade soberana do nosso Deus. O próprio rei gera o tempo de sua chegada. São tempos felizes para seu povo, sem dúvida, mas também tempos de provação para grande massa dos que professam seu nome. Quando ocorrem essas ocasiões? No que diz respeito a convidados indignos, as visitas de Deus ocorrem na época exata em que os caracteres deverão se manifestar. Nem todo o tempo revela o caráter. Um leão pode dormir o dia todo, e mal se saberá sobre ele além de que está sossegado; mas quando a noite vem, e com ela a ocasião em que deve ir atrás da presa, então o leão ruge e mostra sua ferocidade. Do mesmo modo, um homem indigno pode estar na igreja de Deus, junto aos cordeiros do rebanho, e pode ser que nada leve a se desconfiar de seu verdadeiro caráter; mas, chegado o tempo de obter vantagem, ou prazer, ou escapar de perseguição, pelo pecado, veremos então quem ele realmente é. Tais providências são tomadas com a vinda de Deus para perscrutar os convidados. Mudanças nas condições da igreja, nas condições individuais, são eventos providenciais que se somam para formar a grande peneira em que trigo e refugo são separados.

Uma visita maior e mais solene do rei para ver os convidados acontece quando, depois de os ter devidamente localizado na igreja, incógnito para nós, ele decide que tais e tais hipócritas já tiveram espaço suficiente para arrependimento e tempo mais que necessário para enganar, devam ser levados ao seu temível tribunal por meio da morte física. O tempo em que o rei vem para ver seus convidados não é, na verdade, o do juízo final, pois este será o da visita do Filho, não do Pai. Se fosse essa a intenção na parábola, leríamos que *o príncipe* veio ver os convidados, não o rei. Podemos ver então o rei como que julgando continuamente os que professam seu nome e detectando os rebeldes e inimigos seus que se imiscuem entre os santos. Por meio desse julgamento, homens são tirados da igreja por causa de suas transgressões, amarrados pelos pés e pelas mãos e lançados nas trevas exteriores, onde há choro e ranger de dentes. Eu não sei, meus irmãos, quando irá Deus visitar especificamente esta congregação da igreja de Cristo, separando e retirando os rebeldes que se encontrem em meio a nós; só sei que quando morrem os que se dizem cristãos, não é certo que todos descansem em Jesus, mas alguns deles, falsos crentes, são arrancados como a erva daninha em meio ao trigo e como ela levados para serem queimados. Essa divisão acontece constantemente. A presença do rei se faz presente nos fiéis pela alegria que sentem, mas se faz saber aos hipócritas arrancando-os e lhe indicando sua porção no sofrimento eterno.

Se há épocas em que podemos ter razoável certeza de que o rei virá para ver seus convidados são aquelas após ocorrerem grandes concentrações, cruzadas, assembleias e movimentos cristãos no mundo; pois, observe-se, foi quando os servos se haviam reunido, em grande número de convidados, que o rei apareceu. Passado um movimento de reavivamento, como este que vivemos agora, quando, espero, muitos deverão passar a fazer parte da igreja, é que o Senhor nos visita e nos peneira. Se não houver visita à sua igreja anteriormente por motivo de amor ou juízo — e ambos andam juntos —, podemos ter quase plena certeza de que teremos visita do Senhor dessa vez.

III. Pense agora no JUIZ NO BANQUETE. Durante todo o tempo do banquete, ele foi o rei, o amado monarca, o majestoso doador de um generoso banquete, e todos os olhos se regozijavam ao olhar para ele: era mui gratificante contemplar o rei em sua beleza e ver seu filho ostentando as vestes e joias reais, trajado dignamente para a celebração do seu casamento. De repente, o rei se torna juiz — para o invasor hipócrita. O dia do prazer junto a seus santos é o mesmo dia de sua vingança, para Deus. Ele vem para confortar os que choram, mas também para punir os rebeldes com vara de ferro.

O juiz entra em cena, como está descrito, *já observando, inspecionando*: [...] *viu ali um homem* [...] (Mt 22.11). Os olhos da onisciência! A parábola descreve a presença de apenas um homem sem a veste devida, mas o rei que tudo vê o identifica na hora e fixa nele seus olhos flamejantes. Suponho que fosse uma multidão maior do que esta aqui, mas o rei fixou logo e diretamente seus olhos no rebelde solitário. Será que, porque a parábola fala de apenas um, devemos esperar encontrar apenas um hipócrita em cada igreja? Não. Pode ter havido muitos outros na festa de casamento, mas apenas um é mencionado para nos mostrar que, ainda que houvesse apenas um único desse tipo, Deus o encontraria; e, se houver muitos, os pecadores em Sião podem ter certeza de que não escaparão. É possível até que poucos ou nenhum dos convidados tenham notado as roupas diferentes do homem; a parábola nada nos diz sobre comentários feitos sobre ele por outros convidados. Talvez estivessem tão contentes de se achar ali no banquete e, depois, tão empolgados pela visão do rei, que não tivessem interessados em tecer comentários uns sobre os outros. O certo é que o rei detectou de imediato a ausência daquilo que era requisito essencial para se estar no banquete de casamento. Não era, justamente, a presença de nada ofensivo, mas, sim, a ausência de algo considerado essencial. Ele não disse ao convidado indigno: "Você está malvestido" ou "Você está imundo" ou "Seu rosto está sujo"; não, ele questionou apenas a ausência do distintivo peculiar que denotava um convidado leal e verdadeiro. Deus continuamente julga sua igreja em relação à ausência de coisas absolutamente necessárias para ser um cristão verdadeiro, como ausência de honras ao Filho e obediência ao Pai. Ó irmão, se você confessa sua fé e não ama Jesus como deve, e não teme o grande rei, se lhe falta, enfim, a veste nupcial, o que está esperando? O Rei virá e verá de imediato sua falta. Sua moralidade, sua generosidade, suas preces, até mesmo seus eloquentes discursos não poderão encobrir o

A VESTE NUPCIAL | 1117

fato de que seu coração não está de fato com ele — a única coisa necessária para mostrar que aceita leal e verdadeiramente o Senhor como seu Rei.

O rei começou, então, a confrontar o rebelde. Observe como fala a ele. Como se mantém em seu elevado nível. Era um dia muito sagrado para que o rei usasse de um discurso áspero. O homem fingia ser amigo, e ele se dirigiu ao homem assim. Todavia, mesmo considerando que essa palavra tenha sido murmurada suavemente, ela deve ter atingido em cheio o homem, se havia ainda algum resquício de sentimento nele. Judas é que exemplifica melhor em sua pessoa esse tipo de caráter. Ao ir dar o beijo da traição no Salvador, nosso Senhor se dirige a ele como *amigo*. O homem da parábola fingia também ser um amigo. Um amigo a insultar seu rei à própria mesa deste, escolhendo para o insulto a solene e festiva ocasião do casamento do príncipe para o qual havia sido hospitaleiramente convidado? Era infame! Que amigo! Que será dos inimigos se este é chamado de amigo? O rei o questiona: *Amigo, como entraste aqui?* (Mt 22.12). Como se dissesse: "Que estás fazendo aqui? O que pode te ter levado a me desafiar assim tão insolentemente? Atacar-me no meu ponto mais sensível, fazer pouco dos meus convidados, tripudiar sobre o meu filho? Intentavas o que com tal ousadia? Sim, amigo, por que vieste *aqui*? Não havia outro lugar para onde derramar tua revolta, nenhum outro lugar para se mostrar desleal e traidor? Precisavas vir ao meu lar, ao meu palácio, à minha mesa, diante de meu filho no dia de seu casamento, revelar tua inimizade? Havia necessidade disso?" Assim pode o Senhor também dizer de alguns de nós: "Não havia outro modo de pecar, a não ser mentindo professar ser crente em mim, meu servo, quando não o eras de fato? Não havia outros cálices em que poderias beber sem ter de profanar os da minha ceia? Não havia outro pão que pudesses levar à boca além daquele sagrado, que representa o corpo do meu Filho morto na cruz? Não havia outro lugar para pecares que não fosse a minha igreja? Não poderias ter demonstrado teu desprezo de outra maneira que não jurando uma fé mentirosa em meu Filho, que sangrou na cruz para te redimir e a todos os filhos dos homens? Não me poderias atacar de outros modos que não pelas chagas do meu unigênito? Não poderias abalar meu Espírito de outras maneiras que não fingindo seres meu amigo, infiltrando-te entre o meu povo e rejeitando desafiadoramente o que é indispensável para me honrar e honrar meu Filho, no banquete contínuo da minha graça?" Não ouso prolongar-me no assunto. Dou-lhes o texto; rogo que a consciência de vocês possa melhor pregar o sermão.

Observem, no entanto, mais uma coisa: que o rei, quando se tornou juiz, tratou com o homem apenas a respeito *dele mesmo*: [...] *como entraste aqui?*. Parece-me ter ouvido um murmúrio na mente de alguém: "Bem, paciência, se estou despreparado para ser membro da igreja, muitos outros *também* estão...". Que lhes parece isso? Cuide-se cada um de si mesmo! Quando o rei entrou para ver os convivas, não disse: "Como entraram *essas pessoas* todas sem veste nupcial?" Não. O rei dirigiu-se a ele apenas: *Amigo, como entraste aqui sem teres veste nupcial?* Olhe cada qual para si mesmo. Que sua caridade comece em casa. Remova o cisco de seu próprio olho, e então você poderá ver melhor para tentar tirar o cisco que está no olho de seu irmão. O rei se fixou em um único homem, tornou-o toda a sua audiência e a ele somente dirigiu sua solene pergunta: *Amigo, como entraste aqui?*

Ah, meus amados ouvintes, como pastor desta igreja, tem sido um enorme prazer para mim ver nossos números aumentarem; muitos têm-se juntado a nós e muitos partiram daqui até para organizar outras igrejas; minha alegria tem sido constante em Deus em relação a esse assunto. Nossos amados irmãos buscaram associação até mesmo com aqueles em quem não conseguíamos enxergar frutos. Não usamos nosso ofício de modo enganoso. Sob os olhos de Deus temos procurado ser nem severos demais, nem permissivos, mas, no fim das contas, sei que, na verdade, há alguns de vocês que não são verdadeiros cristãos, apesar de levar esse nome. Como muitos de antigamente, vocês se dizem judeus e não o são; apenas mentem. Não falo de alguém que tenha caído em pecado e sofrido nossa admoestação, ou se haja separado de nós por excomunhão e permaneça na congregação; falo sobre vocês cuja vida é tudo o que há para se desejar, mas, ainda assim, retêm um verme no coração de sua profissão de fé. Vocês não são primordialmente santos, mas têm um nome a zelar; só que mantêm esse nome imaculado ao preço de estarem mortos. Sondem dentro de si mesmos; não desçam deste tabernáculo direto para o inferno; que sua oração seja: *Não colhas* a minha alma com a dos pecadores, nem a minha vida com a dos homens sanguinolentos (Sl 26.9). Estou tão preocupado comigo mesmo quanto com vocês, para que eu seja também "aceito no amado"; a menos que, depois de pregar aos outros, seja eu descartado! Que esse seja um problema de real preocupação para cada um de nós. Se você jamais veio a Jesus, venha agora; se jamais buscou uma vida de santidade, busque-a agora. Se jamais trajou a veste nupcial, ela ainda pode ser encontrada e vestida; vá a ele, o Senhor, que graciosamente a fornece, e ele não irá recusar você; vá hoje mesmo, agora, e ele o aceitará.

IV. Aquele que era o convidado indigno tornou-se o CRIMINOSO DA FESTA. O rei fez-se juiz para ele; a questão havia sido colocada pessoalmente junto a ele, e ele *emudeceu*. Por quê? Certamente, por ter sido condenado por deslealdade aberta e inegavelmente. Não eram necessárias provas; havia ali comparecido com o malicioso propósito decidido de demonstrar sua deslealdade, e o tinha mantido na presença do rei. Não acredito que ele pudesse representar, de modo algum, alguém que entre em uma igreja por ignorância, mas com intenção sincera; representa, no entanto, alguém que faz uma profissão de fé sem se importar em torná-la verdadeira — desprezando conscientemente os mandamentos do Senhor. É o homem que deseja ser salvo pela graça, e que o professa, mas se recusa a reconhecer seus deveres perante Deus Pai e Deus Filho. O homem ficou mudo; não poderia ter escolhido pior lugar nem um modo pior de mostrar sua deslealdade que o que havia escolhido; nada havia que pudesse dizer em sua defesa. Naquele momento, enquanto o rei o perscrutava de cima a baixo, pôde perceber o verdadeiro horror da posição em que se encontrava; suas pernas certamente bambearam, como as do Belsazar dos tempos antigos ao ver a escrita condenatória na parede; entendeu que seu tempo de ofender chegara ao fim e que havia chegado o dia da retaliação. Havia sido arrebatado pelas próprias circunstâncias e não tinha como escapar. Tornara-se culpado pela abundância de desobediência e por uma desnecessária extravagância de perversidade ao comparecer ao banquete para demonstrar seu orgulho. Havia cometido uma intromissão suicida. Poderia ter-se contido de algum modo, sem precisar se lançar à presença do próprio juiz. Via, agora que a causa da revolta chegava ao fim, que o rei ali estava, em pessoa, em seu pleno poder, e que nada mais o poderia resgatar. Por que, então, não irrompeu em lágrimas? Por que não confessou seus erros? Por que não disse: "Meu rei, se eu vos insultei, tende piedade de mim"? Porque seu coração orgulhoso não permitia. O pecado o havia tornado incapaz de arrepender-se. Há dois versos em um hino de Hart que dizem:

> Fixada está sua eterna condição:
> Se pudessem arrepender-se, não daria mais, não.

Isso é verdade, mas supõe ainda uma possibilidade, por isso creio que seria melhor logo declarar:

> Fixada está sua eterna condição:
> Nem podem mais se arrepender, não daria mais, não.

Porque insiste no erro é que o pecador continua a sofrer; não desiste, não consegue desistir. Assim como o etíope não consegue mudar sua pele, ou o leopardo suas malhas, quando o pecado atinge seu ápice, o homem não consegue dobrar-se, curvar-se, refazer seus passos. Oh, se aquele homem tivesse se arrependido, mesmo no fim! Mas não conseguia; e se lágrimas lhe vieram depois que o rei pronunciou a sentença, possivelmente não foram lágrimas de arrependimento, mas de orgulho ferido. Ele se manteve mudo não apenas porque não tinha uma desculpa, mas para não confessar seu erro. Há alguém aqui com esse mesmo propósito no coração, que, ao mesmo tempo que peca conscientemente ao fazer uma falsa profissão de fé, se recusa também, infelizmente, a reconhecer o seu erro? Curve-se, irmão, irmã! Curve-se agora. Caia aos pés do rei. Mesmo que você não seja hipócrita, se tiver alguma suspeita de que possa ser, caia a seus pés e diga: "Ó meu rei, faze-me usar de sinceridade; submeto-me à tua vontade e me prontifico a usar a veste nupcial; se existe algum modo pelo qual eu possa honrar teu Filho, não o contestarei; deixa-me me revestir do caráter dele e ser reconhecido por todos os homens como verdadeiro e fiel súdito do grande príncipe".

A VESTE NUPCIAL

V. Por fim, enquanto ele se mantinha mudo na presença do rei, o juiz deu lugar ao EXECUTOR, pois eis que o rei então ordena: *Amarrai-o de pés e mãos e lançai-o nas trevas exteriores* (Mt 22.13). Já que aquele homem era contra as normas, que então sentisse a força da lei. Ele, que havia imaginado: "Sou livre, faço o que bem entendo e como bem entender", nunca mais então seja livre; que o amarrem e o lancem lá fora. Na verdade, há quem já esteja amarrado mesmo antes do último suspiro. Muito falso crente descobre, já no leito de morte, que não consegue orar nem se arrepender. Como o moribundo Spira, velho hipócrita e apóstata, eles experimentam a miséria, não o arrependimento, e nenhuma promessa do evangelho consegue confortá-los. Seu coração está queimado, acham-se duplamente mortos antes até de morrer. Então, vem a sentença: "Lançai-o lá fora", ato por vezes executado pela igreja como excomunhão — os impostores são postos para fora do banquete do evangelho, por justa disciplina; o que é mais plenamente realizado na hora da morte, quando as esperanças terrenas de uma pessoa falham totalmente. Ah, senhores, que farão vocês, se não tiverem a graça verdadeira em seu coração, quando forem removidos da mesa do Senhor e levados embora, do batismo que vocês tanto glorificavam, das doutrinas que tão bem compreendiam em sua mente, mas não guardavam no coração? A descrição de John Bunyan de um homem arrastado por sete demônios, amarrado com cordas, me salta agora ao pensamento. *Amarrai-o de pés e mãos e lançai-o nas trevas exteriores.* Quão grato sou pelo fato de os servos que os trazem para a igreja não serem os mesmos que irão colocá-los para fora. Os servos *douloi* os trouxeram, e os *diakonoi* os levam embora. O rei dá uma ordem especial aos servos para que levem o impostor embora; seus anjos o fazem, na hora da morte — executam a chamada "vingança de Deus". Ele dá a nós, ministros, ofício melhor; nos ordena que sejamos seus arautos da misericórdia.

Então, disse o juiz: *Lançai-o*, ou seja, joguem-no lá fora como coisa inútil e sem valor. "Esse ímpio ousou poluir minha festa de casamento; lancem-no fora, como se lançam ervas daninhas ou serpentes no fogo. Não há ninguém no céu ou na terra mais desprezível, mais adequado a ser jogado fora como refugo e lixo do que um homem que carrega o nome de cristão, mas não possui a essência da natureza de Cristo. Lancem-no fora. Onde? *Nas trevas exteriores*, longe do salão do banquete, onde as tochas e as lamparinas ardem brilhantes; levem-no para a escuridão, para o ar frio e congelante da noite. Ele já viu a luz uma vez, agora tudo será escuro para ele, conduzido às trevas exteriores. Não há trevas mais escuras quanto as da obscuridade que cerca um homem que chegou a ver a luz. Lancem-no nas trevas exteriores. Que se fará a ele ali? Não nos é dito o que é feito a ele, mas não é necessário; aprendemos tanto quanto nos pode ser revelado. Todavia, nos é dito o que fará, pois *ali haverá choro e ranger de dentes*, não o brotar de lágrimas que dão alívio, mas o derramar eterno de lágrimas que criam feridas abertas e corroem seu caminho. O expulso não irá derramar lágrimas propriamente de remorso ou arrependimento, mas de triste desapontamento, por não poder mais, de modo algum, desonrar o rei; e por servir, ainda, para ilustrar a justiça e o poder reais, ajudando assim a dar glória ao rei a quem tanto odeia; o *ranger de dentes* é causado pela ira e pela frustração de não haver conseguido produzir dano maior. Nenhum rancor é maior do que o do espírito maligno quando, tendo ousado realizar uma tentativa de fazer uma atrocidade perversa, acaba derrotado e contribuindo para o triunfo do bom e do excelente. A miséria do inferno não é uma miséria que Deus arbitrariamente criou; ela é resultado necessário do pecado, é o pecado amadurecido.

Vocês estão vendo, então, o retrato do homem insolente o bastante para entrar na igreja sem ser cristão e que irá para sempre chorar de ódio e ranger os dentes, em oposição à gloriosa majestade dos céus, que jamais estará ao seu alcance atingir, mas, infelizmente, estará sempre ao alcance de seu coração detestar. Este será seu inferno: que odeie a Deus; e estas serão suas trevas: que não consiga ver beleza em Deus; e estas serão também suas trevas: que não consiga ganhar a felicidade da boa vontade de Deus. *Apartai-vos de mim, malditos* (Mt 25.41), pois só o que não é amável repudia o amor, e a justiça, em princípio, consiste em se dar a uma pessoa aquilo pelo qual sempre ansiou. Oh, que Deus permita que ninguém aqui caia sob o terrível azorrague desta parábola, mas, sim, que sejamos encontrados pelo Senhor em paz no dia de sua aparição.

Você sabe, agora, como o Senhor nos peneira. Primeiro, somos chamados e separados pela pregação do evangelho, e muitos não vêm — eis, já, uma pilha de refugo; depois, pelo juízo de Deus em sua igreja, e outros se mostrarão despreparados — outra pilha de refugo. Ah, quando tudo isso tiver acabado, e duas grandes peneiras já tiverem sido usadas, será que estaremos na pilha do trigo peneirado e puro? Será?

Você pode dizer: "Esse sermão não tem nada a ver comigo, nunca fiz profissão de fé, posso ir para casa tranquilo". Venha aqui à frente, amigo; não o deixarei ir. Seu caso é bem semelhante ao de um desocupado trazido diante de um magistrado, acusado de roubo. Ele diz que é inocente, mas é condenado e tem de sofrer prisão por isso; logo atrás dele, no entanto, aparece outro jactante colega, que diz: "Não fiz profissão de fé de ser honesto, roubo quem eu quero e de forma consciente, pois não tenciono observar a lei". Acredito que o magistrado dirá: "Condeno o homem que ao menos fingiu ser honesto; mas a você dou dupla punição, pois é evidentemente incorrigível e seu caso nem precisa de prova". Vocês, que não confessam ser cristãos, mas que confessam abertamente não o ser, vocês estão se declarando inimigos de Cristo. Não retirem conforto algum dessa parábola, eu lhes rogo, mas, sim, curvem-se diante do Salvador e creiam nele, pois quem crê e for batizado será salvo.

119

SERVOS INÚTEIS

E lançai o servo inútil nas trevas exteriores; ali haverá choro e ranger de dentes (Mt 25.30).
Assim também vós, quando fizerdes tudo quanto o que vos for mandado, dizei: Somos servos inúteis; fizemos somente o que devíamos fazer (Lc 17.10).
Disse-lhe o seu senhor: Muito bem, servo bom e fiel (Mt 25.21).

Há uma linha divisória finíssima entre a indiferença e a sensibilidade mórbida. Alguns homens parecem não sentir a ansiedade divina: enterram o talento dado por seu Senhor, deixam-no pra lá e colhem disso seu prazer e tranquilidade, sem um único instante de remorso. Outros se sentem tão ansiosos por desejarem ser corretos que chegam à conclusão de que nunca o conseguirão ser; e se abatem com um horror de Deus, encarando o serviço divino como um fardo e ele próprio como rigoroso Senhor — apesar de provavelmente nunca confessarem isso abertamente. Entre essas duas linhas, há um caminho, tão estreito quanto um fio de navalha, que somente a graça de Deus nos permite traçar. Ele é isento tanto de desleixo quanto de exagerada servidão. Consiste em um senso de responsabilidade que emerge corajosamente com a ajuda do Espírito Santo.

O caminho certo, geralmente, se encontra entre dois extremos: é um estreito canal entre o rochedo e o estrondo das águas. Há, assim, um estreito caminho sagrado que corre entre a autocongratulação e o desânimo, uma trilha muito difícil de se encontrar e percorrer. Existem muitos riscos no pensamento de se estar obtendo sucesso e servindo a Deus com toda a capacidade: isso pode levar você a pensar que é digno e merecedor de até se alinhar com os príncipes de Israel. O perigo de se inflar no espírito não pode ser subestimado: uma cabeça tonta pode levar a uma queda. Mas talvez igualmente temível, do lado contrário, é o sentido de desvalorização pessoal, que paralisa todo esforço, fazendo a pessoa se sentir incapaz de qualquer coisa que possa parecer grande ou melhor. Sob tal impulso, muitos homens a serviço de Deus se retraíram para uma vida de solidão; acharam que não poderiam se comportar bravamente no campo de batalha da vida e o abandonaram antes que a batalha se travasse, para se tornarem monges ou eremitas — como se fosse possível realizar a perfeita vontade de Deus fazendo absolutamente nada, desobrigando-se de deveres para os quais nasceram, por meio de um modo anormal de existência.

Abençoado é o homem que encontra o caminho sutil entre pensamentos de elevação egoísta e duros pensamentos a respeito de Deus, entre excessiva autoestima e tímido encolhimento de qualquer esforço. Meu desejo é que o Espírito de Deus possa guiar nossas mentes para a preciosa linha média, onde as sagradas graças se imiscuem e onde se excluem vícios concorrentes, naturais em nosso corrompido coração. Que o Espírito de Deus abençoe nossos três textos e os assuntos por eles sugeridos, para que possamos ser guiados no verdadeiro caminho e, pela infinita misericórdia, nele permanecer até o dia do acerto de contas.

Leiamos Mateus 25.30:

E lançai o servo inútil nas trevas exteriores; ali haverá choro e ranger de dentes.

Nesse nosso primeiro texto, temos o VEREDICTO DA JUSTIÇA sobre o homem que não usou de seu talento. Ele é aqui descrito como *servo inútil*, certamente por ser indolente, imprestável, não proveitoso. Não rendeu ao seu senhor lucros sobre o dinheiro deste, nem prestou qualquer serviço com o talento recebido. Não correspondeu fielmente, enfim, à confiança nele depositada, como o fizeram seus companheiros.

Observe-se, primeiro que tudo, que *esse homem considerado inútil era um servo*. Ele nunca negou ser um servo; na verdade, foi por causa de sua posição como servo que recebeu aquele único talento, e a esse talento não fez objeção. Tivesse sido capaz de receber mais, não haveria razão pela qual não lhe fossem dados dois talentos, ou até mesmo cinco; pois nos diz a Escritura que aquele senhor deu a cada um de acordo com a sua capacidade. Este servo obedeceu às regras do seu senhor até mesmo no ato de enterrar o talento e ao aparecer diante dele para prestar contas. Isso torna o assunto ainda mais digno de consideração para você e para mim. Nós, também, professamos ser servos — servos do Senhor, nosso Deus. O juízo deverá começar na casa de Deus; isto é, com aqueles que estão na casa do Senhor como filhos e servos: olhemos atentamente, pois, para os nossos caminhos. Mas "se começa por nós, qual será o fim daqueles que desobedecem ao evangelho de Deus? E se o justo dificilmente se salva, onde comparecerá o ímpio pecador?" Se o nosso texto se refere ao juízo em relação aos servos, qual será então o juízo em relação aos inimigos?

Esse homem reconheceu ser um servo até o último fio de cabelo; e, apesar de impertinente o bastante para expressar uma opinião distorcida sobre seu patrão, não negou sua própria posição como servo nem o fato de que o talento pertencia ao senhor, pois o devolveu dizendo: [...] *aqui tens o que é teu* (Mt 25.25). Ao assim falar, foi além do que muitos cristãos professos o fazem, vivendo como se o cristianismo fosse apenas comer e beber, sem jamais servir; como se a fé concedesse privilégios e não tivesse mandamento algum a cumprir; como se, quando salvos, os homens se tornassem vagabundos, para os quais fosse questão de honra, para permanecer na livre graça, ficar o dia inteiro à toa, sentado na praça. Conheço pessoas que infelizmente nunca fizeram o mínimo que fosse por Cristo e ainda o chamam de seu mestre e Senhor. Desejo-lhes boa viagem quando da vinda do Senhor. Muitos de nós reconhecemos ser servos, que tudo que temos pertence ao nosso Senhor e que devemos viver por ele. Até aqui, nada de especial; mas podemos chegar até esse ponto e, afinal, descobrir que somos servos inúteis — e sermos jogados nas trevas exteriores, onde haverá choro e ranger de dentes. Atentemos para isso.

Apesar de servo, esse homem *pensou mal de seu senhor* e menosprezou seu próprio serviço, dizendo: *Senhor, eu te conhecia, que és um homem duro, que ceifas onde não semeaste, e recolhes onde não joeiraste* (Mt 25.24). Certos crentes professos têm o mesmo pensamento: não ousam dizer que lamentam ter ingressado na igreja de Cristo, mas agem de modo que todo mundo possa concluir que, se pudessem, não o fariam novamente. Não encontram prazer no serviço de Deus, continuando em sua rotina em consequência do hábito ou como se fora dura obrigação. Imbuem-se do espírito do irmão mais velho do filho pródigo, que disse ao pai: *Eis que há tantos anos te sirvo, e nunca transgredi um mandamento teu, contudo nunca me deste um cabrito para me regozijar com os meus amigos* (Lc 15.29). Sentam-se no lado da sombra da divindade e nunca onde o sol brilha radiante sobre eles. Esquecem-se do que o pai do filho pródigo respondeu ao mais velho: *Filho, tu sempre estás comigo, e tudo o que é meu é teu* (Lc 15.31); ou seja, ele poderia ter tido tantos banquetes, tantos cordeiros e novilhos quanto desejasse, nada de bom lhe teria sido negado; só o estar na presença do pai deveria ter sido sua alegria e seu deleite, e melhor até que qualquer festança com os amigos. Assim teria sido se houvesse condições adequadas em seu coração. O homem que escondeu seu talento conduziu sua petulância pouco mais além que o irmão do filho pródigo; os germes, porém, eram os mesmos, e devemos nos lembrar que os esmagamos logo de início.

Esse servo inútil via seu mestre como alguém que colhia onde nunca semeava e que usava dos ancinhos para reunir o que nem espalhava: ele o tinha como pessoa dura, exigente e injusta, difícil de agradar. Julgava seu senhor como alguém que esperava de seus servos mais do que teria o direito de exigir; e, evidentemente, tinha tal ojeriza dessa conduta injusta que decidiu lhe dizer na cara o que pensava. Esse é o espírito que pode subir prontamente à cabeça dos falsos professos; temo, aliás, que já esteja se incubando em muitos deles, pois na verdade não estão muito contentes com Cristo. Quando querem prazer, é fora da igreja que vão obtê-lo: suas alegrias não estão dentro do círculo que tem Cristo como centro. A religião é para eles um trabalho, nunca uma alegria; seu Deus não significa júbilo, mas pavor. Não se deleitam no Senhor; por isso ele não lhes concede o desejo de seu coração, e se tornam, deste modo, cada vez mais descontentes. Não podem dizer, como o salmista, *Deus, que é a minha grande alegria* (Sl 43.4), e

Deus se torna, na verdade, um terror para eles. A devoção é para eles uma carga pesada; desejariam dela poder escapar com consciência tranquila. Não chegam a dizer tanto para o seu eu interior, mas é possível ler-se nas entrelinhas estas palavras: "Quanto isso me cansa!" Não é por menos que, quando as coisas chegam a esse ponto, alguns falsos professos se tornem servos inúteis; pois quem é que consegue fazer um bom trabalho com algo que detesta? O trabalho forçado não é nada desejável. Nem Deus quer escravos servindo a seu trono. Um servo que não esteja contente com a situação, é melhor que saia; se não está contente com seu senhor, é melhor que se vá, pois a relação mútua será inútil e desagradável. Quando se chega a esse ponto, quando você e eu nos tornamos descontentes com nosso Deus e insatisfeitos com sua obra dele, o melhor seria até que buscássemos outro senhor (se houvesse outro para nós), pois certamente tornamo-nos inúteis para o Senhor Jesus por nossa falta de amor para com ele.

Observe, porém, que, embora este homem não fosse proveitoso para o seu senhor, *ele não se considera um servo inútil*. Não demonstra propriamente nenhuma autodepreciação, nenhuma humildade, nenhuma contrição. Parece ser bastante forte e devolve o talento sem nenhum constrangimento: [...] *aqui tens o que é teu* (Mt 25.25). Surgira na frente de seu senhor sem desculpas nem justificativas. Não tinha acompanhado os que haviam feito algo, mas achava que devia lidar com seu senhor de acordo com o que o caso merecia; tanto que, em vez de reconhecer sua falha, voltou-se para seu senhor e o acusou. O mesmo se dá com falsos professos. Não têm ideia de que estejam errados, tal pensamento não lhes passa pela mente. Não têm noção de que são infiéis. Sugira isso a eles e veja como irão se defender. Se não estão vivendo como deveriam, clamam ser vítimas, em vez de culpados; a culpa fica com a providência divina, ou é culpa das circunstâncias; é culpa de qualquer um, menos de si mesmos. Nada fazem de útil e, no entanto, se sentem mais tranquilos que aqueles que tudo realizam. Dão-se apenas ao trabalho de cavar a terra e enterrar seu talento, e tudo o mais que fazem é perguntar: "Que mais poderia fazer? Será Deus tão exigente a ponto de esperar que eu lhe dê mais do que ele me deu? Sou tão grato e oro tanto quanto Deus me leva a fazer — que mais ele haveria de querer?" Não se vê, assim, ele se curvando, ciente da própria imperfeição, mas, sim, arrogante, jogando a culpa sobre Deus; e isso, sob o pretexto de honrar a graça soberana do Senhor! Ah! Como os homens maltratam a verdade com tamanha presunção e falsidade!

Observe que o veredicto da justiça, no fim das contas, pode acabar sendo exatamente o oposto do que esperamos para nós. Aquele que orgulhosamente se sente útil poderá se descobrir inútil, e quem modestamente se julga inútil poderá ouvir seu mestre dizer: *Muito bem, servo bom e fiel*. Pouco temos, por causa dos defeitos de nossa consciência, da capacidade de uma estimativa correta de nós mesmos, tanto assim que frequentemente admitimos sermos ricos e abastados, não tendo necessidade de nada, quando, na verdade, estamos nus, pobres e miseráveis. Tal era o caso desse servo inútil: ele se convenceu do conceito de que era mais justo que seu senhor e se baseou em um argumento que, julgava, iria exonerá-lo de qualquer culpa.

Dá margem à nossa reflexão, também, observarmos *o que esse servo fez, ou melhor, o que não fez*. Ele guardou cuidadosamente seu capital onde achou que ninguém o encontraria e provavelmente o roubaria; e aí encerrou seus serviços. Notemos que ele não gastou o talento consigo mesmo, nem o usou em algum negócio para benefício próprio. Não era um ladrão, de modo algum foi um apropriador do dinheiro colocado sob sua responsabilidade. Nisto ele excede muitos que professam ser servos do Senhor e que, no entanto, vivem apenas para si. Qualquer pequeno talento que tenham é usado em benefício próprio e nunca com a intenção de fazer algo pelo Senhor. Têm o dom de obter dinheiro, mas esse dinheiro não é obtido nem em parte para Cristo; tal ideia nunca lhes ocorreu. Seus esforços são voltados, todos, para si, ou — usando de outras palavras para expressar a mesma coisa — para suas famílias. Eis um homem que tem o dom do discurso eloquente, e ele o usa não para Cristo, mas para si mesmo, para ganhar simpatia, concordância, apoio, ou popularidade pessoal, para chegar a uma posição respeitável: o único fim e objetivo de seu mais sincero discurso é trazer grãos para o seu próprio moinho e ganhar sua própria riqueza. Por toda parte, vemos isso com crentes professos, que vivem para si mesmos: não são adúlteros nem bêbados, longe disto; não são ladrões nem perdulários; são de um tipo decente de pessoas, ordeiros e tranquilos;

ainda assim, tudo para eles começa e termina em si mesmos. Que é isso, senão ser um servo inútil? De que me vale um servo, se trabalha duro só para si mesmo e por mim nada faz? Um cristão professo pode perfeitamente labutar até se tornar um homem próspero, um conselheiro municipal, prefeito, membro do Parlamento, milionário — mas o que isso significa? Somente que ele tinha capacidade de trabalhar e trabalhou muito bem para si mesmo. Todavia, se todo esse tempo ele fez muito pouco ou nada por Cristo, está, além disso, condenado pelo seu sucesso. Tivesse trabalhado pelo seu Senhor como trabalhou por si mesmo, o que não teria alcançado em bênçãos? O servo inútil da parábola não era tão ruim a esse ponto; e mesmo assim foi lançado às trevas. Que então será feito de alguns de nós, de alguns de vocês?

Além disso, o servo inútil não gastou mal, propriamente, o seu talento: não o gastou em autoindulgência ou em prevaricação, como fizera o filho pródigo, gastando seus bens em uma vida dissoluta. Oh, não; era homem melhor que isso. Não gastaria nem um centavo; dava-se todo a guardar e não correr riscos. O talento estava intacto, como ele o havia recebido; apenas escondido sob a terra — guardado em um "banco", digamos assim, que, de fato, não rendia juros. Não o tocara para gastar em farras ou frivolidades e, portanto, não poderia ser acusado de ser perdulário com o dinheiro de seu senhor. Em tudo isso, foi até superior a outros, que curvam sua vontade ao pecado e usam de suas habilidades e capacidade para gratificar paixões pecaminosas, seja de si mesmos ou de outrem.

Lamento acrescentar que alguns dos que se chamam servos de Cristo empregam sua força para minar o evangelho que professam crer e proclamar; falam contra o santo nome pelo qual são nomeados e usam assim de seus talentos contra seu próprio mestre e Senhor. Esse homem não agiu assim; podia ser mau para algumas coisas, mas jamais se tornaria abertamente um traidor. Não empregaria seus conhecimentos para levantar dúvidas inúteis ou resistir à clara doutrina da palavra de Deus; isso foi reservado para homens dos tempos atuais — tempos que produzem verdadeiros monstros espirituais, desconhecidos de tempos considerados menos letrados.

O talento desse homem não havia sido desperdiçado; estava sob sua mão tal como havia sido recebido; ele acreditava, portanto, que havia sido fiel. Ah, mas não é isso que Cristo chama de fidelidade — a manutenção, somente, daquilo que somos. Se você acredita que possui a graça, e apenas mantém o que possui sem buscar obter mais, é o mesmo que esconder seu talento na terra, mantendo-o oculto. Não basta poupar; você tem de acumular. O capital pode estar seguro, mas e os ganhos? Viver sem objetivo ou propósito, além de manter sua posição, é não ser um bom servo, mas, sim, ser um servo indolente, e já condenado. Ao meditarmos sobre este assunto, que possamos dizer, cada um de nós, a si mesmo: "Sou eu, Senhor?"

O senhor chamou esse criado de *servo mau*. Será, portanto, algo ruim ser inútil? Sim. Mas a maldade não deveria significar uma ação positiva? Claro que não. Não fazer o certo é ser mau; não viver por Cristo, também; não ser de utilidade neste mundo é ser mau; não glorificar o Senhor, igualmente; ser indolente, do mesmo modo, é ser ruim. Evidentemente, há muita gente perversa neste mundo que não gostaria de ser chamada assim. *Mau e preguiçoso*(Mt 25.26) são duas palavras usadas juntas nessa parábola pelo Senhor Jesus, cujo discurso é sempre sábio. Um aluno foi inquirido pelo professor: "O que estava fazendo, John?" Ele fora chamado; e pensou ser bem considerado ao responder: "Nada; não fazia nada, senhor". O mestre, porém retrucou: "Exatamente por isso o chamei, John; deveria estar fazendo a lição que lhe passei". De nada adiantará você clamar, no final: "Não estava fazendo nada, senhor!" Não foi ordenada aos inúteis uma maldição justamente porque nada fizeram? Como está escrito: *Amaldiçoai a Meroz, diz o anjo do Senhor, amaldiçoai seus habitantes; porquanto não vieram em socorro do Senhor, em socorro do Senhor, entre os valentes* (Jz 5.23). Aquele que nada faz é um servo mau e preguiçoso.

Esse homem foi condenado às trevas. Notem bem: foi condenado a ser o que era, pois o inferno pode ser descrito, em suma, pela palavra final do Senhor que diz *assim como fostes* (Cl 2.7): *Quem é injusto, faça injustiça ainda; e quem é sujo, suje-se ainda* (Ap 22.11). No outro mundo, há permanência do caráter: a manutenção da santidade é o céu, e o mal contínuo é o inferno. Ele estava fora das benesses do seu senhor: considerava seu senhor um duro patrão, provou não ter amor algum por ele e de fato não se considerava

SERVOS INÚTEIS | 1125

alguém da casa. Ele se encontrava, na verdade, fora de tudo aquilo, e por isso seu senhor ordenou que o lançassem fora dali. Achava-se também na obscuridade: tinha noções completamente errôneas de seu senhor, que não era propriamente um homem inteiramente rigoroso e austero e que não juntava onde não havia espalhado nem colhia onde não havia semeado. Foi, portanto, como se o seu senhor dissesse: "Você já se acha voluntariamente na escuridão: resida, então, nas trevas exteriores".

Esse homem, na verdade, deveria ser um invejoso: não suportaria a prosperidade de seu patrão; rangia os dentes ao pensar nela. Foi condenado a se manter neste pensamento e assim ranger os dentes para sempre. Esta é uma terrível ideia de castigo eterno: a permanência desse caráter como espírito imortal: *Quem é injusto, faça injustiça ainda.* Embora permanente, o caráter do indigno, no entanto, será também desenvolvido mais e mais, seguindo sua própria linha: os pontos ruins tornar-se-ão cada vez piores e, nada tendo para restringi-lo, o mal se tornará mais maléfico ainda. Na vida futura, não havendo obstáculo da existência de uma igreja e um evangelho, o homem pode amadurecer para uma maturidade mais trágica ainda de inimizade para com Deus e um grau ainda mais horroroso de consequente miséria. O sofrimento está conectado ao pecado: se vive em pecado, o homem necessitará obrigatoriamente viver em desgraça; pois o mal é como um mar revolto que nunca descansa e cujas águas levantam continuamente ondas de sujeira e lodo. Ele permanecerá para sempre fora da família de Deus! Nunca virá a ser filho de Deus! Para sempre nas trevas! Nunca terá a luz do conhecimento santo e da esperança e da pureza! Ranger para sempre os dentes com doloroso desprezo e repulsa a Deus, a quem odiar é o inferno! Oh, que a graça se faça amor por aquele a quem amar é o céu. O servo inútil tinha um terrível saldo a apresentar quando foi ter com o seu senhor, mas quem poderá dizer que não o houvesse merecido? Teve a devida recompensa por seus feitos. Ó nosso Deus, permita que tal não seja o destino de nenhum de nós!

Devo agora chamar a atenção de vocês para o segundo texto:

Assim também vós, quando fizerdes tudo quanto o que vos for mandado, dizei: Somos servos inúteis; fizemos somente o que devíamos fazer (Lc 17.10).

Eis um verdadeiro VEREDICTO DE AUTO-HUMILHAÇÃO, saído do coração de servos que completaram arduamente o trabalho do dia. Esta é uma advertência do Senhor destinada a repreender toda ideia de autoimportância e mérito próprio. Quando o servo arasse a terra ou alimentasse o rebanho, seu senhor deveria lhe dizer: "Vá descansar, e esperarei por você que volte, pois lhe sou devedor de muitos favores"? Não; o senhor ordenaria que o servo, depois, preparasse a refeição vespertina e o esperasse para então poder comer. Seus serviços eram considerados sempre como devidos e, por isso, seu senhor não o elogiaria como se fosse uma maravilha ou um herói. Mesmo trabalhando do nascer do sol ao ocaso, estaria apenas cumprindo seu dever, e jamais poderia esperar ter seu trabalho como objeto de admiração ou recompensado com pagamento dobrado e humildes agradecimentos por parte do amo. Assim também, não podemos nem devemos nos gabar do nosso serviço a Deus, nem pensar com altivez a respeito dele, mas, sim, confessar que somos servos inúteis e que nada temos feito além da nossa mera obrigação.

Qualquer que tenha sido o constrangimento causado pela primeira parte desse sermão, confio em que haverá de nos ter preparado para ingressarmos no espírito desse segundo texto. Ambos esses textos gravaram-se em meu coração como pena de ferro, com uma ferida dolorosa, infligida quando eu era ainda muito fraco para suportá-la. Estava então muito doente, vivendo no sul da França, profundamente deprimido no espírito — tão profundamente deprimido e tão mal que eu não sabia como poderia sobreviver. Uma dessas pessoas maliciosas que comumente perseguem figuras públicas, especialmente ministros de Deus, mandou-me então uma carta anônima, endereçada *Ao servo inútil C. H. Spurgeon.* Essa carta continha excertos de textos contra os inimigos do Senhor Jesus, com passagens marcadas e sublinhadas e notas que dirigiam tais passagens à minha pessoa. Que Rabsaqués devem ter escrito para mim naquela ocasião! Li, como de costume, com a paciência que nasce do hábito, mas ela acendeu em mim um fogo abrasador. Hoje não mais peço a Deus perdão por esse aborrecimento a mim causado, tampouco o acho duro de suportar, mas naquela hora, sob grande sofrimento e com o espírito deprimido, aquela carta repleta de insultos pareceu me dilacerar. Caí arrasado no leito, me perguntando: "Sou, então, um servo inútil?"

Penei bastante, sem conseguir levantar minha cabeça nem achar descanso. Revi minha vida, minhas enfermidades, minhas imperfeições, mas não sabia como achar descanso — até que este segundo texto me trouxe alívio e serviu como veredicto do meu coração ferido. Disse a mim mesmo: "Espero não ser um servo inútil, no sentido que essa pessoa tentou exprimir; mas o sou, assumidamente, em outro sentido". Lancei-me para meu Senhor e mestre novamente, com maior compreensão do sentido do texto do que havia depreendido anteriormente: seu sacrifício expiatório me fez reviver e em humilde fé encontrei descanso. Aliás, pergunto por que algum ser humano sentiria prazer em tentar infligir dor àqueles que estão doentes e deprimidos; ainda assim, há pessoas que se deleitam em proceder deste modo. Mesmo que não haja espíritos malignos lá embaixo, há alguns aqui em cima, e os servos do Senhor Jesus recebem dolorosas provas de sua existência. Deixem-me dizer-lhes, então, que, se vocês por acaso experimentaram algum desconforto ou constrangimento por causa do primeiro texto, gostaria de conduzi-los ao ponto em que pessoalmente cheguei quando pude, por fim, agradecer a Deus por aquela carta, sentindo como que um salutar bálsamo para a minha alma.

Isso que o Senhor deseja manifesto em nossa boca, como confissão de que somos servos inúteis, tem o objetivo de nos amavelmente repreender quando julgamos ser alguém especial e que fizemos algo mui digno de louvor. Tem a intenção de nos repreender se pensarmos já haver feito mais que o suficiente, carregado o fardo e o calor do dia por tempo demasiado ou trabalhado além do horário. Se concluirmos que já atingimos um bom dia de trabalho na colheita e devemos descansar, o texto nos irá repreender. Se sentirmos uma desmedida vontade de conforto ou que o Senhor deveria nos oferecer alguma recompensa extra e maravilhosa pelo que fizemos, o texto nos deixará embaraçados. Esses pensamentos são orgulhosos, infantis, não consoantes com o espírito de um servo e devem ser firmemente debelados.

Em primeiro lugar: *de que modo podemos ser úteis a Deus?* Bem disse Elifaz: "Pode o homem ser de algum proveito a Deus? Antes a si mesmo é que o prudente será proveitoso. Tem o Todo-poderoso prazer em que tu sejas justo, ou lucro em que tu faças perfeitos os teus caminhos?" Se dermos a Deus do nosso próprio ser, será ele nosso devedor? De que maneira poderíamos enriquecer mais aquele a quem pertence todo o ouro e toda a prata? Mesmo que vivamos nossa vida com a devoção dos mártires e dos missionários, em seu nome, o que isso significa para ele, cuja glória preenche os céus e a terra? Como podemos, então, sequer sonhar em ter o eterno em dívida para conosco? O certo é dizer como Davi: *Tu és o meu Senhor; além de ti não tenho outro bem. Quanto aos santos que estão na terra, são eles os ilustres nos quais está todo o meu prazer* (Sl 16.2,3). Como pode alguém colocar seu criador numa posição de obrigação para com ele? Que jamais pensemos de maneira tão blasfema.

Queridos irmãos, devemos sempre ter em mente que *qualquer que tenha sido o serviço que prestamos, foi uma questão de dívida nossa.* Esperemos que nossa moral não caia tão baixo a ponto de nos vangloriarmos em haver pago nossas dívidas. Não vejo homens de negócios se gabando: "Hoje paguei mil libras que devia". "Você doou essa quantia?" "Oh não; eu devia mesmo". Será isso para eles algo espetacular? Então, por que chegarmos a um estado moral tão baixo a ponto de acharmos que fizemos algo demais quando damos a Deus o que lhe é devido? *Foi ele quem nos fez, e somos dele* (Sl 100.3). Jesus Cristo nos comprou: não somos nossos, pois *por preço fostes comprados* (1Co 6.20). Estabelecemos também um pacto com ele e a ele nos demos voluntariamente. Não somos batizados em seu nome e em sua morte? O que quer que possamos fazer, ele tem todo o direito de nos cobrar por nossa criação, redenção e professada entrega a ele. Depois de labutarmos na dura tarefa de semear até que nenhum campo seja deixado intocado; depois de termos realizado todo o trabalho de alimentar o rebanho; depois de havermos terminado de montar a mesa da comunhão para o nosso Senhor — depois de termos feito todas as nossas tarefas, não teremos feito mais que a nossa obrigação. Por que então nos orgulharmos, ou clamarmos por alívio, ou esperarmos por agradecimento?

Antes e depois disso está a pura reflexão de que *em tudo o que fizemos fomos e somos inúteis, por sermos imperfeitos.* Na semeadura, deixamos muita terra ainda intocada; no alimentar do rebanho, houve falhas e esquecimentos; no pôr da mesa, as provisões não estavam à altura do Senhor a quem servimos. Como

SERVOS INÚTEIS | 1127

deverá parecer o nosso serviço a ele, de quem lemos: *Eis que Deus não confia nos seus servos, e até a seus anjos atribui loucura?* (Jó 4.18). Algum de vocês consegue ver o serviço prestado a seu Senhor como satisfatório? Se sim, não posso dizer que o invejo, pois não concordo com você no menor grau que seja, mas temo, sim, por sua segurança. Quanto a mim, sou levado a dizer, com toda a honestidade, que não estou nada contente com tudo o que já fiz. Quase desejei viver minha vida de novo, mas agora me arrependo de que meu coração orgulhoso me tenha feito pensar assim, já que a probabilidade é que eu fizesse tudo de maneira pior da segunda vez. O que quer que a graça tenha feito por mim, reconheço, com enorme gratidão; mas o que quer que eu haja feito por meu próprio esforço, por essas coisas peço perdão. Rogo a Deus que perdoe minhas orações, pois estavam repletas de erros; suplico que perdoe até mesmo essa confissão, pois não é humilde como deveria ser; suplico que limpe minhas lágrimas e purifique minha dedicação; que me batize na verdadeira morte e ressurreição do meu Salvador; que eu seja esquecido em mim mesmo e lembrado apenas nele. Ó Senhor, tu sabes quanto nos esquecemos da humildade que temos de sentir! Perdoa-nos. Somos todos servos inúteis e, se nos julgares pela lei, seremos todos lançados às trevas.

Não nos podemos congratular de modo algum, mesmo tendo sucesso no serviço do Senhor, já que *tudo o que fazemos é devido à abundante graça do Senhor*. Se fizermos toda a nossa tarefa, nada teríamos feito se a graça dele não nos tivesse permitido. Se o nosso zelo não conhece trégua, é ele que mantém o fogo aceso. Se nossas lágrimas de arrependimento correm, é ele quem drena essa água. Se há alguma virtude, se há algum louvor, se há fé, se há fervor, se há qualquer semelhança a Cristo, então somos sua obra, por ele criados, e, portanto, não há por que ousarmos tomar para nós mesmos uma única partícula do louvor. De ti mesmo é que te damos, grande Deus! Se algo for digno de ser aceito é porque já pertencia antecipadamente a ti. Então, mesmo os melhores servos entre nós são inúteis.

Se tivermos alguma razão de arrependimento em particular, por conta de erro evidente, é aconselhável nos humilharmos e confessarmos a Deus nossa falha, continuando a realizar o trabalho de cada dia com espírito concentrado e esperançoso. Sempre que você ficar aborrecido por não conseguir realizar o que pretendia; sempre que vir erros em seu próprio serviço e se condenar por isso, a melhor coisa a fazer é realizar algo mais com a força do Senhor. Se até agora você não serviu bem a Jesus, procure fazer mais. Se cometeu um erro crasso, não conte a todos, mas diga a si mesmo que jamais voltará a cometê-lo, e faça duas coisas boas para compensar um fracasso só. Ore: "Meu bendito Senhor e mestre, não mais serei um perdedor no que depender de mim. Não mais me afligirei pelo passado, mas compensarei no presente e despertarei para o futuro". Tente ser mais útil, irmão, e peça a Deus por mais graça. O dever do servo não é se esconder em um canto do campo e chorar, mas, sim, arar; não balir com as ovelhas, mas alimentá-las; e, assim, provar o seu amor a Jesus. Não se deve ficar na ponta da mesa e dizer: "Não consegui servir a mesa para meu mestre como desejaria". Não; vá e sirva-a melhor. Tenha coragem. Afinal, você não está servindo a um senhor duro; e, ainda que você se considere, apropriadamente, um servo inútil, tenha ânimo, pois mais à frente um veredicto mais tenro será dado sobre você. Você não é o seu próprio juiz do bem ou do mal; o verdadeiro Juiz bate à porta, e, quando entrar, fará melhor juízo de você do que sua autoadmoestação lhe permite acreditar: ele o julgará pela regra da graça, e não pela lei, pondo fim a todo terror advindo do espírito legalista que paira sobre você com asas de vampiro.

Vamos assim, agora, ao terceiro texto:

Disse-lhe o seu senhor: Muito bem, servo bom e fiel — (Mt 25.21).

Não tentarei pregar sobre tão animadora palavra; direi apenas uma ou duas coisas a respeito. Trata-se de um texto muito grande para ser tratado, como agora, no fim de um sermão. Vemos aqui o Senhor falando àqueles que haviam usado seus talentos de modo habilidoso: *Muito bem, servo bom e fiel*. Este é o VEREDICTO DA GRAÇA. Abençoado é o homem que se assume como servo infiel; e abençoado é o homem a quem diz seu Senhor: *Servo bom e fiel*.

Observe-se que o *Muito bem* do senhor foi *dado à fidelidade*. Ele não disse: "Muito bem, servo bom e brilhante"; pois talvez o homem não tivesse brilhado aos olhos dos que apreciam mais brilho e cintilação. Não disse também: "Muito bem, grande e distinto servo"; pois é possível que o servo nunca tenha tido um reconhecimento por seu trabalho além da vizinhança em torno. Fez conscientemente o seu melhor com "o pouco que tinha", sem desperdiçar a menor oportunidade de fazer o bem, e assim provou ser fiel.

O mesmo elogio foi feito tanto para o servo que recebera dois talentos quanto para o que havia recebido cinco talentos. A situação de cada qual era um tanto diferente; mas a recompensa foi a mesma. *Muito bem, sevo bom e fiel*, foi-lhes dito, e apreciado por cada um deles. Não é doce pensar que mesmo que eu tenha apenas um talento não serei impedido de ouvir um elogio de meu Senhor? É para a minha fidelidade que ele voltará os olhos, não sobre o total dos meus talentos. Posso ter cometido muitos enganos e ter confessado meus erros com muito pesar; mas ele irá me elogiar, como fez à mulher que o ungiu à mesa, de quem disse: "Ela fez o que pôde". Melhor ser fiel em um vilarejo de duas ou três pessoas que infiel em uma grande cidade, com milhares perecendo em consequência disso. Melhor ser fiel em um pequeno encontro numa cabana, falando de Cristo crucificado para meia dúzia de aldeões, que infiel em um grande auditório onde milhares se reúnam. Rogo ao Senhor para que sejam fiéis em dar tudo o que são e possuem para Deus. Enquanto vivam, não importa as falhas que tenham, não sejam indiferentes nem indeterminados, mas fiéis no propósito e no desejo. Este é o sentido do elogio do Juiz: a fidelidade do servo.

Esse veredicto foi *dado pela graça soberana*. A recompensa não foi de acordo com o trabalho, pois, como está no texto, o servo havia sido fiel *sobre o pouco*, só então sendo colocado, pelo seu senhor, *sobre muito*. O veredicto não era, pois, de acordo com o trabalho, mas de acordo com a lei da graça. Nossas boas obras são uma prova da graça contida em nós; nossa fidelidade como servos, portanto, é a prova de termos um espírito amoroso para com o nosso mestre — prova de que o nosso coração foi mudado e fomos levados a amar aquele por quem anteriormente nem tínhamos afeição. Nossas obras são, portanto, a prova de nosso amor e representam assim provas da graça de Deus. Deus primeiro nos dá a graça e depois nos recompensa por isso. Ele opera em nós e então colhe os frutos do nosso trabalho. Labutamos em cima de nossa própria salvação porque *Deus é o que opera em vós tanto o querer quanto o efetuar, segundo a sua boa vontade* (Fp 2.13). Se ele disser *Muito bem* a você e a mim, será por causa da sua rica graça, não por causa de nossos méritos. De fato, é a isto que devemos todos chegar e onde devemos permanecer; pois a ideia de que temos algum mérito pessoal logo nos cria uma falha para com nosso Mestre e para com seu serviço, tornando-o duro e austero.

Às vezes, me admira como homens que negam a doutrina da salvação pela graça como questão teológica acabam admitindo-a, não obstante, em seu próprio favor. Mostram-se controversos a ela e, no entanto, inconscientemente, nela creem. Um caso extremo era o do cardeal Bellarmino, um dos mais inveterados inimigos da Reforma, conhecido antagonista dos ensinamentos de Martinho Lutero. Farei uma citação de uma de suas obras (*Inst. De Justificatione, Lib. v., c. 1*). Diz ele: "Levando em conta a natureza incerta das nossas próprias obras e os perigos da vanglória, o caminho mais seguro é depositar nossa completa confiança na misericórdia e na bondade de Deus". Bem o disseste, cardeal; uma vez que o caminho mais seguro é justamente aquele que escolheríamos, depositando toda a nossa confiança na misericórdia e na bondade de Deus. Está registrado ainda, e eu acredito com muita propriedade, que esse grande homem, que passou a vida inteira pregando a salvação mediante as obras, quando prestes a morrer sussurrou uma oração em latim, cuja tradução seria algo parecido com: "Suplico a Deus, que não pesa nossos méritos, mas graciosamente perdoa nossas ofensas, que ele me receba entre seus santos e eleitos". Era Saul um dos profetas? Teria Bellarmino, por fim, orado como um luterano ou um calvinista? Tal caso faz que tenhamos a esperança de que muitos outros possam ser salvos, mesmo em uma igreja apóstata. Obrigado, Senhor, porque muitos homens são melhores que seus próprios credos particulares e creem em seu coração naquilo que, como polêmicos teólogos, buscam negar. De qualquer modo, sei que se sou salvo ou recompensado é tão somente pela graça e não posso ter outra esperança. Quanto aos que fazem muito pela igreja, sabemos que recusam elogios, dizendo: *Senhor, quando te vimos com fome e te demos de comer? ou com sede, e te demos de beber?* (Mt 25.37). Todos os servos fiéis do Senhor, enfim, não cessam de clamar: *Non nobis domine*: "Não a nós, Senhor, não a nós".

SERVOS INÚTEIS

Por fim, irmãos, com que infinito deleite Jesus preencherá nosso coração se, por meio da divina graça, tivermos tal felicidade de ouvi-lo dizer: *Muito bem, servo bom e fiel*. Oh, se conseguirmos perseverar até o fim, sobrepujando as tentações de Satanás, as fraquezas de nossa natureza e o emaranhado do mundo, mantendo nossas vestes imaculadas, orando a Cristo segundo a medida de nossa capacidade, angariando almas para ele, que honra será! Que alegria ouvir ele nos dizer: *Muito bem!* A música destas duas palavras fará verdadeiramente o céu dentro de nós. Quão diferente será do veredicto daqueles companheiros que estão sempre achando erros nisso e naquilo, apesar de fazermos o nosso melhor. Na verdade, nunca os poderemos contentar — mas contentamos o Senhor. Os homens sempre buscam torcer nossas palavras e julgam mal nossas razões, mas o Senhor tudo compensa, dizendo-nos: *Muito bem!* Pouco importa o que todo mundo haja dito: nem as palavras elogiosas dos amigos nem as duras condenações dos inimigos terão valor algum para nós se ele simplesmente disser: *Muito bem!* Não podemos receber este elogio com orgulho, pois temos de admitir, mesmo assim, que somos servos inúteis; mas, oh, como o amaremos por haver depositado em nós sua estima pelos meros copos d'água que servimos a seus discípulos e pelos pobres e irrisórios serviços que procuramos prestar a ele. Que generosa complacência a sua ao chamar de "benfeito" aquilo que consideramos tão malfeito!

Oro para que os servos de Deus aqui presentes, que esta manhã começam a sondar a si mesmos e são levados a confessar suas imperfeições, terminem por se regozijar no fato de que, crendo em Cristo Jesus e sendo realmente consagrados a ele, concluiremos esta vida e iniciaremos a próxima com o bendito veredicto de *Muito bem, servo bom e fiel!* Atentem, no entanto, para que sejam vocês daqueles que farão tudo e serão fiéis. Ouço pessoas falarem contra justiça própria, para as quais eu diria: "Você não se deve debruçar sobre este assunto, pois não lhe diz respeito; além do que você não tem uma justiça da qual se possa orgulhar". Ouço pessoas falando contra salvação mediante boas obras e declarando que não correm o risco de incorrer nesse erro, pois há muito nada têm a ver com boas obras. Todavia, o que de fato me faz admirar é ver um homem como Paulo, que viveu por Jesus e estava pronto a morrer por ele, dizer, já no fim de sua vida: *Mas o que para mim era lucro passei a considerá-lo perda por amor de Cristo; sim, na verdade, tenho também como perda todas as coisas pela excelência do conhecimento de Cristo Jesus, meu Senhor; pelo qual sofri a perda de todas estas coisas, e as considero como refugo, para que possa ganhar a Cristo, e ser achado nele, não tendo como minha justiça a que vem da lei, mas a que vem pela fé em Cristo, a saber, a justiça que vem de Deus pela fé* (Fp 3.7-9).

Vão, irmãos, e não pensem em descansar até que seu dia de trabalho haja realmente terminado. Sirvam a Deus com toda a sua força. Façam mais do que os fariseus, que esperavam ser salvos pelo seu zelo. Façam mais do que esperam seus irmãos que vocês façam. E então, quando tiverem feito tudo, depositem seus frutos aos pés do redentor, com essa confissão: "Sou um servo inútil". E àqueles que unem a fidelidade à humildade e o fervor à autorreprovação, Jesus dirá: *Muito bem, servo bom e fiel; sobre o pouco foste fiel, sobre muito te colocarei; entra no gozo do teu senhor* (Mt 25.21).

Os dois talentos

Chegando também o que recebera dois talentos, disse: Senhor, entregaste-me dois talentos; eis aqui outros dois que ganhei. Disse-lhe o seu senhor: Muito bem, servo bom e fiel; sobre o pouco foste fiel, sobre muito te colocarei; entra no gozo do teu senhor (Mt 25.22,23).

Toda boa dádiva e todo dom perfeito vêm do alto, descendo do Pai das luzes (Tg 1.17). Tudo o que os homens têm devem agradecer à Grande Fonte, origem de todo bem. Você tem talentos? Eles lhe foram dados pelo Deus dos talentos. Você tem tempo? Dinheiro, influência, poder? Tem dons de oratória? Poder de pensamento? Você é um poeta, um estadista, um filósofo? Qualquer que seja sua situação e quaisquer que sejam seus dons, lembre-se de que eles não lhe pertencem, mas lhe foram doados das alturas. Nenhum homem nada tem que lhe seja próprio, a não ser o pecado; no mais, somos apenas inquilinos. Deus nos colocou em suas propriedades, no-las concedendo: "Ocupem-nas, até que eu volte". Apesar de nossas vinhas não darem muitos frutos, ainda pertencem ao rei, e ainda que delas possamos tirar uma centésima parte para o nosso sustento, deve o rei Salomão ter delas o seu milhar. Toda a honra de nossa capacidade e seu uso devem ser dados a Deus, pois é ele seu doador. A parábola nos diz isso mui claramente, fazendo cada um reconhecer que seus talentos provêm do Senhor. Mesmo o servo que escondera o dinheiro de seu senhor não negou que seu talento a este pertencia; pois, apesar de sua extrema impertinência, sua resposta, *aqui tens o que é teu* (Mt 25.25), confirma tal fato. Mesmo assim, este homem estava mais à frente daqueles que negam suas obrigações para com Deus, que presunçosamente balançam a cabeça à menor menção de obediência ao criador e despendem seu tempo e suas forças muito mais em rebeldia ao Senhor do que a seu serviço. Oh, que possamos todos ser capazes de crer e agir de acordo com a mais evidente de todas as verdades, de que tudo que temos recebemos do Altíssimo!

Há alguns homens no mundo que têm apenas alguns talentos. Nossa parábola diz: *A um deu cinco talentos, a outro, dois* (Mt 25.15). A eles eu me dirijo hoje; e rogo que as coisas que eu diga, embora pequenas, mas claras, sejam abençoadas por Deus, para edificação ou reprovação.

Em primeiro lugar, devo apontar o fato de que *há muitas pessoas que têm apenas alguns talentos*, e atribuo essas quantidades à distribuição de Deus. Em segundo lugar, devo lembrar que *mesmo desses poucos talentos eles devem prestar contas*. E, em terceiro lugar, concluirei fazendo a reconfortante observação que, *se nossos poucos talentos forem corretamente empregados, nem nossa própria consciência nem o juízo do nosso Senhor podem nos condenar por não termos mais.*

I. Em primeiro lugar, então, Deus concedeu a alguns homens poucos talentos. Temos ouvido dizer, muitas vezes, que Deus não fez nenhuma diferenciação mental entre as pessoas. Um homem que se veja obtendo sucesso poderá supor que todos os outros poderiam ou deveriam ser tão diligentes e perseverantes quanto ele e, necessariamente, ser de igual modo vitoriosos. Vocês já devem, frequentemente, ter tomado conhecimento de observações contra ministros, que são dignos e sinceros, mas que não têm muito poder de atração, sendo, por isso, tidos como pregadores monótonos ou indolentes, incapazes de conseguir causar maior impacto no mundo. No entanto, o motivo de serem assim é possuírem pouco talento, estando, na verdade, fazendo o melhor uso daquilo que têm e não sendo merecedores, portanto, de crítica pelo pouco que possam ser capazes de realizar. É um fato, e todo homem o deveria reconhecer, que existem diferenças entre as pessoas desde o nascimento. Nem todas as crianças são precoces e nem

OS DOIS TALENTOS

todas as pessoas são capazes de aprender ou de ensinar. Deus criou grandes e admiráveis diferenças entre todos nós. Não se pode nem se deve acreditar que toda a diferença entre um grande poeta Milton e um homem que nasce e morre sem nem sequer ler corretamente seja devida tão somente à educação. Há, sem sombra de dúvida, originalmente uma distinção e, apesar de a educação poder fazer muito por alguém, não pode fazer tudo sozinha. O solo fértil, bem arado, irá necessariamente produzir mais do que o melhor solo arado duro e estéril. Deus criou grandes e claras diferenças, e temos necessariamente de nos lembrar disso ao lidarmos com os nossos semelhantes, para não falarmos mal, gratuitamente, de alguns daqueles a quem Deus poderá dizer depois: *Muito bem, servo bom e fiel.*

Mas por que será que Deus não deu talentos iguais a todos os seres humanos? Minha resposta imediata é que Deus é soberano e, de todos os seus atributos, junto com o amor, está o de nos mostrar essa soberania. O Senhor Deus quer que os homens, para o seu próprio bem, saibam que ele tem o direito de fazer o que bem entender com aquilo que lhe pertence, ou seja, tudo. Assim é com a salvação, que, ao que nos parece, não dá a todos os homens. E é a seguinte sua única resposta para acusação de injustiça: "Mas, ó homem, quem és tu, que a Deus replicas? Porventura, a coisa formada dirá ao que a formou: Por que me fizeste assim?" A minhoca não tem de murmurar porque Deus não a fez como os anjos, nem o peixe que nada no mar não há que reclamar por não ter asas para voar como as aves no céu. Deus tinha e tem o direito de fazer de suas criaturas o que bem entenda, e, ainda que se oponham a esse direito dele, ele o mantém a salvo e inviolado contra todos que o tentem negar ou contestar. Queira ele, pois, manter esse seu direito e fazer que homens vãos reconheçam que em todos os dons que nos distribui ele nos lembra de sua suprema soberania. "Darei a este homem", ele diz, se assim quiser, "uma mente tão aguda que há de investigar todos os segredos; farei esse outro tão obtuso que apenas os elementos mais básicos do conhecimento ele poderá compreender. Darei a essa pessoa tal riqueza de imaginação que empilhará montanhas e montanhas de imagens, até que sua mente possa alcançar quase a majestade celestial; darei a outra uma alma tão tola que jamais conseguirá compreender um pensamento o mais simples sequer". Por que isso, ó, Deus? Volta a resposta: "Não farei o que desejo com o que me pertence?" [...] *a Rebeca (pois não tendo ainda os gêmeos nascido, nem tendo praticado bem ou mal, para que o propósito de Deus segundo a eleição permanecesse firme, não por causa das obras, mas por aquele que chama), foi-lhe dito: O maior servirá o menor* (Rm 9. 10-12). Assim, está escrito em relação ao ser humano que um deles será melhor que o outro; que um deles terá de se curvar, e outro prevalecerá; pois o Senhor tem todo o direito de dispor de posições e de dons, de talentos e riquezas, como bem lhe aprouver.

Muitos homens questionam quanto a isso; mas, prestem atenção: a mesma coisa de que reclamam em Deus amam em si mesmos. Todo homem gosta de sentir que tem o direito de fazer o que quiser com o que lhe pertence. Todos nós apreciamos ser pequenos soberanos. Se você dá seu dinheiro livre e abertamente a um pobre e chega qualquer outra pessoa e declara de forma impertinente que tem direito também à sua caridade, só por isso você o dá a essa pessoa também? Certamente que não. E quem poderá impedir a grandeza de sua generosidade ao doar o que é seu? É como naquela parábola de Jesus em que, depois de terem alguns homens trabalhado na vinha doze horas, outros, seis, e alguns apenas uma hora, o patrão pagou a todos a mesma quantia, porque assim o quis, e ponto final. Oh, como eu gostaria de obedientemente curvar minha cabeça e dizer: "Ó meu Senhor, tu me deste um talento? Pois eu te glorifico por ele, e rogo para que me dês a graça de usá-lo corretamente. Deste a meu irmão dez talentos? Agradeço a grandeza da tua generosidade para com ele e não invejo meu irmão nem reclamo da tua soberania e bondade". Oh, que eu tenha um espírito que sempre se curve diante da soberania de Deus!

Além disso, se Deus dá a uma pessoa cinco talentos e a outra dois é porque o Criador ama a diversidade. Já foi dito que a ordem é a primeira norma do céu; nesse caso, certamente que a diversidade é a segunda; pois a mais bela diversidade se encontra em todas as obras de Deus. Olhe para o céu à noite: as estrelas não brilham todas com o mesmo brilho; tampouco estão enfileiradas em linhas retas, como os postes das ruas. Agora volte seus olhos aqui para baixo: veja o mundo vegetal, as inúmeras distinções que nele há, desde o cedro do Líbano ao hissopo da parede, que parece como se sob sua ramagem pudesse se esconder um exército, até o minúsculo líquen; Deus fez tudo e tudo muito belo e cheio de diversidade. Olhe para qualquer árvore, veja como cada folha difere de sua companheira — como até mesmo os pequeninos botões que irrompem próximo da primavera diferem uns dos outros; não há dois iguais. Olhe para o mundo animado: Deus não fez cada espécie ou grupo de criaturas iguais. E que variado é o leque, desde o colossal elefante ao coelho, da baleia que faz imensa espuma branca com sua cauda aos pequeninos peixes que percorrem em bandos os ribeirões. Deus fez todas as coisas diferentes, e vemos a diversidade em todo e qualquer lugar. Não duvido de que o mesmo ocorra no céu, pois existem *sejam tronos, sejam dominações, sejam principados, sejam potestades* (Cl 1.16) e diferentes tipos de anjos, diferentes talvez, até, de fileira em fileira. E *uma estrela difere em glória de outra estrela* (1Co 15.41). Por que não deveria a mesma regra se aplicar aos homens? Deus nos faz todos com o mesmo molde? Não, não parece; nossas faces não são iguais; não há dois semblantes exatamente iguais, mesmo em gêmeos; e, apesar de haver semelhanças, há sempre uma diversidade, pequena ou altamente manifesta. E as mentes, seriam iguais? As almas seriam formadas todas do mesmo modo? Por que deveria a criação de Deus ser como a produção de artigos humanos em série, onde tudo é colocado no mesmo forno e posto em um mesmo molde? Não; pelo bem da variedade, ele há de fazer de um homem um novo Davi, e de outro, um novo e desconhecido carregador da armadura de Davi; fará de um homem um novo Jeremias, apto a profetizar, e de outro, um Baruque, que lerá a profecia; um será rico, como aquele que se vestia de púrpura, e outro será pobre, como Lázaro; um falará com voz de trovão, e outro será mudo; um será bom na palavra e na doutrina, outro será débil no discurso e fraco na argumentação. Deus usa sempre da diversidade, e dia virá em que, olhando lá de cima aqui para baixo e vendo o mundo, constataremos que a beleza de nossa história se deve grandemente à diversidade de personagens individuais que dela fizeram parte.

Indo um pouco mais adiante, Deus tem razão mais profunda para isso. Ele concede a alguns homens apenas alguns talentos porque tem muitos e diversos pequenos círculos de assuntos e atividades e gostaria de vê-los completos. Há um grande oceano, que precisa de habitantes. Ó Senhor, tu fizestes o Leviatã para que o habitasse. Há uma gruta secreta, uma caverna escondida, muito distante, nas profundezas do mar; sua entrada é minúscula; não houvesse lá um Leviatã, permaneceria desabitada para sempre: fosse um pequeno peixe, e essa caverna seria um oceano para ele. Há milhares de galhos e ramos nas árvores das florestas; se os pássaros fossem todos águias, como seria a floresta repleta de gorjeios? E como poderiam os ramos mais fracos aguentar somente águias? Mas porque Deus quis que cada ramo tivesse seus próprios cantores, fez cada pequena ave apropriada a empoleirar-se em cada um deles. Cada lugar ou área tem suas criaturas próprias ocupantes, adequadas ao seu tipo e tamanho. Deus sempre age economicamente. Se planeja que um homem seja pastor de uma pequena localidade de quatrocentos ou quinhentos habitantes, que uso não fará de um homem com a capacidade de um apóstolo? Mas se planeja que uma mulher seja humilde professora de seus próprios filhos em casa, educadora de sua própria família, não aconteceria de nem ser magoada ou ficar aborrecida se Deus a fizesse também poetisa e lhe desse dons para que impactasse toda uma nação; a pequenez de seus talentos poderia, de certo modo, se adequar à grandeza da área. No entanto, um jovem capaz de ensinar em uma escola de caridade, se seu intelecto fosse maior talvez ele desdenhasse do trabalho e tal escola ficasse sem seu excelente professor. Existem campos menores, e Deus sabe usar de pessoas menores para ocupá-las; há postos de importante responsabilidade, para os quais deve haver pessoas com mente, nervos e músculos adequados a esses trabalhos. Ele faz uma estátua para cada praça, um quadro para cada galeria; nada ficará vazio; mas, como algumas praças são pequenas, só podem ser ocupadas apenas por estatuetas. A alguns ele dá dois talentos, pois dois bastam; cinco seriam demais.

Mais ainda: Deus dá a alguns homens dois talentos, porque nestes frequentemente ele demonstra a grandeza de sua graça na salvação. Não sei se já ouviram falar de ministros que são grandes conhecedores da doutrina sagrada, detêm sabedoria profunda e discurso abençoado, e por cuja pregação muitos são convertidos, e dos quais, no entanto, nunca se ouviu dizer, ou ao menos sugerir, que muito do seu sucesso poderia ser atribuído a seus conhecimentos e à sua notável oratória. Por outro lado, certamente conhecem também homens de fala áspera, maneiras rudes e sem grandes realizações literárias, aos quais Deus

Os dois talentos | 1133

concedeu o talento de um coração sincero; que falam como filhos do trovão, com linguagem simples, por vezes até áspera, denunciando o pecado e proclamando o evangelho; e, com eles, centenas se convertem. O mundo costuma fazer pouco caso destes. "Não vejo razão para tanto barulho por nada", diz, com desprezo, o acadêmico, "e tanta bobagem não consigo entender; esses homens não sabem coisa alguma". Um crítico pega da pena, mergulha-a na mais amarga tinta e escreve a mais tremenda crítica sobre um homem desses, indo tão longe a ponto de quase dizer que ele tem chifres ou coisas semelhantes. Para o crítico, ele é tudo que é mau e nada do que é bom. Arrasa-o completamente: é tolo, é vão, é desprezível, é arrogante, iletrado e vulgar. Não há palavra ruim o suficiente para descrevê-lo, e algumas teriam até de ser forjadas. Mas o que diria a igreja? Ou o próprio homem atacado? [...] *Deus escolheu as coisas ignóbeis do mundo, e as desprezadas, e as que não são, para reduzir a nada as que são* (1Co 1.28). Assim, ao que parece, Deus por vezes obtém mais glória com o pequeno do que com o grande; e não duvido de que haja feito alguns de vocês com pequena capacidade de fazer o bem, pouca influência e os colocado em um campo bem estrito, para que possa, no último dia, mostrar aos anjos quanto ele pode fazer com tão pouco e em tão pouco espaço.

Saibam, queridos amigos, que há duas coisas que sempre chamarão nossa atenção. Uma é a capacidade manifestada em estupendas massas: vemos o enorme navio, como um Leviatã, e nos maravilhamos só de pensar que foi o homem quem o construiu. Outra, é vermos uma peça tão fina e requintada de artesanato contida em uma área menor que um centímetro quadrado e podermos dizer: "Bem, posso compreender como o homem pode construir um imenso transatlântico, mas não entendo como um artista pode ter tido a paciência, a capacidade e a habilidade manual de fazer algo tão diminuto e tão perfeito". E, ah, meus amigos, e nos parece que Deus não é um Deus maior para nossa compreensão ao vermos o infinito firmamento e as incontáveis estrelas que nele flutuam do que quando vemos um humilde camponês e contemplamos a perfeita palavra de Deus ligada à sua alma, brotando a maior das glórias de Deus de seus lábios mediante seu pequeno talento. A verdade é que o homem pode ser honrado em sua pequenez tão bem quanto em sua grandeza, assim como o Infinito e o Eterno podem ser glorificados acima de tudo ao se debruçarem em direção à miudeza da humanidade.

II. Nosso segundo ponto é que, MESMO com poucos talentos, é preciso prestar contas. É muito apropriado imaginarmos que no dia do juízo algumas pessoas passarão por um processo de julgamento mais longo que outras. Sei que muitas vezes disse involuntariamente, quando lendo a história de Napoleão: "Eis um homem de tremenda capacidade, mestre do mundo; é preciso outra dúzia de séculos para que surja outro homem como este; mas eis um homem, também, que prostituiu toda a sua capacidade pela ambição, carregando seus exércitos como um dilúvio destruidor por toda parte, enviuvando esposas e criando órfãos, não às centenas mas aos milhares, se não aos milhões. Que será de suas rigorosas contas a prestar quando se postar diante do trono de Deus? Não se erguerão testemunhas das planícies da Espanha, da Rússia, da Itália, do Egito e da Palestina para acusar o homem que, para gratificar sua própria ambição, as levou à morte?" Mas lembrem-se que, apesar de Napoleão vir a ser um réu no juízo, cada um de nós estará no mesmo lugar. E, apesar de nossa posição não ser elevada ou de não termos chegado ao ápice da fama, ainda assim nos encontraremos numa posição suficiente para sermos objeto da investigação do Altíssimo; e, se tivemos suficiente capacidade e poder para trazer algum prejuízo ao ser humano, seremos responsabilizados por isso.

"Oh", diz alguém, "Mas pensei que no dia do juízo Deus certamente me pularia; não sou nenhum Tom Paine;[1] não fui líder entre baixos e vulgares infiéis; nunca fui assassino; nem fui também um dos mais destacados pecadores; tampouco perturbador da ordem pública; os poucos pecados que cometi foram praticados silenciosamente, ninguém jamais ouviu falar deles; não acho que seja grande meu mau

---

[1] [NE] Refere-se, certamente, a Thomas Paine (1737-1809), revolucionário inglês, quacre, que tomou parte no movimento e na Guerra da Independência dos Estados Unidos, defendeu os ideais da Revolução Francesa e participou da assembleia constituinte (Convenção Nacional Francesa) ligada a esta. Autor da obra de filosofia deísta *Age of Reason* [A era da razão].

exemplo; pode ser até que meus filhos não tenham sido abençoados por causa do meu comportamento, não obstante minha quantidade de erros foi pequena demais para ter prejudicado seriamente alguém além de mim mesmo. Tenho sido, enfim, tão toleravelmente moral que, apesar de não poder dizer que servi fielmente a Deus, meus desvios do caminho foram, na verdade, muito leves!" Ah, amigos! Talvez vocês nunca hajam pensado tão pouco assim de si mesmos, mas tornar-se insignificantes não os irá desculpar. Tiveram tão poucos talentos confiados a vocês! Então, não haveria maior problema em fazer uso deles. Ao homem que tem muitos talentos se requer um trabalho maior e mais duro para que possa usá-los. Pode até usar a desculpa de que cinco talentos são um exagero para serem usados todos de uma vez. Vocês, no entanto, têm um só ou dois; podem empregar perfeitamente seu talento para render resultados para o Senhor — e isso vai lhes custar, quando muito, um pequeno empenho; mas se viverem, e morrerem, sem empregar esse talento único ou esses dois talentos, sua culpa irá aumentando pelo simples fato de que a quantidade de seus talentos era muito pouca, e os problemas em usá-los, ínfimos também. Se você tiver apenas pouco, evidentemente Deus irá pedir pouco de você; por que, então, não o usa? Se um homem pagasse pelo aluguel de uma casa somente uma libra por ano e não honrasse esse pagamento, não haveria nem um mínimo da possível desculpa que ele poderia dar se o aluguel fosse de mil libras e ele o tivesse deixado de pagar. Quanto menor você for, mais indesculpável será. Deixem-me, então, lembrá-los de que vocês têm de, necessariamente, prestar contas.

Lembre-se, além disso, meu ouvinte, que no dia do juízo esse acerto de contas será pessoal; Deus não irá lhe indagar o que a sua igreja fez —irá lhe perguntar o que você mesmo fez. Pense, por exemplo, em uma escola dominical. Se Deus julgasse todos os seus membros como um só corpo, todos eles diriam: "Ó Senhor, como um só corpo tivemos excelentes aulas e professores", e com isso se livrariam. Mas não; um por um, os professores irão ter com Deus. "Que fizeste pela escola dominical? Dei-te o dom de ensinar as crianças — que fizeste?" "Ó Senhor, mas havia a escola dominical...". Mas isto não tem nada a ver! Que fez *você*? Você não terá de prestar contas pelo grupo a que estava associado, mas, sim, por si mesmo, indi-vidualmente. "Oh", diz alguém, "mas havia alguns ministros fracos; eu trabalhei no Surrey Hall, e muito foi feito por eles". Sim? E o que fez *você*? Você será pessoalmente responsabilizado por sua riqueza e por sua capacidade. "Bem", diz alguém, "fico feliz em poder declarar que há muito mais pregação agora do que havia antes; as igrejas parecem estar mais animadas". Sim, e você parece assumir parte do crédito para si mesmo, não é assim? Por quê? *Você* prega mais do que costumava? Você, que é um ministro, realizou esforços maiores? Lembre-se, não é sobre o que seus irmãos estão fazendo, mas é sobre o que você faz que irá prestar contas no tribunal de Deus; e a cada um será feita esta pergunta: "Que fizestes com o *teu* talen-to?" Todo o seu ralcionamento com a igreja não o beneficiará em nada; serão os seus feitos pessoais — o seu serviço pessoal em relação a Deus — o que será exigido de você como prova da graça salvadora. E se os outros tiverem sido preguiçosos — se não pagaram a Deus o que deveriam —, mais razão ainda haverá por que você deveria ter sido mais diligente em fazê-lo.

Lembrem-se que essa prestação de contas será detalhadamente particular. Deus percorrerá cada parte. No dia do juízo, ninguém poderá fazer uma declaração resumida do todo, mas item por item será revisto. É possível provar isso assim, assim? Sim. *Digo-vos, pois, que de toda palavra fútil que os homens disserem, hão de dar conta no dia do juízo* (Mt 12.36). É nessa minúcia que os homens se perdem. "Bem,", diz um, "se eu olhar para a minha vida toda, talvez não fique muito envergonhado, mas são os itens, essas pequenas coi-sas — esta é a parte problemática dessa prestação de contas, que ninguém cuida em dar maior atenção". Você então se esquece de que o dia de ontem foi todo feito de pequenas coisas? E que todas as coisas que compõem o dia de hoje são pequenas, e que tudo o que você fará amanhã deverá ser constituído de coisas pequenas também? Assim como as pequenas conchas formam as montanhas calcárias, e as montanhas calcárias reunidas formam uma cordilheira, do mesmo modo as ações triviais formam as contas que você irá prestar, e cada uma delas deverá ser vista separadamente. Você tinha uma hora livre ontem — o que fez dela? Você tinha uma boa voz — como a usou? Você tinha uma pena e a podia usar — como a em-pregou? Cada ação será pinçada, e para cada uma haverá uma prestação de contas. Oh, gostaria que você

Os dois talentos | 1135

fosse sábio e não escapasse desse assunto, mas que utilizasse cada nota dele na orquestração do seu comportamento total e buscasse fazer que cada nota entrasse em harmonia com a subsequente, de tal modo que, por fim, o salmo de sua vida não se mostrasse um terrível arranjo discordante. Oh, que você que está sem Deus se lembre de que sua vida é tal que o juízo do último dia poderá acabar apenas em condenação.

Mais ainda: essa conta será muito exata, e não haverá como evitar ou pular essas pequenas coisas. "Oh, mas foram apenas alguns pecadilhos e problemas muito pequenos, de fato; nunca fiz propriamente uma contagem de todos eles." Mas serão todos levados em conta. Quando Deus examinar detalhadamente nosso coração, não apenas verá as coisas grandes, mas também as pequenas; será tudo revisado, desde os níqueis de pecado até os milhares de libras de injustiça — tudo nos será apontado, e a conta justa será feita.

Tenhamos em mente, por último, que a conta será feita de modo inteiramente imparcial no dia do juízo, que tudo será julgado sem levar em consideração posições ou situações. O príncipe será devidamente convocado para prestar contas sobre o uso de seus talentos lado a lado com seus cortesãos e escravos. O mais poderoso imperador será réu no tribunal de Deus tanto quanto o mais pobre aldeão. Todos comparecerão e serão julgados de acordo com os feitos que tiverem realizado. Nossas posições, atividades ou profissões em nada nos beneficiarão. Podemos ter sido os mais homenageados e bajulados hipócritas que jamais contaminaram o mundo com tanto orgulho e arrogância, mas seremos examinados como se tivéssemos sido os mais baixos e vis criminosos. Teremos cada qual nosso próprio juízo ante o tribunal eterno de Deus, e nada poderá influenciar o justo juiz, levando-o a dar opinião favorável ou contra nós além das provas existentes. Oh, como isso tornará rigoroso o juízo, principalmente se não tivermos o sangue de Cristo para o qual apelar! O grande advogado obterá a absolvição para seu povo mediante seu próprio mérito, imputado, mesmo que os pecados dentro de cada um apontem apenas para a condenação. Lembremo-nos de que sem ele jamais conseguiríamos suportar o ardente juízo do temível tribunal. "Quando a lei foi dada", disse uma vez um velho pastor, "o Sinai foi encoberto de fumaça e como que derreteu como cera; quando a condenação da lei for dada, toda a terra irá tremer e ceder. Pois quem será capaz de resistir ao dia do Senhor, ao dia da tremenda ira de Deus?"

III. Nosso último assunto hoje é que, SE PELA DIVINA GRAÇA (e é apenas pela divina graça que isso será realizado) NOSSOS DOIS TALENTOS FOREM CORRETAMENTE EMPREGADOS, O FATO DE NÃO TERMOS TIDO CINCO TALENTOS NÃO NOS IRÁ PREJUDICAR.

Costuma-se dizer de alguém que pertenceu à igreja e veio a falecer haver sido um triunfante guerreiro da verdade e que os anjos se aglomerarão aos portões do céu para vê-lo, pois foi um bravo herói e muito fez por seu Senhor. Um Calvino ou um Lutero, com que aclamação não terão sido recebidos! — homens de grandes talentos e que foram fiéis à sua crença. Sim, mas sabem vocês, também, que há pastores humildes, cujos rebanhos mal contam cinquenta pessoas, e que lutam por eles como se por sua própria vida, que passam horas orando por suas ovelhas, que usam de sua pequena capacidade no esforço de ganhar almas para Cristo. Podemos imaginar que a entrada desses pastores no céu seja menos triunfal que a de um Lutero? Quem achar que sim, não sabe realmente como Deus lida com seu povo. Ele não nos recompensa de acordo com a grandeza dos bens ou talentos que nos são confiados, mas de acordo com a nossa fidelidade, e aquele que for fiel no mínimo será tão recompensado como aquele que o for no muito.

Peço que voltem agora ao texto por um instante para que observem algo. Irão notar que o homem com dois talentos foi ao seu Senhor com confiança tão grande quanto o homem que tinha cinco. *Senhor, entregaste-me dois talentos; eis aqui outros dois que ganhei.* É possível, talvez, que, enquanto esse homem com dois talentos ainda negociava com o que possuía, pensasse frequentemente em seu companheiro que recebera cinco talentos e dissesse para si mesmo: "Oh, como gostaria de poder fazer tanto quanto ele está fazendo! Ele tem *cinco* talentos para trabalhar, e quanto de juros não obterá no próximo ano! Oh, se eu pudesse fazer o mesmo!" E é provável também que, enquanto cumpria fielmente seu dever, muitas vezes orasse: "Ó meu Senhor, dá-me mais capacidade e maior graça para te servir, pois por ti anseio poder fazer mais". E, quando se sentava para reler seus registros, pensasse: "Ah, estes registros não dizem muita coisa. Não há registros de passagens por cinquenta cidades; não posso dizer, como Paulo, que viajei de terra em terra para pregar a verdade. Não; tive de permanecer nesta pequena localidade, lutando por este povo, e, se angariei dez ou doze para a igreja, já terá sido bastante para mim. Ouvi dizer que fulano de tal foi um privilegiado, tendo conquistado duas ou três centenas de almas em apenas um ano; oh, como gostaria de fazer isso! Certamente que quando eu for para o céu terei de rastejar até a porta, enquanto ele, pela graça, será conduzido até lá levando seu rebanho consigo". Pare, detentor de tão pobre e pequena fé, pare! Seu mestre e Senhor não irá lidar assim com você. Quando você for para o céu, sentirá tanta confiança pela graça com seus dois talentos bem aproveitados quanto seu irmão que tinha cinco ou dez, pois, quando chegar lá, estará na presença do seu doce Senhor e dirá: "Sou completo em Cristo. A justiça de Cristo me cobre da cabeça aos pés e, olhando para minha vida passada, posso mais do que nunca dizer: santificado seja o seu nome. Foi pouco o que pude fazer, mas fiz tudo o que podia, por ele. Sei que perdoará meus defeitos e meus erros, e jamais voltarei a me lembrar sem alegria do meu trabalho naquela localidade, pois foi ali que o Senhor me quis e me permitiu trabalhar". Oh, creio, este homem obterá recompensa ainda mais rica em sua consciência do que qualquer outro homem que haja sido o mais aplaudido em público, pois poderá dizer para si mesmo, ao haver depositado toda a sua confiança em Cristo: "Estou certo de que não fiz isso por mera fama, pois coraria de timidez até mesmo sem público. Ninguém jamais leu sobre meus feitos; o que fiz ficou entre mim e Deus, e posso prestar contas a ele, dizendo: 'Senhor, fiz o que fiz por ti, não para me honrar'".

Sim, amigos, devo lhes dizer que muitos sinceros evangelistas neste nosso país trabalham mais duro do que qualquer um de nós e que mesmo assim recebem muito menos honrarias. Sim, poderia também apontar muitos missionários cuja labuta por Cristo está além de qualquer medida de louvor e nunca recebem recompensas; pelo contrário, recebem desprezo e desrespeito. Você vê um desses pobres homens começar a agir assim que sai de seu local de adoração; tem três horas ainda naquela tarde para empregar junto aos enfermos. Veja-o segunda-feira de manhã: tem de ir de casa em casa, quase sempre com portas sendo batidas à sua cara, exposto à gentalha e a bêbados, por vezes zombado e ridicularizado, lidando com pessoas de muitos credos ou de nenhum credo. Segue trabalhando, tem uma pequena reunião à tarde, em que reúne um pequeno rebanho e busca pregar a eles, conseguindo de vez em quando converter um homem ou uma mulher; mas não recebe honrarias por isso. Apenas leva esse convertido ao ministro e diz: "Pastor, eis um bom homem; acho que está convertido; o senhor aceitaria batizá-lo e recebê-lo em sua igreja?" O ministro recebe todo o crédito pelo feito, mas quanto ao missionário pouco ou nada é dito dele. Terá, talvez, apenas seu nome, sr. Brown ou sr. Smith, mencionado no relatório, mas as pessoas não pensarão muito nele, a não ser, talvez, como um objeto de caridade que deva ser sustentado, quando, na verdade, ele é o homem que lhes dá caridade, doando todos os seus fluidos e seu sangue e os ossos de sua vida por míseras sessenta libras por ano, insuficientes até para impedir que sua família passe necessidade. Mas ele, quando deixar esta vida, meu amigo, não terá uma aprovação menor de sua consciência do que a de um homem a quem haja sido permitido ficar à frente de multidões e incitar a nação inteira a crer. Ele se apresentará diante do Senhor vestido da justiça de Cristo e com toda a sinceridade e sem temor dirá: *Entregaste-me dois talentos; eis aqui outros dois que ganhei.*

Além do mais, e para concluir, vocês podem observar, na parábola, que não há diferença na aprovação do senhor — nem na recompensa. Em ambos os casos, eles o ouvem dizer: *Muito bem, servo bom e fiel; sobre o pouco foste fiel, sobre muito te colocarei; entra no gozo do teu senhor.* Eis Whitfield, homem que esteve diante de até vinte mil pessoas para pregar; que na Inglaterra, na Escócia, na Irlanda e na América testemunhou a verdade de Deus e que podia contar aos milhares as pessoas que levou a Cristo, mesmo em um único sermão! Lá está ele, o homem que resistiu à perseguição e ao escárnio, sem ser afetado — homem de quem o mundo era indigno, que viveu por seus companheiros e que morreu por eles; está entre os anjos e é admirado, enquanto o Mestre o toma pela mão e diz: *Muito bem, servo bom e fiel; entra no gozo do teu senhor!* Note como a livre graça honra o homem a quem capacitou tanto. Mas espere! Quem é aquela pessoa que vem lá? Uma criatura malvestida, que em terra foi tuberculosa; apresenta esse sinal em sua face, e esteve por três longos anos de cama por causa da doença. Seria ela a filha de um rei, pois o céu se

Os dois talentos | 1137

agita por causa dela? Não; foi uma pobre garota, que tirava seu sustento da agulha e trabalhou até a morte — costurando, costurando e costurando, de manhã até a noite! Lá vem ela. Foi prematuramente para o túmulo, mas agora vem, como uma espiga de trigo inteiramente amadurecida, para o céu; e seu mestre diz: *Muito bem, serva boa e fiel; sobre o pouco foste fiel, sobre muito te colocarei; entra no gozo do teu senhor.* E ela vai ocupar seu lugar, ao lado de Whitfield. Pergunte o que ela fez e descobrirá que vivia num sótão escondido, em um beco escuro de Londres; e que lá havia outra pobre garota a trabalhar e que, quando veio trabalhar com ela, era uma criatura alegre e volúvel, e que a garota tuberculosa lhe contou sobre Cristo; e que, quando a primeira se sentia bem, costumavam deixar aquele lugar de noite para ir a uma igreja juntas. Foi difícil no começo fazer que a outra garota fosse, mas ela se empenhou em convencê-la; e, mesmo quando a garota se recusava, ela não desistia. Dizia: "Gostaria que você amasse o seu Salvador"; e, quando não a acompanhava, ela orava pela amiga, mas, se estavam juntas, oravam juntas; e que, vez por outra, quando estavam costurando, ela costumava ler uma página da Bíblia em voz alta, pois a outra não sabia ler. Com muita emoção e lágrimas, ela procurava contar sobre o Salvador que a amava e que se havia dado por ela. Por fim, depois de muita insistência e muitas horas de triste decepção e muitas noites de insone oração, pôde ver a amiga professar seu amor a Cristo; então, ficou mais doente e assim foi até que chegasse a um hospital, onde viria a falecer. Quando no hospital, costumava ter com ela alguns folhetos, que distribuía para aqueles que a visitavam; procurava, sempre que podia, trazer as pessoas para junto de si e lhes dava um folheto. Logo que chegou ao hospital e ainda podia levantar de sua cama, costumava chegar ao leito de alguém que estava morrendo, para falar de Jesus; até que ficou muito doente e passou a pedir a uma pobre mulher do outro lado da enfermaria, que estava melhor, se poderia ler para ela um capítulo da Bíblia; não queria, porém, que a outra lesse somente em seu benefício, mas achava que a própria leitora poderia ser tocada enquanto estivesse lendo a passagem para ela. Essa pobre garota, por fim, adormeceu em Jesus; e dele a pobre costureirinha que fora tuberculosa ouviu: *Muito bem* — e que mais poderia um arcanjo ter dito? "Ela fez o que pôde".

Vejam, pois, a aprovação do Senhor, e sua última recompensa será igual para todos os homens que tiverem usado bem seus talentos. E, se houver gradação na glória, não será distribuída de acordo com os talentos, mas de acordo com a fidelidade com que os empregarmos. Todavia, quanto a haver gradação ou não, não sei; uma coisa, no entanto, eu sei: aquele que faz a vontade de seu Senhor dele há de ouvir: *Muito bem, servo bom e fiel.*

Agora, amigos, apenas mais uma palavra. Eu lhes disse que há muitos que pregam o evangelho continuamente. Poderia lhes trazer algumas cartas, escritas por pobres missionários, para que as lêssemos, mas acho que seria uma indelicadeza e não gostaria de fazê-lo. Todavia, quando fiz isso, em um ano anterior, a coleta para as missões foi duas vezes maior; de modo que estou quase considerando quebrar a etiqueta a fim de poder ajudá-los. No entanto, quero categoricamente lhes revelar, neste momento, que, se há carência maior em algum lugar, está entre os ministros das igrejas batistas na Inglaterra; e lamento lhes dizer que uma das causas é a falha do próprio povo; somos tão parcos no hábito de doar que há ministros nossos que até passam fome. Acham que se Cristo disser futuramente *Muito bem* para muitos dos humildes pastores é porque ele tenciona que sua igreja passe fome hoje, quando recebem de trinta a quarenta libras por ano? Mas, amigos, se Cristo vai dizer *Muito bem*, podemos perfeitamente antecipar o veredicto dele e dizer também *Muito bem* ainda hoje. E haverá forma melhor de dizer *muito bem* do que tirando o jugo do boi que ara a terra e dando a esses pobres ministros algo de nossa própria colheita, que Deus nos ajude, para que suas necessidades sejam supridas? Há uma boa dúzia de pessoas que dependerão no próximo ano do que vocês doem este ano; lembrem-se disso e ajudem. Um gentil cavalheiro que sempre vem aqui me disse outro dia: "Pensei que não pudesse vir hoje, então adiantei minha contribuição para ser depositada pelo próprio ministro". Confio em que, se houver alguém que acha que poderá não estar aqui no próximo culto, não esqueça da coleta. Ela é sempre importante, de coração, para a minha igreja.

A RECOMPENSA DO JUSTO

Quando, pois, vier o Filho do homem na sua glória, e todos os anjos com ele, então se assentará no trono da sua glória; e diante dele serão reunidas todas as nações; e ele separará uns dos outros, como o pastor separa as ovelhas dos cabritos; e porá as ovelhas à sua direita, mas os cabritos à esquerda. Então dirá o rei aos que estiverem à sua direita: Vinde, benditos de meu Pai. Possuí por herança o reino que vos está preparado desde a fundação do mundo; porque tive fome, e me destes de comer; tive sede, e me destes de beber; era forasteiro, e me acolhestes; estava nu, e me vestistes; adoeci, e me visitastes; estava na prisão, e fostes ver-me (Mt 25.31-36).

É muitíssimo benéfico para nossa alma ascender do presente mundo maligno a algo mais nobre e melhor. As preocupações do mundo e a falsidade de suas riquezas são capazes de sufocar tudo de bom que existe em nós, tornando-nos irritados, desesperados e até orgulhosos e carnais. É de bom alvitre que cortemos esses espinhos e ervas daninhas; do contrário, não frutificarão as sementes divinas que entre eles forem lançadas. E melhor foice para podá-los não conhecemos do que focarmos os nossos pensamentos no reino por vir. Em vales da Suíça existem habitantes deformados e anões, cuja maioria carrega uma fronte algo doentia, parecendo ser aquele seu ambiente embebido em miasma, parado e estagnado; passa-se por eles, então, tão rápido quanto possível, sendo uma felicidade sair dali; já acima, nas montanhas, encontra-se uma população robusta, que respira o ar fresco e límpido que sopra das neves imaculadas dos cumes dos Alpes. Faria bem à constituição dos habitantes dos vales se pudessem, com frequência, deixar suas residências em meio aos pântanos e à neblina febril, para desfrutar um pouco da atmosfera acima deles. É para tal aventura de escalada que os convido esta manhã. Que o Espírito de Deus nos dê o impulso que alcançam as asas das águias, para que possamos deixar as névoas do medo, as febres da ansiedade e todas as doenças que se concentram nesse vale terreno e nos alçar ao topo das montanhas da bênção e da alegria futuras, onde será um prazer habitar, em um mundo infinito! Oh, que Deus possa nos desenredar agora, por um pouco, das cordas que nos mantêm presos aqui embaixo e nos permita realizar essa escalada! Alguns de nós permanecemos como águias acorrentadas às pedras, com a diferença de que, ao contrário das águias, começamos a nos acostumar com as nossas correntes; a ponto de, talvez, se postos à prova, fazermos ressalvas para não arrebentá-las. Que Deus nos conceda então a graça, já que não conseguimos de imediato escapar das correntes da vida mortal em relação ao corpo, de assim proceder para com o nosso espírito; e, deixando o corpo como um servo ao sopé da montanha, possa nossa alma, como Abraão, chegar ao topo da montanha, para lá experimentarmos da comunhão com o Altíssimo.

Ao expor o texto, hoje, quero pedir sua atenção, em primeiro lugar, para *as circunstâncias em torno da recompensa do justo*; em seguida, para *sua porção*; e em terceiro lugar para *as pessoas em si*.

I. Há muito o que aprender com AS CIRCUNSTÂNCIAS EM TORNO.

Lemos: *Quando, pois, vier o Filho do homem na sua glória* [...]. Ao que parece, portanto, não devemos esperar receber nossa recompensa logo de imediato. Como trabalhadores diaristas, temos primeiro de realizar nossa tarefa e só receber a paga no fim do dia. Muitos cristãos buscam recompensa imediata pelo seu trabalho e, se obtêm sucesso, começam a se vangloriar como se já estivessem recebendo sua recompensa. Tal como os discípulos que retornaram dizendo: *Senhor, em teu nome até os demônios se nos submetem* (Lc 10.17), eles se regozijam com exclusivismo no êxito incontinenti. No entanto, advertiu justamente o

A RECOMPENSA DO JUSTO

mestre aos discípulos, naquela ocasião, que não considerassem o sucesso dos milagres como recompensa, pois nem sempre seria esse o caso. Aconselhando: [...] *não vos alegreis porque vos submetem os espíritos*, mas, sim, que, em vez disso, se alegrassem *por estarem os vossos nomes escritos nos céus* (Lc 10.20).

Não é o sucesso no ministério a verdadeira recompensa do ministro cristão: pode ser considerado um "adiantamento", mas o salário mesmo ele ainda terá de esperar. Não deve considerar a aprovação de seus companheiros a verdadeira recompensa pela excelência, e muitas vezes, até, descobrirá ser isso exatamente o oposto: verá seus melhores atos serem mal interpretados e seus motivos mal compreendidos. Se você busca sua recompensa *aqui e agora*, devo lembrá-lo das palavras do apóstolo: "Se é só para esta vida que esperamos em Cristo, somos de todos os homens os mais dignos de lástima". Outros homens recebem de imediato sua recompensa devida; até mesmo os fariseus recebem a deles: *Em verdade eu vos digo que já receberam a sua recompensa* (Mc 9.41); mas nós não recebemos a nossa aqui. Ser desprezado e rejeitado pelos homens, eis o que mais cabe ao cristão neste mundo. Nem sempre ele desfruta de boa reputação mesmo entre os demais cristãos. Nem mesmo o que recebemos dos santos é sempre bondade, lealdade e amor puro. Digo, portanto, que, se esperam por uma recompensa procedente da noiva de Cristo, poderão ficar frustrados; e, se esperam receber alguma coroa até mesmo das mãos de seus irmãos de ministério que conhecem suas obras e compartilham de suas provações, estão enganados.

Quando, pois, vier o Filho do homem na sua glória é que, então, seremos recompensados; mas não hoje, nem amanhã, e nunca no nosso tempo neste mundo. Não reconheçam nada do que receberem, nenhuma honra que lhes seja imputada, como sendo recompensa do seu serviço ao Senhor; tal recompensa está reservada para *quando vier o Filho do homem na sua glória*.

Observem, agora, com deleite, a augusta pessoa por cujas mãos será dada nossa recompensa. Está escrito: "Quando, pois, vier *o Filho do homem...*". Irmãos, podemos amar os servos do Filho de Deus e nos deliciarmos em sermos contados junto com eles; afinal, não é nada ruim servir àquele cuja cabeça, antes coroada com espinhos, agora é ornada com glória. Mas é maravilhoso saber que o serviço de nos recompensar não será delegado por ele a seus servos. Lá estarão os anjos e os servos e irmãos do Senhor também; mas os céus não foram preparados por eles nem nos podem, portanto, ser dados por eles. Suas mãos não nos renderão a coroação; tomaremos parte em seus cânticos, mas seus cânticos não serão a recompensa para nós; nós nos curvaremos com eles, e eles, conosco, diante da majestade do rei, mas a eles não será dado nos entregar a recompensa — tal coroa engastada de estrelas é pesada demais para as mãos de um anjo, e a bênção a ser dada, santa e doce demais para ser pronunciada até mesmo por lábios seráficos. Deve o próprio nosso Senhor, em pessoa, nos dizer: *Muito bem, servo bom e fiel* (Mt 25.21). Que dizer disso, meus queridos irmãos? Vocês têm sentido provavelmente com frequência a tentação de buscar a aprovação dos irmãos, o assentimento do ministro, o olhar gentil de homologação de seus pais ou o elogio de seus companheiros de trabalho. Tudo isso vocês valorizam, e eu não os culpo. Mas essas coisas podem vir a lhes faltar; portanto, não as considerem como sendo a recompensa. Terão de esperar até a vinda do rei e, então, não serão seus irmãos, seus pastores, seus pais, nem seus colaboradores, mas o Rei em pessoa, que lhes dirá: *Vinde, benditos de meu Pai!* Quão mais esplêndido isso torna o céu! Esse será o presente do próprio Cristo. Quão duplamente abençoada se torna uma bênção assim! Vocês o ouvirão dos lábios dele, derramado como mirra e fluindo como mel. É Cristo, amados, que se tornou desejo para nós, é ele quem virá em pessoa nos abençoar. Desfrutem disso como bom bocado do céu em sua boca!

Não importa a natureza na qual nosso Senhor Jesus aparecerá. O que importa é que ele será então revelado como verdadeiramente o Filho de Deus, ou seja, o rei. *Quando vier o rei...* (Js 11.1). É para ele como rei que prestamos o serviço, e é dele como rei que a recompensa deverá vir então; e disso surge uma pergunta de autoexame: "O rei não recompensará os servos de outro príncipe — sou, então, realmente, servo dele? Poderei desfrutar da alegria de esperar no limiar de seus portões, tal como Mardoqueu sentado junto ao palácio de Assuero — bem à entrada? Diga minha alma, você serve de fato *ao rei?*" Não me refiro aos reis e rainhas comuns, deste mundo — que esses tenham seus servos leais como súditos; mas, sim, àquele que tem os santos como seus servos, nosso Senhor Jesus Cristo, rei dos reis — você é um dos seus servos? Se não for, não haverá recompensa para você, quando o Rei vier em sua glória. Anseio em meu coração reconhecer que realizo um ofício real para Cristo, mais do que qualquer outra coisa. Tem sido de fato um prazer para mim pregar a vocês sobre o Cristo crucificado, e *longe esteja de mim gloriar-me, a não ser na cruz de nosso Senhor Jesus Cristo* (Gl 6.14); mas quero por mim mesmo tê-lo em seu trono, reinando em meu coração e exercendo seu direito de fazer de mim o que ele bem entender, para que eu possa chegar ao menos à condição de Abraão, que, quando Deus lhe ordenou que entregasse seu filho Isaque, nada questionou, mas disse, simplesmente: *Eis-me aqui* (Gn 22.1). Amados, procurem conhecer e sentir o poder controlador do rei; do contrário, quando ele vier, se vocês não o reconheceram como rei, ele não os reconhecerá como servos; e é apenas aos servos que o rei dará a recompensa de que fala o texto, *quando, pois, vier o Filho do homem*.

Prosseguindo. "Quando, pois, vier o Filho do homem *na sua glória…*" — é impossível compreender a totalidade disso.

> O mais longo alcance da imaginação
> encerra-se na contemplação.

De uma coisa, porém, sabemos — e é o mais maravilhoso que poderíamos saber —, que, se somos participantes com Jesus de seus sofrimentos, seremos também participantes do esplendor que então o haverá de circundar. Amados irmãos, vocês são um com Cristo Jesus? São sua carne e seus ossos? Ligam-se a ele em união vital? Então, vocês estão com ele em seus sofrimentos; tomaram sua cruz e com ele suportaram o desprezo dos homens; e estarão com ele, sem dúvida, quando a cruz for definitivamente substituída pela coroa real. Mas julguem-se a si mesmos esta manhã; se não estão com ele na regeneração, não estarão com ele também quando vier em glória. Se tremerem com o lado obscuro e triste dessa comunhão, não hão de compreender sua parte radiante e feliz, quando o rei virá em sua glória, trazendo consigo seus santos anjos. O quê? Os anjos virão com ele? Venha, então, minha alma, não fique longe dele! Se os amigos dele serão chamados a ver a majestade, que dizer então de você, ó minha alma, que é unida a ele? Ficará distante? Apesar de vir a ser o dia do juízo, você não poderá ficar longe do coração que, tendo admitido até anjos em sua intimidade, admitiu também a você em união. Pois ele mesmo disse a você, ó minha alma: *E desposar-te-ei comigo para sempre, sim desposar-te-ei comigo em justiça, e em juízo, e amorável benignidade e em misericórdias* (Os 2.19); e seus próprios lábios declararam: *E desposar-te-ei comigo em fidelidade, e conhecerás ao Senhor* (Os 2.20). Pois se até os anjos, que são seus amigos e aliados, estarão com ele, não há dúvida de que sua amada Hefzibá, em quem "todo o seu prazer se encontra", estará junto a ele e será participante do seu esplendor. Quando ele vier em sua majestade e sua comunhão com os anjos for reconhecida distintamente, sua união com sua igreja se tornará visível. [...] *então, se assentará no trono da sua glória* (Mt 19.28). Eis uma repetição do mesmo motivo pelo qual deverá ser sua hora e minha hora de receber a recompensa de Cristo, se estivermos contados entre seus servos fiéis. Quando *ele* se sentar em seu trono, não será ocasião de seus servos amados estarem em dificuldades. Como eles estiveram com ele em seus sofrimentos, quando o Senhor estiver em seu trono de ouro eles também estarão ali com ele. Não haveria unidade — união com Cristo, por assim dizer — se não houvesse a certeza de que, quando Cristo estiver no trono, eles no trono também estarão.

Quero que vocês observem uma circunstância em particular em relação à ocasião da recompensa. Será também quando *ele separará uns dos outros, como o pastor separa as ovelhas dos cabritos*. Minha recompensa não virá a mim se eu estiver em comunhão com os perversos. Mesmo na terra, vocês terão maior desfrute de Cristo quanto mais separados estiverem dos deste mundo. Tenham a certeza de que, embora o caminho da separação não seja nada fácil, e certamente acarreta perseguição e perda de amigos, é ainda a caminhada mais feliz que há neste mundo. Vocês, cristãos conformistas, que participam em certo grau das alegrias deste mundo, não podem e jamais poderão conhecer, enquanto assim estiverem, a alegria interior daqueles que vivem praticamente sós, mas na amável companhia de Jesus. Quanto mais próximos

A RECOMPENSA DO JUSTO | 1141

vocês estiverem do mundo, mais longe estarão de Cristo, e acredito ainda, mais piamente, que para cada atestado de divórcio dado pelo seu próprio espírito para cada objetivo terreno, de que se afasta sua alma, mais íntima será sua comunhão com seu Senhor. *Esquece-te do teu povo e da casa de teu pai. Então, o rei se afeiçoará à tua formosura. Ele é teu senhor; presta-lhe, pois, homenagem* (Sl 45.10-11). É importante ressaltar que somente depois de o Rei separar as ovelhas dos cabritos ele dirá: *Vinde, benditos de meu Pai*; e apesar de os justos já desfrutarem de felicidade quando não mais encarnados, elevados que estão do túmulo de seus corpos, sua felicidade não será inteiramente plena até que o grande Pastor venha separá-los uma vez por todas, por meio de um grande abismo que não pode ser ultrapassado, de toda e qualquer associação com aqueles que se esqueceram de Deus.

Todas essas circunstâncias reunidas, amados irmãos, nos levam à conclusão de que a recompensa de seguir Cristo não nos será dada hoje, entre os filhos dos homens, nem deverá vir dos homens, nem das excelências deste mundo, nem mesmo será concedida por Jesus enquanto aqui estivermos; mas a gloriosa coroa da vida, que a graça do Senhor dará a seu povo, está reservada para a sua segunda vinda: *Quando, pois, vier o Filho do homem na sua glória, e todos os anjos com ele* [...]. Aguardemos, pois, com paciência, esperemos com alegre expectativa, pois ele virá, e abençoado seja o dia de sua aparição.

II. Passemos agora para o segundo ponto — A PORÇÃO QUE NOS CABE. Cada palavra no texto é sugestiva. Não tentarei esmiuçá-las, mas apenas passarei os olhos por elas. A recompensa do justo é demonstrada não somente na amável bênção a ele pronunciada pelo mestre, mas *sua própria condição dele* nos fornece um prognóstico. O Senhor coloca as ovelhas à sua direita. O céu é a posição da mais elevada dignidade oficialmente já concedida e da mais divina complacência já manifestamente desfrutada. Os santos de Deus estão sempre à sua direita, em conformidade com o juízo da fé, mas após este o estarão mais claramente ainda. Deus tem prazer em estar junto de seu povo e em colocá-lo junto a si mesmo, em posição de protegido. Alguns, no povo, se sentem, por vezes, colocados à esquerda e certamente, ali, tratados pior que os ímpios: *Vi um ímpio cheio de prepotência, e a espalhar-se com a árvore verde na terra natal* (Sl 37.35). *Os olhos dele estão inchados de gordura; transbordam as fantasias do seu coração* (Sl 73.7) — enquanto o povo de Deus parece se ver bebendo água e comendo carne amargadas com absinto e fel. O mundo parece virar de cabeça para baixo; mas o evangelho irá recolocá-lo na posição correta. E, quando o dia da graça findar e o dia da glória chegar, tudo será corrigido por fim; e aquelas ovelhas que vagavam usando pele de cabrito serão então vestidas de trajes resplandecentes, transfiguradas como o Salvador sobre o monte Tabor; aqueles de quem o mundo não era digno chegarão a um mundo que será digno deles; e os mártires cobertos em estacas pelas chamas deste mundo surgirão, triunfantes, em carruagens de fogo e cavalos de fogo, refletindo o esplendor da pomposa aparição gloriosa do Senhor. Sim, irmãos amados, vocês serão o objeto da eterna complacência divina, não em uma comunhão obscura, não manifesta, mas, sim, tendo sua glória revelada ante os filhos dos homens. Seus perseguidores tremerão e rangerão os dentes quando os virem ocupando lugar de honra, à direita do Senhor, enquanto eles, mesmo que hajam vivido vida bem melhor do que vocês na terra, serão condenados a permanecer para sempre nos lugares inferiores. Como o rico morderá sua língua atormentada em vão quando vir Lázaro, antes o mendigo ulceroso jogado no portão, sentado à mão direita do rei eterno e imortal! O céu é um lugar de dignidade. "Lá estaremos como os anjos", diz alguém, mas sei que seremos ainda mais superiores. Pois está escrito sobre ele que em todas as coisas é o nosso representante, que *tudo puseste debaixo de seus pés* (Sl 8.6). E mesmo os serafins, tão ricamente abençoados, *não são todos eles espíritos ministradores, enviados para servir a favor dos que hão de herdar a salvação?* (Hb 1.14).

Voltemo-nos agora para a saudação a ser proferida pelo juiz. A primeira palavra é *Vinde*. É o próprio símbolo do evangelho. A lei dizia: *Ide* (Mc 16.15); o evangelho diz: *Vinde* (Sl 95.1). *E o Espírito e a noiva dizem: Vem* (Ap 22.17) — o Espírito, convidando; a noiva, em intercessão. E quem ouve, diga: Vem, constantemente, laboriosamente, visando a espalhar a boa-nova. Com Jesus nos chamando, *Vinde*, aprendemos que a própria essência do céu é a comunhão. *Vinde!* "Sim, vocês já chegaram perto de mim o suficiente para poderem dizer: Senhor, eu creio, ajuda a minha incredulidade! Na cruz olharam para mim e foram iluminados. Participaram comigo no carregar a cruz. Representam aquilo que está por trás dos sofrimentos do Cristo, como sendo seu corpo, que é a igreja. Venham, portanto! Sempre e sempre, venham! Para sempre, venham! Saiam de seus túmulos, ressurretos! Ergam-se, dentre os ímpios, consagrados! Venham de onde foram lançados na humilhação para se postar ante o grande trono branco! Venham colocar em si mesmos minha coroa e sentar comigo em meu trono!"

Oh, essa palavra, *Vinde*, contém o evangelho em si. Para nós deve ser, portanto, uma eterna alegria ouvir o Salvador dizer: *Vinde*. Confesso a vocês que minha alma poucas vezes esteve tão cheia de alegria que eu não me pudesse controlar como quando meu amado Senhor à minha alma pronunciou: *Vinde*; pois era ele me aceitando em sua sala de banquete, e o estandarte do seu amor sendo brandido sobre mim; e ele me arrebatou do mundo, de suas frequentes preocupações e medos, de suas provações e alegrias, levando-me para *o cume do Amana* [...], *o cume de Senir e de Hermom* (Ct 4.8), onde se manifestou para mim. Quando este *Vinde* chegar a seus ouvidos pelos lábios do mestre, não haverá carne que possa puxar você de volta, não haverá preguiça de espírito nem peso no coração que possa prender você; você virá para sempre; não mais descerá, mas há de escalar em um abençoado excelsior para todo o sempre.

A primeira palavra a ser dita pelo Senhor — *Vinde* — indica que o céu é um estado de comunhão. *Vinde, benditos de meu Pai* é uma evidente declaração de que é um estado de felicidade. Mais que isso é impossível ser abençoado. Cumpre-se o total desejo do coração, e mesmo que o coração seja ampliado e o espírito expandido ao se entrar no infinito, livrando-se de todas as influências malignas da corrupção e do tempo, ainda assim, como tal desejo não tem mais fronteiras, conhece-se uma alegria que nem a maior expansão da alma jamais poderia requisitar. Apenas isso — e isso é tudo o que sabemos: que seremos abençoados de forma suprema. Essa bênção, como vemos, não vem como alegria secundária, porque procede diretamente da grande Fonte primária de todo o bem. *Vinde, benditos de meu Pai*. Beberemos o vinho puro diretamente do lagar, que surge alegremente dos cachos rompidos; colheremos os frutos celestiais dos ramos que nunca envelhecem da árvore imortal; nos sentaremos à cabeceira da fonte e saciaremos nossa sede com as águas que brotam, com incomparável frescor, das profundezas do coração da Divindade; não estaremos sujeitos a ficar sob os raios ardentes de sol, mas seremos como Uriel, o anjo no sol; habitaremos em Deus, e nossa alma se satisfará com sua gentileza e se tornará plena e mais que plena com sua bênção e sua presença eternas.

Observe-se ainda que, conforme revelam as palavras empregadas, trata-se de um estado onde todos têm reconhecido o seu direito de estar ali; um estado de perfeita liberdade, tranquilidade e ausência de temor. Está dito: Entrai na posse do reino. Ninguém temerá perder aquilo que ganhou por herança. Se a posse do céu fosse objeto de mérito, poderíamos temer que nossos méritos não fossem suficientes e, portanto, suspeitarmos de que um dia uma revisão do processo viesse a ser feita e poder sermos expulsos de lá; mas sabemos de quem somos filhos, sabemos de quem é o amor que satisfaz nosso espírito e que quando herdarmos o Reino entraremos nele não como estranhos ou forasteiros, mas como filhos que tomam posse de um patrimônio. Provavelmente nos deslumbraremos com as ruas de ouro e com os muros de pérolas; mas nos sentiremos como se estivéssemos em casa, tendo realmente o direito, não por causa do nosso mérito, mas da graça, sobre tudo que lá houver. Será um estado de êxtase celestial. Os cristãos sentirão de fato a lei e a justiça a seu lado, mas que não somente seus preceitos os levaram ali, como também, e sobretudo, a misericórdia e o amor. A palavra "herança", aqui, significa, na verdade, posse e desfrute plenos. Os cristãos já têm herdado o reino, de certo modo, antes, mas, então, como herdeiros que chegam à maturidade plena, poderão tomar posse, usar e desfrutar de sua própria herança. Não chegamos ainda a tal maturidade, e por isso não nos é dada a posse completa. Mas esperem só um pouco... Esses seus cabelos brancos ou grisalhos sinalizam, meus irmãos, que vocês estão amadurecendo. Estas, estas e estas minhas madeixas ainda "juvenis" me mostram que eu talvez tarde um pouco mais, apesar de que, na verdade, não saiba se o Senhor irá em breve me permitir também ir dormir com meu pai; mas, mais cedo ou mais tarde, seja como ele quiser, iremos tomar posse da Terra Santa. Mas, se já é agradável ser herdeiro na minoridade, que dirá sermos herdeiros quando houver chegado nossa perfeita maturidade? Não foi delicioso cantar

A RECOMPENSA DO JUSTO

|1143

aquele hino há pouco — "contemplando a terra de puro deleite, cujas eternas fontes e sempre vivas flores encontram-se logo após a estreita linha da morte"? Oh, doces campos! Ó santos imortais que lá encontram! Quando estaremos felizes, em vossa presença? Se o mero pensamento do céu arrebata a alma, o que deve ser, então, estar lá, poder mergulhar profundamente na fonte da bênção sem precisar encontrar o fim, nadar e nadar sem precisar encontrar a praia? Beber um gole do vinho do céu, como muitas vezes na Ceia fazemos, torna o nosso coração tão contente que nem mesmo sabemos expressar nossa alegria; que dirá bebermos sem receio e cada vez mais, sentados para sempre à mesa do Senhor, sabendo que seu banquete nunca se encerrará e seus copos nunca estarão vazios; e vinho inferior nenhum será usado para reabastecer os odres, mas o vinho será sempre melhor e melhor, em infinita progressão.

A palavra "reino" indica a riqueza da herança dos santos. Não se trata de uma propriedade insignificante, de um cômodo de esmola, de um cantinho feliz em meio à obscuridade. Ouvi um bom homem dizer que se contentaria com um cantinho atrás da porta. Não é assim. O Senhor diz que herdaremos um *reino*. Não nos deveríamos contentar em ganhar menos, pois menos que isso não se adequaria à nossa nova condição. Cristo *nos fez reino, sacerdotes para Deus, seu Pai* (Ap 1.6), e reinaremos para todo o sempre ou seremos tão desprezíveis quanto monarcas depostos. Um rei sem reino é um infeliz. Se eu fosse um pobre servo, um quarto que me fosse dado por caridade seria um imenso favor, pois honraria minha condição e meu estado; mas, se sou rei pela graça, devo ter um reino, ou não serei agraciado com uma doação equivalente à minha condição. Aquele que nos faz reis nos dará um reino adequado à condição que nos concede. Amados, esforcem-se por buscar, mais e mais, aquilo que o Espírito de Deus lhes quer dar — um coração majestoso; não permaneçam em meio àqueles que se contentam e se satisfazem com a miserável condição espiritual da humanidade comum. Uma conta de vidro infantil, eis tudo que o mundo pode representar para um espírito verdadeiramente elevado; seus resplandecentes falsos diademas não passam de brinquedo de criança para os reis de Deus; as verdadeiras joias estão lá no alto; a verdadeira riqueza menospreza o que se vê por aqui, sob as estrelas. Não limite sua alma; não a restrinja! Busque um coração majestoso — peça ao rei dos reis que lhe dê, implore a ele por um espírito majestoso. Aja majestosamente na terra para com seu Senhor, e para ele e em seu nome ganhe todas as almas. Ande pelo mundo não como um mau caráter em ação e em espírito, mas como um rei, um príncipe, de posição realmente superior aos que se revolvem na lama e se debruçam e ajoelham chafurdando na terra em busca de falsas pedras preciosas. Tendo sua alma se tornado então realmente majestosa, lembre-se com alegria de que sua futura herança será tudo aquilo que sua alma tem buscado em seus momentos mais augustos. Será um estado de inexprimível riqueza e grandeza.

A palavra "preparado" nos diz que podemos conceber o reino como sendo de uma condição de insuperável excelência. É um reino desde há muito preparado, e aquele que o preparou é tão magnânimo em recursos que nem poderíamos imaginar quão excelente deva ser. Os presentes comuns de Deus, se assim posso chamá-los, e que ele descarta como se fossem nada, são na verdade inestimáveis; no entanto, o que são esses presentes diante daquilo que a infinita mente de Deus preparou há eras e eras para atingir o mais alto grau de excelência? Muito antes de os sinos de Natal soarem, uma mãe já se encontra muito feliz em pensar que seu filho vem para casa, pois durante todo o último semestre esteve longe, frequentando a escola, e de imediato começa a preparar e a planejar toda sorte de agrados e delícias para ele. Bem felizes são as férias escolares quando a mãe assim tenciona fazê-las. De maneira infinitamente muito mais nobre, o grande Deus tem preparado um reino para seu povo. Ele planejou que "isso lhes agradará, isso os abençoará, e isso outro tanto os fará extremamente felizes". Preparou o reino com perfeição; e então, como se tudo já não bastasse, o glorioso homem-Deus Cristo Jesus ascende da terra ao céu; e você sabe o que ele disse quando se foi: *Vou preparar-vos lugar* (Jo 14.2). Sabemos que o Deus infinito pode preparar lugar adequado a uma criatura finita, mas as palavras sorriem bem gentilmente para nós ao lermos que Jesus em pessoa, que, além de Deus, é homem e, portanto, conhece os anseios de nosso coração, teve participação ativa em tal processo; ele também preparou o lugar. É um reino preparado especialmente para você, e os pensamentos de Deus tiveram a intenção de fazê-lo excelente *desde a fundação do mundo* (Lc 11.50).

Não devemos, porém, parar no fato de ser um reino que *nos* está preparado. Vejam bem. Reconheço haver, de minha parte, certa reserva para com expressões que ouço, às vezes, que parecem implicar que o céu está preparado para alguns que, na verdade, nunca o alcançarão; preparado para aqueles que, afinal, serão levados, condenados, ao local de tormento. Sei que há uma sagrada expressão que diz: *Guarda o que tens para que ninguém tome a tua coroa* (Ap 3.11); mas se refere à coroa do sucesso ministerial, não à glória eterna; e uma declaração que não me agradou, dias atrás, partiu dos lábios de um bom homem, que dizia algo como: "Há um céu preparado para cada um de vocês, mas, se não forem fiéis, não o receberão. Há uma coroa no céu pronta para vocês, mas, se não forem fiéis, não poderão usá-la". Não acredito nisso; não posso acreditar. Que a coroa da vida eterna preparada para os *benditos de meu Pai* seja dada a outra pessoa ou permaneça sem dono; não acredito. Não consigo imaginar coroas no céu que fiquem sem usuário. Você acha que, quando o número de santos estiver completo no céu, haverá coroas sem uso? "Ei! Para que servem essas coroas aqui? Onde estão as cabeças dessas coroas?" "Ah, estão no inferno!" Então, meus irmãos, eu não teria o menor desejo de estar no céu, pois, se a família de Cristo não estiver toda lá, minha alma se sentirá desamparada pela triste perda, pois não estarei em união com todos. Se alguma alma que acreditou em Jesus não chegasse lá, eu não poderia ter mais consideração pela promessa nem respeito pelo mestre; pois sei que ele manterá a promessa para cada alma que nele habita. Se um Deus que se dá ao trabalho de realmente preparar um lugar para seu povo, cuidando dos talhes e das provisões, acaba me decepcionando, não poderia mais ser Deus para mim, pois não poderia adorar um Deus que me decepciona. Não acredito que exista tal Deus. Tal ser não seria Deus, de modo algum. A ideia de frustração de sua eterna preparação não é compatível com sua grandeza e divindade. Falem isso, se quiserem, de Júpiter ou Vênus, mas o nosso infinito Javé seria desonrado ao máximo que o discurso humano pode desonrar, se mencionado ser assim. Ele preparou lugar para cada um de *vocês*. É uma eleição pessoal. Emitiu um decreto distinto para cada pessoa do seu povo, de que, onde quer que ele estiver, lá estará.

Preparado desde a fundação do mundo. Aqui está a escolha eterna, feita antes de os homens serem criados, preparando uma coroa antes de criadas as cabeças para usá-la. Assim, antes que o céu estrelado começasse a brilhar, Deus deu vida ao decreto da eleição, de modo que com a vinda de Cristo viesse a ser apurado, para louvor da glória de sua graça, *"conforme o propósito daquele que faz todas as coisas segundo o conselho da sua vontade* (Ef 1.11). Nossa porção, portanto, está preparada de uma vez por todas desde a eternidade, segundo a eleição da graça de Deus, adequada à mais elevada condição, a qual podemos alcançar, e que consiste em união com Cristo, comunhão com Deus e permanência eterna em um lugar de dignidade e alegria.

III. Resta-me pouco tempo para falar, como esperava falar ainda, esta manhã, sobre as pessoas que lá estarão.

Reconhecem-se essas pessoas pelo seu caráter privado e público. São chamadas por Jesus *benditos de meu Pai*. O Pai as escolheu, deu seu Filho por elas, justificou-as e preservou-as em Cristo Jesus, adotou-as na família e agora as aceita em sua própria casa. Sua natureza pode ser descrita na palavra *herdeiro* (Rm 8.17). Ninguém que não seja filho ou considerado como herdeiro poderá herdar alguma coisa. Essas pessoas então renasceram, recebendo a natureza de Deus; tendo sido resgatadas da corrupção presente no mundo sob a forma de luxúria, tornaram-se participantes da natureza divina. São filhos, são herdeiros. Sua *designação* como herdeiros é textualmente mencionada: *Possuí por herança o reino que vos está preparado desde a fundação do mundo*. Seu nome, portanto, é *benditos*, sua natureza é pura como a de uma criança que nasceu, e sua designação como herdeiros é decreto de Deus.

Sobre seus *feitos* externos, falaremos agora por um minuto. Essas pessoas se distinguem em meio aos homens por feitos de amor, ou caridade, não associados de maneira alguma com cerimônias ou ritos de aparência apenas exterior. Não é dito que pregaram — embora certamente algumas delas o devam ter feito; não é dito que oraram — mas devem ter feito isso, ou não estariam espiritualmente vivas; mas os atos que lhes são imputados como característicos são os atos de amor, ou caridade, para com os indigentes e desamparados. Por que para com esses? Acredito que porque *a audiência reunida geralmente junto ao trono*

A RECOMPENSA DO JUSTO | 1145

de Deus saberia apreciar melhor essa mostra de sua natureza renascida. Pode ser até que o Rei talvez valorize mais as orações dessas pessoas do que suas ajudas, mas a multidão, não. Elas são então assim citadas justamente para ganharem o veredicto de todos que se reúnem junto ao trono. Mesmo os inimigos delas não poderiam jamais se opor a que ele chame de *benditos* os que realizam tais ações; pois se existe ato que está acima da concordância universal dos homens quanto a bondade é aquele mediante o qual todos os homens são servidos. Contra isso não há lei. Nunca ouvi sobre terra alguma que tivesse leis contra vestir os que estão nus e alimentar os que têm fome. Mesmo com a consciência tão cauterizada a ponto de não ver sua própria iniquidade, a humanidade de imediato detecta o virtuosismo que há em alimentar os pobres e vestir os nus. Esta, sem dúvida, a principal razão por que tais ações foram apontadas. E mais: devem ter sido indicadas também como prova da graça, pois, *como ações, são um meio maravilhoso usado para separar o falso do verdadeiro cristão.* O dr. Gill[1] é de opinião, e talvez esteja certo, de que essa não seja uma imagem de juízo dos crentes em geral, mas, sim, de julgamento da igreja professante, sendo ainda mais razoável concluir, assim, que tais obras de misericórdia tenham sido escolhidas como separador adequado entre o falso crente e o sincero.

Temo haver entre nós alguns dos que parecem professar a fé que talvez não passassem por esse crivo. "Bons crentes", costumam ser chamados — mas o que dão de si para o Senhor? Sua religião não alcança seus bens, seus bolsos. Naturalmente que isso não se aplica a alguns de vocês aqui presentes, sobre quem eu me disporia a testemunhar ante o tribunal de Deus, pois sei terem o coração consagrado ao Senhor e a seus pobres e já até considerei que costumam dar de seus recursos tanto aos pobres quanto à causa de Deus. Outros, porém, têm disposição bem diferente. Falarei agora a vocês em linguagem bem clara para que ninguém deixe de compreender. Vocês podem falar sobre sua fé até cansar a língua e pode ser que outras pessoas creiam; podem também permanecer na igreja por vinte anos sem que ninguém consiga detectar uma só inconsistência em seu comportamento; mas, se estiver ao seu alcance, e vocês nada fizerem para aliviar a necessidade dos membros pobres do corpo de Cristo, podem crer que estarão condenados, com a mesma certeza de que se fossem viciados, pervertidos ou meretrizes. Se você não tem a menor preocupação para com a igreja de Deus, o texto bíblico de hoje se aplica a você e pode afundá-lo, sem a menor dúvida, no mais profundo inferno, como se tivesse sido nesta vida nada mais que um blasfemador comum.

Estou usando de linguagem bem clara, e claro é também o significado deste texto, por isso me arrisco sem vacilar em lhes dizer tudo isto. *Porque tive fome, e me destes* [...] (Mt 25.42) — me destes o quê? Um bom conselho? Talvez — mas não comida. *Tive sede, e me destes* [...] — me destes o quê? Um panfleto, talvez; mas não água. *Estava nu, e me* [...] — o quê? vestiste?, ou me desejastes boa sorte, mas não me destes roupa alguma? Eu era um estranho em seu meio, e você teve dó de mim — mas não me acolheu. Estive doente e você disse que poderia até me indicar um bom médico — mas não me visitou. Estive na prisão, eu, um servo de Deus, um perseguido, jogado na prisão em nome Cristo, e você me aconselhou que eu fosse mais cauteloso — mas não permaneceu ao meu lado nem compartilhou da minha culpa, repartindo comigo a censura em nome da verdade. Vejam: trata-se de uma terrível peneira de joeirar para alguns de vocês, que são mesquinhos e cujo maior objetivo na vida é obter tudo o que conseguirem sem largar coisa alguma; mas é uma peneira que deverá ser usada muitas vezes. Outros pode ser que os iludam ou sejam tolerantes para com vocês, mas eu, não; pela graça de Deus, não tomo parte nisso, mas insistirei mais do que nunca em denunciar seu pecado. "Bem", dirá alguém, "que hão de fazer os que são tão pobres que não têm o que partilhar?" Meu querido irmão, note a forma bela com que o texto responde a você. Ele dá a indicação de que há alguns que não conseguirão dar pães aos famintos, nem roupas aos nus; e então? Ora, veja, são justamente essas as pessoas, por Cristo chamadas de "meus irmãos", que recebem a bênção da caridade dos outros, de tal modo que essa passagem conforta também o pobre e

---

[1] [NE] Supõe-se que se refira ao teólogo inglês John Gill (1697-1771), o mais destacado adepto da escola do hipercalvinismo supralapsariano, que enfatizava demasiadamente a soberania de Deus.

de modo algum o condena. Alguns de nós, honestamente, dão aos pobres tudo que podem, e todos os necessitados se chegam a vocês; e quando dizem: "Sinceramente, não posso dar mais", há sempre alguém que rosna e critica: "E você se diz cristão?" "Sim", respondam, "sou cristão, e não me chamaria assim se doasse o dinheiro dos outros; não me poderia chamar cristão se desse o que não me pertence; pois então me chamaria ladrão, fingindo ser caridoso quando não poderia pagar meus débitos". Sinto realmente pena de quem tem de comparecer à Vara de Falências, não pelos devedores, e tenho até muita simpatia por eles, mas, sim, pelos credores que lá têm de ir por haverem confiado em pessoas desonestas. Se uma pessoa disser: "Viverei abaixo de minha capacidade para conseguir alcançar um bom caráter", eu lhe digo, meu bom irmão, que você começa errando; essa ação em si está errada. O que você terá de dar deve ser de sua propriedade. "Mas se assim fizer passarei aperto", diz a pessoa. Bem, aperte-se, então! Creio não haver nem metade do prazer de fazer o bem sem que se chegue a esse ponto. Eis um argumento que diz respeito claramente àqueles de nós que vivem com meios moderados, mas que em breve poderão distribuir esmolas a ponto de passar por aperto. Quando começar a se sentir assim, você certamente há de dizer: "Posso passar perfeitamente sem isso ou aquilo; cortarei tal coisa para poder fazer um bem maior". Oh! Não posso nem dizer o que acontece; mas só então é que se pode realmente dizer: "A partir de agora não darei a Deus apenas os restos e os tocos de vela que não poderia mais usar, mas realmente cortei para meu mestre uma boa fatia de pão; não dei a ele velhas migalhas que já estavam embolorando, mas uma parte de meu pão diário, e fico feliz em fazê-lo, se puder mostrar meu amor a Jesus Cristo, negando a mim mesmo". Se você está fazendo isso, se você ama Jesus alimentando os faministos, vestindo os nus, creio que estas ações se apresentam como provas, pois são como abençoados detetives que revelam quem são os hipócritas e as pessoas realmente dignas. Quando você lê "porque" aqui, não deve entender que a recompensa seja *devido* ao que fazem, mas que as ações são prova de que são servos de Deus; e então, apesar de nada merecerem por conta de suas ações, tais ações demonstram que são salvos pela graça, pois evidencia-se o fato de que Jesus Cristo operou tais e tais obras neles. Se Cristo não operar tais coisas em você, você não terá parte nele; se você não produz tais obras, não crê em Jesus.

Se alguém disser: "Então, vou dar alguma coisa aos pobres para que eu tenha tal recompensa", está muito enganado se assim proceder. O duque de Burgundy era esperado por um pobre homem, um súdito muito leal, que havia levado ao nobre uma raiz muito grande que havia colhido. Era um homem de fato muito pobre, e todo tubérculo que produzia em sua horta lhe era importante; mas, como oferenda leal, havia levado a seu príncipe o maior expoente que seu pequeno quintal jamais produzira. O príncipe ficou tão grato com a evidente lealdade e afeição do homem que lhe deu uma grande soma. Pensou o mordomo do duque: "Bem, vejo que isso dá lucro; esse homem recebeu cinquenta libras por uma raiz enorme; acho que é hora de *eu* dar um presente ao duque". Então, comprou um cavalo e, imaginando que obteria dez vezes mais de retorno, apresentou-se ao duque com o animal. O duque, sendo sábio, aceitou o cavalo silenciosamente, nada oferecendo como recompensa ao avarento mordomo. E isso foi tudo. Portanto, se você diz: "Bem, eis um cristão recompensado. Ele dá aos pobres, ajuda a igreja do Senhor e está salvo. Isso dá lucro! Farei um pequeno investimento igual, então", perceba que o mordomo não presenteou o cavalo com a ideia de lealdade ou afeição ao duque, mas pensando em si mesmo, e não obteve retorno algum; se você realizar atos de caridade com a intenção de chegar aos céus por meio deles, será a você mesmo que estará alimentando, a você mesmo que estará vestindo; toda a sua virtude não será virtude, será egoísmo puro, rescenderá a egoísmo, e Cristo nunca o aceitará. Você não o ouvirá dizendo "Muito bem" em agradecimento. Você serviu a si mesmo, não merece recompensa alguma. Deve primeiro vir ao Senhor Jesus Cristo, buscá-lo para que ele o salve; deve primeiro renunciar a qualquer ideia de fazer qualquer coisa para se salvar; e, uma vez salvo, você poderá dar ao pobre sem misturar o egoísmo aos seus motivos, e há de receber a recompensa da graça pelo pouco de amor que tiver dado. É preciso crer em Cristo para ser capaz da verdadeira virtude, no mais elevado grau. É necessário crer em Jesus e ser você mesmo plenamente salvo, para que possa haver valor em alimentar os faministos ou vestir os nus.

Que Deus lhes dê a graça para que cheguem até meu mestre ferido e possam descansar na preciosa expiação que fez pelo pecado humano. Quando assim tiverem feito, e sendo amados a este ponto, mostrem que vocês amam também; sendo acolhidos tão ternamente, vivam por aquele que os acolheu; e as ações que usarão como prova, deixem que brilhem e resplandeçam como joias dadas por Deus — visita aos enfermos, conforto aos necessitados, alívio aos sobrecarregados, ajuda aos fracos. Deus aceita as ofertas que vêm das almas sob a graça e que a ele louvam, por isso, pela eternidade. Amém.

A SEPARAÇÃO FINAL

E diante dele serão reunidas todas as nações; e ele separará uns dos outros, como o pastor separa as ovelhas dos cabritos (Mt 25.32).

Jesus Cristo, o homem de Nazaré, que é também o Filho de Deus, foi crucificado, morto e sepultado e no terceiro dia ressuscitou dos mortos. Depois de se ter mostrado para os discípulos por quarenta dias — por vezes para apenas um deles ou somente para dois ou três, e em uma ocasião para mais de quinhentos irmãos de uma vez —, ascendeu aos céus. No monte das Oliveiras, em meio a seus discípulos, elevou-se no ar e aos poucos uma nuvem o tirou do campo de visão deles. O mesmo Jesus que subiu aos céus voltará de maneira similar a que foi visto ascender; isto é, em pessoa e em seu próprio corpo encarnado. O mesmo Cristo que ascendeu aos céus irá sem dúvida dos céus descer nos últimos dias. O tempo de sua vinda não nos é revelado: *Daquele dia e hora, porém, ninguém sabe, nem os anjos no céu, nem o Filho, senão só o Pai* (Mc 13.32); mas o momento está certamente cada vez mais próximo a cada dia, e não podemos dizer em que ocasião deverá ser. Só nos é dito que ele virá em breve. Parece muito tempo desde que isso nos foi dito, até mesmo muitos séculos, mas lembremo-nos de que o que nos parece demorado pode ser perfeitamente muito rápido para o Senhor; pois *um dia para o Senhor é como mil anos, e mil anos, como um dia* (2Pe 3.8). Não nos cabe, enfim, saber dos tempos nem da ocasião, que permanecem secretos nos propósitos de Deus.

Esse tempo e essa época permanecem ocultos por motivos excelentes, para que fiquemos sempre alertas, sem saber a hora em que o Senhor Jesus se fará revelar. Para o mundo indigno, ele virá como um ladrão na calada da noite, pegando-o desprevenido; mas nós, irmãos, não estaremos na escuridão para que esse dia nos surpreenda como a um ladrão. Sendo filhos do dia, nos é ensinado que fiquemos despertos, permanecendo sob clara luz, preparados e sempre aguardando a aparição do nosso mestre. Devemos estar sempre atentos, sem adormecer.

O texto bíblico nos diz que com a sua vinda haverá um julgamento geral. Não irei, esta noite, fazer ilações sobre outros eventos que irão acontecer quando da vinda do Senhor. Está previsto que com sua vinda deverá acontecer, antes de tudo, a ressurreição e a recompensa de seus santos, a nomeação sobre dez cidades ou cinco cidades, conforme a fidelidade daqueles a quem foram confiados talentos; e, no final desse período, o último e tremendo dia do qual os profetas e apóstolos falaram.

> O dia que muitos pensam nunca chegar;
> Que todos os ímpios não querem presenciar;
> Que todos os justos têm há muito ansiado;
> Dia muito temido, mas não receado
> por aquele que o deveria mais evitar.

Dia de temor e ira, de destruição dos indignos, dia de provação para toda a humanidade, dia que há de queimar como um forno. Podemos, tremulamente, dizer desse dia: *Mas quem suportará o dia da sua vinda? e quem subsistirá, quando ele aparecer? Pois ele será como o fogo de fundidor e como o sabão de lavandeiros* (Ml 3.2).

Nesse dia em que Cristo vier, julgará todas as nações. Reunir-se-ão diante dele não apenas os judeus, para quem a lei foi dada, mas também os gentios; não apenas as nações que por muito tempo têm ouvido

A SEPARAÇÃO FINAL | 1149

o evangelho, mas também aquelas a quem o evangelho foi recém-divulgado, pois o reino de Deus deve ser pregado em todas as nações como testemunho contra elas. Em todo lugar Cristo será pregado e de toda parte os homens serão convocados para se apresentar diante dele. Lembrem-se, não apenas as nações existentes, mas também todas aquelas que já não existem. Levantar-se-ão dos mortos as hostes que pereceram antes do Dilúvio e aquelas que se afogaram em suas águas. Aparecerão as miríades que seguiram o chamado de Ninrode, as multidões de filhos de Jafé que dividiram as ilhas dos gentios e as hostes que marcharam para combate sob o comando dos reis da Assíria e de Babilônia. Os mortos do Egito se levantarão de seus leitos de especiarias ou da terra na qual suas cinzas se fundiram. Lá estarão as dezenas de milhares por quem Xerxes chorou quando se deu conta de que em breve passariam. Os gregos e os persas se levantarão, e os romanos, e todas as hordas de hunos e godos que enxameavam como abelhas as colmeias setentrionais. Todos eles, que um dia passaram para a terra desconhecida, não ficaram perdidos, e cada um responderá ao seu chamado no grande dia do Senhor. A terra, que se tornara cada vez mais um cemitério, resgatará seus mortos, e até mesmo o mar, transformado em chão sólido, trará de seu seio os que hoje ainda dormem em suas obscuras profundezas. Todos sairão do prolífico ventre sepulcral — miríades, miríades incontáveis, como as gotas do orvalho da manhã ou como os grãos de areia de uma praia. Multidões e multidões serão reunidas no vale da decisão. Seus ossos se reencontrarão, seu hálito se fará mais uma vez presente em seus corpos e todos viverão uma vez mais. Por mais tempo que tenham dormido nas tumbas, todos se levantarão de um impulso e terão todos um só pensamento — *comparecer diante do juiz.*

O grande trono branco estará no alto, imenso, dominante, puro e lustroso, brilhante e reluzente como uma safira, de aparência vítrea, no qual cada pessoa poderá se ver e ver seus pecados refletidos; e nesse trono se sentará o Filho do homem. O mesmo Jesus que foi pregado no madeiro e ascendeu aos céus irá se sentar ali, em posição julgadora, pronto a dar um veredicto a cada e a todas as pessoas, de todas as idades. Que extraordinária assembleia! Imaginação nenhuma conseguirá retratá-la. Tão longe quanto a vista puder enxergar — tão longe quanto a águia conseguir se elevar — estará a terra coberta de homens, como um campo gramado na primavera; e lá permanecerão ante o Juiz, tendo o grande trono branco como centro de observação, pois todos os olhos o verão, mesmo os que o crucificaram, e todos os que agiram assim ou de forma similar erroneamente irão se lamentar por causa dele. Será uma multidão heterogênea, como se pode imaginar, mas o pastor, o grande pastor, o juiz em pessoa, a dividirá. Esta divisão será a grande obra do dia do juízo. Ele os dividirá com a exatidão e a prontidão com que um pastor separa dos cabritos as ovelhas. Minha intenção esta noite é chamar a atenção de cada um para essa divisão, para que se perguntem individualmente sobre o resultado. Já meditei sobre mim mesmo, mas ainda desejo pensar mais sobre isso; gostaria que minha mente voasse para o futuro e visse por um momento a pompa do tremendo dia em que Cristo virá nas nuvens; então, anteciparia o veredicto a ser dado naquele dia tendo em mente, sem cessar, a terrível opção entre céu e inferno. Rogo para que todos pensemos assim, especialmente aqueles que estejam despreparados para decidir: que possam voar para junto dele, cujo sangue e cuja justiça podem fazer com que mantenham a cabeça erguida naquela hora tremenda.

Falaremos sobre três coisas: a primeira, a *divisão*; a segunda, *o divisor*; e a terceira, *a norma da divisão.*

I. Em primeiro lugar, portanto, A DIVISÃO. *E diante dele serão reunidas todas as nações, e ele separará uns dos outros, como o pastor separa as ovelhas dos cabritos.*

Isso significa dizer, antes de mais nada, que *haverá uma divisão em dois grupos* — ovelhas e cabritos. Haverá duas posições: ele colocará as ovelhas à sua direita e os cabritos à esquerda. Haveria lugar para um terceiro grupo? Não, não haverá uma terceira classe; e não haverá pelo simples motivo de que nunca houve uma terceira classe. Sei que há alguns aqui hoje que não assumem dizer que creem em Jesus, mas também não gostariam de ser postos entre os indignos. Peço que se lembrem, então, que há apenas dois livros e que em um desses seus nomes estarão inscritos pela mão de Deus; não há um terceiro livro. Há o Livro da Vida do Cordeiro, e, se seu nome estiver ali, você é um bem-aventurado. Se não estiver, seus pecados estarão gravados no livro que contém as provas condenatórias que determinam sentença de morte para os infiéis. Ouçam-me. Não há neste mundo nenhum outro tipo de pessoas além daquelas que estão mortas no pecado ou estão vivas em Deus. Não há um estado intermediário. Ou se está vivo, ou se está morto; não há condição média. Um homem pode estar desfalecido, ou dormindo, mas estará vivo; não há estado que não esteja dentro dos limites da vida ou da morte. Não está bem claro? Não há estado entre convertidos e não convertidos — entre estar vivo e estar morto no pecado. Não há condição intermediária entre sermos perdoados e termos nossos pecados sobre nós. Não há estado entre permanecermos na escuridão e sermos levados à maravilhosa luz. Uma ou outra deve ser a nossa condição; e é essa a maior insensatez da humanidade de todos os tempos — o sonho de um estado intermediário e a tentativa de se encaixar nele. Foi por esse motivo que o velho profeta, do cume do Carmelo, exclamou: *Até quando coxeareis entre dois pensamentos? Se o Senhor é Deus, segui-o; mas se Baal, segui-o* (1Rs 18.21). Eis por que temos de chamar a atenção da humanidade constantemente para a grande declaração do evangelho: *Quem crer e for batizado será salvo; mas quem não crer será condenado* (Mc 16.16).

Deus deu ao pregador duas mãos para que pudesse separar o povo em dois lados e levar a verdade a dois tipos de pessoas e não mais. Não se engane com isso: ou você está no caminho do céu ou na estrada para o inferno. Não há purgatório ou condição intermediária no outro mundo. O purgatório é uma invenção do papa para abastecer sua adega e despensa, pois nenhuma especulação jamais criada é mais lucrativa do que essa, que leva ao rezar de missas e ao roubo aos simplórios, sob o pretexto de alterar o estado dos mortos, que está fixado desde sempre. "Assaltante purgatório" foi o nome que os primeiros reformistas lhe deram. Ou você irá para o céu ou para o inferno, ou você ficará em um lugar ou no outro; pois ou você tem um caráter adequado para o céu ou um caráter adequado para o inferno; não há nenhum outro caráter que se possa supor, se entendermos corretamente as Escrituras, adequado a um estado intermediário, nem há um lugar intermediário preparado para tal caráter. *E ele separará uns dos outros, como o pastor separa as ovelhas dos cabritos; e porá as ovelhas à sua direita, mas os cabritos à esquerda* (Mt 25.32,33). O rebanho humano, portanto, será dividido tão somente em dois grupos.

Observe-se, em seguida, que *a divisão será imediata*. Não é qualquer um que consegue separar imediatamente determinados cabritos de certas ovelhas. Suponho que, segundo o nosso conhecimento comum de um cabrito, conseguiríamos distinguir imediatamente esse animal de uma ovelha; mas alguém que já tenha viajado ao Oriente, ou mesmo à Itália, sabe que é necessária alguma experiência para diferenciar certos tipos de cabritos de certos tipos de ovelhas. São extremamente parecidos: a lã de algumas ovelhas de clima quente é muito parecida com o pelo da cabra, e o pelo de certo tipo de cabra se parece muito com a lã da ovelha, de modo que um viajante pouco pode saber qual é qual; somente um pastor que vive em meio a esses animais sabe muito bem a diferença. O mesmo se dá neste mundo: é muito fácil apontar o pecador em meio aos santos, algumas vezes; não é preciso muita reflexão para discernir o tipo dos grosseiramente desonestos, bêbados, devassos, dos que não guardam o domingo e dos profanos. Você sabe que eles não têm lugar entre o povo de Deus, pois carregam na fronte a insígnia dos filhos do diabo. Os imorais são facilmente separados dos puros de coração. Mas há certo número de pessoas dentro da igreja que parece ter algo de bom em si, mas também alguma coisa de terrivelmente inconsistente, de modo que se torna muito difícil precisar qual sua natureza verdadeira.

Graças a Deus não somos chamados a julgá-las, nem nos é permitido fazê-lo. Mesmo o mais experiente pastor deve procurar proceder dessa maneira; e, certamente, se tiver dificuldade nessa questão e levá-la ao Senhor, pedindo instruções de como lidar com a tarefa, dele ouvirá ser melhor que deixe crescer juntos o joio e o trigo até a hora da colheita, para que não arranque junto o trigo, na tentativa de arrancar o joio. Hoje mesmo falei com certo homem que trabalha duro em meio aos necessitados no bairro de *East-End*, e ele me disse: "Muitos lá professam se terem convertido; mas creio não haver mais que um em cada cinco que realmente se mantenha assim". No entanto, acrescentou, "não temos problemas com eles na igreja — não tanto quanto você teria com o seu povo; porque entre os que vão ao templo há o sentimento de que é correto ir à Casa de Deus pelo menos uma vez por semana, se não duas; e se fazem parte da igreja irá por hábito, continuar a frequentá-la". Agora, disse ele ainda, "no momento em que um homem da classe baixa deixa de ser um cristão no coração, deixa também de frequentar os serviços públicos, porque não

A SEPARAÇÃO FINAL | 1151

há como mantê-lo lá; ele, portanto, se deixa levar pela própria vontade, fica em casa, vadia e tem grande chance de ficar bêbado ou cair em outro vício qualquer e é, então, imediatamente afastado dos outros". Nesse caso, as categorias são facilmente distinguidas. Mas em uma camada social mais respeitável, de pessoas que não bebem e que observam o dia do Senhor, pode haver um grupo de pessoas que permanecem na igreja, apesar de não terem devoção alguma, nenhum amor real a Cristo, nenhum hábito de oração pessoal; e aí existe um perigo ainda maior.

Contudo, caros amigos, aquilo que não podemos fazer, nem devemos tentar fazer, Jesus Cristo fará com a maior facilidade. Quando o pastor vier, irá separar rapidamente os cabritos das ovelhas. O olhar de fogo dele pode ler cada coração; os hipócritas existentes na igreja tremerão no mesmo instante, captando instintivamente o significado daquele olhar, enquanto Cristo lhes dirá, encarando-os: "Que fazeis aqui, em meio ao meu povo?"

Lembremo-nos, também, que tanto quanto será feita de imediato, *a divisão será também infalível*, ou seja, não sobrará entre os cabritos uma pobre e trêmula ovelha sequer a ser levada, erroneamente, com o rebanho dos impuros. Quando Cristo diz: *Apartai-vos de mim, malditos* (Mt 25.41), ele não o diz de modo algum a almas sinceras, mas frágeis. Não; você pode até se autocondenar, mas, se tiver realmente uma fé viva, o Senhor não o condenará. Você poderá até ter o temor constante de que ele irá ordenar que você se aparte dele — mas ele não o fará. Nenhum cordeiro do rebanho do Senhor ficará entre os cabritos. Todo o grupo dos redimidos deverá ser seguramente reunido nas mansões eternas.

> Senhor, dia tão tremendo hão de suportar
> aqueles de quem teu mérito redimiu o pecado;
> Os quais, a tua misericórdia a se espalhar,
> e sendo teu poder obedecido, acatado,
> verão então, sem desfalecer, Deus amado,
> a terra e o céu diante deles passar.

A espada tem dois gumes; assegurem-se, portanto, de que não haverá cabrito que ingresse nas pastagens dos benditos do Pai, em meio às ovelhas; nenhuma pessoa sem haver recebido a graça, sem estar realmente convertida, seguirá o grande pastor até as fontes vivas que fornecem águas de êxtase eterno ao rebanho escolhido. Por mais que o pecador viva uma vida exteriormente consistente por muitos e muitos anos, por mais que possa até ter pregado o evangelho e haja realizado obras maravilhosas, ainda assim Cristo lhe dirá: *Nunca vos conheci* (Mt 7.23). O ímpio não conseguirá permanecer usando pele de cordeiro, nem poderá balir como ovelha: Cristo o reconhecerá sob qualquer disfarce que tente usar e o apontará e o conduzirá ao devido lugar, de modo que nem um único condenado entrará na Cidade Santa com os abençoados. Será um julgamento infalível. Há, portanto, boas razões para que estejamos preparados para ele. Não há suborno ou engano que atinja o juiz, tampouco motivo de escapatória ao tribunal. Estejam todos prontos para encarar os olhos que hão de lê-los da cabeça aos pés!

Deixem-me apelar novamente para que se lembrem: quando tiver lugar, *tal divisão será bastante rigorosa e sutil*. Meditem; meditem; pois alguns de vocês poderão vir a sofrer com isso. De dois homens que estejam em um campo, um será arrebatado e o outro ficará; de dois trabalhadores que labutam juntos, que guiaram o mesmo arado e conduziram o mesmo rebanho, um deles ficará à direita e o outro à esquerda. De dois carpinteiros que trabalham na mesma bancada, que usam do mesmo martelo e a mesma plaina, um será levado e o outro ficará. De duas pessoas que trabalham na mesma loja, no mesmo balcão, com as mesmas mercadorias, uma será arrebatada e a outra permanecerá; eram colegas de trabalho de longa data, mas uma pessoa irá se regozijar ao ouvir o *Vinde*, e a outra tremerá ao receber a temível sentença: *Apartai-vos*. A divisão será ainda mais íntima. Duas mulheres da mesma casa: uma será levada, e a outra, deixada; duas mulheres que estejam moendo no mesmo moinho, ou seja, engajadas nos mesmos afazeres domésticos, uma será levada, e a outra, deixada. Vocês podem ser duas criadas na mesma casa, uma cozinheira e a outra governanta, uma será salva, e a outra, perdida; duas irmãs que vivem sob o mesmo teto, uma será elevada à glória, e a outra, lançada à vergonha; dois de vocês podem residir sob o mesmo teto, comer pão na mesma mesa, beber do mesmo copo, e ainda assim apenas um de vocês irá se deleitar no eterno banquete, e o outro derramará lágrimas para ter uma única gota que aplaque o ardor de sua língua. Vocês não gostariam de ser separados, mas separados serão. Ora, haverá separações ainda mais dolorosas! Duas pessoas que dividem a mesma cama, uma sendo levada, e a outra sendo deixada — o marido arrancado da mulher, e a mulher afastada do marido. Oh, haverá despedidas, sim, haverá despedidas; haverá seguidos choros, haverá choros no juízo de Cristo; não dos dignos, pois neles a glória do Senhor varrerá qualquer outro pensamento, mas dos que não creem, não oram, não têm a divina graça. Oh, o lamento das crianças, o lamento das mulheres, dos maridos, o lamento dos pais quando somente os filhos forem salvos, ou somente os pais, ou maridos e mulheres forem salvos e o cônjuge lançado para longe e para sempre!

Oh, quanto choro haverá
Diante do julgamento,
Com o mundo em fogo e tormento
Sob os pés de Jeová.

Os amigos partirão,
E não mais serão encontrados;
A ira destrói rebelados,
Santos ficam em adoração!

A divisão será agonia certa para os perdidos. Eu mal teria coração para desejar "adeus" a uma pessoa que soubesse não ver nunca mais. O pior desejo em que poderia pensar para o pior inimigo que tivesse — apesar de eu não saber existir tal pessoa em todo o mundo — não iria tão longe a ponto de dizer que desejasse não mais o ver; pois já que espero estar onde Jesus estiver, deverei gostar de vê-lo, seja quem ele for em meio aos abençoados. Infelizmente, porém, poderá não ser assim; e não será assim se os pecadores não se arrependerem do seu pecado; e se persistirem em rejeitar Jesus Cristo. A menos que você creia em Jesus, a divisão será aguda e cortante, fazendo separação entre juntas e medulas, rasgando em pedaços laços matrimoniais, laços de afeição filial ou paterna; exterminando todas as vãs esperanças para sempre. Ó impenitentes de alma, eu deveria prantear por vocês! De nada lhes servirá estarem ligados aos santos em relação sanguínea, se morrerem sem se regenerar! Apesar de serem carne da mesma carne, sangue do mesmo sangue, vocês serão separados, a menos que sejam um com Cristo. Suplico a vocês, incorrigíveis pecadores, que tomem essa palavra no coração agora e não mais continuem a insistir no erro!

Tenham em mente também, caros amigos, que, além de rigorosa, *tal divisão será muito ampla*; pois a divisão será tal que deverá ser representada em extensão pelo céu e o inferno. Que distância! A distância entre Deus e o demônio! Entre a alegria e a miséria! Entre a glória e o desprezo eterno! Entre a infinita alegria e o pesar ilimitado! Entre cânticos de louvor e lamento! Entre o triunfo e a derrota, o banquetear-se e o ranger de dentes! Se ao menos a divisão decorresse da diferença entre os graus de glória (se existissem), alguém poderia nutrir a esperança de ter a companhia de alguns de seus entes queridos: mas a diferença é entre céu e inferno, e Cristo diz que entre eles *está posto um grande abismo* (Lc 16.26), de modo que não poderemos passar de um lado para o outro, nem poderão eles passar de lá pra cá. A distância será grande como a eternidade, a separação, profunda como o abismo, e o abismo, intransitável como o inferno.

Lembrem-se, ainda, que *a separação será definitiva*. Não haverá como construir uma ponte sobre o largo abismo. Espíritos condenados poderão olhar para o fundo do temível abismo, para a inexprimível escuridão das profundezas, mas jamais terão uma só esperança de atravessá-lo em direção à terra dos benditos do Pai. A chave das masmorras do desespero estará perdida; nunca mais poderão sair de lá. *Para sempre, e sempre, e sempre* (Dn 7.18) estará escrito na corrente que prende o espírito decaído. Jamais a esperança

A SEPARAÇÃO FINAL | 1153

de restauração foi dada como indulto a um homem no inferno e é inútil sonhar quanto a isso. De todas as invenções do cérebro humano, essa é a menos sustentada pelas Escrituras. O pecador perdido estará para sempre separado de Jesus e de seus discípulos, por mais aparentados na carne que esses discípulos tenham sido para o pecador. A divisão é inalterável e eterna.

Amados, essas coisas são tão pesadas que ao me estender sobre elas me sinto muito mais inclinado a sentar e a chorar do que a permanecer de pé pregando a vocês. O tema me faz ver a debilidade das meras palavras e de certo modo me faz perder o poder da oratória; pois, na verdade, e se algum de vocês se perder para sempre? Foi tocante para mim, ontem, haver visitado uma irmã em Cristo que tem sido minha ouvinte por muitos anos e ouvi-la dizer que se havia decidido por Cristo por causa do que eu disse da última vez que me ausentei, que talvez nunca mais pudesse dirigir a palavra a algum de vocês e talvez encontrasse a sepultura em alguma terra distante. E, de fato, eu assim me sentia ao proferir tais palavras, mas estou feliz de que não se tenham concretizado. Disse-me ela haver pensado: "Ele tem pregado a mim por todos esses anos; e se eu morrer sem me converter enquanto ele estiver ausente, e nunca mais o vir?"; então seus pensamentos avançaram: "O pior é pensar que, se não me converter, nunca verei o Rei em toda a sua beleza; nunca verei o Salvador!"; e ela foi assim levada pelo Espírito Santo a entregar seu coração a Jesus. Talvez o Senhor, do mesmo modo, use esse pensamento de divisão e separação para levar alguns de vocês a dizer: "Irei para Jesus e nele descansarei". Ó Senhor, meu Deus, permite que assim seja, em nome de Jesus.

II. Falamos sobre *a divisão*; falaremos agora um pouco sobre o DIVISOR. "E *ele* separará uns dos outros".

Cristo Jesus será o divisor da raça humana em duas partes. Fico feliz em saber disso, porque, antes de tudo, essa será *uma ocasião de duradoura, sim, de eterna alegria para todos os santos*. Nenhum filho de Deus jamais terá dúvidas no céu; mas é necessário que eles iniciem seu êxtase já com a certeza muito forte do amor divino, ou então, creio eu, possam vir a vacilar. Se Deus não tivesse determinado o método a que se refere o texto, eu poderia me imaginar já no céu dizendo a mim mesmo, depois de algum tempo lá: "Oh, é verdade, é verdade mesmo que estou aqui? Lembro-me de haver cometido tal pecado em tal dia, de tais deficiências em tais e tais horas, de minhas constantes murmurações, de minha incredulidade e todos os meus desvios de Deus; e não é que estou aqui, afinal de contas?" Não fossem os meios eficientemente utilizados por Deus para pôr, categoricamente, fim a tal possibilidade, poderia até me imaginar dizendo: "Tenho quase a certeza de que devo provar isso tudo por apenas um momento, para ser, por fim, levado a meu merecido destino, para que o inferno me seja ainda pior por ter visto como é o céu, para que minha fome seja ainda mais severa depois de ter comido o pão dos anjos".

Se tal vacilo fosse possível, imagine então a resposta plausível: "Ele, o juiz em pessoa, disse: *Vinde, benditos de meu pai!*" Ele, o juiz, nunca se engana, pois é o próprio Jesus, o infalível Filho de Deus. Deus em pessoa abençoou seus escolhidos, e Jesus isto lhes diz de modo muito claro: *Vinde, benditos de meu Pai! Possuí por herança o reino que vos está preparado desde a fundação do mundo* (Mt 25.34). Já que Jesus assim decreta sua eterna felicidade, os filhos de Deus não poderão dela duvidar, e por toda a eternidade. Uma voz há de soar para sempre em seus ouvidos, mais doce que uma música de flauta, harpa ou saltério. *Vinde, benditos de meu Pai*. Será motivo de êxtase no céu pensarmos: "Jesus ordenou que eu viesse; portanto, quem me poderá indagar: 'Quem ordenou que você entrasse?' Não foi *ele mesmo* quem me admitiu? Então, quem poderá questionar meu direito de estar aqui? Não foi *ele mesmo* quem disse: *Vinde, benditos de meu Pai!*" Vejam, meus irmãos, que se trata de um fato maravilhoso e reconfortante esse, de que não nos iremos dividir no final, nem o poderia fazer um anjo propenso ao erro; mas, sim, que o Divisor será Jesus em pessoa, o Filho de Deus; de modo que a glória com que ele nos mede será certamente nossa, para que possamos dela desfrutar sem temor. Por outro lado, porém, observem, que *irá aumentar o terror dos perdidos* o fato de Cristo os dividir.

Cristo, repleto de amor infinito, não iria destruir um pecador se não tivesse de fazê-lo. Ele gostaria de haver salvado Jerusalém, e sobre ela chorou porque teria de ser destruída! A cidade cheia de culpa estava destinada a perecer, mas o Senhor chorou ao pronunciar sua sentença. Gosto de ler por vezes no jornal, a respeito de um juiz que condena um réu à pena máxima, o seguinte: "A voz do magistrado vacilou, e ele foi nitidamente incapaz de esconder sua emoção ao pronunciar a sentença de morte". Que homem justo não se sentiria comovido quando compelido a entregar seu semelhante à forca? Todavia, nenhum juiz na terra tem tanta compaixão por seu próximo quanto teve Jesus por todos os pecadores; e quando chega o ponto em que *ele* tem de decidir: "Tenho de fazer isso, tenho de condená-lo", é porque então, pecador, deve ser assim de fato. Quando o amor de Deus encarnado chega a ponto de dizer: *Apartai-vos de mim, malditos*, aqueles a quem se dirige estão, sem dúvida, enfaticamente amaldiçoados; devem ser inquestionavelmente infames aqueles que ele, cujos lábios derramam bênçãos como os lírios derramam perfume que lembra mirra, assim vem a chamar! Deve haver algo terrível neles para que ordene que dele se afastem; e há, na verdade, algo de abominável, pois a descrença em Deus é a mais horrenda das coisas, até mesmo no inferno. Não crer que Deus é amor é algo digno da pior condenação. Até os condenados deveriam reconhecer, mesmo estando perdidos: "Fui condenado pelo juiz mais amável que jamais presidiu um tribunal. O Cristo que morreu por mim ergueu sua mão perfurada na cruz por minha causa no instante em que decretou: *Apartai-vos de mim, malditos!*"

E tem mais, apesar de já ser o suficiente. Se você se perder, e queira Deus que isso não aconteça, aumentará infinitamente o terror que sentirá ao saber que foi condenado por alguém que é infinitamente justo. Sentirá que o Cristo que o condenou era o mais santo dos homens, em quem não havia pecado e que, além de tudo, era o puro e perfeito Deus; de modo que você jamais poderá contestar a sentença. Nem caberá dúvida alguma para um novo julgamento; sua própria consciência o fará perceber que a decisão é final, pois é justa; e você há de ter a maior garantia da realidade e da certeza de tal decisão, pois aquele que a proferirá é o Deus da verdade. Ele disse: *Eu sou o caminho, e a verdade, e a vida* (Jo 14.6); e mesmo que você não o tenha por caminho, haverá de o constatar sendo *a verdade*; e quando ele o der como condenado, condenado você estará, acima de qualquer questionamento que pudesse existir.

Mais ainda. Como aquele que o condena é não menos que o Cristo de Deus, você irá conhecer, então, seu imenso poder para proferir e executar a sentença, pois todo o poder lhe foi dado no céu e na terra, e o governo está sobre os seus ombros; e se ele disser: *Apartai-vos de mim, malditos, para o fogo eterno* (Mt 25.41), para o fogo estes irão. Se declarar que tal fogo jamais será extinto, pode crer que há de queimar para sempre; e se decretar que ali o verme não morre, os vermes ali viverão e consumirão o que lhes for ordenado por toda a eternidade. Ele mesmo, que profere a sentença, assegura que ela seja inteiramente cumprida. Lembremo-nos do que disse ele: *Em verdade vos digo que não passará esta geração sem que todas essas coisas se cumpram. Passará o céu e a terra, mas as minhas palavras jamais passarão* (Mt 24.34,35). Mais firme que uma rocha é o seu irrevogável decreto. *E irão estes para o castigo eterno, mas os justos para a vida eterna* (Mt 25.46). Minha alma treme quando proclamo Jesus como o Juiz cuja terrível voz irá separar os pecadores dos santos.

III. Ouçam-me por apenas mais um ou dois minutos, enquanto lhes falo, em terceiro lugar, sobre o CRITÉRIO PARA A DIVISÃO.

Já perceberam o que faz realmente tal divisão? Para mim, isso é maravilhoso — de fato é simplesmente maravilhoso! *A grande divisão entre os filhos dos homens é tão somente Cristo.* Eis as ovelhas; aqui estão os cabritos. O que os separa? Cristo! Ele é o centro de tudo. Nenhuma grande barreira se erguerá, por assim dizer, no último e tremendo dia, mas ele, sim, em pessoa, constituirá a divisão. Ele porá as ovelhas à *sua* direita e os cabritos à *sua* esquerda. Logo, o que nos divide em dois grupos esta noite é, especificamente, a nossa relação para com Jesus Cristo. De que lado de Cristo você está? Quero que cada um de vocês se questione sobre isso. Se você estiver à direita, estará no meio de seu povo; se não estiver à direita, com ele, só poderá estar à esquerda e, portanto, contra ele. O que separa os santos dos pecadores é Cristo; e no momento em que um pecador vem a Cristo passa para o outro lado, sendo desde então contado com os santos. Ele é o verdadeiro ponto da separação. Cristo se encontra firmemente estabelecido entre fiéis e infiéis e é quem marca os limites de cada uma dessas categorias. Quando Arão se colocou de pé entre os mortos e os vivos, balançando o incensário cheio de incenso para pôr fim à

A SEPARAÇÃO FINAL | 1155

praga, o que separava os vivos dos mortos? Imagine a cena antes de responder à pergunta. Lá estavam eles! Lá estavam eles, acometidos pela praga! O Vingador invisível os arrasava. Todavia, eis os que continuaram vivos, sãos e salvos e em regozijo. O que os separava? O sacerdote que lá estava com o incensário. Assim também o nosso grande Sumo Sacerdote está de pé, neste momento, entre os vivos e os mortos, enquanto eleva o incenso de seus méritos diante de Deus, criando uma barreira real de divisão entre os pecadores mortos e aqueles que vivem em Deus mediante ele mesmo, Jesus Cristo. Ele é o divisor; Cristo é ele mesmo, a divisão.

Mas qual o critério pelo qual o Senhor separará as pessoas? *O princípio básico que rege a divisão é pelo que nos diz o texto, o dos atos*. Atos! Compreendem? Nada nos diz a respeito de palavras. O texto nos fala de atos de misericórdia: [...] *tive fome, e me destes de comer; tive sede, e me destes de beber; era forasteiro, e me acolhestes; estava nu, e me vestistes* [...] (Mt 25.42,43). São atos, todos estes. Você talvez preferisse que o juiz dissesse: "Tínheis o hábito de cantar belos hinos de louvor; tínheis o costume de falar muito docemente a meu respeito, chamando-me de mestre e Senhor; tínheis gosto em participar da ceia de comunhão". Nenhuma palavra é dita no texto, no entanto, sobre essas coisas. Tampouco nada é dito sobre ritos e cerimônias. O Senhor não diz: "Costumáveis vos curvar diante do altar; vos erguíeis em reverência correta durante determinada parte do culto e vos ajoelháveis corretamente em outra; dáveis a volta toda no templo cantando hinos de procissão". Nada é dito sobre tais práticas; mas apenas ações as mais comuns são apontadas: [...] *tive fome, e me destes de comer; tive sede, e me destes de beber* [...] — coisas comuns, do dia a dia. Os atos serão, portanto, o principal critério do julgamento final. Não estou pregando o contrário do evangelho; apenas repetindo em outras palavras o que na Palavra se encontra. *Porque é necessário que todos nós sejamos manifestos diante do tribunal de Cristo, para que cada um receba o que fez por meio do corpo, segundo o que praticou, o bem ou o mal* (2Co 5.10) – eis uma declaração não da lei, mas do Novo Testamento de nosso Senhor e Salvador Jesus Cristo. Aqueles que tiverem feito mal e não se arrependerem serão punidos eternamente. Somos, então, salvos por nossas obras? De maneira alguma. Mas nossas obras são a comprovação da nossa salvação; se a possuirmos, a graça manifestará tais provas em nossa vida. Um magistrado julga mediante atos, provados por evidências; é bem verdade que ele pode e há de considerar os motivos que levaram à ação, mas acima de tudo os atos em si têm de ser colocados diante dele, como provas; e o Rei menciona aqui os atos que foram feitos.

Observe-se também que os atos que servem de critério para o julgamento são todos relacionados a Cristo. Quero que notem cuidadosamente isso. Diz o Senhor: *Porque tive fome, e me destes de comer; tive sede, e me destes de beber;* [...] *adoeci, e me visitastes* [...]. Este rol é composto somente de atos em relação a Cristo. Farei, portanto, uma pergunta sincera: Que ações você tem realizado em relação a Jesus? "Sou membro da igreja", poderá alegar alguém. Não levarei em conta esta resposta, pois o Juiz nada diz referente a ela. Fico feliz que você seja um discípulo declarado, se você honestamente o for; mas seus atos provam que você é? Essa é a questão. Você já *fez* algo por Cristo? Já doou algo a Cristo? Poderia Cristo dizer de você *tive fome, e me destes de comer; tive sede, e me destes de beber?* Conheço alguns cristãos professos de quem Cristo não poderia assim falar, pois ele não poderia declarar aquilo que não é verdade. O bolso dessas pessoas, por exemplo, está hermeticamente fechado, como latas de conserva de carne australiana; nem mesmo o cheiro do dinheiro deles chega aos pobres de Cristo. Dar comida a um faminto? Não eles; mande-o ir à paróquia. Vestir um nu? Não eles. Para que pagam impostos? A ideia de dar algo a outra pessoa ou fazer alguma coisa por outro sem qualquer recompensa ou elogio em troca lhes parece completamente estranha. Na verdade, o egoísmo parece ser diametralmente oposto ao espírito do evangelho, como o frio do Norte é oposto ao calor do sol. Se o sol do amor de Cristo brilha em seu coração, você amará os outros e demonstrará seu amor desejando fazer a eles o bem de todas as maneiras; e você o fará *em nome de Cristo*, de modo que quando ele vier possa dizer: "Tive fome, e *me* destes de comer; tive sede, e *me* destes de beber; [...] adoeci, e *me* visitastes; estava na prisão, e fostes ver-*me*". Quais as suas ações em relação a Cristo? Eu lhes peço, irmãos e irmãs, que são um comigo na profissão da aliança com Cristo, julguem-se pelos próprios atos em relação a ele, do mesmo modo com que eu quero me julgar.

Notem ainda, por dedução, que Cristo nos mostra que *as ações a serem mencionadas no dia do julgamento como prova de sermos os benditos do Senhor surgem da graça de Deus*, pois ele diz: *Vinde, benditos de meu Pai! Possuí por herança o reino que vos está preparado desde a fundação do mundo* (Mt 25.34). Ou seja, alimentaram os famintos, mas a soberana graça *os* havia alimentado antes; vestiram os nus, mas o amor infinito *os* havia vestido primeiro; foram ver os presos, mas a livre graça *os* libertou de prisão muito pior; visitaram os enfermos, mas o bom médico, em sua infinita misericórdia, anteriormente *os* visitou. Não podiam ter ideia de se havia algo meritório no que fizeram, pois nunca haviam sonhado em serem recompensados por isso. Ao se apresentarem diante do tribunal, a própria ideia de haver algo de excelência no que fizeram será novidade para os santos, pois têm baixa estima quanto ao próprio desempenho, e o que quer que tenham feito lhes parecerá imperfeito para que venham a ganhar honraria. Os santos alimentam os famintos e vestem os nus por sentirem prazer espiritual em agir assim. Eles o fazem porque não podem evitar; sua nova natureza os impele a agir assim. É um deleite para eles fazer o bem, é o seu meio natural e propício de viver, como é a água para o peixe ou para o pássaro o ar. Fazem o bem em nome de Cristo, pois a coisa mais doce do mundo é fazer algo por Jesus e para Jesus. Por que uma esposa é tão doce para com o marido? Por que é dever dela? O real motivo é que ela o ama intensamente. Por que é tão cuidadosa e carinhosa a mãe para com o seu bebê? Há alguma lei que ordene que as mães amem tanto seus filhinhos? Não, não há nenhum decreto dos homens, mas de Deus, em algum lugar do peito, aprovado sem objeção na câmara do coração, e a mãe não pode deixar de ser amorosa e gentil. Quando o Senhor forja uma nova natureza dentro de nós e nos faz um com Jesus Cristo, não podemos evitar amar seu povo nem deixar de buscar o bem de nossos semelhantes; e o Senhor Jesus Cristo reconhecerá isso no último dia como prova de que havia amor em nosso coração, porque o amor foi demonstrado pela ação. Que Deus permita que, quando vier o Juiz de todos e de tudo, sejamos encontrados renovados no coração e cheios de amor, pelo poder do Espírito Santo.

"Oh", diz alguém, "como eu gostaria de ter esse coração renovado que produz tais atos!" Jesus pode dá-lo a você. Até que você seja salvo, viverá por sua conta, de um jeito ou de outro; mesmo o mais filantropo dos homens e que ame seus semelhantes, sem fé, geralmente buscará a estima dos outros, e os versos a seguir são bastante verdadeiros quanto à aprovação por parte dos nossos semelhantes:

> O orgulhoso, de labuta em labuta, luta por alcançá-la;
> E o modesto somente a evita se certa puder torná-la.

Mas, quando você recebe um novo coração, não vive mais pela aprovação dos demais. Suas esmolas serão então dadas discretamente; você não deixará sua mão esquerda saber o que sua mão direita faz. Quando praticar sua benignidade, não será para que os outros anunciem aos quatro ventos que foi visitar os enfermos ou vestiu os nus; mas seus feitos de caridade serão realizados em segredo, de tal modo que ninguém mais possa saber deles além de Deus e dos gratos recebedores de sua generosidade. Você acumulará silenciosamente tesouros no céu, e somente Aquele que está assentado sobre a arca do tesouro, e que conhece seu coração, tomará nota de sua realização. Seu Senhor aceitará o que você faz porque você o faz em amor a ele. Por fim, enquanto você estiver corando só de ouvi-lo falar sobre isso, ele estará narrando seus feitos aos anjos e às atentas hostes de justos do céu e da terra, e abrindo de par em par para você os portões que conduzem ao êxtase imortal, segundo a promessa de sua graça.

Deus os abençoe, amados, em nome de Jesus. Amém.

123

O QUE OS TRABALHADORES DO CAMPO PODEM E NÃO PODEM FAZER

Disse também: O reino de Deus é assim como se um homem lançasse a semente à terra; e dormisse e se levantasse de noite e de dia, e a semente brotasse e crescesse, sem ele saber como. A terra por si mesma produz fruto, primeiro a erva, depois a espiga, e por último o grão cheio na espiga. Mas assim que o fruto amadurecer, logo lhe mete a foice, porque é chegada a ceifa (Mc 4.26-29).

Nosso tema no último domingo foi o dos trabalhadores da fazenda de Deus e seu grande Senhor, quando então procuramos mostrar quão necessária é a ação humana na obra do evangelho. Vimos também quanto todos os resultados na área sagrada dependem inteiramente de Deus, pois nem aquele que semeia nem aquele que rega são coisa alguma, mas, sim, Deus, que é quem dá o crescimento. Falaremos esta manhã de assunto bem similar, porém mais profundo, e que mostra mais plenamente até onde o trabalhador do campo pode ir; onde o homem pode chegar com sua capacidade nas coisas sagradas e onde nenhuma obra humana pode intervir. Nosso assunto de hoje tratará assim, principalmente, da medida e dos limites da ajuda humana no reino da graça. Se inspirados pelo Espírito de Deus, concluiremos então que esta passagem das Escrituras contém fértil instrução sobre o assunto.

Há que se destacar o fato de que esta parábola somente se encontra registrada em Marcos. Nenhum outro evangelista a relata. Nem por isso deveríamos deixar de lhe dar a devida atenção. Tivesse ela nos sido contada quatro vezes, pelos quatro evangelistas, teríamos ficado felizes com a repetição e lhe teríamos dado atenção quadruplicada; como nos é narrada apenas uma vez, temos de dar então maior e mais cuidadosa atenção à voz que a relata de maneira única e definitiva. Ficamos bastante felizes também por haver o Espírito Santo de Deus levado Marcos a conservar essa verdadeira pérola, em meio a tantas excelentes coisas que nosso Senhor disse, muitas das quais é bem provável que se tenham perdido. João, por exemplo, nos diz que, se o registro completo de todas as obras que Jesus realizou fosse feito, formaria uma biblioteca tão grande que o mundo inteiro mal seria suficiente para conter todos os livros. Muitas das coisas que Jesus disse foram lembradas e repetidas, sem dúvida, por algum tempo, sendo gradativamente esquecidas. Devemos agradecer então ao Espírito de Deus por perpetuar esse exemplo escolhido por seu servo Marcos. Tal lição, selecionada, preservada pelo âmbar da inspiração divina, não tem preço.

Eis uma lição para os semeadores — para os que trabalham na fazenda do Senhor. É uma parábola para todos os que estão interessados no reino de Deus. Será de pouco valor para aqueles que estão no reino da escuridão, pois a estes não é permitido espalhar a semente do bem: *Mas ao ímpio diz Deus: Que fazes tu em recitares os meus estatutos...?.* Todos os que são servos leais do Rei Jesus, todos os comissionados em espalhar a semente para o agricultor real, ficarão, no entanto, felizes em saber quanto o reino avança, felizes em saber que a safra está sendo preparada para aquele a quem servem. Ouçam, pois, vocês, que semeiam, apesar de toda chuva; vocês, que com santificada diligência procuram preencher os armazéns de seu Deus — ouçam, e que o Espírito de Deus fale aos seus ouvidos.

I. Devemos, em primeiro lugar, aprender, com base em nosso texto, o que podemos e O QUE NÃO PODEMOS FAZER. Que seja este o nosso primeiro tópico.

O reino de Deus é assim como se um homem lançasse a semente à terra (Mc 4.26) — isto é permitido ao trabalhador fazer; *e dormisse e se levantasse, de noite e de dia, e a semente brotasse e crescesse, sem ele saber como* — isto é o que ele não pode fazer, pois compete a um poder maior. O homem não consegue fazer nem a semente brotar nem crescer, isso não lhe cabe; pode ir dormir e se levantar, *de noite e de dia*. Uma vez plantada, a semente sai da competência humana, ficando sob os cuidados divinos. Não muito depois, retorna o trabalhador, e, *assim que o fruto amadurece, logo lhe mete a foice, porque é chegada a ceifa*. Podemos e devemos colher na estação apropriada; é tanto nosso dever quanto privilégio fazê-lo. Vejam, pois, que há lugar para o trabalhador no início da lavoura, e, embora ele não necessite agir no período intermediário, outra oportunidade logo lhe é dada, quando, por fim, rende frutos o que semeou.

Percebam, então, que *podemos semear*. Qualquer homem que tenha recebido o conhecimento da graça de Deus em seu coração pode ensiná-lo a outras pessoas. Incluo aí todos os que conheçam o Senhor, homens ou mulheres. Não podemos todos, porém, ensinar da mesma forma, pois temos dons diferentes: a um homem ou mulher é dado um talento, e a outro, ou outra, são dados dez. Nem temos todos as mesmas oportunidades, pois, se um de nós permanece na obscuridade, outro, todavia, conta com vasta influência. Ainda assim, não há na família de Deus uma única mão, de criança que seja, que não possa lançar sua pequena semente no solo. Não há homem dentre nós que tenha de ficar ocioso na praça, pois sempre haverá trabalho que necessite de sua força esperando por ele. Não há uma só mulher salva que seja deixada sem uma tarefa sagrada e não possa cumpri-la, de tal modo que em troca receba a palavra de aprovação: *Ela fez o que pôde* (Mc 14.8). Alguma coisa do serviço sagrado está sempre ao alcance da capacidade de cada pessoa, seja ela uma mãe de família, uma babá, um garoto de escola, um funcionário do banco ou uma enfermeira. Mesmo aqueles que tenham as menores oportunidades podem, não obstante, fazer algo por Cristo e sua causa. A preciosa semente da palavra de Deus é tão pequena quanto um grão de mostarda e pode ser lançada até pela mão mais frágil, de onde se multiplicará centenas de vezes.

Não há motivo para questionarmos com Deus por que não podemos fazer milhares de obras se ele nos permite fazer pelo menos uma; pois plantar a boa semente já é um trabalho que requer toda a nossa sabedoria, nossa força, amor e preocupação. Espalhar a semente divina pode muito bem ser o nosso mais elevado objetivo e não haver objetivo algum abaixo deste a alcançar para uma vida mais nobre. É preciso ganharmos conhecimento divino, a fim de podermos selecionar cuidadosamente o trigo e mantê-lo longe do joio do engano. Devemos separá-los até mesmo em nossos pensamentos e opiniões, pois nem todos estes, certamente, devem estar de acordo com a mente de Deus. Não levamos à salvação os homens por nossas palavras, mas, sim, pela palavra de Deus. Temos a obrigação, assim, de conhecer inteiramente o evangelho, para o podermos ensinar por completo. Devemos levar com toda a atenção a diferentes homens a parte da palavra de Deus que melhor efeito possa produzir na consciência de cada um deles; pois muito poderá depender de a palavra ser realmente *oportuna* e não constituir uma frase aleatória qualquer. Muito, portanto, temos a fazer ao manipularmos a sacola com as sementes, a não ser que, porventura, resolvamos semear o joio junto com o trigo, ou lançar as boas sementes ao acaso, correndo o risco de somente alimentarmos os pássaros que as roubam.

Uma vez selecionadas as sementes, grande será o trabalho de as semearmos nos mais diversos lugares, pois todo dia faz surgir uma oportunidade diferente, e quase toda situação oferece uma oportunidade. *Pela manhã semeia a tua semente, e à tarde não retenhas a tua mão, pois tu não sabes qual das duas prosperará* [...] (Ec 11.6). *Bem-aventurados sois vós os que semeais junto a todas as águas* [...] (Is 32.20) Imitemos, pois, o semeador da parábola, que não foi tão excessivamente cauteloso a ponto de semear apenas onde houvesse bom solo segundo seu próprio julgamento, mas, sim, sentindo que poderia haver outro critério além do de escolher o solo, lançou sementes à direita e à esquerda durante seu trajeto, sem economizar punhado algum, mesmo nos terrenos mais espinhosos e rochosos. Vocês terão realmente muito a fazer, queridos companheiros trabalhadores do campo, se sempre e em todo lugar, como sugerem a prudência e o zelo, espalharem a palavra viva do Senhor vivo.

Além disso, o semeador sábio descobre oportunidades favoráveis para semear e prazerosamente as aproveita. Algumas vezes tudo indica ser um desperdício semear, pois o solo não se encontra preparado, sob condições adequadas. Antes ou depois de uma chuva, ou em qualquer outro momento que quem conhece agricultura sabe, é essa a ocasião apropriada de semear. Deste modo, embora devamos trabalhar

O QUE OS TRABALHADORES DO CAMPO PODEM E NÃO PODEM FAZER | 1159

continuamente por Deus, há ocasiões em que falar das coisas sagradas seria o mesmo que jogar pérolas aos porcos; e outras vezes em que seria simplesmente uma vergonha perder a oportunidade só por causa de negligência ou preguiça. Aquele que desperdiça uma oportunidade de ouro de lavrar e semear, além de ser de fato negligente ou preguiçoso, desperdiça, na verdade, não apenas uma oportunidade e perde seu dia, mas joga fora um ano todo. Se você de fato se preocupa com as almas e aproveita os momentos oportunos, momentos de sagrada inspiração, nunca irá reclamar de serem escassos os instantes favoráveis à ação humana.

Mesmo que você nunca seja chamado a regar ou colher, já será suficientemente grande o seu trabalho se você se dedicar tão somente à semeadura. Ainda que possa parecer pouco ensinar a verdade simples do evangelho, é tarefa importante e essencial. Como alguém pode aprender alguma coisa sem ter quem ensine? A lavoura sem semeadura nunca produzirá uma colheita. Ervas daninhas crescem sem a nossa ajuda, mas o trigo e a cevada, não. O coração humano é tão degenerado que é capaz de gerar mal em abundância, e Satanás não vai deixar escapar a oportunidade de lançar nele uma semente maligna que seja; mas, para que a alma humana renda frutos a Deus, é preciso que a semente da verdade seja plantada nele por alguém que possa fazê-lo. Ó servos de Deus, a semente da palavra não é como a lanugem do cardo, que é levada facilmente por qualquer vento, nem como certas sementes carregadas pelos pássaros para todo lugar, mas o trigo do reino precisa da mão humana para ser semeado, e sem tal ação não pode entrar no coração das pessoas nem render frutos para a glória de Deus. A pregação do evangelho é uma necessidade premente em toda a nossa era; permita Deus que nosso país nunca seja dela privado. Que o Senhor até nos envie dos céus falta de pão ou uma seca, mas nunca a escassez de sua Palavra. Pois *a fé é pelo ouvir* (Rm 10.17); mas *como ouvirão se não há quem pregue?* (Rm 10.14). Espalhem, portanto, a semente do reino, pois é indispensável para a colheita. Pregar o evangelho não é, assim, algo que possamos ou deixemos de fazer segundo nosso bel-prazer, mas, sim, um dever urgente, cuja negligência corre por nossa própria conta e risco. Temos a capacidade de plantar essa semente, e essa semente tem que ser plantada.

É uma semente que deve ser plantada constantemente, pois tais são os tempos que uma semeadura só não basta. Semeie-se mais uma vez e de novo, pois muitos são os inimigos que atacam o trigo, e, se não repetirmos sempre a semeadura, nunca talvez cheguemos a ver a colheita. A semente deve ser, também, espalhada por toda parte. Não há um canto do mundo que vocês possam querer deixar inócuo, esperando que venha a ser autoprodutivo. Não podem deixar o rico e o inteligente acreditarem que possuem conhecimento do evangelho, pois não é assim: o orgulho da vida que têm, pelo contrário, os afasta de Deus. Não podem também abandonar o pobre e o iletrado, pensando: "Oh, eles certamente sentirão por si sós a necessidade de Cristo"; não é verdade: irão se afundar na degradação, a menos que os ergamos com o evangelho. Nenhum agrupamento, nenhuma comunidade, nenhuma constituição peculiar do cérebro humano, pode jamais ser negligenciada por nós; temos de pregar a Palavra a todos, em todo o mundo, "a tempo e fora de tempo". Nesse particular, o capitão Cook, o celebrado circum-navegador, era um admirável exemplo para nós. Onde quer que desembarcasse, em qualquer lugar do globo em que estivesse, tendo levado consigo um pequeno pacote com diversas sementes procedentes da Inglaterra, era visto, muitas vezes, semeando-as, em solo adequado. Deixava o barco e se aventurava, semeando, pelas terras. Nada dizia a ninguém, mas silenciosamente espalhou sementes inglesas por onde passou, de modo que cingiu o mundo com flores e plantas de sua terra natal. Imitem-no onde quer que estiverem: espalhem sementes espirituais em cada lugar onde colocarem os pés. Alguns de vocês estarão em breve no litoral, ou em meio às montanhas, ou em outras regiões da terra, à procura, certamente, de variedade e beleza; levem as sementes divinas com vocês e não fiquem satisfeitos até que cada lugar em que passarem receba um grão ou dois que produzam frutos para o seu Deus. Isso é o que vocês podem fazer; estejam atentos, então, em assim proceder.

Vejamos agora o que vocês não podem fazer. *Vocês não podem, depois que a semente deixar sua mão e cair no solo, levá-la a fazer brotar a vida.* Não podem fazê-la crescer. Justamente como diz o texto: [...] *e a semente brotasse e crescesse, sem ele saber como.* Aquilo que está além do nosso conhecimento está certamente além do nosso poder. Vocês conseguem fazer uma semente germinar? Vocês podem colocá-la num ambiente que forneça calor e umidade, onde ela cresça e irrompa, mas a germinação propriamente dita está além do alcance de vocês. Depois que o broto irromper, vocês conseguirão fazê-lo crescer e desenvolver folhas e raízes de um modo natural? Não; isso, também, está além do seu poder. E quando o botão estiver verde e reluzente, vocês o farão desabrochar, conseguirão amadurecê-lo? Ele irá amadurecer — mas *vocês* conseguem fazer isso? Vocês sabem que não; vocês não participam diretamente em todo esse processo, embora possam até criar condições para que a evolução natural aconteça. A vida é um mistério; o crescimento é um mistério; o amadurecimento é um mistério — e esses três mistérios são fontes hermeticamente protegidas contra qualquer intromissão. Como pode estar contida na semente toda a preparação para a semeadura e o crescimento? O que é esse princípio vital, esse segredo de reprodução de energia? Alguém sabe me dizer alguma coisa sobre isso? Talvez um filósofo dissesse que poderia explicar a vida e o crescimento e logo iria, como é procedimento comum na filosofia, confundir sua explanação com determinados termos menos compreensíveis que a fala rudimentar de uma criança e, então, concluiria, dizendo: "Isso é tudo. Não poderia ser mais claro". Enfim, acobertaria sua ignorância com um jargão amestrado, a que chama de sabedoria. No entanto, a verdade sobre o crescimento da mais comum das sementes é, até hoje, a que está no texto bíblico: [...] *sem ele saber como.* O cientista, por sua vez, poderia falar de combinações químicas e permutações físicas, citar analogias disso e daquilo; mas o crescimento da semente permanece um mistério: ela brota *sem ele saber como.*

Este pensamento é também bastante apropriado quanto ao crescimento e progresso da palavra de Deus no coração do homem. A palavra entra na alma e nela se enraíza de modo desconhecido. O ser humano, por natureza, rejeita a palavra, mas ela penetra no coração e o transforma, de modo que passamos a amá-la sem que saibamos como. Toda a natureza é por ela renovada, de modo que, em lugar do pecado, ela produz arrependimento, fé e amor, embora sem sabermos como isso ocorre. Como o Espírito de Deus lida com a mente dos homens, como cria um novo coração e um espírito correto, como nos é gerada uma esperança nova, reavivada, como nascemos do Espírito, não sabemos dizer. O Espírito Santo entra em nós; não ouvimos sua voz, não vemos sua luz, não sentimos seu toque; no entanto, ele realiza uma obra efetiva em nós, que não demoramos a perceber. Sabemos que a obra do Espírito é uma nova criação, uma ressurreição, um reavivamento dos mortos; essas palavras, no entanto, não atendem à nossa ignorância inexprimível do método de funcionamento divino, no qual não está, de modo algum, em nosso poder interferir. Não sabemos como realiza seus milagres de amor e, não sabendo como opera, temos toda a certeza de que não nos cabe tirar tal trabalho de suas mãos competentes. Não temos como criar do nada, não podemos avivar, não conseguimos transformar, não temos como regenerar e muito menos salvar.

Após o crescimento da semente, o que vem a seguir no trabalho de Deus? *Podemos colher as espigas.* Depois de algum tempo, Deus Espírito Santo usa seus servos novamente. Tão logo a semente viva haja produzido, primeiro que tudo, as folhas do pensamento, depois a espiga ainda verde da convicção e por fim a fé, que é a espiga madura e plena, então o trabalhador cristão volta a trabalhar, pois *ele agora poderá colher. Mas assim que o fruto amadurecer, logo lhe mete a foice, porque é chegada a ceifa.* Não se trata aqui da colheita do grande último dia, pois não é esse o assunto da parábola, que fala claramente de um semeador e ceifeiro humanos. O tipo de colheita que aqui propõe o Salvador é o mesmo ao qual se refere ao dizer a seus discípulos: *Levantai os vossos olhos, e vede os campos, que já estão brancos para a ceifa* (Jo 4.35). Depois de ter enviado a mulher do poço a semear o coração dos samaritanos, e com eficácia, pois eles iriam logo demonstrar sua fé nele, conclama o mestre a seus apóstolos que *os campos já estão brancos para a ceifa.* Lembra ele um antigo ditado: *Um é o que semeia, e outro o que ceifa* (Jo 4.37), para então lhes declarar: "Eu vos enviei a ceifar onde não trabalhastes". Portanto, como diz ainda a Palavra: *E não nos cansemos de fazer o bem, porque a seu tempo ceifaremos, se não houvermos desfalecido* (Gl 6.9).

O trabalhador do campo cristão dá início à colheita ao observar cuidadosamente quando algum homem evidencia sinais de fé em Cristo. Anseia por ver as primeiras folhas e espera colher a espiga da fé. Aspira a que os homens sejam crentes, mas, sobretudo, deseja confirmá-los na crença; e, quando

O QUE OS TRABALHADORES DO CAMPO PODEM E NÃO PODEM FAZER | 1161

julga que por fim foi gerado o fruto da fé, passa a encorajar, congratular e confortar os novos crentes. Sabe que o recém-convertido precisa ser bem recolhido ao celeiro da irmandade cristã, para que fique resguardado de inúmeros perigos. Nenhum lavrador sábio deixa os frutos da colheita expostos ao granizo que pode cair, ao orvalho que pode destruí-los ou aos pássaros que podem picá-los ou levá-los. Nenhum fiel deve ficar de fora do silo da sagrada irmandade, mas deve ser conduzido ao seio da igreja, com todo o regozijo que tal ingresso merece. O trabalhador do campo de Cristo observa atentamente e, ao perceber que chegou o momento exato, passa a levar os novos convertidos para que recebam a atenção e os cuidados da congregação, sejam separados do mundo, protegidos da tentação e devidamente armazenados para o Senhor. Faz isso de imediato. Não espera meses e meses em dúvida; quando a fé está presente, não se teme ousar e tomar providências precipitadas. Tendo consigo a segurança da promessa e a amabilidade sincera do amor fraternal, ele diz francamente ao novo fiel: "Você já confessou sua fé, não é verdade? É chegado, então, o momento de uma confissão aberta. Jesus determinou que todo aquele que crê fosse batizado. Se você o ama, deve então seguir este seu mandamento". O trabalhador não descansa até que haja introduzido o novo convertido na comunhão dos fiéis. Pois só teremos cumprido apenas metade do nosso trabalho, amados, até que os homens sejam batizados e se tornem discípulos. Temos depois de instruí-los, encorajá-los, fortalecê-los, consolá-los e socorrê-los em qualquer momento de dificuldade ou perigo. Que diz o Salvador? *Portanto, ide, fazei discípulos de todas as nações, batizando-os em nome do Pai, e do Filho, e do Espírito Santo; ensinando-os a observar todas as coisas que eu vos tenho mandado* (Mt 28.19,20).

O ceifeiro é, assim, o crente que reúne os convertidos e junto a eles desenvolve um trabalho útil e meritório. Se eu prego o evangelho e algumas pessoas se convertem, terei sido apenas semeador; mas se vocês, que vieram aqui como visitantes e aqui aceitaram Cristo, voltarem para seus bairros ou cidades e forem recebidos em igrejas locais como convertidos, os respectivos pastores e suas congregações estarão simplesmente colhendo o que eu semeei. Não invejo o sucesso de meu irmão ministro em colher os convertidos; pelo contrário, me regozijo com ele. O semeador e o ceifeiro podem desfrutar juntos do mesmo sucesso, pois o trabalho é um só e feito para um só Senhor.

Observem, portanto, qual a esfera de nossa ação. Podemos apresentar a verdade aos homens, mas essa verdade o Senhor deve abençoar: o sustento e o crescimento da palavra na alma é obra de Deus apenas. Quando o trabalho divino do crescimento passa a ser feito, os novos salvos podem e devem ser apresentados à igreja. Trazê-los à congregação dos fiéis é dever a que não podemos faltar. Levar Cristo a se tornar esperança de glória dentro dos homens não nos cabe, mas a Deus; todavia, assim que o Senhor neles se forma, discernir neles a imagem do Salvador e conclamar: *Vem, bendito do Pai, o que fazes aí fora?* (Gn 24.31) é nosso dever e deleite. Criar a vida divina compete a Deus; mas cabe a nós celebrá-la. Fazer a vida crescer em segredo é obra do Senhor; acompanhar a criação e o desenvolvimento dessa vida, prazerosamente, é papel do crente; conforme está escrito: *Mas assim que o fruto amadurece, logo lhe mete a foice, porque é chegada a ceifa.*

Aí está, portanto, nossa primeira lição, em que vimos o que podemos e não podemos fazer.

II. Nosso segundo tópico é semelhante ao primeiro. Aborda o QUE PODEMOS E NÃO PODEMOS SABER.

Primeiro, *o que podemos saber*. Ao semearmos a boa semente da palavra, podemos saber que ela irá crescer, pois Deus assim nos promete. Nem todos os grãos e em todo lugar, naturalmente, pois alguns deles terão fim com os pássaros ou os vermes, e outros serão ressequidos pelo sol; mas, como norma geral, a palavra de Deus não voltará a ele vazia, mas fará o que lhe apraz e prosperará naquilo para o que ele a enviou. Isso nos é permitido saber. Podemos saber também que, uma vez desenvolvida sua raiz, a palavra há de continuar a crescer; não se trata de um sonho ou uma imagem fluida prestes a desaparecer, mas, sim, algo sólido, dotado de força e energia, que irá evoluir, de um caule em formação, para se tornar espiga e, sob a bênção de Deus, chegar à salvação como "grão cheio na espiga". Com a ajuda e a bênção de Deus, nossa obra de instrução levará os homens não apenas à reflexão e à convicção, mas sobretudo à conversão e à vida eterna.

Podemos saber também, porque assim nos é dito, que o motivo para isso é haver vida na Palavra. Há vida na própria palavra de Deus, conforme está escrito: *Porque a palavra de Deus é viva e eficaz* (Hb 4.12) — isto é, viva e poderosa. Somos renascidos *não de semente corruptível, mas de incorruptível, pela palavra de Deus, a qual vive e permanece* (1Pe 1.23). É da natureza das sementes vivas crescer, e a razão pela qual a palavra de Deus cresce no coração dos homens é porque é a palavra viva do Deus vivo; e onde a palavra de um rei estiver, ali existe poder. Sabemos de tudo isso porque as Escrituras nos ensinam. Está escrito: *Segundo a sua própria vontade, ele nos gerou pela palavra da verdade, para que fôssemos como que primícias das suas criaturas* ((Tg 1.18).

Além disso, da terra, aqui tomada à semelhança do homem, é dito que "por si mesma frutifica". Devemos então lembrar, quanto ao que pretendemos com esta exposição, que o coração humano não produz fé por si mesmo; é geralmente como uma rocha, onde toda semente que ali cai perece. Todavia, assim como a terra, sob a bênção do orvalho e da chuva, se torna preparada, pela obra oculta de Deus, a receber e acolher a semente, também o coração humano pode ser preparado para receber e acolher em si o evangelho de Jesus Cristo. Algo adequado na terra em que a semente é lançada faz que a semente seja adotada e alimentada pelo solo. O mesmo acontece no coração do homem quando Deus faz dele um solo bom e apropriado. O coração despertado do homem necessita exatamente do que a palavra de Deus lhe fornece. A alma, movida por divina influência, abraça a verdade e é por ela abraçada, fazendo a verdade passar a viver no coração e ser avivada por ele. O amor no homem aceita o amor de Deus; a fé no homem, semeada pelo Espírito de Deus, crê na verdade de Deus; a esperança no homem, semeada também pelo Espírito, se dá conta de coisas reveladas; e a semente celestial frutifica, assim, no solo da alma. A vida não vem dos que pregam a palavra, mas está contida na palavra que eles pregam, mediante o Espírito Santo. A vida não está em suas mãos, mas no homem levado a se dar conta da verdade pelo Espírito de Deus. A salvação não vem da autoridade pessoal do pregador, mas, sim, da persuasão pessoal, da fé pessoal, do amor pessoal, do receptor. Você, semeador, é ensinado assim, pela parábola, que a vida e o crescimento espirituais pertencem a Deus e são devidos muito mais à semente e ao solo do que a você. Em tudo o que diz respeito à verdade, o poder intrínseco desta é sempre o mesmo, não importa quem a pregue. Não é porque tal e tal crente ou tal ministro, a quem Deus abençoou, prega o evangelho, que o evangelho viverá no coração do homem. De modo nenhum; mas por causa da verdade em si e do próprio coração que recebe a verdade, mediante a obra oculta do bendito Espírito de Deus. Tudo isso nos é dado saber; e já não basta para fins práticos?

Todavia, há *algo que não podemos saber*: um segredo em que não podemos penetrar. Repito, então, o que disse antes: não se pode olhar para o interior de um homem e ver exatamente como a verdade toma conta do coração, ou como o coração lida com a verdade. Muitos têm vigiado seus próprios sentimentos até se tornarem exaustos de tanto desencorajamento, e outros têm vigiado os sentimentos dos jovens até fazerem a estes mais mal do que bem, por causa de tão rigorosa supervisão. Na obra de Deus há mais espaço para fé do que para supervisão. A semente divina cresce em segredo. Deve ser plantada e crescer longe da vigilância humana, ou não haverá colheita. Mesmo mantendo a semente cuidadosamente sob a terra enquanto viceja, você jamais conseguirá descobrir *como* ela cresce; mesmo que pudesse assistir microscopicamente à sua expansão e ao seu brotar, jamais vislumbraria a força vital interior que move a semente. Não há como penetrarmos sob o véu que resguarda a obra secreta de Deus no mistério da vida e do crescimento natural; e, quanto à divina vida no homem, deve ficar para sempre oculta a qualquer olho mortal. O resultado disso poderá ser visto, e algo sobre o modo do desenvolvimento poderá então lhe ser revelado; mas o *modus operandi* verdadeiro, o mais íntimo e secreto mistério do novo nascimento, nunca lhe será dado entender. Você jamais poderá vir a conhecer os caminhos do Espírito Santo. Sua obra é realizada em segredo, sem que se possa dizer de onde vem e para onde vai. "Explique-me o novo nascimento", pede-me alguém. Minha resposta seria: "Experimente o novo nascimento e saberá o que é". Há segredos nos quais não podemos ingressar, pois sua luz é por demais ofuscante para os olhos humanos. Ó homem, você nunca se tornará onisciente, pois é criatura, e não criador. Haverá sempre para você uma

O QUE OS TRABALHADORES DO CAMPO PODEM E NÃO PODEM FAZER

região não apenas desconhecida, mas incompreensível. Seu conhecimento vai longe, mas nem tanto; e que você possa agradecer Deus por isso, pois assim ele criou em você a vontade da fé e lhe dá todo motivo para orar a ele. Peça com fé ao grande trabalhador para fazer o que você não consegue, e, ao buscar a salvação dos homens, dê a ele toda a glória.

III. Em terceiro lugar, nosso texto nos diz O QUE PODEMOS E O QUE NÃO PODEMOS ESPERAR AO TRABA-LHARMOS PARA DEUS. De acordo com a parábola, podemos esperar ver os frutos. O agricultor lança suas sementes no solo, as sementes crescem e vicejam, e ele pode aguardar uma colheita. Gostaria de dizer uma palavra para encorajar as expectativas dos trabalhadores do campo cristãos; pois temo haver muitos deles sem fé. Se você tem um campo ou um jardim e espalha sementes nele, ficará muito surpreso e descontente se nada brotar; no entanto, muitos cristãos parecem estar bastante contentes só por trabalhar, sem se importar tanto com o resultado a ponto de criar expectativa. É um modo lamentável de trabalhar — colecionar cestos vazios no fim da temporada. Ou eu vejo o resultado de meu trabalho e fico feliz, ou, não vendo, devo estar preparado em ter o coração partido, se sou um verdadeiro servo do grande mestre. Devemos esperar, sim, obter resultados e, se tivermos paciência de esperar um pouco mais, poderemos ver mais resultados. A falta de expectativa tem sido grande causa de insucesso para os trabalhadores de Deus.

Não devemos esperar, porém, ver vicejar todas as sementes que espalhamos, ao semearmos. Às vezes, glória a Deus, temos apenas de entregar a palavra e os homens se convertem imediatamente. Em tais ocasiões, o ceifeiro substitui o semeador; mas não é sempre assim. Alguns semeadores têm sido diligentes por muitos anos em determinado território e, ao que parece, tudo tem sido em vão, até que por fim chega a colheita, uma colheita que, falando à maneira dos homens, nunca seria realizada se não tivessem perseverado até o fim. O mundo, como acredito, deve ser todo convertido a Cristo; talvez não ainda hoje, nem amanhã, nem, porventura, por longo tempo; mas a semeadura realizada no decorrer dos séculos não está sendo perdida, tudo está sendo trabalhado para o resultado final. Uma colheita de cogumelos pode ser obtida rapidamente, mas uma plantação de carvalhos não irá recompensar o semeador até que gerações de seus descendentes hajam retornado ao pó. Cabe-nos semear e esperar por uma rápida colheita; mas devemos também nos lembrar que "o lavrador espera o precioso fruto da terra, aguardando com paciência, até que receba as primeiras e as últimas chuvas", e assim deve ser conosco. Devemos esperar resultados, mas não desanimar se não os virmos logo hoje ou amanhã.

Devemos também esperar ver a boa semente vicejar, mas nem sempre segundo nossa vontade. Somos quase todos parecidos com crianças, predispostos à impaciência. Se seu filho pequeno semeou mostarda e agrião ontem em sua pequena horta, esta tarde é bem capaz de ir revirar a terra para ver se a semente está crescendo. Há pouca chance de que as sementes de mostarda e agrião resultem em algo, pois não as deixará a sós por tempo suficiente para que cresçam. O mesmo acontece com obreiros de Cristo apressados: querem ver o resultado de seu trabalho com o evangelho imediatamente, ou então o esquecem; e ainda desconfiam da palavra abençoada. Apesar de as pessoas geralmente tomarem a palavra em sua mente e meditarem sobre ela, certos pregadores têm tanta pressa que não concedem tempo para tal meditação, não dão espaço para que as pessoas pensem sobre o custo disso, não fornecem oportunidade para que possam refletir sobre seu caminho e se voltem para o Senhor com pleno propósito de coração. Todas as sementes levam algum tempo para crescer, mas para eles a semente da palavra deve vicejar diante dos olhos, como mágica, ou acham que nada foi alcançado. Certos bons irmãos se mostram tão ávidos em produzir o caule e a espiga que acabam levando as sementes de que dispõem a estorricar sob o calor intenso do fanatismo, sem nunca permitir que possam viver. Fazem os homens pensar que estão convertidos, impedindo-os de efetivamente chegarem ao conhecimento salvador da verdade. Estou totalmente convencido de que alguns homens são bloqueados de virem a ser salvos ao lhes afirmarem que já o estão, sendo insuflados pela ideia de perfeição, quando, na verdade, seu coração ainda não está nem ao menos quebrantado. Talvez se tais pessoas fossem orientadas a buscar algo mais profundo, não ficassem satisfeitas por receber a semente em solo pedregoso; no entanto, contentam-se simplesmente com o que é produzido pela semente lançada em solo rochoso, exibindo rápido desenvolvimento, mas sendo igualmente rápidos o seu declínio e consequente queda. Que esperemos confiantemente a semente crescer; mas oremos para vê-la evoluir segundo os preceitos de Deus, na devida ordem: primeiro as folhas, depois a espiga, depois o fruto pleno na espiga.

Se você está com pressa, meu irmão, saiba que é melhor ter a paciência dos princípios que o calor das paixões. Possam todos os homens estar com pressa de serem salvos, mas aqueles que pregam a verdade se contentem em ver os homens condenados pelo pecado serem primeiro libertos da autoconfiança, iluminados pela graça de Deus, dando assim passos seguros em direção à fé. Alguns dos melhores cristãos não se recordam do momento exato em que foram convertidos; trata-se, na verdade, de um processo gradual, das folhas verdes à espiga madura, e eles não conseguem dizer quando precisamente o verdadeiro fruto da fé foi formado neles. Algumas mentes, reflexivas, não mergulham subitamente na fé, mas são trazidas lentamente à luz, tal como o ápice do dia vai surgindo pouco e pouco no horizonte. Para outros, o começo nada tem além de folhas que não se conseguem diferenciar da grama; seus sentimentos se parecem mais com uma emoção natural causada pelo temor ao inferno, que pode resultar em nada efetivo. Segue-se uma pequena crença, formada tanto quanto possa parecer uma espiga de fé, mas que pode ser apenas a noção superficial das coisas; leva tempo para tais pessoas demonstrarem o fruto pleno da fé em Jesus. O crescimento, quase sempre, para não dizer sempre, é gradual, e não nos compete desejar alterações no método de trabalho de Deus. Podemos esperar que a semente vingue, mas nem todos os solos são igualmente preparados e adequados, e não podemos exigir de Deus que trabalhe com velocidade igual e padronizada em todos os casos.

Podemos esperar também que a semente amadureça. Nossa obra resultará, pela graça de Deus, em fé verdadeira em todos aqueles em que ele operou sua palavra e mediante seu Espírito. Todavia, não devemos esperar vê-la amadurecer desde o início. Quantos enganos têm sido cometidos nesse particular. Vamos imaginar um jovem um tanto meditativo, e algum bom irmão conversando com esse jovem, inquirindo-o em questionamentos profundos. Balança a cabeça experimentada e franze as sobrancelhas. Foi à plantação para ver como a safra estava prosperando, e, embora ainda cedo, lamenta não poder ver uma única espiga; de fato, nada enxerga além de pouco mais que a simples cobertura da terra. "Não vejo um único sinal de espiga", pensa consigo. Não, irmão, de certo que não vê; pois você não fica satisfeito em ver apenas as folhas como prova de vida, insistindo em ver o trigo já crescendo de maneira imediata. Se você tivesse procurado pelas folhas, as teria encontrado, e elas o teriam estimulado. No que me diz respeito, fico feliz em perceber mesmo o mais ínfimo sinal de vontade, o mais débil anseio, um pouco de desconforto, uma medida do menor desgaste do pecado ou um leve desejo de misericórdia. Não seria um conselho sábio, no caso, permitir que tudo comece do começo e ficar satisfeito com a pequenez inicial das coisas? Veja as folhas da boa vontade e espere por mais depois. Em breve, você verá um pouco mais do que isso, pois haverá certamente convicção e decisão e, logo após, uma frágil fé, pequena como uma semente de mostarda, mas destinada a crescer. Não despreze o dia das coisas pequenas. Não interrogue um recém-nascido sobre calvinismo e seus diferentes matizes, para poder saber se ele é ou não profundo, segundo sua própria ideia de profundidade. Sou capaz de afirmar que ele há de se revelar muito pouco profundo e você apenas estará ocupando seu coração em formular questões tão difíceis para ele. Prefira falar a ele sobre o ser um pecador e de Cristo, seu Salvador, e você irá assim regar a planta, para que a graça daquela pequena espiga se torne fruto pleno. Ele pode nada ter que lembre tal fruto na aparência, mas, aos poucos, você poderá começar a dizer: "Isso, sim, é que é fruto, se é que eu sei o que é! Esse homem é uma verdadeira espiga de fé, e eu vou levá-lo com o maior prazer para o silo do meu mestre". Mas, se você arrancar logo as folhas, de onde virá a espiga? Se cortar a espiga ainda verde do pé, como irá amadurecer? Espere ver a graça em suas conversões, mas não a glória imediata. Já será muito se perceber algum comecinho de céu na pessoa, mas não espere poder ver um céu completo aqui embaixo.

Esperem, pois, irmãos — pois vocês podem esperar —, ver uma colheita, mas não esperem ver cada semente vicejar. "Eis", alguns poderão dizer, "uma palavra desanimadora". Talvez seja, mas é verdadeira. Há um antigo provérbio que diz: "Abençoados os que nada esperam, pois nunca irão se desapontar". Não acredito propriamente nesse provérbio; mas acredito em uma forma moderada dele: "Abençoados os que

O QUE OS TRABALHADORES DO CAMPO PODEM E NÃO PODEM FAZER | 1165

não esperam o que é desarrazoado, pois nunca o verão". Se vocês, jovens que começam a trabalhar para Deus, esperam que todas as palavras que disserem serão úteis a todos os que as ouvirem, esqueçam, pois isso não acontecerá, e vocês ficarão desanimados. Elevo, portanto, suas expectativas o mais alto que a verdade permite, mas não além. Eu lhes diria para subir ao topo da escada; mas, se os estimulasse a irem além, logo fariam o caminho oposto, caindo, sob a ilusão de que ainda estariam subindo. Não gosto de ver ninguém esperar por aquilo que não irá obter. Sei que algumas de nossas sementes irão cair em solo espinhoso e outras em terreno rochoso, e não terei de me desesperar quando isso acontecer. Quando prego o evangelho, não espero que todos o recebam, pois sei que ele terá sabor de vida para algumas pessoas e sabor de morte para outras. Apenas puxo a rede de pescar, arrastando-a com força, e sei que quando abri-la na praia haverá nela objetos estranhos que não peixes, que terão de ser descartados, mas fico também muito feliz que haverá igualmente uma boa quantidade de peixes. O resultado do nosso ministério será sempre variado, como era quando Paulo pregava, com algumas pessoas crendo e outras não; devemos estar prontos para isso, e meu desejo é que suas expectativas sejam amplas, pois é possível que vocês venham a obter muitos frutos, reservados nas sementes de Deus, que irão recompensá-los de forma absoluta, mesmo que corvos e vermes roubem e comam sua cota de grãos.

IV. O último tópico é este: que descanso os trabalhadores cristãos podem ou não ter — pois está dito que o semeador dorme de noite e se levanta de dia e que a semente viceja e cresce sem que ele saiba como.

Dizem alguns que a atividade de lavrador é boa porque as coisas geralmente acontecem enquanto ele dorme. Então, boa é a nossa tarefa também de servirmos o mestre, espalhando as boas sementes, porque se desenvolvem mesmo quando estamos dormindo. Mas como um bom trabalhador de Cristo pode legitimamente dormir? Respondo que, em primeiro lugar, ele tem de dormir o sono da confiança. Você teme que o reino de Cristo não venha? Mas quem lhe ordenou que temesse pela arca do Senhor? Tem medo de que o propósito do infinito Senhor Jeová possa falhar? Que vergonha! Sua ansiedade desonra o seu Deus. Você o degrada com sua simples desconfiança de erro dele. Poderá a Onipotência ser acaso derrotada? É melhor que durma, então, em vez de fazer o papel de Uzá. Descanse confiante, pois a vontade de Deus será cumprida, e o reino dele virá, os escolhidos serão salvos e Cristo verá o fruto do trabalho de sua alma. Desfrute do doce sono que Deus concede a seus amados, o sono da perfeita confiança, tal como Jesus dormia na parte de trás do barco assolado por uma tempestade. A causa de Deus nunca esteve sob risco e nunca estará; a semente lançada é garantida pela Onipotência e deve produzir colheita. Mantenha sua alma em tranquilidade e paciência, aguardando que venha a colheita, pois sob as mãos de Jesus deverá prosperar a satisfação de Deus.

Durma, portanto, o sono que leva a um despertar alegre, trazendo consigo feliz expectativa. Desperte pela manhã sentindo que o Senhor está cuidando de tudo necessário ao sucesso de seu propósito. Busque por ele. Se você não dormir com confiança, certamente não irá se levantar restaurado, disposto ao trabalho. Se lhe fosse permitido ficar desperto a noite toda ruminando o pão da preocupação, não estaria preparados no dia seguinte a realizar o serviço que o Senhor lhe designou. Descanse, então, fique em paz e trabalhe com dignidade tranquila. O assunto está seguro nas mãos de Deus.

Sim, descanse em paz, deixando conscientemente o trabalho nas mãos de Deus. Depois de ter pronunciado a devida palavra de confiança em Deus em oração, entregando-se em suas mãos, não se preocupe mais. Seu trabalho não poderia estar sob melhores cuidados. Todavia, não durma o sono da desatenção. O trabalhador espalha a semente, mas não se esquece dela: deve manter firme a cerca para deixar o gado longe da plantação; pode ter de espantar os pássaros, remover as ervas daninhas, ou prevenir enchentes. Ele não se senta para vê-las crescer, mas tem muita coisa em torno a fazer. Não deve dormir o sono da negligência ou da preguiça; pois cada etapa tem uma demanda específica. O trabalhador semeou um campo, mas há outros por semear. Semeou, mas também tem de colher; e depois que a colheita terminar, terá outras tarefas para cuidar. Jamais termina; sua ação é necessária em diversas partes do campo. Seu sono nada mais é, na verdade, que um interlúdio, que lhe dá forças para continuar a realizar suas tarefas.

Considere, porém, que a parábola nos ensina que não nos devemos intrometer nos domínios de Deus; em relação à obra oculta da verdade divina na alma humana, devemos descansar e prosseguir em nosso caminho, servindo à nossa geração segundo a vontade do Senhor. Quero que vocês, irmãos e irmãs, cheguem a este ponto nesta manhã: "Senhor, a obra é tua. Tu podes realizar tua própria obra. Faz a tua obra, Senhor — nós rogamos que a faças. Mas ajuda-nos, Senhor, a realizarmos *nossa parte*, por menor que seja, na obra, tanto no começo quanto no fim, confiantes em que jamais falharás na parte maior e principal, que é sem dúvida aquela que a ti somente compete. Ajuda-nos a exercermos nossa fé em ti e a perseverar em nosso trabalho com a total confiança de que estás sempre conosco e que somente podemos te servir a contento e felizes enquanto permanecermos ligados a ti".

Para cima, irmãos, subamos o monte, ao topo do Carmelo, rogando a Deus que mande uma chuva celestial mediante seu Espírito. Levanta, Elias! Debruça-te sobre os joelhos e chora, até teres a certeza de que a nuvem, apesar de pequena como a mão de um homem, cobrirá toda a terra, fazendo chover bênçãos e bênçãos. Levanta e roga para que Deus varra todas as dúvidas que, como gafanhotos, buscam devorar a igreja hoje, assim como toda predileção pelo pecado e por rejeição a Cristo; e para que nesta hora, nesta exata hora, possa Deus ser glorificado pela débil mão de seus semeadores, enquanto espalham as divinas sementes. Peço-lhes, queridos e fiéis irmãos, que nesta tarde ou hoje à noite orem para que a palavra do Senhor possa ser aceita e vitoriosa. Vou agora para que Deus possa trabalhar e então voltar a me apresentar para que Deus possa trabalhar por intermédio de mim. Que o Senhor seja louvado para sempre. Amém.

A escolha de um líder

E propôs-lhes também uma parábola: Pode porventura um cego guiar outro cego? Não cairão ambos no barranco? Não é o discípulo mais do que o seu mestre; mas todo aquele que for bem instruído será como o seu mestre (Lc 6.39,40).

O homem mal consegue se manter em posição de sabedoria, mesmo se conduzido a ela. A verdade se encontra entre dois extremos, e o homem balança demais para um lado ou para o outro, como um pêndulo. Não permanece muito tempo em apenas uma extremidade e não encontra descanso no ponto médio da sabedoria, a não ser mediante a divina graça. Os extremos se mostram presentes tanto na peregrinação quanto no aprendizado da vida.

Existem alguns que afirmam que o homem, de modo geral, não necessitaria de orientação para nada. Não é, dizem estes, uma criatura nobre, abençoada com a divina inteligência? Não tem a capacidade de refletir, compreender, discernir e julgar? Poderia, então, certamente, encontrar direção sem ajuda externa. Por que precisaria de um mestre? Seria capaz de ensinar a si próprio. Não domina a ciência? Já não criou inúmeras invenções? Tais fanfarrões autossuficientes não concordariam, assim, em sentar-se diante de um mestre ou seguir a orientação de quaisquer normas e, como consequência, se tornam, quase sempre, pessoas erráticas, singulares, sem regras e desarrazoadas em seu modo de pensar e agir. Tais peregrinos vagam perdidos em labirintos de descrença e ateísmo, conduzindo suas ideias em meio à tolice e à ilusão.

Tal esquema é perigoso, mas o exato oposto também é. Liberte-se um homem do racionalismo e ele poderá pender para o lado da superstição, alegando: "Percebo que preciso de um guia; escolherei o primeiro que estiver ao meu alcance". Encontrando um orientador, dotado dessa ou daquela autoridade, esse homem deixará de utilizar seu poder de julgamento, rendendo-se imediatamente a tal liderança e instituindo que questioná-la significa declarar-se culpado de incredulidade pecaminosa. Sem refletir se o guia é cego ou tem visão, ou se é ou não um instrutor escolado e qualificado, o crédulo se dobra ante o sacerdote ou líder e por ele é mal conduzido. Como que tendo cansado de pensar, pede que outros pensem por ele, deixando de refletir sobre qualquer assunto. Assim é a religião de muitas pessoas, que nela encontram a paz — a paz da estupidez reconfortante. Começam a fazer parte, por exemplo, de uma igreja que clama ser venerável por conta da idade e acreditam em tudo o que a instituição escolha pregar. Julgam que não têm mais o direito de discernir ou usar seus próprios conhecimentos. Passam a apoiar sua consciência e razão em uma tipoia, como braços quebrados e inúteis, e se prestam a ser conduzidas como inválidos em cadeiras de rodas da tradição e do dogmatismo. Nada ousam questionar — isso afetaria todo o processo; fecham os olhos e deixam que outras pessoas enxerguem por elas; ou melhor, fecham os olhos para serem guiadas por outros cegos; desistem de pensar, para serem dirigidas por pessoas que também desistiram de pensar e que há muito fecharam os olhos e abriram a boca para aceitar e engolir, de olhos fechados, o que quer que um conselho supremo ou um papa se disponham a lhes impingir.

Entre esses dois extremos há o estreito caminho da justiça. Feliz é a pessoa que o encontra, no guia honesto e sincero que o líder ou professor deve ser; ou seja, faz a descoberta de que o líder ou instrutor foi designado pessoalmente pelo Senhor Jesus e pelo divino Espírito Santo, ocorrendo, então, completa, voluntária e fiel submissão à sua infalível orientação. Feliz é o homem que nem mesmo por orgulho de seu intelecto crê ser ele mesmo um guia, pronto a orientar um tolo; nem por indolência ou superstição se rende à orientação de um semelhante, chamando-o de pai (padre ou papa), ou de monsenhor, ou do que seja; mas, tendo descoberto que Deus enviou seu Filho a nosso mundo para ser o real Comandante da salvação, que há de levar muitos à glória, segue somente pelo caminho por onde o próprio Comandante apontar. Por saber que o mesmo Jesus é o Messias revelado de seu povo, deleita-se simplesmente em sentar-se a seus pés e receber as palavras santas que profere, pois razão, afeição, contemplação e vontade, tudo encontra perfeita morada nele. Quem tem os olhos abertos siga aquele que tudo vê, e, com sua mente iluminada, torne-se discípulo da luz eterna.

Se concordamos, então, que é necessário haver um guia, claro está que o mais importante é examinarmos as qualidades daqueles que aspiram a esse cargo. Há quem escolha seu guia por ser ele, como mostrei anteriormente, designado por uma autoridade, como é o caso do vigário da paróquia ou do capelão da família, imediatamente aceito sem maiores considerações. Ora, seria insensato alguém se apresentar como guia para escalar as montanhas da Suíça se fosse bastante claro que é cego como um morcego. Você diria que esse fato não tem importância só pelo fato de que ele teria sido designado guia por uma autoridade? Você se arriscaria a tentar escalar o monte Branco com ele? Sim? E se ele acabasse por conduzir você a um precipício, onde seria o fim de sua insensatez? No entanto, multidões resolvem escolher sua religião só por indicação, sentindo-se certamente confiantes pelo fato de que aquilo que é indicado por muitos e estabelecido e endossado por grande parte da nação deve estar naturalmente correto. Se o guia consegue ou não enxergar, parece ser um detalhe de somenos, desde que haja sido devidamente ordenado e empossado no cargo; se tais requisitos foram observados, a multidão, irracionalmente, não faz qualquer questionamento. De minha parte, gosto de olhar bem nos olhos do meu guia; procuro saber se ele já cruzou o país e se tem experiência com o caminho; e, se não me satisfizer nesse ponto, busco outra pessoa, que enxergue mais e que tudo experimentou — como o Senhor Jesus. Sua autoridade jamais poderei questionar; tomo como certo tudo o que ele me ensina. Fico feliz por ser alguém que vê e segue alguém que enxerga; e me empenho por ser um aluno aplicado de professor tão sábio e compreensivo.

Nosso texto contém muita sabedoria quanto a esse assunto; pois, em primeiro lugar, *nos anuncia um grande princípio geral*, como um aviso, a saber, que o discípulo nunca supera seu mestre, mas pode se tornar como ele; em segundo lugar, *sugere uma aplicação especial* deste princípio geral a Cristo, a de que, à medida que somos aperfeiçoados, tornamo-nos como ele, a exemplo de muitos discípulos que crescem até o nível de seus mestres. Após abordar esses tópicos, buscarei usar o texto para encorajar aqueles que desejam Cristo como mestre, mostrando como *podemos usar o fato mencionado no texto em uma aplicação prática*.

I. Tomemos, então, O GRANDE PRINCÍPIO GERAL, apresentado sob a forma de advertência. Estão contidas muitas verdades nesse texto, todas ilustrando o ponto principal. É natural que *o discípulo geralmente sinta atração pelo mestre a que mais se assemelha* — eis por que um cego pode vir a ser guiado por outro cego. Não se trata de ser cada qual como o seu igual, ou seja, de homens com mentes semelhantes se associarem, mas há em todos nós uma tendência natural de admirarmos nossa própria imagem e de desejo de submissão a qualquer um que nos seja superior, se for do nosso tipo. Ficamos mais à vontade com um professor que não contrarie nossos princípios e mostre afinidade com nossos gostos. Os sacerdotes em geral se assemelham ao povo porque o povo gosta que sejam assim. A verdade é que tanto no caso de professores quanto de ídolos, "aqueles que os fazem a eles se assemelham". Se o cego pudesse ver, provavelmente não escolheria outro cego para ser seu guia, mas, como não consegue ver, tem prazer em se relacionar com alguém que fala à maneira dos cegos, julga as coisas assim como quem está justamente na escuridão e não conhece o que os homens que enxergam conhecem; nunca lembrando o cego, portanto, de sua incapacidade, e levando-se a concluir: "Este é meu exemplo ideal de pessoa; é exatamente o líder de que preciso e com ele vou me comprometer". Assim, o cego toma outro cego como guia, e é esse o motivo pelo qual tal erro é tão corriqueiro.

Os erros não sobreviveriam se não servissem de solução adequada a uma predisposição da natureza humana, se não gratificassem alguns erros humanos aos quais são associados. A idolatria é um pecado que prevalece porque o homem é alienado de Deus, que é um Espírito, e sua tolice carnal exige um deus que

A ESCOLHA DE UM LÍDER

seus sentidos possam alcançar. Quando ouvirem falar multidões que se reúnem em torno ou diante do papa, não se espantem. O papismo é tipicamente uma religião da natureza humana depravada, criada pelo demônio, e portanto não é de surpreender que as nações se fascinem por ele, pois engolem tudo o que amam e o que o deus deste mundo torna doce. O papismo e outras formas de sacramentalismo são para o supersticioso como cama macia é para o preguiçoso: do mesmo modo que o preguiçoso quer permanecer deitado, qualquer supersticioso passa logo a fazer parte de tal sistema. Dê a um homem supersticioso algumas informações contidas na Bíblia e uma tesoura para recortar uma veste que a ele se molde e, de um modo ou de outro, o papismo será a religião resultante dessa costura; é, por isso, tão popular.

Não se pode entender de imediato como um homem cego que se oferece como guia espere encontrar clientes; nem ele entenderia, mas há tantos cegos que nada sabem sobre a cegueira do primeiro que muito provavelmente irão a ele. Lute por não ser tão cego a ponto de seguir esse exemplo. Jovens, prestem muita atenção à pessoa que escolherem como guia. Sua tendência é que escolham errado, pois suas próprias tendências são geralmente erradas. Orem para que comecem bem a jornada da vida, ao terem a graça infundida no coração de vocês, para que escolham o Cristo de Deus, que é *o caminho, e a verdade, e a vida* (Jo 14.6). Ó Senhor, não permitas que nenhuma alma aqui seja cega a ponto de escolher o ateísmo cego, o ceticismo cego ou a superstição cega como líder, mas toma os cegos pelas mãos e leva-os por um caminho que eles não conhecem, por veredas que nunca viram. Faz isso por eles, não os desampares.

Tendo escolhido seu tutor, o aluno gradativamente se assemelha a seu mestre ao seguir sua orientação, pois a tendência natural é que cada vez mais siga as pegadas do mestre e obedeça às regras por ele impostas. Devemos ter consciência, portanto, de que imitamos aqueles que admiramos. O amor exerce estranha influência em nossa natureza, modelando-a à forma amada. O verdadeiro discípulo é como barro no torno do oleiro; seu mestre o molda segundo a própria imagem. Talvez tenhamos pouca consciência disso, mas vamos certamente nos conformando à semelhança daqueles a cuja influência nos submetemos. Quem quer que seja seu mestre, caro amigo, você estará se formando à imagem dele: se escolher ser conduzido por um adepto do prazer, irá se tornar cada vez mais frívolo; se escolher um escravo da avareza, há de se tornar cada vez mais sovina; se preferir o controle de um seguidor do vício, deverá se tornar viciado; se for seu herói um homem que despreza a palavra de Deus, você não tardará a rejeitá-la também. Enquanto você o contempla em admiração, vai-se formando uma espécie de fotografia, na qual você, como chapa sensível, recebe a imagem dele. Eu lhes exorto, portanto, a serem cuidadosos com quem deverá ser o seu guia.

Lembrem-se: *o pupilo jamais supera o tutor*; todo aquele que se submete a um comando não consegue ir além do seu guia. Tal situação é raramente observada, ou melhor, posso dizer que nunca o é; pois, quando o orientado ultrapassa a orientação, já não está mais sendo orientado. Ao tomarem a dianteira de seus líderes, as pessoas geralmente o fazem visando a outra direção. Poucas vezes exageram as virtudes de seu mestre, que frequentemente omitem, mas de modo geral costumam imitar, exagerando, as peculiaridades nas tolices, nos erros e nas falhas. Diz-se que na corte de Ricardo III, só porque o rei tinha os ombros encurvados, começaram os cortesãos a exibir também corcovas; e vimos, ainda, o país todo bancar o tolo, não em tempos passados, mas neste nosso século, a ponto de quase todas as mulheres andarem mancando, por causa de uma princesa haver sido acometida de um problema temporário no andar. Assim age a humanidade: as pessoas imitam umas às outras como que instintivamente, e esta seria para mim a única ressalva que conheço para a teoria de Darwin de que descendemos de macacos. A imitação é algo bem desenvolvido em nós e, se deixada solta, inclina-se para o caminho errado, sendo forçada na direção da deformidade e do defeito. Na música, na pintura, na poesia e na literatura, os adeptos de determinada corrente raramente se sobressaem a seus mestres, mas, quando o fazem, os deixam, sendo costume, no entanto, perpetuar as fraquezas e os maneirismos destes. Mais ainda se dá na arte da vida. Jovens, no que se refere à tarefa de encontrarem um mestre para si próprios, eu rogo que sejam cuidadosos em escolher senão o melhor que possam, pois vocês não o suplantarão, mas, sim, é bastante provável que fiquem atrás do mestre a quem seguirão; e, se estão buscando um líder, escolham alguém que conheça realmente o caminho, pois, se cometer erros, vocês os cometerão dez vezes mais, e a possibilidade é de que exagerem em cada um dos erros que cometeu.

Resta-nos a mais categórica verdade a observar. *Se alguém escolher um mau guia para sua alma, ao final dessa má liderança haverá simplesmente um fosso esperando-o.* Se um orientador lhe ensina um erro, que declara ter retirado das Escrituras, baseado em textos distorcidos e pervertidos, e você segue esse erro, poderá ficar até, por algum tempo, falsamente satisfeito, julgando saber mais do que as pobres pessoas simples que se mantêm fiéis à boa e velha versão; todavia, guarde bem minhas palavras, há um fosso esperando por você, no final desse caminho de erro. Você talvez não o veja ainda, mas ele existe, e nele você cairá fatalmente, se continuar a seguir cegamente o seu guia. No fim dos erros há geralmente um tremendo fosso moral, no qual os homens se afundam, afundam e afundam, e mal sabem por que, até que, tendo absorvido tanto tal erro doutrinário, seus princípios morais se tornam deteriorados e, como que envenenados, acabam rolando na lama do pecado. Outras vezes, o fosso que se acha além de um erro menor pode vir a ser uma doutrina condenável. O primeiro engano pode ter sido relativamente insignificante, mas, por haver colocado a mente em um plano inclinado, fará que o homem caia no fosso, quase por consequência, e, antes que ele perceba, venha a participar de toda uma ilusão e a crer piamente em uma tremenda mentira. O cego e seu guia cego, não importa no que hajam errado, cairão com toda a certeza no fosso, pois não é preciso visão para deparar com sua larga abertura.

Sim, cair no fosso é fácil; mas, então, como evitá-lo? Gostaria, sinceramente, de pedir especialmente aos crentes fiéis que, quando surjam novidades nas doutrinas, sejam bastante cautelosos com a atenção que venham a lhes dispensar. Lembrem-se sempre do fosso. Uma simples mudança na posição da alavanca de desvio de uma linha férrea é o suficiente para levar o trem a seguir, em vez de para o extremo leste, para o extremo oeste: a diferença de distância, no começo, é pequena; mas o destino da chegada será, sem dúvida, em um extremo longinquamente remoto. Há erros que surgiram recentemente, que os pais de vocês não chegaram a conhecer, aos quais algumas pessoas tão excessivamente voltadas e que, pelo que posso observar, afetam seriamente os homens que neles caíram. Vi ministros se desviarem apenas um pouco em teorias especulativas e acabarem por gradativamente escorregar do latitudinarismo para o socinianismo ou para o ateísmo. Em tais fossos caem milhares. Outros são precipitados em poços igualmente horrorosos, a saber, agarrando-se teoricamente a todas as doutrinas, sem segui-las na prática. Os homens, hoje em dia, acreditam em verdades com as entranhas voltadas para fora e até a própria realidade e o significado virados ao contrário. Há membros e ministros de denominações evangélicas que não creem nas doutrinas evangélicas ou, se creem, dão pouca importância a elas; os sermões de tais pessoas são verdadeiros ensaios de filosofia tingidos de evangelho. Adicionam uma pitada de evangelho ao discurso que fazem, do tamanho do Atlântico, e inundam as pobres almas de palavras que nada significam. Que Deus nos guarde de deixarmos o antigo evangelho ou perdermos seu significado e o sólido conforto que nos traz; pois, se nos comprometermos com o guia errado, cairemos no fosso do devaneio filosófico e da profissão de fé sem alma.

Tudo isso nos leva, creio eu, a não escolher um homem qualquer como nosso líder: se confiarmos em um homem qualquer, ainda que esteja certo 99 vezes em cada 100, ele acabará mostrando estar errado pelo menos uma vez, e a tendência é sermos influenciados mais por essa única vez do que por qualquer das vezes corretas. Estejam certos de que, em relação à fé, antigas maldições costumam se verificar com abundância: *Maldito o varão que confia no homem, faz da carne o seu braço, e aparta o seu coração do Senhor!* (Jr 17.5). Há somente um a quem se pode seguir incondicionalmente, e um apenas; há somente um em quem se pode confiar sem reservas, e um apenas — o homem Jesus Cristo, o Filho de Deus. Se você não deseja incorrer em erro grave no coração e na vida prática, tome cuidado com os homens e a ninguém siga além de Jesus, a pegada nenhuma além das pegadas do rebanho que segue em seus calcanhares. Você fará melhor ainda em não seguir as ovelhas, mas somente seguir o Pastor apenas, mesmo que caminhe sozinho. Que o Espírito Santo lhe seja dado e guie você em toda a verdade. Dito isto sobre o grande princípio, que ele lhe sirva de advertência e conselho.

A ESCOLHA DE UM LÍDER | 1171

II. A nós nos cabe O EMPREGO DESSE PRINCÍPIO EM RELAÇÃO AO NOSSO SENHOR JESUS CRISTO. Se tivermos o Senhor Jesus Cristo como nosso líder, sem precisarmos ir além desse guia seremos privilegiados em nos tornarmos mais e mais como ele e sermos aperfeiçoados, como diz o texto, em sermos como ele é.

Em primeiro lugar, *isto é o melhor que poderíamos esperar*. Vimos que quase sempre o discípulo se forma à imagem de seu mestre, mas com o nosso mestre o processo, evidentemente, se torna garantido. Com esse mestre, de quem meus lábios não conseguem falar suficientemente bem, mestre cujas correias das alparcas não sou digno de desatar, bem pode acontecer sermos derretidos com tanto amor e despejados nos moldes da obediência. Ele é o criador; como não nos faria, pois, à sua imagem? Assim podemos esperar, dada a pessoa que ele é.

Seu ensinamento, na verdade, é tal que não pode deixar de ter poder sobre o coração dos homens, para que se quebrante. Sua doutrina é a do amor onipotente, e todo ensinamento seu, sendo divino, é ao mesmo tempo tão adequado à capacidade humana que se ajusta perfeitamente ao homem que tome seu jugo para si e se disponha com ele a aprender. Outros mestres nos ensinam, frequentemente, lições tão distorcidas e duvidosas que melhor seria que as desaprendêssemos; mas o ensinamento do nosso Senhor é garantido por ser divino, poderoso e, como sentimos dentro de nós mesmos, verdadeiro, nobre, magistral e dado com autoridade total, não como a palavra do homem.

Se eu apenas conhecesse Jesus pelos seus ensinamentos, poderia simplesmente concluir que um professor que divulga tais doutrinas e preceitos pode, de fato, vir a influenciar seus discípulos. No entanto, não é somente em seus ensinamentos que reside a influência de Jesus; seu mais potente fascínio é *ele mesmo*. Quando pregou aqui na terra, muitos disseram: *Jamais alguém falou como este homem* (Jo 7.46), e o motivo é que jamais homem algum viveu como ele. Sua palavra tinha poder por ser ele próprio a PALAVRA. Ao visualizarmos os preceitos de Cristo personificados em sua vida, podemos vê-los brilhar como a beleza e lampejar como o poder. Você seria capaz de receber e acatar desse professor o que talvez não fosse capaz de fazê-lo para com outra pessoa, pois seu caráter e o seu poder lhe davam todo o direito e autoridade para ensinar como fazia. Muitos dos preceitos de Cristo pareceriam perfeitamente ilógicos se tivessem sido proferidos pelos lábios de um homem comum e falho, e os ouvintes certamente teriam clamado: "Cura-te, médico". Vindos dele, porém, esses preceitos surgiam naturalmente, como frutos sadios de uma árvore sã, sendo resultado consoante com uma vida como a dele. Quem poderia evitar ser convencido quando o próprio argumento encontrava-se diante de seus olhos? Somos subjugados pela grandeza do amor do Redentor, pelo esplendor de sua benignidade, pela infinitude de seu autossacrifício. Jesus gera nossa fé pela revelação de si mesmo e por essa mesma manifestação nos faz semelhantes a ele. Já houve vida como a dele? Houve morte parecida? Já viveu alguém tão inteiramente amoroso como ele? Já existiu perfeição como a dele? Em toda a sua vida, ele foi muito sincero, mas igualmente bastante gentil; muito corajoso, embora extremamente bondoso; inabalável, porém tenro; expondo seu coração pela transparência da verdade, mas sem deixar de ser prudente e de se guardar com infalível sabedoria; sem temor diante de todos, por mais que o buscassem combater, mas jamais de guarda armada e, sim, agindo com pureza e honestidade, como uma criança, em meio a seus combatentes — a sagrada criança Jesus. Oh, se você se sentar aos pés de Jesus, não apenas irá aprender com ele, e seus ensinamentos terão o maior poder sobre você, mas aprenderá também *sobre ele*, pois ele próprio é a melhor lição que nos ensina. Nunca houve olhos que encarassem o amoroso olhar de Jesus, *como pombas junto às correntes das águas, lavados em leite, postos em engaste* (Ct 5.12), sem que eles mesmos fossem limpos e purificados até se tornarem "como as piscinas de Hesbom, junto à porta de Bate-Rabim". Quem conseguiria carregar o Senhor Jesus no coração, como um buquê de mirra, sem ser perfumado pela sua presença? Quem conseguiria estar com ele sem se tornar como ele?

Temos toda a certeza de que, no caso único de Jesus, os discípulos podem realmente evoluir até chegar à imagem do mestre, pois ele os leva a um intenso amor a si mesmo, que se inflama em entusiasmo. De um professor a quem os alunos amam e admiram, rapidamente aprenderão; e, se entusiasmados com ele, nenhuma lição mais lhes será difícil. Assim tem feito o nosso querido e bendito Senhor, de quem esses lábios não conseguem falar como deveriam. Nós o admiramos, nós o amamos, nós o adoramos; é nosso Deus, nosso tudo e nele ansiamos ser moldados, segundo sua soberana vontade. Viver por ele? Sim, consideramos isso uma felicidade, *pois o amor de Cristo nos constrange* (2Co 5.14). Morrer por ele? Sim, os santos de todas as eras têm considerado um prazer dar a vida por ele; cheios de fervor, incensados de entusiasmo, sofreram perdas e censuras em seu santo nome. Se tal professor estimula tal entusiasmo, fará, sem dúvida, seus discípulos à sua semelhança.

Além de tudo, nosso grande mestre tem consigo poderoso Espírito, o próprio Deus, o Espírito Santo, e ao ensinar o faz não apenas com palavras, mas com um poder que vai, do ouvido, direto ao coração. Outros professores, a menos que sigam Cristo, confiam apenas no fascínio da própria eloquência ou na força de sua argumentação; nosso Senhor, no entanto, e apesar de ser o mais eloquente de todos os mestres, pois são os seus lábios como lírios que derramam doce mirra, apesar de deter e poder usar todos os argumentos, pois é a própria sabedoria de Deus em pessoa, apoia-se tão somente na própria energia, que revelou ao declarar: *O Espírito do Senhor está sobre mim, porquanto me ungiu* [...] (Lc 4.18). O divino Espírito lança luz na alma, com brilho tal que as coisas ocultas vêm à clara evidência e de forma tal que a esperança se manifesta em sua própria essência. Juntamente com essa luz, surgem vida em abundância para sentir, poder para realizar e discernimento para julgar, levando a alma a toda a verdade e o aluno a aprender a lição mediante a vida e a energia de seu Senhor. Quem mais poderia fornecer esse Espírito? Com que outro professor poderia ser o Espírito Santo infundido em nós? Quem, enfim, deixaria de se sentar aos pés de mestre tão sublimemente acima dos demais em matéria de infinita sabedoria? Rogo a Deus que, enquanto eu esteja falando hoje, alguns dos presentes digam: "Eu alegremente me comprometo com esse grande orientador". Lembrem-se, amados, que assim como vocês querem que ele seja seu mestre, ele igualmente anseia que vocês sejam discípulos.

Creio haver mostrado ser plausível esperar que com tal mestre o discípulo se torne como ele. Deixem-me agora observar, também, que *isso nos foi prometido*; e nos foi, efetivamente, no grande decreto da predestinação; como diz a Palavra: *Porque os que dantes conheceu, também os predestinou para serem conformes à imagem de seu Filho* (Rm 8.29). É este o grande propósito de Deus: que Cristo seja o primogênito de muitos irmãos, e formem estes uma fraternidade em cuja face possa o Senhor discernir a imagem do unigênito. Por aquilo que Deus nos predestinou podemos certamente esperar.

Isso nos foi prometido em nome do próprio Jesus Cristo, cujo nome é justamente Jesus "porque ele salvará o seu povo dos seus pecados". Salvar os homens de seus pecados significa resgatá-los a uma condição de pureza e de santidade. Esta é a salvação que de fato propagamos; não o mero perdão dos pecados, como alguns julgam, mas o domínio sobre o pecado, sua remoção e a transformação do homem na semelhança do Senhor Jesus, mediante o Espírito de Deus. O próprio nome de Jesus nos diz, então, que ele quer fazer de seus crentes e discípulos tão livres do pecado quanto ele.

Sabemos que é esse justamente o objetivo de vida do nosso Senhor, porque esse desígnio fica bem claro na última súplica que ele faz: *Santifica-os na verdade: a tua palavra é a verdade* (Jo 17.17); acrescentando: *E por eles eu me santifico, para que eles também sejam santificados na verdade* (Jo 17.19). Vejam, então, que seu objetivo é santificar seu povo, tal como ele é santo; guardá-lo do mal como ele se guardou e fazer com que sobrepuja o pecado como ele sobrepujou. Durante toda a sua vida, o Senhor procurou operar isso nos doze apóstolos e nos demais que o seguiram, e em sua última súplica diz, ainda: *Não rogo que os tires do mundo, mas que os guardes do maligno* (Jo 17.15). Isso é reconhecido como verdade incontestável. As relações que ele assumiu a supõem como tal, pois seus irmãos em espírito são como verdadeiros irmãos, e seus amigos como verdadeiros amigos, para ele. As metáforas que usa em seu ensino sugerem a mesma coisa: os ramos enxertados recebem da seiva da planta do mesmo modo que os naturais do caule; a esposa cresce espiritualmente do mesmo modo que o marido; os membros do corpo são todos da mesma natureza que a cabeça. O Cristo místico não é como a imagem do sonho do monarca babilônio, tendo pés de barro e cabeça de ouro, mas, sim, uniforme em sua inteireza, com a graça procedente da cabeça transformando o corpo todo. É para nós a mais aprazível expectativa que *seremos*

A ESCOLHA DE UM LÍDER | 1173

semelhantes a ele; porque assim como é, o veremos (1Jo 3.2); e, então, ficaremos inteiramente satisfeitos, pois iremos ascender, à semelhança dele.

Bem, irmãos, o que poderíamos esperar, e o que Deus nos prometeu, já *foi visto*, pois os discípulos foram como seu mestre. É nisso que quero agora colocar maior ênfase. Não foram os discípulos como o Senhor em relação ao caráter? Seria um absurdo dizer que os santos do Antigo Testamento foram também discípulos de Cristo? No sentido literal da palavra, sim, mas todos eles o foram em espírito: o evangelho é o mesmo em todas as eras, é a mesma luz que ilumina cada homem que surge, desde o começo, neste mundo. O ensino interior realizado pelo Espírito o foi do mesmo modo para Abel ou Noé como para João ou Paulo; e, assim como os apóstolos seguiam Jesus e por ele eram iluminados, profetas e patriarcas anteviram o mestre e receberam a mesma iluminação. Cada um dos santos dos tempos antigos tinha, de alguma forma, alguma semelhança com o Senhor Jesus. Pense em alguns poucos deles, e você verá neles algumas das belezas do caráter de Cristo. Abel revela a justiça; Enoque, o andar com Deus. Jó demonstra paciência; Abraão mostra fé; a Moisés cabe humildade e a Samuel o poder de intercessão. Daniel se assemelha a ele na integridade, e Jeremias, no lamento. Como gotas de orvalho, refletem todos a luz do sol da Justiça. No Novo Testamento, vemos o poder transformador dos ensinamentos de Cristo em muitos exemplos. Pedro e João eram como seu mestre, pois lemos a respeito de seus inimigos que *vendo a intrepidez de Pedro e João, e tendo percebido que eram homens iletrados e indoutos, se admiravam; e reconheciam que haviam eles estado com Jesus* (At 4.13). A semelhança era evidente, e eles próprios não tinham também nem por que escondê-la. Tome-se João apenas; quem consegue ler suas epístolas sem comentar: "Assim dizia justamente seu mestre"? João está muito aquém de seu Senhor e, no entanto, quão maravilhosamente nos lembra ele! Vocês já devem ter sorrido ao constatar em seus filhos suas próprias maneiras ou manias, neles repetidas. O que vocês viram foi como que suas próprias particularidades em um espelho. Seus filhos são, quase inconscientemente, miniaturas de vocês. Isso também é evidente em João. Se for verdade, como diz a tradição, que ele era carregado para as assembleias, quando já estava muito idoso para andar, e tinha por costume dizer à sua plateia, tal como já havia escrito: *Filhinhos, amai-vos uns aos outros; amai-vos uns aos outros, filhinhos* (Rm 12.10), tal costume se parece tanto com as atitudes do nosso Senhor que alguém poderia até se enganar, julgando que o mestre havia retornado à terra. Quanto a Paulo, é sob muitos aspectos a imitação de seu Senhor. Ao ler a estranha passagem em Romanos, que me deixa até estonteado, em que ele diz: *Porque eu mesmo desejaria ser separado de Cristo, por amor de meus irmãos, que são meus parentes segundo a carne* (Rm 9.3), sou obrigado a reconhecer que, aqui, Paulo lembra seu Senhor Bendito, que, conforme ele mesmo se refere, em Gálatas, *nos resgatou da maldição da lei, fazendo-se maldição por nós, porque está escrito: Maldito todo aquele que for pendurado no madeiro* (Gl 3.13).

Todos os santos de Deus, uns mais, outros menos, conforme a devoção dos discípulos, demonstram características dele. Não posso parar esta manhã para apontar em cada um de vocês as características de meu Senhor que consigo enxergar; mas me regozijo por conhecer irmãos e irmãs aqui de quem muitas vezes disse para mim mesmo: "Posso ver o mestre nele, ou nela". Gostaria de poder dizê-lo de todos vocês, mas me contento em poder ver em tantas pessoas pontos de verdadeira semelhança com Jesus, características familiares que marcam todos os filhos de Deus. Há leves toques do Pai em todos os herdeiros da salvação, que os fazem se sentir pertencentes à família de Jesus, pois não conseguiriam desenvolver tais características sem que lhes tivesse sido concedido um novo nascimento pelo céu.

É muito notável que aqueles que são discípulos de Cristo tornem-se semelhantes a ele mesmo em relação à história de vida. Voltando à questão de os antigos santos serem verdadeiros discípulos da doutrina do Redentor, vemos Melquisedeque servindo pão e vinho a Abraão — não poderia até alguém pensar que se tratasse de Cristo? Vemos Isaque humildemente se submetendo a seu pai enquanto este aponta a faca para crucificá-lo — não poderia tratar-se de Jesus? Há José se apresentando a todos os irmãos, reinando sobre o Egito, para o bem deles — não poderíamos julgar se tratar da representação do Senhor de volta à terra para abençoar seus escolhidos? Há também Davi voltando da batalha portando a cabeça de Golias, enquanto as donzelas de Israel se regozijam por ele — não poderia alguém pensar no Senhor, *que vem de*

1174 | MILAGRES E PARÁBOLAS DO NOSSO SENHOR

Edom, de Bozra, com vestiduras tintas de escarlate? ((Is 63.1) Os santos são variações dele porque são de sua mesma estirpe, e os que vieram depois de Cristo muitas vezes demonstram posições que evidenciam Jesus Cristo ainda mais. Veja Estêvão pregando corajosamente o evangelho até seus inimigos o apedrejarem; pois você já não leu muitas vezes, sobre o mestre, que: *Os judeus pegaram [...] em pedras para apedrejá-lo* (Jo 10.31)? Olhe também para Paulo em Listra: primeiro o exaltam e logo estão prontos a sacrificá-lo. Esta cena faz que nos lembremos, inicialmente, dos dias em que a multidão gritava a favor de Jesus "Hosana, hosana!" e logo — porque o apóstolo Paulo repreendeu a multidão e agora o apedrejam — o episódio em que a multidão gritava contra Jesus: *Crucifica-o, crucifica-o!* (Lc 23.21). Releia, agora, a história do naufrágio de Paulo, quando ele diz para o comandante do navio e o centurião: *E agora vos exorto que tenhais bom ânimo, pois não se perderá vida alguma entre vós, mas somente o navio* (At 27.2). Isso bem poderia nos lembrar o Salvador em pessoa repreendendo o vento e o mar: *Cala-te, aquieta-te* (Mc 4.39). Sim, havia muito do mestre nele.

Cristo está de fato em todos os membros de sua igreja; sua vida continua a ser escrita na vida de seus discípulos. Amados, eu poderia mencionar muitos santos do novo tempo em cuja vida podemos ver Jesus. Aquela pobre mulher que doou seus dois únicos óbolos, que seriam para o seu sustento: não se parece com Aquele que desistiu de tudo por nós e se fez pobre, para que pudéssemos ser feitos ricos em sua pobreza? Há pessoas que se assemelham à mulher que quebrou seu vaso de alabastro que continha bálsamo precioso, para ungir o Senhor — elas nos lembram o Amante de nossa alma, que quebrou seu próprio vaso de alabastro, seu corpo, preenchendo todo o céu e toda a terra com o perfume do seu amor. Todos os que abrem mão de si para a glória de Deus são tipos de Jesus. Lembremo-nos de John Howard, aventurando-se por entre os calabouços da Europa, dando atenção aos pobres prisioneiros, visando a fazer-lhes o bem. Não é Cristo trazendo boas-novas aos cativos? Ou então John Williams, chegando a Erromanga, nas Novas Hébridas, com a vida nas mãos, para converter canibais; não é como entregar a vida pelo Cordeiro?

Agora, querido amigo, você acha que, se entregar sua vida a Jesus Cristo, poderá vir a fazer algo como ele? Se você se tornar um discípulo dele, sim. Haverá em sua biografia quando seus filhos a lerem — pois eles a lerão, mais do que qualquer pessoa —, quando sua esposa a ler, quando seus companheiros de trabalho a lerem, algo que irá parecer extraído da vida de Jesus. Os alunos da escola de Cristo devem ser como seu mestre, e eles o são. Ouso dizer que se se encontra presente aqui um irmão de quem irei agora falar, lamentará por ouvir-me narrar tal história, e até, se pudesse, calaria minha boca; serei forte, no entanto, para prosseguir... Conheço um pintor que trabalha, com outros companheiros, na parte de cima da ferrovia Great Northern Railway, a grande altura. Um de seus colegas de trabalho, tendo bebido, caminhava trôpego em um elevado andaime. Ele pensou: "Esse camarada nunca descerá vivo daqui" e, em vez de vê-lo tranquilamente perecer, ofereceu-se para levá-lo nas costas, pela encosta, até embaixo. Acho que a morte provavelmente chegaria para ambos se efetivamente o fizesse; mesmo assim, ele se ofereceu. Disse ao embriagado: "Minha alma está segura: sou um cristão; temo é por sua vida, pois, se você morrer sua alma está perdida. Eu o levarei até embaixo, se você ficar quieto". O companheiro rejeitou a gentil oferta, apesar de lhe ter sido repetida de novo e mais uma vez; e, ao tentar descer sozinho, acabou caindo no meio da ferrovia, de uma terrível altura, sendo dado como morto. Quando ouvi esse relato, de um bom irmão, humilde membro de nossa igreja, pensei: "Eis o mestre, revelado nesse seu discípulo pintor". Nossa vida é uma pintura e, se renovada por Cristo, seus traços serão revelados, com as pessoas se surpreendendo com pintura tão incomum: "Tal pincelada, tal linha, é a que o grande mestre costuma utilizar; tenho a certeza de que ele deu alguns toques aqui". Ó irmãos, nem precisamos sonhar em sermos originais; basta plagiarmos Cristo, e esta já será para nós grande originalidade. Que Deus nos ajude nisto.

Eu iria ainda mostrar, mas o tempo voou, que os discípulos de Cristo crescem como ele nas lutas e nas tentações. Satanás os encontra, como a Cristo encontrou, e são tentados pelo mundo, como Cristo o foi; provocados pelos incrédulos saduceus e pelos fanatismos e superstições farisaicas, como o foi Cristo; passam pelas mesmas lutas, mas, bendito seja o Senhor, acabam por repetir as mesmas vitórias. Os discípulos de Cristo subjugam o pecado e, com a ajuda de seu mestre, elevam-se acima da dúvida, superam o mundo e permanecem na pureza e na fé. Tornar-se pouco a pouco como ele é, eis a sua recompensa. "Ao que vencer", diz ele, *eu lhe concederei que se assente comigo no meu trono; assim como eu venci, e me assentei com meu Pai no seu trono* (Ap 3.21).

Seria para mim um belo assunto, se eu tivesse o poder de nele trabalhar, o caminho em que o discípulo de Jesus vai sendo lapidado, com passos firmes, em direção à imagem de Cristo, até que a semelhança chegue a ser tão grande e tão próxima que até mesmo os olhos turvos desse mundo perverso, na diminuta atmosfera de sua ignorância, não poderá deixar de ver a semelhança entre o homem e o mestre.

III. Por fim, iremos nos debruçar por dois ou três minutos sobre um fato encorajador, para que coloquemos à prova tudo sobre o que falamos esta manhã. Irmãos e irmãs, quem de vocês ainda não é discípulo de Jesus Cristo, lembre-se de que ele o receberá. Ele o receberá, mesmo que você tenha tido outros mestres e aprendido com eles muitas das coisas que terá de desaprender. É muito fácil ensinar a um homem se sua mente estiver limpa, mas muito do que se aprende é difícil esquecer. Ó vocês, de quarenta, cinquenta, sessenta anos, há um mundo de enganos dentro de vocês que terá de ser inteiramente retirado. Meu mestre, então, os tomará por pupilos, ainda que tenham estado com outros professores esse tempo todo; e, embora vocês não saibam nem os rudimentos do que ele lhes irá ensinar, ele os aceitará assim mesmo. Meu Senhor Jesus mantém uma espécie de classe de bê-á-bá para adultos, onde os ensina como a crianças. Vejam quanta piedade nele existe em admitir pobres e estúpidos alunos, como nós, que nada sabemos além de que realmente nada sabemos. E mais: tenham vocês pouca capacidade, ou nenhuma, não importa.

> Ele leva a aprender, até o ignorante,
> As maravilhas do seu amor agonizante.

Não são muitos os grandes homens, nem os poderosos, que são escolhidos; mas, como lembra bem Paulo, Deus escolheu os pobres deste mundo; assim como as coisas que não são grandes e as desprezadas, as fracas e as consideradas tolas. Deus as escolheu. Venha a ele, pois, se você se julga incapaz, ele não o é, e a capacidade dele em pouco tempo subjugará sua incapacidade. Você pode alegar: "Não consigo aprender". Ah, é que você não sabe quão bem ele consegue ensinar; pois consegue ensinar de tal modo que mesmo aqueles que acham que não têm como aprender em pouco tempo são instruídos em sua escola. Não fique com um pé atrás, caro amigo, tampouco com receio de não conseguir "pagar a mensalidade": a escola de meu mestre é gratuita; ele não toma nada de nós, mas nos dá tudo. E o único exame necessário para o ingresso é a vontade de aprender, a consciência de que você precisa de ensino e orientação e a devida submissão à instrução divina. Você tem vontade de assim proceder? "Oh", diz você, "eu o aborrecerei tanto que ele vai acabar desistindo de mim". Bem, muitas vezes também achei que aconteceria isso comigo. Não me espanto por você estar atormentado com esse pensamento; ele sempre vem à minha mente quando vejo o pequeno progresso que eu mesmo fiz, mesmo estando há tanto tempo na escola dele. Imagine se eu tivesse um mestre humano! Ele teria perdido a paciência comigo há muito tempo. O Senhor Jesus Cristo, no entanto, nunca desiste de seus alunos. Tendo começado a ensinar, prossegue com seus divinos ensinamentos até que sejam completamente aprendidos pelo discípulo; e, quanto mais difícil for para ele ensinar, parece que maior é sua honra por ter educado seu aluno. Ele não admite ter uma única derrota sequer nesse assunto; subjuga a ignorância e o pecado, a dureza de coração, as enfermidades e a incapacidade, até que nos tenha instruído inteiramente na erudição do céu, fazendo-nos participantes da herança dos santos na luz.

Venham, queridos irmãos e irmãs que já são alunos de Cristo, sentemo-nos a seus pés, sigamo-lo no caminho mais perto dele do que nunca. Quanto a vocês, queridos amigos que ainda não se matricularam, ouçam bem este chamado: "Quem é simples, volte-se para cá. Aos faltos de entendimento diz: *Vinde, comei do meu pão, e bebei do vinho que tenho misturado* (Pv 9.5)". Que o bom Senhor incline o coração de vocês a que o conheçam. Em seu santo nome. Amém.

125

DEVEDORES FALIDOS E PERDOADOS

Não tendo eles com que pagar, perdoou a ambos (Lc 7.42).

Os dois devedores diferiam consideravelmente nas somas que deviam: um devia quinhentos denários, e o outro, cinquenta. Há diferença na culpa dos pecados e no grau de criminalidade das pessoas. Seria muito injusto e errado dizer que todos nós somos exatamente iguais em nossas transgressões. Alguns são mais honestos e justos, gentis e generosos, sem deixarem de ser homens comuns; outros parecem ter maior predisposição maliciosa, invejosa e egoísta, correndo em direção ao mal e pecando, por assim dizer, gananciosamente, com as duas mãos. O homem mais moral, lúcido e diligente deve apenas cinquenta denários, comparado ao mais devasso, desonesto, viciado, blasfemador, cujo débito soma quinhentos. Nosso Salvador reconhece a diferença; ela existe e não pode ser ignorada. Há diferenças entre aqueles não convertidos, muitas diferenças. Um deles, um rapaz, veio a Jesus, e mostrava traços tão refinados em seu caráter que o Senhor o amou quando o viu; e, no entanto, quando os fariseus o cercaram, nosso Senhor olhou em torno com indignação. O solo ainda não semeado com a boa semente varia muito, possuindo trechos bons e férteis. Os pecadores diferem realmente uns dos outros.

Mas quero chamar sua atenção para o seguinte fato: embora houvesse diferenças entre os dois devedores, havia neles três semelhanças em comum: primeira, que ambos eram devedores, e na verdade todos os homens somos pecadores, uns mais, outros menos; segunda, que ambos estavam falidos — nenhum dos dois tinha como pagar sua dívida: o homem que devia cinquenta denários não podia pagar tanto quanto o homem que devia quinhentos denários, de modo que eram ambos reconhecidamente inadimplentes; mas a maravilha é a terceira semelhança que viriam a ter em comum: *não tendo eles com que pagar*, o credor *perdoou a ambos*.

Ó meus queridos ouvintes, somos todos iguais nas duas primeiras semelhanças! Se pudermos todos ter em comum a terceira semelhança, que o Senhor nosso Deus conceda então a cada um de nós a livre remissão dos pecados, segundo as riquezas de sua graça, mediante Cristo Jesus! E por que não seria assim, uma vez que Cristo é exaltado nas alturas justamente por nos oferecer arrependimento e remissão dos pecados? Há perdão em Deus, sim. Ele se deleita em nos conceder misericórdia. Pode lançar todos os nossos pecados nas profundezas, para que nunca mais sejam mencionados sequer contra nós.

Já que seguimos juntos por dois terços da estrada, que pena seria ter de nos dividirmos no último terço! Esses primeiros dois terços da estrada são um trecho muito lamacento e pantanoso, e nele nos arrastamos com tristeza, mas juntos — ambos devendo e ambos sem termos como pagar; mas o próximo trecho é bem construído, liso e próprio para viajantes, levando-nos a jardins da felicidade. Oh, que possamos atravessá-lo, ao encontrarmos o perdão gratuito de Deus! Oremos pela remissão gratuita de todos nós, sem exceção! Por que não? Deus pode nos enviar sua clemência nesta exata boa hora! Por isso, quero falar a vocês, caros amigos, crendo que o Senhor Jesus tem algo a lhes dizer, rogando para que o coração de vocês esteja aberto à sua voz e pedindo a ele, feliz: "Fala, mestre!"

Nosso primeiro ponto de consideração será *a falência deles* — não tendo eles com que pagar; o segundo será *o perdão gratuito recebido* — perdoou a ambos; e o terceiro será *a conexão entre os dois pontos anteriores*.

I. Primeiro, vamos refletir sobre A FALÊNCIA. Essa era a situação deles. Eram ambos, inegavelmente, devedores inadimplentes. Se pudessem contestar a reivindicação do credor, já o teriam feito; mas não podiam levantar qualquer questão a respeito: suas dívidas não podiam ser negadas. Outra característica sua em comum é que nem um nem outro tinham como pagar sua dívida. Já haviam "quebrado a cabeça", revirado os bolsos, os cofres, os armários, sem nada encontrar; todos os seus bens tinham sido dilapidados um a um, e nada mais havia em casa nem fora dela de que pudessem lançar mão. As coisas haviam acontecido com ambos de tal modo que não tinham mais nem bens, nem objetos valiosos, nem dinheiro, nem perspectiva alguma de que pudessem obter, para dar, algo em troca: haviam sido levados à perda extrema, reduzidos à penúria. Enquanto isso, o credor os pressionava, aguardando uma solução, certamente a liquidação da dívida. Essa é uma ideia que se encontra implícita no texto. O credor já havia evidentemente apresentado a um e a outro, de maneira cada vez mais insistente, a conta atrasada, reclamando: "Esse compromisso tem de ser cumprido. Temos de pôr fim a esse estado de coisas; seu débito tem de ser saldado". Cada qual havia chegado a tal ponto que devia confessar publicamente a dívida e humildemente reconhecer que não tinha como saldá-la. O momento crucial do pagamento, enfim, havia chegado, e ambos se encontravam sem um único denário. Nenhuma situação poderia ser pior.

Até aqui apresentei uma parábola que mostra *a situação* do homem que não vem a Jesus Cristo para receber a remissão dos seus pecados. Vamos agora nos alongar neste assunto. Estamos todos, por natureza e por hábito, mergulhados em dívida. Vejamos o caminho pelo qual viemos a assim nos encontrar. Ouça e preste atenção. Como criaturas de Deus, temos para com ele, desde o primeiro instante, uma dívida de obediência. Somos devedores da obrigação de obedecer ao nosso criador. Foi ele quem nos fez, nós não nos fizemos; somos obrigados, portanto, a reconhecê-lo reverentemente como nosso criador, adorá-lo afetuosamente como Pai e a ele servir. É uma obrigação tão natural e razoável que não há como contestá-la. Se vocês são, como são, criaturas de Deus, nada há mais correto a fazer do que honrar a ele. Já que recebemos diariamente dele o ar que respiramos, a água que bebemos e o alimento que comemos, evidentemente que devemos obediência a ele como forma de gratidão, e ao fazê-lo estaremos cumprindo a vontade dele.

No entanto, caros amigos, não temos feito a sua vontade. Ficamos de fazer as coisas que deveríamos ter feito e fizemos coisas que não deveríamos ter feito, de modo que estamos, de mais uma forma, endividados. Estamos, assim, sujeitos a penalidade; na verdade, estamos condenados. Devemos a Deus, como paga ou punição por termos quebrado a lei, tanto o sofrimento quanto a morte; e na palavra de Deus verificamos que a justa penalidade para o pecado é algo absolutamente tremendo. *Temei antes*, diz Cristo, *aquele que pode fazer perecer no inferno tanto a alma como o corpo* (Mt 10.28). Sim, digo a vocês, temam a Deus! São terríveis as metáforas e símbolos pelos quais o Espírito Santo ilustra a miséria da alma à qual o Senhor manifesta sua indignação. A dor da perda e da angústia que o pecado traz para o homem é inimaginável: são os chamados "os terrores do Senhor". Não há ninguém entre nós que tenha uma dívida para com a lei de Deus que possa ser paga, mesmo por toda a eternidade e mesmo coroada por arrependimentos agonizantes. Uma vida inteira de esquecimento de Deus e quebra da lei, que deveria ser compensada com uma vida futura de punição. Eis o ponto a que chegamos. Pode algum homem estar tranquilo enquanto for essa a sua situação perante Deus?

Somos devedores; a dívida é assustadora e traz consigo consequências tremendas, no mais alto grau. E não temos a menor capacidade de dar qualquer solução a isso. Se o Senhor nos chamasse a prestar contas, não teríamos chance alguma de lhe atender. Não nos poderíamos desculpar, como não podemos, de jeito algum, pagar o que lhe é devido. Se alguém acha que pode, deixe-me só lembrar que, para cancelar a dívida que temos para com Deus, precisaríamos inteiramente saldá-la. Deus ordena, e de forma justa, que observemos toda a sua lei. Ele nos diz que aquele que é culpado em parte é culpado no todo; pois a lei de Deus é como um bom vaso de alabastro, belo em sua inteireza; mas, se uma pequena parte que for se despedaçar, não poderá mais ser exibido: a menor falha desfigura sua perfeição e destrói seu valor. A perfeita obediência à lei perfeita é o que requer, portanto, a justiça do Altíssimo; e haveria alguém entre nós capaz de cumpri-la totalmente ou pagar o preço por não cumpri-la? Nossa incapacidade de obedecer já provém de nossa própria falha e é parte do nosso crime. Ah! Que nenhum de nós jamais tenha de sofrer tal punição! Ser banido da presença dele e da glória de seu poder! Ser lançado longe de toda esperança e de toda luz e alegria para sempre! Há aqueles, porém, que neste momento estão no fosso da angústia, que têm suportado a mão pesada da justiça por milhares de anos e, no entanto, sua dívida continua sem ser saldada até agora; pois ainda têm de comparecer ante o tribunal de Cristo no último dia e responder por suas transgressões. Na verdade, pagar toda a dívida é impossível. Nem sob a forma de obediência, nem de punição, jamais conseguiremos pagá-la — seria em vão fazer qualquer tentativa.

Lembremo-nos, também, de que qualquer coisa que possamos fazer por Deus no sentido de obediência já é devido a ele. Tudo que eu possa fazer, se amar a Deus com todo o meu coração e a minha alma e força, e se o meu vizinho fizer o mesmo que eu, durante toda a vida, já é devido a Deus; estarei apenas me livrando de novas dívidas à medida que ocorrerem — mas isso por acaso afetará minhas antigas desobediências? De que modo eu poderia me purificar das minhas antigas manchas por meio da decisão de não ser poluído por novas manchas? Se suas mãos ficarem vermelhas cor de sangue, você conseguirá torná-las limpas novamente só com a mera decisão que não as mergulhará novamente na tinta? Você sabe que não é bem assim: o pecado já cometido não pode ser removido somente com cuidados futuros de não o mais cometer.

> Pudessem minhas lágrimas para sempre correr,
> Pudesse o meu zelo nenhum repouso conhecer,
> E tudo o mais, o pecado não iria expiar;
> Pois só Cristo salva e só ele pode salvar.

Nada temos com que possamos pagar o nosso débito, pois tudo o que venhamos a conquistar ou obter no futuro já é devido à justiça e nada nos sobrará que não esteja hipotecado, nada de nossa propriedade.

De mais a mais, nossa dívida é imensa e incalculável! Cinquenta denários são uma simples representação do que a pessoa mais justa deve a Deus; quinhentos denários são uma soma insignificante se comparada às transgressões dos maiores pecadores. Oh, amigos, quando penso na vida, ela, muitas vezes, se me parece com o mar, feita de inúmeras ondas de pecado, ou como a praia, constituída de areia que não pode ser pesada nem contada. Minhas faltas são indizivelmente incontáveis, e cada uma delas me faria merecer a morte eterna. Nossos pecados, nossos grandes pecados, pecados contra a luz e o conhecimento, nossos tremendos pecados, nossos pecados repetidos, pecados agravados, pecados contra nossos pais, contra nossas relações, pecados contra Deus, com o nosso corpo, nossa mente, o pecado da omissão e do esquecimento, o pecado do pensamento, nossos pecados da imaginação — quem os conseguiria ordenar e mostrar para Deus? Quem sabe o número deles? Acreditar nos ser possível o pagamento de uma dívida dessa é alimentar uma ideia totalmente absurda: nada temos com que pagar.

Irei ainda mais longe. Mesmo que esses pecados estivessem dentro de limites e não estivéssemos endividados por todo o futuro, não importando o que fizéssemos, o que realmente *poderíamos* fazer? Paulo não disse de si mesmo ser incapaz de pensar por si mesmo? Não disse o Senhor ao antigo Israel: "De mim é achado o teu fruto"? Não disse Jesus aos discípulos: "Sem mim nada podeis fazer"? Então, ó pecador falido, que pode você fazer por si mesmo? Você tem de obter a boa obra de Deus para que possa vir a realizá-la. Ou seja, você deve efetuar sua salvação *com temor e tremor*; mas *"Deus é o que opera em vós tanto o querer como o realizar, segundo a sua boa vontade* (Fp 2.12,13). Se o Senhor não operar a salvação em nós, não a podemos efetuar. Tudo de bom no homem é obra de Deus, é produto do Espírito Santo operando na mente e no coração. O homem está morto em violação e pecado, morto para tudo que é sagrado e aceitável perante Deus, e a vida em si é um dom. Que podem, pois, os pecadores fazer? Sua falência é real e completa; e isso é verdade em relação a qualquer homem que ainda não se achegou a Cristo — é um devedor falido, que não tem com que pagar a dívida.

Assim, quero agora, em um minuto, apontar *as tentações* a que todos os pecadores falidos estão sujeitos. Uma delas é querer esquecer seu estado espiritual por completo. Alguns de vocês aqui hoje provavelmente jamais dedicaram um único pensamento à sua alma e à sua situação diante de Deus. É um assunto, de fato, bastante desagradável; e você certamente acha ainda mais desagradável penetrar nele. Busca então diversão, algo para se distrair, passar o tempo, para não ter de dar a menor atenção a examinar seu coração perante Deus. Salomão exorta o homem diligente a conhecer o estado de suas ovelhas, a cuidar bem de seus rebanhos; mas há quem, por negligência ou preguiça, prefira abdicar de tais atenções, deixando tudo ao léu. O homem que não vai bem nos negócios não tem prazer na contabilidade: "Oh, não", diz ele, "poupe-me de meus registros; não dormirei à noite se os investigar". Sabe que está afundando mais e mais e que estará arruinado em breve; e o único caminho pelo qual acha que conseguirá suportar a vida é o de afastar sua pesada preocupação com a bebida ou com companhias ou diversões aleatórias. Engana o próprio tempo para poder esconder de si mesmo sua verdadeira situação. Mas que tolo! Não seria infinitamente mais sábio se encarasse o assunto e conhecesse sua real situação? Tal ignorância, como a que ele prefere, não é nada boa para um homem justo de coração, mas, sim, fonte de tensão e infelicidade. Frequentemente faço esta oração: "Senhor, permite-me conhecer o que há de pior em mim", pois não desejo nutrir esperanças que por fim me iludam. A decepção será mais amarga quanto mais doce for a falsa esperança. Esta é a pior tentação da alma falida, a de fechar os olhos para a percepção da verdade. O avestruz é famoso por esconder sua cabeça na areia quando caçado, imaginando que o caçador tenha ido embora por não mais o estar vendo; mas, evidentemente, o perigo invisível continua tão real como se ele o estivesse encarando. Por mais esquecido que você seja, Deus não esquece seus pecados.

Outra tentação para um homem nessa situação é assumir uma falsa figura, de tão próspero quanto possível. Podem reparar que um homem quase ou já em falência geralmente se faz notar pela impressão que parece querer causar. Que belo cavalo usa para ir ao serviço! Que festas elegantes promove! Exatamente assim procura manter seu crédito tão firme quanto possível. Sabe que este vai sendo torrado pouco a pouco, mas por um tempo ele toma ares de nobre e leva alguns ao redor a imaginar que ainda tem muito dinheiro de sobra para gastar. O governador de uma antiga cidade, cercada pelos inimigos na guerra, jogou pedaços de pão por sobre as muralhas para os sitiadores, a fim de fazê-los acreditar que seus cidadãos tinham tanto suprimento que podiam até se dar ao luxo de desfazer-se dele, quando, na verdade, estavam era passando fome. Há homens que agem de modo semelhante; nada têm com que pagar a Deus e mesmo assim exibem um farisaísmo reluzente. Oh, eles têm sido pessoas tão boas, tão superiores, tão louváveis, desde a mocidade!; nunca fizeram nada de impróprio; poderia haver uma pequena mancha aqui e ali em suas vestes, mas que sairia fácil do tecido quando seco. Fazem boa figura no mundo, com falsa moralidade e formalidade e alguma pitada de falsa generosidade. Além disso, professam ser religiosos, frequentam o culto, dão a oferta no que lhes cabe. Quem poderia achar em erro pessoas assim tão boas? Por isso mesmo, sua profissão de fé é a sua própria armadilha e a demonstração cabal de que estão tentando fazer boa figura antes de irem parar no tribunal do juízo. Não há nada de especial em pessoa alguma, nem nunca haverá, tal como a natureza as fez; eis por que as pessoas cometem essa insolência, procurando parecer algo mais quando não são coisa alguma. Você pode se enganar desse modo, mas com toda a certeza não irá enganar a Deus.

Mais outra tentação que surge no caminho do pecador falido é fazer promessas de atos que provavelmente jamais serão cumpridas. Pessoas endividadas geralmente prometem muito: pagarão com toda a certeza na semana seguinte; mas, quando chega a referida semana, explicam que queriam dizer a próxima semana e que o pagamento dessa vez será certo; mas nem assim eles aparecem, ou, se aparecem, emitem uma letra de câmbio, uma promissória. Pois não é um documento válido? Tão bom quanto dinheiro? Os endividados certamente pensam assim, pois se sentem aliviados em emitir a letra de câmbio como se estivessem pagando a dívida. No entanto, quando vence... e então? A promissória vence para nunca mais valer! Ah! É quase sempre mais uma mentira. E os devedores enganarão seus credores o máximo que puderem. Isto é o que todo pecador faz até receber esclarecimento pela soberana graça de Deus. Clama: "Eu quero fazer melhor". Não importa; diga o que pretende fazer, mas faça. Prometer e jurar em falso apenas aumenta sua lista de pecados! "Oh! Mas você sabe que não pretendo seguir sempre em meu caminho. É uma longa estrada sem volta. Vou parar de vez um dia qualquer, vocês verão." Veremos o quê? Algo sei que veremos, e não será nada demais. Sim, veremos o orvalho da promessa desaparecer e a nuvem matinal da decisão desaparecer. Caro amigo, você não deve aumentar cada vez mais as expectativas. Nem Deus nem o homem irão acreditar em você; você fez várias promessas nestes últimos anos, e em nenhuma ocasião tomou a direção correta. Mentiu não apenas para os homens, mas também para Deus; como irá se defender disto? Não sabe que cada promessa feita a Deus e não cumprida adiciona larga soma às suas transgressões e ajuda a transbordar a medida de suas iniquidades? Desista do caminho da mentira, eu te peço!

Outra tentação, ainda, é sempre pedir mais tempo — como se isso bastasse. Quando um devedor, em outra parábola, é punido pela dívida, diz para o seu credor: "Tem paciência comigo, que tudo te pagarei". Se não podemos pagar nossa dívida hoje, que dirá amanhã. Sim, pode parecer um alívio conseguir um pouco mais de tempo. Uma esperança algo vaga e sombria invade então os meses futuros. O pecador suplica: "Espere um pouco mais; quando for mais conveniente, a gente trata disso". Não é conveniente agora, espere um pouco mais, uma hora oportuna há de vir. É com essa tentação que Satanás tem destruí-do multidões, levando as pessoas a pedir mais tempo, em vez de se apresentarem a Deus e pedir perdão imediatamente. Quais serão as fabulosas virtudes do amanhã? Por que os homens se apegam ao futuro desconhecido? Gostaria de apressar você para que tome uma decisão imediatamente; e que Deus, por seu divino Espírito, o liberte como um pássaro das mãos de um passarinheiro, para que não mais procrastine nem desperdice sua vida em desobediente atraso.

Sendo estas as tentações, deixe-me aconselhar você, que está falido, a respeito de *sua própria sabedoria*. Seria sábio você encarar os problemas de sua alma. Os assuntos de sua alma são os mais importantes para você ter à mão, pois, quando o dinheiro houver sumido, sua propriedade não mais lhe pertencer, seu cor-po estiver morto, a sua alma continuará vivendo, ou em felicidade eterna ou em eterna aflição; não deixe passar ao largo, portanto, sua situação perante Deus. Este é um assunto dos mais importantes; leve-o para o primeiro lugar. Resolva essa pendência antes de qualquer outra coisa.

Assuma encarar o problema como uma pessoa honesta, não como alguém que só sabe tirar a lição de uma história ruim. Apesar de ser de fato ruim, a melhor coisa a fazer é seguir em frente com a verdade e a sobriedade perante o Senhor. Este é o caminho da esperança. Não deixe o perigo se esconder, como um ladrão que se esconde no armário de um bom sujeito até a hora de assaltá-lo. Não guarde consigo algo que o poderá consumir. Apague o fogo antes de dormir. Ao encarar o assunto, seja bastante verdadeiro e sincero consigo mesmo e com Deus; pois você não está mais lidando com credores que possam ser enga-nados; você está falando com Aquele que conhece os pensamentos secretos e as intenções do seu coração. Nada permanece diante de Deus que não a verdade; o hipócrita é imediatamente denunciado. O Senhor remove todas as máscaras, e os homens têm de se mostrar diante dele como realmente são, não como parecem ser. Seja, então, sincero consigo mesmo. Não escreva sessenta se você deve cem; admita o valor verdadeiro. Truques e falsidades não têm vez quando se lida com Deus.

Mais uma coisa: seria sábio desistir de qualquer tentativa de pagamento, porque você não tem nada com que pagar. Não se iluda com a ideia de que irá um dia pagar, pois você nunca irá. Não faça a menor tentativa de pagar, pois você não conseguirá fazê-lo; mas tome outro rumo, suplique por absoluta pobreza e implore por perdão. Diga: "Senhor, nada tenho, nada sou, nada posso fazer. Só me resta lançar em tua graça". Dessa graça irei agora falar. Que eu possa encorajar você que está falido a vir ao Senhor, para que ele possa francamente perdoá-lo.

II. Nosso segundo tópico, assim, é o PERDÃO GRATUITO. [...] *perdoou a ambos*. Que bênção os devedores receberam por encararem o assunto! Certamente, quando se apresentaram, tremiam da cabeça aos pés, pois nada tinham com que pagar e sabiam estar profundamente endividados; mas, vejam!, ambos vão em-bora aliviados, pois a dívida foi perdoada, as promissórias e registros foram destruídos. Do mesmo modo, o Senhor apaga o que havia contra nós, tirando-os de nossa frente e pregando-os em sua própria cruz.

Neste perdão gratuito eu admiro, antes de tudo, *a bondade* do grande credor. Que coração gracioso ele tem! Que benevolência ele demonstrou! Ele diz: "Pobres almas, vocês nunca me poderão pagar, mas vocês não precisam". Oh, quanta bondade! Oh, a grandeza de coração de Deus! Li sobre César dias atrás. Ele foi duro no combate a Pompeu, até que por fim o venceu. Encontrou, então, em meio ao espólio do

DEVEDORES FALIDOS E PERDOADOS

gabinete de Pompeu, várias cartas, de nobres e senadores de Roma, que haviam se alinhado com este contra César. Em muitas cartas, havia provas cabais contra os mais proeminentes romanos; mas que fez Júlio César? Destruiu todos os documentos. Não queria ter mais conhecimento algum a respeito de seus inimigos; ele gratuitamente os perdoou e não mais desejou saber deles. Ao menos nisso, ele mostrou estar apto para governar aquela nação. Veja agora o esplendor de Deus, lotando um gabinete com todos os nossos pecados e então explodindo tudo. Procure pelos pecados do seu povo e você não mais os encontrará. Ele não os apontará contra nós nunca mais. Oh, a bondade do nosso infinito Deus, que permanece para sempre! Curvemo-nos diante de sua bondade com grande júbilo.

Observem também *a voluntariedade*: [...] *perdoou a ambos*, sem que necessitassem se apresentar diante dele, dizendo: "Oh, bom Senhor, não podemos pagar", pedindo e suplicando por sua vida; mas livremente lhes disse: "Se vocês não podem pagar, eu posso perdoar. Vocês nunca deveriam ter contraído dívida alguma para comigo, nem deveriam quebrar as promessas que fizeram a mim; mas, olhem, eu darei fim a todo esse desgastante negócio: de coração, eu os liberto de suas dívidas para sempre!" Você acha que isso não fez dos olhos deles cachoeiras? Que não correram para casa, para a mulher e os filhos, para lhes anunciar que estavam livres da dívida, pois o bondoso credor os havia perdoado de todo o coração? Eis um retrato real da graça de Deus. Quando um pobre pecador vai a ele falido, mas arrependido, ele diz: "Eu o perdoo, sinceramente: toda ofensa sua foi removida. Não quero, porém, que você pague o meu perdão com lágrimas, orações e angústia na alma. Você não precisa fazer-me misericordioso, pois eu já o sou. Meu querido Filho Jesus Cristo fez justamente um sacrifício por você para que eu possa, sendo justo, perdoar toda a sua dívida. Vá em paz".

Além do mais, a dívida foi *completamente* perdoada. O credor não disse: "Bem, meus bons amigos, eu lhes darei cinquenta por cento de desconto na dívida se me pagarem o saldo". Como não tinham nada com que pagar, não ficariam em nada melhor, mesmo se a dívida fosse reduzida em 90%. Abatida metade da dívida, um iria dever 250 denários, e o outro, 25; mas no caso deles não adiantaria coisa alguma, pois não tinham absolutamente nada do que dispor para pagar. O Senhor, no entanto, quando purifica os pecados de seu povo, não deixa resíduo algum. Minha crença é de que, quando o Senhor Jesus morreu na cruz, deu fim a todos os pecados de seu povo, sem exceção, oferecendo sacrifício completo e efetivo por todos aqueles que nele creiam. Posso então cantar, de todo o coração:

Eis o perdão por toda transgressão passada,
Não importa qual seja a escuridão de cada;
E maravilha, ó minha alma, é saber e sentir
Que o perdão é também para os pecados por vir!

Todos os pecados dos que creem foram para sempre carregados para o deserto do esquecimento pelo nosso grande cordeiro expiatório, e ninguém jamais irá encontrar um pecado que seja com que possa condenar uma única alma da congregação dos santos. Dívida alguma resta para aquele que crê, nem um único centavo de dívida. O próprio Espírito de Deus pergunta: *Quem intentará acusação contra os escolhidos de Deus?* (Rm 8.33). O Senhor perdoa a dívida, de todo o coração; e não faz isso com uma parte apenas, mas com a dívida toda. Quanto aos nossos pecados, *as águas cobriram e nem só um deles ficou* (Sl 106.11). Aleluia!

Observem também que se trata de um perdão *efetivo*. A única pessoa que pode perdoar a dívida é aquela a quem se deve. Somente Deus pode perdoar o pecado, pois esta dívida é para com ele. Que acham daquelas pessoas que dizem poder perdoá-los, em troca de uma contribuição? Pois eu lhes digo que pagar pelo perdão a essas pessoas é jogar dinheiro fora. Que valor tem esse perdão? Suponhamos que eu, e não a rainha da Inglaterra, os perdoasse por uma ofensa que vocês tivessem feito a Sua Majestade — de que valeria o meu perdão? Aquela pessoa contra quem se tenha cometido transgressão é a única que pode perdoar essa transgressão. Por isso, quão efetiva é a sua absolvição! Quando o credor *perdoou a ambos*, tudo estava consumado: seus lábios tinham poder para isso; ele encerrara a dívida com sua própria palavra. Quando se busca o Senhor Jesus Cristo, então, com fé, sai uma voz do amado estigmatizado que soa ao pobre pecador, falido e trêmulo: "*Perdoados te são os pecados*, que são muitos (Lc 5.20,23, 7.48; Mc 2.5,9; Mt 9.5) . *Apaguei as tuas transgressões como a névoa, e os teus pecados como a nuvem* (Is 44.22). Que perdão efetivo! Como encanta o coração e aquieta todos os medos! Ele, francamente, completamente, gratuitamente e efetivamente, perdoou a ambos.

Acredito que, realizado o perdão, posso lhe acrescentar outro adjetivo — é um perdão *eterno*. O credor nunca mais poderia cobrar os devedores novamente por débitos que ele mesmo havia redimido. Não poderia reivindicar isso com justiça. Ele os havia perdoado com sinceridade, e eles estavam efetivamente perdoados. Deus não brinca de ioiô com suas criaturas, primeiro perdoando e depois punindo. Jamais acreditaria em um Deus que amasse uma pessoa hoje e a desprezasse amanhã. Os dons e chamados de Deus não permitem arrependimento de sua parte. A justificação não é um ato que possa ser revertido em condenação. Não; muito pelo contrário: *aos que justificou, a estes também glorificou* (Rm 8.30).

Estou certo de que do pecado ganhei perdão,

E a morte contra mim não tem mais aguilhão;

À lei deu o pecado punitivo poder,

Mas Cristo dele me resgatou ao morrer.

Com sua morte, nosso Redentor varreu o pecado de uma vez por todas, e toda maldição da lei foi retirada. Na oferenda de bois ou cordeiros havia sempre recordação do pecado, pois era impossível que o sangue de touros e bodes retirasse o pecado; mas (como está também em Hebreus) Jesus, tendo se oferecido para sempre como sacrifício único pelos pecados, assentou-se à destra de Deus, porque sua obra foi efetiva e eternamente realizada.

Apenas mais uma observação: esse perdão franco *aplicou-se a ambos os devedores — perdoou a ambos*. O homem que devia cinquenta denários precisava de tanto perdão quanto o que devia quinhentos; pois, embora ele não estivesse no fundo na lama, não deixava de estar também no pântano. Se um homem fosse preso por dívida, como se costumava fazer sob a antiga lei inglesa, aquele que devesse cinquenta libras seria encarcerado do mesmo modo que o grande devedor de cinquenta mil; não levava nenhuma vantagem em fazer o pagamento ou ter sua dívida perdoada do que o devedor maior. Na verdade, um pássaro amarrado a um cordel é prisioneiro do mesmo modo que um touro amarrado a fortes cordas. Vocês, boas pessoas, que sempre procuram cumprir com seus deveres, e se identificam mais com o devedor menor, de cinquenta denários, devem reconhecer e confessar haverem se tornado endividados para com Deus, ao cometerem certo número de pecados. Lembrem-se que não podem jamais ser salvos senão pelo perdão gratuito de Deus, mediante o sangue de Cristo. O devedor que precisava saldar apenas cinquenta denários obteve seu perdão generosamente; mas é uma bênção sabermos que o credor perdoou com igual generosidade o devedor que tinha que saldar quinhentos denários.

Talvez haja aqui homens e mulheres que nunca tiveram oportunidade de manifestar qualquer intenção de fazer o bem; pessoas que desde sua infância só se tornaram, na verdade, cada vez piores. Existe uma real possibilidade de livre e instantâneo perdão para vocês agora. Vocês, que se consideram endividados para com Deus bem acima dos cabelos, podem ser tão livremente perdoados pelo mesmo Senhor que perdoa os menores devedores. Quando um médico passa uma receita, a ele nada custa escrever uma receita que possa custar quinhentas libras ou cinquenta — sua assinatura será a mesma; se o Senhor usar a caneta de seu Espírito para receitar a uma consciência a paz que vem com a reconciliação, prescreverá a alguém do mesmo modo que o fará a outro. Então, você, que tem uma conta pequena a saldar, traga-a ao Senhor, para que sua infinita graça possa nela escrever "CANCELADA"! Você, que tem uma conta mais pesada, venha também e a deposite perto da mão direita, pois, por maior e mais pesada que seja, a mão do Infinito Amor pode nela igualmente escrever, imediatamente, "CANCELADA"! Minha alegria transborda

DEVEDORES FALIDOS E PERDOADOS | 1183

ao pregar tal evangelho a vocês: qualquer que seja sua culpa, meu gracioso Deus está pronto a perdoá-los, em nome de Jesus, pois ele se delicia com o perdão.

III. Peço agora sua atenção muito especial para o assunto final, que é A CONEXÃO ENTRE A FALÊNCIA E O PERDÃO GRATUITO. Podemos ler: *Não tendo eles com que pagar, perdoou a ambos*. Há um tempo em que o perdão chega, e esse tempo é quando a autossuficiência se vai. Se alguém aqui examinar a própria consciência e sentir que não tem como pagar sua dívida, chegou ao ponto em que Deus está pronto a perdoá-lo. Aquele que reconhecer sua dívida e confessar sua incapacidade de saldá-la, verá que Deus sinceramente o purificará. O Senhor nunca nos irá perdoar até que sejamos levados a um desfastio do nosso orgulho e a deixar morrer a nossa jactância. O sentido de falência espiritual faz geralmente o homem se tornar *meditativo*, e isso é meio caminho para a salvação. Na verdade, como uma pessoa pouco meditativa, muito agitada, pode, em geral, mostrar que deseja ser salva? Se meditarmos sobre nossa vida, lamentarmos o pecado e sentirmos sua total perversidade; se fizermos uma busca íntima em nosso coração e descobrirmos, por fim, que não temos mérito nem poder algum, então estaremos preparados para dizer: "Tão somente no SENHOR há justiça e força". Não acha que deve haver meditação antes de esperarmos pelo perdão? Ou preferiria que Deus nos salvasse durante o sono, em nossa tontice, frivolidade, superficialidade, sem nos preocuparmos com o pecado? Certamente isso seria premiar o insensato! Deus não age assim. Faz que conheçamos a seriedade do risco que estamos passando; caso contrário, trataríamos do assunto com muita leveza, perdendo o efeito moral do perdão e sendo ele roubado de sua glória.

Quando sentimos nossa falência, *fazemos uma confissão honesta*, e é a essa confissão que uma promessa se refere: *O que encobre as suas transgressões nunca prosperará; mas o que as confessa e deixa, alcançará misericórdia* (Pv 28.13). Os dois devedores reconheceram suas dívidas e confessaram abertamente, provavelmente um tanto agastados, que não tinham como pagá-las. Humilharam-se em face do credor, e ele declarou: "Eu os perdoo, de coração". Se um desses devedores, inadvertidamente, tivesse se gabado: "Posso pagar", acabaria, sem sombra de dúvida, condenado a séria punição. Quanto a você, pobre irmão, não sei sua situação esta manhã, mas eis um conforto para você: ao se achegar a Deus em seu quarto, esta noite, e suplicar: "Senhor, tem piedade de mim, pois reconheço que sou culpado e não tenho como me justificar diante de ti nem te oferecer desculpa", tenho a certeza de que ele lhe dirá: "Tem bom ânimo! Eu removi esse pecado; não morrerás". Quando você não tiver nada para pagar e confessar sua dívida, o débito será tornado sem efeito. Quando você chegar à sua pior situação e confessá-la, verá o Senhor em todo o seu esplendor.

É em sua extrema penúria que o *homem mais valoriza o perdão*. Se Deus desse perdão a cada homem de uma vez, sem que mal tivesse noção do seu pecado, o homem faria pouco caso do perdão e o consideraria sem valor. "Deus é bom" é uma fala comum em toda parte, uma máxima que se tornou tão sem valor que a usam a torto e a direito. Quem a usa não está propriamente adorando a Deus por sua misericórdia nem se prontifica a servi-lo por sua graça. Dizem: "Oh, Deus é bom" e voltam ao pecado pior do que antes; tal pensamento não tem efeito algum sobre seu coração ou sobre sua vida: as pessoas não mostram nenhuma estima pela misericórdia de que falam tão gratuitamente. O Senhor cuida então que o pecador conheça a necessidade de felicidade ao passar por apuros na consciência e pelo temor da lei. Se posso assim dizer, Deus faz o homem colocar sua alma em penhor, ao convencê-lo do pecado, da justiça e do juízo. O Senhor põe em execução o coração; e, então, quando isso é feito e a pobre criatura clama: "Nada tenho com que pagar", dá o perdão gratuito, apreciado gratamente por quem deveria pagar. Sim, quando nossa conta é grande, é pesada, é uma bênção poder ver o Senhor escrever nela "Cancelada" e saber que nossa montanha de débitos foi tragada pelo mar do Amor. Cristo é tanto mais precioso quanto mais amargo é o pecado. Não é, de fato, uma atitude sábia por parte de Deus que o cancelamento da dívida só aconteça quando não temos como pagar, estando, então, preparados para receber seu perdão gratuito?

Sob convicção, a pobre alma *vê a realidade do pecado e do perdão*. Meu querido ouvinte, você nunca acreditará na realidade do perdão até que haja sentido profundamente a realidade do pecado. Eu me lembro de haver experimentado o peso do pecado e, embora mal passasse de uma criança, meu coração me fez cair na angústia, e cada dia eu descia mais e mais. O pecado não era um bicho-papão a me amedrontar;

mas era uma realidade repugnante, que como um leão me deixava em frangalhos. Hoje, conheço a realidade do perdão: não é fantasia, não é imaginação; minha alma consegue sentir o seu poder, sei que meus pecados são perdoados e me regozijo nisto. Todavia, eu jamais teria conhecido a verdade desta feliz condição se não tivesse sentido o opressivo fardo do pecado na consciência. Não poderia ter tão somente fingido uma conversão, pois o pecado pesava como algo abominável na minha alma. Nosso Pai celestial não deseja que dispensemos pouca importância a um assunto tão grave e que envolve Jesus e seu sangue; ele, então, nos faz experimentar perturbação da alma e, em seguida, nos conduz à vívida concretização de sua livre graça. Deixa o flagelo bater em nossos ombros até que isso nos faça cansar da dolorosa escravidão do pecado. Faz com a lei e a nossa consciência nos vigiem, e esses dois carcereiros nos levam a sentir o interior do calabouço em que estamos presos e os nossos pés a pisarem incomodamente em pedras. Tudo isso nos prepara para o poder libertador, que faz tremer as paredes da prisão e solta as correntes que nos aprisionam para o tenro amor que nos lava e alivia dos lanhos do açoite e nos restaura.

Não creio que o Senhor nos dê recibo enquanto não pagarmos nosso último centavo, não antes disso, pois *só então olharemos para o Senhor Jesus Cristo*. Ah, queridos amigos, enquanto houver algo que possa cativar nossa atenção, não olharemos para o Senhor. Este bendito porto, onde navio algum que enfrentou uma tempestade jamais deixou de encontrar seguro ancoradouro, quase sempre é deixado ao largo por nossos frívolos e elegantes veleiros: preferimos ancorá-los em qualquer porto ao longo da costa da autoenganação a ancorá-los no porto dos faróis da livre graça e do amor. Enquanto o homem, orgulhoso, ainda puder raspar o fundo do barril de conserva de carne, enquanto ainda tiver consigo uma gota de azeite e conseguir viver com essa gota por uma semana que seja, não irá a Cristo para sua provisão divina. Enquanto tiver que seja uma moeda enferrujada e até falsificada no fundo da gaveta, o pecador nunca aceitará as riquezas do amor redentor. Mas quando tudo isso lhe faltar, quando não houver nada mais na cozinha nem na dispensa, quando não houver mais nem lenha nem alimento algum estocado, correrá então para Jesus e a salvação. Precisamos, de fato, ser quebrantados. Ser esvaziados para sermos preenchidos. Quando não pudermos mais a nós mesmos nos *doar*, Deus poderá nos *perdoar*. Enquanto você achar que pode dispor de benignidade própria, perecerá para sempre. Se julgar que ainda possui algo em si mesmo em que possa confiar, está perdido, tão certo quanto está vivo agora. Se, no entanto, for reduzido a um lamentável estado extremo e a força da ira de Deus parecer que se abate toda contra você, então não apenas há de obter o perdão de Deus, como o perdão já é seu.

É somente a total necessidade
Que leva a alma à inteira liberdade;
Enquanto crermos nosso um tostão,
Não teremos um completo perdão.

Mas seja a nossa dívida o que for,
De grande ou de pequeno valor,
Não tendo a pagar do que dispor,
De tudo nos perdoará o Senhor.

Bem-aventurados os pobres, pois eles serão ricos! Bem-aventurados os famintos, pois serão alimentados! Bem-aventurados os vazios, pois serão abastecidos! Mas haverá angústia para vocês que são ricos e cheios de posses, que de nada sentem necessidade e se gabam de sua própria benignidade! Cristo nada tem a ver com vocês, e nada temos a lhes pregar senão o seguinte: *Não necessitam de médico os sãos, mas sim os enfermos* (Mt 9.12); o médico divino não veio para salvar aqueles que acham que não precisam de salvação. Que aqueles que estão enfermos ouçam isso com deleite: o médico veio especialmente para vocês. Você é um pecador? Cristo é o seu Salvador. Dê a mão a ele em fé, e o trabalho está feito: você está salvo para sempre!

Deus os abençoe, em nome de Jesus. Amém.

126

COMPETIÇÃO DE AMOR

Qual deles, pois, o amará mais? Respondeu Simão: Suponho que é aquele a quem mais perdoou. Replicoulhe Jesus: Julgaste bem (Lc 7.42,43).

Lembro-me de ter visto, em algum lugar, a placa de uma hospedaria denominada "O Primeiro e Último". Não sei bem o que isso possa significar neste mundo, mas sei que o amor é sempre o primeiro e o último para Deus. É com amor que ele deu início à misericórdia para conosco: *Nós amamos, porque ele nos amou primeiro* (1Jo 4.19). Seu amor, sendo primeiro, irrompe como uma fonte em meio ao deserto, fluindo livremente ao longo da vastidão do ermo até os indignos filhos dos homens. O resultado desse amor é, afinal, os homens o amarem: eles não o podem evitar, como a rocha não pode evitar o eco quando a voz nela ressoa. O amor não é criação da lei: não surge como uma determinação, tem de ser espontâneo ou absolutamente não. Tem seus motivos para se fazer brotar em nosso coração; mas não é algo mercantil, que se possa adquirir ou vender por tal ou qual preço. Ainda que alguém desse toda a sua riqueza em troca de amor, tal riqueza seria imensamente desprezada. Não é também algo trivial, nem é, por si mesmo, um ato realizado por dever de ofício. O amor é uma obrigação, mas não é dessa maneira que chega a nós; ele nos chega *saltando sobre os montes, pulando sobre os outeiros* (Ct 2.8), *semelhante ao gamo ou ao filhote do cervo* (Ct 2.9), e não como um fardo pesado que se arrastasse por pedregoso caminho.

O ser humano não consegue ter acesso ao amor por meio de cálculo; mas, sim, é por ele arrebatado, carregado pelo seu poder. Quando seres dignos refletem sobre o grande amor de Deus para com eles e desfrutam desse amor, começam logo a amar a Deus, tal como o botão da flor, ao sentir o sol, abre-se reciprocamente para ele. O amor a Deus é, assim, consequência natural de quando percebemos e sentimos o amor de Deus para conosco. Acho que foi Aristóteles quem disse que é impossível alguém saber que é amado sem sentir pelo menos um pouco de amor em troca. Mesmo não sendo filósofo, sei que é exatamente isso o que acontece com todo aquele que experimenta o amor de Deus. E assim como o amor é a primeira bênção que vem de Deus para nós, é também a última a retornar de nós para Deus: o Senhor vem a nós nos amando e nós voltamos para ele o amando.

I. Pretendo agora me ater ao texto bíblico, examinando-o enquanto bem presente em nossas mentes, observando, em primeiro lugar, que É CERTO QUE OS PECADORES PERDOADOS SÃO LEVADOS A AMAR. Em *Qual deles, pois, o amará mais?* (Lc 7.42) está implícito que os dois devedores que haviam sido perdoados iriam, ambos, ser levados a amar seu benfeitor; pois a pergunta não é: *Qual deles, pois, o amará?*, mas, sim, "Qual deles, pois, o amará *mais?*" Afirmo, portanto, que as palavras de Jesus, no texto, nos garantem que aqueles que são perdoados irão amar quem espontaneamente os perdoou.

Isso acontece, antes de mais nada, porque *parece natural que quem receba um favor, uma gentileza, se sinta agradecido.* É uma atitude tão generalizada, admitida de forma tão ampla e comum, que a gratidão se encontra até mesmo entre as pessoas das mais vis e ruins. Se você amar quem ama você, quanta gratidão irá demonstrar! Pois até os pecadores amam aqueles que os amam. É próprio do homem pagar o bem com o bem, sendo a ingratidão vista, e com razão, como uma das atitudes mais baixas da humanidade. Vemos a gratidão, inclusive, não apenas em homens e mulheres — criaturas inteligentes —, mas a encontramos até mesmo entre os animais! *O boi conhece o seu possuidor, e o jumento, a manjedoura do seu dono* (Is 1.3), lembra a Palavra. Um cachorro que receba seus cuidados irá se apegar a você e irá fazer de tudo que for possível para demonstrar essa afeição! Os antigos narravam várias histórias características da gratidão de animais selvagens. Lembram-se, por exemplo, da história de Ândrocles e o leão? Ândrocles fora condenado a ser devorado por um leão; mas o leão a que ele foi lançado na arena, em vez de devorá-lo, lambe-lhe os pés, lembrando-se de vez passada, quando Ândrocles havia retirado um espinho da pata da criatura, agora agradecida. Ouvimos falar também de uma águia, que amava tanto um garoto com quem brincava que, tendo o garoto ficado enfermo, a águia também adoeceu. Quando a criança ia dormir, esse pássaro selvagem somente ia dormir depois de a criança adormecer; e somente quando a criança acordava, a águia despertava. Quando o menino faleceu, a águia morreu. Muitos de vocês conhecem certamente uma pintura que retrata Napoleão montado a cavalo, em meio ao campo de batalha, puxando o freio do cavalo, ao ver um moribundo agarrado a seu cachorro, com o animal fazendo o possível para defender o pobre dono que morria. Simboliza que até mesmo um violento conquistador como ele seria capaz de estacar ante tal visão. Sim, há gratidão nas feras do campo e nas aves selvagens. Assim, se recebemos o favor de Deus e em retribuição não o amamos, somos piores que rudes feras; e eis que declara o Senhor contra nós, naquele versículo comovente, em Isaías: *O boi conhece o seu possuidor, e o jumento, a manjedoura do seu dono; mas Israel não tem conhecimento, o meu povo não entende* (Is 1.3). Se recebemos favores de Deus, é natural que o amemos de volta. Todavia, há tantos de nós que não agem assim naturalmente, tão falhos diante desses nobres instintos, tão mortos para a gratidão que a divina benignidade merece!

Deve, porém, haver gratidão quando o benefício é infinitamente grande. Quando os favores se encontram acima do normal das bênçãos — quando esses favores não se podem limitar no tempo e na carne, mas alcançam a eternidade e abençoam a alma; quando têm o peso do perdão dos pecados e da salvação da alma da ira vindoura, certamente, então, o amor brota com maior força e liberdade. Eu me ergueria e cantaria à fonte do coração, como Israel no deserto: "Brota, ó poço! E vós, entoai-lhe cânticos! Ao poço que os príncipes cavaram...". E não foi senão nosso grande príncipe, golpeado na face, quem cavou esse poço, fazendo-nos, mediante sua livre graça e seu amor, experimentar nossa completa remissão e o completo perdão de nossa culpa? Não iremos, não devemos, então, amar, em troca, o Redentor? Ter o pecado perdoado sem amar Deus? Consideraria a ingratidão, nesse caso, sem comparação à animal; para ela, que palavra usaria? Deveria considerá-la demoníaca. Parece ser até mais que infernal receber a libertação de culpa tão grande e punição tão justamente terrível sem amar ao Senhor, que no-la dá. Oh, amemos ao Senhor, pois sua misericórdia para conosco permanece para sempre! Se você experimenta dessa misericórdia, tem de amá-lo. Não pode ser de outro modo — você estará para sempre ligado a Deus por laços de amor, que o levarão, com força secreta, mas irresistível, a amar a Deus.

Além disso, não somente tal fato é natural e necessário, como resultado da grandeza da misericórdia, mas, *sempre que o perdão é concedido, a graça de Deus cuida que o amor seja assegurado*; pois o Espírito Santo opera junto com a obra de Cristo e, uma vez limpos das manchas do mal pelo sangue de Cristo, seremos renovados e mudados em nosso espírito pelo Espírito de Deus. Ele não iria remover nossos pecados para nos deixar ficar com o nosso velho coração de pedra, insensível e ingrato; e, do mesmo modo que nos veste da roupagem da justiça, dá-nos também um coração de carne. Ao mesmo tempo que opera em nós o amor, o Espírito cria um ambiente próprio para a fé. Nossa fé aumenta sem demora e, por seu intermédio, recebemos remissão; o Espírito logo cria em nós mais e mais amor a Cristo, por meio do qual nos apegamos a ele. Esse amor cria em nós aversão ao pecado e espírito de obediência, pelo qual nos colocamos a serviço daquele que nos comprou com seu precioso sangue. Vocês sabem que é assim, irmãos. Ao chegar o perdão, aproveitem. Deus vem junto com ele. Sabem que Deus não divide suas bênçãos, dando justificação a um e santidade a outro; o pacto é um só, e as bênçãos do pacto estão ligadas em uma só cadeia de infinita sabedoria, de modo que, ao passarmos pela purificação no sangue de Cristo, vem também limpeza pela água da Palavra. O Espírito Santo nos lava do poder do pecado, e o sangue de Cristo nos liberta da culpa deste. Onde o pecado é perdoado, há também o amor de Deus que o perdoa, porque o Espírito de Deus opera no coração do fiel, e uma de suas primeiras obras é o amor.

Não preciso alongar-me, porque todo cristão, na verdade, sabe disso: *onde não há amor, não há perdão*. Não se pode ser perdoado sem amar a Deus como resultado do perdão. Qual a primeira sensação que sentimos ao percebermos ter sido nossa culpa removida? Sentimos alegria por nós mesmos, mas, imediatamente, ou no mesmo instante, sentimos também tal gratidão por Deus, que o amamos acima de tudo. Por vezes, poderemos recear não havermos amado tanto a Deus quanto na ocasião da remoção de nossa culpa; mas acredito que tal medo é infundado. Nada haveria naquele momento mais forte que pudéssemos ter experimentado, em nome daquele que retirou o fardo de nossos ombros. De modo que teríamos dito "Eis-me aqui, usa-me" mesmo que tivéssemos de ir para a prisão ou para a morte. Oh, a alegria daqueles primeiros dias! São corretamente chamados de dias do nosso noivado. E que amor por Deus sentimos então! Estamos dispostos a abandonar tudo em nome de Cristo. Sob seu comando, rompemos fortes conexões. Na verdade, tal como Israel dos tempos antigos, seguiríamos nosso Deus até mesmo no deserto — sim, seguiríamos até o túmulo o nosso Salvador. Nada nos teria segurado nem nos teria feito pensar e duvidar. Lembra-se de quanto você ansiava pelo dia do Senhor, por ouvir sobre Jesus e louvar o nome dele, em meio a seu povo? Se havia culto na noite de um dia útil, você sempre comparecia, sem que ninguém precisasse convidar. Nesse tempo, qualquer lugar em uma casa de oração o satisfazia; já hoje, talvez prefira um assento estofado. Você costumava se sentar em um banco de madeira dura e nem se dava conta disso; agora, faz questão de conforto, e o pregador deve mantê-lo cativado com ilustrações ou figuras poéticas. Naquela época, o evangelho o interessava de maneira pura e, por mais simples que fosse a pregação, você se encontrava tão disposto a ouvir sobre Jesus e conhecer seu amor que lá estava, ansioso por escutar o mais humilde evangelista. A sabedoria não precisava nem se empenhar que ingressasse em sua casa, pois você já se encontrava desde cedo esperando ao umbral da porta, contente por ouvir os passos daqueles que entravam. Oh, aqueles dias de grandes desafios! Oro para que tenhamos dias ainda mais corajosos; mas tão certo quanto contávamos com o nosso perdão, sentíamos realmente, naqueles dias, que amávamos o Senhor de todo nosso coração.

Quero agora fazer uso prático dessa dedução do texto. Que as almas perdoadas amam o Deus que as perdoa é uma grande verdade, e quero chamar sua atenção particularmente para isso neste momento, porque há pessoas presentes nesta casa de oração que nunca foram perdoadas; e termos a certeza deste fato inglório é constatarmos, então, que não amam a Deus. Seu pecado prevalecerá sobre elas enquanto não tiverem recebido o perdão, vale dizer, enquanto não tiverem amor por Jesus Cristo, nosso Senhor.

Ó ouçam-me, vocês, que não amam a Deus e que talvez possam imaginar ser capazes de virem a ser salvos! Não haverá por acaso aqui quem *raramente pensa em Deus* e que também não se importa que se passe um dia, uma semana, um mês ou mesmo um ano sem ter o menor pensamento voltado para o todo--poderoso Juiz da terra? São pessoas que recebem dele misericórdias, mas jamais lhe agradecem. Sentem o poder de Deus, mas não o temem. "Por causa do seu orgulho, o ímpio não o busca". Ó meu ouvinte, se é esse o seu caso, você então não o ama; pois, quando amamos uma pessoa, de certo pensamos nela. Nossos pensamentos voam na direção em que se move o nosso coração. Não digo que estejamos sempre, unicamente, pensando naqueles que amamos; mas digo, sim, que nossos pensamentos voam, sempre que podem, em sua direção. É no pôr do sol que se revela onde as aves têm ninho. Talvez você não o consiga perceber no decorrer do dia, pois voam de um lado para o outro a fim de obter seu sustento; mas, se observá-las quando a noite vem chegando, e desejam então descansar e buscam abrigo, verá que voam para os galhos mais altos das árvores, onde têm seus ninhos. Uma pessoa pode, durante o dia todo, cuidar de mil assuntos diversos; mas deixe-a livre de suas atividades e responsabilidades e, findo o seu dia, voltará ao que mais ama, assim como as aves voam para os seus ninhos. Se seus pensamentos voam para Jesus é porque Jesus é o lar do seu coração. Se seu coração ama Deus, seus pensamentos irão voar para ele como o rio corre para o mar. É verdade também que, muitas vezes, bem no meio de uma atividade, o homem que ama a Deus se depara falando com ele. Pode não querer interromper a conversa, silenciosa, e aqueles ao seu redor poderão nem desconfiar do que se passa em sua mente; mas seu coração estará, naquele instante, mais elevado que as paragens celestiais onde moram os anjos que comungam com o Pai das Luzes. No entanto, onde não há pensamento voltado para Deus, infelizmente não há amor a ele.

Não existem também muitos que *jamais fazem coisa alguma* por Deus? Ele os fez, ele os sustenta e mantém, mas tais pessoas nunca dão o esperado retorno em forma de ação voluntária para o prazer de Deus. Posso bem perguntar para alguns de vocês: já fizeram alguma vez algo especial por Deus e para Deus em toda a sua vida? Como? Nem uma única vez? Ah! A criatura humana, tão notável, feita pelo dedo divino, que transborda sabedoria divina em cada uma das veias e nervos e músculos, indispensáveis à sua vida e locomoção, e que, no entanto, jamais pensa no Soberano que põe esse maquinário todo em funcionamento e faz a sua manutenção! Vivem tão somente pela graça de Deus, mas sem ele! Que coisa estranha! Como pode haver alguém que nunca faça nada pelo seu Deus e para o seu Deus, o qual constantemente faz tudo por ele? Eu diria a essa pessoa: você ainda não recebeu o perdão de Deus; por isso você não ama a Deus, nunca pensa nele e nada realiza por ele e para ele.

Alguns homens claramente não amam a Deus, pois demonstram *nem se importar* com o que diga respeito a Deus. Não se abstêm do pecado, sem se preocupar que o pecado magoa a Deus. A ideia de magoar Deus talvez nem lhes passe pela cabeça, mas cada vez mais entristecem o Espírito Santo. Mas, ah! quando se ama, não se tem disposição alguma de causar dor à pessoa amada: não se faz aquilo que ao outro desagrada. Aquele que ama a Deus terá muitas vezes sua atenção sobre si mesmo reforçada e sentirá que não pode cometer tal iniquidade, pecando contra Deus. Pecar contra Deus é o maior dos pecados, a quintessência de todo pecado. O veneno do pecado mora nele e faz o pecado excessivamente mau, por ser contra o próprio Deus do amor. Se você nunca sentiu isso, você não o ama; e, então, não estará, também, ainda salvo.

Veja outros: não amam a Deus, pois *não se importam com a casa onde seu povo se reúne.* Raramente comparecem aos cultos de adoração; e, quando o fazem, geralmente é por outro motivo que não o de simplesmente encontrar-se com Deus. Não ligam para o *dia do Senhor.* "Os domingos são dias muito monótonos em Londres", costumam dizer. Nada há quanto a isso o que lhes interesse, não têm grande interesse no grande Pai ou em seu Filho encarnado; não se preocupam em ouvir a seu respeito, ou louvá-lo, ou orar a ele. Não se importam com *seu livro,* apesar de ele constituir, sem que saibam, todo um mundo de deleite e conforto. A Bíblia é perfumada pelo amor de Deus, mas não sentem sua fina fragrância. A face do Salvador, além disso, pode ser vista refletida em quase todas as suas páginas. E, no entanto, muitos pensam ser a Bíblia um livro mais insosso que um alfarrábio antigo; e, apesar de certamente a terem em casa — pois é próprio das pessoas respeitáveis tê-la em casa — nunca a leram, nem têm prazer em lê-la — afinal, acham que nada tem a ver com elas; nem parece haver alguma possibilidade de o fazerem, a menos que sejam de fato renovados.

Também pouco se importam com o *povo de Deus.* Apreciam, na verdade, uma boa piada contra o povo de Deus; e, se encontram falhas — e quão rapidamente as encontram! —, discursam sobre essas falhas com muito exagero, sentindo prazer em mastigar as falhas do povo de Deus como se mastigassem pão! A falta de amor para com os filhos de Deus apenas revela falta de amor para com o Pai deles. *Todo aquele que ama ao que o gerou, ama também ao que dele é nascido* (1Jo 5.1); e sabemos que amamos a Deus quando amamos também seus filhos. Se não há em seu coração amor pelos filhos de Deus, pelo seu livro, pelo dia do Senhor, pela casa dele, pelo serviço em seu nome, pode ter certeza, meu amigo, que a culpa pelo pecado ainda o aprisiona. Você ainda não foi perdoado, e Deus, que olha para tudo aquilo que passa, um dia irá mostrar a você sua conta a pagar. Cada segredo que ele trouxer à tona em seu julgamento, assim como cada palavra em vão que você disser, ele levará em consideração. Ah, como me sinto triste que, justamente quando eu estou ansioso por falar alegremente do amor que surge do pecado perdoado, me veja compelido, em nome da piedade, a ter de advertir a muitos que, por não terem amor por Deus, mostram com isso que ainda não foram perdoados!

Aqui termino o primeiro tópico: está sugerido no texto bíblico em foco, e é também garantido, que todos os pecadores perdoados hão de amar Aquele que os perdoou.

II. Agora, em segundo lugar, ESTÁ IMPLÍCITO NO TEXTO QUE HÁ GRAUS DE DIFERENÇA NO AMOR DO HOMEM A DEUS. "Qual deles, pois, o amará mais?" Estas palavras mostram claramente que algumas pessoas amam a Deus mais que outras e que, portanto, embora deva haver sincero amor a Deus em todos os

COMPETIÇÃO DE AMOR | 1189

pecadores perdoados, há neles diferentes graus de amor ao Senhor. O amor é uma graça, não estereotipada, forjada em uma só forma, a mesma em todos os casos e em todos os tempos. *O amor faz parte da vida; faz parte, assim, do crescimento.* Decerto que é assim conosco também. Houve, sem dúvida, uma época em que não amávamos a Deus como o amamos agora; mas ouso dizer que mesmo agora há ocasiões em que não o amamos do mesmo modo que já o fizemos uma vez, pois nos tornamos mais frios e até apóstatas. O amor não é uma peça de ferro fundido, fixa e rígida; mas vive, cresce e tem diferentes épocas para brotar, florescer e perder as folhas. É como o fogo, que pode por vezes queimar lentamente e de outra feita incandescer com violenta chama. O amor sobe, o amor desce. E não falo do amor de Deus para conosco; mas, sim, do nosso amor para com Deus. Tem precipícios e ápices, verões e invernos, cheias e secas; e, quando nos damos conta das variações do nosso amor, não nos admiramos que difira tanto em tão diferentes corações.

Além disso, sabemos que há diferenças no amor porque *há diferenças também em todas as outras graças.* Fé — alguns homens têm muita fé. Deus seja louvado por ainda haver homens de grandiosa fé na face da terra! Mas há outros que têm uma fé que, embora verdadeira, é bem pequena. É uma fé trêmula. Uma fé que não permite que Pedro ande sobre as ondas, mas que afunda com ele, e pode até suplicar por salvação. A fé em alguns cristãos parece ser bem frágil. Como dissemos outro dia, mal se consegue divisar se é fé ou incredulidade. O clamor de tais pessoas é: *Creio! Ajuda a minha incredulidade* (Mc 9.24), como se tivessem se enganado em considerar o que tinham como fé, por estar tão misturada à incredulidade. Nem sempre, porém, se trata de uma graça débil. Há ardorosos fiéis que vencem exércitos inimigos — homens que carregam sua cruz com paciência e dão seu testemunho com intrepidez; homens que têm suplantado o pecado, vivido em santidade, glorificado a Deus. A fé, como uma escada, tem degraus altos e baixos. Ela tem amanhecer, meio-dia e o próprio entardecer. Sabemos que assim é porque já o observamos em nós mesmos e nos outros. Conhecemos a fé tanto grande quanto pequena.

Contudo, o ponto de aplicação a que quero chegar é o seguinte: *olhemos, primeiramente, para o nosso amor, em toda a sua sinceridade.* Que acontece se o meu amor, comparado ao seu, não tiver o mesmo grau? O Senhor, mesmo assim, permite que eu verdadeiramente o ame. Pedro, já não sabendo bem o que responder à insistente pergunta de Jesus se o amava mais que os outros, resolveu, por fim, declarar decididamente: *Tu sabes todas as coisas, tu sabes que te amo* (Jo 21.17). Uma pérola pequena é uma pérola, tanto quanto uma grande pérola, apesar de quase todos nós apreciarmos mais a maior. A efígie da rainha da Inglaterra está tanto na moeda de valor menor quanto na de maior valor, embora esta última seja geralmente a preferida. A imagem de Deus está também presente na fé e no amor de todas as pessoas, grandes ou pequenas. O que importa, no caso da moeda, por exemplo, é a garantia de ser feita de um genuíno metal. O amor, se for real, é o que importa. Você ama o Senhor de todo o coração? Esforce-se então por amá-lo mais ainda, mas não menospreze o amor que você já sente, pois, se fizer isso, estará desprezando o que o Espírito de Deus já operou em você.

Empenhem-se, caros irmãos, por ter cada vez maior amor. Não fiquem satisfeitos por serem hoje os mesmos que alguns anos atrás. Sei que alguns cristãos não evoluem muito. Fico, porém, muito feliz em vê-los chegar a um limite e se revestirem de humildade, quando têm uma visão de si mesmos mais verdadeira do que nunca e assumem o verdadeiro sentido de sua dívida para com Deus; é um bom crescimento. Tentem ter mais, no entanto: um amor que se desenvolva, para que possam amar a Jesus Cristo de maneira mais intensa que até então. Digam a si mesmos: "Mesmo que eu tenha pouco amor, que ao menos seja um amor prático, e o provarei. Vou fazer algo pelo meu Senhor e para ele". A mulher de quem essa parábola se origina amava a Cristo tanto que levou um vaso de alabastro com bálsamo e ungiu seu pés, molhando-os depois com lágrimas e enxugando-os com os próprios cabelos. Uma das melhores maneiras de aumentar o amor é usar todo o amor possível. Não é assim que fazem os homens de negócios com seu dinheiro? Quando querem aumentar seu capital, aplicam o máximo que podem de seu dinheiro disponível. Se você quiser ampliar seu amor por Jesus, use-o. Não apenas fale sobre Jesus, mas sirva-o também com fiel obediência. A cristandade que abusa de apenas sonhar é muito pobre e carente de buscar realizar serviço prático por Jesus, nosso Senhor. Aquele que acha bom desfrutar silenciosamente da fé logo descobrirá que desfruta de muito pouco do muito que há para desfrutar; pois seus medos e dúvidas poderão aumentar em concentração até se tornarem em uma atmosfera opressiva e estagnada. Onde não corre a abençoada brisa da atividade, surgem neblina, umidade e até odores e febres pútridos.

Se você tiver algum amor que seja, no momento, *suplique a Deus que lhe dê um amor mais intenso*. E, apesar de que usar seu amor é uma forma de aumentá-lo, há algo ainda melhor para isso: é conhecer mais e sentir mais o amor de Cristo por você. Você pode até aumentar sua percepção de calor, se nisso se exercitar; mas não será com certeza maior do que se estiver onde realmente brilha o sol no calor equatorial. Todo os métodos são razoáveis, mas chegar junto a Jesus é o melhor deles. Ao viver cada vez mais próximo do glorioso sol central que é o amor de Cristo, você há de se sentir cada vez mais mais aquecido. Eu seria capaz até de comparar o coração de meu Senhor a um vulcão, jorrando constantemente a lava ardente do seu amor. Oh, que minha alma consiga obter tamanho ardor que deixe minha natureza espiritual em fogo e me consuma na torrente incandescente desse amor!

Vocês viram, então, que o texto sugere haver diferentes graus de amor. Dito isso, chegamos ao terceiro tópico.

III. Em terceiro lugar, vejamos que o texto levanta uma questão: "QUAL DELES, POIS, O AMARÁ MAIS?"

Quero começar a estudar a pergunta com vocês ressaltando ser *muito interessante*. Depois de vermos tudo que o Senhor faz por todos nós, podemos nos deleitar em imaginar qual seria a melhor resposta. Pode-se pensar, por exemplo, na colheita de um fazendeiro. Depois de muito arar e semear, o que pode resultar do seu trabalho? Pode ser muito interessante imaginar a colheita com base em uma antecipação dos números da safra. No entanto, o que será feito do infinito amor, do supremo ato, do coração de Deus em relação aos homens? Que deverá resultar do sacrifício de seu Filho Primogênito e da remissão do pecado humano mediante sua morte? Depois disso, que podem realmente fazer os homens por Deus? Quanto o podem amar? É, portanto, uma pergunta bastante interessante. Que têm vocês a dizer sobre isso?

É, além disso, uma *pergunta pessoal*, que o Senhor impõe a cada um de nós, tal como ele a fez a Simão, na passagem bíblica: "Qual deles, pois, o amará mais?" Deus nos formula essa pergunta para que a perscrutemos, para que meditemos sobre ela e possamos dar nosso próprio veredicto; pois em nosso coração pode haver um engano, passível de vir a ser corrigido por essa pergunta, podendo os pensamentos que o questionamento possa provocar em nosso espírito refazer nosso julgamento. Não os ponha, então, de lado; procure não se apressar em responder a ela.

É uma *pergunta prática* — *Qual deles, pois, o amará mais?* —, pois toda conduta depende do amor. Onde há muito amor, é certo encontrar-se também, proporcionalmente, muito serviço. Observe uma igreja que ama muito a Jesus Cristo. Você verá ali profusos encontros de oração; verá uma comunidade abençoada, que dá força voluntariamente à causa de Cristo; sentirá no coração o louvor ao seu santo nome; uma igreja que tem passagem segura no mundo e consegue realizar uma efetiva empreitada na conversão dos pecadores. Missões por ela serão enviadas por toda parte com amor efervescendo. De fato, quando o coração se mostra plácido, tudo parece estar concorde; mas se o coração se engana, oh, que erro fatal! Um mal do coração é considerado um dos maiores infortúnios que podem acontecer a um ser humano. Um velho médico meu conhecido costumava dizer: "Nada podemos fazer com o coração". Que Deus nos proteja de um coração enfermo: uma degeneração do coração, ou o endurecimento do coração para com o Senhor Jesus Cristo!

A pergunta feita no texto é, todavia, *um tanto limitada*. Sim. A questão aqui não é "quem, em todo o mundo, amará mais a Deus?", mas, sim, quem, de duas pessoas sem qualquer peculiaridade diferente entre si, senão tão somente a de que uma delas devia quinhentos denários, e a outra, cinquenta, há de amar mais a Cristo? Vamos supor os dois devedores tendo corações igualmente ternos e regenerados e ambos sabendo que sua dívida foi perdoada. A única diferença entre eles é que um foi um pecador pior que o outro; e a pergunta seria: "Qual dos dois amará mais o Salvador?"

É uma *pergunta muito simples* também, nada difícil de responder; pois, mesmo Simão, o fariseu, que, como o resto dos fariseus, era muito mal instruído, pôde, no entanto, dar a resposta correta: "Suponho que é aquele a quem mais perdoou", que o Senhor aprovou: *Julgaste bem* (Lc 7.43).

COMPETIÇÃO DE AMOR | 1191

Apresentei a vocês, assim, a pergunta.

IV. Por fim, UMA RESPOSTA É ESPERADA DE NOSSA PARTE; e desejo para mim — desejando-o também a vocês — que cada um possa dizer: "Quero ser a pessoa que mais deve amar ao Senhor Jesus; e, por meio de sua graça, certamente hei de fazê-lo".

O mais endividado é que deveria amá-lo mais. E porventura não temos aqui entre nós muitos devedores de quinhentos denários? Alguns dos meus mais caros irmãos aqui presentes podem ser ou têm sido dos maiores pecadores — homens que bebem, juram em vão, mentem, que se destacam em tudo o que é perverso. Bendito seja Deus que estejam aqui, para serem conduzidos a Jesus! Ouvimos, outra noite, um querido irmão nos confessar como costumava ser. Com certa humildade e muito embaraço, mencionou quão vasto tinha sido seu pecado; mas seu pecado fora removido, estava perdoado, e ele sabia, e se regozijava nisso. Um homem como ele poderia dizer: "Vou amar mais a Deus". Onde houve pecado manifesto, palpável, inegável — onde o caráter se sujou e manchou, o perdão nos envolve em profunda obrigação para com a gratidão. Devemos ficar na primeira fila, para amar a Jesus mais do que todos.

Não vou, porém, deixá-lo subir até a eminência da obrigação, ou melhor, não vou deixá-lo afundar na profundidade da obrigação sem eu mesmo me empenhar em reivindicá-la para mim. Na verdade, alguns de nós tomam essa posição de eminente obrigação em outro nível, embora o terreno seja um só. Embora nunca tenham sido reconhecidamente profanos, viciados ou imorais, confessam a magnitude de seus pecados por conta de ofensas contra a luz e a sabedoria, contra sua crença inicial, contra uma preparação santa, contra uma consciência afável, contra favores de natureza inigualável concedidos por Deus; assim, passam a se envergonhar e a se colocar em lugares os mais baixos, reivindicando que lhes pertence a maior dívida de louvor a Deus. Ao pregar uma vez, eu declarei — e tive, de fato, a intenção de declarar — que era o maior dos devedores da divina graça que jamais passara pelos portões da glória; e ousei até recitar estes versos de um hino conhecido:

> Então mais alto que a multidão cantarei,
> Enquanto ressoam as reverberantes mansões do céu
> Com clamores de soberana graça.[1]

Isso aconteceu em uma localidade do interior. Ao descer do púlpito, muitos irmãos se aglomeraram em volta de mim para me cumprimentar. Foi quando uma senhora afirmou: "O senhor cometeu um grave erro no final do seu sermão". Respondi: "Sim, querida irmã, eu diria que na verdade contraí mais uma dívida. Sou mesmo um grande errante". "Não, não é isso", retrucou ela. "O senhor disse que cantaria mais alto que todos quando chegasse ao céu; mas não conseguirá, pois *eu* devo mais à divina graça do que o senhor jamais conseguirá superar. Já fui imensa pecadora, e recebi de Deus um grandioso perdão; portanto, no céu, devo louvar a Deus mais que o senhor." Não concordei, evidentemente, de modo algum; mas segurei a língua. Eu podia perfeitamente deixá-la pensar ser a primeira e retomar o primeiro lugar de volta para mim... À medida que fui pregando tal sermão, no entanto, outros amigos vieram me declarar, igualmente, que não me cederiam posição tão disputada, e que eles certamente teriam de louvar a Deus mais do que eu, pois deviam mais a Deus. Era realmente uma boa controvérsia. Isso me lembra a *Contenda entre as Aves do Paraíso*, de Ralph Erskine, que representa os santos em glória dizendo cada um ao outro que ele próprio é que deveria ficar mais embaixo e louvar da forma mais doce o infinito amor de Deus. Creio que há alguns aqui que, embora permanecendo isentos de qualquer coisa exteriormente má, possam, não obstante, sentir que interiormente são devedores vivos de centenas de denários — e à pergunta: *Qual deles, pois, o amará mais?*, certamente responderão: "Eu, ora! Nem mesmo sou honesto, como outros pecadores: não ouso confessar tudo o que eles confessam, nem ser tão abertamente vil como

---

[1] [NE] Versos finais do hino evangélico inglês *When Thou, My Righteous Judge, Shall Come* [Quando vieres, meu justo Juiz], letra da condessa de Huntingdon e música de Lowell Mason (tradução livre).

eles o são; mas tenho sido quase igualmente ruim no fundo do coração, e se tivesse ousado destilar todas as minhas maldades seria tão rasteiro quanto eles".

Não creio, porém, que o espírito da parábola se limite a nenhum desses casos, mas encerra mais do que isso. Há pessoas que, de fato, têm de ser menos perdoadas que outras. Criadas de forma prudente desde a infância, dedicam-se por muito tempo ao serviço do Senhor, sendo por ele especialmente amadas. Sem precisar terem sido grandes pecadores quando não convertidos, tornaram-se depois, certamente, grandes santos; intensos em seu serviço, coerentes em seu caráter, fervorosos no amor. Como, pois, podem alguns dos que bradam terem sido verdadeiramente sequestrados das trevas, que, de acordo com seus próprios depoimentos, foram dos maiores pecadores e se empertigam para falar de sua própria conversão, como podem não amar o Senhor Jesus, no entanto, nem metade do que o fazem as almas tranquilas e humildes que nunca frequentaram o pecado? Eis a minha resposta. Nossa compreensão do pecado é que irá, afinal de contas, criar e inflar nosso amor; pois se um homem considerar o pecado como algo extremamente prejudicial, e de fato o sentir assim, *terá um senso mais profundo de sua dívida* que o homem que haja cometido pecados vis, sem ter nunca, no entanto, percebido sua real escuridão, como revelados à luz do semblante de Deus. Muito poucos fiéis sabem bem, na verdade, o que é ficar pasmo e petrificado ante o reconhecimento da crueldade da própria transgressão. Ainda bem que o tempo estava a meu lado — e está agora — quando, ao proferir inadvertidamente uma palavra não exatamente verdadeira, me custava mais caro pensar nisso, que seria apenas um erro cometido às pressas, do que custaria a muitos homens se arrependerem de toda maldição e blasfêmia por eles pronunciadas.

Sinto ter de dizê-lo, mas acho que muitos fazem de sua vergonha aparentemente passada motivo de glória e ousam se gabar do que costumavam ser. Eles se levantam e fazem uma confissão sem uma única lágrima nos olhos nem um rubor na face. Tal testemunho nunca deveria ser ouvido como tal, pois leva uma verdadeira criação do mal para a mente daqueles que o venham ouvir. Desculpem-me ter de dizer isso, mas acho que seja exatamente assim. Há testemunhos que funcionam mais como convites ao mal e tendem mais a tornar o homem imoral do que fazê-lo voltar-se para Deus. Em certos círculos da sociedade humana, é tido como herói aquele que consegue provar já ter sido o maior cafajeste. Não foi assim que o filho pródigo da parábola foi recebido por seu pai: jamais falaria de sua devassidão como se fora um trunfo. Oh, irmãos, muitos de nós, ao nos reportarmos às pessoas que fomos, seria melhor que encobríssemos nossa face. Nossas transgressões passadas devem ser confessadas somente a Deus e em segredo; e, se porventura tiverem de ser desvendadas em público, que haja, em nome do louvor da divina graça, especial cuidado em se evitar qualquer coisa que se assemelhe a falso garbo, pois é realmente uma vergonha termos de falar de coisas que deveríamos manter publicamente ocultas. Onde quer que haja real e profundo sentido do pecado, deve haver um modo delicado e santo de se tratar dele. Antigos pecados não devem ser comentados do mesmo modo que se comentaria, por exemplo, sobre as muletas em que se apoia um veterano herói de guerra e que revelam um verdadeiro vencedor de batalhas. O rubor deveria ser manifestação mais adequada a ostentarmos na face ao abordarmos nossa situação espiritual anterior à conversão. Falar em tom leve e inconsequente sobre ferimentos que já causamos à própria consciência e terríveis mágoas que infligimos aos outros, por causa de nossas sórdidas atitudes, palavras e gestos, não representa nem pode representar, de modo algum, glorificação a Deus, mas, sim, a entronização do mal.

De qualquer forma, queridos amigos, acredito que alguns que Deus preservou, ao impedir que a graça neles se tornasse pecado, irão, não obstante, amá-lo mais *por terem uma ideia mais clara que outros do quanto custou haverem sido também por ele perdoados.* Bem-aventurados aqueles que têm sempre em mente a agonia e os sofrimentos do nosso Senhor no jardim do Getsêmani.

> Não há um único dom que conceda sua mão
> Que não custe a ele um suspiro do coração.

Oh, se o seu coração se voltar para o Calvário, onde caem as gotas rubras do mais precioso sangue, o de Cristo — se você fitar intensamente os ferimentos de Jesus até que venha a morrer também com a morte do Crucificado, você então há de amá-lo o suficiente. É válido ter a alma dilacerada por essa angústia porque

> A ele custou lágrimas e sofrimento
> Nos levar até junto do nosso Deus;
> Grande era nossa dívida, e ele morreu
> Para realizar por nós o pagamento.

Na mesma medida que você der valor ao sacrifício, irá amar aquele cuja pessoa foi o próprio sacrifício definitivo pelo perdão do seu pecado. Espero, irmãos, que todos vocês amem a Jesus Cristo mais do que eu, pois garantiria assim a ele o mais nobre amor de cada coração humano; mesmo assim, não desejo ser vencido por nenhum de vocês em uma competição pelo amor de Jesus. Darei o melhor de mim para que homem algum me arrebate essa coroa. Mas supondo, queridos amigos, que algum de vocês o ame mais, o *demonstre*, então, assim como a mulher que trouxe o vaso de alabastro com o bálsamo e sobre ele o derramou. Se você acha que o ama mais que todos, então *faça mais do que todos*. Faça tudo que for possível pela humanidade, com a ajuda do Espírito de Deus. Se você acha que já fez bastante, faça dez vezes mais ainda. Jamais fale ou comente sobre o que você fez ou faz, mas simplesmente vá e faça mais. Um oficial do exército apresentou-se ao general e relatou: "Senhor, acabamos de tomar dois grandes armamentos do inimigo". "Muito bem,", respondeu o general, "tome mais dois".

Se você tem o maior amor a Cristo, busque realizar a maior obra que possa fazer pelos homens. Não deixe de *fazer algo significativo, mesmo que não o pareça ser, em nome de Jesus*. Quando amamos os irmãos, é porque pertencem a Cristo. É muito bom servir, por eles, ao Senhor Jesus Cristo em pessoa. Note como as mulheres santas, nas Escrituras, sempre honram o seu Senhor: lágrimas por sua sofrida jornada levando a cruz; os cabelos servindo para secar seus sagrados pés; bálsamos e unguentos para consagrar seu divino corpo que será dado por nós. Faça o seu melhor e mais importante por Jesus, pessoalmente a Jesus.

Procure fazê-lo de forma humilde. Permaneça sempre atrás dele; não leve ninguém a olhar para você; aja de modo silencioso. Faça o que fizer sentindo que é uma grande honra que lhe seja permitido fazer mesmo o mais ínfimo serviço para Jesus e por Jesus. Nem imagine dizer a si mesmo: "Sou alguém. Estou realizando grandes obras. Faço mais que Simão, o fariseu. Venham ver meu zelo para com o Senhor dos Exércitos". Jeú falou desse modo, e isso de nada lhe adiantou. Faça a parte que lhe cabe sem procurar ser visto em meio aos homens.

Faça-o sob a forma de autossacrifício. Traga seu melhor unguento. Aflija-se por Cristo. Deixe de ter tal e tal coisa para poder honrar a ele.

Faça-o de modo a mostrar que é de coração. Se você o bem servir, verá suas lágrimas espontaneamente rolarem de emoção aos pés dele, misturando-se ao custoso bálsamo. Lágrimas e unguento combinam bem. Lamente-se sinceramente de sua culpa, ao mesmo tempo que se regozija na graça recebida.

Faça-o de modo contínuo. "Ela", disse Cristo, referindo-se à mulher portadora do bálsamo, [...] *desde que entrei, não tem cessado de beijar-me os pés (Lc 7.45)*". Não cesse jamais de amá-lo e servi-lo. Faça-o sempre, e de novo e de novo, e tanto mais quanto necessário se torne, a seu serviço.

Faça-o de modo entusiasmado. Note que ela beijou os pés do Senhor — para ela, nada menos do que isso conseguiria expressar seu amor. Beije também espiritualmente os abençoados pés que viajaram tamanha distância, em amor por você. Humilhe-se; lance toda a sua alma na tarefa do amor. De você, muitos irão dizer: "É uma pessoa entusiasta, bastante tomada por sua dedicação". Que seja isto verdade, cada vez mais. Não se importe, porém, com o que outros, os duros de coração, pensam e dizem, pois não podem compreender você: "Ah! Aquele jovem. para mim, não é muito rápido". Não dê ouvidos. Seja mais rápido ainda. Costumam dizer aqui na Inglaterra que a pessoa eficiente "coloca muitos ferros na fornalha";

pois então eu lhe digo: atice bem o fogo, deixe os ferros todos vermelhos em brasa e malhe-os na bigorna com toda a sua força. Lance-se com toda a sua força e energia ao serviço do seu mestre, sabendo que a melhor forma de mostrar o seu amor será mediante seu trabalho ardoroso.

Que Deus os abençoe, no mais elevado grau de amor, em nome de Jesus Cristo! Amém.

O BOM SAMARITANO

E eis que se levantou certo doutor da lei e, para o experimentar, disse: mestre, que farei para herdar a vida eterna? Perguntou-lhe Jesus: Que está escrito na lei? Como lês tu? Respondeu-lhe ele: Amarás ao Senhor teu Deus de todo o teu coração, de toda a tua alma, de todas as tuas forças e de todo o teu entendimento, e ao teu próximo como a ti mesmo. Tornou-lhe Jesus: Respondeste bem; faze isso e viverás. Ele, porém, querendo justificar-se, perguntou a Jesus: E quem é o meu próximo? Jesus, prosseguindo, disse: Um homem descia de Jerusalém a Jericó, e caiu nas mãos de salteadores, os quais o despojaram e, espancando-o, se retiraram, deixando-o meio morto. Casualmente, descia pelo mesmo caminho certo sacerdote; e, vendo-o, passou de largo. De igual modo também um levita chegou àquele lugar, viu-o e passou de largo. Mas um samaritano, que ia de viagem, chegou perto dele e, vendo-o, encheu-se de compaixão; e aproximando-se, atou-lhe as feridas, deitando nelas azeite e vinho; e pondo-o sobre a sua cavalgadura, levou-o para uma estalagem e cuidou dele. No dia seguinte, tirou dois denários, deu-os ao hospedeiro e disse-lhe: Cuida dele; e tudo o que gastares a mais, eu to pagarei quando voltar. Qual, pois, destes três te parece ter sido o próximo daquele que caiu nas mãos dos salteadores? Respondeu-lhe o doutor da lei: Aquele que usou de misericórdia para com ele. Disse-lhe, pois, Jesus: Vai, e faze tu o mesmo (Lc 10.25-37).

Nosso texto de hoje contém a parábola completa do samaritano; todavia, por ser esta muito longa, iremos, para o bem da nossa memória, considerar apenas a exortação do trigésimo sétimo versículo: *Vai, e faze tu o mesmo.*

Existem determinadas pessoas que não permitem ao pregador falar a respeito de nada além dos preceitos doutrinários referentes ao caminho da salvação, conhecidos como "o evangelho". Se o orador vier a insistir quanto a alguma virtude, ou a alguma graça na prática, logo irão alegar que não está pregando o evangelho, ou que se tornou legalista ou não passa de um simples professor de moral. Não tememos tal crítica de forma alguma, pois é fácil perceber claramente que o Senhor Jesus Cristo em pessoa deve tê-la sofrido muitas vezes. Leia o Sermão do Monte e veja se certas pessoas se contentariam em ouvi-lo pregando para elas no domingo. Elas logo o condenariam, alegando que o sermão contém muito pouco do evangelho e demais da conta sobre boas obras. Nosso Senhor era, na verdade, um grande pregador prático. Frequentemente entregava mensagens em que tirava determinadas dúvidas, ou dava orientação aos que o buscavam, ou reprovava os blasfemadores, propiciando tal destaque à realidade que muitos de seus ministros nem sonhariam poder imitar. Ele nos orienta constantemente sobre a maneira correta de lidarmos com nossos irmãos, dando grande ênfase ao amor que deve brilhar através do caráter tipicamente cristão.

A história do bom samaritano, que temos diante de nós, é um caso bem característico. Por ela, explica o Senhor uma dúvida surgida da questão: *Que farei para herdar a vida eterna?* É uma questão relativa à lei, e a resposta vai diretamente ao que importa. Não nos esqueçamos que aquilo que a lei exige de nós o evangelho cuida de em nós produzir. A lei nos diz somente o que temos de ser; já um dos objetivos do evangelho é nos levar a assumir tal condição. Deste modo, os ensinamentos do Salvador, embora eminentemente práticos, são sempre evangélicos: mesmo quando expondo a lei, têm um desígnio evangelizador. Dois fins são atingidos pelo Senhor, ao estabelecer um alto padrão de dever. Aniquila o farisaísmo, que proclama supostamente a observação rigorosa da lei, mas na verdade acaba levando os homens a sentir a impossibilidade de salvação pelas próprias obras; por outro lado, conclama os que creem a deixar de se contentar com meras normas de vida correta e aspectos comuns e rotineiros de religião, estimulando-os a buscar o grau mais elevado da santidade — a ir atrás da excelência de caráter, que só a graça divina pode fazer surgir.

Esta manhã, confio em que, apesar de me apegar muito à ação prática, serei guiado pelo Espírito de santidade e não serei passível de ser acusado de legalismo, e nenhum de vocês também. Não pintarei o amor ao próximo como condição para a salvação, mas como fruto desta. Não tratarei a obediência à lei como caminho para o céu, mas, sim, mostrarei o caminho a ser seguido pela fé que atua por amor.

Passemos, pois, à parábola.

I. Nossa primeira observação é que O MUNDO É CHEIO DE AFLIÇÕES. Essa narrativa é apenas uma entre milhares de histórias baseadas em uma ocorrência infeliz. *Um homem descia de Jerusalém a Jericó, e caiu nas mãos de salteadores* (Lc 10.30). Um homem percorria uma distância não muito grande e quase perde sua vida no caminho. Nunca estamos a salvo do perigo; os riscos se nos deparam até mesmo no meio familiar, causando sofrimento tanto a nós quanto aos nossos parentes mais próximos; adentram pelos nossos locais de trabalho como que para nos provar; e, quando saímos para a rua, eles nos acompanham e estão conosco por todo o percurso. *Porque a aflição não procede do pó, nem a tribulação brota da terra; mas o homem nasce para a tribulação, como as faíscas voam para cima* (Jó 5.6,7).

Muitas vezes, as maiores aflições *não são causadas por falha de quem as sofre*. Ninguém pode culpar o pobre homem da parábola por ter caído em uma cilada ao ir para Jericó, haver perdido seu dinheiro e, tendo certamente apresentado alguma resistência, ser espancado, ferido e jogado à margem da estrada, abandonado, à morte. Como poderia ser culpado? Foi para ele um mero incidente. Podem crer: há uma grande quantidade de tristezas no mundo que não vem do vício ou da insensatez das pessoas que as sofrem; provém, sim, das mãos de Deus diretamente os sofredores; e não porque sejam mais pecadores do que os outros, mas visando tão somente a objetivos inteiramente desconhecidos de nós. É frequentemente o tipo do infortúnio que, mais que todos os outros, requer nossa compaixão cristã e os cuidados e a gentileza que costumam abundar em nossos hospitais. Não se pode, de fato, culpar um homem como esse, caído no chão, surrado, maltratado e ferido: os ferimentos visíveis, dos quais escorre sua própria vida, não foram por ele causados, nem os ganhou por conta de uma bebedeira ou da tentativa de um feito estúpido qualquer; ele não sofre, portanto, por causa de seus próprios atos, sendo, por isso, mais intenso seu apelo à nossa benevolência.

No entanto, *muitos infortúnios são causados por perversão de outros*. O pobre homem que ia para Jericó foi vítima de ladrões, que o feriram e o deixaram ao abandono da morte. O homem é o pior inimigo do homem. Se a paz fosse natural à humanidade, até mesmo a fera mais selvagem seria mansa; e, sendo o mal extirpado de vez do coração humano, a absoluta maioria das enfermidades da vida há de cessar de imediato. O desacato e a brutalidade do bêbado, o escárnio do orgulhoso, a crueldade do opressor, as mentiras do caluniador, o embuste do enganador, a risada malévola do perverso ante a humilhação do pobre — essas atitudes, juntas, formam a raiz de quase todas as ervas daninhas que espalham pela terra nossa tristeza e vergonha. Quando vierem a ser removidos todos os pecados dominantes, e bendito será Deus quando Cristo assim triunfar em todo o mundo, o sofrer humano sem dúvida virá a desaparecer completamente. Ao vermos pessoas inocentes sofrendo por causa do pecado dos outros, nossa piedade deve ser mais do que nunca intensificada. Quantas crianças há que sofrem de inanição ou doença grave por causa da irresponsabilidade e bebedeira dos pais, que deixam vazia a mesa! Viúvas há que levam vida difícil e são acometidas de enfermidades extenuantes por causa da indolência ou crueldade daqueles a quem cabe o dever de ampará-las. Trabalhadores são muitas vezes duramente explorados e oprimidos pelo parco salário que recebem e chegam frequentemente às portas da morte para tentar despertar alguma piedade. É esse o tipo de ser humano merecedor da nossa mais extrema compaixão, sobretudo quando um acidente ou uma doença o leve ao leito de enfermo, deixando-o "semimorto".

Ao homem da parábola certamente não restava esperança alguma: ele, de fato, nada podia fazer por si mesmo; haveria de lá permanecer e morrer, com grandes ferimentos drenando seu sangue e sua própria alma

O BOM SAMARITANO | 1197

— até que uma generosa mão interveio. O máximo que certamente podia fazer era murmurar de dor; não conseguia nem cobrir suas feridas, que dirá levantar e procurar abrigo. Ele foi deixado entregue à morte em meio às inclementes rochas do caminho para Jericó, seu corpo oferecido como iminente repasto às aves de rapina, até que viesse, como veio, alguém em seu socorro. Ora, se um homem pode de fato fazer algo por si mesmo e não faz, está sujeito a passar apertos ou sofrimentos; se desperdiça oportunidades por falta de ação ou autoindulgência, o sofrimento pode se manifestar a ele, até mesmo como um meio de curar seus vícios; todavia, se alguém se encontra enfermo ou ferido não tendo como recorrer a cuidados médicos, aí reside a grande oportunidade de a verdadeira filantropia se fazer presente e exercer o melhor que possa. Eis o que nos ensina aqui o Salvador.

Há caminhos na vida particularmente sujeitos à aflição. O caminho que levava de Jerusalém a Jericó foi sempre, certamente, infestado de ladrões. Jerônimo nos diz que era chamado de "caminho sangrento", devido aos frequentes roubos e assassinatos cometidos naquela estrada. Não faz muito tempo, a ponto de ainda estar presente em nossa memória, ocorreu o caso de um viajante inglês que encontrou a morte nessa mesma via; e até viajantes que passaram mais recentemente por lá relatam ameaças e ataques naquela região peculiar, dominada pelo deserto, que se estende até a Cidade das Palmeiras. No mundo ao nosso redor há também caminhos da vida bastante perigosos, terrivelmente assombrados por doenças e acidentes. Faz alguns anos, muitas eram as atividades em que a falta de precaução trazia a morte a milhares de pessoas. Agradeço a Deus por diversas leis acerca de prevenção serem hoje em dia em maior número e levadas mais em conta, resultando em maior valorização da vida. Mesmo assim, há muitos caminhos da vida que podem ser considerados "caminhos sangrentos", com objetivos desnecessários para a comunidade e arriscados para aqueles que os buscam e percorrem. Nossas minas, nossas ferrovias, nossos mares, apresentam longa lista de sofrimento e de morte. Longas horas de permanência em locais de trabalho abafados, opressos, mal ventilados, são responsáveis por afetar gravemente a saúde de milhares de vidas; e são trabalhos geralmente fatigantes, muito mal pagos ou pouco rentáveis e que, além disso, não permitem que a necessidade de uma alimentação possa ser corretamente satisfeita. O trabalho de muitas costureiras, por exemplo, costuma ser, quase sempre, verdadeiro "caminho sangrento". De fato, quando penso nas multidões de trabalhadores desta cidade que têm de se sujeitar a ambientes fechados e sujos, amontoados, dispostos em fileiras, respirando um ar estagnado, não hesito em dizer que muitos desses caminhos percorridos pelos pobres de Londres merecem esse mesmo título do caminho entre Jerusalém e Jericó. Se os que percorrem esse caminho não perdem dinheiro é porque dinheiro não têm para perder. Quando não acabam perdidos em meio a bandidos, caem em meio às doenças que os ferem de verdade, deixando-os realmente semimortos.

Agora, se você não tem de enfrentar esse tipo de percurso, se o seu caminho não o leva de Jerusalém a Jericó, mas, talvez, de Jerusalém a Betânia, onde pode desfrutar da doçura, do amor e das delícias da comunhão cristã, você deve ser muito grato a Deus e pôr-se à disposição dos outros que, pelo seu bem ou em benefício da sociedade como um todo, acabam tendo de trilhar caminhos os mais perigosos na vida. Não concordam vocês que determinadas pessoas devem estar entre os primeiros que devem merecer nossa bondade cristã? São pessoas que geralmente lotam nossos hospitais públicos e locais similares .

Para concluir: claro está que há muita aflição neste mundo, e grande parte dela é o tipo de tribulação que deve ser atendida e tratada imediatamente.

II. Em segundo lugar: HÁ MUITA GENTE QUE NUNCA AJUDA A ALIVIAR UMA AFLIÇÃO. Nosso Salvador nos conta, na parábola, que pelo menos dois "passaram de lado". Suponho que ele poderia ter aumentado esse número, citando até duas dúzias de pessoas, se assim quisesse, mesmo mencionando apenas um bom samaritano em sua narrativa; pois mal posso imaginar que exista *um* bom samaritano para cada *duas* pessoas sem coração. Bem que eu gostaria que houvesse, mas receio ter de estimar que os bons samaritanos são bem poucos em relação à grande quantidade de pessoas que, infelizmente, se assemelham ao sacerdote e ao levita.

Vejamos, agora, quem eram essas duas pessoas que se recusaram a ajudar o infortunado homem.

Para começar, eram pessoas *levadas àquele lugar pela providência de Deus.* O que mais poderia ter feito o Senhor pelo pobre moribundo senão lhe mandar ajuda humana? Um anjo, naturalmente, não seria bem adequado para o caso. Como iria um anjo, que não se machuca, entender de feridas e de como utilizar azeite e vinho para aliviá-las? Não; era necessário um homem, que soubesse o que fazer e que, com fraterna compaixão, confortasse o coração magoado do homem enquanto tratava do corpo. Em nossas versões da Bíblia, quase sempre lemos: "*Casualmente*, descia pelo mesmo caminho um sacerdote..."; ou "*Ocasionalmente...*"; ou "*Aconteceu estar descendo...* (Lc 10.31). Todavia, experientes estudiosos de grego costumam ler, neste mesmo trecho: "*Por coincidência...*". Sim, foi certamente por ordem da divina providência, e é o que parece dar a entender Jesus, que propositadamente iria um sacerdote passar pelo homem que sofrera tal tribulação — para que parasse e o examinasse e ajudasse, com bondade, sabedoria e habilidade; e, logo após, quando apareceu o levita, poderia este continuar de boa vontade o trabalho do sacerdote; e se o primeiro não conseguisse carregar o pobre homem, os dois juntos poderiam ter sido capazes de levá-lo a uma hospedaria, ou um deles poderia cuidar do enfermo enquanto o outro buscava ajuda. Deus levou ambos àquela situação, mas eles se recusaram a realizar a sagrada tarefa que a providência divina e a humanidade exigiam deles.

Vocês, que têm capacidade, meios e recursos para tal, foram colocados nesta cidade justamente com o propósito de terem compaixão para com os enfermos, os feridos, os pobres e necessitados. A principal intenção de Deus ao prover uma pessoa com mais recursos do que o necessário é precisamente que tal pessoa possa assumir o dever, ou, melhor dizendo, o prazeroso privilégio de aliviar as dores e necessidades alheias. Ah, mas quantos há que consideram o excesso de provisão que Deus colocou nas suas mãos, e que deveria ser empregado amplamente para os pobres e necessitados, como recursos destinados apenas ao demasiado luxo próprio, luxo que os mima, mas não lhes rende benefícios. Muito menos real prazer. Outros acham que a riqueza lhes é dada para a guardarem sob ferro e fogo, para envelhecer e ser corroída, alimentando apenas a reprovação e a preocupação. Quem ousaria colocar uma tampa num poço, se a sede afligisse a muitos? Quem teria coragem de negar um pão a uma mãe e a seus filhos prestes a morder o próprio braço de tanta fome? Acima de tudo, quem ousaria abandonar um sofredor em sua própria agonia, ou quem deixaria um enfermo se revolvendo na iminente cova, sem auxílio? Este pecado não é um pecado pequeno: é um crime a ser respondido perante o Juiz, quando ele vier para julgar os vivos e os mortos. Aqueles que negaram ajuda ao pobre homem foram para ali enviados por Deus com um propósito: aliviar o sofrimento de um ser, em tudo semelhante a eles e a você; mas passaram ao largo, deixando o coitado abandonado.

Eram, na verdade, dois indivíduos que poderiam ter trazido alívio ao homem, pois *estavam habituados a lidar com aquilo que deveria ter tocado seu coração*. Se bem compreendo a passagem, o sacerdote vinha desde Jerusalém. Algumas vezes cheguei a me perguntar para onde seguia, se estaria indo para o templo e estava com pressa para não deixar a congregação esperando, ou se já havia cumprido seu dever, tendo findado sua cota mensal de trabalho no templo, e estaria voltando, de folga, para casa. Acabei por concluir que ele ia realmente de Jerusalém para Jericó, pois é dito: "Casualmente, *descia* pelo mesmo caminho certo sacerdote". Quando se vai em direção à metrópole, usa-se "subir": subir para Londres, ou para Jerusalém; e como esse sacerdote *descia*, estaria indo para Jericó. Na verdade, literalmente, *descia*, pois Jericó situa-se bem abaixo de Jerusalém. Concluí também que ia para casa, em Jericó, depois de haver realizado suas tarefas do mês no templo, onde estava envolvido com a adoração ao Altíssimo e tão próximo a Deus quanto um homem pode estar, servindo em meio a sacrifícios, salmos santificados e preces solenes. Ele próprio, no entanto, não havia aprendido a se sacrificar. Conhecia, sem dúvida, as proféticas palavras que dizem: *Pois misericórdia quero, e não sacrifícios* (Os 6.6); mas já havia esquecido completamente desse ensinamento. Leu muitas vezes na lei: *Amarás o teu próximo como a ti mesmo* (Mt 19.19), mas não observava este preceito. O levita se envolvia menos nas coisas do santuário que o sacerdote; mas tinha sua parcela na divina obra. Não obstante, afastou-se igualmente do problema, com o coração endurecido. Isso é triste. Eram ambos homens próximos de Deus, mas não eram como ele. Queridos amigos, vocês podem desperdiçar culto atrás de culto em adoração a Deus, ou naquilo que pensam ser ele, e talvez até contemplem o Cristo Jesus visivelmente crucificado diante de vocês, e pensamentos que deveriam amolecer um coração de pedra talvez passem em sua mente, mas continuam se voltando para o mundo com

O BOM SAMARITANO | **1199**

mesquinhez, como sempre, com sentimentos baixos para com o próximo. Não deve ser assim. Imploro a vocês que isso não ocorra mais em sua vida.

Essas duas pessoas, portanto, *deveriam ajudar o homem em consequência de suas próprias atividades*. O mesmo que originalmente é dito a respeito do sumo sacerdote, de ser escolhido em meio aos homens, creio que se poderia dizer de qualquer sacerdote, que deveria, assim, ter compaixão dos seus semelhantes. Se há um lugar em que deveria ser encontrada compaixão para com os outros homens, penso que haveria de ser o coração de um sacerdote, escolhido para falar de Deus aos homens e dos homens a Deus. Nunca tal coração deveria se petrificar; deveria ser gentil, generoso, afável, repleto de misericórdia e ternura; mas tal sacerdote não era assim, nem o era o levita, que deveria imitá-lo. Ó vocês, ministros cristãos — e vocês todos — deveriam agir assim, pois o Senhor fez de todo o seu povo pastores sob a proteção divina; deveria haver em vocês, inclusive no exercício de sua atividade profissional, prontidão no coração para realizar atos de gentileza para quem deles necessita.

Há também que se mencionar contra o sacerdote e o levita o fato de que *tiveram uma clara percepção do estado do homem*. Passaram junto ao ferido, viram sua situação. Os caminhos naquela época eram estreitos e eles certamente foram obrigados a quase passar por cima do corpo do homem agonizante. Pode ser que o primeiro haja seguido em frente, tão logo o tenha visto; mas o segundo pode ter-se demorado um pouco, com curiosidade suficiente para ter entendido toda a situação; nem assim, matar a curiosidade não lhe causou compaixão alguma e logo também se apressou em seguir. Grande parte da negligência para com os enfermos e os pobres resulta de não se saber da existência de tais casos. Todavia, muitas pessoas se mantêm voluntariamente ignorantes, com um desconhecimento que não permite desculpa. No caso de hospitais públicos, pelos quais queremos hoje rogar a Deus, vocês sabem que há neles pessoas que estão sofrendo, que sofrem muito neste exato momento, não por culpa própria, e que estas pessoas precisam muito de sua ajuda. Enquanto passava, uma noite dessas, por aquele nobre prédio do Hospital St. Thomas, localizado deste lado do rio, não pude deixar de pensar no tanto de dor e sofrimento contido pelas paredes daquele edifício; mas agradeci a Deus por estar o sofrimento, no caso, dentro daquelas paredes, onde o socorro certamente é dos melhores que a capacidade humana pode prover. Sabem vocês, portanto, que há pobreza e enfermidade ao seu redor e, se passarem próximo ao sofrimento e o virem e tomarem ciência dele, sem que já tenha sido acudido, sob suas cabeças irá pairar a culpa de negligência de socorro.

Aquela dupla, porém, teria certamente desculpas magistrais a apresentar. O sacerdote e o levita, se interpelados, teriam provavelmente excelentes motivos a alegar por haverem recusado atender o homem ferido. Nunca conheci um único homem que, negando-se a ajudar os pobres, não tivesse pelo menos uma desculpa que fosse, que considerasse da maior importância. Creio não haver no mundo um homem que rejeite de forma imoral uma súplica e não se cerque de argumentos para provar que está certo; argumentos que satisfazem somente a ele mesmo e o fazem imaginar poder ignorar todo arrazoado que clama pela justa solução do caso.

O sacerdote e o levita, por exemplo, deviam estar ambos com pressa. O sacerdote podia alegar já estar em Jerusalém há um mês, longe de sua mulher e seus queridos filhos, e ele, naturalmente, queria chegar rapidamente em casa; se parasse e demorasse ali, o sol declinaria, e o lugar era certamente terrível para se estar ali depois do entardecer, não se podendo esperar, de fato, fosse tão incauto a ponto de permanecer naquela área com a escuridão da noite chegando. Havia passado um mês inteiramente atarefado no templo; você não faz ideia do quão desgastante ele achava o fato de ser sacerdote por um mês inteiro, e se você soubesse, possivelmente não o culparia por querer chegar em casa para desfrutar do merecido descanso.

Além do mais, havia prometido estar em casa em determinada hora, e era um homem pontual, não desejando deixar ansiosos sua mulher e seus filhos, que o estariam esperando na porta. Seria, sem dúvida, uma desculpa muito boa. Contudo, consigo mesmo, pensava que nem seria necessária, ou de muita serventia. Na verdade, ele nada sabia de medicina e achava que nunca iria conseguir tratar de um ferimento para salvar uma vida; esquivava-se disso, então; a simples visão de sangue de perto revirava seu estômago e ele jamais poderia se achegar a uma pessoa que estivesse mortalmente ferida. Era bastante provável a tolice que faria se tentasse estancar um só dos ferimentos daquele homem. Se ainda a esposa estivesse com ele, quem sabe o poderia ajudar; ou se ele trouxesse consigo emplastros, unguento ou até uma tala, poderia ainda tentar fazer um esforço; mas do jeito que a coisa estava, evidentemente que nada poderia fazer. Além do mais, aquele homem devia estar obviamente semimorto, moribundo, e iria falecer de uma hora para outra, sendo, portanto, em sua sábia opinião, um desperdício perder tempo com um caso já sem solução. Ademais, o sacerdote estava sozinho: não havia como carregar sozinho o ferido e, mais ainda, parecia de todo inútil tentar se esforçar nisso, para no final ter de deixar o homem novamente sozinho. É bem verdade que ele quase podia ouvir os passos do levita se aproximando, e até esperava realmente que alguém o estivesse seguindo, pois se sentia angustiado por se encontrar sozinho em tal situação; mas, afinal de contas, isso era para ele mais um motivo para que deixasse de lado o assunto, já que o levita certamente o resolveria.

Melhor, porém, foi a linha de raciocínio que nele se seguiu: não teria por que permanecer em um lugar com uma pessoa que havia sido, evidentemente, atacada por ladrões; os assaltantes podiam voltar, talvez estivessem ainda por perto, e naturalmente que um sacerdote como ele, que retorna de um mês de serviço, é quase certo que carrega consigo alguma valiosa soma em dinheiro de seu salário. Era muito importante, assim, não correr o risco de ser assaltado, perder seus recursos e ainda ser agredido ou até morto, por parar em um lugar sabidamente frequentado por bandidos. Não convinha desafiar a vontade de Deus, o que poderia resultar em duas vítimas mortalmente ensanguentadas, sendo um deles um valoroso religioso.

De fato, sua filantropia recomendava que tomasse conta de si mesmo, já que nada poderia fazer pelo pobre homem. Poderiam ambos morrer; ou a pessoa que se encontrasse próxima da vítima poderia ser perfeitamente acusada de assassinato. É sempre constrangedor ser achado a sós em um lugar ermo, junto ao corpo de alguém vítima de violenta agressão. O sacerdote poderia ser visto como suspeito, e todos os princípios da prudência sugeriam que o melhor a fazer era mesmo sair dali o mais rápido possível. Enfim, o mais que poderia era orar pelo homem, sabe, mas, além das orações, que fazer? Com essa pia reflexão, o sacerdote seguiu seu caminho.

É possível ainda que simplesmente não quisesse ficar impuro. Um sacerdote era uma pessoa santa demais para lidar com feridas e machucados. Quem poderia sugerir tal coisa? Ele saíra de Jerusalém cheirando a santidade; sentia a si próprio alguém tão santo quanto possível, e não perderia tal aura com interferências mundanas ao tocar um pecador. Esses poderosos motivos, juntos, o fizeram se afastar do problema, contente, deixando o exercício de generosidade para outros.

Esta manhã, permitirei que vocês deem todas as desculpas imagináveis para não ajudar os pobres nem os doentes em hospitais, e as que proferirem serão tão boas quanto essas que acabo de apresentar. Vocês sorriram ao ouvir o que o sacerdote poderia ter a alegar; mas se vocês se desculparem a si mesmos sempre que haja uma necessidade real de ajuda ao próximo e vocês deixarem de ajudar, não precisarão, na verdade, rir de suas próprias desculpas: o diabo se encarregará disso; é melhor até que se lamentem por elas, pois não há razão mais grave para se lamentar que o coração esteja endurecido para com seus irmãos quando enfermos, talvez até mortalmente enfermos, e necessitados de sua ajuda.

III. Em terceiro lugar: O SAMARITANO É O EXEMPLO POR EXCELÊNCIA DAQUELES QUE AJUDAM OS AFLITOS. É um exemplo, em primeiro lugar, se observarmos *quem era a pessoa a quem ajudou*. A parábola não diz, mas está implícito que o ferido era um judeu, de quem o samaritano não partilhava da mesma fé e dos mesmos princípios. Diz o apóstolo: *Então, enquanto temos oportunidade, façamos bem a todos, mas principalmente aos domésticos da fé* (Gl 6.10). O ferido não era da família da fé, até onde podia saber o samaritano; mas, sim, era um de *todos*. O judeu era tão falto de simpatia a um samaritano quanto possível em termos de religião; mas era um homem: fosse judeu ou não, ali estava um ser humano, ferido, sangrando, moribundo, e o samaritano era outro ser humano; assim, um homem apiedou-se de outro e foi em seu socorro. Não há por que perguntar a um homem doente se ele crê ou não nos Trinta e Nove Artigos ou no Breve

O bom samaritano.[1] Espera-se que sim, que ele tenha fé, mas, mesmo que não a tenha, seus ferimentos e sofrimentos hão de precisar de cuidados do mesmo modo que se ostentasse um credo perfeito. Não é preciso descobrir se ele é ou não um ardoroso protestante: um católico também sofre quando ferido; um ateu sente tanta dor quanto um crente quando quebra a perna, e um descrente precisa também de tratamento quando se esfola em um acidente. É tão indesejável, em geral, para um ser humano morrer, quer portando um credo heterodoxo quer uma fé ortodoxa; na verdade, sob alguns aspectos, é até pior, e nesse caso deveríamos ficar duplamente ansiosos à espera de uma cura. Cabe-nos a todos buscar aliviar os infortúnios do mundo, independentemente de doutrinas e credos, como fez o samaritano.

Além disso, por serem os judeus grandes inimigos dos samaritanos, esse bom cidadão de Samaria poderia até ter pensado: "Se eu estivesse na situação deste homem, ele certamente não me ajudaria. Passaria por mim e diria: 'É um cão samaritano, maldito seja'". Os judeus costumavam, na verdade, amaldiçoá-los. Todavia, ao que tudo indica, não lhe ocorreu imaginar o que o judeu poderia ter dito ou pensado: ele simplesmente o via sangrar e estancou seus ferimentos. Nosso Salvador não nos deu como regra de ouro que façamos aos homens *tudo que os homens vos façam*, mas, sim, "tudo o que vós *quereis* que os homens vos façam (Mt 7.12)". O samaritano seguia exatamente essa regra e, por isso, apesar de consciente da inimizade para com ele por parte do judeu, sentiu que deveria, mesmo assim, aquecer o coração do homem ferido com amoroso socorro; e imediatamente lhe prestou ajuda. Talvez se fosse em outras circunstâncias, o judeu tivesse dispensado o serviço do samaritano, recusando-se a ser tocado por ele; mas, quando o coração é enternecido, não se consegue pensar assim: o pobre homem estava por demais ferido para fazer qualquer restrição ou usar de qualquer preconceito, e quando o samaritano se curvou sobre ele, derramando azeite e vinho, recebeu, sem dúvida, um agradecido olhar do filho de Abraão.

O homem ferido também *não poderia recompensá-lo*. Fora destituído de tudo o que possuía, até suas vestes lhe haviam sido tomadas; mas a caridade não visa a proveito ou compensação, a menos que não seja, absolutamente, caridade. O ferido era também para ele *um completo desconhecido*. O samaritano nunca o tinha visto. Mas o que isso importava? Era um homem, e todos os homens são iguais. *E de um só fez todas as raças dos homens, para habitarem sobre toda a face da terra* (At 17.26): o samaritano sentiu o toque da natureza humana, que faz de todos os homens iguais, debruçou-se sobre o estranho e aliviou seu sofrimento.

Poderia ter-se questionado: "Por que *eu* deveria ajudar? Sua necessidade de ajuda deveria ser, antes de mais nada, atendida pelos seus". Eu mesmo já ouvi alguns dizerem: "Esse tipo de gente não tem o que reclamar aqui; que vá buscar o seu próprio povo". Bem, mas suponha que isso eles já tentaram e falharam; agora é sua vez; e aquilo que um "judeu" não haja feito por outro, que o faça então um "samaritano", e será abençoado por essa ação. O enfermo fora negligenciado por um homem religioso e da lei e por outro homem considerado santo; os melhores, ou aqueles que pelo menos o deveriam ser, o sacerdote e o levita, o haviam abandonado, deixando-o morrer ao léu. O samaritano não era santo, nem do templo nem da lei, mas mesmo assim se prestou prontamente a realizar a tarefa. Ó irmãos cristãos, cuidem para que não sejam envergonhados por um bom samaritano.

O samaritano é um exemplo para nós, também, *em relação ao espírito com que realizou o trabalho*. Ele simplesmente o fez, sem perguntas. Havia um homem que precisava de atenção, ele viu isso, e o ajudou de imediato; agindo sem hesitação, sem exigir pacto ou acordo com ele, mas agindo prontamente em derramar o azeite o vinho. Agiu sem procurar passar o trabalho para os outros. Hoje em dia, caridade significa a pessoa "A" pedir que a pessoa "B" a ajude, e B, com imensa caridade, fazer o grande favor de enviá-la à pessoa "C". É o mesmo que dizer que, hoje, o sentido de caridade implica pessoas benevolentes talvez botando a mão na massa, mas não no próprio bolso, e direcionando os necessitados para que busquem

---

[1] [NE] Refere-se aos Trinta e Nove ou XXXIX Artigos de Religião (de 1563) e ao Breve Catecismo ou Catecismo da Assembleia de Westminster (versão resumida do Catecismo Maior de Westminster, do século XVII), documentos oficiais básicos de doutrina e prática, respectivamente, da Igreja Anglicana e da Reforma Calvinista na Inglaterra.

pessoas com recursos disponíveis. Isso me parece um jeito cruel de se livrar de um problema, poupando o próprio bolso e empurrando o suplicante para outra pessoa que não é melhor que você mesmo, apenas mais generosa. O samaritano era particularmente bom, e por isso é espelho e modelo para todos nós.

Ele agiu sem qualquer temor egoísta de que os ladrões poderiam voltar; ele não estava se importando com ladrões: uma vida estava em perigo. Com ladrões ou sem ladrões, ali estava um homem sofrendo grave necessidade, precisando de atendimento urgente, e o samaritano não deixou de agir. Agiu sob um sentido de autonegação, despendendo azeite, vinho, dinheiro na estalagem e tudo o mais. Apesar de provavelmente não ser rico, deixou na hospedaria dois denários, quantia, ainda que aparentemente pequena, maior do que pode parecer. Não lançou mão dessa ajuda por estar sobrando: não nos é dito que podia dispor de uma mancheia de denários, mas, sim, certamente, apenas desses dois, devendo ter de precisar, naturalmente, do restante da quantia que tinha consigo. Foi de fato um homem modesto que realizou esse rico e nobre ato. Mesmo o mais pobre pode ajudar outros pobres; aquele que se compadece com algum infortúnio pode sempre manifestar seu espírito cristão generoso, realizando alguma obra. Que assim seja feito sempre e quando haja oportunidade.

O samaritano ajudou seu pobre semelhante com amor e dedicação. Foi "uma mãe", como se diria, para o outro. Tudo fez com pensamento amoroso e usando de toda a capacidade que pudesse ser empregada. Fez o melhor que podia. Irmãos, que o que fizermos aos outros seja feito da melhor maneira possível. Que não tratemos nossos irmãos pobres como cães a quem atiramos ossos, nem visitemos os enfermos parecendo seres superiores que lançam olhares falsamente compassivos para os infelizes; mas, sim, que possamos imitar esse bom samaritano, em nome do amor que nos foi ensinado aos pés de Jesus.

Mas, afinal, *o que fez ele?* Bem, em primeiro lugar, foi até onde estava o sofrimento, colocando-se, de modo voluntário e imediatamente, à disposição. Empregou então toda a sua habilidade em cuidar dos ferimentos, quem sabe até usando pano de sua própria roupa como atadura. Deitou nas feridas azeite e vinho, o melhor remédio que conhecia e trazia consigo. Colocou o ferido no lombo de sua mula, tendo, consequentemente, de prosseguir viagem a pé, mas o fez de bom grado, segurando certamente o pobre paciente pelo caminho, conforme a mula sacolejava. Levou o ferido até uma hospedaria, mas não o abandonou ali, dizendo: "Bem, agora, vocês que cuidem dele", e sim, dirigindo-se ao gerente da casa, deu-lhe dinheiro, pedindo: *Cuida dele.* Admiro muito esta pequena frase, porque antes está escrito que primeiro ele mesmo "cuidou dele", depois, *no dia seguinte*, é que pediu ao hospedeiro *Cuida dele.* Aquilo que você faz de bom pode e deve inspirar outras pessoas a procederem da mesma maneira. Ele deve ter dito: "Estou deixando este pobre homem sob seus cuidados e rogo que não seja negligente para com ele. Sei que há muita gente na hospedaria, mas, por favor, cuide especialmente desse homem". "É seu irmão?", pode ter indagado o hospedeiro. "Não, nunca o tinha visto antes." "Acha, então, que tem qualquer obrigação para com ele?" "Não! — ou melhor, sim, sim, claro que sim, tenho obrigação para com todos os que são humanos, como nós. Acho que sou obrigado a ajudar a quem quer que precisar de ajuda." "Então, isso é tudo?" "Sim, mas cuide bem desse homem. Preocupo-me demais com ele." Não sossegou, porém, até que tivesse esgotado toda a sua generosidade: "Olhe, esta quantia pode não ser suficiente para a hospedagem, pois talvez leve algum tempo até que ele volte a andar. Sua perna pode demorar a sarar, a costela pode estar quebrada e exigir um longo descanso. Não o apresse, deixe-o ficar, e, se houver despesas adicionais, garanto que pagarei quando voltar novamente de Jerusalém". Não há nada que permaneça tanto como o amor caritativo. Gostaria de ter tempo para me demorar mais sobre essas coisas, mas não tenho. Mostrem esses exemplos em suas vidas e saberão o que realmente são e do que tratam. Vão e façam vocês o mesmo, cada qual. Encarnem em si o bom samaritano.

IV. Por fim, TEMOS UM EXEMPLO BEM MAIS NOBRE que o do samaritano: o de nosso Senhor Jesus Cristo. Não creio que o divino Senhor tivesse a intenção de nos ensinar algo sobre ele próprio nessa parábola, pois ele mesmo era exemplo ainda maior e inigualável de toda a bondade. Na verdade, estava respondendo à pergunta: "E quem é meu próximo?" e, portanto, de modo algum, estaria pregando sobre si mesmo. Já houve algumas tentativas de relacionar essa parábola com o Senhor e tudo a seu respeito, mas não

O BOM SAMARITANO | 1203

ousaria incorrer nesse ligeiro equívoco. Só por analogia, poderíamos comparar a bondade de nosso Senhor a esta. A parábola retrata um homem de coração generoso que se importa com os necessitados e, sem dúvida, o homem mais generoso que já existiu foi o homem de Nazaré, pois ninguém como ele se importou mais com os feridos, os famintos, os enfermos, os desesperados e todas as almas sofredoras. Portanto, se louvamos o bom samaritano, devemos mais ainda louvar nosso bendito Salvador. Aliás, seus inimigos judeus o consideravam um "samaritano"; e ele nunca negou tal acusação, pois o que lhe importava que todo o preconceito e o escárnio dos homens fosse lançado abertamente sobre ele? Mas, irmãos, nosso Senhor Jesus Cristo fez por nós muito mais que o bom samaritano, porque o nosso caso era bem pior.

Como disse antes, o homem ferido não seria culpado de sua triste situação; tratava-se, para ele, de um infortúnio, sem culpa de sua parte. No entanto, quanto a você e a mim, nossa situação não seria propriamente de semimortos, mas, na verdade, de mortos, em iniquidade e pecado; e muito do nosso próprio sofrimento nós mesmos nos causamos. Os ladrões que nos despiram foram nossas próprias transgressões, e os ferimentos que recebemos nos foram infligidos por nossas próprias mãos suicidas. Não nos opomos a Jesus Cristo como o judeu ao samaritano, por mero preconceito, mas nos opomos ao bendito Redentor por nossa própria natureza pecaminosa e desde o início nos voltamos contra ele. Rejeitamos Jesus e resistimos a ele. O pobre homem ferido não rejeitou o bom samaritano, mas nós assim agimos para com o bondosíssimo nosso Senhor. Quantas vezes temos recusado seu amor Todo-poderoso! Quantas vezes temos feito reabrir em nós, pela falta de fé, as feridas que Cristo estancou! Temos rejeitado o azeite e o vinho que mediante o evangelho ele nos presenteia. Falamos mal dele, e com ele ouvindo, e vivemos por muito tempo recusando-o, mas, mesmo assim, o infinito amor que ele tem por nós não nos abandona; em vez disso, nos traz à igreja, onde repousamos como em uma hospedaria, alimentando-nos com tudo o que a sua generosidade tanto nos provê. Foi seu amor supremo que comoveu o coração do Salvador quando nos encontrou em meio à miséria, fazendo-o curvar-se sobre nós para nos dar alívio, ainda que soubesse que éramos seus inimigos.

O samaritano era semelhante ao judeu por ser homem como ele, mas nosso Senhor Jesus Cristo não é semelhante a nós por natureza: ele é Deus, está infinitamente acima de nós, e se foi "achado na forma de homem" é porque assim o quis. Se trilhou esse caminho, passando pela manjedoura de Belém e chegando ao lugar do pecado e da miséria, é porque sua infinita compaixão o fez caminhar por essa estrada. O samaritano chegou até o ferido porque, pelo andar das coisas, seria levado, pela providência, a passar por ali naquele instante; e, ali estando, o ajudou. Jesus, não; ele veio a terra especificamente e com nenhum outro propósito senão de nos salvar, vivendo na carne para que pudesse se identificar e se envolver inteiramente conosco. Na própria existência humana de Cristo Jesus podemos já ver manifesta a mais nobre forma de compaixão. Uma vez aqui, caído, em meio a ladrões e assassinos, não apenas correu o risco de ser atacado por eles, mas efetivamente o foi: ferido, agredido, maltratado, desnudado, e não apenas deixado semimorto, mas totalmente morto e jogado à cova, ele foi assassinado em nosso nome; pois para ele não seria possível nos libertar da escravidão, em que fomos lançados pelos nossos próprios pecados, ladrões, sem que sofresse tal escravidão na própria pessoa. E ele a sofreu, para poder nos libertar.

O que o samaritano deu ao pobre homem foi generoso, mas não pode ser comparado ao que o Senhor Jesus nos deu. O samaritano deu vinho e azeite, mas Jesus nos deu o sangue de seu coração para curar nossas feridas: [...] *como Cristo também vos amou, e se entregou a si mesmo por nós* (Ef 5.25). O samaritano se dedicou e deu todo seu cuidado e preocupação pelo ferido, mas Cristo deu-se a si mesmo até a morte por nós. O samaritano gastou dois denários, certamente uma quantia razoável de seus parcos recursos, e não há por que desprezar tal gesto de generosidade, mas "conheceis a graça de nosso Senhor Jesus Cristo, que, sendo rico, por amor de vós se fez pobre, para que pela sua pobreza vos tornásseis ricos". Oh, os maravilhosos presentes que Cristo nos concedeu! Como agradecer por eles? Entre eles, o céu. Mas o maior dos presentes é a sua própria pessoa.

A compaixão do samaritano manifestou-se por apenas um curto período. Se teve de caminhar ao lado de sua mula transportando o ferido, foi por um percurso não muito longo. Cristo, porém, anda junto a nós, lado a lado, desmontado de sua glória e nos carregando, por toda a vida. O samaritano não demorou muito na estalagem, pois tinha suas atividades próprias a cumprir e corretamente foi ter a elas; nosso Senhor, porém, permaneceu conosco por toda a sua vida, e o fez para sempre após ascender aos céus; está conosco neste mesmo instante, abençoando continuamente os filhos dos homens.

O samaritano, ao partir, deixou dinheiro com o hospedeiro, dizendo: [...] *tudo o que gastares a mais, eu to pagarei quando voltar* (Lc 10.35). Jesus subiu aos céus, mas deixou conosco suas benditas promessas de que algo mais será feito em nosso favor quando voltar. Nunca nos esquecerá. O bom samaritano, pode-se dizer, não iria pensar muito nos anos seguintes sobre o judeu que ajudou; de fato, é marca de um espírito generoso não pensar muito sobre o que realiza. Retornou a Samaria e voltou a cuidar de sua vida, com quase ninguém, certamente, comentando: "Ajudei um dia um pobre judeu na estrada". Por nossa necessidade, no entanto, nosso Senhor Jesus age de maneira diferente; sendo a nossa necessidade constante, cuida de nós continuamente, e seu feito de amor é realizado de novo e de novo e sempre em uma imensidão de casos, e há de se repetir enquanto houver homens para serem salvos, enquanto houver um inferno de onde temos de escapar e um céu para ser conquistado.

Apresentei assim a vocês o maior dos exemplos de bondade e generosidade, e vou concluir depois de dizer mais duas coisas.

Examinem a si mesmos se esperam a salvação por suas próprias obras, meus ouvintes. Tentem, então, descobrir como agir, pela vida afora, para que suas próprias obras os salvem. Vocês devem amar Deus de todo o seu coração, todas as suas forças e todos o seu entendimento e amar ao seu próximo, tal qual o samaritano, como a si mesmos, sem uma única falha? Têm feito isso? Esperam poder fazê-lo perfeitamente? Se não, por que então arriscar em colocar sua alma nesse frágil esquife, nesse bote furado e que irá afundar, que são as suas pobres obras, pelas quais jamais hão de chegar ao céu?

Vocês, que já fazem parte do povo de Deus, estão salvos, não precisam realizar obra alguma para serem salvos; o grande samaritano já os salvou, Jesus os redimiu, ele os trouxe para sua igreja, colocou-os sob o cuidado de seus irmãos e ministros, ordenando-nos que cuidássemos de vocês e prometendo, como o samaritano ao hospedeiro, nos compensar, se assim agirmos, quando de sua volta. *Procurem, então, ser verdadeiros seguidores do Senhor*, realizando feitos de bondade; e, se acaso recuaram alguma vez, em que deveriam suprir uma necessidade espiritual ou temporal, reiniciem esta manhã, com coração generoso, e Deus os abençoe. Ó divino Espírito, ajuda-nos a ser como Jesus. Amém.

128

BOAS-NOVAS PARA VOCÊ

Mas um samaritano, que ia de viagem, chegou perto dele e, vendo-o, encheu-se de compaixão (Lc 10.33).

O bom samaritano é um excelente retrato de verdadeira benevolência. O samaritano não tinha afinidade alguma com judeus, sendo até considerado por estes como estrangeiro; mesmo assim, apiedou-se do judeu seu próximo. Os judeus amaldiçoavam o povo de Samaria e evitavam contatos com ele, por considerar os samaritanos intrusos em seu território. Nada havia, portanto, no propósito da caridade do samaritano que pudesse ser causado por simpatia nacional, pois o que regia as relações mútuas, no caso, era o preconceito; o que mostra, incontestavelmente, a grandeza da benevolência do samaritano.

Não é minha intenção apresentar, esta manhã, exemplos de excelência que Cristo nos fornece, para ilustrar o poder da verdadeira caridade. Quero somente que vocês observem o seguinte: a benevolência que o samaritano demonstrou para com o pobre homem ferido e semimorto era uma benevolência *efetiva*. Ele não disse ao homem: "Se você puder andar e vir comigo até Jericó, eu estancarei suas feridas com azeite e vinho"; ou, então: "Se você for comigo até Jerusalém, posso ajudar a suprir suas necessidades". Oh, não, ele simplesmente "chegou perto ele", e, vendo que o ferido nada podia fazer por si mesmo, começou a agir de imediato, sem criar exigências, sem propor condições que o outro poderia ou não atender, e fazendo todo o possível pelo moribundo tal como se encontrava e naquele exato local onde estava.

Amados, sabemos que a caridade que não traz benefício a alguém não é, absolutamente, caridade. Vá ao encontro dos operários de Lancashire, na Inglaterra, e lhes diga que não há motivo para passarem fome, pois no topo do distante monte São Bernardo, lá nos Alpes suíços, encontrarão monges hospitaleiros, que mantêm um refeitório cuja finalidade é dar alívio aos que por lá transitem; diga a eles que nada têm a fazer, portanto, senão subir até o cume dos Alpes, onde encontrarão comida suficiente. Pobres almas! Acharão que você só pode estar zombando deles, tão enorme é a distância entre esses lugares. Entre, então, em alguma viela escura, suba dois ou três lances de escada até encontrar uma casa arruinada, despedaçada a ponto de as estrelas poderem ser vistas através do telhado; vá até alguma jovem faminta, miserável e enferma, prestes a morrer, e diga a ela, se tiver coragem: "Se você morasse no litoral e comesse bastante carne, poderia, sem dúvida, se recuperar". Você estaria, com toda a certeza, vergonhosamente, fazendo pouco caso da pobre jovem. Ela jamais conseguiria obter tais coisas, muito além do seu alcance: não haveria como ir morar no litoral, e morreria, muito possivelmente, antes de o conseguir. Sua misericórdia seria perversa e cruel.

Já notei esse tipo de caridade inútil em invernos rigorosos. Pessoas distribuem vales para a obtenção de pão e sopa aos pobres, mas estes devem dispor de seis *pences* para poderem pagar esse pão e sopa; e muitas pessoas já chegaram a mim, solicitando: "Senhor, eu tenho um vale de pão e sopa, mas seria muito bom para mim se eu tivesse seis *pences* para receber esse alimento. Não tenho nada neste mundo e por isso não posso desfrutar desse benefício!" Isso mal passaria por ser considerado caridade. Imagine Jeremias lançado por seus inimigos nas profundezas do poço, e que o etíope Ebede-Meleque, para querer ajudá-lo, fosse à boca do poço e gritasse lá para baixo: "Jeremias, se você conseguir subir ao menos até a metade, nós o ergueremos"; e não providenciasse os meios pelos quais ele pudesse subir — quão cruel não seria essa suposta caridade! Em vez disso, Ebede-Meleque juntou trapos e roupas velhas da casa do rei e cordas e, junto com outros, içou o profeta, até que estivesse são e salvo. Isso, sim, é caridade efetiva; qualquer outra coisa não passa de pretensão ou fingimento.

Irmãos, se Cristo usa do exemplo do bom samaritano em praticar efetiva caridade para com o ferido, parece extremamente provável — ou melhor, parece totalmente certo — que, ao lidar com os pecadores, ele disponha de misericórdia efetiva — a graça que pode atendê-los real e verdadeiramente. Permitam-me dizer que, por isso mesmo, não confio no modo pelo qual alguns indivíduos fazem de conta que ensinam o evangelho. Não pregam o evangelho para todos os verdadeiros pecadores; tão somente para aqueles que estejam acima do nível de pecado "mortal", os tecnicamente considerados pecadores *sensíveis*. Tal como o sacerdote desta parábola, passam pelo pobre pecador, pensando consigo: "Este não está ainda consciente de sua necessidade de salvação; não posso convidá-lo para vir a Cristo; este outro está morto; de nada adianta pregar para almas mortas"; e, assim, passam pelo outro lado da estrada, dirigindo-se apenas aos "eleitos" e aos "vivos", nada tendo a dizer aos "mortos", ato que torna Cristo gracioso demais e sua misericórdia por demais livre. Na parábola, percebe-se que o levita talvez estivesse com menos pressa que o sacerdote. O sacerdote provavelmente estava apressado em chegar, e, por isso, nem pôde parar para olhar o coitado; além do mais, não podia arriscar tornar-se impuro e, com isso, sem condições de continuar pertencendo à graciosa e respeitável categoria da qual fazia parte. Quanto ao levita, só tinha de ajudar nas cerimônias; era uma espécie de diácono hoje na igreja, e apesar de ter também certa pressa, ainda que pudesse chegar depois, se deu ao luxo de pelo menos ser curioso e olhar o ferido. Do mesmo modo, há ministros dos quais já ouvi argumentar: "Bem, você sabe que devemos descrever a um pecador o estado em que se encontra, advertindo-o, mas não devemos convidá-lo a vir a Cristo". Sim, senhores, mesmo depois de observar o coitado, como fez o levita, vocês devem atravessar e seguir pela outra calçada, pois seu próprio testemunho nada oferece a ele de *boa*-nova. Bendigo sempre meu Senhor e mestre por ter-me dado um evangelho que posso levar aos pecadores *mortos*, um evangelho disponível ao mais vil dos mais vis dos homens. Agradeço a Jesus por ele não dizer ao pecador: "Percorra metade do caminho para me encontrar", mas, vendo alguém arruinado, perdido e necessitado, vem e chega a ele no lugar em que se encontra, dando-lhe vida e paz, sem questionar, sem nem esperar que o sujeito se prepare para receber a graça.

Deixamos assim estabelecido que o texto demonstra a benevolência efetiva do samaritano; cabe-me, agora, demonstrar a vocês a graça efetiva de Cristo.

I. O pecador NÃO TEM QUALIFICAÇÃO MORAL PARA A SALVAÇÃO, mas Cristo chega até onde ele está.

Gostaria de tratar desse assunto não em relação às multidões espalhadas mundo afora, mas em relação a vocês, que estão sentados nestes bancos. Não falo sobre *esses*, *aqueles* e *aqueloutros*, mas sobre *você* e *eu*. Quero dizer a todos os pecadores: "Você se encontra em um estado em que não há nada que moralmente o qualifique para receber a salvação, mas Jesus Cristo vai ao seu encontro tal como você se acha agora".

1. Lembremo-nos, antes de tudo, que quando o evangelho foi enviado pela primeira vez ao mundo, *aqueles a quem foi enviado não possuíam nenhuma qualificação moral*. Já leram o primeiro capítulo da epístola de Paulo aos Romanos? É uma daquelas passagens das Escrituras que não se destinam propriamente à leitura nas congregações; mas, sim, é para ser lida e estudada na intimidade de um aposento fechado. O apóstolo pinta um forte retrato das maneiras e costumes do mundo pagão, tão terrível que, se os missionários não relatassem o mesmo quanto à vida, por exemplo, no Hindustão atual, críticos descrentes seriam capazes de dizer que Paulo havia exagerado. O paganismo na época de Paulo era tão tremendamente perverso que seria quase impossível listar um pecado no qual os pagãos não tivessem incorrido; e, no entanto, "nos viramos para os gentios", disse o apóstolo, e o próprio Senhor já havia ordenado: *Ide por todo o mundo, e pregai o evangelho a toda criatura* (Mc 16.15). O quê? Para os sodomitas? Para aquelas pessoas cujos menores pecados são o adultério e a fornicação? Para ladrões, para assassinos de pais e mães? Sim, vão e preguem o evangelho *a eles*! O fato de o mundo estar entalado até a garganta da sujeira de abominável perversidade, e o evangelho ter sido enviado justamente a tal mundo, mostra claramente que Cristo não exige qualificação moral ou retidão dos homens para que o evangelho esteja disponível a eles.

Ele envia sua Palavra ao bêbado, ao blasfemador, à meretriz, ao mais vil dos vis — pois este é o evangelho de Cristo que visa a salvar.

2. Lembremo-nos, também, que *a descrição bíblica daqueles a quem Cristo veio ao mundo para salvar prova que ele chega ao pecador quem quer que seja e onde quer que se encontre.* Como a Bíblia descreve aqueles a quem Cristo veio salvar? Seres humanos? Não, irmãos; Cristo não veio salvar os seres humanos como tais; veio salvá-los na sua condição de pecadores. Como pecadores sensíveis? Não, não assim; mas tal qual são descritos: como *mortos nos vossos delitos e pecados* (Ef 2.1). Mas, indo "à lei e ao testemunho", deixe-me ler uma ou duas passagens, e, enquanto as leio, espero que você seja capaz de dizer: "Há esperança para mim".

Primeiro, aqueles a quem Cristo veio salvar são descritos em 1Timóteo 1.15, assim como em muitas outras passagens, como "pecadores": *"Fiel é esta palavra e digna de toda a aceitação: que Cristo Jesus veio ao mundo para salvar os pecadores, dos quais sou eu o principal"* (1Tm 4.9,10). "Pecadores", sem qualquer adjetivo acompanhando essa palavra; não pecadores despertados, não pecadores arrependidos; mas simplesmente pecadores. "Então", conclui alguém, "não estou excluído". Outra descrição é dada em Romanos 5.6: *Pois, quando ainda éramos fracos, Cristo morreu a seu tempo pelos ímpios.* Por quem? Por aqueles que tinham algum desejo de buscar a Deus? Pelos que respeitavam seu nome? Não, *"pelos ímpios"*. Ora, ímpio significa um homem sem Deus, que não se importa com Deus: "Todos os seus pensamentos são: não há Deus". Não é, portanto, o que se chamaria de pecador sensível. [...] *os ímpios* [...] *são semelhantes à moinha que o vento espalha* (Sl 1.4); e, no entanto, fazem parte das pessoas a quem Cristo veio salvar. No mesmo capítulo de Romanos, no versículo 10, vemos a todos nós, os pecadores, classificados como *inimigos* de Deus: [...] *nós, quando éramos inimigos, fomos reconciliados com Deus pela morte de seu Filho* (Rm 5.10). Que dizer disso? Pecadores não são descritos como amigos; *mas Deus dá prova do seu amor para conosco em que, quando éramos ainda pecadores, Cristo morreu por nós* (Rm 5.8). Foram então os inimigos de Deus os que receberam a graça; ou seja, foi justamente na inimizade que Cristo encontrou o homem, onde ele se achava.

Em Efésios 2.1, todos os homens são considerados como *"mortos nos vossos delitos e pecados"*: *Ele vos vivificou, estando vós mortos nos vossos delitos e pecados.* Cristo, portanto, nem mesmo requer que se esteja vivo para receber o evangelho. A Palavra não deve então ser pregada apenas àqueles que tenham alguma noção, alguma vontade, temor ou tremor em pensar em sua vida espiritual e futura, mas deve ser pregada até mesmo aos mortos. Aos mortos, Cristo veio para encontrá-los na sepultura do pecado. Além disso, ele veio ao encontro dos *filhos da ira*, pois *éramos por natureza filhos da ira, como também os demais* (Ef 2.3); e são pessoas justamente desse tipo que o evangelho busca. Consegue ver alguma coisa que possa nutrir uma esperança em um "filho da ira"? Examine-o da cabeça aos pés, levando em conta sua natureza: consegue divisar algum ponto maior que uma cabeça de um alfinete, que seja, de bondade? Mas até mesmo a eles Cristo veio salvar. São tidos, também, como *malditos*: "Ah"; diz um pecador, "eu já me amaldiçoei muitas vezes diante de Deus, e já pedi que ele me amaldiçoasse". Cristo morreu também pelos malditos (Gl 3.13): *Cristo nos resgatou da maldição da lei, fazendo-se de maldição por nós*, isto é, por nós que estávamos sob a maldição. São descritos, ainda, pela temível palavra *perdidos.* São os que já perderam toda a esperança, toda a consideração por si mesmos; aqueles que até mesmo os amigos já desistiram do seu caso. *Porque o Filho do homem veio buscar e salvar o que se havia perdido* (Lc 19.10).

Se bem compreendo as passagens que acabo de ler para vocês, significam apenas isto: que aqueles a quem Cristo veio salvar não têm nenhum bem dentro de si que pudesse servir para pleitear sua salvação; nem Cristo tampouco os revira tentando encontrar neles uma migalha sequer de bem. Estou certo de que o único requisito para ser purificado é estar imundo; o único requisito para que haja um Salvador é estar perdido; a única natureza que precisamos ter para que possamos ir a Jesus é a de sermos pecadores, perdidos, mortos e malditos.

3. Em terceiro lugar, é bem característico da *própria obra da graça* que o Senhor não espera que o pecador faça algo nem seja algo para poder ir encontrá-lo, mas ir a ele como e onde quer que se encontre. Veja bem, pecador: Cristo morreu no Calvário, com um peso de pecado sobre seus ombros e em seu

coração; em agonia a mais terrível, ele clamou de dor ao sentir a percepção humana do pecador que se vê abandonado pelo seu Deus. Por quem, então, ele morreu? Pelos inocentes? Por que pelos inocentes? De que sacrifício eles necessitariam? Por aqueles dotados de algo verdadeiramente bom dentro de si? Por que sofreria tantas agonias por *essas* pessoas? Um preço bem menor seria então certamente suficiente pagar por estes, mesmo que houvessem errado. Mas porque Cristo, na verdade, morreu devido ao pecado, acredito que aqueles por quem Cristo morreu devam ser vistos justamente como pecadores, e somente isso. Isso já é o bastante para justificar o terrível preço que ele pagou. Entendo também que essas pessoas estivessem, e estão, profundamente endividadas para com Deus, e que Cristo morreu por aqueles que não tinham, não têm, como pagar essa dívida.

Além disso, Cristo *renasceu* — renasceu para nossa justificação. Pela justificação de quem? Pela justificação daqueles que já seriam de fato justos? Fosse assim, realizar uma obra dessas seria desnecessário. Não, meus irmãos; mas por aqueles que não sabiam o que era propriamente justiça, nem mesmo uma sombra dela, pessoas condenadas, irreversivelmente condenadas, por conta de suas obras.

Consigo ouvir agora o Senhor *suplicando* diante do trono eterno. Por quem suplica? Por aqueles que têm algo a sustentar em sua própria defesa? Isso seria desnecessário. Alguém dará dinheiro ao rico? Desperdiça-se caridade com quem não precise dela? Se alguém tem e pode dizer algo em sua defesa, por que suplicaria Cristo por tal pessoa? Não, meus amigos; ele suplica por aqueles que nada têm para apresentar como argumento plausível com que basear suas petições e suas preces.

Cristo, ainda, ascendeu ao céu e *recebeu dons*. Por quem? Por aqueles que mereciam recompensa? Sinceramente, que eles as tenham por si próprios. Ele recebeu dons por conta dos homens, sim, pelos rebeldes, para que o Senhor Deus pudesse habitar entre eles. Em seguida, *ele nos deu o Espírito Santo*. Para quem o deu? Para homens fortes, eficientes, que poderiam fazer tudo por si mesmos? Oh, meus irmãos, tal doação seria um desperdício; em vez disso, ele deu e dá o Espírito Santo àqueles que não têm poder algum, os fracos, os que estavam mortos; dá o Santo Obreiro àqueles antes indignos e repletos de pecado; coloca sua onipotente força em todos aqueles anteriormente escravos do espírito do mal. Irmãos, a obra de Cristo é voltada para os pecadores perdidos, arruinados, rebeldes, eis por que digo que Cristo encontra o homem como e onde ele está.

4. Há mais; pois quero deixar este tópico bem claro antes de encerrá-lo: *o caráter divino da graça de Deus* prova que ele encontra o pecador como e onde quer que esteja. Se Deus perdoasse apenas pequenos pecadores, sua misericórdia seria pequena. Se o Senhor não conseguisse fazer algo além da imaginação humana, estaríamos fazendo muito barulho acerca do evangelho e exaltando a cruz além do necessário. Se não existisse algo de extraordinário na graça divina, não haveria como entender passagens como esta: *Porque, assim como o céu é mais alto do que a terra, assim são os meus caminhos mais altos do que os vossos caminhos, e os meus pensamentos mais altos do que os vossos pensamentos* (Is 55.9). Arrisco dizer, irmãos, que não poucas pessoas já pensaram em perdoar seus inimigos, e por vezes somos felizes em fazer o bem àqueles que nos odeiam; mas, sendo Deus divino em sua graça — como tenho certeza de que é —, pode fazer mais do que isso: pode não apenas perdoar seus inimigos, mas perdoar aqueles seus inimigos que tenham um caráter tão atroz que *ninguém mais* seria capaz de perdoá-los.

<blockquote>
Que Deus seria, como tu, tão clemente
Ou cuja graça fosse tão magnificente!
</blockquote>

Onde estaria o significado de tal grandeza, se o Senhor apenas perdoasse os pecadores que fossem sensíveis aos próprios pecados a ponto de lamentá-los? Aí reside a maravilha: de que, mesmo enquanto são seus inimigos, Deus os chame, por sua graça, a receber sua misericórdia; e mais, de lhes remover os pecados e torná-los seus amigos e filhos; encontrando, para isso, o pecador como e onde quer que esteja.

5. *O espírito e a essência do evangelho não permitem supor, absolutamente, que Deus pudesse requerer coisa alguma de qualquer homem para salvá-lo.* Se a salvação fosse oferecida a alguém sob determinada condição,

BOAS-NOVAS PARA VOCÊ | 1209

somente aqueles que atendessem tal condição teriam direito à bênção. Assim era o antigo pacto, com base nas obras. A essência do pacto legalista era: "Faça isso, e eu o compensarei". Se o homem faz, merece então o que lhe foi prometido. Todavia, embora você tenha agido sob determinada condição, tal condição nunca cessa de existir. Mas Deus, por sua própria palavra, se obriga, uma vez atendida a condição, a dar ao homem o que ele merece. Por isso, é obra e não graça; é um débito, não um serviço gratuito. Mas, porque o evangelho é livre graça do começo ao fim, tenho absoluta certeza de que Deus nada requer — nem bons desejos, nem boas ações, nem bons sentimentos — do pecador antes que ele possa vir a Cristo. Para que entenda que tudo vem da graça, Deus conclama ao rebelde que se apresente a ele do modo em que se encontre, sem precisar ter coisa alguma consigo, mas tudo recebendo de Deus, que superexcede em misericórdia ao encontrar o pecador em sua condição original.

Digo, pois, ao pecador: como e onde quer que você esteja hoje, mesmo que desprovido de qualquer virtude e repleto de todos os erros, mesmo que possa não haver em você espaço algum para a bondade, mas tudo de ruim para o homem e para Deus; ainda que haja cometido todos os crimes possíveis, arruinado seu corpo e condenado sua alma, mesmo assim diz o Senhor: [...] *o que vem a mim de maneira nenhuma o lançarei fora.* Se, portanto, você for a ele, não o lançará fora, do mesmo modo que não o lançaria se você fosse o mais virtuoso, mais honrado e mais piedoso dos homens. Creia tão somente na misericórdia de Deus, creia em Cristo e lance-se a ele, e você será salvo e louvará a glória da graça que o encontrou como e onde você estava e o salvou do pecado.

II. Em segundo lugar, existem muitos perdidos por aí que afirmam NÃO POSSUIR QUALIFICAÇÃO INTELECTUAL PARA SEREM SALVOS.

Sua desculpa é: "Mas, meu senhor, eu pouco ou nunca estudei. Desde pequeno comecei a ganhar meu sustento, de maneira que jamais frequentei por mais de uma semana uma escola; sou ignorante a ponto de não conseguir assinar meu nome, e se me pedirem para orar, não sei, pois nunca aprendi". Não importa. O Senhor Jesus o encontra do modo como você é e está. *Seu ato de salvação é tal que não requer de você propriamente capacidade intelectual.* A fé está conectada não ao saber do mundo, mas à vida eterna. Até uma criança, com restrita capacidade mental, consegue crer. A criança não consegue argumentar, discutir, disputar, comparar, ver diferenças, não consegue enxergar um nó que seja em teologia, mas consegue crer. A fé requer tão pouco vigor mental e tão pouca clareza intelectual que já houve muitos ignorantes, em tudo ou quase tudo, que se tornaram sábios em termos de salvação, mediante sua fé em Cristo. Lembremo-nos das palavras do próprio Senhor Jesus: *Graças te dou, ó Pai, Senhor do céu e da terra, porque ocultaste estas coisas aos sábios e entendidos, e as revelaste aos pequeninos* (Mt 11.25). Isso nunca aconteceria se o ato que nos leva à comunhão com Cristo não fosse o ato mais simples e puro da faculdade humana: o de simplesmente crer em Cristo, como resultado de nossa fé, que nos é dada pelo próprio Cristo.

Com referência à adequação da sabedoria divina à nossa incapacidade intelectual, lembremo-nos que há toda *uma simplicidade própria nas verdades em que cremos.* Haveria algo mais simples neste mundo que a doutrina da expiação? Merecemos morrer — mas Cristo morreu por nós; estávamos em dívida –– mas Cristo pagou a dívida por nós. Isso não seria claro até mesmo a uma classe escolar de mendigos? É tão claro que há doutores em teologia que têm tentado disfarçar isso da Bíblia, raciocinando: "Se este for o cerne da questão, então qualquer tolo pode ser um teólogo" e ficam martelando esse pensamento... Que é o unitarianismo senão uma tentativa de "rasteirização", de desqualificação, da simplicidade da cruz? Eram sem dúvida unitarianistas que se encontravam ao pé da cruz, quando Cristo ali estava, e diziam: *Desça agora da cruz o Cristo, o rei de Israel, para que vejamos e creiamos* (Mc 11.32). Tal tem sido o caráter do unitarianismo desde então: admitem Cristo em qualquer lugar, menos na cruz; pois lá em cima, morrendo em lugar dos homens, parece tão simples demais para esses grandes cavalheiros, que preferem recorrer à filosofia e ao desprezo, em vão, em vez de se deterem naquilo que o mais comum dos homens consegue compreender tanto quanto ou mais que eles.

Mais ainda: para adequar-se à carência intelectual que pode ocorrer a qualquer homem, além de a verdade ser simples por si mesma, é *ensinada na Bíblia por meio de simples metáforas,* que ninguém pode alegar não entender. Quão simples é a metáfora da serpente de bronze, erguida diante dos israelitas picados por serpentes no deserto, quando lhes é ordenado que olhem para ela e vivam: quem não há de compreender que olhar para o Cristo, que morreu em lugar dos homens, e vive, o fará permanecer vivo? *Se alguém tem sede, venha a mim e beba* (Jo 7.37): quem não entenderá a imagem de uma abundante e generosa fonte, que flui por toda parte, à qual todo aquele que tenha sede possa vir livremente e dela possa beber quanto quiser? *Eis o Cordeiro de Deus, que tira o pecado do mundo* (Jo 1.29). Quem não entende, assim, o maravilhoso sacrifício de Jesus? Eis o Cordeiro que viria a ser abatido necessariamente pelo pecado de Israel e do mundo, o Cristo que iria morrer em lugar e pelos pecados daqueles que cressem nele. O ato de fé é simples; o objetivo da fé é claro; as metáforas são construídas de forma bastante clara; de modo que aquele que não compreende o evangelho de Cristo não tem desculpa.

Para coroar, queridos ouvintes, Cristo *lhes oferece boa quantidade de instrutores*. Senta-se hoje ao seu lado no banco, provavelmente, um homem de nível e capacidade iguais aos seus e que poderá lhes explicar o evangelho, se vocês não o entenderem. Há muitos irmãos que teriam o maior prazer em retirar a pedra que tampa seu túmulo; há aqui muitos filhos de Deus, salvos pela soberana graça, e se vocês realmente não conhecem bem o caminho, basta dirigir-se ao seu próximo e pedir: "Poderia me dizer por favor de modo mais claro o que tenho de fazer para ser salvo?" Toda explicação será perfeitamente adequada à sua capacidade intelctual, mesmo que você ache que sua mente seja a mais restrita de todas; tudo isso lhe será altamente compreensível, ainda que você julgue se encontrar no degrau intelectual mais baixo. Jesus Cristo encontra você exatamente como e onde você estiver.

III. Contudo, creio ouvir alguém dizer: "Estou desesperado, pois NÃO ENCONTRO MOTIVO ALGUM EM MIM MESMO, OU FORA DE MIM, PARA QUE DEUS PERDOE ALGUÉM COMO EU".

Se quanto a isso você está em estado desesperador, ou ao menos não vê esperança, o Senhor o encontrará onde você está e trará consigo *motivo para sua salvação: Eu, eu mesmo, sou o que apago tuas transgressões* [...] (Is 43.25) — por que motivo? — [...] *por amor de mim* (Is 37.35). Ele não poderia perdoar você por você mesmo, isso é claro; e você já percebeu que ele não o poderia perdoar também em nome de outra pessoa; mas por *amor de mim*, diz ele, "eu o perdoo, para que eu seja glorificado". Não em você, mas em seu poderoso coração, ele encontra motivo para poder tornar ainda mais nobre a misericórdia que possui; pelo próprio nome, ele agirá. Outro exemplo: *Por amor do meu nome retardo a minha ira, e por causa do meu louvor me contenho para contigo, para que eu não te extermine* (Is 48.9). Ei-lo aqui novamente, *ele mesmo*, por ser de fato impossível encontrar melhor motivo, de sorte que joga tudo para si mesmo e perdoa para que venha a ser honrado e glorificado o seu próprio nome. Você não pode argumentar, pecador, que é não bem este o seu caso; pois, por mais que você seja o mais infernal e inútil que amaldiçoou a terra de Deus, poluindo até o ar que respira, ainda assim ele o poderá salvar, *por amor do nome dele próprio*. Ainda há em você, portanto, lugar para esperança; pois quanto mais pecador você for, mais glória ele terá em salvá-lo; e mesmo que a salvação lhe seja concedida apenas por uma razão que seja, dele próprio, ainda assim haverá motivo bastante para que ele o salve — para que salve até mesmo você.

Observe que *ele expõe sua própria intenção* a você, para mostrar que sua falta de motivo não é empecilho para a salvação. Qual a intenção de Deus em salvar os homens? Qual o resultado de levá-los para o céu? É para que amem e louvem seu nome para sempre e possam cantar: *Àquele que nos ama, e pelo seu sangue nos libertou dos nossos pecados*, [...] *a ele seja glória* [...] (Ap 1.5,6). Você, um simples ser humano, se vier a ser salvo, e levado ao céu, oh, deixaria de louvar sua graça? "Sim", me respondeu um senhor que há muito vivia, anteriormente, em pecado, "se ele me levar para o céu, jamais ouvirá o fim de meu canto, pois eu o irei louvar por toda a eternidade!" Pois tal como esse homem será também você, que irá corresponder plenamente ao plano de Deus; pois quem haverá de amar mais a Deus do que aquele a quem muito foi perdoado? Quem o louvará de forma mais intensa do que aquele cujos imensos pecados foram extintos pelo poderoso amor e pela bondade e graça do Senhor? Você não pode dizer, então, que esse plano não se encaixa em você; pois há bastante motivo e razão para isso, mesmo que você não consiga encontrar em si mesmo qualquer motivo ou razão para tal.

Eis ainda outro motivo pelo qual Deus o deveria salvar: *sua própria palavra* não lhe permite mentir. Vou relembrar um texto, que talvez haja aqui uma alma ou outra que consiga entendê-lo de vez: [...] *o que vem a mim de maneira nenhuma o lançarei fora* (Jo 6.37). Se você diz: "Mesmo que eu seja salvo, não vejo razão para que ele me salve", respondo que há uma razão em sua própria promessa. Deus não pode mentir. Venha, e ele não o lançará fora, pois diz que "de maneira nenhuma" fará isso. Mas se você responde com: "Talvez ele me lance por tais e tais motivos", é um evidente paradoxo, pois sua argumentação se contradiz. Mesmo que você não possuísse determinado requisito para poder vir a Deus, ainda existiria sua promessa, que não tem limite; invoque-a, e o Senhor não se irá recusar a honrar a própria palavra. Se ele pudesse lançá-lo por falta de algum requisito, a palavra dele não seria então verdadeira. Quem quer que você seja, quem quer que não seja, onde e como quer que possa estar, se você crê em Jesus Cristo, há uma razão em cada atributo de Deus pela qual você deva ser salvo. Sua verdade clama: "Salva-o, pois tu havias dito: 'Salvarei'". Sua força conclama: "Salva-o, ou os teus inimigos duvidarão de teu poder". A sabedoria de Deus clama: "Salva-o, ou os homens duvidarão de teu julgamento". O amor divino pede: "Salva-o"; cada pedaço dele diz: "Salva-o"; mesmo a justiça, com sua voz firme, suplica: "Salva-o, pois és Deus justo e fiel para perdoar os pecados, se os confessarem".

Estou tentando pescar mais fundo, pois alguns de vocês já escaparam por demais da rede. Sei disso, porque quando fiz o convite, livre e completo, alguns alegaram: "Ah! Não pode ser para mim". Não têm fé em Cristo porque pensam não serem adequados à salvação. Procurarei esclarecer cada um de vocês, esta manhã; mostrar que não existe tal adequação e que você deve crer agora no Senhor Jesus Cristo, como você estiver; que o evangelho de Jesus Cristo acha-se disponível a todos e que vai a você exatamente onde você se encontra. Sem nenhum pré-requisito, moral ou intelectual, e até mesmo sem a menor razão aparente para que ele o salve, ele vem a você e convida-o a que você creia nele.

IV. Passemos para o nosso quarto tópico.

"Oh", alguém diz, "estou DESPROVIDO DE CORAGEM; não ouso crer em Cristo, sou uma alma tão tímida e trêmula que, quando ouço alguém dizer que confia em Cristo, julgo ser presunção; gostaria de fazer o mesmo, mas não consigo; possuo tal sentido dos meus pecados que não ouso crer. Não, não ouso, acho que estaria desafiando a justiça de Deus se ousasse confiar em Cristo e me regozijar pelo perdão pelos meus pecados". Muito bem; mas Cristo virá encontrá-lo como e onde você estiver, com ternos *convites*: *Ó vós, todos os que tendes sede, vinde às águas; e os que não tendes dinheiro, vinde, comprai, e comei; sim, vinde e comprai, sem dinheiro e sem preço, vinho e leite* (Is 55.1). *Vinde a mim, todos os que estais cansados e oprimidos, e eu vos aliviarei* (Mt 11.28). *E o Espírito e a noiva dizem: Vem. Aquele que ouve, diga: Vem. E que tem sede, venha; e quem quiser, receba de graça a água da vida* (Ap 22.17). Quão doce é o modo pelo qual ele o busca! Não sei que palavras mais gentis poderiam ser encontradas que as que o Salvador usa. Você deixaria de atender ao chamado de Cristo, quando, com o rosto em lágrimas, suplica que você venha? Seria seu convite algo tão insignificante assim para você? Ó pecador, por mais tímido e trêmulo que você seja, diga à sua própria alma:

Irei à presença do generoso rei,
De cujo cetro perdão receberei;
Para que ele possa governar meu ser,
E este suplicante então poder viver.

Sabendo, no entanto, que você poderia recusar seus convites, ele os reapresenta então a você já sob a forma de *ordens*: *E dele temos este mandamento, de que quem ama a Deus ame também a seu irmão* (Jo 4.21). *Crê no Senhor Jesus e serás salvo* (At 16.31). *Quem crer e for batizado será salvo; mas quem não crer será condenado* (Mc 16.16). Ele imaginou que você diria: "Não sou adequado para esses convites". "Então", disse ele, "para o seu bem, ordenarei que os aceite." Tal como um pobre esfomeado que tivesse pão para comer diante de si e alegasse: "Ah, seria muita presunção de minha parte se eu o comesse", e o rei retrucasse:

"Coma, senão mandarei punir você!" Que ordem generosa e liberal, que, mesmo sendo ameaça, não traz consigo ira alguma. Como uma mãe, cujo filho esteja prestes a morrer e ao qual nada poderá salvar senão determinado remédio, que o filho se nega a tomar, e que então ameaça o filho para que o tome, apenas por amor, para que seja salvo, o Senhor inclui *ameaça* em suas ordens; pois, por vezes, uma palavra dura pode levar uma alma a Cristo de tal forma que uma palavra suave não levaria. O medo do inferno, muitas vezes, faz os homens voarem para Jesus. Assim como o torpor nas asas de uma pobre pomba pode fazer que procure pousar o mais depressa em um telhado, também os raios da justiça de Deus existem para fazer-nos voar ligeiros para os braços de Cristo, o Senhor.

Amados, meu Mestre docemente contorna sua falta de coragem ao convidar muitas pessoas, para que vocês possam seguir o exemplo delas. Assim como o pescador usa isca, meu Mestre a usa também, para trazer mais pessoas a si. Entre pecadores que foram salvos, alguns mal acreditavam nele. Lembre-se de Ló. Culpado de alcoolismo e de incesto e, mesmo assim, um santo de Deus. Davi, o adúltero e assassino de Urias que foi lavado e ficou *mais alvo que a neve* (Sl 51.7). Manassés, o sangrento executor, que cortou o profeta Isaías em dois e ainda assim ele foi aceito entre os eleitos, pois Deus teve misericórdia dele. Que direi então de Saulo de Tarso, o perseguidor do povo de Deus? E do ladrão que morreu em uma cruz por seus crimes, mas pouco antes foi salvo? Se esses exemplos não o estimulam a vir, pecador, o que poderá acabar com a sua insegurança? "Mas", argumenta alguém, "você ainda não abordou o *meu* caso; sou um ultrajante pecador!" Bem, abordarei seu caso agora. Eis a palavra do Senhor em 1Coríntios 6.9-11: *Nem os devassos, nem os idólatras, nem os adúlteros, nem os efeminados, nem os sodomitas, nem os ladrões, nem os avarentos, nem os bêbedos, nem os maldizentes, nem os roubadores herdarão o reino de Deus. E tais fostes alguns de vós; mas fostes lavados, mas fostes santificados, mas fostes justificados em o nome do Senhor Jesus Cristo e no Espírito do nosso Deus.* Ora, irmãos, que adjetivos terríveis são aqui usados; alguns tão horrendos que desejamos esquecê-los assim que os ouvimos; mesmo assim, glória à tua poderosa graça, ó Deus! Pois tais pessoas salvaste e ainda podes salvar. Ó tímido pecador, você não consegue acreditar em Jesus, mesmo depois disso? Ouça a Palavra mais uma vez, em Tito 3.3-5: *Porque também nós éramos outrora insensatos, desobedientes, extraviados, servindo a várias paixões e deleites, vivendo em malícia e inveja odiosos e odiando-nos uns aos outros. Mas quando apareceu a bondade de Deus, nosso Salvador, e o seu amor para com os homens, não em virtude de obras de justiça que nós houvéssemos feito, mas segundo a sua misericórdia,* "nos" *salvou....* Agora, odiosos pecadores, vocês que odeiam o próximo; vocês que estão repletos de malícia e inveja, eis o portão aberto para vocês, até mesmo *para vocês,* o portão da generosidade e do amor de Deus para com os homens, na pessoa de Cristo. Veja mais uma passagem, pois as palavras de Deus são sempre mais que importantes e espero que atraiam alguns de vocês. Efésios 2.1-7: [...] *estando vós mortos nos vossos delitos e pecados, nos quais outrora andastes, segundo o curso deste mundo, segundo o príncipe das potestades do ar, do espírito que agora opera nos filhos da desobediência, entre os quais nós também antes andávamos nos desejos da nossa carne, fazendo a vontade da carne e dos pensamentos; e éramos por natureza filhos da ira, como também os demais. Mas Deus, sendo rico em misericórdia, pelo seu muito amor com que nos amou, estando nós ainda mortos em nossos delitos, nos vivificou juntamente com Cristo (pela graça sois salvos), e nos ressuscitou juntamente com ele, com ele nos fez sentar nas regiões celestiais em Cristo Jesus, —* para quê? *—* para mostrar nos séculos vindouros *—* atenção a isto *—* a suprema riqueza da sua graça, pela sua bondade para conosco em Cristo Jesus (Ef 2.7). Mais uma passagem, e não mais abusarei de sua atenção. Oh, que essa última passagem possa confortar alguns de vocês. É Paulo quem ainda fala, agora em 1Timóteo 1.13-16: [...] *ainda que, outrora eu era blasfemador, perseguidor, e injuriador, mas alcancei misericórdia, pois o fiz por ignorância, na incredulidade; e a graça de nosso Senhor superabundou com a fé e o amor que há em Cristo Jesus. Fiel é esta palavra —* veja como ele a classifica, segundo sua própria experiência *— e digna de toda a aceitação* (1Tm 4.9): *—* portanto, digna de vocês, pobres pecadores *— que Cristo Jesus veio ao mundo para salvar os pecadores, dos quais eu sou o principal* (1Tm 1.15); *—* "Ah,", poderá ainda dizer alguém, "mas a mim não me salvaria"; deixe-me então continuar: *mas, por isso alcancei misericórdia, para que em mim, o principal, Cristo Jesus mostrasse toda a sua longanimidade, a fim de que eu servisse de exemplo aos que haviam de crer nele para a vida eterna*

BOAS-NOVAS PARA VOCÊ | 1213

(1Tm 1.16). Se você, portanto, confiar, como Paulo confiou, acabará sendo salvo, assim como Paulo o foi, pois conversão e salvação são o alvo alcançado por todos aqueles, sem exceção, que creem no Senhor Jesus Cristo e na vida eterna. Sim, pecador, por mais tímido que você seja, Jesus o haverá de encontrar.

Gostaria de poder dizer uma palavra que os fizesse irromper em lágrimas ao olhar para Jesus. Oh, não deixe o diabo fazer você crer que não pode ser salvo porque já pecou demais. Jesus *pode* [...] *perfeitamente salvar os que por ele se chegam a Deus* (Hb 7.25).

Não deixe sua consciência fazê-lo hesitar, nem sobre aptidão ficar a imaginar.[1]

Não é necessária aptidão alguma — tão somente venha a ele. Você está nas trevas e nem tem consciência de sua escuridão — o que o torna ainda mais sem luz. Venha, pois, e seja iluminado. Cheio de pecado como está, seu maior erro é não se arrepender, como devido; mas venha a ele e rogue que perdoe sua iniquidade. Venha como se encontra. Se ele algum dia rejeitasse algum de nós, eu carregaria essa culpa para todo o sempre; se ele lançasse fora qualquer um de vocês que nele confiam, iria assumir a pecha de falso profeta no dia da ressurreição. Arrisco minha vida — os melhores interesses de minha alma — para reafirmar categoricamente que quem quer que vá a ele de maneira alguma ele irá lançar fora.

V. Ouço ainda uma murmuração: "Não TENHO FORÇAS", declara alguém; "será que Jesus virá me salvar onde me encontro?" Sim, pecador, onde você estiver. Você diz que não consegue crer, é este o seu problema. Mesmo em sua incapacidade, no entanto, Deus o encontra. Em primeiro lugar, ele o encontra mediante *sua promessa*. Ó alma, você, que não consegue crer, quando Deus, que não consegue mentir, promete, mesmo assim você não crê, não consegue crer? Estou certo de que a promessa de Deus — tão certa, tão garantida — irá vencer essa sua incapacidade: [...] *o que vem a mim de maneira nenhuma o lançarei fora*. Mesmo depois disto, você não crê? E tal promessa, no entanto, é verdadeira! Mas, como soubesse que apenas isso não bastaria, ele faz *uma ameaça* — a pior talvez jamais proferida: *Porque não tenho prazer na morte de ninguém, diz o Senhor Deus; convertei-vos, pois, e vivei* (Ez 8.32). [...] *pois, por que morreríeis, ó casa de Israel?* (Ez 6.11). Nem agora você crê? Você duvida de Deus mesmo quando ele promete, o que faz de Deus não apenas um mentiroso, mas, mais ainda — e tremo até em dizê-lo —, acha que Deus iria perjurar a si mesmo? Deus não permita que você seja tamanho blasfemador! Lembre-se, aquele que não crê faz de Deus um mentiroso, por não acreditar no Filho de Deus. Não faça isso. Quando a promessa e a ameaça aumentarem sua fé, você, sem dúvida, irá crer.

Todavia, há mais ainda: como sabe Deus que nem mesmo a ameaça seria suficiente, dá a você, dá a nós, o *seu Espírito*: "*Se vós, pois, sendo maus, sabeis dar boas dádivas aos vossos filhos, quanto mais dará o Pai celestial o Espírito Santo àqueles que lho pedirem?* (Lc 11.13). É evidente que nisso você pode confiar. "Está bem", como que concorda alguém, "vou tentar". Não, não apenas "tente"; não é isso que Deus quer que você faça: ele não precisa de tentativa alguma de sua parte; *creia* agora em Cristo, pecador. "Sim", diz outro, "irei pensar no assunto". Não, não pense; aja, imediatamente; pois se trata do evangelho de Deus. Há alguns de vocês, de pé ou sentados nos bancos, neste salão, sobre quem pressinto que poderá não haver convite futuro; e se o chamado de hoje for rejeitado, tenho toda a impressão em minha alma — creio que dada pelo Espírito Santo — de que vocês poderão nunca mais chegar a ouvir qualquer outro sermão de fé e, sim, ir diretamente para o inferno sem qualquer nova oportunidade de se arrepender, sem serem salvos — a menos que confiem agora em Jesus. Falo não como mero homem, mas como embaixador de Deus para suas almas, e lhes conclamo, em nome de Deus, a crerem em Jesus Cristo, e a crerem *agora*. Não se arrisquem rejeitar a voz que lhes fala desde o céu, pois *quem não crer será condenado* (Jo 3.18). Como você poderá escapar da condenação se negligenciar tão grande salvação? Se a decisão cabe a você, e se a salvação se lança em sua direção, oh, se você a negligenciar, como poderá escapar de ser condenado? Com lágrimas eu o convidaria e, se pudesse, o obrigaria a vir. E por que você não vem?

---

[1] [NE] Versos do hino evangélico *Come Ye Sinners* [Venham, ó pecadores], letra de Joseph Hart, música de Mathew Smith. Tradução livre.

Ó almas, se preferem ser condenadas, se julgam que não há misericórdia capaz de as salvar, e nenhuma súplica poderá jamais fazer efeito junto a vocês, então, vocês irão sentir como correntes da ira divina os seus laços de amor! Vocês farão por merecer, infelizmente, o mais profundo inferno, pois desprezam as alegrias de salvação lá dos céus.

Que Deus, porém, os salve. E ele os salvará, se confiarem em seu Filho, Jesus. Deus permita que confiem agora. Em nome de Jesus. Amém.

129

Juízo ameaçador e
misericórdia salvadora

Corta-a; para que ocupa ela ainda a terra inutilmente? Respondeu-lhe ele: Senhor, deixa-a ainda este ano [...]
(Lc 13.7,8).

omparações de um homem a uma árvore e da obra humana a um fruto são comuns nas Escrituras. São, na verdade, bem sugestivas, naturais e apropriadas. Assim como o fruto é um produto aguardado da vida da árvore frutífera e a finalidade primacial de sua existência, assim também a obediência à vontade divina e a santidade para com o Senhor devem ser o produto principal da vida do homem, que para isso foi criado. Se o homem planta uma árvore no seu pomar, na sua vinha, ele espera, naturalmente, vir a encontrar posteriormente frutos desse plantio; mas se, à época da colheita, constata que não há frutos, fica frustrado de sua expectativa natural e justificável. Do mesmo modo, e falando à maneira dos homens, é presumível que o grande criador de todas as coisas e todos os seres espere bons frutos de obediência e amor por parte dos homens, objeto maior de seu providencial cuidado, e se ressinta ao não obter tal retorno. O homem é muito mais propriedade de Deus do que uma árvore jamais chegaria a ser daquele que a plantou; e, uma vez que Deus empregou muito mais de capacidade e sabedoria na criação do homem do que um agricultor jamais chegaria a aplicar em plantar árvores, é mais que natural que Deus espere muito mais pelos frutos de sua criatura, o homem, e mais razoável ainda que seus justos requisitos não lhe sejam recusados.

As árvores que não dão frutos tendem a ser geralmente cortadas. Assim também, os pecadores que nunca chegam ao arrependimento, à fé, à salvação e santidade estão fadados a espiritualmente morrer. É apenas questão de tempo que o campo seja aliviado do excesso inútil de ocupação da terra causado por árvores ressequidas; bem como é apenas questão de tempo que o mundo seja liberado da pesada presença de almas inteiramente inúteis e estéreis. Não há motivo para que árvores inférteis, que em pouco tempo podem se tornar morada de animais nocivos, continuem a ocupar o solo; nem seria possível à providência divina permitir a tremendos pecadores não arrependidos que se tornassem eterna morada de espíritos malignos e ninhos de constante iniquidade: uma limpeza profunda haverá de ser feita em relação a pecadores impenitentes, assim como é feita em relação às árvores apodrecidas. Assim, tanto quanto há uma ocasião determinada para a derrubada das árvores infrutíferas, existe uma ocasião apropriada para a eliminação do pecador inútil e sua remessa ao fogo eterno.

I. Não nos podemos alongar no início de nossa obra esta manhã, pois nosso fardo é bem pesado e seria bom se nos livrássemos dele o mais rápido possível. Temos de nos dirigir de imediato às pessoas que vivem sem Deus e sem Cristo, entre as quais estão muitos de meus ouvintes. Temos de falar aos não salvos: há muitos em todas as igrejas. Oh, que o Espírito Santo chegue a eles mediante nossas palavras e os faça pensar sinceramente no assunto. A todos os pecadores inúteis e estéreis dirigimos esta frase, dura, mas necessária: PÔ-LOS ABAIXO SERIA MUITO RAZOÁVEL. Pois é certo e razoável cortar as árvores estéreis e é igualmente razoável que, a continuar como vocês são, sejam cortados.

1. Parece, em primeiro lugar, ao meditarmos, que *é este o modo mais rápido e seguro de lidar com vocês*; que resultaria em menos problemas e seria mais efetivo removê-los do lugar em que representam um desperdício em vez de benefício. Quando o dono da vinha diz ao viticultor em relação à árvore: *Corte-a*, parece ser uma solução muito simples, embora contundente: a remoção é rápida e efetiva, tal como o é o

benefício de plantar uma nova árvore. Cavar, plantar, adubar, proteger e regar são procedimentos muito custosos, que requerem cuidado, trabalho e atenção, além de essas operações poderem falhar e perder-se a obra feita com tanto amor. Poupar uma árvore ressequida é, assim, difícil e problemático; cortá-la é um ato mais fácil e eficiente. Ó pecadores que ainda não se converteram: pregar o evangelho a vocês, convidá-los ao arrependimento, cativá-los, exortá-los, instruí-los e aconselhá-los é um processo muito laborioso, que poderá resultar em insucesso. Trata-se de trabalho que requer muita reflexão; as ações de agenciamento da providência devem ser realizadas com inspiração e sabedoria; os santos têm de orar com toda a sinceridade; os ministros, pregar sob lágrimas; e as Escrituras devem ser lidas, interpretadas, expostas e explicadas com cuidado — e tudo isso é mais do que alguém poderia ter direito a que Deus fizesse, pois ele tem à mão remédio muito mais simples, com que pode de imediato, se livrar de seus adversários, evitando que venham a cometer qualquer futura transgressão: tem somente que lhes suspender a respiração e levar seu corpo a se deitar na cova e remeter sua alma para o inferno, deixando a vinha limpa, abrindo lugar para novas árvores. É um processo agudo, curto e simples, que serve tanto para homens quanto para árvores, acerca do qual você deve dar graças a Deus por não havê-lo usado ainda com você.

Deus não mais ouvirá blasfêmias, pecador, quando lhe descerem o machado! Você não mais rejeitará a promessa de misericórdia, não mais violará o dia do Senhor, não mais desprezará as Escrituras, quando o dia do sofrimento chegar! A morte dará fim a todas essas abominações para sempre. Não mais teremos de agonizar por você em vão, não mais teremos de chorar amargamente pela dureza de seu coração, não mais argumentaremos para rebater suas objeções, nem suspiraremos de fartos por sua constante oposição; as chamas do inferno darão fim a tudo isso, ao seu triste e terrível custo aos demais. Não mais um Deus há muito sofredor será afetado pelos seus pecados nem oprimido pelo peso de suas iniquidades. Ele há de efetuar uma rápida obra de justiça, um trabalho limpo e puro. Ele o levará embora em breve ato de aniquilamento, suas rebeldias terão fim para sempre, e suas transgressões, a recompensa mais certa e terrível para elas. Você não mais sugará inutilmente a fertilidade da terra, ó figueira estéril, nem cobrirá mais com sua sombra maligna as árvores suas companheiras! Você se tornou a própria fonte de desperdício, pior até que um simples desperdício.

Eu lhe pergunto, então, pecador: não seria correto se Deus se livrasse de você, como sugerido no texto quanto à árvore — *Corta-a*? Pois, se você mesmo provavelmente faria isso a uma árvore estéril, que razão poderia haver para que o Senhor não fizesse o mesmo a você? Você diz ser muito mais importante que uma árvore? E como o prova? Uma árvore é muito mais valiosa do que você jamais seria para o infinito Deus. Um agricultor talvez pudesse perder algo cortando uma árvore, mas como pode você imaginar que sua ruína causaria qualquer dano ao grande Deus? Aquele que tem muitos acres de vinha não é muito afetado se tiver de ser cortada uma videira infértil, pois muitas mais haverá. Se Deus tivesse apenas um homem em seus domínios, a salvação ou não seria realmente um grave problema, por ser relativa a esse único homem; mas existem tantos e tantos seres humanos que a perda de mais um ou menos um não representaria mais que a remoção de um grão de areia da praia ou a retirada de uma gota do mar. Nem mesmo você certamente reclamaria de sua remoção, pois faz pouco caso claramente de sua própria alma: não se mostra preocupado com sua salvação e até zomba do que mais importa a ela. Por que iria então querer que alguém o estimasse mais do que você mesmo se estima? Você desperdiça sua alma em alegrias passageiras; nega a grande salvação; vive em constante desobediência a Deus, o qual, e somente ele, pode lhe fazer bem; mesmo a pregação do evangelho, ferramenta divina tão poderosa, parece não ter nenhum efeito sobre você, que despreza a própria essência da pregação. Assim, se Deus também o desprezar e determinar que os anjos o cortem fora, nada poderá reclamar: não é mais que razoável que Deus o estime segundo seu próprio valor e o pese em sua própria balança? Você mesmo se serviu do machado muitas vezes, por que não haveria o devido executor de usá-lo em oportunidade adequada? Muitos homens acabam com própria saúde por meio dos pecados: descem um machado de forma selvagem em suas próprias raízes, ferindo-se de forma grave. Você também usa machado em sua alma, e de forma contínua, ferindo-a com o pecado, que busca plenamente, escolhendo o caminho da condenação eterna, atuando em prol de cada vez mais se perder. Não pode, assim, de modo algum reclamar. Sua destruição não terá consequências mais danosas a esse universo que a morte de um eremita no

JUÍZO AMEAÇADOR E MISERICÓRDIA SALVADORA | 1217

alto de uma montanha. Sua falta jamais será sentida. Você pode pensar muito de si mesmo, mas na verdade não passa de um vermezinho comparado ao grande universo de Deus. Tome cuidado, rebelde pecador não arrependido! Meu amor fraternal anseia, é claro, por sua salvação, mas minha razão chega a condescender com sua ruína e até a antecipa e a espera se você não se voltar já ao Senhor para que viva.

2. Outra razão que torna a argumentação quanto ao juízo muito poderosa, ou seja, *que já lhe foi dada oportunidade suficiente para o arrependimento,* é que muitos de vocês faz muito tempo que já deveriam ter-se arrependido. Não sei se mais alguma coisa, além de tudo o que já lhes foi feito, pode ainda ser realizada em favor de alguns de vocês. Vocês já foram revirados — revirados, suponho, para despegar as raízes da terra: já tiveram aflições, provações e problemas como se fosse a grande enxada do Agricultor soltando-os do solo, afastando-os das ligações carnais às coisas materiais; já sofreram doenças, e já rolaram até, de para lá e para cá, de dor, em seu leito; já estiveram entre as mandíbulas da morte, com seus horrendos dentes acima e abaixo de vocês, como se o fossem prender e engolir para sempre; nada disso adiantou. Com que mais poderiam ser remexidos? Apenas se revoltariam ainda mais. Alguns de vocês já foram castigados a ponto de terem a cabeça enferma e o coração enfraquecido, mas nem assim tomaram jeito. *Melhor a mágoa do que o riso,* diz Salomão, *porque a tristeza do rosto torna melhor o coração* (Ec 7.3); mas não é bem assim com vocês. Suas mágoas e feridas, aflições grandes e dolorosas, não santificaram vocês, que continuaram ofendendo a Deus e provocando à ira o Altíssimo.

Na parábola, o viticultor fala em cavar em redor e adubar a planta, e alguns de vocês já tiveram muito desse tipo de ajuda para que chegassem ao arrependimento: o evangelho já foi certamente derramado centenas de vezes junto às suas raízes; há provavelmente uma Bíblia na casa de cada um de vocês e alguns tiveram até o privilégio de receber educação religiosa desde a infância; têm sido repreendidos e advertidos repetidamente, de novo e de novo, às vezes de forma dura, muitas vezes de forma amorosa; têm ouvido a convincente voz da misericórdia sem fim e os timbres trovejantes que anunciam juízo iminente; mesmo assim, ó árvore infértil, você continua estéril. De que serve, então, poupar você? Esta opção já foi testada e resultou inútil; a outra solução seria, portanto, *cortar* a árvore. Gostaríamos muito de suplicar "Ó Deus, não lance fora esse pobre pecador", mas, mesmo assim, não ousaríamos dizer ser desarrazoada a sagrada decisão de cortá-lo; pelo contrário, seria a consequência mais natural de tantos insultos feitos por você à divina misericórdia. Ó pecador, você bem que poderia dizer:

> Por muito tempo sua graça recusei,
> Por muito tempo face a face o provoquei;
> Os seus chamados não conseguia escutar ;
> Com muitas faltas só fazia o insultar.
>
> Poços profundos de sua terna compaixão!
> Misericórdia para mim pode ali haver?
> Poderá meu grande Deus a sua ira conter
> E a mim perdoar, o maior em transgressão?"

3. Estou apresentando esse assunto de maneira áspera? Você acha? Ah! Quisera Deus pudesse eu fazê-los considerar *a mim* áspero, se ao menos tivessem dó de sua própria alma! Minha aspereza é apenas aparente, não real; mas seu abandono para com sua própria alma é verdadeiramente rude: não ligam para sua alma, tratando-a mais como algo a ser dispensado, levando-a a ser ridicularizada, como merecedora de todo o desprezo. A *tudo isso somam a mais completa ausência de qualquer sinal de melhoria em seu caráter.* Se houvesse ao menos despontado um pequeno fruto; se alguma lágrima de arrependimento tivesse brotado em seus olhos; se tivessem buscado Cristo pelo menos por um segundo; se seu coração fosse amaciado e demonstrassem, mesmo que fosse, uma pequena fé em Jesus, nem que do tamanho de um ínfimo grão de mostarda — então haveria motivo para poupá-lo; mas, sinto muito dizer, *poupá-lo até agora, ao que parece, não fez muito bem a você.* Porque Deus não o puniu, você se tornou ainda mais ousado e agressivo, e

passou a exclamar: "Como o sabe Deus? e: Há conhecimento no Altíssimo?" Acha que Deus é como você e que jamais o levará a juízo. Imagina certamente que a espada divina esteja enferrujada e embainhada e que seu braço seja curto demais para alcançá-lo. Oh, que estranha e diabólica maldade! Não perverta e distorça o sofrimento daquele que o chama ao arrependimento como sendo motivo para incorrer mais ainda em pecado! Quando Jeová o poupa para que você se volte para ele, como ousa usar esse alívio para aumentar ainda mais sua rebeldia e desprezá-lo?

Pois você assim tem agido. Até agora só endureceu, em vez de amolecer, seu coração. Envelheceu, mas não ficou mais sábio, a não ser em sutilezas satânicas, para tornar-se ainda mais conhecedor do pecado. O evangelho não tem mais o efeito que tinha antes sobre sua vida. Sua voz, que anteriormente faria sua alma tremer e seu sangue congelar nas veias, agora não o faz mais. Meus olhos, que por vezes, quando o encaravam, pareciam brilhar como fogo lhe são agora, provavelmente, inertes. Antes, quando falávamos a você sobre a ira divina futura, lágrimas rolavam de seus olhos: lágrimas de suave piedade por sua própria alma; ah, mas agora, não; não é mais assim; você segue seus próprios caminhos, e mesmo nossas mais intensas súplicas não lhe parecem mais que leves brisas, e nossas mais fortes e sinceras advertências, uma canção de ninar. Ó Senhor Deus, é realmente razoável que faças erguer afiado machado e ordenes: *Corta-a*. Creio, de fato, que poderia perfeitamente justificar a severidade de Deus, se ele decidisse dela usar, depois de haver percebido que o alívio que ele lhe deu não conseguiu senão fazer mal a você; que, não obstante todos esses anos de expectativa, não há nem vestígios de melhora. Se ele disser, portanto: *Corta-a*, a justiça e a razão dirão: "Sim, Senhor, que assim bem seja".

4. Mas há outros motivos pelos quais a ordem corta-a se mostra inteiramente razoável, se pensarmos no dono da árvore e nas outras árvores. Antes de mais nada, eis uma árvore frutífera que não dá fruto algum e, portanto, não tem utilidade. É como o dinheiro mal investido, que não rende juros; uma perda certa para o dono. Qual seria então o motivo para ainda mantê-la? Uma árvore morta não tem utilidade alguma; nem serve para ornar; não tem uso e não dá prazer algum. Deve ser cortada de qualquer jeito. O mesmo se dá com você, pecador impenitente; qual o seu uso? Você, de fato, é de bom préstimo para seus filhos, para sua família; na profissão, pode até chegar a ter valor para o mundo. No entanto, o mundo não fez você; sua família e seus filhos não o criaram. Deus foi quem fez você, Deus plantou você, é ele o seu proprietário — e você nada fez até agora por ele. Talvez até mesmo ao comparecer a casa dele hoje, você não tenha vindo propriamente com toda a intenção de honrá-lo; e se acontecer de amanhã você dar algo aos pobres, não será, na verdade, por eles serem criaturas de Deus nem por amor a ele. Você não ora a Deus, nem o louva, nem vive para Deus; você vive para alguma coisa, qualquer coisa, por coisa nenhuma, em vez de viver para e pelo Deus que o criou. De que serve, portanto, você para Deus? Todas as outras criaturas dele o louvam. Não há uma única aranha tecendo sua teia de folha a folha que não obedeça às suas ordens. O boi conhece o seu possuidor, e o jumento a manjedoura do seu dono (Is 1.3); mas você, não. Você sustentaria um cavalo que não lhe tivesse serventia? Teria um cachorro em sua casa que pelo menos não lhe lambesse a mão ou abanasse a cauda para você nem fizesse a sua vontade? E criado? Diria você, sem dúvida, quanto a este: "De que me serve um criado que mora em minha casa, que se alimenta com meu pão, que se veste com a minha generosidade, mas não me obedece e vive no mais claro desrespeito às minha menores ordens?" E a ele você determinaria: "Pode ir embora; você não me tem serventia alguma". Bem pode o Senhor falar isso também de você. Por todos esses anos, a bondade protetora de Deus fez vista grossa a seu passado; a paciência do Senhor tem convivido com todas as tolices e falhas de sua parte; mas pode não ser assim para sempre, pois a razão mostra que o que é inútil não se sustenta para sempre, e a ordem *corta-a* é natural consequência da inutilidade de uma vida.

Isso não é tudo. Porque você tem vivido sem render fruto algum, *tem sido uma árvore muito custosa*. Uma árvore da vinha não exige muito além de ser plantada, adubada, regada e cultivada. Há ainda, é claro, os gastos com o viticultor que tem de olhar por ela, mas estes são relativamente pequenos. A árvore infértil, em si, pode até continuar de pé e não custará muito; mas veja quanto custa manter *você*! Você tem de ser diariamente alimentado. O respirar de seus pulmões deve vir de Deus o tempo todo. A cada

JUÍZO AMEAÇADOR E MISERICÓRDIA SALVADORA | 1219

tique-taque do relógio, deve haver de Deus para você uma emanação de onipotência, ou você não viverá. O complexo maquinário do corpo humano é e deve ser regulado e preservado continuamente pelo grande zelador, ou as engrenagens, uma após a outra, tendem a enguiçar, quebrar, parar de funcionar, e a máquina toda tem de ser posta fora de uso. Seu corpo é como uma harpa de mil cordas, que para de tocar se uma corda só se romper; o bom harpista deve ser zeloso e ter constante cuidado para que corda alguma não arrebente. Sim, você custa muito a Deus: muita paciência, muita generosidade, muita capacidade, muito poder. Por que deveria poupar você, se não corresponde a tanto custo? Que pode existir dentro de você que justifique deixá-lo como você é e está? Você não pouparia o pernilongo que só quer picá-lo e só serve para zunir continuamente no seu ouvido, aborrecendo-o o tempo todo. Se lhe custasse algum dinheiro poupar a vida do pobre inseto, você perderia tempo pensando? Não; você o esmagaria. Oh, é de fato um milagre que Jeová não lide assim com você, pois você tem sido para ele, muitas vezes, mais aborrecedor e impertinente que um pernilongo. Ponha-se no lugar de Deus, pecador: se você fosse maltratado por sua criatura como é o Senhor por você, continuaria dando amor e bondade para tal criatura, recebendo em troca só rebeldia e dureza de coração? Garanto que não. Julgue, pois, se não é certo que o Senhor possa então ordenar, quanto à árvore que você é: *Corta-a*.

Há uma consideração ainda pior, a saber, que *esse tempo todo você tem ocupado um espaço que outra pessoa poderia ocupar, para a glória de Deus*. Onde se encontra essa árvore infértil poderia estar uma árvore hoje carregada de frutos. Você, como diz o texto, *ocupa [...] ainda a terra inutilmente*; ou seja, nada faz senão ser um obstáculo. Se outra pessoa tivesse tido seu dinheiro ou suas oportunidades na vida, poderia tê-los usado para a glória de Deus, mas você os emprega somente para si e seu próprio prazer e se esquece do Senhor que os concedeu a você. Se outra pessoa estivesse ocupando o lugar que você agora ocupa, talvez tivesse se arrependido há muito tempo; mas você, como os habitantes de Cafarnaum, acabou endurecendo, em vez de se ter amolecido, seu coração com o evangelho. Pode ser também, meus amigos influentes, que se outra pessoa chegasse aonde vocês chegaram em posição de destaque no mundo, tivesse conduzido muitos outros no caminho da salvação, mas vocês, que aí estão e permanecem, nada fazem a respeito. Oh, se outro jovem tivesse seus dons, meu jovem, não estaria, como você, bebendo com os amigos na taberna, mas implorando em oração toda a força a Jesus. Alguém que tivesse seu dom de expressão verbal o usaria para orar, pregar e ensinar, enquanto você o desperdiça em bobagens para divertir os tolos. Oh, se outra pessoa tivesse o mesmo tempo de vida que você, com certeza viveria esse tempo a serviço de seu Mestre. Se aqueles jovens santos que enfrentaram as enchentes tivessem sua força e seu vigor, quanto ele os saberia empregar! Lembro-me de um ministro de Cristo que não tinha talento algum, mas possuía um enorme coração, e de ouvi-lo pregar assim: "Ó Deus, gostaria de ter dez talentos, para que te pudesse melhor servir. Quando penso nas pessoas que os têm, mas que com eles não te servem, sinto-me inclinado a orar: 'Senhor, toma deles os dez talentos e os confia a mim, se assim desejares, pois eu quero ter algo a mais para te oferecer'". Fiquem atentos, caros ouvintes pecadores, para que Deus não os remova subitamente, para ocupar seu lugar com alguém que seja obediente à sua suprema vontade.

Além disso, para piorar, *durante esse tempo todo, os perversos ampliam cada vez mais sua maliciosa influência*. Pensando nos versos de um hino que por vezes cantamos, senti horror ao perceber quão plenamente a verdade neles contida diz respeito a alguns de vocês:

> Seu preciosíssimo sangue derramei;
> O Senhor, Filho de Deus, maltratei,
> Cheio de indescritíveis dores tornei;
> Por que não fui pro inferno, não sei.

Bem poderia ser levantada, então, a seguinte questão:

> Por que esse desperdício de amor para comigo?

De fato, a nós pareceria ser um desperdício de paciência e misericórdia serem poupados alguns transgressores, a ponto de ficarmos perplexos com isso. Vemos claramente que, na verdade, o fato de que Deus não pune imediatamente tem sido, de modo geral, muito mal interpretado. Os homens, em todas as épocas, têm tirado conclusões distorcidas sobre a imensa paciência do grande Juiz. Diz o Pregador, em Eclesiastes: *Porquanto não se executa logo o juízo sobre a má obra, o coração dos filhos dos homens está inteiramente disposto para praticar o mal* (Ec 8.11). "Ora,", argumenta-se, "fulano bebe, blasfema, mas é um velho saudável e forte. Já experimentou todo tipo de tolice e perversão, foi ladrão e tudo o mais que de pior existe, mas prosperou, ficou rico. Em vez de Deus afundá-lo direto no inferno, ele até o favoreceu, engordou-o como boi em uma boa pastagem". "Oh, sim,", concorda o mundano, "não há justiça em Deus. Ele não pune o pecado". Percebe? Sua mera existência errônea nesse mundo é para muitos motivação bastante para permanecerem no pecado; pois, enquanto você é poupado, olham para você e dizem: "Deus não o castigou". Assim, concluem que Deus não pune de fato o pecado.

Mais ainda, quantos de vocês não há *cujo exemplo é ameaçadoramente contagioso*; cujos lábios e vida se combinam para levar seus próximos para longe de Deus. Nessa horrenda praga recente que atacou nossos campos e destruiu o gado, os fazendeiros foram orientados, assim que a doença acometesse uma vaca, a matá-la imediatamente e enterrá-la. Convenhamos que a praga do pecado é muito mais pestilenta e mais mortífera que a peste do gado; e assim a justiça clama que o pecador deveria ser enviado para onde não pudesse espalhar a praga da iniquidade; de nada adiantaria poupá-lo, pois não iria melhorar: todos os meios usados para isso antes apenas o fizeram piorar, e há que se olhar pelo bem-estar dos outros; caso contrário, não iria morrer sozinho em sua iniquidade. Ele ensina os filhos a blasfemar, leva os outros a se tornarem mundanos; o propósito de sua vida parece ser incitar as pessoas a se rebelar contra Deus. Que sua jornada desesperadora chegue a um fim. A lepra está sobre ele e tudo o que toca polui. Por motivos bem nobres, portanto, tem de ser removido. É preferível que morra um a ter de vir a arrancar muitos, e a consideração final é que, pelo bem da humanidade em geral, julga-se necessário seja a ordem cumprida: *Corta-a.*

II. Nosso segundo dever é lembrar a você, ó pecador impenitente, quanto é MARAVILHOSO QUE DEUS O TENHA POUPADO POR TANTO TEMPO. Não é nada pequeno o fato de um Deus infinitamente justo e santo haver poupado você, homem não convertido, mulher não convertida, até agora, mas, sim, motivo da maior gratidão e adoração a ele.

Permita-me, ainda, demonstrar outra coisa. Considere por um instante, *negativamente, que Deus não o poupa não é pelo fato de ser insensível aos seus pecados*; na verdade, ele se ira sempre contra os perversos. Se o Senhor fosse indiferente em relação ao pecado e sua mente santa o considerasse mera trivialidade, não seria de espantar que ele deixasse o transgressor viver. No entanto, ele não tolera a iniquidade — o tempo todo sua ira se incendeia sem cessar contra o mal, mas Deus segura e controla sua própria força tempestuosa, para não esmagar o culpado. Se *você* ficasse bravo, mesmo que por pouco tempo, provavelmente começaria a usar logo palavras e gestos nervosos e ríspidos; mas eis o juiz de toda a terra, irado todos os dias com muitos de vocês, por vinte, trinta, quarenta, cinquenta, sessenta, setenta ou até oitenta anos, sem perder a paciência e os mandar "cortar". *Não porque suas ofensas estejam distante*, e, portanto, longe dos divinos olhos observadores, não — seus pecados são como fumaça irritante em suas narinas; suas iniquidades o provocam face a face; você chega a tocar, de tão perto, em seus olhos e, todavia, mesmo com essa coisa maldita chamada pecado sendo exposta em sua presença a todo instante, ele o tem poupado até agora.

Aprenda, pecador, que ele o tem poupado *não por não ser capaz de destruí-lo.* Ele poderia ter ordenado simplesmente que telhas despencassem em cima de você de um telhado, ou que uma febre o acometesse em plena rua; o ar poderia cessar de repente de encher seus pulmões, e o sangue poderia deixar de correr em suas veias. São muitas as portas da morte. A aljava do juízo está cheia de flechas penetrantes. O Senhor tem apenas de desejar, e a sua alma lhe será tomada. Ao tolo rico, ele disse: *Insensato, esta noite te pedirão a tua alma* (Lc 12.20), e ele nem chegou a ver a manhã; do mesmo modo, poderia facilmente enviar a mesma triste mensagem a você, *e o que você faria?* Como já disse, a enorme paciência do Senhor não se manifesta para com sua alma repleta de pecados pelo fato de o Senhor depender de você: a glória

JUÍZO AMEAÇADOR E MISERICÓRDIA SALVADORA | 1221

divina, sua vida não fará aumentar, nem sua morte, diminuir. Sua falta não será mais sentida do que faria falta uma folha em uma floresta, ou uma gota de orvalho em milhares de quilômetros de campos gramados. O juízo espera apenas uma palavra de Deus para operar sua mais expressiva vingança, e, apesar de você o provocar o tempo todo, é maravilhoso que a severidade divina o tenha poupado por tanto tempo. Admire e celebre a paciência dele.

Lembre-se de que tal maravilha é maior *quando se pensa no fruto que ele deveria colher de você*. Um Deus tão bom e gracioso deveria ser totalmente amado por você. Ele o trata tão bem que lhe dá a capacidade de ter prazer, para que possa ter de você alguma capacidade de serviço. Você não é para Deus o que propriamente o boi é para o seu dono — o dono dá ao boi nada mais que feno ou grama, água, e apenas isto; Deus lhe dá não apenas a comida diária, mas sua própria vida — você depende inteiramente dele. Nada poderia ser tanto de sua posse como você é da posse de Deus. Você tem de servi-lo e deliciar-se nesse serviço, gastar-se e ser gasto pelo seu Senhor. Ele pede em troca nada mais do que já deveria ter sido pago, pede que você ame o Senhor, seu Deus, de todo o coração e toda a força de sua alma — este é o primeiro e maior mandamento, que você, constante e persistentemente, tem quebrado. Oh, pense nisso, pois, depois de ter dado tão péssimo retorno a Deus, quando ele merece e deveria receber coisas bem melhores de você — pense, eu lhe peço, no quanto você o tem desobedecido e contrariado.

Ah, meus ouvintes! Tenho ainda de tocar em um ponto muito sério deste assunto, ao observar, mais uma vez, que alguns, talvez alguns até dos aqui presentes, *têm cometido graves pecados que ofendem a Deus*. Algumas ofensas ferem a Deus mais que outras — acredito que a blasfêmia o faça, pois é uma insolência voluntária, pela qual não se ganha coisa alguma. É um insulto, de qualquer modo, gratuito. Blasfemar, lançar maldições de Deus à vida e à alma de alguém, é o tipo do pecado exagerado, pesado e desnecessário. Não pode haver prazer em se pronunciar maldições mais do que há em se dizer boas palavras. Só pode ser porque o homem *quer* odiar seu Criador e provocá-lo que ele faz isso. Ó pecador, é bem provável que você já tenha pedido a Deus que o amaldiçoe; e não está surpreso por ele não ter agido dessa forma? Você certamente já desejou que uma tempestade com raios e trovões caísse sobre você, e não é maravilhoso que Deus não o tenha há muito tempo varrido bem para longe, para onde sua ira poderia tê-lo feito definhar para sempre? Blasfemar é um pecado que ofende e provoca o Altíssimo. Abomine, ó pecador, esse vício detestável.

Infidelidade — quantos não são culpados disto? Como é terrível para Deus que o homem negue sua existência; está vivo, respirando o ar de Deus, a vida que Deus lhe concedeu, e declarando tolamente que não há Deus algum. Um verme insignificante chega a ousar desafiar o Todo-poderoso a que prove sua própria divindade e existência com o que considera um tremendo ato de justiça. Eis um sério pecado que fere e provoca Deus.

Há ainda o pecado da *perseguição*. Talvez haja aqui presentes alguns que já perseguiram sua mulher e seus filhos por seguirem Cristo. *Porque assim diz o Senhor dos exércitos: [...] aquele que tocar em vós toca na menina do seu olho* (Zc 2.8), disse Deus. Atenção, portanto, pecador: você não tocará na menina dos olhos de Deus sem sentir o peso de sua mão. Você, se qualquer pessoa magoar algum de seus filhos, logo mostrará sua face corada de revolta e se sentirá impelido a se tornar forte na defesa deles; assim também, o Pai celestial vinga seus eleitos. Preste atenção, então, para não perseverar *neste* pecado tão ofensivo e provocador.

A *calúnia*, o mentir sobre os servos de Deus, espalhando e aumentando falsidades contra aqueles que andam sob o temor de Deus, é outro mal que acende a ira divina e atrai a fúria da justiça contra quem seja dele culpado. Atenção, muita atenção aqui também!

Imundície, do corpo e da vida, provoca também o Santíssimo. Tal sujeira espiritual foi em Sodoma a causa de inferno na terra; Deus fez cair fogo e enxofre por causa da luxúria da carne que fazia Sodoma cheirar mal; a meretriz, o adúltero, o fornicador, devem saber que não pecam sem provocar grandemente a ira de Deus.

Deixe-me acrescentar, entre esses pecados que irritam a Deus, a *falta de consciência*, que condena alguns de vocês. Ah, queridos ouvintes, sei que não há muitos de vocês a quem eu pudesse me referir a respeito dos pecados anteriores, pois muito poucos, na verdade, incorreriam nesses erros grosseiros; alguns de vocês, contudo, cometem pecado de certo modo ainda pior, pois conhecem o que é certo, mas escolhem o que é errado: ouvem atentamente sobre Cristo, mas não doam a ele realmente o seu coração. Tinha esperança de que há muito já pudesse estar vendo alguns de vocês sob o temor do Senhor e, no entanto, continuam alheios a Cristo. Penso que devem realizar um grande esforço para permanecer assim. Alguns devem provavelmente enfrentar uma luta feroz com sua própria consciência. Sei que lutam por reprimir suas santas aspirações, e, quando o Espírito de Deus se abate sobre vocês, ficam tão desesperadamente confusos que continuam a incorrer em seu erro de costume. É um pecado grave, que provoca a ira de Deus. Não creio que, após ficar nesse púlpito pregando para vocês em nome de Deus, possa me voltar ao meu Mestre e dizer que vocês rejeitaram mais uma vez o convite dele sem deixá-lo irado com tanta dureza e rigidez de seu coração. Se enviarmos um embaixador nosso a um governo estrangeiro hostil buscando a paz e, após haver ele honesta e esforçadamente discutido as melhores condições para paz, e sendo todas elas rejeitadas, logo veremos os jornais e a opinião pública ardendo de indignação: "Ora", dirão, "não querem aceitar a paz quando os termos do tratado que propomos são tão razoáveis? Tiremos então nossos navios dos estaleiros, pois o que eles querem terão: guerra — e a mais sangrenta. Se não desejam ceder ao que é o mais razoável possível, então que nos armemos de canhões e atravessemos o mar". Que pensa você? Que Deus aceitará ser para sempre provocado? Que a misericórdia dele deverá ser pregada a você para sempre em vão? Que Cristo deverá se apresentar diante de você para continuar a ser rejeitado, e sendo você seu inimigo constantemente, sem que ele proclame guerra à sua alma? É na verdade uma maravilha, é de fato um milagre, que esses pecados seus provocadores continuem sendo suportados por Deus por tanto tempo e que você não tenha sido ainda espiritualmente extinto ou removido.

III. Agora, QUAL A RAZÃO DE TAMANHA PACIÊNCIA? Como tal árvore inútil ainda não foi derrubada? A resposta é: *porque existe alguém que suplica pelos pecadores*. Eu lhes mostrei, e alguns de vocês talvez até afirmem que mostrei de forma muito severa, quão razoável é que vocês fossem cortados, como árvores inúteis. Gostaria que o tivessem sentido, pois, se sentissem realmente quão razoável é que Deus os enviasse para o inferno, quem sabe começariam a temer e tremer e talvez houvesse até alguma esperança para alguns de vocês. Posso garantir que sempre temo e tremo por vocês, ao pensar em como é bem plausível, ou melhor, como até me pareceria necessário, que alguns de vocês fossem descartados. Tenho temido e tremido muito por isso — mas, ah, como gostaria que vocês o fizessem por si mesmos! Todavia, qual tem sido a causa secreta para que vocês continuem vivos? A resposta é que *Jesus Cristo suplica continuamente por vocês, o Salvador crucificado intercede por vocês*. Vocês me perguntarão: "Por quê?" Respondo: porque Jesus Cristo tem interesse em todos vocês. Mesmo não crendo na salvação irrestrita, cremos, porém, em cada palavra da preciosa Bíblia, e muitas são as passagens nas Escrituras que mostram que a morte de Cristo teve um propósito universal para com os filhos dos homens. É dito que ele suportou a morte por todos os homens. Que significa isto? Significa que Jesus Cristo ao morrer deu por salvos todos os homens? Não creio assim; parece-me, sim, que o que Cristo pretendeu cumprir com o ato de sua morte ele deverá cumprir, ou ficaria frustrado, o que seria inteiramente impossível: assim, aqueles por quem Cristo morreu para salvar, creio que serão efetivamente salvos mediante seu sacrifício. Mas será que ele também morreu, em qualquer outro sentido, pelo resto da humanidade? Sim. Nada pode ser mais simples nas Escrituras, me parece, que o fato de todos os pecadores terem sido poupados e ganharem a grande oportunidade de virem a ser salvos, como resultado da morte de Jesus Cristo. Não poucas pessoas negam o Senhor que as comprou; no entanto, ninguém que foi comprado com seu precioso sangue para a eterna salvação conseguirá pagar essa dívida com o próprio sangue. Jesus Cristo derramou seu sangue em lugar dos homens para que todos fôssemos poupados, e quem usa da misericórdia protetora de Deus como ocasião para novos pecados está jogando fora, desperdiçando, o valiosíssimo sangue de Jesus. Você pode crer nesta doutrina, sem contradizer de modo algum a verdade igualmente indubitável de que Jesus Cristo deu sua vida por seu rebanho, assim como o que ele sofreu na cruz não sofreu em vão.

JUÍZO AMEAÇADOR E MISERICÓRDIA SALVADORA | 1223

Agora, pecador, saiba você ou não, você tem uma dívida para com ele, que sofreu e morreu em seu lugar na cruz, pelo sopro de vida que ainda está em você. Você provavelmente não estaria presente neste local de pregação nem estaria suplicando a Deus nesta manhã, não fosse pelo sofrimento e morte do Amado. Nosso texto mostra o viticultor pedindo ao dono do campo que permitisse ser a árvore poupada. Jesus Cristo fez por nós mais que pedir; suplicou não apenas com a boca, mas mediante suas mãos perfuradas, pés perfurados, torso perfurado, sua coroa de espinhos; e sua súplica prevaleceu, tocou profundamente o coração de Deus, fazendo que vocês fossem poupados.

Deixem-me ser ainda mais claro. Se a vida de vocês fosse poupada por causa da minha interferência, quando deveriam ser condenados — suponham só esse exemplo —, vocês me desprezariam? Falariam contra mim? Fariam pouco caso de mim? Causariam problema aos meus amigos? Eu acho que não, pois os tenho em melhor conta: vocês certamente me estimariam; ficariam muito gratos por sua vida ter sido poupada por meu intermédio. Ó pecador, gostaria somente que você tratasse o Senhor Jesus como trata as pessoas que estima e considera; que você pensasse no Senhor Jesus Cristo como aquele seu grande amigo e companheiro que o poupou da morte. Você não está no inferno — mas onde acha que estaria se ele não tivesse vindo para morrer e suplicar por você? Eu lhe rogo: pense na penúria das almas perdidas e lembre-se que *você* poderia também estar perdido esta manhã, se ele não tivesse erguido a mão que foi perfurada pelo pecado humano. Lá, lá, onde as chamas não conhecem extinção; onde uma gota de água é como uma bênção grande demais para ser recebida — lá, de onde a esperança foi excluída e onde o desespero se senta em um trono de ferro, prendendo as almas capturadas com uma eterna corrente — onde a ordem "Para sempre!" está escrita a fogo, impressa nas correntes, onde "Para sempre! Para sempre!" soa como alarme para expulsar qualquer esperança ou descanso — lá você estaria, nesta manhã, nesta exata manhã, se a graça protetora do Senhor não tivesse agido em seu favor. Onde estarão agora alguns de seus antigos companheiros? Estarão salvos? Ou no inferno? — mas lá, pelo menos, *você* não está. Você pode até haver pecado juntamente com eles, e alguns deles podem ter-se perdido —, mas você, não. Por que essa diferença? Porque alguns deles podem ter sido removidos e você foi poupado? Só posso apontar a resposta como sendo por causa da bondade e generosidade do paciente Jeová.

Oh, rogo que olhe para ele, que o poupou, e chore e lamente por seus próprios pecados. Que o Espírito de Deus venha sobre você esta manhã e o leve ao pé da cruz, e ao visualizar aquele sangue que poupou o seu próprio sangue e aquela morte que fez que você vivesse até agora, confio em que o divino Espírito o fará cair de joelhos e clamar: "Ó Jesus, como pude te ofender? Como pude ir contra ti? Aceita-me e salva-me, em nome de tua misericórdia". Pois, tal como já disse sobre o interesse geral que Cristo tem em todos vocês, tenho esperanças de que Cristo tenha *especial interesse em alguns de vocês*; espero que ele os tenha redimido e comprado por algum motivo especial; não com prata e ouro, mas com seu próprio e precioso sangue, amando-os de maneira eterna. Confio em que tenha usado de suas mãos generosas para chamá-los à salvação, esta manhã. "Oh", diz alguém, "não creio que possa ser esse o caso". Mas, supondo que você possa constatar, antes que seja tarde, que é escolhido por Deus, querido por Cristo, e que deverá ser uma joia em sua coroa para sempre, que diria de si mesmo? "Ó pregador, eu lamentaria profundamente por havê-lo odiado, a ele que me ama tanto! Como pude ficar contra ele, que está determinado a me salvar? Oh, que tolo fui ao rejeitar aquele que pagou meu preço e que me escolheu por sua graça, que tomou minha alma em matrimônio para consigo, para sempre!" Pois eu lhe digo: Deus o irá perdoar totalmente, mas você também deverá se perdoar por ter se oposto e ter resistido a ele por tanto e tanto tempo. Oh, que a misericórdia eterna, que ainda não ordenou quanto a você, como árvore, *corta-a*, o possa replantar e adubar, para que você ainda possa dar frutos em louvor dele, cujo precioso sangue o salvou da ira eterna. Que Deus abençoe essas minhas frágeis palavras. Ele sabe quanto eu as quis dizer e como as disse; quanto pranteei por vocês e ansiei que minha alma se embebesse de desejo passional pela conversão de vocês; mas, mesmo que tal manifestação não viesse a ocorrer, eu ainda rogaria a Deus para que a verdade dele fosse irresistível, que ele obtivesse vitórias e dele fosse todo o louvor, para sempre.

"ESTE ANO AINDA"

[...] *este ano ainda* [...] (Lc 13.8).

Ao início de um novo ano e começo de nova série de sermões, gostaríamos sinceramente de expressar uma palavra de exortação; infelizmente, porém, neste momento, o pregador está impedido de fazê-lo, tendo de falar do seu leito e não do púlpito. Que as poucas palavras que possam ser emitidas não tenham seu poder diminuído por causa da enfermidade, pois um tiro de fuzil dado por um soldado doente dispara com quase a mesma nenhuma força que a dele. Nosso desejo seria poder falar com palavras vivas, ou, do contrário, permanecermos em silêncio. Aquele, porém, que nos permite sentar e compor essas trêmulas frases há de atender à nossa súplica de revesti-las do seu Santo Espírito, para que estejam em conformidade com o seu pensar.

Na parábola, o viticultor intercede e implora em favor da figueira infértil: [...] deixa-a *este ano ainda* [...], como que adiando assim a inspeção do dono do campo para daí a um ano. Árvores e plantas frutíferas têm ciclos em sua vida. Provavelmente decorrera um ano quando da ocasião da inspeção enfocada na parábola, em que deveria haver frutos na figueira, e outro ano iria então começar, ao dar início o viticultor ao trabalho, a que se comprometeu, de cavar em derredor e deitar adubo no solo. Já os homens, por sua vez, são árvores tão estéreis que seu fruto, quase sempre, não obedece a um ciclo definido, tornando-se necessário, para eles, criar divisões artificiais de tempo; parece não haver um período certo para a colheita ou a vindima espiritual humana, ou, se existe, os cachos e as espigas não se formam na época adequada, sendo preciso, por isso, desejarmos sempre uns aos outros "Feliz Ano Novo". Que seja. Vamos então nos congratular por havermos chegado a mais *este ano ainda* e oremos juntos para que possamos nele seguramente entrar, percorrê-lo todo e alcançarmos o seu final, sob a infalível bênção do Senhor, a quem todos os tempos pertencem.

I. O começo de um ano novo SUGERE UMA RETROSPECTIVA. Que nós a façamos, voluntária e honestamente. *Este ano ainda* significa que já houve anos de graça anteriores. O cuidador da vinha não foi apanhado de surpresa pelo insucesso da figueira, nem era a primeira visita frustrada do dono em busca de colheita. Deus, que nos dá "este ano ainda", já nos deu outros períodos anuais antes deste; sua bondade e misericórdia não são novidade, e sua paciência já foi posta à prova muitas vezes por nossa provocação. Primeiro, vieram nossos anos *juvenis*, quando mesmo um pequeno fruto é para Deus particularmente doce. Como os empregamos? Nossa força toda esteve somente voltada à temeridade ou à devassidão? Nesse caso, bem podemos lamentar o vigor desperdiçado, a vida perdida, o pecado excessivamente multiplicado. Aquele que tristemente nos viu gastar à toa os nossos meses dourados da juventude nos concede, não obstante, *este ano ainda*. Nele devemos ingressar com abençoada preocupação, cuidando para que qualquer medida de força e fervor que ainda nos reste não seja esbanjada inutilmente como em oportunidades passadas.

Aos anos de juventude, seguiu-se a *maturidade inicial*, quando começamos a construir um lar, uma família, e a criar raízes como uma árvore firmada em seu lugar. Também nessa oportunidade os frutos poderiam ter sido preciosos. Produzimos algum? Apresentamo-nos diante do Senhor com uma cesta repleta de frutos próprios da época? Oferecemos a ele as primícias de nossas forças? Se assim o fizemos, podemos bem adorar a graça que tão cedo nos salvou; se não, o passado nos repreende e, com o dedo em riste, nos aconselha a não deixar que *este ano ainda* venha a ser uma mostra do restante de nossa vida.

Quem dissipou a juventude e a manhã da maturidade já provou bastante da tolice: o tempo assim passado já preenche muito bem a cota de concessão às vontades da carne, e seria realmente um exagero de perversão sofrer mais *este ano ainda* a serviço do pecado. Muitos de nós ainda se acham na *flor da idade*, cujos anos de uma jovem vida desperdiçada já não são poucos. Será preciso confessarmos haver sido o nosso tempo devorado pelas lagartas e gafanhotos? Chegamos à segunda metade da jornada e não sabemos ainda qual o caminho a seguir? Seremos ainda tão tolos aos quarenta anos de idade? Ou já teremos passado meio século de vida no calendário e nem perto chegamos dos anos de juízo? Ó grande Deus, que não haja pessoas além dessa idade que ainda não tenham ganhado sabedoria! Não salvas ainda aos sessenta, não regeneradas aos setenta, não despertas aos oitenta, não renovadas aos noventa! Todas e cada uma, espantosas — que bem poderiam escutar o chamado que faria vibrar seus ouvidos, chamado esse, no entanto, que não ouvem. A permanência contínua no mal estimula o endurecimento do coração, e quando a alma dorme demais na indiferença é difícil arrancá-la do sono mortal.

O som das palavras *este ano ainda* faz alguns se lembrarem de *anos de grande misericórdia*, cintilando e brilhando docemente. No entanto, terão esses anos sido dedicados ao Senhor? Foram anos comparáveis aos sinos de prata que tilintam pendurados nos cavalos — anos de "santidade para com o Senhor"? Se sim, como explicar que *este ano ainda* possa ser um ano que se harmonize com grande misericórdia e levá-lo a se perder nos caminhos do descaso e da indiferença? Essas mesmas palavras, porém, lembram a alguns de nós *anos de muita aflição*, quando nos sentimos sós e abandonados. Como foram, porém, esses anos? Na verdade, Deus fez muita coisa por nós, exercendo paternidade cuidadosa e até custosa, zelando por nós com imenso e sábio conhecimento — e será que correspondemos ao benefício recebido? Teremos nos levantado pela manhã mais pacientes e gentis, menos voltados para o mundo e mais consagrados a Cristo? Colhemos frutos que pudéssemos apresentar ao dono da vinha? Que não nos afastemos dessas questões de exame introspectivo, para que este não seja mais um ano de cativeiro, mais uma temporada sob o calor da fornalha ou do fogo do ourives. Que o Senhor permita que as tribulações que estejam por vir levem de nós mais joio do que em qualquer outra época, deixando conosco trigo mais limpo e melhor.

O novo ano nos lembra também *oportunidades de sermos úteis* que surgiram e passaram e *promessas não cumpridas* que floresceram tão somente para morrer. Será *este ano ainda* como outros que foram antes? Devemos esperar receber a graça de Deus tanto quanto anteriormente e que nossas forças possam transformar promessas débeis em sólida ação?

Revendo o passado, lamentamos as tolices pelas quais não queremos continuar a permanecermos cativos *este ano ainda* e louvamos a salvadora misericórdia, a providência restauradora, a infinita liberdade e o divino amor, dos quais esperamos participar *este ano ainda*.

II. Pudesse o pregador pensar livremente, poderia direcionar o texto a seu bel-prazer em muitos sentidos, mas somos frágeis, e, portanto, devemos deixá-lo seguir com a corrente, que o leva a uma segunda reflexão: A MISERICÓRDIA MENCIONADA NO TEXTO.

É somente por infinita bondade que é permitida à árvore que estorvava o solo permanecer de pé por mais um ano. Toda extensão de vida deve ser sempre considerada como prova de misericórdia. Deve-se enxergar *este ano ainda* como mais uma concessão da infinita graça. É errado falarmos ou pensarmos como se não devêssemos dar valor a esta vida e considerarmos nossa estada na terra como maldade ou punição; estamos aqui *este ano ainda* como resultado de súplicas ao amor divino e em consequência de seus desígnios. O homem pecaminoso deveria considerar que o grande sofrimento do Senhor se deve à sua salvação e permitir que os divinos laços do amor o amarrem a ele. Oh, que o Espírito Santo leve o blasfemador, o que não observa o dia do Senhor e o devasso notório a sentir que maravilha é ter a sua vida prolongada *este ano ainda*! Iria ele então continuar a amaldiçoar, a rebelar-se, a desafiar seu criador? Seria este o fruto resultante da misericórdia paciente de Deus? O procrastinador, que já mandou embora várias vezes mensageiros do céu por meio de suas demoras e vãs promessas, não deveria se perguntar por que lhe foi permitido viver *este ano ainda*? Como e por que o Senhor tem tanta paciência com ele e atura tanto suas vacilações e hesitações? Será que mais este ano da graça é para gastar em vão, da mesma maneira?

Impressões passageiras, decisões apressadas e apostasias — serão parte de sua história mais uma vez e de novo? Consciência desnorteada, paixões irrefletidas, emoções de tirar o fôlego — serão esses os elementos que irão compor mais um ano de sua existência? Que Deus não permita a nenhum de nós titubearmos e nos retardarmos mais *este ano ainda*. A infinita compaixão, que segura a espada da justiça, será mais uma vez insultada pela repetição dos pecados que justamente causaram o erguimento de tal instrumento da divina ira? O que pode ser mais irritante para o coração, por mais bondoso que seja, que a indecisão? O profeta do Senhor poderia perfeitamente se tornar impaciente e bradar: *Até quando coxeareis entre dois pensamentos?* (1Rs 18.21). Deus em pessoa poderá pressionar uma decisão e exigir resposta imediata. Ó alma indecisa, por quanto tempo mais você irá flutuar entre o céu e o inferno, agindo como se fosse difícil escolher entre a liberdade do lar de amor do grande Pai e a escravidão de Satanás? "Este ano ainda" verá você brincar de desafiar a justiça, pervertendo a generosidade da misericórdia em licenciosidades de um pecado duradouro? Oh, não; não haja de maneira tão baixa, tão contrária a qualquer instinto nobre, de forma tão danosa aos seus próprios interesses.

O verdadeiro crente é deixado fora do céu *este ano ainda*, mas em amor, não em ira. Há pessoas a quem é ainda necessário residir na carne para que sejam ajudadas no caminho em direção ao céu, e outras, para que sirvam aos pés do Redentor, sob suas ordens. O céu dos muitos santos não os aguarda para já, pois companheiros seus mais próximos ainda não chegaram e seus filhos espirituais ainda não se uniram em glória para lhes dar majestosas boas-vindas celestiais; devem esperar *este ano ainda* para que seu descanso venha a ser um dia ainda mais glorioso, e os frutos que colham possam lhes render uma alegria ainda maior. Certamente que, pelo bem das almas, pelo deleite em glorificar mais o nosso Senhor e aumentar as joias de nossa coroa ficaremos muito felizes por esperar aqui embaixo *este ano ainda*. Este é um vasto campo. No entanto, não podemos também nos demorar demasiadamente nele, pois curto é o nosso espaço, e a nossa força, mais ainda.

III. Nossa última exortação é lembrar que a expressão *este ano ainda* IMPLICA UM LIMITE. O viticultor não pediu prazo maior que um ano. Se a adubação e a irrigação do solo não fossem bem sucedidos, provavelmente mais tempo ele não pediria, e a árvore seria cortada. Mesmo sendo o Senhor Jesus o suplicante, o pedido de misericórdia pode ter limite e vez. Não será para sempre que seremos deixados à vontade e nos será permitido ocupar o solo: se não nos arrependermos, acabaremos por perecer espiritualmente; se não formos beneficiados pela pá, cairemos pelo machado.

Haverá de todo modo, um último ano para cada um de nós; cada um, portanto, que se pergunte: "Será este o meu último ano?" Se assim for para o pregador, deverá se esforçar ao máximo para entregar a palavra do Senhor com toda a sua alma, apelando a que todos os companheiros humanos se reconciliem com Deus. E você, querido amigo, será *este ano ainda* o *seu* último período? Está pronto para ver a cortina se levantar por toda a eternidade? Estará preparado para ouvir o chamado da meia-noite e ingressar no banquete das bodas? O juízo e tudo o que depois dele decorre são, com toda a certeza, a única herança de todo homem vivo e bem-aventurados aqueles que pela fé em Jesus Cristo estão aptos a enfrentar o tribunal de Deus sem um único pensamento sequer de receio ou temor.

Os que estamos entre os mais velhos, temos mais possibilidade de partir, e haverá uma hora em que poderemos ouvir uma voz: "Assim diz o Senhor: este ano ainda morrerás". Já passaram tantos por nós, e tantos mais vão embora a cada instante, que homem algum precisaria de um *memento mori*; além do que os homens têm tanta ansiedade em não lembrar a própria mortalidade e, portanto, esquecer sua esperança de eternidade, que não deveríamos ficar trazendo-a tantas vezes à sua lembrança. Mas reflita, ó homem mortal! Prepare-se para encontrar o seu Deus; pois é certo que você o irá encontrar. Busque então, logo, o Salvador; busque-o, antes que outro sol se ponha.

Enfim, *este ano ainda*, mesmo que seja somente por este ano ainda, a cruz está erguida como farol do mundo, como única luz para a qual vista nenhuma olha em vão. Oh, que milhões possam olhar para ela e viver! O Senhor Jesus virá em breve pela segunda vez, quando então o fulgor de seu trono suplantará a irradiação de sua cruz: o juiz, no lugar do redentor. Então, ele, que agora salva, deverá destruir. Ouçamos, portanto, sua voz enquanto é tempo. Deus estabeleceu um prazo; estejamos ávidos em querer aproveitar esse período da graça, que já decorre. Creiamos em Jesus neste mesmo dia, que pode ser o nosso dia final. São as súplicas que lhes faz alguém que, neste exato momento, se recosta ao travesseiro, em total fraqueza. Ouçam-nas, em favor da vida, da alma de vocês.

131

TUDO ESTÁ PREPARADO. VENHAM.

Vinde, porque tudo já está preparado (Lc 14.17).

Este convite foi feito inicialmente aos judeus, mas parece ser apropriadamente peculiar a nós, gentios. Já era o entardecer quando o Senhor chegou, e a ceia, evidentemente, estava pronta a ser servida. Começam agora a cair às sombras, o sol da atual dispensação já declina. Por dezenove séculos vêm os dias encurtando, desde que o Senhor enviou pela primeira vez os seus servos a convidar todos para sua ceia. O fim dos tempos de comparecimento à ceia das bodas do cordeiro chegará em breve, cabendo-nos, portanto, ser, mais do que nunca, eficientes na entrega da mensagem de convocação aos convidados.

Se todas as coisas pode-se dizer que devam estar prontas até o dia da vinda do nosso Salvador, pode-se dizer então que com maior ênfase agora; pois, quando ele nos deu essa parábola, o Espírito Santo ainda não nos havia sido concedido; mas já ocorreu seu derramamento no Pentecostes, e o Espírito de Deus desde então habita em nós, acompanhando a Palavra para enchê-la de poder e abençoar nossa alma enquanto nos alimentamos com a verdade. De maneira bem enfática, portanto, tudo agora já está preparado, e a ceia aguarda os convidados. Espero que vocês não passem de modo algum a dar desculpas, mas, sim, estejam preparados para nos atender quando os convidarmos; que venham ter conosco ao insistirmos que venham; que cedam ao nosso empenho ao usarmos da santa "violência" do amor buscando compeli-los a vir. Não hesitaremos em lançar mão de todos esses três modos de persuasão, até que vocês sejam levados a vir, *porque tudo já está preparado*.

Há duas expressões bem claras no texto e que têm perfeita relação entre si: um convite claro — *Vinde*; e um motivo bem convincente — *porque tudo já está preparado*. Este motivo significa a preparação divina, constituída da mais generosa provisão de banquete real: *Os meus bois e cevados já estão mortos*, [...] *vinde às bodas* (Mt 22.4). A prontidão por parte de Deus é o forte motivo pelo qual os homens deveriam partilhar de sua graça. Este é o ponto em que trabalharemos agora: a prontidão do banquete da misericórdia como a razão pela qual os homens deveriam comparecer a ele de imediato.

I. Começaremos nossa meditação expondo a primeira das afirmativas com que dividirei meu discurso nesta parte inicial, a saber, que É HÁBITO DE DEUS DEIXAR TUDO PREPARADO, seja para seus convidados, seja para suas criaturas em geral. Você jamais o encontra atrasado em qualquer que seja seu plano. Ao chegarem os convidados, não há correrias para arrumar a mesa ou preparar a comida; o Senhor em tudo se antecipa, e cada detalhe é por ele observado: [...] *tudo já está preparado*.

Assim foi com a criação. Ele não criou uma única folha de capim sequer na face da terra até que o Sol e a atmosfera estivessem prontos para recebê-la; até que o brilhante astro tivesse começado a se irradiar em direção a terra. Imagine a vegetação sem sol, ou a terra sem mudança de noite para o dia; mas o ar veio a encher-se de luz, o firmamento a sustentar as nuvens, e a terra, as plantas e as árvores. Nem Deus fez também criatura alguma que tivesse vida, nenhuma ave para voar no meio do céu, nenhum peixe para nadar em meio aos mares, nem nenhum animal que se movesse em terra seca, sem que tivesse preparado para ele o *habitat* adequado e o alimento necessário. Não houve gado antes de haver prados para que pastassem; não houve pássaros até que existissem árvores onde fazer seus ninhos; nem mesmo um animal rastejante até que estivesse pronta a resistente pele que usa. Nenhuma criatura teve de esperar faminta

TUDO ESTÁ PREPARADO. VENHAM.

até que seu alimento brotasse; tudo ficou pronto: primeiro para a vida vegetal, depois animal. Quanto a Adão, tudo já estava preparado para recebê-lo quando Deus veio a fazer dele sua última e mais nobre criação. Jardins já haviam sido criados à margem das fontes, todas as árvores já tinham sido plantadas com frutos maduros, e flores, desabrochado, para que o homem nelas se deleitasse. Adão não entrou em um lar desprovido de mobília, mas o lar que o Pai havia criado agradável e apropriado para sua morada. O mundo foi primeiro preparado, e então o homem, que o governaria, nele foi colocado. *Tudo já está preparado*, pareceu o Senhor dizer; "surja, então, erva que rende semente!"; e então: "Tudo já está preparado, vinde criaturas do campo!", ou: "Tudo já está preparado; aparece, pois, ó homem, feito à minha imagem e semelhança!"

Ilustrações desta mesma verdade podemos obter de outros diferentes modos de Deus agir para com os homens, em tempos posteriores. A arca foi primeiro construída, e depois nela ingressaram as várias espécies de animais, já com todos os preparativos necessários para a inusitada viagem que estavam prestes a fazer; só então disse o Senhor a Noé: *Entra na arca, tu e toda a tua casa* (Gn 7.1). *Vinde, porque tudo já está preparado*, soou certamente a voz dele para a família escolhida, enquanto entravam na arca. Não havia razão para demoras, todas as providências já haviam sido tomadas, e Deus os pôde então ali acomodar. Tudo é feito com pontualidade e exatidão pelo único e sábio Deus. No mesmo dia em que algo se faz necessário já está preparado.

Tomemos outro exemplo de providência, como a ida de Israel para o Egito. Deus determinara que Jacó e seus descendentes deveriam ir para lá, mas quão sabiamente ele preparou essa empreitada. Enviou muito antes deles José, que ocupou praticamente o trono do Egito, enfeixando poder suficiente para mandar buscar e prover todos os famintos de Israel. Anos antes, enquanto duraram sete anos de muita abundância no Egito, ele havia tido a inspiração divina de armazenar grande estoque de trigo, para que mais tarde pudessem vir a se alimentar, durante sete anos de fome. A terra egípcia de Gósen fora também colocada pelo faraó à disposição de José, de modo que o rebanho de Israel pudesse vir a habitar naquela próspera região. Nem ao Egito poderá o Israel de Deus chegar sem que tudo já esteja preparado; e, quando tudo assim estiver, para lá ele há de ser de novo conduzido, com mão poderosa e braço estendido, pelo Senhor.

Foi assim também quando as tribos migraram para Canaã. Deus não os levou para a terra prometida sem que tudo não estivesse preparado. Eles tiveram de esperar pelo tempo certo, pois o Senhor havia dito a Abraão que "a medida da iniquidade dos amorreus não está ainda cheia". Até que os habitantes daquela terra excedessem os limites da divina misericórdia, sendo condenados a morrer, não entraram em cena os israelitas, que então passaram a ser executores e sucessores daquele povo; e, quando chegaram ao rio Jordão, Deus já havia preparado tudo para eles, pois antes dos homens havia enviado vespões e pestes para expulsar de lá muita gente, tanto assim que alguns dos espias, impressionados com isso, comentaram até, temerosos: [...] *é terra que devora os seus habitantes* (Is 24.6). O Senhor Deus se adiantou a eles, travando suas batalhas antes que chegassem; a fim de lhes preparar um lugar no qual, quando entrassem, pudessem habitar casas que não haviam construído e colher das árvores que não haviam plantado. Chegaram a uma terra que manava leite e mel, terra muito bem cultivada, não um deserto que necessitasse de trabalho árduo; verdadeiro campo do Senhor, cujo fruto podia ser provado de imediato, tanto assim que se alimentaram do seu cereal tão logo atravessaram o Jordão. Vejam, portanto, que *tudo já está preparado* sempre; que isso é algo que o Senhor tem o hábito de fazer constantemente por aqueles a quem escolhe abençoar.

O fato de que tudo já está preparado na grande ceia do evangelho nos ensina, em primeiro lugar, que *os pensamentos de Deus se antecipam aos dos homens. Vinde, porque tudo já está preparado*. Não é "quando você chegar, será tudo preparado", mas, sim, "já está tudo preparado". A graça chega sempre primeiro, e o homem consegue, no máximo, seguir seus passos. Muito antes de podermos pensar em Deus, ele já pensava em nós; sim, muito antes que fôssemos alguma coisa, antes mesmo de o próprio tempo chegar, já havia no seio do Eterno pensamentos amorosos para aqueles para quem a mesa da misericórdia já estaria posta. Ele planejou e preparou tudo e tudo em sua mente augusta, desde o começo dos começos; préviu e predestinou, na verdade, todas as provisões e todos os convidados do banquete; tudo já está preparado no pacto e no propósito eternos muito antes de a terra existir. Nunca pense, ó pecador, que você pode sobrepujar o amor de Deus, pois ele estará no final da corrida muito antes que você esteja no começo. Deus a terá completado antes que você pense em começar. Os pensamentos dele estão à frente dos nossos, *assim como seus atos*, pois ele não diz "tudo já está planejado e organizado", mas, sim, *tudo já está preparado*. Executado, então, o grande sacrifício do cordeiro, Jesus, a fonte de nossa purificação, se enche de sangue; o Espírito Santo nos é dado, a Palavra pela qual devemos ser instruídos nos é disponibilizada, e a luz que irá iluminá-la nos é prometida mediante o Espírito. A promessa nos anima a ir a Cristo, mas o que já nos foi concedido deverá exercer em nós irresistível atração. Tudo já está consumado pela santíssima Trindade antes de o pedirmos por misericórdia; isto nos deve tornar mais esperançosos e dispostos em nossa aproximação ao Senhor. Venha, ó pecador; venha imediatamente. Que isso possa mais ainda encorajá-lo, pois tudo o que Deus há que fazer para sua salvação já foi feito antes mesmo que você pensasse nele ou se voltasse em sua direção. Venha! Tudo já está pronto.

Isso prova também quão bem-aventurados são aqueles que vêm. Se você for convidado por um amigo para jantar e, ao chegar ao local marcado, encontrar a porta fechada, e mesmo depois de bater muitas vezes não ouvir resposta, pois não há ninguém em casa, você há de admitir ter havido algum engano, que o convite não foi de nodo algum verdadeiro; ou então, mesmo que o amigo aparecesse à porta e o fizesse entrar, mas claramente embaraçado, pois não há refeição alguma preparada e a casa nem foi arrumada para recebê-lo, você logo perceberia e sabiamente procuraria ir embora, pois é evidente que, se você tivesse sido de fato convidado e bem-vindo, tudo estaria preparado de antemão, esperando-o. Todavia, ó pobre alma, se você, ao ser chamado, vier a Deus, tudo o que for necessário já estará preparado, para seu prazer.

Servida a mesa festiva então terias,
Dispostas nela as mais ricas iguarias.

O divã para sentar-se e reclinar-se à mesa lhe será oferecido. Tudo já está preparado. Quão amavelmente Jeová virá ao seu encontro, quão verdadeiro é o convite, quão sincero é o desejo que você com ele festeje.

Resumindo nosso primeiro tópico: é hábito do Senhor ter tudo preparado para seus convidados.

II. Nosso segundo ponto é que TAL PRONTIDÃO DEVE SER O MOTIVO PARA A VINDA CONTÍNUA DOS SANTOS, vendo nisso a pronta ajuda da graça divina em qualquer momento que se faça necessário. Ó filhos de Deus, deixemos por um instante o uso imediato que o Salvador faz da parábola para a empregarmos em seu benefício maior. Como já dissemos amados, sempre e sempre que o Senhor Jesus Cristo convida seu povo a vir a ele e provar de sua generosidade, tudo está pronto. Foi assim naquela bela cena ocorrida na praia do mar de Tiberíades, quando o Senhor chamou todos os que antes se achavam labutando na pesca, dizendo: *Vinde, comei*. Ocupados, como estavam, em arrastar a rede até a praia com grandes peixes, eles tinham muita fome; mas não estranharam o convite, pois, como está escrito, *viram ali brasas, e um peixe posto em cima delas, e pão* (Jo 21.9). Como as brasas estavam ali, e o peixe e o pão, os evangelistas não nos dizem, mas nosso Senhor não os teria convidado para comer se não tivesse como lhes oferecer tão bondosa ceia de recepção. Sempre que seu Senhor e mestre, mediante seu abençoado Espírito, o chama para perto dele, você pode ter certeza que tudo estará pronto para seu imediato desfrute: você não precisará parar nem hesitar, terá apenas de ir a ele sem demora. Não replique: "Mas, Senhor, não me sinto pronto". Isto pode ser verdade, mas não é desculpa que você deva usar para ficar para trás. É a preparação *dele* o que interessa, não a sua, e como tudo de fato está pronto, você deve vir, esteja pronto ou não. Conheço alguns cristãos que se desculpam: "Não tenho capacidade de orar". Ó irmão, pois então ore até que a tenha. Outros dizem: "Acho que não devo ir à casa de Deus hoje, sinto-me muito infeliz, muito abandonado". Pois quando então deveria ir senão nesse momento, para que possa encontrar conforto? "Ainda assim,", diz ele , "você não gostaria de me ver cantar um hino que fosse, com o coração tão carregado como o meu". Gostaria, sim, gostaria mesmo, gostaria de ver você cantando, mesmo que fosse desde as

Tudo está preparado. Venham.

| 1231

profundezas do oceano e com todas as ondas de Deus por sobre você. Davi agia muito assim, começando um salmo lá nas profundezas e se elevando, elevando, elevando, até ser arrebatado pelo êxtase em Deus, antes mesmo de o salmo haver terminado. Tudo já está preparado pelo seu Senhor; venha, portanto, quer você esteja pronto quer não.

Observe as muitas ocasiões em que esta verdade precisa ter poder sobre você: se tudo já está preparado, venha *desfrutar da abundância das divinas promessas*. Você se encontra em pobreza espiritual? Venha e tome o que Deus tem para você, pois tudo é seu, todas as bênçãos procedentes dos montes eternos pertencem a todo o povo de Deus. Está precisando de força? Há uma promessa que diz: [...] *como os teus dias, durará a tua força* (Dt 33.25). Está tudo pronto, venha e tome. Busca consolo? Não sabe que todas as coisas estão preparadas para lhe proporcionar consolo, que as coisas imutáveis, das quais é impossível a Deus mentir, estão prontas desde antes de você? Venha e tome seu consolo. Lembre-se que tudo o que Deus promete pertence àqueles que creem nas suas promessas, e que você pode vir quando quiser, pois, por mais profunda que seja sua necessidade, se você nada tiver senão fé, há de encontrar preparada uma providência especial para sua necessidade especial. Tudo já está pronto; venha, portanto, com toda santa confiança, e tome aquilo que já está maduro para colher.

Chegue-se *ao propiciatório* em oração, pois tudo ali está pronto. No propiciatório foi aspergido o precioso sangue de Cristo; também o véu do santuário foi rasgado ao meio e a glória de Jeová brilha agora com o mais suave brilho radiante em meio aos querubins. Cheguemo-nos, portanto, com todo o ânimo junto ao trono da graça celestial, porque tudo está pronto para aquele que suplica. Não é preciso trazer coisa alguma consigo. Nem precisa também fazer preparação alguma além da que o Espírito Santo quer lhe dar sob a forma de gemidos inexprimíveis. Venha, filho de Deus, não obstante seu descuido e sua indiferença, ou o que quer que você tenha a pedir, pois ainda que você não esteja pronto, o trono da graça está. Chegue-se a ele, pois, para encontrar a graça de que tanto necessita.

Ao nos sentirmos grandemente impelidos à comunhão com Cristo, que bênção é que ele esteja sempre pronto a comungar com o seu povo. *Eis*, diz ele, *que estou à porta, e bato* (Ap 3.20). Quase sempre pensamos que *nós* é que ficamos à porta e batemos; mas não é assim: a grande verdade de Jesus em relação ao seu povo é que ele nos pede comunhão e nos diz que, se abrirmos a porta — e é tudo o que pede a seu povo —, entrará e ceará conosco e nós com ele. Supondo que não haja ceia, ele a proverá — ao ingressar, tudo já estará pronto. O mestre indaga: *Onde está o meu aposento em que hei de comer a páscoa com os meus discípulos?* (Lc 22.11); e não: "Está pronto o banquete?" Tendo o seu coração como aposento, ele proverá o banquete, e você comerá com ele e ele com você. À porta de quem Cristo bate, segundo as Escrituras? À porta da igreja de Laodiceia, a própria igreja a quem ele diz: *Assim, porque és morno, e não és nem quente nem frio, vomitar-te-ei da minha boca*. Portanto, vocês, pobres crentes da "igreja de Laodiceia" aqui presentes, se estão prontos a vir a Cristo, venham logo, pois tudo já está preparado; e, uma vez prontos, sua alma voará veloz a ele como carruagens de fogo. Ele está pronto para recebê-los em seu coração dos corações, e isso quão docemente deverá impulsioná-los para os braços de Jesus!

Creio que o mesmo pensamento deverá estar presente em nossa mente quanto às nossas *tarefas cotidianas*. Acordamos pela manhã sem sabermos bem o que haveremos de ter pela frente, pois a providência de Deus tem sempre novas surpresas para nós; mas gosto de pensar em que tudo já está preparado, de manhã, para minha jornada diária; que me basta apenas ir servir a Deus em meu ministério e ele já me terá preparado algum abençoado ouvido a que poderei oferecer palavras da graça, algum coração em cujo solo lançarei uma boa semente. Observe a providência toda, com suas poderosas engrenagens trabalhando juntas pelos servos do Deus vivo; vá em frente com dedicação e confiança, meu irmão, e você verá que cada passo de seu caminho já está preparado. Seu mestre já pavimentou a estrada e lhe indica até os lugares de descanso onde poderá pousar temporariamente até chegar à cidade celestial, bem como os lugares santificados em que há de glorificar seu bendito nome. Pois tudo está preparado para toda uma vida a serviço de Deus.

Sim, e se, além das tarefas diárias, aspirarmos a um grau maior de santidade, se desejarmos crescer na graça e atingir a plenitude de estatura de um homem em Jesus Cristo, tudo também já estará preparado para nós. Não há cristão que possa ter ambição de santidade sem que o Senhor o tenha preparado para atingi-la. Você, que quer se tornar como seu mestre, que deseja fazer um autossacrifício que demonstre o poder da graça dele em você, o Espírito Santo espera ajudá-lo, e tudo há de funcionar satisfatoriamente para você, pois tudo já está preparado. Venha, pois, sem temor.

Um dia desses, pode ser que você e eu já estejamos muito velhos, ou a doença haja recaído de forma crônica sobre nós e tenhamos somente de ficar em nosso leito observando, olhando, esperando a vinda do mestre. Então, há de chegar de repente uma mensagem dele, que nos dirá: "Venha, porque tudo já está preparado para a ceia"; e, fechando nossos olhos terrenos, abriremos os olhos celestiais e veremos o que ele tão docemente preparou, conforme prometera: *Vou preparar-vos lugar. E, se eu for e vos preparar lugar, virei outra vez, e vos tornarei para mim mesmo, para que onde eu estiver estejais vós também* (Jo 14.2). Oh, que alegre momento será quando ouvirmos seu chamado: "Tudo já está preparado, deixe seu lar, sua fazenda, seu trabalho, suas mercadorias, até mesmo quem dorme junto a você, pois o casamento do cordeiro chegou e você deve estar lá; levante-se, minha querida, meu querido, e venha. O inverno já acabou, e o tempo de os pássaros cantarem chegou também, tudo já está preparado! Venha!"

Sinto-me tentado em me demorar aqui, mas tenho de abandonar este tópico e passar para o próximo.

III. A perfeita prontidão do banquete da divina misericórdia constitui forte motivo para que os pecadores venham imediatamente.

Ao pecador, então, me volto. Deseja ter vida eterna? Há em seu espírito fome e sede das coisas que satisfazem o espírito e o fazem viver para sempre? Então, ouça este servo do mestre que o convida: "Venha, pois tudo já está preparado" — tudo, não apenas algo, tudo. Nada irá faltar a você, nem aqui nem no céu, de tudo o que irá lhe prover Jesus Cristo, com sua pessoa e sua obra. Tudo está pronto, seja a vida para a sua morte, seja o perdão para o seu pecado, seja a limpeza para sua imundície, seja a vestimenta para sua nudez, seja a alegria para sua tristeza, seja a força para sua fraqueza — sim, muito mais do que você jamais conseguiria por si só —, na infinita natureza e na infinita obra de Cristo. Não diga: "Não posso ir porque não tenho isso ou aquilo". É a você quem cabe preparar a festa? É você quem deve prover qualquer coisa que seja? É você que irá fornecer os mantimentos, o sal e a água? Você, de fato, não conhece sua verdadeira condição, do contrário nem imaginaria ter tal pensamento. O grande Provedor em pessoa é quem providencia tudo para o banquete, e você nada tem a ver com as provisões, senão unicamente partilhá-las com ele. Se lhe faltar algo, venha e receba o que falta; quanto maior sua necessidade, maior deve ser o motivo para sua vinda até onde há de encontrar tudo aquilo que possa precisar ou querer. Se você for tão necessitado a ponto de nada de bom poder trazer consigo, não importa: tudo já estará preparado. Que mais, aliás, você poderia prover depois de haver Deus provido tudo? Seria considerada tremenda rebeldia você pensar em adicionar algo ao "tudo" dele; seria verdadeira presunção sua querer competir com as provisões do grande Rei. Tudo o que você precisa — repito —, desde os portões do inferno, onde você agora se encontra, até os portões do céu, aos quais o leva a graça de Deus, se você crer — tudo lhe será provido em Jesus Cristo, o Salvador.

Tudo está *preparado* — lembre-se desta palavra. O boi e os cevados já foram abatidos; mais ainda, já foram preparados para consumo imediato, para serem servidos no banquete, e estão fumegando à mesa. Uma coisa é o rei dar ordens para o abate de tantos bois para a festa; mas o banquete não estará pronto depois dessa ordem: só depois de haverem pendurado os animais no gancho, esfolado e cortado e preparado as partes para o fogo é que algo começa a ser feito, mas ainda, no entanto, sem estar pronto ainda. Somente quando as carnes são servidas quentes à mesa, quando tudo que é desejável é colocado na presença de todos os convivas para o banquete é que tudo então está pronto — é este o caso agora. Nunca foi tão bom como agora e o futuro não será melhor do agora é. Tudo já está preparado, do modo exato com que você necessita que as coisas estejam, de tal modo que será o melhor para o conforto e prazer de sua alma. Tudo já está pronto; nada precisa ser mais fervido ou adoçado, tudo está do melhor modo que o amor eterno consegue fazer.

TUDO ESTÁ PREPARADO. VENHAM.

Observe, no entanto, também, a palavra *já*: "Tudo *já* está preparado" — bem agora, neste momento. Nos banquetes, os anfitriões sempre ficam bastante ansiosos se os convidados começarem a chegar bem mais tarde. Não gostam muito se eles chegam uma hora ou meia hora antes, mas chegarem meia hora ou uma hora depois atrapalha tudo, e em que estado de agitação e de preocupação costumam ficar se tudo *já* está pronto e seus convidados atrasam! Deixar a comida um pouco mais no fogo baixo para mantê-la quente, não mais a fará parecer "já estar preparada", mas, sim, "mais que preparada", requentada, talvez mesmo como tendo sido preparada "ontem". Eis por que o grande Provedor enfatiza que tudo *já* está preparado — para que você venha logo, de imediato. Não diz que se você demorar mais sete anos para vir as coisas ainda estarão prontas; permita Deus que muito antes desse período de tempo você já tenha ido além da necessidade de maior persuasão, tornando-se um participante da ceia. Diz, porém, que tudo *já* está preparado bem agora. Bem agora que seu coração está tão pesado e sua mente tão descuidada, que seu espírito anda vagueando — tudo *já* está preparado. Bem agora, ainda que você jamais tenha pensado sobre esse assunto e que tenha, como que por acaso, esta manhã, "caído" em meio a esta assembleia, sem motivo algum ligado à sua salvação, ainda assim tudo *já* está preparado. Ainda que seus pecados sejam como as estrelas do céu e sua alma trema ante a previsão do juízo vindouro, tudo *já* está preparado. Mesmo após haver rejeitado tanto a Cristo, mesmo depois de todos os convites que você rejeitou, você pode vir cear com ele.

Se tudo, enfim, *já* está pronto, então o conveniente, o correto, é vir *agora*, enquanto todas as coisas estão prontas. Enquanto o Espírito se detém ainda em nos atrair, enquanto os portões da misericórdia continuam abertos, enquanto todos podem vir, enquanto a vida, a saúde e a razão ainda lhe são poupadas, assim como ainda pode ser ouvida a voz do ministro que pede que você venha, venha imediatamente — tudo já está preparado — venha! Um atraso seria um despropósito, e o é justamente agora, quando tudo *já* está preparado.

Observe que na parábola tudo já estava preparado para aqueles que foram convidados. Eles não vieram, mas não zombaram quando chamados a vir. O fato de estarem todas as coisas prontas provava que o convite era sincero, apesar de haver sido por eles rejeitado. Há alguns que acreditam que não devemos distribuir convites a todos, mas somente àqueles que teremos certeza absoluta de que irão comparecer, e não que apenas possam casualmente comparecer; isso significa dizer que eles consideram o ministério de evangelização um mero detalhe. Senão, por que o pregador precisaria então convidar somente aqueles que já se puseram a caminho de vir? Acreditamos ser nosso dever e privilégio convidar toda a humanidade, mesmo aqueles que não virão ao banquete: mesmo que soubéssemos de antemão que eles não viriam, não os poderíamos isentar do chamado, pois o servo é enviado a dizer a todos os convidados que venham ao banquete, ainda que eles se recusem a vir e criem empecilhos para justificar sua rejeição. Na parábola, até estes foram convidados, sinceramente convidados, e tudo já estava preparado, mas simplesmente não vieram. Ó meu querido ouvinte, se você não vier a Cristo, irá perecer; mas nunca poderá dizer que não foi convidado nem que nada havia sido preparado para você. Não, eis o banquete já todo montado e lhe é sincera e honestamente dito que você venha. Deus permita que você o faça que você venha, imediatamente.

IV. Passo agora ao quarto e último tópico; que Deus o abençoe e sirva de consolo à alma necessitada. O texto apoia-se muito na DISPOSIÇÃO OU FALTA DE DISPOSIÇÃO DO PECADOR DE VIR.

Se o motivo pelo qual o pecador deve vir é que tudo já está preparado, então é em vão que ele alegue: "Eu não estou pronto". Torna-se evidente que o único requisito necessário por parte do homem é que ele queira ir e receber a bênção que Deus provê. Nada mais é necessário; se o homem quiser ir, ele simplesmente poderá ir e irá. Se o Senhor tiver, como tem prazer em tocar sua vontade de modo que o homem queira ir em direção a Cristo e o seu coração se sentir faminto e sedento da justiça divina — eis aí toda a disposição necessária para o homem ir. Tudo que o Senhor requer é que você, antes de tudo, sinta necessidade dele — e isso ele cria em você; e que, em segundo lugar, sentindo necessidade dele, você queira a ele se achegar. A vontade de ir é tudo. A disposição para crer em Jesus, a vontade de lançar a ele sua alma, de aceitá-lo como ele é, porque você sente que ele é o Salvador de que você precisa — isso é tudo; não há outros requisitos, nem poderia haver, pois foi o caso de que até mesmo os pobres, os aleijados, os cegos e os coxos compareceram ao banquete. O texto não diz: "Se você está preparado, venha", que é uma maneira legalista de ver o evangelho; mas diz: *Tudo já está preparado, o evangelho está preparado, portanto, venha*. Quanto à *sua* disposição, a única disposição necessária é aquela que o Espírito cria em nós, a saber, a vontade de ir a Jesus.

Observe ainda que a falta de disposição daqueles que foram convidados apoiou-se em suas posses e capacidade. Um deles deixou de ir porque havia comprado um pedaço de terra. Que obstáculos Satanás interpõe entre as almas e o Salvador! Com as posses mundanas e até boas ações das pessoas ele constrói uma barricada de enormes dimensões entre o pecador e o Senhor. Alguns têm de andar muitas léguas para que possam chegar a Cristo: pensam muito no mundo, em vez de pensar em Deus. Muitas pessoas têm imensos campos de boas obras, onde crescem plantações que enchem seus donos de orgulho, o que faz que tais pessoas se considerem de grande importância. Não são raros os homens que deixam de ir a Cristo por acharem que já têm mais que o suficiente. Outros, na parábola, deixaram de vir por terem muito o que fazer ou fazerem muito bem o que lhes cabia — um deles deixou de vir por ter comprado cinco juntas de gado e precisava experimentá-los: era certamente homem bastante bom no arar, e o motivo pelo qual deixou de vir foi possuir muita capacidade para essa tarefa. Milhares permanecem longe da graça por conta de suas posses ou de sua capacidade. Estar vazio vale mais, assim, para vir ao banquete do que ser completo. Quantas vezes não acontece de justamente a pobreza e a falta de habilidade acabarem ajudando levar uma alma a Cristo! Quando um homem se imagina rico, dificilmente conseguirá ir ao Salvador. Se alguém pensa que é capaz, quando quiser, de se arrepender, crer e fazer tudo o mais por sua conta, provavelmente não conseguirá ir e repousar, com fé simples, em Cristo. Não é o que vocês não têm, mas o que têm que impede muitos de vocês de chegarem a Cristo. Ser um pecador corresponde a ser um demônio, mas ser farisaico, autossuficiente, equivale a sete. Aquele que se sente culpado pode ficar afastado de Deus por algum tempo devido à sua culpa, mas o fariseu nunca conseguirá chegar a ele: enquanto o Senhor não remover o seu orgulho, ele irá se recusar a participar do banquete da livre graça. Ter honrarias, capacidade e riqueza costuma impedir que o homem chegue ao redentor.

Já as limitações pessoais, por outro lado, quase nunca constituem impedimento para que se chegue a Cristo, tanto assim que, na parábola, as tristes limitações daqueles que vieram a se tornar convidados não os impediram de participar da ceia. Alguns deles são descritos como *pobres* e certamente deveriam ser mendigos, esfarrapados, não tendo nem onde cair mortos, como se diz; suas vestes deviam estar em trapos e, talvez até pior que isso, eles próprios estivessem imundos, em nada adequados a fazer companhia a pessoas respeitáveis e, portanto, aparentemente, de modo algum honrando a mesa do senhor da ceia; mas os servos que foram chamar esse tipo de convidado não vasculharam seus bolsos, tampouco olharam para a riqueza de tais pessoas, apenas as reuniram e levaram. Eram pobres, sim, mas foi dito aos mensageiros que convidassem justamente os pobres; e, portanto, entraram. A pobreza não os impediu de estarem dispostos a aceitar o convite; e, ó pobre alma, se você for pobre, literal ou espiritualmente, nenhuma dessas pobrezas constitui condição inadequada para com a divina misericórdia:

Quanto mais pobre, mais bem-vindo aqui.

Se você chegar ao seu último níquel e mesmo que este último seja gasto, deixando-o com nada mais que dívidas que ultrapassam seu pescoço e suas orelhas, e achar que nada mais lhe resta a não ser os grilhões eternos da prisão, você pode vir a Cristo, com sua pobreza e tudo o mais.

Outro tipo de convidados eram os *aleijados*, cuja aparência, naturalmente, não deveria ser agradável: em um havia falta de um braço, outro tivera seu olho arrancado, um perdera o nariz, e outro, uma perna. Havia toda sorte de desmembrados. Quantas vezes viramos a cabeça, sentindo que é melhor dar logo alguma esmola que ficar olhando para as feridas do coitado ou ouvindo a história de sua mutilação. Mas

Tudo está preparado. Venham.

para o dono do banquete não importava o nível de desfiguração; eles haviam sido convidados, e nenhum deles seria rejeitado por conta das horrendas feridas que apresentava. Portanto, pobre alma, por mais que Satanás haja desfigurado e mutilado você, a ponto de até sentir constrangimento por ainda estar viva, tal fato não é, no entanto, empecilho para que você venha; deve comparecer do modo em que se encontra à mesa da graça. Até mutilações morais são corrigidas quando Jesus toma a pessoa nas mãos. Venha a ele, por mais ferido e machucado pelo pecado que você esteja.

Havia também os *coxos*, aqueles com pelo menos uma perna danificada ou que não tinha mais utilidade alguma, que não poderiam vir sem um cajado, uma muleta ou algo do tipo; mas até mesmo isso não era motivo para que não fossem bem-vindos. Ah, você talvez ache difícil acreditar, mas não há motivo para que se detenha e não venha logo receber a grande absolvição que Jesus Cristo está pronto a lhe conceder. Mesmo que você possa coxear em sua dúvida e falta de fé, não deixe de vir ao banquete, clamando: "Eu creio! Ajuda a minha incredulidade".

Outros chamados foram os *cegos*. Certamente, como não podiam ver o caminho até a ceia, foi ordenado aos mensageiros que não apenas os convidassem, mas também os guiassem. Um cego nunca chega se não for conduzido; e a única coisa necessária seria sua disposição para ser guiado na direção certa. Vocês, que não compreendem bem o evangelho como gostariam, que se sentem confusos ou desnorteados, deem a mão a Jesus e peçam para ser conduzidos, anseiem por compreender o que não conseguem, agarrem-se com vontade àquilo que ainda não conseguem distinguir bem com seu conhecimento. Por mais ignorante ou mal instruídos que seja das coisas de Deus, a cego nenhum será negado chegar por sua deficiência.

Havia ainda lugar para outros convidados, os dos *caminhos*, que suponho fossem pedintes, e os dos *valados*, que creio vivessem ali escondidos e fossem provavelmente ladrões e marginais; não obstante, foram também chamados, e sua situação não os impediu que viessem e fossem bem-vindos. Apesar de rejeitados, enjeitados, verdadeiros ciganos espirituais, ou seja, pessoas para as quais quase ninguém ligaria, ainda assim não importava quem fossem, pois essa não era a questão; deviam vir porque tudo já estava preparado: bem-vindos os trapos e a imundície, bem-vindos os aleijados e os cobertos de feridas, bem-vindos todos os tipos de impureza e abominação, pois tudo já estava preparado para todos e, portanto, tudo teria de ser trazido ao banquete.

Por fim, acredito que a questão, que em qualquer dessas pessoas poderia parecer inadequação, era a necessidade de ajuda. Uma grande verdade é que aquilo que consideramos inadequado é sempre, justamente, o que nos torna de fato adequados. Pensem por um momento nesses pobres, aleijados, cegos e coxos. Dos que haviam sido antes convidados, alguns não haviam comparecido por haver comprado um campo, ou cinco juntas de bois; todavia, quando o mensageiro chegou ao mendigo vestido de trapos e o chamou para o banquete, evidentemente este não poderia alegar não estar em condições de comparecer porque havia comprado terras ou gado, pois não tinha um níquel sequer; de modo que estava a salvo dessa tentação. Quando um homem é convidado a vir a Cristo e diz: "Não preciso, tenho minha justiça própria", ele irá ficar de fora; mas quando o Senhor Jesus veio a mim, por exemplo, não fui tentado a agir dessa maneira, pois não tinha nenhuma justiça própria nem poderia ter, mesmo que quisesse. Sei de pessoas aqui que não conseguiriam costurar uma veste de justiça própria, por mais que juntassem todos os trapos que possuem; e isso é da maior valia para se aceitar o Senhor Jesus. Que bênção ter uma alma tão pobre a ponto de nunca poder se afastar de Cristo por causa das posses materiais!

Na parábola, são referidos também os que alegaram não poder comparecer porque haviam casado. É bem provável que as pessoas cegas, mutiladas ou aleijadas estivessem em tal condição que não pudessem casar, nem conseguissem atrair alguém para isso. Não tiveram, assim, de ter de cair em mais essa tentação. Eram muito deficientes ou desfigurados para atraírem o olho de alguém que buscasse a beleza ou a perfeição física. No entanto, acabaram encontrando no abençoado banquete do cordeiro um matrimônio eterno, infinitamente melhor. Assim, as almas podem perder alguns prazeres e confortos terrestres, mas podem, por tal perda, acabar ganhando coisas supremas; e desse modo chegam junto a Cristo, nele encontrando conforto e alegria ainda maiores.

A deficiência, que pode parecer ser um impedimento, pode perfeitamente transformar-se em uma bela vantagem.

Enfim, quanto à desculpa que foi dada: *Comprei cinco juntas de bois, e vou experimentá-los* (Lc 14.19), um coxo não poderia apresentá-la. Quando o mensageiro apareceu para tocar o coxo amavelmente nos ombros, chamando-o: "Vem", ele jamais poderia alegar: "Sinto muito, mas estarei ocupado experimentando arar com as minhas novas cinco juntas de reses". Ele não seria capaz nem de pisar em uma horta por causa do problema com a perna, pobre alma, de maneira que não poderia dizer isso. Já o cego não poderia argumentar: "Comprei um campo e devo ir vê-lo", pois estava livre de toda ambição que os olhos possam açular, e por isso era mais que adequado para poder comparecer ao banquete. Quando uma alma reconhece sua pecaminosidade, sua desgraça, sua perdição, ela se considera inadequada para ir a Cristo, mas esse fato, pelo contrário, é mais um motivo para ajudá-la, pois a impede de olhar para qualquer coisa que não Cristo, acabando com toda desculpa e deixando o indivíduo livre para aceitar a salvação pela graça.

Quanto aos homens que se achavam nos caminhos, a mim me parece que se encontravam fora de casa, se é que a tinham. Se não estivessem, não se mostrariam propensos a aceitar participar de uma lauta ceia, objeto do convite. Um homem que esteja fora da casa de sua justiça própria, ainda que seja um grande pecador, acha-se em posição bem mais favorável e provável de ir a Cristo do que aquele que se orgulha de sua suposta atitude correta.

Por sua vez, os que viviam nos valados, como de fato não tinham casa própria é bem provável que fossem e lotassem a casa de Deus. Homens não se enfurnam em valados enquanto têm pelo menos uma choupana em que possam se abrigar; mas, ó pobre alma, se você chegar a tamanho infortúnio, a ponto de considerar necessário ter de se esconder em algum valado — se você nada tiver além do pensamento de temível espera pelo juízo, achando ser um proscrito e enjeitado diante de Deus, deixado a vagar, chorando e errando como Caim, de qualquer maneira uma pessoa perdida —, então você está em primeiro lugar na fila para vir a Cristo. Saiam de seus esconderijos, eu os concito; pois, por mais que vocês se escondam, o Espírito de Deus há de encontrá-los e trazê-los, creio, esta manhã, para os alimentar de amor divino. Confiem em Jesus Cristo, apenas isto, do modo em que agora se encontram, com todas as supostas inadequações e toda provável falta de capacidade. Recebam o que Deus tem preparado para vocês: o precioso sangue para purificá-los, a veste de justiça para revesti-los e a alegria eterna que lhes pertence. Recebam a graça de Deus em Cristo Jesus, oh, recebam-na agora. Permita Deus que assim seja, em nome de Jesus Cristo. Amém.

132

UMA DESCULPA "ESFARRAPADA" É PIOR DO QUE NENHUMA

Mas todos à uma começaram a escusar-se (Lc 14.18).

A provisão do evangelho de Cristo pode ser comparada a uma *ceia*, servida, por assim dizer, ao anoitecer do mundo — "nestes últimos dias". A expressão *uma grande ceia* é muito bem adequada, se considerarmos a grandeza da provisão. Quanto de amor e misericórdia Deus já demonstrou em relação aos filhos dos homens na pessoa de Cristo Jesus; quanto de poder e obra da graça já demonstrou por seu Espírito Santo! É de fato uma grande ceia, se pensarmos na riqueza e beleza da provisão — um banquete digno do grande Rei. A carne de Jesus é o nosso pão espiritual, e seu sangue, nosso mais puro vinho. Satisfaz a nossa alma o pacto de misericórdia, tão bem descrito como *um banquete de coisas gordurosas, banquete de vinhos puros, de coisas gordurosas feitas de tutanos, e de vinhos puros, bem purificados* (Is 25.6). Trata-se, pois, de um grande banquete, ainda mais considerando o número de convidados: *Ide por todo o mundo, e pregai o evangelho a toda criatura* (Mc 16.15). O chamado do evangelho chega hoje a todo homem e a toda mulher descendente de Adão, pela pregação em toda parte.

> Somente será enjeitado
> O que a si se exclui, a seu talante;
> Bem-vindo o culto e o educado,
> Tanto quanto o rude e o ignorante.

Nenhum outro rei jamais enviou um convite tão amplo como este. Mas a sabedoria *junto às portas, à entrada da cidade, e à entrada das portas está* clamando: *A vós, ó homens, clamo; e a minha voz se dirige aos filhos dos homens* (Pv 8.4). Não é estranho, porém, que, ao oferecer o provedor uma ceia tão grande, sem qualquer cobrança nem preço, que seus convidados comecem, a uma só voz, a dar desculpas para não *comparecer?* Ele não os está intimando a ir para a prisão nem os obrigando a passar penúria; por que, então, essas pessoas se mostrariam tão avessas a aceitar o chamado? Qual o motivo de tal rejeição unânime? Se muitos homens bons se acham afastados uns dos outros, como podem os maus se unirem tanto? Nenhum deles teria consideração para com o generoso amigo a ponto de sentar à sua mesa e participar de sua liberalidade? Nenhum.

Realmente, meus irmãos, temos aqui uma imagem da depravação universal do homem. Todos os homens são deste modo, vis e recusam a misericórdia de Deus. Nunca se conhece o grau de maldade de um homem enquanto o evangelho não haja sido pregado a ele. O evangelho age como um fundo branco que revela a mácula do coração humano. Aqui, a natureza humana alcança a altura mais elevada da enormidade do seu pecado. Expelindo seu veneno contra o Senhor de infinito amor, os ímpios provam ser realmente raça de víboras. O evangelho é pregado a milhares, e a milhares os chama, e muitos e muitos dão desculpas para recusar seu chamado? É o que diz a parábola, e é exatamente o que acontece. O quê? Não haverá ao menos alguém cujo livre-arbítrio o possa inclinar em direção a Cristo? Ninguém com disposição natural para vir a Jesus? Não, diz o texto; nem ao menos um: *Mas todos à uma começaram a escusar-se* (Lc 14.18). Quão inteiramente nosso pai Adão arruinou nossa compreensão! Quão tolos e rebeldes somos por nos recusarmos a participar do banquete do amor. Tornamo-nos, de modo geral, completamente sem valor; não há um de nós que busque efetivamente a Deus. Alguns de vocês certamente desejariam me lembrar que, na parábola, há outros homens que foram chamados e compareceram ao banquete, sem dar desculpas. É verdade; mas estes que aceitaram o convite estavam nos caminhos e valados ou pelas ruas e becos da cidade, como estão também aqueles que nunca antes ouviram o evangelho e, portanto, não poderiam ser culpados de rejeitá-lo, embora distantes de Deus por suas obras pecaminosas e permanecendo como estrangeiros em Israel. Assim, tomando esses dois tipos de pessoas representando toda a humanidade, constataríamos serem ambos inimigos de Deus. Os que estão pelas ruas, caminhos e valados precisam ser "compelidos" a ir à ceia, pois têm uma relutância natural quanto ao banquete servido à mesa do bom homem. Todavia, do mesmo modo, todos os outros tipos de homem, avessos ao evangelho, estão prontos sempre a pecar — e alguns se contentam até em perecer no pecado; mas vir a Cristo, aceitar a grande expiação feita por eles, depositar sua total confiança em Jesus, são coisas nas quais não estão interessados; então, quando ouvem o evangelho, começam a dar desculpas.

Acho que deva haver aqui, esta manhã, muitos dos que têm sido abençoados com o evangelho por anos e anos, mas que, até agora, têm somente apresentado escusas como resposta à mensagem da graça. Espero poder chegar a eles de modo simples e sincero, desejando que todas as suas desculpas encontrem hoje um fim. Oh, que possam vir de uma vez ao banquete que há tanto tempo rejeitam e se regozijar na misericórdia de Deus em Cristo Jesus!

Por que as desculpas? Vamos, em primeiro lugar, *investigar* o motivo dessa conduta; em seguida, *que desculpas foram dadas* — vamos *reexaminá-las*; e, em terceiro lugar, *quão inúteis, essas desculpas! —* vamos *enfrentá-las.*

I. Vamos então INVESTIGAR *o fato, o triste fato, de que os homens estejam mais aptos a dar desculpas e recusar do que receber a palavra de Deus.*

Constatamos, antes de tudo, na parábola, que aqueles indivíduos não tinham *vontade alguma de aceitar o banquete.* Se fossem sinceros, diriam: "Não queremos comparecer, nem pretendemos fazê-lo". Não fosse o coração humano tão enganoso, os pecadores não dariam desculpa alguma quanto à salvação, mas diriam: "Não aceitamos que esse Jesus reine sobre nós: não reconhecemos nossos pecados e não aceitamos, por isso, o perdão de Deus; cremos que podemos obter nossa salvação, se for o caso, por nossas próprias obras. Se não, nós nos satisfaremos somente por tentar; se der errado para nós, dará errado também para muitas outras pessoas. Correremos então o risco". Ou: "Não queremos saber de salvação alguma; preferimos, em vez disso, ter nossa parte de prazeres carnais: sua religião demanda muito autossacrifício, sendo assim contrária aos desejos de nossa mente e nosso coração; temos, consequentemente, de recusá-la". Esta é a verdade. Alguns de vocês, meus ouvintes, já há muito se impressionaram e constataram a força do pecado, mas têm evitado Cristo com desculpas. Terão de concordar comigo se eu categoricamente afirmar que no fundo de seu coração estão em inimizade com Deus. Uma desculpa pode parecer muito educada, mas será tão frágil quanto bonita possa ser. Se você fosse honesto com sua alma, diria: "Não amo Cristo; não quero sua salvação". Suas postergações, desculpas, falsas promessas, são todas inúteis; qualquer pessoa com apenas um olho pode enxergar perfeitamente através delas — são muito transparentes. Você, infelizmente, é um inimigo de Deus; não se reconciliou com ele e se contenta em assim permanecer. Essa verdade pode parecer insuportável, mas é absolutamente correta. Que Deus permita que você a reconheça e se faça humilde na presença dele.

Contudo, se os que recusaram não iriam mesmo comparecer ao banquete do bom homem, por que então não o declararam? Se o verdadeiro motivo era detestarem o bom homem e sua provisão, é deprimente que *não tenham sido honestos para recusar de imediato!* De fato, não foram sinceros; mas uma razão para isso talvez fosse *desejar estar em paz com a própria consciência.* Sentiam que talvez devessem comparecer; ao anfitrião deviam certamente cortesia, senão gratidão, e se sentiam de certo modo compelidos a ir; mas, como não tinham inteira vontade de ir, optaram então por responder com uma desculpa. Para quem vive em pecado, a consciência é uma companhia desagradável. É dito de Davi: "Mas o coração de Davi o acusou" — e eis uma pancada forte, que o coração é capaz de bater, e de forma intensa. Para tentar evitá-la, alguns erguem um muro de desculpas. Não se pode extinguir a consciência, ela é a lâmpada do Senhor, mas tende-se a querer superá-la com escusas. O ladrão teme o cão de guarda, por isso joga a ele um osso para desviar sua atenção — esse osso são as desculpas. John Bunyan nos conta[1] que o sr. *Recorder Conscience* [Consciência Registradora], quando do domínio da cidade de Mansoul ["Alma Humana"] por Diabolus, por vezes clamava de tal modo que deixava todos os habitantes amedrontados, sendo por isso colocado em um lugar muito escuro, onde o procuravam amordaçar para mantê-lo calado, mas, mesmo assim, quando voltava a ter acessos, deixava a cidade toda apavorada. Sei o que a consciência cobra de alguns de vocês, dizendo: "Como consegue se esquecer das coisas divinas? Como pode tripudiar da vida futura? Como consegue viver assim, como se nunca fosse morrer? Que irá fazer quando morrer sem ter envolvimento algum com o Senhor Jesus Cristo?" Então, para que sua consciência se aquiete, você certamente arranja uma desculpa e persevera na recusa em participar do banquete do Senhor.

Pode ser também que você dê desculpas só para *não desagradar as pessoas*. De fato, não é muito comum nos dias de hoje bater de frente com Cristo. Não conhecemos, nem você nem eu, muita gente que se oponha abertamente à religião. Seu pai provavelmente teme a Deus, e sua mãe é muito devota; seus amigos comparecem assiduamente à casa de Deus e até conversam sobre assuntos divinos. De modo que você não gostaria, naturalmente, de dizer a eles: "Nunca serei um cristão; não me agradam as maneiras de Deus; não quero saber desse tal plano da graça soberana" — então, para não ferir os sentimentos das pessoas, lança mão de uma desculpa. Você não quer entristecer os seus entes amados e receia falar abertamente sobre o que lhe vai na alma, a fim de não colocar na sepultura sua mãe grisalha e não partir o coração de seu velho pai; assim, usa da desculpa como uma maneira de nutrir as esperanças alheias. Todavia, enquanto der desculpas não haverá esperança para você. Por mim, preferiria que você fosse direto à questão e declarasse o que realmente pensa. Gostaria que você declarasse francamente: "Sou inimigo de Cristo. Não acredito no evangelho dele; não quero e não o irei servir". Isso pode soar como sendo muito terrível, como de fato é, mas pelo menos iria demonstrar alguma sinceridade ainda remanescente de sua parte, para que, então, pudéssemos ao menos esperar, mesmo que por muito pouco, que você ainda viesse a se curvar perante Cristo. Desculpas, pelo contrário, são como maldições, e somente quando você não as tiver mais é que haverá esperança para você.

Pode ser, ainda, que você use de escusas para *não sentir a culpa* que constantemente o fustiga para que se lembre de que não há por que se opor a Cristo. Você tem frequentemente chegado em casa depois do culto em lágrimas. Seu quarto é testemunha de que você não consegue viver sem oração. Outro dia, voltando de um funeral, você tinha pensamentos muito sombrios e pensou até, na ocasião, em que iria ceder dessa vez aos mandamentos de Jesus; de outra feita, quando doente e tendo permanecido uma ou duas semanas no leito, orou e fez promessas — mas seus votos, em um caso e no outro se dissolveram como fumaça. Lágrimas têm rolado em seu rosto, você já quase se convenceu a ser de fato cristão, arriscou uma oração de conversão, mas, ah!, por algum motivo perverso, o postergou mais uma vez; ou seja, como bem afirma a Palavra, *sobreveio-lhe o que diz este provérbio verdadeiro: Volta o* cão ao seu vômito, *e a porca lavada volta a revolver-se no lamaçal* (2Pe 2.22). Ah, quantas vezes também senti culpa do pecado, e culpa tremenda; no entanto, afirmava, como Félix a Paulo: *Por ora, vai-te, e quando eu tiver ocasião favorável, eu te chamarei* (At 24.25), sem querer atribuir essa culpa a uma oposição direta a Cristo; tinha consciência disso, e sentia muito em assim proceder, mas buscava fazer uma trégua, sem sucesso, entre a minha alma e a minha culpa!

Satanás está sempre pronto a ajudar os homens a dar desculpas. Disfarçar o erro é um negócio que não tem fim; e que começou cedo, pois, assim que os nossos primeiros parentes pecaram, sua primeira preocupação foi esconder a nudez. Lendo as Escrituras, descobrimos que dar desculpas tem sido um hábito em todas as eras e disseminado por toda parte; e, até que o último pecador seja salvo pela soberana graça, suponho que

---

[1] [NE] Refere-se, certamente, à conhecida obra *O peregrino*, que tornou célebre o escritor cristão inglês John Bunyan (1628-1688), na qual todos os personagens, lugares e situações descritos são simbólicos da caminhada do crente em direção à glorificação junto a Deus.

os homens continuarão a despejar vãs desculpas na presença de Deus. Enquanto pressionarem o gatilho, Satanás continuará a prover as balas a serem disparadas. E, se uma verdade estiver próxima de chegar a você, e caso você não erga desculpa alguma como escudo, o diabo assim procederá, colocando-se entre você e a verdade da palavra de Deus para impedir que o atinja. Se a espada do pregador da Palavra for muito afiada, a ponto de atingir sua consciência e fazê-la sangrar, logo o maligno virá com seu emplastro satânico a fim de fingir curar sua ferida.

O farisaísmo natural do homem o leva a inventar desculpas. Todos nós nos consideramos, por nossa própria visão, as melhores pessoas do mundo. Se fôssemos nossos próprios juízes, o veredicto seria sempre: "Inocente". O pecado que nos outros é chocante torna-se em nós leve ou desculpável; e o que é abominável nos outros se torna quase recomendável em nós, por julgarmos nosso caso, invariavelmente, de forma extremamente parcial. Como o pecador não consegue dizer de si mesmo que é descrente em Cristo e sua consciência não o permite afirmar estar seguro enquanto negar as feridas abertas de Jesus, recorre à mentira para que possa continuar declarando: "Sou rico, tenho muitos bens", em vez de se revelar infeliz e necessitado: "Estou nu, sou pobre e miserável". O pecador por si só já é geralmente uma pessoa difícil de converter, mas, sendo fariseu, pior ainda. Quando um homem consegue se declarar culpado, Deus logo proclama a absolvição dessa alma; mas, enquanto perder tempo expondo extenuantes e falsas justificativas para se escusar da culpa, pouca ou nenhuma esperança haverá para ele.

Ó grande Deus, nosso amado mestre, remove toda desculpa dos pecadores ainda não salvos aqui presentes, fazendo que possam se declarar, verdadeiramente, iníquos, perante o tribunal da mente e do coração de cada um, e sinceramente pedir: "Sê misericordioso, ó Deus, para comigo, um pecador"; a fim de que possam receber o teu perdão, mediante o sangue de Jesus Cristo.

Esteja atento, ó pobre e indigno pecador, para não mais continuar se desculpando e desculpando, até que as desculpas o carreguem para o profundo poço do inferno; pois, depois disso, jamais conseguirá desculpar.se.

II. Vamos agora REEXAMINAR as desculpas, como se encontram na parábola.

Muitos deixam de comparecer ao grande banquete — perdem a grande oportunidade de aceitar Jesus e ter seus pecados perdoados — *por alegarem estar ocupados demais*, assim como aqueles da parábola. Tem geralmente sobre si o que julgam ser uma importante atividade ou negócio — muitos empregados, ou um serviço que deve ser cuidado da primeira à última hora do dia, para evitar que fracassem. Ou, então, quando não se trata de uma atividade ou negócio, a desculpa são seus muitos prazeres, que lhes requerem tempo demais: os encontros e as visitas supérfluos, as viagens e os passeios, os espetáculos e as festas realmente tomam muitas horas dessas pessoas, que não lhes sobra, de fato, a menor ocasião de pensar em coisas tão desagradáveis quanto a morte e a eternidade. Essa desculpa mal precisa de uma palavra minha para ser contestada, porque todos sabemos ser evidentemente falsa. Ninguém sofre de inanição por não ter tempo para comer. Mas, se Deus nos dá tempo para cuidarmos do nosso corpo, muito mais nos dá para alimentarmos nossa alma. Não encontro amigo meu algum na rua vestido pela metade, mas vejo muitos deles, aqui e ali, perdendo metade de seu dia com tolices e superfluidade: se tiveram tempo para vestir todo o corpo, deveriam ter tempo também para revestir da justiça de Deus sua alma. Se você acha que não tem tempo para isso, não é porque Deus não o dá, mas, sim, porque você emprega seu tempo de modo errado. Deus confia o tempo aos seus cuidados como a um mordomo, e se você se queixar ao Senhor: "Não tenho tempo", ele há de replicar: "Eu o confiei a você, e você deve tê-lo gasto mais consigo mesmo" — de modo que você, então, o usurpou de Deus. Levantar um pouco mais cedo, passar menos tempo à mesa — qualquer dessas coisas lhe dará mais tempo. Você sabe que, na verdade, tem tempo; e que, quando diz que não tem, está proferindo uma mentira muito fraca, tão transparente que se pode até ver através dela. Ó alma! Que você encontre, e que todos os crentes encontrem, mais tempo para orar; como Martinho Lutero, quando muito atarefado, costumava dizer: "Preciso orar pelo menos por umas três horas ou não conseguirei dar conta das minhas tarefas". Ninguém me diga que não tem tempo para buscar o Senhor! Além do que, o cerne da questão não reside propriamente no tempo: a salvação pode ser obtida em um

Uma desculpa "esfarrapada" é pior do que nenhuma

instante; ganha-se vida só com um simples olhar para o Crucificado. Há vida neste momento para você; e daqui até a hora de terminar este culto, haverá certamente tempo suficiente para você crer na vida eterna e receber Cristo Jesus como Salvador da sua alma. Não cabem mais desculpas.

Mas, então, buscam outra saída: são bons demais. Ao pregar acerca da livre graça e do Cristo pleno, já ouvi alguém dizer: "Este é um bom sermão para a multidão desse lugar, pessoas pobres e ignorantes; nós, pessoas respeitáveis, não precisamos dele. É ridículo oferecer salvação a homens que não são viciados em bebida nem blasfemadores. É um sermão muito bom para as Madalenas, os ladrões e gente dessa laia, mas nem de longe para nós". Então, vocês são *bons demais* para serem salvos? Não precisam de médico, pois são sadios. Suas mesas são fartas; não precisam comparecer a nenhum banquete. Mas pensem só, eu imploro, se não estão cometendo um erro. Exatamente em que vocês são melhores que os outros? Quando evitam o pecado abertamente, não sentem seu coração ansiar em direção ao mal? Conseguem dizer, pensar e fazer apenas o que é certo e verdadeiro? Se não conseguem apontar seus pecados causados por ação, que dirá daqueles que resultam de omissão? Vocês têm alimentado os que têm fome? Vestido os nus? Instruído os ignorantes? Têm amado a Deus de todo o coração, toda a alma e toda a força? Têm dado a Deus tudo que pede de vocês? Não há como responderem a isso. A perfeição, a santidade, que Deus propicia somente a partir da salvação, é como um perfeito vaso de alabastro: uma única pequena mancha ou rachadura estraga a peça inteira. Alguns talvez digam: "Bem, mas eu não sou tão quebrado assim; não sou tão danificado"; mas Deus quer seu vaso de alabastro intacto, e você não conseguirá chegar a possuí-lo pelo caminho de suas boas obras — pelo contrário, pelas obras você será cada vez mais afastado para bem longe dele. Ouça estas palavras: [...] *pelas obras da lei nenhum homem será justificado diante dele* (Gl 2.16); *Maldito todo aquele que não permanece em todas as coisas que estão escritas no livro da lei, para fazê-las*; [...] *Pois todos quantos são das obras da lei estão debaixo da maldição* (Gl 3.10). Que Deus o salve dessa falsa desculpa.

Há outro tipo de pessoa que diz: "Somos maus demais para ser salvos" Estes alegam: "Sei que o evangelho diz: *Creia em Jesus Cristo, e viva* (Jo 11.25), mas isso não pode ser para mim. Tenho sido um transgressor por demais condenável. Desde cedo me voltei para o pecado e, desde então, fui de mal a pior. Sim, praguejei contra Deus face a face; pequei contra a luz e a sabedoria; desprezei as orações e as lágrimas de minha mãe. Falei mal da palavra de Deus; cheguei até mesmo a zombar do nome de seu Filho Jesus Cristo. Sou mau demais para ser salvo". Eis outra péssima desculpa. Você *sabe* pecador, pois já ouviu o evangelho, que isto não é verdade: homem nenhum, pois, por pior que seja, é impedido de receber Cristo por conta de sua vilania. *Todo pecado e blasfêmia se perdoará aos homens* [...] (Mt 12.31). O chamado do evangelho não se limita a apenas determinado tipo de pecador; mas parece buscar primeiro os piores pecadores. Que indicou o Salvador a seus apóstolos? [...] *começando por Jerusalém* (Lc 24.47). "Mas, Senhor", poderiam alegar os discípulos, "lá vivem os homens que o crucificaram". [...] *começando por Jerusalém*. "Mas, Senhor, foi lá onde derramaram o teu sangue e escarneceram das tuas súplicas." [...] *começando por Jerusalém* — os piores primeiro. Tal como o médico no campo de batalha, que deve olhar primeiro os casos mais graves. Eis um homem que perdeu um dedo. "Ah! Está bem, deixe-o no leito, logo o verei." Eis outro, que perdeu um braço, sangra muito, e se o sangue não for estancado sua vida se esvaecerá — a este, o médico dá prioridade. Ó vocês, grandes pecadores, que sentem terem sido notórios blasfemadores, rogo que não adicionem a si mais uma culpa ao dar desculpas para não virem a Cristo: pelo contrário, usem esse fato grave para chegar a ele agora. Quanto mais sujo se for, maior necessidade de limpeza; quanto mais enfermo, maior necessidade de cura; quanto mais faminto, tanto mais bem-vindo à mesa farta. Venham para Jesus, portanto, como agora se encontram, com todos os seus pecados: *Ainda que os vossos pecados são como a escarlata, eles se tornarão brancos como a neve; ainda que são vermelhos como o carmesim, tornar-se-ão como a lã* (Is 1.18). Quando se crê no Senhor Jesus Cristo, nenhuma forma de pecado, por mais imaginável que seja, pode impedir a salvação do homem.

Surge então mais outra desculpa: "Eu confiaria minha alma a Cristo esta manhã, mas *não acho que seja ocasião propícia para isso*. Não tenho um sentido tal de pecado que possa pensar ser ele uma preparação para chegar a Cristo".

> Se sinto algo, é a dor curtir
> De entender não poder sentir.

Ah, meu caro ouvinte, esta desculpa parece muito boa, mas nada tem de verdadeira! Não há pré-requisito algum para você poder crer em Cristo. Seja qual for sua situação, se você confiar sua alma a Jesus Cristo, será salvo na mesma hora; seus pecados serão perdoados, você será feito filho de Deus e será aceito no Amado. Onde, nas Escrituras, se lê a respeito de quaisquer pré-requisitos para chegar a Cristo? Você acha que os mortos que Jesus ressuscitou tinham os requisitos necessários para serem restaurados? A Jesus, Marta disse a respeito do irmão, defunto: *Senhor, já cheira mal, porque está morto há quatro dias* (Jo 11.39); tinha Lázaro, então, qualquer pré-requisito para sua ressurreição? No entanto, apesar disso, Jesus ordenou ao morto, à beira do túmulo: *Lázaro, vem para fora!* (Jo 11.43). Será que o evangelho diz: "Quem estiver em determinado estado, e então crer, será salvo"; não, mas: *Quem crer e for batizado será salvo* (Mc 16.16). Como então devo pregar para vocês? Dizer: "Somente quem sentir isso ou aquilo é que deve vir"? Não, mas: [...] *quem quiser, receba de graça a água da vida* (Ap 22.17). Você quer ter Cristo? Você pode tê-lo; pois Cristo é disponível a todo pecador necessitado, como a fonte de água é gratuita a qualquer passante com sede. Mesmo que seu coração seja duro como granito, confie em Jesus — ele o pode abrandar. Ainda que sua consciência esteja adormecida, confie nele; ainda que todas suas faculdades mentais estejam pervertidas, confie nele. Cabe a ele, e não a você próprio, salvá-lo — confie em que ele o há de fazer. Seu nome é Jesus "porque ele salvará seu povo dos seus pecados". Confie em que ele pode derrotar sua corrupção, aniquilar seu desequilíbrio, subjugar sua vontade, amansar seu coração, iluminar sua consciência, inflamar seu amor — confie em que ele tudo isso fará. Oh, não seja tolo a ponto de dizer: "Estou muito doente para poder consultar um médico; quando eu me sentir melhor, consultarei"; não diga: "Sinto-me muito impuro; quanto me sentir mais limpo, me lavarei". Não; lave-se agora *porque você está corrompido*; lave-se agora *porque nada há senão sujeira em você*; visite logo o grande médico *porque não há saúde alguma em você*. Nada há em você que não sejam feridas, machucados e chagas em degeneração; deixe, portanto, que sua fé confie sua cura inteiramente a ele.

Eis outra escusa: "Oh, eu até confiaria minha alma a Cristo, mas *parece bom demais para ser verdade* que Deus possa me salvar imediatamente esta manhã. Você mal sabe onde eu estive na noite anterior nem o que fiz ontem; não pode dizer quem sou eu, nem quanto mau tenho sido, mas afirma que se eu confiar em Jesus Cristo serei salvo? É bom demais para ser verdade, e isso nem tenho como imaginar". Meu querido amigo, você mede as palavras de Deus por suas próprias medidas? Por que aquilo que parece assombroso para você deveria ser assombroso para ele? E se os pensamentos dele fossem tão distantes dos teus pensamentos quanto os céus são da terra? Não é isso justamente o que ele diz nas Escrituras? Sei que você tem dificuldade em perdoar seu próximo, mas meu Pai, meu Deus, pode prontamente perdoar você.

> Crimes tão horrendos perdoar,
> Vermes tão culpados poupar:
> Eis o seu grande privilégio,
> Honra que não há como partilhar.

Ele *tudo criou*, sendo Deus; não criou alguns insetos aqui e ali, algumas estrelas ali e acolá, mas formou todo esse imenso Universo, espalhando os corpos celestes estrelados com suas mãos. Então, quando o Senhor perdoa, ele não apenas perdoa as pequenas ofensas e remove ninharias, mas desfaz toda a massa de pecados em um só instante e lança toda sorte de iniquidade e blasfêmia imediatamente para trás. Creia que Deus é Deus, e não alguém igual a você; que é capaz de fazer coisas bem maiores que as que você conseguiria pensar. Confie nele, confie nele agora e, por melhores que forem então as coisas, você há de constatá-las como verdadeiras; por maiores que forem, você as terá como suas.

Tenho a impressão, porém, que ouço alguém dizer: "É cedo *ainda para que eu vá a ele*: deixe-me, antes, dar mais uma olhada no mundo. Mal tenho 15, 16 anos. Há ainda muito tempo para mim". Você já foi a um cemitério? Não viu lá os registros daqueles que não foram poupados mesmo na juventude, daqueles que com pouca idade foram chamados a prestar contas? Bem cedo. Será cedo demais para ser feliz? Se a fé levasse você a ser infeliz, eu aconselharia evitá-la até a última instância; todavia, já que estar em Cristo é sempre ser feliz, nunca é cedo demais, portanto, para estar nele. Já me sentei ao lado de muitos leitos de morte e ouvi muitos arrependimentos, mas nunca ouvi cristão algum se arrepender de se ter convertido cedo demais. Já recebi muitos recém-convertidos na fraternidade da igreja, mas nunca ouvi qualquer deles dizer estar arrependido de haver sido chamado cedo demais pela graça. Se eu fosse condenado à morte e alguém me trouxesse o perdão, eu não consideraria havê-lo recebido cedo demais. A ira de Deus ameaça você — será cedo demais para escapar dela? Você é alvo diário de tentações, e elas diariamente se atropelam à sua porta — será cedo demais para ter um coração e um espírito novos, livres da tentação?

Outros remam em direção contrária, clamando: "Ai! *É tarde demais!*" O diabo primeiro atrasa o relógio e diz a você ser muito cedo; mas, quando isso não é mais do interesse dele, adianta o relógio e argumenta: "Já se passaram as horas, findaram os dias da graça; os portões da misericórdia estão trancados; você nunca mais poderá entrar". Vamos responder a isso *agora*. Enquanto a pessoa estiver ainda viva, nunca é tarde demais para crer em Jesus. Enquanto ainda arder a chama da vida, o pior dos pecadores que se voltar para Cristo há de encontrá-lo inteiramente disposto a recebê-lo. Homens têm existido que se converteram com mais de 100 anos de idade; há exemplos registrados de pessoas que passaram de um século de vida para então se tornarem filhos de Deus. Quantos anos você tem? Está seco e amarelo como uma folha, aos 80? Ah, sei que você já cometeu muitos pecados, mas quão triunfante será quando a graça fizer que seus 80 anos de pecado sejam limpos em um instante! Eu lhe digo: seja você tão velho quanto Matusalém e haja cometido a cada ano de vida todos os pecados que possa ter praticado, ainda assim a graça do Senhor Jesus Cristo é mais que suficiente para limpá-lo de todos. Seus pecados talvez se elevem como montanhas, mas o amor de Cristo, como dilúvio pode subir mais alto do que eles e cobrir de sobra o topo de todos esses montes. Nunca é cedo demais nem tarde demais; nenhum desses dois pensamentos tem o valor que parece e que a tantos engana.

"Bem", diz alguém, "eu posso crer em Cristo, mas *não sei se sou um dos eleitos de Deus*. A doutrina da eleição me perturba e me confunde. Se eu soubesse que sou um dos eleitos, confiaria em Cristo". Ou seja: se Deus lhe revelar seus segredos, você fará a vontade dele. Assim, o Todo-poderoso há de se curvar às suas condições para então você fazer como ele ordena! Você somente comparecerá ao banquete do bom homem se ele levar você até sua câmara secreta e lhe mostrar todos os tesouros! Ele, no entanto, não agirá assim. Que conversa é essa, afinal, sobre eleição? A doutrina da eleição é uma verdade grande e preciosa, mas jamais poderá ser um motivo pelo qual os homens não creiam em Cristo. Você está doente; então o médico receita: "Pronto, eis o remédio", diz ele. "Garanto que, se você o tomar, irá curá-lo." E você responde: "Doutor, eu o tomaria agora, mas não sei se estou predestinado a ficar curado. Se for, tomarei o remédio; mas antes quero saber isso". Retruca o médico: "Pois eu lhe digo que, se você não o tomar, estará predestinado, sim, a morrer!" Eu digo, também, que aquele que não crer em Jesus Cristo estará condenado, seja quem for; e nem adianta ir bater, para questionar isso, nos portões do destino. Um marinheiro cai de uma embarcação no mar, e um salva-vidas lhe é lançado, mas ele diz: "Gostaria de agarrar o salva-vidas, mas não sei se estou predestinado a me afogar". Que tolice! Ele morrerá afogado com essa desculpa na boca. Ninguém diz: "Eu bem que me sentaria para jantar, mas não sei se comerei, pois não sei se estou predestinado a jantar hoje". Se não pensamos isso das coisas comuns, por que pensarmos assim, então, a respeito da salvação? Quando as pessoas estão a fim de uma desculpa, são capazes de usar até os mistérios de Deus como véu para encobrir seus erros. Ora, meus queridos amigos, justamente porque Deus tem, de fato, um povo escolhido, se ele mesmo é quem ordena que vocês creiam em Cristo, ter ele um povo escolhido não pode servir, de modo algum, de desculpa para a falta de obediência ao mandamento divino: *Crê no Senhor Jesus e serás salvo* (At 16.31). Isso seria uma contradição.

Não conseguiria tratar de todas as desculpas existentes; depois das próximas duas, então, teremos terminado.

"Bem", diz alguém, "se eu cresse em Cristo, sei que *voltaria a ser mau daí a pouco tempo depois*. Poderia melhorar por um curto período, mas acabaria voltando a ser o mesmo; portanto, de nada adianta crer em Cristo". Isso significa dizer, caro amigo, que Jesus Cristo afirma que, se você confiar nele, ele salvará; mas *você* afirma, ao contrário, que, se nele confiar, ele não o irá salvar. É nisso que tudo se resume. Cristo promete que, se você confiar nele, ele o salvará de seus pecados; mas você replica: "Não, eu vou voltar para meus pecados e ser mau como antes". Em quem, então, devemos acreditar: em sua alegação, ou desculpa, ou na promessa dele? Ora, na promessa de Cristo, é claro! "Mas já tentei minha salvação uma vez", argumenta alguém. É provável que *você* tenha tentado, mas não *Cristo*, pois, sempre que *ele* faz alguma coisa, é bem sucedido. "Mas eu me segurei por um bom tempo." Pois eu lhe digo que, assim como *você* tentou, *você* se segurou; mas, se fosse Cristo que o tivesse segurado, tenho certeza de que nunca o teria largado. Se você acha que pode segurar Cristo em sua vida, pode facilmente deixá-lo cair; mas se, pelo contrário, é Jesus quem o segura, é como ele próprio diz: *Eu lhes dou* [às minhas ovelhas] *a vida eterna, e jamais perecerão; e ninguém as arrebatará da minha mão* (Jo 10.28). Se confiar inteiramente em Cristo, ele jamais o deixará sofrer voltando a ser o que era.

"Bem", diz outro, "*não posso confiar em Cristo porque não consigo crer nele*". Você está falando grego, meu irmão; está falando grego. "Não", diz, "não estou falando grego". Está, sim. Vou traduzir uma expressão sua para o nosso idioma; ela significa: "Não quero". Quando você diz: "Não consigo", pretende dizer "não quero"; pois não significa que, na verdade, você tenha alguma incapacidade natural de não poder fazer isso, mas, sim, que você possui uma incapacidade moral, resultante do seu amor ao pecado — uma incapacidade voluntária. "Não consigo" é como você diria talvez em outro idioma, mas "Não quero" é sua expressão verdadeira.

Um patrão enviou um empregado seu para buscar determinado material, e ele voltou sem o mesmo. "Você não foi até lá?" "Fui, mas cheguei em certo lugar, havia um rio, senhor, um rio muito profundo; como eu não sei nadar e não tinha bote, não consegui atravessá-lo". Parece uma boa desculpa, não? Parece; mas aconteceu de não funcionar, pois o patrão continuou indagando: "Mas lá não há nem uma balsa?" "Há, sim, senhor." "E você pediu ao barqueiro da balsa que o atravessasse?" "Não pedi, não, senhor." A desculpa era só desculpa! Do mesmo modo, quase tudo acerca da salvação não podemos de fato realizar. Mas há sempre uma balsa! Há o Espírito Santo, capaz de fazer de tudo; e vocês se lembram do que diz o Senhor: *Se vós, pois, sendo maus, sabeis dar boas dádivas a vossos filhos, quanto mais vosso Pai, que está nos céus, dará boas coisas aos que lhas pedirem?* (Mt 7.11). Você não pode, é verdade, fazer um coração novo para si mesmo, mas será que você pediu um novo coração a Deus com fervor e sinceridade? Você buscou Cristo? Se pudesse responder, com toda a honestidade: "Sim, busquei sinceramente Cristo, e Cristo não me salvou", estaria então desculpado; mas jamais houve quem pudesse verdadeiramente ter dito isso. Jamais houve, e nunca haverá um pecador que haja perecido buscando Cristo. Se o desejo sincero de seu coração é a salvação que está em Cristo Jesus, o céu e a terra podem passar, mas Cristo nunca o abandonará. Enquanto a palavra dele valer, "o que vem a mim de maneira nenhuma o lançarei fora".

"Mesmo assim", você insiste, "não consigo confiar em Cristo". Discordo. Discordo de todo pecador que não despertou. Concordo com você, isso, sim — se me permite usar minha própria tradução da palavra "conseguir" —, que você não queira; mas, se você emprega esta palavra em sentido literal, então discordo. Se me consideram ser uma pessoa honesta, seria justo me dizerem: "Não consigo acreditar em você"? Se me julgam ser um mentiroso, posso perfeitamente entender a razão de não confiarem em mim; mas, se você admite que dificilmente eu seja capaz de proferir uma mentira e, ainda assim, não acredita no que eu digo, o mentiroso então será você. Ora, vocês acreditam que Cristo seja incapaz de mentir; diferem das pessoas que ignoram o caráter de Cristo e, portanto, sabem que ele é incapaz de dizer inverdades — e, no entanto, alguns de vocês dizem não conseguir acreditar nele. Já que Jesus Cristo não consegue senão dizer a verdade, não deveria ser difícil para homem algum crer nele. Se você tem luz suficiente, concedida pelo Espírito Santo, para saber que Cristo é a verdade, tem também poder suficiente, da mesma fonte, para crer naquilo que Cristo diz. Considero isso um dom de Deus, mas rogo que exercitem esse poder, que vocês certamente têm.

Desafio-os, enfim, que digam a Cristo que não podem confiar nele! Dirão isso a ele face a face, quando se sentarem diante dele no tribunal do último dia? Ousarão dizê-lo, tendo os brilhantes olhos de fogo dele sobre vocês e através de vocês? "Ó Cristo, infelizmente nunca pude confiar em ti! Ó verdadeiro Salvador, não consegui acreditar em tua palavra! Sempre suspeitei e duvidei de ti!" "E por qual razão duvidaste de mim? Que motivo te dei? Por que me tens como mentiroso? Em que quebrei minhas promessas, ou quando me desviei da verdade?", ele certamente poderia indagar. "Quem em Deus não crê", diz João, "mentiroso o fez, porque não creu no testemunho que Deus de seu Filho deu". Oh, pensem nisto e nunca mais deem essa desculpa. Em vez de dizer: "Não consigo crer", digam: "Não consigo fazer de Deus um mentiroso; devo, portanto, nele crer, devo confiar em seu Filho Jesus Cristo".

Analisamos algumas das desculpas mais comuns; talvez antes que o sol se ponha hoje possam ser criadas novas desculpas — pelos que insistem em não serem salvos. Somente o Espírito de Deus pode quebrá-los docemente para Cristo. E com estas palavras, encerro esta parte, passando ao próximo ponto.

III. Quão tolo é, portanto, dar desculpas. Primeiro, *lembre-se com quem você está lidando*. Você não está dando desculpa a alguém que possa ser enganado por ela; está dando desculpa para o Deus que tudo vê nos corações. Deixem-me falar francamente, queridos ouvintes, levando este tópico assim até o fim. Vocês sabem que Deus pode enxergar através de tudo — porque, então, usar de véus tão transparentes? Confessem diante dele suas tolices: "Senhor, fui um inimigo teu; fui contrário a teu Filho, Jesus Cristo, e por isso teci essas desculpas: perdoa-me; vejo agora quão tolo eu fui; permite que não o seja mais".

Lembre-se também *daquilo com que está* lidando. É com a sua própria alma, que não pode morrer. Está lidando com um céu que nunca verá, se mantiver tais desculpas. Está lidando, pecador, com o inferno, onde acabará, se continuar agindo como está. Você seria capaz de brincar com as chamas do inferno? Conseguiria fazer pouco caso do céu? Zombaria do sangue de Jesus? Pois é isto que está fazendo, quando hesita entre duas posições. Se quer bancar o tolo, encontre assunto menos sério para brincar. Se procura diversão, peço que seja em qualquer lugar que não aqui. Salvar-se, e ouvir a música do céu!; danar-se, e ouvir aos gemidos do inferno! — nenhum desses dois assuntos deve ser objeto de brincadeira. Diga, enquanto está sentado aqui — peço a Deus que o ajude a dizer antes de sair desta casa: "Senhor, tenho brincado com a eternidade; tenho dado desculpas frívolas em vez de aceitar seu amor em Cristo; brinquei com o céu e o inferno: faz, Senhor, que isso chegue a um fim e que eu possa te amar e confiar neste mesmo dia".

Lembre-se, por fim que suas desculpas, se continuar a serem dadas, terão de ser em breve encaradas de outro modo. Como poderá recorrer a alguma desculpa quando chegar a hora da morte? Quando a morte o agarrar, quando chegar o instante em que até o homem mais forte falha, limpando o suor da sobrancelha febril em face da noite escura turvando seus olhos, o que irá pensar dessas desculpas, então? Pode ser que você se enfureça consigo mesmo, ao lembrar como pôde brincar com sua alma por tanto tempo. Sim, e que fará com suas desculpas no tribunal do juízo? Soa a trombeta, você desperta da sepultura, encontra-se em meio a miríades para ser julgado. São abertos os livros, e Deus proclama o seu destino: *Apartai-vos de mim, malditos, para o fogo eterno* [...] (Mt 25.41). Irão suas desculpas fornecer algum conforto, então? Você poderá dizer: "Senhor, é cedo demais"; ou: "Senhor, é tarde demais"; "Senhor, eu era muito pecador para poder crer em Jesus", ou: "Pensei que não precisasse de um Salvador"? Não, não. Quando a trombeta soar, e os céus estiverem ardendo; quando o sol tiver sido reduzido a cinzas, a lua parecer, de vermelha, cheia de sangue, as estrelas caírem como folhas de uma figueira, você certamente terá posição diferente da de dar desculpas: irá chorar e lamentar por causa do pecado. E, se for lançado no inferno, que fará de suas desculpas? Escrito em letras de fogo, você verá em um enorme arco acima de sua cabeça: "Conhecia seu dever, mas não o cumpria; ouvia o evangelho, mas dava desculpas". Ribombando mais que as trompas da ressurreição, a você virão as palavras: *Mas, porque clamei, e vós recusastes; porque estendi a minha mão, e não houve quem desse atenção* (Pv 1.24); [...] *também eu me rirei no dia da vossa calamidade; zombarei, quando sobrevier o vosso terror, quando o terror vos sobrevier como a tempestade, e a vossa calamidade passar como redemoinho, e quando vos sobrevierem aperto e angústia* (Pv 1.26,27). Oh, que o Senhor tenha misericórdia de vocês que dão desculpas e os faça olhar para Jesus agora. Eu o digo porque as Escrituras dizem: "*Hoje* é o tempo certo, *hoje* é o dia da salvação".

O único modo de acabar de vez com as suas desculpas não é orando nem fazendo promessas, mas olhando para Cristo. Lá está o Salvador, que sangra na cruz, morrendo o justo pelo injusto, para nos levar a Deus; sofre e morre para que o seu pecado possa ser perdoado. Olhe para ele, confie nele e você será salvo. Faço então a você, meu ouvinte, mais uma vez, em nome de Deus, esse convite, essa conclamação: confie sua alma a Jesus, o Filho de Deus, que sofreu pelo seu pecado, e estará salvo. Preste atenção, no entanto: certamente eu não conheço todos vocês deste lado de fora do túmulo como conhecerei a todos no dia do grande Deus; e se algum de vocês não receber e confiar em Cristo, não serei cobrado do seu sangue, sobre mim não recairá sua sentença. Vocês todos ouviram o evangelho, foram convidados a confiar em Jesus do modo em que estão, foram certificados de que ele é capaz de salvar o pior indivíduo que se achegar a ele. Você foi chamado e instado a ir a Jesus; cabe agora a você decidir sobre a ruína de sua alma, se não for. Que o Espírito de Deus permita que você chegue a ele. Que seja como brasa e martelo em sua alma, fogo para amolecer e martelo para quebrar; e que você, com o coração quebrantado, tome Cristo como seu Salvador, agora e para sempre. Amém.

133

UMA RESPOSTA FRANCA

[...] *não posso ir* (Lc 14.20).

Há diferentes modos de responder ao convite do evangelho, quando se pretende recusá-lo. Todas são, na verdade, ruins, e poderiam ser agrupadas sob um único título; pois "*todos à uma começaram a escusar-se* (Lc 14.18); mas alguns têm mais o dom da palavra do que outros e sabem demonstrar melhor seus motivos. Os primeiros dois grupos de pessoas convidadas para o banquete disseram aos servos, justificando sua desculpa e tentando dar uma aparência de cortesia: "Rogo-te que me dês por escusado". O terceiro tipo não fez rodeios nem pediu para ser escusado; disse, sucintamente, abruptamente, de forma direta: "Casei-me e, *portanto*, não posso ir". Foi uma resposta consumada: a pessoa convidada não pretendia, nem desejava comparecer ao banquete. *Não posso ir*, somente, seriam palavras consideradas talvez um tanto petulantes; mas, já que quem as disse informava que o motivo era haver casado, poderia se levar em conta que sua ida ao banquete fosse por essa pessoa tida como extremamente desarrazoada e a isentasse de maiores desculpas.

No entanto, o que, na verdade, poderia significar essa resposta? Poderia significar que a pessoa convidada não dispensava maior importância ao anfitrião da festa. Não teria respeito para com esse "certo homem" que dava uma grande ceia e seria uma oportunidade de menosprezá-lo ao recusar o convite; e assim foi, ao declarar abertamente: *Não posso ir*. Demonstrava também que o banquete era, por si só, para essa pessoa, desprezível. Podia ser até para outros um evento respeitável, mas não queria comparecer a ele: achava, inclusive, que poderia desfrutar de um jantar tão bom quanto esse em sua própria casa. Estava, na verdade, em condições bem melhores que, por exemplo, os moradores das ruas. Talvez os que habitavam as margens da estrada se satisfizessem com uma ceia surgida do nada; esse convidado, porém, não dependia de ninguém e podia se sair perfeitamente sozinho.

Vocês não conhecem muitas pessoas justamente assim, que nada querem saber a respeito de Cristo, que não amam a Deus? Religião, para tais pessoas, é algo sem sentido — assunto nada prático, utópico, no qual não têm interesse algum. É lamentável que em Deus, a quem os anjos veneram, nem chegam a pensar; e em Cristo, o mais amável entre os mais amáveis, não vejam beleza alguma; e quanto às incalculáveis provisões de misericórdia, de perdão aos pecados, de salvação da alma, do céu — tudo isso é recusado por tais pessoas, como se delas não precisassem ou as conseguissem quando lhes conviesse. Milhares até se orgulham de serem "independentes" da livre graça de Deus. São pessoas que se julgam muito boas, virtuosas o bastante, e que não precisam, por isso, clamar pela misericórdia, como o fazem o perverso ou o profano. Segundo seu próprio julgamento, são capazes de traçar seu caminho para o céu. Não precisam da "caridade" do evangelho.

Desprezo pelo grande Anfitrião, desprezo pela sua grande ceia — são essas demonstrações orgulhosas de desdém que levam o homem geralmente a dizer: "Não posso ir". Todavia, neste pequeno discurso, há mais do que o orgulho comum. Tudo indica que o convidado, na parábola, tivesse de início prometido ou dado a entender seu comparecimento à ceia. Já havia sido convidado, antes de o servo ter sido enviado a chamá-lo, e é implícito que teria aceitado o convite; do contrário, não teria o anfitrião mandado o servo avisá-lo de que tudo estava preparado. Havia aceitado o convite para o banquete e, apesar de assim ter procedido, agora se contradizia, alegando: *Não posso ir*.

Creio que me dirijo, no momento, àqueles que já tentaram muitas vezes chegar a Cristo. Se estou certo, vocês rogaram as orações dos amigos e prometeram agir com absoluta sinceridade. Os casados olharam a esposa nos olhos, dizendo: "Espero que não demore para que eu esteja com você na igreja de Deus e não tenha mais de deixá-la participar sozinha da mesa do Senhor". No entanto, nunca levaram adiante a intenção de se tornarem verdadeiros cristãos. Suas promessas continuam registradas, ainda podendo ser lidas, no livro eterno de Deus; só que lá constam como testemunho de sua falsidade e volubilidade: lá estão todas elas, mas não o pagamento de uma sequer. Deus se lembrará de todas para sempre, mesmo que você se esqueça de cumpri-las. Você aceitou o convite para a grande ceia em um entusiasmo de momento; mas, assim que o mundanismo voltou a soar dentro de você, retornou aos seus interesses materiais e temporários, dizendo então: *Não posso ir*. Talvez você não se tenha expressado exatamente com essas palavras, mas o resultado foi o mesmo, pois deixou de comparecer, como deveria, ao grande banquete do evangelho. Pouco importa se você o tenha dito de forma tranquila ou irada: seu não comparecimento é o que conta. E, mesmo agora, creio ouvir ainda de alguns de vocês alegações como: "Por favor, não me convide com tanta frequência. Não posso ir por enquanto. Não adianta querer me preocupar com isso agora"; "Longe de mim querer ser descortês ou mal-educado. Mas, ainda que tenha dito que iria, retiro minhas palavras: não posso ir".

Ao dizer *Não posso ir*, certamente o homem pretendeu dar por encerrado o assunto. Gostaria que entendessem que se havia decidido e não mais estava aberto a considerações. Não hesitou nem refletiu; disse apenas e logo: *Não posso ir*, como se dissesse: "Não quero saber de argumentações nem convencimentos; não posso comparecer, e isso é tudo". Alguns de nossos ouvintes chegaram também a uma condição em seu coração que silenciariam com o maior prazer a nossa exposição sobre o evangelho: usando de um tom gentil, mas resoluto, declarariam: "Não posso ir, por favor, não me fale mais nisso".

Suponho que o homem somente depois de dar taxativa declaração sentiu que havia verdade no que afirmava. Disse, então: "... e, *portanto*, não posso ir". Achou que havia dado motivo suficiente como suporte ao que queria expressar; de modo que fechou a porta, sentou-se e desfrutou-se de si mesmo, sentindo-se um homem justo, tão bom, talvez até melhor, quanto muitos daqueles que compareceriam ao banquete. Não tinha de que se culpar, pois, se um homem não pode fazer determinada coisa, ora essa, certamente não há que fazê-la; e por que, afinal, deveria ser censurado por uma impossibilidade? *Não posso ir*: como dizer isso de outro modo? Assim, sentou-se à mesa, com fria indiferença, para comer sua própria ceia. Para ele tanto fazia que o anfitrião da festa viesse ou não a se ofender; que os bois e cevados tivessem sido abatidos em vão. Repetira exaustivamente à sua consciência, até que quase chegasse a acreditar: "Não posso ir, e pronto; não há o que questionar".

Não tenho dúvida de que muitos que nunca vieram a Cristo se satisfaçam em ficar sem ele em consequência do pensamento de que nunca poderão vir. Ainda que tal impossibilidade, mesmo que possa existir, implique para eles a maior calamidade, ainda assim alguns a tratam sem a menor cerimônia. Dizem, simplesmente: "Não posso ser salvo. Vou ter de permanecer descrente". Que coisa terrível para um mortal dizer! E, não obstante, alguns de vocês têm dito isso quase jurando; e desejam, ainda, que eu os deixe ficar com esse pensamento terrível! Não gostariam que os perturbasse mais hoje à noite. O texto mal começa a incomodá-los e já não o suportam mais. Só faltam lamentar sua presença hoje nesta casa. Mas, se o Senhor me ajudar, eu os incomodarei mais ainda, antes que deixem este local. Tenho notícias pesadas do Senhor para vocês. Irei me esforçar o mais possível para puxar o travesseiro invisível que se encontra sob sua cabeça sonolenta e os farei despertar em meio a uma ansiedade de decisão imediata, para que não pereçam em pecado. Então, gentilmente inoportuno, tentarei mostrar a vocês que essa resposta que me dão: *Não posso ir* é altamente desprezível. Devem jogá-la fora e mostrar a si mesmos que podem comparecer, chegando imediatamente e recebendo a oferta do grande banquete do amor, honrando assim Aquele que se preocupa com a fome de sua alma.

Gostaria de dizer ainda mais duas ou três coisas sobre o assunto, pois é muito sério. Já foi ruim aquele homem dizer: "Não posso ir", mas será ainda pior você declarar: "Não posso ir a Cristo". Lembre-se que, se os convidados não comparecerem de imediato, jamais comparecerão, pois a ceia é uma só, não se trata de uma série de banquetes. O anfitrião que preparou a festa não parece mostrar a intenção de preparar outra. Seria uma ofensa muito grave a ele, portanto, não comparecer ao banquete. Há uma única oportunidade de graça para vocês, queridos ouvintes, e se esta cessar não terão uma segunda. Há apenas um Cristo Jesus; não há outros sacrifícios pelo pecado. Há uma só forma de amor eterno e misericórdia; não a desperdicem. Peço a vocês que não voltem as costas à porta da vida, a única porta da salvação. Se for fechada agora, se o banquete tiver terminado, como será então quando vier a morte? Vocês terão perdido o maior dos privilégios, serão culpados de negligência e nunca poderão escapar das consequências deste ato. Prestem atenção, tomem cuidado.

Além do mais, não é uma simples ceia que você irá perder se disser: *Não posso ir*. Perder o jantar é o de menos, e pode ser compensado com tomar o café da manhã. Mas, se você perder a vida eterna, essa perda não poderá ser revertida nunca mais, por toda a eternidade. Você irá perder para sempre o perdão para os seus pecados, a reconciliação com Deus, seu ingresso na família do amor — perdas que realmente serão sentidas. Irá perder a alegria da fé em sua vida e o consolo do amor divino — consegue avaliar tal perda? Não perca sua alma imortal! Oh, não a perca! Pois que você ganhasse o mundo inteiro, mesmo assim jamais poderia ser recompensado por essa perda inestimável. Perca o que quiser, mas não a alma, eu lhe rogo! Busque a salvação, sem a qual seria melhor nem ter nascido.

Mais ainda, se você não chegar a Cristo, isso irá significar o maior insulto que poderia cometer contra o seu próprio criador. Você já o ofendeu ao não observar sua lei; mas o que será da indignação dele ao recusar sua misericórdia? Se voltar às costas para seu Filho? Se recusar não apenas Deus, mas também o Salvador crucificado, de braços abertos, sua vida entregando, buscando a todos salvar? Não vire as costas para sua própria redenção. Sangue nenhum deve ser derramado na soleira da porta de um israelita, pois ele não poderia menosprezar tal sangue: seria para ele fatal; o sangue pode estar até no umbral de sua porta, mas nunca sob seus pés. Não menospreze você também o sangue de Cristo; mas você assim o fará se recusar sua grande salvação. Se não for a Cristo para ser salvo, você lhe terá dito que prefere ser condenado a amado por Deus — que prefere ser amaldiçoado a ser salvo por seu amado Filho. Este insulto lhe custará caro, pois será dolorosa afronta a seu Senhor.

Feita assim a introdução, tomarei agora as palavras "Não posso ir" na esperança de que vocês delas venham a se envergonhar.

I. Primeiro, ao declarar: *Não posso ir*, o homem disse antes: "Casei-me". Ora, se ele havia se comprometido a comparecer ao banquete e estava pronto a cumprir o compromisso, por que iria querer casar logo agora? Certamente, não fora compelido a casar a toda pressa, de modo que não pudesse cumprir compromissos já firmados anteriormente. Teria de respeitar a promessa feita ao anfitrião do banquete; tal promessa, naturalmente, foi-lhe cobrada gentilmente pelo mensageiro. Não podia alegar também que sua esposa não o deixaria ir. Tal declaração poderia ser feita na Inglaterra, nunca no Oriente, onde os homens foram sempre donos da situação e as mulheres raramente ou nunca tiveram alguma autoridade sobre o marido. Nenhum oriental diria que sua mulher não o deixou comparecer a uma reunião social. Já aqui no Ocidente, onde as mulheres têm ganhado seus direitos, nenhum homem poderia alegar sinceramente ter sido impedido por sua mulher de se tornar cristão. Não acredito que qualquer de vocês venha a confessar, ao falecer, que sua esposa foi a responsável por você não se ter convertido. Os homens ingleses, na maioria, ficariam muito contrariados se lhes disséssemos serem dominados pela mulher e não poderem chamar a própria alma de sua. Seria na verdade um tolo aquele que deixasse sua companheira afundá-lo no inferno contra sua própria vontade. O fato é que o homem se torna uma criatura ainda mais ignóbil se tenta imputar a culpa de seu pecado à esposa. Sei que o pai Adão nos deixou um mau exemplo acerca do assunto; mas o fato de que isso fazia parte do pecado que arruinou nossa vida deveria servir de exemplo para nós. Certamente você, como homem, não se diminuiria a ponto de dizer: "Não posso ir, pois minha mulher não me permite". Mas, se algum de vocês continua a choramingar: "Minha mulher é a causa de minha ruína. Não consigo ser um cristão por causa da minha esposa", devo fazer uma ou duas perguntas antes de acreditar em sua lastimável história. Você deixa que ela mande em você em tudo? Ela o prende em casa à noite? Escolhe os amigos para você? Ora, meu caro, se não estou enganado, você tem desejo próprio, vontade própria, e segue seu instinto masculino e tudo o mais; então, quando se trata de fé, você resmunga sobre ser governado por sua mulher? Não tenho paciência com você. Mais que provável é que o melhor que poderia fazer seria colocar sua mulher no trono de sua casa pelos próximos anos. Não diga tolice sobre assunto tão sério. Você sabe perfeitamente que a culpa reside inteiramente em você: se quisesse buscar as melhores coisas, as coisas divinas, sua mulher jamais lhe seria impedimento algum.

Então, o homem disse *Não posso ir* por quê? Porque agora tinha uma esposa? Estranho! Esta seria uma razão pela qual deveria comparecer, trazendo-a consigo. Se algum homem, desafortunadamente, possa ter uma esposa que se oponha às coisas de Deus, em vez de dizer: "Não posso ser um cristão, pois minha mulher não quer se converter", deve buscar duas vezes mais graça, para poder levar sua mulher a converter-se a Cristo. Se uma mulher lamenta ter um marido que não se converteu, que viva ainda mais próxima de Deus, para que seu marido possa ser salvo. Se alguém trabalha para um patrão não convertido, trabalhe duplamente em glorificar a Deus e assim há de ganhar seu patrão para Cristo. Você pode ver, assim, que há mais de uma razão para que chegue ao banquete do evangelho: não apenas para seu próprio bem, mas também para o bem de seus amigos ou parentes não convertidos. Se a vela do meu próximo está apagada, deveria ser motivo para que eu não acenda a minha vela? Não, é motivo para que eu me preocupe ainda mais em manter minha chama acesa, a fim de que possa iluminar o meu próximo também. É uma pena que minha esposa possa se perder, mas isso não significa que poderei ajudá-la perdendo a mim mesmo também. Não; só posso ajudá-la se eu mesmo me mantiver na linha, seguindo Cristo de maneira ainda mais resoluta do que ela se opõe a mim. Bom homem, não deixe que sua esposa o impeça. Boa mulher, não permita que seu marido seja um obstáculo! Não diga: "Não posso frequentar a casa de Deus, não posso ser cristão, cristã, enquanto tiver um cônjuge como o meu". Não; esta deve ser a razão pela qual você deve permanecer ainda mais firme sob o nome de Deus, para que, pelo seu exemplo, aqueles que você estima ou considera possam ser resgatados da destruição. Quem sabe, esposa, você seja chamada justamente para ajudar a salvar seu marido descrente? Quem sabe, empregado, você possa ajudar a salvar seu patrão? Lembro-me do que me contou o sr. Jay, sobre uma criada, membro de uma igreja dissidente,[1] que foi trabalhar na casa de uma família mundana, que frequentava a Igreja da Inglaterra, ainda que não fosse verdadeiramente uma família crente. Como não estavam propriamente na igreja, eles pouco tinham a ver com a fé, e sabemos que os que estão fora da igreja são os mais intolerantes a ela. A família, então, não gostando das idas da criada à sua igreja dissidente, ameaçou demiti-la caso continuasse a frequentá-la. Mas ela, mesmo assim, continuou indo ao culto e, de modo gentil, mas firme, disse a eles que continuaria frequentando-a. Por fim, a moça foi demitida: achavam que não podiam, como bons frequentadores da igreja oficial, permitir que uma dissidente habitasse entre eles. Ela aceitou a demissão com resignação e paciência. Aconteceu, porém, no dia seguinte, quando estava prestes a abandonar seus serviços, de haver uma conversa mais ou menos semelhante a esta, em que disse o patrão: "É uma pena, afinal de contas, que fulana tenha de ir embora. Nunca tivemos uma criada igual. Era muito prestativa, eficiente e atenciosa". Respondeu a esposa: "Bem, tenho pensado também que não é justo mandá-la embora por causa da frequência à sua igreja. Você sempre nos fala acerca da liberdade religiosa e não me parece que seja muito liberal impedir que ela adore a Deus de acordo com sua própria consciência. Acho até que ela possa ser muito mais zelosa em relação à religião do que nós". Conversaram, e a patroa acrescentou: "Ela nunca respondeu de maneira impertinente, nem nunca comentou algo sobre a nossa presença em nossa igreja. A igreja dela parece lhe dar um conforto maior do que a nossa nos fornece. É melhor que a mantenhamos conosco, deixando-a seguir a religião como bem entenda". "Sim", concordou o marido. "Acho

---

[1] [NE] Eram consideradas igrejas "dissidentes", oficialmente, na Inglaterra, na época, as demais denominações que não a Igreja da Inglaterra, ou Anglicana, igreja estatal e tida como a autêntica igreja cristã no país. As dissidentes, no entanto, desde que devidamente registradas como tais junto às autoridades clericais, podiam funcionar normalmente, como provavelmente era o caso da igreja onde pregava Spurgeon.

Uma resposta franca

| 1251

até melhor que nós ouçamos o ministro que ela vai ouvir. Ela tem realmente algo que nós não temos. Em vez de dispensá-la por ir a essa igreja, iremos juntos com ela no próximo domingo, e então poderemos dar nosso próprio parecer." E assim fizeram; e não demorou para que aquele senhor e aquela senhora se juntassem à criada como membros da mesma igreja. Não diga, portanto, "Não posso ir, pois meu patrão e minha patroa, se opõe". Não dê vãs desculpas com base em fatos que, na verdade, são motivo para que você fique mais determinado do que nunca a ser um seguidor de Cristo, mesmo que tenha de ir sozinho para o céu. Atenha-se firme a seu compromisso com Cristo e você desfrutará muito mais da esperança e da crença, que poderão conduzir outras pessoas aos pés do Salvador.

II. Um segundo motivo é ainda mais comum. Nem todos podem dizer: "Casei-me"; mas há muitos que alegam: "Não tenho tempo". Afirmam: "Não posso praticar a religião, não tenho tempo para isso". Lembro-me de ouvir uma senhora dizer a um homem que disse que não tinha tempo: "Bem, você tem todo o tempo do mundo". Acho que foi uma resposta bem dada. Você tem tido tempo bastante e continua tendo todo o tempo do mundo — por que não o emprega devidamente? Ninguém tem mais de 24 horas em um dia, e você não tem menos que isso. Você não tem tempo? Isso é muito curioso! Que tem feito com ele, já que, sem dúvida, o tem? O tempo voa para você, eu sei, mas também voa para mim e para todo mundo. Que faz você com ele, então?

"Oh, mas *eu* não tenho tempo", diz alguém. Repito, você tem tempo, e parte desse tempo deve ser de total reflexão acerca das coisas de Deus. Pois você tem roubado de Deus a parte do tempo que deveria ser usada com ele, lançando mão desse tempo em favor de coisas bem inferiores a seu Senhor e Mestre, tempo que ele pode perfeitamente exigir que você use em propósitos mais nobres. Você tem tempo suficiente para coisas mundanas. Vejam bem, nunca vi nenhum de vocês em pleno dia em mangas de camisa; não os vejo passear por Cheapside vestidos pela metade. "Oh não, obviamente, empregamos boa parte do tempo nos vestindo direito, como se deve." Pois se então têm tempo para vestir bem seu corpo, não têm tempo para revestir sua alma com as vestes da justiça de Cristo? Não vejo também nenhum de nossos amigos dizendo, ao entardecer: "Estou prestes a desmaiar, pois não comi nada desde que levantei. Não tive tempo para comer uma migalha de pão sequer". Claro que não. Houve tempo bastante para o café da manhã, o almoço e assim por diante. "Oh, sim, temos tempo para comer", hão de concordar. Pois estão me dizendo que tiveram tempo para alimentar o corpo, mas Deus não lhes deu tempo para alimentarem sua alma? Não é essa uma condição muito comum a todos! Suas declarações não conseguem sustentar nem mesmo uma pluma. Deverá haver tempo para alimentarem a alma, já que tiveram tempo para alimentar o corpo. As pessoas arranjam tempo sempre para se olharem no espelho, lavar o rosto, pentear os cabelos. Como não terão tempo, pois, para olhar para si mesmas, buscando suas falhas espirituais, e procurar lavar-se na fonte pronta para remover seu pecado e imundície? Oh, queridos amigos, se vocês têm sempre tempo para assuntos mundanos, de certo terão tempo para assuntos mais sérios e importantes, que dizem respeito à alma e à imortalidade!

Vocês insistem que não têm tempo? Como não, já que gastam boa parte dele em nada? Quanto tempo muitos de nós não gastamos em conversas vãs? Quanto tempo não despendemos em entretenimentos frívolos? Já ouvi muitos dizerem que não têm tempo e me pergunto o que tais pessoas fazem para ocupar tanto seu tempo. Há alguns até que, se caíssem no mar, ninguém sentiria sua falta; pois nada fazem de bom ou de útil para qualquer outro ser humano. São pessoas que vivem sem qualquer objetivo — vidas sem sentido e sem propósito; mas que, mesmo assim, clamam não terem tempo! Tais desculpas não servem. Quando orar a Deus, diga algo que soe mais real.

Você tem pouco tempo, mas, mesmo assim, continua a desperdiçá-lo com obras seculares. Você tem uma loja, não tem? "Sim, tenho uma grande loja." Está prestes a aumentá-la, não está? Será que terá tempo para se dedicar mais aos seus negócios quando aumentarem? "Oh, sim, posso dizer que arranjarei tempo; de qualquer modo, tenho de arranjar tempo, de um jeito ou de outro." Pensa em abrir uma segunda loja, não pensa? Como irá gerenciá-la? "Oh, arranjarei tempo." Sim, amigos, vocês conseguirão, sem dúvida, arranjar tempo para essas expansões, para especulações, para engajar-se em seu projeto. Deixem-me então ser sincero com vocês e dizer que vocês conseguiriam, do mesmo modo, encontrar tempo para lidar com sua própria alma, se assim quisessem. Alegar não ter tempo para a fé em Cristo é uma fraude. Não é verdade! É mentir para Deus dizer que não se tem tempo. Quando alguém quer fazer algo, mesmo que não tenha tempo, faz um esforço para ter. Peço ao homem comum que não mais se engane dizendo que não tem tempo. "Onde há vontade, há solução." Onde há vontade para a fé, há tempo para ela. Culpe seus pensamentos de postergação constante, não suas aparentes poucas horas. Você terá tempo suficiente, sim, quando seu coração estiver voltado na direção correta.

Além disso, tempo não é o grande problema. Pediu o Senhor, por acaso, que você se ausente por um mês de seu trabalho? Ordenou que você empregue dois dias por semana apenas em oração? Ou eu já lhes disse que não seriam salvos a menos que se calassem uma hora por dia para fazer uma reflexão? Eu gostaria de pedir a Deus que vocês tivessem uma hora inteira por dia de meditação! Mas, se vocês não têm quem poderá exigir isso de vocês? O mandamento de Deus é que vocês creiam no Senhor Jesus Cristo e abandonem o pecado; mas nenhum desses requisitos interfere no seu trabalho diário. Um homem pode operar um torno e orar; pode assentar tijolos e orar; pode andar atrás de um arado e andar com Deus. Uma mulher pode cozinhar, esfregar um chão, atender em um balcão e comungar com Deus. Pode-se andar a cavalo mantendo-se na presença do Altíssimo. Uma criada pode fazer as camas e concomitantemente aumentar sua graça. Não se trata de um assunto em que o tempo destinado a cada tarefa tenha interferência mútua com os afazeres cotidianos. Abandone, portanto, essa desculpa, e não diga mais: "Não posso ir, porque não tenho tempo". Arrependa-se imediatamente dos seus pecados e creia no Senhor Jesus; então, seu tempo poderá ser dedicado ao serviço do Senhor, sem faltar um minuto sequer para os deveres do seu chamado.

III. Há um terceiro tipo de desculpa, muito comum: "Tenho coisas mais importantes a fazer". Ora, convenhamos! Essa, eu faço vocês engolirem. Contradigo-os diretamente. *Nada existe mais importante que a salvação do homem.* Seria altamente impossível. Nada há sob o céu que tenha um milionésimo da importância de sua reconciliação com Deus e sua salvação mediante Jesus Cristo. O que poderia ser mais importante? Fazer dinheiro? Onde está a importância disto? Pode ser até que você acumule bastante, e o resultado bruto pode ser de alguma importância temporariamente, mas, quanto mais, tanto mais restará quando você morrer. Se você diz que o de que precisa é ter oportunidade de estudar, bem, assim é melhor; mas estudar o quê? Ciência? Arte? Política? São coisas importantes, comparadas à salvação de sua alma? De que adianta ter uma mente educada, se você se perder? Tanto faz se perder com cultura e conhecimento ou em total ignorância. Seu primeiro dever é estar bem com seu Deus, que o criou. Não ponha nada acima de Deus. Cristo já o redimiu? Não descanse até que você tenha certeza dessa redenção, certeza da reconciliação com Deus por meio da morte de seu Filho. Nada pode ser mais importante para um homem que ser obediente a seu criador, desfrutando de seu amor. Nada, portanto, pode ser mais importante a um homem que ser perdoado mediante o Salvador e transformado pelo poder do Espírito Santo, para se tornar, de inimigo, em amigo de Deus.

"Oh!", alegam, "mas meus negócios ocupam muito de meu tempo". Sim; mas não sabe que seus negócios estariam bem melhor se você estivesse observando os mandamentos de Deus? Muitas vezes um negócio vai mal porque o dono vai mal; e muitas vezes ocorre de Deus não se entender com o homem porque o homem não se entende com Deus. Se você caminhar de forma errante em direção a ele, ele caminhará de forma errante em direção a você; mas, se você for obediente a ele, ele poderá fazer muita coisa que atenda a você. Numa pequena igreja dos montes italianos, vi uma pintura que, em meio a outras fora do comum, me chamou a atenção. Mostrava um lavrador, que havia feito uma pausa em certa hora do dia para orar. O artista o havia pintado ajoelhado diante dos céus desvelados e, para que não houvesse perda de tempo com tal devoção, um anjo continuava sua tarefa, arando a terra. Gostei da ideia. Na verdade, acredito que jamais um anjo deu seguimento à labuta de um homem durante a oração, mas creio, sim, que o mesmo resultado seja obtido quando se entrega o coração a Deus e se busca primeiro o reino de Deus e sua justiça, de tal modo que todas as outras coisas nos são acrescentadas. Se sua fé não o torna mais rico, como talvez não o faça, irá torná-lo, no entanto, bem mais feliz com o que você já tem e faz. A bênção de Deus dada a uma refeição frugal a torna melhor que uma constituída de um belo boi sem a referida bênção. Aquele que deseja ter o que realmente vale a pena neste mundo, desfrutar da melhor alegria e felicidade, bem fará em entregar suas maiores preocupações ao seu Salvador, nele tendo fé de todo o coração e diligência em servi-lo. Não existem negócios mais importantes, posso lhes assegurar, que os referentes a Deus e à eternidade.

IV. Já ouvi usarem essa desculpa: "Não posso me dar ao luxo de ser cristão". Bem, meu amigo, vamos conversar sobre isso. Ser cristão custa mais do que você pode dispor? É isso que quer dizer? Que custa muito dinheiro? Não. Não é mais custoso do que você se dispõe a gastar para ter um coração feliz. Na verdade, Deus lhe dará um espírito generoso, que fará que você ame a causa dele e ajude os pobres e contribua com sua parte para a obra cristã. Mas no reino de Cristo não há propriamente impostos. O ato de dar se torna gratificante. Nada lhe é exigido à força. Deus abomina o dinheiro que chega à sua obra à custa de qualquer coisa além da oferta de livre e espontânea vontade dos corações cheios de amor. Não lhe custará mais, tenho certeza; pois você dará apenas daquilo em que Deus o fizer prosperar.

Suponha que alguém diga: "Sim, mas terei alguma despesa para ir à igreja a fim de ouvir confortavelmente o evangelho". Perfeitamente. E será injusto que você participe também, proporcionalmente, nas despesas necessárias do sustento do servo de Deus que emprega todo o seu tempo, todo o seu pensamento e toda a sua capacidade com você? Seria capaz de despender em um ano para ouvir o evangelho o equivalente a que muitos gastam em uma só noite de diversão? E não há muitos que gastam bem mais até nas corridas de cavalo o que jamais chegariam a despender com os pobres ou a igreja de Deus? Aquilo que você puder investir em parcimoniosos atos santos e da graça não há de lhe render perdas, mas, sim, ganhos.

"Oh, sim, mas quero dizer que não tenho como compensar as possíveis perdas, pois perderia, por exemplo, muitos amigos." E vale a pena você manter como amigo quem é inimigo de Deus? Aquela mulher que o mantém afastado de Deus, aquele homem que o isola do céu — amigos assim lhe serão proveitosos? Seja corajoso e dê fim a esses vínculos que, do contrário, o manterão preso no fundo do poço.

"Mas, de qualquer modo", insiste alguém, "eu talvez perdesse muita coisa com essa troca". Está bem! Não pedirei que você me explique o que quer dizer com isso, pois essa afirmação me soa bastante horrenda. Você conhece mais sobre suas práticas e seus hábitos do que eu. Existem, sem dúvida, muitas atividades que servem de morada aos vícios humanos e que se tornam cada vez mais lucrativas à medida que exploram mais e mais a embriaguez e a impureza. Devem ser imediatamente abandonadas. Há pessoas também que vivem do embuste, da mentira e da fraude, e se essa é a conduta que melhor descreve você não recomendo que professe ser cristão sem antes deixá-la. É melhor desistir de fazer profissão de fé enquanto se prospera em proveito indigno. Será que ouço algum murmúrio sobre adultério? Ouvi também que vocês não dão o devido peso e a atenção necessária a isso? Ah, caros amigos! Desistam agora desse jogo, quer venham a se tornar cristãos quer não! Todavia, se sua intenção é realmente ser cristão, afianço-lhe, com toda a sinceridade, que a perda do lucro ou proveito desonesto será necessariamente da maior valia para você, tanto nesta vida quanto na próxima.

"Bem", ouço ainda alguém argumentar, "eu teria, de todo modo, de desistir de muitos dos meus bons prazeres". Prazeres enganosos e que bloqueiam seu caminho para o céu deverão ser largados de imediato por você. Você pode até me considerar uma pessoa carrancuda, mas, na verdade, me considero tão alegre e feliz, ou mais, que muitos homens. Aprecio tanto um bom raciocínio e uma boa conversa quanto a maioria de todos os outros. Sei rir e consigo desfrutar de situações boas e bem-humoradas como qualquer pessoa. Tenho servido ao Senhor por quase quarenta anos e posso dar meu testemunho de que, este tempo todo, não tive de abrir mão de prazer algum pelo qual tenha sentido vontade de desfrutar. Quando o coração se renova, renovam-se também os prazeres; e aquilo que já soou como prazer para você irá certamente soar como lastimável. Se tivesse de ainda sentar e ouvir o que algumas pessoas continuam falando, iria parecer uma tortura para mim. Uma desafortunada circunstância, aliás, ocorreu comigo, em uma noite em que tive de ir pregar no norte da Inglaterra. No trem, tive de me sentar junto a cinco cavalheiros na primeira classe, que se dirigiam às corridas em Doncaster. Não travaram conhecimento comigo, mas, do início ao fim da viagem, sua conversa foi recheada de coisas e palavras as mais grosseiras, que me torturavam. Por fim, caíram em um assunto que a mim soou como indescritivelmente asqueroso. Roguei a Deus que eu não fosse condenado a viver com tais pessoas para sempre, pois seria um inferno para mim. Senhoras e senhores, não há por que pensarem que me furto de algum prazer ao deixar de ir às pistas de corrida ou não compartilhar de companhias libertinas. É meu prazer manter-me afastado dos prazeres de tais homens, em cuja companhia fui obrigado a passar aquela noite. Os prazeres deste mundo, infelizmente, são cheios de lixo, sujeira e entulho, de maneira que aquele que consegue se livrar deles passa a evitá-los para sempre, com asco. Você não abrirá mão de prazer algum sadio ao vir a Cristo.

V. Ouço, porém, alguém lá ao fundo dizer: *Não posso ir*. Por que não? "Bem, não digo que não irei algum dia destes; mas não me seria conveniente ir agora. Não há como ceder meu coração ao Senhor esta noite". Eu sei: você, provavelmente, tem um compromisso amanhã, ao qual deve comparecer que não seria muito recomendável a um cristão. Assim, não lhe será conveniente esta noite; tampouco na segunda-feira, nem na terça, vá por mim. Com o tempo, seus pensamentos angustiantes terão desaparecido: não será mais conveniente ser salvo! Você quer viver um pouco da "vida", não e mesmo? A "vida" que, em Londres, significa "morte". "Oh, mas, por enquanto, estou apenas aprendendo!" Pois seja um aprendiz de Cristo, então. "Mas tenho de me dedicar à minha profissão. Quando tiver um pequeno negócio que seja meu, então disporei mais de tempo." Irá mesmo? Oh, queria tanto que você se dedicasse também a Cristo! "Mas tenho certos compromissos e ligações que tornam isso agora impossível." Isso equivale a pedir a Deus que espere por uma ocasião de sua melhor conveniência. É assim que os pobres tratam o médico que atende de graça os pacientes? Será que dizem: "Doutor, não me convém consultá-lo antes das dez ou das onze da manhã. Não me é possível, nem conveniente, ir até seu ambulatório nessa hora. Mas ficaria contente, e me seria bastante conveniente, se pudesse vir à minha casa às onze e meia da manhã"? Você daria esse recado a um médico que se dispõe a atendê-lo de graça, que ele compareça onde e quando você bem desejar? "Oh, não", você logo irá responder. "Não pensaria em desrespeitar de tal modo o médico que está disposto a me atender gratuitamente." Não obstante, você insulta assim a Deus! Você está dizendo a Deus que ele não é digno de seu esforço e de sua vontade de ir a ele; mas e quando você ficar velho e combalido? Tentará adentrar os céus e enganar o diabo? Que boa sua intenção! Nada mais tenho a dizer. Apesar de o Senhor ser extremamente gracioso e generoso, quando os homens decidem dispensar tão somente o último naco que possa restar de sua vida a ele, não é de surpreender que acabem morrendo em pecado. Que pensará Deus de receber tal tratamento? Não diga: *Não posso ir*. Venha imediatamente. E que o Senhor o ajude a chegar!

VI. Já ouvi pessoas dizerem também: "Não posso ir, pois não consigo compreender. Sou um pobre homem, uma pobre mulher, não tive nenhuma instrução". Que é que você não consegue compreender? Não consegue compreender que você violou a lei de Deus e que Deus, justo, deveria punir você por isso? Isso você pode entender? Não consegue compreender, então, que, se crer no Senhor Jesus Cristo, sentirá que ele terá removido seus pecados, colocando-os sobre si mesmo na cruz e levando-os com ele de uma vez por todas, pois ele é *o cordeiro de Deus, que tira o pecado do mundo* (Jo 1.29)? Consegue entender que, se você confiar nele, aceitará que ele tenha tomado na cruz seu lugar, sua posição e sua circunstância de pecador? Pois dizem as Escrituras que *Deus o fez pecado por nós; para que, nele, fôssemos feitos justiça de Deus* (2Co 5.21). Você *consegue* compreender isso, sim, se assim desejar. Nada há no evangelho que mesmo o mais ignorante ou que nenhuma instrução recebeu não consiga entender, se sua mente estiver aberta e disposta a receber a verdade. Se o Espírito de Deus repousar sobre sua cabeça, ele não apenas compreenderá o evangelho, como o tomará para si e dele desfrutará, além de passar até a ensinar a outras pessoas; pois o Senhor leva os mais humildes a terem sabedoria e conhecimento acerca de seus caminhos, enquanto os sábios e escolados, muitas vezes, ignoram a vereda do reino eterno.

Terminei. O som dos sinos me avisam que meu tempo acabou. Outro sino, em outro dia, certamente avisará a *vocês* que seu tempo acabou, que meus sermões para vocês chegaram ao fim. Quero, porém, acrescentar algo. Se há alguém aqui que diga: *Não posso ir*, imploro que se expresse corretamente, que fale sobre esse triste fato do modo com que deve ser tratado. Por exemplo: "Que infelicidade esta de eu não poder ir a Cristo! Milhões, que agora habitam o céu, conseguiram, mas eu não consigo. Minha mãe morreu esperançosa por isso; mas, ó mãe, não posso ir. Meu pai já regressou ao lar, para ficar para sempre com Jesus; mas eu não posso ir". Agradeço a Deus por essa declaração não ser verdadeira; e se você a fizer assim, e nela acreditar, acabará não tendo mais descanso; pois, se você acha realmente que não pode ir a Cristo, será a pessoa mais infeliz do mundo. Há alguma mulher ou algum homem aqui que diga: "Não posso ir"? Onde quer que você esteja, que o mesmo sino que anuncia a última hora antes da morte o avise de sua morte espiritual; pois, se não pode chegar a Cristo e desfrutar de seu banquete, não será salvo. Não conseguirá escapar da ira vindoura; estará condenado para sempre.

Posso então pedir mais uma coisa? Se você pretende dizer: *Não posso ir*, pode então falar a verdade agora? Ou falseará suas palavras para ficar somente próximo à verdade? Diga, então: "Não irei a Cristo". Pois *Não posso ir*, para mim, é grego; ou holandês; em nossa língua, isso significa, na verdade: "Não quero ir". Eu preferiria que você dissesse esta segunda versão, em lugar da primeira, pois esta última implica dizer: "Não desejo ir; não quero crer em Jesus; não estou a fim de me arrepender do pecado; não me vou livrar de jeito nenhum das minhas perversidades" — e pode ser até, digo eu, que isso seja uma bênção de Deus para que você enxergue perfeitamente o terrível estado desesperador em que se encontra; pois gostaria que você reconhecesse: "Não posso nem me acomodar e garantir minha danação no inferno dizendo que não irei a Cristo".

Então, em vez de recusar vir a Cristo, por que você não decide vir logo, de imediato? Decida: "Irei a Jesus. Diga-me como". Somente se pode chegar a Cristo crendo nele. Entregue a si mesmo a ele e ele o salvará. Jamais alguém confiou em Cristo em troca de nada. A confiança do homem é da maior importância para o Senhor Jesus. Ele vem prontamente em socorro e para o resgate da alma que a ele se dobra inteiramente. E tudo fará por você: mudará sua natureza, tanto quanto perdoará seus pecados; e, mudada sua natureza, terá você, desse momento em diante uma nova vida, que irá aumentando em graça até que se torne como ele. Ele aceitará e tomará você para sempre em seus braços. Purificado no sangue do Cordeiro, você andará com ele em meio aos glorificados.

Falei esta noite de modo o mais simples e sincero, e rogo ao Senhor que abençoe minhas palavras, que espero tenham sido fiéis e convincentes. Que nos encontremos no céu! Que os muitos estranhos que hoje aqui estão não continuem sendo estranhos ao Senhor Jesus! Muitos de nossos amigos estão ausentes, mas muitos também compareceram, apesar da noite úmida: recebo isso como uma demonstração de bondade. Que Deus os abençoe! Oro para que recebam dupla bênção e se lembrem desta noite de maio, fria e escura como se fosse dezembro, pela bênção de Deus, em vocês depositada, mediante Jesus Cristo, seu Filho, nosso Senhor. Amém.

134

"OBRIGA-OS A ENTRAR"

Obriga-os a entrar (Lc 14.23).

Sinto tal pressa de sair e obedecer a este mandamento hoje, obrigando todos os que agora se encontram nos caminhos e valados a entrar, que não tecerei uma introdução, mas irei direto ao assunto.

Ouçam, pois, ó estranhos, a verdade que está em Jesus — ouçam, pois, a mensagem que venho lhes trazer. Vocês caíram; caíram por seu pai Adão e caíram por si mesmos, por meio do pecado diário e sua constante iniquidade; provocaram a ira do Altíssimo; e tão certa quanto o pecado que cometeram é a punição de Deus, se perseverarem na iniquidade, pois o Senhor é um Deus de justiça e não irá de modo algum tratar com indulgência sua culpa. Todavia, não ouviram, não foi dito não faz muito tempo em seus ouvidos, que Deus, em sua infinita misericórdia, traçou um caminho pelo qual, sem nenhuma infração à sua própria honra, pode perdoar o culpado e o indigno? É a vocês quem falo; minha voz é dirigida a vocês, ó filhos dos homens: Jesus Cristo, Deus verdadeiro, Filho do próprio Deus, desceu dos céus e foi feito à semelhança da carne pecadora. Gerado pelo Espírito Santo, ele nasceu da virgem Maria e viveu uma vida de santidade exemplar neste mundo até que, por fim, profundamente sofrido, entregou-se à morte por nossos pecados, "o justo pelos injustos, para levar-nos a Deus".

Agora, pois, o plano da salvação se abre claramente perante cada um de vocês: *Crê no Senhor Jesus e serás salvo* [...]. Para vocês, que violaram todos os preceitos de Deus, desdenharam sua compaixão e desafiaram sua ira e sua vingança, há, portanto, uma proclamação de misericórdia: *"Todo aquele que invocar o nome do Senhor será salvo (Rm 10.13). Fiel é esta palavra e digna de toda a aceitação (1Tm 4.9): que Cristo Jesus veio ao mundo para salvar os pecadores, dos quais sou eu o principal". O que vem a mim de maneira nenhuma o lançarei fora (Jo 6.37), diz ele. Portanto, pode [...] salvar perfeitamente os que por ele se chegam a Deus, porquanto vive sempre para interceder por eles (Hb 7.25).* Então, tudo o que Deus pede a você — e ele mesmo o concede — é que simplesmente olhe para seu Filho agonizante na cruz e confie sua alma nas mãos daquele cujo nome, e somente cujo nome, pode nos salvar da morte e do inferno. Não é de surpreender que a proclamação do evangelho não receba a aceitação unânime dos homens? Seria de esperar que, tão logo fosse pregado o evangelho, ou seja, *que todo aquele que nele crê tenha a vida eterna*, cada um de nós, abrindo mão de seus pecados e iniquidades, tão somente confiasse em Jesus Cristo, olhando diretamente para sua cruz. Mas ai! Tal é o mal desesperado de nossa natureza, tão perniciosa a depravação do nosso caráter, que essa mensagem é desprezada, o convite para o banquete do evangelho é rejeitado, e muitos de vocês são, hoje, inimigos de Deus por causa de suas obras perversas; inimigos do Deus que fala de Cristo a vocês, inimigos daquele que enviou seu Filho para dar sua vida em resgate de muitos. Estranho, digo eu, que possa assim ser e, no entanto, verdadeiro; daí a necessidade da ordem que está no texto: *Obriga-os a entrar* (Lc 14.23).

Filhos de Deus, a vocês, que creem, eu pouco ou quase nada tenho a dizer hoje. Vou diretamente ao alvo — em busca daqueles que não foram antes chamados, daqueles que estão pelas ruas e becos, caminhos e valados, e, com Deus me acompanhando, cumprir a ordem que ele deu: *Obriga-os a entrar.*

Primeiro, então, eu *os encontrarei*; e, depois, procurarei *obrigá-los a entrar*.

I. O que devo fazer em primeiro lugar é encontrá-los. Ao lermos os versículos que antecedem o texto, constatamos ser a ordem toda a seguinte: *Sai depressa para as ruas e becos da cidade e traze aqui os pobres,*

"Obriga-os a entrar" | 1257

os aleijados, os cegos e os coxos (Lc 14.21); depois: "*Sai pelos caminhos*", traz os viandantes, os estradeiros, *e valados* (Lc 14.23), e traz aqueles que não têm lugar para repousar a cabeça e se deitam sob as sebes para descansar; traz estes também e *obriga-os a entrar*. Sim, vocês que são *pobres*, eu busco vocês esta manhã. Tenho de obrigá-los a entrar. Vocês são pobres devido às circunstâncias, mas isso não é barreira para o reino dos céus, pois Deus não exclui de sua graça o homem que teme e treme em farrapos e é destituído do pão. Na verdade, se alguma distinção houvesse, seria a favor dos pobres e em seu benefício: *a vós foi enviada a palavra desta salvação* (At 13.26); *aos pobres é anunciado o evangelho* (Mt 11.15). Mas devo, especialmente, me dirigir a vocês, *espiritualmente* pobres. A vocês, que não têm fé alguma, não têm virtudes, não têm boas obras, não têm a graça e, pobreza ainda maior, não têm esperança — ah, meu Mestre envia a vocês um gracioso convite. Venham, sejam bem-vindos à festa de casamento do seu amor. *E quem tem sede venha; e quem quiser, receba de graça a água da vida* (Ap 22.17). Venham, tenho de me voltar para vocês agora. Embora contaminados pela pior das imundícies e nada ou pouco terem além de trapos pelo corpo; ainda que a justiça própria de cada um o tenha tornado sujo e remendado, tenho de me voltar para vocês e, primeiro, convidá-los, para então, depois, obrigá-los a entrar.

Examino-os mais detalhadamente. Vocês não são apenas pobres, mas também *mutilados*. Houve tempo em que vocês provavelmente acreditavam poder alcançar a salvação sem a ajuda de Deus, quando pensavam que poderiam realizar boas obras, participar de cerimoniais e chegar ao céu por si mesmos; mas agora estão mutilados: a espada da lei cortou suas mãos e não podem mais agir; e dizem, com amargo pesar:

> O melhor desempenho que minha mão possa dar
> Diante do teu trono eu não ouso apresentar.

Vocês perderam toda a capacidade de obedecer à lei; sentem que, mesmo querendo fazer o bem, o mal está presente em vocês. Estão mutilados; já desistiram até do último recurso de se tentar salvar por si mesmos, pois estão sem os braços. Estão ainda pior do que imaginam; pois, não tendo conseguido criar o caminho até o céu, poderiam ter tentado chegar lá pela fé; mas se encontram tão aleijados nos pés quanto nas mãos: sentem como se não pudessem crer, não pudessem se arrepender, não pudessem obedecer às diretrizes do evangelho. Sentem que desperdiçaram a si mesmos, que se acham impotentes para fazer qualquer coisa que possa ser agradável a Deus. Na verdade, ouço-os clamando:

> Oh, se eu pudesse ao menos crer,
> Então mais fácil tudo seria.
> Anseio o alívio do Senhor, sem o obter,
> Nem a ajuda que dele viria.

A vocês fui enviado. É diante de *vocês* que devo erguer o estandarte manchado de sangue da cruz, é a vocês que devo pregar este evangelho. *Todo aquele que invocar o nome do Senhor será salvo*, e é a vocês que eu conclamo: "Quem quiser, receba de graça a água da vida".

Há ainda outro grupo de pessoas: os *coxos*. São vocês, que vacilam entre duas opiniões. Por vezes, ficam divinamente inspirados e em outras ocasiões a tolice do mundo os domina. Qualquer progresso que façam em termos de fé não passa de efêmero. Têm tão pouca força, mas tão pouca, que qualquer progresso é para vocês muito desgastante. Ah, volúveis irmãos, a vocês é também enviada a palavra de salvação. Ainda que vacilem entre duas opiniões, o Mestre me envia para lhes entregar esta mensagem: *Até quando coxeareis entre dois pensamentos? Se o Senhor é Deus, segui-o; mas se Baal, segui-o* (1Rs 18.21). Considerem seus caminhos. Deixem suas casas em ordem, pois é certo que um dia morrerão, não viverão. Dito isto, prepare-se para encontrar seu Deus, ó Israel! Não mais coxeiem; decidam-se por Deus e por sua verdade.

Vejo ainda outra classe: os *cegos*. Sim, vocês, que não podem ver, que pensam ser bons quando estão repletos de mal, que confundem o doce com o amargo, e o amargo com o ainda mais amargo; confundem a luz com as trevas, e as trevas, com a luz. A vocês fui enviado. Pobres almas, que não conseguem ver o estado em que se encontram, que não acreditam que o pecado é tão maligno quanto de fato é e não cedem ao pensamento de que Deus é um Deus justo e correto, a vocês fui enviado. A vocês, que não conseguem ver o Salvador, que não enxergam nele beleza que possam desejar; que não veem excelência na virtude, glória na fé, alegria em servir a Deus, que não se deleitam em ser seus filhos; a vocês fui enviado.

E a quem não fui enviado, quando se lê o texto? O texto não apenas dá uma descrição tal que contempla cada caso específico, como também faz um apanhado geral, dizendo: "Sai pelos caminhos e valados". Nos caminhos estão incluídos todos os tipos e variedades de seres humanos — o cavaleiro sobre sua montaria na estrada, a mulher que corre em direção ao serviço, o ladrão que se esconde dos viajantes —, estão ali e serão obrigados a entrar; e, nos valados, estão pobres almas que não têm refúgio e buscam abrigo para sua cabeça cansada — a vocês, somos enviados esta manhã. *Obriga-os a entrar* — é uma ordem universal.

Faço agora uma pausa, para contemplar o trabalho hercúleo que se apresenta diante de mim. Bem disse Melâncton: "O velho Adão era muito forte, comparado ao jovem Melâncton". Assim como uma criança que tentasse subjugar um Sansão, eu busco conduzir os pecadores à cruz de Cristo. No entanto, meu mestre me envia aos errantes. Vejo diante de mim uma grande montanha, feita da depravação humana e indiferença apática, mas clamo, com fé: *Quem és tu, monte grande? Diante de Zorobabel tornar-te-ás uma campina* (Zc 4.7). Pois meu mestre ordena: *Obriga-os a entrar*. Portanto, mesmo que o pecador seja um Sansão e, eu uma criança, devo me esforçar por fazê-lo. Se Deus disse *faça*, se eu tentar com fé, *será feito*; mas se o fizer com murmuração, choro, má vontade e o coração contrariado, então terei de esperar o momento certo para obrigar os pecadores a chegar a Cristo, quando o doce convencimento do Espírito Santo estiver em cada palavra; aí então alguns serão, de fato, obrigados a entrar.

II. Agora, ao trabalho — direto a ele. Não convertidos, não reconciliados, não regenerados, sou obrigado a fazê-los entrar. Permitam-me, primeiro, chegar-me novamente a vocês e contar-lhes sobre minha tarefa. O rei dos céus envia um gracioso convite a vocês hoje: *Porque não tenho prazer na morte de ninguém, diz o Senhor Deus; convertei-vos, pois, e vivei* (Ez 18.32); *Vinde, pois, e arrazoemos, diz o Senhor: ainda que os vossos pecados são como a escarlata, eles se tornarão brancos como a neve* (Is 1.18). Caros irmãos, meu coração se alegra ao pensar que tenho notícias tão boas para dar a vocês, mas confesso que minha alma dói quando não as consideram como boas notícias e se voltam contra elas e não lhes dão a devida atenção. Permitam-me lembrar-lhes o que o Rei tem feito por vocês. Ele conhece a culpa de cada um e os preveniu de que vocês iriam se arruinar. Sabia que sua justiça exigiria sangue, mas para isentá-los desse sacrifício, em que pese que sua justiça fosse completa e pudessem ser salvos, *o próprio Jesus Cristo morreu em seu lugar na cruz*. Detenham-se por um momento apenas, por favor, nesta imagem. Pensem em um homem ajoelhado no jardim do Getsêmani, suando sangue. Vão além: vejam-no sofrendo, amarrado a um pilar e sendo lacerado por terríveis fustigadas de chicote, até que os ossos de seus ombros apareçam, brancos, como ilhas em meio a um mar de sangue. Vejam ainda uma terceira imagem: o mesmo homem, pendurado na cruz, os braços estendidos, mãos e pés pregados no madeiro, morrendo, gemendo, sangrando; e, se como essa figura falasse, dissesse: *Está consumado* (Jo 19.30). Tudo isso sofreu Jesus de Nazaré, de modo que Deus pudesse perdoar o pecado com sua justiça. E a mensagem para você hoje é esta: *Quem crer no Senhor Jesus Cristo será salvo* (At 16.31). Confie nele, renuncie a todas as suas obras e a todos os seus meios e recursos e tão somente deixe seu coração com este homem que deu a si mesmo pelos pecadores.

Bem, irmãos, eu lhes passei a mensagem. Que terá ficado dela em vocês? Terão se voltado contra ela? Dizem-me que nada dela ficou com vocês? Que não a puderam ouvir, ou que me ouvirão somente aos poucos, mas que vocês continuarão seguindo seus caminhos, e cuidando de suas atividades e seus negócios? Parem, irmãos. Não me foi ordenado apenas entregar a mensagem e seguir meu caminho. Não; foi-me ordenado que obrigasse vocês a entrar. Deixem-me observar a vocês, antes de prosseguir, que há apenas uma coisa que eu posso dizer — e nisto Deus é testemunha, nesta manhã, que sou sincero no meu desejo de que possam cumprir o mandamento de Deus. Talvez vocês desprezem a própria salvação, mas eu não a desprezo; vocês talvez, ao sair daqui, se esqueçam do que ouviram; mas, por favor, considerem que o que eu digo agora me custou mais que meros gemidos, antes de poder dizer o que agora falo. O mais íntimo

"OBRIGA-OS A ENTRAR" | 1259

da minha alma é que lhes fala, pobres irmãos, ao buscá-los mediante aquele que morreu, mas vive e há de continuar vivo para todo o sempre: reflitam sobre a mensagem do meu Mestre, pois ele me pede que eu a enderece diretamente a vocês.

Ainda a desdenham? Vocês a recusam? Pois então devo mudar um pouco o tom que uso. Não apenas darei a mensagem, convidando-os com toda a sinceridade e afeição possível, mas irei além. Pecador, em nome de Deus, *ordeno* que você se arrependa e creia. Perguntam: *De onde vem essa sua autoridade?* (Mc 11.28) Sou um embaixador do céu. Minhas credenciais, algumas delas são secretas, estão em meu próprio coração; outras se abrem sob a forma do meu ministério para vocês, sentados ou de pé neste salão, onde Deus dispõe muitas almas para que eu venha a ganhá-las. Portanto, como o eterno Deus me deu procuração para que eu pregasse o evangelho, ordeno que acreditem no Senhor Jesus Cristo; não por minha própria autoridade, mas pela autoridade daquele que disse: *Ide por todo o mundo, e pregai o evangelho a toda criatura* (Mc 16.15); e que, ainda, juntamente com esse solene mandamento, declarou: "Quem crer e for batizado será salvo; mas quem não crer será condenado". Se querem rejeitar minha mensagem, lembrem-se de que: *Havendo alguém rejeitado a lei de Moisés, morre sem misericórdia, pela palavra de duas ou três testemunhas; de quanto maior castigo cuidais vós será julgado merecedor aquele que pisar o Filho de Deus [...]* (Hb 10.28,29). Um embaixador não se posiciona abaixo daquele com quem lida, mas fica acima deste. Ao optar o ministro por invocar a posição que lhe cabe, rodeado da onipotência de Deus e abençoado com santa unção, deve orientar os homens e, falando com autoridade, lhes ordenar que entrem: *Fala estas coisas, exorta e repreende com toda a autoridade* (Tt 2.15).

Você, porém, se volta e diz que não será comandado? Novamente terei de mudar o tom. Se não funcionar dessa maneira, deveremos outra experimentar. Venho a você, meu irmão, com um discurso simples e o *exorto* que vá a Cristo. Ó meu irmão, você não sabe quão amoroso é Cristo? Deixe-me contar, de minha própria alma, o que sei sobre ele. Eu também o desprezei. Ele bateu à porta de meu coração, mas eu me recusei a abrir. Veio a mim incontáveis vezes, noite após noite, manhã após manhã; sondou minha consciência, falou a mim mediante seu Espírito e quando, por fim, os trovões da lei prevaleceram em minha consciência, julguei ser Cristo cruel e rude. Oh, nunca me perdoarei por ter tido pensamentos tão desprezíveis sobre ele. Mas que amável recepção tive quando cheguei a ele. Pensei que me esmagaria, mas sua mão não estava cerrada de raiva e, sim, aberta em compaixão. Tinha quase certeza de que seus olhos me fulminariam de raiva; em vez disso, estavam cheios de lágrimas. Enlaçou-me pelo pescoço e me beijou; tirou meus trapos e me cobriu de justiça, fazendo minha alma cantar de alegria; na casa do meu coração e na casa da sua igreja houve música e dança, pois o filho que ele havia perdido fora encontrado e aquele que morrera estava vivo. Eu o exorto, pois, a buscar Jesus Cristo e vir a ser iluminado pela sua luz. Você não irá se arrepender, pecador — posso falar em nome do meu mestre que você não irá querer voltar ao seu estado anterior de condenação; sairá do Egito, será levado a terra prometida e há de encontrá-la transbordante de leite e mel. Talvez você possa pensar serem pesadas algumas das provações da vida cristã, mas elas irão se tornar leves, porque você deterá a graça de Deus. Quanto às delícias e prazeres de ser um filho de Deus, se eu estiver mentindo hoje, você poderá me cobrar nos dias vindouros. Quando você provar e comprovar que o Senhor é bom, sei que verá que ele não apenas é bom, mas bem melhor do que os lábios humanos conseguem descrever.

Não sei que argumentos possa usar mais com vocês. Vou apelar para seu interesse particular. Ó pobres amigos, não é melhor se reconciliar com o Deus dos céus que ser um inimigo seu? Que ganha você ao se opor a Deus? Você ficaria mais feliz em ser inimigo dele? Responda, você que é viciado em prazer: encontrou delícias maiores fora dele? Responda-me, fariseu: encontrou maior descanso para a sola de seus pés em alguma de suas obras próprias? Ó você, que busca reivindicar sua própria justiça: ordeno que deixe sua consciência falar. Acha ser o seu próprio caminho mais feliz? Ah, meus amigos, *Por que gastais o dinheiro naquilo que não é pão* (Is 55.2), *e o produto do vosso trabalho naquilo que não pode satisfazer? Ouvi-me atentamente, e comei o que é bom, e deleitai-vos com a gordura.* Eu os exorto, por tudo que é mais sagrado e solene, por tudo que é mais importante e eterno, lutem por sua vida, não olhem para trás, não se mantenham na ignorância, não se mantenham assim até que tenham de ser provados, para achar o maior interesse no sangue de Jesus Cristo, sangue que nos purifica de todos os pecados! Você continua frio e indiferente? Não terá o cego de permitir que eu o acompanhe até o banquete? Não terá o aleijado de deixar que eu ponha o braço sobre seus ombros e o ajude a chegar à festa? Não há de concordar o pobre que eu caminhe lado a lado com ele? Ou devo usar de palavras mais duras? Devo usar de outros artifícios para obrigar você a entrar?

Ó pecadores, de uma coisa estou certo: se vocês não forem salvos hoje, não terão mais desculpa. Todos, desde o idoso até a criança da mais tenra idade, se não confiarem em Cristo neste dia, sua culpa subirá à própria cabeça. Se algum poder existe em mim para convencer alguém (como há em um homem ajudado pelo Espírito Santo), que este poder seja usado agora. Que Deus me ajude. Venham, portanto; não desistirei por causa de suas recusas; se meu apelo falhar, tentarei de outro modo. Eu lhe imploro irmão, que pare e pense. Sabe realmente o que está rejeitando esta manhã? Você está rejeitando Cristo, seu único Salvador. *Porque ninguém pode lançar outro fundamento* [...] (1Co 3.11); *porque debaixo do céu nenhum outro nome há, dado entre os homens, em que devamos ser salvos* (At 4.12). Não posso então admitir, meu irmão, que você faça isso, pois eu o lembro do que não sabe ou esquece: que está por vir o dia, mais cedo ou mais tarde, em que você irá precisar, necessariamente, do Salvador. Não demorará muito para que seus anos desgastantes tenham findado, sua força comece a falhar, seu pulso a ratear, seu vigor a lhe dar adeus, e você e o monstro inflexível — a morte — irão se encontrar face a face. Que fará você na enchente do Jordão sem o Salvador? Leitos de morte são duros como pedra sem o Senhor Jesus Cristo. Morrer, de todo modo, é sempre ruim; mesmo aquele que tenha a maior esperança e a fé mais triunfante saberá que a morte não é algo de que se possa rir. É certamente tremendo passar do reino dos vivos para o dos não vivos, dos mortais para os imortais, do tempo para a eternidade; e você descobrirá, sem dúvida, quão difícil será passar pelos férreos portões da morte sem as doces asas de um anjo para conduzi-lo aos portões do céu. Será muito duro morrer sem Cristo. Não posso evitar de pensar em você. Imagino-o agonizando e me vejo a seu lado ouvindo os clamores de seu leito de morte, sabendo que você morre sem esperança. Não posso suportar isso. Vejo-me ao lado de seu ataúde, encarando sua face fria como mármore e me lembrando: "Este homem desprezou a Cristo e negou sua grande salvação". Penso nas amargas lágrimas que deverei derramar quando julgar que não fui talvez tão fiel a você e em como os seus olhos, fechados pela morte, parecerão me lançar um olhar de queixume: "Ministro, frequentei seu culto, mas o senhor não foi sincero comigo: me envolveu, pregou para mim, mas não implorou quanto deveria por mim. Não sabia, então, o que Paulo quis dizer, quando escreveu: *De sorte que somos embaixadores por Cristo, como se Deus por nós vos exortasse. Rogamo-vos, pois, por Cristo que vos reconcilieis com Deus* (2Co 5.20)?

Imploro que deixem esta mensagem entrar em seu coração, por mais um motivo ainda. Imagino-me no tribunal de Deus, quando o Senhor vier, no dia do juízo final. Você crê nisso? Você não é descrente; sua consciência não permitiria que duvidasse das Escrituras. Talvez você até fingisse, mas não conseguiria. Sabe e sente em que haverá um dia em que Deus julgará o mundo com retidão. Vejo você em meio à multidão, e os olhos de Deus fixos em você. Verá que ele não olha para outro lugar ou pessoa, mas diretamente para você; e então o convoca a comparecer diante dele; lê seus pecados e declara, assim como dirigindo-se a outros: *Apartai-vos de mim, malditos, para o fogo eterno!* (Mt 25.41). Ouvintes, não consigo suportar nem mesmo pensar em vocês nessa situação; parece que cada fio de cabelo de minha cabeça se arrepia ao pensar em qualquer ouvinte meu sendo condenado. Conseguem se imaginar nessa situação? A palavra já foi dita: *Apartai-vos de mim, malditos, para o fogo eterno.* Você consegue imaginar o abismo se abrindo para o engolir? Ouvir os gritos e lamentos daqueles que o precedem no eterno poço do tormento? Em vez de me debruçar sobre essa cena horrenda, porém, prefiro me voltar para vocês com as palavras do inspirado profeta e dizer: *Quem dentre nós pode habitar com o fogo devorador? Quem dentre nós pode habitar com as labaredas eternas?* (Is 33.14). Oh, meu irmão, não posso deixar você relegar assim a fé; não, porque penso nas coisas que virão depois da morte. Eu seria destituído de qualquer sentido de humanidade se admitisse ver uma pessoa prestes a envenenar a si mesma sem tentar afastar dela o copo com o veneno; ou ver alguém

"Obriga-os a entrar" | 1261

prestes a se lançar da Ponte de Londres sem impedir que prosseguisse; e seria pior que um inimigo seu se não suplicasse agora, com todo amor, gentileza e sinceridade: [...] *apodera-te da vida eterna* (1Tm 6.12); *Trabalhai, não pela comida que perece, mas pela comida que permanece para a vida eterna* (Jo 6.27).

Talvez alguns hipercalvinistas me dissessem que não estou certo em dizer isso; mas não posso evitar; sinto-me obrigado a fazê-lo. Como sei que devo me apresentar, por fim, ao juiz, não sentirei haver feito bom uso do meu ministério sem que implore com lágrimas até que vocês sejam salvos, que olhem para Jesus Cristo, e recebam sua gloriosa salvação. Será que não é o bastante? Todas as nossas súplicas se perderam em você? Você terá se tornado surdo? Pois, então, mais uma vez, mudarei o tom. Ó pecador, eu imploro a você como alguém implora a um amigo; se fosse por *minha* própria vida, talvez não falasse com maior sinceridade do que falo esta manhã em *seu* favor. Não me acho sincero para com a minha alma nem um pouco mais do que pelas almas da minha congregação. Portanto, se você continuar a ignorar minhas súplicas, terei de mudar de tática — passarei a *ameaçá-lo*. Você não terá para sempre advertências como as de hoje. Virá o dia em que a voz de todo ministro do evangelho irá silenciar para você; pois seus ouvidos estarão surdos, imersos na morte. Não haverá mais ameaças; haverá o seu cumprimento. Não mais haverá promessa, nem proclamação de perdão e misericórdia, nem sangue purificador, mas você se encontrará no lugar onde o dia está sempre mergulhado em noites eternas de infelicidade e onde a pregação do evangelho não é feita, pois de nada adianta mais. Eu ordeno a você, então: ouça esta voz que agora se dirige à sua consciência; caso contrário, Deus falará a você na ira e lhe dirá, com grande dissabor: *Mas, porque clamei, e vós recusastes; porque estendi a mão, e não houve quem desse atenção* (Pv 1.24); [...] *também eu me rirei no dia da vossa calamidade; zombarei, quando sobrevier o vosso terror* (Pv 1.26). Exorto-o, pecador, mais uma vez. Lembre-se que é por pouco tempo que ouvirá tais advertências. Você provavelmente imagina que sua vida será longa, mas já pensou no quão curta ela realmente é? Já refletiu no quão frágil você é? Já viu um corpo humano aberto por um anatomista? Já viu algo tão admirável quanto o esqueleto humano?

> Notável como uma harpa de mil cordas
> Pode manter-se afinada por tanto tempo.

Se apenas uma dessas cordas se romper, se apenas uma migalha de comida passar pelo lugar errado e você se engasgar, pode morrer. A menor casualidade pode mandá-lo direto para o túmulo, se Deus assim quiser. Homens os mais fortes já morreram devido aos menores e mais simples acidentes, e o mesmo pode se dar com você. Até mesmo dentro de igrejas, em plena casa de Deus, já morreram alguns. Quantas vezes não vemos ou ouvimos falar de pessoas que caem inesperadamente na rua, rolando deste tempo para a eternidade, por algum ataque súbito do coração? Tem certeza de que seu coração é bastante sadio? Que seu sangue circula sem problema algum? Tem certeza? Ainda que tenha agora, por quanto tempo ainda terá? Oh, talvez alguns de vocês presentes nunca cheguem ao Natal deste ano; talvez já tenha sido expedido o mandado: *Põe em ordem a tua casa, porque morrerás, e não viverás* (2Rs 20.1). Naturalmente, não tenho como apontar com precisão aqueles que, desta vasta congregação, poderão estar mortos daqui a um ano ou pouco mais; mas o certo é que, não dentro de muito tempo, eles jamais estarão se reunindo com esta mesma assembleia. Alguns aqui, talvez dois ou três, nem chegarão a ver o próximo ano. Torno a lembrar, assim, meus ouvintes, que os portões da salvação poderão ser fechados sem vocês haverem chegado às portas da misericórdia. Venham, então, agora; permitam que ao menos essa ameaça tenha força sobre vocês. Pois não os ameaço tencionando alarmá-los sem motivo, mas na esperança de que a ameaça de um irmão os conduza ao local que Deus preparou para o banquete do evangelho.

Depois disso, *desistirei de qualquer outra tentativa*? Terei exaurido tudo o que tinha para dizer? Não, eu me volto mais uma vez a vocês. Digam-me, amados, o que tanto os afasta no caminho de Cristo. Ouço alguém dizer: "Oh, é porque me sinto por demais culpado". Não pode ser, meu amigo, não pode ser. "Mas, pregador, eu sou o maior dos pecadores". Não é, amigo. O maior, o principal dos pecadores morreu, mas foi para o céu, muitos anos atrás; seu nome era Saulo de Tarso, depois chamado de Paulo. Sim, o apóstolo.

Ele era o maior dos pecadores, e sei que ele falava a verdade. "Não", você insiste, "eu sou muito perverso". Pois você não pode ser pior que o *principal* dos pecadores. Você pode, no máximo, ser o segundo pior. Mesmo supondo que você fosse o pior entre os vivos, seria o segundo, pois ele foi o primeiro. Mas, imaginando que você fosse o primeiro, isso é ainda razão maior pela qual você deve vir a Cristo. Quanto mais doente alguém estiver, maior é o motivo para que procure um médico. Quanto mais pobre você for, tanto mais razão haverá para aceitar a caridade alheia. Cristo não exige mérito algum de você. Ele, pelo contrário, tudo lhe concede. Quanto pior você for, mais bem-vindo será por ele.

Mas deixe-me lhe fazer uma pergunta: você acha que ficará melhor caso se mantiver afastado de Cristo? Se acha que sim, pouco sabe sobre o caminho da salvação. Quanto mais afastado estiver, pior ficará; sua esperança se tornará mais frágil, seu anseio, mais forte, o prego com que Satanás o prende será pregado com maior firmeza, e você ficará mais desesperado que nunca. Venha, eu imploro, lembre-se que nada há a ganhar com o atraso, mas tudo se pode perder. "Mas", ouço alguém clamar, "sinto que não posso crer". Não pode, amigo, e nunca há de crer se você se voltar prioritariamente para sua própria crença. Lembre-se, porém, que não vim convidá-lo para determinada fé, mas, sim, para Cristo. Você pergunta: "Qual a diferença?" Há uma diferença. Se você disser "Quero crer nisso ou naquilo", nunca conseguirá. Sua pergunta deve ser: "Em que devo crer?" Então a fé virá como consequência dessa busca. Meu empenho não tem a ver ainda com a fé, mas com Cristo. Venha, eu imploro, para o monte Calvário e olhe para a cruz. Contemple o Filho de Deus, aquele que fez o céu e a terra, morrendo por seus pecados. Olhe para ele: não há poder nele bastante para o salvar? Olhe para seu rosto, repleto de piedade. Não há amor o suficiente no coração dele para mostrar que *deseja* salvá-lo? A visão de Cristo irá ajudá-lo a crer. Não procure crer primeiro, para então ir a Cristo: sua fé será inútil; vá a Cristo sem fé alguma e lance-se a ele profundamente.

Ouço ainda alguém dizer: "Oh, mas o pregador não sabe quanto já fui convidado e quanto já rejeitei o Senhor". Não sei, nem quero saber; tudo que sei é que meu mestre me mandou que eu o obrigasse a entrar; portanto, venha comigo agora. Mesmo que haja rejeitado mil convites, não faça desta oportunidade a milésima recusa. Se você há muito frequenta a casa de Deus, pode se ter endurecido contra o evangelho. Não vejo uma única lágrima em seus olhos. Venha, não endureça seu coração ante o sermão de hoje. Ó Espírito do Deus vivo, vem e derrete esses corações, nunca antes amolecidos, e obriga-os a entrar! Não posso deixar que vocês continuem a dar desculpas como essa. Se viveram tantos anos desprezando Cristo, haverá boas razões para que não mais o desprezem.

Será que ouço alguém dizer que não é este o momento oportuno? Que dizer, então? Quando chegará o momento oportuno? Quando já estiver no inferno? Será, então, um tempo adequado? Virá quando você já estiver no leito de morte, com as mãos da morte agarradas em sua garganta — será nesse momento? Quando um suor fervente estiver se derramando por suas sobrancelhas, ou um suor pestilento tiver tomado você, será esse o tempo conveniente? Quando as dores o estiverem dominando, ou quando estiver à beira da cova? Não, não; esta manhã é o momento oportuno. Que Deus o faça assim. Lembre-se: não tenho autorização para convidá-lo a vir a Cristo *amanhã*. O mestre não enviou convite para que você viesse a ele na próxima terça-feira. O convite diz: *Hoje, se ouvirdes a sua voz, não endureçais os vossos corações, como na provocação* [...] (Hb 3.15), pois o Espírito diz hoje: *Vinde [agora] e arrazoemos* (Lc 20.14); por que você deveria adiar? Pode ser talvez o último aviso que você ouça a respeito. Adie-o e possivelmente nunca mais tenha de chorar no templo. Nunca mais talvez tenha um discurso tão sincero dirigido a você. Nunca mais implorarão a você como eu imploro hoje. Talvez você se vá e Deus diga: [...] *está entregue aos ídolos, deixe-o* (Os 4.17). Serão jogadas as rédeas sobre seu pescoço; e então — note bem — seu caminho estará traçado: apenas condenação e imediata destruição.

Mais uma vez: será que tudo isso é em vão? Você, de fato, não virá a Cristo? Que mais posso fazer, então? Tenho um último recurso — e ele será empregado. Permitam-me agora que eu chore por vocês; que eu ore por vocês. Vocês podem zombar do convite de Cristo, se quiserem; podem fazer pouco caso do pregador; chamar-me de fanático, se quiserem; não irei repreendê-los, não farei qualquer acusação contra vocês junto ao grande juiz. Mas vocês irão se lembrar de que a mensagem que rejeitaram esta manhã é

"Obriga-os a entrar" | 1263

a mensagem de alguém que os ama, dada pelos lábios de alguém que também os estima. Lembrarão que têm usado sua alma para brincar com o diabo, ao considerarem esse assunto de pouca importância; mas que pelo menos existe alguém que se preocupa com sua alma, alguém que, antes mesmo que você pisasse aqui, rogou a seu Deus ter forças para pregar a você, alguém que não se esquecerá de seus ouvintes quando se for. Repito: quando as palavras nos faltam, podemos usar lágrimas — pois palavras e lágrimas são as armas com que os ministros do evangelho convencem os homens. Você não sabe, nem eu poderia esperar que soubesse quão ansioso fica acerca de sua congregação alguém que Deus chama para o ministério, tanto quanto fica por algumas pessoas em especial. Ouvi outro dia a respeito de um rapaz que frequentava esta igreja há muito tempo e cuja esperança do pai era que fosse trazido a Cristo. Ele veio, no entanto, a tornar-se amigo de um descrente e hoje recusa nossa palavra e vive uma rotina diária de pecado. Vi o rosto pálido do pai; não poderia lhe pedir que me falasse disso, pois estaria tocando em uma ferida aberta. Por vezes, temo que alguns com cabelos brancos sejam levados à cova por conta da tristeza. Jovens, vocês talvez não orem por si mesmos, mas suas mães batalham no altar diariamente por vocês; não pensam o mínimo sequer sobre sua alma, mas a ansiedade de seus pais mantém o maior zelo sobre ela. Já estive em encontros de orações em que ouvi filhos de Deus orando pelos outros como não o teriam feito com maior sinceridade e maior intensidade de angústia se estivessem buscando a própria salvação. Não é de estranhar que sejamos capazes de mover céus e terra para buscar a *sua* salvação, sem que você pense o mínimo em *você*, sem que pense em assuntos eternos?

Quero me dirigir a certas pessoas presentes. Estão presentes membros de igrejas cristãs, que professam determinada confissão, mas, a menos que eu esteja errado — e ficarei muito feliz se estiver —, sua profissão de fé tornou-se uma mentira. Vocês não vivem o que professam, vocês se desonram; são capazes de continuar a viver na prática perpétua de quase não comparecer mais à casa de Deus, se não de pecados piores. Pergunto a vocês, que não adotam a verdadeira doutrina de Deus, nosso Salvador: imaginam poder me chamar de seu pastor sem que minha alma trema e chore em segredo por vocês? Pouco talvez lhes interesse saber quanto estão maculadas as vestes de sua cristandade, mas tal fato é do maior interesse para outras pessoas, ocultas em Deus, que suspiram, lamentam e sofrem com as iniquidades dos professos de Sião.

Que resta aos ministros de Deus senão orar e chorar? E há mais uma coisa. Deus não dá a seus servos o poder da regeneração, mas concede algo relacionado a isso. Se é impossível a um homem regenerar seu próximo, como os homens são então levados a Deus? Refere-se o apóstolo ao caso de alguém que considerava seu filho devido a laços de afeição. O ministro tem o poder, dado por Deus, de ser considerado pai e mãe daqueles que nascem para Deus, e Paulo diz que suas jornadas se destinavam a dar vida às almas até que Cristo surgisse nelas. Que podemos fazer, então? Podemos apelar para o Espírito Santo. Sei que prego o evangelho de forma honesta e, por isso, posso conclamar meu Mestre a honrar sua promessa. Ele declara que a promessa não retornará vazia a ele, e não retornará mesmo. Está nas mãos dele, não mais nas minhas. Não posso obrigar vocês a entrar; mas, ó Espírito de Deus, tu que tens as chaves de todos os corações, tu os podes obrigar! Vocês conhecem aquele texto de Apocalipse, em que o Senhor diz: *Eis que estou à porta, e bato* (Ap 3.20). Versículos antes, é dito que ele tem a chave de Davi. Portanto, se não adiantar bater na porta, ele, tendo a chave, pode e irá entrar. Se o bater na porta mediante um ministro sincero não tiver efeito sobre você esta manhã, ainda resta a entrada secreta do seu coração, conhecida pelo Espírito, de sorte que, se for de sua divina vontade, você será obrigado a deixá-lo entrar.

Considero meu dever trabalhar por vocês tanto quanto *eu* puder conseguir; mas agora deixo tudo nas mãos de meu mestre. Não pode ser certamente de sua vontade ter havido tanto trabalho de parto sem resultar em um filho espiritual sequer. Está nas mãos *dele*. É ele o Senhor dos corações; e um dia ficará claro que alguns de vocês foram convencidos pela soberana graça a se tornarem servos voluntários do todo-conquistador Jesus, dando a ele seu coração por meio do sermão desta manhã.

135 | Calculando as despesas

Pois qual de vós, querendo edificar uma torre, não se senta primeiro a calcular as despesas, para ver se tem com que a acabar? Para não acontecer que, depois de ter posto os alicerces, e não a podendo acabar, todos os que a virem comecem a zombar dele, dizendo: Este homem começou a edificar e não pode acabar (Lc 14.28-30).

Esta passagem é exclusiva de Lucas. Antes, ele nos diz que por onde o Senhor Jesus andava multidões o seguiam. É notável observar que, quando nosso Senhor veio a ser depois abandonado pela multidão, ele não se abateu, mas também quando seu ministério era altamente popular nunca foi por ela exaltado. Mantinha-se calmo e sábio em meio ao burburinho da agitada turba. Estes versículos são prova suficiente disso. Na ocasião, nosso Senhor fala com vistas à separação da grande quantidade de autoproclamados discípulos que então se apresentava diante dele, de modo que o joio fosse lançado fora e somente mantido o precioso trigo. Esse discurso seu nos lembra o processo de Gideão de reduzir as vastas e heterogêneas hostes que ele havia reunido, das quais disse o Senhor: *O povo que está contigo é demais* [...] (Jz 7.2). Depois de ordenar que os medrosos e tímidos se fossem, Gideão levou milhares de remanescentes até o rio e ordenou-lhes que bebessem das águas; mas só manteve perto de si aqueles que mataram a sede de maneira específica que indicava a prestatividade, agilidade, energia e experiência que tinham. Nosso Senhor testou também seus seguidores para que ficassem apenas aqueles capacitados a conquistar o mundo. Escolheu os vasos que a graça fez adequados a transportar consigo seu precioso tesouro, podendo o restante ser dispensado.

O Senhor Jesus demonstrava bem sua grande sabedoria não se orgulhando do número de seus convertidos, mas visando mais à qualidade que à quantidade. Alegrava-se muito com um pecador que se arrependesse, mas dez mil pecadores que apenas professassem ter-se arrependido não lhe dariam talvez essa alegria. O coração dele ansiava pela conversão real desprezando a falsa conversão; aspirava a essência, e meras sombras não o satisfaziam. Ao mesmo tempo que em suas mãos estava o crivo que usava para joeirar e separar os grãos, seu machado já estava posto à raiz das árvores que não produzissem bons frutos. Almejava criar uma igreja viva, como a semente do trigo espalhada pela terra, tão livre quanto possível de qualquer mistura.

Nesse sentido, particularmente, poderia alguém argumentar que ele fazia repelir os homens em vez de atraí-los à sua liderança. Na verdade, ele não agia assim. Bem sabia que os homens, para serem realmente ganhos, precisam ser conquistados pela verdade; que o verdadeiro amor é o único sincero; e que o melhor discípulo não é aquele que se junta aos seguidores do mestre com pressa e depois vem a descobrir que o aprendizado não é o que esperava, mas o que suspira de contentamento ao receber o conhecimento que seu Instrutor venha a lhe fornecer. Além disso, nosso Senhor sabia perfeitamente daquilo de que muitas vezes não nos lembramos — que não existe mágoa maior que a surgida da esperança frustrada do obreiro dedicado, que faz que aquele que antes dizia *Senhor, vou seguir-te onde quer que vás* (Lc 9.57) possa cair na perdição; e o quente clamor dos que antes exaltavam *Hosana!* (Mt 21.9) se transforme no grito frio e cruel de *Crucifica-o! Crucifica-o!* (Lc 23.21; Mc 15.13; Jo 19.6). Nada mais danoso a uma igreja que a

CALCULANDO AS DESPESAS | 1265

diluição de sua congregação em meio a pessoas desinteressadas e nada mais perigoso às pessoas do que permitir que elas façam profissão de fé mal fundamentada. Por isso, o mestre era o mais cuidadoso quando seu cuidado se fazia o mais necessário, a fim de que ninguém que o seguisse tivesse dúvidas, mas soubessem todos claramente o que implicava ser discípulo dele, evitando dizerem posteriormente: "Fomos enganados; fomos seduzidos por um serviço que nos decepcionou". Diferente dos recrutadores de combatentes, que para tentar ganhar soldados exibem com cores vibrantes toda a glória do serviço militar, o grande Comandante de nossa salvação prefere que seus seguidores reflitam sobre todos os aspectos antes que decidam segui-lo.

Nossa pregação desta manhã buscará ser tão adequada, e a advertência que traz, tão necessária e salutar, quanto o que diz o mestre no texto; pois grandes multidões agora seguem novamente Cristo, em tempo de renovação que se faz presente, arrebanhando a maioria de vocês. Entre os candidatos a discípulos (bendito seja Deus!) estão muitos que o próprio Senhor pessoalmente chamou, pelo que somos a ele sinceramente agradecidos; mas, juntamente com estes, necessária e obviamente (e quando foi diferente?), muitos também existem que não são propriamente chamados por Deus, mas se deixam levar pelo impulso natural de imitar o próximo, animados por sentimentos que depois logo se esvaecem; e, portanto, em nome de Cristo, cabe-nos nos dirigirmos a vocês como ele fez, advertindo-os com suas próprias palavras: *Se alguém vier a mim, e não aborrecer a pai e mãe, a mulher e filhos, a irmãos e irmãs, e ainda também à própria vida, não pode ser meu discípulo. Quem não leva a sua cruz e não me segue, não pode ser meu discípulo. Pois qual de vós, querendo edificar uma torre, não se senta primeiro a calcular as despesas, para ver se tem com que a acabar? Para não acontecer que, depois de ter posto os alicerces, e não a podendo acabar, todos os que a virem comecem a zombar dele, dizendo: Este homem começou a edificar e não pode acabar* (Lc 14.26-30).

Como ajuda à nossa mente, dividiremos esta reflexão em três partes. A primeira terá como tema que: *a verdadeira fé é dispendiosa*; a segunda terá como matéria: *a sabedoria sugere que antes de encetarmos algo, devemos estimar seu custo*; e a terceira parte terá como lema: *vale a pena, custe o que custar*.

I. Em primeiro lugar, pode-se deduzir claramente do texto que A VERDADEIRA É DISPENDIOSA. Longe de mim querer criar confusão na mente de vocês. Os dons da graça de Deus evidentemente nada nos custam, nem pode a salvação ser obtida mediante dinheiro, nem por mérito, nem com votos e penitências. *Se alguém oferecesse todos os bens da sua casa pelo amor, seria de todo desprezado* (Ct 8.7). O lema do evangelho é *sem dinheiro e sem preço* (Is 55.1), pois somos *justificados gratuitamente pela sua graça, mediante a redenção que há em Cristo Jesus* (Rm 3.24). Mesmo assim, se alguém quer tornar-se cristão, isso terá algum custo. Pensem por um momento. Eis um cego à margem do caminho, mendigando; pede ao Salvador que seus olhos sejam abertos. Custaria algo a ele? Não, o Salvador não aceitará todo o ouro do mundo em troca da cura; abrirá gratuitamente os olhos do cego. Mas, uma vez abertos, os olhos custarão algo ao cego. Ele será chamado a realizar trabalhos de pessoas que enxergam. Não mais lhe será permitido que se sente para mendigar, e se acaso tentar assim proceder perderá o respeito e a compaixão que lhe eram devidos pela cegueira; agora que os olhos estão abertos, deve usá-los para ganhar o próprio sustento. A nova situação custará algo a ele agora, que está consciente do negror da noite em que nada conhecia; até tristes visões que nunca antes teve poderão vir a magoá-lo, pois "o que os olhos não veem o coração não sente". Não se pode ganhar uma nova capacidade sem que não haja nisso algum custo; ao aumentar seus conhecimentos, alguém aumenta também a quantidade de tristezas e deveres.

Tomemos outro exemplo. Um pobre homem é subitamente feito príncipe: isso lhe custará o abandono de suas antigas preferências, sendo envolvido por novas preocupações e novos cuidados. Um homem que se torne peregrino no caminho para o céu: terá de pagar alguma coisa para passar em uma porteira? Estou certo de que não; a livre graça o admitirá no caminho sagrado. Todavia, ao se pôr na estrada em direção ao céu, algo irá custar a ele: custará a coragem de passar pela porteira; muito suor brotará de seu esforço ao escalar o Monte Dificuldade; custarão lágrimas que irão rolar quando perder o Porto da Segurança; custará muito cuidado quando estiver descendo pelo Vale da Humilhação; muito sangue, quando combater Apoliom; muito medo, quando vier a atravessar o Vale da Sombra da Morte; e custará mesmo arriscar a própria vida, quando chegar à Feira das Vaidades, se ele, como Fiel, for chamado a dar seu testemunho.[1] A verdadeira fé é dom de Deus, e nada há que possamos fazer para obtê-la; todavia, ao obtê-la, temos de avaliar se seremos capazes de lidar com as consequências que se seguirão.

Podemos ter certeza de que o custo realmente será alto, tanto que nosso Senhor o compara a nada menos que a edificação de uma torre. A palavra aqui usada, "torre", pode significar, inclusive, uma casa murada, uma casa de campo ou uma grande mansão. *Pois qual de vós,* coloca ele justamente assim a questão, *querendo edificar uma torre, não se senta primeiro a calcular as despesas [...]?* (Lc 14.28) Será então, obra dispendiosa. Doddridge[2] não está certo em supor que aqui se trata da construção de uma torre provisória. Que o custo será considerável, depreendemos da recomendação do Salvador para que quem é sábio se sente e calcule as despesas; e não apenas passe a mão pela testa, calculando por alto: "Esta torre irá me custar tantas libras", pois será uma edificação elaborada, um edifício quase palaciano. Portanto, há que se sentar, como um negociante, e pensar meticulosamente no empreendimento; consultar o arquiteto, o pedreiro, calcular até mesmo o custo dos muros externos, do telhado, dos móveis da casa e coisas desse tipo. Não poderá ter uma estimativa rasteira, mas calcular minuciosamente as despesas, da mesma forma que os negociantes contam seu ouro. Naturalmente, estará lidando com resultados. O mesmo se dá com a verdadeira fé — não é uma ninharia, é um negócio importante. Aquele que acha que um projeto descuidado, de tentativas e erros, será suficiente para dar conta de seus interesses eternos, não estará sendo sábio.

A verdadeira santidade reside na construção de um caráter que resista até o dia do julgamento. Ela começa com um profundo lançamento das fundações de fé e amor e um coração renovado; continua pela construção lenta, paciente e cuidadosa, e geralmente dolorosa, tijolo após tijolo, das paredes do edifício, acrescentando *à vossa fé a virtude; e à virtude a ciência; e à ciência o domínio próprio; e ao domínio próprio a perseverança; e à perseverança a piedade; e à piedade a fraternidade; e à fraternidade o amor* (2Pe 5-7). O trabalho de nossa vida consiste em *edificar-nos sobre a nossa santíssima fé* (Jd 1.20). Ou não sabem que é a um glorioso palácio que o legítimo caráter cristão é comparado?

Contudo, para evitar considerarmos as despesas como pequenas, nosso Senhor ainda as compara a uma guerra. Ele fala acerca da quantidade de tropas envolvidas em uma guerra onde, de um lado, há um exército de dez mil soldados, e, do outro, uma hoste de vinte mil. A guerra é, de fato, uma empreitada sempre custosa: além dos custos de equipamento e munição, há os custos incalculáveis de vidas humanas e sangue derramado, da perda de muitos que seriam úteis na labuta, sem falar nas não menos terríveis consequências de doenças, invalidez e devastação. O Senhor está comparando então a fé, em sua aparência externa, a uma batalha entre um homem dotado de graça e os males desenfreados deste mundo. O discípulo de Jesus tem de enfrentar um inimigo gigante e sabe que conta, por si mesmo com um poder que não é suficiente para tal contenda; suas possibilidades são temerosas — dez mil contra vinte mil. Por isso, diz o Salvador, neste último exemplo, que é melhor sentar-se e calcular as forças em embate. O rei do exército menor, então, discute, consulta seus sábios conselheiros, toma conselhos com experientes e avalia se a coisa pode ou não ser feita. Assim também devemos pensar acerca das coisas da alma, pois a fé é de fato algo custoso, não algo para o qual se voltar, como diriam os franceses, "com leveza de coração". Um coração leve, descuidado, leviano, pode vir a custar um preço muito alto a uma nação, quanto mais a nós, se formos indulgentes.

Podemos chegar a tal conclusão com base em reflexões anteriores — ou seja, de que a verdadeira fé é algo para sempre. Dura a vida inteira. A falsa religião vai e vem; a verdadeira regeneração, porém, nunca se repete, e representa o começo de uma vida que não tem fim, seja no tempo, seja na eternidade. Mas tudo aquilo que dura é caro. Você pode ter vidraças coloridas em sua casa por um preço baixo, se desejar,

---

[1] [NE] Figuras e situações alegóricas extraídas, a propósito, da narrativa da célebre obra de ficção com fins evangelísticos *O peregrino*, do escritor e pregador inglês John Bunyan (1628-1688).

[2] [NE] Refere-se a Phillip Doddridge (1702-1751), destacado líder religioso inglês não conformista (dissidente), ministro, pregador, educador, escritor e autor de hinos, de quem Spurgeon era admirador.

CALCULANDO AS DESPESAS

mas logo o sol removerá a sua beleza; se quiser obter um vidro que retenha a cor por séculos, cada parte do processo de sua fabricação será cara, envolvendo muito trabalho e cuidado. O mesmo se dá com a fé. Você pode obtê-la por um preço baixo, se quiser, e ela pode parecer semelhante à verdadeira e até, por algum tempo, lhe dará o conforto e o respeito que a fé genuína traria. Mas não irá durar; logo sua cor dela irá esmaecer, e a beleza e a excelência que eram apenas falsidade deixarão de existir. Se você quer, caro amigo — e tenho certeza que você quer— uma santidade que dure até após a morte, isso lhe irá custar muito, tenha certeza.

Lembre-se também que a verdadeira fé terá de suportar forte ataque, pois não haja dúvida de que será intensamente combatida. Torre alguma será edificada sem que enfrente tenaz oposição. Será tal qual os muros de Jerusalém: os Sambalates e Tobias logo procurarão, decerto, estorvar sua construção. A verdadeira fé deve ser capaz de resistir às adversidades: de nada adiantará se não puder resistir. Uma genuína espada de Toledo custa muito, quando adquirida nova pelo guerreiro, mas, sempre que ele dela precisar, sabe que poderá destroçar seus inimigos no dia da batalha. Por isso, não teme utilizá-la no calor do combate, confiando em sua resistência e no fio de sua lâmina. Não haveria, por acaso, espada mais barata? Claro que sim, que não seria difícil para o guerreiro encontrar outra por preço muito alto; mas, provavelmente, no momento em que essa outra espada alcançasse o capacete de um inimigo, em vez de atingir o crânio do adversário, quebraria na mão do guerreiro e custaria sua vida. Assim é a falsa fé, que muitos adotam; não há nela desprendimento, não há o abandono das coisas mundanas, não há desistência das diversões carnais — é apenas algo mundano, nada mais; essa fé não tem altos custos, mas, quando exigida, falha, quebra, como a lâmina da espada mal forjada no dia da batalha, e deixa seu portador sem defesa. Oh, se você quer o que irá resistir em meio ao combate, terá de investir muito. Jesus Cristo sabia que as pessoas a quem falava não conseguiriam resistir às provações que aguardavam seus discípulos; tais pessoas nem sabiam que ele seria crucificado; ele era, então, muito popular e esperavam que se tornasse rei de Israel. O Salvador, porém, sabia que tempos difíceis estavam para chegar, quando o rei dos judeus seria pendurado em um madeiro, e seus discípulos, mesmo os mais fiéis, acabariam por abandoná-lo; assim, ele estava como que dizendo a essas pessoas: "Vocês devem estar preparados para suportar, como eu, a cruz; devem estar preparados para me seguir, em meio ao escárnio, à vergonha e à reprovação que terei de enfrentar; se não estão, então sua condição atual de discípulos não passa de um equívoco". Elas, aliás, nem chegaram a ter de passar por tal experiência, pois na hora da provação não foram mais encontradas.

Tenham em mente, caros amigos, e quero dar grande ênfase a este ponto, que precisamos ter uma fé cuja base se apoia no exame do grande Juiz no dia final. Há coisas no mundo que, se examinadas de perto, especialmente sob um microscópio, acabam por revelar muitas falhas; todavia, nenhum exame microscópico pode ser comparado ao olhar de Jeová, pois ele pode ler até mesmo através de nós. Oh, poderá ter consequências desastrosas o dia em que seu olhar de fogo ressecar as profissões de fé feitas em vão. A vegetação castigada pelo quente vento oriental não chega a secar nem a metade do que secarão as planícies da falsa cristandade sob o rigoroso olhar do Senhor, no último dia. Ele fixará seu olhar no que muitos chamam de "cristandade", e muito dela, talvez até ela toda, poderá acabar desaparecendo; pois *quando vier o Filho do homem, porventura achará fé na terra?* (Lc 18.8) Fica evidente assim, portanto, que *muitos são chamados, mas poucos escolhidos ?* (Mt 22.14) *Porfiai por entrar pela porta estreita*, paira a voz de Cristo sobre todos nós, *porque eu vos digo que muitos procurarão entrar, e não poderão* (Lc 13.24). Se nossa fé está para ser pesada na balança e sujeita a porventura se constatar que é falha, cabe-nos assegurar que seja sincera, genuína e valiosa, para que ela possa superar as provações.

Que custo será esse, então? Qual o custo de edificar uma torre ou travar uma guerra? A resposta é dada pelo Salvador, não por mim. Não ousaria inventar o que ele já estabeleceu; cabe a mim ser um eco de sua voz, nada mais. Que diz ele? Primeiro, que se você for dele, e dele obtiver a salvação, deverá amá-lo mais que qualquer outra pessoa neste mundo. Este, o significado de sua proposição: *Se alguém vier a mim, e não aborrecer a pai e mãe [...]* (Lc 14.26). Nomes queridos! *Pai e mãe!* Haveria alguém na terra cuja alma fosse tão morta a ponto de pronunciar alguma dessas palavras, especialmente a última — "mãe" — sem qualquer emoção? Eis um nome muito caro para nós, irmãos, um nome que faz ouvir um som que nos toca o coração; no entanto, bem mais poderoso é o nome do Salvador, o nome de Jesus. Pai e mãe devem ser amados — mas menos amados que Jesus. O Senhor reivindica nossa preferência em detrimento também do amado marido e da amada esposa. Aqui, tocamos em outra palavra crucial. Cara é a palavra *marido*, estimada é a palavra *esposa*, companheiros de nossa existência, conforto de nossas tristezas — *marido... esposa!* Nenhum dos dois, porém, deverá tomar o lugar espiritual principal, devendo sentar-se igualmente aos pés de Jesus. Também nossos filhos, nossos queridíssimos rebentos, que se aninham em nosso peito e que se põem aos nossos pés e pronunciam o nome "mamãe", "papai", como que melodiosamente, nem mesmo eles devem ser primórdio do nosso amor perante Deus, não devem se antepor entre nós e o Salvador, e tampouco em favor deles; mesmo para dar a eles prazer ou ajudá-los, podemos menoscabar o Senhor. Muitos filhos são verdadeiros mestres para seu pai, muitas filhas são como rainhas para sua mãe; mas, por maior que o motivo possa parecer, situação alguma comporta a preferência. Se eles nos fizerem, mesmo inocentemente, ir em direção ao pecado, devem ser tratados, para o seu próprio bem, com rigor, pois o mal deve ser sempre evitado, em nome de Cristo. Enfim, se você se considera discípulo de Cristo, o Senhor deve vir sempre em primeiro lugar em sua vida; e mãe, pai, esposa, filhos, irmãos e irmãs, devem vir depois, na ordem adequada.

Temo que muitos supostos crentes, falsos professos, não estejam preparados para isso. Seriam cristãos verdadeiros se suas famílias aprovassem. Preferem consultar seus irmãos, a mãe, o pai, o marido, a esposa; pois só renunciariam aos prazeres mundanos se os outros também renunciassem, mas não têm coragem de parecer diferentes nem se opõem aos preconceitos dos parentes. Dizem, como desculpa: "Meu pai não quer e não posso dizer a ele que está errado". "Minha mãe diz que não devemos ser tão puritanos, e, por mais que minha consciência diga que pode estar errada, prefiro fazer a vontade dela"; outros ainda dizem: "Minhas meninas estão crescendo e devem ter suas diversões, e os meus garotos devem ter sua parte de prazer; portanto, fecharei os olhos para o que dizem ser pecado". Ah, irmão, não pode ser assim se você é, de fato, discípulo de Cristo. Sei que você não quer perder seus entes queridos, mas há situações em que eles têm necessariamente que ser relegados justamente para que você não tenha de abandonar Jesus; pois diz a Palavra: *Ouve, filha, e olha, e inclina teus ouvidos; esquece-te de teu povo e da casa de teu pai. Então o rei se afeiçoará à tua formosura. Ele é teu senhor; presta-lhe, pois homenagem* (Sl 45.10,11). Veja bem, a melhor forma de você provar que tem amor pelos seus entes queridos é decidindo-se sempre pelo certo, pois estará, com isso, muito mais perto de ganhar sua alma. Ame-os impulsivamente e você acabará tendo de tolerar o que há de errado neles; ame-os pura e verdadeiramente e acabará por não querer neles aquilo que poderá realmente feri-los e arruiná-los. Você deve estar preparado para sofrer por aqueles que estão ligados a você pelos mais afetuosos laços; nesse caso, o pecado não pode e não deve ser tolerado, aconteça o que acontecer. Não podemos fazer concessões com o pecado, nossa determinação deve ser inabalável; venha como consequência o amor ou venha o ódio, devemos simplesmente seguir Cristo.

Nosso próximo passo: devemos relegar a própria vida material. Acho que sei de muitos aqui que prefeririam, no caso, relegar pai e mãe, ou filhos, ou marido ou esposa em vez de ter que relegar a própria existência. No entanto, tal é a exigência do Senhor. Isso significa relegar o que quer que se coloque como entrave no caminho para a glória de Cristo em mim, seja meu sucesso, meu próprio prazer, meus próprios ganhos, minha reputação, até mesmo minha própria vida. De fato, devo reconhecer que não sou tão importante assim que me deva permitir colocar a mim mesmo como estorvo no meu próprio caminho para Cristo. Devo considerar pai, mãe, irmão, irmã e até eu mesmo como adversários se fizerem oposição ao Senhor Jesus e à sua vontade divina. Devo amá-los e desejar o bem deles, tanto quanto meu próprio bem, mas não desejar bem algum para eles ou para mim à custa do pecado e de usurpar a glória do Senhor Jesus. No tocante à minha própria pessoa, ao detectar algo em mim que se oponha a Jesus, deverei imediatamente repudiá-lo ou relegá-lo. Tenho de mortificar a carne, com seus desejos e paixões, negando a mim mesmo toda e qualquer coisa que magoaria o Salvador, ou não estarei em perfeita conformidade com ele.

CALCULANDO AS DESPESAS | 1269

O Salvador nos diz ainda que, para o seguirmos, temos de levar nossa própria cruz: *Quem não leva a sua cruz e não me segue não pode ser meu discípulo* (Lc 14.27). Por vezes, essa cruz poderá consistir na tarefa de confessar nossa fé diante de opositores. "Ah", diz o coração intimidado, "se eu agir assim, colocarei todos os meus amigos contra mim". Assuma sua cruz!, pois isto faz parte do custo de ser um discípulo verdadeiro. "Mal conseguirei permanecer em minha casa se eu endossar minha fé." Assuma sua cruz!, irmão, ou você não será um discípulo de Cristo. "Bem, mas isso implicaria uma mudança radical em minha vida cotidiana." Então mude, irmão, ou você não conseguirá ser um discípulo do Senhor. "Mas vim a conhecer alguém muito querido, que espero que se torne meu cônjuge e que provavelmente irá me deixar se eu largar os hábitos do mundo." Por pior que seja a perda, é preferível essa pessoa deixar você representar um obstáculo à sua busca por Cristo; pois ou você segue Jesus ou irá se perder para sempre. Que palavras perturbadoras! Todavia, enfrentam a hipocrisia de muitos cristãos professos. Tais cristãos não se separam do mundo. Eles, não; mas já se encontram tão mortos por suas atitudes como está o peixe que boia paralisado na água. Carregam, acaso, alguma cruz? Têm opositores por serem por demais rígidos e puros? Oh, não, pois deles é o tipo da fé que ao mundo agrada e que, por conseguinte, Deus abomina. O homem que ama o mundo não traz consigo o amor do Pai, e aquele que desfruta de coisas indignas deve esperar a reprovação de Deus.

Além disso, mostra-nos o Salvador outro item de alto custo; pois requer não somente que o discípulo carregue sua cruz, mas também que *o siga*: isto é, ele tem de *agir como Cristo*. Se não estivermos preparados para fazer de Cristo nosso exemplo, se não for nossa meta viver como ele viveu, abandonando a si mesmo como ele fez, não poderemos ser seu discípulo.

Por fim, temos de fazer uma entrega incondicional de todas as nossas coisas a Jesus. Guardem bem essas palavras: *Assim, pois, todo aquele dentre vós que não renuncia a tudo quanto possui, não pode ser meu discípulo* (Lc 14.33). Pode acontecer de você ser perseguido por ser cristão e ter de desistir de tudo; você deve estar preparado para isso. Pode ser também que você não tenha de desistir de coisa alguma, mas essa capitulação deve ser tão real em seu coração quanto seria se se tratasse de coisas materiais. Nenhum homem se dá inteiramente a Cristo até que tenha dito: "Meu Senhor, entrego-te hoje meu corpo, minha alma, minhas forças, meus talentos, meus bens, minha casa, meus filhos, tudo o que tenho. Daqui por diante, agirei para com tudo o que tenho segundo somente a tua vontade, eu te servirei como teu mordomo; pois a ti pertence tudo que tenho — quanto a mim, nada possuo, entrego tudo a ti". Você não será um discípulo de Cristo a um custo menor que este: se você possuir um infinitésimo de coisas que seja seu e não de seu mestre, não terá Cristo como seu mestre e Senhor. Tudo deve ser de Cristo, cada espaço, cada partícula, toda a sua vida, ou você não será dele.

Sei que essas palavras são perturbadoras, mas quero lembrar a vocês, mais uma vez, que não foram ditas por mim. Se errei ao expô-las, sinto muito por isso, mas estou convencido de que não fiz assim, pelo menos na intensidade da cobrança de sua parte. Confesso que sinto ter falado até de forma bastante complacente. As palavras do texto deitam diretamente o machado à raiz, são por demais arrebatadoras. Oh, calculem, por favor, as despesas!, e se algum de vocês tomou para si uma fé que nada lhe custará, largue-a já, fuja dela, pois será sua ruína e maldição.

Há como chegar ao céu sem tamanho custo? Não. Conseguiremos ser cristãos sem sacrifícios? Não. Se vocês forem impostores, talvez hipócritas, podem até ser irmãos de Judas, mas nunca verdadeiros cristãos. O alto custo é inevitável e não pode ser diminuído de forma alguma. Permita Deus que você possa se submeter a ele.

II. Eis o segundo tópico: A SABEDORIA ACONSELHA QUE CALCULEMOS AS DESPESAS. Se você sente que gostaria de ser um cristão, querido amigo, dê-me sua mão. Fico feliz por você ter manifestado essa vontade. Mas, ao pegar sua mão e alegremente o conduzir a Cristo, olho-o bem nos olhos e pergunto: "Você sabe exatamente o que deseja? Tem certeza de que o deseja?" Há pessoas que, quando doentes, clamam por qualquer ajuda, mas, quando melhoram e têm de voltar à frente de batalha no mundo, são capazes de confessar: "Gostaria de ainda estar doente". Não apreciaria presenciar qualquer um de vocês dizendo:

"Entrei para a igreja, mas acho que foi um erro. Não ponderei tanto quanto deveria. Agora estou nela, mas lamento, pois não gosto de estar onde estou". Se você conseguir ser honesto, então deverá abandonar sua igreja, se for o caso. Se acha que não dispõe da graça, espero que tenha, ao menos, honestidade suficiente para não permanecer nessa falsidade. Ficarei muito triste se isso vier a acontecer. Portanto, esta manhã, suplico que calculem bem o custo de sua fé. Prestem atenção: se não o estimarem corretamente, não conseguirão sustentar suas promessas. Trata-se de uma grande obra, de uma grande guerra. Não há erro maior que supor somente necessário para a salvação certa dose de emoção e fé em Deus apenas nas horas críticas. Se eu pregasse tal doutrina, estaria enganando e confundindo sua alma.

A fé e o arrependimento não são uma necessidade de apenas algumas semanas de suposta prática cristã, mas a exigência de toda uma vida; enquanto o cristão estiver na terra, deverá se arrepender; e quanto à fé, não se resume em propalarmos: "Creio em Jesus Cristo, portanto estou salvo", mas é uma graça diária, fruto da confiança por toda uma vida; o cristão deve crer e se arrepender até começar a receber o triunfo da glória eterna. Além do mais, a fé deve ser fonte contínua de resultados santificadores na vida do fiel, caso contrário não possuirá uma fé verdadeira. Aquele que crê em Jesus Cristo está salvo; mas, caso houvesse algo como uma fé temporária, teria de haver algo como uma salvação temporária. Aquele que verdadeiramente se arrepende do pecado é um homem restaurado, mas se o arrependimento fosse algo transitório, que logo acabasse, a vida que tal ato permite também em breve acabaria. Vocês não devem jamais se satisfazer com uma falsa fé. Estão começando a edificar uma torre cuja cumeeira não será colocada até que vocês cheguem ao céu, dando início a uma guerra que não cessará até que tenham trocado a espada pelas folhas da palmeira.

Atentem, além disso, para o fato de que falhar nessa imensa empreitada resultará em terrível derrota. O que diz nosso Senhor? Diz, justamente, que não ser capaz de concluir a obra acaba expondo o edificador ao ridículo. Notem bem o modo de tal ridicularização: *Para não acontecer que* [...] *todos os que a virem comecem a zombar dele, dizendo: Este homem começou a edificar e não pode acabar* (Lc 14.29,30). Nosso Senhor não mostra as pessoas se dirigindo diretamente ao construtor: "Você começou e não foi capaz de terminar", mas falando dele na terceira pessoa: "Este homem... etc.". Cristãos indiferentes podem não ser ridicularizados publicamente, mas se tornam alvo constante de zombaria quando não estão por perto. Falsos crentes professos são sempre menosprezados. As pessoas mundanas dizem deles, rindo-se: "Ah, eis que beleza de exemplo de membros da igreja!" O mundo olha para uma igreja mundana com o mais cruel desdém, e, de minha parte, pouco se me dá que tamanha zombaria seja feita daqueles que de fato a merecem. O mero fingimento em ser discípulo de Cristo merece receber todo o escárnio tanto no tempo presente quanto na eternidade, e tal será o destino desses falsos professos. Se você pretende ser cristão, se está convencido de que é a coisa certa, decida-se corretamente; pois então, mesmo que os homens não o elogiem face a face, pelo menos verão sua honra, e mesmo aqueles que o detestam terão de reconhecer seu valor. Se você for crente apenas em parte, e não totalmente, as mesmas pessoas mostrarão seu desprezo, e em sua ausência abusarão do sarcasmo, preferindo dar mais atenção a alguém abertamente mundano do que a você, pois essa pessoa é o que diz ser e não finge, enquanto você... bem, você começou a construir uma torre e não terminou.

Que terrível exemplo o do cristão fingido! Sabemos de exemplos de grandes construções, iniciadas e abandonadas por especuladores, obras que a comunidade apelidou de "Insensatez do Smith", ou "Loucura do Brown", ou "Tolice do Robinson", entre outras. Estes são exemplos apenas passageiros de escárnio. Todavia, o fingido, o homem que em aparência procura se parecer com um cristão, mas quebra seu voto, este será fonte de riso até mesmo quando já estiver perdido no inferno. Rirá o bêbado: "E você? Também acabou parando aqui? Você, que era tão eloquente quanto à sobriedade e tão disposto a repreender os beberrões!" "A-ha!", dirá outro. "Você não era o homem que morava em nossa rua e tanto propalava sua religiosidade? Você me disse que eu estava perdido, mas vejo que você não estava melhor que eu!" Vejo profanos se erguerem da tortura do remorso para exclamarem: "Você se tornou um de nós? Logo você, rato de igreja, está conosco no inferno? Consegue sentir ainda o gosto do vinho sacramental em seus lábios? Por que,

CALCULANDO AS DESPESAS | 1271

então, anseia por uma gota d'água para refrescar sua boca? O pão sacramental que você tão prontamente engoliu não estará entalado em sua garganta hipócrita? Você, mentiroso perante Deus e os homens, é certo e justo que tenha sido lançado aqui, como nós o fomos". Oh, se você quer se perder, perca-se por qualquer qualificação, menos por ser considerado hipócrita; se deve perecer espiritualmente, pereça então fora da igreja, nunca dentro dela. Não brinque com o Senhor da glória! Não conheço ato pior que tentar imitar a excelência do Salvador mediante a imitação insolente de sua graça. Qual ofensa seria pior cometer contra a majestade da sagrada virtude que travestir-se de sua santidade e imitar sua perfeição?

III. Minha última palavra é: A VERDADEIRA FÉ VALE O PREÇO QUE TEM, CUSTE O QUE CUSTAR. Somos como um homem infectado pela peste negra, que sabe estar morrendo, mas que está longe do remédio que provê a cura. "Doutor", diz esse homem, "você pede um preço tão alto que cada gota do seu remédio custa quase o mesmo que um diamante; você pede por ele mais do que meu peso em pérolas. Não importa, quero a cura. Se não a obtiver, serei um homem morto e, então, de que me adiantará todo o ouro que tenho?" É o caso de todos nós aqui presentes: devemos ter Cristo ou pereceremos para sempre, e será melhor que percamos um braço ou um olho a sermos lançados no fogo do inferno.

Aprendamos, pois, irmãos, que as verdadeiras bênçãos procedentes da verdadeira fé são dignas do alto custo que têm. Que será de mim se eu tiver de encerrar algum laço afetivo por Jesus? Jesus, tu és melhor para mim que qualquer amigo, cônjuge ou filho. Se acontecer de aquela a quem trago no peito ficar contra mim, preferirei ter a ti em meu coração, meu Salvador, em detrimento de minha Raquel ou Rebeca. Assim também deve ser para com aquele pai que nos diga: "Não mais passe pela minha porta se quiser seguir Cristo"; a ele se dirá: *Se meu pai e minha mãe me abandonarem, então o Senhor me acolherá* (Sl 27.10). Uma alegria imediata compensará a perda, pois tudo você poderá perder, menos a excelência no conhecimento de Jesus Cristo, seu Senhor, que continuará a fazer de você um vencedor.

Quais serão, porém, as recompensas pelo alto investimento na fé, proporcionadas pela real benignidade de Deus, no que se refere à morte? Dor alguma será causada por termos de declarar no leito de morte: "Fui expulso de minha casa, de minha família, por causa de Jesus". Não haverá tristeza em lembrar: "Fui ridicularizado por causa de Cristo". Não nos trará agonia dizer: "Fui tomado por exageradamente austero e por demais puritano". Não, irmãos, tais coisas não nos irão colocar espinhos no travesseiro do leito terminal; oh, não! Pelo contrário veremos quão doce foi ter carregado uma pequena parte da cruz de Jesus; uma lasca desse madeiro nos valerá mais que toda a riqueza de um rei no nosso dia fatídico. Além disso, quando soarem as trombetas e se levantarem os mortos, no dia do juízo final, não iremos dizer: "Sofri demais pela causa de Cristo"; pois quando os escolhidos forem separados para o lado direito, e nós no meio deles, não veremos com tristeza o fato de havermos um dia sido rejeitados e privados das aspirações sociais, em nome de Jesus. Não lamentaremos haver participado de um restrito grupo menosprezado e adorado, em meio aos humildes do mundo, o amor de Jesus, e termos sido inteiramente fiéis ao seu evangelho. Oh, não! Eu lhes asseguro que nesse dia brilhará intensamente todo aquele que foi apagado em nome do Senhor. Em meio aos que brilharão, brilhará em dobro o grupo dos mártires de quem o mundo não foi digno, aqueles que foram rejeitados em todos os aspectos mundanos; e, enquanto cada discípulo deverá estar recebendo cem vezes mais que aquilo a que renunciou pela causa do seu Senhor, esses estarão recebendo muito mais!

Deixem-me lembrar-lhes, no entanto, amados, que Cristo nada lhes pede em matéria de renúncia que possa magoá-los. Se vocês têm de deixar pai e mãe é apenas no sentido de não ceder à sua vontade incrédula nem relegar Cristo por eles. Se tiverem de abandonar algum prazer, é porque tal prazer certamente não é adequado a vocês, pois sua doçura é falsa, não verdadeira. Cristo lhes dará alegrias indescritivelmente maiores.

Quero lembrar também que nosso redentor não pede a nenhum de nós que faça algo que ele não haja feito. Esse pensamento muito me impressiona e peço a Deus que impressione também a vocês. Mestre, tu me pedes que eu abra mão do meu próprio pai? Sei que você teve de deixar o Pai no céu. Pede que eu deixe a casa paterna, em teu nome? Sei que tiveste de deixar as gloriosas mansões celestiais. E se eu tiver de receber alguma crítica, ofensa, zombaria? Disseram de ti, o Senhor dos senhores, que estavas a serviço de Belzebu! E se eu for expulso de algum lugar? Expulso também foste. Quando pensamos sobre o escárnio, a vergonha, as cusparadas e chicotadas que nosso Senhor teve de suportar, quais poderão ser piores as nossas dores? Se em seu nome formos condenados à morte, não esqueceremos de como ele pendeu da cruz, destituído de tudo, para que nos pudesse salvar da ira vindoura. Ó crente, você consegue seguir seu Senhor aonde quer que ele vá? Vocês conseguem segui-lo, soldados da cruz? Será o caminho suave para os pés dele e somente áspero para os de vocês? Ei-lo em meio à batalha, bem ali, onde mais intenso é o combate — você irá segui-lo? Ousará segui-lo, ou ansiará por se refugiar nas tendas da facilidade e pela atitude dos covardes, que se encolhem, desertando para o lado inimigo? Oh, por tudo que é bom e sagrado, se vocês são de fato seguidores de Cristo, quero instá-los a clamar: "Onde ele estiver, que lá estejamos, seus servos; por onde ele andar, que andemos também nós, seus servos; que seja nossa, neste mundo, a humilhação, para que no mundo futuro possamos partilhar de sua glória!"

Esse sermão é duro, talvez vocês comentem, mas é o próprio Salvador quem diz tudo isso que agora repito. Seu discurso é de fato desafiador, mas há nele verdades incontestes, que servem de consolo e direção quando nos prestamos a atentamente ouvi-las. É verdade que, sem calcular, você jamais conseguirá edificar sua torre. Josué advertiu às pessoas de seu tempo: *Não podereis servir ao Senhor* [...] (Js 24.19). *Se abandonardes o Senhor e servirdes a deuses estranhos* [...] (Js 24.20). Se você calcular bem as despesas, verá que sozinho não pode bancar essa guerra. Dez mil não conseguem enfrentar vinte mil. Ainda assim, há que ser feito, e a necessidade inevitável serve de motor; não importa o que venha à frente, não podemos ousar voltar. Lembremo-nos da esposa de Ló. Que, então, fazer? Ouça bem as palavras do Senhor: "Aos homens é isso impossível, mas, *a Deus tudo é possível* (Mt 19.26)". Você assim o anseia? O Espírito de Deus o ajudará. Você terá de abandonar o mundo e a carne, sem pensar duas vezes; deverá lutar contra suas concupiscências e delas ser lavado no sangue do Cordeiro. A torre será então, sem dúvida, edificada, e o Senhor a habitará. Lance-se a Jesus com fé simples; descanse em sua força, creia em sua capacidade, e ele o conduzirá em segurança.

Observem o versículo que se segue a esta passagem. Pergunto se algo parecido se seguiria ao meu sermão. É admirável que, apesar de haver Jesus usado de palavras como que trovejantes, ditas do topo do Sinai, palavras por demais duras, haja ocorrido o que se descreve: *Ora, chegavam-se a ele todos os publicanos e pecadores para o ouvir* (Lc 15.1), como se dissessem a si mesmos: "Este homem fala a verdade, vamos ouvi-lo!" Ele começa então a falar às pessoas sobre as verdades de sua livre graça, agindo exatamente como o lavrador que pega o arado para revirar o solo e, ao ver a terra revolvida em sulcos, começa a espalhar as sementes, mas não antes disso. Todos aqueles que quiserem ter Cristo, venham e o tenham! Vocês que desejam a salvação, aceitem-na como dom da soberana graça. Não a recebam com dúvidas; compreendam o que significa. A salvação não é apenas a libertação do inferno; é também a libertação do pecado. Não visa apenas ao resgate dos homens da dor eterna, mas também à sua redenção dos modos e hábitos vãos e perversos deste mundo. Não pode ser dividida; é uma veste só, uma túnica inconsútil, ou seja, sem costura, cerzida no próprio corpo de quem a usa. Se você anseia pela justificação, deve buscar a santificação; se deseja ter o perdão, deve buscar a santidade; se deseja ser um com Cristo, deve separar-se dos pecadores. Se deseja, enfim, andar nas ruas douradas lá em cima, deve começar a percorrer o caminho da santidade aqui embaixo. Deus permita que o Espírito Santo o capacite a fazê-lo. E dele seja o louvor para sempre. Amém.

136

PENSE ANTES DE BRIGAR

Ou qual é o rei que, indo entrar em guerra contra outro rei, não se senta primeiro a consultar se com dez mil pode sair ao encontro do que vem contra ele com vinte mil? No caso contrário, enquanto o outro ainda está longe, manda embaixadores e pede condições de paz (Lc 14.31,32).

Todo homem sensato busca adequar seus objetivos à sua capacidade. Não se começa a construir uma casa que não se pode concluir, nem se inicia uma guerra em que não haja previsão de vitória. A crença em Cristo é a mais sensata do mundo, e Jesus Cristo não deseja ter discípulos que o sigam sem avaliar a empreitada em que se lançam. Sempre consideramos excelente quando conseguimos fazer que os homens se sentem e reflitam. A maioria de nós está sempre tão cheia de outros pensamentos, tão ocupada com o mundo, correndo de lá para cá com suas atividades e seus negócios diários, que raramente conseguimos fazer que alguns se sentem calmamente e reflitam seriamente sobre assuntos à luz da eternidade, analisando-os de maneira apropriada. No entanto, é mais que razoável que o Mestre exija que façamos com os assuntos de nossa alma o mesmo que costumamos admitir ser justo alguém sensato fazer com seus negócios cotidianos. Vocês serão tachados de maus negociantes se nunca realizarem um balancete sequer de seus negócios; irão parar na vara de falências se não fizerem um exame periódico de sua contabilidade. Por isso, Jesus lhes pede que sentem, por vezes, para se autoavaliarem — constatando onde se encontram e o que são; buscando refletir sobre a maneira pela qual possam fechar corretamente as contas; descobrindo o que podem e o que não podem fazer; o que seria admissível empreender e o que seria desarrazoado tentar; escolhendo as posições que devam assumir e aquelas a serem evitadas.

Esta noite, faço um convite especial aos que ainda não se converteram nesta assembleia para que pensem na guerra que já empreendem ou pretendam empreender contra Deus, esperando que, ao refletir um pouco acerca da situação, acabem por mandar a ele um recado pedindo a paz. Ao me ouvirem falar assim, alguns haverá que talvez sejam levados a fazer imediatamente as pazes com Deus e declarar guerra a Satanás. No entanto, quero que reflitam por um instante e estimem as possibilidades de vitória nessa guerra, procurando avaliar se estão aptos a enfrentar o príncipe das trevas e sua força. Vamos ver se podemos, esta noite, fazer disso o objetivo de uma discussão clara acerca da alma e empreender um esforço pessoal de reflexão sobre o futuro.

I. Em primeiro lugar: HÁ AQUI ALGUNS QUE NÃO SÃO PROPRIAMENTE AMIGOS DE DEUS; e quem não é por ele é contra ele.

Se você não consegue olhar para Deus e chamá-lo "meu Pai", sentindo que seu coração bate mais forte por ele, lembre-se que você, na verdade, é um inimigo dele. Se você pudesse ter tudo o que deseja, por você não existiria Deus. Se estivesse ao seu alcance, você não mais se deixaria perturbar por pensamentos acerca dele. Você gostaria de viver como bem entendesse, e bem sei como você gostaria de viver: não seria, de qualquer modo, segundo os princípios de Deus. Contudo, mesmo estando em antagonismo a ele, pense por um momento: Você pode esperar ter sucesso? Será que pode ganhar essa batalha? Você entrou em conflito com a lei dele e não pretende observá-la; o dia do Senhor você não guarda; está, assim, em pé de guerra com Deus. Ora, qual a probabilidade do seu sucesso? Há alguma chance para você? Se houver, então pode ser adequado manter-se como está. Se você acha que tem poder para vencer, se as muralhas da glória chegarão a ver tremulando vitoriosa a bandeira do pecado, vá em frente. Haverá então, pelo menos, um ambicioso, digno de Satanás, que prefere reinar no inferno do que reinar no céu. Mas haverá, de fato, alguma esperança para você? Deixe-me mostrar-lhe algumas coisas que talvez o faça constatar ser esse conflito muito desigual, levando-o a abandonar os pensamentos atuais.

Pense só no poder estupendo de Deus! Que há no mundo o que ele não possa fazer? Na terra, vemos apenas uma pequena parte do seu poder. Volta e meia, ouvimos um trovão ressoar em meio à tempestade e vemos com deslumbramento o céu resplandecer ao brilho de um raio. Agora, veja algo em alto-mar: deixe seu barco navegar em meio a um furacão que uiva e note como a firme madeira dos mastros se enverga como se fosse uma folha de papel e como de repente um rígido vergalhão cai no convés, quebrando em mil pedaços. Perceba o que faz Deus revirando as profundezas, como se trouxesse abaixo os céus e levantasse a terra, misturando tudo em uma massa única de tempestade. Suba aos Alpes. Ouça o som das avalanches. Maravilhe-se ao olhar um íngreme precipício; seja arrebatado pelos mistérios de uma fenda. Contemple a catarata devastadora. Repare nos mares congelados, nas geleiras que descem da montanha varrendo tudo. Deixe só irromper uma tormenta e verá os Alpes serem os Alpes, com os picos nevados parecendo cabeças acima das asas brancas que os cobrem! Talvez nessas horas e nesses lugares você aprenda algo sobre o poder de Deus só de observar a natureza. Se você estivesse ao lado do dr. Woolfe em Alepo, na Síria, teria visto, como ele, ao levantar-se em uma manhã, o monte Alepo desaparecer em um único instante, tragado por um terremoto; então você veria o que Deus pode fazer.

Por que, porém, eu precisaria mencionar aquilo que vocês provavelmente conhecem tão bem? Lembrem-se que o livro dos livros fala dos feitos dele, quando liberou as profundezas, ordenando que até as mais profundas fontes jorrassem, de sorte que o mundo inteiro se cobrisse de água. Pense no que Deus fez no mar Vermelho, cujas profundezas se tornaram um assoalho temporário para seu povo passar e onde, logo depois, as águas bateram palmas com ávida felicidade, afogando seus inimigos para que nunca mais levantassem! Deixe que nomes como Ogue, rei de Basã, Seom, rei dos amorreus, e Senaqueribe, o grande, surjam em sua memória e lembre-se do que Deus fez a eles! Ninguém jamais avançou contra seus escudos sem acabar ferido. Que ferro ou bronze ele não conseguiria quebrar? Que lança ele não despedaçou? Milhões se voltaram contra ele, mas ao soprar do hálito de suas narinas caíram, ou se foram, como o joio levado pelo vento. Que o mar ruja com toda a força, mas os rochedos continuarão a existir, dispersando as ondas em forma de espuma, assim como o faz Deus quando seus inimigos se acham mais arrojados e ferozes. Aquele que se senta nas alturas do céu apenas ri de seus adversários e é capaz de aniquilá-los sem precisar erguer as mãos nem mesmo piscar um olho. Pense, pecador, pense nele, com quem você agora se digladia. Seu exército é como o de Deus? Sua voz ribomba como a dele? Você consegue mover montanhas com um único pisar no chão? Consegue transformar montanhas em pó apenas com o tocar de um dedo? Consegue dizer ao mar: "Mostre-me suas profundezas", ou comandar os ventos ordenando que a tempestade cesse, ou tenha início? Se você não consegue, pense então na batalha! Pare de buscar em vão, volte-se para si mesmo, comungue com ele em seu coração, faça a paz com ele, contra quem você jamais terá sucesso em enfrentar.

Pense ainda, ó rebelde, que você terá de lidar não apenas com o Onipotente, mas também com a poderosa *força agregadora* dele. Pense no quanto você está sujeito ao poder de Deus em sua situação temporal. Você pode hoje prosperar nos negócios, mas a maré da prosperidade pode mudar de modo imprevisível para você. Deus tem mil maneiras de desnudar aqueles a quem anteriormente cobria com abundância. Você mima sua mulher; mas ela pode ser abalada diante de seus olhos, consumida por uma doença, ou, de maneira ainda mais veloz, acometida de um ataque cardíaco; e então, onde residirá sua alegria? Seus filhos, os risonhos tagarelas que alegram seu coração, conseguiria segurá-los, por um momento que fosse, se Deus decidisse pedir a alma deles? Se ele dissesse: *Tornai, filhos dos homens*, (Sl 90.3) suas orações, seus remédios, seu amor — de que essas coisas adiantariam? Caberia a você tão somente providenciar o sepultamento, retirando-os para sempre de sua vista. Deus, lembre-se, tudo pode tomar se quiser, deixando qualquer pecador falido, sem filhos, viúvo, sem consolo algum no mundo.

Eu não me oporia a quem dispõe de todos os recursos para me vencer. Sou vulnerável em inúmeros pontos, e em todos eles Deus sabe como me atingir. Prefiro, então, fazer dele um amigo, em vez de inimigo.

É melhor que eu não lute contra aquele que tem a chave da porta lateral, do portão e da porta de minha casa, e que pode derrubar qualquer parte de meu bastião quando bem entender. Pense no quanto você está entregue nas mãos dele! Você, que afirma ser forte, que diz conseguir realizar em um dia o trabalho de muitos homens ou que poucos conseguem levantar cargas como você, apenas um segundo, no entanto, é necessário para que todos os seus membros fiquem paralisados. Suas faculdades mentais são bastante claras e eficientes? Escreve com rapidez e de modo nítido, e ninguém consegue realizar cálculos intrincados com maior velocidade que você, nem achar uma solução mais eficaz para um problema? No entanto, apenas um tique-taque do relógio é suficiente para reduzir você, ou a mim, a nada mais que um mero demente. Basta que algo aja sobre seu cérebro, congelando-o, para que não mais a luz do intelecto brilhe. Ou pense em um escaldante sopro, quente como as fornalhas de Nabucodonosor, que faz que sua alma seja condenada a andar para sempre em meio a tal calor. Pense nisto. Não muito longe daqui, encontra-se um sanatório — uma terrível prova do que a providência de Deus pode fazer em um instante àqueles que mais pareciam sãos, inteligentes e capazes dos homens. Não é preciso andar, porém, senão até as portas de qualquer hospital para ver quão deteriorado pode se tornar seu corpo até que se transforme em apenas pó, se Deus assim o desejar. Sim, eu não desejo, ó pecador, não desejo ver Deus de outra maneira senão como amigo, pois me encontro inteiramente desarmado e indefeso diante e sob o controle dele. Tivesse eu uma borboleta em minhas mãos, com a possibilidade de esmagá-la a meu bel-prazer, o referido inseto, se fosse sensato, não me provocaria nem desejaria experimentar minha ira, mas procuraria se aninhar em minha mão e em meu coração, para que eu, em vez de esmagá-lo, pudesse fazer uso de minha força em protegê-lo e de meu juízo em defendê-lo.

É bom lembrar também as *poderosas hostes* com que conta o Senhor dos Exércitos e que, na verdade, vivemos em meio a estes exércitos, aptos a cumprir seus mandamentos mediante o próprio poder divino. Quando os filhos de Israel encetaram sua jornada de êxodo pelo deserto, foram poupados por Deus de muitos inimigos e vários riscos que os espreitavam, prontos a destruí-los. Uma vez, Deus deu a serpentes flamejantes permissão para atacá-los, como punição por desobediência, e quantas mortes e quanto terror invadiram seu acampamento! As pessoas viram, então, que não é pouco estar em desacordo com Deus, que tem aliados até desconhecidos, prontos a obedecer a seu comando. Isso também foi claramente demonstrado com as pragas do Egito, quando rãs, moscas, gafanhotos e piolhos, saraiva e trevas, peste e morte inundaram a terra, amaldiçoando-a, compelidos apenas por um levantar de dedos de Deus. Ele pode contar perfeitamente com as forças de sua própria criação. Deus pode fazer que todas as coisas operem para o bem ou para o mal, se assim desejar e ordenar. Quando Herodes lutou com Deus, foi tomado por vermes e morreu. Deus tem ainda um incontável exército de servos desejosos de fazer sua vontade, ouvidos atentos a cada palavra que ele pronuncie. É melhor que você pare um pouco e pense em como poderá combater esse poderoso e inumerável exército. Você tem muitos amigos? Conseguiria reunir um exército como o de Deus? Teria tal grupamento a mesma força que a dele? Pense nos céus e em todas as estrelas que ele controla e que chama pelo nome; porque ele é imenso em força e nada a ele escapa. Seja sábio e busque um pacto com ele mediante o sangue derramado do cordeiro. Não apresse sua derrota e sua morte ao tentar rivalizar com Deus.

Acima de tudo, veja a verdadeira medida da *sabedoria de Deus* e que até mesmo as supostas tolices dele contêm mais sabedoria que o maior dos conhecimentos que você possa deter. Um bom general, na verdade, pode ter mais valor que muito bom batalhão. Quando Stonewall Jackson foi morto, seus inimigos e demais opositores sentiram como se a morte dele fosse maior que a perda de mil homens. De fato, o nosso chamado Duque de Ferro, quando vivo, representava uma força inestimável para os nossos exércitos. Tente imaginar então toda a capacidade e infinita sabedoria com que Deus lidera os exércitos do céu. Toda a luz e todo conhecimento partem dele. Ele é a origem dos dias, e sua experiência remonta à eternidade. Você acabou de surgir, nada sabe. Os planos dele vão além de sua concepção, e ele conhece todos os rumos que você toma. Está muito mais acima de seus pensamentos e mais longe ainda de sua vista; mas pode ver perfeitamente através de você e conhece você melhor até do que você mesmo jamais conseguiria. Não dê mostras de sua insensatez, portanto, ao tentar comparar sua pobre sabedoria com a dele, nem espere jamais ofuscá-lo ou triunfar sobre ele. Ó pobre mariposa que corre em direção ao fogo, você será consumida em meio à piedade dos homens bons e ao sarcasmo e ironia dos perversos.

Há ainda outro assunto que quero lembrar a você, que se reputa inimigo de Deus: você tem uma *consciência*. Não conseguirá se livrar dela. Pode ter tentado diminuir um pouco a luz da lâmpada do Senhor, mas ela continua a arder. Não se apaga; e Deus conhece mil maneiras de transformar sua consciência em terrível aflição, se o rejeitar. A consciência representa fiel escudeiro dos homens e serve de escudo sob o qual os homens lutam pelas causas certas; mas, se você fizer dela sua inimiga, sua consciência dará lugar a uma espada, de tal modo que você será por ela ferido seriamente. Você tem uma consciência, sim, mas isso soa muito estranho a um homem que tem Deus como inimigo. Fosse eu inimigo de Deus, desejaria não ter de levar junto comigo uma voz que me chamasse atenção para o caráter divino e correto da lei do Altíssimo; eu me contentaria em ficar livre da menor partícula de senso moral. Mas todos têm consciência, e a maioria de vocês não está morta para os sentimentos de culpa e de vergonha, não podendo, assim, pecar de forma tão voluntária quanto outros; e caso consigam silenciar a sra. Consciência, como ela está dentro de vocês virá tempo em que acabarão ouvindo sua voz se reerguer, e haverá pavor nessa voz, voz que tornará aterrorizante a tentativa de dormir e muito difícil a realização de suas tarefas. Até o mais fiel dos homens tementes a Deus acaba descobrindo que a consciência, se necessário acusá-lo de qualquer erro, por mais que tenha sido até então ótima companhia, acaba se tornando um tormento. É dito que o coração de Davi acabou derrotando-o. Preferiria ser derrotado por qualquer pessoa a ser derrotado pelo meu próprio coração, pois ele é capaz de ferir de modo intenso, alcançando um ponto em que a maioria dos homens é frágil. O mesmo acontecerá a você, a menos que tenha "a sua própria consciência cauterizada"; pode chegar uma ocasião em que você não consiga mais dormir nem encontrar paz nem satisfação. Acho, pois, que, como tenho um amigo de Deus dentro de mim, não gostaria de entrar em conflito com Deus, a fim de que o amigo de Deus continue em mim. Oh, que você também fique em paz com o Senhor.

Mais uma reflexão, e não os prenderei por mais tempo neste assunto, é a seguinte: lembre-se que *você é mortal*; portanto, é inútil bater de frente com Deus. Você pode querer postergar essa preocupação, dizendo simplesmente: "Mas eu não vou morrer ainda". Na verdade, porém, não sabe se vai ou não; como pode dizer isso? Talvez morra amanhã. Supondo, no entanto, que você viva os próximos vinte ou trinta anos, tenho mais que bons passados trinta anos e confesso que nunca senti o tempo ser tão curto. Quando eu era criança, achava que doze meses eram um período interminável; por volta dos 20, um ano ainda representava para mim um período respeitável de tempo; mas agora o tempo voa, e alguns de meus amigos aqui presentes cujos cabelos estão grisalhos lhes poderão dizer como sessenta, setenta ou oitenta anos passam num estalar de dedos, um sonho que passa rápido demais. Ora, você só terá de esperar passar esse intervalo de tempo e terá morrido. Não será terrível, meu caro amigo, morrer em meio a uma guerra com Deus? Se você ainda pudesse lutar por todo o sempre, eu nem me meteria nessa questão, mas, já que você chegará a um inevitável fim, já que as garras da morte acabarão se fechando em seu pescoço, já que um dia o suor frio da morte pairará sobre sua fronte, oh, você precisa então de objetivo melhor que estar empunhando armas contra o Deus do céu no imprevisível momento de sua morte. Se até alguns daqueles que têm Deus como amigo não consideram a morte um momento muito agradável, que dirá *você*, que tenta de todo modo disparar armas contra o Altíssimo, a quem continua considerando como inimigo.

Reflita, também, que você terá, forçosamente, uma *vida futura*; que, ao morrer, continuará a existir. Pouco se sabe sobre esse futuro estado, nem pretendo falar sobre ele nesta noite. Nele, você viverá sem seu corpo, como espírito desnudo, em um mundo que não conhece. Lá encontrará amigos ou ficará sozinho? Onde viverá? Que tipo de lugar será esse? Eu não ousaria entrar no mundo dos espíritos sem ter Deus como amigo. Seria, na verdade, terrível adentrar um território desconhecido trazendo comigo uma inveterada inimizade para com o Rei supremo. Já que devo cruzar tal fronteira, ingressando em uma terra nunca dantes por mim trilhada, gostaria pelo menos, de carregar um passaporte válido, ou que possa declarar: "Sou amigo do rei que aqui governa"; mas viajar por aí como inimigo de Deus — quão terrível deve ser!

Pense antes de brigar

Além do mais, deixe-me acrescentar, você não pode esperar ser bem-sucedido se *toda uma experiência for contrária a você*. Jamais existiu, neste ou no outro mundo, alguém que haja lutado contra Deus e vencido, e você não será o primeiro. Todo aquele que enfrenta Deus chega sempre à mesma conclusão: "Ele chega com toda a sua força, lançando seus inimigos como lenha ao fogo, onde derretem como cera; basta que levante a voz, e eles se desmancham; basta que olhe fixamente para os seus inimigos, e esse único olhar, cheio de fogo, os resseca para sempre; e, no fundo do poço do desespero, lamentam com lastimável e inútil rancor que seu tempo acabou, findaram os seus verões, não mais poderão ser salvos; pois desperdiçaram toda a sua energia contra Deus, caindo nas profundezas onde a esperança nunca chega e a ruína é eterna". Oh, por favor, enviem-lhe uma mensagem com uma proposta de paz!

Acho que estou ouvindo alguns dizerem: "Está bem, queremos desistir da contenda; mas o que devemos fazer para alcançarmos paz com Deus?" Pergunto: vocês têm algum embaixador para ir a Deus por vocês? Esta é a primeira coisa. Ele não pode tratar *diretamente com vocês*. Jesus Cristo é o Embaixador dos homens junto a Deus. Conseguem depositar suas esperanças nas mãos dele? Farão isso? Se o fizerem, o caso estará bem encaminhado. Deus não nega a seu Filho pedido algum. Ele tem o direito de receber do Pai tudo aquilo que pedir, e o Pai sempre se agrada em atendê-lo e em conceder tudo o que deseja. Esse Salvador está disposto a suplicar por vocês. Espera poder ser gracioso. De minha parte, fui enviado para falar a vocês a respeito do seu amor e misericórdia; para advertir quanto à condenação certa que espera quem se volta contra Cristo; e para levar todos os maculados pelo pecado a entrar, do modo que estão, no banquete da misericórdia. Posso garantir a palavra do Senhor — pois sou um embaixador dele, de Cristo — que, se você vier, de maneira nenhuma ele o lançará fora.

Os termos do acordo de paz são bem claros. Em primeiro lugar: *abandone a iniquidade*; não pode haver paz entre você e Deus enquanto você se mantiver em pecado. Desista e deseje sinceramente renunciar a todo pecado, de todos os tipos e maneiras, pois a iniquidade impede que Deus firme a paz com você. Que me diz, pecador? É difícil abandonar seus vícios? Esse requisito soa desarrazoado a você? Saque de sua faca, homem, e dilacere toda e qualquer iniquidade. Não há pecado pelo qual valha a pena ser condenado. Rebeldia, libertinagem, devassidão — será que essas coisas valem o fogo do inferno para sempre? Uma ou duas horas de divertimentos levianos valerão em troca de passar uma eternidade de fogo que não se pode aplacar? Eu lhe peço: seja razoável. Não troque sua alma por ninharia; não desdenhe a eternidade em troca de mera ficção passageira. Que Deus lhe dê a graça de não optar por tal condição, para que fique livre de seus inimigos e seus deuses. *Confie em Cristo*, em Cristo apenas, e seja ele para você Embaixador junto ao Pai. Não lute contra isso. Que a paz seja feita. Oh, que seja feita hoje, pelo sangue de Jesus Cristo, o Filho amado de Deus!

Confesse, em seguida, que merece a ira do grande rei. Curve sua cabeça; "ponha a corda no pescoço", como se sentisse que a merece, e o executor fará o resto. *Peça perdão a Deus*, suplique: "Ó Deus, sê propício a mim, o pecador!" Apegue-se ao Salvador, o Senhor Jesus Cristo, que no madeiro ensanguentado fez expiação pelos pecados dos inimigos de Deus, para que fossem feitos amigos do Pai. Deus lhes pede uma confissão de culpa e ficará honrado se vocês se humilharem perante ele. Seus pecados se voltaram contra a glória de Deus, e ele irá se glorificar mediante seu arrependimento. Seria justo da parte dele se o rejeitasse, lançando-o no poço que não tem fim; mas prometeu que todo aquele que confessar seus pecados obterá dele o perdão. Revista-se, assim, do espírito do publicano, bata no peito e repita: "Ó Deus, sê propício a mim, o pecador!" Confesse que, na verdade, mereceria o inferno, mas peça em nome de Jesus e não irá pedir em vão. Honre a justiça de Deus apelando para sua piedade mediante seu Filho, nosso Senhor Jesus Cristo. Isto, sem dúvida, não é mais do que Deus espera de você. Todavia, se você acha que não se deve humilhar, que há de ser então, se Deus decidir o esmagar? Se você se recusar a dobrar os joelhos e baixar a cabeça, que fará então se Deus decidir o pisotear, para o desprazer dele? Aproveite, portanto, este tempo propício, quando os dias ainda são de perdão, para buscar seu rosto, com lamento e súplicas. *Tomai convosco palavras, e voltai para o Senhor; dizei-lhe: Tira toda a iniquidade, e aceita o que é bom...* (Os 14.2).

II. Vamos agora mudar o enfoque, abordando o SEGUNDO DESAFIO, DO QUAL, ACREDITO, MUITOS GOS-TARIAM DE PARTICIPAR.

Um jovem espírito que tenha consciência de sua condição, e de certo modo desperto, poderá chegar a uma decisão: "Não serei mais inimigo de Deus, mas, sim, seu amigo". Ajoelhando-se, esse coração suplica: "Oh, Deus, reconcilia-me contigo, mediante a morte do teu querido Filho. Desfaço-me das minhas armas de ataque; confesso minha culpa. Imploro tua misericórdia, que, em nome de Jesus, peço-te me conce-das". Diz ainda a mesma alma: "Se agora sou amigo de Deus, então devo ser inimigo de Satanás. Desse dia em diante, juro lutar para sempre contra o mal, até que me veja livre do pecado e obtenha a vitória final". Peço que pare por aí, querido amigo. Não desejo, evidentemente, que faça as pazes com o Maligno, mas quero que compreenda algumas coisas que preciso lhe falar. Uma delas é que *o pecado é doce*. As mais venenosas gotas do copo do pecado brilham e reluzem atrativamente. Há certo tipo de prazer e sabor no pecado. Sua doçura, altamente envenenada, não passa de ilusão temporária, e, no entanto, mesmo assim, o mundo a almeja e a quer; parece-se, muitas vezes, com um fino e delicioso biscoito dourado, mas, ainda que feito de ouropel ou banhado a ouro, tão somente parece feito de ouro, nada mais. Conseguirá você resistir, no entanto, ao pecado, que se apresenta de maneira tão vistosa? Quando um copo dessa traiçoeira bebida for colocado em sua presença — e você conhece o sabor que tem — "oh, como é rico!" —, conse-guirá afastá-lo de si? Tem certeza de que conseguirá evitar que alcance seus lábios? Ah, irmão, você verá como as coisas mudam na hora da provação; e que é apenas porque está sentado agora aqui, no Taberná-culo, fazendo suas promessas, longe da tentação, que pensa que irá fazer a coisa certa no momento exato!

Lembre-se: você pode ser *instigado por amigos*, que geralmente exercem muita pressão. Assim, talvez até abandone o pecado agora, mas não tem como saber se alguém irá levar a tentação a você no futuro. Talvez *ela* o seduza, ela que já o tentou muito antes! Talvez *ele — ele mesmo*, fale com você! A simples menção dessa pessoa ativa sua lembrança; e se lhe falar o que só mesmo essa pessoa consegue dizer, e o tentar como somente essa pessoa sabe fazer, você irá resistir, sem ceder? Palavras tentadoras, olhar irresis-tível. Oh, quantas almas já foram tentadas por aquilo que os homens chamam amor! Oh, tivessem apenas um pouco de amor *verdadeiro* por si e pelos outros, não teriam servido de instrumento aos desígnios do príncipe do inferno. Mas, espere, além de o copo de veneno parecer doce, devemos acrescentar a essa imagem a mão de quem o segura. Não é fácil enfrentar Satanás quando, de fato, usa de pessoas que você muito estima, que ama de todo o coração. Lembre-se de Salomão, cuja sabedoria era incomparável, mas foi seduzido por suas esposas, caindo como presa nas mãos do mal. É preciso um espírito como o do mestre para poder dizer *Afasta-te de mim, Satanás*(Mt 16.23) à pessoa que o tenta e que você tem em sua consi-deração como uma de suas maiores amizades. O diabo é astuto e, se não conseguir arrombar sua porta, irá conseguir uma chave que encaixe em sua fechadura; então, travestido dos mais afáveis amores e afeições, abrirá caminho até o seu coração. Você poderá constatar que não é tarefa nada fácil lutar contra ele.

Lembrem-se, também, que existem os *hábitos*. Talvez alguns aqui declarem que irão, de súbito, aban-donar o pecado e combater Satanás. Pois não o digam a mim. *Pode o etíope mudar a sua pele, ou o leopardo as suas malhas?* (Jr 13.23) se a resposta fosse afirmativa, então quem está habituado ao pecado poderia ter sucesso. Não pecasse tanto quanto o fez, talvez não houvesse tamanha dificuldade; mas aquele que, dia após dia e ano após ano, permanece no pecado dificilmente dele consegue se livrar. Fazer que a natureza humana por si só retroceda para a virtude em vez de seguir no pecado seria como esperar que as cataratas do Niágara corressem para cima. Na verdade, você não conhece a si mesmo. O hábito é uma corrente de ferro e quem nele se vê envolvido pode até tentar se debater e se livrar, mas é mais provável que essa tentativa resulte em dor do que em liberdade. Temos exemplos de homens que, convencidos do erro de sua vida, tentaram desse erro se livrar sem pedir ajuda a Deus. Chegaram a pensar por algum tempo que teriam sucesso, mas não passou de ilusão, como a água que se retrai para dar início a uma nova onda; seus hábitos pervertidos retornaram com toda a força, deixando-os mais cobertos por eles do que antes. Veja a parábola de nosso Senhor a respeito do espírito impuro que deixa o homem para vagar por lugares áridos e, buscando repouso sem encontrar, decide: *Voltarei para minha casa, donde saí* (Mt 12.44); ele retorna,

PENSE ANTES DE BRIGAR | 1279

encontrando o antigo lar limpo e arrumado, levando consigo sete outros espíritos, mais perversos do que ele mesmo; de modo que o homem que o abrigava acaba ficando pior do que antes. Assim é com todo aquele que se lança inadvertidamente à obra da salvação, sem pedir, mediante a fé, a ajuda indispensável de Deus. Satanás acaba triunfando sobre todo aquele que assim procede. Tal situação é comparável à da mosca presa na teia de aranha: quanto mais se esforça, mais fica ali retida. Precisamos inquestionavelmente da ajuda de Deus, já que somos inteiramente incapazes de escapar sozinhos das ciladas do maligno. Ele consegue amarrar de modo bem firme pés e mãos sem que possamos sozinhos quebrar correntes, romper cordas e muito menos desatar nós. Você não tem nem sete tranças para lhe dar força, como Sansão, e decerto acabará subjugado, como até ele o foi.

Você acha que é fácil deixar o pecado, mas saiba que o *achincalhe* é uma forte arma do inimigo, e bastante desagradável; e quando lhe apontarem o dedo, dizendo: "Ah, quer dizer que você agora é um santo", e lhe disserem isso do jeito que só os indignos conseguem fazê-lo, de maneira irritante; quando sua tentativa de ser salvo se tornar pública, e, além de toda dificuldade, forem colocadas à mostra suas fraquezas, até mesmo um pequeno defeito leviano, e propaladas a torto e a direito, levando muitos a zombarem de você — irá suportar tal provação? Sim, é algo bem diferente estar aqui no domingo e dizer que sim, sem de fato poder realizá-lo na segunda-feira. Na verdade, para um homem de fé, ser objeto de escárnio não é nada demais, assim o sei; é preciso apenas acostumar-se, esperando ouvir pessoas rindo de você como cantam os pássaros na rua; mas, de início, trata-se de um desafio muito árduo essa zombaria cruel, e não poucos que tentam lutar contra Satanás acabam desertando ao descobrir que não a podem suportar. Quando os judeus reconstruíam os muros de Jerusalém, depois de retornar do cativeiro, passaram por uma das provas mais severas quanto a fé, dedicação e devoção: o escárnio dos inimigos, que os olhavam e diziam: *Que fazem estes fracos judeus? [...] Ainda que edifiquem, vindo uma raposa derrubará o seu muro de pedra* (Ne 4.2,3). As palavras de seus adversários eram mais afiadas que a lâmina de uma espada, e seu efeito agudo chegou a ser sentido no espírito dos trabalhadores. Aos homens de fé, esse desafio é tão doloroso como sempre foi, mas não devemos ficar atemorizados. Pela conquista do céu, vale qualquer desafio, ainda que o preço seja uma vida cravejada de palavras cheias de farpa e ditos maliciosos, pronunciados por um mundo escarnecedor e provocante. Pois foi Cristo em pessoa quem nos mostrou como resistir a esse desafio. Imaginem seus inimigos ao redor da cruz. Riem dele. *A outros salvou; a si mesmo não pode salvar*, dizem, meneando a cabeça em desprezo, zombando de sua dignidade e sofrimento. *Desça agora da cruz, e creremos nele* (Mt 27.42). Tais palavras devem ter sido mais amargas a seu espírito como jamais o foi o vinagre colocado em sua boca ao se queixar ter sede. Você deve, todavia, continuar a seguir Cristo, se deseja lutar, como ele, contra Satanás. Calcule, portanto, suas despesas. Conseguirá beber do copo dele, ser batizado com seu batismo?

Deixem-me, ainda, falar algo a vocês, que tanto anseiam em ir para o céu: a *prosperidade*, o lucro, é muito bom, muito agradável; quem não gosta de ter dinheiro? Ora, o sonho de "ser religioso" e ficar rico, ao mesmo tempo, é certamente o ideal de muitos aqui presentes. Oh, sim, alcançar ambos objetivos seria muito aprazível, "mataria dois coelhos com uma só cajadada". Diz o sr. Prático: "Ora, se um homem, por ser religioso, consegue uma esposa que traz consigo uma considerável quantia em dinheiro, e por ser religioso consegue montar um bom negócio, com muitos clientes", diz ele, "então a religião é algo muito bom"; e conclui: "A soma dos resultados compensa o *esforço*". Mas os que conhecem bem o sr. Prático sabem ser ele um mentiroso, apesar de pintar a situação com belas cores. Eu o conheço. É membro desta igreja, sinto dizê-lo; aliás, nunca entrei em uma igreja de que ele não fosse membro. Consegui afastá-lo daqui mas havia outro de sua laia que continuava sendo membro da congregação, e outro e outro, e, por mais que expulsemos muitos dessa raça, outros mais sempre permanecerão. No entanto, o sr. Prático às vezes passa por apertos. Se você constatasse que fechar sua loja aos domingos afeta seriamente seus negócios, que faria? Resistiria à tentação? Há alguns de vocês que tentam resistir quando, em um espasmo de santidade, sentem-se de repente devotos; mas loja fechada não gera lucros, concluem; e, então, tornam a abri-la no dia do Senhor. Alguns negociantes "dominicais", ocasionalmente, quando vêm ao

Tabernáculo, acham de se imbuir com coragem e, então, fecham a loja aos domingos por um tempo; mas logo arranjam uma desculpa: "Bem, mas eu preciso disso para viver". É verdade; mas também resulta em morte e condenação romper as leis de Deus.

Lembre-se que ser "religioso" não o fará lucrar mais, como muitos imaginam. Já ouvimos alguém dizer, com certa ironia: "Não é possível sustentar a consciência, sai muito caro". Tenha em mente, porém, a palavra do Senhor: "Pois que aproveitará ao homem se ganhar o mundo inteiro e perder a sua vida? ou que dará o homem em troca da sua vida?" Assim como há aqueles de quem se diz que "economizam alfinetes" e gastam milhões, há também muitos que economizam o que é mundano e desperdiçam o que é eterno. Pense nisto. A tentação costuma se apresentar sob a forma de ouro reluzente e é realmente difícil se manter afastado da brilhante isca que o deus deste mundo coloca à nossa frente.

Coloco tais questões para que você possa calcular se há de conseguir preparar sua guerra contra o diabo, tendo todas as probabilidades contra você. Fosse eu um recrutador de soldados para a guerra, evidentemente nem tocaria no assunto. Trataria de recrutar o primeiro voluntário que aparecesse e, mesmo que ele alegasse mil dúvidas e receios, "Oh, não se importe", diria eu, "saiba que receberá muita glória, nada além de glória; pronto, colocarei essas fitas em seu uniforme, você já começará usando fitas de glória e todos os seus dias serão gloriosos, sua glória será eterna; você só morrerá como general, será enterrado na Abadia de Westminster, ao som da "Marcha Fúnebre", e todo esse tipo de coisa etc.". É claro que não posso, aqui, agir do mesmo modo, enganando e ludibriando as pessoas para que se alistem sob o estandarte da cruz. Não quero criar dificuldades para tal alistamento, mas desejo que você calcule as dificuldades e vicissitudes que terá de enfrentar, para evitar que acabe como aquele, da parábola, que começou a edificar uma torre sem ver se teria recursos para concluí-la. Tal é a desgraça de muitos. Eu o aconselho então, se está prestes a declarar guerra a Satanás, a avaliar se tem condições para tal empreitada, para que possa de fato vencer.

"Bem", ouço dizer, "é difícil ser salvo". Espero que ninguém pense o contrário. Que diz o apóstolo Pedro? "E se o justo dificilmente se salva, onde comparecerá o ímpio pecador?" "É difícil ser salvo", dizem; e quem disse que não seria? Não é, porém, difícil obter a salvação caso se deseja ser recebido de acordo com o plano que Deus indica. Cristo cumpre o que promete. Meu conselho, portanto, aos que se aprontam a fazer guerra contra Satanás é que se lembrem que tal empreitada é maior do que possam julgar e, consequentemente, não deve ser realizada com força própria. Atentem para isso. Satanás os irá tentar, dizendo que vocês não precisam de um Salvador; se não acreditarem nessa mentira, mas permanecerem inquietos para com o pecado, ele voltará a tentar convencê-los de que podem salvar a si mesmos. Falará que "rios" como o Abana e o Farfar, de Damasco, correm "próximos" à sua casa. Dirá: "Lave-se neles, purifique-se neles. Fique onde está, aja por conta própria". Mas, se você ouvir a voz do sedutor das almas, estará perdido para sempre. Pode, acaso, o cego operar seus próprios olhos para dar a visão a si mesmo? Pode o aleijado correr para longe de sua imperfeição, ou escapar da debilidade de seus pés? Pode o morto esforçar-se para fazer a maré da vida fluir uma vez mais em suas veias, enrubescendo sua face com o brilho da vida? Pode chamar de volta seu espírito abandonado nas sombras do mundo desconhecido, ordenando que reocupe a morada já decadente, determinando que os sinais da poderosa consumidora se vão sem deixar rastro algum de sua conquista, rastro que lembraria ao habitante regresso que tal morada fora ocupada pela desapiedada destruidora? Pois respondo: Não. Apenas poderosos dedos podem tocar os olhos cegos para abri-los. Apenas um braço onipotente consegue restituir ao homem paralisado e impotente sua força e poder. Acima de tudo, para conceder a vida, apenas a voz de Deus pode dizer a palavra que traz de volta os mortos à existência terrena. Quanto a isso, não há o que negar. Ninguém jamais conseguirá resistir sozinho ao pecado a ponto de poder escapar de sua servidão; pois como conseguirá remover sua própria culpa? Se o câncer estiver em seu sangue, você não o conseguirá remover. A lei já foi escrita, e dela consta que "a alma que pecar, essa morrerá". Oh, peça, então, ajuda imediata para a única força capaz de salvar você da ira vindoura.

Lembre-se que nada é difícil demais para Deus. Peça, portanto, que a força onipotente de Deus venha em sua ajuda. A verdade é que você não conseguirá lutar contra o insistente pecado; as paixões e a

PENSE ANTES DE BRIGAR

corrupção, de qualquer forma que se apresentem, são fortes demais para você; o velho Adão é muito poderoso para a melhor de suas intenções. Alguém existe, porém, mais forte, cujas mãos perfuradas na cruz estão sempre prontas e dispostas para servir a cada pecador que queira repelir Satanás. Há alguém capaz de salvar, que veio em seu resgate, para fazer o que você não poderia fazer por si mesmo. Oh, que você receba Cristo esta noite, ao suplicar imediatamente a ele: "Jesus, salva-me! Vejo que esta luta é desigual para mim, não posso remover meus pecados, não posso construir meu caminho para o céu. Vem e me ajuda, Senhor Jesus! Coloco-me em tuas mãos. Lava-me em teu sangue, preenche-me com o teu Espírito; salva-me com a tua grande salvação e permite que eu me encontre contigo onde estás".

Sim, ninguém pode salvar-se a si mesmo. Mas há alguém que pode salvar a todos. Isso me lembra o caso daquele patrão que mandou um criado seu entregar uma carta. O criado, que era preguiçoso, retornou sem entregá-la. "Não pôde entregá-la?" "Não, patrão". "Por quê?" "Corre lá um rio muito profundo, senhor, não pude atravessá-lo". "Mas lá não há uma balsa, um barqueiro, que atravesse as pessoas?" "Não sei, não, senhor; só se estava do outro lado". "E você não procurou por ele, não chamou o barqueiro?" "Não, senhor". "Ora, essa", admoestou-o o patrão, contrariado "isso não é desculpa para não entregar a carta! Se não podia atravessar o rio, havia quem o pudesse atravessá-lo, e você não o procurou nem o chamou!" O mesmo se dá com vocês. Dizem: "Não posso salvar-me a mim mesmo". Sim, é verdade; mas há alguém que pode salvar todos, e vocês não pedem o auxílio dele. Se o fizessem, se o coração de cada um berrasse: "Ó vem, Salvador, vem e me salva!"; se o espírito de vocês repousasse nele, por mais profundo que possa ser o rio dos seus pecados, ele os conduziria em segurança até a margem oposta. Que ele assim proceda com cada um de vocês. Tudo que é impossível aos homens é possível a Deus.. Que a bênção do Altíssimo repouse sobre as nossas cabeças esta noite, em nome de Jesus. Amém.

137

A DRACMA PERDIDA

Ou qual é a mulher que, tendo dez dracmas e perdendo uma dracma, não acende a candeia, e não varre a casa, buscando com diligência até encontrá-la? E achando-a, reúne as amigas e vizinhas, dizendo: Alegrai-vos comigo, porque achei a dracma que eu havia perdido. Assim, digo-vos, há alegria na presença dos anjos de Deus por um só pecador que se arrepende (Lc 15.8-10).

O presente capítulo de Lucas está repleto de graça e verdade. Como já foi dito, as três parábolas nele contidas são mera repetição de uma mesma doutrina, sob a forma de diferentes metáforas; mesmo assim, a verdade que ensinam é tão importante que não a conseguiríamos dizer de forma plena em nosso sermão. Além disso, tal verdade é do tipo que temos facilidade em esquecer, e é bom, assim, que seja repetida de novo e de novo até que se faça impressa em nossa mente. A verdade aqui ensinada é esta: que a misericórdia estende sua mão para a infelicidade; que a graça recebe os homens como pecadores; que ambas lidam com o demérito, a indignidade e a baixeza; que aqueles que se julgam justos não são propriamente objetos da compaixão divina, ao contrário dos iníquos, culpados e vis, verdadeiros alvos da infinita compaixão de Deus. A verdade, em poucas palavras, é que a salvação não é fruto do nosso mérito, mas da graça divina. Tal verdade, afirmo, é da maior importância, pois encoraja os arrependidos a retornarem ao Pai; mas muitas vezes é esquecida, e mesmo aqueles salvos pela graça muitas vezes caem no espírito do irmão mais velho do filho pródigo da parábola, considerando que a salvação depende das obras da lei.

As três narrativas deste capítulo, queridos amigos, não são, no entanto, a repetição umas das outras; todas declaram a mesma e importante verdade, mas cada qual a revela sob diferente perspectiva. São como três lados de imensa pirâmide da doutrina do evangelho, cada um deles contendo uma diferente inscrição. Na semelhança entre elas, assim como no ensino abrangido por essa similitude, há variedade, desenvolvimento, abrangência e distinção. Basta que as leiamos atentamente para descobrirmos que, nessa trindade de parábolas, há unidade na verdade essencial e diferenciação nas descrições. Cada uma das parábolas se faz necessária às outras, e, quando combinadas, apresentam uma exposição completa da doutrina que carregam como jamais o fariam individualmente. Observemos por um instante a primeira delas, que traz à cena um pastor em busca da ovelha perdida. A quem se refere? Quem é o pastor de Israel? Quem traz de volta aquele que se havia afastado? Não podemos então discernir claramente o sempre glorioso e abençoado Pastor do rebanho, capaz de entregar sua vida para salvá-lo? Vemos assim, sem dúvida, na primeira parábola, a obra de nosso Senhor Jesus Cristo. Já a segunda parábola se encontra exatamente onde deveria estar. Representa, não haja dúvida, a obra do Espírito Santo, operando, mediante a igreja, pelas almas perdidas, mas preciosas, dos homens. A igreja é a mulher que varre a casa para encontrar a dracma perdida, e nela o Espírito realiza seu propósito de amor. O trabalho do Espírito Santo segue o trabalho de Cristo. Assim como vemos o pastor em busca da ovelha perdida e depois lemos sobre a mulher que busca sua dracma perdida, o grande Pastor redime e o Espírito Santo renova em seguida a alma.

Percebemos que cada parábola é inteiramente compreendida nos mínimos detalhes quando assim interpretadas. O pastor busca a ovelha que voluntariamente se desgarrou, e até aí está presente o pecado; já a dracma perdida não evoca a mesma ideia, nem era necessário que o fizesse, pois essa segunda parábola não lida com o perdão do pecado, como a primeira. A ovelha, por outro lado, não é de todo irracional

A DRACMA PERDIDA | 1283

nem está morta; mas a dracma perdida é algo absolutamente insensível e desprovido de qualquer poder, servindo como emblema do homem que o Espírito Santo busca: morto pela transgressão e pelo pecado. A terceira parábola evidencia o divino Pai em seu abundante amor, recebendo o filho perdido que a ele retorna. É provável que essa terceira narrativa seja apenas parcialmente compreendida sem a correlação com as duas primeiras. Por vezes, ouvimos sobre ela apenas que o pródigo é recebido assim que retorna, sem haver qualquer menção ao Salvador que o procura e salva. É possível ensinar todas as verdades em apenas uma parábola? A primeira não trata do pastor que busca a ovelha desgarrada? Por que então a necessidade de repetir o que foi dito anteriormente? Já ouvi dizer também que o pródigo teria voltado por vontade própria e que não há indícios da atividade de um poder superior no coração dele, como se ele próprio, espontaneamente, dissesse: *Levantar-me-ei, irei ter com meu pai* [...] (Lc 15.18). A resposta correta é que a obra do Espírito Santo foi claramente descrita na segunda parábola e não precisaria ser novamente demonstrada. Se você alinhar os quadros pintados por cada uma delas, verá que, juntos, retratam todo o panorama da salvação, mas, individualmente, cada um representa a obra de cada uma das pessoas divinas da Santa Trindade. O pastor, com sofrimento e sacrifício, busca a ovelha desgarrada e perdida; a mulher diligentemente busca pelo dinheiro, insensível, mas perdido; o pai recebe o filho perdido que retorna. O que Deus une homem nenhum jamais separará. Os três exemplos são um só, e uma única verdade é ensinada no conjunto dos três; no entanto, cada exemplo difere do outro e é, por si só, bastante instrutivo.

Que Deus nos ensine, à medida que buscarmos desvelar a intenção do Espírito nessa parábola da dracma perdida, que, acreditamos, representa a obra do Espírito Santo na igreja e por seu intermédio. A igreja costuma ser representada nas Escrituras por uma mulher, seja ela a casta noiva de Cristo ou a devassa cortesã de Babilônia. Como bom exemplo, essa mulher varre a casa; sob aspecto diverso, o Senhor a mostra, em outra ilustração, colocando fermento misturado à massa até que fique tudo levedado. Para Cristo, uma esposa; para os homens, uma mãe — assim é retratada a igreja como uma mulher. Uma mulher, eis a ideia do texto, com total domínio da casa, o marido ausente, estando a seu encargo a administração doméstica: tal a situação da igreja desde o retorno do Senhor Jesus para o Pai.

Ao analisarmos cada parte do texto, veremos o homem sob três perspectivas — *perdido, procurado* e *encontrado*.

I. Primeiro, a parábola trata o homem, objeto da divina misericórdia, como PERDIDO. Note-se, para começar, que o dinheiro estava *perdido no pó*. A mulher que havia perdido sua dracma deveria varrer a casa para encontrá-la, o que sugere que a moeda havia caído em algum lugar poeirento, ou caído na terra, ficando oculta em meio à poeira e à sujeira. Todo homem, nascido de Adão, é como uma dracma, perdido, caído, desonrado, acabando alguns até enterrados na impureza. Se deixarmos cair algumas moedas, poderão cair em diferentes lugares: uma talvez caia em um lodaçal, ali se perdendo; outra pode ter como destino um carpete, um assoalho limpo e bem polido, mas perdendo-se igualmente. Quando se perde dinheiro, a perda será sempre igual, não importa o lugar. Do mesmo modo perdem-se os homens, apesar de a aparência da perdição não ser a mesma. Um homem bem cuidado desde a infância e que recebe boa educação talvez não venha a mergulhar em vícios e comportamentos os mais grosseiros e brutais; pode nunca ser um blasfemador, talvez não seja alguém que afirme abertamente não guardar o dia do Senhor, mas mesmo assim poderá se perder. Outro homem poderá cair em enorme devassidão e acabar se acostumando com a impureza e toda sorte de mal, tornando-se extremamente perdido. Talvez haja aqui esta manhã (e desejamos sempre tratar com a verdade no decorrer do nosso sermão) alguns que estejam perdidos em meio à pior das corrupções: peço a Deus que tenham esperança e aprendam, por meio dessa parábola, que o Espírito do Senhor e a igreja de Deus os estão buscando e que ainda podem pertencer ao grupo dos achados. Por outro lado, como há muitos aqui que não caíram em lugares tão impuros, gostaria de lhes lembrar que, não obstante, estão perdidos também e precisam ser encontrados pelo Espírito de Deus, da mesma forma que estivessem entre os mais vis dos vis.

A divina graça há de salvar quem tem boa moral do mesmo modo que precisa salvar os imorais. Se você está perdido, caro ouvinte, de nada adianta perecer de maneira respeitável, cercado de companhia decente; se apenas uma coisa lhe falta, ainda assim essa deficiência será fatal, e não será consolo algum lhe haver faltado apenas um requisito. Não serve de consolo à tripulação do navio que afunda sem saber que a causa do desastre é apenas uma pequena rachadura. Uma única doença pode matar uma pessoa; ela pode até ser saudável em muitos órgãos, mas de nada lhe servirá de consolo saber que talvez tivesse vivido um pouco mais caso não tivesse aquele único órgão doente. Se você não tiver outro pecado que não seu coração descrente, querido ouvinte, mesmo sendo toda a sua vida exterior amável e confortável, se esse único pecado permanecer em você, pouco ou nenhum consolo haverá a ser buscado naquilo que você considera bom: você está perdido por sua natureza e deverá ser buscado e encontrado pela graça, onde quer que esteja.

Nesta parábola, aquilo que estava perdido *ignorava completamente sua perdição*. Não sendo uma criatura viva, a dracma, evidentemente, não tinha a menor consciência de que estava perdida e que a procuravam. O dinheiro perdido estaria tão "contente" por estar no chão e na poeira quanto em uma carteira ou um bolso, fosse sozinho ou em meio a seus semelhantes. Jamais iria saber sobre estar perdido, nem o poderia. O mesmo se dá com o pecador espiritualmente morto no pecado: não tem consciência de seu estado, nem se pode fazê-lo entender o perigo e o terror de sua situação. Quando alguém começa a sentir que está perdido é porque algo da obra da graça já se acha operando. Quando o pecador passa a tomar consciência de que está perdido, não mais se satisfaz com sua condição e começa a suplicar por misericórdia, prova de que a busca divina já o alcançou. O pecador que não se converteu pode afirmar saber que está perdido por conhecer tal declaração pelas Escrituras, e a admitirá como verdade sem nenhuma admiração pela Palavra de Deus; mas não tem ideia do seu real significado, pois, se tivesse, ou negaria a declaração com orgulhosa indignação ou passaria a orar pedindo ser conduzido de volta ao lugar de onde caiu, juntando-se assim à valiosa propriedade de Cristo. Ó meus ouvintes, isso é o que torna o Espírito de Deus tão necessário em todas as nossas reuniões e em todas as práticas referentes à salvação da alma, por termos de lidar com almas insensíveis. Aquele que leva uma escada à janela de uma casa em chamas pode prontamente resgatar os que lá se encontram se, conscientes do perigo, assomam à janela para recebê-lo e se sujeitam à sua ação de libertação; mas se houver lá um insensato que brinque com as chamas, algum cego ou idiota que julgue estar havendo uma feérica iluminação, sem nada saber a respeito do perigo, estando apenas "encantado" com o brilho, então o salvador terá um enorme trabalho para poder resgatá-lo. O mesmo se dá com os pecadores que não sabem, apesar de dizerem saber, que o pecado significa o inferno, que estar alheio a Deus é estar condenado, que viver em pecado é estar morto enquanto vivo. A insensibilidade da dracma representa justamente muito bem a desmedida indiferença dessas almas não avivadas pela divina graça.

A dracma estava, porém, *perdida, mas não esquecida*. A mulher sabia ter ao todo dez dracmas; ela as havia contado, e aquele era seu pequeno tesouro. Quando, pois, viu que só havia ali nove peças, percebeu que havia perdido uma dracma, que lhe pertencia e deveria estar em seu poder. Eis a esperança a alimentar pelos filhos perdidos do Senhor; perdidos, sim, mas não esquecidos, pois o coração do Salvador de todos se lembra e ora por eles junto ao Pai. Ó alma, confio em que você seja um dos que Jesus chama de *seu*; e que ele se lembre das dores que sofreu por redimir você; e se lembre do amor do Pai refletido em você pela eternidade; e o Pai entregue você às mãos de seu amado Filho. O Espírito Santo não o esquece, e ainda o está procurando para levá-lo ao Salvador. A esperança deste ministro reside em que o Senhor se lembra e nunca se esquece das pessoas, ainda que dele elas se esqueçam. Indivíduos se tornam estranhos a ele, afastados, ignorantes, empedernidos, negligentes, mortos; mesmo assim, o coração perpétuo do céu bate com amor por eles; e a mente do Espírito, que opera na terra, está para eles voltada. Todos, mesmo os contados em tempos idos, constam da relação da divina memória e, apesar de perdidos, são sinceramente lembrados de algum modo. O mesmo pode ser afirmado de cada um dos pecadores aqui presentes. Estão perdidos, mas evidentemente não esquecidos, tanto assim que estou sendo hoje enviado a vocês para pregar o evangelho de Jesus. Deus tem pensamentos amorosos em relação a vocês e ordena que se voltem para ele e vivam. Tenham consideração, eu lhes peço, para com a palavra de salvação.

A DRACMA PERDIDA

| 1285

Sim, a dracma estava *perdida, mas era ainda reivindicada*. Observe que a mulher a chama *a dracma que eu havia perdido*. Ao perder seu bem, ela não perdeu seu direito ao que possuía; a moeda não se tornou posse de outra pessoa ao se perder. Aqueles pelos quais Cristo morreu e a quem salvou não pertencem a Satanás, mesmo que estejam, por ora, mortos em pecado. Talvez ressurjam sob o domínio usurpado do diabo, mas este monstro haverá de ser expulso de seu trono. Cristo os recebeu, há muito, do Pai, ele os comprou com seu precioso sangue e os terá; irá derrotar o intruso e reivindicará para si as almas que lhe pertencem. Assim diz o Senhor: *E o vosso pacto com a morte será anulado, e a vossa aliança com o Seol não subsistirá* (Is 28.18). Vocês foram vendidos por nada e serão redimidos sem dinheiro algum. Jesus há de ter consigo os seus, e nenhum deles será tirado de suas mãos; ele há de defender seu direito de posse sobre eles contra todos os seus inimigos.

Além disso, observe-se, a dracma perdida foi não apenas lembrada e reivindicada, mas também *valorizada*. Nas três parábolas, o valor do que se perdeu aumenta a cada narrativa. Tal constatação pode não ficar muito clara caso se argumente, por exemplo, que uma ovelha vale mais que uma moeda; note-se, porém, que o pastor perde apenas uma ovelha de uma centena que possui, enquanto a mulher perde uma moeda dentre dez, e o pai perde um filho de seus únicos dois. Assim, não estamos aqui analisando propriamente o valor intrínseco de cada um dos itens perdidos. A alma de um homem nada é se comparada ao infinito Deus; mas, por causa de seu grande amor, passa a ser de grande valor para ele. A dracma perdida era um décimo do que possuía a mulher e passa a ser muito valorizada na estima dela. Para o Senhor do amor, uma alma perdida é muito preciosa; não pelo seu valor em si, mas pelo valor relativo com que Deus tanto a estima. O Espírito Santo valoriza as almas e, portanto, a igreja muito as aprecia também. Por vezes a igreja diz a si mesma: "Temos conseguido poucas conversões, poucos membros; na verdade, muitos são chamados e poucos escolhidos". A igreja conta então seus poucos convertidos, seus poucos membros, e uma alma se torna para ela ainda mais valiosa, por conta do baixo número daqueles que passam a pertencer ao tesouro de Cristo, estampados com a imagem do grande rei, feitos da preciosa prata advinda da graça de Deus. Ó caro amigo, se você se considera de pouco valor, porque tem consciência de seus pecados, saiba que a igreja não acha tal valor pequeno de modo algum nem o Espírito Santo o desprezará por isso. Ele o tem em alta conta, assim como o faz seu povo. Valorizamos as almas e desejamos que sejam salvas cada vez mais. Não queremos poupar despesas nem dores se pudermos ser o meio pelo qual vocês sejam sempre encontrados e os pudermos trazer até as mãos do seu grande Proprietário.

A moeda estava perdida, mas *não desesperadamente perdida*. A mulher tinha esperança de recuperá-la e pôs-se imediatamente a buscá-la. É terrível pensar na existência de almas desesperadamente perdidas. Tal é o estado que me faz lembrar o texto de um parágrafo que recortei do jornal esta semana e que diz: "O comandante do navio pesqueiro Veto, da companhia *S. Cousins*, de Grimsby, chegou ao porto, vindo de *Dogger Bank*, na noite de sábado. Relatou o comandante que, na quarta-feira passada, avistou a sota-vento, a cerca de duzentas milhas de Spurn, o que parecia ser uma pequena escuna em perigo, mas que, ao se aproximar, constatou ser um grande bote salva-vidas com mais de vinte pés de comprimento, com água até os flutuadores. Não havia nome na embarcação, claramente integrante de algum barco ou vapor maior. Era branca por dentro e por fora, com uma faixa marrom próxima à borda. Ao se aproximarem para uma análise mais detalhada, encontraram três marinheiros mortos, deitados na popa, amontoados, e um quarto em posição transversal aos outros, com a cabeça pendendo no apoio dos remos. Pareciam, pelas roupas e pela aparência, ser estrangeiros, mas os corpos estavam por demais fustigados e em decomposição, já estando mortos por algumas semanas. A embarcação inundada seguiu flutuando com sua carga espectral, e essa terrível visão chocou a tripulação do Veto, de sorte que a deixou abalada demais para seguir com a pesca, obrigando o pesqueiro a retornar ao porto antes do previsto e com menos peixes que o esperado. Vocês se espantariam diante a presença de tal mistério no mar? Eu tremo só de imaginar ver esse barco, semelhante a Caronte flutuando por aí; nem a misericórdia o precisaria buscar, pois a ele não conseguiria oferecer bondade alguma; o amor não necessitaria ir ao seu encontro, e nada que se fizesse o conseguiria salvar. Tal como nessa tremenda visão, diviso em minha alma vidas desesperadamente perdidas, boiando nas ondas da eternidade, sem nenhuma esperança ou ajuda. Ai! Milhões em nossa própria nação se encontram nessa situação tétrica. Sobre eles avança célere a segunda morte, e somos impotentes para salvá-los. Nem mesmo o evangelho já lhes serve de esperança. O que me consola é poder lidar ainda hoje com almas que não estão desesperadamente perdidas. Mortas no pecado, sim, mas há um poder restaurador que as pode fazer reviver. Ó navegante do mar da vida, ó pescador de homens dos mares revoltos, os náufragos que você encontra estão voltados aos seus esforços de compaixão e podem ser resgatados das profundezas impiedosas; sua missão não é sem esperança. Alegro-me pelos indignos aqui presentes, por não estarem atormentados, não estarem no inferno, não estarem entre os carcomidos por vermes e cuja sede nunca é aplacada. Congratulo-me também com a igreja cristã, por sua dracma não haver desaparecido onde não possa encontrá-la. Alegro-me que os caídos em torno de nós ainda tenham esperança; ainda que habitem nos piores lugares de Londres, que se tenham tornado ladrões ou meretrizes, não estão além do alcance da misericórdia. Levante-se, ó igreja de Deus, enquanto a chance do perdão subsiste! Levantem-se, coletores de almas, e prometam, pela graça de Deus, dar bom emprego a toda hora de esperança que tiverem.

Outro ponto digno de atenção é que a dracma estava perdida, mas estava *dentro da casa*, e a mulher sabia disso. Tivesse sido perdida na rua, é provável que nem mais a tivesse procurado, pois outras mãos poderiam tê-la encontrado antes. Tivesse sido perdida em um rio, ou caído no mar, talvez a mulher concluísse tê-la perdido para sempre. Claramente, porém, estava segura de que a havia perdido em casa. Não nos serve de consolo sabermos que aqueles perdidos que aqui estão continuam dentro desta santa casa? Essas pessoas ainda se encontram sob os meios da graça, dentro da esfera das obras da igreja, dentro de local de que a igreja é senhora e onde o Espírito Santo opera. Quanta gratidão deve haver em vocês por não estarem perdidos como pagãos, nem em meio a superstições papistas ou maometanas, mas perdidos onde o evangelho é sincera e abertamente pregado a vocês; onde ouvem, com muito amor, que aquele que crê em Cristo Jesus não está condenado. Perdidos, sim, mas perdidos onde a igreja os pode perfeitamente procurar, onde cabe à obra do Espírito buscá-los e encontrá-los.

Eis a situação da alma que se perde, retratada como uma dracma perdida.

II. Em segundo lugar, olhemos a alma sob outro prisma, sabendo-a PROCURADA.

Quem procurava a dracma? A *própria dona*. Aquela que perdeu o dinheiro acende a candeia e varre a casa e procura diligentemente até que *ela mesma* o encontre. Então, irmãos, digo que a mulher representa o Espírito Santo ou a igreja em que o Espírito habita. Nunca uma alma será encontrada sem que o Espírito Santo a busque. É ele o grande buscador de almas. O coração permanece nas sombras até que ele surja com sua força iluminadora. É ele o dono, ele o possui e somente ele pode, de fato, buscar esse coração. É o Deus a quem a alma pertence que a busca. E ele o faz mediante a sua igreja, pois também à igreja pertencem as almas; são filhos e filhas da mãe escolhida, são cidadãos e tesouro da igreja de Cristo. Por este motivo, a própria igreja deve buscar as almas e não pode delegar esta tarefa a ninguém. A mulher não pediu a outra pessoa que varresse a casa, mas varreu-a ela mesma. Seus olhos eram, para isso, muito melhores que os olhos de outra pessoa, pois olhos alheios buscariam o dinheiro sem o interesse pessoal dela e talvez, por isso, não o achassem; mas a dona procuraria avidamente pelo seu próprio tesouro, e decerto seus olhos lançariam luz sobre ele se estivesse ao alcance de sua vista. Quando a igreja de Deus solenemente sente que "é nosso trabalho buscar os pecadores e não podemos delegar tal tarefa nem mesmo aos ministros, nem mesmo aos missionários, nem às voluntárias; mas a própria igreja enquanto igreja, deve procurar pelas almas dos pecadores", creio que as almas serão encontradas e salvas. Sempre que a igreja reconhecer que essas almas perdidas pertencem a ela, haverá de as encontrar.

O dia mais feliz será quando cada igreja de Deus estiver diligentemente trabalhando pela salvação dos pecadores. Tem sido uma maldição para o cristianismo delegar tal tarefa sagrada, por exemplo, a homens chamados *padres* ou separar certas pessoas para fazê-la chamadas *religiosos*, encarregadas de realizar o dito trabalho de misericórdia, caridade e evangelização. Somos todos os que estamos em Cristo obrigados a fazer a parte que nos cabe, considerando um privilégio, do qual não podemos nos privar,

A DRACMA PERDIDA | 1287

podermos pessoalmente servir a Deus, pessoalmente varrer a casa e buscar os tesouros espirituais que pertencem à igreja e a Deus. É a própria igreja, sob o poder do Espírito de Deus, que deve, enfim, procurar as almas perdidas.

Note-se que essa busca tornou-se *assunto de suma importância* para a mulher. Não sei que outras atividades ela teria de fazer, mas as suspendeu ou adiou para poder encontrar aquela moeda. Havia o trigo para ser moído? Talvez isso já tivesse sido feito, mas, de qualquer modo, caso contrário, ficaria como estava. Havia roupas para serem remendadas, água para ser buscada, fogo para ser alimentado, amigos e vizinhos para se conversar — a dona da casa, não obstante, esquece de todo o resto temporariamente, pois, mais que tudo, busca sua dracma perdida e tem de encontrá-la irremediavelmente. O mesmo se dá com a igreja de Deus: sua tarefa principal deve ser a busca incessante das almas perdidas dos homens. Deve ser principal preocupação e anseio da igreja levar as almas a Jesus e para elas obter a grande salvação. Sim, ela tem, naturalmente, outros assuntos a tratar. Deve cuidar de seus templos e de outros vários assuntos. Mas este vem em primeiro lugar, para todo o sempre. A mulher, decerto, disse consigo mesma: "Perdi uma dracma e devo agora, primeiro que tudo, encontrá-la". A perda do tesouro tornou-se tão importante para ela que, tivesse ela se sentado para dar conta dos remendos nas roupas, suas mãos perderiam a agilidade, ou, se outra tarefa doméstica precisasse de atenção, seria uma aborrecida obrigação; pois somente conseguia pensar e se concentrar na moeda perdida. Caso surgisse uma visita, trataria de desculpar-se de não poder atendê-la, "pois preciso agora procurar uma moeda perdida".

Eu gostaria que a igreja de Deus tivesse um apego tão grande pelos pobres pecadores a ponto de considerar tudo o mais como não tão importante quanto a obra de salvação. Volta e meia, temos de lidar, como igreja, com um pouco de política, um pouco de finanças etc., pois estamos no mundo, mas me preza muito ver igrejas onde tais coisas são tratadas em segundo plano em comparação à obra de salvação das almas. Esta deve ser a prioridade. Educar as pessoas, por exemplo: sim, certamente temos interesse em tudo aquilo que possa fazer bem aos nossos concidadãos, pois somos não só cristãos, mas também cidadãos; mas nossa prioridade como igreja é angariar almas, é trazer as pessoas a Jesus, caçar aqueles que trazem consigo a imagem e semelhança do Criador, apesar de perdidos e caídos. É a isto que nós devemos devotar, é esta a primeira e principal preocupação do crente e a razão fundamental da existência da igreja; se não for observada essa diretriz, estará sendo abandonado seu objetivo mais nobre.

Observe-se também como a mulher, colocando seu coração em achar a moeda, *usa dos meios mais adequados* para atingir seu objetivo. Primeiro, acende a candeia. O mesmo faz o Espírito Santo com a igreja. Nos lares orientais, naquele tempo, certamente, se você perdesse uma moeda e a quisesse encontrar, seria preciso, independentemente da hora, acender a luz. Nos dias do nosso Salvador não existia vidraça, as janelas eram apenas aberturas nas paredes, tornando os aposentos um tanto escuros. Até hoje, quase todas as casas orientais são escuras, e qualquer coisa semelhante a uma moeda que se perca é muito difícil de achar, mesmo com uma candeia e sol a pino lá fora. A esfera em que a igreja circula aqui na terra é quase sempre um crepúsculo de ignorância mental e escuridão moral, de modo que para encontrar uma alma perdida é preciso muita luz para enfocá-la. O Espírito Santo usa da luz do evangelho; ele convence os homens acerca do pecado, da justiça e do juízo por vir. Assim como a mulher acendeu a candeia, de modo semelhante o Espírito Santo acende alguns dos escolhidos, que usa como luzes na terra. Ele chama para isso qualquer homem que bem quiser, transformando-o em candeia para iluminar seus semelhantes. Tal pessoa pode acabar consumida por este chamado, como a vela que queima para trazer claridade; o zelo sincero e o autossacrifício laborioso podem, como uma bênção, consumir o crente fiel. Que esta igreja e todas as outras igrejas de Deus, porém, possam desfrutar de seus homens e mulheres iluminados, para que sirvam de luzes em meio às gerações perversas e tortuosas, encontrando almas perdidas.

A mulher, no entanto, não se contentou com a candeia; pegou da vassoura e varreu a casa. Usou a vassoura para vasculhar a poeira acumulada, caso não conseguisse encontrar a dracma do modo em que a casa estava. Oh, como uma igreja cristã, quando movida pelo Espírito Santo, limpa e vasculha a si mesma! "Talvez", dissesse a si mesma, "alguns de nossos membros ainda vacilem, e alguns estejam endurecidos pelo pecado; devem ser catados, separados. Quem sabe o tom usado na pregação esteja muito baixo — talvez isso esteja atrapalhando a conversão das almas, e o tom deve então ser aumentado. Talvez nossas afirmações acerca da verdade e o modo com que a proclamamos não estejam funcionando, e devamos reformá-los. Temos de usar os melhores métodos possíveis. Devemos então, na verdade, varrer a casa por completo". Eu me deleito quando vejo ser realizada uma varredura sincera, por meio da confissão dos pecados, em encontros de oração ou mediante um sermão inquisidor, em um momento em que todos mostram desejo de sinceramente se reformar e se achegar a Deus, pela revivificação de sua própria piedade. Este é um dos meios pelos quais a igreja consegue encontrar os perdidos e escondidos. Além disso, a comunidade que gravita em torno da igreja (sendo os lares a esfera em que circula a igreja) deve ser continuamente revisitada, revirada, mexida, em uma palavra "varrida". Uma igreja que deseja sinceramente buscar almas deve se esforçar por penetrar na escuridão da pobreza e revirar e limpar os amontoados de devassidão. Tem de buscar, em todo lugar que puder, de algum modo, resgatar da destruição as preciosidades em que está colocado o seu coração.

Veja que essa busca pela dracma perdida com instrumentos adequados, vassoura e candeia, *indica uma busca rigorosa*. A mulher varria a casa, e o pó entrava nos seus olhos; se houvesse alguém mais na casa, também entraria nos seus olhos. Não se consegue varrer uma casa sem causar certo desconforto temporariamente. Algumas vezes, ouvimos alguém reclamar que algum crente está fazendo barulho demais por motivo de religião. Tal reclamação indica que algo está sendo feito e de algum modo o sucesso está sendo atingido. As pessoas que não têm interesse na dracma perdida se incomodam com a poeira; atinge sua garganta e elas tossem; mas não ligue, boa mulher, continue varrendo, e faça que murmurem mais ainda. Outra pessoa, porém, dirá: "Pois eu não aprovo essa excitação religiosa toda; sou a favor de procedimentos quietos e ordeiros". Ouso dizer que tal pessoa, fosse vizinha da boa mulher, ao visitá-la, diria, indignada: "Ora, não há aqui um lugar que eu me sinta confortável, você está tão tomada por procurar esse dinheiro perdido que mal me responde. Você gasta sua candeia sem pensar, parece mal raciocinar". "Bem", responderia a boa mulher, "mas tenho de encontrar minha dracma perdida e para isso me disponho a aturar alguma poeira; e o mesmo você deve fazer se quiser aqui ficar enquanto a procuro". Uma igreja sincera decerto experimentará alguma excitação quando estiver caçando almas, e pessoas muito cautelosas, muito fastidiosas e muito críticas acharão nisso muitos erros. Não liguem para eles, irmãos, continuem varrendo e deixem que falem sozinhos. Não se importem em levantar poeira para encontrarem sua dracma. Quando as almas são salvas, as irregularidades e particularidades se tornam tão pequenas quanto um grão de poeira. Se você conseguir trazer um homem a Jesus, não ligue para o que os eternos críticos dirão. Varra, varra, ainda que os homens exclamem: "Aqueles que têm transtornado o mundo chegaram aqui também". Ainda que resulte em confusão e mesmo em perseguição, a descoberta de uma alma imortal gera grandes recompensas.

Deve ser notado, também, que a busca por essa dracma *foi realizada de modo pleno*. Por um tempo, nada ocupava os pensamentos além da busca pela dracma. Eis a candeia: a boa mulher não lê sob a luz da candeia, nem remenda suas roupas; não, a luz é gasta na procura do dinheiro. Toda a luz da candeia é consagrada a essa busca. Eis a vassoura: pode haver outro serviço que precise da vassoura, mas, neste momento, ela varre em busca da dracma perdida e nada mais. Eis os dois olhos brilhantes da mulher: eles nada mais buscam além do dinheiro perdido; não se importam com o que mais está na casa ou fora dela — apenas procuram a moeda e a ela visam encontrar; eis a mulher com candeia, vassoura, força, visão, faculdades mentais e membros: todos empregados na busca do tesouro perdido. Também é assim quando o Espírito Santo opera em uma igreja: o pastor, como a candeia, é usado como luz, mas somente com o intuito de encontrar o pecador e deixá-lo ver o próprio estado de perdição em que se encontra. Quer a vassoura da lei, quer a luz do evangelho, ambas buscam o pecador. Toda a sabedoria do Espírito Santo é usada na busca do pecador, e todo talento da igreja viva é empregado, se de algum modo o pecador pode ser salvo. Eis um lindo quadro, que eu gostaria de ver diariamente. Como as almas são diligentemente buscadas quando o Espírito de Deus está verdadeiramente presente em uma igreja!

A DRACMA PERDIDA | 1289

Apenas mais um pensamento. A mulher *buscou pela dracma perdida ininterruptamente* — "com diligência até encontrá-la". Que eu e você, como membros da igreja de Deus, busquemos as almas errantes até as encontrarmos. Costumamos dizer, por vezes, que nos desanimam. Sem dúvida, a dracma perdida desanimou um tanto a mulher que a buscava. Reclamamos que os homens não parecem dispostos a aceitar a fé. Mas que ajuda deu a moeda para a dona da casa encontrá-la? Forneceu alguma pista? A mulher a buscou, e buscou sozinha. O Espírito Santo busca a salvação do pecador mediante você, meu irmão, sem esperar que o pecador o ajude, pois o pecador é contrário à ideia de ser salvo. Você foi rejeitado por alguém cujo bem espiritual era o seu objetivo? Torne a vê-lo! Desprezaram seus convites? Convide-os de novo! Você foi feito objeto de escárnio por causa de suas súplicas sinceras? Suplique mais uma vez! Nem sempre o que de pronto rejeitam nossos esforços são os menos propensos a serem salvos. Uma recepção áspera por vezes indica apenas que o coração ouvinte reconhece o poder da verdade, apesar de não desejar a ela se curvar. Persevere, irmão, até encontrar a alma que busca. Você, que despende esforços na escola dominical, use sua candeia, ilumine a mente das crianças, varra a casa até encontrar o que busca; não desista até que todas as crianças sejam trazidas a Cristo. Você, que atua na universidade, junto a jovens estudantes, não desista de suas orações e suas admoestações pessoais, até que o coração deles pertença a Jesus. Você, que pode pregar nas ruas, ou pode visitar os abrigos, ou pode ir de porta em porta distribuindo panfletos, rogo a todos vocês, pois todos podem fazer alguma coisa: não desistam da perseguição aos pecadores até que estejam abrigados em segurança nas mãos de Jesus. Temos a obrigação de salvá-los! Com a mesma perseverança intensa da mulher, que tudo revirou e tudo considerou sem importância que não fosse a busca da moeda, que nós também, com o Espírito de Deus operando em nós, possamos superar as regras e as convenções, as formalidades e as dificuldades, para que, de algum modo, salvemos alguns homens, removendo a poeira daqueles que carregam a imagem do Pai e são caros ao coração do rei.

III. O tempo voou, ora!, muito rapidamente, e por isso devo concluir com o terceiro tópico, que trata da dracma ENCONTRADA.

Encontrar! Em primeiro lugar, era esse *o objetivo da mulher e não menos que isso*. Ela não sossegou até que a moeda fosse achada. Tal é o desígnio do Espírito Santo, não apenas que o pecador seja trazido a uma posição da qual se pode esperar mais, mas que seja, de fato, salvo. Também deve ser a grande preocupação da igreja não que as pessoas se tornem ouvintes, que se tornem crentes professos, mas que possam realmente mudar e ser restaurados, regenerados e renascidos.

A própria mulher encontrou a moeda. A dracma não apareceu por acidente, nem vizinho algum colaborou para encontrá-la. O Espírito de Deus em pessoa é quem busca os pecadores, e a igreja de Deus é o instrumento de sua recuperação. Alguns anos atrás, queridos irmãos, certa mácula foi lançada sobre igreja visível por entusiastas enganados, que imaginaram que havia chegado o tempo de acabar com o esforço eclesiástico e que organizações irregulares de fora da igreja visível poderiam fazer seu trabalho. Surgiram homens notáveis, cuja censura feroz quase resulta em ataque às igrejas reconhecidas. Seus esforços eram diferentes dos oriundos do ministério comum e, em alguns casos, chegavam até a ser opostos. Era seu objetivo tanto deitar abaixo as igrejas existentes quanto angariar para si convertidos. Pergunto a qualquer pessoa que tenha vivenciado tais esforços: que foi feito deles? Nunca os condenei, nem nunca irei condenar; mas arrisco dizer hoje, à luz da história, que não suplantaram a igreja comum e jamais o conseguirão. As massas se agitaram, mas onde estão os tão propalados resultados prometidos? Que foi feito de muitas dessas tão propagadas obras? Aqueles que trabalharam em conjunto com a igreja de Deus acabaram alcançando resultados permanentes; os que agiram como simples separatistas, apesar de brilhar por certo tempo ante a opinião pública e preencher as páginas dos jornais com extravagâncias espirituais, agora estão todos, ou quase todos, desaparecidos. Onde estão as vitórias que seriam alcançadas por estes últimos? Sim, a pergunta ecoa: aonde? Tivemos então de voltar às velhas tropas disciplinadas. Deus ainda quer abençoar sua igreja, e é por meio da igreja que ele continuará enviando bênçãos aos filhos dos homens. Fico feliz por ouvir qualquer pessoa pregando o evangelho; se prega Cristo, no que ouço me regozijo, sim, e sempre o farei. Lembro-me das palavras do mestre: *Não lho proibais; pois quem não é contra vós é por vós*

(Lc 9.50). Ainda assim, a maior parte das conversões se dá via igreja e seus esforços organizados. A mulher que acende a candeia e que varre a casa, a quem a dracma pertence, ela própria irá achar o dinheiro.

Note o que fez a mulher quando encontrou a dracma perdida: *ela se regozijou*. Quanto maior a dificuldade em encontrar, maior a felicidade ao achar. Que alegria há na igreja de Deus quando os pecadores se convertem! Temos nossos dias santos, temos dias alegres na sala de leitura, quando ouvimos sobre almas que retornaram do caminho da destruição; e na sacristia, pastores e os presbíteros muitas vezes experimentam uma alegria que só o céu pode igualar, quando ouvimos histórias de almas emancipadas da escravidão do pecado, conduzidas à perfeita liberdade que Jesus dá. A igreja celebra.

A seguir, *chama as amigas e vizinhas* para compartilharem sua alegria. Acho que não tratamos nossos amigos e vizinhos com respeito suficiente, nem ao menos nos lembramos de convidá-los para participar de nossas alegrias. Quem são eles? Creio que se trata de anjos; não, no caso, os anjos do céu, mas aqueles que vigiam aqui embaixo. Está dito que "*haverá* maior alegria *no céu* por um pecador que se arrepende"; mas note também o que é dito quando o pastor retorna ao lar com a ovelha perdida: "*Alegrai-vos* comigo [...]". A igreja está na terra, e o Espírito Santo opera na terra; quando uma alma é salva, os anjos daqui debaixo, que ficam de vigilância contínua sobre os fiéis, e que são nossos amigos e vizinhos, devem se regozijar conosco. Pois não sabem que estão presentes anjos em nossas assembleias? Por essa razão é que o apóstolo nos diz que a mulher deve cobrir sua cabeça durante as assembleias: "por causa dos anjos". Os anjos estão onde estão os santos, contemplando a ordem e desfrutando de nossas alegrias. Quando presenciamos uma conversão, pedimos a eles que se regozijem também, e eles irão louvar a Deus conosco. Não suponho que tal alegria termine aí; pois os anjos estão sempre a subir e a descer do reino dos céus, e logo levam, como maré, as notícias para as hostes acima; e o céu, assim, se regozija por um pecador que se arrepende.

Tal alegria é uma alegria presente; é uma alegria na casa, na igreja local e em sua esfera; é alegria dos vizinhos que a circundam aqui embaixo. Qualquer outra alegria parecerá diminuída com isso: pois, assim como toda outra tarefa foi suspensa para encontrar a dracma perdida, também deverá silenciar qualquer outra alegria quando a preciosidade for encontrada. A igreja de Deus tem milhares de alegrias — a alegria da ascensão dos santos ao céu, a alegria dos santos amadurecendo pela glória, a alegria de lutar contra o pecado e o subjugar, aumentar em graça e receber o que foi prometido; mas a maior alegria da igreja, que supera qualquer outra, assim como o bordão de Arão suplantou os demais bordões, é a alegria pela alma perdida que, depois de muito se varrer e muito se procurar, acabou, por fim, de ser encontrada.

É este o ensinamento prático da parábola para quem ainda não se converteu. Querido amigo, *descubra o valor que há em você*. Você acredita que ninguém se importa com você? Ora, o céu e a terra se importam! Você diz: "Nada sou, um réprobo, extremamente indigno". Não, você não é inútil aos olhos do bendito Espírito Santo, nem desprezível para a igreja de Deus — ela anseia por você.

Veja, ainda, *quão falsa é sua suspeita de não ser bem-vindo* se você vier a Cristo. Seja bem-vindo! A igreja está esperando por você; o Espírito de Deus está buscando você. Não especule sobre o acolhimento que terá: você será muito mais que bem-vindo. Oh, quão felizes ficarão Cristo, Deus Pai e o Espírito, e com o Senhor a igreja, ao recebê-lo! Ah, mas você reage alegando que nada fez para que se tornasse passível dessa misericórdia? Não fale assim. Que teria feito a dracma perdida? Que poderia fazer? Estava simplesmente perdida. Aqueles que a buscaram é que fizeram o trabalho; aquele que o busca fará tudo por você.

Ó pobre alma, já que Cristo ordena que você venha agora, venha! Se o Espírito dele o convoca, ceda já! Veja o que a promessa diz: *Vinde, pois, e arrazoemos, diz o Senhor; ainda que os vossos pecados são como a escarlata, eles se tornarão brancos como a neve; ainda que são vermelhos como carmesim, tornar-se-ão como a lã* (Is 1.18). Aceite a promessa. Creia em Jesus. Deus o abençoe e o salve, em nome de Jesus. Amém.

138

Um entre milhares, ou "abundância de pão"

Caindo em si, porém, disse: Quantos empregados de meu pai têm abundância de pão, e eu aqui pereço de fome! (Lc 15.17).

aindo em si. Isto pode ser dito de um homem que desperta de um estado de desfalecimento. Esse homem não tinha consciência de sua verdadeira situação e havia perdido todo o poder de dela se libertar; mas agora voltava à consciência e à ação. A voz que desperta os mortos lhe deu ânimo; os espectros de seu transe pecaminoso desapareceram; cessaram seus delírios fascinantes, mas insensatos; ele caiu em si. Ou a expressão talvez possa até significar uma recuperação da saúde mental. O filho pródigo havia até aí vivido como louco, uma vez que o pecado não deixa de ser sinônimo de loucura, e da pior espécie. Tinha vivido em estado demente, confundindo o doce com o amargo e o amargo com o doce, trocando a luz pelas trevas e as trevas pela luz; havia-se ferido e magoado, fazendo com sua alma o que possuídos por demônios costumavam fazer ao próprio corpo, conforme narram os evangelhos, flagelando-se com pedras e se cortando com facas. O louco raramente ou nunca reconhece a si mesmo como insano, mas assim que cai em si dolorosamente percebe o estado de que está escapando. Assim também, o filho pródigo caiu em si ao retomar a razão e o julgamento legítimo.

Outra ilustração adequada para essa expressão se encontra em fábulas pagãs, como a da pessoa que "cai em si" ao ser "desencantada" de um feitiço. Uma narrativa clássica famosa, desse tipo, aborda, por exemplo, a lenda de Circe, uma feiticeira, que transformava os homens em porcos. O rapaz de nossa parábola chegou a degradação semelhante. Teve sua humanidade rebaixada ao nível dos animais irracionais. É próprio do homem ter amor por sua espécie, respeitar o que lhe é idôneo, ter certo zelo pelo que lhe é natural; mas o rapaz havia perdido todos esses atributos de humanidade, tornando-se como um animal que somente espera chegar ao fim. Mas, assim como o poeta Homero narra que Ulisses convenceu a feiticeira Circe a devolver a forma humana a seus companheiros transformados em suínos, vemos aqui o filho pródigo retornar à sua humanidade, abandonando os prazeres sensoriais e começando a trilhar um caminho mais de acordo com sua criação e sua origem. Há pessoas aqui hoje que talvez estejam sob esse mesmo transe; ó Deus dos céus, desperta-as! Os que aqui se encontram moralmente insanos, que o Senhor os recupere; que o divino médico deposite sua mão restauradora sobre o que está sofrendo da febre da loucura e lhe diga: "Quero, sê limpo". Talvez haja alguns aqui que tenham permitido que sua natureza animal reinasse sobre sua consciência; que aquele que destrói as obras demoníacas possa libertar tais pessoas do poder de Satanás, concedendo-lhes força para se tornarem filhos de Deus. A ele, toda a glória!

Quando o filho pródigo caiu em si, ao que parece, apegou-se a apenas dois pensamentos. Duas conclusões eram claras para ele: que havia mais que o suficiente na casa de seu pai e que, no entanto, ele estava passando fome. Que dois fatos espiritualmente semelhantes a estes tenham absoluto poder sobre o coração de vocês que ainda não foram salvos; pois são, ambos, verdades urgentes e das mais importantes. Não se trata de imaginação de um sonhador, não são ilusões de um maníaco, não fazem parte da fantasia de alguém "encantado": é a mais pura verdade que há mais do que o bastante de tudo o que é bom na casa do Pai, e que de tudo o que ali existe o pecador carece, desesperadamente. Em nenhum outro lugar ou situação é possível encontrar a graça ou obter o perdão, mas somente em Deus há a plenitude da misericórdia — que ninguém jamais se aventure a questionar esta gloriosa verdade. Igualmente verdadeiro é o fato de que o pecador sem Deus está perecendo. Está perecendo agora e irá perecer pela eternidade. Tudo o que há de valioso em sua existência será inexoravelmente destruído e a ele nada mais restará senão apenas desolação; a garça parda da angústia e a coruja da miséria afligirão as ruínas de sua natureza para todo o sempre.

Se pudéssemos convencer desses dois pensamentos os homens que não se converteram, que bela congregação teríamos! As pessoas se esquecem de que apenas em Deus há misericórdia, imaginando que possa ser encontrada em qualquer outro lugar ou situação. Tentam fugir da premissa humilhante que é ter consciência de sua própria perdição, imaginando talvez que haja alguma abertura para escape. Acham que, afinal, não são tão ruins assim como as Escrituras o afirmam, ou que as coisas irão dar certo no fim de tudo, sem levar em conta quanto possam estar erradas agora. Ouçam-me, meus irmãos! Que faremos com aqueles que voluntariamente fecham os olhos para verdades cuja base é sólida e cuja importância é altamente esmagadora? Suplico sinceramente àqueles de vocês que já chegaram pela fé ao trono de Deus que orem para que ele traga a si o coração dos que não se converteram e coloque essas duas verdades em toda alma pecaminosa: que tanto quanto é a graça abundante existente em Deus são as carências premes em cada uma dessas almas. Presas por tais grilhões da verdade e assim conduzidas à presença de Jesus, recebam dele tais almas, então, a liberdade de filhos de Deus.

Pretendo, esta manhã, no entanto, debruçar-me apenas, ou principalmente, no primeiro pensamento, no pensamento essencial que, me parece, estava na mente do filho pródigo — e que o levou a dizer a si mesmo: *Levantar-me-ei, irei ter com o meu pai* [...] (Lc 15.18). Não creio que o pensamento que o fez voltar para casa tenha sido propriamente o relacionado à fome, mas, sim, o que dizia respeito a seu pai e o levou a exclamar: *Quantos empregados de meu pai têm abundância de pão!* A fartura, abundância, superabundância da casa do pai, era isso o que o atraía de volta ao lar; e muitas e muitas almas têm sido convencidas a buscar Deus ao crerem plenamente que nele existe abundante misericórdia. Meu desejo, esta manhã, é mostrar claramente a todo pecador aqui presente a excessiva abundância da graça de Deus em Cristo Jesus, na esperança de que o Senhor encontre seus filhos e possam compreender minhas palavras e dizer também, após ouvirem sobre a fartura na casa de Deus: *Levantar-me-ei, irei ter com o meu pai...*

I. Reflitamos, então, em primeiro lugar, a respeito da DEMASIADA ABUNDÂNCIA DE TODAS AS COISAS BOAS NA CASA DO PAI. De que é que você precisa esta manhã, ó pecador que acaba de despertar? De tudo o que quer que você possa precisar, há estoque suficiente, mais que suficiente, supersuficiente em Deus; existe nele bem mais que *abundância de pão*. Deixe-me prová-lo. Primeiro, *pense sobre o Pai*; e aquele que nele pensar de forma inequívoca irá logo perceber que não há nem pode haver limites para a sua misericórdia, nem amarras para as possibilidades de sua graça. Qual é a natureza e o caráter do supremo ser? "Será ele rude ou amável?", indaga alguém. As Escrituras respondem a esta pergunta não dizendo simplesmente que Deus é *amável*, mas assegurando-nos que Deus é *amor*. Deus é amor, o amor em pessoa; ele é a essência do amor. Ou seja, não é que o amor *esteja* em Deus, mas ele, o próprio Deus, *é* o amor. Existiria algum modo mais conciso e mais confiável de dizer que o amor de Deus é infinito? Ninguém de nós poderá, por si mesmo, medir Deus; nossas faculdades não conseguem alcançar a grandeza de suas qualidades, nem calcular as dimensões de seu amor, nem, muito menos, conceber a plenitude desse sentimento. Saibamos apenas isto: que assim como os céus se distanciam da terra, seus caminhos se distanciam dos nossos caminhos e seus pensamentos se elevam bem acima dos nossos pensamentos. Sua misericórdia permanece para sempre. Ele perdoa a iniquidade e ignora as transgressões de seus herdeiros. Não guarda rancor, mas se deleita com a misericórdia. *Porque tu, Senhor, és bom, e pronto a perdoar, e abundante em benignidade para com todos os que te invocam* (Sl 86.5). *A tua benignidade, Senhor, chega até os céus* [...] (Sl 36.6). *Mas tu, Senhor, és um Deus compassivo e benigno, longânimo, e abundante em graça e em fidelidade* (Sl 86.15).

Se acaso o amor divino não lhe parece suficiente para sua salvação, lembre-se que no Pai a quem o pecador retorna há tanto de sabedoria quanto de graça. Seu caso é muito complicado? Aquele que o fez pode perfeitamente curar. Suas doenças são estranhas e complexas? Então não pode aquele que criou o ouvido curar a surdez? Aquele que fez o olho não pode dar visão ao cego? Não há infortúnio que se haja

Um entre milhares, ou "abundância de pão" | 1293

abatido sobre você que não possa ser curado por aquele que é o seu Deus. Sua sabedoria incomparável jamais deixará de solucionar as complicações de sua situação.

Além disso, não pode haver falha no poder do Pai. Não sabe que aquele que fez a terra e estendeu sobre ela os céus para que servisse de abrigo não tem limites para a sua força, nem fim para o seu poder? Se você precisa de onipotência para removê-lo do pântano em que caiu, ela está a seu dispor para libertá-lo, bastando pedir. Ainda que você necessite de toda a força com que o criador fez o mundo e que sustenta os pilares do universo, será toda empregada em seu favor, se você, com fé, buscar a misericórdia nas mãos de Deus, em Cristo Jesus. Nada do seu poder se voltará contra você, nada de sua sabedoria projetará derrotá-lo; mas o amor reinará, e cada atributo de Deus será empregado em sua salvação. Oh, quando medito sobre o pecado, não consigo compreender como um pecador pode ser salvo; mas, quando penso sobre Deus e vejo seu coração, entendo quão pronto ele se encontra para perdoar. "Ver o coração dele?", pergunta alguém. "Como pode fazer isso?" Pois então Deus não nos revelou seu coração, despido? E se vocês me perguntarem: quando ele fez isto?, eu respondo: lá na cruz do Calvário. O que se acha bem no centro do divino coração? O que, além da pessoa do bem-amado, do primogênito? Pois se Deus tomou seu único Filho e o pregou na cruz em favor dos pecadores, ouso dizer que ele ama os pecadores tanto quanto (ou mais que) a seu Filho. Não poupou seu Filho, mas poupa os pecadores! Despejou sua ira sobre seu Filho e fez dele o substituto dos pecadores para poder esbanjar seu amor para com os pecadores, que mereceriam sua ira! Ó alma, se você está perdida, não é por falta de graça, de sabedoria, de poder, por parte do Pai; se você definha, não é por ser Deus difícil de convencer ou incapaz de salvar. Se você é um ser enjeitado não é porque o Eterno se recuse a ouvir seus pedidos de perdão nem por haver rejeitado a fé que você possa ter nele. Se em sua fronte escorre seu próprio sangue por ser você alma perdida; se passa fome, é porque assim deseja — pois na casa do Pai existe *abundância de pão*.

Passemos, agora, a um segundo assunto, que talvez nos possa esclarecer melhor tudo isso. Pensemos no *Filho de Deus*, o verdadeiro pão da vida para os pecadores. Vou retomar meu discurso pessoal a vocês, pecadores. Vocês precisam de um Salvador; e talvez se sintam estimulados ao constatarem que um Salvador lhes foi dado — e dado por Deus, que jamais cometeria erro nessa sua provisão. Mas reflitam sobre quem é o Salvador. É Deus, em pessoa. O Cristo que veio dos céus para nos dar redenção não era um anjo, pois, se o fosse, recearíamos talvez depositar o peso de nossos pecados nele; mas também não era um mero homem, pois, se o fosse, teria apenas sofrido em substituição a outro homem, quando muito; mas era Deus, Filho do próprio Deus, desde o começo junto com o Pai. Serviria para redimir? Haveria possibilidade de duvidar de sua capacidade, se fosse o caso? Hoje confesso que, fossem meus pecados dez mil vezes mais pesados do que o são, sim, e se eu tivesse todos os pecados desta multidão em mim depositados, eu os poderia confiar todos a Jesus neste mesmo instante, pois sei que ele é o Cristo de Deus. É ele o poderoso Deus, e por suas mãos perfuradas o fardo de nossos pecados é facilmente removido. Ele purifica os nossos pecados e os lança nas profundezas do abismo.

Pense, ainda, no que Jesus Cristo, o Filho de Deus, fez. Ele, sendo Deus e, por isso, bendito para sempre, deixou o trono e a realeza do céu e desceu até a manjedoura. Lá está ele: sua mãe o envolve em panos, e ele repousa em seu colo; o Infinito está vestido como um infante, o Invisível é manifesto em carne, o Todo-poderoso se reveste de fraqueza, em nosso favor. Ó inigualável ato de complacência! Se o Deus redentor faz tal esforço para nos salvar, será lícito duvidar de sua capacidade de salvar o mais vil dos vis? Haverá algo difícil demais para ele que vem do céu a terra para nos redimir?

Não parem aí por conta do assombro, mas o usem, sim, para prosseguir. Você consegue imaginá-lo? Ele, que é Deus sobre todos e tudo, bendito para sempre, vivendo mais de trinta anos em meio aos filhos dos homens, suportando os males da humanidade, tomando a si nossas enfermidades e compartilhando nossas dores: os pés cansados de percorrer os chãos da Palestina; o corpo muitas vezes debilitado por sede, fome e esforço; os joelhos assolados pela terra por causa da oração; os olhos vermelhos de chorar (pois *Jesus chorou* — Jo 11.35), e sendo tentado de infinitas maneiras como nós o somos. Inigualável feito! Um Deus encarnado vivendo entre pecadores e resistindo à sua oposição! Quanta glória ele não radiava, em meio à baixeza! Glória que iria fazer que a fé nele fosse inevitável. Aquele que andou sobre o mar, que ressuscitou os mortos, não é racional duvidar do seu poder para perdoar os pecados! Não foi o que demonstrou, ao ordenar que um homem levantasse do leito e andasse? *Pois qual é mais fácil? dizer: Perdoados estão os teus pecados, ou dizer: Levanta-te e anda?* (Lc 5.23). Seguramente, é capaz de salvar até mesmo o pior que puder chegar a Deus por seu intermédio. E se foi capaz aqui na terra, em meio à fraqueza, de perdoar os pecados, muito mais o fará agora, que está assentado em glória. Ele é exaltado nas alturas, por ser príncipe e Salvador, que nos dá arrependimento e remissão dos pecados.

Mas, ah!, a prova definitiva que há em Cristo Jesus de "abundância de pão" é a cruz. Por favor, me acompanhem, melhor dizendo, por favor, acompanhem-no, por um instante, até o Getsêmani. Conseguem ver as gotas de sangue caindo no chão, saídas de sua agonia? Conseguem imaginar os açoites sofridos por ele diante de Herodes e de Pilatos? Conseguem acompanhá-lo por toda a *Via Dolorosa* em Jerusalém? Consegue seu terno coração suportar vê-lo pregado no madeiro, suspenso a sangrar até a morte? Isto é apenas o superficial; o cerne de seu sofrimento nenhuma linguagem pode descrever nem pensamento algum conceber. O Deus Eterno colocou o pecado em Cristo, e sobre o pecado derramou sua ira. [...] *foi da vontade do Senhor esmagá-lo, fazendo-o enfermar* [...] (Is 53.10). Mas aquele que morreu na cruz era o Filho unigênito de Deus. É possível ver alguma limitação no mérito da morte do Salvador? Conheço alguns, no entanto, que creem ser necessário, em sua própria teologia, impor alguma restrição ao sangue de Jesus. Ora, se minha teologia precisasse de limitação, eu a lançaria fora. Não posso nem ouso permitir que tal pensamento encontre abrigo em minha mente; a mim, assemelha-se a blasfêmia. Vejo, isso, sim, um oceano imenso de méritos na obra consumada de Cristo; nele, meus olhos não enxergam praia nem meu prumo acha fundo. Há eficácia no sangue de Cristo, se Deus assim o quer, capaz de salvar não apenas este mundo, mas dez mil outros também, tivessem eles transgredido as leis do criador. Admitamos de vez a infinidade do assunto e que cesse nele qualquer dúvida sobre limite. Usar a pessoa divina como oferenda não seria consistente com a admissão de uma medida limitada; medida e limite são palavras inteiramente inaplicáveis ao sacrifício divino de Jesus. A intenção do propósito divino explica o uso de uma oferta infinita, que de modo nenhum se transforma em obra infinita. Na expiação de Cristo Jesus, há, portanto, *abundância de pão*. Como Paulo escreve a Timóteo, [ele] *é o Salvador de todos os homens, especialmente dos que creem* (1Tm 4.10).

Permitam-me levá-los a outro ponto de solenemente jubilosa reflexão, que é *o Espírito Santo*. Crer e amar a Trindade significa possuir a chave da teologia. Falamos acerca do Pai e também acerca do Filho; falemos, então, do Espírito Santo. Pouco o honramos, e, todavia, o Espírito Santo se digna de descer a terra e habitar em nosso coração. Não obstante a nossa fria indiferença, porém, ele continua a habitar em meio ao seu povo. Você, pecador, precisa de vida nova e santidade, ambas indispensáveis para torná-lo adequado ao céu. Há provisão para isso? O Espírito Santo nos é providenciado e dado mediante o pacto da graça, e nele, seguramente, existe *abundância*. O que não pode o Espírito Santo fazer? Sendo ele divino, nada se acha que esteja além do seu poder. Olhe só o que ele fez: pairava, no começo, sobre a face do caos e o levou à ordem; toda a beleza da criação surgiu por meio de seu sopro formador. Reconheçamos como o amigo de Jó, Eliú: *O Espírito de Deus me fez, e o sopro do Todo-poderoso me dá vida* (Jó 33.4). Pense no feito sagrado do Espírito Santo no Pentecostes, quando homens iletrados falaram por línguas que não conheciam antes nem mesmo uma sílaba, e chamas de fogo vieram sobre eles, penetrando neles também e levando seu coração a arder com devoção e fervor que lhes eram estranhos. Pense na obra do Espírito Santo em uma pessoa como Saulo de Tarso. Um perseguidor que respirava sangue, um lobo prestes a devorar os santos de Deus em Damasco, mas que, daí a pouco, ouve-se dizer: *Quem és tu, Senhor?* (At 26.15), e, novamente: "Senhor, que farei?" Em um segundo, seu coração mudou; o Espírito Santo fez dele nova criatura; derreteu-se o duro diamante como cera. Muitos de nós podemos também nos tornar monumentos vivos da obra do Espírito Santo e garantir por experiência própria que não há mal interior que ele não possa superar, não há desejo nem concupiscência da carne que não possa subjugar, não há sentimento de teimosia que não possa dobrar. Haverá algo difícil demais para o Senhor? Algo que ponha o Espírito do

UM ENTRE MILHARES, OU "ABUNDÂNCIA DE PÃO" | 1295

Senhor em posição delicada? Nenhum pecador consegue se colocar além das possibilidades da misericórdia quando o Espírito Santo se digna de ser o agente de sua conversão. Ó pecador, se você perece não é porque o Espírito Santo necessite de mais poder, nem o sangue de Jesus, de maior eficácia, nem por falhar o Pai em seu amor; é porque você não crê em Cristo, resiste em rebeldia voluntária e recusa o abundante pão da vida que lhe é oferecido.

Mais algumas palavras, para demonstrar mais ainda a grandeza de provisão da divina misericórdia. Observe que, *no decorrer dos tempos, Deus enviou um profeta após outro*, que foram sucedidos por apóstolos, e estes, por mártires e confessores, pastores, evangelistas e instrutores, todos comissionados pelo Senhor, em sequência constante; e qual a mensagem que tinham a entregar? A mensagem de todos apontava para Cristo, o grande libertador. Moisés e todos os profetas falaram dele, assim como todos os demais mensageiros enviados por Deus. Você acredita, pecador, que Deus tenha feito todo esse barulho por um assunto sem importância? Teria ele enviado todos esses servos para convidá-lo para um banquete com insuficiente provisão? Teria ele multiplicado esses convites por tanto tempo para que você e os outros se servissem em uma despensa que não fosse, no final das contas, bastante para todos? Oh, não, não pode ser! Não se pode zombar de Deus, assim como jamais poderia ele zombar de pobres almas carentes. Seu estoque de misericórdia é mais que suficiente até mesmo para as mais severas emergências.

> Rios de misericórdia e amor
> Desaguam em um volumoso mar,
> Onde há salvação a fartar,
> Como enchentes de leite e licor.
>
> Grande Deus, teu amor é tesouro,
> Que há de ser sempre, para mim,
> Mais que a minha miséria sem fim
> E o meu ilimitado desdouro.

Lembre-se, também, que *apraza a Deus comprometer a própria honra com o evangelho*. Assim como os homens zelam por um renome, Deus zela por sua glória. Que mais o poderia agradar quanto ao seu renome, à sua glória, senão a conversão e salvação dos homens? Se em vez de urtiga surge a murta e em lugar de espinhos brota um pinheiro, isso se dá em nome do Senhor. Você acha que Deus tem ganhado sua reputação salvando pequenos pecadores mediante um pequeno Salvador? Sua grande fama resulta de purificar manchas negras como o inferno e perdoar pecadores os mais detestáveis entre os mais odiáveis. Haverá aqui algum terrível rebelde que venha a ser qualificado para muito glorificar a Deus, pois haverá salvação dessa alma, para maravilha dos anjos e assombro dos demônios? Espero que sim. Ó você, degradado, tenebroso e repugnante pecador, quase condenado, se minha voz o puder alcançar, eu o desafio a provar que a misericórdia de Deus não é páreo para o seu pecado. Você, Golias dos pecadores, venha; e verá que Deus pode dizimar sua maldade e transformá-lo em seu amigo, assim como no mais amável e afável dos servos, porque um grande perdão é a reafirmação de um grande amor. Esta, a grandeza da divina misericórdia: que *onde o pecado abundou, superabundou a graça* (Rm 5.20).

Você acha, ó pecador, que Jesus Cristo desceria do céu para realizar somente um pequeno feito e nos prover de uma baixa reserva de misericórdia? Que ele seria erguido à cruz do Calvário e desceria ao túmulo e tudo mais apenas para realizar algo bem comum, para nos prover de uma salvação mui leve e limitada, como sua incredulidade poderia imaginar ser a redenção dele? Não! Ainda que se possam admirar os trabalhos de Hércules, pareceriam brincadeira de criança se comparados ao esforço de Cristo, que estrangulou o leão do inferno, limpou com um jato purificador os estábulos do pecado humano e realizou ainda dez mil outros milagres. Mesmo assim, você deprecia Cristo ao imaginar que o que ele realizou foi, no final das contas, tão pouco que não seja suficiente nem para salvar você? Se estivesse ao meu alcance detectar o mais desonesto, o mais libertino, o mais pervertido e profano — em três palavras, o mais mundano, lascivo e demoníaco — dos homens, repetiria o desafio que há pouco enunciei, requisitando que chegasse a Cristo e conferisse se a fonte de que jorra o sangue purificador de Cristo não seria capaz de deixá-lo alvo. Desafio tal pessoa a vir neste mesmo instante e se lançar aos pés do redentor, para ver se ele lhe dirá: "Não o posso salvar porque você pecou além do alcance do meu poder". Isto nunca, nunca, nunca acontecerá, pois ele é capaz de salvar em qualquer extremo. É o Salvador, e um grande Salvador. Cristo merece todas as honras, pela grandeza da graça que concede até aos seus maiores ofensores. Há nele abundância de perdão.

Não posso encerrar este tópico, sem acrescentar que creio ser "ABUNDÂNCIA DE PÃO" um bom lema para o evangelho. Creio na redenção individual e que Cristo deu sua vida por seu rebanho; mas, conforme disse antes, não creio em uma limitação da eficácia da redenção; senão, não me adiantaria ler as palavras de João: *E ele é a propiciação pelos nossos pecados, e não somente pelos nossos, mas também pelos de todo o mundo* (1Jo 2.2). Há quantidade suficiente de provisão para os seus eleitos, mas também para além disso, e em abundância. Creio no amor eletivo, que salva todos os escolhidos: pão em abundância; mas creio igualmente na benevolência ilimitada: abundância de pão. Quando temos um propósito a realizar, empregamos somente a medida necessária e não mais, pois devemos ser econômicos para não gastar nosso estoque limitado; até mesmo a caridade dá ao pobre não mais do que necessita; mas, quando Deus alimentou as multidões, ele forrou a mesa com sua generosidade real. Vagões-pipas de abastecimento de água vivem circulando de lá para cá; no entanto, quando as nuvens do céu tencionam favorecer os campos, podem até inundar nações inteiras, quase como se fossem uma parte do mar. Não há desperdício com Deus, ao mesmo tempo que não há economia demasiada. "ABUNDÂNCIA DE PÃO": escrevam este lema no frontispício da casa da misericórdia, e que, por ele, cada transeunte faminto seja encorajado a entrar e ali se fartar.

II. Ao prosseguirmos com a próxima reflexão, devemos demorar pouco tempo sobre ela. De acordo com o texto, havia pão não apenas o suficiente na casa do pai do filho pródigo, mas, sim, O MAIS HUMILDE SERVO DA CASA DESFRUTAVA DO SUFICIENTE E ATÉ MAIS ALÉM.

Não podemos encontrar outro significado para "empregados" na parábola, senão que o filho pródigo quis dizer a si mesmo que até o mais humilde servo, ou criado, de seu pai tinha pão para comer, e mais ainda, *abundância de pão*. Como podemos traduzir isto? Ora, pecador, que até mesmo a mais baixa criatura que Deus criou, e que não pecou contra ele, está bem guarnecida de felicidade abundante. O prazer de viver está enquadrado no sistema de vida dos animais até menos desenvolvidos. Repare como os mosquitos dançam à luz dos raios de verão; como as andorinhas emitem gritos de prazer ao voar. Aquele que tanto ama os pássaros e os insetos certamente ama os homens também. Um Deus que ouve os corvos quando grasnam não ouvirá o arrependido que a ele retorna? Ele, que dá aos insetos felicidade, tem acaso alguma intenção de ser mau? Aquele que abre a mão generosamente e preenche as necessidades de toda criatura viva não irá se recusar a abrir sua mão e suprir as carências que tenho, se eu o buscar.

Não quero dizer, no entanto, que as criaturas irracionais citadas sejam o mesmo que os referidos empregados. Quem, pois, poderia dizer que eles o são, entre os homens? Quero colocar as coisas do seguinte modo: o pior dos pecadores que chega a Cristo encontra nele graça em abundância, tanto quanto encontra nele amor com fartura o menor dos santos que habita na casa do Senhor. Tome-se *o mais culpado dos pecadores* e há de se perceber com quanta generosidade o Senhor o trata quando este volta para ele. Não conhece você, que ainda não se converteu, pessoas que eram pelo menos tão más, talvez ainda mais imorais, que você mesmo, antes da conversão? Pois bem, tais pessoas acabaram convertidas, apesar de você não o ter sido; e, quando se converteram, qual foi seu testemunho? O sangue de Cristo foi capaz de purificá-las? Oh, sim; e mais que purificá-las, pois lhes acrescentou até uma beleza que não lhes era própria. Tais pecadores estavam como nus: pôde Jesus vestir todos eles? Havia na justiça dele tecido suficiente para isso? Ah, sim! E foram ainda adornados, pois receberam, na verdade, não simples vestes, mas autênticos trajes reais. Você já deve ter visto não poucos receberem esse tratamento — tais exemplos não servem para convencê-lo a vir a Cristo? Alguns de nós, por sinal, nem precisamos tomar emprestadas como exemplo situações alheias, mas podemos falar de nós mesmos. Chegamos a Jesus tão

Um entre milhares, ou "abundância de pão" | 1297

cheios de pecado quanto você jamais conseguiria ser, e sentindo estarmos perdidos além da medida, arruinados; mas, oh, o tenro amor de Jesus! É mais fácil para mim chorar aqui do que tentar traduzi-lo em palavras. Minha alma se esvai em gratidão quando penso na infinita misericórdia de Deus a mim dirigida quando a busquei das mãos dele. Oh, por que você não vem também? Que o Espírito Santo o incite a vir! Provei que há pão suficiente, misericórdia suficiente, perdão suficiente, e com fartura. Venha, venha, pobre culpado; venha, há espaço suficiente para você.

Se o pior dos pecadores confirma tal testemunho, *também o faz o mais obscuro dos santos*. Se pudéssemos convocar aqui um crente vacilante, quase desconhecido da igreja, que por vezes questiona se é de fato um dos filhos de Deus, que gostaria de ser um simples servo, contanto que fosse de Deus, e lhe perguntássemos: "Como o Senhor o trata?" Qual seria sua resposta? Você tem muitas aflições, dúvidas e medos — mas tem alguma reclamação a fazer do seu Senhor? Quando contou com ele para receber a graça diária, ele acaso a negou? Quando estava cheio de problemas negou-lhe direção e conforto? Quando mergulhado em aflição, recusou-se a libertá-lo? O próprio Senhor pergunta: *Porventura tenho eu sido para Israel um deserto?* (Jr 2.31). Peço que testemunhe contra o Senhor, ó povo seu, se alguém de vocês tiver tão somente uma migalha a reclamar. Ouçam, céus, e escute ó terra: que aquele que a serviço de Deus o possa ter considerado um duro patrão, que fale agora. Se entre os anjos ao redor do trono de Jeová e entre os homens redimidos na terra, houver alguém que possa dizer ter sido tratado por ele com injustiça ou mesquinharia, que levante a voz! Mas não há. Até mesmo o diabo, quando falou a Deus a respeito de seu servo Jó, argumentou: *Porventura Jó teme a Deus debalde?* (Jó 1.9). É claro que não temia: Deus não permite que seus servos o sirvam por nada; ele os paga com remuneração mais que suficiente, e todos eles podem servir de testemunha de que, na mesa do seu Senhor há *abundância de pão*. E, se eles desfrutam tanto de pão da mesa do Pai, eles, que já foram grandes pecadores e agora são apenas santos comuns, devo, certamente, pecador, encorajá-lo a tomar uma decisão: *Levantar-me-ei, irei ter com meu Pai* (Lc 15.18), pois até os seus menores servos *têm abundância de pão*.

III. Em terceiro lugar, observe que o texto fala de uma GRANDE QUANTIDADE DAQUELES QUE TÊM ABUNDÂNCIA DE PÃO. O filho pródigo enfatiza uma palavra: "*Quantos* empregados de meu pai...". Pensava em grande quantidade de servos e como que os procurava calcular. Lembrou-se daqueles que cuidavam do gado, lidavam com os camelos, olhavam as ovelhas, ocupavam-se da lavoura, serviam em casa: seu pai tinha, de fato, muitas terras e muitos servos; e, sabia ele, todos recebiam da melhor comida e com abundância. "Por que hei de passar fome? Sou de qualquer modo, apenas um entre muitos; ainda que minha fome fosse insaciável, não passaria de apenas um estômago a mais a ser abastecido; ora, meu pai abastece centenas, milhares de barrigas todos os dias, por que teria eu de morrer de fome?"

Ó pecador que desperta, se você sente, esta manhã, todo o seu pecado e todo o seu sofrimento, pense nos milhares a quem Deus já concedeu sua graça. Pense nas incontáveis hostes de salvos no céu: se você a eles se juntasse hoje, acharia mais fácil contar as estrelas ou a areia da praia que contar as multidões congregadas diante do trono de Deus. Eles vêm de toda parte e se sentam junto a Abraão, Isaque e Jacó; e ainda haverá espaço para você. Além desses no céu, pense nos que estão na terra. Bendito seja Deus, pois seus eleitos na terra contam-se aos milhões, creio, e dias mais brilhantes que estes estão por vir, quando haverá multidões e mais multidões trazidas ao Salvador, regozijando-se nele. O amor do Pai não é para poucos, mas para uma congregação muitíssimo numerosa. Um número incontável já se encontra no céu; e pode-se contar muito mais. Ponha seus Newtons para trabalhar, seus calculistas, e eles contarão grandes quantidades, mas Deus, e Deus apenas, pode dizer o tamanho da multidão de redimidos. De qualquer modo, pecador, você é apenas um, por mais pecador que seja, e a misericórdia de Deus, que abraça milhões, há de ter lugar para você. O mar abriga incontáveis peixes, baleias e outros muitos animais, e você não questiona: "Será que ele irá transbordar se nele eu me banhar?" Sobre o Sol, que inunda o universo com luz, você não se pergunta: "Acabarei por exauri-lo de raios se pedir que ilumine minha escuridão?" Pois, então, não diga nada. Se você cair em si, não irá abrigar tal sorte de pensamento, mas, sim, irá lembrar, cheio de esperança, das riquezas da graça do Pai, por mais que sua própria pobreza assome à sua frente.

Vamos concluir com mais algumas palavras, palavras de encerramento que Deus envia esta manhã a alguns de vocês, a quem pretende salvar. Ó vocês, de há muito ouvintes do evangelho e que bem o conhecem na teoria, mas que deixaram de sentir seu poder no coração, deixem-me lembrá-los onde estão e o que são! Vocês estão perecendo. Enquanto o Senhor vive, há apenas um pequeno passo entre você e a morte; apenas um passo, não, apenas um sopro entre você e o inferno. Se neste momento seu coração deixasse de bater, e há milhares de motivos que podem servir de causa a tal efeito antes que o relógio chegue ao próximo minuto, você estaria nas chamas da divina ira. Você pode se arriscar estar em tal posição? Se estivesse pendendo de um precipício, agarrado a um frágil galho passível de quebrar, ameaçando cair de cabeça até o fundo, você não relaxaria, mas estaria em extrema tensão. Que então tenha sensatez suficiente, juízo suficiente e graça suficiente para se alarmar, até que haja escapado da ira vindoura.

Lembre-se, no entanto, de que você perece à vista de abundância; passa fome diante de lauta mesa posta à sua frente e que há muitos conhecidos seus já sentados em meio ao banquete, festejando. Que triste perversidade para um homem querer passar fome em tal banquete, em que todos se satisfazem fartamente de coisas boas!

Creio, porém, ouvir alguém dizer: "Temo não ter o direito de chegar a Jesus". Pois então pergunto: e você tem direito de dizê-lo antes de seu pedido ser negado? Já tentou vir a Cristo? Ele já o rejeitou? Se você nunca recebeu uma negativa, por que imagina, de maneira tão errada, que ele o repeliria? De maneira errada, porque é uma ofensa contra o Cristo, que abriu seu coração a todos na cruz, imaginar que ele seria capaz de rejeitar um pecador arrependido. Que direito você tem de dizer: "Não sou um daqueles a quem a misericórdia seja dada"? Quem lhe disse isso? Você ascendeu aos céus e leu o livro que contém o nome dos eleitos de Deus? Terá dado o Senhor uma estranha resposta a você, dizendo: "Vá e se desespere, pois não terei dó de você"? Se você dissesse que Deus assim falou com você, eu de modo nenhum acreditaria. No livro sagrado estão registradas as falas do Senhor, estão contidas as palavras de verdadeiro testemunho, e nele não se acha escrita coisa alguma sobre qualquer humilde pessoa que tenha sido privada de Deus ou da sua graça.

Por que você deveria inventar tal ficção, de modo a assegurar sua própria condenação? Pelo contrário, na palavra de Deus há muito mais incentivo para que você venha a Cristo. Ele não rejeita um único pecador, nem é provável que o faça, pois, já que morreu para salvar os pecadores, como haveria de rejeitá-los justamente quando eles o procuram? Se você diz: "Tenho medo de ir a Cristo", que motivo há para isso? Contaram-me a respeito de um pobre navegante, que se havia convertido e que tinha pouca educação, mas conhecia bem a graça de nosso Senhor Jesus Cristo. Ao morrer, esperou com muito contentamento por partir. A esposa estranhou: "Mas, querido, você não tem medo de se apresentar perante o juiz?" "Mulher", respondeu ele, "por que teria medo eu de um homem que justamente morreu por mim?" Oh, por que você deveria ter medo de Cristo, que morreu por você, pelos pecadores? A ideia de ter medo dele deve ser banida de sua mente só pelo simples fato de ele ter derramado o próprio sangue em favor dos culpados. Pelo fato de ele ter morrido por você, tem forte motivo para crer que ele o aceitará. Mas tem mais; tem a palavra dele, que disse: [...] *o que vem a mim de maneira nenhuma o lançarei fora* (Jo 6.37). Você diz ser bom demais que haja perdão para você. Isto é uma tolice; seria o mesmo que medir a ação de Deus pelos seus próprios padrões.

> Que Deus, Senhor, é, como tu és, clemente?
> Que dá graça tão rica e livremente?

Porque o evangelho nos assegura que ele perdoa grandes pecados mediante um grande Salvador é que tais versos são verdadeiros; pois realmente Deus é um grande Deus.

Qual o resultado de tudo isso para cada pecador aqui presente? Creio que tal boa-nova deveria despertar aqueles que já quase morreram de desespero. A embarcação está afundando, os marinheiros retiram a água que entra, mas aumentam os rombos, e o comandante está achando que acabará indo a pique.

Deprimidos por tão mau agouro, os marujos se recusam a trabalhar, e uma vez que os poucos botes estão também avariados e não servem para flutuar, sentem-se desesperados. Eis, no entanto, que surgem boas notícias: "O barco irá flutuar", afirma o comandante; "o vento está diminuindo, estamos conseguindo remover a água, as rachaduras podem ser consertadas". Veja como passam a agir de outro modo; com que coragem se esforçam, porque há esperança! Há esperança, alma! *Há esperança!* HÁ ESPERANÇA! Para a meretriz, para o ladrão, para o bêbado, para todo pecador!

"Não há esperança", diz Satanás. Mentiroso, é o que você é, maligno, volte para suas profundezas! Para você não há esperança; mas para o homem caído, ainda que atolado de pecado até o pescoço, ainda que à beira dos portões da morte, enquanto ele viver haverá esperança. Mesmo para a alma a mais desesperada, há esperança no Salvador.

Além de o estimular, que isso sirva também para lhe elevar os pensamentos, pecador. Havia um gari em Dublin, alguns anos atrás, cuja maior esperança era limpar as ruas até encontrar uma moeda de ouro. Um dia, porém, um advogado colocou a mão sobre o seu ombro e lhe disse: "Ei, amigo, vim lhe informar que você acaba de herdar uma fortuna de dez mil libras por ano". "Fala sério?", replicou o gari. "Sim, falo. Acabo de receber esta informação e tenho certeza de que se trata de você". Então o gari partiu dali com o advogado, *largando ali mesmo, para sempre, sua vassoura.* Você, naturalmente, não ficou espantado. Quem não largaria para sempre uma vassoura de varrer as ruas ao ficar sabedor de tal notícia? Rogo, portanto, que os pobres pecadores que vivem pensando nos prazeres do mundo, quando ouvirem que há esperança bem maior, um céu para ser herdado, se esqueçam dos enganosos desfrutes do pecado e passem a almejar coisas bem maiores e melhores.

Tal notícia não deveria também purificar sua mente? Ao dizer: *Levantar-me-ei, irei ter com meu pai* [...], o filho pródigo, tornou-se, de certa forma, restaurado, daquele momento em diante. Vocês sabem como. Ele deixou o chiqueiro; abandonou o mundo e seus vícios, largou as meretrizes. Não partiu com uma meretriz em um braço e um copo de vinho na mão, dizendo: *Levá-los-ei comigo e irei ter com meu pai* (Lc 15.18). Não; nem poderia. Deixou tudo aquilo para trás e, apesar de nada ter de bom para levar consigo, não tentou manter seus pecados ao ir ao pai. Quero encerrar com este exemplo, e que sirva como advertência, como uma palavra adequada para reafirmar o amplo e constante convite feito pelo evangelho. Alguns de vocês, temo, são capazes até de cometer erro com o evangelho, chegando a tomar a cruz como forca para sua alma. Pois, sendo Deus tão misericordioso, poderão pecar ainda mais; e, sendo a graça tão livremente concedida, continuar em pecado, apesar de tanta abundância. Se assim o fizerem, no entanto, gostaria de categoricamente lembrar que não tenho graça suficiente para pregar a pessoas como vocês. "Sua condenação é justa", é a palavra de inspiração e a única que conheço e sei ser aplicável a pessoas como vocês. Todavia, a toda alma necessitada e culpada que anseia por um Salvador eu digo, hoje, para crer em Jesus; que confie nele para lhe entregar sua alma e salvá-la. Confie plenamente em Cristo e você será perdoado de seus pecados no mesmo instante em que o fizer; será salvo no mesmo momento, e poderá se regozijar do fato de que, ao ser justificado pela fé, terá paz com Deus mediante Jesus Cristo, nosso Senhor. Oh, venha, venha, venha; venha e seja bem-vindo; venha agora para o sangue do redentor. Que o Espírito Santo o incite a vir e que a casa da misericórdia fique repleta! Amém e amém.

139

CONFISSÃO DO PECADO — UM SERMÃO COM SETE TEXTOS

E sta manhã, meu sermão contará com sete textos, e, mesmo assim, dou garantia de que não haverá mais que três palavras diferentes em cada um deles; pois acontece que todos os sete textos são semelhantes, apesar de se situarem em partes diferentes da Sagrada Palavra de Deus. Não obstante, usarei seu conjunto para fornecer diferentes exemplos; e quero pedir àqueles que trouxeram de casa uma Bíblia que acompanhem os textos conforme eu os mencionar.

O assunto do sermão desta manhã será A CONFISSÃO DO PECADO. Sabemos ser tal confissão absolutamente necessária para a salvação. A menos que haja uma verdadeira e sincera confissão dos nossos pecados a Deus, não haverá garantia de que encontraremos misericórdia mediante o sangue do redentor. *O que encobre as suas transgressões nunca prosperará; mas os que as confessa e deixa, encontrará misericórdia* (Pv 28.13). Não há garantia alguma na Bíblia para o homem que não confessa seus pecados. No entanto, assim como qualquer ponto da Bíblia é passível de interpretação errônea, o mesmo se dá quanto à confissão do pecado. Muitos fazem confissão diante de Deus e, não obstante, não recebem bênção alguma, por não conter tal confissão marcas que são requisitos de Deus para afiançá-la como genuína e sincera e demonstrar ser obra do Espírito Santo. Meu texto desta manhã consiste basicamente em duas palavras: "Tenho pecado". Vocês verão como essas palavras, nos lábios de diferentes homens, demonstram sentimentos variados. Enquanto um deles diz "Tenho pecado" e recebe o perdão, outro pode afirmar o mesmo e seguir enegrecendo sua alma com iniquidades ainda piores, mergulhando em profundezas nunca antes descobertas no poço do pecado.

O pecador endurecido
FARAÓ: *Esta vez pequei* (Êx 9.27).

I. O primeiro caso que irei apresentar a vocês é o do PECADOR ENDURECIDO, que, quando sob terrível pressão, resolve confessar: *Esta vez pequei*. No livro de Êxodo, capítulo 9, versículo 27, você encontrará a seguinte palavra: *Então Faraó mandou chamar Moisés e Arão, e disse-lhes: Esta vez pequei; o Senhor é justo, mas eu e o meu povo somos ímpios.*

Por que saiu essa confissão dos lábios do arrogante e tirano Faraó? Este monarca não era muito afeito a se humilhar, ainda mais perante Jeová, Deus dos judeus. Por que então tal orgulhoso e prepotente soberano se curvou? Julguem bem o mérito dessa confissão segundo as circunstâncias em que foi feita: "*E Moisés estendeu a sua vara para o céu, e o Senhor enviou trovões e saraiva, e fogo desceu a terra; e o Senhor fez chover saraiva sobre a terra do Egito. Havia, pois, saraiva misturada com fogo, saraiva tão grave qual nunca houvera em toda a terra do Egito, desde que veio a ser uma nação* (Êx 9.22,23). "Ora, ora", reconhece então Faraó, ao caírem raios e saraiva do céu, os raios fazendo pegar fogo em tudo sobre a terra e o granizo ferindo todo o campo, *esta vez pequei*. Ele é apenas um de uma infinidade de pessoas do mesmo tipo. Quantos marinheiros rebeldes e endurecidos, quando a bordo de um navio em que tremenda tempestade faz a madeira começar a ranger e ceder, o mastro se quebrar e a embarcação começar a flutuar à deriva, com as ondas abrindo bocarras prestes a engoli-los e apressando o caminho da morte — quantos marinheiros de duro coração já não se ajoelharam e, com lágrimas nos olhos, exclamaram: "Eu pequei!"? Mas qual o efeito e o significado de tal confissão? O arrependimento que nasce na tempestade pode morrer na calmaria; o arrependimento surgido em meio aos raios e trovões

CONFISSÃO DO PECADO — UM SERMÃO COM SETE TEXTOS | 1301

pode cessar tão logo tudo se faça quieto; e o homem que havia jurado tornar-se pio a bordo do desastre pode se tornar o mais perverso e abominável dos pecadores quando em terra firme. E quantas vezes não vimos o mesmo se repetir em situações similares, de tempestade, raios e trovões? Muitos são os que se apavoram quando ouvem rolar os trovões; brotam-se-lhes lágrimas e suplicam "Ó Deus, eu pequei!" Com os esteios de sua morada tremendo e o chão sob ela vacilando à voz de Deus, repleta de majestade. Mas, ai!, que arrependimento é este? Quando o sol torna a brilhar, e as nuvens negras se retiram, o pecado retorna ao homem, e ele se torna pior do que antes. Quantas confissões desse mesmo tipo vemos em tempos de cólera, de febre e de epidemia! Em tais ocasiões, lotam-se as igrejas de ouvintes, que, por conta dos muitos funerais que passam à porta ou dos muitos que morrem às ruas, não conseguem evitar de ir à casa de Deus para confessar seus pecados. Quantos, durante esses comparecimentos às igrejas, sabendo de um, dois ou três conhecidos mortos, chegam a pensar que realmente deveriam voltar para Deus! Mas, ai!, finda a epidemia, termina também a santa convicção; e quando o sino soa triste pela última vez anunciando uma morte por cólera, também bate pela última vez arrependido o coração de tais pessoas, que não mais derramam uma lágrima sequer.

Terei eu algum ouvinte assim, aqui, esta manhã? Não tenho dúvida de que ajudei a endurecer ainda mais o coração da pessoa que despreza a mera ideia de fé e me toma por fingido, ao tentar me esforçar por convencê-la do assunto; mas que bem sabe ser a fé algo verdadeiro e chega a senti-la, de certo modo, em tempos de terror! Se há alguma dessas pessoas aqui, esta manhã, deixe-me lhe dizer: "Você pode ter se esquecido do sentimento que teve quando em momentos de emergência, mas, veja, Deus não se esqueceu dos votos que você, então, lhe fez". Você, marinheiro, prometeu que, se Deus permitisse que voltasse a ver terra, seria seu servo; mas não o é, mentiu para Deus, fez uma falsa promessa, não manteve o voto que seus lábios pronunciaram solenemente. Você, enfermo, no leito, prometeu a Deus que, se poupasse sua vida, não tornaria mais a pecar como antes; mas está aqui, vivo, e, no entanto, os pecados cometidos só na última semana falam por si mesmos; você não está nada melhor do que antes da doença. Conseguiria mentir para seus amigos sem esperar receber uma reprovação? Acredita então que poderia mentir para Deus sem receber punição? Sua promessa, mesmo que tenha sido feita às pressas, está registrada no céu; mesmo que seja um voto que homem algum possa cumprir, é uma promessa feita, e de maneira voluntária, passível de cobrança e de castigo em caso de sua não observância; Deus executará sua justiça sobre tal pessoa que prometeu mudar o comportamento e sua promessa não foi cumprida. Um grande protesto foi levantado recentemente contra a liberdade condicional de presos; não tenho dúvida de que há aqui alguns homens que estão para Deus assim como os detentos envolvidos no problema da liberdade condicional estão para o nosso governo. Pecadores que constataram estarem prestes a perecer prometeram bom comportamento para poder sobreviver, e só permanecem neste mundo como que por liberdade condicional; terão cumprido sua promessa? A justiça divina pode fazer contra eles o mesmo libelo que eles próprios fariam contra criminosos que se encontrassem livres entre nós, usufruindo de liberdade condicional. Talvez o anjo do anoitecer revele: "Ó Deus, esses homens prometeram melhorar caso fossem poupados; mas só pioraram. Como violaram as promessas feitas e como trouxeram a divina ira sobre sua cabeça!" Este é um primeiro exemplo de condenação, exemplo que, espero, nenhum de vocês haverá de querer para si, pois é inquestionavelmente prejudicial. De nada, portanto, adiantará dizer "Esta vez pequei", enquanto sob influência de terror, mas esquecendo tudo logo depois.

O homem inconstante
BALAÃO: *Pequei...* (Nm 22.34).

II. Para o segundo texto, vou lhes apresentar outro personagem — o *homem inconstante*, que diz *pequei*, e, de fato, o sente, e de forma profunda, mas que é tão voltado para o mundo que "amou o prêmio da injustiça". O personagem que escolhi para ilustrar essa posição é Balaão. Abram no livro de Números, capítulo 22, versículo 34: *Respondeu Balaão ao Anjo do Senhor: Pequei* [...]

1302 | MILAGRES E PARÁBOLAS DO NOSSO SENHOR

Pequei [...], disse Balaão; mas, depois disso, continuou a pecar. Balaão é um dos personagens mais estranhos das Escrituras. Várias vezes fiquei intrigado com ele; parece, de algum modo, como que saído dos versos de Ralph Erskine:

Ao bem e ao mal igualmente curvado,
Tanto um santo quanto endemoninhado.

Assim parecia. Nenhum outro homem, por vezes, falava de modo mais verdadeiro e eloquente que ele; por outro lado, no entanto, exibia a mais cruel e sórdida cobiça de toda a humanidade. Tente imaginar Balaão chegando ao cume do monte. Tem as multidões de Israel lá embaixo, a seus pés. É seu dever amaldiçoá-las. Então, clama: *Como amaldiçoarei a quem Deus não amaldiçoou?* (Nm 23.8) Conclui sua oração, dizendo: *Que eu morra a morte dos justos, e seja o meu fim como o deles!* (Nm 23.10). E Deus, abrindo-lhe os olhos, faz que comece a falar sobre a vinda de Cristo, e ele diz: "Eu o vejo, mas não no presente; eu o contemplo, mas não de perto". Vocês dirão que tal homem é um profeta esperançoso. Mas deixe-o descer do topo do monte e vocês o verão dar diabólicos conselhos ao rei de Moabe. E sabem com que devassidão as moabitas seduziram os filhos de Israel, para romperem a aliança com Jeová. De modo que Balaão parecia ter voz de um anjo ao mesmo tempo que trazia a alma de um demônio. Era um sujeito terrível, homem de duas faces, que tomava atitudes opostas.

Disse Jesus: *Ninguém pode servir a dois senhores* (Mt 6.24). Esta advertência é, muitas vezes, mal interpretada. Compreendem alguns que a ênfase esteja no número: "Ninguém pode servir a *dois* senhores". Como assim? Pode-se servir até a três ou quatro! Não. A ênfase é outra: "Ninguém pode servir a dois *senhores*". Não se pode ter dois patrões, dois amos, ao mesmo tempo. Um homem pode servir a duas pessoas que não sejam seus senhores; até vinte. Pode-se viver com vinte diferentes propósitos, mas não com mais de um propósito principal — deve haver na alma apenas um único propósito norteador. Balaão procurava servir a dois propósitos principais e opostos. Era como o povo do qual é dito que "temiam o Senhor, mas também serviam a seus próprios deuses". Ou como Rufo, farinha do mesmo saco; pois, como vocês sabem, nosso antigo rei Rufo trazia pintada em um dos lados do seu escudo uma figura representando Deus, e no outro, uma figura do diabo, tendo embaixo a inscrição: "Disponível a ambos, o primeiro que vier". Há muitos que se acham disponíveis a ambos. Na presença de um pastor, quão pios e santos se tornam; qualquer um pensaria serem as pessoas mais respeitáveis e honestas deste mundo; emprestam certa suavidade à voz, para que os outros os imaginem notavelmente religiosos. Durante a semana, no entanto, caso se busque pelos indivíduos mais tratantes e enganadores, certamente se encontrará entre eles esses homens, cuja piedade é a mais hipócrita possível.

Podem ter certeza, meus ouvintes, de que nenhuma confissão de pecado pode ser genuína se não for a expressão de todo o coração. De nada adianta dizer *Pequei* e continuar no pecado. *Pequei*, se você o diz, e até muito sinceramente, atenção, muita atenção!, pois você poderá se voltar ao pecado e nele permanecer. Alguns homens parecem ter nascido com duas personalidades. Lembro-me muito bem de uma bela estátua de lorde Byron, na biblioteca do *Trinity College*, em Cambridge. O bibliotecário me chamou a atenção: "Olhe bem, senhor". Olhei e comentei: "Que belo semblante intelectual! Que grande gênio ele foi!" "Agora, venha cá", chamou-me ele para o outro lado. "Oh, mas que terrível demônio! Eis um homem que poderia desafiar a divindade". O mesmo busto parecia agora ter tal carranca e olhar tão malévolo que Milton teria ali buscado inspiração para dizer, em seus versos: "Melhor reinar no inferno que servir no céu". Voltei-me para o bibliotecário e perguntei: "Acha que o escultor planejou isto?", "Sim", respondeu-me ele. "Pretendia retratar dois aspectos opostos do seu caráter: o grande, enorme, quase sobre-humano gênio que Byron possuía e a imensa quantidade de pecado que havia em tal alma". Há aqui hoje, provavelmente, alguns homens desse mesmo tipo. Ouso dizer que, tal como Balaão, tudo podem conquistar com sua argumentação; podem quase operar milagres; ao mesmo tempo, há algo dentro deles que revela um tremendo caráter pecador, tão equivalente ao que

CONFISSÃO DO PECADO — UM SERMÃO COM SETE TEXTOS | 1303

se consideraria de sua bondade. Balaão, como sabemos, ofereceu sacrifícios a Deus no altar de Baal; era esse seu duplo caráter. Muitos o imitam: oferecem sacrifícios a Deus no santuário de Mamom; ao mesmo tempo que fazem doações para a construção de uma igreja ou aos pobres, usam de seus negócios para arrancar dos mesmos pobres o pão, sugando-lhes o sangue para poderem enriquecer. Ah, de nada adianta dizer *Pequei*, se você não o disser com o coração. A confissão do homem inconstante não tem valor.

O homem insincero
SAUL: *Pequei...* (1Sm 15.24).

III. Passemos ao terceiro personagem e ao terceiro texto. Abram no primeiro livro de Samuel, no capítulo 15, versículo 24: *Então disse Saul a Samuel: Pequei...*

Eis o *homem insincero* — o homem que não é como Balaão, que, de certo modo, era sincero em ambos os lados opostos; mas, sim, um homem que é exatamente o contrário — que não tem firmeza alguma de caráter, mas se comporta sempre por aquilo que se passe em sua mente. Tal homem era Saul. Samuel o reprovara, e ele confessou: *Pequei*. Mas não tinha certeza do que dizia; se você ler todo o versículo, verá que ele diz: *Pequei, porquanto transgredi a ordem do Senhor e as tuas palavras; porque temi o povo, e dei ouvidos à sua voz* (1Sm 15.24). Uma desculpa mentirosa. Saul nunca temeu ninguém; estava sempre disposto a realizar sua própria vontade — era um déspota. Pouco antes, havia dado outra desculpa, dizendo ter o povo tomado bois e carneiros para sacrifício a Jeová. Ambas as desculpas eram falsas. Lembremo-nos de que o mais destacado aspecto do caráter de Saul era a sua insinceridade. Um dia mandava arrancar Davi do leito para matá-lo em sua casa; outro dia, declarava: Pequei; *volta, meu filho Davi, pois não tornarei a fazer-te mal* [...] (1Sm 26.21). Um dia, porque havia Davi lhe salvado a vida, dizia: *Tu és mais justo do que eu* [...] (1Sm 24.17); mas no dia anterior fora atacar seu genro na intenção de liquidá-lo. Saul ora andava entre os profetas e facilmente se tornava um deles, ora ia consultar feiticeiros. Ora estava em uma posição, ora em outra, mas insincero em todas.

Quantos desses temos em cada assembleia; homens falsos e facilmente influenciáveis! Não importa o que se diga a eles, irão sempre concordar. São aparentemente de disposição afetuosa, e é até provável que tenham certa consciência — mas consciência por demais frágil, que, quando tocada, parece ceder, dando a impressão de ser perigoso sondá-la mais fundo — ela se recupera logo, se for ferida. Acho que já usei tal comparação anteriormente, mas vou usá-la de novo: há homens que parecem ter coração maleável, de borracha; assim que tocado, parece receber uma impressão, mas de nada adianta, pois logo volta à sua forma original. Pode-se comprimi-lo de toda forma que desejar, pois é tão elástico que tomará a forma que se quiser; mas não se consegue fixar neste aspecto do caráter e logo volta a ser o que era antes. Ó ouvintes, muitos de vocês são deste tipo; curvam a cabeça na igreja, dizendo a Deus: "Errei e me desviei do teu caminho"; mas não falam sério. Chegam ao ministro e confessam: "Arrependo-me dos meus pecados"; mas não sentem ser, na verdade, pecadores; apenas o dizem para agradar. E hoje vocês se encontram na casa de Deus. Ninguém é mais impressionável que vocês: as lágrimas lhes escorrem na face sem dificuldade; não obstante, secam-se tão logo são derramadas, e vocês permanecem, para efeito geral, do mesmo modo que eram antes. Dizer "Pequei" de forma não intencional é mais vil que inútil, pois é zombar de Deus fazer uma confissão com insinceridade no coração.

Fui breve sobre este personagem, que se assemelhava a Balaão. Todavia, pode-se ver de imediato que há um contraste entre Saul e Balaão, embora haja afinidades entre os dois. Balaão era um homem mau, mas grande em tudo o que fazia; Saul, exceto em estatura, era pequeno em tudo — baixo na bondade e pequeno no caráter. Era tolo demais para ser muito mau, mas também ímpio demais para ser bondoso por algum tempo que fosse. Já Balaão era grande em ambos: *Ainda que Balaque me quisesse dar a sua casa cheia de prata e de ouro, eu não poderia ir além da ordem do Senhor meu Deus, para fazer alguma coisa, nem pequena ou grande* (Nm 22.18).

O arrependido hesitante

Acã — *Verdadeiramente, pequei...* (Js 7.20).

IV. Quero apresentá-los a um caso muito interessante: o do arrependido duvidoso. É o caso de Acã, do livro de Josué, capítulo 7, versículo 20: *Respondeu Acã a Josué e disse: Verdadeiramente, pequei contra o Senhor Deus de Israel* [...] (Js 7.20).

Acã havia roubado parte dos despojos da cidade de Jericó. Foi descoberto e condenado à morte. Aponto esse caso para ilustrar pessoas cujo caráter é duvidoso até no leito de morte; que, aparentemente, se arrependem, mas de quem o máximo que podemos esperar é que suas almas sejam, por fim, salvas, sem termos, no entanto, de fato certeza. Acã, como sabemos, foi apedrejado, por haver desonrado Israel. Mas encontrei na *Mishná*, antiga exposição judaica da Bíblia, estas palavras: "Disse Josué a Acã: O Senhor há de te perturbar *hoje*"; e o comentário relativo à ênfase é este: "Foi usado o termo *hoje* significando que Acã seria perturbado nesta vida, por ser apedrejado até a morte, mas que Deus teria misericórdia de sua alma, pois ele havia feito uma confissão plena de seu pecado". Sinto-me inclinado, após ler o capítulo, a concordar com o pensamento de meu venerável e agora glorificado predecessor, dr. Gill, acreditando que Acã de fato foi salvo, apesar de sua morte ter servido de punição exemplar. Observem o modo gentil com que Josué fala com ele. Diz: *Filho meu, dá, peço-te, glória ao Senhor Deus de Israel, e faze confissão perante ele. Declara-me agora o que fizeste; não mo ocultes* (Js 7.19). Logo vemos Acã fazendo uma confissão plena, declarando: *Verdadeiramente pequei contra o Senhor Deus de Israel e eis o que fiz assim e assim. Quando vi entre os despojos uma boa capa babilônica, e duzentos siclos de prata, e uma cunha de ouro do peso de cinquenta siclos, cobicei-os e tomei-os; e eis que estão escondidos na terra, no meio da minha tenda, e a prata debaixo da capa* (Js 7.20,21). Parece ser uma confissão tão completa que, se me fosse permitido julgar, diria: "Espero encontrar Acã, o pecador, diante do trono de Deus". Mas, como constatei, Matthew Henry não era dessa mesma opinião; e talvez outros expositores considerem que, assim como seu corpo foi destruído, assim o fora também sua alma. Selecionei este caso, portanto, como exemplo de um arrependimento duvidoso.

Ah, caros amigos, tem sido minha sina permanecer ao lado de muitos leitos de morte e ver muitos arrependimentos como este. Cheguei a estar com um homem esgotado até os ossos, sustentado por travesseiros na cama, que me disse, quando conversei com ele sobre o juízo por vir: "Sinto que tenho sido culpado, mas Cristo é bom; confio nele"; e eu pensei comigo mesmo: "Acho que a alma desse homem está salva". Mas sempre volto a constatar, em melancólica reflexão, que não tinha prova alguma disso, além de suas palavras; pois é preciso prová-lo por atos, e na vida futura também, de modo que se possa sustentar a afirmação da salvação de um homem. Conhecem a história do médico que mantinha um registro de mil pacientes, que achava que iriam morrer e acreditava estarem arrependidos? Ele escrevia em um livro os nomes dos que, acreditava ele, caso morressem, iriam para o céu. Todavia, eles não morreram; continuaram vivos. E, conta o doutor, dos mil nomes, ele não conseguiu apontar nem três que, depois de melhorarem, não tivessem voltado a pecar de forma ainda pior. Ah, caros amigos, espero que nenhum de vocês tenha um arrependimento desse tipo no leito de morte; espero que seu ministro, ou seus parentes ou amigos, não tenham de ficar a seu lado no derradeiro leito, desejando: "Pobre coitado, espero que ele seja salvo". Mas, ai!, o arrependimento em um leito de morte é algo tão frágil, uma esperança tão pobre e trivial, que temo, no final das contas, que essa alma possa acabar perdida. Oh, morrer com certeza plena, com abundante garantia, legando um testemunho de que deixamos essa vida em paz — eis um modo bem mais feliz do que o de morrer de maneira duvidosa, febril, flutuando entre dois mundos, sem que nem nós mesmos os nossos amigos possam saber para qual dos dois acabaremos partindo. Que Deus nos dê a graça de podermos dar durante a vida provas de nossa verdadeira conversão, para que nosso caso não seja duvidoso!

O arrependimento desesperado
JUDAS: *Pequei...* (Mt 27.4).

V. Não vou prendê-los muito mais, acredito, mas devo agora contar sobre outro caso ruim, o pior de todos. É o do ARREPENDIMENTO DESESPERADO. Queiram chegar ao capítulo 27 de Mateus, no versículo 4. Aí encontrarão um terrível caso de arrependimento desesperado. Vocês reconhecerão o personagem assim que eu ler o versículo: *Pequei, traindo o sangue inocente* (Mt 27.4). Sim, Judas, o que havia traído seu mestre, *vendo que Jesus fora condenado, devolveu, compungido, as trinta moedas de prata aos principais sacerdotes e aos anciãos, dizendo: Pequei, traindo o sangue inocente.* [...] *E tendo ele atirado para dentro do santuário as moedas de prata, retirou-se* — e fez o quê? — e *foi enforcar-se* (Mt 27.3,5). Eis o pior arrependimento de todos. Na verdade, não acho correto considerar tal ato como arrependimento; é melhor chamá-lo remorso. Judas, então, confessou seu pecado e foi enforcar-se. Oh, que espantosa, terrível, horrenda confissão, desesperada! Já presenciaram alguma? Se não, que Deus os abençoe para que nunca cheguem a presenciar. Testemunhei tal experiência e rogo a Deus que não mais seja testemunha desse fato: o arrependimento de alguém que vê a morte encará-lo e compelido a dizer: *Pequei.* Tente dizer a tal pessoa que Cristo morreu pelos pecadores; ela responderá: "Não há esperança para mim; amaldiçoei Deus face a face; eu o desafiei; os dias de minha graça cessaram; minha consciência foi marcada por ferro em brasa; estou morrendo, e sei que estou perdido para sempre!" Um caso como este aconteceu há muito tempo e foi registrado — o caso de Francis Spira o mais temível, exceto talvez, o de Judas, marcado na memória da humanidade. Oh, meus ouvintes, poderá algum de vocês vir a ter um arrependimento como o dele? Espero que não; e que sirva de advertência a todos os que pecam arrepender-se como fez tal homem, até mesmo para as gerações que ainda não nasceram.

Na vida de Benjamin Keach — foi ele um dos meus predecessores —, encontrei o caso de um homem que fora professor de religião, mas se desviou da fé, caindo em horrorosos pecados. Quando ele estava morrendo, Keach, acompanhado de muitos outros amigos, foi vê-lo, mas não conseguiam estar com ele por muito tempo. Disse-lhes o moribundo: "Podem ir embora; de nada adianta que me procurem; pequei contra o Espírito Santo; sou como Esaú, vendi minha primogenitura e, embora eu a busque diligentemente, com lágrimas, nunca mais a encontrarei". Então, pôs-se a vomitar palavras como estas: "Minha boca está repleta de cascalho e pareço beber absinto sem parar. Não me falem, não me falem sobre Cristo! Sei ser ele o Salvador, mas eu o odeio, e ele me odeia. Sei que devo morrer; sei que devo perecer!" A isso se somavam choros lúgubres e urros medonhos, que ninguém conseguiu suportar. Os amigos voltaram de novo, em momentos mais calmos, para buscar trazê-lo à luz da razão, mas o ouviram apenas dizer: "Estou perdido! Estou perdido! Nada do que disserem irá adiantar!" Ah, talvez haja aqui hoje alguém que eventualmente possa vir a sofrer a mesma terrível morte que esse homem; pois quero advertir tal pessoa de que se arrependa agora, antes que chegue a derradeira hora. Que o Espírito Santo permita que se volte para Deus com verdadeiro arrependimento e, então, não tema; pois aquele que tem os pecados lavados no sangue do Salvador não precisa mais sentir remorso por seus pecados, inteiramente perdoados pelo redentor.

O arrependimento do santo
JÓ: *Se peco...* (Jó 7.20).

VI. Passemos à luz do dia. Tenho caminhado com vocês por confissões escuras e sombrias. Não mais os prenderei em tal ambiente. Mostrarei a vocês duas boas confissões. A primeira é a de Jó, no capítulo 7, versículo 20: *Se peco, que te faço a ti, ó vigia dos homens?* (Jó 7.20). Este é o *arrependimento do santo*. Jó era um santo, mas pecava. É o arrependimento de um homem que já era filho de Deus, arrependimento aceitável diante de Deus. Mas como pretendo tratar de todo esse assunto nesta noite, vou deixar este personagem, para evitar desgastá-lo.

MILAGRES E PARÁBOLAS DO NOSSO SENHOR

Davi também é um representante deste tipo de arrependimento, e eu recomendo que estudem com cuidado os salmos penitenciais dele, cuja linguagem é repleta de humildade e sincero arrependimento.

A confissão abençoada
O FILHO PRÓDIGO: "Pai, pequei..." (Lucas 15.18).

VII. Passemos agora ao último exemplo de que iremos tratar. É o caso do filho pródigo. Em Lucas 15.18, vemo-lo dizer: *Pai, pequei contra o céu e diante de ti*. Eis uma *confissão abençoada*! Eis aquilo que prova ter um homem se regenerado: *Pai, pequei...* Deixem-me retratar a situação. Eis o filho pródigo. Fugira de um bom lar e de um pai gentil e gastou todo o seu farto dinheiro com vícios e meretrizes, ficando sem nenhum. Busca seus antigos companheiros e pede-lhes ajuda. Os antigos amigos riem dele. "Oh", diz ele, "quantas vezes beberam do meu vinho... servi de fiador em muitas de suas farras... não irão me ajudar?" "Tome jeito", dizem a ele, que logo se vê sem opções. Procura todos aqueles com que havia feito amizade, mas ninguém lhe dá nada. Por fim, um criador de animais lhe diz: "Você quer algo para fazer, é isto? Bem, vá e alimente meus porcos". O pobre filho de um rico proprietário de terras, que tinha tido imensa fortuna própria, tendo de alimentar porcos — e, ainda por cima, sendo judeu! O pior emprego (para ele) era, no entanto, sua única chance. Imaginem-no, usando vestes já desgastadas, alimentando porcos. Qual seria seu pagamento? Tão pouco que *desejava encher o estômago com as alfarrobas que os porcos comiam; e ninguém lhe dava nada* (Lc 15.16). Olhem, lá está ele, em meio à sua "companhia" no chiqueiro, mergulhado em lodo e sujeira. De súbito, raia nele um pensamento, a ele enviado pelo bom Espírito. "Ora, ora", pensa ele, *quantos empregados de meu pai têm abundância de pão, e eu aqui pereço de fome! Levantar-me-ei, irei ter com o meu pai e dir-lhe-ei: Pai, pequei contra o céu e diante de ti; já não sou digno de ser chamado teu filho: trata-me como um dos teus empregados* (Lc 15.17-19). E então parte. Mendiga por todo o percurso, de cidade em cidade. Consegue por vezes que lhe deem carona, mas na maior parte do tempo galga colinas estéreis e desce por vales desolados, completamente só. Por fim, alcança a última montanha antes da vila e avista a casa de seu pai lá embaixo. Lá está a casa, com o álamo próximo a ela, os montes de palha que serviam de brincadeiras com o irmão... À visão do antigo ninho, todos os sentimentos e lembranças de sua vida assaltam-lhe a mente; as lágrimas correm-lhe pelo rosto, e chega até a pensar em dar meia-volta e fugir de novo, de tanta hesitação e vergonha. Pensa: "Pergunto-me se papai estará morto. Suponho que minha mãe tenha ficado com o coração partido quando de minha fuga; sempre fui o favorito dela. E ainda que esteja vivo qualquer um dos dois, nunca mais irá me querer ver; baterá a porta em minha cara. Que devo fazer? Não posso voltar, mas tenho medo de seguir em frente". Enquanto ele assim elucubrava, passa o pai pelo terreiro, procurando pelo outro filho; e, apesar de o filho pródigo não haver reparado no pai, o pai o vê descendo a colina. Corre para a porteira, em direção ao filho perdido e, enquanto este ainda pensa em escapar se necessário, já estão os braços paternos ao redor do pescoço do filho, beijando-o de maneira bastante carinhosa e feliz, quando então começa o filho a se explicar: *Pai, pequei contra o céu e diante de ti; já não sou digno de ser chamado teu filho* (Lc 15.21); e já ia acrescentar *Trata-me como um dos teus empregados* (Lc 15.19), mas o pai leva a mão à boca do filho. "Basta", diz ele. "Perdoo-lhe tudo; não diga nada sobre ser meu empregado — não aceitarei isso. Vem, pobre filho amado." E voltando-se para os servos, ordena: *Trazei depressa a melhor roupa, e vesti-lo, e ponde-lhe um anel no dedo e alparcas nos pés; trazei também o bezerro cevado e matai-o; comamos e regozijemo-nos, porque este meu filho estava morto e reviveu, tinha-se perdido, e foi achado*. E, diz o texto, *começaram a regozijar-se* (Lc 15.22-24). Oh, que recepção calorosa e maravilhosa para um rei dos pecadores! Comenta o bom Matthew Henry: "Avistou-lhe o pai com olhos de misericórdia; correu para encontrá-lo com pernas de misericórdia; abraçou-lhe o pescoço com braços de misericórdia; beijou-o com beijos misericordiosos; disse a ele — e foram usadas palavras de misericórdia — Trazei o melhor traje. Houve provas de misericórdia, milagres de misericórdia — tudo era misericórdia. Oh, que Deus misericordioso".

Você, filho pródigo, faça o mesmo. Deus está em seu coração? Há muitos aqui que de há muito correm dele. Deus não diz a você "Retorne"? Oh, pois então peço que retorne, pois garantido está que, no momento em que retornar, ele o irá aceitar. Jamais houve um pobre pecador que, vindo a Cristo, tenha sido por ele rejeitado. Oh, se você pudesse ao menos experimentar! "Ah, senhor, sou tão tenebroso, tão sujo, tão vil". Chegue-se a ele — você não é mais perverso que o filho pródigo. Vá para a Casa de seu Pai e, tão certo como ele é Deus, ele manterá sua promessa: *O que vem a mim de maneira nenhuma o lançarei fora* (Jo 6.37).

Oh, se eu soubesse ao menos que, hoje, alguns foram convencidos a chegar a Cristo, muito louvaria a Deus! Contarei aqui, pela honra de Deus e de Cristo, apenas mais um exemplo, e terei acabado. Lembram-se da manhã em que narrei o caso de um descrente que era um tremendo sarcástico e zombador, mas que, lendo um de meus sermões impressos, fora conduzido à casa de Deus e a seus pés? Pois bem: no último Natal, o mesmo homem reuniu todos os seus livros, dirigiu-se à feira de Norwich e ali realizou uma retratação pública de todos os erros que havia cometido, fazendo profissão de fé em Cristo e, tomando todos os livros perversos que havia escrito e tinha em casa, queimou-os à vista de todos. Louvei muito a Deus por essa maravilhosa obra da graça e rogo que muitas outras pessoas, mesmo que ainda sejam filhos pródigos, retornem ao lar, confessando ao Pai: *Pequei.*

O MOMENTO DA CONVERSÃO

Levantou-se, pois, e foi para seu pai (Lc 15.20).

Esta frase indica o verdadeiro momento de conversão na história da vida do filho pródigo. Diversas questões o levaram a esse momento decisivo. Muito já havia em seu coração que alimentava esperanças antes de alcançá-lo, mas o referido momento foi o ponto crucial de mudança. Não tivesse chegado a tal ponto, teria continuado sendo um filho pródigo, mas não um filho pródigo restaurado; sua vida serviria mais de advertência que de exemplo para nós. *Levantou-se, pois, e foi para seu pai*. Falando, como agora o faço, de maneira fragilizada, não posso esbanjar palavras; e, enquanto minha voz vacila, tratarei de ir direto ao assunto, pedindo ao Senhor que faça cada uma de minhas sílabas efetivas e poderosas mediante o Espírito Santo.

I. Comecemos observando que AQUI OCORRE UMA AÇÃO: *Levantou-se, pois, e foi para seu pai*. Antes, ele se encontrava em estado meditativo: havia caído em si; agora, ia além do pensamento, ao buscar o pai. Havia pensado sobre o futuro, ponderando e chegando à conclusão da inutilidade dos prazeres mundanos; havia refletido sobre a sua situação diante do pai e as perspectivas com que contava se permanecesse fora do lar; havia raciocinado sobre o que poderia fazer e quais os resultados de sua decisão; por fim, passou dos devaneios à efetividade do agir e fazer. Quanto irá demorar, caro ouvinte, antes que você aja da mesma forma? Fico feliz em que você medite; espero que seja obtida grande vitória ao ser levado a refletir sobre seus caminhos e suas condições e a olhar com humildade para o futuro. A falta de reflexão é a ruína de muitos peregrinos que anseiam alcançar a eternidade, e pelos caminhos dessa falta de reflexão muitos desavisados caem no profundo poço da falsa segurança carnal, para ali perecer. Alguns de vocês, no entanto, engrossam a fila dos "meditativos" por tempo demais. Muitas vezes, já é hora de passar a uma fase prática; ou até mesmo já passou o tempo em que você deveria agir e seria melhor se tivesse agido; pois, quando se trata da reconciliação com Deus, os primeiros pensamentos são geralmente os melhores. Quando a vida de um homem está por um fio, e o inferno se mostra desimpedido debaixo de seus pés, é inútil pensar duas vezes. O melhor a fazer é seguir o primeiro impulso de escapar do perigo e se apegar a Cristo. Alguns de vocês a quem me dirijo permanecem pensando, pensando e pensando, de modo que temo que possam ficar pensando demais, até chegarem à perdição. Que, pela divina graça, possam mudar o foco de sua meditação para confiança em Cristo, ou os seus pensamentos acabarão se tornando o verme vivo do seu tormento.

O filho pródigo já havia ido também além da mera lamentação pelos seus erros. Estava profundamente aborrecido consigo mesmo por ter deixado a casa do pai; lamentava sua desmedida entrega à devassidão; condoía-se, sendo o filho que era de tal pai, de ter de se degradar trabalhando no chiqueiro de um estranho. Deixava agora, porém, a fase do pesar e passava à do arrependimento, apressando-se por escapar da situação que tanto lastimava. De fato, de que adianta o pesar, caso se continue em pecado? Por favor, erga as eclusas da barragem de sua dor, a fim de que esse fluxo possa girar as turbinas da ação; poupe suas lágrimas, quando não passarem de mero sentimentalismo. De que serve ao homem dizer que se arrepende de sua conduta se acabar nela perseverando? Fico feliz quando os pecadores se ressentem do pecado e lamentam a situação em que se encontram por causa do pecado; mas, se não passarem adiante, tal ressentimento irá apenas levá-los ao remorso eterno. Tivesse o filho pródigo se

O MOMENTO DA CONVERSÃO | 1309

tornado inativo pelo desânimo, apático pela dor sombria, acabaria por perecer longe da casa do pai, como eu receio que aconteça a muitos, cuja tristeza pelo pecado os leve a teimar e até se orgulhar na incredulidade e no desespero voluntário, em vez de ansiar pelo amor de Deus. O filho pródigo foi sábio, pois livrou-se do torpor do desânimo e, com resoluta determinação, *levantou-se, pois, e foi para seu pai.* Oh, quando é que você será sábio o bastante para fazer o mesmo? Quando o seu pesar e lamentar irá dar lugar à obediência prática ao evangelho?

O filho pródigo foi, também, além da mera promessa. É belo e forte o versículo em que ele diz: *Levantar-me-ei*, mas melhor ainda é o que narra: *Levantou-se, pois...* Nossas promessas são tão boas quanto botões de flores, mas as ações são melhores, porque geram frutos. Sinto-me contente ao ouvir de vocês a promessa "Irei a Deus"; mas os santos anjos do céu não se contentam com simples promessas — eles reservam a música que tocam e cantam somente para os pecadores que, de fato, se arrependem. Tal como o filho em outra parábola, muitos de vocês já concordaram em ir trabalhar na vinha: "Sim, Senhor", sem que de fato tenham ido. São tão propensos a prometer quanto a esquecer o que prometem. Cada sermão sincero, cada morte na família, cada dobre fúnebre por um vizinho, cada tormenta na consciência, cada toque de alguma doença, serve para vocês prometerem se regenerar, mas essas suas notas promissórias nunca são honradas, e o arrependimento que mostram se cinge apenas a palavras. Sua boa vontade é como o orvalho, que orna com verdadeiras gemas cada folha de grama ao alvorecer, mas logo se esvai, deixando o campo seco quando o calor do sol nele se espalha. Você ri, por vezes, de seus amigos, e brinca até com a própria alma. Chegou muitas vezes a pensar, quando nesta casa: "Assim que chegar em casa, ao meu quarto, cairei de joelhos", mas no caminho de volta acabou esquecendo quem você de fato é, deixando o pecado reafirmar em você o seu trono. Não acha que já brincou por tempo demasiado? Que já mentiu o bastante para Deus? Não deveria largar de vez as promessas e partir para a empreitada de salvar sua alma de verdade? Você está em um navio que naufraga, e o colete salva-vidas está a seu alcance; mas não será apenas a promessa de usá-lo que o impedirá de afundar junto com a embarcação. Tão certo como você está vivo, saiba que acabará se afogando, a menos que tome a ação necessária para garantir sua vida.

Levantou-se, pois, e foi para seu pai. Note que *a ação do filho pródigo foi imediata*, sem mais delongas. Não voltou àquele que lhe dera emprego para barganhar: "Pode me dar um aumento de salário? Senão, irei embora". Tivesse demorado mais, acabaria perdido; mas nem chegou a dar aviso algum a seu empregador, cancelando automaticamente o contrato ao se ir. Gostaria que os pecadores aqui presentes agissem do mesmo modo, rompendo a aliança que têm com o pecado e a morte, violando o pacto firmado com o inferno, escapando com vida para Jesus, que recebe todos os fugitivos do mal. Não é preciso assentimento nem licença do mal para deixar o serviço do pecado e de Satanás, nem é assunto que necessite de um mês de reflexão: quanto a essa questão, a ação instantânea é garantia de sabedoria. Ló não parou para consultar o rei de Sodoma se deveria deixar aquele reino nem se consultou com as autoridades locais quanto à pertinência ou não de desertar rapidamente dali; mas, sim, tendo as mãos dos anjos de Deus o ajudando, ele e sua família deixaram logo a cidade. Ou melhor: um dos de sua família não desertou: sua mulher olhou para trás e hesitou — e essa vacilação lhe custou a vida! A estátua de sal em que se transformou é exemplo bastante eloquente para que não percamos tempo quando nos é ordenado andar rápido em favor de nossa própria vida. Deseja por acaso se tornar uma estátua de sal, pecador? Coxeará entre dois pensamentos até que a ira de Deus o condene à impenitência eterna? Irá tripudiar da misericórdia até que a justiça divina o esmague? Levante-se, homem, enquanto viceja o dia da graça, e escape para os braços do amor.

O texto sugere que *o filho pródigo estimulou-se a si mesmo*, empregando nisso toda a sua energia. É dito que *Levantou-se*: tal palavra sugere que, até então, era como se estivesse adormecido no leito da indolência ou no sofá da presunção. Como Sansão nos braços de Dalila, permanecia indolente, parado, desanimado; agora, desperto da letargia, torna a abrir os olhos, a levantar-se, a se livrar como que de um feitiço que agia sobre ele e, empregando toda a força que tem, incita sua própria natureza à ação e não poupa nenhum esforço até retornar à casa do pai.

Os homens não são salvos entre dormir e acordar. ... *o reino dos céus é tomado à força, e os violentos o tomam de assalto* (Mt 11.12). A graça não nos estupefaz, mas nos incita. Seguramente, senhores, vale a pena fazer o máximo de esforço para escapar da eterna ira. Vale a pena invocar cada faculdade, poder, emoção e paixão dentro de si, para dizer: "Não me posso perder; não me irei perder: estou determinado a encontrar a misericórdia divina mediante Jesus Cristo". A pior parte, no entanto, ó pecadores, é que somos por demais preguiçosos, intolerantes, permissivos, deixando que as coisas aconteçam de qualquer jeito. O pecado já os enfeitiçou e entorpeceu. Vocês dormem em camas quase como as de lá debaixo e esquecem que correm o risco da queimação do fogo do inferno. Clamam: "Só mais um pouco de descanso, mais um tanto de sono, um pouquinho dessa coberta quentinha"; e, assim, continuam dormindo, apesar de não dormitar a condenação que os cerca. Peçam a Deus para serem acordados. Não compete à minha voz incitá-los; que o Senhor em pessoa o alarme e alerte, pois nunca antes como hoje os homens correram tamanho perigo. E basta apenas que lhe falte a respiração ou pare em um segundo seu coração, e você estará perdido para sempre. Mais frágil que uma teia de aranha é a nossa vida, da qual depende nosso destino eterno. Se vocês forem sábios, não darão descanso a seus olhos, não permitirão que suas pálpebras cochilem, até que encontrem Deus e por ele sejam perdoados. Oh, quando passarão à verdadeira ação? Quanto mais irão demorar para acreditarem em Jesus? Por quanto tempo brincarão com as mandíbulas do diabo? Por quanto tempo mais ousarão provocar o Deus vivo?

II. Em segundo lugar, EIS UMA ALMA QUE DE FATO BUSCOU O CONTATO COM DEUS. *Levantou-se, pois, e foi para seu pai.* De nada adiantaria para ele ter levantado se não fosse para ir a seu pai. É isto que o pecador deve fazer e o que o Espírito o leva a fazer: ir direto a Deus. Mas atenção! É muito comum, quando os homens começam a se sentir ansiosos nesse sentido, que se levantem e, em vez de irem a Deus, vão ter com algum amigo, ou recorram a algum padre embusteiro, buscando ajuda. Recorrem a um santo ou à Virgem e pedem que sirvam de mediadores, em vez de aceitar o único Intercessor, Jesus Cristo, e de, por seu intermédio, irem a Deus imediatamente. Correm para paróquias distantes ou cerimônias, ou se voltam até para a Bíblia, para orações, arrependimentos, sermões; na verdade, buscam qualquer coisa — menos o próprio Deus. Mas o filho pródigo sabia o que fazer: buscou seu pai; e será algo maravilhoso para você, pecador, quando resolver fazer o mesmo. Vá diretamente a Deus, em Cristo Jesus. "Venha", lhe diz o padre? Passe por ele. Vá direto ao verdadeiro Pai. Se um anjo do céu o impedir de ir ao Senhor, até a ele rejeite. Vá pessoalmente, diretamente, imediatamente, a Deus, em Cristo Jesus. É preciso fazer alguma cerimônia antes? Não. Não a fez o filho pródigo; ele se levantou e foi de imediato a seu pai. Pecador, você deve ir a Deus, e Jesus é o caminho; siga por ele, então; diga a ele que você tem agido de modo equivocado, confesse a ele seus pecados, curve-se a ele. Clame: "Pai, pequei: perdoa-me, em nome de Jesus".

Atenção! Há também muitas almas ansiosas que não buscam outras pessoas, mas se voltam para si mesmas. Sentam-se e choram: "Quero me arrepender; quero sentir minhas carências; quero me humilhar". Ó alma, levante-se! Que está fazendo? Deixe a si mesma, vá para o Pai. "Oh, mas tenho muito pouca esperança; minha fé é muito débil, estou cheio de temores." De que servem suas esperanças e seus tormentos, se você se mantiver longe do Pai? A salvação não está em você, mas na boa vontade do Senhor para com você. Você nunca estará em paz até que, deixando de lado suas dúvidas e esperanças, chegue a Deus e descanse no seio dele. "Oh, mas eu preciso subjugar minha inclinação ao pecado, dominar minhas mais prementes tentações." Sei perfeitamente ao que você aspira. Você quer a melhor veste sem que seu Pai lha dê, quer calçados para seus pés que você mesmo possa encontrar; não lhe apetece a ideia de usar uma roupa de mendigo até receber tudo das mãos amorosas do Senhor. Esse orgulho que você sente, no entanto, tem de ser abandonado, e você deve ir a Deus como está, sob o risco de perecer para sempre. Deve esquecer-se de si mesmo, ou melhor, lembrar de si mesmo somente para sentir quanto é mau e não é digno de ser chamado filho de Deus. Abandone a si mesmo, como um navio que não é possível ser resgatado, que se deve abandonar e deixar afundar, e embarque no barco salva-vidas da livre graça. Pense em Deus, o Pai — pense nele, repito, e em seu querido Filho, o único Intercessor e Redentor dos filhos dos homens. Nele está sua esperança — de fugir de si mesmo e chegar ao Pai.

O momento da conversão

Parece-me que ouço alguém dizer: "Bem, perseverarei então nos meios da graça e espero por eles encontrar meu Deus". Pois eu lhes digo que, recusando-se a chegar diretamente a Deus, os meios da graça serão, na verdade, meios de condenação para quem adotar tal escolha. "Esperarei à beira do tanque de Betesda", é como o ouço dizer. Pois advirto-o de que ficará ali até morrer; pois Jesus não ordena que você permaneça onde está; a ordem é: *Toma o teu leito e anda* (Jo 5.8); *Crê no Senhor Jesus e serás salvo* (At 16.31). Você deve ir ao Pai, não ao tanque de Betesda, nem a qualquer outro lugar ou meio da graça. "Mas desejo orar", insistem. Para quê? Esperam que o Senhor os ouça sem que o ouçam primeiro? As preces de um coração descrente, desobediente, que não se curva diante de Deus, soam como ofensa a Deus, ao contrário de se orar com a cabeça repousando no seio do Pai. Até mesmo as orações se tornam uma ruína se delas você fizer substitutos de Deus. Suponhamos que o filho pródigo tivesse se sentado no chiqueiro e pensado: "Vou orar aqui"; de que adiantaria para ele? Ou suponha que ele ali tivesse chorado; que bem poderia resultar disso? Orar e chorar são bastante adequados depois de se chegar ao Pai, mas não servem de substitutos para ele. Seu negócio, pecador, é com Deus. Corra para ele. Não perca tempo consigo mesmo, nem com suas próprias obras ou com o que outros possam supostamente fazer por você; a chave da real conversão é: *Levantou-se, pois, e foi para seu pai* (Lc 15.20). Tem de haver um contato real, vivo e sincero de sua pobre alma culpada com Deus, seu reconhecimento de que existe um Deus, de que você pode e deve falar com ele, e um discurso efetivo de sua alma para com ele, mediante Jesus Cristo, pois só se chega a Deus por Cristo, que está sempre disponível a todos. Chegando a Deus, é preciso dizer a ele que estamos completamente errados, que nós queremos endireitar, professar nossa vontade de nos reconciliarmos com ele e dizer de nossa vergonha de havermos pecado contra ele; confiar então em seu Filho — e seremos salvos. Ó alma, vá a Deus. Não importa se a oração com que você a ele chegar seja uma prece torta, nem que nela haja erros, como tinha a do filho pródigo ao dizer: *Trata-me como um dos teus empregados*; a linguagem da oração em nada influenciará, desde que você de fato se aproxime de Deus. *O que vem a mim*, diz Jesus, *de maneira nenhuma o lançarei fora* (Jo 6.37); e ele vive sempre para interceder por aqueles que chegam a Deus por seu intermédio.

Esta é, pois, a grande doutrina protestante. Já a doutrina papista diz que você deve procurar a porta de trás, e que meia dúzia de servos do Senhor baterão na porta por você e que, mesmo assim, talvez você não seja atendido. Mas a grande doutrina protestante é: vá a Deus por si próprio; vá com nenhum outro intercessor que não Jesus Cristo; vá como você se encontra, sem mérito nem boas obras; confie somente em Jesus, e seus pecados serão todos perdoados.

O meu segundo ponto, portanto, é que houve ação, e tal ação foi o contato com Deus.

III. Em terceiro lugar, na ação, houve uma entrega completa de si mesmo. O orgulho que ele sentia de sua independência e de seu livre-arbítrio havia desaparecido. Em dias passados, havia exigido a parte que lhe cabia, decidido gastá-la como bem entendesse; mas agora deseja tanto seguir as normas costumeiras quanto ser um trabalhador comum; cansou-se de ser senhor de si mesmo e da distância de Deus, que o livre-arbítrio mal usado sempre cria. Anseia por tomar o lugar de verdadeiro filho, a saber, a dependência e a submissão ao amor do pai. O grande erro que cometera residia em se haver afastado de seu pai; e ele agora bem o sentia. Seu grande ideal seria eliminar essa distância, retornando ao lar com toda a humildade. Sabia que assim, então, todos os outros males teriam fim. Abria mão de sua tão celebrada emancipação, sua propalada independência, a liberdade de fazer e de pensar o que quisesse, e passava a desejar obedecer à amável lei e à sábia orientação paternas. Está pronto para isso, pecador? Se estiver, venha, seja bem-vindo; seu pai o espera de braços abertos, para apertá-lo junto ao peito!

Ao confessar *Pequei*, o filho pródigo abandona todo e qualquer pensamento acerca da autojustificação. Talvez um pouco antes poderia ter dito: "Tenho o direito de fazer o que quiser com o que me pertence; quem haverá de dizer como devo gastar meu dinheiro? Incorro, sim, em algumas extravagâncias, mas que jovem não faz o mesmo? Tenho sido simplesmente muito generoso, nada mais; ninguém pode me chamar de avarento. Também não sou hipócrita. Olhe para os metodistas, por exemplo, como enganam as pessoas! Nada há disso em mim, isso eu garanto. Sou, francamente, um homem do mundo;

e, no fim das contas, tenho muito mais disposição que meu irmão mais velho, que apenas finge ser bom". Agora, porém, o filho pródigo não mais se gabava. Nem uma sílaba de louvor a si próprio sai de seus lábios; e ele confessa, pesarosamente: *Pai, pequei contra o céu e diante de ti.* Se deseja ser salvo, pecador, você também deve descer do seu pedestal e reconhecer sua iniquidade. Confesse que tem agido de modo errado, e não tente diminuir sua transgressão; não dê desculpas, tentando fazer seu caso melhor do que é, mas seja verdadeiramente humilde e declare-se culpado; deixe sua alma nas mãos de Jesus. Entre pecar e negar ter pecado, esta segunda ação é provavelmente a pior, pois denuncia um coração endurecido. Reconheça suas falhas; diga ao Pai celestial que, não fosse sua misericórdia, você estaria no inferno, e que, do modo em que agora se encontra, você, muito propriamente, mereceria estar lá. Apresente seu caso com as cores escuras que realmente possui. Digo tudo isso porque sei que normalmente você não iria fazê-lo. Quando se está de cama, no entanto, de nada adianta fingir estar melhor, não se recebe melhor medicação por conta disso; mas, sim, o contrário: quanto pior a situação, maior será a atenção dispensada pelo médico. Oh, pecador, revele perante Deus suas feridas abertas, suas feridas pútridas de pecado, as horrendas úlceras de sua profunda depravação, e peça: *Ó Senhor, tem misericórdia de mim!* (Sl 30.10). Este é o caminho sábio. Acabe com seu orgulho e sua autossuficiência, apele para a piedade graciosa e generosa do Senhor, e você será salvo.

Note que o filho pródigo denuncia a si mesmo de modo tão rigoroso que considera ser o amor de seu pai em relação a ele um agravante de sua culpa. Assim entendo quando ele diz: *Pai, pequei.* Ele dá ênfase a *pequei* ao colocar esta palavra depois de *Pai.* "Bom Deus, quebrei tuas boas leis; amável, terno e misericordioso Deus, tenho feito mal de forma voluntária e perversa contra ti. Tens sido um Pai benigno e amoroso para mim, e eu tenho sido para ti um pecador rude, desavergonhado e irrecuperável, ofendendo-te sem motivo algum. Confesso isso de forma franca e humilde, e com muitas lágrimas. Ah, se ao menos fosses um tirano, eu ainda poderia ter alguma desculpa com base na tua severidade; mas tens sido tão somente boníssimo e carinhoso Pai, e isto torna bem pior meu pecado contra ti." Como seria doce ouvir uma confissão sua como essa, derramada sofridamente no seio do Pai.

Desiste ele também de qualquer suposto direito e clamor que teria de seu pai, ao declarar: "Já não sou digno de ser chamado teu filho". Poderia ter dito: *Pequei, mas ainda sou teu filho*, e consideraríamos este argumento como razoável; mas ele, não: é humilde demais para isso, e reconhece: *Já não sou digno de ser chamado teu filho* (Lc 15.21). Arrepende-se de verdade o pecador ao admitir que, se não tivesse Deus misericórdia dele, seria justo que fosse lançado em condenação para sempre

> Se em punição súbita me cessar a vida,
> Na morte justo te declararei;
> Se minha alma ao inferno for impelida,
> Terá o aval certo de tua perfeita lei.

A alma que deixa de questionar a justiça divina e que se curva a seu veredicto não está longe do perdão e da paz. Ó pecador, rogo-lhe que, se deseja encontrar libertação, vá agora e se jogue ao pé da cruz, onde Deus o aguarda, tal como você está, e declare: "Senhor, aqui estou; seja feito comigo o que assim desejares. Não direi palavra alguma de negação ou escusa, nem farei um protesto sequer com o intuito de tentar escapar ou me livrar. Sou uma massa só de culpa e miséria, mas tem dó, sim, tem piedade de mim! Não reivindico direitos meus, nem faço apelo ou pedido; renuncio a quaisquer supostos direitos adquiridos em consequência de minha criação, por tornar-me um transgressor rebelde contra ti. Estou perdido e indizivelmente arruinado ante o tribunal da tua justiça. Desta justiça eu só sei me refugiar sob o sangue e as chagas de teu amado Filho, meu redentor. Segundo a multidão das tuas misericórdias, meu Pai, me perdoa e apaga as minhas transgressões!"

Há no filho pródigo tal abandono de si mesmo perante seu pai que nenhuma condição nem pedido algum são por ele mencionados ou deixados implícitos. Implora para ser aceito, mas, mesmo assim, a

O MOMENTO DA CONVERSÃO | 1313

posição de um simples servo para ele já seria mais que satisfatória; contenta-se em, no máximo, poder trabalhar, comer e dormir como mero serviçal, contanto que seja perdoado e possa estar de volta à casa paterna. Não pede uma pequena permissão para pecar nem autorização para um pouco de orgulho com que se possa gabar; a tudo deixa e despreza. Está disposto a ser qualquer coisa, ou mesmo nada, conforme seu pai assim desejar, mas apenas, se possível, ser contado doravante entre os criados. Não há arma alguma de rebeldia em suas mãos. Nenhum sentimento de oposição às normas da casa do pai se esconde em sua alma. Acha-se completamente subjugado, aos pés do pai. Na verdade, nosso Senhor nunca rejeitaria uma única alma que se prostre a seus pés, nem jamais irá fazê-lo. Irá, sim, inclinar-se e dizer: "Levanta-te, filho; levanta-te, pois eu já te perdoei. Vai e não peques mais. Amo-te com amor eterno". Venha então você, retorne ao Senhor, pois está ferido, e ele o irá curar; ele não o destruirá nem rejeitará, mas o restaurará. Ele não esmaga a cana quebrada, nem apaga o pavio que fumega.

IV. Observe-se que houve ainda, neste ato, CERTA FÉ NO PAI — certa fé, digo, querendo significar que havia fé, embora não muita. Até mesmo uma pequena fé pode salvar a alma; e havia fé nos bons atributos de seu pai. Pois lembrou-se: *Quantos empregados de meu pai têm abundância de pão*. Você não crê, pecador, que Deus seja capaz de salvá-lo e que, mediante Jesus Cristo, pode conceder tudo aquilo de que sua alma necessita? Será que não consegue nem chegar a ele e lhe dizer: "Senhor, se quiseres, bem podes tornar-me limpo"? O filho pródigo tinha fé na disposição de seu pai em perdoar; não a tivesse, e não teria retornado de modo algum ao lar; se soubesse que seu pai não voltaria a sorrir para ele, jamais teria voltado. Creia, pecador, que Deus é piedoso, pois ele de fato é. Creia, segundo Jesus Cristo, que ele não deseja a morte do pecador, mas que se volte para ele e viva. Tão certo como Deus vive, isso é a mais pura verdade. Não creia em uma única mentira a respeito de seu Deus. O Senhor não é rude nem ultrarigoroso, mas se deleita em perdoar a transgressão de todo aquele que se arrependa. O filho pródigo acreditava também na disposição do pai em abençoá-lo. Tinha quase certeza de que seu pai iria tão longe quanto sua bondade permitisse, ao lhe dizer: *Já não sou digno de ser chamado teu filho: trata-me como um dos teus empregados*. Admitia ser seu pai bom a ponto de ser desejável tornar-se em apenas um servo dele. Contentava-se mesmo em ter a mais baixa posição na casa paterna, conquanto pudesse ficar sob a sombra de tão bom protetor.

Ah, pobre pecador, crê que Deus não terá misericórdia de você, por ser, como é, consistente com a justiça? Pois se acredita, tenho boas notícias a lhe dar: Jesus Cristo, o Filho de Deus, realizou expiação de tal modo pelos nossos pecados que Deus pode ser justo ao mesmo tempo que é o justificador daquele que crê; ele tem misericórdia do mais vil dos homens e justifica o mais indigno deles e aceita o maior dos pecadores tão somente mediante o sacrifício de seu amado Filho na cruz. Ó alma, tenha fé em tal sacrifício! A expiação consumada pelo sacrifício pessoal do Filho de Deus é infinitamente preciosa; nela há eficácia suficiente para você. É um porto seguro no qual você pode se agarrar à cruz de Cristo e, ao fazê-lo, estará honrando Deus. É, aliás, o caminho pelo qual você pode honrá-lo; pois você o honrará ao crer que ele pode salvar você — até mesmo você. A fé sincera e verdadeira crê que a misericórdia de Deus pode salvar até mesmo o pior e o mais consciente dos indignos. O filho arrependido da parábola foi ao pai sentindo-se indigno de ser chamado de filho e, no entanto, não deixou de chamá-lo "Pai".

A fé tem seu modo próprio de encarar a obscuridade do pecado e crer que a alma em negritude pode ser feita por Deus branca como a neve. Não é por fé que se diria: "Sou um pequeno pecador e, portanto, Deus pode me perdoar"; mas com fé pode-se perfeitamente declarar: "Sou um grande pecador, um pecador maldito e condenado, mas, mesmo assim, a infinita misericórdia de Deus pode me salvar, e o sangue de Cristo, me purificar". Creia, apesar de seus sentimentos e em oposição à sua consciência, creia em Deus, pecador, que está acima e é bem maior do que qualquer montanha de pecado. Faça como diz John Bunyan, que declarava ter medo de seus pecados e da punição que receberia por eles, mas não poderia deixar de correr para os braços do Senhor: "Ainda que ele empunhasse uma espada desembainhada, eu teria corrido ao encontro dele, em vez de me manter a distância". Faça o mesmo, pobre pecador. Creia em seu Deus. Não creia em nada mais, confie apenas em seu Deus, e você receberá a bênção. O poder da fé junto a Deus é maravilhoso, pois detém o rigor de sua justiça e em seu lugar faz emanar a graça. Não sei um modo melhor de ilustrar isso do que com o que vou lhes contar. Tempos atrás, em meu jardim, encontrei um cão que se divertia em meio às flores. Sabia que ele provavelmente não seria um bom jardineiro, nem era meu cão; então joguei um graveto longe, para que fosse atrás e saísse do jardim. Mas depois de eu assim proceder, ele me conquistou e me fez ficar envergonhado por ter sido duro com ele; pois pegou o graveto e, abanando a cauda em contentamento, trouxe-me de volta, deixando-o a meus pés. Como poderia eu ralhar com ele ou afugentá-lo depois disso? Então o acariciei e chamei-o por nomes carinhosos. O cão de fato me conquistou. Se você, pobre pecador, tiver confiança suficiente em Deus para ir a ele como agora se encontra, saiba que não está no coração dele afugentá-lo. Há onipotência até mesmo na fé mais simples, capaz de conquistar o divino ser em pessoa. Tão somente confie nele conforme ele se revela em Jesus e encontrará a salvação.

V. Não tenho tempo nem forças para me demorar mais, mas devo notar, em quinto lugar, que o ATO DE ENTRAR EM CONTATO COM O PAI FOI FEITO PELO FILHO PRÓDIGO DO MODO EM QUE ELE SE ENCONTRAVA. Não sei quão deteriorada estaria a aparência do filho, mas acredito que ele não tenha melhorado muito alimentando porcos e com fome, nem que tenha continuado a usar vestes suntuosamente ornadas depois de certamente andar ao léu, dormir ao relento e colher frutos em árvores para comer. Sim, tal como estava, partiu para o pai. Poderia ter perdido algum tempo para tentar se endireitar e às suas roupas. Mas não; ele decidiu: *Levantar-me-ei* e, sem tardar, levantou-se e foi a seu pai. Cada momento que o pecador interrompe em sua caminhada em direção a Deus para tentar melhorar, nada mais faz além de aumentar o seu pecado, pois a pior das tentações é a de se afastar de Deus, e, quanto mais alguém se mantiver afastado, tanto mais acabará pecando. A tentativa de realizar boas obras separadamente de Deus é como o esforço de um ladrão para tornar seus roubos legais; o único modo correto seria devolvê-los.

O mesmo orgulho que leva os homens a se afastarem de Deus pode ser encontrado na presunçosa ideia de que podemos melhorar a nós mesmos recusando-nos a retornar a ele. A essência desse erro é que, por estarmos longe de Deus, o que quer que seja feito enquanto houver tal distância será feito em vão. Afirmo, portanto, que geralmente a raiz dos nossos problemas é a nossa distância de Deus, e, assim, o início da correção de qualquer problema consiste em nos levantarmos e retornarmos àquele de quem nos afastamos.

O filho pródigo foi levado a retornar a seu lar, do modo em que se encontrava, ao perceber que nada mais havia que realmente pudesse fazer. Havia chegado a tal extremo que certamente não conseguiria nem obter um pedaço de pano para remendar suas vestes, nem um ínfimo naco de sabão para se lavar. É uma grande misericórdia que alguém se encontre tão espiritualmente reduzido a ponto de nada mais poder fazer além de ir ao seu Deus como um mendigo; quando se está tão falido que não se pode obter mais nada; quando se está tão perdido, longe de Deus, que não se pode nem se arrepender ou crer sem conseguir evitar sentir-se destruído, até que interceda ao Senhor. É sábio, então, ir a Deus, para dele obter tudo.

Nada mais era preciso, por parte do filho pródigo, além de seu retorno ao pai. Se o filho que comete um erro retorna, quanto mais sua face estiver coberta por lágrimas, tanto melhor. Se um mendigo pede ajuda por caridade, quanto mais suas roupas estiverem rasgadas, melhor; ou não são as vestes e as feridas o ganha-pão dos mendigos? Uma vez, dei um par de sapatos a um homem que dizia precisar deles, mas, depois de ele os calçar e andar um pouco, flagrei-o retirando os sapatos para andar novamente descalço. De fato, eram de couro envernizado, e o que faria um mendigo com tal adereço? Ele certamente iria trocar os calçados por um par surrado e alguns trapos, mais adequados a seu negócio. Um pecador não é tão ouvido senão quando vem vestido em trapos espirituais. Pode-se até dizer que, em relação ao apelo à misericórdia, quanto pior o pecador, tanto melhor. Portanto, pecador, não há motivo para você demorar mais; venha logo, como está. "Mas não devemos esperar pelo Espírito Santo?" Ah, amados, aquele que deseja levantar-se e ir a seu Pai já está imbuído do Espírito Santo. É o Espírito Santo que nos leva a retornar a Deus, enquanto é o espírito da carne, ou do diabo, que nos faz esperar.

E então, pecadores? Sei que alguns de vocês devem estar sentados nesses bancos, mas onde estarão? Não consigo encontrá-los; mas meu Mestre consegue, tanto assim que fez que esse sermão tivesse

O MOMENTO DA CONVERSÃO | 1315

justamente vocês como alvo. "Eu gostaria de ir para casa e orar", pensa alguém. Você pode orar onde está, no banco. "Mas não consigo orar em voz alta." Conseguirá se desejar; ninguém pode impedi-lo. "Mas talvez eu não queira." Não ore, então, em voz alta; Deus consegue ouvi-lo sem um único som. Apesar disso, gosto, por vezes, de ouvir as pessoas indagando: "Que devo fazer para ser salvo?"; e muito gostaria de ouvir uma oração dizendo: "Deus, sê propício a mim, o pecador". No entanto, mesmo que os homens não o possam ouvir, o Senhor pode perfeitamente ouvir as súplicas a ele dirigidas. Diga, portanto, mesmo silenciosamente: "Meu Deus, quero chegar a ti. Sei que estás em Jesus Cristo e que nele já fizeste o necessário para chegares a mim. Minha alma ansiosamente te deseja; toma-me agora e faze de mim o que queres que eu deva ser. Perdoa-me, Senhor, e aceita-me, em Cristo Jesus". Quando algo assim é dito, surge o momento da conversão na vida de um homem, onde quer que seja, em uma oficina, em um escritório, em uma igreja como este Tabernáculo — não importa. O essencial é chegar a Deus por Cristo, desistindo de tudo e descansando, pela fé, na misericórdia de Deus.

VI. Eis o último tópico: TAL ATO PRODUZIU A MAIOR MUDANÇA POSSÍVEL NA VIDA DAQUELE HOMEM. Tornou-se um novo homem depois daquilo. Meretrizes e beberrões perderam para sempre sua companhia! Ele simplesmente chegou ao pai — e à companhia do Pai a companhia desse tipo de pessoas não consegue de modo algum concorrer. O retorno de um homem a Deus significa ele deixar de vez os lugares e as ocasiões do vício e da perversão. Pode crer que, se um cristão professo for visto vivendo em impureza, ele não estará em um lugar próximo a Deus. Deus e a falta de pureza nunca combinam, e, se alguém tem verdadeira amizade com Deus, não terá ligação alguma com as obras estéreis da escuridão.

Cessou também o filho arrependido de realizar qualquer trabalho ou obra degradante, para poder se sustentar ou ser ajudado. Você não mais o verá alimentando porcos; nem fazendo dele mesmo um suíno, como muitos, hoje, ao confiarem em padres ou sacramentos: não precisou ele confessar-se a um sacerdote nem pagar uma moeda que fosse para tirar a mãe morta do purgatório; não era tolo ou desesperado a esse ponto. Ele foi diretamente ao pai — como você pode chegar a Deus por vontade própria, sem mais desejar que um padre vá a Deus em seu lugar. Ele se livrou de amarras desse tipo. Já chegava de alimentar os porcos, como, hoje, chega de superstições! "Ora", diria ele, hoje, "se tenho livre e direto acesso ao trono do Pai, que tenho eu a tratar com os falsos intermediários de Roma?"

Houve mudanças no filho pródigo em todos os sentidos. Agora que chegara ao pai, o orgulho que ostentava foi quebrado. Não mais haveria de se vangloriar naquilo que chamava de "eu"; toda a sua glória reside agora no livre amor que perdoa, de seu pai. Não se gaba mais do que tem, pois reconhece que tem apenas o que seu pai lhe dá; e, apesar de estar agora muito melhor do que em seus dias de prodigalidade, tornou-se humilde como uma criança. É um cidadão da generosidade de seu Deus e vive todos os dias para ser um presente real na mesa do Rei dos reis. Foi-se o orgulho, e o contentamento o preenche. Ele, que se contentaria em ser um dos servos da casa, muito mais contente está por ser reconhecido novamente como um filho. Ama seu pai com novo amor e não consegue mencionar seu nome sem lembrar: "Ele me perdoou, perdoou-me livremente, perdoou-me completamente, dizendo: *Trazei depressa a melhor roupa, e vesti-lho, e ponde-lhe um anel no dedo e alparcas nos pés*". Desde o dia de sua restauração o filho pródigo obedece às normas do pai e reconhece ser esta uma das maiores bênçãos citadas no pacto da graça: *E porei o meu temor no seu coração, para que nunca se apartem de mim* (Jr 32.40).

Esta manhã, creio que Deus, em sua misericórdia, deseja chamar muitos pecadores para si. Muito me surpreendo quando descubro como o Senhor guia minha palavra de acordo com as pessoas diante de mim. No último domingo, esteve aqui o jovem filho de um cavalheiro, um estrangeiro, de terra distante, bastante impressionado com as verdades da religião cristã. Seu pai é seguidor de uma das antigas religiões do Oriente, e esse jovem sentia grande dificuldade em se tornar cristão, por causa da ira de seu pai. Vejam, então, quão pertinente foi a mensagem daquele dia do Senhor, que chegou a ele. O texto bíblico dizia: *Quem me fará saber, se por acaso teu pai te responder asperamente?* (1Sm 20.10). Ele me veio depois contar que agradecia Deus por aquela mensagem e que esperava conseguir resistir à provação, caso surgisse alguma perseguição. Sinto como se falasse com igual clareza a alguns de vocês. Sei que falo. Alguns de vocês poderão me perguntar: "Posso então ir agora a Deus como estou, curvando-me a ele, mediante Jesus Cristo, e ele me perdoará?" Querido irmão, querida irmã, pelo menos *tentem*. Esta é a melhor coisa a fazer: *tentem*; e, se os anjos não puserem os sinos do céu a tocar, então Deus terá mudado do que era até ontem; pois sei que até então ele recebia os pobres pecadores; mas creio que ele, sem dúvida, os receberá agora. O que mais temo em relação a vocês é que acabem afirmando: "Pensarei sobre isso". *Não*. Não *pensem* no assunto. *Ajam*! Em relação a esta questão, não é mais necessário pensar; apenas agir. Corram para Deus. Pois não está de acordo com a natureza que a criatura fique em paz com o seu Criador? Não parece o mais certo à sua consciência? Não há algo dentro de vocês que implore: "Vá a Deus por Cristo Jesus"?

No caso do filho pródigo, foi a fome quem disse a ele: "Vá para casa!" Pão era um artigo raro, carne, um luxo, ele estava com fome, e cada pontada que sentia no estômago o instava: "Vá para casa! Vá para casa!" Se por acaso procurou um amigo ou conhecido e pediu ajuda, recebeu provavelmente como resposta uma carranca, que dizia: "Por que não vai para casa?" Há um momento para todo pecador em que até mesmo as antigas companhias parecem lhe dizer: "Não o queremos mais. Você é muito pesaroso e melancólico. Por que não vai para casa de uma vez?" Se lhe determinam que alimente os porcos, até mesmo os animais parecem dizer, do chiqueiro: "Vá para casa!" Quando pegou a alfarroba e tentou comê-la, ela estrilou: "Vá para casa!" Olhou para seus trapos, e eles gritavam: *Vá para casa!* Sua barriga vazia e sua debilidade clamavam: *Vá para casa!* Pensou então no rosto do pai, no modo amável com que olhava para ele, e parecia chamá-lo: "Volte, venha para casa!" Lembrou-se da abundância de pão na casa paterna, e cada migalha parecia lhe dizer: "Venha para casa!" Imaginou os servos se sentando à mesa e se fartando em banquetes e cada um deles parecia gritar para ele: "Venha, venha para casa! Teu pai nos alimenta tão bem! Venha!" Tudo dizia: "Venha para casa!" Só o diabo sussurrava: "Não volte nunca, jamais. Lute! Melhor passar fome que desistir! Morra lutando!" Ele, porém, conseguiu escapar do diabo desta vez, pois caiu em si e respondeu: Não; *levantar-me-ei e irei ter com o meu pai*.

Oh, que vocês sejam igualmente sábios! De que adianta, pecador, ser condenado em nome de um pequeno orgulho? Entregue-se! Perca seu orgulho! Você não achará difícil se submeter, caso se lembre do afável Pai que nos ama e a si mesmo se doou a nós na pessoa do seu querido Filho. Você achará maravilhoso ceder a tal amizade. E, quando chegar a ele, sentindo seus quentes beijos em sua face, logo achará muito bom chorar pelos pecados cometidos — será doce confessar as obras erradas e mais ainda ouvi-lo dizer: "Apaguei as tuas transgressões como a névoa, e os teus pecados como a nuvem". *Ainda que os vossos pecados são como a escarlata, eles se tornarão brancos como a neve; ainda que são vermelhos como o carmesim, tornar-se-ão como a lã* (Is 1.18).

Que Deus todo-poderoso permita que seja esse o caso de muitos esta manhã. Que ele tenha toda a glória, e o meu coração fique feliz; pois nada sinto do espírito do irmão mais velho do filho pródigo em mim, mas, sim, a maior alegria concebível só de pensar na felicidade de vocês ao chegarem sozinhos ao meu Senhor e mestre e em participarmos juntos do banquete sacramental, regozijando-nos no seu grande amor. Deus os abençoe, em nome de Jesus. Amém.

141

O RETORNO DO FILHO PRÓDIGO

Estando ele ainda longe, seu pai o viu, encheu-se de compaixão e, correndo, lançou-se-lhe ao pescoço e o beijou (Lc 15.20).

Qualquer pessoa que lide com educação dirá que é muito mais difícil fazer a mente desaprender os erros que fazê-la receber a verdade. Se imaginarmos um homem ignorante de todo e qualquer assunto, teríamos mais possibilidade de melhor e mais rapidamente instruí-lo do que teríamos se sua mente estivesse previamente repleta de falsidade. Não tenho dúvida de que vocês, todos vocês, acham mais difícil desaprender que aprender. Livrar-se de antigos preconceitos e ideias preconcebidas é de fato uma luta árdua. Já foi muito bem dito que as palavras "estou errado" são as mais difíceis de se pronunciar, e é certamente preciso força de vontade para que possamos proferi-las; e, mesmo depois de o fazer, não é fácil remover o lodo que um velho erro, envolvente como uma cobra, acaba deixando no coração. Melhor seria se nunca tivéssemos sabido algo que o temos sabido de forma equivocada.

Tenho quase certeza de que esta situação ocorre também quando se trata de Deus. Se me fosse permitido formar minha própria ideia de Deus inteiramente a partir das Sagradas Escrituras, creio que com a ajuda do Espírito Santo me seria muito mais fácil compreender o que ele é e como age do que aprender até mesmo a verdade da Palavra depois de haver minha mente se desvirtuado com opiniões alheias. Pois, irmãos, quem pode pintar um retrato justo de Deus? Os arminianos chegam até a difamar Deus (sem ter intenção, mas incorrendo nisto), ao acusá-lo de infidelidade, ensinando que Deus pode prometer o que nunca realizará; ou seja, que ele tem o poder de dar vida eterna e segundo promete aquele que a receber nunca perecerá, mas também, no final das contas, que é possível alguém nessa condição vir a perecer. Falam de Deus como se fosse mutável, pois pregam o seu amor para com os homens e daí a pouco afirmam que ele também os pode odiar; dizem que Deus escreve nossos nomes no livro da vida e, no minuto seguinte, que ele também os pode apagar. A influência desses equívocos é altamente nociva. Muitos dos filhos de Deus que têm absorvido esses erros de doutrina tiveram de arrastar por muito tempo sua pobre e desgastada alma, quando poderiam ter caminhado alegremente para o céu se desde o início soubessem a verdade. Do mesmo modo, aqueles que ouvem um pastor calvinista são passíveis de cometer erros de interpretação da Palavra com relação a Deus. No que nos compete, apesar de confiarmos nunca estarmos falando de Deus de forma diversa daquela em que o encontramos representado nas Escrituras, sabemos, no entanto, serem muitos de nossos ouvintes mais propensos a imaginar uma caricatura de Deus do que um verdadeiro retrato seu. Alguns imaginam Deus severo, bravo e rigoroso, altamente fácil de se deixar levar pela ira, mas não pelo amor. Acabam pensando nele como alguém sentado em seu trono em posição elevada e distante, totalmente indiferente às aspirações de suas criaturas, determinado a agir segundo sua própria decisão, como Soberano arbitrário, nunca ouvindo as vontades nem partilhando dos problemas e das dores dos seus comandados. Oh, que possamos desaprender tais falácias, crendo em Deus tal como ele realmente é! Que possamos saber ler as Escrituras e ver nelas o espelho que reflete sua sagrada imagem; que possamos entendê-lo como é, onipotente, onisciente, justo, gracioso, misericordioso e amoroso Jeová!

Tentarei, esta manhã, com a ajuda do Espírito Santo, retratar a verdadeira e amável personalidade de Cristo Jesus; e, se for feliz a ponto de ter entre meus ouvintes alguém que se encontre na mesma situação do filho pródigo da parábola — indo a Cristo, mas ainda distante dele —, confiarei em que seja levado pelo divino espírito a crer na amorosa gentileza de Jeová e a encontrar nele a paz, antes de deixar esta casa de oração.

Estando ele ainda longe, seu pai o viu, encheu-se de compaixão e, correndo, lançou-se-lhe ao pescoço e o beijou. Vou ressaltar, em primeiro lugar, a *situação* traduzida pelas palavras *ainda longe*; em seguida, abordarei os *problemas* que costumam agitar a mente dos que estão em tal situação; para terminar, lembrarei *a imensa amabilidade de nosso adorado Deus* para conosco, de tal modo que, quando estamos *ainda longe*, ele já corre para nós e nos enlaça em seus braços de amor.

I. Primeiro, então, qual a SITUAÇÃO descrita como *ainda longe*? Devo, antes de mais nada, indicar qual *não* é esta posição. Não é a posição do homem descuidado e que ignora completamente Deus; pois note que, no caso, o pródigo é retratado como já tendo caído em si e se acha retornando à casa do pai. Embora seja verdade que todo pecador, quer saiba quer não, se encontra muito distante de Deus, neste caso em particular a posição do pobre pródigo quer significar a situação de alguém que foi sacudido pela consciência de sua condenação, instado a abominar a vida que levava e que sinceramente deseja retornar a Deus. Não irei, portanto, esta manhã, me dirigir propriamente a iníquos blasfemadores e profanadores. Para eles haja talvez alguma advertência a ser ouvida, mas não me irei voltar especialmente para esses pecadores. É a outro tipo de pessoa a que a parábola do mestre se refere e destina: ao homem que era um ímpio, ou, se preferir, um beberrão, devasso, irresponsável, blasfemo, mas que agora renuncia a tudo isso e diligentemente busca a Cristo, para obter o perdão divino e a vida eterna. É deste homem que se diz estar, embora na direção do Senhor, *ainda longe*.

Há ainda outro tipo de pecador a quem este texto não é dirigido, a saber, o grande cidadão, o fariseu, aquele que se acha extremamente justo, que nunca caiu em si e nunca foi levado a confessar seu pecado. Você, se é este o seu caso, na verdade não está muito longe; está praticamente à vista de Deus, mas tão distante quanto à luz da escuridão, quanto o Ocidente do Oriente. Você não será contemplado aqui. Você é como o filho pródigo, só que, em vez de gastar sua vida em devassidão, acabou se afastando de seu Pai para esconder na terra o ouro que ele lhe deu; e tende a comer da alfarroba que alimenta os porcos, ao mesmo tempo que, com uma miserável economia de boas obras, espera acumular fortuna suficiente para se manter aqui e na eternidade. Sua esperança de atingir a salvação é por meios próprios, uma falácia. Não é a você que se dirige o texto bíblico; é ao ser que se sabe perdido, mas deseja ser salvo, e que na parábola de Cristo encontra Deus, sendo por este recebido com um amoroso e caloroso abraço.

Chegamos, então, a uma questão: quem é, afinal, esse tipo de homem e por que é dito que está ainda longe? Ele parece até, pelo contrário, estar bem próximo do reino, agora que sabe de sua necessidade e busca o Salvador. Respondo, em primeiro lugar, que ele está ainda distante por causa de seus próprios temores. Você, que está aqui esta manhã, sente talvez como se nunca tivesse havido um homem tão longe de Deus quanto você se acha agora. Olhando para sua vida passada, relembra de como ignorava Deus, desprezava o dia do Senhor, repudiava o livro sagrado, tripudiava do sangue do Salvador e rejeitava todos os convites cheios de misericórdia. Revê as páginas de sua história e se lembra, amargurado, dos pecados que cometeu — pecados de sua juventude, transgressões passadas, crimes e iniquidades maduros de seus anos recentes, tudo parecendo vagas negras rolando por praias escuras, onda após onda, que inundam sua memória de lodo e pesar. Passa uma marola de suas brincadeiras infantis e logo vem uma onda maior, de suas transgressões adolescentes, seguindo-se imensos vagalhões escuros de seus pecados da mocidade e da idade adulta. À visão destas você só falta se quedar boquiaberto de perplexidade: "Ó Senhor, meu Deus, quão profundo é o abismo que me separa de ti! Onde e como posso encontrar poder necessário para ultrapassá-lo? Estou separado de ti, meu Deus, por léguas de pecado, e montanhas inteiras se interpõem entre nós, erguidas por minha culpa! Ó Deus, seria mais que justo se me destruísses agora; e, se conseguisses me levar para junto de ti, isso somente seria realizável por um poder como o da tua onipotência, que criou o mundo e tudo pode. Oh, quão distante estou de ti, meu Pai e Senhor!"

Na verdade, alguns de vocês ficariam assombrados se seus vizinhos de banco começassem a relatar sentimentos que trazem guardados consigo. Se aquele homem que está sentado lá longe, em meio à

O RETORNO DO FILHO PRÓDIGO | 1319

multidão, se levantasse e viesse agora ao púlpito para dizer o que realmente sente, muitos certamente ficariam horrorizados ante a descrição que ele daria do próprio coração. Muitos de vocês não têm ideia da batalha em que a alma é lancetada e mutilada quando sob o julgamento da lei! Se ouvissem o que o referido homem tem a dizer, talvez até o desculpassem: "Ah, pobre homem! É um exagerado e um iludido; os homens não chegam a ser tão ruins assim"; ou, então, pelo contrário, pensariam que ele havia cometido crimes indizíveis tais que não ousasse mencionar, os quais deveriam estar devorando toda a sua consciência. Não, amigos, ele tem buscado ser tão moralista e justo quanto vocês; se, porém, se descrever do modo com que agora enxerga a si mesmo, acabará por chocá-los demais. E, no entanto, vocês são iguaizinhos a ele, apesar de não sentirem isso e até o negarem, indignados. A penetração da luz da graça de Deus em um coração é semelhante ao ato de abrir as janelas de um porão que tivesse ficado fechado por muito tempo. Nas profundezas do porão, encontra-se toda sorte de criaturas desprezíveis e de plantas doentias, empalidecidas pela escuridão. As paredes se tornaram negras e umedecidas, marcadas pelo rastro de répteis. É um lugar horrendo, onde ninguém entraria voluntariamente. Você talvez andasse ali de modo bem cauteloso e, exceto pela visão esporádica de alguma criatura repugnante, jamais acreditaria ser o lugar tão sórdido e nojento. Mas abra as janelas, limpe os vidros, deixe que entre a luz, e você verá os tipos de criaturas que tornaram tal ambiente sua moradia. Claro, foi a luz que revelou ser o porão de fato tão horrível, mas a luz, na verdade, apenas mostrou como ele foi sempre horroroso. Que a graça de Deus, então, abra as janelas e permita sua luz banhar a alma de um homem, para que ele possa se impressionar por ver a que distância realmente se encontra de Deus.

Talvez você se considere hoje a poucos segundos de chegar ao Eterno; imagina poder alcançar o trono de Deus com apenas alguns passos firmes e que é pouco o que tem de fazer para poder ser salvo; imagina que pode realizar esse feito a qualquer dia e hora, e que tanto poderá se salvar em seu leito de morte quanto agora. Ah, meu amigo, se você fosse tocado pela lança do arcanjo Ituriel,[1] tomando forma externa o que em você é verdade interior, veria que está longe de Deus mesmo agora, e tão longe dele que, a menos que os braços da graça se estendam para trazer você a ele, acabará perecendo no pecado. Volto-me mais uma vez à esperança, crendo não serem poucos nesta congregação que poderiam dizer: "Sinto estar longe de Deus, e por vezes temo estar tão longe que ele nunca há de ter misericórdia de mim; nem ouso levantar os olhos para o céu, bato em meu peito e digo: 'Senhor, sê propício a mim, o pecador'". Ó pobre coração, eis então uma passagem para o seu conforto: *Estando ele ainda longe, seu pai o viu, encheu-se de compaixão* [...] (Lc 15.20).

Há, porém, um segundo sentido em que alguns hoje aqui presentes talvez se considerem longe de Deus. A consciência diz a todos os que desejam ser salvos que se devem livrar do pecado. Talvez alguém queira supor que os homens possam ser salvos enquanto vivam em pecado; mas a consciência individual nunca permitirá a homem algum aceitar tal ilusão. Não há pessoa nesta congregação que não tenha perfeito conhecimento de que para ser salva deve largar a impiedade, a devassidão e toda sorte de iniquidade. Espero que não haja aqui ninguém dopado pelo ópio maligno da insensibilidade a ponto de imaginar que possa tirar proveito de sua lascívia e logo em seguida envergar a branca veste dos redimidos no paraíso celeste. Quem imagina que pode partilhar do sangue de Cristo e ao mesmo tempo beber do copo de Belial; que pode simultaneamente ser membro da hoste de Satanás e membro do corpo de Cristo, tem realmente muito menos sabedoria do que poderia pensar que de fato possui. Não, não; sabemos todos que até braços devem ser cortados, olhos arrancados — que os pecados mais queridos devem ser largados —, se desejarmos entrar no reino de Deus. Um homem convencido da falta de santidade de sua vida e que anseia por se reformar, não é porque acredite que essa reforma o salve, mas, mais que isso, porque sabe ser este apenas um dos primeiros frutos da graça — a reforma de sua vida, liberta do pecado. Um pobre homem, por

---

[1] [NE] O arcanjo Ituriel, de que fala o livro de Enoque, considerado canônico somente pela Igreja Ortodoxa da Etiópia, é, juntamente com Uriel, Amitiel e Baliel, um de quatro arcanjos, além de Rafael, Gabriel e Miguel, que seriam responsáveis pela vigilância universal durante o período dos nefilins, ou "anjos caídos". Outras fontes apócrifas os consideram querubins.

muitos anos alcoólatra inveterado, luta agora por subjugar essa terrível paixão. Já quase conseguiu atingir tal feito, mas nunca realizou tentativa tão hercúlea como essa antes; pois agora as tentações o atacam tão fortemente que não há muito o que possa fazer para resistir; e, talvez desde a primeira decisão de largar o pecado, tem caído cada vez mais. Talvez até seja outro vício; e vocês, irmãos, ainda por cima, viraram a cara para ele; mas há muitos laços e correntes que nos prendem aos vícios, e vocês hão de concordar que, apesar de a urdidura do pecado ser fácil de se fazer, não é igualmente fácil descoser o que está bem costurado. Você não consegue livrar facilmente a sua casa de ídolos nem sabe muito menos como abandonar pecados lascivos. Tampouco consegue renunciar à companhia de indignos: abandonou um por um seus mais íntimos conhecidos, mas é quase impossível fazer isso completamente, e continua lutando por consegui-lo, muitas vezes cai de joelhos e clama: "Ó Senhor, quão distante estou de ti! Que ladeiras íngremes tenho de subir! Oh, como poderei ser salvo? Se não tenho como me desprender de meus velhos pecados, nunca conseguirei permanecer no bom caminho; e por mais que eu me livre deles, sei que acabarei por vacilar e cair neles outra vez". Ouço-o também clamar: "Oh, quão enorme é a minha distância até Deus! Traze-me para mais perto de ti, Senhor!"

Eis outro aspecto de nossa distância até Deus. Vocês todos leem a Bíblia e sabem que sua fé, sozinha, pode unir sua alma a Cristo. Sabem que, se não crerem naquele que morreu na cruz por seus pecados, jamais conseguirão ver o reino de Deus. E, no entanto podem dizer, esta manhã: "Senhor, tenho me esforçado por crer; tenho examinado as Escrituras, não só por horas, mas por dias a fio, para encontrar uma promessa na qual meus pés esgotados possam descansar; tenho me ajoelhado muitas e muitas vezes, suplicando com sinceridade uma bênção tua, mas em vão parece ser este meu lamento, pois até o momento não obtive um sussurro da graça sequer, nenhum sinal positivo, nenhum aviso de misericórdia. Senhor, empenho-me por crer, dizendo:

> Oh, se ao menos pudesse crer!
> Então mais fácil tudo seria;
> Quero alívio, Senhor, obter
> Mas só de ti o conseguiria!

"Usei de toda a força que tenho e lancei-me desesperadamente aos pés do Salvador, tentando ter meus pecados lavados em seu sangue. Não permaneci indiferente à narrativa da cruz; li-a centenas de vezes e até mesmo chorei ao lê-la; mas quando reflito sobre o Cordeiro de Deus expiatório e busco crer que meus pecados são a ele transferidos, algum demônio parece fazer cessar meu ânimo de adoração e algo me impede de aceitar aquele que morreu por mim." Bem, pobre alma, você está, de fato, distante de Deus. Repetirei as palavras do texto para você; que o Espírito Santo as repita em seus ouvidos: *Estando ele ainda longe, seu pai o viu, encheu-se de compaixão e, correndo, lançou-se-lhe ao pescoço e o beijou.* O mesmo se dará com você ao chegar ao mesmo ponto que ele chegou: ainda que a distância possa ser enorme, seus pés não a terão de atravessar, pois Deus Eterno, embora você agora ainda hesite, com temor de se aproximar dele, olhará desde lá de seu trono aqui para baixo e visitará seu coração.

II. Nosso segundo tópico trata de problemas próprios que perturbam a vida daqueles que estão nessa situação. Deixem-me apresentá-los ao pobre filho pródigo, agora esfomeado e malvestido. Depois de uma vida desregrada, foi levado por seus vícios a se afundar em penúria, duro trabalho, fome e miséria. Depois de ter de alimentar uma vara de porcos por algum tempo para sobreviver e passar necessidades a ponto de quase morrer, convenceu-se a voltar para a casa do pai. Trata-se de uma viagem longa e cansativa. Anda léguas e léguas até seus pés ficarem em brasa e, por fim, do alto de uma montanha avista a casa paterna, ao longe, em meio aos campos. Há ainda muitos quilômetros de distância entre ele e o pai, de quem havia antes negligenciado. Conseguem imaginar sua emoção, depois de tanta ausência, ao avistar a velha casa de seu lar? Ele se recorda muito bem dela, mesmo ainda longe; e, ainda que faça muito tempo que haja pisado aquele chão, nunca o deixou de lembrar. A lembrança da doçura de seu pai e da prosperidade

O RETORNO DO FILHO PRÓDIGO

quando com ele vivia jamais foi apagada de sua consciência. Imaginem, porém, que ele haja sentido uma torrente de alegria, como um raio que resplende em meio à tempestade, mas que, logo, vê como que uma escuridão vindo em direção a seu espírito. É provável que pense: "Oh! Mesmo que eu alcance a casa, irá meu pai me receber? Será que não baterá a porta em minha cara, dizendo-me para partir de volta e gastar o resto de minha vida no mesmo lugar em que a desperdicei?" Outro pensamento, então, poderia surgir: "Quem sabe o demônio que me levou antes a partir pode novamente me fazer abandonar esta terra, antes que eu veja meu pai?" "Ou talvez", pensa ainda o pródigo, "eu até morra no caminho e minha alma se apresente diante de Deus antes mesmo de eu receber a bênção de meu pai!"

Não tenho dúvida de que algum pensamento semelhante a um destes possa ter ocorrido a você, que busca Cristo, mas triste por sentir-se ainda longe dele. Antes de mais nada, teme morrer antes de chegar a Cristo. Tem buscado por muito tempo o Salvador sem o encontrar, e eis que surge um negro pensamento: "E se eu morrer sem ter minhas preces atendidas? Oh, se Deus apenas me ouvisse antes que eu parta deste mundo, mesmo que me faça esperar em angústia por muitos anos, eu já ficaria feliz. Mas e se eu virar um cadáver hoje mesmo ou amanhã? Vou me ajoelhar e implorar por misericórdia, em meu quarto; mas, oh, se ele não enviar o perdão antes da manhã, e se ainda esta noite meu espírito se apresentar diante do seu tribunal — que será feito de mim?" É curioso observar que muitos homens pensam que viverão para sempre, mas os homens que se convencem de seu pecado e buscam um Salvador geralmente temem não chegar a viver nem até o próximo dia. Alguns de vocês, certamente, conhecem este momento, queridos irmãos, o momento em que não ousamos fechar os olhos por temor de não tornarmos a abri-los sobre a terra; quando tememos as sombras da noite por imaginarmos poderem impedir para sempre vermos o brilho do sol, fazendo-nos habitar na escuridão por toda a eternidade. Alguns, nessa situação, lamentam que um novo dia comece e lastimam que passe, pois imaginam que seus próximos passos os irão de todo modo levar na direção da condenação eterna. Eu sei o que é caminhar sobre a terra e imaginar que cada tufo de grama esconde uma porta para o inferno; o que é tremer por imaginar que cada partícula, cada átomo, cada pedra estejam associados a Deus contra nós e temendo que nos destruam. Dizia John Bunyan, de sua sofrida experiência de vida, ter chegado a desejar ter nascido um cão ou um sapo, em vez de homem; que se sentia indescritivelmente perverso por conta do pecado, e o grande exemplo de sua perversidade seria o fato de que, apesar de estar buscando Cristo havia três anos, poderia acabar morrendo sem de fato encontrá-lo.

Na verdade, este não é um alarme de todo inútil. Talvez seja um alarme excessivo para os que já sentem a necessidade de Cristo, mas o grosso das pessoas precisaria realmente ser constantemente assombrado pelo conceito da morte. Quão poucos de nós toleramos esse pensamento! O fato de que vocês vivem saudáveis, comem, bebem e dormem normalmente os faz como que pensar, de modo geral, que não morrerão. Já meditaram, porém, seriamente sobre seu próprio fim? Nunca pensaram, ao deitarem à noite, que um dia se irão deitar para um último sono? E também nunca pensaram, quando acordam de manhã, que a trombeta dos anjos um dia os irá erguer e convocar para comparecerem diante de Deus para o juízo final, quando então todo o universo há de se apresentar diante do grande juiz? Não? "Todo homem acha ser todo mundo mortal, menos ele." Afastamos sempre de nós o pensamento da morte, até despertarmos atormentados, mas aí pode ser tarde demais. Você, a quem me dirijo especialmente hoje, você que sente estar a uma enorme distância de Cristo, você, no entanto, nunca morrerá, mas viverá, tornando conhecidas as obras do Senhor; pois, se efetivamente o buscar, não morrerá até que o haja encontrado. Nunca houve uma única alma que sinceramente buscasse o Salvador que tivesse perecido antes de encontrá-lo. Não; os portões da morte não hão de se fechar até que os da graça tenham sido abertos; você não será batizado no Jordão até que Cristo haja lavado todos os seus pecados. Sua vida está segura, pois é este é o plano de Deus — manter vivos os seus eleitos até o dia de sua graça e tomá-los para si. Enquanto você reconhecer sua necessidade de um Salvador, já pertencerá a ele e não morrerá até que ele o tenha encontrado.

O segundo grande temor é o seguinte: "Ah, pastor! Embora não tema morrer antes de encontrar Cristo, tenho temor maior: é que já tive outras crenças antes, e elas cessaram, e meu grande medo é que minha crença em Cristo desapareça também!" Ouvi uma vez a história de um pobre carvoeiro, que, sentindo-se impressionado por um sermão, foi levado a se arrepender de seus pecados e abandonar sua antiga vida; no entanto, passou a sentir um horror tão grande de retornar à sua antiga maneira de ser que um dia se ajoelhou e suplicou a Deus: "Ó Senhor, que eu morra agora, antes de negar a fé que abracei e voltar à minha velha forma"; e o que me foi dito e garantido é que teve sua prece atendida: sua morte não tardou. Deus preferiu levá-lo para o céu a deixá-lo sofrer a violência da tentação na terra. Quando se chega a Cristo, sente-se ser preferível sofrer por qualquer motivo a perder a convicção que se tem. Muitas vezes, certamente, fomos encaminhados, vocês e eu, para Cristo, sob a pregação da Palavra. Podemos relembrar dezenas de ocasiões que pareciam ser o momento exato de nossa conversão. Algo dizia a nosso coração: "Creia agora, é esta a ocasião tão aguardada, hoje é o dia da salvação"; mas acabamos respondendo: "Amanhã, amanhã", e, chegando o dia seguinte, tinha ido embora nossa convicção. Chegávamos a pensar ser o nosso dito de ontem o feito de amanhã; em vez disso, a delonga do amanhã acabou se tornando a calejada perversão de hoje: nos afastamos de Deus e o esquecemos. Chora você agora para ele, temeroso de que ele o abandone. Provavelmente orou antes de vir para cá, dizendo: "Pai, que meu esposo, minha esposa, não sofra por eu ter me afastado da fé; que o meu trabalho, minhas atividades, não concentre os meus pensamentos a ponto de desviar minha atenção dos assuntos pertinentes a Deus. Oh, que os prazeres de hoje não absorvam minha mente a ponto de eu não poder me preparar para o meu encontro contigo —

Que as coisas eternas sejam impressas
Profundamente em meu coração

e façam desta obra uma obra real de salvação, que não pereça nem me seja tomada". É esta a sua prece sincera? Ó pobre pródigo, ela será atendida e lhe será respondida. Você não terá como voltar a ser o que era. Seu Pai o vê agora desde o trono do céu; chega mais perto de você pela mensagem do evangelho, enlaça-se em seu pescoço e chora de alegria, dizendo a você: *Perdoados são os teus pecados* (Lc 7.48). Pela pregação da Palavra, hoje, ordena que você arrazoe com ele: *Ainda que os vossos pecados são como a escarlata, eles se tornarão brancos como a neve; ainda que são vermelhos como o carmesim, tornar-se-ão como a lã* (Is 1.18).

Todavia, o pensamento mais assustador que provavelmente teve o filho pródigo foi que, quando chegasse a seu pai, este lhe diria: "Vá embora, nada mais tenho a ver com você". "Ah!", deve ter pensado, "lembro-me da manhã da partida, em que acordei antes do alvorecer, pois sabia que não suportaria as lágrimas de minha mãe; lembro-me de como desci as escadas, com todo o dinheiro recebido de meu pai, passei rápido pelo jardim e saí depressa em direção àquelas terras, onde gastei tudo que tinha. Que dirá meu velho pai quando eu chegar? Oh, lá está ele! Vem correndo em minha direção! Trará um chicote consigo, para açoitar-me? Não é possível que tenha uma única palavra gentil para me dar. O máximo que posso esperar é que ele diga: 'Bem, João, você desperdiçou todo o dinheiro que lhe dei; não é justo esperar que eu faça algo mais por você. Não deixarei que morra de fome, mas você será um de meus servos; venha, eu o admitirei como um lacaio'. Se ele fizer isso, já ficarei muitíssimo agradecido. Aliás, eu mesmo pedirei a ele: 'Pai, trata-me como um dos teus empregados'". "Oh, não!", logo contestou, certamente, o demônio dentro dele. "Teu pai nunca mais voltará a falar manso contigo; é melhor que tu voltes e fujas de novo. Eu te digo uma coisa: se ele chegar perto de ti, será, sem dúvida, para te dar a surra que mereces e como nunca viste na tua vida. Morrerás aqui mesmo, com o coração partido, e muito provavelmente o velho nunca mandará te enterrar: as aves de rapina devorarão todo o teu cadáver. Não há esperança para ti; vê só como o maltrataste! Coloca-te no lugar dele: que farias se tivesses um filho que tivesse levado a sua parte toda da herança para gastá-la com bebidas, farras e meretrizes?" Então, imaginou o filho que, no lugar do pai, realmente seria muito duro e severo, e ele quase se volta para fugir dali. Não teve tempo de fazê-lo. Mal começava a pensar em escapar, os braços do pai, de súbito, sem que esperasse, já enlaçavam seu pescoço e dele recebia muitos e muitos beijos amorosos. E, antes que pudesse terminar sua oração de agradecimento por tanta bênção, os servos já o tinham trajado com uma veste de linho branco, a mais bela e melhor que havia na casa, colocado precioso anel em seu dedo, ricas alparcas em seus pés, e o

O retorno do filho pródigo

conduzido, com a dignidade própria de um príncipe, à mesa, onde lustroso bezerro cevado assado estava sendo servido, para que ceasse.

Ó pobre alma, o mesmo acontecerá com você. Certamente você imagina: "Se eu for a Deus, ele não me receberá. Sou por demais vil e perverso. Sei que outros chegaram ao coração dele, mas eu, não; não conseguirei. Se meu irmão quiser ir, quem sabe, talvez seja salvo. É altíssima, porém, a gravidade dos meus pecados. Envelheci muito; cometi muitos erros e enganos; blasfemei muito contra Deus, violei o dia do Senhor... Ah, e tanto o enganei: prometi que me iria arrepender, mas, depois de pensar haver melhorado, voltei para o pecado! Oh, se ele deixasse que eu apenas rastejasse até a porta do céu! Não pediria para ser um de seus filhos, pois sou indigno; pediria apenas para que me considerasse como desejou aquela mulher cananeia: um cachorrinho que come das migalhas que caem da mesa do mestre. É tudo o que eu pediria; oh, e se ele me conceder isso, nunca mais ouviria uma má palavra de mim; pois, enquanto viver, quero somente cantar em seu louvor; e, mesmo quando o mundo esmorecer, e o sol tornar-se menos brilhante, minha gratidão imortal como minha alma não cansará de cantar seu imenso e inigualável amor, que me perdoou até do mais desprezível dos meus pecados e em seu sangue me purificou". Pois então venha, experimente e comprove. Seque suas lágrimas, pecador; esqueça seus casos que acha serem sem solução e olhe para as chagas de Cristo, que morreu por você; permita que suas dores sejam removidas, pois não há mais serventia alguma para elas: seu Pai o ama inteiramente, como você é; ele o aceita, perdoa e recebe você de todo o coração.

III. Para concluir, quero mostrar COMO OS TEMORES FORAM DISSIPADOS NO CASO DO PRÓDIGO, e como também o serão no seu caso, se você estiver na mesma situação.

Diz o texto que *ainda longe, seu Pai o viu*. Sim, assim também Deus o vê. Essa lágrima, que você limpou com tanta pressa, como que envergonhado, Deus a viu; Deus a viu, retirou-a e a guardou em seu receptáculo. A oração que você sussurrou, não faz muito tempo, de forma frágil e com fé tão pequena — Deus a ouviu. Você estava no quarto, onde ninguém o podia ouvir; mas Deus estava lá. Que seja este o seu conforto, pecador, que Deus o está vendo desde quando você começou a se arrepender. E ele não o enxerga com o olhar com que olha todos os homens, mas, sim, com olhos ternos de imenso interesse em você. Ele esteve olhando tristemente para você durante todo o seu pecado e durante toda a sua insensatez, esperando que um dia você se arrependesse; agora, ele o vê ante o primeiro brilho de sua graça e o contempla com alegria. Jamais um vigia da mais alta torre viu os primeiros brilhos prateados da manhã com maior júbilo do que aquele de Deus quando vê o seu primeiro desejo de ser salvo, em seu coração. Nunca um médico ficou mais feliz em ver restaurar-se o arfar dos pulmões de alguém que considerava morto do que Deus ao ver os primeiros sinais de bondade surgirem, ou ressurgirem, em você. Não pense que você é para ele um desconhecido, desprezado e esquecido. Ele o está observando de perto, inclinado desde o alto de seu trono glorioso, e regozijando-se com o que vê. Ele o vê orar, ouve até você sussurrar, dá atenção às suas lágrimas; e se alegra por ver estas primeiras sementes da graça em seu coração.

Segue-se o texto, dizendo que o pai *encheu-se de compaixão*. Ele não apenas viu o filho de longe, mas compadeceu-se ao vê-lo em tão má situação. A visão do velho pai tinha grande alcance e, apesar de o filho não avistá-lo ao longe, ele podia perfeitamente enxergá-lo. E o primeiro pensamento do pai ao ver o filho certamente foi: "Ó meu pobre filho, meu pobre menino! Como pôde chegar a tal situação?" Viu-o com seus olhos cheios de amor e pensou: "Ele não havia deixado minha casa no estado em que está. Pobre criatura! Seus pés estão sangrando; percorreu longo caminho; e o rosto dele? Não se parece o mesmo garoto que me deixou. Seus olhos, antes tão brilhantes, agora se afundam nas órbitas; seu rosto, que então vicejava, tornou-se oco e arrasado pela fome. Pobre coitado, chego a ver seus ossos, está tão maltratado!" Em vez de sentir ira em seu coração, sentiu exatamente o contrário: sentiu imensa dor pelo seu pobre filho.

É assim que o Senhor se sente em relação a você — você que geme e lamenta por causa do pecado. Ele esquece o seu pecado; chora por ver a pessoa em que você se tornou, que escolheu ser: "Por que você se rebelou contra mim, chegando ao estado em que se encontra?" Foi bem assim no dia em que Adão pecou.

Deus entrou no jardim e sentiu a falta de Adão. Não berrou: "Adão, apareça para ser julgado!" Não; com voz macia, pesarosa e melancólica, disse: *Adão, onde estás?* (Gn 3.9). Ó meu caro Adão, tu, a quem fiz e quero tão feliz, onde estás agora? Se andavas comigo, por que te escondes do teu pai e amigo? Oh, tu não sabes, Adão, a angústia que causaste para ti mesmo, para mim e para teus descendentes. *Ó Adão, onde estás?"* As entranhas de Jeová se apiedam até hoje de você. Não está mais bravo, sua ira já passou; e suas mãos, perfuradas nas mãos do Filho, na cruz, ainda estão estendidas. Assim como o faz sentir que pecou contra ele e desejar com ele se reconciliar. A única tristeza que sente é por você haver chegado a uma situação tão infeliz como a que agora se encontra.

Contudo, o pai do pródigo não ficou na mera compaixão. Compadeceu-se *e, correndo, lançou-se-lhe ao pescoço e o beijou.* Se esta parte você ainda não compreendeu, irá compreender agora. Tão certo como Deus é Deus, se você o está buscando mediante Cristo, saiba que chegará o dia em que o beijo da garantia total de salvação chegará a seus lábios, em que os braços do seu amor soberano irão enlaçá-lo. Sim, você pode até tê-lo desprezado, mas ainda saberá ser ele, Deus, verdadeiro Pai e amigo. Pode ser que você haja escarnecido um dia do nome dele; mas em seu nome ainda há de se regozijar de maneira mais intensa do que se fosse por ouro puro. Talvez haja desprezado ou violado o domingo e rejeitado sua Palavra; mas dia virá em que o dia do Senhor será para você total alegria, e a palavra recebida, como um tesouro. Sim, não se admire: você talvez tenha chafurdado no chiqueiro do pecado e manchado sua veste com o negror da iniquidade; mas irá ainda acontecer de se apresentar trajado tão branco quanto os anjos do céu; e sua língua, que já caluniou o Senhor, será usada tão somente para cantar louvores em sua suprema honra. Se você continuar a buscá-lo de forma sincera, suas mãos, que um dia tanto se macularam vergonhosamente de luxúria, acabarão por tocar celestial harpa de ouro, e sua cabeça, cuja mente tramou injúrias contra o Altíssimo, será rodeada de uma coroa dourada.

Não parece estranho que Deus faça tanto pelos pecadores? No entanto, por estranho que pareça, tudo isso será estupendamente verdadeiro. Olhe um cambaleante beberrão na taberna. Há alguma possibilidade de que venha a engrossar as fileiras dos filhos da luz? Possibilidade? O que há é a total certeza disso, bastando ele se arrepender e se voltar contra os erros do caminho que agora percorre. Estão ouvindo aquele blasfemador? Veem aquele homem que se orgulha de ser soldado do inferno, sem o menor pudor? É possível que algum destes venha a compartilhar do êxtase dos redimidos? Se é possível? Não! Mais que isso: é inteiramente certo, se abandonarem suas obras malignas. Ó soberana graça, faze que os homens se arrependam! *Convertei-vos, convertei-vos dos vossos maus caminhos* (Ez 33.11), diz o Senhor, "pois, por que morrereis, ó, casa de Israel?"

> Por tuas tenras misericórdias, Senhor,
> Faze que se converta o pecador!

Algumas últimas palavras, e terei terminado. Se algum de vocês hoje se convenceu do pecado, deixe-me adverti-lo categoricamente de que não frequente mais lugares onde tal convicção possa ser abalada. Um colaborador do *New York Christian Advocate* nos oferece a seguinte narrativa:

"Viajando pelo estado de Massachusetts, 26 anos atrás, depois de pregar à noite na cidade de [...], um homem, com ar muito grave, me pediu que desejava se dirigir à congregação. Dada a permissão, ele discursou como segue: 'Meus amigos, há cerca de um ano iniciei uma jornada em companhia de um jovem muito conhecido meu, visando a buscar a salvação de minha alma. Durante várias semanas permanecemos juntos, trabalhamos juntos e muitas vezes renovamos nossos votos de não desistirmos de procurar até que obtivéssemos a fé em Jesus. De repente, o jovem começou a negligenciar as reuniões, pareceu ter dado as costas aos meios da graça e foi se mostrando tão constrangido em minha presença que mal tinha oportunidade de voltar a falar com ele. Sua estranha conduta causou enorme angústia em minha mente; mas eu continuava decidido a obter a salvação de minha alma ou perecer, tal como a oração do publicano. Pouco tempo depois, um amigo me contou que o jovem havia recebido um convite para começar a

O RETORNO DO FILHO PRÓDIGO

frequentar uma casa de bailes. Fui a ele e, com lágrimas nos olhos, esforcei-me por persuadi-lo a mudar sua decisão e me acompanhar, naquela mesma noite, a uma casa de oração. Supliquei em vão. Ele me disse, porém, que eu não o contasse como perdido, pois, depois de comparecer àquela casa de bailes, iria imediatamente voltar a se lançar na empreitada de buscar a fé. Veio aquela noite, em que ele foi para os bailes, e eu, à assembleia cristã. Logo após a abertura do encontro a que compareci, aprouve a Deus, em resposta às minhas orações, tornar-me seu servo espiritual, fazendo minha alma se regozijar em seu amor justificador. Já meu jovem companheiro, tão logo assomava à entrada da casa de bailes, segurando a mão de uma donzela e preparado para começar a dançar, enquanto os músicos ainda afinavam os instrumentos, sem qualquer motivo justificável teve um colapso cardíaco, caindo morto no chão. Fui imediatamente chamado para ajudar a transportar o corpo para a casa de seus pais. Espero que sejam capazes de julgar a emoção de meu coração com o ocorrido, quando eu lhes disser que aquele jovem era meu próprio irmão."

Não brinque, portanto, com sua própria convicção, pois talvez até a eternidade seja curta demais para que você possa exprimir a lamentação que venha a ser causada por tal brincadeira.

A RECEPÇÃO AO FILHO PRÓDIGO

Levantou-se, pois, e foi para seu pai. Estando ele ainda longe, seu pai o viu, encheu-se de compaixão e, correndo, lançou-se-lhe ao pescoço e o beijou (Lc 15.20).

E i-lo! Tão indigente quanto a miséria em pessoa; tão imundo quanto suas rudes amizades, que podiam se satisfazer com baixezas, embora ele mesmo não mais o possa. Suas vestes pendem em trapos; sua figura exterior é o retrato de seu estado interior. Sente-se *opróbrio dos homens e desprezado* (Sl 22.6) de todos. Anseia por retornar à casa do pai, mas *seu anseio não consegue de modo algum alterar sua real situação*. Seu mero desejo não basta para limpar sua imundície, sua vontade de nada lhe serve para remendar as roupas. Quer queira quer não, continuará ainda sujo, desgraçado e distante da casa do pai; e sabe perfeitamente disso, pois acaba de cair em si. Se alguém tivesse dito isso dele antes, ele teria mui certamente se aborrecido. Agora, porém, sabe disso, somente é possível descrevê-lo com palavras as mais tenebrosas. Com lágrimas e lamentos, ele mesmo confessa ser e estar muito pior do que parece; pois nenhum homem conseguiria medir a vileza de sua conduta: esbanjou toda a sua fortuna em devassidão; desprezou o amor de seu generoso pai, desgarrando-se de sua sábia proteção; praticou o mal com ambas as mãos e nele desgastou sua mais intensa força e capacidade. Não obstante sua confissão, ei-lo, exatamente como o descrevi; e ainda que já haja dito para si mesmo e pense em dizer ao pai "Pequei", *sua pretendida ou real confissão de nada lhe serviu, até agora, para remover a sua dor*. Reconhece, sim, não ser digno de ser mais chamado, por seu pai, de filho — e é verdade; mas o simples ato de admiti-la, tampouco confessá-la, não remove sua indignidade. Não tem defesa alguma a fazer junto ao amor de seu pai. Se o pai lhe fechar a porta na cara, para ele estará agindo com justiça; caso se recuse a proferir qualquer palavra que não de reprovação, não o pode culpar, pois sabe que errou ao extremo. A nada o filho levanta qualquer objeção, e reconhece que, se for pelo pai rejeitado para sempre, o terá merecido totalmente.

Tal retrato, bem sei, é o mesmo de alguns dos aqui presentes. Sentem sua vileza, seu pecado, mas não conseguem enxergar, além de sua baixeza, um meio de eliminar, aliviar ou alterar sua situação. Você sente, mas não consegue impedir seus sentimentos. Confessa que possui anseios voltados na direção de Deus, mas acha que não tem direito algum a tais anseios — que nada pode pedir a ele. Fosse sua alma hoje levada para o inferno, não somente a lei de Deus aprovaria tal decisão, segundo pensa, mas sua própria consciência já o faz. Vê seus próprios trapos, sua própria sujeira e almeja algo melhor, mas nem por isso *se torna* melhor. Todavia, não tem outro desejo senão a misericórdia de Deus; apresentando-se, aqui e agora, como ofensor convicto do amor e da santidade de Deus.

Àqueles que estejam nesta situação, rogo possa ser portador de uma mensagem de Deus para sua alma. Ó vocês que conhecem o Senhor, peço que façam agora uma oração sincera, silenciosa, para que minha mensagem encontre o caminho da consciência atormentada. Imploro: [...] *olhai para a caverna do poço donde fostes cavados* (Is 51.1), para a lama de onde vocês vieram, e lembrem-se de como Deus os ama e recepcionou. Embora estejamos falando sobre o que ele pode e quer fazer pelos pecadores ainda distantes, que a alma deles possa, mais uma vez, se regozijar de gratidão ao lembrar a maneira amorosa com que ele os recebeu, partilhando com todos, em dias passados, a sua graça.

Há dois tópicos a abordar no texto bíblico: o primeiro, *a condição daquele que busca — ele ainda está longe*; depois, em segundo lugar, *a inigualável amabilidade do pai para com ele*.

A RECEPÇÃO AO FILHO PRÓDIGO | 1327

I. Primeiro, caros amigos, A CONDIÇÃO DAQUELE QUE BUSCA — ELE AINDA ESTÁ LONGE.
Ele ainda está bem longe, se considerarmos uma ou duas coisas. Lembremo-nos da sua *falta de força*. O pobre jovem passou fome por algum tempo — chegou a tal ponto que as alfarrobas com que alimentava os porcos lhe pareceram uma iguaria, se as pudesse comer. E, como passou fome, certamente estava fraco, e cada quilômetro o cansava como uma légua; custava a ele provavelmente muitas dores e pungentes feridas ter que quase se arrastar, por um metro que fosse. O pecador está também muito distante de Deus quando se considera a imensa falta de força que o debilita para poder chegar ao Pai. Mesmo a força que Deus lhe dá é empregada com muito sacrifício. Deus lhe dá força suficiente para poder desejar a salvação, mas tal desejo é sempre acompanhado de profundo e sincero esforço e da dor causada pelo pecado que arrasta consigo. O ponto até onde já chegou exauriu toda a sua força, e tudo o que o pecador pode fazer é cair diante de Jesus, clamando:

Oh! Eu não tenho mais forças a usar,
Todo o meu esforço é a teus pés deitar.

Ele está muito distante também se levar em conta sua *falta de coragem*. Anseia por ver o pai, mas o mais provável é que venha a voltar e fugir quando o pai o encontre: o simples som dos passos do pai teria para ele o mesmo efeito da presença de Deus sobre Adão ao se sentir culpado, no Éden — se pudesse, se esconderia também em meio às árvores; de modo que, em vez de chamar pelo pai, o pai é que teria, como Deus a Adão, de chamar por ele: "Onde estás, pobre criatura? Onde estás?" Sua falta de coragem, portanto, encomprida mais ainda a distância, e cada passo que dá parece como que em direção às mandíbulas da morte. "Ah", pensa o pecador, "preciso me demorar até que possa ganhar nova esperança, pois minhas iniquidades vão tão além de minha cabeça que não consigo nem olhar para cima". Você se encontra, então, temeroso, alarmado, hoje? As orações que fez lhe parecem não ter efeito algum agora; e, quando pensa em Deus, o terror toma seus pensamentos e você sente que está a uma imensa distância dele. Imagina que o Senhor possivelmente não irá escutar suas súplicas nem prestar atenção em suas palavras. Está ainda muito longe de chegar lá.

Você, de fato, está bem distante, se refletir acerca das *dificuldades do caminho do arrependimento*. John Bunyan nos conta que seu personagem cristão, ao retornar ao bosque para encontrar o rolo perdido, constata que a tarefa de retornar é muito difícil. Assim o comprova todo e qualquer apóstata, e todo pecador arrependido sabe que o amargor em lamentar o pecado é comparável ao da perda de um filho. Um homem que se afoga não sente grandes dores: a sensação de ter-se afogado, dizem, se faz sentir mais justamente quando lhe é recuperada a vida: quando o sangue começa a fazer as veias pulsarem com vigor e são restaurados os nervos é que se enche o corpo de muitas agonias; e estas são, no entanto, agonias de vida. Já o pobre arrependido sente o objetivo estar muito afastado porque imagina que, se tiver de sentir o que sente agora por um mês que seja, será muito tempo; se tiver ainda de percorrer distância maior com tanta dor e os pés sangrando, como o faz agora, o caminho será longo demais.

Examinemos este assunto e veremos que, se a estrada parece muito longa por esses motivos, por diferentes luzes *continuará sendo longa*. Há muitos pecadores que estão bem distantes *em sua própria vida*. Imagino ver um homem assim se lamentar por si mesmo: "Abandonei a bebida. Não frequento mais os lugares que costumava frequentar. Agradeço a Deus não ser mais visto tropeçando pelas ruas e abomino esse detestável vício. Deixei de violar o dia do Senhor e vou agora à casa de Deus; tenho me esforçado tanto quanto possível para deixar o hábito de blasfemar, mas ainda me encontro longe de o conseguir; não sinto como se já me pudesse entregar inteiramente a Cristo, pois ainda não consegui subjugar minhas paixões. Um antigo amigo me viu esta semana, e fazia muito que não se dirigia a mim, e nele reencontrei meu antigo eu, e o velho vício me voltou face a face; e um dia desses um xingamento me veio à tona, lacerando-me. Pensava tê-los dominado, mas não — estou ainda muito longe disso. Quando vejo como são os santos, os cristãos verdadeiros, sinto que minha conduta é tão inconsistente e tão distante do que deveria ser e tenho de admitir que realmente estou muito, muito longe". Ah, caro amigo, claro que está; se você quiser ir a Deus pelo caminho de sua própria retidão, nunca irá alcançá-lo, pois não é assim que se pode encontrá-lo. Cristo Jesus é o caminho. Ele é a estrada certa, segura e perfeita para Deus. Aquele que vê Jesus viu o Pai; mas aquele que olha para si mesmo verá apenas desespero. O caminho do céu via monte Sinai é intransponível para os homens mortais, mas o monte Calvário, sim, leva à glória; o segredo do caminho reside nas chagas de Jesus.

Talvez você se sinta muito afastado também por questão de *conhecimento*. "Ora", diz, "antes de me sentir assim, considerava-me quase um mestre em teologia; como que brincava com as doutrinas entre os dedos. Ao ouvir um sermão, me sentia bastante habilitado a fazer críticas e o meu julgamento. Vejo agora que meu julgamento tinha o mesmo valor que o de um cego em relação a um quadro, pois eu não tinha a devida visão espiritual para isso. Sinto-me um tolo. Sei o que significa pecado, mas até certo ponto. Mesmo assim, sinto não ter consciência da culpa humana. Conheço a doutrina da expiação de Cristo e agradeço a Deus sabê-la em certa medida, mas a excelência e a glória do sacrifício substitutivo a que Cristo se submeteu confesso não compreender completamente". Essa confissão mostra que o pecador, ao contrário de compreender bem as Escrituras, precisa como que retornar à escola, feito uma criança, para aprender o *á-bê-cê*. "Estou muito longe de Deus", diz ele, "pois sou tão ignorante, tão tolo, me imagino ser uma besta, quando penso na profundidade dos assuntos de Deus". Ah, pobre alma, pobre irmão que erra, não me admiro que assim lhe possa parecer, pois a ignorância do homem carnal é de fato terrível e apenas Deus pode prover a luz! Mas ele pode dá-la em um instante, e a distância entre você e Deus no quesito "ignorância" pode ser logo superada, para que você possa "compreender, com todos os santos, qual seja a largura, e o comprimento, e a altura, e a profundidade, e conhecer o amor de Cristo, que excede todo o entendimento".

Outro ponto em que muitos fiéis sinceros estão ainda distantes é quanto ao *arrependimento*. "Não consigo arrepender-me como deveria", dizem. "Se pudesse sentir o coração partido, como já ouvi e vi em outras pessoas... Oh, o que eu não daria por pensamentos penitentes; como eu seria agradecido se minha cabeça fosse um mar e meus olhos fossem fontes de lágrimas; se eu pudesse me sentir humilde como o pobre publicano e, mantendo os olhos baixos, dizer: 'Ó Deus, sê propício a mim, o pecador!'. Mas, tenho sido ouvinte da Palavra por anos e, no entanto, todo o progresso que fiz foi tão pouco que não sinto o evangelho, mesmo sabendo-o verdadeiro. Sei que sou um pecador, e lamento o fato, mas é um lamento apenas superficial, meu arrependimento é um arrependimento do qual preciso arrepender-me. Oh, como anseio sentir realmente estar perdido e desejar Cristo com aquele ardor que não recebe um "não" como resposta. Nesse ponto, porém, meu coração me parece um aço, endurecido no inferno, frio como pedra de gelo, que não cede apesar de toda a insistência do amor divino. Mesmo que torrentes de diamante arranhassem profundamente minha alma, ela não cederia. Quebra-a, Senhor, quebra-a!" Ah, pobre coração, de fato você está muito distante; mas será que sabe que, se meu Senhor aparecesse para você esta manhã e lhe dissesse: "Com amor eterno te amei", seu coração se partiria em um instante?

> A lei e os temores endurecem o coração,
> E o tempo todo seu trabalho é assim feito;
> Mas saber que com sangue foi pago o perdão
> Dissolve a rocha que se mantinha no peito.

Por mais longe que você esteja, se o Senhor o perdoar, embora endurecido e conscientemente duro de coração, você não cairá a seus pés agradecendo pelo grande amor com que o amou, mesmo morto em transgressão e pecado? Claro que sim.

Creio, porém, ouvir alguém dizer: "Há outro ponto em que me sinto muito distante: tenho pouca ou nenhuma *fé*. Já ouvi pregações sobre fé em muitos cultos; sei o que é, pelo menos assim acredito, mas não consigo alcançá-la. Sei que se me jogar inteiramente em Cristo serei salvo. Entendo que ele nada exige de mim, nenhuma vontade, nem feitos, nem sentimentos; sei que Cristo deseja receber o maior dos

A RECEPÇÃO AO FILHO PRÓDIGO

| 1329

pecadores do inferno, bastando a tal pecador, simplesmente, crer nele. Já tentei assim proceder; por vezes pensei que tinha fé, mas, então, olhando de novo para os meus pecados, temi de forma tão intensa que percebi não ter fé alguma. Há momentos alegres em mim em que posso dizer:

Minha fé se baseia na cruz,
No sangue e justiça de Jesus.

"Mas, quando sinto minha própria corrupção se reerguendo dentro de mim, ouço como que uma voz a dizer: "Os filisteus vêm sobre ti, Sansão!" E, no mesmo instante, volta minha fraqueza. Não tenho a fé que desejo; estou bem longe de tê-la, e temo nunca vir a possuí-la".

Sim, irmão, conheço bem essa dificuldade, pois eu mesmo já a senti. Mas, oh, o meu Senhor, que dá a fé, que é exaltado por dar o arrependimento e a remissão dos pecados, poderá lhe dar a fé que tanto deseja e fazê-lo descansar, esta manhã, em perfeita confiança, na obra que começou e irá concluir em você!

Para resumir em uma só palavra: o pecador arrependido sente que ainda está distante em *tudo*. Não há questão alguma que se aborde, quanto a isso, da qual não seja levado a confessar sua deficiência. Se começarmos a colocá-lo na balança do santuário, ele clamará: "Oh, antes que você coloque os pesos, posso afirmar que haverá desigualdade". Leve-o à pedra de toque, e ele recuará diante dela: "Não", dirá, "não posso suportar qualquer tipo de provação".

Todo indigno e maculado,
Nada sou além de pecado.

Veja quão bem meu mestre retratou o seu caso nesta parábola: *ainda longe*, ainda coberto de trapos, ainda tomado de imundície, ainda em desgraça, ainda um estranho na casa do Pai, há apenas um único ponto bom em você: estar voltado na direção do Pai, desejando a Deus e almejando, se possível, obter a vida eterna. No entanto, você se sente muito distante de qualquer coisa semelhante a uma esperança de conforto, e devo confessar que temo por você que se encontra nesta situação: temo que chegue bem adiante, mas acabe retornando, pois muitos houve que vimos avançar bastante, mas acabaram desistindo. Oh, lembre-se que o mero desejar a Deus não o mudará a ponto de ser salvo. Você tem necessariamente de encontrar Cristo. Lembre-se que apenas dizer *Levantar-me-ei* não é o suficiente, como não o é também o simples levantar; você não deve descansar até que sinta o Pai o abraçar e beijar e até que o haja trajado com a melhor das vestes. Espero que não se conforme como satisfeito, desculpando-se: "Estou bem assim; o pastor me disse que muitos passam por essa situação antes de serem salvos; fico por aqui mesmo...". Querido amigo, essa pode ser uma boa experiência *para ser vivida de passagem*, mas é uma péssima *situação definitiva*. Rogo que você nunca se contente enquanto lhe reste algum sentimento de pecado, que nunca se satisfaça em saber que ainda não está onde e como deveria. De nada adianta, em termos de cura, uma pessoa saber que ainda tem febre; isso, quando muito, pode ser apenas sinal de que a febre baixou — mas não a deixou; jamais alguém fica curado e se restabelece enquanto persistir a enfermidade. É muito bom saber ou suspeitar que se está enfermo, pois sem isso ninguém geralmente iria procurar um médico; mas, a não ser que o enfermo tome o caminho de seu tratamento e cura, poderá vir a morrer da doença, independentemente de desconfiar ou confirmar que está enfermo ou não. A mera consciência de que você tem fome, enquanto os empregados de seu pai têm pão com fartura, não irá saciar sua fome: você precisa, sem dúvida, de mais do que isso. A você, que sente que está muito distante, portanto, peço que pense nos riscos a que se expõe, ao permanecer nessa situação, de poder perder a sensibilidade que já desenvolveu. É possível se abater sobre você o desespero. Há pessoas que quase chegaram, ou vieram mesmo, a cometer suicídio quando assombradas pela constatação da imensidão de sua distância de Deus, sem ousarem buscar o Salvador. Nossa súplica a Deus, assim, é que a segunda parte de nosso texto, a seguir, seja decisiva para você, impedindo que chegue à apostasia e ao desespero, que possa vir a trajar as vestes da graça, encobrindo sua alma culpada, e que receba total alegria e paz mediante a fé em Cristo.

II. Em segundo lugar — oh, que o mestre nos ajude —, temos de refletir sobre a INIGUALÁVEL BONDA-DE DO PAI CELESTIAL. Estejamos atentos, então, a cada palavra do texto.

Antes de tudo, temos aqui uma *divina observação*: "Estando ele ainda longe, *seu pai o viu* (Lc 15.20)". Na verdade, o pai *sempre* o viu. Deus vê o pecador em toda e qualquer situação e em cada momento de sua vida. Sim, ele o olha com olhos de amor, como ao pecador descrito no texto — não com compla-cência, mas com toda a compaixão e afeição. O Pai olha sempre por seus filhos errantes. Tenho a certeza de que o pai da parábola via o filho esbanjando sua fortuna com devassidão, vícios e meretrizes, e que o viu com maior pesar ainda quando o filho procurou encher o estômago faminto com as alfarrobas com que alimentava os porcos; mas agora, se é que pode existir algo como a divina onisciência se tornar mais exata, seu pai o vê com olhar de amor ainda mais terno e com zelo e cuidado ainda maiores. "Seu pai o viu". Oh, que visão teve então o pai! Era seu filho, é verdade, mas filho réprobo, que havia desonrado o seu nome; que levou o nome de uma casa honrada ser pronunciado com achincalhe pela ralé e pela escória humana. Ei-lo! Que visão para os olhos do *pai*! O filho está sujo, como se tivesse chafurdando na lama; suas antigas lindas vestes há muito perderam as finas cores e dele pendem sob a forma de farrapos estropiados. O pai não dá as costas na tentativa de esquecê-lo, mas, pelo contrário, concentra mais ainda todo o seu olhar no filho.

Você sabe que Deus pode vê-lo esta manhã, pecador; sentado aqui, nesta casa, você é observado por Deus desde os céus. Não há um único desejo em seu coração que não seja entendido por ele, nem uma única lágrima rola de seus olhos sem que ele a perceba. Sem dúvida, ele viu todos aqueles seus pecados, ouviu todos os seus xingamentos e toda a sua blasfêmia, e mesmo assim ele o ama, apesar de tudo que você tem feito. Você não poderia ser um rebelde pior do que é, e mesmo assim ele anotou seu nome no livro do amor, determinado a salvá-lo, e seu olhar de amor o segue por onde quer que você passe.

Não há conforto nisso? Então, por que o filho não pode ver o pai? Será devido às lágrimas nos olhos? Ou por que o pai teria uma visão bem melhor que a dele? Você não pode ver Deus, pecador, por ser incré-dulo, e carnal, e cego, mas ele pode perfeitamente ver você; suas lágrimas de arrependimento bloqueiam sua visão, mas seu Pai tem visão aguçada, e o contempla, e o ama; em cada olhar dele existe amor. *Seu pai o viu*. Note que esta é uma observação bastante amável. O pai não o avistou como um observador acidental; ele não notou seu filho como um homem vê o filho de um amigo, mesmo com compaixão e benevolência, mas, sim, o viu como somente um pai consegue ver os próprios filhos. Que bom olhar tem um pai! Conheço um rapaz que havia retornado ao lar para passar um feriado. A mãe nada viu nem ouviu qualquer sussurro da parte do filho, mas não pôde evitar de comentar com o marido: "Há alguma coisa no John que me faz suspeitar que algo não está indo bem com ele. Não sei o que é, mas tenho quase certeza de que anda metido em más companhias". Ela lera o semblante dele sem errar. Também o pai havia observa-do algo, sem poder precisar exatamente o que era, mas que gerava ansiedade. Na parábola, temos um pai que a tudo vê e que tem tanto de amor quanto de sabedoria. Consegue, portanto, ver cada mágoa, cada ferida, observar cada chaga aberta. Enxerga através de seu filho como se ele fosse feito de cristal; consegue ler seu coração, e não vê somente suas vestes reveladoras, não lê apenas a história contada pelo seu rosto imundo e seus pés sangrentos, mas, sim, consegue ver sua própria alma e pode compreender a totalidade de sua miserável súplica. Ó pobre pecador, não há necessidade de você fornecer maiores informações a Deus; ele já as tem, completas; não precisa escolher com cuidado as palavras de sua oração para explicar seu caso de forma clara e lúcida, pois Deus tudo sabe, e o que você tem a fazer é simplesmente ostentar suas feridas, suas mágoas, suas chagas abertas, e dizer: "Ó meu Pai, que tudo vê, lê minha história, meu Pai, tem piedade de mim".

O próximo assunto a ser debatido é a *compaixão divina. ... encheu-se de compaixão...* Não significa a palavra compaixão, justamente, "sofrer com" ou "sofrimento solidário"? Que é compaixão, então, senão colocar-se no lugar do próximo e sentir sua dor? O pai se coloca, por assim dizer, nos trapos do filho e sente por ele tanta dó quanto teria sentido o pobre filho de si mesmo. Não sei como poderia incitar melhor a compaixão em vocês hoje sem dizer que este caso se trata do seu próprio caso. Suponha, pai, que você tenha um filho assim. Não faz muitas horas, vi um rapaz que me lembrou o filho pródigo nessa situação: sua face era marcada por incontáveis sulcos de pecado e infelicidade; seu corpo era magro e inanimado; suas roupas não fechavam até o último botão; sua aparência era praticamente um espelho da aflição. Bateu à minha porta. Eu sabia qual era sua situação, mas não poderia magoá-lo, ainda mais descrevendo-a a ele. Havia desgraçado sua família não uma nem duas vezes, mas muitas outras; por fim, juntou todo o dinheiro do negócio de sua respeitável família, veio para Londres com quatrocentas libras e em cinco semanas gastou-as todas. Sem um só vintém com que se sustentar, geralmente ele vaga pedindo algum pão e acredito que busque um banco de praça à noite para dormir, colecionando dores e contusões nos ossos que o susterão até a morte. De dia anda pelas ruas como réprobo e vagabundo. Escrevi para alguns amigos dele, explicando-lhes o caso; mas não o querem ajudar, e, levando em conta a conduta vergonhosa que teve, não me espanto com isso. Não tem mais pai nem mãe. Se alguém o ajudasse além do simples abrigar e alimentar, até onde me é dado julgar, acho que seria o mesmo que jogar dinheiro fora; parece haver mergulhado em tal devassidão que, tudo indica, tornaria a ser a mesma pessoa. No entanto, sob o meu ponto de vista, gostaria que ele pudesse ter ao menos uma nova chance; e ele a teria, não há dúvida, se *seu pai* ainda estivesse vivo, pois as outras pessoas, em relação a ele, parecem simplesmente haver secado sua fonte de amor.

Quando penso nesse rapaz, não posso evitar pensar que, fosse ele um filho meu e eu o visse batendo à minha porta com tal aparência, não importa os crimes que tivesse cometido, o enlaçaria com meus braços e o beijaria; pois mesmo o maior dos pecados não pode jamais apagar uma fagulha que seja do amor paternal. Eu poderia até condenar seu pecado com termos afiados e severos; poderia lamentar ter ele nascido um dia, clamando como Davi: *Meu filho Absalão, meu filho, meu filho Absalão! Quem me dera que eu morrera por ti!* (2Sm 18.33); mas eu não conseguiria expulsá-lo de minha casa, nem me recusaria a chamá-lo meu filho. Meu filho ele seria e meu filho continuaria a ser até morrer. Você sente também que, se fosse seu filho, você faria o mesmo? Pois é assim que Deus sente e age em relação a você, o filho rebelde, o filho arrependido. Você é filho dele; assim espero, assim creio. O desejo que você traz em sua alma me faz sentir que você é filho dele, e, assim como Deus o enxerga desde os céus, entende seus propósitos. Nada mais preciso dizer. Sua palavra já o diz: *Como um pai se compadece de seus filhos, assim o Senhor se compadece daqueles que o temem* (Sl 103.13). Ele terá compaixão de você; e irá recebê-lo de coração aberto. Tenha bom ânimo; pois diz o texto: "Seu pai o viu, encheu-se de compaixão...".

Observe também atentamente *a vividez do amor divino amor*: "... e, correndo...". Provavelmente, o pai simplesmente andava em uma parte mais alta de seu terreno quando, subitamente, vislumbrou aquela pobre figura ao longe. Fosse qualquer outra pessoa que não o pai certamente não teria de imediato reconhecido em tal figura o filho, apesar de um tanto mudado; mas então, como que não acreditando no que via, fixou bem o olhar, olhou de novo e exclamou, por fim, cheio de alegria, à medida que o rapaz se aproximava: "Ó meu Deus! Mas é ele, sim! Meu filho querido! Oh, quantos sinais de fome e sofrimento!" Desceu o velho homem então correndo, em direção à porteira — imagino-o correndo e os servos se debruçando nas janelas e chegando às portas, falando alto, comentando, surpresos: "Que foi que houve? Aonde vai o patrão? Há muito tempo que não o vemos assim correndo com tal vivacidade". Lá vai ele e, para chegar logo, não toma o caminho normal, pois é cheio de curvas, mas acha o caminho mais direto que poderia percorrer; e, antes que o filho tenha tempo de perceber, lá está o pai junto a ele, enlaçando-o com os braços, pendurando-se em seu pescoço e beijando-o.

Lembro-me de outro rapaz pródigo, recebido de igual modo. Aqui está ele: sou eu, eu mesmo. Sentei-me um dia em uma pequena capela, imaginando haver *meu Pai* me avistado; certamente eu estava a uma enorme distância dele. Sentia algo da necessidade de Cristo, mas não sabia o que fazer para ser salvo; apesar de educado sob os textos da Palavra, era espiritualmente ignorante acerca do plano da salvação; apesar de ele me ter sido ensinado desde a infância, não o conhecia. Sentia algo, sim, mas não o que desejaria sentir. Se já houve uma alma que teve toda a impressão de estar longe de Deus, essa alma fui eu. No entanto, em um só instante, em um único instante, imediatamente após ouvir as palavras: *Olhai* para mim, e sereis salvos, vós, todos os confins da terra (Is 45.22), voltei meus olhos para Jesus crucificado e senti perfeita reconciliação com Deus e que todos os meus pecados haviam sido perdoados. Não houve tempo para fugir da forte presença de meu Pai, pois num instante estava tudo consumado; e, no meu caso, sei que ele veio correndo e me enlaçou em seus braços e me beijou. Espero que seja este também o caso de muitos, esta manhã. Antes que saiam deste lugar, antes que voltem a suas antigas dúvidas e temores, choros e lamentos, espero que o Senhor do amor corra para encontrá-los, caindo sobre vocês e os abraçando e beijando amorosamente.

Depois, então, de havermos abordado a *observação*, a *compaixão* e a *vividez* não nos esqueçamos da *chegada*: [...] *lançou-se-lhe ao pescoço e o beijou*. Esta parte eu compreendo perfeitamente, por minha própria experiência; mas me é maravilhoso demais para tentar explicar. O pai poderia, por exemplo, ter mantido certa distância, dizendo: "Ó meu filho, como eu gostaria de abraçá-lo e beijá-lo, mas você está imundo demais... não sei o que pode haver por baixo desses trapos sujos. Não me sinto à vontade para abraçá-lo, você se foi já há tanto tempo... Eu o amo, sim, mas há um limite para a demonstração de amor. Quando você estiver limpo e em trajes mais adequados, então manifestarei meu afeto por você, mas não posso fazê-lo agora, enquanto você ainda está tão sujo". Oh, não; antes que estivesse o filho limpo, o pai o abraça — eis a maravilha do gesto. Posso compreender como Deus pode manifestar seu amor a uma alma que foi lavada no sangue de Jesus e tem consciência disso; mas como ele abraça um pecador tão sujo, baixo, asqueroso! Eis o pecador não santificado, nada demonstrando de bom em si, mas completamente imundo, desesperado, rebelde; pois Deus, assim mesmo, o enlaça e beija. Oh, estranho milagre de amor, esse! O mistério é desvendado, porém, quando lembramos que nunca Deus olhou esse pecador como era em si mesmo, mas sempre o viu como ele era em Cristo; e, ao abraçar esse filho pródigo, abraça na verdade seu Filho unigênito, Jesus Cristo, e beija o pecador por vê-lo em Cristo, sem querer enxergar a repugnância do pecador, mas vendo tão somente a graça e a beleza de Cristo. Beija-o, assim, como teria beijado aquele seu amado Filho que na cruz substituiu o próprio homem. Observe, assim, quão próximo Deus chega do pecador. Conta-se que, certa vez, foi permitido ao bispo Hooper, eminente santo e mártir da Reforma inglesa, visitar no cárcere um homem em profunda aflição, para que pudesse aliviar sua consciência; mas o bispo o olhou de modo tão forte e dirigiu-se a ele de modo tão severo que a pobre alma acabou não conseguindo consolo até encontrar outro ministro, de aspecto, pelo menos, mais gentil. Hooper era, na verdade, um homem amável, mas a severidade de seus modos, nesse caso, acabou afastando dele o pobre penitente. Não existe tal dureza em nosso Pai celestial; ele, pelo contrário, ama receber os pródigos. Quando o pródigo aparece, ele não diz "Cai fora!","Vai embora!" ao pecador, mas, sim, o abraça e o beija ternamente.

Outro pensamento poderíamos tirar da metáfora do beijo; e não devemos deixar de mergulhar nossa colher no mel... É que, ao beijar o filho, o pai *reconhece e corrobora o relacionamento deles*. Está dizendo com ênfase: "Tu és meu filho"; e o pródigo, assim,

> Ao seio do pai é reconduzido
> Para sempre como filho admitido.

Esse beijo foi o *selo do perdão*. Ele não teria beijado o filho se estivesse bravo com ele; ele o perdoou, e o perdoou inteiramente. Havia, além do mais, além do perdão e da *aceitação*: "Eu te recebo de volta em meu coração como se fosses digno de tudo o que dou ao teu irmão mais velho; e, por isso, te beijo". De certo foi, também, um beijo prazeroso — como se o pai tivesse prazer no filho, deliciando-se com sua volta, oferecendo um banquete aos seus próprios olhos por vê-lo, sentindo-se mais feliz ao vê-lo do que por ver todas as suas terras, suas plantações e seu gado e todos os tesouros que possuía. Sua delícia consistia simplesmente em ter de volta seu pobre filho. Tudo isso se resumiu no beijo. E se, nesta manhã, quando meu Pai, seu Pai, sair ao encontro do filho pródigo, irá lhes mostrar que vocês são seus filhos, e a ele vocês poderão chamar, no caminho da casa: *Abba, Pai* (Gl 4.6). Perceberão, então, terem seus pecados completamente perdoados, e qualquer pedaço que acaso restar será lançado para trás de Jeová. Sentirão hoje que estão sendo aceitos; ao olhar sua alma para Cristo, verão que Deus realmente os aceita, porque Cristo é o seu substituto e ele é digno do amor e do deleite de Deus. Confio em que, esta manhã, vocês mesmos se deleitarão em Deus, porque Deus se deleita em vocês; e cada qual certamente o ouvirá dizer: "Chamar-te-ão minha delícia [...] porque o Senhor se delicia em ti".

Gostaria de ter podido interpretar um texto como este como deve ser devidamente interpretado; pois seria necessário ter empatia e coração tenro e compassivo, uma pessoa que fosse a perfeita representação do *pathos*, para emprestar um doce tom a esses versículos. Mas, oh, apesar de eu não o poder talvez interpretar apropriadamente, espero que vocês os sintam, o que é melhor que ouvir sobre eles. Não estou aqui, na verdade, para pintar uma cena, mas apenas ser um pincel na mão de Deus para que ele a retrate no coração e vocês. E há certamente alguns de vocês que poderão até dizer: "Não preciso de interpretações, pois já senti tudo isso: fui a Cristo e lhe contei meu caso, roguei que ele me encontrasse; agora, creio nele e nele posso me regozijar".

Apenas mais algumas palavras e teremos terminado. Resumindo, alguém poderá observar ainda que a aceitação do filho pródigo, e apesar de ele estar ainda distante, *para o seu completo perdão, reconhecimento e aprovação, não foi feita por um processo gradual, mas imediato.* Não lhe foi dito para entrar primeiro no pátio da casa, dormir no celeiro uma noite, podendo ter algumas refeições com os servos na cozinha, para depois então lhe ser permitido sentar à ponta da mesa etc., evoluindo o processo gradualmente. Não; o pai abraçou e beijou o filho de imediato. O pecador pode chegar o mais próximo de Deus como jamais pensou que o faria. Talvez uma alma salva não saiba disso nem o desfrute tanto, mas ela pode chegar tão perto e ser tão querida de Deus desde o primeiro momento em que crer que será verdadeira herdeira de todas as coisas em Cristo. O mesmo é verdade quando começar a escalar o monte do céu para vir a ser glorificada tornar-se como seu Senhor. Oh, que maravilha é isto! O pródigo acaba de sair do chiqueiro e já está no seio do pai; acaba de ouvir os porcos grunhindo em seus ouvidos e já ouve as amorosas palavras paternas; havia poucos dias, estava até querendo colocar alfarrobas na boca, e são agora os lábios do pai que chegam à sua face. Quantas mudanças, e todas imediatas! Reafirmo que aqui não há gradação, que tudo é feito no mesmo instante em que se chega ao pai, e o pai chega a ele, abraçando-o.

Observe ainda que, como não houve uma recepção gradual, não poderia haver uma *recepção parcial.* O filho não foi perdoado com ressalvas; não foi recebido no coração do pai só depois de realizar tais e tais coisas. Não; não houve "se" nem "mas"; foi beijado, vestido, calçado, ornado, alimentado e festejado, sem qualquer condição de qualquer tipo. Nenhuma pergunta lhe foi feita — o pai esqueceu todas as ofensas, e ele foi recebido sem qualquer censura ou reprovação. Não foi uma recepção parcial. Não foi recebido em alguns aspectos e rejeitado em outros. Não de obter permissão, por exemplo, para voltar a ser chamado de filho, nem de comportar-se como um ser inferior. Não; ele vestiu a melhor das vestes; recebeu um precioso anel no dedo; ganhou calçados para os pés; e participou de um banquete feito com o melhor bezerro cevado; do mesmo modo, o pecador não é recebido como se pertencesse a uma classe mais baixa, mas elevado ao estado pleno de filho de Deus. Sua recepção não é gradual, nem parcial, mas imediata, completa e total.

Além disso, não se trata de *uma recepção temporária.* O pai não beijou o filho para depois expulsá-lo pela porta dos fundos. Não o recebeu apenas por algum tempo, para depois declarar: "Segue o teu rumo; já tive suficiente dó de ti; procura agora um novo início, vai para outra terra distante e conserta a tua vida". Não; o pai deu a entender a ele justamente o mesmo que diria depois ao irmão mais velho: *Filho, tu sempre estás comigo, e tudo que é meu é teu* (Lc 15.31). Na parábola, o filho não teve sua fortuna restaurada, pois a havia gasto; na verdade, porém, Deus oferece ao homem que chega a ele na última hora o mesmo que àquele que está na vinha desde o raiar do dia: dá a todo homem o mesmo prêmio, a mesma remuneração; dá ao filho que errou, mas se arrependeu, os mesmos privilégios e, em última instância, a mesma herança que àqueles que estão com ele há muitos anos e nunca violaram seus mandamentos. Há uma notável passagem em um dos profetas, onde se lê: *Ecrom como um jebuseu* (Zc 9.7), o que significa que, quando convertido, o filisteu seria tratado do mesmo modo dignamente que os habitantes de Jerusalém;

que os ramos da oliveira enxertados têm os mesmos privilégios dos ramos originais. Quando Deus poupa os homens de serem herdeiros da ira e os torna herdeiros da graça, eles recebem tanto privilégio quanto se fossem herdeiros da graça por muitos e muitos anos, porque, à vista de Deus, todos sempre foram herdeiros da graça, e ele sempre os enxergou como filhos errantes, desde a eternidade.

Não estarão como na queda de Adão,
Quando o pecado tudo cobria;
Mas, como em um outro dia, serão
Mais brilhantes que o sol do meio-dia.

Oh, peço a Deus que, em sua infinita misericórdia, conduza alguns de seus queridos filhos de volta para casa hoje. E que dele seja todo o louvor e não tenha fim. Amém.

143

Amor pródigo pelo filho pródigo

[...] *e o beijou* (Lc 15.20).

Em algumas versões da Bíblia em inglês, registra-se neste texto, em nota à margem, como opção: [...] *e o beijou muito*. Excelente tradução do grego, que significa "o beijou avidamente", ou "repetidamente", ou "de todo o coração". Gostaria então de adotar tal opção, "e o beijou muito", como texto para a presente pregação, cujo assunto será, justamente, o transbordante amor de Deus em relação ao pecador arrependido.

A primeira palavra, "e", nos remete, evidentemente, a tudo o que havia acontecido e é descrito antes, na parábola. É uma narrativa bastante conhecida e famosa; mas tão repleta de sagrados conhecimentos que tem sempre uma nova lição para nos oferecer. Que possamos ver, então, ainda mais, o lado do pai. Antes de o pródigo receber os beijos paternos de amor, havia dito para si mesmo, ainda nas terras longínquas onde se achava: *Levantar-me-ei, irei ter com meu pai* (Lc 15.18). Ele fez, no entanto, mais que isso; do contrário, os beijos de seu pai nunca lhe chegariam à face. Sua decisão se tornou realização: "Levantou-se, pois, e foi para seu pai". Mesmo um punhado de decisões pode ter pouco ou nenhum valor, e uma só ação pode valer muito mais. A determinação de retornar ao lar foi boa; mas somente quando o jovem errante dá início à empreitada de cumprir tal decisão é que passa a se aproximar da bênção. Se algum dos presentes há muito vem dizendo: "Quero me arrepender; devo voltar para Deus", peço que deixe imediatamente a simples promessa e dê lugar à ação; que Deus, em sua misericórdia, o leve a se arrepender e crer em Cristo!

Assim, o jovem tomou o caminho que levava ao pai muito antes de os beijos paternos de amor lhe serem dados. Todavia, eles nunca teriam se encontrado se o pai não tivesse percorrido também grande parte do caminho ao seu encontro. Se você oferecer um centímetro a Deus, ele lhe dará de volta um quilômetro. Se você andar em direção a ele, mesmo um pouco que seja, e estando *ainda longe*, ele irá correndo ao seu encontro. Não é dito, na parábola, que o filho pródigo viu seu pai, mas, sim que seu pai é que o viu. Os olhos da misericórdia perdoadora são mais aguçados que os do arrependimento. Até mesmo os olhos da fé têm pouco alcance em relação aos olhos do grande amor de Deus. Ele vê o pecador desde muitíssimo antes de o pecador o enxergar.

Não acredito que o pródigo haja viajado rapidamente. Imagino que, pelo contrário, haja caminhado sem muita pressa,

> Com os olhos baixos e coração pesado,
> Com muito choro e muito amargurado.

Havia decidido a retornar, sim, mas se sentia um tanto temeroso. No entanto, como lemos, o pai *correu* ao seu encontro. Demorados são os passos do arrependimento, mas veloz é o andar do perdão. Deus consegue correr por lugares onde mal conseguimos nos arrastar; e, mesmo se nos arrastarmos em direção a ele, ele virá correndo ao nosso encontro. Os beijos também foram dados como que apressadamente: a história é narrada de modo que quase nos faz visualizar ter sido assim. O pai teve logo um sentido de urgência ao visualizar a triste situação em que se achava seu querido filho: assim que *o viu, encheu-se* de compaixão e, correndo, lançou-lhe ao seu pescoço e o beijou (Lc 15.20) — o beijou muito, avidamente, repetidamente. Não esperou um único momento para fazê-lo; pois, ainda que estivesse sem fôlego, não estava, absolutamente, desprovido de amor: lançou-se-lhe ao pescoço e muito o beijou. O filho ali estava, e mais, prestes a confessar seus pecados; até por isso beijou-lhe o pai mais ainda. Quanto mais pronto você se mostrar em confessar seus pecados, tanto mais disposto estará Deus em perdoá-lo. Quando se dá um testemunho límpido, Deus faz dele um registro ainda muito mais claro. Irá remover os pecados que você voluntariamente reconhecer e humildemente confessar diante dele, mas também até os ocultos. O pródigo arrependido, que planejava usar seus lábios somente para uma confissão, descobriu que o pai preferia usar os dele para beijá-lo e mostrar, assim, seu perdão.

Veja bem a grande diferença. Eis o filho, nem ousando sequer pensar em abraçar seu pai por receio de rejeição, enquanto o pai nem perde tempo em examinar o filho antes de abraçá-lo e beijá-lo. É imensa a condescendência de Deus para com o pecador arrependido. Ele revela sempre descer do seu trono de glória para simplesmente abraçar o pecador que se arrepende. Deus abraçando o pobre pecador! Que quadro maravilhoso! Vocês o conseguem imaginar? Não creio que todos o possam; mas, se alguns de vocês não conseguem imaginá-lo, espero que todos o sintam. Quando os braços de Deus nos enlaçam e seus lábios nos beijam avidamente a face, entendemos muito mais que pregadores ou livros jamais nos poderiam explicar acerca de seu divino amor condescendente.

O pai *viu* o filho. Há muito significado, aqui, nesta palavra: *viu*. Ele viu quem era; viu de onde vinha; seu traje arruinado, de zelador de chiqueiro; sua imundície dos pés à cabeça; os vincos no rosto abatido, encardido, descuidado; a barba desgrenhada; o olhar baixo e arrependido; viu, em um segundo, quem seu filho havia sido, quem agora era e o que seria e poderia vir a ser. *Seu pai o viu.* Deus vê as pessoas de um modo que nem eu nem você conseguimos compreender. Em um único olhar, enxerga-nos através de nós mesmos, como se fôssemos feitos de vidro, transparentes; vê todo o nosso passado, o nosso presente e o nosso futuro.

Estando ele ainda longe, seu pai o viu (Lc 15.20). Não foi com olhos frios e calculistas que o pai viu seu filho arrependido. O amor abundava em seus olhos e, assim que viu o filho, *encheu-se de compaixão*: seus olhos sentiram por ele. Não havia traço algum de ira em seu coração para com o filho; nada mais sentia pelo filho além de dó, por haver se envolvido, como demonstrava, em situações as mais degradantes. Havia sido culpa do próprio filho, não há dúvida, mas esse tipo de pensamento de análise e juízo não ocorreu ao pai. O que lhe veio logo ao coração foi o estado lastimável em que o rapaz se encontrava, sua miséria, sua degradação, o corpo fraco, o rosto pálido de fome. Deus tem a maior compaixão pelo sofrimento e a desgraça dos homens. Que os homens costumam causar sérios problemas para si mesmos, isso de fato acontece, e com frequência; mesmo assim, Deus tem a mais terna benignidade por todos nós. *As misericórdias do Senhor são a causa de não sermos consumidos, porque as suas misericórdias não têm fim* (Lm 3.22).

Lemos ainda que o pai foi *correndo*. A compaixão de Deus implica ação rápida e imediata. Ele é assim: demorado na manifestação de sua ira, bastante pronto na bênção. Não perde tempo para demonstrar o seu amor para com o pródigo arrependido. Essa sua prontidão tem como causa o pacto eterno, ao qual ele não precisa de preparo algum para imediatamente se reportar, assim como resulta do Calvário. Deus vem como que voando na grandeza de sua compaixão para ajudar cada pobre alma arrependida:

> Por sobre anjos e querubins
> Com majestade cavalgou,
> E nas asas do vento voou,
> Alcançando distâncias sem fim.

E, quando chega, vem para beijar. Dizia mestre Trapp[1] que, se acaso lêssemos que o pai havia espancado o filho, não ficaríamos tão atônitos. Bem, eu ficaria estupefato, por saber que o pai da parábola é uma

---

[1] [NE] Refere-se provavelmente a Ernst Christian Trapp, teólogo e pedagogo luterano alemão (1745-1813).

Amor pródigo pelo filho pródigo | 1337

representação de Deus. Mesmo assim, o filho mereceria certamente, para o mundo, o tratamento cruel que os mais desapiedados teriam, sem dúvida, a ele dispensado; e, fosse a história sobre um pai humano e egoísta, talvez estivesse escrito no texto que, à medida que ele se aproximava, o pai "correu para ele e o castigou". Há, de fato, pais no mundo que parecem não conseguir perdoar. Mas não; o que está escrito no Livro, e que é e será sempre verdadeiro para todos os pecadores, é que o pai *lançou-se-lhe ao pescoço e o beijou*; sim, beijou-o de todo o coração, beijou-o ávida e repetidamente.

Que significa esse tanto beijar? Significa que, quando o pecador arrependido chega a Deus, ele o recebe com a mais amorosa recepção e as mais calorosas boas-vindas. Se qualquer um de vocês for a Deus, mesmo agora, enquanto eu falo, contando com a divina misericórdia por conta do grande sacrifício de Cristo, isso será mais uma vez verdade, como tem sido verdade para muitos e muitos de nós: [...] *e o beijou* muito.

I. Esse muito beijar significa, antes de tudo, MUITO AMOR. Significa amor verdadeiramente *sentido* e abundante. Deus jamais manifesta uma expressão de amor sem havê-la sentido em seu infinito coração. Jamais daria um beijo como o de Judas, traindo aquele a quem abraça. Em Deus não há hipocrisia: ele nunca beijaria alguém por quem não sentisse amor. Oh, e como Deus ama o pecador! Aquele que se arrepende e vai a ele descobre quão imensamente ele o ama. Não há, na verdade, como medir o amor que Deus sente por você. Ele o ama desde antes da fundação do mundo e o amará mesmo quando o tempo deixar de existir. Oh, quão imensurável é o amor de Deus para com o pecador que vai a ele e se lança à sua grandiosa misericórdia!

Beijar tanto significa também amor *manifesto*. Nem sempre o povo de Deus toma conhecimento da grandeza de seu amor. Por vezes, no entanto, tal amor nos é derramado no coração, por obra do Espírito Santo. Alguns de nós já sentimos o que é ser feliz demais pelo simples fato de viver! Na verdade, o amor de Deus tem sido sentido por nós de modo tão avassalador em determinadas ocasiões que se torna quase necessária uma pausa em tal deleite por não haver condições de suportá-lo. Se tal glória não fosse parcialmente reduzida, estaríamos certamente sujeitos a morrer por excesso de êxtase e júbilo. Amados, Deus usa de meios maravilhosos para abrir o coração de seu povo para a manifestação de sua graça. Ele pode perfeitamente regar um coração não com uma ou outra gota esporádica, mas, sim, com imensas e poderosas torrentes de seu amor. Madame Guyon costumava falar sobre essas torrentes de amor, que varrem tudo o que encontrem pela frente em nosso espírito. O pobre pródigo da parábola viu tanto amor ser manifesto por ele que poderia igualmente cantar sobre as intensas torrentes de amor procedentes do coração de seu pai. É este o modo com que Deus recebe aqueles a quem salva, oferecendo não uma parca medida de sua graça, mas, sim, expressando um amor realmente arrebatador.

Beijar tanto assim significa, ainda, tornar *percebido* tanto amor. Quando o pai intensamente o beijou, o pródigo pôde perceber perfeitamente, mesmo que nunca antes o tivesse feito, quanto seu pai o amava. Não restava mais dúvida alguma quanto a isso, e ele totalmente o entendeu. É quase sempre assim também, ao crer o pecador em Jesus, que ele receba o muito desse amor. Deus revela a ele totalmente seu amor, e o pecador, salvo, desde logo já o desfruta. Não pense que Deus guarda o melhor vinho somente para o fim: ele já nos serve algumas das mais ricas iguarias de sua mesa no exato instante em que a ela nos sentamos. Lembro-me da alegria que senti no primeiro momento em que cri em Jesus; e mesmo agora, relembrando esse momento, a simples recordação tem o mesmo vigor, como se tivesse sido hoje. Oh, eu nem conseguia acreditar que um mortal pudesse se sentir tão feliz depois de ter sido carregado com preocupações e se degradado tanto! Tão logo olhei para Jesus na cruz, e a carga opressiva me foi imediatamente aliviada; meu coração, que só conseguia lamentar e chorar por causa do fardo que eu transportava começou a saltar, dançar e cantar de alegria. Encontrei em Cristo tudo aquilo que tanto almejava e no mesmo instante descansei no amor de Deus. Que assim também seja com você, ao retornar a Deus mediante Cristo Jesus. Será dito a seu respeito o mesmo que é dito do pródigo: [...] *seu pai o viu* [...] *e, correndo, lançou-se-lhe ao pescoço e o beijou* muito.

II. Em segundo lugar, esse muito beijar significa MUITO PERDÃO. O pródigo tinha muitos pecados a confessar, mas, antes que se demorasse detalhando-os, o pai já o havia perdoado de todos. Gosto muito

1338 | MILAGRES E PARÁBOLAS DO NOSSO SENHOR

de confissão dos pecados depois da concessão do perdão. Alguns acham que jamais se tem de confessar os pecados depois de perdoado; mas, não, amados, é então que os confessamos de forma ainda mais verdadeira, porque passamos a realmente conhecer quão grande é a culpa que o pecado carrega! É quando então podemos cantar, como em um lamento:

> Meus pecados, meus pecados, Salvador,
> Como é triste tivessem de em ti cair!
> Vistos sob a luz do teu gentil amor,
> Dez vezes piores os posso sentir.
> Sei que por ti foram todos apagados,
> Mas se me causam ainda tanta dor
> É pelos instantes angustiados
> E o sofrimento infligido a ti, Senhor.

Pensar que Cristo lava meus pecados em seu próprio sangue faz que eu os sinta ainda mais e os confesse de forma ainda mais sincera diante de Deus. O relato do filho pródigo é maravilhosamente fiel à experiência que sentem os que retornam a Deus. O pai já o havia beijado com beijos de perdão, mas, mesmo assim, o rapaz prossegue dizendo: *Pai, pequei contra o céu e diante de ti; já não sou digno de ser chamado teu filho* (Lc 15.18,19). Não hesite, portanto, em reconhecer seus pecados diante de Deus, apesar de saber que em Cristo já foram removidos.

Nesse sentido, os beijos significam, em primeiro lugar: "Teus pecados foram removidos e nunca mais serão mencionados. Vem para o meu coração, filho! Tu realmente muito me magoaste e muito me iraste; mas, como densa nuvem, encobri tuas transgressões, e, como névoa, os teus pecados". Além desses, deve ter havido outro beijo que disse: "Não há mais dor: não só perdoei, mas também esqueci. Esqueci todo e qualquer pecado teu. Nunca os usarei para te acusar. Jamais deixarei de te amar. Não te tratarei como ainda fosses desonroso e indigno de confiança". É possível que a esse ainda tenham se seguido outros beijos, pois não esqueçam que o pai perdoou *e o beijou* muito para mostrar que todo pecado fora perdoado.

Lá estava o pródigo, atônito com tanta bondade do pai, lembrando, ao mesmo tempo, sua vida passada. Olhava para si mesmo e refletia: "E ainda estou vestindo estes velhos trapos e mal acabo de deixar os chiqueiros!" Penso que o pai tenha lhe dado outro beijo, como que dizendo: "Meu filho, eu não estou interessado no teu passado; estou tão feliz em te rever que *não enxergo imundície alguma nem qualquer trapo em ti*. Estou tão contente por te ter comigo novamente que é como se eu encontrasse uma pérola em meio à lama! Estou tão feliz por te abraçar quanto tomaria essa pérola para mim, pois muito precioso tu me és". É esta a maneira graciosa e gloriosa com que Deus trata todos os que a ele retornam. Ele remove os pecados de tal modo para que deles não mais se lembre. Perdoa como Deus, que é. Podemos perfeitamente adorar e exaltar sua inigualável misericórdia, cantando:

> Pasmos de maravilha e em alegria trementes,
> Aceitamos o perdão de Deus, nosso Senhor;
> Perdão por crimes de labéus os mais veementes,
> Comprado pelo sangue de Jesus, o redentor;
> Quem é um Deus assim como tu perdoador?
> Ou cuja graça tem dons tão benevolentes?

"Bem", inquire alguém, "mudança tão maravilhosa pode acontecer comigo?" Pode, sim. Pela graça de Deus, pode ser experimentada por todo homem que almeja voltar a Deus. Rogo a Deus que seja agora então que você sinta a garantia da palavra de Deus mediante o poder do Espírito Santo e que, pela visão do precioso sangue de Cristo, derramado por sua redenção, possa declarar: "Agora, compreendo; vejo como meu Pai me beija, como adeus a todos os meus pecados; e, se os meus pecados voltarem, ele há de

Amor pródigo pelo filho pródigo | 1339

despachá-los, com outro beijo de novo; e, cada vez que penso neles com vergonha, e coro à lembrança de meus feitos malignos, ele me dá outro beijo — me beija para me lembrar que fui plena e totalmente perdoado". Assim vão se acrescentando os muitos beijos do Pai do filho pródigo, para fazer que seu filho rebelde sinta que seus pecados todos foram realmente removidos. Esses beijos revelam simplesmente seu muito amor e perdão.

III. Esses beijos representam, ainda, para o filho, RESTAURAÇÃO PLENA. Tencionava dizer o pródigo a seu pai: *Trata-me como um dos teus empregados* (Lc 15.19). Ainda em terra longínqua havia decidido fazer tal pedido, mas o pai, com seus beijos, o impediu. Com esses beijos, *reconhecia-lhe a filiação*. Com esses beijos, dizia o pai ao pobre errante: "Tu és meu filho". Deu a ele os beijos que só daria mesmo ao próprio filho. Pergunto quantos aqui já deram beijos semelhantes, seja a um filho, seja a outra estimada pessoa. Ali está provavelmente sentado alguém que conhece beijos semelhantes ao que o filho pródigo recebeu: sua filha desencaminhou-se e, depois de anos no pecado, retornou, esmorecida, para morrer, depois, no lar. Ele a reconheceu, considerou-a arrependida e a recebeu alegremente de volta a casa. Ah, caros amigos, vocês certamente sabem algo sobre beijos como esses! A senhora, boa mulher, cujo filho fugiu, também pôde aprender algo sobre esses beijos. Ele a deixou, e por anos não teve notícias dele; e ele seguiu um caminho de uma vida repleta de vícios. Quando soube dele, tal notícia quase partiu seu coração, e, quando ele retornou, mal o reconheceu. Lembra-se de como o acolheu? Gostaria que ele fosse ainda o garotinho que acolhia no seio; mas ele agora era um adulto e um grande pecador; no entanto, deu a seu filho esses beijos, repetindo as boas-vindas com tanta frequência que ele jamais esquecerá. Essa sua atitude foi como se o pai do filho pródigo dissesse: "Tu és meu filho. Apesar de tudo que tens feito de errado, tu és meu filho, pertences a mim; por mais longe que tenhas ido nos vícios e nos descaminhos, eu o reassumo e readmito. És osso dos meus ossos e carne da minha carne".

O intuito desta parábola, pobre pecador, é que você compreenda que Deus o readmite como filho, se você chegar a ele e confessar seus pecados mediante Jesus Cristo. E ele o receberá alegremente, já estando, inclusive, tudo preparado para o dia em que você retornar.

> Eis a mesa festiva para ti servida,
> Veja-a, de ricas iguarias revestida;
> E, apertado ao peito pelo Pai, abraçado,
> És novamente seu filho considerado,
> Para não mais saíres a perambular;
> Vem, sê bem-vindo, pecador, bem-vindo ao lar.

Ao receber o filho com muitos beijos, o pai mostra, ainda, que *a oração do filho arrependido foi respondida*. Na verdade, o pai ouviu a oração antes que o filho propriamente a pronunciasse. Ele pretendia, ao dizer *Pai, pequei...*, confessar seus pecados e lhe pedir perdão; mas recebe do pai misericórdia e, para garanti-la, muitos beijos, antes que o chegue a enunciar. O mesmo será verdade para com você, ó pecador que retorna ao Pai mediante Jesus Cristo! A você será dado que, assim que orar com sinceridade, Deus lhe responderá com misericórdia. Ouça bem isso, pobre pecador desesperado, cujas orações parecem nunca atingir o céu! Venha logo para o seio do Pai, e ele há de ouvir suas súplicas. E, antes que findem seus dias, você terá a mais clara comprovação de que foi completamente restaurado pela divina graça, com tal resposta às suas preces que o fará assombrar-se com a benignidade do Senhor para com você.

Além disso, você terá *restaurados todos os seus privilégios*, tal como o filho errante foi novamente considerado filho quando de seu retorno. Você o vê então de volta à casa do pai, onde é recebido com muitos beijos, veste a melhor roupa, digna de um bom filho, colocam-lhe o anel com o selo da família no dedo e os melhores sapatos da casa lhe são calçados nos pés. Não mais precisa querer comer a alfarroba dos porcos, mas, sim, alimenta-se do mesmo bom pão à mesa que os demais filhos. O mesmo irá acontecer a você quando retornar ao Pai. Apesar de poder parecer tão impuro e vil, e mesmo sendo ainda mais corrompido do que possa parecer; e, embora possa cheirar mal tanto quanto os suínos entre os quais possa ter vivido, a ponto de pessoas de bem terem de torcer o nariz para você, o Pai não notará essas marcas de sua vida anterior dele afastado, mesmo com toda a sua degradação. Observe bem como aquele pai trata seu filho que retorna. Ele o beija, e o beija repetidamente, pois reconhece ser ele, antes de tudo, seu filho, e, reconhecendo-o como filho e tendo amor paterno para com ele, beija-o muitas e muitas vezes. Ele o beija muito justamente para que o filho saiba que sua restauração é plena, total e completa.

Vemos, pois, no ato repetido de o pai o beijar, três aspectos: muito amor, muito perdão e restauração plena do filho.

IV. Mas esses muitos beijos significaram ainda mais. Eles revelavam a ABUNDANTE ALEGRIA do pai. O coração do pai transbordava de felicidade, e ele não conseguia conter seu contentamento. Creio que haja demonstrado tal contentamento com um *repetido olhar*. Direi agora o modo pelo qual creio que o pai se haja comportado em relação ao filho que supunha morto, mas estava vivo, que se havia perdido e fora achado. Permitam-me tentar descrever a cena. O pai havia beijado o filho e, pedindo que ele se sentasse, chegou à sua frente e, olhando-o, mostrava-se tão feliz que disse consigo mesmo: "Devo beijá-lo novamente", e o beijou; depois, afasta-se dele por algum tempo, mas não tarda a voltar, dizendo para si mesmo: "Oh, tenho de beijá-lo uma vez mais!" E assim procede, por estar muitíssimo feliz. Seu coração palpita de contentamento. O patriarca gostaria que houvesse música, gostaria até de dançar. Enquanto isso, satisfaz-se olhando de vez em quando e de novo para seu querido filho que, antes, havia muito perdido. Oh, acredito que Deus olha assim para o pecador, e olha novamente, e continua olhando, o tempo todo se deliciando com sua visão, quando ele se arrepende verdadeiramente e retorna à casa do Pai.

A repetição dos beijos representa, também, *múltiplas bênçãos*, pois cada vez que o pai o abraçava e beijava, exclamava, certamente: "Abençoado sejas; oh, abençoado sejas, meu filho!" O pai acreditava fielmente que o filho lhe havia trazido uma grande bênção ao retornar e, por isso, clamava a Deus que puras bênçãos fossem despejadas sobre ele. Ó pecador! Se você soubesse como Deus o receberá, como olhará com bondade para você e quanto o abençoará se arrependeria de imediato, indo para os seus braços e o seu coração, encontrando a felicidade no amor que ele lhe oferece.

Os muitos beijos retratavam, ainda, o *contentamento muitas vezes repetido*, do pai. É maravilhoso que esteja ao alcance do pecador poder agradar a Deus. Ele é um Deus feliz, é a própria nascente, a fonte e a essência de toda felicidade; que mais poderíamos acrescentar à sua bem-aventurança? Falando à maneira dos homens, a maior alegria de Deus, no entanto, consiste, ao que tudo indica, em poder abraçar seus voluntariosos filhos pródigos, apertando-os junto ao peito, enlaçando-os e beijando-os, quando os ouve lamentar a si mesmos, ao chegarem de volta ao lar. Que Deus esteja tendo essa visão agora mesmo e se deliciando com pecadores que neste instante retornam a ele! Sim, e acreditamos que assim é por causa de sua imagem e presença em nós e devido à graciosa obra do Espírito Santo. É este, sem dúvida, o ensinamento que se traduz nas palavras do profeta: *O Senhor teu Deus está no meio de ti, poderoso para te salvar; ele se deleitará em ti com alegria; renovar-te-á no seu amor, regozijar-se-á em ti com júbilo* (Sf 3.17). Imaginem o eterno Deus cantando e tenham em mente que ele canta por causa do retorno de um pecador errante. Ele se alegra com a volta do filho pródigo, e todo o céu compartilha de sua alegria.

V. Ainda não encerrei o assunto. Ao fazermos esta quinta análise, descobrimos que esses muitos beijos significam EXCESSIVA CONSOLAÇÃO. O pobre rapaz se encontrava em estado frágil, faminto, digno de pena; havia percorrido um longo caminho e já não tinha ânimo em si. A fome havia consumido todas as suas energias, e ele estava tão consciente de sua culpa que mal tinha coragem de encarar o pai; assim, quando o pai o beija é como se dissesse: "Vem, meu filho, não fica assim abatido; eu te amo".

"Oh, *o passado, o passado*, meu pai!", pensava o filho em alegar, lembrando-se de todos aqueles anos desperdiçados; mas não decorrera um segundo desde que havia pensado assim e lhe disse o pai: "Não te atormentes com o teu passado: já o esqueci totalmente". É este o proceder do Senhor para com os que são por ele salvos. O passado é encoberto e se oculta para sempre por baixo do sangue da expiação. Diz

Amor pródigo pelo filho pródigo | 1341

o Senhor, pelo seu servo Jeremias 50.20: [...] *buscar-se-á a iniquidade em Israel, e não haverá; e o pecado em Judá, e não se achará; pois perdoarei aos que eu deixar de resto*.

Pode ser, também, que o jovem haja olhado suas pobres vestes e falado: "*Mas no presente dia*, meu pai, hoje, em que estado deplorável me encontro!" Com outro beijo viria a resposta: "Não te atormentes com o dia de hoje, meu filho. Fico feliz só em te ter, como tu és. Eu te amo, meu filho". Estas, as palavras de Deus para aqueles que são "aceitos no amado". A despeito de toda a sua vilania anterior, são puros e impecáveis em Cristo, e a cada um Deus diz: *Como me és precioso pela minha visão de ti! És honrado e te amo* (Is 43.4). Portanto, ainda que tenhas sido indigno, mediante meu Filho amado serás bem-vindo em minha casa".

"Oh", poderia ter acrescentado o rapaz, "mas o *futuro*, meu pai, o *futuro*! Que irás pensar de mim se eu vier a me perder de novo?" A isso segue-se outro santo beijo, dizendo o pai: "Eu cuido do futuro, meu filho; farei minha casa tão boa para ti que nunca mais desejarás tornar a ir embora". Deus faz muito mais que isso por nós quando a ele regressamos; não só nos cerca de mil mostras de amor, como também declara: *E eles serão o meu povo, e eu serei o seu Deus. E lhes darei um só coração, e um só caminho, para que me temam para sempre, para seu bem e o bem de seus filhos, depois deles; e farei com eles um pacto eterno de não me desviar de fazer-lhes o bem; e porei o meu temor no seu coração, para que nunca se apartem de mim* (Jr 32.38-40). Além disso, diz a todo aquele que retorna: *Também vos darei um coração novo e porei dentro de vós um espírito novo; e tirarei da vossa carne o coração de pedra, e vos darei um coração de carne. Ainda porei dentro de vós o meu Espírito, e farei que andeis nos meus estatutos, e guardeis as minhas ordenanças, e as observeis* (Ez 36.26,27).

O que quer que viesse a atormentar o filho era combatido com beijos pelo pai. De modo semelhante, nosso Deus realiza uma demonstração de amor a cada ocasião de dúvida e vacilação que possa ocorrer aos seus filhos com ele reconciliados. Talvez diga alguém a quem agora me dirijo: "Mas, mesmo que eu confesse meus pecados e busque a misericórdia divina, continuarei em grave mágoa para comigo mesmo, pois meus pecados me levaram a extrema miséria". "Eis um beijo que te dou", diz o Senhor: *Teu pão te será dado, tuas águas serão certas* (Is 33.16). "Até doenças eu mesmo me causei, por causa do pecado", dirá outro. "Toma também um beijo, pois eu sou Jeová Rafá, o Senhor que te sara — que perdoa as tuas iniquidades e cura as tuas doenças". "Mas estou falido até o pescoço", alguém poderá insistir. Para você o Senhor também reserva um beijo, dizendo: "Eu te erguerei e suprirei todas as tuas necessidades. Nenhum bem sonegarei aos que andam retamente". Todas as promessas do Livro Sagrado pertencem a todo pecador arrependido que retorna a Deus pela fé em Jesus Cristo, seu Filho.

Ao beijar muito o filho, o pai do filho pródigo levou-o a se sentir feliz. Pobres almas que vão a Cristo geralmente se encontram em abominável situação e algumas até mal fazem ideia de onde se encontram. Já vi muitas dessas almas falarem tremendas bobagens quando desesperadas, dizendo coisas duras e cruéis do próprio Deus abençoador, quando em dúvida e aflição. A isso o Senhor nada responde senão com muitos beijos, seguidos de outros beijos. Nada traz mais conforto a um arrependido quanto a repetida garantia do Senhor do seu amor imutável. Inumeráveis têm sido os que o Senhor já recebeu e muito beijou, que pode resgatar até mesmo aquele que esteja no fundo do poço, colocando-o novamente em terra firme e dando-lhe o rumo de vida certo. Que o Senhor permita que muitos a quem agora me dirijo possam compreender o que lhes afirmo!

VI. Passemos para o sexto tópico. Apesar de vocês poderem pensar que estou ficando parecido com os antigos puritanos, com tantos e tantos assuntos, não há como evitá-los, pois os muitos beijos paternos da parábola revelam, de fato, muitos significados: amor, perdão, renovação, alegria, conforto — assim como uma SÓLIDA GARANTIA.

O pai muito beijou seu filho para lhe garantir que *tudo isso era verdade*. Ao receber esses muitos beijos, o filho deve ter raciocinado: "Todo esse amor só pode ser verdadeiro, pois não faz muito eu só ouvia porcos grunhirem e agora sinto nada menos que os beijos carinhosos dos lábios de meu pai". O pai deu-lhe outro e outro beijo porque não havia outra maneira de convencer o filho de que o primeiro beijo fora real senão repetindo o gesto: para que não restasse nenhuma dúvida quanto ao segundo, o pai lhe deu o terceiro beijo, e assim por diante. Já que, como é dito, quando o sonho é duplo a interpretação é garantida, o muito beijar não deixaria margem a dúvidas. O pai renovava a demonstração de amor para que o filho ficasse plenamente assegurado de sua veracidade.

O pai repetiu os beijos, também, para que, no futuro, *nunca fossem questionados*. Alguns de nós tivemos de descer tanto antes de sermos convertidos que Deus acabou nos provendo de uma alegria radiante e excessiva quando de nossa salvação, a fim de que nunca esquecêssemos tal feito. De vez em quando o diabo resolve me dizer: "Você não é filho de Deus!" Há muito que já desisti de responder; só penso: "Ora essa, me lembro perfeitamente de quando fui salvo pelo Senhor! Não consigo esquecer nem mesmo o local exato em que vi pela primeira vez o meu Salvador; naquele momento, uma intensa alegria interna se revolveu em mim como um vagalhão do Atlântico, explodindo em poderosa onda de êxtase, que a tudo cobriu. Não consigo esquecer isso de modo algum!" Eis um argumento que nem o diabo consegue rebater, pois não conseguirá me fazer crer que tal fato nunca aconteceu. O Pai muito me beijou, e tenho plena lembrança e consciência do fato. O Senhor realiza em alguns de nós uma libertação tão clara, como um dia brilhante e ensolarado no momento da conversão, que daquele momento em diante não mais conseguimos questionar o nosso estado em relação a ele, tendo de crer estarmos, na verdade, eternamente salvos.

O pai colocou a confiança desse pobre pródigo em seu retorno acima de qualquer dúvida. Se os primeiros beijos foram dados a sós, estando presentes apenas pai e filho, é quase certo que, posteriormente, o pai tenha beijado seu filho *diante de todos*, para que pudessem ver quanto o amava. Beijou-o certamente, depois, até na presença da criadagem, para que não duvidassem os empregados de sua condição de filho. É uma pena que não estivesse ali presente, naquele momento, o irmão mais velho. Veja bem, ele estava no campo. Mais interessado na lavoura que na recepção a seu irmão. Conheço pessoas assim nos dias de hoje. O irmão mais velho seria comparável a homens que não comparecem aos cultos em dias úteis; ou àquele homem de negócios tão ocupado que não pode ir para casa mais cedo, digamos, nas noites de terça-feira — justamente quando o irmão pródigo retornou; de sorte que o mais velho não viu a recepção preparada pelo pai. Se tal homem vivesse hoje, muito provavelmente não iria comparecer à reunião de oração na igreja: alegaria estar demasiadamente ocupado; e não teria como saber a respeito da calorosa recepção do Pai aos pecadores arrependidos. Só que o pai da parábola, ao receber seu filho indigno, tencionava fazer todos saberem, de uma vez por todas, que aquele era verdadeiramente um filho seu. Oh, que você sinta também esses muitos beijos demonstrativos, de nosso Pai, agora! Se lhe forem dados, pode ter certeza de que terá pelo resto da vida a sólida garantia de felicidade.

VII. Terei terminado após dizer que creio haver ainda aqui um exemplo da comunhão íntima que o Senhor realiza com o pecador que chega a ele. *Seu pai o viu, encheu-se de compaixão e, correndo, lançou-se-lhe ao pescoço e o beijou.*

Observem que isso aconteceu *antes da comunhão em família*. Antes que os servos tivessem preparado a ceia, antes que houvesse qualquer sinal de reunião festiva, música e dança em casa, o pai já havia beijado o filho. O filho pouco teria dado importância para a música e valorizado a recepção mandada preparar pelo pai se, antes de tudo, não tivesse sido recebido pelo amoroso coração paterno. O mesmo se dá conosco: precisamos, antes de tudo, de comunhão com Deus, para que possamos então dar valor à união com seu povo. Antes de eu fazer parte da igreja, necessito do beijo de meu Pai. Antes que o pastor me conceda o direito da união, preciso e desejo as boas-vindas de meu Pai. Antes que eu me torne reconhecido pelo povo de Deus aqui embaixo, necessito e anseio pelo reconhecimento a sós do meu grande Pai, lá de cima; e isso ele dá a todos os que chegam a ele como o pródigo com seu pai. Que ele assim proceda com você hoje!

O beijar do pai foi, ainda, *anterior à comunhão na mesa*. O pródigo, faminto, certamente muito ansiava por sentar-se à mesa e comer do delicioso bezerro assado. Antes disso, porém, seu pai o beijou; e ele não seria capaz de sentar-se à mesa do banquete sem constrangimento não houvesse recebido tais amorosos beijos. A comunhão à mesa, para a qual somos convidados, é espiritualmente deliciosa; receber a carne e o sangue de Cristo de forma simbólica na ceia do Senhor é, de fato, uma bênção; mas é preciso, antes, ter

AMOR PRÓDIGO PELO FILHO PRÓDIGO

| 1343

comungado com Deus e recebido de seus beijos de amor. *Beije-me ele com os beijos da sua boca* (Ct 1.2). Eis algo pessoal, particular, doce e arrebatador. Que Deus aja assim com vocês! Que vocês recebam os muitos beijos dos lábios do Pai amado antes de fazerem parte da igreja ou participarem do banquete da comunhão!

De forma semelhante, o muito beijar do pai *antecedeu o regozijo público*. Amigos e vizinhos foram provavelmente convidados a compartilhar do banquete. Pensem em quão envergonhado ficaria o filho, no entanto, por estar na presença deles se, antes de tudo, não tivesse achado acolhida no amor e no coração de seu pai, se não tivesse garantia desse amor. Decerto se sentiria muito inclinado a querer fugir dali novamente. O pai, porém, muito o havia beijado; e então o filho pôde se permitir sentir o olhar curioso e ao mesmo tempo feliz de antigas amizades, antes que qualquer pensamento rude pudesse se apossar de tais pessoas, superado que seria por sua evidente manifestação de júbilo junto ao pai. Muito difícil é a um homem admitir Cristo se não experimentar um sentido de arrebatadora comunhão com ele; mas muito fácil é fazê-lo se somos elevados aos céus pelo êxtase que Deus nos infunde. Isso, não apenas para podermos fazer face ao mundo, mas também para transformarmos em simpatia o sentimento daqueles que antes se nos opunham. Eis por que recém-convertidos são muitas vezes usados para conduzir outras pessoas à luz; os muitos beijos de perdão de Deus são neles tão recentes que às suas palavras de fé certamente se mistura a fragrância do amor divino dos lábios do Senhor. Que ninguém jamais perca esse primeiro amor nem esqueça os muitos beijos recebidos do Pai celestial!

Por fim, tudo isso ocorreu *antes do encontro com o irmão mais velho*. Se o pródigo soubesse de antemão tudo o que diria e pensaria seu irmão mais velho, não seria de espantar que tivesse novamente fugido para não mais voltar. Poderia acontecer de ele, ao se aproximar de casa, ouvindo casualmente o que seu irmão pôs-se depois a dizer, se decidisse por dar a volta e partir dali novamente. Antes que isto ocorresse, porém, o pai muito o havia beijado. Pobre pecador! Você, que compareceu hoje e talvez já tenha encontrado o Salvador, pode ser que fale depois do culto com algum cristão e ele tenha receio de conversar com você. Não me espanto, até, que duvide de você, de sua conversão, pois para ele você não é alguém especial com quem se deva falar... Todavia, se recebeu os muitos beijos do Pai, você não se deixará atormentar por ser esse seu "irmão mais velho" um tanto rude. Já ouvi o seguinte comentário, de alguém que desejava fazer parte da igreja: "Fui conversar com alguns dos presentes, e um deles foi bastante áspero comigo. Não tornarei a vir aqui". Talvez isso possa ser uma tolice, não acham? Ou não?... Então, não seria o papel dos que há mais tempo frequentam aqui serem um pouco duros com vocês para evitar que se enganem e fantasiem sobre sua situação real? Evidentemente que muito desejamos trazer você a Cristo... mas, se tememos que você não tenha de fato chegado a Deus com fé e arrependimento, não devemos dizer isso a você, de maneira honesta?

Suponha, porém, que você tenha verdadeiramente voltado para Deus, e seu "zeloso" irmão esteja enganado; tome, pois, um beijo de seu Pai, e não se incomode com seu irmão! Ele talvez até o faça lembrar de como você desperdiçou sua vida retratando-a, justamente como ele acaba de fazer, com negror maior do que o verdadeiro — mas os beijos de seu Pai, tenha certeza, farão você esquecer a carranca de seus irmãos! Se você crê, enfim, que na casa de fé encontrará apenas pessoas amistosas, onde todos desejam ajudá-lo, saiba que está extremamente enganado. Cristãos recém-convertidos muito se espantam quando cruzam com alguém que, pela frequente frustração de suas esperanças, ou talvez por falta de vida espiritual, recebe com frieza aqueles com quem o Pai esbanjou amor. Se for este o seu caso, não ligue para os rabugentos "irmãos mais velhos"; receba outro e mais outro beijo do Pai. Talvez a razão de estar registrado que *antes* o pai beijou o filho pródigo seja exatamente porque o irmão mais velho, ao se aproximar, iria tratá-lo de forma fria e irada, recusando-se a compartilhar do banquete.

Senhor, cria nessas muitas almas trêmulas a vontade de chegar a ti! Traze muitos pecadores a teus abençoados pés e, enquanto estão ainda longe, corre ao seu encontro; abraça os arrependidos, enlaça-os, dá-lhes muitos beijos de amor e preenche-os inteiramente com teu deleite divino, em nome de Jesus Cristo! Amém.

A RECEPÇÃO DOS PECADORES

Mas o pai disse aos seus servos: Trazei depressa a melhor roupa, e vesti-lha, e ponde-lhe um anel no dedo e alparcas nos pés; trazei também o bezerro cevado e matai-o; comamos e regozijemo-nos (Lc 15.22,23).

No último dia do Senhor falamos sobre a consagração de sacerdotes. Tal assunto parece remoto demais a corações perturbados e consciências trêmulas, que temem nunca se tornar sacerdotes ou reis perante Deus. Esse glorioso privilégio se lhes afigura como que destinado a um futuro longínquo, que temem jamais alcançar. Assim, queremos hoje descer dessas elevadas regiões das possibilidades para nos dedicarmos a confortar aqueles que buscam o Senhor, visando a ajudá-los, por sua vez, a ascender.

Deste modo, trataremos, esta manhã, não da consagração de sacerdotes, mas, sim, da recepção dos pecadores por Deus, que, de acordo com nosso texto, constitui um evento muito alegre, descrito até mesmo como uma festa, animada com música e dança. Temos falado com muita frequência a respeito da tristeza pelos pecados cometidos que acompanham a conversão e creio até que não o temos feito com a insistência com que deveríamos fazer; todavia, podemos também, sem dúvida, contemplar a igualmente santa e notável alegria que envolve o retorno de uma alma a Deus. Tem sido um erro muito comum acreditar que um ser humano deva passar por um tempo considerável de desespero, se não de horror, antes que possa encontrar paz em Deus. Nesta parábola, do filho pródigo, o pai parece determinado a encurtar tal período: interrompe o filho no meio de sua confissão, e este, antes que possa pedir para ser feito empregado seu, acaba sendo levado do lamento ao regozijo, com o pai lançando-se-lhe ao pescoço e o beijando, em doce silêncio, com os lábios trêmulos de emoção.

Não é da vontade do Senhor ver os pecadores retidos em incrível estado de culpabilidade pelo pecado. É algo errôneo em seu interior que assim os detém: ou são ignorantes da liberdade e da plenitude de vida que podem desfrutar em Cristo, ou se ancoram na esperança de salvação mediante as próprias obras, ou, ainda, se agarram tenazmente aos seus pecados. É o pecado que jaz à porta, não a obra de Deus, pois não é do Senhor bloquear os caminhos do pecador para que se arrependa. Ele se deleita em seus deleites e se alegra em sua alegria. É da vontade do Pai que o pecador imediatamente se arrependa e creia em Jesus, que de imediato encontre seu perdão completo e nele descanse. Se algum de vocês chegou a Jesus sem o terrível e tão frequente período de terror, rogo que não julgue dúbia a sua própria conversão; ela é ainda mais, em vez de menos, genuína, pois carrega a marca do evangelho em lugar da marca da lei. O choro de Pedro, que em poucos dias virou júbilo, foi muito melhor que o horror de Judas, que acabou em suicídio. As conversões registradas nas Escrituras são, em sua maior parte, extremamente rápidas. As pessoas são diretamente atingidas no coração no Pentecostes e no mesmo dia acabam batizadas e passam a fazer parte da igreja, ao encontrarem a paz de Deus mediante Jesus Cristo. Paulo, que se via atormentado pela culpa, em apenas três dias creu e foi batizado. Talvez a metáfora seja inadequada, mas eu gostaria de dizer que, por vezes, o poder de Deus está tão próximo de nós que no exato instante em que brilha o raio do arrependimento soa o retumbante trovão da voz do Senhor, afugentando nossos medos e proclamando a paz e o perdão à nossa alma. Em muitos casos, a picante agulha da lei é imediatamente seguida pela sedosa linha do evangelho; a tempestade da autoacusação é logo seguida do brilhante raiar do sol da fé; e a paz cedo alcança o arrependimento, e com ele caminha lado a lado, provendo o descanso pleno.

A RECEPÇÃO DOS PECADORES

Tendo assim lembrado a vocês que Deus anseia que os arrependidos não tardem em nele se regozijar, vamos empregar esta manhã para refletirmos sobre a alegria que resulta do perdão aos pecados. É uma alegria tríplice. Dela falaremos, primeiro, como *a alegria de Deus pelos pecadores*; em seguida, como *a alegria dos pecadores em Deus*; e, por fim, o que é muitas vezes esquecido, como *a alegria dos servos* — que também se regozijaram, pois lhes disse o pai: *Comamos e regozijemo-nos*; e um dos pontos altos da parábola é exatamente este: tal como no caso da ovelha perdida, em que o pastor, ao encontrá-la, chama seus amigos e vizinhos para comemorar o feito, ou no caso da dracma desaparecida, em que a mulher, ao achá-la, reúne as amigas e vizinhas para se regozijarem, aqui também outras pessoas partilham da alegria que pertence ao pai amoroso e ao filho errante que retorna.

I. A ALEGRIA DE DEUS PELOS PECADORES. É sempre difícil falar de maneira apropriada do nosso Deus bendito para sempre quando temos que apresentá-lo comovido por alguma emoção; rogo, portanto, ser guiado em meu discurso pelo Espírito Santo.

É-nos ensinado o conceito de que o Senhor está acima das emoções, sejam de prazer ou dor. O fato de que ele não sofre, por exemplo, é sempre citado como um postulado autoexplicativo. Será assim mesmo? Quer dizer, então, que ele não pode fazer ou sentir algo por sua própria vontade? O que significam as Escrituras ao dizer que os pecados dos homens antes do dilúvio levaram o Senhor a se arrepender de haver criado o ser humano "e isso lhe pesou no coração"? Não haverá significado também nas palavras do próprio Senhor: "Durante quarenta anos estive irritado com aquela geração"? Não nos é ordenado não magoar o Espírito Santo e não está escrito que ele é envergonhado por homens indignos? É certo, portanto, que ele pode vir a ser magoado, e tais palavras não são absolutamente insignificantes. De minha parte, regozijo-me por adorar o Deus vivo, que, por ser vivo, se magoa e se alegra. Isso faz que sintamos realmente mais amor por ele do que se ele habitasse algum sereno Olimpo, inatingível por nossas aflições, pois seria incapaz de se preocupar com os humanos, ou se interessar por nós. Considerar Deus impassível e incapaz de qualquer emoção a mim não parece que seja o mesmo que exaltar o Senhor, mas, sim, que, em vez disso, acaba por colocá-lo no mesmo nível dos deuses de pedra ou madeira, que não conseguem ter qualquer empatia pelos seus adoradores. Não, Jeová não é insensível. É o Deus vivo, e tudo que pode ser associado à vida — à pura, perfeita e santificada vida — se encontra nele.

Todavia, esse assunto deve sempre ser tratado de modo muito terno e com solene reverência, pois, ainda que saibamos algo sobre a natureza de Deus — e somos feitos à sua imagem, não havendo semelhança maior com Deus que no homem —, o homem não é Deus e, mesmo que fosse perfeito, não passaria de uma ínfima miniatura do Criador, quanto mais tendo, depois de haver pecado, distorcido sua imagem e semelhança. O finito jamais conseguirá espelhar plenamente o Infinito, nem as grandes, gloriosas e essenciais propriedades da Divindade podem ser transferidas para suas criaturas: elas permanecem eternamente exclusivas de Deus. O Senhor, no entanto, é frequentemente retratado sob seu aspecto de alegria. A Israel repleto de pecado, declarou Moisés que, se o povo retornasse e obedecesse à voz de Deus, *o Senhor tornará a se alegrar em ti para te fazer bem, como se alegrou em teus pais* (Dt 30.9). É dito na Palavra que o Senhor se regozija com sua obra e se delicia em sua misericórdia, e cabe-nos crer. Por que haveríamos de duvidar? Muitas passagens das Escrituras falam de modo eloquente do júbilo de Deus em seu povo. O melhor exemplo disso está talvez em Sofonias 3.17: *Ele se deleitará em ti com alegria; renovar-te-á no seu amor, regozijar-se-á em ti com júbilo*. Nosso Deus é um Deus eternamente bendito e feliz; nele não podemos pensar que não seja totalmente assim. Contudo, podemos depreender das Escrituras que, em determinadas ocasiões, há certa alegria que ele nos manifesta intencionalmente. Não creio, portanto, que seja mero exemplo da parábola, mas fato verdadeiro, que o Senhor se regozija com cada pecador que se arrepende e a ele retorna.

Todo ser vivo manifesta a alegria que sente de acordo com sua natureza e usa de meios que lhe sejam adequados para realizar tal manifestação. É o que se dá com os homens. Quando os antigos romanos celebravam o triunfo de algum grande general que voltava vitorioso da África, da Grécia ou da Ásia, trazendo espólios de uma longa campanha, como expressava sua alegria a feroz natureza romana? Ora, no

Coliseu, ou em outro anfiteatro, onde hordas do povo urravam, reunido em multidão para contemplar não apenas as feras da selva, mas também, e sobretudo, seus parceiros humanos, capturados e chacinados sanguinariamente na arena, simplesmente para saciar a barbaridade dos prazeres de Roma. A crueldade sem tamanho era o modo de expressão daqueles férreos corações. Pensem no ímpio. Seus negócios prosperaram, ou teve sorte, segundo diria, ou algo aconteceu em sua família para que ficasse jubiloso; que fará para demonstrar sua alegria? Irá se ajoelhar em gratidão, cantando hinos de louvor? Não. Provavelmente pagará uma rodada de bebida aos amigos, e só quando ele e os outros estiverem completamente embotados de álcool demonstrará sua alegria. Pessoas carnais costumam demonstrar geralmente a alegria que sentem mediante volúpia. Deus, porém, cujo nome é bom, cuja natureza é amor, quando se alegra se expressa por meio da misericórdia, da afabilidade e da graça. A alegria do pai da parábola revelou-se no pleno perdão concedido, no beijo do perfeito amor e ao presentear o filho com a melhor roupa, o precioso anel, as alparcas novas e a alegre comemoração que encheu a casa de perfume de deliciosa mirra. Todos expressam a alegria sentida de acordo com sua natureza, e o amor infinito revela a sua em atos de amor.

Por ser a natureza de Deus muito acima da nossa, como o céu está bem acima da terra, também é muito mais elevada a expressão de sua alegria e bem melhores as dádivas que, em consequência, nos concede. Não obstante, há alguma semelhança, que vale percebermos, entre como Deus expressa sua alegria e expressamos a nossa. Como nos expressamos ordinariamente quando ficamos contentes? De maneira geral, fazemos uma demonstração de *generosidade*. Quando nos antigos tempos nossos reis chegavam a Londres, ou se celebrava uma grande vitória, os encanamentos de *Cheapside* transbordavam de vinho tinto e até as sarjetas se enchiam da bebida. Mesas eram postas nas ruas, nessas ocasiões, e os lordes, os altos funcionários e até o prefeito abriam suas residências e todo o povo se banqueteava quanto podia. A alegria era expressa, principalmente, por meio da hospitalidade. Vocês já devem ter visto algum quadro mostrando o jovem príncipe herdeiro retornando de uma campanha militar e ter, certamente, observado como o pintor retrata o grande jardim da mansão real repleto de homens e mulheres, que comem e bebem a seu bel-prazer. Em época natalina, ou em dias de bodas ou de colheita, as pessoas expressam comumente a alegria que sentem mediante farta e generosa mesa servida aos convidados. O mesmo faz o pai na magnífica parábola, demonstrando sua generosidade desmedida, que representa, na verdade, a ilimitada liberalidade do grande Pai dos espíritos — Pai que demonstra sua alegria para com os arrependidos por meio do agrado que lhes faz. A melhor roupa, o anel, as alparcas, o bezerro cevado, o *comamos e regozijemo-nos* — cada uma dessas coisas demonstra, pela alta generosidade, que Deus está contente. Bois e bezerros cevados foram abatidos, pois é a festa da misericórdia, o banquete do Senhor. Tão inigualáveis são os presentes doados por suas mãos graciosas que aqueles que recebem tais favores clamam: *Quem, ó Deus, é semelhante a ti?* (Sl 71.19).

Contemplem agora, amados, por um instante, a generosidade do Senhor para com os pecadores que retornam, generosidade que dissipa os pecados como se fossem névoa, e como nuvem a sua iniquidade, justificando-os pela justiça de Cristo, dotando-os com o Espírito Santo, regenerando-os, confortando-os, iluminando-os, purificando-os, fortalecendo-os, guiando-os, protegendo-os, preenchendo-os com a sua plenitude, satisfazendo sua boca com delícias e coroando-os de terna compaixão. Vejo na generosidade de Deus, com que dota os pecadores que a ele retornam, poderosa prova de que o mais íntimo de sua alma se regozija com a salvação dos homens.

Além disso, em ocasiões especialmente prazerosas, as pessoas usualmente mostram alguma *peculiaridade* na manifestação de sua generosidade. No dia da chegada de um jovem herdeiro, por exemplo, o tonel de vinho há muito armazenado é aberto, e a melhor rês é assada. Na parábola lemos: *Trazei depressa a melhor roupa* (Lc 15.22), dando a impressão de que havia muito a melhor roupa se encontrava dobrada e guardada, para uma ocasião como essa. Ninguém, já havia muito, ao que parece, usara referida roupa; ela estava reservada para unicamente oportunidades muito especiais. E aquele era, sem dúvida, o dia que mais deixava aquele lar feliz; portanto: *Trazei depressa a melhor roupa*, pois nenhuma outra serviria. É preciso também servir um banquete comemorativo. Que seja abatido um banquete. Qual deles? Um

A RECEPÇÃO DOS PECADORES | 1347

bezerro qualquer, escolhido no rebanho? Não; *o bezerro cevado* (Lc 15.23), aquele mantido no estábulo, bem alimentado, reservado para alguma grande festa. Oh, amados, quando Deus abençoa um pecador, demonstra sua ampla alegria ao dar as mais reservadas misericórdias, tesouros *especiais* do seu amor eterno, coisas as mais preciosas da graça, os segredos do pacto; sim, ele deu aos pecadores arrependidos o melhor dos presentes, ao nos oferecer seu Filho Cristo Jesus e o seu Espírito Santo. O que o céu tem de melhor Deus concede aos pecadores quando estes chegam a ele. Aos peregrinos sedentos e famintos não são dados os restos e dejetos, mas o Pai celeste dispensa abundante graça na magnificente generosidade do seu amor irrestrito. Gostaria que todos os pecadores arrependidos viessem e provassem da hospitalidade do meu Senhor; veriam, assim, ser sua mesa ainda mais rica que a de Salomão e que trinta bois e uma centena de ovelhas não equivalem à provisão de um dia na casa do magnífico soberano. Quando vierem, ficarão certamente maravilhados com a maneira rica com que Deus supre todas as necessidades de cada um segundo as suas riquezas na glória de Cristo Jesus.

> Trapos por tesouro substituídos,
> Alparcas, anéis, melhor roupa dos céus!
> Dons de amor que não podem ser medidos;
> Quem sondar pode o coração de Deus?
> Todos os filhos amados, redimidos,
> São em sua casa perfeitos, não perdidos.

Demonstramos também alegria *concentrando o pensamento* em seu objeto. Se embevecidos de alegria, deixamos de lado muita coisa para nos entregarmos a tal delícia. Davi ficou tão contente por trazer de volta a Arca do Senhor que dançou diante dela com toda a disposição, vestido apenas com um éfode de linho. Deixara de lado suas vestes, pensando tão pouco de si, que Mical, sua mulher, o repreendeu; tão concentrado ficou em adorar seu Senhor que desligou de sua mente tudo que dizia respeito à aparência. Observe bem, na parábola, o pai dizer: "Trazei depressa a melhor roupa, e vesti-lha, e ponde-lhe um anel no dedo e alparcas nos pés; comamos e regozijemo-nos, porque *este meu filho* estava morto e reviveu". Apenas no filho se concentram os olhos do pai, e toda a casa deve se colocar a seus pés. Nada mais deve preencher a pauta do dia senão o filho há muito perdido que voltou; a seu dispor devem estar o guarda-roupa, as joias, o quintal, a cozinha e o salão de banquetes. Estava perdido, estava morto, mas agora fora achado e estava vivo, captando assim para si toda a mente do pai. É maravilhoso como Deus enfoca o pensamento em você, pecador arrependido, em conformidade com suas promessas: *Porei os meus olhos sobre eles, para seu bem* [...] (Jr 24.6); e: [...] *vigiarei sobre eles para edificar e para plantar, diz o Senhor* (Jr 31.28). O Senhor pensa continuamente nos pobres, desamparados e necessitados; seus olhos estão sempre sobre essas pessoas, como abertos a elas estão constantemente seus ouvidos. Pensa em um só arrependido como se este fosse o único ser em todo o universo. Ó arrependido, é por você que a obra da providência do Senhor opera, para trazê-lo para casa; é por você que se realiza o treinamento e a formação de pastores, líderes, pregadores, para que saibam como alcançar seu coração; por você, paira sobre eles o Espírito, para que tenham acesso à sua compreensão; sim, por você, o Filho, o eterno Filho de Deus, sangrou na cruz, e agora, sentado no trono de Deus no mais alto céu, ele intercede por você. Presenciei em Amsterdã o processo de lapidação de um diamante e reparei nas grandes engrenagens, em uma enorme fábrica com motores poderosos, todo esse poder dedicado a uma gema não muito maior que a unha do meu dedo mindinho; todo aquele maquinário voltado para a lapidação de uma pequenina pedra, por ser ela tão preciosa! Creio ver você, pobre e insignificante pecador que se rebelou contra o seu Deus, trazido de volta à casa do Pai, com todas as engrenagens do mundo operando para o seu bem, para fazer de você uma joia digna de reluzir na coroa do Redentor. Deus é retratado não se dizendo muito mais de sua criação que "isso era bom", mas em sua obra da graça é descrito como cantando de alegria. Ele quebra o eterno silêncio para proclamar que seu filho perdido foi achado. Assim como o filósofo, quando conseguiu obter que a natureza lhe revelasse seus segredos, correu nu pela rua gritando: "Eureca! Eureca! Descobri! Descobri!", também o Pai exclama: *Este meu filho estava morto, e reviveu; tinha-se perdido, e foi achado* (Lc 15.24). As Escrituras todas visam a trazer de volta os banidos do Senhor; para tal, o Redentor deixa sua glória, para isso a igreja varre a casa e acende a candeia; e, quando a obra é realizada, qualquer alegria é secundária à transbordante alegria do Senhor, que pede a seus resgatados que com ele comunguem, dizendo: *Entra no gozo do teu Senhor* (Mt 15.21).

A alegria fica demonstrada ainda *na disposição ao movimento*. Acabo de citar Davi. Assim foi com ele, que dançou diante da arca. Não consigo imaginar Davi andando vagarosamente diante da arca ou se arrastando atrás dela como uma carpideira em um funeral. Noto muitas vezes a diferença entre vocês virem a este lugar e outras pessoas buscando outros lugares de adoração. Vejo um caminhar muito solene, oficial e soturno em quase todos os outros, enquanto vocês vêm para cá como se estivessem contentes por comparecer à casa do Senhor; não pensam no local desta alegre assembleia como um tipo de cárcere religioso, mas, sim, talvez como um palácio ou uma casa de banquetes do grande rei. Quando alguém se alegra, é fácil reconhecê-lo pela ligeireza de seus movimentos. Atentem para o pai que correu ao encontro do filho e que logo diz: *Trazei depressa a melhor roupa, e vesti-lha, e ponde-lhe um anel no dedo e alparcas nos pés; trazei também o bezerro cevado e matai-o; comamos e regozijemo-nos.* Ele deita sentença após sentença tão rápido quanto pode. Não há pausa; não há intervalo entre as ordens. Ele poderia ter dito: "Trazei a melhor roupa, e vesti-lha; contemplemo-lo por um instante, sentemo-nos e planejemos o próximo passo; e depois de algumas horas, ou amanhã, colocaremos nele um anel e algum tempo depois daremos a ele novos calçados; agora, é melhor que permaneça descalço, pois talvez fuja se receber as alparcas. Quanto a uma festa, é melhor que nos regozijemos acerca dele quando se comprovar genuíno o arrependimento que demonstrar". Não, não, não; o coração do pai estava feliz demais; ele abençoa de imediato o filho, concedendo-lhe favores, e multiplica as demonstrações de amor. Quando o Senhor recebe um pecador, corre também a encontrá-lo, enlaça-o, o beija, fala com ele com ternura, o perdoa, justifica e santifica, coloca-o entre seus bons filhos, abre para ele todos os tesouros da graça, e tudo isso em rápida sucessão. Minutos depois de ter seus pecados removidos, o pródigo já está vestido, calçado, adornado e festejado. O amor do coração do nosso redentor o fez dizer ao pobre ladrão: [...] *hoje estarás comigo no Paraíso* (Lc 23.43); e certamente não deixou o delinquente sofrendo na cruz, mas pouco depois o conduzia ao paraíso celestial. O amor e a alegria são bem rápidos em agir. Deus é vagaroso na ira; mas é tão abundante na misericórdia que sua graça transborda e flui como rápida corrente cortando um desfiladeiro.

Mais ainda, a alegria do pai foi demonstrada como geralmente o fazemos: por um *pronunciamento aberto*. É difícil para um homem contente "engolir a língua". Que fazem os mudos quando se sentem muito felizes? Não consigo imaginar como eles aguentam o silêncio em tais ocasiões; deve ser algo terrível para eles! Quando se está feliz, enfim, a primeira coisa que buscamos fazer é contar a alguém. Assim procedeu o pai. Liberou sua alegria, e seu pronunciamento foi muito simples: [...] *este meu filho estava morto e reviveu; tinha-se perdido e foi achado.* Por mais simples que seja, isso soa como poesia. A poesia dos hebreus residia no paralelismo, na repetição do sentido ou de parte das palavras. Eis duas sentenças que formam um par e fazem um verso de poesia hebraica. Pessoas felizes, mesmo ao falar de forma natural e simples, sempre dizem da melhor maneira a coisa certa, usando a poesia da natureza, como faz o pai aqui. Observe que há como que uma repetição em seu pronunciamento. Ele talvez se satisfizesse ao dizer: *Este meu filho estava morto e reviveu.* Mas, não; o acontecimento era tão completo e especial para ele que sentiu que deveria tornar mais claro: "Estava *perdido e foi achado*". Falamos de modo semelhante quando estamos tomados de contentamento; o coração se infla de bons pensamentos e repetidamente expressamos em palavras nossa alegria. Quando a bala é doce, brincamos com ela na boca. Não podemos evitar. Do mesmo modo, o Senhor se regozija com os pecadores, contando de suas alegrias nas Sagradas Escrituras em variadas frases e metáforas; e, ainda que essas falas sejam simples no estilo, contêm em essência poesia. Os poetas e salmistas da Bíblia estão entre os primeiros autores de hinos, e o próprio Deus condescende que se use da poesia para exprimir sua alegria, pois seria frio e insosso demais tratá-la de maneira inteiramente prosaica.

A RECEPÇÃO DOS PECADORES

Ouça: *E, como o noivo se alegra da noiva, assim se alegrará de ti o teu Deus* (Is 62.5). *E exultarei em Jerusalém, e folgarei no meu povo* (Is 65.19). É possível que alguém não seja devidamente informado acerca da alegria de Deus, ou seja friamente informado de que Deus salva os pecadores e não saiba que ele encontra alegria nisso; mas sua alegria é grande demais para ser escondida: o grande coração de Deus não consegue conter a si próprio, e urge contar a todo o universo a delícia que o exercício da misericórdia lhe traz. Foi por ele mesmo decidido que ele deve ser contente e feliz e assim é e será, já que nada do que esteja destinado a ser deixará de sê-lo pelo Senhor, nosso Deus.

Assim falei brevemente sobre a alegria de Deus, queridos amigos. Quero somente que observem, ainda, que este é um deleite em que cada atributo de Deus toma parte. A condescendência corre para encontrar o filho, o amor o enlaça e a graça o beija, a sabedoria o manda vestir, a verdade lhe coloca um anel, a paz o calça, a generosidade manda lhe servir um banquete e a perícia o prepara. Nenhum atributo da natureza divina se coloca contra o perdão e a salvação do pecador, nem um só atributo se escusa de ser usado. A força fortalece o fraco, e a misericórdia cura o ferido; a justiça sorri para o pecador justificado, pois atinge sua plenitude no sangue expiatório, e a verdade lhe estende a mão, garantindo que a promessa da graça é cumprida; a imutabilidade firma o que foi conquistado e a onisciência observa se nada foi deixado de ser feito. Toda a Divindade se volta para o pobre verme caído na poeira, a fim de levantá-lo e transformá-lo no grande ser merecedor da herança de Deus junto com o unigênito. A alegria de Deus ocupa a totalidade de seu ser, de tal modo que, quando pensamos nisso, bem podemos dizer: "Bendize, ó minha alma, ao Senhor, e tudo o que há em mim bendiga o seu santo nome", pois tudo que nele está contido é para nos abençoar.

A alegria do Senhor proporciona a cada pecador grande confiança em chegar a Deus por Jesus Cristo, pois, se você almeja ficar feliz sendo salvo, saiba que ele igualmente fica feliz em salvá-lo; se anseia por descansar no Pai, saiba que o Pai anseia por sentir você junto a ele; se você se emociona em dizer *Pequei*, ele igualmente se comove em dizer a você, mediante atos de amor: "Eu o perdoo totalmente". Se você, enfim, não vê a hora de voltar a ser filho na casa dele, saiba que a porta está aberta, e ele mesmo, pessoalmente, ali o aguarda. Venha e seja bem-vindo! Não demore mais.

II. Quero agora tratar DA ALEGRIA DO PECADOR. O filho ficara feliz. Não chegou a exprimi-lo em palavras, até onde consigo compreender, na parábola, mas o sentia em si — intensamente. Por vezes, o silêncio é discreto, como neste caso; outras vezes, ele acaba sendo forçado, pela inabilidade em exprimir as emoções, e isto também era verdade no caso do pródigo. O coração do filho estava cheio demais de felicidade para poder exprimir seus sentimentos em palavras, mas seus olhos sem dúvida falavam, como falava seu semblante ao olhar para seu querido pai. Quando vestiu a roupa, colocou o anel no dedo e as alparcas nos pés, aí ficou excessivamente extasiado para poder falar. Chorou rios de lágrimas naquele dia, mas as lágrimas não estavam salgadas de dor; eram lágrimas doces, que brilhavam como o orvalho da manhã. O que pensa você ter feito o filho feliz? O amor do pai, o perdão do pai e o resgate de sua antiga posição no coração paterno. Este, o ponto principal. Cada presente que recebeu serviu de demonstração desse grande amor e fez que sua alegria transbordasse.

Em primeiro lugar, *a roupa* — vestir um filho é vestir um filho amado e aceito. Observem como a roupa serviu de resposta à sua confissão. Assim se encontram no texto as falas: "Pai, pequei"; *Trazei depressa a melhor roupa, e vesti-lha.* Cubram-se todos os seus pecados com a justificação de Cristo; eliminem-se todos os seus pecados imputando-se a ele a reta justiça do Senhor Jesus! A veste ia de encontro também à condição em que se encontrava: estava o filho em trapos; portanto: *Trazei depressa a melhor roupa, e vesti-lha*, e não mais será visto em trapos. Tornava-se necessário e adequado que ele fosse assim vestido como mostra de sua renovação. Quem é resgatado ao privilégio de filho não há que se vestir mais com roupa sórdida, mas deve usar traje próprio à sua nova condição. Além disso, como um banquete estava prestes a lhe ser servido, deveria o filho usar trajes de gala, festivos. Não seria consistente alegrar-se e banquetear-se com trapos. Ponham-lhe a melhor roupa, para que ele esteja apto a tomar seu lugar no banquete. Assim, quando o arrependido vem a Deus, é não somente coberto com a justiça de Cristo, mas também preparado para a bênção que está reservada aos perdoados, ou seja, torna-se apto a poder regozijar-se de imediato em Cristo.

Em seguida, temos *o anel*. Embora mais um luxo propriamente que algo indispensável, sendo ele agora um filho, no entanto, bom seria, de fato, que lhe fossem restauradas todas as honras concernentes a essa relação. O anel de sinete, por exemplo, conferia grandes privilégios no Oriente. Naqueles tempos, os homens, sobretudo os de destaque político ou social, não assinavam seu próprio nome, mas o estampavam em cera, fazendo uso de um selo, como desenho exclusivo, gravado em anel próprio, em documentos e correspondência. Tal anel reafirmava no homem posição, respeitabilidade e poder. Ao dar o pai ao filho um anel, que resposta mais perfeita foi então esse presente para a outra parte de sua confissão! Permitam-me ler, aqui também, as duas sentenças que, no caso, se completam: *Já não sou digno de ser chamado teu filho; E ponde-lhe um anel no dedo* (Lc 15.21,22). O anel foi a resposta mais apropriada a essa confissão. Concordava com a sua nova condição, de filho. Observem que a mesma mão que ainda recentemente alimentava os porcos agora usa um anel. Não havia anéis antes nestas mãos quando ficavam imundas no chiqueiro; mas agora o pródigo não mais trabalhava na imundície: tornara a ser de novo o filho honrado de um pai próspero e generoso.

Escravos, na verdade, não usam anéis. O poeta satírico latino Juvenal, por exemplo, achava muito engraçado certos homens, ex-escravos, subirem e descerem a rua exibindo vistosos anéis em seus dedos, emblemas de sua recém-ocorrida libertação. O anel do pródigo representa assim, para nós, justamente a libertação do arrependido de seus pecados e desfrute dos privilégios na casa do Pai. Ó amados, o Senhor tem prazer em torná-los livres e felizes, se vierem a ele, colocando em vocês o selo da habitação do Espírito Santo, que representa tanto a autenticidade de sua herança quanto o melhor adorno seu de caráter prático. Terão assim uma amostra garantida e honorável, assim como consciência, de que todas as coisas lhes pertencem, sejam presentes ou futuras. O anel em seu dedo irá declarar sua união com Cristo, demonstrando o eterno amor que o Pai lhes dedica e serem, ainda, morada da perfeita obra do Espírito Santo.

Então, são postas novas *alparcas* em seus pés. Supõe-se que os calçados anteriores do filho pródigo se houvessem gasto em suas andanças. No Oriente, os servos geralmente andavam descalços; o patrão e sua família usavam alparcas, não os servos. Esse presente, portanto, é uma resposta à última parte da súplica do arrependido, que pensa em dizer, mas nem chega a expressar: *Trata-me como um dos teus empregados* (Lc 15.19). "Não", diria o pai. *E [ponde-lhe] alparcas nos pés* (Lc 15.22). No pecador perdoado, o temor, que a ele sugeriria uma merecida desqualificação sua para simples servo do Pai, ou seja, de ficar de pés descalços, é imediatamente suprimido por Deus com a familiaridade de poder usar alparcas, dignas de um filho, que o próprio infinito amor divino lhe provê. Aquele que é perdoado em Cristo não precisa mais tremer no monte Sinai, mas, sim, pode e deve ir ao monte Sião, a fim de desfrutar de relação íntima e familiar com Deus. Aquele que é restaurado, enfim, é calçado para digno serviço filial — pode seguir os caminhos do Pai, ou por este trabalhar nos campos. Tem o filho agora tudo o que poderia almejar — a roupa, que o reveste, o anel, que o adorna e identifica como filho, e as alparcas que o dispõem para todo trabalho em que necessitasse andar pelo Pai.

Então, vocês, despertados, ansiosos por chegarem a Deus, gostaria que esta descrição da alegria do pródigo os levasse a virem de imediato. Venham despidos, e ele dirá: *Trazei depressa a melhor roupa.* Venham, vocês que lamentam sua deformidade causada pelo pecado, e ele os adornará com um anel de beleza. Venham os que acham que não podem vir por terem pés sangrentos e desgastados, e ele os calçará com as alparcas de prata da graça. Tão somente venham, e terão alegria em seus corações como nunca sonharam. Haverá um jovem céu criado dentro de seu espírito, que há de crescer até que tenham chegado à plenitude do êxtase.

III. É chegado então o momento de refletirmos acerca da ALEGRIA DOS SERVOS. Eles deveriam alegrar-se, e se alegraram, pois a música que poderia se ouvir de fora não podia partir de uma só pessoa; eram necessárias muitas para tocá-la e desfrutá-la, e quem seriam essas pessoas senão os servos, a quem o pai dava suas ordens? Eles também comeram, beberam, dançaram e se divertiram com a música. Há muitos

A RECEPÇÃO DOS PECADORES

de nós aqui servos do nosso Pai celeste; apesar de sermos filhos, alegramo-nos em sermos também servos. Sempre que um pecador é salvo, participamos da alegria. Ficamos alegres, em primeiro lugar, *pela alegria do Pai*. Os servos ficaram muito felizes, pois seu senhor estava feliz — bons servos sempre se alegram quando seu amo é gratificado, e tenho certeza de que os servos do Senhor Deus se sentem contentes quando sabem que ele é agradado. O servo que chegou ao irmão mais velho demonstrou pela linguagem usada que simpatizava com o pai, parecendo mostrar ao irmão ser o assunto bastante razoável; e quando se simpatiza com Deus, queridos irmãos e irmãs, permitindo o Senhor que você presencie a salvação de pobres pecadores, você irá sem dúvida regozijar-se com ele. Isso será para você melhor que haver encontrado uma bolsa cheia de ouro ou obter grandes lucros nos negócios; sim, nada no mundo pode dar mais deleite ao crente que ver um irmão, um filho, um parente, um amigo, regozijando-se em Cristo. Uma mãe me disse, de maneira muito bonita, uma vez: "Lembro-me bem das emoções novas e estranhas que me afluíram ao peito quando, recém-nascido, aproximei pela primeira vez do meu coração o meu primogênito. A alegria daquele momento ainda está em mim. Mas quando ele 'nasceu de novo', quando o estreitei junto a mim como 'nova criatura em Cristo Jesus', meu filho espiritual, meu filho no evangelho, perdoado, justificado, adotado, salvo, para sempre salvo, oh!, foi o máximo de alegria, uma alegria indescritível, a que senti! Meu filho era agora também um filho de Deus! Minhas orações, que precederam o nascimento dele, que embalaram sua infância e cercaram sua juventude tinham sido atendidas. Meu filho era de Cristo. Minhas vigílias extenuantes, meus ansiosos desejos, minhas trêmulas esperanças acumuladas por anos, conseguiram obter descanso. Meu primogênito era, enfim, do Senhor Jesus!" Que cada pai e cada mãe aqui presente conheçam tal alegria por simpatizar com Deus.

Os servos, porém, tinham simpatia também, certamente, para com *o filho*. Tenho certeza que se regozijavam por ver o filho de volta, pois, de alguma maneira, até os filhos maus costumam desfrutar da boa vontade dos bons servos. Quando os filhos se vão e se tornam uma dor para os pais, os servos muitas vezes permanecem, apesar de tudo, ligados a eles. Costumam dizer: "Bem, o patrãozinho John foi insensato e partiu irrefletidamente, fazendo que seu pai muito se condoesse, mas, mesmo assim, gostaria de ver de volta aquele pobre rapaz". Isto é especialmente comum aos criados de longa data, que estão na casa desde antes do nascimento dos filhos: nunca os esquecem. E constata-se geralmente que os velhos servos de Deus ficam sempre contentes também quando presenciam o retorno de um filho pródigo ao Pai; eles se deliciam além da conta, porque os amam apesar das andanças lá fora realizadas. Ó pecador, com todas as suas falhas e a dureza do seu coração, nós o amamos e queremos nos alegrar em vê-lo liberto da ruína eterna e da ira de Deus que ora pairam sobre você; por vê-lo regozijar-se com Deus pelo perdão dos seus pecados e sua aceitação pelo Amado.

Regozijamo-nos pelos pecadores, sim, mas creio que os servos se regozijam mais ainda quando feitos *instrumentos nas mãos do pai* para abençoar o filho. Veja bem, disse o pai aos servos: *Trazei depressa a melhor roupa*. Ele mesmo poderia ter ido ao guarda-roupa e trazido a veste, mas preferiu dar aos servos o prazer de fazê-lo. Quando recebo ordem de meu Senhor e mestre para, na manhã do dia do Senhor, trazer depressa a melhor roupa para vocês, de fato me delicio. Nada me agrada mais que pregar a justiça de Cristo a nós imputada pelo sacrifício substitutivo do nosso amado redentor. *Trazei depressa a melhor roupa*. Ó mestre, eu até me contentaria em ficar fora do céu se ao menos me fosse dado esse dever por toda a eternidade — trazer depressa a melhor roupa, a melhor estola, e exaltar Jesus Cristo aos olhos do povo. Então, disse o pai aos servos: *E vesti-lha*. Quando o Senhor nos dá a graça de podermos fazer isso, a alegria é ainda maior. Quantas não foram as vezes em que eu trouxe a melhor roupa, mas sem poder colocá-la em vocês. Mantive-a à mostra, discorrendo sobre suas qualidades, apontando para seus trapos, reafirmando o prazer que teria em poder vesti-los com ela, mas sem o conseguir; todavia, quando o Pai celestial, por sua divina graça e o poder do Espírito, já nos faz o meio de trazer esse tesouro aos pobres pecadores, oh, quanta alegria! Eu me alegro mais ainda se puder trazer o anel do selo da obra do Espírito e as alparcas da preparação do evangelho da paz, pois é uma imensa alegria poder exibir tais bênções e alegria e, ainda maior, poder colocá-las em um pobre pecador que retorna. Deus seja louvado por dar tamanho prazer a seus servos! Nem ousaria dizer que são os servos do Senhor, propriamente, que vestem a roupa, colocam o anel e calçam as alparcas nos filhos, pois é Deus quem o faz, mas fico ainda mais grato por poder aqui usar a linguagem do próprio Espírito Santo.

Que doce a ordem: *E vesti-lha*. Sim, vistam esse pobre, trêmulo, maltrapilho e atônito pecador. Vistam a melhor roupa nele mesmo, ainda que não acreditem que tal misericórdia seja possível. "Vestir a *mim*?" Sim, a *você*. A esse ser, que era um beberrão, adúltero, blasfemador? Sim, *vesti-lha*, pois ele era tudo isso, mas se arrependeu. Que alegria quando recebemos de Deus a ordem de cobrir com o glorioso manto um grande pecador que se arrepende! Quanto ao anel, ponde-*lhe* no dedo; eis a beleza do ato. E as alparcas, ponham nos seus pés. É por serem todos esses dons destinados ao filho que se tornam a razão de nossa alegria — e, nesse pecador, especialmente, por ser ele um dos nossos, é maravilhoso receber essas ordens da graça! Foi muito gentil da parte do pai do pródigo dividir o trabalho do amor. Uns colocaram a roupa, outros, o anel, e terceiros as alparcas. Alguns irmãos conseguem pregar sobre a retidão de Jesus Cristo de maneira gloriosa, e assim vestem o público com a melhor roupa; outros parecem ter recebido o dom de falar sobre a obra do Espírito de Deus, e lhes cabe então colocar o anel; há outros, ainda, que tratam divinamente dos assuntos práticos, e estes calçam as alparcas. Não tenho preferência sobre o que me cabe fazer, apenas me alegro por fazer parte da tarefa de levar aos pobres pecadores os dons inigualáveis da graça, que em infinita bondade o Senhor preparou para aqueles que a ele retornam. Quão felizes ficam os que ajudam a vestir o povo nem posso precisar. Enquanto isso, na parábola, outros servos haviam ido buscar o bezerro cevado e talvez outros dois ou três tenham se ocupado em abatê-lo e esfolá-lo, enquanto outros criados acendiam o fogo na cozinha e cuidavam dos preparativos para assá-lo. Havia ainda os que punham a mesa e aquele que corria ao jardim para trazer flores para fazer enfeites — sei que eu, pelo menos, teria feito isto se estivesse lá. Estavam todos felizes. Todos dispostos a partilhar da festa, da música e da dança. Todos aqueles que trabalham pelo bem dos pecadores ficam sempre felizes por os verem salvos. Você, que ora por eles, que os ensina, que prega, que os chama para Cristo, partilha do seu retorno à casa do Pai.

Agora, queridos irmãos, aprendamos que eles *começaram a regozijar-se* (Lc 15.24) e, de acordo com essa descrição, ao que parece, ficaram de fato contentes, mas isso foi apenas o começo. Não vejo assinalado que tal alegria haja terminado. *Começaram a regozijar-se*, mas, como o regozijo sempre cresce além da medida depois que tem início, quem saberá quão longe terá ido, dessa feita? Os santos começam a regozijar-se aqui na terra e nunca cessam, e regozijam-se cada vez mais. Na terra, toda a alegria que sentimos é apenas o começo, e é no céu que chegaremos a tê-la em toda a plenitude. Aqui, nosso maior júbilo é apenas como uma maré vazante quando retrocede; lá, a alegria rola em vagalhões, na majestade de ondas plenas.

> Oh, que aleluias extasiantes
> Na casa do Pai, nosso Senhor!
> Aleluia! Aleluias vibrantes,
> Pelos abraços do seu amor!
> Que as boas-vindas de Deus redentor
> Possa ganhar o pior pecador.

> Doces canções melódicas surgindo,
> Por toda parte intensamente fluindo;
> Servos, amigos, em júbilo e louvor,
> Oh, a alegria de Deus sentindo!
> Graça abundante a tudo transcendendo,
> Por teu rico sangue, ó Salvador.

Que comecemos a nos regozijar esta manhã. Não o conseguiremos, no entanto, se não estivermos trabalhando pela salvação do próximo, de toda maneira possível. Se o fizermos e o estivermos fazendo, que então louvemos e bendigamos o Senhor e nos regozijemos por todos aqueles que ele chama, e façamos

A RECEPÇÃO DOS PECADORES | 1353

a festa que Jesus teria feito. Na verdade, espero que ninguém aqui seja um irmão mais velho que se ire e se recuse a participar. Que possamos continuar a nos regozijar, por tanto tempo enquanto vivermos, em vermos o filho perdido achado, e o morto revivido. Que Deus permita que vocês se regozijem nele infinitamente, ainda neste mundo. Amém.

145

PROFESSOR DE ESCOLA DOMINICAL, UM MORDOMO

Presta contas da tua mordomia (Lc 16.2).

Temos ouvido muitas vezes, em nossa vida cristã, que somos todos mordomos do Deus todo-poderoso. De fato, um preceito categórico em nossa crença é o de que o rico é responsável pelo uso que faz de suas riquezas; que o homem talentoso deve prestar contas a Deus sobre aquilo em que emprega seu talento; que cada um de nós, conforme o tempo, as condições oferecidas e as oportunidades disponíveis, tem de prestar contas a respeito de seus atos diante do Senhor soberano. Todavia, queridos irmãos e irmãs, nossa responsabilidade como instrutores do povo de Deus é ainda maior e mais profunda que a dos demais homens. Temos, sem dúvida, a mesma responsabilidade, que recai sobre todos os instrutores religiosos, de prestar contas a Deus de tudo o que temos e recebemos; além disso, no entanto, cabe-nos uma responsabilidade extra, dada nossa posição oficial — a de alguns, como professores das verdades de Cristo perante sua classe de escola dominical; e a de outros, como pregadores destas junto a toda a congregação.

A primeira dessas citadas responsabilidades é bastante pesada para qualquer homem normalmente cumprir. Cremos não ser possível a homem algum fazer uso de tudo o que Deus lhe dá, a não ser da divina graça, a ponto de poder ser aceito, por fim, com a aprovação divina tipo *muito bem, servo bom e fiel* (Lc 19.17); mas, mesmo que isso fosse possível, ainda assim seria praticamente impossível sustentar totalmente o tremendo peso da responsabilidade que recai sobre os instrutores da Palavra de Deus. Sobre o *nosso* pescoço estão dois jugos, que a graça soberana pode tornar leves e fáceis; não obstante, continuarão a machucar os ombros, pois são, em si, muito pesados para os aguentarmos. Se a responsabilidade comum é como se fossem os açoites de Salomão, a responsabilidade extra, que resulta do cargo oficial, quando pouca atenção lhe é dispensada, torna-se como os escorpiões de Roboão, sendo, portanto, mais doloroso seu aguilhão. Ai do vigia que não avisa do perigo; do ministro que falha em ensinar a verdade; do professor de escola dominical que não é fiel à confiança que nele depositam.

Tentaremos hoje chamar atenção sobre este assunto tão importante. Orem por mim enquanto prego, para que possa exprimir pensamentos que sirvam para fazer o bem a todos os presentes, e hei de me empenhar também em que Deus, em resposta a suas orações, possa me dar palavras e pensamentos que venham a abençoá-los.

Então, em primeiro lugar, permitam-me ressaltar *o significado de ser mordomo*; em seguida, vamos refletir sobre o *tipo de contas que temos de prestar*; por fim, iremos aprender a reconhecer *o tempo em que devemos administrar essas contas e a ocasião em que seremos obrigados a apresentá-las.*

I. Primeiro, então, O MORDOMO — QUEM É?

O mordomo é, antes de mais nada, um *servo*. É, na verdade, servo dos mais importantes, mas não passa de um servo. É como o administrador da fazenda, semelhante, sob quase todos os aspectos, ao fazendeiro: cuida da propriedade e tem muitos empregados da fazenda sob suas ordens; mas continua sendo empregado como os demais, obedecendo à autoridade do patrão. Assim é todo mordomo. Pode ser até mordomo da mansão de um nobre, que entrega a seus cuidados toda a propriedade, de modo a ficar livre de preocupações. Nesse sentido, o mordomo é como se fosse seu próprio patrão, mas continua sendo um servo, pois há alguém, que realmente manda, acima dele. Por mais orgulhoso que possa ser, então, pouco tem,

PROFESSOR DE ESCOLA DOMINICAL, UM MORDOMO | 1355

na verdade, de que se orgulhar, pois a única honraria que detém na vida é a de ser um servo. O ministro e especialmente o professor de escola dominical carregam consigo essa mesma honraria. Não somos nossos próprios mestres; não somos profissionais liberais independentes, que possam agir como bem entendermos; nossas classes de alunos não são nossas propriedades ou fazendas, cujas terras possamos arar segundo a nossa vontade, podendo escolher produzir qualquer tipo de lavoura, ou mesmo nenhum tipo, se assim desejarmos. Não; não somos mais que mordomos, e devemos trabalhar para o nosso Senhor. Que coisa estranha é ver um ministro ou um professor de escola dominical dando a impressão de ser pessoa de grande destaque e que pode fazer o que bem entenda. Não parece anormal? Como pode falar de sacrifício que faz, se tudo o que usa é de propriedade de seu Senhor? Como pode se gabar do tempo que perde, se esse tempo não é de seu domínio? É tudo propriedade do nosso Mestre e Senhor. É apenas um servo, e, portanto, no que quer que faça, estará tão somente cumprindo seu dever, pelo qual é muito bem recompensado. Não há motivo algum para se orgulhar nem para se sentir senhor sobre os outros, pois, qualquer que seja o seu poder, jamais deixará de ser apenas servo. Que cada um de nós se lembre, assim, de que "sou apenas um servo". Se o diretor de uma escola convocar um professor para dar uma aula de que ele não gosta, o professor terá de se lembrar de que é *apenas um servo*. O mesmo professor, por sua vez, certamente não irá permitir que sua criada, por exemplo, saia sem lavar a louça e exigirá que espere até o fim da refeição. Ambos são servos e devem agir como lhes seja ordenado.

Nós também, se melhor sentíssemos que somos servos, não nos oporíamos a realizar o que nos é ordenado em nome de Cristo: mesmo que não o realizássemos para atender propriamente à vontade dos homens, nós o faríamos, em nome de Cristo, por obediência ao Senhor. Não podemos imaginar que nossos criados nos recebam esta noite esperando lhes dizermos: "Você fez seu trabalho muito bem hoje"; nem imaginar que eles esperem por um agradecimento constante. São servos, e quando recebem o salário é este o fruto do seu trabalho. Devem, naturalmente, se julgar merecedores da quantia paga, caso contrário pediriam aumento ou não ficariam mais conosco. Quando você realiza uma obra por Jesus, lembre-se de que não passa de um servo. Não espere ter sempre um encorajamento, como alguns sempre o demandam. Se receber um elogio de seu pastor, de um líder, dos irmãos, agradeça; se não, prossiga de igual modo a sua obra. Você é um servo, e porque recebe sua recompensa pela graça, não por dívida de Deus, você está recebendo o maior salário que poderia ter, que são os aplausos de seu Senhor e a eterna glória de estar com ele, a quem deseja servir.

Apesar de o mordomo não ser mais que um servo, é, todavia, um *honrável servo*. Não cabe a outros servos da casa ficar lembrando a ele que é apenas um servo. Ele pode não aturar isso: ele o sabe e sente, e o que deseja é somente poder trabalhar dignamente como servo; ao mesmo tempo, também, é um servo digno de ser honrado. Aqueles que servem a Cristo na área da instrução são dignos de ser honrados. Lembro-me de ter ouvido uma discussão inconveniente entre duas pessoas sobre se o ministro seria superior ao professor de escola dominical, recordando-me a conversa dos discípulos de Jesus, que procuravam saber quem entre eles seria o melhor. Ora, somos todos "melhores", se assim o sentimos, e, apesar de devermos ser gratos pela atividade que Deus nos dá no meio cristão, nada encontro na Bíblia que possa servir para julgarmos que o ofício de pregar seja mais honroso ou menos honroso que o de educar. A mim parece que cada professor da escola dominical teria o direito de colocar a palavra "reverendo" na frente do seu nome tanto quanto eu, pastor; e, se não o faz, isso não estará tirando seu mérito do título de "venerável". O pastor tanto ensina a congregação quanto o professor prega para sua classe. Posso pregar para mais pessoas, e ele para menos, mas estará fazendo o mesmo trabalho que eu, ainda que em menor amplitude. Concordo plenamente com o sr. Carey, quando disse de seu filho Felix, que deixava a obra missionária para se tornar embaixador: "Felix desperdiçou-se como embaixador", querendo dizer que era um ótimo missionário e que havia aceitado um cargo, comparativamente, insignificante, ou de menor valor; o mesmo, penso eu, podemos dizer de um professor de escola dominical que desista de sua obra por não poder atendê-la por ter de cuidar de suas atividades ou negócios no mundo, desperdiçando-se assim como mercador. Se ele abandona seu ofício por acreditar que tem mais o que fazer, se engana: irá se perder em algo menor; com uma única exceção: se for obrigado a desistir para cuidar de sua família e fazer dela sua classe de escola dominical; não haverá, então, desperdício, pois ele se manterá na mesma posição honrosa em que se encontrava. Digo que aqueles que ensinam, que buscam colher almas, devem ser considerados pessoas honradas, logo abaixo em importância daquele do qual receberam a Grande Comissão; não obstante serem, em um doce sentido, por ele elevados a ponto de os considerar seus companheiros, pois trata seus fiéis discípulos, mais do que como servos, como amigos e irmãos: *Já não vos chamo servos, porque o servo não sabe o que faz o seu senhor; mas chamei-vos amigos, porque tudo quanto ouvi de meu Pai vos dei a conhecer* (Jo 15.15).

Apenas mais um pensamento. O mordomo é um servo *dotado de grande responsabilidade, em face de sua posição*. O sentido de responsabilidade sempre parece algo muito sério ao homem justo. É muito comum fazer qualquer coisa que não envolva responsabilidade, por isso os serviços que não envolvem confiança são geralmente muito mal pagos; mas o trabalho em que repousa a necessidade de confiança é proporcionalmente bem pago. O trabalho de professor da escola dominical constitui um dos mais exigentes do mundo. Muitas vezes já parei para pensar no tanto que Deus confia em nós. Lembremo-nos da parábola do filho pródigo. Ela nos revela, na verdade, sermos uma cópia dele, nós que, depois de muito vagar no pecado, chegamos a Jesus. Penso, às vezes, que um pai prudente, ao retornar o filho pródigo ao lar, o receberia, sem dúvida, de coração, apertando-o contra o peito, beijando-o, dando a ele novamente parte de sua riqueza, mas que demoraria talvez a confiar no filho em termos de responsabilidade. No primeiro dia útil, o pai provavelmente diria: "Meu filho, eu te amo de todo o coração, mas desperdiçaste boa parte do teu tempo de vida em trivialidades, de modo que vou ter de enviar o teu irmão mais velho ao mercado, pois infelizmente não posso confiar minha bolsa a ti; eu te amo muito e já te perdoei completamente, mas, ao mesmo tempo, não posso ainda voltar a confiar totalmente em ti". Mas por que, então, Deus não nos trata desta maneira? Em vez disso, quando aceita um pobre pródigo de volta em seu coração, a ele confia suas mais preciosas joias, pois confia colocando aos nossos cuidados almas imortais. Permite que sejamos o meio pelo qual possa buscar suas ovelhas perdidas e que apascentemos os seus cordeiros quando reunidos. Coloca o filho pródigo que retorna no lugar mais importante de sua casa e nele confia inteiramente. Portanto, irmãos e irmãs, visto que o Pai é bastante benigno para depositar sua total confiança em pessoas tão indignas como nós, é justo enganá-lo? Oh, não! Que possamos trabalhar com toda a honestidade como seus mordomos, a fim de que cada parte da propriedade a nós confiada seja encontrada em boas condições quando o nosso mestre vier de volta; que cada tijolo sob nossa responsabilidade seja encontrado mantido e cuidado no devido lugar, quando ele os inspecionar pessoalmente no grande dia do juízo, diante de seu trono. Nosso cargo é muito sério. Alguns fazem pouco dele; outros tratam-no sem a menor importância. Jovens levianos são atraídos para serem instrutores na escola dominical, mas não se tornam melhores por sua causa. Que isso, porém, não ocorra mais conosco. Não queremos senão aqueles que pensam solenemente e de modo apropriado o que lhes seja incumbido fazer e se dediquem à obra como assunto de vida ou morte; não como negócio trivial, que envolva interesses temporais, mas, sim, como algo tão sério que até mesmo um anjo seria incapaz de executar sem a abundante assessoria de Deus mediante o Espírito Santo.

Procurei, assim, explanar de maneira simples a ideia implícita na palavra "mordomia". Somos servos, servos muito honrados, com grande responsabilidade, e de Deus recebemos imensa confiança.

II. Agora, as contas — *Presta contas da tua mordomia.* Pensemos brevemente neste prestar de contas de nossa mordomia.

Primeiramente, notemos que, quando formos chamados para prestar contas de nossa mordomia diante de Deus, devemos fazê-lo, cada um de nós, *pessoalmente*. Enquanto estivermos aqui, estaremos em meio à multidão; mas, quando nos apresentarmos a Deus, teremos de falar individualmente. Você ouve alguns se gabando de "*nossa* escola dominical". Muitas pessoas se enganam ao chamar a escola de "sua", e algumas nunca chegam de fato a conhecê-la. Costumam dizer: "Espero que *nossa* escola esteja florescendo"; mas não dão a ela um níquel que seja para seu sustento, não fazem um único elogio sequer aos professores, a estes não dão um simples sorriso nem sabem quantos alunos a escola tem. Não obstante, chamam-na de sua. Usurpadores é o que são, tomando para si o que não lhes pertence! No entanto, cometemos o mesmo erro, na mesma medida. Falamos acerca dos feitos do "corpo" como ministério, ou das maravilhas que foram realizadas pela "denominação". Lembremo-nos, porém, que, quando nos apresentarmos diante de Deus, o julgamento não será relativo à denominação nem será acerca de nossa presença na escola dominical ou na igreja, mas as contas terão de ser prestadas individualmente. Você, que cuida do jardim de infância, terá de prestar suas contas próprias. Outro dia, você estava apontando os erros de conduta de uma turma acima da sua, e lhe disseram que cuidasse de sua classe. Na verdade, foi sua consciência quem lhe disse. No final, quando tiver de se apresentar diante de Deus, você não terá de prestar contas quanto à turma acima da sua, mas dos seus cuidados quanto à classe do jardim de infância, sob sua supervisão. E você, irmã, professora há sete ou oito anos, deverá prestar contas acerca de si mesma, e não sobre a professora da outra turma, a quem você sempre elogia por ter servido de instrumento para trazer seis ou sete crianças a Cristo. Lembre-se de que as seis ou sete crianças que ela iluminou *não* serão acrescentadas às suas contas para tornar mais respeitável o seu total anual; mas, sim, sobressairá um grande vazio ao final do seu trabalho, a que poderá ser acrescentada a marca de sua negligência, sua falta de pontualidade e seu descuido para com a sua turma, sem o alívio do brilhantismo da professora diligente em seu favor.

Cada um de nós será julgado por seus próprios feitos, não em grupos, mas um por um. Isso é o que torna terrível uma pessoa ser julgada sozinha. Conheço pessoas, por exemplo, que não aguentariam permanecer em um púlpito: só o simples fato de terem muitos olhos encarando-as seria horrível para elas. Como será, então, quando tivermos, cada qual, de nos apresentar e ouvir a leitura de nosso coração feita pelos olhos perscrutadores de Deus; quando o saldo da função que nos é delegada for publicado à luz do sol, e isso, repito, sem a ressalva do êxito dos outros, sem qualquer acréscimo à nossa obra por conta da dedicação de outros professores? "Apresente-se, sr. Mordomo! As suas contas? Não, não, estas não; as *suas* contas." "Senhor, eu trago aqui as contas dos livros da escola dominical". "Não, não, estas não; as contas da *sua própria classe!*" "Bem, mestre, estou prestando contas de todas as classes da escola nos últimos vinte e cinco anos, mostrando quantos foram convertidos." "Não, não; as contas de *sua própria classe, no período em que você foi professor.*" "Tenho aqui as contas da escola quando era professor ao lado de fulano de tal." "Não, não, as contas da turma de que você foi professor *sozinho*; daqueles a quem você ensinou, por quem você orou, pelos que sinceramente trabalhou, pelos que fez estudar a Palavra diligentemente, de tudo o mais que você buscou fazer a favor de Cristo." Não é o acréscimo de outro professor que ajudou você a cumprir parte do dever, mas, sim, suas próprias contas, individualmente, que devem ser prestadas diante de Deus. "Presta contas da *tua* mordomia."

Pondo o assunto sob esta luz, quais serão as contas que alguns de vocês deverão apresentar no último e grande dia? Permitam-me fazer uma pausa para que se lembrem. Então, como serão as suas contas? Confio em que um grande número dos presentes possa dizer humildemente em seu coração: "Fiz muito pouco, mas *o que fiz* foi de forma sincera e com muito louvor. Que Deus aceite esses meus feitos mediante Jesus Cristo". Mas temo que outros há que, se forem honestos para com a sua consciência, terão de confessar: "Fiz muito pouco; fiz de forma descuidada; fiz sem louvor algum; sem a ajuda do Espírito Santo". Então, irmãos e irmãs, espero que possam orar agora, pedindo: "Oh, meu Deus, perdoa-me, e ajuda-me a ser diligente nesta divina empreitada e, com o espírito cheio de fervor, servir ao Senhor". Que Deus os abençoe nessa oração! Não façam promessas, mas ofereçam uma oração; e que sejam ouvidos no céu, morada de Deus.

Observe-se também que, assim como as contas devem ser pessoais, devem ser exatas. Diante de Deus, você não deverá apresentar o total das contas, mas indicar cada item em separado. Quando convocado a demonstrar sua mordomia, é assim que deverá acontecer. Você teve muitos alunos em classe infantil? O que dizia a essa criança e àquela outra? Orou por aquela criança de gênio difícil, por aquela outra de obstinação indomável e por aquela criança sem sossego? E por aquela sempre muito amuada e fechada em si? E quanto àquela outra, que aprendera todos os males da rua e parecia gostar de ameaçar e irritar os colegas? O que você fez em favor de cada uma delas? Como trabalhou pela conversão de cada uma? Para tornar essas contas ainda mais específicas: o que fez em prol de cada criança em cada domingo? Você ouviu uma criança dizer um palavrão: você a reprimiu? Viu outra criança oprimir um coleguinha menor: repreendeu-a, ensinando ambos a se amar? Deu atenção às pequenas tolices de cada uma, esforçando-se por compreender o comportamento de cada uma e poder adequar seu discurso a elas? Quanto à conversão de cada uma, agonizou em orações individuais a Deus, e depois com as crianças, pedindo que as levasse a se reconciliarem com Cristo? Creio que a avaliação de suas contas poderá ser ainda mais detalhada, quando Deus vier testar nosso coração e nossas intenções, nossas obras e nossos caminhos. A pobre maneira como coloco minhas palavras mostra nublada a verdade que busco apresentar; não obstante, é como acontecerá.

Deverão ser prestadas contas também quanto a cada oportunidade, não apenas com relação a cada criança, mas também acerca de cada oportunidade de se fazer o bem às crianças. Você usou de benignidade para com aquela criança que naquele dia estava muito triste e infeliz, e chorando, por causa da doença do irmão? Procurou retirar a flecha do coraçãozinho daquela outra, que o trazia machucado só de pensar que Deus havia retirado a vida de sua querida mãezinha? Buscou saber sobre cada reunião na escola, se haviam ficado felizes ou não? Deus lhe deu muitas oportunidades e irá, por fim, indagar o que você fez com elas. Muitos de nós prestarão lamentáveis contas, pois negligenciamos muito das coisas que deveríamos ter feito; e a confissão de nós como professores poderá, infelizmente, ser: "Fizemos o que não deveríamos ter feito e deixamos de fazer o que deveríamos ter feito".

Tenhamos em mente, ainda, que as contas prestadas sobre todas as coisas que fizermos terão de ser exatas. Não seremos examinados somente quanto a havermos conduzido, de modo genérico, a nossa classe; podemos ter um talento particular para isso e nos havermos saído relativamente bem. Será não apenas "Como você conduziu sua classe?", mas também "De que modo você preparou e transmitiu as lições?" Se você não teve tempo para prepará-las, não lhe será cobrado o que você não pôde fazer; mas, se teve tempo, como o empregou? Usou-o pensando em suas crianças, em nome de seu mestre, de modo a encontrar flechas bem afiadas para disparar de seu arco, e que Deus pudesse abençoá-lo dando-lhe forças para mirar no coração de cada uma? O que você fez com seus estudos? Foi frio e descuidado? Esqueceu-se de suas crianças, ou as trouxe o tempo todo em seu coração e em seus braços e com muito sentimento as conduziu a Cristo? Ah, professores da escola dominical, um dia seus estudos serão totalmente perscrutados, e o conteúdo de suas anotações será tornado público para todos verem! Oh, vocês, cujas estantes de livros forradas de teias de aranha testemunham contra vocês; oh, vocês, contra quem as vigas das paredes da sala de estudos testemunham por nunca ter ouvido sua voz proferida ali; contra quem até o chão do quarto testemunha, por nunca ter sentido a pressão de seus joelhos dobrados em oração, como se sairão nesse teste de sondagem? Como resistirão nesse dia, quando Deus os examinar por tudo que vocês fizeram, e por tudo o que não fizeram, mas que deveriam ter feito, em seu importante ofício de ensinar às crianças? As contas a serem prestadas deverão ser exatas, precisas e extremamente pessoais. Não mais me debruçarei sobre esse assunto; que a consciência e o julgamento de vocês reflitam sobre isso em casa.

Lembrem-se, igualmente, que as contas prestadas devem ser *completas*. Não lhes será permitido deixar nada de fora, tampouco acrescentar o que não lhes pertence. Alguns certamente gostariam de poder começar amanhã, ou no próximo domingo, a agir corretamente, riscando o passado. Não, professores dominicais, quando Deus disser *presta contas da tua mordomia*, vocês terão de falar sobre tudo o que aconteceu desde o primeiro dia do seu professorado. Ah, meu Deus, quantos que dizem pregar a Palavra implorariam ao Senhor que lhes permitisse ter alguns anos de seu ministério queimados em esquecimento! Ah, quantos de nós cairiam de joelhos diante de Deus, dizendo: "Senhor, deixa-me prestar contas somente dos meus anos diligentes, e não dos meus anos desperdiçados"! Mas, não; nossas contas começam na ordenação pastoral e terminam na morte; e as de vocês começam no exato momento em que sentam diante da classe e só se encerram também quando se encerra sua vida, não antes disso. Não acham que isso confere justamente um aspecto bastante sério às suas contas? Estão, certamente, sempre repetindo para si mesmos: "Melhorarei amanhã"; mas isso, por acaso, apaga o ontem? "Tenho de ser mais diligente no futuro"; mas isso irá redimir as oportunidades perdidas nos anos que passaram? Não; se vocês perderam muito tempo e delongaram demais, verão que o maior esforço que fizerem hoje não irá compensar o desperdício feito ontem. Alguns homens, depois de gastar muitos anos no pecado, tentam esforçar-se duas vezes mais por Cristo, mas só conseguem realizar o trabalho de apenas um dia e então lamentam os dias destruídos pelos gafanhotos do descaso, da preguiça e da negligência, que se perderam para sempre. Ó professores de escola dominical, agarrem as oportunidades que passam à sua frente; usem os dias conforme vão surgindo e passando. Não se iludam em poderem vir a compensar os erros e fracassos da primeira parte das contas com brilhantismo na sua parte de conclusão. Não o poderão fazer; terão de prestar contas de cada dia em separado, de cada ano em separado. Não importa o que tentem fazer para recuperar o que foi perdido, as perdas constarão do livro, e o mestre indagará, por fim: "E isso aqui?"

Essas perdas, apesar de tudo, sabemos, são cobertas pela soberana graça, bastando que creiam em Cristo Jesus. Ainda assim, no entanto, devem desejar não mais ter manchas por conta disso. Porque Cristo o purificou, você não deve desejar fazer-se novamente impuro; porque o perdoou, não deve mais desejar pecar. Não, irmãos e irmãs, vivam como deve viver um professor de escola dominical. Vivam como se sua própria salvação dependesse da maneira justa com que realizam seu dever; mas lembrem-se que sua salvação não depende propriamente disso, mas de seu interesse pessoal no pacto eterno e do prevalente sangue do Senhor Jesus Cristo, nosso Redentor, força de Israel.

III. Apesar de haver ainda muita coisa por dizer, temo acabar cansando vocês. Permitam-me, portanto, dar exemplos de quanto SERIA BOM que vocês prestassem contas de sua mordomia; e então dizer quando vocês DEVEM prestar contas.

Como sabem, há um provérbio, conhecido na Inglaterra, que diz: "Pouca reflexão leva a muitas amizades". É um adágio muito verdadeiro. Um homem sempre terá sempre como amiga a sua consciência, desde que reflita muito pouco com ela. Uma boa regra dos velhos puritanos era a de se fazer uma confissão franca e completa dos pecados todas as noites; não deixar que pecado algum cometido durante a semana fosse somente confessado na noite de sábado ou na manhã de domingo, mas, sim, lembrar diariamente as falhas, as imperfeições e os erros de cada dia, a fim de poder aprender com um dia de fracasso o caminho da vitória do amanhã e saber que expurgar-se dos pecados todo dia preserva a pureza e a brancura de nossa vocação. Façam o mesmo, irmãos e irmãs; façam curtos exames de consciência diariamente. Assim, será fácil reconhecer a cada domingo os erros cometidos somente no domingo. Não digo isso para encorajá-los a vir a parabenizar-se pela retidão de só terem feito o bem; pois estejam certos de que, se fizerem esse exame de consciência diário de forma correta, não terão muito do que se vangloriar, mas terão sempre alguma razão para lamentar não terem cumprido seu dever exatamente da forma que deveriam. A cada domingo, após haver comparecido à casa de Deus para ensinar sua classe de escola dominical e participar do culto, sente-se e tente lembrar-se dos pontos em que falhou. Talvez tenha tido um comportamento por demais apressado ou falado de forma ríspida a um jovem que se tenha mostrado rebelde; talvez tenha sido por demais complacente, vendo um pecado ser cometido e devendo reprová-lo, sem que o tenha feito. Se conseguir detectar suas próprias falhas, estará no caminho da cura. No próximo domingo poderá tentar evitar o erro.

Por vezes, a Providência coloca no caminho a oportunidade para um exame, o que é excelente. Por exemplo, toda vez que um garoto ou uma menina deixa a escola, há a oportunidade para pensar consigo mesmo: "Como lidei com fulana? Como tratei beltrano? Dei àquele garoto o ensinamento que poderá ajudá-lo, no futuro, a manter a integridade em meio às tentações, a preservar sua retidão quando sujeito a perigos iminentes? Que ensinei de útil àquela menina? Ensinei-a de modo a deixar bem claro o seu dever quando sair para o mundo? Esforcei-me com toda a vontade para conduzi-la ao pé da cruz?" Há muitas questões que podem ser levantadas em relação às crianças. E, ao se encontrar com alguma delas, anos mais tarde, já crescidas, será ótima oportunidade para prestar contas de sua mordomia à própria consciência, vendo se o que você fez por aquela pessoa quando criança foi realmente o que deveria ter feito.

Uma oportunidade, embora triste, mas apropriada, de se prestar contas, é se uma criança, por infelicidade, morre. Ah, quantos pensamentos nos vêm à mente! Depois dos pais, creio, o maior interessado na criança, no caso, seria seu professor de escola dominical. Há muito em que pensar: "Jaz ressequida a flor que minhas mãos regaram, eis a alma imortal prestes a cruzar os portões da eternidade, alma que ensinei. Ó Deus, terei ensinado a esta criança a verdade, ou terei, neste caso, negligenciado? Lidei de forma leal para com ela? Contei a ela sobre a sua ruína fatal fora da salvação? Explicitei junto a ela como somos decaídos desde Adão e maus por nós mesmos? Falei a ela sobre a grande redenção que está em Cristo? Mostrei a necessidade de sua regeneração e da obra do Espírito Santo em sua existência? Ou apenas a diverti com historinhas tiradas da Bíblia e lampejos de moralidade, deixando de fora sérias reflexões de fé? Poderia, acaso, colocar minhas mãos próximas às suas e, silenciosamente, erguendo meu coração ao céu, dizer: 'Ó Deus, só tu sabes se estou livre ou não do seu sangue'?"

Ah, isto é algo que muito atormenta um ministro, quando alguém de sua congregação está morrendo. Quando, por vezes, fico ao lado do leito de morte de algum dos pecadores de minha congregação, surgem em minha mente pensamentos muito tristes. Será que fui sincero com ele como deveria ter sido? Será que alertei este homem: 'Corra por sua vida, não olhe para trás, não permaneça em campo aberto, voe para a montanha!' Será que orei por ele, chorei por ele, contei a ele sobre seus pecados, preguei a ele Cristo em linguagem clara e firme? Será que houve alguma ocasião em que fui leviano, quando deveria ter sido categórico? Será que houve algum momento em que disse algo de modo errado, que serviu de travesseiro para que descansasse a consciência? Será que não ajudei a tornar mais curto seu caminho para o inferno, em vez de torná-lo mais afastado e colocar barreiras de maneira que dele se desviasse e se voltasse para o Salvador? Ah, embora saibamos que a salvação pertence à graça, que nenhum de nós esqueça de que não estaremos isentos do sangue dos outros se não nos empenharmos em avisá-los do perigo em que se encontram e pregarmos a eles com fé; pois a mesma Bíblia que me diz que Cristo avaliará o trabalho de uma alma e ficará satisfeito com ele também me diz que, se eu não avisar o incauto do perigo, seu sangue, se vier a perecer, será cobrado de minhas mãos.

Agora, professor, deixe-me dar um exemplo de quando você *deverá* prestar contas. Você pode desperdiçar todas as chances que quiser; viver de forma descuidada como bem entender; mas, se houver algo em seu coração, você terá de prestar contas, por exemplo, quando estiver doente e não puder dar aulas. Se sua consciência for digna — coisa que inexiste em algumas pessoas, pois estão mortas e ressequidas —, se sua consciência está desperta, passará a refletir quando for afastado do dever sagrado. Deveria ler as cartas do santo homem Rutherford. Se já houve alguém que pregasse o evangelho com unção doce e divina, foi ele; e mesmo quando trancafiado em Aberdeen e sem conseguir se dirigir a seu rebanho, dizia: "Ah, se o Senhor me deixar sair novamente para pregar, não tornarei a ser tolo como fui. Pregarei com lágrimas nos olhos, para que as pessoas se sintam confortadas e os pecadores sejam convertidos". Talvez quando você estiver doente, uma pequena aluna vá visitar você e diga: "Espero que o senhor (a senhora) melhore logo, professor (a)"; ou alguns garotos se preocupem sinceramente sobre sua ausência aos domingos, pedindo a outros professores que lhe transmitam seu sentimento de que esperam que o seu professor (a sua professora) não demore a retornar. É esse um tempo em que você sabe que terá de prestar contas. Você refletirá: "Ah, quando eu voltar às minhas aulas, não mais ensinarei como tenho feito; estudarei melhor as lições, irei orar mais. Não serei tão ríspido nem tão rigoroso. Tratarei meus alunos de outra maneira. Ah, se Deus me der, como deu a Ezequias, outros quinze anos, dando-me mais graça, eu me esforçarei para ser melhor". Sim, quando ficar doente, você há de se lembrar, sem dúvida, de prestar contas.

Contudo, se você não o fizer nessa ocasião, eu lhe direi então, agora, quando terá de fazê-lo: quando *morrer*. Como deve ser terrível ser pastor infiel no leito de morte (Oh, que eu seja salvo deste destino!). Imagino estar acamado, com a vida findando; tendo passado por muitas oportunidades, agraciado com grandes congregações e, no entanto, tendo sido tão dedicado a alguma outra coisa a ponto de haver negligenciado a pregação do evangelho pleno e gracioso de nosso Senhor Jesus Cristo! Creio que, se esse for o meu caso quando eu estiver em tal estado, moribundo, acabarei por ver espectros e coisas fúnebres ao meu redor no quarto. Algum deles poderia entrar no aposento, olhar para meu semblante e me dizer: "Ah! Você está morrendo? Lembre-se de quantas vezes eu sentei na frente, na igreja, ouvindo-o, sem que você me orientasse realmente, uma única vez, de como eu poderia escapar da ira divina futura; você falava de coisas que eu não compreendia bem, mas o conteúdo simples do evangelho você nunca pregou a mim, e eu morri cheio de dúvidas e temor. Agora, você virá certamente comigo para junto de mim, no inferno, que eu herdei porque você não me foi leal". Quando estivermos já na fase nebulosa e fatal, visualizaremos as gerações que cresceram ao redor de nossos púlpitos, pensaremos em todos eles. Lembraremos do tempo em que, quando ainda jovem, começamos a pregar; das reuniões dos que então eram também jovens, depois adultos, depois de todas as cabeças grisalhas e dos que acabaram partindo. Acredito que, à medida que esses espectros passem, como que em procissão, cada um deixará em nossa consciência uma maldição por termos sido desleais.

O leito de morte de um homem que assassinou seus companheiros, de algum tirano cruel que soltou seus cães de guerra sobre a humanidade, deve ser igualmente terrível. Quando o soldado, a viúva do soldado, os órfãos, os civis assassinados aparecerem diante dele; quando a fumaça das terras devastadas lhe soprarem nos olhos, fazendo-os vermelhos e ardentes; quando o sangue dos homens se agarrarem à sua consciência como imensa mortalha escarlate; quando o sanguinolento assassino mordomo da morte fechar as cortinas vermelhas em torno do seu leito e ele começar a se aproximar do seu temível fim; quando ele, exterminador, enfim, herdar seu horrendo destino, este será o mais escabroso dos espetáculos. Acredito, porém, que mais tenebroso ainda deve ser o ter assassinado almas — dar às crianças veneno em vez de pão, dar pedra quando pediam alimento, ensinar a elas o erro quando deveria ter sido ensinada a verdade tal como é em Jesus, ou haver-lhes falado com rispidez ou fria indiferença quando tudo que precisavam era de amor e uma palavra de carinho. Oh, como essas crianças irão amaldiçoá-lo quando você estiver acamado, incapaz de poder cumprir o seu dever. Sim, nesta situação, você será obrigado a prestar contas; e, deixe-me lhe dizer, sua esperança deverá se fixar somente em Jesus, consolo de sua vida e sua morte, e muito doce será sua única lembrança, quando vier a morrer, de que você ao menos teve algum sucesso em angariar algumas almas para Cristo. Ah, isso, sim, poderá trazer alguma vida ao rosto da professora que esteja lamentando-se, levando-a a se avivar um pouco, ao recordar aquela garotinha que, um ano antes de ser consumida pela doença, beijou-lhe a mão, dizendo: "Adeus, professora, nos encontraremos no céu". "Você se lembra, professora, de haver contado para mim a história de Jesus na cruz, de ter colocado as mãos em meus ombros e orado para que Deus me abençoasse? Oh, aquilo me levou a Jesus". Sim, professor, quando você estiver em seu leito de morte, pálido e se consumindo, há de se lembrar de que pelo menos uma alma estará junto ao Salvador para recebê-lo na morada eterna — aquela aluna, aquele aluno, que partiu antes de você, e que, por seu intermédio, com você servindo de instrumento, foi emancipado por Deus da perversidade e das amarras deste mundo pecaminoso. Feliz é o professor que tenha a esperança de encontrar discípulos seus no céu. Tal pensamento muito me anima. Não importa o que o mundo diga, sei também que, quando eu me for, haverá muitos que pensarão em mim como o homem que lhes pregava o evangelho; sei que entre eles haverá muitos alcoólatras salvos e muitas meretrizes levadas a Jesus. E o professor, a professora, ao bater asas para partir do vale da terra em direção ao céu, há de ver um ser brilhante descendo para encontrá-lo (a) e o ouvir dizendo:

Vem, irmão, irmã, vem!

Ao abrir os olhos, verá que essa música parte dos lábios de alguém que o abençoa como meio de conversão. Felizes aqueles que serão recebidos nos portões do Paraíso por seus filhos e filhas espirituais e terão, além das boas-vindas do Mestre, as daqueles que o Senhor lhe deu como joias, para lhe servirem na coroa de glória para sempre.

Vamos concluir. Deveremos todos prestar contas a Deus no dia do julgamento. Este é o fato que torna a morte tão terrível. Oh, morte, você é tudo e, sem ser nada, tudo acaba! Após a Morte, porém, vem o juízo. É como a mordida do dragão para os infiéis. Chega o grande dia. Os livros estão abertos; homens, mulheres e crianças, reunidos. Alguns à esquerda, outros à direita, e alguns já ouviram sua sentença. É a sua vez agora. Professor! Que contas você irá prestar? Em primeiro lugar, você está em Cristo? Ou ensinou aos outros aquilo que você próprio não sabia? Há alguém deste tipo aqui? Sem dúvida que sim; pois muitos há desse tipo em nossas escolas. Oh, amigo, que dirá quando o mestre abrir o livro e inquirir: *Que fazes tu em recitares os meus estatutos?* (SL 50.16). Você talvez responda: "Senhor, ensinei em tuas escolas, e tu comeste e bebeste em nossas ruas". Se você assim disser, ele responderá: *Nunca vos conheci. Apartai-vos de mim* (Mt 7.23). Então, que tem você a dizer a respeito de sua escola — pois, apesar de nossa condição ser estabelecida com base em nosso interesse por Cristo, seremos *julgados* por nossas obras, que servirão de prova de nossa fé. As Escrituras afirmam que seremos julgados de acordo com os nossos feitos. Mas o livro é aberto, e você ouve seu nome ser pronunciado e sua curta sentença: *Sobre o pouco foste fiel, sobre muito te colocarei; entra no gozo de teu Senhor!* (Mt 25.21). Oh, céu dos céus! Maravilhosa recompensa por tão pequena tarefa de ensinar a algumas crianças! Oh, mestre, tu nos dás lingotes de ouro em troca de nossos míseros grãos de poeira — o fragmento que é o nosso serviço tu recompensas com coroas e reinos! Mas e se ele diz e faz isso aos outros e a você simplesmente diz: "Em verdade vos digo que, sempre que o deixastes de fazer a um destes mais pequeninos, deixastes também de o fazer a mim (Mt 25.45). *Apartai-vos de mim, malditos, para o fogo eterno, preparado para o diabo e seus anjos?* (Mt 25.41). Qual dessas duas ele dirá a *você*? Qual dessas duas ele dirá a *mim*? Oh, sob os olhos de Deus, rogo a vocês, por aquele que é o Juiz dos vivos e dos mortos, pela rapidez das rodas da divina carruagem que o trarão em breve a nós, pela gravidade do seu temível tribunal, pela sentença que jamais poderá ser revertida, eu rogo: julguem a si mesmos antes de serem julgados por ele! Prestem contas de sua mordomia à sua própria consciência e então ao seu Deus. Confessem logo a ele os seus pecados, busquem sua ajuda e comecem, neste momento, com auxílio do Espírito Santo, a realizar sua obra; pois terão de se apresentar diante dele, e que então o façam revestidos da justiça do redentor e purificados em seu santo sangue. Não se orgulhando de suas próprias obras, mas aptos a ser aceitos por ele. E suas obras hão de acompanhá-los quando descansarem dos seus trabalhos, e vocês estarão entre os bem-aventurados que desde agora morrem no Senhor.

146

O ABISMO SEM PONTE

E além disso, entre nós e vós está posto um grande abismo, de sorte que os que quisessem passar daqui para vós não poderiam, nem os de lá passar para nós (Lc 16.26).

Durante os últimos meses, fui levado a soprar a trombeta de prata, ressoando o amor e a misericórdia de nosso Deus em Cristo. Preguei muitas vezes um Cristo pleno para pecadores vazios, demonstrando a liberdade e a graça da proclamação divina feita no evangelho para o pior dos pecadores. Não falhei, assim, em declarar a vocês o plano completo de Deus. Mas sinto que devo agora soprar novamente o berrante, pois, por vezes, nossas congregações precisam ser lembradas da lei e do temor de Deus e do julgamento por vir. Nossa experiência revela que pregar o juízo é algo abençoado por Deus. Temos notado que um grande número de conversões acontece quando dos sermões em que as declarações da ira de Deus contra toda iniquidade são claras e solenes. Uma chuva de trovões enche o ar; há pestilências que se escondem sob as asas da calmaria que só podem ser expurgadas por esses raios. Quando Deus envia aos seus servos notícias pesadas, a mensagem de alarme limpa a atmosfera espiritual e mata a preguiça, o orgulho, a indiferença e a letargia, que, caso contrário, iriam se abater sobre seu povo. Assim como a agulha prepara caminho para o fio, do mesmo modo a lei penetrante abre caminho para o brilhante fio prateado da divina graça. A lanceta é quase tão necessária quanto o bálsamo que alivia. A lei é como um professor que nos leva a Cristo. Assim como na Grécia antiga o pedagogo era o servo que levava a criança à escola, igualmente a lei nos leva a Cristo, que nos ensina, nos instrui e nos torna sábios com a salvação. Aqueles que nos tempos dos puritanos pregavam tanto a lei como o evangelho foram os mais prolíficos conquistadores de almas. Encontramos muitas vezes nosso bendito Senhor e Mestre, cujo coração transborda de compaixão e cuja própria natureza é o amor, refletindo acerca da ira por vir; e, de fato, suas ameaças são mais reveladoras e terríveis que a escaldante ameaça vinda dos lábios dos antigos e trovejantes profetas. Permita Deus que esta manhã, fato que tão ansiosamente desejo, eu possa passar o fardo do Senhor que agora tanto pesa sobre mim. Que o mestre consiga colher neste dia muitas das sementes aqui plantadas, para que sejam almas salvas da ira e recompensadas por toda a eternidade com o prêmio do Redentor. Elevem seu coração a Deus, vocês que o conhecem e reconhecem seu poder, rogando que o divino Espírito opere com toda a sua força, para que os mais duros corações sejam quebrantados e todos os pecadores ainda não convertidos levados a Jesus.

E além disso, entre nós e vós está posto um grande abismo (Lc 16.26). A engenhosidade humana muito tem feito para tentar superar grandes abismos. Há no mundo rios tão largos que sua extensão de margem a margem não pode ser superada, assim como com torrentes tão furiosas que não podem ser subjugadas. Mesmo assim, por exemplo, muito acima da espuma das gloriosas cataratas de Colúmbia, nos Estados Unidos, estendeu o homem uma esbelta, porém firme, estrada de ferro, e o rumor das locomotivas pode ser ouvida até acima do rio Niágara. Esta semana, vi as primeiras correntes que serão estendidas sobre o profundo desfiladeiro percorrido pelo rio Bristol Avon no caminho para Clifton; já foram ali lançadas as bases de uma ponte suspensa e em breve se poderá passar por onde apenas os seres dotados de asas poderiam encontrar um caminho. Há, no entanto, um precipício que nenhuma habilidade ou engenharia humana jamais conseguirão transpor; uma imensa brecha que nenhuma asa jamais conseguirá cruzar; é o abismo que separa o mundo do regozijo, em que o justo triunfa, da terra de tristeza, em que o ímpio sente o penetrar da espada de Jeová. Muitos argumentos existem para mostrar que o justo não estará em comunhão com o perverso em uma situação futura, e cada um deles é bastante para lembrar que há entre eles profundo precipício, de tal modo que não há passagem do mundo de um para o do outro.

I. Buscando debater o assunto, começo por declarar que NÃO HÁ PASSAGEM DO CÉU PARA O INFERNO. [...] *os que quisessem passar daqui para vós outros não poderiam* (Lc 16.26), é dito no texto. Os santos glorificados não podem visitar o cárcere dos pecadores perdidos. Por muito tempo se misturaram os justos com os perversos; suficiente foi o tempo maligno em que o joio se misturava com o trigo; longo foi o tempo em que a erva daninha compartilhava do mesmo chão que a planta útil. A paciência executava então seu trabalho. Ambos cresceram até o tempo da colheita. Não mais é necessário, agora que a época da colheita chegou, que estes opostos permaneçam juntos. Seria inconsistente com a alegria perfeita e o santo estado do justo, em sua perfeita calma e pureza, que o pecado fosse admitido em seu meio, como seria inconsistente que lhe fosse permitido manter companhia residindo no pecado. Não seria glorioso ao Senhor Jesus Cristo que os justos cessem de contemplar sua beleza e parem de adorar sua pessoa, no céu, para socorrer seus inimigos e confortar seus desesperados adversários. Por que iriam os palacianos celestes tornar-se traidores do rei para aliviar seus implacáveis inimigos? Deveriam os príncipes de sangue real, que usam uma coroa eterna, deixar de lado seu honroso manto para se fazerem servidores dos condenados ao inferno, daqueles que se recusaram, quando Cristo foi pregado a eles, a ajoelhar-se e beijar o Filho? Não; não pode e não deve ser assim. Além do mais, o decreto de Deus, como uma grande liga de bronze, uniu para sempre a justiça à santidade, à felicidade e ao Senhor, e não há como, e mesmo que se quisesse não conseguiria, cruzar o grande abismo que separa o mundo dos santos do dos amaldiçoados.

A isso se segue que *o mais esforçado e assíduo pregador* deveria então renunciar a toda esperança de converter os pecadores? Deus iluminou alguns espíritos apostólicos, cuja presença é como o alvorecer: a escuridão se afasta ante a sua presença e deles brilha a luz da salvação em direção a milhares de pessoas. Quando levantam as mãos para pregar, Deus dá a eles poder para sacudir os portões do inferno, e, quando dobram os joelhos para orar, destravam os portões do céu. Homens como Baxter, cujo coração transbordava amor, ou como Joseph Alleine,[1] cuja língua, dizem, até brilhava, ou Whitefield, que tinha em si o fogo dos serafins, ou Wesley e seu zelo de querubim, abençoaram a era em que viveram e na qual foram magnânimos. Homens como estes conseguiriam chegar aos confins da terra, se assim desejassem; a seu alcance se estende toda a raça humana: *Ide por todo o mundo, e pregai o evangelho a toda criatura* (16.15); *E eis que eu estou convosco todos os dias, até a consumação dos séculos* (Mt 28.20). Estes homens nunca são mais felizes do que quando pregam. Para eles ruim é não pregar, e quando o fazem Deus os acompanha e são como Eliú, renovados pelo esforço. Nasceram para pregar o evangelho e para angariar pecadores para Cristo, e nunca se contentam, a não ser quando estão realizando seu dever sagrado. Todavia, não dura muito e deixam de realizar sua santa obra; pois no céu, para onde vão, não são mais necessários como pregadores, e do inferno já foram excluídos.

Ó pecador, na verdade, nossa voz, frágil como é, não basta para ganhar você para Jesus; mas, se você morrer sem se arrepender, jamais o poderá levar ao Salvador. *Agora* é a minha hora de pregar a você, apresentando-lhe a porta aberta da misericórdia, mas *depois* não mais poderei alertá-lo nem o convidar a vir a Cristo; não mais poderei retratar a agonia do meu Senhor e mestre, esforçando-me por atraí-lo falando do seu amor, que sangrou e morreu na cruz por você. Não, pois então tudo estará acabado, *para que descansem dos seus trabalhos, pois as suas obras os acompanham* (Ap 14.13). Levarão todos consigo os frutos de seu trabalho, não podendo mais retornar aos campos para semear nem se aventurar em colher. Mesmo com o coração ardendo do divino amor, terão de exercitá-lo de outro modo. A ânsia apaixonada que têm pela glória de Deus deverá encontrar outros meios de se expressar. Eis que curvarão a

---

[1] [NE] Joseph Alleine (batizado em 1634, m. em 1668) foi pastor puritano dissidente inglês e autor de várias obras religiosas. (Os demais citados nesta mesma frase — Richard Baxter, George Whitefield e John Wesley — já foram identificados para o leitor em Notas do Editor [NE] inseridas em sermões anteriores na presente obra.)

O abismo sem ponte | 1365

cabeça e o adorarão dia e noite, mas não mais o poderão servir ministrando o evangelho. O embaixador terá de renunciar à sua tarefa mensageira, pois Deus já desfraldou a bandeira da condenação e não mais ostenta o sinal da paz.

Pobre pecador, muito gostaria de ganhá-lo agora, pois, entre mim e você, é agora ou nunca. Os esforços do visitante mais inoportuno ou do amigo mais sincero cessam com a morte. Alguns de vocês têm parentes ou amigos que podem até chegar mais próximos de seu coração do que eu. Muitos se dão ao luxo de esquecer minhas pobres palavras e cair novamente em pecado; mas têm uma irmã, que, quando suplica, obedecem; um amigo leal, ao qual, quando lhes fala, não fazem ouvido mouco; sua consciência se deixa impressionar por meio dessas pessoas, e é às vezes por intermédio delas que a ação do Espírito acaba exercendo imenso poder em sua alma.

Amo, irmãos e irmãs, vê-los buscando almas para Cristo. Que Deus lhes dê as almas que talvez a mim jamais dê; e, por serem salvas, ainda que eu tenha a santa aspiração e o desejo sincero de trazer muitos ao Senhor, irei me regozijar pela regeneração dessas vidas por seu intermédio tanto quanto o faria se tivesse eu mesmo ajudado a realizá-lo. Vão e trabalhem com toda a força que tiverem. Contém o que Cristo fez por vocês. Com súplica e amor, implorem que se reconciliem com Deus. Mas, lembrem-se que vocês só poderão fazer isto *nesta* vida, pois, quando os portões já estiverem cerrados e vocês impedidos de sua recompensa, estará o mundo também privado de seus esforços. Estão me entendendo? Não apenas deixa de haver reuniões e congregações públicas e de haver dia do Senhor, mas também não mais existe casa de oração, nem mensageiros, nem mais cristãos esforçados que individualmente busquem o bem de sua alma. Que me dizem disto? Este fato não empresta enorme valor às tenras palavras, mesmo que pareçam inoportunas, de amor?

Que o pecador se converta logo à gentil admoestação; do contrário, pode vir a ser subitamente destruído, e sem volta. E aqueles que lhe são hoje mais próximos e queridos no céu lhe serão apartados, se você perecer em seus pecados. Uma mãe pode colocar os braços em torno do filho e orar por ele aqui; pode pedir insistentemente que seu filho busque a paz com Deus; pode, sincera e incessantemente, cercá--lo de suas santas súplicas; mas nada conseguirá alcançar, se já estiver no reino da glória e o filho acabar se perdendo. [...] *os que quisessem passar daqui para vós não poderiam* (Lc 16.26). Ouviu bem, jovem? Os olhos lacrimosos de sua mãe de nada adiantariam chorar com amor por você; a voz tocante que por vezes acendeu os ecos em seu coração não mais conseguiria suplicar por você. Você, mulher indigna, por sua vez, não mais veria seu santo filho. E você, pai, é naquela filha que está pensando, que amou e temeu Deus na infância e que lhe foi tomada? Que lhe disse, ao morrer: "Segue-me para o céu, meu pai"? Você ouviu pela última vez a voz dessa filha, que não tornará a ver o pai, a menos que ele abandone seu mau comportamento atual. Se ela for no céu o que era na terra, talvez quisesse arrastá-lo para o glorioso trono do Altíssimo; mas, oh, não pode ser. Um Deus justo condena o pecador impenitente, e homens justos atendem à sentença divina.

Vejam, pois, ó indignos que aqui se encontram, vocês talvez considerem muitas vezes nossa fala uma perturbação, e mesmo agora minhas palavras de advertência talvez soem irritantes a vocês. Ah, mas não mais os perturbaremos. Sua mãe irrita você, jovem, quando insiste em que busque o Senhor? Não mais irá irritá-lo. Quando eu trato do julgamento por vir, tal assunto parece pesado demais a você? Pois não mais precisarei requerer sua boa vontade em me ouvir. Acabaremos, um dia, totalmente separados. Se vocês seguirem seu caminho permanecendo no pecado e na ira, chegará o tempo da nossa separação, e, oh, deixem-me preveni-los, vocês dariam muitos mundos, vocês os dariam mesmo que fossem diamantes sólidos, para ouvir novamente a voz que agora os fatiga e tornar a ouvir o melancólico convite que tanto os constrange e arruína sua jovialidade. Ah, como bendiriam a Deus se ele permitisse que vocês voltassem e tivessem mais um daqueles domingos que lhes pareciam tão tolos e lúgubres e os deixasse novamente frequentar a casa de Deus, que hoje se assemelha a uma prisão para seu espírito frívolo e vão. Ó amigos, bem lhes peço que tenham um pouco mais de paciência conosco e suportem nossos aborrecimentos, pois não suplicaremos muito mais a vocês. Imploramos que venham para Jesus; agarramo-nos a vocês e imploramos que fujam da ira iminente. Perdoem-nos por nos empenharmos tanto, mas, se falharmos, vocês escaparão desse aborrecido nosso amor; algum tempo mais de vida mortal, e vocês estarão livres de todos esses discursos religiosos, assim como de todas as conversas espirituais e dos demais assuntos; estarão em sua própria companhia — mas, eu os advirto: isso não lhes trará qualquer alegria ou felicidade, muito pelo contrário.

Esta pregação, caros amigos, tem por objetivo, sobretudo, fazer as pessoas de Deus trabalharem ainda no tempo que se chama Hoje. Se esta é a nossa única oportunidade de fazer o bem, façamos o bem enquanto a temos. Ouço as pessoas por vezes dizerem: "Fulano de tal faz muita coisa; trabalha demais". Oh, nenhum de nós faz nem a metade do que deveríamos. Almas estão perecendo, devo dormir? Minha carne preguiçosa, você me deixará paralisado enquanto homens morrem e lotam o inferno? Irmãos e irmãs, que não sejamos mais desinteressados. Se Deus nos fez luz neste mundo, que nos desgastemos a nós mesmos como uma vela que se gasta consumindo-nos em iluminar os outros. Assim como o pobre irá trabalhar à noite com imensa pressa se tiver apenas uma vela que em breve irá se apagar, tenhamos a mesma atenção, vigiando, orando e trabalhando pela alma dos homens. Nunca nos dedicamos o bastante às almas imortais. Se tivéssemos melhor visão da brevidade da vida, do caráter passageiro do tempo e dos terrores da ira eterna; se pudéssemos visualizar as almas perdidas e entender sua dor inexprimível, então nos levantaríamos imediatamente do pó e nos poríamos a trabalhar no tempo que se chama Hoje.

II. Assim como não poderíamos passar do céu para o inferno, como afirma o texto, NÃO PODERIAM "OS DE LÁ PASSAR PARA NÓS".

As almas que se perdem no inferno ficam ali para sempre. Imagino o anjo da ira pairando sobre aquelas portas de ferro; ouço o terrível som das chaves rilhando a fechadura, e quando as portas se fecham a chave é arremessada no abismo do esquecimento, deixando os cativos inteiramente presos a correntes que nunca hão de enferrujar, a grilhões que jamais conseguirão remover. Pecadores não arrependidos não podem chegar ao céu por uma infinidade de razões; entre elas, em primeiro lugar, seu próprio caráter. Tal como uma pessoa vive e morre, assim será na eternidade. Aquele que for um beberrão inveterado aqui na terra terá a mesma sede dos bêbados no infinito, sem meios de aplacá-la; o blasfemador não convertido aqui irá se tornar um blasfemador ainda pior e mais prolífico. A morte não muda nada, mas perpetua o caráter e o petrifica: [...] quem está sujo, suje-se ainda; [...] e quem é santo, santifique-se ainda (Ap 22.11). O homem perdido permanece pecador, cada vez pior, e continua a se rebelar contra Deus. Poderia tal homem entrar no céu? Poderia um ladrão espreitar-se sorrateiramente pelas ruas da Nova Jerusalém? Poderia a atmosfera do Paraíso ser poluída pela blasfêmia, ou a música dos anjos ser perturbada pela libertinagem de falas licenciosas? Não, não há como. O céu não seria o céu se ali fosse permitido acesso ao pecador. [...] se alguém não nascer de novo, não pode ver o reino de Deus (Jo 3.3), e, como não há mais esperança de que aquele que se perdeu para sempre tornará a nascer espiritualmente de novo, jamais voltará a ver o reino. Se você não for totalmente adequado a entrar no céu, pecador, poderá ter o direito de esperar chegar a sê-lo? Se morrer sem Deus e sem esperança, que destino irá lhe caber? Poderia sem Deus habitar no céu — no próprio domínio de Deus? Sem esperança, poderia ingressar onde a esperança é justamente transformada em fruto apreciável? Jamais. Aos inimigos de Deus nunca será permitido encarar sua face, tampouco expressar insultos à sua vista; tais ímpios sumirão ante sua majestosa presença, e sumirão para sempre.

Além disso, o caráter não apenas marca um homem, como sela o *destino do pecador*. Como assim? [...] *sofrerão como castigo a perdição eterna* (2Ts 1.9). Se a perdição é eterna, como entrará no céu? Como diz o Salvador, ficarão *onde o seu verme não morre, e o fogo não se apaga* (Mc 9.44,46,48). Já que há verdade nesta metáfora, os perdidos estão perdidos para sempre; pois o seu verme morreria se eles entrassem no céu, e o fogo seria aplacado se conquistassem um lugar celestial. O que diz o Espírito Santo? Descreve a ira por vir como um abismo sem fim. Assim não seria se tal abismo pudesse ser escalado até atingir os tronos estrelados dos anjos. Irmãos, aquele que julga os homens e que pronunciou a forte expressão [...] *quem não crer será condenado* fará cumprir, certa e literalmente, sua palavra; assim, é impossível extinguir a prisão de fogo para entrar na terra de alegria e paz.

O ABISMO SEM PONTE | 1367

Ademais, pecador, você não poderá mais sair do cárcere simplesmente porque o *caráter de Deus* e as palavras de Deus estarão contra vocês. Deixará Deus de ser justo? Não, pois para que seja justo não poderá deixar de puni-lo, se você for finalmente condenado. *Santo, Santo, Santo é o Senhor dos Exércitos* (Is 6.3) é o incessante louvor dos querubins; e, enquanto ele for *Santo, Santo, Santo*, você jamais será aceitável para ele. Deixará Deus de ser verdadeiro? Não; lembre-se que, enquanto ele for verdadeiro para com suas próprias ameaças, poderá e lançará suas flechas contra você, ímpio, e fará que, por fim, sua poderosa ira o consuma. Eis, pois, que seu decreto *quem não crer será condenado* (Mt 16.16) é o grande abismo, a brecha insuperável, com a qual o pecador não arrependido estará para sempre tão preso como Prometeu acorrentado à rocha, fadado a não se soltar nunca mais, nem no tempo nem na eternidade. Isso não poderá deixar de acontecer — e não irá deixar, porque Deus é Deus, e seu decreto não é falso nem em vão; e você jamais deixará o lugar de seu tormento.

Lembre-se, pecador, que jamais houve uma ponte entre o homem caído não arrependido e o santíssimo Deus. Essa ponte você tem rejeitado. O Mediador, a substituição que fez de você, sua justiça, a morte dolorosa que sofreu, estes elementos que pavimentam o caminho desde o pecado até a justificação, da ira à aceitação, você os rejeitou. Quando estiver totalmente perdido, terá então rejeitado definitivamente Cristo. Se você ainda não está salvo esta manhã, ó pobre criatura amiga, é porque continua rejeitando Cristo; estará provavelmente dizendo para si mesmo: "Se Cristo morreu, não foi por mim; Cristo pode ter derramado seu sangue para salvar os homens, mas não a mim; não posso ser salvo simplesmente desta maneira. A morte dele para mim não representa nada, seu sangue para mim é em vão; preferiria até perecer a ser salvo desse jeito". Isso é o que você está, de fato, silenciosamente dizendo. Sei que tais palavras fariam você até tremer; não ousaria exprimi-las, mas é o que realmente sente. Você não permitirá que este homem reine sobre você como Filho de Deus; não dobrará seus joelhos e muito menos beijará o Filho; continuará, mesmo sem o saber, a ser adversário de Deus, e preferiria ser até destruído, "se for o caso", conforme dúvida, a salvo pelo sacrifício de Cristo.

Bem, se você rejeita o único caminho, então não é de assombrar que, após rejeitá-lo, não reste mais esperança. Lembre-se, porém, que não há nenhum outro sacrifício substitutivo pelos seus pecados. As Escrituras expressamente nos dizem que não há possibilidade de outra solução ou outro sacrifício. Você acha, talvez, que Jesus virá uma segunda vez para morrer? Acha que aquelas divinas mãos serão novamente estendidas contra o madeiro? De todo modo, você, que o rejeita agora, *se ele morresse novamente, também o rejeitaria.* Deveria a cabeça dele ser novamente perfurada pelos espinhos? Ter seu tórax novamente perfurado por uma lança? Ora, pecador, se você se recusa a tê-lo agora, o recusaria novamente se ele pudesse morrer uma segunda vez. Mas isto jamais acontecerá. Ele se ofereceu em substituição a todos nós de uma vez por todas, e agora está sentado para sempre à direita da Majestade dos céus. Jamais nenhuma segunda expiação — nenhuma segunda redenção — será oferecida pelos pecados dos homens.

Tenha em mente, ainda, que nesse abismo não há Espírito Santo. O bendito Espírito de Deus está desde há muito conosco, e já muito tem-se empenhado por você. Lembra-se de quando tremeu como governador Félix? Da oportunidade em que, como o rei Agripa foi quase convencido? Tudo isso, no entanto, foi esquecido, a consciência silenciada, o Espírito de Deus aplacado. Bem, este mesmo Espírito pode agir em você de novo; e, se vier com força irresistível, ainda que seu coração seja duro como pedra, poderá quebrá-lo; se como ferro, poderá desmanchá-lo. Todavia, se você já estiver separado pelo abismo, o Espírito Santo não poderá nunca mais alcançá-lo. A bendita pomba evita o lugar da ira, e sobre as almas entregues à destruição final jamais planarão as asas da vida. Assim, você jamais poderá renascer, jamais entrar no céu; não poderá ser santificado, e as almas não santificadas não têm qualquer porção do céu.

Fica claro, deste modo, que ninguém pode, de modo algum, passar do inferno para o céu. Haverá um julgamento e uma sentença para cada um de vocês, um juízo solene que abrangerá tudo. Se você não gosta da casa de Deus, será privado dela. Se você não ama o dia do Senhor, será privado do domingo eternamente. A voz dos cânticos sagrados nunca teve qualquer efeito sobre você? Pois você não mais a ouvirá. Nunca quis ver a face de Deus? Jamais a verá. Se o nome de Jesus Cristo nunca soou melodioso em seus ouvidos, você jamais voltará o escutá-lo. Jesus Cristo foi pregado a você, mas você o rejeitou; pisou no sangue dele. O caminho para o céu lhe foi livremente apresentado, mas você não o percorreu a fim de que alcançasse a vida.

Todavia, há um caminho da terra para o céu, pecador. Ainda que você tenha se aventurado nas profundezas do pecado, ainda que tenha sido o mais infame e o mais agressivo dos blasfemadores, ainda há um caminho para você chegar a Deus. A meretriz, o ladrão, o profano, o viciado, ainda podem encontrar a misericórdia da graça de Jesus. Fora isso, lembre-se que:

> Na fria cova a que se vai
> Não há um ato sequer de perdão;
> Lá reinam, em um silêncio eterno,
> Morte, desespero, escuridão.

Que Deus abençoe então esses categóricos avisos que lhe damos e que você possa alcançar a glória.

III. Mudando de assunto por alguns minutos, devo ressaltar, em terceiro lugar, que, além de nenhuma pessoa poder passar pelo abismo sem ponte, nenhum objeto pode passar também. Nada pode passar do inferno para o céu, e vice-versa. Regozijem os santos na luz, sintam o triunfo de seu Deus por isso — nenhuma tentação de Satanás jamais poderá constrangê-los. Uma vez estabelecido na terra dourada, você estará além do alcance das flechas do arqui-inimigo. Ele poderá urrar e morder suas mãos de ferro, mas tais urros e desesperos não conseguirão produzir terror em você e muito menos o conseguirão perturbar. Você não mais será vexado pela conversa impura dos indignos. Não mais ouvirá palavras insensatas. Não terá de dizer: *Ai de mim, que peregrino em Meseque, e habito entre as tendas de Quedar!* (Sl 120.5).

> Nenhuma palavra vã chegará ao seu coração,
> Nem frivolidades seus ouvidos ferirão.

Você será livre de tudo o que pertence ao inferno. Estará no céu tão seguro que a ira de Deus que jaz sobre o inferno jamais o alcançará. Seu Salvador a afastou, e nenhuma gota há de recair sobre seu povo. Nenhuma dor se fará presente no céu: ela é para os perdidos; nenhum sofrimento corporal, nenhuma perturbação para a mente. Você não terá mais pecado, e pecado nenhum poderá passar para você; será perfeito, como seu Senhor, sem mancha ou ruga ou qualquer coisa do tipo.

> Todo inimigo interno seu será liquidado,
> Seu sossego não será pelo diabo abalado.

Você não terá mais preocupações com o futuro. Desfrutará de êxtase eterno. Haverá sempre mel em seus favos — e irá durar para sempre. Por milhões de anos a fio você poderá fitar a face do amado, e por eras intermináveis há de ser iluminado à luz do seu meigo sorriso. Isto será glória e felicidade eterna para o cristão, e o reconfortará até mesmo pelos momentos mais ásperos de tribulação que haja passado, e o fará se sentir recompensado pelo esforço mais difícil que haja experimentado em suas lutas enquanto mortal. Coragem, irmãos, pois só é preciso suportar como que apenas um ou dois dias de luta para obtermos depois a coroa imortal, uma ou duas horas de esforço para alcançarmos o descanso eterno. Creio ver os anjos se debruçando no parapeito das muralhas do palácio celestial e, à medida que os observam, como se vocês fossem guerreiros que marcham abrindo caminho para as portas daquele lugar, eles os chamam, clamando:

> Venham, venham, irmãos,
> Glória eterna terão!

O ABISMO SEM PONTE | 1369

Então? Vão guardar sua espada? Darão fim à luta? Não! Apressem o passo, deixem sua legítima espada de Jerusalém dividir alma e espírito, juntas e medula, até alcançarem o alto, e a glória eterna será então de vocês.

IV. Mudaremos novamente de assunto para um quarto tópico, e este é terrível. Pois, como já mencionamos, assim como nada pode ir do inferno para o céu, também nada celestial jamais conseguirá atingir o inferno. Há rios de vida fluindo à mão direita de Deus — mas estas torrentes jamais poderão fluir como abençoadas cataratas para os perdidos. Não; a Lázaro, o mendigo, não é permitido nem ao menos mergulhar a ponta do dedo em água para obter uma gota refrescante que aplaque a língua do rico, atormentada pelo fogo do inferno. Nem uma gota d'água celestial poderá jamais cruzar o abismo. Veja, pois, pecador, que o céu é *alívio*, e alívio perfeito — mas não há alívio algum no inferno; o inferno é estar constantemente no fogo, sem qualquer distração, paz, sono, tranquilidade ou silêncio; é tempestade eterna, eterna tormenta, tormento eterno. Mesmo nas piores doenças na terra, há alguma folga, e espasmos de agonia costumam ser seguidos de pausas de repouso. Mas não há pausa alguma nos tormentos do inferno. A terrível música da miséria eterna não contém uma única pausa. Segue, e segue, e segue, ruidosa, com barulheira de combate, e poeira, e sangue, e fogo e fumaça.

O céu é um lugar de *alegria*; lá, dedos alegres tocam as cordas celestiais; almas alegres cantam hosanas dia e noite. Mas não há alegria no inferno; ali, a música é lamento, só há aflição, e a única "união coletiva" seria a de estar como que enfeixado em fardos; pois ali tudo o que é bom equivale a tudo o que é ruim e doloroso. Não, não estou exagerando, seria impossível fazê-lo; não consigo explanar melhor fatos tão lúgubres e assim os mostro. Nenhuma alegria do céu jamais poderá chegar ao inferno. Pois o céu é o lugar da *doce comunhão* com Deus:

> Lá se contempla seu semblante,
> E nunca, nunca a iniquidade;
> Lá, dos rios de sua benignidade ,
> Bebe-se com prazer incessante.

Não há comunhão com Deus no inferno. Súplicas há, mas não são ouvidas; lágrimas, mas não são aceitas; choros de lamento, mas todos soando abomináveis ao Senhor. Deus não deseja a morte de ninguém; pelo contrário, quer que se volte para ele a fim de que viva. Todavia, se a sua graça é recusada,

> O Senhor, de vingança revestido,
> Erguerá sua mão para jurar:
> Quem despreza o alívio prometido
> Em sua casa não terá lugar.

Se contarem para mim o que é o céu, de qualquer descrição das alegrias que me seja feita, logo direi que nenhuma delas há em Tofete, pois as bênçãos do céu não podem cruzar as regiões celestiais para alcançar o cárcere do inferno. Lá reside a dor que não tem alívio, a miséria que não tem esperança e, o pior de tudo, lá está a morte sem fim.

Há apenas um aspecto que conheço em que o céu se assemelha ao inferno — ambos são eternos. "A ira *vindoura*, a ira *vindoura*, a ira *vindoura*" durará para sempre e sempre e nunca acabará.

Peço a Deus que possa falar ainda como almeja meu coração. Esta é uma das minhas preciosas oportunidades de ainda fazê-lo, pois, conforme já disse, se, ao final de tudo eu estiver salvo e vocês condenados, não mais poderei fazê-lo. Deem-me, pois, dois ou três minutos para que eu encerre este meu discurso tentando arrazoar com vocês que ainda não se converteram. Pouco tive para dizer ao povo de Deus esta manhã, mas talvez possa confortá-lo à noite. Todavia, esta manhã, devo lidar com aqueles de vocês que não temem a Deus. Muitos dos aqui presentes ainda não se converteram. Eu jamais os bajularei pregando a vocês como se todos fossem cristãos. O Senhor, meu Deus, sabe que aqui há muitos corações que nunca foram quebrantados; há muitos espíritos que jamais tremeram diante da majestade de infinita justiça nem beijaram a mão estendida do redentor crucificado. Vocês, alguns de vocês, sabem disso também; sabem que se encontram no fel da amargura e nos laços da iniquidade. Não digo isto apenas de você, que vive abertamente em pecado; mas digo-o também de você, amável, excelente, admirável em sua conduta e em seu comportamento, mas que não tem ainda dentro de si o amor de Deus. Talvez não fosse errado ser visto pelo seu caráter externo, se autêntico, mas a verdade é que interiormente você ainda não renasceu, não passou da morte para a vida; e, lembre-se, o inferno serve tanto para o mais excelente quanto para o mais abominável indivíduo, se não chegar a Cristo. *Porque ninguém pode lançar outro fundamento, além do que já está posto, o qual é Jesus Cristo* (1Co 3.11); se você não crê nele, morrerá em pecado, *porque debaixo do céu nenhum outro nome há, dado entre os homens, em que devamos ser salvos* (At 4.12).

Venha, pois, eu lhe peço; e me responda, sinceramente: acredita em tudo o que digo? Acredita que existe um inferno e que pode perder o céu? Se você declarar firmemente que não acredita, então nada mais tenho a ver com você. Que Deus faça que possa pensar melhor. Mas, então, por que veio aqui hoje? Por que diz ser ou que desejaria ser cristão, se rejeita o Livro sagrado dos cristãos? Assuma-se como descrente e seja honesto consigo mesmo. De minha parte, a descrença não me assusta mais: prefiro vê-lo descrente assumido a ouvi-lo fingir ser cristão e desobedecer ao que ensinam as Escrituras. Aprecio muito a honestidade; e a mim parece que, quando um homem honestamente diz: "Não farei qualquer profissão de fé no que não creio", ele tem pelo menos uma virtude, a honestidade, e, assim, há esperança de que outras virtudes encontrem nele terreno para florescer. Mas você, que declara ter fé e frequenta uma igreja, mas não crê totalmente na revelação de Deus, que dizer a você senão que sua condenação será mais que justa?

Penso ouvir muitos dizerem: "Creia, pregador, nunca duvidamos; temos aprendido a respeito disso desde a mais tenra infância, e sempre o ouvimos e nunca ousamos duvidar". Pois eu pergunto: estão sendo sensatos em crer que há um inferno, mas sem procurar fugir dele? Acreditam na ira vindoura e que poderá cair sobre vocês a qualquer instante, mesmo antes de deixarem esta casa de oração, embora continuem sentados em seu lugar sem se incomodar, ou ficaram loucos? Terá o pecado os embriagado tanto com sua vil intoxicação que não conseguem mais pensar? Pois se conseguem raciocinar, e sabem que há um Deus irado que pune com a força de sua onipotência, como conseguem ainda estar calmos em Sião? Deixem-me fazer-lhes outra pergunta: se assim é, usaram talvez de sensatez ao dar preferência aos prazeres deste mundo em detrimento das alegrias do céu? Ao buscarem os prazeres do imediato, sabem que serão fustigados pela desgraça na eternidade? Por favor, não façam confusão, não estou dizendo que um cristão pode ou deve viver sem qualquer prazer, pois prazeres os temos, e maiores e mais puros que qualquer mortal ou imortal poderá chegar a conhecer: não os prazeres do pecado, mas muito mais elevados, deliciosos e profundos. O que quero dizer é se você desperdiça a si mesmo em prazeres pecaminosos; se ocupa seu tempo com luxúria, bebedice ou frivolidades da vida mundana e acredita que essas coisas valem a pena ante as más consequências que sempre causam. Uma pessoa de alta posição na sociedade, depois de eu ter muito pregado o evangelho, agarrou-me pelo colarinho e disse: "A mim parece de fato terrível que eu, sabendo o que me caberá se continuar vivendo e morrer como sou, prossiga agindo desse modo. Quando ouço suas solenes palavras, acredito que uma mudança deverá acontecer em mim e preciso servir a Deus; mas, ó pastor, o senhor não conhece as tentações da minha vida, não sabe o que acontece quando eu me encontro em meio às pompas e vaidades e me misturo com homens que ridicularizam qualquer pensamento sobre fé e religião; apenas acontece; e eu sou tão tolo que chego a vender minha alma — vendo minha alma por isso!" Há insensatos como este, hoje, aqui, capazes de vender sua alma por alguns poucos pecados — por mais um ou dois rodopios na dança tresloucada do mundo, onde o diabo é o parceiro e a alegria logo se esvai. Peço que você use da razão e julgue o mérito de ganhar o mundo à custa de perder sua alma.

Permitam-me que eu coloque de outra forma. Por que não agarrar Cristo, já que esta é a oportunidade de Cristo ser agarrado? Eu lhes direi por quê. Vocês não amam Cristo; amam o pecado. Ou, então, são orgulhosos demais para vir a Cristo; acham-se bons o bastante e que Cristo não é para pessoas como vocês, mas somente para grandes pecadores, os mais vis dos vis. Ó senhores, o orgulho que sentem é tão valioso a

O ABISMO SEM PONTE | 1371

ponto de se condenarem apenas para manter tal dignidade? Abaixem esse orgulho, venham como devem vir os pecadores, agarrem Jesus Cristo. Se seus pecados os impedem, que o Espírito Santo possa ajudá-los a arrancar seu olho direito e seu braço direito, se necessário, para que, embora tendo dois olhos e dois braços, mas em pecado, não sejam lançados no fogo do inferno.

"Mas", indaga alguém, "como agarrar Cristo?" O bendito Espírito de Deus há de torná-lo capaz de o conseguir. Aí está: confie em Jesus Cristo, e será salvo. Esteja consciente de que você merece a ira de Deus, trema só em pensar na sua terrível lei, olhe para Jesus e ganhe esperança. Dependurado na cruz está o Salvador, que sangra. Meus olhos podem vê-lo sangrando, mesmo agora — o Deus eterno, ele, por quem o céu dos céus e a terra e tudo o mais foi criado, que tomou a forma humana e que pende do amaldiçoado madeiro em seu lugar.

> Veja, de sua cabeça, mãos e pés feridos,
> Tristeza e amor, misturados, emanar!
> Desde quando amor e dor ficaram tão unidos
> Ou rica coroa os espinhos puderam formar?

Há vida em olharmos para o Crucificado, há vida mesmo agora para você. Olhe para ele com seus olhos sinceramente cheios de lágrimas e confesse, arrependido: "Jesus, massacrado, martirizado, assassinado em meu nome, eu creio em ti; aqui, a teus pés, eu me lanço, por inteiro, culpado, impuro, errado; que em mim seja teu sangue derramado; volta para mim o teu olhar, Senhor, e me chama: *Pois que com amor eterno te amei, também com benignidade te atraí* (Jr 31.3)."

Venha, seja bem-vindo, pecador — venha! Tão somente preguei a lei para você que não sente o amor. Deus sabe como esses ásperos assuntos, do modo em que os trato, fazem meu coração sangrar. Oh, que você creia em Jesus; ele lhe é pregado livremente — aceite-o. Que o Espírito Santo o leve a crer nele agora. Não se trata de atender a rigorosas exigências, a condições rígidas de um tirano com sede de sangue; ele apenas diz: "Curve-se e beije o Filho de Deus. Venha e seja bem-vindo, pecador — venha!" Você deseja ser salvo ou não, jovem? E você aí, pecador, mais além, com a cabeça branca ou grisalha, sinal de maior aproximação do fim, crê em Cristo ou não? Pode ser que seja esta a sua última chance — talvez não torne a ouvir o evangelho fiel e dedicadamente pregado assim a você. Deseja então que Jesus seja seu? Ó Espírito de Deus, leva estes corações a dizer: "Sim, Senhor, eu quero ser salvo"; e que, aceito o convite aqui na terra, seja registrado no céu; e a salvação chegue ao coração de cada um deles hoje. Que o Senhor abençoe a todos e a cada um; e quando ele vier a reunir todo o seu povo, que eu e você, cada um de nós, estejamos juntos à sua direita, contemplando sua face, risonha e gloriosa.

147

UM PREGADOR VINDO
DENTRE OS MORTOS

Abraão, porém, lhe disse: Se não ouvem a Moisés e aos profetas, tampouco acreditarão, ainda que ressuscite alguém dentre os mortos (Lc 16.31).

O ser humano não gosta muito de pensar mal de si mesmo. A maioria está sempre pronta a se indultar em desculpas pelo pecado. Dizem: "Se vivêssemos em tempos melhores, seríamos melhores pessoas; se tivéssemos nascido sob situações menos grosseiras ou impuras, seríamos mais santos; se tivéssemos tido uma formação sob circunstâncias mais excelentes, seríamos mais inclinados para o que é correto". A maior parte das pessoas, quando procura apontar a causa de seus erros e pecados, geralmente vai buscá-la em qualquer situação ou lugar, menos no que é certo. Jamais culpa sua própria natureza; não encontra falha alguma em seu coração corrupto, mas atribui a culpa a quaisquer outros fatores, os mais diversos. Há aqueles que ligam sua falha a determinada situação. "Se eu tivesse nascido rico, em vez de pobre", alega alguém, "provavelmente não seria desonesto". "Se eu tivesse nascido na classe média, em vez de nascer rico", já argumenta outro, "não seria exposto às tentações do orgulho e da luxúria, como sou; mas minha situação me obriga a ser tão adverso à piedade que sou compelido, devido ao lugar que ocupo na sociedade, a ser diferente do que gostaria". Outros, ainda, se voltam para toda a sociedade humana, à qual atribuem todos os erros. Proclamam que o organismo da sociedade está completamente errado; que tudo, em todos os governos, ou relacionado ao Estado, tudo o que faz os homens se organizarem em comunidade, é tão ruim que ninguém pode ser bom enquanto as coisas forem como são. Para estes, deveria haver uma séria revolução geral, tudo neste mundo deveria ser transformado, e somente então, assim pensam, poderiam vir a ser santos! Muitos, por outro lado, jogam a culpa em sua própria criação. Se não tivessem sido criados de determinado modo por seus pais, não tivessem sido tão expostos ao erro durante a infância, não se teriam tornado tão errôneos como são. A culpa, enfim, é dos pais, à porta dos quais jaz o pecado. Ou, então, a culpa é da própria personalidade, como alguns dizem de si mesmos: "Se eu tivesse a mente de fulano, que ótimo sujeito eu seria! Mas com a minha teimosia é impossível. Não adianta me aconselharem; cada pessoa tem uma maneira diferente de pensar, e os meus pensamentos são tais que eu nunca vou conseguir realmente ter um caráter sério". Outros vão ainda mais longe e jogam a culpa no ministério da igreja: "Se o pastor se tivesse empenhado mais na sua pregação, quem sabe eu seria hoje um homem melhor; tivesse tido eu o privilégio de ouvir um pregador melhor, uma doutrina melhor embasada, a palavra de Deus discorrida de forma mais fiel, acho que seria uma pessoa bem melhor". Ou então atribuem os erros à congregação ou às lideranças leigas, dizendo: "Se a igreja fosse mais consistente, não houvesse tantos hipócritas nem legalistas, nós todos então nos reformaríamos!"

Ah, senhores, vocês estão colocando a sela no cavalo errado, jogando o fardo nos ombros errados. A culpa está no coração de cada um, e em nenhum outro lugar. Se o seu coração fosse renovado, vocês seriam melhores; mas até que isso se faça, e ainda que a sociedade seja remodelada à perfeição, os ministros da igreja se tornem anjos e seus líderes serafins, vocês nada melhores serão; mais ainda: tendo menos desculpas para seus pecados, vocês serão mais culpados e poderão perecer por meio de destruição ainda pior. Não obstante, os homens tendem a continuar alegando que, se as coisas fossem diferentes, diferentes eles seriam também; no entanto, a diferença só pode neles se realizar se a efetivarem no lugar correto.

Um pregador vindo dentre os mortos | 1373

Entre outras vindicações que costumam ocorrer à mente humana quanto a essa questão, uma, pelo menos, é por vezes levantada, do molde das que estão em nosso texto bíblico de hoje. Como parece dizer, em outras palavras, o rico que está penando no inferno, "se alguém fosse lá do alto, da pureza, a terra, se Lázaro deixasse o céu para pregar, meus irmãos endurecidos provavelmente se arrependeriam". Outros realmente já propuseram: "Se meu velho pai, ou algum venerável patriarca, se levantasse dos mortos para pregar, todos nós, mui certamente, nos voltaríamos para Deus". Esta, no entanto, é mais uma maneira diferente de atribuir a culpa a um motivo errado. Buscaremos refutar tais suposições esta manhã, reafirmando, tanto quanto possível, a doutrina que se encontra resumida no texto, que diz: *Se não ouvem a Moisés e aos profetas, tampouco acreditarão, ainda que ressuscite alguém dentre os mortos* (Lc 16.31). Sigamos, pois.

Suponhamos que um pregador viesse do outro mundo para nos falar: iríamos supor, naturalmente, que ele tivesse vindo do céu. Até mesmo aquele rico haveria de admitir que nem ele, nem seus companheiros de tormento, conseguiriam deixar o inferno para pregar. Os espíritos que se perdem e são dados a perversidades indescritíveis não podem visitar a terra para pregar e, se o pudessem, não iriam preconizar a verdade, nem nos conduzir pelo caminho do céu, que eles próprios não percorreram. O advento de um espírito condenado desses na terra seria uma maldição, uma praga, um sopro destruidor; não precisamos imaginar, pois tal coisa jamais aconteceria. O pregador enviado do outro mundo, portanto, se fosse o caso, viria do céu. Seria um Lázaro que estivesse no seio de Abraão, um ser puro, perfeito e santo. Agora, imaginemos que tal alma descesse à terra; suponhamos que ouvíssemos tal notícia súbita — que um espírito venerável, há muito enterrado, tivesse rompido sua mortalha, levantado a tampa de seu caixão e agora pregava a Palavra de vida. Oh, que tumulto haveria para ouvi-lo! Que lugar neste mundo seria amplo o suficiente para dar espaço a tão numerosa congregação? Como correriam vocês para vê-lo! Quantos milhares de retratos dele seriam publicados, representando-o no sudário ou como um anjo recém-descido do céu. Oh, como essa cidade se agitaria! E não apenas esta cidade, mas o mundo todo! As nações mais remotas não demorariam a ouvir a notícia; todos os navios chegariam abarrotados de passageiros, trazendo homens e mulheres para ver e ouvir o maravilhoso pregador, que havia retornado da região fronteira desconhecida. E como certamente vocês o ouviriam! E quão solenemente seus olhos fitariam aquele espectro sobrenatural! E como seus ouvidos prestariam atenção a cada palavra que dissesse! Sua mais frágil sílaba seria captada e publicada em todo canto do mundo — palavras de um homem que estava morto e reviveu.

Bem podemos supor que, se tal coisa acontecesse, haveria incontáveis conversões, pois decerto as congregações a ele atraídas seriam imensamente abençoadas. Muitos pecadores endurecidos seriam levados a se arrepender, centenas de pessoas em dúvida seriam levadas a se decidir, e um bem enorme seria alcançado. Pare! Ainda que a primeira parte deste devaneio acontecesse, a segunda jamais ocorreria. Mesmo que alguém se levantasse dos mortos, não haveria mais pecadores se arrependendo com a pregação de tal pessoa do que já ocorre com a pregação de qualquer outro vivo. Deus poderia abençoar tal pregação, sem dúvida; mas não haveria poder maior na pregação do morto reavivado, ou glorificado, do que a que já se manifesta na pregação de homens comuns da terra: [...] *tampouco acreditarão, ainda que ressuscitasse alguém dos mortos*.

Não obstante, muitos continuam achando que talvez houvesse algumas vantagens na ressurreição de um santo, pois ele poderia testemunhar o que tinha visto e ouvido. Tais vantagens, suponho, poderiam, no máximo, ser apenas três. Diria que talvez pudesse haver vantagem *pela força das provas que tal homem daria da verdade existente nas Escrituras*; pois se poderia, quem sabe, alegar: "Se este homem veio de fato da cidade com portas que são pérolas, da Nova Jerusalém, do lar dos benditos de Deus, então não há mais dúvida acerca da verdade contida na revelação. Tal controvérsia está encerrada". Poder-se-ia ainda supor que fosse capaz de nos dizer mais do que Moisés e os outros profetas nos disseram e que haveria *vantagem na instrução que poderia nos trazer*, no ensino e nas interpretações que nos pudesse fornecer. Por último, talvez houvesse ainda alguma vantagem *na maneira com que nos falaria*: "Pois, sem dúvida", diriam, "ele fala com uma eloquência, com um poder infinitamente maior e com mais sentimento que qualquer outro pregador, que nunca conheceu a grandeza espiritual do outro mundo".

Tratemos, então, desses três pontos, um após o outro.

I. Primeiro: pensa-se que, se alguém voltasse dos mortos para pregar, poderia haver CONFIRMAÇÃO DAS VERDADES DAS ESCRITURAS E DO EVANGELHO, um testemunho tal mediante o qual o escárnio e a descrença quedariam consternados em silêncio.

Vejamos. Não creio que seria assim. Não acredito que um homem comum ressurreto, se viesse a esta casa para pregar, tivesse confirmação alguma a fazer das Escrituras e do evangelho para qualquer dos presentes que já não cresse na Palavra. Se o testemunho de um homem comum que houvesse se levantado dos mortos tivesse algum valor para a confirmação da Palavra, meus amigos, não acham *que Deus já não teria lançado mão disto?* Este é o meu primeiro argumento. É verdade indubitável, inclusive, que alguns indivíduos retornaram dos mortos: achamos descrições nas Escrituras referentes a homens que, pelo poder de Cristo Jesus ou pela instrumentalidade dos profetas, se levantaram dos mortos; mas notem o fato interessante de que nenhum deles jamais falou uma palavra que fosse registrada narrando o que viram ou aprenderam enquanto estavam mortos. Não entrarei no mérito de se a alma deles dormia enquanto mortos ou se estava ou não no céu. Tal discussão não nos traria benefício algum; apenas geraria disputas que resultariam infrutíferas. Somente quero salientar que é realmente notável que não haja registro algum de qualquer um deles ter dado descrição do que viu enquanto morto. Oh, quantos segredos alguém não teria para contar, depois de seu corpo passar quatro dias em uma cova! Já imaginaram que os amigos e parentes o teriam logo questionado? Não acham que teriam perguntado ao soerguido o que ele viu — se ficou diante do trono radiante de Deus, se foi julgado pelas coisas que fez quando ainda na carne, se havia obtido ou não o descanso eterno? Todavia, apesar de todas as possíveis perguntas que se tivessem feito, nunca houve resposta registrada; se tivesse havido, nós saberíamos: a letra ou a tradição oral a teria preservado. Vocês se lembram de quando Paulo pregava um longo sermão que se arrastou até a meia-noite e havia um rapaz sentado na janela, no terceiro andar, chamado Êutico, que acabou dormindo, caiu, e foi considerado morto? Paulo desceu, orou, e Êutico foi devolvido à vida. Teria Êutico se levantado e pregado depois de ter retornado dos mortos? Não; e tal pensamento parece nunca ter ocorrido a ninguém daquela assembleia. Paulo continuou o sermão, tomou a ceia do Senhor com os demais, e todos não se importaram nem um pouco com o que Êutico poderia ter visto ou a dizer; pois Êutico nada tinha a dizer além do que Paulo já havia pregado. De todos aqueles que pela divina força foram trazidos de volta das sombras da morte, repito, nunca tivemos a revelação de um único segredo sequer; de nenhum deles obtivemos novidade alguma. Deus sabe o que faz. Não comparemos nossas conjecturas com as decisões divinas. Se Deus decidiu que os homens comuns ressuscitados devam ficar silentes, é melhor que fiquem. Seu testemunho certamente pouco valor teria para nos ajudar; caso contrário, Deus permitiria que tivesse sido dado.

Penso ainda que tenhamos em mente que, se um homem levantasse de sua tumba e aqui viesse para afirmar a verdade do evangelho, *o mundo incrédulo não estaria mais propenso a crer do que está agora.* Eis, por exemplo, o sr. Crítico Descrente. Ele nega as evidências da Bíblia; evidências que provam de maneira tão nítida a autenticidade da Bíblia que somos levados a acreditar que ele ou é um blasfemador ou um insensato no que faz, e deixarmos assim que escolha entre as duas opções. Ousa negar a verdade das Sagradas Escrituras, a ponto de afirmar, muitas vezes, que todos os milagres ali atestados são falsos e mentirosos. Vocês acham que alguém que tivesse sido levantado dos mortos conseguiria persuadir tal homem a acreditar? Se, mesmo depois de a criação ter sido esquadrinhada pelas mãos da ciência, apenas para a verdade da revelação vir a ser assegurada; mesmo depois de as descobertas arqueológicas de cidades enterradas e nações arrasadas ter simplesmente reafirmado que a Bíblia é verdadeira; mesmo depois de cada pedaço de terra do Oriente Médio ser uma exposição e uma confirmação das profecias das Escrituras; se, mesmo assim, os homens ainda permanecem sem se converterem, por que imaginar que um homem comum morto e erguido da tumba os iria convencer? Não. Vejo o crítico blasfemador já armado e pronto para atacar sua presa. Ouço-o clamar: "Não temos muita certeza de se você esteve realmente morto. Você alega ter sido restaurado dos mortos, mas não acredito. Diz ter estado morto e ter ido para o céu, meu caro, mas acho que você estava era em transe. Deveria trazer uma prova do registro de que estava de fato morto".

Surge então a prova de que ele estava morto. "Bem, agora você deve provar que foi enterrado." Prova-se que ele estava enterrado; assim como fica também provado que um agente funerário tomou os ossos secos e triturados do homem e os lançou como pó ao vento. "Muito bem; agora quero que prove que você é o próprio homem que morreu." "Bem, eu sou, sei que sou; digo-lhe como homem honesto que sou que estive no céu e retornei." "Muito bem", diz o descrente, "mas isso não condiz com a razão; é ridículo supor que um homem que morreu possa voltar à vida e, portanto, não acredito em você, e digo isto na sua cara." É assim que os homens responderiam a tal milagre: além da culpa de negar os muitos milagres da Bíblia, acrescentariam ainda a de negar um milagre presente, e não estariam nem um centímetro mais próximos de acreditar; e se essa maravilha se desse em algum lugar distante, sendo apenas transmitida para o resto do mundo, tenho quase certeza de que o descrente exclamaria: "Essas lendas e superstições são muito comuns nesses lugares; somos civilizados, sensatos, e não as aceitamos". Ainda que todos os sepultados num cemitério pudessem voltar à vida e ficar de pé diante do que renega as verdades do cristianismo, afirmo que todos os cemitérios do mundo não serviriam de prova suficiente para convencê-lo. Sua incredulidade exigiria mais e mais. A descrença é uma sanguessuga, sempre pedindo "mais, mais provas!" Prove algo para um incrédulo, e ele pedirá que prove de novo; deixe as coisas tão claras como um dia ensolarado para ele, pela confirmação de muitos testemunhos, e continuará sem acreditar. Na verdade, acredita, mas sustenta não acreditar, preferindo permanecer como incrédulo só para alimentar sua vaidade. A ressurreição de alguém seria assim de pouco valor para a conversão de tal tipo de pessoa.

No entanto, caros amigos, o grupo mais numeroso de incrédulos é dos que nem se dão ao trabalho de parar para pensar. Há muitas pessoas nesta terra que comem e bebem e fazem toda sorte de coisas em que não é preciso pensar; ou, quando muito, pensam o suficiente apenas para abrir a porta de seu local de trabalho de manhã e fechá-la à noite. Aliás, pensam um pouco, sim: para saber acerca de como levantar capital ou saber qual a porcentagem de lucro viável; ou como seus produtos estão vendendo, ou acerca dos custos; mas a mente dessas pessoas não passa, além disso, de fazer breve reflexão acerca do pão ou do queijo favorito. Religião é para eles assunto de somenos importância. Chegam a afirmar, às vezes que a Bíblia é interessante, que a religião é algo necessário para muita gente — mas que tais assuntos não lhes dizem respeito. Ou então imaginam serem cristãos — pois não foram batizados quando criança? Acham que são e devem ser cristãos, ou ao menos imaginam que deva ser assim; mas nunca param para questionar o que é isso. Por vezes, frequentam até uma igreja, mas isto não significa grande coisa para eles. Se seu ministro contradisser outro, eles não conseguem avaliar quem tem razão; ousariam dizer que ambos estão certos. Têm para com a fé e a doutrina a frívola ideia de que "Deus Todo-poderoso nunca nos irá questionar sobre que igreja frequentamos". Não exercitam seu julgamento pessoal; pensar é um trabalho tão árduo para eles que nem mesmo se incomodam em praticá-lo.

Se um homem se levantasse dos mortos amanhã, esse tipo de gente jamais ficaria assombrada. Sim, sim, iriam vê-lo imediatamente, assim como se dispõem a ver qualquer outra curiosidade, tal como um espetáculo ou uma exposição; falariam bastante acerca do ressuscitado, repetindo: "Aquele homem voltou dos mortos", e talvez até lessem por alto algum dos seus sermões; mas tais pessoas nunca parariam para refletir se tal testemunho teria ou não qualquer valor. São pessoas tão alienadas desses assuntos que isso jamais as poderia incitar. E, se tal figura visitasse a casa de algum deles, o máximo que fariam é se sentir um tanto temerosos; mas o que quer que o ressurreto dissesse não os faria exercitar a mente, nem o coração, tampouco rever ou examinar o que sentem. Ainda que alguém se levantasse dos mortos, enfim, grande massa de pessoas em nada seria afetada.

Além do mais, amigos, *se os homens não creem no testemunho de Deus*, é impossível que creiam no testemunho de outro homem. Se a voz de Deus, desde o alto do Sinai, e através de Moisés no livro da lei; se sua voz por meio dos profetas do Antigo Testamento e, especialmente, mediante seu próprio Filho, que deixou a imortalidade para vir nos iluminar pelo evangelho, não conseguem convencer os homens, então nada há no mundo que possa realizar esse feito. Não; se Deus fala, e o homem não o ouve, não nos devemos surpreender se pregarmos muitas vezes sem que nos ouçam; e não devemos, assim, acreditar no

1376 | MILAGRES E PARÁBOLAS DO NOSSO SENHOR

pensamento de que um simples homem comum ressuscitado possa ter maior poder de convencimento que as palavras de Deus. Se a Bíblia não for suficiente para converter você, nada há além da influência do Espírito que consiga fazê-lo; se a revelação, contida no Livro bendito, de que Deus nos deu seu Filho, Jesus Cristo, se as Sagradas Escrituras não são o bastante para levá-lo à fé em Cristo, então, ainda que um anjo descesse do céu, ainda que da glória descessem os justos, mesmo que o próprio Deus descesse à terra para pregar, você permaneceria sem salvação e sem bênção. *Se não ouvem a Moisés e aos profetas, tampouco acreditarão, ainda que ressuscite alguém dentre os mortos.* Este é o primeiro tópico.

II. No entanto, imagina-se, ao que parece, que, se um dos "espíritos dos justos aperfeiçoados" viesse a terra, mesmo que não fornecesse testemunho satisfatório no entender dos céticos, poderia pelo menos dar informação abundante a respeito do reino dos céus. "É evidente", argumenta alguém, "que, se Lázaro tivesse voltado do seio de Abraão, poderia nos contar coisas que nos deixariam de cabelo em pé, como os tormentos do homem rico; ou, se tivesse espiado através dos portões da graça, nos falado acerca dos vermes que não morre e do fogo que não se apaga. Detalhes horríveis, com palavras atordoantes de terror, que poderia narrar, a fim de nos ensinar acerca do perigo do futuro estado dos perdidos". "Sim", concordaria deslumbrado, outro crente, "se ele viesse à terra, poderia nos contar mais sobre o descanso eterno dos santos; poderia retratar para nós a gloriosa cidade que tem o Senhor Deus como eterna luz, onde as ruas são douradas e as portas são pérolas. Oh, como ele discorreria sobre estar junto a Cristo e a felicidade dos benditos! Ele nos falaria acerca daquele maravilhoso lugar,

> Onde correm os tempos duradouros;
> Onde os prazeres nunca perecem
> E alegram a alma frutos imorredouros.

"Decerto traria consigo alguns punhados dos cachos de uva de Escol e poderia nos contar alguns dos segredos celestiais, o que sem dúvida agradaria nossos coração, e nos convenceria, e nos daria muito estímulo, a querer fazer parte do povo celestial." Pare! Tudo isso também não passa de sonho. Um espírito justo que descesse dos céus não nos poderia contar coisas mais relevantes do que as que já sabemos. Que mais das agruras do inferno poderia nos dizer que já não conhecemos? A Bíblia não é explícita o suficiente? Os lábios do próprio Cristo não mencionaram a respeito do lago de fogo? Não nos disse ele, que chorou pelos homens, que Deus diria, no fim, aos pecadores não arrependidos: "Apartai-vos de mim, malditos, para o fogo eterno, preparado para o diabo e seus anjos"? Precisamos de palavras ainda mais alarmantes? *Onde o seu verme não morre, e o fogo não se apaga* (Mc 9.44,46,48). Precisamos de ditos ainda mais fortes? *Os perversos serão lançados no inferno, e todas as nações que se esquecem de Deus* (Sl 9.17).[1] Querem palavras mais terríveis que estas: *Quem dentre nós pode habitar com as labaredas eternas?* (Is 33.14). Ou desejam uma declaração ainda mais nítida que nestas palavras de Deus: *Porque uma fogueira está, de há muito, preparada; sim, está preparada para o rei; fez-se profunda e larga; a sua pira é fogo, e tem muita lenha; o assopro do Senhor como torrente de enxofre a acende?* (Is 30.33).

Não é necessário mais do que as Escrituras já nos oferecem. Mas muitos tentam fugir e escapar até mesmo do que a Palavra diz, alegando que o Livro dos livros é terrível demais e fala muito de castigo e inferno. Ora, se acham que há muito de inferno na Bíblia e por isso a rejeitam, conseguem então imaginar o que seria ouvir por um instante o que quer que fosse sobre o inferno, de alguém que já o tivesse visto? Não; não é verdade que vocês queiram saber mais a respeito disso, nem lhes seria proveitoso. Precisam, então, de maiores detalhes acerca do juízo final, do dia da ira que se aproxima cada vez mais de nós? Mas já disse o próprio Senhor que: *Quando, pois, vier o Filho do homem na sua glória, e todos os anjos com ele, então se assentará no trono da sua glória; e diante dele serão reunidas todas as nações; e ele separará uns dos outros, como o pastor separa as ovelhas dos cabritos* (Mt 25.31,32). Suponhamos, porém, que viesse a terra

---

[1] Almeida Revista e Atualizada (ARA).

Um pregador vindo dentre os mortos

| 1377

alguém que houvesse presenciado os solenes preparativos para o grande tribunal — alguém que tivesse estado no local onde ficará o trono e visto o futuro com olhos mais penetrantes que os comuns; ainda que isso fosse possível, de que nos adiantaria? Poderia ele nos contar mais do que as Sagradas Escrituras já nos disseram — nos dizer algo que fosse ainda mais vantajoso para nós? Talvez ele nem soubesse mais do que sabemos! "Espírito que voltou do outro mundo, diga-nos, como é que os homens são julgados? Por que são condenados? Como são salvos?" Ouça a resposta: "Os homens são condenados por causa do pecado. Leia os Dez Mandamentos que Deus deu a Moisés, e você encontrará os dez grandes motivos pelos quais são os homens condenados". "Mas isso eu já sabia, brilhante espírito; você não me contou nada de novo!" "Não", diz ele, "nem poderia. Veja bem: *Porque tive fome, e não me destes de comer; tive sede, e não me destes de beber; era forasteiro, e não me acolhestes; estava nu, e não me vestistes; enfermo, e na prisão, e não me visitastes. [...] sempre que o deixastes de fazer a um destes mais pequeninos, deixastes também de o fazer a mim* (Mt 25.45). [...] *Apartai-vos de mim, malditos!* (Lc 13.27). "Ora, espírito, mas não foi esta a palavra do rei?" "Sim", diz ele. "Mas isso eu já sabia; você nada acrescentou."

Se vocês não sabem apontar a diferença entre o certo e errado apenas lendo as Escrituras, então não o saberiam também mesmo que um espírito conversasse com vocês; se não conseguem descobrir o caminho para o inferno e o caminho para o céu por meio da Bíblia, então nunca conseguirão descobri-los. Nenhum livro consegue ser mais claro, nenhuma revelação pode ser mais específica, nenhum testemunho pode ser mais claro. E já que, sem a ação do Espírito, nenhum testemunho seria suficiente para a salvação, nenhuma outra declaração serviria para coisa alguma. A salvação é desígnio exclusivo de Deus, aos homens cabendo a própria ruína; e nada poderia então um espírito nos dizer, além de ser apenas uma forma diferente dessa grande verdade: *A tua ruína, ó Israel, vem de ti, e só de mim, o teu socorro!* (Os 13.9)".[2]

Amados, repito categoricamente que as Sagradas Escrituras são tão perfeitas e completas que prescindem de complementação de qualquer declaração concernente ao futuro. Tudo o que você precisa saber acerca do porvir nelas se encontra. Nada, portanto, de fazer coro ao desesperançado poeta Young:

> Minha esperança e meu medo se põem em alarde,
> E olham para baixo sobre a borda da vida,
> Para verem o quê? Um abismo sem medida,
> Que se perde em uma terrível eternidade.

Não seria correto dizer que isto é tudo que sabemos. Bendito seja Deus por um santo não ter de olhar para baixo, para um abismo sem fim; os salvos olham para cima, para a celestial "cidade que tem os fundamentos, da qual o arquiteto e edificador é Deus". Nem os condenados olham para baixo, para o abismo; pois, para eles, tudo já está bem claro. Ainda que *nem olhos viram, nem ouvidos ouviram* (1Co 2.9) as torturas dos condenados, as Sagradas Escrituras já nos disseram o suficiente sobre o assunto para que bem pudéssemos identificar e evitar tal caminho; de sorte que, quando alguém deparar com a morte, o inferno e o terror, não descubra serem essas coisas novidades; pois sobre elas já ouviram anteriormente, e tudo foi claramente explicado. Não há nada mais para saber que seja importante. Apenas mexeriqueiros e pessoas dadas a tagarelar se deixariam impressionar por tal homem. Ah, que precioso pastor ele daria para esse tipo de gente, se pudessem buscá-lo no céu para contar todos os segredos de lá! Oh, como o adorariam — como se deliciariam com ele! "Pois", diriam, "ele sabe muito mais que qualquer pessoa; sabe muito mais do que nos diz a Bíblia; sabe de muitos detalhes, e é maravilhoso ouvi-lo contar o que sabe!" Mas a diferença encerraria aí. Ele seria apenas objeto de curiosidade; não poderia conferir bênção alguma; pois, se saber acerca de um estado futuro fosse uma bênção, Deus não nos privaria disto; assim, nada mais nos pode ser acrescentado. Se o que vocês já sabem não serve para persuadi-los, *Tampouco se deixarão persuadir, ainda que ressuscite alguém dentre os mortos* (Lc 16.31).

---

[2] Almeida Revista e Atualizada (ARA).

III. Não obstante, alguns ainda dizem: "Decerto, ainda que não houvesse melhorias no conteúdo, haveria melhorias na forma. Oh, se um espírito descesse dos céus, quanto ele pregaria! Que eloquência celestial fluiria de seus lábios! Quão majestoso seria o discurso dele! Com que força ele emocionaria seus ouvintes! Que palavras maravilhosas ele pronunciaria! Que frases arrebatadoras nos ergueriam do chão e nos fariam tremer! Não haveria tolices em tal pastor; não seria cansativo escutá-lo; não faltaria vontade nele, e, decerto, não faltaria empenho por parte dele; bem ficaríamos contentes por ouvi-lo todos os dias, e nunca ficaríamos fatigados por ouvir seu maravilhoso discurso. Mas tal pastor a terra nunca viu. Oh, se ao menos ele surgisse! Como ouviríamos!" — Este também é um sonho. Eu acredito que o Lázaro saído do seio de Abraão não seria um pastor tão bom quanto um que não houvesse morrido e cujos lábios parecessem com carvão em brasa no altar. Em vez de melhor, não consigo imaginar como é que ele poderia ser bom. Poderia um espírito do outro mundo falar a vocês com solenidade maior do que fizeram Moisés e os profetas? Poderia tal espírito falar com maior solenidade do que como nas várias vezes em que a Palavra foi pregada a vocês? Ó senhores, alguns de vocês já ouviram sermões que foram tão solenes quanto a morte e tão sérios quanto a sepultura. Posso lembrar algumas de suas lembranças em que vocês se sentaram sob o som da Palavra, imaginando e tremendo enquanto ouviam. Parecia que o ministro havia tomado para si o arco e a flecha, fazendo sua consciência o alvo em que as setas espetavam. Vocês nem sabiam onde estavam; tinham sido tão dolorosamente assustados e cutucados com terror que seus joelhos tiritavam e seus olhos derramavam rios de lágrimas.

Que querem além disso? Se tal pregação vinda de alguém que Deus inspirava no momento — se mesmo isso não os conduziu à salvação, o que então poderá fazê-lo, senão o poder e a influência do Espírito? E, oh, vocês provavelmente ouviram pregações ainda mais solenes que essas. Quem sabe, poderiam ter tido um filho ou uma filha pequena, que frequentava a escola dominical e um dia adoeceu, até falecer; vocês velaram a criança dia e noite, mas a febre só fez aumentar. Jamais esqueceriam então como seu filho ou sua filha fez um sermão verdadeiramente solene, pouco antes de partir. Pegando em suas mãos, disse: "Pai, mãe, estou indo para o céu; vocês vêm comigo?" Pois este seria realmente um sermão bem solene. O que mais grave e comovente uma criança que morre teria dito aos pais? Ou espero que não tenham esquecido de quando seu velho pai estava morrendo em seu leito — tinha sido um santo homem de Deus, bem servindo ao Mestre —, e você e seus irmãos circundaram a cama, e ele se dirigiu a cada um de vocês. Você não esqueceu, com certeza, apesar de todo o seu pecado, como ele olhou você na face e disse: "Seria melhor que nunca tivesse nascido que desprezar Cristo e negligenciar a salvação". Você não esqueceu também de como, com lágrimas nos olhos, olhou para todos vocês e rogou: "Meus filhos, peço, em nome de Deus e da eternidade, peço que, se amam sua própria alma, não desprezem o evangelho de Cristo; abandonem suas tolices, meus filhos, voltem-se para Deus e vivam!" Vocês precisam de pregação melhor que esta? Que voz poderia ser mais eloquente que a de seu pai ecoando pelos confins da eternidade? Mas, espere, você não pode deixar de se lembrar de outra cena solene: a daquele amigo — pelo menos teoricamente amigo, na verdade um inimigo — que viveu sempre no pecado e se rebelou contra Deus; de seu leito de morte, quando se aproximava do fim, o terror tomando conta dele, as chamas do inferno começando a fustigá-lo antes mesmo de haver partido. Você nunca se esqueceria dos seus gritos e lamentos; dificilmente conseguiria arrancar de seus pesadelos a imagem de suas mãos parecendo perfuradas de agonia, a imagem de sua face contorcida por medonhos espasmos de terror; do clamor horrendo com que seu espírito entrou na escuridão ao deixar a terra dos vivos.

Que maior sermão poderia querer? Conseguiriam ouvir tal pregação sem se arrepender? Se depois disso tudo vocês continuam endurecidos, jamais seriam persuadidos por alguém que retornasse dos mortos. Ah, mas vocês dizem que querem alguém que pregue a vocês de maneira mais comovente. Pois saibam que não poderão pedir que um ressuscitado pregue como desejam. Seria impossível para um Lázaro, mesmo tendo estado no seio de Abraão, pregar a vocês com emoção. Como ser aperfeiçoado, ele seria extremamente feliz. Ora, imaginem um espírito extremamente feliz pregando a vocês sobre arrependimento e sobre a ira de Deus. Conseguem imaginar? Haveria um plácido sorriso de felicidade plena em sua face;

Um pregador vindo dentre os mortos | 1379

haveria a luz de uma aura celestial em seu semblante. Ele teria de falar sobre os tormentos do inferno, lugar onde reinam o pranto e o lamento, mas ele próprio nada conseguiria lamentar, e sua face continuaria sempre plácida e feliz. Teria de falar das torturas do diabo, assunto chocante e para lágrimas, mas ele mesmo não conseguiria nem ficar triste por tal ação, incompatível com a bem-aventurança. Pregaria sobre coisas terríveis com um sorriso de esperança no rosto; haveria verão em seu semblante e inverno em seus lábios, o céu em seus olhos e o inferno saindo de sua boca. Vocês jamais suportariam esse pregador, que pareceria estar zombando de vocês.

Ora, é necessário um homem para pregar aos homens, um homem como vocês, capaz de sentir como vocês sentem. É preciso alguém que, quando pregue sobre Cristo, olhe seus ouvintes com amor — alguém que, quando fale de terror, gele no próprio espírito só de pronunciar a ideia da ira de Deus. O grande poder da pregação, assim como o poder do Espírito de Deus, reside em o orador sentir o que prega. De nada servimos na pregação se não sentirmos o que queremos exprimir. *Conhecendo o temor do Senhor, persuadimos os homens* (2Co 5.11). Ora, um espírito glorificado, vindo dos céus, não poderia sentir tais coisas; sentiria muito pouca emoção. É bem verdade que talvez pudesse falar, sim, das glórias do céu; e como sua face ficaria cada vez mais brilhante a cada maravilha que narrasse a respeito daquele mundo superior! Mas, quando rogasse para fugirem da ira vindoura, sua voz seria certamente tão suave como quando falasse da morte e do juízo ou quanto o seria falando da glória; e isso causaria triste confusão, pois o som expresso de sua voz não corresponderia ao sentimento — sua modulação seria inadequada para exprimir a ideia concebida na mente dos ouvintes. Tal pregador não conseguiria ser imponente ou convincente. Podemos acrescentar que não pregaria de modo mais próximo a vocês do que como a verdade lhes é agora revelada. E não ousaria dizer que a pregação vinda do púlpito seja sempre extremamente próxima. Muitas vezes tenho me esforçado para ser o mais pessoal possível: não evitei apontar alguns de vocês nessa congregação, oferecendo uma palavra de reprovação de maneira que não se pudessem esquivar; nem os poupei ao saber que alguns estavam chafurdando no pecado. Agradeço a Deus não temer ser um pregador dedicado e de atirar flechas quando os homens as necessitam. Não obstante, não posso pregar individualmente como bem gostaria. Vocês, por vezes, são capazes de pensar que estou falando de seus vizinhos, quando, na verdade, os alvos são vocês mesmos.

No entanto, já têm conhecido, sem dúvida pregadores individuais. Sua casa já os recebeu; chamam-se Dor e Morte. Pregadores terríveis! Usando de palavras amargas e sotaque áspero, entraram e deitaram as mãos em entes queridos; colocaram as mãos sobre vocês. Fizeram com que sua consciência se alarmasse muitas vezes, de novo e de novo; não deixaram que descansassem; bradaram sobre seus pecados e sua iniquidade; trouxeram à tona toda a sua vida passada e revisaram toda a sua má conduta. Desde a infância, tem-lhes mostrado todos os seus erros; lembraram vocês do flagelo da lei e o cobriram de culpa. Eles os têm afligido com a *ira vindoura* (1Ts 1.10). Vocês buscaram o pastor, pediram que orasse; oraram sozinhos; e, depois de algum tempo, esses pregadores os deixaram, mas sem deixar resultado frutífero; nenhum bem lhes foi feito; ficaram um pouco incomodados e perplexos, mas continuam hoje o que eram então: sem salvação e sem conversão. Pois então não se converteriam, ainda que alguém retornasse dos mortos. Vocês são como um náufrago em alto-mar, jogados nas mandíbulas da morte, quase esmagados por acidente; e, mesmo assim, mesmo com os referidos terríveis pregadores individuais, mesmo com a sra. Consciência perturbando-lhes os ouvidos, continuam sem se converter. Pois aprendam esta verdade: nenhum meio exterior no mundo jamais conseguirá levá-los nem ao pedestal da divina graça, tornando-os cristãos. Tudo que pode ser feito agora é somente isto: Deus, pelo seu Espírito, deverá abençoar a palavra dada a vocês, ou a consciência não servirá para despertá-los, muito menos a razão, nem os mais poderosos apelos, tampouco poderia persuasão alguma levá-los a Cristo. Nada jamais servirá, além de Deus, mediante o Espírito Santo.

Oh, sente-se sendo chamado hoje? Há alguma doce voz convocando-o para Cristo, dizendo: Venha para Jesus, pecador; há esperança para você? Pois é o Espírito de Deus! Graças a Deus por isso! Ele o convida por suas poderosas mãos de amor e a pobre ajuda dos homens. Mas se você rejeitar o convite e continuar ensimesmado, irá, indubitavelmente, perecer. Irmãos e irmãs de fé, ergamos nossas orações pelos pecadores que vão em direção a Deus, para que possam ser conduzidos até Cristo — para que sejam convencidos a vir, culpados e pesarosos, e olhar para Jesus a fim de que sejam iluminados; e, pelo poder do Espírito, queiram tomar Cristo como seu tudo, não esquecendo que eles próprios nada são. Ó Deus, mediante o Espírito Santo, abençoa estas palavras, em nome de Jesus Cristo. Amém e amém.

148

A VIÚVA IMPORTUNA

Contou-lhes também uma parábola sobre o dever de orar sempre, e nunca desfalecer, dizendo: Havia em certa cidade um juiz que não temia a Deus, nem respeitava os homens. Havia também naquela mesma cidade uma viúva que ia ter com ele, dizendo: Faze-me justiça contra o meu adversário. E por algum tempo não quis atendê-la; mas depois disse consigo: Ainda que não temo a Deus, nem respeito os homens, todavia, como esta viúva me incomoda, hei de fazer-lhe justiça, para que ela não continue a vir molestar-me. Prosseguiu o Senhor: Ouvi o que diz esse juiz injusto. E não fará Deus justiça aos seus escolhidos, que dia e noite clamam a ele, já que é longânimo para com eles? Digo-vos que depressa lhes fará justiça (Lc 18.1-8).

Nosso Senhor, como sabem, não apenas incentivava a orar com persistência, mas também era, ele próprio, grande exemplo de assim agir. As palavras de um mestre sempre ganham força quando seus ouvintes bem sabem que ele vive justamente conforme ensina. Jesus foi profeta poderoso tanto em feitos quanto em palavras. Eis que lemos sobre ele que *Jesus começou, não só a fazer, mas a ensinar* (At 1.1). No exercício da oração, "montanhas geladas e o ar da madrugada" testemunharam que ele era tão bom praticante quanto preconizador. Ao exortar os discípulos a continuar em oração, estava apenas pedindo que seguissem seus passos. Se se pudesse abonar a falta de oração a algum dos integrantes do corpo místico, decerto isto seria privilégio do nosso cabeça do pacto; todavia, sendo ele abundante em súplicas, muito mais o devemos fazer, nós, membros do corpo. Jesus jamais foi conspurcado pelos pecados que nos aviltam e enfraquecem espiritualmente, nem tinha tentações interiores com que lutar; portanto, se até mesmo o mais puro e perfeito homem muito se achegava a Deus, quanto mais deveríamos nós ser incessantes nas preces! Forte e poderoso e, no entanto, tão devotado a orar — vejam, fracos do rebanho, com que força essa lição se aplica a vocês! Imaginem, assim, que o sermão desta manhã não lhes será pregado por mim, mas vem dos lábios daquele que era o grande mestre da oração, o mais elevado paradigma e padrão de súplica interior; e que cada palavra tem sua força em si por proceder diretamente do Senhor.

Voltemo-nos para o nosso texto. Nele notaremos, primeiro, *o fim e o objetivo da parábola*; diremos depois algumas palavras com respeito *aos dois atores da história*, personagens cuja descrição deverá conduzir nossa reflexão; por fim, iremos nos debruçar sobre *o poder que na parábola nos é mostrado como o triunfante.*

I. Em primeiro lugar, então, vamos refletir acerca do OBJETIVO DO SENHOR NESTA PARÁBOLA: *o dever de orar sempre, e nunca desfalecer*. Conseguiremos nós, os homens, orar sempre? Houve uma seita, nos primórdios do cristianismo, cujos membros eram bastante ingênuos para ler essa passagem literalmente, e que procuravam orar dia e noite, sem cessar, repetindo suas orações continuamente. Obviamente, privavam-se de todas as preocupações mundanas para realizar esse seu dever, negligenciando também de todas as suas obrigações, inclusive para com os outros. Tais alienados esperavam certamente colher uma recompensa celestial por sua tolice. Não há necessidade, em nosso tempo, no entanto, de reprovarmos tal conduta; há, sim, pelo contrário, maior necessidade de alertarmos aqueles que, mesmo pretendendo sempre orar, nunca arranjam tempo algum para isso e acabam caindo no extremo oposto. O que tencionava dizer nosso Senhor, quando pediu que se orasse sempre, é que *é preciso que tenhamos sempre espírito de oração em nós*, estarmos sempre prontos e dispostos a orar a Deus. Tal como os antigos cavaleiros, constantemente vestidos de malha e couraça, muito embora nem sempre montados em seu corcel e avançando de lança em punho para derrubar seus oponentes, não esqueciam, no entanto, de carregar consigo sua arma e escudo, colocados junto a eles de tal modo acessível que estivessem sempre prontos a enfrentar qualquer adversidade em nome da causa por que duelavam. Esses guerreiros, muitas vezes, dormiam até com suas próprias armas e vestes de batalha. Assim também, mesmo quando adormecidos, devemos manter o espírito de oração, para que, se acaso acordarmos no meio da noite, estejamos com Deus.

Recebendo nossa alma a divina força centrípeta, que faz com que busque sempre seu centro celestial, deve manter-se crescendo em direção a Deus. Nosso coração deverá ser sempre como os bastiões e as muralhas espalhadas ao longo da costa, alerta a uma invasão da armada inimiga, com o arsenal sempre pronto a entrar em ação no momento exato. Nossa alma deverá atingir tal ponto em que a oração fervorosa seja frequente em nossa rotina diária. Para isso, não há necessidade de pararmos nossas atividades ou ausentarmo-nos do mundo; nosso espírito deve, simplesmente, enviar, em meio a labuta e ações corriqueiras, sua petição silente, breve e direta ao trono da graça. Quando Neemias, copeiro do rei, precisava pedir um grande favor ao seu poderoso amo, Artaxerxes, lembremo-nos, ele iria encontrar tal oportunidade ao lhe indagar o monarca: *Por que está triste o teu rosto?* (Ne 2.2); antes, porém, conta ele, *continuei a jejuar e a orar perante o Deus do céu* (Ne 1.4). Mesmo que haja percebido de antemão alguma possibilidade de aprovação por parte do rei, ele não correu a forçá-la e abraçá-la, mas, antes, pediu a Deus fervorosamente, em meio a exaltação ao Senhor e declarações de sincero arrependimento, que lhe fosse concedido aproveitar aquela ocasião de modo sábio, para que se pudesse realizar seu grande desejo. Igualmente deveríamos sentir o mesmo, você e eu, refletindo: "Não o posso fazer antes de pedir a Deus a bênção". Não importa o entusiasmo que tenhamos para realizar alguma coisa, nosso espírito deverá hesitar, sob a influência da divina graça, e dizer: "Se tu mesmo não fores conosco, não nos faças subir daqui". O cristão deve carregar a arma da oração como espada desembainhada na mão. Nunca devemos guardar as nossas súplicas a fazer a Deus. Nosso coração não deve andar como se fora uma arma de fogo constantemente desengatilhada e necessitando sempre ser armada antes de poder disparar contra o inimigo; mas, pelo contrário, deverá ser como um canhão pronto e carregado, que necessite apenas de uma centelha para poder disparar. A alma não precisa estar sempre e sempre no exercício contínuo da oração, mas deve estar sempre disposta, com vontade e energia para orar; nem estar orando sempre só por orar, mas orando sempre com um objetivo em vista.

Além disso, quando nosso Senhor diz que os homens devem sempre orar quer dizer também que *por toda a sua vida o cristão deve viver devotado a Deus.*

Oração, louvor e o perdão da iniquidade
Trazem do céu a terra a benignidade.

Duas práticas, de uma forma ou de outra, devem compor a totalidade da vida humana: louvor a Deus pelas graças recebidas, mediante palavra e ação, e rogar a Deus pelas misericórdias de que necessitamos, reconhecendo com amor e gratidão que elas provêm de suas mãos apenas. O salmo de nossa vida deve ser composto de versos alternados de oração e de louvor até que venhamos a atingir a vida futura, quando então cessará a oração, e o louvor predominará por toda a nossa imortalidade. "Mas temos de cuidar da nossa vida diária". Sim, você tem, mas há um jeito de fazer das atividades diárias uma parte da oração e do louvor. *O pão nosso de cada dia nos dá hoje* [...] (Mt 6.11) é não somente uma oração quando você o pronuncia; em seu trabalho, enquanto labuta, se o faz com espírito cristão, estará orando ativamente a mesma prece. Se louva a Deus pelas misericórdias recebidas, em sua oração matinal, quando se lança a cumprir os deveres da vida diária poderá exibir as graças recebidas, que refletem e honram o nome de Deus, e assim manter o louvor do melhor modo possível. Tenha em mente que, para o cristão, trabalhar é orar. Há também muita verdade no verso de Coleridge que diz:

Quem ama bem ora melhor.

A VIÚVA IMPORTUNA

Desejar o bem do próximo e buscar alcançá-lo para Cristo, desejar a glória de Deus e viver de modo a promovê-la — eis a essência da devoção. A piedade dos mosteiros não é, de modo algum, semelhante à dos homens engajados na batalha da vida; a dos conventos e dos monastérios representa, no máximo, o heroísmo de um soldado que evitasse a batalha; já a devoção do homem que tudo consagra a Deus na vida diária e profissional é a coragem de alguém que vai ao encontro do desafio da mais intrincada luta e nela consegue manter erguido o estandarte de Jeová-Nissi. Não julgue que atividade alguma pode vir a fazê-lo abrir mão de suas orações vitais, a não ser que seja tal que você não possa orar no exercício de suas funções; nesse caso, então, é melhor deixá-la. Caso seja uma atividade de conotação pecaminosa, indigna, é evidente que não pode ser apresentada diante de Deus; mas qualquer das atividades comuns da vida deve ser exercida de tal modo que, se você não consegue exercê-la santificando-se nela, então há falta de santidade em você mesmo e o erro está em você. Devemos orar *sempre*. Isto significa que *sempre* que se esteja usando uma máquina ou um cinzel, quando as mãos estiverem no arado ou usando caneta e papel; quando se estiver mostrando um produto ou arrumando o estoque — o que quer que se faça, deve-se transformar a atividade em parte da busca sagrada da glória de Deus. Nossas roupas comuns devem servir de vestes sacerdotais, nossas refeições, como se fossem um sacramento, cada ação comum deve ser uma oferta em sacrifício, e cada cristão, encarnar o sacerdócio universal dos crentes, como povo zeloso das boas obras.

Um terceiro ponto, que penso ter nosso Senhor desejado nos ensinar, é que *devemos perseverar na oração*. Este, aliás, é provavelmente o sentido primordial. Se pedimos a Deus uma misericórdia, não há por que entendermos que não mais devemos insistir para não perturbá-lo; mas sim, temos por intermédio de tal petição de continuarmos a voltar constantemente a ele. Se já pedimos a ele sete vezes e não fomos ainda atendidos, devemos retornar a Deus sete vezes sete. No caso de misericórdias temporais, poderá haver certamente um limite, e o Espírito Santo nos fazer sentir então que não mais o demandemos; nesse caso, aceitemos felizes, declarando: *Seja feita a vontade do Senhor* (At 21.14). Se o pedido for para algo especial, que nos seja concedido como um grande favor, temos de permitir que o Espírito de submissão nos controle, de sorte que, depois de havermos buscado o Senhor e não obtido totalmente ou em parte aquilo que desejávamos, ou como o almejaríamos, fiquemos contentes com a promessa: *Minha graça te basta* (2Co 12.9) — não mais pedindo, por exemplo, que seja removido o espinho na carne. Todavia, com relação a misericórdias espirituais, especialmente quando solicitadas mediante orações compartilhadas em uma igreja, quase sempre, senão sempre, não existe recusa por parte de Deus. Nesse caso, se desejamos obter sucesso, precisamos realmente persistir; prosseguirmos incessante e constantemente, sem dar pausa em nossa oração, até havermos alcançado a misericórdia solicitada em toda a sua plenitude.

Eis aí onde se aplica de fato *o dever de orar sempre, e nunca desfalecer*, de que nos fala o texto — semana após semana, mês após mês, ano após ano: a conversão de um filho querido sendo a principal súplica de um pai; a persuasão do marido que não se converte habitando dia e noite o coração da esposa até que se realize. Jamais se deve apontar como motivo dez ou vinte anos de oração sem sucesso para basear a decisão de abandonar seu desejo de cunho espiritual; não se deve estabelecer, nesse particular, limite algum a Deus, mas enquanto houver tempo de vida, dedicá-lo a pedir pelo objeto de sua súplica, continuar a rogar com toda fé e vontade ao Deus de Jacó, em nome de seu Filho, nosso Senhor. Também não deve o pastor apenas ocasionalmente pedir bênçãos para o seu povo e, recebendo tal graça em uma certa medida, abandonar a esperança de outra futura intercessão; deve, pelo contrário, perseverar veementemente, sem pausas, sem poupar energia, clamando alto e sem temor, até que as janelas do céu se abram e bênçãos suficientes sejam concedidas à sua congregação. Ó irmãos, quantas e quantas vezes pedimos a Deus e não somos atendidos por batermos, mas esperarmos o tempo necessário, à sua porta! Batemos uma vez ou outra à porta da misericórdia e, como nenhum mensageiro abre a porta e nos recepciona, seguimos de mãos vazias o nosso caminho. Muitas orações se parecem como brincadeira de crianças, que fogem ao bater à porta, e quando esta é aberta já não se vê nem rastro dos meninos...

Oh, que a graça continue caminhando lado a lado com os anjos de Deus e que nunca, nunca, deixe de voltar sua atenção para conosco; que o Senhor nos dê a certeza de que a causa que defendemos é tal que

1384 | MILAGRES E PARÁBOLAS DO NOSSO SENHOR

nela obteremos sucesso, pois dessa vitória dependem outras almas; que a glória de Deus esteja ligada a essa causa, sobretudo no caso em que o estado de ouras pessoas inspire maiores cuidados. Na verdade, ainda que quiséssemos desistir de orações por nossa vida, ou até pela vida daqueles que nos são próximos pela *alma* de outros homens *não podemos* de modo algum desistir de orar, mas, sim, temos de nos empenhar em suplicar mais e mais, de novo e de novo, até obtermos a resposta.

> Não deixa o humilde suplicante
> De ter sua oração atendida,
> Pois do pecador é impetrante
> Quem por ele deu a vida.

Não poderia terminar esta parte sem observar que gostaria o nosso Senhor aprendermos também que *devemos orar de maneira mais frequente*. Não somente deve-se ter sempre espírito de oração, fazendo da vida inteira uma prece e perseverando em todos os objetivos que são caros à alma, como deve haver maior frequência de oração entre o povo santo. Tiro este pensamento da parábola, em que deduz o juiz: [...] *todavia, como esta viúva me incomoda, hei de fazer-lhe justiça, para que ela não continue a vir molestar-me.* Sua devoção não terá continuidade se você não estabelecer determinado tempo e ocasião de orar. Não há orientação alguma quanto a tempo nas Escrituras senão nos exemplos de homens santos, pois, na verdade, o Senhor confia muito no amor e na força espontânea do desejo interior do seu povo. Não determina, por exemplo: "Orem das seis às sete horas da manhã todos os dias", nem "orem à noite, das oito às nove", "ou das dez às onze horas"; mas diz tão somente, por intermédio do apóstolo Paulo: *Orai sem cessar* (1Ts 5.17). Não obstante, todo cristão pode constatar ser muito útil ter horários regulares para este exercício, e tenho minhas dúvidas de que qualquer piedade possa ser mantida sem que determinado horário para oração seja cuidadosamente observado. Lemos sobre o apóstolo Tiago que ele orava tanto que seus joelhos se endureceram de se ajoelhar; e conta Fox que Latimer,[1] durante o período de seu cárcere, passava tanto tempo ajoelhado que o velho homem não conseguia levantar para fazer as refeições, tendo de ser erguido por outros. Quando não mais pôde pregar, encurralado por muralhas de pedra, as preces que de Latimer subiam aos céus eram por seu país, e ainda hoje recebemos as graças desses seus pedidos. Daniel orava com as janelas abertas diariamente e a intervalos regulares. *Sete vezes no dia eu te louvo* (Sl 119.164), diz um salmo, e Davi declara ainda que *De tarde, pela manhã, e ao meio-dia* (Sl 55.17) irá orar a Deus. Oh, queira Deus que não sejam tão grandes os intervalos de nossas orações; que sejam mais próximos uns dos outros os poços em que nos saciamos durante a peregrinação da vida. Permaneçamos sempre em oração.

Nosso Senhor quer dizer, para resumir, que *o crente deve exercitar na totalidade a oração* — orar em todas as circunstâncias. Não existem horas canônicas no dia nem dias canônicos na semana cristã. Devemos orar desde o cantar do galo até a meia-noite, em todas as ocasiões em que o Espírito nos tocar. Devemos orar em qualquer estado, seja na pobreza ou na riqueza, na saúde ou na doença, nos dias felizes de festa e nos dias tristes de lamentação. Devemos orar no nascimento e no funeral; orar quando a alma se encontra feliz em nós por causa de abundantes misericórdias e quando nossa alma nos arrasta até as sombras da morte em consequência de assuntos os mais graves. Orar por todas as interações, seculares ou religiosas. A oração deve santificar tudo. A palavra de Deus e a oração devem vir acima e sempre antes das coisas comuns da vida diária. Devemos orar por uma compra importante, ao entrar e ao sair da loja. Lembremo-nos de como nos tempos de Josué os gibeonitas enganaram Israel por não haverem as autoridades do povo de Deus consultado ao Senhor. Que você não seja enganado por causa de tentação semelhante de autossuficiência, como bem pode acontecer se não se achegar ao Senhor todos os dias para pedir: *Vê se há*

---

[1] [NE] Refere-se certamente a George Fox, dissidente religioso inglês (1624-1691), fundador da Sociedade de Amigos, organização mais conhecida pela alcunha, dada a seus membros, de "quacres" (*quakers*); e a Hugh Latimer (1487-1555), sacerdote católico antirreformista inglês convertido ao protestantismo, do qual se tornou fiel defensor, tendo sido, por este motivo, preso e queimado vivo, a mando da intransigente rainha católica da Inglaterra Maria I (Maria Túdor).

A VIÚVA IMPORTUNA

em mim algum caminho perverso e guia-me pelo caminho eterno (Sl 139.24). Ninguém jamais há de errar por orar demais, jamais cometerá engano por pedir com frequência a orientação de Deus; pelo contrário, descobrirá orientação graciosa para seus olhos, se, em uma bifurcação de caminhos em que ambos pareçam corretos, parar um segundo que seja para pedir a Deus: "Guia-me, ó grande Jeová". *Orai sem cessar* — é o que acabo de lhes explanar, do púlpito; vão, agora, e o apliquem em sua vida.

II. Para reforçar seu preceito, nosso Senhor nos oferece uma parábola em que há DOIS ATORES, e de tal modo que as características de cada um confere força ao ensinamento.

Logo no primeiro versículo da parábola aparece um *juiz*. Sua presença servirá para nos mostrar a grande vantagem que levamos em podermos orar a Deus. Irmãos, se a pobre mulher pôde prevalecer junto a um juiz cujo modo de agir era rígido, inflexível, intransigente, quão mais vale nos esforçarmos em oração para suplicarmos, quanto às nossas causas, ao nosso benigno Pai! Um juiz, por natureza, já é bem diferente de um pai: deve ser necessariamente imparcial e rigoroso, enquanto o pai tende quase sempre a se inclinar em direção ao filho, demonstrando compaixão e afeto para com ele. Pois se então a viúva conseguiu dobrar um juiz injusto, como não conseguiremos obter êxito junto ao nosso bondoso e generoso Pai que está nos céus? Ela persevera em seu pedido a ponto de chegar a cansá-lo, até poder obter o que deseja; não iremos nós então perseverarmos na ansiedade de nossos desejos até que possamos obter de nosso Pai celestial tudo aquilo que sua Palavra nos promete?

Esse juiz, além de mostrar-se intransigente, era *destituído de toda bondade*. Estava errado, evidentemente, em ter ambas essas características. *Não temo a Deus* [...] (Rm 3.18), ele confessa a si mesmo. Nele, a consciência era estéril, não tendo a menor ideia quanto à barra do tribunal de julgamento perante a qual até os juízes deverão um dia comparecer. Apesar de provavelmente ter feito um juramento a Deus, quando de sua posse no cargo, prometendo julgar sempre imparcialmente, aquele árbitro, sem dúvida, esqueceu-se de sua jura, colocando a justiça sob os seus próprios pés. [...] *nem respeito os homens* [...] (Lc 18.4), reconhecia em si mesmo também. Certa compaixão pelo próximo, capacidade encontrada até mesmo em alguns homens ruins por natureza, seja servindo para restringi-los na prática do mal, seja forçando-os a praticar alguma justiça, esse princípio não se aplicava ao referido juiz. Portanto, se a viúva alcançou êxito ante homem tão perverso assim, se a lança de sua impertinência quebrou o aço da barreira de obstinação de tal homem, quanto mais podemos saber que teremos sucesso ao tratarmos diretamente com aquele que é justo, bom, o amigo dos necessitados, o Pai dos órfãos, o Vingador dos oprimidos! Oh, que o caráter de Deus nos incite a um fervor infatigável na oração, ao se nos revelar em toda a grandeza de sua veracidade e fidelidade, mostrando-se a nós como é, com tanta amabilidade, doçura e misericórdia, e fazendo com que possamos seguir o exemplo daquela viúva, sem deixarmos de suplicar um minuto sequer até que sejamos plenamente atendidos em nossas justas reivindicações a ele.

Esse juiz era de fato um homem tão indescritivelmente mau, por *confessar sua vileza a si próprio* e, ao que parece, pelo texto, com satisfação. Sem o menor sinal de remorso, dizia dentro de si: *não temo a Deus, nem respeito os homens* (Lc 18.4). Poucos pecadores vão tão longe assim. Podem até não temer Deus nem ter respeito pelos homens, mas guardam na mente alguma noção do que é virtuoso e pelo menos tentam se enganar procurando se convencer de que não são tão ruins quanto os outros. Mas esse juiz, não; não se enganava. Dava-se tão bem com seu raciocínio quanto aquele fariseu descrito por Jesus, no que dizia respeito ao oposto a ele: *Ó Deus, graças te dou que não sou como os demais homens* (Lc 18.11). Mas tal arrogância tinha esse homem, sua mente se achava de tal modo endurecida, que, mesmo reconhecendo--se dessa maneira, não se recusava ocupar o posto de julgador, sentando-se em sua cátedra para decidir o destino de seus semelhantes! No entanto, uma simples e pobre viúva obteve vitória no embate com esse monstrengo moral em forma humana, que se deliciava com a própria perversidade e se orgulhava da maldade de seu coração. Sua impertinência dobrou esse homem — quanto mais não triunfaremos então junto àquele que não poupou nem mesmo seu próprio Filho, mas graciosa e benignamente abriu mão dele em favor de todos nós; quanto mais não triunfaremos junto àquele cujo nome é amor, cuja natureza é tudo que é bom e belo e cuja face é de um encantamento sem fim! Quanto mais imagino o caráter do referido juiz — que não poderia ser retratado com cores mais escuras —, tanto mais a voz do Salvador parece nos falar, pela parábola, quanto ao nosso *dever de orar sempre, e nunca desfalecer.*

Observe-se ainda, em relação ao caráter do juiz, que ele *com nada se importava conscientemente além de sua própria pessoa.* Quando por fim decidiu fazer justiça, o único motivo que o convenceu a fazê-la foi o de que, já que a mulher não cessava de o incomodar, "ela não continue a vir a molestar-me". Esta última palavra, no original grego, é uma espécie de gíria, suponho, da época, que significa "bombardear", ou "triturar", e se poderia até traduzir literalmente como "arroxear a minha face com suas constantes agressões. Foi esse o tipo de palavra que ele usou: um breve veredicto decisório após julgar, indignado, haver sido perturbado pela insistência da tal mulher, podemos assim dizer. A única coisa que o convenceu, portanto, foi o desejo de voltar a ter paz e continuar levando a vida com toda comodidade e conforto. Ó irmãos, se ela conseguiu triunfar sobre tal pessoa, quanto mais o conseguiremos junto a Deus, cujo deleite é cuidar de seus filhos, que ama mais do que a si próprio!

Esse juiz *agia de modo rude e cruel* para com a mulher; não obstante, ela perseverou. Por um tempo, ele a ignorou, ainda que provavelmente o sustento, a vida, os filhos da mulher, dependessem da sua vontade; ele a deixou entregue a uma passiva injustiça e sofrendo. Já o nosso Deus, pelo contrário, age sempre de modo gentil e gracioso para conosco, e agora mesmo está nos ouvindo e quer nos conceder o que lhe pedirmos. Compare-se isso com a atitude do juiz e decerto todo coração amoroso, que conhece o poder da oração, será convencido a praticar a constância no orar, recomendada pelo Senhor.

Passemos agora à outra personagem da cena — *a viúva.* Nela, todos os aspectos levam a convencer mais ainda a igreja de Deus a ser insistente em suas petições. Ao que tudo indica, ela era *completamente desconhecida para o juiz.* Era, para ele, simplesmente uma pessoa em quem não tinha o menor interesse. Provavelmente, nunca a tinha visto antes, e quem era e o que queria parecia não lhe dizer respeito. Todavia, quando a igreja vai a Deus e se apresenta como a noiva de Cristo que é, mostra-se perante o Pai como alguém a quem ele ama com amor eterno. Pois ele não promete que irá vingar seus próprios eleitos, seus escolhidos, seu povo? Como não irão nossas orações triunfar junto a ele, se até mesmo a persistência de uma estranha conquistou a atenção de um juiz constantemente inflexível, intransigente e de má vontade?

A viúva ao que consta foi ter com o juiz *sem qualquer testemunha ou defesa.* Segundo a parábola, ela não tinha advogado, não tinha a seu lado ninguém eloquente para pedir por ela, para apresentar-se ao juiz e dizer: "Eu sou o defensor desta humilde viúva". Ela triunfou, na verdade, por seu próprio fervor e intensidade em seu propósito. No entanto, quando eu e você nos apresentamos diante do Pai, não estamos sós, pois:

> Está junto ao Pai, do nosso lado,
> O homem do amor, o crucificado.

Temos nele um amigo que sempre viverá para interceder por nós. Ó cristão, encaminhe então seu pedido com santa força, empenhe-se em seu caso, pois o sangue de Jesus fala ao Pai com uma voz que será sempre ouvida. Não seja fraco em seu espírito, mas continue incessantemente a sua súplica.

A pobre mulher procurou o juiz *sem ter promessa alguma que a encorajasse;* pelo contrário, mostrava-se certamente muito desesperançada. Nós, porém, quando diante de Deus, ele mesmo nos diz que oremos e que, conforme nos é assegurado em sua promessa, o que pedirmos, obteremos; se buscarmos, encontraremos. Se a viúva venceu até mesmo sem a arma sagrada da promessa, não venceremos nós, que podemos usar do aríete da palavra do próprio Deus, aríete que faz com que cada porta se abra? Ó, irmãos, não devemos fazer pausas nem parar por um instante que seja enquanto tivermos as promessas de Deus embasando nossos pedidos.

Mas, além de não contar com qualquer promessa que fosse, a viúva achava-se também *impedida do direito de acesso constante* ao juiz. Ela tinha, suponho, o direito de clamar e ser ouvida em uma audiência ordinária de qualquer juiz, mas que direito poderia ter de seguir cada passo daquele juiz, segui-lo na rua,

A VIÚVA IMPORTUNA | 1387

bater à porta de sua casa, chamá-lo durante a noite, de modo que ele, dormindo confortavelmente em seu leito, fosse desperto pelos gritos dela? Não tinha direito, nem permissão alguma, para assim insistir. Nós, no entanto, podemos chegar a Deus a qualquer momento e em qualquer ocasião. Podemos suplicar a ele dia e noite, pois ele mesmo nos ordena que oremos sem cessar. Se mesmo sem permissão, a mulher era insistente, com as sagradas permissões que Deus nos concedeu, e o encorajamento do seu abundante amor, iremos parar de rogar?

Ela, pobre alma, cada vez que rogava, *provocava o juiz*; marcas de ira provavelmente se viam no rosto dele, e não duvido que haja até espumado pela boca ao pensar ser tão importunado por pessoa tão insignificante. Com Jesus, porém, cada vez que suplicamos, fazemo-lo ficar contente, em vez de provocá-lo. As preces dos santos são música aos ouvidos de Deus.

> Para ele, há melodia em um lamento,
> E beleza em uma lágrima.

Falando à maneira dos homens, muito gratificamos a Deus ao pedirmos que nos atenda. Ele fica triste conosco quando detemos nossas súplicas, mas se delicia quando chegamos a ele constantemente. Quando, pois, virem um sorriso no rosto do Pai, eu peço: não desfaleçam, continuem firmes na labuta de encaminhar sem cessar sua petição.

Mais ainda: a mulher tinha uma solicitação a fazer na qual *o juiz não tinha nenhum interesse*; mas o nosso caso é tal que o Deus a quem pedimos tem mais interesse do que nós mesmos na nossa petição; por isso, quando a igreja pede pela conversão das almas, bem pode dizer: *Levanta-te, ó Deus, pleiteia a tua própria causa* (Sl 74.22). É pela honra de Cristo que as almas devem ser convertidas; traz glória à misericórdia e ao poder de Deus serem os grandes pecadores resgatados dos seus errôneos caminhos. Assim, suplicamos ao Juiz como juiz, mas a Deus como Deus. Nossa súplica é virtualmente *para* Cristo, e *mediante* Cristo, para que seu reino possa florescer e ser feita a sua vontade.

Não podemos esquecer de mencionar também que, no caso da viúva, *ela era apenas uma pessoa*. Se triunfou apesar de ser apenas uma pessoa, não irá Deus vingar seus eleitos, que são não apenas um, mas dezenas de milhares? Se uma promessa é válida para três ou quatro, quanto mais não o será em cada igreja em que se reúnem centenas de almas, que ansiosamente desejam que Deus a cumpra? Nossas súplicas fincam raízes no trono de Deus! E como elas alcançam, por assim dizer, a própria onipotência! Como impelem o Todo-poderoso a se levantar de seu lugar para responder a seu povo e realizar maravilhosos feitos que abençoam sua igreja e que a ele próprio glorificam.

Quer, pois, consideremos o juiz, quer consideremos a viúva, cada um dos personagens tem aspectos que nos fazem ver bem e entender o porquê do dever e do privilégio de orarmos sem cessar.

III. Terceiro e último tópico: O PODER QUE, SEGUNDO A PARÁBOLA, TRIUNFOU.

Esse poder não era, absolutamente, a eloquência da mulher: *Faze-me justiça contra o meu adversário*. Tais palavras não bastam. Têm o mérito de serem muito expressivas, mas alguém que estude oratória não conseguiria aprender muito com elas. Apenas seis palavras. Observe que não há um pedido específico da mulher; nada acerca de sua viuvez nem que diga respeito a filhos; nada que mostre a perversidade do adversário; tampouco nada acerca do julgamento de Deus em relação aos juízes injustos, nem sobre a ira de Deus para com os homens injustos que devoram os lares das viúvas — nada do tipo. *Faze-me justiça contra o meu adversário*. O sucesso dela, portanto, não dependia do poder que tivesse em termos de retórica. Disso depreendemos que o triunfo de uma alma ou de uma igreja junto a Deus não reside na eloquência das palavras, nem da linguagem usada. A oração que ascende aos céus pode ter apenas algumas penas da cauda como adorno, mas terá as penas mais lindas na intensidade do desejo; não é preciso ser como o pavão, excelso em sua beleza, mas deve ser como a águia, para que voe bem alto para chegar ao sétimo céu. Quando se ora em público, como regra geral, quanto mais breve tanto melhor. As palavras tornam-se enfadonhas em longas orações. Muitas vezes acontece de a abundância das palavras revelar escassez de conteúdo. Geralmente a verborragia não é melhor na oração que uma miserável folha de figueira para cobrir a nudez de uma alma não desperta.

Outra coisa bem certa é que a viúva *não triunfou pelos méritos de seu pedido*. Podia ser até um bom caso, mas nada é dito quanto a isso. Não duvido de sua legitimidade; mesmo assim, o juiz não queria saber, nem se importava em saber, se ela estava certa ou estava errada; tudo o que sabia é que ela o incomodava. Ele não diz: "Ela tem um bom argumento e por isso devo fazer-lhe justiça". Não; era um homem ruim demais para ser convencido por tal motivo — mas ela o incomodava, apenas isto, por isso, "hei de fazer-lhe justiça". Do mesmo modo, em nossa súplica — na súplica de um pecador a Deus, não é o mérito do caso que triunfa. Você não tem mérito algum. Se quer triunfar, é o mérito de outra pessoa que deve tomar o lugar do seu, e de sua parte não deve haver mérito, mas humildade; não será sua justiça própria, mas sua persistência, que irá triunfar junto a Deus. Imagino quanto esse pensamento possa confortar alguns de vocês que convivem com um sentimento constante de indignidade! Por mais indigno que você possa ser ou se considerar, não desista de clamar, continue a orar a Deus. Por mais imunda ou defeituosa que possa ser a mão, se consegue alcançar a porta e bater, esta se abrirá. Sim, mesmo que a mão sofra de paralisia ou de lepra espiritual; mesmo que a marca do seu mal esteja presente em seu semblante, mesmo assim, se você puder, ainda que tremulamente, bater à porta da misericórdia e da promessa sagrada, é certo que há de conseguir audiência com o Rei dos reis, Juiz dos juízes. Se não é a eloquência, tampouco é o mérito que triunfa junto a Deus; é nada mais além da sua persistência em orar.

Observem que o juiz considera que a mulher o incomodava, e, logo, como ela aparecesse continuamente, termina dizendo que não queria que continuasse a molestá-lo. Creio que a história tenha sido, de algum modo, assim: sentou-se o juiz um dia em sua cátedra para julgar e muitas foram as pessoas que chegaram a ele pedindo justiça, no que sempre conduzia as coisas com "imparcialidade" característica de um vilão, concedendo a decisão a favor da parte que lhe desse melhor suborno; quando, de repente, uma pobre viúva apresenta sua queixa. Ela já tentara ser ouvida muitas vezes por ele, sua voz havia sido encoberta por outras vozes, mas desta vez soava aguda e afiada, e chamou a atenção do juiz. *Senhor, faze-me justiça contra o meu adversário*. Ele logo percebe, por suas modestas vestes, que não há no caso possibilidade alguma de suborno, e responde rispidamente: "Negado! Retire-se! Outros!" Prossegue então com outros casos, em que a aparência dos queixosos ou a quantia envolvida são mais atraentes. No entanto, continua a ouvir nos intervalos o clamor dela, insistente: "Senhor, eu sou uma pobre viúva! Por favor, *faze-me justiça contra o meu adversário!*" Aborrecido pela insistência e perturbação, ele ordena aos guardas que a retirem por estar ela perturbando a ordem no tribunal e paralisando seu serviço. "Cuide para que essa viúva não torne a entrar aqui amanhã", ordena ele depois ao meirinho. "Ela é muito problemática." Mas já antes da manhã seguinte, tem uma surpresa, que vem a confirmar que estava certo: a mulher o havia esperado deixar a corte e seguira seus passos pelas ruas até chegar em casa, onde então manda que seus servos cerrem portas e janelas para que aquela barulhenta mulher nem tente entrar, pois continua ainda a perturbá-lo insistentemente com o clamor: "Faze-me justiça, senhor juiz, contra o meu adversário". Agora, seguro dentro de casa, pede aos criados que lhe sirvam a refeição vespertina. Os criados lhe deitam água nos pés e nas mãos e sua excelência está prestes a desfrutar de seu repasto, quando uma batida se ouve à porta, seguida de um clamor, empurrões, tumulto. "Que está acontecendo?", indaga o juiz. "É uma mulher, senhor", informa o mordomo, "uma viúva, que deseja vê-lo e clama que vossa excelência faça justiça a ela contra o seu adversário". "Diga a ela que não posso atendê-la de modo algum! Ordene que vá embora e não volte nunca mais!" Depois, busca repouso em seus aposentos; quando então se ouve outra forte batida à porta da casa, e uma voz que vem da rua, clamando com insistência: *Senhor, faze-me justiça contra o meu adversário!* Ela ordena que a enxotem dali. Na manhã seguinte, mal se abrem as portas da sala do tribunal, e apesar de proibida terminantemente de ali entrar, já lá se encontra a viúva, que entrou sem ser percebida, como um pobre cachorro de rua que ingressa em qualquer lugar mesmo arriscando-se a ser posto para fora a pontapés; e logo ela interrompe a corte com sua súplica insistente: *Ó senhor juiz, faze-me justiça contra o meu adversário!*

A VIÚVA IMPORTUNA

Se indagada essa mulher por que é tão insistente, ela relataria, certamente, que é viúva, que o falecido marido deixou para ela um pequeno pedaço de terra — era tudo o que tinham —, e que um vizinho cruel, de olhos gananciosos, tomou-lhe o bocado de chão, como Acabe fez com a vinha de Nabote; e, agora, está sem meio de sustento algum, sem pão e sem azeite para si e os filhos ainda pequenos, que choram de fome. Oh, se ao menos o marido estivesse vivo, como defenderia seus interesses! Ela não tem quem a ajude ou defenda, e seu problema é bastante evidente. Para que serve um juiz senão para proteger os necessitados? Ela não tem mais saída alguma, um agiota credor está prestes a tomar-lhes os filhos para vendê-los como escravos, em troca da dívida do empréstimo que lhe fez. Ela não pode aceitar isso passivamente de jeito nenhum. "Não", diz ela, "eu só tenho essa chance; esse homem tem que me ouvir e me fazer justiça, então já *decidi que não darei descanso a ele enquanto não me fizer justiça contra o meu adversário*. Estou decidida que, se devo morrer por isso, as últimas palavras de meus lábios serão as mesmas: *Faze-me justiça contra o meu adversário*." A corte volta a ser de novo constantemente interrompida. Torna o juiz a ordenar: "Levem-na daqui, levem-na! Não posso prosseguir com os trabalhos desta casa com essa louca permanentemente inundando meus ouvidos com seus gritos!" Mais fácil é ordenar que fazer. Ela se agarra às pilastras da corte para não ser arrastada; e quando, por fim, conseguem pô-la para fora, fica por ali próximo, esperando nova oportunidade para voltar a entrar, ou persegue depois o juiz pelas vias, não lhe concedendo um único minuto de paz. "Bem", diz o juiz, já extenuado, "estou preocupado é com a minha própria paz e segurança. Pouco me importa essa viúva, seu pedaço de terra, muito menos seus filhos; que morram todos de fome, o que são eles, afinal, para mim? O que não suporto mais é essa situação terrível, já me aborreci além da conta. Vou lhe fazer justiça, pronto! Para mim, chega!" Então ele a ouve, decide o caso com justiça, a favor dela, e segue em paz sua vida. Nada além da persistência da mulher — eis aí o que prevaleceu.

Sim, irmãos, vocês têm outros meios para usar junto a Deus; mas nosso Salvador os faz ver aqui o quão é sobremodo importante que vocês nunca negligenciem esse potente e conquistador instrumento que é a persistência na oração. Deus é bem mais fácil de convencer que aquele injusto juiz. Tudo o que precisam é ser persistentes como o foi a viúva. Se têm certeza de que o que pedem é justo, roguem agora, roguem ao meio-dia, roguem à noite, roguem sempre; defendam sua causa com choro e lamento; ordenem sua argumentação; baseiem suas súplicas em seus sérios motivos; peçam ajuda ao precioso sangue de Jesus, mostrem as chagas de Cristo diante dos olhos do Pai, falem sobre o sacrifício expiatório, apontem o Calvário; recrutem o Príncipe ressurreto, que subiu aos céus e coroado, o Pastor que permanece à direita de Deus; e decidam-se em sua própria alma que, se Sião não florescer, se as almas não forem salvas, se sua família não for abençoada, se seu próprio zelo não for revivido, vocês poderão até morrer com a súplica em seus lábios, mas mantendo seu persistente desejo para sempre em seu espírito.

Deixem-me lembrar que, se algum de vocês morrer sem que seu pedido tenha sido atendido, não deverá concluir que Deus o desapontou. Mais esta história e terminarei. Ouvi contar de um pai fiel que teve a infelicidade de ter cinco ou seis filhos dos mais ímpios. Todos eles, ao crescer, ganhavam sentimentos indignos e levavam uma vida indigna. O pai, que constantemente orava por eles e era exemplo de virtude, esperava que, ao menos quando de sua morte, seria capaz de dizer alguma palavra que convencesse o coração dos filhos. Reuniu a prole em seu leito de morte. Todavia, a tristeza que sentiu por morrer foi extrema, pois havia perdido a imagem da luz do semblante de Deus, sendo atormentado por dúvidas e temores; e o menos obscuro dos pensamentos que o atribulavam era este: "Em vez de minha morte ser um testemunho de Deus, que possa triunfar sobre meus filhos, morrerei em tal negritude que temo confirmar a eles todos os argumentos de infidelidade, levando-os a acreditar que não há, de fato, de verdadeiro no cristianismo". O efeito, porém, foi contrário. Os filhos circundaram o túmulo no funeral e, quando retornaram ao lar, o mais velho se dirigiu aos outros, conclamando: "Meus irmãos, durante sua vida nosso pai sempre nos falou sobre religião, e nós sempre a desprezamos; mas que sermão foi para nós o leito de morte dele! Pois se ele, que sempre bem serviu a Deus e que sempre viveu tão próximo ao Senhor, considerou ser a morte o seu ato mais difícil, que tipo de morte podemos esperar, nós, que vivemos sem Deus e sem

1390 | Milagres e Parábolas do Nosso Senhor

esperança?" Um só sentimento tomou conta de todos, de tal modo que a morte do pai veio a servir, de estranha maneira, para atender às orações de toda sua vida, pela graça de Deus.

Vocês jamais poderão dizer que, quando estiverem na glória, ao olharem para baixo, desde as janelas do céu, verão outro céu, ao contemplar seus queridos filhos e filhas convertidos pelas palavras que deixaram para trás. Não digo isso para convencê-los a parar de pedir pela conversão imediata de seus entes queridos, mas, pelo contrário, para encorajá-los a que a peçam mais e mais, sem parar. Nunca desistam de orar, nunca caiam na tentação de desistir. Enquanto houver sopro de vida em seu corpo, continuem a rogar, pois lhes digo que Deus há de atendê-los com prontidão, ainda que pareça se demorar em ouvir suas preces. Deus abençoe estas minhas palavras e a todos vocês, em nome de Jesus. Amém.

149

EM BUSCA DA FÉ

Contudo quando vier o Filho do homem, porventura achará fé na terra? (Lc 18.8).

É absolutamente certo que Deus ouve as orações do seu povo. Ao pé do altar, almas clamam a Deus dia e noite, pedindo pela causa de Cristo, causa da verdade e da justiça, e pela derrota dos adversários do Senhor: tais pedidos são prontamente atendidos. Por mais escassas que sejam as súplicas, há pelo menos uma boa quantidade delas em conformidade com a eleição pela graça, não cessando de insistir com o Todo-poderoso para que estenda mais uma vez seu poderoso braço e demonstre a majestade de sua Palavra. Mesmo que por sábios e graciosos motivos a resposta a esses pedidos possa ser aparentemente atrasada, ela é, no entanto, absolutamente garantida. Pois não iria Deus vingar seus eleitos, que clamam dia e noite a ele, ainda que pareça manter a causa por muito tempo à mão? Decerto que sim, já que as orações que a ele chegam são inspiradas pelo Espírito, que conhece a mente de Deus; são preces para a glória de Deus e de seu Cristo. A resignação detém o advento e o juízo por algum tempo, pois o Senhor deseja não que alguém pereça, mas que todos alcancem o arrependimento; mas não pode protelar para sempre o fim de há muito esperado. O próprio Senhor Jesus é quem nos dá essa garantia pessoalmente: *Digo-vos que depressa* [Deus] *lhes fará justiça.* Não resta dúvida de coisa alguma quando o próprio Jesus a garante: *Digo-vos...* O Senhor virá, sim, e, segundo sua própria declaração, há de vir *depressa.* Sua declaração está em pleno acordo com a cronologia dos céus, e esta os herdeiros da glória devem aceitar com todo o prazer e felicidade; é bom mantermos a noção de tempo celestial na mente.

Irmãos, que o coração de vocês não falhe na fase final da presente batalha. "*O Senhor há de reinar para sempre* (Êx 15.18). Aleluia!" Os ídolos ele abolirá definitivamente. O anticristo será destronado. Como uma mó lançada no fundo do mar, ele cairá e não tornará a existir nunca mais. Os gentios serão herança do Senhor e os confins da terra estarão todos sob sua posse e domínio. Ele há de reinar até que todos seus inimigos estejam postos por escabelo dos seus pés. Não se cansem se a presente luta se alongar por séculos e séculos. Será longa somente para a sua impaciência; para Deus, não passará de trabalho rápido. Um livro tão imenso como o que contém a história da redenção necessita de muito tempo para ser desenrolado, e para fracos leitores como nós, a leitura de cada uma de suas palavras poderá parecer uma tarefa interminável; mas um dia haveremos de chegar a um fim e então veremos que, tal como o livro de Salmos, tudo nele termina em aleluias.

A pergunta a ser feita não é o que fará Deus, mas o que farão os homens. A fé tem raízes no próprio céu; mas que dizer da fidelidade na terra? A parte que Deus nos delega é crermos em sua Palavra, pois assim é que seremos aceitos: cabe à criança crer em seu pai, e ao discípulo, aceitar os ensinamentos de seu mestre. Mas quão pouco resta deste conceito, no momento! Sabendo da fragilidade da fé daqueles que o cercavam, e prevendo certamente que as futuras gerações partilhariam com mais intensidade ainda da mesma insensatez é que o Salvador levanta essa memorável questão: *Contudo quando vier o Filho do homem, porventura achará fé na terra?* Deus é fiel; mas fiéis serão os homens? Deus é verdadeiro; mas creremos nele? É este o meu ponto, a discutirmos hoje; é sobre isto que trataremos esta manhã quanto me ajude o Espírito Santo.

I. Podemos observar em relação ao texto bíblico, em primeiro lugar, que É DIGNO DE DESTAQUE AO ATENTARMOS PARA A PESSOA QUE BUSCA ACHAR A FÉ: "Quando vier o Filho do homem, porventura achará fé na terra?"

Quando Jesus vier, virá em busca da verdadeira fé. Ele tem o maior interesse na fé, mais do que em qualquer outra coisa que a terra lhe possa oferecer. Quando o Senhor voltar, não se importará muito com o tesouro material de crentes prósperos destinado a honrá-lo; nem buscará qualidades que possamos manifestar ou as influências que tenhamos conseguido atingir e exercer; mas se voltará sobretudo para a nossa fé. Sua glória é ser crido no mundo (1Tm 3.16) e para é isto que deverá dedicar maior atenção. Esta é a joia preciosa que estará buscando. O Joalheiro celestial considera a fé a mais rara pérola — a fé é para ele, Jesus, a mais preciosa delas, como deveria ser para nós. O tempo final será ocupado por um grande escrutínio, baseado em um ponto essencial: onde está a fé e onde não está. Quem crer será salvo; mas quem não crer será condenado. Será emitido um mandado de busca em nossa casa e em nosso coração, e a inquirição será: Onde está a sua fé? Você honra Cristo, crendo em seu sangue e em sua Palavra, ou não? Glorifica a Deus, crendo em sua revelação e confiando em sua promessa, ou não?

O fato de nosso Senhor enfocar a fé quando de sua volta deveria fazer com que muito a estimássemos. Ela não representa mero ato do intelecto; é uma graça do Espírito Santo, que dá glória a Deus e produz obediência no coração. Jesus a buscará porque é o seu dono legítimo, e foi por intermédio dela que se deu o grande fim de seu primeiro advento. Imaginem por um instante, caros ouvintes, que o Salvador esteja buscando por nossa fé neste exato momento: [...] os seus olhos contemplam, as suas pálpebras provam os filhos dos homens (Sl 11.4). É esse o ouro que ele busca em meio ao minério de nossa humanidade. É esse o objetivo da empreitada real sob a inquirição: "Você crê no Senhor Jesus Cristo?"

Quando nosso Senhor vier e procurar pela fé, ele há de fazê-lo a seu modo mais compassivo. Nosso texto não diz "quando vier o Filho de Deus", mas "quando vier o Filho do homem". Pois é exatamente como Filho do homem que Jesus irá trabalhar como pesquisador, buscando descobrir se temos fé verdadeira ou não. Ele, como Filho do homem, também demonstrava fé em Deus. Na epístola aos Hebreus 2.13, sua fé é mencionada como uma das semelhanças entre ele e seus irmãos, tendo dito: Porei nele [em Deus] a minha confiança. A vida de Jesus era uma vida de fé — fé que clamava: Deus meu, Deus meu (Jo 20.28), mesmo quando sentindo-se, como homem, desamparado. Sua batalha, em escala muito maior que a nossa, era travada, quanto à fé no Pai, contra todas as influências rebeldes que lutavam contra ele. Ele conhece as duras tentações que os homens experimentam, pois sentiu as mesmas, e em proporção maior. Sabe como a necessidade tenta o crente fiel e quanta fé é necessária para declarar: Nem só de pão viverá o homem, mas de toda palavra que sai da boca de Deus (Mt 4.4). Sabe como a exaltação tenta a alma; pois esteve um dia no pináculo do templo e ouviu o sussurro infernal: Se tu és Filho de Deus, lança-te daqui abaixo, porque está escrito: Aos seus anjos dará ordens a teu respeito (Lc 4.9,10). Está ciente do que significa a fé, ao contrário da falsa confiança, que interpreta erroneamente a promessa e esquece o preceito propriamente dito. Ele jamais irá errar no julgamento, aceitando bronze em lugar de ouro. Tem experiência do que é ser tentado com a promessa de honra secular, de sucesso e riqueza material: "Tudo isto te darei, como disse a ele o inimigo, se, prostrado, me adorares (Mt 4.9)". Sabe como a fé subjuga toda glória mundana, pois a usou em brava e pronta réplica: Vai-te, Satanás, porque está escrito: Ao Senhor teu Deus adorarás, e só a ele servirás (Mt 4.10). Amados, quando vier, o Filho do homem, ele saberá reconhecer nossas fraquezas, haverá de considerar nossas provações, levará em conta a luta de nosso coração e todas as dificuldades deste mundo que a fé sincera nos leva a ter de enfrentar. É ele o mais qualificado para atribuir real valor à nossa fé testada, abnegada, resistente; e há de distinguir perfeitamente entre os que fingem e os que de fato creem; entre aqueles que confiam em vãs ilusões e os que assumem o caminho sólido e único da palavra de Deus.

Gostaria, além disso, que vocês observassem que o Filho do homem é a pessoa mais indicada para procurar a fé que há que ser encontrada. Não existe um único grão de fé no mundo que ele não haja criado. Se você tem fé, irmão, é porque o Senhor a criou em você; é marca de suas mãos, que o tocaram. Pela fé, ele o tirou da morte no pecado e da escuridão de sua mente natural. A tua fé te salvou (Lc 7.50), por ser ela o castiçal em que brilha a lâmpada que ilumina a recâmara do seu coração. É esta a fé que o seu Deus e Salvador colocou em você. Ora, se a fé, em qualquer circunstância, é dom do nosso Senhor, ele sabe perfeitamente a quem a terá dado. Sendo obra de Deus, saberá como e quando ele a terá produzido; pois jamais abandona

Em busca da fé | 1393

a obra de suas próprias mãos. Ainda que essa fé seja como um grão de mostarda, e mesmo que se encontre no recanto mais obscuro da terra, o amoroso Senhor Jesus a conseguirá encontrar, pois tem íntima relação com ela, por ser o seu criador e quem lhe deu acabamento. Nosso Senhor é também o sustentador da fé, pois a fé não deixa jamais de depender daquele em quem se baseia. Mesmo o crente fiel mais fervoroso não conseguiria crer por um instante sequer se não lhe fosse constantemente fornecida por Deus a graça para manter acesa a chama da fé. Se você, caro amigo, já teve experiência de vida interior, sabe então que aquele que o fez vivo irá mantê-lo vivo, caso contrário você retornaria para sua antiga natureza de morte. E como a fé é o alimento diário da mesa de Jesus, ele sabe também onde se encontra. É importante assim para nós que aquele que estará buscando a fé, por havê-la criado e a sustenta, bem a conseguirá divisar.

Além do mais, *nossa fé se volta sempre para Cristo*. Não existe, aliás, fé digna de ser obtida que não seja aquela que olha para ele e, por seu intermédio, para Deus, em tudo por tudo. Cristo, por sua vez, se volta sempre para a nossa fé: nunca houve a mais débil fé em Cristo que não viesse a encontrá-lo. O Senhor se delicia na fé; para ele é uma alegria que nele confiem; grande parte da recompensa por sua morte é que os homens possam nele encontrar abrigo. Ora, se a fé se volta para Cristo, e se Cristo se volta para a fé, então com toda a certeza ele deveria encontrá-la, quando vier; este fato, no entanto, torna ainda mais passível de admiração e até perplexidade a pergunta que ele mesmo faz, no texto: *Contudo, quando vier o Filho do homem, porventura achará fé na terra?*

O Filho do homem há de fazer um julgamento sábio e generoso. Alguns irmãos fazem seus julgamentos de maneira tão pouco amorosa que jamais notariam centelhas de fé; mas isso jamais acontecerá com o nosso gracioso Senhor: ele não apagará o pavio que fumega, nem desprezará a mais trêmula fé. A questão se torna então ainda mais enfática quando é assim colocada: quando vier o amoroso e gentil Salvador, que nunca julga de modo ríspido e severo, porventura achará alguma fé na terra? Que indagação triste e humilhante! Aquele que não é absolutamente um crítico exigente, mas, sim, amável, compreensivo e generoso intérprete das atitudes das pessoas; aquele que faz grandes concessões à fragilidade; aquele que carrega junto ao peito os cordeirinhos da fé e mansamente conduz os fracos — quando vier para realizar sua busca, encontrará fé na terra? A incredulidade de fato tem-se avolumado de tal modo que ele, que é onisciente, talvez mal consiga encontrar uma migalha que seja de fé em meio a uma massa tamanha de dúvida e negação! Ah! que eu nunca tenha de responder à pergunta: "Quando vier *o Filho do homem*, porventura achará fé na terra?"

Quero então colocar a questão sob uma luz pungente, ao examinarmos de perto *a ocasião em que se dará esse escrutínio*. *Quando vier o Filho do homem* [...]. Vejam, irmãos, as eras acumularam provas da verdade do cristianismo, e a busca se inicia justamente quando esse processo atinge o seu clímax. O que quer que seja dito da presente enxurrada de dúvidas, nenhuma dúvida é forte o suficiente e, além disso, a razão para duvidar enfraquece a cada dia. Cada pedaço de terra do Oriente ao Ocidente contribui com um novo testemunho da precisão da palavra de Deus. Fatos e histórias reais clamam cada vez mais contra a incredulidade dos céticos, e as experiências dos santos, ano após ano, aumentam a torrente de testemunhos à devoção de Deus. Aqueles que estão ficando grisalhos sob a obra divina sabem como cada ano que passa reafirma-se a confiança nas verdades eternas de nosso Deus e Salvador. Não sei quanto tempo irá durar a dispensação desta longanimidade; mas é certo que quanto mais ela perdura, tanto mais perversa a incredulidade se torna. Quanto mais Deus se revela ao homem por meio da providência tanto mais os homens deixam de acreditar em seu categórico testemunho. Mas, no fim de tudo, irmãos, quando a revelação receber sua derradeira confirmação, a fé provavelmente será uma raridade no mundo; de modo que a pergunta é realmente se o Senhor chegará de fato a encontrá-la. Talvez tenhamos a sensação de que a fé aumenta no mundo; de que a igreja cresce cada vez mais pura e radiante e que haverá um alto grau de fé em meio aos homens quando o Senhor vier. Mas não nos diz isto o nosso Salvador; apenas nos deixa, a respeito deste assunto, com a pergunta do texto. Mesmo no que parece ser o alvorecer da idade de ouro, ele ainda nos pergunta: *Contudo quando vier o Filho do Homem, porventura achará fé na terra?*

Observem também *a amplitude da área de busca*. O Senhor não pergunta: "... porventura achará fé nos filósofos?" Mesmo porque, desde quando filósofos têm fé? Tampouco restringe o escrutínio a determinado ministério, nem à igreja visível; mas vai mais longe: [...] *porventura achará fé na terra?* (Lc 18.8). Ele terá de procurá-la, portanto, tanto nos palacetes quanto nos barracos, entre eruditos e entre ignorantes, entre homens de destaque público e entre os mais obscuros; pois, afinal de contas, a questão é se, entre todos os que vivam entre um polo e o equador e entre o equador e o outro polo, ele encontrará fé. Ah, pobre terra, tão falha de fé! Não haverá fé em seus vastos continentes, nas muitas ilhas espalhadas no mar? Ou estará em algum dos incontáveis navios que cruzam os oceanos? Como? Não se encontra nem sobre a terra? Nem se Jesus em pessoa a buscar?

Procurei, assim, apresentar a questão de modo o mais claro possível, para que exerça o efeito necessário em seus pensamentos. Ela ressoa através dos recônditos de minha alma com o badalar de uma esperança risonha e agradável imaginação. Quem é o homem afinal, Senhor, para que nem séculos de misericórdia consigam produzir um único fruto de fé entre todos os filhos de Adão? Quando milhares de verões e invernos tiverem passado, será que não haverá colheita de fé na terra além de umas poucas espigas finas e ressequidas pelo vento?

II. Vamos agora mudar a direção de nossos pensamentos. Tendo apresentado o questionamento como notável que é, observemos então QUÃO É INSTRUTIVO QUANDO ASSOCIADO À PARÁBOLA DE QUE FAZ PARTE. De fato, não é certo usar a Bíblia como se fosse uma caixa repleta de argolas separadas e não como uma corrente de verdades conectadas entre si. Alguns simplesmente extraem dela passagens tal como as aves caçam vermes em um campo raso. Mas se separarmos a palavra do seu contexto, ela poderá não expressar a intenção do Espírito. Nenhum livro, escrito por Deus ou pelo homem, consegue ser desmembrado parte por parte sem acabar completamente mutilado. Os que falam em público costumam conhecer bem tal injustiça causada a si mesmos, e as Sagradas Escrituras, por sua vez, sofrem muito mais com isso. A conexão estabelece a corrente e nos direciona para o verdadeiro significado — significado que pode ser bem diferente do que parece ser quando separado daquilo que o rodeia e dá força. Observemos, pois, neste caso, que a passagem se refere à parábola da viúva persistente que suplicava junto ao juiz injusto; deve ser portanto, interpretada necessariamente em relação a esse texto.

Por isso, a passagem destacada significa, antes de tudo: Quando vier o Filho do Homem, porventura achará *fé na terra que leve as pessoas a orarem insistentemente*, tal como fez a viúva quanto à sua petição ao juiz? O significado do questionamento de Jesus começa então a ficar mais claro para nós. Sim, há muita gente que ora na terra; mas onde estão aqueles cuja continuidade na oração futuramente deverá prevalecer? Agradeço a Deus por serem as reuniões de oração desta igreja muito bem mantidas por homens e mulheres fervorosos; mas onde estão os lutadores persistentes como Jacó? Temo que nem mesmo se possa dizer de todas as igrejas que os encontros de oração que nelas acontecem sejam o que poderiam ser; pois o culto de oração é desprezado por muita gente, e alguns até dizem: "É *apenas* uma reunião para orar!" Como se esta não fosse a joia de cada congregação da igreja, depois da partilha do pão. Irmãos, não quero julgar com severidade, mas onde estão as pessoas que ao orar oferecem oração eficiente, fervorosa e que realmente prevalece? Sei que há muitos aqui que não negligenciam a devoção pessoal nem familiar e que oram constantemente pela prosperidade da igreja de Jesus Cristo e pela salvação das almas. Mesmo a estes, no entanto, eu faço a pergunta: Se o Filho do homem viesse agora, quantos de nós ele acharia que oram com distinta, veemente e irresistível persistência? Em tempos passados, houve, por exemplo, um John Knox, cujas orações eram mais terríveis para o inimigo que exércitos inteiros, pois ele tudo suplicava com fé; mas onde encontraremos um Knox hoje? Cada época de reavivamento teve sempre homens fortes em oração — onde estão os do nosso tempo? Onde está Elias no alto do monte Carmelo para trazer chuva a estes campos ressecados? Onde está a igreja que ora, em um novo Pentecostes? Não desejo depreciar meus irmãos de ministério, muito menos os diáconos, presbíteros e outros dedicados servos do meu Senhor; no entanto, irmãos e irmãs, falando de um modo geral, quão poucos de nós sabemos o que é proferir uma oração conquistadora dos céus, tão necessária nesta era de crise! Quão poucos de nós chegam de novo e de novo e mais uma vez a Deus, com lágrimas e súplicas, e o coração quebrantado, rogando tanto por nossa própria vida quanto pelo crescimento de Sião e a salvação dos indignos! Se o Filho do homem

EM BUSCA DA FÉ | 1395

chegasse hoje, porventura encontraria muitos com tal fé em nossas igrejas? Ah, que eu jamais tivesse de repetir esta pergunta; mas eu a repito, e a repito balançando a cabeça de desânimo e vergonha.

A *viúva importuna persistiu, tomada de firme resolução, e jamais desistiu, levada por hesitação alguma.* Como o juiz ainda não a houvesse ouvido, decidiu a mulher que a ouviria e que a ele iria rogar até que a escutasse. Tal fé paciente é rara. As pessoas creem, sim, mas por determinado tempo; crer durante longo silêncio sem resposta é outro assunto. Quando vier o Filho do homem, encontrará os que conseguem crer em um Deus aparentemente moroso e que aguardam sua promessa por longo prazo — esperando sem cessar? Quando há um reavivamento e todos clamam "Hosana!" Algumas pessoas mais animadas são as primeiras a dar as caras; mas se a voz do povo grunhir *Crucifica-o!* (Lc 23.21), onde estarão essas pessoas? Onde estarão até mesmo Pedro e praticamente todo o restante dos discípulos? Aprendamos a continuar suplicando mesmo quando não há resposta; a resistir quando repelidos: é este o teste da fé. É muito fácil ser crente quando todos creem; mas crer quando ninguém crê, e ser crente fervoroso quando ninguém mais crê como você, é esta a marca do crente fiel e sincero para com Jesus. Ou será, afinal, irmãos, uma questão de ser contado a dedo? Conseguem imaginar estar à direita do Senhor com apenas mais dois ou três? Ser como as rochas que desafiam ondas furiosas, deixando que vagalhões do engano popular os lavem e batam e explodam, e batam e explodam, em vão? Pois se essas coisas os abalarem, onde estará a fé? Quando vier o Filho do homem, portanto, quantos achará na terra cuja fé resida não no mundo, mas realmente no testemunho de Deus?

A *viúva apostou tudo no resultado de suas súplicas ao juiz.* Ela não tinha alternativa, mas apenas uma saída para o seu problema: o juiz teria de ouvi-la. Não podia de jeito algum perder sua propriedade: seus filhos morreriam de fome se ele não a ouvisse. Ele tinha, porque tinha, de ouvi-la, e quanto a isso ela não detinha a menor dúvida. O que buscamos neste momento, e que o Senhor quando vier buscará, é aquele que creia em Deus, creia no evangelho, creia em Cristo, e que não se importe com qualquer outra coisa. Buscamos aqueles que apostem sua reputação, esperança e a própria vida na veracidade da palavra de Deus e na certeza do evangelho eterno. Para esse tipo de pessoa, a verdade da revelação não é mais uma entre muitas: é a verdade única e salvadora. Oh, mas hoje, não; temos de lidar com raposas prontas a se refugiar na toca, se perseguidas de perto. Ah, se pudéssemos ter toda a glória, desde que fosse a glória da cruz! De minha parte, eu me contentaria em ser um simples tolo, se fosse uma tolice o evangelho; estaria feliz em me perder, caso a fé no sacrifício expiatório não trouxesse salvação alguma. Tenho tanta certeza quanto a tudo isso que digo que, se ficasse sozinho no mundo como o último a crer na doutrina da graça, jamais pensaria em deixá-la, nem em mudá-la só para obter conversões. Tudo em que creio se baseia na verdade de Deus. [...] *seja Deus verdadeiro, e todo homem mentiroso* (Rm 3.4).

Contudo quando vier o Filho do homem, porventura achará fé na terra como a que merece que lhe dediquemos? Cremos mesmo em Jesus na nossa vida prática? Será a nossa fé um fato e não uma ficção? Se sabemos da verdade da fé, temos o grau de fé que deveríamos, então, possuir? Pense só nisso: [...] *se tiverdes fé como um grão de mostarda, direis a este monte: Passa daqui para acolá, e ele há de passar* (Mt 17.20). Que significa, irmãos? Não estaremos um tanto perdidos? Será que sequer sabemos o que realmente significa fé? Começo a nos questionar até se de fato cremos. Que sinais marcam a nossa crença? Quando pensamos nas maravilhas que a fé nos poderia ter feito, acerca das maravilhas que nosso Senhor poderia ter operado no meio de nós, não fosse nossa incredulidade, não nos sentimos envergonhados ante tais pensamentos? Será que já nos libertamos do engodo da autossuficiência? Já nos lançamos, de forma clara, em total e profunda confiança no nosso Todo-poderoso e eterno Deus? Será que já trocamos realmente o visível pelo invisível? Agarramo-nos às promessas de Deus, descansando nos braços de sua onipotência, que por si só é mais que suficiente para o cumprimento de qualquer palavra sua? Ó Senhor, onde estamos? Onde encontrarmos um oásis de fé em meio a esse deserto de dúvida? Onde encontrarmos um Abraão?

Não é, pois, instrutiva a pergunta de Jesus, quando ligada, como o deve ser, à parábola que nos ensina o poder da oração persistente?

III. Em terceiro lugar, o texto me parece SUGESTIVO EM SUA PRÓPRIA FORMA, ao ser colocado como um questionamento: *Contudo quando vier o Filho do homem, porventura achará fé na terra?* Acredito que ele nos adverte para *não dogmatizarmos quanto ao que podem vir a ser os dias futuros*. Jesus nos faz uma pergunta: *Porventura achará fé na terra?* Se você responder "Não", meu caro amigo, estou muito inclinado a levar em conta o oposto, optando calorosamente pela resposta afirmativa. Lembremo-nos de como Elias dizia que somente ele havia restado; e, no entanto, mesmo assim, o Senhor havia reservado em Israel sete mil que não se tinham curvado a Baal. Está escrito que as nações que não conhecem Cristo correrão para ele e que os reis de Sabá lhe oferecerão presentes. Aventuro-me esperar, então, que quando o Filho do homem vier há de encontrar fé na terra. Todavia, se você efusivamente disser que sim, então serei forçado a me deslocar para o lado negativo, pelo receio de que este se prove verdadeiro. Quando nosso Senhor esteve aqui, pouca fé achou; e nos disse também, claramente, que quando vier pela segunda vez muitos se comportarão como nos tempos de Noé: *Comiam, bebiam, casavam-se e davam-se em casamento, até o dia em que Noé entrou na arca* [...] (Mt 24.38). Inclino-me a acreditar em ambos os lados. A questão permanece, portanto, como o Senhor a colocou.

Essa pergunta também nos leva a um temor mais sagrado com relação à fé. Se nosso amado Senhor formulou a pergunta é porque teria de ser feita. Dizem que alguns de nós somos retrógrados porque temos zelo para com o Senhor; que ficamos demasiadamente preocupados e que o nosso temor é resultado da idade. De fato, aos 53 anos, devo ter-me tornado um semi-imbecil... Se me guiasse por esse seu modo de pensar, acharia que eles devam acreditar que o mesmo não deverá acontecer com eles. Na verdade, porém, creio que eles caem no pessimismo (acho que esta é a palavra que deveria usar: sei muito sobre esses termos). Decerto o Salvador não ficava preocupado. Ninguém o poderia acusar de tola ansiedade. No entanto, não é ele quem pergunta: ... *quando vier o Filho do homem, porventura achará fé na terra?* Até onde me é dado observar, é uma pergunta que se deve formular às pessoas mais esperançosas dos tempos presentes; pois *estão em curso diversos processos que tendem a destruir a fé*. As Escrituras vêm sendo criticadas de modo tão vulgar que isso entra em choque com a própria reverência que lhes é devida; e, pior ainda, seus fundamentos estão sendo atacados até por pessoas que se dizem cristãs. A crítica fria e rasteira está tomando o lugar da confiança quente, pura e amável. Como já muito bem foi dito: "Temos hoje um Templo sem santuário". Descarta-se simplesmente o mistério para que a razão possa reinar. Comeu o homem tanto do fruto da árvore do conhecimento do bem e do mal que agora se considera um deus. A verdade revelada não mais é para ele uma doutrina a ser crida, mas assunto a ser debatido. A amável mulher jogada aos pés de Jesus é removida para dar lugar ao traidor que beija a face de Cristo. Tal como Belsazar, os homens de pensamento moderno bebem dos vasos do santuário de Jeová só para honrar suas próprias divindades. A ideia da fé pura é rejeitada com escárnio, e é considerado o mais sábio aquele que mais duvide e mais despreze a autoridade da palavra divina. Se isso assim continuar, bem poderemos insistir em perguntar: *Contudo quando vier o Filho do homem, porventura achará fé na terra?* Em alguns casos, a grande fonte da infidelidade é justamente o púlpito cristão. Se é este o caso — e estou certo de que é —, que será feito das igrejas e o que acontecerá com o mundo exterior? Conseguirá Jesus achar fé quando vier?

Juntamente com os muitos processos em curso para exterminar a fé, *há também influências que a fazem pequena e impedem de crescer*. Onde se encontra uma grande fé? Onde estão pregação e ensino enraizados em plena fé daquilo que se prega e ensina? De nada adianta, porém, apontar os outros; examinemos a nós mesmos. Onde está, irmãos e irmãs, a nossa própria fé? Constituiu quase uma novidade na igreja, ainda recentemente, a constatação de que o sr. George Müller usava sua fé, sobretudo, no que tange a coisas temporais: alimentar e educar milhares de crianças com fé em Deus era visto como uma "alucinação piedosa".[1] Chegamos hoje a um impasse ou não, quando pensamos em não confiar em Deus nas coisas mais corriqueiras? Abraão andava com Deus em sua vida cotidiana; mas se for encontrado atualmente um homem que ande com Deus no decorrer do seu dia de trabalho e que confie a Deus cada detalhe de sua

---

[1] [NE] Refere-se a Johann Georg Ferdinand Müller (1805-1890), nascido na Prússia e criado na Inglaterra, que dedicou seu ministério pastoral à fundação e direção, nesse país, de numerosos orfanatos e escolas, nos quais chegou a abrigar e educar mais de 120 mil crianças pobres. Destacou-se também na difusão de literatura cristã, distribuindo, no decorrer de sua vida, gratuitamente, com a ajuda de contribuintes, mais de 1 milhão de Bíblias e mais de 500 mil exemplares de outras publicações evangélicas.

EM BUSCA DA FÉ | 1397

vida familiar, pessoal e financeira, provavelmente muitos olharão para ele com certo grau de assombro e dúvida. Acharão certamente que talvez ele possa ter a graça de Deus no coração, mas também que tem um parafuso a menos: caso contrário não agiria assim. Oh, sim, temos muita fé imaginária; mas quando se trata da dura realidade da vida, onde está nossa fé?

Meus irmãos, por que ficam tão tomados de cuidados das coisas do mundo? Tão ansiosos, se têm fé em Deus? Por que mostram tanta falta de confiança em Deus nas atividades mundanas, quase como os ímpios? De onde vem esse receio? Essa murmuração? Essa preocupação? Ó meu Salvador, se você viesse hoje, não conseguiríamos nos defender da acusação de falta de confiança, tola apreensão, falta de amorosa certeza em ti. Não nos entregamos a ti como deveríamos nos entregar; e se é este o caso entre os que estão conscientes de sermos grandes devedores da tua amável fidelidade, onde, então, irás porventura achar fé na terra? Onde estará a fé arrebatadora, que abre caminho para a oração que prevalece e se ergue acima das misérias triviais do dia a dia e dos temores de um futuro ameaçador?

Não acham que o dito de Jesus, colocado como está no texto, sob a forma de inquirição, nos leva a ter intensa cautela com nós mesmos? Não acham que deveríamos sondar a nós mesmos, como o Senhor certamente fará quando vier? Vocês têm, quase sempre, buscado por muitas coisas dentro de si mesmos, irmãos; deixem-me pedir-lhes que busquem por sua fé. E quando o amor esfria? Sinto muito dizer, mas, no final das contas, tal frieza deve ter origem na falta de fé. Se não se encontram mais ativos como costumavam ser, o que deve, de fato, ser profundamente lamentado, lembrem-se que a torrente corre fraca quando a nascente não está tão cheia como antes: sua fé está falhando. Oh, que sua alma possa ser alimentada pela realidade divina! Que possam ter vívida consciência e certeza da presença e do poder de Deus em sua existência! Se a fé é forte, todas as demais graças serão vigorosas. Os galhos florescem quando as raízes conseguem obter abundância em nutrientes; quando a fé está saudável, todo o resto espiritual do homem se torna forte também.

Guardem bem sua fé, irmãos! Receio que, quando Cristo vier, e se demorar muito, poderá acabar encontrando muitos de nós vacilantes, por conta de longa espera e decepções que poderão surgir com a lenta divulgação do evangelho. Nações inteiras continuam ainda incrédulas. Ó Senhor, por quanto tempo? Por não conseguirmos realizar tudo aquilo que deveríamos ter feito, é bem capaz de acabarmos cansando; e, talvez, quando vieres, talvez nos encontres dormindo de cansaço e depressão, como os discípulos no jardim do Getsêmani quando a eles chegaste três vezes e os encontraste tomados de sono. É possível que fiquemos tão arrasados por não haver o evangelho conquistado toda a humanidade que cheguemos ao ponto de cairmos em um pântano de tristeza, torpor, desespero, e estejamos adormecidos em nossa alma quando o noivo chegar. Temo, acima de tudo, que quando Jesus vier, constate que o amor de muitos esfriou por causa de sua excessiva iniquidade. O coração quente dos salvos pode esquentar os dos outros, mas a frieza é igualmente contagiosa. Os santos conseguem fazer frente ao pecado abundante, mas ele mostra triste tendência de enfraquecer a fé dos não salvos. Se o mestre, quando vier, encontrar-nos mornos, nem frios nem quentes, será realmente uma calamidade. A pergunta de Jesus causa em minha alma certa angústia, o que espero faça também aos irmãos.

É uma pergunta, e não a posso responder, mas escancaro as portas de meu coração para deixá-la entrar e me provar. Funciona como um ancinho na mão do Senhor para limpar o solo. Remove minha autoconfiança e me leva a ficar atento e a orar para que não caia em tentação de desistir de minha fé. Oremos para que possamos ficar de pé enquanto muitos escorregam, de sorte que, quando o Senhor vier, possamos ser aceitos nele.

IV. Encerro com uma observação: esse texto BASTANTE EXPRESSIVO QUANTO AO DEVER PESSOAL. *Contudo quando vier o Filho do homem, porventura achará fé na terra?* Que a fé ache morada em *nosso* coração, mesmo que lhe seja negado abrigo em qualquer outro lugar. Se não confiarmos no nosso Senhor, se não confiarmos nele mais do que nunca, então nos faremos merecedores do pior castigo. Seria de uma insensatez perversa demais, de nossa parte, duvidarmos dele; pois, para muitos de nós, a conversão foi um evento claro, pungente e perfeitamente distinto. A mudança realizada em nosso caráter foi tão manifesta que nem mesmo o diabo em pessoa não nos conseguiria fazer duvidar. Sabemos que a infelicidade que sofríamos sob o pecado não é ficção e que a paz que recebemos mediante a fé em Jesus não é imaginária. Então, por que duvidamos? Desde a conversão, temos sido levados por um novo caminho e a cada passo nos é mostrado que o Senhor é bom e verdadeiro e que nele devemos confiar sem a menor hesitação. Se estivemos doentes, cheios de dor, de angústia e depressão no espírito, fomos sempre amparados, sustentados e ajudados. Em grandes obras fomos fortalecidos, em grandes empreendimentos fomos ajudados. Alguns de vocês já foram pobres, ou tiveram seus negócios atravessando má fase, e enfrentaram emergências frequentes; não obstante, a cada desafio tiveram comprovada a verdade de Deus. Todas essas dificuldades superadas não os fazem crer ainda mais nele? Outros de vocês sofreram tristes perdas; perderam, um após outro, os esteios de seu conforto; mas, quando se voltaram para Deus, ele ouviu suas orações e foi melhor que um pai, uma mãe, um marido, uma esposa, ou um amigo, para vocês. Está escrito em sua Bíblia, em preto e branco, que as suas misericórdias duram para sempre; e você disse para si mesmo muitas vezes: "Não tornarei a duvidar disso". Irmãos, para nós deveria ser impossível termos o direito de duvidar e ser natural tão somente confiarmos; no entanto, receio que não seja bem assim. Se, mesmo depois de tanta suposta irrigação, nossa fé cresceu tão pouco, não é de espantar que o Senhor haja inquirido se *quando vier o Filho do homem, porventura achará fé na terra* (Lc 18.8).

Alguns de nós somos tão familiarizados com leitos de morte, tantos vimos passarem para a santa paz em triunfante passagem, que, duvidar significaria desrespeitar a memória dos santos. Seria uma traição para com o Senhor, que muito nos tem favorecido com visitas de seu amor. Poderíamos até duvidar dos nossos entes queridos que se foram em vitória, e isto seria sem dúvida cruel, mas pior é lançar qualquer suspeita sobre aquele que se manifestou para nós como não o fez para o mundo. Não falo de todos vocês, mas daqueles a quem o Senhor tem especialmente favorecido, a quem revelou seus segredos e fez conhecido o seu pacto: para estas pessoas, questionar a devoção é algo perverso. Pois que dizer dos seus eleitos se não crerem nele? Se fosse possível a alguns deixar sua fé, seriam capazes de crucificar o Senhor vivo! Não; não deve ser ele assim ferido na casa de seus amigos. Que a incredulidade vá para onde quiser, mas não encontre abrigo em nosso coração. De nosso espírito seja banida como traidora detestável; nosso Amado é verdadeiro, e nele temos de confiar.

Creio ouvir vocês afirmarem: "Estamos decididos a ter fé no nosso Senhor, mesmo que ninguém mais queira crer nele". Pois então se assegurem de que não venham a falhar em tempos perversos. Se estão dispostos a manter sua fé, estabeleçam em suas mentes que as Sagradas Escrituras são inspiradas pelo Espírito Santo, sendo, por isso, regra infalível de fé. Se abandonarem esse fundamento, não poderão ter fé alguma que seja digna deste nome. É bastante claro, como o sol no céu, que a pura fé em Deus como ele se nos revelou não é possível a quem duvide de tal revelação. Ou vocês aceitam este preceito como inquestionável ou jamais poderão crer indubitavelmente no Deus revelado. Se abrirem mão dessa base, o alicerce de sua fé será removido e todo o edifício terá sido laboriosamente erguido em vão. Como poderão servir as promessas de Deus de suporte da fé se elas mesmas forem questionadas? Deus só pode ser conhecido segundo sua própria luz, e se não pudermos confiar na luz, de que nos adiantará?

Estabeleça também em sua alma que o Espírito Santo deverá lidar com você. Ele é quem o tem renovado em sua mente, em seu espírito e em seu coração. Faço, enfim, uma pergunta: ele tem ou não renovado você? Você foi convertido, pela ação divina, de seu estado de perdido no pecado, e trazido, pela mesma ação divina, para novidade da vida; ou não? Se você não tiver certeza quanto a isso, não será possível elevar a nível algum a sua fé. Você tem de estar certo de que Deus entrou em contato com sua alma; do contrário, no que poderá crer? Além de crer, deve admitir como certo o perdão completo de seus pecados e a sua justificação mediante o sangue e a justiça de Jesus Cristo, seu Senhor. Creia em seu precioso sangue: não importa do que mais você possa ainda duvidar, creia no mérito do grande sacrifício feito no Calvário. Regozije-se em sua própria aceitação do sacrifício, comprovando que nele a sua alma encontra descanso.

Ó irmãos, nossas esperanças eternas não podem ser construídas sobre especulações; precisamos da verdadeira revelação. Não podemos lutar as batalhas da vida com probabilidades; necessitamos ter certezas para podermos enfrentar um conflito de tal magnitude. Se Deus não tivesse nos revelado uma verdade incontestável, você poderia pensar ser ela um devaneio; mas, como nos deu uma clara revelação, que então possamos crer e parar de fabricar imaginações e inventivas. Ó senhores, se querem especular, arrisquem o ouro e a prata que têm; mas imploro que deixem de lado qualquer ideia de especulação referente às suas almas. Quero ter certezas absolutas e verdades inquestionáveis em que me apoiar quando a fria enchente da morte alcançar meu corpo. Verdades divinas, como as escritas no Livro Sagrado, levadas ao coração pelo Espírito Santo, são um chão bem firme para a fé pela qual Jesus Cristo irá procurar. Ele procurará em vão se os homens não mais crerem em sua obra sem duvidar.

Se você tem uma fé forte, não relaxe sua confiança na eficácia da oração. Isso é essencial, conforme mostra o texto. A viúva não usou de outra arma senão a oração, em sua persistência junto ao juiz; e não teria perseverado como fez nas súplicas se não se sentisse moralmente certa de que a longo prazo triunfaria. Irmãos, creiam em que Deus ouve as suas orações e que as irá responder. Quanto a mim, não preciso de qualquer argumento para provar a influência da oração de súplica junto a Deus. Já a experimentei e usei muito até que deixasse de ser simples experiência. Quem come pão todo dia sabe que acaba alimentado por ele; quem habitualmente vive de oração sabe que Deus o ouve. Seria absurdo tentar apresentar qualquer prova contra esta verdade. Se alguém discutisse comigo tentando provar que não há sol no céu, eu teria de rir às gargalhadas. Se alguém me dissesse não crer que eu estou vivo, nem sei como conseguiria provar o contrário; seria legítimo dar-lhe um chute na canela, em nome da argumentação? Quando alguém me diz: "Não acredito em oração", eu respondo: "E daí? Quem perde com isso é você". Que Deus responde às orações é uma verdade bem viva para mim, e não sei dizer nem mais nem menos que isso. Se você não acredita em oração, certamente o Senhor não encontrará fé em você, tal como fala o texto; e se você a tem apenas como um pio exercício que refresca o devoto, mas não exerce qualquer influência junto a Deus — bem, se sua atitude fosse única, então o Filho do homem realmente não encontraria fé alguma na terra; nem fale em crer, pois você nada sabe sobre o assunto. Mas se você crê, creia totalmente. Mergulhe no mar da sagrada confiança em Deus e encontrará bastante espaço para nadar. Quem crer no que ele acredita acabará vendo o que ele vê. Ninguém jamais foi condenado por crer demais em Deus. Entre as altas inteligências do céu, criatura alguma jamais foi censurada por ser crente demais quanto à palavra do Altíssimo.

Que possamos crer, implícita e explicitamente. Que acreditemos sem medida e sem reserva. Que nos debrucemos completamente na verdade de Deus. Que aspiremos a andar ao lado de Deus nas ruas do céu e nos tornarmos os favoritos do rei. Que busquemos a graça de sermos suplicantes obstinados, de um tipo tal a quem nada se pode negar, pois a fé ganha os céus pela força da oração. Oh, que eu possa ter em minha igreja muito Israel que prevaleça junto a Deus! Alguns aqui bem sabem o que é estar de pé desde cedo para alcançar o trono da graça com todo o poder da oração fervorosa. Quanto devemos a estes queridos irmãos, apenas a eternidade poderá dizer! Que possamos ter muitos mais intercessores, ajudando a resgatar os pecadores, dia e noite, antes da vinda do Senhor, e que, como o próprio Salvador, nunca descansem até que ele haja terminado de edificar a sua igreja! Oh, a raridade dessa fé triunfante! Pergunto se haveria aqui alguém que não conheça o texto que agora irei citar; quem acaso não o conheça, abra em Isaías 45.11: [...] *demandai-me acerca de meus filhos, e acerca das obras de minhas mãos.* Pode então um homem demandar alguma coisa ao Senhor? Sim, ele se põe à nossa inteira disposição e determina que se peça a ajuda dele e a usemos como e quando dela precisarmos. Que possamos entender isso, de uma vez por todas! Haverá fé assim entre nós? Se não houver, que nosso Senhor Jesus, por seu Espírito Santo, a faça surgir agora em nós, para sua própria glória! Amém.

150

Sermão para o pior homem do mundo

Mas o publicano, estando em pé de longe, nem ainda queria levantar os olhos ao céu, mas batia no peito, dizendo: Ó Deus, sê propício a mim, o pecador! (Lc 18.13).

O erro do fariseu, conforme se lê no texto, é que, embora tendo ido ao templo para orar, acabou não orando, pois nada havia de oração, propriamente, no que ele disse. Já para o publicano foi excelente que houvesse subido ao santuário para orar, pois realmente orou: nada há senão puramente oração naquilo que clamou: *Deus, sê propício a mim, o pecador.* Eis uma oração pura, sem adulteração alguma. O erro do fariseu, ao subir ao templo, foi haver esquecido a parte essencial da oração, que é a confissão dos pecados: falou como se não tivesse pecado algum a confessar, somente virtudes a apresentar. Enquanto na devoção do publicano foi uma excelência notável que confessasse seus pecados, que o seu discurso estivesse cheio de confissão: do começo ao fim, há o reconhecimento total de sua culpa e apelo à graça de Deus misericordioso.

A prece do publicano é admirável por sua plenitude de propósito. E um expositor certamente a chamaria de *telegrama sagrado*; pois ela é, sem dúvida, tão compacta e condensada, tão direta e livre de palavras superficiais, que é digna de ser assim chamada. Não vejo como ele poderia ter expressado o que sentia de modo tão mais intenso e breve. E no original em grego, as palavras são ainda mais escassas. Oh, se pudéssemos todos aprender a orar assim, com menos palavras e mais conteúdo! Quantas coisas boas estão encerradas nessa curta petição: Deus, misericórdia, pecado, reconciliação, perdão! Fala de assuntos os mais importantes, sem nem ao menos mencionar de passagem qualquer trivialidade. Nada tem a ver com jejuar duas vezes na semana, nem com o pagamento de dízimo ou outras coisas de interesse não primordial: os assuntos de que trata são de ordem a mais elevada. Um coração contrito se move, aqui, em meio às sublimidades que o subjugam, e ele fala em tom a elas consistente. Lida com as mais significativas coisas do mundo: pede por sua vida, por sua alma. Onde encontrar temas mais densos e vitais ao seu eterno interesse? Ele não brinca com a oração; pede com toda a sinceridade.

Sua súplica, não há dúvida, chegou velozmente ao céu e de modo igualmente rápido obteve sucesso junto a Deus. A misericórdia logo lhe proporcionou completa justificação. A oração agradou tanto o Senhor Jesus Cristo, que possivelmente a tinha ouvido, que ele mesmo assumiu uma de desenhista e logo traçou em sua mente santa um esboço do suplicante. Digo que a oração haja sido agradável ao Salvador porque ele até nos conta na parábola como ela foi oferecida: [...] *estando em pé de longe, nem ainda queria levantar os olhos ao céu, mas batia no peito* [...]. Lucas, que, segundo a tradição, tinha tanto um quê de artista quanto de médico que era, toma muito cuidado ao colocar este retrato na galeria dos retratos dos homens salvos pela soberana graça. Temos aqui o perfil de um homem que se chama "o pecador" e que, no entanto, mesmo assim, poderia servir de exemplo para os santos. Fico feliz por termos o esboço divino deste homem, para que possamos ver a forma corpórea de sua devoção. Fico ainda mais por sabermos como foi sua oração, para que possamos olhar dentro da própria alma de sua súplica.

É desejo do meu coração esta manhã que muitos aqui busquem a misericórdia do Senhor como fez o publicano e voltem para casa justificados. Não peço a ninguém que use as mesmas palavras. Que ninguém lhes atribua um valor supersticioso. Pois, de fato, essa oração já foi muito usada de modo petulante e tolo e quase considerada uma espécie de fórmula encantada! Na verdade, houve até quem dissesse: "Podemos

SERMÃO PARA O PIOR HOMEM DO MUNDO | 1401

viver como bem quisermos e, quando estivermos morrendo, temos apenas que pedir: "Ó *Deus, sê propício a mim, o pecador* e tudo ficará bem". Este é um uso perverso e incorreto da verdade do evangelho, sim, e que a transforma em uma mentira. Se você assim escolher perverter a graça do evangelho para sua própria destruição, seu sangue acabará realmente ornando sua própria cabeça. Talvez nem mesmo reste fôlego para você dizer totalmente a sentença; mas, mesmo que o tenha, talvez as palavras não saiam do seu coração, levando-o a morrer em pecado. Eu lhes peço: não tentem enganar assim a tolerância de Deus. Todavia, se pudermos imitar a atitude do publicano juntamente com seu coração, se pudermos usar suas palavras com o seu espírito, então deverá haver graciosa aceitação da parte de Deus e sermos justificados. Se este for o caso aqui, hoje será um grande dia para nós, com os anjos se regozijando pelos pecadores reconciliados com Deus, conhecendo em suas almas as infinitas misericórdias do Senhor.

Ao pregar sobre esse texto, procurarei expor seu espírito mais íntimo. Que possamos ser ensinados pelo Espírito e aprender, hoje, quatro lições.

I. A primeira lição é que A CONDIÇÃO DE PECAMINOSIDADE NÃO É MOTIVO PARA DESESPERO. Não há necessidade de vocês chegarem a uma conclusão desse tipo: "Sou culpado; portanto, não posso me aproximar de Deus; sou tão culpado que seria ousadia demais pedir pela misericórdia divina". Abandonem esse pensamento. O texto em foco e mil outros argumentos são contrários a tal desespero.

Primeiro, *o publicano, que era um pecador, ousou se aproximar do Senhor*. Algumas versões do texto dizem: Ó *Deus, sê propício a mim, pecador*, mas uma visão mais acurada é a das versões que dizem "o pecador". Nesse caso, enfatiza o publicano ser ele *o próprio* pecador. O fariseu era *o* santo da época, em Israel; e esse publicano, que estava de pé e longe do local de adoração, era *o* pecador. Se houvesse apenas um pecador no mundo, este seria justamente ele; e, em um mundo cheio de pecadores, ele era, e assim se julgava, o mais proeminente — o pecador dos pecadores. Ele toma a si a culpa de o ser, com muita ênfase. Assume a maior posição de toda condenação, clamando: Ó *Deus, sê propício a mim, o pecador*! Se você se reconhece como pecador, bem pode suplicar a Deus normalmente o perdão; todavia, se lamenta ser não apenas um pecador, mas *o* pecador, com artigo definido, *o* pecador acima de todos os outros pecadores, então você terá de necessariamente confiar e alimentar a maior esperança na infinita misericórdia do Senhor. Na verdade, o pior, o mais profano, o mais horrível dos pecadores pode perfeitamente se aventurar, como fez este homem, a se aproximar do Deus de misericórdia. Sei que parece, e é de fato, uma ação das mais ousadas; é um ato, portanto, que deverá ser realizado essencialmente mediante a fé. A não ser pelo caminho da fé na misericórdia de Deus, você, que é *o* pecador, não poderá ousar se aproximar do Senhor; caso contrário, estará sujeito a ser categoricamente acusado de presunção. No entanto, se se mantiver de olho na misericórdia, você poderá confiar cegamente na ação divina. Creia na grande misericórdia de Deus e verá que, por mais abundantes que sejam os seus pecados, o Senhor é mais abundante ainda em perdoar; por mais que hajam os pecados manchado o seu caráter, o Senhor irá, com toda a certeza, a todos remover; por mais vermelhos que sejam como escarlata, o precioso sangue de Jesus há de tornar sua alma mais alva do que a neve.

A parábola do fariseu e do publicano visa a oferecer um exemplo encorajador a todos nós. Se esse homem, que era e se considerava *o* pecador, encontrou o perdão em Deus, quanto mais o encontraremos nós, se o buscarmos de todo o coração. Se o maior dos pecadores pôde obter tanto sucesso, por que não o alcançaríamos nós? Venham então, experimentem por si mesmos! E vejam se o Senhor não irá provar, a cada um e a todos, que a sua misericórdia dura para sempre.

Por outro lado, tenham em mente que vocês hão de encontrar encorajamento não apenas ao olhar para o pecador que busca a Deus, mas também no Deus a quem ele buscou. *Há imensa, desmedida misericórdia no coração de Deus.* Quantas vezes estes versos não têm soado como um coro de anjos aos nossos ouvidos, nos templos:

Pois sua misericórdia se manterá
Sempre fiel, e ele nos a garantirá.

A misericórdia é um atributo especialmente glorioso do Deus vivo, Jeová. É ele o Senhor *compassivo e misericordioso, tardio em irar-se e grande em benignidade* (Êx 34.6). Não veem que isso os deveria animar? Pecadores necessitam muito de misericórdia. E como poderia o Senhor demonstrar sua misericórdia senão para com os culpados? A bondade de Deus é para todas as criaturas, mas a sua misericórdia é para os pecadores. Para com as criaturas que não o ser humano, há amor, mas não misericórdia. A misericórdia passa a ser exercida depois que a lei é quebrada; não antes. Entre os atributos divinos, é a misericórdia o que representa o último alcance. É, por assim dizer, o Benjamin, o mais querido atributo de Deus: ele se deleita na misericórdia.

Apenas para com o pecador, enfim, pode Deus ser misericordioso. Ouviu bem, pecador? Esteja pronto a se agarrar a este pensamento! Se há infinita misericórdia no coração de Deus, e ela só se pode aplicar aos culpados, então você é a pessoa certa que a pode conquistar, pois você é culpado. Venha, pois, e deixe que a misericórdia de Deus o envolva hoje, que cubra toda a sua vergonha. O fato de Deus se deleitar com a misericórdia é a prova do que antes afirmamos: que o pecado não é motivo para desespero.

Tem mais: *o conceito de salvação em Cristo traz em si esperança para os pecadores.* Esta salvação que pregamos a você continuamente representa a boa notícia para os culpados. A salvação ser pela graça significa que os homens, sendo culpados, não têm como se salvar pelos próprios méritos. A salvação não significa de modo algum a recompensa do justo, mas, sim, a purificação do injusto. É destinada a nós, os perdidos, arruinados, incapazes, imperfeitos. As bênçãos trazidas pela misericórdia que perdoa e pela graça que purifica destinam-se a ser aplicadas aos culpados e impuros. "Não necessitam de médico os sãos; o médico tem que ter seu olhar voltado para os doentes. A cura é para os enfermos, a esmola para os pobres, o pão para os famintos, o perdão para os culpados. Ó você, que é culpado, é a você quem a misericórdia busca! Era você que estava na mente de Deus quando ele enviou seu Filho ao mundo para salvar os pecadores. Da primeira à derradeira ideia de redenção, o olhar do grande Deus pairou sempre sobre os culpados, não sobre aqueles que acaso merecessem algo. O próprio nome de Jesus diz que ele veio para salvar as pessoas de seus pecados.

Deixem-me lembrar também que, por ser grande a salvação de Deus, ela foi, naturalmente, planejada para alcançar os grandes pecados. Ó irmãos, teria Cristo derramado tanto sangue de seu coração tão somente por pecados vãos e corriqueiros, que até suas próprias lágrimas poderiam por si sós remover? Acham que Deus iria sacrificar seu amado Filho por meras trivialidades? Se o pecado fosse um simples assunto, sem maior importância, um pequeno sacrifício certamente já seria suficiente. Acham que a expiação divina teve como alvo apenas as pequenas ofensas? Acham que Jesus iria então morrer pelos pequenos pecados e deixaria os grandes sem solução? Não. O Senhor Deus mediu a grandeza de nossos pecados, e constatou serem elevados como o céu, profundos como o inferno, largos como o infinito; e deu-nos, por isso, tão grandioso Salvador. Deu-nos seu Unigênito Filho, ofertou um sacrifício infinito, uma expiação imensurável. Com espasmos, angústias e dores mortais, que jamais poderão ser inteiramente descritos, o Senhor Jesus derramou sua alma em sofrimentos que antes desconhecia, para que pudesse outorgar a grande salvação aos maiores pecadores. Vejam Jesus na cruz e aprendam como toda forma de pecado e blasfêmia foi perdoada aos homens. O fato da salvação, da grande salvação, em si, já deve fazer fugir a própria noção de desespero de cada coração que a conheça.

A salvação, sim, é para você, para mim, que somos perdidos. A grande salvação, sim, é para o maior dos pecadores. Oh, ouçam-me hoje! É a palavra de amor de Deus, que soa como um sino de prata. Ó meus queridos ouvintes, choro por vocês e, ao mesmo tempo, sinto vontade de cantar, pois sou enviado a proclamar a salvação do Senhor mesmo aos piores entre vocês.

O evangelho é especialmente, definitivamente e distintamente endereçado aos pecadores. Ouçam: *Fiel é esta palavra e digna de toda aceitação: que Cristo Jesus veio ao mundo para salvar os pecadores, dos quais eu sou o principal* (1Tm 1.15). Eu não vim chamar justos, mas pecadores, ao arrependimento (Lc 5.32). *Porque o Filho do Homem veio buscar e salvar o que se havia perdido* (Lc 19.10). O evangelho é como uma carta escrita com letra clara e legível; se lermos atentamente as instruções que contém, observaremos que

SERMÃO PARA O PIOR HOMEM DO MUNDO | 1403

dizem assim, referindo-se a quem se dirigem: "AO PECADOR". Ó, pecadores, a vocês foi enviada a palavra de salvação. Se você é um pecador, é a você a que se destina o evangelho; e não digo que seja destinado apenas a um pecador meramente leve e nominal, mas até e principalmente àquele que é marginal, rebelde, transgressor contra Deus e os homens. Ó pecador, agarre o evangelho com alegre vivacidade, e clame a Deus por misericórdia, de uma vez por todas!

> Pelos *pecadores* foi ele sofredor
> De indescritíveis agonias, ao morrer;
> Duvida de que você seja um pecador?
> Se ainda duvida, espere então para ver.

> Mas se você crê o que está no Livro Sagrado:
> 'Todos são culpados', 'mortos no pecado',
> Volte agora seu olhar para o crucificado
> E espere ter o seu coração despertado.

Se refletirmos bem, veremos que, de fato, tem de haver esperança para os pecadores, pois *os grandes mandamentos do evangelho são mais apropriados a eles*. Ouçam, por exemplo, o que diz Pedro no templo: *Arrependei-vos, pois, e convertei-vos para serem apagados os vossos pecados* [...] (At 3.19). Quem, além dos culpados, poderia se arrepender? Quem se poderia converter senão os que estejam no caminho errado e precisam mudar de direção? O texto a seguir também é claramente endereçado a quem nada faz que preste: *Deixe o ímpio o seu caminho, e o homem maligno os seus pensamentos; volte-se ao Senhor, que se compadecerá dele; e para o nosso Deus, porque é generoso em perdoar* (Is 55.7). A própria palavra "arrependimento" indica ser dirigida aos que pecam; para que possam ser levados à misericórdia.

Eis por que somos todos chamados a crer no Senhor Jesus Cristo. A salvação pela fé foi feita para os que sejam culpados, e somente o salvo pode desenvolver um modo de vida com perseverança nas boas obras. Enquanto a antiga lei dizia "Faça isso e viva", o evangelho nos revela ser a salvação pela fé o único caminho possível a todos nós, que não pudemos cumprir a lei, mas a violamos e por ela fomos condenados. A salvação é mediante a fé para que possa ser realizada pela graça. Creia e viva! Creia e viva! Creia e viva! É este o acorde de júbilo da trombeta da livre graça. Oh, que vocês possam conhecer esse alegre som e sejam por ele abençoados! Que vocês, pecadores ainda não salvos, ouçam o chamado que se dirige particularmente a cada um de vocês! Pode ser que vocês realmente estejam plenos de pecado até o pescoço — mas eis que a poderosa mão de Deus se estende para libertá-los, mediante Cristo Jesus: *Arrependei-vos, e crede no evangelho* (Mc 1.15).

Se precisarem de outro argumento — embora espere que não —, eu usaria este: *grandes pecadores foram salvos*. Todos os tipos de pecadores têm sido salvos até hoje. Que coisas maravilhosas alguns de nós temos presenciado! Que maravilhas têm ocorrido neste Tabernáculo! Em uma reunião de oração, um homem passou a clamar a Deus em voz mais alta que o costumeiro. Era um homem do mar, e sua voz parecia ter o volume de vagalhões quebrando nas rochas. Então, uma moça indagou, sussurrando, a uma amiga: "Aquele é o capitão Fulano?" "Sim", respondeu a amiga. "Por quê?" "Porque", respondeu, "da última vez que ouvi esta voz, os xingamentos que ele dizia fizeram o meu sangue gelar; seus praguejamentos eram mais que terríveis. Será que é o mesmo homem?" "Vá e pergunte a ele". Então, a moça foi até ele depois e perguntou, timidamente: "Acaso o senhor seria o capitão Fulano, que eu ouvi uma vez blasfemando em voz alta na rua, perto da minha casa?" "Bem,", disse ele, "eu sou aquela pessoa, mas, graças a Deus, já não sou o mesmo!" Ó, irmãos, assim também éramos alguns de nós; mas fomos por Cristo purificados e somos hoje nele santificados! Os assombros da graça de Deus a Deus pertencem. Outro dia, li a história de um velho homem que nunca havia frequentado um local de adoração; mas, depois de grisalho, e quando já se aproximava da morte, foi levado pela curiosidade a uma pequena igreja metodista, e na verdade tudo aquilo era muito novo para ele. Com o coração endurecido que só ele, notaram, todavia, que ele chorava copiosamente durante o sermão. Tinha tido um vislumbre de esperança. Constatara haver misericórdia até mesmo para ele. Passou então a preocupar-se com a vida eterna. Grande foi a surpresa quando foi visto novamente naquela igreja, e maior ainda quando, numa noite de segunda-feira, compareceu à reunião de oração; sim, e orou na reunião, prostrando-se e louvando a Deus em voz alta por haver encontrado misericórdia. Não é de admirar sabermos que os metodistas gritaram então em uníssono: "Graças a Deus!" Onde quer que Cristo seja pregado, o mais perverso homem acaba aos pés do Salvador, "sentado, vestido, e em perfeito juízo". Por que o mesmo não aconteceria com vocês? Temos assim mais provas cabais de que o fato de estar em pecado não é motivo para desespero.

II. Passo agora à minha segunda observação: NÃO É O SENTIDO QUE SE TEM DO PECADO QUE CONFERE DIREITO À MISERICÓRDIA. Vocês talvez se perguntem por que eu menciono esta verdade autoevidente; mas tenho de mencioná-la, já que tem sido causa de um erro comum que leva a grandes enganos. O tal publicano tinha muita consciência de seu pecado, tanto assim que chama a si mesmo de "O PECADOR"; mas não atribui ao sentido que possua ou não do seu pecado o motivo pelo qual deveria buscar a misericórdia. Há um equívoco no coração do homem, e nada é mais demoníaco do que isso, pelo qual muitos consideram o resgate oferecido ao pecador no evangelho como um castigo. Se pregamos aos pecadores que eles podem vir a Cristo em toda a sua angústia e miséria, há sempre alguém que alegue: "Bem, mas não me sinto tão pecador assim. Não sinto essa culpa toda de que o pregador fala; portanto, não vejo essa necessidade de ir a Jesus". É uma interpretação terrivelmente errônea do que dizemos. Nunca afirmamos nem jamais insinuamos que é necessariamente a culpa, a dúvida e o desespero que dão ao homem o direito de pedir e receber misericórdia, ou seja, que sejam indispensáveis à manifestação da graça.

Quero que aprendam de uma vez por todas, portanto, que não é o sentido do seu pecado que dá ao homem o direito à graça. Se a profunda noção de pecado desse ao homem o direito à misericórdia, *isso iria representar justamente o oposto da parábola.* Já imaginaram se o publicano fosse, afinal de contas, um fariseu vestido de modo diferente? E resolvesse suplicar: "Sê propício a mim, porque sou humilde e modesto"? Acham que ele diria, de todo o coração: "Ó Deus, sê propício a mim, pois não sou como o fariseu, e estou profundamente desesperado por conta de meu caminho errado"? Isso só provaria ser ele, no fundo do coração, um fariseu. Se você criar uma retidão a partir de seus próprios sentimentos estará tão fora do verdadeiro caminho quanto se tivesse criado uma autojustificação a partir de suas obras. Sejam obras, sejam sentimentos, qualquer coisa que sirva de pretexto a um clamor pela graça é contrária a Cristo. Você não tem mais chance de ser salvo por conta de suas misérias conscientes do que pela impressão de seu suposto mérito; não há virtude nem em uma nem na outra opção. Se você "criar" um Salvador a partir de suas condenações, estará tão perdido quanto se imaginasse ter um Salvador a partir, digamos, de cerimoniais. O publicano confiava tão somente na divina misericórdia, não em sua condenação nem em mais nada, e o mesmo vocês devem fazer.

Instituir que um senso terrível de pecado daria direito à misericórdia seria como *dar um prêmio ao grande pecado.* Alguns crentes até pensam assim: "Jamais fui beberrão, ou blasfemador, ou lascivo, mas quase desejei ser, para que eu pudesse me sentir o pior dos pecadores e pudesse chegar melhor a Jesus". Jamais deseje algo tão atroz. Não existe bem algum, de forma alguma, no pecado. Agradeça a Deus se você foi resguardado, durante sua vida mundana e incrédula, de qualquer forma grosseira de vício. Não imagine que o arrependimento é tão mais fácil quanto pior for o pecado: o inverso é que é verdade. Pode crer que não há vantagem alguma em ser um terrível ofensor de Deus e dos homens. Você já teve, ou tem, pecados suficientes; de nada adianta piorar. Se as boas obras já não ajudam, as obras perversas muito menos. Todo pecador, embora tenha procurado observar a moral e ser boa pessoa, deve de todo modo clamar por misericórdia, e não ser tolo a ponto de imaginar que grandes pecados o ajudariam a chegar mais rápido ao arrependimento. Venha como estiver, e do que o seu coração se sentir pesado confesse-o como se fosse seu maior pecado. Uma noção mais densa do pecado não irá melhor capacitá-lo à misericórdia de Deus; não se podem conquistar títulos de misericórdia além dos que a misericórdia já provê. Mesmo que pudessem suas lágrimas correr sem parar, e sua dor descanso nenhum conhecer, você não teria mais direito de clamar à soberana graça de Deus para ter misericórdia de você do que aquele com que já a irá obter.

Sermão para o pior homem do mundo | 1405

Tenham ainda em mente, caros amigos, que, se se pregasse aos pecadores a necessidade de possuírem determinado sentido do seu pecado e certa medida de sua culpa, *tal argumentação desviaria o pecador, de Deus e de Cristo, para si mesmo.* O homem se perguntaria: "Será que tenho o coração partido? Sinto mesmo o fardo do pecado?" Esta é uma forma de olhar para si mesmos, e os homens não o precisam fazer para ter motivo para buscar a graça de Deus. O remédio não está na própria doença, mas sim na mão do médico. Não é a noção do pecado que nos dá direito à súplica, mas, sim, o dom do nosso bendito e exaltado Salvador de nos dar o arrependimento e, com ele, a remissão dos pecados. Rejeitem qualquer ensinamento que os faça olhar para si próprios em busca de ajuda e agarrem-se fortemente à sã doutrina que os leva a olhar tão somente para Cristo. Quer vocês saibam ou não, tenham maior consciência disso ou não, são pecadores perdidos, arruinados, que, se não salvos, serviriam apenas para serem jogados no fogo do inferno para sempre. Confessem, pois, esse seu estado, já bastante lamentável, e não esperem que mais elocubrações necessitem ser feitas acerca de suas próprias misérias para poderem almejar e pedir a divina misericórdia. Olhem para Jesus, para ele apenas.

Se acreditássemos que a noção do pecado é que daria direito de clamar a Deus, *estaríamos baseando a salvação em outros termos que não somente pela graça mediante a fé,* e esses termos seriam falsos. O princípio que rege a salvação é: *Porque Deus amou o mundo de tal maneira que deu o seu Filho unigênito, para que todo aquele que nele crê não pereça, mas tenha a vida eterna* (Jo 3.16). A fé simples no Senhor Jesus Cristo é o caminho da salvação; enquanto pensar: "Devo ser salvo porque estou profundamente convencido de meu pecado e até desesperado com ele", não está de acordo com o que diz o evangelho e é vangloriar-se de ter um coração indigno. O ensino do evangelho consiste em crer em Cristo Jesus; que você se esqueça de si mesmo e dependa apenas dele. Você pode alegar: "Mas me sinto tão culpado!" Na verdade, você é culpado, quer sinta ou não; é até, certamente, muito mais culpado do que faz ideia. Venha a Cristo porque você *é* culpado, não porque você assim se sinta ou não. Não há necessidade alguma de vir a ele olhando para sua culpa; olhe somente para ele. Não confie, enfim, em nada que venha de você, nem na noção de que se ache necessitado. Alguém pode ter consciência de que está doente, e muito, mas isso não leva a conseguir a cura. O espelho da condenação revela, sim, as manchas que estão em você, mas nem por isso você as consegue remover. Tampouco você jamais conseguirá encher suas mãos de dinheiro colocando-as em seu bolso vazio e sentindo quão vazio ele está; sábio, sim, será estendê-las e receber o ouro que seu grande amigo lhe dá graciosamente e de maneira a mais generosa. *Ó Deus, sê propício a mim, o pecador* é o modo correto de clamar por misericórdia, e não: "Ó Deus, sê propício a mim porque sinto demais os meus pecados e muito os lamento".

III. Minha terceira observação é esta: A CONSCIÊNCIA DO PECADO GUIA OS HOMENS A AGIREM CORRETA-MENTE. Quando o homem aprende com o Espírito Santo que é um pecador, então, por motivação de sua nova vida, passa a fazer as coisas certas, do jeito certo. O publicano provavelmente não frequentava muito o templo nem havia aprendido o modo ortodoxo de ali se comportar. É mais fácil aprender o modo como se costuma proceder por aí, hoje em dia, nos templos: tire o chapéu, segure-o em frente ao seu rosto e leia o nome do fabricante e o endereço na ourela interior; então se sente e, no momento apropriado, curve-se e cubra os olhos; ajoelhe-se ou fique de pé quando o restante da congregação o fizer. As pessoas seguem esse ritual como se fossem controladas por algum maquinário; todavia, não oram quando deveriam, nem se inclinam propriamente para o Senhor quando a adoração está sendo oferecida. O publicano não fazia parte da membresia frequente; não seguia os padrões de comportamento; tinha suas atitudes próprias.

Primeiro, em vez de chegar à frente, ele se manteve afastado. Não ousava, certamente, chegar ao mesmo lugar em que se encontrava uma pessoa considerada mais respeitável que ele, o fariseu, pois não se sentia digno de fazê-lo. Deixava espaço, assim, entre ele e Deus — um espaço para um mediador, um advogado, um Intercessor seu se colocar entre ele e o trono do altíssimo. Os homens sábios se mantêm humildemente afastados desse modo; pois, em contraste, assim se consegue chegar mais próximo à pessoa de Jesus. Além do mais, o publicano, conforme narrado, nem levantava os olhos para o céu. Parece natural levantar até as mãos quando em oração, mas ele não o fazia nem quanto aos olhos. Levantar os olhos é apropriado, não? Mas para "o pecador" mais adequado parecia não levantá-los. Seus olhos baixos significavam, na verdade, muita coisa. Nosso Senhor não nos diz que ele *não poderia* erguer os olhos, mas o publicano *não desejava*. Tanto ele podia olhar para cima que assim o fez com o espírito ao clamar: Ó *Deus, sê propício a mim, o pecador*; mas não o desejava porque lhe parecia certamente indecoroso para olhos como o dele, o pecador, olhar para o céu onde habita o santo Deus. O penitente, também, batia em seu peito. O original não diz que ele bateu em seu peito apenas uma vez, mas que batia continuamente. Parecia dizer consigo mesmo: "Oh, este coração perverso!" E batia. De novo, e de novo, expressava sua intensa dor ao modo oriental, pois não sabia de que outra maneira expressar sua grande tristeza.

Seu coração havia pecado, e ele o martelava; seus olhos o haviam conduzido ao engano e ele os fazia fitar o chão; e como havia pecado vivendo longe de Deus, colocava-se distante de sua Presença manifesta. Cada gesto e cada postura que apresentava eram significativos e gerados espontaneamente. Não tinha manual algum para saber como agir na casa de Deus; apenas sua sinceridade o guiava. Se vocês desejam saber como se comportar como pecadores arrependidos, apenas o sejam. Os melhores gestos de adoração são aqueles realizados pelo coração alquebrado. Ouvi falar de um ministro que chorava no momento errado em seus sermões. Fiquei sabendo, depois, que ele anotava nas margens de seus manuscritos: "Chorar aqui". Seu público não conseguia entender o motivo daquele choro. Devia causar um efeito ridículo. Em matéria de religião, tudo que é artificial é ridículo, ou até pior. A graça no coração é o melhor "mestre de cerimônias" para nos orientar. Aquele que ore diretamente com o coração não errará com o pé, nem com a mão, nem com a cabeça. Se deseja saber como se aproximar de Deus, portanto, confesse ser um pecador, e tome assim seu verdadeiro lugar diante do Deus da verdade: lance-se por inteiro na divina misericórdia e coloque Deus na posição, que lhe é devida, de seu Juiz e Senhor.

Observe-se que aquele homem, mesmo sob o peso do pecado consciente, fez o certo, pois *foi diretamente a Deus*. O sentido do pecado sem fé nos afasta de Deus, mas com fé nos leva de imediato ao Senhor. Ele achegou-se sozinho a Deus; percebeu que não adiantaria confessar suas falhas a um mortal como ele mesmo, muito menos buscar absolvição nos homens. Não se dirigiu ao sacerdote, mas ao Deus que estava presente no templo. Não procurou falar com o instruído homem fariseu, que se encontrava no mesmo lugar que ele. Seu confessionário era o recôndito secreto de sua própria alma, onde procurou por Deus. Foi diretamente ao Altíssimo, o único apto a ajudá-lo; e quando abriu a boca foi somente para dizer: Ó *Deus, sê propício a mim, o pecador*.

É isto que você tem de fazer, querido ouvinte, se quiser ser salvo: deve ir direta e imediatamente a Deus, mediante Cristo Jesus. Esqueça todo o resto e diga como o filho pródigo que retornou: *Levantar--me-ei, irei ter com meu pai* (Lc 15.18). Ninguém além de Deus poderá nos ajudar, em nosso estado de perdição. Nenhuma misericórdia além da de Deus poderá nos servir e ninguém mais nos poderá oferecer misericórdia senão o Deus do perdão. Que cada pecador arrependido, de coração contrito, chegue ao Deus a quem ofendeu.

O publicano não entrou em contato com nenhum outro adorador no templo; estava absorto demais em sua própria dor. Note-se, especialmente, que ele nada disse a Deus, nem provavelmente pensou, a respeito do fariseu. Não apontou nem denunciou o orgulho, nem a hipocrisia e a dureza de coração do homem religioso quem, pelo contrário, tão ofensivamente o desprezou. Não devolveu o desprezo com mais desprezo, como geralmente tendemos a fazer. Não; clamou por misericórdia ao Senhor apenas e com sinceridade de coração; somente isso. Quando é que você fará o mesmo, meu ouvinte? Quando deixará de censurar outros, guardando sua severidade para si próprio, suas observações críticas para a sua própria conduta?

O publicano fez a Deus *uma confissão plena dos seus pecados: Ó Deus, sê propício a mim, o pecador* (Lc 18.13). Seus olhos e mãos se juntaram a seus lábios para exprimir sua iniquidade. Sua prece estava regada do orvalho do arrependimento. Mostrou seu coração diante de Deus da maneira a mais livre e simples: sua oração provinha da mesma fonte que a do filho pródigo quando disse: *Pequei*, e de Davi quando clamava: *Contra ti, contra ti somente, pequei, e fiz o que é mau diante dos teus olhos* (Sl 51.4). Esta é a melhor oração, a que pode surgir do coração mais humilde.

SERMÃO PARA O PIOR HOMEM DO MUNDO | 1407

Ele apelou à misericórdia apenas. Isso foi sábio. Vejam como foi bem guiado. Por que teria ele de buscar a justiça, já que esta apenas o condenaria e destruiria? Como espada desnuda que ameaça penetrar no coração, por que alguém procuraria a justiça? Nem também ao poder, nem à sabedoria, nem a qualquer outra qualidade do grande Deus poderia apelar; apenas à misericórdia. Sua oração, "sê propício" é a única prece que se pode fazer quando alguém se descobre enormemente culpado. Se durante toda a vida você rejeitou o Salvador, tudo o que pode fazer agora é lançar-se à misericórdia de Deus.

O original grego dá a entender que esse homem visava, muito provavelmente, à sua reconciliação com Deus, ou seja, à *propiciação*, que era feita mediante sacrifício de expiação. Não digo que compreendesse inteiramente o significado da expiação, mas a oração que ele faz diz claramente "sê *propício* a mim, o pecador". É possível, sim, que já houvesse presenciado o sacrifício do cordeiro e soubesse algo a respeito da oferenda deste; e, embora talvez não estivesse a par de tudo acerca de expiação e substituição, seus lábios se voltam exatamente nessa direção, como se dissesse: "Ó Deus, sê propício a mim, aceitando meu sacrifício e me perdoa." Se você reconhece o seu pecado, será bastante sábio, então, suplicar a Deus pela propiciação que Cristo realizou em relação ao pecado humano. Que o Espírito de Deus o leve a crer agora em Jesus Cristo, o Cordeiro morto em nosso lugar e por todos nós! O novo ano começa a passar, o segundo mês já desliza sobre nós; quantos meses mais passarão até você, pecador culpado, pedir pela misericórdia de Deus infinitamente gracioso? Ó grande Deus, que este seja o dia de manifestação de tua imensa força!

IV. Encerrarei com este tópico: A CONFISSÃO SINCERA DO PECADO É O CAMINHO DA PAZ. *Ó Deus, sê propício a mim, o pecador* foi a oração; mas qual a resposta? Ouçam: "Este", ou seja, o publicano, "desceu justificado para sua casa, e não aquele", isto é, o fariseu.

Deixem-me esboçar em poucas frases o progresso desse homem. Ele chega a Deus apenas como pecador, nu como um pecador. Notem que ele não diz: "Ó Deus, sê propício a mim, pecador *arrependido*". É um pecador arrependido, sim, mas não se vangloria de seu arrependimento. Você, igualmente convencido de seu pecado e arrependido, não mencione seu arrependimento como argumentação, para não vir a ser acusado de farisaísmo. Venha como está, como pecador, nada mais. Mostre apenas suas feridas. Estenda sua pobreza espiritual diante de Deus, não sua suposta riqueza. Se tiver um único centavo espiritual que julgue ser todo seu, livre-se dele. Somente a perfeita pobreza de alma poderá livrar você de sua falência moral. Se ainda tiver alguma velha migalha embolorada guardada na despensa de sua justiça própria, nenhum pão vindo do céu lhe será dado. Você deve ser nada e ninguém se quiser que Deus seja seu tudo. Aquele homem não clama: Ó Deus, sê propício a mim, o arrependido", mas *sê propício a mim, o pecador*. Nem mesmo diz: "sê propício a mim, o pecador *reformado*". Não tenho dúvida de que se reformara, deixando o caminho ímpio que seguia, mas não usa dessa reforma de seu caráter como argumento. A reforma não irá de modo algum remover seus pecados; portanto, não fale dela como se ela pudesse ter tal propriedade. O que quer que você seja não servirá para expiar o que você já foi. Venha, portanto, como simples pecador, não como pecador modificado e melhorado. Não venha porque *esteja*, mas *para ser* purificado! O publicano não clama: "Ó Deus, sê propício a mim, um pecador *que ora*". Ele orava, sim, mas não menciona isso como alegação a seu favor, pois para ele não era o mais importante a dizer ao Senhor. Não use suas orações como argumento; use seus pecados. Deus sabe que suas orações trazem em seu bojo seus pecados. Até mesmo suas lágrimas de arrependimento precisam ser purificadas! Quando suas súplicas são sinceras, que são senão o lamento de um ser condenado, que não consegue ver um motivo para não vir a ser exterminado? Sinta e reconheça que merece a condenação e venha a Deus como pecador. Chega de finezas desprezíveis, venha com seus "sujos trapos". Não se engane com o choro do seu próprio arrependimento, muito menos com as folhas de figueira de suas próprias promessas, mas venha a Deus em Cristo Jesus na nudez de seus pecados, e a misericórdia eterna cobrirá tanto você quanto seus pecados.

Observe-se, ainda, que o homem nada fez além de apelar à misericórdia, ao dizer: *Ó Deus, sê propício a mim*. Ele não tentou se desculpar, dizendo: "Senhor, não pude evitar pecar. Senhor, não sou pior que outros publicanos. Senhor, sou apenas um simples funcionário público, e tudo que tenho feito outros coletores de impostos fazem também". Não; ele é honesto demais para forjar desculpas. É um pecador, e o reconhece.

Se o Senhor o condenar por sua própria boca e o enviar para o inferno, ele nada pode fazer; seus pecados são claros demais para serem negados. Como que deposita sua cabeça na pedra e humildemente suplica: "Ó Deus, sê propício a mim, o pecador". O publicano também não oferece qualquer *promessa* de futura reparação. Não diz: "Ó Deus, sê propício ao meu passado e prometo melhorar no futuro". Não, ele não diz nada disso. "Sê propício a mim, o pecador" é seu primeiro e único pedido. Gostaria que vocês também pedissem: "*Ó Deus, sê propício a mim, o pecador!* Ainda que eu seja condenado e mereça ser punido por tua justiça, tem piedade de mim, tem piedade de mim agora". É este o modo certo de orar; e se você orar assim, Deus o ouvirá. Veja que o publicano também não se oferece para *pagar* por coisa alguma; não propõe qualquer forma de resgate; não presenteia Deus com suas lágrimas, abstinência, abnegação, generosidade para com a igreja ou para com os pobres, nem nada disso; simplesmente implora que o Senhor se reconcilie com ele e que seja piedoso para com ele. Oh, que todos vocês possam orar desta maneira!

Quero agora animar seu coração fazendo notar que, com sua oração e confissão dos pecados, o publicano experimentou um ótimo grau de aceitação. Chegou ao templo sentindo-se condenado; e *desceu justificado para sua casa* (Lc 18.14). Uma mudança completa, uma mudança súbita e radical, uma mudança feliz foi nela realizada. Seu coração pesado e olhos cabisbaixos foram trocados por um coração alegre e olhar esperançoso. Entrou no templo tremendo e saiu de lá se regozijando. Tenho certeza de que sua esposa notou a diferença. O que teria acontecido a ele? Seus filhos também notaram. O pobre pai costumava antes se sentar sozinho e chorar; de repente, tornou-se inteiramente feliz; passou até a cantar os salmos encontrados na parte final do Livro Sagrado. A mudança podia ser bastante observada. Agora, ele sempre lembrava: "Meus filhos, temos de agradecer a Deus antes de iniciarmos a refeição". Eles se reuniam sempre em torno da face feliz do pai, enquanto orava, louvando e bendizendo seu Deus, o Deus de Israel. E com os amigos comentava: "Irmãos, agora tenho consolo em Deus; ele teve misericórdia de mim. Fui ao templo sentindo-me culpado, mas saí de lá justificado. Meus pecados me foram todos perdoados. Deus aceitou reconciliar-se comigo".

Quanta verdade fluía de seu testemunho! E era uma mudança muito súbita, criada em um instante. O processo do despertar espiritual não toma longas horas, mas somente um único instante. Longos são os processos que conduzem a essa mudança e os que surgem depois dela, mas o surgir da nova vida é instantâneo. Não se pode apontar o exato instante da conversão nos diferentes processos, mas é tão rápido quanto a passagem da vida para a morte. Há apenas um momento em que o homem está morto separado do momento em que está vivo. A vida, na verdade, à primeira vista, parece muito frágil; deve haver um momento em que não está mais presente; e logo se segue o momento em que recomeça. Não há propriamente um estado intermediário entre estar vivo e morto. É impossível, assim, precisar *quando* a mudança ocorre. Se você for, digamos, para a Cidade do Cabo, na África, poderá cruzar a linha do equador em pleno mar na calada da noite, sem perceber, mas ainda assim você a terá cruzado. Já houve alguns tolos que pensavam que veriam alguma linha azul por sobre as ondas, ao passar pelo equador; a linha, na verdade, fisicamente não existe, apesar de estar verdadeiramente ali, em seu lugar; o equador é imaginário e, todavia, tão real quanto se pudéssemos ter um cinturão ao redor do globo dividindo-o em dois hemisférios, norte e sul. Caros amigos, quero convocá-los a cruzar a real linha da salvação hoje! Oh, que possam sair hoje desta casa dizendo: "Glória, glória, aleluia! Deus teve piedade de mim!" Ainda que achem que sua vida não vale um vintém, se chegarem esta manhã a Deus mediante Jesus Cristo, poderão partir com a bênção de saber que não apenas estão vivos, mas também que viverão para sempre, e felizes, no seu amor.

Enfim, o homem foi para casa levando consigo um testemunho como o que rogo que vocês, não salvos, venham hoje a sentir. "Desceu justificado". "Mas", vocês poderão indagar, "como posso saber que serei justificado?" Ouçam estas palavras do nosso bendito Senhor: "*Digo-vos* que este desceu justificado para sua casa, e não aquele". "*Digo-vos.*" É Jesus, nosso Senhor, quem nos garante. Fala aos nossos ouvidos. Afirma-o perante Deus e os santos anjos e também ao próprio homem. O homem que clamar em seu coração: "Ó Deus, sê propício a mim, o pecador" será justificado. Quando o homem confessa o próprio pecado, mergulhando inteiramente na divina misericórdia, seu fardo é removido e, ao voltar para casa, está

Sermão para o pior homem do mundo | 1409

justificado. Todos nós vamos para casa. Oh, que então possamos ir justificados! Você, que está voltando para casa: quero que você volte para Deus, verdadeira morada de sua alma. "*Este* desceu justificado para sua casa" — por que você não faz o mesmo? Talvez, meu ouvinte, você nunca tenha estado antes aqui, no Tabernáculo. Talvez, amigo, você seja daquelas pessoas que preferiam despender as manhãs de domingo passeando na rua, ou descansando em casa, lendo o jornal. Você chegou aqui hoje quase por acidente. Bendito seja Deus! Espero que volte para casa justificado. Que o Senhor assim permita! Ou talvez você frequente este lugar desde que foi construído, e mesmo assim ainda não encontrou a misericórdia divina. Oh, que você a encontre esta manhã! Que busquemos a bênção. Venha comigo para Jesus. Indicarei o caminho; rogo que repita comigo esta manhã: "Ó Deus, sê propício a mim, o pecador". Descanse na amorosa reconciliação com Deus: confie no sangue purificador de Jesus Cristo. Lance-se por inteiro no amor do Salvador, e você irá para casa justificado. Trata-se de uma pobre casa? Ou até menos que isto, apenas um quarto? Você é muito pobre e está desempregado por longo tempo? Não importa. Deus sabe de tudo isto. Procure sua face. Será um ótimo domingo para você, se neste dia der início à sua nova vida pela fé em Jesus. Você terá alegria, paz e felicidade se buscar a misericórdia do grande Pai. Creio ver você voltando para casa, deixando seu fardo para trás, cantando canções de louvor para o nosso querido Deus. Que assim seja. Amém e Amém.

151

CONFISSÃO E ABSOLVIÇÃO

Mas o publicano, estando em pé de longe, nem ainda queria levantar os olhos ao céu, mas batia no peito, dizendo: Ó Deus, sê propício a mim, o pecador! (Lc 18.13).

Os personagens das histórias de nosso Salvador são quase todos escolhidos para ilustrar traços completamente diversos de sua reputação costumeira. O que você pensaria de um escritor ocidental moralista de hoje que apresentasse em uma obra de ficção a gentil virtude de benevolência de um homem bárbaro ou não civilizado? E, entanto, Jesus Cristo nos dá um dos mais belos exemplos de caridade na história do bom samaritano. Para Jesus, o samaritano era injustamente encarado tão somente sob o ponto de vista da amarga animosidade existente entre os judeus e sua nacionalidade; tal como muitos povos não civilizados o são por nós somente em relação à sua hostilidade a nós e vice-versa. Jesus, porém, criou aquele personagem como sendo um samaritano justamente para que nele nada houvesse a ser louvado e todo o motivo de seu exemplo fosse dado pela graça da caridade. Assim também, no presente caso, o Salvador, desejando nos demonstrar a necessidade de humildade na oração, escolheu para personagem não um eminente homem santo, que se distinguisse exatamente por essa qualidade, mas, sim, um publicano, um coletor de impostos a serviço dos romanos, repudiado por isso pelos judeus, e possivelmente tido como dos mais detestáveis, corruptos e extorsivos de sua classe, pois assim parece o fariseu condená-lo. Não é de duvidar, na verdade, que o fariseu olhasse o publicano com certo sentimento de asco, ao mesmo tempo que se via a si mesmo como homem virtuoso, honesto, e com muito orgulho: *Ó Deus, graças te dou que não sou como os demais homens, roubadores, injustos, adúlteros, nem ainda como este publicano* (Lc 18.11). Todavia, nosso Senhor seleciona justamente esse tipo de pessoa para ser caminho e modelo de como se deve oferecer uma oração aceitável a Deus, a fim de que possamos perceber que nada há que favoreça de antemão o publicano em relação à sua prece, mas, sim, que para Deus a aceitação da oração prevalece, em si mesma, mediante a graça, e com luz ainda mais resplandecente, no caso, face ao caráter e/ou à reputação de tal repudiado.

Se observarmos com atenção, ficaremos surpresos por encontrar as mesmas características em determinados personagens, repetidas vezes, nas parábolas do nosso Senhor. Quanto ao publicano, nada sabemos acerca de sua vida anteriormente ao episódio narrado, mas podemos conjeturar a respeito, com alguma certeza e sem incorrer em risco grave. Ele deveria ser, e sem dúvida era, um judeu, criado de maneira pia e instruído na religião, mas que talvez tenha fugido de seus pais, e, sem encontrar emprego algum adequado, tornara-se mais um integrante da corrupta classe de coletores de impostos para os romanos. Talvez também, envergonhado, e para que ninguém reconhecesse na degradada casta dos publicanos o mesmo homem cujos pais temiam ao Deus de Israel e diante deste se ajoelhavam, possa ter até mudado de nome, tal como outro, que, chamado Levi, decidiu mudar seu nome para Mateus, ao conhecer seu mestre e Senhor. Pode ser que, de fato, houvesse abandonado os costumes de seus pais durante a juventude, entregando-se à lascívia, e então, tivesse encontrado essa ocupação indigna, acreditando estivesse de acordo com seu espírito viciado. Não podemos dizer quantas vezes deve ter pisado nos pobres, nem quantas vezes deve ter sido amaldiçoado por sequestrar a herança das viúvas ou roubar indefesos e desprotegidos órfãos. O governo de Roma dava aos publicanos judeus poderes muito maiores do que eles deveriam exercer, e eles não demoravam em tirar vantagem disso, com vista ao enriquecimento fácil. Provavelmente, metade do

CONFISSÃO E ABSOLVIÇÃO | 1411

que obtinham, se não mais, era roubado, pois o rico publicano Zaqueu assim o insinua em sua confissão a Jesus, quando diz: *Eis aqui, Senhor, dou aos pobres metade dos meus bens; e se em alguma coisa tenho defraudado alguém, eu lho restituo quadriplicado* (Lc 19.8). Não era frequente, decerto, que o publicano da parábola visitasse o templo; era raro os sacerdotes o divisarem trazendo uma oferenda; seria uma abominação, e, portanto, ele não agiria assim. Mas aconteceu de o Espírito do Senhor o tocar e fazê-lo refletir sobre o caminho que trilhava, em como esse caminho era escuro: estava cheio de problemas, mas os guardava para si mesmo, reprimidos em seu peito, e mal conseguia dormir à noite nem conseguia trabalhar bem de dia, pois dia e noite a mão de Deus pesava sobre ele. Por fim, incapaz de suportar sua miséria por mais tempo, lembrou-se da casa de Deus em Sião e dos sacrifícios que diariamente se ofereciam ali. "A quem, ou aonde devo ir", disse consigo mesmo, "senão a Deus? Onde posso esperar encontrar misericórdia, senão onde se oferecem a ele sacrifícios?"

Assim que decidiu ir, partiu. Seus pés seguiram, desacostumados, o caminho para o santuário, mas ao chegar deve ter tido vergonha de entrar. Os fariseus de hoje, que parecem tão santos quanto o fariseu da história, apresentam-se sem corar à assembleia dos israelitas; mas o publicano só chega perto o máximo quanto ouse, longe de onde acha que apenas os santos devam estar. Vocês, fariseus, oram sempre com ar de arrogância; quanto ao publicano, escolhe um canto escondido onde não possa ser visto nem ouvido, e se põe a orar não com as mãos erguidas em direção aos céus, não com os olhos voltados para cima e com olhar santimonial e hipócrita, mas com os olhos fixos no chão, com lágrimas quentes deles fluindo, sem ousar sequer vislumbrar os céus. Por fim, os sentimentos reprimidos encontraram desabafo; mas este desabafo foi mais um gemido, uma curta oração que pode ser resumida no espaço de um suspiro de lamento: *Ó Deus, sê propício a mim, o pecador.* Está feito; ele fora ouvido. O anjo da misericórdia registra seu perdão. Sua consciência está em paz. Segue para sua casa feliz, justificado, em vez do fariseu, e regozijando-se na justificação que o Senhor lhe concedeu, pela graça.

Meu trabalho, esta manhã, consiste em convidá-los, apressá-los, implorar a vocês que façam o que fez o publicano, para que recebam o mesmo que ele obteve. Para isso, há duas particularidades sobre as quais quero e me esforçarei por falar de modo categórico e sincero: a primeira é a *confissão*; a segunda, a *absolvição*.

I. Irmãos, imitemos o publicano, primeiramente, em sua CONFISSÃO. Tem havido grande agitação popular nas últimas semanas e nos últimos meses a respeito do confessionário. Quanto ao assunto, é talvez uma bênção que o símbolo visível e externo do papismo na Igreja da Inglaterra haja admitido a seus amigos sinceros os males espirituais e interiores que há muito ali estão de tocaia. Não há por que considerar que o confessionário, ou o sacerdócio, do qual é apenas uma consequência, seja novidade alguma na Igreja da Inglaterra: há muito tem estado ali, e aqueles que nos encontramos fora dos seus fardos há muito o observamos e lamentamos; mas damos graças pela perspectiva de que a Igreja da Inglaterra seja capaz de descobrir seus próprios erros e esperamos que Deus dê a ela graça e força para extirpar o câncer de seu próprio seio antes que deixe de ser uma igreja protestante e Deus a lance fora como objeto de abominação. O que tenho a dizer esta manhã, no entanto, nada tem a ver com a confissão feita em confessionário. Mulheres tolas podem continuar se confessando quanto quiserem, e seu insensato marido pode continuar confiando sua esposa a tais homens. Que os néscios assim se revelem, que aqueles que não têm bom senso façam o que bem quiserem, mas, quanto a mim mesmo, tomarei todo o cuidado necessário para que nem eu nem os meus nada tenham a ver com tais coisas. Deixando isso de lado, vamos ao assunto que nos interessa, esforçando-nos por aprender, também a partir do erro dos outros, como agir corretamente.

Atentem para a confissão do publicano: *a quem foi apresentada? Ó Deus, sê propício a mim, o pecador.* Teria pensado o publicano em ir a um sacerdote para implorar por misericórdia, confessando seus pecados? Talvez até tal pensamento haja passado por sua mente, mas seus pecados exerciam um peso muito grande em sua consciência para que se pudessem ser assim aliviados; logo, portanto, abandonou essa ideia; "Sinto meus pecados serem de tal peso", deve ter pensado ele, "que ninguém além de Deus os poderá aliviar; e, mesmo que me parecesse certo procurar alguém humano como eu para me confessar, imagino que no meu caso de nada adiantaria, pois minha enfermidade é tal que o médico Todo-poderoso a pode curar". Então, ele dirige sua confissão, sua oração, a uma pessoa, e a esta pessoa somente: *Ó Deus, sê propício a mim, o pecador*. Observem, quanto a esta confissão a Deus, que ela é quase *secreta*: tudo o que mais ressalta na confissão é a palavra "pecador". Acham que isso foi tudo o que ele confessou? Suponho que talvez, antes disso, o publicano haja feito uma confissão de seus pecados em particular, ajoelhado em sua casa, diante de Deus. Mas agora, na casa de Deus, tudo que queria dizer para que Deus e talvez os homens ouvissem era: "Sou grande pecador". Eu, na verdade, os aconselho que, se tiverem de se confessar diante de algum ser humano, que seja sempre de maneira geral, nunca com detalhes. Podem até confessar muitas vezes a seus semelhantes que são pecadores, mas dizer a alguém como são seus pecados nada mais é que pecar de novo, além de levar seu semelhante a ter conhecimento desnecessariamente de suas transgressões. Quão imunda deve ser a alma de um clérigo que faz de seu ouvido esgoto para a sujeira saída do coração dos outros! Não consigo imaginar que mesmo o diabo seja tão depravado que o homem que perde seu tempo sentado com os ouvidos dados aos lábios de mulheres e homens, que, se realmente confessam seus pecados, acabam por fazer do ouvinte um participante de cada um dos seus vícios assim exprimidos, introduzindo-o talvez em iniquidades com as quais de outro modo nunca tivesse travado conhecimento. Oh, peço que nunca tornem impuros seus amigos e semelhantes, guardando seus próprios pecados para si mesmos e para Deus. Somente o Senhor não se pode poluir com suas transgressões; façam uma confissão sincera e plena diante dele; mas, a seus amigos, nada acrescentem à sua confissão geral: "Sou um grande pecador!"

A confissão que fez o publicano foi *espontânea*. Não havia dúvida neste homem quanto a ele ser ou não pecador; quanto a ter violado o sétimo mandamento, ou o oitavo, ou o nono, ou o décimo; não, seu coração estava repleto de arrependimento e se resumia neste suspiro: *Ó Deus, sê propício a mim, o pecador*. É-nos dito que algumas pessoas jamais conseguem fazer uma confissão plena, a não ser que um confessor as ajude por meio de perguntas. Caros amigos, a própria essência do arrependimento será perdida, e sua inspiração quebrada, se houver perguntas: a confissão de pecados não será verdadeira e real se não for espontânea. Não é capaz de sentir inteiramente o peso do pecado alguém que precise de outrem para ajudá-lo a revelar quais são os seus próprios erros. Conseguem imaginar alguém carregando um fardo nas costas que, antes de reclamar do seu peso, precise que lhe digam o que está carregando? Decerto que não. A qualquer um que sinta um peso sobre si não é preciso nem lhe mostrar que está lá: "Olhe, há um peso em suas costas" — ele sabe que está lá. Mesmo que possa ser obtida uma confissão plena e abrangente por meio do questionamento de um sacerdote, ela é totalmente inútil, totalmente em vão, diante de Deus, pois não será espontânea. Devemos confessar a Deus nossos pecados sem procurar ter ajuda humana para confessá-los; nossas iniquidades devem ser postas para fora, não devemos guardá-las; tal como fogo nos ossos, nossos erros parecem ter o poder de derreter até mesmo o nosso espírito, eis por que temos de nos descartar deles com a súplica da nossa confissão diante do trono de Deus. Vejam o publicano; mesmo que não se possa ouvir todo o teor da confissão que faz, e tudo o que se ouça é o simples reconhecimento de que é o pecador, mesmo assim isso sai de maneira espontânea de seus lábios: Deus nada lhe perguntou, mas o homem surge diante do trono e livremente se rende às mãos da Todo-Poderosa Justiça, confessando ser ele um grande iníquo. É esta a primeira coisa que temos de observar na confissão do publicano: ele a faz para Deus de modo pessoal e espontâneo e tudo que abertamente revela é ser *o pecador*.

Ainda: *o que foi que ele confessou?* Confessou, como nosso texto diz, ser ele *o pecador*. Quão própria é essa oração para nós! Haverá alguém aqui presente para quem tal confissão não seja apropriada: "Ó Deus, sê propício a mim, o pecador"? Será que alguém ousa dizer que "essa prece serve mais a uma meretriz, que, depois de uma vida de pecado e podridão até os ossos, esteja morrendo desesperada — essa oração é boa para ela, não para mim"? Meu amigo, ela serve tanto para mim quanto para você. Se você conhece seu coração como eu conheço o meu, a oração que serve a uma meretriz serve a nós também. Você jamais cometeu o pecado que o fariseu se nega a ver? Jamais foi extorsivo, nem injusto, nem adúltero? Jamais foi realmente como o publicano? Mesmo assim, a palavra "pecador" se aplica a você; e você há de sentir isso, se tiver consciência. Lembre-se de quanto você já pecou contra a luz. É bem verdade que a meretriz pecou mais abertamente, mas terá ela o conhecimento de Deus que você tem ou teve oportunidade de adquirir?

CONFISSÃO E ABSOLVIÇÃO | 1413

Acha que ela teve a formação e a educação de berço que você ganhou? Crê que ela tenha alguém que a tenha orientado a fazer exame de consciência ou dar maior atenção à providência divina como aquele que cuidou de sua vida? Devo confessar algo sobre mim: de fato sinto a crueldade peculiar de meu pecado, pois peco contra a luz, contra a consciência, e mais, contra o amor que recebo de Deus e a misericórdia que Deus me prometeu e com a qual me tem obsequiado. Que o maior entre os santos todos se apresente para responder a essa pergunta: a oração do publicano cabe também a você? Ouçamos sua mais que possível resposta, sem um segundo de pausa sequer: "Sim, cabe a mim agora, e até que eu morra meus trêmulos lábios deverão repetir tal petição: Senhor, sê propício a mim, o pecador". Rogo, irmãos, que usem para com vocês mesmos desta oração ainda hoje, pois adequada é para todos nós. Ouça, homem de negócios: seus negócios não trouxeram ainda a você nenhum pecado que necessite ser confessado? Irmã, nada tem em sua casa que pertença ao pecado? Criança, você não tem ofensa alguma contra seu pai ou sua mãe para confessar? Amamos de fato o Senhor nosso Deus de todo o nosso coração, de toda a nossa alma e todo o nosso entendimento, e conseguimos realmente amar o nosso próximo como a nós mesmos? Oh, que possamos cerrar nossos lábios a qualquer tipo de fingimento, e quando os abrirmos, sejam estas as primeiras palavras a sair deles: *Pequei contra ti, Senhor; violei teus mandamentos; sê propício a mim, o pecador*.

Mas não seria algo estranho que o Espírito Santo ensinasse uma pessoa a demonstrar seus pecados diante do trono de Deus? Alguém pode achar que, quando nos apresentamos diante de Deus, devemos falar também de um pouco de nossas virtudes. Quem pode afirmar que, quando um homem está pedindo por misericórdia, ele deva falar de si mesmo somente: "Sou um pecador"? Ora, evidentemente a razão o compeliria a dizer: "Senhor, tem piedade de mim, pois há algo de bom em mim...": "Senhor, tem piedade de mim, pois não sou pior que meus semelhantes...": "Senhor, tem piedade de mim, que vou procurar ser melhor". Não é oposto à razão, não é estranhamente contrário à razão, que o Espírito Santo ensine o homem a suplicar diante do trono da graça de uma forma que parece ser contra sua própria vontade, alegando ser um pecador? Não, queridos irmãos; se queremos verdadeiramente ser ouvidos, temos de chegar a Cristo como pecadores. Que não tentemos de modo algum parecer melhores do que somos. Que ao chegarmos ao trono de Deus, não tentemos, em nenhum instante, reunir as falsas joias de nossas supostas virtudes, pois trapos são para Deus as mais luxuosas vestes dos pecadores. A confissão é a única música que deve vir de nossos lábios; "Ó Deus, sê propício a *mim*, o pecador". É este o único caráter com que devemos orar a Deus. Pois não há muitos aqui que se sentem pecadores e que murmuram, suspiram e lamentam porque o peso do pecado se apoia em sua consciência? Alegro-me, irmão, por saber que você se considera pecador, pois você tem a chave do reino em suas mãos. Sua consciência do pecado é a única coisa que o capacita à misericórdia. Venha, eu lhe rogo, assim como você está — sua nudez é o único requisito para o guarda-roupa do céu; sua fome é o único requisito para a despensa do céu; sua pobreza é o único requisito das eternas riquezas celestiais. Venha como você está, com nada que lhe seja próprio além de sua pecaminosidade e demonstre-a diante do trono: *Ó Deus, sê propício a mim, o pecador*. Foi isso o que confessou o homem, que ele era um pecador, fazendo o fardo de sua confissão ser o tema de sua súplica diante de Deus.

Ainda mais: *como foi que ele chegou a Deus*? Qual a postura que assumiu? A primeira coisa que gostaria que notassem é que ficou "em pé de longe". Por que fez isso? Não seria por se sentir deslocado? Muitas vezes fazemos confissões gerais no templo, mas nenhuma é aceita, por não ser particular, pessoal e surgida espontaneamente do coração. Ali, por exemplo, pode ser que houvesse pessoas reunidas para adoração em comum, engajadas em salmos de louvor, mas o pobre publicano preferiu ficar em pé e de longe. Daí a pouco, talvez tais pessoas se reunissem com o propósito de orar, mas ele não conseguiria chegar próximo delas. Não, ele havia chegado ali por livre e espontânea vontade, e de pé permanecia também por si mesmo. Como a corça ferida, que busca a clareira mais recôndita da floresta para que possa sangrar sozinha até morrer em profunda solidão, o pobre publicano sentia também que deveria ficar isolado. Note que ele não diz nada sobre qualquer outra pessoa na oração. "Ó Deus, sê propício a *mim*", diz ele; não diz "a mim, dentre todos os pecadores", mas "*o pecador*", como se no mundo não houvesse qualquer outro. Você também deverá se sentir solitário, isolado, antes que venha a usar essa oração de modo adequado.

O Senhor alguma vez já escolheu você, em meio a toda a congregação? Já lhe pareceu, neste mesmo recinto, como se houvesse uma grande separação ao seu redor e você estivesse aqui encerrado apenas com o pastor e Deus; como se cada flecha da aljava do pastor fosse direcionada somente a *você*, que cada ameaça fosse feita apenas a *você* e que cada crítica fosse exclusivamente proferida contra *você*? Pois se você assim sentiu, eu o congratulo. Ninguém conseguirá usar a oração do publicano até que ore completamente sozinho; até que diga: "Ó Deus, sê propício a *mim*" sentindo-se como se fosse um pecador solitário. Tal como, exatamente, "o publicano, *estando em pé de longe*".

Veja o que se segue: [...] *nem ainda queria levantar os olhos ao céu*. Não ousava olhar para cima. É notável como o arrependimento extingue todo o orgulho e toda a ousadia do homem. Já vimos pessoas muito ousadas antes de tocadas pela soberana graça e que acabaram por se tornar das mais equilibradas e tementes a Deus; homens desarvorados, reclamões, que até desafiavam a Deus, e que se tornaram humildes como crianças, chegando a temer levantar os olhos para o céu, depois de um passado de imprecações e maldições. Mas por que o publicano não ousava erguer os olhos? Porque estava tão abatido no espírito, tão oprimido e com um fardo tão grande que não o conseguia. É este o seu caso hoje, amigo? Teme orar? Sente como se não pudesse aspirar à esperança que Deus tenha misericórdia de você; como se o menor fio de esperança não conseguisse alcançar; como se seus olhos estivessem tão acostumados à obscuridade da dúvida e do desespero que nem ao menos um raio de luz parecesse suficiente à sua pobre visão? Ah, não tema; as coisas lhe serão alegres. Você está apenas vivenciando a mesma experiência de tristeza do publicano, e o Senhor, que o ajuda a imitá-lo na confissão, também o ajudará a imitá-lo na absolvição. Note o que mais aquele homem fez: batia no peito. Era um bom teólogo, na verdade quase um doutor. Pois batia no peito porque sabia onde morava o engano — ali, em seu coração. Não batia na fronte, como fazem alguns homens quando perplexos, como se o seu erro residisse na compreensão. Há homens que acabam culpando o entendimento que têm do erro, em vez de associarem a culpa ao coração, e então concluem, enganosamente: "Cometi um erro e de fato tenho agido mal, mas, no fundo, tenho um bom coração". O publicano, não; sabia perfeitamente onde estava o erro, e golpeava o lugar certo.

Aqui, em meu coração, reside o fardo.

Batia no peito como se estivesse aborrecido consigo mesmo. Parecia dizer: "Oh, se eu te pudesse golpear, coração ingrato, de modo ainda mais forte, por teres amado o pecado em vez de Deus!" Não cumpria propriamente uma penitência, mas o gesto era uma autopunição, ao bater no peito de novo e de novo, como que supostamente lamentando em seu íntimo: "Ai de mim, por ter pecado tanto contra o meu Deus" enquanto com os lábios clamava: *Ó Deus, sê propício a mim, o pecador*. E você? Consegue chegar a Deus assim, caro amigo? Oh, que todos possamos chegar cada vez mais perto dele desse modo. Você certamente já conta com o suficiente, irmão, para ficar de pé e de longe e confessar, pois há pecados em que, como eu, tem a sua culpa solitária. Há iniquidades que somente nós próprios conhecemos, que nem mesmos os mais íntimos de nós conhecem, nem nossos pais, cônjuge ou irmão, nem mesmo o amigo mais próximo com quem costumamos confidenciar. Se pecamos sozinhos, então que possamos ir para o nosso aposento pessoal e confessar nosso pecado sozinhos, sem a companhia do marido ou da esposa, do pai, da mãe, dos irmãos, dos filhos. Que cada um possa lamentar junto a Deus os erros que cometeu. Irmãos, parem de se contaminar. Abandonem o vício da censura, encerrem as calúnias provindas da inveja. Reprovem a si mesmos e não a mais ninguém. Despedacem seu próprio coração, e não a reputação alheia. Venham! Que cada homem ou mulher olhe para seu próprio caso, e não para os de outros; e cada qual possa clamar: "Senhor, tem misericórdia de *mim*, que aqui estou, sozinho, pecador". E não teremos então bons motivos para olharmos para baixo? Não parece que, às vezes, é um exagero olhar para o céu? Quantas e quantas vezes, poupados de cometermos o crime da blasfêmia, esquecemos de Deus! Quantas vezes negligenciamos a oração! Quantas vezes violamos o dia do Senhor ou deixamos de ler a Bíblia! Essas coisas, ao cruzarem nossa memória, podem nos fazer sentir que não podemos levantar os olhos para

CONFISSÃO E ABSOLVIÇÃO | 1415

o céu. Quanto a bater no peito, que homem haverá entre nós que não tenha necessidade de fazer esse gesto? Que fiquemos contrariados com nós mesmos por fazermos Deus irar-se conosco. Que fiquemos aborrecidos com os pecados que têm trazido ruína para nossas almas e os condenemos imediatamente a morte sumária; eles têm sido nossa ruína, que peçamos a Deus então sua destruição. Como o publicano, que possamos bater no peito enquanto clamamos: *Ó Deus, sê propício a mim, o pecador.*

Há outro aspecto na oração daquele homem que não devemos esquecer. *Que razão teria para esperar que Deus tivesse qualquer tipo de misericórdia para com ele?* O grego nos explica, mais que a tradução, por que a passagem original é traduzida como: "Ó Deus, sê *propício* a mim, o pecador". A palavra grega correspondente a *propício* traz uma referência distinta à doutrina da expiação. Não se trata, por exemplo, de oração dos unitaristas: "Tem piedade de mim", mas é mais do que isso — é oração, de fato, cristã: *Ó Deus, sê propício a mim, o pecador.* Existe aqui, repito, um apelo distinto à expiação e à misericórdia nessa curta oração. Ao nos apresentarmos diante de Deus com nossa confissão, temos de cuidar suplicarmos pelo sangue de Cristo. Não há esperança para o pobre pecador senão a cruz. Podemos até suplicar *tem piedade de mim* (Sl 25.16), mas esta oração não poderá ser atendida separadamente do sacrifício do Cordeiro, que vem de antes da fundação do mundo. Ao voltar seus olhos para a misericórdia, atente para que se voltem também para a cruz. Lembre-se que a cruz é, afinal, a própria compaixão; que a misericórdia foi estabelecida pendendo da cruz, coroada de espinhos. Se deseja obter perdão, vá até a escuridão do Getsêmani e veja ali o Redentor suar, em profunda angústia, gotas de sangue, por você. Se deseja ter paz na consciência, vá até o lugar chamado Gabatá, ou Pavimento, e veja as costas chicoteadas do Salvador, inundadas de torrentes de sangue. Se deseja melhor descanso para sua consciência, procure o Gólgota, ou Calvário, e veja ali a vítima do maior sacrifício expiatório já feito, imolada e pendurada no madeiro, as mãos, os pés e os lados perfurados, como tendo cada chaga aberta pela desgraça extrema. Não há esperança de misericórdia além da vítima em oferenda — Jesus Cristo, o Filho de Deus.

Oh, venha! Que cada um e todos nós possamos nos achegar ao trono e suplicar, por esse sangue. Que cada um possa chegar e clamar: "Pai, pequei; mas tem misericórdia de mim, mediante teu Filho". Venha, você que bebe, dê-me a sua mão; vamos juntos. Você, meretriz, dê-me a sua mão também e nos aproximemos do trono. Vocês, cristãos professos, venham também, não tenham vergonha da companhia deles. Cheguemos todos à presença de Deus, em lágrimas, sem que ninguém acuse o companheiro, mas cada qual acusando a si mesmo; e supliquemos pelo sangue de Jesus Cristo, que nos fala de paz e perdoa toda consciência que se atordoa.

Ó homem que menospreza a verdade ou dela escarnece, tenho uma palavra para você antes de encerrar este tópico. Você certamente alega, com autossuficiência: "Bem, essa oração é boa, sem dúvida, para quem esteja morrendo. Quando um homem vê a negra morte encarando-o de frente, ou está apavorado de vir a ser atingido por um raio em meio a uma tempestade, ou se encontra em meio a uma terrível confusão, ou sob o risco de um perigo, de uma catástrofe, de um acidente súbito; quando chega, enfim, bem próximo dos portões da morte, então está certo que ele clame: *Deus, sê propício a mim, o pecador*. Ah, amigo, quer dizer que essa oração só lhe será apropriada quando você estiver morrendo? Significa, então, que pode ser bastante adequada a você *agora* — pois você não sabe quão próximo pode estar da beira do túmulo! Oh, se você ao menos chegasse a entender quão frágil é a vida e escorregadia a base daquilo em que se apoia, exclamaria: "Ai, a *minha* alma! Se essa oração pode me servir quando eu estiver morrendo, pode então me servir agora; pois morro agora, a cada dia, neste mesmo dia, e só não sei quando darei meu último suspiro". "Oh, sim", diz outra pessoa, "eu creio que essa oração é mais para alguém que seja um grande pecador". Correto, meu amigo, minha irmã; portanto, se você se reconhecesse, veria que ela serve justamente para você. Ou então, já que serve mais para os grandes pecadores, se você, na verdade, não se sentir um grande pecador, nunca a usará em suas orações. Mas há alguns aqui que, felizmente para eles, se sentem do modo como você também deveria sentir e saber quem é. Essas pessoas irão, sem dúvida, compelidas pela graça, usar essa prece com ênfase desde esta manhã, derramando uma lágrima a cada palavra, exalando um soluço a cada sílaba, enquanto clamam com toda a sinceridade: *Ó Deus, sê propício a mim, o pecador.* Atenção, porém, amigo; se você menospreza ou recebe com escárnio essa confissão, saiba que quem a fizer sairá desta casa inteiramente perdoado e justificado, enquanto você sairá ainda levando o fardo do seu pecado, sem esperança, sem um raio de alegria sequer para iluminar seu espírito impuro.

II. Tendo assim examinado com brevidade a confissão, serei ainda mais breve ao expor a ABSOLVIÇÃO que Deus proveu àquele pecador. A absolvição procedente dos lábios dos homens, acredito, nada mais é do que blasfêmia. No livro de orações da Igreja da Inglaterra há uma absolvição essencialmente papista, que creio ser quase que literalmente extraída do missal de Roma. Não hesito em dizer que jamais houve algo mais profano na terra do que a absolvição pronunciada por um clérigo a um moribundo; e é absolutamente temeroso pensar que qualquer pessoa que se diga cristão consiga permanecer em paz em uma igreja protestante antes de ter feito o máximo que possa para ter tão celebrado livro revisto e reformado e livrá-lo da marca do papismo. Mas a verdadeira absolvição existe, amigos, e o publicano a recebeu. *Digo-vos que este desceu justificado para sua casa, e não aquele* (Lc 18.14). Aquele outro, o fariseu, não teve uma migalha sequer de paz revelada a seu coração; já o pobre publicano a recebeu totalmente, e voltou para casa inteiramente justificado. Veja que o Senhor não diz que ele voltou para casa com a mente sossegada; claro, isso é verdade também; mas foi muito além: ele voltou para casa, diz Jesus, "justificado". O que significa isso? Acontece que a palavra grega aqui usada é a mesma que o apóstolo Paulo sempre empregava para explicar a grande doutrina da justificação de Jesus Cristo — a justificação de Deus pela graça mediante a fé. Na mesma hora em que o homem proferiu sua sincera oração, cada pecado que ele detinha foi apagado do livro de Deus, não mais havendo registro algum de culpa contra ele; ou seja, no momento mesmo em que a oração foi ouvida no céu, o homem foi reconhecido como justo. Tudo que Cristo fez pelo pecador foi lançado sobre ele para lhe servir de traje de pureza; naquele exato momento, toda a culpa de tudo o que ele havia cometido de mal foi inteiramente removida dele e lançada fora para sempre. Quando um pecador se arrepende e crê verdadeiramente em Cristo, seus pecados deixam de existir — e, mais maravilhoso ainda, *todos os pecados* deixam de vir a existir, como diz Kent nesses bem conhecidos versos:

> Eis o perdão a toda transgressão passada,
> Não importa qual tenha sido o negror de cada,
> E, oh, minha alma, que maravilhosa visão,
> Que aos pecados por vir eis aqui mais perdão.

São todos eles removidos em um único instante: os crimes de muitos anos, as extorsões, os adultérios, até mesmo os assassinatos. Note-se que a absolvição foi instantaneamente concedida. Deus não disse àquele homem: "Agora, terás somente de realizar algumas boas obras, e então, pronto, eu te darei absolvição". Não. Não disse, como o papa faria: "Você terá, ao morrer, de derreter por uns tempos no fogo do Purgatório, e só depois é que o deixaremos sair". Não. Foi justificado, ali, naquele mesmo instante; o perdão lhe foi inteiramente concedido assim que confessou seu pecado: "*Vai em paz, meu filho. Nada tenho contra ti*; removi todos os teus pecados e lancei-os nas profundezas do abismo eterno; eles nunca mais serão lembrados ou mencionados por mim". Conseguem imaginar o homem feliz que o publicano se tornou, ao haver mudado? Se invertermos a figura usada por Milton, ele parecia ser um sapo desprezível, mas o toque da misericórdia do Pai fez com que se elevasse ao brilho angelical e às delícias divinais; e saiu do templo com os olhos voltados para o céu, sem mais temer. Em vez do pesado murmúrio de angústia que havia em seu coração, saiu de lá com uma alegre canção nos lábios. Ele não mais caminhava sozinho; seguia o que era divino, testemunhando: *Venham e ouçam, vocês que temem a Deus, e eu lhes direi o que ele fez por minha alma* (Sl 66.16). Não mais batia em seu peito, mas descia para casa almejando pegar em um instrumento e tocar melodias de louvor a Deus. Não diriam ser o mesmo homem que entrara no templo, se o vissem saindo dali; e toda essa mudança foi feita em um só instante. "Mas", alguém poderá questionar, "tinha ele consciência de que seus pecados lhe haviam sido perdoados? Poderá um homem ter tal sensação?" Decerto que pode. Aqui há pessoas que podem dar testemunho de que isso é verdade.

Confissão e absolvição

Elas já passaram pelo mesmo. O perdão que é selado no céu passa a estampar nossa própria consciência. A misericórdia que pertence às alturas faz brilhar sua luz na escuridão do nosso coração. Sim, um homem pode saber perfeitamente que seus pecados foram perdoados, ter certeza desse perdão do mesmo modo como tem de sua existência.

Creio ouvir alguns perguntarem: "Então, posso ser perdoado esta manhã? E poderei saber que fui perdoado? Posso ser perdoado de forma a tudo esquecer — que fui um dia um beberrão, um adúltero, um blasfemador? Terei todas as minhas transgressões apagadas? Terei certeza de poder vir a ganhar o céu — e tudo isto em um único instante?" Sim, meu amigo, minha irmã, se você crer no Senhor Jesus Cristo, bastando ficar onde agora está e proferir esta oração: "*Senhor, tem piedade de mim! Ó Deus, sê propício a mim, o pecador*, mediante o sangue de Jesus Cristo!" Deus nunca recusou esta oração, eu lhes garanto; se partir de lábios sinceros, ele jamais fechará os portões da misericórdia. É uma litania verdadeira e solene, que deve ser proferida enquanto existir o tempo e que conseguirá alcançar os ouvidos de Deus enquanto houver pecadores a expressá-la. Vamos, não tema, eu rogo, use desta oração antes de deixar este recinto. Fique onde estiver, faça um esforço para perceber que está sozinho, e, sentindo-se só, deixe com que a oração ascenda ao céu.

Oh, que maravilha seria se os milhares de corações aqui presentes fizessem com que essa oração chegasse milhares de vezes a Deus! Jamais tiveram os anjos do Paraíso um dia como teriam se todos nós fizéssemos tal sincera confissão. Alguns a estão fazendo, sei que estão; Deus os está ajudando. Por que então você se recusa, pecador? Você, que tem maior necessidade, por que se recusa a nos acompanhar? Vamos, irmão, vamos. Você diz que é muito perverso. Mas esteja certo de que você não é tão vil a ponto de não poder dizer: "Ó Deus, sê propício a *mim*". Talvez você nem seja mais perverso do que alguns de nós; de qualquer modo, mesmo sentindo que podemos ser mais perversos que você, ainda assim queremos clamar esta oração. "Ah!", dirá alguém. "Não posso; meu coração não irá ceder; sei que não posso." Sim, mas para que Deus tenha misericórdia de você, só tendo mesmo um coração endurecido como o seu. Que o Espírito de Deus sopre agora nos corações endurecidos e derreta-os agora! Ajuda, Santo Espírito, o homem que se sente impotente a se superar — ajuda-o a livrar-se de sua incapacidade agora. Você, que está lutando contra isso, diga: "Bem que eu gostaria de pedir para tornar a ser criança, e se pudesse o faria; mas tornei-me endurecido, envelheci por causa do pecado, e orar seria hipocrisia de minha parte". Não, irmão, não seria. Basta você apenas suplicar com seu coração, é tudo que peço. Muitos homens acreditam serem hipócritas quando não são, e não serem sinceros, quando o próprio temor que sentem é a prova de sua sinceridade. "Mas", alguém ainda dirá, "não há qualquer traço que seja digno de remissão em meu caráter". Fico feliz que pense assim; pois isso nada impede, de modo algum, que você ore: *Ó Deus, sê propício a mim, o pecador*. "Mas será uma oração inútil", poderá alegar. Irmão, eu lhe asseguro, não em meu nome, mas em nome de Deus, meu Pai e seu Pai, que não será. Tão certo quanto Deus é Deus, aquele que vier a Cristo, seja como for, de modo algum será lançado fora. Venha agora, eu lhe peço; não se demore mais; o mais íntimo de Deus anseia por você. Você é seu filho, e ele não desistirá de você. Você fugiu dele por todos esses anos, mas ele nunca se esqueceu de você; você resistiu a todos os seus chamados até agora, e ele pode parecer estar quase cansado, mas já disse: "Como te deixaria, ó Efraim? Como te entregaria, ó Israel? Como te faria como Admá? Ou como Zeboim? Está comovido em mim meu coração, as minhas compaixões à uma se acendem".

> Vem, pobre pecador, em cujo coração
> Revolve-se sempre um variar de pensamento;
> Vem, tomado de culpa e medo e opressão,
> E faz o teu último comprometimento:
>
> Irei a Jesus, inda que minha iniquidade
> Possa até de uma montanha a altura alcançar,
> Adentrarei, pois a conheço, sua Cidade,
> Qualquer que seja a oposição a enfrentar.

Perante sua face prostrado quedarei,
E todos os meus pecados confessarei;
Indigno e impossível a ele direi ser
Sem a sua graça soberana o meu viver.

Vão para suas casas. E que todos nós — pastor, diáconos, povo, todos nós, da igreja e do mundo, e cada um, ao chegarmos em casa, até mesmo antes de retirarmos nossas vestes, possamos desnudar nosso coração diante de Deus, deixando que de nossos lábios seja derramada esta súplica: "Ó Deus, sê propício a mim, o pecador".

Um momento. Fiquem um instante ainda. Quero detê-los por mais um pouco. Vamos todos proferir juntos esta oração *agora*. Oh, que ela possa chegar ao Senhor como a súplica sincera de cada coração desta assembleia! Irei repeti-la — não como texto, mas como oração, como meu próprio pedido e um pedido vindo de vocês. Pode, cada um, fazer o mesmo pedido pessoalmente a ele? Vamos todos, eu lhes peço, todos que desejam oferecer a oração; que se juntem a mim, e que digam ao final um sonoro "Amém". Oremos:

Ó DEUS, SÊ PROPÍCIO A MIM, O PECADOR.
[*Ao que o povo respondeu com profunda solenidade:* AMÉM.]

(P.S.: O pregador espera que aqueles que leiam este texto se sintam compelidos a seguir o exemplo.)

152

Os servos e as minas

Certo homem nobre partiu para uma terra longínqua, a fim de tomar posse de um reino e depois voltar. E chamando dez servos seus, deu-lhes dez minas, e disse-lhes: Negociai até que eu venha (Lc 19.12,13).

É-nos dita a razão pela qual o Salvador ensinou essa parábola no momento em que o fez. Ele seguia para Jerusalém, e a multidão, ignorante e entusiasmada, esperava que ele viesse a assumir ali sua soberania secular: [...] *pensaram eles que o reino de Deus se havia de manifestar imediatamente* (Lc 19.11). Tal pensamento da turba era cheio de engano, e precisava o Salvador corrigi-lo. Para banir da mente deles a ideia de um império judeu, em que cada hebreu seria um príncipe, nosso Senhor lhes contou essa história — e uso esta palavra conscientemente, pois o fato que a narrativa da parábola aborda teria sido também, na verdade, um acontecimento já ocorrido. Queria Jesus lhes mostrar que, na verdade, eles iriam partilhar do reino um dia, não naquele momento, e que em breve haveriam de ter de começar a esperar pacientemente por um Senhor que, tendo partido para tomar posse de um reino, só bem mais tarde iria voltar. Durante sua ausência, seriam realmente os discípulos os servos a quem, na parábola, são confiadas as posses ou economias do patrão para investimento. No exemplo, o amo era um nobre, que podia ser comparado a um dos seus muitos concidadãos, que partia para uma corte distante, onde seria investido de autoridade real e de onde retornaria como soberano; ele confiava então a seus servos determinadas quantias em dinheiro, para que as aplicassem em negócios ou investimentos lucrativos, até o seu retorno.

Confesso que não havia compreendido inteiramente o significado deste relato até ser conduzido por um eminente expositor a uma passagem no historiador judeu Josefo, que viveu na época de Jesus. Essa passagem, embora não sendo a chave para o entendimento do conteúdo evangélico da parábola, trata de fatos reais, acontecidos historicamente, que podem, quase seguramente, ter servido de base à narrativa de Jesus, mostrando, inclusive, um exemplo do que provavelmente ocorria com frequência no império romano naquele tempo. Conforme lemos em Mateus, quando do nascimento de Jesus era rei da Judeia o primeiro Herodes — rei, porém, inteiramente subordinado ao imperador romano César, que fazia e desfazia reis nos seus domínios, a seu bel-prazer. Ao morrer Herodes, assumiu o trono seu filho Arquelau de quem temos notícia também no relato de Mateus acerca da infância de nosso Senhor: José, ao saber que Arquelau tomara o lugar de Herodes, temeu regressar de Belém à Judeia, sendo orientado então divinamente a ir com o menino e sua mãe para a Galileia. Arquelau, porém, como só teria direito ao trono depois de obter a sanção de César, conta Josefo, dirigiu-se com alguns ajudantes a Roma, que, naqueles dias, era distante da Judeia, para tomar posse oficial do seu reino e depois voltar. Enquanto em viagem — e isso Jesus menciona diretamente em sua parábola — seus concidadãos, que o odiavam, enviaram após ele uma embaixada, dizendo (no caso, naturalmente, a César, o imperador): "Não queremos que este homem reine sobre nós". Essa embaixada, ou seja, esse grupo de selecionados mensageiros, foi argumentar junto a César que Arquelau não estava preparado para ser rei dos judeus. Alguns de seus argumentos estão registrados em Josefo, mostrando, inclusive, que os advogados de dezenove séculos atrás atuavam de modo bem semelhante ao de seus colegas atuais. O povo judeu, na verdade, estava cansado da linhagem de Herodes e preferia qualquer coisa que o cruel jugo daquele clã, que, ainda mais, era edomita, não israelita. Chegou-se até a pedir que a Judeia se tornasse uma província romana anexada à Síria, em vez de permanecer sob os odiosos grilhões daqueles tiranos. Era do feitio de César fazer então o que fez: dividiu o reino e colocou Arquelau no trono como etnarca, governador com poderes menores que os de um rei. Ao retornar, Arquelau se vingou de modo atroz de todos aqueles que se lhe haviam oposto e recompensou generosamente os que a ele se haviam mantido fiéis.

Esta história, ocorrida trinta anos antes da pregação do Mestre, sem dúvida deve ter tocado a memória do povo, sobretudo dos mais velhos, quando Jesus a narrou sob a forma de parábola. Arquelau havia construído para si um palácio muito próximo a Jericó, e pode ser até que o Salvador tenha usado os muros de tal palácio como inspiração para sua narrativa. Assim, aqueles que viviam nos dias de nosso Senhor e que ouviram pessoalmente esse relato devem ter compreendido a alusão aos fatos de maneira bem lúcida, mais do que conseguiríamos fazer hoje, séculos depois. A providência de Deus permitiu, na verdade, que o atento historiador Flávio Josefo armazenasse informações que hoje sabemos e reputamos tão importantes para nós. Quem ler seu relato, confrontando-o com a passagem em Lucas, há de constatar, como o fiz, quanto os detalhes são admiravelmente comuns. Sem condenar nem elogiar Arquelau de forma alguma, o Salvador usa simplesmente como ilustração sua ida a Roma. Eis então, na parábola, um nobre personagem, prestes a se tornar rei e que, para obter o trono, deve viajar à corte longínqua de um poder superior. Enquanto ausente, o povo, que o detesta, envia uma embaixada atrás dele para fazer pressão contra o seu pedido; não querem que ele reine de jeito algum. No entanto, ele recebe a governança e retorna para exercê-la. Ao fazê-lo, recompensa os que permaneceram fiéis a ele e pune com severa destruição os que tentaram privá-lo de sua soberania. Esta, a história. Permitam-me agora interpretá-la.

O Salvador busca, aqui, se comparar ao nobre. Está na terra como homem, em meio aos homens, mas na verdade como verdadeiro nobre, embora humilde e discretamente, em meio a seus concidadãos. Cabe-lhe tornar-se rei, rei de toda a terra, e, de fato, se tornaria; mas antes teria de partir, mediante sua morte, ressurreição e ascensão, à mais elevada corte, onde tudo iria receber como seu reino. Como estava escrito, *Tu és meu Filho, hoje te gerei. Pede-me, e eu te darei as nações por herança, e as extremidades da terra por possessão* (Sl 2.7,8). Jesus, portanto, deveria tão somente apresentar seu pedido diante do soberano Pai e ganhar o que era seu de direito. E viria o dia em que então retornaria, revestido de honra e glória, para assumir seu grande poder e, enfim, reinar, até que todos os seus inimigos pudessem estar sob seus pés. De fato, quando o Senhor voltar, serão seus inimigos todos destruídos, e seus servos fiéis, generosamente recompensados.

Vamos agora ter acesso ao lauto banquete que nos serve este divino ensinamento. Que o Espírito de Deus nos ajude a obter conhecimento prático dessa parábola.

1. Em primeiro lugar, quero convidá-los a observar que HÁ DOIS TIPOS DE PESSOAS aqui assinalados. Temos os inimigos, que não queriam que aquele homem reinasse, e os servos, que tinham de fazer render seu dinheiro. Há, na verdade, muitas divisões entre os homens: quanto à nacionalidade, a cargos, classes sociais e caráter; mas, no final, a mais importante divisão é apenas entre duas categorias — os inimigos e os servos de Cristo Jesus. Não vejo neste mundo qualquer outro tipo de pessoas além desses dois mencionados na parábola, e tenho a certeza de que realmente não há outro tipo sobre a face da terra. Somos, todos, ou inimigos ou servos de Jesus. Os que não são seus servos são, queiram ou não, seus inimigos; assim, os que não são seus inimigos devem cuidar de ser seus servos.

Pensemos agora nos *inimigos*. A pessoa que eles odiavam, na parábola, era um nobre. Era um homem, mas um homem nobre. E que homem nobre, o Senhor Jesus! Deixando de lado por um instante sua divindade, pensemos nele apenas como o homem Jesus. Que homem extraordinário! Não preciso nem me referir à nobreza propriamente de sua origem, como semente de Davi; quero lembrar apenas sua nobreza de caráter, que é onde reside a nobreza verdadeira. Que nobreza poderia ser à dele comparada? Seria difícil encontrar até mesmo, irmãos, um homem que, em segundo lugar, mantivesse uma distância razoavelmente pequena quanto a isso. Até aqueles que o imitam confessam que, lamentavelmente, estão longe, sob muitos aspectos, de apresentar a mesma glória. Nada há de insignificante, mesquinho ou ruim que se poderia notar em Jesus de Nazaré. Era nobre por completo. Sabemos que condescendeu, por motivo único de sua altíssima graça divina, tornar-se homem tal qual os outros; e, uma vez que lemos ter sido ungido acima de seus semelhantes, está implícito que semelhantes a ele eram os que o cercavam. Era

Os servos e as minas

um homem como outro qualquer, em meio aos homens. Pertencia à classe profissional dos carpinteiros, mas era também membro diletante da companhia dos pastores itinerantes e associou-se a pescadores, a homens do mar, que lidavam com redes e remos. Circulava igualmente em meio a camponeses; e em suas vestes e estilo de vida nada havia que o diferenciasse do resto dos cidadãos israelitas comuns. Na verdade, distinguia-se deles tão somente por seu caráter divino, mas tal distinção não se revelava em sua falta de vontade manifesta de se misturar aos demais, mas na incapacidade incontestável dos mortais de alcançá-lo. Os cidadãos que o odiavam o faziam sem motivo explicável algum. Existe sempre algum motivo, razoável ou não, para alguém não gostar de outro alguém ou de alguma coisa, mas, no seu caso, nada havia para não se gostar dele. O tom, as maneiras e o espírito peculiar de alguns dos melhores homens ou mulheres têm sido causa para rejeição ou ofensa por parte dos outros; mas nele não havia nada que pudesse justificar tal ódio: era um repúdio injustificado para com aquele que, afinal, estava destinado a reinar sobre todos. Quando clamou ser o Rei dos Judeus, alguns particularmente detestaram ter de aceitar esta sua legítima realeza, reclamando: "Não queremos que este homem reine sobre nós", traduzido por *Não temos rei, senão César* (Jo 19.15). Cristo *veio para o que era seu, e os seus não o receberam* (Jo 1.11).

Ainda considerando apenas o homem Jesus, irmãos, se quiséssemos ter um só governante, ele seria provavelmente eleito rei da terra por sufrágio quase unânime da humanidade, certamente escolhido só pelo levantar das mãos e por calorosa aclamação. *Il triumphe!*[1] Ó poderoso conquistador, que reines para sempre! Príncipe dos príncipes, rei dos reis na terra, amante dos filhos dos homens, que em nosso nome derramaste teu precioso sangue, mereces ser nosso soberano em tudo! És o mais majestoso dos homens e por isso chamado a ser o rei da humanidade! Não obstante, sabemos muito bem, sua sagração como rei tem sido rejeitada, para o que não há motivo algum. A quem acaso alguma vez oprimiu? Que impostos cobrou? Sua lei era dura e cruel? Fez algum julgamento de forma injusta? Não obstante, há pessoas que o detestaram em vida e esse mesmo ódio continua até hoje no mundo. Algum de vocês acaso o odeia? "Não", vocês responderão. Não obstante, acontece de alguns de vocês, que não o odeiam, acabarem por desprezá-lo de modo mais intenso que se o odiassem. Simplesmente o ignoram; ele geralmente não está em qualquer de seus pensamentos; agem como se ele não fosse digno nem de sua oposição: simplesmente não se importam com ele. Não se encontra entre os objetivos para os quais vocês vivem. Por vezes, falam com certa admiração parcial do seu caráter; mas a admiração a alguém, quando total e sincera, conduz quase sempre à sua imitação como exemplo ou modelo. Além disso, se Jesus é o Salvador, existe mal pior que possam fazer a ele do que recusarem a salvação que oferece? Eu o desafio, a vocês que são indiferentes a Jesus Cristo, a negarem ser, no fundo do seu coração, seus piores inimigos. Oh, que possam se arrepender e se voltar para ele, pois ele está regressando; e quando vier, dirá: Quanto aos meus inimigos, serão todos destruídos diante de meus olhos (Sl 54.7). Eis uma expressão de extremo terror. Ser destruído ante os olhos de um amor ferido é uma morte dupla. Que o Senhor, por sua graça, nos livre de destino tão cruel!

O outro tipo de pessoas eram *seus servos*. O original justificaria a tradução da palavra "servos" por "serventes escravos". É de supor que o nobre os tivesse adquirido, ou tivessem eles nascido escravos em sua casa, ou ainda tivessem sido escravizados por dívida para com ele, como era costume na época. Quando digo serem os servos, na verdade, serventes escravos, vocês certamente devem pensar: "Então aqueles que creem em Jesus são seus serventes escravos?" Não nos poupem nem mesmo da aparente aspereza da palavra "escravos" — mas nós não éramos livres até escolhermos o jugo de Jesus, e ficamos livres justamente ao nos curvarmos a seus pés. Paulo disse: [...] *eu trago no meu corpo as marcas de Jesus* (Gl 6.17), como se o ferro em brasa da aflição o tivesse marcado com o nome de Cristo. Sim, somos propriedade do Senhor Jesus, não nos pertencemos a nós mesmos. Não encontramos palavras que possam explicar de modo pleno essa nossa condição, mas desejaríamos mergulhar em Cristo, tornando-nos nada em seu nome. Na verdade, ele nos chama de amigos, mas nós queremos nos chamar de seus servos. Temos grande prazer em reconhecê-lo como mestre e Senhor, como Davi, que declara de si mesmo, mais de uma vez,

---

[1] [NE] *Il triumphe!* — expressão latina que significa "Triunfo! Viva!", ou similar.

"*sou teu servo* e, ainda, *filho da tua serva* (Sl 116.16)" — como se tivesse nascido escravo, filho de escrava, do Senhor; e acrescenta: *Soltaste as minhas cadeias* (Sl 116.16). Servidão a Cristo significa perfeita liberdade, e isto sob todos os aspectos. Não conseguimos conhecer perfeita liberdade até que coloquemos cada pensamento, cada divagação, cada sonho ou desejo nosso sob seu domínio e cativeiro. Fomos comprados com seu sacrifício e custamos muito caro a ele; ao mesmo tempo, nascemos em sua casa, em um segundo nascimento, e estamos presos a ele por dívida e promissória, que com muito prazer assinamos e estaremos sempre dispostos a reassinar, para com ele sempre nos comprometermos.

> O alto céu, que o voto ouviu ser declarado,
> O mesmo voto ouça todo dia renovado:
> Que até a última hora de vida nos curvemos
> E a amada algema até na morte abençoemos.

Estamos, portanto, no lado extremo oposto a seus inimigos, pois somos e queremos ser sempre seus servos.

Explanei a vocês, assim, os dois tipos. Que o Espírito Santo opere em nós, para que possamos discernir a qual dos dois pertencemos! Se formos inimigos, que possamos nos tornar servos de agora em diante!

II. Daremos agora um passo à frente, atentando para o EMPENHO DOS SERVOS. Seu senhor estava partindo, e deixou sob o cuidado de seus dez servos algum capital, que deveriam investir até que voltasse. Não disse aos servos quanto tempo ficaria fora, talvez nem ele mesmo soubesse — estou falando do nobre da história; mas até o nosso mestre diz, quanto à sua volta: *Daquele dia ou hora, porém, ninguém sabe* [...] (Mc 13.32). "Estou partindo", disse-lhes provavelmente o nobre. "Vocês são meus servos, e eu vos deixo como meus servos em meio aos inimigos. Sejam leais a mim; e, para provar sua fidelidade, invistam em negócios em meu nome. Confiarei a cada um de vocês certa quantia de dinheiro, que os manterá ocupados: o negócio de que irão cuidar será a prova diária de que são leais a mim, sem se importar com os outros."

Notem, em primeiro lugar, que *era um trabalho honrado*. Não lhes foi confiada uma grande quantia, apenas o suficiente, certamente, para servir como teste. Era uma prova teste para medir sua lealdade, honra e eficiência. Como servos realmente fiéis e ligados a seu amo, e porque ele havia depositado toda a confiança neles, estavam cientes de que a deveriam honrar e justificar. Nem sempre é sábio confiar dinheiro ou bens a terceiros, sobretudo servos ou criados; na verdade, com algumas exceções, a tendência de tal vínculo sempre foi a de vir a ser abalada a confiança nos homens. Nosso laço com Cristo, porém, tem efeito contrário, pois ele não nos prende sob grilhões. Já esses servos do nobre foram tratados, de certo modo, como seus sócios, desfrutando de relativa participação nas posses do amo. Eram fiduciários e associados seus. O patrão não os vigiaria, pois havia partido para terra longínqua, confiando em que cumpririam por si sós o acordo feito. Não tinham de prestar contas diariamente, tampouco periodicamente, mas, sim, foram deixados à vontade para agir da melhor forma possível até que ele retornasse.

Assim é exatamente como o mestre nos trata: ele nos confiou o evangelho e acredita em nós em nome da honra. Não nos chama para uma cobrança ou auditoria periódica, pois não está aqui. Não acredito que os sistemas de governo das igrejas que usam de uma espécie de espionagem à membresia estejam inteiramente de acordo com o pensamento do nosso Senhor. Pode-se confiar em que os cristãos agem como deveriam: eles trazem a lei consigo. O Senhor não coloca você sob regras e avisos que visem a garantir que você dê o dízimo, apesar de o pastor ficar muito grato se puder contribuir. Não diz nem sugere que você poderá obter tanto, durante tal tempo, trabalhando de tal modo. Não; pois você não segue uma lei externa, mas sim a graça. Se você ama seu Mestre logo descobrirá o que pode fazer por ele e sua causa, e o fará com regozijo. O Senhor, enfim, não impõe regras, ordenando que você comece o trabalho em favor dele em determinada hora da manhã nem o ocupe durante certos dias e em determinado horário do dia ou da noite. Não; ele diz somente: "Toma aqui meu capital e investe-o". Nossa visão de *negociai até que eu venha* é que é uma versão ilustrada de "Ajudem-me a administrar a fé até que eu volte". O Senhor lançou em nós toda a sua confiança, apelando para nossa honra e nosso amor. Não virá vigiar-nos de tempos em tempos, porque possui grande consciência de nossas ações. Por enquanto ausente, ele nos deixou também em meio aos inimigos para mostrar a esses que possui fiéis aliados, ao mesmo tempo que prova ser um bom mestre, já que seus servos, mesmo admitindo serem simples vassalos, regozijam-se em colocar toda a vida a seu serviço. E eu digo mais: que ele nos deixou para realizar um trabalho honrado, o mais honorável de todos.

Um trabalho para o qual o amo confiou aos servos determinado capital. Ele deu aos servos certa quantia em dinheiro. Não muito, é bem verdade, nem pretendia dar muito. Não seriam capazes, certamente, de lidar com uma grande importância em dinheiro. Certamente se ele os reconhecesse capazes de lidar com uma pequena quantia, então lhes poderia confiar responsabilidade maior. Nenhum dos servos reclamou da limitação do capital emprestado, ou que desejasse ter em dobro o que recebeu. Irmãos, não precisamos pedir por mais dons ou talentos, temos tanto quanto nos é conferida a capacidade de os sabermos usar. Pastores não precisam de congregações maiores: que se empenhem mais junto àquelas de que já se ocupam. Disse-me um irmão pregador: "Não posso fazer grande coisa com apenas cem ouvintes", ao que respondi: "Pois você ainda verá que já é difícil dar conta até mesmo de cem pessoas". Vou confessar bem baixinho, mas muitas vezes desejei que tivesse uma congregação menor, para que eu pudesse cuidar melhor de cada alma; mas agora estou fadado à eterna insatisfação com meu trabalho, pois o que sou eu em meio a tantos de vocês? Sinto que não comecei a realizar nem um centésimo do trabalho que precisa ser feito em uma igreja como esta. Voltando aos servos: cada um deles recebeu certa quantia em dinheiro em suas mãos, e seu amo lhes disse apenas: *Negociai até que eu venha.* Não esperava, certamente, que fizessem milagre com tão pouco, mas deveriam conseguir tanto quanto sua capacidade o permitisse. Não contava que cada qual obtivesse mais do que o pouco dinheiro seria capaz de render; pois, no fim das contas, ele não era um homem rigoroso. "Tomem estas dez minas", teria dito ele, "e façam o melhor que puderem em negócios. Sei que os tempos são ruins e terão de negociar em meio a adversários e concorrentes. Talvez não possam obter vinte vezes o valor que lhes confio, sob essas circunstâncias, mas procurem investir bem e colher cada centavo que esse dinheiro possa render". Assim, deixou com os servos capital suficiente para que atingissem o melhor objetivo possível. Onde está, amigo, os recursos e dons confiados a você? "Ora", poderá alegar alguém, "eu não tenho capacidade alguma para saber como empregá-los". Como assim? O Senhor lhe deu recursos, você é um servo dele; e se você nada estiver fazendo com o que Deus lhe deu, então está perdido, e deveria disso se envergonhar. O que fez você com o capital? Ponha as mãos no bolso. Não há nada aí. Estará no lenço? — lenço que você deveria estar usando para secar o suor de trabalho de sua fronte? Então, achou? Você poderá responder: "Bem, não é muita coisa...". Mas o mestre não disse que era muita coisa; pelo contrário, ele disse para você ser *fiel no pouco* (Lc 16.10). Como foi que você usou este pouco? Esta reflexão deve atingir a consciência de cada um. Vocês foram tratados como servos de confiança, mas não agem com verdade para com o seu Senhor. Por quê?

O que os servos deveriam fazer com o dinheiro lhes foi recomendado de maneira clara. Deveriam investi-lo; não arriscá-lo, não guardá-lo, nem desperdiçá-lo. Ouso dizer que talvez eles até se sentissem inclinados a propor: "A causa de nosso mestre está em jogo, lutemos por ele!"; mas ele não disse "lutem" e, sim, *negociem.* Pedro, por exemplo, chegou a puxar a espada. Oh, sim, somos sempre ávidos combatentes — mas negociadores bem vagarosos. Alguns manifestam um espírito desafiador e nunca se sentem satisfeitos senão em meio a poeira, confusão e barulho. Os servos da parábola não deveriam lutar, mas negociar, ofício muito mais complicado, intelectual e desprezado pelo gosto popular. Deixemos os inimigos do Senhor para ele; cedo ou tarde, ele dará cabo de todos os rebeldes. Devemos ter muito mais tranquilidade, paciência e segurança nele, aqui na terra.

Provavelmente alguns chegaram a pensar que aquele dinheiro poderia vir a seria útil para lhes trazer mais conforto, até mesmo algum luxo: um compraria um novo casaco, outro obteria para si um novo móvel, outros solenemente afirmariam: "Temos de pensar em nossas famílias". Mas não foi isso o que lhes disse o patrão; disse: *Negociai até que eu venha.* Assim, não deveriam lutar, nem esconder ou guardar o dinheiro, nem gastá-lo ou desperdiçá-lo, mas tão somente deveriam *negociar* com ele.

O dinheiro não lhes foi confiado à toa. Eles não poderiam se vangloriar comparando-se a outras pessoas que não tinham nem um mísero centavo para abençoá-las; pois, apesar de serem agora, de certo modo, investidores, o capital pertencia não a eles, mas ao seu senhor. É de fato lamentável que alguém possa se gabar dos dons, da graça ou dos talentos que possui como se fossem próprios. Um verdadeiro negociante quase nunca tem dinheiro para mostrar e se gabar; praticamente tudo o que ganha é empregado em seu próprio negócio. Por vezes, mal consegue ter consigo algumas notas de cinco, pois o grosso do seu dinheiro mesmo é aplicado: seu fruto tem a semente toda reempregada na semeadura de seu negócio. Falando por mim, não vejo como me vangloriar de mim mesmo; pois, se tenho alguma graça e força, não as tenho por mim e muito menos para esbanjar. Só as tenho o suficiente para realizar o trabalho que me cabe, o trabalho que devo realizar. Nossos recursos, capacidade e talentos não são para serem pendurados em um colar e exibidos, mas para usar, *negociar*.

Os negócios representam uma vida que pode ser chamada de mundana, mas que é essencialmente prática; tal atividade tem efeito igualmente prático na vida da pessoa que nisso se lança. Isso ocorre, em parte, pelo fato de ser uma ocupação em que há *grande espaço para ação*. Nenhum dos servos foi obrigado a assumir algum negócio específico. Aquele que conseguiu transformar seu dinheiro em dez deve ter escolhido o melhor dos negócios. Ele buscou certamente não o trabalho mais agradável, mas o que seria mais lucrativo. Do mesmo modo, somos deixados, caros amigos, por escolher nossa própria linha de conduta no serviço a nosso Mestre, com a única ressalva de que devemos negociar por ele e tudo deva ser bem realizado em seu nome. No atual momento, por exemplo, nenhum trabalho rende melhores resultados para nós, cristãos ingleses, do que as missões no Congo ou junto às tribos das montanhas na Índia; grandes dividendos também têm sido obtidos ao lidarmos com os mais pobres dos pobres nas favelas, além de viúvas e órfãos que vivem em estado de penúria. Quando os homens entregam sua vida ao Senhor Jesus, depois de desperdiçá-la em baixas paixões, os ganhos são inimagináveis. Onde maior se manifesta a carência de sua presença, o Senhor é mais glorificado. Cabe-nos julgar o que fazer, como fazer e onde agir. Façamos o que nos pareça ter a melhor possibilidade de ganhar mais almas e melhor estabelecer o reino do Senhor. Exercitemos o melhor julgamento possível e sigamos a linha de trabalho santo em que mais resultados possamos gerar em favor do nosso glorioso Mestre.

O trabalho que seu amo indicou *poderia fazê-los obter sucesso*. Aquele homem que é uma negação para os negócios, você o conhece? Eu o conheço. Reclama ter "pouca cabeça"; e geralmente essa reclamação contém alguma verdade. Ele só quer realizar um trabalho que lhe traga pronto o pão quente à porta; e, mesmo assim, o pão tem de vir já cortado, senão jamais conseguirá tomar seu café da manhã. Na verdade, aquele que deseja ter sucesso nos negócios hoje tem de desfrutar de confiança, mostrar-se esperto, manter os olhos abertos e se doar completamente ao negócio escolhido. São tempos difíceis. Não tão difíceis, no entanto, quanto provavelmente os sugeridos na parábola, em que os servos fiéis tinham de negociar em meio a inimigos e traidores, requerendo uma necessidade maior de julgamento preciso das coisas. Negociar faz desenvolver a perseverança, a paciência e a coragem de um homem: serve para testar sua honestidade, verdade e firmeza. É uma disciplina especialmente adequada para o desenvolvimento do caráter. Quando o nobre entregou o dinheiro a seus servos teve certamente a intenção de poder verificar quem realmente eles eram. Negociar com pouco capital significa empenho pessoal e muito esforço, longas horas de trabalho e pouco descanso; por vezes, muita decepção e pouco ganho. Significa trabalhar com força e vontade, agindo de todo o coração e mente o mais possível. É dessa maneira que devemos servir a Cristo. A palavra "negociar" encerra muitos significados em si, mas não posso me demorar nela hoje, nem há tal necessidade, pois a maioria de vocês sabe mais sobre negócios do que eu e podem melhor instruir a respeito a si mesmos. Devem, porém, "negociar" em nome do Senhor Jesus Cristo em sentido mais elevado e enfático do que quando negociam para e por si mesmos; empregar sua força, suas faculdades mentais, toda a sua essência, sua família, tudo — levar glória a Deus e honrar o nome de Jesus. O trabalho de toda a vida deverá ser o de trabalhar *por* Jesus e *com* Jesus.

Os servos e as minas

Os negócios, se conduzidos com sucesso, são como uma *preocupação absorvente*, que demandam todo o homem. É uma labuta contínua, uma provação constante, teste notável, disciplina valiosa; e é por isso que o nobre confiou tal ação a seus servos, para que pudesse então usá-los provavelmente, depois, em serviço ainda mais elevado. Irmãos, aprendam o que se pode fazer com negociar e deem início à empreitada de seus negócios espirituais de todo o coração.

Ao mesmo tempo, observemos que *seu trabalho era adequado à sua capacidade*. Por menor que fosse o capital, era o suficiente para eles; pois não eram mais que servos, não tinham qualquer formação ou especialização profissional. O patrão havia dado a cada um apenas uma mina, uma moeda que não valeria mais que dez libras atualmente. Não se poderia comprar com essa quantia nem uma loja nem mesmo um estoque de mercadorias. Os servos não poderiam reclamar, no entanto, que se lhes havia sido confiado um trabalho grande demais para realizar. Tudo o que possivelmente conseguiriam fazer era comprar alguma mercadoria e procurar mascateá-la nas ruas. O Senhor Jesus Cristo nunca pede que você faça mais do que pode fazer; não o sobrecarrega com afazeres maiores do que a sua capacidade. Jamais atingimos a seu serviço os limites de nossas forças: podemos sempre fazer mais. Jesus não é um mestre rigoroso; e somente um servo falso ou medroso poderia alegar, perante ele, que *és um homem duro, que ceifas onde não semeaste* (Mt 25.24). Nada disso. Ele nos incumbe de fazermos um trabalho simples, adequado à nossa capacidade limitada, e está sempre pronto a nos amparar, mediante o Espírito Santo. Pois que saibamos então bem usar nossa única mina, nossa moeda. Que seja nossa aspiração podermos multiplicá-la pelo menos por dez vezes; e que o Senhor faça prosperar em graça os nossos esforços, para que possamos lhe apresentar maiores frutos quando retornar!

Já se perguntaram, no entanto, como é que esses homens iriam se sustentar? Seu amo não os autorizou de modo algum a viverem do dinheiro que lhes foi entregue. Não; mas, como servos, moravam sob seu teto e dele era tudo o que lhes era provido para seu sustento. O senhor havia partido em viagem, sim, mas suas posses e seus recursos permaneciam lá: a mesa ainda era posta diariamente e, juntamente com a família do patrão, os servos e seus familiares tinham pão com fartura. "Isso muda as coisas", dirá alguém. Claro que sim, mas justamente em nada difere da situação de cada um de nós aqui; ou, se difere, sinto muito que alguns pensem assim. Você é seu próprio provedor? E clama: "O que comerei? O que beberei?" e não sabe que essas coisas todo mundo busca? Não obstante, como bem diz Jesus, *vosso Pai celestial sabe que precisais de tudo isso* (Mt 6.32). Até onde entendo minha vida, sei que devo fazer a obra do Senhor e que ele me proverá. Talvez faça isso através do meu próprio sucesso, mas continuará sendo obra *dele*, se isso ocorrer, não minha. Se a providência de Deus não fosse suficiente para nos prover, tenha a certeza de que não conseguiríamos prover a nós mesmos; mas, pelo contrário, sendo suficiente, cabe-nos então entregar todas as nossas preocupações de sustento ao Senhor e vivermos apenas para seu louvor. Lembremo-nos sempre do que ele mesmo nos aconselha: [...] *buscai primeiro o seu reino e a sua justiça, e todas estas coisas vos serão acrescentadas* (Mt 6.33). Não devemos, portanto, como servos, ser imbuídos de extenuantes preocupações acerca de nós mesmos, mas dedicar todo o nosso pensamento e nossa vida a seu serviço. Ele cuidará de nós agora, e nos recompensará quando voltar.

III. Em terceiro lugar, para compreendermos a parábola temos de nos lembrar DA EXPECTATIVA QUE PASSOU A DOMINÁ-LOS.

Os servos foram deixados como fiduciários daquele capital, que deveria ser investido e resultar em lucro até o retorno do amo; mas esse retorno era o cerne da questão. Deveriam crer que *seu senhor iria retornar* e que o faria como rei. Seus concidadãos, porém, não acreditavam nesta possibilidade; esperavam que o detentor do poder maior se recusasse a lhe dar o trono. Podemos ter certeza de que o nosso nobre mestre irá receber definitivamente o seu reino, apesar de este mundo rebelde não acreditar que Jesus chegará a ser o supremo soberano sobre a terra. Outro dia, lemos algo que abordava o "eclipse do cristianismo". Constantemente, vemos os domínios do rei parecerem ser usurpados. Alguns dizem até que ele deverá ser cabalmente desmentido pelos fatos. Será mesmo? Bem, senhores, me desculpem, sou profundamente parcial nesta questão, pois, antes de tudo, sou seu servo. Devo a ele minha vida, meu tudo. Estou convencido de que ele é e há de ser para sempre o rei dos reis. Conheço-o tão bem que tenho certeza de que ele foi recebido em triunfo na corte celestial, para onde, ressurreto, partiu. É tido na mais alta estima lá no céu. Da última vez que vi a face do grande rei, obtive este favor mediante o uso do seu próprio nome. Recebo tudo que peço quando o faço em seu nome, e por isso sei que ele desfruta de enorme reputação lá em cima. Ora, seu Pai é Deus soberano! Tenho certeza de que jamais negaria a seu Primogênito o reino. Jesus retornará para reinar, tenho certeza. Trabalhemos na absoluta certeza de que nosso Senhor, ausente, irá retornar, ostentando em sua fronte glorioso diadema. Ao partir, levou consigo as cicatrizes de alguém que morrera como criminoso; retornará, sim, com essas marcas, mas que lhe servirão não como sua vergonha, mas, pelo contrário, como joias a lhe adornar as mãos.

Os servos tinham de pensar no senhor ausente *já como rei*, ao mesmo tempo que deviam negociar em meio aos inimigos de forma a não comprometer sua lealdade a ele. Pertenciam ao partido do rei e a mais nenhum. Era uma posição muito delicada em que deveriam se manter, negociando com pessoas que poderiam ser inimigas do rei: sendo este o caso, é preciso ser prudente como as serpentes e símplice como as pombas. É precisamente o nosso caso. Temos de levar glória a Deus em meio a homens que o odeiam; glorificar nosso Senhor em meio a pessoas que, se pudessem, o crucificariam de novo. Temos de circular entre estes de tal maneira que não se possa dizer que a eles nos alinhamos na rebeldia nem que condescendemos com sua deslealdade. Não podemos dizer: "Olá, companheiro: bom dia!" Àqueles cuja vida é um insulto à coroa do rei Jesus. Devemos, acima de tudo, provar sermos leais a nosso Senhor, para que ele não venha a nos incluir entre seus inimigos.

A leitura do original parece-nos sugerir também que eles deveriam considerar que seu senhor *já estava retornando*. Deve ser esta a nossa visão do advento do Senhor: a de que neste exato momento ele já está a caminho. Tão logo se levantou do túmulo, em termos práticos, nosso Senhor já estava a caminho. Que estranho paradoxo! Mas, de fato, sua ascensão aos céus faz parte, de certo modo, de seu retorno, pois o caminho que teria de percorrer na terra para chegar até o seu completo domínio passava por Nova Jerusalém. Jesus está vindo tão prontamente quanto a sabedoria divina julga ser o certo. Estou seguro de que nosso Salvador não deverá demorar nem um segundo além do que for absolutamente necessário, pois ama a igreja como sua noiva e como Noivo não irá prorrogar a tão aguardada hora do encontro definitivo. *Ele* está pronto, é a noiva que precisa se aprontar. Jesus deseja vir; o coração dele responde quando nós clamamos: "Vem!" Ele virá muito antes até do que possamos esperar. Somos levados a crer que ele já está a caminho; e a viver como se fosse chegar a qualquer instante.

Devemos negociar até a chegada do Senhor. Não pode haver aposentadoria nos serviços a ele prestados, mesmo que nos aposentemos de nossas atividades particulares; não deve haver pausas por imaginarmos já havermos feito o bastante. Nosso descanso somente se dará quando ele vier; até lá, temos de negociar.

Trabalhemos como se ele estivesse presente. Como você agiria se ele estivesse junto de você? Pois aja da mesma maneira agora. Ele nos vê como se estivesse, e na verdade está, entre nós. Anime-se e inspire-se com a visão do redentor, e você há de superar todas as suas dificuldades.

IV. Agora, a parte agradável do discurso: O OBJETIVO NÃO REVELADO DO SENHOR. Não lhes ocorreu que o nobre tinha, na verdade, um objetivo muito bom para com os seus servos? Acham que o nobre repartiria dinheiro entre seus criados tão somente com o propósito de que fizessem render lucro para ele? Seria insensato pensar assim: a pequena quantia muito pouco significaria para alguém como ele, prestes a tornar-se rei. Como disse o sr. Bruce: "Ele não era produtor de dinheiro, mas caráter". Seu plano não era o de lucrar por meio da ação dos servos, mas, sim, educá-los.

Em primeiro lugar, o fato de lhes ter sido confiada uma quantia era, como acabamos de ver, um teste. Pensou o nobre consigo: "Sendo rei, terei de ter servos fiéis ao meu redor. Essa minha jornada me dá oportunidade de ver como são realmente meus servos. Testarei sua capacidade, sua vontade, sua honestidade e seu zelo. Se provarem ser fiéis no pouco, poderei confiar neles em assuntos vitais". No teste, usou apenas de uma pequena quantia; e não havia dúvida de que seria suficiente para testar a capacidade e a fidelidade de cada um, pois aquele que é fiel no mínimo o será também em tudo o mais. Nem todos passaram no teste, é verdade, mas, por intermédio dele, revelou-se o caráter de cada um.

Era, assim, uma *preparação* em relação a serviços futuros. Ele pretendia promovê-los de servos a supervisores; a alçá-los a postos de responsabilidade, por meio desse processo. Caberia a eles serem bons administradores no pouco, como uma moeda e o que mais dela adviesse, e isso já lhes serviria de instrução. Com o negócio, estariam sendo treinados a administrar. O melhor meio de aprender a ser um chefe é sendo antes um servo fiel e obediente, e o motivo de alguns dirigentes serem duros e tirânicos para com seus subalternos é não conhecerem por experiência própria o coração de um servo. Nada sabendo do que é servir, não têm a sabedoria, a generosidade e a compreensão que os supervisores têm de demonstrar em relação aos subordinados a eles. O nobre da parábola era, portanto, sábio, pois ao mesmo tempo testava e treinava seus homens.

Acredito que estivesse, além disso, dando aos servos algum *vislumbre* das honras de que futuramente desfrutariam. Estava prestes, certamente, a torná-los, no futuro, governantes de localidades, eis por que os fez, primeiro, administradores de negócios. Os homens eram servos, só recebiam ordens todos os dias; agora, porém, não teriam mais um dirigente a obedecer, mas, sim, deviam usar de juízo próprio para decidir. Tinham sido feitos, enfim, como que pequenos soberanos. Os cidadãos do país se haviam rebelado, mas havia um pequeno reino exclusivo dos servos do nobre, que o obedeciam e faziam o melhor para observar somente os interesses dele no espaço em que agiam. Já tinham sido feitos, na verdade, livres, já se lhes havia sido investida certa medida de autoridade, e já lhes haviam sido ensaiados tanto os prazeres quanto, sobretudo, o fardo da responsabilidade. Ó vocês, que trabalham por Deus e para Deus, quando servem por ele de supervisores de outros, angariam almas para ele e vencem adversários em seu nome, já têm um vislumbre da recompensa eterna que os espera. Moldamos nossa posição futura na bigorna de nossa vida; o céu, muito embora um lugar preparado para nós pelo Senhor Jesus, é constituído basicamente de caráter. O homem é, em si, maior fonte de alegria do que o caminho dourado que poderá percorrer. Se você esconde seu dom e negligencia o serviço do mestre aqui na terra, estará apenas criando um futuro difuso e obscuro no grande reino milenar. Vocês, que se dedicam ao negócio divino e se consagram inteiramente ao Senhor, receberão imensa honra quando ele vier para reinar gloriosamente.

Assim, vejam que, quando o nobre chegou de volta e com ele veio ter o servo que havia feito a sua parte de dinheiro render dez vezes mais, deu dez cidades a este homem. Pensem bem nisso! Não há aqui uma proporção entre o pobre trabalho e a rica recompensa. Uma só pequena quantia foi recompensada com toda uma cidade. As recompensas divinas do milênio serão todas evidentemente cheias de graça, incomparavelmente muito além de qualquer coisa que os resultados obtidos pelos servos possam vir a merecer. Aquele senhor não tinha a obrigação de recompensá-los de forma alguma; eles eram apenas servos, que nada mais haviam feito do que cumprir o que o amo determinara que fizessem; o que ele lhes concedeu foi puramente por conta de sua generosa graça. Não considero errado o servo que fez o dinheiro render apenas cinco vezes mais; ele foi tão diligente quanto o outro, apenas tinha menor capacidade. E, no entanto, quanto deve ter ficado espantado quando o mestre deu a ele *cinco cidades*! Talvez tenha se assombrado mais que o primeiro. Imagine que a algum de nós fosse mandado negociar com apenas uma libra e, só porque a fizéssemos render cinco libras, recebêssemos cinco cidades como recompensa! Nem o dinheiro investido nem o lucro compraria sequer a soleira de uma casa, mas mesmo assim renderia ao investidor nada menos que cinco cidades! Que perplexa alegria inundaria o nosso coração por tamanha generosidade! Jamais deve ter passado pelo coração daquele homem invejar seu semelhante que havia recebido dez cidades, pois as cinco que recebeu já eram para ele recompensa por demais grandiosa. Deve ter sido arrebatado em êxtase com a perspectiva que lhe surgia à frente. Embora possam existir graus de glória, a única diferença reside na capacidade de cada abençoado em poder recebê-la. Todo cesto vazio pode ser enchido, mas os cestos, como sabemos, não têm igual capacidade: o homem das dez minas de lucro tinha um cesto maior, que foi cheio até a borda; o do homem das cinco minas tinha menor capacidade, mas foi igualmente cheio, até para sua surpresa e contentamento. Assim, continuemos buscando fazer render nossas respectivas minas no que pudermos. Continuemos a negociar em assuntos espirituais com todo o coração, em nome de nosso Senhor.

"Mas, para nós", alguém poderá perguntar, "onde estão, ou o que serão, essas cidades?" Bem, pode ser que tudo isso só aconteça de fato no período eterno; não sei. Quando Cristo vier, os que nele morreram se levantarão primeiro. *Mas os outros mortos*, podemos ler, *não reviveram, até que os mil anos se completassem* (Ap 20.5). Poderá haver alguma condição, durante aquela era, de se realizarem todas as recompensas especiais da dispensação do evangelho. Também pode ser, mas não tenho certeza alguma disso, e por isso não posso afiançar, que em futuras dispensações devamos preencher outros mundos do mesmo modo como os anjos preenchem o nosso. Jesus nos fez reis e sacerdotes e estamos treinando para ocupar nosso trono. Quem sabe eu esteja aprendendo, nesta congregação, a proclamar a glória de meu mestre para miríades de mundos! Possivelmente o pregador que seja fiel aqui possa ser usado para espalhar a glória do seu Senhor a várias constelações de uma só vez. E se alguém puder ficar situado em uma estrela central e pregar Cristo por muitos e muitos mundos em vez de pregar o evangelho apenas a estas duas galerias e neste espaço? Por que não? De qualquer modo, se me fosse dada uma voz que pudesse ser ouvida por milhões de milhas, eu sobre nada desejaria falar além das gloriosas verdades que o Senhor nos tem revelado em Cristo Jesus. Se somos fiéis aqui, é digno esperarmos que nosso Mestre nos confie serviço maior depois. Apenas temos de nos assegurar que passaremos no teste e que obteremos resultados bastante lucrativos nesse treinamento; pois se o resultado por nossa conta for pequeno, o mesmo se dará conosco na escala da eternidade. Esse pensamento empresta grande vigor à nossa obra nesta esfera. Senhores de dez cidades! Senhores de cinco cidades! Irmãos, nenhum de vocês será capaz de obter tal honraria se não for capaz de poder bem servir o Senhor com o pouco que ele lhe haja confiado. Todavia, se viver inteiramente para ele, logo estará preparado para as indescritíveis glórias que esperam todas as almas consagradas. Lutemos, pois por uma vida devotada imediatamente! O tempo urge, e as coisas com que geralmente nos preocupamos são tão pequenas! Em breve deveremos romper a casca do ovo do tempo; e, uma vez livres na eternidade, quando contemplarmos a vastidão do propósito divino, ficaremos atônitos e maravilhados com as recompensas concedidas, o grandioso prêmio, por sua generosa graça, pela nossa modesta obra realizada.

Ó Senhor, faze-nos então cada vez mais fiéis a ti! Amém.

153

NOSSO PRÓPRIO E AMADO PASTOR

Eu sou o bom pastor; conheço as minhas ovelhas, e elas me conhecem, assim como o Pai me conhece e eu conheço o Pai; e dou a minha vida pelas ovelhas (Jo 10.14,15).

Esta passagem é constituída de pequenas sentenças, preciosas; pois as pérolas de nosso Senhor são preciosas, mesmo se juntas ou não. No grego, a conjunção "e" é muitas vezes repetida, e o tradutor teve de deixar de fora esses "e" para dar mais coerência à tradução. Usar muitos "e" é um hábito de João. Geralmente, há uma relação verdadeira e natural entre as sentenças que ele escreve e o "e" é para ele como um elo de ouro, não um mero som: é preciso sempre uma tradução que o evidencie. Observe-se também que, em algumas versões [em inglês], a palavra "ovelha" é destacada em grifo, para assinalar que ela não consta do original; mas não há necessidade deste artifício quando a passagem é claramente interpretada. Ouçam só como é o texto em sua forma mais próxima do original:

Eu sou o bom pastor; e conheço as minhas ovelhas, e elas me conhecem a mim, assim como o Pai me conhece, e eu conheço o Pai; e dou a minha vida pelas ovelhas.

Esta leitura que fiz se encontra assim na Versão Revista [em inglês]. Iremos segui-la nesta pregação, e veremos que ela tem um sentido delicioso e instrutivo. *Eu sou o bom pastor; e conheço as minhas ovelhas, e elas me conhecem a mim, assim como o Pai me conhece a mim, e eu conheço o Pai; e dou a minha vida pelas ovelhas.* Quem pronuncia estas palavras é o Senhor Jesus Cristo. Para nós, toda palavra da Sagrada Escritura é preciosa. Quando Deus nos fala através de padres, de profetas ou de qualquer outro modo, também agradecemos por ouvir. Muito embora, ao encontrarmos alguma passagem que comece com "Assim diz o Senhor" no Antigo Testamento, sintamo-nos especialmente acariciados por ouvir uma mensagem provinda diretamente da boca de Deus, não fazemos, no entanto, qualquer distinção entre este e aquele canal, esta ou aquela versão das Escrituras. Nós os aceitamos como inspirados e não perdemos tempo com diferenciação acerca de graus ou modos variados de inspiração, nem qualquer coisa a esse respeito. O assunto é bastante claro enquanto os eruditos não o mistificam. *Toda Escritura é divinamente inspirada e proveitosa para ensinar, para repreender, para a corrigir, para instruir em justiça* (2Tm 3.16). No entanto, para nós há especial doçura nas palavras que de fato foram pronunciadas pelo Senhor Jesus Cristo: elas são doces como o mel ainda no favo. Diante de vocês, neste texto, estão palavras que vieram não por meio do profeta, do sacerdote ou do rei, mas que pronunciadas diretamente para vocês por aquele que é o Profeta, Sacerdote e Rei em uma só pessoa: nosso Senhor Jesus Cristo. Ele abre a boca e fala com você. Apure então os ouvidos e o escute, você, que a ele pertence.

Veja também que aqui temos Cristo não só como pregador, mas como o próprio tema da mensagem. Ele fala de si mesmo. A você ou eu não é apropriado exaltar a si mesmo; mas nada há mais bonito do que Cristo falando de si mesmo. Ele é diferente do que somos, é infinitamente maior que nós e não segue as regras que se aplicam a nós, falhos mortais. Quando fala de sua própria glória, sentimos que seu discurso não é em vão; em vez disso, nós o agradecemos por assim proceder e admiramos a condescendência que tem para conosco e que o permite desejar e aceitar a honra advinda de pobres corações como os nossos. É um orgulho para nós obtermos a honra de outros homens; mas para ele seria de certo modo humilhante fazer o mesmo, de vez que é o grande escolhido e a quem a estima a seres inferiores como nós poderia não ser desejável — e, contudo, o é. Das mais doces palavras de nosso Senhor são aquelas em que fala de si. Para ele mesmo talvez não haja outro assunto que seja mais belo do que tratar de si próprio.

Na verdade, quem melhor para falar de Jesus, irmãos, senão ele próprio? O Senhor domina a eloquência. Sua perfeição excede toda a nossa compreensão; a luz de seu esplendor é demasiada brilhante para nós e nos cega. Além disso, somente nosso amado mestre pode servir como seu único espelho. Ninguém além de Jesus pode revelá-lo. Apenas ele consegue ver nitidamente a si próprio, traduzir a si próprio, compreender a si próprio; assim, ninguém mais poderia nos revelar Jesus. Sejamos agradecidos que em sua ternura para conosco ele se explique em tantas metáforas e exemplos ilustrativos, pelos quais tem como nos dar uma amostra de seu amor, que transcende o conhecimento comum. Com suas próprias mãos, enche uma taça dourada do rio de sua infinitude e nos presenteia, para que dela possamos beber e sejamos refrigerados. Tomem, pois, suas palavras como sendo duplamente restauradoras, pois não só provêm diretamente da boca do bem-amado como possuem rica revelação de seu gracioso ser. Sinto que devo lê-las novamente: *Eu sou o bom pastor; e conheço as minhas ovelhas, e elas me conhecem, assim como o Pai me conhece a mim, e eu conheço o Pai; e dou a minha vida pelas ovelhas.*

Neste texto, há três assuntos sobre os quais quero tratar. Primeiro, vejo aqui um *caráter completo. Eu sou o bom pastor.* Ele não é apenas qualquer pastor, mas pastor no sentido o mais pleno possível. Em segundo lugar, vejo *completo conhecimento: e conheço as minhas ovelhas, e elas me conhecem, assim como o Pai me conhece, e eu conheço o Pai.* Por último, há aqui *sacrifício completo.* A frase conclui de modo precioso: *e dou a minha vida pelas ovelhas!* Ele se dispõe a ir ao máximo que o sacrifício pode ir. Garante sua vida em lugar das ovelhas, de tal modo que as palavras não se possam traduzir de forma errônea. Assegura o máximo de sacrifício com sua própria pessoa.

I. Temos, então, primeiramente, o CARÁTER COMPLETO. Sempre que o Salvador descreve a si mesmo por meio de um exemplo, tal exemplo é por nós louvado e aumentado; e, mesmo assim, não é o suficiente para descrevê-lo de forma plena. O Senhor Jesus preenche de forma completa todo e qualquer tipo, figura ou personagem; mas sempre que tal vaso é preenchido, transborda. Há, assim, mais em Jesus, o bom Pastor, do que jamais haverá em qualquer outro. Ele é não só o bom Pastor, mas também o maior, o principal pastor; e, ao mesmo tempo, muito mais que isso. Os exemplos para explicá-lo poderiam se multiplicar como gotas de orvalho da manhã e a soma de todas elas não serviria para refletir todo o seu brilho. A criação é uma tela muito pequena para reproduzir com exatidão sua semelhança. Os pensamentos humanos são muito limitados, a fala humana é muito frágil para exemplificá-lo plenamente. Quando todos os exemplos possíveis na terra e no céu já tiverem procurado explicá-lo de forma definitiva, ainda haverá algo que não foi explicado a seu respeito. É mais fácil procurar tornar um círculo quadrado do que tentar explicar Cristo na linguagem dos homens mortais. Ele está inconcebivelmente acima de nossa compreensão, inexprimivelmente acima de nossa expressão.

Mas, como aqui ele se compara a um pastor, vamos nos demorar nesta comparação por um instante. Um pastor naquele tempo e naquela região de Jesus não era como o que hoje empregamos na Inglaterra para tomar conta das ovelhas por algum tempo, até que já estejam crescidas o suficiente para o abate; um pastor como o tinham sido Abraão, Jacó ou Davi era completamente diferente.

O pastor de ovelhas oriental de antigamente era, em geral, ou *dono* do rebanho, ou filho do dono e, portanto, igualmente proprietário do rebanho. As ovelhas eram suas. Já os pastores ingleses atuais raramente ou nunca são donos das ovelhas: são empregados para tomar conta delas e não têm maior interesse no rebanho. Nossos pastores são excelentes — todos os que conheço são admiráveis exemplos de bons trabalhadores; não obstante, em nada se parecem com o antigo pastor oriental, nem poderiam. Este, sendo dono ou interessado no rebanho que vigiava, se lembrava de como começara a cuidar do rebanho, quando e onde cada um dos cordeiros nascera, dos lugares para onde as conduzira, que dificuldades havia encontrado em seu cuidado; e a tudo isso, sabendo que as ovelhas eram, afinal, sua herança. Sua riqueza consistia do rebanho. Raramente um pastor desses tinha mais que uma casa e geralmente não era uma grande propriedade. Levava seu rebanho para uma campina comum a toda a sua tribo, mas sua posse se

Nosso próprio e amado pastor | 1431

limitava ao rebanho. Se lhe perguntassem: "Quanto você vale?", ele responderia que valia as ovelhas que possuía. Aliás, em latim, a palavra que significa "dinheiro" tem o mesmo radical da palavra "rebanho", a que se assemelha, pois, para os primeiros romanos, o couro e a lã eram sinônimos de riqueza e sua fortuna consistia no gado.

O Senhor Jesus é nosso pastor: somos sua riqueza. Se perguntássemos a ele a respeito de sua herança, ouviríamos certamente falar das *riquezas da glória de sua herança nos santos* (Ef 1.18). Perguntássemos a ele quais as suas joias, qual o seu tesouro, provavelmente responderia: [...] *eles serão* [...] *minha possessão particular, naquele dia que prepararei* (Ml 3.17). E se lhe perguntássemos sobre sua herança, lembraria que *a porção do Senhor é o seu povo; Jacó é a parte da sua herança* (Dt 32.9). Nada se compara ao valor que o Senhor Jesus dá a seu povo. Por sua causa, abriu mão de tudo, de sua divindade, e por ele veio morrer, despido, na cruz. Ele pode dizer perfeitamente: "Dei a Etiópia e Sebá por ti", como também dele pode ser dito que *amou a igreja, e a si mesmo se entregou por ela* (Ef 5.25). Pois reconhece a igreja como sendo *o seu corpo, o complemento daquele que cumpre tudo em todas as coisas* (Ef 1.23).

Sendo o pastor dono do rebanho, é também seu maior *cuidador*. Está sempre zelando por suas ovelhas. Um de nossos irmãos aqui presentes é bombeiro; e, porque mora no quartel, está sempre a serviço. Perguntei a ele se não gostaria de reservar algumas horas para andar à paisana; ao que respondeu: "Não; nunca largo o trabalho". Está a serviço quando vai deitar, enquanto toma o café da manhã, ao caminhar pela rua. A qualquer momento o alarme pode tocar e ele tem que estar a postos e correr para o incêndio. Nosso Senhor Jesus Cristo está também sempre a serviço. Está voltado constantemente, dia e noite, para o seu povo. Assim o declarou, pela voz do profeta: *Por amor de Sião não me calarei, e por amor de Jerusalém não descansarei* [...] (Is 62.1). Ele pode verdadeiramente repetir o que disse Jacó: *Assim andava eu; de dia me consumia o calor, e de noite a geada* (Gn 31.40). Pode dizer de seu rebanho o que diz de sua plantação: *Eu, o Senhor, a guardo, e a cada momento a regarei; para que ninguém lhe faça dano, de noite e de dia a guardarei* (Is 27.3). Não tenho como descrever a vocês todo o cuidado que um pastor deve ter para com o seu rebanho, pois são muito variadas suas preocupações. As ovelhas reclamam tanto quanto os homens. Não pretendo entrar em detalhes sobre as ovelhas, pela simples razão de que nem sei o bastante sobre elas; mas o pastor sabe, e qualquer pastor lhes poderá dizer por que vive cuidando delas. Raras são as vezes em que todo o rebanho está em paz. Há sempre uma ou outra agitada ou gemendo, e ele tem de ter olhos e ouvidos tão prontos para isso quanto tem de ter mãos e coração para socorrê-la e lhe dar alívio e cura. Há muitos tipos de reclamações e necessidades por parte das ovelhas e todas se depositam no coração do pastor. Ele é dono e é o maior cuidador do rebanho.

Ele tem de ser *provedor* também, pois as ovelhas não têm capacidade de encontrar ou selecionar pastagem. Talvez a estação seja muito seca e onde antes havia capim talvez agora não haja mais do que terra marrom. Pode ser que os pastos só se encontrem atrás da montanha ou do desfiladeiro, um pouco aqui, um pouco ali. As ovelhas, porém, nada sabem sobre isso; e o pastor tem de lhes providenciar tudo. O pastor é um instrumento da providência divina junto a elas. Tanto para a vida presente quanto para a eternidade, para o corpo quanto para a alma, nosso Senhor Jesus Cristo provê todas as nossas necessidades com sua riqueza e sua glória. É o grande guardião do celeiro, de quem obtemos tudo. Ele proveu, provê e proverá; e cada um de nós pode, assim, cantar: *O Senhor é o meu pastor; nada me faltará* (Sl 23.1).

Mas, queridos amigos, por vezes sonhamos ser pastores, ou então achamos que, de qualquer modo, temos de achar pasto para nós. Não pude deixar de dizer a alguns amigos nossos, em nossa reunião de oração: "Há uma passagem no livro dos Salmos que diz que o Senhor faz por nós o que alguém é bem capaz de pensar que pode fazer por si mesmo: *Deitar-me faz em pastos verdejantes* (Sl 23.2)". Ora, se uma ovelha nada pode fazer, só lhe resta mesmo é deitar. No entanto, deitar, descansar, é uma ação das mais difíceis para uma ovelha de Deus. É aí que o pleno poder tranquilizador de Cristo vem para trazer descanso e alívio à nossa natureza ansiosa, preocupada e cheia de dúvidas. Nosso Senhor pode nos dar a paz perfeita, e ele assim fará se tão somente confiarmos em seu amor abundante. Faz parte das atividades do pastor ser o provedor; lembremo-nos disso e estaremos satisfeitos.

Além disso, o pastor tem de ser um *dirigente*. Ele conduz as ovelhas aonde quer que tenham de ir. Eu ficava sempre intrigado com os pastores do sul da França, que é um lugar parecido com a Palestina, tentando imaginar para onde é que eles deviam levar seu rebanho. Uma vez por semana, eu via um pastor descer a Menton conduzindo seu rebanho para o litoral. Nada se vê naquela paisagem além de grandes pedras. Diz o povo que isso é o que talvez torne a carne de carneiro tão dura. Não tenho dúvida de que aqueles pobres animais poderiam, pelo menos, ingerir um pouco de sal ou algo que lhes fizesse bem. De qualquer modo, seguiam seu pastor e lá ia ele subindo íngremes ladeiras a passos largos, até alcançar determinado ponto onde crescia o pasto, nos lados da montanha. Ele conhecia o caminho e as ovelhas nada tinham a fazer senão segui-lo para onde quer que ele fosse. Não lhes cabia traçar o caminho, optar por um caminho; tinham apenas de seguir o pastor.

Conseguem ver nosso bendito pastor nos conduzindo na peregrinação? Conseguem vê-lo nos guiando no caminho? Vocês não cantam: "Guia-me, meu Salvador, sempre me conduz, Senhor"?[2] Guia-nos, ó amado Senhor; guia-nos, e seguiremos o rastro de tuas pegadas!

Os antigos pastores do Oriente Próximo tinham, ainda, de funcionar como constantes sentinelas e *defensores* do rebanho, pois lobos e toda sorte de feras famintas espreitavam constantemente o gado naquela região, a fim de atacá-lo, e o pastor tinha de se colocar alerta à sua frente. O mesmo ocorre com o nosso pastor. Nenhum lobo jamais nos atacará sem encontrar o Senhor erguendo seu cajado em nossa defesa, contra ele. Nenhum leão rugirá para o rebanho sem ter de enfrentar alguém que é mais forte que o próprio Davi: *Eis que não dormitará nem dormirá aquele que guarda Israel* (Sl 121.4).

Ele é um pastor, portanto, e preenche todo o caráter necessário para ser — de modo muito mais completo até do que eu possa mostrar a vocês.

Observem ainda que o texto emprega um belo adjetivo para designar o pastor, ornamentando-o como se fora com uma corrente de ouro. Diz de si o próprio Senhor Jesus Cristo: "Eu sou o *bom* pastor". O *bom* pastor — isto é, ele não é um ladrão que roube as ovelhas ou um pastor que apenas tome conta delas até chegarem ao abate. Não é um mercenário; não faz apenas o que é pago para fazer, ou o que lhe seja estritamente ordenado, mas faz tudo com amor, de coração. Ele põe a sua alma nisso. Há bondade, ternura, vontade, poder, força e energia em tudo o que Jesus realiza, o que o torna o melhor pastor que poderia existir. Nem é um preguiçoso. Mesmo os pastores que eram donos de seus rebanhos chegavam por vezes a negligenciá-los, do mesmo modo que fazendeiros muitas vezes não cuidam corretamente de suas plantações. Isso jamais ocorre com Cristo. Ele é o bom pastor: bom na maior escala de bondade, bom em tudo o que seja tenro, em tudo que o seja gentil, bom em tudo que um pastor precisa ser: bom no combate, na governança, na ciosa vigília, na cuidadosa providência; absolutamente bom em tudo.

Observem como ele fala: "Eu sou o bom pastor". Eis o ponto que gostaria de salientar. Dentre todos os pastores de que possamos falar, ele não é apenas um deles; ele é *o* pastor, *o* bom pastor. Todos os outros são apenas sombra do verdadeiro Pastor; Jesus é a essência de todos eles. Todos aqueles que o mundo tem visto não têm substância semelhante à sua, apenas o tipo, a forma. Aquele que não mais conseguimos ver com nossos olhos até que volte, aquele que apenas nossa fé percebe, esse, sim, esse é o real. Já vi muitos dos outros; eles me pareceram apenas figuras, nada mais. O pastor, o real, o verdadeiro, o melhor, o exemplo de pastorado em pessoa é Cristo; e eu e você somos o seu rebanho. As ovelhas que vemos nos campos são apenas imagem de nós mesmos: somos as ovelhas verdadeiras, e Jesus é o verdadeiro pastor. Se um anjo tivesse de voar por sobre a terra para encontrar as ovelhas e o pastor verdadeiros, sem dúvida diria: "As ovelhas do pasto de Deus são os homens; e o Senhor é o seu pastor. Ele é o verdadeiro pastor, o pastor real das ovelhas verdadeiras". Todos os atributos possíveis do melhor pastor se encontram em Cristo. Tudo o que se possa imaginar de bom, que seja de fato bom em um pastor, está no Senhor Jesus Cristo.

---

[2] [NE] Primeiro verso de conhecido hino, n.º 357 do *Cantor cristão*, em substituição a provável verso de hino evangélico similar que é referido pelo autor no original em inglês, considerando-se sua intenção.

Quero que notem, agora, de acordo com o texto, quanto o Senhor Jesus Cristo sente-se prazeroso em ser o nosso Pastor. Vejam que ele diz: *Eu sou o bom pastor* não propriamente confessando como se tivesse vergonha de o ser; pelo contrário, repetindo essa frase tantas vezes que é quase como que o refrão de uma doce melodia. Ao se revelar *eu sou o bom pastor*, ele claramente parece muito se regozijar em assim o ser. Parece, ao colocar essas doces palavras em sua boca, com elas se deliciar, como a um confeito. Decerto seu coração se rejubila com isso. Ele não está dizendo "Sou o Filho de Deus; sou o Filho do homem; sou o Salvador, o redentor da humanidade" — e, no entanto, aquilo que diz ele parece comemorar poder dizê-lo: *Eu sou o bom pastor*.

Isso nos deveria encorajar, a você e a mim, a nos apossarmos completamente de tal palavra. Pois se Jesus tanto se alegra por ser meu pastor, que eu seja feliz por ser sua ovelha; que eu desfrute de todos os privilégios implícitos por ser ele o meu pastor eu ser sua ovelha. Estou certo de que não o irá atrapalhar eu me somar ao seu rebanho. Entendo que minhas carências não lhe irão causar perplexidade. Suponho que não terá de se desviar do caminho que segue para me socorrer em minha fraqueza e em meus problemas. Se ele se delicia no fato de ser *o bom pastor*, convida-me, por assim dizer, a levar minhas ansiedades e meus sofrimentos a ele, a voltar-me para ele e por ele a ser alimentado. Assim o farei.

Não faz você se sentir verdadeiramente feliz o fato de ouvir seu próprio Senhor dizer, como lemos em seu precioso livro: *Eu sou o bom pastor*? Certamente que isso o estimula a responder: "De fato, Senhor, és o meu bom pastor. Meu coração põe toda a ênfase nesta palavra, *bom*, e diz de ti que ninguém é bom senão o escolhido, e que tu és o bom e o escolhido. És o meu bom pastor e de todas as ovelhas".

Eis o bastante quanto ao caráter completo.

II. Que o Espírito Santo abençoe minhas próximas palavras, à medida que desenvolva, com minha maneira falha de falar, o próximo tópico: O CONHECIMENTO COMPLETO.

A ciência de Cristo em relação às suas ovelhas e de suas ovelhas em relação a ele é maravilhosamente completa. Lerei o que diz o texto mais uma vez: *Conheço as minhas ovelhas, e elas me conhecem, assim como o Pai me conhece e conheço o Pai* (Jo 10.27).

Veja, portanto, em primeiro lugar, *o conhecimento de Cristo a respeito de quem é seu e a comparação com que ele o demonstra*: [...] *assim como o Pai me conhece* (Jo 10.15). Não se poderia imaginar comparação mais forte que esta. Sabemos quanto o Pai conhece o Filho, que é sua glória, seu bem-amado, seu *alter ego*, outra pessoa sua, seu outro ser — sim, deus uno e único com ele e o Espírito Santo. Não duvidamos do quão íntimo deve ser o conhecimento do Pai acerca do Filho unigênito, que é sua própria sabedoria e sua própria pessoa. Pai e Filho, como disse o próprio Filho, são um — e um único Espírito. Mesmo não podendo alcançar o entendimento completo de quão íntimo, profundo e perfeito tal conhecimento seja, sabemos, no entanto, ser por demais íntimo, profundo e perfeito o modo com que o Pastor conhece suas próprias ovelhas.

Ele sabe *quantas* são. Jamais perdeu alguma. Ele as conta continuamente, à medida que as ovelhas passam por ele na contagem. "Dos que me tens dado, nenhum deles perdi." Ele sabe a quantidade daqueles por quem pagou o resgate.

Conhece suas *pessoas*. Sabe quem é cada um, conhece perfeitamente o caráter de cada qual, dos que lhe pertencem. Faz questão de saber até a quantidade de fios de cabelo de cada. Não há uma única ovelha das suas que Cristo não conheça. Impossível que ele conte a mais ou esqueça de alguma delas. Tem um conhecimento tão íntimo, profundo e completo de todos os que foram redimidos por seu precioso sangue que nunca há de confundir um com o outro, nem julgar errado ovelha alguma. Sabe de suas qualidades e defeitos — as ovelhas que são frágeis e medrosas, as que são nervosas e assustadas, as que são fortes e ousadas, as que têm tendência à arrogância, as indolentes, as indecisas ou sonolentas, as que geralmente são bravas, as enfermiças, as tristes, preocupadas, melancólicas e feridas. Sabe quais delas são perseguidas tenazmente pelo diabo, as que se deixam pegar pelas mandíbulas do leão e serem cirandadas até que sua vida quase haja saído delas por completo. Conhece os sentimentos de cada uma e seus segredos interiores e externos melhor até do que elas mesmas, ou seja, nós mesmos, conhecemos.

Sabe também das nossas *provações* — a provação específica que você agora enfrenta, irmã; das nossas dificuldades — a dificuldade peculiar que parece bloquear seu caminho neste exato momento, meu irmão. Todos os detalhes e ingredientes de nossa vida são conhecidos por ele. *Conheço as minhas ovelhas* [...] *assim como o Pai me conhece*. Tão impossível quanto imaginar um conhecimento mais completo do que o que o Pai tem de seu unigênito, é igualmente impossível imaginar um conhecimento mais completo do que o que Jesus Cristo possui de cada um de nós, seus escolhidos.

Ele conhece os nossos *pecados*! Sinto-me muito feliz por saber que o Senhor sempre conheceu nossa natureza maligna e que sabia o que seria feito dela. Quando nos escolheu, sabia de que estofo éramos feitos e o que seria feito de nós. Não adquiriu esse seu rebanho por preço no escuro. Não nos escolheu sem saber todos os tortuosos caminhos de nossa vida passada e futura.

> Ele nos viu arruinados e caídos
> E nos amou mesmo estando perdidos.

Eis o esplendor de sua majestosa graça. *Porque os que dantes conheceu, também os predestinou* [...] (Rm 8.29). Sua eleição implica o conhecimento prévio de todas as nossas maldades. Se o amor humano é cego, o amor de Cristo, no entanto, tem muitos olhos, e todos eles abertos; e, apesar de tudo isso, ele, ainda assim, muito nos ama.

Não preciso me debruçar mais sobre este assunto. O fato de o Senhor muito conhecer você, no entanto, deve lhe servir de especial conforto, já que o conhece não com o conhecimento claro e frio do intelecto, mas também com a sabedoria do amor e da afeição. Ele o conhece com seu coração. Você é especialmente caro a ele. Foi aprovado por ele. Foi por ele aceito. Ele o conhece de verdade e pessoalmente, não por conta de informações de terceiros. Conhece-o pela comunhão que tem com você; pois um dia esteve com você em doce fraternidade; já o leu por completo como se lê um livro de ponta a ponta e se lembra perfeitamente do que leu. Ele o conhece pela empatia que tem por você: é Deus, mas é um ser humano como você.

> Ele sabe as tentações que você tem,
> Pois um dia já as sentiu também.

Conhece suas fraquezas. Sabe os pontos que mais o fazem sofrer.

> De toda dor que aflige seu coração
> Ele já teve participação.

Sim, ele adquiriu farto conhecimento da dor na escola do sofrimento solidário. [...] *ainda que era Filho, aprendeu a obediência por meio daquilo que sofreu* (Hb 5.8). [...] *como nós, em tudo foi tentado* [...] (Hb 4.15); e, por ser assim como nós, nos conhece, e de maneira muito terna. Se você tem um relógio que parou de funcionar ou é irregular, e o entrega para consertar a uma pessoa que nada sabe sobre relógios, essa pessoa fará mais mal do que bem à máquina. Mas estamos tratando, aqui, da própria pessoa que criou o relógio. Ele lhe diz: "Colocarei cada engrenagem no lugar; pois o conheço, já que o fiz, inteiramente, do começo ao fim". Você haverá de refletir: "Sinto toda a segurança em confiar a esse homem meu relógio; ele o poderá consertar, tenho toda a certeza, pois foi ele quem o fez". Muito alegra meu coração saber que, já que o Senhor me criou, ele poderá me corrigir e me manter regenerado até o fim. Meu criador é também meu Redentor. Aquele que me criou pode me fazer novamente, e irá me fazer perfeito, para seu o louvor e glória.

Esta é a primeira parte do conhecimento completo. A segunda parte é *o conhecimento que temos do Senhor e como é ilustrado*. [...] *e elas me conhecem, assim como* [...] *eu conheço o Pai*. Creio ouvir alguns de vocês dizerem: "Não consigo entender muito bem esta parte. É mais fácil compreender o conhecimento que Cristo tem de nós". Amados, é muito importante que conheçamos Cristo. Que ele me conheça é sem dúvida uma grande honra, mas para ele deve ser fácil me conhecer. Sendo divino, e com seu olhar penetrante, é extremamente condescendente, repito, mas não difícil para ele, me conhecer. A maravilha está em que eu possa conhecê-lo. Que uma alma bruta, cega, surda e morta como a minha chegue a conhecê-lo, e conhecê-lo como ele conhece o Pai, isto é, como se fossem dez mil milagres em um só. Oh, na verdade é maravilha tão grande que mal consigo acreditar que eu ou você a tenhamos atingido, somente nos restando mostrarmo-nos admirados e concluirmos: "Isso só vem a corroborar que o Senhor é, de fato, nosso bom Pastor, que não apenas conhece seu rebanho, mas o conduz e instrui tão bem que até o rebanho o conhece!" Com um rebanho tão imenso com o de Cristo, é realmente um milagre que ele consiga instruir a todos a ponto de o poderem conhecer como ele conhece o Pai.

Ó amados, sendo isso verdade em relação a nós, podemos bater palmas de alegria! De qualquer modo, sei tanto sobre meu Senhor que nada me dá mais prazer que ouvir sobre ele. Não há arrogância alguma nesta minha afirmação, meus irmãos. É a verdade nua e crua. E você pode dizer o mesmo, não pode? Se alguém pregasse a você o sermão mais belo deste mundo, ele o encantaria se não houvesse Cristo em seu conteúdo? Não. Mas vocês vêm aqui e me ouvem falar de Jesus Cristo nas palavras mais simples que posso encontrar, e dizem uns para os outros: "Foi bom estar aqui".

> Ó querido cordeiro redentor,
> Adoramos poder te conhecer;
> Não há som como teu nome encantador,
> Nem tão doce assim o poderia ser.

Atentem, sobretudo, para o fato de ser esse o mesmo modo pelo qual Jesus conhece o Pai. Jesus se regozija no Pai e você em Jesus. Sabemos que isso é verdade, e é nisso em que se baseia a comparação.

Além do mais, o maravilhoso nome de Jesus tem o poder de incitar nossa alma. O que é que você acha que o faz sentir-se como se desejasse agir de imediato, que o dispõe a fazer logo o sagrado serviço do Senhor? Que faz seu coração despertar e bater forte, quase como se fosse sair de seu corpo? Que mais senão ouvir a respeito da glória de Jesus? Batam na tecla que quiserem, meus ouvidos poderão ser surdos a ela; mas, se começarem a falar sobre o Calvário, a entoar o cântico da livre graça e do amor, oh, então minha alma se abrirá completamente, e se abrirão meus ouvidos, e beberei desta suave música, e meu sangue começará a correr mais intensamente e eu poderei gritar de alegria! Pois, então, cantaremos, cheios de júbilo:

> Ó pedras e montes, por esse amor
> Seu eterno silêncio façam romper,
> E toda língua humana acrescer
> Muitos louvores ao seu Salvador.

> Sim, nós te louvamos, Senhor amado,
> Com a nossa alma inteiramente em chama;
> Hosana, toda a terra assim proclama,
> Enaltecendo o teu nome sagrado.

Sim, conhecemos Jesus. E sentimos o poder de nossa união com ele. Nós o conhecemos, irmãos, de tal modo que não há como sermos enganados pelos falsos pastores. Hoje em dia, existem maneiras até de pregar Cristo contra o próprio Cristo. É nova astúcia do diabo, para colocar Jesus contra ele mesmo, seu reino eterno contra seu sacrifício, seus preceitos contra sua doutrina. O Cristo fracionado que usam nessa artimanha só serve para afastar as almas do Cristo total e completo, que salva o homem tanto do pecado quanto da culpa, tanto do inferno quanto das tolices. Mas tais falsos líderes não nos conseguem enganar. Não, amados, sabemos distinguir nosso Pastor de todos os outros. Conseguimos diferençá-lo perfeitamente de uma mera estátua que só sabe é vestir roupa parecida com a dele. Conhecemos o Cristo vivo, pois firmamos um vívido pacto com ele e não nos enganaríamos, tanto quanto o próprio Cristo não se engana quanto ao Pai. [...] *elas me conhecem, assim como* [...] *eu conheço o Pai*. Nós o conhecemos pela união que temos com ele e pela comunhão que com ele partilhamos. *Vimos o Senhor*. [...] *E a nossa comunhão é com o Pai, e com seu Filho Jesus Cristo* (1Jo 1.3). Nós o conhecemos por causa do amor: nossa alma se devota a ele, assim como o coração de Cristo se devota ao Pai. Nós o conhecemos por causa da confiança: [...] *não fará ele prosperar toda a minha salvação e todo o meu desejo?* (2Sm 23.5). Lembro-me de um período em que tinha muita dúvida se seria ou não um filho de Deus. Entrei em uma pequena igreja e ouvi um bom homem orar. Era um simples trabalhador. Eu o ouvi pregar e meu lenço se encharcou de lágrimas à medida que eu o ouvi falar de Cristo e seu precioso sangue. Antes, sempre que eu pregava aos outros sobre o assunto, indagava-me se tal verdade competia também a mim, mas quando o escutei dito por outro, passei a ter certeza, pois minha alma habitava nessa verdade. Então me dirigi àquele homem e lhe agradeci pelo sermão. Ele me perguntou quem eu era, e, quando lhe respondi, sua face se enrubesceu. "Ora", disse ele, constrangido, "este era um sermão seu". Respondi: "É verdade, sei que era, mas para mim foi uma bênção do Senhor ter-me alimentado com o alimento que eu preparei para os outros". Percebi então que tinha grande fome daquilo que eu mesmo sabia ser o evangelho de Jesus Cristo. Oh, sim, amamos nosso bom Pastor! Não podemos evitar.

Também o conhecemos por profunda empatia com ele; pois o que Cristo anseia fazer nós também ansiamos. Ele ama salvar almas, nós também. Pois não salvaríamos todas as pessoas de uma mesma rua se pudéssemos? Mais até, toda uma cidade, todo o mundo! Nada nos faz mais feliz que saber que Jesus Cristo é o Salvador. "Já leu a notícia no jornal?", pergunta alguém. Tal notícia certamente não será de tanta importância assim para o nosso coração. Vim a saber que um pobre serviçal tinha me ouvido pregar a verdade e descobrira Cristo; e confesso que fiquei muito mais interessado em ouvir sobre esse acontecimento do que sobre a ascensão ou queda dos liberais ou conservadores. Que me interessa saber o se passa no Parlamento, se o que importa é salvar almas? Este é o meu objetivo principal. Se o reino de Cristo cresce, todos os demais reinos são de pequena importância. É ele o reino por que vivemos e pelo qual jubilosamente morreríamos. Assim como há infinita empatia entre o Pai e o Filho, também existe entre Jesus e nós.

Conhecemos Cristo como ele conhece o Pai porque somos um com ele. A união entre Cristo e seu povo é tão real e ao mesmo tempo misteriosa quanto a união entre o Pai e o Filho.

Temos uma bela imagem diante de nós. Podem visualizá-la por um minuto? O Senhor Jesus aqui, entre nós — procurem imaginá-lo! Eis o pastor. Em torno dele está seu povo, que o segue aonde quer que vá. Ele o conduz a repousar em verdes pastos, guia-o mansamente a águas tranquilas. E há uma peculiaridade: o Pastor conhece cada um apenas ao olhar e todos o conhecem. Há um conhecimento mútuo, íntimo e profundo neste compartilhar. Tão certo quanto ele os conhece, eles também o conhecem. O mundo não conhece nem o pastor, nem as ovelhas, mas eles se conhecem uns aos outros. Tão certo, verdadeiro e profundamente quanto Deus, o Filho, conhece o Pai, também essas ovelhas conhecem seu Pastor. Assim, em um só bando, unidos por uma relação mútua, peregrinam pelo mundo em direção ao céu. *Conheço as minhas ovelhas, e elas me conhecem, assim como o Pai me conhece e eu conheço o Pai*. Não é esta uma imagem abençoada? Deus nos ajude a nela estar!

III. O último assunto é o SACRIFÍCIO COMPLETO. O sacrifício completo é assim descrito: *E dou a minha vida pelas ovelhas*.

Estas palavras se repetem no capítulo cerca de quatro vezes, de diferentes maneiras. Leiam o versículo 11: *O bom pastor dá a sua vida pelas ovelhas*. Leiam o versículo 15: *E dou a minha vida pelas ovelhas*. O 17: [...] *dou a minha vida para a retomar*. O 18: *Tenho autoridade para a dar, e tenho autoridade para retomá-la*. Parece até o refrão de um hino pessoal do nosso Senhor. Chamo esta passagem, por isso, de canto pastoral. O bom pastor, com seu cajado, canta um hino para o seu rebanho, em que, ao final de cada estrofe, repete este versísulo: *Dou a minha vida pelas ovelhas*.

Nosso próprio e amado pastor

| 1437

Não significará, em primeiro lugar, que ele, justamente, esteve sempre fazendo isso? Durante toda a sua vida, o pastor esteve, por assim dizer, doando-se por suas ovelhas; desnudou-se continuamente das vestes da vida, até a ponto de vir a estar completamente despido de tudo na cruz. Toda a vida que tinha, toda a força que possuía, ele sempre as esteve empregando por suas ovelhas. Significa isso, para começar.

Significa, então, que seu sacrifício foi desempenhado ativamente. Foi feito continuamente enquanto ele viveu, mas ele o realizou ativamente. Ele não morreu pelas ovelhas simplesmente, mas abriu mão de sua vida, o que é diferente. Muitos homens morrem por Cristo: era o máximo que poderiam fazer. Mas não podemos abrir mão de nossa vida, pois já estão penhoradas como dívida que a natureza tem para com Deus e não nos é permitido, assim, morrer a nosso bel-prazer; seria suicídio e até um impropério. Mas com o Senhor Jesus Cristo foi diferente. Ele foi, por assim dizer, ativamente passivo. *E dou a minha vida pelas ovelhas. ... tenho autoridade para a dar, e tenho autoridade para retomá-la. Este mandamento recebi de meu Pai.*

Gosto de pensar que nosso bom Pastor não somente morreu por nós, mas escolheu seu sacrifício — abrindo mão de sua vida. Enquanto teve vida, usou-a conosco; quando chegou a hora, abriu mão de sua vida em nosso favor. Isto foi efetivamente feito. No tempo em que disse as palavras desse texto, ainda não o tinha feito. Mas, agora, faz muito que se sacrificou, e o pode ser lido como "E dei a minha vida pelas ovelhas". Por você, amado, ele deu suas mãos e seus pés aos cravos; por você, suportou febre e suou sangue; por você, clamou: *Eloí, Eloí, lamá sabactani*; por você ele entregou ao Pai seu espírito. E a beleza de tudo isso é que ele não teve vergonha ou constrangimento de tê-lo feito: "E dou a minha vida *pelas ovelhas*". De tudo que Cristo tenha feito para o mundo — e não sou daqueles que desmerecem o que a morte de Cristo causou ao mundo — sua maior glória foi: "E dou minha vida *pelas ovelhas*".

Ó grande pastor, quer dizer então que morreste por pessoas como nós? O quê? Por *estas* ovelhas? Morreste por elas? Mas morrer por uma ovelha, Pastor? Decerto terias outros motivos pelos quais viver que não as ovelhas. Não terias outros amores, outras alegrias? Sabemos que a ti dói ver uma ovelha morrer lacerada por lobos ou perdida; mas tem certeza de que amas tanto essas pobres criaturas a ponto de abrir mão de tua vida? "Sim", ele responderá, "tenho certeza!" Levem suas dúvidas a Cristo. O quê? O quê? O quê? Filho de Deus, infinitamente grande e inimaginavelmente glorioso, terias dado a tua vida por simples homens e mulheres? Mas, em comparação contigo, eles nada mais são que meras formigas ou até vermes, criaturas desprezíveis e rebeldes. Poderias criar um bilhão delas com uma única palavra ou acabar com a existência delas com um único levantar de tua mão. Nada são, têm coração de pedra e vontade própria; mesmo as melhores delas não são mais do que deveriam ser. Foi por estas criaturas que morreste, Salvador? Ele então responderia: "Sim, foi. Dei a minha vida pelas ovelhas. Não sinto vergonha por elas, nem tenho vergonha de dizer que morri por elas". Não, amados, ele não tem vergonha de seu amor levado até a morte. Já disse isso certamente para seus irmãos nos altos céus, para que cada servo da casa do Pai soubesse disso, e isso se tornou a canção daquela casa: *Digno é o Cordeiro, que foi morto* [...] (Ap 5.12). Não iremos nós então, concordando, entoar a nossa parte: "Porque foste morto e com o teu sangue compraste para Deus homens de toda tribo, e língua, e povo e nação"? Seja o que for que possam dizer os homens quanto à redenção particular, Cristo dela não se envergonha. Ele se gloria em ter dado sua vida pelas ovelhas. *Pelas ovelhas*, notem bem. Não diz que foi *pelo mundo*. No mundo há desprezo pela morte de Cristo; ele, porém, se afirma no feito, gloria-se em seu sacrifício especial: "E dou a minha vida *pelas ovelhas*" — "no lugar das ovelhas", poderia ser escrito. Ele se gloria em havê-las substituído na cruz. Faz de seu ato uma honra em haver sofrido em lugar de seus escolhidos — para que jamais tivessem de vir a experimentar a ira de Deus causada pelo pecado. E no que ele se gloria, também nós: *Mas longe esteja de mim gloriar-me, a não ser na cruz de nosso Senhor Jesus Cristo, pela qual o mundo está crucificado para mim e eu para o mundo!* (Gl 6.14).

Ó amados, que bendito Cristo temos, que tanto nos ama, que tanto nos conhece — a quem também conhecemos e amamos! Que outros e outros aprendam a conhecê-lo e a amá-lo! Sim, que possam também confiar nele, como as ovelhas confiam no pastor! Rogamos a Deus, em nome de Jesus. Amém.

154

OUTRAS OVELHAS E UM REBANHO

Tenho ainda outras ovelhas, que não são deste aprisco; a essas também me importa conduzir, e elas ouvirão a minha voz; e haverá um rebanho e um pastor (Jo 10.16).

A este versículo precede e se segue uma notável declaração. Antes dele, nosso mestre diz: *E dou a minha vida pelas ovelhas* (Jo 10.15), e, imediatamente após, encontramos outra grande sentença: [...] *dou a minha vida para a retomar*. A primeira afirmação, *dou a minha vida pelas ovelhas*, é a âncora da nossa confiança ao baterem as tempestades de encontro à nave da igreja. Com sua morte, o Senhor Jesus demonstrou todo o seu amor pelo seu povo; e a resolução de salvá-lo ficaria clara pelo sacrifício que antes se dispusera a fazer; assim, a dúvida e o medo devem ser expulsos do nosso coração e a palavra "desespero" deve ser desconhecida do Israel de Deus. Temos certeza, deste modo, do amor do Filho de Deus para com o seu rebanho de escolhidos, obtendo prova infalível desse amor na falta de apego do mestre à própria vida. Podemos, além disso, ficar absolutamente convencidos de que o propósito de Cristo é perpétuo; não pode ser alterado. O Senhor Jesus se comprometeu conosco mediante um propósito que não admite retorno, tendo já sido pago o preço e realizado o devido sacrifício para que tal objetivo fosse atingido. Com seu sacrifício, somos certificados sem sombra de dúvida de que o divino propósito há de ser observado, pois não pode acontecer de o Cristo haver morrido em vão. Seria blasfêmia pensar que seu sangue fosse derramado por nada. O que quer que haja servido de motivo na esfera humana para o sacrifício da vida do Filho de Deus, podemos ter absoluta certeza de que tal imolação expiatória haveria de ser cumprida, fosse qual fosse o adversário que surgisse para tentar impedi-la; pois não estamos falando da vontade de um homem, mas do propósito de Deus, a quem o próprio Cristo dedicou o sangue de seu coração de Filho unigênito. Esperemos com paciência e aguardemos em paz vermos a salvação total de Deus, a realização de todo o seu plano de amor, pois a morte na cruz é sacrifício feito, com toda a certeza, para alcançar efeitos concretos.

Cristo não morreu por mero acaso, e não devemos por isso aventar, nem por um momento que seja, a ideia de um Salvador decepcionado pelo resultado de seu sangue derramado. Nos tempos mais escuros, a gloriosa cruz se inflama de luz. Mal nenhum jamais poderá impedir sua eficácia. Firmes em seu sinal, venceremos. Jesus deu sua vida pelas ovelhas, portanto está tudo bem. Descansemos na confiança do amor do Pai para com suas ovelhas; descansemos na confiança da imutabilidade do propósito divino em relação a elas e no seu objetivo final. Não poderia ser jamais nem é verdade que o próprio Filho de Deus perdesse sua vida em vão. Embora que o céu e a terra venham a passar, o precioso sangue do coração do Filho de Deus atingirá o objetivo pelo qual foi tão generosamente derramado. Se ele diz: *E dou a minha vida pelas ovelhas*, deduz-se que devam viver as ovelhas redimidas ao ser pago este alto preço; que nelas o pastor *verá o fruto do trabalho de sua alma, e ficará satisfeito* (Is 53.11).

Mas enquanto o pobre e tímido povo de Deus imagina, por vezes, que o propósito de Cristo não venha a ser alcançado, observem o que ele diz ainda: [...] *dou a minha vida para a retomar* (Jo 10.17). Aquele que morreu, e redimiu assim seu povo pelo preço que pagou, volta a viver novamente e vê pessoalmente que o povo é de fato redimido por seu sangue. Se alguém morre para atingir seu objetivo, pode ter a certeza de que empregou até sua alma para conseguir o que desejava; mas se ainda se ergue dos mortos e se certifica da realização de seu objetivo, imagine quão determinado estava em ver seu plano cumprido. E se volta

Outras ovelhas e um rebanho

com poder ainda maior, revestido de força ainda mais intensa, elevado a posição bem mais eminente, sem deixar, no entanto, de visar ao seu grandioso propósito, estejamos seguros de sua infinita determinação em atingir seus fins. A ressurreição de Jesus torna duplamente segura a certeza do cumprimento de seu plano e que nada o poderá impedir. Não ousamos nem imaginar que o Filho de Deus pudesse vir a ser desapontado do objetivo por que morreu e tornou a viver. Se morreu por um objetivo, é certo que o irá alcançar. A mim esta conclusão parece estar além de qualquer dúvida. Assim sendo, posso afirmar que o destino das ovelhas está acima de qualquer perigo. É justamente o que diz Paulo, quando declara: *Porque se nós, quando éramos inimigos, fomos reconciliados com Deus pela morte de seu Filho, muito mais, estando já reconciliados, seremos salvos pela sua vida* (Rm 5.10).

Se algum de vocês se sente abatido por alguma dificuldade na vida, que estas duas sentenças soem como trombetas de prata em seus ouvidos. Se ao olhar pela janela o exterior lhe parece demasiado escuro, ganhe coragem, eu lhe rogo, com o exemplo que nos dá o Senhor: sua morte e ressurreição são proféticas das coisas boas que virão. Não pense que Cristo teria se enganado com o objetivo de sua morte: não ouse pensar que ele se enganaria em relação ao propósito de sua gloriosa vida; por que, então, se sentir abatido? A vontade dele será feita na terra como no céu, tão certo quanto ele ter vindo do céu a terra e quanto a sua ida de volta da terra para o céu. Seu propósito há de ser atingido de forma tão garantida quanto garantido está que ele morreu e vive de novo. Este, o motivo pelo qual, ao aparecer para seu servo João, ele diz: *Eu sou [...] o que vive; fui morto, mas eis que estou vivo pelos séculos dos séculos; e tenho as chaves da morte e do hades* (Ap 1.18). Pois o Pastor que morreu e reviveu não representaria a segurança e a glória de seu rebanho? Confortem-se, portanto, uns aos outros com estas palavras de nosso Senhor: *E dou a minha vida pelas ovelhas, [...] dou a minha vida para a retomar.*

I. Há quatro assuntos nesse texto que merecem nossa atenção, pois estão repletos de consolo para as mentes perturbadas pelas malignidades desses perigosos tempos.

Eis o primeiro deles: Nosso Senhor Jesus Cristo conduzia seu rebanho inicial sob as piores condições.

Quando fala de *outras ovelhas*, está implícito que ele teria, ou viria a ter determinadas ovelhas, ainda não conhecidas; e quando ele diz *que não são deste aprisco*, fica claro então que o pastor considerava ter um aprisco ou rebanho seu, conhecido. Na verdade, eram tempos tristes e perversos, mas corações sinceros se haviam achegado ao Salvador e, protegidos pelo divino poder, participavam desse rebanho. Algumas pessoas supõem que quando nosso Senhor diz *deste aprisco* fizesse alusão aos judeus em geral; mas os judeus propriamente ditos jamais pertenceram, em massa, ao rebanho de Cristo. Não é possível também que ele tivesse a intenção de denominar a maioria dos judeus que o cercavam como sendo seu rebanho, já que pouco depois exclama: [...] *vós não credes, porque não sois das minhas ovelhas* (Jo 10.26). Seu rebanho conhecido consistia, então, de um pequeno punhado de judeus, seus discípulos, que ele havia reunido mediante ministério pessoal e se mantinham sempre unidos, por assim dizer, junto ao pastor. Talvez fossem desprezados por causa do tamanho de seu pequeno grupo e, então, por isso, ele afirmasse claramente aos inimigos, que certamente cercavam seu pequeno rebanho espumando de raiva: "Tenho ainda outras ovelhas que não são deste aprisco" — ou seja, "que vocês ainda não as conhecem, mas as tenho, de qualquer modo" — acrescentando que, no devido tempo, "a essas também me importa conduzir, e elas ouvirão a minha voz, e haverá um rebanho e um pastor".

O Senhor Jesus conduzia seu rebanho inicial, mantendo-o unido, de fato, nas piores circunstâncias. Não há dúvida de que os tempos atuais são muito perigosos, e tenho alguns irmãos ao meu redor que nunca me deixam esquecer disso, pois estão sempre batendo na mesma tecla, sempre se debruçando no mesmo argumento, de declínio geral da igreja e aumento da depravação do mundo. Não tenho como impedi-los de continuar proclamando tais avisos, muito embora lhes possa garantir que ouço há muitos anos a mesma coisa, com pequenas variações. Desde a minha juventude que me deixam aflito, mas isso tem sido bom para mim. Lembro-me de ter ouvido trinta anos atrás que vivíamos tempos terríveis; e, até onde consigo me lembrar, sempre vivemos tempos terríveis. Suponho que assim sempre será. Os vigias da noite a tudo veem, menos a chegada da manhã. Nossos pilotos percebem o perigo à frente e procedem com cautela. Talvez as coisas estejam como deveriam estar; é melhor, de qualquer modo, do que se iludir de que seja tudo um paraíso. De todo modo, o certo é que os tempos de nosso Senhor Jesus Cristo eram na verdade terríveis. Nenhuma época antiga talvez haja sido tão terrível quanto aquela em que literalmente crucificaram o Filho de Deus, ao mesmo tempo que bradavam: "Fora! Fora!" Se o tempo presente é melhor ou pior não me cabe determinar, mas as pessoas pelo menos não podem ser piores. Os tempos do primeiro advento do nosso Senhor marcaram, no meu entender, o ápice e a crise da carreira do mundo no pecado; não obstante, o bom pastor tinha um rebanho seu na madrugada da história.

Havia naqueles dias *triste falta de santidade vital*. Alguns poucos santos esperavam a vinda do Messias; eram, de fato, muito poucos, como o bom e velho Simeão e Ana. Alguns poucos suspiravam e sofriam pelos abundantes pecados de toda uma nação; o encanto estava se perdendo: Israel estava se tornando Sodoma e Gomorra. O pequeno grupo dos que se lamentavam em Sião não havia ainda morrido de todo, mas eram em tão pequeno número que até uma criança os poderia contar. Generalizando, sabemos que quando o Salvador veio para seu povo, seu povo não o recebeu. A massa de pessoas de fé estava se degenerando; a vida com Deus estava se extinguindo: não se achava com os fariseus, nem com os saduceus, nem com seita religiosa judaica alguma, pois todas se haviam deturpado. O Senhor olhou, e não havia homem algum para ajudá-lo ou para sustentar sua justa causa: todos os que professavam ser seus maiores fiéis se haviam tornado inúteis. Quanto aos mestres de religião, sua boca se tornara um sepulcro aberto e sua língua despejava veneno de cobra. Não obstante, o Pastor conseguiu reunir um rebanho no próprio Israel. Nunca tinha havido na terra um rebanho de ovelhas como as que reconheceram a voz do Pastor e se reuniram ao seu chamado e o seguiram fielmente.

Era uma época em que *abundava o culto individual*. Muitos judeus haviam deixado de adorar o Deus verdadeiro, de acordo com as Escrituras, e adoravam o que e como bem entendiam. Em Israel, como que se poderia ouvir soar a trombeta em cada esquina, ao distribuírem os fariseus suas esmolas. Podiam-se ver pais e mães idosos abandonados e famílias em ruína, pois os escribas ensinavam ao povo que quem fizessem oferta ao templo, chamada *corbã* (Mc 7.11), estaria livre de qualquer obrigação de ajudar pai ou mãe. Como doutrina ensinavam somente mandamentos dos homens, deixando de lado os mandamentos de Deus. Usar vestes com longas bordas e muitos filactérios era considerado de extrema importância, enquanto mentir e trapacear era tido como irrelevante. Julgava-se ser séria transgressão comer sem lavar as mãos, mas assenhorar-se da propriedade de uma pobre viúva sem recursos por causa de dívida não causava qualquer peso na consciência do mais rigoroso autojustificador fariseu. A terra estava impregnada de falsa adoração, transgressão grande e crescente também nos dias de hoje. No entanto, Cristo tinha seu próprio rebanho. Nele se encontravam os que conheciam perfeitamente sua voz e que, ao obedecer-lhe, conseguiam entrar e sair e achar pastagem.

Eram tempos em que se presenciava *a mais ferrenha oposição à verdade de Deus*. Nosso Senhor Jesus mal podia abrir a boca que logo seus adversários pegavam em pedras para nele jogar. Diziam que tinha demônio ou estava louco; e que ele era *comedor e bebedor de vinho, amigo de publicanos e pecadores* (Lc 7.34). A ira dos homens em relação a Cristo fervilhava no mais alto grau, até que por fim o pegaram e pregaram à cruz, pois não podiam suportar que tal pessoa vivesse em meio a eles. Não obstante, ele mantinha seu rebanho nesses tempos horríveis; tinha sua companhia eleita, por quem daria a vida e de quem disse ao Pai: *Eram teus, tu mos deste; e guardaram a tua palavra* (Jo 17.6). A este declarou: "*Mas vós sois os que tendes permanecido comigo nas minhas provações: e assim como meu Pai me confiou domínio, eu vô-lo confiro a vós* (Lc 22.28,29). Assim, amados, concluo que, embora haja hoje em dia triste declínio da santidade, e embora a falsa adoração varra a terra com ondas tempestuosas, e ainda que a oposição à verdade de Cristo seja mais ferrenha do que nunca, não obstante, mesmo nestes tempos difíceis, há um rebanho que segue a eleição da graça. Mesmo hoje, Deus, respondendo ao profeta que reclama, diz: *Todavia deixarei em Israel sete mil: todos os joelhos que não se dobraram a Baal* [...] (1Rs 19.18). Assim, irmãos, mantenham sua alma confiante.

OUTRAS OVELHAS E UM REBANHO | 1441

Cabe notar que ao pequeno grupo do povo de Cristo ele mesmo chama de *aprisco*. Depois, se tornariam realmente um *rebanho*, mas enquanto Deus encarnado estava com eles, não passava de um *aprisco*. Eles eram poucos, todos da mesma raça, a maioria procedente de um mesmo lugar, e sempre tão unidos que cabia dizer, de fato, de modo adequado, serem um aprisco. Um único olhar de relance do pastor podia a todos divisar. Eram todos, felizmente, tão diferentes do resto do mundo que acabaram sendo escolhidos e reunidos rapidamente. Deles, disse nosso Senhor: *Eles não são do mundo, assim como eu não sou do mundo* (Jo 17.16). Ele os tomou, do mundo, para si. Com esta abençoada atitude, ficaram a salvo do mundo, de tal modo que disse o Senhor ao Pai: *Enquanto eu estava com eles, eu os guardava no teu nome que me deste, e os conservei, e nenhum deles se perdeu, se não o filho da perdição, para que se cumprisse a Escritura* (Jo 17.12). Quaisquer que fossem seus erros e falhas, e não eram raros, eles não se enquadravam na geração em meio à qual viviam, mas foram mantidos como que separados em um aprisco enquanto Jesus esteve com eles. Nesse aprisco, achavam-se protegidos de todas as intempéries, bem como dos lobos e dos ladrões. A presença do Senhor em seu meio era como um muro de fogo ao seu redor: tinham apenas de acorrer a ele, que podia perfeitamente enfrentar todos os seus adversários, defendendo-os de qualquer transtorno. Tal como Davi, o Senhor Jesus guardava seu pequeno rebanho dos lobos e leões famintos que o quisessem atacar e devorar. É bem verdade que, mesmo sendo pequeno o grupo, havia um bode infiltrado entre as ovelhas, como ele mesmo revelaria: *Não vos escolhi a vós os doze? Contudo um de vós é diabo* (Jo 6.70). Eles, na verdade, não eram absolutamente puros — mas ele era; e os separou magnificamente do mundo, e os preservou de falsas doutrinas, e impediu que se dividissem e desunissem. Naquele aprisco, estavam sendo fortalecidos para a vinda futura do grande pastor. Aprendiam milhares de coisas que lhes seriam inteiramente úteis, quando Cristo os enviasse futuramente como cordeiros em meio aos lobos: teriam de aprender, por exemplo, a ser *prudentes como as serpentes e símplices como as pombas* (Mt 10.16), por causa de tremendos perigos, a respeito dos quais em tudo os instruía também o Senhor. Vejam, assim, que mesmo no mais cruciante dos tempos, o Senhor já tinha uma igreja, pode-se até dizer que a melhor igreja. Não a poderíamos chamar assim? Creio que sim. A igreja apostólica, sobre a qual o Espírito Santo desceu, jamais esteve atrás de qualquer igreja de qualquer época que a haja sucedido. Foi o melhor de todos os rebanhos do bom pastor, de todas as eras, aquela frágil companhia, a quem diria Jesus: "Não temas, ó pequeno rebanho; porque a vosso Pai agradou dar-vos o reino".

Vejam agora que coisa notável: apesar de Jesus os ter separado, não permitiu que se sentissem exclusivos e acabassem em um estado de arrogante autossatisfação. Não; ele escancara as portas do rebanho, dizendo a eles: *Tenho ainda outras ovelhas [...]*. Assim, ele põe em xeque uma tendência muito comum na igreja de se esquecer daqueles que estão fora do rebanho, fazendo da salvação pessoal o único e exclusivo objetivo da fé. Não creio ser errado cantarmos:

> Somos um jardim murado,
> Solo escolhido, semeado,
> Pela graça todo cercado,
> Do mundo bruto afastado.

Ao contrário, julgo serem esses versos bem verdadeiros, doces e merecedores de serem cantados; mas há outras verdades, sem dúvida, além desta. A nós também o Pastor abre a porta do jardim murado e diz: *O deserto e a terra sedenta se regozijarão; o ermo exultará e florescerá; como o narciso florescerá abundantemente [...]* (Is 35.1,2). O aprisco é a nossa morada, mas não é nossa única área de ação; devemos sair por todo o mundo, buscando nossos irmãos. Considerando que o Senhor tem outras ovelhas que ainda não estão neste aprisco e que para ele devem ser encontradas por seu povo fiel, que nos inspiremos para tal sagrada empreitada.

> Oh, vamos as ovelhas encontrar
> Que estão nos caminhos da morte a vagar;
> E no fim do dia alegre dizer:
> Uma ovelha perdida eu pude trazer.

Amados, encerro este tópico dizendo a vocês: jamais se desesperem! O Senhor dos Exércitos está com seu povo. Ainda que o povo seja pouco e pobre, é de Cristo, e isto o torna muito precioso. Um aprisco comum nada tem de glória e beleza, apenas quatro cercas o constituem e nada mais é que um abrigo para ovelhas; do mesmo modo, uma igreja pode parecer ruim e simplória aos olhos humanos, mas é aprisco do Rei-Pastor e suas ovelhas pertencem ao Senhor Deus Todo-poderoso. Há tamanha glória neste pertencer que os anjos não a deixam despercebida. Há nela fraqueza humana, mas há também poder divino. Não estimamos, temo, a força das igrejas de maneira correta. Li uma vez sobre três irmãos que tinham de cursar uma universidade, mas o dinheiro era curto. Um deles reclamou que não tinham ajuda e que por isso não poderiam esperar ter sucesso; mas outro deles, que tinha fé, retrucou: "Você acha que nada podemos fazer? Diz que somos poucos? Pois não acho; somos pelo menos mil". "Mil?", arguiu o primeiro. "Como?" "Ora", respondeu o irmão, "se eu sou um zero, você é um zero e nosso irmão um zero, somos três zeros. Como tenho certeza de que o Senhor Jesus é UM, coloque-o na frente destes três zeros e teremos mil!" Não é um belo discurso? Que poder realmente alcançamos quando simplesmente colocamos o unigênito à frente de tudo em nossa vida! Você não é nada, irmão; você não é nada, irmã; eu não sou nada; ninguém é nada se apenas ao lado do nosso Senhor; mas, oh, se ele ficar à frente de todos nós, então seremos milhares. E isto é verdade tanto na terra quanto no céu. *Os carros de Deus são miríades, milhares de milhares. O Senhor está no meio deles, como em Sinai, no santuário.* (Sl 68.17). Portanto amigos, não se deixem abater em momento algum, digam apenas para si próprios: "Mesmo agora, a noite não é tão escura quanto já foi neste mundo. Mesmo neste doloroso momento, a igreja de Cristo não se encontra em situação tão terrível quanto já esteve na época do primeiro advento; e porque o Senhor está presente em nosso meio, *não temeremos, ainda que a terra se mude e ainda que os montes se projetem para o meio dos mares* (Sl 46.2); *pois há uma cidade em que habitaremos para sempre, onde flui um rio cujas correntes a alegram eternamente* (Sl 46.4); *Deus está no meio dela; não será abalada; Deus a ajudará desde o raiar da alva* (Sl 46.5). Sim, tenham coragem, sejam fortes, companheiros de fé!

II. Em segundo lugar, está claro, pois o texto ensina, com muitas palavras, que NOSSO SENHOR TEM OUTRAS OVELHAS AINDA NÃO CONHECIDAS. Quando ele diz *Tenho ainda outras ovelhas*, quero que reparem nesta forte expressão: *Tenho* — não "Terei", mas *"Tenho* ainda outras ovelhas". Muitas delas provavelmente nem sequer passariam pelo pensamento dos apóstolos. Não creio que houvesse ocorrido antes a Pedro, Tiago ou João que seu Senhor tivesse qualquer outra ovelha em qualquer pobre ilha distante, que fosse, que pudesse ser considerada dentro dos limites da terra. Não acredito que os apóstolos, naquela época, sequer sonhariam que o Senhor Jesus pudesse vir a ter ovelhas em Roma. Não; criam somente, e em seus pensamentos os mais liberais, que tão somente a nação hebraica seria convertida e que as sementes de Abraão espalhadas pelo mundo voltariam a ser nela reunidas. Mas nosso rei-pastor tem pensamentos maiores que o maior dos corações de seus servos. Ele se agrada em expandir nossa área de amor. *Tenho ainda outras ovelhas.* Você certamente não as conhece, mas o pastor, sim. Incógnitas para ministros, para cristãos devotados, muitas delas há certamente neste mundo que Jesus pode proclamar serem suas pelo pacto da graça.

Quem são? Bem, estas *outras ovelhas* são, em primeiro lugar, também, seguidores seus *escolhidos*; pois ele escolheu seu povo dentre os que estão no mundo, para o qual reservou a vida eterna. *Vós não me escolhestes a mim,* diz ele, *mas eu vos escolhi a vós* (Jo 15.16). São do povo sobre o qual a soberania divina fixou sua amorosa escolha desde antes da fundação do mundo. A esses mesmos eleitos é que ele também se refere ao dizer: *Tenho ainda* [...] Sua eleição é o fundamento da propriedade que tem sobre todo o seu povo. Fazem parte *daqueles que o Pai lhe deu,* dos quais diz, em outra passagem: *Todo o que o Pai me dá virá a mim* [...], e ainda: [...] *e o que vem a mim de maneira nenhuma o lançarei fora* (Jo 6.37). A doação eterna que o Pai lhe faz sela sua relação com o rebanho. Seu povo é o povo por quem ele particularmente abriu mão de sua vida, para que pudesse ser um povo *redimido no Senhor. Cristo amou a igreja, e a si mesmo se entregou por ela* (Ef 5.25). São os que serão redimidos dentre os homens e de quem lemos: [...] *não sabeis que* [...] *não sois de vós mesmos? Porque fostes comprados por preço* (1Co 6.19,20). O Senhor Jesus abriu mão de sua vida por suas ovelhas; é ele mesmo quem o diz, e ninguém pode questionar o que ele diz. Delas é

OUTRAS OVELHAS E UM REBANHO | 1443

que afirma: *Tenho ainda*, e pelas quais *é fiador*, como quando Jacó assumiu o rebanho de Labão e dele cuidou dia e noite para não o perder, e se por acaso qualquer das ovelhas se perdesse ou ferisse ele teria de prestar contas. Essas ovelhas fazem parte do grande rebanho de que ele é fiador, junto ao Pai, de que há de preservá-las, todas e a cada uma delas, até o último dia da prestação de contas; para que não falte ovelha alguma quando da contagem que será feita no grande dia derradeiro. *Tenho ainda outras ovelhas*, diz Cristo. E é maravilhoso que assim ele o possa dizer, sabendo-se que certamente estavam antes perdidas, por suas obras perversas.

Em que estado, então, anteriormente se encontravam? Eram, sem dúvida, um povo sem pastor, sem aprisco, sem pastagem, perdido nas montanhas, vagando nas florestas, deixado para morrer, prestes a ser devorado pelos lobos; delas, diz agora Jesus: *Tenho ainda outras ovelhas, que não são deste aprisco*. Ovelhas que tinham vagado por muito longe, até mesmo na mais vergonhosa iniquidade; mas que, apesar de tudo, delas ele diz: *Tenho ainda outras ovelhas*. Por pior que o mundo seja hoje, deve ter sido muito pior na cruel era romana, em que eram praticados os piores vícios e maus costumes e as mais indescritíveis abominações; no entanto, alguns ou muitos desses seres errantes seriam considerados ovelhas de Cristo, e no tempo certo libertos do pecado e purificados de toda idolatria, superstição, maldade e imundície em meio às quais vagavam. Já pertenciam a Cristo, assim, até mesmo desde quando ainda dele estavam distantes; pois ele as havia escolhido, o Pai as havia dado a ele, ele as havia comprado por preço com seu sangue e estava determinado a exercer sua posse. *Tenho ainda outras ovelhas*, disse ele, chamando-as de *suas* ovelhas até mesmo quando ainda perdidas — pecadores, transgressores, que caminhavam rumo ao inferno e à destruição eterna.

Creio que eram tão conhecidos de Cristo quanto os que já pertenciam efetivamente ao seu rebanho. Imagino-o, homem divino, de pé, confrontando seus adversários, e quando seu olhar divisa seus inimigos, seus olhos percorrem a terra em busca de visão que lhe seja mais aprazível. Ao discursar, então, seus olhos brilham com alegre fulgor enquanto penetram em meio a milhares de pessoas do mais variado tipo e das mais variadas línguas, falando a si mesmo, durante esse processo, os versos do Salmo 22.27,28,30: *Todos os limites da terra se lembrarão e se converterão ao Senhor, e diante dele adorarão todas as famílias das nações. Porque o domínio é do Senhor, e ele reina sobre as nações. [...] A posteridade o servirá; falar-se-á do Senhor à geração vindoura.* Ele contempla as miríades dos que lhe pertencem e se deleita, ante seus desprezíveis adversários, em ver seu reino crescente, que eles serão incapazes de subjugar. Os farisaicos e orgulhosos poderão ignorar cegamente a liderança do pastor ungido do Senhor, mas ele jamais ficará sem um rebanho que lhe sirva de honra e recompensa. Foi isso que o levou a dizer: *Tenho ainda outras ovelhas* [...].

Eis aqui, então, um grande conforto para homens e mulheres de Deus que amam a alma de seus semelhantes. O Senhor tem, por exemplo, muito povo seu em Londres e o conhece. Todavia, *tenho muito povo nesta cidade* (At 18.10), disse o Senhor em visão ao apóstolo Paulo, e este não havia ainda convertido ninguém naquele lugar. *Tenho ainda* [...], diz Cristo, até mesmo antes de qualquer das pessoas a que se refere o terem buscado ou ouvido a seu respeito. Mesmo agora, nosso Senhor Jesus Cristo tem povo eleito espalhado por todo o mundo, muito embora não haja sido ainda nem chamado pela graça. Não sei quem são estes, nem sei onde estão; mas com toda a certeza ele já os têm, o que é a mais pura verdade: *Tenho ainda outras ovelhas que não são deste aprisco*. É parte de nossa responsabilidade ir em busca dessas ovelhas perdidas; recebemos, irmãos, a grande comissão de ir por toda parte em busca das ovelhas do nosso pastor e mestre. Não tenho direito algum de buscar ovelhas que pertençam a outras pessoas; mas, se pertencem ao meu Senhor, ninguém me irá deter, nem montanhas, nem inquisições: "Você viu uma ovelha do Senhor perdida por aí?" Caso a resposta seja: "Como ousa invadir esta propriedade?", podemos perfeitamente explicar: "Estamos buscando as ovelhas de nosso mestre, que se perderam por aqui. Desculpem se estamos indo além do que permite a polidez, mas estamos ansiosos por encontrar ovelhas perdidas". Eis aí boa desculpa para bater em uma casa sem ser convidado; quando desejar entregar um folheto ou falar acerca da palavra de Cristo, diga: "Creio que uma das ovelhas perdidas do meu mestre está aqui e é atrás dela que eu venho". Vocês receberam um mandado de busca diretamente do Rei dos reis, portanto têm o direito de entrar e buscar a ovelha perdida do Senhor. Se os homens pertencessem ao diabo, não tentaríamos roubar o inimigo dele mesmo; mas não é assim: o diabo não os fez nem os comprou, e por isso podemos angariá-los em nome do Rei sempre que necessário. Não duvido que haja alguns aqui, hoje, que nem conhecem nem amam o Salvador ainda; e, no entanto, pertencem ao redentor, e ele os acabará trazendo para seu rebanho efetivo.

É por isso que pregamos com tanta confiança. Não subo aqui a este púlpito esperando que alguém porventura vá a Cristo por sua livre e espontânea vontade; isso pode ou não acontecer. Minha esperança reside em outra possibilidade: a de que meu mestre lance mão de alguns desses desgarrados, declarando: "Vocês me pertencem e serão meus; eu os reivindico para mim". Minha esperança vem da liberdade da graça, não da liberdade do espírito humano. Uma grande quantidade de peixes pode ser apanhada por um pescador do evangelho se ele puxar apenas os que estão desejosos de pular na rede. Oh, uma hora que seja de Jesus em meio a essa multidão! Cinco minutos pelo menos da obra do grande pastor! Quando o bom pastor recolhe suas ovelhas perdidas, ele não tem muito o que lhes dizer. Conforme está na parábola da ovelha perdida, ele nada diz, simplesmente a retoma, coloca-a nos ombros e retorna para casa. É isso o que fará o Senhor com alguns de vocês, cuja vontade está indo em direção oposta, cujo desejo é contrário ao dele. Quero que ele venha, como vem, investido de sagrada determinação e poderoso amor para devolver vocês a Deus Pai. Não que vocês sejam salvos contra a sua própria vontade, mas o seu consentimento será obtido de forma amorosa, porém forte. Oh, que o Senhor Jesus os tome pelas mãos, para nunca deixá-los partir. Que possa dizer com doçura a vocês: *Pois que com amor eterno te amei, também com benignidade te atraí* (Jr 31.3).

III. Nosso terceiro tópico nos traz muito deleite. Nosso SENHOR DEVERÁ CONDUZIR ESSAS OUTRAS OVELHAS. *A essas também me importa conduzir* [...] (Jo 10.16) — leiam isso, e se lhes mostrará ainda mais claro: *A essas também me importa conduzir*. Cristo estará à frente dessas outras ovelhas, e elas o seguirão: *A essas também me importa conduzir, e elas ouvirão a minha voz*. Aqueles que pertencem a Cristo hão de necessariamente segui-lo.

Antes de mais nada, é Cristo quem deve agir, como tem feito até agora. Se o texto diz "A essas *também me importa conduzir*", significa que as ovelhas que vieram antes foi ele quem conduziu. Todos aqueles que estão no aprisco de Cristo foi ele quem para ali os levou, e todos os que venham a participar do rebanho também serão por ele até ali levados. Todos nós salvos assim o somos mediante o grande poder de Deus que está em Cristo Jesus. Ou, não é? Haverá alguém aqui que haja chegado a Jesus sem que Jesus tenha antes chegado à pessoa? Decerto que não. Podemos todos admitir, sem exceção, que foi o seu amor que nos buscou e nos levou a sermos ovelhas em sua pastagem. E assim como o Senhor Jesus fez isso por nós, ele o fará também pelos outros; ninguém jamais conseguirá a ele chegar sem que ele o busque.

Eis aqui o enfático e imperioso *me importa*. Dizem que o "importa" só se aplica aos reis, e que o rei pode dizê-lo a cada um de nós; mas você já tinha ouvido antes algum *me importa* que comprometesse um rei e o constrangesse? Geralmente, os reis não se importam em dizer *me importa*. Todavia, existe um rei, como igual jamais houve e jamais haverá em termos de domínio e glória, que se obriga e compromete mediante um *convém* — o soberano Emanuel, que diz: *A essas também me importa conduzir*. Sempre que Jesus diz que a ele importa alguma coisa, isso exatamente acontece. Pois quem poderia resistir à conveniência do Senhor Onipotente? Fora, demônios! Fora, homens perversos! Vá embora, escuridão! Morra, ó morte! Quando Jesus diz *me importa*, já sabemos o que irá acontecer: as dificuldades desaparecerão e o impossível será alcançado. Glória, glória, glória, o Senhor conquistará a vitória! Diz Jesus de seus escolhidos, seus redimidos, seus desposados, aqueles com quem tem um pacto: *A essas* [ovelhas] [...] *me importa conduzir* e, por isso, o fato tem acontecido e irá acontecer.

Além do mais, ele nos diz como seria realizado tal feito: ... *elas ouvirão a minha voz*. Nosso Senhor está dizendo que iria salvar as pessoas pelo evangelho. Não busco qualquer outro meio de conversão dos homens além da simples pregação do evangelho e do fato de que os homens abram seus ouvidos para ouvi-lo — [...] *ouvirão a minha voz*. O método deverá ser seguido até o fim. E as nossas ordens são: *Ide por todo o mundo, e pregai o evangelho a toda criatura* (Mc 16.15). Não fomos comissionados a fazermos qualquer

Outras ovelhas e um rebanho | 1445

outra coisa senão pregarmos o evangelho, o mesmo evangelho que nos salvou e que no princípio nos foi revelado. Não conhecemos qualquer alteração ou acréscimo ou correção ao evangelho. Obedecemos e seguimos apenas uma voz e não muitas. O evangelho da salvação deve ser proclamado em todo lugar e nenhum outro trabalho nos cabe senão este.

Então, como está dito: [...] *elas ouvirão a minha voz*. É prometido, assim, que suas ovelhas deverão ter ouvidos atentos à sua voz e em seguida ceder o coração, por espontânea vontade, ao seu divino amor, passando a seguir Jesus por onde quer que as conduza. "Mas", alguém pode aventar a hipótese, "suponha que eu fale por minha conta em nome de Cristo, elas não irão me ouvir?" Não suponha o que não poderia acontecer. Diz o Senhor, a respeito de suas ovelhas, escolhidas: ... *elas ouvirão a minha voz*. O restante há de permanecer na cegueira; mas os redimidos hão de ver e ouvir. Que não se torne, portanto, a conjeturar: "Mas suponha que elas não o consigam"! Não se pode jamais supor algo contrário ao que Jesus promete, como quando diz: [...] *ouvirão a minha voz*. Que os desprovidos da graça façam ouvidos moucos se quiserem, perecendo com a voz de Cristo servindo de testemunho contra eles; mas os redimidos irão com toda a certeza ouvir a voz celestial e irão obedecer. Não há como resistir a essa vontade divina, se Jesus afirma: "A essas também me importa conduzir; e elas *ouvirão* a minha voz". Eis por que Paulo se voltou para os gentios, mas deixou claro aos judeus: *Seja-vos pois notório que esta salvação de Deus é enviada aos gentios, e eles ouvirão* (At 28.28). Ele não tinha a menor dúvida a respeito da ampla recepção que teria a palavra; nem devemos ter hesitação alguma quanto a isso, já que Cristo possui um povo seu, que deve ser por ele conduzido, e tal povo deverá ouvir tão somente a voz do único bispo e pastor de suas e de nossas almas.

Já ouvimos também alguém dizer: "Pois se a Cristo *importa* ter seu povo, por que então pregar?" E por que não pregar se deve ser assim? Este é um dos grandes motivos pelo qual pregamos. O que se poderia supor ser motivo para inatividade é talvez a maior razão para uma vibrante atividade. Porque o Senhor tem um povo que deve ser salvo, sentimos a imperiosa necessidade, e que nos compete, de o ajudarmos a ganhar seu povo. Eles *terão de vir*, mas *devemos buscá-los*: vocês não sentem, irmãos cristãos, que *devem* ajudar a convencê-los a participar do banquete de casamento? Não lhes pesa a sensação de que *devem* ir atrás das almas perdidas e falar a elas da salvação em Cristo, de tal modo que possam ter a participação na glória de alcançar para o Senhor essas pessoas compradas com o seu sangue, mediante o Espírito Santo?

Além disso, não há aqui também alguém que sinta a necessidade de que *deve* vir a Cristo? Imagino alguns de vocês dizendo a si mesmos: "Sim, fiquei de fora por muito tempo, mas sei que me *devo* apresentar; resisti à divina graça por muito tempo, mas sinto que agora Cristo colocou suas santas mãos em mim e *tenho de* ir". Como eu gostaria que um *"devo"* celestial, uma bendita necessidade de poder onipotente se derramasse sobre vocês e os conduzisse, como ovelhas de Deus, para o divino aprisco. Oh, que possam agora se curvar perante Deus porque o amor de Cristo assim os constrange! Submetam-se a Deus, reconhecendo a suprema autoridade de sua graça, que conduz cativo todo pensamento ao divino aprisco, para que Cristo possa reinar em seu coração, colocando todo inimigo de sua alma debaixo do seu santo poder. Disse ele: [...] *o que vem a mim de maneira nenhuma o lançarei fora* (Jo 6.37). "Confiarei nele", pensa alguém; "sinto que devo". E bem o deve. Essa sua confiança é a marca de sua escolha por Deus, pois *Quem crê no Filho tem a vida eterna* (Jo 3.36). *E aos que predestinou, a estes também chamou* (Rm 8.30). Se ele o chama é porque o predestinou. Você pode crer nisto e a ele curvar-se com santa alegria e deleite. Quanto a mim, sinto-me feliz em pregar o evangelho, pois não estou jogando com o "acaso" e o "talvez" quanto à vinda dos fiéis. O Senhor conhece aqueles que a ele pertencem, e eles virão. Toda congregação é, neste sentido, uma assembleia de escolhidos. Quando aqui cheguei esta manhã, reparei que muitos amigos deviam estar fora da cidade, no campo, em vez de terem vindo a esta casa. Mas logo fiquei feliz por haver pensado assim, porque compreendi que Deus tem todo um povo seu e faz comparecer a quem quer abençoar. Aqui está, portanto, o seu povo, e ao pregar me certifico cada vez mais do que diz Deus da palavra que sair de sua boca: que *ela não voltará para mim vazia, antes fará o que me apraz, e prosperará naquilo para que a criei* (Is 55.11).

IV. Por fim, NOSSO SENHOR GARANTE A UNIDADE DE SUA IGREJA. *A essas também me importa conduzir, e elas ouvirão a minha voz; e haverá um rebanho e um pastor* (Jo 10.16). Muito ouvimos acerca da unidade da igreja, e os pensamentos sobre tal assunto são os mais diversos. Muitos dizem que devemos fazer que as igrejas romana, grega e a anglicana se tornem uma só; mas, se isso ocorresse, o resultado não serviria de nada; muito mal resultaria dessa união. Deus tem, não duvido, um povo escolhido que pertence a cada uma dessas três grandes congregações, mas a união dessas organizações questionáveis seria um mau presságio para o engano da palavra: tenebrosa era e o pior papismo da história logo se abateriam sobre nós. Quanto mais essas congregações disputam entre si, tanto melhor a respeito da verdade e da retidão. Muito me agradaria ver a Igreja Anglicana em duelo de espada com a Igreja de Roma, reafirmando cada vez mais a oposição às superstições. Peço a Deus que nossa igreja nacional seja libertada em tudo do papismo de Roma e de suas atrocidades anticristãs. Na verdade, considera-se como fato inquestionável que jamais houve outro pastor das ovelhas além de Cristo Jesus; como também jamais houve senão um único rebanho de Deus e jamais outro haverá. Há apenas uma igreja espiritual de Deus e jamais houve mais que uma. Todas as igrejas visíveis espalhadas por todo o mundo contêm em si partes da igreja única de Jesus Cristo; nunca houve dois corpos de Cristo e jamais haverá. Há apenas uma igreja e uma só cabeça. O dístico do cristianismo é: um só rebanho e um só Pastor.

Este pensamento se desenvolve no verdadeiro crente por experiência própria. Não me importa o que um indivíduo seja, se for na verdade um homem espiritualizado; ele será então um só com todos os homens espiritualizados. Pessoas, sejam de qualquer igreja visível que for, que não trazem em si a graça é que são geralmente as maiores disputantes de cada ponto de diferença e cada gesto de rito ou de forma. Quando os assim chamados cristãos nominais entram em guerra, acorrem logo crentes avivados em busca da paz. Evidentemente que quando um homem não tem nada além do que é exterior, lutará por isso com unhas e dentes; mas o homem que ama o Senhor e a ele vive próximo logo percebe a vida interior nos outros e com eles estabelece aliança: a vida interior tem origem sempre entre crentes avivados e os leva a ser um só coração. Coloque dois irmãos para orar, um calvinista e outro arminiano, e eles irão orar de modo semelhante. Planeje uma obra verdadeira que surja do Espírito em um bairro e veja como batistas e adeptos do batismo infantil interagem. Narre sua experiência interior, fale sobre a obra do Espírito na alma, e veja como todos se sentirão tocados. Eis um irmão quacre, membro da Sociedade de Amigos, que aprecia a adoração silenciosa, e eis outro irmão, de outra denominação, a quem muito apraz entoar louvores; quando ambos se aproximam de Deus, não debatem um com o outro, apenas concordam em diferir. Dirá o primeiro: "O Senhor esteja contigo em teu sagrado silêncio", enquanto o outro irá orar em quietude para que o Senhor aceite o cântico do irmão. Todos os que são um em Cristo têm entre si um sentimento familiar, certo espírito elevado de união e não podem abrir mão disto. Já me peguei lendo um agradável livro que me levava para junto de Deus e, apesar de saber que fora escrito por alguém de cujas opiniões eu não compartilhava, não me recusei a ser edificado por ele em pontos que me foram inquestionavelmente esclarecidos. Pelo contrário, agradeci a Deus por isso, pois, mesmo com todas as suas falhas, ele conhecia muito da verdade essencial e vivia muito próximo do Senhor. Qual o protestante que pode se recusar a admirar São Bernardo? Já houve algum servo consagrado a Deus com um amor mais caro a Cristo? Não obstante, achava-se, infelizmente, atado às superstições da igreja romana de sua época. Mas vocês não deixam de ser, por isso, um só com ele, que cantava:

> Jesus, só de em teu ser pensar
> De doçura minha alma pode se encher;
> Mais doce, porém, é tua face ver
> E em tua presença descansar.

A igreja externa é necessária, mas não é *a única e indivisível igreja de Cristo*; Jesus, como vida, une sua igreja, e essa vida flui por todos os salvos como o sangue flui por todas as veias do corpo. Esqueçam o exterior, olhem com a fé para o reino espiritual e verão um só rebanho e um só pastor.

A lição prática é esta: pertençamos a este rebanho. Como ele é conhecido? Como um rebanho de ouvintes — de ovelhas que ouvem a voz do seu Pastor e o seguem. Sejamos, pois, as ovelhas que ouvem a voz de Cristo e nada mais. Atenhamo-nos ao único pastor! Como o reconhecer? Ele é Jesus: em seus pés e em suas mãos estão as marcas das chagas na cruz e seu lado traz ainda uma cicatriz. É ele quem conduz o rebanho. Sigam Jesus e vocês estarão certos. Sigam-no por toda parte e serão felizes. O melhor modo de promover a unidade da igreja é fazer todas as ovelhas seguirem o único pastor. Se todas seguirem o Pastor, todas hão de se manter unidas. Procuremos, pois, fazer isso, e ansiemos pelo dia feliz em que todos os pontos de discórdia terão fim, ao obedecermos todos ao Senhor. Compromissos feitos entre nós poderiam significar apenas um acordo para desobedecer ao Senhor. Que nenhum homem abra mão de um princípio que seja sob o pretexto de caridade: não é benignidade alguma dizer ser mentira o que é verdade. Devemos seguir plenamente Jesus e acabaremos unidos. Sejamos puros e pacíficos, eis a regra. Oh, quando há de novamente tremular sobre todos o tríplice estandarte: *Um só Senhor, uma só fé, um só batismo!?* (Ef 4.5). Que Deus Espírito Santo perdoe os nossos erros e nos conduza tão somente à verdade! Que Deus Filho perdoe a nossa falta de santidade e nos renove à sua imagem! Que Deus Pai perdoe nossa falta de amor e nos amalgame em uma só família! Que a Deus Uno seja toda a glória na igreja única, para todo o sempre. Amém.

155

As ovelhas e seu pastor

As minhas ovelhas ouvem a minha voz, e eu as conheço, e elas me seguem (Jo 10.27).

Os cristãos são aqui comparados a ovelhas. Uma comparação não muito elogiosa, alguém pode achar; mas não pretendemos propriamente ser elogiados, nem o Senhor faria bem em muito nos elogiar. Embora não parecendo elogiosa, essa comparação é, contudo, bastante consoladora, pois, de todas as criaturas, nenhuma há que tenha mais fraquezas que a ovelha. Em sua fragilidade natural, serve bem de emblema para nós, para muitos de nós que cremos em Jesus e que nos tornamos seus discípulos. Que outros se gabem de quão fortes são, e que, por mais fortes que haja espalhados pelo mundo, nós, sem dúvida, somos fracos. Temos provado de nossa fraqueza e todo dia a lamentamos. Confessamos nossa fragilidade. Todavia, não nos entristecemos por ela, pois, como disse Paulo, quando admitimos ser fracos é que nos tornamos fortes.

As ovelhas têm muitas carências, são muito ineficientes e não conseguem se prover por si mesmas. Não fosse a atenção do pastor, certamente logo pereceriam. É este, também, o nosso caso. Nossas necessidades espirituais são numerosas e prementes, e a nenhuma delas conseguimos atender. Somos peregrinos atravessando um deserto que pouco ou nada nos fornece de água e alimento. A menos que caia pão do céu e brote água da rocha viva, morreremos. Nossa fraqueza e nossa carência, bem conhecemos; não obstante, não temos motivo para reclamar, pois o Senhor conhece a nossa triste situação e nos socorre com o mais terno cuidado.

As ovelhas, são também criaturas muito tolas e sob este aspecto igualmente muito nos assemelhamos a elas. Tudo devemos, e humildemente, àquele que está sempre pronto a nos guiar. Podemos dizer como disse Davi: *Tu, ó Deus, bem conheces a minha estultícia* (Sl 69.5); ao que Deus nos responderá como respondeu a Davi: *Instruir-te-ei, e ensinar-te-ei o caminho que deves seguir* (Sl 32.8). Não fosse Cristo nossa sabedoria e não demoraríamos a servir de presa ao destruidor. Cada grão de verdadeira sabedoria que possuímos nós dele o herdamos; por nós mesmos, não passamos de insensatos e levianos; a tolice está arraigada em nosso coração. Quanto mais consciencioso, caro irmão, você for de suas deficiências, de sua falta de vontade, falta de juízo, de sensatez e de todos os atributos necessários à preservação de sua alma, tanto mais regozijo você terá ao perceber que o Senhor o aceita mesmo sob essas condições, que o trata como parte do povo que pode desfrutar de sua pastagem o chama de ovelha que a ele pertence. Ele o reconhece como você é e o reivindica para si, visualiza todas as agruras a que você está exposto e, apesar de tudo, o considera como seu rebanho; pois ama cada ovelha do aprisco e o apascenta segundo a integridade de seu divino coração, guiando-o com a destreza de suas mãos. *Eu mesmo apascentarei as minhas ovelhas, e eu as farei repousar, diz o Senhor Deus* (Ez 34.15).

Oh, que doce música há para nós no título dado a si mesmo por nosso Senhor Jesus Cristo: *o bom pastor!* (Jo 10.11). Esse nome não apenas retrata perfeitamente seu trabalho como demonstra a compaixão que sente, a aptidão que manifesta e a responsabilidade que mantém ao promover nosso bem-estar. Ainda que a ovelha seja fraca, o pastor é suficientemente forte para proteger seu rebanho do lobo faminto ou do leão que ameaça. Sofram as ovelhas as privações causadas pela terra infértil, e o pastor há de conduzi-las a farta pastagem. Muito embora sejam parvas criaturas, o pastor as dirige, animando-as com sua voz, dando ordens firmes e amáveis, guiando-as pelo caminho certo com a vara de seus mandamentos. Não há rebanho de ovelhas sem pastor; nem há pastor verdadeiro sem um rebanho. Ambos coexistem e têm

As ovelhas e seu pastor | 1449

de necessariamente coexistir; um é o complemento do outro. Assim também a igreja é o complemento daquele que preenche tudo em todos, e nos regozijamos ao saber que *todos nós recebemos da sua plenitude, e graça sobre graça* (Jo 1.16). Que eu seja uma simples ovelha poderia ser para mim uma triste condição; todavia, que eu tenho um Pastor como Jesus elimina toda e qualquer tristeza e cria em mim uma nova alegria. Chega a ser jubiloso o fato de sermos fracos, pois podemos confiar em sua força; como também o de sofrermos de tantas carências, de modo a devermos ser preenchidos por sua plenitude; como, ainda, de sermos tão frágeis e superficiais em nosso raciocínio, a ponto de termos sempre de ser guiados por sua suprema sabedoria. É desse modo justamente que os meus constrangimentos redundam em louvor a ele. Isso não é para vocês, ó grandes e poderosos, que erguem a cabeça bem alto e proclamam honras a si mesmos: para vocês, isso não representa a paz, muito menos é alívio; é, sim, para vocês, ó fracos, que se confortam no vale da humildade, que se sentem desprovidos de autoestima — é para vocês que o Pastor se mostra tão precioso; e a vocês ele faz deitar em verdes pastos e guia mansamente a águas tranquilas.

Falemos agora, de maneira bem simples, do proprietário das ovelhas. "*Minhas* ovelhas", diz Cristo. Em seguida, teremos algo a dizer sobre as características das ovelhas. Depois, proponho, vamos falar acerca dos privilégios do rebanho: *Conheço as minhas ovelhas* — elas têm o privilégio de serem conhecidas dele. *E elas ouvirão a minha voz.*

I. Quem é o proprietário dessas ovelhas? Todas são de Cristo. "Conheço as *minhas* ovelhas". Mas como as ovelhas se tornam de Cristo? Elas pertencem a ele, primeiro que tudo, porque ele as escolheu. Antes de os mundos serem criados, de existir a humanidade, os salvos foram escolhidos. Deus sabia que a raça humana cairia, que se tornaria indigna das faculdades e atributos que lhe havia concedido e da herança que lhe reservara. A ele pertencia a soberana prerrogativa de poder ter compaixão de quem quisesse ele ter; e, em sua absoluta vontade e de acordo com sua própria orientação, escolheu pessoas, de forma crítica e individual, de quem disse a si mesmo: "Estes são meus". Os nomes dessas pessoas foram então escritos em seu livro, tornaram-se sua propriedade e herança. Porque escolheu essas pessoas, entre as quais estamos nós, há tantas e tantas eras, descansemos tranquilos sabendo que não será agora que ele irá perdê-las. Os homens valorizam aquilo que há muito tempo possuem. Se eu perder algo que me pertencia apenas desde ontem, não me importarei muito; mas se eu há muito tempo o possuir e considerá-lo meu patrimônio, então disso tão facilmente não me desfarei. Ovelhas de Cristo, vocês serão suas ovelhas para sempre, porque têm pertencido sempre a ele. Seu povo é seu rebanho, porque o Pai o doou somente a ele. É um presente do Pai ao Filho. E ele o trata exatamente dessa maneira: *tu mos deste* (Jo 17.6); *aqueles que me tens dado* (Jo 17.24), repete, sempre e sempre. Desde muito o Pai deu seu povo a Cristo. Separando-o dos homens comuns, presenteou-o a ele como uma dádiva, confiando-o às mãos do Filho e estabelecendo-o como herança. Essas pessoas se tornaram assim a mostra do amor do Pai por seu unigênito Filho, a prova da sua confiança nele e da honra que lhe dava. Creio que a maioria de nós saiba dar valor a um presente que nos seja concedido. Quando recebemos um presente de alguém a quem muito amamos, criamos por ele grande estima. Se dado com a intenção de ser prova de amor, irá despertar em nossas mentes muito doces pensamentos. Ainda que possa ser baixo o valor intrínseco do presente, a associação que a ele fazemos o tornarão extremamente precioso. Muitas vezes ficamos mais consolados em perdermos algo de grande valor em vez de o presente de um bom amigo, uma mostra de sua estima para conosco. Gosto do delicado sentimento do poeta, expresso nestes belos versos:

Jamais deitei fora uma flor,
Presente de quem me estimava;
Até flor que em breve murchava
Só deixava ir embora com dor.

Frágil, na verdade, é a paixão humana. Todavia, quão forte é a expressão do ardor divino, ao falar Jesus ao Pai dos *homens que do mundo me deste!* (Jo 17.6). *Eram teus*, diz ele, *e tu mos deste; e guardaram* a tua palavra (Jo 17.6). Repousem em sua paz, ovelhas de Cristo; não tenham as almas perturbadas pelo medo. Deus deu vocês ao Filho, e ele não irá perder facilmente o que o próprio Pai lhe deu. Os leões do inferno não trucidarão a menor das ovelhas, prova do amor do Pai a seu amado. Enquanto, e sempre, Cristo estiver protegendo os seus, estarão protegidos de leões e lobos que poderiam arrebatar e destruir as ovelhas do rebanho; ele não irá deixar que a menor de suas ovelhas sofra.

Minhas ovelhas, diz Cristo. São dele porque, além de serem escolhidas e presenteadas, ele as comprou definitivamente por preço. Os homens se haviam vendido por nada; mas ele os remiu, não por meio de coisas corruptíveis como prata e ouro, mas com o seu precioso sangue. Os homens sempre estimam ser algo extremamente valioso o que envolve risco — especialmente, o risco da integridade física. Davi achou que não poderia beber da água que seus bravos guerreiros, passando em meio a tremendos perigos pelas hostes dos filisteus, haviam trazido para ele desde o poço de Belém, pois ela lhe parecia representar o sangue dos homens que haviam assim arriscado sua vida; e então a derramou perante o Senhor. Era para ele preciosa demais para que pudesse desfrutar de tão alto privilégio de usá-la. Mas o bom pastor não apenas arriscou a própria vida como, acima de tudo, abriu mão dela por suas ovelhas para que dela desfrutassem. Jacó, por sua vez, valorizou demais uma parte de suas posses e a deu a José como aquilo que acreditava ter de mais precioso. Mas por que aquela parte, especialmente? Porque, disse ele, *tomei com a minha espada e com o meu arco da mão dos amorreus* (Gn 48.22). Nosso abençoado Pastor estima suas ovelhas porque lhe custaram o sangue — como se as tivesse tomado da mão do inimigo com a espada e o arco, em acirrada batalha, em que morreu, mas foi vitorioso, pois ressuscitou. Não há uma única ovelha em seu rebanho em que não consiga divisar a marca de seu sangue. Na face de cada santo o Salvador vê um resquício de seu suor em sangue no Getsêmani, de sua agonia no Gólgota. [...] *não sois de vós mesmos* (Zc 7.6) [...] *Porque fostes comprados por preço* (1Co 6.20). Isto é como que uma convocação para o dever, mas também, ao mesmo tempo, um consolo, pois, se ele me comprou, ele me tem. Se fui comprado por preço, ele não irá querer perder-me, nem deixará que inimigo algum me tome de suas mãos. Não acreditem que Cristo deixará perecer aqueles por quem morreu. A mera sugestão desse pensamento a mim me parece muito próximo de uma blasfêmia. Se ele me comprou com seu próprio sangue, não posso imaginar que não se importe comigo, que não tenha por mim maiores preocupações e que deixará que minha alma seja lançada nas profundezas do abismo. Se ele sofreu como sofreu em meu lugar, onde estaria a justiça se o meu Substituto arcasse com a minha culpa e eu também? Onde estaria a misericórdia de Deus se ele executasse duas vezes o mesmo castigo para uma única ofensa? Não, amados, aqueles a quem ele comprou com seu sangue pertencem efetivamente a ele, e ele cuida perfeitamente dos seus.

Minhas ovelhas, diz Cristo. Pertencem realmente a ele, ou no devido tempo pertencerão, quando ele as tomar pela força sagrada. Somos redimidos tanto pelo poder quanto o fomos por preço, pois muitas das ovelhas compradas pelo sangue vêm a se perder. *Todos nós andávamos desgarrados como ovelhas, cada um se desviava pelo seu caminho* (Is 53.6), mas, irmãos, nosso bom pastor nos trouxe de volta com infinita condescendência; com misericórdia sem fim ele nos seguiu, nos buscou e achou, quando nos perdemos. Oh, que escravos cegos éramos, quando brincávamos com a morte! Não sabíamos então o que o amor de Deus reservava a nós; jamais passara por nossa mente pobre e tola que havia uma coroa à nossa espera; não sabíamos que o amor do Pai se havia fixado em nós nem que a resplandecente Estrela da Manhã conhece o que é seu. Se agora o sabemos, foi porque ele nos ensinou; pois ele nos seguiu e buscou por montanhas de vaidade, brejos e pantanais cheios de vil transgressão; rastreou nossas pegadas errantes passo a passo, desde a infância e através da juventude, até que, por fim, mediante sua poderosa graça, nos tomou em seus braços e nos colocou em seus ombros, e neste dia nos leva de volta para casa, para o grande aprisco divino, regozijando-se ao sentir nosso peso em seus ombros e por nos atender em todas as nossas carências. Oh, bendita obra de efetiva graça! Ele nos faz pertencer a ele, derrota nossos inimigos, a caça é tomada ao mais forte e são libertos os prisioneiros da lei. [...] *quebrou as portas de bronze e despedaçou as trancas de ferro* (Sl 107.16) para libertar o seu povo. *Deem graças ao Senhor pela sua benignidade, e pelas suas maravilhas para com os filhos dos homens!* (Sl 107.8).

As ovelhas e seu pastor | 1451

"MINHAS OVELHAS", diz Cristo, em meio aos seus discípulos. Meu pastor, possamos todos responder. Todas as ovelhas de Cristo redimidas pelo seu poder tornaram-se sua posse por livre e espontânea vontade e alegre entrega a ele. Não poderíamos pertencer a nenhuma outra pessoa mesmo que quiséssemos; nem a nós mesmos; nem quereríamos, acredito eu, que qualquer parte de nós mesmos de fato nos pertencesse. Julguem vocês mesmos se isto pode ou não ser dito como verdade em relação a vocês. No dia em que rendi minha alma a meu Salvador, entreguei a ele todo o meu corpo, minha alma e meu espírito; entreguei a ele tudo que tinha e tudo que terei tanto nesta vida quanto na eternidade. Entreguei a ele todos os meus talentos, meus poderes, minhas faculdades, meus olhos, meus ouvidos, meus membros, minhas emoções, meu julgamento, toda minha humanidade e tudo o que dela provém, seja qual for a nova capacidade que me seja concedida. Se agora eu tivesse de trocar esta nota de agradecimento que faço por uma de arrependimento, consistiria em lamentar, como triste confissão, os tempos e as circunstâncias em que deixei de observar estrita e resoluta lealdade que devo a meu Senhor. Mas, depois do arrependimento, iria alegremente renovar meus votos junto a ele, e o faria de novo e de novo e sempre. Creio que nisso todo cristão iria me acompanhar.

> Está consumado! Feita a grande transação:
> Meu Senhor é meu, mas seu poder me domina;
> Ele me chamou e eu o segui de coração,
> Fascinado em reconhecer a voz divina.

> Descansa, ó minh'alma há muito dividida;
> Descansa, neste bendito centro fixada:
> Não teimes em viver tristonha e desunida,
> Se ao banquete pelos anjos és convocada.

> O alto céu, que o voto ouviu ser declarado,
> O mesmo voto ouça todo dia renovado:
> Que até a última hora de vida nos curvemos
> E a amada algema até na morte abençoemos.

E agora, irmãos, que nosso coração está radiante, para que não se torne frio, para que a gélida atmosfera deste mundo maligno não atinja nossa devoção, jamais deixemos de nos concentrar no nosso bom pastor e em seu grande e benigno ato, demonstrando seu amor por nós ao abrir mão de sua vida pelas ovelhas. Conhecem a história da menina do balde, contada por Francisco de Sales? Ele viu uma menina carregando um balde d'água na cabeça, no meio do qual ela havia colocado um pedaço de madeira. Indagando, curioso, por que ela havia feito aquilo, ouviu ser um modo de impedir que a água se agitasse e fosse derramada. Assim, conclui ele, que coloquemos a cruz de Cristo no meio do nosso coração, para estabilizar a movimentação demasiada dos nossos sentimentos e não vir o coração a ser despejado por causa de desassossego, distúrbios e agitações.

Minhas ovelhas, diz Cristo, e com isso ele descreve seu povo. Pertencem a Cristo, são sua propriedade particular. Que eu possa esperar que essa verdade, daqui em diante, seja estimada por suas almas! É uma verdade bastante comum, sem dúvida; mas quando trazida pelo Espírito Santo brilha e se irradia, não apenas como uma lamparina em um cômodo escuro, mas como a estrela da manhã despontando no coração. Lembremo-nos que não há constrangimento algum em sermos ovelhas, mas que, pelo contrário, é uma honra sermos ovelhas de Cristo. Pertencer a um rei nos investe de distinção. Somos as ovelhas dos pastos imperiais. Esta, a nossa segurança: jamais o soberano permitirá que o inimigo destrua o seu rebanho. Esta, a nossa fortaleza: fomos separados, somos as ovelhas da pastagem do Cristo de Deus. Esta, a nossa santificação: tal condição nos torna santos, separando-nos como porção própria do Senhor para sempre. Esta, a chave do nosso dever: somos suas ovelhas, que então vivamos por ele e consagremos a nós mesmos àquele que nos amou e se doou por nós. Cristo é o proprietário das ovelhas; somos propriedade do bom pastor.

II. Juntos reflitamos um pouco, agora, sobre as características próprias das ovelhas. Quando há muitos rebanhos de ovelhas, é preciso marcá-las. Nosso Salvador nos marcou, e já foi apropriadamente observado que duas marcas existem nas ovelhas de Cristo: uma está nas orelhas, e a outra, nos pés. Estas duas marcas de Cristo não são encontradas em quaisquer ovelhas, mas, sim, em todas as ovelhas dele: a marca nas orelhas — "as ovelhas *ouvem* a sua voz; e ele chama pelo nome as ovelhas"; e a marca nos pés: *Conheço as minhas ovelhas [...] e as ovelhas o seguem* [o pastor], porque conhecem a sua voz (Jo 10.27).

Pensemos a respeito da marca nas orelhas: as ovelhas de Cristo ouvem sua voz; elas a ouvem espiritualmente. Muitas eram as pessoas na época de Cristo que ouviam pessoalmente sua voz, só que não a ouviam de maneira necessária nem com a devida percepção. Simplesmente não a escutavam, ou seja, não a compreendiam ou não davam maior atenção às suas palavras, tampouco obedeciam ao seu chamado para irem a ele e viver. Não era esse, porém, o pior tipo de pessoa: alguns dos considerados entre os melhores indivíduos daquela época e região não ouviam Cristo, e a pessoas como essas ele disse: *Examinais as Escrituras, porque julgais ter nelas a vida eterna; e são elas que dão testemunho de mim; mas não quereis vir a mim para terdes vida!* (Jo 4.14). Tais pessoas só iam até onde a curiosidade ou a crítica as atraísse; não conseguiam ir além: na verdade, não criam em Jesus. O ouvido espiritual é que ouve a Deus. É necessário o trabalho do Espírito Santo para que se abra; e eis uma marca do povo escolhido e comprado com o sangue de Cristo: não apenas ouve o som exterior, mas capta também seu sentido oculto; não apenas lê as letras nuas, mas apreende a lição espiritual contida nas palavras; e tudo isso acontece não só com relação aos órgãos do corpo, mas também quanto ao mais íntimo do coração. O ponto essencial é que se ouça a voz *de Deus*. Oh, se todos que ouvissem a minha voz conseguissem ouvir também, e principalmente, a voz de Cristo — eu percorreria todas as ruas desta cidade proclamando o evangelho; mas, ai!, a voz do ministro é inútil para salvar uma alma sequer, a menos que a voz de Cristo alcance a consciência daquele que ouve e desperte o potencial ali adormecido. [...] *as ovelhas ouvem a sua voz*, a voz de Jesus, seus ensinamentos, seus mandamentos, revestidos da autoridade de sua sagrada soberania. Quando o evangelho chega a você como o evangelho de Cristo, com testemunho do Espírito Santo, o chamado é feito diretamente por ele a você. Não veja esse convite sob qualquer outra luz; é assim que você deve recebê-lo e aceitá-lo. Se junto com o convite vem o seu poder soberano — pois, sendo poderoso para salvar, ele consegue revestir sua palavra de poder salvador — você ouve então a voz de Cristo como um decreto a ser obedecido, uma convocação a ser necessariamente respondida, um chamado ao qual deve haver pronta resposta.

Ó amado ouvinte, jamais durma satisfeito por ter ouvido apenas a voz do pregador. Somos apenas os porta-vozes através dos quais fala Cristo: em nós não há poder algum; é a voz dele, que soa por intermédio de nossas palavras, que pode ter valor. Ó filhos de Deus, nem sempre alguns de vocês conseguem ouvir sua voz na pregação. E enquanto comentamos a palavra dele, você tece comentários a nosso respeito. Nosso estilo, nosso tom, até os nossos gestos, são o suficiente para absorver — ou, melhor dizendo, para distrair — seus pensamentos. "Você está sendo severo demais para conosco..." Eu lhes rogo, então: deem menos atenção às vestes deste servo e cuidem mais da mensagem do mestre. Ouçam com suspeição, se assim o desejarem; mas julguem com sabedoria, se o conseguirem. Busquem identificar quanto de pureza e de Cristo há em um sermão. Usem de uma peneira, para remover todo o joio, e fiquem apenas com o bom trigo: ouçam realmente a voz de Cristo. Bom seria se fôssemos invisíveis para podermos mostrar somente ele. Gostaria de pregar de tal modo que vocês não fossem capazes de ver nem mesmo o meu dedo mindinho; de tal forma que tivessem uma visão completa de Jesus, e somente dele. Oh, que vocês consigam ouvir sua voz, superando a minha! Eis uma marca peculiar daqueles que formam o exclusivo povo de Cristo: ouvir a sua voz dele. Por vezes, realmente, ela provém do ministério; outras vezes, surge do livro dos livros, tantas vezes negligenciado; e por vezes advém da oração em vigília noturnas.

Sua voz pode nos alcançar até enquanto andamos pela rua. Silenciosa quanto à expressão vocal, mas semelhante a tons familiares que por vezes nos saúdam em nossos sonhos, a voz de Cristo é claramente audível para a alma. Ela chega a você sob circunstâncias doces ou amargas; sim, é possível ouvir a voz de Cristo no farfalhar das folhas de uma árvore, no sussurro de um vento, no espumar de uma onda. Há

As ovelhas e seu pastor | 1453

aqueles que aprenderam a se aproximar do íntimo de Cristo, a ponto de parecer a todos como se fossem conchas que repousam sob o oceano do amor de Cristo, ouvindo para sempre a sonora cadência do profundo, impenetrável e altamente misterioso mar. As ondas do seu amor jamais cessam de se formar. O hino que compõem ressoa com solene grandeza ao ouvido do crente. Oh, que possamos ouvir a voz de Cristo! A linguagem me falha e as metáforas são insuficientes para descrever toda a potente fala fascinante que reproduz.

Há um ponto, todavia, que convém ressaltar. Creio que nosso Senhor quis sobretudo dizer que suas ovelhas, ao ouvirem a sua voz, conhecem-na tão bem que a podem distinguir perfeitamente da voz de estranhos. De fato, o verdadeiro filho de Deus conhece bem o evangelho. Não o aprende por meio de catecismos, da leitura dos livros teológicos ou do estudo de infinitas controvérsias. Há no crente fiel um sentimento proveniente de sua natureza regenerada muito mais confiável que qualquer lição que lhe possa ser ensinada: o da voz de Jesus! Não há música que lhe seja comparável. Se você a ouvir uma vez que seja, jamais a irá confundir com outra nem acreditar ser outra voz a mesma que a dele. Alguns ainda engatinham na graça, enquanto outros já atingiram a maturidade e, em razão do uso, têm seus sentidos exercitados; mas há um sentido que surge rapidamente — o da audição. É muito fácil ao crente distinguir o soar alegre dos sinos do evangelho do dobrar fúnebre da lei; pois a palavra mata, mas o Espírito vivifica. *Faça, ou morra, diz a lei de Moisés* (Hb 10.28). *Creia, e viva* (Jo 11.26), diz a de Cristo. Cabe a vocês diferenciá-las. Sim, e acredito que ambas podem igualmente oferecer critérios para se distinguir entre a carne e o Espírito. Ponham-se alguns dos filhos mais fracos de Deus diante de algum ministro muito fluente, com todas as belezas e recursos possíveis da boa retórica, e que o ministro pregue acerca da dignidade da natureza do homem e da autossuficiência da razão humana para achar o caminho da perfeita justiça, e você ouvirá dos frágeis ouvintes: "É um bom raciocínio, sem dúvida, mas para mim não há nele alimento algum". Faça-se o contrário: ponha-se o melhor e mais instruído cristão para ouvir um ministro bastante deficiente no dom da expressão, até mesmo cuja gramática seja precária, mas cuja palavra esteja interiormente repleta de Jesus Cristo, e eis o que dirá o ouvinte: "Ah! Que não me importe o homem, nem o prato em que me serviu tal refeição, mas esta serviu de verdadeiro banquete à minha alma, por haver o pregador me alimentado com uma iguaria realmente provinda do coração; pois pude ouvir a voz de Cristo em suas palavras!"

Não irei dar mais exemplos. O certo é que as ovelhas conhecem a voz de Cristo e podem prontamente identificá-la. Outro dia vi no campo centenas de cordeirinhos reunidos, e com eles estavam também as ovelhas mães. Tenho certeza de que se me fosse dada a tarefa de indicar qual filho pertencia a cada mãe, tal tarefa me estaria ocupando até agora. De todo modo, no entanto, cada cordeiro conhece sua própria mãe, assim como as mães conhecem seus respectivos filhos; e todos se sentem felizes na companhia uns dos outros, assim como do seu verdadeiro pastor. Cada crente aqui presente, por mais confuso que por vezes possa se sentir com grupos e doutrinadores discordantes de toda sorte, conhece Cristo, assim como Cristo o conhece, e assim se apega, principalmente, ao Pastor. Esta é a sua marca das orelhas. Alguns de vocês certamente já viram dois rebanhos de ovelhas se encontrando em uma estrada do interior e pensaram: "Como é que os pastores farão para mantê-las separadas? Elas provavelmente vão se misturar!" Mas não se misturam. Um grupo segue por um caminho, e o outro, por outro caminho; e, ainda que se misturassem, acabariam separados assim que se afastassem um do outro; pois cada rebanho conhece a voz de seu respectivo pastor chamando-o e, como diz o Senhor, *e modo nenhum seguirão o estranho* (Jo 10.5). Amanhã, muitos de vocês sairão para o mundo; alguns para os negócios, outros para o comércio, e outros para a fábrica. Nas ruas, estarão todos misturados; sim, mas a aparente confusão é apenas temporária, não é real nem permanente. Irão se separar em seus locais de trabalho e mais tarde, sem problema, em suas respectivas residências. Assim também, quando nossa peregrinação em comum acaba, um toma o caminho da terra gloriosa, enquanto outro, infelizmente, despenca no abismo da aflição. Não há engano. Todos e cada qual ouvem o chamado de seu respectivo condutor e o obedecem. Por isso, há uma marca nas orelhas que identifica todos os santos. Eles ouvem seu pastor.

Sim, as ovelhas de Cristo ouvem sua voz obedientemente. Eis uma prova importante do discipulado, um teste que pode vir a reprovar muita gente. Oh, como gostaria que vocês prestassem mais atenção a este assunto! *Aquele que tem os meus mandamentos e os guarda*, disse Jesus, *esse é o que me ama* (Jo 14.21). *Quem não me ama, não guarda as minhas palavras* (Jo 14.24). Por que, então, alguns cristãos têm dificuldade em observar determinados mandamentos de Cristo? Eles certamente darão como desculpa: "O Senhor ordena isso, sim, mas não é essencial". Ó espírito sem amor a Cristo, que ousa julgar desnecessário o que o noivo lhe ordena que faça! Aqueles que de fato o amam não se importam em cumprir seus mandamentos, por menos importantes que possam parecer, principalmente por considerá-los prova de força ou ternura da atenção de alguém. Pode não ser essencial para sustentar a relação de uma esposa com seu marido que ela conheça seus gostos e suas aspirações ou cuide de seu conforto; mas deveria deixar de se empenhar em agradá-lo porque o amor, e não o temor, a impeça? Não acredito. Poderia acontecer de alguns de vocês, irmãos, darem guarida a um pensamento desse, acobertado por sua negligência? Acreditam realmente que, tendo a escolha de Cristo recaído sobre vocês e seu amor se comprometido com vocês, possam ser remissos e descuidados como bem entenderem? Em vez disso, não seria de esperar que uma paixão sagrada, um zelo ardente, um toque de inspiração os animassem, deixando-os atentos e fazendo-os despertar ao mais leve som de sua voz, para desejarem sempre fazer sua vontade? Que nos caiba, portanto, agir tal como proclamam os versos que tantas vezes temos cantado com entusiasmo:

Em todos os meus caminhos do Senhor
Minha jornada seguirei com fervor.

Por menor que o preceito a outros possa assim parecer; por mais insignificante quando comparado à nossa própria salvação, não obstante, foi o Senhor quem o ordenou? Então as ovelhas devem ouvir sua voz e segui-lo.

Cristo marcou também suas ovelhas nos pés, tanto quanto o fez nas orelhas. Elas o seguem; gentilmente guiadas e não rispidamente empurradas. Elas o seguem, como comandante da salvação que é; confiam no poder de seu braço forte para limpar o caminho à frente. Toda a sua confiança permanece nele, e nele depositam toda a sua esperança. Seguem-no como mestre; não há homem debaixo do céu que chamem de "Rabi" se não Cristo. É ele a fonte infalível de toda a sua fé. Não se deixam governar por conclaves, nem concílios, bulas ou decretos. Foi Cristo quem disse? É o suficiente. Caso contrário, não significa mais para elas que o soprar do vento. Seguem Cristo como a um professor.

As ovelhas de Cristo o seguem também como exemplo; desejam ser neste mundo como ele foi. É também uma de suas características que em maior ou menor grau tenham um espírito semelhante ao de Cristo; e se pudessem, seriam completamente iguais ao Senhor.

Elas o seguem, ainda, como comandante, legislador e príncipe. "O que quer que ele lhe diga, faça", é o que diria a sábia mãe a um filho; pois é sábio também que as crianças o sigam. Oh, abençoados aqueles dentre os muitos de quem possa ser dito: *Estes são os que não macularam suas vestes* (Ap 3.4). *São os que seguem o Cordeiro onde quer que vá* (Ap 14.4). Alguns de seus seguidores não são nada discretos. Eles simplesmente o amam. Não nos cabe julgá-los; pelo contrário, devemos nos colocar ao lado deles e compartilhar da censura que recebem. Todavia, os mais felizes são os que conseguem ver suas pegadas — pegadas dos seus pés perfurados na cruz — e que colocam os pés exatamente onde ele os colocou primeiro, nas mesmas marcas, seguindo o caminho que ele percorreu, até que possam chegar ao trono. Mantenha-se próximo a Cristo; cuide de observar até mesmo os pequenos preceitos, até o fim. Lembre-se: *Qualquer, pois, que violar um destes mandamentos, por menor que seja, e assim ensinar aos homens, será chamado o menor no reino dos céus* (Mt 5.19). Não arrisque vir a ser o menor no reino dos céus, muito embora isso seja melhor do que ser o maior no reino das trevas. Oh, busque estar sempre próximo a ele, ser a melhor ovelha do rebanho escolhido, e tenham sempre sua marca bem clara em seus pés!

As OVELHAS E SEU PASTOR | 1455

Não tomarei mais seu tempo para avaliar essas verdades, mas deixarei que façam uma busca individual pelas respostas das perguntas que o texto sugere. "Tenho a marca das orelhas? Tenho a marca dos pés?"; "As minhas ovelhas ouvem a minha voz; e elas me seguem". Espero que eu esteja entre elas.

III. O último tópico, de que agora trataremos, para encerrar, é sobre os PRIVILÉGIOS DAS OVELHAS DE CRISTO. Não parecem ser muitos, mas, se examinarmos com cuidado, veremos quantas bênçãos há neles. *Eu as conheço* — o que significa isto?

Não tenho muito tempo para explicar tudo o que significa. *Eu as conheço*. Que é o inverso disto, senão uma das sentenças mais terríveis, relativa ao dia do juízo? Segundo o próprio Jesus, haverá os que dirão: *Senhor, Senhor, não profetizamos nós em teu nome? E em teu nome não expulsamos demônios?* (Mt 7.22). Ao que declara: *Então lhes direi claramente: Nunca vos conheci; apartai-vos de mim, vós que praticais a iniquidade* (Mt 7.23). Comparem agora a vantagem do privilégio de ser conhecido dele com a desgraça do seu oposto: *Nunca vos conheci*. Quanto desprezo esta frase implica! Quanta infelicidade carrega! Troquem o exemplo. Diz o redentor: *Eu as conheço, eu as conheço* (Jo 10.14). Como brilham seus olhos de ternura, como sua face se torna radiante ao dizer: *Eu as conheço*! Ora, se alguém tem um amigo que conhece bem, mas, depois de alguns anos, o reencontra completamente desonrado, abandonado, pervertido, culpado, tenho certeza de que a pessoa, não querendo dizer conhecer bem tal maltrapilho, dirá somente que anos antes teve um ligeiro conhecimento dele. Já nosso Senhor Jesus Cristo, ainda que saiba quanto somos maus, pecadores e indignos, quando tivermos de comparecer diante do grande trono branco do juízo, irá confessar que perfeitamente nos conhece. Pois ele de fato nos conhece, somos totalmente conhecidos dele, e desde antes da fundação do mundo: *Porque os que dantes conheceu, também os predestinou para serem conformes à imagem de seu Filho, a fim de que ele seja o primogênito entre muitos irmãos; e aos que predestinou, a estes também chamou* (Rm 8.29,30).

Há nisto muitas riquezas da graça. Consideremos, porém, de outro modo. Nosso Salvador nos conhece, nosso pastor nos conhece. Amado, ele o conhece, conhece inteiramente a sua pessoa, tudo que diz respeito a você. Você, com seu corpo enfermo, sua cabeça dolorida, ele o conhece e conhece sua alma em todas as suas sensibilidades; sua timidez, sua ansiedade, sua depressão arraigada — conhece tudo sobre você! Um médico pode examiná-lo sem conseguir detectar corretamente qual a doença que lhe causa dor ou o mantém prostrado; mas Cristo o conhece por completo: ele compreende todas as partes de sua natureza. *Eu as conheço*, diz ele; ele pode lhe dar a cura. Ele conhece seus pecados. Não deixe, porém, que isso o desencoraje: ele irá removê-los; tão somente os identifica para poder perdoá-los, cobri-los com sua misericórdia e justiça. Conhece suas corrupções e irá ajudá-lo a superá-las. Irá tratar você tanto com a providência quanto com a graça, e de modo que interajam. Conhece suas tentações. Pode acontecer de você estar morando longe de seus pais ou seus amigos cristãos e ocorrer de ser extremamente tentado, levando-o até a desejar poder voltar para casa e conversar com os que o amam. Oh, ele sabe disso, ele sabe; e pode ajudar você melhor do que sua mãe, seu pão, seus irmãos ou amigos jamais conseguiriam. Você argumenta: "Gostaria que o pregador conhecesse a tentação por que passo". Não a revele a mim; Deus já a conhece. Assim como Daniel não queria que Nabucodonosor revelasse a ele a natureza de seu sonho, dando-lhe apenas a interpretação, Deus pode enviar perdão e conforto a você para sua tentação não revelada. Há uma palavra bastante adequada ao seu caso como se fosse impressa e o pastor a conhecesse. Assim será. Confie em que o Senhor conhece todas as suas tentações e suas provações. Seja a provação com um filho enfermo, um problema que haja ocorrido em seu trabalho, uma calúnia que atingiu seu coração, não há dor alguma que você sinta que Deus não veja, tal como o tecelão vê sempre toda a lança do tear que trabalha com as mãos. Deus conhece suas provações e sabe o significado de suas murmurações: ele consegue ler o mais secreto do seu coração. Você não precisa escrever nem verbalizar: ele tudo conhece. Se você clama: "Oh, que meus filhos sejam convertidos! Que eu possa crescer na graça!", ele já o sabe: ele conhece todo e qualquer pensamento seu. Não há palavra em sua boca nem desejo em seu coração que ele já não saiba. Ó querido irmão, ele conhece sua sinceridade! Talvez você queira fazer parte da igreja, mas teve sua aspiração reprimida por achar que não pode dar um testemunho satisfatório. Se você for sincero, ele saberá; saberá, além disso, quais são suas reais ansiedades. Se não se consegue dizer aos outros o que lhe causa mais amargor — pois apenas seu coração conhece seu verdadeiro amargor —, ele o conhece. Do mesmo modo que o mais íntimo dele está em você, seus segredos mais íntimos estão nele. Ele o conhece, e sabe o que você esteve buscando fazer. Aquela oferta secreta — a oferta deixada tão silenciosamente que ninguém pudesse vê-la —, ele tomou conhecimento dela. Sabe que você o ama. "Sim", diz você em sua própria alma, "se alguma vez eu cheguei a amá-lo, meu Jesus, a hora é agora". Mesmo que você não possa contar isso a ele nem aos outros agora, ele sabe.

Para encerrar, podemos dizer que no texto há um conhecimento mútuo. *Conheço minhas ovelhas, e elas me conhecem* (Jo 10.14), pois *ouvem a minha voz* e a reconhecem. Eis aí uma confissão de mutualidade. Cristo fala, caso contrário não haveria voz; elas ouvem, ou a voz seria inútil. *Eu as conheço*, é isto o que diz em relação a elas, *e elas me seguem*. Indica-lhes o caminho, caso contrário não o seguiriam. Elas o seguem sempre que lhes indica o caminho. Sendo um a contraparte do outro, ao que um faz o outro reage mediante graça; e o que a graça faz nas ovelhas o pastor reconhece e o devolve a elas. Cristo e sua igreja são o eco um do outro: a voz é dele, e somos apenas um fraco eco dessa expressão; contudo, um eco verdadeiro; e por causa dele sabemos pertencer a Cristo. Suas palavras ecoam o que diz Cristo, irmão? Oh, como gostaria que fôssemos todos como verdadeiras ovelhas suas! Como minha alma anseia que as ovelhas que não são desse aprisco sejam a ele acrescentadas! O Senhor os conduziu até aqui, queridos irmãos, o Senhor lhes deu a graça, os fez dele, os confortou, fez com que o seguissem. Se pertencem ao Senhor, então o demonstrem. Os que a ele pertencem, queiram confessar Cristo em nossa presença. E se você acha que eles estão agindo corretamente assim, e não os acompanha, você não está certo. Se é dever de um, é dever de todos; se um cristão se nega a fazer profissão de fé, então todos poderiam querer imitá-lo, e então não haveria mais igreja visível, o culto visível seria extinto. Se você conhece o Senhor, admita-o; pois ele disse: [...] *todo aquele que me confessar diante dos homens, também eu o confessarei diante de meu Pai, que está nos céus. Mas qualquer que me negar diante dos homens, também eu o negarei diante de meu Pai, que está nos céus* (Lc 12 10,11). Deus os abençoe, em nome de Cristo. Amém.

156

A SEGURANÇA DOS FIÉIS OU
OVELHAS QUE JAMAIS PERECERÃO

As minhas ovelhas ouvem a minha voz, e eu as conheço, e elas me seguem; eu lhes dou a vida eterna, e jamais perecerão; e ninguém as arrebatará da minha mão. Meu Pai, que mas deu, é maior do que todos; e ninguém pode arrebatá-las da mão de meu Pai. Eu e o Pai somos um (Jo 10.27-30).

Nosso Salvador não hesitou em pregar as doutrinas mais profundas do evangelho às mais diversas assembleias. Quando começou a pregar, no lugar onde havia crescido, todos se reuniam admirados ao seu redor; até que começou a pregar a doutrina da eleição, e então, de imediato, o povo se enfureceu, de tal modo que o poderiam acabar destruindo. Não suportavam ouvir a verdade, como, por exemplo, sobre as viúvas de Israel ou a viúva escolhida de Sarepta, ou sobre um general leproso, pagão, que fora curado, enquanto muitos leprosos judeus eram como que deixados à própria sorte. A doutrina da eleição parece sempre fazer ferver o sangue e acender a ira de muitos. Não que estes se importem com o fato de serem eles próprios os escolhidos por Deus; mas gostariam de manter as outras pessoas que não semelhantes a eles afastadas desse privilégio. Nem mesmo para evitar essas demonstrações de ira, no entanto, nosso Senhor poupava as verdades da Palavra. Não hesitava em falar das gloriosas doutrinas até para uma plebe rude. Dizia-lhes francamente: [...] *e vós não credes, porque não sois das minhas ovelhas* (Jo 10.26). Ele não diminuiu o padrão da doutrina, mas manteve-se firme e deu seguimento à guerra mesmo em campo inimigo.

A ideia de que algumas verdades não servem para serem pregadas a uma assembleia qualquer, devendo ser reservadas para uma reunião definida de santos é, acredito, terrivelmente enganosa. Cristo não nos ordenou que mantivéssemos uma parte dos ensinamentos resguardada da população comum para ser estudada apenas pelos sacerdotes. É a favor de proclamar-se abertamente a verdade completa. *O que vos digo às escuras, dizei-o às claras; e o que escutais ao ouvido, dos eirados pregai-o* (Mt 10.27). Não há verdade alguma da qual devamos ter vergonha nem que nos faça mal. É fato que toda verdade pode vir a ser torcida; mesmo assim, seria uma maldade menor que a sua ocultação. Qualquer que seja a doutrina, homens indignos pensarão sempre em como pervertê-la de acordo com seus próprios interesses. Todavia, se tivéssemos de parar de pregar a sã doutrina por causa da possibilidade de vir a ser pervertida, melhor seria que não a pregássemos, pois toda verdade pode ser adulterada e tornar-se fonte de infinitos enganos. Nosso Salvador não ensinou seus discípulos a manter determinados conhecimentos apenas para instruídos serem capazes de compreendê-los; pelo contrário, ordenou que fossem divulgadas todas as grandes verdades, necessárias à condenação, à conversão, edificação, santificação e ao aperfeiçoamento do povo de Deus. Até mesmo para seus mais agressivos oponentes, ele não mostrava reserva alguma; e lançava na face de seus adversários esta grande e humilhante sabedoria: [...] *vós não credes, porque não sois das minhas ovelhas*. A descrença é, portanto, apenas uma prova de que não se foi escolhido, de que não se foi chamado pelo Espírito de Deus, e que se permanece em pecado.

Disseram-lhe os judeus: *Se tu és o Cristo, dize-no-lo abertamente* (Jo 10.24). Alegavam precisar ter maiores garantias em relação a ele. Era, porém, um pedido em vão, pois já lhes havia dito tudo o que precisavam saber; e, mesmo assim, não criam nele. Eis por que lhes respondeu de forma mais ampla, a fim de que pensassem em si mesmos. Muitas vezes, o ponto em que um homem é falho não tem a ver propriamente com o conhecimento do evangelho, mas, sim, com a falta deste. Uma pessoa pode saber tudo sobre

Cristo e sobre o que é necessário para a salvação, mas não saber o suficiente sobre si mesma e seu estado de perdição; assim, enquanto se mantiver ignorante de sua profunda e terrível necessidade, jamais estará em condições de Cristo se tornar necessário a ela. O Salvador começou a lhes falar, então, não sobre si mesmo, mas a respeito de seu povo e de como eles precisavam ser desse mesmo modo: *As minhas ovelhas ouvem a minha voz, e eu as conheço, e elas me seguem.*

Peço a Deus Espírito Santo que abençoe esta palavra para muitas pessoas, a fim de que possam aprender mais sobre a obra de Cristo em seu coração e reconheçam a necessidade que têm dele, sendo levadas a Jesus e encontrando, hoje mesmo, seu pastor, Senhor e Salvador.

Há dois aspectos neste texto que servirão de matéria à nossa reflexão. Primeiro, *a descrição do povo do Senhor: As minhas ovelhas ouvem a minha voz e eu as conheço, e elas me seguem.* Depois, há um *privilégio garantido* a esse povo, a saber, uma eterna e inquestionável segurança: *Eu lhes dou a vida eterna, e jamais perecerão; e ninguém as arrebatará da minha mão. Meu Pai, que as deu, é maior do que todos; e ninguém pode arrebatá-las da mão de meu Pai. Eu e o Pai somos um.*

I. Primeiro, e o que falarei será muito pouco, dada a enormidade do assunto, tratarei da DESCRIÇÃO DADA AO POVO DE DEUS.

A primeira qualidade atribuída a esse povo é a de uma *propriedade privada*: "Minhas ovelhas". Nem todos os homens são ovelhas. Alguns são raposas, outros, lobos, e outros, ainda, comparáveis a cães, leões, etc. Além disso, mesmo de todas as pessoas que possam ser chamadas de ovelhas, nem todas pertencem a Cristo. Nem todas integram o seu rebanho. Nem todas se reúnem no seu aprisco. Há uma singularidade em ser posse dele. Por mais que possa haver muitas ovelhas, o Salvador está falando, exclusivamente, de "*Minhas* ovelhas" — aquelas que haviam sido desde muito tempo atrás escolhidas, que lhe tinham sido dadas pelo Pai e compradas com seu sangue, e redimidas em meio aos homens; que seriam resgatadas a seu tempo mediante seu poder; aquelas que ele havia tomado de volta das mãos do inimigo e que, por tudo isso, podia perfeitamente afirmar serem suas. *Porque a porção do Senhor é o seu povo* (Dt 32.9). Assim como outros senhores têm sua porção, Cristo tem a sua. Seu povo é sua herança. Ele fala de "*minhas* ovelhas" como herança particular, que, na qualidade de Pastor, afirma ser sua. Ele é seu único dono. Não apenas seu mantenedor, mas também seu proprietário. Lemos o que diz Jesus a respeito do *mercenário, e não pastor, a quem não pertencem as ovelhas* (Jo 10.12); mas que o verdadeiro bom pastor, ou seja, ele próprio, conduz "todas as [ovelhas] que lhe pertencem".

Há também uma *particularidade de caráter*, nelas: são "minhas *ovelhas*". Dependentes, tímidas, trêmulas, obedientes, educáveis, são suas ovelhas mediante seu Espírito. Receberam uma natureza que não é a mesma, canina, do mundo, nem a suína das multidões, nem a lupina dos perseguidores; mas a de homens em que habita o Espírito de Deus e que são, portanto, francos, gentis, amáveis e bondosos. E ele as chama *minhas ovelhas*, também, porque têm especial identificação com ele: são de certo modo semelhantes a Jesus. Sendo suas, ele é, implicitamente, seu guardião além de proprietário; e elas o têm assim em conta. São, enfim, ovelhas para ele; e ele, o pastor para elas.

Podemos julgar a nós mesmos hoje refletindo se somos ou não ovelhas em relação a Cristo. Admitimos pertencer a ele, de corpo, alma e espírito? Admitimos ser, em relação a ele, não mais sábios nem mais fortes, tal como ovelhas comparadas a um pastor? Sei de alguns aqui que certamente não pertencem ao rebanho de Cristo, pois jamais aceitariam ser conduzidos, seja na terra ou no céu; que preferem seguir seu próprio caminho. São críticos da Bíblia, não discípulos. Podem ser até ótimos cães de guarda, mas seriam ovelhas desengonçadas. Dariam lobos muito respeitáveis, pois grandes são na crítica destrutiva; mas com toda a certeza não ovelhas mansas. A personalidade e o espírito dessas pessoas são tais que desprezariam ter o caráter de ovelha. "O quê? Somente ir para onde seja conduzido? Deitar-me onde me seja determinado? Sem poder escolher meu próprio caminho? Nada vendo e nada sabendo? Fazendo *meus* olhos os *dele*, e minha sabedoria repousar na sua? Ser pastoreado por outra mente que não a minha própria? É assim? Então, tenho de nada ser além de uma simples ovelha para o Senhor Jesus?" Sim, é isso mesmo; e, por isso, o moderno e dito sábio homem se indigna e repudia com orgulho o caráter de ovelha.

Quanto a nós, aceitamos tudo que este nome implica. Ó irmãos, podemos ser a pessoa humana diante de outros, mas quando na presença do nosso Senhor, tal como a ovelha é um mero animal em comparação com seu pastor, sentimos nossa própria pequenez. Quantas vezes clamamos como Davi: [...] *estava embrutecido, e nada sabia; era como um animal diante de ti!* (Sl 73.22). Ó meu Senhor, em tua presença eu me torno tão pequeno quanto poderia ser, enquanto te tornas altíssimo, sim, em tudo por tudo, para mim, ó pastor de meu espírito fraco, trêmulo e vacilante! Há, assim, algo de especial no povo assim descrito, que tenho tempo apenas para demonstrar.

Uma importante marca do povo de Cristo é sua atenção. As minhas ovelhas ouvem a minha voz. Elas podem ouvir, porque para isso lhes foi dado ouvido espiritual. Houve tempo em que o pastor talvez pudesse falar o dia todo sem que ninguém o ouvisse; agora, no entanto, não é mais assim. Se até na cruz, os angustiados lamentos de nosso Senhor não foram então ouvidos, agora, porém, ele nos dá capacidade e percepção espiritual, e podemos ouvir, e ouvimos o que o seu amor nos faz saber e compreender. O Senhor fala conosco. Ouvimos sua voz e sabemos ser dele; as ovelhas o ouvem e sabem distinguir sua voz de todas as outras; [...] *mas de modo algum seguirão o estranho; antes, fugirão dele, porque não conhecem a voz dos estranhos* (Jo 10.5). Elas não só escutam sua voz, mas a escutam de modo verdadeiro; e se regozijam por pertencer a ele, obedecendo-a. Não se diz, às vezes, a uma criança que desobedece: "Você não me ouviu falar, filho?" Do mesmo modo, Cristo poderá falar a muitos que só o ouvem com os ouvidos externos, mas não se prontificam a obedecê-lo, de modo que não o ouvem de fato; pois, na verdade, não ouviram com os ouvidos interiores. Seus ouvidos não conseguem fazer a voz do Senhor alcançar seu coração; assim, em termos espirituais, de nada servem como ouvidos. É terrível quando o ouvido nada mais é que um canal fechado, um bloqueio para a voz do Salvador. Pode-se distinguir as ovelhas de Cristo pela marca que trazem nos ouvidos: *As minhas ovelhas ouvem a minha voz.* Elas podem até não ouvir muito do que os outros dizem; talvez até se contentem em ser surdas para isso. Há muitos chamados que soam como música aos ouvidos carnais, mas que não oferecem apelo algum aos ouvidos dos santos. Estes buscam ser surdos a algumas vozes, das quais nada poderiam obter senão tentação; mas ouvem a voz de Cristo. Ficam atentos quando ele fala; sua alma senta-se mesmo para ouvir o mais leve sussurrar; procuram ouvir; põem-se a postos para que não se perca som algum do céu. Ouvem, mas anseiam por ouvir mais ainda, e por serem obedientes à voz que ecoa na câmara de sua alma. Oh, quantas vezes não damos a devida atenção a Cristo! Eu já o ouvi com meu corpo, com minha alma, com meu espírito; ao menos, creio tê-lo feito; se dentro do meu próprio corpo, ou fora dele, não sei bem dizer. Se dentro, cada poro foi como um ouvido para a doce voz do meu Senhor. Como se meu sangue tinisse, do topo da cabeça à sola dos pés, assim meu espírito foi completa e plenamente afetado pelos encantadores tons da voz do amado. Oh, que ele possa falar por toda a noite! Vocês não o ouvem? Queridos irmãos, ele não nos está chamando? Não se regozijam ao ouvi-lo?

> Nenhuma música é como sua voz,
> Nem tão doce poderia ser.

Assim, uma distinção notável dos eleitos reside na atenção que dão a Jesus, o pastor. Em vão ele chama pelos outros; mas suas ovelhas, estas ouvem sua voz.

Outra característica do povo do Senhor é a intimidade. "As minhas ovelhas ouvem a minha voz, e *eu as conheço.*" *Eu as conheço* — sim, *o Senhor as distingue* perfeitamente. Ele as separa dos demais, pois: "O Senhor conhece os seus". Por vezes *nós* não as reconhecemos; mas ele, sim, pois diz: *Eu as conheço.* Em tempos nebulosos, nem elas talvez se conheçam; mas ele afirma: *Eu as conheço.* Mesmo quando um filho de Deus não sabe se é filho de Deus ou não, o Pai conhece os próprios filhos, e o pastor, suas próprias ovelhas. Seu conhecimento delas é tal que nunca falha. O hipócrita jamais conseguirá pertencer ao verdadeiro rebanho de Cristo. Pode passar por fazer parte do rebanho visível, mas não faz parte do real rebanho espiritual de Cristo; pois Cristo não o reconhece e ordena que ele se vá. Eis o que está contido nessa palavra: "O Senhor conhece os seus". Seus olhos distinguem o justo e o perverso, quem teme Deus e quem não o teme; dele é a sabedoria da distinção rápida e certa. Isso nos faria tremer, não soubéssemos que a expressão *Eu as conheço* significa *reconhecimento aprobatório. Eu as conheço*, diz o pastor, e como que acrescenta: "E me deleito com elas. Conheço seus suspiros e seus lamentos secretos. Ouço suas orações pessoais e secretas. Conheço o louvor contido no silêncio de seu coração, sua consagração, sua aspiração em realizar o serviço melhor possível, seus anseios e afetos. Sei como se deliciam em mim. Como confiam em minhas promessas. Sei como se voltam para o meu sangue expiatório. Como, no fundo de sua alma, se regozijam com meu nome. Eu as conheço, e acolho seus mais secretos pensamentos". Ó doce palavra, se compreendida neste sentido! E isto faz parte do caráter do povo do Senhor — que ele já o conhecia de antemão em sua soberana graça; e agora o conhece pessoalmente e se deleita nele.

Sua divina complacência o leva a uma *observação muito intensa* das ovelhas. [...] ele sabe o caminho por que eu ando (Jó 23.10); *O Senhor conhece o caminho dos justos* (Sl 1.6). Ele tem sempre seus olhos sobre elas e observa o caminho que percorrem. Seus ouvidos estão abertos ao clamor de seu povo e ouve os pedidos que lhe são feitos. Ainda que o mundo todo exija que sua onisciência reparta com ele sua atenção, consegue olhar para cada um de seus santos como se fora a única pessoa do universo. Oh, quando penso nisso! *Eu as conheço* soa como música. Aquele que conhece as estrelas, e toda a infinita multidão dos seres vivos do universo, tem um conhecimento especial e peculiar de cada um de seus escolhidos. *Eu as conheço*, diz ele, o que significa dizer intensa e constante observação.

Agora, amado, pare um pouco para analisar se você realmente faz parte do seu aprisco, do grupo de ovelhas de que ele diz: *Eu as conheço*. Será que o Senhor o reconhece como sendo uma de suas ovelhas? Ele já entrou em contato pessoal com você, e você com ele? Ou será que irá dizer de você, por fim: "Nunca vos conheci"? Alguns de vocês fizeram com que os conhecesse! Chegaram a ele, depois de tantas provações, tão atormentados, e a ele clamaram com tanta amargura e angústia que poderiam até assim dizer:

Uma vez em desespero um pecador
Buscou teu piedoso trono em oração;
Tua misericórdia ouviu, e a libertação
Veio pela tua graça a mim, Senhor!

Quando me ajudaste na maior necessidade, quando passaste por meus grandes pecados, então tu me conheceste, ó meu Senhor! "Tu me perguntas quem sou eu? Ah, Senhor! Tu sabes meu nome!" Assim como alguns de nós conhecemos pedintes insistentes que estão sempre à nossa porta, também o Senhor, sem dúvida alguma, conhece alguns de vocês, que suplicam todo dia às suas portas, embora recebendo constantemente benefícios de suas mãos. É bem verdade que alguns, também, agradecem diariamente pelas bênçãos recebidas. Ele sabe o nome de vocês: o nome dos que pedem e dos que se reconhecem gratos e em débito para com sua infinita generosidade. Jamais há de desprezar seus lamentos e clamores; e todos os dias seus pedidos e agradecimentos estão na lembrança dele. Sim, por seu amor, piedade e compaixão, irá decerto se lembrar sempre de vocês. É mais fácil uma mulher esquecer o filho que amamenta do que Deus os esquecer.

Bem, vimos três coisas que vale a pena registrar: distinção, atenção e intimidade. Pertencem a vocês?

Mas há ainda outra: *obediência real*. Como ele diz, "eu as conheço, *e elas me seguem*". Todas as ovelhas do Senhor são marcadas nos pés, tal como nas orelhas. As marcas em ambos estes lugares devem estar em cada ovelha do rebanho do Senhor. *Elas me seguem*. Significa dizer que voluntariamente o reconhecem como o pastor. Há outros pastores, e outras ovelhas os seguem; mas estas conhecem o Senhor Jesus, e o seguem. Ele somente é seu líder. Elas não se envergonham em reconhecer isso. Tomam sua cruz, seguem o portador da Cruz do Calvário e levam consigo seu nome. Mais que isso, praticamente divulgam esse reconhecimento abertamente, seguindo seu Pastor na vida diária, copiando cotidianamente seu exemplo. Não apenas declaram: "Ele é meu líder", como procuram imitá-lo. As ovelhas de Cristo buscam, enfim, manter-se no caminho que o Pastor traça para elas. Para o povo de Deus, não existe alegria maior do

A SEGURANÇA DOS FIÉIS OU OVELHAS QUE JAMAIS PERECERÃO | 1461

que quando consegue colocar os pés exatamente onde Cristo colocou os seus. As mesmas marcas que ele deixou com seus pés ensanguentados, eles desejam seguir, pelo dia todo, todos os dias. Atentem para isso, amados! Façam como fez Jesus, segundo sua capacidade e poder. É o que o povo de Deus deve sempre buscar fazer. Se você não se esforçar para ser como Cristo, não será uma ovelha dele; pois, para ele, a verdade de suas ovelhas é que *eu as conheço, e elas me seguem*. É esta uma característica prática e pessoal delas.

Não sei como poderia me exprimir claramente em nosso idioma; mas o original grego do texto bíblico dá uma espécie de personalidade ao coletivo quando o Senhor diz: *As minhas ovelhas ouvem a minha voz*. Ou seja, todo o seu rebanho o ouve. [...] *e eu as conheço* — novamente, todo o rebanho. Mas, *e elas me seguem*, embora ainda no plural, é como se tivesse dito: "Cada uma delas me segue". Nós, eleitos do Senhor, o ouvimos massivamente, e o Senhor conhece sua igreja como um todo, pois como um todo foi redimida por ele; mas nós o seguimos de maneira individual — cada um por si, mediante a sua graça. *Elas me seguem*. Gosto disso. Não está escrito: "Elas seguem meus mandamentos", apesar de ser verdade. Não está escrito: "Elas seguem o caminho que tracei", apesar de ser verdade também. Mas "Elas *me* seguem", bem claramente. Em sua personalidade individual, cada uma delas segue o Senhor. As ovelhas o reconhecem como mais elevado que suas próprias palavras, seus próprios caminhos e a própria salvação que lhes deu. *Elas me seguem*, diz ele. É esta a grande característica do cristão; não uma vida simplesmente de moralidade, de integridade e de santidade, mas de todos estes valores ligados intimamente a Cristo. Elas *o* seguem; não à santidade, à moralidade e à integridade separadas de Cristo, mas o *seu Senhor*. Uma vida de bem é boa para qualquer homem, e não podemos falar mal da virtude se a encontramos no simples moralista; todavia, não é a característica completa das ovelhas de Cristo. As virtudes das ovelhas de Cristo *estão ligadas* a ele. O cristão é santo porque segue seu perfeito mestre e se mantém junto a ele. Eis uma das marcas peculiares e infalíveis dos filhos de Deus.

Percorri assim de forma breve a descrição desse povo, deixando-a com vocês para que sobre ela meditem quando a sós. Vale a pena ser compreendida e interiormente absorvida por vocês.

II. Todavia, meu objetivo principal esta noite é o de lhes mostrar O GRANDE PRIVILÉGIO CONFERIDO AO POVO DE DEUS. Cristo garante a todo o seu povo o inestimável privilégio de eterna segurança nele. Ovelha de Cristo alguma jamais se irá perder. Nenhuma das que ele comprou com sangue, tornando-a definitivamente sua, jamais irá se desgarrar e perecer. Esta é a doutrina contida no texto que estamos estudando. Para expressá-la talvez não se encontrassem palavras mais precisas.

A segurança do povo de Deus consiste então, em primeiro lugar, *no tipo de vida que recebe*: "Eu lhes dou A VIDA ETERNA". A vida espiritual que as ovelhas possuem é dada a elas pelo Pastor. Jamais houve antes outro rebanho do qual isto pudesse ser dito. Nenhum outro pastor além deste pôde dar vida às ovelhas; mas ele dá vida às suas, a verdadeira vida, que agora possuem. Um instante: ele não apenas lhes dá vida como também a mantém mediante um dom constante. Notem que não está escrito: "Eu lhes *dei* a vida eterna", mas "Eu lhes *dou* a vida eterna". As ovelhas vivem pela virtude da vida eterna, que ele está sempre dando. As ovelhas recebem continuamente vida dele, em conformidade com a garantia por ele mesmo dada: [...] *porque eu vivo, e vós vivereis* (Jo 14.19). O que ele sempre provê as ovelhas irão sempre receber, e assim o ciclo não tem fim.

Reparem na natureza dessa vida: *Eu lhes dou a vida eterna*. Todos vocês sabem, de um modo geral, o que significa *eterna*, mas nenhum de vocês consegue compreender toda a duração que ela encerra. Apenas sabem que a eternidade não tem fim e, portanto, não pode ser encerrada. Se alguém dissesse que possuía a vida eterna, mas a perdeu, estaria claramente se contradizendo. Não seria eterna, senão ainda a teria. Se algo é eterno *é* eterno, não tem fim; e isso encerra toda e qualquer discussão quanto ao significado da palavra. Se a vida que Cristo nos dá quando nascemos de novo pudesse ter fim não seria eterna; fosse assim, e a palavra deixaria de ter seu correto significado. Por sua própria natureza, sendo obra do Espírito Santo e emanada de Deus, a vida concedida pela salvação em Cristo é imortal. O Espírito Santo inspirou que tal vida fosse descrita como *tendo renascido não de semente corruptível, mas de incorruptível, pela palavra de Deus, a qual vive e permanece* (1Pe 1.23). A vida de Deus concedida pelo Espírito Santo há que durar por todo o sempre. Uma vez que é dom contínuo, continuamente dado, e é em si eterno, deve existir para sempre.

Quero agora demorar-me no *glorioso caráter do doador. Eu lhes dou a vida eterna.* A vida que Cristo nos dá não é a vida pobre, sem valor, que para o falso convertido dura apenas cerca de três semanas, para depois minguar e morrer, ou, ainda, findando a suposta regeneração, e tendo a falsa conversão durado apenas algum tempo, acabar, necessitando ter início de novo. Tal é a chamada vida religiosa, tão exaltada pelos homens; não é assim, porém, que acontece com a vida que vem de Deus. Aliás, eu disse que o falso convertido tem de começar de novo, mas como ele recomeça não sei, pois leio nas Escrituras somente sobre pessoas que nascem de novo, mas jamais li sobre pessoas que nascem de novo e de novo e de novo. Já ouvi dizer que alguns religiosos têm tido entre os seus adeptos pessoas que se converteram e renasceram de novo mais vezes do que se poderia contar; ouvi a respeito de uma mulher que chegou a renascer mais de dez vezes em uma só ocasião — mas aquele que relatou este fato fez a arguta observação que achava não ter sido efetivo o último renascimento... Não, eu não creio que isso possa acontecer. Aquele que renasce, de acordo com as Escrituras, recebe a vida eterna; e é esta a única vida que vale a pena ser obtida. Eu não despenderia minha vida em pregação para divulgar salvação tão enganosa e temporária como essa, mas tão somente para declarar que o Senhor Jesus é que dá a vida *eterna*, digna de se viver e por ela morrer tentando obter.

Eu lhes digo que foi isso que me levou a Cristo. Quando era ainda jovem e refletia a respeito de muitos assuntos, vi rapazes que foram levados a Cristo juntamente comigo, de excelente caráter, que haviam deixado o lar para receber formação acadêmica cristã, mas que, depois de algum tempo, deixaram que se abatessem sobre eles as tentações do mundo, e se perderam, demonstrando não terem fé alguma. Mas quando li que Cristo deu às suas ovelhas a vida eterna, compreendi ser esse um seguro de vida moral para minha alma, então fui a Cristo e confiei em que me resguardaria até o fim. Sofreria de fato uma decepção se a vida de Deus em mim não fosse eterna e meu renascer não assegurasse minha sobrevivência final. Não adquiri uma passagem para apenas uma parte do percurso total da minha viagem ao céu; comprei bilhete para todo o caminho. Confio, e sei, segundo a minha fé, que assim será. Sou muito grato por ter comigo o bilhete total e completo, e acredito que, a menos que o trem do Todo-poderoso se quebrasse, o que jamais poderia acontecer, chegarei à estação terminal celestial com a mesma certeza que tenho hoje de que o poder divino pode me conduzir até lá; pois está escrito: *Eu lhes dou a vida eterna.*

Preste atenção, agora, nisto: é no que você sustenta para os outros que eles irão basear o próprio comportamento. Diga às pessoas que ao confiarem em Cristo obterão não a vida eterna, mas uma vida passageira — vida que durará enquanto fizerem bom uso dela —, e penso que é exatamente o que irá acontecer. Pode ser que traga algum ligeiro bem a elas aceitar a pobre e pequena mudança que você preconiza; mas, tão certo quanto serão convertidas a uma vida temporária, acabarão morrendo antes do que se possa imaginar. Pois você as convenceu de que iriam; não propôs nada além disso. Mas, se fizer a seguinte proposta: "Ganha-se a vida eterna ao se crer em Cristo; não vida temporária, mas vida eterna" — as pessoas irão agir em função desse objetivo. Irão crer em Cristo em decorrência disso, assim como segundo a fé de cada uma; e o Senhor e doador da vida será glorificado ao lhes conceder esse maravilhoso dom, o melhor presente de todos os presentes: *Eu lhes dou a vida eterna.*

Não conheço outro modo de pregar este texto diferente de como o faço. "Oh, mas isto é calvinismo!", poderão argumentar. Não me importo com o que seja. Para mim, são apenas as Escrituras. Tenho este inspirado Livro diante de mim e não vejo significado algum nas palavras que estão diante de mim que não que quem recebe a vida do Senhor Jesus recebe uma herança eterna. Não consigo emprestar nenhum significado diferente deste às palavras *Eu lhes dou a vida eterna*, que deve significar que os crentes em Cristo estão deste modo eternamente garantidos. "É uma doutrina um tanto perigosa", alguém poderá alegar. Não sei se é perigosa, já que a tenho vivido na prática todos esses anos. Entendo que seria muito mais perigoso dizer às pessoas que elas poderiam vir a ser verdadeiramente convertidas, mas que o trabalho da graça acabaria em seis meses; e que então tudo começaria de novo, tantas vezes quanto se

A SEGURANÇA DOS FIÉIS OU OVELHAS QUE JAMAIS PERECERÃO

desejasse; não obstante, a Palavra de Deus diz que, se alguém cair em apostasia, será impossível renovar seu arrependimento. É possível aos homens cair e serem restaurados; mas se caírem definitivamente, não há obra alguma que possa ser feita por eles. Se a vida eterna pudesse findar, o Espírito Santo teria feito o seu melhor possível e nada mais restaria a ser realizado. Se fosse possível a esse bom sal perder o sabor, com o que mais se poderia salgar? Repare no abismo que se abre diante de você, e não vá em busca de uma obra que não possa resistir a qualquer abalo. Oh, que vocês possam realmente atingir a vida eterna!

Damos aqui mais um passo à frente. Os filhos de Deus tornam-se salvos não apenas em função da vida que recebem, mas porque também, deste modo, *cessam os perigos interiores que corriam*. Tomemos a sentença seguinte no texto: *e jamais perecerão*. As ovelhas sofrem de uma tendência à fragilidade espiritual, mas o Pastor as socorre de tal modo que jamais perecerão. Sendo ovelhas, têm uma inclinação a se desgarrar; mas o Pastor as guarda de maneira que jamais venham a perecer. O tempo as prova, elas envelhecem, e a novidade da fé de certo modo se desgasta; mas elas jamais irão perecer. Pensem os outros o que quiserem, mas as ovelhas de Cristo *jamais perecerão*; pois assim é, e há de se manter, a promessa.

A primeira afirmação, *eu lhes dou a vida eterna*, é tão ampla quanto possível, mas a seguinte é ainda mais ampla: *e jamais perecerão*. Esta regra não tem exceção. É preservada em sua inteireza. Que as ovelhas vivam tanto quanto Matusalém, jamais perecerão, qualquer que seja a provação que lhes ocorra. Podem ser ameaçadas, atormentadas, afligidas, de tal sorte que seja até duro viver; mas jamais perecerão. *Jamais*, aqui, é bastante tempo — tanto quanto dure a graça. Bendito seja Deus, que essa promessa há de se manter para sempre: *e jamais perecerão*.

Vamos dar mais um passo, pois não temos tempo para nos estender muito sobre esses argumentos. As ovelhas são asseguradas, em seguida, quanto à prevenção de ataques externos: *E ninguém as arrebatará da minha mão*. Muitos poderão tentar, mas nenhum deles há de conseguir arrancar uma ovelha sequer da mão do Pastor. O diabo pode até infligir terríveis apertos, opressões e puxões, tentando arrancá-los, mas da maravilhosa mão do grande pastor jamais conseguirá tirá-las. Velhas companhias e lembrança de pecados passados se farão presentes e tentarão as ovelhas de modo bem intenso e astucioso; mas, diz o Salvador, *ninguém as arrebatará da minha mão*. Assim, eis, primeiramente, a segurança: a de que *estão na mão dele*, ou seja, sob *sua posse*, e ele as segura como um homem forte que se apossasse de um objeto e declarasse: "É meu". Ninguém conseguirá tomar o que quer que esteja sob a *proteção do Senhor*. Jamais as ovelhas de Cristo serão dele levadas ou desgarradas, pois quando assim ele o afirma coloca sua honra em preservá-las: se acontecesse de uma delas se desgarrar ou ser arrebatada, os demônios poderiam se regozijar, dizendo: "Ele não as pode manter. Disse que poderia, mas não pode. Conseguimos arrancar essa ou aquela da mão perfurada do seu redentor". Todavia, jamais essa horrenda comemoração será feita enquanto durar a eternidade: *e jamais perecerão; e ninguém as arrebatará da minha mão*.

Alguém poderia até, maliciosamente, argumentar: "Mas as ovelhas poderiam, elas mesmas, deixar sua mão". Mas como poderia isso acontecer se a primeira afirmação já diz que *jamais perecerão*? Ora, se examinarmos o texto de modo honesto, teremos de admitir que esta promessa, *jamais perecerão*, já abole a ideia de algo que só ocorreria por terem saído da mão do Senhor, mesmo por livre e espontânea vontade. [...] *e jamais perecerão, e ninguém as arrebatará da minha mão* diz tudo, então. Quem conseguirá vencer o firme agarrar da mão que foi justamente perfurada na cruz para se assenhorar definitivamente das ovelhas como sendo somente suas? Meu Senhor Jesus me comprou por preço muito alto para abrir mão de mim. Ele me ama tanto que toda a sua onipotência opera a meu favor em sua mão e, a menos que houvesse algo maior que a divindade, que não existe, jamais poderei ser arrancado da mão que com tanto amor e tanta intensidade me mantém agarrado junto a ele.

Para nos dar ainda maior certeza e aumentar nosso conforto, acrescenta o Salvador que *seu cuidado e poder vêm do próprio Deus Pai*. Assim, diz ele: *Meu Pai, que as deu...* Os santos de Deus estão seguros, inclusive, por terem sido dados pelo Pai ao Filho. Tal presente não consiste em herança temporária. O Pai não concedeu algo que, por fim, viesse a se perder. Como poderia o Senhor Jesus Cristo perder algo que o Pai deu a ele? Há quem diga: "Oh, só espero que se um ladrão tiver de levar algo de minha casa, não leve aquela louça, que é uma herança. Foi presente de meu pai". Quando um homem geralmente tem de defender sua propriedade, costuma se preocupar mais com o que é especial, que lhe foi dado por sua honra ou como lembrança de um grande feito. O mesmo ocorre com nosso Senhor Jesus: ele valoriza aquilo que o Pai lhe deu. Muito me deleito com este pensamento. Imagino meu bendito Senhor olhando para cada um de seus filhos fiéis e dizendo: "Meu Pai deu você para mim". A pobre mulher, esse esforçado rapaz, aquela senhora decrépita, o homem que passa fome mas ama seu Senhor — Jesus diz, de cada um deles: "Meu Pai deu esta alma a mim". Não há como perder quem o Pai lhe deu. Ele morreria de novo antes que pudesse perder algum dos seus. Sua morte fez com que a salvação de seu povo fosse garantida contra qualquer risco. Ele mesmo deu a própria vida por suas ovelhas. Veio o leão, avançou sobre o rebanho, mas teve de se defrontar com o pastor; sim, o pastor o enfrentou de peito aberto e o agarrou. Foi uma terrível contenda. O pastor suou grandes lágrimas de sangue enquanto com ele se digladiava; mas acabou por derrotar o perigo, levando-o ao chão, clamando: *Está consumado* (Jo 19.30): *e, de fato, a luta terminou ali.* Ele salvou assim todo o seu rebanho; de modo que podemos ter certeza que jamais irá perder uma ovelha sequer que o Pai consagrou à sua confiança: *Meu Pai [...] mas deu [...].*

Então segue o texto, dizendo que *seu povo é justamente guardado pelo poder do Pai;* pois está escrito: *Meu Pai, que mas deu, é maior do que todos; e ninguém pode arrebatá-las da mão de meu Pai.* Amados, mesmo tendo Deus Pai nos dado Cristo, não cessa de olhar por nós! Vou relembrar a vocês o doce texto do último domingo. Não consegui pregá-lo completamente, mas o texto em si já bastava, sem o sermão: *Todas as minhas coisas são tuas, e as tuas coisas são minhas; e neles sou glorificado* (Jo 17.10). Quis mostrar a vocês, então, que não deixamos de pertencer ao Filho ao mesmo tempo que pertencemos ao Pai. Aqui, é como se Jesus dissesse: "Meu Pai me deu essas ovelhas; nem por isso as abandona, mas, pelo contrário, cuida delas ainda mais. Pelo fato de que o que ele me deu deve pertencer a mim, mas o que é meu é dele, o Pai há de usar de seu poder e sua sabedoria para continuar a resguardá-las".

Permitam que eu ilustre as palavras finais do texto com um símbolo. Eis os filhos de Deus na mão de Cristo. Consegue ver a mão dele bem firme? Estão bastante seguros ali. Diz Jesus: "... e ninguém as arrebatará da *minha mão*". Mas, veja, o Pai coloca sua mão sobre a de Jesus! Aí está: vocês estão sob a proteção de duas mãos firmes e seguras. "E ninguém pode arrebatá-las da mão de meu Pai." Oh, a serena segurança daqueles que ouvem a voz de Cristo, a quem ele chama de suas ovelhas! A força dessas duas mãos mantém seu povo afastado de qualquer perigo. Arreda, Satanás! Você jamais os arrebatará da mão de Jesus e da mão do Pai! *Quis separabit?* "Quem nos separará do amor de Cristo?" É algo impossível de ser feito.

Termina o Salvador dizendo que, apesar de ele falar no Pai e nele mesmo como sendo duas pessoas — e, de fato, o são —, *em sua essência divina eles são um só.* Diz ele: *Eu e o Pai somos um* — especialmente quanto a amor e cuidados ao seu povo. *O Pai mesmo vos ama* (Jo 16.27), assim como ele ama o Filho; e, quando lemos sobre o amor de Cristo em sua morte, estamos lendo também sobre o amor do Pai no que se refere ao mesmo sacrifício. Assim como é verdade que nosso Senhor Jesus Cristo *amou a igreja, e a si mesmo se entregou por ela* (Ef 5.25), igualmente é verdade, quanto ao Pai, que *Deus amou o mundo de tal maneira que deu o seu Filho unigênito* (Jo 3.16). Eles são um no amor infinito por todos aqueles que, chamados segundo o propósito divino, seguem Cristo e ouvem a sua voz. Encho-me de júbilo com a abençoada crença de que ele não deixará sofrer deixando perecer aqueles que receberam a vida eterna de suas mãos, de Pai e Filho. É evidente que, se você recebeu uma vida apenas temporária — ou seja, se você assim o crê —, não terá mais do que aquilo em que acredita. Seu dom é medido de acordo com a sua fé. Mas se você diz: "Entrego-me a Cristo para que seja para mim o Alfa e o Ômega; e confio a ele, sem reserva, todo o meu ser, por toda a minha vida, para que possa me salvar e resguardar", então isso será feito; pois *estou certo de que ele é poderoso para guardar o meu depósito até aquele dia* (2Tm 1.12). *Tendo por certo isto mesmo, que aquele que em vós começou boa obra a aperfeiçoará até o dia de Cristo Jesus* (Fp 1.6); *e a vereda dos justos é como a luz da aurora, que vai brilhando mais e mais até ser dia perfeito* (Pv 4.18).

Você está a salvo na mão de Cristo. Dê-se conta disso e sinta alegria por isso. "Oh", duvida alguém, "mas se eu pensar assim, não estarei incorrendo em pecado?" Sinto muito dizê-lo, mas, ao que parece,

A SEGURANÇA DOS FIÉIS OU OVELHAS QUE JAMAIS PERECERÃO | 1465

as coisas acontecem muito estranhamente em sua vida; pois nada me une mais ao meu Senhor quanto a profunda fé que sinto na imutabilidade do seu amor. "Mas não seria mais correto dizer a seus ouvintes que eles podem ser vencidos pelo pecado e vir a perecer?", indaga outro. Recuso-me a lhes dizer algo em que não creio. Não irei desonrar meu Senhor com uma falsidade. Devo dizer a seus filhos, ao visitar sua casa, que, se eles lhe desobedecerem, você irá lhes arrancar a cabeça, ou então deixarão de ser seus filhos? Pois se eu o dissesse, seus filhos iriam ficar furiosos comigo diante de tal calúnia acerca de seu Pai. "Não! Sabemos que não é assim!", eles protestariam. Pelo contrário, eu lhes afirmaria: "Seu Pai ama vocês e os amará para sempre, sem cessar; portanto, procurem não afligi-lo". Diante dessa verdade, como reagiriam os filhos? "Amamos nosso querido e bondoso pai. Não queremos desobedecer-lhe. Vamos nos empenhar por trilhar o caminho em que ele quer nos conduzir".

É o amor que faz nossos pés desejar
Na mais doce obediência caminhar.

Nosso amoroso Senhor jamais irá lançar fora aqueles a quem ele é unido por laços como que de matrimônio.

"Bem, mas suponha que pequemos", aventa alguém. Ele irá nos punir, mas, ante o nosso arrependimento, com misericórdia nos restaurar. "Ora, quer dizer que, se eu acreditar nisso, posso viver como bem entenda?", alguém poderá julgar. Nesse caso, você decididamente não será uma das ovelhas dele; pois suas ovelhas amam a santidade e jamais a iniquidade. A mudança realizada pelo renascer em Cristo é tal que um homem dificilmente ou nunca retornará aos antigos costumes do pecado e da tolice. Esta é a sã doutrina. Como você consegue então compreendê-la como indulgência ao pecado? Os verdadeiros santos jamais transformam a graça de Deus em licenciosidade; a simples menção do amor eterno os conduz à obediência.

Por fim, tenho mais uma coisa a acrescentar. Alguns ministros pregam o evangelho como sendo uma porta bem larga, mas que nada oferece quando por ela se entra. Por vezes, até me dizem alguns que a porta que ofereço é um tanto estreita. Na verdade, prego o evangelho a toda criatura debaixo do céu, com todas as minhas forças; e se a porta é estreita, é porque há algo de muito valioso à espera quando se passa por ela. Ainda que possa ser estreita a passagem, uma vez havendo entrado você já *entrou*, encontra vida eterna e jamais perecerá nem será arrebatado da mão de Cristo. Venha então e sinta a bênção eterna, pecador! Vale a pena. Venha e experimente! Se você crê, será salvo. *Quem crer e for batizado será salvo* (Mc 16.16) — salvo do pecado, para não mais tornar a viver em meio a ele; salvo a ponto de tornar-se santo; salvo para ser guardado em santidade. A santidade será o caminho a percorrer doravante em sua vida, até que, perfeitamente santo, acabe habitando com Deus no céu.

Que entreguemos nossos espíritos, hoje, na mão do Senhor e possamos descansar seguros de que estarão a salvo eternamente. Amém.

157

VIDA ETERNA

Eu lhes dou a vida eterna, e jamais perecerão; e ninguém as arrebatará da minha mão (Jo 10.28).

lgumas pessoas julgam que nossa congregação é bastante mista e, por isso, uma doutrina como esta não deveria ser exposta a homens e mulheres não salvos. Isso demonstra quão pouco os nossos opositores leem a Bíblia, pois o que diz este texto foi proferido pelo Salvador não a seus amados discípulos, mas, sim, aos seus inimigos. Leia o versículo 31 deste capítulo e você terá uma ideia da congregação para a qual Jesus Cristo acabara de pregar: *Os judeus pegaram então outra vez em pedras para o apedrejar.* Era assim uma multidão indignada de fanáticos, que recebera em plena face o que o Salvador dizia. Todavia, e apesar de o rejeitarem, e que por causa de sua obstinação acabassem perdendo as bênçãos de sua graça, estas, não obstante, eram bênçãos ricas e raras. O mestre desejava lhes mostrar ser indescritivelmente precioso o que estavam perdendo e o grande prejuízo para sua alma se a mensagem que ele trazia fosse desprezada. Deste modo, mesmo que nossa multidão possa ser muito diversificada — e creio ser afirmação verdadeira, pois há muitos aqui que não conseguem ainda compreender as coisas de Deus —, pela mesma razão que o Salvador pregou sua doutrina aos ímpios, em seus dias, nós o faremos aqui, para que saibam o que perdem ao perder Cristo, quais as consolações que estão menosprezando e os inestimáveis tesouros que deixarão de usufruir aqueles que buscam somente os tesouros deste mundo, abrindo mão de seu Deus, seu Salvador.

Como não temos tempo a perder, tal como as abelhas sugam o pólen das flores, busquemos a doce essência do texto: *Eu lhes dou a vida eterna.* A leitura nos mostra que ele se refere às suas ovelhas, às pessoas que escolheu para serem seu rebanho e que assim denomina. Para que não seja difícil distinguir quem são, nosso Salvador deu a elas determinadas características, pelas quais suas ovelhas podem ser perfeitamente identificadas. Não temos acesso ao sagrado decreto da eleição nem podemos sondar o coração dos homens, mas podemos observar a conduta dos seres humanos, e o versículo anterior ao texto em foco nos revela quais as marcas peculiares com que podemos reconhecer o povo de Deus. *As minhas ovelhas ouvem a minha voz, e eu as conheço, e elas me seguem* (Jo 10.27). Suas características consistem, portanto, em ouvir e em seguir Cristo, primeiro pela fé, depois pela ativa obediência a seus preceitos. A *fé que opera pelo amor* (Gl 5.6) é, assim, marca das ovelhas de Cristo, e é de verdadeiros fiéis que ele fala quando diz: *Eu lhes dou a vida eterna, e jamais perecerão; e ninguém as arrebatará da minha mão.* Peço a Deus que todos nós nos revistamos da marca dos eleitos, a saber, de fé ativa e santificadora! Oh, que possamos todos ouvir a voz do Bom Pastor, que recebamos a verdade que ele oferece! E tomemos a decisão de segui-lo em fé, onde quer que vá, assim como as ovelhas seguem o pastor.

Tendo assim explicado a quem se refere o texto, trataremos dele em três etapas. O texto implica, em primeiro lugar, *algo concernente ao passado de tais pessoas*; em segundo lugar, trata claramente *acerca do presente dessas pessoas*; e, por fim, sugere de forma bem nítida *a respeito do seu futuro.*

I. Em primeiro lugar, o leitor atento há de observar que o texto leva a REFLEXÃO ACERCA DA HISTÓRIA PASSADA DO POVO DE DEUS.

Quando ele diz: *Eu lhes dou a vida eterna*, fica implícito que *haviam perdido antes essa vida.* De fato, todos os seres humanos caíram com Adão e foram assim mantidos até o presente pecado. A humanidade ficou, enfim, sob condenação; mas Cristo Jesus fez por todos nós o que sua majestade, a Rainha da

Inglaterra, raras vezes faz por um criminoso condenado: obteve para nós o livre perdão. Ele nos deu vida. Quando nosso próprio deserto era a total destituição eterna da presença de Deus, o Senhor Jesus Cristo se fez presente e disse: *Fostes perdoados* (1Jo 2.12); sobre vós não cairá condenação alguma (Jo 19.4); vossas ofensas foram removidas (Jo 2.12); estais limpos (Jo 15.3). Creio, porém, que o texto implica haver algo além da condenação: houve também a execução. Não só fomos condenados a morrer como já estávamos espiritualmente mortos. Jesus não apenas poupou a vida que nos poderia ser tirada e que, nesse sentido, acabou nos dando, como também nos concedeu uma vida inteiramente nova. Está implícito no texto que estávamos espiritualmente mortos; e nem seria preciso suposição nem experiência própria para chegar a esta conclusão, pois o apóstolo Paulo disse, com todas as letras: *Ele vos vivificou, estando vós mortos nos vossos delitos e pecados* (Ef 2.1). Como assim, Paulo? Mortos? Não estará enganado? Talvez seja apenas alguma doença — estamos dispostos a admitir que estamos de fato enfermos e próximos da morte; mas, ainda assim, resta alguma energia vital, um pouco de força para nos ajudar! "Não", responderia o apóstolo; "estais mortos; mortos em vossos delitos e em pecados". A obra da salvação é a mesma, tanto para curar os enfermos quanto para ressuscitar os mortos. Todos os santos agora vivos em Deus já foram mortos como todos os outros seres humanos, tão corruptos e ofensivos quanto qualquer um deles e recendendo a mau cheiro nas narinas da divina justiça por serem os seus pecados tanto ou mais pútridos quanto os dos outros. Todos nós nos desviamos e nos tornamos todos abomináveis, diz a Palavra; e acrescenta: "*não há quem faça o bem, não há nem sequer um* (Sl 14.3;53.3). Quando estávamos todos sepultados sob o pecado, Jesus Cristo veio ao vale da sombra da morte trazendo vida e imortalidade para nós. A vida verdadeira era desconhecida até mesmo dos que agora são santos; não tinham vida espiritual alguma; Jesus, o vivificador, os fez vivos em Deus.

Está também implícito que, além de não ter vida alguma, *esse povo não poderia obtê-la se não lhe fosse dada*. Uma regra muito conhecida dos estudiosos da Bíblia é que jamais se encontra descrito na Palavra de Deus um milagre desnecessário, que milagre nenhum é realizado quando o curso natural das coisas seria o suficiente. Ora, irmãos, o maior de todos os milagres é a salvação da alma. Se a alma pudesse salvar a si mesma, Deus não precisaria salvá-la, deixando que ela própria fizesse o que estaria ao seu alcance; e se os que estão espiritualmente mortos pudessem reavivar a si mesmos, acreditem, Jesus Cristo não teria vindo lhes trazer a vida. Creio, porém, que seria extremamente impossível a qualquer de nós entrar no céu por nossos próprios meios ou ações, ou seja, sem que Jesus Cristo viesse do céu para nos mostrar o caminho, remover os percalços e barreiras que se nos interpõem e possibilitar trilhássemos o caminho que leva à glória e à imortalidade. Perdida! Sim, a raça humana estava perdida, inteiramente perdida, não só em parte, em condições tais que só poderia se arruinar cada vez mais se tentasse salvar a si mesma; estava tão perdida que somente pela intercessão da mão divina, a manifestação de Deus na carne, a admirável expiação ocorrida no Calvário, a maravilhosa ressurreição do Cristo e a obra de Deus Espírito Santo no coração é que seria possível a uma alma morta ganhar vida. A vida eterna não seria obra exclusiva do Senhor Jesus se nela houvesse dedo humano; a verdade, no entanto, é que qualquer força do homem está aí excluída e nela somente a graça reina.

Pode ser também deduzido do texto, após breve reflexão, que *a vida eterna não é resultante do mérito de indivíduo algum do povo de Deus, pois, conforme é dito, ela nos é dada*. Ora, o que é dado é o exato oposto do que é adquirido. O que uma pessoa recebe gratuitamente, como presente, realmente não é preciso fazer por merecer. Se nos é dado, não existe propriamente mérito ou débito de nossa parte em haver recebido; se existisse, não seria mais algo dado. Na verdade, nenhum de nós merece a vida eterna nem jamais poderá merecê-la. A própria vida mortal já é um presente da misericórdia divina, nós não a merecemos; quanto à vida eterna, de que trata o texto, é uma bênção muito preciosa para que os dedos humanos consigam alcançá-la; ainda que um homem trabalhasse o mais arduamente possível para isso, ainda assim, seria impossível para ele alcançá-la segundo a lei. O homem nada merece além da morte, sendo a vida eterna presente gratuito de Deus: *Porque o salário do pecado é a morte*, o que equivale dizer que isso é tratado como questão de dívida; *mas o dom gratuito de Deus*, ou seja, o presente de Deus dado espontaneamente por sua graça, *é a vida eterna* (Rm 6.23). Esta doutrina pode ser humilhante, eu sei, mas é verdadeira; e quero que todos vocês, filhos de Deus a sintam, como sei que a sentem. Conseguem perceber a profundeza do poço para onde foram arrastados? Conseguem? Ou se tornaram orgulhosos? Adotaram sentimentos e orações requintadas como se fossem penas colocadas em seus chapéus? Rogo para que se lembrem somente de quem vocês *eram*! Cada vez que *pensarem* em se orgulhar, não se esqueçam, por favor, do lamaçal de onde saíram! Lembrem-se da imundície da qual Deus os retirou e, em vez de corar-se de orgulho, possam as suas faces ficar rubras de vergonha! Oh, que Deus nos impeça, de uma vez por todas, de glorificarmos a nós mesmos, pois, na verdade, o que há em nós para ser glorificado? Que temos em nós de bom que não tenhamos dele recebido gratuitamente?

Está claro também no texto que *aqueles que hoje são justos teriam perecido não fosse Cristo*. Diz ele: *Jamais perecerão*. As promessas divinas jamais são feitas superfluamente. Há sempre uma necessidade que demanda a promessa. No caso, um risco, e grave risco — que cada uma das pessoas agora salvas acabaria perecendo por toda a eternidade. O pecado havia feito os agora salvos tão herdeiros da ira quanto os demais pecadores, segundo as Escrituras; e a justiça divina os teria destruído como a quaisquer outros ímpios se a graça de Deus não tivesse agido em seu favor. Permanece a verdade categórica de que não há razão por que uma alma não deva perecer, além do motivo de Cristo a haver justificado e por ela interceder. Você, que está fisicamente vivo, não conseguiria ficar nem uma hora vivo em termos espirituais se o Espírito Santo não continuasse a derramar energia vital constantemente em sua alma. Você será preservado! Mas preste atenção: isso é afirmado como promessa divina; por isso, de modo algum representa uma condição natural. Se distante da graça, você poderia se encontrar em terrível risco de apostasia, e talvez devesse ter temor quanto a isso mesmo agora — tal como o apóstolo, que temia por ele mesmo se não pregasse Cristo sem cessar; um temor muito apropriado e que pode ocorrer a almas sinceras, que sentem certo zelo santo de si mesmos. Todavia, não precisamos sentir temor quando tratamos da promessa de Deus. Estando em Cristo, temos a garantia de segurança, já que a palavra de Cristo é: *Jamais perecerão*. A promessa certamente foi feita por haver necessidade. Há o risco de perecer, há dez mil riscos de perecer; mas a onipotência de Deus pode manter afastados os dardos de Satanás; o abençoado médico nos dá o antídoto do veneno que nos consumia; aquele que nos promete levar de volta a salvo para casa nos protege de mil e um inimigos, que, de outro modo, causariam em nós problemas, distúrbios, enfermidades. E diz: *Jamais perecerão*.

Está implícito ainda que *os inúmeros inimigos do povo de Deus tentarão arrancá-lo das mãos de Cristo*. Os salvos já estiveram nas mãos do inimigo; já foram escravos voluntários de Satanás — tudo isso estão dispostos a admitir, e rogo a Deus que muitos aqui reconheçam a verdade do que estou falando. Os fariseus presentes aqui provavelmente diriam: "Estou bem, faço o melhor que posso, compareço sempre a um local de adoração". Ora, alma, isso pode ser o suficiente para você, mas se tem orgulho disso, é prova de que não conhece nem a Deus nem a si mesmo. Quando ouço sobre pessoas que se gabam de sentir não haver pecado algum dentro de si, fico desejando que possam ler a história do fariseu e do publicano narrada por Jesus. No ponto de oração da Rua Fulton, um irmão pediu as preces dos presentes porque sentia muito a corrupção em seu coração, tentação de Satanás e, especialmente, a vileza natural de sua própria essência. Um irmão se levantou do outro lado da sala e disse agradecer a Deus por não passar por aquela experiência; que não sentia corrupção alguma e seu coração não era depravado. O primeiro não respondeu, mas outra pessoa ali presente se levantou leu as seguintes palavras: *Dois homens subiram ao templo para orar; um fariseu, e o outro publicano. O fariseu, de pé, assim orava consigo mesmo: Ó Deus, graças te dou que não sou como os demais homens, roubadores, injustos, adúlteros, nem ainda como este publicano. Jejuo duas vezes na semana, e dou o dízimo de tudo quanto ganho. Mas o publicano, estando em pé de longe, nem ainda queria levantar os olhos ao céu, mas batia no peito, dizendo: Ó Deus, sê propício a mim, o pecador! Digo-vos que este desceu justificado para sua casa, e não aquele; porque todo o que a si mesmo se exaltar será humilhado; mas o que a si mesmo se humilhar será exaltado* (Lc 18.10-14). A consciência do pecado é um sinal abençoado do perdão recebido ou a receber. Aquele que diz não ter pecado, ensina João, faz de Deus um mentiroso e

VIDA ETERNA | 1469

a verdade não se encontra nele. Aquele que não confessa seus pecados jamais será absolvido; mas aquele que com o coração alquebrado e trêmulo chega ao pé da cruz, ali encontrará o perdão.

Está explicado assim o estado passado dos herdeiros do céu.

II. Mergulhemos de vez, agora, no assunto. O TEXTO INUNDA DE LUZ O PRESENTE ESTADO DE CADA CRENTE.

Prefiro, neste caso, dar a vocês sugestões do que propriamente explicações. Assim, por gentileza, tomem a primeira sentença do versículo em foco, que fala de *um dom que é recebido: Eu lhes dou a vida eterna.* Tal dom é, antes de tudo, vida verdadeira. Vocês se atrapalharão com a Palavra de Deus se confundirem vida com existência, pois são coisas diferentes. Todos os homens existirão para sempre, mas muitos irão permanecer para sempre na morte; jamais saberão coisa alguma sobre a vida. Vida é um conceito completamente distinto de existência na Palavra de Deus, significando algo relacionado a atividade e felicidade. Neste texto diante de nós, inclui muitas coisas. Reparem na comparação entre uma pedra e uma planta. Embora a planta tenha vida vegetal, está morta, no sentido em que consideramos as criaturas vivas. Não conhece as sensações dos que pertencem ao mundo animal. Todavia, se avançarmos um grau, a saber, em termos de vida mental, o animal dito irracional estará igualmente morto em relação ao ser humano. Jamais conseguirá adentrar o mistério do cálculo matemático nem regozijar-se na sublime glória da poesia. O animal nada tem a ver com a vida intelectual e, portanto, quanto à avançada atividade mental, está morto. Há ainda, porém, um grau de vida além da vida mental — vida mais elevada, incógnita para o filósofo, vida que não se encontra descrita em Platão, que não é reconhecida por Aristóteles e que, no entanto, é compreendida até mesmo pelo menos brilhante dos filhos de Deus. É a chamada "vida espiritual", uma forma de vida completamente nova, que não pertence por natureza ao homem, mas a ele é dada por Jesus Cristo. O primeiro homem, Adão, foi feito alma viva, e todos os seus descendentes foram feitos à sua semelhança. O segundo Adão é feito espírito regenerado, e, até que sejamos feitos como o segundo Adão, nada saberemos da vida espiritual. Este nosso corpo é, por natureza, adequado a uma vida provida de alma. O apóstolo nos diz, em admirável capítulo de Coríntios 15.43-44, que *semeia-se* — o quê? *corpo animal*, em grego "corpo animado", ou "dotado de alma"; e "é ressuscitado" — o quê? *corpo espiritual.* Há corpo animal, natural, e corpo espiritual. Há o corpo adequado à vida menor, que pertence a todos os homens, à existência meramente mental; e há o corpo em potencial, que pertencerá a todos aqueles que receberem vida espiritual e que habitarão nesse corpo como morada de seu espírito perfeito no céu. A vida que Jesus Cristo dá a seu povo é a vida espiritual, portanto, vida *misteriosa.* [...] *ouves a sua voz; mas não sabes donde vem, nem para onde vai; assim é todo aquele que é nascido do Espírito* (Jo 3.8). Nós, que temos vida mental, não conseguiríamos explicar ao cão ou ao cavalo como ela é; assim também quem tem vida espiritual não consegue explicá-la àqueles que não a têm. Pode-se falar sobre o que implica e seus efeitos, mas o que essa centelha do fogo celestial pode ser nem vocês o sabem, ainda que tenham consciência que está em vocês.

Foi vida espiritual que Jesus Cristo deu a seu povo; e mais ainda: *vida divina.* Vida semelhante à de Deus, *elevadora, para que* [...] *vos torneis*, diz o apóstolo Pedro, *participantes da natureza divina...* (2Pe 1.4); *tendo renascido*, diz ainda o apóstolo, *não de semente corruptível, mas de incorruptível* (1Pe 1.23). Não nos tornamos propriamente divinos, mas, sim, recebemos uma natureza que permite compartilharmos da Divindade, usufruirmos de assuntos ligados à mente eterna e vivermos sob os mesmos princípios do Santíssimo Deus. Amamos, pois Deus é amor. Começamos a nos tornar santos, pois Deus triplamente santo é. Ansiamos pela perfeição, pois ele é perfeito. Deliciamo-nos em fazer o bem, pois Deus é bom. Ingressamos em uma nova atmosfera. Passamos do antigo esquema de meras faculdades mentais; nossas faculdades espirituais nos fazem então semelhantes a Deus. *Façamos o homem*, ele havia dito, *à nossa imagem, conforme a nossa semelhança* (Gn 1.26). Tal imagem Adão perdeu; Cristo a restaura e nos dá a vida que Adão perdeu, no dia em que pecou, tendo Deus o avisado: [...] *no dia em que dela comeres, certamente morrerás* (Gn 2.17). Nesse sentido, ele *de fato* morreu; a sentença não foi postergada; morreu espiritualmente tão logo comeu o fruto proibido. É essa vida há muito perdida que Jesus Cristo restaura em cada alma que nele crê.

Tal vida, se vocês podem compreender pelas minhas observações, é *vida celestial*. É a vida que se experimenta e se desenvolve no céu. O cristão não morre. Que diz o Salvador? [...] *todo aquele que vive, e crê em mim, jamais morrerá*. (Jo 11.26). Não cessa a vida mental? Sim. Não cessa a vida corpórea? Sim. Mas não a vida espiritual. É uma vida que é aqui como lá, mas agora ainda subdesenvolvida, com a corrupção impedindo sua ação. Irmãos, nenhum de nós chegará ao céu como carne e sangue, mas somente como fiéis, obedientes, elevados, transformados e perfeitos, por manifestação da vida espiritual. Então não sabem que *carne e sangue não podem herdar o reino de Deus, nem a corrupção herda a incorrupção*? (1Co 15.50). Então, qual é o "eu", o "eu mesmo", que há de entrar no céu? Só se você for uma nova criatura em Cristo. Essa nova criatura, nada além dessa nova criatura, a mesma vida que você vive aqui neste tabernáculo, que vicejou e floresce no jardim da comunhão com Deus, que o levou a visitar os enfermos, a vestir os desnudos e a alimentar os famintos; a vida que fez lágrimas de arrependimento se tornarem torrentes em sua face, a vida, enfim, que o levou a crer em Jesus — esta é a vida que irá para o céu. Se você não a tem, não possui vida no céu, e lá almas mortas não podem entrar. Apenas os homens vivos podem entrar nas terras dos vivos. *E, assim como trouxemos a imagem do terreno, traremos também a imagem do celestial.* (1Co 15.49). Mesmo agora, a vida espiritual começa a pulsar e se desenvolver dentro de nós.

Creio que também se pode inferir de tudo isso que a vida que Cristo dá a seu povo é *uma vida enérgica*. Quando a vida espiritual é derramada sobre o homem, ela o alça para além de seu antigo estado, ergue-o para fora da compreensão meramente carnal. Contudo, não é possível distingui-lo de outro homem. [...] *porque morrestes, e a vossa vida está escondida com Cristo em Deus* (Cl 3.3). Não se pode esperar que o mundo compreenda essa nova vida. É uma vida oculta. Será um mistério para nós mesmos, uma maravilha para nosso próprio coração. Mas, oh, como será ativa! Dará combate ao pecado e não se quedará satisfeita até que o tenha dizimado. Se você me disser que não tem conflito interno, responderei que não consigo entender como pode ter vida divina, pois ela de certo traz consigo a luta com a antiga natureza, que será uma contenda perpétua. O homem se torna uma nova pessoa no lar; sua esposa e família conseguem notar isso; ele se faz um homem diferente no trabalho; torna-se um homem completamente modificado, quer você aborde sua relação com seus semelhantes ou com Deus. É feito nova criatura. Sente que a nova e maravilhosa vida nele semeada o torna diverso da massa popular e anda em meio aos filhos dos homens sentindo-se alheio e estranho. "Amados, agora, somos filhos de Deus, e ainda não é manifesto o que havemos de ser. Mas sabemos que, quando ele se manifestar, seremos semelhantes a ele; porque assim como é, o veremos."

Gostaria de ter mais tempo para descrever a vida interior, mas creio poder ser o bastante para demonstrar a graça dada por Jesus ao crente mediante a obra do Espírito Santo. Uma palavra no texto a qualifica: "Eu lhes dou a vida *eterna*". *Eterna* significa "sem fim". Quando Cristo derrama a vida de Deus em um homem, ela não pode ser tomada. Não pode cessar; isso seria totalmente impossível. Se me disserem que alguém pode ser hoje um filho de Deus e descobrir-se na semana seguinte ser um filho do diabo, suponho que para essa pessoa a palavra "eterna" deva significar apenas cinco ou seis dias; mas, de acordo com o dicionário que uso, e segundo a mente do Espírito, "eterno" significa "sem fim". Se, portanto, alguém declarar "Já tive vida espiritual, mas hoje não a possuo mais", é evidente que está errado ou de fato nunca teve tal vida. Tivesse Jesus dito: "Eu lhes dou uma vida que durará cerca de sete anos, mas que pode, também, talvez ser apagada e extinta pela tentação", então eu entenderia que uma pessoa pudesse afirmar haver deixado de possuir essa divina graça; mas, se é dito ser *vida eterna*, deve de fato ser *eterna*: não haverá fim para ela, mas sempre existirá.

Até mesmo a mera existência da alma acreditamos ser eterna. Todavia, isso não significa algum tipo de bênção para o ímpio. Não poderia Cristo prover a simples imortalidade da existência, pois isso seria uma terrível maldição para muitos homens. Muita alma perdida já ficaria contente se pudesse se livrar de uma existência imortal. Cristo dá vida eterna, mas vida santa, plena, infinitamente maior que a existência. A existência pode ser uma maldição; a vida é uma bênção. Tal vida começa aqui: "Eu lhes *dou*"; não "Eu lhes *darei*". Não "Eu lhes darei quando morrerem", mas "Eu lhes dou agora; eu lhes *dou a vida eterna*". Ora, meu amigo, ou você obtém a vida eterna esta noite, ou continuará na morte. Se você ainda não a

VIDA ETERNA | 1471

recebeu, então está morto em seus delitos e pecados, e terrível é o destino que o aguarda; mas Deus deu a você a vida eterna; então, não tema as hostes do inferno que o cerca nem as tentações do mundo, pois o Deus eterno é o seu refúgio e sustentando-o estão os seus braços eternos.

Esta é uma vida *dada como presente gratuito* a cada pessoa do povo de Deus e concedida tão somente pelo Senhor e mais ninguém.

2. Examinemos agora a segunda parte da bênção proferida por Jesus. É a nossa preservação garantida: *e jamais perecerão*. Alguns cavalheiros, que não conseguem aceitar a doutrina da perseverança final, procuram de algum modo se esquivar da próxima sentença: *e ninguém as arrebatará da minha mão*, e ainda aventam uma hipótese contrária: "Elas podem ir embora, por si sós". Não, não e não; pois então pereceriam, e o texto diz antes, claramente: "Jamais perecerão". Esta sentença afasta suposição de qualquer tipo em relação ao afastamento e consequente destruição das ovelhas de Cristo. *Jamais perecerão.*

Tomemos palavra por palavra.

"*Jamais perecerão.*" Podem perecer algumas ideias, alguns confortos, algumas experiências, mas ELAS, as ovelhas de Cristo, jamais. Aquilo que é a essência do homem, sua alma verdadeira, sua natureza interior restaurada, jamais será destruída. Vejam, pois, cristãos, que vocês podem ser privados de mil coisas sem que haja violação da promessa. A promessa não é de que o navio jamais afundará, mas, que, mesmo assim, os passageiros chegarão seguramente a terra. A promessa não é de que a casa jamais pegará fogo, mas que, em caso de incêndio, aqueles que estão nela conseguirão seguramente escapar. "Jamais perecerão." Pode ser que cheguem bem perto da ruína; pode ser que percam alegrias e prazeres, mas *jamais perecerão*. A vida interior jamais se extinguirá, nem será abalada nem tirada. Quando se encontra bolor em um pedaço de pão, não há como removê-lo; você pode tentar cozinhá-lo, tentar fritá-lo, assá-lo, pode tentar fazer o que quiser, mas o bolor continuará no pão, e você não conseguirá retirá-lo. Tome agora a alma saturada da graça de Deus e jamais conseguirá separar uma da outra. O homem, em si, jamais perecerá. Ele pode até acreditar que sim, o diabo pode dizer a ele que sim, seus consolos lhe podem ser retirados, ele pode ir para o leito de morte cheio de dúvidas e temores acerca de si mesmo, mas jamais *perecerá*. Ou isso é verdade, ou não é. Quem crer que não é verdade, que o diga ao Senhor; mas creio ser uma verdade certa e infalível, pois é o Senhor quem o afirma. Não sei, na verdade, como não perecem, osso para mim é algo maravilhoso; mas em assuntos de tal natureza, tudo é admirável e maravilhoso, do começo ao fim.

Tomemos agora a palavra *jamais*. Já demonstramos quanto essa preservação dura, pois "*jamais perecerão*". "Bem, mas e se essas pessoas viverem por muito tempo e caírem em pecado?" "*Jamais perecerão.*" "Oh, mas talvez sejam tomadas de assalto quando menos esperam, ou cercadas pela tentação!" "*Jamais perecerão.*" "Sim, mas um homem pode ser filho de Deus e acabar indo para o inferno." Como, se *jamais perecerão? Jamais* inclui tempo e eternidade, viver e morrer, montanhas e vales, tempestade e calmaria. "*Jamais perecerão.*"

> De toda sorte, seguros estão,
> Preservados pela eterna mão.

A noite tenebrosa, com seus terrores e peste perniciosa, não os pode alcançar debaixo das asas do Deus Todo-poderoso, nem o dia com suas setas de aflições poderá destruí-los; a juventude com suas paixões, eles a passarão sem o menor risco; a maturidade com seu redemoinho de negócios viverão com segurança; a velhice e os problemas que traz lhes será tranquila como a terra prometida; o vale da sombra da morte há de lhes ser iluminado pelo esplendor vindouro, e o exato momento da partida, seu último e solene ato neste mundo, será como atravessar o leito seco de um rio, como no Jordão. *Quando passares pelas águas, eu serei contigo; quando pelos rios, eles não te submergirão; quando passares pelo fogo, não te queimarás, nem a chama arderá em ti* (Is 43.2), diz o Senhor. *Jamais perecerão.*

Há sempre um jeito de explicar tudo, creio eu, mas não vejo como os opositores da perseverança dos santos de Deus podem lutar contra esse texto. Podem tentar o que quiserem, mas continuarei crendo no que aqui leio, sabendo que eu mesmo jamais perecerei, pois faço parte do povo de Cristo. Se acaso eu perecesse, Cristo não teria mantido a promessa; todavia, sei que ele será sempre fiel à sua palavra. *Deus não é homem, para que minta; nem filho de homem, para que se arrependa* (Nm 23.19). Todas as almas que confiam no sacrifício expiatório estarão salvas, e para sempre; *jamais perecerão*.

3. Há ainda a terceira sentença, em que temos a *garantia de nossa posição — na mão de Cristo*. Não temos tempo para expor isso em minúcias: trata-se de lugar de honra; somos o anel que ele traz no dedo. É lugar de amor: *Eis que nas palmas das minhas mãos eu te gravei; os teus muros estão continuamente diante de mim* (Is 49.16). É lugar de poder: sua mão direita encerra todo o seu povo. É lugar de propriedade; Cristo detém consigo seu povo: *Todos os seus santos estão na sua mão* (Dt 33.3). É lugar de confiança: nós nos entregamos a Cristo e ele exerce um governo altamente confiável sobre nós. É lugar de direção e proteção: estamos na mão de Cristo como as ovelhas estão na mão do pastor. Como flechas nas mãos de poderoso guerreiro para sermos usados por ele, como joias nas mãos do noivo para servirmos de ornamento, assim estamos na mão de Cristo. Ora, o que diz o texto? Lembra-nos que há aqueles que nos tentarão arrancar desse lugar. Há aqueles que, com falsa doutrina, tentariam enganar, se fosse possível, qualquer dos eleitos. Há perseguidores que espumam pela boca e procuram assustar os santos de Deus e tentam fazê-los retroceder no dia da batalha. Há tentadores argutos — os que se aproveitam dos outros, os capangas a serviço dos mandões dos abismos, que jubilosamente nos arrastariam para a destruição. Há ainda nosso próprio coração corrupto, que buscaria nos arrancar desse esplêndido lugar. No texto diante de nós podemos ler: "*Ninguém* as arrebatará da minha mão". Não apenas nenhum homem ou mulher, mas também nenhum *demônio*. Nada que existe ou que existirá conseguirá fazê-lo — nenhum poder, nenhuma força, nada que possa ser concebido. *Ninguém as arrebatará da minha mão* não inclui apenas os homens, que muitas vezes são os nossos piores inimigos, pois os piores inimigos possíveis são aqueles de nossa própria casa; inclui também os espíritos caídos; mas nenhum deles jamais nos conseguirá arrebatar das mãos dele. Não há qualquer possibilidade, nenhum esquema funcionará, para remover-nos da condição de favoritos, de propriedade, de queridos filhos, de seus protegidos. Oh, que promessa abençoada!

Sabem, enquanto estive pregando para vocês sobre este assunto, acabei lembrando um pouco de minha própria história antes de eu conhecer o Senhor. Uma das coisas que me fez desejar ser cristão foi a seguinte: convivia com alguns rapazes na escola, rapazes excelentes, alguns deles tidos como exemplos a serem imitados por mim e pelos outros. Eu os observava e, apesar de serem um pouco mais velhos do que eu, vi-os se tornar tão vãos e indignos quanto possível, embora, sabia, tivessem sido excelentes rapazes, mais que isso, perfeitos exemplos de pessoas. E um pensamento perpassou minha mente: "Será que não há meios de evitar naufrágio igual em minha vida?" Quando vim a ler a Bíblia, o que mais me saltou aos olhos foi esta doutrina: "Se você confiar em Cristo, ele o salvará de todo o mal; ele o manterá em uma vida de integridade e santidade enquanto você estiver aqui e no fim o conduzirá a salvo para o céu". Eu sentia que não podia confiar no homem, pois havia visto alguns dos melhores colegas se desviarem imensamente da verdade; mas se confiasse em Cristo não havia dúvida quanto a ir para o céu, apenas certeza; e aprendi que, se depositasse todo meu fardo sobre os ombros dele, ele me ajudaria, pois havia lido que *o justo prossegue no seu caminho e o que tem mãos puras vai crescendo em força* (Jó 17.9). Achei o que dizia o apóstolo: *Tendo por certo isto mesmo, que aquele que em vós começou a boa obra a aperfeiçoará* (Fp 1.6), e muitos outros exemplos semelhantes. "Ora", meditei, "encontrei aqui um verdadeiro seguro de vida e muito bom; colocarei minha vida sob este seguro; vou a Jesus tal como estou, pois ele me chama, e nele confiarei." Tivesse dado ouvidos à teoria arminiana, jamais me teria convertido, pois esta nunca produziu em mim apelo algum. Um Salvador que abandona seu povo, um Deus que deixa seus filhos perecerem não seriam dignos de minha adoração, e a salvação que não salva de imediato também não é digna de ser propagada nem de ser ouvida. Quando aqui me apresento e digo a esta congregação "Confiem em meu mestre, creiam nele", não há lugar para duvidar da salvação, pois foi ele quem disse: *Quem crer e for batizado será salvo* (Mc 16.16). Quando digo isto, portanto, sinto que tenho algo a dizer digno de ser ouvido. Com um coração renovado e espírito justo, queridos ouvintes, vocês serão novas criaturas. Como

Vida eterna

estão agora, se fossem perdoados hoje, poderiam acabar condenados amanhã, pois a tendência de sua natureza os poderia levar a desgarrar-se. Todavia, quando Deus os imbui de nova natureza, a velha natureza perde a capacidade de controlá-los. É o princípio novo da imortalidade que irá assumir o controle; vocês conseguirão se manter afastados do pecado; serão preservados em santidade; e, embora lamentem as imperfeições, que reconhecem, sentirão que têm em vocês a própria vida de Deus; ainda que se deem conta de que não são perfeitos, perceberão que o desejam ser; e esse desejo será uma marca da graça em sua alma, de tal modo que essa vontade irá crescendo cada vez mais em força. Até o dia em que, tendo subjugado o pecado por força do Espírito, e tendo deixado o corpo, a nova vida, liberta dos vis trapos que o corpo era forçado a usar quando na terra, avançará de sua existência descorporificada para a perfeição. Terá então apenas de esperar pelo som das trombetas, enquanto novo corpo, purificado e feito adequado para nova e elevada vida, viverá; assim, libertos do pecado, corpo e alma serão testemunhas eternas da promessa de Cristo; pois todos os que nele descansam terão vida eterna e jamais perecerão, nem nada poderá arrebatá-los de sua mão e da mão de Deus.

III. Acabei antecipando o tópico final, que é A PERSPECTIVA DO FUTURO NO TEXTO.

Como Deus dá a vocês vida eterna, isso, evidentemente, inclui todo o seu futuro. Sua existência espiritual irá florescer quando impérios e reinos inteiros tiverem já decaído. Sua vida continuará quando o coração deste grande mundo já tiver congelado, o pulso do grande oceano tiver cessado de bater, o olho do sol radiante houver se tornado opaco com a velhice. Vocês terão vida *eterna*. Quando todo o universo tiver passado como a espuma passageira da onda que rebenta na praia, sem deixar vestígio para trás, tudo estará bem para *vocês*, pois terão vida eterna. Vocês terão uma existência que correrá em paralelo à existência da Divindade. Vida eterna! Oh, que avenida de glórias se abre com estas palavras: vida eterna! "... porque eu vivo", diz Cristo, *e vós vivereis* (Jo 14.19). Tão eternamente quanto Cristo existe, haverá uma alma feliz, e vocês serão essa alma. Tanto quanto existe Deus, haverá uma existência santificada, e vocês desfrutarão dessa existência, porque Jesus lhes dá vida eterna. Que gire o velho mundo, até que seu eixo se tenha de todo gasto; que voe o velho tempo, até que seu relógio de todo haja parado, e cada um de vocês atuais tenha deixado de ser; que venha o poderoso anjo, coloque seu pé em mar e em terra e jure por aquele que vive que o tempo não mais existirá — mesmo assim, todo salvo continuará vivendo, pois Cristo lhe dá vida eterna.

Pois então não se volta para o futuro a sentença: *Jamais perecerão*? Jamais deixarão de existir, em perpétua bênção! Jamais cessarão de ser como Deus em sua natureza; jamais. Imaginem que vocês estejam no céu por mil anos — conseguem imaginar? Mil anos de abençoada comunhão com o Senhor Jesus! Mil anos em seu seio! Mil anos vendo-o arrebatar seu espírito! Vocês terão tanto tempo para lá permanecer, como se nunca tivessem estado, pois nunca, jamais, perecerão. Quando vier o milênio, quando for o juízo final e toda a grande previsão da profecia for realizada, tais acontecimentos não os irão de modo algum perturbar, pois, se creem realmente em Cristo, jamais — oh, repitam a palavra — jamais, jamais, jamais, *jamais*, JAMAIS perecerão! Quanta eternidade de glória, quanto deleite indescritível se encerra nesta promessa: *Jamais perecerão!*

Esta outra sentença é também um vislumbre do futuro: *e ninguém pode arrebatá-las da minha mão*. Estaremos na mão dele para sempre, para sempre em seu coração, nele próprio permaneceremos para sempre — um com ele; e ninguém nos arrebatará de lá! Feliz é o homem que pode confiar nesta promessa!

Oh, há tantos de vocês para quem eu gostaria que essa promessa fosse verdade! Ela é muito rica, muito cheia de consolo, e eu gostaria que pertencesse a vocês. Talvez alguns duvidem: "Gostaria que pertencesse *a mim*"? Oh, amigos, muito me alegro em vê-los dizendo isto! Você sabia, alma, que há apenas uma chave para abrir o mais precioso tesouro e que essa chave é a cruz de Cristo? Que me diz, então? Pode confiar nele? Quando alguém me disse, outro dia, que não podia confiar em Cristo, olhei tal pessoa nos olhos e disse: "Que fez ele para não ser digno de sua confiança? Você confia em *mim*?" "Sim", respondeu-me, "confio em meus semelhantes, mas não consigo confiar em Deus". "Oh", pensei, "que terrível blasfêmia!" Fora honestamente proferida, por alguém que não percebia a magnitude da ofensa nela contida, mas eu não conheço algo que possa ser pior dito que isto: "Não consigo confiar em Deus"! Bem, o Senhor faça dele um mentiroso, então! Eis a conclusão lógica; pois se você acredita que um homem fala a verdade, então significa confiar nele sempre! Mas como pode alguém confiar em seus semelhantes e não confiar em Deus? Oh, quão horrendo é tal pensamento! Há tanto insulto a Deus nisso que nem consigo repetir! Não confiar em Cristo? "Bem", questiona outro, "mas não pode ocorrer de termos uma confiança natural, não espiritual, e termos assim nos enganado?" Sinceramente, não conheço qualquer outro modo de confiar em Cristo que não seja espiritual, não creio mesmo que haja qualquer outro modo. Se você confia em Cristo, não é você sozinho quem assim o faz. Jamais houve uma alma que confiasse em Cristo sem ser levada a fazê-lo por Deus Espírito Santo; e se você confia plena e simplesmente em Cristo, não precisa ter qualquer dúvida ou questionamento sobre confiança natural ou confiança espiritual. Se realmente confia no Senhor Jesus, de modo pleno, você está perfeitamente certo. Descanse nele, portanto; abrigue-se nele de modo pleno e único; e, se vier a perecer, então eu é que não compreendo o evangelho nem o que diz a Bíblia.

Direi somente mais uma coisa, e terei terminado. Se você crer em Cristo e perecer, eu também perecerei, assim como todos os irmãos e irmãs que no mundo todo já creram, creem e ainda crerão em Cristo Jesus. Tudo estará acabado para todos nós se tiver acabado para você. Se há uma forte tempestade no mar e um grande navio naufraga, não é possível que somente um só dos passageiros que estiverem no navio acabe no fundo sem que quase todos, senão todos os demais, o acompanhem. Iremos todos juntos. Podemos até acabar todos em botes salva-vidas, mas se esses botes afundarem com você, afundarão com todos os santos, todos os apóstolos e também todos os mártires do cristianismo. Eles foram para o céu confiando em Cristo; e, se você confiar em Cristo, também chegará lá.

Oh, pecador, que você seja convencido hoje a confiar em Jesus e em Jesus apenas, e possa compreender plenamente o texto que estudamos. Não tema — *Eu lhes dou a vida eterna, e jamais perecerão; e ninguém as arrebatará da minha mão.*

158

UM MACHADO AFIADO
NOS RAMOS DA VIDEIRA

Toda vara em mim que não dá fruto, ele a corta; e toda vara que dá fruto, ele a limpa, para que dê mais fruto (Jo 15.2).

Estas são *palavras de Jesus*. Para você que crê, ele é precioso; e toda palavra que exprime é preciosa, louvado seja! Dê, portanto, a cada palavra o devido valor e deixe que caia em sua alma como que vinda diretamente de seus lábios. São palavras de nosso Senhor Jesus Cristo ditas pouco antes de sua partida deste mundo. Entendemos que as palavras de um homem prestes a morrer são dignas de serem guardadas, ainda mais de tão inigualável homem como nosso Senhor e mestre. Poderíamos, a propósito, dizer: *guardaste até agora o bom vinho* (Jo 2.10), pois, neste capítulo e no que se segue, vemos algumas das mais seletas, significativas e ricas palavras que o mestre pronunciou. Esforcem-se, pois, para ouvir como se ele falasse diretamente do Getsêmani; ouçam essas frases como se acompanhadas dos gemidos e suor de sangue de sua agonia. *São palavras, além disso, sobre nós*, e, portanto, devemos recebê-las com a máxima atenção; a maioria de nós presentes que está em Cristo, a maioria de nós que professamos ser cristãos — este texto é voltado para nós. Quando Jesus fala sobre algo é sempre com profundidade e requer todo o nosso interesse, mas quando ele fala a nosso respeito devemos empregar tanto o coração quanto os ouvidos e levar na mais sincera consideração tudo quanto ele nos diz, de modo que não deixemos passar despercebida uma vírgula sequer. Bem podemos lamentar o dia em que não tenhamos ouvido sua voz em amor, pois podemos tê-la apenas escutado quando *é nosso dever* ouvi-la atentamente, mormente quando os tons empregados são de juízo, para que não venha depois Jesus, o juiz, nos afirmar: *Não sei de onde sois* (Lc 13.27), ainda que possamos argumentar que comemos e bebemos em sua presença e que ele ensinou em nossas ruas.

Assim, contando com toda a atenção de vocês, leremos novamente o texto: *Toda vara em mim que não dá fruto, ele a corta; e toda vara que dá fruto, ele a limpa, para que dê mais fruto*.

O texto *sugere uma autoavaliação, transmite instrução e convida à reflexão.*

I. Em primeiro lugar, SUGERE UMA AUTOAVALIAÇÃO.

Nessas solenes palavras, ouço o mesmo tom de voz com que disse Malaquias 3.2: *Mas quem suportará o dia da sua vinda? E quem subsistirá, quando ele aparecer? Pois ele será como o fogo de fundidor e como o sabão de lavandeiros*; consigo perceber a chegada daquele de quem disse João Batista: *A sua pá ele a tem na mão, e limpará bem a sua eira; recolherá o seu trigo ao celeiro, mas queimará a palha em fogo inextinguível* (Mt 3.12). De fato, é ele o próprio Senhor, *cujo fogo está em Sião e em Jerusalém sua fornalha* (Is 31.9). Bem-aventurado será o homem que suportar ser lançado na chama e ser coberto com o carvão em brasa das fustigantes verdades aqui ensinadas; pois aquele que não conseguir resistir a esta experiência será reprovado.

Observem que o texto menciona *duas figuras, em alguns pontos muito semelhantes*; ambos são varas ou ramos e ambos pertencem à videira: "Toda vara *em mim*...". Quão semelhantes em aparência são as pessoas que, aos olhos de Deus, se separam em dois tipos! Ambos os tipos, descritos no texto, estão em Cristo; em Cristo, sim, mas em diferentes sentidos, pois as pessoas que constam do primeiro tipo não estão em Cristo de modo a render fruto. É o fruto, portanto o parâmetro aqui usado por Jesus para julgar os homens. Tais referidas pessoas não estão efetivamente em Cristo, nem em sua graça nem por ele influenciadas, nem recebem dele a seiva que permite render fruto. Rendessem fruto, tal fertilidade seria a marca característica de que estão a salvo em Cristo. Quem poderá dizer que um homem que não rende frutos de justiça é de fato um cristão? No entanto, ambos os tipos, de algum modo, estão em Cristo, isto é, são iguais por acharem ser cristãos; seus nomes constam da mesma igreja; sob o julgamento comum dos homens são cristãos idênticos; assim como o são segundo a profissão de fé feita por cada um deles. Em muitos outros aspectos que não precisamos agora citar, ambos estão em Cristo como discípulos declarados, soldados lutando sob o mesmo estandarte, servos atuando nas mesmas tarefas.

Ambos provavelmente são inteiramente idôneos em seus pontos de vista doutrinários e sustentam as mesmas preciosas verdades. Quando ouvem proferir uma falsidade, estão prontos igualmente a denunciá-la. Ao ouvir o evangelho, com a mesma alegria o recebem, desejosos de poderem ajudar o ensinamento a ser propagado e ambos se mostrando dispostos a fazer sacrifícios em nome de tal difusão; ambos igualmente dedicados ao serviço da causa. E por que duas pessoas completamente diferentes diante do Senhor não podem ter sido batizadas na mesma hora e na mesma água, já que sob o mesmo nome do Pai, e do Filho, e do Espírito Santo, e repartir o mesmo pão e tomar o mesmo vinho aparentemente com o mesmo fervor e com igual alegria e devoção? Pois se ambas foram igualmente sinceras em sua conversão; se, no julgamento de todos os que as conhecem, apresentam boa conduta moral, absolutamente similar; se ambas até evitam as mesmas menores perversões e cada qual à sua moda busca aquilo que lhes pareça santo, gracioso, gentil e amável no entender dos homens. Ah, quanto se vê de duas pessoas que oram em público de modo semelhante, demostrando o mesmo dom para a oração, que oram com a mesma sinceridade e o mesmo zelo e, para todos os efeitos, mantêm com a mesma frequência a oração familiar, mas que, apesar de toda semelhança, o fim de uma acaba sendo o de ser lançada fora como a vara seca da videira e vir a ser jogada no fogo e queimada, enquanto o fim de outra será o de render fruto à perfeição, tendo como recompensa a vida eterna!

Ah, amigos, o problema é que o homem pode simular com muito esmero e com ajuda do diabo é aí que ele se torna um perito em falsidade! De algumas moedas talvez seja quase impossível dizer que sejam falsas só pela aparência ou mesmo pelo barulho que fazem; até na balança podem enganar; mas, lançadas no fogo, finalmente se descobre do que é feita cada uma delas. Sem dúvida que há milhares de pessoas em todas as igrejas cristãs que trazem em si o selo e a chancela do rei e parecem autênticas antigas moedas judaicas do santuário, mas que, afinal, mal servem como sucata, jogadas no escabelo do trono do juízo, para sua eterna reprovação e desgraça. Como distinguir, por exemplo, um covarde de um valente? Dois soldados usam a mesma farda e ambos proclamam em voz alta o que pretendem fazer quando vier o inimigo. Mas é a batalha que os testará, que os colocará à prova, em algum momento do conflito, fazendo surgir a diferença. Até que chegue a hora da batalha, como é fácil para o poltrão continuar bancando o herói, enquanto talvez o mais bravo dos homens se recolha à sua modéstia! Nosso texto nos apresenta, assim, dois caracteres aparentemente semelhantes sem que na essência o sejam.

2. Em segundo lugar, *mostra qual a diferença que há entre ambos* — a grande e categórica diferença. A primeira vara, o primeiro ramo da videira, não rende fruto; a segunda rende. "Pelos seus frutos os conhecereis." Não temos por que julgar os motivos e os pensamentos de nossos irmãos, a menos que facilmente revelados através de seus atos e palavras. O interior alheio, devemos deixá-lo inteiramente a cargo de Deus, mas o exterior podemos julgar. Há, portanto, situações em que não devemos julgar os homens; mas há outras em que seríamos tolos ou ingênuos em não exercermos julgamento. *Pelos seus frutos os conhecereis* (Mt 7.20) é o cânone da sagrada crítica do próprio nosso Senhor. Se deseja julgar os homens e julgar-se a si mesmo, eis o parâmetro adequado: *Pelos seus frutos.*

Então, que dizem vocês, cristãos professos que aqui estão, vocês, que se mostram tão constantes quanto a atender aos meios da graça? Irão agora sondar a si mesmos para descobrir se rendem algum fruto? Para que possam ser ajudados nessa investigação, permitam-me lembrá-los de que o apóstolo Paulo, no quinto capítulo de sua Epístola aos Gálatas, nos fornece uma lista. Diz ele nos versículos 22 e 23: *Mas o fruto do Espírito é: o amor, o gozo, a paz, a longanimidade, a benignidade, a bondade, a fidelidade, a mansidão, o domínio próprio.* Nove tipos de frutos: todos estes devem estar em nós em abundância. Que nos questionemos se algum deles está presente ou não em nós.

Um machado afiado nos ramos da videira |1477

E então, cristão, você tem rendido o fruto do *amor*? Que questão difícil esta, hein! Olhe que não perguntei: "Você consegue falar de amor?", mas se o sente. Não perguntei: "O amor está em sua linguagem?", mas se governa seu coração. Você ama Deus como um filho ama o pai? Ama o Salvador com sentido de gratidão por aquele que o comprou com o próprio sangue? Sente o amor do gracioso Consolador, que habita em você, se de fato é um filho de Deus? Que sabe a respeito do amor em relação a seus irmãos? Ama os salvos como salvos, pertençam eles a esta igreja ou não, quer o agradem ou não, sigam caminho próprio ou não? Diga, você ama os pobres de Deus? Ama os perseguidos e desprezados de Deus? Responda, eu lhe rogo. Quanto ao amor pelo reino do amado Filho de Deus? E quanto à alma dos homens? Consegue ficar parado, satisfeito por ser salvo, enquanto seu vizinho se perde cada vez mais? Seus olhos nunca se enchem de lágrimas pelos pecadores não arrependidos? Os temores do Senhor nunca o assombram, quando pensa nas pessoas que mergulham cada vez mais na perdição? *Pois quem não ama a seu irmão, ao qual viu, não pode amar a Deus, a quem não viu* (1Jo 4.20). Você tem rendido este fruto? Se não, *toda vara em mim que não dá fruto, ele a corta*.

Em seguida, vem o fruto do *gozo*, ou da *alegria*. Sua fé já lhe trouxe alegria? Será sua fé apenas uma questão de dever uma corrente pesada que você arrasta como um condenado, ou é uma harpa ao som da qual você se alegra e dança? Regozija-se em Jesus? Sabe o que significa "a alegria do Senhor"? Sente alegria ao lembrar que Deus é sempre o mesmo, ainda que a figueira não floresça e nos currais não haja gado? Rejubila-se ao ler as promessas da palavra de Deus? Tem prazer na oração pessoal, aquela alegria que o mundo jamais lhe proporciona e jamais poderá roubar de você? Sente um prazer só seu, semelhante a uma fonte fechada que se abre apenas entre você e o Senhor, porque sua comunhão é com ele e não nos filhos do pecado? Aquele que não lamenta seu pecado nunca se arrependeu; mas aquele que também nunca se regozija no perdão não pode jamais ter visto a cruz. E você já produziu este fruto da alegria? Pois o Senhor sempre o dá a você! Se você jamais o teve, atente para esta grave sentença: *Toda vara em mim que não dá fruto, ele a corta*.

Na sequência, vem o fruto da *paz*. Oh, fruto abençoado! Fruto outonal, maduro e doce, feito para a boca dos anjos. É o fruto com que se alimentam os benditos no céu — paz em Deus, paz de consciência, paz com os semelhantes. *E a paz de Deus, que excede todo o entendimento, guardará os vossos corações e os vossos pensamentos em Cristo Jesus.* (Fp 4.7). *Muita paz têm os que amam a tua lei, e não há nada que os faça tropeçar.* (Sl 119.165). *Justificados, pois, pela fé, tenhamos paz com Deus, por nosso Senhor Jesus Cristo* (Rm 5.1). Ah, ouvintes, alguns de vocês fazem por vezes grande alarido acerca da fé, mas paz na consciência jamais conseguem obter! É isso que os cerimonialistas jamais conseguem. *Temos um altar, do qual não têm direito de comer os que servem ao tabernáculo* (Hb 13.10), lugar de rituais exteriores, repetitivos, carnais, de presunçosas e pomposas cerimônias. Do nosso altar, onde o sacrifício definitivo é assumido mediante a fé, não conseguem comer. Em suas missas, nos santos ofícios, nas procissões, nas horas sagradas, nas vigílias, nas novenas, nas ladainhas, nas práticas de sacerdócio e em tudo o mais não encontram a paz; pobres escravos, descem para a cova com tantos grilhões quanto possível e ainda com a terrível possibilidade de castigo no purgatório. Não há esperança de despertarem à semelhança de Cristo; não há noção da verdade contida na gloriosa passagem: [...] *qualquer que guarda a sua palavra, nele realmente se tem aperfeiçoado* (1Jo 2.5). Aquele que de fato tem Cristo, tem pelo menos este fruto, a saber, a paz. Aquele que não sabe o que é paz em Deus muito tem a temer e tremer.

Seguindo a lista, é mencionada a *longanimidade*. Creio haver muitos aqui que pouco têm deste fruto, qualidade que pode ser vista sob diferentes aspectos. Há a paciência que retém a mão punitiva de Deus, mas não se volta contra ele e, sim, diz: *O Senhor deu, e o Senhor tirou; bendito seja o nome do Senhor* (Jó 1.21). Longanimidade para com Deus, resignação. Há também longanimidade para com o homem, de aguentar perseguição sem incorrer em apostasia, suportar insultos, ofensas, calúnia, crítica e reprovação sem manifestar qualquer vingança, resistir aos erros e enganos da humanidade com tenra compaixão. O verdadeiro e excelente crente fiel tem muito disso. Já alguns de nós, talvez, sejamos por natureza altamente irritáveis; e a graça tem de subjugar nossas paixões irascíveis. Não vale dizer "Não posso evitar"; é fruto do Espírito a longanimidade — você pode e deve evitar. Se não houver mudança em seu comportamento, não houver mudança alguma em você, você ainda precisa ser, de fato, convertido. Se a graça de Deus não o ajuda a manter a temperança ou fazê-la surgir em você, deve se voltar para Deus e pedir que realize uma obra sólida em seu coração, pois não há ainda qualquer obra assim em você. Devemos ter longanimidade, ou seremos achados sem fruto e em nós só haverá irritação, aflição e angústia.

O próximo na ordem é a *benignidade*, que entendo como benevolência. O cristão deve ser benevolente. Assume agir com ternura para com seus semelhantes, tratá-los com afeição. Sente compaixão por aqueles que sofrem; esforça-se por fazer-se afável e cortês. Sabe que há uma ofensa natural na cruz ao homem carnal e não deseja contribuir com qualquer ofensa que parta de si. Não quer que sua vida seja taciturna, suspeita, ríspida, dominada pelo orgulho, e busca imitar seu mestre, que disse de si mesmo: *Tomai sobre vós o meu jugo, e aprendei de mim, que sou manso e humilde de coração* (Mt 11.29). Quem crê em Cristo deve ser benigno para com todos os que com ele interagem. É este um dos frutos do Espírito e, posso acrescentar, fruto em que muitos crentes são deficientes demais. Não pensem que eu os estou julgando. Eu não os julgo — há quem o irá fazer; é a palavra de Deus que estou falando. A benignidade é fruto do Espírito, e se você não tem o Espírito, não pode ter seu fruto. E o que diz Jesus, no texto, referindo-se ao Pai, o viticultor? *Toda vara em mim que não dá fruto, ele a corta.*

A seguir, na lista do apóstolo, temos a *bondade*, com o que se pretende sem dúvida abordar a beneficência, a caridade e a generosidade, não apenas a gentileza de modos e atitudes, mas sobretudo de coração. Oh, quão excelente é quando a nossa cristandade revela em nós um espírito nobre! Podemos não ser todos nobres no bolso, mas todo filho de Deus deve ser nobre de coração. "Entrem", disse uma pobre escocesa a alguns filhos do Senhor que batiam à sua porta, "só tenho espaço para dez de vocês em minha casa, mas tenho espaço para dez mil em meu coração!" O mesmo deve dizer todo crente: "Entrem, vocês, necessitados; não tenho o poder para ajudar a muitos de vocês, mas tenho o desejo de ajudar se possível a todos". O cristão deve ser como seu mestre e Senhor, sempre solícito, disposto a se comunicar, a ajudar e servir, fazendo seu deleite e negócio a tarefa de dar e distribuir — como nuvem repleta de chuva que se despeja sobre a terra; como vívido e radiante sol que espalha seus raios, sem esconder nem recusar sua luz. Se você não tem em alguma medida este fruto do Espírito, rogo que se lembrem das solenes palavras do texto: *Toda vara em mim que não dá fruto, ele a corta.*

Segue-se a *fidelidade*, pelo que certamente se entende a prática da fé, sendo a fé a raiz que produz este fruto. O fruto do Espírito chamado fidelidade é, portanto, o exercício da fé, da fé em Deus e em Cristo; sem ela, não há nem mesmo o começo de qualquer segurança na alma. Você crê no Filho de Deus? Tem realmente fé? Se tiver fé, nem que seja do tamanho de um grão de mostarda, é sinal de vida dentro de você. Se você tem pouca, ore: "Senhor, aumenta nossa fé!" Mas fé aqui significa, sobretudo, estrita fidelidade a Deus, plenitude de fé na consciência. Quão pouco alguns cristãos fazem uso deste fruto hoje em dia! Silenciam, com isso, a própria consciência. Há ministros que lidam com palavras que sabem irão enganar o povo, ajudando a erigir uma igreja que faz o possível para levar esta nação diretamente para os braços do papismo. Bons e graciosos ministros de elite são colunas e pilares deste movimento, e com sua influência mantêm um sistema que permite que traidores poluam esta terra com o romanismo. Oh, que tenham um pouco mais de consciência e abandonem a aliança profana com os ritualistas! Rogo sinceramente que nenhum de nós tenha a mais remota conexão com nada que possa nos levar de volta ao anticristo que Deus abomina, a ponto de ordenar a seu servo João chamar aquela igreja apóstata de terrível nome, como marca de infâmia, nome que Deus jamais usou e que tanto desprezou. Irmãos, que sua consciência seja fiel ao Senhor, e possam ser fiéis à sua consciência: os homens que desprezam esta doutrina a mim me parece que pouco sabem acerca do pecado que estão cometendo. Eu lhes digo, a vocês que fazem pouco caso da doutrina, que são tão perversos quanto ladrões, ou, ainda, piores, pois o ladrão apenas rouba o homem, enquanto vocês roubam a Deus e à sua própria alma. Ao ajudar a perpetuar o erro, estão contraindo o vírus da peste que, a menos que a graça o impeça, irá destruir este país.

Um machado afiado nos ramos da videira | 1479

Temos de ter fidelidade também ao lidarmos com nossos semelhantes nos negócios. Crentes são homens de honra. O cristão é *aquele que, embora jure com dano seu, não muda* (Sl 15.4). Ele não faz propriamente juramento, mas sua palavra tem lastro. Oh, que possamos ter este fruto do Espírito: fidelidade, retidão, franqueza, correção, amor à verdade e andar com honradez diante do Senhor nosso Deus!

O fruto seguinte é a *mansidão*. Que possamos possuir muito dele, pois há uma bênção específica prometida aos que o têm: *Bem-aventurados os mansos, porque eles herdarão a terra* (Mt 5.5). O cristão deve ser pacato como a pomba; quando engajado nas batalhas de seu Mestre, bravo como um leão, mas para si mesmo e sua própria causa, terno, gentil, evitando o debate com amorosa tranquilidade, mais disposto a aceitar uma reprovação que pronto a formulá-la, sentindo ser ele próprio fraco. Moisés era o mais manso dos homens, sendo frequentemente provocado, mas tendo falado apenas uma vez de forma inadvertida. É admirável tudo o que suportava do povo; era a gente mais provocadora do mundo, depois de nós mesmos, naturalmente — não obstante, assim como a enfermeira é gentil para com a criança enferma, assim era ele com aquele povo. Quanto não o provocaram e atiçaram seu espírito! Chegou a ficar indignado, atirando ao chão as duas tábuas de pedra da lei, ao constatar tão grave idolatria do povo; nem Moisés, o mais manso dos homens, conseguiria suportar aquilo. Assim também, mansos servos de Deus ficam furiosos ao pensarem na idolatria para a qual esta terra está tão rapidamente se voltando. Todavia, mansos devemos ser para com todos os homens; pois, se não tivermos este fruto, como adverte o mestre, *toda vara em mim que não dá fruto, ele a corta.*

Não vamos esquecer o *domínio próprio*, que hoje é mais usado quanto a comer e beber, mas que tem um significado muito mais amplo, apesar de incluir também esse aspecto. O homem indulgente para com os apetites da carne, assim como não consegue se controlar quanto a comer e beber, não precisa fingir ser cristão. Precisa mais provar que não é semelhante a um animal irracional do que simular ser um filho de Deus; tem de demonstrar que é um ser humano, racional, antes de se proclamar um cristão. Quem é complacente para com a bebida acabará bebendo o vinho da ira de Deus, e, quando isso vier a ocorrer, como todo e qualquer vinho será amargo ao paladar! O que era doce à garganta será como veneno para as entranhas, para todo o sempre!

Se não temos esse domínio próprio, é evidente que nada sabemos acerca da verdadeira fé cristã. Mas deve haver igual domínio em todas as outras demais áreas: domínio no vestir, nas despesas, nos negócios, na irritação, em todo e qualquer ato da vida. A moderação deve ser totalmente observada, sob todos os aspectos; um caminho estreito a ser seguido, que somente os olhos treinados do homem espiritual conseguem divisar e que, sendo fruto do Espírito, deve ser trilhado com pés espirituais.

Permita Deus que tenhamos todos esses frutos. Estou convencido, amados no Senhor, que nenhuma verdade além destas precisa ser apresentada à minha ou à sua alma, que estes frutos positivos são o único teste que prova estarmos em Cristo. É muito fácil para nós nos envolvermos com a ideia de que nossa atenção a cultos ou até mesmo a cerimônias religiosas é o verdadeiro teste, mas não é assim, pois *se a vossa justiça não exceder o a dos escribas e fariseus* (Mt 5.20), que eram as pessoas mais religiosas em Israel no tempo de Jesus, *de modo nenhum entrareis no reino dos céus* (Mt 5.20). Sei que é fácil pensar: "Bem, não sou nada permissivo com bebedice; não sou desonesto nem aproveitador, não faço isso nem aquilo outro". Mas isto pouco vem ao caso. Lembremo-nos que o juízo não será sobre as coisas que você não faz, mas sobre as coisas positivas que faz. Como diz Jesus que será esse julgamento? *Porque tive fome, e não me destes de comer; tive sede, e não me destes de beber; era forasteiro, e não me acolhestes; estava nu, e não me vestistes; enfermo, e na prisão, e não me visitastes.* (Mt 25.42,43). É a ausência de frutos positivos que condena os perdidos. *Toda árvore, pois,* disse João Batista, *que não produz bom fruto é cortada e lançada ao fogo.* Ele não disse: "Toda árvore, pois, que rende fruto amargo, ou uvas azedas", mas: *Toda árvore, pois, que não produz bom fruto.*

Árvores estéreis, tremam! Posso não falar de modo a fazer essa verdade penetrar, como gostaria que acontecesse, bem no interior de sua alma, mas rogo ao Espírito que a faça como fogo no íntimo de cada homem e mulher que continua enganado. Se meu Senhor vier a você, meu ouvinte, como ele fez à figueira, e encontrar somente folhas sem achar frutos, posso adiantar que ele irá dizer: "Nunca mais nasça fruto de ti", e você irá se ressecar. É até mesmo assim em sua parábola. O dono da vinha diz ao lavrador: "Eis que há três anos venho procurar fruto nesta figueira e não o acho; corta-a; para que ocupa ela ainda a terra inutilmente?" O lavrador intercede, mas, lembrem-se, seu apelo tem limite: *Senhor, deixa-a este ano ainda* [...] *e se no futuro der fruto, bem; mas, se não, cortá-la-ás* (Lc 18.8,9). O intercessor, Jesus, está de acordo com o Pai, dono da vinha; a misericórdia, com a justiça; se não houver frutos, a árvore terá de ser cortada. Rogo que coloquem tais palavras no coração. Devem render fruto a Deus, pelo poder do Espírito, ou acabarão indo abaixo. Deus testa seu machado esta manhã; é afiado, e, se chegar a levantá-lo, ai de ti, figueira infecunda! Ai, também, de mim, se eu for considerado árvore estéril no dia da volta do Senhor!

Para encerrar este pesado tópico, de autoavaliação, quero lembrá-los que nosso Senhor diz que, apesar de ambas as pessoas do texto serem semelhantes em muitos aspectos, *a diferença entre elas leva a um resultado extremo. Toda vara em mim que não dá fruto, ele a corta.* Há muitos modos com que o Senhor pode cortar os ramos estéreis. Por vezes, permite que o crente abjure. Primeiro, torna-se rico; depois, deixa de frequentar o local de adoração onde costumava ir quando ainda era modesto e humilde o suficiente para ouvir o evangelho; agora, certamente, deve ir a locais mais em voga, onde se pode falar e ouvir sobre tudo, menos a verdade; e, assim, ele se perde pelo próprio orgulho. Ou, então, é permitido que caia abertamente em pecado. Devemos sempre lamentar a queda daqueles que creem, mas, por vezes, é possível que o pecado descoberto seja uma bênção, removendo da igreja pessoas que, Deus sabe, jamais deveriam tê-la frequentado e que mais representam um infortúnio. Muitos falsos crentes, brilhantes, resistem por muito tempo, mas por fim acabam se retirando do meio eclesiástico por conta de seus pecados. Deus é quem os remove. Viveram na igreja, mas morreram para a igreja, removidos por solene juízo, varas secas lançadas no fogo. Há, todavia, remoção que é a pior de todas, quando o mestre dirá, ao final: *Apartai-vos, malditos!* (Sl 119.21). Prestem atenção: eram pessoas respeitáveis; pessoas como vocês, decentes, boas, que frequentavam um local de culto, contribuíam e eram muito morais — mas não tinham a graça em sua alma. Sua fé era apenas nominal, não rendia frutos do Espírito; e o que foi feito deles? "Senhor, não há meios mais brandos que possam ser usados? Como é triste ver esses ramos sendo cortados!" "Não", diz ele, "se não rendem fruto, devem ser podados". "Mas Senhor, eles nada fizeram de mal a não ser frequentar as tavernas! Mas eram muito bons e amigáveis, Senhor, mesmo em meio aos imorais e aos degradados!" "Corta-os; não renderam fruto algum; devem ser removidos." "Mas, Senhor, eles eram tão diligentes quanto a comparecer ao culto, muito constantes e regulares quanto à oração!" "Não renderam fruto algum", ele repete. *Corta-os.* Para essas pessoas, há apenas uma consideração a fazer: tivessem rendido frutos do Espírito, mediante a fé salvadora, teriam sido preservadas; como não houve frutos, foram cortadas.

Que é feito daqueles que são removidos? Se pudesse levá-los além da cerca, veriam um monte de ervas daninhas e galhos secos removidos da videira, que lá estão, amontoados junto à palha, à espera de que o lavrador os venha a queimar. Outros ramos da videira, com cachos roxos, foram preservados, com a honra intacta. Mas essas varas serão queimadas. Não tenho como retratar a vocês o dia do juízo, o tremendo destino que se irá abater sobre os ramos inférteis da vinha espiritual — além dos portões, onde um grande abismo separa céu e inferno, onde a fumaça do tormento assoma por todo o sempre, *onde o seu verme não morre, e o fogo não se apaga* (Mc 9.44). Se tais pessoas são lançadas fora, o que será de alguns de vocês? Se estas pessoas, que de algum modo estavam em Cristo, pereceram por não render frutos do Espírito, ó vocês que são como o joio nos sulcos arados, que produzem uvas venenosas das vinhas de Sodoma e frutos amargos dos campos de Gomorra, qual será o seu destino no dia final, quando o mestre vier em vestes de juízo, para executar a justiça entre os filhos dos homens?

II. Segundo tópico, rapidamente. O TEXTO TRANSMITE INSTRUÇÃO. Examinando-o com cuidado, observamos que *os ramos férteis não são perfeitos.* Fossem perfeitos, não demandariam poda, ou limpeza. Mas o fato é que há muito do pecado original remanescente nas melhores pessoas do povo de Deus, de sorte que, sempre que a seiva nelas contida é suficiente para a produção de frutos, há também uma tendência de que tal força se volte para o mal, produzindo frutos ruins em lugar dos bons. Por isso, e como é a força

UM MACHADO AFIADO NOS RAMOS DA VIDEIRA | 1481

da árvore e a riqueza da seiva que fazem o ramo produzir bastante, precisa de limpeza. O lavrador quer ver essa força em forma de cachos, mas, ah, em vez disso, a força pode transformar os galhos em fortes, mas inférteis, sarmentos, varas que só servem para alimentar o fogo, nada mais! Observe agora um cristão, quando ganha seiva para nele ser gerada fé e confiança em Deus: por causa do mal nele contido, muitas vezes esse processo gera confiança em si mesmo, e o crente que deveria sair fortificado na fé se torna forte apenas na carne. Quando a seiva deveria gerar zelo, quantas vezes não se transforma em precipitação, e, em vez de devoção com conhecimento, o resultado é descrença generalizada, levando o homem duvidar de Deus, em vez duvidar de si próprio! Quantas vezes tenho visto a alegria no Senhor se transformar em orgulho, e, em lugar de o homem se regozijar em Cristo Jesus, passar a regozijar-se em si mesmo, ficando cada vez mais orgulhoso, dizendo: "Quanta experiência possuo!" O amor que deveríamos empregar para com o nosso próximo quantas vezes não se torna amor pelo mundo e complacência carnal para com costumes perversos! A benignidade, que há pouco louvei, não raro se torna tola submissão aos caprichos alheios, e a mansidão, que é fruto do Espírito, quantas vezes não se torna desculpa para calar, quando o exato oposto deveria ser feito, falando-se com autoridade e convicção! O fato é que é muito difícil, quando sob o estado de florescência, evitar produzir sarmento em lugar de uvas. Que Deus nos conceda a graça de nos afastar desse mal; e não sei como poderá vir essa graça senão pela limpeza, ou poda, criteriosa, feita pelo próprio lavrador.

Digo que os ramos férteis não são perfeitos porque rendem muita coisa que não é fruto e, além disso, nenhum rende tantos frutos quanto deveria. Não concordo com o pensamento de Wesley quanto à perfeição, pois é de fato difícil imaginar como Wesley poderia ter feito mais do que fez; mas não duvido que ele sentisse que poderia ter sido mais como o seu Senhor. Nenhuma das pessoas do povo de Deus com quem tenho tido contato, aliás, ousaram pensar serem perfeitos; se assim o tivessem dito, e provado, eu me teria regozijado por pensar que fossem pessoas realmente assim, mas profundamente triste por descobrir pertencer a uma classe muito diferente de seres humanos; *porque eu sei que em mim, isto é, na minha carne, não habita bem algum* (Rm 7.18). O mestre nos fornece os meios de produzirmos mais frutos, mas, mesmo assim, os ramos produtivos não são perfeitos.

Aprendemos assim, em segundo lugar, que *o aperfeiçoamento atinge todos os santos frutíferos*. Você só poderá escapar da poda ou limpeza se não for um ramo fértil, mas então será cortado e lançado fora. Todos os santos que dão fruto devem sentir a faca da poda. Veja Abraão, Isaque e Jacó: esses patriarcas não sofreram provações? Moisés e Davi, Jeremias e Daniel, quem entre eles escapou? Ainda que muito honrassem a Deus, qual deles escapou da faca da poda? E se analisarmos os santos do Novo Testamento, decerto que a chama será sete vezes mais ardente se comparada aos que vieram antes deles. Mas como o Senhor poda o seu povo, então? Geralmente se diz que mediante aflição; mas eu questiono se isso poderia ser realmente aceito por si só e se não é preciso outra explicação a mais. Comumente se pensa que nossas provações e nossos problemas por si mesmos nos purificam, mas não tenho tanta certeza disso, pois estes, na verdade, em algumas pessoas apenas fazem se perder. Nosso Senhor nos diz o que é que *de fato* nos poda: "Vós", ressalta ele, no terceiro versículo do capítulo em foco, *já estais limpos* (*ou podados*) *pela palavra que vos tenho falado* (Jo 15.3). É *a palavra* que poda o cristão; é a verdade que o limpa; é a Escritura, feita viva e poderosa pelo Espírito Santo, que efetivamente o purifica. "Qual o papel da aflição, então?", você poderia perguntar. Bem, se assim posso dizer, a aflição é o cabo da faca; ou, melhor, a pedra de amolar que afia a palavra; a aflição é o enfermeiro que retira nossas vestes e que deixa nua nossa carne doente para que o bisturi do cirurgião possa nela operar; a aflição nos deixa, enfim, preparados para receber a palavra; mas o verdadeiro objeto da poda é a palavra, na mão do grande lavrador. Quantas vezes, acamado de uma enfermidade, você passa a ler e a meditar mais na palavra do que fazia antes — e isso é ótimo. Depois, passa a ver a aplicação da palavra. Por último, o Espírito Santo faz com que você sinta mais, enquanto está no leito, a força da palavra como jamais lhe ocorreu. Peça para que sua aflição seja santificada, amado, mas lembre-se que não há mais conteúdo na aflição que sirva para nos santificar do que pode haver na prosperidade; na verdade, a tendência natural da aflição em si é nos fazer rebelar contra Deus, que é o exato oposto da santificação. É a palavra que vem a nós, enquanto age a aflição, que nos purifica; é Deus, o Espírito Santo, depositando em nós sua divina verdade, aplicando-nos o sangue de Jesus, operando com toda sua divina energia na alma; é isto que nos poda, e a aflição é um meio inigualável, a tesoura de jardinagem que o Viticultor usa para atingir o ramo e o podar! Agora, pode ser que algum de nós seja afligido bastante sem ser podado. Conheço pessoas que são muito pobres e sofredoras, e não sei se melhoraram de algum modo por causa disso, como também conheço outras que são muito doentes e jamais ouvi falar que hajam se tornado melhores em virtude de sua enfermidade. Ora, são pessoas que geralmente resistem à Palavra e se mantêm teimosamente afastadas de Deus; e que, ainda que se tornassem doentes dos pés às cabeças e seu coração se tornasse fraco, de modo algum se beneficiariam disso; ainda que apresentassem chagas abertas, físicas ou morais, continuariam a se rebelar contra o Senhor; pois tais atos só lhes provocam, infelizmente, aumento da ira contra o Altíssimo. Devemos ser podados, sim, mas pela palavra, embora mediante a aflição.

O objetivo de podar não é condenatório. Deus não limpa, ou poda, os ramos da videira, seus filhos visando a lhes infligir qualquer punição pelo pecado; castiga, sim, mas não aqueles por quem Jesus Cristo já foi punido. Não temos assim o direito de dizer, quando um irmão se aflige, que isto se dá por ter ele feito algo errado; pelo contrário, *toda a vara que dá fruto, ele a limpa.* Apenas o ramo que tem utilidade é que sente o corte de podar. Jamais digam de si mesmos ou de qualquer outra pessoa: "Tal homem deve ser, ou ter sido, um grande pecador; caso contrário, não teria recebido tal juízo". Tolice. Que homem mais santo que Jó em sua época, que, não obstante foi extremamente vexado? A verdade é que porque o Senhor ama seu povo que o castiga, não por causa de qualquer ira dele. Aprendam, amados, especialmente você que passa por provação, a não entender Deus como irado quando de suas dores, de suas perdas, de sua cruz; em vez disso, veja nele o viticultor que o tem como ramo da Videira e muito estima a ponto de se dar ao trabalho de o podar.

O verdadeiro motivo de podar é para que sejam produzidos mais frutos. Aqui, pode-se entender em *maior quantidade.* Um bom homem, que sinta o poder da palavra podando nele essa ou aquela superficialidade empenha-se em trabalhar mais, no poder do Espírito Santo, para fazer mais por Jesus. Antes de ser afligido, digamos, não sabia ser paciente. Ele, enfim, o aprende — por uma dura lição. Antes de ser pobre, ou menos próspero materialmente, não sabia ser humilde, mas acabou aprendendo. Antes de a palavra chegar a ele com poder, não sabia como orar com os irmãos, nem falar com os pecadores, ou imbuir-se de utilidade; mas à medida que foi sendo podado tanto mais e melhor passou a servir o Senhor.

Mas pode-se entender também *maior variedade* de frutos. Uma árvore produz apenas um tipo de fruto, mas o povo do Senhor, como já vimos, pode produzir diversos frutos; e quanto mais os galhos são podados, tanto mais variedade acabam produzindo. Haverá assim toda sorte de frutos, tanto novos quanto antigos, a ofertar ao Senhor amado. Haverá mais qualidade, também. Não é preciso orar mais, mas ora-se melhor; não é preciso pregar sermões longos, mas prega-se com mais sinceridade de coração, trazendo bênçãos maiores. Pode ser que não se passe mais tempo em comunhão com Deus, mas certamente tal comunhão será mais íntima: é possível mergulhar ainda mais fundo no divino prazer da comunhão, assim como usar o coração de modo mais pleno em tudo que se faz.

É este o resultado da limpeza, ou poda, que nosso Pai celestial realiza; e se bons resultados foram alcançados, então que o Senhor continue a podar sempre que necessário, pois *que bênção maior pode um homem ter que produzir muitos frutos para Deus?* É melhor muito servir a Deus que ser um príncipe do mundo. Aquele que muito faz por Cristo brilhará como as estrelas para todo o sempre. Glorifica a Deus; abençoa seus semelhantes; traz alegria ao seu próprio espírito. Oh, pudéssemos pedir de joelhos por um só favor, creio o melhor seria pedir pela sabedoria que habitava Salomão; que a peçamos, então, para rendermos muitos frutos e sermos efetivos discípulos de Cristo.

III. Vamos encerrar, observando que nosso texto CONVIDA À REFLEXÃO. Destacarei os pontos em que o texto nos convida a pensar.

Ele sugere a quem ainda não se converteu uma importante questão: ao que parece, não deve ser muito fácil para o justo ser salvo. *Então, se o justo escassamente é salvo, quanto mais o perverso e o pecador!* Se os ramos em Cristo que não rendem frutos são removidos, que será feito dos violadores do pacto, dos que

UM MACHADO AFIADO NOS RAMOS DA VIDEIRA | 1483

desprezam a Deus, dos ateus, beberrões, impuros, desonestos e blasfemadores? Pois eu levanto esta questão — respondam-na! Que ela queime em vossa alma!

Em segundo lugar, *que misericórdia é para o crente fiel que sofra a poda e não o corte e a remoção*! Ah, que a faca de podar seja muito afiada, que a palavra nos seja despejada na mais íntima profundidade, até quase beirarmos o desespero — não obstante, muito obrigado, Deus, por não sermos lançados no inferno! Caros irmãos, eis uma oração que vocês deveriam fazer: "Senhor, que tua palavra corte fundo em mim. Não deixe que o pregador fale medindo as palavras para comigo. Impeça, Senhor, que ele coloque um travesseiro cômodo sob a minha cabeça, levando-me a adormecer. Que eu seja fidedignamente testado! Expõe minha carne orgulhosa diante de ti e corta-a; que a ferida não cure a ponto de ser mais mal curada do que quando aberta". Que bênção significa não ser cortado e removido! Ah, cristão, você desanima e tem dúvidas hoje, enquanto a palavra não cessa de o buscar? Mas considere que não está no inferno! Pense nisso! Você é pobre, ou está cheio de sofrimento, mas poderia ser que já tivesse sido removido da presença de Deus. Como é que você, homem vivo, pode ainda reclamar da situação, qualquer que seja, em que Deus o haja colocado?

Seria bom também refletirmos sobre *a benignidade com que a poda tem sido feita na maioria de nós*, em face da nossa infertilidade. Pergunto-me qual o motivo de o Senhor ainda não nos ter cortado mais fundo. Quem tem uma doença crônica ou muito enraizada necessita de medicação potente; e quanto mais profunda a ferida, tanto mais fundo deve o médico cortar. Com a imundície que ainda há em nós, pergunto-me por vezes por que somos tão poupados. Tanta é a paciência de Deus que é maravilhoso realmente não sermos cortados de vez e jogados ao fogo com tanta frequência. Ó Espírito de Deus, realizas um árduo trabalho em alguns de nós e por isso te bendizemos, pois tua amabilidade se manifesta com muita graça. Quão gentil tem sido teu lidar com a nossa fragilidade, ó Deus de amor!

Mais uma vez: *devemos nos empenhar mais para rendermos mais frutos*. Se é isso que Deus deseja, é o que devemos desejar. Se ele se dá sempre ao trabalho de podar a videira, ainda que se dedique a fazê-lo sem causar maior aflição nem magoar os filhos dos homens, que concordemos com Deus e busquemos gerar mais frutos, a que a poda se destina.

Deveríamos todos, enfim, nos preocuparmos mais em sermos eficazes e verdadeiramente um com Cristo! Como já deveria ter dito desde o começo, observem que o ponto central do texto reside no "em *mim*, em *mim*, em *mim*"— em Cristo! Se alguém não está em Cristo, evidentemente que para esse não há esperança alguma. Todavia, mesmo estando em Cristo, cabe indagar, estará em Cristo por fé viva, por confiança real no Senhor? Terá a fé própria dos eleitos de Deus? Terá renascido? Aprendeu quanto à graça? Que sejam estas as perguntas a dominar nossa mente.

Gostaria que o texto desta manhã tenha sido doce para vocês; mesmo que haja parecido amargo em algum momento, que ao menos neste fim seja doce. Leves são as feridas cujo bálsamo é Jesus. Se ele fere, e sem intenção, algum de vocês, que jamais tomem isso como que para dele afastá-los, mas, sim, para fazê-los chegar ainda mais e mais perto de si. Pois vocês, sem dúvida, já aprenderam que, quando se sintam desprezados, humilhados, temerosos, cheios de pecado, conscientes de suas próprias imperfeições, o melhor a fazer é agarrar-se ainda mais a Cristo.

"Ó Senhor, ainda que eu tenha sido o mais amaldiçoado hipócrita que já existiu, irei agora a ti. Se até agora somente enganei, sem que em mim houvesse qualquer grão de fé verdadeira, nem um único fruto do Espírito, não obstante eis-me aqui, pobre pecador desesperado, em busca da verdadeira fonte; pecador nu, cinjo-me em torno com a tua justiça; pobre pecador, feito enfermo pelo pecado, volto-me para ti na cruz e creio, sim, que queres e me podes salvar. Desde a própria mandíbula que se fecha da morte e as entranhas do inferno, clamarei a ti — e sei que me ouvirás."

Ó pecadores e santos, venham a Cristo, pertençam vocês já a ele ou lhes sejam ainda estranhos, venham a ele, pois o sino do evangelho soa com doçura, chamando: "*Quem quiser* receba de graça a água da vida (Ap 22.17)". Ó Deus, concede-nos a graça de virmos a Cristo novamente e sempre, e que teu e dele seja sempre o louvor! Amém e amém.

159

NADA SEM CRISTO

Porque sem mim nada podeis fazer (Jo 15.5).

Esta não é a fala de um homem de natureza comum. Nenhum santo, nenhum profeta, nenhum apóstolo poderia ter-se dirigido a um grupo de seguidores fiéis, dizendo: "Porque sem mim nada podeis fazer". Tivesse Jesus Cristo sido, como alguns o dizem, um bom homem e nada mais, tal discurso acabaria se mostrando impróprio e inconsistente. Entre as virtudes de um homem perfeito, deve ser certamente incluída a modéstia, mas esta fala, se procedente de um homem comum, teria soado vergonhosamente insolente. Seria impossível conceber que Jesus de Nazaré, se não tivesse a consciência de ser mais que mero homem, pudesse ter exprimido tal sentença: *Porque sem mim nada podeis fazer*. Ouço aqui, irmãos, soar a voz da divina pessoa, sem a qual, de fato, nada do que existe poderia existir. A majestade dessas palavras revela a divindade daquele que as expressa. O *eu sou* (Jo 6.48) aqui se apresenta sob a forma do pronome "mim", e a demonstração de todo o poder nele contido revela sua grandiosa onipotência. Estas palavras, na verdade, significam: ou a divindade ou nada. O espírito com que temos de acolhê-las é o de pura adoração. Curvemos nossas cabeças então em honra solene, agregando-nos à multidão diante do trono celestial que constantemente proclama poder, domínio e força únicos e incomparáveis àquele que nele está assentado, o Cordeiro.

Com este sentimento de adoração, preparemo-nos para ingressar no âmago do nosso texto. Não irei pregar sobre a incapacidade moral dos não regenerados, embora nesta doutrina eu creia firmemente; pois tal verdade não constitui o argumento essencial do Senhor quando pronuncia tais palavras, nem quando alude a elas. É bem verdade que os não regenerados, os que vivem sem Cristo, não podem realizar qualquer ação espiritual positiva, nada que seja aceitável à vista de Deus; mas nosso Senhor não está falando a homens indignos, nem o que diz refere-se a estes. Estava cercado de seus apóstolos, o grupo dos doze do qual Judas seria depois extirpado, e é a onze deles, autênticos ramos da videira verdadeira, que ele afirma: *Porque sem mim nada podeis fazer*. Esta declaração diz respeito, portanto, a todos os ramos que permanecem na videira, inclusive àqueles que hajam sido podados, mas que continuam ligados ao tronco, que é Cristo; mesmo estes, alerta ele, irão mostrar grande ou total incapacidade de santa produção se dele estiverem separados.

Não é preciso abordarmos todas as formas de produção, inclusive as que se acham além de nós; basta nos restringirmos à que está contemplada no texto. Em determinados modos de ação, não é difícil podermos ser melhor do que aqueles que pouco ou nada sabem sobre Cristo; mas a advertência, aqui, deve ser considerada em seu contexto, para que seja clara a verdade nela contida. Os crentes, como sabemos, são nesta fala de Jesus simbolizados por varas, ou ramos, da videira, e o agir, representado pela geração de frutos. Bem se poderia reescrever então o que diz Jesus, da seguinte forma: "Porque sem mim nada podeis produzir — nada podeis gerar, realizar, criar, render". A referência, portanto, é aquele "fazer" que consiste em todo ramo fértil render fruto, assim se referindo às boas obras e à aplicação prática dos dons do Espírito, que se esperam de todos os espiritualmente ligados a Cristo; é destes que ele diz: "Porque sem mim nada podeis fazer". O texto enfocado é na verdade um complemento do quarto versículo, que diz: *Como a vara de si mesma não pode dar fruto, se não permanecer na videira, assim também vós, se não permanecerdes em mim* (Jo 15.4). Dirijo-me, portanto, a todos vocês que professam conhecer e amar o Senhor e almejam

NADA SEM CRISTO | 1485

glorificar seu santo nome. É justamente nisso que devo lembrá-los que a união com Cristo é essencial; pois somente se você for um com ele e persistir em ser é que poderá render os frutos que irão comprovar você pertencer de fato a ele.

I. Relendo a frase categórica: *Porque sem mim nada podeis fazer*, observo que Jesus, primeiro, faz surgir em nós UMA SENSAÇÃO DE ESPERANÇA. Há algo a ser *feito*, nossa fé deve conduzir a grandes resultados práticos. Penso em Cristo como a videira e nas miríades de ramos que dele saem, e meu coração almeja por grandes resultados. De uma videira como esta, que vindima deve resultar! E, sendo ramos nele, que frutos produziremos! Nada escassa e pobre deve ser nossa produção fruindo de videira tão plena de seiva. Frutos da melhor qualidade, frutos em extrema abundância, frutos inigualáveis surgirão dessa dadivosa parreira. A palavra *fazer*, aqui, traz muita música em si. Sim, irmãos, Jesus persistia em fazer o bem, e, estando nele, devemos fazer o bem igualmente. Como tudo nele é eficiente e prático, em uma palavra, frutífero, ao estarmos unidos a ele, muito podemos fazer. Pela poderosa graça de Deus, fomos salvos da tentação de querer fazer qualquer coisa que partisse de nós mesmos, e agora que estamos salvos ansiamos por *fazer* algo em troca; sentimos grande necessidade de sermos úteis, de servir nosso grande Senhor e Mestre. O texto, ainda que apresente a face negativa da questão, cria em nossa alma a esperança de podermos fazer algo por Cristo aqui na terra antes de partirmos.

Amados, há desejo e esperança de podermos fazer algo que glorifique a Deus ao rendermos *frutos de santidade, paz e amor*. Desejamos aplicar a doutrina de Deus, nosso Salvador, em diversos aspectos. É mediante a pureza, o conhecimento, a longanimidade, o amor sincero, toda obra boa e santa, que desejamos demonstrar nosso louvor ao nosso Deus. Longe do Senhor Jesus sabemos não poder sermos santos; mas, com ele, subjugamos o mundo, a carne e o diabo, e caminhamos com vestes sem a mácula do mundo. Os frutos do Espírito são o amor, o gozo, a paz, a longanimidade, a benignidade, a bondade, a fidelidade, a mansidão e o domínio próprio, assim como qualquer outra forma de interação santa. Nenhum desses frutos está em nós nem nos pertence; não obstante, pela fé, podemos dizer, como Paulo: *Posso todas as coisas naquele que me fortalece* (Fp 4.13). Podemos ser ornamentados de cachos viçosos, fazer com que o Salvador se alegre em nós para que nossa alegria seja plena: grandes possibilidades se abrem para nós.

Aspiramos a não apenas produzir frutos em nós mesmos, mas também muitos frutos *na conversão de outras pessoas*, assim como aspirava Paulo em relação aos romanos, de que obtivesse muitos frutos surgidos deles. Neste sentido, justamente, nada podemos fazer sozinhos, mas, unidos a Cristo, muito renderemos para o Senhor. Disse ele: *Aquele que crê em mim, esse também fará as obras que eu faço, e as fará maiores do que estas; porque eu vou para o Pai* (Jo 14.12). Irmãos, uma esperança nasce em nosso seio de que cada um de nós poderá trazer muitas almas para Jesus. Não porque tenhamos poder algum em nós mesmos, mas por estarmos unidos a Jesus, podemos com alegria esperar render frutos no sentido de conduzir outras pessoas a conhecer o evangelho.

Minha alma se incendeia de esperança e digo a mim mesmo: "Se é assim, com todos esses ramos, todos eles vivos, quantos *frutos de bênçãos* irão amadurecer para este pobre mundo". Os homens serão abençoados por nós, por sermos abençoados por Cristo. Qual não será a influência de dez mil exemplos abençoados! Qual não será a influência em nosso país de milhares de homens e mulheres cristãos praticando o amor, a paz, a justiça, a virtude e a santidade! E, se cada um buscar trazer outros a Cristo, quantas conversões haverão de acontecer e quão enormemente será aumentada a igreja de Deus! Pois vocês já devem ter ouvido dizer que, mesmo que houvesse apenas dez mil cristãos verdadeiros no mundo, se cada um deles trouxesse outra pessoa a Cristo por ano, não decorreriam nem vinte anos para que toda a atual população do mundo fosse convertida! É um simples cálculo aritmético, que qualquer criança em idade escolar pode realizar. Parece, na verdade, ser uma pequena tarefa trazer apenas uma pessoa para o Senhor; mas somente se formos um com ele poderemos esperar ver tal tarefa realizada. Ponho-me, então, confortavelmente a sonhar, de acordo com o que diz a promessa: [...] *os vossos anciãos terão sonhos, os vossos mancebos terão visões* (Jl 2.28). Vejo milhares e milhares de ramos, partindo da videira de Cristo Jesus, tendo a seiva do Espírito Santo correndo dentro deles. Tal vinhedo, certamente deverá em breve cobrir as

1486 | MILAGRES E PARÁBOLAS DO NOSSO SENHOR

montanhas com o seu verdor e não restará qualquer rocha infértil sem o adorno de tão abençoada folhagem! Então, os montes gotejarão doce vinho, e todas as colinas em uvas se derreterão. E, não por conta da fertilidade natural dos ramos, mas por causa da gloriosa raiz e caule e seiva, ficarão as vinhas carregadas de cachos e todo ramo viçoso cobrirá as cercas e muralhas.

Amados amigos e irmãos em Cristo, não têm vocês um forte desejo de ver tudo isso realizado? Não anseiam por compartilhar da grande empreitada da conquista do mundo para Cristo? Ó vocês que são jovens e cheios de espírito, não aspiram tomar a frente dessa grande cruzada? Nossa alma se inflama por ver o conhecimento do Senhor cobrindo a terra assim como as ondas cobrem o mar. É jubiloso presságio para nós que, unidos a Cristo, possamos realizar algo de sua obra, algo sobre o qual possa o Senhor sorrir, algo que redunde em glória para o seu nome. Não estamos condenados à inatividade; não nos é negada a alegria de servir, a bênção superior de dar e fazer: o Senhor nos escolheu e nos ordenou que fôssemos e rendêssemos frutos, frutos que hão de perdurar. Esta é a sábia aspiração de nossa alma; permita o Senhor que possamos vê-la tomar forma efetiva em nossa vida.

II. Em segundo lugar, passa por meu coração um arrepio — UM ARREPIO DE TEMOR. Embora eu me inflame, irradie enorme desejo e seja elevado pela poderosa asa da aspiração de fazer algo por Cristo, não obstante, leio o texto, e um tremor súbito se apodera de mim: *Sem mim* [...], diz ele — é possível, então, que eu fique sem Cristo, perdendo completamente a capacidade de fazer o bem? Quero que sintam, amigos, ainda que um frio arrepio passe por vocês, que poderão acabar ficando "sem ele", sem Cristo. Queria que vocês sentissem isso bem no meio de sua alma, sim, bem no centro de seu coração. Vocês professam estar em Cristo; mas será que estão? A grande maioria daqueles a quem falo esta manhã são membros visíveis da igreja visível de Cristo; mas, e se vocês não estiverem em Cristo, de tal modo que jamais deem fruto? É bem certo que existem ramos que, de certo modo, não deixam de estar na videira, mas que não produzem fruto! E está escrito: *Toda vara em mim que não dá fruto, ele a corta.* Sim, você é membro da igreja, talvez presbítero, talvez diácono, provavelmente líder ou ministro, e assim é que, de fato, está na videira; mas estará rendendo frutos de santidade? Considera-se realmente consagrado ao serviço? Empenha-se por trazer pessoas a Cristo? Ou sua atividade eclesiástica é algo separado de sua vida santa, desprovida de qualquer possibilidade de influência sobre outros? Serve para lhe dar um nome em meio ao povo de Deus e nada mais? Sua relação é a de mera associação natural com a igreja ou uma união viva e sobrenatural com Cristo? Deixe que os pensamentos corram em sua mente e prostre-se diante daquele que o olha desde o céu e estende a mão perfurada, chamando: *Porque sem mim nada podeis fazer* (Jo 15.5). Se você está sem Cristo, amigo, qual o sentido de continuar comparecendo a aulas sobre a Bíblia, se você nada consegue fazer? Qual o sentido de eu vir a este púlpito se estiver sem Cristo? De que adianta você comparecer à escola dominical se, no fim das contas, você está sem Cristo? A menos que tenhamos em nós o Senhor Jesus, não poderemos levá-lo aos outros. A menos que tenhamos em nós a fonte de água viva da vida eterna, não poderemos fazer correr rios de água viva desde o nosso interior.

Colocarei esta reflexão de outro modo: se você estiver em Cristo, mas *não tão dentro dele a ponto de nele residir?* Pelas palavras de nosso Senhor, parece que alguns ramos que nele estão não tendem a permanecer. *Quem não permanece em mim é lançado fora, como a vara, e seca* (Jo 15.6). Alguns dos que são chamados pelo nome dele, que se encontram em meio aos seus verdadeiros discípulos e cujos nomes constam da membresia da congregação, apenas estão nele. E se acontecer de você estar em Cristo apenas durante o domingo, mas continuar no mundo durante a semana? E se estiver em Cristo apenas durante a ceia, ou no encontro de oração, ou em certos períodos de devoção? Se estiver fora, mesmo parecendo estar dentro de Cristo? E se você estiver brincando de esconder com o Senhor — seu exterior for santo, e demoníaco o interior? Ah, que será feito de uma conduta como essa? Não obstante, algumas pessoas insistem em querer manter uma comunhão intermitente com Cristo; em Cristo hoje porque é dia do Senhor; fora de Cristo amanhã porque é "dia útil" e obediência ao Senhor pode ser inconveniente aos negócios. Não pode ser assim. Temos de estar em Cristo de maneira a estar sempre nele, senão não seremos ramos vivos da videira viva e não poderemos dar fruto. Se houvesse tal coisa, de ramo que somente às vezes fizesse parte do caule, poderíamos esperar que rendesse qualquer fruto? Do mesmo modo, não podemos esperar fruto de sua parte, se ora está com Cristo, ora sem Cristo. Se você não estiver em constante união com ele, nada poderá fazer.

Certa feita, quando viajava para o meu retiro usual de inverno, parei em Marselha, na França, e lá fui tomado de grande sofrimento. Fazia muito frio em meu quarto no hotel, e por isso pedi mais aquecimento. Encontrava-me algo desanimado, quando de súbito me vieram lágrimas aos olhos, como que oprimido por grande tristeza. Jamais esquecerei os sentimentos que então perpassaram meu coração. Veio um camareiro para acender o aquecedor a lenha, trazendo um feixe de gravetos, que eu curiosamente quis examinar. Estava ele preste a lançá-lo para avivar o fogo, quando, pegando o feixe em minhas mãos, constatei ser feito de ramos de videira, recém-cortados. Era tempo de podar as vinhas. Ai de mim, pensei, será este o destino que me caberá? Eis-me aqui, longe de casa, incapaz de render frutos, como tanto amo fazer. Acabará sendo este o meu destino? Serei arrancado para ser depois lançado no fogo? Os tais ramos eram parte de uma boa vinha, sem dúvida — ramos que tinham sido verdes e viçosos, mas que o homem podou e enfeixou, e que de maneira indigna eram lançados ao fogo. Que metáfora! Lá vai um feixe de ministros para o fogo! Outro feixe, de presbíteros! Mais um feixe de diáconos, outro de membros da igreja, um feixe de líderes, um de professores da escola dominical! *Tais varas são recolhidas, lançadas no fogo e queimadas.* Irmãos e irmãs, será este o destino de algum de nós que levamos conosco o nome de Cristo? Bem, eu disse que, como eu, talvez um arrepio lhes perpassasse ao ouvir estas palavras: *Sem mim... Sem Cristo,* nosso fim seria de fato terrível. Primeiro, sem frutos; depois, sem vida; por fim, sem lugar em meio aos santos, sem existência na igreja de Deus. Sem Cristo nada fazemos, nada somos, nos tornamos menos que nada. Esta é a condição atual dos pagãos, dos ainda não convertidos, e já foi nossa condição; Deus permita não saibamos ser nossa condição atual sem Cristo, sem esperança! Eis uma boa causa para investigarmos nosso coração; o restante deixo com vocês.

III. Tendo assim concluído o segundo tópico, o terceiro contempla UMA VISÃO DO COMPLETO FRACASSO. *Sem mim nada podeis fazer* — nada podemos produzir. A igreja visível de Cristo já passou por esta experiência inúmeras vezes, e sempre com o mesmo resultado. Separada de Cristo, a igreja nada pode fazer do que pretende. Lança-se ao mundo com uma grande empreitada, como nobres objetivos diante de si e grandes forças a seu dispor; mas, cessada a comunhão com Cristo, torna-se absolutamente incapaz.

Quais são os sinais externos de uma comunidade de fé separada de Cristo? Resposta: em primeiro lugar, pode ser encontrada em *um ministério que não tenha efetivamente Cristo em sua doutrina.* Já vimos isso acontecer. São dignos de pena os dias que assim se passam! A história nos conta que não apenas na Igreja Romana e na Igreja Anglicana, mas também entre as igrejas não conformistas, Cristo por vezes foi esquecido. Não apenas entre unitarianos, como entre presbiterianos, metodistas, batistas, em todas, enfim, Jesus foi desonrado. Tentativas foram feitas no sentido de fazer algo sem Cristo quanto à pregação da verdade. Ai de mim, que grande tolice! Pregaram intelectualismo, esperando ser o grande poder de Deus; mas não é. "Decerto", pensaram, "a novidade do pensamento e o refinamento do discurso atrairão e conquistarão as pessoas! Os pregadores aspiram ser líderes do pensamento; não deixarão de comandar as multidões e encantar os inteligentes? Acrescentemos música e arquitetura, o que haverá de impedir nosso sucesso?" Muitos jovens ministros colocaram todo seu empenho nisso — buscando ser excessivamente refinados e intelectualizados; e o que foi que resultou desses meios exibicionistas? O resultado está expresso no texto em foco: *Nada. Sem mim nada podeis fazer.* Que vazio esta tolice acabou criando! Quando o púlpito está sem Cristo, logo os bancos ficam sem povo. Conheci uma pequena igreja onde uma figura proeminente pregava por anos. Um judeu convertido, que viera a Londres visitar um amigo, saiu em uma manhã de domingo para encontrar um local de culto cristão e aconteceu de entrar na igreja dessa eminente figura. Ao final, disse acreditar ter cometido terrível engano: havia encontrado um local que esperava ser um de uma assembleia cristã, mas sequer ouviu o nome de Jesus durante toda a manhã; pensou até haver deparado com o temor de que sermões estivessem atualmente sendo pregados tanto nas mesquitas maometanas quanto nas igrejas cristãs. Há muitos pastores de quem, como Madalena no sepulcro, podemos reclamar: *Porque tiraram o meu Senhor, e não sei onde o puseram* (Jo 20.13).

Cristianismo sem Cristo é de fato algo estranho. E o que acontece quando isso é passado ao povo? Ora, aos poucos não haverá povo algum para sustentar o ministério; bancos vazios encherão os templos e tudo o mais estará prejudicado. Queira Deus que isto não ocorra! Fico verdadeiramente feliz com o fato de tais falsos ministros não prosperarem sem Cristo. Deixe-se Cristo de fora da pregação e nada acontece. Experimente-se espalhar por toda Londres que se está fazendo pão sem farinha; anuncie-se em todos os jornais, e logo se poderá fechar tal negócio, pois os clientes correrão para outro fornecedor de pão, sem pestanejar. De algum modo, há uma convicção na cabeça das pessoas a favor do pão feito somente com farinha, assim como há uma incontida convicção na mente humana que faz com que acreditemos que o evangelho deve conter, necessária e indispensavelmente, Cristo. Um sermão sem Cristo no começo, no meio e no fim é um erro de concepção e um crime em execução. Por mais perfeita que seja a linguagem, será apenas "muito barulho por nada" se na pregação cristã não houver Cristo. Sim, e por Cristo quero dizer não apenas seus exemplos e os preceitos éticos de seus ensinamentos, mas também o seu sangue expiatório, a enorme satisfação que teve no sacrifício pelo pecado humano e a grande doutrina do "creia, e viva". Se a vida em olhar para o crucificado for obscura, então tudo o mais será obscuro; se a justificação pela fé não for estabelecida como o completo raiar da luz, nada então poderá ser feito. Sem Cristo na doutrina, nada se pode fazer.

Também nada faremos se não reconhecermos *a absoluta supremacia de Cristo*. Jesus costuma ser muito elogiado; mas quase ninguém dos que o elogiam se submete a ele como seu Senhor absoluto. Ouço ditas muitas coisas bonitas sobre Cristo de homens que rejeitam seu evangelho. Editam-se "Vidas de Cristo" de muitos modos. Oh, mas que haja pelo menos uma que o demonstre em sua glória como Deus, Cabeça da igreja e Senhor de tudo. Muito me alegraria ver uma "Vida de Cristo" escrita por alguém que o conhecesse pela comunhão com ele estabelecida e se colocar com reverência a seus pés. A maior parte das belas coisas que leio sobre Jesus hoje em dia me parece ser de autoria de pessoas que o veem através de um telescópio, a uma grande distância, que o conhecem segundo Mateus, ou Marcos, Lucas ou João, mas não de acordo com sentimentos próprios. Ah, se houvesse uma "Vida de Cristo" assinada por Samuel Rutherford ou George Herbert,[1] ou algum outro doce espírito para quem o Amado Senhor e Mestre é amigo íntimo! Alguns dos comentários modernos sobre Jesus se baseiam em teorias de que, afinal de contas, o Salvador nos deu uma religião toleravelmente adequada para a iluminação dos tempos atuais e que se permite que ela possa durar um pouco mais. Jesus é até elogiado por esses críticos e de certo modo admirado como preferível a muitos mestres; mas, para eles, não deve de modo algum ser seguido "às cegas". É, na verdade, uma "sorte" para Jesus ter sido classificado como "o melhor pensamento" ou "a cultura mais madura" de seu tempo; pois, se assim não o fosse, tais sábios cavalheiros o teriam classificado certamente como "defasado" ou "superado", mesmo em relação à sua própria época. Naturalmente que tais pessoas tiveram de "relevar" ou até "retificar" alguns dos "dogmas" a seu respeito, principalmente a justificação pela fé, a expiação, a doutrina da eleição — preceitos considerados "fora de moda", pertencentes a períodos históricos antigos e "menos iluminados" e que, portanto, precisavam ser "adaptados" e desprovidos de seu significado. A doutrina da graça, de acordo com esses críticos infalíveis, está suplantada — ninguém mais pode nela acreditar; e assim, os fiéis "à moda antiga" são considerados nulos. Cristo é retificado e enquadrado; sua túnica inconsútil é removida e ele é revestido de modo adequado, como se por um costureiro do West-End,[2] e então nos é apresentado como um notável professor, sendo-nos aconselhado segui-lo até onde for possível. Hoje, os sábios já toleram Jesus; mas não há previsão do que está por vir: o progresso desta era é tão assombroso que é bem possível deixar-se Cristo e o cristianismo para trás antes até do que

---

[1] [NE] Samuel Rutherford (1600-1661), teólogo e escritor presbiteriano inglês, famoso por seus escritos não só devocionais, mas também e sobretudo de defesa intransigente e polêmica da forma de governo presbiteriano da igreja, que lhe acarretaram forte oposição e represálias de cunho político-religioso; George Herbert (1543-1633), poeta, escritor e devotado sacerdote anglicano, também britânico.

[2] [NE] West-End — Desde antes da época de Spurgeon (final do século XIX), e continuando a ser até hoje o mais sofisticado centro comercial, bancário e de negócios da cidade de Londres.

seria de esperar. Ora, o que será feito dessa tola sabedoria? Nada além de ilusões, enganos, infidelidade, anarquia e toda sorte de males imagináveis e inimagináveis.

O fato é que, se você não reconhece que Cristo é tudo, então você o deixou e está sem ele. Devemos pregar o evangelho simplesmente porque foi Cristo quem o revelou. "Assim diz o Senhor" deve ser a nossa lógica. Devemos pregar o evangelho como os embaixadores levam suas mensagens, isto é, em nome do rei, com uma autoridade que não a nossa. Pregamos nossas doutrinas não por considerá-las adequadas ou lucrativas, mas porque Cristo ordenou que as proclamássemos. Cremos na doutrina da graça não porque o iluminismo de nossa época o tolere e permita, mas porque é verdadeira e é a voz de Deus. Época atual ou não atual alguma deve ter influência sobre nós. O mundo detesta Cristo e quer detestá-lo; e se hostilizar Cristo de modo pior tanto mais será para nós um sinal de esperança que um desprezível beijo de Judas. Temos de guardar apenas isto: "Assim diz o Senhor" e não nos importarmos minimamente com quem o aprove ou desaprove. Jesus é Deus, é Cabeça da igreja, e devemos fazer tão somente o que ele nos ordena, dizer tão somente o que ele nos diz: se nisto falharmos, bem nenhum sucederá. Se a Igreja retornar à sua total fidelidade, poderá ver o que o seu Senhor é capaz de fazer; mas, sem Cristo como Senhor absoluto, infalível, mestre e rei honrado, tudo há de ser fracasso, do começo ao fim.

Vamos ainda mais longe: você pode ter uma doutrina sólida, mas nada fará se não tiver Cristo *em seu espírito*. Já vi a doutrina da graça ser pregada sem falha alguma, mas sem resultar em conversão, pela simples razão de não ser interiorizada e muito menos desejada. Em anos passados, pastores de linha ortodoxa pensavam ser seu único dever consolar e confirmar na fé os poucos santos que, a custo de grande perseverança, iam ouvi-los nos becos e esquinas onde pregavam. Tais irmãos acreditavam que os pecadores eram pessoas que Deus reunia se assim considerasse adequado, mas que eles não tinham que se importar se isso iria acontecer ou não. Chorar pelos pecadores, como Cristo chorou por Jerusalém; aventurar-se a convidá-los a aceitar Cristo como fazia o Senhor ao estender a mão; lamentar como Jeremias pelo povo que perece: nada disso lhes causava a menor comoção ou compaixão, e ainda receavam que tudo isso recendesse a arminianismo. Tanto pregador quanto congregação enclausuravam-se em cascas impenetráveis e viviam como se a própria salvação, e mais nada, fosse o único objetivo da existência de uma pessoa. Se alguém se tornasse zeloso e buscasse converter os outros, imediatamente o apontavam como metido e presunçoso. Quando uma igreja cai nestas condições, encontra-se, quanto ao seu espírito, *sem Cristo*. O que resulta disso? Alguns de vocês saberão dizer por suas próprias observações. Uma confortável corporação assim existirá e crescerá por algum tempo, mas nada surgirá a longo prazo, nem poderia: não haverá geração de fruto onde não houver nem o Espírito nem a doutrina de Cristo. A menos que o Espírito de Cristo resida em você, fazendo-o angustiar-se pela salvação dos homens, como aconteceu com Jesus, você nada poderá fazer.

Mas, acima de todas as coisas, devemos ter Cristo em nós com o poder de *sua efetiva presença*. Será que sempre pensamos nisto: *Sem mim nada podeis fazer?* Nesta tarde, iremos ensinar aos jovens; temos a certeza de estar carregando Cristo conosco? Ou será que iremos parar no caminho e confessar: "Estou sem meu mestre e não ouso dar nem mais um passo"? A consciência do amor de Cristo habitando em nossa alma é elemento essencial para nossa força. Não podemos converter um pecador não estando com Cristo — como também não podemos acender novas estrelas no céu. O poder para mudar a vontade humana, para iluminar o intelecto e o coração quanto às coisas de Deus, para influenciar a mente e a alma no que tange à fé e ao arrependimento, devem vir inteiramente do Altíssimo. Sentimos isso? Ou será que revemos nossos pensamentos e concluímos: "Eis um bom argumento, deve surtir efeito", e confiamos inteiramente nisso? Se "sim", nada podemos fazer. O poder está no mestre, não no servo; a força está na mão, não na arma. Temos de ter Cristo nos bancos da igreja, no salão, neste púlpito; Cristo na escola dominical; Cristo na esquina da rua quando ali pararmos para falar dele; e sentir que está conosco mesmo no fim do mundo — ou nada podemos fazer.

Temos, assim, diante de nós, um vislumbre do fracasso completo de tudo que tentarmos fazer sem Cristo. Ele diz: *Sem mim nada podeis fazer*, e é no fazer que o fracasso é mais evidente. Você pode *falar* muito sem ele; pode promover congressos, conferências, convenções; mas *fazer* é diferente. Sem Jesus, você pode *falar* quanto quiser; mas sem ele nada pode *fazer*. O discurso mais eloquente que esteja dele vazio será como uma garrafa cheia de fumaça. Você pode traçar planos, arrumar o maquinário, dar início à produção; mas sem o Senhor nada pode fazer. Imensurável mundo imaginário de propósitos, sem um mísero grão de sólido fazer, nem ao menos o suficiente para que descanse sequer o pé de uma pomba — este será o resultado! Pode despender todo o dinheiro que a generosidade ofereça, todo o conhecimento que forneçam as universidades, toda a oratória que até mesmo o mais talentoso dos pregadores puder colocar à sua disposição; mas, *sem mim*, diz Cristo, *nada podeis fazer*. Agitação, fumaça e fogo — e será tudo.

Sem mim nada podeis fazer. Deixem-me repetir estas palavras: *nada podeis fazer*. *Nada podeis fazer* — e o mundo morrendo ao seu redor! A África na escuridão! A China perecendo! A Índia afundando em superstição! E uma igreja que nada pode fazer! Nenhum pão para ser entregue aos famintos, e uma multidão imensa definhando e morrendo! A pedra continuará por amolecer e a água da vida continuará por saciar os sedentos; mas nenhuma gota há de cair, porque Jesus não está lá. Ministros, evangelistas, igrejas, exércitos da salvação, o mundo morre por necessidade de vocês — mas *nada podeis fazer* se seu Senhor estiver ausente. O tempo avançará nas descobertas, os homens da ciência farão o seu melhor, mas você, sem Cristo, nada, absolutamente nada, pode fazer! Não conseguirá avançar nem uma polegada em seu caminho laborioso, ainda que reme até que os remos estalem de tanto esforço; será arrastado de volta por ventos e correntes — a menos que leve Jesus com você no barco.

Lembre-se que o tempo todo o viticultor o está observando, pois seus olhos estão sempre sobre todos os ramos da videira. Ele vê que você não está produzindo fruto, e ele está chegando com seu facão afiado, cortando aqui e ali! O que será feito de você, que nada produz? É de arrepiar a alma o pensamento de viver sem ter nada feito. Não obstante, receio que milhares de cristãos não vão além disso. Não são imorais, desonestos ou profanos — mas nada fazem. Pensam sobre o que gostariam de fazer, planejam, propõem; mas nada fazem. Há botões em flor em abundância, mas nem uma única uva é produzida; e tudo por que não entram em vital, transbordante e efetiva comunhão com Cristo, que os encheria de vida e lhes permitiria render frutos para a glória de Deus. É uma visão, pois, de fracasso completo quando tentamos fazer algo sem Cristo.

IV. No entanto, seguindo, ouço uma VOZ DE SABEDORIA, ainda que pequena, que surge no texto e diz, *a nós que estamos em Cristo, que reconheçamos isto*. Ajoelhemo-nos então, encostemos os lábios no chão e confessemos: "Senhor, é verdade: sem ti nada podemos fazer, nada do que seja bom e aceitável aos olhos de Deus. Não temos capacidade para pensar no que quer que seja por conta própria, pois toda a nossa capacidade provém de Deus". Não fale, porém, como se fizesse um discurso que a ortodoxia exige que você faça; fale com a sinceridade e a profundeza de sua alma, tomado pelo desespero que realmente o domina, admitindo toda a verdade para Deus. "Com efeito o querer o bem está em mim, mas o efetuá-lo não está". "Senhor, nada faço, para nada sirvo, sou ramo infrutífero, estéril, ressecado sem ti, e o sinto na profundeza de minha alma. Não te afastes de mim, mas me reaviva com a tua presença."

Oremos. Se nada podemos fazer sem Cristo, roguemos a ele que jamais sejamos privados da sua presença. Imploremos com pranto e com lágrimas a sua presença. Ele vem aos que o buscam; que jamais deixemos de procurá-lo. Em consciente comunhão com ele, supliquemos que essa união jamais seja rompida. Oremos para sermos tão apegados e unidos a ele que possamos ser um único espírito com ele, para jamais dele sermos separados. Ó mestre e Senhor, não deixa a vida de tua graça jamais parar de correr em nós, pois entendemos que dela devemos ser sempre supridos ou nada poderemos fazer. Que oremos mais do que o usual, irmãos. É com oração que obteremos as bênçãos que Deus deseja nos dar; que a usemos, pois, constantemente e possam os resultados aumentar a cada dia e sempre.

Em seguida, *que cada um de nós se apegue pessoalmente a Jesus*. Que jamais nos deixemos levar por uma vida de separação; pois seria o mesmo que buscar vida em meio aos mortos. Que não nos afastemos dele nem por um minuto sequer. Você gostaria de ser pego em algum instante de sua vida condição de que nada pode fazer? Devo confessar que eu não gostaria de estar em tal situação — incapaz de me defender contra os meus inimigos, incapaz de servir ao meu Senhor. Como seria triste se alguém despertado viesse a você ansioso e você se sentisse incapaz de fazer o bem a ele! Ou, pior ainda, se você *não se sentisse* incapaz, mesmo de fato o sendo, ou desse algum conselho de cunho religioso, mas sem poder em suas palavras — não seria triste? Que você jamais chegue a esse ponto de nada poder fazer, onde há oportunidade mas não há poder para aproveitá-la! Se você está afastado de Cristo, está afastado da possibilidade de fazer o bem; agarre-se, portanto, ao Salvador com toda força, e que nada o separe dele. nem por um único instante.

Sejam também verdadeiramente submissos ao comando e à liderança do Senhor, caros amigos, a ele rogando poderem fazer tudo segundo sua vontade e à sua maneira. Ele jamais estará com você se você não o aceitar como mestre. Não deve haver dúvida quanto à liderança e soberania de Cristo, e você deve render-se totalmente a ele, sendo, fazendo e tudo suportando de acordo com a sua vontade. Sempre que isto acontecer, ele estará com você, e fará por você tudo o que você lhe pedir. O Senhor realizará maravilhas por seu intermédio, se para você ele for tudo o que você possui. Não quer que seja assim?

Mais ainda: *creia nele com júbilo*. Sem ele você nada possa fazer, mas com ele todas as coisas são possíveis. A Onipotência está no homem que tem Cristo em si. Você pode ser a própria fraqueza em pessoa, mas aprenderá a se glorificar nessa fraqueza porque o poder de Cristo estará em você se a sua união e comunhão com ele forem continuamente mantidas. Oh, que tenhamos grande confiança em Cristo! Que creiamos nele nem que seja para apenas alcançarmos as franjas de suas vestes; pois foi essa fé que fez a mulher enferma ser restaurada. Oh, que possamos crer em toda a medida de sua infinita Divindade! Oh, o esplendor da fé que se mede pelo Cristo no qual confia! Que Deus nos faça render, e que o possamos, muitos frutos para a glória de seu nome.

V. Vamos encerrar. Atento ao texto, como uma criança que leva uma concha ao ouvido e presta atenção até ouvir o mar e suas ondas, ouvi UMA MELODIA DE CONTENTAMENTO: *Sem mim nada podeis fazer*. E meu coração diz: "Senhor, mas o que é que eu haveria de querer fazer sem ti? Esse tipo de pensamento não me atrai. Se houvesse algo que eu pudesse fazer sem ti, lamentaria ter descoberto um poder muito perigoso. Contento-me em ser isento de toda força que não seja aquela que provém de ti. Só me encanta, me faz rir e delicia minha alma pensar que és tudo o que tenho. Fazes-me pobre de qualquer riqueza que me seja própria, para que eu possa encher minha alma do teu tesouro; retiras todo o poder de cada nervo e cada músculo meu para que eu possa confiar e repousar na tua força." *Sem mim nada podeis fazer*. Que assim seja. Não concordam comigo? Alguém aqui, de vocês que amam seu querido nome, gostaria de mudar alguma coisa? Tenho certeza que não. Pois reflitamos, caros amigos, que se pudéssemos fazer algo sem Cristo, ele não teria a glória de fazer. Quem desejaria isso? Não restaria nem coroa para as nossas medíocres cabeças, pois então teríamos de fazer algo sem ele, mas sem resultado. Todavia, há apenas uma grande coroa, para a grande fronte, já adornada de espinhos; e nem mesmo os santos todos dele reunidos nada podem fazer sem ele. A boa companhia dos apóstolos, o nobre exército dos mártires, as hostes triunfantes dos redimidos pelo sangue, todos juntos, nada podem fazer sem Jesus. Que seja ele coroado com a majestade que opera em nós, tanto no desejar quanto no fazer, para nosso próprio deleite. Em nossos nomes, em nome do Senhor, que nos felicitemos por assim ser. Tudo pertence a nós quando pertence a ele; e se nossos frutos são dele em vez de serem nossos, não nos pertencem menos, mas ainda mais. Não soa isso como rara música aos ouvidos santos?

Muito me alegro por nada podermos fazer sem Cristo, porque receio que, se a igreja acaso pudesse fazer algo sem Cristo, poderia tentar sobreviver sem ele. Se se pudesse ensinar o evangelho na escola secular e trazer a salvação às crianças sem Cristo, temo que Cristo jamais voltaria a comparecer à escola dominical. Se pregássemos com algum sucesso sem Jesus, suspeito que o Senhor Jesus Cristo raramente ou nunca mais voltaria a ser encontrado em meio ao povo outra vez. Se nossa literatura cristã pudesse abençoar os homens sem ser acompanhada de Cristo, acho que apenas nos asseguraríamos do funcionamento das impressoras, sem jamais tornar a pensarmos no Crucificado. Se houvesse trabalho que pudesse ser feito pela igreja sem Jesus, haveria locais de reunião para os quais ele jamais seria convidado; e tais lugares logo se tornariam como câmaras do Barba Azul, repletas de horror. Ah, se algo pudéssemos fazer sem Cristo! O grosso da igreja logo poria tal maquinário para funcionar e todo o resto seria negligenciado. Eis por que é uma bênção para toda a igreja que ela tenha Cristo por toda parte.

Sem mim nada podeis fazer. Alegrei-me quando ouvi a música contida nessas palavras; e me perguntei se vocês também não iriam se alegrar. Ri para mim mesmo, como Abraão. Pensei naqueles que pretendem varrer a sã doutrina da face da terra. Como iriam se gabar do declínio e da morte do evangelismo! Já li uma ou duas vezes que me consideram o último dos puritanos, raça que, parece, está desaparecendo. Não concordo; até aceito ser estimado como último por uma questão de mérito, mas não o último da linhagem. Há muitos outros como eu, igualmente seguros na fé. Dizem que nossa velha teologia está se esfacelando e que ninguém mais a aceita. É mentira; mas quem o diz são homens tidos como sábios e, portanto, somos quase obrigados a nos considerarmos obsoletos e extintos. Somos, no seu entender, tão ultrapassados quanto seriam os antediluvianos se pudessem caminhar hoje em nossas ruas. Sim, pretendem extinguir nossa brasa e nos remover de Israel. Os jornais, os artigos e toda a inteligência desta época se unem todos para dançar sobre nosso pseudotúmulo. Coloquem sua capa, ó bom povo da ordem evangélica, volte para sua cama e durma o sono dos justos, pois seu fim chegou. Assim dizem os filisteus, mas não é o que pensam os exércitos do Senhor. Os adversários muito se animam; mas Cristo não está com eles. Pouco sabem sobre o Senhor, não agem com seu Espírito, nem a ele clamam, muito menos recorrem ao evangelho de seu precioso sangue; e, assim, creio que, depois de terem feito seu pequeno estardalhaço, nada mais restará. *Sem mim nada podeis fazer*: se isto é verdade para os apóstolos, tanto mais será contra aqueles que se lhes opõem! Se os amigos de Cristo nada podem fazer sem ele, tenho certeza que menos ainda poderão fazer os inimigos contra ele. Se os que seguem seus passos e no seio dele repousam nada podem fazer sem ele, tenho certeza que menos ainda podem fazer seus adversários. Por isso, rio deles ao ver sua risada e sorrio ao ver a confusão que entre si fazem.

Rio também por me lembrar da história de um culto na Nova Inglaterra, Estados Unidos, quando um pastor, numa bela tarde, pregava a seu modo solene, e o bom povo tanto o ouvia quanto cochilava, de acordo com a consciência de cada um. Era um prédio bem construído aquele em que se reuniam em assembleia, preparado até mesmo para resistir a terremotos. Tudo corria em paz naquela casa de oração, até que um lunático se levantou e interrompeu o ministro, a berrar que iria pôr abaixo aquele prédio todo naquele mesmo instante. Agarrando-se a um dos pilares da galeria, o autoproclamado Sansão repetia a terrível ameaça. Todos se agitaram; as mulheres logo ficaram prestes a desmaiar e os homens começaram a se jogar em direção à porta, com risco de o povo todo se atropelar, a correr pelo salão. O tumulto estava começando a engrossar, e ninguém já sabia mais o que poderia acontecer, quando, de repente, um irmão calmo, que se sentava próximo ao púlpito, levantou-se sorridente e acalmou a todos com uma única frase: "Deixem que ele tente fazer isso, ora essa!" Foi esta sua única frase, sarcástica, que logo se espalhou, tranquilizadora, em meio à correria, fazendo-a cessar. Hoje, do mesmo modo, o inimigo parece estar prestes a desqualificar o evangelho e a esmagar a doutrina da graça. Você se sente aflito, alarmado ou chocado com isso? Minha resposta à ameaça e às vanglórias do inimigo de que irá pôr abaixo os pilares de Sião é esta: Deixem que ele tente fazer isso, ora essa!...

Amém.

160

O SEGREDO DO PODER DA ORAÇÃO

Se vós permanecerdes em mim, e as minhas palavras permanecerem em vós, pedi o que quiserdes, e vos será feito (Jo 15.7).

Os dons da graça não são desfrutados todos de uma vez pelo crente. Ao irmos a Cristo, somos salvos mediante verdadeira união com ele; mas é permanecendo nesta união que recebemos, depois, pureza, alegria, força e bênção, nele armazenadas para serem distribuídas ao seu povo. Veja como nosso Senhor fala sobre este assunto, no capítulo 8 deste mesmo evangelho de João, versículos 31 e 32: *Dizia, pois, Jesus aos judeus que nele creram: Se vós permanecerdes na minha palavra, verdadeiramente sois meus discípulos; e conhecereis a verdade, e a verdade vos libertará.* Não travamos conhecimento com toda a verdade de uma vez só; nós a conhecemos somente quando permanecemos em Jesus. A perseverança na graça é um processo educativo por meio do qual aprendemos toda a verdade. O poder emancipador dessa verdade só é percebido e desfrutado também gradualmente por nós. A *verdade vos libertará.* Um vínculo após o outro vai sendo quebrado, e somos então de fato libertados. Vocês que estão se iniciando na vida divina podem se alegrar por saber que há algo melhor esperando por vocês: ainda não receberam a plena recompensa de sua fé. Como diz um hino, "é cada vez melhor". Você passa a ter melhor compreensão das coisas celestiais à medida que vai galgando o monte da experiência espiritual. À medida que permanece em Cristo, você ganha maior confiança, maior estabilidade, maior comunhão com Jesus e maior regozijo no Senhor, seu Deus.

A infância é geralmente atacada pelos muitos males de que sofre a humanidade; o mesmo se dá no mundo espiritual. Existem graus de crescimento espiritual entre os crentes, e o Salvador nos encoraja a buscarmos posição cada vez mais elevada, ao mencionar privilégio disponível não para todos os que dizem estar em Cristo, mas somente para aqueles que nele *permaneçam.* Na verdade, todo cristão deveria nele permanecer, mas muitos não chegam nem a receber o nome de cristão. Diz Jesus: *Se vós permanecerdes em mim, e as minhas palavras permanecerem em vós, pedi o que quiserdes, e vos será feito.* Você tem de viver com Cristo para poder conhecê-lo, e quanto mais viver nele mais você o irá admirar e adorar; e também tanto mais dele irá receber, até mesmo a graça pela graça. Ele é sem dúvida o Cristo bendito para quem tenha apenas um mês de convivência na graça; mas os assim "bebês" na fé mal sabem ainda o quão precioso Jesus Cristo é para aqueles cuja convivência com ele já se estende por meio século! Jesus se torna, na consideração dos que permanecem, dia a dia, cada vez mais doce e querido, mais justo e amável. Não que ele se vá aperfeiçoando, pois já é perfeito; o que aumenta é o nosso conhecimento dele, podendo assim apreciarmos com maior plenitude suas inigualáveis excelências. Com que felicidade seus conhecidos mais antigos podem afirmar: "Sim, ele é inteiramente amoroso"! Oh, que continuemos a crescer em todas as coisas nele, que é o nosso modelo, para que o possamos valorizar cada vez mais!

Peço então sua mais sincera atenção ao nosso texto, rogando que considerem comigo três questões. Primeira, *em que consiste tal bênção especial: ... pedi o que quiserdes, e vos será feito?* Depois, *como se obtém essa bênção especial? Se vós permanecerdes em mim, e as minhas palavras permanecerem em vós...* Em terceiro lugar, *por que tal bênção é obtida desse modo?* Deve haver razão para as condições colocadas como necessárias para obtermos tal prometido poder de nossa oração. Oh, que a unção do Espírito Santo que permaneça em nós possa fazer este assunto bastante proveitoso para nós!

1494 | MILAGRES E PARÁBOLAS DO NOSSO SENHOR

I. EM QUE CONSISTE TAL BÊNÇÃO ESPECIAL? Vamos ler novamente o texto. Diz Jesus: *Se vós permanecerdes em mim, e as minhas palavras permanecerem em vós, pedi o que quiserdes, e vos será feito.*

Observem que, tendo nosso Senhor nos advertido de que sem ele nada podemos fazer, é natural que esperássemos nos mostrasse como podemos então realizar atos espirituais. Todavia, o texto não prossegue como seria de esperar; o Senhor Jesus não diz: *Sem mim nada podeis fazer* (Jo 15.5); *mas se vós permanecerdes em mim, e as minhas palavras permanecerem em vós, podeis fazer todas as coisas espirituais e cheias de graça* (Jo 15.7). Ele não fala propriamente o que seria dado fazer aos crentes que nele permaneçam; mas, sim, o que a eles *será feito: pedi o que quiserdes, e vos será feito.* Não diz: "A vós será dado poder suficiente para realizar todos os afazeres santos que sejais incapazes de executar sem mim". Isto já seria bastante bom, e na verdade é o que esperávamos encontrar aqui; mas nosso sapientíssimo Senhor, superando todo paralelismo do discurso e todas as expectativas do coração, diz algo ainda melhor. Ele não diz: "Se vós permanecerdes em mim, e as minhas palavras permanecerem em vós, fareis determinadas coisas espirituais"; mas, sim, *pedi o que quiserdes.* Ou seja, mediante a oração, a vocês será permitido tudo fazer; é necessário, porém, que na oração vocês *peçam o que querem.* O raro privilégio aqui concedido é o da capacidade de orar já com poder e vitória. Poder de oração representa, e muito, uma medida padrão de nossa condição espiritual; se nos é garantido em alto grau, somos favorecidos em todas as outras questões.

Um dos primeiros resultados, então, de nossa união permanente com Cristo é o *exercício da oração como certo*: "Pedi". Embora outros não busquem, não batam à porta, não perguntem, você, sempre e de todo modo, deverá fazê-lo. Os que se mantêm afastados de Jesus não oram. Aqueles em que a comunhão com Cristo está suspensa sentem como se não devessem ou não pudessem orar; mas Jesus diz: *Se vós permanecerdes em mim, e as minhas palavras permanecerem em vós, pedi o que quiserdes* [...]. A oração se manifesta espontaneamente naqueles que permanecem em Jesus, do mesmo modo como as flores exalam sua fragrância com naturalidade. A oração é o resultado natural de uma alma que está em comunhão com Cristo. Assim como a folha e o fruto brotam do ramo da videira sem qualquer esforço por parte do ramo, mas simplesmente por estar ele em viva união com o caule, a oração floresce, viceja e dá fruto na alma que permanece em Jesus. Assim como brilham as estrelas, oram os crentes que permanecem no Senhor. Está nele fazê-lo, é de sua natureza. Não precisam dizer a si mesmos: "Agora é hora de me dar ao dever de orar". Não; oram do mesmo modo como a maioria das pessoas se alimenta, ou seja, quando sentem que o devem fazer. Não lamentam como se tivessem uma obrigação desagradável a cumprir: "Puxa, tenho de orar, mas não sinto vontade. Que tarefa cansativa!"; pelo contrário, aceitam sempre com alegria a tarefa dada desde o trono e se regozijam por realizá-la. O coração que permanece em Cristo faz suas súplicas como o fogo que gera labaredas. A alma que permanece em Jesus abre seu dia com oração; a oração o cerca como atmosfera o dia todo; e à noite adormece após precioso orar. Já soube que alguns até sonham orando; de qualquer modo, podem alegremente dizer: "Eu me satisfarei com a tua semelhança quando acordar". A petição surge com naturalidade do permanecer em Cristo. Não é preciso correr para orar quando se permanece em Jesus; se ele diz: *Pedi o que quiserdes, e vos será feito,* é só confiar nesta promessa e assim agir constantemente.

Os que permanecem em Cristo sentem sempre a *necessidade da oração.* Sua carência de oração será sentida vividamente por você. Será que ouço alguém dizer: "O quê? Se permanecermos em Cristo, e as suas palavras em nós, já não teremos alcançado nosso objetivo final?" Nada disso; longe de ficarmos satisfeitos com nós mesmos. Aí mesmo é que sentiremos, mais do que nunca, ser necessário pedir por mais e mais graça. Aquele que melhor conhece a Cristo passa a conhecer melhor sua própria carência. Aquele que mais tem consciência da vida em Cristo tanto mais está convencido do perigo de sua morte longe de Cristo. Aquele que mais discerne claramente o perfeito caráter de Jesus tanto mais estará disposto a orar para que a graça cresça em seu interior. Quanto mais me vejo no Senhor, tanto mais desejo obter dele, pois sei que tudo que está nele está ali colocado com o propósito de poder vir a ser recebido. "Pois todos nós recebemos da sua plenitude, e graça sobre graça." Tão somente à medida que estivermos cada vez mais ligados à plenitude de Cristo é que sentiremos cada vez maior necessidade de dele tudo absorver mediante

O segredo do poder da oração | 1495

constante oração. Não é preciso lembrar a quem permanece em Cristo a doutrina da oração, pois dela já desfruta por si mesmo. A oração se torna uma necessidade da vida espiritual do mesmo modo que respirar é parte da vida natural: não se consegue mais viver sem se voltar para o Senhor. "Se vós permanecerdes em mim, e as minhas palavras permanecerem em vós, *pedi*" — e não deixem de pedir. Disse ele: *Buscai o meu rosto, e seu coração responde: O teu rosto, Senhor, buscarei* (Sl 27.8).

Observem, também, que não é apenas resultado de nossa permanência o exercício e a necessidade de oração, mas também *a liberdade ao orar*: "Pedi o que quiserdes". Já esteve alguma vez de joelhos, mas sem força para orar? Não sentiu como se não pudesse pedir o que desejava? Você queria orar, mas parecia que a água da oração estava congelada e não fluía. Deve ter lamentado, então: "Estou preso, não consigo avançar". Havia vontade de orar, mas não liberdade necessária para tornar aquela vontade em ação. Nessa ocasião, certamente, você chegou a almejar ter a necessária liberdade de orar, para que pudesse falar com Deus como um homem fala com seu amigo. O Senhor diz aqui como conseguir isso: *Se vós permanecerdes em mim, e as minhas palavras permanecerem em vós, pedi o que quiserdes* [...]. Não direi que vocês ganharão liberdade quanto à fluência de expressão, pois este é um dom de menor importância. A fluência é uma capacidade questionável se não traz consigo o peso do pensamento e a profundidade dos sentimentos. Alguns irmãos, por sua vez, oram de olho no relógio; mas a verdadeira oração é medida pelo conteúdo, não pelo tamanho ou pela duração. Um simples murmúrio diante de Deus pode, muitas vezes, ter maior significado como oração que um belo discurso demorado.

Os passos daquele que permanece em Cristo Jesus se alargam com a oração. Está firme porque permanece junto ao trono. Vislumbra sempre o cetro dourado do Rei estendido em sua direção, e o ouve constantemente dizer: *Pedi o que quiserdes, e vos será feito*. É o homem que permanece em consciente união com seu Senhor e que desfruta da liberdade de oração. Bem pode chegar logo a Cristo, pois está em Cristo e nele permanece. Mas não tente conquistar esta santa liberdade mediante ação intensa ou presunção; há apenas uma forma de recebê-la, que é esta: *Se vós permanecerdes em mim, e as minhas palavras permanecerem em vós, pedi o que quiserdes*. É apenas deste modo que lhe será permitido abrir a boca quando e como quiser, que Deus a encherá. É assim que você se torna como Israel, como príncipe que prevalece junto a Deus.

Mas não é tudo: o homem favorecido tem o privilégio da *oração vitoriosa*. *Pedi o que quiserdes, e vos será feito*. Você não poderá fazê-lo, mas lhe será feito. Se anseia por gerar frutos, peça, e lhe será feito. Olhe o ramo da videira. Ele apenas permanece na videira e, por lá permanece, dele surge o fruto; é feito nele. Irmão em Cristo, o propósito de sua existência, seu objetivo e desígnio, é render frutos à glória do Pai. Para poder chegar a esta finalidade, você deve permanecer em Cristo, tal como o ramo permanece na videira. É este o método pelo qual sua oração pela frutificação será bem-sucedida: o fruto *vos será feito*. É neste sentido que o Senhor diz: *Pedi o que quiserdes, e vos será feito*. Você prevalecerá tão maravilhosamente junto a Deus em oração que antes de você pedir ele já responderá, e enquanto você ainda estiver falando, ele já atenderá. [...] *aos justos se lhes concederá o seu desejo* (Pv 10.24). Do mesmo resultado fala outro texto: *Deleita-te também no Senhor, e ele te concederá o que deseja o teu coração* (Sl 37.4). Há uma grande amplitude nesta promessa: *Pedi o que quiserdes, e vos será feito*. O Senhor dá "carta branca" a quem permanecer nele. Dá um cheque assinado, permitindo que o preencha como bem entender.

Mas será que o texto significa realmente o que parece dizer? Na verdade, jamais soube de algo que meu Senhor tenha dito que não tenha cumprido. Tenho certeza de que muitas vezes ele pretende até mais do que conseguimos compreender, mas jamais soube quanto a fazer menos. Note que ele não está dizendo a todos os homens: "O que quer que pedirdes eu vos darei". Oh, não, seria uma gentileza perversa; ele fala é a seus discípulos, e lhes promete: *Se vós permanecerdes em mim, e as minhas palavras permanecerem em vós, pedi o que quiserdes, e vos será feito*. Dirige-se apenas a determinada classe de homens, que já receberam antes grandes graças de sua mão — é a estes que oferece o esplêndido poder da oração. Ó caros amigos, se de uma coisa posso sinceramente me garantir, sobre todas as outras, é esta: que, permanecendo nele, posso pedir o que quiser ao Senhor e o receberei.

A prevalência pela oração é do homem que pode fazer a oração vitoriosa, daquele que prevalece em meio aos homens junto a Deus, porque já prevaleceu com Deus junto aos homens. Este é o homem que encara com sucesso as dificuldades da vida cotidiana; pois que é que o conseguirá derrotar quando ele tudo pode com Deus em oração? Um homem ou uma mulher deste quilate na igreja equivale a dez mil pessoas comuns. Neste tipo de pessoa permanece a honra do céu. São pessoas em quem se realizam os propósitos de Deus em relação aos homens, e que ele faz ter domínio sobre todas as obras de suas mãos. O selo da soberania de Deus se revela em seu semblante. Moldam de modo positivo a história das nações e guiam com maestria e benignidade a corrente dos eventos mediante o poder divino, que os eleva. Vemos Jesus colocar sob si todas as coisas, em conformidade com o propósito divino, e, ao nos aproximarmos desta sua imagem, somos também revestidos de domínio, feitos reis e sacerdotes em Deus. Vejam Elias, com as chaves do reino em suas mãos, abrindo e fechando as janelas do céu! Há homens e mulheres desse tipo ainda hoje. Aspirem a ser tais pessoas, eu lhes rogo, e em vocês será cumprida a promessa: *Pedi o que quiserdes, e vos será feito.*

O texto parece significar que, se chegarmos a este ponto privilegiado, o dom será perpétuo: *Pedi* sempre; jamais vá além do pedir, mas isto já garante grande sucesso, pois *pedi o que quiserdes, e vos será feito.* Eis aqui então um dom concedido à *oração contínua.* Não somente por uma semana de oração, nem por um discurso que dure um mês, nem por orar apenas em ocasiões especiais é que você terá sucesso na oração; mas possuirá esse poder em Deus tanto tempo quanto permanecer em Cristo e as palavras dele em você. Deus coloca a onipotência ao seu dispor, empresta sua divindade para realizar o desejo que o Espírito Santo faz nascer em você. Gostaria de poder fazer essa joia brilhar ante os olhos de todos os santos até que clamassem: "Oh, como a quero!" Esse poder da oração é como a espada de Golias guardada em Nobe — que cada Davi possa dizer, como disse ele ao sacerdote Aimeleque, de modo sábio: *Não há outra igual a essa; dá-ma* (1Sm 21.9). A espada da oração vence todos os inimigos, ao mesmo tempo que enriquece quem a possui com toda a riqueza de Deus. Como poderá faltar algo àquele a quem disse o Senhor: *pedi o que quiserdes, e vos será feito?* Oh, venham, busquemos esta bênção. Prestem atenção e aprendam o caminho. Sigam-me, à medida que aponto o caminho à luz do texto. E que o Senhor nos conduza mediante o seu Espírito!

II. O privilégio da poderosa oração — como obtê-lo? A resposta é, como já disse: *Se vós permanecerdes em mim, e as minhas palavras permanecerem em vós.* Eis os dois pés que temos de usar para chegarmos ao poder de Deus em oração.

Amados, a primeira sentença nos diz que devemos *permanecer em Cristo Jesus, nosso Senhor.* Para isto, já se considera garantido que estamos nele. Mas tal se pode garantir no seu caso, caro ouvinte? Se sim, basta permanecer onde já se encontra. Ou seja, como crentes temos de permanecer firmemente apegados a Jesus, vivendo unidos a ele. Temos de permanecer nele, confiando sempre nele e apenas nele, com a mesma fé simples que nos uniu primeiro a ele. Jamais admitir qualquer outra coisa ou pessoa na confiança do nosso coração como esperança de salvação, mas confiar tão somente em Jesus, do mesmo modo como o recebemos. Sua divindade, sua humanidade, sua vida, sua morte, sua ressurreição, sua glória à direita do Pai — em uma palavra, ele em pessoa, deve ser o único motivo de confiança para o nosso coração. Isto é absolutamente essencial. Uma fé temporária não salva; somente a fé que permanece tem essa capacidade.

Mas permanecer no Senhor Jesus não significa apenas confiar nele; inclui também nossa própria rendição, para dele receber a vida e permitir que essa vida opere em nós. Ao permanecermos em Jesus, vivemos *nele, com ele, por ele* e *para ele.* Sentimos que toda a nossa vida separada de Cristo se foi; *porque morrestes, e a vossa vida está escondida com Cristo em Deus* (Cl 3.3). Nada somos quando nos afastamos de Jesus; seremos ramos ressequidos, servindo apenas para ser lançados no fogo. Não temos razão de existir a não ser a que encontramos em Cristo; e que maravilhosa razão! O ramo precisa da videira, assim como a videira precisa do ramo. Nenhuma videira pode dar fruto senão em seus ramos. De fato, a videira sustenta o ramo, por isso tem o fruto; é, todavia, por meio do ramo que manifesta sua fertilidade. O crente que permanece é necessário à realização dos desígnios do Senhor. Que coisa maravilhosa de se dizer: que os santos são necessários ao seu Salvador! A igreja é seu corpo, a plenitude daquele que tudo preenche.

Quero que vocês entendam isto, para que possam compreender a abençoada responsabilidade que têm, a obrigação de render fruto, para que o Senhor Jesus seja em vocês glorificado. Permaneçam nele. Jamais deixem de consagrá-lo, para sua honra e glória. Jamais queiram ser seus próprios mestres. Não sejam servos dos homens; permaneçam em Cristo. Deixem que ele seja tanto o objetivo quanto a fonte de sua existência. Oh, se vocês chegarem a este ponto, aí ficando em comunhão perpétua com seu Senhor, conhecerão o regozijo, o deleite e um poder de oração como jamais experimentaram. Que possamos nos manter conscientes de estarmos em Cristo, de nossa união com ele; ah, a alegria e a paz de bebermos dessa taça! Que aí possamos permanecer. *Permanecei em mim*, diz Jesus. Não se deve, nem é preciso, ir e vir; apenas permanecer. Que o abençoado mergulho na vida dele, o empregar de forças para estar em Jesus e a firmeza da fé na união com ele permaneçam para sempre em vocês. Oh, que possamos consegui-lo, mediante o Espírito Santo!

Para nos ajudar a compreender tal verdade é que nosso amado Senhor nos narra esta admirável parábola. Vejamos, pois, a parábola da videira e seus ramos. Diz Jesus: *Toda vara em mim que não dá fruto, ele a corta; e toda vara que dá fruto ele a limpa, para que dê mais fruto.* Cuide, pois, de permanecer em Cristo, *mesmo que tenha de ser limpo, ou podado* (Jo 15.2,3). "Oh", reclama alguém, "nunca pensei que sendo um cristão, tivesse problemas; mas, ai!, tenho mais problemas do que nunca: meus colegas de profissão me ridicularizam, o diabo me tenta, meus negócios vão mal". Irmão, se você quer ter força na oração, deve empenhar-se por permanecer em Cristo quando a faca afiada de Deus estiver podando, senão cortando, os ramos. Resista às provações, jamais pense em abandonar sua fé por causa delas. O Senhor o adverte de que, para permanecer na videira, você terá de ser podado; se você sente esse processo, não deve achar estranho. Não se rebele do que possa sofrer da doce mão de seu Pai celestial, que é o cuidador da videira. Não, pelo contrário, apegue-se ainda mais firmemente a Jesus. Diga: "Podes podar, Senhor, até a raiz se necessário; mas eu continuarei em ti". "Senhor, para quem iremos nós? Tu tens as palavras da vida eterna". Sim, apegue-se a Jesus quando a faca afiada estiver nas mãos dele, e *pedi o que quiserdes, e vos será feito.*

Cuidem, ainda, para que, *realizada a operação de limpeza, ou poda, devam continuar permanecendo no Senhor.* Observem o que diz nos versículos 3 e 4: *Vós já estais limpos pela palavra que vos tenho falado; permanecei em mim, e eu permanecerei em vós.* Permaneçam, depois da limpeza, onde e como estavam antes de ela acontecer. Se você for santificado, permaneça onde você estava quando foi justificado. Quando notar que a obra do Espírito aumenta em você, não deixe o diabo enganá-lo dizendo que você agora é alguém especial e não precisa vir a Jesus como pobre pecador, confiando apenas no precioso sangue para obter a salvação. Permaneça em Jesus. Assim como você se ateve a ele quando a faca o podou, apegue-se a ele agora que as tenras uvas começam a frutificar. Não diga para si mesmo: "Que ramo frutífero eu sou! Quão ricamente adorno a videira! Agora, sim, estou cheio de vigor!" Você não é nada nem ninguém: somente ao permanecer em Cristo é que será apenas uma farpa melhor do que o ramo lançado ao fogo. "Então, não fazemos progresso algum?" Sim, crescemos, mas ainda dependemos; mas não crescemos um único centímetro sem que permaneçamos nele; pois, caso contrário, seremos extirpados e secaremos. Nossa única esperança permanece em Jesus, tanto nos tempos bons quanto nos ruins. Diz Jesus: "Vós já estais limpos pela palavra que vos tenho falado; permanecei em mim, e eu permanecerei em vós".

Permaneçam nele *quanto a toda a frutificação. Como a vara de si mesma não pode dar fruto, se não permanecer na videira, assim também vós, se não permanecerdes em mim* (Jo 15.4). "Bem, então, de algum modo, alguma coisa posso fazer", dirá alguém. Decerto que sim, mas não sem Jesus. O ramo tem de dar fruto; mas, se imagina que irá produzir um cacho ou mesmo uma única uva por si só, está extremamente enganado. O fruto do ramo deve vir do caule. Seu trabalho para Cristo deve ser de Cristo em você, caso contrário será totalmente inútil. Eu lhes rogo, acreditem nisso. Assistir às aulas na escola dominical, ouvir a pregação, o que quer que façam, deve ser feito em Cristo Jesus. Por seus próprios talentos naturais, não conseguirão conquistar almas para Cristo, assim como por meio de planos por vocês mesmos concebidos não conseguirão levar a salvar alguém. Cuidado com os projetos feitos em casa. Façam para Jesus o que Jesus ordena que vocês façam. Lembrem-se que o trabalho para Cristo, como assim o dizemos, deve ser antes obra de Cristo, para que ele possa aceitá-la. Permaneçam nele quanto a dar frutos.

Sim, confiem a ele *sua própria vida*. Nunca diga: "Sou cristão há vinte e tantos anos, acho que já posso realizar algo sem constante dependência de Cristo". Você nada pode fazer sem ele, ainda que tivesse como cristão a idade de Matusalém. O próprio fato de permanecer cristão depende de continuar a apegar-se a ele, confiar nele e dele depender; e isto somente ele lhe permitirá, pois todas as coisas provêm dele, e dele somente. Para resumir, se você deseja o esplendoroso poder da oração que mencionei há pouco, deve permanecer em amorosa, viva, duradoura, consciente, prática e dependente união com o Senhor Jesus Cristo; e se chegar a esse ponto pela divina graça, poderá pedir o que quiser e lhe será feito.

Há, todavia, um segundo requisito mencionado no texto que não deve ser esquecido: *e as minhas palavras permanecerem em vós*. Como são importantes as palavras de Cristo! Diz ele no quarto versículo: *permanecei em mim, e eu permanecerei em vós*; e agora, em paralelo: *Se vós permanecerdes em mim, e as minhas palavras permanecerem em vós*. Serão então as palavras de Cristo idênticas a ele? Praticamente, sim. Algumas pessoas chamam Cristo de mestre, mas, em relação à doutrina, não se importam com o que declaram suas palavras. Tais pessoas, geralmente, defendem a liberdade de pensamento; contanto que esteja de acordo com seu próprio coração, o que não passa, portanto, de mero subterfúgio. Não podemos separar Cristo da Palavra: em primeiro lugar, porque ele é o verbo, é a palavra; em segundo lugar, como chamá-lo de mestre e Senhor sem fazer aquilo que ele ordena, rejeitando a verdade que ele ensina? Temos de obedecer a seus preceitos ou não seremos seus discípulos. Especialmente, o preceito do amor, essência de toda a sua palavra. Devemos amar a Deus e a nossos irmãos; sim, celebrar o amor para com todos os homens e sempre buscar o bem. A ira e a malícia devem ser postas longe de nós. Devemos andar como ele andou. Se as palavras de Cristo não permanecerem em você tanto na fé quanto na prática, você não estará em Cristo. Cristo, seu evangelho e seus mandamentos são um. Se você não admitir Cristo e suas palavras, ele também não poderá reconhecer você nem suas palavras; e você pedirá em vão, aos poucos deixará de pedir, de permanecer nele, e acabará se tornando um ramo ressecado. Amado, desejo o melhor para você, o que tem relação com a salvação, coisas das quais trato agora.

Oh, que a graça perpasse este portão duplo, estas duas portas douradas: *Se vós permanecerdes em mim, e as minhas palavras permanecerem em vós…* Empurre as duas partes e adentre o amplo salão: *… pedi o que quiserdes, e vos será feito*.

III. Minha última tarefa será procurar demonstrar POR QUE TAL PRIVILÉGIO DEVE SER OBTIDO. Por que esse poder extraordinário da oração é dado àqueles que permanecem em Cristo? Que o que lhes direi os convença a realizar a gloriosa tentativa de ganhar essa pérola de incalculável valor! Por que então, ao permanecermos em Cristo e as palavras dele permanecerem em nós, recebemos tal liberdade e prevalência na oração?

Respondo: primeiro, *por causa da plenitude de Cristo*. Você poderá pedir o que quiser quando nele permanecer porque o que quer que peça já está nele. O bom bispo Hall trabalhou este pensamento em conhecida passagem. Eu a resumirei para vocês. Desejam a graça do Espírito? Busquem a unção do Senhor. Desejam santidade? Busquem o exemplo dele. Desejam o perdão dos pecados? Busquem o sangue de Cristo. Precisam da mortificação dos pecados? Meditem sobre a crucificação. Precisam enterrar-se em relação ao mundo? Busquem seu túmulo. Querem sentir a plenitude da vida celestial? Contemplem a ressurreição. Desejam elevar-se em relação ao mundo? Entendam a ascensão. Querem contemplar as coisas celestiais? Pensem em sua posição, à direita de Deus Pai, e lembrem-se que *nos ressuscitou juntamente com ele, e com ele nos fez sentar nas regiões celestes* (Ef 2.6). Vejo de forma muito clara como o ramo ao permanecer no caule recebe tudo o de que precisa e quer, já que tudo o de que necessita e deseja já está no caule e ali é disposto para o bem do ramo. E o que mais poderia o ramo querer e receber além do que o caule pode perfeitamente lhe fornecer? Mesmo que o ramo desejasse mais, não o conseguiria obter; ele não tem outro meio de sobreviver senão receber a vida desde o caule. Ó meu precioso Senhor, se eu vier a desejar algo que não esteja em ti, prefiro não ter tal desejo. Prefiro ter negado um desejo meu que ficar longe de ti. Mas, se a resposta ao meu pedido já está em ti para que eu a alcance, por que precisaria procurar em outro lugar? Tu és o meu tudo; onde mais precisaria buscar? Amados, *aprouve a Deus que nele habitasse toda*

O SEGREDO DO PODER DA ORAÇÃO | 1499

a plenitude (Cl 1.19), e o prazer do Pai é nosso prazer; contentamo-nos em tudo poder obter desde Jesus. Temos certeza de que o que quer que peçamos teremos porque tudo já está pronto para nós.

Outro motivo é a riqueza da palavra de Deus. Entenda bem este pensamento: *Se as minhas palavras permanecerem em vós, pedi o que quiserdes, e vos será feito.* Quem melhor ora é aquele que tem maior fé nas promessas de Deus. Pois orar nada mais é do que assumir as promessas de Deus para si, pedindo a ele: *Faz segundo prometeste* (Jz 11.36). Orar é utilizar-se da promessa. Uma oração que não se baseie em promessa não tem base verdadeira. Se eu for ao banco querer sacar dinheiro sem cheque, não posso esperar receber dinheiro algum; é esta "ordem de pagamento" que me confere tal poder no banco, é a minha garantia de esperar receber. Vocês em quem permanecem as palavras de Cristo são portadores da ordem de pagamento, que o Senhor cumpre com toda a atenção. Se a Palavra de Deus permanece em você, pode orar, pois estará indo ao encontro do grande Deus com as próprias palavras dele, levando onipotência à onipotência. Ao fazer seu pedido, diga: *Senhor, faz segundo prometeste*". É esta a melhor oração do mundo.

Ó amados, sejam inundados com a Palavra do Senhor. Estudem tudo o que disse Jesus, tudo o que o Espírito Santo registra no inspirado Livro dos livros, e, à medida que se for alimentando da Palavra, e por ela for sendo preenchido, e acumulando a Palavra em sua fé, e obedecendo à Palavra em sua vida — você irá se tornando um mestre na arte da oração. Você irá, além disso, adquirir grande capacidade de lutar, à medida que se utilizar das promessas de seu fiel Deus. Instrua-se bem nas doutrinas da graça e deixe que a palavra de Cristo permaneça em você de forma abundante, para que saiba prevalecer junto ao trono da graça. Permanecer em Cristo, e suas palavras permanecerem em você, é como as mãos de Moisés se erguendo em oração, de maneira a esmagar Amaleque, livrar Israel e glorificar a Deus.

Podemos ir ainda um pouco mais além; talvez você ainda alegue não compreender por que seja permitido, a quem permanece em Cristo, e em quem permanecem as palavras de Cristo, pedir tudo quanto deseja, que lhe será feito. Respondo então que assim é porque *em tal pessoa ocorre o predomínio da graça, que faz com que tenha um espírito renovado, em conformidade com a vontade de Deus*. Imagine um homem de Deus em oração, que pensa ser desejável tal e tal coisa, mas acaba achando que nada mais é que uma criança na presença do sábio Pai e, por isso, dobra-se em sua vontade e pede a Deus o favor de ser ensinado quanto ao que deva desejar. Apesar de Deus haver determinado que ele pode pedir o que desejar, o homem se diminui e clama: "Meu Senhor, eis um pedido sobre o qual não tenho tanta certeza. Até onde posso julgar, é algo desejável, e eu o desejo; mas, Senhor, não tenho capacidade de julgar por mim mesmo e, assim, rogo que me concedas não como eu desejo, mas conforme desejares".

Conseguem perceber que, quando já nos encontramos em tal situação de poder pedir, nossa verdadeira vontade é a vontade de Deus? No fundo do coração, só desejamos aquilo que o Senhor de fato desejar; e nada mais temos a fazer, então, do que pedir o que desejamos, e que nos será atendido. Eis por que é garantido a Deus poder dizer à alma santificada: *Pedi o que quiserdes, e vos será feito.* Os instintos celestiais dessa pessoa a conduzem pelo caminho certo; a graça que está em sua alma elimina toda cobiça e todo desejo perverso, e seu desejo é, na verdade, reflexo da vontade divina. A vida espiritual é como um guia dentro dela, e as aspirações que alimenta são santas, sagradas, divinas. O ser se torna participante da natureza divina, e, assim como o filho é semelhante a seu pai, do mesmo modo ele é um com seu Deus em desejo e vontade. Assim como o eco responde à voz, também o coração renovado ecoa a mente do Senhor. Nossos desejos são como raios refletidos da divina vontade: pedi o que quiserdes, e vos será feito.

É claro que o santo Deus não poderia dizer a qualquer homem comum, da rua: "Darei a ti tudo quanto desejares". Pois o que ele pediria? Pediria certamente uma boa bebida ou desfrutar de tremenda luxúria. Seria muita irresponsabilidade conceder tal poder à maioria dos homens. Mas quando Deus escolhe alguém e o restaura, reavivando-o com nova vida, formando nele a imagem de seu querido Filho, então em tal homem se pode confiar! Ora, o grande Pai nos trata em alguma medida do mesmo modo com que trata seu primogênito. Jesus podia dizer, como disse: "Eu sabia que sempre me ouves"; e o Senhor nos leva a termos a mesma garantia. Vocês não ficam de "água na boca", desejosos desse privilégio de prevalecer na oração? Não anseia por isto o coração de vocês? É pelo caminho da santidade, da união com Cristo, é pelo caminho de permanência nele e obediência à sua verdade, que vocês hão de chegar a este privilégio. Contemplem o único e verdadeiro caminho. Quando for verdadeiramente trilhado, terá sido a maneira segura e efetiva de ganhar força substancial na oração.

Ainda não terminei. Uma pessoa terá sucesso na oração *quando forte for a sua fé*; é este o caso dos que permanecem em Jesus. É a fé que prevalece na oração. A verdadeira eloquência da oração é um desejo de crer. *Tudo é possível ao que crê* (Mc 9.23). O homem que permanece em Cristo e em quem permanecem as palavras de Cristo é eminentemente um crente em Cristo e, como consequência, vitorioso na oração. Tal homem tem de fato uma forte fé, pois o leva ao contato vital com Cristo, fazendo com que chegue à fonte de todas as bênçãos e podendo beber quanto quiser.

Tal homem, ainda, será *morada do Espírito de Deus*. Se permanecermos em Cristo, e as palavras dele permanecerem em nós, então o Espírito Santo virá e em nós fará sua morada; e que ajuda maior poderíamos aspirar? Não é maravilhoso que o Espírito Santo possa interceder aos santos segundo a vontade de Deus? Ele *intercede por nós com gemidos inexprimíveis* (Rm 8.26). Quem mais pode conhecer a mente de alguém que seu próprio espírito? Pois o Espírito de Deus conhece a mente de Deus; e opera em nós para que desejemos o que Deus deseja, de tal modo que a oração do crente é o próprio propósito de Deus refletido na alma, como espelho. A lei eterna de Deus projeta sua luz no coração dos salvos em forma de oração. O que Deus tenciona fazer ele o diz a seus servos ao levá-los a se inclinar e pedir que ele faça o que desejam. Profetiza ele: "Eu, o Senhor, o disse, e o farei (Ez 36.36b); e acrescenta: *Ainda por isso serei consultado da parte da casa de Israel, que lho faça* (Ez 36.37). É bastante claro, então, por que se permanecermos em Cristo e as palavras dele permanecerem em nós podemos pedir o que quisermos! Pois apenas pediremos o que o Espírito de Deus nos permite pedir; e é impossível que o mesmo Deus — Deus Espírito Santo e Deus Pai — tenha propósitos contraditórios a si próprio. O que um nos pede o outro, seguramente, já se determinou conceder.

Tracei há pouco uma linha, à qual volto agora por breve instante. Amado, você não sabe que, quando permanecemos em Cristo e suas palavras permanecem em nós, o Pai nos olha com o mesmo olhar com que vê seu querido Filho? Cristo é a videira, e a videira inclui os ramos. Os ramos são parte integrante dela. Deus, portanto, nos vê como partes de Cristo — membros de seu corpo, de sua carne e alma. Tal é o amor do Pai a Jesus que ele nada nos negará. Cristo foi obediente até a morte, e morte de cruz; por isso, o Pai o ama como o grande e único Mediador entre ele e os homens, e lhe concede tudo quanto pedir. Assim é que quando você e eu estivermos em real união com Cristo, o Senhor Deus olhará para nós do mesmo modo com que olha para Jesus e dirá: "Nada negarei; pedi o que quiserdes, e vos será feito". Assim compreendo o texto.

Quero ainda chamar atenção para o fato de o décimo quinto capítulo, no nono versículo, que não li hoje, dizer assim: *Como o Pai me amou, assim também eu vos amei* (Jo 15.9). O mesmo amor que Deus dá a seu Filho, o Filho dá a nós; e assim permanecemos no amor do Pai e do Filho. Como podem nossas orações ser rejeitadas? Não teria o amor infinito consideração pelos nossos pedidos? Ó, querido irmão em Cristo, se suas orações não atingem o trono, desconfie de que há algum pecado que está servindo de obstáculo: o amor de seu Pai vê alguma necessidade de advertir você. Se você não permanecer em Cristo, como poderá ter esperança de orar com sucesso? Se você separa e escolhe as palavras, e duvida disso, duvida daquilo, como pode esperar que sua oração atinja o trono? Se desobedece voluntariamente a alguma palavra dele, tal fato não será responsável pelo fracasso na oração? Mas permaneça em Cristo, apegue-se às palavras dele, seja um discípulo e ele o ouvirá. Ao sentar aos pés de Jesus e ouvir suas palavras, você poderá erguer os olhos para sua face e pedir: *Ouve-me, Senhor* (Sl 27.7) e ele responderá graciosamente: *No tempo aceitável te escutei e no dia da salvação te socorri* (2Co 6.2). "Pedi o que quiserdes, e vos será feito". Oh, o poder do trono!

Amados amigos, não ouçam este sermão agora para esquecê-lo daí a pouco, quando tiverem ido embora. Tentem alcançar esse poder de infinita influência de que lhes falo. Que igreja seríamos, fôssemos todos fortes em oração! Caros filhos de Deus, desejam ter fome? Amados irmãos, desejam ser filhos

O SEGREDO DO PODER DA ORAÇÃO | 1501

pobres, pequenos, mesquinhos e tolos, que jamais se tornarão homens e mulheres fortes? Anseiem, eu lhes rogo, por serem fortes no Senhor e desfrutarem desse caríssimo privilégio. Que exército vocês formariam se tivessem todo esse poder de Deus na oração! E ele está a seu alcance, ó filhos de Deus! Apenas permaneçam em Cristo e deixem que as palavras dele permaneçam em vocês, e esse privilégio especial lhes irá pertencer. Não se trata aqui de um dever enfadonho, mas, sim, de uma grande alegria. Lancem-se nesta busca de todo o coração, e quando vocês o tenham adquirido, tudo quanto pedirem lhes será feito.

Infelizmente, para uma parte dessa congregação, meu texto nada acrescenta; pois alguns nem ao menos estão em Cristo e, portanto, não há como permanecer nele. Ó amigos, que direi a vocês? A mim me parece que deixam escapar o céu neste momento. Ainda que não houvesse um inferno no futuro, já seria inferno bastante não conhecer Cristo agora, não saber o que é vencer com Deus em oração, não conhecer o raro privilégio de permanecer nele com as palavras dele permanecendo em você. O primeiro passo é que creiam em Jesus Cristo, para a salvação de sua alma, rendendo-a à purificação e entregando a vida ao seu governo. Deus o enviou como Salvador, aceitem-no. Recebam-no como seu mestre, curvem-se a ele como seu Senhor. Que seu gracioso Espírito venha e realize esta obra agora em vocês; e depois disto, não antes, que possam aspirar à sua honra. Antes de tudo, *necessário vos é nascer de novo* (Jo 3.7). Não posso dizer a vocês, do modo como agora estão: "Cresçam", pois apenas iriam se tornar pecadores maiores. Por mais que se hajam desenvolvido, vocês apenas desenvolverão o que está em vocês; isto é, o herdeiro da ira se irá tornar cada vez mais filho do mal. Vocês devem se renovar em Cristo. Deve haver em vocês uma mudança completa, uma reversão em todos os fluxos de sua natureza, tornando-os novas criaturas em Cristo Jesus. Então, poderão aspirar a permanecer em Cristo e que as palavras dele permaneçam em vocês, resultando em prevalência junto a Deus na oração.

Gracioso Senhor, ajuda-nos esta manhã. Pobres criaturas que somos, podemos apenas sentar a teus pés. Vem e ergue-nos a ti, em nome de tua misericórdia! Amém.

161

A CANDEIA

Nem os que acendem uma candeia a colocam debaixo do alqueire, mas no velador, e assim ilumina a todos que estão na casa. Assim resplandeça a vossa luz diante dos homens, para que vejam as vossas boas obras, e glorifiquem a vosso Pai, que está nos céus (Mt 5.15,16).

Nosso Salvador falava aqui da influência de seus discípulos sobre os outros homens, tendo antes mencionado a influência não visível, mas poderosa, que descreveu com a metáfora do sal: *Vós sois o sal da terra* (Mt 5.13). Assim que um homem renasce sob Deus, começa a afetar seus semelhantes com uma influência mais sentida que propriamente vista. A existência mesma do crente exerce influência sobre os que não creem. Ele é como o sal que é jogado na carne: seu sabor começa a penetrar em todos os que tenham contato com ele. A influência que não se pode observar, quase inconsciente, de uma vida santa é muito efetiva na conservação da sociedade e defesa contra a putrefação moral. Que haja sal em cada um de nós, pois "bom é o sal". Tenham sal em si e se tornarão uma bênção para todos que os rodeiam.

Mas há também em cada cristão verdadeiro uma influência manifesta e visível, que deve exercer, e esta nosso Senhor a representa com a imagem da luz: *Vós sois a luz do mundo. Não se pode esconder uma cidade situada sobre um monte* (Mt 5.14). De todo modo, embora o cristão autêntico exerça invisível e silenciosa influência salina sobre os que entrem em contato com ele; que busque também possuir a segunda e iluminada influência, que cobre área ainda maior e lida muito mais com a vida real; pois, enquanto o sal é para a carne morta, a luz é para os vivos. *Assim resplandeça a vossa luz diante dos homens, para que vejam as vossas boas obras, e glorifiquem a vosso Pai, que está nos céus* (Mt 5.16). Sal e luz são o poder de um cristão. Não acredito que um crente possa irradiar luz se não for sal; no entanto, alguns de nós são sal, mas não são liberais com a luz que detêm. Que Deus nos conceda a graça de podermos balancear o que é interno e o que é externo. Que tenhamos tanto o sal feito para conservar quanto a luz que deve ser difundida. Nossos pensamentos irão agora se concentrar na luz, e rogo seja ajudado a estimular o mais retraído e menos ativo de nós a exercer sua influência sobre as pessoas da melhor maneira possível; a coroar o testemunho silencioso de sua fé humilde com um testemunho aberto e manifesto em favor de seu Senhor e Salvador. A todos os que são sal conclamo a resplandecer sua luz diante dos homens.

A figura que usa nosso Salvador é doméstica, tomada emprestada das tendas e casas orientais. Fala de candeia, ou, de modo mais preciso, de uma lâmpada a óleo, lamparina, lampião. Assim, poderíamos ler: *Nem os que acendem um lampião o colocam debaixo do alqueire, mas no velador, e assim ilumina a todos que estão na casa.* Usarei de tal figura tanto ao modo ocidental quanto oriental, ora tratando-a como candeia, ora como lampião. Talvez seja melhor que a vejamos assim; mas, ainda que diversifiquemos a metáfora, não vamos de modo algum confundir a mente de ninguém quanto à importante verdade que visa a demonstrar.

Há três itens essenciais no texto. O primeiro é *acender* a candeia; depois *posicioná-la*; em seguida, *resplandecer*. Os dois primeiros se destinam a produzir o terceiro. Que aquele que produz toda luz ilumine nossas mentes, ao nos debruçarmos sobre suas santas e sábias palavras.

I. Reflitamos, em primeiro lugar, quanto a ACENDER. *Nem os que acendem uma candeia.* O acender da alma do homem, o que é? A alma, por natureza, não tem luz, sendo os homens, em geral, "entenebrecidos

A CANDEIA | 1503

no entendimento, separados da vida de Deus pela ignorância que há neles". O que seria, então, este acender?

Constitui, antes de mais nada, *obra divina*. Deus dá início a seu trabalho de criação dizendo: *Haja luz* (Gn 1.3); e houve luz. E, tanto quanto na antiga criação, na nova criação a primeira coisa que Deus faz surgir no coração do homem é a luz. *Com Deus está a sabedoria e a força; ele tem conselho e entendimento* (Jó 12.13). Bem diz Davi: *O Senhor é a minha luz e a minha salvação* (Sl 27.1). O Espírito Santo ilumina o entendimento, para que o homem perceba o desespero de sua própria condição e sua incapacidade de conquistar a salvação por suas próprias obras. O Senhor derrama luz na alma, para que Cristo seja visto pela fé e à visão dele o coração se incendeie, deixando a luz inundar o homem interior, para que não só veja a luz, mas tenha luz. A luz não só brilha sobre o coração, mas também a partir do coração. *Pois outrora éreis trevas* (Ef 5.8) — não só estávamos nas trevas, mas éramos trevas — *mas agora sois luz no Senhor* (Ef 5.8): não apenas se tem a luz do Senhor, mas se *é* luz, a alma se incendiou. Somente o Espírito Santo pode realizar esta obra. Nenhum ser humano terá luz dentro de si até que Deus, que disse *Fiat* na criação, faça surgir, pela mesma palavra, luz na alma. Diz o apóstolo Paulo a respeito dos salvos: *Porque Deus, que disse: Das trevas brilhará a luz, é quem brilhou em nossos corações, para iluminação do conhecimento da glória de Deus na face de Cristo* (2Co 4.6).

O acender da luz é obra *de separação*. Essa luz separa o homem daqueles que o cercam que sejam escuridão. Não o remove de seu local, não o tranca em um mosteiro; mas faz separação completa, pois, para se criar divisão entre a luz e a escuridão, tudo o que é preciso fazer é acender a candeia. A mais débil fagulha, por sua própria existência, já se distingue da escuridão: não é preciso rotular a luz para evitar que seja confundida com a treva, nem tem ela necessidade de soar uma trombeta anunciando: "Eis-me aqui". Pois que parceria poderia haver entre a luz e a obscuridade? Por isso, tão logo entra luz no coração do homem, ele se separa daqueles que estejam a seu redor na escuridão, chamado pela graça de Deus para uma vocação que de imediato estabelece diferença entre os escolhidos e o restante dos filhos dos homens. A escuridão não pode criar a luz, pois nem mesmo a compreende; por isso, *a luz resplandece nas trevas, e as trevas não prevaleceram contra ela* (Jo 1.5). Aqueles que estejam ao redor do cristão na obscuridade não o poderão remover da luz se sua vida permanecer na luz, em Cristo, em Deus. Já se percebe durante a conversão que uma estranha modificação tomou conta dele; e, como bem dizia o dr. Watts,[1] os outros "olham atentamente e se admiram, mas odeiam a mudança", e na verdade nada sabem sobre ela mais do que as corujas poderiam saber sobre o sol. De início, creem ser tal mudança uma espécie de melancolia, até que a experiência do cristão atinge o clímax e então passam a chamá-la de fanatismo, loucura, ou qualquer outro tipo de distúrbio da mente. Oh, abençoado "distúrbio"! Quisera Deus que aqueles que não o conhecem pudessem ser perturbados de igual modo! É o acender da candeia, e onde antes havia trevas agora é banhado pela luz celestial.

Muito embora não compreenda nem ame a luz, a escuridão é compelida a ceder a ela. A batalha entre luz e treva é curta e decisiva. Até onde a luz possa alcançar será sua conquista. Ainda que poucos raios solares irradiem para o céu, as flechas do sol penetram no coração da noite; e quando, ao brilhar a luz, atingir o meio-dia, terá desaparecido todo e qualquer resquício de escuridão no céu. Amado, ao nos conceder Deus a luz, criou também em nós um princípio de que devemos nos apropriar. Ainda que a escuridão seja densa como a que assolou os egípcios, não obstante há de ceder à luz. Deve-se esperar um conflito, mas a conquista é certa. Não devemos imaginar que a escuridão possa estender seus braços negros para alcançar nossa luz, mas também que venha rastejando aos pés de nossa candeia suplicando por uma centelha. A luz não pode coexistir com a treva por nenhum tipo de acordo, pois, como está escrito, Deus "fez separação entre a luz e as trevas. E Deus chamou à luz dia e às trevas, noite, dando assim a cada uma um nome e um caráter distinto, para que jamais se confundissem. Nenhum homem jamais conseguirá

---

[1] [NE] Isaac Watts (1674-1748), célebre teólogo, pensador e, sobretudo, autor de muitos e conhecidos hinos, considerado o Pai da Hinologia da Inglaterra.

misturar as duas: elas são e devem para sempre permanecer separadas e distintas. Até o fim dos tempos haverá duas sementes, dos herdeiros da luz e dos filhos da escuridão, e os dois nunca poderão ser um só. A luz guerreará com a obscuridade até que a luminosidade eterna tenha assumido sua plenitude, alcançando o zênite, quando então a terra será coberta do resplendor da glória de Deus. Até lá, vocês, filhos da luz, cuidem para que não tenham ligação com as obras inférteis da escuridão. O acender da candeia acontece desde a regeneração, podendo ser percebido no esclarecimento, na convicção e na conversão do homem. A questão, então, é: você já teve sua candeia acesa, caro amigo? Já recebeu a luz divina? Sentiu o toque da tocha celestial da Palavra, mediante a qual a luz vem e passa a habitá-lo, de modo que você se torne luz e resplandeça para a glória de Deus?

A iluminação divina é também *obra pessoal, em cada homem* que a ela se submeta. Diz o texto: *Assim resplandeça a vossa luz diante dos homens*. Quando se acende uma candeia, a luz que surge não pertencia originalmente a ela, mas assim que a candeia assume a chama, a luz produzida passa a ser sua, é a própria luz que ela passa a irradiar. Do mesmo modo, amados, a graça de Deus, a luz vinda do céu, chega a cada um de nós individualmente, a partir da mão divina, e é pessoalmente que a recebemos. A luz não é inerente a cada um de nós, sendo, por isso, concedida; mas tal concessão requer uma aceitação pessoal. Não é concedida como para uma nação ou uma família. Tal obra de iluminação não é realizada pela graça em larga escala, mas com cada homem, de per si. A alma é pessoal, e a graça o deve ser. Estamos na escuridão individualmente e devemos ser individualmente conduzidos à luz. Um por um, cada ser humano deverá aceitar a luz, permitindo que se acenda dentro dele, para que a própria natureza de seu ser, a vida mais interior que corre no centro de sua natureza, possa abraçar a chama e esta começar a nele arder. Deve realizar-se uma apropriação individual da luz, para que cada um de nós a torne própria. *Assim resplandeça a vossa luz*.

Não se iludam com ideias de "cristianismo nacional", ou "cristianismo hereditário"; a única crença cristã verdadeira é a da santidade pessoal. Não há como acender as candeias todas por atacado, de uma vez só, nem podemos juntar as candeias todas e usá-las para iluminação em massa. Hoje em dia, temos lâmpadas maravilhosas que podem ser todas acessas em um instante pelo simples toque da eletricidade; mesmo assim, cada uma das lâmpadas tem de receber a luz por si só, tornando-a própria. Não há meio de fazer a individualidade ser destruída e que os homens possam ser todos salvos coletivamente. Em cada homem a luz é peculiar e distinta. A luz que brilha em um ministro de Cristo é a mesma que brilha em outro, mas cada estrela difere da outra em glória. Pedro não é João, Paulo não é Tiago, Whitefield não é Wesley.[2] Se se pudesse examinar todo o rol das candeias e dos lampiões de Deus, jamais se encontrariam dois iguais. Muitos artistas exaurem a si mesmos apenas para acabar se repetindo; mas Deus é incansavelmente e infinitamente original: jamais dois traços de seu pincel serão iguais. A luz é um deles; a glória é outro; mas há a glória do sol, e outra glória, a da lua, e ainda as das estrelas; e há diferença na luz produzida pelos mais variados materiais combustíveis — assim como há a sua luz, meu irmão, minha irmã, e a minha luz.

É muito possível que você queira "endireitar" minha candeia, e você pode até tentar fazer isto; mas se o conseguir não a apague. Todavia, sua própria luz deverá ser sua principal preocupação, e o que deve é pedir, pela graça, que não se extinga. Sua luz é tão distinta da minha quanto sua vida difere da minha vida; embora, em outro sentido, seja verdade que a sua luz e a minha luz espiritual sejam uma só com toda a luz que jamais brilhou igual neste mundo. Em cada acender individual há uma apropriação pessoal da divina chama, após envio pessoal e distinto da sagrada luz segundo as características próprias da pessoa. Preste atenção a isso, para não se confundir e se crer iluminado do céu quando tudo não passe de fogo--fátuo de ilusão.

Gosto de os tradutores ainda usarem a palavra candeia — *Nem os que acendem uma candeia...* (Mt 5.15), pois hoje a luz de candeia é das mais modestas luzes artificiais. Nestes tempos de luz elétrica, quase

---

[2] [NE] Provavelmente refere-se a diferenças de modos de pregar e pensamento entre George Whitefield, presbiteriano, e John Wesley, arminiano, que, no entanto, unidos, desenvolveram o movimento metodista na Inglaterra, no século XVIII.

A CANDEIA | 1505

desprezamos a candeia; não obstante, pequenas luzes são ainda úteis, e até a vela ainda tem vez. Deus tem muitas modestas luzes; em sua grande casa ele tem velas, tem candeias, tanto quanto tem estrelas, e jamais gostaria de ver qualquer uma delas desperdiçada. Mesmo o mais trêmulo raio de luz é raio de Deus: pense nisto, você que nada mais pode fazer senão consolar uma criança ou dar uma esmola pelo amor ao querido nome dele. Você pode ser uma luz modesta, mas, se o Senhor lhe deu mesmo que seja uma simples fagulha do fogo sagrado, sua intenção é fazer você resplandecer. Há muitas luzes neste mundo, mas não o suficiente. Não podemos dispensar o Sol, e seria uma calamidade se a menor das estrelas se apagasse. Não podemos dispensar as modernas invenções que tanto nos são úteis e confortáveis ao tornar em dia nossa noite; e sabemos perfeitamente que hoje muito sentiríamos sua falta nos assombrosos becos escuros. Não podemos nos dar ao luxo de perder um único raio de luz neste nosso céu enevoado, denso e tão cheio de nuvens. A igreja, como o mundo, precisa de toda a luz e muito mais. Eu pediria, portanto, a todos os irmãos e irmãs que aqui estão e que têm talento que compreendessem a necessidade que se faz de usá-los. Sua luz, meu amigo, pode ser apenas uma débil chama, mas você não deve escondê-la, pois todas as luzes são de Deus e concedidas com gentil e gracioso propósito pelo grande Pai das luzes.

Perceba-se, ainda, que acender a candeia *é obra que necessita ser sustentada*. Embora o acender seja um processo realizado em um momento, é também, por assim dizer, um ato a longo prazo; pois o lampião, no caso, necessita ser mantido aceso, e não pode ser deixado por sua conta; necessita ser abastecido constantemente, por consumir combustível. Que nenhum de vocês, portanto, pense poder estabelecer certo momento como definitivo, dizendo *quando fui convertido*, acreditando poder viver depois como bem entenda. Que o impeça Deus! Os salvos em Cristo provam sua conversão com a perseverança, que resulta do contínuo abastecimento de divina graça em sua alma. Considerem, pois, a si mesmos em relação a isso, e não em relação a uma ocasião especial em que foram separados da escuridão pela luz — pois estarão ainda como luzes no Senhor? Têm combustível em sua alma, em seu lampião? Buscaram Jesus? É bom que o tenham buscado; mas continuam buscando-o? Este é o ponto. Lembrem-se, trata-se de ato presente: continuar buscando. Foi bom terem vindo a Jesus, mas isto é apenas o começo; a questão é "continuar vindo", vir constantemente, como uma pedra viva. Nossos pulmões precisam continuamente, como todos sabem, de suprimento renovado de ar. De nada me adianta ter respirado há pouco; estaria morto se não continuasse a respirar. Devemos todos, também, nos alimentar sempre: Você comeu ontem? Mas será que poderia passar hoje sem comer? Precisamos de regularidade no crescimento de nosso corpo; o mesmo se dá com nossa alma. Se o negligenciarmos, se imaginarmos que algo feito há vinte anos é tudo o que é preciso, estaremos cometendo terrível engano. Deve haver constante abastecimento do lampião, o que, na verdade, é a continuação necessária do acender.

Permitam-me dizer ainda que a obra do acender, quando feita a um homem, acaba por *consagrá-lo inteiramente a irradiar luz*. Uma candeia acesa, se assim mantida continuamente, estará voltada a irradiar luz. É para tal fim que é feita, não para ser colocada em um armário de vidro para ser admirada; mas, sim, para ser acesa e iluminar em torno. Abençoado é o homem que pode dizer, como o salmista: *O meu zelo me consome* (Sl 119.139). Alguém poderia argumentar que, no caso do lampião, seu trabalho não o consome. Sim, mas, ao cumprir seu objetivo de iluminar, ele consome continuamente seu suprimento de combustível, com que alimenta a chama. Assim como o lampião, seja ele de latão, ouro ou prata, vidro ou cristal, é destinado a fornecer luz, se Deus vier a acendê-lo, meu caro irmão, você será separado de qualquer outro propósito principal em sua vida e destinado, sobretudo, ou apenas, àquele de irradiar luz. Você pode querer ser, e não deixar de ser, outras coisas na vida, de acordo com seu próprio desígnio humano, mas qualquer coisa que venha a ser deverá ser subordinada ao seu chamado. Gostaria até que alguns homens mantivessem seus afazeres terrenos em nível muito mais subordinado, do que de fato mantêm, à convocação de Deus.

O principal propósito de um cristão na vida deve ser a causa de Cristo. A atividade principal de alguém que Deus chama é a de viver como seu eleito. Olhem para Jesus. Como homem, era carpinteiro, mas confesso que raramente penso nele como tal; é como Salvador dos homens, como mestre, como servo de Deus, que está em minha mente. Do mesmo modo, o cristão deve viver, se for carpinteiro, de tal modo que sua fé absorva a carpintaria; se comerciante, escritor, orador, deve viver e agir de maneira que o primordial em seu caráter seja o fato de ser cristão. Se é uma candeia, um lampião, sua função principal é a de iluminar. Pode-se usar uma candeia para diversos fins: vi uma vez um homem que usava o lampião para lhe fornecer querosene para lubrificar um serrote; outro que usava seu combustível para tornar suas botas aptas a andar na neve; mas estes não são propósitos reais para os quais esse tipo de objeto foi criado: um lampião, uma candeia, uma lamparina, perde o objetivo de sua existência se não fornecer luz. Não duvido que se possa usar uma candeia como peso, como enfeite, ou qualquer outro propósito; mas não é instrumento adequado para qualquer outra finalidade que não a de iluminar. Tudo é adequado e melhor quando realiza o propósito para o que é designado. Já viram um cisne fora d'água? Quão canhestro é o seu andar! Que ave desajeitada parece ser! Mas vejam-no singrando a água. Que belo modelo para um barco! Que graça! Que beleza! O mesmo se dá com o cristão; sua beleza só é vista quando ele está em seu desígnio próprio e adequado; dê a ele outro objetivo e se tornará desajeitado e deslocado. Ao buscar ajudar e levar a salvar seus semelhantes, está onde Deus gostaria que estivesse, e então todos os traços da sabedoria criadora, todas as belezas da divina graça, nele se manifestam. Que cuidemos, pois, do nosso acender, que seja um iluminar desde os céus, um brilhar que se torne luz própria, um resplandecer que tome posse de nós e que nos consagre plenamente; e que seja mantido perpetuamente, pela visita do Espírito de Deus.

Isto encerra o primeiro tópico.

II. Iremos agora, em segundo lugar, refletir sobre o POSICIONAR da candeia. *Nem os que acendem uma candeia a colocam debaixo do alqueire* (Mt 5.15). É de grande importância essa colocação para um homem — sua luz pode ser bloqueada ou obter maior alcance. O ato principal consiste em ser aceso e ter luz para iluminar; mas o segundo em importância é onde se colocar quando tiver luz. Algumas pessoas acham-se em posição ou localização completamente inadequada ao encontrarem Cristo. Como poderá um lampião brilhar, por exemplo, se caído em um rio? Depois da conversão de algumas pessoas, seu deslocamento se torna, por isso, necessário. É importante o fato de que, ao chamar Abraão, Deus não o tenha permitido ficar mais em Ur dos Caldeus. O local em que Abraão deveria brilhar não era nem mesmo Harã; deveria chegar à terra escolhida e ali peregrinar como príncipe pastor, pois somente neste local e sob tal conduta é que Abraão deveria poder brilhar para a glória de Deus. A muitos homens cabe permanecer onde estão para poder resplandecer; outros têm de passar por uma mudança de local, posição, situação, antes que possam espalhar sua luz com a intensidade que o Senhor deseja que o façam. Este fato, amigo, pode ser responsável por você ter mais problemas depois que foi convertido do que antes. Era-lhe permitido ficar como que parado até agora, mas agora que você foi efetivamente chamado por Deus, deve sair do "esconderijo". Não importa onde você se encontrava quando não irradiava luz; tanto faz se estava dentro de uma caixa, em um armário ou em qualquer outro lugar: agora que está aceso, você deve ser colocado no velador, que é o lugar próprio onde se coloca a candeia, ou lampião, quando aceso o instrumento; por isso, passará por processos da Providência que poderão ser, de certo modo, um tanto dolorosos para você. A colocação, quer envolva uma remoção quer não, é realizada pela providência de Deus: um homem é colocado aqui, outro ali, e é bom que enxerguemos nossa colocação sob esse ponto de vista. Deus nos situa onde melhor possamos servir à sua causa e abençoar nossa vida. Se você pudesse ser um lampião de rua, talvez preferisse ser um lampião no Hyde Park, para brilhar sobre os nobres que passam por ali; mas pobres almas também necessitam de luz nos becos escuros, naquele ninho de coruja onde irlandeses brigam ou beberrões assassinam a esposa. Na verdade, aquele que ama Deus, se tivesse escolha, escolheria brilhar no pior dos lugares que no melhor. "Oh, como eu gostaria de frequentar uma igreja de corações afáveis!", dirá alguém. Pois, justamente, se você é esforçado e resistente, então muito me alegra saber que foi colocado em uma lúgubre vila onde as pessoas quase morrem esfaimadas de vida espiritual. "O quê? Alegra-se porque eu tenha de sofrer?" Não, não ficarei feliz por isso, mas por você ser uma pessoa forte, que não sofrerá, mas sacudirá outras pessoas, isto é, tornará tarefa difícil para o ministro, os diáconos e toda aquela igreja continuar na triste condição de não serem nem quentes nem frios; espero que sirva para

A CANDEIA | 1507

agitá-los, para trazê-los mais próximos a Cristo. Quantas vezes um local que parece horroroso acaba se tornando agradável quando o enxergarmos sob essa ótica! A providência nos coloca onde mais podemos render luz, e, se nossa candeia é posta em meio à escuridão, onde mais deveríamos estar? Este tabernáculo, por exemplo, me lembra muito aqueles lustres feitos de rodas de carroça, repletos de velas, usados em nossas estações ferroviárias. Temos aqui várias candeias brilhando juntas, e quando alguma delas é removida para ser levada embora, seja para a Austrália, para a América ou a Índia, muito me entristece ter de perdê-la, mas me deixa feliz saber que esteja indo para um local onde poderá fazer maior bem do que aqui. Por que motivo não deveríamos ser espalhados como os primeiros crentes? Por que motivo as candeias não devam ser levadas aonde a escuridão está? Por que deveríamos manter uma iluminação infinita em determinado ponto em particular, apenas para alegrar nossos olhos, em vez de levarmos luz para toda parte? Cabe dizermos uns aos outros: "Eis aqui uma candeia, que ela possa brilhar em sua casa"; ou: "Tome aqui este lampião, pendure-o em sua cabana, e que Deus o abençoe".

Apesar de eu ter falado sobre a providência, muito da nossa localização está em nossas próprias mãos. Há lugares em que podemos situar-nos a nós mesmos, como, por exemplo, o mencionado no texto, que nos podem ser tão prejudiciais quanto seria uma candeia colocada sob um alqueire; mas é possível nos colocarmos em um lugar que traga vantagens, como quando um lampião é colocado em um poste de rua.

Observem, primeiro, a *condição negativa: Nem os que acendem uma candeia a colocam debaixo do alqueire.* O alqueire era um recipiente para medir grãos, que havia em quase toda casa oriental, chamado assim embora não tivesse propriamente um alqueire[3] de capacidade, mas, sim, geralmente, menos até de cerca de dez litros. Tal medidor era comum nas casas, porque todos, ou quase todos, plantavam seu próprio cereal, e com frequência o vendiam ou trocavam com os vizinhos. O alqueire, para mim, conforme está no texto, representa as buscas da vida comum — as vocações próprias e naturais da pessoa. Muitos homens e mulheres escondem sua candeia, que Deus acendeu, sob o alqueire de seus negócios, seu trabalho profissional ou seus afazeres domésticos. Mas, perguntarão vocês, uma dona de casa não deve ser uma dona de casa? Decerto que sim; mas não a ponto de ter de esconder sua fé. O lavrador não deve trabalhar seu campo? Evidentemente; mas não precisa trabalhar tanto pelo pão que perece de modo a perder a vida eterna. O homem de negócios não deve empregar sua atenção no que faz? Claro que sim; mas deve cuidar sobretudo de não perder sua própria alma nem magoar a alma dos outros. Cuide de seu alqueire; ninguém está pedindo que o jogue fora; apenas não coloque sob ele, não lhe subordine, a candeia cheia de luz que Deus lhe dá. Mantenha, pelo contrário, subordinadas todas as coisas mundanas à glória de Deus. Não permita que suas posses ou seus desejos, seus prazeres ou seus cuidados sirvam de alqueire para esconder sua própria luz espiritual. Isto acontece com muita gente. Terei de pedir à minha consciência para ser gentil e pregar em meu lugar por um minuto ou dois. Podem, por favor, olhar um instante para sua vida, caros amigos, e ver onde colocam seus interesses pessoais e sua fé? O que está por cima? Qual o mais eminente? A fé é a sua ocupação principal, ou a sua ocupação principal mundana é a sua religião? Sua candeia brilha sobre a medição de sua colheita, ou a medição de sua colheita encobre a luz da candeia? Não irei me demorar muito neste questionamento, pois cabe a vocês responderem em silêncio, cada qual por si.

Sei, por exemplo, como um ministro da igreja de Deus pode colocar sua candeia sob o alqueire: ele pode ser um simples dirigente ou administrador da congregação e realizar friamente seus deveres, sendo nada mais que um "oficial" da igreja. A pior coisa a se fazer com o evangelho é *volvê-lo eclesiástico* , pois quando o pregamos como meros "ministros da Palavra" perdemos todo o poder: temos de falar como homens comuns a homens comuns. Um irmão ministro me disse, outro dia: "Tão logo subo ao púlpito, cessa o meu eu natural". De nada adianta isto; um homem, ao servir a Deus, deve ser ele mesmo por inteiro, e se há um momento especial em que o deve principalmente ser é durante a pregação. Também encobre-se a candeia ao se usar palavras difíceis para pregar, palavras que não são desagradáveis para pessoas educadas,

---

[3] [NE] Antiga medida para secos, equivalente a 36,27 litros em diversos lugares, a 13,8 litros em Portugal e entre 12,5 e 13,8 litros no Brasil.

mas que assim soam para o grosso dos ouvintes; ou usar palavras técnicas, como as que usamos nas salas de aula ou durante nossas discussões, e que afastam as pessoas do entendimento necessário. Conheço cristãos que colocam também sua candeia sob o alqueire ao serem excessivamente tímidos e se envergonharem com facilidade; não são tão retraídos assim se o assunto envolve notas de libras, só quando têm de falar de Cristo, então coram e gaguejam. Oh, que eles possam superar este obstáculo! Outros colocam a candeia debaixo do alqueire por atuar sem consistência: não agem como o cristão deve agir, e quando as pessoas veem as más obras que cometem, não glorificam a Deus desculpando-se. Não permita Deus que sua escuridão seja mais eminente que a luz. Alguns ainda, receio eu, encobrem a candeia com o alqueire da indiferença: parecem não se importar com a causa e o reino de Cristo. Cuidam bastante do estado de suas terras ou de seus negócios, mas pouca preocupação têm com relação à casa do Senhor. Eu lhes rogo, caros amigos, que não escondam sua candeia de modo algum. Não deixem que suas obrigações mundanas, seus relacionamentos, suas doenças, suas perseguições ou tristezas particulares se tornem exageradas a ponto de trancafiar a luz divina contida em sua alma.

Nosso texto, não obstante, é *positivo*. Coloque seu lampião em um velador ou em um poste. Que locais são estes? O velador é um lugar alto, adequado para colocar velas ou, no caso, uma candeia, para iluminar em torno; assim também, todo crente deve mostrar a todos sua fé. O melhor modo de fazê-lo está escrito na palavra de Deus: *Quem crer e for batizado será salvo* (Mc 16.16). Cuide para declarar fé de maneira apropriada. "Porque", como diz Paulo, *se com a tua boca confessares a Jesus como Senhor, e em teu coração creres* [...], *serás salvo* (Rm 10.9). Sendo você candeia, não diga "brilharei, mas ficarei no chão para fazê-lo"; não, seu lugar é no velador, no poste, em local adequado. Faça parte da igreja de modo a ser colocado de acordo com a necessidade e a conveniência do divino lar. Um poste, um velador, torna o lampião suficientemente visível. Se você não irradiar sua luz devidamente, e de modo voluntário e feliz, é bem provável que o dono da casa resolva fazê-lo. A providência cuidará então que sua luz não fique escondida. Veja o que fez o Senhor por sua igreja anos atrás: permitiu que ela fosse perseguida publicamente. Que belo poste, para irradiar sua luz e chamar atenção, foi para o cristianismo o martírio do Coliseu ou as fogueiras públicas acesas por pagãos e papistas e todos os demais suplícios que os verdadeiros crentes em Cristo, em épocas diversas, foram levados a enfrentar. Quando não havia ainda imprensa, quando mal havia oportunidade de se fazer o evangelho vir a público, se comparado com os dias de hoje, o Senhor fez com que suas testemunhas sobrevivessem a governantes tiranos e tornassem públicas, nos lugares os mais públicos, as palavras de sua salvação. A perseguição construiu o farol, e o divino amor colocou no alto a resplandecente luz da sagrada verdade. Talvez você descubra que Deus quer fazer de você candeia semelhante. Você ser forçado a testemunhar para sua família mesmo com a oposição de alguns que o rodeiam, a menos que você possa usar de outros meios, talvez menos eficientes. Devemos ser corajosos para com a verdade, falando dela com prudência, sim, mas sem qualquer restrição.

Anseio pelo dia em que os preceitos de Cristo serão lei entre todas as classes dos homens, em todas as nações. Muitas vezes ouço dizer: "Não misture política e religião". Mas estes são precisamente campos que se devem misturar, colocando a fé à vista de todos os homens, como em um velador. Gostaria que o Conselho Ministerial do governo e os membros do Parlamento realizassem seu trabalho pela nação britânica como se para o Senhor, e que o país, em tempos de guerra ou de paz, refletisse sobre seus assuntos nacionais à luz da justiça de Deus. Temos de nos relacionar com outras nações, em todos os assuntos, sempre levando em conta os princípios do Novo Testamento. Agradeço a Deus por ter vivido a ponto de ver tal tentativa ser feita em uma ou outra ocasião e rogo que esses princípios se tornem dominantes e permanentes na gestão pública. Já tivemos na governança muitos homens sábios, mas sem consciência; que agora possamos ver o que homens honestos e tementes a Deus são capazes de fazer. É-nos dito que devemos sempre considerar sobretudo os "interesses britânicos", como se não fosse sempre interesse da nação fazer aquilo que é correto. "Mas temos de levar a cabo nossas políticas específicas", argumentam. Pois eu digo que não! Que as políticas que não tenham embasamento adequado sejam lançadas como ídolos de prata e de ouro às toupeiras e aos morcegos. Apeguemo-nos tão somente à mais admirável das

A CANDEIA | 1509

políticas: *tudo o que vós quereis que os homens vos façam, fazei-lho também vós a eles* (Mt 7.12). Quer sejamos rei, rainha, primeiro-ministro, membros do parlamento ou varredores de rua, tal deve ser a máxima de um cristão.

Sim; e levem ainda a religião a seus trabalhos e negócios, e que a luz brilhe tanto na fábrica e no escritório quanto na corte. Assim, não usaremos de subterfúgios para enganar os estrangeiros ao lhes vender tecidos; nem veremos artigos baratos e desprezíveis sendo vendidos ao público com se da melhor qualidade, nem qualquer outro ardil que se parecem usar frequentemente nos negócios de hoje. Vocês, negociantes e fabricantes, são muito semelhantes uns aos outros neste ponto: há truques em todas as transações, e pode-se observá-los em toda ocasião. Creio que todos são honestos, aqui na Inglaterra, na Escócia e na Irlanda, até que se prove o contrário; mas se há alguém que seja de fato incorruptível a ponto de jamais poder ser pego em armadilha, isto não posso dizer, pois não sou juiz.

Não coloque sua candeia debaixo do alqueire, mas a deixe brilhar no velador, pois ela existe para que possa ser vista. A fé deve ser vista tanto em nossa mesa como na do Senhor. A santidade deve ter tanta influência na Câmara dos Comuns como o tem na assembleia dos santos, e permita Deus que venha o dia em que a enganosa divisão entre o secular e o religioso não mais exista, pois em tudo deve o cristão glorificar a Deus, como bem diz o preceito: *quer comais quer bebais, ou façais qualquer outra coisa, fazei tudo para glória de Deus* (1Co 10.31).

III. O tempo urge; mas quero mantê-los aqui mais um pouco, somente para lhes falar, agora, acerca de RESPLANDECER: *Assim resplandeça a vossa luz diante dos homens* (Mt 5.16).

Quando uma candeia brilha, resplandece, não o pode evitar. Brilhar é o resultado natural de possuir luz, e quero que vocês, caros irmãos, exerçam tal sagrada influência sobre os outros, pois a graça de Deus está de fato em vocês. Alguns homens fazem desesperadas tentativas de *parecerem* bons; mas teriam sucesso se buscassem *serem* bons. A graça deve existir no homem como fonte viva, com rios de água viva dele fluindo. O resultado natural de um coração renovado é uma vida renovada, e o resultado natural de uma vida renovada é o homem que vê e glorifica Deus.

Brilhar, ou resplandecer, no entanto, não é, de todo modo, algo de tanta necessidade que exija toda a nossa atenção exclusivamente para isso, e o texto exige tal cuidado de nossa parte: "*Assim* resplandeça a vossa luz". Devo pedir ao editor deste sermão que coloque a palavra "assim" em maiúsculas. "ASSIM resplandeça a vossa luz — ASSIM *resplandeça vossa luz diante dos homens, para que vejam as vossas boas obras, e glorifiquem a vosso Pai, que está nos céus* (Mt 5.16)". Ou seja, você não irá brilhar abundantemente, da melhor maneira possível, ainda que tenha graça em seu coração, a menos que abunde também em oração, cuidados e sinceridade de coração. Deve cuidar do coração, dos lábios, das mãos, ou então sua luz não resplandecerá diante dos homens *assim*, ou seja, quanto é necessário e esperado. Sua luz precisa de atenção para poder resplandecer como deve. Não seja negligente.

O objetivo do brilho do cristão é indicado aqui como sendo para mostrar suas *boas obras*. O bom falar é algo valioso, mas é preciso muito bom falar para iluminarmos em torno; já as boas obras são o *esplendor* da luz de Deus. Mas que obras são boas obras? Respondo: ações corretas, relações honestas, comportamento sincero. Quando um homem é verdadeiro em seus escrúpulos e rigorosamente leal, então as pessoas de boa mente reconhecem ser suas obras boas. As boas obras são obras de amor, obras altruístas, obras realizadas em benefício dos outros e em prol da glória de Deus. Feitos de caridade, benignidade e fraternidade são boas obras. Como também o são a cuidadosa atenção ao dever e todo serviço feito honestamente, além de todas as ações que promovam o bem moral e espiritual de nossos semelhantes. As obras de devoção, em que você prova seu amor a Deus e a Cristo, que você ama o evangelho e deseja aumentar o reino de Deus — talvez tais ações não sejam muito consideradas pelas pessoas em geral, mas são obras eminentemente boas. Que estas obras boas e verdadeiras abundem em você e irradiem de você; não as realize por ostentação, mas também não as faça com vergonha.

As boas obras, como o resplandecer de uma candeia, têm bons efeitos. Uma candeia alegra o que era escuridão. Quão reconfortante é, depois de muito se andar no escuro, avistar uma luz pela janela de uma cabana! A candeia dá direção e rumo aos homens, orientação a eles com a sua luz. Mediante sua luz, os homens veem, descobrem, discernem. Aquele que age ensina. O homem que vive a cristandade a prega. É o verdadeiro evangelista aquele cuja vida traz glória a Deus e benevolência aos homens.

Mas notem que é dito: "... ilumina a todos os que estão *na casa*..."; de modo que, quando somos acesos pelo céu, devemos em primeiro lugar iluminar os que estão mais em torno de nós, em nossa casa. Não é só do lado de fora, portanto, que devemos propagar nossa cristandade, mas, antes de tudo, no ambiente familiar, àqueles que estão mais junto de nós, dentro de nossa casa. Algumas pessoas têm uma casa muito pequena, vivem até em quartos apertados com sua família; mas que cuidem para que tenham graça suficiente para tornar estas poucas pessoas felizes, que já não é fácil. Outras têm uma grande família; que possam ter graça suficiente para influenciar a todos os familiares. Alguns que têm grandes empresas, empregam muitas pessoas, devem exercer sagrada influência em todos os seus contratados. Outros são pregadores do evangelho e têm assim uma casa ainda maior, que devem iluminar: precisam, pois, ainda mais do óleo da graça, para que possam iluminar a todos os presentes na casa, para que a graça chegue a cada um. O mundo todo, por sua vez, é uma grande casa, em que a igreja é uma candeia. Todo membro da igreja, portanto, deve brilhar, cada um em seu lugar, para que o mundo todo possa ser preenchido com o conhecimento da glória de Deus.

O texto diz que a candeia dá luz a *todos* que estão na casa. Alguns dão luz apenas a uma parte da casa. Conheci mulheres que eram muito gentis para com todas as pessoas, menos com seus maridos, que desprezavam desde a manhã até a noite, de tal sorte que não rendiam luz alguma para eles. Conheci também alguns maridos que tanto frequentavam nossos encontros que acabavam por negligenciar seu próprio lar, e assim faziam faltar luz a suas esposas e filhos. Conheci patrões completamente alheios a seus servos; e patroas que quase sempre se esqueciam de buscar fazer o bem para suas criadas. Quando nossa luz está funcionando de maneira correta, ilumina tanto a sala de estar quanto a cozinha, os quartos, o escritório e a área de serviço, iluminando assim todos aqueles que estão na casa. A candeia não concentra seu poder de iluminação apenas nesta ou naquela direção, mas brilha em todas as direções. Assim também deve o cristão ser um homem que abranja toda a gama de seres humanos, abençoando a todos quanto, grandes ou pequenos, entrem em contato com ele.

O objetivo do nosso resplandecer, segundo o texto, não é o de mostrar aos outros quão bons nós somos, nem mesmo que sejamos vistos, mas, sim, para que possam ver em nós a graça e Deus e percebam: "Que Pai bondoso estas pessoas devem ter!" E é esta, aliás, a primeira vez no Novo Testamento que Deus é chamado de nosso Pai. Não é notável que a primeira vez em que Jesus assim chama a Deus é justamente quando diz que os homens devam ver as boas obras de seus filhos? A paternidade de Deus é, assim, mais bem vista na santidade dos santos. Ao verem os homens que a luz é boa, abençoarão a fonte daquela luz, e, sabendo então que ela provém do Pai das luzes, hão de glorificar seu nome.

Tive de correr com tudo isso, mas rogo a Deus que torne meu discurso efetivo em estimular todo cristão aqui presente a usar toda a luz que possui. Este mundo é de fato muito obscuro e parece que tende a escurecer ainda mais, pois os emissários de Satanás têm sede em apagar cada uma de suas luzes. Cuidem bem, então, da chama, e sigam em frente, clareando a noite escura, ao encontro do Noivo. Ergam bem alto suas tochas em plena escuridão e levem os homens a ver que Deus Pai ainda e sempre está em meio a seu povo.

São Beda,[4] cognominado O Venerável, interpretando este texto, diz que Cristo Jesus trouxe a luz de sua divindade à pobre candeia da nossa humanidade, colocando-a no velador de sua igreja, para que toda a casa do mundo pudesse ser por ela iluminada. Assim é. O motivo pelo qual há luz na igreja é para que aqueles que estão na escuridão possam ver. As igrejas não existem para si mesmas, mas para o mundo. Já

---

[4] [NE] São Beda (c. 673-735), beneditino anglo-saxão, poeta, gramático, historiador, teólogo, doutor da Igreja, é considerado o primeiro erudito bíblico, precursor da escolástica, e um dos mais destacados da Idade Média, tendo se notabilizado por apoiar seus comentários e homilias nos pais da Igreja.

pensaram nisto, crentes professos? Vocês são abençoados para que sirvam de bênção. Prestem atenção, pois, para agir corretamente. Vocês comparecem ao banquete das bodas de Cristo, regozijam-se em saber que ele transformou água em vinho e muito se alegram em bendizer aquele que guardou o melhor vinho até agora. Mas, ó servos de Deus, lembrem-se do que é dito por Jesus aos serventes quanto ao vinho já transformado, nas talhas: *Tirai agora e levai* (Jo 2.8). Esta, a sua ordem. Este, o vinho feito por Deus: *tirai agora e levai*. O que receberam da plenitude de Cristo o distribuam aos outros. Não negligenciem da tarefa que lhes cabe como serventes do Senhor na grande festa. Seu Mestre tomou o pão, o abençoou e partiu e então o deu a vocês. E vocês? Deixarão que este seja o fim do processo? Ficarão parados, mastigando a parte que lhes cabe com gananciosa autossatisfação? Mas se são, de fato, discípulos de Cristo, hão de se lembrar das palavras que então se seguem: *deu-os aos discípulos, e os discípulos às multidões*. Todos comeram [...] (Mt 14.19,20). Repartam, pois, o pão entre os famintos que os rodeiam. Tomem de Cristo o pedaço que lhes cabe e depois o dividam e distribuam com justiça, e terão ainda tanto ou mais quanto receberam de início; sim, só de reunirem as sobras terão mais: terão muitas cestas cheias. Tenham cuidado apenas de dar generosamente aquilo que tão generosamente receberam; evitando guardar o maná, que, escondido, faz grassar o mofo e a podridão; impedindo que o azinhavre se apodere de seu ouro e de sua prata; não deixando que sua própria alma se embolore e se corrompa diante de Deus, por não terem doado aos famintos nem buscado ensinar àqueles que perecem por falta de conhecimento.

A Sociedade Missionária Batista os chama, esperando que queiram doutrinar pagãos. Façam parte dela. Vão, e façam a colheita! Façam o melhor!

162

OS OLHOS E A LUZ

Ninguém, depois de acender uma candeia, a põe em lugar oculto, nem debaixo do alqueire, mas no velador, para que os que entram vejam a luz. A candeia do corpo são os olhos. Quando, pois, os teus olhos forem bons, todo o teu corpo será luminoso; mas, quando forem maus, o teu corpo será tenebroso. Vê, então, que a luz que há em ti não sejam trevas. Se, pois, todo o teu corpo estiver iluminado, sem ter parte alguma em trevas, será inteiramente luminoso, como quando a candeia te alumia com o seu resplendor (Lc 11.33-36).

Nesta parábola, nosso Senhor Jesus Cristo é a luz. Alguns viram sua luz e ficaram deslumbrados, como a mulher que clamou a Jesus, ao ouvi-lo pregar: *Bem-aventurado o ventre que te trouxe e os peitos em que te amamentaste* (Lc 11.27). Já os ímpios nunca viram sua luz e ainda ousaram atribuir seus milagres ao príncipe das trevas, enquanto outros alegaram ver tão pouca luz que exigiram dele um sinal dos céus. A resposta mais frequente de nosso Senhor era continuar brilhando. Ele veio para ser visto por todos, do mesmo modo que é este o propósito de uma candeia. Não se acende uma candeia para colocá-la no porão ou escondê-la sob um alqueire: a candeia é acesa com a finalidade de que todos que entrem na casa possam ver a luz. Nosso Senhor Jesus Cristo não tinha motivo por que se ocultar. Assim, no estreito círculo da Terra Santa, brilhava de modo tão intenso que até os gentios eram atraídos pelo seu resplendor. Não obstante, para torná-lo ainda mais visível, até os confins da terra, teria de ser colocado bem no alto, como radiante luz. Foi erguido pela crucificação; logo, alçado mais alto pela ressurreição e elevado da terra ao céu pela ascensão; e, em outro sentido, levantado mais ainda pela descida do Espírito Santo e pelo seu ministério difundido por seus seguidores. Nosso Senhor foi assim retirado de baixo do alqueire da obscuridade que poderia sua origem humilde justificar, removido da penumbra do porão da então menosprezada nação judaica e colocado em amplo espaço aberto, onde gregos e romanos, bárbaros e citas puderam desfrutar de sua luz e nela se regozijar. A nós nos cabe preservar e proclamar seu nome e sua verdade ante o mundo, enquanto se aguarda o tempo em que todo olho o verá, assentado no trono de sua glória.

É de sua vontade que todos venham a contemplar a luz de seu evangelho, tal como diz o texto: [...] *para que os que entram vejam a luz*. Quem quer, portanto, que adentre uma igreja, ou mesmo o mundo, deverá deparar com essa candeia: o evangelho é para ser pregado a toda criatura sob o céu. Seus poderosos feitos de salvação não devem jamais ser escondidos, mas estar disponíveis, sempre, à visão de todos. Quem tem olhos para ver que veja. E, se você não enxerga Jesus, não é por que ele se esconda, mas porque seus olhos, sim, é que estão cegos. A luz que emana da face de Jesus se destina a todos os olhos humanos; mas o suave brilho da glória do mediador é propício apenas a olhos que estejam aptos a olhar para ele e viver. Sua luz, porém, não é feita especialmente para os ricos, sábios e fortes, mas para os homens comuns, na mera qualidade de homens. Sua doutrina não se destina a ser monopólio de alguns poucos eruditos e letrados, mas é, sim, herança comum, inclusive, daqueles que trabalham e suportam pesado fardo. Assim como irrompe a manhã para os olhos cansados, mas que vigiaram e aguardaram por toda a noite, brilha também a luz do glorioso evangelho para todos os que esperam na escuridão ansiando com fé pela luz de Deus.

Amados, a melhor coisa a se desejar é que a luz dada de forma gratuita pelo Senhor Jesus resplandeça em nossa alma. Lá está ele, como radiante luz, no alto, eminente à vista de todos; mas precisamos que essa luz, que se encontra fora da casa, venha a iluminar o seu interior, o âmago da alma. Nada há que

OS OLHOS E A LUZ | 1513

verdadeiramente precise de mais luz que o interior do homem. Somos, por natureza, candeias apagadas. Quer queiramos ou não, estaríamos todos, por nossa própria natureza, sucumbidos na noite de trevas do Egito. Bem disse o apóstolo: *Pois outrora éreis trevas* (Ef 5.8). Muito é dito sobre a luz da consciência, mas essa luz, sob diversos aspectos, é quase uma frágil vela, cuja *luz é a própria escuridão* (Gn 1.4). Essa luz natural é reduzida por tantas coisas que a cercam e tem tão pouco óleo para alimentá-la que não consegue conduzir homem algum à vida eterna, a menos que se lhe acrescente a poderosa luz vinda de cima — a luz da graça, o brilhar translúcido do Espírito Santo.

A luz divina é absolutamente essencial à vida espiritual; pois a ignorância não é mãe da devoção, mas da superstição. Conhecimento, graça e verdade são de fato o que faz surgir a verdadeira fé. A luz de Deus é indispensável à vida em Deus. Temos de conhecer Cristo, ser iluminados pelo seu Espírito Santo, comungar com a verdade do Pai; caso contrário, estaremos mortos, lançados na escuridão. Precisamos ter luz interior, ou a luz no exterior de nada nos será benéfica. É sobre este assunto que trataremos agora. Que Deus nos conceda a luz de seu Espírito, pois em vão seria tentarmos explicar a ação da luz estando mergulhados na escuridão. Brilha em nós, ó Santo Espírito, para que possamos falar não de teoria, mas de experiência real!

Devemos compreender, em primeiro lugar, *como a luz entra em nossa alma: A candeia do corpo são os olhos. Quando, pois, os teus olhos forem bons, todo o teu corpo será luminoso.* Em seguida, *como essa luz pode, no entanto, se perverter: Mas, quando forem maus, o teu corpo será tenebroso. Vê, então, que a luz que há em ti não sejam trevas.* Para concluir, *como a luz age em nosso interior: Se, pois, todo o teu corpo estiver iluminado, sem ter parte alguma em trevas, será inteiramente luminoso, como quando a candeia te alumia com o seu resplendor.*

I. Vamos refletir, então, em primeiro lugar, sobre COMO A LUZ ENTRA EM NOSSA ALMA. A luz penetra no corpo por meio dos olhos. No que diz respeito à luz, um homem sem olhos é como se nele não batesse sol. Os olhos são tão necessários quanto a luz, para se enxergar. A mais brilhante luz que jamais foi inventada ou venha a ser descoberta de nada adiantará para quem não tenha olhos; eis por que *a candeia do corpo são os olhos* (Mt 6.22). É muito importante entender, então, em que consistem os olhos do homem interior; pois em vão Cristo brilhará em nós se a sua luz não penetrar em nossa alma. Neste sentido, a condição dos olhos de nossa alma é de suma importância: nossa luz ou escuridão dependem deles. Os olhos da alma podem ser vistos como a compreensão, a consciência, a motivação ou o coração. Não seria possível limitá-los a algum desses elementos. Aventuro-me a chamá-los de "a intenção da mente", ou, se assim preferirem, "o objetivo do coração", a sinceridade de compreensão. Quando Deus dá ao homem o verdadeiro desejo de ver a luz do evangelho, concede ao homem, mediante tal desejo, visão para que possa enxergar a luz celestial. Se o Espírito Santo nos torna realmente desejosos de saber a verdade, significa que clareou os olhos de nossa mente. No entanto, o pior pode acontecer em relação a essa situação, que é o homem não ter desejo algum de ver a luz de Deus: seu insensato coração se obscurece, ele não ganha a devida compreensão e, em vez disso, interpreta de forma errônea a doutrina do Senhor Jesus. Uma batalha é travada pela graça contra a má vontade do homem de ver a verdade, da qual é por natureza inimigo. Se ele desejar com sinceridade ver a verdade e submeter-se à iluminação do Espírito Santo, jamais será deixado na escuridão. Mas, se não quiser ver, não poderá ver. Se estiver determinado a não aprender, a verdade se lhe mostrará intragável: quando voluntariamente se torce a verdade do seu real significado, os olhos certamente padecem de deficiência e a luz fica impedida de realizar seu efeito real.

Muitas coisas podem obscurecer os olhos da alma. Uma das mais comuns é a *ideia preconcebida*. O homem imagina que já tem luz. Seu pai, seu avô, seu bisavô e todos os seus parentes das gerações passadas foram criados dentro de determinada religião, e, assim, ele supõe que deva ser correta. Quer a candeia dê luz ou não, não importa: é a candeia da família e ele não a irá trocar. Nem a questiona: tem certezas absolutas quanto a ela, e não precisa de prova alguma em contrário. Quando a luz de Deus vem a ele, repele-a de imediato. Não quer ser perturbado e, portanto, não ouvirá, não lerá nem refletirá sobre o assunto: satisfaz-se em deixar as coisas como estão. A simples suposição de que possa estar errado vê como insulto, maliciosamente tramado por uma alma isenta de caridade. Que se pode fazer com alguém tão cego? E não há muitos que são assim?

A *indolência* é também uma grande venda nos olhos: fecha as pálpebras e afasta dos olhos a luz com seu espírito da letargia. O homem de olhos vendados não ouve o que é ou deixa de ser o evangelho. Como Pilatos, pergunta: "Que é a verdade?", sem jamais esperar por resposta. É muito problemático para alguém assim pensar, consultar as Escrituras e orar. Tais pessoas não têm ânimo para dedicar a processo, para elas, tão trabalhoso. "Não", diz o indolente, "tenho mais que fazer. Tenho minha fazenda, tenho meus negócios. Que os fanáticos debatam sobre credos e tudo o mais; a mim nada importa quanto ao que um homem acredita". E assim, muitos acabam permanecendo na escuridão, pois para eles dá muito trabalho abrir as pestanas e deixar de serem cegos. Ah! quão tenebrosos são aqueles que preferem o descanso indolente à luz de Deus!

A luz é ainda frequentemente bloqueada pelos *erros crassos*. Não posso me alongar repassando a lista dos erros mais comuns, lista que deve ter crescido demais desde a última vez em que foi apresentada. Estribados ilusoriamente em frases escolhidas, embasados enganosamente por uma ciência onírica e adornada de nomes pomposos, os erros nos são oferecidos hoje em dia como formas aparentemente respeitáveis de se pensar. Falsidades que já ouvíamos desde criança — mas que ouvíamos como heresias desprezíveis, há muito decaídas e jogadas no limbo da inutilidade e da imaginação inconsequente, hoje se apresentam reformuladas, renovadas com toques de viva cor, exibidas como ideias avançadas. Quando alguma dessas falsidades tem permissão para ocupar a mente, como é tão comum nos dias atuais, o evangelho deixa de ser visto, porque os olhos se inflamam com a presença de uma substância estranha e irritante. Pode acontecer de que o que era verdade centenas de anos atrás deixar de ser verdade agora? Pode acontecer de o evangelho que salvava a alma nos dias dos apóstolos não ter mais esse poder? É verdade que alguns homens são mais sábios que Deus e capazes de poderem julgar os profetas e os apóstolos? Sem dúvida, ocorre nesta geração uma cegueira de julgamento: o joio de suas próprias tolices escurece seus olhos, e Cristo se distancia deles.

Mas uma coisa cega os olhos mais do que qualquer outra: *o amor pelo pecado*. Nove em cada dez vezes, o pecado permitido é a catarata que escurece os olhos da alma. O homem passa a não conseguir ver a verdade e a adorar a falsidade. O evangelho não pode ser visto, por ser puro demais para a vida libertina. O exemplo sagrado de Cristo é bastante severo para o homem mundano, pois seu Espírito é de fato basante puro para os que amam os prazeres carnais. Ao rejeitarem a doutrina do evangelho, as pessoas passam também a adotar em sua vida a frouxidão moral, dando preferência aos maus costumes do mundo. Como alguém poderia enxergar alguma coisa se o pecado afeta o próprio globo ocular de sua mente? *Como podeis crer* (Jo 5.44), disse Cristo, *vós que recebeis glória uns dos outros e não buscais a glória que vem do único Deus?* (Jo 5.44). O amor pela glória do mundo impedia os fariseus de crerem no humilde Messias. Quando o pecado cega os olhos como uma mancheia de lama, não é de admirar que o homem se torne um agnóstico, um questionador, um cavilador. Para ter olhos limpos, há que se ter o coração puro. Os puros de coração verão a Deus; eis que os puros de coração enxergam a verdade de Deus, de modo a apreciá-la e nela se deleitar. Oh, que o Espírito de Deus possa limpar a sujeira de nossos olhos, para que possamos habitar na luz, assim como Deus nela habita.

O *orgulho* é, outrossim, um grande bloqueador dos olhos da alma. Quando alguém admira a si mesmo, deixa de adorar Deus. Aquele que se embevece na estima de sua justiça própria jamais poderá enxergar a justiça de Cristo. Se você se acredita puro, jamais dará valor ao sangue que purificou todos os pecados. Se crê já ser perfeito, não dará valor a Deus Espírito Santo, o Santificador. Ninguém jamais clama por graça até se dar conta de sua necessidade; se, portanto, nos encharcamos do orgulho de sermos ricos e termos muitas posses, jamais veremos a riqueza da graça que se encontra em Cristo Jesus. A luz de Deus não habita o ser humano autossuficiente. A sombra que um homem carrega consigo é quase sempre uma maneira de mantê-lo no escuro.

O *egoísmo*, em todas as suas formas e variantes, é também uma triste causa de obscurecimento da luz da alma. Na forma desprezível de avareza, faz com que o homem ande às cegas mesmo à luz do dia. O

Os olhos e a luz | 1515

brilho do ouro é prejudicial aos olhos espirituais. Como poderia Judas ver a beleza de Cristo se via algum valor em meras trinta moedas de prata? Como pode alguém dar valor ao futuro céu se a riqueza aqui presente já é céu suficiente para ele? O inferno recompensa seus adoradores com cegueira. O egoísmo o faz sob a forma de ambição, desejo de honraria ou mesmo de participação na salvação de alguém. O egoístico desejo de não reconhecer a honra da salvação à graça bloqueia a entrada da luz de Deus na alma. O egoísmo sob a forma de exaltar a falsa nobreza humana, a enganosa grandeza de nossa humanidade, e tudo o mais que a isso se assemelhe, são outros aspectos da cegueira. Como pode alguém que tem olhos só para si mesmo ter alguma visão de Jesus? De todos os anticristos, o egoísmo é o mais difícil de ser superado. Está escrito: *É necessário que ele cresça e que eu diminua* (Jo 3.30); mas se o egoísmo orgulhoso não consegue resistir a uma diminuição, como então pode haver o crescimento de Cristo? Não haverá espaço para ele em tal coração. O apreço por si mesmo leva à depreciação do Senhor Jesus.

Ainda: multidões são mantidas na escuridão por *temor aos homens*. Massas humanas não ousam ver; sentem-se compelidas a pensar conforme o que estiver na moda — e existe moda de opinião tal como há moda de casacos ou chapéus. Se você decidir se apegar à fé concedida aos crentes em Cristo, será tido como antiquado e menosprezado por sua fé, do mesmo modo como o seria pelo seu vestir se andasse atualmente trajado à moda dos tempos da rainha Elizabete I. Para muitas pessoas, é até pecado comportar-se de modo diferente da grande maioria. Essas pessoas jamais pensam por si mesmas; na verdade, não têm controle próprio mental algum. Procuram saber qual o rumo a tomar com qualquer pessoa, supostamente autoridade naquilo em que de fato não o é; consultam tais supostos sábios para saber no que devam crer ou descrer, louvar ou condenar. Lembro-me de um homem que nunca sabia se havia gostado ou não de um sermão até obter a resposta, a respeito, de um velho amigo; não tinha opinião própria, recebendo de outros todas as suas ideias. Seu cérebro, enfim, era colocado na cabeça de outra pessoa, o que, aliás, é muito conveniente, e poupa dores de cabeça; mas tem também efeitos colaterais. Pessoas há que se recusam a fazer qualquer reflexão, preferindo que outros façam isso por elas. Aquele, porém, que deseja ter a luz de Deus sabe que ela jamais chegará ao covarde que teme a reprovação de outro mortal e faz do homem o seu deus. Deus poderia ter dado à multidão um senso comum de julgamento, deixando que fôssemos guiados como que por uma autoridade central, se assim achasse correto; mas, tendo dado a cada indivíduo sua própria compreensão do mundo, espera que a usemos, e é para uso pessoal honesto da compreensão que ele nos fornece a luz. Até os olhos do pardal ou da formiga, embora bem pequenos, poderão ver muita luz, como olhos límpidos e luminosos. Roguem, pois, pela graça de poderem buscar por si mesmos a verdade de Deus, livre do temor dos homens, que representa uma cilada. Que jamais perguntemos: *Creu nele porventura alguma das autoridades?* (Jo 7.48). Quer as autoridades cressem, ou venham a crer, ou não, sigamos nós o Cordeiro e regozijemo-nos na pura luz que dele advém.

Que Deus os poupe, caros amigos, de terem os olhos afetados por algum dos enganos que acabo de mencionar. Há verdadeiras legiões mais de coisas que cegam; que a graça os poupe delas! Que Deus lhes dê olhos bons e consequente corpo luminoso, ou seja, olhos que não olhem de modo algum para duas direções ao mesmo tempo e uma alma livre de influências sinistras e de tudo o mais que os possa levar a escolher a falsidade em vez da verdade, o errado em vez do certo. Permita Deus que possamos ter o desejo de andarmos corretamente, o firme propósito de conhecermos a verdade como ela é em Jesus e sentirmos e agirmos em sincera conformidade com ele! Oh, ser sincero, verdadeiro, puro de coração, como uma criança! Não queremos ser nem um grande gênio nem ter uma consciência altamente brilhante; pois o que precisamos é de uma mente e uma alma simples, para que a luz de Deus adentre em nós mediante seu Espírito.

II. Reflitamos agora sobre COMO A LUZ SE PODE PERVERTER. Algumas pessoas têm até luz suficiente, mas seus olhos são tão maculados pelo mal que sua luz se torna escuridão. Acredito que no mundo natural a luz certamente não pode se tornar escuridão; todavia, isto de fato acontece no reino espiritual: *Mas, quando [os teus olhos] forem maus, o teu corpo será tenebroso. Vê, então, que a luz que há em ti não sejam trevas* (Lc 11.34,35).

Ouçam bem, irmãos; prestem atenção.

Um homem ouve o evangelho da livre graça e do amor, a mensagem do amor pleno e, quanto ao perdão aos pecados, sobre o perdão comprado com sangue, gratuitamente concedido a todos aqueles que creem. A doutrina da justificação pela fé é claramente explicada a ele. Ele crê com firmeza em todas essas grandes verdades evangélicas, e as considera gloriosas e preciosas. Mas, infelizmente, tira uma conclusão de tais ensinamentos muito danosa para sua alma. Considera que, afinal de contas, o pecado tem muito pouca importância, que pode voltar a incorrer livremente em pecado porque Deus é misericordioso e sua graça é infinita. Vez por outra poderá se arrepender e crer em Jesus e então voltará à correção, por mais iníqua que tenha sido sua conduta anterior. Isso significa simplesmente transformar a luz em escuridão. Tal perversão da graça de Deus em transgressão é por demais infame. Não há palavra que possa exprimir tão odiosa ingratidão e tão depravado argumento. Podemos com toda a razão dizer de uma pessoa que assim transforma a luz em escuridão: sua condenação é justa. No entanto, sem sombra de dúvida muitos existem que, no silêncio de seu coração, concluem erroneamente, com base na bondade de Deus, que há licença para o pecado! Ah, ouvinte! Se seus olhos estão nesta condição, quanto mais pregarmos o evangelho da graça de Deus, tanto mais certamente você pulará de pecado em pecado. Isto é terrível. Ó falsos corações! O que devo fazer com vocês? Vocês me fazem desejar ser mudo, para evitar pregar sua condenação. Vocês cavam um lugar no mais profundo inferno: usam as promessas da misericórdia como instrumento de sua própria destruição. Será que não poderiam se enforcar em outro lugar que não na cruz? Não poderiam se afogar em outro lugar que não nas águas de Siloé? O que aconteceu a vocês para ficarem tão enamorados por encontrar a morte no evangelho, que é fonte de vida?

Permitam-me apresentar a vocês, ainda, outra forma desse mal. Um homem percebe o grande valor dos meios da graça, mas os emprega de modo errôneo. Tendo sido criado religiosamente, tem grande respeito pelos ministros da casa de Deus e pelos serviços do santuário, especialmente as duas ordenações que Cristo estabeleceu para sua igreja — o batismo e a ceia do Senhor. Reverencia o dia do Senhor e a Palavra inspirada, a igreja e todos os sagrados ministérios. Mas pode acontecer de ele passar, do devido respeito a essas coisas, a uma crença supersticiosa nelas, tornando-as o que Deus jamais quis delas. Deste modo, sua luz se faz escuridão. Ele passa a considerar a frequência ao culto na igreja substituto de sua fé interior; e a participação como membro, seu certificado de salvação. Pode se tornar tão insensato a ponto de achar que o batismo é uma ordenação, pela qual tornou-se membro de Cristo e filho de Deus; e que a ceia do Senhor é uma prática, salvífica, ou, mesmo, um sacrifício pelos vivos e os mortos. Quando símbolos instrutivos são pervertidos e tomam a forma de meros instrumentos do sacerdócio, a luz se torna escuridão. Nos dias de hoje, ajudas à fé têm sido comumente dregradadas no maquinário da superstição. A igreja, nossa mãe e cuidadora, se torna então um anticristo e os homens passam a buscar nela a salvação, em vez de buscá-la, total e unicamente, no Senhor Jesus Cristo. Tais formas externas de adoração e instrução podem ser benéficas, mas quando se permite que usurpem a confiança da alma, podem transmitir doença e morte. Quando a religião de um homem acaba se tornando destruição, é absolutamente certo que tal destruição irá ocorrer!

Conheço muitos que seguem outro caminho, dizendo: "Pouco me importa a cor ou a forma da religião. Um espírito sincero é tudo. A letra mata, mas o espírito dá vida". Tal homem professa estar voltado mais ao âmago das coisas, mas o tenho visto é tornar-se cada vez mais indiferente à fé e tornar sua vida mais pecaminosa. Pois ele acredita que tudo tem algo de verdade, e até mesmo práticas malignas podem conter algo de bom. Eis aí uma atmosfera venenosa para se respirar. Ouçam-no falar, e o ouvirão dizer que se pode fazer o pior para se obter o melhor. Nada nele é verdade imutável, nem mesmo estabelece o que é certo. É como um camaleão, que toma as cores das que eventualmente estejam ao seu redor. A isto chama de liberdade, mas decerto não é a liberdade pela qual Cristo torna os homens livres. É, sim, a luz da caridade transformada na escuridão da indiferença. E quão grande é esta obscuridade! Quantos são enganados por ela! Afinal, luz e escuridão não são, absolutamente, a mesma coisa. Há a verdade que se ensina de Deus e a mentira, própria do diabo; e que jamais sentarão à mesma mesa. Há uma bênção para o pregador da

Os olhos e a luz | 1517

verdade; mas se alguém pregar um evangelho diferente, haverá para tal pessoa apenas um anátema, que ninguém poderá reverter.

Já vi também a luz ser transformada em escuridão no caso do estudioso da Palavra que acumula grande erudição e se alista entre os escolados. Ele passa então a criticar. Não o condenamos propriamente por isso: no começo, julga de modo muito apropriado e critica o que realmente tem de ser criticado. Todavia, não para aí. Uma vez tendo desenvolvido sua faculdade crítica, passa a ser como um garoto com um canivete novo: acha que tem de cortar tudo, isso ou aquilo. Como nada atravessa seu caminho mais que as Escrituras, ele acha que as deve picotar. Talha o Gênesis, corta o Deuteronômio, divide Isaías em dois, tira fatias de todos os evangelhos e torna as epístolas em lascas. Veja, ele tem uma faca tão afiada que precisa usá-la! Aos poucos, de crítico ele se torna simples e irreverente encontrador de erros, e daí passa a descrente absoluto; duro na língua, rígido na atitude. Sua luz acabou por cegá-lo. Partiu seus próprios olhos em pedaços para que pudesse estudar a anatomia destes e, assim, a luz não terá para ele mais uso que teria para um morto.

Temos visto ainda a luz se tornar escuridão em outro sentido; ouçam e entendam. Há uma luz abençoada, que é a plena certeza da fé; quanto mais a tivermos, melhor. Abençoado é o homem que nunca duvida de seu Deus, que crê com toda a santa confiança na promessa eterna e no pacto imutável e não se deixa afetar pela descrença jamais. Anda na luz de Deus e desfruta constantemente da companhia divina. No entanto, já vi algo muito semelhante a esta confiança sagrada que acabou se tornando bem diferente perante o Senhor. Tal certeza transformou-se em presunção. Tal homem considerou garantido que era filho de Deus, quando não era, e se apropriou de privilégios que não lhe pertenciam. Supôs fazer parte do pacto quando não fazia parte nem do rebanho nem da aliança; e, sem arrependimento, sem novo nascimento, sem fé salvadora, ousou fazer pouco da sagrada segurança que pertence apenas aos herdeiros da graça, santificados em Cristo Jesus. Temível é esse caso de um homem que presume contar com o céu, ao mesmo tempo que vive uma vida indigna; gabando-se de estar livre de todos os medos, quando, na verdade, encontra-se destituído de qualquer esperança.

Também já vi a luz se tornar escuridão de maneira diversa. Doce e suave é a luz do santo temor: é como o crepúsculo do anoitecer. É uma luz que provém de Deus, quando um homem teme pecar, teme magoar o Espírito de Deus, treme em pensar qualquer coisa que o faça incorrer em erro dos ensinamentos de seu Pai celestial. Mas esta luz pode ser pervertida em temor avassalador, desânimo e desespero. A introspecção, o olhar para dentro, pode degenerar em hábito mórbido: sob essa influência, a alma é capaz de recusar a olhar para Cristo e se encasular em lúgubre remorso. A verdade tende a acabar distorcida, até tomar uma forma alarmante, e a alma, assumir um desespero taciturno, recusando-se a ser confortada, a crer realmente no Filho de Deus.

Não se admirem se nosso Senhor houvesse erguido as mãos em gesto de extrema advertência ao exclamar: *Vê então que a luz que há em ti não sejam trevas!* (Lc 11.35). Se aquilo que o deveria conduzir acabar desviando você, quão desencaminhado você estará! Se a sua melhor parte se tornar má, quão mau você será! Atentem, pois, caros amigos, que perante o Deus vivo tenham olhos límpidos e que a luz de Cristo flua em sua alma com o seu poder glorioso e purificador.

III. Vamos encerrar com o tópico mais importante: COMO A LUZ AGE EM NOSSO INTERIOR.

Com olhos límpidos, luminosos e justos, não haverá trabalho demasiado para obter a luz. Se o sol brilha e você deseja a luz, tudo que tem a fazer é abrir os olhos e a terá imediatamente. Não é preciso esfregar os olhos, nem colocá-los em determinada condição específica: deixe apenas a luz exterior penetrar nos olhos de sua alma e fornecer o deleite da imagem de coisas celestes à mente interior. Se o Senhor em sua imensa graça tornar luminosos os seus olhos, de modo a você desejar apenas conhecer a verdade e ser, você mesmo, verdadeiro, então irá perceber sem maior esforço a verdade, e a imagem neles formada irá logo luzir em sua mente. A luz divina tem poder suficiente para ingressar na alma quando suas janelas permitam sua admissão. Você saberá quando ela entrar. Ninguém passa da escuridão natural à luz celestial sem se dar conta de que uma grande mudança aconteceu.

Tentarei agora demonstrar, amados, o que faz a santa luz ao adentrar nossa natureza.

Ao ingressar, *revela* muita coisa antes não percebida. Quando um aposento fica muito tempo fechado, tomado pela escuridão, a luz que logo o invade tem efeito extasiante. Pode ser até que você já tenha entrado alguma vez por um aposento assim com uma lanterna, mas não parou para percebê-lo e acabou não notando o estado das coisas. O aposento não o assombrou de imediato por ser desagradável, muito embora cheirando um pouco a mofo e abafado; mas depois que você abriu as cortinas e as persianas, a luz tornou a poeira e o bolor bem manifestos. O festão de teias de aranha, os insetos que logo fogem da luz, a poeira incrustada — você antes não havia reparado. O lugar não poderia continuar sofrendo, permanecendo em tal estado! Quanta mudança se fazia necessária! Todas as mãos disponíveis foram então convocadas para limpar o aposento e transformá-lo em um local digno de voltar a ser frequentado e habitado.

A luz do céu é assim: revela mil pecados e faz com que sejam removidos. O primeiro efeito da luz de Deus na alma é dolorosamente desagradável: leva você a se desprezar, a quase desejar não ter nascido. As coisas pioram em sua consciência à medida que a luz brilha com maior intensidade. Amados, assim desejamos que seja. Não queremos que parte alguma de sua alma seja mantida na escuridão. Queremos que todos os ídolos nela presentes sejam revelados e despedaçados, que cada câmara de imagens secretas seja exposta ao sol e que elas sejam destruídas. Não é mesmo? Ou vocês desejam preservar da luz alguma parte de si mesmos? Não preferem que a luz os perscrute e que remova toda enganação do coração e toda falsidade da mente distorcida?

À medida que a luz continua a entrar, gradativamente *passa a iluminar cada faculdade da mente.* Nossa vontade, por natureza, prefere a escuridão: o homem reivindica a si o direito de agir como bem entende e de não dar satisfação a ninguém quanto aos seus caprichos. Quando a luz de Deus entra na alma, o Senhor Jesus se torna dominante, mas sendo absolutamente amável, e a luz sagrada cai sobre a vontade orgulhosa, levando o homem a ver toda sua maldade e perversidade, a ponto de clamar: "Ó Senhor Jesus, seja feita a tua vontade, não a minha". Essa mesma luz recai sobre a vida exterior, regida pela vontade, e a conduta da pessoa e seus relacionamentos se tornam brilhantes, sob a luz do amor. O juízo pessoal passa a sentir essa luz interior e a decidir de acordo com a lei da verdade e da justiça. Juntamente com o juízo, acende-se o regozijo e o coração se deleita com a lei do Senhor.

A luz então se derrama na consciência, e ela, que era pobre e meio cega, passa a expedir decretos e dar veredictos segundo os oráculos de Deus. Que diferença entre a consciência natural e a consciência instruída por Deus, iluminada por sua Palavra! Muito há ainda o que fazer nesta direção, mais do que alguns de nós possamos suspeitar. Podemos estar vivendo quase inconscientemente, causando males de que nossa mente jamais nos acusou. Homens de bem, em tempos passados, perseguiram aqueles que deles diferiam, julgando ser seu dever assim fazê-lo: diziam mesmo ser a tolerância um crime. O melhor homem branco ocidental quase sempre possuía escravos negros e não tinha a menor consciência de que cometia um grave erro. Quando Whitefield doou escravos negros como servos a um orfanato, não imaginava estar violando os direitos humanos: na verdade, almejava muito cuidado para como bem-estar o presente e futuro daquelas pessoas. Mas a consciência humana não tolera mais a escravidão. Não creem que uma grande iluminação tomou conta do assunto? Não necessitamos de semelhante luz divina no que se refere às guerras, aos salários e mil outras questões?

É muito bom recebermos a luz que brilha com crescente fulgor até o dia da perfeição. Nada há escondido em nós que a luz não consiga fazer se manifestar; assim, uma por uma, conforme formos vendo nossas imperfeições, pediremos que a graça as remova, para podermos crescer em santidade segundo a graça de Deus.

Esta mesma luz, ao atingir a memória, desperta o arrependimento por nossas faltas e gratidão pela bondade de Deus. Quando brilha em nossos pensamentos, faz com que resplandeçam com a beleza da santidade; quando brilha em nossas emoções, que irradiem o amor de Deus e das coisas celestiais. Uma alma torna-se preciosa quando assim acesa! A luz santa recai sobre nossa motivação e desvela o íntimo secreto de todos os nossos atos. Se você faz o certo, a luz lhe mostra por que o faz. Você é um amigo de seus

Os olhos e a luz | 1519

amigos por quê? É um cristão professo, mas sincero? A luz pouco precisa gastar de energia para mostrar aquilo que antes não aparecia por algum motivo. Cai também no espírito com que algo era feito: e aqui muito é visto que alguns não gostariam de ver.

Já sentiu a luz de Deus iluminando sua imaginação? A imaginação é a área de lazer da alma. Aqui, muitos acham que não há lei. "O pensamento é livre!", dizem. O homem imagina malignamente pecados que na verdade teme cometer: acha prazer em pensar em luxúrias que as circunstâncias o compelem a evitar. Nas câmaras escuras da imaginação, o coração comete adultérios, assassinatos, roubos e toda sorte de infâmias. Quando a luz atinge este lugar, então o homem estremece, por aprender que ele é o que pensa com o coração. Treme por perceber que sua imaginação é amiga do pecado e é, em si, pecadora. Então a imaginação é purificada, e a imundície e o joio lançados ao fogo. Brilham então devaneios à luz de Deus, e a imaginação, lavada em vaso de bronze, entoa hinos com instrumentos de corda ao Deus de sua salvação, que a trouxe para fora da escuridão, para a luz maravilhosa.

Irmãos, precisamos que a luz brilhe também em nossa temperança. Conhecemos alguns cristãos que não gostam que se mencione a temperança: acham que têm de ser rudes como bem entenderem, sob alegação de que "isso é natural", alegando: "Não posso evitar ser passional. Minha mãe tinha 'pavio curto' e sou como ela. Nada posso fazer". Que a luz brilhe sobre este seu aspecto em particular. Se é verdade, que se registre que se trata de alguém incorrigível e há de ser assim por toda a sua vida. Ah, você não gostou? Se é verdade, que brilhe a luz e seja revelado então a todo o seu ser e a todos os outros que é um cão raivoso e que para você não há cura. Você não gosta da minha sugestão? Estou somente repetindo o que você diz. Não diga, então: "Não posso evitar ser genioso". Há ajuda para você, amigo. Rogue a Deus que o ajude a superar essa condição de uma vez por todas; pois, ou você acaba com isso ou acabará com você. Você não vai poder ter um péssimo gênio no céu. Não lhe será permitido levar nenhuma de suas paixões para a casa do Pai. Deixe que a luz do amor de Cristo brilhe em seu caráter e toda a sua vileza terá fim. Ela é como a ave noturna, que não pode suportar a luz da graça e do amor. Viva próximo a Jesus e a compaixão do Salvador destruirá todas as suas vis paixões. Experimente.

Seus desejos, suas esperanças, temores, aspirações, devem todos sentir o calor da divina luz, e que alegria será quando todos resplandeçam sob ela! *Sem ter parte alguma em trevas* (Lc 11.36) — que maravilhosa condição! Alguns crentes parecem ter somente luz em seus aposentos superiores: trazem bons conceitos e boas ideias na mente; oh, mas o primeiro andar é escuro, muito escuro! Em suas conversas comuns, a luz de Deus está ausente. Entre pela porta da frente e você não saberá que caminho seguir nem como subir a escada; a luz está distante, não no andar de baixo. Oh, haja luz na região do coração! Luz na conversação diária, na conversa de negócios! Que todas as casas da humanidade sejam iluminadas do porão ao sótão! Esta, a verdadeira obra da graça, quando o homem é colocado inteiramente sob a luz, *sem ter parte alguma em trevas*. É quando então nos tornamos filhos da luz, quando habitamos a luz e não temos mais relação alguma com a escuridão. É quando então vemos a diferença entre Israel e Egito; pois enquanto todo o Egito se encontrava sob treva espessa, que se podia até apalpar, reinava a luz na terra de Gósen.

Até onde chega essa luz, ela leva *certeza*: deixamos de duvidar, sabemos em que e em quem acreditar. Com ela, chega *orientação*: passamos a ver nossos caminhos e como percorrê-los. Passamos a trilhar um caminho claro, não mais andamos em um labirinto. *Eis o caminho, trilhai-o* (Mt 7.13) é o que ouvem nossos ouvidos, à medida que a luz nos revela o estreito, mas reto percurso, que nos leva à vida eterna.

Ao habitar o coração, essa luz *traz ânimo* consigo. A escuridão é triste; a luz traz consigo alegria. Já viajaram em um trem passando sob um túnel, desprovido interiormente de luz? Se alguém então acende uma vela, todos os olhos se voltam para tal pessoa. Foi um benfeitor, de modo singelo; todos os olhos se alegram com sua luz. Oh, que doçura é a luz do Espírito Santo para quem há muito permaneceu na escuridão da ignorância, da tristeza e do desespero! Um garoto, designado a fechar a porta de uma mina de carvão depois que tivessem saído de lá todos os vagões, teve de ficar na gruta de mineração completamente sozinho, hora após hora, na mais completa escuridão. Alguém lhe perguntou depois: "Você não fica cansado de ficar tanto tempo no escuro?" Ao que ele respondeu: "Sim, eu me canso; mas por vezes tenho comigo um naco de vela, acendo, e *quando tenho alguma luz, então eu passo a cantar*". Nós também. Quando vemos luz, cantamos. Glória a Deus! Ele é nossa luz e a nossa salvação, e por ele cantamos. Ó filhos de Deus, se seus olhos forem luminosos e a luz de Deus preencher toda parte de seu ser, então vocês cantarão, e cantarão de novo, e sentirão que não há cansaço em cantar louvores na terra, até que possam cantar no céu.

Nosso texto bíblico já deixou confusos até muitos leitores eruditos; portanto, não se espantem se eu confessar que já me confundiu também algumas vezes. Vejam o que diz: *Se, pois, todo o teu corpo estiver iluminado, sem ter parte alguma em trevas, será inteiramente luminoso* (Lc 11.36). Mas isto não é redundante? O Senhor não usaria de tautologia, nem expressaria uma repetição, ainda mais por algo tão evidente. Vamos ver, porém, um pouco mais além do texto. A mim me parece que nosso Senhor queria que sentíssemos não ter ele nada melhor para dizer em louvor da alma em que não há mais parte escura; como ele mesmo acrescenta: [...] *como quando a candeia te alumia com o seu resplendor.* Pensam alguns que ele queira dizer que, estando iluminados em nosso interior, estaremos cheios de luz para os outros. Isso é uma grande verdade, mas nosso Senhor não diz isso aqui; pois ele compara nossa luz interior a uma candeia que brilha *dentro* de nós: "como quando a candeia *te* alumia...". Ele se refere ao nosso próprio bem-estar espiritual. Quando um aposento está muito bem iluminado, radiante de luz em todos as suas partes, sua iluminação pode realmente mostrar resplendor, e quem assim o vê se sente satisfeito. Então, quando toda a nossa natureza se preenche com a luz de Deus, temos a doçura de sua luz ao extremo e o céu parece começar aqui embaixo. É extremamente delicioso e abençoado habitar na plenitude da luz de Deus quando não há complacência e muito menos amor pelo mal. Quando o sol brilha assim em nós, temos de clamar como Josué: *Sol, detém-te!* (Js 10.12).

Esta luz interior fará com que brilhemos diante dos outros. É a única iluminação que devemos buscar. Um lampião, uma candeia, com pequena chama acesa não faz muito, mas já atrai a atenção; e quanto maior o negror em torno, maior o seu valor. Jamais houve uma era em que fosse preciso tanta luz interior como agora; que o Senhor a conceda a cada um de nós e possamos brilhar como luz no mundo! Que o Senhor Deus traga sua luz a você e o preencha com ela; e que a glória seja em seu nome! Não é preciso trabalhar pela luz, é preciso apenas aceitá-la. Então, o benefício que fará a todos os homens será conhecido somente após benefício maior haja sido feito a você mesmo. Deus o abençoe, em nome de Cristo! Amém.

163

Os dois construtores e suas respectivas casas

Todo aquele, pois, que ouve estas minhas palavras e as põe em prática, será comparado a um homem prudente, que edificou a sua casa sobre a rocha. E desceu a chuva, correram as torrentes, sopraram os ventos, e bateram com ímpeto contra aquela casa; contudo não caiu, porque fora fundada sobre a rocha. Mas todo aquele que ouve estas minhas palavras, e não as põe em pratica, será comparado a um homem insensato, que edificou a sua casa sobre a areia. E desceu a chuva, correram as torrentes, sopraram os ventos, e bateram com ímpeto contra aquela casa; e ela caiu; e foi grande a sua queda (Mt 7.24-27).

São estas as palavras de encerramento do mais famoso sermão do Salvador, o sermão da montanha. Alguns pregadores concentram todo o esforço em fazer uma bela conclusão de seu sermão, chamada peroração, que, na verdade, geralmente representa uma espécie de explosão de fogos de artifício da retórica e em cuja glória o orador se regozija. Não seguem exemplo de Cristo, de modo a poder o seu discurso ser posto em prática. Eis, no entanto, a peroração do Salvador, tão simples quanto qualquer outra parte de sua mensagem. Há uma nítida ausência de qualquer retórica artificial. Todo o sermão da montanha é intensamente sincero, e tal sinceridade é mantida até o fim, e de tal maneira que as palavras de fechamento são como brasas incandescentes, ou como flechas afiadas lançadas de um arco. Nosso Senhor encerra não demonstrando seus poderes de persuasão, mas, simplesmente, dando uma advertência àqueles que, tendo ouvido seu discurso, ficassem satisfeitos por apenas ouvir, sem ir adiante colocando-o em prática.

A experiência comum diz que um pregador deve ir aquecendo seu discurso enquanto avança e se tornar mais intenso à medida que se aproxima de suas frases finais, tal como nos sentimos compelidos a prestar maior atenção às palavras que se apresentam diante de nós agora, com as quais o Senhor de todos os pregadores encerra seu memorável sermão. Falara Jesus sobre muitas coisas, mas eis duas palavras às quais, creio, faz especial alusão quando diz: *Todo aquele, pois, que ouve estas minhas palavras e as põe em prática, será comparado a um homem prudente* (Mt 7.24). A primeira delas é *Entrai* (Mt 7.13); e a segunda, *Guardai-vos* (Mt 7.15).

Nosso Senhor falava, então, acerca da *porta estreita, do apertado caminho* (Mt 7.14), e dos poucos que os encontram; e a recomendação urgente em relação a estes foi: *Entrai*. Não foi: "Aprendei tudo em relação a isso e então ficareis satisfeitos"; ou: "Buscai erros no caminho ou nos viajantes"; e também não: "Procurai ampliar a porta e alargar o caminho"; mas tão somente: *Entrai*. Sejam fiéis ao evangelho, creiam em seu testemunho de Jesus; entrem em comunhão com seus mistérios, recebam suas bênçãos: entrem por este caminho e o percorram. *Entrai*. Aquele que ouve a respeito do caminho para o céu, mas não o busca, nele não entra e não o percorre, é um insensato; mas aquele que, ouvindo sobre a porta estreita, se apressa em adentrá-la, é um homem prudente.

Em seguida, nosso Senhor dá outra advertência: *Guardai-vos*. Guardai-vos, diz ele, *dos falsos profetas*; e, diria também, em outras palavras: *Cuidado com as falsas profissões de fé* (Fp 3.2). Tenham cuidado com os falsos profetas, que os podem enganar. É bem provável que apresentem a vocês uma salvação incapaz de salvar, simples miragem que se parece como a fonte pura, agradável, refrescante, mas que burla sua sede. Cuidado com todo ensinamento que os afaste do único Salvador da alma dos homens. Ele dá a entender ainda *Cuidado com as falsas profissões de fé*, porque são estas que os podem levar a clamar depois a ele inutilmente: Senhor, Senhor. Conforme indica o Senhor, a essas profissões de fé podem seguir-se perfeitamente alguns dos dons mais esperados, como expulsão de demônios, e as maiores aptidões que só os profetas possuem; mas que de nada irão lhes servir. O mestre permitirá que entrem em seu banquete de casamento apenas os companheiros de sua luta na terra e dirá àqueles que não realizaram a vontade do Pai: *Nunca vos conheci; apartai-vos de mim, os que praticais a iniquidade* (Mt 7.23).

Essas duas palavras de Cristo, portanto, abrangem quase tudo o que ele disse: *Entrai* e *Guardai-vos*. Cuidem de praticá-las, tanto quanto de as ter ouvido.

I. Vamos agora à parábola do mestre. Quero que vocês, por favor, observem, antes de tudo, os dois construtores.

Tanto o homem prudente quanto o insensato estavam empenhados na mesma tarefa e até certo ponto atingiram o mesmo objetivo de construir sua casa; ambos perseveraram em tal edificação e concluíram sua respectiva obra. A semelhança entre eles deve ser levada em conta. *Estavam ambos convencidos da necessidade de construir sua casa.* Atendiam certamente à necessidade de abrigo contra o calor e as intempéries, de proteção contra as inundações e de ficar a salvo dos ventos. As vantagens de habitar uma boa casa eram evidentes para ambos. Do mesmo modo, há muitos aqui, nesta congregação, neste exato momento, convencidos de que precisam de um Salvador. Muito me alegra saber que há uma comoção neste sentido entre meus ouvintes e confio seja um movimento procedente do Espírito Santo de Deus. Assim sendo, muitos de vocês sentem agora profundamente a necessidade de ter um refúgio contra a ira futura. Admitem que precisam ser perdoados, justificados, regenerados e santificados, e fervorosos são estes seus anseios, Por tudo isto fico profundamente grato a Deus, mas também muito ansioso. Em grande parte, vocês desejam se tornar também edificadores; e, muito embora, provavelmente, alguns sejam bem prudentes e outros insensatos, até o momento não podemos notar qualquer diferença entre vocês, pois parecem estar igualmente convencidos de que precisam de vida eterna e de grande esperança quanto ao mundo por vir.

A semelhança, porém, não acaba aqui. Ambos os homens desejosos de construir estavam igualmente *decididos a obter aquilo que queriam e de que precisavam* — sua casa. Sua determinação não se resumiu em palavras, mas logo se manifestou em feitos. Da mesma forma, há entre nós, neste momento, muitos que decidiram ir a Cristo; e, se há algo como a salvação, eles de fato a encontrarão. São pessoas esforçadas, bastante esforçadas, e ainda que algumas possam vir a falhar e outras obter sucesso, por enquanto são todas iguais, e ninguém além daquele que sonda todos os corações há de encontrar a menor diferença nelas. Olho para dois desses peregrinos, que têm a face voltada para Sião, e suspiro ao tentar imaginar qual deles há de encontrar a Cidade Celestial e qual irá fazer parte dos legalistas e hipócritas, perecendo no vale da sombra da morte. Muito me anima ouvir sobre corações desejosos e suas firmes decisões, mas, ai!, nem tudo que reluz é ouro e não é apenas o trigo, infelizmente, que cresce nos campos do Senhor. As aparências são de muita esperança, mas as aparências, com frequência, enganam. É preciso haver profundo senso de necessidade e estar absolutamente resolvido a se obter o que se quer; e, no entanto, dos dois peregrinos, um achará, o outro perderá, um será prudente e o outro insensato.

Ambos os construtores *pareciam igualmente ter noções básicas a respeito de consrução*. Nenhum dos dois, ao que tudo indica, construiu sua casa sem ter qualquer instrução a mais ou a menos do que o outro. Não acredito que houvesse maiores problemas ou contratempos em qualquer das duas obras por não se conseguir fazer um arco ou fixar uma treliça. Ambos eram homens evidentemente capazes nesse sentido, com pleno conhecimento do que queriam fazer. O mesmo se dá com muitos aqui. Tais pessoas sabem tanto quanto pode a teoria abranger sobre o que é o plano da salvação, do mesmo modo que eu. Não obstante, apesar de o conhecimento de todos ser semelhante, o resultado final pode variar; dois homens podem ser igualmente letrados nas Escrituras, mas um pode ser insensato e o outro sábio. Saber o que é a fé, o que é o arrependimento, o que é a boa esperança em Cristo, todos estes conhecimentos você os pode ter, mas servirão apenas para aumentar a desgraça em que você se encontra. Bem-aventurado não é aquele que conhece todos estes assuntos; pois não é o conhecedor, mas, sim, o aplicador da palavra, que é abençoado.

Os dois construtores e suas respectivas casas | 1523

A *ciência incha; mas o amor edifica* (1Co 8.1). Muito quero, e nisto me esforço, queridos amigos, para que aqueles de vocês que desejam encontrar a vida eterna em Cristo Jesus não se contentem com nada que careça de uma verdadeira, profunda e real obra da graça no coração; pois nem o conhecimento, nem a clareza da mente, nem o esforço natural de propósitos, nem a ansiedade do desejo poderão salvá-los; sem um real interesse em Cristo Jesus, vocês estarão perdidos por toda a eternidade. *Necessário vos é nascer de novo* (Jo 3.7); é preciso estar em união vital com o Salvador vivo, ou toda esperança poderá resultar em avassaladora destruição.

Também *ambos os construtores perseveraram em suas obras e as finalizaram.* O insensato não parou de construir por saber que não conseguiria terminar a obra; mas, até onde podemos entender, sua obra foi realizada por completo, tanto quanto à do outro, e, quem sabe, tenha tido até o mesmo bom acabamento. Se alguém tivesse podido examinar as duas obras acabadas, constataria certamente que, ao que tudo parecia, ambas se encontravam devidamente prontas e acabadas, sem nada faltar, do porão ao sótão — e, no entanto, como sabemos, havia uma grande e fundamental diferença entre elas! De modo semelhante, ai!, muitos perseveram na busca da salvação até que imaginam já havê-la encontrado; passam a se agarrar por anos e anos na crença de que estão salvos; clamam: *Paz, paz!* (Jr 8.11) e escrevem seus próprios nomes em meio ao que são abençoados. Todavia, há um erro fatal na base na crença dessas pessoas — e todas as esperanças que guardaram foram em vão, e o esforço de toda a sua vida irá provar ser um tremendo fracasso. Os edificadores são muito semelhantes em vários pontos, mas, na realidade, estão tão distantes um do outro como polos, tanto no caráter quanto na obra. Um dos construtores é prudente, o outro, insensato; um é superficial, o outro, substancial; um é pretensioso, o outro, sincero. A obra do homem prudente foi honesta até mesmo onde os olhos dos homens não podiam enxergar; o trabalho do outro fora bem feito apenas no que se erguia desde o chão e nada havia de real nas partes não aparentes. Assim, no devido tempo, o primeiro edificador se regozijou quando viu sua obra resistir à tempestade, enquanto o outro teve sua casa varrida pela destruição total.

II. Refletimos assim sobre os dois homens construtores de suas casas. Pensemos agora quanto às suas construções.

Uma importante diferença aparente entre as duas edificações provavelmente foi a de que talvez *um deles construiu sua casa de modo mais rápido que o outro.* O prudente certamente teve de gastar mais tempo nas obras de fundação: o perfurar de rochas, talhar e cortar o granito devem ter consumido mais dias e semanas que a outra construção. O insensato não deparou com este atraso: a areia, mole, foi facilmente trabalhável para ele; e isto permitiu que ele iniciasse de imediato o assentamento dos tijolos, erguendo as paredes com incrível velocidade. Mas nem toda pressa é boa e há quem corra demais para acabar esperando. Profissões de fé sem embasamento mostram-se frequentemente muito rápidas em aparente crescimento espiritual. Ontem não havia nem sinais de conversão, já hoje os professos se tornam fiéis, amanhã começam a doutrinar, um dia depois já são praticamente perfeitos. São crentes que parecem ter nascido com altura plena, equipados de todos os atributos, assim como Minerva, quando, segundo a mitologia grega, emergiu do cérebro de Júpiter. Surgem da noite para o dia, mas, ah!, com frequência, tal como a planta de Jonas, também perecem do dia para a noite. Não pretendo, com isto, levantar dúvidas a respeito do caráter genuíno das conversões súbitas. Creio que as conversões súbitas estão entre as melhores e mais verdadeiras formas de conversão. Tomem, por exemplo, a conversão do ex-insensato Paulo. Apesar disso, entre aqueles que professam terem se convertido de forma veloz, existe, para minha tristeza, grande número de pessoas que se encaixam na descrição que acabo de fazer, pois constroem suas casas muito rápido, rápido demais para que a fundação seja bem feita e duradoura. Mas também pode acontecer de alguém lamentar com amargor que faz lento progresso na graça. "Tenho buscado a Deus pela oração durante muito tempo", poderá queixar-se alguém. "Fui humilhado e diminuído pelo sentido de pecado por semanas e semanas, e somente recentemente tive algum vislumbre de esperança, quando pude voltar meus olhos para o Salvador crucificado. Ainda tenho pouco consolo e muitas dúvidas. Muito me alegraria ter a plena luz do amor em meu coração, mas demora em minha vida irromper a manhã." Bem, amigo, você está, de fato, construindo sem pressa; mas, se o estiver fazendo de modo consistente, não terá motivo para lamentar o alicerçar profundo. Não terá motivo para lastimar haver demorado mais para chegar à paz que o seu apressado amigo se a sua paz lhe garante toda a eternidade, enquanto a esperança dele representa tão somente uma ligeira posse no reino da fantasia, logo desfeita pelo vento.

Das duas casas, uma foi construída, não tenho dúvida, *com muito menos cuidado que a outra*. Fazer fundação em leito rochoso, repito, leva tempo, e exige trabalho. Quantas vezes o construtor prudente certamente não parou para limpar o suor de seu semblante; quantas vezes se recolheu à cama extenuado por conta de seu dia de trabalho, sem que houvesse ainda qualquer rocha à mostra sob o solo. O insensato, pelo contrário, já havia erguido as paredes, chegado ao frontão, estava quase na etapa de fazer o telhado, antes mesmo que o prudente houvesse construído sequer um sopé de fundação no solo. "Ah!", diria o insensato ao prudente, referindo-se à sua própria fundação arenosa, "seu trabalho é inútil, você nada tem para apresentar. Veja com que rapidez minhas paredes foram erguidas, sem que eu precisasse labutar como você. Faço as coisas sem esforço; não me aborreço nem aborreço as rochas do solo; no entanto, veja como minha casa se ergue e como parece brilhar! Seu processo é antiquado e absurdo. Você cava e martela a fundação como se quisesse atingir o centro da terra. Por que não usar do senso comum e avançar como eu faço? Deixe esse gemer e suspirar, faça como eu, e comece a aproveitar logo o resultado. A ansiedade o irá matar."

Deste modo, existem também almas realmente despertas desprezadas por aqueles que preferem a ociosidade e a facilidade das coisas. Por alguém que se lança, por assim dizer, na tranquilidade e se gaba de estar seguro; e que nem se detém para questionar se está correto ou não em sua confiança, pois se sente confortável demais para se dar ao trabalho de investigar o assunto. Se tudo está bem, por que se preocupar com detalhes? Se o banquete está bem servido, por que se preocupar com vestes nupciais? Se acaso surge uma dúvida, o homem que detém tal segurança carnal a atribui ao diabo e a deixa de lado, quando, na verdade, é sua própria consciência e a voz do céu que lhe está dizendo para prestar mais atenção e não se ludibriar. Jamais faz uma oração pedindo ao Senhor para perscrutar seu coração e seu controle. Tal homem não é afeito ao autoexame e não consegue aceitar que lhe digam que deve haver frutos para que haja redenção. Faz tudo na base da adivinhação, chega a conclusões precipitadas e cerra os olhos para fatos desagradáveis. Sonha que é rico e tem muitas posses, quando, na verdade, está nu, pobre e miserável. Que despertar ele terá!

Já o construtor sério é geralmente modesto e desconfiado de si mesmo. Quando ora, seu coração geme diante de Deus e teme não estar orando de modo correto; e jamais se levanta, de estar ajoelhado, inteiramente contente consigo mesmo até que Deus o faça realmente assim se sentir. Não se satisfaz facilmente com o estado de sua fé quanto o outro. "Talvez", diz para si mesmo, "minha fé não seja ainda de todo a dos eleitos de Deus". Examina-se continuamente para saber se permanece na fé. Treme só de pensar em ter uma santidade apenas na forma e sem qualquer poder. Receia e rejeita embustes e enganações e só compra ouro realmente testado no fogo. "Meu arrependimento", interroga-se, "será um desprezo pelo pecado, ou só terei derramado uma ou duas lágrimas estimulado por algum rito? Tenho certeza de que minha natureza foi renovada pela obra do Espírito Santo, ou terá sofrido apenas alguns remendos?" Debruça-se muito mais sobre as questões da alma e se esforça por encontrar apoio tal que de modo algum se veja desamparado. Tem muitas preocupações e anseios, muita busca no coração, porque é sincero e não quer se enganar. Para ele, "o reino dos céus é tomado à força"; sabe ser estreita a porta, apertado o caminho, e que muitos serão chamados e poucos escolhidos.

Agradeça, querido ouvinte, se você pertencer a este segundo grupo, pois são estes os verdadeiros filhos de Deus, herdeiros da imortalidade. Sua casa tem maior custo e dificuldade e leva mais tempo para construir, mas valerá a pena ser erguida. Oh, esteja atento para não vestir a pele do cordeiro sem ter a natureza do cordeiro; para não dizer: "Senhor, Senhor" enquanto ainda for servo do pecado. Tenha cuidado para não ceder à religião fictícia, baseando sua fé e doutrina em biografias e recebendo suposta santidade só por ter sido usada por seus pais, amigos e conhecidos. Embora lhe possa custar

Os dois construtores e suas respectivas casas | 1525

rasgar o coração e angustiar-se, certifique-se de que uma sólida fundação seja realmente feita e a casa seja construída de modo a resistir a provações que haverão de inevitavelmente testá-la. Eu alegremente encharcaria este meu discurso de lágrimas, de tão premente e necessária que sinto ser esta advertência, tanto para você quanto para mim mesmo.

Acredito que, apesar de o construtor insensato terminar sua obra com custo muito menor e em tempo recorde, no devido tempo *suas paredes não seriam dignas nem das piores construções*. Paredes sem fundação, erguidas embasadas apenas em areia, acabariam volta e meia apresentando fendas horrorosas, aparecendo algum tijolo aqui, um pedaço de madeira ali, necessitando constantemente de mais cimento e caiação. Que trabalho seria para os emboçadores e pintores fazer tal construção em ruína constante poder parecer mais apresentável! Mesmo quando uma rachadura fosse consertada em um lugar, outra certamente haveria de aparecer em outra parte. Com tal fundação seria difícil, se não impossível, manter a estrutura unida; e não me espantaria saber que em pouco tempo o construtor insensato teria demandado maior esforço para manter sua edificação estável do que necessitou o construtor prudente, que trabalhou corretamente na fundação desde o começo de sua empreitada.

Prestem atenção, portanto: a mera religião formal e a hipocrisia provam, afinal, ser coisas muito difíceis de se manter. É preciso muito trabalho para se construir sua falsa reputação, escorando-a com novas mentiras e apoiando-a em velhas enganações. Se um espírito não renovado, em determinada ocasião, se rebelar intensamente, terá de simular resignação para com a aflição; de outra feita, a luxúria indomada exigirá dele indulgência e o indivíduo acabará tendo de ocultar o pecado, com engano duplamente forjado; sua oração se tornará repetitiva e vazia, tendo de levar a si mesmo a engolir toda esta horrível farsa; enquanto isso, sua vida exterior estará sempre a um passo de ser descoberta, e ele receia que o descubram. De um modo ou de outro, vive em constante temor, como um ladrão à solta, que teme sempre que a polícia o encontre. A cada lufada de vento, sua casa ameaça ruir sobre sua cabeça. Quase chega a desejar que deveria ter tido o trabalho todo de cavar sua fundação em leito rochoso, mas, com determinação desesperada, afasta de si a voz da consciência culpada e não aceita palavra alguma de admoestação alheia. Ó caro ouvinte, em breve o verniz, a pintura, a hipocrisia, se consomem, deixando à mostra a realidade, que de modo algum é bela. Eis então um objeto de reflexão a ser considerado nesta vida: é mais difícil sustentar a mentira que apoiar a verdade; pois há nisso o total apoio de Deus, que abomina tudo que é falso, mentiroso, irreal. Eu lhes peço, pois: não ergam suas paredes sobre fundação de má qualidade, para que não venham a ruir quando vocês mais precisarem se abrigar e cedo não comecem a mostrar sinais de fadiga.

Quanto mais um construtor insensato erguer a sua obra, maior trabalho terá para mantê-la de pé. É óbvio que cada fileira de tijolos que assentar contribuirá para aumentar o peso da obra, fazendo com que cada vez mais a fundação sobre a areia venha a ceder. Quanto mais alto chegar sua construção, tanto mais suas paredes tenderão a se inclinar e cair. Alguém que faça seu objetivo ser apenas considerado respeitável em certo local de adoração pode até manter essa parede baixa sem precisar de forte fundação; quem passe a fazer parte de uma pequena igreja mundana — uma igreja que não vise ao evangelho puro —, pode também até manter seu falso sucesso sem muito esforço. No entanto, quando se faz parte da verdadeira igreja de Jesus Cristo, que busca de modo diligente preservar a pureza de todos os seus membros, descobre-se ser um árduo trabalho viver segundo a maneira que por Deus é exigida. Suponhamos, indo além, que alguém se torne um diácono ou presbítero, mas sem estar provido da graça: seu objetivo irá custar muito mais — pois mais pessoas passarão a observá-lo e dele muito mais será requerido. Tal pessoa passará a ter de orar em público, a dar conselho e orientação a quem solicitar; será levada a trilhar estreitos caminhos e curvas que nem poderia antes imaginar. Com que frequência acabará condenada pela própria boca? "Ora essa", diria para si, "pouco ou nada sei realmente sobre essas coisas no fundo da minha alma e, não obstante, tenho de falar e agir como se eu fosse escolado em Deus!" Se esta pessoa se tornar líder ou pregador, tanto mais enrascada estará; e quanto trabalho terá então para sustentar seu personagem. Quando uma torre se ergue, piso sobre piso, em base frágil, acaba se inclinando como a torre de Pisa, mas, ao contrário desta singular e ímpar estrutura, pode vir abaixo. A farsa acabará cedendo à ruína, e quanto mais se elevar tanto mais irá acelerar a catástrofe. Então, queridos ouvintes, quanto mais longe mirarem espiritualmente e quanto mais almejarem, pior será se não tiverem uma boa fundação, feita de verdadeira sinceridade e fé real. Terrível é de fato o caminho da religião sem base, pois, quanto mais longe nela se vai, pior ela se torna.

O pior, no entanto, é que *a principal diferença entre as duas casas* não estava nas rachaduras ou imperfeições visíveis, nem no preço ou no tempo de construção — *mas, em vez disso, no que estava fora do alcance da vista, debaixo do solo*. Resumia-se a uma questão de fundação. Quantas pessoas há que imaginam que, quando algo está fora do campo de visão, estará também fora do alcance da compreensão! Pois quem você acha que será diligente a ponto de cavar para conferir como está o alicerce? "Bem", diria alguém, "não vejo necessidade de ser excessivamente crítico; não me anima ser tão investigativo. Não se deve levar em conta tanto aquilo que não se vê". Muita gente dá razão a esta cantilena:

> Pela fé e pela graça deixem os insensatos brigar;
> Para quem a vida é correta, errado não pode estar.

"Doe uma certa quantia, frequente um bom local de adoração, receba os sacramentos, seja caridoso, faça suas orações e não se deixe abalar com o que passar disso" — é o senso comum das pessoas. "Para que afligir tanto o coração? Tudo isto não passa de tolices transcendentais. Que importância tem?" Assim, certamente, o construtor insensato confortava a si mesmo, considerando o construtor prudente uma pobre e miserável criatura, um homem excessivamente justo e melancólico. A aparência exterior é tudo para a maioria das pessoas, mas nada significa para Deus. A diferença essencial entre os verdadeiros filhos de Deus e meros crentes professos não é prontamente identificável, mesmo a mentes espiritualizadas; o Senhor, porém, a enxerga de imediato. O que o Senhor aprecia é um misterioso segredo; mas, na verdade, *o Senhor conhece os seus* (2Tm 2.19). Distingue entre o vil e o precioso. Separa os mentirosos como escória, embora não deseje de coração que venham a ser destruídos.

Até que ponto, então, este é um assunto importante? Respondo. Se você deseja construir sobre a rocha, amado ouvinte, cuide para ter *um verdadeiro sentido do pecado*. Não estou afirmando que o sentido do pecado seja uma preparação para Cristo, e que não devemos nos aproximar do evangelho até que tenhamos tal sentido; acredito, sim, que, há profunda abominação pelo pecado onde haja verdadeira fé em Jesus. A fé sem arrependimento é fé morta e inútil. Quando conheço falsos crentes, que fazem pouco caso do pecado, tenho a certeza de que construíram suas casas sem atentar para a fundação. Se tivessem sentido a penetrante e mortífera espada da condenação do Espírito, se afastariam do pecado como fugindo de um urso ou de um leão. Os pecadores verdadeiramente perdoados temem o reaparecimento do mal do mesmo modo que quem já sofreu sérias queimaduras teme o fogo. O arrependimento superficial leva a uma vida desregrada. A fé que jamais foi orvalhada pelo arrependimento jamais gera a flor da santidade. Peça a Deus sinceramente por um coração quebrantado. Lembre-se que é o espírito arrependido que agrada ao Senhor. Jamais acredite que terá com o que se deleitar se nunca viu razão alguma para lamentar. O consolo só é prometido àqueles que choram (Mt 5.4).

Além disso, há que se buscar a *fé verdadeira*. Muitas coisas que os homens chamam de fé não são absolutamente a fé dos eleitos de Deus. A sincera confiança em Jesus Cristo é imitada de mil diferentes maneiras, e muitas vezes de forma tão precisa que somente pelo rígido autoexame é que se descobre o engano. Deve-se confiar unicamente em Cristo, a rocha; deve-se depender exclusivamente dele, e toda a esperança e toda a confiança devem se resumir a ele. Se você crê com seu coração, e não apenas da boca para fora, então você estará seguro — como não estará se for o contrário. Deve-se ter arrependimento verdadeiro e fé real, ou então não há de ser mais que um construtor insensato.

Deve-se buscar, ainda, *uma experiência interior da verdade divina*. Peça a Deus que a verdade queime em você. Por algumas pessoas abandonam a doutrina da graça quando atraídas pelas alegações

Os dois construtores e suas respectivas casas | 1527

de eloquentes defensores do livre-arbítrio? Por que renunciam à crença de caráter ortodoxo quando encontram pensadores espertalhões que a contradizem? Porque jamais chegaram a receber a Palavra no poder do Espírito Santo a ponto de ser gravada de fato em seu coração. Temo muito por nossas igrejas agora que a falsa doutrina predomina, pois sinto que muitos não têm estabelecida em si a verdade. Rogo ao Senhor por vocês, meu rebanho, para que venham a conhecer a verdade mediante os ensinamentos do próprio Senhor Jesus, pois só então não serão deixados de lado. Virão ladrões e assaltantes, mas, como ovelhas de Cristo, vocês não os ouvirão. Uma coisa é ter uma crença; outra, completamente diferente, é ter a verdade gravada nas tábuas do coração. Muitos falham neste ponto, por não ser a sua verdade feita de experiência real.

Busque, ainda, que *sua fé possa produzir uma santidade pessoal*. Não acredite estar salvo do pecado enquanto continuar a viver em pecado. Se ainda encontra prazer na luxúria, não é ainda um filho de Deus. Se continua dado à bebida — e, note, muitos que se dizem crentes o são, ainda que bebam em casa e não sejam vistos bêbados na rua —, como pode a graça de Deus habitar em você? Se se delicia com certas músicas profanas e frequenta locais de vão entretenimento, não precisa nem se demorar em autoexame, pois logo há de concluir que está em falta; se tivesse sido renovado no espírito, não apreciaria essas coisas mais que os anjos. É preciso que nova natureza lhes seja implantada; pois onde não existe tal santidade de vida, por mais que se construa e muito se gabe da edificação, esta nada passará de um pobre e miserável embuste e você acabará ruindo quando das tempestades.

Falta de profundidade, de sinceridade e de verdade na fé — eis as faltas principais dos nossos tempos. Falta de olhar para Deus, de lidar de modo sincero com sua própria alma, negligência em usar do bisturi sagrado no coração, negligência da garantia de busca que Deus nos dá contra o pecado, descuido quanto a viver como Cristo: muito ler sobre ele, muito falar sobre ele, mas pouco se alimentar realmente de sua carne dele e pouco beber de seu sangue — eis as causas das profissões de fé cambaleantes e esperanças infundadas.

Tentei, assim, elucidar a parábola; mas procurei não desencorajar alma sincera alguma; meu objetivo foi apenas dizer a vocês: "Tornem sinceros seu chamado e eleição. Construam com o amor, a sinceridade e o desejo de Cristo, realizem a obra do Espírito Santo e não se deixem enganar".

III. Agora, no terceiro tópico, quero tratar de PROVAÇÃO COMUM ÀS DUAS CASAS.

Quer verdadeira ou não, sua religião será testada; quer seja trigo ou joio, o crivo de joeirar do grande ceifador há de entrar em operação sobre todas as ervas do campo. Seja o que você tenha a tratar junto a Deus, terá de lidar com o seu fogo consumidor. Seja você verdadeiro ou falso cristão, ao se aproximar de Cristo ele o testará, do mesmo modo como a prata é testada. O juízo deve ter início pela casa de Deus e, se você frequenta a casa de Deus, o julgamento começa por você. Todavia, há que observarmos que, se há provação para aqueles que professam ser cristãos, o que será daqueles que nada professam? Se os justos raramente são salvos, o que será dos indignos e perversos? Se o julgamento começa pela casa de Deus, qual será o fim daqueles que em nada creem? Pensamentos terríveis, não é verdade? Voltemos, porém, ao que dizíamos. Juízos haverá para profissões de fé, sejam verdadeiras ou falsas. Se não me engano, há no texto a referência a três deles: chuva, torrentes e vento. A chuva exemplifica as *aflições vindas do céu*. Deus enviará a você adversidades como se fossem chuva, tribulação como temporal. Entre agora e o céu, ó crente, você os sentirá. Como acontece a todos os homens, você adoecerá, se não, terá problemas em casa, filhos e amigos morrerão, criarão asas e voarão para o céu. Você sofrerá essas provações das mãos de Deus; e não será capaz de suportá-las se não confiar em Cristo. Se você não for um com Jesus Cristo, mediante fé verdadeira, a chuva de Deus poderá ser demais para você. Surgirão, ainda, *provações vindas da terra — correram as torrentes*. Em tempos idos, inundações sob a forma de perseguição aos crentes em Cristo eram mais frequentes e terríveis, mas as perseguições ainda continuam e, se você é crente terá de enfrentar algo assim. Zombarias cruéis são ainda usadas contra o povo de Deus. O mundo de hoje não ama mais a igreja verdadeira que nos tempos antigos. Você consegue suportar a difamação e a condenação de Jesus? Não, a não ser que esteja firmemente embasado. No dia da tentação e da perseguição, plantas sem raízes, começadas a germinar em solo rochoso, serão ressecadas. Fique atento. Haverá ainda *provações misteriosas* sob a égide do vento. O príncipe das potestades do ar poderá assolar você com sugestões de blasfêmia, manifestações horríveis e insinuações ardilosas. Ele sabe como lançar nuvens de desespero sobre o espírito humano; pode atacar os quatro cantos da casa ao mesmo tempo, mediante sua ação misteriosa; pode nos tentar de diversas maneiras ao mesmo tempo, levando-nos aos limites do nosso discernimento. Ai de você, então, a menos que tenha algo melhor em que se agarrar que não na areia de sua frágil e falsa profissão de fé!

Onde houver boa fundação, tais provações não causarão estrago, mas onde não houver fundação alguma com certeza trarão ruína, ainda nesta vida. Quantos não abandonam a fé antes mesmo do início da jornada! O volúvel e o cristão, em *O peregrino*, almejam ambos a Cidade Celestial, ambos aspiram à coroa dourada; mas caem no Pântano do Desânimo; então, enquanto um deles luta para chegar à margem mais próxima de sua casa e acaba retornando à Cidade da Destruição, o outro empenha-se com bravura para alcançar a margem que leva além, e a diferença entre o peregrino sábio e o insensato se faz evidente.

Depois de terem assim resistido, os cristãos serão provados ainda de outras formas. A infidelidade a Cristo muitas vezes tenta o cristão, sob a forma de dúvidas em relação à essência da fé e à doutrina; de tal modo que aquele que não esteja bem embasado na rocha é facilmente levado à descrença. Estamos em plena era da infidelidade, mas aqueles que estão firmados na rocha verdadeira mediante experiência real nada disso sofrerão. Uma vez, alguém disse a um homem negro que um terceiro lhe havia dito que a Bíblia não falava a verdade. Nosso amigo jamais havia pensado que alguém poderia duvidar da Bíblia, mas o jeito rápido de se livrar do pensamento novo e incômodo foi: "Esse livro que dizem não ser verdadeiro, em casa eu me sento para lê-lo e ele alegra o meu coração. Como pode ser mentira algo que faz meu coração sorrir? Eu era ladrão, beberrão e mentiroso, mas o livro falou comigo e me fez um novo homem — esse livro jamais falará mentiras!" Decerto que esta foi a melhor provação do mundo, pelo menos para tal homem, se não para outros. Nós, cujo coração sorri de alegria quando ouvimos a palavra de Deus, não podemos deixar que riam de nossa fé. Já vivemos no mundo bastante para provarmos da verdade por experiência própria, tornando-nos assim invulneráveis aos ataques; enquanto as pessoas alheias a tal experiência se deixam ainda assombrar.

Quando o coração se acha realmente embasado na verdade, então se constata que heresias e infidelidades não podem exercer sobre ele qualquer influência. O cristão verdadeiro é firme e invulnerável como a pedra: se jogado no poço da falsa doutrina, pode até se molhar, mas jamais absorve a água ao seu redor para dentro de si; já o crente não verdadeiro se assemelha a uma esponja, que absorve de tudo com muita facilidade e em si mesmo detém tudo quanto absorveu.

Quantos há que são tentados pelo mundo e, quando não passam de meros falsos professos, a mundanidade logo engole seu coração como um câncer e faz deles pior do que antes! Se, no entanto, o coração do cristão estiver com Deus, sairá de tal desafio e se manterá disso separado, sem que o orgulho desta vida o possa jamais aprisionar. Em caso de apostasia, se o coração é sólido em Deus, o apóstata logo retorna à verdade; mas se o coração apodrece, o apóstata vai então de mal a pior. Fiquei impressionado com a história de dois homens, que costumavam exortar os irmãos em reuniões de oração. Eles entraram em conflito, e o irmão de um dos dois, que lamentava que dois servos de Deus tivessem passando por tal dissensão, esforçou-se por reconciliá-los. Chamou o primeiro, e disse: "John, muito me dói saber que você e James tenham discutido. Isso é realmente lastimável, e desonra a igreja de Deus!" "Ah", respondeu John, "a mim também isso muito incomoda; e o que mais me incomoda é que eu sou a única causa do conflito. Foi por que falei de modo muito amargo que James se ofendeu" "Ah, ah", disse então o bom homem, "logo resolveremos esta questão, então". Foi ter com James e lhe disse: "Muito me dói saber que você e John não conseguem concordar". "Sim", respondeu James, "é triste que não concordemos, mas deveríamos, pois somos irmãos em Cristo; mas o que mais me aborrece é que tudo foi minha culpa. Se eu não tivesse insistido em uma pequena palavra que John disse, nada disso teria acontecido". A questão, como podem imaginar, foi logo resolvida. Vejam que existia, no fundo, grande amizade entre eles, de sorte

Os dois construtores e suas respectivas casas | 1529

que um pequeno empecilho foi prontamente afastado. Assim também. quando há verdadeira união entre Deus e a alma, a apostasia logo se resolve.

IV. Vamos encerrar. Depois de mencionar as provações comuns e os efeitos que produzem nesta vida, permitam-me abordar os DIFERENTES RESULTADOS DAS PROVAÇÕES no que se refere à vida futura.

No primeiro caso da parábola, a chuva caiu com muita intensidade, ameaçando levar a casa, mas, como fora construída sobre a rocha, ficou de pé e ainda deu grande conforto ao homem que a habitava. Ele podia ouvir o barulho da avassaladora chuvarada que atingia o telhado, mas permanecia sentado e certamente cantando; quando as rajadas de vento começaram a fustigar as janelas, ele ficou ainda mais feliz por confirmar quanto tinha de abrigo. Então vieram as torrentes de águas. Teriam, se pudessem, solapado a fundação, mas acabaram não tendo efeito algum sobre as rochas de granito, e por mais que o vento continuasse a soprar ao redor daquela casa, todos os tijolos se mantiveram bem assentados, todos presos como que com ferro à grande e sólida rocha, fazendo o homem seguro e feliz e, acima de tudo, grato por ter construído sobre tal fundação. Ele poderia até tranquilamente cantar:

> Bem alto pode o mar rugir revoltado
> Que minha alma estará em refúgio sagrado.

O cristão descansa com segurança em Cristo. Os problemas surgem um após o outro, mas não o atingem, apenas tornam para ele mais doce a esperança, que se baseia em Cristo Jesus. Quando enfim chega a morte, a terrível inundação que solapa tudo aquilo que pode ser removido, nada consegue que possa abalar a esperança do construtor prudente. Ele confia no que Cristo fez por ele e a morte não pode afetar sua fé. Crê em um Deus fiel; e morrer não irá de modo algum afetar sua crença. Confia no pacto que foi firmado, selado e ratificado, e em todas as coisas que por Deus foram ordenadas. Confia nos "podeis" e nos "deveis fazer" de um Deus imutável, palavras garantidas pelo sangue do redentor: a morte não poderá afetar nenhuma dessas palavras. E quando a última grande trombeta soar, e, vindo do trono de Deus, o último fogo provar do que é feita a obra de cada um, o homem que for sincero e tiver a experiência real de confiar em Cristo não temerá essa tremenda hora. Por mais que a trombeta soe o mais alto e o mais intensamente, e os mortos se levantem, e os anjos se reúnam ao redor do trono branco, e tremam os pilares do céu, e seja dissolvida a terra, e todos os elementos se fundam em calor escaldante — o homem de Deus saberá que a rocha sobre a qual construiu sua vida jamais irá falhar, e a esperança que a graça a ele proveu jamais será removida. E, em meio a tudo isso, irá sorrir, sereno.

Vejamos agora o caso do homem cuja esperança foi construída sobre areia. Mal poderá resistir às provações desta vida; quase sempre irá cair nas tentações mundanas; nem conseguirá colocar seu casaco na hora da fuga da perseguição; e eis que provações ainda mais árduas o esperam. Alguns hipócritas tentam se animar mesmo nos momentos finais, e talvez jamais saibam que estejam perdidos até que de fato o sintam; como o rico, da parábola de Lázaro, e do qual está escrito que: *No hades, ergueu os olhos, estando em tormentos* (Lc 16.23). Jamais havia antes erguido os olhos, humildemente, de baixo; e só soube qual era sua condição ao se dar conta de toda a sua miséria. Mas a maioria dos homens que ouviram o evangelho e fizeram uma falsa profissão de fé, enganados e enganadores, descobrem tal fato já durante a morte; e como deve ser terrível fazer essa descoberta quando a dor é mais aguda e amarga. Ah, querido amigo, que você descubra agora se engana ou está sendo enganado, e não apenas em seu leito de morte! Que sua oração seja: "Senhor, mostra-me o pior de mim. Se minha profissão de fé foi um engano, oh, não permitas que eu edifique mais sobre uma falsa base; ajuda-me a construir tão somente sobre Jesus Cristo". Faça esta oração, eu lhe peço. Lembre-se que, se a morte não lhe ensinar toda a verdade sobre você mesmo, o juízo divino o fará. Não haverá enganos; mas então já não haverá também qualquer oportunidade mais de se arrepender. A casa que caiu não poderá ser reerguida; nada poderá salvá-la da destruição total. Perdido, perdido, perdido, não haverá palavra a seguir; pois, uma vez perdido, perdido para sempre! Ó caro ouvinte, se você tem ainda um nome a resguardar, mas está morto, levante-se dos mortos e Cristo lhe dará vida! Peço-lhe que, se você é alguém que busca, não se agarre mais a esperanças vazias e vã confiança. Compre para si a verdade e jamais a venda! Agarre-se à vida eterna. Busque o verdadeiro Salvador e não se contente até que de fato o tenha, pois, se ficar perdido, sua ruína será terrível. Oh, *o lago!* Já leu estas palavras: ... *no lago ardente de fogo e enxofre, que é a segunda morte?* (Ap. 21.8). O lago de fogo e enxofre, do Apocalipse! Com almas sendo lançadas nele! Eis uma terrível imagem. "Ah", poderia alegar alguém, "mas isso é apenas uma metáfora". Sim; só que uma metáfora nada mais é que a imagem da realidade. Então, se uma simples imagem é tal lago de fogo e enxofre, o que não será a realidade? Se mal conseguimos conceber um *verme que não morre nem fogo que não se apaga* (Is 66.24), nem um lago cujas águas ferventes assolam as almas imortais e desesperadas, o que não será o inferno, então, na realidade? As descrições das Escrituras são, no fim das contas, afabilidades para com a nossa ignorância, revelações parciais dos mistérios insondáveis; mas, se assim já são tão temíveis, como deverá ser a verdade? Não provoquemos, ouvintes, nem tentemos o nosso Deus. Não negligenciem sua grande salvação, pois, se o fizerem, não irão escapar. Não brinquem com sua alma, não sejam displicentes e descuidados com relação à eternidade. Que agora mesmo Deus ouça suas orações, conforme as exprimam desde o mais profundo interior de sua alma, e permita que vocês sejam lavados no precioso sangue de Cristo, efetivamente salvos nele, em quem há plenitude de graça e verdade. Amém.

Deus meu, vejo estupefato
A esperança se esvair;
Vejo que a casa do insensato
No dia do juízo irá cair.

Se em meio a essa multidão
Notares um pecador
Que constrói sobre areão,
Me diz se sou eu, Senhor!

Mil dúvidas há em meu ser
Todas a ti quero trazer;
Estou enganado sem saber?
Faz meu coração dizer.

Oh, ensina-me a escavar
No mais sólido granito,
E se o tornado atacar,
Resista a casa onde habito.

Jesus, tu és a certeza
De uma fundação segura,
Dos montes és a firmeza,
Em ti ergo minha estrutura.

Construído em ti, Eterno,
Nenhum tijolo é em vão.
Com fé enfrento o tufão,
Chuva, torrente, o inferno.

164

LANÇANDO OS ALICERCES

E por que me chamais: Senhor, Senhor, e não fazeis o que vos digo? Todo aquele que vem a mim, e ouve as minhas palavras, e as pratica, eu vos mostrarei a quem é semelhante: É semelhante ao homem que, edificando uma casa, cavou, abriu profunda vala, e pôs os alicerces sobre a rocha; e, vindo a enchente, bateu com ímpeto a torrente naquela casa, e não a pôde abalar, porque tinha sido bem edificada. Mas o que ouve e não pratica é semelhante a um homem que edificou uma casa sobre terra, sem alicerces, na qual bateu com ímpeto a torrente, e logo caiu; e foi grande a ruína daquela casa (Lc 6.46-49).

Esta parábola descreve dois tipos de ouvintes; mas nada diz dos que não são ouvintes. Qual a posição e o futuro que estes terão devemos deduzir do que é dito a respeito dos ouvintes. Nosso Senhor Jesus Cristo veio ao mundo para nos falar do amor do Pai e nenhum homem jamais falou sobre isso como ele; não obstante, muitos se recusaram e se recusam ouvi-lo. Não me refiro aos que estejam muito longe, ou a quem o nome de Jesus seja inteiramente desconhecido, mas, sim, a pessoas desta nação, especialmente desta grande e mui favorecida cidade, que, voluntariamente, se recusam ouvir aquele a quem Deus ungiu para nos trazer as boas-novas da salvação. Nosso Senhor Jesus é proclamado, por assim dizer, desde os telhados da maioria das casas desta cidade; mesmo em auditórios, salas de música e teatros, Cristo é pregado para multidões, e nas esquinas das ruas é erguida sua bandeira; mas, ainda assim, há dezenas de milhares de pessoas para quem a pregação do evangelho é como se fosse música soprada nos ouvidos de cadáveres. Tais pessoas cerram seus ouvidos e não ouvem, por mais que o testemunho seja relativo ao próprio Filho de Deus, sobre a vida eterna e como escapar da ira vindoura. Mesmo para o que possa ser de seu interesse, o interesse eterno, estão mortas: nada, ao que parece, conseguirá direcionar sua atenção para Deus.

A que, então, se assemelham tais pessoas? Bem poderiam ser comparadas ao homem que não constrói casa alguma e que permanece sem lar durante o dia e sem abrigo durante a noite. Quando os problemas mundanos se abatem como tempestade sobre essas pessoas que não ouvem a palavra de Jesus, não há consolo que as anime; quando a doença chega, não há fé nem consolo no coração que sirva para lhes dar apoio e esperança quanto à dor; e quando a pior das tempestades, a morte, se abate sobre elas, sentem toda a sua fúria e, mesmo assim, não hão de, certamente, encontrar um lugar seguro final. Tais pessoas negligenciam a segurança da própria alma, e quando o tufão da ira todo-poderosa irromper no mundo, não terão onde refugiar-se. Em vão irão buscar abrigo sob as rochas, que cairão sobre eles; em vão tentarão correr para as montanhas, que as irão soterrar. Ficarão naquele dia sem abrigo contra a justa ira do Altíssimo. Oh, aqueles que venham a se encontrar em tal aflição! Desabrigados e viandantes no dia da tormenta! Minha alma estremece por esses! Que desculpas irão inventar esses, que se recusaram a conhecer os caminhos da salvação? Que desculpas poderá formular o mais tenro coração em benefício deles? Dirão que não tinham capacidade de crer? Ainda assim, não poderão argumentar que não ouviram; e *a fé vem pelo ouvir, e o ouvir pela palavra de Cristo* (Rm 10.17). Oh, amigos, se a palavra de Deus chega a vocês e vocês se recusam a ouvi-la, deixando assim de crer em Jesus e morrendo em seus pecados, a que poderemos chamar isso se não de suicídio da alma? Se alguém morre de determinada doença mesmo tendo ao alcance o mais infalível remédio para curá-la, não será a culpa da morte da própria pessoa? Se uma pessoa perece de fome tendo pão à sua volta, enquanto outras se alimentam até se saciar, pode-se ter dó dessa pessoa? Pouca ou até nenhuma lágrima de dó será provavelmente derramada por uma alma perdida que poderia ter amenizado o tormento de sua própria consciência, pois toda santa inteligência facilmente há de constatar que tal pecador, infelizmente, escolheu sua própria destruição. Servirá sempre contra a consciência condenada a argumentação de que: "Você conheceu o evangelho, mas não deu a devida atenção. Sabia que havia salvação, que Cristo era o Salvador e que o perdão era destinado ao homem culpado; mas você quis 'não perder tempo' em aprender como ser salvo, preferindo gastá-lo, e desperdiçá-lo, suas inúmeras atividades e seus negócios, em seus prazeres e seus pecados. O que para Deus é tão valioso você tratou com pouco caso".

Ah, caros amigos, que nenhum de vocês faça parte da classe dos que não ouvem. Não é para tais pessoas que desejo hoje falar, mas não poderia deixar de passar ao discurso sem lhes dar uma palavra de afável repreensão. Permitam despedir-me de tais pessoas citando advertência inspirada pelo Espírito Santo: *Vede que não rejeiteis ao que fala; porque, se não escaparam aqueles quando rejeitaram o que sobre a terra os advertia, muito menos escaparemos nós, se nos desviarmos daquele que nos adverte lá dos céus* (Hb 12.25).

Nossa sincera atenção será agora dispensada àqueles que são ouvintes da palavra e se envolvem de certo modo com ela. Todos estes são como construtores de casas em relação à sua alma: todos fazem por erigir uma morada espiritual. Alguns deles dedicam bastante esforço a esta obra, e chegam a coroar a estrutura erguida ao confessarem publicamente Cristo. Chamam-no *Senhor, Senhor* (Lc 6.6), passam a fazer parte dos seus seguidores e unem-se a estes em reverência ao nome do mestre; mas acabam não obedecendo ao Senhor. Eles o ouvem, mas deixam de fazer o que o Senhor ordena. Assim, não passam de construtores enganados, que falham desde o alicerce, e não conseguem garantir além de que, algum dia, suas casas virão abaixo. Existe outro tipo, porém, e confio que sejam muitos em meio a nós, que constroem de maneira correta, para a eternidade. Tais pessoas erguem sua morada tendo como base a rocha, e suas paredes são bem construídas com tijolos, morada da qual o Senhor Cristo é tanto a alicerce quanto a pedra fundamental.

Gostaria de falar agora àqueles que estão começando a construir sua morada eterna. De fato, alegra-me saber que muitos aqui estão nesta situação. Que o Espírito Santo abençoe este sermão para eles.

I. Nosso primeiro assunto será UMA TENTAÇÃO QUE É COMUM AOS CONSTRUTORES ESPIRITUAIS. Esta tentação, comum aos ouvintes da palavra, segundo a parábola diante de nós, é negligenciar a obra do alicerce, apressando-se na primeira parte do projeto e partindo para a rápida construção da estrutura. Muitos são tentados a presumir que tudo que se diz logo estará feito; são tentados a assumir como verdade que tudo que se espera estar certo de fato o esteja; e então passam a erguer as paredes de maneira a mais rápida possível. A maior tentação dos jovens construtores da vida cristã, repito, é apressar-se na obra do alicerce, dando muito pouca atenção às coisas que têm realmente e premente importância. Esta mesma tentação nos ocorre durante toda a nossa vida, mas é especialmente perigosa para os jovens: Satanás faz com que esqueçam os princípios fundamentais sobre os quais deveriam se apoiar sua esperança futura e seu caráter, de tal maneira que, em um momento de provação futuro, a falta de sólido alicerce os fará ceder ao mal, perdendo tudo aquilo que já haviam construído.

Tal tentação é mais perigosa, em primeiro lugar, porque *os jovens construtores não gozam de experiência*. Se até mesmo o mais experimentado filho de Deus está sujeito a ser enganado, que se há de dizer dos peregrinos que acabaram de passar pela porta estreita! O santo que é tentado por vezes confunde com virtude aquilo que não passa de erro ornado e acredita ser genuíno o que não passa de embuste; como, então, sem qualquer experiência, podem meros infantes da graça fugirem à enganação, a menos que sejam preservados pela graça? Recém-despertos de coração sincero e esforçados tendem a trabalhar pela vida divina com demasiada pressa, agarrando tudo que o que lhes cai à mão, construindo com ânsia descuidada, sem os devidos cuidados e avaliação. Para eles, algo tem de necessariamente ser feito, e muitas vezes é feito sem nem sequer se perguntarem se está de acordo com os ensinamentos do mestre. Chamam, sim, Jesus de "Senhor"; mas fazem mais o que outros dizem do que aquilo que manda Jesus. Satanás faz questão de estar rondando por perto em tais ocasiões, a fim de poder levar os jovens convertidos a optar, em vez de pelo arrependimento como está no evangelho, por um arrependimento do qual será preciso depois se arrepender; e optar, em lugar da fé dos eleitos de Deus, por uma orgulhosa presunção ou um sonho em vão. Em vez do amor de Deus, obra do Espírito Santo, ele lhes oferece uma natural afeição filial pelo ministro e lhes diz: "Pronto, está aqui o que fazer: você deve ter uma casa, que sua própria alma deve construir; aqui está o material, pode arrumá-lo". Como crianças que brincam na praia, os ansiosos jovens recém-convertidos constroem então seus castelos de areia e lançam mão dessa brincadeira para se confortar, desconhecendo os artifícios do diabo. Eis por que fico desejoso em querer livrar meus amados jovens do enganador. A tentação mais comum é, em vez de se arrepender de fato, *falar sobre arrependimento*; em vez de crer com o coração, dizer: *Eu creio*, sem de fato crer; em vez de verdadeiramente amar, *discorrer sobre o amor de Deus*, sem nenhum verdadeiro amor; em vez de ir a Cristo, *abordar a ida a Cristo ou professar ter ido a ele*, sem ter dado, para isso, um passo sequer. O personagem do falador, de *O peregrino*, é descrito assim. Tenho conhecido pessoalmente tal personagem inúmeras vezes, e posso lhes afiançar que John Bunyan, autor do referido livro, já era um fotógrafo muito antes até de a fotografia ser inventada... Dele diz Cristão, personagem principal da fábula de Bunyan: "Ele fala de oração, arrependimento, fé e novo nascimento; mas sabe apenas *falar* sobre tais coisas. Conheci sua família, e sua casa é tão vazia de religião como a clara de um ovo é desprovida de sabor". Temos sempre ao nosso redor muita gente como essa, que fala de tudo quanto é honroso e desejável, mas que, afinal, prova não passar de embusteiros. Assim como os negociantes usam de enfeites em suas lojas, embrulhados e ajeitados para parecerem mercadorias, apesar de não o serem de fato, nem estarem absolutamente à venda, do mesmo modo tais indivíduos são apontados e rotulados como cristãos, mas a graça de Deus não se encontra neles. Oh, que vocês, jovens construtores, estejam atentos, para não se conformarem tão somente com a forma da santidade, mas sentir realmente qual é o seu poder.

Algo que ajuda também o poder enganador da tentação é *que o plano para o imediato presente parece poupar de muitos problemas*. Se sua mente está perturbada e você necessita conforto, bem, é certo que clamar: *Senhor, Senhor* o irá consolar, ainda que você não siga as coisas que Cristo diz. Se você admite que Jesus é o Senhor, muito embora não creia nele firmemente em termos de salvação e negligencie as ordens que ele dá, você encontrará na verdade, no entanto, um pouco de conforto nesse reconhecimento. Ele determina que você se arrependa de seus pecados, confie em seu sangue, ame sua palavra e busque a santidade; mas é muito mais fácil admirar estas coisas do que as buscar de fato na vida. Afinal, fingir ter arrependimento e fé não é tão difícil assim. A verdadeira santidade, porém, é obra do coração, que demanda muita reflexão, dedicação, sinceridade, oração e vigília. Creiam: a verdadeira fé não é brincadeira. Aquele que deseja mesmo ser salvo verá que não é assunto trivial. *O reino dos céus é tomado à força* (Mt 11.12), e quem dá pouco valor ao assunto, julgando não passar das palavras do ilusionista — *Abracadabra!*, comete um grave erro. *Entrai pela porta estreita* (Mt 7.13), diz Cristo. O Espírito se esforça em nós poderosamente, e muitas vezes nos leva à ansiedade. A coroa da glória eterna não é conquistada sem alguma luta, nem o prêmio por nossa alta vocação é recebido por nós sem grande esforço; não obstante, imagina-se geralmente que apenas fazendo uma mera profissão de fé ou praticando algo simplesmente exterior é suficiente para produzir o mesmo resultado obtido de quando se busca o Senhor com todo o coração, crendo no Senhor Jesus. Se assim fosse, haveria uma linda, ampla e fácil estrada para o céu, e seria capaz até de Satanás em pessoa se tornar nela um peregrino. Creiam-me, caros ouvintes, que evitar problemas acaba mais se mostrando um modo garantido de arranjar problemas e, antes que se chegue ao fim, o caminho mais difícil já terá mostrado ser o mais fácil.

Esse tipo de construção sem alicerce tem ainda outra suposta vantagem como estímulo à tentação: *permite ao homem o rápido abandono de sua fé*. Primeiro que tudo, ele faz enorme progresso. Enquanto em seu coração ansioso você ainda busca pela verdade em seu interior, rogando por tornar-se renovado pela graça, seu amigo apressado se mostra tão feliz quanto possível, com uma paz que subitamente ele obteve sem precisar muito questionar ou investigar. Todavia, esse rápido construtor jamais se pergunta: "Minha fé mudou minha conduta? Minha fé tem por base uma nova natureza? O Espírito de Deus habita em mim? Serei mesmo o que professo ser ou não passo de um mentiroso?" Não; ele, pelo contrário, afasta todo questionamento como se fosse tentação do diabo. Tudo que é bom aceita como verdadeiro e acredita realmente que tudo que reluz é ouro. Veja só quão apressado ele é! A neblina é densa, mas sua autoestima não tem qualquer preocupação com os prováveis perigos pela frente! Já está na igreja, então já começou a trabalhar para Deus; gaba-se de suas próprias conquistas e sugere que é perfeito. Mas será que é de fato segura a morada que construiu? Sobreviveria às provações do último grande dia? Ficaria de pé em face de uma séria tempestade? A cumieira é alta, mas é segura? Eis o problema. São perguntas que levam a um fim muito embuste que nos cerca. É melhor temer e tremer ante a palavra de Deus que ter falsa firmeza na imaginação. É melhor recear ser um dos muitos rejeitados do que ter no rosto estampada uma vã confiança. Se alguém percorre o caminho errado, quanto mais rápido for mais longe irá erroneamente. Lembrem-se desta advertência para seguirem mais devagar, assim como dos velhos adágios, que dizem: "Quem corre tropeça"; "A pressa é inimiga da perfeição". Se você construiu rapidamente, por haver construído sem alicerce, seu tempo e seu trabalho terão sido, infelizmente, em vão.

Quão comum e enganadora é outra tentação! Para o jovem construtor, o homem que está determinado a buscar o Senhor verá *muitos tentarem ajudá-lo em seus enganos*, em caso de ser negligente para com a alicerce. Cristãos bons e generosos, que acabam, por vezes, sem ter a intenção de fazê-lo, ajudando a confundir a alma que busca a Cristo. "Sim", afirmam, "você já se converteu", e talvez de fato a pessoa teria se convertido se tudo quanto diz fosse verdade; mas tudo o que diz é sem sentimento; todas as palavras vêm da boca para fora, não do coração; assim, é prejudicial encorajá-lo. A gentil garantia de um amigo cristão, se for um erro, pode vir a estimular falsa confiança. Não se encontram hoje em dia muitos cristãos que errem por tratar de modo severo com os convertidos; o problema é justamente o oposto. Nossos antepassados eram possivelmente muito desconfiados e invejosos; atualmente, quase todos nós erramos em sentido contrário: temos tanta ansiedade em ver todos trazidos a Cristo que tal vontade tende a nos enganar, fazendo com que possamos crer ser verdade algo que ainda não se comprovou. Queremos tanto alegrar e confortar aqueles que buscam ao Senhor que, muitas vezes, podemos incorrer no hábito de proferir suaves veredictos, afastando assim, a fim de que não haja desencorajamento, tudo aquilo que tenha a finalidade justamente de provar e testar. Estejamos atentos para evitarmos clamar "Paz, paz" quando de fato não deve haver paz. Seria muito triste descobrir que contribuímos na formação de hipócritas, quando o resultado esperado era que tivéssemos crentes fiéis e verdadeiros. Já ouvi sobre uma pessoa que se havia aconselhado dezenas de vezes, e, quando lhe foi dito que passasse por outro conselheiro, respondeu: "Não sei por que deveria, pois já me foi dito uma dezena de vezes que estou salvo; embora não me sinta nem um pouco melhor do que quando me disseram das outras vezes". Muitas vezes é melhor mandar alguém voltar para casa chorando que rindo. Muitos precisam mais de um bisturi do que um remédio. Pode ser que você seja confortado por concordâncias bem intencionadas proferidas por amigos queridos, mas mesmo assim esse conforto pode ser falso. Portanto, tomem cuidado com qualquer outra paz que não resultante de fazer o que Jesus deseja, ou, em outras palavras, não confiem em qualquer coisa que não provenha somente de Jesus e que seja plena de arrependimento, fé e de uma vida de obediência para com nosso Senhor.

Muitos, sem dúvida, são encorajados a construir rapidamente baseados em *crentes que mostram aparentes resultados ainda que suas obras não contem com alicerces*. Não podemos fechar os olhos para o fato de que, em todas as igrejas, há pessoas que não possuem qualquer profundidade espiritual; e isto é algo que devemos temer. Não podemos afastá-los de nós, por mais que achemos, ou mesmo saibamos, serem joio, pois não devemos desenraizar inadvertidamente o joio, como, aliás, nosso mestre não quer. Nada há na conduta externa dessas pessoas que nos possa garantir como prova de serem meros embustes. Não obstante, um frio arrepio sempre corre em nossas veias quando falamos com elas, pois não têm calor algum, nem vida, nem coisa alguma do Senhor em relação a suas existências. Ao conversarmos com elas, sentimos faltar doce espiritualidade, santa unção, abençoada humildade, que estão sempre presentes quando alguém se mostra familiar ao Senhor e em viva união com ele. Pessoas deste tipo se misturam a nós em nossas reuniões, e quando deparam com recém-convertidos falam de assuntos divinos de maneira tão informal e frívola que acabam produzindo terríveis engodos. Falam da conversão como se fosse algo trivial, tão banal quanto um beija- mão social. Então, aqueles que têm esperança, e por quem nosso coração anseia, por culpa delas acabam se desviando. É bem provável que muitos jovens pensem: "Fulano de tal é membro antigo da igreja e com nada é rigoroso. Se uma situação assim o satisfaz, por que motivo não haveria de me satisfazer?" Ah, meus amigos, vocês jamais diriam o mesmo, por exemplo, dos seus negócios. Se souberem que um homem negocia sem qualquer garantia de capital e se aproxima da falência, jamais dirão: "Posso fazer o mesmo". Se virem um homem tentar aventurar-se em águas profundas sem saber nadar e tiverem quase toda a certeza de que ele vai acabar se afogando, certamente não irão seguir o seu exemplo. Não, não; que os falsos crentes fúteis só lhes sirvam de advertência. Fujam do sr. Falador, para que não os faça ocos como tambores, iguais a ele. Cuidado com os negligentes e os descansados, que mais servem como falsos faróis enganadores, atraindo os navios para as pedras. Atentem para a certeza da obra eterna e cuidem de escapar dos frívolos e insensatos.

No fundo de tudo isto, sempre há incentivo para se construir sem alicerce algum, já que *isso poderá vir a não ser conhecido e possivelmente jamais investigado por anos e anos*. Obras de fundação quase sempre são feitas sem acompanhamento nem observação alheia e pode-se erguer uma casa de muitas maneiras e fazer com que permaneça de pé sem ter muito de cuidadoso trabalho subterrâneo. Casas sem alicerce não caem de imediato; muitas vezes até ficam de pé durante anos e ninguém jamais poderá saber quanto tempo irão durar; talvez sejam habitadas até o momento de uma última grande inundação. Talvez apenas a morte seja capaz de denunciar tais imposturas. Assim, servindo a casa mal fundamentada para uso presente e trazendo comodidade imediata, muitas pessoas consideram ser econômico deixar de lado um alicerce bem fundado, considerando-o mera superfluidade. Assim também, quando determinadas pessoas são questionadas quanto à sua santidade vital, ficam ofendidas, retrucando: "Que motivo vocês têm para se meter em minha vida pessoal? Por que têm de participar dos segredos de minha alma?" Ah, caros amigos, se quiséssemos ser cruéis e desejássemos que fossem enganados, ficaríamos quietos ou lhes falaríamos com voz elogiosa; mas, porque os amamos e esperamos que sejam abençoados com verdadeira e sagrada consagração a Cristo, somos levados a ser sinceros, para que tomem o caminho correto. Queremos que edifiquem de tal modo que não seja necessário construir novamente; queremos que ergam uma obra que permaneça de pé quando as fortes torrentes fluírem e os ventos baterem e assolarem a estrutura que irão construir. Temo pelo homem que perece sem fé, mas temo mais ainda por aquele que perece aparentemente com fé e descobre, afinal, quão falsa ela é. Construam algo que valha a pena ser erigido; se pretendem ser edificadores de sua alma, e é certo que o devem ser para evitar perecer desabrigados, prestem atenção no alicerce que irão estabelecer e tomem cuidado com o que constroem em cima, para não terem de perder, no último grande dia, todo o trabalho que tiveram. Quão triste será chegar à proximidade da porta do céu, em meio àqueles que virão a ser os futuros habitantes do lugar sagrado, e então, por falta de sinceridade e verdade na alma, acabar do lado de fora da cidade celestial! Quão terrível será descobrir, por experiência própria, que há um caminho direto para a porta do inferno desde a porta do céu! Permita Deus que isto de fato não aconteça com nenhum dos aqui presentes. Ó amados construtores, cuidem não apenas do seu presente, mas edifiquem tendo em vista a morte, o juízo e a eternidade!

Esta parte do nosso discurso não se dirige apenas aos jovens, mas a todos, jovens e idosos. Acreditem, não há uma pessoa sequer em meio a nós que não tenha necessidade de se avaliar para conferir se o alicerce de sua fé foi fixado tendo por base a verdade ou não.

II. Assim, passamos ao segundo tópico, em que iremos refletir sobre uma sábia precaução, que o construtor prudente jamais esquece. O construtor prudente cava fundo e jamais descansa até que haja estabelecido sólido alicerce: só se satisfaz quando, atingindo o fundo da terra penetrável, encontra a rocha. Permitam-me que eu recomende esta mesma sábia precaução a todos vocês.

Acompanhe o texto, para aprender a perceber sua própria *sinceridade*. Diz o Senhor Jesus: *E por que me chamais: Senhor, Senhor, e não fazeis o que eu vos digo?* (Lc 13.24). Que o Espírito Santo o faça ser verdadeiro em seu íntimo. Que você evite proferir uma palavra além do que realmente sente. Jamais se permita falar como se tivesse experiência naquilo sobre o que apenas leu ou obteve superficial conhecimento. Não deixe que sua adoração simplesmente exterior dê um único passo em direção à emoção interior de sua alma. Se Cristo for verdadeiramente seu Senhor, que você lhe obedeça: se não é seu Senhor, não o chame assim. É de grande importância ter o seu coração presente em todos os seus atos, suas crenças, suas palavras e seus pensamentos ligados à fé. É terrível fazer profissão de fé e santidade e viver, pelo contrário, com indulgência a vícios secretos.

Há pessoas que, infelizmente, ouvirão estas advertências e até agradecerão por eu lhes lembrar de sua fidelidade — mas irão embora e continuarão mergulhados em hipocrisia. Isto é extremamente doloroso. Tais homens são daqueles que falam a língua dos judeus, mas é a língua de Babilônia que lhes é ainda mais familiar: seguem Cristo, mas seu coração é dominado pelo maligno. Ah, minha alma adoece só de pensar nisso. Sejam verdadeiros! Sejam verdadeiros! Se a verdade não os levar para lugar algum senão ao desespero, é melhor que permaneçam neste desespero do que crer em uma esperança que não passa de mentira. Não vivam da ficção, da falsa profissão de fé, da presunção. Alimentem-se apenas daquilo que é bom, apenas da verdade. Lembrem-se que quando se constrói com pau a pique, ou seja, com apenas uma mera noção das coisas, está se edificando apenas para o fim, para o dia em que o fogo irá consumir todas as paixões e mentiras. Sejam verdadeiros, resistentes como o aço! Todo construtor prudente que trabalha a alma deve se lembrar disto.

Falemos, em seguida, sobre *fazer corretamente*. Observem que, segundo nosso Senhor, o construtor prudente cavou fundo. É impossível que algo feito corretamente venha a se arruinar por excesso de ser bem feito. Cave fundo se quiser fazer um bom alicerce. Em se tratando de arrependimento, que seja um arrependimento extremamente sincero, incluindo um grande repúdio por toda forma de pecado. Ao fazer sua confissão diante de Deus, confesse com a própria alma e não apenas com a boca; desnude seu espírito ante o olhar da divindade. Ao falar de fé, creia totalmente no que diz. Não arrisque assumir o tipo de crença cética, tão comum hoje em dia. Se crê, creia; se se arrepender, arrependa-se. Na purificação da alma, nada há melhor que varrer todas as partículas de falsidade; e ao se levar todas as coisas boas para o coração, nada há melhor que colocar tudo quanto se refere a Cristo, para que se possa receber sua plenitude, não apenas graça, mas graça pela graça, graça sobre a graça, toda a graça necessária. Seja resoluto em tudo. O construtor prudente cavou toda a terra e continuou cavando, até alcançar a rocha; então, perfurou a rocha profundamente e ali fixou seus alicerces. Jamais ficaria satisfeito até ter certeza de seu trabalho estar correto. A sinceridade e a correção são ótimos materiais de construção.

Acrescente-se a isto a *autorrenúncia*, também presente nesta parábola. Quando alguém cava fundo para lançar os alicerces, acaba tendo muita terra para jogar fora. Assim, aquele que constrói para toda a eternidade muito terá para dispensar. A autoconfiança deve ser a primeira; o amor ao pecado vem logo depois; mundanidade, orgulho, egoísmo, toda sorte de iniquidade — tudo isto deverá ser descartado. Há muito entulho, todo este entulho deve ser removido. Não se pode fazer um trabalho decente para toda a eternidade sem limpar muito que a carne e o sangue gostariam de manter. Certifique-se disto e planeje o custo.

Há que se ter, ainda, *princípios sólidos*. Aquele que determina que, se construir, irá construir com segurança, cava resolutamente até a rocha. Diz: "*Creio em Deus, ele é minha ajuda* (Mc 9.24). Creio em Cristo Jesus, e por seu sacrifício expiatório e sua viva intercessão, construirei minha esperança eterna. Construirei sobre a doutrina da graça, pois assim diz a Palavra: *Pela graça sois salvos, por meio da fé* (Ef 2.8). Construirei sobre as Escrituras; nada além da garantia da Palavra servirá para mim." O que diz "Deus é firme como a rocha; o que ensinam os homens é areia movediça". Que bênção cavar até atingir os eternos princípios da verdade divina! Vocês, que receberam a religião de seus pais e que a seguem somente porque é uma tradição de família: que valor isto terá no dia da tribulação? Poderão ser derrubados como uma choupana ou uma tenda feita de bambu. Mas, vocês, que sabem em que creem e por que têm crido; vocês que têm seus pés no chão e sabem em que chão estão pisando, e têm certeza de que sob vocês há uma firme rocha; vocês são os escolhidos, que permanecerão de pé quando meros fingidores forem

Lançando os alicerces | 1537

todos arrancados de seu lugar. Ó amados amigos, que estão firmes em sua busca, que vocês se fixem sobre princípios verdadeiros e não se contentem com falsidades.

A estes princípios cheios de verdade *apeguem-se com firmeza.* Prendam suas construções na rocha. Uma casa não ficará de pé apenas por se apoiar na rocha; é preciso estabelecer alicerces que realmente se fixem na rocha. A casa precisa estar ligada ao seu solo, e este deve poder segurar a casa. Quanto mais você conseguir que a casa faça parte da rocha, e a rocha, por assim dizer, esteja na casa, tanto mais seguro estará. De nada adianta dizer: "Sim, confio em Cristo, na graça e na revelação", a não ser que sua própria vida creia nestes princípios e façam parte de você. Um inventor de novos conceitos que apareça, abre seu baú de originalidades e logo almas tolas são levadas por ele. Cristo se vai, a graça se vai, vai-se até a Bíblia: o novo mestre alega que os tem por completo. Não precisamos de tais homens superficiais; nada nos interessam esses construtores especulativos cujas carcaças nos cercam. Já tivemos muitos castelos de areia: precisamos de homens verdadeiros, que permaneçam de pé como as montanhas, enquanto erros como nuvens os rodeiam. Lembram-se do túnel de Bradford e quantos foram mortos quando ele ruiu? Que isso os inspire também a manter-se fiéis a alicerces estabelecidos na verdade.

O homem da segunda parte da parábola não construiu como deveria. O que dizer dele? Direi apenas três coisas. Primeiro: era um homem que, na verdade, *nada escondia,* podendo-se ver inteiramente a casa que havia construído. Quando podemos ver toda a religião de um homem apenas olhando-o de relance, significa que não tem uma religião que seja propriamente digna de maior respeito. A santidade reside mais na oração silenciosa, na devoção em segredo, na graça interior. O construtor prudente reserva a parte mais importante de sua obra à estrutura abaixo do solo; mas esse homem mostrava tudo o que havia realizado acima do solo. Pobre comerciante aquele que não tem estoque além do que põe na vitrine! O homem de negócios que não tem muito capital não perdura muito na atividade. E quem não tem como se sustentar dificilmente sobrevive. Cuidado com a religião apenas de fachada.

Além disso, *sua obra não tinha em que se apoiar.* Construíra uma casa sobre solo solto. Ele a construíra com facilidade; mas as paredes não tinham alicerce. Cuidado com religião sem fundamentos. No entanto, se me agarro à doutrina cristã, chamam-me de fanático. Pois que o façam. Sei que o fanatismo é algo odioso; todavia, o que hoje se convencionou chamar "fanatismo" é uma grande virtude, extremamente necessária nestes tempos de tanta frivolidade. Sinto-me até inclinado, ultimamente, a criar uma nova denominação, chamada "Igreja dos Fanáticos". Todo mundo está se tornando tão escorregadio, tão maleável, tão falso, que até parece que precisamos de alguém um tanto inexorável para nos ensinar a crer. As pessoas que em tempos idos consideravam falso ou errado tudo aquilo que se opunha à sua crença eram pessoas mais sinceras e verdadeiras que os fiéis de hoje. Gostaria de perguntar aos próceres das correntes ultraliberais se acreditam que alguma doutrina seja digna de que se morra por ela. Então, teriam de responder: "Bem, é claro; se alguém tivesse de defender de modo rigoroso suas opiniões, ou então mudá-las, o caminho mais sensato seria defendê-las, embora com muita reserva, tendo extremo respeito pelas opiniões de correntes diversas". Mas suponha que se peça a tal pessoa que negue suas verdades. "Bem", responderiam, "muito teria de ser argumentado dos dois lados, e tanto a negação quanto a afirmação teriam algo de verdadeiro. De qualquer modo, não seria prudente incorrer no ódio e seria preferível deixar o assunto em aberto por algum tempo". Ora, como estes cavalheiros sempre consideram ser desagradável serem tidos como impopulares, então preferem amolecer as críticas às Escrituras no que diz respeito ao mundo futuro; e acabam encontrando algo de bom em todas as doutrinas a que se oponham os homens mundanos. Os defensores da dúvida são muito duvidosos. É preciso que se tenha algo em que se apegar, caso contrário não será possível abençoar a si mesmo nem aos outros. Reúnam todos os barcos no cais, mas não os prendam nem ancorem, deixem que todos fiquem livres; uma noite de tempestade e todos irão se chocar um contra o outro, e uma decepção terá resultado dessa excessiva liberdade. O amor perfeito e a caridade não surgem dentro de nós sem âncoras; todavia, é necessário que cada uma dessas coisas tenha sua própria amarra e seu próprio zelo, em nome de Deus. É preciso haver algo em que se apegar. O segundo construtor da parábola não tinha, e por isso pereceu.

O construtor insensato *não tinha como resistir às circunstâncias exteriores*. No verão, a casa que construíra era seu local preferido de repouso, e certamente a vizinhança a considerava boa o suficiente. Com frequência o segundo construtor esfregava as mãos de satisfeito e dizia, referindo-se ao primeiro: "Não vejo como minha casa não possa ser tão boa quanto a dele; e, o que é ainda melhor, sobrou dinheiro para gastar por eu não ter cavado sob o solo como ele fez. Com isso, pude colocar nela ornamentos, de modo que tem aparência ainda melhor". E assim parecia; mas quando veio a torrente, carregando tudo desde as montanhas, a construção, não tendo alicerces para resistir a tal violência, caiu de imediato, e nem traço dela sobreviveu quando cessou a tempestade. Eis por que os homens falham: por não oferecerem resistência às forças que os levam a pecar; a grande torrente do mal os faz vítimas dela, não oponentes.

III. Em terceiro lugar, abordaremos os argumentos, extraídos de nosso texto, que nos estimulam a cuidar bem dos alicerces. Passarei rapidamente por esses argumentos, muito desejando, porém, que tivéssemos tempo para demorar mais neles.

Eis o primeiro. Temos de construir bem, com bom alicerce, desde o começo; senão, depois, *não construiremos bem parte alguma da obra*. Um mau trabalho de fundação influencia todo o resto da obra. Observe que, no final do versículo 48, é dito que, por haver sido lançado um bom alicerce naquela casa, ela *tinha sido bem edificada* (Lc 6.48). Já o outro homem, que desleixou quanto ao alicerce, deve ter feito assim em toda a sua obra, até o telhado. Quando alguém constrói com negligência no começo, a tendência é o seu descaso completo por todo o restante. Se o alicerce de sua fé cristã não se apoiar desde o começo com firmeza em Cristo, toda ela irá mal, com tijolos mal cozidos e uma massa de qualquer coisa, em vez de argamassa. Um artista grego, que esculpia a imagem de um deus pagão para um templo, esforçava-se em caprichar na parte de trás da estátua. Disseram a ele: "Não é preciso se esmerar nesta parte da estátua, pois ela será fixada à parede". Ao que respondeu o escultor: "Os deuses podem ver através das paredes". Ele tinha, a seu modo, uma noção de divindade. A parte da nossa fé que nenhum homem pode ver deve ser tão perfeita quanto se pudesse ser vista, pois Deus, sem dúvida, a enxerga. O tempo há de prová-lo. Quando Cristo vier, tudo será tornado público e conhecido. Assegure-se, portanto, de fazer sua obra como se o que faz fosse vir a público.

Atente também por construir bom alicerce *levando em conta o local onde a casa será erguida*. Fica claro na parábola que ambas as casas se encontravam em locais não muito distantes de um rio, de onde se podia esperar uma enchente. Algumas partes do sul da França são muito semelhantes à Palestina, e talvez se pareçam até mais com a Terra Santa dos tempos de Cristo do que parece a Palestina de hoje. Estive em Cannes, ano passado, após ter havido ali uma enchente. A inundação não ocorreu por transbordamento de um rio, mas devido a um temporal. Uma tromba d'água varreu as colinas em torno da cidade, arrancando terra e pedras, com pressa de chegar ao mar. Correu pela estação ferroviária e alagou a rua que leva ao local, afogando até pessoas em seu caminho. Fiquei hospedado em um grande hotel, creio que de cinco andares, firmemente escorado com madeira, mas claramente condenado. Quando a torrente passara pela estreita rua, acabara minando as partes baixas do prédio, e, como certamente não havia alicerce apropriado para suportar tal força, acabou abalado. Era esta a imagem que provavelmente o Salvador tinha em mente e soube transmitir. Uma torrente de água pode descer irrompendo desde as montanhas, e se uma casa estiver construída apenas sobre o solo, será de pronto carregada; no entanto, se presa à rocha, de sorte a se tornar desta parte integrante, a torrente poderá cercar a casa por completo, que não chegará a abalar suas paredes.

Amado construtor da casa de sua alma, sua obra deve ser edificada levando em conta que um dia destes poderá se abater sobre ela grande tempestade. "Como você pode saber?" Bem, eu sei que a casa em que minha alma habita se localiza onde sopra o vento, águas sobem e caem tempestades. E a sua? Vive em um canto confortável? Pode ser, mas um dia descobrirá que este canto confortável não é tão mais seguro que a margem de um rio; pois à providência Deus ordena que, cedo ou tarde, todo homem seja testado. Pode ser que você creia estar além de qualquer provação ou tentação, mas esta ideia é uma ilusão, como o tempo se encarregará de provar. Talvez exatamente por que você julgue estar fora de perigo é que uma

LANÇANDO OS ALICERCES | 1539

tentação peculiar se abata sobre você. Portanto, eu peço, em nome da condição de exposição da morada de sua alma, que a construa sobre alicerce sólido.

O argumento seguinte é: cavar fundo, pensando *na ruína que resultará de maus alicerces ou da falta destes*. A casa do construtor tolo não tinha alicerces. Note a expressão: "*sem alicerces* (Lc 6.49)". Anote esta expressão e veja se ela não se aplica a você. O que aconteceu à casa que não tinha alicerces? A tempestade a afligiu com toda a força. O rio, de súbito, acabou inundado e seu curso ganhou tremendo ímpeto. Talvez, sob outro aspecto, seja perseguição, sejam problemas, talvez tentação, talvez o ceticismo prevalecente, talvez a morte — de qualquer modo, a enchente assola com força; e lemos então que a casa *logo caiu*. Não resistiu. Foi posta abaixo de imediato. *Logo caiu*. Quê? Em um instante, toda aquela profissão de fé naquele homem se esvaiu? *Logo caiu*. Mas era o mesmo homem que cumprimentei no último domingo, o mesmo que chamei de "irmão", e foi visto bêbado! Ou, então, foi visto em uma reunião mundana, usando de baixa linguagem profana! Ou, então, do nada se tornou cheio de dúvidas! É muito triste termos de enterrar os amigos, mas mais triste ainda é perdê-los de uma maneira dessas; e, não obstante, os perdemos. Eles se vão. Como disse Jó: *O vento oriental leva-o, e ele se vai* (Jó 27.21). *Logo se vão*, quando ainda os temos em alta conta, quando ainda se têm a si mesmos em alta conta. *Logo caiu*: a fé desses nossos amigos não consegue resistir às provações, porque não tem alicerces.

Diz ainda Jesus: *E foi grande a ruína daquela casa*. A casa desabou de uma só vez, e a ruína foi tudo o que restou ao homem. Era um cidadão eminente e talvez por isso mesmo sua ruína haja sido tão notável. Uma queda enorme, e não poderia a casa ser erguida novamente. Quando alguém morre hipócrita, decerto não há esperança de recompensa para tal pessoa. Os escombros da casa arruinada acabam sendo varridos pela própria torrente; nada fica para trás. Oh, ouvintes, quando se perde uma batalha, ainda pode-se lutar e ganhar outra; quando se erra nos negócios, pode-se recomeçar e ainda refazer a fortuna; mas perder a própria alma é algo irreparável. Uma vez perdido, perdido para sempre. Não há segunda chance. Não se enganem quanto a isto. Por isso, cavem fundo, e prendam com firmeza toda parte nos alicerces sobre a rocha.

Por fim, e talvez este seja o melhor argumento, *observem-se os bons resultados da boa e segura construção*, de se construir com profundidade. Lemos que, quando a enchente assolou a casa do construtor prudente, *não a pôde abalar* (Lc 6.48). Isto é muito bom. A inundação não só não derrubou a casa como nem mesmo *a pôde abalar*. Imagine a situação: o homem que perde seu dinheiro e se torna pobre, mas não abandona sua fé: a provação *não a pôde abalar*. Foi ridicularizado, atormentado, muitos de seus antigos amigos agora o tratam com frieza, mas, quanto à sua fé, isto *não a pôde abalar*. Ele se voltou para Jesus quando sob provação e nele encontrou abrigo: sua fé, a provação *não a pôde abalar*. Ficou doente e seu espírito se abateu, mas ainda assim ele manteve a confiança em Cristo: tal situação *não a pôde abalar*. Ficou próximo da morte e sabia que em breve partiria deste mundo; mas todas as dores da morte e a certeza de sua dissolução não o abalaram. Morreu como viveu, firme em Cristo como uma rocha, regozijando-se em Deus como sempre o fizera, não, regozijando-se ainda mais, pois estava mais próximo do Reino e de desfrutar todas as esperanças que em vida nutrira. *Não a pôde abalar*. É algo grandioso ter uma fé que não pode ser abalada.

Vi outro dia um conjunto de faias que haviam formado um pequeno bosque: haviam todas caído ao chão depois de uma tempestade. Na verdade, cada uma delas se apoiava na outra, e a pouca grossura de sua madeira impediu que cada qual tivesse firme apoio no solo. Uma sustentava a outra, mas, ao mesmo tempo, levava a que crescessem finas, em detrimento do crescimento das raízes. Quando a tempestade forçou e derrubou as primeiras árvores, as que nelas se apoiavam logo as acabaram seguindo. Próximo a este local, vi outra árvore, em um descampado, que resistira bravamente aos açoites, com força solitária. Um tufão deve ter-se abatido sobre ela, mas resistiu, com todas as suas forças preservadas. A árvore solitária e brava estava, sem dúvida, mais bem enraizada que antes da tempestade. Pensei: "Não acontece o mesmo com muitos dos que professam sua fé?" Muitas vezes, apoiam-se uns nos outros, ajudam um ao outro no crescer, mas, se não têm enraizamento pessoal, ao vir a tempestade, logo caem. Morre um ministro, certo líder parte, e logo vão embora os membros de uma congregação com o abandono da fé e da santidade. Pediria a vocês que procurassem se bastar por si mesmos, cada homem crescendo em Cristo por si só, com raízes e alicerces no amor, na fé e em toda a santa graça. Para que, vindo a pior tempestade que jamais soprou em um mortal, possa ser dito de sua fé: *Não a pôde abalar*. Rogo a vocês, que agora buscam Cristo, que cuidem para bem construírem nele sua vida, para que possam permanecer seguros e inabaláveis em Sião. Que Deus o permita, em nome de Cristo. Amém.

165

UMA OVELHA PERDIDA

Que vos parece? Se alguém tiver cem ovelhas, e uma delas se extraviar, não deixará as noventa e nove nos montes para ir buscar a que se extraviou? E, se acontecer achá-la, em verdade vos digo que maior prazer tem por esta do que pelas noventa e nove que não se extraviaram (Mt 18.12,13).

Esta passagem faz parte de um discurso do nosso Salvador contra o *menosprezo a qualquer dos pequeninos que nele creem*. Profetiza o terrível destino daqueles que, por desprezarem os pequeninos, fazem com que estes venham a sucumbir. O Senhor condena esse desprezo com uma variedade de argumentos sobre os quais não podemos nos debruçar agora. Há hoje a tendência de se fazer pouco da conversão das pessoas a Cristo, assim como considerar a obra do Espírito Santo em cada convertido como algo demorado demais nesta era de tanto progresso. Ouvimos grandes teorias a respeito de uma teocracia, alheia às Sagradas Escrituras: um domínio semipolítico do Senhor sobre as massas, em que não existe regeneração para os indivíduos. Ouvimos palavras empolgadas quanto à edificação das nações e ao avanço da raça humana; mas tais ideias imponentes não produzem resultado nem têm poder moral algum. Nossos "eruditos" pseudo-domestres, cansados do trabalho monótono de conduzir os indivíduos à luz, anseiam por cumprir tal tarefa mediante um processo mais rápido que o da salvação pessoal. Cansaram do individualismo e suas soberbas mentes tendem à "solidariedade da raça humana". Tenho certeza, e quero afirmar, que, se desprezarmos o método da conversão individual, cairemos, juntos, em uma disparatada ordem das coisas e acabaremos batendo de encontro à rocha da hipocrisia. Mesmo nos momentos mais esplendorosos, em que o evangelho possa vir a ter o caminho mais livre e correr com maior rapidez, sendo o mais extensivamente possível glorificado, seu progresso deverá seguir a antiga forma de convencimento, conversão e santificação do indivíduo, que deve crer e ser batizado, conforme determina a Palavra do Senhor.

Temo que, pelo menos em alguns de vocês, haja certa dose de negligência para com cada ovelha perdida, individualmente, por causa de certos conceitos filosóficos sociais tão insistentemente proclamados atualmente. Não faço gosto algum em que venham a trocar o ouro do cristianismo individual pelo vil metal do socialismo cristão. Se os desgarrados devem ser conduzidos aos montes, oro para que assim aconteça sendo levados um a um. Tentar uma regeneração nacional em Cristo sem regeneração pessoal é como querer erguer uma casa sem unir os tijolos separados. Na vã tentativa de agir por atacado, perdemos o resultado que, na prática, se segue a cada obra feita detalhadamente. Que fixemos a ideia, portanto, de que jamais faremos melhor que não seja obedecer ao exemplo de nosso Senhor Jesus, que nos é dado por este texto, e irmos em busca de cada uma das ovelhas que se desgarrou.

Neste sentido, nosso texto nos adverte para *não menosprezarmos pessoa alguma, em que pese seu possível mau caráter*. De fato, a primeira tentação que sempre nos ocorre é de desprezar *uma* pessoa, por ser apenas *uma*; logo em seguida, vem a tentação de desprezar alguém por ser *insignificante*; depois, e talvez a mais perigosa de todas, a tentação de menosprezar alguém *que se haja desgarrado*. Aquela pessoa não está trilhando o caminho certo, não obedece à lei, não está bem cotada na igreja e muito do que faz envergonha espiritualmente e magoa os crentes; não obstante, não podemos menosprezá-la. Leiam o versículo 11: *Porque o Filho do homem veio salvar o que se havia perdido.* No original em grego, a palavra *perdido* é uma palavra bastante forte, para cujo significado mais exato poderíamos traduzir esta frase como sendo "o que se achava destruído". Não significa, como podem ver, "aquele que não existe"; mas, sim, aquela ovelha que foi destruída quanto à sua utilidade para o pastor, bem como para sua própria vida e felicidade, para servir, enfim, ao propósito para a qual foi criada. Mesmo que alguém seja assim destruído pelo pecado, de tal modo que sua existência seja uma calamidade, maior até do que seria sua não existência; mesmo que alguém esteja morto em violações e pecados, mesmo que tenha caráter altamente ofensivo, não o podemos desprezar. O Filho do homem não o despreza, pois *veio salvar o que se havia perdido*. Muita alma que se destruiu a ponto de se perder, de perder a Deus, de perder-se para o seu povo, de perder tudo em matéria de esperança e santidade, o Senhor Jesus Cristo veio salvar, e salvou, pelo poder de sua graça. *Ele dá valor a cada uma destas almas*. É esta a lição que quero transmitir a vocês esta manhã, com toda a minha força. Que o Espírito Santo no-la ensine.

Ao refletirmos sobre as palavras de nosso Senhor que estão diante de nós, quero que notem, em primeiro lugar, que, aqui, *o Senhor Jesus demonstra peculiar interesse pela alma desgarrada*; depois, *mostra colocar particular empenho no resgate da que se perdeu*; por fim, *demonstra experimentar grande regozijo nesse resgate*. Depois de refletirmos sobre tudo isto, observaremos, ainda, que *ele nos deixa um exemplo pungente*, ao nos ensinar a cuidarmos de cada alma destruída pelo pecado.

I. Primeiro, então, nas palavras diante de nós, NOSSO SALVADOR DEMONSTRA PECULIAR INTERESSE PELA ALMA DESGARRADA.

Note, de início, que *nosso Senhor assume um caráter especial em favor dos que se perderam*. Como diz o versículo 11, *o Filho do homem veio salvar o que se havia perdido*. Ele não era, originalmente, Filho do homem, mas, sim, Filho de Deus. Habitara o seio do Pai desde antes da criação do mundo, e *não considerou o ser igual a Deus coisa a que se devia aferrar* (Fp 2.6). Mas o Filho do Altíssimo se tornou o Filho do homem a fim de redimir a humanidade. Nascido da Virgem, pelo nascimento herdou a fraqueza de nossa natureza e suportou os sofrimentos por ela causados. Então, tomou a si nosso pecado e sua culpa e por isso morreu na cruz. Foi feito à semelhança de seus irmãos sob todos os aspectos. Não poderia ser o pastor dos homens sem ser um deles, e assim aceitou a Palavra fazer-se carne. Contemplem o estupendo milagre da encarnação! Nada pode superar esta maravilha — Emanuel, Deus conosco! *E, achado na forma humana, humilhou-se a si mesmo, tornando-se obediente até a morte, e morte de cruz* (Fp 2.8). Ó desgarrados, tenham consciência de sua perdição, apreendam hoje em seu coração o nome santo de Jesus quando o ouvirem; ele é Deus, mas é homem, e como Deus e homem pode salvar a todos do pecado.

Ainda para mostrar como dá valor à alma perdida, Jesus *faz admirável revelação a respeito de si mesmo: o Filho do homem veio* [...]. Profeticamente sempre fora conhecido como *Aquele que está por vir*; mas agora revela que de fato veio, para salvação dos perdidos. Com relação ao juízo, ele voltou a ser *Aquele que está por vir* (Mt 11.3); mas, em termos de salvação, podemos nos regozijar de que nosso Salvador realmente veio. Mais ainda: deixando de lado as assembleias dos "perfeitos", apresentou-se como Amigo de publicanos e pecadores. Deixou de ser o Senhor dos anjos, para ser *homem de dores, e experimentado nos sofrimentos* (Is 53.3). Sim, ele veio; e não em vão. Aqueles que pregaram antes sobre a vinda do Salvador tinham tão bela mensagem para propagar que seus próprios pés eram considerados formosos sobre os montes e sua voz soava como música celestial; mas nós, que pregamos depois de ele ter vindo e, após ter vindo, haver terminado a obra que assumiu realizar — certamente que a nossa mensagem é a melhor. Nosso Senhor Jesus Cristo consumou seu sacrifício expiatório, e mediante sua justiça justificadora os perdidos são salvos. Feliz é quem anuncia estas boas-novas e abençoados sejam os seus ouvidos, que as ouvem! O bom pastor já levou à consecução tudo o que se fazia necessário à salvação do rebanho que o Pai deixou em suas mãos. Creiamos, amados. Estando perdidos, Cristo veio para nos salvar. Veio para tomar o lugar da nossa ruína e do nosso sofrimento. Sua vinda e a jornada que percorreu não podem ter sido em vão. Muito devemos então, irmãos, dar valor à alma dos homens, pois Jesus se fez homem por causa delas e em seu favor e, em pleno mundo pecaminoso de nossa alma culpada, operou a salvação dos perdidos!

Observe-se que, também, *assim procedeu por aqueles que ainda se encontram desgarrados*. Ao ler o texto em grego, notei que nele está escrito: "Ele *busca* o que está perdido (Lc 19.10)". Enquanto a ovelha anda errante, o pastor a busca; busca-a porque ela está perdida e precisa que a busquem. Muitos dos redimidos do Senhor mesmo agora ainda estão errando e mesmo agora o pastor os continua buscando. O Salvador busca os que mesmo agora estão pecando. Que ele tenha amor por aqueles que se arrependem, isso eu posso compreender; mas que se importe com aqueles que voluntariamente continuam errando é um gesto notável de grandiosa benignidade. Jesus busca até aqueles cujas costas estão voltadas para ele e se distanciam cada vez mais do rebanho. Eis aqui graça da mais generosa, mais plena e mais soberana. Mas de fato é assim. Por mais que você endureça seu coração contra o Senhor, que se recuse a rejeitar sua amável reprovação, se você for um dos seus redimidos, seus olhos amorosos estarão sobre você, e por toda a errante peregrinação que você percorrer ele o estará seguindo. Ó vocês, que estão ingressando no rebanho, pensem só no amor de Cristo quando estiverem fora do aprisco; quando não tiverem muita vontade de retornar; quando, ao sentir que ele os segue, passarem a correr ainda mais, tentando escapar em vão do seu poderoso amor! Cantemos juntos:

> Disposto a salvar, meu caminho ele vigiava,
> Enquanto eu, do diabo escravo, com a morte brincava.

Apesar de toda a minha rebeldia e toda a minha transgressão voluntária, ele continuou me amando de todo o seu coração e me seguiu passo a passo com a sua palavra. Oh, o quanto devemos amar os pecadores, pois Jesus nos amou e morreu por nós quando ainda éramos pecadores! Que nos possamos voltar para os beberrões enquanto ainda agarrados aos copos; aos blasfemadores enquanto ainda praguejando; e aos devassos enquanto ainda conspurcando nossas ruas. Não podemos esperar até que haja alguma melhora neles, mas, sim, demonstrar nosso interesse em suas pessoas pelo que são — desgarrados e perdidos. Quando a ovelha se arranha nos espinhos de seus lugares de perdição, e se acha abatida e enferma, consumidos sua pele e seus ossos pela longa fome e pelo vadiar, é aí então que devemos buscar sua recuperação, ainda que nela não vejamos qualquer desejo de se submeter aos cuidados do nosso pastor. Tal como é o amor do nosso Salvador para com todos nós, seja o nosso amor para com os desgarrados.

O Pastor tem peculiar interesse em todos os perdidos, não só nos que começam a se desgarrar, mas também *nos que já têm ido muito longe*. Reflita com cuidado sobre essas palavras: *E, se acontecer achá-la...* (Mt 18.13). Este *se* já diz tudo. A ovelha talvez se haja perdido de tal modo que é provável que jamais venha a ser encontrada: vagou por mata muito densa ou por região tão erma que mal parecia haver alguma esperança de que a descobrissem e recuperassem. Não é sempre que deparamos com um *se* no que diz respeito à obra de Cristo; mas eis um aqui. Essa sentença não tem, porém, como significado a fraqueza do pastor, mas o perigo desesperador em que se encontra a ovelha. Já ouvi muito de pessoas que vêm confessar Cristo e reconhecer seu amor sentirem-se perplexas por haverem sido, acima de muitas outras, chamadas a tomar tal atitude. Ao nos sentarmos à mesa do banquete do Senhor, a festa, de fato, é assombrosa; e mais estarrecido ainda fica o convidado por se ver ali presente. Cantemos então, com santa humildade:

> Por que me fizeste ouvir tua chamada,
> Conduzindo-me para onde há alimento,
> Quando há milhares que fazem a escolha errada,
> Preferindo fome ao encaminhamento?

Assim é. O bom Pastor busca muitos cuja salvação parece altamente improvável, se não extremamente impossível. Que o seu amor abundante busque achar aqueles cujo encontro não é certo nem ao menos uma possibilidade! Muito improvável, quase impossível — eis a tarefa que o Senhor se impôs e assume! E em tal tarefa mostra imenso interesse.

De mais a mais, aqueles que são objeto de tal pensamento amoroso do Senhor com frequência pecam a ponto de *se expor a perigos dos mais mortais*. Contudo, *o Filho do homem veio salvar o que se havia perdido* (Lc 19.10); e salvar implica enfrentar ruína, perigo, risco — sim, destruição em toda medida. Pois muitos brincam com fogo do inferno. O que é esse fogo, que não se apaga, senão pecado, tanto em natureza quanto em resultado? As pessoas ficam brincando, à beira de sofrimento eterno, até *ao tempo em que resvalar o seu pé* (Dt 32.35). Brincar com um instrumento de corte afiado não representa maior perigo se comparado a se arriscar no pecado; e muitos aqui o fazem. Apesar do perigo, porém, Jesus os busca sempre. Imagine as ovelhas se alimentando inteiramente descuidadas, bem próximas ao covil dos lobos. Falta pouco para eles as devorarem. Estão distantes demais de casa, do abrigo, do descanso e da segurança. O Senhor Jesus vai atrás dessas ovelhas terrivelmente enganadas. Antes que você passe pelas portas de bronze com ferrolhos de ferro, o evangelho o convidará a retornar. Ainda que você esteja a um passo do inferno, o amor o irá perseguir e a misericórdia o acompanhar. Enquanto viver a ovelha, nosso glorioso Davi conseguirá resgatá-la das garras do leão e da boca do urso. Ainda que uma alma desça às profundezas do abismo como Jonas, ficando inteiramente fora do alcance humano, basta uma palavra de Jesus para resgatá-la do mais fundo poço. Glória ao abençoado nome do Todo-Poderoso Salvador, capaz de salvar ao extremo. E o seu poder de salvar o perdido é tal que para ele ninguém é tão vil que não mereça sua salvação.

Se refletirmos ainda sobre esta parábola, veremos que Jesus *tem especial interesse nas ovelhas desgarradas porque lhe pertencem*. O pastor da narrativa não vai atrás de fera selvagem alguma, tampouco atrás de ovelha de outro homem. Tinha 100 ovelhas em seu rebanho, e quando as contou, deu pela falta de uma. Fosse o pastor um empregado, a quem as ovelhas não pertenciam, talvez dissesse: "Tenho sob minha guarda, ainda, 99, praticamente 100 ovelhas; não há por que me preocupar por apenas uma que se perdeu". Acontece, porém, que as 100 ovelhas pertenciam ao próprio Pastor; eram dele por escolha, por herança, por presente divino, por gloriosa conquista e alto preço: ele jamais aceitaria 99 no lugar de todas as 100. *Nenhum deles se perdeu*, diria ele ao Pai. [...] *eu os guardava no teu nome que me deste; e os conservei, e nenhum deles se perdeu, se não o filho da perdição, para que se cumprisse a Escritura* (Jo 17.12). Jesus jamais aceitaria ter de informar a perda de uma ovelha do rebanho que a ele deu o Pai. Pois 99 não são 100; nem o Salvador assim o consideraria quanto às suas ovelhas, pois, como bem diz, concluindo esta passagem que estamos estudando, *não é da vontade de vosso Pai que está nos céus, que venha a perecer um só destes pequeninos* (Mt 18.14).

Caros amigos, uma vez que Jesus demonstra tamanho interesse por uma só alma desgarrada, não podemos de modo algum desprezar o chamado que nos leve a cuidar de uma única alma. Não pensem jamais, portanto, que uma congregação de quarenta ou cinquenta pessoas seja pequena demais para merecer seus melhores esforços. Se sua classe de escola dominical, por algum motivo, for reduzida a algumas poucas pessoas, nunca a abandonem. Não, não. Busquem valorizar uma única alma mais até que o mundo todo. O total de redimidos está longe de estar fechado, e o Senhor tem muitas e muitas pessoas, nesta cidade, que não foram ainda trazidas a seus pés; não sonhem, portanto, em encerrar sua obra. Não descansem até chegar aquela hora:

> Quando toda a geração eleita
> Se reunir do trono ao redor,
> Bendizendo sua graça perfeita
> E à sua glória dando louvor.

II. Em segundo lugar, que o Espírito de Deus me ajude enquanto eu lhes lembro que NOSSO SENHOR MOSTRA EMPREGAR ATENÇÃO ESPECIAL PARA SALVAR UM ÚNICO INDIVÍDUO.

Vemos na parábola que o Pastor *dispensava o melhor cuidado às ovelhas*. Ele se sentia como que em casa com seu rebanho apegado e fiel; as ovelhas reuniam-se a seu redor e ele as apascentava, e se regozijava em fazê-lo. Sempre há muito o que se fazer para com as ovelhas: elas constantemente sofrem de doenças, têm fraquezas e outras necessidades. Mesmo assim, se tem um rebanho apegado a si, o pastor se sente feliz em meio a ele. E, no entanto, o grande pastor, como descrevem, teve de deixar 99 de suas 100 ovelhas, rebanho escolhido, ovelhas que lhe eram fraternas, e ele a elas; sim, deixar temporariamente aquelas em que muito se regozijava, para buscar uma só, aquela única que lhe trouxera tanta preocupação e sofrimento. Não irei me demorar sobre como ele deixou o paraíso e toda a alegria da casa do Pai para vir

Uma ovelha perdida | 1545

a este mundo desolador; mas peço que se lembrem de que ele o fez. Foi uma descida maravilhosa, quando ele veio desde além das estrelas para habitar este globo nublado, a fim de redimir os filhos dos homens. Mas, lembrem-se, ele continua a vir a nós, mediante seu Espírito. Perpétua é a visita de sua misericórdia. O Espírito de Deus move seus ministros, em nome de Cristo, para alimentar seu rebanho e buscar, por meio da Palavra, a salvação dos desgarrados, em cujo caráter e comportamento, quase sempre, nada há para animar. O coração do mestre está repleto de carinho por todos os que o amam. Ele traz o nome de seus eleitos gravados nas pedras preciosas de seu peitoral sacerdotal. Mas seu coração está sempre atrás daqueles que ainda não lhe foram trazidos; atrás, também, dos que já estiveram em seu rebanho, mas se desgarraram, abandonando o aprisco. Ele deixa então os felizes santos e vai em busca destes, empregando seu maior empenho em encontrar, uma a uma, cada ovelha perdida.

São estas ovelhas que busca o pastor. Não se trata apenas de boa intenção; ele emprega de fato o seu poder nisso. Sua graça divina está chegando, assim confio, hoje mesmo, além daquelas que chamou por sua graça, a outras ovelhas, que ainda não são de seu aprisco e que quer também conduzir. Não deseja, assim, que sua igreja despenda toda a atenção no rebanho que ele já conduz para verdejantes pastagens, mas, sim, que percorra o campo atrás daquelas que se desgarraram ou que ainda não fazem parte de sua abençoada sociedade.

Diz o texto que, em busca da ovelha perdida, o pastor sobe os montes, para além das dificuldades e dos perigos. Ele faz e acontece para salvar o perdido: nenhuma dificuldade consegue abalar seu poderoso amor. Vocês sabem das escuras ravinas pelas quais ele passou para salvar os homens. Já ouviram a respeito das escaladas que teve de realizar em busca das almas orgulhosas; e quanta descida teve de fazer para chegar aos desesperados. As ovelhas do Oriente, aliás, são mais rápidas que as nossas; saltam como gazelas e sobem montanhas como cabras. De modo semelhante, pecadores muito propensos à transgressão são muito ousados em sua soberba. Saltam de iniquidade em iniquidade, enquanto os filhos de Deus tremeriam somente de nisso pensar. Pouco se lhes dá quanto a profanações que fariam coagular o sangue daqueles que aprenderam a temer Deus aos pés de Jesus Cristo. Não obstante, o Senhor Jesus busca estes agitados e desesperados pecadores. Quantas dificuldades teve de vencer, quantos sofrimentos suportar, quantos montes teve de galgar, para os buscar e salvar! Ó irmãos, o mesmo coração benigno permanece nele: o Senhor avança continuamente, por meio da pregação da Palavra. Apesar dos muitos suspiros e lamentos da parte de seus ministros escolhidos, avança pelos montes para buscar a ovelha que se desgarrou. Rogo-lhe que aceite o esforço deste servo indigno hoje e traga alguns perdidos para casa usando deste sermão.

Para demonstrar seu esforço para com os perdidos, nosso Senhor diz de si mesmo que *busca com diligente perseverança*. Olha para um lado, nada vê. Protege os olhos com a mão e olha com firmeza! Acha haver encontrado a ovelha. Há, ao que parece, um ser vivo naquele declive. Fita-o com afinco. Não, não se mexe; é apenas uma pedra clara! Talvez a ovelha perdida esteja junto àquele regato, mais além! É um belo caminho para se percorrer com vagar, mas tão intenso está em seu propósito que logo o percorre; não avista a ovelha, no entanto. Onde poderá estar? Anda rápido, pois não sabe o que será da ovelha enquanto a procura. De tempos em tempos, para: imagina ouvir um balido. Decerto seria a voz da ovelha! Mas logo se reconhece enganado. O amor que tem faz com que seu ouvido ouça sons que nem mesmo o são. Nas últimas longas horas, nada ouviu, nem viu; mas continuará buscando até encontrar.

A onisciência concentrada de Cristo se lança sobre a alma que se desgarra, procurando-a em todos os desejos perversos e todas as torcidas emoções; notando o surgir de tudo que se pareça com arrependimento sincero; observando com pesar o enrijecimento do coração. Isto faz nosso Senhor pelos redimidos pelo seu sangue e ainda não ingressos no rebanho. Emprega grande esforço na mente e na visão quanto nos pés e nas mãos, tudo em busca da ovelha perdida.

Por fim, ele salva — e salva inteiramente. Não veio propriamente para tornar a salvação de seu povo possível, mas, sim, para salvá-lo. Não veio para colocá-lo em um caminho em que se salvasse a si mesmo, mas para salvá-lo por completo. Quando meu Senhor vem com toda a majestade de sua soberana graça salvar uma alma, ele alcança seu objetivo apesar do pecado, da morte e do inferno. O lobo pode ranger os dentes, mas o pastor é também Senhor do lobo. A ovelha pode vagar à toa teimosamente por longo tempo e chegar até a recusá-lo; mas ele a pega, joga-a nos ombros e a leva para casa, pois está decidido a salvá-la. A ovelha logo se contenta em ser assim carregada, pois, com um toque, o pastor molda a vontade da criatura à sua mais perfeita vontade. Sua graça é energia triunfante, pela qual o perdido se regenera.

A salvação de uma única alma abrange muitos milagres. Ouvi uma vez a respeito de um incêndio que consumiu uma joalheria. Dezenas de caros tesouros, de ouro, prata e pedras preciosas foram achadas em meio à ruína, formando uma montanha de riquezas. Salvos! Assim é a salvação de um único homem: é uma massa valiosa inestimável, misericórdias fundidas em um único lingote altamente precioso, consagrado ao louvor da glória e da graça daquele que nos faz sermos "aceitos no amado", e *salvos pelo Senhor com salvação eterna* (Is 45.17). Quando penso no esforço dispensado pelo Senhor para salvar uma única alma desgarrada, sinto-me estimulado no coração e almejo que o coração delas também se incendeie, para que possamos empregar toda a nossa força em buscar os perdidos do Senhor. Cooperemos com ele na grande obra de achar e trazer o que está perdido. Oh, que o Espírito Santo possa nos imbuir de tal vontade e nos manter assim!

III. Sinto-me obrigado a seguir com alguma pressa. Notem então, em terceiro lugar, que NOSSO SENHOR SENTE ESPECIAL REGOZIJO PELA RECUPERAÇÃO DA OVELHA DESGARRADA. Não se enganem, porém, concluindo que o Senhor ama mais a alma que se desgarrou que as 99 que, por sua graça, foram poupadas de se perder. Oh, não! Ele pensa tantas 99 vezes nas 99 que nessa uma; pois as ovelhas são, cada uma, preciosas para ele. Não devemos supor que olhe para alguma de suas almas redimidas com ternura 99 vezes mais que para outra. Vocês poderão entender o significado da passagem com um exemplo comum à sua própria experiência. Vocês têm uma família, e amam todos os seus filhos de modo igual. Mas o pequeno Johnny fica enfermo, vem febre, e anseia-se por sua cura; então, pensa-se mais nele que nos outros filhos. Ele se recupera, e você leva então para a sala, nos braços, aquele que se tornou temporariamente o filho mais querido de todos e o mais querido dos irmãos. Não que tenha maior valor que os outros, mas o fato de ter estado até então recolhido ao leito, correndo risco de morte, acabou fazendo com que ele ficasse mais presente e sendo causa maior de preocupação, dando à família toda, por isso mesmo, a grande alegria de sua recuperação. As profundezas do amor de Cristo são as mesmas para todo seu rebanho, mas por vezes ocorre uma inundação de alegria quando alguma das ovelhas é restaurada após muito tempo desgarrada.

Compreenda-se bem a ocasião dessa alegria manifesta. Aquela que se perdera fora causa de enorme dor. Muito sentimos por nossos irmãos se tornarem apóstatas vulgares, muito sentimos por tão sincero cristão quando parece acabar desgraçando sua vida. Nosso Senhor sente ainda mais do que nós sentimos. Todavia, ao retornar a ovelha errante, sentimos renovar nossa alegria. Na mesma medida com que se manifestou a tristeza quando a ovelha se desgarrou, também se manifesta a alegria quando é restaurada.

Alguma apreensão também, é verdade, acaba sendo gerada: tememos que tal ovelha não pertença realmente ao Senhor e que caia novamente em perdição. Tememos por ela. Mas este receio logo se encerra: a ovelha está a salvo; aquele de quem duvidávamos foi devolvido ao rebanho. A intensidade do alívio é então proporcional à força da apreensão causada.

Imenso trabalho realiza o pastor para achar e trazer a ovelha perdida. Galga todos os montes para encontrá-la. Mas seu esforço é recompensado com plenitude ao achar a ovelha. Esquece-se logo de suas andanças e seu esforço, atentando mais para a felicidade de ter sua ovelha a salvo, de volta.

Quanto à ovelha recém-restaurada, *passa a ter características marcantes de salvação*, que causam júbilo. Fora dilacerada pelos espinheiros e arbustos, mas agora está serenamente se recuperando. Observe como se deita na relva fofa! Estava cansada e desgastada, quase morta de tanto vagar à toa; mas agora, como se mostra feliz por estar na presença de seu Pastor! Quão próxima se mantém dele! Tudo isto serve para alegrar o Pastor ainda mais!

O Pastor se regozija tanto ao trazer de volta a ovelha desgarrada que *faz de tal resgate oportunidade de ter um dia de gala*. Quer que todas as ovelhas saibam o prazer que sente pelo seu rebanho, ao verem quanto ele se deleita por causa de apenas uma delas, que achou e trouxe de volta. O mesmo se dá na igreja. Bendigo o Senhor quando mantém seus salvos no caminho; bendigo-o todo dia por preservar sua graça; mas, quando alguma ovelha perdida é restaurada, temos de bendizê-lo muito mais, com ênfase ainda maior. É quando então temos música alegre e dança. Alguns irmãos veteranos se perguntam, por vezes, o significado dessa alegria, para eles um tanto excessiva; mas não há quem não compreenda haver uma boa razão para tal alegria especial quando se encontra a ovelha que andava perdida. É verdade que pastores e rebanhos não se podem dar ao luxo de ficar desfrutando de festas e folgas todos os dias; todavia, se uma ovelha perdida foi recuperada, sentem alegria tão grande uns nos outros, tamanho deleite na salvação daquela que estava perdida e voltou, que não podem deixar passar a ocasião para regozijar-se. Quero, então, que todos compreendam que, se amam a igreja de Cristo, há quase que obrigação de se festejar quando os irmãos caídos se regeneram; e se vocês querem realizar tal celebração, devem então empregar todo o esforço para encontrar os perdidos.

IV. Chegamos, por fim, à reflexão decisiva, isto é, refletirmos sobre nosso divino pastor, AO NOS DEMONSTRAR ESTE SEU NOTÁVEL EXEMPLO.

Podemos considerar este texto como *o compromisso pessoal de nossa missão*. Chamados que somos, aqui, a refletir sobre nossa missão, e como creio ser inútil pregar sobre tal missão de modo apenas superficial, quero não deixar de dizer, no entanto, algo bem comum, mas muito prático.

Irmãos, todos nós devemos ser missionários de Cristo; e o texto nos alerta sobre uma missão que cada um de nós deve cumprir, no que diz respeito a ganhar almas. O que devemos fazer, então, para imitarmos nosso Senhor? A resposta é: *busquemos uma alma*. Não preciso apontar alvos; só rogo a todos que trabalham com Cristo e para Cristo a buscar as pessoas. Existe um certo dom de falar com as pessoas — e nem todos o possuem; mas cada crente deve fazer um esforço para desenvolvê-lo. Busquem a alma dos homens, uma a uma. É um trabalho muito mais fácil para mim o de falar com todos vocês do que seria falar a cada um de modo pessoal a respeito da alma; não obstante, é deste modo que talvez tenham maior sucesso que este sermão dirigido às massas. Eu lhes peço então que, assim como o grande Pastor vai atrás de uma ovelha, não pensem que estarão fazendo pouco indo atrás de apenas uma pobre mulher, ou de um pobre homem, ou de uma pobre criança; apenas o façam.

Ouça ainda: *faça a ovelha que encontrar deixar de ser desgarrada*. Pense em alguém que dolorosamente se desgarrou; pode acontecer de haver uma pessoa em sua família, ou que você encontre alguém no decorrer de sua missão, nessa situação. Pense com cuidado nesta uma alma, reflita sobre seus pecados e os riscos que corre. É possível que você queira se empenhar em um caso que dê lhe esperanças, para que sinta maior probabilidade de sucesso. Mas experimente o outro caminho: busque uma ovelha que esteja se perdendo e que parece não ter esperança alguma. Siga o exemplo do Senhor, e vá atrás da ovelha mais difícil de encontrar. Vai tentar? Se não, não estará seguindo o caminho do Senhor.

"Tenho uma classe da escola dominical e outros trabalhos na igreja", diz alguém. Sim; mas gostaria que você, por algum tempo, *deixasse suas 99 ovelhas*; que você se sentisse chamado a ir atrás de alguém muito iníquo, ou uma criança bastante carente e sofredora. Ou continue participando de suas aulas com as 99, se puder; mas não deixe de buscar uma ovelha. Faça um esforço extra; desvie-se um pouco de seu caminho costumeiro; deixe que a atenção ao serviço usual fique em segundo plano por algum tempo. Será uma mudança muito saudável e, talvez, um grande alívio. Certamente, ao retornar, você fará um bem maior junto às 99 ovelhas depois de haver passado algum tempo ocupado com uma ovelha errante. Pense que você pode estar ficando um tanto "enferrujado" — cansado da monotonia de seu trabalho. Todo domingo os mesmos alunos e o mesmo tipo de lição. Deixe de lado esta preocupação por algum tempo e vá atrás da ovelha que se desgarrou. "Está dando conselhos estranhos, sr. Spurgeon." Se tais conselhos não estiverem no texto, não os siga; mas, se estão presentes nas palavras de nosso querido mestre, confio que você os irá seguir, e com bravura.

Ao partir em busca da ovelha, *leve consigo sua melhor capacidade*. Vá e busque; mas só obterá sucesso se estiver atento. Siga a ovelha. Ou você espera que ela o chame? É esta a sua ideia de buscar uma ovelha perdida? É assim que agem os caçadores? Sentam à frente da barraca olhando o céu, esperando que os faisões passem voando? Não; isto não é caçar.

> Ó venham, vamos as ovelhas buscar
> Nos campos da morte a perambular.

Sim, vão atrás das ovelhas, pois assim fez o pastor. Desafiou a encosta íngreme da montanha. Não creio que fosse mais afeito a subir os montes do que vocês o são; mas passou pelas mais íngremes elevações buscando a ovelha perdida. Vão atrás dos pecadores, mesmo na pobreza, na vileza, até que os encontrem.

Aqui está algo para animá-los. Quando se conquista uma alma desgarrada, *há muito maior alegria do que se sente por ajudar a salvar almas pelas quais se trabalha diariamente* — há maior alegria em levar a salvar uma só alma inteiramente perdida que a que sentida pelas outras 99 que oferecem alguma esperança de serem salvas. Tal conquista tem imenso valor para sua fé; é um estímulo grandioso para sua alegria, uma luz radiante em sua obra o fato de salvar uma alma tão condenada. Não me admira que vocês acabem falando de tal feito por muitos e muitos dias e se torne fonte de confiança para vocês quando as coisas futuramente não estiverem indo bem. As pessoas assim convertidas formam a coroa do nosso regozijo. Posso sugerir que experimentem este teste de buscar por uma ovelha? Se não obtiverem sucesso, não terão feito mal algum; pois terão apenas copiado o Senhor e mestre. Mas terão sucesso, pois ele está com vocês e seu Espírito por meio de vocês opera.

Gostaria ainda de lembrar que, *sob a antiga lei, vocês seriam obrigados a realizar esta tarefa.* Vejam o que diz Êxodo, capítulo 23 versículos 4 e 5: *Se encontrares desgarrado o boi do teu inimigo, ou o seu jumento, sem falta lho reconduzirás. Se vires deitado debaixo da sua carga o jumento daquele que te odeia, não passarás adiante; certamente o ajudarás a levantá-lo.* Vocês devem fazer o bem, mesmo a seus inimigos. Deixarão de usar sua melhor capacidade para isso? Se o boi ou o jumento de seu inimigo estiver perdido, deverá devolver a ele — você é obrigado a fazê-lo. Tanto mais quando a ovelha pertence àquele Pastor que você ama de todo o coração! Prove seu amor por Jesus trabalhando para lhe devolver o que dele se desgarrou!

Abram agora em Deuteronômio, capítulo 22, leiam do primeiro ao quarto versículo e lá encontrarão outro trecho da lei, que diz: *Se vires extraviado o boi ou a ovelha de teu irmão, não te desviarás deles; sem falta os reconduzirás a teu irmão.* Oh, e deixaria você de devolver a ovelha desgarrada ao seu grande irmão, o primogênito entre muitos irmãos? *E se teu irmão não estiver perto de ti, ou não o conheceres, levá-los-ás para tua casa e ficarão contigo até que teu irmão os venha procurar; então lhos restituirás* (Dt 22.2). Se você não consegue levar uma alma a Cristo, deixe-a ficar com você; se não consegue conduzi-la à conversão imediata, à igreja, mostre a ela fraternidade e amor cristão em sua própria casa, ministrando ensino e conforto na medida do possível. Faça o que puder para animar esse pobre coração até que Cristo venha para buscá-lo. *Se vires o jumento ou boi de teu irmão caídos no caminho, não te desviarás deles; sem falta os ajudarás a levantá-los* (Dt 22.4). Como é fácil para nós *nos desviarmos!* Esta é a expressão usada por Moisés: *não te desviarás* (Dt 28.14). Quando se sabe que falta a uma pessoa a graça, geralmente é costume desejar-lhe o bem, mas mantendo-se fora de seu caminho. A falsa prudência faz com que nos desviemos de tais pessoas. Ainda que a rua esteja apinhada de meretrizes, você vai rápido e seguro para casa e sua porta é trancada — afinal, o que o pecado delas tem a ver com você? Há muitos beberrões por aí; mas você não se excede no beber — então, o que a bebedeira deles tem a ver com você? Isso significa desviar-se das pessoas. E com que facilidade o fazemos!

Vejam um exemplo, digno de atenção. Um navio cargueiro, dias atrás, cruzava o Atlântico, quando cruzou com um velho navio transportando emigrantes, o *The Danmark*, avariado. Suponham que o comandante tivesse seguido seu destino. Poderia ter olhado para o outro lado, decidido a não perder tempo. Poderia ter argumentado: "Tenho de fazer o melhor é por meus patrões. Vou me atrasar bastante se der atenção a este navio. É melhor que eu me vá, fingindo não tê-lo visto; posso até me apressar um pouco mais para chegar ao porto e de lá enviar ajuda". Poderia ter agido assim, mas ninguém seria salvo; pois, na

UMA OVELHA PERDIDA

situação em que se encontrava, o velho navio em breve iria a pique. Mas este comandante era homem de nobre estirpe. Não se furtou em ajudar, não se fez de cego para com o navio que estava em perigo. O que fez, então? Para sua grande honra, aproximou-se e ofereceu rebocar o navio ameaçado. Não só isso: constatando que aquela nave não conseguiria mais flutuar, decidiu dar abrigo a todos os emigrantes em sua própria embarcação. Mas como não poderia transportar todos eles em um cargueiro lotado como o seu, o que fazer? A decisão que tomou foi também por demais honrosa. Carga ao mar! A bênção de Deus sobre os homens! Para o mar foram muitas mercadorias, e os passageiros puderam subir a bordo. E seguiram para o porto mais próximo. O comandante poderia perfeitamente ter-se desviado com facilidade, não poderia? Assim também pode acontecer com vocês, com vocês, cristãos, como se designam a si mesmos. Como podem andar pelo mundo e se fazerem de cegos quando avistam pecadores perdidos? Como conseguem entrar e sair deste Tabernáculo sem falar com estranhos que se amontoam nestes corredores? Irão permitir que estas pessoas acabem no inferno sem dar qualquer tipo de ajuda ou orientação? Como podem se furtar a estas pessoas? Como ousam chamar a si mesmos de cristãos? Enfim, como responderão por si mesmos? Irmãos, irmãs, abandonemos esta indiferença inumana; neguemos a nós mesmos um pouco de descanso, conforto e boas condições para que possamos ajudar a salvar pobres almas que se afundam! Lancemos de bom grado nossas mercadorias em excesso ao mar, para que possamos, com o poder do Espírito Santo, salvar almas da morte.

Este texto, repito, contém *um compromisso da missão da igreja de Deus*. Tal como fez o Salvador, temos de buscar, e ajudar a salvar, aquele que está perdido; e podemos assim proceder não visando toda uma grande quantidade de pagãos, mas bastando apenas um deles de cada vez. Concordo com vocês que há força no argumento das multidões sem salvação — centenas de milhões na China, centenas de milhões na Índia; todavia, ainda que reste apenas uma pessoa sem conversão no mundo, essa pessoa será digna de que toda a igreja cristã vá ao seu encalço; pois Aquele que é maior que a igreja, assim como o noivo é mais importante que a noiva, deixou os céus, sim, e deixou a doce companhia de seus amados, para vir procurar a ovelha que se desgarrara. Não se incomodem, portanto, com os números: salvem antes os solitários e os menores grupos. Busquem as aldeias, aqui mesmo na Inglaterra. Creio que muitas choupanas espalhadas por nossa terra estão em condições mais precárias que muitas nações. Cuidem dessas pessoas. Assim fez o seu Senhor, e eis aqui a ordenação para que ajam de modo semelhante.

Notem também que jamais devemos ser movidos pela suposta superioridade de pessoa ou de uma raça. Já ouvi dizer que seria melhor tentar converter as pessoas de raças ditas superiores que pensar nas consideradas mais degradadas. Não é melhor converter os educados brâmanes em lugar de aldeões selvagens? "Que tipos raros eles são, esses hindus filosóficos! São dignos de que os convertamos!" Esse raciocínio não está de acordo com Cristo. O Pastor buscou a ovelha perdida, e, quando a encontrou, ela não representava um adversário para ele: estava desgastada a ponto de não passar de uma ovelha destruída. Não obstante, o Senhor foi atrás desse pobre animal. Assim, almejemos que os povos tidos como degradados, como os da África, os pigmeus das florestas, os canibais da Nova Guiné e povos afins, sejam procurados tanto quanto as chamadas raças mais avançadas. São todos seres humanos; e isto basta.

O motivo da empreitada missionária jamais deve ser, enfim, a excelência do caráter individual. O pastor não buscou a ovelha que jamais se havia desgarrado não porque fosse dócil, mas por jamais ter-se desgarrado mesmo que não fosse dócil. O pecado do homem é o pretexto verdadeiro da ação da igreja de Deus. Quanto mais pecado, maior motivo para abundante graça. Oh, que a igreja sinta ser seu dever, se não buscar os mais degradados primeiro, pelo menos não deixá-los por último! Onde parecer mais difícil ter sucesso, é lá que se deve ir em primeiro lugar, pois lá se encontrará espaço para a fé; e onde houver lugar para a fé, e a fé preencher o ambiente, Deus dará sua bênção.

Caros amigos, ainda que supostamente não possam todos vocês buscar os pagãos, e apesar de somente alguns de vocês terem aparentemente tal possibilidade, peço a todos que façam o máximo que puderem para colaborar em sua busca. Contribuam com que o que possam para sua conversão, dando suporte à obra missionária. Eis aqui uma oportunidade; se não a aproveitarem, é improvável que possam realizar a obra maior para a qual eu os tanto convido. Que o Senhor os abençoe! Amém.

166

A PARÁBOLA DA OVELHA PERDIDA

Qual de vós é o homem que, possuindo cem ovelhas, e perdendo uma delas, não deixa as noventa e nove no deserto, e não vai após a perdida até que a encontre? E achando-a, põe-na sobre os ombros, cheio de júbilo; e chegando a casa, reúne os amigos e vizinhos e lhes diz: Alegrai-vos comigo, porque achei a minha ovelha que se havia perdido. Digo-vos que assim haverá maior alegria no céu por um pecador que se arrepende, do que por noventa e nove justos que não necessitam de arrependimento (Lc 15.4-7).

Enquanto esteve na terra, nosso Senhor Jesus Cristo dedicou-se com afinco a buscar as almas perdidas. Foi por buscar homens e mulheres perdidas que desceu até eles, até mesmo aos que estavam mais certamente perdidos, para que os pudesse encontrar. A fim de poder se comunicar com essas pessoas, assumiu para si muito do seu sofrimento, demonstrando para com elas tamanha compaixão que acorriam em multidões para ouvi-lo. Ouso dizer que era uma estranha assembleia, uma turba nada honrada e sem educação, a que tinha em seu centro o Senhor Jesus. Não é de admirar que os zelosos fariseus, ao verem tais ajuntamentos, o desdenhassem, dizendo: "Ele reúne ao seu redor os párias da nossa sociedade, os ímpios que coletam impostos do povo de Deus para o invasor estrangeiro e mulheres decaídas da cidade. É esse tipo de refugo de gente que compõe sua plateia; e ele, em vez de os repelir, prefere recebê-los e os acolher, considerando-os como a classe com quem mantém as melhores relações. Chega até a comer junto com essas pessoas! Pois não é que até na casa de Zaqueu e na de Levi partilhou de refeições com essa gentalha?" Não poderíamos expor aqui todos os supostos pensamentos dos fariseus, nem seria edificante; mas eles achavam ser o Senhor tão mau quanto podiam imaginar, por causa da companhia que o cercava. Na presente parábola, o Senhor condescende em defender a si mesmo — não por se importar com o que poderiam pensar dele, mas para que não tivessem motivo para pecar mais ainda ao falar dele de modo tão amargoso. Se ele declara procurar os perdidos, onde mais poderíamos encontrá-lo senão em meio aos que procurava? Deve um médico afastar-se dos enfermos? Deve um pastor negligenciar da ovelha desgarrada? Não estava justamente onde deveria estar, pois *chegavam-se a ele todos os publicanos e pecadores para o ouvir?* (Lc 15.1).

Nosso divino Senhor defendeu-se usando o que se chama de *argumentum ad hominem*, ou seja, argumento dirigido aos próprios homens que ouvem; dizendo: *Qual de vós é o homem que, possuindo cem ovelhas, e perdendo uma delas, não deixa as noventa e nove no deserto, e não vai após a perdida até que a encontre?* Nenhum argumento fala mais aos homens que aquele que mais se aproxima de sua vida diária, e é isto que faz aqui o Salvador. Se não ficou convencida, a plateia, pelo menos, silenciou. Era um argumento particularmente vigoroso, pois, embora pudesse parecer tratar-se de uma simples ovelha a ser buscada, era, na verdade, de algo infinitamente mais precioso que as ovelhas de todos os rebanhos que jamais haviam pastado em Sarom ou no Carmelo: era a alma de um homem que ele buscava salvar. O argumento não apenas trazia em si notável comparação, mas também continha uma força, com poder fora do comum, capaz de atingir toda mente sã. A argumentação pode ser assim parafraseada: "Se cada um de vocês pode ir atrás de uma ovelha sua que se haja perdido até que a encontre, quanto mais não poderei eu ir atrás de uma criatura humana espiritualmente perdida, buscando-a em seu errar, até resgatá-la".

Ir atrás da ovelha desgarrada era parte-chave da parábola que nosso Senhor fazia questão fosse observada: o pastor se lançando em uma tarefa que jamais desejaria realizar se motivada pelo próprio prazer; o percurso a percorrer não é determinado por objetivo referente a si mesmo em particular, mas inteiramente

A PARÁBOLA DA OVELHA PERDIDA

| 1551

por causa e em benefício da ovelha perdida. Ele sobe montes e desce vales, atravessa desertos e percorre cerrados bosques, tão somente porque a ovelha pode ter passado por ali e ele deve seguir seu rasto até que a encontre. Se fosse por simples motivo humano de vontade ou deleite, nosso Senhor Jesus Cristo jamais seria encontrado em meio a publicanos e pecadores, nem a qualquer um de nós; tivesse atendido a puras razões divinas de seu interesse, teria ficado no céu em companhia dos anjos excelsos e santos e de seu grande e benigno Pai; mas de modo algum pensou em si, voltando seu coração em direção aos perdidos, e, assim, veio, e ia sempre em busca das ovelhas desgarradas. *Porque o Filho do homem veio salvar o que se havia perdido* (Lc 19.10). Quanto mais se olhar para esta parábola com firmeza tanto mais claro será compreender que a resposta de nosso Senhor foi completa. Esta manhã, todavia, não vamos considerá-la apenas como resposta aos fariseus, mas enxergá-la como ensinamento, que principalmente constitui, endereçada a todos nós. Que o bom Espírito nos instrua enquanto nos debruçamos sobre ela.

I. Em primeiro lugar, quero chamar sua atenção para que observem O ÚNICO OBJETO DE CONSIDERAÇÃO DO HOMEM QUE HAVIA PERDIDO SUA OVELHA. Esta reflexão nos fará compreender o único pensamento que guia nosso Senhor Jesus Cristo, o bom pastor, em relação a todo homem afastado de santidade, felicidade e alegria, que vaga à toa, perdido em pecado, pela vida.

No supervisionar diário do seu pequeno rebanho de cem ovelhas, o pastor as conta como 99. Torna logo a contar e constata que uma das ovelhas desaparecera: a ovelha de pelo claro com uma marca escura na pata esquerda. Sabe tudo sobre ela, assim como sobre cada uma das demais: "o Senhor conhece os seus". O pastor tem em mente a imagem da ovelha desgarrada e passa a se preocupar menos com as 99 que se alimentam nos pastos verdejantes; seus pensamentos fermentam agora mais em função da ovelha perdida. Eis a ideia que o domina e começa a agitar sua alma: uma ovelha se perdeu e pode perecer. Todas as suas faculdades são tomadas; já não consegue comer bem o pão; não consegue voltar para casa; não consegue descansar, enquanto a ovelha continuar perdida.

Para o coração terno de um bom pastor, pensar em uma ovelha perdida será sempre doloroso. Trata-se de uma ovelha, uma criatura exposta, extremamente *indefesa*, a partir do momento que deixou o abrigo de seu guia e protetor. Se um lobo a avistar nem que seja de longe, se um leão ou um urso depararem com ela em seu caminho, será imediatamente feita em pedaços. Assim, pergunta o pastor em seu coração: "Que será de minha ovelha? Talvez, neste exato momento, um leão esteja pronto a dar o bote em cima dela e não tem como se defender!" Nenhuma ovelha está preparada para lutar; nem para fugir, pois não tem a agilidade de seus inimigos. Seu compassivo dono se torna ainda mais triste ao pensar: "Minha ovelha está perdida! E corre enorme risco de perecer, além de sofrer uma vida cruel!" De todas as criaturas, a ovelha é uma das que tem *menor noção* de como retornar ao abrigo original. Quando um cachorro se perde, é bem possível que encontre o caminho de volta; é provável que um cavalo perdido retorne ao estábulo de seu dono; mas uma ovelha errará indefinidamente, perdendo-se em infinitos labirintos. Para ela, é algo totalmente inimaginável o que fazer para retornar ao seu lugar de segurança. Uma ovelha perdida é capaz de facilmente se perder em uma região onde as planícies ou as montanhas não têm fim. Por isso, ainda soa na alma daquele homem esse pensamento: "Oh, minha ovelha se perdeu, e não irá retornar, pois sozinha não o consegue fazer. Para onde não terá ido! Cansada e extenuada, deve estar arquejando; talvez esteja longe de águas e de pastagens, prestes a morrer de sede e fome em meio a areia ardente ou rochas nuas". Neste particular, uma ovelha é inteiramente *inepta*: não sabe como buscar e se prover do que seja necessário a si própria. Um camelo pode farejar água desde muito longe; uma ave consegue geralmente encontrar alimento que esteja a enorme distância; a ovelha, não — nada consegue arranjar instintivamente com que se possa abastecer. De todas as criaturas desgraçadas, uma ovelha perdida é a pior delas. Tivesse alguém inquirido o dono da ovelha assim que esta se desgarrou, dizendo: "O que tanto o aflige? Você parece estar muito preocupado", ele responderia: "Estou; uma ovelha minha se desgarrou". "Mas é apenas uma; vejo que você ainda tem 99 de sobra". "Você acha pouco perder uma delas? Sim, você não é pastor; se fosse, não diria tal coisa. Quase chego a esquecer essas 99, que estão a salvo, e minha mente se volta inteiramente para a que está perdida".

O que faz o grande pastor tanto consagrar seu coração à perda de somente uma de suas ovelhas? O que é que o torna preocupado ao refletir sobre essa situação: "Se eu perder uma das minhas ovelhas..."?

Creio, primeiro, que é por se tratar de *propriedade sua*. A parábola não fala de um pastor contratado, empregado do criador de ovelhas, mas, sim, de um pastor que era dono do rebanho. "Qual de vós é o homem que, *possuindo* cem ovelhas, e perdendo uma delas..." Em outra passagem, Jesus fala de um pastor criado, cujas ovelhas não lhe pertencem, e que foge quando avista um lobo. Apenas o pastor proprietário arrisca a vida por suas ovelhas. Não se trata simplesmente de apenas uma ovelha ou de uma ovelha perdida, mas de uma ovelha perdida do seu próprio rebanho. É isto o que atormenta o pastor. Esta parábola não trata da humanidade perdida em geral — ela pode ser usada neste sentido, também —, mas, em primeira instância, é uma parábola sobre as ovelhas do próprio Cristo; do mesmo modo como a segunda parábola deste texto trata de dinheiro pertencente à mulher; do mesmo modo também como que a terceira parábola, no mesmo texto, não trata de qualquer filho pródigo, mas do filho de um pai específico. Jesus tem suas próprias ovelhas, e algumas delas ainda estão perdidas. Sim, em dado momento todas elas estavam em uma mesma condição, pois: *Todos nós andávamos desgarrados como ovelhas, cada um se desviava pelo seu caminho* (Is 53.6). A parábola se refere então aos que não se converteram, mas que Jesus redimiu com o seu precioso sangue e se determinou a buscar e salvar: são estas as ovelhas que ele visa a encontrar e resgatar. *Porque assim diz o Senhor Deus: Eis que eu, eu mesmo, procurarei as minhas ovelhas, e as buscarei. Como o pastor busca o seu rebanho, no dia em que está no meio das suas ovelhas dispersas, assim buscarei as minhas ovelhas. Livrá-las-ei de todos os lugares por onde foram espalhadas, no dia de nuvens e de escuridão* (Ez 34.11,12).

As ovelhas de Cristo lhe pertencem muito antes até que elas mesmas tomem consciência disso — lhe pertencem mesmo quando ainda andam errantes; e, trazidas ao rebanho pelo trabalho efetivo da graça, acabam tornando manifesto o que já eram segundo o pacto, desde os tempos antigos. As ovelhas pertencem a Cristo, antes de tudo, porque ele as escolheu desde a fundação do mundo: *Vós não me escolhestes a mim, mas eu vos escolhi a vós...* (Jo 15.16). Pertencem a ele, ainda, porque o Pai as deu a ele. Podemos ver tal fato na grande oração de Jesus em João 17: *Eram teus, e tu mos deste; Pai, desejo que que onde eu estou, estejam também comigo aqueles que me tens dado*. Além disso, somos rebanho próprio do Senhor porque ele nos comprou. Como ele disse: *dou a minha vida pelas ovelhas* (Jo 10.15). Faz dezenove séculos que ele pagou nosso resgate e nos comprou, para lhe pertencermos; e a ele temos de pertencer, pois não foi em vão o alto preço por ele pago para nossa aquisição: quando o Salvador olha para suas próprias mãos, vê as marcas de sua compra; quando olha para seu flanco, vê a lembrança da redenção efetiva de seus eleitos; e rememora o derramamento do sangue de seu próprio coração perante o Deus vivo. E todos esses pensamentos lhe tornam premente: "Uma de minhas ovelhas está perdida". É suposição que se deduz da parábola: *... e perdendo uma delas....* O quê? Perder uma das ovelhas que ele ama desde que a terra existe? É possível que ela vague por algum tempo, mas ele não a deixará perdida para sempre. isto não pode ser. Perder uma das ovelhas que o Pai lhe deu, para que somente a ele pertencessem? Uma das ovelhas que ele comprou com sua própria vida? Jamais admitiria este fato. A expressão *perdendo uma delas* acende sua alma como fogo. Jamais acontecerá para sempre. Sabemos quanto o Senhor valoriza cada um de seus eleitos, abrindo mão até de sua vida para a redenção deles. Sabemos quanto ele ama cada um dos indivíduos de seu povo. Não se trata de paixão nova nem jamais envelhecerá. Amou sempre todos os que lhe pertencem e os amará até o fim. Esse amor já perdurou até hoje pela eternidade e continuará a existir através das eras, pois é imutável. Perderia ele algum dos que tanto ama? Jamais, jamais. Tem sobre os seus posse eterna, firmada sob rigoroso pacto, mediante o qual o Pai os deu inteiramente a ele; concessão esta que incita sua alma de tal modo que o leva a pensar em nada mais além do fato de uma de suas ovelhas se perdeu.

Em segundo lugar, ele tem outra razão para que tal pensamento o absorva por completo: *sua grande compaixão* para com a ovelha perdida. A trajetória errante de uma alma causa profunda tristeza a Jesus; não pode aceitar que ela pereça. Tamanho é o amor e afabilidade de seu coração que não pode permitir que um dos seus se veja em perigo. Não descansa enquanto uma alma por quem deu seu sangue permaneça

A PARÁBOLA DA OVELHA PERDIDA | 1553

sob o domínio de Satanás e o poder do pecado; assim, noite ou dia, o grande pastor não esquece sua ovelha: deve salvar seu rebanho e anseia por que a tarefa seja concluída.

O Senhor tem imensa compaixão para com todo coração errante. Conhece as tristezas que o pecado traz, a grande impureza e os terríveis ferimentos que advêm da transgressão, no exato instante de sua prática; mas conhece também a dor no coração e o espírito alquebrado que dele se desenvolvem. Eis por que o compassivo Salvador sofre por causa de cada ovelha perdida, pois conhece a miséria consequente de se estar perdido. Se você já esteve junto a uma família, pai, mãe, filhos e filhas, em ocasião em que um pequenino está desaparecido, jamais poderá esquecer a aflição de cada membro da família. Imaginem o pai comparecendo a uma delegacia policial; contatando todos os vizinhos; esperando encontrar seu filho para não ter o coração ainda mais partido. Imaginem a profunda opressão e a amarga ansiedade da mãe. alheia a tudo até ter qualquer notícia de seu querido filho desaparecido. Agora vocês começam a compreender o que Jesus sente por cada um daqueles a quem ama, aqueles que estão gravados nas palmas de suas mãos, aqueles que ele já conhecia desde tempos imemoriais e nos quais pensava ao sangrar pendurado na cruz:? Ele, por isso, jamais descansará até que seus amados perdidos sejam encontrados. Possui a compaixão de um Deus, e tal sentimento transcende toda a compaixão de pai, mãe, irmãos — a compaixão de um coração infinito, que transborda como um oceano de amor. E esse pensamento— *perdendo uma delas* — aflige toda a compaixão do Senhor.

O pastor da parábola tinha ainda uma forte relação com a ovelha, que contribuiu para ficar abalado pelo pensamento de ela estar perdida: *era um bom e consagrado pastor para ela.* Porque as ovelhas lhe pertenciam é que se tornara seu pastor. Dizia a si mesmo: "Se perder uma delas, meu trabalho como pastor não estará sendo eficiente". Considerava certamente ser desonroso para um pastor perder uma de suas ovelhas! O desvio poderia vir a ser atribuído à sua falta de capacidade, ou falta de vontade, por falta de atenção de mantê-la. Nada disso, porém, ocorre com o grande pastor. Nosso Senhor Jesus Cristo jamais daria margem a que que tais hipóteses fossem aventadas como causa da perda de qualquer indivíduo de seu povo, pois está perfeitamente cônscio em saber guardá-los e preservá-los. Diz ele ao Pai, em oração: *Enquanto eu estava com eles, eu os guardava no teu nome que me deste; e os conservei, e nenhum deles se perdeu, senão o filho da perdição, para que se cumprisse a Escritura* (Jo 17.12). O diabo jamais poderá acusar Jesus de permitir perecer um só sequer de todos aqueles que lhe foram dados pelo Pai. Sua obra de amor não pode, de modo algum, se reputada um fracasso. A morte dele não foi em vão! Nem mesmo por um segundo se poderia imaginar ser possível que o Filho de Deus haja vivido entre nós em vão; morrer em vão, então, jamais! O propósito que almejou alcançar com sua paixão e morte alcançou para sempre, sendo ele o eterno, o infinito, o onipotente; quem poderá, portanto, deter sua mão ou impedir o desígnio por ele traçado? Ele jamais o permitirá. *Perdendo uma delas*, como diz a passagem — imaginem-se as consequências disso para sempre. Quanto escárnio de Satanás, quanto desprezo deitaria sobre o pastor! O inferno vibraria com tal notícia. Suponhamos que fosse ovelha das mais frágeis, então lá se ouviria: "Ele conseguiu manter apenas os fortes, que podem cuidar de si mesmos". Se fosse, pelo contrário, uma das ovelhas mais fortes, certamente se ouviria: "Ele não conseguiu cuidar nem da mais forte, que acabará perecendo". O astuto inimigo parece ter sempre uma boa argumentação. Todavia, não é a vontade do Pai que está no céu que algum de seus pequeninos pereça; nem é da glória de Cristo que uma de suas ovelhas se perca na eternidade.

Assim, os motivos pelos quais o coração do Senhor se inunda com um só pensamento dominante é, em primeiro lugar, que a ovelha pertence a ele; depois, porque é pleno em compaixão; em por fim, que é seu dever ser um bom pastor para com o seu rebanho.

Durante todo esse processo, a ovelha, evidentemente, não teria como pensar no seu pastor nem se importar com ele. E, no entanto, mesmo alguns de nós, humanos, embora desgarrados, não pensamos também um segundo sequer no nosso pastor, o Senhor Jesus! Não demonstram vontade ou anseio de buscá-lo! Quanta insensatez! Oh, piedade, que o grande coração de Deus nos céus anseie por vocês hoje, por causa do perigo a que estão de fato expostos. E que os faça sentir que serão os grandes perdedores, com a destruição de sua alma, enquanto ainda brincarem insensatamente com o pecado, mostrando-se falsamente alegres com a própria destruição. Ai de vocês! Quão longe têm andando errados! Quão terrível e mais desesperador seria ainda, porém, o seu caso, não pensasse o nosso tão benigno e todo-poderoso pastor, o tempo todo, somente em vocês!

II. Chegamos agora ao segundo tópico, e quero que observem o OBJETO ÚNICO DA BUSCA do pastor. Aquela ovelha se encontra no coração do pastor, e ele deve, por isso, de imediato, pôr-se a procurá-la. Deixa então as outras 99 ovelhas e vai atrás daquela que se desgarrou, até que a encontre.

Note se trata de uma *busca específica*. O pastor vai procurar aquela determinada ovelha, nada mais; tem como objetivo uma só ovelha em particular. Em vezes anteriores em que já vi este texto sendo pregado, cheguei a imaginar que Cristo, o pastor, lança-se à procura de qualquer ovelha que possa encontrar. Muitas estariam à solta e nenhuma delas pertenceria mais a ele do que a outra, de modo que, como já ouvi dizerem, ele se contentaria em pegar a primeira que conseguisse, ou que viesse em sua direção. Não é este o caso de fato retratado na parábola. É uma determinada ovelha que pertence a ele o objetivo da busca e ele vai ao exato encontro dela. É uma ovelha que está perdida e que ele, naturalmente, bem conhecia; e que era ou ficou conhecida, certamente, também de seus amigos e vizinhos — pois lhes fala dela, depois, como se soubessem a respeito da ovelha que fora buscar e achou. Jesus tudo sabe sobre seus redimidos e se lança com muita certeza na busca de determinadas almas. Quando prego em nome do Senhor, muito me agrada pensar que sou enviado a pessoas específicas para transmitir a mensagem da misericórdia. De modo nenhum estarei fazendo uso do arco sem qualquer propósito; e as divinas mãos encobrem as minhas para disparar, e o Senhor mira de tal modo que nenhuma flecha erra seu alvo: no centro do exato coração se espeta a palavra. Jesus não perde tempo se distraindo no que diz respeito às almas. Ele subjuga a vontade e conquista o coração do fiel, levando seu povo escolhido a ansiar pelo dia de seu pleno poder. Chama as pessoas e elas vão. Chama: *Maria*, e ouve a resposta: *Raboni* (Jo 20.16). O pastor da parábola pôs-se ao encalço de uma ovelha específica e não descansou até que a encontrou. Assim também age o Senhor Jesus, seguindo sempre pelo mover do seu amor, sem qualquer incerteza. Não sai tateando para encontrar o que conseguir, como se brincasse de *cabra-cega* com a salvação, mas busca e salva a ovelha errante que ele mesmo se determina a fazê-lo. Jesus sabe perfeitamente o que fazer e ele o fará, para a glória do Pai.

Observe-se ainda que se trata de *uma busca inteiramente absorvente*. O pastor não pensa em mais nada que na ovelha perdida. As outras 99 são deixadas — mas em segurança. Quando lemos que ele as deixa *no deserto*, podemos provavelmente imaginar que se trate de um lugar seco e infértil. Não é verdade; a expressão, aqui, significa um campo aberto, uma estepe, uma pradaria; ele as deixa com todos os recursos necessários, deixa-as ali porque ali as pode deixar. Durante algum tempo, será motivado somente pelo pensamento de que deve achar e salvar a ovelha perdida, e deixa assim as outras 99 em um pasto. "O caminho é muito rochoso!" Mas ele não parece se importar; seu coração está tomado pela busca da ovelha perdida. "É uma caminhada muito íngreme até o topo da montanha, pastor". Ele não mede esforços; sua vontade o faz ganhar pés semelhantes às patas das cabras montesas, e consegue manter-se firme em solos que em outra ocasião o teriam feito cair. Busca sua ovelha e parece não se importar com penhascos ou precipícios. *Pastor, é um caminho terrível o que terá de descer até o vale sombrio* (Mc 16.12). Isso não soa terrível para ele; seu único temor é que sua ovelha pereça; é dominado por este único receio e nenhum outro. Salta na direção do perigo e consegue safar-se apenas ouvindo o impulso que o motiva. É maravilhoso pensar no Senhor Jesus Cristo tendo seu coração firmemente empenhado no resgate de uma alma que naquele momento ainda está perdida para ele.

É uma *busca ativa*; pois, notem, ele vai atrás do que está perdido até encontrar. E a considera como *busca pessoal*. Não a delega para substituto algum, dizendo: "Aqui está; busque esta ovelha que se perdeu, e traga-a você mesmo de volta a mim"; mas toma o fardo a si. Assim, quando uma alma é levada do pecado à graça, isso não se deve propriamente ao trabalho dos servos, mas é o mestre em pessoa que vai atrás da ovelha que lhe pertence. É glorioso saber que ele segue pessoalmente os pecadores que, mesmo que se afastem dele em desesperada insensatez, continuam sendo seguidos — seguidos pelo Filho de Deus, pelo eterno amante da raça humaa — até que os encontre.

A PARÁBOLA DA OVELHA PERDIDA

Reparem na *perseverança da busca* da ovelha: *até que a encontre*. Ele não para até haver terminado sua tarefa. Imagine você ou eu perseguindo uma alma, por quanto tempo o faremos? Ora, até que a encontre; pois este é o método que nos ensina o mestre. A parábola nada diz quanto a não encontrar; nenhuma sugestão de fracasso é mencionada; sequer poderíamos imaginar haver uma ovelha que lhe pertença que ele jamais viesse a encontrar. Ó irmãos, muitas ovelhas há que você e eu nunca encontraríamos; mas se é Jesus que se lança a encontrar a ovelha que lhe pertence, confie em que ele tem tanto poder que, tão logo decide fazê-lo, no mesmo instante pode-se garantir que a ovelha será encontrada. Não posso imaginar Cristo fracassando. Trata-se, pois, de uma busca pessoal, perseverante e *busca vitoriosa*. Louvemos e abençoemos o nome dele por isso.

Observe que, quando o pastor encontra a ovelha, há algo na parábola, nem sempre notado — que ele não parece colocá-la de volta no rebanho. Pelo menos não está escrito isto no texto, como um fato que se poderia apontar. Suponho que depois ele a devolva ao aprisco; mas na ocasião em que se passa a parábola ele a mantém a seu lado, em vez de com seus pares. A cena que se segue mostra o pastor de volta, dizendo aos amigos e vizinhos: *Alegrai-vos comigo, porque achei a minha ovelha que se havia perdido*. É como se Jesus salvasse a alma não propriamente para a igreja, mas para si próprio; e embora as ovelhas salvas se encontrem no rebanho, sua maior alegria consiste em que cada ovelha salva está com ele. Isso demonstra quão inteiramente Cristo se entrega em salvar seu povo. Nada há em Cristo que não vise à salvação de seus amados. Não há entrave para ele, não há influência que o possa deter. Quando buscamos algo, dedicamos uma pequena parte de nossa capacidade, não haja dúvida, na busca; mas Jesus despende toda a sua força na busca e na salvação das almas. O Cristo por inteiro se lança a buscar cada um dos pecadores, e quando o encontra, ele se dá àquela alma como se não tivesse nada além dela para abençoar. Meu coração muito admira a concentração de toda a divindade e de toda a humanidade de Cristo na busca de cada uma das ovelhas de seu rebanho.

III. Passemos a estudar, de forma breve, o terceiro tópico. Entendemos o objeto da consideração e o da busca; tentaremos agora compreender O FARDO DO AMOR. Quando finda a busca, aparece a salvação: *E achando-a, põe-na sobre os ombros, cheio de júbilo*. Que esplêndida ação! Com que beleza a parábola ilustra todo o resgate da alma. Alguns escritores antigos fazem a seguinte comparação: na encarnação, Cristo veio atrás da ovelha perdida; durante a vida, continuou a buscá-la; morrendo, colocou-a sobre seus ombros; na ressurreição, indicou à ovelha o caminho; e na ascensão, trouxe-a para casa, com júbilo. A carreira de nosso Senhor é conquistar almas, é de uma vida dedicada a seu povo; por ela pode-se identificar todo o processo da salvação.

Vejam, então: o pastor encontrou a ovelha e a colocou sobre seus ombros. Eis a sua ação edificante: levantou a ovelha caída, da terra por onde havia errado. É como se tomasse a ovelha do modo em que se encontrava, sem qualquer palavra de admoestação, sem demora ou hesitação, erguendo-a do pântano ou dos arbustos espinhosos até um lugar seguro. Lembra-se de quando o Senhor o ergueu do poço horrível em que se encontrava? De quando desde cima o proveu e o libertou, tornando-se a sua força? Eu jamais esquecerei aquele dia. Que belo resgate quando o grande pastor me ergueu a uma vida nova! A Israel, lembra o Senhor *como vos levei sobre asas de águias* (Êx 19.4), mas é uma figura ainda mais doce ser transportado nos ombros no Senhor.

O ato de carregar sobre os ombros é um *ato de apropriação*. É como se dissesse: "Você é *minha* ovelha, e, portanto, hei de carregá-la em meus ombros". O pastor não fez tal declaração com palavras, mas exprimiu o mesmo pensamento por meio de única ação: ele não carregaria uma ovelha à qual não tivesse direito; não era um ladrão de ovelhas, mas, sim, dono da ovelha e de seu rebanho. Segura a ovelha com firmeza e a joga por sobre os ombros, e ali a ovelha torna a lhe pertencer. É como se pensasse: "Estou distante de casa, mas encontrei minha ovelha, e com minhas mãos e sobre meus ombros hei de levá-la para casa, pois me pertence". Eis, na verdade, suas palavras: *Eu lhes dou a vida eterna, e jamais perecerão; e ninguém as arrebatará da minha mão* (Jo 10.28). São as mãos poderosas de Jesus que seguram com firmeza a ovelha encontrada. São os ombros de uma pessoa poderosa como Jesus que irão carregar para casa a ovelha. Tudo ficará bem para a ovelha, pois agora pertence de fato ao Bom Pastor, como sempre foi no eterno propósito do Pai. Lembra-se de quando Jesus lhe disse ser dele? Tenho certeza de que então o reconheceu como seu Senhor e Salvador, e começou a cantar:

O meu amado é meu, e eu sou dele (Ct 6.3).

Uma interpretação ainda mais ampla do mesmo ato é esta: trata-se de um *ato de servir* à ovelha. Ela é carregada, seu peso está todo sobre o pastor. A ovelha é por ele transportada e ao pastor cabe suportar o fardo. A ovelha descansa em seus ombros, o pastor por ela trabalha. [...] *estou entre vós como quem serve* (Lc 22.27), disse nosso Senhor. *E, achado na forma de homem, humilhou-se a si mesmo, tornando-se obediente até a morte, e morte de cruz* (Fp 2.8). Na cruz ele carregou o fardo dos nossos pecados, e, mais ainda, o fardo de nossa própria existência. Bendito seja seu nome: [...] *o Senhor fez cair sobre ele a iniquidade de todos nós* (Is 53.3), todos nós o sobrecarregamos e ele, sobre ele, nos carregou. Lembremo-nos ainda de outra passagem das Escrituras: *No seu amor e na sua compaixão ele os remiu; e os tomou, e os carregou todos os dias da antiguidade* (Is 63.9). Que pensamento enternecedor: o Filho de Deus fez-se subserviente aos filhos dos homens! O criador do céu e da terra curvou seus ombros para carregar o peso dos pecadores.

Foi um ato *repousante*, muito provavelmente *necessário* à ovelha, que não conseguia mais andar e se achava débil e extenuada. Foi um total relaxamento, descanso e conforto para a pobre criatura poder sentir-se nos ombros do pastor, como se o compreendesse, sendo levada amavelmente de volta à segurança. Quanto repouso e conforto encontramos ao saber que estamos sendo carregados pelo poder eterno e pela divindade do Senhor Jesus Cristo! *O amado do Senhor habitará seguro junto a ele;* [...] *habitará entre os seus ombros* (Dt 33.12). Cristo nos carrega ainda hoje; em nada precisamos ser fortes: nossa fraqueza não representa impedimento algum, pois em tudo ele nos leva. Pois diz o Senhor: [...] *até as cãs eu vos carregarei; eu vos criei, e vos levarei; sim, eu vos carregarei e vos livrarei* (Is 46.4). Não precisamos tropeçar, muito menos cair em ruínas: os pés do pastor farão toda a travessia em segurança. Nenhuma porção do caminho percorrido deve nos causar medo, pois ele é capaz de nos levar até a casa que está acima de nós. Que doces palavras encontramos em Deuteronômio 1.31: [...] *o Senhor vosso Deus vos levou, como um homem leva seu filho, por todo o caminho que andastes, até chegardes a este lugar.* Abençoado alívio em fé poder abandonar-se a si mesmo em mãos e ombros que hão de carregar até o fim! Bendigamos e louvemos ao Senhor. O pastor se consagra ao seu fardo: nada carrega nos ombros que não sua ovelha; e o Senhor Jesus não carrega outro fardo que de seu povo. Emprega sua onipotência em salvar seus escolhidos; tendo-os redimido com seu próprio sangue, ele os redime ainda com toda o seu poder. *E eles serão meus, diz o Senhor dos exércitos, minha possessão particular, naquele dia que prepararei* (Ml 3.17). Oh, a gloriosa graça de nosso Salvador infalível, que se consagrou à nossa salvação e dedica a tal objetivo tudo o que tem e que é!

IV. Vamos encerrar meditando sobre a FONTE ÚNICA DE REGOZIJO. O pastor que perdera a ovelha se encheu de alegria ao encontrá-la: a ovelha foi a fonte desse sentimento. A ovelha absorvera tanto seus pensamentos e comandara suas faculdades que, do mesmo modo como toda sua atenção esteve voltada para esse objetivo, via agora também desse mesmo objetivo emanar todo o seu prazer.

A primeira menção a tal regozijo que podemos perceber é: *E achando-a, põe-na sobre os ombros, cheio de júbilo.* Se dissessem: "É uma carga pesada para você, pastor!", com alegria ele responderia: "Regozijo-me por carregá-la nos ombros!" Uma mãe jamais diria de seu filho perdido, ao encontrá-lo: "Que fardo pesado". Não; ela o apertaria de encontro a si. Não pensaria se ele representa algum peso; é um fardo querido para ela. Ela se regozijaria se tivesse de poder carregá-lo novamente: "... põe-na sobre os ombros, *cheio de júbilo*". Lembremo-nos ainda do texto que diz: [...] *o qual, pelo gozo que lhe estava proposto, suportou a cruz, desprezando a ignomínia* [...] (Hb12.2). Uma grande angústia se abateu sobre Cristo quando nosso fardo foi transferido a ele; mas uma alegria ainda maior o percorreu ao ver que, de fato, desta forma seríamos libertados de nosso estado de perdição. Disse para si mesmo: "Eu os tomei sobre meus ombros e nada poderá atingir os salvos por mim nem poderão caminhar para a destruição. Carrego seus pecados e jamais chegarão à condenação. O castigo por sua culpa foi em mim depositada, para que jamais recaia sobre eles. Sou eu o

A PARÁBOLA DA OVELHA PERDIDA

seu substituto efetivo e verdadeiro. Suporto a ira de meu Pai para que jamais a tenham de suportar". Seu amor fez cada chibatada do flagelo da justiça ser por ele sentida com júbilo; seu amor pelos seus fez parecer alegria o perfurar de suas mãos e pés, bem como pareceu alegre o estilhaçamento de seu coração causado pela ausência sentida de seu Pai. Mesmo o *Eloí, Eloí, lamá sabactâni* (Mc 15.34), que deu voz à profundeza de seu sofrimento, continha pérolas de alegria quando exprimido. Nenhum cântico de triunfo jamais equivalerá a tal grito de dor, pois nosso Senhor se regozijava até mesmo em suportar o abandono do Pai, causado pelo pecado dos escolhidos que ele optara amar desde antes da fundação do mundo.

Oh, jamais conseguiremos compreender isso mais do que como uma frágil ideia! Tentemos então algo mundano que possa ter alguma semelhança. Um filho adoece longe de casa. Fica de cama com febre, e um telegrama é enviado ao seu lar. A mãe acha então que *deve* partir imediatamente para socorrê-lo, e muito se atormenta até que possa finalmente fazer a viagem. O filho se encontra em um lugar um tanto sombrio, mas, naquela ocasião, para ela parece o lugar mais luminoso do mundo. Ela se alegra por haver deixado o conforto do lar e estar em lugar menos cômodo e entre estranhos, por amor a ele. Sente alegria imensa em sacrificar a si mesma; recusa-se a deixar o lado do leito, jamais abandonaria seu dever, faz vigília dia e noite e somente com indescritível exaustão consegue pegar no sono. Não seria possível segurá-la em sua cidade, ela teria ficado por demais atormentada. É para ela um profundo e solene prazer poder estar onde pode ajudar seu filho querido.

Lembrem-se do quanto vocês já deram de profunda alegria a Jesus quando ele os salvou. Ele está com o Pai eternamente feliz, infinitamente glorioso, como Deus acima de tudo; não obstante, teve de deixar o infinito amor, tomando para si nossa natureza, sofrendo em nosso lugar, para nos devolver à santidade e a Deus. *E, achando-a, põe-na sobre os ombros, cheio de júbilo.* Naquele dia, o pastor tinha apenas uma alegria. Havia encontrado sua ovelha, e até o peso dela sobre seus ombros fazia com que seu coração ficasse leve, sabendo ser aquele um sinal de que o objeto de sua afeição estava a salvo de qualquer perigo. Segue então com a ovelha para casa, e a alegria que sente é tamanha que faz que sua alma transborde. A parábola nada diz de sua alegria por chegar em casa, nem diz palavra alguma sobre a alegria de ser saudado por seus vizinhos e amigos. Não, pois a alegria de ter encontrado sua ovelha supera todas as outras alegrias do seu coração, reduzindo a do lar e das amizades. Ele se volta para os amigos e vizinhos, mas para que com ele participem e suportem o peso de tanta felicidade. Clama: *Alegrai-vos comigo, porque achei a minha ovelha, que se havia perdido.* Quando um pecador se arrepende, todo o céu deve festejar.

Ó irmãos, há alegria suficiente no coração de Cristo em relação aos que ele salva a ponto de inundar todo o céu de júbilo. As ruas do Paraíso são encharcadas até a altura dos joelhos com as águas celestiais da alegria do Salvador. Elas escorrem diretamente da alma de Cristo e os anjos e os justos glorificados se banham em sua poderosa corrente. Façamos o mesmo. Se ainda não somos vizinhos dele, pelo menos somos amigos. Ele hoje nos convoca a comparecer e a trazer o nosso coração, como recipiente vazio, para que o preencha com a alegria que sente, para que a nossa alegria seja tornada plena. Aqueles de nós que estão salvos devem partilhar da alegria do nosso Senhor. Ao refletir sobre este texto, regozijei-me no meu Senhor pela chegada de cada ovelha à sua casa, que faz o céu se inundar de alegria. Oh, imaginar, então, todos os redimidos sendo devolvidos ao lar! Jesus não sentiria prazer em perder qualquer dos seus: perder um só indivíduo que fosse arruinaria tudo. Frustrar o propósito da misericórdia em mínima medida seria terrível e inconcebível derrota para o grande Salvador. Seu propósito há de ser alcançado de alguma forma. *Ele verá o fruto do trabalho da sua alma, e ficará satisfeito* (Is 53.11). Não irá falhar nem será abalado. Realizará a vontade do Pai e terá a plena recompensa de sua paixão. Alegremo-nos e regozijemo-nos com ele, por isso, esta manhã!

No texto, Jesus afirma, ainda, haver mais alegria pela ovelha resgatada que pelas 99 que não se desgarraram. Mas quem são estes justos? Não necessitam de arrependimento? Bem, jamais devemos interpretar uma parábola a ponto de extrair mais significados do que deva realmente transmitir. É possível até que tais pessoas nem existam, sem que a parábola deixe, por isso, de ser estritamente verdadeira. De todo modo, se pertencemos a tal grupo, precisemos ou não de arrependimento, não damos tanta alegria ao coração de Cristo quanto um pecador quando se arrepende. Suponhamos que o texto faça referência a vocês e eu, que há muito nos arrependemos e por isso não necessitamos mais de arrependimento, já tendo sido justificados — não damos mais tanta alegria ao coração de Deus, no presente, quanto um pecador no momento que é devolvido a Deus. Não significa dizer, naturalmente, que é algo bom desgarrar-se, nem que é ruim evitar que isto aconteça. Tentemos compreender: se há sete filhos em uma família, e seis deles estão muito bem, mas um fica perigosamente enfermo, muito se aproximando dos portões da morte, então, se ele se recupera, se sua vida é poupada — vocês se admirariam se tal filho desse mais alegria à família por sua recuperação que os outros, que continuaram sãos? Há maior alegria na recuperação do filho enfermo do que naqueles que no momento não necessitam de auxílio. E, no entanto, não se deduz deste exemplo, absolutamente, que seja bom negócio ficar enfermo. Nada disso; tratamos apenas da *alegria* provinda da recuperação de uma enfermidade. Tomemos outro caso: um filho passa muito tempo distante de casa e outro permanece no lar. O amor aos dois é igual, mas quando o filho ausente retorna para casa, por algum tempo absorve mais o pensamento dos pais. Não é natural que isto aconteça? Os que permanecem no lar dão aos pais constante alegria no dia a dia, mas quando a torrente de felicidade é represada em parte pela ausência de um dos filhos, na ocasião de seu retorno se torna quase uma inundação. É então que temos grandes festas e dias santos e noites junto à lareira.

Há circunstâncias especiais no arrependimento e na conversão que produzem a alegria pela restauração de um pecador. Reina antes uma tristeza, que, por contraste, ressalta mais ainda a alegria manifestada depois. O pastor da parábola fora tocado de tal maneira de compaixão pela ovelha perdida que agora sua tristeza se transformava, inevitavelmente, em júbilo. Sofrera com terrível suspense, sentimento mortífero, como um ácido que corrói a alma. Tal sentimento o fazia perguntar constantemente a si mesmo: "Onde andará essa ovelha? Onde poderá estar?" Era como se lhe perfurassem o coração. Era quase como que preferível saber que ela jamais seria encontrada do que continuar nesse estado de dúvida. Mas ao final da opressão da ansiedade vem a doce liberdade da alegria. Sabemos, além disso, que a alegria proveniente de arrependimento de um pecador é bastante altruísta, a ponto de que aqueles que há muito são guardados pela graça de Deus saberem não haver dor alguma no fato de que há mais alegria nesse arrependimento que nos próprios santos. Reconhecemos, interiormente: "Há perfeitamente um bom motivo para essa alegria. Eu me incluo entre os que se regozijam". Lembramo-nos de que os irmãos muito se alegraram por nós quando chegamos a Jesus; e, com isso, nos unimos a esses bons crentes para dar nossas boas-vindas aos novatos. Não agiremos com o irmão mais velho do filho pródigo, não partilhando da alegria do Pai. mas compartilharemos plenamente da música e da dança e mostraremos ser nossa alegria ver mais almas serem salvas do inferno. Sinto repentina inundação de deleite no coração ao conhecer uma criatura que antes estava à porta escura do inferno, mas agora chega aos portões do céu. Vocês, não?

Quero deixá-los com o pensamento de quão gracioso é nosso Senhor em doar-se a seus próprios redimidos. Lembrem-se do modo pleno e perfeito com que cada pensamento de seu coração e cada ação de seu poder se voltam para as almas necessitadas, culpadas, perdidas. Ele usa todo o empenho para trazer de volta seus perdidos. As pobres almas que nele creem têm toda a força dele colocada em seu encalço. Bendito seja o seu nome dele! Que nosso coração siga com amor em direção a ele, que dá o seu coração inteiramente para operar nossa redenção. Que o amemos. Se não podemos amá-lo com a mesma intensidade com que ele nos ama, podemos, pelo menos, fazê-lo de modo semelhante. Que o amemos de todo o coração e toda a alma. Que possamos agir como se nada mais víssemos, nada mais conhecêssemos e nada mais amássemos senão Jesus crucificado. Tal como gostaríamos de preencher seu coração, que ele agora preencha todo o nosso!

Ó pobres pecadores aqui presentes, não se curvarão ante o Bom Pastor? Não irão ao seu encontro, à medida que ele se aproxima? Não irão se submeter à sua poderosa graça? Saibam que o resgate do pecado e da morte deve vir dele, e dele somente. Façam então a ele uma oração: "Vem, Senhor, anseio pela tua salvação! Salva-me, pois em ti confio!" Orem assim, e terão a característica promacial das ovelhas de Cristo, conforme ele mesmo indica: *As minhas ovelhas ouvem a minha voz, e eu as conheço, e elas me seguem.* Venham a ele, pois ele está vindo a vocês. Olhem para ele, pois ele está olhando para vocês.

167

NOSSO GRANDE PASTOR
ENCONTRA A OVELHA

... até que a encontre? [...] E achando-a, [...] e chegando a casa [...] (Lc 15.4,5,6).

O amor de Jesus, o grande pastor, é muito *prático* e ativo. Uma ovelha está perdida, e o Senhor lamenta tal fato; mas seu amor não perde tempo com lamentações; ele se ergue e se lança a buscar e salvar aquela que está perdida. O amor de Jesus Cristo não é amor contido apenas em palavras, mas feito de verdade e de ação. O amor de Jesus é *preveniente*. Não espera até que a ovelha tenha vontade de retornar ou faça alguma tentativa neste sentido; tão logo o Pastor toma ciência do estado de perdição da ovelha, passa a agir, para encontrá-la. O amor de Jesus em relação à ovelha é *preeminente*. Deixa as 99 outras ovelhas de seu rebanho na pastagem e por algum tempo as esquece, para que seu coração, seus olhos e sua força sejam empregados tão somente na ovelha que se desgarrou. Ó doce amor de Cristo, tão prático, tão preeminente, tão preveniente! Roguemos à divina graça que possamos imitá-lo, especialmente aqueles de nós convocados a servir como pastores dos homens.

No povo de Deus, a maioria de nós tem por dever vigiar. Por menor que seja o rebanho, mesmo limitado à própria família ou a uma pequena congregação que se reúne no Dia do Senhor, somos todos, de algum modo, guardadores de nossos irmãos. Aprendamos o amor de Cristo, para que sejamos sábios quanto ao pastoreio. Que não apenas afirmemos amar nossos irmãos, mas possamos demonstrá-lo mediante o empenho sincero, pessoal e dedicado em lhes fazer o bem. Que não esperemos ver alguma bondade presente nestas pessoas até que venham a ser instruídas; mas, sim:

> Ó venham, vamos as ovelhas buscar
> Nos campos da morte a perambular.

Muito antes que tenham qualquer ideia de como voltar ao lar, que já estejamos seguindo suas pegadas, ansiosos por detê-las, se de algum modo formos capazes de ajudar a salvá-las. Oh, ter no coração tamanho amor pelas almas e nele permanecer tão absorvido a ponto de esquecer necessidades mundanas e lembrar apenas das carências mais elevadas! Boa casa aquela, dizia São Bernardo, em que Marta chegava a reclamar de Maria porque a busca pela graça colocava as tarefas domésticas em segundo plano. É um santo desleixo o que os homens cometem ao deixar um pouco da atenção em apenas seu trabalho cotidiano e devotar o máximo de energia que possam à salvação de uma ovelha perdida.

Que possamos ver o amor de Jesus como Bernardo o viu, pois nisso se baseia este sermão.

No texto, há três períodos para os quais chamo sua atenção.

I. Primeiro, Cristo, o bom pastor, busca a ovelha perdida "ATÉ QUE A ENCONTRE". Assinalem estas palavras. É este o nosso primeiro tópico — *Até que a encontre*. É uma longa caminhada *até que a encontre*.

Gosto desta expressão. O Senhor Jesus não desceu a terra para fazer uma tentativa de encontrar os homens, mas para de fato os encontrar, como o fez. Ele se demorou aqui, buscando a ovelha perdida até que a encontrasse: não desistiu até que sua obra tivesse sido completada. Neste momento, em sua obra de graça em meio a seus escolhidos, não faz uma mera tentativa de salvação deles e falha, mas persiste na tarefa de procurar almas até que as encontre.

Vejam o pastor que procura: ele busca sua ovelha. Notem como se mostra ansioso o seu semblante *até que a encontre*. Lemos então que se regozija ao encontrá-la. Antes desse encontro, não há júbilo algum, porém; está todo agitado, os ouvidos atentos para capturar o mais débil ruído, pois pode ser o balido de sua ovelha perdida. Seus olhos são como os da águia. Se vê algo se mexendo em meio a um arbusto, lá estará em um segundo ou dois, tão ansioso está. Não; foi engano. Não era a ovelha; talvez alguma raposa assustada. Sobe a uma pedra e do alto olha em redor. Posso dizer que ele olha tanto com os olhos quanto com os ouvidos. Dedica toda a sua alma no uso dos órgãos que usa para vigiar, para que lhe possam revelar onde está a ovelha. Será que vejo um sorriso em seu rosto? Ah, não! Não, *até que a encontre*. Toda sua alma está nos olhos e ouvidos até avistar a ovelha. Esta é uma imagem pobre, mas verdadeira, do grande pastor que veio aqui procurar pelo seu rebanho. E assim o retrataram os evangelistas nos esboços a pena e tinta que fizeram dele — sempre vigilante; passando dia e noite em oração, em lágrimas, em súplicas; sem ter qualquer alegria até encontrar o que se perdera. Então, encontrando sua ovelha perdida, e vendo nela sua razão de viver, fica aliviado pelo fato de haver concluído sua estimada obra. O grande Pastor é todo energia, cuidados e pensamento em relação à sua ovelha, *até que a encontre*.

Com Jesus não há hesitação. A ovelha está perdida — a notícia chega ao pastor; ele ajusta o manto e põe-se a caminho. Dentro de si, presume a respeito do caminho que a ovelha deverá percorrer e se lança a procurá-la de imediato, mesmo sabendo que acabará marcando o rumo percorrido com o próprio sangue. Veja o bendito pastor se esforçando: não há pausa nem descanso *até que a encontre*. Já decidiu que nenhuma ovelha sua ficará perdida, e enfrenta vales e montes atrás da ovelha desgarrada, até que a encontre.

Se puder ver o rosto do pastor, você não verá qualquer traço de ira. Não diz: "Oh, não devo ficar tão preocupado com esta tola ovelha que se desgarrou!" Não há lugar em seu coração para outros pensamentos que não de ansioso amor. Ele é todo amor, nada além de amor, antes de encontrá-la e até que a encontre; e pode-se ter certeza que entrarão em ação seus ternos cuidados assim que a encontrar. Seu olhar é de ansioso amor. *Porque não tenho prazer na morte de ninguém, diz o Senhor Deus; convertei-vos, pois, e vivei* (Ez 18.32). *Até que a encontre* não haverá qualquer outro pensamento de ansiedade senão de plenitude de amor compassivo pela ovelha perdida.

Observe-se, ainda, que não há qualquer sinal de desistência por parte do pastor. A ovelha já vaga por muitas horas. O sol já se ergueu e se pôs, ou, pelo menos, está se pondo; mas, enquanto o pastor puder procurar e a ovelha estiver viva, ele irá persegui-la *até que a encontre*. Ele já se frustrou muitas vezes, quando pensou havê-la encontrado; enganou-se; não obstante, não irá desistir. Está determinado a seguir em frente, tomado por compaixão irresistível, e deve continuar em sua busca extenuante até que a encontre. O mesmo se dá com nosso Senhor Jesus Cristo. Quando veio atrás de mim e de você, e fugimos dele, ele nos perseguiu; nós nos ocultamos dele, mas ele nos descobriu e quase nos pega; mas, por mais que tivéssemos escapado, ele sempre continuou na tarefa de nos perseguir com seu amor puro, até poder nos alcançar. Oh, imagine se ele tivesse desistido nos primeiros dez anos — tivesse parado de se preocupar com alguns de nós depois de dezenas de ocasiões em que sufocamos nossa consciência e apagamos seu Espírito —, então estaríamos perdidos. Mas não se pode afastá-lo. Quando o Grande Pastor se determina a salvar, continua a seguir o rastro da ovelha até que a encontre. Ele não tem como, não consegue, nem quer interromper o trabalho de a procurar e encontrar, até que a encontre.

Gostaria que esta noite chegue o tempo para alguns dos presentes em que se possa dizer: "O Salvador perseguiu tal pessoa até que a encontrou — e a encontrou no Tabernáculo, dando fim a seu vagar; encontrou-a ali, naquela galeria, dando fim a tanto errar ao pé da cruz". Permita Deus que assim seja! Quer isto aconteça com você ou não, no entanto, tenha certeza de uma coisa: em centenas, em milhares de casos, o Senhor Jesus tem perseguido os pecadores com misericórdia implacável, correndo atrás deles nas montanhas do pecado, buscando-os até encontrá-los. Pertencemos a ele para sempre e sempre, e ele, que nos encontrou, jamais nos tornará a perder. Bendito seja o seu nome!

Antes de eu prosseguir, aprendam a lição. Se buscam a conversão de alguém, sigam-no até encontrá-lo. Não fiquem desanimados. Suportem o máximo de reprovação e rejeição: vocês ainda o acabarão conquistando. É certo que vence aquele que não se desvia de seu objetivo. Em alguns casos, será necessário suportar muita coisa que contribui para a desistência. Mas tolerem, e nada reclamem; digam apenas para si mesmos: "Eu bem posso ter feito o mesmo com os cuidados do grande pastor para comigo e ele não desistiu de mim. Se ele perseverou para comigo, mesmo na morte, bem posso perseverar em conquistar esta alma enquanto eu viver". Conheço casos de esposas que suplicaram a Deus por anos e anos em favor de seus maridos, que, afinal, foram convertidos. Há exemplos de pessoas neste recinto em que o amor incansável perseguiu parentes iníquos até que estes, por fim, foram salvos pela graça soberana. Perseverem em súplica amorosa! Até que os não salvos estejam realmente enterrados, não os considerem mortos; e não os enterrem espiritualmente até que estejam mortos realmente. Algumas pessoas se deixam confundir com muita facilidade. Acabam decretando a morte de seus amigos quando deixam de orar por eles, sem que, no entanto, tal decreto tenha sido escrito no céu; e todo amigo pode e deve ser trazido aos pés do Salvador.

Até que a encontre. Ergam este estandarte: *Até que a encontre.* Vão, pastores de Cristo. Escrevam este lema em sua mão direita: "Até que eu a encontre". Vivo ou morto, trabalhando ou sofrendo, seja o tempo curto ou suficiente, seja o caminho suave ou íngreme, que cada um de vocês se sinta compelido a buscar uma alma *até que a encontre.* Vocês a irão encontrar, do mesmo modo como Cristo os encontrou. Com isto, encerro o primeiro tópico.

II. Chegamos agora ao segundo: "E ACHANDO-A...". Quando ele a encontra, o que acontece? Bem, primeiro, *ele a toma: põe-na sobre os ombros, cheio de júbilo.* Assim, achando-a, a primeira coisa a fazer com a ovelha é tomá-la com firmeza. Vejam: o pastor a traz para muito próximo de si. A pobre criatura está extenuada, mas mesmo assim pode ser que tenha força suficiente para escapar; desse modo, cuida o pastor para que isso não ocorra. Segura suas patas com firmeza. É assim que age o Senhor Jesus, quando por fim toma um ser extenuado pelo sentido do pecado cometido, cansado e fatigado por resistir à divina misericórdia. Nosso Senhor assume amorosamente o controle sobre o rebelde de modo a jamais deixar que escape de novo. Lembro-me de quando tomou conta de mim. E até hoje, não perdeu sua força. E que força, que poder! Nada jamais tomou e controlou minha mente caprichosa como a mão de Cristo. Quando a divina mão que lançou os alicerces do mundo fixou-se em mim, todo o meu errar cessou de vez.

Ao firme agarrar, segue-se *o gracioso erguer.* O pastor levanta a pobre ovelha e a coloca em seus ombros, e lá fica ela, com todo o seu peso, carregada por ombros poderosos. É assim que o Salvador age com os pobres pecadores extenuados. Carrega o peso de seus pecados, na verdade, o peso deles próprios. Pois nos toma tal como nos apresentamos e, em vez de nos conduzir de volta sob a lei, nos devolve ao lar com seu amor. Em vez de nos apressar a irmos para casa, passa a suportar o grande fardo de seus redimidos, carregando-os nos ombros. Vocês têm diante de si um dos retratos mais amorosos que a imaginação pode conceber — o grande e coroado Pastor das ovelhas, rei dos reis e Senhor dos senhores, carregando nos ombros, como um fardo que o alegra suportar, a ovelha que se havia desgarrado. Oh, rogo a Deus para que se possam apoiar em tais ombros, se ainda não receberam essa graça. Os ombros da onipotência suportando nossa fraqueza — o poderoso Salvador nos carregando a todos, a todos os nossos pecados e nossas carências, toda nossa existência pesando sobre seus ombros e sua força — tal é a visão dos anjos.

À medida que ele assim carrega tamanho fardo, observe-se que *a distância vai sendo eliminada.* No versículo que se segue, lemos: *E chegando a casa,* mas nada nos é dito sobre o caminho; pois, de algum modo, nosso mestre tem o poder de estar instantaneamente em casa. O pecador pode se desgastar com vinte anos de pecado que em cinco minutos todo esse peso desaparece. Pode ter durado cinquenta anos para você se fazer o merecedor que é hoje do inferno, mas saiba que não levará mais que cinco tique-taques no relógio para Jesus o purificar e fazer mais branco que a neve, devolvendo-o inteiramente limpo à casa do Pai. Na verdade, esta obra redentora do pastor já está feita.

> Oh, que momento mais cheio de temor,
> Quando Deus deteve nossa errante andança,
> E despejou então sua santa vingança
> Sobre a cabeça do nosso amado pastor!

Mas, oh, favor tão glorioso e tamanho
Quando Cristo duro golpe suportou!
E com sua vida e sangue o pastor pagou
O resgate devido por seu rebanho.

Mediante esse processo redentor, ele nos reaproximou de Deus.

A viagem de volta não é cansativa para o pastor nem para a ovelha. Ele toma a ovelha e a põe sobre seus ombros; e logo ambos estão junto com o rebanho. Mas o que eu gostaria que vocês notassem com atenção é quando o grande pastor deposita o fardo sobre suas costas. Lemos: *E achando-a, põe-na sobre os ombros...* — mas com ansiedade? Atentem bem para esta parte. Não há sofrimento. Não está dito: "E achando-a, põe-na sobre os ombros, com grande aflição". Não. Vejam! "E achando-a, põe-na sobre os ombros, *cheio de júbilo*". Nem sequer se lembra de todo o desgaste que teve de sofrer. Nem pensa na falta de inteligência de sua ovelha em haver deixado verdes pastos, ter-se envolvido em tamanho perigo e ter dado a ele tanto trabalho. Não há a menor menção a tais pensamentos. *E achando-a, põe-na sobre os ombros, cheio de júbilo.* E ele diz a si mesmo: "Me alegro em carregar este fardo; alegro-me por carregar minha ovelha perdida de volta para casa". Oh! adoro imaginar este momento de alegria no coração de Cristo bendito, *o qual, pelo gozo que lhe estava proposto, suportou a cruz, desprezando a ignomínia* (Hb 12.2). Sempre que tem de carregar uma ovelha perdida de volta, ele se regozija. Seu coração salta de alegria. Toda a ansiedade se vai. Enche-se da plenitude de prazer. *Põe-na sobre os ombros, cheio de júbilo.* Pergunto-me se a ovelha pôde perceber que o pastor se regozijava. Não acredito que o pudesse; mas imagino que talvez o pudesse sentir. Há determinadas maneiras de se lidar com um animal e este pode saber qual delas expressa prazer por parte de seu dono em estar com ele; tenho total certeza de que um cão, por exemplo, bem sabe o que significam os atos, gestos e falas de seu dono para com ele. Assim, se se falar a uma ovelha traduzindo aborrecimento na voz e jogá-la sobre os ombros com indignação, ela sentirá determinada coisa; mas, se não se consegue dizer a ela senão, compassivamente: "Coitada! Como estou feliz por encontrá-la", e colocá-la sobre os ombros com júbilo, ora, por mais que seja uma ovelha, ela saberá que há uma diferença. Sabemos que Cristo tem uma maneira própria de nos salvar, tão gentil, amoroso, jubiloso, que faz que só nos alegremos por sermos salvos. Podemos fazer de uma moeda dada de esmola tanto um motivo de alegria e salvação quanto um sinal de desprezo, conforme o modo como for entregue a um mendigo. Pode-se atirá-la a ele como se fosse um cão — e ele retribuirá com a mesma atitude de um cão, ou talvez nem isto. Mas pode-se também demonstrar que se quer dizer: "Eu compreendo e me solidarizo com sua necessidade; mas isto é tudo que posso lhe dar agora. Receba-o, por favor, e que Deus o ajude a fazer o que puder com tão pouco". Entregue-a do modo cristão e fraterno, e sua moeda será recebida com alegria e usada da melhor maneira possível.

Muito se pode dizer por meio das atitudes, ainda mais no que diz respeito a concessões. A atitude de Cristo é extremamente graciosa: ele nos salva cheio de júbilo. Para ele, é uma ocasião de dar graças a Deus Pai quando encontra sua ovelha perdida e a coloca nos ombros. Muito me alegra pensar que seja assim. Não somos salvos por um Cristo rancoroso, que parece estar cansado de nos procurar, salvando-nos somente para se livrar de nós. Não; ele não age, de modo algum, como certos médicos prepotentes, que vão logo dando a entender o seguinte: "Eu o atenderei, sim, mas tenho muitas coisas para fazer, e vocês, pacientes que não pagam são um tormento". Jesus não trata um osso quebrado com rispidez; não: com suas suaves mãos divinas, trata de juntar as partes deslocadas, e ao curar há alegria até mesmo no método usado no tratamento. Podemos ver em sua face que usa da mais terna compaixão em cada um de seus movimentos. Conhecemos diferentes modos de se trabalhar. Há trabalhos que entendiam o operário. O princípio da divisão do trabalho pode ser excelente no que diz respeito a produzir resultados em larga escala; mas, muitas vezes, pode ser cansativo para um trabalhador fazer a mesma coisa de novo e de novo, todos os dias, como se fosse um autômato. Ponha-se um homem para trabalhar em uma estátua — um artesão cuja alma esteja toda no cinzel, que sabe haver um espírito luminoso contido no bloco de mármore e que pretende talhar toda a matéria que esconde a adorável imagem de sua visão; e observe-se como trabalha! Ninguém consegue fazer algo corretamente quando o faz com tristeza. O melhor trabalho é feito por gente feliz e contente. O mesmo acontece com Cristo. Não salva as almas somente por uma questão de necessidade — como se preferisse fazer outra coisa se pudesse; mas, sim, usa de todo o seu coração para fazê-lo, alegra-se em fazê-lo, e por isso o faz com vontade, comunicando a alegria que sente em fazê-lo.

Aprendam mais uma lição antes de passarmos ao terceiro tópico. *E achando-a...* Suponham que se encontrem com um pobre pecador atormentado, ansioso por vir até Cristo. Ao se encontrarem com ele, permitam-me recomendar que imitem o exemplo do mestre: tomem-no a si com firmeza. Não o deixem escapar. E, se ele estiver com problemas, como é bem provável, tomem todos os seus problemas para vocês. Tentem, mesmo que não consigam, carregá-lo nos ombros. Imitem seu mestre neste sentido. Procurem carregar todo o fardo dele em seus ombros, do mesmo modo como Cristo carregou os de vocês. Conduzam-no então a Cristo, o verdadeiro carregador de nossos fardos; e alegrem-se por fazê-lo, durante todo o processo. Não creio que deveríamos falar com recém-convertidos em tom temível e formal, como se para ele fosse algo horrendo encontrar um Salvador. É provável que, neste caso, eles jamais retornem a vocês, pode, crer. Hão de preferir manter distância. Mas, sim, com espírito jubiloso, digam: "Muito me alegro que você esteja preocupado com sua alma". A melhor coisa que pode acontecer a quem busca almas é encontrar um indivíduo com a consciência abalada; mostre-lhe o que você pensa disso. "Mas", poderá alguém dizer, "não tenho tempo para isso". Tenham tempo sempre, mesmo em meio à madrugada, para atender a um pecador com a consciência atormentada. Pode acontecer, de fato, de vocês estarem cansados ou não se sentindo bem. Pois bem: quando estou cansado, meu cansaço logo cessa assim que deparo com uma ovelha perdida; e se não estiver bem, fico bom só pelo propósito de buscar um pecador que está enfermo pelo pecado. Tomem este exemplo como doce e agradável encorajamento, pois é a melhor maneira de ajudar seu irmão pecador a chegar ao Salvador.

Meu tempo está acabando; direi mais algumas palavras, no último tópico.

III. "E chegando a casa..." Quando retorna, ele convoca todos os amigos e vizinhos, dizendo: *Alegrai-vos comigo, porque achei a minha ovelha que se havia perdido.*

Algumas ligeiras observações. Primeiro, *o céu é um lar. E chegando a casa.* Vocês não gostam de pensar desta maneira? É a casa de Jesus; e, em se tratando da casa de Jesus, a que outra irá se comparar? "E chegando a casa".

Notem, ainda, que *as ovelhas perdidas são conhecidas no céu.* Tiro esta conclusão com base, inclusive, no original grego, embora a tradução ajude: "E chegando a casa, reúne os amigos e vizinhos, e lhes diz: Alegrai-vos comigo, porque achei *a minha ovelha que se havia perdido*". Se assim está, é como se os amigos soubessem que a ovelha se desgarrara e como se essa perda tivesse sido pelos outros lamentada; como se dissesse: "Alegrai-vos, porque encontrei a minha ovelha, vocês sabem — aquela que estava perdida!" Lá no alto, sabem perfeitamente quem são as ovelhas de Cristo, quais as que ainda estão perdidas e as que já voltaram. O céu está mais próximo da terra do que alguns de nós imaginamos. Quanto se demora para chegar lá?

> Suave suspiro do espírito partirá,
> Nem bem dissemos: 'Ele se foi'; e então,
> Logo o espírito resgatado chegará
> Junto ao trono de Deus, na grandiosa mansão.

Há mais comunicação entre o céu e a terra, sim, do que a maioria de nós imagina.

Está claro que quando o pastor chega em casa e diz aos amigos e vizinhos: "Achei a minha ovelha que se havia perdido", todos sabem de que ovelha se trata, sabem tudo sobre ela. Está claro, também, que todos sabiam que o pastor tinha saído à sua procura, e podiam compreender perfeitamente sua alegria ao retornar trazendo a ovelha resgatada. Acredito que no céu todos saibam quando Cristo está buscando uma alma. Deve ser uma grande satisfação para alguns dos que lá habitam e que se foram daqui deixando um filho ou um parente, um amigo, que não se convertera, saber que aquela pessoa acabou se convertendo em Cristo. Estou convencido de que o sabem. Não podem evitar sabê-lo, porque são amigos e vizinhos de Cristo, e, de acordo com a parábola, ele lhes conta o feito, conclamando: "*Alegrai-vos comigo* (Lc 15.6). Jamais poderíamos pensar que Jesus convidasse esses seus amigos diante do trono para alegrar-se com ele e recebesse de alguns por resposta: "Não posso, Senhor, pois não vejo haver motivo para júbilo". Se eu me tivesse convertido depois da morte de minha mãe, posso imaginar que, quando Jesus dissesse a todos no céu: "Alegrai-vos comigo, porque achei aquela minha ovelha que se havia perdido", minha mãe iria responder: "Senhor, tenho motivos para me alegrar mais que todos, pois era meu filho, que enfim está salvo!" Sua mãe, se já estiver na glória, será duplamente honrada hoje, se você der seu coração a Cristo; e rogo para que você o faça. Seu pai, se agora diante do trono, verá o paraíso se tornar ainda mais paradisíaco quando ouvir que o seu filho perdido foi por Cristo encontrado.

Notem que *Jesus Cristo ama que outras pessoas se regozijem com ele* e, por isso, quando encontra um pecador perdido e sente muito amor em seu coração, faz sua alegria transbordar, clamando aos outros: "Venham, amigos, venham, vizinhos, venham e participem da minha alegria, pois salvei mais uma alma!" Que atendamos a este abençoado convite. Se você ouvir que alguém foi salvo, fique feliz por tal pessoa. Ainda que não a conheça, fique feliz, porque Jesus está jubilante.

Entendamos, ainda, que *o arrependimento é uma volta para casa*. A ovelha perdida não estava no céu; mas assim que é devolvida ao rebanho, é sinal de que se arrependeu; e Jesus e os anjos passam tal feito a celebrar. Quando um homem se arrepende verdadeiramente, e Cristo o salva, jamais tornará a se perder. Um velho provérbio popular diz que não devemos contar os pintos enquanto ainda dentro dos ovos que estão sendo chocados; e acredito que os anjos jamais agiriam assim no caso das almas imortais. Se soubessem que pecadores arrependidos pudessem vir a perder-se mais tarde, não soariam seus sinos da alegria, e esperariam para ver como os fatos se desenrolariam. Se os convertidos pudessem voltar a perecer, não haveria um só por quem os anjos ousassem se regozijar; e se algum dos filhos de Deus pudesse voltar a cair e perecer, que seria de nós, então? Se algum deles decaísse da graça, temeria seriamente que o mesmo pudesse acontecer comigo. Ó meu irmão, você não teria o mesmo temor? Se alguma ovelha de Cristo viesse a decair, o mesmo poderia se dar comigo; e creio até ter maior tendência a vagar e maior tendência a ofender do que muitos de vocês. Não ficaria satisfeito, portanto, se os anjos se regozijassem por um homem na ocasião do arrependimento e isso representasse apenas uma melhora no caráter humano e não uma mostra da graça, do poder e do amor celestial. Pediria: "Esperem um pouco; pois este homem pode cair, e por fim perecer, pois, de acordo com certo evangelho atualmente pregado, Cristo ama hoje e odeia amanhã e um filho de Deus pode vir a se tornar um filho do diabo". Não acredito, porém, em uma única palavra dessa citada doutrina. Creio, sim, que quando o Senhor inicia a boa obra, ele irá completá-la e fazê-la perfeita; que quando o Senhor faz que um homem o conheça, faz também que venha a ter este conhecimento para sempre. Eis aqui um texto que resume toda este pensamento: As minhas ovelhas [...] *eu lhes dou a vida eterna, e jamais perecerão; e ninguém as arrebatará da minha mão* (Jo 10.27,28). Ora, o que tem vida eterna nunca mais terá fim; a vida eterna é, obviamente, eterna. Assim, quando alguém ganha vida eterna, o Pastor e seus amigos podem perfeitamente se alegrar por este alguém haver chegado à vida e à salvação. A obra realizada no pecador arrependido jamais poderá ser desfeita; ele é colocado onde nunca mais poderá se perder. Sim,

Até o final salvo serei,
Tão certo quanto ao justo é dado;
Mais alegria só terei
Quando no céu, glorificado.

Cantem os anjos! Há motivo para cantar. E nós os iremos acompanhar em bendizer, louvar e glorificar ao nosso Deus imutável, para sempre e sempre. Amém.

SEMEADO EM MEIO A ESPINHOS

E outra caiu entre espinhos; e os espinhos cresceram e a sufocaram (Mt 13.7).
E o que foi semeado entre os espinhos, este é o que ouve a palavra; mas os cuidados deste mundo e a sedução das riquezas sufocam a palavra, e ela fica infrutífera (Mt 13.22).

Quando a semeadura resulta infrutífera, então todo o trabalho do semeador foi desperdiçado: despendeu energia para nada. Sem frutos, o trabalho do semeador pode ser considerado até insano; pois toma de boas sementes e as espalha, apenas para perdê-las no solo. A pregação é também a mais vã das ocupações quando a palavra não consegue penetrar nos corações, produzindo bons resultados. Ó ouvintes, se vocês não se converterem, eu estarei gastando meu tempo e minha energia à toa neste púlpito! Pessoas há que bem podem considerar uma bobagem dedicar um dia da semana a ouvir sermão — bobagem, de fato, quando nada resulta na consciência e no coração. Se vocês não renderem frutos de santidade, se o seu fim não é a vida eterna, então é melhor que eu empregue meu tempo quebrando pedras à beira da estrada que pregando para vocês.

A capacidade de render frutos é o que faz a diferença dos vários solos em que o semeador espalha a semente, nesta parábola. Não se pode definir com certeza a qualidade de um solo se não se puder verificar o sucesso ou fracasso das sementes nele lançadas. Do mesmo modo, não podemos conhecer o coração de vocês até constatarmos como reage em relação ao evangelho. Se produz santidade, assim como amor a Deus e aos homens, sabemos ser então um bom solo; mas se não passar de mera promessa e não chegar à ação, saberemos ser o solo de seu coração duro, ou rochoso, ou espinhento. A palavra do Senhor experimenta o coração e o controle dos filhos dos homens, e nisto é como o fogo, que separa do metal a escória. Ó queridos ouvintes, vocês passarão hoje por um teste! Talvez vocês julguem o pregador, mas algo maior que o pregador julgará vocês: a própria Palavra irá julgá-los. Vocês aqui se encontram como júri de si mesmos: sua própria condição será exposta no tocante ao modo como recebem ou recusam o evangelho de Deus. Se rendem frutos como louvor à graça de Deus, muito bem; se não, embora pareça ouvirem a pregação com toda a atenção; se nada podem reter do que ouvem em sua mente e coração; se nenhum efeito de salvação é produzido em sua alma, então saberemos que o solo de seu coração não está preparado para o Senhor e permanece em sua esterilidade nativa.

De tudo quanto já ouviram, que frutos vocês já renderam, até aqui? Posso arriscar fazer a pergunta a cada um de vocês, particularmente? Alguns de vocês são ouvintes desde a juventude — quanto melhoraram? Que grande quantidade de sermões já devem ter ouvido até agora! Contem os domingos: quantos já se passaram? Pensem nos bons pregadores, já no céu, a quem vocês ouviram! Lembrem-se das lágrimas que hes arrancaram com seus discursos! Se você ainda não foi salvo, chegará a ser? Se ainda não é santo, poderá sê-lo, um dia? Por que será que o Senhor despende tanto esforço com você, se não traz retorno algum? Qual o motivo desse desperdício? Decerto você terá muito o que responder quanto a isso no dia em que todos os servos de Deus deverão prestar contas, e então provavelmente não haverá alegria quando o chamarem pelo nome. Como você irá se desculpar perante Deus por haver causado tamanha decepção a ele?

Irei lidar hoje apenas com um grupo de vocês. Não falarei àqueles que ouvem a Palavra e nada absorvem, por causa da indiferença de seu coração, como o fazem os situados à beira do caminho. Nem irei me dirigir àqueles que recebem a verdade com súbito entusiasmo e a abandonam tão logo, ou até mesmo antes, que as provações recaiam sobre eles: são os ouvintes de solo pedregoso. Quero me dirigir àqueles que ouvem a Palavra com atenção e de certo modo a recebem com consciência e de coração, fazendo a semente brotar, mas cujos frutos jamais chegam à perfeição. São crentes e, para todos os efeitos, estão sob a influência de santidade. Exibem em seu caule muitas folhas, mas não há espiga, cacho ou fruto algum brotando — não há substância em sua crença. Não consigo falar com maior vigor físico por causa de enfermidade com que neste momento luto; mas o que lhes digo é calcado no sincero desejo de que o Senhor possa abençoá-los. Uma congregação eloquente fará que o pregador seja eloquente; ajudem-me, portanto, esta manhã. Se me prestarem atenção, compensarão minha dificuldade em falar; especialmente, se entregarem seu coração a Deus, abençoarão sua verdade, por mais frágil que seja minha força de expressão.

Primeiro, quero falar um pouco a respeito da *semente* que vocês recebem; depois, sobre os *espinhos*; e, em seguida, quanto aos *resultados*.

I. Em primeiro lugar, então, A SEMENTE. Lembremo-nos, antes de tudo, que *se trata da mesma semente, em todos os casos*. A mesma semente lançada sobre você rendeu trinta vezes mais em outro lugar; em outro caso foi ainda melhor: rendeu cem vezes mais. E era exatamente o mesmo grão com que foi semeado seu campo. O semeador se abasteceu das mesmas sementes no mesmo celeiro, do mesmo mestre; por que motivo, então, tudo parece estar perdido no seu caso? Se houvesse dois evangelhos inteiramente diferentes, então poderíamos esperar dois resultados distintos, sem precisar apontar qualquer diferença em solos onde as sementes houvessem falhado. Mas para vocês a quem prego, tem havido apenas um só evangelho durante toda a sua vida. Vocês frequentam a mesma casa de oração, onde jamais trocamos a semente, pregando sempre a verdade única e eterna de Deus. Muitos, na verdade, renderam cem vezes mais que a semente que temos plantado deste púlpito. Tais pessoas não ouviram mais nem melhor do que você ouviu; mas trataram, sim, a semente de forma bem melhor do que você o fez! Quero que você reflita quanto a isto. Sua mente e seu coração devem estar muito cobertos de espinhos, já que o evangelho que converteu irmãos e amigos seus jamais chegou a tocá-lo! Ainda que aparentemente você possa acreditar na Palavra de Deus, ela jamais chegou a afetá-lo de modo a torná-lo santificado e cheio de graça! Você continua sendo apenas um ouvinte. Por quê? A culpa não está, evidentemente, na semente, pois é a mesma que funciona com outros.

Você até ouve o evangelho com *prazer*. "Sim, ouço!", diz você. "Ouço-o desde criança". Sua mãe o trouxe pela primeira vez ainda em seus braços à casa de Deus. Você o ouviu, e ainda o ouve, ainda que soe como uma bela música antiga para você; mas não irá passar disso? Sou muito grato por ouvir o evangelho, mas espero que algum dia Deus o faça crescer em seu interior e render frutos. No entanto, recai uma grande responsabilidade sobre você. Pense em quão privilegiado tem sido! Como irá responder por tão grande privilégio se recusam o evangelho e o fazem inútil por conta de tal recusa? Caros ouvintes, se vivêssemos, por exemplo, no coração da África e morrêssemos sem crer em Cristo, sobre quem jamais teríamos ouvido falar, não poderíamos de nada ser acusados; mas aqui estamos, em pleno coração de Londres, onde o evangelho é pregado em todas as ruas — então nosso sangue será derramado sobre nossas cabeças, ao perecermos. Você pretende é descer ao inferno? Está tão desesperado que será capaz de para lá descer até mesmo usando as vestes de cristão? Se persistir em arruinar sua alma, meus olhos o irão seguir com lágrimas e quando já não lhe puder advertir mais, derramarei meu pranto por causa de sua perversão.

As pessoas representadas no texto bíblico são não apenas ouvintes, mas, de certo modo, *aceitaram a boa Palavra*. A semente não ficou suspensa acima do solo, mas chegou a ele e em alguns casos chegou a crescer. Pode-se também dizer de vocês que é verdade que não rejeitaram o evangelho, nem levantaram qualquer barreira em relação a ele. Alegra-me que não tenham tido qualquer dificuldade em aceitar a inspiração das Escrituras, a Divindade do Senhor ou seu sacrifício. Não se iludem com o tal "pensamento moderno" a respeito do evangelho, mas, sim, têm lastro para sua crença no tradicional e sempiterno evangelho de Jesus. Até aqui, tudo bem; mas o que posso dizer do estranho fato de toda essa aceitação da verdade não produzir qualquer resultado digno de nota em vocês? Não é um caso a lamentar que alguém

SEMEADO EM MEIO A ESPINHOS | 1567

creia ser verdade o evangelho, vivendo, no entanto, como se fosse uma mentira? Se é verdadeiro, por que motivo você não presta obediência a ele? A pessoa sabe, porque ouve e entende, a respeito de expiação feita pelo seu pecado, mas jamais o confessa e aceita definitivamente para si mesma o grande sacrifício do Senhor. Vê e sente a beleza e o brilho das grandes verdades que rodeiam a cruz como uma coroa de estrelas, mas jamais permite que a luz que irradiam penetre em seu coração, para se refletir em seu caráter e em sua vida. Isto é simplesmente mau. Se você crê na verdade, o que faz que seja diferente do que faz o diabo? Você chega, então, a ser pior do que ele, porque ele acredita *e treme*, mas você nem sequer pensa em temer e tremer.

É preciso que toda verdade em que se crê tenha o poder de influenciar a mente e o coração, permear os pensamentos, moldar a vida; é a fruição natural da grande verdade espiritual. A doutrina da graça, quando toma posse da mente e governa o coração, produz os mais puros resultados; mas quando é mantida em injustiça, reter inutilmente tal conhecimento é maldição e não uma bênção. É horroroso crer na revelação de Deus sem receber seu Espírito. É como admirar um poço abundante de água cristalina e pura, com sede, e sem jamais beber de sua água; contemplar o cereal que está à disposição abarrotando o celeiro e, no entanto, diante dele morrer de fome. Deus tenha piedade desses que possuem uma fé morta como esta!

A semente espalhada em meio aos espinhos *vive e continua a crescer*. Acontece também o evangelho da verdade divina crescer na mente de muitos homens, passando a compreendê-lo melhor, a defendê-lo com maior vigor e a falar sobre ele com maior fluência; além disso, chega a influenciá-los de algum modo, pois abandonam alguns de seus vícios. Tais pessoas são uma imitação razoável dos verdadeiros crentes. Pode-se até divisar o possível surgimento de uma baga ou uma espiga: o talo ultrapassou os espinhos, já mostrando a ponta e dando esperança de que a planta renda frutos. Mas aproxime-se da baga ou da espiga que nasce e sinta-a nas mãos: tem casca, mas nada dentro dela; há todo um preparo para o trigo germinar, mas não há de dar grãos. Gostaria de falar especialmente àqueles aqui presentes que talvez tenham sido até batizados e que são membros de igrejas, e lhes fazer uma ou duas perguntas. Não acreditam que haja uma profusão de profissões de fé vazias hoje em dia? Não creem que muitos têm um nome pelo qual viver, mas que continuam mortos? "Sim", vocês certamente responderão; "tenho um vizinho que julgo encaixar-se em tal situação". Mas será que outro vizinho não poderia dizer o mesmo de você? Não seria apropriado fazer tal pergunta sobre você mesmo? Você de fato crê no Senhor Jesus? Estará verdadeiramente convertido do pecado e do egoísmo? Volte seus olhos para o seu próprio interior. Examine seus próprios atos e julgue sua condição por este exame. Ponha-se sob a lente. Ó meu Deus, e se deveria ser um pastor de ovelhas para os outros, estando eu mesmo perdido? Que nenhum diácono, presbítero ou membro de igreja tenha de dizer isso de si mesmo. Se você ensina na escola dominical, o que irá ensinar se você mesmo não o sabe? Pretende ir a uma reunião para falar sobre conversão; mas como irá incentivar as pessoas a experimentar algo que você jamais experimentou? Irá? Não é de uma boa pregação que vocês precisam, mas de um exame de consciência. Um exame profundo não faz mal algum ao são e pode abençoar o enfermo. "Senhor, que eu saiba o que há de pior em mim" — eis uma de minhas orações mais frequentes, e eu a recomendo a você.

Eis então um resumo sobre a semente: era uma boa semente, foi semeada, recebida pelo solo, cresceu e trazia boas promessas, mas no fim se mostrou infrutífera. Não há dúvida de que existem verdadeiras multidões que recebem o cristianismo, tornam-se frequentadores de um local de adoração e agem com honestidade e caráter moral; sem, contudo, que Cristo esteja de algum modo nessas pessoas, sendo a ele reservado, nelas, um posto secundário relativo à afeição. Esse frágil rebento fica tão encoberto por um trançado de espinhos e é tão sufocado que dele nada resulta. A crença desses indivíduos é enterrada sob a mundanidade. Triste é o seu fim. Que o Deus de misericórdia nos salve de tal destino!

II. Dando sequência, gostaria de falar agora sobre os ESPINHOS. Em Mateus 13.22, o Senhor os descreve como *os cuidados deste mundo e a sedução das riquezas*. Lucas 8.14 acrescenta *deleites desta vida*, e Marcos 4.19, *a cobiça doutras coisas*. Suponho que o semeador não haja reparado os espinhos enquanto lançava as sementes; deviam estar ainda bem rentes ao solo. Provavelmente o semeador presumiu que o solo fosse bom e semeou, pouco suspeitando que os espinhos estivessem presentes.

Observem que *os espinhos são naturais no solo da terra*. São os primogênitos do solo desde a queda do homem. Qualquer mal que ataque a fé não é de modo algum extraordinário — é o que devemos esperar encontrar em meio à humanidade. A graça é que é fora do comum; os espinhos são inerentes ao mundo. O pecado se sente perfeitamente em casa no coração do homem e se espalha rapidamente, como erva daninha que é. Se você deseja ir para o céu, talvez eu demore um pouco para lhe mostrar o caminho e é provável que eu precise estimular sua perseverança; mas se desejar ir para o inferno — bem, é *espaçoso o caminho que conduz à perdição* (Mt 7.13) e questão apenas de negligência: *como escaparemos nós, se descuidarmos de tão grande salvação?* (Hb 2.3). As coisas malignas são muito fáceis, pois são próprias de nossa natureza caída. Já as coisas certas são como flores que desabrocham tarde e necessitam de cultivo. Não me admira se algum de vocês se sinta atraído pelos cuidados do mundo e a sedução das riquezas; é natural que isto ocorra. Assim, estejamos atentos contra estes enganos. Digam para si mesmos: "Vamos, há algo no que este homem fala. É bem verdade ele é lerdo e um tanto simplório, mas ainda assim há algo no que ele diz. Devo, no fim das contas, admitir que existem tais espinhos em meu coração, que acabarão sufocando a boa semente, pois sou semelhante a todos os outros seres humanos nas paixões e nas enfermidades". Suplico então que olhem para dentro de si, para que não se deixem enganar.

Os espinhos já estavam no solo. Eram não apenas habitantes naturais do solo, mas nele já se tinham enraizado e estabelecido. Os pecados que estão em nós se atribuem o controle de nossas faculdades e não desistem enquanto haja algo que possam fazer. Não dão lugar ao Espírito Santo, ou à nova vida, ou à influência da divina graça, sem que tenham de enfrentar uma luta desesperada. As raízes do pecado alcançam toda a nossa natureza, agarrando-a com incrível força e mantendo-nos presos com enorme tenacidade. Ó meu caro ouvinte, seja você quem for, será uma criatura decaída! Ainda que você fosse o papa, o presidente dos Estados Unidos ou a rainha da Inglaterra, seria perfeitamente lídimo dizer que nasceu em pecado e cresceu em iniquidade, e que o seu coração, se não foi ainda regenerado, é acima de tudo enganoso e profundamente perverso. A "Igreja da Alma Humana" tem o diabo como arcebispo. O pecado enlaça nossa natureza do mesmo modo que uma jiboia o faz para esmagar sua vítima; e, depois de manter tal enlaçamento por vinte, trinta, até cinquenta, sessenta anos, espero que vocês não sejam tolos de pensar que será fácil para o que é santo assumir o controle. Nossa natureza perversa é bastante reacionária e fará muito esforço para esmagar qualquer tentativa de revolução pela qual a graça de Deus venha a reinar mediante a justiça. Assim, orem e fiquem atentos, para evitar de a tentação vir a sufocar o que há de bom em vocês. Vigiem com firme determinação, pois a graça é planta frágil em solo estanho, crescendo em clima incompatível com ela; enquanto o pecador é elemento nativo, firmemente enraizado no solo.

Sabem por que motivo tantos cristãos que professam sua fé são como o solo espinhento? Porque em tais pessoas falta ocorrer os processos que levariam a alterar a condição das coisas. É tarefa do lavrador arrancar os espinhos ou queimá-los logo. Há alguns anos, quando as pessoas se convertiam, ocorria algo chamado convicção do pecado. O grande e profundo arado da angústia era usado para revolver o fundo da alma. Fogo também consumia a mente e o coração com excessivo calor: à medida que os homens identificavam o pecado, sentindo tudo o que fora por ele produzido, ia sendo queimado o amor pela transgressão. Hoje, não; somos martelados com coisas como a da salvação rápida. Quanto a mim, acredito, sim, na conversão instantânea, e muito me alegro por percebê-la; mas fico ainda mais alegre quando vejo um extenso trabalho da graça, um profundo senso do pecado e feridas verdadeiras causadas pela lei. Jamais conseguiremos remover os espinhos com arados que mal arranham a superfície. O melhor trigo nasce no campo que é melhor arado. É mais provável que os convertidos suportem melhor quando os espinhos não conseguem crescer por terem sido retirados. Caro ouvinte, você é capaz de experimentar hoje uma profunda convicção de seu pecado? Pois agradeça a Deus por isso. Você sente terríveis problemas e angústias? Não creia que é uma calamidade que se abate sobre você. Que Deus em pessoa continue a ará-lo

SEMEADO EM MEIO A ESPINHOS | 1569

e a semeá-lo e a realizar em você uma obra sólida nos anos vindouros! Enfim, como você pode ver, os espinhos são inerentes e velhos nativos do solo, mas seria bom que fossem todos removidos.

Os espinhos foram feitos para crescer. Há uma tremenda vitalidade no pecado. Primeiro, os espinhos lançam ramos pequeninos. Eles florescem e passam a aumentar cada vez mais, até que o trigo fique isolado em meio a um arbusto de espinhos, cada vez mais sufocado e à sombra total. Os espinhos vindicam o controle, que logo obtêm; isto feito, passam a agir para destruir o trigo. Bloqueiam, sufocam, alguns dos ramos dos espinhos chegam a cercá-lo e a segurar o trigo pelo pescoço até sufocá-lo.

Os espinhos sugam todos os nutrientes do trigo, que passa a ter fome. Há uma determinada quantidade de nutrientes no solo e, quando os espinhos os sugam, o trigo fica sem eles. Há uma certa quantidade de consciência e energia no homem; e quando o mundo deles toma posse, Cristo é deles desprovido. Quando nossos pensamentos se voltam para os cuidados e os prazeres do mundo, não há como se focar na verdadeira crença; não está claro? É deste modo então que os espinhos tratam o trigo: fazem que fique faminto, ao devorarem todo o seu alimento, e o sufocam ao privá-lo de ar e sol; o pobre trigo cresce murcho e fraco, incapaz de produzir o grão que o semeador esperava. O mesmo se dá com muitos cristãos. De início são mundanos, mas não tanto. São de certo modo religiosos, sem, contudo, serem zelosos da fé. Buscam os prazeres do mundo, embora não com a avidez com que os do mundo o fazem. Logo, porém, crescem os espinhos, e não se pode mais afirmar quem sairá vencedor, se o pecado ou a graça, se o mundo ou Cristo. Não se pode ter dois senhores; e, neste caso, particularmente, seria impossível, já que nenhum dos competidores toleraria o rival. O pecado nasce de uma linhagem que, embora perversa, sempre busca alcançar o trono no coração. Assim acontece de, quando tolerada, a erva daninha vir a sufocar a boa semente.

Permitam-me agora descrever os espinhos. Reunindo Mateus, Marcos e Lucas, percebemos haver quatro tipos de espinhos. O primeiro é chamado *os cuidados deste mundo.* Obviamente não se relaciona somente aos pobres, mas a todas as pessoas que cultivam a ansiedade no que tange às necessidades temporais. "Como poderei me vestir? O que terei amanhã para comer? Com que recursos poderei continuar vivendo?" Questões sombrias como estas afligem muita gente. Esta ansiedade aflige até ricos e abastados. "Como posso ganhar mais? Quanto devo investir? Como poderei continuar a enriquecer e progredir?", e assim por diante. É para estes "pecados da época" que somos alertados. Cada época tem sua inquietação característica. Não a inquietação por Deus — pois este não é um anseio de uma época específica. A ansiedade de uma época é sempre alguma vaidade, e tendo como sentimento duradouro a ambição de ser igual ou mais que os outros, ser respeitável, manter as aparências. Assim é o cuidado que, no caso de muitos, rói como um câncer. Os cuidados excessivos deste mundo torna as cabeças grisalhas e causa rugas de preocupação. Se deixarem crescer na alma, acabam sufocando sua fé: não é possível voltar-se para Deus e o diabo ao mesmo tempo. "Mas temos de cuidar das coisas", podem alegar. Sim, mas há cuidados que são sadios e prósperos e anseios que para nada contribuem. O tipo de cuidados sadios e prósperos é o que se pode sentir por Deus: *Lançando sobre ele toda a vossa ansiedade, porque ele tem cuidado de vós* (1Pe 5.7). São cuidados impróprios aqueles que não se voltan para Deus e sustentam a si mesmos. Muita atenção para com a ansiedade, pois ela acaba por atingir o âmago da sua fé.

Já outras pessoas sentem *a sedução das riquezas.* Nosso Senhor não fala simplesmente de *riquezas,* mas de *sedução das riquezas.* Ambas, na verdade, aumentam ao mesmo tempo: as riquezas exercem sempre e cada vez maior sedução. Enganam as pessoas que as obtêm, pois o discernimento pouco funciona quando há perspectiva de ganho diante de uma pessoa. O tinido irresistível de uma suposta moeda de ouro ou do "poderoso dólar" exerce enorme influência no ouvido humano. As pessoas acham que serão perdedoras se escolherem a integridade moral e por isso tomam o caminho duvidoso, passando a "velejar a favor do vento" ou a especular como se tudo fosse um jogo. Jamais admitiriam adotar esse modo de agir se a esperança de ganho fácil não os enganasse. Jamais nossa linha de conduta deve se pautar pelo ganho ou pela perda. Façam o que é correto, mesmo que desabe o céu. Não optem pelo o mal ainda que um reino inteiro seja a recompensa por fazê-lo. As pessoas acorrem ao livro *A riqueza das nações,* de Adam Smith, e ali, embora sendo um livro maravilhoso, encontram leis que acreditam ser tão fixas e inalteráveis quanto a lei da gravidade; levadas pela sedução das riquezas, então, fazem dessas leis uma desculpa para oprimir os pobres. São capazes de levar seus semelhantes até a borda de um precipício e atirá-los para baixo, fazendo-os em pedaços, afirmando ser o resultado natural da lei da gravidade. Claro, a lei da gravidade opera friamente, sem qualquer remorso; assim também a lei da oferta e da procura — mas nenhuma das duas devemos usar como desculpa para crueldade para com os pobres e necessitados; não obstante, muitos o fazem, e tudo por causa da sedução das riquezas.

As riquezas são enganadoras quando obtidas porque fazem surgir no homem vícios e erros que nem suspeitava existir. Um homem que se orgulha de seu dinheiro, ainda que pense ser humilde, como que se construiu a si mesmo e venera o ser que o criou. Em seu coração, imagina: "Sou uma pessoa importante. Cheguei a Londres com meia libra no bolso e hoje posso até comprar toda uma rua de casas!" As pessoas, infelizmente, respeitam e adulam alguém assim, ainda que ele tenha feito sua fortuna através de práticas escusas. Pouco importa de que jeito você ganha dinheiro atualmente: ganhe dinheiro e terá muitos e muitos admiradores; e a sedução das riquezas permitirá que você possa endeusar a si próprio. Com o orgulho vem o desejo de vícios e más companhias; e a fé, se é que existia, é severamente atingida. Quase sempre surge na mente a idolatria pelo mundo e seus tesouros. "Não amo o dinheiro", diz alguém. "Sei perfeitamente que não é o dinheiro a origem de todo o mal, mas o amor a ele." Exato; mas tem certeza de que não o ama? Seus pensamentos se voltam demasiadamente para ele; você o trata com muita afeição e intimidade e até considera difícil gastá-lo. Não pretendo acusá-los; mas gostaria que estivesse ciente de que as riquezas penetram no coração muito antes de ele se dar conta disso.

Pode-se perceber o fascínio de alguém pela riqueza observando-se as desculpas que dá para justificar seu enorme lucro e não empregar um centavo que seja na causa de Deus. Tais pessoas estão sempre pretendendo "fazer um bem maior" com ele. Conseguem ouvir o diabo gargalhando? Não estou falando dos irmãos desta congregação que de fato realizam grande bem com os recursos de que dispõem; falo daqueles que vivem apenas para acumular riquezas, alegando que um dia farão coisas boas com elas. Apenas alegam. Passarão disso? Temo que, quanto a isso, muitos ricos enganam a si mesmos. Continuam acumulando recursos, sem jamais usá-los: parecem só produzir tijolos sem jamais construir. Ao final, tudo o que conseguirão é uma nota no *The Illustrated London News* dizendo que eles morreram valendo muito. Ó senhores, como podem ficar contentes sabendo que suas pretensas boas ações são assim sufocadas? Assim que a sedução das riquezas toma conta do solo, sufoca a boa semente. Não é possível que alguém possa ansiar por ganhar, aumentar os ganhos e chegar a ser milionário ao mesmo tempo que almeja servir verdadeiramente ao Senhor Jesus. Enquanto o corpo enriquece, a alma empobrece.

Lucas acresce outro tipo de praga: os *deleites desta vida*. Estou certo de que este espinho tem ampla atuação nos dias de hoje. Nada tenho contra a recreação adequada. Certas formas de recreação são úteis e necessárias; mas é um tanto perverso se a diversão se torna a principal ação em uma vida. A diversão deve ser usada para nos fazer bem como remédio; jamais como alimento. Alguns passam todo o tempo que têm, desde o raiar do dia ao cair da noite, entregues à frivolidade, ou o mais que acaso realizam tem o objetivo único de prover os meios necessários para usufruir de mais prazer. Isto é simplesmente abominável. Muitos já tiveram aniquilados eventuais pensamentos santos e determinações da graça divina por causa de divertimento perpétuo e excessivo. O assim chamado prazer torna-se então assassino da consciência. Vivemos a era da diversão excessiva e todos a desejam, como um bebê anseia o chocalho. Nos tempos mais sóbrios de nossos pais, tinha-se objetivo melhor de vida que viver somente em função dessas perdas de tempo e tolas brincadeiras. Tais espinhos sufocam nossa era.

Marcos, por sua vez, acrescenta *a cobiça doutras coisas*. Não é preciso enumerar o que são estas outras coisas; todas as coisas não relacionadas a Cristo e ao Pai podem ser objeto de cobiça ou ambição negativa. Quando alguém gasta toda uma vida com um objetivo que, por melhor que possa parecer, nada tenha a ver com Deus, toda boa semente é sufocada por esse objetivo menor. Tomemos como exemplo alguém que tenha uma grande inclinação para ciências: fará bem se usar sua ciência para o bem dos semelhantes e propósito santo; do contrário, pode ocorrer de a boa semente vir a ser sufocada. Outro, digamos, é altamente competente em arte: bem fará se sua arte for usada como jumentinho para que Cristo nela cavalgue; mas se, pelo contrário, a arte for usada para cavalgar Cristo, então será corrompida. Faz alguns anos, conheci um clérigo que viajava para lugares distantes em sua busca de encontrar um novo inseto. Era entomologista renomado, e não o culparia por isto, pois o entomologista pode ensinar lições valiosas a quem delas necessita. Todavia, como negligenciasse muito da fé e de seu ministério para pesquisar o tal inseto, não é de admirar que algum paroquiano já tivesse desejado ver alguns de seus insetos se alimentando de seus velhos sermões já embolorados. Chamo então sufocamento da semente justamente quando um objetivo menor se torna senhor da mente, levando a causa e a verdade de Deus a assumirem posição secundária. A semente é sufocada em nossa alma sempre que Cristo deixa de ser tudo para nós. Entendam, portanto, que seja o que for — riqueza, glória, trabalho, estudo, prazer —, tudo pode servir de espinho para sufocar a boa semente.

O sr. Jay nunca se sentiu tão feliz na vida quando, em Bristol, lhe mandaram uma mensagem que dizia: "Um jovem próspero nos negócios implora a oração do povo de Deus para que a prosperidade não lhe sirva de cilada". Cuidem de fazer o mesmo com sua prosperidade. O meu querido amigo dr. Taylor, de Nova Iorque, costuma dizer que alguns cristãos de hoje têm um "cristianismo de borboleta". De fato: quando o tempo, a força, os pensamentos e os talentos são todos gastos com mera diversão, que são os homens e mulheres se não simples e esvoaçantes borboletas? A sociedade humana atual me parece, de um modo geral, uma massa de pessoas vivendo sem rumo certo, imitando as atitudes e o comportamento uns dos outros. Ó caros ouvintes, decerto não viemos para este mundo com o objetivo de desperdiçarmos nossos dias! Nem creio que tenhamos vindo para cá para servirmos de escravos da morte, nem enferrujarmos de indolência. Viemos para cá com o mesmo objetivo do homem que passa pela rua visando a alcançar a porta de casa. Esta vida é a estrada do palácio celestial. Passem por ela de tal modo que possam se apresentar ao Rei com santa alegria. Se focarem sua mente, seus pensamentos, em apenas coisas passageiras, sejam elas quais forem, acabarão arruinando a própria alma, pois sua boa semente será inteiramente impedida de crescer.

III. Encerro lembrando O RESULTADO. A semente resultou infrutífera.

Os espinhos não deixaram a semente crescer, mas não a arrancaram fora: ela permaneceu onde estava, mas sufocada. Pode acontecer o mesmo, de que os negócios, os cuidados e os prazeres, em vocês, não cortem a fé pela raiz — ela permanecerá onde está, do modo como está; mas essas coisas a acabarão sufocando e aos seus melhores sentimentos. Um homem sufocado, na verdade, não serve para quase nada. Se um ladrão entrar em sua casa e desejar defender sua propriedade, o que poderá fazer se estiver sufocado? Deverá esperar até tornar a ter fôlego. Quanta fé sufocada vemos em torno de nós! É capaz de alguma ainda estar viva, mas ninguém pode dizer se está ou não; parece se visualizar uma face um tanto roxa. Deus os guarde de terem sua fé sufocada! Ela fica impedida de qualquer sustento. Olhe para alguns cristãos. Eu só os chamo cristãos porque é assim que eles chamam a si mesmos. Imaginem um garoto vendendo empadas na rua, gritando: "Empadas! Quentinhas!" Alguém compra uma empada, mas, ao levá-la à boca, nota que está fria. "Garoto", diz a pessoa, "esta empada não está nada quente. Por que então você anuncia empadas 'quentinhas'?" "É a marca, senhor! 'Quentinhas' é a marca das empadas", responde o menino. Do mesmo modo, há muitas pessoas que se chamam "cristãos", mas de modo nenhum o são — é apenas um rótulo que colocaram em si; mas toda a sua essência é formada por outros interesses e outros assuntos. É possível divisar nelas certo jeito, embora enganador, de cristão, até semblante parecendo cristão ou mesmo alguma fala, aqui e ali, de um cristão — mas o conteúdo, o fruto do cristão, propriamente, não está presente nessas pessoas.

Eis aí, então, o resultado do sufocamento da fé pelos espinhos dos cuidados, das riquezas, dos prazeres do mundo, da mundanidade em geral. Qualquer que fosse a vida que houvesse nesse trigo, seria bastante pervertida e manchada. Permitam-me lembrar a alguns de vocês que sua vida espiritual já está reduzida neste exato instante. Quanto tempo levaram com suas orações matinais hoje? Não fiquem constrangidos em responder. Não preciso dizer mais nada. Vocês não voltarão aqui hoje à noite, voltarão? Meio domingo já é o bastante em adoração para vocês! Não gostariam de morar em algum lugar onde não houvesse necessidade de comparecer a um local de adoração nem uma única vez na vida? Ler a Bíblia: quanto tempo empregam em fazer isso? A oração em família é um santo deleite para vocês? Há inúmeros cristãos, assim chamados, que deixaram totalmente de realizar o culto doméstico. E quanto à adoração na igreja em dias úteis? Não os vejo com frequência nas reuniões de oração. Sim, a distância de sua casa é muito grande! Encontros na noite de terça-feira? "Bem, bem, veja, eu poderia vir, mas acontece de haver partidas de tênis nessa mesma noite". Então, você virá no inverno? "Pode ser, mas geralmente aparece um amigo e acabamos passando a noite no bilhar". Quantas pessoas não há que fazem o mesmo! Não as irei julgar. Só lembro do que um eminente ministro costumava dizer: "Quando se abandonam os cultos nos dias úteis... adeus, vida de santidade!" Essas pessoas parecem jamais querer tomar um banho completo de fé, preferindo só uma limpeza superficial com a ponta da toalha; tentam, assim, parecer exteriormente aceitáveis, sem, contudo, estarem realmente e totalmente limpas por dentro.

Muitos são os que deixam de confessar Cristo diante dos homens. Se você fosse pressionado em um canto, questionado se é cristão, você certamente responderia: "Bem, eu frequento uma igreja", mas jamais reagiria a ponto de recriminar o questionamento. Nossos amigos do Exército de Salvação não têm vergonha da religião que têm; por que motivo você deveria ter? Nossos amigos quacres costumavam usar chapéu de aba larga, mas agora estão, ao que parece, desistindo de suas vestes tradicionais: espero que não sirvam para você como exemplo a seguir de esconder sua fé, tentando ser o máximo possível semelhante ao mundo. Você pretende ser soldado sem precisar usar o uniforme? Pois esta é marca típica da falta de fé.

Quando se trata da defesa do evangelho, onde acham que se pode melhor percebê-la, em nossa época? Eu esperava que muitos afirmassem ser em meio aos batistas, que se importam com a verdade; mas chego à conclusão de que a resposta de muitos seria a mesma do humorista que, perguntado se preferia representar mais a figura de Wellington ou de Bonaparte, respondeu: "O que mais lhe agradar, meu caro. Pague a entrada, e a escolha será sua!" Livre-arbítrio ou livre graça, mérito humano ou sacrifício de Cristo, nada mais importa. Nova teologia ou velha teologia, especulação humana ou revelação divina — quem se importa mais com isso? Que importa a alguém se as verdades de Deus prevalecem ou as mentiras do diabo? Eu, porém, estou cansado desses insensatos! Os espinhos sufocaram a semente nos púlpitos, nas igrejas, nos indivíduos. Oh, se Deus retornasse hoje! Oh, que seu Espírito ressuscite de fato entre os que creem, comprovando o poder de crer!

O fruto da santidade, hoje, é *nulo*. Outro dia, sentei-me próximo a três ou quatro cristãos idosos. Tão logo nos cumprimentamos, começamos a falar sobre a providência de Deus para com seu povo: falamos sobre exemplos de resposta à oração, tratamos da soberana graça de Deus e da fidelidade para com os salvos. Depois de havermos avançado um pouco na conversa, um deles expressou quanto havia gostado do debate. "Ora!", disse ele; "ninguém conversa mais sobre Deus; sua providência e sua disposição para ouvir as orações raramente são mencionadas atualmente; todas as conversas tratam dos mercados, do tempo, da autonomia dos territórios, do primeiro-ministro Gladstone, e da desestatização da igreja; mas não se fala a respeito do Senhor Jesus Cristo." Era uma constatação bastante coerente. Em tempos idos, o povo do Senhor falava com frequência uns aos outros e o Senhor ficava na janela, ouvindo: *e o Senhor ouviu a nossa voz e atentou* (Dt 26.7). Gostava tanto de ouvir tais conversas que decidiu registrá-las: *e um memorial foi escrito diante dele, para os que temiam ao Senhor, e para os que se lembravam do seu nome* (Ml 3.16). Onde se vê um real debate cristão nos dias de hoje? Os espinhos sufocaram tão santa confraternidade, entre as melhores coisas.

Oração fervorosa! Oração poderosa! Onde a encontramos hoje? Graças a Deus, temos aqui alguns irmãos cujas orações podem abrir os portões do céu, ou fechá-los; mas o mesmo não pode ser dito da maioria. Participem dos encontros de oração da maioria das igrejas. Que coisa pobre! No interior da Inglaterra, em muitos lugares, várias pessoas realizam breves reuniões de oração durante a sega e a colheita do feno. Já em Londres não há quase presença nos encontros de oração durante o verão, por serem muito breves: as pessoas juntam um simples fragmento de reunião de oração com uma leitura cansativa das Escrituras, de maneira que não se produz nem leitura nem reunião de oração. Como esperar alguma bênção se somos

SEMEADO EM MEIO A ESPINHOS

preguiçosos demais para pedir por ela? É evidência bastante de uma fé agonizante que, para encobrir o desleixo para com os encontros de oração, haja ministros qie duvidam do valor dessas reuniões, apelidando-as de "expediente religioso"!

Por acaso se vê hoje algum intenso desfrute das coisas de Deus? A vida espiritual é pouca se há pouco prazer no culto sagrado. Oh, o antigo fogo metodista! Oh, sentir o coração dançando ao som do nome de Jesus! Oh, incendiar-se como uma fogueira que serve de farol, ardendo até os céus de santo êxtase! É triste o dia em que a fé sai por aí sem estar usando seus ornamentos de alegria. Quando um exército deixa sua bandeira para trás, claramente está desistindo de qualquer ideia de vitória.

Se há declínio na vida espiritual, não há como esperar pelos feitos de uma santa consagração. Ah, homens e as mulheres que ainda trazem seu vaso de alabastro com bálsamo para ungir para Jesus! Muito me contenta ouvir este seu lamento: "Amado Senhor, sei que não fiz por ti o que deveria ter feito. Sou fiel faz muitos anos, mas não dei à tua causa o que deveria ter dado; dize-me o que fazer". Há sinais de esperança em orações como esta e têm seu valor; mas seria melhor ainda se cada qual viesse mais cedo, para evitar tais arrependimentos. E a você, caro ouvinte, eu pergunto: você tem sido frutífero? Tem sido frutuosa sua riqueza? Tem rendido muitos frutos o seu talento? Tem sido frutífero o seu tempo? O que está fazendo por Jesus agora? A salvação, na verdade, não resulta do fazer: você é salvo pela graça; mas, se está salvo, prove-o mediante uma vida devotada. Consagre-se, neste dia, ao pleno serviço a seu Mestre. Você já não pertence a si próprio, pois por preço foi comprado; e se não deseja ser como as sementes sufocadas, viva então com zelo intenso a sua vida.

"Tudo bem", dirá alguém, "mas há espinhos". Sei que há; já os havia quando nosso bendito Senhor desceu em meio a nós e para ele fizeram cruel coroa. Você pretende cultivar mais desses espinhos? Preciso aconselhá-lo a desistir de tal cultivo? São inúteis; deles nenhum bem provém. Qualquer que seja o objetivo, se for privado da glória de Deus será um espinho e não haverá utilidade para ele. Ao final, será tão doloroso para você quanto o foi para o Senhor. Um espinho não irá rasgar somente sua carne; irá rasgar seu coração. E, ao morrer, estes espinhos irão lhe servir de travesseiro no último leito. Mesmo que morra no Senhor, partirá seu coração pensar que você não viveu mais por Jesus. E se você conviver com estes espinhos, irá se arrepender, por serem espinhos horríveis e dolorosos de manter e lacerantes para extrair: quem já teve um espinho na mão sabe do que estou falando. Os cuidados do mundo vêm com muita dor, causam muita dor e só com muita dor são removidos.

No entanto, pode haver um proveito para os espinhos. Qual? Se você hoje tem espinhos ferindo-o, use-os como uma criança faria. O que a criança faz? Quando a criança é ferida por um espinho na mão, olha para ele e chora. Então, corre para a mãe. Quanta sabedoria! É este um doce uso de tal adversidade: fazer que corramos à mãe, no caso ao Pai, imediatamente. Ele vai perguntar: "Por que está chorando?". Ao que responderemos: "Por favor, há um espinho aqui em mim!" É tudo quanto basta para garantir sua amorosa atenção. Verá com que ternura ele irá remover os espinhos de você! Deixe que seus cuidados o conduzam a Deus. Não importa que você tenha muitos espinhos, contanto que o levem a orar a Deus. Se cada aflição fizer que você se aproxime mais do amado, é antes de tudo algo benéfico. Saibamos então fazer bom uso dos espinhos.

Outro uso que você pode fazer dos espinhos consiste em transformá-los em cerca, para que os bodes do prazer mundano não venham a comer dos ramos vicejantes das graças recebidas. Que as tristezas da vida, enfim, afastem as tentações que poderiam causar muito mais enganos a você.

Que possamos nos encontrar no céu! Oh, que todos nós nos encontremos no céu! Admirável esta congregação a que me dirigi esta manhã! Sinto-me até um tanto comovido em olhar para vocês, pois muitos de vocês vieram dos confins da terra. Que o Senhor os abençoe! Sei que há muitos aqui que vieram de fora, pois inúmeros de nossos ouvintes frequentes são os do litoral. Talvez eu jamais torne a vê-los na terra. Mas que todos nós nos reencontremos um dia no céu, onde os espinhos jamais crescem! Que sejamos reunidos pelos anjos no dia em que o Senhor disser: *O trigo, [...] recolhei-o no meu celeiro* (Mt 13.30)! Amém. Que assim seja.

169

SEMENTE EM SOLO PEDREGOSO

Outra caiu no solo pedregoso, onde não havia muita terra; e logo nasceu, porque não tinha terra profunda; mas, saindo o sol, queimou-se; e, porque não tinha raiz, secou-se (Mc 4.5,6).

Segundo a parábola, a semente do evangelho cai sobre todo tipo de solo. Alguns dos preciosos grãos caem sobre solo áspero, à beira do caminho; outros caem em solo pedregoso ou em meio a espinhos; e apenas uma parte, talvez a menor porção de todas, cai em boa terra, encontrando ali local apropriado para germinar e crescer. O pregador, portanto, não há de obter sucesso em todas as suas semeaduras. Pode esperar por ampla recompensa de sua obra em geral, mas não deve contar que a boa palavra seja efetiva em toda ocasião; algumas vezes, sentirá o sabor da morte pela morte, não da vida pela vida. Mesmo Jesus, quando pregava, poucos o recebiam; e acerca do ministério de Paulo é dito: *Uns criam nas suas palavras, mas outros as rejeitavam* (At 28.24). Eis por que o novato no serviço divino deve avançar com expectativa racional, para evitar cansar-se da obra antes do esperado e acabar deixando-a por conta de amargas frustrações.

Observe-se, porém, que não se culpa o semeador, na parábola, por espalhar a semente sobre solo que se mostraria, por fim, improdutivo; nenhuma palavra de censura é proferida contra ele quanro a isso; donde se deduz que ele não fez nem mais nem menos do que deveria, ou seja, que o ministro de Cristo deve realmente espalhar a semente do evangelho por toda a humanidade. Cabe a Deus direcionar a palavra salvadora para os corações que ele mesmo preparou para recebê-la; quanto a nós, temos de pregar o evangelho a toda criatura, sair a todas as ruas e esquinas da cidade convocando tantas pessoas quanto acharmos que podemos para o grande banquete. "Porque muitos são chamados, mas poucos escolhidos." Jamais o objetivo foi que a chamada deveria ser tão rigorosa quanto a eleição; e, no entanto, ministros há cuja pregação parece consistir muito mais em selecionar o solo do que em espalhar a semente. Deixo a escolha do solo para Deus e recebo meu dever de suas mãos, almejando tão somente cumpri-lo. Ouvintes enrijecidos como solo pedregoso: há uma mancheia de sementes reservada a vocês; se, em vez disso, caírem as sementes em meio a espinhos, tão abundantes em nossa época, como chuva celestial elas cairão; mas se Deus as direcionar graciosamente para seus escolhidos, e estes as receberem, como solo apropriado que são, então será obra dele, que jamais poderia ser efetiva por qualquer capacidade ou habilidade minha. Cabe-me semear e regar, e a ele, fazer crescer. O melhor disparo de arco e flecha certamente já realizado na história aconteceu por pura sorte, atingindo o rei Acabe por entre sua couraça e armadura; do mesmo modo, ao retesar meu arco para pregar o evangelho a toda criatura, minha fé tem confiança em que o Senhor irá direcionar a flecha para realizar perfeitamente todo o propósito de sua graça.

Sinto que tenho à mão trabalho muito solene a realizar. É sempre um prazer pregar acerca de assuntos encorajadores, mas esta manhã meus temas são peneirar e testar. Temos de nos dirigir a determinadas pessoas, aparentemente boas pessoas, e procurar mostrar que, afinal, não são propriamente o que parecem. Temos de passar na peneira o trigo estocado no celeiro e pode acontecer de ainda haver muito joio a ser descartado. Tal tipo de operação não é muito agradável à carne e requer bastante do Espírito de Deus para que a possamos realizar de maneira correta, a fim de evitar deixar os mais frágeis extremamente atormentados, o que está longe do nosso desejo. Todo discurso categórico necessita de coração semelhante para expressá-lo, mas também de corações dispostos a ouvir. Que Deus permita

Semente em solo pedregoso

| 1575

seja assim neste instante e que o sermão venha a ser de bons resultados para cada um de nós, sejamos professantes ou não do evangelho.

Em primeiro lugar, iremos abordar *a condição dos ouvintes de coração pedregoso*; depois, iremos examinar qual *o principal defeito de seu caráter*; e, por fim, buscaremos *aprender uma lição* de tudo quanto ouvimos.

I. Para começar, temos aqui uma breve descrição de determinados professantes de nossa fé. Vamos ler com atenção o que diz o texto. Diz deles o Senhor, em primeiro lugar, que *ouviam a palavra*. [...] *aqueles que foram semeados nos lugares pedregosos são os que, ouvindo a palavra, imediatamente com alegria a recebem* (Mc 4.16). Desfrutavam do grande privilégio de ouvir a palavra de Deus. Ouviam o evangelho real, não se prendiam a falsidades ritualísticas nem a especulações filosóficas: era a palavra o que ouviam. O semeador não espalhava erva daninha, apenas sementes boas. Como são felizes as pessoas que frequentam um ministério que use do evangelho verdadeiro! Que Deus se contente em multiplicar tais ministérios por todo lugar, bem como seus frequentadores! Como podemos esperar que a salvação venha a nós sem ouvirmos o evangelho salvador das almas? Se ouvirmos apenas ideias e opiniões, filosofias e superstições, e não a palavra própria de Deus, então jamais deveremos esperar a salvação. O Espírito Santo não salva os homens por meio de mentiras, mas, sim, se ouvirmos as verdades como estão em Jesus, poderemos esperar que torne efetiva nossa conversão.

Lembremo-nos, porém, que ouvir o evangelho não é o suficiente. "Apenas ouvintes" não entrarão no céu; deve haver tanta ação resultante da palavra quanto é preciso ouvi-la. As pessoas eram bons ouvintes, ouvintes excelentes, pois iam além de apenas ouvir — *recebiam a palavra*; embora não com o poder divino de eficácia sobrenatural, não obstante a recebiam, isto é, jamais a contestaram, com ela concordavam e a reconheciam como verdade de Deus. Ao ser recebida, a palavra surtia efeito. As pessoas, de certo modo, ficavam impressionadas com ela. Se o sermão falava sobre a ira de Deus por causa do pecado, ficavam alarmadas; se falava sobre o amor de Deus em Jesus Cristo, eram encorajadas. Nem sempre ouviam os sermões com os olhos secos; nem sempre ficavam com a postura aparente de santos no céu, imóveis e impassíveis; mas, sim, se recebiam a palavra e esta incitava sentimentos e emoções, as pessoas sentiam seu efeito comovente, sendo levadas a mudar de vida: voltavam para casa, então, e limpavam aposentos repletos de imundície; ou seja, limpavam, pelo menos, o exterior das prateleiras e cristaleiras e cuidavam para que o sepulcro, se não resguardado de estar sujeito às ossadas de um defunto, pelo menos se mantivesse caiado, para evitar chocar algum transeunte. Tais pessoas, enfim, melhoravam e se reformavam exteriormente a partir do que ouviam, e, até onde fosse possível, recebiam.

Também é dito sobre elas que *logo recebiam a palavra*. A palavra não lhes causava qualquer questionamento, dúvida ou conflito. Bastava o pregador afirmar: *Esta é a palavra de Deus* (Lc 8.11) e elas se contentavam em nisso acreditar, sem sequer querer saber por quê. Enquanto outras pessoas questionam a autoridade da mensagem ou, se reconhecem a autoridade, se debatem com outras dificuldades, as pessoas de que tratamos poupavam esforço, evitando refletir se se tratava ou não da religião de seus pais ou de suas mães; simplesmente acreditavam e engoliam a pílula de olhos fechados, sem se importar se ouviam a verdade de Deus ou uma mentira de Satanás. Jamais incorriam em qualquer coisa como ruminar a doutrina, concordando totalmente com tudo quanto lhes era ensinado. Os pregadores não poderiam desejar material mais facilmente maleável que este. Tais ouvintes não travavam duros embates para chegar ao Salvador, nenhum senso de pecado os detinha, nenhum choque de consciência os fazia tremer, nada havia que os alarmasse caso não pertencessem ao Senhor, não havia prova ou peneiramento algum para saber se possuíam arrependimento real ou fé aceitável. Lançavam-se à crença como quem pula na piscina, com o corpo todo de uma vez. Diziam: "Evidentemente que isto está certo, e o aceitamos"; e todos de fato o aceitavam: sem qualquer profundidade de reflexão ou peso de julgamento, imediatamente assumiam a palavra assim recebida.

Além disso, *recebiam a palavra com satisfação*. O efeito imediato de receberem a palavra era ficarem felizes; e não são poucos os que creem que ficar feliz é sinal de ter sido convertido. Na verdade, é um sinal um tanto duvidoso. Sem dúvida que um grande efeito da aceitação do evangelho no coração é o de trazer alegria e paz mediante a fé; mas há diferentes formas de alegria e muitos tipos de paz: há paz que não é fruto da graça, mas de satisfação natural, bem como paz que provém de ilusão e não do Espírito de Deus. Não podemos simplesmente concluir que estamos salvos por nos sentirmos "muito felizes". O rico que depois foi para o inferno estava muito feliz enquanto lucrava todos os dias na terra; o fazendeiro ficou muito feliz ao examinar seus estoques e planejar trocar seus celeiros por outros maiores; e até o filho pródigo era feliz enquanto desperdiçava sua vida com frivolidade; tais felicidades são diferentes daquela que vem exclusivamente da verdadeira fé. Diz o cristão cujo solo era pedregoso: "Minha mãe, que cristã feliz ela é! Já a vi resistir a enormes provações aliada ao Espírito de Deus; já reparei que, quando temos luto em casa, ele fica em enorme paz. Eu me agarrarei a Cristo, pois então serei feliz como ela é". Estes ouvintes de solo pedregoso pensam ser de muita felicidade o fato de serem salvos; como, de fato, o é, mas se baseiam neste fato somente. Ser perdoado, ser um filho de Deus, ser aceito no Amado, como devem ser preciosas tais coisas! E que deleite em ser contado em meio aos santos de Deus, desfrutar da comunhão à mesa, ser amado e respeitado na igreja! Não são fontes de alegria? Ir, por fim, para o céu, morrer de forma triunfante, ser admitido na moradia onde Jesus permeia a glória — que coisas esplendorosas! Quem há de duvidar? Mas aquelas pessoas tinham apenas a visão estreita do assunto, e não sabiam, ou não se lembravam, que entre essa visão e o céu há tentações a serem combatidas e superadas, provações a serem suportadas, rigorosos testes a que só conseguimos sobreviver com a ajuda divina. É preciso, muitas vezes, arrancar um braço, perder um olho; há custos a serem considerados, estimativas a serem calculadas no tocante a se o futuro irá compensar o trabalho do presente. Jovens esperançosos costumam ansiar por ganhar a terra de Canaã, mas sem levar em conta a dureza do caminho que a ela conduz. Como personagem Esperançoso, da fábula de Bunyan, partem em direção à Cidade Celestial, sem, no entanto, refletir sobre o desafio do Pântano do Desespero, onde, ao depararem com o primeiro obstáculo como a lama, tratam de retornar, deixando a terra prometida para os que realmente estão interessados em prosseguir; quanto a eles, desde que consigam manter intacto o corpo, já estarão bastante satisfeitos quanto ao futuro, seja ele qual for.

Essas pessoas a que se refere a parábola, então, recebiam a palavra imediatamente e com satisfação. Que esperança devem ter proporcionado ao semeador! Não sabem a facilidade com que os ministros costumam se enganar? Terem apenas de pregar, e os homens, de escutar; terem apenas de pregar quando as pessoas desejam receber o evangelho, de imediato e sem causar qualquer tipo de dificuldade de se ter de debater com elas; quando as pessoas recebem o evangelho com satisfação e não há necessidade alguma de encorajá-las nem de responder a dúvidas e ansiedades com milhares de promessas retiradas da palavra de Deus — tudo isto não parece ser uma obra esplêndida, capaz de pagar ricamente o esforço do semeador? E, no entanto, não devemos contar os frutos pelos botões em flor! Nem tudo que reluz é ouro, e nem todo ovo que esteja sendo chocado pode ser contado como futuro pintainho.

Lemos que estas pessoas *faziam rápido progresso*, brotavam logo, porque não havia profundidade no seu solo: o crescimento era rápido por conta do solo raso. Eram dessas pessoas que ouvem o evangelho, imediatamente o recebem e logo têm certeza absoluta de que estão salvas; sentem-se cheias de júbilo e logo se apressam em se batizar e fazer profissão de fé. Não dão tempo a si mesmas de ver se podem manter tal fé ou buscar obter a graça para que não precisem correr antes de serem chamadas; mas logo se lançam como uma fagulha em um monte de pólvora. Fazem profissão de fé e são capazes até de, na semana seguinte, se oferecerem para ensinar na escola dominical. Têm tanta certeza de estar no caminho certo que estranham que outros peregrinos não viajem, como elas, com tanta rapidez. Quando ouvem relatos de cristãos duvidosos quanto ao seu estado, replicam: "Que bobagem! Há motivo para se questionar?" Quando veem um crente, mesmo veterano, tremer de examinar-se a si mesmo, aconselham: "Oh, você não deve se examinar jamais, absolutamente; jamais pensar a respeito de mudanças que ocorram em seu interior". São pessoas que receberam um evangelho unilateral, que as satisfez; quanto à obra do Espírito de Deus na alma, quanto ao zelo santo, um dos melhores frutos da santidade vital, pouco ou nada sabem. Passam a considerar a igreja atrás de si, tendo o mundo todo pela frente; e logo se distanciam até mesmo do ministério que foi o meio de sua conversão. Em apenas uma semana, passam de hissopos na parede

SEMENTE EM SOLO PEDREGOSO

para cedros do Líbano. São "o máximo" e toda a sabedoria está com elas. Dá muito trabalho lidar com esse tipo de gente. Com ela, aprendemos que nem todo ramo cheio de folhas necessariamente dá frutos.

No devido tempo, veio a provação, como mostra a parábola. A semente brotou, mas nasceu o sol, passando a queimá-la. Ninguém chegará ao céu sem ser provado no caminho. Pergunte-se sobre os que estão, de vestes brancas, diante do trono de Deus, quem são e de onde vieram; e a resposta será: *Estes são os que vêm da grande tribulação, e lavaram suas vestes e as branquearam no sangue do Cordeiro* (Ap 7.14). Não há uma partícula de ouro em todo o templo de Deus que não haja passado pelo fogo. A fé que não se testa não é fé verdadeira, a graça que não é provada não é absolutamente graça. Deus há de testar seu povo e separar o precioso do vil.

De acordo com a explicação do Salvador no texto, a provação veio sob a forma da perseguição. Ah!, quantos há, que receberam a palavra com felicidade, que, se por isso tivessem de enfrentar uma fogueira em praça pública, logo abandonariam a profissão de fé, pois seria quente demais para eles; ou houvesse uma prisão em que devessem permanecer longo tempo, logo abandonariam a verdade e se bandeariam de volta para o erro. Não precisamos temer a reedição de tais provações, que já existiram, mas há outras formas de perseguição que os simples professos são igualmente incapazes de suportar: um escárnio da sociedade; uma opinião contra o cristianismo, vinda de pessoa que estavam acostumados a acatar; o olhar crítico de alguém em posição supostamente superior e que age com desprezo para com os que professam Cristo; comentários desfavoráveis de um pai, ou a oposição de um marido ou uma esposa, o abandono de uma pessoa amada com quem se esperava ter uma vida pela frente — são hipóteses, nada semelhantes à fogueira ou à prisão, mas suficientes para abalar os frágeis professos, a ponto de fazê-los voltar as costas para a fé que tão rapidamente desposaram. Em alguns casos, seguir os princípios cristãos significaria grande perda nos negócios, e jamais poderiam incorrer em tal perda. Se Cristo pudesse ser conquistado de modo mais barato, então o escolheriam, mas não de perder todos os tesouros do Egito! Não; jamais poderiam fazê-lo, e assim preferem renunciar ao mesmo Cristo que um dia consideraram tudo para eles.

Para outras pessoas, as provações não têm seguido tais exemplos, mas têm sido providencial aflição. Lembro-me dolorosamente de um irmão e sua esposa, membros desta igreja por algum tempo, dos quais era verdade, segundo afirmavam, que a partir do instante em que fizeram profissão de fé começaram a passar apuros; e ocorreu então de renunciarem ao consolo espiritual dessas aflições, pois chegaram à errônea conclusão de que decerto não seriam filhos de Deus, pois Deus não os perseguiria, conclusão que nada tem a ver com os ensinamentos das Escrituras. Muitos aceitam Cristo somente quando os acaricia no rosto, mas não quando se torna necessário admoestá-los. Seguem o Senhor quando há nele provisão, mas não acreditam em um Deus que seja capaz de testá-los com a carência. Bendizem a Deus quando lhes dá e faz prosperar, mas nunca experimentaram fé semelhante àquela de Jó, que afirmou: *O Senhor deu, e o Senhor tirou; bendito seja o nome do Senhor* (Jó 1.21).

Pode ser também que quando fizeram a profissão de fé não soubessem muito sobre as tentações desta vida, mas, agora que mudaram de vida chegaram a uma situação em que há pessoas que lhes falaram muito sobre os perigos dos vícios e prazeres; então, deixaram o círculo de crentes onde se achavam e acabaram em meio aos ímpios, onde têm agua na boca pelas doçuras deste mundo; ou seja, o basilisco do prazer pecaminoso lançou encanto sobre eles e agora confundem Cristo com o diabo, fé com mundanidade e seguem Deus com indulgência da carne. Muitas vezes, é este justamente o caso!

Ou, talvez, outro aparente brilhar do sol surgiu sobre eles. Pensavam crer no evangelho, mas caíram em meio a contestadores: estão cercados por um círculo de pessoas céticas, ouvindo argumentos que jamais tinham ouvido antes, sem ter como julgar as novas ideias nem refletir sobre os motivos pelos quais acreditavam em Deus e em Cristo, e se acham altamente atarantados. Não têm profundeza no solo, não há raiz que lhes sustente a verdade com convicção, nem há neles um discernimento categórico; assim, basta encontrar um ateu ou um deísta, ou algum outro cético, e acabam como paina diante do vento. Não tendo seu barco lastro algum, a primeira brisa que se lhes abate leva-os ao naufrágio. Como é bom poder estar estabelecido, enraizado, firme, assentado na fé! Lembro-me de alguém que disse: "Quando leio os argumentos trazidos dos infiéis sobre o evangelho, rio deles com muito desprezo, pois nenhum é profundo, sagaz ou difícil de responder como os argumentos que meu próprio coração usou contra o Senhor em tempos passados e que, tendo sido debelados e superados, me fazem sentir mais do que capaz de fazer frente à fraca oposição desses homens indignos". É maravilhoso não ser abalado nestes momentos de ceticismo, conhecendo o Senhor mediante relacionamento íntimo com ele, conhecendo sua verdade pela consciência interior, pela leitura devotada da Palavra, tendo os olhos abertos pelo poder superior. Muitos ouvintes e recebedores da Palavra têm sido destruídos por críticos infiéis, mas por nada saberem inteiramente do evangelho foram facilmente enganados.

Também é dito das pessoas de solo pedregoso que, sobrevindo-lhes tribulação ou perseguição por causa da Palavra, *logo se escandalizam.* Seu amor pelo evangelho cessa com a mesma rapidez com que o haviam assumido. Não pararam, no início, para se perguntar por que deveriam ser cristãs e agora também não param para refletir por que renunciar à profissão de fé já feita. Tomaram a fé como se fosse o pão saído ainda quente do forno e o abandonam antes que esteja frio o suficiente para o comer. Quando alguém dizia: "Creiam, creiam, creiam!", logo se empolgaram; mas se outra pessoa vem e clama: "Não creiam, não creiam, não creiam!", logo se voltam na direção contrária. Seguem uma multidão em um súbito movimento de reavivamento e logo passam a acompanhar outra multidão, que se retrai e afasta em acomodamento. O ministro que as admitiu pela porta da frente as vê agora ir embora pela porta dos fundos. Elas o desapontaram, causaram problemas na igreja, e agora parecem dedicar um empenho em renunciar à fé equivalente ao que fizeram para professá-la. Almas infelizes, voláteis em tudo, frívolas quanto à seriedade da eternidade, prontas a agirem corretamente se corretamente conduzidas, assim como prontas a agirem erroneamente se conduzidas de modo perverso. Não tendo qualquer pensamento próprio, são como moluscos — sem espinha dorsal, são meras águas-vivas; nada de sólido ou consistente nelas se encontra. A casa que constroem sobre a areia não tarda mais para ser derrubada pela enchente que para ser erguida; não existe alicerce algum sobre a rocha, não há compreensão da verdade nem princípios; o que os motiva é submissão à persuasão, admiração da eloquência e desejo de aprovação. Infelizes! Infelizes! Permita Deus que jamais pertençamos a tal classe de pessoas.

II. Aponto agora seu PRINCIPAL DEFEITO. Consiste, em primeiro lugar, em *um coração inquebrantável.* A parábola não se refere propriamente ao solo que contenha rochas e a que comumente se chamaria pedregoso, pois este tipo de solo bem pode render trigo; refere-se mais ao solo que tem o leito quase inteiramente, senão inteiramente, rochoso, e apenas uma muito fina camada de terra. Uma rígida camada de rocha, no caso, seria mal coberta, certamente, por uma terra forrada de musgo, suficiente para receber as sementes e fazê-las germinar, mas não para poder alimentar as raízes, por menor prazo que fosse. Assim também, o pedregoso e duro coração de determinadas pessoas, difícil, quando não impossível, de ser alquebrado. *Não é a minha palavra como um fogo, diz o Senhor, e como um martelo que esmiúça a pedra?* (Jr 23.29) Mas não sabem disso, pois, evidentemente, sua palavra jamais os tocou. Essas pessoas têm até paz e alegria por nunca haverem sentido um golpe sequer. Mas o que fazer com um solo cujo leito rochoso está tão à superfície? Nada pode ser feito pelo homem. A única coisa que realmente resolve é a presença de Deus. Somente quando Deus, em sua infinita misericórdia, transforma a rocha em solo adequado, então o trigo viceja; não antes disso. *Também vos darei um coração novo, e porei dentro de vós um espírito novo; e tirarei da vossa carne o coração de pedra, e vos darei um coração de carne* (Ez 36.26). Tem de haver uma obra do Espírito Santo pela qual a rocha natural seja transformada no bom solo da graça; do contrário, toda a semeadura do mundo jamais produzirá uma colheita sequer.

As pessoas de que tratamos, no entanto, pularam esta parte; na verdade, nem lhes é muito agradável ouvir falar desse assunto. Gostam de pregadores que falam somente da simples fé na obra de Jesus, sem nunca mencionar a obra do Espírito Santo — pregadores desequilibrados, mensageiros cujas pernas não são iguais, que pregam apenas meia mensagem de Deus e nada mais. Em tais ensinamentos, elas encontram a paz, sem qualquer ameaça de perturbação de sua alma, e encontravam conforto sem qualquer novo nascimento. Quanto ao arrependimento, aquela graça antiquada, desprezam. Jamais souberam o que é

SEMENTE EM SOLO PEDREGOSO

chorar diante de Deus por conta do pecado, jamais sentiram terror por algum sentido da ira de Deus nem temor de que a sentença de Deus fosse executada. Passaram para a terra da esperança sem atravessar a cruz da lamentação, o que me faz ficar cada dia mais desconfiado da religião da pessoa que não segue tal caminho. Há boas razões para desconfiar se a graça soberana realmente colocou as mãos sobre alguém que se cura antes de se machucar, que se veste antes de se desnudar, que é preenchida antes de se esvaziar, que revive antes de ser morta. Essas pessoas de coração inquebrantável têm alegre esperança e confiante alegria, as quais, no entanto, chegam ao fim, do mesmo modo como acontecerá a você ou para mim se ficarmos alheios ao penar. Que seja sempre lembrado que, do mesmo modo como é verdade que aquele que crer em Jesus Cristo será salvo, também é verdade que *necessário vos é nascer de novo* (Jo 3.7). *Em verdade vos digo que se não vos converterdes e não vos fizerdes como crianças, de modo algum entrareis no reino dos céus* (Mt 18.3). *O que é nascido da carne é carne, e o que é nascido do Espírito é espírito* (Jo 3.6). [...] *carne e sangue não podem herdar o reino de Deus* (1Co 15.50). É apenas o nascimento do espírito, a natureza espiritual, que pode ingressar em assuntos espirituais e se tornar possuidora das alegrias espirituais. Um coração inquebrantável é um defeito fatal.

Isso leva a uma segunda falta, a saber, *a falta de profundidade*. O ouvinte do evangelho cujo coração seja como solo pedregoso tem dele apenas superfície, portanto tudo nele é superficial. Não há profundidade nessa terra para ser arada, e o coração feito de pedra jamais foi quebrado. Isso acontece com muitos que dizem ter-se convertido, mas que jamais examinaram os próprios pecados. "Sim, somos pecadores", eles como que reconhecem, "decerto que somos todos pecadores"; mas sentir o que é ser pecador é algo bastante diferente. Muitos nunca sentiram o que é ser esmagado pelo sentimento de ter violado a lei sagrada de Deus. Quanto a Jesus Cristo — sim, ele é o Salvador, essas pessoas dirão e o tomam por Salvador; mas, aquilo que é ser salvo, o que Cristo sofreu, o porquê de haver sofrido, de quem a enorme culpa que resultou em tal sacrifício — sobre estas coisas jamais meditaram; na verdade, nunca pensaram em qualquer coisa dessas nem pretendem pensar. As abelhas pousam nas flores e sugam o néctar, mas as borboletas param sobre os lírios só um instante para logo voarem novamente, como um verdadeiro símbolo daqueles que tolamente fingem ter obtido a graça divina.

Muitos dos que professam serem cristãos parecem não ter familiaridade alguma com a aflição do próprio coração; acreditam sentir algo de estranho por dentro, mas não sabem que "enganoso é o coração, mais do que todas as coisas, e perverso"; por conseguinte, apesar de admitirem que precisam da divina graça, não sabem quanto precisam. Concordam com a verdade "sem mim nada podeis fazer", mas não a conhecem por nunca tê-la experimentado. São estranhos à falha e à decepção interior, que levam o homem a sentir sua insignificância. Trata-se de obra inteiramente rasa; nada é profundo em tais pessoas. Ao professarem a fé em Cristo não refletiram sobre a verdade nem buscaram as Escrituras para saber se as coisas de fato são assim. Tornaram-se calvinistas porque o pregador era calvinista; teriam sido arminianos com a mesma facilidade se o pregador também o fosse; na verdade, seriam qualquer coisa que lhes fosse ensinado; nunca julgaram, pesaram ou refletiram coisa alguma por si mesmas. Ao desposarem a verdade como é em Jesus, não calcularam as dificuldades da vida cristã. Não lhes ocorreu que teriam que lutar contra o pecado externo e o interno; jamais tomaram conhecimento da poderosa tríade do mundo, da carne e do diabo, contra a qual teriam que travar uma batalha que dura toda a vida. Optaram por Cristo apenas por conta das delícias, sem pensar sobre as plantas amargas. Eram volúveis, e ainda o são. Não conseguem refletir, nem se consegue persuadi-las a tentar. Esta é, de fato, uma grande falha.

Há um terceiro defeito: *a parte oculta de sua fé não existe*. A semente caída sobre o solo pedregoso não falhou em brotar, nem talvez no pequeno caule que ameaçou aparecer timidamente sobre o solo; mas, sim, por não ter raízes. Se você pudesse com um desses crentes até sua casa, descobriria não praticar ele a oração pessoal particular. Jamais negligenciem sua oração pessoal para evitar que lhes aconteça o mesmo. Imaginem nenhuma oração a sós, nenhuma leitura pessoal da palavra de Deus, nenhuma meditação para alcançar a essência da Palavra, nenhum contato vital em particular com Cristo, nenhuma comunhão da alma com o Deus vivo! Eis um sinal fatal! Mas essas pessoas se reúnem em assembleias

1580 | MILAGRES E PARÁBOLAS DO NOSSO SENHOR

públicas; mostram-se bastante empenhadas nos comitês; se oferecem antes de todos, se for preciso haver música ou alguma pregação; oh, mas oração secreta, convivência íntima com Deus, a sondagem da alma, o segurar as rédeas para saber se estão no rumo certo — disso tudo jamais cuidaram. Seguras de que estão certas por terem alguma pequena fé, pensam a respeito de toda questão relativa à própria segurança e à obra de Satanás com muita descrença, envolvendo-se nas próprias ilusões. Acreditam ser o povo de Deus somente porque assim professam, sem nunca haverem buscado obter o fruto que cada ramo verdadeiro da vinha deve render.

Há ainda outra coisa, que não encontramos em Marcos, mas pode-se ver na mesma parábola em Lucas — *faltava umidade*. Ora, uma planta necessita de umidade: orvalho, chuva ou algum outro meio pelo qual receba água. No solo pedregoso e raso fazia bastante calor quando o sol brilhava. Por isso, a pouca umidade presente só fez que a semente brotasse de imediato, mas, não havendo umidade depois disso, e não tendo raiz para acumulá-la, o calor excessivo causou ressecamento. De modo semelhante, alguns ouvintes do evangelho recebem alguma umidade, por assim dizer, ao ouvirem um pegador devotado, como se ficassem sob a palavra que espalha orvalho e faz a chuva; no entanto, falta-lhes a raiz, o Espírito Santo vitalizador, que lhes sirva de fonte e reserva perpétua da farta água da vida. Têm o lampião, mas não têm óleo nem recipiente deste, para mantê-lo brilhando. Falta-lhes a umidade que vem da raiz do Espírito Santo e a própria raiz. É ele que vem a seu povo tornando-se raiz, para que dele suguem a voda de Deus e possam viver: mas o convertido cujo coração tem solo pedregoso não recebe e não tem o Espírito Santo. E, oh, permitam-me dizer de modo categórico a todos aqui que, se não tivermos mais do que a natureza pode nos dar na melhor das circunstâncias, não teremos mais do que tinha a maioria dos fariseus — que acabaram mal. Temos de ter o Espírito de Deus. Do início ao fim, a fé em nosso coração tem de ser criada e sustentada pelo Espírito; caso contrário, será melhor se livrar quanto antes de tão falsa crença, que só servirá para enganar.

Sinto a necessidade de pregar um sermão como este porque percebo que muitos membros desta igreja se desviando para o pecado aberto, e outros, para novas ilusões da presente época, que parecem se renovar a cada mês. Algumas pessoas tolas ficam de boca aberta esperando que doces novidades venham lhes ser colocadas na boca. São como mato seco querendo pegar fogo, bastando que algum insensato solte uma faísca — e, mesmo assim, ainda se dizem cristãos. Há muitas pessoas hoje que não sabem em que acreditar e, por isso, se tornam presas fáceis de romanistas, ritualistas, ateus e outros enganadores. É como uma muda de planta no jardim, que um ladrão vem e arranca, com raiz e tudo; jamais conseguiria fazer isso com um carvalho bem enraizado, eu lhes asseguro. Se formos todos firmes como o carvalho, creremos naquilo em que devemos crer, saberemos de que precisamos e teremos fortes princípios em que nos manter firmes. Os antigos dissidentes da igreja oficial inglesa podem ter parado na prisão ou na fogueira sem oferecer resistência, mas fazer que abrissem mão de sua fé ou deixassem de lado seus princípios cristãos seria impossível; muito sinto pelos filhos degenerados desses pais tão vigorosos. Se aquilo em que você acredita não for verdadeiro, jogue-o fora; mas, se for, que sua face seja como pederneira e sua natureza como ferro contra todas as tentações desta nossa era perversa e corrompida, que conduz a muitos lugares e todos eles distantes de Deus. Oh, haverá um tempo em que aqueles que conhecem o Senhor ficarão de pé, e, depois de tudo acabado, de pé permanecerão!

III. Em terceiro lugar, quero encerrar buscando ensinar A LIÇÃO QUE O TEXTO CONTÉM. Trata-se de uma lição quádrupla, que diz a cada um de nós: *seja profundamente honesto*. Não brinque com a fé. Não pense que sua profissão de fé é como uma roupa que você pode vestir ou tirar a qualquer momento. Peça a Deus que realize uma obra sólida em sua vida, obra que dure pela eternidade. Um dia você irá morrer, e terá então de encarar o tribunal do juízo; tenha uma crença capaz de suportar tal desafio. Rogue para que o Espírito construa obra tal em sua alma que nem a morte nem o juízo o possam fazer temer e tremer. Clame a Deus para que o arrependimento atue profundamente em você, deixando marcas duradouras, para que sua fé não seja falsa, mas, sim, leve-o a entregar por completo sua alma nas mãos de Cristo. Ore para que seu amor a Cristo não seja frívolo, mas assunto da mais vital importância; que sua jornada de fé não seja algo apenas para que os outros vejam, mas verdadeira jornada diante de Deus; que suas ações

SEMENTE EM SOLO PEDREGOSO | 1581

sejam resultado de seus princípios e você não seja influenciado por suas companhias, mas, pelo contrário, possa influenciá-las; que tenha dentro de si força vital implantada por Deus que o faça seguir no caminho certo, seja quais forem os caminhos que outros tomem. Repito, tenha muito cuidado com tudo que diz respeito à sua fé e peça a Deus que o perdoe se, de algum modo, em relação a isso, você tem sido um tolo.

Em segundo lugar, *veja o efeito das provações em sua vida diária*. Veja como afetam você. Se um barco é capaz de afundar no rio Tâmisa, não deve ser lançado ao mar. Se sua religião já dá sinais de falhar com você, o que acontecerá com o passar do tempo? Digamos que riram de você e você se sentiu inclinado a abandonar tudo; o que aconteceria se fosse provocado ainda mais? Você já começa a querer desistir e seu coração dá mostras de falhar; o que irá fazer se uma tentação mais voraz se abater sobre você? Ou então acabou terrivelmente batido pelos argumentos de um parvo durante uma discussão; o que aconteceria se pessoas que refletem fossem discutir com você? *Se te fatigas correndo com homens que vão a pé, então como poderás competir com cavalos? Se foges numa terra de paz, que hás de fazer na floresta do Jordão?* (Jr 12.5). Não há como sermos contra o crescimento vagaroso, mas contanto que seja crescimento verdadeiro. É preferível que a casa demore a ser erguida e seja dado tempo necessário ao construtor, em vez de forçá-lo a correr para terminar a obra em uma ou duas semanas e resulte em uma estrutura frágil, a ponto de um vento derrubá-la como a um castelo de cartas. Se você tem de viver durante toda a eternidade sob um teto, peça ajuda a Deus para construí-lo de modo seguro. Construir com rapidez não é importante. Ó vocês, que mal conseguem dar um passo na direção do céu sem questionar e discordar, não temo tanto ao pensar em vocês quanto naqueles que nunca questionam e duvidam por não pensarem em coisa alguma, e que por tudo passam com descuido negligente, considerando todas as coisas como verdadeiras.

Avalie, portanto, os resultados que tem obtido das provações. Você ficou mais rico; continua amando o Senhor como antes? Realiza mais negócios; ainda consegue deixar o mundo de fora do seu coração? Ultimamente tem recebido elogios; ainda consegue se agarrar a Cristo como costumava fazer quando tinha poucos amigos? Tem-se sentido bem saudável; tem vivido tão próximo a Deus como quando enfermo? Ou talvez haja descido na vida e agora se encontre em meio a mais pobres; ama tanto o Senhor como quando ele o mantinha rico? Você ouviu falar recentemente sobre os feitos de alguém muito astuto que odeia o evangelho; você conseguiu sentir que, apesar de talvez não conseguir responder a ele com palavras, seu coração respondia, rebatendo as falsidades dele, tal como o telhado rebate a chuva? Se não, preste atenção. Se seu navio se mostra prestes a afundar em águas rasas, que dirá em uma tempestade. Se você não consegue tirar dele a água que entra agora, o que fará quando um vendaval se lhe abater? Temo que então tudo possa estar perdido para você.

Outra lição é de que *precisamos nos examinar continuamente*. Muitos entram diariamente com pedidos de liquidação de seus negócios na Vara de Falências, mas, pelo que me consta, ninguém o faz por excesso de zelo em suas atividades financeiras. Jamais ouvi falar também sobre fazendeiro algum que tenha perdido a colheita por ter sido diligente demais nos cuidados para com sua lavoura. De todas as almas que se perdem, nenhuma jamais pereceu por ter sido excessivamente rigorosa na avaliação de si mesma. Caros irmãos, optem também por um ministério fiel e avaliador. Não busquem um pregador de voz macia que sempre diga: *Consolai, consolai o meu povo* (Is 40.1). Se você deseja consolação, você a terá, mas é preciso também que deseje examinar-se, é preciso que assim faça. Peça a Deus para ser tratado com sinceridade, para que nada seja atenuado desnecessariamente, que não "lambam suas feridas", mas, sim, para que haja um relacionamento honesto entre você e o ministro, entre você e o seu Deus. Permita Deus que todos nós desejemos ser avaliados, pois quando desejamos evitar avaliação é quase certo haver algo de errado em nós. Quando se diz "Temo ser hipócrita", pouco há de temor real; pelo contrário, a suposição fatalmente será verdadeira.

Por fim, que tudo isso nos mostre *quão necessário é que depositemos todo o sofrimento e todo o fardo de nossa salvação inteiramente sobre o Senhor Jesus Cristo*, pois sempre que fazemos isso é sinal de que há solo bom e honesto na alma e que a boa semente se desenvolve com firmeza. Quando se pode dizer verdadeiramente: "Somente em Jesus descanso"; e que:

Nada nas mãos carrego:
Só à tua cruz me apego.

— é este o grande segredo da verdadeira esperança. Jesus viveu e morreu por nós; se dependermos apenas e completamente dele, tudo estará bem com nossa alma.

Faz muito bem viver-se constantemente aos pés da cruz, olhando para Jesus, encontrando toda a esperança nele e nenhuma em si mesmo. Amados, é obra do Espírito de Deus fazer que à cruz possamos chegar e junto a ela permanecer. Ao avaliarmos a nós mesmos sob sua luz, julgamos a nós mesmos para que outros não tenham de assumir essa tarefa; ante as feridas que derramam o sangue purificador, suplicamos: "Prova, Senhor, meu domínio e meu coração". Todavia, se alguém disser: "Creio em Jesus e não preciso me examinar; creio nele e viverei como bem entender", então é vã sua fé. Profana a cruz com pensamentos temerários e é preciso que se dê conta de como Deus irá julgar sua atitude; pois de todas as condenações, decerto a mais pesada há de ser a que recai sobre quem haja ousado tomar a doutrina da cruz como motivo para viver de maneira desregrada; sobre quem faz da misericórdia e do poder purificador do redentor desculpa para se colocar negligentemente diante de Deus e persistir em sua arrogância.

Que Deus nos conceda a graça de receber a semente com solo fértil, em nome de Jesus.

A PARÁBOLA DO SEMEADOR

Ora, ajuntando-se uma grande multidão, e vindo ter com ele gente de todas as cidades, disse Jesus por parábola: Saiu o semeador a semear a sua semente. E quando semeava, uma parte da semente caiu à beira do caminho; e foi pisada, e as aves do céu a comeram. Outra caiu sobre pedra; e, nascida, secou-se porque não havia umidade. E outra caiu no meio dos espinhos; e crescendo com ela os espinhos, sufocaram-na. Mas outra caiu em boa terra; e, nascida, produziu fruto, cem por um. Dizendo ele estas coisas, clamava: Quem tem ouvidos para ouvir, ouça (Lc 8.4-8).

Quando um semeador espalha sementes, em nosso país, ele o faz por campos delimitados, com ordem e precisão necessárias para lançar as sementes pelos veios e sulcos abertos. Já no Oriente, terra de tradicional cultura de cereais, há vastas planícies sem cercas, próximo a pequenas cidades. Claro, estão divididas em diferentes propriedades, mas não há cercas, não há separação, além de alguns marcos antigos ou, por vezes, raramente, uma fileira de pedras, que limita o campo de um homem de outro vizinho. Ao longo de todas estas vastas terras há caminhos, sendo os mais trilhados chamados de estradas. Não se imagine, no entanto, essas estradas, ainda mais nos tempos de Jesus, semelhantes, no menor grau, às rodovias recobertas de asfalto que temos aqui; apenas duros caminhos de terra batida, frequentemente usados, quase sempre de forma primitiva e rude. De vez em quando se depara com caminhos alternativos e mais longos, por onde os viajantes que desejam evitar a rota mais rápida e comum podem seguir com um pouco mais de segurança em relação à estrada principal, especialmente em ocasiões em que fica infestada de ladrões. Através desses caminhos alternativos, criaram os transeuntes novos atalhos pelas planícies, para si mesmos e para quem mais deseje seguir na mesma direção. Assim, ao chegar o semeador ao campo de manhã para realizar seu trabalho, já encontra, por vezes, uma pequena área no chão revirada pelos primitivos arados orientais e começa a espalhar ali suas sementes de maneira abundante; mas eis que nota um caminho que segue até o centro do campo e, a menos que deseje deixar unicamente uma larga faixa semeada, espalha também sementes a mancheias por essa trilha. Mais adiante, há algumas rochas em meio à terra arada, e as sementes caem ali. Também por conta da agricultura um tanto descuidada dos orientais, há acolá um pedaço de terra tomada de urtigas e espinhos, e o semeador acaba deixando cair aí algumas de suas sementes; mas a urtiga e os espinhos vicejam junto com a semeadura e, como sabemos pela parábola, por serem mais fortes, sufocam as sementes, de modo que estas não chegam a render frutos.

O fato de a Bíblia haver sido escrita no Oriente, as metáforas e referências nela contidas devem ser explicadas a nós por quem conhece aquelas terras, muito nos ajudando então a compreender passagens como esta de modo melhor que qualquer cidadão inglês comum pode fazê-lo.

O pregador do evangelho é como o semeador. Não produz a semente; ela lhe é dada por seu mestre. Não seria possível a um homem fazer mesmo uma ínfima semente que germinasse sobre a terra, quanto mais a semente celestial da vida eterna. O ministro vai ao mestre e pede que lhe ensine a verdade, preenchendo assim sua sacola de semear com a boa semente do reino. O que o ministro tem a fazer é somente, em nome de seu Senhor, espalhar a preciosa verdade. Se lhe fosse dado conhecer a qualidade do solo que atinge, talvez se limitasse a andar apenas nas terras aradas pelo sentimento de culpa. Por não conhecer bem o coração humano, no entanto, cabe-lhe apenas pregar o evangelho a toda criatura — lançar a semente em mancheia em duros corações, e, em outra mancheia, em corações excessivamente plenos de cuidados, riquezas e prazeres deste mundo, etc. Tem de deixar o destino da semente inteiramente sob os cuidados do mestre que a forneceu, pois na verdade não é responsável pela colheita; é responsável, sim, pelo cuidado, pela fidelidade e integridade com que espalha a semente, aqui e ali, com ambas as mãos. Ora, nenhum trigo chegaria a ser colhido aos feixes; não haveria uma única espiga de cereal surgindo em meio aos sulcos, e então o semeador jamais seria aceito e recompensado pelo seu Senhor, se não tivesse usado a semente correta e semeado com o devido cuidado. Ai de nós, que não somos responsáveis por nosso próprio sucesso, não fosse assim — com que agonia desesperadora acabaríamos decepcionados por, muitas vezes, havermos trabalhado em vão e desgastado toda a força que temos para nada. O clamor de Isaías é, ainda e sempre, também nosso: "Quem deu crédito à nossa pregação? E a quem se manifestou o braço do Senhor?" Todavia, pelo menos uma em quatro semeaduras encontra solo bom. Três das quatro caem em solo ruim e não produzem resultado; ficam perdidas, e somente serão invocadas quando do juízo, para condenação dos ouvintes do evangelho que um dia rejeitaram receber a graça. Permitam-me lembrar que nosso dever não é limitado pelo caráter dos ouvintes, mas somente pelo mandamento de Deus. A nós é ordenado pregar o evangelho, quer os homens o ouçam ou rejeitem. Seja o que for que seja feito dos corações humanos, não estou liberado da obrigação de espalhar a semente, mesmo que caia em solo áspero e à beira do caminho; e tanto sou obrigado a espalhá-la no sulco quanto tenho de fazê-lo ao longo da estrada de terra batida, do mesmo modo como faço em solo arado.

Quero, esta manhã, dirigir a palavra a quatro grupos de ouvintes que se encontram nesta congregação. Para começar, àquele grupo que representa *a beira do caminho*, ou seja, meros ouvintes. Depois, ao que representa os *ouvintes de coração endurecido*, nos quais se produz uma impressão apenas transitória, tão transitória que jamais chega a gerar um bem duradouro. Então, àqueles em quem é causada *uma boa e ampla impressão*, mas nos quais os cuidados desta vida, o fascínio das riquezas e os prazeres do mundo sufocam a semente; por fim, há o minúsculo grupo — e que Deus seja louvado por fazê-lo crescer — das pessoas que são *ouvintes de coração fértil*, em quem a Palavra rende frutos, por vezes trinta, em alguns sessenta e em outros cem vezes mais.

I. Para começar, portanto, irei me dirigir àqueles cujo coração é como a margem da estrada: *Uma parte da semente caiu à beira do caminho; e foi pisada, e as aves do céu a comeram*. Muitos de vocês, infelizmente, não vieram aqui hoje receber uma bênção. Não pretendiam propriamente adorar a Deus e muito menos serem afetados por algo que ouvissem. Vocês são como a beirada da estrada, que jamais aspirou ser campo arado. Se um grão de verdade caísse no coração deles e vicejasse, seria um milagre, uma grande maravilha, como o grão que cai sobre chão batido e floresce. São os ouvintes da beira do caminho. Quando a semente é espalhada com certa destreza, uma parte acaba caindo em vocês e permanece algum tempo em seus pensamentos. É verdade que não a compreendem bem, mas se ela se depositar em vocês com certa habilidade, é capaz de ali habitar por algum tempo. Até que outra diversão mais atraente acabe por atraí-los, irão falar sobre as palavras que ouviram do ministro da verdade. No entanto, até este leve proveito será passageiro, pois em pouco tempo cairão de novo nas pessoas que são. Eu deveria pedir a Deus que minhas palavras demorassem mais tempo em vocês, mas não posso fazê-lo: o solo do coração de vocês é constantemente transitado e repisado por tráfego intenso, de sorte que não há esperança de que a semente encontre um lugar sadio e duradouro para lançar raízes. Há muita agitação na alma de vocês para que a semente possa permanecer intacta. Os pés de Satanás caminham por seu coração com frequência, seguidos de uma horda de blasfêmias, tentações, mentiras e vaidades. Também as carruagens do orgulho rodam por essa estrada, e os pés do cobiçoso diabo terminam por pisá-la até que fique dura como diamante.

Ai! A boa semente não encontra aí nem um segundo de repouso; multidões passam e repassam neste chão. Na verdade, sua alma é como um porto, em cujo cais passam constantemente os pés dos mercadores, mercadores que fazem negócio com a alma dos homens. Vocês compram e vendem, mas pouco se lembram de que vendem a verdade e compram apenas a destruição da alma; estão sempre preocupados com o corpo, com o aspecto externo de sua humanidade, mas negligenciam o que têm de mais interno e precioso: a alma. Alegam que não têm tempo para pensar em religião. Sim, a estrada do

A PARÁBOLA DO SEMEADOR

coração de vocês é deveras movimentada, e por isso não há tempo nem espaço para um grão sequer da boa semeadura vicejar. Ainda que começasse a germinar, algum pé pesado acabaria esmagando a folha verde antes que se imaginasse pudesse se tornar um pouco maior. Houve oportunidade certamente em que a semente durou tempo suficiente para começar a brotar, mas, então, algum novo lugar de diversão deve ter sido inaugurado, e vocês foram conhecer e, como se fosse com pés de ferro, esmagaram o relance de vida presente na semente: ela havia caído no lugar errado; havia muito tráfego ali para que ela sequer pudesse tentar germinar. Durante a praga que se abateu sobre Londres, quando as pessoas foram arrastadas em multidão fugitiva para lugares distantes, começou a crescer grama nas ruas; mas a semente não conseguia florescer como deveria, por melhor que fosse a semente ali lançada pela natureza. Quando a desordem se generaliza, não se consegue obter semente alguma que floresça ante o movimento que prevalece. Seu coração é como uma estrada lotada: há tantos pensamentos, cuidados, pecados, tanto orgulho, vaidade, perversidade e rebeldia contra Deus, em movimento tão intenso e contínuo que a verdade, como a semente lançada à beira do caminho, não consegue crescer e acaba esmagada; mesmo que sobreviva por um instante, pássaros vêm e a roubam.

Sim, é muito triste saber que, ao espalhar-se a boa semente junto à estrada, não é apenas o pé do homem que a impede de crescer; até o pé de um santo pode ajudar a encerrar a vida que nela existe. Pois o coração do homem pode ser endurecido não apenas pelos pecados, mas até mesmo pela pregação do evangelho. Existe isso, de uma pessoa ser endurecida pelo evangelho. É possível se acostumar a ouvir sermões, e somente ouvi-los, nada mais, a tal ponto de o coração acabar morto, calejado ou descuidado. Assim como o cão do ferreiro, que dome enquanto as fagulhas voam perto de seu focinho, há pessoas que também cochilam e dormem espiritualmente sob o martelo da lei, enquanto as fagulhas da condenação passam voando, sem as assombrar nem abalar. Vocês já ouviram isso antes, um fato que foi contado quando pregamos sobre a ira vindoura. Quando os homens que produzem as grandes caldeiras das fábricas de *Southwark* são treinados a trabalhar com o martelo na forja, de início sentem o ouvido ser penetrado pelo fortíssimo barulho, sem conseguirem ouvir outro ruído que não aquele; aos poucos, porém, pelo que me disseram, acabam acostumados com o terrível martelar, a ponto de até dormirem em serviço enquanto outros homens batem e martelam, embora o barulho produzido continue sendo tão tremendo quanto de um trovão. O mesmo acontece com muitos de vocês: ministro após ministro andou pela estrada de sua alma até deixá-la a tal ponto rija, endurecida, que, a não ser que ao próprio Deus agrade abrir um sulco nela, mediante um terremoto ou um tremor no coração, jamais haverá espaço para a semente celestial ali se enraizar. Sua alma se tornou uma estrada dura e batida, com um tráfego intenso passando, sem parar, sobre ela.

Compreendemos assim qual o tipo dos que são como a margem do caminho. Vamos ver agora o que acontece com a boa palavra quando cai sobre um coração desse tipo. Ela, naturalmente, não cresce; cresceria somente se tivesse caído sobre solo apropriado, mas este não é o lugar certo, e permanece tão estéril como quando caiu das mãos do semeador. Em seu interior a vida permanece dormente; o gérmen da vida do evangelho continua recôndito e à superfície do coração, sem penetrá-lo. Assim como a neve que cai sobre a cidade e não fica na rua, sendo dissolvida nas calçadas molhadas, o mesmo acontece com esses corações. A palavra não tem tempo de restaurar a alma de tais ouvintes casuais. Permanece somente por breve tempo, sem jamais chegar a criar raízes, sendo removida logo depois sem haver produzido o menor resultado.

Então, perguntamos: por que as pessoas vêm ouvir a palavra se jamais se lhes prova útil e jamais penetra seu coração? Isto é algo que muito me intriga; não poucos de nossos ouvintes não trocariam um domingo aqui por nada no mundo e parecem ficar muito contentes em se reunir conosco em adoração. No entanto, é bom que se diga, lágrimas jamais lhes correm pelas faces, sua alma parece jamais ascender aos céus nas asas dos louvores, nem parecem verdadeiramente compartilhar da confissão de pecados. Será que chegam a refletir sobre a ira vindoura ou a situação futura de sua alma? O coração de tais pessoas mostra-se férreo; tanto faz para o ministro pregar para elas ou para um monte de pedras. O que traz, então, esses pecadores insensíveis aqui? Pregamos para semblantes metálicos e corações de aço?

Teríamos tanta esperança de converter leões e leopardos quanto seus corações indomáveis e insensíveis. Oh, sentimento!, preferiste ir em direção às feras, deixando os homens para trás?

Suponho que este tipo de gente sempre compareça por ser um hábito respeitável, e, no entanto, estranhamente, por ser algo também que contribua para o seu enrijecimento: se abandonassem tal compromisso, sua consciência passaria a pesar e haveria um pouco de vida nova surgindo dentro deles; continuam a comparecer, então, para alimentar a ilusão de que agem da maneira correta. Não são pessoas sem crença, absolutamente; não são ignorantes da casa de Deus nem da tarefa de seus servos; mas vêm para que possam se enrijecer, para que embruteçam ainda mais seu estado de insensibilidade e de pecado. Oh, ouvintes, o caso é tal que faria um anjo chorar; ter o sol do evangelho brilhando à sua frente e fazendo seus olhos cegos jamais verem a luz. A música do céu soa doce, mas para ouvidos surdos, e mesmo o tom mais gentil jamais alcança seu pobre espírito; o ministro é para tais pessoas como alguém que toca um instrumento divino, só que toca para estátuas que não têm ouvidos para ouvir. Conseguem interpretar uma frase, conseguem descobrir o significado de uma metáfora, mas o significado essencial, verdadeiro, a vida divina, se perde por completo. Sentam-se à mesa do banquete de casamento, mas não experimentam as delícias nem provam do vinho. Ouvem os sinos dos céus badalando alegria pelos espíritos resgatados, mas continuam a viver abandonadas, sem Deus e sem Cristo. Aparecem diante da porta do caminho estreito, bem na soleira, mas não ousam entrar; ficam próximas à casa da misericórdia, cuja porta está entreaberta, por vezes espiam o que há lá dentro, mas nunca dão o passo decisivo e final. Façamos então o que for preciso para convencê-los; suplicaremos por vocês, oraremos, chegaremos até mesmo a chorar, mas vocês certamente continuarão endurecidos, descuidados e irrefletidos, como sempre foram. Oh! Que Deus tenha piedade e os salve desta situação desesperadora; e que vocês ainda possam ser salvos. Ó Espírito Santo, quebra este solo endurecido e faz que ainda renda abundantes frutos.

Ainda não completamos o quadro. A passagem nos diz que vieram as aves e comeram a semente. Há alguém aqui hoje que queira se declarar ouvinte do evangelho desse tipo? Pode ser até que não tivesse intenção de entrar aqui, mas, ao ver a multidão se aglomerando à frente do prédio, decidiu entrar e perder uma hora de seu tempo para ouvir algo de que talvez não fosse se esquecer facilmente; mas quando sair para voltar para casa, talvez encontre antigas amizades, que lhe sugiram irem a algum lugar de entretenimento. Então concordará, e a pobre semente que caiu em lugar tão desfavorável será logo consumida por alguma ave. Há sempre aves prontas a devorar a boa semente. Há o diabo em pessoa, príncipe do ar, sempre disposto a se apoderar de um bom pensamento ou anular uma decisão acertada. E o inimigo não está só — tem legiões de ajudantes. É capaz de dominar o desejo do homem, até sua família, seus filhos, e pode usar seu trabalho contra você, tudo para matar sua semente. Pode haver um cliente seu esperando-o à nossa porta e, embora você não tenha motivo nem a menor intenção de atendê-lo hoje, talvez hesite, com temor de ofendê-lo, por isso acaba atendendo-o, e a boa semente é logo desperdiçada e esvaziado todo o seu resultado benéfico. Oh, quanta tristeza, que a semente celestial seja devorada pelo diabo, que o grão de Deus seja feito repasto para aves demoníacas.

Permitam dirigir-me pessoalmente a vocês mais uma vez. Ó meus ouvintes, se vocês têm ouvido o evangelho desde a juventude sem resultado, pensem quantos sermões já foram desperdiçados com vocês! Durante a juventude, ouviram o pregador Fulano, e como pregava de maneira tão preciosa a ponto de seus olhos ficarem vermelhos pelas lágrimas! Vocês certamente se recordam dos muitos domingos em que disseram para si mesmos: "Voltarei para casa, irei para o meu quarto, dobrarei meus joelhos e orarei!" Mas jamais o fizeram; as aves logo comeram a semente e vocês continuaram pecando como sempre. Desde então, por conta de algum impulso estranho, raramente faltam aos encontros na casa de Deus; no entanto, as fagulhas do evangelho caem sobre sua alma como se caíssem no oceano e fossem apagadas para sempre. Pode ser que a lei seja como um trovão para vocês, e vocês a respeitem devidamente e não zombem dela, mas jamais se deixam afetar por ela. Mesmo com Jesus Cristo crucificado; com suas dolorosas feridas sendo expostas; mesmo que seu sangue jorre diante de seus olhos e lhes seja ordenado que olhem com sinceridade para ele e vivam — tudo isso não é visto agora por vocês senão com a maior indiferença.

A PARÁBOLA DO SEMEADOR

Claro que vocês jamais chegaram a declarar: "Se devo me perder, irei fazê-lo; se é para ser salvo, acabarei sendo, de qualquer jeito"; não *disseram* isso com palavras, mas é assim que *pensam*. Todavia, mesmo que façamos o que podemos e o que desejamos para vocês, de nada adiantará para penetrar em seu espírito insensível, e não conseguiremos inserir em seu coração um único pensamento santificado. O que posso fazer por vocês? Devo ficar aqui e fazer chover lágrimas sobre sua estrada endurecida? Ai! Minhas lágrimas não conseguem penetrar no solo; é duro demais para isso. Devo usar do arado do evangelho? Pois corta até o aço. Mas em sua alma nada consegue. O que faremos? Ó Deus, tu sabes como partir o diamante em pedaços. Sabes como amolecer o coração endurecido com o precioso sangue de Jesus. Faze-o agora, Senhor, é o que rogo, pelo louvor e pela glória de tua graça, para que a boa semente viva e produza para a colheita celestial, pela qual a alma deste teu servo tanto anseia, sem a qual não pode viver, mas com a qual se regozija com indescritível alegria e plenitude de glória.

II. Quero me dirigir agora à segunda classe de ouvintes. *Outra caiu sobre pedra; e, nascida, secou-se porque não havia umidade.* É fácil imaginar uma pedra que se acha à superfície em um campo. Por algum motivo, a semente caiu ali como cai em qualquer lugar. Temos ouvintes que nos causam grande alegria, logo seguida de tristeza, mais do que possam imaginar. Somente quem ama a alma do homem pode experimentar as esperanças, a alegria e em seguida as decepções causadas pela aridez dessas pessoas. Há, de fato, uma classe de pessoas cujo interior do coração é extremamente duro, mas que parecem apresentar superfície a mais macia e terna. Enquanto outras pessoas talvez nada reajam em relação aos sermões, o tipo de que tratamos geralmente chega a chorar ao ouvi-los. O que dizemos talvez não passe de discurso comum para a maioria dos ouvintes, mas a estes homens afetam a ponto de verterem lágrimas. Quer preguemos sobre os rigores da lei ou o amor no Calvário, emocionam-se da mesma maneira e, aparentemente, ficam impressionados de forma comovente. Há algumas pessoas deste tipo aqui hoje. Elas se decidem por Cristo, hesitam, tornam a se decidir, e acabam adiando sua decisão. Não são inimigos de Deus que se revistam de uma couraça de aço, mas, pelo contrário, se apresentam de peito aberto ao ministro, conclamando: "Pode mirar aqui suas flechas. Elas encontrarão abrigo adequado". Felizes, ali atiramos nossas flechas, que, parece, irão penetrar no coração; mas, espere, há uma armadura quase invisível, que desvia qualquer seta, e esta, apesar de permanecer por um tempo, logo acaba sendo removida, sem que qualquer obra tenha início. É sobre estes personagens que lemos no texto em Marcos 4.5: *Outra caiu no solo pedregoso, onde não havia muita terra; e logo nasceu, porque não tinha terra profunda.* Ou, como explica outra passagem, também em Marcos 4.16,17: *Do mesmo modo, aqueles que foram semeados nos lugares pedregosos são os que, ouvindo a palavra, imediatamente com alegria a recebem; mas não têm raiz em si mesmos, antes são de pouca duração; depois, sobrevindo tribulação ou perseguição por causa da palavra, logo se escandalizam.* Oh! Pois não temos dezenas de milhares de ouvintes que recebem a palavra com alegria? É verdade que não têm profunda convicção nem ficam muito extasiados, mas mergulham em Cristo de súbito e professam instantaneamente sua fé nele, fé que também tem toda a aparência de ser genuína. Quando vemos estas pessoas, a semente parece ter realmente nelas germinado. Há algum sinal de vida nova nestas pessoas, há folhas nelas verdadeiramente verdejantes. Agradecemos a Deus, dobramos os joelhos, batemos palmas — eis um pecador que retorna, dizemos, eis uma alma entregue a Deus, eis um herdeiro dos céus. Mas a alegria é prematura — tais pessoas germinam com rapidez e recebem a palavra com alegria justamente porque não têm profundidade em seu solo e, por conta dessa rapidez, quando o sol se ergue com calor escaldante, acabam ressecadas. Este tipo de ouvintes temos todos os dias da semana. É frequente até que passem a fazer parte da igreja. Chegam a nos contar histórias de como nos ouviram pregar em certa ocasião, e oh, a palavra lhes pareceu tão abençoada que jamais se sentiram mais felizes na vida! "Oh, pregador, pensei em pular do banco em que estava quando ouvi sobre tão precioso Cristo e passei a crer nele no mesmo instante, tenho certeza disso". Então, perguntamos se já sentiram alguma vez a necessidade de um Salvador, ao que respondem: "Sim", querendo na verdade dizer "Não". Perguntamos se alguma vez se convenceram de seus próprios pecados. Eles pensam que sim, mas não sabem; no entanto, de uma coisa certamente sabem: que sentem prazer em um afago da religião. Se perguntamos: "Acha que continuar?", oh, mas é lógico, e como ficam confiantes que irão! Não podem mais tornar a ser o que eram, com toda certeza. Repudiam as coisas que outrora amavam, estão bem certos disso. Tudo parece novidade para eles. E tudo isso aconteceu do nada. Perguntamos quando foi que a boa obra teve início. Descobrimos que começou quando terminou, isto é, não houve trabalho prévio, o solo não foi arado, mas de repente saíram da morte para a vida, pularam da condenação para a graça, assim como alguém que da margem de um rio pula para a correnteza.

Não obstante, somos muito gratos a estes visitantes. Não podemos negar que em tudo parecem ter a graça. Por vezes os recebemos na igreja, mas por uma ou duas semanas deixam de frequentar regularmente um local de adoração. Então os repreendemos gentilmente, ao que respondem que, bem, encontraram tanta oposição na religião que se contentam em ter pouco dela. Mais uma semana e os perdemos por completo. Seu motivo é que fizeram pouco caso deles, que encontraram mais oposição e por isso retrocederam mais ainda. São como os Volúveis, em Bunyan, que queriam ir para o céu com o principal personagem, cristão, pois o céu é uma bela terra. Andam de braços dados com ele e conversam com doçura acerca do mundo futuro. Mas adiante há um lamaçal — o Pântano do Desespero — onde Cristão se lança, acompanhado do sr. Volúvel. "Oh!", exclama este, "não esperava por isto; não concordei em encher a minha boca de lama! Se eu conseguir sair daqui quero voltar, e você pode ficar com toda a minha parte da bela terra". Então, o pobre homem se debate quanto pode e acaba chegando à margem que dá para as suas terras; feliz, regressa, pensando ter escapado da terrível necessidade de ser um cristão.

E que vocês pensam dos sentimentos do ministro? Sente como se tivesse cantado vitória cedo demais. Fica como o lavrador que vê seus campos florescerem verdejantes de dia e, com o cair da noite, queimando a geada toda a relva, ao acordar só tem de lamentar ver que toda a sua produção se perdeu. O mesmo ocorre com o ministro, que se recolhe a seu quarto e expõe sua face diante de Deus, clamando: "Oh, Senhor, como me enganei; o irmão retornou ao mundo como o cachorro volta ao seu vômito, como o porco que foi limpo e torna a chafurdar na lama". Os gregos antigos imaginavam que Orfeu tinha tanta habilidade com a lira a ponto de fazer os carvalhos e as pedras dançarem ao seu redor. Eis uma ficção poética que por vezes se imagina dos ministros, que não apenas faz os salvos dançarem, como os carvalhos e as pedras; mas, ai!, estes continuam sendo carvalhos e pedras. Assim que silencia a lira, o carvalho retorna a se fixar no lugar onde tem fincadas suas raízes e a pedra se firma ainda mais duramente no seu chão. O pecador é como Saul, que antes se acha em meio a profetas, mas logo volta a viver em contradição com o Senhor Altíssimo. Aquele mesmo frequentador da igreja que cantou e orou com a congregação na noite anterior volta a soltar impropérios na taverna; torna a vadiar pelas ruas na noite de sábado que antecede a presença na igreja visível. Tive uma vez um ouvinte que me causou sofrimento. Em certo vilarejo, era ele o líder de tudo que não prestava. Sujeito alto, grandalhão e esbelto, podia beber mais que qualquer outro em muitas milhas ao redor. Era o terror da vizinhança, capaz de insultar e amaldiçoar, e jamais conhecera algo que lhe causasse medo. Um dia. entrou para ouvir a palavra de Deus. Toda a paróquia ficou atônita. Naquele dia, até chorou, e começou a correr o boato de que Tom se sentira impressionado; passou a frequentar a igreja com regularidade, e visivelmente se tornava outro homem. A taverna perdera um excelente cliente; não era mais visto nos jogos de boliche nem encontrado na turba bêbada comum nas vizinhanças. Por fim, compareceu a uma reunião de oração; falou sobre o que tinha experimentado, o que sentira e conhecera. Eu o ouvi orar, em uma linguagem áspera e acidentada, mas em que havia uma honestidade apaixonada. Acreditei viesse a ser uma brilhante joia na coroa do Redentor. Por seis, ou talvez nove meses, perseverou em nosso meio. Se houvesse qualquer trabalho pesado para ser feito, fazia; se uma escola dominical a dez quilômetros de distância precisasse de reformas, ele ia lá ajudar. Qualquer que fosse o risco, ele se apresentava para colaborar na obra do Senhor; muito se regozijava só por servir até o mais exigente membro da igreja. E assim seguia sua nova vida. Todavia, ao final, o pouco caso, a zombaria e o escárnio a que era exposto intensamente por seus antigos companheiros — apesar de, no começo, tê-las suportado com bravura — acabaram se mostrando demais para ele. Começou a pensar que estava sendo um pouco fanático, esforçado demais. Passou a furtar-se ao

A PARÁBOLA DO SEMEADOR

local de adoração quando deveria marcar presença; gradualmente, abandonou os cultos das noites de dias úteis e, por fim o culto do dia do Senhor. Apesar de muito advertido e aconselhado, retornou aos seus antigos hábitos; embora não haja tornado a ser o mesmo monstro de pecados que era antes, não obstante pareceram morrer nele quaisquer pensamentos de Deus ou de santidade que tivesse conhecido. Passou a ser visto novamente blasfemando; novamente lidando de modo perverso com o profano; e o irmão de quem muito nos orgulhávamos, repetindo, em meio a conversas, "Oh! quanto Deus é glorificado! O que não pode a graça fazer?", para confusão geral de todos andava bêbado pelas ruas, levando outros a nos atirarem na face diatribes como: "Este não era um dos seus convertidos? Então, um dos seus convertidos preferidos desistiu e voltou a ser o que era antes?"

Mas se é ruim ser ouvinte à beira do caminho, não acredito seja melhor ser como aquele que é solo pedregoso. De qualquer modo, este segundo tipo certamente nos dá maiores alegrias que o primeiro. Eu sempre achei ser um ato de bondade de Deus sua providência nos mandar algumas destas pessoas quando o ministro ainda é jovem e tem poucas pessoas para apoiá-lo — o tipo de pessoa que se emociona com facilidade e sente quando o ministro prega com sinceridade, que o estima e se reúne ao redor dele. Mas o tempo, que a tudo prova, também prova estas pessoas. Parecem feitas de metal puro e forte, mas que precisa ser posto no fogo, precisa ser testado, provado, acrisolado na fornalha. Quando os olho, pareço ver um ou dois desse tipo. Não conheço a maioria de vocês, mas vejo alguns de quem bem poderia dizer serem exatamente as pessoas aqui descritas. Muito olho para vocês enquanto prego, e já pensei muitas vezes: "Aquele chegará, um dia, a deixar as coisas deste mundo, tenho certeza". E agradeço a Deus por isso. Ah!, mas por sete anos prego para vocês, e continuam os mesmos, do mesmo modo. Bem, pode ser que haja ainda mais sete anos, quem pode garantir? Serão mais sete anos de esforços desperdiçados? Serão sete anos de conselhos rejeitados e convites ignorados? Querem ser carregados para a tumba tendo-me discursando à beira de seu túmulo, dizendo: "Eis uma esperança arruinada, uma flor que secou ainda em botão, um homem em quem a graça parecia lutar para viver, mas em quem jamais chegou a reinar, em quem chegou a dar alguns esperançosos espasmos de vida, que, infelizmente, acabaram encerrados pela frieza e pelo langor da morte eterna"? Deus os salve! Oh! Que ele seja efetivo em vocês, e possam, mesmo vocês, serem levados a ele, para que de Jesus seja toda a glória.

III. Irei tratar do terceiro grupo de forma breve, e que o Espírito de Deus me ajude a falar fielmente a vocês. *E outra caiu no meio dos espinhos; e crescendo com ela os espinhos, sufocaram-na.* Ora, era este um bom solo. Os dois anteriores eram ruins; a beira do caminho não é local adequado, e o solo pedregoso não é espaço propício para o crescimento de coisa alguma. Este, porém, é um bom solo, tanto assim que nele cresce algo: crescem espinhos. Um solo que faz crescer espinhos decerto poderia fazer brotar também a semente. Onde quer que o espinho nasça e floresça, ali também poderá crescer a semente. Trata-se de solo apropriado, rico e fértil; pode imaginar até que o semeador dedicasse um pouco de seu tempo jogando sementes em mancheias neste bom pedaço de terra. Pensem na felicidade dele ao visitar o local meses depois. A semente já brota. É bem verdade que já há outras pequenas plantas ao redor de sua plantinha nascida da semente. "Oh", pensa ele, "isso não é nada e o próprio trigo irá dizimar; quando crescer, acabará sufocando esses espinhozinhos que infelizmente ali se misturaram". Ah, sr. Semeador, você não conhece a força do mal, ou não sonharia assim! Então, retorna e vê o trigo crescido, há até mesmo grãos na espiga; mas o arbusto de cardo e espinhos se entrelaçou com a planta, e o pobre trigo mal consegue para si sequer um raio de sol. É tão sufocado pelo arbusto com os espinhos e a ausência de luz que acaba ganhando um matiz amarelado de doente. Talvez ainda viva, persevere em crescer, e até pareça capaz de render algum pequeno fruto, mas não consegue alcançar um resultado verdadeiro. O colhedor jamais encherá um feixe com este trigo. Pode haver frágil sinal de fruto, mas nenhuma realidade nisso, nenhum fruto seu jamais chegará à perfeição.

Este grupo é, de fato, bem numeroso entre nós. Muitas damas e cavalheiros comparecem para ouvir a palavra e entendem o que ouvem. Não são homens e mulheres ignorantes e não esclarecidos, que desperdiçam tudo quanto ouvem. Não atiramos pérolas aos porcos quando pregamos para estas pessoas;

pelo contrário, elas guardam e valorizam as palavras da verdade, levam-nas para casa, refletem sobre o que ouviram; e comparecem, comparecem, e comparecem de novo à igreja. Chegam até a fazer profissão de fé. A planta parece dar botões, desabrochar e florescer, dando mostras de em breve chegar à perfeição. Mas não se apressem em chegar a uma conclusão: estes homens e mulheres têm mais o que tratar; têm afazeres que lhes dão maior preocupação; o estabelecimento que dirigem, por exemplo, emprega centenas de mãos. Não se enganem, portanto, quanto à santidade destas pessoas: não têm tempo para isso. Elas lhe dirão que têm de viver; que não podem negligenciar deste mundo; que têm, de alguma forma, de olhar para o presente e, quanto ao futuro, acham que serão capazes de lidar com essa preocupação com o passar do tempo. Tais pessoas continuam a frequentar os cultos, e um pobre e frágil broto continua, de todo modo, timidamente a crescer; eis que agora, que já estão ricos, podem vir à igreja em carruagem e têm tudo o que seu coração poderia desejar. Ah, agora, certamente, a semente irá crescer, não irá? Não, não. Então, deixam de se preocupar com os negócios, entregues em boas mãos, e passam a viver descansados em sua ampla propriedade campestre nos arrabaldes de Londres; não precisam se perguntar como pagar a próxima conta, nem como fazer para sustentar a família, que não para de crescer. Agora têm até demais, agora possuem *riqueza*. "Sim, sim, mas", dirá alguém, "é possível também usar a riqueza para com Deus; nem que seja um talento que possam investir para fazer render com este fim". Mas não é bem assim. Riquezas são muito enganadoras. Eles agora têm de entreter muitas companhias, têm de se manter estimados e respeitados, alguns já pensam seriamente em se tornar membros do Parlamento, têm de obter, enfim, toda a enganação que as riquezas são capazes de oferecer. Começam então a gastar as riquezas, pois decerto superaram as dificuldades. Doam grandes somas à causa de Cristo, são generosos com a causa da caridade e semelhantes; agora o pequeno broto irá crescer, não irá? Não, pois agora o rodeiam os espinhos do prazer. A liberdade concedida aos outros implica liberdade a si mesmos; desfrutam de muito prazer com o que possuem e têm toda a certeza de que assim deve ser; ao mesmo tempo, porém, esses prazeres se tornam tão intensos e fortes que sufocam o trigo, e a boa semente do evangelho é impedida de crescer, por causa de certo prazer, de certa festa, de certo teatro, baile ou sarau; e não conseguem mais frequentar os serviços de Deus, porque os prazeres deste mundo sufocam a semente.

Conheço vários temíveis espécimes desse grupo. Não gostaria de ter de contar esse exemplo de novo, mas somente vou trazê-lo à tona para mostrar os resultados. Conheço uma pessoa sempre presente nos altos círculos da corte, que muitas vezes me confessou desejar ser pobre, pois acredita que assim talvez pudesse entrar no reino do céu. É o detentor de alto cargo, mas me disse — e o disse com sinais em sua fronte que indicavam ser sincero no que dizia: "Ah! esses políticos, esses políticos, gostaria de poder me livrar deles, pois sugam a vida de meu coração!" Não consigo servir a Deus como deveria. Gostaria de poder me retirar para um lugar isolado e poder buscar meu Salvador". Conheço outro, também, talvez transbordante de riquezas, sempre gentil e nobre, que me disse, quando caminhamos juntos e pude ler a sinceridade de seus pensamentos: "Ah, pregador! Ser rico é algo terrível, pois não é fácil ater-me ao Salvador com tanta terra em cima de mim!"

Não pedirei a Deus, queridos ouvintes, que os ponha de cama, enfermos, que os livre de toda riqueza, que os leve à pobreza, que os prive de todo conforto; não pedirei nada disso; mas, oh, se ele assim procedesse e vocês conseguissem salvar sua alma, seria o melhor negócio que poderiam fazer! Que o rei possa se livrar da coroa se necessário para ser salvo! Se os mais fortes dentre os fortes fizessem um pedido desses para impedir que os espinhos sufoquem sua semente; se pudessem desistir das riquezas e se furtarem de todos os prazeres do mundo; se todo o luxo fosse feito pobreza; se aqueles que andam empertigados pudessem tomar o lugar de Lázaro no lixão, com os cães lhes lambendo as feridas — seria uma boa mudança, sem dúvida, desde que ao menos a alma dessas pessoas fosse salva. Não acredito realmente que alguém possa ser rico e honrável e ao mesmo tempo ter prazer na misericórdia de Deus; que consiga por fim ir para o céu sem que seja necessário muito desejo de mudança de sua parte. *E outra vez vos digo que é mais fácil um camelo passar pelo fundo duma agulha, do que entrar um rico no reino de Deus* (Mt 19.24). Alguns camelos acabam passando pelo buraco da agulha: Deus permite, de vez em quando, que alguns poucos ricos entrem

A PARÁBOLA DO SEMEADOR | 1591

no reino do céu — mas apenas com muita luta e muito embate com sua carne orgulhosa, para poder mantê-la subjugada e sob controle. Firme, meu irmão, firme! Não se apresse em chegar lá. Trata-se de um lugar em que sua cabeça será revirada. Não peça que Deus o torne popular; aqueles que são populares odeiam a fama, e querem até se livrar dela. Não peça a Deus que o faça rico nem famoso: aqueles que o são geralmente olham para dentro e anseiam poder retornar à quietude de que um dia desfrutaram. Clamem com Agur, nos Provérbios: "Não me dês nem a pobreza nem a riqueza". Que Deus me faça percorrer o caminho dourado e tenha sempre em meu coração a boa semente, capaz de render cem vezes mais frutos para sua glória.

IV. Quero encerrar com o último tipo, o chamado solo fértil. Deste bom solo temos, como vocês sabem, apenas uma em cada quatro pessoas. Ah! Queira Deus que tenhamos pelo menos uma cada quatro pessoas deste tipo aqui, com o coração bem preparado para receber a Palavra. O solo é bom, não por natureza, mas foi feito assim pela graça. Deus foi quem o arou; ele o revirou com o arado do verdadeiro arrependimento, criando nele os sulcos para a fé. Quando o evangelho foi pregado, essas pessoas o receberam, dizendo: "Eis o Cristo de que eu precisava misericórdia! É exatamente o que um pecador como eu necessita: perdão e refúgio! Ajuda-me Deus a chegar nele, pois é o de que preciso, para conforto ao meu solo tão perturbado e ansioso." Então a semente ali caiu e brotou. Produziu amor ardente, aumento do coração, devoção aos propósitos de Deus, exatamente como a semente faz com aqueles que rendem cem vezes mais frutos. A pessoa se tornou um grande servo, por Deus desgastou-se a si mesmo e por Deus foi grandemente usado. Tomou a dianteira das fileiras do exército de Cristo, participou ativamente do calor da batalha, realizou feitos que poucos ousados conseguiriam alcançar — a semente rendeu cem vezes mais. Caiu também em outro coração, que embora não haja feito tanto, mas ainda assim muito realizou. Entregou-se a Deus conforme se encontrava, e em seu trabalho do mundo tinha sempre uma palavra a dizer sobre os negócios de Deus no mundo vindouro. Em sua caminhada diária, honrava a doutrina de Deus, seu Salvador — e rendeu sessenta vezes mais frutos. A semente caiu ainda em um terceiro coração, cuja capacidade e talentos eram pequenos; jamais seria uma estrela, mas podia ser um vagalume; não tinha como ser o melhor, mas se contentava em poder fazer alguma coisa, ainda que fosse o mínimo. A semente rendeu nele dez, talvez até vinte vezes mais frutos.

Quantas pessoas destas terei aqui em meio a esta enorme congregação? Vim para cá hoje com minha alma incandescendo para pregar a vocês; mas uma súbita escuridão e um pesar na alma me possuíram e, enquanto me dirigi a vocês, tive de pregar, em meu próprio espírito, contra o vento e a tempestade. Será que posso esperar que a semente caia em bom local, que pouse em bom solo, apesar da desajeitada forma pela qual a espalho? Se há alguém aqui que ore, interiormente : *Ó Senhor, salva-me; sê propício a mim, o pecador* (Lc 18.13), a semente cairá certamente em bom solo. Ó boa alma, tua prece será ouvida; Deus jamais faz que um homem anseie por misericórdia sem que pretenda concedê-la. Será que ouço outra pessoa dizer: "Oh! que eu seja salvo"? Ó alma, *crê no Senhor Jesus e serás salvo* (At 16.31). Você se acha o maior dos pecadores? Confie em Cristo, e seus grandes pecados irão desaparecer, como a pedra rola e é levada durante a enchente. Não haverá mais homem algum aqui que confie no Salvador? Será possível que o Espírito esteja absolutamente ausente? Que não esteja tocando em alma alguma? Que não esteja semeando a vida em nenhum espírito? Roguemos para que ele desça a nós e que, por pior espalhada que seja a semente, ainda nosso Deus protetor possa vigiá-la, alimentá-la e nutri-la, até que venha a render uma colheita eterna.

Que triste pensamento, pensar nas muitas grandes reuniões aos domingos de todos esses anos, passando e passando, com tantas pessoas permanecendo sem salvação! Suponho que ainda me caiba dirigir a mais de um ou dois milhões de preciosos espíritos imortais por ano, e quantos, dentre estes milhões, ouvem com ouvidos moucos, não se emocionam em sua alma e continuam a ser o que são, mortos em transgressão e pecado! Este pensamento por vezes me assombra — se eu não tiver sido fiel, essas muitas pessoas passarão diante de mim na eternidade e me cuspirão a face por eu lhes ter enganado? Será que cada olho dos milhões para quem me dirigi lançarão maldições causticantes em mim por toda a eternidade? Pois assim devem fazer, de fato *devem*, se eu não tiver buscado o bem de todos e se não tiver pregado o evangelho de nosso Senhor e Salvador Jesus Cristo. Eu lhes imploro, lhes rogo, ainda que sofram pelo menos prestem atenção ao que lhes digo agora, permitam que eu espere que hão de me aceitar como tendo tentado ser fiel a vocês, para que o seu sangue não recaia sobre mim. Mas por que deveria esse sangue recair? Não haverá esperança? Não haverá salvação? Não haverá, enquanto durar a vida, uma porta aberta para escapar? Vão, caros ouvintes, vão, eu lhes suplico, vão, eu imploro pelo Deus vivo, Deus da eternidade, vão a Jesus, antes que a morte se apodere de vocês, pois ela os está buscando, montada em seu cavalo pálido; antes que a condenação os alcance, vão, vão para ele, cujos braços estão abertos para recebê-los agora! Creiam em Jesus e serão salvos. *Quem crer e for batizado será salvo; mas quem não crer será condenado* (Mc 16.16).

Pareço fanático, ou entusiasmado demais, em pedir, em rogar que pensem nestas coisas? "Fanático", no dia do juízo, apenas irá significar quem foi sincero. "Entusiasmado demais" equivalerá a alguém sincero no que dizia. Oh, creiam no Senhor Jesus Cristo para evitar de, enquanto ainda estão aqui, a ira de Deus tudo queime e sua justiça sobre vocês se abata:

> Venham, almas culpadas, neste mesmo instante,
> Venham para Cristo curar as suas feridas;
> Eis aqui do evangelho o dia das boas-vindas,
> Em que se derrama a graça livre e abundante.

171

PODER, PROPÓSITO E
PRONTIDÃO DE SATANÁS

Mas logo vem o diabo e tira-lhes do coração a palavra, para que não suceda que, crendo, sejam salvos
(Lc 8.12).

É um grande conforto saber que multidões têm vontade de ouvir a palavra de Deus. Muito embora muitos se mostrem no final ser solo pedregoso, à beira do caminho ou espinhoso, é ainda circunstância animadora que a semente possa ser espalhada por tão vasta área. Não obstante, o ânimo causado em vista de tão grande congregação não é assim tão agradável; pois a pergunta surge naturalmente: o que será feito de toda essa pregação e toda essa frequência? Conseguirá a semente celestial produzir uma colheita ou acabará caindo em alma infértil? O pensador cristão, ao considerar estas questões, leva em conta a situação das pessoas, lembrando que muitas estão despreparadas para ouvir o evangelho. Longe de serem campos arados para receber a semente, são mais como estradas de terra batida. Ouvem o evangelho e até nos animamos por elas, mas sequer imaginam permitir que a semente penetre no interior de sua alma. O solo desses ouvintes já está por demais ocupado, outros pés por ali caminham e rapidamente irão sobrepor-se às pegadas do semeador; quanto à boa semente, ficará onde cair, sem encontrar passagem para o interior do homem. Isto não é tudo. O atento observador logo verá que há outra dificuldade: o arqui-inimigo de Deus e dos homens se opõe à salvação das almas e por isso se faz presente com poder destrutivo onde quer que a semente de Deus seja espalhada.

É disso que trataremos agora: a ação de Satanás durante a pregação do evangelho. Ele permanece longe da vista, mas não se consegue impedir que permaneça longe dos pensamentos. Produz ainda mais enganos quando os homens o ignoram. Voltemos mais atenção, portanto, para sua presença, provando não sermos ignorantes de sua atividade.

Pelas palavras diante de nós, nosso divino Senhor nos lembra a *prontidão do inimigo. Mas logo vem o diabo...; do seu poder: ... e tira-lhes do coração a palavra...; e do seu propósito,* de impedir a salvação pela fé: *... para que não suceda que, crendo, sejam salvos.* Neste momento, em que está sendo ministrado o culto divino, seria bom esclarecer estes pontos para que todos sejam alertados contra o maligno e que, pela graça de Deus, seus planos sejam frustrados.

I. Em primeiro lugar, observemos a prontidão do maligno. Tão logo a semente cai, as aves se adiantam para comê-la. Nosso texto diz que *"logo* vem o diabo", ou, como Marcos escreve, Satanás. Enquanto outros demoram, o mesmo não ocorre com Satanás. Tão logo um animal cai morto em campo aberto, chegam os abutres. Não se poderia certamente divisar antes ave alguma em muitas milhas de distância, mas rapidamente surgem manchas no céu, seguindo-se, com a mesma rapidez, devoradores se refestelando com a carne do animal recém-caído. Do mesmo modo, os espíritos do mal sentem à distância o cheiro de sua presa e acorrem rapidamente a realizar sua tarefa destruidora. O lapso no tempo poderia dar algum instante para reflexão e levar ao arrependimento; assim, os inimigos correm a impedir o ouvinte de refletir sobre a verdade que acaba de ouvir. Quando o evangelho chega a afetar o ouvinte em certa medida, mesmo que seja no menor grau, dentro do coração, *é então* que, com velocidade maior que a da águia, o diabo se apressa em procurar arrancar a palavra do seu íntimo. O menor atraso pode fazer que a situação fique além dos domínios satânicos, o que explica a prontidão da ação diabólica. Oh, se tivéssemos, ao menos em parte, tal rapidez e atividade no serviço de nosso Senhor, ao menos a disposição para agarrar as oportunidades de abençoar a alma dos homens!

Sem dúvida, Satanás age por vezes diretamente sobre os pensamentos do homem. Ele sugeriu pessoalmente a Judas que vendesse seu mestre, e muitas outras insinuações lança sobre a mente humana. Tal como o abutre que continuamente se refestelava com as entranhas de Prometeu, o Diabo arranca os bons pensamentos que surgem na alma humana. Insaciavelmente malicioso, não suporta que uma única verdade divina abençoe um coração. Lança como bombas blasfêmias terríveis, pensamentos luxuriosos, rude descrença e vãs frivolidades, para destruir qualquer pensamento recém-nascido que se consagre a Cristo e à sua salvação. Por vezes fascina a mente, de outras vezes a aterroriza; seu objetivo é afastar o pensamento dos homens do evangelho, impedindo que se aloje na consciência e no coração.

Como não consegue estar presente em todo lugar ao mesmo tempo, Satanás muitas vezes atua por meio de seus servos, enviando espíritos inferiores para agir como aves para devorar a semente, e estes, por sua vez, empregam diferentes artifícios. De grande astúcia é o uso dos incidentes mais comuns da vida nos empreendimentos malignos, de tal modo que até mesmo as coisas as mais insignificantes podem servir para que os propósitos do adversário venham a ser alcançados. Assim, pode acontecer de o pregador ter algo destacado em suas maneiras, em sua eloquência ou em sua aparência, fazendo que o detalhe funcione como ave a devorar a semente: o ouvinte fica tão mergulhado nessa vã singularidade do ministro que se esquece da verdade que lhe está sendo dita. Uma anedota, uma imagem, uma palavra usada aquece a mente do ouvinte e logo a palavra de Deus se vai de seu coração, abrindo espaço para mera frivolida-de. Mesmo quando o sermão passe incólume até o fim, há outro perigo: um guarda-chuva perdido, um congestionamento na saída, uma bobagem dita em meio à multidão ou o absurdo da roupa de alguém desconhecido, tudo isso pode servir para o propósito do diabo de sequestrar a palavra do coração. Pouco importa se a semente é devorada por um corvo negro ou pomba branca, por grandes aves ou pequenos pardais: se não se alojar no coração jamais poderá render frutos. Assim, arranja o diabo que de algum modo seja a semente arrancada de imediato. Ainda que não visite algum local de adoração por algum tempo, com toda a certeza se fará presente quando tiver início um movimento e reavivamento: "Mas *logo* vem o diabo". Ele muitas vezes deixa o púlpito vazio em paz, mas se um homem esforçado começa a pregar, "vem *logo* Satanás".

II. Em segundo lugar, examinemos por um momento seu poder. "... e tira-lhes do coração a palavra." Não nos é dito que ele apenas tente fazê-lo, mas que de fato o faz. Vem, vê e vence. A palavra ali está, e o diabo a retira com a mesma facilidade que uma ave pega a semente caída à beira do caminho. Ah, quanta influência o maligno tem sobre a mente humana e quão inútil é o trabalho do pregador se o poder divino não o acompanha. Dependendo talvez da maneira pungente com que seja exposta, um pouco da verdade possa chegar à mente; mas o inimigo logo a remove do coração; assim, a parte principal e mais importante do trabalho permanece inacabada. Talvez sejamos tolos em mirarmos apenas a mente, pois aquele que é mais esperto que a habilidade mira sempre o coração. Quem quer que o desejar poderá conquistar o intelecto — contanto que, para Satanás, controle ele os sentimentos. Para o coração humano, a semente estará perdida, pois as aves já a devoraram; tornou-se nula, não irá exercer poder algum nem criar vida. Nem um só traço será encontrado depois da ação das aves, onde se deveria notar, pelo menos. a marca da semente lançada à margem, tão efetiva é a obra do príncipe das potestades do ar. Se Satanás acha ser importante sua presença, age imediatamente, é eficaz e cuida para que seu negócio jamais falhe.

O poder do inimigo deriva em grande parte de sua sagacidade. Decaído agora, era antes um anjo de luz, e suas faculdades superlativas, ainda que corrompidas, poluídas e turvadas pela deterioração do pecado, ainda são superiores às dos humanos, contra quem exerce sua arte. E é mais perigoso para o pregador e ouvintes quando o Espírito Santo não está presente para rechaçá-lo. Desenvolveu muita manha, também, na longa prática de seu ofício maldito. Conhece o coração humano melhor do que ninguém, exceto o Criador; por milhares de anos estuda a nossa natureza, tornando-se íntimo de nossos pontos fracos. Comparados a esta serpente tentadora, somos fracos e inexperientes, mais sutil que

PODER, PROPÓSITO E PRONTIDÃO DE SATANÁS

| 1595

qualquer fera selvagem. Não é de espantar, portanto, que consiga arrancar a palavra divina semeada em corações endurecidos.

Além disso, ele retira seu poder da condição da alma humana, em geral. É fácil para as aves apanharem a semente exposta em um caminho de chão batido. Fosse o solo bom, e a semente o tivesse penetrado, teriam dificuldade maior, talvez até não lograssem êxito; mas um coração endurecido contribui em grande medida para a obra demoníaca: não precisa usar de violência nem de artimanha; a palavra não recebida permanece exposta na superfície da alma, e basta apenas apanhá-la. O poder do mal em grande parte se deve ao nosso próprio mal. Oremos para o Senhor renovar nosso coração e que o testemunho de Jesus seja aceito com maior sinceridade e entusiasmo, sem que jamais possa vir a ser removido. Grande é a necessidade de tal oração. Nosso adversário não é um ser imaginário; sua existência é real, sua presença é constante, seu poder, imenso, sua atividade, incansável. O Senhor o supere. Afaste o mais vil dos vis, quebre o solo duro de nossa alma e deixe que sua verdade cresça de forma verdadeira e graciosa dentro de nós.

III. Nosso breve sermão será encerrado com este terceiro tópico, que trata do propósito do diabo. Ele sabe que a salvação acontece pela crença no Senhor Jesus; por isso, teme, acima de tudo, que os homens *crendo, sejam salvos*. A essência do evangelho reside nestas poucas palavras: *crendo, sejam salvos* e é na mesma proporção em que Satanás odeia o evangelho que devemos medi-lo. Ele não teme a obra mais do que a fé. Se consegue fazer que um homem trabalhe, sinta ou faça alguma coisa em lugar de crer, está satisfeito; crer é o que ele teme, porque esta ação Deus imbuiu de salvação. Todo ouvinte deveria saber disto e voltar toda a sua atenção para o que o diabo considera o motivo principal de atuação. Se o destruidor trabalha para impedir o coração de crer, sábio é concentrarmos toda a nossa atenção neste fato e valorizar como indispensável a nossa fé.

... *para que não suceda que, crendo, sejam salvos*, Satanás retira a palavra dos corações. Aqui está o seu conhecimento — conhecimento escondido pela astúcia do inimigo. Quando o evangelho entra em contato com o coração, a tendência é que produza fé. A semente que cai no solo pode germinar e dar fruto, fazendo que o evangelho demonstre seu poder de vida quando habita o homem. Eis por que o diabo se apressa em removê-lo. A palavra de Deus é a espada do Espírito e o diabo não gosta de vê-la junto ao pecador, temendo ser por ela atingido. Teme a influência da verdade sobre a consciência e, se não puder impedir o homem de ouvi-la, trabalha para evitar que reflita sobre ela: *a fé é pelo ouvir, e o ouvir, pela palavra de Cristo* (Rm 10.17); obstruir o que o homem ouve da palavra é o método satânico de impedir a fé. Aqui está, portanto, um conselho prático e prudente: mantenhamos o evangelho tão próximo quanto possível da mente dos que não se converteram, semeemos de novo, de novo e mais uma vez, pois alguma semente poderá, quem sabe, casualmente criar raízes. Os homens do campo estão acostumados, no plantio das sementes, a deixar "uma para as minhocas, outra para os corvos, e outra para garantir que cresça". Sigamos este exemplo. No livro de Jeremias 7.13, o Senhor assim descreve sua própria ação, dizendo: *quando eu vos falei insistentemente, vós não ouvistes, e quando vos chamei, não respondestes*. De fato, se o Senhor continuar assim, a falar com gente que não lhe responde, não é de espantar que nossas preces acabem parecendo ser em vão. Há vida na semente do evangelho, que crescerá se conseguir se firmar no solo do coração. Tenhamos fé, e jamais imaginemos poder colher uma plantação se não pelo único método de começarmos por espalhar a boa semente. O diabo evidentemente odeia a Palavra; por isso, atenhamo-nos a ela, semeando-a por toda parte.

Certamente você já ouviu muito do evangelho; mas terá ouvido em vão? Neste caso, o diabo terá muito mais a tratar com você do que imagina. Este pensamento lhe parece agradável? Na verdade, a presença do diabo é nojenta e degradante, mas ele paira sobre você como os abutres em campo aberto, esperando lhe roubar a Palavra. Pense nisso. É sua união com o Pai e com seu Filho Jesus Cristo que você lança fora com a sua descrença, e ao proceder assim estará firmando um pacto com Satanás. Não lhe parece terrível? E é. Em vez de o Espírito Santo habitar em você, como o faz em todo crente em Cristo, é o príncipe das trevas que fará de você morada, indo e vindo em sua mente e seu coração como bem lhe aprouver. Lembra-se do sonho de Jacó, com anjos subindo ao céu e dele descendo, em uma escada? Sua experiência de vida pode ser, ao contrário, marcada por uma escada que desce até o escuro abismo, com espíritos malignos subindo e descendo em direção *a você*! Isto não o aterroriza? Permita o Senhor que sim. Anseia por mudar? Que o Espírito Santo transforme então o seu coração em bom solo e que a semente da graça divina cresça em você, produzindo fé verdadeira no Senhor Jesus.

O GRÃO DE MOSTARDA

Um sermão para os professores da escola dominical

Ele, pois, dizia: A que é semelhante o reino de Deus, e a que o compararei? É semelhante a um grão de mostarda que um homem tomou e lançou na sua horta; cresceu, e fez-se árvore, e em seus ramos se aninharam as aves do céu (Lc 13.18,19).

Não tentarei explicar totalmente, hoje, esta grande pequena parábola. Uma explicação completa poderei dar em outra ocasião. A parábola pode ser entendida como referente a nosso Senhor, que é a semente viva. Podemos entender perfeitamente ser a igreja a árvore dele que cresce a ponto de espalhar seus ramos até cobrir toda a terra. Do homem Cristo Jesus, desprezado e rejeitado pelos homens, açoitado e sepultado, assim encoberto temporariamente dos outros homens — dele, afirmo, emerge uma multidão verdadeiramente incontável. Espalha-se de modo semelhante às árvores que crescem às margens dos rios e que se tornam tão graciosos abrigos quanto alimento espiritual. Chamei-a de grande pequena parábola, pois é isto o que é: contém um mundo de ensinamentos encerrados em poucas parábolas. A própria parábola em si é como um grão de mostarda, já os ensinamentos que dela emanam constituem uma árvore frondosa.

Os professores da escola dominical se reúnem nesta época do ano para orar especialmente por bênçãos para o seu trabalho, sendo convidados pregadores para proferir palavras de encorajamento a este abnegado trabalho. Atendo com prazer a tal demanda; este meu discurso não será, por isso, uma explicação detalhada da parábola, mas, sim, uma adaptação, visando a inspirar as pessoas engajadas na admirável obra de ensinar às crianças o temor ao Senhor. Serviço algum pode ser mais importante: subestimá-lo seria uma falta grave. Muito nos regozijamos ao inspirar nossos irmãos em tal trabalho de amor.

A parábola lança luz sobre a obra daqueles que ensinam o evangelho. Atentem, em primeiro lugar, *para o trabalho, bastante simples: um grão de mostarda que um homem tomou e lançou na sua horta.* Observem, depois, *o que disto resulta: cresceu, e fez-se árvore; e em seus ramos se aninharam as aves do céu.*

I. Primeiro, o trabalho simples. O trabalho de ensinar o evangelho é como a semeadura de um grão de mostarda: *É semelhante a um grão de mostarda que um homem tomou e lançou na sua horta.* Reparem *o que fez o homem: antes de mais nada, tomou a semente;* isto é, escolheu-a em um monte. Era apenas um grão, mas um grão importante para ele; então, não o guardou em uma prateleira; tomou-o na mão e o empregou corretamente. Uma semente de mostarda é algo pequeno demais para servir a uma exposição pública; o homem que a tomou na mão foi certamente o único a observá-la. Era apenas um grão, mas o homem o considerou como um objeto que deveria tratar com atenção. Ele não semeava mostarda por largos campos, mas estava plantando apenas *um grão de mostarda* em sua própria horta.

Bem faz ao professor conhecer aquilo que ensina; ter essa verdade de forma distinta em sua mente, do mesmo modo que o homem tinha o grão de mostarda em seus dedos. Estejam certos de que, a menos que uma verdade seja claramente compreendida e distintamente reconhecida pelo professor, pouco dela poderá surgir como ensinamento. Pode ser uma verdade bastante simples; mas se o homem a toma, compreende, assume e respeita, poderá fazer algo com ela. Amados, antes, e até mais importante, que tomemos o evangelho, é que nele acreditemos, o apreciemos e valorizemos sobre todas as coisas; pois a verdade vive conforme é amada e nenhuma mão é mais adequada para semeá-la que as mãos que bem a agarram.

Nesta pequena parábola notamos ainda que o homem *tinha uma horta*: *É semelhante a um grão de mostarda que um homem tomou e lançou na sua horta*. Alguns cristãos não têm sua horta — nenhum ambiente pessoal em torno a que atender. Pertencem ao grupo geral dos cristãos, que anseiam por ver todos os servos cultivando por todo o mundo; mas não chegam a fazer isto de forma particular. É bom sentir calor missionário e zelo pela salvação das nações; mas, no final das contas, o resultado concreto de uma simpatia teórica geral para com o mundo lá fora não é muito prático. Assim como não teríamos agricultura alguma se os homens não tivessem pelo menos uma horta, também não teríamos a obra missionária se cada um não tivesse uma missão particular. É dever de cada um de nós que crê em Cristo, tal como o primeiro homem, Adão, ter uma horta para cuidar e cultivar. Milhões de crianças frequentam a escola dominical em todo o mundo — graças a Deus por isso! Mas será que *você* tem uma turma *própria*? Toda a igreja a serviço de Cristo! Que gloriosa ação! E *você*? Está trabalhando pelo seu Senhor? Será o melhor de todos os tempos quando todo crente tiver sua tarefa pessoal de semear a verdade. Lugares selvagens e solitários brotarão como rosas quando cada cristão cultivar a parte que lhe cabe. Onde mais aquele homem poderia semear sua mostarda se não na própria horta? Ela estava ali, junto dele, era querida por ele e para ela se voltava sempre. Ensine seus filhos, fale de Cristo com seus vizinhos, busque a conversão daqueles que Deus confiou especialmente a você.

Tendo então uma horta, e de posse da semente, *o homem a plantou*. Tão simples quanto isso é o ato da instrução. Você tem várias sementes em sua sementeira. Olhe para elas! Abra esta caixa uma vez a cada doze meses, e as sementes serão sempre as mesmas. Deixe as sementes fechadas por sete anos; nada acontecerá. A verdade não deve ser guardada para nós mesmos: deve ser tornada pública e abertamente declarada. Há um antigo provérbio, que diz: "A verdade é poderosa e prevalecerá". Este provérbio está certo em grande parte, mas precisa ser completado. Se escondermos a verdade e a deixarmos sem voz, ela não irá prevalecer; não poderá nem ao menos para isso lutar. Quando as grandes verdades prevalecem? Quando bravos homens persistem em declará-las. Espíritos ousados assumem uma causa, de início bastante impopular, e falam sobre ela com tanta sinceridade e com tanta convicção e frequência que acabam atraindo para sua causa a devida atenção; e se mantêm firmes até que a causa haja triunfado. A verdade tem sido poderosa e tem prevalecido, mas não sem homens que deem a vida e a palavra por ela. Nem o próprio evangelho, se não ensinado, poderá prevalecer. Se a verdade revelada for gravada em pedra e mantida em silêncio, jamais florescerá. Lembrem-se de como, através de épocas sombrias, o evangelho permaneceu adormecido em velhos livros nas bibliotecas dos monastérios, até que Lutero e seus companheiros reformistas se apoderaram dele e o semearam na mente dos homens.

O homem simplesmente plantou o grão em sua horta. Não o embrulhou em folhas douradas nem fez coisa semelhante para enfeitá-lo; simplesmente o plantou no chão. A semente nua e crua entrou em contato com o solo nu e cru. Ó professores, não tentem fazer o evangelho parecer melhor; não o corrompam com belas palavras arranjadas ou explicações elaboradas. A semente do evangelho deve ser depositada nos jovens corações tal como se encontra registrada. Plantem a verdade a respeito do Senhor Jesus na mente das crianças. Façam que aprendam não o que vocês tenham a dizer sobre a verdade, mas aquilo que a verdade diz por si mesma. É errado fazer do evangelho um cabide para pendurar as próprias roupas. O evangelho não é uma embarcação para ser carregada com pensamentos humanos, especulações refinadas, trechos de poesias e belas histórias. Não, não; o evangelho é o pensamento de Deus: nele e dele provém a mensagem de que as almas necessitam. É o evangelho em si que deve germinar. Tome uma verdade, em especial a grande doutrina de que o homem está perdido e que Cristo é o único Salvador, e tenha certeza de fazer que ela habite as mentes e os corações. Ensine de forma clara a grande verdade de que todo aquele que nele crer terá a vida eterna; que o Senhor Jesus tomou nossos pecados em seu próprio corpo na cruz e sofreu por nós, o justo pelos injustos — tomem estas verdades e as plantem-nas nas mentes e corações, e vejam o resultado. Semeiem a própria verdade; não suas reflexões sobre a verdade, não seus adornos sobre a verdade, mas a verdade em si. É isto que deve entrar em contato com a mente e o coração; pois a verdade é a semente, e a mente e o coração humanos o solo adequado para ela germinar.

O GRÃO DE MOSTARDA — UM SERMÃO PARA OS PROFESSORES DA ESCOLA DOMINICAL | 1599

Estes meus conselhos são triviais. Tudo está na simples operação antes descrita. Quase tudo foi experimentado nestes últimos tempos quanto à pregação, exceto o declarar puro e simples das boas novas e do sacrifício expiatório. As pessoas falam muito sobre o que a igreja pode fazer e o que o evangelho pode fazer; somos informados quanto a comprovações do que diz o evangelho, a dúvidas com relação a ele, e assim por diante; mas quando é que nos dão o próprio evangelho? Irmãos, temos de ir direto ao essencial e ensinar o evangelho, pois ele é a semente viva e incorruptível que permanece para sempre. É muito fácil falar resumidamente sobre o grão de mostarda, deixar as crianças conhecerem um pouco sobre o grão, falar a elas sobre como o grão cresceria, que tipo de árvore produziria e como as aves cantariam em meio a seus ramos. Mas isto não equivale a plantar a semente de mostarda. É muito bom falar sobre a influência do evangelho, a ética do cristianismo, o poder elevador do amor de Cristo, e por aí vai; mas o de que necessitamos é o próprio evangelho, que exerce tal influência e poder. Plantem a semente: relatem às crianças a doutrina da cruz, o fato de sermos salvos pelas chagas de Jesus e que mediante a fé nele somos justificados. Precisamos não de falar sobre o evangelho, mas do evangelho em si. Devemos colocar continuamente a palavra viva do Deus vivo em contato com o coração dos homens. Oh, que o Espírito Santo nos ajude nesta tarefa! E ele nos ajudará, porque se deleita em glorificar a Jesus.

O que é descrito na parábola é trabalho insignificante: o homem tomou o minúsculo grão e o semeou em sua horta. É também um ato simples sentar-se crianças ao redor, abrir a Bíblia e contar a elas nossa conhecida história de como Jesus Cristo veio ao mundo para salvar os pecadores. Não é provável que um fariseu se erguesse e soasse uma trombeta, se lhe coubesse ensinar as crianças; é mais provável que se voltasse para as crianças e dissesse, com escárnio: "Ouvem o que estão dizendo?" Trata-se de um trabalho simples. Todavia, para o grão de mostarda e para o dono da horta, a semeadura é um processo importante; o grão de mostarda não irá crescer a menos que seja semeado; o dono da horta não terá colheita de mostarda a menos que plante a semente. Caros professores da escola dominical, não se esgotem em seu humilde trabalho, cuja grande importância é impossível avaliar. Mas não deixem de contar aos meninos e meninas sobre o Filho de Deus, que viveu, amou e morreu para que os indignos pudessem ser salvos. Convençam-nos da urgência de ter fé no poderoso Salvador, para que possam ser salvos agora. Falem a eles sobre o novo nascimento e como a alma dos homens é renovada pelo Espírito Santo, sem cuja obra divina ninguém pode entrar no reino do céu. Plantem a semente de mostarda, nada além da semente, se desejam colher mostarda. Ensinem o evangelho da graça, nada além do evangelho da graça, se desejam ver florescer a graça no coração dos pequeninos.

Reflitamos, agora, sobre *o que o homem plantou*. O que foi plantado? Foi uma única semente, e bem pequena; tão pequena que os judeus estão acostumados a dizer: "Pequeno como um grão de mostarda". Assim, o Salvador fala dela como sendo a menor das sementes; ao que poderia não ser da maior exatidão, mas estava de acordo com o senso comum: nosso Senhor não estava ensinando botânica; narrava uma parábola, em linguagem popular. Sim, o evangelho parece algo pequeno e simples: creia e viva! Olhe para Jesus morrendo no lugar do pecador! Olhe para Jesus crucificado, tal como Israel olhou, em busca de cura, para a serpente de bronze no alto da haste. Ele é a simplicidade em pessoa. Na verdade, o evangelho é algo tão simples que as pessoas que se dizem superiores parecem ficar "cansadas" dele e buscam algo mais complicado, de compreensão mais difícil. Muitas pessoas de hoje gostam de ouvir as Escrituras sendo "adequadamente confundidas"; ou como alguém, que disse: "Você deveria ouvir nosso ministro prescindir da verdade". Espalhar a verdade é um trabalho considerado muito comum para certos pregadores modernos; ainda bem que nosso único dever é semear a palavra de Deus na mente das crianças. Cabe a mim e a vocês ensinar a todos a simples verdade: que Jesus Cristo veio ao mundo para salvar os pecadores e que quem nele crer não perecerá, mas terá a vida eterna. Nada mais precisamos espalhar em meio aos homens ou às crianças. Esta única semente, aparentemente pequena, tão insignificante, é que temos de continuar a semear.

Alguns talvez questionem, com escárnio: "Qual poderá ser o resultado de pregar o evangelho? Não seria melhor discorrer sobre moral, economia, ciências?" Ah, amigos! Se vocês forem capazes de produzir algum bem agindo assim, nós não os iremos deter; mas acreditamos que cem vezes mais pode ser feito através do evangelho; pois é o poder de Deus aplicado à salvação de toda pessoa que nele crê. O evangelho não é inimigo de coisa alguma que seja boa; é, pelo contrário, por assim dizer, a força com que as coisas boas são feitas. Qualquer coisa pura, honesta e de boa reputação é nutrida pelo espírito gerado pelo simples evangelho de Cristo. A purificação e edificação da raça humana não serão conduzidas pela política ou pela ciência, mas, sim, pela palavra do Senhor, que vive e permanece para sempre. Para que levemos a maior das bênçãos à infância e à juventude, há que trabalharmos para implantarmos em sua mente e coração a fé no Senhor Jesus. Oh, que o poder divino esteja conosco neste trabalho!

Todavia, apesar de muito pequena, a semente estava *viva*. Há uma grande diferença entre a semente de mostarda e um pedaço de madeira de igual ou até maior dimensão. A vida lateja na semente. O que é a vida, não podemos afirmar. Mesmo que se usasse o mais potente microscópio não seria possível enxergá-la até a infinitude. É um mistério, mas essencial à semente. O evangelho tem algo em si que não é de pronto descoberto pelo raciocínio filosófico, ainda que possa de algum modo ser percebido. Tome-se uma máxima de Sócrates ou Platão e se analise se através dela alguma nação ou tribo foi levada da barbárie para a civilização. A máxima de um filósofo pode ter alguma influência mensurável no homem, e em alguma direção que possa ser apontada; mas quem já ouviu falar de um homem ter seu caráter inteiramente transformado por uma observação de Confúcio ou Aristóteles? Confesso que eu jamais vi isso acontecer. Os ensinamentos humanos são inférteis. No entanto, há vida divina no evangelho, com toda a sua simplicidade e trivialidade, e é essa vida que faz toda a diferença. O que é humano jamais conseguirá rivalizar com o que é divino, pois ao humano faltará a chama da divina vida. Vale mais pregar cinco palavras de Deus do que cinco milhões de palavras da sabedoria humana. A palavra do homem pode de vez em quando até parecer mais sábia e atraentes, mas jamais haverá vida celestial nela. Na palavra de Deus, por mais simples que seja, habita a onipotência de Deus, de cujos lábios partiu.

Verdade seja dita, no entanto, uma semente é *algo muito abrangente*. O que encontraremos dentro de um grão de mostarda? Nele está contido o que a partir dele se produzirá. Assim é que é. Cada ramo, cada folha, cada flor e cada semente que virá a ser estão, em essência, contidos no grão; é preciso que se desenvolvam, mas está tudo lá. Do mesmo modo, dentro do simples evangelho, quanto não está ali concentrado? Vejamos. Dentro daquela verdade encontra-se a salvação, a regeneração, o arrependimento, a fé, a santidade, o zelo, a consagração e a perfeição. O céu se esconde todo dentro do evangelho. Como um filhote de ave no ninho, a glória habita ali graciosamente. Podemos não ver os resultados de imediato, nem de fato absolutamente os veremos até que plantemos a semente e ela germine; mas está tudo ali. Acreditam nisto, jovens professores? Já se deram conta do que têm nas mãos quando se apoderam do evangelho da graça de Deus? É a coisa mais preciosa que existe sob o céu. Creem no evangelho que têm para ensinar? Conseguem compreender que, dentro dessas linhas aparentemente estreitas, encerram-se o eterno, o infinito, o perfeito, o divino? Assim como na criancinha de Belém estava o Deus eterno, também dentro do simples ensinamento de *crê e vive* (Jo 11.26) estão todos os elementos de bênção para o homem e de glória ilimitada para Deus. A pequenina semente é algo bastante abrangente: o evangelho de Deus.

Por este motivo, é a semente tão maravilhosa: *é uma criação divina*. Convoquem-se os químicos, tragam-nos todos aqui, com seus aparatos e seus apetrechos. Faça-se uma seleção dos maiores químicos ou analistas, ou do que quer que seja, vivos. Sábios senhores, será que podem nos fazer um grão de mostarda? Podem tomar a semente; esmigalhem-na e a analisem, e certifiquem-se de conhecer todos os seus ingredientes. Até aí tudo bem. Seu trabalho já começou? Agora, produzam uma única semente de mostarda. Nós lhes daremos uma semana. É um trabalho bastante simples. Vocês têm todos os elementos da mostarda aqui na terra. Façam um único grão vivo; não estamos lhes pedindo uma tonelada. Um grão de mostarda será suficiente. Será, grandes químicos, que não conseguem fazer coisa tão pequena? Um mês se passa. Pedimos apenas que entregassem um único grão de mostarda, e onde está? Não conseguiram fazê-lo em um mês? O que estão fazendo? Teremos de conceder a vocês mais sete anos? Ora, com todos os laboratórios do mundo

O GRÃO DE MOSTARDA — UM SERMÃO PARA OS PROFESSORES DA ESCOLA DOMINICAL | 1601

ao seu dispor, com todos os materiais e todos os recursos, e com todas as minas provendo combustível, vão então ao trabalho. O ar se enegrece com a fumaça produzida e o vapor corre solto conforme vão usando e gastando os ingredientes; mas onde está a semente de mostarda? Constatar o impasse só deixa constrangidos os homens sábios: não são capazes de criar uma semente viva. Não. Ninguém também consegue criar um evangelho, nem mesmo um autêntico texto evangélico. Os pensadores desta era não conseguem urdir outra vida de Cristo para igualar aos quatro evangelhos que já temos. Vou mais além: jamais poderiam criar uma situação que se adequasse aos fatos que já conhecemos hoje. Vários romancistas modernos conseguem martelar belas histórias imaginárias em suas bigornas; peçam então que escrevam um quinto e legítimo evangelho — por exemplo, segundo Pedro, ou segundo André. Peçam! Nem ao menos ousarão se dar ao trabalho de começar a tarefa. Quem seria capaz de escrever um novo livro dos Salmos, ou novas promessas divinas, como da Bíblia? Os melhores químicos logo provariam sua sabedoria ao confessar, de início: "Não, não somos capazes de criar uma semente de mostarda"; e os sábios pensadores igualmente confessariam não serem capazes de criar outro evangelho. Alguns irmãos meus eruditos tentaram, não sem pouco esforço, criar um novo evangelho para este século dezenove; mas não se iludam: é melhor que vocês, professores, se atenham ao antigo evangelho. O homem não pode imbuir suas teorias de vida. A palavra viva é dedo de Deus. O simples grão de semente de mostarda é feito e deverá ser feito sempre por Deus, e por ele apenas; e é ele quem coloca vida no evangelho, ou jamais este teria poder sobre o coração. O evangelho dos professores da escola dominical, aquele que diz *crê, e vive*, tem vida plena dada por Deus dentro de si, por mais que os homens o desprezem. Não é possível criar outro que o possa suplantar; pois não é possível imbuir de vida uma invenção humana. Vão em frente; continuem usando a única verdade viva para com as crianças, pois nada mais tem tanta vida de Deus em si.

Quero também que percebam quão pouca coisa plantar o grão de mostarda parecia ser, ao respondermos à pergunta: *O que representava para aquele homem?* Era para ele *um simples ato natural*; e ele o realizou, plantando a semente. É para nós algo muito natural ensinarmos a outros aquilo em que cremos. Não consigo entender como alguns de nós se chamam cristãos, sem, contudo, jamais comunicar sua fé a outros. Deveria ser tão natural para os jovens de nossa igreja reunirem outros jovens ao seu redor para lhes falar sobre Jesus, a quem amam, como é para o lavrador semear o grão no chão arado.

Plantar o grão de mostarda, além disso, é *um ato extremamente barato*. Um simples grão de mostarda — não há moeda suficientemente pequena para expressar seu pouquíssimo valor. Não posso dizer quantas sementes de mostarda teria o homem; decerto não se tratava de artigo raro para ele; mas pegou apenas um dentre os muitos grãos que certamente tinha e o plantou em sua horta. Nada teve de gastar para realizar esse feito. Isto é um dos primores do trabalho da escola dominical: ela não usa de quantias da igreja nem dos homens. Por mais que esse trabalho for feito, jamais irá afetar os recursos de Sião: é trabalho livre, voluntário, sem maiores despesas, sem preocupações, sem sacrifício de vida — e, não obstante, que fonte de bênçãos ele é!

Ainda mais: trata-se de *um ato de fé*. Plantar uma semente sempre é um ato de fé; porque é preciso abrir mão de tudo por algum tempo, sem receber nada em troca. O semeador escolhe seus melhores grãos e os espalha no solo. Poderia tê-los usado para fazer pão; mas os usa com outro fim. Apenas a fé o salva de ser julgado insano: espera obter de volta cinquenta vezes mais do que plantou. Se você jamais presenciou uma colheita, poderá achar que o homem é um louco enterrando um bom ingrediente; e se jamais presenciou uma conversão, pode parecer um absurdo ensinar constantemente a meninos e meninas a história do Homem que foi levado à cruz. Pregamos e ensinamos como trabalho de fé; e, lembrem-se, apenas atos de fé atingem seu propósito. A regra para a colheita é: *Que seja feito segundo a tua fé* (Mt 9.29). Creiam, caros professores, creiam no evangelho. Acreditem no que estão fazendo quando estiverem ensinando. Creiam que grandes resultados surgem de pequenos atos. Sigam semeando os grãos de mostarda da salvação pela fé, esperando e crendo, que somente disso resultará fruto.

Era um ato que não traria honra alguma ao semeador. O Salvador narra o fato de que um homem tomou um grão de mostarda e o semeou; mas milhares de outros homens plantam sementes de mostarda metade de sua vida sem uma nota a seu respeito. Ninguém jamais disse palavra em sua honra, amigo, apesar de você ensinar a verdade. Continuem semeando, caros professores, ainda que ninguém observe sua diligência nem louve sua fidelidade. Plantem a semente da verdade preciosa na horta da mente e do coração das crianças; pois muito mais resultará deste ato do que vocês possam imaginar.

A mim parece que o Senhor escolheu a semente de mostarda para esta parábola não porque os resultados são os maiores possíveis a partir de uma única semente — pois um carvalho ou um cedro são árvores muito mais frondosas do que a da mostarda; mas a escolheu, sim, porque maiores foram os resultados comparados com o *tamanho* da semente. Sigam a analogia. Imaginemos a escola! Aquele jovem esforçado está ensinando um garoto, uma dessas criaturas selvagens das ruas, que se aglomeram em cada esquina. Diante dele está uma dezena de jovens, das ruas; ele lhes ensina o evangelho. Pouca coisa, não parece? Sim, pouquíssima; mas qual o resultado? Pensem em quanta coisa pode surgir deste pouco! O que aquele jovem está ensinando? Uma verdade elementar. Não riam; é a verdade, mas apenas o *bê-á-bá*. Ele não vai muito longe na doutrina; limita-se a dizer: "Cristo Jesus veio para o mundo salvar os pecadores. Creia no Senhor Jesus, menino, e viva". É tudo quanto ele diz. Pode algum bem vir de Nazaré? O professor está ensinando uma verdade de modo bastante precário; pelo menos, é o que *ele* pensa. Terminada a aula, pergunte a ele o que acha da lição que acabou de dar; ao que certamente responderá: "Não me sinto capaz de ensinar". Sim, o jovem professor lamenta sua lição; o julgamento que faz de si mesmo é de ser frágil; mas há vida na verdade que compartilhou, e a ela se seguem resultados eternos — dos quais falarei na segunda parte, a seguir, deste meu sermão. Que o bom espírito me ajude a continuar falando de modo a inspirar meus amados amigos, que se entregam ao admirável trabalho de ensinar os pequeninos!

II. Em segundo lugar, vamos avaliar o resultado obtido.

Para começar, o grão *cresceu*. É isto que o semeador esperava que acontecesse: plantou a semente esperando que crescesse. Não é razoável supor que a tivesse plantado se não esperava que germinasse. Queridos professores, vocês semeiam sempre em esperança, confiam que a Palavra irá viver e crescer? Se não, não creio que o sucesso será alcançado. Acreditem sempre que a verdade criará raízes, aumentará, crescerá. Ensinem a verdade divina com sinceridade e esperem que a vida nela contida desvele suas maravilhas.

Apesar de o semeador esperar seu crescimento, no entanto, não poderia fazê-la crescer por si mesmo. Depois de ter colocado a semente no solo, pôde regá-la, pôde orar para que Deus fizesse o sol brilhar sobre ela; mas jamais poderia produzir ele mesmo crescimento algum. Apenas aquele que fez a semente poderia fazer ela crescer. O crescimento é uma extensão do ato poderoso no qual a vida é inicialmente dada. A colocação de vida na semente é obra de Deus, assim como o é o aumento dessa vida. É um assunto para sua esperança, mas que está além do seu poder.

É algo realmente maravilhoso que a semente cresça. Se não a víssemos todo dia, ficaríamos mais assombrados com o crescimento da semente que por qualquer mágica feita por um ilusionista. Uma semente em crescimento é um milagre de Deus. Imagine um pedaço de terra próximo a Londres coberto por vegetação e no qual, retornando não muito tempo depois, veja lotes, casas, ruas, praça pública, uma igreja, uma escola, razoável população. Você dirá a si mesmo: "Que notável que tudo isso tenha surgido em tão poucos meses!» E, no entanto, não seria tão maravilhoso quanto um campo que se torna em pouco tempo coberto de trigo com quatro metros de altura, e tudo isso sem uso de trem para trazer os materiais, nem quaisquer ferramentas para fazer a plantação crescer, sem qualquer barulho de martelo ou bate-estacas, sem o trabalho diário e ininterrupto do homem — e tudo isso acaba sendo feito. Maravilhem-se com o crescimento da graça! Vejam como aumenta, aprofunda-se e fortalece! O crescimento da graça é uma maravilha do amor divino. O homem que se arrepende mediante o evangelho, que crê em Jesus, que muda por completo, que vem a ter esperança de um céu, que recebe poder para se tornar filho de Deus — tudo isto é maravilhoso; e, não obstante, acontece bem debaixo dos nossos olhos, e muitas vezes deixamos de admirar como deveríamos. O crescimento da santidade em criaturas caídas como somos é, porém, objeto de admiração dos anjos e deleite de todos os seres santos.

Para o semeador, o crescimento da semente foi bastante agradável. Que maravilha é ver também a graça crescer nas crianças! Lembram-se alguns de vocês terem semeado mostarda ou agrião quando

O GRÃO DE MOSTARDA — UM SERMÃO PARA OS PROFESSORES DA ESCOLA DOMINICAL

crianças, e como, na manhã seguinte, reviraram o solo para ver quanto havia crescido? Como ficaram felizes quando viram o pequeno broto surgir e, depois ainda, quando viram a primeira folha verde! O mesmo acontece com o professor da verdade: fica ansioso por notar o crescimento dos alunos, e para isso usa de constante avaliação. Se o que espera está surgindo, para ele é auspicioso, seja lá o que for para os outros. Alguém insensível poderia dizer: "Oh, a mim não importam essas emoções. São meras impressões passageiras; logo as esquecemos". Mas o professor não pensa assim. O crítico frio também diria: "Não me importa *chororô* de criança. Lágrimas infantis não passam de superficiais"; mas o professor tem plena certeza de que vê nessas lágrimas um arrependimento sincero pelo pecado e uma busca verdadeira pelo Senhor. Quem duvida dirá: "Não é nada para uma criança dizer que entrega seu coração a Jesus. Crianças e jovens logo pensam que creem. São facilmente impressionáveis". Mas as pessoas que falam essas coisas provavelmente não amam as crianças nem vivem pelo desejo de salvá-las. Quando se estimam as crianças, fica-se feliz com toda demonstração de esperança por parte delas e vigiando para nelas se ver qualquer marca de vida divina. O florista acompanha mais o progresso de suas plantas do que quem não as cultiva e não tem interesse nelas. Pensem, pois, sobre o que diz o texto, quando diz: *e cresceu*. Oremos todos: "Senhor, faze que o evangelho cresça onde quer que caia! Quer o ministro o pregue, o professor o semeie; quer caia sobre idosos ou sobre jovens — Senhor, faze que o evangelho frutifique!" Orem com fervor, irmãos! Não podemos fazer que a semente do evangelho cresça: mas podemos pedir a Deus que a abençoe e a faça crescer, em nome de sua própria honra e louvor.

Tendo crescido, o grão *tornou-se árvore*. Era uma árvore grande em si; mas a grandeza se faria notar principalmente se comparada ao tamanho do grão. O crescimento fora fantástico. Eis então a maravilha: não que se tenha tornado árvore, mas que, por ser uma pequenina semente de mostarda, tenha se tornado uma grande árvore. Conseguem ver o argumento da parábola? Eu o coloco diante de vocês. Ouçam! Apenas poucas palavras são ditas — "Olhe para Jesus"; apenas poucas palavras, e a alma é salva, os pecados são perdoados, todo o ser é renovado, nasce novo herdeiro do céu. Conseguem ver aí um tremendo crescimento? Uma simples palavra pode produzir a salvação! Um grão de mostarda se transforma em grande árvore! Um pequeno ensinamento concede a vida eterna.

Mas não é tudo: uma professora, com muita oração e lágrimas, suplica junto com uma aluna a Cristo, e a menina é inspirada a entregar seu coração a Cristo Jesus — uma vida santificada e celestial surge dessa súplica; logo se tornará uma moça zelosa, esposa amorosa, mãe graciosa, matrona em Israel, alguém como Dorcas em meio aos pobres, ou Ana em relação a Samuel. Quanto resultado pode emergir de uma causa tão simples! As palavras da professora foram ditas com muita emoção; não poderiam ser impressas, pois eram aparentemente desconexas e buscando traduzir a linguagem infantil; mas nas mãos de Deus funcionaram, como meio para criar uma vida das mais doces, mais castas e mais belas. Havia um garoto tão selvagem quanto qualquer vagabundo de nossas ruas. Um professor ajoelhou-se ao seu lado e passou-lhe os braços pelo pescoço. Suplicou a Deus pelo garoto. O menino foi convertido e se tornou, ainda iniciante, exemplo para seus semelhantes; como pai, foi um guia para sua família; como homem de Deus, uma luz para todos ao redor; como pregador da retidão, era um baluarte da doutrina de Deus, o Salvador, em todas as coisas. Há muitos outros exemplos que eu poderia retratar; mas vocês podem conhecer outros tantos quanto eu. Tudo o que almejamos poderá nascer da simples conversa entre um humilde cristão e um jovem. A semente de mostarda pode se tornar árvore frondosa; algumas poucas palavras de orientação podem vir a produzir uma vida nobre.

Será tudo? Amados, nossos ensinamentos são capazes de salvar almas da profunda escuridão da morada dos perdidos. Uma alma largada desamparada pode ir bem rápido da tolice ao vício, do vício à perversão, da maldade à tentação de se deixar vencer e perecer; mediante o ensinamento do amor tudo isso pode ser mudado. Resgatado do poder do pecado, como cordeiro salvo das garras do leão, o jovem deixará de ser vítima do vício para se voltar a interesses santos e celestiais. O inferno perde sua presa; e notem como os amplos portões do céu recebem a preciosa alma. Irrompendo pelas portas da Nova Jerusalém, muitos já ali entraram por haverem sido conduzidos por um professor da escola dominical. Aqueles antes pervertidos passam a vestir roupas brancas, purificados pelo sangue do Cordeiro. Ouçam os cânticos de louvor que entoam! E sempre os irão ouvir, pois tais cânticos jamais irão cessar. Tudo isso foi produzido por uma breve palavra proferida por um irmão, temente a Deus, que se dispôs a encerrar as aulas de um domingo falando um pouco sobre a cruz de Cristo. Ou, então, pode ter sido causado por uma irmã que jamais falara em público, mas que conseguiu orientar uma triste jovem, que se tornava cada vez mais leviana e parecia querer seguir cada vez mais o caminho do desvio. É maravilhoso que o destino de uma alma para o céu ou para o inferno possa depender, segundo o propósito de Deus, do humilde esforço de um professor, embora fraco, fiel! Eis aí como a semente cresce até se tornar árvore frondosa.

A grande árvore tornou-se abrigo: [...] *e em seus ramos se aninharam as aves do céu.* No Oriente, o pé de mostarda cresce, de fato, de forma admirável. Algumas árvores de mostarda que cresciam na Palestina tinham até dimensões surpreendentes. A variedade mais comum desta árvore, ali, tem para mais de oito a dez metros de altura; mas há uma espécie, em particular, que cresce até quase o tamanho de uma árvore florestal, e é bem possível que algumas deste tipo existissem na região onde nosso Senhor então pregava. Quando a árvore cresceu, diz a parábola, aninharam-se pássaros nela. Vemos isso como uma *inesperada influência.* Pensem bem. O homem pegou um grão de mostarda que mal conseguia ser visto, mesmo contra a luz. Quando o tomou e plantou em sua horta, terá vislumbrado ver pássaros se aninhando ali? Não. Tampouco vocês sabem tudo o que estão realmente causando ao ensinarem a uma criança o caminho da salvação em Jesus Cristo. Ao buscarem trazer uma alma a Cristo, sua ação tem dezenas de milhares de desdobramentos, que podem resultar, por sua vez, em infinitas possibilidades. O ensinar das coisas sagradas é como abrir um poço, e ninguém poderá saber qual será o efeito produzido mais tarde pela água naquele local. Parece não haver ligação entre o ato de plantar uma semente e as aves do céu; mas os errantes alados logo fazem uma feliz relação. Parece não haver ligação entre ensinar um garoto e a recuperação de canibais na Nova Guiné; mas eu consigo enxergar uma conexão bastante possível. Tribos da África Central podem ter seus destinos traçados pelo simples fato de vocês ensinarem as crianças. Quando John Pounds atraiu um garoto com um prato de batatas quentes para que aprendesse a ler a Bíblia, tenho certeza de que não havia vislumbrado todas as escolas para crianças pobres de Londres que criaria; e, no entanto, há uma clara linha de causa e efeito neste exemplo: a figura de uma batata quente poderia ilustrar perfeitamente o brasão da organização das escolas para pobres. Quando Nasmyth foi de casa em casa visitando os cortiços de Londres, não creio que tenha visto neste feito sua futura fundação Missão da Cidade de Londres e todas as demais Missões do Interior. Nenhum homem pode apontar qual será o fim daquilo que começa nem qual será o resultado de sua semeadura. Sigam fazendo o bem através de pequenos gestos, e vocês um dia irão deparar com resultados maravilhosos. Façam aquilo que está ao seu alcance. E façam bem feito. Façam pelo Senhor. Deixem os resultados com a ilimitada liberdade do amor de Deus; e esperem sempre colher cem vezes mais do que plantaram.

Quantas aves se aninharam sob a árvore de mostarda não sabemos. Quantas aves em um dia, quantas em um ano, vieram e encontraram ali abrigo e repouso, e bicaram sementes de que tanto precisavam, não podemos dizer. Quando uma pessoa se converte, quantos irão receber da bênção por ela, não há como contar. Vivemos a era do romance. Nossa literatura está repleta de relatos, pagãos e religiosos. Quantas histórias poderiam ser escritas sobre os inúmeros benefícios concedidos, direta e indiretamente, por um único homem ou uma única mulher santa! Quando irá se escrever uma emocionante história sobre este assunto? Um único indivíduo convertido pode espalhar bênçãos por todo um continente e chegar a abraçar com bênçãos o mundo.

Mas o que é isto que ouço? Vejo um pé de mostarda — é uma árvore maravilhosa; mas não apenas vejo, também ouço! Música! Música! As aves! É manhãzinha, o sol mal se levantou — que sinfonia! É assim que se produz música? Basta plantar uma semente de mostarda para se colher tantas melodias? Achava que era preciso tocar um órgão, um violino, ou que a música surgisse de algum instrumento de sopro; mas isto é totalmente novo. Nabucodonosor tinha trombetas, flautas, harpas, cítaras, saltérios e toda sorte de instrumentos musicais; mas todos estes instrumentos juntos não fazem face à melodia das

O GRÃO DE MOSTARDA — UM SERMÃO PARA OS PROFESSORES DA ESCOLA DOMINICAL | 1605

aves. Ao plantarmos um grão de mostarda, acabamos colhendo música feita à maneira de Deus. Amigos, quando vocês ensinam às crianças o evangelho do Senhor Jesus, estão semeando música celestial. Toda vez que contam sobre as novas do perdão comprado com sangue, enchem os coros da glória com doces vozes que, em nome do Eterno, entoarão dia e noite canções de eterna gratidão. Continuem, pois este é o resultado. Se até mesmo as elevadas harmonias dependem do simples ensinamento em uma escola dominical, que jamais interrompamos serviço tão consagrado.

Quero agora encerrar, com três observações bem práticas. *Não muito nos honramos ao nos ser confiado, em meio a todos os homens, algo tão maravilhoso quanto o evangelho?* Sendo uma semente que muito encerra em si, que tanto pode fazer surgir se corretamente empregada, quão abençoados e felizes somos por termos tão boas-novas para proclamar! Nesta manhã, quando acordei em meio à chuva e à umidade e senti meus ossos reclamarem, pensei que ficaria feliz tão logo os próximos quatro domingos passassem, pois estaria livre para descansar um pouco em algum lugar mais ensolarado. Cansado de mente e exausto de espírito, consolei-me, porém, com esta reflexão: que trabalho abençoado tenho a fazer! Que evangelho glorioso tenho a pregar! Deveria ser um homem muito feliz por poder levar as boas-novas a meus semelhantes. "E sou", disse a mim mesmo. Bem, amados professores, no próximo domingo, quando se levantarem da cama e pensarem: "Tive uma longa semana de trabalho, e bem que quase poderia desejar não ter de ir dar a minha aula na escola dominical", respondam para si mesmos: "Mas sou uma pessoa feliz por ter de falar às crianças sobre Cristo Jesus. Se eu tivesse de ensinar a elas sobre carpintaria ou sobre aritmética, talvez me cansasse; mas falar sobre Jesus, a quem amo, ora, sempre será uma alegria".

Que sejamos animados a semear a boa semente em tempos malignos. Se acontecer de não vermos o evangelho prosperar em lugar algum, não há por que ficarmos desesperados; ainda que não houvesse mais sementes de mostarda no mundo e eu tivesse somente o último grão, eu ficaria ainda mais ansioso e animado por querer plantá-lo. Podemos produzir grande quantidade de grãos, se uma semente só germinar. Hoje em dia não há muita evangelização; a igreja parece ter desistido; muitos pregam sobre qualquer coisa que não a verdade viva. Isto tudo é muito triste; mas há uma forte razão pela qual eu e vocês tenhamos mais do que nunca de valorizar o evangelho. Penso comigo, muitas vezes: "Há homens que ensinam sobre socialismo e outras ideias; muitos dão palestras variadas e juntam uma multidão de pessoas sem rumo ao seu redor, a ponto de formarem congregações; continuarei, então, a pregar o evangelho. Pregarei o evangelho tanto quanto puder; ficarei ainda mais firme nesta única direção. Outros podem se ater aos mais diversos fins; eu ficarei com o Cristo crucificado". Aos homens de vasta capacidade e que buscam as novidades da época, eu diria: "Permitam que este pobre simplório continue pregando o evangelho". Amados professores, sejam simplórios por Cristo e atenham-se ao evangelho. Não temam: o evangelho contém vida, e só fará crescer; apenas o plantem e ele germinará. Temo, por vezes. preparar de modo tão exagerado os sermões, que possa brilhar demais. Se isto acontecer, serei como o homem que tentou plantar batatas, sem jamais conseguir que germinassem, e que passou muito tempo então refletindo: "Ora", pensou ele, "Por que não deu certo? Cozinhei-as cuidadosamente, e por tanto tempo...". De modo semelhante, pode acontecer de extrairmos toda a vida do evangelho, colocando muito de nós na mensagem, de tal sorte que Cristo não a abençoará.

Por fim: *temos o dever de pregar o evangelho.* Se muito surgirá do pouco, temos o dever de realizar este pouco. Hoje em dia, cobram-se altos juros para emprestar dinheiro. Inúmeros ingênuos são atraídos por alguma armadilha ou especulação que lhes promete devolver aplicações financeiras com imensos dividendos! Gostaria de fazê-los felizes, porém, convidando-os para um investimento que é certo. Plante um grão de mostarda e você terá uma árvore. Fale sobre Cristo e salve uma alma: esta alma salva será uma bênção por muitas eras, uma alegria para Deus por toda a eternidade. Já houve na história investimento semelhante? Que confiemos nele. Se a eternidade depende de nossas simples palavras, pronunciemo-las de todo o coração. A vida, a morte, o inferno e muitas coisas desconhecidas dependem do que profere o esforçado professor do evangelho de Jesus: que jamais cessemos de falar enquanto tivermos ainda que um sopro no corpo. O Senhor os abençoe! Amém e Amém.

173

SÚPLICA DO ÚLTIMO MENSAGEIRO

Ora, tinha ele ainda um, o seu filho amado; a este lhes enviou por último, dizendo: A meu filho terão
respeito. Mas aqueles lavradores disseram entre si: Este é o herdeiro; vinde, matemo-lo, e a herança será
nossa. E, agarrando-o, o mataram, e o lançaram fora da vinha. Que fará, pois, o senhor da vinha? Virá e
destruirá os lavradores, e dará a vinha a outros (Mc 12.6-9).

Irmãos, vocês conhecem a história do pacto de Deus com Israel e de Israel com Deus. O Senhor escolheu seus pais, Abraão, Isaque e Jacó, e ele fez Israel povo seu, distinto; retirou-o do domínio dos grilhões no Egito, conduziu-o pelo mar Vermelho, sustentou-o por quarenta anos no deserto; e o orientou e ensinou, como um homem ensina a seu filho. No devido tempo, levou-o à terra em que abundavam leite e mel; e traçou para ele um plano antes de tudo gentil e repleto de ternura, para que, como nação, pudesse desfrutar de prosperidade inacabável: *Mas assentar-se-á cada um debaixo da sua videira, e debaixo da sua figueira, e não haverá quem os espante* [...] (Mq 4.4). Tudo que pediu foi que os israelitas o tivessem como Deus, que não colocassem um ídolo em seu lugar e obedecessem a seus mandamentos. Ah!, mas desde o início copiaram outras nações entre as quais habitavam; restauraram a adoração pelos deuses do Egito quando no deserto, e em Canaã se perverteram com divindades conspurcadas, comuns às demais nações. Adoravam deuses pervertidos com ritos obscenos e chegaram até a passar os filhos pelo fogo em honra a Moloque, além de outras coisas terríveis que feriam o Altíssimo. Em sua longanimidade, todavia, o Senhor enviou a seu povo escolhido um profeta atrás do outro — profetas que, no entanto, receberam cruel e indigno tratamento do povo, por o admoestarem de seus pecados. Foram ridicularizados, perseguidos e até mortos à espada. Deus, com infinita paciência, enviou a eles mais mensageiros, alguns de grandiosa eloquência, como Isaías e Ezequiel, outros cheios de lágrimas e piedade, como Jeremias, ou investidos de elevada dignidade, como Daniel. Advertiram seriamente o povo e jamais deixaram de suplicar por ele, quer o povo os ouvisse ou se omitisse. A muitos dos servos do Senhor foi dado tratamento extremamente mau; muitos deles foram apedrejados, outros foram presos, açoitados, exilados.

Israel rejeitou, enfim, os mansos servos que vinham a mando do grande Dono da vinha para colher dela o fruto espiritual. Seu povo repudiou os pedidos de Deus e renegou a aliança com ele com desprezo e desdém; até que, por fim, a nação praticamente toda foi exilada cativa, só permanecendo na terra escolhida alguns poucos remanescentes. Judá chorava agora sobre montes de esterco, muito embora em tempo anterior tivesse sido adornada com enfeites nupciais e se sentado no trono. Mesmo após o regresso do cativeiro babilônico, voltou o estrangeiro a reinar no palácio de Davi, pois os dias dos Herodes, tiranos edomitas, haviam chegado; o grilhão romano pesaria sobre o povo, e o pecado o faria ainda muito se ajoelhar e rastejar. Deus, em sua infinita misericórdia, deu ao povo, então, a máxima-oportunidade. Seu Filho, seu muito Amado Filho, enviou à vinha, a Israel. Com lábios que derramavam misericórdia e olhos que transbordavam ternura, ele veio. *Ah! se tu conhecesses, ao menos neste dia* [...] (Lc 19.42), disse ele, chorando pela cidade que não seria salva. Mas seus avisos e seu pranto se perdiam por entre o povo cego. Aqueles que haviam rejeitado os profetas também rejeitavam o Senhor: o destino dos servos se repetia com "o herdeiro". *Matemo-lo*, disseram; e o pregaram, para morrer, em uma cruz.

Vocês conhecem bem esta história: ela é repleta de infinita misericórdia da parte de Deus e de imensurável culpa da parte dos homens. Deus parecia se superar cada vez mais no paciente sofrer, e os

SÚPLICA DO ÚLTIMO MENSAGEIRO

| 1607

homens pareciam se superar na vontade de desafiar o Altíssimo. O pecado culminou com a morte do Filho de Deus; ele alcançou a maior das alturas do horror quando foram ouvidos os temíveis brados de: *Crucifica-o! Crucifica-o!* (Lc 23.21). Sim, crucificaram o Senhor da Glória. O que isso tem a ver conosco? Não irei pregar, esta manhã, para apenas reencenar uma peça de história antiga que não tenha qualquer significado nos dias de hoje; não é assim que honro a morte de nosso Senhor. Meu objetivo é alcançar a consciência dos homens vivos e, se possível, conquistá-las para o abençoado herdeiro de todas as coisas, que ressuscitou dos mortos, em meio aos quais reencontrou alguns dos responsáveis por sua própria morte. Quero levar ao grande dono da vinha o fruto da semente que ele mesmo plantou e a muitos corações fazer se curvar diante dele, em face da lembrança das perversas maldades cometidas contra seus servos profetas e seu divino Filho. Que o Espírito de Deus se mova silenciosamente em meio ao público aqui presente, à medida que buscarei usar esta passagem não em sua aplicação mais estrita, mas com um emprego que, tenho certeza, o Espírito de Deus aprovará! Que ele abençoe as palavras do Salvador neste seu uso hoje e que possamos nos arrepender agora!

A verdade é que, a menos que sejamos mudados pela divina graça, todos nós nos recusamos a pagar ao grande Deus o que lhe é devido. Ele aqui nos colocou e nos deu esta vida, como uma vinha, para a cultivarmos; muitos, porém, cultivam a vinha apenas para si mesmos — para si mesmos, família e amigos, e não para Deus, o criador. "Todos os seus pensamentos são: não há Deus." Ora, o Senhor nos tem enviado muitos mensageiros. Não temos talvez profetas vivendo em nosso meio nestes dias; mas temos viva a palavra de Deus e o registro dos testemunhos de seus mensageiros inspirados, que virtualmente falam a nós. Temos Moisés e os profetas bíblicos; eles nos falam mesmo agora. Além disso, estamos rodeados de homens de Deus e santas mulheres que conclamam a nós em nome do Senhor Jesus. Eles têm buscado nos falar com amor em seu coração, tentando nos levar ao arrependimento da rebeldia passada, pedindo que nos curvemos imediatamente diante de Deus. Muitas têm sido as vozes em torno e dentro de nós que procuram nos persuadir a dar ao dono da vinha o que lhe é devido; mas em inúmeros casos não têm obtido sucesso algum. Deus, enfim, já enviou a todos e a cada um de nós seu próprio Filho, para que, com sua própria e amável pessoa, possa reiterar com maior ênfase os requisitos do Senhor do amor. A sabedoria encarnada clama a nós: *Filho meu, dá-me o teu coração* (Pv 23.26). E Jesus nos adverte: *... se não vos arrependerdes, todos de igual modo perecereis* (Lc 13.5). Ele nos mostra o caminho da reconciliação e determina que creiamos nele para que vivamos. Com muitas parábolas encantadoras, tentou devolver a nós, o filho pródigo, ao seio do amor clemente do Pai.

A própria vinda do Filho de Deus em forma humana, como Emanuel—Deus conosco, já é, em si, prova da grande súplica do amor de Deus pela reconciliação. Quem consegue resistir a argumento tão poderoso? É na pessoa de Jesus Cristo que Deus faz seu último e mais forte apelo à consciência humana. Através do Cristo de Deus, ele praticamente diz, esta manhã: *Vinde, e convertei-vos de todas as vossas transgressões* [...]; *pois por que morrereis, ó casa de Israel?* (Ez 18.30). E eu peço a Deus que seja resposta de muitos corações: *Vinde, e tornemos para o Senhor, porque ele despedaçou e nos sarará* (Os 6.1). Faze que assim seja, ó grande Espírito!

Falarei sobre três coisas: a primeira é *a maravilhosa missão: Ora, tinha ele ainda um, o seu filho amado; a este lhes enviou por último, dizendo: A meu filho terão respeito* (Mc 12.6). A segunda, *o espantoso crime perpetrado: E, agarrando-o, o mataram, e o lançaram fora da vinha* (Mc 12.8). Por fim, trataremos da *justa punição: Que fará, pois, o senhor da vinha?* (Mt 21.40). Que castigo seria suficiente para feito tão vil?

I. Em primeiro lugar, então, vamos refletir a respeito da MARAVILHOSA MISSÃO: *Ora, tinha ele ainda um, o seu filho amado; a este lhes enviou.*

Lembrem-se, quanto ao Filho de Deus que nos foi enviado para sermos por seu intermédio reconciliados com o Pai, que *ele veio depois de muita rejeição humana ao amor divino.* Assim como para Israel foi precedido pelos profetas, também para nós vem sempre depois de outros mensageiros. Não há nenhum de nós, creio, que já não tenha recebido admoestação ou advertência da parte de Deus. Com alguns de nós, a obra começou cedo, com o chamado sendo feito, como a Samuel, enquanto ainda éramos crianças. O Senhor repetiu esses chamados por todos os dias de nossa juventude. Não era algo fácil para nós, então, pecarmos; jamais nos desviamos do caminho certo sem que houvesse algo dentro de nós que nos puxasse pelas mangas, avisando dos erros cometidos. Fomos chamados a Deus por meio dos esforços sinceros de homens e mulheres fiéis. Várias pregações nos tiveram como alvo direto e poderiam emocionar até mesmo corações de pedra; não obstante, ainda que convencidos, permanecemos inimigos obstinados de Deus, sem atender a seus clamores, voltados para este mundo, esquecidos do mundo futuro. Se, depois de tanta recusa, tivesse o Senhor fechado sua caixa da misericórdia e aberto os frascos de sua justa ira, derramando-a sobre nós, quem o poderia culpar? Em vez disso, no entanto, segundo sua generosa e benigna misericórdia, continuou ele a nos falar por seu Filho, Jesus Cristo, por quem fez os mundos e lídimo mensageiro e único mediador da consecução do pacto da graça. Jesus gentilmente nos lembra sempre de nossas ofensas contra o grande Pai, nossa recusa em retornarmos a ele e do tremendo perigo em que incorremos ao permanecermos em oposição ao grande Deus. A simples existência de um Salvador já nos alerta grandemente a respeito dos pecados cometidos, da ruína que nos espera e do único modo de escapar, por seu intermédio. Sendo assim, e pelo muito que temos rejeitado os clamores de Deus, já não é tempo suficiente de nos havermos cansado de brincar neste terrível jogo? Já não fomos bastante frívolos para com a nossa alma? Oh, já não deveríamos de há muito haver cedido à sabedoria? Jesus em pessoa, por meio da pregação do evangelho, insiste, suplicante: continuaremos decididos a perseverar em nossas atitudes corruptas? Não sentiremos compaixão alguma? Nem uma "fraca voz" interior nos rogará que levantemos e partamos em direção ao Pai? Depois de tanta provação, não iremos ceder ao Deus da graça?

Atentem para o fato de que Jesus Cristo vem a nós como mensageiro do Pai, mas *não por propósito pessoal*. Na parábola, os servos mensageiros foram enviados pelo plantador da vinha aos lavradores para cobrar o fruto devido, e outro não era o propósito do herdeiro. No entanto, espiritualmente, a finalidade da cobrança não é tão clara assim à primeira vista. Na verdade, Jesus nos pede que rendamos frutos de amor e obediência a Deus, mas não porque seja *ele* ou Deus Pai quem necessita propriamente disso. Pensando bem, o que afeta o grande Senhor se você o serve ou não? Se você se rebelar contra Deus, ele será menos glorioso? Se não o obedecer, que diferença fará à infinita felicidade dele? Sua coroa brilhará com menor intensidade ou o céu será menos resplandecente por você ter escolhido permanecer agressivo contra ele? Se uma vaca lutar contra o fogo no estábulo, acha que o fogo será por isso apagado? Se um mosquito enfrentar uma fornalha fumegante, já não se sabe qual será o resultado? É para *o seu próprio bem*, irmão, irmã, que Deus espera que você se renda a ele — e de que outro modo poderia ser? Se acaso ele tivesse fome, jamais teria de lhe dar qualquer satisfação acerca disso, pois o gado de milhões de campos em todo o mundo a ele pertence. Ele pode reduzir o mundo inteiro a pó, seja *com a palavra ou com a vara* (1Co 4.21), e você acha ainda que ele tenha algo a ganhar ou perder com você? Você, sim, somente você pode ser ganhador ou perdedor. Portanto, quando Jesus roga para que você se arrependa, creia que ele o faz com total desinteresse próprio; que não se trata mais do que preocupação pelo seu bem-estar o que o leva a pedir que o faça. Ouça o que diz Jeová: *Vivo eu, diz o Senhor Deus, que não tenho prazer na morte do ímpio, mas sim em que o ímpio se converta do seu caminho, e viva* (Ez 18.32). Um mensageiro depois de tanta rejeição, um mensageiro que comparece apenas por amor a nós deve ter todo o nosso amor, consideração, respeitosa atenção.

Vamos analisar por um minuto quem é este mensageiro. *É o grande amado do Pai e, em si mesmo, abundante em excelência*. O Senhor Jesus Cristo é tão inimaginavelmente glorioso que temo ante qualquer tentativa de descrever sua glória. Ele é, estou seguro, parte de Deus em Deus, igual e eterno ao Pai e, apesar disso, dignou-se a assumir a forma humana. Nasceu criança, com a nossa fraqueza, e viveu como carpinteiro para partilhar de nossa labuta. Quando larga a madeira e a plaina é para seguir trabalho ainda mais difícil, como mestre e médico das pessoas. Foi humilde e sofrido Mestre, pela vontade do Pai. Tomou a si a forma de um servo e, apesar disso, nele habitava a plenitude da divindade. Príncipe dos príncipes, rei dos reis na terra, não obstante tomou uma toalha e lavou os pés de seus discípulos. Eis a pessoa que a

SÚPLICA DO ÚLTIMO MENSAGEIRO | 1609

vocês suplica. Tão majestoso e tão clemente, tão grande e tão bondoso: você o recusaria? Quando Jesus lhe fala, eu lhe suplico, pela glória da divindade dele e pela ternura de sua humanidade, não o recuse. Por sua divindade, não ouse endurecer para com ele o coração. É ele o Filho bem-amado de Deus; e, se você for humilde, ele será também seu bem-amado. Não volte as costas àquele a quem os anjos veneram. Cuidado para não rejeitar aquele a quem o Pai tanto ama, pois Deus acabará tomando tal ato como insulto a si mesmo: quem despreza o ungido de Deus blasfema contra ele próprio, Você estará colocando o dedo em riste rebeldemente ante dos olhos de Deus se desprezar o seu Filho. Ao recusar Cristo, atinge o próprio coração de Deus. Não faça isto. Eu lhe rogo, então, pelo amor que Deus tem por seu Filho, ouça este inigualável mensageiro da misericórdia, que com tanto amor e misericórdia deseja persuadi-lo a se arrepender para o seu próprio bem.

Como já disse, ele é tão glorioso que não o posso inteiramente descrever; lembrarei apenas, portanto, que *sua graça é tão notável quanto sua glória*. Jamais houve alguém como ele. Nenhum de nós ama mais o ser humano do que Cristo. Ainda que o amor de todos os corações ternos do mundo pudessem ser somados, não chegaria a equivaler a uma gota se comparado ao oceano da compaixão de Jesus. Seu prazer reside desde sempre nos filhos dos homens; pois, embora fosse efetivamente muito feliz em meio aos anjos, deixou a companhia destes para poder desfrutar de nossa vida na carne e por nossa salvação morrer. Sim, desposou nossa própria natureza, fez-se sangue de nosso sangue e carne de nossa carne, por amor a seu povo, à companheira escolhida, à igreja, a quem chama noiva. Não poupou sua face de ser cuspida e humilhada, nem seu corpo de ser maltratado e derramar sangue, nem sua alma de agonia mortal; mas amou a igreja e por ela entregou a si mesmo. É este amante de nossa alma que se fez nosso advogado junto a Deus e que nos suplica darmos fim à nossa rebeldia. Não o recuse! Fosse ele severo e rancoroso, imagino que toda a teimosia de nossa natureza seria à força debelada; mas seu amor, que é maior que todo e qualquer amor, merece outro tratamento. Quando o rejeitam, responde com lágrimas compassivas; quando o ferem, derrama sangue purificador; se o matam, morre para redimir; quando o sepultam, ressuscita para nos trazer a ressurreição. Jesus é o amor feito manifesto.

> Coração de pedra, fica brando, quieto
> E pela cruz de Jesus subjugado!
> Vês este corpo lacerado, rasgado,
> De sangue derramado todo coberto,
> Que causaste com os pecados teus?
> Crucificaste o unigênito de Deus!

Além disso, *seu agir é de mais que vencedor*. Ao suplicar pelos homens a Deus, muitas vezes temi, ao terminar minha súplica, que algo em meu tom ou modo de falar pudesse levar meu pedido a falhar, não fosse a misericórdia divina. Talvez não tivesse sido tão amável para com Deus como deveria ser, ou não houvesse força suficiente no tom empregado. Se pudesse fazer melhor, aceitaria até ir a uma escola para aprender. Deus tem me colocado frequentemente na escola da ansiedade para me instruir melhor quanto a isso, mas confesso ter ainda minhas falhas, com profundo pesar. Todavia, quando é Jesus, meu Senhor, quem suplica a vocês, não cabe essa alegação. Sua súplica é mais que perfeita. Quando Jonas pregou, o tom usado foi áspero e seu espírito estava atribulado; mas isto jamais pode ser dito de Jesus. Quando Jeremias lamentou, havia um tom implícito de amargo ressentimento na doce tristeza de sua palavra; o mesmo, porém, jamais ocorre a Jesus. *Jamais alguém falou como este homem* (Jo 7.46). Sempre que suas palavras trovejem — como geralmente o fazem — mesmo em tal trovejar ouve-se a voz do amor. Quando ele brilha com a luz do juízo contra os escribas e fariseus, ainda assim gotas de misericórdia acompanham cada centelha de fogo. É severo porque é afável: suas expressões do terror nascem de um amor que não ousa esconder a verdade, ainda que ao ser dita parta seu próprio coração. Deus é amor, e Cristo é o amor de Deus encarnado em meio aos homens. Portanto, caros ouvintes, se desaprovam alguma coisa *em mim*, fiquem à vontade para me censurar; mas fiquem atentos de qualquer modo quanto ao Senhor, em quem não há que não seja benigno e afável. Deus nos enviou seu bem-amado Filho; eu lhes peço: não o recusem. Meu coração treme ante a simples ideia de que algum de vocês rejeite a súplica daquele que tanto zela pelo seu bem-estar eterno.

Lembrem-se ainda que, quando Deus enviou seu Filho aos homens, não o fez para nossa perda ou prejuízo: *a obediência a ele é para que tenhamos a felicidade*. Não nos procurou convencer a seguirmos uma vida de miséria nem trilharmos um caminho de destruição. Pelo contrário: os caminhos que deseja que sigamos são os que levam à alegria; todos os caminhos que nos propõe são de paz. Até mesmo o arrependimento podemos considerar uma agradável tristeza, infinitamente mais doce que a alegria do pecado. Aqueles que se arrependem e se voltam para Deus mediante Jesus Cristo encontram tanta paz e deleite que a terra se torna quase uma antessala do céu. Sinos de alegria soam no interior da casa de Deus quando uma alma volta para casa. O grande Pai é provedor de felicidade e toda sua casa se regozija com ele. Persuadir você a ser santo significa orientá-lo a ser feliz; levar você a buscar a Deus é levar você a buscar o seu próprio bem; convencer você a abandonar as armas da rebeldia e se reconciliar com o Altíssimo equivale a lhe mostrar o melhor, o mais sábio e mais seguro caminho que poderia trilhar. Ouçam-no, portanto. O Senhor Deus dos céus lhes diz: *Este é o meu Filho amado, em quem me comprazo; a ele ouvi* (Mt 3.17). Bem fazem todos que o ouvem, pois toda palavra por ele pronunciada se destina à salvação.

Se não ouvirmos o amado Filho de Deus, estaremos rejeitando nossa última esperança. *Ele é o ultimato de Deus*. Nada mais resta se Cristo é rejeitado. Ninguém mais será enviado: o céu não tem mais mensageiros a remeter. Se Cristo é rejeitado, rejeita-se então a esperança. Ninguém jamais poderá ser de outro modo convertido, mesmo que outra pessoa ressuscite dos mortos, se se recusar Jesus, que verdadeiramente ressuscitou dos mortos. Gostaria que todos que aqui estão que ainda não se converteram lembrassem que não há outro evangelho, nem haverá outro sacrifício pelo pecado. Já ouvi conversas sobre uma "esperança maior" que o evangelho que é exposto diante de nós. Trata-se de uma fábula. Nada há na Escritura que possa sustentar tal pensamento. Ao rejeitar Cristo, rejeita-se tudo; fecha-se a única porta da salvação. Mais sábio que qualquer impostor, Cristo declara textualmente que *quem não crer será condenado* (Mc 16.16). Nada resta além da condenação para aqueles que não creem em Jesus. [...] *porque debaixo do céu nenhum outro nome há, dado entre os homens, em que devamos ser salvos* (At 4.12). Isto é bem claro; pois se todos os esforços pelo céu já foram feitos, que mais poderia fazer Deus? Pelos céus e pela terra, eu pergunto: que mais poderia fazer Jeová? Se ele deu seu Filho à morte e o sacrifício foi rejeitado, que restará a fazer? Sua infinita sabedoria já fez o melhor que pôde, e seu infinito amor superou a si mesmo: um terrível juízo é tudo o que aqueles que o desprezem poderão esperar.

Eis, assim, a maravilhosa missão de Jesus. Rogo a vocês, que amam a si mesmos, que não recusem a palavra daquele que quer lhes falar; pois se não escaparam aqueles que o rejeitaram quando na terra, de que forma irão escapar aqueles que o rejeitem ao lhes falar desde o céu?

II. Peço agora sua atenção ao tratarmos, em segundo lugar, do ESPANTOSO CRIME que foi então cometido. Não passou de crime terrível o que, tendo o proprietário da vinha enviado seu amado filho, os lavradores tramaram, uns com os outros: *Este é o herdeiro; vinde, matemo-lo, e a herança será nossa. E, agarrando-o, o mataram, e o lançaram fora da vinha* (Mc 12.7). "Bem", poderá alguém se defender, "quanto a nós, não matamos o Filho de Deus". Mas eu não posso, absolutamente, acusá-los *de modo literal* de ter feito isso: estaria cometendo um exagero. Todavia, é sempre possível fazer-se *virtualmente* o que não se fez de fato. Se alguém comete um assassinato e intimamente eu aprovo, ou concordo com o que ele fez; se meus princípios próprios aceitam tal ação; se não sinto indignação contra o fato, ou expresso indiferença para com ele; se há motivos para supor que, se estivesse eu naquela situação, teria feito o mesmo — então posso ser perfeitamente considerado, aos olhos de Deus, cúmplice do crime. Há muitos entre nós que podem ser apontados como culpados pela morte de Cristo. A estrofe do hino que iremos cantar agora não contém uma alegação infundada:

SÚPLICA DO ÚLTIMO MENSAGEIRO

| 1611

> Sim, teu pecado este ato cometeu,
> Os cravos que lá o pregaram firmando,
> Sua sagrada fronte de espinhos coroando,
> Seu peito aberto com lança perfurando,
> Seu corpo e sua alma sacrificando,
> Quando pelos pecadores morreu!

Eu lhes digo que todo aquele que teimosamente nega a divindade de Cristo virtualmente o mata; pois o Filho de Deus não estaria vivo se sua divindade não existisse. É essencial ao conceito de Cristo, como herdeiro de todas as coisas, que ele é Deus, e negar sua divindade é esfaqueá-lo traiçoeiramente no coração. Aqueles que negam seu sacrifício também o assassinam; pois o sangue do sacrifício é a vida do Cristo de Deus. A própria essência do Cristo, a alma da pessoa humana de Jesus, consiste em ter sido sacrificado como substituto para pagamento dos nossos pecados. Sem cruz não há Cristo, sem sacrifício não há cruz. Negue-se o grande sacrifício pelo pecado humano, e se terá aniquilado Cristo, com toda a extensão do seu poder; tanto quanto é possível, ele terá sido destruído.

"Mas eu não fiz isso", contestarão alguns. "Jamais me opus à divindade nem ao sacrifício de Jesus". Permitam-me lembrar-lhes que se vocês não o julgam merecedor de seus mais amáveis pensamentos, se forem indiferentes a seus apelos e se recusarem a obedecer ao evangelho, o terão afastado de vocês. Para vocês, seria o mesmo como se não houvesse Cristo.

> Nada importa do que haja ocorrido?
> Não importa que Jesus tenha morrido?

É como se respondessem: "Não, não me importa". Vocês reduzem Cristo a nada, comparado com suas atividades e seus interesses da vida diária, e assim virtualmente o matam; vocês o afastam de sua existência em tudo o que lhes diz respeito. No pequeno mundo de suas mentes não há um Salvador vivo, mas está morto e enterrado, e os apelos de Deus para vocês não são minimamente objeto de sua reflexão. Ocupam-se durante a semana toda com passatempos triviais ou discussões sem qualquer importância moral ou espiritual, e não têm a dignidade de pensar naquele cujo advento no mundo foi maravilha tão notável que, se não pensassem tanto em tantas coisas insensatas, poderiam vir a ser justificados e ganhar toda uma vida de devotada reflexão. Aquele justo, que deveria merecer todo pensamento seu, não recebe, pelo contrário, absolutamente nada de sua parte. Vocês parecem nada ter a ver com Cristo, com a cruz, com seu povo ou sua causa; assim — e o afirmo sem qualquer mágoa ou aspereza, mas com muita dor pela sua alma —, vocês podem ser considerados também assassinos de Cristo, culpados de seu sangue. Tornam-se condenados por afastarem de si o seu Salvador. Eis a acusação que dirijo ao coração de vocês e confio em que se lhes abata com muito horror.

Tenho ainda mais trabalho com alguns de vocês, culpados de forma ainda mais clara. Vocês, que já foram membros de igreja; que participavam da mesa da comunhão, onde participam aqueles que memorizam o precioso corpo e o valioso sangue dados por todos; que louvavam e glorificavam constantemente seu nome — agora desistiram da fé, renegam sua crença, deixaram de ser seguidores do Cordeiro. Estas não são palavras minhas, mas inspiradas: vocês "estão crucificando de novo o Filho de Deus, e o expondo ao vitupério". Sem sombra de dúvida, estão agora entre aqueles que mataram o herdeiro e o jogaram para fora da vinha, ao voltarem as costas de forma deliberada para sua causa sagrada. Tenha o Senhor misericórdia de vocês, que não tiveram misericórdia nem de Cristo nem de si mesmos.

Quero dirigir-me a muitos outros mais, que têm ouvido com frequência falar de Cristo, que até o creem como Deus e concordam com todas as verdades afirmadas sobre ele, mas jamais cederam à sua autoridade. Ó vocês, o que estão fazendo? Preferem o mundo a Cristo? Escolheram Barrabás e condenaram o Salvador? Aos chamados de Jesus respondem: "Espera". E por que o Senhor teria de esperar? Por causa de uma meretriz? De uma quantia em ouro? Pelo seu prazer mesquinho? Quando uma grande questão é postergada para outra lhe tomar-lhe a frente, quase nunca se reflete se esta outra é maior em importância. Será que você tem mesmo uma urgência em sua vida que seja maior que aceitar o Filho de Deus? Haverá algo com mais direito sobre seus pensamentos, suas reflexões, seu amor, sua vida, que a grande salvação que Jesus Cristo quer lhe conceder? Quando se remove o Senhor Jesus Cristo do primeiro lugar, ele não ocupa mais qualquer posição, e você assim virtualmente o derrota e torna-se culpado de lhe derramar o sangue. Ou você é por ele justificado ou acaba sendo por ele condenado. Não há terceira escolha. Você deve nele crer ou para sempre se perder. Recusá-lo é chamá-lo de mentiroso; e fazê-lo mentiroso equivale a virtualmente assassinar o Senhor da verdade. Seu sangue deverá ser derramado sobre você para que a fé o purifique; caso contrário, servirá apenas para condená-lo, como aconteceu à maioria dos judeus de seu tempo e até hoje.

Qual o motivo pelo qual os lavradores da vinha ousaram atentar contra o herdeiro? É o mesmo que recai sobre aqueles aqui presentes que rejeitam Cristo. Eles o fizeram, em primeiro lugar, porque acharam que *desfrutavam de imunidade quanto a qualquer punição*. Não foram castigados de imediato por haverem desafiado seu senhor. Haviam rejeitado os mensageiros sem declarar guerra aberta, continuaram a apedrejar e matar outros servos e o vinhateiro não se mostrou furioso a ponto de ameaçá-los ou destituí-los. Da primeira vez que zombaram de um mensageiro, certamente, ficaram um tanto temerosos; temeram que a espada do senhor a quem tinham desafiado invadisse seus portões. Como não ocorreu invasão, encheram-se de ousadia. O próximo mensageiro mataram, e lavaram as mãos com presunção, dizendo: "Não acontecerá nada". Chegaram então ao ponto de se tornarem realmente endurecidos. Imagino que alguns tenham até espalhado o boato de que o seu senhor não tivera notícias do que haviam feito, ou que era fraco ou brando demais para puni-los de forma severa. "Vejam só!", disseram. "Tudo o que ele faz é enviar novos mensageiros quando matamos os que vieram antes; mesmo que venhamos a matar seu próprio filho ele irá aquiescer. Não temos que temer então que ele se vingue. Ele é só amor e, mesmo que matemos seu filho, terá ainda de nós grande esperança". "De qualquer modo", disseram outros, "vamos correr o risco e testar sua benignidade. Mataremos seu filho, e o desafiaremos a fazer alguma coisa. Não fará, temos certeza absoluta".

Os homens ingratos abusam da longanimidade de Deus do mesmo modo. Dizem: "Bem, rejeitei o evangelho por um longo período; deixei de lado inúmeros apelos; mas não estou morto, nem me abateu a cegueira, nem fui esmagado por um golpe. Posso permanecer ainda algum tempo em segurança. Posso recusar Cristo mais uma vez, pois Deus é misericordioso". "Alguns instrutores", dizem ainda, "nos ensinam que Deus é tão bom que mesmo que matássemos seu Filho ele não se daria conta. Rejeitemos seu suposto sacrifício, então, pois nada nos acontecerá a longo prazo, e o mal de nosso crime irá durar apenas por pouco tempo". Vocês não proferem e muito menos pensam, na verdade, tais palavras; mas seus atos têm bem este significado. Não o ousam *manifestar*, mas esse pensamento espreita seus corações e se revela pelos seus feitos. Preferem correr o terrível risco de brincar com o sacrifício do Filho de Deus. Para vocês, tudo não passa de coisas insignificantes — mas o horror me assombra a esta simples ideia. Ó ouvintes, não serei cúmplice de seus crimes. Não deixarei de avisá-los de que correm tremendo perigo. Por mais gracioso que Deus seja — e já provou toda a sua graça ao nos enviar seu Filho —, não é fraco nem injusto. Se vocês recusam a misericórdia que ele generosamente lhes concede, irá tratá-los com a devida justiça. Ele é o juiz de toda a terra e deve fazer o que é certo e lhe apraz. Lembrem-se que diz, em Isaías 34.5: *a minha espada se embriagou no céu* e, em Deuteronômio 32.41: *se eu afiar a minha espada reluzente, e a minha mão travar do juízo, então retribuirei vingança contra os meus adversários*. Pois do mesmo modo como ele é amor, igualmente é justiça. É abundante no poder de perdoar, mas também zeloso e terrível quanto ao que é sagrado. *Se o homem não se arrepender, Deus afiará a sua espada* (Sl 7.12). Cuidado, pois, vocês que se esquecem de Deus, pois ele pode fazê-los em pedaços, e nada restará para ser salvo.

O grande motivo, no entanto, pelo qual os trabalhadores estavam decididos a matar o herdeiro era este, como disseram: *a herança será nossa*. Eis o que o coração dos homens em vão deseja. Dizem: "Livremo-nos desse problemático assunto de religião, e poderemos viver a nosso bel-prazer, atendendo

SÚPLICA DO ÚLTIMO MENSAGEIRO | 1613

aos nossos interesses e deleites sem qualquer remorso na consciência. Então, não somos cidadãos livres? Não pertencemos a nós mesmos? Quem pode se dizer nosso Senhor? Se nos livrarmos desse tal de Jesus, não teremos verdadeiras acusações sobre nós, de que somos criaturas de Deus e que devemos viver por ele. Não temos vontade alguma de servir a Deus algum. Nada devemos a nenhum provedor. Somos proprietários de nós mesmos e de nossas coisas. Deus nenhum terá coisa alguma de nós. Quem é esse Senhor, para que obedeçamos à sua voz? Se nos livrarmos desse Cristo, viveremos como bem acharmos e a ninguém teremos de prestar contas. Já conseguirmos nos convencer de que religião nenhuma é verdadeira; então, não prestaremos mais atenção alguma a lágrimas ou advertências, mas queremos ter controle total e desfrutar de nós mesmos sem quaisquer restrições. Uma vida feliz será o suficiente. Será nosso prazer se esses assuntos de Deus, Cristo, alma, céu, inferno, salvação, eternidade, forem esquecidos ou jogados fora". Sim, jovens, foi isto que o filho mais moço pensou quando pediu a seu pai: *Pai, dá-me a parte dos bens que me toca* (Lc 15.12). E todos os que assim pensaram e fizeram se reuniram, foram para uma terra distante e ali desperdiçaram "os seus bens, vivendo dissolutamente". É isso pelo qual vocês anseiam? Mas a insensatez de tal pensamento é imensa. Muito me dói olhar suas jovens faces e poder ver este vão pensamento em seus semblantes. Mal parecem saber vocês a que tirano servem aqueles que vivem conforme desejam. Que Deus permita que eu nunca viva segundo meus desejos pecaminosos! Prefiro ser obrigado a fazer sempre o que é certo do que usar de meu livre-arbítrio para me entregar a tudo que é errado. Mas não é preciso ser obrigado; a graça de Deus pode me fazer liberto do pecado e assim me manter na santidade. A graça torna o homem mais livre no serviço a Deus que no serviço a si mesmo e ao mundo.

O egoísmo é a base de toda a rejeição a Cristo: [...] *matemo-lo, e a herança será nossa*. Ah, meus ouvintes! Essa herança, deste modo, jamais lhes pertencerá; e mesmo que lhes pertença por um único instante que seja, e possam fazer dela o que deseja, verão que tal herança assim conquistada logo passa; e ainda terão, diante do tribunal de Cristo, que prestar conta desse criminoso feito. Sim, o que farão *vocês*, que mataram o Salvador? Que farão no dia do juízo todos vocês que viveram e morreram sem salvação?

III. Quero encerrar com um terceiro tópico, deveras temível para mim: O CASTIGO ADEQUADO. Não acredito que simplesmente pensar em tal assunto seja tão terrível para algum dos presentes que ainda não se converteram quanto o é para mim. Tremo só de pensar na ira vindoura. Como seria feliz se não tivesse de pregar sobre tal tema! Mas é preciso que pregue, para evitar ser traidor de Deus e inimigo de vocês. Se vocês perecerem sem que o faça, sem que eu os tenha avisado sobre tal punição, seu sangue será cobrado de minhas mãos. Eis como coloca o Salvador o referido castigo: *Que fará pois, o senhor da vinha?* Deixa que, por instantes, precedendo a resposta, nossa própria consciência decida quanto à punição. Deixa que a imaginação prescreva a pena adequada a um crime tão vil, tão ousado e cruel. Eles mataram o único filho de seu senhor, o que deverá ser feito a estes lavradores?

Aqui devo interpor parênteses, que muito me pesa colocar. No presente momento temo que esta parábola esteja sendo reescrita na história da igreja de Deus. Deus colocou em sua vinha, ou permitiu que a adentrassem, certo número de professantes de religião que não rendem a ele a honra devida. Tais falsos crentes a quem me refiro não ensinam o evangelho conforme revelado nas Sagradas Escrituras, mas o estão adaptando à presente era mundanista e ao conhecimento científico corrente. Tais pessoas são assim referidas no livro do profeta Jeremias 23.16,17: *Assim diz o Senhor dos exércitos: Não deis ouvidos às palavras dos profetas, que vos profetizam a vós, ensinando-vos vaidades; falam da visão do seu coração, não da boca do Senhor. Dizem continuamente aos que desprezam a palavra do Senhor: Paz tereis; e a todo que anda na teimosia do seu coração, dizem: Não virá mal sobre vós.* Essas pessoas dão vazão a seus pensamentos e não à revelação de Deus. Com isso, têm inventado um novo evangelho, que não é nem mais um e que ainda poderá sérios problemas a vocês. Meu temor é o de Deus não mais tolerar esses lavradores, esses profetas que só proclamam o engano do próprio coração. Ele fará cair sobre eles rejeição eterna, e há de os dilacerar em sua ira. Destruirá totalmente esses homens perversos e dará sua vinha a outros lavradores, que tratarão de forma fiel a alma do homem. Sinto no fundo de minha alma que assim será.

Não ouso viver, como pregador, de minhas próprias ilações. Não ouso morrer como pregador de meus próprios pensamentos, nem dos pensamentos de outros. Devo pregar a mensagem de meu mestre para não ser amaldiçoado. O sentimento corrente é o de orgulhosa autossuficiência; enquanto o que realmente nos cabe é sentar humildemente aos pés de Jesus. Um dia meu Senhor dirá a mim: "Eu te transmiti uma mensagem; a entregaste? Ordenei que falasses em meu nome; falaste minhas palavras ou as tuas? Dei a ti uma revelação; tu a transmitiste do melhor modo possível? Ou inventaste algo de novo com os teus próprios pensamentos?" Sei como haverei de responder. Temo que um horripilante destino aguarde aqueles que seguem as falsidades correntes da moda. Sejam clérigos, sejam ministros ou pregadores dissidentes, uma condenação indescritivelmente terrível vinda da firme mão de Deus espera aqueles que prostituem o ministério da Palavra para espalhar filosofias humanas em vez de ensinar o evangelho do nosso bendito Deus. Irmãos, cuidemos para que nenhum de nós peque contra o Espírito Santo ao tentar rivalizar nossos sonhos com as certezas do Senhor. Roguemos por aqueles que assim procedem, para evitar que Deus lhes cometa justa vingança. O Senhor tenha misericórdia de todos os falsos profetas e os traga, humildes e tementes, a seus pés, para evitar que enganem ainda mais pessoas e a condenação de todo o povo, para evitar que removam a candeia de seu devido lugar.

Torno a me dirigir àqueles a quem já falei: vocês crucificam o Filho de Deus ao recusarem crer nele. O que fará o Senhor com vocês quando vier? Sua punição jamais será severa o suficiente, pois tal crime é maior que qualquer conceito de horror. Haverá de ser a maior das punições previstas na lei. Mataram os servos e mataram o herdeiro; nenhuma punição conhecida será adequada. Aqueles que apelam por uma condenação suave para tal crime são, no fundo do coração, mais rebeldes ainda. Os que pensam fazer pouco caso do inferno provavelmente só o fazem na esperança de abrandá-lo, em vão, para si mesmos. É advogado do diabo quem acha que o castigo ao impenitente deva ser leve. Diriam, pelo contrário, os verdadeiros servos de Deus: *conhecendo o temor do Senhor, procuramos persuadir os homens* (2Co 5.11). Nosso Senhor deixa que a própria consciência possa imaginar a indescritível desgraça dos homens que dão força à própria rebeldia.

Após narrar esta mesma parábola, em Mateus 21.44, nosso Senhor usa de palavras terríveis. Ao comparar-se à rocha que deve servir de fundação, mas que, no entanto, os edificadores rejeitaram, adverte: *aquele sobre quem ela cair será reduzido a pó*. Pecador, se você rejeitar o Salvador, terá de sentir a plenitude de sua ira. Ilimitado em poder, infinito em majestade, *todo o peso dele recairá sobre você*. Quer refletir sobre isso? Ele pode fazer uma nação ruir em pedaços usando de uma simples vara. Portanto, julgue bem o seu poder: ante sua majestosa presença, céu e terra nada são; julgue bem. A medida de tal poder, é exatamente o que você terá de sentir. A rocha da fundação caindo sobre você o irá transformar em pó. Não irei me alongar mais neste pensamento assombroso, mas irei repeti-lo de forma adequada e solene: todo o peso do Deus, no dia de sua ira, você terá de suportar. Há ainda outro modo de dizê-la, com a expressão: *a ira do Cordeiro* (Ap 6.16). Não parece essa uma espantosa combinação de palavras, *a ira do Cordeiro*? O amor quando transformado em ciúme é a mais poderosa das paixões; e quando o amor de Cristo, em infinita justiça, for feito santa indignação contra a iniquidade, será algo terrível de se ver; e suportar tal sofrimento equivalerá a uma segunda morte. Você está preparado para suportar o terrível peso da ira do Salvador? Não; não está. Venha, pois, a Jesus. *Beijai o Filho, para que se não ire, e pereçais no caminho; porque em breve se inflamará a sua ira* (Sl 2.12).

Ó queridos ouvintes, não rejeitem o Senhor Jesus, que agora lhes suplica. Não sou digno de ser seu embaixador; nada adequado para o ofício; mas ainda assim apelo a vocês, como irmão amoroso: Querem perder sua alma? Hão de rejeitar a Cristo? Rejeitar o Filho de Deus? Homens e mulheres, conseguem ser tão loucos a ponto de quererem viver e morrer sem o Salvador? Estarão desgarrados a este ponto? Voltem, eu lhes rogo, voltem hoje mesmo. Senhor Deus, faze-os voltar, em nome de teu querido Filho! Amém.

Sua opinião é importante para nós. Por gentileza envie seus comentários pelo e-mail editorial@hagnos.com.br

Visite nosso site: www.hagnos.com.br

Esta obra foi impressa na Imprensa da Fé.
São Paulo, Brasil.
Outono de 2019